Bärmann/Seuß
Praxis des Wohnungseigentums

Bärmann/Seuß

Praxis des Wohnungseigentums

5., völlig neu bearbeitete Auflage
des von JR Prof. Dr. Johann Bärmann † begründeten
und bis zur 4. Auflage von Dr. h. c. Hanns Seuß herausgegebenen Werkes

Herausgegeben von

Michael Drasdo, Rechtsanwalt

Bearbeitet von

Dr. Gregor Basty, Notar; *Dr. Stefan Bergerhoff,* Richter am AG;
Dr. Michael Bonifacio, Richter am AG; *Michael Drasdo,* Rechtsanwalt;
Dr. Oliver Elzer, Richter am KG; *Agnes Fischl,* Rechtsanwältin und Steuerberaterin;
Wiebke Först, Rechtsanwältin; *Michael Keuter,* Immobilienwirt (Dipl. DIA);
Dr. Egbert Kümmel, Rechtsanwalt; *Burkhard Rüscher,* Rechtsanwalt;
Jan-Hendrik Schmidt, Rechtsanwalt; *Prof. Wolfgang Schneider,* Dipl.-Rechtspfleger;
Volkmar Steinmeyer, Rechtsanwalt und Notar; *Dr. Martin Suilmann,* Richter am LG;
Uwe Wanderer, Rechtsanwalt; *Michael Wolicki,* Rechtsanwalt

Verlag C. H. Beck München 2010

Zitiervorschlag: *Bärmann/Seuß/Bearbeiter* Teil Randnummer
Beispiel: *Bärmann/Seuß/Elzer* Rn. A 204

Verlag C. H. Beck im Internet:
beck.de

ISBN 978 3 406 48347 9

Wilhelmstraße 9, 80801 München
Satz, Druck und Bindung: Druckerei C. H. Beck, Nördlingen

Gedruckt auf säurefreiem, alterungsbeständigem Papier
(hergestellt aus chlorfrei gebleichtem Zellstoff)

Vorwort

Seit dem Erscheinen der letzten Auflage sind zwölf Jahre vergangen. Das Wohnungseigentumsrecht hat sich in diesem Zeitraum wie kaum ein anderes Rechtsgebiet entwickelt. Immer schon als *Case-Law* bezeichnet, war es in besonderem Maß auch in der jüngeren Vergangenheit von der Entwicklung der Rechtsprechung abhängig. Darüber hinaus ist auch die Erstellung von Wohnungseigentum zurückgegangen; die Probleme der Wiedervereinigung sind nicht gelöst, aber erheblich reduziert worden.

Die revolutionierende Rechtsprechung des BGH zu den Fragen der Beschlusskompetenz (NJW 2000, 3500) und der Rechtsfähigkeit (NJW 2005, 2061), die schließlich zu der so genannten WEG-Reform durch das Gesetz zur Änderung des Wohnungseigentumsesetzes und anderer Gesetze vom 26. 3. 2007 (BGBl I 2007, 370) führten, sind von erheblicher Bedeutung. Ergänzt wurden die materiell-rechtlichen Neuerungen durch die Aufgabe des FGG-Verfahrens und die Übertragung der wohnungseigentumsrechtlichen Streitigkeiten in das Verfahren nach der ZPO. Änderungen des ZVG, GVG und GKG wurden ergänzend vorgenommen.

In einer Vielzahl von Entscheidungen und Literaturstimmen wurden zudem alte Auffassungen zu vielen Bereichen des Wohnungseigentums überdacht. Als sicher geltende Erkenntnisse hatten nicht immer Bestand. Änderungen von Gesetzen und Rechtsprechung in anderen Rechtsgebieten beeinflussen die Beurteilung. Neuerungen im Bereich energetischer Maßnahmen und steuerrechtlicher Aspekte haben Einfluss auf das Wohnungseigentum genommen.

Dies alles machte eine Neuauflage des von den Herren JR Prof. Dr. Johannes Bärmann begründeten und von Dr. h. c. Hanns Seuß fortgeführten Werkes zwingend erforderlich.

Die Neubearbeitung sollte sich mehr als die Vorauflage an der Bestandsimmobilie orientieren. Dennoch durften Neugründungen nicht unberücksichtigt bleiben. Mit einem Team junger und neuer Autoren wurde die Bearbeitung des Werkes abgeschlossen. Es soll dem Juristen und dem Immobilienverwalter helfen, sich in der komplizierten Rechtsmaterie zu orientieren. Den Verfassern ist bewusst, dass im Hinblick auf die noch jungen Neuerungen in der praktischen Anwendung des Gesetzes noch teilweise erhebliche Unsicherheit besteht. Das Werk soll helfen, diese zu überwinden.

Dem Verlag danke ich für die Übertragung der Aufgabe. Herrn Dr. h. c. Hanns Seuß bin ich wegen der Übertragung der Herausgeberstellung dankbar. Den Autoren sage ich Dank für die intensive und arbeitsreiche Mitarbeit, die immer neben den eigentlichen Aufgaben erfüllt wurde.

Neuss, im November 2009 — Michael Drasdo

Inhaltsübersicht

Inhaltsverzeichnis

D. Versicherung des Wohnungseigentums

E. Das Wohnungseigentum im Steuerrecht

G. Dauerwohnrecht und Dauernutzungsrecht

Literaturverzeichnis

Abramenko .... Das neue WEG in der anwaltlichen Praxis, 2007
Abramenko .... Handbuch WEG, 2009
Ahrens .... Dingliche Nutzungsrechte, 2. Auflage 2007
Amann/Brambring/ Hertel .... Vertragspraxis nach neuem Schuldrecht, 2. Auflage 2002
Bamberger/Roth .... BGB, 2. Auflage 2008
Bärmann .... WEG, Kommentar, 10. Auflage 2008
Bärmann/Pick .... WEG, Kommentar, 18. Auflage 2007
Bauer/v. Oefele .... Kommentar zur Grundbuchordnung, 2. Auflage 2006
Baumbach/Lauterbach/
BeckOK..................... Beck'scher Online-Kommentar
Albers/Hartmann .... Zivilprozessordnung, 67. Auflage 2009
Baur/Stürner .... Sachenrecht, 18. Auflage 2008
Becker/Kümmel/Ott ... Wohnungseigentum 2003
Bielefeld .... Der Wohnungseigentümer, 8. Auflage 2008
Böttcher .... ZVG, 2. Auflage 2005
Brügelmann .... Baugesetzbuch, Loseblatt
Bub/Treier .... Handbuch der Geschäfts- und Wohnraummiete, 3. Auflage 1999/2004
Bumiller/Winkler .... Freiwillige Gerichtsbarkeit, 8. Auflage 2006
Dassler/Schiffhauer/ Hintzen .... ZVG, 13. Auflage 2008
Dauner-Lieb/Heidel/ Lepa/Ring .... Anwaltkommentar BGB Band 2: Schuldrecht 2005
Demharter .... Grundbuchordnung, 26. Auflage 2008
Drasdo .... Die Eigentümerversammlung nach WEG, 4. Auflage 2009
Erman .... Handkommentar zum BGB (2 Bände), 12. Auflage 2008
Gehrlein .... Zivilprozessrecht, 2. Auflage 2003
Gottschalg .... Die Haftung von Verwalter und Beirat in der Wohnungseigentümergemeinschaft, 3. Auflage 2008
Greiner .... Wohnungseigentumsrecht 2007
Grziwotz/Heinemann Grundstückskaufverträge, 1. Auflage 2005
Hagen Brambring/ Krüger/Hertel .... Der Grundstückskauf, 9. Auflage 2008
Harz/Kääb/Riecke/ Schmid .... Handbuch des Fachanwalts Miet- und Wohnungseigentumsrecht, 2. Auflage 2008
Hennings-Holtmann .. Eintragungen in Abteilung II des Grundbuches, 13. Auflage 2006
Herberger/Martinek/ Rüßmann .... juris Praxis Kommmentar BGB, 3. Auflage 2006/07
Hintzen .... Handbuch der Immobiliarvollstreckung, 3. Auflage 1999
Hintzen .... Pfändung und Vollstreckung im Grundbuch, 3. Auflage 2008
Hintzen/Wolf .... Zwangsvollstreckung, Zwangsversteigerung und Zwangsverwaltung 2006
Hock/Mayer/Hilbert/ Deimann .... Immobiliarvollstreckung, 4. Auflage 2008
Hoffmann-Becking/ Rawert .... Beck'sches Formularbuch Bürgerliches-, Handels- und Wirtschaftsrecht, 8. Auflage 2003
Hogenschurz .... Das Sondernutzungsrecht im WEG 2008
Holzer .... Die Richtigstellung des Grundbuchs, 1. Auflage 2005

Holzer/Kramer	Grundbuchrecht, 2. Auflage 2004
Hügel	Beck'scher Online-Kommentar GBO
Hügel/Elzer	Das neue WEG-Recht 2007
Hügel/Scheel	Rechtshandbuch Wohnungseigentum, 2. Auflage 2007
Jacoby	Das private Amt, 2007
Jauernig	Zivilprozessrecht, 29. Auflage 2007
Jennißen	Der WEG-Verwalter 2007
Jennißen	Die Verwalterabrechnung nach dem WEG, 6. Auflage 2008
Jennißen	Wohnungseigentumsgesetz 2008
Kleine-Möller/Merl/Oelmaier	Handbuch des privaten Baurechts, 3. Auflage 2004
Kniffka/Koeble	Kompendium des Baurechts, 3. Auflage 2008
Köhler/Bassenge	Anwaltshandbuch Wohnungseigentumsrecht, 2. Auflage 2009
Krauß	Immobilienkaufverträge in der Praxis, 4. Auflage 2007
Kreuzer	Die Gemeinschaftsordnung nach dem WEG, 1. Auflage 2005
Kuntze/Ertl/Herrmann/Eickmann	Grundbuchrecht, 6. Auflage 2006
Lambert-Lang/Tropf/Frenz	Handbuch der Grundstückspraxis, 2. Auflage 2005
Limmer/Hertel/Frenz/Mayer	Würzburger Notarhandbuch 2005
Lüke/Wax	Münchener Kommentar zur ZPO 2000/2002
Meikel	Grundbuchrecht, 10. Auflage 2009
Müller	Beck'sches Formularbuch Wohnungseigentumsrecht 2007
Müller	Praktische Fragen des Wohnungseigentums, 4. Auflage 2004
Musielak	Zivilprozessordnung, Kommentar, 6. Auflage 2008
Niedenführ/Kümmel/Vandenhouten	Kommentar und Handbuch zum Wohnungseigentumsgesetz, 8. Auflage 2007
Palandt	Kommentar zum Bürgerlichen Gesetzbuch, 68. Auflage 2009
Prütting/Wegen/Weinreich	BGB, Kommentar, 4. Auflage 2009
Rebmann/Säcker/Rixecker	Münchener Kommentar zum BGB, 5. Auflage 2006 ff.
Riecke/Schmid	Fachanwaltskommentar Wohnungseigentumsrecht, 2. Auflage 2008
Riecke/Schmidt/Elzer	Die erfolgreiche Eigentümerversammlung, 4. Auflage 2006
Röll/Sauren	Handbuch für Wohnungseigentümer und Verwalter, 9. Auflage 2008
Roquette/Otto	Vertragsbuch Privates Baurecht 2005
Rosenberg/Schwab/Gottwald	Zivilprozessrecht, 16. Auflage 2004
Rüthers/Stadler	Allgemeiner Teil des BGB, 14. Auflage 2006
Sanden/Schoeneck	Bundes-Bodenschutzgesetz 1998
Sauren	Wohnungseigentumsgesetz, 5. Auflage 2008
Schmid/Kahlen	Wohnungseigentumsgesetz 2007
Schmidt/Basedow	Münchener Kommentar zum HGB, 2. Auflage 2005 f
Schmidt-Futterer/Blank	Mietrecht, Kommentar, 9. Auflage 2007
Schöner/Stöber/Keller/Haegele	Grundbuchrecht, 14. Auflage 2008
Schrödter	Baugesetzbuch, 7. Auflage 2006
Schulze/Dörner/Ebert/Eckert/Hoeren/Kemper/Schulte-Nölke/Saenger/Staudinger	Handkommentar Bürgerliches Gesetzbuch, 5. Auflage 2006
Schwab/Prütting	Sachenrecht, 33. Auflage 2008

Siefert .... Das neue Grundbuchrecht 1936
Soergel/Siebert .... Kommentar zum BGB, 13. Auflage 1999–2007
Staudinger .... J. v. Staudingers Kommentar zum Bürgerlichen Gesetzbuch mit Einführungsgesetz und Nebengesetzen
Stein/Jonas .... Kommentar zur Zivilprozessordnung, 22. Auflage 2002 ff.
Steup .... Grundbuchrang und Grundbuchvormerkung, 1. Auflage 2004
Stöber/Zeller .... Zwangsversteigerungsgesetz, Kommentar zum ZVG, 19. Auflage 2009
Stüer .... Handbuch des Bau- und Fachplanungsrechts, 4. Auflage 2008
Tettinger .... Besonderes Verwaltungsrecht I, 9. Auflage 2007
Thomas/Putzo/ Reichhold/Hüßtege .... Kommentar zur ZPO, 29. Auflage 2008
Wagner .... Insolvenzordnung, Kommentar 1998
Waldner .... Praktische Fragen des Grundstückskaufvertrages, 1. Auflage 2002
Wassermann .... Alternativkommentar zum Bürgerlichen Gesetzbuch 1979
Weirich .... Grundstücksrecht, 3. Auflage 2006
Weitnauer .... Kommentar zum Wohnungseigentumsgesetz, 9. Auflage 2004
Werner/Pastor .... Der Bauprozess, 11. Auflage 2005
Wieling .... Sachenrecht, Band I, Sachen, Besitz und Rechte an beweglichen Sachen 1990
Wirich .... Das Leibgeding, 2007
Wolf .... Lehrbuch des Schuldrechts, 2 Bände, 2. Auflage 1979
Wolicki .... Der Verwaltungsbeirat in WEG: 300 Fragen – 300 Antworten, 2005
Zöller .... Zivilprozessordnung, 27. Auflage 2009

A. Begründung, Erwerb und Veräußerung von Wohnungseigentum

I. Einführung: Wesen und Bedeutung von Wohnungs- und Teileigentum sowie einschlägigen Rechtsgebieten

1. Das Wohnungseigentumsgesetz (WEG)

Das Gesetz über das Wohnungseigentum und das Dauerwohnrecht vom 15. März 1951[1] war eine dringliche Maßnahme des Gesetzgebers, um den Notwendigkeiten der Nachkriegszeit – möglichst vielen Menschen nach Vertreibung und Kriegszerstörung vieler Städte ein Dach über dem Kopf zu verschaffen – zu begegnen. Um dieses Ziel besser zu verwirklichen, war es notwendig, zusätzliche Finanzierungsmöglichkeiten im Bereich des Geschosshausneubaues zu erschließen. Eine solche Finanzierungsquelle wurde in der Möglichkeit von Geschosswohnungen gesehen, die nicht als Miet- sondern als Eigentumswohnung ausgebildet sind. Dazu war erforderlich, erst eine Rechtsgrundlage für die rechtliche Ausgestaltung von echtem Eigentum an Geschosswohnungen zu finden, weil die bisherigen Rechtsinstitute unzureichend waren. Das WEG vom 15. März 1951 löste diese Aufgabe erfolgreich. 1

a) Gliederung des Gesetzes. In diesem Gesetz wurden zwei unterschiedliche Materien behandelt, nämlich im 1. Teil das Wohnungseigentum und im 2. Teil das Dauerwohnrecht. 2

Im 1. Teil wurde die Begründung des Wohnungseigentums (§§ 2 bis 9 WEG) bestimmt, wobei eine Legaldefinition der im Gesetz verwendeten Begriffe (§ 1 WEG) vornimmt. Im 2. Abschnitt war die Gemeinschaft der Wohnungseigentümer, deren Rechte und Pflichten, sowie die Frage einer etwaigen Aufhebung der Gemeinschaft und der Entziehung des Wohnungseigentums als Zwangsmaßnahme behandelt worden. Der 3. Abschnitt betraf die Verwaltung (§§ 20 bis 29 WEG). 3

§ 30 WEG regelte die Anwendung der vorausgehenden Vorschriften für den Fall der Einräumung eines Erbbaurechtes am Grundstück und des hieraus sich ergebenden Wohnungserbbaurechts. 4

Der 2. Teil beschrieb die Begründung einer neuen Form des dinglichen Wohnrechts, das Dauerwohnrecht (§§ 30 bis 42 WEG). 5

Der 3. Teil legte in einem 1. Abschnitt das Verfahren der freiwilligen Gerichtsbarkeit in Wohnungseigentumssachen fest, in einem 2. Abschnitt die Zuständigkeit für Rechtsstreitigkeiten und in einem 3. Abschnitt das Verfahren bei der Versteigerung des Wohnungseigentums, falls ein Entziehungsverfahren gegen einen Wohnungseigentümer nach §§ 18, 19 WEG zur Durchführung gelangen sollte. 6

Die ergänzenden Bestimmungen des 4. Teils befassten sich u. a. mit den Ausführungsbestimmungen für die Baubehörden zur Durchführung des Gesetzes, vor allem für die Erteilung der Abgeschlossenheitsbescheinigung nach § 7 Abs. 4 Nr. 2 WEG und § 32 Abs. 2 Nr. 2 WEG; ferner in § 60 WEG mit der Anwendung der sog. Hausrats-Verordnung vom 21. Oktober 1994.[2] 7

Die ursprünglichen Bestimmungen der §§ 61, 62 WEG über die Einheitsbewertung und die steuerrechtliche Gleichstellung der Eigentumswohnung mit dem Eigenheim wurden mit Art. 28 des Steuerbereinigungsgesetzes 1985 vom 14. 12. 1984[3] gestrichen. 8

---

[1] BGBl. I S. 175, ber. S. 209.
[2] Verordnung über die Behandlung der Ehewohnung und des Hausrats (RGBl. I S. 256).
[3] BGBl. I 1994 S. 1493.

9 Der § 63 WEG regelte die Überleitung bestehender Rechtsverhältnisse, d. h. die mögliche Überführung von altem Stockwerkseigentum in Wohnungseigentum, aber auch die durch Ausführungsgesetze zum BGB offen gelassene Bestandswahrung.

10 Der 2. Teil des Gesetzes, nämlich das Dauerwohnrecht (§§ 31 bis 42 WEG) betreffend, ist in der Praxis nicht in dem ihm zugedachten Maße zum Durchbruch gekommen.

11 Bedeutungslos sind das Dauerwohnrecht und besonders das Dauernutzungsrecht nicht. Gerade in jüngerer Zeit wird es – welches als wirtschaftliches Eigentum, bei richtiger vertraglicher Ausgestaltung, eine echte Alternative zwischen echtem Eigentum und zwischen dem Mietrecht bietet – wieder vermehrt angewandt. Bedeutung erlangt es auch bei der Gestaltungen im Rahmen der Erbfolge[4] und bei der Vertragsgestaltung von Timesharing-Anlagen.[5]

12 Der Nachteil des Dauerwohnrechts besteht darin, dass es kein selbständiges Eigentumsrecht begründet, sondern nur die Belastung eines Grundstücks – auch eines Wohnungseigentums – darstellt. Es vermittelt nur ein – allerdings dingliches, veräußerbares und vererbbares – Nutzungsrecht an einer Wohnung. Dem Dauerwohnberechtigten kann aber – je nach Ausgestaltung des Dauerwohnrechtsvertrages – steuerrechtlich und auch bezüglich der Lasten – und Kostentragung die Stellung eines „wirtschaftlichen" Eigentümers zukommen. Unterlegt man dem Wohnungseigentum nur den Rechtscharakter je eines besonders ausgestalteten Miteigentums „begünstigt" durch Einräumung eines „Sondereigentums", mit der Folge einer hieraus sich ergebenden jeweiligen Beschränkung der anderen Miteigentumsanteile (was im theoretischen Ergebnis auf eine nur umgekehrt formulierte gesetzliche Ordnung i. S. d. § 1010 BGB hinauskäme), so wäre eine Unterscheidung zwischen Wohnungseigentum und Dauerwohnrecht rechtstheoretisch kaum mehr zu machen.

13 Als ergänzende Vorschriften zum Gesetz sind zu nennen: Allgemeine Verwaltungsvorschrift für die Ausstellung von Bescheinigungen gem. § 7 Abs. 4 Nr. 2 und § 32 Abs. 2 Nr. 2 des Wohnungseigentumsgesetzes vom 19. 3. 1974[6] und die Wohnungsgrundbuchverfügung vom 24. 1. 1995.[7]

14 **b) Entstehung und Entwicklung des Gesetzes.** Die Idee der Bildung eines Eigentumsrechts an Wohnungen oder Räumen, also an Teilen eines Gebäudes war offenbar zu allen Zeiten und in allen Bereichen der Kulturräume innerhalb und außerhalb Europas allgemein verbreitet. Sie ergab sich aus der Notwendigkeit des kollektiven Wohnens in mehrstöckigen Gebäuden.

15 Das Bürgerliche Gesetzbuch hatte mit Wirkung vom 1. 1. 1900 die Bildung von Stockwerks- oder Raumeigentum unmöglich gemacht. Art. 189 Abs. 1 S. 3 EGBGB hat die Begründung von Raumeigentum verboten. Allerdings sollte bestehendes Stockwerkseigentum nach Art. 182 EGBGB erhalten bleiben mit der Maßgabe, dass für dieses das bisherige Recht weiterhin gültig ist.

16 Einige Länder hatten in ihren jeweiligen Ausführungsgesetzen zum BGB hierüber besondere Vorschriften aufgenommen, so etwa Hessen,[8] Bayern,[9] Baden-Württemberg.[10] Art. 196 EGBGB überlässt es der Landesgesetzgebung, bestehende vererbliche und übertragbare Nutzungsrechte an Grundstücken als „grundstücksgleiche Rechte" den Vorschriften über Grundstücke nach BGB zu unterwerfen.

---

[4] *Mayer* ZNotP 2000, 354.

[5] *Tonner* WPM 1998, 313.

[6] BAnz. 1974 Nr. 58 vom 23. 3. 1974.

[7] Verordnung über die Anlegung und Führung der Wohnungs- und Teileigentumsgrundbücher i. d. F. v. 24. 1. 1995 (BGBl. I S. 134).

[8] Hessisches Gesetz zur Überleitung des Stockwerkseigentums v. 6. 2. 1962 (GVBl. I S. 17).

[9] Art. 62 Bayerisches Ausführungsgesetz zum BGB v. 20. 9. 1982, GVBl. 1982, 803.

[10] §§ 35 ff. Baden-Württembergisches Ausführungsgesetz zum BGB (BWAGBGB) v. 26. 11. 1974 (GBl. S. 498).

Die Entstehungsgeschichte des WEG selbst kann kurz zusammengefasst werden: Über einen Initiativantrag von Abgeordneten und einen Referentenentwurf des Bundesjustizministeriums wurde durch den Bundestag am 31. 1. 1951 der letzte Entwurf des Wohnungseigentumsgesetzes einstimmig angenommen. Nach Zustimmung durch den Bundesrat am 16. 2. 1951 erfolgte die Veröffentlichung im Bundesgesetzblatt am 19. 3. 1951. Das Wohnungseigentumsgesetz war geboren und trat am 30. 3. 1951 in Kraft.[11] 17

Die wirtschaftliche Bedeutung dieses Gesetzes war groß, es hatte auch in der Praxis bewährt. Das mit dem Gesetz verfolgte Ziel der Schaffung von mehr Wohnraum in einem der Notsituation nach dem Zweiten Weltkrieg entsprechenden Umfang, ist erreicht worden. Selbstverständlich fehlte es schon vor dem Inkrafttreten des Gesetzes nicht an Kritik. Es war aber keinesfalls angebracht, das Gesetz als „verfehlte Konstruktion", als einen „Missgriff des Gesetzgebers"[12] oder als „dogmatisch wilde Form"[13] oder als „in seinen Grundelementen verfehlt", wegen „Gegenstandslosigkeit, Widersprüchlichkeit und Inhaltslosigkeit der grundlegenden Bestimmungen" zu bezeichnen. Allerdings bleibt dem Gesetzgeber der Vorwurf nicht erspart, dass manche Unklarheit allein schon deshalb entstanden ist, weil er Legaldefinitionen in § 1 WEG versucht hat, die dann in Widerspruch zu den weiteren Formulierungen des Gesetzes stehen, so wie das für den Widerspruch der kategorischen Anwendung des Gemeinschaftsrechts der §§ 741 ff. BGB nach § 10 Abs. 2 S. 1 WEG zu der tatsächlichen Ordnung in §§ 13 bis 29 WEG ebenfalls gilt. Der Gesetzgeber hat zwar mit lobenswerter Kühnheit versucht, den Grundsatz der Akzessorietät, den die Pandektistik des ausgehenden 19. Jahrhunderts mehr oder weniger vorgeschrieben hatte (§§ 93, 94, 905 BGB) in unbegründeter Annahme eines solchen Grundsatzes im antiken römischen Recht, über Bord zu werfen durch die Einräumung von Sondereigentum in Verbindung mit dem Miteigentum. Der Gesetzgeber hatte aber nicht expressis verbis zum Ausdruck gebracht, dass diese sachenrechtlichen Bestandteile in einer untrennbaren Verbindung mit dem Gemeinschaftsverhältnis der Wohnungseigentümer untereinander stehen, und dass nicht nur Miteigentum und Sondereigentum miteinander untrennbar verbunden sind (§ 6 WEG), weil die Gemeinschaft als solche unauflösbar ist (§ 11 WEG), sondern dass die Untrennbarkeit der beiden sachenrechtlichen Bestandteile auch das personenrechtliche Verhältnis mit umfasst. Hier konnte der Gesetzgeber nicht über den Schatten der, ebenfalls römischrechtlich begründeten strikten Trennung von Sachenrecht und Schuldrecht, springen, was aber die Rechtsprechung, z. B. mit der Entwicklung der Institution der Sicherungsübereignung erfolgreich getan hatte. 18

c) Die Novellierung des Gesetzes. Zunächst war das WEG vom 15. 3. 1951 nur durch ein Gesetz zur Änderung des Wohnungseigentumsgesetzes und der Verordnung über das Erbbaurecht vom 30. 7. 1973[14] wesentlich und in substanzieller Form geändert worden. Die Stellung des Wohnungseigentümers gegenüber dem Verwalter wurde gestärkt; im Übrigen handelt es sich um technische Klarstellungen und Erleichterungen. Die übrigen Gesetze vom 7. 8. 1952 über Maßnahmen auf dem Gebiet des Kostenrechts,[15] vom 26. 7. 1957 zur Änderung und Ergänzung kostenrechtlicher Vorschriften[16] und vom 30. 5. 1973 zur Änderung des bürgerlichen Gesetzbuches und anderer Gesetze,[17] brachten notwendige systematischen und redaktionellen Ergänzungen. 19

---

[11] Zur Entstehungsgeschichte: *Weitnauer* und *Bärmann*, WEM 1981, Heft 2; vor allem die Sammlung der Gesetzesmaterialien PiG Nr. 8, 1982.

[12] *Liver*, Gedächtnisschrift Marxer, S. 149.

[13] *Lange* NJW 1950, 204.

[14] BGBl. I S. 910.

[15] BGBl. I S. 401.

[16] BGBl. I S. 861.

[17] BGBl. I S. 501.

20 Im Jahre 1977 ging eine Initiative zur Novellierung vom Bayerischen Justizministerium aus, der Vorschlag wurde vom Bundesrat übernommen.[18] Der wesentliche Inhalt dieses Entwurfes des Bundesrates lässt sich wie folgt auflisten:
- Begrenzung der Größe der Wohnungseigentumsgemeinschaften auf 100 Einheiten (§ 2 WEG),
- Zustimmung dinglich Berechtigter zu Wohnungseigentümervereinbarungen nach § 5 WEG,
- erleichterte Abänderung der Vereinbarungen über das Verhältnis der Wohnungseigentümer untereinander nach § 10 WEG. Danach sollte eine ¾ Mehrheit aller stimmberechtigten Wohnungseigentümer zur Änderung genügen,
- Anteil an gemeinschaftlichen Geldern und Verfügungsbeschränkungen hierüber gem. § 11 WEG,
- Veräußerungsbeschränkungen; Klarstellung der Berechtigung zur Zustimmung,
- Nutzungsbeschränkungen nach § 13 WEG,
- Entziehung des Wohnungseigentums, Einführung des Kopfstimmrechts,
- Instandhaltungsrücklage als Pflicht zu § 21 WEG,
- schriftliches Beschlussverfahren nach § 23 WEG neu gefasst,
- Einberufungspflicht des Verwalters,
- Beschlussfähigkeit der Versammlung,
- gesonderte Anlage der Gelder nach § 27 WEG,
- Geltendmachung der Zahlungsansprüche.

21 Dementgegen wurde in einem Referentenentwurf vom 20. 12. 1977 eine Reihe von Alternativ- und Ergänzungsvorschlägen des Bundesjustizministeriums vorgelegt: betreffend insbesondere den Anteil an den gemeinschaftlichen Geldern; das gemeinschaftliche Vermögen sollte als wesentlicher Bestandteil des Wohnungseigentums zu betrachten sein; ferner sollten Gebrauchsbeschränkungen eingeführt, die Errichtung und Fertigstellung von Wohnungseigentumsanlagen im Zusammenhang mit den stecken gebliebenen Bauträgerbauten geregelt werden. Daneben:
- Die Einberufungsfrist nach § 24 Abs. 4 WEG sollte auf einen Monat verlängert werden.
- Das Quorum des § 25 Abs. 3 WEG sollte wegfallen.
- Einseitige und missbräuchliche Regelungen des Stimmrechts sollten beseitigt werden.
- Beschlussmäßige Veränderung von Vereinbarungen mit einer Fülle von Kautelen, die kaum noch zu überblicken und zu verifizieren gewesen wären, war vorgesehen.

22 Schließlich hat die Bundesregierung selbst einen Entwurf vorgelegt, der zum Teil Änderungsvorschläge des Bundesratsentwurfs übernommen hat und gewisse Vorschläge des Referentenentwurfs nicht mehr aufrechterhalten wollte. An diesen Änderungsvorschlägen wurde heftig Kritik geübt. Es kann aber nicht zu einer Änderung.

23 Weitere wichtige Änderungen des WEG erfolgten mit dem Rechtspflegevereinfachungsgesetz vom 17. 12. 1990[19] sowie mit dem Gesetz zur Entlastung der Rechtspflege vom 11. 1. 1993.[20] Diese am 1. 1. 1991 bzw. am 1. 3. 1993 in Kraft getretenen Gesetze ändern und ergänzten das bis dahin geltende Gesetz in den §§ 45 Abs. 1 WEG, § 46 a Abs. 1 bis 3 WEG. Hiermit wurde das Mahnverfahren abweichend von den systematischen Vorgaben des FGG eingeführt. Ferner brachte § 48 Abs. 1 S. 4 WEG eine neue Gebührenregelung in Zusammenhang mit dem Mahnverfahren. Der Beschwerdewert wurde angehoben.

24 Neben dem WEG wurden im Rechtspflegevereinfachungsgesetz weitere gesetzliche Änderungen getroffen, die für das wohnungseigentumsrechtliche Verfahren von Bedeutung waren:

[18] Drucksache 8/161 vom 8. 3. 1977.
[19] BGBl. I S. 2847.
[20] BGBl. I S. 50.

- Der Wert des Beschwerdegegenstands gegen eine isolierte Kostenentscheidung wurde in § 20 a Abs. 1 FGG angehoben.
- Gegen eine Kostenentscheidung war ein Rechtsmittel nur zulässig, wenn das Beschwerdegericht erstmals eine Entscheidung über den Kostenpunkt getroffen hatte. Das bedeutet, dass eine weitere Beschwerde gegen eine isolierte Kostenentscheidung des Amtsgerichts nicht möglich ist.
- Eingeführt wurde zudem in § 29 a ZPO eine neue Gerichtsstandsregelung die besagte, dass für Klagen Dritter, die sich gegen Mitglieder oder frühere Mitglieder einer Wohnungseigentümergemeinschaft richten, das Gericht zuständig ist, in dessen Bezirk das Grundstück liegt. Damit sollte verhindert werden, dass Ansprüche gegen verschiedene Wohnungseigentümer wegen unterschiedlicher Wohnsitze und der daraus folgenden diversen allgemeinen Gerichtsständen von unterschiedlichen und auswärtigen Gerichten entschieden wurden.

d) Änderung des § 3 WEG wegen Abgeschlossenheit für Ostdeutschland. Die Frage 25
der Abgeschlossenheit hat eine unerwünschte wohnungspolitische Bedeutung erlangt, die durch eine Entscheidung des BVerwG vom 26. 7. 1989[21] ausgelöst wurde. Danach durften Abgeschlossenheitsbescheinigungen bei Umwandlung von Miet- in Eigentumswohnungen nur dann erteilt werden, wenn die Wohnungstrennwände und die Geschosstrenndecken zwischen verschiedenen Wohnungen den geltenden baurechtlichen Normen bezüglich Schall- und Wärmeschutz entsprachen. Da dieses Ergebnis die Privatisierungsabsichten in den ostdeutschen Bundesländern vereitelt hätte, musste eine entsprechende Gesetzesänderung vorgenommen werden. Aus diesem Grund wurden die §§ 3 und 32 WEG durch Artikel 11 des Gesetzes zur Beseitigung von Hemmnissen bei der Privatisierung von Unternehmen und zur Förderung von Investitionen vom 22. 3. 1991[22] dahingehend ergänzt, dass unbeschadet der im übrigen Bundesgebiet bestehenden Rechtslage wird die Abgeschlossenheit von Wohnungen oder sonstigen Räumen, die vor dem 3. Oktober 1990 bauordnungsrechtlich genehmigt worden sind, in dem in Artikel 3 des Einigungsvertrages bezeichneten Gebiet nicht dadurch ausgeschlossen wurde, dass die Wohnungstrennwände und Geschosstrenndecken oder die entsprechenden Wände oder Decken bei sonstigen Räumen nicht den damaligen bauordnungsrechtlichen Anforderungen entsprachen.

Letztlich hat sich die genannte Rechtsprechung des BVerwG nicht durchgesetzt, weil 26
auf Vorlage des BGH[23] der Gemeinsame Senat der Obersten Gerichtshöfe des Bundes[24] die Auffassung des BVerwG verwarf und eine Versagung der Abgeschlossenheit wegen mangelnder Schall- und Wärmedämmung bei Trennwänden und Trenndecken nicht billigte.[25]

e) Heilungsgesetz, Kostenrechtsänderung und Insolvenzordnung. Durch das „Gesetz 27
zur Heilung des Erwerbs von Wohnungseigentum" vom 3. 1. 1994[26] wurde in das WEG ein neuer § 61 eingefügt, der anordnete, dass für den Fall, dass eine nach § 12 WEG erforderliche Zustimmung fehlte die Veräußerung und das zugrunde liegende Verpflichtungsgeschäft unbeschadet der sonstigen Voraussetzungen wirksam waren, wenn die Eintragung der Veräußerung oder einer Auflassungsvormerkung in das Grundbuch vor dem 15. 1. 1994 erfolgt war und es sich um die erstmalige Veräußerung dieses Wohnungseigentums nach seiner Begründung gehandelt hat, wen dem nicht eine rechtskräftige gerichtliche Entscheidung entgegenstand. Das Fehlen der Zustimmung stand in diesen Fällen dem Eintritt der Rechtsfolgen des § 878 BGB nicht entgegen.

---

[21] BVerwG NJW 1990, 848.
[22] BGBl. I S. 766.
[23] BGH NJW 1991, S. 1611.
[24] GemS-OGB NJW 1992, 3290.
[25] BGH NJW 1993, 592 die Problematik insoweit allgemein abschließend betrachtend.
[26] BGBl. I S. 66.

28 Mit dieser gesetzlichen Regelung wurde die Rechtsfolge der BGH-Entscheidung vom 21. 2. 1991[27] geheilt, nach der alle vor diesem Zeitpunkt abgeschlossenen Kaufverträge schwebend unwirksam waren.

29 Mit dem Kostenrechtsänderungsgesetz 1994[28] wurde in § 48 WEG die Gebührenregelungen für das Mahnverfahren nach § 46 a WEG, für verschiedene Gebührensätze bei Teilen des Gegenstands u. a. sowie die Geschäftswertfestsetzung geändert.

30 Durch das Einführungsgesetz zur Insolvenzordnung vom 5. 10. 1994[29] wurden die notwendigen terminologischen Anpassungen in den § 11 Abs. 2 und 12 Abs. 3 WEG vorgenommen.

31 **f) Die Reform des Wohnungseigentumsgesetzes.** In der Vergangenheit waren zahlreiche Vorschläge für eine Novellierung des WEG sowohl durch die Gesetzgebungsorgane[30] als auch aus der Reihe der Verbände[31] gemacht worden. Die bisher umfangreichste Veränderung des WEG erfolgte durch die so genannte WEG-Novelle.[32]

32 Der Gesetzgeber hat anders als in den bisherigen Änderungen in weiten Bereichen in die bisherigen Strukturen eingegriffen und das Wesen des Wohnungseigentums in seiner bisherigen Form erheblich verändert. Der vorgenommene Paradigmenwechsel ist in der Entstehungsphase des Gesetzes zum Teil auf erheblichen Widerstand gestoßen. Oftmals waren die Meinungen auch geteilt. Eine Zustimmung hat die Reform in ihrer Gänze aus Gründen, die oftmals nur politisch verstanden werden können, nur vereinzelt gefunden.[33]

33 Ihre Begründung findet die Novellierung des WEG zunächst in der Entscheidung des BGH vom 20. 9. 2000:[34] Dieser hatte entgegen der bisher in Rechtsprechung und Literatur weit verbreiteten Ansicht sowie der oftmals bestehenden Verwaltungspraxis im Anschluss an Buck[35] und Wenzel[36] die Auffassung vertreten, dass den Wohnungseigentümern nur dort eine Beschlusskompetenz zukomme, wo dies durch das Gesetz oder eine Vereinbarung ausdrücklich gestattet werde. Mangele es an einer solchen gesetzlichen oder vertraglichen Öffnungsklausel, so könnten dennoch gefasste Beschlüsse soweit sie die Gemeinschaftsordnung änderten oder von den gesetzlichen Vorgaben abwichen, keinen Bestand haben. Sie seien nichtig. Der BGH hatte damit den als Pseudovereinbarungen bezeichneten Beschlussfassungen, die mit dem Eintritt der Bestandskraft zu einer Änderung des Grundverhältnisses der Wohnungseigentümer zueinander führen sollten, eine eindeutige Absage erteilt. Lediglich dort, wo zwar eine Beschlusskompetenz bestand, diese jedoch fehlerhaft ausgeübt wurde, könne eine Bestandskraft durch Ablauf der Anfechtungsfrist noch eintreten.

34 Wenn auch nicht so bedeutend in ihren Auswirkungen – doch für die Verwaltungspraxis ebenso wichtig – war die Entscheidung des BGH vom 23. 8. 2001, mit welcher die Feststellung des Beschlussergebnisses durch den Versammlungsleiter als wesentlicher

---

[27] BGH NJW 1991, 1613.

[28] Gesetz zur Änderung von Kostengesetzen und anderen Gesetzen (Kostenrechtsänderungsgesetz 1994 – KostRÄndG 1994) v. 24. 6. 1994 (BGBl. I S. 1325).

[29] BGBl. I S. 2911.

[30] Entwurf eines Gesetzes zur Änderung des Gesetzes über das Wohnungseigentum und das Dauerwohnrecht v. 8. 3. 1977, BT-Drucks. 8/161; Entwurf eines Gesetzes zur Änderung des Wohnungseigentumsgesetzes v. 28. 12. 1978 (BT-Drucks. 8/2444).

[31] *Bielefeld/Drasdo/Gottschalg/Keuter,* Josef-Humar-Institut: Entwurf eines Gesetzes zur Änderung des Wohnungseigentumsgesetzes und anderer Gesetze, DWE 1999, 52.

[32] Gesetz zur Änderung des Wohnungseigentumsgesetzes und anderer Gesetze v. 26. 3. 2007 (BGBl. I S. 370).

[33] *Bielefeld* DWE 2006, 79; *Bielefeld* DWE 2006, 117; *Bielefeld* DWE 2007, 3; Stellungnahme der Spitzenverbände der Wohnungswirtschaft DWE 2006, 51.

[34] BGH NJW 2000, 3500.

[35] *Buck* WE 1998, 90.

[36] *Wenzel* FS Hagen, 1999, S. 231.

Bestandteil des Beschlusses angesehen wurde.[37] Demzufolge komme ein Beschluss nicht zu Stande, wenn nur das Abstimmungsergebnis verkündet oder festgehalten wird. Zwingend erforderlich sei, die Verkündung eines bestimmten Beschlusses. Die Ermittlung des Abstimmungsergebnisses stellt demnach nur die Grundlage dafür dar, zu ermitteln, ob ein Beschluss mit der erforderlichen Mehrheit gefasst wurde. Dieser selber existierte erst, wenn der Versammlungsleiter dies feststelle.

Für die Änderung des Gesetzes von wesentlichster Bedeutung war jedoch die Entscheidung des BGH vom 2. 6. 2005[38] über die so genannte Teilrechtsfähigkeit der Wohnungseigentümergemeinschaft. Im Anschluss an die Erkenntnis über die Rechtsfähigkeit der Gesellschaft bürgerlichen Rechts[39] war auch in der Literatur die Frage untersucht worden, ob für die Wohnungseigentümergemeinschaft wegen der kooperativen Ausgestaltung eine solche Rechtsfähigkeit angenommen werden könne. Auch hier waren die Meinungen geteilt. Weitere Senate des BGH[40] und andere Obergerichte[41] haben sich letztlich der Auffassung des diese Rechtsprechung zwischenzeitlich vertiefenden V. Senats[42] angeschlossen und eine solche Rechtsfähigkeit der Wohnungseigentümergemeinschaft für die Bereiche angenommen, in denen diese am Wirtschaftsverkehr teilnimmt. 35

Der Gesetzgeber wollte bereits die Entscheidung des BGH zur Frage der Beschlusskompetenzen zum Anlass nehmen, eine Reform des Wohnungseigentumsrechts einzuleiten. 36

Dem vorausgegangen war zunächst eine Gesetzesinitiative des Landes Bayern.[43] Diese hatte eine Vereinfachung der Erstellung des Aufteilungsplanes nach § 3 Abs. 2 WEG und der Erteilung des Abgeschlossenheitsbescheinigung gemäß § 7 Abs. 4 WEG zum Ziel. Der Vorschlag scheiterte letztlich am Votum der damaligen Bundesregierung.[44] 37

Die Novellierung des WEG begann letztlich mit einer Umfrage des Bundesministers der Justiz, die unter dem Namen des damals zuständigen Referenten unter der Bezeichnung „Stiller-Papier“ bekannt wurde. Bei verschiedenen Verbänden und Personen wurde abgefragt, ob eine Änderung des WEG im Hinblick auf die seit der Entscheidung des BGH vom 20. 9. 2000 bestehende Rechtslage zur Beschlusskompetenz für notwendig erachtet wurde. Soweit bekannt, hat der überwiegende Teil der damals befragten Institutionen kein unmittelbares Bedürfnis für eine Änderung erkannt. 38

Dennoch hat die Bundesregierung unter dem 27. 5. 2005 einen Gesetzesentwurf, der bereits zuvor als Regierungsentwurf vorgestellt worden war, in den Gesetzgebungsgang eingebracht.[45] Dieser wurde unter dem 9. 3. 2006 dem Bundestag zugeleitet.[46] Inhalt dieses Entwurfes war auf der materiellen Seit zunächst die Erweiterung der Beschlusskompetenzen der Wohnungseigentümer. Es sollte keine generelle Öffnungsklausel eingeführt werden. Der Entwurf beschränkte sich auf Änderungsmöglichkeiten durch eine Beschlussfassung bezüglich u. a. 39

– der Abschaffung einer nach § 12 WEG vereinbarten Veräußerungszustimmung;

---

[37] BGH NZM 2001, 961.

[38] BGH NJW 2005, 2061.

[39] BGH NZM 2001, 299; BAG NJW 2005, 1004.

[40] BGH NJW 2007, 1464; BGH NJW 2007, 1952; BGH NJW 2007, 1957; BGH ZMR 2007, 286.

[41] BVerwG NJW 2006, 791.

[42] BGH NJW 2005, 3146; BGH NJW 2006, 2187; BGH NZM 2007, 411.

[43] Entwurf eines Gesetzes zur Änderung des Gesetzes über das Wohnungseigentum und das Dauerwohnrecht v. 25. 3. 2004 (BR-Drucks. 240/04).

[44] Entwurf eines Gesetzes zur Änderung des Gesetzes über das Wohnungseigentum und das Dauerwohnrecht vom 23. 6. 2006 (BT-Drucks. 15/3423, S. 8).

[45] Entwurf eines Gesetzes zur Änderung des Gesetzes über das Wohnungseigentum und das Dauerwohnrecht vom 27. 5. 2005 (BR-Drucks. 397/05).

[46] Entwurf eines Gesetzes zur Änderung des Gesetzes über das Wohnungseigentum und anderer Gesetze vom 9. 3. 2006 (BT-Drucks. 16/887).

- der Möglichkeit, die Kostenverteilung für die Betriebskosten generell und für Instandsetzungen im Einzelfall zu ändern;
- der Befugnis, einzelne Kosten unmittelbar einem Sondereigentum zuzuordnen

Zudem wurde vorgeschlagen,

- die Zustimmungsrechte der Grundpfandrechtsgläubiger zu verringern;
- einen Anspruch auf Änderung der bestehenden Vereinbarungen unter erleichterten Bedingungen einzuführen;
- die Einladungsfrist für die Wohnungseigentümerversammlung von einer auf zwei Wochen zu verlängern;
- im Hinblick auf die zu schaffenden Beschlusskompetenzen eine so genannte Beschluss-Sammlung, in der auch darauf basierende Änderungen festgehalten werden sollten, einzuführen und dem Verwalter die Verantwortung unter Androhung seiner fristlosen Abberufung für diese zu übertragen;
- das Entziehungsverfahren der §§ 18, 19 WEG in der Vollstreckung dem ZVG zu unterwerfen.

40 In dem Entwurf war weiterhin als wesentlicher Bestandteil enthalten, dass die Rechtsstreitigkeiten im Zusammenhang mit dem Wohnungseigentum nicht wie bisher dem Gesetz über die Freiwillige Gerichtsbarkeit[47] unterstellt, sondern nunmehr in die ZPO[48] eingegliedert wurden. Ausschlaggebend für diesen Vorschlag war sicherlich auch, dass das BayObLG[49] abgeschafft worden war,[50] so dass im Hinblick auf die gegebenen Instanzen keine Besonderheiten mehr zu berücksichtigen gewesen wären.

41 Da sich in der Vergangenheit oftmals gezeigt hatte, dass Zwangsversteigerungsverfahren durch die Wohnungseigentümer oder die Wohnungseigentümergemeinschaft nicht betrieben werden konnten, weil die besserrangig gesicherten Grundpfandrechtsgläubiger dies aus eigenen Interessen vereitelten, sollte eine Privilegierung der wohnungseigentumsrechtlichen Ansprüche in bestimmtem, zeitlich und betragsmäßig begrenztem Umfang eingeführt werden. Damit sollte zumindest eine anteilige Befriedigung der Forderungen des Verbandes sichergestellt, aber auch erreicht werden, dass eine Versteigerung tatsächlich erfolgen konnte. Möglich war dies, weil die Regelung des § 10 Abs. 1 Nr. 2 ZVG[51] geändert werden sollte, so dass für die Forderungen der Wohnungseigentümergemeinschaft eine bessere Rangstellung als die der Grundpfandrechtsgläubiger in § 10 Abs. 1 Nr. 4 ZVG geschaffen wurde.

42 Bereits wenige Tage nach der Einleitung des Gesetzgebungsverfahrens hatte der V. Senat des BGH am 2. 6. 2005[52] sich entgegen der Rechtsprechung des II. Senats des BGH[53] einer in der Literatur[54] im Vordringen befindlichen Auffassung angeschlossen, dass die Wohnungseigentümergemeinschaft ein selbständiger und rechtsfähiger Verband eigener Art sei. Im Anschluss an die Rechtsprechung des II. Senats des BGH[55] sowie des BAG[56] zu der Rechtsfähigkeit der Gesellschaft bürgerlichen Rechts hatte sich im Vorfeld zu der Entscheidung in der Literatur eine weite Zustimmung zur Frage der Rechtsfähigkeit der Wohnungseigentümergemeinschaft gezeigt. Zur Begründung wurde vielfach auf die kooperativen Grundstrukturen der Wohnungseigentümergemeinschaft, ihre Ähnlich-

---

[47] Gesetz über Angelegenheiten der Freiwilligen Gerichtsbarkeit v. 17. 5. 1998 (RGBl. S. 189).

[48] Zivilprozessordnung i. d. F. v. 5. 12. 2005 (BGBl. I S. 3202, ber. 2006 S. 431 u. 2007 S. 1781).

[49] Gesetz zur Auflösung des Bayerischen Obersten Landgerichts und der Staatsanwaltschaft bei diesem Gericht v. 25. 10. 2004 (GVBl. S. 400).

[50] BayVerfGH, Beschluss vom 29. 9. 2005 – 3-VII-05 und 7-VIII-05.

[51] Gesetz über die Zwangsversteigerung und die Zwangsverwaltung, v. 24. 3. 1897 (RGBl. S. 97).

[52] BGH NJW 2005, 2061.

[53] BGH NJW-RR 2004, 874.

[54] *Häublein* FS Wenzel, 175; *Maroldt* ZWE 2002, 387; *Raiser* ZWE 2001, 173; *Schwörer* NZM 2002, 421.

[55] BGH NZM 2001, 299.

[56] BAG NJW 2005, 1004.

keit bezüglich der „Organe" – Wohnungseigentümerversammlung, Verwaltungsbeirat und Verwalter – sowie das fehlende, ansonsten für die Personengesellschaften typische Verbot der Fremdorganschaft verwiesen. Hinzu kamen zahlreiche praktische Erwägungen, weil sich in der Verwaltungspraxis oftmals Probleme beim Übergang von für die gemeinschaftliche Verwaltung abgeschlossenen Verträgen mit dritten Personen herausstellten.[57] Letztlich war auch seit langem umstritten, wie das Eigentum an den den Wohnungseigentümern zuzurechnenden Gegenständen und die Beteiligung an der Instandhaltungsrücklage auf einen Erwerber übergehen konnte.

Zudem hat der BGH die Haftungsverfassung der Wohnungseigentümergemeinschaft abweichend von der bisher unbestrittenen Auffassung der Annahme einer gesamtschuldnerischen Haftung der Wohnungseigentümer für die durch die Verwaltungsmaßnahmen verursachten Schulden negiert. Eine dahingehende Anordnung fehle im WEG, so dass eine solche Haftung nur in Betracht komme, wenn dafür eine gesetzliche Anordnung vorliege. Die Wohnungseigentümer wären nur verpflichtet, die Wohnungseigentümergemeinschaft mit hinreichenden Finanzmitteln auszustatten. Werde diese Verpflichtung verletzt, könne sich daraus jedoch wiederum eine gesamtschuldnerische Haftung ergeben. Voraussetzung sei nur ein dahingehendes, von § 280 Abs. 1 BGB vermutetes Verschulden. Die originäre Haftung für die Verwaltungsschulden liege nur bei dem Verband „Wohnungseigentümergemeinschaft". 43

Im Hinblick auf die Bedeutung der Entscheidung, die während des Gesetzgebungsverfahrens bekannt wurde, haben der Rechtsausschuss und der Ausschuss für Städtebau, Wohnungswesen und Raumordnung gebeten, im weiteren Verlauf des Gesetzgebungsverfahrens zu prüfen, ob die von dem BGH angenommene Teilrechtsfähigkeit der Wohnungseigentümergemeinschaft Änderungen der beabsichtigten Regelungen erforderlich mache.[58] Eine solche Änderung wäre im Hinblick auf die geplanten Neuerungen allenfalls im verfahrensrechtlichen Teil notwendig gewesen. Der Gesetzgeber hat jedoch, ohne die Notwendigkeit der Rechtsfähigkeit der Wohnungseigentümergemeinschaft und die dogmatische Einordnung dieses Ansatzes zu diskutieren, in der weiteren Entwicklung des Gesetzgebungsverfahrens die Rechtsfähigkeit der Wohnungseigentümergemeinschaft angenommen. Lediglich die Frage der Haftungsverfassung stieß, nachdem diese in der Literatur[59] bereits Kritik erfahren hatte, nicht auf Zustimmung. Insoweit sah der Gesetzgeber die Gefahr, dass das Wohnungseigentum Vertrauen bei dem Verbraucher und bei Geschäftspartnern verlieren könnte. Zudem wäre eine solche Haftungsfreistellung bei Personenverbänden, die nicht juristischen Personen sind, unsystematisch. 44

Der neue, dem Bundestag nunmehr zugeleitete Entwurf[60] sah demzufolge in Fortführung der bisherigen Darstellungen zunächst die Kodifizierung der Rechtsfähigkeit der Wohnungseigentümergemeinschaft für die Teilnahme am Rechtsverkehr vor. Die Regelungen des § 10 Abs. 6 bis 8 WEG legten nunmehr die Folgen der Rechtsfähigkeit fest. Diese machte darüber hinaus Anpassungen des Gesetzes sowohl im Hinblick auf die Stellung des Verwalters als auch das Verfahren erforderlich. Vorgesehen wurde daher eine Anpassung des § 27 WEG, der nunmehr in einem neuen dritten Absatz das Rechtsverhältnis des Verwalters zu dem Verband berücksichtigte, während der zweite Absatz sich auf die nicht rechtsfähige Gemeinschaft der Wohnungseigentümer bezieht. Gleichzeit wurde die Höchstdauer der Erstbestellung des Verwalters in § 26 Abs. 1 WEG auf drei Jahre beschränkt. Der zunächst vorgesehene Gedanke der Insolvenzfähigkeit des 45

[57] *Drasdo* NJW 2004, 1988.

[58] BR-Drucks. 397/1/05, S. 1.

[59] *Armbrüster* ZWE 2005, 369; Bork ZIP 2005, 1205; *Bub/Petersen* NJW 2005, 2590; *Elzer* ZMR 2005, 683; *Häublein* ZMR 2005, 557; *Häublein,* ZMR 2006, 1; *Hügel,* DNotZ 2005, 753.

[60] Entwurf eines Gesetzes zur Änderung des Gesetzes über das Wohnungseigentum und anderer Gesetze v. 13. 12. 2006 (BT-Drucks. 16/3843).

rechtsfähigen Verbandes wurde nach einer kurzen Diskussion in der Literatur[61] in diesem neuen Entwurf wieder aufgegeben.

46 Nicht übernommen hat der Gesetzgeber die seitens des BGH vorgesehene Haftungsverfassung. Vielmehr hat er in § 10 Abs. 8 WEG eine an dem Miteigentumsanteil orientierte Außenhaftung der Wohnungseigentümer für die Verbandsschulden gegenüber dritten Personen angenommen. In Anlehnung an § 160 HGB wurde diese abgestimmt auf die Fälligkeit der Forderungen auch zeitlich dahingehend limitiert, dass eine Haftung des Wohnungseigentümers regelmäßig nicht wie nach der bisherigen Rechtslage auf Dauer, sondern nur in einem Rahmen entsprechend des sog. handelsrechtlichen Nachhaftung bestehen sollte. Geschaffen wurde damit ein gesetzlicher Anspruch Dritter, der akzessorisch von dem Bestand der gegen die Wohnungseigentümergemeinschaft als Verband gerichteten Forderungen abhängig ist. Damit wurde der so genannten Haftungsverbandstheorie[62] eine endgültige Absage erteilt.

47 Völlig überraschend für alle Beteiligte hat der Rechtsausschuss des Deutschen Bundestages in seiner Beschlussempfehlung auch § 26 Abs. 1 WEG modifiziert.[63] Die Bestellungsdauer des Erstverwalters wurde auf drei Jahre minimiert. Da der Bauträger in der Regel den ersten Verwalter bestelle, bringe dies die Gefahr mit sich, dass die werkvertragliche Gewährleistungsfrist aus Gründen einer Interessenskollision im Interesse der Wohnungseigentümer nicht hinreichend beachtet werde. Die Abschaffung des Gleichlaufs der Bestellungs- mit der Verjährungsfrist solle dies verhindern. Darin kann nur ein nicht notwendiger Aktionismus gesehen werden. Denn die Verjährungsfrist konnte mit der Bestellungsdauer nicht parallel laufen. Ungeachtet der Frage, ob eine Bestellung des Verwalters in der Gemeinschaftsordnung durch den teilenden Eigentümer möglich ist,[64] würde die Amtszeit mit der Entstehung der werdenden Wohnungseigentümergemeinschaft beginnen. Der Beginn der Verjährungsfrist wäre jedoch der Zeitpunkt der Abnahme, der wegen des nicht gleichzeitigen Abverkaufes und der unterschiedlichen Besitzeinräumungszeitpunkte zwingend nicht zusammen fallen konnte.

48 **g) Nachbesserungen der WEG-Reform.** Neben den materiellen Änderungen ist auch das Verfahrensrecht endgültig durch die Umstellung von den Regelungen des FGG auf die der ZPO geändert wurden. Unter anderem wurde eine Zentralisierung des Berufungsverfahrens durch Änderungen des GVG eingeführt. Deren Zweck liegt in der Bündelung der Sachkompetenz der Gerichte. Für diese zentralisierten Zuständigkeiten musste die Neuregelung in § 72 GVG jedoch kurzfristig berichtigt werden, weil der Gesetzgeber bei der Begründung der sich am Sitz des jeweiligen OLG orientierenden landgerichtlichen Zuständigkeiten übersehen hatte, dass es Orte gab, in denen zwar ein Oberlandesgericht, nicht aber ein Landgericht,[65] und in derer zwei Landgerichte[66] angesiedelt sind. Die Berichtigung sieht nunmehr vor, dass für die Berufung die Zuständigkeit des Landgerichts sich nunmehr an der für den Ort des Oberlandesgerichts orientiert.[67]

49 Weitere Unzulänglichkeiten zeigte die Neuregelung des § 10 ZVG: Nach dessen Absatz 3 kann die Privilegierung des § 10 Abs. 1 Nr. 2 ZVG nur eintreten, wenn der Verzugsbetrag mehr als 3% des nach § 18 Abs. 2 Nr. 2 WEG maßgeblichen Einheitswertes ausmacht. Kenntnis vom Einheitswert haben jedoch nur der Schuldner und die Finanz-

---

[61] *Bork* ZinsO 1005, 1067; *Drasdo* NZI 2006, 209; *Häublein* ZWE 2006, 205.

[62] BayObLG NJW-RR 1987, 80; KG OLGZ 1994, 266; OLG Düsseldorf OLG-Report 1996, 239; OLG Oldenburg WE 1994, 218; *Drasdo* NZM 2003, 793; *Lüke* WE 1995, 74.

[63] Entwurf eines Gesetzes zur Änderung des Gesetzes über das Wohnungseigentum und anderer Gesetze v. 13. 12. 2006 (BT-Drucks. 16/3843).

[64] Krit. dazu *Deckert,* FS Bub, S. 37; *Drasdo* RNotZ 2008, 87.

[65] Celle, Hamm, Jena, Naumburg und Schleswig.

[66] München mit den Landgerichten München I für den Bezirk der Stadt München und München II für den Bezirk des Landkreises München.

[67] Gesetz zur Vereinfachung des Insolvenzverfahrens v. 13. 4. 2007 (BGBl. I S. 509).

verwaltung. Die Wohnungseigentümergemeinschaft als Gläubigerin konnte daher ihre Ansprüche nicht hinreichend für die Privilegierung nachweisen. Der Schuldner erteilte regelmäßig keine Auskünfte; die Finanzverwaltung unterlag dem Steuergeheimnis des § 30 AO.[68] Eine Befreiung von diesem – wie etwa in § 54 GKG für die Zwangsversteigerung in bestimmten bereichen vorgesehen – bestand nicht. Die Praxis zeigte sehr schnell, dass diese Unzulänglichkeiten[69] nur durch eine gesetzliche Anordnung beseitigt werden kann. Entsprechende Initiativen wurden jedoch zunächst nicht umgesetzt.[70] Zwischenzeitlich ist der Gesetzgeber den Forderungen der Praxis auch im Hinblick auf die unzureichende Rechtsprechung[71] nachgekommen.[72]

2. Dingliche Wohnrechte

Das dingliche Wohnungsrecht nach § 1093 BGB ist mit dem Dauerwohnrecht verwandt. Es stellt eine beschränkte persönliche Dienstbarkeit dar mit dem Recht auf Benutzung einer Wohnung oder eines Teiles eines Gebäudes unter Ausschluss des Eigentümers. Hauptinhalt des Wohnungsrechtes ist das Recht zum Wohnen, wobei daneben die Mitbenutzung bestimmter Gebäude- oder Grundstücksteile nicht auszuschließen ist. Obwohl das Wohnungsrecht das gesamte Grundstück belastet, ist seine Ausübung auf ein Gebäude oder einen Gebäudeteil beschränkt. Wegen der Verwandtschaft auch zum Nießbrauch finden bestimmte Vorschriften des Nießbrauchsrechts Anwendung (Besitz, Erhaltung und Bewirtschaftung). 50

Ähnliche Verwandtschaft gilt für Fälle der (dinglichen) Benutzungsregelung unter Miteigentümern nach § 1010 BGB. Die Eintragung einer Dienstbarkeit hierfür an den Miteigentumsanteilen scheidet aus.[73] 51

3. Genossenschaftliche und gesellschaftsrechtliche Wohnrechte

Im Grunde vermittelt die Mitgliedschaft an einer Wohnungsgenossenschaft in Verbindung mit einem Nutzungsvertrag ein eigentumsähnliches Wohnrecht an der Genossenschaftswohnung. Dieses gesellschaftsrechtliche und schuldrechtlich nicht selbständige Recht an einer Wohnung beschränkt aber die Rechtstellung des Nutzers deshalb, weil der genossenschaftliche Nutzungsvertrag rechtlich wie ein Mietverhältnis an Wohnraum qualifiziert wird. Die gesellschaftsrechtlichen Rechte und Pflichten treten im Hinblick auf die Nutzung der Wohnung zurück. 52

Eine andere Form der Nutzung einer Wohnung durch gesellschaftsrechtliches Eigentum ermöglicht auch die Form der Aktiengesellschaft: In diesem Fall wäre mit einer bestimmten Anzahl von Aktien ein Nutzungsrecht an einer bestimmten Wohnung verbunden: Diese Rechtsform vermittelt zwar kein Immobiliareigentum im eigentlichen Sinne, hätte aber den Vorteil der größeren Flexibilität in der Auswechslung der Wohngrößen und deren Verbindung mit einer wechselnden Anzahl der Aktien. Insbesondere im Bereich der Time-sharing-Objekte kann sich diese Konstruktion als sinnvolle Gestaltung erweisen.[74] Beide Rechtsformen werden in anderen europäischen wie auch außereuropäischen Ländern häufig und mit Erfolg genutzt. Auch die Form des sog. unechten Stockwerkseigentums ist im Ausland noch anzutreffen.[75] 53

---

[68] Vgl. FG Düsseldorf ZMR 2009, 213.

[69] BGH, Beschluss vom 17. 4. 2008 – V ZB 13/08; BGH, Beschluss vom 17. 4. 2008 – V ZB 14/08.

[70] Antrag verschiedener Abgeordneter vom 4. 6. 2008 (BT-Drucks. 16/9453).

[71] Vgl. BGH NJW 2008, 1956; BGH NJW 2009, 1988; BGH NJW 2009, 2066.

[72] Gesetz zur Reform des Kostenpfändungsschutzes vom 7. 7. 2009 (BGBl. I S. 1707).

[73] BGHZ 36, 187; *Palandt/Bassenge* § 1008 Rn. 2.

[74] BFH BStBl. II 1993, 399; FG Baden-Württemberg EFG 1992, 528; *Mäsch* DNotZ 1997, 180; *Schaaf* ZIP 1984, 908.

[75] Zum Auslandsrecht und zur Rechtsvergleichung siehe *Bärmann/Pick/Merle*, Rn. 650.

4. Sonstige Rechtsgrundlagen

54 Als sonstige Rechtsgrundlagen zur Bewältigung der Probleme von Wohnungseigentum und Wohnrechten gelten – soweit nichts anderes bestimmt ist – die Vorschriften des Sachen- und Schuldrechts des BGB, besonders die §§ 741 ff. BGB und §§ 631 ff. BGB, welche im Zusammenhang mit den Bauträgerverträgen und dem Bauträgermodell von Bedeutung sind.

55 Auch ist mit Rücksicht auf § 4 WEG das Beurkundungsgesetz zu nennen, der für die Begründung und Aufhebung sowie auf die Veräußerung von Wohnungseigentum nach § 3 WEG die notarielle Beurkundung vorsieht. Im Zusammenhang mit § 7 WEG betreffend die Eintragung des Wohnungseigentums im Grundbuch ist die Grundbuchordnung zu berücksichtigen, neben der Verordnung über die Anlegung und Führung der Wohnungs- und Teileigentumsgrundbücher (Wohnungsgrundbuchverfügung – WGV) vom 1. 8. 1951. Für die neuen Länder gilt die Grundbuchverfügung ab 3. 10. 1990. Als weitere Vorschrift für die Gestaltung von Betreuungs- und Kaufverträgen ist noch die aus dem § 34c der Gewerbeordnung abgeleitete Makler- und Bauträgerverordnung vom 7. 11. 1990[76] für die betreuenden oder veräußernden Bauträger, ferner die sog. VOB[77] und ganz allgemein ist das private wie öffentliche Baurecht von Bedeutung.

5. Was ist Wohnungseigentum?

56 a) **Die Legaldefinition.** Das Gesetz gibt eine Legaldefiniton in § 1 Abs. 2 WEG: Danach ist „Wohnungseigentum das Sondereigentum an einer Wohnung in Verbindung mit dem Miteigentumsanteil an dem gemeinschaftlichen Eigentum, zu dem es gehört". Entsprechendes gilt nach Absatz 3 für das Teileigentum, dass „an nicht zu Wohnzwecken dienenden Räumen eines Gebäudes" begründet werden kann. Der Gesetzgeber ist mit dem Versuch einer Legaldefinition einem im Zeitpunkt der Entstehung des Gesetzes bestehenden ausländischen Einfluss der anglo-amerikanischen Praxis der Gesetzgebung in den Statutes, Bills, Acts usw. gefolgt.

57 Das Gesetz hat in § 1 Abs. 5 WEG zwar „legal" zu definieren versucht, was gemeinschaftliches Eigentum ist: Grundstück sowie Teile, Anlagen und Einrichtungen des Gebäudes, die nicht Sondereigentum sind oder die nicht im Eigentum eines Dritten stehen. Diese unzulängliche „Legaldefinition" war näher zu bestimmen in § 5 WEG: Dort wird versucht, den Gegenstand des Sondereigentums zu umschreiben und gleichzeitig die Abgrenzung zum gemeinschaftlichen Eigentum vorzunehmen (Abs. 2).

58 Bei der Beschreibung des Gegenstandes des Sondereigentums verweist § 5 Abs. 1 WEG ausdrücklich auf den Begründungsakt des § 3 Abs. 1 WEG und die dort bestimmten Räume, zu denen nach § 5 Abs. 1 WEG die Bestandteile des Gebäudes gehören, „die verändert, beseitigt oder eingefügt werden können, ohne dass dadurch das gemeinschaftliche Eigentum oder ein auf Sondereigentum beruhendes Recht eines anderen Wohnungseigentümers über das nach § 14 WEG zulässige Maß hinaus beeinträchtigt oder die äußere Gestaltung des Gebäudes verändert wird".

59 Während die Abs. 1 bis 3 des § 5 WEG den Gegenstand des Sondereigentums bezeichnen und die Abgrenzung zwischen Sondereigentum und gemeinschaftlichem Eigentum regeln, befasst sich der Abs. 4 des § 5 WEG u. a. mit dem Inhalt des Sondereigentums oder besser des ganzen Wohnungs- oder Teileigentums als rechtliche Einheit. Der Verweis in § 5 Abs. 4 WEG begründet in Verbindung mit § 10 Abs. 5 WEG den Inhalt des Rechts, der durch Vereinbarungen der Wohnungseigentümer bestimmt wer-

---

[76] BGBl. I S. 2479.

[77] Vergabe- und Vertragsordnung für Bauleistungen (VOB) Teil B: Allgemeine Vertragsbedingungen für die Ausführung von Bauleistungen (VOB/B) i. d. F. v. 4. 9. 2006 (BAnz. Nr. 196 a v. 18. 10. 2006).

den kann. Darüber hinaus gelten als gesetzlicher Inhalt die §§ 10 bis 19 und 20 bis 29 WEG.

Diese Gestaltungsfähigkeit des Eigentums selbst widerspricht grundsätzlich dem Eigentumsbegriff der §§ 903ff. BGB: 60

Dieser lässt keine Inhaltsgestaltung durch Vertrag zu, wohl aber Beschränkungen der Ausübung des Eigentums sowohl durch Gesetze privatrechtlicher und öffentlich-rechtlicher Natur, wie auch durch Rechte Dritter. Diese „beschränkt dinglichen Rechte" (Nutzungsrechte, Sicherungs- und Verwahrungsrechte sowie Erwerbsrechte), welche die Eigentumsrechte einschränken, haben als „Numerus clausus" Ausschließlichkeitscharakter. Auch besteht bezüglich der inhaltlichen Qualität zwischen Eigentum am Grundstück i.S.d. § 903 BGB und Wohnungs- und Teileigentum im Sinne von § 1 Abs. 1 WEG ein wesentlicher Unterschied, weil beim Wohnungseigentum das Akzessorietätsprinzip des § 94 BGB und damit die Lehre von den wesentlichen Bestandteilen eines Grundstücks in § 3 Abs. 1 WEG aufgehoben wird.[78] Auch wird der Begriff des Miteigentums nach Bruchteilen in § 1008 BGB dem Gesamtbegriff des Wohnungseigentums nicht mehr gerecht. Nach dem Wortlaut ist auch die Anwendung der §§ 741ff. BGB über die Gemeinschaft nicht auf das Wohnungseigentum anwendbar. Das Miteigentum im Wohnungseigentum unterscheidet sich vom Miteigentum des § 1008 BGB dadurch, dass beim Wohnungseigentum das Miteigentum beschränkt und nicht wie nach §§ 1009f. BGB die gemeinschaftliche Sache belastet wird. Dazu kommt beim Wohnungseigentum die Einräumung von Sondereigentum (§§ 3 Abs. 1, 8 Abs. 1 WEG) sowie dessen gesetzlicher Inhalt nach Maßgabe der Absätze 2 und 3 des I. Teils des WEG und der vertraglich zu gestaltende Inhalt bei der Ausgestaltung des Gemeinschaftsverhältnisses der Wohnungseigentümer nach §§ 5 Abs. 4 und 10 WEG. Deshalb kommt der vom Gesetz in § 10 Abs. 2 WEG angeordneten, aber allgemein schon für privatrechtliche Personenvereinigungen geltenden subsidiären Anwendung der Vorschriften des bürgerlichen Gesetzbuches über die Gemeinschaft (§§ 741ff. BGB) nur eine sehr eingeschränkte Bedeutung zu; nämlich nur, wenn dies dem Inhalt des Wohnungseigentums als „neues echtes Eigentum" mit den Spezialvorschriften der §§ 10 bis 19 und 20 bis 29 WEG und ihrer Interpretation sowie eventuell bestehenden Vereinbarungen nicht widerspricht. Hinsichtlich der §§ 741ff. BGB entfällt eine entsprechende Anwendung, weil die Aufhebung der Gemeinschaft gem. § 11 Abs. 1 S. 1 WEG nicht verlangt werden kann, wenn nicht ein Ausnahmefall i.S.d. § 11 Abs. 1 S. 3 WEG vorliegt oder die Wohnungseigentümer insgesamt die Aufhebung ihrer Gemeinschaft herbeiführen. Dann könnten die §§ 752, 753, 755, 756 und 757 BGB Anwendung finden, weil zu diesem Zeitpunkt eine Gemeinschaft i.S.d. §§ 741ff. BGB entsteht. 61

Aus dem Verweis auf die subsidiäre Geltung des Rechts der Gemeinschaft nach §§ 741ff. BGB in § 10 Abs. 2 Satz 1 WEG kann ungeachtet der in § 10 Abs. 6 S. 1 WEG nunmehr für die Verwaltungshandlungen kodifizierte Rechtsfähigkeit nicht geschlossen werden, dass die Gemeinschaft der Wohnungseigentümer selbst nichts anderes sei als eine „schlichte Rechtsgemeinschaft". Dies verbietet schon die völlig andersartige organisatorische Ausstattung der §§ 10 bis 29 WEG. 62

Aus praktischen Gründen kann § 742 BGB als gegenstandslos angesehen werden; eine Vermutung für gleiche Anteile könnte Bedeutung für den Grundsatz des § 47 GBO haben, wonach die Bruchteile des Miteigentums in Ziffern anzugeben sind, was aber ohne Bedeutung für das Sondereigentum wäre. Der Anspruch auf Fruchtbruchteile nach § 743 Abs. 1 BGB ist durch § 16 Abs. 1 WEG überholt; § 743 BGB ist durch die §§ 13 Abs. 2, 14, 15 WEG ersetzt. Gegenstandslos sind die §§ 744 bis 746 BGB durch die eigenen Vorschriften über die Verwaltung der Gemeinschaft in den §§ 20 bis 29 WEG. Die Verwaltungsbefugnis über den Anteil nach § 747 BGB kann sich nur auf die freie Verfügbarkeit 63

[78] Zum Eigentumsbegriff und seiner Auslegung unter dem Einfluss des Wohnungseigentumsgesetzes, siehe *Bärmann* PiG Band 20, 57.

über das Wohnungseigentum im Ganzen beziehen und ist überflüssig. Die Verfügung ist wie über ein „Grundstück" nach Sachen- und Grundbuchrecht, vorbehaltlich einer Zustimmung i. S. d. § 12 WEG, unbehindert. § 748 BGB ist durch § 16 Abs. 2 WEG ersetzt und gegenstandslos.

64 Die Tatsache der Unauflösbarkeit der Gemeinschaft nach § 11 WEG qualifiziert das Verhältnis der Wohnungseigentümer untereinander zu einem solchen besonderer Art. Das ergibt sich auch aus der Tatsache, dass jeder Wohnungseigentümer ipso jure Mitglied der Gemeinschaft sein muss und er in eine gesetzliche Zwangsgemeinschaft eintritt. Kein Wohnungseigentümer kann von seinen Rechten und Pflichten innerhalb der Gemeinschaft entbunden werden. Auch kann niemand anderes als nur Wohnungseigentümer i. S. d. §§ 1, 3 oder 8 WEG Mitglied dieser Gemeinschaft sein. Dies alles charakterisiert die Stellung des Einzelnen als notwendiges Mitglied der Gemeinschaft. Die Mitgliedschaft ist mit dem Miteigentumsanteil und Sondereigentum, also mit dem Wohnungseigentum selbst untrennbar verbunden und ist Inhalt desselben.[79]

65 **b) Der Theorienstreit.** Bereits früh in der Geschichte und Entwicklung des WEG entwickelte sich ein Streit über die dogmatische Einordnung des Wohnungseigentums und insbesondere der Wohnungseigentümergemeinschaft. Auffallend ist die teilweise sehr deutlich ausgetragene Kontroverse zwischen Weitnauer und Bärmann:

66 *aa) Die dualistischen oder Spaltungstheorien.* Weitnauer[80] betrachtete das Wohnungseigentum als „besonders ausgestaltetes Bruchteilsmiteigentum i. S. d. §§ 1008 ff. BGB". Insbesondere die Unauflöslichkeit i. S. des § 11 WEG förderte diese Einschätzung. Er sprach jedoch auch von einem „neuen echten Eigentum",[81] das schuldrechtlich in der Teilhabe an einer ohne Strukturveränderung weiter ausgebauten Bruchteilsgemeinschaft i. S. d. §§ 741 ff. BGB, für die Wohnungseigentümergemeinschaft besteht. Die Wohnungseigentümergemeinschaft war als Bruchteilsgemeinschaft besonderer Art damit für ihn weder rechts- noch parteifähig. Gleichwohl erkannte Weitnauer unter anderem wegen der organschaftlichen Struktur eine gewisse Angleichung an die oHG[82] oder eine korporationsrechtliche Ausprägung. Nach seiner Auffassung war das Verwaltungsvermögen gemäß den für eine Bruchteilsgemeinschaft bestehenden Vorgaben nicht der Wohnungseigentümergemeinschaft, sondern in Bezug auf jeden Gegenstand den Wohnungseigentümern als jeweils eigene Bruchteilsgemeinschaft zuzurechnen. Daraus ergab sich, dass für ihn eine rechtsgeschäftliche Erwerberhaftung ebenso ausschied wie in den Fällen des Eigentumserwerbs durch eine Zwangsversteigerung. Die Eigentumsübertragung an den einzelnen Gegenständen des Verwaltungsvermögens auf den Erwerber sollte entweder automatisiert als Zubehör oder durch eine stillschweigende Übertragung von Rechten sowie Beteiligungen bei dem Verkauf oder der Versteigerung durch Zahlung des Kaufpreises oder Erfüllung des Gebotes erfolgen.

67 Dem Primat des Sondereigentums hat sich dagegen *Börner* verschrieben.[83] Nach seiner Ansicht ist der Gegenstand des Sondereigentums eine selbständige, durch die vertikalen und horizontalen Grenzen bestimmte unbewegliche (grundstücksgleiche) Sache als Hauptsache, der der Miteigentumsanteil am Grundstück als wesentlicher Bestandteil zugeordnet werde.[84]

68 In der Entscheidung vom 17. 1. 1968[85] steht der BGH auf dem Standpunkt, dass unbeschadet der wirtschaftlichen Erstrangigkeit des Sondereigentums juristisch das Mit-

---

[79] BGHZ 109, 179; BGHZ 130, 159; BGH NJW 2004, 1798; BGH NZM 2004, 876; BGH Rpfleger 2005, 17.

[80] *Weitnauer/Briesemeister* vor § 1 Rn. 30 ff.

[81] *Weitnauer* DNotZ 1984, 457.

[82] *Weitnauer* PiG Band 17, 53.

[83] *Börner,* FS Dölle, 1963, S. 201.

[84] *Bärmann,* PiG Band 22, 17.

[85] BGHZ 49, 250.

eigentum im Vordergrund stehe und das Sondereigentum sein Anhängsel bilde, wie aus den die Rechtsbegründung regelnden §§ 3 und 8 WEG zu entnehmen sei. Aber schon diese Entscheidung verweist ausdrücklich auf das „mit dem gemeinschaftlichen Eigentum und dem Sondereigentum verbundene körperschaftliche Element".

bb) Die Einheitstheorie. Diesen dualistischen Theorien steht eine den Primat des Sondereigentums völlig übergehende Einheitstheorie gegenüber: Sie wurde vor allem von Röll[86] zunächst vertreten. Er war der Auffassung, man könne nicht von einer dreigliedrigen Einheit sprechen, sondern nur von einem einheitlichen Rechtsverhältnis, das sich aus zwei Hauptelementen zusammensetze, nämlich dem Sondereigentum und dem durch das Gesetz und die Vereinbarung der Eigentümer gebildeten Gemeinschaftsverhältnis. Durch die Eintragung der Gemeinschaftsordnung erlange Wohnungseigentum einen vom allgemeinen Sacheigentum (§ 903 BGB) abweichenden spezifischen Inhalt mit dinglicher Wirkung gegenüber Sonderrechtsnachfolgern. Dem Miteigentumsanteil wollte Röll damit nur die Funktion eines Buchungsfaktors im Grundbuch und eines hilfsweisen Verteilungsmaßstabes zuerkennen. Er bliebe aber dogmatisch unbeachtet. Röll hatte sich später aber unter Aufgabe dieser Ansicht der unter anderem von Bärmann[87] vertretenen Auffassung im Zusammenhang mit der Annahme eines Gemeinschafts-Verwaltungsvermögens angeschlossen.[88] Bei der Auffassung von der „Einheit" des Wohnungseigentumsbegriffes, der sowohl Bruchteilsmiteigentum wie Sondereigentum und verdinglichte Mitgliedschaftsrechte umfasst, wird das anzuwendende Recht daher aus der Rechtsnatur der einzelnen Elemente entnommen. 69

Der BGH ist dieser Einschätzung nicht gefolgt:[89] Die Gemeinschaftsordnung erlange durch die Eintragung in die Wohnungs- und Teileigentumsgrundbücher eine dingliche Wirkung ohne ein selbständiges dingliches Recht zu sein. Damit sei die dingliche Verbindung der Gemeinschaftsordnung wie auch der gesetzlichen Regelung in den §§ 10 ff. WEG und damit der Gemeinschaft selbst mit Sondereigentum und Miteigentumsanteil zu der Einheit des Wohnungseigentums ausreichend sein. Der BGH hatte damit entgegen der ursprünglichen Auffassung von Röll die dreigliedrige komplexe Einheit des Wohnungseigentums als neuen sachenrechtlichen Begriff zumindest inzidenter akzeptiert. 70

cc) Die dreigliedrige Einheit des Wohnungseigentums. Dieses seinerzeit neue Rechtsinstitut eines echten Eigentums ist nach Ansicht von Bärmann hingegen aus sich selbst und seiner gesetzlichen Regelung zu begreifen und zu definieren. Legaldefinitionen, wie in § 1 WEG, seien für die Rechtstheorie nicht verbindlich sind. Die Schaffung von Definition ist Sache der Rechtstheorie, nicht des Gesetzgebers[90] Im Übrigen verweist Bärmann auf die behandelte Widersprüchlichkeit dieser Legaldefinitionen in § 1 Abs. 2 und § 3 Abs. 1 WEG hingewiesen. 71

Daraus folge, dass das Wohnungseigentum in verschiedenen Ebenen betrachtet werden müsse. Es werde gestaltet durch drei Komponenten, nämlich das Sondereigentum, den Anteil am gemeinschaftlichen Eigentum und die Mitgliedschaft in der Wohnungseigentümergemeinschaft.[91] Ein Vorrang könne keinem der drei Elemente zugesprochen werden; ein Primat dürfe überhaupt nur dem Wohnungseigentum als selbständigem Begriff zukommen.[92] Die Unterschiede zur Bruchteilsgemeinschaft nach §§ 741 ff. BGB seien teilweise erheblich. Eher läge wegen der Organe und der Willenbildung eine Ähnlichkeit mit vereinrechtlichen Strukturen vor. 72

---

[86] *Röll* Rpfleger 1980, 90.
[87] *Bärmann* DNotZ 1985, 395.
[88] *Röll* NJW 1987, 1049.
[89] BGHZ 49, 250; BGHZ 73, 145.
[90] *Esser* AcP 172 (1972), 98.
[91] MünchKommBGB/*Commichau* vor § 1 Rn. 21 ff.; *Bärmann* NJW 1989, 1058.
[92] *Bärmann* PiG Band 22, 528.

73 Bärmann verstand die Wohnungseigentümergemeinschaft als einen eigenen Handlungs- und Haftungsverband. Sie sei Rechtsträgerin eines Verwaltungsvermögens. Ihr komme eine Schuld- und teilweise auch eine Rechtsfähigkeit zu. Die durch § 11 WEG festgelegte Unauflöslichkeit der Gemeinschaft stelle diese näher zu einem rechtsfähigen Verband als zu einer nichtrechtsfähigen Personenvereinigung. Die insbesondere von Weitnauer vertretene Auffassung führe in der Praxis zu untragbaren Verhältnissen.[93] Sein Verständnis erleichtere wesentlich den Übergang der Vermögenswerte im Falle des Verkaufs und der Versteigerung.

74 Eindeutig hatten sich bereits das BayObLG[94] und das OLG Hamm[95] zur Auffassung Bärmanns von der neuen Rechtsfigur eines „dreigliedrigen Eigentums" – ohne aber die ansonsten sehr weitgehende Ansicht Bärmanns zu übernehmen – bekannt. Das BayObLG führte aus, es müsse beachtet werden, dass die personenrechtliche Gemeinschaftsstellung, das Mitgliedschaftsrecht, der Wohnungseigentümer neben dem Miteigentum an einem Gebäudegrundstück und dem Sondereigentum an einer Wohnung dieses Gebäudes das dritte notwendige Element des Wohnungseigentums bildet. Das OLG Hamm betonte, dass das Wesen des Wohnungseigentums durch Miteigentumsanteile und Sondereigentum nicht vollständig erfasst werde, sondern dass über die dinglichen Bestandteile hinaus das Wohnungseigentum noch ein mitgliedschaftliches Element enthalte, welches sich aus dem subjektiven Rechtspositionen der Wohnungseigentümer ergebe, so dass von einer „dreigliedrigen Einheit" von Miteigentum, Sondereigentum und Mitgliedschaftsrechten auszugehen" sei. Damit wird der Charakter des Wohnungseigentums als gemischter Rechtstyp aus sachen- und schuldrechtlichen Komponenten anerkannt.

75 Auch Merle[96]vertrat bereit frühzeitig die Auffassung, dass mit dem Wohnungseigentum die mitgliedschaftlichen Positionen des Wohnungseigentümers in einem Verband untrennbar verbunden seien, so dass die Übertragung des Wohnungseigentums zwangsläufig auch den Übergang der gesamten Mitgliedschaft des Wohnungseigentümers auf den Erwerber zur Folge habe. Anders als Bärmann sollte er jedoch keine gesamthänderische Bindung des Verwaltungsvermögens annehmen. Der Anteil an dem Verwaltungsvermögen teile vielmehr das Schicksal des Sondereigentums. Aus dem engen Verhältnis der Wohnungseigentümer erwachsen diesen jedoch ähnlich den Maßstäben im Gesellschaftsrecht Treuebindungen.

76 Demgegenüber geht Junker[97] in Fortführung der Gedanken Bärmanns von einer dinglichen Gesellschaft aus. Das Sondereigentum stelle den dinglichen Gesellschaftsanteil dar. Das Sondereigentum sei damit kein Eigentum i. S. der zivil-, insbesondere sachenrechtlichen Begriffe. Zweck der dinglichen Gesellschaft sei das Halten und Verwalten der Sondereigentumsrechte und der Immobilie. Der Gesellschaftsvertrag sei der Begründungsvertrag i. S. der §§ 3 Abs. 1 und 4 Abs. 1 WEG. Demzufolge ergäbe sich aus § 8 Abs. 1 WEG die Zulässigkeit der Einmann-Wohnungseigentümergemeinschaft.

77 *dd) Stellungnahme.* Trotz der unterschiedlichen Auffassungen über das Wesen des Wohnungseigentums war nicht erforderlich, dieses als ein grundstücksgleiches Recht i. S. d. Art. 196 EGBGB zu bezeichnen. Einer ausdrücklichen Gleichstellung des Wohnungseigentums mit dem Grundstück, wie z. B. in § 11 Abs. 1 ErbbauRG, bedurfte es im WEG nicht, da es sich nicht, wie beim Erbbaurecht gem. § 1 Abs. 1 ErbbauRG um die „Belastung" eines Grundstückes handelt.

78 Auswirkungen haben die unterschiedlichen Auffassungen vor allem auf die Übertragung des Verwaltungsvermögens und die Haftung der Erwerber für die im Zusammen-

---

93 *Bärmann* NJW 1989, 1058.
94 BayObLGZ 1965, 35.
95 OLG Hamm OLGZ 1983, 386.
96 *Merle,* Das Wohnungseigentum im System des bürgerlichen Rechts, 180.
97 *Junker,* Die Gesellschaft nach dem Wohnungseigentumsgesetz, München 1993.

hang mit der Verwaltung der Wohnungseigentümergemeinschaft begründeten Verbindlichkeiten.

Nach der seinerzeitigen Rechtslage war nur die Ansicht von Weitnauer zutreffend. 79
Dies ergab sich aus den gesetzlichen Vorgaben: Wohnungseigentum war kein eigenständiges Recht, es handelte sich um eine besondere Ausprägung der Bruchteilsgemeinschaft. Daraus sich ergebende Unsicherheiten und Schwierigkeiten in der vertraglichen Abwicklung waren lösbar. Oftmals lagen nur Defizite der vertraglichen Gestaltung untereinander und gegenüber dritten Personen vor. Die notwendigen Vereinbarungen wären zwar kompliziert gewesen, hätten aber eine systemgerechte Lösung ermöglicht. Zutreffender Weise sind daher der überwiegende Teil der Rechtsprechung und Literatur der Ansicht von Weitnauer gefolgt.

ee) Die Auswirkungen der Reform des WEG. Durch die Änderung des WEG zum 1. 7. 80
2007 hat sich eine Vielzahl der mit dem Theorienstreit nach der alten Rechtslage verbundenen Probleme erledigt.

Die für die Teilnahme am Rechtsverkehr angeordnete auf der Rechtsprechung des 81
BGH[98] beruhende Rechtsfähigkeit des Verbandes in § 10 Abs. 6 S. 1 WEG hat zu Gunsten der Ansichten von Bärmann und Merle einen Paradigmenwechsel herbeigeführt. Die Verbandsähnlichkeit der WEG wird nunmehr deutlich in den Vordergrund gestellt. Dadurch, dass der Gesetzgeber der Wohnungseigentümergemeinschaft als rechtsfähigem Verband in § 10 Abs. 7 S. 1 WEG das Verwaltungsvermögen zugeordnet hat, stellen sich die mit dessen Übergang im Falle des Verkaufs oder einer Versteigerung auftretenden Probleme nicht mehr.

Dennoch hat die Reform des WEG nicht dazu geführt, dass Theorien um das Wesen des 82
Wohnungseigentums nicht mehr bestehen. Sie haben sich nur auf andere Bereiche verlagert.

Bereits im Vorfeld des Gesetzgebungsvorhabens zur Reform des WEG wurde an einer 83
Vielzahl von Punkten des Gesetzesentwurfes Kritik geübt. Der Gesetzgeber hat diese überwiegend nicht beachtet, sondern hat sogar teilweise bewusst in Kauf genommen, ein unzulängliches Gesetz zu schaffen. Denn noch in der Bundestagssitzung vom 14. 12. 2006 hat der Abgeordnete Mankowski bemerkt, dass das Gesetz in der vorliegenden Form bald nachjustiert werden müsse.[99] Diese laienhafte Vorgehensweise ist in der Literatur auch bereits kritisiert worden.[100]

Ob man die Entscheidung des Gesetzgebers, der Auffassung des BGH[101] und der über- 84
wiegenden Meinung der Literatur[102] zu folgen, aus systematischen Gründen für zutreffend hält, mag dahinstehen. Für andere Bruchteilsgemeinschaften hat der BGH[103] eine Rechtsfähigkeit im Anschluss an die zitierte Rechtsprechung auch ausdrücklich abgelehnt. Eine Kompetenz, die Rechtsfähigkeit der Wohnungseigentümergemeinschaft anzuordnen, besteht jedenfalls. Kritisch muss jedoch betrachtet werden, dass die nur im Außenverhältnis angedachte Rechtsfähigkeit nicht stringent eingehalten wird. Dies zeigt sich insbesondere in zwei Fällen. Forderungen der Wohnungseigentümergemeinschaft, die nur das Innenverhältnis betreffen, werden dem Verband zugeordnet. Dies ist, weil es sich dabei um eine aus der Mitgliedschaft und nicht aus der Teilnahme am Rechtsverkehr resultierenden Anspruch handelt, nicht erklärbar. Ebenso ist nicht nachvollziehbar,

[98] BGH NJW 2005, 2063.

[99] Plenarprotokolle des Deutschen Bundestages, Stenographischer Bericht der 73. Sitzung v. 14. 12. 2006, S. 7317 bis 7323.

[100] *Köhler*, Seite V (Vorwort); *Hügel* DNotZ 2007, 326.

[101] BGH NJW 2005, 2063; BGH NJW 2005, 3146; BGH NJW 2006, 2187; BGH ZMR 2007, 286; BGH NJW 2007, 1464; BGH NZM 2007, 411; BGH NJW 2007, 1952; dem folgend BVerwG NJW 2007, 791.

[102] *Bub* ZWE 2002, 103; *Derleder* ZWE 2002, 193 – Teil 1; *Derleder* ZWE 2002, 250 – Teil 2; *Maroldt* ZWE 2002, 387; *Pauly* WuM 2002, 531; *Schwörer* NZM 2002, 421.

[103] BGH ZMR 2005, 880 für die Erbbaurechtsgemeinschaft; BGH NZM 2006, 944 für die Erbengemeinschaft.

warum der Anspruch auf Entziehung des Wohnungseigentums dem Verband zugewiesen wird. Die Begründung, dass auch die Forderungen, deren Nichterfüllung zur Entziehung führen kann, dem Verband zustehen, überzeugt nicht. Zum einen ist die mitgliedschaftliche Stellung, die mit Zahlungspflichten nichts gemein hat, betroffen. Zum anderen lässt sich die Divergenz zu dem Entziehungsgrund des gemeinschaftswidrigen Verhaltens, das dem Verband nicht zugerechnet werden kann, kaum erklären.

85 Weitere Meinungsverschiedenheiten traten im Zusammenhang mit der Reform über grundsätzliche Erwägungen auf. Diese wurden teilweise bereits im Gesetzgebungsverfahren dargestellt. Der Gesetzgeber hat sich in keiner Weise in diese Diskussion eingeschaltet. Er hat die angesprochenen Punkte im weiteren Verfahren sogar ignoriert.

86 *aaa) Anzahl der Gemeinschaften.* Unmittelbar im zeitlichen Anschluss an die Entscheidung des BGH traten hinsichtlich der Ausgestaltung und Struktur der Mitgliedschaft der Wohnungseigentümer zwei Meinungen auf.

87 Einerseits wurde angenommen, dass jeder Wohnungseigentümer Mitglied in nur einer Gemeinschaft wäre.[104] Diese trete nur, je nach Art des notwendigen Handelns entweder als Bruchteilsgemeinschaft oder als rechtsfähiger Verband auf. Abhängig sei dies davon, ob es sich um eine Teilnahme am Rechtsverkehr im Rahmen der Verwaltung oder um eine Rechtswahrnehmung aus der eigentumsrechtlichen Position heraus handele. Die Abgrenzung erfolgte demnach funktional.

88 Andererseits vertraten insbesondere Hügel[105] und Jennißen[106] die Ansicht, dass es zwei Gemeinschaften gebe, so dass jeder Wohnungseigentümer Mitglied in diesen sei. Hinsichtlich der Verwaltung existiere der rechtsfähige Verband. Bezüglich des Miteigentums an dem Grundstück verbliebe es bei der bisher bereits bestehenden Bruchteilsgemeinschaft.

89 Der Gesetzgeber hat sich mit der Kodifizierung der Rechtsfähigkeit für die letztere Variante entschieden. Das folgt aus §§ 10 Abs. 6, 27 Abs. 2 und 3 WEG, in denen letztlich beide Vereinigungen anerkannt werden. Bei der Gemeinschaft der Wohnungseigentümer handelt es sich um den rechtsfähigen Verband; mit der Wohnungseigentümergemeinschaft ist die Bruchteilsgemeinschaft angesprochen. Dennoch entsteht durch § 10 Abs. 6 S. 3 WEG, wonach der rechtsfähige Verband die gemeinschaftsbezogenen Aufgaben und Rechte wahrnimmt, eine vermittelnde Konstruktion. Danach kann der rechtsfähige Verband im Hinblick auf die Gemeinschaftsbezogenheit einer Angelegenheit hinsichtlich des gemeinschaftlichen Eigentums in gesetzlicher Prozessstandschaft[107] und betreffend das Sondereigentum in gewillkürter Verfahrensstandschaft[108] auftreten. Damit bestehen zwar letztlich zwei das Wohnungseigentum betreffende Gruppierungen. Da aber eine Vielzahl der Rechte und Ansprüche i. S. d. § 10 Abs. 6 S. 3 WEG gemeinschaftsbezogen ist, wird fast immer der rechtsfähige Verband im Außenverhältnis auftreten können und dürfen.

90 *bbb) Die Einmann-Wohnungseigentümergemeinschaft.* Mit der gesetzlich normierten Rechtsfähigkeit der Wohnungseigentümergemeinschaft kam ein bereits vor Jahren aufgeworfener Gedanke[109] der Einmann-Wohnungseigentümergemeinschaft zur Sprache. Bezug genommen wurde seinerzeit auf die Regelungen des GmbHG. Diese Meinung verkannte, dass entgegen dem Begriff der Gesellschaft die Einmann-GmbH gesetzlich in den §§ 1, 48 Abs. 3 GmbHG geregelt ist. Eine Einmann-Wohnungseigentümergemeinschaft ist hingegen nicht vorgesehen.[110] Die von Becker[111] und Häublein[112] in Zusammenhang

---

[104] Vgl. *Böttcher* Rpfleger 2009, 181; *Häublein,* FS Wenzel, 2005, 175; *Wenzel* NZM 2006, 321.
[105] *Hügel* DNotZ 2005, 753.
[106] *Jennißen* NZM 2006, 203.
[107] BGH NZM 2007, 403.
[108] BGH NZM 2007, 407.
[109] *Röll* NJW 1989, 1070; *Röll* MittBayNotK 1996, 358.
[110] BayObLG NZM 2003, 317; OLG Düsseldorf ZfIR 2006, 331.
[111] *Becker* ZWE 2007, 119.
[112] *Häublein* ZfIR 2006, 106.

mit der so genannten Teilrechtsfähigkeit der Wohnungseigentümergemeinschaft aufgeworfene Frage, ob sich nicht durch die selbständige Rechtsposition Änderungen ergeben, ist negativ zu beantworten.[113] Denn Voraussetzung für das Entstehen der Gemeinschaft ist weiterhin die Existenz von mindestens zwei Personen. Eine Gründung nur durch eine Person ist nicht möglich. Es mangelt dafür anders als in §§ 2 AktG, 1 GmbHG an einer gesetzlichen Anordnung, um den begrifflichen Widerspruch zu überwinden.[114] Auch Zweckmäßigkeiterwägungen können eine andere Betrachtung nicht rechtfertigen.[115] Das Ausscheiden bis auf ein Mitglied führt bei einer mehrgliedrigen Personenvereinigung zu deren Auflösung.[116] Auch das Argument, dass die Befugnis zur Gestaltung der Gemeinschaftsordnung durch den teilenden Alleineigentümer diesem die Kompetenz zur Beschlussfassung einräumen müsse, überzeugt nicht. Denn die Aufteilung nach § 8 WEG ist etwas gänzlich anderes als die Entstehung der Wohnungseigentümergemeinschaft. Insbesondere spricht aber der Wortlaut des § 10 Abs. 7 S 4 WEG gegen eine Einmann-Wohnungseigentümergemeinschaft, wenn dort angeordnet wird, dass bei der Vereinigung aller Miteigentumsanteile auf eine Person das Verwaltungsvermögen auf diese übergehe. Denn wenn der Gesetzgeber die Einmann-Wohnungseigentümergemeinschaft hätte schaffen wollen, wäre zwingende Konsequenz gewesen, bei dieser auch das Verwaltungsvermögen zu belassen.

ccc) Mehrheitsvereinbarung. Streit entstand auch hinsichtlich der rechtlichen Einord- 91
nung von auf Grund von gesetzlichen – nunmehr etwa in den §§ 10 Abs. 3, 10 Abs. 4 und 12 Abs. 4, 22 Abs. 2 sowie 22 Abs. 3 WEG vorgesehenen – und vertraglich vereinbarten[117] Öffnungsklauseln gefassten Beschlüssen. Die herrschende Auffassung[118] geht davon aus, dass wegen der Vereinbarung über die Einführung einer Beschlussmöglichkeit die Ausübung dieses Rechtes auch immer einen Beschluss darstelle. Demgegenüber nimmt vor allem Hügel[119] an, dass es sich nur der Form halber um einen Beschluss handele, tatsächlich jedoch eine Vereinbarung vorläge.[120] Die Öffnungsklausel schaffe bei Angelegenheiten, die ansonsten nur einer Vereinbarung aller Wohnungseigentümer zugänglich sei, lediglich die Möglichkeit, eine solche durch eine Mehrheitsentscheidung zu schließen. An der rechtlichen Einordnung ändere sich dadurch nichts. Es bliebe bei dem Charakter der Vereinbarung. Man mache sich nur das Mehrheitsprinzip zu nutze, um auf eine allseitige Zustimmung verzichten zu können. Tatsächlich handele es sich um Mehrheitsvereinbarungen.

Zuzugeben ist der Mindermeinung, dass durch die Anwendung der für die Beschluss- 92
fassung geltenden Regeln Probleme auftreten, die im Rahmen einer Vereinbarung nicht zu bewältigen wären. Im Gegensatz zum Beschluss ist die Vereinbarung nicht anfechtbar. Bei einer Einordnung als Vereinbarung kann sich die Bestandskraft des § 46 Abs. 1 Satz 2 WEG, die nur für Beschlüsse vorgesehen ist, nicht auswirken. Fehler im Ablauf der Entscheidungsfindung wären damit nicht heilbar. Die Klassifizierung eines auf Grund einer Öffnungsklausel gefassten „Beschlusses" als Vereinbarung bietet damit für die Wohnungseigentümer eine größere Sicherheit. Es steht in der Regel sofort fest, ob eine Maßnahme wirksam ist. Gegen diese Ansicht spricht jedoch der eindeutige Wortlaut des § 10 Abs. 5 WEG. Zunächst wird durch die Regelung ermöglicht, dass die Angele-

[113] BGH, Beschluss vom 5. 6. 2008 – V ZB 85/07.

[114] *Wenzel,* FS Bub, 2007, S. 249.

[115] AG Hohenschönhausen ZMR 2007, 153; *F. Schmidt,* FS Bub, 2007, S. 221.

[116] BGH BB 1957, 345.

[117] Vgl. zur Zulässigkeit BGHZ 95, 137; KG NZM 2001, 341; KG NZM 2004, 910; OLG Hamm NZM 2000, 505; OLG Hamm NJW-RR 2004, 805.

[118] BGHZ 95, 137; *Becker* ZWE 2002, 341; *Röll* DNotZ 2000, 898.

[119] *Hügel* DNotZ 2001, 176; *Hügel* ZWE 2002, 503; *Hügel* ZfIR 2003, 885; *Hügel* NotBZ 2004, 205; *Hügel* DNotZ 2007, 326.

[120] Ebenso *Böhringer* NotBZ 2003, 288; *Böttcher* Rpfleger 2005, 648; *Schmenger* BWNotZ 2003, 83.

genheiten, die ansonsten nur einer Vereinbarung zugänglich sind, durch Beschlussfassungen geregelt werden können und dürfen. Entscheidend ist jedoch, dass der Gesetzgeber in der Bestimmung die durch den Vertrag der durch das Gesetz eingeräumten Beschlusskompetenz gleich gesetzt hat. In beiden Fällen geht er ohne weitere Differenzierungen von einem Beschluss aus. Diesem klaren Wortlaut des Gesetzes kann auch nicht mit den Argumenten Hügels widersprochen werden. Insoweit sind sich eventuell daraus ergebende Defizite[121] hinzunehmen. Liegt eine gesetzliche oder vertragliche Öffnungsklausel vor, so treffen die Wohnungseigentümer ihre diesbezüglichen Entscheidungen demnach durch einen Beschluss.[122] Dieser ist nach den für ihn im WEG aufgestellten Regeln zu fassen. Für ihn gelten auch die dafür vorgesehenen Konsequenzen.

93 *ddd) Rechtsstellung des Verwalters.* Soweit der Verwalter mit den Wohnungseigentümern in rechtsgeschäftlichen Kontakt tritt, erfolgt dies, weil es sich um eine Teilnahme des rechtsfähigen Verbandes am Rechtsverkehr handelt, im Verhältnis zu diesem. Mit ihm wird der Verwaltungsvertrag abgeschlossen. Dennoch kann nicht in Abrede gestellt werden, dass der Verwalter auch für die Wohnungseigentümer außerhalb der Teilnahme am Rechtsverkehr tätig wird. Betroffen sind vor allem die interne Verwaltung und die sich aus der Stellung der Gemeinschaftsmitglieder als Grundeigentümer ergebenden Handlungsnotwendigkeiten. Insoweit nimmt der Verwalter eine Doppelstellung ein.

94 Dies führt dazu, dass – wenn der Vertrag mit dem rechtsfähigen Verband geschlossen wird – die den Wohnungseigentümern gegenüber dem Verwalter zustehenden Ansprüche und Rechte eingeordnet werden müssen. In Betracht kommt insoweit der in §§ 328 ff. BGB geregelte Vertrag zu Gunsten Dritter oder der gesetzlich nicht geregelte Vertragstyp mit Schutzwirkung für Dritte.[123]

95 Welche Rechte den Wohnungseigentümern zustehen, sollte gegebenenfalls auch in dem Verwaltervertrag ausdrücklich festgelegt werden.

96 *eee) Altverfahren der Zwangsverwaltung.* § 62 Abs. 1 WEG sieht vor, dass unter anderem für anhängige Verfahren in Wohnungseigentums- und Zwangsversteigerungssachen das bis dahin geltende Recht weiterhin anzuwenden ist. Dies hat zum einen zur Folge, dass über Jahre hinweg noch Verfahren nach dem FGG fortzuführen sind. Zudem greifen im Bereich der Zwangsversteigerung die Privilegierungen des § 10 Abs. 1 Nr. 2 ZVG nicht ein, weil wegen der oftmals langen Verfahrensdauern mit einer Übergangsfrist von mindestens zwei Jahren zu rechnen ist. Da auch spätere Beitritte zu einem Zwangsversteigerungsverfahren selbst bei Rücknahme des Hauptantrages nicht zu einem neuen Verfahren führen, können noch weitere Verzögerungen eintreten.

97 Insgesamt ist die Regelung jedoch in zwei Punkten besonders problematisch. Zunächst hat der Gesetzgeber hinsichtlich der Fortgeltung alten Rechts nicht insgesamt auf das ZVG, sondern nur auf das Zwangsversteigerungsverfahren verwiesen. Insoweit stellt sich die Frage, ob für die Zwangsverwaltung eventuell ab dem 1. 7. 2007 bereits das neue Recht anzuwenden ist.[124] Zum anderen sind in der InsO den §§ 10 Abs. 1 Nr. 1, 156 I 2 ZVG entsprechende Regelung nicht aufgenommen worden, so dass es für einen dinglich gesicherten Gläubiger eines Wohnungseigentümers sinnvoll erscheinen mag, um die nunmehr bestehenden privilegierenden Möglichkeiten des ZVG zu umgehen, nicht die Zwangsversteigerung, sondern die Eröffnung des Insolvenzverfahrens zu beantragen. Der Wohnungseigentümergemeinschaft ist dann im Hinblick auf § 80 InsO die Vollstreckung nach den Möglichkeiten des ZVG versagt. Der dinglich gesicherte Gläubiger muss von diesen ihm nach § 49 InsO zustehenden Rechten, die die Bevorrechtigung wieder auslösenden, keinen Gebrauch machen.

---

[121] Vgl. dazu die Beispiele bei *Hügel* ZfIR 2003, 885.
[122] *Wenzel,* FS Deckert, S. 517.
[123] Vgl. zum Überblick *Häublein* ZWE 2008, 1; *Häublein* ZWE 2008, 80.
[124] Vgl. BGH NJW 2009, 598; *Alff/Hintzen* Rpfleger 2008, 165.

6. Praktische Bedeutung des Wohnungseigentums

a) Die wohnungspolitische Bedeutung der Eigentumswohnung. Während des zweiten Weltkrieges wurden im Gebiet der heutigen Bundesrepublik ca. 2,25 Millionen Wohnungen zerstört oder schwer beschädigt. Das bedeutete, dass von dem Wohnungsbestand zu Beginn des Krieges von rd. 10,5 Millionen Einheiten ein Viertel nicht mehr zur Verfügung war. Mit den Zuwanderungen von über 10 Millionen Heimatvertriebenen und Flüchtlingen wuchs der Wohnungsfehlbestand bis 1950 auf etwa 4 bis 5,5 Millionen Wohnungen. Durch das Inkrafttreten des I. Wohnungsbaugesetzes (I. WoBauG) am 27. 4. 1950 und mit der damit verbundenen staatlichen Wohnbauförderung wurde eine Wiederaufbauleistung in Gang gesetzt, die wohl einmalig ist. 98

In der Zeit von 1949 bis 31. 12. 1994 wurden insgesamt 22,5 Millionen Wohnungseinheiten erstellt. 99

Um diese Wohnbauleistung zu ermöglichen, mussten erhebliche öffentliche Mittel zur direkten und indirekten Subvention der Wohnbauleistung zur Verfügung gestellt werden. 100

Trotz der hohen Forderung reichten die zur Wohnbauförderung bereitgestellten Mittel nicht aus, um der dringenden sozialen Verpflichtung gerecht zu werden, allen Bürgern ein „Dach über dem Kopf" zu geben. Aus diesem Grund mussten auch andere neue Wege gefunden werden, um Investitionen im Wohnbaubereich durch private Initiativen anzuregen. Es war deshalb notwendig eine neue Rechtsform für Geschosswohnungen zu schaffen, durch die der Erwerb des Eigentums an Wohnungen ermöglicht wurde nämlich die Eigentumswohnung, die heute als Wohnform nicht mehr wegzudenken ist. 101

aa) Die Eigentumswohnung als eine besondere Form des Wohneigentums. Da Wohnungseigentum Volleigentum vermittelt, tritt die Eigentumswohnung als eine besondere Form von Immobilieneigentum auf. In der praktischen und rechtlichen Bedeutung ist somit die Eigentumswohnung dem Eigenheim, sei es ein Einfamilien- oder Zweifamilienhaus, gleichgestellt. Wenngleich, die seit 1951 fertig gestellten Eigentumswohnungen mit etwa 2,4 Millionen Einheiten hinter den bisher fertig gestellten Eigenheimen zurückbleibt. 102

Die Eigentumswohnung kann erworben, veräußert und vererbt werden, sie ist selbständig belastbar. Die Eigentumswohnung ist auch eine selbständige wirtschaftliche Einheit i. S. d. § 2 BewG[125] und somit selbständiger Steuergegenstand. Ferner wird die Neuerstellung von Eigentumswohnungen in gleicher Weise im Rahmen des 1., 2. und 3. Förderungswegs mit öffentlichen und nichtöffentlichen Mitteln gefördert, wie es bei Eigenheimen der Fall ist. Die Eigentumswohnung genießt den gleichen Förderungsrang wie das Eigenheim (§§ 2 und 26 II. WoBauG). 103

bb) Vor- und Nachteile der Eigentumswohnung. Obwohl das Gesetz der Eigentumswohnung eigentumsrechtlich, steuerrechtlich und wirtschaftlich die gleiche Stellung wie dem Eigenheim einräumt, hat die Eigentumswohnung im Vergleich zum Eigenheim bestimmte Vor- aber auch bestimmte Nachteile: 104

Der Vorteil besteht einmal darin, dass die Eigentumswohnung in wesentlich unterschiedlicheren Größen und zu erheblich unterschiedlicheren Kaufpreisen angeboten wird. Daraus ergibt sich, dass heute bereits eine neu erstellte Eigentumswohnung zu einem geringen Kaufpreis erworben werden kann. Demgegenüber wird eine große Wohnung zu einem Kaufpreis in der Größenordnung wie für ein Einfamilienreihenhaus erworben werden können. 105

Das bedeutet, dass das Angebot der Eigentumswohnung bezüglich Größe und Preis sehr viel differenzierter ist, als dies je für ein Eigenheim möglich sein wird. Die Eigentumswohnung ermöglicht somit vielen Familien – insbesondere solchen, die nur über 106

[125] Bewertungsgesetz i. d. F. v. 1. 2. 1991 (BGBl. I S. 230).

geringere Mittel und Einkommen verfügen – den Erwerb von Immobilien nach Maßgabe ihrer Leistungsfähigkeit.

107 Daneben haben vielfach das Wohnungseigentum und Teileigentum, insbesondere an sehr teuren Standorten – wie z. B. bei innerstädtischen Grundstücken – die Chance eröffnet, die Finanzierung eines Gebäudes überhaupt erst zu gewährleisten. Durch das Zusammenfinden von Investoren in einer Wohnungseigentümer- oder Teileigentümergemeinschaft konnten Gemeinschaften gebildet werden, die in der Lage waren, gemeinsam die Finanzierungsmittel aufzubringen, die zur Deckung der vielfach hohen Baukosten notwendig sind.

108 Auch für den Städtebau spielt die Schaffung von Wohnungseigentum und Teileigentum eine nicht unerhebliche Rolle: So ist es hier möglich, durch Änderung der Eigentumsverhältnisse und durch Schaffung neuer Eigentumsabschnitte die anteilige Finanzierung der Modernisierungs- und Sanierungskosten der städtebaulichen Sanierungs- und Erneuerungsmaßnahmen wesentlich schneller zu realisieren.

109 Schließlich hat sich die Eigentumswohnung auch als Investitionsobjekt für anlagesuchendes Kapital bewährt. Durch die steuerlichen Vergünstigungen, die das Einkommensteuerrecht einem Geldanleger gewährt, wurden je nach Ausgestaltung der steuerlichen Förderungsmaßnahmen Kapitalanleger angeregt, Eigentumswohnungen zu erstellen bzw. zu erwerben. Die Bauherrnmodellwohnung soll hier bezüglich ihrer wohnungspolitischen und fiskalischen Wirksamkeit nicht gewertet werden, gleichwohl ist festzustellen, dass nur mit Hilfe des Instituts Wohnungseigentum und Teileigentum dieses Investormodell vornehmlich in den achtziger Jahren praktiziert und rechtlich einwandfrei ausgestaltet werden konnte.

110 Obwohl das Steuerrecht in Zukunft dem selbstgenutzten Wohnungseigentum Prioritäten einräumt und die überzogene steuerliche Förderung des Bauherrenmodells ausgelaufen ist, hat die solide finanzierte Eigentumswohnung ihre Bedeutung für Kapitalanleger auch heute nicht verloren. Im Gegenteil, sie ist immer noch ein gefragtes Anlageobjekt, das zur weiteren Verbreitung der Eigentumswohnung nicht unerheblich beigetragen hat.

111 Die Nachteile der Eigentumswohnung im Vergleich zum Eigenheim mögen darin zum Ausdruck kommen, dass beim Wohnungseigentum immer eine mehr oder weniger große Zahl von Miteigentümern vorhanden ist, deren Rechte gleichberechtigt nebeneinander stehen, wobei die Interessen der Eigentümer je nach Einstellung, Lebensauffassung und Lebenserfahrung häufig recht unterschiedlich sind. Dies gilt sowohl bei der Erstellung einer Eigentumswohnung als auch bei der Verwaltung, dem Gebrauch und der Nutzung von Sondereigentum und gemeinschaftlichem Eigentum.

112 Die Gefahren, die durch Bauträgerinsolvenzen bei der Bauerstellung von Eigentumswohnungen und im Falle des „stecken gebliebenen Baues" bestehen, haben sich in der Praxis kaum schwerwiegender gezeigt als beim Eigenheimbau. Das mag daran liegen, dass hier vor allem die Gläubigerbanken in der Regel einen vernünftigen Ausweg für alle Beteiligten gefunden haben.

113 Beim Gebrauch, der Nutzung und der Verwaltung der Eigentumswohnung ergeben sich im Vergleich zum Eigenheim zwangsläufig Besonderheiten, weil die Gemeinschaftsbezogenheit sowohl im Blick auf das Sondereigentum als auch für das gemeinschaftliche Eigentum besonderer gemeinsamer Rücksichten und Verfahrensweisen bedarf. Diese Rücksichten und teilweise gesetzlich vorgegebenen Verfahrensweisen müssen aber nicht immer ein Nachteil sein, insbesondere dann nicht, wenn die entsprechenden Rahmenbedingungen einen vernünftigen und abgewogenen Interessenausgleich der in der Gemeinschaft verbundenen Eigentümer ermöglichen.

114 Auch die Größe oder Übergröße mancher Wohnungseigentümergemeinschaften können grundsätzlich nicht unbedingt als Nachteil empfunden werden. Die durch den Änderungsvorschlag der Bayerischen Staatsregierung zum WEG 1976[126] in Gang gesetzte

[126] BR-Drucks. 8/161.

Diskussion bezüglich der Begrenzung der Wohnungseigentümergemeinschaften auf 100 Einheiten hat deutlich gezeigt, dass es große und größte Wohnungseigentümergemeinschaften gibt, die bestens funktionieren, während Gemeinschaften mit 10 Wohnungen und darunter vielfach erhebliche Schwierigkeiten haben.

Gewiss kann in der Konstruktion des Wohnungseigentums und Teileigentums mit dem damit zwingend verbundenen Gemeinschaftsverhältnis und der Gemeinschaftsbezogenheit im Verhältnis zum Einzeleigentum des Einfamilienhauses ein Nachteil gesehen werden. Der Nachteil wird aber immer erst dann zum Problem, wenn die Menschen nicht in der Lage sind, ihr Gemeinschaftsverhältnis den demokratischen Gepflogenheiten entsprechend auszugestalten bzw. sich nach den demokratischen und menschlichen Spielregeln zu verhalten. Solche Verhaltensstörungen ergeben sich aber nicht nur im Wohnungseigentum. Sie sind auch in den nachbarschaftlichen Beziehungen einzelner Eigentümer, im Besonderen bei Reihenhäusern, aber auch bei freistehenden Einfamilienhäusern nicht auszuschließen. 115

cc) Schrottimmobilien. Sehr schnell hatte sich gezeigt, dass das Wohnungseigentum sich als Kapitalanlage eignet. Demzufolge sind entsprechende Modelle entwickelt worden, die in den Anfängen nicht zu Schwierigkeiten führten. Oftmals gab es in einer Wohnungseigentumsanlage neben den selbstnutzenden auch vermietenden Sondereigentümer. Zwar waren manchmal aus der unterschiedlichen Interessenlage heraus konträre Meinungen über die Verwaltung gegeben. Zu übermäßigen Streitigkeiten der Wohnungseigentümer führte dies jedoch nur in seltenen Fällen. 116

Aus diesem Modell der Kapitalanlagen entwickelten sich zu Vertriebszwecken und aus Rentabilitätsgründen eigene Modelle. Diese bezogen sich sowohl auf Neubaute als auch auf Altbauten. Letztere hatten u. a. die entsprechende Anpassung des heutigen § 3 Abs. 2 S. 4 MaBV, der unter Berücksichtigung der bereits vorhandenen Bausubstanz ebenfalls den bekannten Ratenzahlungsplan für anwendbar erklärt.[127] 117

Die unter dem Begriff „Bauherrenmodell" bekannt gewordenen Konstruktionen hatten vielfach steuerrechtliche Hintergründe. Neben den fiskalischen Gesichtspunkten waren auch andere Motive für die Schaffung neuer rechtlichen Konstruktionen von Bedeutung: Die Anleger wollten möglichst ohne Eigenkapital investieren. Häufig wünschte er mit der Verwaltung und Bewirtschaftung keine weitere Mühe zu haben. Die Vermietung war oftmals umständlich. Aus diesem zunächst gegebenen steuerlichen Anreiz einerseits und dem Bedürfnis der Anleger andererseits sowie den Gegebenheiten des Marktes entwickelten sich die Modelle des Vermietungspools,[128] der gewerblichen Weitervermietung[129] und der Mietgarantie.[130] 118

Diese steuerlichen und vertriebstechnisch motivierten Modelle sind wegen der Änderungen der Rahmenbedingungen zunehmend vom Markt verschwunden.[131] Nur noch vereinzelt finden sich solche Konstruktionen aus der Vergangenheit. Im Zusammenhang mit neuen Wohnungseigentümergemeinschaften sind sie regelmäßig nicht mehr anzutreffen. 119

Dennoch erfreute sich Wohneigentum im Rahmen der Kapitalanlage weiterhin besonderer Beliebtheit. Nachdem der Neubau zurückgegangen war, wurde in erheblichem Maße auf Bestandsimmobilien zurückgegriffen. Diese Umwandlung in Wohnungseigentum erfolgte in vielen Fällen an überalterten, von Sanierungsstaus begleiteten Objekten. Die Erwerber erhielten zwar oftmals in schön gestalteten Prospekten Immobilien ange- 120

[127] Dritte Verordnung zur Änderung gewerberechtlicher Vorschriften v. 7. 11. 1990 (BGBl. I S. 2476); Dritte Verordnung zur Änderung der MaBV v. 14. 2. 1997 (BGBl. I S. 272).

[128] Vgl. dazu zusammenfassend *Drasdo* DWW 2003, 110; *Jäckel* ZMR 2004, 393.

[129] *Blank* WuM 1993, 573; *Derleder* WuM 1991, 641; zu den damit verbundenen mieterschutzrechtlichen Problemen seinerzeit BverfG NJW 1991, 197.

[130] OLG Hamburg ZMR 1987, 92.

[131] *Schneider* DWW 2008, 3.

boten. Bei der Betrachtung in der Realität zeigte sich dann, dass die Darstellung des Prospektes nicht zutraf. Mängel in der Substanz und Pflege traten deutlich zu Tage.

121 Als weiteres Phänomen war zu beobachten, dass Wohnungen häufig an Personen veräußert wurde, die kein Eigenkapital zur Verfügung stellen konnten. Zahlte der Mieter die vereinbarten Entgelte nicht, bestanden keine Reserven, um die gegenüber der Wohnungseigentümergemeinschaft und den finanzierenden Gläubigern fällig werdenden Beträge auszugleichen. Die Wohnungseigentümergemeinschaften, die im Rahmen der Bewirtschaftung auf die Zahlung der laufenden Beiträge angewiesen waren, gerieten in ein Liquiditätsproblem. Die daraus resultierende Notwendigkeit der Erhebung von Sonderumlagen zur Beschaffung der erforderlichen Mittel verursachte dann bei weiteren Eigentümern finanzielle Schwierigkeiten, weil deren Kalkulation darauf nicht eingerichtet war.

122 Insgesamt sind diese Erscheinungen des Wohnungseigentums, die durch die Wiedervereinigung und die damit verbundenen – oftmals spekulativen – Anlageobjekte noch gefördert wurden, unter dem Begriff „Schrottimmobilie" bekannt geworden.[132] Die Rechtsprechung hat zwischenzeitlich darauf in zahlreichen Rückabwicklungs- und Schadensersatzverfahren gegen die Be- und Vertreiber solcher Anlagen reagiert.[133] In zahlreichen Fällen wurden den Erwerbern entsprechende Ansprüche gegen auch oftmals als seriös bekannte Unternehmungen zugesprochen.

123 *dd) Erwerb zur Altersvorsorge.* Neben diesen als Kapitalanlage im fast spekulativen Bereich vertriebenen Objekten sind solche auch zur Verstärkung oder Sicherung der Altersversorgung angeboten worden. Dabei waren die geschilderten Probleme ebenfalls zu beobachten. Bei den zur Altersversorgung angebotenen Wohnungseigentumseinheiten kam aber oftmals noch eine Finanzierung hinzu, die nicht zu einer Versorgung führen konnte, weil die Erwerber bis weit über das Renteneintrittsalter hinaus erforderliche Kredite bedienen mussten. Dies ließ die Frage aufkommen, inwieweit bei solchen Verträgen eine besondere Beratungspflicht – vor allem wegen der besonderen Schutzbedürftigkeit – bestehen könnte und ob unter Umständen neben dem Grundgeschäft auch ein weiterer Vertrag, nämlich ein eigenständiger Beratungsvertrag mit allen sich daraus ergebenden Konsequenzen abgeschlossen wurde.

124 Eine allgemeine oder generelle Aufklärungspflicht über die wirtschaftliche Rentabilität besteht bei Grundstückskaufverträgen nicht.[134] Jede Vertragspartei hat darauf zu achten, dass ihre Interessen hinreichend berücksichtigt werden. Im Zweifel muss sie die notwendigen Informationen für ihre Entscheidung zum Abschluss eines Vertrages rechtzeitig einholen. Einen Anspruch, das Objekt zum Verkehrswert zu erwerben besteht nicht.[135] Ihre Grenze finden diese Grundsätze im Tatbestand der Sittenwidrigkeit und des Wuchers.[136] Eine darüber hinaus gehende Aufklärungspflicht kann bestehen, wenn besondere Umstände dies gebieten. Angenommen wurde eine solche Verpflichtung, wenn ein Veräußerer spezifisches, auf das Kaufobjekt bezogenes, Wissen besaß, was der Erwerber auch bei einer ansonsten optimalen Informationslage nicht erlangen konnte.[137] Generell bessere oder höhere Sachkenntnis verpflichtet nicht zu einer Information des Vertragspartners. In allen Fällen, in denen eine Aufklärungspflicht des Veräußerers nicht besteht, kann sich aus dem Zurückhalten von Informationen auch keine Haftung ergeben.

125 Ein solcher Beratungsvertrag kann auf zwei Arten zu Stande kommen: Einmal ist dies der Fall, wenn ein Veräußerer dem Erwerber im Rahmen der Kaufvertragsverhandlun-

[132] EuGH NJW 2005, 3551; EuGH NJW 2005, 3555; BGH NZM 2008, 381; OLG Bremen NZM 2004, 516.

[133] BGH NZM 1998, 449; BGH NZM 2004, 29; BGH WuM 2006, 702; BGH ZMR 2007, 776; OLG Celle ZIP 2006, 32; OLG Karlsruhe ZIP 2005, 698.

[134] BGH NJW 2003, 1811.

[135] BGH NZM 2004, 273.

[136] BGH NJW 2001, 1127.

[137] BGH NJW 2001, 2021.

gen einen ausdrücklichen Rat erteilt. Zum anderen soll dies der Fall sein, wenn der Verkäufer als Ergebnis der Verhandlungen ein konkretes Berechnungsbeispiel über Kosten und finanzielle Vorteile des Erwerbs, das der Herbeiführung des Geschäftsabschlusses dienen soll, vorlegt.[138] Für das Zustandekommen eines solchen Beratungsvertrages ist erforderlich, dass entsprechende Verhandlungen erfolgt sind. Eine Protokollierung derselben ist nicht notwendig. Maßgeblich ist, dass sich der Inhalt und das Ergebnis eines Vermittlungsgesprächs, die den Anforderungen an eine Beratung genügen, feststellen lassen.[139] Damit ist der Bestand eines solchen Vertrages nicht an einen bestimmten Beratungsgegenstand gebunden, sondern davon abhängig, dass eine sachliche Abhängigkeit der Information und Beratung zu dem angestrebten Geschäft besteht.

Werden die sich aus diesem Beratungsvertrag ergebenden Pflichten schuldhaft verletzt, **126**
so haftet der Veräußerer dem Erwerber. Diese Haftung umfasst alle Schäden die ihm aus dem unrentablen Geschäft erwachsen. Für die Behauptung, dass der Schaden auch bei einem Alternativverhalten entstanden wäre, der Vertrag demnach auch unter Missachtung eventueller Warnungen und beratenden Hinweise, abgeschlossen worden wäre, obliegt dem beratenden Verkäufer die Darlegungs- und Beweislast.[140]

Zunächst hatte sich der BGH nur mit solchen Fällen zu befassen, bei denen bereits **127**
im Zeitpunkt der Beratung falsche oder unvollständige Informationen geliefert wurden.[141] Im Unterschied dazu wiesen spätere Fälle[142] die Besonderheit auf, dass die Beratung sich erst als unzutreffend erwies, nachdem sich herausstellte, dass die der Berechnung zu Grunde gelegten Daten nicht die Folgezeit, sondern nur den Zeitpunkt des Vertriebes oder Verkaufes berücksichtigten. Wenn erkennbar der Erwerb erfolgt, um eine Vorsorgemaßnahme zu treffen, um eine Kapitalbildung vorzunehmen oder um eine Geldanlage zu realisieren, ist deutlich, dass es dem Erwerber nicht nur auf die Daten zum Zeitpunkt der Beratung beziehungsweise des Vertragsschlusses ankommen kann. Dies muss besonders dann gelten, wenn der Vertreiber der Objekte selber an einer dauerhaften Bindung aller Erwerber mitwirkt. Dies kann beispielsweise durch die Initiierung eines Vermietungspools, einer dauerhaften Sondermietverwaltung oder einer gewerblichen Zwischenanmietung sowie der Abgabe von Mietgarantien zum Ausdruck gebracht werden. Der Wert des Objektes ist bei der Beurteilung in diesem Zusammenhang unbeachtlich, weil die Verhältnismäßigkeit von Leistung und Gegenleistung mit den sich aus dem Geschäft ergebenden sonstigen Folgen nicht gleichgesetzt werden kann.[143] Der BGH hat in seiner weiteren Rechtsprechung daraus die zutreffende Konsequenz gezogen und wegen des auf die Zukunft gerichteten Interesses des Erwerbers eine Haftung des Vertreibers auch dann angenommen, wenn erkennbar ist, dass sich die Daten in der Zukunft nachteilig für den Erwerber ändern werden. Entscheidend sei, dass der Erwerber seine Rentablitätsüberlegungen nicht nur auf einen bestimmten Zeitpunkt konzentriert, sondern eine Gesamtbetrachtung über einen längeren Zeitraum vornehme.[144] Insoweit komme es auch nicht darauf an, ob die der Beratung zu Grunde liegenden Informationen zum Zeitpunkt des Vertragsschlusses zutreffend seien. Jede anderweitige Betrachtungsweise verfehle aus Sicht des Erwerbers den Sinn eines Beratungsvertrages.

Die Rechtsprechung des unter anderem für das Bank- und Anlagerecht zuständigen **128**
XI. Zivilsenats des BGH[145] folgt dieser vom V. Senat aufgestellten Linie. Eine kreditge-

[138] BGH NJW 1991, 2556.
[139] BGH NJW 1993, 1532.
[140] BGH NJW 1998, 302.
[141] BGH NJW 1999, 638.
[142] BGH NZM 2004, 29.
[143] BGH NJW 2003, 1811.
[144] BGH NZM 2000, 881.
[145] BGH NJW 2004, 1868.

bende Bank müsse einem Anlageinteressenten an einem Vertriebsmodell ungefragt Informationen liefern muss, wenn die in dem Prospekt ausgewiesenen Erträge tatsächlich nicht erzielt werden und die Vermietung der Wohnungen Schwierigkeiten bereite. Es komme nicht nur auf die konkrete Situation bei Vertragsschluss an. Die Beteiligungen seien nicht auf einen bestimmten Zeitpunkt ausgerichtet. Entweder aus Anlage-, Versorgungs- oder Steuerersparnisgründen müsse ein darüber hinausgehender Zeitraum berücksichtigt werden. Auch der III. Senat[146] tendiert in eine verbraucherfreundliche Richtung. Er sieht eine Aufklärungspflicht über die so genannten Innenprovisionen nicht in jedem Fall gegeben, sondern macht dies von deren Höhe abhängig. Im Rahmen von Anlagemodellen bestehe seitens der Interessenten ein erhöhter Aufklärungsbedarf. Durch einen umfangreichen Prospekt solle diesem regelmäßig nachgekommen werden. Für die Beurteilung der Werthaltigkeit des Objektes ist der zu zahlende Preis wesentlich. Dabei ist davon auszugehen, dass Maklerprovisionen in der üblichen Höhe in den Kaufpreis als Innenprovisionen eingerechnet wurden. Dies dürften zunächst Beträge von drei bis sechs Prozent als übliche Maklerprovisionen sein. In diesem Bereich der Anlagevermittlung sind aber auch höhere Provisionen, etwa bis zu fünfzehn Prozent nicht unüblich. Auch mit diesen muss daher gegebenenfalls gerechnet werden, so dass eine gesonderte Aufklärungspflicht entfällt. Über weitere Aufwendungen müsse der Interessent ausdrücklich aufgeklärt werden. Denn andernfalls sei ihm nicht möglich, eine Berechnung des Objektwertes aus den sich aus dem Prospekt ergebenden Angaben vorzunehmen. Letztlich wird die Rechtsprechung auch durch den II. Senats bestätigt.[147] Im Rahmen des Verfahrens über eine Prospekthaftung für die Ertragsituation eines geschlossenen Immobilienfonds über das so genannte „Betreute Wohnen" hat er ausgesprochen, dass es einer ordnungsgemäßen Beratung entspreche, die Ertragslage der Anlage über einen längeren Zeitraum an den vom Markt vorgegebenen Kriterien darzustellen und zu berechnen.

129 Für die Praxis ergeben sich daraus unterschiedliche Konsequenzen. Für die Erwerber bedeutet dies, dass sie dem Vertreiber, wenn dieser eine Renditebrechnung vorgenommen hat, die ihnen entstandenen Schäden vorhalten können. Soweit sich die Berechnung über den wirtschaftlichen Erfolg und die finanziellen Auswirkungen nur auf den Zeitpunkt des Erwerbs bezogen hat, liegt bereits eine schuldhafte Vertragsverletzung vor, weil missachtet wurde, die auf die Zukunft ausgerichteten Interessen des Erwerbers in die Berechnungen einzubeziehen. Die in der Vertriebspraxis häufig vorgenommenen „Schönrechnungen" insbesondere älterer, sanierungsbedürftiger Objekte dürfte mit der Entscheidung beendet sein. Das bestehende Haftungsrisiko wäre kaum abzuschätzen. Im Hinblick darauf, dass die Verjährung nach § 199 Abs. 1 Nr. 2 BGB erst beginnt, wenn der Gläubiger Kenntnis von den einen Anspruch begründenden Umständen hat, ist auch die Dauer des Risikos lange. Denn wegen der sich erst später zeigenden wirtschaftlichen Entwicklungen wird die regelmäßige Verjährungsfrist des § 195 BGB von drei Jahren faktisch überschritten werden.[148]

130 **b) Verbreitung der Eigentumswohnung.** In Westdeutschland konnten erst seit der Entstehung des Wohnungseigentumsgesetzes im Jahr 1951 Eigentumswohnungen erstellt und Wohnungseigentum am Wohnungsbestand begründet werden. In der ehemaligen DDR gab es keine Eigentumswohnungen. Erst mit der Wiedervereinigung besteht die Möglichkeit, in Ostdeutschland Eigentumswohnungen zu erstellen. Von besonderer Wichtigkeit ist dabei die Wohnungsprivatisierung, die wohnungspolitisch von großer Bedeutung war, gewesen.[149] Etwa 2,5 Millionen Wohnungen in der ehemaligen DDR befanden sich in irgendeiner Form in staatlichem Eigentum. Diese sollte, zur Entlastung

---

[146] BGH NZM 2004, 273.
[147] BGH ZIP 2004, 1104.
[148] *Gaier* ZfIR 2004, 225.
[149] *Gesterkamp,* S. 5.

der öffentlichen Haushalte und der mit der Wiedervereinigung verbundenen Kosten privatisiert werden. Vorgesehen war über das ASHG[150] dafür u.a. die Umwandlung der Gebäude in Wohnungseigentümer- oder Wohnungserbbaurechtsgemeinschaften. Dies ermöglichte dann auch die Begründung von Dauerwohnrechten i.S. des § 31 WEG.

Gesetze zur Änderung des WEG 131

Gesetz	Datum	BGBl. I
Gesetz über das Wohnungseigentum und das Dauerwohnrecht (Wohnungseigentumsgesetz)	*15. 3. 1951*	*1951, 175, berichtigt: 1951, 209*
Gesetz über Maßnahmen auf dem Gebiet des Kostenrechts	7. 8. 1952	1952, 401
Gesetz zur Änderung und Ergänzung kostenrechtlicher Vorschriften	26. 7. 957	1957, 861
Gesetz Änderung des bürgerlichen Gesetzbuches und anderer Gesetze	30. 5. 1973	1973, 501
Gesetz zur Änderung des Wohnungseigentumsgesetzes und der Verordnung über das Erbbaurecht	30. 7. 1973	1973, 910
Gesetz zur Erhöhung der Wertgrenzen in der Gerichtsbarkeit	8. 12. 1982	1982, 1615
Steuerbereinigungsgesetz 1985	14. 12. 1984	1984, 1493
Rechtspflegevereinfachungsgesetz	17. 12. 1990	1990, 2847
Gesetz zur Beseitigung von Hemmnissen bei der Privatisierung von Unternehmen und zur Förderung von Investitionen	22. 3. 1991	1991, 766
Gesetz zur Entlastung der Rechtspflege	11. 1. 1993	1993, 50
Gesetz zur Heilung des Erwerbs von Wohnungseigentum	1. 1. 1994	1994, 66
Gesetz zur Änderung von Kostengesetzen und anderen Gesetzen (Kostenrechtsänderungsgesetz 1994 – KostRAndG 1994)	24. 6. 1994	1994, 1325
Einführungsgesetz zur Insolvenzordnung	5. 10. 1994	1994, 2911
Gesetz über Fernabsatzverträge und andere Fragen des Verbraucherrechts zur Umstellung von Vorschriften auf Euro	27. 6. 2000	2000, 897; berichtigt: 2000, 1139
Gesetz zur Neuordnung des Gerichtsvollzieherkostenrechts (GvKostRNeuOG)	19. 4. 2001	2001, 623
Gesetz zur Neugliederung, Vereinfachung und Reform des Mietrechts (Mietrechtsreformgesetz)	19. 6. 2001	2001, 1149
Gesetz zur Anpassung der Formvorschriften des Privatrechts und anderer Vorschriften an den modernen Rechtgeschäftsverkehr	13. 7. 2001	2001, 1542
Gesetz zur Reform des Zivilprozesses (Zivilprozessreformgesetz – ZPO-RG)	27. 7. 2001	2001, 1887
Siebte Zuständigkeitsanpassungsverordnung	29. 10. 2001	2001, 2785
Gesetz zur Änderung des Rechts der Vertretung durch Rechtsanwälte vor den Oberlandesgerichten (OLG-Vertretungsänderungsgesetz – OLG-VertrÄndG)	23. 7. 2002	2002, 2850
Gesetz zur Modernisierung des Kostenrechts (Kostenrechtsmodernisierungsgesetz – KostRMoG)	5. 5. 2004	2004, 718

[150] Gesetz über Altschuldenhilfe für Kommunale Wohnungsunternehmen, Wohnungsgenossenschaften und private Vermieter in dem in Artikel 3 des Einigungsvertrages genannten Gebiet (Altschuldenhilfe-Gesetz) v. 23. 6. 1993 (BGBl. I S. 944).

Gesetz	Datum	BGBl. I
Gesetz zur Änderung des Wohnungseigentumsgesetzes und anderer Gesetze	26. 3. 2007	2007, 370
Gesetz zur Vereinfachung des Insolvenzverfahrens	13. 4. 2007	2007, 509
Gesetz zur Änderung des Zugewinnausgleichs- und Vormundschaftsrechts	6. 7. 2009	2009, 1696
Gesetz zur Reform des Kontopfändungsschutzes	7. 7. 2009	2009, 1707

II. Begründung, Belastung, Änderung und Beendigung von Wohnungs- und Teileigentum sowie von Wohnungs- und Teilerbbaurechten

1. Begründung von Wohnungs- und Teileigentum

a) **Strukturelle Grundsätze.** Das Wohnungseigentumsgesetz (WEG) eröffnet abweichend von dem in § 93 f. BGB verankerten Grundsatz der einheitlichen Rechtsverhältnisse an Grund und Boden sowie an den darauf befindlichen Aufbauten die Möglichkeit, an Teilen eines Gebäudes Eigentum zu erwerben. Allerdings kann der Erwerb nicht gänzlich losgelöst vom Eigentum an dem Grundstück erfolgen. Vielmehr wird „nach Maßgabe dieses Gesetzes" (§ 1 Abs. 1 WEG) das **Alleineigentum** an Wohnungen oder an nicht zu Wohnzwecken dienenden Räumlichkeiten mit dem **Bruchteilsmiteigentum** an dem Grundstück verknüpft. Wohnungs- und Teileigentum ist damit **zusammengesetztes Eigentum;** strukturell besteht zwischen den beiden Erscheinungsformen also kein Unterschied. 136

Die Verknüpfung von Bruchteilseigentum mit Alleineigentum (= Sondereigentum) führt zu einer inhaltlichen Veränderung des gewöhnlichen Miteigentumsanteils.[1] Die Verbindung ist **grundsätzlich unauflöslich** ausgestaltet (vgl. § 1 Abs. 2 und Abs. 3 WEG), so dass das Alleineigentum nicht ohne den dazugehörigen Miteigentumsanteil veräußert oder belastet werden kann (§ 6 Abs. 1 WEG). Da der Miteigentumsanteil somit nicht mehr alleiniger Verfügungsgegenstand sein kann, erstrecken sich konsequenterweise die Rechte an dem Miteigentumsanteil auch auf das damit verbundene Alleineigentum (§ 6 Abs. 2 WEG).[2] 137

Bei Wohnungs- und Teileigentumsrechten nach dem WEG handelt es sich um **echtes Eigentum** im bürgerlich-rechtlichen Sinne.[3] Anders als der Eigentumsbegriff des BGB (§§ 903 ff. BGB) kennt das WEG aber weitergehend eine inhaltliche Ausgestaltung des Eigentums, die entweder kraft Gesetzes (§§ 10 bis 19 und §§ 20 bis 29 WEG) oder aufgrund einer davon abweichenden rechtsgeschäftlichen Regelung (§ 5 Abs. 4 S. 1 WEG) erfolgen kann. Diese Gestaltungsmöglichkeit ist dem **zwingenden Gemeinschaftsverhältnis** der Wohnungs- und Teileigentümer geschuldet. Zur Sicherung der Verkehrsfähigkeit des Wohnungseigentums ist die Gemeinschaft der Wohnungseigentümer – anders als noch bei gewöhnlichen Miteigentümern (vgl. § 749 BGB) – deshalb unauflöslich ausgestaltet (§ 11 Abs. 1 WEG). Entsprechend ist auch das Recht eines Pfändungsgläubigers gem. § 751 BGB sowie das im Insolvenzverfahren bestehende Recht gem. § 84 Abs. 2 InsO, die Aufhebung der Gemeinschaft zu verlangen, ausgeschlossen (§ 11 Abs. 2 WEG). 138

Die Bruchteilsgemeinschaft der Miteigentümer ist spätestens seit der „Entdeckung" des (teil-)rechtsfähigen „Verbandes sui generis" durch den BGH[4] streng gegenüber der Wohnungseigentümergemeinschaft als Rechtssubjekt abzugrenzen. So ordnet jetzt § 10 Abs. 1 WEG das Gemeinschafts- und das Sondereigentum sachenrechtlich unverändert den Wohnungseigentümern persönlich zu. Demgegenüber weist § 10 Abs. 6 S. 1 WEG nunmehr das **Verwaltungsvermögen** dem **„Verband Wohnungseigentümergemeinschaft"**[5] 139

---

[1] *Staudinger/Rapp* § 3 Rn. 31; *Weitnauer/Briesemeister* Vor § 1 Rn. 24.

[2] *Riecke/Schmid/Schneider* § 1 Rn. 3.

[3] BGHZ 49, 250 = NJW 1968, 499; BGHZ 116, 392 = NJW 1992, 378; BayObLG NZM 2002, 263 = ZMR 2002, 142; *Bärmann/Armbrüster* § 1 Rn. 6; *Riecke/Schmid/Schneider* § 1 Rn. 5; *Staudinger/Rapp* § 1 Rn. 15.

[4] BGHZ 163, 154 = DNotZ 2005, 776 = NJW 2005, 2061 = NZM 2005, 543 = Rpfleger 2005, 521 = ZfIR 2005, 506 = ZMR 2005, 547 = ZWE 2005, 422.

[5] Zur Wortwahl s. *Bärmann/Wenzel* § 10 Rn. 8 und *Riecke/Schmid/Schneider* § 1 Rn. 14. Das Gesetz lässt die notwendige Unterscheidung zwischen der rechtsfähigen Gemeinschaft der Wohnungseigentümer einerseits und den in Bruchteilsgemeinschaft verbundenen Wohnungseigentümern als Miteigentümern andererseits vermissen. Die unterschiedlichen Vermögenszuordnungen erfordern aber eine eindeutige Abgrenzung.

als Rechtsträger zu. Danach kann „die Gemeinschaft der Wohnungseigentümer“ (als Verband) im Rahmen der gesamten Verwaltung des gemeinschaftlichen Eigentums gegenüber Dritten und Wohnungseigentümern selbst Rechte erwerben und Pflichten eingehen. Sie ist Inhaberin der als Gemeinschaft gesetzlich begründeten und rechtsgeschäftlich erworbenen Rechte und Pflichten (§ 10 Abs. 6 S. 1 u. 2 WEG). Dazu kann auch der Erwerb von Immobilieneigentum sowohl in der vom Verband selbst verwalteten Anlage[6] als auch arrondierender selbständiger Grundstücke[7] gehören. Im Ergebnis besteht also neben der Bruchteilsgemeinschaft der Wohnungseigentümer noch eine weitere Form gemeinschaftlicher Berechtigung. Nach h. M. handelt es sich dabei um zwei unterschiedliche Zuordnungsobjekte von Rechten und Verbindlichkeiten.[8]

140 Ein Erwerber von Wohnungseigentum erwirbt also einerseits mit dem Wohnungseigentum echtes Eigentum, das unverändert nach sachenrechtlichen Grundsätzen im **Grundbuch** eingetragen wird (vgl. § 7 Abs. 1, § 8 Abs. 2 WEG, § 873 Abs. 1 BGB). Darüber hinaus wird er zugleich mit den übrigen aktuellen Miteigentümern automatisch Mitglied des nicht grundbuchverlautbarten Personenverbandes mit eigenem Verbandsvermögen. Hierfür bedarf es keiner besonderen Beitrittserklärung. Das Verbandsvermögen ist separiert vom Vermögen seiner einzelnen Mitglieder. Ein Mitglied des „Verbandes Wohnungseigentümergemeinschaft“ kann weder über seinen Anteil am Verwaltungsvermögen insgesamt noch über seinen Anteil an den einzelnen Vermögensgegenständen gesondert verfügen.[9]

141 Mit der gesetzlichen Kodifizierung des „Verbandes Wohnungseigentümergemeinschaft“ in § 10 Abs. 6 bis Abs. 8 WEG hat sich für die Praxis zugleich der dogmatische Streit[10] über die Einordnung des Wohnungseigentums erledigt.[11] Die bislang h. M. hat Wohnungseigentum als besonders ausgestaltetes Bruchteilseigentum begriffen,[12] das aus drei Komponenten besteht: zwei sachenrechtlichen (Miteigentum und Sondereigentum) sowie einer schuldrechtlichen (Teilhabe an der Bruchteilsgemeinschaft). An dieser Einschätzung kann festgehalten werden, nachdem die gegen diese Sichtweise in der Vergangenheit erhobenen Bedenken jetzt weggefallen sind.[13] Wohnungseigentum ist daher als **besonders ausgestaltetes Miteigentum mit obligatorischer Verbandsmitgliedschaft** zu verstehen.[14]

142 **b) Begrifflichkeiten.** *aa) Wohnungseigentum.* § 1 Abs. 2 WEG definiert **Wohnungseigentum** als „das Sondereigentum an einer Wohnung in Verbindung mit dem Miteigentumsanteil an dem gemeinschaftlichen Eigentum, zu dem es gehört“.

---

[6] OLG Celle DNotZ 2008, 616 = NJW 2008, 1537 = Rpfleger 2008, 296; LG Frankenthal MittBayNot 2008, 128; *Abramenko* ZMR 2006, 338, 340; *Häublein* FS Seuß 2007, 125, 148; *Hügel* DNotZ 2005, 753, 771 f.; *Jennißen* NZM 2006, 203, 205; *Rapp* MittBayNot 2005, 449, 458 f.; *Schneider* Rpfleger 2007, 175; *Wenzel* ZWE 2006, 462, 469; **a. A.** noch LG Nürnberg-Fürth ZMR 2006, 812 m. abl. Anm. *Schneider;* LG Heilbronn ZMR 2007, 649 m. abl. Anm. *Hügel;* LG Hannover ZMR 2007, 893 m. abl. Anm. *Kümmel.*

[7] LG Deggendorf ZMR 2008, 909 m. Anm. *Schneider.*

[8] Sog. „Trennungstheorie“: BGH NZM 2007, 411 = NJW-RR 2007, 955 = Rpfleger 2007, 479 = ZMR 2007, 875; *Abramenko* ZMR 2006, 409; *Demharter* NZM 2006, 489; *Elzer* ZMR 2006, 626; *Gottschalg* FS Seuß 2007, 113; *Hügel* DNotZ 2005, 753, 757; *Jennißen* NZM 2006, 203; *Müller* FS Seuß 2007, 211; *Sauren* ZWE 2006, 258; **a. A.** die sog. „Einheitstheorie“: *Armbrüster* ZWE 2006, 470; *Bub* NZM 2006, 841; *Häublein* FS Wenzel 2005, 175, 198 f.; *Wenzel* NZM 2006, 321.

[9] *Bärmann/Wenzel* § 10 Rn. 32 ff.; *Hügel*/Elzer § 3 Rn. 12; *Riecke/Schmid/Schneider* § 1 Rn. 19.

[10] Eine ausführliche Darstellung und Untersuchung zur Dogmatik des Wohnungseigentums findet sich bei *Staudinger/Rapp* Einl. WEG Rn. 1 ff.

[11] *Bärmann/Armbrüster* § 1 Rn. 7.

[12] BGHZ 150, 109 = NJW 2002, 1647 = NZM 2002, 450 = Rpfleger 2002, 424; BGHZ 108, 156 = DNotZ 1990, 417 = NJW 1989, 2534; BayObLG ZMR 2002, 142; BayObLG DNotZ 1998, 125; *Niedenführ/Kümmel/Vandenhouten* § 1 Rn. 5; *Palandt/Bassenge* Vor § 1 Rn. 2; *Staudinger/Rapp* Einl. WEG Rn. 23; *Weitnauer/Briesemeister* Vor § 1 Rn. 25.

[13] *Bärmann/Armbrüster* § 1 Rn. 7.

[14] *Riecke/Schmid/Schneider* § 1 Rn. 21; weitergehend. wohl *Hügel/Elzer* § 3 Rn. 22.

Abbildung 1 – (Verkürztes) Eintragungsbeispiel: 143

Amtsgericht Duisburg **Grundbuch von Duisburg** **Blatt 2261**

Bestandsverzeichnis

Laufende Nummer der Grundstücke	Bisherige laufende Nummer der Grundstücke	Bezeichnung der Grundstücke und der mit dem Eigentum verbundenen Rechte					Größe		
		Gemarkung (Vermessungsbezirk)	Karte: Flur	Karte: Flurstück	Liegenschaftsbuch	Wirtschaftsart und Lage			
		a	b		c/d	e	ha	a	m²
1	2	3					4		
1		187/10.000stel Miteigentumsanteil an dem Grundstück							
		Duisburg	1	101		Gebäude- und Freifläche, Kardinal-Galen-Straße 124		02	34
		verbunden mit dem Sondereigentum an der im Aufteilungsplan vom 24. März 2000 mit Nr. 1 bezeichneten Wohnung im Erdgeschoss links mit einem Kellerraum im Kellergeschoss.							
		. .							

Unter einer **„Wohnung"** ist dabei zu verstehen „die Summe der Räume, welche die Führung eines Haushaltes ermöglichen; dazu gehören stets eine Küche oder ein Raum mit Kochgelegenheit sowie Wasserversorgung, Ausguss und WC. Die Eigenschaft als Wohnung geht nicht dadurch verloren, dass einzelne Räume vorübergehend oder dauernd zu beruflichen oder gewerblichen Zwecken benutzt werden. Räume, die zwar zu Wohnzwecken bestimmt sind, aber die genannten Voraussetzungen nicht erfüllen, können nicht als Wohnung (...) angesehen werden."[15] 144

Unter einem **„Raum"** ist der durch Fußboden, Wände und Decke begrenzte Luftraum zu verstehen, der einen ungehinderten Zutritt durch Dritte ausschließt.[16] An einem Raum soll jedoch Sondereigentum nur eingeräumt werden, wenn auch sichergestellt ist, dass dieses in sich abgeschlossen ist[17] (dazu s. Rn. 186 ff.). 145

Nach dieser Terminologie kann Wohnungseigentum also nicht nur an einzelnen Wohnungen innerhalb eines Gebäudes begründet werden, wenngleich der Geschosswohnungsbau unzweifelhaft im Vordergrund steht. Aber auch **mehrere** auf einem Grundstück errichtete **Gebäude** können danach in die Rechtsform „Wohnungseigentum" überführt werden.[18] Dies wird insbesondere auf **Doppel- und Reihenhäuser** zutreffen, deren gemeinsames Grundstück nicht real geteilt werden kann (faktische Realteilung). 146

bb) Teileigentum. § 1 Abs. 3 WEG definiert **Teileigentum** als „das Sondereigentum an nicht zu Wohnzwecken dienenden Räumen eines Gebäudes in Verbindung mit dem Miteigentumsanteil an dem gemeinschaftlichen Eigentum, zu dem es gehört". 147

---

[15] Nr. 4 der Allgemeinen Verwaltungsvorschrift für die Ausstellung von Bescheinigungen gemäß § 7 Abs. 4 Nr. 2 und § 32 Abs. 2 Nr. 2 des Wohnungseigentumsgesetzes vom 19. 3. 1974 (BAnz. Nr. 58 vom 23. 3. 1974).

[16] Vgl. GmS-OGB BGHZ 119, 42 = NJW 1992, 3290; OLG München NZM 2006, 635.

[17] Vgl. § 3 Abs. 2 und § 8 Abs. 2 WEG.

[18] BGH NJW-RR 2001, 800 = NZM 2001, 435; OLG Düsseldorf FGPrax 2004, 267 = Rpfleger 2004, 691.

148 **Abbildung 2 – (Verkürztes) Eintragungsbeispiel:**

Amtsgericht Duisburg **Grundbuch von Duisburg** **Blatt 2345**

Bestandsverzeichnis

Laufende Nummer der Grundstücke	Bisherige laufende Nummer der Grundstücke	Bezeichnung der Grundstücke und der mit dem Eigentum verbundenen Rechte					Größe		
		Gemarkung (Vermessungsbezirk)	Karte		Liegenschaftsbuch	Wirtschaftsart und Lage			
			Flur	Flurstück					
		a	b		c/d	e	ha	a	m²
1	2	3					4		
1		10/10.000stel Miteigentumsanteil an dem Grundstück							
		Duisburg	1	101		Gebäude- und Freifläche, Kardinal-Galen-Straße 124		02	34
		verbunden mit dem Sondereigentum an der im Aufteilungsplan vom 24. März 2000 mit Nr. 35 bezeichneten Garage.							
		. . .							

149 Nicht zu Wohnzwecken dienende Räume sind z. B. Läden, Werkstatträume, sonstige gewerbliche Räume, Praxisräume, Garagen u. dgl. Der Unterschied zwischen „Wohnungen" und „nicht zu Wohnzwecken dienenden Räumen" ergibt sich somit aus der Zweckbestimmung der Räume.[19] Unter einem Raum ist auch bei einem Teileigentum der allseitig begrenzte Luftraum zu verstehen.[20]

150 Nach überwiegender und zutreffender Auffassung ist die Begründung von Teileigentum an nicht zu Wohnzwecken dienenden Räumen auch dann zulässig, wenn diese mit Sondernutzungsrechten (dazu s. Teil C. III.) an Wohnungen verbunden werden sollen. Es liegt bei diesem sog. **„Kellermodell"** somit keine Gesetzesumgehung vor.[21] Hintergrund für diese Gestaltungsvariante war die seinerzeitige Rechtsprechung des BVerwG,[22] wonach sich die Abgeschlossenheit einer Wohnung nach den (strengeren) bauordnungsrechtlichen Kriterien hinsichtlich des Schall-, Wärme- und Brandschutzes statt lediglich nach den zivilrechtlichen Anforderungen zu richten hatte. Mit der Entscheidung des Gemeinsamen Senats der Obersten Gerichtshöfe des Bundes[23] ist das Bedürfnis für diese Konstruktion weitgehend entfallen. Vereinzelt kann jedoch gleichwohl noch ein praktisches Erfordernis beobachtet werden.[24]

151 *cc) Raumeigentum.* Die Bezeichnung „Raumeigentum" ist in der Praxis weit verbreitet[25] und stellt den Versuch dar, einen im Gesetz fehlenden gemeinsamen **Oberbegriff** für

[19] Nr. 4 der Allgemeinen Verwaltungsvorschrift für die Ausstellung von Bescheinigungen gemäß § 7 Abs. 4 Nr. 2 und § 32 Abs. 2 Nr. 2 des Wohnungseigentumsgesetzes vom 19. 3. 1974 (BAnz. Nr. 58 vom 23. 3. 1974).

[20] OLG Jena NotBZ 2005, 219.

[21] BayObLG NJW 1992, 700 = Rpfleger 1992, 154 m. Anm. *Eckardt*; OLG Hamm NJW-RR 1993, 1233 = Rpfleger 1993, 445; OLG Düsseldorf NJW-RR 2001, 1379 = Rpfleger 2001, 536 m. Anm. *Schneider; Blum* MittRhNotK 1992, 109; *Bärmann/Armbrüster* § 1 Rn. 47 ff.; *Pause* NJW 1990, 3178; *F. Schmidt* WE 1992, 2; *Schneider* Rpfleger 1991, 499; a. A. LG Braunschweig Rpfleger 1991, 201 mit zust. Anm. *Schäfer; Staudinger/Rapp* § 5 Rn. 18; *Häublein* Sondernutzungsrechte S. 100, 106.

[22] BverwG NJW 1990, 848.

[23] GmS-OGB BGHZ 119, 42 = NJW 1992, 3290 = Rpfleger 1993, 238.

[24] Vgl. OLG Düsseldorf NJW-RR 2001, 1379 = Rpfleger 2001, 536 m. Anm. *Schneider.*

[25] Vgl. nur den jeweils zugrunde liegenden Sachverhalt bei OLG München NZM 2007, 842; OLG Köln ZMR 2005, 403.

das Wohnungs- und Teileigentum zu finden. Literatur[26] und Rechtsprechung[27] benutzen diesen Begriff ebenfalls. Allerdings hat er auch durch die WEG-Novelle 2007 wiederum keinen Eingang ins Gesetz gefunden.[28]

Da zwischen Wohnungs- und Teileigentum nach dem zuvor Gesagten kein strukturel- 152
ler Unterschied besteht, bestimmt das Gesetz für Teileigentumseinheiten die entsprechende Anwendung der Vorschriften über das Wohnungseigentum (§§ 1 Abs. 6, 7 Abs. 5 WEG). Sprachlich wird deshalb oftmals (wie in der Bezeichnung des Gesetzes selbst) nur der Begriff „Wohnungseigentum" verwendet; durch die genannten Verweisungen ist jedoch sichergestellt, dass die Vorschriften auch auf das Teileigentum entsprechende Anwendung finden.[29]

Aus diesem Grunde umfasst der in einer Teilungserklärung verwendete Begriff „Woh- 153
nungseigentümer" ohne weiteres auch die in der gemeinsamen Anlage vorhandenen Teileigentümer.[30]

dd) Kombiniertes Wohnungs- und Teileigentum. Wohnungs- und Teileigentum unter- 154
scheiden sich lediglich in der vereinbarten Nutzungsbefugnis (vgl. § 1 Abs. 2 u. Abs. 3 WEG); rechtlich gibt es keinen strukturellen Unterschied. Infolgedessen kann ein Miteigentumsanteil auch gleichzeitig mit dem Sondereigentum an einer Wohnung und mit dem Sondereigentum an nicht zu Wohnzwecken dienenden Räumen verbunden werden.

Abbildung 3 – (Verkürztes) Eintragungsbeispiel: 155

Amtsgericht Duisburg **Grundbuch von Duisburg** **Blatt 2310**

Bestandsverzeichnis

Laufende Nummer der Grundstücke	Bisherige laufende Nummer der Grundstücke	Bezeichnung der Grundstücke und der mit dem Eigentum verbundenen Rechte					Größe		
		Gemarkung (Vermessungsbezirk)	Karte Flur	Karte Flurstück	Liegenschaftsbuch	Wirtschaftsart und Lage			
		a	b		c/d	e	ha	a	m²
1	2	3					4		
1		197/10.000stel Miteigentumsanteil an dem Grundstück							
		Duisburg	1	101		Gebäude- und Freifläche, Kardinal-Galen-Straße 124		02	34
		verbunden mit dem Sondereigentum an der im Aufteilungsplan vom 24. März 2000 mit Nr. 18 bezeichneten Wohnung sowie der mit Nr. 27 bezeichneten Garage.							
		. . .							

Maßgeblich für die **Abgrenzung** von Wohnungs- und Teileigentum ist lediglich die 156
bauliche Eignung und Zweckbestimmung der im Sondereigentum stehenden Räumlichkeiten. Auf die tatsächliche Nutzung kommt es dagegen nicht an.[31] Die Eigenschaft als

[26] *Müller* Rn. 64; *Weitnauer/Briesemeister* § 1 Rn. 2 f.

[27] OLG Hamm NZM 2007, 448 = Rpfleger 2007, 137; OLG Saarbrücken NZM 2006, 588 und dass. NZM 2006, 590; OLG Frankfurt NZM 2006, 144.

[28] *Bärmann/Armbrüster* § 1 Rn. 3; *Riecke/Schmid/Schneider* § 1 Rn. 41.

[29] *Bärmann/Armbrüster* § 1 Rn. 3; *Riecke/Schmid/Schneider* § 1 Rn. 39.

[30] OLG Hamm ZWE 2007, 370 Ls.

[31] BayObLG Rpfleger 1973, 139.

Wohnung geht auch nicht dadurch verloren, dass einzelne Räume vorübergehend oder dauernd zu beruflichen oder gewerblichen Zwecken genutzt werden.[32]

157 Die Zuordnung eines Sondereigentums zum „Wohnungseigentum“ oder „Teileigentum“ beinhaltet nach überwiegender Ansicht eine allgemeine **Zweckbestimmung.**[33] Bisweilen wird diese Zuordnungsentscheidung auch als **Zweckbestimmung im weiteren Sinne**[34] bezeichnet und von einer solchen **im engeren Sinne**[35] unterschieden, bei der dann lediglich noch die konkrete Nutzung eines Sondereigentums (z. B. als Büroraum) näher festgelegt wird.

158 Bei der Festlegung des Nutzungszwecks anlässlich der Begründung des Sondereigentums handelt es sich nach der hier vertretenen Auffassung um eine **Zweckbestimmung mit Vereinbarungscharakter** gem. § 5 Abs. 4 S. 1 i. V. m. § 10 Abs. 3 WEG,[36] die den Rechtsinhalt des Sondereigentums ausformt. Demzufolge stellt die Zweckbestimmung kein Element des sachenrechtlichen Begründungsaktes dar.[37] Zu den praktischen Auswirkungen dieser Meinungsunterschiede s. Rn. 409 f.

159 *ee) Sondereigentum.* Im Gesetz wird der Begriff des Sondereigentums nicht ausdrücklich definiert. Aus dem Zusammenspiel des § 1 Abs. 2 bzw. Abs. 3 WEG mit der gesetzlichen Regelung in § 1 Abs. 5 WEG zum gemeinschaftlichen Eigentum ergibt sich jedoch, dass Sondereigentum das Alleineigentum an denjenigen Räumen und Bestandteilen ist, die nach § 3 Abs. 1 WEG zum Sondereigentum bestimmt werden und gem. § 5 Abs. 1 u. 2 WEG auch sondereigentumsfähig sind.[38] Zur Sondereigentumsfähigkeit s. ausführlich Abschnitt C I.

160 Aus § 1 Abs. 5 WEG folgt weiterhin, dass Sondereigentum die Ausnahme und gemeinschaftliches Eigentum die Regel bildet. Wird kein Sondereigentum an einem Raum begründet, steht dieser folglich im Gemeinschaftseigentum[39] Einen Zwang zur Totalaufteilung des Gebäudes gibt es nicht.

161 Es erscheint zweckmäßig, bereits an dieser Stelle auf die gesetzliche Systematik bei der Begründung von Sondereigentum einzugehen. Danach wird der **Gegenstand des Sondereigentums** nach den Absätzen 1 bis 3 des § 5 WEG bestimmt. Dazu s. ausführlich Abschnitt C I.

162 Der Gesetzgeber ermöglicht jedoch darüber hinaus den Wohnungseigentümern, Vereinbarungen über ihr Verhältnis untereinander nach den Vorschriften des 2. und 3. Abschnitts des WEG zum **Inhalt des Sondereigentums** zu machen (§ 5 Abs. 4 S. 1 WEG). Dieses vertraglich geregelte Verhältnis der Wohnungseigentümer untereinander bildet quasi die Satzung der Gemeinschaft (**Gemeinschaftsordnung**). Anders als bei gewöhnlichem Immobiliareigentum des BGB besteht also beim Wohnungseigentum die Möglichkeit, die aus dem Eigentumsrecht folgenden Befugnisse nach den Besonderheiten der jeweiligen Wohnanlage mit dinglicher Wirkung (vgl. § 10 Abs. 3 WEG) zu konkretisieren oder auch zu modifizieren. Solchermaßen als Inhalt des Sondereigentums im Grundbuch eingetragene Vereinbarungen stellen somit keine Belastung des Sonder-

---

[32] Nr. 4 der Allgemeinen Verwaltungsvorschrift für die Ausstellung von Bescheinigungen gemäß § 7 Abs. 4 Nr. 2 und § 32 Abs. 2 Nr. 2 des Wohnungseigentumsgesetzes vom 19. 3. 1974 (BAnz. Nr. 58 vom 23. 3. 1974).

[33] BayObLG NZM 2005, 263; BayObLG NJW-RR 1998, 946.

[34] BayObLG WE 1995, 157 m. abl. Anm. *Weitnauer.*

[35] Abl. *Armbrüster* ZMR 2005, 244, 246 f.

[36] KG NZM 2007, 604; OLG Hamm NZM 2007, 294; OLG Schleswig ZMR 2006, 891; OLG Frankfurt NJW-RR 2005, 1445; OLG Bremen ZWE 2002, 184; BayObLG NZM 2001, 137; *Bärmann/Armbrüster* § 1 Rn. 26 ff.; *Hügel* FS Bub 2007, 137; *Riecke/Schmid/Schneider* § 1 Rn. 42; *F. Schmidt* ZWE 2005, 315; *Weitnauer/Lüke* § 15 Rn. 15.

[37] So aber KG ZMR 2005, 223; BayObLG ZMR 1997, 537; *Ott* ZfIR 2005, 129, 130 f.; *Riecke/Schmid/Elzer* § 3 Rn. 22; *Wenzel* ZWE 2006, 62.

[38] *Bärmann/Armbrüster* § 1 Rn. 14; *Weitnauer/Briesemeister* § 1 Rn. 4.

[39] BGHZ 109, 179 = NJW 1990, 447; Rpfleger 1990, 62; OLG München NZM 2006, 635.

eigentums dar; ihnen kommt daher – vergleichbar den inhaltlichen Regelungen bei einem Erbbaurecht gem. § 2 ErbbauRG – auch kein grundbuchmäßiger Rang zu.[40]

In Betracht kommen bspw. folgende von den gesetzlichen Bestimmungen abweichende **inhaltliche Regelungen**[41] über 163
- Veräußerungsbeschränkungen gem. § 12 WEG,
- Zweckbestimmungen der Einheiten,
- Sondernutzungsrechte,
- Instandhaltung- und Instandsetzung,
- Kostentragung,
- Einberufung der Eigentümerversammlung und Beschlussfähigkeit,
- Erteilung einer Verwaltervollmacht,
- Wiederaufbauverpflichtung,
- Öffnungsklauseln zur Ermöglichung einer Beschlussfassung über vereinbarungspflichtige Gegenstände.

ff) Gemeinschaftliches Eigentum. Gemeinschaftliches Eigentum sind gem. § 1 Abs. 5 WEG das Grundstück sowie die Teile, Anlagen und Einrichtungen des Gebäudes, die nicht im Sondereigentum oder im Eigentum eines Dritten stehen. Insoweit ergänzt § 5 Abs. 2 WEG, was neben dem Grundstück zwingend zum Gemeinschaftseigentum gehört. Das sind diejenigen Teile des Gebäudes, die für dessen Bestand oder Sicherheit erforderlich sind, sowie diejenigen Anlagen und Einrichtungen, die dem gemeinschaftlichen Gebrauch der Wohnungseigentümer dienen. Der Umfang des gemeinschaftlichen Eigentums wird damit negativ durch den des Sondereigentums definiert.[42] Diejenigen Bereiche, die nicht zum Sondereigentum erklärt worden sind, zählen zum **Gemeinschaftseigentum.** Es besteht also eine **Vermutung** für die Zugehörigkeit der Bestandteile eines Gebäudes zum gemeinschaftlichen Eigentum.[43] 164

Nicht zum gemeinschaftlichen Eigentum gehört das **Verwaltungsvermögen.**[44] Hierunter ist gem. § 10 Abs. 7 S. 2 WEG die Gesamtheit der im Rahmen der gesamten Verwaltung des Gemeinschaftseigentums erlangten Sachen und Rechte sowie der entstandenen Verbindlichkeiten zu verstehen. Es handelt sich insoweit nicht um gemeinschaftliches Eigentum im Sinne des § 1 Abs. 5 WEG, sondern um ein verbandsbezogenes Sondervermögen, an dem die Wohnungseigentümer mitgliedschaftlich berechtigt sind. 165

gg) Grundstück. Bei dem in Wohnungs- und Teileigentumsrechte aufzuteilenden Grundstück muss es sich um ein **Grundstück im Rechtssinne** handeln. Das setzt die Eintragung eines räumlich abgegrenzten Teils der Erdoberfläche im Bestandsverzeichnis des Grundbuchs unter einer selbständigen laufenden Nummer voraus.[45] Ein Grundstück im Rechtssinne kann demnach aus mehreren unselbständigen, katastermäßig noch nicht verschmolzenen Flurstücken bestehen. 166

Gem. Art. 233 § 4 EGBGB fortbestehendes **Gebäudeeigentum** kann nicht in Wohnungs- und Teileigentumsrechte aufgeteilt werden, weil keine rechtliche Verbindung zu einem Miteigentumsanteil am Grundstück besteht.[46] Der Gebäudeeigentümer müsste demnach zunächst das Grundstück erwerben. 167

Zur Aufteilung von Erbbaurechten in **Wohnungs- und Teilerbbaurechte** s. Rn. 450 ff. 168

---

[40] Vgl. *Bärmann/Armbrüster* § 5 Rn. 125.

[41] Weitere Beispiele für den Inhalt einer Gemeinschaftsordnung mit Vereinbarungscharakter finden sich bei *Bärmann/Wenzel* § 10 Rn. 85.

[42] *Riecke/Schmid/Schneider* § 1 Rn. 52.

[43] OLG Düsseldorf ZMR 2000, 551; *Bärmann/Armbrüster* § 1 Rn. 53; *Riecke/Schmid/Schneider* § 1 Rn. 52.

[44] *Bärmann/Armbrüster* § 1 Rn. 55; *Riecke/Schmid/Schneider* § 1 Rn. 54; insoweit nicht zutreffend LG Schwerin ZMR 2009, 401.

[45] Vgl. RGZ 84, 265, 270.

[46] OLG Jena Rpfleger 1996, 194; Hügel DtZ 1996, 66; a. A. *Heinze* DtZ 1995, 195.

169 Gem. § 1 Abs. 4 WEG kann Wohnungs- und Teileigentum allerdings nur **an einem Grundstück im Rechtssinne** gebildet werden. Soweit das Wohnungseigentum an mehreren bisher selbständig gebuchten Grundstücken begründet werden soll, bedarf es deshalb der vorherigen Vereinigung (§ 890 Abs. 1 BGB) bzw. Bestandteilszuschreibung (§ 890 Abs. 2 BGB), um zu einer Rechtseinheit zu gelangen. Die bloße buchungstechnische Zusammenschreibung der beteiligten Grundstücke auf einem Grundbuchblatt ist hierfür nicht ausreichend.[47] Verfahrensrechtlich können Vereinigung bzw. Bestandteilszuschreibung unter den Voraussetzungen der §§ 5 bzw. 6 GBO in das Grundbuch eingetragen werden.

170 Besondere Probleme ergeben sich im Falle eines **Grenzüberbaus** (vgl. § 912 BGB). Erstrecken sich Teile des einheitlichen Gebäudes[48] auf ein fremdes Grundstück, so ist es zunächst unerheblich, ob sich das Gebäude auf, unter oder über der Erdoberfläche befindet.[49] Entscheidend ist allein, ob eine eigentumsmäßige Zuordnung des Überbaus zum überbauenden, in Wohnungseigentumsrechte aufzuteilenden Grundstück (Stammgrundstück) festgestellt werden kann. Kann der Überbau eigentumsrechtlich dem Stammgrundstück als wesentlicher Bestandteil zugeordnet werden, so kann nach heute ganz h.M. dieses Grundstück auch in Wohnungs- und Teileigentumsrechte aufgeteilt werden.[50] Der überbaute Gebäudeteil stellt dann lediglich einen Scheinbestandteil des überbauten Grundstücks dar (§ 95 Abs. 1 S. 2 BGB). Andernfalls muss es beim Akzessionsgrundsatz verbleiben, wonach Grundstück und Gebäude lotrecht zur Grenze geteilt würden.[51] Nicht möglich ist es auch, im Rahmen der Begründung von Wohnungs- und Teileigentum einen **auf Zeit** gestatteten **Überbau** einzubeziehen, weil dies gegen § 4 Abs. 2 S. 2 WEG verstoßen würde.

171 Literatur und Rechtsprechung beurteilen die Überbauproblematik bei der Begründung von Wohnungseigentum anhand unterschiedlicher **Fallgruppen** wie z. B. dem unrechtmäßigen, aber entschuldigten oder dem rechtmäßigen, weil gestatteten Überbau (vgl. § 912 BGB).[52] In allen Fällen erschien die **Eintragung einer Grunddienstbarkeit** (z. B. als Nachweis der Rechtmäßigkeit des Überbaus) nicht zwingend.[53] Neuerdings wird dies ebenso in Zweifel gezogen wie die bisherige Annahme, eine *nach* Baubeginn eingetragene Grunddienstbarkeit könne kein tauglicher Nachweis für die Rechtmäßigkeit eines schon begonnenen oder erfolgten Überbaues sein.[54] Die Eintragung einer Grunddienstbarkeit zur Duldung eines näher beschriebenen Überbaues dürfte sich daher in jedem Fall empfehlen;[55] auch in Zweifelsfällen ist die Zulässigkeit einer solchen Grundbucheintragung anerkannt.[56]

172 Erfolgt die **Eintragung einer Grunddienstbarkeit,** so sollte als **Berechtigter** „der jeweilige Eigentümer" des gesamten überbauenden Grundstücks benannt werden, dessen Aufteilung in Wohnungs- und Teileigentumsrechte bevorsteht. Die Begründung des Rechts lediglich zugunsten eines einzelnen oder einiger Wohnungseigentümer/s würde nicht zu

---

[47] OLG Saarbrücken NJW 1972, 691.

[48] Vgl. BGH DNotZ 1982, 43

[49] *Demharter* Rpfleger 1983, 133.

[50] OLG Karlsruhe DNotZ 1986, 753 m. Anm. *Ludwig*; OLG Hamm Rpfleger 1984, 98; *Brünger* MittRhNotK 1987, 269; *Demharter* Rpfleger 1983, 133; *Ludwig* DNotZ 1983, 411; *Rastätter* BWNotZ 1986, 79; *Tersteegen* RNotZ 2006, 433.

[51] *Bärmann/Armbrüster* § 1 Rn. 64.

[52] Vgl. im einzelnen *Bärmann/Armbrüster* § 1 Rn. 56 ff.; *Riecke/Schmid/Schneider* § 1 Rn. 193 ff.; *Staudinger/Rapp* § 1 Rn. 29 ff. je m. w. N.

[53] OLG Hamm Rpfleger 1984, 98; OLG Karlsruhe DNotZ 1986, 753; *Demharter* Rpfleger 1983, 133; *Ludwig* DNotZ 1983, 411.

[54] Konstitutiv eigentumsändernde Wirkung einer Grunddienstbarkeit wird für möglich gehalten von *Hertel* MittBayNot 2006, 321, 323; *Tersteegen* RNotZ 2006, 433, 450; *Wicke* DNotZ 2006, 252.

[55] *Bamberger/Roth/Hügel* § 1 Rn. 14; noch weitergehend OLG Stuttgart DNotZ 1983, 444: Eintragung der Grunddienstbarkeit wirkt rechtsgestaltend.

[56] OLG Düsseldorf Rpfleger 1978, 16; *Staudinger/Roth* 2002 § 912 Rn. 36.

der notwendigen Bestandteilseigenschaft des überbauten Gebäudeteils mit dem (gesamten) aufzuteilenden Grundstück führen.[57] Um das Risiko eines Ausfalls in der Zwangsversteigerung zu minimieren, sollte die Grunddienstbarkeit möglichst an der ersten **Rangstelle** in das Grundbuch eingetragen werden.[58]

Auch bei einem im Luftraum **„überhängenden Überbau"** (wie z.B. einen Erker, Balkon, Dach- oder Mauervorsprung) handelt es sich um einen Überbau, bei dem allerdings wegen der fehlenden Verbindung des überbauten Gebäudeteils mit dem Nachbargrundstück nur der Grundsatz der Gebäudeeinheit zum Tragen kommen kann (vgl. § 94 Abs. 2 BGB). Der überhängende Gebäudeteil ist daher stets dem Stammgrundstück zuzuordnen;[59] eines weitergehenden Nachweises der Eigentumszugehörigkeit bedarf es in diesem Fall nicht.[60] 173

hh) Unterwohnungseigentum. Die Begründung eines Wohnungseigentums an einem Wohnungseigentum als **Unterwohnungseigentum** ähnlich einem Untererbbaurecht bei einem Erbbaurecht ist nicht möglich.[61] Da die Anzahl der zur Verfügung stehenden Miteigentumsanteile nicht über ein Ganzes hinaus vermehrt werden kann, bleibt nur der Weg über die Unterteilung einer Einheit. 174

ii) Mitsondereigentum. Die Begründung von Mitsondereigentum im Sinne einer dinglich verselbständigten Untergemeinschaft an einzelnen Räumen oder Gebäudeteilen (z.B. an Fahrstühlen oder Treppenhäusern) sieht das WEG nicht vor.[62] Davon unberührt bleibt jedoch das sog. Nachbareigentum. 175

jj) Nachbareigentum. Es handelt sich hierbei um einen Anwendungsfall allgemeinen Nachbarrechts im Sinne der §§ 921ff. BGB.[63] Steht danach das Eigentum an einem Gebäudeteil, der nicht zwingend gem. § 5 Abs. 2 WEG zum Gemeinschaftseigentum gehört, zwei benachbarten Wohnungseigentümern zu, so sind diese im Zweifel Miteigentümer zu gleichen Bruchteilen (§ 922 S. 4 i.V.m. § 742 BGB).[64] Vorstellbar sind solche Eigentumsverhältnisse z.B. bei nichttragenden Zwischenwänden oder bei einem von der Hauptleitung abzweigenden Rohrstück, das zwei Sondereigentumseinheiten versorgt.[65] 176

c) Möglichkeiten zur Begründung von Wohnungs- und Teileigentum. *aa) Grundsätze.* Wohnungs- und Teileigentum kann **nur** durch vertragliche Einräumung von Sondereigentum gem. **§ 3 WEG oder** durch einseitige Aufteilung gem. **§ 8 WEG** begründet werden (§ 2 WEG). Andere Möglichkeiten sieht das Gesetz nicht vor. Insbesondere kann Wohnungseigentum weder durch Richterspruch[66] noch durch eine letztwillige Verfügung[67] unmittelbar begründet werden. Ggf. müssten schuldrechtliche Ansprüche zunächst durch Begründung von Wohnungseigentum in der dargestellten Weise erfüllt werden. Die Art seiner Begründung ist für den weiteren Rechtsverkehr mit dem Wohnungseigentum unerheblich.[68] 177

---

[57] *Staudinger/Rapp* § 1 Rn. 30.

[58] MünchKomm/*Commichau* § 1 Rn. 30.

[59] I.E. LG Bautzen NZM 2001, 201; *Bärmann/Armbrüster* § 1 Rn. 62; *Ludwig* DNotZ 1983, 411, 412f.; *Tersteegen* RNotZ 2006, 433, 454; **a.A.** LG Leipzig Rpfleger 1999, 272 m. zust. Anm. *Wudy*.

[60] LG Bautzen NZM 2001, 201; *Bauer/v. Oefele* AT V Rn. 30; *Tersteegen* RNotZ 2006, 433, 454.

[61] OLG Köln OLGZ 1984, 294 = Rpfleger 1984, 268; *Bärmann/Armbrüster* § 1 Rn. 17; *Riecke/Schmid/Schneider* § 1 Rn. 61.

[62] BGHZ 130, 159, 168 = NJW 1995, 2851 = Rpfleger 1996, 19; OLG Schleswig DNotZ 2007, 620 m. insoweit zust. Anm. *Commichau*.

[63] *Staudinger/Rapp* § 5 Rn. 61.

[64] *Sauren* DNotZ 1988, 667, 675; *Staudinger/Rapp* § 5 Rn. 61.

[65] BGHZ 146, 241 = DNotZ 2002, 127 = NJW 2001, 1212 = ZWE 2001, 314; OLG Schleswig DNotZ 2007, 620 m. insoweit abl. Anm. *Commichau*; OLG Zweibrücken Rpfleger 1987, 106; *Bärmann/Armbrüster* § 5 Rn. 122; *Schöner/Stöber* Rn. 2824.

[66] OLG Oldenburg FamRZ 1996, 1437.

[67] BGH NJW 2002, 2712 = Rpfleger 2002, 520.

[68] Vgl. OLG Celle OLGR 2008, 962.

178 Sowohl im Falle der vertraglichen Einräumung von Sondereigentum als auch im Falle der einseitigen Aufteilung durch den Grundstückseigentümer können Wohnungs- und Teileigentumsrechte hinsichtlich eines **bereits bestehenden Gebäudes** oder eines **erst noch zu errichtenden Gebäudes** begründet werden (§ 3 Abs. 1 sowie § 8 Abs. 1 WEG). Die Anzahl der Sondereigentumseinheiten ist dabei gesetzlich nicht begrenzt.[69]

179 Die Begründung von Wohnungs- und Teileigentum ist auch noch nach der **Anordnung der Zwangsversteigerung** über das betreffende Grundstück möglich. Allerdings kommt der aufgrund einer angeordneten Zwangsversteigerung eingetretenen Beschlagnahme gem. § 23 Abs. 1 S. 1 ZVG die Wirkung eines Veräußerungsverbotes zugunsten des betreibenden Gläubigers zu. Da dieses Veräußerungsverbot sachlich einem Verfügungsverbot im Sinne von §§ 135, 136 BGB gleichkommt,[70] erfasst es auch die Aufteilung eines Grundstücks in Miteigentumsanteile verbunden mit Sondereigentum. Damit kann der Eigentümer zwar noch Wohnungseigentumsrechte begründen, jedoch ist die Aufteilung dem betreibenden Gläubiger gegenüber relativ unwirksam.[71] Verweigert dieser seine Zustimmung zur Aufteilung, kann nur das ungeteilte Grundstück zur Versteigerung kommen.[72]

180 Durch eine gerichtlich angeordnete **Zwangsverwaltung** wird dem Eigentümer des Grundstücks zwar die tatsächliche Verwaltungs- und Benutzungsbefugnis, nicht jedoch die rechtliche Verfügungsbefugnis entzogen (§ 148 Abs. 2 ZVG).[73] Die Begründung von Wohnungs- und Teileigentumsrechten obliegt daher auch in diesem Fall trotz der Beschlagnahme im Wege der Immobiliarzwangsvollstreckung ausschließlich dem Eigentümer.[74]

181 Bei der Begründung von Wohnungseigentum kann es an demselben Grundstück kein Nebeneinander von „normalen“ Miteigentumsanteilen und solchen geben, die mit Sondereigentumsrechten verbunden sind. Andernfalls könnte das in § 11 Abs. 2 WEG ausgeschlossene Aufhebungsverlangen unterlaufen werden. **Mit jedem Miteigentumsanteil** muss deshalb **zwingend auch Sondereigentum verbunden** sein.[75]

182 Die vorgesehenen Miteigentumsanteile entstehen selbst dann, wenn das zur Verbindung vorgesehene Sondereigentum wegen eines Gründungsmangels (z. B. wegen fehlender Sondereigentumsfähigkeit) gar nicht entstehen kann.[76] Es handelt sich dann um einen sog. **„isolierten bzw. substanzlosen Miteigentumsanteil“**, der zwar rechtsgeschäftlich nicht begründet werden kann, dessen nachträgliche Entstehung jedoch sachenrechtlich nicht ausgeschlossen ist.[77] Zur Behandlung solcher substanzlosen Miteigentumsanteile s. Rn. 276 ff.

183 **Mit einem Miteigentumsanteil** können **mehrere Sondereigentumsrechte** verbunden werden. Die so geschaffene Verbindung kann ggf. zu einem späteren Zeitpunkt (z. B.

---

[69] MünchKomm/*Röll* 3. Aufl. § 1 Rn. 8 nennt Beispiele für Anlagen mit mehr als 1000 Einheiten.

[70] *Böttcher* § 23 Rn. 2.

[71] BGH NJW 1997, 1581.

[72] LG Würzburg Rpfleger 1989, 117 m. zust. Anm. *Meyer-Stolte*; *Bärmann/Armbrüster* § 1 Rn. 216; *Böttcher* § 23 Rn. 11; *Riecke/Schmid/Schneider* § 1 Rn. 64 f.; *Stöber* § 23 Rn. 2.2 lit. b); **a. A.** OLG Frankfurt OLGZ 1987, 266; LG Essen Rpfleger 1989, 116; *Weitnauer/Briesemeister* § 3 Rn. 126.

[73] *Böttcher* § 148 Rn. 15; *Stöber* § 152 Rn. 4.3.

[74] Vgl. LG Bonn Rpfleger 1983, 324 für eine Änderung der Teilungserklärung.

[75] Vgl. den Wortlaut von § 3 Abs. 1 WEG („jedem Miteigentümer“) und § 8 Abs. 1 WEG („jeder Anteil“).

[76] BGHZ 109, 179 = NJW 1990, 447 = Rpfleger 1990, 62 (Heizwerkfall); OLG Hamm NZM 2007, 448 = Rpfleger 2007, 137.

[77] BGH DNotZ 2004, 371 = NJW 2004, 1798 = Rpfleger 2004, 207 (fehlende Feststellbarkeit in natura); BGHZ 130, 159 = DNotZ 1996, 289 = NJW 1995, 2851 = Rpfleger 1996, 19 (Widerspruch zwischen Aufteilungsplan und Teilungserklärung); BGHZ 109, 179 = NJW 1990, 447 = Rpfleger 1990, 62 (Heizwerkfall).

durch eine Unterteilung) wieder gelöst werden,[78] wenn nur das abgetrennte Sondereigentum mit einem anderen oder einem neu zu bildenden Miteigentumsanteil verbunden wird.

Abbildung 4 – (Verkürztes) Eintragungsbeispiel: 184

Amtsgericht Duisburg **Grundbuch von Duisburg** **Blatt 2291**

Bestandsverzeichnis

Laufende Nummer der Grundstücke	Bisherige laufende Nummer der Grundstücke	Bezeichnung der Grundstücke und der mit dem Eigentum verbundenen Rechte					Größe		
		Gemarkung (Vermessungsbezirk)	Karte: Flur	Karte: Flurstück	Liegenschaftsbuch	Wirtschaftsart und Lage			
		a	b		c/d	e	ha	a	m²
1	2	3					4		
1		375/10.000stel Miteigentumsanteil an dem Grundstück							
		Duisburg	1	101		Gebäude- und Freifläche, Kardinal-Galen-Straße 124		02	34
		verbunden mit dem Sondereigentum an der im Aufteilungsplan vom 24. März 2000 mit Nr. 11 bezeichneten Wohnung im Obergeschoss links mit einem Kellerraum im Kellergeschoss sowie den mit Nr. 15 bezeichneten, nicht zu Wohnzwecken dienenden Räumlichkeiten im Dachgeschoss links.							
		. . .							

Nach der Systematik des Gesetzes muss aber auch umgekehrt mit jedem Sondereigentum zwingend ein Miteigentumsanteil verbunden sein; **isoliertes Sondereigentum** kann es nicht geben.[79] Allerdings kann das Sondereigentum dann auch nur mit **einem Miteigentumsanteil** verbunden sein.[80] Dies macht im Falle der Begründung von Wohnungseigentum gem. § 3 WEG u. U. die vorherige Zusammenlegung mehrerer Miteigentumsanteile erforderlich, um den Gesamtanteil alsdann mit dem einen Sondereigentum verbinden zu können[81] (z. B. bei Eheleuten, die zuvor bereits gewöhnliche Miteigentümer des ungeteilten Grundstücks nach Bruchteilen waren). Die Begründung von Mitsondereigentum ist dagegen unzulässig.[82] 185

Sondereigentum soll ferner nur eingeräumt werden, wenn die Wohnungen oder sonstigen Räume auch in sich abgeschlossen sind (§ 3 Abs. 2 S. 1, § 8 Abs. 2 S. 1 WEG). **Abgeschlossenheit** bedeutet in diesem Zusammenhang eine dauerhafte räumliche Abgrenzung und Abschließbarkeit eines Sondereigentums, die gewährleisten soll, dass jeder Sondereigentumsbereich eindeutig von denen anderer Miteigentümer abgegrenzt werden kann.[83] Die Ausgestaltung als Sollvorschrift führt dazu, dass eingetragenes Sondereigentum nicht nachträglich entfällt, wenn sich später herausstellt, dass die Abgeschlossenheitsvoraussetzungen bei Eintragung in Wirklichkeit gar nicht vorgelegen haben.[84] Auch ein späterer Wegfall der Abgeschlossenheit z. B. durch Umbaumaßnahmen berührt nicht die Wirksamkeit der Aufteilung und damit auch nicht die Zuordnung von 186

[78] Vgl. BGHZ 146, 241 = DNotZ 2002, 127 = NJW 2001, 1212.
[79] OLG München DNotZ 2007, 946 = Rpfleger 2007, 459.
[80] BGHZ 86, 393 = NJW 1983, 1672 = Rpfleger 1983, 270.
[81] BGH aaO.
[82] BGHZ 130, 159, 168 = NJW 1995, 2851 = Rpfleger 1996, 19.
[83] BGHZ 110, 36, 39 = DNotZ 1990, 259 = NJW 1990, 1111 = Rpfleger 1990, 159.
[84] *Bärmann/Armbrüster* § 3 Rn. 57; *Riecke/Schmid/Elzer* § 3 Rn. 62.

Sondereigentum.[85] Rechte dinglich gesicherter Gläubiger können nicht davon abhängen, ob im Einzelfall die Voraussetzungen der Abgeschlossenheit auch tatsächlich erfüllt sind.[86]

187 **Abgeschlossene Wohnungen** sind solche Wohnungen, die baulich vollkommen von fremden Wohnungen und Räumen abgeschlossen sind, z. B. durch Wände und Decken und eigenen abschließbaren Zugang unmittelbar vom Freien, von einem Treppenhaus oder einem Vorraum haben. Zu abgeschlossenen Wohnungen können zusätzlich Räume außerhalb des Wohnungsabschlusses gehören. Wasserversorgung, Ausguss und WC müssen jedoch innerhalb der Wohnung liegen. Soweit zusätzliche Räume außerhalb des Wohnungsabschlusses liegen, müssen sie verschließbar sein.[87] Die für Wohnungen bestehenden Anforderungen gelten sinngemäß auch für **nicht zu Wohnzwecken dienende Räume.**[88]

188 Entgegen dem Wortlaut der AVV[89] ist es für die Abgeschlossenheit des jeweiligen Sondereigentums aber **nicht** erforderlich, dass die Trennwände und Trenndecken auch den **bauordnungsrechtlichen Anforderungen** des jeweiligen Bundeslandes entsprechen.[90] Der Begriff der Abgeschlossenheit in § 3 Abs. 2 WEG ist nämlich ein **rein zivilrechtlicher Begriff** ohne Bezugnahme auf die baurechtlichen Vorschriften. Durch das Erfordernis der Abgeschlossenheit wollte der Gesetzgeber nicht einen bautechnischen Mindeststandard sichern, sondern nur Streitigkeiten vermeiden, wie sie unter der Geltung des Stockwerkseigentums als Folge unklarer rechtlicher Verhältnisse entstanden sind.[91]

189 Es lassen sich demnach drei **Problemkreise** beschreiben, deren Beachtung für das Vorliegen einer Abgeschlossenheit unerlässlich ist:[92]

- **Abschlusserfordernis** gegenüber anderem Sondereigentum oder Gemeinschaftseigentum;
- **Zugangserfordernis** zur Erreichung des Sondereigentums über Gemeinschaftseigentum oder ein Nachbargrundstück;
- **Ausstattungserfordernis** zur Sicherstellung eines näher beschriebenen Standards.

Zu Einzelheiten – insbesondere bei Pkw-Stellplätzen – s. Rn. C 17 ff.

190 *bb) Vertragliche Einräumung von Sondereigentum gem. § 3 WEG.* Die vertragliche Einräumung von Sondereigentum erfordert materiell-rechtlich die **Einigung** aller Miteigentümer über den Eintritt der Rechtsänderung **und** die **Eintragung** in das Grundbuch (§ 4 Abs. 1 WEG). Der dingliche Vollzug des Vertrages führt zu einer Inhaltsänderung des schon vorhandenen gewöhnlichen Miteigentums; einerseits wird aus der Sicht eines Beteiligten sein Miteigentum nun um das hinzukommende Alleineigentum erweitert, andererseits wird es aber auch durch die Einräumung des Sondereigentums zugunsten der übrigen Miteigentümer geschmälert.[93]

---

85 OLG München Rpfleger 2009, 20 = ZWE 2009, 25.

86 BayObLG DNotZ 1982, 242 = Rpfleger 1982, 21; *Röll* Rpfleger 1983, 380, 382.

87 Nr. 5 a der Allgemeinen Verwaltungsvorschrift für die Ausstellung von Bescheinigungen gemäß § 7 Abs. 4 Nr. 2 und § 32 Abs. 2 Nr. 2 des Wohnungseigentumsgesetzes vom 19. 3. 1974 (BAnz. Nr. 58 vom 23. 3. 1974).

88 Nr. 5 b der Allgemeinen Verwaltungsvorschrift für die Ausstellung von Bescheinigungen gemäß § 7 Abs. 4 Nr. 2 und § 32 Abs. 2 Nr. 2 des Wohnungseigentumsgesetzes vom 19. 3. 1974 (BAnz. Nr. 58 vom 23. 3. 1974).

89 Zutreffend *Bärmann/Armbrüster* § 3 Rn. 70 a. E.

90 GmS OGB BGHZ 119, 42 = DNotZ 1993, 48 = NJW 1992, 3290 = Rpfleger 1993, 238.

91 So bereits BGH DNotZ 1990, 259 = Rpfleger 1990, 159; BayObLG NJW-RR 1990, 1356 = Rpfleger 1990, 457.

92 Vgl. *Röll* Rpfleger 1983, 380; *ders.* MittbayNot 1991, 241; *Bamberger/Roth/Hügel* § 3 Rn. 6; *Riecke/Schmid/Elzer* § 3 Rn. 64 ff.; *Staudinger/Rapp* § 3 Rn. 15.

93 *Bamberger/Roth/Hügel* § 4 Rn. 6; *Weitnauer/Briesemeister* § 4 Rn. 2; weitergehend *Staudinger/Rapp* § 4 Rn. 3.

Die Einigung über die Einräumung des Sondereigentums bedarf der für die Auflassung 191
vorgeschriebenen **Form** des § 925 BGB (§ 4 Abs. 2 S. 1 WEG). Sie ist daher bei gleichzeitiger Anwesenheit aller Teile vor einem Notar oder dem Prozessgericht als zuständiger Stelle zu erklären. Die vertragliche Einräumung des Sondereigentums kann dabei nicht unter einer **Bedingung** oder einer **Zeitbestimmung** erfolgen (§ 4 Abs. 2 S. 2 WEG). Wegen der sich daraus für Time-sharing-Modelle ergebenden Probleme siehe ausführlich Teil A VI.

Nach grundbuchmäßigem Vollzug der vertraglichen Einräumung von Sondereigentum 192
setzt sich das schon vorhandene Miteigentum der bisherigen Bruchteilseigentümer in der Weise fort, dass nunmehr alleiniger Rechtsinhaber eines Wohnungs- oder Teileigentums mit identischem Bruchteil der vormalige Miteigentümer ist.

Abbildung 5 – (Verkürztes) Eintragungsbeispiel: 193

Rechtslage *vor* der vertraglichen Einräumung des Sondereigentums (ohne Belastungen)

Amtsgericht Duisburg **Grundbuch von Duisburg** **Blatt 100**

Bestandsverzeichnis

Laufende Nummer der Grundstücke	Bisherige laufende Nummer der Grundstücke	Bezeichnung der Grundstücke und der mit dem Eigentum verbundenen Rechte					Größe		
		Gemarkung (Vermessungsbezirk)	Karte: Flur	Karte: Flurstück	Liegenschaftsbuch	Wirtschaftsart und Lage			
		a	b		c/d	e	ha	a	m²
1	2	3					4		
1		Duisburg	1	101		Gebäude- und Freifläche, Kardinal-Galen-Straße 124		02	34

Amtsgericht Duisburg **Grundbuch von Duisburg** **Blatt 100**

Erste Abteilung

Laufende Nummer der Eintragung	Eigentümer	Laufende Nummer der Grundstücke im Bestandsverzeichnis	Grundlage der Eintragung
1	2	3	4
1	1. Karl Kumpel, geboren am 22. 3. 1958, Duisburg – zu $^{1}/_{8}$-Anteil – 2. Elfriede Bergmann, geborene Steiger, geboren am 8. 2. 1961; Essen – zu $^{1}/_{8}$-Anteil – 3.	1	Aufgelassen am 15. 9. 1998; eingetragen am 20. 11. 1998

Rechtslage *nach* der vertraglichen Einräumung des Sondereigentums (ohne Belastungen)

Amtsgericht Duisburg **Grundbuch von Duisburg** **Blatt 10 000**

Bestandsverzeichnis

Laufende Nummer der Grundstücke	Bisherige laufende Nummer der Grundstücke	Bezeichnung der Grundstücke und der mit dem Eigentum verbundenen Rechte					Größe		
		Gemarkung (Vermessungsbezirk)	Karte Flur	Flurstück	Liegenschaftsbuch	Wirtschaftsart und Lage			
		a	b		c/d	e	ha	a	m²
1	2	3					4		
1		⅛tel Miteigentumsanteil an dem Grundstück							
		Duisburg	1	101		Gebäude- und Freifläche, Kardinal-Galen-Straße 124		02	34
		verbunden mit dem Sondereigentum an der im Aufteilungsplan vom 24. März 2000 mit Nr. 2 bezeichneten Wohnung im Erdgeschoss links.							
		. . .							

Amtsgericht Duisburg **Grundbuch von Duisburg** **Blatt 10 000**

Erste Abteilung

Laufende Nummer der Eintragung	Eigentümer	Laufende Nummer der Grundstücke im Bestandsverzeichnis	Grundlage der Eintragung
1	2	3	4
1	Karl Kumpel, geboren am 22. 3. 1958, Duisburg	1	Aufgrund Einräumung von Sondereigentum gem. § 3 WEG vom 25. 2. 2009 eingetragen am 24. 3. 2009.

194 Die vertragliche Einräumung von Sondereigentum hat also zur Folge, dass die gewöhnlichen Bruchteilsquoten am ungeteilten Grundstück mit den zukünftig mit Sondereigentum zu verbindenden Miteigentumsanteilen übereinstimmen. Dies macht im Einzelfall Verschiebungen und **Anpassungen** der Miteigentumsanteile im Vorfeld der Begründung des Wohnungseigentums erforderlich, die dann allerdings zusätzlich grunderwerbsteuerpflichtig sein können. Auf diese Weise kann im Hinblick auf § 16 Abs. 2 WEG die Größe der Miteigentumsanteile dem Ausmaß der Kosten- und Lastentragung angepasst werden.

195 *cc) Einseitige Aufteilung gem. § 8 WEG.* Die andere Möglichkeit zur Begründung von Wohnungs- und Teileigentum sieht vor, dass der Eigentümer des aufzuteilenden Grundstücks durch **einseitige Erklärung** gegenüber dem Grundbuchamt das bisher einheitliche Eigentum in Miteigentumsanteile aufteilt und diese sodann mit Sondereigentum an einer bestimmten Wohnung oder an nicht zu Wohnzwecken dienenden Räumen verbindet (§ 8 Abs. 1 WEG).

196 Diese sog. **„Vorratsteilung"** bewirkt keine Änderung der bestehenden Eigentumsverhältnisse; sie dient lediglich dazu, als rechtstechnische Maßnahme die Entstehung einer Wohnungseigentümergemeinschaft vorzubereiten.[94] Steht also das Eigentum an dem

[94] KG FGPrax 1995, 24 = NJW 1995, 62 = Rpfleger 1995, 17.

aufzuteilenden Grundstück mehreren Personen in Bruchteilsgemeinschaft oder zur gesamten Hand (z.B. in Erbengemeinschaft) zu, bewirkt die Teilung des Eigentums gem. § 8 WEG lediglich, dass sich an sämtlichen gebildeten Miteigentumsanteilen verbunden mit Sondereigentum die bisherigen Gemeinschaftsverhältnisse im Eigentum unverändert fortsetzen.[95] Die Auseinandersetzung einer bestehenden Gemeinschaft kann mit dieser Art der Teilung also unmittelbar nicht erreicht werden.

dd) Mischformen. Die beiden Begründungsmöglichkeiten stehen nicht isoliert nebeneinander; es sind auch Mischformen denkbar. So können z.B. die beiden Möglichkeiten zur Begründung von Wohnungs- und Teileigentum dergestalt miteinander kombiniert werden, dass mehrere Bruchteilseigentümer die Aufteilung in der Weise vollziehen, dass sie einen Teil der gebildeten Einheiten selbst zu Alleineigentum übernehmen (Fall des § 3 WEG), während sie sich hinsichtlich der übrigen Wohnungseigentumsrechte als Miteigentümer zu den am Stammgrundstück bestehenden ursprünglichen Anteilen eintragen lassen (Fall des § 8 WEG).[96] **197**

Denkbar wäre auch die **Unterteilung** eines überdimensionierten Miteigentumsanteils eines Bruchteilseigentümers im Zuge der vertraglichen Begründung von Wohnungseigentum (Fall des § 3 WEG). Dabei könnte sogleich unmittelbar im Vollzug der Aufteilung des Grundstücks das Sondereigentum an einer bestimmten Wohnung mit einem durch Unterteilung des überdimensionierten Miteigentumsanteils gebildeten kleineren Miteigentumsanteil verbunden werden (Fall des § 8 WEG).[97] Im Ergebnis würde hier eine später mögliche Unterteilung (dazu s. Rn. 387) auf den Zeitpunkt der Begründung des Wohnungseigentums vorgezogen werden. **198**

In der Praxis sind darüber hinaus häufiger **Veränderungen bestehender Miteigentumsanteile** im Vorfeld der Begründung von Wohnungseigentum anzutreffen. Sie können zum einen der Bildung des erforderlichen Bruchteils im Wege der Auflassung für eine Teilung gem. § 3 WEG dienen (vgl. Rn. 190ff.). Vorstellbar sind aber auch Zusammenlegungen von Miteigentumsanteilen, um der Zahl der mit Sondereigentum zu verbindenden Miteigentumsanteile Rechnung tragen zu können.[98] Ebenso sind umgekehrt auch Abspaltungen von Miteigentumsanteilen bei einigen Bruchteilseigentümern denkbar, um auf diese Weise einen zusätzlichen Miteigentumsanteil bilden zu können. Dieser kann nach Verbindung mit Sondereigentum lediglich den einbringenden Bruchteilseigentümern wiederum in gewöhnlicher Bruchteilsgemeinschaft zustehen.[99] **199**

d) Voraussetzungen der Begründung von Wohnungs- und Teileigentum. *aa) Grundbuchmäßiger Antrag.* Die Begründung von Wohnungs- und Teileigentum bedarf zwingend der Grundbucheintragung (§ 4 Abs. 1, § 8 Abs. 1 WEG). Auf das Eintragungsverfahren finden daher die Vorschriften der Grundbuchordnung Anwendung. Der verfahrensrechtlich notwendige Eintragungsantrag ist danach vom Eigentümer zu stellen (§ 13 GBO). Soweit das aufzuteilende Grundstück bereits im Miteigentum steht, ist jeder einzelne Miteigentümer antragsberechtigt.[100] Für den reinen Eintragungsantrag ist Schriftform ausreichend (vgl. § 30 GBO). **200**

---

[95] BayObLG NJW 1969, 883; KG FGPrax 1995, 24 = NJW 1995, 62 = Rpfleger 1995, 17.

[96] KG FGPrax 1995, 24 = NJW 1995, 62 = Rpfleger 1995, 17.

[97] Vgl BGHZ 49, 250, 252 = NJW 1968, 499; *Bärmann/Armbrüster* § 2 Rn. 12.

[98] Vgl. BGHZ 86, 393 = NJW 1983, 1672 = Rpfleger 1983, 270. Z.B. können Ehepaare ihre ursprünglichen Einzelmiteigentumsanteile zu einem Gesamtanteil zusammenlegen, um diesen mit Sondereigentum zu verbinden. An dem neu entstehenden Wohnungseigentum wären sie dann im Verhältnis ihrer eingebrachten Anteile wiederum als gewöhnliche Bruchteilseigentümer gem. §§ 741 ff. BGB berechtigt.

[99] Vgl. LG Bochum NZM 1999, 380 = Rpfleger 1999, 24. Z.B. können einige Miteigentümer ihre abgespaltenen Anteile in der Weise zusammenlegen, dass nur sie nach vollzogener Teilung auch Miteigentümer an einem nur ihnen zukommenden Teileigentum sind (z.B. Schwimmbad).

[100] *Demharter* § 13 Rn. 45; *Staudinger/Rapp* § 7 Rn. 14.

201 Geht zeitlich nach dem Antrag auf Begründung von Wohnungs- und Teileigentum ein weiterer Antrag auf Eintragung eines Grundpfandrechtes an einem noch zu bildenden Wohnungseigentum ein, so darf dieser spätere Antrag nicht zurückgewiesen werden, solange nicht der früher gestellte Antrag auf Anlegung des Wohnungseigentums erledigt ist.[101]

202 *bb) Eintragungsbewilligung.* Die Eintragungsbewilligung ist gem. § 19 GBO **vom Betroffenen** abzugeben. Sind mehrere Miteigentümer in Bruchteilsgemeinschaft eingetragen, bedarf es sowohl zur Teilung des Grundstücks gem. § 3 WEG als auch gem. § 8 WEG der Bewilligung sämtlicher Miteigentümer in der Form des § 29 GBO, d.h. also entweder notariell beurkundet oder zumindest notariell unterschriftsbeglaubigt. In der Bewilligung ist das zu teilende Grundstück in Übereinstimmung mit dem Grundbuch gem. § 28 GBO zu bezeichnen.

203 Unterschiedliche Auffassungen bestehen darüber, ob bei der **vertraglichen Begründung** von Sondereigentum dem Grundbuchgericht **neben** der verfahrensrechtlichen **Bewilligung** gem. § 19 GBO **auch noch** die materiell-rechtliche **Einigung** über die Einräumung des Sondereigentums gem. § 20 GBO nachzuweisen ist.[102] § 4 Abs. 2 S. 1 WEG verweist nämlich insoweit lediglich auf die für die Auflassung vorgeschriebene Form. Der Meinungsstreit dürfte sich in der Praxis jedoch kaum auswirken, weil zum Nachweis der Einhaltung der in § 925 BGB vorgeschriebenen Auflassungsform regelmäßig nur notariell **beurkundete Erklärungen** in Betracht kommen werden.[103]

204 Auch bei der **Vorratsteilung** gem. § 8 WEG empfiehlt sich wegen der Bezugnahmemöglichkeiten im Hinblick auf den Abschluss von Erwerbsverträgen die **Beurkundung** der Teilungserklärung.[104] Bei Abgabe einer Teilungserklärung gem. § 8 WEG gegenüber dem Grundbuchamt kann darin regelmäßig die erforderliche Bewilligung zur Eintragung gesehen werden.[105]

205 **Inhaltlich** muss die Eintragungsbewilligung neben den allgemeinen Verfahrensvoraussetzungen[106] auch die besonderen **Eintragungsvoraussetzungen** erfüllen, da das Grundbuchgericht nicht sehenden Auges dabei mitwirken darf, das Grundbuch unrichtig zu machen.[107] Aus diesem Grunde müssen der Teilungsvertrag bzw. die Teilungserklärung mit dem Aufteilungsplan und der Abgeschlossenheitsbescheinigung übereinstimmen (dazu s. Rn. 231 ff.).[108] Bei Abweichungen und Widersprüchen hat das Grundbuchgericht die Anlegung der Wohnungs- und Teileigentumsgrundbücher abzulehnen.[109]

206 Dafür muss das zu bildende Wohnungs- und Teileigentum zunächst **in gegenständlicher Hinsicht** die Anforderungen an das aufzuteilende Grundstück (s. Rn. 166 ff.), die Sondereigentumsfähigkeit (s. Rn. 159) und die Verknüpfung des Sondereigentums mit einem Miteigentumsanteil (s. Rn. 181 ff.) erfüllen. In der Summe muss die Aufteilung des Grundstücks wiederum ein Ganzes ergeben.

---

[101] OLG Düsseldorf MittRhNotK 1985, 239.

[102] Ausschließliche Anwendung von § 19 GBO (sog. „formelles Konsensprinzip"): OLG Zweibrücken OLGZ 1982, 263; *Demharter* Anhang zu § 3 GBO Rn. 41, *Riecke/Schmid/Schneider* § 7 Rn. 70; *Palandt/Bassenge* § 7 Rn. 2; *Weitnauer/Briesemeister* §§ 4 Rn. 5. Dagegen auch für Anwendung des § 20 GBO – (sog. „materielles Konsensprinzip"): *Bamberger/Roth/Hügel* § 7 Rn. 6; *Bärmann/Armbrüster* § 4 Rn. 21 ff.; *Bauer/v. Oefele/Kössinger* § 20 Rn. 66; *Meikel/Böttcher* § 20 Rn. 58; MünchKomm/*Commichau* § 4 Rn. 5 f.; *Schöner/Stöber* Rn. 2842; *Staudinger/Rapp* § 4 Rn. 4.

[103] *Schöner/Stöber* Rn. 2842.

[104] *Schöner/Stöber* Rn. 2846.

[105] OLG Hamm Rpfleger 1985, 109; LG Itzehoe ZMR 2008, 736.

[106] Vgl. *Bauer/v. Oefele* AT V Rn. 204.

[107] BGHZ 99, 90 = DNotZ 1988, 24 = NJW 1987, 650 = Rpfleger 1987, 106.

[108] *Bauer/v. Oefele* AT V Rn. 219.

[109] BGHZ 130, 159 = DNotZ 1996, 289 = NJW 1995, 2851 = Rpfleger 1996, 19; BayObLG Rpfleger 1993, 335.

Soweit Regelungen über die Gemeinschaftsordnung gem. §§ 5 Abs. 4 S. 1, 8 Abs. 2, 10 ff. WEG zum **Inhalt des Sondereigentums** gemacht werden sollen, müssen diese zulässig sein und dürfen nicht gegen gesetzliche Bestimmungen verstoßen. Teilungserklärung bzw. Teilungsvertrag sowie eine damit zur Eintragung in das Grundbuch vorgesehene Gemeinschaftsordnung unterfallen somit. einer **Inhaltskontrolle** anhand der allgemeinen Vorschriften der §§ 134, 138, 242 BGB.[110] Diese Anforderungen sind dabei nach h. M auch bereits im Anlegungsverfahren zu beachten.[111] 207

Beispiele: 208

- **§ 134 BGB:** Wegen Verstoßes gegen ein gesetzliches Verbot sind all diejenigen Regelungen nichtig, die gegen zwingendes Recht des WEGs verstoßen. Demnach sind **Vereinbarungen** in folgenden Bereichen **ausgeschlossen** hinsichtlich
  - der sachenrechtlichen Regelungen des WEG (§§ 3, 4, 5 Abs. 2, 6, 8, 9 WEG);
  - der Unauflöslichkeit und des Ausschlusses eines Insolvenzverfahrens über das Vermögen der Gemeinschaft (§ 11 WEG),
  - des jetzt gesetzlich normierten Abänderungsanspruchs der Wohnungseigentümer (§ 10 Abs. 2 S. 3 WEG),
  - der Versagung einer Veräußerungszustimmung ohne wichtigen Grund (§ 12 Abs. 2 WEG),
  - der Beschränkung der mehrheitlichen Aufhebung einer vereinbarten Veräußerungszustimmung (§ 12 Abs. 4 S. 2 WEG),
  - der Beschränkung einer mehrheitlich zu beschließenden Änderung der Kostenverteilung (§ 16 Abs. 5 WEG),
  - des Anspruchs auf Entziehung des Wohnungseigentums (§ 18 Abs. 4 WEG),
  - eines generellen Ausschlusses der Verwalterbestellung (§ 20 Abs. 2 WEG),
  - der Beschränkung einer mehrheitlich zu beschließenden Änderung bei Modernisierungsmaßnahmen mit doppelt qualifizierter Mehrheit (§ 22 Abs. 2 S. 2 WEG),
  - des Einstimmigkeitserfordernisses bei Umlaufbeschlüssen (§ 23 Abs. 3 WEG; str.),
  - des Minderheitenschutzes zur Versammlungseinberufung (§ 24 Abs. 2 WEG),
  - der Regelungen und der Zeitdauer für eine Verwalterbestellung (§ 26 Abs. 1 WEG),
  - der Aufgaben und Befugnisse des Verwalters (§ 27 Abs 4 WEG),
  - der getrennten Anlegung gemeinschaftlicher Gelder (§ 27 Abs. 5 S. 1 WEG) sowie
  - der Regelungen für das gerichtliche Verfahren (§§ 43 ff. WEG).

  Weiterhin verstößt die Vereinbarung einer Erwerberhaftung für rückständige Hausgeldbeiträge des Voreigentümers im Falle einer Zwangsversteigerung gegen § 56 S. 2 ZVG[112] und ist daher ebenso nichtig wie die Vereinbarung eines generellen Stimmrechtsausschlusses.[113] 209
- **§ 138 BGB:** Als sittenwidrig können z. B. Regelungen in Gemeinschaftsordnungen angesehen werden, die sich als grobe Missachtung des grundgesetzlich garantierten Gleichheitsgrundsatzes (Art. 3 Abs. 1 GG) darstellen und bestimmte Personengruppen benachteiligen.[114] 210
- **§ 242 BGB:** Als Verstoß gegen Treu und Glauben werden z. B. Klauseln angesehen, die die personenrechtliche Gemeinschaftsstellung der Wohnungseigentümer zu sehr aushöhlen. In diese Kategorie können verschärfte Genehmigungsfiktionen hinsichtlich einer Verwalterabrechnung[115] eben- 211

---

[110] BGH NJW 1994, 2950, 2952; BGH Rpfleger 1987, 106 = NJW 1987, 650; OLG Frankfurt a. M. NZM 2004, 231; BayObLG NJW-RR 1996, 1037; BayObLG NJW-RR 1992, 83; BayObLG Rpfleger 1990, 160 m. Anm. *Böttcher;* OLG Köln Rpfleger 1989, 405 m. Anm. *Böttcher;* OLG Karlsruhe-Freiburg Rpfleger 1987, 412; *Bamberger/Roth/Hügel* § 10 Rn. 9; *Bärmann/Armbrüster* § 2 Rn. 49; *Weitnauer/Briesemeister* Rn. 24 u. 29.

[111] OLG Frankfurt a. M. Rpfleger 1998, 336; BayObLG Rpfleger 1997, 375 = ZMR 1997, 369; OLG Zweibrücken MittBayNot 1994, 44; *Bärmann/Armbrüster* § 7 Rn. 126 ff.; *Demharter* Anh. zu § 3 Rn. 25; *Erman/Grziwotz* Rn. 6; *Meikel/Morvilius* Einl. C 156; MünchKomm/*Commichau* § 7 Rn. 11; KEHE/*Hermann* Einl. E 87; *Schöner/Stöber* Rn. 2815; **a. A.** Prüfung nur im Verfahren gem. §§ 43 ff.: *Bauer/v. Oefele* AT V Rn. 113; *Staudinger/Rapp* Rn. 38; *Weitnauer* DNotZ 1989, 430.

[112] BGHZ 99, 358 = DNotZ 1988, 27 = NJW 1987, 1638 = Rpfleger 1987, 208.

[113] OLG Köln NZM 1999, 846.

[114] OLG Zweibrücken MittBayNot 1994, 44: Veräußerungszustimmung gem. § 12 WEG ist ausnahmsweise erforderlich bei Ausländern, kinderreichen Familien und Wohngemeinschaften.

[115] BayObLG DNotZ 1989, 428 = Rpfleger 1990, 160 m. Anm. *Böttcher.*

so gehören wie unklare Stimmrechtsverhältnisse aufgrund eines nachträglich änderbaren Abstimmungsmodus.[116]

212 • **§§ 305 ff. BGB:** Eine AGB-Kontrolle wird dagegen sowohl hinsichtlich eines Teilungsvertrages gem. § 3 WEG als auch hinsichtlich einer Teilungserklärung gem. § 8 WEG mehrheitlich abgelehnt.[117]

213 *cc) Zustimmung dinglich Berechtigter zur Begründung von Wohnungs- und Teileigentum.* Sind im Grundbuch des noch ungeteilten Grundstückes dingliche Rechte[118] oder Erwerbsvormerkungen eingetragen, so kann die Begründung von Wohnungs- und Teileigentum die **Zustimmung der Berechtigten nach Maßgabe der §§ 876, 877 BGB** erforderlich machen. Ob eine Zustimmungspflicht besteht, hängt dabei vom jeweiligen Belastungsgegenstand dieser Rechte und der Art der Begründung ab.

214 Ist **Belastungsgegenstand** eines dinglichen Rechtes oder einer Erwerbsvormerkung **das gesamte,** in Wohnungs- und Teileigentumsrechte aufzuteilende **Grundstück,** scheidet ein Zustimmungserfordernis aus, weil das Haftungsobjekt als Ganzes nicht verändert wird.[119] Ein dingliches Recht wird sich nach der Begründung von Wohnungs- und Teileigentum nämlich an sämtlichen neu gebildeten Einheiten fortsetzen,[120] so dass eine Beeinträchtigung der dinglich Berechtigten nicht erkennbar ist. Insbesondere Grundpfandrechte und Reallasten werden zu Gesamtrechten (§§ 1132 Abs. 1 S. 1, 1192 Abs. 1, 1200 Abs. 1, 1107 BGB).[121] Soweit ein dingliches Recht seiner Natur nach (z. B. ein Wohnungsrecht gem. §§ 1090, 1093 BGB) an einem einzelnen Wohnungseigentum bestehen kann, werden die übrigen neu gebildeten Einheiten von der Belastung frei. Ein solches Recht besteht nur an demjenigen Wohnungs- oder Teileigentumsrecht fort, auf dessen Raumeinheit es sich erstreckt.[122] Die Zustimmung eines Dienstbarkeitsberechtigten an dem aufzuteilenden Grundstück ist auch dann nicht erforderlich, wenn dessen Rechtsposition durch die vorgesehene Gemeinschaftsordnung beeinträchtigt werden könnten.[123] Eine der Dienstbarkeitsausübung entgegenstehende Nutzung kann nämlich gem. §§ 1027, 1004 BGB unterbunden werden.[124]

215 Ist **Belastungsgegenstand** eines dinglichen Rechts oder einer Erwerbsvormerkung dagegen **nur ein ideeller Miteigentumsanteil** an dem ungeteilten Grundstück, so kann im Falle der **Teilung gem. § 8 WEG** nichts anderes gelten. Ein dingliches Recht oder eine Erwerbsvormerkung wird sich nach der Begründung von Wohnungs- und Teileigentumsrechten unverändert an sämtlichen Einheiten fortsetzen, so dass auch in diesem Fall in der Summe immer noch der ursprüngliche Miteigentumsanteil haftet.[125] Gleiches muss

---

[116] LG Regensburg NJW-RR 1991, 1169 = Rpfleger 1991, 244 m. Anm. R. Schmid.

[117] Allerdings offen gelassen von BGH DNotZ 2007, 39 = NJW 2007, 213 (Betreutes Wohnen); BGHZ 151, 164 = DNotZ 2002, 945. Ausführlich zur Problematik *Bärmann/Armbrüster* § 2 Rn. 50 ff.; *Riecke/Schmid/Schneider* § 7 Rn. 142 ff. je m. w. N.

[118] Dies können im Einzelnen sein: Dienstbarkeiten (Grunddienstbarkeiten, Nießbrauchsrechte, beschränke persönliche Dienstbarkeiten), privatrechtliche Vorkaufsrechte, Reallasten, Hypotheken, Grund- und Rentenschulden sowie Dauerwohn- und -nutzungsrechte. Vormerkungen zur Sicherung des Anspruchs auf Einräumung solcher Rechte folgen den Ausführungen entspr.

[119] *Bärmann/Armbrüster* § 2 Rn. 23; *Demharter* Anh zu § 3 Rn. 17.

[120] OLG Frankfurt FGPrax 1997, 139 = Rpfleger 1997, 374; OLG Frankfurt FGPrax 1996, 139 = Rpfleger 1996, 340 m. w. N.

[121] Zu den einzelnen Rechten, Vormerkungen und Verfügungsbeschränkungen vgl. *Riecke/Schmid/Schneider* § 7 Rn. 43 ff.

[122] OLG Oldenburg NJW-RR 1989, 273; OLG Frankfurt DNotZ 1960, 153 = NJW 1959, 1977; BayObLG NJW 1957, 1840; *Bamberger/Roth/Hügel* § 8 Rn. 25; *Bauer/v. Oefele* AT V Rn. 188.

[123] Z. B. durch Einräumung eines Sondernutzungsrechtes an einer Grundstücksfläche, die der Ausübung seitens des eingetragenen Grunddienstbarkeitsberechtigten unterliegt.

[124] *BeckOK/Timme/Kral* § 8 Rn. 25; *Riecke/Schmid/Schneider* § 7 Rn. 45; *Röll* MittBayNot 2002, 397; *Schöner/Stöber* Rn. 2849; **a. A.** BayObLG NJW-RR 2002, 1526 = NZM 2002, 488 = Rpfleger 2002, 432; *Riecke/Schmid/Elzer* § 8 Rn. 24.

[125] *Riecke/Schmid/Schneider* § 7 Rn. 54.

dann auch gelten, wenn nicht das Grundstück als Ganzes, sondern sämtliche Miteigentumsanteile bereits vor der Begründung des Wohnungseigentums mit einem Gesamtrecht belastet waren.[126]

Ist **Belastungsgegenstand** eines dinglichen Rechts oder einer Erwerbsvormerkung allerdings **nur ein Miteigentumsanteil** an dem ungeteilten Grundstück und die Begründung des Wohnungseigentums vollzieht sich durch **Einräumung des Sondereigentums gem. § 3 WEG,** so lastet ein dingliches Recht oder eine Erwerbsvormerkung infolge der Verbindung des Miteigentumsanteils mit einem Sondereigentum nach der Begründung dann zwar weiterhin auf dem – allerdings inhaltlich veränderten – Miteigentumsanteil (vgl. Rn. 137). Die qualitative Veränderung des belasteten Miteigentumsanteils ergibt sich in diesem Fall aus der geänderten Eigentumszuordnung der vormals mithaftenden gegenständlichen Sondereigentumsbereiche, die nunmehr zugunsten anderer Einheiten dem bisherigen gewöhnlichen Miteigentum entzogen werden.[127] Diese Inhaltsänderung macht die Zustimmung der dinglich Berechtigten gem. §§ 876, 877 BGB erforderlich.[128] 216

dd) Voreintragung. Gem. § 39 GBO ist zur Grundbucheintragung des Wohnungs- und Teileigentums die Voreintragung des/der Bewilligenden erforderlich. Soweit die zukünftigen Wohnungseigentümer noch nicht als Miteigentümer mit der erforderlichen Quote oder auch noch gar nicht voreingetragen sind, genügt die unmittelbare Eintragung der Auflassung in den neu anzulegenden Grundbüchern mit dem Vollzug der Teilung.[129] 217

ee) Genehmigungen und Bescheinigungen. Bei der Begründung von Wohnungs- und Teileigentum kann der Nachweis verschiedener Genehmigungen und Bescheinigungen erforderlich werden. Im einzelnen kommen in Betracht: 218

- **Familiengerichtliche/vormundschaftsgerichtliche Genehmigung:** Nach wohl h. M. ist sowohl für die vertragliche Einräumung von Sondereigentum im Falle des § 3 WEG als auch für die Begründung von Wohnungseigentum durch Teilungserklärung im Falle des § 8 WEG eine familiengerichtliche bzw. vormundschaftsgerichtliche Genehmigung erforderlich, soweit ein an der Begründung des Wohnungseigentums Beteiligter unter elterlicher Sorge, Vormundschaft, Betreuung oder Pflegschaft steht (§§ 1643 Abs. 1, 1821 Abs. 1 Nr. 1, 1908 lit. i), 1915 BGB). In der Begründung des Wohnungseigentums ist nach h. M eine Verfügung über das Grundstück bzw. ein verfügungsähnlicher Vorgang zu sehen.[130] 219
- **Steuerliche Unbedenklichkeitsbescheinigung:** Zur Begründung von Wohnungseigentum durch Aufteilung gem. § 8 WEG bedarf es keiner steuerlichen Unbedenklichkeitsbescheinigung gem. § 22 GrEStG, weil durch diese Art der Teilung keine wertmäßigen 220

---

[126] *Bärmann/Armbrüster* § 2 Rn. 24; *Weitnauer/Briesemeister* § 3 Rn. 76.

[127] Der Umstand, dass ein Gläubiger nach der Einräumung des Sondereigentums nicht mehr die Aufhebung der Gemeinschaft gem. § 751 Abs. 2 BGB verlangen kann (vgl. § 11 Abs. 2 WEG), stellt keine zustimmungsauslösende Beeinträchtigung der Grundpfandrechtsposition dar. Der Verlust der Aufhebungsmöglichkeit beruht auf der fehlenden Pfändungsmöglichkeit nach der Begründung von Wohnungseigentum und nicht auf der Rechtsstellung als Grundpfandrechtsgläubiger. Dieser Verlust trifft aber jeden – auch einen dinglich bisher nicht gesicherten – Gläubiger.

[128] OLG Frankfurt NJW-RR 1990, 1042 = Rpfleger 1990, 292; BayObLG Rpfleger 1986, 177; *Bamberger/Roth/Hügel* § 4 Rn. 6; *Bärmann/Armbrüster* § 2 Rn. 26; *Schöner/Stöber* Rn. 2849; *Riecke/Schmid/Schneider* § 7 Rn. 55; *Staudinger/Rapp* § 3 Rn. 24; *Weitnauer/Briesemeister* § 3 Rn. 75 und 79; **a. A.** LG Wuppertal Rpfleger 1987, 366 m. abl. Anm. *Meyer-Stolte.*

[129] *Demharter* Anh. zu § 3 Rn. 53; *Schöner/Stöber* Rn. 2864; s. auch *DNotI-Gutachten* DNotI-Report 2002, 81.

[130] *BeckOK/Timme/Kral* § 4 Rn. 7 und § 8 Rn. 20; *Klüsener* Rpfleger 1981, 464; *Meikel/Morvilius* Einl. C Rn. 123; MünchKomm/*Commichau* § 4 Rn. 17 und § 8 Rn. 11; *Riecke/Schmid/Schneider* § 7 Rn. 75; *Schöner/Stöber* Rn. 2850; *Soergel/Stürner* § 4 Rn. 6 und § 8 Rn. 12; *Staudinger/Rapp* § 4 Rn. 22 und differenzierend zur Teilungserklärung § 8 Rn. 20; **a. A.** zur Teilungserklärung *Bärmann/Armbrüster* § 2 Rn. 33; RGRK/*Augustin* § 8 Rn. 3.

Veränderungen stattfinden können.[131] Weil solche Veränderungen bei einer Begründung gem. § 3 WEG durch Teilungsvertrag zumindest nicht ausgeschlossen sind und für das Grundbuchgericht regelmäßig auch nicht feststellbar sein wird, ob evtl. Befreiungstatbestände eingreifen, wird in diesem Fall die Vorlage einer Unbedenklichkeitsbescheinigung von der h. M. für erforderlich gehalten.[132]

221 • **Fremdenverkehrsgebiete:** In Fremdenverkehrsgebieten kann durch einen Bebauungsplan oder eine entsprechende Satzung ein Genehmigungserfordernis gem. § 22 BauGB vorgesehen werden. In diesem Fall darf die Begründung von Wohnungseigentum nur in das Grundbuch eingetragen werden, wenn entweder ein Negativattest, ein Genehmigungsbescheid, ein Fiktionszeugnis oder eine Freistellungserklärung der Gemeinde vorgelegt wird.[133]

222 • **Umlegungsverfahren:** Sowohl die Begründung von Wohnungseigentum gem. § 3 WEG als auch die Aufteilung gem. § 8 WEG bedürfen als Inhaltsänderung des Eigentums in einem Umlegungsverfahren der Genehmigung gem. § 51 BauGB.[134]

223 • **Enteignungsverfahren:** Aus demselben Grund bedarf die Begründung von Wohnungseigentum auch der Genehmigung gem. §§ 108, 109 BauGB, wenn über das aufzuteilende Grundstück ein Enteignungsverfahren eingeleitet worden ist.[135]

224 • **Sanierungsverfahren:** In einem förmlich festgelegten Sanierungsgebiet bedarf die Begründung von Wohnungseigentum *keiner* Genehmigung gem. § 144 BauGB.[136] Lediglich eine Verschiebung von Miteigentumsanteilen zur Vorbereitung der Aufteilung gem. § 3 WEG unterliegt als rechtsgeschäftliche Verfügung dem Genehmigungserfordernis gem. § 142 Abs. 2 Nr. 1 BauGB.[137]

225 • **Städtebauliche Entwicklungsmaßnahmen:** Die Regelungen zum Sanierungsverfahren finden insoweit über §§ 169 Abs. 1 Nr. 3, 142 Abs. 2 Nr. 1 BauGB entsprechende Anwendung.[138]

226 • **Milieuschutzsatzung:** Die Begründung von Wohnungseigentum bedarf beim Vorliegen einer landesrechtlichen Milieuschutzsatzung der Genehmigung gem. § 172 Abs. 1 S. 4 BauGB.[139] Hat ein Bundesland eine solche Verordnung überhaupt nicht erlassen, so kann auch kein Negativattest verlangt werden.[140]

227 • **Grundstücksverkehrsgesetz:** Die Bildung von Wohnungseigentum gem. § 3 WEG oder § 8 WEG unterfällt nicht der Genehmigungspflicht nach § 2 GrdstVG.[141] Allerdings kann auch hier – im Rahmen der landesrechtlichen Befreiungsvorschriften[142] – eine

---

[131] MünchKomm/*Commichau* § 8 Rn. 11; *Riecke/Schmid/Schneider* § 7 Rn. 76; *Schöner/Stöber* Rn. 2858.

[132] LG Saarbrücken NZM 1998, 924; *Bärmann/Armbrüster* § 2 Rn. 47; MünchKomm/*Commichau* § 4 Rn. 21; *Riecke/Schmid/Schneider* § 7 Rn. 76; *Schöner/Stöber* Rn. 2859; *Staudinger/Rapp* § 4 Rn. 23; **a. A.** LG Marburg DNotI-Report 1996, 207.

[133] *Bärmann/Armbrüster* § 2 Rn. 15 f.; *Grziwotz* DNotZ 2004, 674, 682; *Riecke/Schmid/Schneider* § 7 Rn. 77.

[134] *Bärmann/Armbrüster* § 2 Rn. 18; *Riecke/Schmid/Schneider* § 7 Rn. 77 a; *Schöner/Stöber* Rn. 3865.

[135] *Bärmann/Armbrüster* § 2 Rn. 18; *Riecke/Schmid/Schneider* § 7 Rn. 77 b.

[136] *Bärmann/Armbrüster* § 2 Rn. 17; *Bauer/v. Oefele/Waldner* AT VIII Rn. 117; *Riecke/Schmid/Schneider* § 7 Rn. 77 c.

[137] *Bärmann/Armbrüster* § 2 Rn. 17; *Riecke/Schmid/Schneider* § 7 Rn. 77 c.

[138] *Bärmann/Armbrüster* § 2 Rn. 17; *Riecke/Schmid/Schneider* § 7 Rn. 77 d.

[139] *Bamberger/Roth/*Hügel § 4 Rn. 8; *Bärmann/Armbrüster* § 2 Rn. 17; *Riecke/Schmid/Schneider* § 7 Rn. 78.

[140] OLG Zweibrücken Rpfleger 1999, 441; OLG Hamm Rpfleger 1999, 487.

[141] *Bauer/v. Oefele/Waldner* AT VIII Rn. 95; *Riecke/Schmid/Schneider* § 7 Rn. 81 a; einschränkend *Bärmann/Armbrüster* § 2 Rn. 19 für den Fall, dass die Begründung im Rahmen einer Erbauseinandersetzung erfolgen soll.

[142] Dazu s die Zusammenstellung bei *Schöner/Stöber* Rn. 3961 ff.

Verschiebung von Miteigentumsanteilen zur Vorbereitung der Aufteilung gem. § 3 WEG genehmigungspflichtig sein.[143]

- **Landesrechtliche Genehmigungserfordernisse:** Die jeweiligen Landesbauordnungen können Genehmigungserfordernisse für die Begründung von Wohnungseigentum vorsehen.[144] 228
- **Grundstücksverkehrsordnung:** In den neuen Bundesländern bedarf nach h. M. die vertragliche Begründung von Wohnungseigentum der Genehmigung gem. § 2 GrundstücksverkehrsO.[145] 229
- **Höferecht:** Die Begründung von Wohnungseigentum an einem Grundstück, das der HöfeO unterliegt, ist ohne Beschränkung zulässig.[146] 230

ff) Anlagen zur Eintragungsbewilligung. Gem. § 7 Abs. 4 S. 1 WEG sind der Eintragungsbewilligung als Anlagen beizufügen: 231

1. eine von der Baubehörde mit Unterschrift und Siegel oder Stempel versehene Bauzeichnung, aus der die Aufteilung des Gebäudes sowie die Lage und Größe der im Sondereigentum und der im gemeinschaftlichen Eigentum stehenden Gebäudeteile ersichtlich ist (**Aufteilungsplan**);
2. eine Bescheinigung der Baubehörde, dass die Voraussetzungen des § 3 Abs. 2 WEG vorliegen (**Abgeschlossenheitsbescheinigung**).

Die Landesregierungen sind ermächtigt zu bestimmen, dass und in welchen Fällen der Aufteilungsplan und die Abgeschlossenheitsbescheinigung von einem öffentlich bestellten oder anerkannten **Sachverständigen** für das Bauwesen statt von der Baubehörde ausgefertigt und bescheinigt werden (§ 7 Abs. 4 S. 3 WEG). In diesem Fall bedürfen die Anlagen nicht der grundbuchmäßigen Form des § 29 GBO (§ 7 Abs. 4 S. 5 WEG). Von der **Ermächtigung** ist bisher noch kein Gebrauch gemacht worden (Stand: Mai 2009). 232

Der **Aufteilungsplan** sichert die sachenrechtliche Bestimmtheit. Ihm kommt für das Wohnungseigentum eine vergleichbare **Funktion** zu wie dem Liegenschaftskataster für die Lage eines Grundstücks in der Natur.[147] Er hat die Aufteilung des gesamten Gebäudes nach Lage und Größe des Sonder- und Gemeinschaftseigentums sowie deren genaue räumliche Abgrenzung zueinander darzustellen.[148] Dies gilt gleichermaßen für bestehende und noch zu errichtende Gebäude.[149] 233

Bei dem Aufteilungsplan handelt es sich um eine nach derzeitiger Rechtslage von der Baubehörde mit Siegel oder Stempel versehene **Bauzeichnung** im Maßstab von mindestens 1:100.[150] Sie setzt sich regelmäßig zusammen aus Grundrissen der einzelnen Stockwerke sowie Schnitten und Ansichten des Gebäudes.[151] Die Grundrisszeichnungen sollen dabei sämtliche Geschosse, also insbesondere auch Kellergeschosse und Spitz- 234

---

143 *Bärmann/Armbrüster* § 2 Rn. 19; *Riecke/Schmid/Schneider* § 7 Rn. 81 a.

144 Vgl. § 9 LBauO BadWürtt.

145 *Bamberger/Roth/Hügel* § 4 Rn. 9; Beck'sches Notar-Handbuch/*Krauß* A IX Rn. 45; *Frenz* DtZ 1994, 57; *Riecke/Schmid/Schneider* § 7 Rn. 79; weitergehend *Bärmann/Armbrüster* § 2 Rn. 20: *jede* Begründung von Wohnungseigentum unterliegt der Genehmigungspflicht; **a. A.** *Böhringer* Rpfleger 1993, 221, 225.

146 *Bärmann/Armbrüster* § 2 Rn. 17; *Riecke/Schmid/Schneider* § 7 Rn. 81.

147 BGHZ 177, 338 = DNotZ 2009, 50 = NJW 2008, 2982 = Rpfleger 2008, 631.

148 BGH DNotZ 2004, 371 = NJW 2004, 1798 = Rpfleger 2004, 147; BGHZ 130, 159 = DNotZ 1996, 289 = NJW 1995, 2851 = Rpfleger 1996, 19.

149 BayObLG DNotZ 1980, 747 = Rpfleger 1980, 435.

150 Nr. 2 der Allgemeinen Verwaltungsvorschrift für die Ausstellung von Bescheinigungen gemäß § 7 Abs. 4 Nr. 2 und § 32 Abs. 2 Nr. 2 des Wohnungseigentumsgesetzes vom 19. 3. 1974 (BAnz. Nr. 58 vom 23. 3. 1974).

151 BayObLG DNotZ 1998, 377; BayObLG DNotZ 1980, 747 = Rpfleger 1980, 435; *Weitnauer/Briesemeister* § 7 Rn. 12.

böden umfassen.[152] Befinden sich mehrere baugleiche Gebäude auf dem zu teilenden Grundstück, ist für jedes gesondert eine Bauzeichnung beizubringen.[153] Soll bei mehreren Gebäuden nicht in allen Sondereigentum begründet werden, genügt die Vorlage von Schnitt- und Ansichtszeichnungen für diejenigen, in denen Sondereigentum entstehen soll.[154]

235 Der Aufteilungsplan muss den **Standort des Gebäudes** erkennen lassen.[155] Dazu bedarf es nach jetzt wohl h. M. der Vorlage eines **amtlichen Lageplanes,** weil nur auf diese Weise das Ausmaß des gemeinschaftlichen Eigentums und des Sondereigentums[156] verlässlich festgestellt werden kann. Insbesondere wird nur der amtliche Lageplan Auskunft darüber geben können, ob sich der Baukörper in den Grenzen des aufzuteilenden Grundstücks hält oder ob eine Überbausituation vorliegt.[157]

236 Sollen **Pkw-Stellplätze** als Sondereigentum ausgewiesen und mit einem eigenen Miteigentumsanteil verbunden werden (was deren räumliche Abgeschlossenheit voraussetzt; dazu s. ausführlich Teil C. I.), so sind folgende Gestaltungsmöglichkeiten zu unterscheiden:

- Soweit das Sondereigentum an baulich selbständigen Garagen begründet werden soll, sind dem Grundbuchgericht auch für diese Gebäudeteile die in § 7 Abs. 4 WEG genannten Unterlagen vorzulegen.[158]
- Soll dagegen das selbständige Garagenbauwerk im gemeinschaftlichen Eigentum verbleiben, genügt den gesetzlichen Anforderungen an den Aufteilungsplan und den sachenrechtlichen Bestimmtheitsgrundsatz auch lediglich eine Grundrisszeichnung, aus der sich Lage und Größe der Garage ersehen lassen. Ansichten und Schnitte sind in einem solchen Fall nicht erforderlich.[159]
- Bei Garagenstellplätzen der in § 3 Abs. 2 S. 2 WEG bezeichneten Art muss sich demgegenüber aus der Bauzeichnung ergeben, wie die Stellplatzflächen durch eine dauerhafte Markierung erkennbar sind.[160] Richtigerweise handelt es sich dabei aber lediglich um eine bautechnische Anforderung, die jedoch nicht vom Gericht zu beachten ist.[161]

Wegen der Begründung von Sondernutzungsrechten an Pkw-Stellplätzen Rn. C 252 ff.

237 Im Aufteilungsplan sind alle zu demselben Sondereigentum gehörenden Räume mit der jeweils gleichen Nummer zu bezeichnen (§ 7 Abs. 4 S. 1 Nr. 1 2. Hs.). Verwendet die Eintragungsbewilligung für die einzelnen Sondereigentumsrechte ebenfalls Nummern, dann sollen sie mit denen des Aufteilungsplans übereinstimmen (§ 7 Abs. 4 S. 2 WEG).

---

[152] BayObLG DNotZ 1998, 377; a. A. für einen aufgrund seiner Standhöhe nicht zum dauernden Aufenthalt von Menschen geeigneten Spitzboden *Bauer/v. Oefele* AT V Rn. 208; *Riecke/Schmid/Schneider* § 7 Rn. 87; *F. Schmidt* MittBayNot 1997, 276.

[153] *Riecke/Schmid/Schneider* § 7 Rn. 86.

[154] OLG Düsseldorf FGPrax 2000, 398; BayObLG DNotZ 1998, 377; *Demharter* Anh zu § 3 Rn. 46; *Lotter* MittBayNot 1993, 144; a. A. Bauer/*v. Oefele* AT V Rn. 208; *Schöner/Stöber* Rn. 2852 Fn. 10.

[155] *Bamberger/Roth/Hügel* § 7 Rn. 8; *Böhringer* BWNotZ 1998, 4, 9; *Schöner/Stöber* Rn. 2852; a. A. *Demharter* Anh zu § 3 Rn. 46; *Meikel/Morvilius* Einl. C Rn. 154.

[156] *Bärmann/Armbrüster* § 7 Rn. 87.

[157] OLG Hamm Rpfleger 1976, 317; OLG Bremen DNotZ 1980, 489 = Rpfleger 1980, 68; *Bärmann/Armbrüster* § 7 Rn. 89; *Böhringer* BWNotZ 1998, 4, 9; *Bub* WE 1991, 124, 125; *Riecke/Schmid/Schneider* § 7 Rn. 88; *Sauren* Rpfleger 1985, 261, 266; offen gelassen von BayObLG ZWE 2002, 407; a. A. *Schöner/Stöber* Rn. 2852.

[158] OLG Düsseldorf FGPrax 2000, 131.

[159] BayObLG NJW-RR 1993, 1040 = Rpfleger 1993, 398.

[160] Nr. 6 S. 1 der Allgemeinen Verwaltungsvorschrift für die Ausstellung von Bescheinigungen gemäß § 7 Abs. 4 Nr. 2 und § 32 Abs. 2 Nr. 2 des Wohnungseigentumsgesetzes vom 19. 3. 1974 (BAnz. Nr. 58 vom 23. 3. 1974).

[161] LG Nürnberg-Fürth MittBayNot 1997, 373; Bauer/*v. Oefele* AT V Rn. 212; *F. Schmidt* MittBayNot 1990, 306; a. A. *Meikel/Morvilius* Einl. C Rn. 154 aE; *Schöner/Stöber* Rn. 2853.

Dies soll auch dann gelten, wenn die Eintragungsbewilligung vor dem Grundbuchvollzug (z. B. hinsichtlich eines Kellerraumes) noch einmal geändert werden sollte, so dass das Sondereigentum nicht mit unterschiedlicher **Nummerierung** für dieselbe Einheit zur Entstehung gelangt.[162] Nach zutreffender Auffassung kann jedoch die Grundbucheintragung nicht von einer die veränderte Zuordnung von Nebenräumen verlautbarenden Abgeschlossenheitsbescheinigung abhängig gemacht werden.[163] Vielmehr berührt eine nach vollzogener Aufteilung durchgeführte Änderung der Raumzuordnung auch nicht mehr die einmal festgelegte Nummerierung, so dass eine solche Änderung auch vor der ursprünglichen Anlegung zulässig sein muss.[164]

Zur Unterscheidung der Einheiten können auch **farbliche** Kennzeichnungen durch **Umrandung** der jeweiligen Einheit[165] oder auch **Buchstaben** verwendet werden. Buchstabenzusätze finden sich in der Praxis häufig zur Bezeichnung der einzelnen Stellplätze in einem nach h. M. nur insgesamt sondereigentumsfähigen Mehrfachparker.[166] 238

Eine **gleichlautende Nummerierung** sowohl für Wohnungseigentums- als auch für Teileigentumseinheiten sollte im Aufteilungsplan wegen der bestehenden **Verwechselungsgefahr** vermieden werden.[167] 239

Bei der Verwendung **vorläufiger Aufteilungspläne** anlässlich der Errichtung der Teilungserklärung gelten die dargestellten Grundsätze entsprechend. Die Prüfung der Übereinstimmung von vorläufigem und endgültig nachgereichtem Aufteilungsplan hat das Grundbuchgericht in eigener Zuständigkeit vorzunehmen. Stimmt der vorläufige Aufteilungsplan, auf dessen Grundlage die Teilungserklärung abgegeben wurde, nicht mit dem amtlichen Aufteilungsplan überein, kann dieser Mangel nicht durch eine sogenannte **Identitätserklärung** des Notars behoben werden.[168] Vielmehr bedarf es zur Ausräumung von Widersprüchen eines formgerechten **Nachtrags zur Teilungserklärung.**[169] Soweit hierfür auf eine Bevollmächtigung zurückgegriffen werden soll, darf diese nicht lediglich die bloße Berechtigung zur Abgabe einer verfahrensrechtlichen Identitätserklärung umfassen, sondern muss weitergehend die Befugnis zur sachlichen Änderung der Teilungserklärung beinhalten.[170] Soweit bereits Erwerbverträge auf der Grundlage der vorläufigen Aufteilungspläne abgeschlossen worden sein sollten, werden auch hierfür Nachtragsbeurkundungen zur Herstellung der Übereinstimmung mit dem endgültigen Aufteilungsplan erforderlich.[171] 240

Gem. § 7 Abs. 4 S. 1 Nr. 2 WEG ist der Eintragungsbewilligung außer den Aufteilungsplänen auch eine Bescheinigung der Baubehörde[172] beizufügen, dass die Voraussetzungen des § 3 Abs. 2 WEG vorliegen. Diese sog. **Abgeschlossenheitsbescheinigung** (zum Begriff der Abgeschlossenheit s. bereits Rn. 186 ff.) dient dem Grundbuchgericht als urkundlicher Beleg über die Beachtung der gesetzlichen Vorschrift und soll die Prüfung 241

---

[162] BayObLG Rpfleger RPfleger 1991, 414; *Demharter* Anh zu § 3 Rn. 46.

[163] LG Chemnitz MittBayNot 1997, 294.

[164] *Erman/Grziwotz* § 7 Rn. 3; *Riecke/Schmid/Schneider* § 7 Rn. 91.

[165] LG Bayreuth Rpfleger 1982, 21; Bauer/*v. Oefele* AT V Rn. 210.

[166] Dazu vgl. OLG Jena NotBZ 2005, 219; OLG Celle NZM 2005, 871; OLG Düsseldorf NZM 1999, 571; BayObLG NJW-RR 1995, 783 = Rpfleger 1995, 346; *Böttcher* Rpfleger 2004, 21, 25; *Weitnauer/Briesemeister* § 5 Rn. 29; a. A. *Hügel* NotBZ 2000, 349; *Staudinger/Rapp* § 5 Rn. 20.

[167] *Riecke/Schmid/Schneider* § 7 Rn. 95; *Staudinger/Rapp* § 7 Rn. 20; a. A. Doppelnummerierungen seien zulässig OLG Zweibrücken OLGZ 1982, 263.

[168] BayObLG DNotZ 2003, 375 = NZM 2003, 202 = Rpfleger 2003, 289.

[169] BayObLG DNotZ 2003, 375 = NZM 2003, 202 = Rpfleger 2003, 289; *Hügel* NotBZ 2003, 147, 150.

[170] BayObLG DNotZ 2003, 375 = NZM 2003, 202 = Rpfleger 2003, 289; *Hügel* NotBZ 2003, 147, 151.

[171] BayObLG Rpfleger 1991, 414; *Basty* NotBZ 1999, 237.

[172] Zur jetzt gem. § 7 Abs. 4 S. 3 WEG möglichen Ermächtigung, die Bescheinigung ebenfalls durch einen Sachverständigen für das Bauwesen ausstellen zu lassen s. Rn. 232.

bautechnischer und baurechtlicher Fragen durch das Grundbuchgericht entbehrlich machen.[173] Andere Nachweismöglichkeiten, insbesondere Beweiserhebungen oder Ermittlungen über die Abgeschlossenheit sind dem Grundbuchgericht versagt.[174] Die Bescheinigung trifft allerdings keine Aussage über eine baurechtlich zulässige Nutzungsmöglichkeit.[175]

242 Das Grundbuchgericht hat die **Pflicht,** sich zur Begründung von Wohnungs- und Teileigentumsrechten eine **Abgeschlossenheitsbescheinigung vorlegen** zu lassen.[176] Gleichwohl dient die Bescheinigung nur der Erleichterung der Prüfung des Eintragungsantrags durch das Grundbuchgericht;[177] sie ist dagegen nicht Voraussetzung für das **Entstehen des Sondereigentums.**[178] Hierfür ist die Bescheinigung vielmehr **ohne Bedeutung,** sofern die Eintragung in das Grundbuch erfolgt. Das Erfordernis der *Abgeschlossenheit* bedeutet nach § 3 Abs. 2 S. 1 WEG ebenso wenig eine notwendige Voraussetzung für das Entstehen von Sondereigentum[179] wie die zum Vollzug der Teilung im Grundbuch notwendige *Bescheinigung* der Abgeschlossenheit des Sondereigentums durch die Baubehörde.[180] Hinzu kommt, dass das Erfordernis der Abgeschlossenheit zudem in § 3 Abs. 2 WEG nur als Sollvorschrift ausgestaltet ist, so dass die Wirksamkeit des Wohnungseigentums nach dessen Eintragung nicht unter Berufung auf diese Vorschrift und somit auch nicht wegen eines Mangels der baubehördlichen Prüfung in Zweifel gezogen werden kann.[181]

243 Die Abgeschlossenheitsbescheinigung stellt **keinen Verwaltungsakt** dar, ihr kommt lediglich die Bedeutung einer Wissenserklärung zu.[182] Ein Änderungsbegehren muss daher ggf. im Wege der allgemeinen Leistungsklage[183] verfolgt werden.

244 Die **Rücknahme** (§ 48 VwVfG)oder den **Widerruf** (§ 49 VwVfG) eines Verwaltungsaktes hätte das Grundbuchgericht ohne weitere Prüfung hinzunehmen.[184] Erfolgt stattdessen zutreffend eine **„Kraftloserklärung"** der Abgeschlossenheitsbescheinigung und wird diese dem Grundbuchgericht vor Vollzug der Teilungserklärung bekannt, so darf auch in diesem Fall die Aufteilung nicht mehr eingetragen werden.[185] Allerdings soll die Kraftloserklärung zumindest dann für das Grundbuchgericht unbeachtlich sein, wenn sie auf der Nichteinhaltung bautechnischer Anforderungen beruht[186] Begründet wird dies mit der **Kompetenz zur selbständigen Prüfung** seitens des Grundbuchgerichts, ob überhaupt eine ordnungsgemäße Bescheinigung über die Abgeschlossenheit vorliegt, die nicht offenkundig unrichtig oder im Verhältnis zum Aufteilungsplan widersprüchlich ist.[187]

---

[173] BVerwG NJW 1997, 71; *Trautmann* ZWE 2004, 318, 319.

[174] BayObLG NJW-RR 1990, 1356 = Rpfleger 1990, 457.

[175] BVerwG DNotZ 1988, 702 = Rpfleger 1988, 256; zur Bescheinigung bei bestehendem Bauverbot s. BGHZ 110, 36 = NJW 1990, 325 = Rpfleger 1990, 159.

[176] BGHZ 124, 100 = NJW 1994, 650 = Rpfleger 1994, 245 (auch zur Amtshaftung im Falle des Verstoßes gegen die Verpflichtung); BayObLG NJW-RR 1990, 1356 = Rpfleger 1990, 457.

[177] *Weitnauer/Briesemeister* § 7 Rn. 21.

[178] BayObLGZ 1981, 332; *Riecke/Schmid/Elzer* § 3 WEG Rn. 62; *Röll* Rpfleger 1983, 380, 382.

[179] BayObLG Rpfleger 1980, 295; OLG Düsseldorf DNotZ 1970, 42; *Weitnauer/Briesemeister* § 3 Rn. 64.

[180] BGHZ 177, 338 = DNotZ 2009, 50 = NJW 2008, 2982 = Rpfleger 2008, 631.

[181] BGHZ 110, 36 = NJW 1990, 325 = Rpfleger 1990, 159 unter Hinweis auf die amtl. Begr. zu § 3 = BR-Drucks. Nr. 75/1951.

[182] GmS OGB BGHZ 119, 42 = NJW 1992, 3290 = Rpfleger 1993, 238; BVerwG NJW 1997, 71; BVerwG DNotZ 1988, 702 = Rpfleger 1988, 256; OVG Münster MittBayNot 1986, 82; *Bauer/v. Oefele* AT V Rn. 214; *Weitnauer/Briesemeister* § 7 Rn. 14; a. A. *Becker* NJW 1991, 2742; *Trautmann* FS Merle (2000), S. 313, 323 für Neubauten.

[183] BVerwG NJW 1997, 71.

[184] BayObLGZ 1975, 90 für die steuerliche Unbedenklichkeitsbescheinigung.

[185] *Böttcher* Rpfleger 1990, 486, 497; *Staudinger/Rapp* § 7 Rn. 27.

[186] BayObLG Rpfleger 1990, 457; *Müller* Rn. 16; a. A. *Böttcher* Rpfleger 1990, 486, 497.

[187] BGHZ 110, 36 = NJW 1990, 1111 = Rpfleger 1990, 159; BayObLG Rpfleger 1984, 407.

Demzufolge ist mit der ganz h. M.[188] davon auszugehen, dass eine erteilte Abgeschlossenheitsbescheinigung für das Grundbuchgericht **nicht bindend** ist.

Die Prüfung durch das Grundbuchgericht wird sich allerdings auf **Rechtsfragen** zu beschränken haben; die Prüfung bautechnischer Anforderungen ist dem Grundbuchgericht mangels eigener Erkenntnismöglichkeiten dagegen verwehrt.[189] Unterschiedliche Auffassungen bestehen lediglich über das Ausmaß der Prüfungstätigkeit. Während bisweilen lediglich eine **Berechtigung** zur Nachprüfung konzediert wird,[190] ist zutreffenderweise mit dem GmS OGB[191] von einer **Verpflichtung** zu einer sog. **Evidenzkontrolle** auszugehen.[192] 245

Ist die Anlegung der Wohnungsgrundbücher jedoch bereits abgeschlossen, kann infolge einer nachträglichen Kraftloserklärung der Abgeschlossenheitsbescheinigung eine Grundbuchberichtigung nicht gefordert werden.[193] Das Grundbuch ist nämlich durch den späteren **Wegfall der Abgeschlossenheit** ebenso wenig unrichtig geworden wie durch eine **Aufhebung der Abgeschlossenheitsbescheinigung** nach Vollzug der Teilung. Der Fortbestand eines Sondereigentums wird durch bauliche Veränderungen, die die Abgeschlossenheit aufheben, nicht berührt[194] 246

Eine bereits erteilte Abgeschlossenheitsbescheinigung ist u. U. vor Vollzug der Aufteilung im Grundbuch noch einmal zu ergänzen und an **geänderte Grundstücksverhältnisse** anzupassen. Dies wird z. B. dann der Fall sein, wenn aus dem ursprünglich in der Bescheinigung genannten Grundstück inzwischen durch weitere Parzellierung mehrere kleinere Nachfolgegrundstücke entstanden sind, die aber nicht sämtlich Gegenstand der Aufteilung sein sollen.[195] Umgekehrt bedarf es jedoch keiner **Anpassung** der für das in Wohnungseigentum aufzuteilende Grundstück bereits erteilten Bescheinigung, wenn nachträglich noch ein weiteres unbebautes Grundstück in die Teilung einbezogen werden soll.[196] An den bereits bescheinigten maßgeblichen Rechtsverhältnissen können sich durch die Einbeziehung keine Änderungen ergeben. Dies muss dann auch für die Einbeziehung von bebauten Grundstücken gelten, solange dort befindliche Räumlichkeiten nicht in Sondereigentum überführt werden sollen.[197] 247

Sollte die Abgeschlossenheitsbescheinigung über die in der Eintragungsbewilligung erfolgte Zuordnung von Sondereigentum hinausgehen, kann wegen der **überobligatorischen Bescheinigung** keine Änderung oder gar Neuerteilung verlangt werden. Es müssen nicht sämtliche als abgeschlossen bescheinigten Einheiten auch tatsächlich zum Sondereigentum erklärt werden.[198] 248

gg) Sonderfall Errichtung einer Mehrhausanlage in mehreren Bauabschnitten. Das WEG erlaubt die Begründung von Wohnungs- und Teileigentumsrechten auch dann, 249

---

[188] OLG Hamm NZM 1998, 267 = Rpfleger 1998, 241; OLG Düsseldorf FGPrax 1998, 12; *Bärmann/Armbrüster* § 7 Rn. 124; *Bauer/v. Oefele* AT V Rn. 224; *Müller* Rn. 13; MünchKomm/*Commichau* § 7 Rn. 8; *Riecke/Schmid/Schneider* § 7 Rn. 151; *Staudinger/Rapp* § 7 Rn. 31; *Weitnauer/Briesemeister* § 7 Rn. 21 f.; a. A. LG Frankfurt a. M. NJW 1971, 759; *Becker* NJW 1991, 2742, 2746.

[189] BayObLG DNotZ 1990, 260 = Rpfleger 1990, 114; *Trautmann* FS Merle (2000), S. 313, 322.

[190] *Bamberger/Roth/Hügel* § 7 Rn. 13; noch weitergehend *Weitnauer/Briesemeister* § 7 Rn. 21.

[191] GmS OGB BGHZ 119, 42 = NJW 1992, 3290 = Rpfleger 1993, 238.

[192] OLG Düsseldorf FGPrax 1998, 12; *Bärmann/Armbrüster* § 7 Rn. 124; *Bub* WE 1991, 150, 155; *Demharter* Anh zu § 3 Rn. 44; *Riecke/Schmid/Schneider* § 7 Rn. 152; *Staudinger/Rapp* § 7 Rn. 31.

[193] BVerwG NJW 1997, 71; *Staudinger/Rapp* § 7 Rn. 27.

[194] OLG München NZM 2009, 402; OLG Köln DNotZ 1995, 79 = Rpfleger 1994, 348.

[195] Vgl. den auch unter Amtshaftungsgesichtspunkten beachtenswerten Sachverhalt in BGHZ 124, 100 = DNotZ 1995, 37 = Rpfleger 1994, 245.

[196] LG Duisburg ZMR 2007, 889.

[197] *Riecke/Schmid/Schneider* § 7 Rn. 162.

[198] *DNotI-Gutachten* DNotI-Report 2002, 68.

wenn mehr als ein Gebäude auf dem aufzuteilenden Grundstück errichtet werden soll.[199] Soweit dabei **Wohnungseigentum** an mehreren selbständigen Gebäuden begründet werden soll, wird sich dies in der Praxis **abschnittsweise** vollziehen, weil mit der Erstellung des jeweils folgenden Bauabschnitts erst dann begonnen wird, wenn die Abveräußerung der Einheiten des vorgehenden Abschnitts erfolgt ist. Dafür bieten sich drei Lösungswege an:

250 • **„Kleine Aufteilung"**: Dabei erfolgt eine vollständige **Aufteilung** des gesamten Grundstücks bezogen auf die **Einheiten des ersten Bauabschnitts.** Die Miteigentumsanteile werden hier vollständig auf die Erwerber dieses Abschnitts verteilt, die sich im Gegenzug verpflichten, bei der Realisierung eines weiteren Bauabschnitts entsprechende Bruchteile zur Verbindung mit dem neu zu erstellenden Sondereigentum von ihren Einheiten abzutrennen. Diese Verpflichtung muss in sämtlichen Wohnungsgrundbüchern der Eigentümer des ersten Bauabschnitts durch Eintragung einer erstrangigen Vormerkung gesichert werden, wenn sie vollstreckungsfest sein soll. Darin liegt aber zugleich auch die Schwierigkeit dieses Ansatzes begründet.[200] Die erstrangige Eintragung in den Grundbüchern kann nämlich für die Eigentümer des ersten Bauabschnitts zu Problemen bei deren eigener Endfinanzierung führen. Außerdem wäre zur späteren Abtrennung der Miteigentumsanteile die Zustimmung der dinglich Berechtigten an den abveräußerten Einheiten des ersten Bauabschnitts erforderlich, da sie ja lastenfrei für die Verbindung mit dem neu geschaffenen Sondereigentum des folgenden Bauabschnitts zur Verfügung stehen müssen.

251 • **Komplettaufteilung der Gesamtanlage:** Demgegenüber wird im Falle einer **Komplettaufteilung** die **Gesamtanlage mit allen bisher lediglich konzipierten Gebäuden** in die Aufteilung einbezogen. Dies führt zu einer sukzessiven Entstehung des jeweiligen Sondereigentums abhängig vom Baufortschritt der späteren Bauabschnitte. Voraussetzung ist hier allerdings, dass bereits zu Beginn alle Bauabschnitte planbar sind und insoweit auch für alle die Aufteilungsvoraussetzungen gem. § 7 Abs. 4 WEG vorliegen.[201] Damit verbleiben dem teilenden Bauträge wegen der vollständigen Zuordnung der Miteigentumsanteile verbunden mit Sondereigentum zu Beginn der Baumaßnahme für spätere Änderungen keine Planungsspielräume mehr.[202] Möchte er spätere Abschnitte nicht mehr in Übereinstimmung mit den im Grundbuch niedergelegten Plänen errichten, bedürfte es der Mitwirkung sämtlicher Wohnungseigentümer und deren Berechtigter (zu Umwandlungsfällen vgl. Rn. 329 ff. u. 379 ff.).

252 • **Begründung von Wohnungseigentum mit überdimensionalem Miteigentumsanteil:** Die Schwierigkeiten der beiden zuvor angesprochenen Lösungswege sollen hier vermieden werden, indem bei der **vollständigen Aufteilung des ersten Bauabschnitts** einer Einheit (i. d. R. einem mutmaßlich zuletzt zu veräußernden Teileigentum) ein **überdimensionaler Miteigentumsanteil** zugeordnet wird, der sich an der Fläche der noch zu erstellenden Einheiten in den künftigen Bauabschnitten orientiert.[203] Die spätere Aufspaltung dieses Miteigentumsanteils kann erfolgen, sobald der ergänzte Aufteilungsplan mit der Abgeschlossenheitsbescheinigung als Nachtrag zur Teilungserklärung im Grundbuch vollzogen wird.

253 Allerdings macht auch dieser Weg grundsätzlich die **Mitwirkung aller Wohnungseigentümer und deren Berechtigter** erforderlich, wenn die zunächst noch im gemeinschaftlichen Eigentum stehenden Wohnungen des späteren Bauabschnitts in Sondereigentum überführt werden sollen, um sie mit einem abgespaltenen Miteigen-

---

[199] Vgl. BGH NJW-RR 2001, 800; BGHZ 50, 56; OLG Düsseldorf FGPrax 2004, 267 = Rpfleger 2004, 691.

[200] Daher von diesem Ansatz abratend Beck'sches Notarhandbuch/*Rapp* A III Rn. 37.

[201] *Staudinger/Rapp* § 5 Rn. 54.

[202] *Häublein* DNotZ 2000, 442, 443.

[203] *Röll* DNotZ 1977, 69, 74 ff.

tumsanteil verbinden zu können (zur Umwandlung von Gemeinschaftseigentum in Sondereigentum und umgekehrt s. Rn. 379ff.). In diesem Zusammenhang sind verschiedene Lösungsmodelle entwickelt worden, denen die Erhaltung der Handlungsfähigkeit des Bauträgers durch reduzierte Mitwirkungspflichten Dritter gemeinsam ist:

- Die zunächst angedachte **Verdinglichung** einer entsprechenden **Ermächtigung** zur Umwandlung von Gemeinschafts- in Sondereigentum mit der Eintragung der Teilungserklärung in die Grundbücher der Enderwerber des ersten Abschnitts wird von der neueren Rechtsprechung und Literatur nicht mitgetragen. Ermächtigungen zur Änderung der *sachenrechtlichen* Grundlagen des Wohnungseigentums können demnach nicht in einer den Sondernachfolger bindenden Weise als *Inhalt* des Sondereigentums verdinglicht werden.[204]
- Beurkundungspflichten lassen sich zwar in den jeweiligen Einzelverträgen mit den Enderwerbern vertraglich absichern. Solchermaßen erteilte **Vollmachten** machen aber die Bewilligung der dinglich Berechtigten am Wohnungseigentum des Endwerbers des ersten Bauabschnitts nicht entbehrlich.[205] Hinzu kommt, dass im Falle einer Weiterveräußerung die Mitwirkungsverpflichtung für den späteren Bauabschnitt auf den Erwerber „erstreckt" werden muss. Hierfür mangelt es jedoch an einer Verdinglichung. Die fehlende Bestätigung der vom Ersterwerber zugunsten des Bauträgers erteilten Vollmacht durch den Zweiterwerber kann jedenfalls nach dem Sinn und Zweck des § 12 Abs. 1 WEG nicht über die Versagung einer vereinbarten Veräußerungsbeschränkung sanktioniert werden.[206]
- Mitwirkungspflichten können auch nicht dadurch entbehrlich werden, dass zunächst an dem **gesamten** noch zu erstellenden **Gebäude** vorab bereits **Sondereigentum** gebildet wird, um nach Fertigstellung das notwendige Gemeinschaftseigentum durch Aufgabe gem. § 928 BGB freigeben zu können.[207] Dereliktion führt nämlich nicht zu Gemeinschaftseigentum, sondern zur Herrenlosigkeit.[208]
- Auch die Einräumung eines **umfassenden Sondernutzungsrechts** an der zukünftig zu bebauenden Grundstücksfläche soll nicht die vorweggenommene Einigung über die Einräumung von Sondereigentum an den Räumen in dem zu errichtenden Gebäude zugunsten des Sondernutzungsberechtigten Bauträgers enthalten.[209]
- Dagegen wird es als zulässig angesehen, in die **Teilungserklärung** eine dem Bestimmtheitsgrundsatz entsprechende **Änderungsbefugnis** zugunsten des Bauträgers aufzunehmen, die dann nicht lediglich das unmittelbare Verhältnis der Vertragsparteien betrifft. Zwar wird auch dann noch das Haftungsobjekt eines dinglich Berechtigten durch die Umwandlung von Gemeinschaftseigentum in Sondereigentum geschmälert, jedoch nur in einem von Anfang an erkenn- und bestimmbaren Umfang, so dass die Zustimmung eines Dritten gem. §§ 876, 877 BGB entbehrlich sein soll.[210]
- Möglich ist auch die Verwendung **auflösend bedingter Eintragungsbewilligungen** für die Rechte der Enderwerber des ersten Bauabschnitts hinsichtlich der künftigen Ent-

---

[204] BGH DNotZ 2003, 536 = NJW 2003, 2165; BayObLG NZM 2002, 70 = Rpfleger 2002, 140; BayObLG DNotZ 2000, 466 = NZM 2000, 668; KG NZM 1999, 258; BayObLG DNotZ 1998, 379 = Rpfleger 1998, 19; *Armbrüster* ZMR 2005, 244, 247; *Demharter* Anh zu § 3 Rn. 91; *Hügel* RNotZ 2005, 149, 151; *Krause* NotBZ 2001, 433f. u. 437f.; *Müller* Rn. 85; *Schöner/Stöber* Rn. 2967c).

[205] BayObLG DNotZ 1996, 297.

[206] *Armbrüster* ZMR 2005, 244, 249; *Häublein* DNotZ 2000, 442, 455; *Riecke/Schmid/Schneider* § 12 Rn. 146; *Staudinger/Kreuzer* § 12 Rn. 41; **a. A.** *Hügel* DNotZ 2003, 517, 522ff.

[207] So aber *Gaier* FS Wenzel 2005, 145, 152ff.

[208] *Staudinger/Rapp* § 5 Rn. 52.

[209] BayObLG DNotZ 2002, 149 = Rpfleger 2002, 140; BayObLG FGPrax 2000, 216 = Rpfleger 2000, 544; BayObLG DNotZ 1993, 741 = Rpfleger 1993, 488; *Bauer/v. Oefele* AT V Rn. 358; *Demharter* Anh zu § 3 Rn. 91; *Schöner/Stöber* Rn. 2967; **a. A.** *Roellenbleg* MittBayNot 2000, 552.

[210] LG Augsburg NZM 1999, 872.

stehung des weiteren Sondereigentums. Tritt die Bedingung durch Umwandlung des Gemeinschaftseigentums in Sondereigentum ein, beschränken sich die Belastungen an den Einheiten der Ersterwerber ohne weitere Mitwirkung der dinglich Berechtigten auf den um das umgewandelte Sondereigentum reduzierten Haftungsgegenstand. Hierin liegt auch kein Verstoß gegen § 4 Abs. 2 S. 2 WEG, da nicht das Wohnungseigentum selbst, sondern lediglich ein daran lastendes Recht bedingt bestellt ist.[211]

254 e) **Anlegung der Wohnungs- und Teileigentumsgrundbücher.** *aa) Bezeichnung der Grundbücher.* In der **Aufschrift** eines jeden Grundbuchblattes ist unter der Grundbuchblattnummer in Klammern das Wort **„Wohnungsgrundbuch"** oder **„Teileigentumsgrundbuch"** zu setzen, je nachdem, ob sich das Sondereigentum auf eine Wohnung oder auf nicht zu Wohnzwecken dienende Räume bezieht. Ist mit dem Miteigentumsanteil Sondereigentum sowohl an einer Wohnung als auch an nicht zu Wohnzwecken dienenden Räumen verbunden und überwiegt nicht einer dieser Zwecke offensichtlich, so ist das Grundbuchblatt als **„Wohnungs- und Teileigentumsgrundbuch"** zu bezeichnen (§ 2 WGV). Für die Abgrenzung zwischen Wohnungseigentum und Teileigentum ist die bauliche Eignung und Zweckbestimmung der im Sondereigentum stehenden Räume maßgeblich, nicht die Art ihrer tatsächlichen Nutzung.[212] Das Grundbuchgericht kann sich dabei auf die Angaben der Beteiligten verlassen.[213]

255 Um verschiedene – möglichst weitgehende – Nutzungsmöglichkeiten zuzulassen, ohne dass es der im Falle nachträglicher Umwandlung von Wohnungs- in Teileigentum und umgekehrt erforderlichen Zustimmung aller Wohnungseigentümer bedarf (vgl. Rn. 407), ist es möglich, eine **Bestimmung** der Nutzungsart in der Teilungserklärung bzw. der Gemeinschaftsordnung zu **unterlassen.** Es besteht ebenfalls die Möglichkeit, eine Sondereigentumseinheit ausdrücklich zur **gemischten** oder **alternativen Nutzung,** nämlich zur Nutzung zu Wohnzwecken und/oder nicht zu Wohnzwecken, zu bestimmen.[214]

256 *bb) Inhalt der Eintragung.* Für jeden Miteigentumsanteil verbunden mit Sondereigentum ist von Amts wegen ein **eigenes Grundbuchblatt** anzulegen (Realfolium; § 7 Abs. 1 u. Abs. 5 i. V. m. § 8 Abs. 2WEG), soweit nicht der Sonderfall des § 7 Abs. 2 WEG (gemeinschaftliches Grundbuch) vorliegt. Der **Miteigentumsanteil** an dem Grundstück ist **als zahlenmäßiger Bruchteil** gem. § 47 GBO auszudrücken (§ 3 Abs. 1 lit. a) WGV). Die Summe der Bruchteile muss wieder ein Ganzes ergeben. Ein bestimmtes Verhältnis zwischen dem Miteigentumsanteil und dem damit verbundenen Sondereigentum ist nicht vorgeschrieben.[215]

257 Die Angabe der Miteigentumsanteile bezieht sich auf das in Wohnungseigentum aufgeteilte **Grundstück.** Das Grundstück wird dabei nach den allgemeinen Vorschriften anhand der üblichen **Katasterdaten** unter Angabe von Gemarkung, Flur, Flurstück, Wirtschaftsart, Lage und Größe bezeichnet (§ 3 Abs. 1 lit. b) u. Abs. 4 WGV).

258 Mit dem Miteigentumsanteil ist das **Sondereigentum** an bestimmt zu bezeichnenden Räumlichkeiten einzutragen (§ 3 Abs. 1 lit. c) WGV). Die **Beschreibung der Räumlichkeiten** wird sich dabei regelmäßig an dem gem. § 7 Abs. 4 S. 1 Nr. 1, § 8 Abs. 2 WEG der Bewilligung beizufügenden Aufteilungsplan orientieren. Üblich sind farbige oder ziffernmäßige Markierungen. Verwendet die Bezeichnung des Sondereigentums eine Lageangabe (z. B. „verbunden mit dem Sondereigentum an der Wohnung im Erdgeschoß links, im Aufteilungsplan mit Nr. 1 bezeichnet"), so ist diese mangels anderer Angaben grundsätzlich vom Eingang aus zu sehen.[216] Der Angabe von **Wohnungsgrößen** bei der

[211] *Riecke/Schmid/Schneider* § 1 Rn. 244.
[212] BayObLG MittBayNot 1973, 154 = Rpfleger 1973, 139.
[213] *Bauer/v. Oefele* ATV Rn. 223.
[214] KG MittBayNot 2008, 209: „Gewerbewohnung".
[215] BGH NZM 1999, 669.
[216] OLG München NZM 2008, 810 = Rpfleger 2008, 632.

Eintragung bedarf es nicht; eine gleichwohl erfolgte Eintragung kann wie bei einem Grundstück nicht am öffentlichen Glauben des Grundbuchs teilnehmen.[217] Ist die Größe fehlerhaft eingetragen, ist keine Berichtigung erforderlich.[218]

In der Grundbucheintragung ist die **wechselseitige Beschränkung der Miteigentumsanteile** durch die Einräumung der zu den anderen Miteigentumsanteilen gehörenden Sondereigentumsrechte anzugeben (§ 7 Abs. 1 S. 2, § 8 Abs. 2 WEG, § 3 Abs. 1 lit. c) WGV). 259

Zur näheren Bezeichnung des **Gegenstandes** und des **Inhalts** des Sondereigentums kann gem. § 7 Abs. 3, § 8 Abs. 2 WEG, § 3 Abs. 2 1. Hs. WGV auf die Eintragungsbewilligung **Bezug** genommen werden. 260

Wegen des **Gegenstandes des Sondereigentums** wird die Eintragungsbewilligung typischerweise wiederum Bezug nehmen auf den gem. § 7 Abs. 4 S. 1 Nr. 1 WEG beizufügenden Aufteilungsplan. Die Grundbucheintragung erfolgt damit im Wege einer doppelten Bezugnahme.[219] Der Aufteilungsplan wird dadurch zum Inhalt der Eintragung und nimmt insoweit am öffentlichen Glauben des Grundbuchs teil.[220] 261

Wegen des **Inhalts des Sondereigentums** (§ 5 Abs. 4 S. 1, § 10 Abs. 2 S. 2 WEG) wird regelmäßig auf die Eintragungsbewilligung Bezug genommen werden. Die Regelung erfasst damit die Vereinbarungen der Wohnungseigentümer gem. § 10 Abs. 3 WEG bzw. die einseitig durch Teilungserklärung gesetzten vereinbarungsgleichen Bestimmungen. Danach ist grundsätzlich auch für **Sondernutzungsrechte** eine Bezugnahme auf die Eintragungsbewilligung ausreichend.[221] Gleichwohl wird wegen der großen praktischen und wirtschaftlichen Bedeutung ganz überwiegend die Eintragung ausdrücklicher Vermerke über die Zuordnung von Sondernutzungsrechten befürwortet,[222] wenngleich kein Anspruch auf eine solche Grundbucheintragung bestehen soll.[223] 262

Vereinbarte **Veräußerungsbeschränkungen** gem. § 12 WEG sind jedoch immer ausdrücklich einzutragen (§ 3 Abs. 2 2. Hs. WGV), wobei wegen der Einzelheiten der Beschränkung ggf. auf die Eintragungsbewilligung Bezug genommen werden kann.[224]

Die Grundbucheintragung in jedem neu angelegten Grundbuchblatt ist zu **datieren** und zu **unterschreiben** (vgl. § 44 Abs. 1 S 1 u. 2 GBO bzw. das jetzt für das elektronisch geführte Grundbuch gem. § 129 Abs. 2 S. 1 i. V. m. § 130 GBO vorgesehene Freigabeverfahren). 263

---

[217] *Staudinger/Gursky* 2002, § 892 Rn. 63.

[218] *Röll* Rpfleger 1994, 501; a. A. LG Passau Rpfleger 1994, 500; Münchner Vertragshandbuch/*F. Schmidt* Bd. VI Teil VIII 1 Nr. 16, der eine Eintragung im Hinblick auf die Heizkostenanteile dringend empfiehlt.

[219] BGH NZM 2004, 876 = Rpfleger 2005, 17; OLG Schleswig ZMR 2004, 68; BayObLG NZM 2003, 202 = Rpfleger 2003, 289.

[220] BGHZ 130, 159 = NJW 1995, 2851 = Rpfleger 1996, 19.

[221] OLG Frankfurt NZM 2008, 214; OLG München FGPrax 2006 = Rpfleger 2007, 70; OLG Zweibrücken FGPrax 2007, 161 = Rpfleger 2007, 460; KG NJW-RR 1997, 205; OLG Hamm Rpfleger 1985, 109.

[222] Vgl. nur OLG Frankfurt NJW-RR 1996, 1168, 1169; BayObLG DNotZ 1994, 244, 245; OLG Hamm Rpfleger 1985, 109; OLG Köln Rpfleger 1985, 110; BayObLG MittBayNot 1985, 74, 78; LG Köln Rpfleger 1992, 479; LG Köln Rpfleger 1990, 205; *Bamberger/Roth/Hügel* § 7 Rn. 4; *Bauer/v. Oefele* AT V Rn. 239; *Bauer/v. Oefele/Knothe* § 44 Rn. 44; *Demharter* § 44 Rn. 31; *Erman/Grziwotz* § 7 Rn. 2; *Ertl* Rpfleger 1979, 81; KEHE/*Eickmann* § 3 WGV Rn. 7; (zögerlich) *Kreuzer* FS Merle 2000, 203, 216 ff.; MünchKomm/*Commichau* § 7 Rn. 26; *Nieder* BWNotZ 1984, 49, 52; *Riecke/Schmid/Schneider* § 7 Rn. 180 ff.; *F. Schmidt* MittBayNot 1985, 237, 242; *Schöner/Stöber* Rn. 2915 u. 2961; *Weitnauer/Lüke* § 15 Rn. 33.

[223] OLG München FGPrax 2006 = Rpfleger 2007, 70; OLG Zweibrücken FGPrax 2007, 161 = Rpfleger 2007, 460.

[224] Vgl. *Demharter* Anh zu § 3 Rn. 51 m. w. N.

264 **Abbildung 6 – (Verkürztes) Eintragungsbeispiel:**

Amtsgericht Duisburg **Grundbuch von Duisburg** **Blatt 2261**

Bestandsverzeichnis

Laufende Nummer der Grundstücke	Bisherige laufende Nummer der Grundstücke	Bezeichnung der Grundstücke und der mit dem Eigentum verbundenen Rechte					Größe		
		Gemarkung (Vermessungsbezirk)	Karte Flur	Karte Flurstück	Liegenschaftsbuch	Wirtschaftsart und Lage			
		a	b	b	c/d	e	ha	a	m²
1	2	3					4		
1		187/10.000stel Miteigentumsanteil an dem Grundstück							
		Duisburg	1	101		Gebäude- und Freifläche, Kardinal-Galen-Straße 124		02	34
		verbunden mit dem Sondereigentum an der im Aufteilungsplan vom 24. März 2000 mit Nr. 1 bezeichneten Wohnung im Erdgeschoss links mit einem Kellerraum im Kellergeschoss.							
		Für jeden Miteigentumsanteil ist ein besonderes Grundbuch angelegt (Nr. 2261 bis Nr. 2374). Der hier eingetragene Miteigentumsanteil ist durch die zu den anderen Miteigentumsanteilen gehörenden Sondereigentumsrechte beschränkt.							
		Es sind Sondernutzungsrechte begründet hinsichtlich der hinter dem Haus gelegenen Gartenfläche und der insgesamt 15 Pkw-Einstellplätze (StP 1 bis StP 15). Dem jeweiligen Eigentümer der Einheit Nr. 1 steht das Sondernutzungsrecht an der hinter dem Haus gelegenen Gartenfläche zu.							
		Wegen Gegenstand und Inhalt des Sondereigentums wird Bezug genommen auf die Bewilligung vom 15. Mai 2000 (Notar Dr. Helmut Genau in Duisburg – UR-Nr. 555/00).							
		Der Miteigentumsanteil ist von Blatt 1055 hierher übertragen, eingetragen am 22. Mai 2000.							

265 *cc) Gemeinschaftliches Wohnungs- und Teileigentumsgrundbuch.* Von der Anlegung besonderer Grundbuchblätter für die einzelnen Einheiten kann abgesehen werden, wenn hiervon Verwirrung nicht zu besorgen ist. In diesem Fall ist das Grundbuch als **gemeinschaftliches Wohnungsgrundbuch (Teileigentumsgrundbuch)** zu bezeichnen (§ 7 Abs. 2 WEG). Wegen der Buchung in einem gemeinschaftlichen Grundbuch vgl. auch § 7 WGV. § 7 Abs. 2 WEG wird in § 8 Abs. 2 S. 1 WEG nicht für entsprechend anwendbar erklärt, so dass diese Art der Buchung nur für die vertragliche Einräumung von Wohnungseigentum, nicht jedoch für eine Vorratsteilung in Betracht kommt. In der Praxis hat § 7 Abs. 2 keine Bedeutung erlangt.

266 *dd) Schließung des bisherigen Grundbuchblattes.* Nach Anlegung der Wohnungs- und Teileigentumsgrundbücher ist das bisherige Grundbuchblatt des Grundstücks von Amts wegen zu schließen (§ 7 Abs. 1 S. 3 WEG), sofern nicht auf dem Grundbuchblatt noch weitere, von der Abschreibung nicht betroffene Grundstücke eingetragen sind (§ 6 S. 2 WGV). Das bisherige Grundbuchblatt des Grundstücks soll nicht für eine der neu anzulegenden Einheiten verwendet werden.[225]

[225] *Bauer/v. Oefele* AT V Rn. 231; *Weitnauer/Briesemeister* § 7 Rn. 6.

ee) Kein Zentralgrundbuch. Obwohl entsprechende Überlegungen von einer breiten Zustimmung getragen wurden,[226] hat der Gesetzgeber die im Zuge der Novellierung des WEG diskutierten Vorschläge zur Einführung eines sog. Zentralgrundbuchs[227] ausdrücklich nicht aufgegriffen.[228] 267

f) Die Rechtsfigur des werdenden Wohnungseigentümers. Anders als bei der Begründung des Wohnungseigentums nach § 3 WEG entsteht mit der Anlegung der Wohnungsgrundbücher bei der Begründung nach § 8 WEG noch keine Eigentümergemeinschaft. Der teilende Eigentümer ist zunächst noch alleiniger Inhaber sämtlicher Wohnungseigentumsrechte. 268

Die Möglichkeit einer **„Ein-Personen-Gemeinschaft"** in diesem Stadium wird überwiegend unter Hinweis auf die gesetzliche Regelung in § 10 Abs. 7 S. 4 WEG abgelehnt.[229] Die rechtliche Invollzugsetzung der Eigentümergemeinschaft setzt denknotwendig das Hinzutreten mindestens eines weiteren Wohnungseigentümers voraus. Dies ist wiederum erst nach Abschluss eines Veräußerungsvertrages und anschließender Eintragung des Erwerbers in einem Wohnungsgrundbuch der Fall (§ 873 Abs. 1 BGB). Gewöhnlich wird zugunsten eines Erwerbers unmittelbar nach Vertragsabschluß zunächst eine Erwerbsvormerkung in das Grundbuch zum Schutz vor anderweitigen Verfügungen eingetragen. Die endgültige Eigentumsumschreibung kann dann aber u. U. noch Jahre auf sich warten lassen, wenn sich nämlich die Eigentumsumschreibung aufgrund rechtlicher Auseinandersetzungen mit dem veräußernden Bauträger wegen Gewährleistungsansprüchen hinauszögert.[230] 269

Zum Schutze des Erwerbers vor Eingriffen des Veräußerers, aber auch im Hinblick auf einen angemessenen Ausgleich im Verhältnis des bereits nutzenden Erwerbers gegenüber dem noch im Grundbuch als Eigentümer eingetragenen Bauträger schafft die zeitliche Vorverlagerung der Regeln des WEG durch die ganz überwiegend anerkannte **Rechtsfigur der werdenden Wohnungseigentümergemeinschaft**[231] einen adäquaten rechtlichen Rahmen. Dies gilt insbesondere für die Vorschriften über die gemeinschaftliche Verwaltung nach den §§ 21 ff. WEG, das gerichtliche Verfahren nach §§ 43 ff. WEG,[232] aber auch für die Kostentragungspflicht gem. § 16 Abs. 2 WEG[233] sowie die Geltend- 270

---

[226] *Armbrüster* DNotZ 2003, 493, 514; *ders.* ZWE 2003, 355, 360; *Drasdo* ZWE 2003, 170; Köhler/Bassenge/*Häublein* Anwaltshandbuch Wohnungseigentumsrecht 2004, Teil 12 Rn. 76; *Kreuzer* ZWE 2003, 145, 153 f.; MünchKomm/*Commichau,* § 7 Rn. 14 ff. WEG; *v. Oefele/Schneider* DNotZ 2004, 740; *Röll* ZWE 2000, 13, 16; *Schmidt-Ränsch* in Protokoll der 23. Sitzung des Rechtsausschusses vom 18. 9. 2006, S. 185 ff.; *Wenzel* zit. nach Deckert NZM 2004, 91; *Weitnauer* 9. Aufl. Vorwort VI; Stellungnahme des BfW WE 2002, 61; Stellungnahme der Bundesnotarkammer ZWE 2003, 346, 354 f.; Entschließung des 31. Deutschen Rechtspflegertages RpflBl 2004, 47; **a. A.** wohl nur *Demharter* Rpfleger 2007, 121 mit Erwiderung *v. Oefele/Schneider* ZMR 2007, 753.

[227] Wegen der näheren Einzelheiten s *Riecke/Schmid/Schneider* § 7 Rn. 297 ff.

[228] Vgl. Entwurf eines Gesetzes zur Änderung des Wohnungseigentumsgesetzes und anderer Gesetze v. 9. 3. 2006 – BT-Drs. 16/887, S. 13.

[229] BGHZ 177, 53 = DNotZ 2008, 930 = NJW 2008, 2639 = Rpfleger 2008, 564; *Bärmann/Merle* § 23 Rn. 28; *Riecke/Schmid/Elzer* § 8 Rn. 15; *Wenzel* FS Bub (2007), S. 249, 263 f.; a. A. *Becker* FS Seuß (2007), S. 19.

[230] Vgl. OLG Hamm WuM 2000, 319.

[231] BGHZ 177, 53 = DNotZ 2008, 930 = NJW 2008, 2639 = Rpfleger 2008, 564; BGH NJW 2004, 1798 = Rpfleger 2004, 207; OLG Hamm ZMR 2007, 712; OLG Düsseldorf ZMR 2007, 126; OLG Köln NZM 2006, 301; OLG München FGPrax 2006, 63 = Rpfleger 2006, 317; OLG Hamm DNotZ 2004, 389; BayObLG NZM 2003, 321; OLG Karlsruhe ZMR 2003, 374; OLG Hamm FGPrax 2003, 111; ThürOLG Jena WuM 2001, 504; OLG Hamm FGPrax 2000, 11 = ZWE 2000, 86; BayObLG NJW 1990, 3216; *Heismann* ZMR 2004, 10; a. A. Brandenburgisches OLG ZWE 2006, 447 m. abl. Anm. *F. Schmidt*; OLG Saarbrücken NZM 2002, 610; OLG Saarbrücken FGPrax 1998, 97; *Belz* FS Merle (2000), S. 51.

[232] Vgl. OLG Hamm ZMR 2007, 712.

[233] Vgl. BGHZ 177, 53 = DNotZ 2008, 930 = NJW 2008, 2639 = Rpfleger 2008, 564.

machung von Beseitigungs- und Unterlassungsansprüchen gem. § 1004 BGB i. V. m. § 15 Abs. 3 WEG.[234]

271 Hierfür müssen allerdings folgende **Voraussetzungen** erfüllt sein:

- Zustandekommen eines gültigen Erwerbsvertrages zwischen dem veräußernden Bauträger und dem Enderwerber,[235] der allerdings nicht sämtliche Einheiten erfassen darf;[236]
- Nutzen, Lasten und Gefahr müssen nach dem Erwerbsvertrag bereits auf den Erwerber übergegangen sein;[237]
- Inbesitznahme der bewohnbaren Wohnung seitens des Erwerbers;[238]
- Eintragung einer Erwerbsvormerkung in das Grundbuch,[239] die sich auf das Wohnungseigentum und nicht lediglich auf einen gewöhnlichen Miteigentumsanteil bezieht.[240]

Nicht notwendig ist die vorherige Anlegung der Wohnungsgrundbücher; die Vormerkung könnte auch bereits im Grundbuch des noch ungeteilten Grundstücks eingetragen werden.[241]

272 Die werdende Gemeinschaft besteht aus allen Erwerbern, bei denen die genannten Voraussetzungen vorliegen. Sie behalten ihre damit verbundenen Rechte und Pflichten auch dann, wenn ein anderer Erwerber vor ihnen als Eigentümer in das Grundbuch eingetragen wird. Allerdings wandelt sich die werdende Gemeinschaft zu diesem Zeitpunkt in eine Wohnungseigentümergemeinschaft im Rechtssinne um. Diese setzt sich nun aber für eine **Übergangszeit** aus den **Volleigentümern und den übrigen Mitgliedern** der früheren (beendeten) werdenden Gemeinschaft zusammen.[242] Die Beendigung der werdenden Wohnungseigentümergemeinschaft führt damit nicht zu einem Verlust der bisherigen Rechte und Pflichten als Wohnungseigentümer.[243]

273 Die noch nicht im Grundbuch eingetragenen Erwerber im Anlaufstadium der noch nicht in Vollzug gesetzten Wohnungseigentümergemeinschaft werden gemeinhin als **„Ersterwerber"** bezeichnet.[244] Demgegenüber wird ein Käufer, der sein Wohnungseigentum aus einer rechtlich und tatsächlich vollständig in Vollzug gesetzten Gemeinschaft heraus von einem anderen Wohnungseigentümer erwirbt, als sog. **„Zweiterwerber"** bezeichnet,[245] auf den die Regelungen des 2. und 3. Abschnitts des WEGs vor seiner Eintragung als Eigentümer in das Grundbuch keine Anwendung finden können.[246] Unterschiedliche Auffassungen bestehen lediglich in der Frage, ob nicht der Erwerb vom teilenden Bauträger in jedem Fall als „Ersterwerb" zu charakterisieren ist, also auch dann noch, wenn die Gemeinschaft bereits vollständig in Vollzug gesetzt worden ist.[247] Nur auf diese Weise ließe sich eine Ungleichbehandlung der vom Bauträger erwerbenden

---

234 Vgl. OLG Hamm FGPrax 2004, 12.

235 OLG Düsseldorf NZM 2005, 828; ThürOLG Jena WuM 2001, 504.

236 OLG München FGPrax 2006, 63 = Rpfleger 2006, 317.

237 OLG München FGPrax 2006, 63 = Rpfleger 2006, 317; OLG Hamm FGPrax 2003, 111; BayObLG NJW 1990, 3216.

238 BayObLG NZM 2003, 321.

239 OLG München FGPrax 2006, 63 = Rpfleger 2006, 317; OLG Karlsruhe ZMR 2003, 374.

240 BGHZ 177, 53 = DNotZ 2008, 930 = NJW 2008, 2639 = Rpfleger 2008, 564.

241 BGHZ 177, 53 = DNotZ 2008, 930 = NJW 2008, 2639 = Rpfleger 2008, 564; *Bärmann/Wenzel* § 10 Rn. 16; a. A. noch OLG Hamm FGPrax 2003, 193.

242 BGHZ 177, 53 = DNotZ 2008, 930 = NJW 2008, 2639 = Rpfleger 2008, 564.

243 So bereits OLG Köln NZM 2006, 301 unter ausdrücklicher Aufgabe von OLG Köln NZM 1999, 765.

244 Vgl. *Bärmann/Wenzel* § 10 Rn. 16; *Riecke/Schmid/Elzer* § 10 Rn. 22 je m. w. N.

245 Vgl. *Bärmann/Wenzel* § 10 Rn. 18; *Riecke/Schmid/Elzer* § 10 Rn. 29 je m. w. N.

246 BGHZ 106, 113 = NJW 1989, 1087 = Rpfleger 1989, 150; BGHZ 107, 285 = NJW 1989, 2697 = Rpfleger 1989, 366.

247 So *Bärmann/Armbrüster* § 10 Rn. 18; *Heismann* Werdende Wohnungseigentümergemeinschaft, S. 220 ff.; a. A. *Riecke/Schmid/Elzer* § 10 Rn. 29.

Käufer erreichen, die auf den Zeitpunkt der Grundbuchumschreibung eines anderen Erwerbers keinen Einfluss haben. Nur wenn in dem Zeitpunkt, in dem eine Auflassungsvormerkung für sie eingetragen bzw. ihnen der Besitz der gekauften Wohnung übertragen wird, noch kein anderer Erwerber in das Grundbuch eingetragen worden ist, erlangten sie nämlich die Rechte und Pflichten eines Wohnungseigentümers; andernfalls müssten sie hierauf bis zu ihrer eigenen Eintragung, also unter Umständen noch jahrelang warten.[248]

Ob die **vorgezogene Anwendung** der Vorschriften des WEG auch bei einer Begründung des Wohnungseigentums durch vertragliche Einräumung von Sondereigentum gem. **§ 3 WEG** in Betracht kommen kann, ist umstritten. Zwar sind auch hier Konstellationen denkbar, bei denen sich die Eintragung in das Grundbuch verzögert, die Miteigentümer die einzelnen Wohnungen aber bereits in Besitz genommen haben. Auch können die späteren Miteigentümer bereits als Bauherrengemeinschaft in der Rechtsform einer Gesellschaft bürgerlichen Rechts das Gebäude errichten[249] Zutreffenderweise handelt es sich jedoch bei den genannten Sachverhalten entweder um Rechtsbeziehungen einer Miteigentümergemeinschaft gem. §§ 741 ff. BGB oder solche einer Gesellschaft bürgerlichen Rechts gem. §§ 705 ff. BGB. Dann ist in diesen Fällen aber kein Raum für die Anwendung der Rechtsfigur einer werdenden Wohnungseigentümergemeinschaft.[250] 274

Der Rechtsfigur des werdenden Wohnungseigentümers entspricht es, nach der Novellierung des WEG auch von einem **werdenden Verband der Wohnungseigentümer** auszugehen.[251] 275

g) Gründungsmängel. Anlässlich der Begründung von Wohnungs- und Teileigentum kann es aus unterschiedlichen Ursachen zu Fehlern und Abweichungen kommen. Dabei können sog. **isolierte bzw. substanzlose Miteigentumsanteile**[252] entstehen, die auf Dauer nicht bestehen bleiben können. Aus diesem Grund sind sämtliche Wohnungseigentümer verpflichtet, im Rahmen des Zumutbaren und ggf. gegen Ausgleichszahlungen an der Beseitigung dieses rechtlich unzulässigen Zustandes mitzuwirken.[253] Dies kann im Einzelfall durch Abschluss einer Anpassungsvereinbarung der Miteigentümer (z.B. zur Schaffung neuen Sondereigentums und Verbindung mit dem isolierten Miteigentumsanteil) oder durch Übernahme des isolierten Miteigentumsanteils seitens der anderen Miteigentümer geschehen.[254] 276

Auf den Eigentümer eines isolierten Miteigentumsanteils finden die Bestimmungen des WEGs Anwendung.[255] Er ist deshalb auch zur anteiligen Kostentragung verpflichtet.[256] 277

---

[248] Letztlich offen gelassen von BGHZ 177, 53 = DNotZ 2008, 930 = NJW 2008, 2639 = Rpfleger 2008, 564.

[249] Die vorgezogene Anwendung der WEG-Bestimmungen insoweit bejahend *Bärmann/Wenzel* § 10 Rn. 19; *Weitnauer/Lüke* Nach § 10 Rn. 4; die Anwendung von WEG-Bestimmungen aufgrund vertraglicher Vereinbarung der (Noch-) Miteigentümer wird als zulässig angesehen von BGH NJW 2005, 2622; BayObLG NZM 2002, 441.

[250] KG ZWE 2001, 275; BayObLG NZM 2000, 665; BayObLG NJW-RR 1992, 597; *Hügel/Elzer* § 3 Rn. 94; *F. Schmidt* ZWE 2008, 118.

[251] *Bärmann/Wenzel* § 10 Rn. 204; *Elzer* ZMR 2008, 808.

[252] Zur Terminologie vgl. *Hügel* ZMR 2004, 549, 552.

[253] BGH NJW 2004, 1798 = Rpfleger 2004, 207; OLG München NZM 2008, 810 = Rpfleger 2008, 632; *Demharter* NZM 2000, 1196, 1198.

[254] Vgl. BGHZ 130, 159 = NJW 1995, 2851 = Rpfleger 1996, 19; OLG Hamm NZM 2007, 448 = Rpfleger 2007, 137.

[255] Umstritten ist lediglich, ob die Regelungen des WEG unmittelbare Anwendung finden (so *Hügel,* ZMR 2004, 549, 553; *Riecke/Schmid/Elzer* § 3 Rn. 103 m.w.N.) oder ob sich der isolierte Miteigentümer wie ein werdender Wohnungseigentümer behandeln lassen muss (so BGH NJW-RR 2005, 10 = Rpfleger 2005, 19).

[256] OLG Hamm NZM 2007, 448 = Rpfleger 2007, 137.

Über einen isolierten Miteigentumsanteil kann auch rechtsgeschäftlich durch **Übertragung** verfügt werden.[257]

aa) Rechtliche Mängel und Fehler:

278 • **Nichtigkeit der Aufteilung nach allgemeinen Regeln:** Der Teilungsvertrag unterliegt den allgemeinen Regelungen des BGB. Demgemäß können die zur Begründung des Sondereigentums abgegebenen Willenserklärungen aus unterschiedlichen Gründen nichtig sein. In Betracht kommt hier insbesondere eine **Nichtigkeit wegen Geschäftsunfähigkeit** (§ 105 BGB), **wegen Formmangels** (§ 125 BGB) und **wegen nachträglicher Anfechtung** z.B. wegen Irrtums (§§ 142 Abs. 1, 119 BGB). Unter Zugrundelegung der allgemeinen Grundsätze müsste der Teilungsvertrag in den genannten Fällen als von Anfang an unwirksam angesehen werden.[258]

279 Dies trägt jedoch nicht den besonderen Anforderungen eines mitgliedschaftlich verfassten Verbandes Rechnung, der aufgrund seiner komplexen Organisation nicht mehr ohne weiteres rückabgewickelt werden kann. Aus diesem Grunde wendet die h.M. die **Regeln über die fehlerhafte Gesellschaft** entsprechend auf die fehlerhafte Wohnungseigentümergemeinschaft an.[259] Wohnungseigentümern ist damit verwehrt, sich ex tunc auf die anfängliche Nichtigkeit zu berufen. Sie müssen sich vielmehr trotz mangelhafter Begründung des Wohnungseigentums ab Invollzugsetzung der Gemeinschaft[260] bis zur Geltendmachung der Unwirksamkeit als voll wirksame Wohnungseigentümergemeinschaft bzw. als Wohnungseigentümerverband behandeln lassen.

280 **Sachenrechtlich** wird der unwirksame Gründungsakt in dem Augenblick insgesamt **geheilt,** in dem ein Dritter gutgläubig auch nur eine der gebildeten Wohnungseinheiten erwirbt. Wohnungseigentum kann nämlich nicht nur an einer Wohnung entstehen.[261]

281 • **Unrichtige Angabe der Miteigentumsanteile:** Die **Summe** sämtlicher Miteigentumsanteile muss zwingend wieder **ein Ganzes** ergeben. Bloße **Additions- oder Schreibfehler** können immer dann im Wege der Berichtigung beseitigt werden, wenn die Aufteilung nach einem für alle Einheiten nachvollziehbaren Maßstab (z.B. dem Verhältnis der Wohnfläche) erfolgen sollte.[262] In diesen Fällen kann die fehlerhafte Gesamtaufteilung durch Angleichung der Miteigentumsanteile im Nenner der Einheiten erreicht werden (z.B. 999/1.000 in 999/999 oder 1001/1.000 in 1.001/1.001). Eine Zustimmung dinglich Berechtigter ist für eine solche Anpassung nach zutreffender Ansicht nicht erforderlich.[263] Den Beteiligten sollte allerdings vor der Richtigstellung Gelegenheit zur Stellungnahme eingeräumt werden.

282 In allen übrigen Fällen führen Abweichungen bei der Anlegung der Wohnungsgrundbücher entweder zu einer Unter- oder Überverteilung bei den Miteigentumsanteilen. Im Falle der **Unterverteilung** entsteht ein isolierter Miteigentumsanteil, der von den Wohnungseigentümern gem. §§ 242, 313 BGB unter Berücksichtigung der gemeinschaftsrechtlichen Bindungen nach den vom BGH[264] aufgezeigten Grundsätzen z.B.

---

[257] BGH NJW-RR 2005, 10 = Rpfleger 2005, 19; OLG Hamm NZM 2007, 448 = Rpfleger 2007, 137.

[258] BeckOK WEG/*Kral* bejaht deshalb in den genannten Fällen eine Grundbuchunrichtigkeit mit der Möglichkeit der Berichtigung gem. § 894 BGB, § 22 GBO.

[259] *Bärmann/Armbrüster* § 2 Rn. 56f.; *Riecke/Schmid/Elzer* § 3 Rn. 32ff.; *Weitnauer/Briesemeister* § 3 Rn. 36; offen gelassen von OLG Hamm NZM 2004, 787, 789; a.A. *Bamberger/Roth/Hügel* § 3 Rn. 15.

[260] Nach *Bärmann/Armbrüster* § 2 Rn. 57 ist dies der Zeitpunkt der Bildung eines Verwaltungsvermögens i.S.d. § 10 Abs. 7 WEG.

[261] *Bamberger/Roth/Hügel* § 3 Rn. 15; *Röll* FS Seuß (1987), S. 233, 236; *Weitnauer/Briesemeister* § 3 Rn. 38.

[262] *Röll* MittBayNot 1996, 175; *Staudinger/Rapp* § 3 Rn. 47.

[263] *Röll* MittBayNot 1996, 175, 176.

[264] BGH NJW –RR 2005, 10 = NZM 2004, 876 = Rpfleger 2005, 17.

durch Vereinigung (§ 890 Abs. 1 BGB) oder Zuschreibung (§ 890 Abs. 2 BGB)[265] wieder zu beseitigen ist. Im Falle der **Überverteilung** ist die Aufteilung insgesamt unwirksam; auch ein gutgläubiger Erwerb ist durch die Doppelbuchung ausgeschlossen.[266]

- **Unterbliebene Zuordnung zum Sondereigentum:** Sondereigentum kann wirksam nur begründet werden, wenn auch eine entsprechende rechtsgeschäftliche **Zuordnungserklärung** vorliegt. Räume, die nur im Aufteilungsplan als zum Sondereigentum gehörend bezeichnet sind, verbleiben im Gemeinschaftseigentum.[267] Etwas anderes kann dann gelten, wenn zwar in der Teilungserklärung keine ausdrückliche Zuordnung erfolgt ist, dort jedoch wegen des Gegenstandes und der Lage des Sondereigentums auf den Aufteilungsplan verwiesen wird. In diesem Fall ist der Zuordnungswille eindeutig erkennbar, wenn die verwendete Nummerierung der Räume identisch ist.[268] 283
- **Fehlerhafte Zuordnung zum Sondereigentum:** Wird ein nicht sondereigentumsfähiger Raum durch die Grundbucheintragung als Sondereigentum ausgewiesen, verbleibt dieser gleichwohl im Gemeinschaftseigentum, weil insoweit wirksam kein Sondereigentum begründet werden kann.[269] Die Eintragung ist inhaltlich unzulässig und daher von Amts wegen gem. § 53 Abs. 1 S. 2 GBO zu löschen.[270] Die fehlgeschlagene Begründung von Sondereigentum kann jedoch unter bestimmten Voraussetzungen gem. § 140 BGB in ein Sondernutzungsrecht für den Berechtigten umgedeutet werden.[271] Ist mit dem fraglichen Miteigentumsanteil kein weiteres Sondereigentum verbunden, entsteht wiederum ein isolierter Miteigentumsanteil, zu dessen Beseitigung die Wohnungseigentümer – ggf. auch gegen Ausgleichszahlungen – verpflichtet sind.[272] Die Behebung dieses gesetzlich nicht vorgesehenen Zustandes kann auch durch Übernahme des isolierten Miteigentumsanteils seitens der übrigen Wohnungseigentümer geschehen. Bis dahin unterliegt der Inhaber des isolierten Miteigentumsanteils jedoch den Regeln des WEG und ist deshalb auch zur anteiligen Kostentragung verpflichtet.[273] Die fehlerhafte Zuordnung eines Raumes zum Sondereigentum lässt die Wirksamkeit der übrigen Wohnungseigentumsrechte allerdings unberührt. Ein Mangel des Gründungsvertrages wird durch den gutgläubigen Erwerb auch nur eines Wohnungseigentums insgesamt geheilt.[274] 284
- **Fehlende Kennzeichnung von Sondereigentum:** Bezeichnet zwar die Teilungserklärung einen mit entsprechender Nummerierung zugeordneten Raum als Sondereigentum, verbleibt dieser gleichwohl im Gemeinschaftseigentum, wenn er im Aufteilungsplan als solches ausgewiesen ist und nicht unter ausdrücklicher Ausräumung des Widerspruchs Sondereigentum begründet worden ist.[275] 285

Die fehlende Kennzeichnung des gewollten Sondereigentums findet sich häufig bei **Balkonen.** Auch insoweit wendet die Rechtsprechung den zuvor entwickelten Grund- 286

---

[265] Vgl. BGHZ 109, 179 = DNotZ 1990, 377 = NJW 1990, 447 = Rpfleger 1990, 62.

[266] *Palandt/Bassenge* § 892 Rn. 11; *Staudinger/Rapp* § 3 Rn. 47 a.

[267] OLG Düsseldorf ZMR 2004, 611; OLG Stuttgart Rpfleger 1981, 109.

[268] OLG Frankfurt DNotZ 1998, 387 = NJW-RR 1997, 1305 = Rpfleger 1997, 430; OLG Zweibrücken ZMR 1996, 387.

[269] BGHZ 109, 179 = DNotZ 1990, 377 = NJW 1990, 447 = Rpfleger 1990, 62 für einen Kellerraum mit gemeinschaftlicher Heizungsanlage.

[270] BayObLG DNotZ 2000, 205; zur Grundbucheintragung in diesem Fall s. *Demharter* Anh zu § 3 Rn. 12.

[271] Dazu s. im einzelnen *Riecke/Schmid/Schneider* § 5 Rn. 21 ff. m. w. N.

[272] Vgl. BGHZ 130, 159 = DNotZ 1996, 289 = NJW 1995, 2851 = Rpfleger 1996, 19; BGH DNotZ 2004, 371 = NZM 2004, 103 = Rpfleger 2004, 207.

[273] OLG Hamm NZM 2007, 448 = Rpfleger 2007, 137.

[274] BGHZ 109, 179 = DNotZ 1990, 377 = NJW 1990, 447 =Rpfleger 1990, 62; BayObLG NZM 1998, 525.

[275] OLG München NZM 2006, 704; BayObLG DNotZ 1982, 242 = Rpfleger 1982, 21.

satz an.[276] In der Literatur mehren sich allerdings die Stimmen, die den Balkonraum unabhängig von einer Nummerierung als räumliche Fortsetzung der Wohnung begreifen und ihn daher kraft Gesetzes als zum Sondereigentum der Gesamtwohnung gehörend ansehen.[277]

287 • **Widersprüchliche Angaben zum Gegenstand des Sondereigentums:** Stimmen die wörtliche Beschreibung des Gegenstandes eines Sondereigentums im Text der zur Eintragung bewilligten **Teilungserklärung** und die Angaben im **Aufteilungsplan** nicht überein, so ist grundsätzlich keiner der sich widersprechenden Erklärungsinhalte vorrangig und aus diesem Grunde kein Sondereigentum entstanden.[278] Die Angaben im Aufteilungsplan verdrängen also nicht den Inhalt der Teilungserklärung. Betrifft der offene Widerspruch das gesamte Sondereigentum einer Wohnungseinheit, so entsteht ein isolierter Miteigentumsanteil, wodurch jedoch die Wirksamkeit der Wohnungseigentumsbegründung hinsichtlich der übrigen Einheiten nicht berührt wird.[279] Selbst wenn bei Bildung von Wohnungseigentum aufgrund eines wegen Verstoßes gegen das Bestimmtheitsgebot fehlerhaften Gründungsakts ausschließlich isolierte Miteigentumsanteile entstanden sind und Sondereigentum an den Räumen der Wohnanlage bisher gar nicht begründet wurde, können die als Wohnungseigentümer eingetragenen Berechtigten nachträglich den ursprünglich fehlerhaften Gründungsakt ändern und somit erstmals Sondereigentum zur Entstehung bringen.[280]

288 • **Unrichtige Angabe der Zweckbestimmung:** Wird in der Grundbucheintragung die Zweckbestimmung abweichend von der zugrundeliegenden Vereinbarung angegeben (z.B. „Wohnungseigentum" statt „Teileigentum" und umgekehrt), so handelt es sich um eine tatsächliche Unrichtigkeit, die von Amts wegen berichtigt werden kann. Das eingetragene Sondereigentum ist mit der fehlerhaften Bezeichnung wirksam entstanden, so dass den Anforderungen des § 7 Abs. 1 WEG Genüge getan ist.[281] Danach hat die Eintragung des *Sondereigentums* in das Grundbuch zu erfolgen, nicht aber dessen Qualifizierung als Wohnungs- oder Teileigentum. Die Bezeichnung als Wohnungs- oder Teileigentum (= Zweckbestimmung im weiteren Sinne, dazu Rn. 157 ff.) wird nach der überwiegenden Auffassung nicht als konstitutiv für die sachenrechtliche Aufteilung angesehen.[282] Die Eintragung ist in einem solchen Fall deshalb auch nicht als inhaltlich unzulässig zu löschen.[283]

289 • **Widersprüchliche Zweckbestimmungen:** Weichen die Angaben zur Zweckbestimmung des Sondereigentums im **Teilungsvertrag** von denen im **Aufteilungsplan** ab, so kommt den Angaben im Plan kein Vorrang zu. Widersprechen sich die Angaben, so kann ein unbefangener Betrachter nicht von der am engsten begrenzten Nutzungsmöglichkeit

---

[276] OLG Frankfurt FGPrax 1997, 139 = Rpfleger 1997, 374; LG Wuppertal RNotZ 2009, 48; LG Frankfurt a. M. NJW-RR 1990, 1238 = WE 1991, 124 m. abl. Anm. *Bielefeld*.

[277] *Bielefeld* Wohnungseigentümer, S. 30; *Diester* Rechtsfragen Rn. 109 ff.; *Hügel* RNotZ 2009, 49; *Riecke/Schmid/Schneider* § 7 Rn. 94 u. 196; *F. Schmidt* MittBayNot 2001, 442; wohl auch *Schöner/Stöber* Rn. 2852 Fn. 15.

[278] BGH DNotZ 2004, 371 = NZM 2004, 103 = Rpfleger 2004, 207; BGHZ 130, 159 = DNotZ 1996, 289 m. krit. Anm. *Röll* = NJW 1995, 2851 = Rpfleger 1996, 19; OLG München NZM 2008, 810 = Rpfleger 2008, 632; OLG Hamm FGPrax 2003, 208 = Rpfleger 2003, 574; OLG Hamburg NZM 2001, 132; BayObLG DNotZ 2000, 205.

[279] BGHZ 130, 159 = DNotZ 1996, 289 = NJW 1995, 2851 = Rpfleger 1996, 19.

[280] OLG München NZM 2008, 810 = Rpfleger 2008, 632.

[281] *Hügel* FS Bub (2007) S 137, 148; *Riecke/Schmid/Schneider* § 7 Rn. 192; *Schöner/Stöber* Rn. 2872 b; BeckOK WEG/*Kral* § 7 Rn. 85, der allerdings unter Hinweis auf *Bauer/v. Oefele* AT V Rn. 233 auf eine abweichende Angabe in der Aufschrift abstellt; wie hier *Bärmann/Armbrüster* § 1 Rn. 32 – anders allerdings ders. § 7 Rn. 50.

[282] Zum Streitstand vgl. Rn. 407 ff.

[283] So aber BayObLG NJW-RR 1998, 735 = Rpfleger 1998, 242; *Riecke/Schmid/Elzer* § 3 Rn. 23; *Meikel/Morvilius* Einl C Rn. 177.

ausgehen.[284] Regelmäßig wird den Angaben im Aufteilungsplan dabei der Charakter eines „Nutzungsvorschlags" zukommen.[285]

Enthalten dagegen die **Teilungserklärung** und die **Gemeinschaftsordnung** hinsichtlich der Zweckbestimmung eines Sondereigentums widersprüchliche Angaben, so geht grundsätzlich die Regelung in der Gemeinschaftsordnung vor; in diesem Fall hat die nähere Beschreibung eines Teileigentums in der Teilungserklärung in der Regel nicht die Bedeutung einer Nutzungsbeschränkung.[286] 290

Entsprechendes gilt auch dann, wenn **Aufteilungsplan** und **Gemeinschaftsordnung** einander widersprechen.[287] Eine vereinbarte Zweckbestimmung wird nicht dadurch in Frage gestellt, dass im Aufteilungsplan die einzelnen Räume eines Sondereigentums anders bezeichnet sind.[288] 291

- **Fehlerhafte Regelungen in der Gemeinschaftsordnung:** Im Grundbuch eingetragene Regelungen der Gemeinschaftsordnung, die nach dem zu Rn. 207ff. Gesagten gegen gesetzliche Bestimmungen verstoßen, sind unwirksam. Im übrigen bleibt die Begründung des Wohnungseigentums jedoch wirksam. An die Stelle der unzulässigen Regelung treten im Wege der ergänzenden Vertragsauslegung die gesetzlichen Bestimmungen; eine Gesamtnichtigkeit gem. § 139 BGB ist nicht anzunehmen.[289] 292
- **Fehlender Aufteilungsplan:** Fehlt bei der Begründung des Wohnungseigentums der Aufteilungsplan, so ist die Teilung unwirksam. Es mangelt an der grundbuchmäßigen Bestimmtheit sowohl des Sonder- als auch des Gemeinschaftseigentums.[290] Wird bei der Begründung von Wohnungseigentum auf einen zum Zeitpunkt der Beurkundung nicht vorliegenden Aufteilungsplan in den Wohnungsgrundbüchern Bezug genommen, wird der später nachgereichte Plan zum Inhalt des Grundbuchs und nimmt an dessen öffentlichem Glauben teil. Ein solcher Gründungsmangel wird durch einen nachfolgenden gutgläubigen Erwerb geheilt.[291] 293
- **Widersprüchliche Angaben in den Anlagen zur Eintragungsbewilligung:** Sind die als Aufteilungsplan vorgelegten Bauzeichnungen in sich widersprüchlich, so kann der Aufteilungsplan nicht Grundlage für die Anlegung der Wohnungseigentumsgrundbücher sein. Das gleiche gilt für die auf der Grundlage eines solchen Plans erteilte Abgeschlossenheitsbescheinigung.[292] 294
- **Fehlende oder nachträglich wegfallende Abgeschlossenheit:** Stellt sich erst nach der Grundbucheintragung heraus, dass die **Abgeschlossenheitsvoraussetzungen** zu diesem Zeitpunkt tatsächlich gar **nicht vorgelegen** haben, entfällt gleichwohl das eingetragene Sondereigentum nicht nachträglich. Die Entstehung des Sondereigentums wird nicht dadurch in Frage gestellt, dass die Sollbestimmung des § 3 Abs. 2 WEG außer Acht gelassen wurde.[293] Auch ein späterer **Wegfall der Abgeschlossenheit** z.B. durch Umbaumaßnahmen berührt nicht die Wirksamkeit der Aufteilung und damit auch nicht die Zuordnung von Sondereigentum.[294] Rechte dinglich gesicherter Gläubiger können 295

---

[284] OLG Frankfurt ZMR 1993, 125.

[285] OLG Frankfurt ZWE 2008, 433, 440; OLG Hamm NZM 2007, 294; OLG Hamburg NZM 2001, 132.

[286] OLG Düsseldorf FGPrax 2003, 202; BayObLG ZMR 1998, 184; BayObLG DNotZ 1989, 426; OLG Hamm WE 1990, 95; *Bärmann/Armbrüster* § 7 Rn. 17; a. A. *Riecke/Schmid/Elzer* § 3 Rn. 43.

[287] OLG Schleswig ZMR 2004, 68; *Bärmann/Armbrüster* § 7 Rn. 18.

[288] BayObLG ZfIR 2004, 129 Ls.; *Riecke/Schmid/Elzer* § 3 Rn. 44.

[289] *Staudinger/Rapp* § 3 Rn. 64.

[290] *Staudinger/Rapp* § 3 Rn. 47.

[291] OLG Karlsruhe NJW-RR 1993, 1294.

[292] BayObLG Rpfleger 1993, 335.

[293] BGHZ 110, 36 = NJW 1990, 1111 = Rpfleger 1990, 159; *Bärmann/Armbrüster* § 3 Rn. 57; *Riecke/Schmid/Elzer* § 3 Rn. 62 je m. w. N.

[294] BGHZ 146, 241 = DNotZ 2002, 127 = NJW 2001, 1212 = OLG München Rpfleger 2009, 20 = ZWE 2009, 25; OLG Köln NJW-RR 1994, 717 = Rpfleger 1994, 348; BayObLG Rpfleger 1991, 414.

nicht davon abhängen, ob im Einzelfall die Voraussetzungen der Abgeschlossenheit auch tatsächlich erfüllt sind.[295] Sondereigentum an einem Raum soll selbst dann entstehen könne, wenn es an einer tatsächlichen Abgrenzung des Raumes gegenüber fremdem Sondereigentum fehlt, solange nur die Begrenzung des Sondereigentums nach dem Aufteilungsplan und der Bauausführung eindeutig ist.[296] Erst recht wird der Bestand des Sondereigentums nicht dadurch gefährdet, dass bei Anlegung des Sondereigentums eine Abgeschlossenheits**bescheinigung** fehlte oder eine bereits erteilte im Nachhinein für kraftlos erklärt wird.[297]

bb) Tatsächliche Mängel und Fehler:

296 • **Grundsatz:** Wie sich bereits aus den Formulierungen sowohl in § 3 WEG wie auch in § 8 WEG ergibt, wird die genaue Umgrenzung der Wohnungseigentumseinheiten durch die Teilungserklärung in Verbindung mit dem Aufteilungsplan und der Abgeschlossenheitsbescheinigung festgelegt, auch soweit das Sondereigentum an einer bestimmten Wohnung in einem auf dem Grundstück noch zu errichtenden Gebäude eingeräumt wird. Ausgangspunkt der Aufteilung sind also nicht die tatsächlich bestehenden Raumverhältnisse, sondern der Grundbuchinhalt. Bauliche Abweichungen von der im Grundbuch eingetragenen Teilungserklärung oder dem in Bezug genommenen Aufteilungsplan können also nicht zu einer Änderung der sachenrechtlichen Rechtslage führen (dazu siehe aber auch Rn. 298). **Maßgeblich** ist allein der eingetragene **Grundbuchinhalt** und nicht die bestehenden Raumverhältnisse.[298] Daraus ergibt sich, dass eine abweichende Bauausführung nicht zu einer Grundbuchunrichtigkeit führen kann.[299]

297 • **Errichtung an anderer Stelle:** Wird das Gebäude abweichend vom Aufteilungsplan an anderer Stelle auf dem Grundstück oder in anderer Form errichtet, so entsteht sachenrechtlich Wohnungseigentum mit Sondereigentum in diesem Gebäude, sofern Gemeinschaftseigentum und Sondereigentum zweifelsfrei voneinander abgrenzbar sind. Solange trotz der Abweichung eine Abgrenzung zwischen diesen beiden zweifelsfrei möglich ist, hat der Aufteilungsplan seine Funktion erfüllt und es entsteht Sondereigentum an dem Gebäude, so wie es errichtet wird.[300] Es genügt nämlich, wenn trotz der Abweichung die dem Sondereigentum zugrundeliegende Raumeinheit genügend bestimmbar ist, also die Abgrenzungen der im Gemeinschaftseigentum und im Sondereigentum stehenden Gebäudeteile nach wie vor übereinstimmen.[301] Maßgeblich ist die Erwägung, dass Gegenstand des Sondereigentums nicht die einzelnen Räume sind, sondern die aus einzelnen Räumen zusammengesetzte Wohnung. Solange die Identität der einzelnen Wohnung demnach sichergestellt ist, sind die Gegenstände von Sondereigentum und Gemeinschaftseigentum hinreichend bestimmt.[302]

298 Wird bei der tatsächlichen Bauausführung von dem Aufteilungsplan jedoch in einer Weise abgewichen, die es **unmöglich** macht, die errichteten Räume einer in dem Aufteilungsplan ausgewiesenen Raumeinheit **zuzuordnen**, kann kein Sondereigentum, sondern nach § 1 Abs. 5 WEG nur gemeinschaftliches Eigentum entstehen Ein Wohnungseigentümer kann in einem solchen Fall nur einen isolierten Miteigentumsanteil erwerben.[303]

---

[295] BayObLG DNotZ 1982, 242 = Rpfleger 1982, 21; *Röll* Rpfleger 1983, 380, 382.
[296] BGHZ 177, 338 = DNotZ 2009, 50 = NJW 2008, 2982 = Rpfleger 2008, 631.
[297] Vgl. BVerwG NJW 1997, 71.
[298] KG NZM 2001, 1127; BayObLG DNotZ 1999, 212.
[299] OLG Zweibrücken NZM 2006, 586 = Rpfleger 2006, 394.
[300] BGHZ 177, 338 = DNotZ 2009, 50 = NJW 2008, 2982 = Rpfleger 2008, 631; BGH DNotZ 2004, 371 = NJW 2004, 1798 = Rpfleger 2004, 207; OLG Hamburg NZM 2003, 109; BayObLG NJW-RR 1990, 332 = Rpfleger 1990, 204.
[301] OLG Hamburg NZM 2003, 109; OLG Köln Rpfleger 1982, 374.
[302] BayObLG DNotZ 1982, 242 = Rpfleger 1982, 21.
[303] BGH DNotZ 2004, 371 = NJW 2004, 1798 = Rpfleger 2004, 207.

- **Änderungen in der Raumaufteilung: Grundrissverschiebung** lediglich **innerhalb einer Wohnung** ohne Änderung der im Aufteilungsplan niedergelegten äußeren Umfangsgrenzen beeinträchtigen die Entstehung des Sondereigentums solange nicht, wie die erforderliche Bestimmtheit der Abgrenzung des Sondereigentums von anderem Sondereigentum sowie vom Gemeinschaftseigentum nicht berührt wird.[304] 299

Eine mit der Änderung der Raumaufteilung evtl. verbundene **Einbeziehung gemeinschaftlichen Eigentums oder fremden Sondereigentums** in die veränderte Wohnung kann nach dem zuvor Gesagten grundsätzlich nicht zur Entstehung von Sondereigentum führen. Lediglich in Fällen **geringfügiger Überschreitungen** des im Aufteilungsplan festgelegten Sondereigentumsbereiches wird demgegenüber aus Gründen der Praktikabilität von der h. M. angenommen, dass gleichwohl Sondereigentum entsprechend der tatsächlichen Bauausführung entstehen kann, solange eine eindeutige Identifizierung möglich ist.[305] Solche geringfügigen Abweichungen sollen bis zu einer Grenze von 3% angenommen werden können.[306] 300

Bei darüber hinausgehenden **wesentlichen Abweichungen** soll Sondereigentum in den Grenzen des Aufteilungsplanes, also unabhängig von der tatsächlichen räumlichen Begrenzung auch an Teilen eines Raumes (!), entstehen können, solange sich die im Sondereigentum stehenden Räume nach dem Aufteilungsplan identifizieren lassen.[307] Ist dies aufgrund der tatsächlichen Bauausführung nicht mehr möglich, entsteht kein Sondereigentum, so dass es bei dem zuvor entwickelten Grundsatz der allein maßgeblichen Grundbuchlage nach dem Aufteilungsplan verbleiben kann und sich die Räumlichkeiten insoweit im gemeinschaftlichen Eigentum befinden.[308] Die zum **Überbau** entwickelten Grundsätze sollen nach allerdings umstrittener Ansicht insoweit nicht entsprechend anwendbar sein.[309] Richtigerweise wird man jedoch bei wesentlichen Abweichungen davon auszugehen haben, dass Sondereigentum wegen der Abweichung von der vereinbarten Rechtslage in jedem Fall noch nicht wirksam entstanden ist. Ein solcher Mangel kann durch Anpassung der baulichen Verhältnisse an die sachenrechtliche Vereinbarung behoben werden. Kommt eine solche Korrektur aus tatsächlichen oder überwiegenden wirtschaftlichen Gründen nicht in Betracht, dann besteht unter Anwendung des § 242 BGB ein Anspruch der Miteigentümer untereinander auf **Anpassung der dinglichen Rechtslage** an die tatsächlichen Verhältnisse.[310] Insoweit kann auch ein Anspruch auf Leistung einer Ausgleichszahlung in Betracht kommen.[311] 301

- **Zusätzliche Räumlichkeiten:** Werden zusätzliche Räumlichkeiten gebaut, verbleiben diese im Gemeinschaftseigentum. Eine Überführung in Sondereigentum ist nur nach den Regeln der §§ 3, 4 WEG möglich.[312] 302

---

[304] OLG Bamberg NJW-RR 2003, 1138; OLG Hamm Rpfleger 1986, 374; BayObLG DNotZ 1982, 242 = Rpfleger 1982, 21.

[305] OLG Hamburg NZM 2003, 109; OLG Karlsruhe NJW-RR 1993, 1294; *Niedenführ/Kümmel/Vandenhouten* § 7 Rn. 34.

[306] *Armbrüster* ZWE 2005, 182, 188; *Bärmann*/Armbrüster § 2 Rn. 77; a. A. BeckOK-WEG/*Kesseler* § 3 Rn. 87: Überschreiten der Erheblichkeitsschwelle bereits bei einer absoluten Verschiebung von mehr als 5 cm.

[307] BGHZ 177, 338 = DNotZ 2009, 50 = NJW 2008, 2982 = Rpfleger 2008, 631 [„Luftschranke"]; OLG Zweibrücken NZM 2006, 586 = Rpfleger 2006, 394; BayObLG DNotZ 1999, 212 = NZM 1998, 973; OLG Celle OLGZ 1981, 106; *Armbrüster* ZWE 2005, 182, 190.

[308] BGH NJW 2004, 1798 = Rpfleger 2004, 207.

[309] BayObLG DNotZ 1993, 741; *Riecke/Schmid/Elzer* § 3 Rn. 95; *Weitnauer/Briesemeister* § 3 Rn. 44; a. A. *Bamberger/Roth/Hügel* § 3 Rn. 15 u. 21; *Bauer/v. Oefele* AT V Rn. 258 und 265; *Ertl* WE 1992, 221; *Staudinger/Rapp* § 3 Rn. 78 b.

[310] BayObLG DNotZ 2004, 126; KG NZM 2001, 1127; BeckOK-WEG/*Kesseler* § 3 Rn. 89.

[311] Vgl. KG NZM 2001, 1127; BayObLG NZM 2000, 1024.

[312] OLG Celle ZWE 2009, 128; OLG-Report München 2005, 607; BayObLG NJW-RR 1990, 657.

303 • **Fehlende Fertigstellung des Gebäudes:** Gem. § 3 Abs. 1 und § 8 Abs. 1 WEG kann Wohnungseigentum ausdrücklich auch an erst noch zu errichtenden Gebäuden begründet werden. In diesem Fall entsteht zunächst ein isolierter Miteigentumsanteil, der mit einem Anwartschaftsrecht auf Erwerb des mit dem Miteigentumsanteil zu verbindenden Sondereigentums als Vollrecht verknüpft ist.[313] Mit der Errichtung entsteht dann das einem Miteigentumsanteil jeweils zugeordnete Sondereigentum an einer Wohnung („schrittweise Fertigstellung"). Wird das **Gebäude endgültig nicht errichtet,**[314] bleibt das Wohnungseigentum in dem Zustand wirksam, in dem es sich bei der Grundbucheintragung befand, also der Substanz nach nur in Form eines Miteigentumsanteils am Grundstück.[315] Auch bei der Zerstörung eines Gebäudes wandelt sich das mit dem Miteigentumsanteil verbundene Sondereigentum wieder in eine Anwartschaft um.[316] Die Miteigentümer können untereinander zur Beseitigung des isolierten Miteigentumsanteils verpflichtet sein, soweit ihnen dies – ggf. gegen Ausgleichszahlungen – zumutbar ist.[317]

2. Belastung von Wohnungs- und Teileigentum

304 a) **Grundsatz.** Nach der Vorschrift des § 13 Abs. 1 WEG ist dem Wohnungseigentümer hinsichtlich seines Sondereigentums die gleiche **Rechtsmacht wie** dem **Alleineigentümer** einer Sache verliehen. So wie dieser gem. § 903 S. 1 BGB – vorbehaltlich der dort genannten Schranken – mit der ihm gehörenden Sache nach Belieben verfahren und andere von jeder Einwirkung ausschließen kann, so darf auch der Wohnungseigentümer über sein Sondereigentum gem. § 13 Abs. 1 WEG nach Belieben verfügen und andere von Einwirkungen ausschließen.[318] Die rechtlichen Verfügungsmöglichkeiten haben sich jedoch zunächst an der Zulässigkeit einer Belastung des mit dem Sondereigentum verbundenen Miteigentumsanteils auszurichten, da Wohnungseigentum dogmatisch lediglich ein besonders ausgestaltetes Miteigentum darstellt (s. Rn. 145).

305 b) **Nach dem Gesetz unmittelbar zulässige Belastungsmöglichkeiten.** Folgende dingliche Rechte können als **Einzelbelastung** auf einem Wohnungseigentum eingetragen werden, weil insoweit die Belastung von Miteigentumsanteilen im Gesetz vorgesehen ist:

306 • **Nießbrauchsrechte:** Nießbrauchsrechte können gem. §§ 1030 ff., 1066 Abs. 1 BGB auf dem Bruchteilsanteil eines Miteigentümers und somit im Hinblick auf § 6 Abs. 2 WEG auch an einem Wohnungseigentumsrecht eingetragen werden. Als **Berechtigter** eines Nießbrauchrechts können nur eine oder mehrere konkrete (natürliche oder juristische) Personen und Handelsgesellschaften, nicht aber der jeweilige Eigentümer eines anderen Grundstücks in das Grundbuch eingetragen werden.[319] Ein Nießbrauchsrecht kann auch zugunsten einer Gesellschaft bürgerlichen Rechts[320] eingetragen werden. Die Bestellung als Bruchteilsnießbrauch oder Quotennießbrauch an dem Wohnungs-

---

[313] OLG Hamm DNotZ 2003, 945 = Rpfleger 2003, 574; OLG Hamburg NZM 2003, 108; BayObLG NJW-RR 2002, 224 = Rpfleger 2002, 199.

[314] Im Falle BayObLG NJW-RR 2002, 224 = Rpfleger 2002, 199 nach fast 30 Jahren; OLG Hamm NZM 2006, 142: Insolvenz des Bauträgers reicht für die Annahme einer endgültigen Nichterrichtung nicht aus.

[315] BGHZ 110, 36 = NJW 1990, 1111 = Rpfleger 1990, 159; BayObLG NJW-RR 2002, 224 = Rpfleger 2002, 199.

[316] Vgl. *Riecke/Schmid/Elzer* § 11 Rn. 24.

[317] BGH NJW 2004, 1798 = Rpfleger 2004, 207.

[318] OLG Jena NotBZ 2005, 219.

[319] Vgl. *Schöner/Stöber* Rn. 1370 – auch wegen der insoweit möglichen Gemeinschaftsverhältnisse.

[320] Zuletzt BGHZ 179, 102 = NJW 2009, 594 = Rpfleger 2009, 141 m. zahlreichen w. N.; vgl. jetzt auch § 47 Abs. 2 GBO.

eigentum ist möglich.[321] Der Nießbraucher erlangt **Mitbesitz** an den gemeinschaftlichen Gegenständen und **Alleinbesitz** an zum Sondereigentum gehörenden Gebäudeteilen.[322] Entsprechend rückt er in die **Kostentragungspflicht** im Rahmen des § 16 Abs. 2 WEG ein. Diese bezieht sich auf die Kosten der Verwaltung und der gewöhnlichen Unterhaltung sowie die dem Nießbraucher obliegende Versicherungspflicht. Zudem hat er die Ertragslasten gem. § 1047 BGB zu tragen. Gleichwohl bleibt das **Stimmrecht** des Wohnungseigentümers in der Wohnungseigentümerversammlung – auch lediglich hinsichtlich einzelner Beschlussgegenstände – unberührt. Auch eine gemeinsame Ausübung des Stimmrechts durch Wohnungseigentümer und Nießbraucher scheidet aus.[323]

- (privatrechtliche) **Vorkaufsrechte:** Vorkaufsrechte können gem. §§ 1094, 1095 BGB auf dem Bruchteil eines Miteigentümers und somit im Hinblick auf § 6 Abs. 2 WEG auch an einem Wohnungseigentumsrecht eingetragen werden. Als **Berechtigter** eines Vorkaufsrechts können sowohl ein oder mehrere konkrete (natürliche oder juristische) Personen und Handelsgesellschaften (§ 1094 Abs. 1 BGB; auch ein anderer Wohnungseigentümer) als auch der jeweilige Eigentümer eines anderen Grundstücks (§ 1094 Abs. 2 BGB) in das Grundbuch eingetragen werden. Ein Vorkaufsrecht kann auch zugunsten einer Gesellschaft bürgerlichen Rechts[324] oder zugunsten des Verbandes Wohnungseigentümergemeinschaft[325] in das Grundbuch eingetragen werden. Die Ausübungserklärung bedarf nicht der für den Kaufvertrag vorgeschriebenen Form des § 311 b BGB (§ 462 Abs. 1 S. 2 BGB).[326] Die Eintragung eines Vorkaufsrechts in das Grundbuch kann nur als **dingliche Belastung** des Wohnungseigentums in der II. Abteilung des Grundbuchs erfolgen; das Recht kann dagegen **nicht** als **Inhalt** des Sondereigentums gem. §§ 5 Abs. 4 S. 1, 10 Abs. 3 WEG eingetragen werden.[327] Zum Vorkaufsrecht des Mieters s. Teil B. 307
- **Reallasten:** Reallasten können gem. §§ 1105, 1106 BGB auf dem Bruchteil eines Miteigentümers und somit im Hinblick auf § 6 Abs. 2 WEG auch an einem Wohnungseigentumsrecht eingetragen werden. Als **Berechtigter** einer Reallast können sowohl ein oder mehrere konkrete (natürliche oder juristische) Personen (§ 1105 Abs. 1 BGB; auch ein anderer Wohnungseigentümer) als auch der jeweilige Eigentümer eines anderen Grundstücks (§ 1105 Abs. 2 BGB) in das Grundbuch eingetragen werden. Eine Reallast kann auch zugunsten einer Gesellschaft bürgerlichen Rechts[328] oder zugunsten des Verbandes Wohnungseigentümergemeinschaft[329] in das Grundbuch eingetragen 308

---

321 Zur Abgrenzung und Unterscheidung s. OLG Schleswig DNotI-Report 2009, 86.

322 *Bärmann/Armbrüster* § 1 Rn. 157.

323 BGHZ 150, 109 = NJW 2002, 1647 = Rpfleger 2002, 427.

324 Zuletzt BGHZ 179, 102 = NJW 2009, 594 = Rpfleger 2009, 141 m. zahlreichen w. N.; vgl. jetzt auch § 47 Abs. 2 GBO.

325 Wenn der Erwerb eines Wohnungseigentums durch den Verband Wohnungseigentümergemeinschaft als Maßnahme der Verwaltung nach inzwischen ganz h. M. für möglich gehalten wird (so OLG Celle DNotZ 2008, 616 = NJW 2008, 1537 = Rpfleger 2008, 296; *Abramenko* ZMR 2006, 340; *Häublein* FS Seuß (2007), S. 125, 148; *Hügel* DNotZ 2007, 326, 338; *Jennißen* NZM 2006, 203, 205; *Kümmel* ZMR 2007, 894; *Rapp* MittBayNot 2005, 449, 458 f.; *Schneider* Rpfleger 2007, 175, 177; *Wenzel* ZWE 2006, 462, 469), kann zur Sicherung des Erwerbs auch eine Erwerbsvormerkung oder ein wirkungsähnliches Vorkaufsrecht (vgl. § 1098 Abs. 2 BGB) zugunsten des Verbandes in das Grundbuch eingetragen werden.

326 BGHZ 144, 357 = NJW 2000, 2665 (auch zur Ausübung durch einen Mieter); OLG Frankfurt NJW-RR 1999, 16 (zur Vorläuferregelung in § 505 Abs. 1 S. 2 BGB).

327 OLG Bremen Rpfleger 1977, 313; OLG Celle NJW 1955, 953 = DNotZ 1955, 320; *Bärmann/Armbrüster* § 1 Rn. 162; *Weitnauer/Lüke* § 10 Rn. 38.

328 Zuletzt BGHZ 179, 102 = NJW 2009, 594 = Rpfleger 2009, 141 m. zahlreichen w. N.; vgl. jetzt auch § 47 Abs. 2 GBO.

329 In Betracht kommen kann hier im Rahmen der Verwaltung durch den Verband z. B. dessen Berechtigung aus einer Lieferverpflichtung wegen Heizenergie zulasten eines Nachbargrundstücks.

werden. Reallasten können als Gesamtrechte auch mehrere Wohnungseigentumsrechte belasten.[330] Bei den aus dem Grundstück zu erbringenden Leistungen muss es sich um **wiederkehrende** (nicht zwingend regelmäßig wiederkehrende) **Leistungen** handeln, die jetzt auch mit einem lediglich bestimmbaren Inhalt gem. § 1105 Abs. 1 BGB in das Grundbuch eingetragen werden können. Insbesondere bei räumlicher Nachbarschaft mehrerer Wohnungseigentumsanlagen finden sich in der Praxis des öfteren Reallasten über **Lieferverpflichtungen** wegen des Bezugs von **Heizwärme und Warmwasser** aus der Heizzentrale nur einer Eigentümergemeinschaft.[331] Für Reallasten können landesrechtliche Vorschriften zur Anwendung kommen (Art. 113, 115, 121 EGBGB), die insbesondere die in Betracht kommende Art und Bezugsdauer der Leistung eingrenzen können.

309 • **Grundpfandrechte:** Grundpfandrechte können ebenfalls auf dem Bruchteilsanteil eines Miteigentümers und somit im Hinblick auf § 6 Abs. 2 WEG auch an einem Wohnungseigentumsrecht eingetragen werden (für die **Hypothek:** §§ 1113, 1114 BGB; für die **Grundschuld:** §§ 1191, 1192 Abs. 1 BGB; für die **Rentenschuld**: §§ 1199, 1200 Abs. 1 BGB). Als **Berechtigter** eines Grundpfandrechts können nur eine oder mehrere konkrete (natürliche oder juristische) Personen und Handelsgesellschaften, nicht aber der jeweilige Eigentümer eines anderen Grundstücks in das Grundbuch eingetragen werden.[332] Ein Grundpfandrecht kann auch zugunsten einer Gesellschaft bürgerlichen Rechts[333] oder zugunsten des „Verbandes Wohnungseigentümergemeinschaft"[334] in das Grundbuch eingetragen werden. Außerdem ist die Begründung von **Gesamtgrundpfandrechten** gem. §§ 1132, 1192 Abs. 1, 1200 BGB auch in der Weise möglich, dass für ein und dieselbe Forderung (Grundschuld, Rentenschuld) mehrere Wohnungseigentumseinheiten haften.

310 Soweit bei einem Wohnungseigentum nur ein **isolierter** (substanzloser) **Miteigentumsanteil** z. B. wegen der noch nicht abgeschlossenen Errichtung des Gebäudes besteht (dazu s. Rn. 276 ff.), lasten bereits eingetragene Grundpfandrechte an diesem mit der Anwartschaft auf Fertigstellung verbundenen Anteil. Darüber hinaus sind isolierte Miteigentumsanteile verkehrsfähig und können demzufolge auch selbständig mit einem Grundpfandrecht belastet werden.[335]

311 Dem Gläubiger eines Grundpfandrechtes haftet das belastete Wohnungseigentum wie ein Grundstück. Damit finden die Vorschriften über den **Hypothekenhaftungsverband** (§§ 1120 ff. BGB) entsprechende Anwendung.[336]

312 Die Eintragung einer **Sicherungshypothek** für die Forderung (§§ 1184, 1185 BGB) kann gem. §§ 864 Abs. 2, 866 Abs. 1 ZPO ggf. im Wege der Zwangsvollstreckung[337]

---

330 *Schöner/Stöber* Rn. 1311.

331 Wegen der Gestaltungsprobleme in diesem Bereich, insbesondere auch der Schwierigkeiten bei der zeitlichen Begrenzung der Rechte, s. ausführlich Beck'sches Formularbuch Wohnungseigentumsrecht Teil G. IV. 8. m. w. N.

332 Vgl. *Schöner/Stöber* Rn. 1921 ff. – auch wegen der insoweit möglichen Gemeinschaftsverhältnisse.

333 Für eine Zwangshypothek BGHZ 179, 102 = NJW 2009, 594 = Rpfleger 2009, 141 m. zahlreichen w. N.; vgl. jetzt auch § 47 Abs. 2 GBO.

334 Die Rechts- und Grundbuchfähigkeit des „Verbandes Wohnungseigentümergemeinschaft" ergibt sich nunmehr aus § 10 Abs. 6 u. 7 WEG.

335 BGH NJW-RR 2005, 10 = Rpfleger 2005, 17; BGH NZM 2004, 103 = Rpfleger 2004, 207; OLG Hamm Rpfleger 2007, 137; a. A. noch OLG Hamm DNotZ 1992, 492 m. abl. Anm. *Hauger.*

336 *Bärmann/Armbrüster* § 1 Rn. 132.

337 Die Eintragung des „Verbandes Wohnungseigentümergemeinschaft" als Gläubiger von Zwangshypotheken für Hausgeldansprüche ist seit BGHZ 163, 154 = DNotZ 2005, 776 = NJW 2005, 2061 = Rpfleger 2005, 547 (sub III.7) anerkannt. Zu den Schwierigkeiten im Umgang mit „Alttiteln" aus der Zeit vor der Entdeckung des Verbandes s. *Riecke/Schmid/Schneider* § 1 Rn. 156 ff.

erfolgen. Ebenfalls durch Eintragung von Sicherungshypotheken können die Werklohnforderungen der Bauunternehmer gem. § 648 BGB gesichert werden.[338]

- **Vormerkungen:** Vormerkungen zur Sicherung schuldrechtlicher Ansprüche können unter den in § 883 BGB genannten Voraussetzungen in das Grundbuch des mit der Vormerkung zu belastenden Rechts eingetragen werden. Das können zum einen klassische, auf das zu erwerbende Wohnungseigentum gerichtete **Erwerbsvormerkungen** sein (auch Eigentumsvormerkungen bzw. Auflassungsvormerkungen genannt). In Betracht kommen insoweit auch Vormerkungen zur Sicherung des schuldrechtlichen Anspruchs auf **Abtrennung und Übereignung** eines Raumes bei einem bereits eingetragenen Wohnungseigentum.[339] Auch die Aufhebung von Sondereigentum kann durch Eintragung einer Vormerkung am betroffenen Wohnungseigentum gesichert werden.[340] Sicherbar sind auf diese Weise auch Ansprüche auf **Inhaltsänderungen** beim eingetragenen Sondereigentum wie z.B. die nachträgliche Einräumung[341] oder Übertragung[342] von Sondernutzungsrechten. 313

Am noch ungeteilten Grundstück können schuldrechtliche Ansprüche auf **Einräumung von Sondereigentum**[343] durch Eintragung einer Vormerkung gesichert werden. Darüber hinaus kann auch der schuldrechtliche Anspruch auf **Übertragung eines Miteigentumsanteils und Verbindung mit noch zu begründendem Sondereigentum**[344] im Grundstücksgrundbuch durch eine Vormerkung abgesichert werden.[345] 314

c) **Weiterhin zulässige Einzelbelastungen. Grunddienstbarkeiten** (§§ 1018 ff. BGB) und **beschränkte persönliche Dienstbarkeiten** (§§ 1090 ff. BGB) unterscheiden sich lediglich in der Person des Berechtigten; die inhaltlichen **Gestaltungsmöglichkeiten** als Nutzungsdienstbarkeit, Unterlassungsdienstbarkeit bzw. Ausschlussdienstbarkeit decken sich. Als **Berechtigter** einer Grunddienstbarkeit kann nur der jeweilige Eigentümer eines anderen Grundstücks in das Grundbuch eingetragen werden. Berechtigter einer beschränkten persönlichen Dienstbarkeit kann außer einer oder mehreren konkreten (natürlichen oder juristischen) Personen oder Handelsgesellschaften nunmehr auch der rechtsfähige Verband Wohnungseigentümergemeinschaft sein.[346] 315

Während das Gesetz die Belastung von gewöhnlichen ideellen Miteigentumsanteilen mit einer **Grunddienstbarkeit** oder einer **beschränkten persönlichen Dienstbarkeit** nicht erlaubt, besteht in Rechtsprechung[347] und Literatur[348] Einvernehmen, dass die genannten Rechte als (Be-)**Nutzungsrechte** (§ 1018 1. Var. BGB, § 1090 Abs. 1 BGB) wegen des gegenständlichen Anwendungsbereichs des Sondereigentums auf damit verbundenen Miteigentumsanteilen zur Eintragung gebracht werden können. Voraussetzung ist allerdings, dass sich der Ausübungsbereich lediglich auf das Sondereigentum und das sich aus dem Gemeinschaftseigentum ergebende Mitbenutzungsrecht bezieht. Nutzungs- und Belas- 316

---

338 Zu den bei der Sicherung auftretenden Fragen s. ausführlich *Bärmann/Armbrüster* § 1 Rn. 120 ff.

339 Vgl. *Schöner/Stöber* Rn. 2946.

340 BayObLG Rpfleger 1980, 110.

341 Vgl. *Schöner/Stöber* Rn. 2961 a.

342 BayObLG DNotZ 1979, 307 = Rpfleger 1979, 217.

343 *F. Schmidt* FS Bärmann und Weitnauer (1990), S. 545, 552.

344 BayObLG DNotZ 1977, 544 = Rpfleger 1977, 300.

345 Wegen Einzelheiten zur Eintragung von Vormerkungen bei Wohnungseigentum s. *Riecke/Schmid/Schneider* § 4 Rn. 20 ff.

346 Vgl. *Hügel* DNotZ 2007, 326, DNotZ 2005, 753, 769, *Rapp* MittBayNot 2005, 449, 458; *Wenzel* ZWE 2006, 462, 465; *Wilsch* RNotZ 2005, 536, 538.

347 BGHZ 107, 289 = DNotZ 1990, 493 m. Anm. Amann = Rpfleger 1989, 452; OLG Hamm DNotZ 2001, 216 m. Anm. v. Oefele; BayObLG NJW-RR 1997, 1236 = Rpfleger 1997, 431; BayObLG DNotZ 1990, 496; KG Rpfleger 1976, 180.

348 *Bärmann/Armbrüster* § 1 Rn. 148; *Bauer/v. Oefele/Bayer* AT III Rn. 260; *Ertl* FS Bärmann und Weitnauer (1990), S. 251; *Schöner/Stöber* Rn. 2952; *Staudinger/Rapp* § 1 Rn. 51; *Weitnauer/Briesemeister* § 3 Rn. 116.

tungsgegenstand müssen bei dinglichen Nutzungsrechten also deckungsgleich sein.[349] Darüber hinaus ist die Zweckbestimmung des Sondereigentums zu beachten.[350]

317 Obwohl der Garten des in Wohnungseigentumsrechte aufgeteilten Grundstücks im gemeinschaftlichen Eigentum steht (vgl. § 1 Abs. 5 WEG), kann dessen Nutzung dennoch dem an einem Wohnungseigentum als beschränkter persönlicher Dienstbarkeit eingetragenen **Wohnungsrecht** gem. § 1093 BGB unterfallen, wenn der Garten zuvor dem jeweiligen Eigentümer dieser Wohnung zur Sondernutzung zugewiesen war. Hier ergibt sich nämlich die Mitübertragung der alleinigen Nutzungsbefugnis an der Gartenfläche auf den Wohnungsberechtigten bereits als gesetzliche Folge aus der Einräumung des Wohnungsrechts (§ 1093 Abs. 3 BGB, § 13 Abs. 2 S. 1 WEG).[351] Wegen der im übrigen bestehenden unterschiedlichen Auffassungen zur selbständigen Belastung von Sondernutzungsrechten mit Dienstbarkeiten s. Teil C III Rn. 419 ff.

318 Wohnungseigentumseinheiten derselben Anlage können im Sinne des § 1018 BGB sowohl **dienendes** als auch **herrschendes** Grundstück sein.[352] So kann z. B. ein Terrassenalleinnutzungsrecht als Grunddienstbarkeit an einem Wohnungseigentum eingetragen werden.[353]

319 Dienstbarkeiten können weiterhin auch als **Unterlassungsdienstbarkeit** (§ 1018 2. Var. BGB bzw. § 1090 Abs. 1 BGB)[354] oder als **Ausschlussdienstbarkeit** (§ 1018 3. Var. BGB bzw. § 1090 Abs. 1 BGB)[355] an einem Wohnungseigentum zur Eintragung kommen. Dies ist jedoch nur solange möglich, als das zur Eintragung beantragte Recht nicht eine über die konkrete Einheit hinausgehende allgemeine Duldungsverpflichtung enthält, die dann nur noch an dem Grundstück insgesamt abgesichert werden kann.[356]

320 Auch das dienstbarkeitsähnliche **Dauerwohnrecht** (§ 31 Abs. 1 WEG) bzw. das **Dauernutzungsrecht** (§ 31 Abs. 2 WEG) können an einem Wohnungseigentumsrecht zur Eintragung gebracht werden. Auch hier beschränkt sich die Ausübung des jeweiligen Rechts auf das gegenständlich begrenzte Sondereigentum.[357]

321 **d) Belastungen des Grundstücks nach Begründung des Wohnungseigentums.** Dienstbarkeiten, die nur das Grundstück als Ganzes belasten können (z. B. Leitungsrechte), können auch nach der Begründung von Wohnungseigentum noch in das Grundbuch eingetragen werden. **Belastungsgegenstand** ist in diesen Fällen das gesamte **Grundstück,** dass sich nach der Aufteilung aus den einzelnen Miteigentumsanteilen verbunden mit Sondereigentum zusammensetzt. Die Eintragung der Rechte hat daher an sämtlichen für das Grundstück gebildeten Wohnungs- und Teileigentumsrechten zu erfolgen.[358]

---

349 *Ertl* DNotZ 1988, 4, 13.

350 So kann z. B. an einem selbständig gebuchten Pkw-Stellplatz kein Wohnungsrecht eingetragen werden; BayObLG DNotZ 1987, 223 = Rpfleger 1987, 62. Eine ein Wohnungseigentum betreffende Grunddienstbarkeit ist danach wegen Einräumung einer schon formal umfassenden Befugnis zur Nutzung inhaltlich unzulässig, wenn sie zur Ausübung am Sondereigentum oder realen Teilen davon „zu Wohnzwecken", aber im übrigen unbeschränkt bestellt wird; KG FGPrax 1995, 226 m. Anm. *Demharter*.

351 BayObLG DNotZ 1998, 384 = Rpfleger 1998, 68; *Ertl* FS Bärmann und Weitnauer (1990), S. 251, 265.

352 BGHZ 107, 289 = DNotZ 1990, 493 m. Anm. *Amann* = Rpfleger 1989, 452.

353 BayObLG v. 10. 5. 1985 – 2 Z 69/84 – zit. nach juris.

354 Vgl. BayObLG DNotZ 1991, 480: Abgrenzungsverbot gegenüber Nachbargrundstück.

355 Vgl. OLG Hamm Rpfleger 1980, 468: „Bergschädenminderwertverzicht" und OLG Hamm Rpfleger 1980, 469: Ausschluss der Gartenmitbenutzung.

356 OLG Hamm DNotZ 2006, 623 = Rpfleger 2006, 462.

357 BGH Rpfleger 1979, 58 Ls.; BayObLG NJW 1957, 1840; *Bamberger/Roth/Hügel* § 31 Rn. 5; *Schöner/Stöber* Rn. 2952; *Weitnauer/Briesemeister* § 3 Rn. 116.

358 OLG Hamm DNotZ 2006, 623 = Rpfleger 2006, 462; OLG Hamm DNotZ 2001, 216; *Meikel/Morvilius* Einl C Rn. 163; *Riecke/Schmid/Schneider* § 1 Rn. 107; *Weitnauer/Briesemeister* § 3 Rn. 108; im Erg. auch *Bärmann/Armbrüster* § 1 Rn. 178.

Die Grundbucheintragung ist in sämtlichen für Miteigentumsanteile an dem belasteten Grundstück gebildeten Wohnungsgrundbücher in der Weise vorzunehmen, dass die Belastung des ganzen Grundstücks erkennbar gemacht wird und auf die anderen Eintragungen verwiesen wird (§ 4 WGV). Ein unterbliebener Vermerk soll die Unzulässigkeit der Eintragung zur Folge haben.[359] Richtigerweise muss jedoch die **Nachholung des Gesamtvermerkes** möglich sein, wenn das Recht durch Eintragung oder Übernahme in allen Grundbüchern materiell wirksam entstanden ist.[360] 322

3. Änderung von Wohnungs- und Teileigentum

a) Änderungen durch den aufteilenden Eigentümer. *aa) Grundsatz.* Nach einer vollzogenen Aufteilung gem. § 8 WEG kann sich aus unterschiedlichen Gründen die Notwendigkeit von **nachträglichen Veränderungen** des bereits grundbuchmäßig angelegten Wohnungs- oder Teileigentums ergeben. Die Veränderungen können sich dabei z.B. auf die Größe der gebildeten Miteigentumsanteile, das aufgeteilte Grundstück, die Zuordnung von Räumlichkeiten zum Gemeinschafts- bzw. zum Sondereigentum und damit möglicherweise die Anzahl der gebildeten Einheiten oder auch auf die Bestimmungen über das Verhältnis der Wohnungseigentümer untereinander (Gemeinschaftsordnung) beziehen. In all diesen Fällen besteht grundsätzlich die Möglichkeit einer einseitigen Änderung der Teilungserklärung sowie der Gemeinschaftsordnung in entsprechender Anwendung des § 8 WEG[361] für den aufteilenden Eigentümer, solange er noch alleiniger Eigentümer sämtlicher Einheiten ist. Erst mit der dinglichen Übertragung eines Wohnungseigentums auf einen Erwerber endet dieses Recht des Teilenden und es gelten ab diesem Zeitpunkt die Regelungen der §§ 3, 4 WEG.[362] 323

bb) Zustimmung dinglich Berechtigter. Die uneingeschränkte Verfügungsmöglichkeit des aufteilenden Alleineigentümers bezüglich sämtlicher gebildeter Einheiten besteht jedoch lediglich bis zur Eintragung einer Einzelbelastung (z.B. des Finanzierungsrechts eines Enderwerbers) an einem Wohnungseigentum. Ist eine solche Eintragung in das Grundbuch erfolgt, bedarf der aufteilende Alleineigentümer zur Vornahme von Veränderungen der **Zustimmung** dieses Berechtigten in grundbuchmäßiger Form (§§ 876, 877 BGB, §§ 19, 29 GBO).[363] Entgegen der Regelung in § 888 BGB gilt dies auch für den Berechtigten einer eingetragenen Erwerbsvormerkung, da nur auf diese Weise einheitliche Rechtsverhältnisse in der Eigentümergemeinschaft gewährleistet werden können.[364] Nicht erforderlich ist dagegen die Zustimmung eines zeitgleich mit der Anlegung der Wohnungsgrundbücher eingetragenen Vormerkungsberechtigten.[365] 324

cc) Verdinglichte Ermächtigungen. Das aufgezeigte Zustimmungserfordernis kann auch nicht in jedem Fall durch eine **verdinglichte Ermächtigung** des aufteilenden Eigentümers in der eingetragenen Gemeinschaftsordnung abbedungen werden. Eine solche Grundbucheintragung kann mit einer die Sondernachfolger bindenden Wirkung als Inhalt des Sondereigentums nämlich nur dann vereinbart werden, wenn die Regelung 325

---

359 BayObLG Rpfleger 1995, 455.

360 *Amann* MittBayNot 1995, 267; *Bestelmeyer* Rpfleger 1995, 7, 11; *Böttcher* ZfIR 1997, 321, 323; *Meikel/Morvilius* Einl. C Rn. 164; *Riecke/Schmid/Schneider* § 7 Rn. 47; *Schöner/Stöber* Rn. 2870.

361 Dies gilt auch, wenn bei Personenverschiedenheit eine Auflassung gem. §§ 873, 925 BGB erforderlich wäre; BGH Rpfleger 1976, 352.

362 *Bamberger/Roth/Hügel* § 8 Rn. 10.

363 BayObLG DNotZ 2003, 932 m. Anm. *Basty*; OLG Frankfurt NZM 1998, 409 = Rpfleger 1998, 336; OLG Düsseldorf FGPrax 1997, 129 = Rpfleger 1997, 305.

364 BayObLG NZM 1999, 126 = Rpfleger 1999, 178; a.A. *Häublein* Sondernutzungsrechte S. 130; *Ott* Sondernutzungsrecht S. 80.

365 BayObLG DNotZ 1999, 671 = NZM 1999, 76 = Rpfleger 1999, 123.

nicht das sachenrechtliche Grundverhältnis der Wohnungseigentümer betrifft.[366] Damit können lediglich im Grundbuch eingetragene Ermächtigungen zu – *inhaltlichen* – Regelungen des Gemeinschaftsverhältnisses, nicht aber solche zu – *gegenständlichen* – Änderungen der Eigentumsverhältnisse die Zustimmung eines Erwerbers von Wohnungseigentum entbehrlich machen. Aus diesem Grunde kann z. B. die Ermächtigung, Sondereigentum in gemeinschaftliches Eigentum umzuwandeln oder umgekehrt, nicht mit einer die Sondernachfolger bindenden Wirkung als Inhalt des Sondereigentums vereinbart werden, während bei der Umwandlung eines Teileigentums in Wohnungseigentum oder umgekehrt (dazu vgl. auch Rn. 407 ff.) die Mitwirkung dann entbehrlich ist, wenn sie durch Vereinbarung oder eine vereinbarungsersetzende Regelung im Sinne der § 5 Abs. 4 S. 1, § 8 Abs. 2, § 10 Abs. 2 S. 2 und Abs. 3 WEG ausgeschlossen worden ist.[367]

326 *dd) Änderungsvollmachten.* Sollen dem teilenden Eigentümer also gegenständliche Änderungen auch noch nach Veräußerung der ersten Einheit ohne Zustimmung Dritter möglich sein, kann dies nur durch **Vollmachtsregelungen** geschehen, die in die jeweiligen Erwerbsverträge zwischen dem aufteilenden Bauträger und den Enderwerbern aufgenommen werden.[368] Dabei ist eine in den Kaufverträgen über Wohnungseigentum dem Bauträger erteilte Vollmacht zur Schaffung neuen Wohnungseigentums durch Umwandlung von Gemeinschaftseigentum in Sondereigentum grundsätzlich unwiderruflich und schließt auch das Recht ein, Untervollmacht zu erteilen.[369] Weiterhin gilt es zu bedenken, dass eine solche dem Verkäufer erteilte Vollmacht zur Änderung der Teilungserklärung nur das Verhältnis des Erwerbers zum Verkäufer betrifft. Eine **Zustimmung** (bzw. verfahrensrechtliche Bewilligung) **dinglich Berechtigter** am Einzelobjekt wird dadurch nicht entbehrlich.[370]

327 Die Gestaltung von **Vollmachten zur Änderung von Teilungserklärungen** wird zu berücksichtigen haben, dass den Grundbuchgerichten auch im Hinblick auf offensichtlich unwirksame Bestimmungen über **Allgemeine Geschäftsbedingungen** (insbes. § 308 Nr. 4 BGB) eine Prüfungskompetenz zukommt.[371] Offensichtlich unwirksam wird eine Vollmachtserteilung jedoch in der Regel dann nicht sein, wenn sie zwar im Innenverhältnis mit entsprechenden Beschränkungen, **im Außenverhältnis** allerdings **unbeschränkt** erteilt wird.[372] Darüber hinaus kann die Verwendung von Vollmachten wegen mangelnden **Umfangs** oder fehlender Beachtung des grundbuchrechtlichen **Bestimmtheitsgrundsatzes** ausgeschlossen sein. Dabei ist auf Wortlaut und Sinn der Erklärung abzustellen, wie er sich für einen unbefangenen Beobachter als nächstliegende Bedeutung der Erklärung ergibt.[373]

---

366 BGH DNotZ 2003, 536 = NJW 2003, 2165; BayObLG DNotZ 2002, 149 = NZM 2002, 70 = Rpfleger 2002, 140; BayObLG DNotZ 2000, 466 = NZM 2000, 668; KG NZM 1999, 258; *Demharter* Anh zu § 3 Rn. 91; *Hügel* RNotZ 2005, 149, 151; *Schöner/Stöber* Rn. 2967 c.

367 BayObLG DNotZ 1998, 379 = Rpfleger 1998,19.

368 *Bamberger/Roth/Hügel* § 8 Rn. 10; *Häublein* DNotZ 2000, 442.

369 BayObLG FGPrax 2009, 105; BayObLG NZM 2002, 70 = Rpfleger 2002, 140.

370 BayObLG DNotZ 2005, 390 = Rpfleger 2005, 136; BayObLG DNotZ 1996, 297.

371 BayObLG FGPrax 2009, 105; BayObLG NZM 2002, 958 = Rpfleger 2003, 121; *Demharter* § 19 Rn. 76.

372 BayObLG FGPrax 2009, 105; BayObLG NZM 2002, 958 = Rpfleger 2003, 121; *Basty* NotBZ 1999, 233; *Demharter* § 19 Rn. 76; a. A. allerdings BayObLG DNotZ 2007, 41 m. abl. Anm. Munzig = NZM 2006, 867, wenn feststeht, dass dem Vollmachtgeber durch die Verwendung der im Außenverhältnis unbeschränkten Vollmacht wegen Verstoßes gegen eine Beschränkung der Vollmacht im Innenverhältnis ein Vermögensschaden entsteht. A. A. auch LG Düsseldorf Rpfleger 1999, 217, das in einer solchermaßen uneingeschränkten Vollmachtserteilung eine treuwidrige, unangemessene Benachteiligung des Erwerbers und damit einen Verstoß gegen das seinerzeit geltende AGBG (jetzt §§ 305 ff. BGB) gesehen hat.

373 *Demharter* § 19 Rn. 28 m. w. N.

Unter diesen Gesichtspunkten hat sich zu dem Themenkomplex eine reichhaltige **Kasuistik** insbesondere des vormaligen BayObLG entwickelt. 328 So wurden beispielsweise Vollmachten anerkannt, die den teilenden Eigentümer zur Abänderung der Teilungserklärung berechtigen, „soweit das Sondereigentum des Käufers nicht unmittelbar betroffen ist".[374] Ebenfalls als zwar weit gefasst, aber inhaltlich noch hinreichend bestimmt, hat das BayObLG eine Vollmacht ausreichen lassen, die es dem Veräußerer von Wohnungseigentum gestattet, die Teilungserklärung abzuändern, „soweit durch die Abänderung die Lage und Gestalt der vertragsgegenständlichen Sondereigentumseinheit nicht berührt wird, auch soweit Gemeinschaftseigentum mitbetroffen wird".[375] Demgegenüber wurde in einer Vollmacht in einem Kaufvertrag über eine Eigentumswohnung, durch die der Erwerber den Veräußerer bevollmächtigt, die Teilungserklärung zu ändern, solange „dem Käufer keine zusätzlichen Verpflichtungen auferlegt werden, sein Sondereigentum unangetastet bleibt und die Benutzung des Gemeinschaftseigentums nicht eingeschränkt wird", keine für eine Eintragung in das Grundbuch geeignete Grundlage gesehen.[376] Auch genügt eine Vollmacht in einem Kaufvertrag über ein Teil- oder Wohnungseigentum, durch die der Erwerber den Veräußerer (Bauträger) ermächtigt, die Gemeinschaftsordnung zu ändern, „wenn dadurch ... der Mitgebrauch des gemeinschaftlichen Eigentums ... nicht wesentlich eingeschränkt wird" ,[377] ebenso wenig dem Bestimmtheitsgrundsatz wie eine Vollmacht, durch die der Erwerber den Verkäufer ermächtigt, die Teilungserklärung zu ändern „für den Fall, dass sie noch einer Änderung bedarf" und die Änderung „nicht das Sondereigentum ... berührt".[378] Nicht akzeptiert wurde auch eine Formulierung, die Teilungserklärung zu ändern oder zu ergänzen, „soweit diese Änderungen oder Ergänzungen das Kaufobjekt nicht berühren".[379]

ee) Nachweise. Soweit nach Anlegung der Wohnungsgrundbücher durch den teilen- 329 den Eigentümer zulässigerweise die Zuordnung einzelner Gebäudeteile zum Sondereigentum oder zum gemeinschaftlichen Eigentum verändert werden soll, erfordert dies grundsätzlich sowohl eine entsprechende **Eintragungsbewilligung** als auch einen **geänderten Aufteilungsplan.**[380] Jedoch kann auf die Vorlage eines von der Baubehörde mit Unterschrift und Siegel oder Stempel versehenen berichtigten Aufteilungsplans ausnahmsweise dann verzichtet werden, wenn durch die Beschreibung der Änderung in der Eintragungsbewilligung im Zusammenhang mit dem vorhandenen Aufteilungsplan Umfang und Ausmaß der Änderung des Gegenstands von Sondereigentum und gemeinschaftlichem Eigentum eindeutig und zweifelsfrei festgelegt werden (z.B. bei der Überführung von bisher im Sondereigentum stehenden Kellerräumen in Gemeinschaftseigentum).[381]

b) Änderungen bei bestehender Eigentümergemeinschaft. *aa) Grundsätze.* Auch bei ei- 330 ner bereits in Kraft gesetzten Eigentümergemeinschaft kann sich nachträglich die Notwendigkeit von Veränderungen ergeben. Diese können sich u. a. auf die Größe der gebildeten Miteigentumsanteile (nachfolgend lit. bb), das aufgeteilte Grundstück (nachfolgend lit. cc), die Zuordnung von Räumlichkeiten zum Gemeinschafts- bzw. zum Sondereigentum und damit möglicherweise die Anzahl der gebildeten Einheiten (nachfolgend lit. dd) oder auch auf die Bestimmungen über das Verhältnis der Wohnungseigentümer untereinander (Gemeinschaftsordnung) (nachfolgend lit. ee) beziehen.

---

374 BayObLG DNotZ 1995, 610 m. Anm. *Röll.*
375 BayObLG DNotZ 1999, 665.
376 BayObLG DNotZ 1994, 233 m. abl. Anm. *Röll* = Rpfleger 1994, 17.
377 BayObLG DNotZ 1997, 473 m. Anm. *Brambring.*
378 OLG Düsseldorf FGPrax 1997, 313 = Rpfleger 1997, 305.
379 BayObLG DNotZ 2003, 932 m. Anm. *Basty.*
380 BayObLG Rpfleger 1998, 194.
381 BayObLG Rpfleger 1998, 194.

331 Die aufgeführten **Veränderungen** sind dabei auch **in Kombination** vorstellbar. Sie müssen jedoch für den Grundbuchvollzug einzeln betrachtet werden und insoweit die jeweils bestehenden Eintragungsvoraussetzungen erfüllen. Die dabei ermittelte umfassendere Form genügt dann allerdings einheitlich für alle Elemente der wohnungseigentumsrechtlichen Veränderungen.[382]

332 So bedarf es für eine **Änderung** der eingetragenen **Miteigentumsanteile** einer Auflassung gem. § 873 Abs. 1 BGB i. V. m. § 925 BGB. Eine solche Quotenänderung kann nicht gem. § 10 Abs. 2 S. 2, Abs. 3 WEG vereinbart werden.[383] Verfahrensrechtlich erfolgt der Vollzug beim Grundbuchgericht gem. § 20 GBO.[384]

333 Gleiches hat für die **Abveräußerung** und den **Hinzuerwerb** einer realen Grundstücksfläche zu gelten.[385]

334 Soweit der **Gegenstand des Sonder- oder des Gemeinschaftseigentums** verändert werden soll, bedarf es dazu der Einigung der Wohnungseigentümer in der Form des § 4 Abs. 1 u. 2 WEG. Verfahrensrechtlich genügen nach allerdings bestrittener Auffassung insoweit entsprechende Eintragungsbewilligungen gem. § 19 GBO (vgl. Rn. 203 m. w. N.); der Nachweis der Einigung gem. § 20 GBO ist nach der hier vertretenen Auffassung entbehrlich.[386]

335 Betrifft eine Änderung den **Inhalt des Sondereigentums** mit den gem. § 5 Abs. 4 S. 1, § 8 Abs. 2 WEG für das Verhältnis der Wohnungseigentümer untereinander maßgeblichen Vereinbarungen, macht dies nach h. M. eine Änderungsvereinbarung gem. §§ 877, 873 BGB erforderlich, wenn die Regelung im Grundbuch mit Wirkung gegenüber einem Sondernachfolger im Eigentum verdinglicht werden soll (vgl. § 10 Abs. 3 WEG).[387] Die Vereinbarung bedarf materiell-rechtlich keiner besonderen Form und wird grundbuchrechtlich gem. §§ 19, 29 GBO vollzogen.[388]

336 Es können **Zustimmungserfordernisse** dinglich Berechtigter in Betracht kommen (§§ 876, 877 BGB), soweit deren Rechtspositionen durch die beantragten Änderungen berührt werden können.[389]

337 Erklärungen des Rechtsinhabers und dinglich Berechtigter können unter bestimmten Voraussetzungen ggf. durch ein sog. **Unschädlichkeitszeugnis** ersetzt werden (Art. 120 EGBGB).[390]

338 *bb) Allgemeine rechtliche Veränderungen.* Grundsätzlich kann über Wohnungseigentum nur in seiner Gesamtheit verfügt werden (vgl. § 6 WEG). Eine **isolierte Verfügung** über Teile des Miteigentums oder des Sondereigentums ist allerdings unter den Woh-

---

[382] BayObLG NJW-RR 1993, 1043 = Rpfleger 1993, 444; *Bauer/v. Oefele* AT V Rn. 376.

[383] OLG Saarbrücken NZM 2005, 423.

[384] BayObLG NJW-RR 1993, 1043 = Rpfleger 1993, 444; *Bauer/v. Oefele* AT V Rn. 376; *Demharter* Anh zu § 3 Rn. 78.

[385] *Bauer/v. Oefele* AT V Rn. 378 u. 382.

[386] Ebenso OLG Zweibrücken OLGZ 1982, 265; *Demharter* Anh zu § 3 Rn. 41 u. 78; *Weitnauer/Briesemeister* § 4 Rn. 5; a. A. *Bauer/v. Oefele/Kössinger* § 20 Rn. 66; *Meikel/Böttcher* § 20 Rn. 59; *Schöner/Stöber* Rn. 2842; *Staudinger/Rapp* § 4 Rn. 4.

[387] BGHZ 145, 133 = DNotZ 2001, 381 = NJW 2000, 3643 = Rpfleger 2001, 69; BayObLG DNotZ 1998, 379 = Rpfleger 1998, 19 in ständiger Rspr. m. w. N.; *Bärmann/Wenzel* § 10 Rn. 88; *Bauer/v. Oefele* AT V Rn. 318; *Demharter* Anh zu § 3 Rn. 78; *Röll* Rpfleger 1980, 90; a. A. – Grundbuchberichtigung – *Böhringer* NotBZ 2003, 285, 289; *Meikel/Böttcher* § 22 Rn. 7; KEHE/*Dümig* § 22 Rn. 53; *Schneider* ZfIR 2002, 108, 116 ff.

[388] *Bauer/v. Oefele/Kössinger* § 20 Rn. 67; *Demharter* Anh zu § 3 Rn. 78; *Meikel/Böttcher* § 20 Rn. 61.

[389] Vgl. insoweit jetzt auch die gesetzliche Neuregelung der Zustimmungspflicht bei inhaltlichen Veränderungen des Wohnungseigentums in § 5 Abs. 4 S. 2 und 3 WEG.

[390] Zur Verwendung landesrechtlich geregelter Unschädlichkeitszeugnisse im Rahmen wohnungseigentumsrechtlicher Veränderungen vgl. im einzelnen die Zusammenstellung im Beck'schen Formularbuch Wohnungseigentumsrecht (Hrsg. *Müller*) Formular G III 7, S. 371 ff. m. w. N.

nungseigentümern möglich,[391] solange nicht eines der beiden Elemente ohne Verbindung verbleibt (vgl. Rn. 181).

aaa) Isolierte Veränderung der Miteigentumsanteile. Weil der Miteigentumsanteil nicht in einem bestimmten Größenverhältnis zum Wert oder Umfang des Sondereigentums stehen muss,[392] kann der im Grundbuch eingetragene **Bruchteil** durch Verfügung zwischen den Miteigentümern derselben Wohnungseigentumsanlage auch ohne gleichzeitige Veränderung des Sondereigentums rechtsgeschäftlich **verändert** werden.[393] Hierfür ist die Mitwirkung der übrigen, nicht unmittelbar am Veräußerungsvorgang beteiligten Miteigentümer nicht erforderlich.[394] Die Verkehrsfähigkeit kann auch nicht durch die nun mit § 10 Abs. 8 WEG eingeführte zwingende teilschuldnerische Außenhaftung nach Maßgabe der Miteigentumsanteile beeinträchtigt werden,[395] wenngleich die Größe eines Miteigentumsanteils dem Nutzwertes des damit verbundenen Sondereigentums im Verhältnis zu den anderen Sondereigentumsrechten wenigstens näherungsweise entsprechen sollte.[396] Auch kann ein evtl. vereinbartes Zustimmungserfordernis gem. § 12 WEG zu beachten sein.[397] 339

Die Übertragung von Miteigentumsanteilen erfolgt materiell-rechtlich durch Erklärung der **Auflassung** und Grundbucheintragung gem. §§ 873, 925 BGB; verfahrensrechtlich bedarf der grundbuchmäßige Vollzug gem. § 20 GBO der notariellen Form gem. § 29 GBO. Dabei ist bei mehreren gleichzeitig zu vollziehenden Übertragungen eine Angabe darüber erforderlich, von welchem Wohnungseigentum welcher Miteigentumsanteil abgespalten und wohin er übertragen werden soll. Andernfalls lassen sich Übertragungsmängel sonst nicht mehr lokalisieren.[398] 340

Ordnet allerdings ein und **derselbe Eigentümer** mehrere ihm zustehende, selbständig gebuchte Miteigentumsanteile den bereits vorhandenen Sondereigentumsrechten neu zu, so bedarf es hierzu weder einer Auflassung noch einer ggf. vereinbarten Zustimmungserklärung gem. § 12 WEG.[399] Hierfür ist die **einseitige Erklärung** des Eigentümers entsprechend § 8 WEG ausreichend.[400] 341

Die Veränderung von Miteigentumsanteilen bedarf der **Zustimmung der dinglich Berechtigten** am verkleinerten Bruchteil (§§ 876, 877 BGB).[401] Sind die dinglich Berechtigten nicht von der Verkleinerung betroffen (z. B. bei einem eingetragenen Gesamtrecht[402] oder einem eingetragenen Wohnungsrecht),[403] entfällt das Erfordernis der Mitwirkung. In der materiell-rechtlichen Zustimmungserklärung kann ohne weiteres die verfahrensrechtlich erforderliche Eintragungsbewilligung (§ 19 GBO) gesehen werden.[404] 342

---

[391] *Bamberger/Roth/Hügel* § 6 Rn. 3 f.

[392] BGH NJW-RR 1999, 1214.

[393] BGH NJW 1986, 2759 = Rpfleger 1986, 430; BGH Rpfleger 1976, 352; KG NZM 1998, 581; OLG Hamm NZM 1999, 82 = Rpfleger 1998, 514.

[394] BGH Rpfleger 1976, 352.

[395] In diese Richtung aber *Kersten/Bühling/Langhein* § 58 Rn. 56, der die Gefahr einer beliebigen Verschiebung von Haftungs- und Stimmgewichten sieht.

[396] *Bärmann/Armbrüster* § 3 Rn. 39.

[397] *Weitnauer/Lüke* § 12 Rn. 2.

[398] *Riecke/Schmid/Schneider* § 6 Rn. 5; a. A. BayObLG NJW-RR 1993, 1043 = Rpfleger 1993, 444; OLG Hamm NJW-RR 1986, 1275 = Rpfleger 1986, 374; *Demharter* Anh zu § 3 Rn. 90.

[399] *Bärmann/Wenzel* § 12 Rn. 18.

[400] BGH Rpfleger 1976, 352.

[401] BayObLG NJW-RR 1993, 1043 = Rpfleger 1993, 444; mit anderer Begründung auch *F. Schmidt* MittBayNot 1985, 237, 244; *Streuer* Rpfleger 1992, 181, 183.

[402] *Schöner/Stöber* Rn. 2971.

[403] *Böttcher* BWNotZ 1996, 80, 84.

[404] OLG Hamm NZM 1999, 82 = Rpfleger 1998, 514; *Bauer/v. Oefele* AT V Rn. 342; *Schöner/Stöber* Rn. 2971.

343 Lasten auf dem um die übertragenen Miteigentumsanteile vergrößerten Wohnungseigentum dingliche Rechte, so bedarf es insoweit einer **Pfandunterstellung,** um einheitliche Belastungsverhältnisse zu gewährleisten.[405] Eine solche Erklärung liegt grundsätzlich bereits konkludent in der Zustimmung eines Wohnungseigentümers anlässlich der Vereinbarung über die Änderung der Miteigentumsanteile.[406] Auch eine für bereits eingetragene Grundpfandrechte erklärte Unterwerfung unter die sofortige Zwangsvollstreckung gem. § 800 ZPO wird von der Pfandunterstellung erfasst.[407]

bbb) Rechtliche Vereinigungsvorgänge beim Wohnungseigentum:

344 • **Vereinigung mehrerer Wohnungseigentumsrechte:** Wohnungseigentümer können mehrere ihnen gehörende Wohnungseigentumsrechte gem. § 890 Abs. 1 BGB miteinander vereinigen,[408] sofern die Miteigentumsanteile verbunden mit Sondereigentum im Hinblick auf § 1 Abs. 4 WEG an demselben Grundstück bestehen.[409] Die Vereinigung bewirkt den Verlust der rechtlichen Selbständigkeit der vereinigten Wohnungseigentumsrechte; diese werden nichtwesentliche Bestandteile der neuen Gesamteinheit.[410] Im Grundbuch eingetragene Belastungen bleiben im bisherigen Umfang bestehen und erstrecken sich nicht automatisch auf die andere(n) an der Vereinigung beteiligte(n) Einheit(en).[411] Konsequenterweise muss dann auch die Zwangsversteigerung in jedes der früheren Einzelobjekte – nach Rückgängigmachung der Vereinigung – betrieben werden können.[412] Nach der Vereinigung können Belastungen nur noch an dem einheitlichen Wohnungseigentum eingetragen werden. Mit der **rechtlichen Vereinigung** muss nicht zwangsläufig auch eine bauliche Zusammenlegung zweier bisher selbständiger Einheiten verbunden sein.[413] Durch eine sachenrechtliche Vereinigung können sowohl steuerliche[414] als auch verwaltungskostenmäßige[415] Vorteile erlangt werden.

345 Für die Vereinigung bestehen **keine Zustimmungserfordernisse.** Weder müssen die übrigen Wohnungseigentümer[416] mitwirken, noch ist eine Zustimmung der dinglich Berechtigten – auch nicht derjenigen an den bei der Vereinigung beteiligten Einheiten – erforderlich.[417] Es fehlt in beiden Fällen an einem rechtlichen Betroffen-

---

[405] Zur Notwendigkeit rechtsgeschäftlicher Pfanderstreckungen vgl. auch BayObLG NJW-RR 1993, 1043 = Rpfleger 1993, 444; OLG Hamm NJW-RR 1986, 1275 = Rpfleger 1986, 374; *Demharter* Anh zu § 3 Rn. 88; a. A. – die Pfanderstreckung vollziehe sich bereits kraft Gesetzes – LG Lüneburg RNotZ 2005, 364, LG Wiesbaden Rpfleger 2004, 350; *Böttcher* Rpfleger 2005, 648, 655; *Streuer* Rpfleger 1992, 181, 183 f. Nicht ausreichend ist dagegen eine Bestandteilszuschreibung gem. § 890 Abs. 2 BGB; vgl. *Riecke/Schmid/Schneider* § 6 Rn. 8 m. w. N.

[406] OLG Hamm NZM 1999, 82 = Rpfleger 1998, 514.

[407] LG Köln Rpfleger 2002, 566.

[408] BayObLG NZM 2000, 1232; OLG Hamm ZMR 2000, 244; BayObLG DNotZ 1999, 674 = NZM 1999, 277; *Bauer/v. Oefele* AT V Rn. 370; *Demharter* § 5 Rn. 5.

[409] *Bärmann/Armbrüster* § 1 Rn. 102; *Schöner/Stöber* Rn. 2979; *Weitnauer/Briesemeister* § 3 Rn. 91.

[410] BGH DNotZ 1978, 156 = Rpfleger 1978, 52.

[411] BGH DNotZ 1978, 156 = Rpfleger 1978, 52; OLG Hamm DNotZ 2003, 355 = Rpfleger 2003, 349.

[412] Vgl. BGH NJW 2006, 1000 = Rpfleger 2006, 150.

[413] Vgl. OLG Hamburg FGPrax 2004, 217 = Rpfleger 2004, 620; a. A. *Streuer* Rpfleger 1992, 181, der irrig davon ausgeht, dass eine rechtliche Vereinigung zwingend mit einer räumlichen Verschmelzung des Sondereigentums einhergehen muss.

[414] Zum Ausschluss eines steuerlichen Objektverbrauchs nach einer Vereinigung s BFH NJW 1992, 2504.

[415] Zu den Auswirkungen auf die zu zahlende Verwaltervergütung s *Staudinger/Bub* § 16 Rn. 31.

[416] OLG Hamburg FGPrax 2004, 217 = Rpfleger 2004, 620; BayObLG NZM 2000, 1232; OLG Hamm ZMR 2000, 244; BayObLG DNotZ 1999, 674 = NZM 1999, 277.

[417] Die Vereinigung lässt die übrigen Wohnungseigentumsrechte und bestehende Belastungen grundsätzlich rechtlich unberührt; *Bauer/v. Oefele* AT V Rn. 372 Fn. 953.

sein.[418] Die Möglichkeit der Vereinbarung eines Zustimmungserfordernisses gem. § 12 WEG für den Fall der Vereinigung zweier Wohnungseigentumseinheiten ist nach der hier vertretenen Auffassung im Hinblick auf den eng auszulegenden Anwendungsbereich der Norm abzulehnen.[419]

Die durch die Vereinigung neu entstehende Einheit braucht keine in sich wiederum ab- **346**
geschlossene Gesamtwohnung zu bilden; die vormaligen Sondereigentumsbereiche können weiterhin getrennt bleiben (z. B. bei zwei Wohnungen in verschiedenen Stockwerken).[420] In diesem Fall braucht für die Vereinigung **kein neuer Aufteilungsplan** mit Abgeschlossenheitsbescheinigung vorgelegt zu werden, weil sich an der ursprünglich vorhandenen Abgeschlossenheit durch die bloße rechtliche Vereinigung nichts geändert haben kann.[421] Die Vorlage eines neuen Aufteilungsplanes ist aber auch dann nicht erforderlich, wenn mit der rechtlichen Vereinigung eine räumliche Zusammenlegung zweier Sondereigentumseinheiten einher gehen sein sollte (z. B. durch einen Mauerdurchbruch). Solange die räumliche Verbindung nicht die Überführung von gemeinschaftlichem Eigentum in Sondereigentum oder umgekehrt zur Schaffung der baulichen Gesamteinheit erforderlich macht („Eingangsflurproblem"; dazu s. Rn. 392), berührt selbst ein Mauerdurchbruch weder die *rechtliche* Abgrenzung des Gemeinschafts- und Sondereigentums, noch wird dadurch das Gemeinschaftseigentum in seiner *rechtlichen* Ausgestaltung inhaltlich verändert.[422] Durch einen Mauerdurchbruch wird der mit § 3 Abs. 2 WEG gesicherte Zweck der Abgeschlossenheit nämlich nicht berührt. Selbst ein unzulässiger *tatsächlicher* Eingriff in das Gemeinschaftseigentum (denkbar z. B. infolge eines Mauerdurchbruchs in Bezug auf eine tragende Wand)[423] vermag unabhängig von etwaig bestehenden Unterlassungs- oder Beseitigungsansprüchen (vgl. § 22 Abs. 1, § 14 Nr. 1 WEG, § 1004 Abs. 1 BGB) die dingliche Rechtslage nicht zu verändern.[424] Aus diesem Grund kann auch das Grundbuchgericht die evtl. Zustimmungsbedürftigkeit baulicher Veränderungen bei der Eintragung der Vereinigung nicht prüfen.[425]

Verfahrensrechtlich kann eine in der Form des § 29 GBO zu beantragende Vereini- **347**
gung[426] im Grundbuch vollzogen werden, wenn die an dem Vereinigungsvorgang beteiligten Einheiten **demselben Eigentümer** oder derselben Eigentümergemeinschaft gehören[427] und durch die Vereinigung **keine Verwirrung** zu besorgen ist (§ 5 Abs. 1 GBO). Verwirrung wird immer dann zu besorgen sein, wenn die Eintragungen derart unübersichtlich und schwer verständlich würden, dass der gesamte grundbuchliche Rechtszustand nicht mit der für den Grundbuchverkehr notwendigen Klarheit und Bestimmtheit erkennbar ist und die Gefahr von Streitigkeiten von Berechtigten untereinander oder mit Dritten und von Verwicklungen namentlich im Fall der Zwangsversteigerung besteht.[428]

---

418 Demgegenüber ist ein *tatsächliches* Betroffensein durchaus denkbar; vgl. dazu Rn. 346.

419 *Palandt/Bassenge* § 12 Rn. 4; *Riecke/Schmid/Schneider* § 12 Rn. 56; a. A. *Köhler/Bassenge/Fritsch* Teil 17 Rn. 19.

420 BGHZ 146, 241 = NJW 2001, 1212; BayObLG NZM 2000, 1232; BayObLG NZM 1999, 277; KG NJW-RR 1989, 1360 = Rpfleger 1989, 500 m. Anm. *Meyer-Stolte*.

421 LG Wiesbaden Rpfleger 1989, 194.

422 OLG Hamburg FGPrax 2004, 217 = Rpfleger 2004, 620.

423 Zu den Voraussetzungen vgl. BGHZ 146, 241 = NJW 2001, 1212.

424 BayObLG NZM 1998, 308; Beck'sches Notar-Handbuch/*Rapp* A III Rn. 95 d.

425 *Schöner/Stöber* Rn. 2977 a m. w. N.

426 Die sachenrechtliche Vereinigungserklärung stellt in der Regel zugleich die Eintragungsbewilligung dar und bedarf deshalb der Form des § 29 Abs. 1 S. 1 GBO; *Demharter* § 5 Rn. 10.

427 *Bärmann/Armbrüster* § 1 Rn. 98; *Demharter* § 5 Rn. 7.

428 BayObLG DNotZ 1997, 398 = Rpfleger 1997, 102; BayObLG DNotZ 1994, 242 = Rpfleger 1994, 250; wegen der Auswirkungen unterschiedlicher Belastungen an den zu vereinigenden Wohnungseigentumsrechten vgl. auch OLG Düsseldorf FGPrax 2000, 57 = Rpfleger 2000, 211 und KG NJW-RR 1989, 1360 = Rpfleger 1989, 500.

348 Für den **Grundbuchvollzug** müssen die bisher in unterschiedlichen Grundbüchern verzeichneten Wohnungseigentumseinheiten zunächst auf einem Grundbuchblatt zusammengeführt werden. Erst dann kann die Vereinigung unter Bildung eines einheitlichen Miteigentumsanteils erfolgen.[429]

349 **Abbildung 7 – (Verkürztes) Eintragungsbeispiel:**

Amtsgericht Duisburg **Grundbuch von Duisburg** **Blatt 2291**

Bestandsverzeichnis

Laufende Nummer der Grundstücke	Bisherige laufende Nummer der Grundstücke	Bezeichnung der Grundstücke und der mit dem Eigentum verbundenen Rechte					Größe		
		Gemarkung (Vermessungsbezirk)	Karte: Flur	Karte: Flurstück	Liegenschaftsbuch	Wirtschaftsart und Lage			
		a	b		c/d	e	ha	a	m²
1	2	3					4		
1		200/10.000stel Miteigentumsanteil an dem Grundstück							
		Duisburg	1	101		Gebäude- und Freifläche, Kardinal-Galen-Straße 124		02	34
		verbunden mit dem Sondereigentum an der im Aufteilungsplan vom 24. März 2000 mit Nr. 11 bezeichneten Wohnung im Obergeschoss links mit einem Kellerraum im Kellergeschoss.							
		(weiter wie ursprüngliche Eintragung)							
2		175/10.000stel Miteigentumsanteil an dem Grundstück							
		Duisburg	1	101		Gebäude- und Freifläche, Kardinal-Galen-Straße 124		02	34
		verbunden mit dem Sondereigentum an der im Aufteilungsplan vom 24. März 2000 mit Nr. 12 bezeichneten Wohnung im Obergeschoss rechts mit einem Kellerraum im Kellergeschoss							
		(weiter wie ursprüngliche Eintragung)							
3	1, 2	375/10.000stel Miteigentumsanteil an dem Grundstück							
		Duisburg	1	101		Gebäude- und Freifläche, Kardinal-Galen-Straße 124		02	34
		verbunden mit dem Sondereigentum an der im Aufteilungsplan vom 24. März 2000 mit Nr. 11 bezeichneten Wohnung im Obergeschoss links mit einem Kellerraum im Kellergeschoss sowie der mit Nr. 12 bezeichneten Wohnung im Obergeschoss rechts mit einem Kellerraum im Kellergeschoss							
		.							
		(weiter wie ursprüngliche Eintragung)							
		.							

[429] Wie hier *Meikel/Böttcher* § 3 WGV Rn. 24; die insoweit a. A. des KG KG NJW-RR 1989, 1360 = Rpfleger 1989, 500 übersieht, dass es keinen Miteigentumsanteil in der Hand eines Alleineigentümers geben kann. Die bisherigen Miteigentumsanteile müssen daher miteinander verschmelzen, ohne dass dies zwingend auch für das Sondereigentum zu gelten hätte (so aber irrig *Streuer* Rpfleger 1992, 181, 185).

- **Vereinigung eines Wohnungseigentums mit einem Grundstück:** Nach wohl überwiegender Auffassung soll sich aus der Anerkennung des Wohnungseigentums als eigenständigem Verfügungsgegenstand auch die Möglichkeit der Vereinigung eines Wohnungseigentums mit einem Grundstück ergeben, zumal damit eine Verbesserung der Verkehrs- und Beleihungsfähigkeit verbunden sein soll.[430] Dem kann nicht gefolgt werden. Nach der hier vertretenen Auffassung wäre eine solche Verbindung systemfremd[431] und würde keine auf Dauer ausgerichtete Schaffung einer Rechtseinheit ermöglichen.[432] 350
- **Vereinigung eines Wohnungseigentums mit einem gewöhnlichen Miteigentumsanteil:** Die Vereinigung eines gewöhnlichen Miteigentumsanteils mit einem Wohnungseigentum wird allgemein als nicht zulässig angesehen.[433] Zur Vereinigung eines in Wohnungseigentumsrechte aufgeteilten Grundstücks mit einem Grundstück, an dem gewöhnliches Miteigentum besteht s. Rn. 353. 351
- **Vereinigungsähnliche Grundbucheintragungen:** Mehrere demselben Eigentümer gehörende Wohnungseigentumseinheiten können auf einem Grundbuchblatt zusammengefasst werden (§ 4 Abs. 1 GBO).[434] Bei einer solchen **Zusammenschreibung** handelt es sich lediglich um einen buchungstechnischen Vorgang; die jeweiligen Miteigentumsanteile mit den zugehörigen Sondereigentumsrechten verbleiben in diesem Fall rechtlich selbständig. 352

Einem Wohnungseigentumsrecht kann ein gewöhnlicher Miteigentumsanteil (z.B. an einer externen Wegefläche oder auch an einem internen Teileigentum wie einem Mehrfachparker) zugebucht werden (§ 3 Abs. 4 bis 9 GBO). Eine **Zubuchung** stellt ebenfalls keine sachenrechtliche Veränderung dar, sondern soll lediglich die Zuordnung von Miteigentumsanteilen an der Wohnung dienenden, aber rechtlich selbständigen Immobilien ermöglichen. Auf diese Weise kann verhindert werden, dass sonst in unterschiedlichen Grundbüchern gebuchtes Eigentum bei der Veräußerung des herrschenden Wohnungseigentums oder bei der Eintragung einer Erbfolge übersehen wird. Weiterhin wird durch diese Art der Buchung eines Miteigentumsanteil außer einem kostenmäßigen Vorteil bei der Erteilung eines Grundbuchauszuges in der Regel auch ein besserer Datenschutz erreicht.[435] Diese Buchungsart dienender Miteigentumsanteile ist bereits möglich, wenn sich sämtliche Anteile noch in der Hand eines Alleineigentümers (z.B. Bauträgers) befinden (§ 3 Abs. 6 GBO). 353

---

[430] BayObLG NJW-RR 1994, 403 = Rpfleger 1994, 108; *Bärmann/Armbrüster* § 1 Rn. 103; *Bauer/v. Oefele/Waldner* §§ 5, 6 Rn. 17; *Demharter* § 5 Rn. 5; *Meikel/Böttcher* § 5 Rn. 8; *Schöner/Stöber* Rn. 2979; nunmehr auch *Weitnauer/Briesemeister* § 3 Rn. 92.

[431] Die Vereinigung eines gewöhnlichen Miteigentumsanteils mit einem Grundstück wird demgegenüber allgemein mit dieser Begründung abgelehnt; vgl. nur *Meikel/Böttcher* § 5 Rn. 9 m.w.N.

[432] Ebenso OLG Düsseldorf MittRhNotK 1963, 595; OLG Zweibrücken DNotZ 1991, 605 m. Anm. *Herrmann*; *Riecke/Schmid/Schneider* § 7 Rn. 31ff.; *Riedel* Rpfleger 1966, 81 *Staudinger/Gursky* § 890 Rn. 20.

[433] BayObLG NJW-RR 1994, 403 = Rpfleger 1994, 108; *Schöner/Stöber* Rn. 2979.

[434] *Demharter* § 4 Rn. 3; *Weitnauer/Briesemeister* § 7 Rn. 37.

[435] *Demharter* § 3 Rn. 30.

354 **Abbildung 8 – (Verkürztes) Eintragungsbeispiel:**

Rechtslage *vor* der Begründung von Wohnungseigentum ohne Zubuchung eines Miteigentumsanteils gem. § 3 Abs. 5 GBO:

Amtsgericht Duisburg **Grundbuch von Duisburg** **Blatt 150**

Bestandsverzeichnis

Laufende Nummer der Grundstücke	Bisherige laufende Nummer der Grundstücke	Bezeichnung der Grundstücke und der mit dem Eigentum verbundenen Rechte					Größe		
		Gemarkung (Vermessungsbezirk)	Karte Flur	Karte Flurstück	Liegenschaftsbuch	Wirtschaftsart und Lage			
		a	b		c/d	e	ha	a	m²
1	2	3					4		
1		Duisburg	1	101		Gebäude- und Freifläche, Kardinal-Galen-Straße 124		02	34
2		Duisburg	1	105		Weg, Kardinal-Galen-Straße			58

Rechtslage *nach* der Begründung von Wohnungseigentum und Zubuchung eines Miteigentumsanteils gem. § 3 Abs. 5 GBO:

Amtsgericht Duisburg **Grundbuch von Duisburg** **Blatt 2310**

Bestandsverzeichnis

Laufende Nummer der Grundstücke	Bisherige laufende Nummer der Grundstücke	Bezeichnung der Grundstücke und der mit dem Eigentum verbundenen Rechte					Größe		
		Gemarkung (Vermessungsbezirk)	Karte Flur	Karte Flurstück	Liegenschaftsbuch	Wirtschaftsart und Lage			
		a	b		c/d	e	ha	a	m²
1	2	3					4		
1		197/10.000stel Miteigentumsanteil an dem Grundstück							
		Duisburg	1	101		Gebäude- und Freifläche, Kardinal-Galen-Straße 124		02	34
		verbunden mit dem Sondereigentum an der im Aufteilungsplan vom 24. März 2000 mit Nr. 18 bezeichneten Wohnung im III. Obergeschoss links.							
		(weitere Eintragung)							
2/zu 1		$^1/_{18}$ Miteigentumsanteil an dem Grundstück							
		Duisburg	1	105		Weg, Kardinal-Galen-Straße			58

355 *ccc) Bestandteilszuschreibungen.* Neben der Vereinigung zweier Wohnungseigentumsrechte besteht für den Eigentümer auch die Möglichkeit, ein **Wohnungseigentum** einem anderen **als Bestandteil zuschreiben** zu lassen (§ 890 Abs. 2 BGB), sofern die Miteigentumsanteile verbunden mit Sondereigentum im Hinblick auf § 1 Abs. 4 WEG an demselben Grundstück bestehen.[436] Die Zuschreibung bewirkt, dass das zugeschriebene Woh-

[436] LG Ravensburg Rpfleger 1976, 303; *Bärmann/Armbrüster* § 1 Rn. 102; *Demharter* § 6 Rn. 5; *Schöner/Stöber* Rn. 2980.

nungseigentum nichtwesentlicher Bestandteil des neu entstehenden Wohnungseigentums wird.[437] Damit führt die Bestandteilszuschreibung im Ergebnis wie die Vereinigung zu einem neuen einheitlichen Rechtsgebilde. Auch mit der **rechtlichen Zuschreibung** muss nicht zwangsläufig eine bauliche Zusammenlegung zweier bisher selbständiger Einheiten verbunden sein.

Von der Vereinigung unterscheidet sich die Zuschreibung jedoch durch das unter- 356
schiedliche **Schicksal bereits eingetragener Einzelgrundpfandrechte.** Anders als im Vereinigungsfalle erstrecken sich nämlich die am Hauptobjekt bereits eingetragenen Grundpfandrechte nach der Zuschreibung auch auf das zugeschriebene Wohnungseigentum (§§ 1131, 1192, 1199 BGB). Dort bereits eingetragenen Belastungen gehen sie allerdings im Range nach. Im übrigen bestehen die eingetragenen Belastungen in dem bisherigen Umfang fort. Insbesondere erstrecken sich umgekehrt die Belastungen am zugeschriebenen Wohnungseigentum nicht auf das Hauptobjekt.[438] Nach der Zuschreibung können Belastungen nur noch an dem einheitlichen Wohnungseigentum eingetragen werden.

Wegen der weiteren Voraussetzungen und der grundbuchmäßigen Behandlung kann 357
auf die Ausführungen zur Vereinigung verwiesen werden (vgl. § 6 GBO).

- **Zuschreibung eines Wohnungseigentums zu einem Grundstück und umgekehrt:** Da 358
Vereinigung und Zuschreibung sich lediglich in der unterschiedlichen Rechtswirkung auf eingetragene Einzelgrundpfandrechte unterscheiden, wird aus den oben genannten Gründen entgegen der h. M.[439] auch die Zuschreibung eines Wohnungseigentums zu einem Grundstück und umgekehrt als unzulässig abgelehnt.[440]
- **Zuschreibung eines gewöhnlichen Miteigentumsanteils:** Auch insoweit gelten die Aus- 359
führungen zur Vereinigung entsprechend. Ein gewöhnlicher Miteigentumsanteil kann nicht einem Wohnungseigentum als Bestandteil zugeschrieben werden.[441]

cc) Veränderungen am aufgeteilten Grundstück. aaa) Veräußerung einer Grundstücks- 360
teilfläche. Für die weiteren Überlegungen zur **Abveräußerung einer realen Grundstücksfläche** aus dem in Wohnungseigentum aufgeteilten Grundstücks muss wegen der unterschiedlichen Verfügungstatbestände differenziert werden. Befinden sich auf der Teilfläche nämlich Räumlichkeiten im Sondereigentum, folgt die Übertragung z. T. anderen Regeln als bei einer unbebauten Teilfläche oder wenn lediglich eine Teilfläche mit Räumlichkeiten im Gemeinschaftseigentum veräußert wird.

Die Veräußerung einer **unbebauten Teilfläche** bzw. einer Teilfläche mit Räumlichkei- 361
ten im **Gemeinschaftseigentum** stellt sich als **Verfügung über das Gemeinschaftseigentum** dar (§ 10 Abs. 2 S. 1 WEG, § 747 S. 2 BGB).[442] Sie bedarf daher der Auflassung unter Mitwirkung sämtlicher Wohnungs- und Teileigentümer.[443] Im Hinblick auf § 925 Abs. 1 S. 1 BGB kommt eine getrennte Verfügung der einzelnen Miteigentümer hier nicht in Betracht;[444] sie würde zur Nichtigkeit der Auflassung führen (§ 125 BGB). Zum Nachweis der gleichzeitigen Anwesenheit ist die Auflassungserklärung in notarieller Urkunde vorzulegen (§ 29 Abs. 1 GBO). Darüber hinaus ist eine weitergehende **Aufhebungs- oder Umwandlungserklärung** im Hinblick auf die bisher an der Teilfläche bestehenden gemeinschaftsrechtlichen Bindungen **nicht erforderlich.** Mit der Veräußerung aller Miteigentumsanteile an der Teilfläche erlöschen die insoweit bestehenden Rechtsverhältnisse

---

437 KG JFG 22, 284.

438 BayObLG DNotZ 1995, 305 = Rpfleger 1995, 151.

439 OLG Hamm NJW-RR 1996, 1100; BayObLG NJW-RR 1994, 403 = Rpfleger 1994, 108; *Bärmann/Armbrüster* § 1 Rn. 104; *Bauer/v. Oefele/Waldner* §§ 5, 6 Rn. 17; *Demharter* § 6 Rn. 5; *Meikel/Böttcher* § 6 Rn. 9; *Schöner/Stöber* Rn. 2980.

440 OLG Düsseldorf DNotZ 1964, 361; *Riecke/Schmid/Schneider* § 7 Rn. 34.

441 OLG Oldenburg Rpfleger 1972, 22; LG Dortmund Rpfleger 1992, 478; *Bärmann/Armbrüster* § 1 Rn. 106; *Meikel/Böttcher* § 6 Rn. 13.

442 LG Düsseldorf MittRhNotK 1980, 77; *Bärmann/Armbrüster* § 1 Rn. 70.

443 *Bauer/v. Oefele* AT V Rn. 382.

444 *Meikel/Morvilius* Einl. C Rn. 210.

von selbst.[445] Dies gilt auch für etwaig bestehende Sondernutzungsrechte an der Teilfläche, die dadurch gegenstandslos werden.[446]

362 Wegen der mit der Abveräußerung verbundenen Reduzierung ihrer Haftungsobjekte bedarf es zur lastenfreien Abschreibung der **Zustimmung aller dinglich Berechtigten** an sämtlichen Wohnungs- und Teileigentumseinheiten in der Form des § 29 GBO (§§ 876, 877 BGB, § 19 GBO).[447] Dies gilt auch für Gesamtrechte an allen Einheiten sowie für Rechte am ganzen Grundstück.[448] Eine Erleichterung der Zustimmungserfordernisse gem. § 5 Abs. 4 S. 2 WEG kommt vorliegend nicht in Betracht, da es sich nicht um die Änderung einer Vereinbarung handelt. Liegt bei eingetragenen Dienstbarkeiten der Ausübungsbereich nicht auf der abveräußerten Teilfläche, wird eine lastenfreie Abschreibung entsprechend § 1026 BGB ermöglicht.

363 Soweit eine Veräußerungsbeschränkung gem. § 12 WEG vereinbart sein sollte, ist diese zwar grundsätzlich auch bei der isolierten Übertragung von Miteigentumsanteilen zu beachten.[449] Im vorliegenden Fall erfolgt die Veräußerung jedoch an einen Außenstehenden, der dadurch nicht Mitglied der Eigentümergemeinschaft wird. Der Anwendungsbereich des § 12 WEG ist deshalb nicht eröffnet.

364 Landesrechtliche Bestimmungen können zur Verselbständigung der Teilfläche die Vorlage einer **Teilungsgenehmigung** vorsehen.[450] Soweit die Fortschreibung des ursprünglich in Wohnungseigentumsrechte aufgeteilten Grundstücks noch nicht erfolgt sein sollte, ist gem. § 2 GBO auch der **Veränderungsnachweis** des Kataster- und Vermessungsamtes zum Vollzug vorzulegen.[451] Weiterhin ist dem Grundbuchgericht nachzuweisen, dass sich auf der abveräußerten Teilfläche keine im Sondereigentum stehenden Baulichkeiten befinden.[452] Dieser Nachweis kann nur durch Vorlage einer **amtlichen Karte** oder Bescheinigung erfolgen (§ 29 Abs. 1 S. 2 GBO). Darüber hinaus ist zum Eigentumswechsel die steuerliche **Unbedenklichkeitsbescheinigung** beizubringen (§ 22 GrEStG).

365 Die **Eintragung** der Abveräußerung erfolgt hinsichtlich der Teilfläche **in sämtlichen** für die Wohnungseigentumsanlage gebildeten **Grundbüchern.** Ebenso kann auch eine **Vormerkung** zur Sicherung des Anspruchs auf Übertragung der Teilfläche nur in sämtlichen für die Wohnungs- und Teileigentumseinheiten gebildeten Grundbüchern eingetragen werden.[453]

366 Eine **Zuständigkeit des Verbandes** Wohnungseigentümergemeinschaft gem. § 10 Abs. 6 WEG besteht für die Abveräußerung einer Teilfläche aus dem in Wohnungseigentumsrechte aufgeteilten Grundstück grundsätzlich nicht, weil es sich um Veränderungen in der sachenrechtlichen Grundstruktur des Wohnungseigentums handelt. Auf diese ist jedoch § 10 Abs. 1 WEG anzuwenden. Eine Ausnahme ist allerdings für den Fall zuzulassen, dass aus einer Wohnungseigentumsanlage eine **Teilfläche für Straßenzwecke** auf

---

[445] *Bauer/v. Oefele* AT V Rn. 382; *Böttcher* BWNotZ 1996, 80, 90; *Riecke/Schmid/Schneider* § 6 Rn. 27; *Röll* Rpfleger 1990, 277, 278; *Schöner/Stöber* Rn. 2982; *Weitnauer/Briesemeister* § 1 Rn. 33; a. A. OLG Frankfurt a. M. Rpfleger 1990, 282; Beck'sches Notarhandbuch/*Rapp* A III Rn. 139; *Herrmann* DNotZ 1991, 607, 609).

[446] *Weitnauer/Briesemeister* § 1 Rn. 33.

[447] OLG Frankfurt NJW-RR 1990, 1042 = Rpfleger 1990, 292; *Bauer/v. Oefele* AT V Rn. 382; *Riecke/Schmid/Schneider* § 6 Rn. 29.

[448] Die von OLG Zweibrücken Rpfleger 1986, 93; *Böttcher* BWNotZ 1996, 80, 90; *Schöner/Stöber* Rn. 2982 vertretene Auffassung kann sich nur auf eine Abtrennung ohne gleichzeitige lastenfreie Abveräußerung beziehen, da nur in diesem Fall ein Gesamtgläubiger nicht durch Freigabe beeinträchtigt werden kann.

[449] *Weitnauer/Lüke* § 12 Rn. 2.

[450] Vgl. *Schöner/Stöber* Rn. 3819.

[451] *Böttcher* BWNotZ 1996, 80, 91.

[452] *Riecke/Schmid/Schneider* § 6 Rn. 28; *Weitnauer/Briesemeister* § 1 Rn. 33.

[453] BayObLG DNotZ 2002, 784 m. Anm. *Hoffmann* MittBayNot 2002, 155; *Demharter* Anh. zu § 3 Rn. 97; *Meikel/Morvilius* Einl. C Rn. 211.

den Träger der Straßenbaulast zu übertragen ist.[454] Dient diese Veräußerung nämlich der Vermeidung einer Zwangsenteignung, stellt sie eine **Maßnahme ordnungsgemäßer Verwaltung** dar, für die dann insoweit Beschlusskompetenz besteht.[455] Eine wirksame Vertretung durch den Verwalter macht in einem solchen Fall allerdings die ausdrückliche Ermächtigung zur Abgabe der sachenrechtlichen Erklärungen für die Wohnungseigentümer erforderlich.[456] Gegenüber dem Grundbuchgericht könnte der Nachweis entsprechend § 26 Abs. 3 WEG durch Vorlage eines Auszuges aus der Beschlusssammlung erfolgen, bei dem die Unterschriften der in § 24 Abs. 6 WEG bezeichneten Personen wie bei einem Verwalternachweis öffentlich beglaubigt sind.[457] Für den Beschluss wird im Hinblick auf § 23 Abs. 4 S. 2 WEG der Nachweis der **Bestandskraft** nicht zu erbringen sein.[458] Auch ein weitergehender Nachweis über die **Ordnungsmäßigkeit** der Verwaltung durch den Verband kann vom Grundbuchgericht nicht gefordert werden.[459]

Für die Veräußerung einer **Teilfläche** mit Räumlichkeiten im **Sondereigentum** gelten **367** zunächst die Rn. 360ff. gemachten Ausführungen zur Abveräußerung ohne Räumlichkeiten im Sondereigentum entsprechend. Demnach werden mit der Abveräußerung auch die bisherigen gemeinschaftsrechtlichen Bindungen gegenstandslos. Dies allein genügt jedoch nicht den weitergehenden Anforderungen, wenn an dem abveräußerten Gebäude(teil) Sondereigentum besteht. Selbst die von einer Mindermeinung insoweit geforderte Aufhebung der wohnungseigentumsrechtlichen Beziehungen an dem abzuveräußernden Trennstück kann in dieser Konstellation nicht ausreichen. Vielmehr bedarf es zusätzlich noch einer **rechtsgeschäftlichen Teilaufhebung des Sondereigentums,** da der bisherige Gegenstand des Sondereigentums verändert werden soll. Dafür wird zurecht eine Einigungserklärung sämtlicher Miteigentümer in Auflassungsform gem. § 4 WEG verlangt.[460]

Denkbar ist außerdem, dass die auf der abveräußerten Teilfläche befindlichen Räum- **368** lichkeiten mit einem Miteigentumsanteil verbunden sind, mit dem sie ein selbständiges Wohnungs- oder Teileigentum bilden (z.B. eine freistehende Garage). In diesem Fall muss zugleich der durch die Abveräußerung frei werdende – jetzt aber substanzlose – Miteigentumsanteil durch Übertragung beseitigt werden, weil infolge der Teilaufhebung **kein isolierter Miteigentumsanteil** verbleiben darf.[461] Diese Übertragung eines bloßen Miteigentumsanteils folgt den Regeln für das Alleineigentum an Grundstücken,[462] so dass hierfür eine entsprechende Auflassungserklärung gem. §§ 873, 925 BGB erforderlich wird.

Im Ergebnis bedarf es also **mehrerer Auflassungserklärungen,** wenn sich auf dem ab- **369** zuveräußernden Grundstücksteil Räumlichkeiten im Sondereigentum befinden. Da die gem. § 20 GBO nachzuweisenden Auflassungen das stärkere Formerfordernis darstellen, kommt es auf die umstrittene Frage, ob für die weiterhin nachzuweisende Einigung gem.

---

454 *Bärmann/Armbrüster* § 1 Rn. 67 Fn. 82; Beck'sches Notarhandbuch/*Rapp* A III Rn. 138ff.; *Riecke/Schmid/Schneider* § 6 Rn. 33; *Weitnauer/Lüke* vor § 20 Rn. 3 u. 5.

455 BGHZ 145, 158 = DNotZ 2000, 854 = NJW 2000, 3500 = Rpfleger 2001, 19; vgl. auch BGHZ 164, 181 = NJW 2006, 439; BGHZ 101, 24 = DNotZ 1988, 359 = NJW 1987, 3177; BGH FamRZ 1965, 267.

456 Beck'sches Notarhandbuch/*Rapp* A III Rn. 139; *Riecke/Schmid/Schneider* § 6 Rn. 33; *Weitnauer/Lüke* vor § 20 Rn. 5.

457 Beck'sches Notarhandbuch/*Rapp* A III Rn. 139; *Riecke/Schmid/Schneider* § 6 Rn. 34; *Weitnauer/Lüke* vor § 20 Rn. 5.

458 Beck'sches Notarhandbuch/*Rapp* A III Rn. 139; a.A. *Weitnauer/Lüke* vor § 20 Rn. 5.

459 A.A. für das frühere Recht noch Beck'sches Notarhandbuch/*Rapp* A III Rn. 139; vgl. demgegenüber jetzt für den Fall des Eigentumserwerbs durch den Verband Wohnungseigentümergemeinschaft OLG Celle DNotZ 2008, 616 = NJW 2008, 1537 = Rpfleger 2008, 296.

460 *Bauer/v. Oefele* AT V Rn. 385; *Böttcher* BWNotZ 1996, 80, 90.

461 *Bauer/v. Oefele* AT V Rn. 385; *Röll* Rpfleger 1990, 277.

462 *Weitnauer/Briesemeister* § 6 Rn. 1.

§ 4 WEG über die Teilaufhebung des Sondereigentums die Vorschriften über die Auflassung entsprechende Anwendung finden[463] oder eine einseitige verfahrensrechtliche Bewilligung ausreichend ist,[464] nicht mehr an.

370 Im Übrigen gelten die zu Rn. 361 ff. gemachten Ausführungen entsprechend. Lediglich anstelle des Nachweises fehlender Baulichkeiten kann für im Sondereigentum verbleibende (Rest-)Räumlichkeiten eine neue **Abgeschlossenheitsbescheinigung** erforderlich werden, weil auch bei nachträglichen Veränderungen das Erfordernis der Abgeschlossenheit zu beachten ist.[465] Eine solche dürfte jedoch immer dann entbehrlich sein, wenn es sich bei der übertragenen Räumlichkeit um einen separaten Baukörper gehandelt hat (z.B. eine freistehende Garage), dessen Herausnahme aus dem Wohnungseigentum und Abveräußerung die Abgeschlossenheit und Zugänglichkeit im übrigen nicht beeinträchtigen kann.

371 Soweit die Wohnungseigentumsrechte der die isolierten Miteigentumsanteile erwerbenden Eigentümer bereits mit dinglichen Rechten belastet sein sollten, ist zur Herstellung einheitlicher Belastungsverhältnisse insoweit eine **Pfandunterstellung** erforderlich, weil andernfalls ggf. nur der ursprünglich belastete Miteigentumsanteil zur Zwangsversteigerung käme. Wie sich die Einbeziehung des isolierten Miteigentumsanteils in die bestehenden Belastungsverhältnisse vollzieht, ist im einzelnen umstritten. Insoweit vgl. die zu Rn. 343 genannten Nachweise.

372 *bbb) Hinzuerwerb einer Grundstücksfläche.* Die Wohnungseigentümer werden im Vorfeld des Erwerbs zu klären haben, **welcher Rechtsträger** das weitere Grundstück erwerben soll. Soll das hinzuzuerwerbende Grundstück nämlich in eine bereits bestehende Aufteilung einbezogen werden, muss es insoweit bei der **Rechtszuständigkeit der Wohnungseigentümer** als Miteigentümer verbleiben (§ 10 Abs. 1 WEG). Dieser Fall einer Veränderung des bestehenden Wohnungseigentums soll im folgenden dargestellt werden. Denkbar und im Hinblick auf das insoweit nicht bestehende Einstimmigkeitserfordernis mitunter erfolgversprechender ist allerdings auch ein **Erwerb durch den Verband** der Wohnungseigentümer, der insoweit als eigenes Rechtssubjekt auftreten kann.[466] Durch den Erwerb seitens des Verbandes würde eine bestehende Aufteilung allerdings nicht berührt. Die Wohnungseigentümer trifft grundsätzlich auch **keine Verpflichtung zum Hinzuerwerb** weiterer Grundstücksflächen, wenn nicht gem. § 10 Abs. 2 WEG etwas anderes vereinbart worden ist. Dies gilt selbst dann, wenn sich der Erwerb unentgeltlich vollzieht.[467]

373 Der Erwerb des Eigentums an einer weiteren Grundstücksfläche durch die Wohnungseigentümer vollzieht sich im Wege der **Auflassung** gem. §§ 873, 925 BGB. Er setzt **gleiche Eigentumsverhältnisse** mit identischen Miteigentumsquoten sowohl an dem aufgeteilten als auch an dem einzubeziehenden Grundstück voraus.[468] Im Hinblick auf § 1 Abs. 4 WEG bedarf es nämlich zur Einbeziehung einer rechtsgeschäftlichen Erstreckung des Wohnungseigentums mit den diesbezüglichen Regelungen der Gemeinschaftsordnung als Inhalt des Sondereigentums auf die hinzuerworbene Fläche.[469] Dies kann nur

---

[463] So die wohl h. M. *Bamberger/Roth/Hügel* § 7 Rn. 6; *Bärmann/Armbrüster* § 4 Rn. 21 ff.; *Bauer/v. Oefele/Kössinger* § 20 Rn. 66; *Meikel/Böttcher* § 20 Rn. 58; MünchKomm/*Commichau* § 4 Rn. 5 f.; *Schöner/Stöber* Rn. 2842; *Staudinger/Rapp* § 4 Rn. 4.

[464] OLG Zweibrücken OLGZ 1982, 263; *Demharter* Anhang zu § 3 GBO Rn. 41, *Riecke/Schmid/Schneider* § 7 Rn. 70; Palandt/*Bassenge* § 7 Rn. 2; *Weitnauer/Briesemeister* § 4 Rn. 5.

[465] *Weitnauer/Briesemeister* § 3 Rn. 57.

[466] OLG Celle DNotZ 2008, 616 = NJW 2008, 1537 = Rpfleger 2008, 296; LG Deggendort ZMR 2008, 909; zu den Voraussetzungen der Grundbucheintragung des Verbandes Wohnungseigentümergemeinschaft sowie den erforderlichen Nachweisen s. *Hügel* ZWE 2008, 240 u. *Schneider* Rpfleger 2008, 291.

[467] BayObLG NJW 1973, 1378.

[468] BayObLG NJW 1973, 1378.

[469] *Bauer/v. Oefele* AT V Rn. 378; *Röll* Rpfleger 1990, 277, 278.

im Wege der **Vereinigung** (§ 890 Abs. 1 BGB) oder der **Bestandteilszuschreibung** (§ 890 Abs. 2 BGB) erfolgen.[470] Die h. M. verlangt darüber hinaus noch zusätzlich eine Umwandlung und Einbeziehung des normalen hinzukommenden Miteigentumsanteils in die bestehende wohnungseigentumsrechtliche Aufteilung (§ 4 WEG).[471] Die Herstellung einer so weit reichenden Gleichartigkeit ist jedoch gar nicht erforderlich, da die Grundstücke in beiden Fällen im Miteigentum der Wohnungseigentümer stehen (vgl. § 1 Abs. 5 WEG) und Sondereigentum nicht betroffen wird.[472] Keineswegs bedarf es zur Einbeziehung der vorherigen Aufhebung der bestehenden Teilung mit anschließender Neuaufteilung des Gesamtgrundstücks.[473] Richtigerweise genügt für den Erwerb des Eigentums also der Nachweis der **Auflassung** (§ 20 GBO) **identischer Bruchteile** in der Form des § 29 GBO. Weiterhin ist noch die **Vereinigung bzw.** die **Bestandteilszuschreibung** zur Eintragung zu bewilligen (§ 19 GBO). Die von der h. M. zusätzlich geforderte Umwandlungserklärung, mit der das hinzu kommende Grundstück ebenfalls den Regeln des Wohnungseigentums unterstellt werden soll, kann im Wege der Auslegung bereits aus der Erstreckung der Teilungserklärung[474] oder der Angabe des Erwerbsverhältnisses[475] entnommen werden, so dass es insoweit keiner zusätzlichen Bewilligung bedarf.

Sowohl bei einer Vereinigung als auch bei einer Bestandteilszuschreibung bestehen **zusätzliche Anforderungen** gem. §§ 5, 6 GBO. Danach soll die Eintragung nur erfolgen, wenn die beteiligten **Grundstücke** grundsätzlich unmittelbar **aneinandergrenzen,** was durch Vorlage einer vom Katasteramt beglaubigten Karte nachzuweisen ist. Weiterhin darf von der Vereinigung oder Zuschreibung **keine Verwirrung** zu besorgen sein (dazu vgl. Rn. 347). Dies erfordert auch auf dem hinzuerworbenen Grundstück die **Herstellung einheitlicher Belastungsverhältnisse** mit dem bereits aufgeteilten Grundstück. Während eine Vereinigungserklärung insoweit zusätzliche rechtsgeschäftliche Nachverpfändungserklärungen erforderlich macht, erstrecken sich Grundpfandrechte – ggf. auch in Ansehung einer schon bisher eingetragenen Zwangsvollstreckungsunterwerfung[476] – bei einer Bestandteilszuschreibung kraft Gesetzes auf das zugeschriebene Grundstück (§ 1131 BGB). Die h. M. will weiterhin auch für die in der II. Abteilung des Grundbuchs eingetragenen Rechte entsprechende Nachverpfändungserklärungen bereits in der von ihr für erforderlich gehaltenen Umwandlungserklärung erblicken.[477] 374

Es wird zu beachten sein, dass es **vor der Vereinigung oder Zuschreibung** eines von den Mitgliedern der Wohnungseigentümergemeinschaft erworbenen Grundstücks der Wohnungseigentümerversammlung an der erforderlichen **Regelungskompetenz** für Gegenstände fehlt, die die Nutzung des Erwerbsgrundstücks betreffen.[478] Das noch nicht in die Aufteilung einbezogene Grundstück gehört einer anderen Bruchteilsgemeinschaft. Selbst wenn diese (gewöhnlichen) Miteigentümer mit den Wohnungs- und Teileigentümern schon personenidentisch sein sollten, können diese nicht *als Wohnungseigentümer* Beschlüsse gem. § 23 WEG über Angelegenheiten der anderen Gemeinschaft fas- 375

---

470 OLG Oldenburg Rpfleger 1977, 22; OLG Frankfurt Rpfleger 1973, 394; *Bärmann/Armbrüster* § 1 Rn. 65.

471 OLG Frankfurt a. M. DNotZ 1993, 612; OLG Zweibrücken DNotZ 1991, 605 m. Anm. *Herrmann*; Beck'sches Notarhandbuch/*Rapp* A III Rn. 141; *Böttcher* BWNotZ 1996, 80, 91; *Demharter* § 5 Rn. 7; KEHE/*Herrmann* Einl. E 58; *Schöner/Stöber* Rn. 2981.

472 Zutreffend daher *Bärmann/Armbrüster* § 1 Rn. 66; *Meikel/Morvilius* Einl. C Rn. 146; *Weitnauer/Briesemeister* § 1 Rn. 31.

473 So aber noch OLG Saarbrücken Rpfleger 1988, 479; dagegen zu recht *Bärmann/Armbrüster* § 1 Rn. 66.

474 OLG Frankfurt DNotZ 1993, 612 = Rpfleger 1993, 396; *Böttcher* BWNotZ 1996, 80, 91.

475 OLG Zweibrücken DNotZ 1991, 605; *Bauer/v. Oefele* AT V Rn. 378; *Röll* Rpfleger 1990, 277, 278.

476 *Demharter* § 6 Rn. 23.

477 OLG Frankfurt DNotZ 1993, 612 = Rpfleger 1993, 396; *Böttcher* BWNotZ 1996, 80, 92.

478 OLG Frankfurt ZWE 2006, 341.

sen. Sie überschreiten damit ihre Regelungsbefugnis; solche Beschlüsse sind deshalb nichtig.[479]

376 Durch den Hinzuerwerb des weiteren Grundstücks vergrößert sich also das Haftungsobjekt für die **dinglich Berechtigten,** so dass sie von der nachträglichen Einbeziehung rechtlich nicht betroffen, sondern begünstigt sind. Aus diesem Grunde bedarf es ihrer Mitwirkung nicht (§ 19 GBO, §§ 876, 877 BGB).

377 Zum Eigentumswechsel ist die steuerliche **Unbedenklichkeitsbescheinigung** gem. § 22 GrEStG sowie ein **Negativattest** über die Nichtausübung eines gemeindlichen Vorkaufsrechts (§§ 24, 28 BauGB) beizubringen. Einer neuerlichen Abgeschlossenheitsbescheinigung bedarf es dagegen nicht, da sich an den baulichen Verhältnissen durch den Hinzuerwerb nichts geändert hat.[480]

378 Soweit sich **abgeschlossene Räumlichkeiten** auf dem einbezogenen Grundstück befinden, stehen diese nach Verbindung mit dem aufgeteilten Grundstück zunächst im **Gemeinschaftseigentum** aller Wohnungs- und Teileigentümer.[481] Zur Begründung von Sondereigentum bedürfte es insoweit einer Überführung von gemeinschaftlichem Eigentum in Sondereigentum (dazu Rn. 379 ff.).

379 *dd) Gegenständliche Veränderungen des Gemeinschafts- oder Sondereigentums. aaa) Umwandlung von Gemeinschaftseigentum in Sondereigentum und umgekehrt.* Umwandlungen von Gemeinschaftseigentum in Sondereigentum können aus unterschiedlichen Anlässen erforderlich werden. In Betracht kommen z. B. die Überführung eines bisher im gemeinschaftlichen Eigentum stehenden Raumes (z. B. eines Kellerraumes)[482] oder abgetrennter Teile eines solchen Raumes ohne Änderung des schon bestehenden Miteigentumsanteils. Möglich ist aber auch die Bildung komplett neuer Wohnungseigentumseinheiten unter gleichzeitiger Verbindung mit abgespaltenen Miteigentumsanteilen (z. B. beim nachträglichen Dachgeschoßausbau[483] oder der Errichtung eines weiteren Gebäudes bei einer Mehrhausanlage).[484] Eine solche Umwandlung ist allerdings nur möglich, wenn es sich bei den umgewandelten Räumlichkeiten auch um sondereigentumsfähige Bereiche handelt. Zwingendes Gemeinschaftseigentum gem. § 5 Abs. 2 WEG kann nicht in Sondereigentum überführt werden (z. B. ein Heizungsraum bei ausschließlicher Selbstversorgung in der Anlage[485] oder der einzige Zugang zu gemeinschaftlichen Einrichtungen).[486] Entsprechend kann sich nach der Begründung von Wohnungseigentumseinheiten auch die **Überführung** einzelner im Sondereigentum stehender Räumlichkeiten oder gar vollständiger Sondereigentumseinheiten **in gemeinschaftliches Eigentum** vollziehen.[487]

380 In beiden Fällen handelt es sich um eine **gegenständliche Veränderung des Gemeinschafts- oder des Sondereigentums.** Für die darin liegende Änderung des sachenrechtlichen Grundverhältnisses der Wohnungseigentümer bedarf es einer **Einigungserklärung** sämtlicher Miteigentümer in Auflassungsform gem. § 4 WEG und der Eintragung in die Wohnungsgrundbücher.[488]

---

[479] *Weitnauer/Lüke* § 23 Rn. 25.

[480] Vgl. insoweit LG Duisburg ZMR 2007, 888.

[481] *Bauer/v. Oefele* AT V Rn. 380.

[482] Vgl. BGH NJW 1986, 2759 = Rpfleger 1986, 430.

[483] Vgl. BayObLG DNotZ 1993, 741 = Rpfleger 1993, 488.

[484] Vgl. BayObLG DNotZ 1995, 607.

[485] BGHZ 109, 179 = NJW 1990, 447 = Rpfleger 1990, 62; BGHZ 73, 302 = NJW 1979, 2391 = Rpfleger 1979, 255.

[486] BGH NJW 1991, 2909 = Rpfleger 1991, 454.

[487] BGHZ 139, 352 = NJW 1998, 3711 = Rpfleger 1999, 66.

[488] Für eine Umwandlung in Sondereigentum: OLG Saarbrücken NZM 2005, 423; OLG Celle OLGReport 2004, 79; KG FGPrax 1998, 94; BayObLG MittBayNot 1994, 41; für eine Umwandlung in Gemeinschaftseigentum: BGHZ 139, 352 = NJW 1998, 3711 = Rpfleger 1999, 66; Bay-

Die Umwandlung von Gemeinschaftseigentum in Sondereigentum und umgekehrt fällt damit nicht in den Regelungsbereich des § 10 Abs. 2 u. 3 WEG. Aus diesem Grunde kann auch in einer Gemeinschaftsordnung nicht eine **vorweg genommene Ermächtigung** zur Vornahme solcher Veränderungen mit einer den Sondernachfolger bindenden Wirkung als *Inhalt des Sondereigentums* vereinbart und in das Grundbuch eingetragen werden.[489] 381

Auch die Einräumung eines **umfassenden Sondernutzungsrechts** mit Bebauungsbefugnis enthält nicht die vorweg genommene Einigung über die Einräumung von Sondereigentum zugunsten des Sondernutzungsberechtigten an den entstehenden Räumlichkeiten (z. B. im Falle der Errichtung von Gebäuden in mehreren Bauabschnitten bei einer Mehrhausanlage).[490] 382

Dinglich Berechtigte müssen sowohl der Umwandlung in Sondereigentum als auch umgekehrt in der Form des § 29 GBO zustimmen, soweit sie rechtlich betroffen sein können (§ 19 GBO, §§ 876, 877 BGB). Für Inhaber von **Gesamtrechten** an sämtlichen Einheiten ändert sich an ihrer Rechtsposition insgesamt jedoch nichts.[491] Nicht betroffen sind auch die Rechtsinhaber an den das Sondereigentum oder das Gemeinschaftseigentum aufnehmenden Einheiten, da deren Sicherungen einen Rechtszuwachs erfahren. Eine etwaige **Erhöhung der Unterhaltungslasten** durch die Vergrößerung des gemeinschaftlichen Eigentums kann allenfalls eine wirtschaftliche Beeinträchtigung darstellen; hierfür ist jedoch eine Zustimmung der dinglich Berechtigten nicht erforderlich.[492] In einer erteilten Zustimmungserklärung ist zugleich auch die verfahrensrechtliche Bewilligung nach § 19 GBO zu sehen.[493] Eine Zustimmungserklärung soll nach h. M. auch dann erforderlich sein, wenn bei der Umwandlung in Sondereigentum dem hinzuerwerbenden Wohnungseigentümer insoweit bereits ein Sondernutzungsrecht eingeräumt worden war.[494] 383

Nachverpfändungserklärungen hinsichtlich eingetragener Einzelrechte an aufnehmenden Sondereigentumseinheiten entfallen, da sich Belastungen am hinzuerworbenen Sondereigentum kraft Gesetzes auf isoliertes Sondereigentum erstrecken.[495] Lediglich in den Fällen, in denen die Umwandlungen mit der Veränderung gebuchter Miteigentumsanteile verbunden ist, gelten die hierzu entwickelten Grundsätze (Rn. 339 ff.). 384

Verfahrensrechtlich sind nach der hier vertretenen Auffassung die **Eintragungsbewilligungen** sämtlicher Wohnungseigentümer in der Form des § 29 GBO vorzulegen, soweit nicht gleichzeitig Veränderungen in den Miteigentumsanteilen den Nachweis der Auflassung erforderlich machen. Den Eintragungsbewilligungen ist grundsätzlich ein **geänderter Aufteilungsplan** mit entsprechender Abgeschlossenheitsbescheinigung beizufügen.[496] Wird allerdings Sondereigentum in Gemeinschaftseigentum in der Weise überführt, dass 385

ObLG DNotZ 1998, 379 = Rpfleger 1998, 19; BayObLG NJW-RR 1996, 721 = Rpfleger 1996, 240; *Bärmann/Armbrüster* § 4 Rn. 8 f.

[489] BGH NJW 203, 2165; BayObLG NZM 2002, 70 = Rpfleger 2002, 140; BayObLG NZM 2000, 1235 = Rpfleger 2000, 544; BayObLG DNotZ 1998, 379 = Rpfleger 1998, 19; KG NZM 1998, 581; *Demharter* Anh zu § 3 Rn. 91 u. 93; *Meikel/Morvilius* Einl. C Rn. 183; *Schöner/Stöber* Rn. 2967; a. A. *Rapp* MittBayNot 1998, 77; *Röll* DNotZ 1998, 345.

[490] BGH NJW-RR 2005, 10 = Rpfleger 2005, 17; OLG Celle OLGReport 2004, 79; BayObLG NZM 2002, 70 = Rpfleger 2002, 140; BayObLG NZM 2000, 1235 = Rpfleger 2000, 544; BayObLG MittBayNot 2000, 551 m. Anm. *Roellenbleg; Bärmann/Armbrüster* § 4 Rn. 8.

[491] OLG Frankfurt FGPrax 1997, 139 = Rpfleger 1997, 374; *Böhringer* BWNotZ 1993, 153, 158 f.; *Schöner/Stöber* Rn. 2967.

[492] BayObLG DNotZ 1999, 665.

[493] LG Bremen Rpfleger 1985, 106 m. abl. Anm. *Meyer-Stolte.*

[494] BayObLG NZM 2002, 70 = Rpfleger 2002, 140; BayObLG WE 1996, 155; BayObLG DNotZ 1993, 741 = Rpfleger 1993, 488; *Bauer/v. Oefele* AT V Rn. 358; *Demharter* Anh zu § 3 Rn. 91; *Schöner/Stöber* Rn. 2967 c; a. A. *F. Schmidt* WE 1996, 157, 159; *Schneider* Rpfleger 1998, 53, 59.

[495] LG Düsseldorf MittRhNotK 1986, 78; *Schöner/Stöber* Rn. 2967; *Streuer* Rpfleger 1992, 181.

[496] BayObLG DNotZ 1999, 208 = Rpfleger 1998, 194.

lediglich ein auch schon bisher als abgeschlossen bescheinigter Raum umgewandelt wird, werden die übrigen Wohnungseigentümer durch die Umwandlung nicht berührt. In einem solchen Fall genügt daher die zweifelsfreie Feststellung der betroffenen Räumlichkeit, so dass ausnahmsweise ein berichtigter Aufteilungsplan entbehrlich ist.[497] Ebenso wird die Beibringung einer steuerlichen Unbedenklichkeitsbescheinigung immer dann für erforderlich gehalten, wenn sich die wertmäßige Beteiligung der erwerbenden Wohnungseigentümer verändert.[498]

386 Bei der **Grundbucheintragung** muss eine Änderung im Bestand der zum Sondereigentum gehörenden Räume auf dem Grundbuchblatt selbst vermerkt werden. Eine Eintragung nur durch Bezugnahme auf die Eintragungsbewilligung ist unzulässig.[499] Ist für den jeweiligen Eigentümer eines Wohnungseigentums ein **Sondernutzungsrecht** im Grundbuch verzeichnet, so wird dieses durch die teilweise Aufhebung des Sondereigentum nicht berührt. Erst die vollständige Aufhebung des Sondereigentums durch Umwandlung in gemeinschaftliches Eigentum wäre mit dem Untergang des Sondernutzungsrechts verbunden.[500]

387 *bbb) Unterteilung von Eigentumswohnungen.* Wohnungs- und Teileigentümer können ihr bisher einheitliches Eigentum in mehrere selbständige Einheiten unterteilen.[501] Hierzu bedarf es nach überwiegend vertretener Ansicht einer (Unter-)**Teilungserklärung** in entsprechender Anwendung des § 8 WEG und der Verbindung der auf diese Weise entstehenden Miteigentumsanteile mit abgeschlossenem Sondereigentum.[502] Auch die Unterteilung einer bestehenden Einheit durch mehrere Bruchteilseigentümer in entsprechender Anwendung des § 3 WEG ist für zulässig zu halten.[503]

388 Einer **Mitwirkung der übrigen Wohnungseigentümer** bedarf es zur bloßen Unterteilung grundsätzlich nicht, weil sie durch die Änderung nicht benachteiligt werden.[504] Allerdings hält es die überwiegende Meinung für zulässig, in der Gemeinschaftsordnung für die Unterteilung einen **Zustimmungsvorbehalt** gem. § 12 WEG zu vereinbaren.[505] Das gleiche gilt für die gleichzeitige oder spätere Veräußerung eines der Teilrechte.[506] Die Unterteilung kann zwar zu **geänderten Stimmrechtsverhältnissen** führen, diese beeinträchtigen jedoch die übrigen Miteigentümer ebenfalls nicht, weil aus der Summe der durch die Unterteilung entstehenden Wohnungseigentumsrechte grundsätzlich nicht mehr Befugnisse erwachsen können, als aus dem ungeteilten Wohnungseigentum.[507] Die Gemeinschaftsordnung kann allerdings insoweit etwas Anderes ausdrücklich zulassen.[508] Auch eine evtl. zu **baulichen Veränderungen** erforderliche Zustimmung der übri-

---

[497] BayObLG DNotZ 1999, 208 = Rpfleger 1998, 194.

[498] Z. T. a. A. *Meikel/Morvilius* Einl. C Rn. 183.

[499] BGHZ 174, 61 = NJW 2007, 3777 = Rpfleger 2008, 60.

[500] *Riecke/Schmid/Schneider* § 7 Rn. 238.

[501] BGH NZM 2004, 876 = Rpfleger 2005, 17; BGHZ 73, 150 = NJW 1979, 870 = Rpfleger 1979, 96; BGHZ 49, 250 = NJW 1968, 499 = Rpfleger 1968, 114; BayObLG DNotZ 1992, 305 = Rpfleger 1991, 455; OLG Düsseldorf NJW-RR 1990, 81; BayObLG NJW-RR 1986, 244 = Rpfleger 1986, 177; *Demharter* Anh zu § 3 Rn. 73; *Röll* DNotZ 1993, 158; *Schöner/Stöber* Rn. 2975 ff.

[502] BGH NZM 2004, 876 = Rpfleger 2005, 17; BGHZ 73, 150 = NJW 1979, 870 = Rpfleger 1979, 96; LG Frankfurt Rpfleger 1989, 281; *Bärmann/Armbrüster* § 2 Rn. 93; *Gaier* FS Wenzel (2005), S. 59; *Riecke/Schmid/Schneider* § 7 Rn. 242; *Staudinger/Rapp* § 8 Rn. 11; a. A. – Unterteilung in entsprechender Anwendung des § 7 WEG – *Weitnauer/Briesemeister* § 8 Rn. 3.

[503] *Bauer/v. Oefele* AT V Rn. 361.

[504] BGH NZM 2004, 876 = Rpfleger 2005, 17; BGHZ 49, 250 = NJW 1968, 499 = Rpfleger 1968, 114; *Bärmann/Armbrüster* § 2 Rn. 95; *Böttcher* BWNotZ 1996, 80, 87.

[505] BGHZ 49, 250 = NJW 1968, 499 = Rpfleger 1968, 114; BayObLG DNotZ 1992, 305 = Rpfleger 1991, 455; BayObLG Rpfleger 1986, 177; *Bärmann/Armbrüster* § 2 Rn. 95; *Bauer/v. Oefele* AT V Rn. 366; *Demharter* Anh zu § 3 Rn. 75; a. A. *Weitnauer/Lüke* § 12 Rn. 3.

[506] BGHZ 73, 150 = NJW 1979, 870 = Rpfleger 1979, 96; *Demharter* Anh zu § 3 Rn. 75.

[507] Dazu ausführlich *Bärmann/Armbrüster* § 2 Rn. 112 ff. m. w. N.

[508] OLG Köln NZM 2005, 148.

gen Wohnungseigentümer gem. § 22 Abs. 2 WEG kann die Eintragung der Rechtsänderung in das Grundbuch nicht beeinträchtigen, weil es sich insoweit um tatsächliche Maßnahmen und nicht um Rechtsänderungen handelt.[509] Das Grundbuchgericht hat daher insoweit auch nicht zu prüfen, ob die übrigen Wohnungseigentümer einer baulichen Veränderung (z.B. durch Schaffung weiterer Eingangsmöglichkeiten) zugestimmt haben.[510]

Auch **dinglich Berechtigte** am bisherigen Wohnungseigentum sind durch die Unterteilung nicht beeinträchtigt. Ihre Rechte setzen sich nach den für eine Teilung gem. § 8 WEG entwickelten Grundsätzen an den neu gebildeten Einheiten (ggf. als Gesamtrechte) fort,[511] sofern nicht ausnahmsweise die Unterteilung in analoger Anwendung des § 3 WEG vorgenommen werden sollte. Dies gilt auch für dingliche Rechte, die zum Besitz berechtigen wie bspw. einem Wohnungsrecht; die hier möglicherweise auftretenden tatsächlichen Beeinträchtigungen sind durch die baulichen Maßnahmen, nicht aber durch die rechtliche Unterteilung veranlasst.[512] Ein durch Unterteilung entstandenes Wohnungseigentum kann gem. § 1026 BGB von der Belastung mit einem solchen Recht frei werden.[513] **389**

Da für die Unterteilung in entsprechender Anwendung des § 8 WEG nach materiellem Recht weder die Zustimmung der übrigen Wohnungseigentümer noch der dinglich Berechtigten notwendig ist, ist auch grundbuchrechtlich deren **Eintragungsbewilligung** nicht erforderlich.[514] Dem Grundbuchgericht sind als Anlagen zur Eintragungsbewilligung des (unter-)teilenden Eigentümers jedoch ein **geänderter Aufteilungsplan** mit entsprechender **Abgeschlossenheitsbescheinigung** für die neu gebildeten Einheiten vorzulegen. Dies gilt selbst dann, wenn durch die Unterteilung eine frühere Vereinigung wieder rückgängig gemacht werden soll.[515] Die Vorlage eines Unterteilungsplanes ist jedoch entbehrlich, wenn bereits der ursprüngliche Aufteilungsplan bisher mit demselben Miteigentumsanteil verbundene selbständige Raumeinheiten ausweist, deren Abgeschlossenheit seinerzeit schon bescheinigt worden ist.[516] Bisher schon zugeordnete **Sondernutzungsrechte** werden mangels anderslautender Erklärung zu gemeinschaftlichen zugunsten der jeweiligen Eigentümer der neu entstandenen Einheiten.[517] **390**

Wie bei einer Erstaufteilung ist auch bei einer späteren Unterteilung entsprechend § 8 WEG die Vorlage einer steuerlichen **Unbedenklichkeitsbescheinigung** entbehrlich. Jedoch können hier entsprechende Genehmigungen nach § 22 BauGB (**Fremdenverkehrsgebiete**) und § 172 BauGB (**Milieuschutzsatzung**) in Betracht kommen (im Einzelnen s.o.). **391**

Die **Unterteilung** eines Wohnungseigentums muss **kongruent** erfolgen, d.h. es darf infolge der Unterteilung weder bisher gemeinschaftliches Eigentum in das neu gebildete Sondereigentum einbezogen werden, noch dürfen Teile des bisherigen Sondereigentums ohne Verbindung mit einem Miteigentumsanteil verbleiben („Eingangsflurproblem"). In beiden Fällen bedürfte es sonst zusätzlich einer Einigung sämtlicher Wohnungseigentümer über die darin liegende **Umwandlung** von Gemeinschaftseigentum in Sondereigentum bzw. umgekehrt sowie einer entsprechenden Grundbucheintragung (zur Umwandlung s. oben Rn. 379ff.). Lässt sich die Zustimmung der übrigen Eigentümer und der betroffenen **392**

---

509 BayObLG DNotZ 1999, 210 = FGPrax 1998, 52.

510 LG Köln MietRB 2009, 205.

511 *Demharter* Anh zu § 3 Rn. 74.

512 *Riecke/Schmid/Schneider* § 7 Rn. 247; a.A. *Böttcher* BWNotZ 1996, 80, 87; *Meikel/Morvilius* Einl C Rn. 196.

513 *Demharter* Anh zu § 3 Rn. 74.

514 BayObLG DNotZ 1992, 305 = Rpfleger 1991, 455.

515 BayObLG NJW-RR 1994, 716 = Rpfleger 1994, 498.

516 OLG Zweibrücken FGPrax 2001, 105.

517 *Bauer/v. Oefele* AT V Rn. 364; *Riecke/Schmid/Schneider* § 7 Rn. 250; a.A. Beck'sches Formularbuch/*Rapp* A III Rn. 90; *Meikel/Morvilius* Einl. C Rn. 202, die eine vorherige Klärung der Zuordnung verlangen.

dinglich Berechtigten zu einer notwendigen Umwandlung nicht erlangen, so ist die vorgesehene Unterteilung nicht möglich; Wohnungseigentümer müssen sich im Rahmen einer Unterteilung entstehendes gemeinschaftliches Eigentum nicht aufdrängen lassen.[518]

393 Eine gegen die Mitwirkungspflicht verstoßende Eintragung einer Unterteilung in das Grundbuch ist unzulässig und daher nichtig.[519] Sie kann auch nicht Grundlage für einen **gutgläubigen Erwerb** sein.[520] Die Eintragung eines Amtswiderspruchs gem. § 53 Abs. 1 S. 1 GBO scheidet damit aus.[521] Die Wirkungen der **Nichtigkeit** lassen sich jedoch möglicherweise gegenständlich auf eine der neu gebildeten Einheiten beschränken.[522] Ebenfalls eine inhaltlich unzulässige Eintragung liegt vor, wenn im Grundbuch eines durch Unterteilung entstandenen Wohnungseigentums sowohl auf die ursprüngliche Teilungserklärung, die von der Unterteilung erfasste Räumlichkeiten noch als gemeinschaftliches Eigentum ausweist, als auch auf die Unterteilungserklärung Bezug genommen wird.[523]

394 *ccc) Isolierte Veränderungen des Sondereigentums.* Isolierte Verfügungen allein über das Sondereigentum ohne den dazu gehörigen Miteigentumsanteil sind in unterschiedlichem Maße denkbar:

395 • **Aufhebung von Sondereigentum:** Bestehendes Sondereigentum kann ohne eine anderweitige Zuordnung lediglich an einzelnen Räumen aufgehoben werden. Eine solche **teilweise Aufhebung des Sondereigentums** ist nicht einseitig möglich und stellt sich rechtlich als **Umwandlung** von bestehendem Sondereigentum in Gemeinschaftseigentum dar. Gleiches gilt auch für die **vollständige Aufhebung eines Sondereigentums.** Dazu s. deshalb Rn. 379 ff.

396 • **Abspaltung von Sondereigentum: Sondereigentum** kann auch ohne Mitnahme von Miteigentumsanteilen nur hinsichtlich einzelner Räume **abgetrennt** und einer anderen Einheit in derselben Anlage zugeordnet werden. Der Vorgang stellt eine gegenständliche Veränderung der beteiligten Einheiten dar, für dessen Vollzug bei verschiedenen Eigentümern § 4 WEG unmittelbar[524] bzw. entsprechend[525] heranzuziehen ist. Aber auch ein Wohnungseigentümer, dem zwei Wohnungen gehören, kann Räume des einen Sondereigentums dem anderen Sondereigentum zuordnen.[526] Zur Wirksamkeit einer solchen Änderung im Bestand der zum Sondereigentum gehörenden Räume muss diese allerdings auf dem Grundbuchblatt selbst vermerkt werden. Eine Eintragung nur durch Bezugnahme auf die Eintragungsbewilligung ist nach § 7 Abs. 3 WEG nicht zulässig; eine unzulässige Bezugnahme wirkt nicht als Eintragung.[527]

397 **Die übrigen Wohnungseigentümer** sind an der Abspaltung nicht beteiligt und müssen deshalb vorbehaltlich einer vereinbarten **Veräußerungszustimmung** gem. § 12 WEG[528]

---

[518] BGHZ 139, 352 = NJW 1998, 3711 = Rpfleger 1999, 66; OLG München DNotZ 2007, 946 = Rpfleger 2007, 459; a. A. *Gaier* FS Wenzel (2005), S. 145; *Röll* DNotZ 1998, 79.

[519] BGH NZM 2004, 876 = Rpfleger 2005, 17; OLG München DNotZ 2007, 946 = Rpfleger 2007, 459; BayObLG NJW-RR 1996, 721 = Rpfleger 1996, 240; *Demharter* Anh zu § 3 Rn. 73; *Schöner/Stöber* Rn. 2976 a.

[520] BGH NZM 2004, 876 = Rpfleger 2005, 17; BayObLG DNotZ 1988, 316 = Rpfleger 1988, 102; a. A. *Böttcher* ZfIR 2008, 116; *Röll* MittBayNot 1988, 22.

[521] BayObLG Rpfleger 1988, 256; insoweit unrichtig OLG München DNotZ 2007, 946 = Rpfleger 2007, 459.

[522] BayObLG NZM 1998, 440.

[523] BGH NZM 2004, 876 = Rpfleger 2005, 17.

[524] OLG Köln FGPrax 2007, 19; BayObLG FGPrax 1998, 52.

[525] *Bärmann/Armbrüster* § 2 Rn. 11; *Meikel/Morvilius* Einl. C Rn. 185; *Riecke/Schmid/Schneider* § 6 Rn. 12.

[526] OLG München NZM 2009, 402 = Rpfleger 2009, 20.

[527] BGHZ 174, 61 = DNotZ 2008, 441 = NJW 2007, 3777 = Rpfleger 2008, 60.

[528] Auch die isolierte Übertragung von Sondereigentum unterfällt dem Anwendungsbereich des § 12 WEG und bedarf nach dem Schutzzweck der Norm einer vereinbarten Zustimmung; *Bärmann/Wenzel* § 12 Rn. 17; *Hallmann* MittRhNotK 1985, 1, 4; *Palandt/Bassenge* § 12 Rn. 3;

auch nicht mitwirken.[529] Dies gilt selbst dann, wenn mit der Abspaltung **bauliche Veränderungen** verbunden sein sollten, die zu Eingriffen in das Gemeinschaftseigentum führen (z.B. Wand- oder Deckendurchbrüche zur Verbindung eines abgespaltenen Raumes). In einem solchen Fall ändern die baulichen Maßnahmen nichts an der bestehenden Abgrenzung von Sonder- und Gemeinschaftseigentum. Die dingliche Rechtsstellung der übrigen Wohnungseigentümer wird dadurch *rechtlich* nicht betroffen; bauliche Maßnahmen vermögen nichts an der rechtlichen Zuordnung von Sonder- und Gemeinschaftseigentum zu ändern und führen daher auch nicht zu einer Unrichtigkeit des Grundbuchs.[530] Die Erteilung einer evtl. gem. § 22 WEG erforderlichen Zustimmung ist daher vom Grundbuchgericht nicht zu prüfen; etwaige Beseitigungsansprüche gem. §§ 22 Abs. 1, 14 Nr. 1 WEG § 1004 Abs. 1 BGB bleiben unberührt. Selbst wenn eine **tragende,** im Gemeinschaftseigentum stehende **Wand** durchbrochen werden sollte, kann der damit für die übrigen Wohnungseigentümer entstehende Nachteil hinzunehmen sein, wenn kein wesentlicher Eingriff in die Substanz des Gemeinschaftseigentums erfolgt, insbesondere keine Gefahr für die konstruktive Stabilität des Gebäudes und dessen Brandsicherheit geschaffen worden ist.[531]

Verfahrensrechtlich genügt nach dem hier vertretenen Ansatz der Nachweis der Einigungserklärung, die regelmäßig auch die verfahrensmäßige **Bewilligung** des Eigentümers der verkleinerten Einheit beinhalten wird. § 20 GBO findet demgegenüber mangels eines entsprechenden Verweises keine Anwendung (s.o.). Zugunsten der ursprünglichen Gesamteinheit eingetragene **Sondernutzungsrechte** verbleiben bei dem restlichen Wohnungseigentum.[532] **398**

Dinglich Berechtigte am abgebenden Wohnungseigentum, deren Rechte nicht zugleich auch am aufnehmenden Wohnungseigentum lasten, müssen der Enthaftung des Sondereigentums zustimmen (§ 19 GBO, §§ 876, 877 BGB).[533] In der Zustimmung ist auch die notwendige Bewilligung zur **Pfandentlassung** zu sehen.[534] Umgekehrt müssen dinglich Berechtigte am aufnehmenden Wohnungseigentum das hinzukommende Sondereigentum nicht rechtsgeschäftlich nachverpfänden, weil sich die **Einbeziehung in die Mithaft** bereits kraft Gesetzes vollzieht.[535] **399**

Die Vorlage eines **neuen Aufteilungsplanes mit Abgeschlossenheitsbescheinigung** ist entbehrlich, wenn bereits der ursprüngliche Aufteilungsplan bisher mit demselben Miteigentumsanteil verbundene selbständige Raumeinheiten ausweist, deren Abgeschlossenheit seinerzeit schon bescheinigt worden ist.[536] In den übrigen Fällen bedarf es einer neuerlichen Vorlage.[537] Auch eine steuerliche **Unbedenklichkeitsbescheinigung** ist vorzulegen.[538] **400**

Riecke/Schmid/Schneider § 12 Rn. 46; *Weinauer/Lüke* § 12 Rn. 2; a.A. OLG Celle DNotZ 1975, 42 = Rpfleger 1974, 267; *Bauer/v. Oefele* AT V Rn. 119; *Schöner/Stöber* Rn. 2905.

[529] OLG München NZM 2009, 402 = Rpfleger 2009, 20; OLG Köln FGPrax 2007, 19; OLG Zweibrücken FGPrax 2001, 105.

[530] BayObLG FGPrax 1998, 52 = NZM 1998, 308; *Kolb* MittRhNotK 1996, 254, 255; *Röll* MittBayNot 1998, 81; *Schöner/Stöber* Rn. 2977a.

[531] BGHZ 146, 241 = NJW 2001, 1212; OLG Celle ZWE 2002, 533; FGPrax 2000, 220; a.A. noch KG NJW-RR 1997, 587; BayObLG ZMR 1996, 618; OLG Köln WE 1995, 221.

[532] *Riecke/Schmid/Schneider* § 7 Rn. 275; a.A. Beck'sches Notarhandbuch/*Rapp* A III Rn. 99, 101

[533] BayObLG FGPrax 1998, 52.

[534] LG Bremen Rpfleger 1985, 106 m. abl. Anm. *Meyer-Stolte; Böttcher* BWNotZ 1996, 80, 86; *Streuer* Rpfleger 1992, 181, 182.

[535] LG Düsseldorf MittRhNotK 1986, 78; *Böttcher* BWNotZ 1996, 80, 86; *Demharter* Anh zu § 3 Rn. 88; *Streuer* Rpfleger 1992, 181, 182; *Schöner/Stöber* Rn. 2970; a.A. Beck'sches Notarhandbuch/*Rapp* A III Rn. 97; *Böhringer* BWNotZ 1990, 105, 110; *F. Schmidt* MittBayNot 1985, 237, 244.

[536] OLG Zweibrücken FGPrax 2001, 105.

[537] BayObLG DNotZ 1999, 210.

[538] *Boruttau/Viskorf* § 2 Rn. 217.

401 • **Tausch von Sondereigentum:** Denkbar ist auch der Tausch bereits **bestehenden** Sondereigentums zwischen zwei Wohnungseigentümern, so dass lediglich die bisher vorhandene Verbindung mit einem Miteigentumsanteil verändert wird (z. B. Kellertausch). Dabei können zwei Wohnungseigentümer untereinander – unter Beibehaltung ihres jeweiligen Miteigentumsanteils – das Sondereigentum sogar vollständig austauschen.[539] Im übrigen gilt das zuvor Gesagte entsprechend.

402 *ee) Inhaltliche Veränderungen des Sondereigentums.* Gem. § 5 Abs. 4 S. 1 WEG können Vereinbarungen der Wohnungseigentümer zum Inhalt des Sondereigentums gemacht werden. Eine Vereinbarung der Wohnungseigentümer bedarf allerdings zu ihrer Wirksamkeit zunächst nicht der Eintragung in das Grundbuch.[540] Ohne Eintragung wirkt sie lediglich schuldrechtlich im Verhältnis der an ihr unmittelbar Beteiligten („inter partes"). Die in § 10 Abs. 3 WEG zugelassene Grundbucheintragung ist demnach erforderlich zur **Erstreckung der schuldrechtlichen Rechtsbeziehungen** auf später in die Gemeinschaft eintretende Sondernachfolger im Eigentum. Ohne die mit der Grundbucheintragung verbundene Erstreckungswirkung würde die lediglich schuldrechtlich wirkende Vereinbarung nur dann gegenüber einem Sondernachfolger im Eigentum wirken können, wenn der neue Eigentümer in diese Regelung eintritt.[541] Bindet die ursprüngliche Regelung jedoch *einen* Sondernachfolger nicht, so kann sie auch gegenüber den übrigen Mitgliedern der Gemeinschaft keine Wirkung entfalten, da der Zweck der Vereinbarung nun nicht mehr erreicht werden kann; eine relative Änderung der Gemeinschaftsordnung kommt jedoch nicht in Betracht.[542] Die **Grundbucheintragung** einer Vereinbarung der Wohnungseigentümer dient somit der **Verdinglichung von schuldrechtlichen Regelungen** der Wohnungseigentümer.[543]

403 Diese dingliche **Wirkung** ist **nicht absolut.** Sie gilt nur unter Wohnungseigentümern, ihren Sondernachfolgern und den in der Gemeinschaft an ihre Stelle tretenden Fremdnutzern (z. B. Mietern).[544] **Sondernachfolger** ist dabei jeder Wohnungseigentümer, der das Wohnungseigentum im Wege der Einzelrechtsnachfolge entweder durch Rechtsgeschäft oder durch Zuschlag in der Zwangsversteigerung erwirbt sowie der Pfändungsgläubiger eines dinglichen Rechts am Miteigentum, nicht dagegen der Gesamtrechtsnachfolger gem. § 1922 BGB oder nach §§ 20 Abs. 1, 131 Abs. 1 UmwG.[545]

404 Damit stellt sich die Eintragung einer Vereinbarung in das Grundbuch als inhaltliche Ausgestaltung des Sondereigentums gem. § 5 Abs. 4 S. 1, § 8 Abs. 2 S. 1, § 10 Abs. 3 WEG dar. Als **Inhalt des Sondereigentums** in das Grundbuch eingetragene Vereinbarungen oder vom Gesetz vorgegebene Regelungen können im Verhältnis der Wohnungseigentümer untereinander nur nach Maßgabe des § 10 Abs. 3 WEG aufgehoben, geändert oder ergänzt werden.[546] Hierzu bedarf es rechtsgeschäftlich wiederum einer Vereinbarung aller Wohnungseigentümer. Verfahrensrechtlich handelt es sich nach dem hier zugrunde gelegten Verständnis um eine berichtigende Eintragung,[547] die entweder aufgrund einer Berichtigungsbewilligung der Betroffenen oder aufgrund eines Unrichtig-

---

[539] BayObLG DNotZ 1984, 381 = Rpfleger 1984, 268.

[540] *Erman/Grziwotz* § 10 Rn. 9.

[541] *Wenzel* ZWE 2004, 130, 132.

[542] BGH DNotZ 2002, 866, 867 = NZM 2002, 664; OLG Hamburg NZM 2002, 27; OLG Köln DNotZ 2002, 223, 227 m. Anm. *Häublein* = NZM 2001, 1135; *Becker* PiG 63, 99, 105 ff.; *Demharter* DNotZ 1991, 28, 34; *Müller* ZMR 2000, 473, 474; *Volmer* ZfIR 2000, 931, 940; *Wenzel* ZNotP 2004, 170, 171; **a. A.** *Rapp* DNotZ 2000, 185, 194.

[543] Wegen der unterschiedlichen Auffassungen zur Rechtsnatur der verdinglichten Vereinbarung s. *Bärmann/Wenzel* § 10 Rn. 113 ff. m. w. N.

[544] *Bärmann/Wenzel* § 10 Rn. 118.

[545] *Bärmann/Armbrüster* § 10 Rn. 123; *Riecke/Schmid/Elzer* § 10 Rn. 309; *Weitnauer/Lüke* § 10 Rn. 34.

[546] BGHZ 156, 192 = NJW 2003, 3476; BGHZ 130, 304 = NJW 1995, 2791.

[547] *Böhringer* NotBZ 2003, 285, 289; *Schneider* ZfIR 2002, 108, 116.

keitsnachweises entsprechend § 22 GBO im Grundbuch vollzogen werden könnte.[548] Zur Erlangung der Erstreckungswirkung bedürfen also auch diese Änderungen, Ergänzungen oder die Aufhebung einer Regelung der Eintragung in das Grundbuch.

Die Mitwirkung der betroffenen Wohnungseigentümer ist allerdings dann entbehrlich, 405 wenn in der Gemeinschaftsordnung eine **vorweg genommene Zustimmung** zur Vornahme solcher Veränderungen mit einer den Rechtsnachfolger bindenden Wirkung als Inhalt des Sondereigentums vereinbart und auch in das Grundbuch eingetragen worden ist.[549] Gem. § 10 Abs. 3 WEG wirkt eine solche Vereinbarung als Inhalt des Sondereigentums gegenüber Sondernachfolgern; sie betrifft nicht das sachenrechtliche Grundverhältnis sondern gestaltet lediglich das Gemeinschaftsverhältnis.

Die für die Eintragung einer inhaltlichen Veränderung grundsätzlich erforderliche 406 **Mitwirkung dinglich Berechtigter** (§ 19 GBO, §§ 877, 876 BGB) entfällt nicht dadurch, dass in der Gemeinschaftsordnung bereits eine vorweg genommene Zustimmung enthalten und diese als bindender Inhalt in das Grundbuch eingetragen worden ist.[550] Im übrigen bedarf es der Zustimmung immer dann, wenn ein Recht auch nur möglicherweise durch die Eintragung *rechtlich* betroffen werden kann.[551] Dies wird allerdings nicht der Fall sein, wenn das Recht am ganzen Grundstück oder an allen Miteigentumsanteilen eingetragen ist.[552] Für das Zustimmungserfordernis bei inhaltlichen Veränderungen ist nunmehr die **Sonderregelung** des § 5 Abs. 4 S. 2 u. 3 WEG zu beachten. Danach ist zu einer Vereinbarung die Zustimmung des Gläubigers eines Grundpfandrechts oder einer Reallast nur noch erforderlich, wenn ein Sondernutzungsrecht begründet, aufgehoben, geändert oder übertragen werden soll, es sei denn, es wird gleichzeitig das zu seinen Gunsten belastete Wohnungseigentum mit einem Sondernutzungsrecht verbunden. Ob die Sondernutzungsrechte dabei gleichwertig oder gleichartig zu sein haben, ist in der Literatur umstritten.[553] Zustimmen müssen den Änderungen der Gemeinschaftsordnung aber auch weiterhin die betroffenen Berechtigten von Vormerkungen, Dienstbarkeiten, Vorkaufsrechten sowie Dauerwohn- und -nutzungsrechten.

aaa) Umwandlung von Wohnungs- in Teileigentum und umgekehrt. Die Angabe „Woh- 407 nungseigentum" bzw. „Teileigentum" beinhaltet eine **allgemeine Zweckbestimmung** im weiteren Sinn.[554] Bei der Festlegung des Nutzungszwecks anlässlich der Begründung von Wohnungs- und Teileigentum handelt es sich nach insoweit wohl h. M. um eine **Zweckbestimmung mit Vereinbarungscharakter** (§§ 10 Abs. 3, 15 Abs. 1 WEG).[555] Eine Änderung des vereinbarten Nutzungszwecks von „Wohnungseigentum" in „Teileigentum" oder umgekehrt bewirkt somit eine Umwidmung des zuvor festgelegten Gebrauchszwecks. Sie stellt sich damit als Änderung der im Grundbuch eingetragenen Gemeinschaftsordnung und damit als **Inhaltsänderung des Sondereigentums** gem. §§ 5 Abs. 4 S. 1, !0 Abs. 2 und 3 WEG dar,[556] die grundsätzlich nur durch Vereinbarung sämtlicher Wohnungseigentümer

---

[548] A.A die h. M., die §§ 877, 873 BGB entsprechend anwenden will; vgl. *Bauer/v. Oefele* AT V Rn. 318; *Demharter* Anh zu § 3 Rn. 78 je m. w. N.

[549] BayObLG NZM 2002, 24; BayObLG Rpfleger 2000, 544; KG FGPrax 1998, 94; BayObLG DNotZ 1998, 379 = Rpfleger 1998, 19.

[550] BayObLG Rpfleger 2005, 135 m. zust. Anm. *Röll* DNotZ 2005, 392.

[551] BGHZ 145, 133 = NJW 2000, 3643 = Rpfleger 2001, 69; BGHZ 91, 343 = NJW 1984, 2409 = Rpfleger 1984, 408.

[552] OLG Frankfurt NJW-RR 1996, 918 = Rpfleger 1996, 340; *Demharter* Anh zu § 3 Rn. 79.

[553] Dazu vgl. ausführlich *Bärmann/Armbrüster* § 5 Rn. 133 ff. m. w. N.

[554] BayObLG NZM 2005, 263; BayObLG NJW-RR 1998, 946; BayObLG WuM 1994, 222.

[555] BGH NJW 2004, 364; OLG Schleswig FGPrax 2006, 207; OLG Zweibrücken NJW-RR 2005, 1540; OLG Hamm DNotZ 2004, 389; BayObLG NZM 2001, 137; *Bärmann/Armbrüster* § 1 Rn. 26 ff.

[556] KG NZM 2007, 604; OLG Hamm NZM 2007, 294; OLG Bremen ZWE 2002, 184; BayObLG NJW-RR 2001, 1163; OLG Köln ZMR 1997, 376; *Armbrüster* ZMR 2005, 244, 247; *Armbrüster/M. Müller* FS Seuß 2007, 3, 14, 15; *Bärmann/Armbrüster* § 1 Rn. 27 ff.; *Hügel* FS Bub 2007, S. 137; *ders.* RNotZ 2005, 149, 154; *Meikel/Morvilius* Einl. C Rn. 169; MünchKomm/

unter Zustimmung der dinglich Berechtigten bewirkt werden kann.[557] Die Grundbucheintragung ist lediglich zur Erlangung der Erstreckungswirkung erforderlich.

408 Nicht gefolgt werden kann der Auffassung, nach der eine **Änderung** der Zweckbestimmung eine solche **des sachenrechtlichen Begründungsaktes** darstellen soll.[558] Dies würde die Notwendigkeit einer Einigung gem. § 4 WEG und die konstitutive Eintragung der Rechtsänderung im Grundbuch gem. §§ 877, 873 BGB zur Folge haben. Richtigerweise stellt die Festlegung des Nutzungszwecks aber materiell eine dem Begründungsakt vorgelagerte Bestimmung der Wohnungseigentümer dar, die diese – ohne Grundbucheintragung – bereits vor der Errichtung der Teilungsurkunde getroffen haben.[559] Der erst später nachfolgenden Grundbucheintragung kommt somit kein konstitutiver Charakter zu.[560]

409 Die **Unterschiede** zwischen beiden Auffassungen wirken sich in zwei zentralen Fragen aus: Zum einen vermag die wohl h. M. eine in der Teilungserklärung **vorweggenommene Ermächtigung** zur Vornahme von Änderungen des Gebrauchszwecks als zulässigen Inhalt des Sondereigentums und mit einer den Sondernachfolger bindenden Wirkung gem. § 10 Abs. 3 S. 2 WEG in das Grundbuch einzutragen.[561] Auf diese Weise kann also das an sich bestehende Mitwirkungserfordernis der übrigen Wohnungseigentümer an einer späteren Änderung durch eine Regelung in der Gemeinschaftsordnung abbedungen werden. Demgegenüber kann die Verdinglichung einer Änderungsermächtigung nicht in Betracht kommen, wenn man in der Änderung eine solche des sachenrechtlichen Begründungsakts sehen will.[562]

410 Andererseits entfällt zur Eintragung der Änderung des Gebrauchszwecks im Grundbuch nach der Novelle 2007 die früher erforderliche **Mitwirkung von Grundpfandrechtsgläubigern und Reallastberechtigten** als Einzelberechtigte,[563] weil es sich insoweit um eine inhaltliche Änderung der Gemeinschaftsordnung handelt, der die Genannten gem. § 5 Abs. 4 S. 2 WEG nun nicht mehr zustimmen müssen.[564] Die Gesetzesänderung betrifft aber ausschließlich inhaltliche Änderungen gem. § 5 Abs. 4 WEG. Hält man statt dessen die Umwandlung von Wohnungs- in Teileigentum für eine Änderung des sachenrechtlichen Begründungsakts, muss es deshalb uneingeschränkt bei der gem. §§ 876, 877 BGB für solche Änderungen (§ 4 WEG) nach wie vor notwendigen Zustimmung aller dinglich Berechtigten in der Form des § 29 GBO verbleiben, soweit sie durch die Eintragung betroffen werden können.[565]

Commichau § 1 Rn. 44; *H. Müller* Rn. 68; *Niedenführ/Kümmel/Vandenhouten* § 1 Rn. 20; *Palandt/Bassenge* § 1 Rn. 4; *Riecke/Schmid/Schneider* § 1 Rn. 42 ff.; *F. Schmidt* ZWE 2005, 315, 316; *Weitnauer/Lüke* § 15 Rn. 15.

[557] OLG Hamburg ZMR 2000, 627; BayObLG DNotZ 1998, 378 = Rpfleger 1998, 19; *Böttcher* BWNotZ 1996, 80, 82; *F. Schmidt* WE 1996, 212; *Schöner/Stöber* Rn. 2872 d; *Staudinger/Rapp* § 1 Rn. 11.

[558] So aber KG NJW-RR 2005, 531; KG NZM 2002, 444; BayObLG ZMR 1997, 537; BayObLG WE 1995, 157 m. abl. Anm. *Weitnauer; Köhler/Bassenge/Kümmel* Teil 11 Rn. 268; *Ott* ZfIR 2005, 129, 130 f.; *Riecke/Schmid/Elzer* § 3 Rn. 22; *Wenzel* ZWE 2006, 62.

[559] *Riecke/Schmid/Schneider* § 1 Rn. 44.

[560] Ausführlich *Hügel* FS Bub 2007, S. 137; *Weitnauer* WE 1995, 158.

[561] BayObLG NZM 2000, 668; BayObLG DNotZ 1998, 379 = Rpfleger 1998, 19.

[562] *Ott* ZfIR 2005, 129, 132; vgl. BGH NJW 2003, 2165; BayObLG DNotZ 1999, 665.

[563] Inhaber von dinglichen Rechten am ganzen Grundstück bzw. an sämtlichen Miteigentumsanteilen sind ohnehin von einer Änderung nicht betroffen; vgl. OLG Frankfurt Rpfleger 1996, 340; *Demharter* Anh zu § 3 Rn. 79.

[564] *Bärmann/Armbrüster* § 1 Rn. 31; *Demharter* Anh zu § 3 Rn. 79; *Riecke/Schmid/Schneider* § 1 Rn. 46.

[565] Inkonsequent *Erman/Grziwotz* § 1 Rn. 9, der zwar einerseits die Umwandlung von Wohnungs- in Teileigentum für eine inhaltliche Änderung des Sondereigentums hält, andererseits aber gleichwohl am bisherigen Zustimmungserfordernis entgegen dem Wortlaut des Gesetzes festhalten will.

Für die bloße Umwidmung ist die Vorlage eines geänderten oder ergänzten **Aufteilungsplanes** entbehrlich, solange die äußeren Umfangsgrenzen des bestehenden Sondereigentums nicht ebenfalls verändert werden sollen.[566] Allerdings wird für die Umwandlung eines Teileigentums in ein Wohnungseigentum die Nachreichung einer geänderten **Abgeschlossenheitsbescheinigung** erforderlich werden, weil an die Ausstattung eines Wohnungseigentums höhere Anforderungen als an die eines Teileigentums gerichtet sind (vgl. auch Nr. 5 der AVV v. 19. 3. 1974).[567] 411

Sind bisher mehrere Räumlichkeiten im Hinblick auf den überwiegenden Charakter einer Einheit als Wohnungseigentum eingetragen, führt die spätere Abtrennung eines auch schon bisher nur für Zwecke eines Teileigentums festgelegten Raumes (z.B. eines Kellerraums oder einer Garage) nur zu einer **scheinbaren Umwandlung.** In einem solchen Fall wird bei entsprechender Aufteilung eines ursprünglich einheitlichen Wohnungseigentumsrechts in ein Wohnungseigentumsrecht und ein Teileigentumsrecht die festgelegte Zweckbestimmung nur formell geändert, materiell aber wird ihr eben durch die Aufteilung in ein Wohnungseigentumsrecht und ein Teileigentumsrecht Rechnung getragen Für die selbständige Eintragung der Garage als Teileigentum ist in einem solchen Fall daher die Zustimmung der übrigen Wohnungseigentümer nicht erforderlich.[568] 412

bbb) Änderung einer vereinbarten Kosten- und Lastentragungspflicht. Die Wohnungseigentümer sind gem. § 16 Abs. 2 WEG zur Tragung der dort genannten Kosten und Lasten des gemeinschaftlichen Eigentums im Verhältnis ihrer Miteigentumsanteile verpflichtet. Eine Änderung dieser Verpflichtung war bis zur Novelle 2007 nur **im Vereinbarungswege** möglich[569] und führte mit der Grundbucheintragung zur **Inhaltsänderung** der eingetragenen Wohnungseigentumsrechte. 413

Die **Grundbucheintragung einer** solchen **vereinbarungsweisen Änderung** des Kostenverteilungsschlüssels ist nach wie vor möglich.[570] Für die Zustimmung der an den einzelnen Einheiten eingetragenen dinglich Berechtigten gilt das oben zur Zweckbestimmung Gesagte entsprechend. Ob der Grundbucheintragung allerdings auch nach Einführung der gesetzlichen Öffnungsklausel in § 16 Abs. 3 WEG noch die frühere Bedeutung zukommen wird, bleibt abzuwarten. Jedenfalls werden von der gesetzlichen Öffnungsklausel nicht die Kosten für die Instandhaltung und Instandsetzung erfasst, deren Verteilung gem. § 16 Abs. 4 WEG nur für den Einzelfall geändert werden kann. 414

Die Möglichkeit zur **Grundbucheintragung einer beschlossenen Änderung** des geltenden Kostenverteilungsschlüssels nach neuer Rechtslage ist im Hinblick auf § 10 Abs. 4 S. 2 WEG umstritten;[571] nach dem hier zugrunde gelegten Rechtsverständnis ist sie abzulehnen. 415

ccc) Nachträgliche Begründung oder Veränderung von Sondernutzungsrechten. Hierzu s. ausführlich Rn. C 288 ff. u. Rn. C 409 ff. 416

---

[566] OLG Bremen NZM 2002, 610; *Hügel* RNotZ 2005, 149, 155.

[567] Beck'sches Notarhandbuch/*Rapp* III Rn. 110; *Hügel* RNotZ 2005, 149, 155; *Riecke/Schmid/Schneider* § 7 Rn. 286.

[568] BGHZ 73, 150 = NJW 1979, 870 = Rpfleger 1979, 96; Beck'sches Notarhandbuch/*Rapp* A III Rn. 111.

[569] BGHZ 156, 192 = NJW 2003, 3476; BGHZ 145, 158 = NJW 2000, 3500 = Rpfleger 2001, 19; BGHZ 130, 304 = NJW 1995, 2791; OLG Düsseldorf NJW-RR 2002, 157; *Wenzel* NZM 2000, 257, 261.

[570] Vgl. *Riecke/Schmid/Elzer* § 16 Rn. 40.

[571] Bejahend zwecks Erhaltung eines Restes an negativer Grundbuchpublizität *Hügel*/Elzer § 5 Rn. 44 ff.; *Hügel* DNotZ 2007, 326, 355; *Riecke/Schmid/Elzer* § 16 Rn. 92; *Palandt/Bassenge* § 16 Rn. 7 (allerdings in Widerspruch zu § 10 Rn. 22); verneinend dagegen *Bärmann/Becker* § 16 Rn. 105; *Becker* ZWE 2008, 217, 225; *Jennißen* § 16 Rn. 72; *Niedenführ/Kümmel/Vandenhouten* § 10 Rn. 52; *Schneider* NotBZ 2008, 442.

417 *ddd) Nachträgliche Begründung oder Änderung einer eingetragenen Veräußerungsbeschränkung gem. § 12 WEG.* Hierzu s. ausführlich Rn. C 464ff.

418 *eee) Nachträgliche Vereinbarung einer Öffnungsklausel.* Die von den Wohnungseigentümern vereinbarte **Gemeinschaftsordnung** kann grundsätzlich nur unter Mitwirkung aller Wohnungseigentümer wieder **im Vereinbarungswege geändert** werden. Nachdem der BGH die jahrzehntelange Praxis der sog. Zitterbeschlüsse unterbunden hatte,[572] ging die Kautelarpraxis zunehmend dazu über, Gemeinschaftsordnungen mit sog. Öffnungsklauseln auszustatten. Auf diese Weise sollten gem. § 23 Abs. 1 WEG Beschlusskompetenzen in solchen Satzungsbereichen eröffnet werden, in denen nach dem Gesetz Änderungen nur über eine Vereinbarung aller Wohnungseigentümer erreicht werden könnten. Die Zulässigkeit solcher Öffnungsklauseln ist heute unbestritten.[573] Einige Beschlusskompetenzen hat der Gesetzgeber nunmehr unmittelbar in das WEG aufgenommen.[574]

419 Die Grundbucheintragung einer Öffnungsklausel dient der **Verdinglichung einer schuldrechtlichen Regelung der Wohnungseigentümer,** der andernfalls keine Wirksamkeit gegenüber Sondernachfolgern zukommen könnte.[575] Damit stellt sich die Eintragung einer Öffnungsklausel in das Grundbuch als inhaltliche Ausgestaltung des Sondereigentums gem. § 5 Abs. 4 S. 1, § 8 Abs. 2 S. 1, § 10 Abs. 3 WEG dar. Öffnungsklauseln können auch noch nachträglich in das Grundbuch eingetragen werden. Wegen der Zustimmung der an den einzelnen Einheiten eingetragenen dinglich Berechtigten gilt das oben Gesagte entsprechend.

420 Eine ganz andere Frage ist, ob man auch nach der Gesetzesänderung zum 1. 7. 2007 im Hinblick auf den neu eingefügten § 10 Abs. 4 S. 2 WEG die **Eintragung von Beschlüssen in das Grundbuch** noch für möglich hält,[576] die aufgrund einer solchen rechtsgeschäftlichen Öffnungsklausel zustande gekommen sind.[577]

4. Beendigung von Wohnungs- und Teileigentum

421 **a) Verzicht auf ein Wohnungs- bzw. Teileigentum.** Während bei einem ungeteilten Grundstück das Eigentum gem. § 928 Abs. 1 BGB durch eine einseitige **Verzichtserklärung** des Eigentümers und entsprechende Eintragung in das Grundbuch aufgegeben werden kann, besteht diese Möglichkeit nicht für einen gewöhnlichen Miteigentumsanteil.[578] Da auch Wohnungseigentum durch die untrennbare Verbindung des Miteigen-

---

[572] BGHZ 145, 158 = DNotZ 2000, 854 = NJW 2000, 3500 = NZM 2000, 1184 = Rpfleger 2001, 19.

[573] Vgl. nur BGHZ 95, 137 = DNotZ 1986, 83 = NJW 1985, 2832 = ZMR 1986, 19; OLG Hamm NZM 2004, 504 = ZMR 2004, 852; OLG Frankfurt NZM 2001, 140; KG NZM 2001, 959 = ZfIR 2002, 56; *Grebe* DNotZ 1987, 5; *Hügel* NotBZ 2004, 205; *Schneider* Rpfleger 2002, 503, 504; *Ott* ZWE 2001, 466, 467; *Wenzel* ZNotP 2004, 170.

[574] Vgl. §§ 12 Abs. 4 S. 1; 16 Abs. 3 u. 4, 21 Abs. 7, 22 Abs 2 WEG.

[575] *Bärmann/Wenzel* § 10 Rn. 145; *Gaier* ZWE 2005, 39, 40.

[576] Vor der Novelle 2007 wurde die Eintragungsbedürftigkeit solcher Beschlüsse ganz überwiegend bejaht. Vgl. nur *Bärmann/Pick/Merle* 9. Aufl. § 23 Rn. 20; *Böttcher* Rpfleger 2004, 21, 31; *Buck* WE 1996, 94, 96; *Grebe* DNotZ 1987, 5; *KK-WEG/Elzer* § 10 Rn. 297f.; *Hügel* DNotZ 2001, 176; *v. Oefele/Schneider* DNotZ 2004, 740; *Ott* ZWE 2001, 466, 469; *Röll* Rpfleger 2003, 277, 278; *Schneider* ZfIR 2002, 108, 112; *Weitnauer/Lüke* § 10 Rn. 57; *Wenzel* ZWE 2004, 130, 135ff. je m. w. N.

[577] Die Eintragungsfähigkeit gleichwohl noch bejahend *Böttcher* NotBZ 2007, 421, 428; *Hügel/Elzer* § 3 Rn. 136ff.; *Hügel* DNotZ 2007, 326, 349f.; *Rapp* DNotZ 2009, 335, 341; *Riecke/Schmid/Elzer* § 10 Rn. 289. Die Eintragungsfähigkeit verneinen jetzt: *Bärmann/Wenzel* § 10 Rn. 190; *Jennißen/Grziwotz* § 10 Rn. 48; *Niedenführ/Kümmel/Vandenhouten* § 10 Rn. 52; *Palandt/Bassenge* § 10 Rn. 22; *Riecke/Schmid* § 24 Rn. 148; *Schneider* NotBZ 2008, 442; *Schöner/Stöber* Rn. 2887.

[578] BGHZ 172, 209 = NJW 2007, 2254 = Rpfleger 2007, 457; BGHZ 115, 1 = NJW 1991, 2488 = Rpfleger 1991, 495.

tumsanteils mit dem zugeordneten Sondereigentum gem. § 6 Abs. 1 WEG letztlich nur ein besonders ausgestaltetes Miteigentum darstellt, kann auch das Eigentum an einer Wohnungs- oder Teileigentumseinheit nicht durch einseitigen Verzicht des Eigentümers aufgegeben werden.[579] Auf diese Weise wird sichergestellt, dass die besonderen gemeinschaftsrechtlichen Bindungen beim Wohnungseigentum erhalten bleiben, ohne dass ein Miteigentümer sich einseitig durch Teilaufhebung der Gemeinschaft dem gesetzlich bestehenden Schuldverhältnis entziehen kann.

Der verzichtswillige Wohnungseigentümer ist jedoch insbesondere in Fällen eines wirtschaftlich wertlosen Wohnungs- oder Teileigentums („Schrottimmobilie") oder eines letztlich nicht nutzbaren Sondereigentums (auch bei einem sog. isolierten Miteigentumsanteil) nicht auf Dauer an die Eigentümergemeinschaft gebunden. In diesen Fällen kann nach Treu und Glauben (§ 242 BGB) in Verbindung mit den aus dem Gemeinschaftsverhältnis resultierenden Pflichten die ggf. teilweise Aufhebung der Gemeinschaft verlangt werden.[580] 422

b) Aufhebung nur einer Wohnungs- bzw. Teileigentumseinheit. Die Aufhebung eines einzelnen Wohnungs- oder Teileigentums kann sich auf unterschiedlichen Wegen vollziehen: 423

Entweder wird das bestehende **Sondereigentum aufrecht erhalten** und einem oder mehreren anderen Wohnungseigentümern übertragen. In diesem Fall erfolgt eine Neuzuordnung des Sondereigentums durch Verbindung mit den betreffenden anderen Miteigentumsanteilen (dazu s. Rn. 394 ff.). 424

Denkbar ist aber auch eine vollständige Aufhebung des Sondereigentums an einer Einheit durch **Umwandlung des Sondereigentums in gemeinschaftliches Eigentum,** so dass letztlich sämtliche übrigen Wohnungseigentümer über deren bereits bestehendes Miteigentum daran mitberechtigt sind (dazu s. Rn. 379 ff.). 425

In beiden Fällen macht die Aufhebung jedoch eine **Übertragung des** verbleibenden **Miteigentumsanteils** auf einige oder sämtliche übrigen Wohnungseigentümer unter Mitwirkung der dinglich Berechtigten erforderlich, weil ein isolierter (substanzloser) Miteigentumsanteil rechtsgeschäftlich nicht begründet werden kann.[581] Diese Übertragung vollzieht sich nicht durch eine anteilige Anwachsung des verbleibenden Miteigentumsanteils bei den übrigen Einheiten, sondern im Wege der Auflassung unter Mitwirkung aller beteiligten Parteien gem. §§ 873, 925 BGB.[582] Je nach Zuordnung der Miteigentumsanteile kann sich dadurch ein Anpassungsbedarf hinsichtlich der Gemeinschaftsordnung ergeben.[583] 426

Nicht zur **Aufhebung des Sondereigentums** führt dagegen die Übertragung des gesamten Wohnungseigentums einer Einheit auf die Wohnungseigentümergemeinschaft als Verband. Da dem Verband im Rahmen der Verwaltung mittlerweile die Rechtsfähigkeit zuerkannt worden ist (vgl. § 10 Abs. 6 S. 1 WEG), kann er auch wie jeder andere Wohnungseigentümer einen Miteigentumsanteil verbunden mit Sondereigentum erwerben.[584] 427

Zur **Aufhebung eines Sondernutzungsrechtes** s. Rn. C 433. 428

c) Beendigung sämtlicher Wohnungs- und Teileigentumsrechte. *aa) Beendigung durch Aufhebung aller Sondereigentumsrechte.* Die vertragliche Aufhebung sämtlicher Sondereigentumsrechte gem. § 4 Abs. 1 WEG führt von Amts wegen zur Schließung der Wohnungs- und Teileigentumsgrundbücher (§ 9 Abs. 1 Nr. 1 WEG). Erforderlich ist hierfür 429

---

579 BGHZ 172, 338 = DNotZ 2007, 845 = NJW 2007, 2547 = Rpfleger 2007, 537; a. A. MünchKomm/*Kanzleiter* § 928 Rn. 4.

580 BGHZ 172, 338 = DNotZ 2007, 845 = NJW 2007, 2547 = Rpfleger 2007, 537; *Riecke/Schmid/Elzer* § 11 Rn. 21.

581 BGHZ 109, 179 = NJW 1990, 447 = Rpfleger 1990, 62.

582 *Bärmann/Armbrüster* § 4 Rn. 44; *Riecke/Schmid/Schneider* § 4 Rn. 9.

583 *Bärmann/Armbrüster* § 4 Rn. 44.

584 OLG Celle DNotZ 2008, 616 = NJW 2008, 1537 = Rpfleger 2008, 296.

die Einigung sämtlicher Wohnungs- und Teileigentümer in der für die Auflassung vorgeschriebenen Form und die Eintragung in das Grundbuch (§ 4 Abs. 1, Abs. 2 S. 1 WEG). Die Einigung ist bedingungs- und befristungsfeindlich (§ 4 Abs. 2 S. 2 WEG). Im Ergebnis handelt es sich damit um den der vertraglichen Einräumung des Sondereigentums gem. § 3 WEG entgegengesetzten Vorgang. Aus diesem Grunde besteht auch hier der schon bei der vertraglichen Begründung des Sondereigentums beschriebene Meinungsstreit, ob verfahrensrechtlich die Vorlage entsprechender Eintragungsbewilligungen genügt[585] oder der Nachweis einer wirksamen Einigung[586] zu führen ist. Die Eintragung der Aufhebung erfolgt auf einen gewöhnlichen Antrag gem. § 13 Abs. 1 GBO.[587]

430 *bb) Beendigung durch Gegenstandslosigkeit des Sondereigentums.* Die völlige Zerstörung des in Wohnungseigentumsrechte aufgeteilten Gebäudes führt zur Gegenstandslosigkeit des Sondereigentums (§ 9 Abs. 1 Nr. 2 WEG). Eine **völlige Zerstörung** kann dann angenommen werden, wenn zwar u. U. noch Teile des Gebäudes erhalten sind, nach wirtschaftlicher Betrachtungsweise jedoch ein Wiederaufbau kostspieliger käme als ein Abriss mit anschließender Neuerrichtung.[588]

431 Der nachträgliche Wegfall des Sondereigentums führt jedoch noch nicht ohne weiteres auch zu einer Änderung der sachenrechtlichen Eigentumsverhältnisse durch Erlöschen der Sondereigentumsrechte und zur Beendigung der Wohnungseigentümergemeinschaft. Es wird vielmehr rein tatsächlich nur ein Zustand wie vor oder bei der abschnittsweisen Errichtung eines Gebäudes geschaffen.[589] Erst wenn gem. § 22 Abs. 4 WEG **keine Verpflichtung zum Wiederaufbau** besteht und auch eine entsprechende Vereinbarung nicht getroffen worden ist, kann die Auflösung der Gemeinschaft gem. § 11 Abs. 1 S. 3 WEG verlangt werden. Für diesen Fall wird den Wohnungseigentümern gem. § 9 Abs. 1 Nr. 2 WEG nunmehr anstelle der sonst erforderlichen vertraglichen Aufhebung die einfachere und u. U. kostengünstigere Möglichkeit der bloßen Antragstellung eingeräumt.

432 Der Antrag ist von sämtlichen Wohnungseigentümern zu stellen; er bedarf als sog. gemischter Antrag der Form der § 29 Abs. 1, § 30 GBO, also mindestens der **notariellen Beglaubigung,** weil er auch die sachlichrechtliche Erklärung beinhaltet.[590] Ihm ist eine Bescheinigung der Baubehörde zum Nachweis der völligen Zerstörung des Gebäudes beizufügen. Die Bescheinigung dient lediglich der Feststellung der tatsächlichen Situation, nicht aber der Ermittlung einer evtl. Wiederaufbaupflicht.[591] Damit dient sie wie eine Abgeschlossenheitsbescheinigung der Erleichterung der grundbuchgerichtlichen Prüfung und muss gem. § 29 Abs. 1 S. 2 GBO dann nicht beigebracht werden, wenn dem Grundbuchgericht die völlige Zerstörung ohnehin offenkundig ist.[592]

433 **Nicht** zu einer **Gegenstandslosigkeit** und damit auch zu keinem Erlöschen der Sondereigentumsrechte können also die bloße anfängliche Nichterrichtung des Gebäudes[593] oder ein Abweichen der tatsächlichen Bauausführung[594] von dem im Grundbuch zugrunde gelegten Aufteilungsplan führen.

---

[585] *Demharter* Anh zu § 3 Rn. 101; *Riecke/Schmid/Schneider* § 9 Rn. 4; *Weitnauer/Briesemeister* § 4 Rn. 5.

[586] *Bärmann/Armbrüster* § 4 Rn. 21 f.; MünchKomm/*Commichau* § 4 Rn. 5; *Schöner/Stöber* Rn. 2995; *Staudinger/Rapp* § 4 Rn. 4.

[587] A. A. *Bärmann/Armbrüster* § 9 Rn. 31, der wohl versehentlich für den bloßen Antrag ebenfalls die Form des § 20 GBO reklamiert.

[588] *Bärmann/Armbrüster* § 9 Rn. 13.

[589] *Bärmann/Wenzel* § 11 Rn. 21.

[590] *Bärmann/Armbrüster* § 9 Rn. 32; *Demharter* Anh zu § 3 Rn. 105; *Riecke/Schmid/Schneider* § 9 Rn. 7.

[591] Jetzt ebenso *Bärmann/Armbrüster* § 9 Rn. 14; anders noch die 9. Aufl. § 9 Rn. 4.

[592] *Erman/Grziwotz* § 9 Rn. 2; *Jennißen/Krause* § 9 Rn. 5; a. A. *Bärmann/Armbrüster* § 9 Rn. 15; *Niedenführ/Kümmel/Vandenhouten* § 9 Rn. 3.

[593] *Bärmann/Armbrüster* § 9 Rn. 17; *Riecke/Schmid/Schneider* § 9 Rn. 9; *Staudinger/Rapp* § 9 Rn. 6.

[594] OLG Düsseldorf DNotZ 1970, 42 = Rpfleger 1970, 26; *Weitnauer/Briesemeister* § 9 Rn. 4.

cc) Beendigung durch Vereinigung sämtlicher Wohnungseigentumsrechte in einer Person. Die bloße Vereinigung sämtlicher Wohnungseigentumsrechte in der Hand ein und derselben Person führt noch nicht ohne weiteres auch zur Beendigung des Wohnungseigentums.[595] Es bedarf vielmehr noch eines entsprechenden Antrags, der wegen seines sachlichrechtlichen Inhalts mindestens unterschriftsbeglaubigt sein muss (§ 29 Abs. 1 S. 1, § 30 GBO).[596] Der Antragsteller muss allerdings **Eigentümer sämtlicher Miteigentumsanteile** (verbunden mit Sondereigentum oder auch substanzlos) sein (§ 9 Abs. 1 Nr. 3 WEG). Bei einer Personenmehrheit muss daher in den Grundbüchern sämtlicher Einheiten dasselbe Gemeinschaftsverhältnis gem. § 47 GBO eingetragen sein. 434

Die Beendigung des Wohnungseigentums auf Antrag des in sämtlichen Grundbüchern eingetragenen Alleineigentümers entspricht damit dem umgekehrten Vorgang der Teilungserklärung gem. § 8 WEG. Auf welche Weise und wann der Eigentümer das Alleineigentum erlangt hat (rechtsgeschäftlich, durch Erbfolge oder durch Zuschlag in der Zwangsversteigerung, einzeln oder en bloc), spielt keine Rolle.[597] § 9 Abs. 1 Nr. 3 WEG ist daher der adäquate Weg zur Rückgängigmachung einer Vorratsteilung des teilenden Alleineigentümers.[598] 435

dd) Rechtsfolgen der Beendigung des Wohnungseigentums. Für die Beendigung der Sondereigentumsrechte ist im Falle des § 9 Abs. 1 Nr. 1 WEG die Grundbucheintragung der Aufhebung konstitutiv, in den beiden anderen Fällen des § 9 Abs. 1 Nr. 2 u. 3 WEG hat die Eintragung lediglich deklaratorische Wirkung.[599] Infolge des Erlöschens sämtlicher Sondereigentumsrechte entsteht entweder **Alleineigentum** im Fall des § 9 Abs. 1 Nr. 3 WEG **oder** eine **gewöhnliche Bruchteilsgemeinschaft** am Grundstück (§§ 741 ff., § 1008 BGB) mit Miteigentumsanteilen nach den früheren Anteilsverhältnissen der mehreren Wohnungseigentümer. Soweit ein Wohnungseigentümer zuvor mehrere Einheiten innehatte, können die früher selbständigen Miteigentumsanteile in der Hand eines Miteigentümers nach der Beendigung der Sondereigentumsrechte allerdings nur als einheitlicher Bruchteil fortbestehen.[600] Sämtliche Rechtsbeziehungen der vormaligen Wohnungseigentümergemeinschaft entfallen ersatzlos. Auch **Sondernutzungsrechte** können sich damit nicht als Benutzungsregelungen gem. §§ 747, 1010 BGB am Grundstück fortsetzen.[601] Ebenfalls ist der **„Verband Wohnungseigentümergemeinschaft"** damit beendet.[602] Die bisherigen **Wohnungsgrundbücher** werden **geschlossen;** für das Grundstück wird wieder ein Grundbuchblatt nach den allgemeinen Vorschriften angelegt (§ 9 Abs. 3 WEG), soweit nicht ohnehin schon ein gemeinschaftliches Wohnungsgrundbuch geführt wurde. 436

Mit der Beendigung der Wohnungseigentumsrechte setzen sich bestehende **Belastungen des Grundstücks** (z. B. Grunddienstbarkeiten) **oder sämtlicher Miteigentumsanteile** als Belastungen des Gesamtgrundstücks fort und sind in die Abt II und Abt. III des neu angelegten Grundstücksgrundbuches zu übernehmen.[603] Einer Mitwirkung der dinglich Berechtigten bedarf es in diesem Fall nicht, da sich die Rechte inhaltsgleich am ungeteilten Grundstück fortsetzen.[604] 437

Für **Belastungen der einzelnen Wohnungseigentumseinheiten** gilt zunächst nichts anderes, soweit sich eingetragene Rechte an einem Miteigentumsanteil fortsetzen können 438

---

[595] *Bärmann/Armbrüster* § 9 Rn. 20.

[596] *Bärmann/Armbrüster* § 9 Rn. 24; *Riecke/Schmid/Schneider* § 9 Rn. 14.

[597] *Bärmann/Armbrüster* § 9 Rn. 19; *Staudinger/Rapp* § 9 Rn. 8.

[598] OLG Düsseldorf FGPrax 2001, 135.

[599] *Bärmann/Armbrüster* § 9 Rn. 36.

[600] *Bärmann/Armbrüster* § 9 Rn. 38; *Staudinger/Rapp* § 9 Rn. 14.

[601] *Staudinger/Rapp* § 9 Rn. 11 f.

[602] *Bärmann/Armbrüster* § 9 Rn. 38; *Riecke/Schmid/Schneider* § 9 Rn. 15 a.

[603] OLG Frankfurt DNotZ 2000, 778; OLG Schleswig NJW-RR 1991, 848 = Rpfleger 1991, 150.

[604] Vgl. den umgekehrten Fall bei der Aufteilung; dazu OLG Frankfurt FGPrax 1997, 139 = Rpfleger 1997, 374.

(vgl. für Grundpfandrechte §§ 1114, 1192 Abs. 1, 1200 Abs. 1 BGB;[605] für Reallasten § 1106 BGB; für Vorkaufsrechte § 1095 BGB; für Nießbrauchsrechte § 1066 BGB). Allerdings ist wegen der inhaltlichen Veränderung des jetzt vom Sondereigentum befreiten Miteigentumsanteils die **Zustimmung** dieser **dinglich (Einzel-)Berechtigten** in der grundbuchmäßigen Form des § 29 GBO erforderlich (§ 9 Abs. 2 WEG, §§ 877, 876 BGB).[606] Kann ein eingetragenes Recht seiner Art nach nicht an einem gewöhnlichen Miteigentumsanteil bestehen (Grunddienstbarkeit; beschränkte persönliche Dienstbarkeit), würde es mangels Erstreckung auf das ganze Grundstück untergehen.[607] In diesem Fall bewirkt die Zustimmung des Berechtigten also die Löschung seines Rechts.[608] Zu einer **Erstreckung** bedarf es der Bewilligungen der übrigen Miteigentümer[609] in der Form des § 29 GBO; für die Annahme einer von selbst eintretenden „Rückverlegung"[610] auf das gesamte Grundstück fehlt die gesetzliche Grundlage. Infolge einer Erstreckung können durchaus unterschiedliche Rangverhältnisse für dasselbe Recht an den vormaligen Miteigentumsanteilen entstehen („schiefer Rang").[611]

439 *ee) Sonstige Nachweise anlässlich der Beendigung von Wohnungseigentum.* Soweit an der Aufhebung bzw. Löschung des Sondereigentums beschränkt Geschäftsfähige beteiligt sein sollten (Minderjährige, Betreute), so ist wie im umgekehrten Fall der Begründung eine **familiengerichtliche Genehmigung** erforderlich.

440 Ob nach der zumindest für die Fälle einer anschließenden Realteilung geänderten Auffassung der Finanzverwaltung im Hinblick auf eine entsprechende Anwendung des § 7 GrEstG noch eine **Unbedenklichkeitsbescheinigung** vorzulegen ist, erscheint nunmehr zweifelhaft.[612]

441 *ff) Beendigung des Wohnungseigentums und Realteilung des Grundstücks.* Die Beendigung sämtlicher Wohnungseigentumsrechte gem. § 9 Abs. 1 WEG kann mit einer angestrebten **Realteilung** des vormals in Wohnungseigentumsrechte aufgeteilten Grundstücks zusammenfallen. Als typisch erweist sich die **Umwandlung von Wohnungseigentum an Doppel- oder Reihenhäusern,** die nach Abschluss der Veränderungen als normales Eigentum an einer realen Teilfläche zugunsten eines früheren Miteigentümers verselbständigt sein sollen. Hierfür sind folgende **Einzelschritte** erforderlich (dargestellt am Beispiel eines bisher in Wohnungseigentum aufgeteilten Doppelhauses):[613]

442 • Ggf. Beschaffung einer nach landesrechtlichen Bestimmungen noch erforderlichen Teilungsgenehmigung.[614]

443 • Neuvermessung des Ursprungsgrundstücks unter Bildung zweier Flurstücke für die beiden Haushälften.

---

[605] Auch für Grundpfandrechte besteht keine Notwendigkeit zur Erstreckung und Rangregulierung in Bezug auf die übrigen Miteigentumsanteile; *Riecke/Schmid/Schneider* § 9 Rn. 23; DNotI-Gutachten DNotI-Report 2008, 27; a. A. *Bärmann/Armbrüster* § 9 Rn. 42; MünchKomm/*Commichau* § 9 Rn. 12; *Staudinger/Rapp* § 9 Rn. 14. Schief auch OLG Schleswig NJW-RR 1991, 848 = Rpfleger 1991, 150 m. abl. Anm. *Meyer-Stolte,* das die Zusammenfassung zu Einheitsgrundpfandrechten nicht zutreffend beschreibt.

[606] OLG Frankfurt NJW-RR 1990, 1042 = Rpfleger 1990, 292; OLG Zweibrücken Rpfleger 1986, 93.

[607] *Schöner/Stöber* Rn. 2996; *Staudinger/Rapp* § 9 Rn. 15.

[608] *Riecke/Schmid/Schneider* § 9 Rn. 20.

[609] *Bärmann/Armbrüster* § 9 Rn. 43; *Riecke/Schmid/Schneider* § 9 Rn. 21; *Staudinger/Rapp* § 9 Rn. 15.

[610] So insbes. *Weitnauer/Briesemeister* § 9 Rn. 6.

[611] *Riecke/Schmid/Schneider* § 9 Rn. 22.

[612] *Gottwald/Schiffner* MittBayNot 2006, 125, 127; Schreiben des Bayerischen Staatsministeriums der Finanzen v. 19. 9. 2005, MittBayNot 2006, 179.

[613] Vgl. Beck'sches Formularbuch Wohnungseigentumsrecht (Hrsg. Müller) E I 4 Anm. 6; Münchener Vertragshandbuch/*F. Schmidt* Bd. 6 VIII. 5 Anm. 16; *Röll* DNotZ 2000, 749.

[614] § 19 BauGB ist durch die Novelle 1997 grundsätzlich abgeschafft; BGBl. I S. 2081. Eine Übersicht findet sich insoweit bei *Schöner/Stöber* Rn. 3821.

- Fortschreibung aufgrund des Veränderungsnachweises im Bestandsverzeichnis aller Wohnungsgrundbücher noch unter Beibehaltung des Wohnungseigentums. **444**
- Vertragliche Aufhebung des Wohnungseigentums in Auflassungsform gem. § 4 WEG ggf. mit Zustimmung der dinglich am einzelnen Wohnungseigentum Berechtigten gem. § 9 Abs. 2 WEG. Soweit ein dingliches Recht seiner Art nach nicht an einem gewöhnlichen Miteigentumsanteil bestehen kann (z. B. ein Wohnungsrecht gem. § 1093 BGB), bewirkt die Zustimmung des Berechtigten zur Aufhebung des Sondereigentums die Löschung seines Rechts. Ist dies z. B. aus Ranggründen nicht gewollt, müsste vor der Aufhebung eine Erstreckung des Rechts auf das Gesamtgrundstück erfolgen (s. Rn. 438).[615] Mit der Eintragung der Aufhebung erlöschen die bisherigen gemeinschaftsrechtlichen Beziehungen und damit auch die bisher wechselseitig zugunsten der Wohnungseigentümer eingetragenen Sondernutzungsrechte. **445**
- Schließung der Wohnungsgrundbücher gem. § 9 Abs. 1 Nr. 1 WEG unter Übernahme der bisherigen Wohnungseigentümer als gewöhnliche Bruchteilsberechtigte mit ihren Miteigentumsanteilen in das neu für das noch vereinigte Gesamtgrundstück anzulegende Grundbuch. Gleichzeitige Übernahme der dinglichen Rechte am Gesamtgrundstück und der Einzelrechte hinsichtlich der Miteigentumsanteile, die insoweit schon bisher belastet waren. Ggf. Löschung der Rechte, die nicht an ideellen Bruchteilen bestehen können; u. U. insoweit Nachverpfändung oder Neubestellung nach vollzogener Realteilung am Einzelgrundstück (z. B. Grunddienstbarkeiten). **446**
- Wechselseitige Auflassung der Miteigentumsanteile an den jeweils zu Alleineigentum zu erwerbenden Flurstücken unter gleichzeitiger Aufhebung der noch bestehenden Vereinigung durch Teilung des bisherigen Gesamtgrundstücks (vgl. § 7 Abs. 1 GBO).[616] **447**
- Abschreibung mindestens eines der jetzt selbständigen Grundstücke in ein neues Grundbuchblatt unter gleichzeitiger Eintragung der bisherigen Miteigentümer als Alleineigentümer (hinsichtlich des jeweils hinzu erworbenen hälftigen Anteils aufgrund der erklärten Auflassung). Übernahme der bisher auf dem ursprünglichen Miteigentumsanteil lastenden dinglichen Rechte, die insbesondere bei einer fortdauernden Finanzierung nunmehr auf die jeweils hinzuerworbene Hälfte am Einzelobjekt rechtsgeschäftlich im Wege der Nachverpfändung zu erstrecken sind. Gleichzeitige Pfandentlassung bei den Grundpfandrechten jeweils hinsichtlich des in das Eigentum des anderen (früheren) Miteigentümers übergehenden hälftigen Miteigentumsanteils.[617] **448**

Stünde die Genehmigungsfreiheit fest, wäre auch eine geänderte Reihenfolge in der Weise denkbar, dass die vertragliche Aufhebung des Wohnungseigentums hinsichtlich des noch nicht fortgeschriebenen Grundstücks bereits erfolgt und bei Vorliegen des Veränderungsnachweises sodann die Teilung des Ursprungsgrundstücks erfolgt. **449**

5. Begründung, Belastung, Änderung und Beendigung von Wohnungs- und Teilerbbaurechten

a) Begründung von Wohnungs- und Teilerbbaurechten. *aa) Begriff des Erbbaurechts.* Unter einem Erbbaurecht ist das veräußerliche und vererbliche Recht zu verstehen, **auf oder unter der Oberfläche** eines Grundstücks ein **Bauwerk** zu haben (§ 1 Abs. 1 ErbbauRG). Unter einem Bauwerk ist eine unbewegliche, durch Verwendung von Arbeit und **450**

---

[615] Zu auftretenden Rangfragen s. im einzelnen *Riecke/Schmid/Schneider* § 9 Rn. 22.

[616] Zur Grunderwerbsteuerpflicht in diesem Zusammenhang s. *Gottwald/Schiffner* MittBayNot 2006, 125, 127 m. w. N. Danach werden bei Aufhebung des Sondereigentums und anschließender realer Teilung des Grundstücks von den Finanzbehörden nur echte Wertverschiebungen erfasst.

[617] *Röll* DNotZ 2000, 749; Münchener Vertragshandbuch/*F. Schmidt* Bd. 6 VIII. 5 Anm. 16; *Riecke/Schmid/Schneider* § 9 Rn. 24; umständlich OLG Frankfurt a. M. DNotZ 2000, 778 m. zu Recht krit. Anm. *Volmer* ZfIR 2000, 285.

Material in Verbindung mit dem Erdboden hergestellte Sache zu verstehen.[618] Davon ist der Begriff des **Gebäudes** zu unterscheiden, der ein Bauwerk beschreibt, das durch räumliche Umfriedung Schutz gewährt und den Eintritt von Menschen gestattet.[619] Der Begriff des Bauwerks geht damit weiter als der des Gebäudes.[620]

451 *bb) Rechtsverhältnis Grundstück – Erbbaurecht.* Für die Beurteilung der Rechtsverhältnisse nach geltendem Recht ist das ErbbauRG maßgeblich.[621] Daneben können noch Erbbaurechte aus der Zeit vor dem 22. 1. 1919 nach altem Recht zu behandeln sein.[622] Anders als Wohnungseigentum ist das Erbbaurecht gesetzlich nicht als Beschränkung des gebildeten oder vorhandenen Miteigentums, sondern als **Belastung des Grundstücks** konstruiert (§ 1 Abs. 1 ErbbauRG). Entsprechend wird das Erbbaurecht auch im Grundbuch des Grundstücks als Belastung in Abt. II eingetragen. Die Bestellung eines Erbbaurechts kann zur Sicherung der wirtschaftlichen Beleihungsfähigkeit vorbehaltlich landesrechtlicher Regelungen gem. § 10 Abs. 2 ErbbauRG nur **zur ausschließlich ersten Rangstelle** erfolgen (§ 10 Abs. 1 S. 1 1. Hs. ErbbauRG); der Rang kann auch nicht nachträglich verändert werden (§ 10 Abs. 1 S. 1 2. Hs. ErbbauRG).

452 Das aufgrund des Erbbaurechtes errichtete **Bauwerk gilt als wesentlicher Bestandteil des Erbbaurechts** (§ 12 Abs. 1 S. 1 ErbbauRG). Das gleiche gilt für ein Bauwerk, das bei der Bestellung des Erbbaurechts schon vorhanden ist (§ 12 Abs. 1 S. 2 ErbbauRG; anders für Erbbaurechte nach altem Recht). Die Regelungen zu den Bestandteilen eines Grundstücks und eines Gebäudes (§§ 94, 95 BGB) finden auf das Erbbaurecht mit der Maßgabe entsprechende Anwendung (§ 12 Abs. 2 1. Hs. ErbbauRG), dass Bestandteile des Erbbaurechts nicht zugleich Bestandteile des Grundstücks sein können (§ 12 Abs. 2 2. Hs. ErbbauRG). Damit ist der Erbbauberechtigte in Durchbrechung des sachenrechtlichen Akzessionsgrundsatzes quasi „Eigentümer" des rechtlich verselbständigten Bauwerks, ohne gleichzeitig auch Eigentümer des Grundstücks zu sein. Allerdings ist wie bei anderen dinglichen Rechten die Bestellung eines Eigentümererbbaurechts zulässig.[623] Ein Eigentümererbbaurecht kann auch erst nachträglich z. B. durch Heimfall[624] oder Hinzuerwerb des Grundstücks durch den Erbbauberechtigten entstehen.

453 Mit Ausnahme der §§ 925, 927 und § 928 BGB finden auf das Erbbaurecht die Vorschriften über Grundstücke entsprechende Anwendung (§ 11 Abs. 1 S. 1 ErbbauRG). Das Erbbaurecht ist damit ein sog. **grundstücksgleiches Recht,**[625] das nicht unter einer auflösenden Bedingung bestellt werden kann (§ 1 Abs. 4 ErbbauRG), dagegen aber regelmäßig befristet sein wird („Erbbaurecht auf 99 Jahre"). Wie das Eigentum selbst kann es nicht unter einer Bedingung oder Zeitbestimmung übertragen werden kann (§ 11 Abs. 1 S. 2 ErbbauRG). Die Veräußerung des Erbbaurechts kann mit dinglicher Wirkung von der **Zustimmung** des Grundstückseigentümers abhängig gemacht werden (§ 5 Abs. 1 ErbbauRG). Darüber hinaus können gem. §§ 2 ff. ErbbauRG mit dinglicher Wirkung weitere **Vereinbarungen** des Grundstückseigentümers mit dem Erbbauberechtigten zum dinglichen **Inhalt des Erbbaurechts** gemacht werden.

---

[618] BGHZ 117, 19 = NJW 1992, 1681 = Rpfleger 1992, 286; BGHZ 57, 60 = NJW 1971, 2219; RGZ 56, 41; *v. Oefele/Winkler* Rn. 2.7.

[619] BGH MDR 1973, 39.

[620] BGHZ 57, 60 = NJW 1971, 2219; *Demharter* Anh. zu § 8 Rn. 2 mit zahlreichen Beispielen aus der Rechtsprechung.

[621] Gesetz über das Erbbaurecht v. 15. 1. 1919 (RGBl S. 72, 122) i. d. F. der Bekanntmachung v. 23. 11. 2007 (BGBl. I S. 2614).

[622] Vgl. §§ 1012–1017 BGB a. F., mit Wirkung v. 22. 1. 1919 durch die seinerzeitige ErbbauVO abgelöst.

[623] BGH NJW 1982, 2381 = Rpfleger 1982, 143; BayObLG NJW-RR 1996, 975 = Rpfleger 1996, 447; OLG Düsseldorf NJW 1957, 1194; *Demharter* Anh zu § 8 Rn. 8; *Schöner/Stöber* Rn. 1686; *v. Oefele/Winkler* Rn. 3.8.

[624] OLG Hamm Rpfleger 1985, 233.

[625] *Demharter* § 3 Rn. 6.

Damit eine **Belastung** wie bei einem Grundstück ermöglicht wird, muss für das Erbbaurecht ein eigenes (Erbbau-) Grundbuch angelegt werden (§ 14 Abs. 1 S. 1 ErbbauRG). Dort können dann insbesondere Finanzierungsrechte und der vom Erbbauberechtigten für die Nutzung des Grundstücks zu zahlende Erbbauzins als Belastung des Erbbaurechts eingetragen werden. Die Belastung des Erbbaurechts kann im Hinblick auf § 5 Abs. 2 ErbbauRG in bestimmten Fällen von der Zustimmung des Grundstückseigentümers abhängig gemacht werden. Diese ist dann selbst zur Eintragung einer Zwangshypothek an einem Eigentümererbbaurecht beizubringen.[626] **454**

Für das **Rechtsverhältnis** zwischen dem Grundstückseigentümer einerseits und den an die Stelle der/s Erbbauberechtigten tretenden Wohnungserbbauberechtigten andererseits gilt das **ErbbauRG.** Die Rechtsverhältnisse der Wohnungserbbauberechtigten untereinander bestimmen sich nach dem **WEG** (§ 30 Abs. 3 S. 2 WEG).[627] **455**

cc) Arten der Begründung von Wohnungs- und Teilerbbaurechten. Die Begründung von Wohnungs- und Teilerbbaurechten vollzieht sich gem. § 30 WEG entsprechend den Begründungsmöglichkeiten bei einem Grundstück. Danach kann anstelle eines gewöhnlichen Grundstücks auch ein Erbbaurecht in der Weise aufgeteilt werden, dass die bereits **bestehenden Bruchteile** mehrerer Mitberechtigter an dem Erbbaurecht in der Weise **beschränkt** werden, dass jedem der Mitberechtigten das Sondereigentum an einer bestimmten Wohnung (Wohnungserbbaurecht) oder an nicht zu Wohnzwecken dienenden bestimmten Räumen (Teilerbbaurecht) in einem aufgrund des Erbbaurechts bereits errichteten oder noch zu errichtenden Gebäude eingeräumt wird (§ 30 Abs. 1 WEG). Streitig ist insoweit, ob die gem. § 30 Abs. 3 WEG, § 4 Abs. 2 WEG erforderliche Einigung über die vertragliche Einräumung des Sondereigentums in der Form der Auflassung nachgewiesen werden muss.[628] Ebenso wie bei einem gewöhnlichen Grundstück ist auch hier eine **Vorratsteilung** des Erbbaurechts durch den Erbbauberechtigten in entsprechender Anwendung des § 8 WEG möglich (§ 30 Abs. 2 WEG). **456**

In beiden Fällen setzt das Entstehen eines Wohnungs- oder Teilerbbaurechts die **Eintragung im Grundbuch** voraus (§§ 4 Abs. 1, 8 Abs. 2, 30 Abs. 3 WEG).[629] Dies wird von Amts wegen durch Anlegung eines eigenen Wohnungs- oder Teilerbbaugrundbuchs für jedes Wohnungs- und Teilerbbaurecht ermöglicht (§ 30 Abs. 3 S. 1 WEG). Gem. § 30 Abs. 3 S. 2 i. V. m. § 7 Abs. 1 S. 3 WEG wird das ursprünglich gem. § 14 Abs. 1 S. 1 ErbbauRG für das Erbbaurecht angelegte Grundbuch wieder geschlossen. Allerdings kann gem. §§ 30 Abs. 3 S. 2, 7 Abs. 2 WEG wie bei einem Grundstück auch das Erbbaugrundbuch als gemeinschaftliches Wohnungs- und Teilerbbaugrundbuchs geführt werden. **457**

---

[626] BayObLG NJW-RR 1996, 975 = Rpfleger 1996, 447; OLG Hamm Rpfleger 1985, 233; LG Köln NJW-RR 2000, 682 = Rpfleger 2000, 11.

[627] *Riecke/Schmid* § 30 Rn. 3.

[628] Bejahend *Schöner/Stöber* Rn. 2998; *v. Oefele/Winkler* Rn. 3.108; ablehnend *Rethmeier* MittRhNotK 1993, 145, 149; *Weitnauer/Mansel* § 30 Rn. 14; differenzierend *Bauer/v. Oefele/Maaß* AT VI Rn. 269.

[629] BayObLG NZM 2004, 789.

458 **Abbildung 9 – Schematische Widergabe der grundbuchmäßigen Behandlung:**

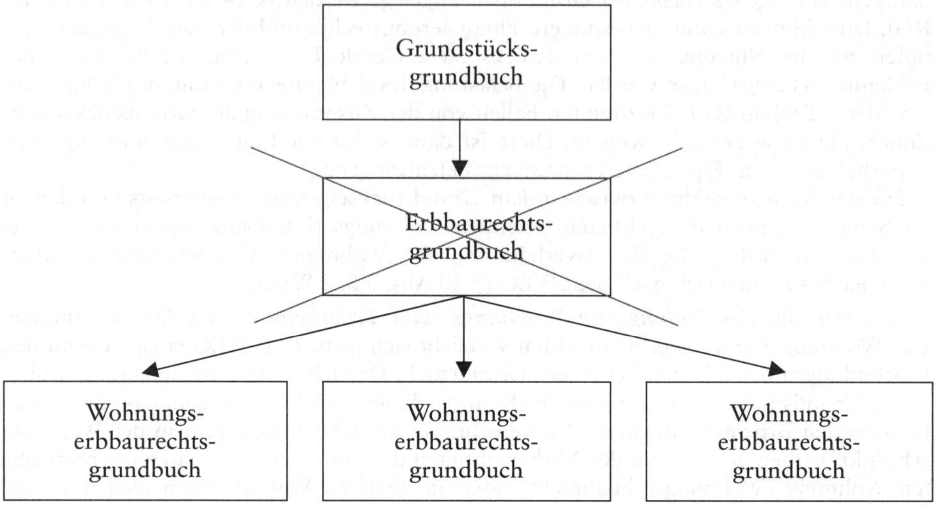

459 Eine schon bisher als Inhalt des Erbbaurechts vereinbarte **Verfügungsbeschränkung gem. § 5 ErbbauRG** wird mit der Begründung der Wohnungs- und Teilerbbaurechte Inhalt eines jeden dieser Rechte.[630] Unabhängig davon kann auch eine **Veräußerungsbeschränkung gem. § 12 WEG** zum Inhalt der Wohnungserbbaurechte gemacht werden. Bei einer Veräußerung sind dann zur Wirksamkeit u.U. beide Zustimmungserklärungen erforderlich.[631]

460 Nach dem Wortlaut sowie dem Schutzzweck der Norm (kein rechtsgeschäftlicher Wechsel in der Person des Erbbauberechtigten ohne Zustimmung des Eigentümers) kann jedoch die vertragliche **Begründung** von Wohnungserbbaurechten gem. § 30 Abs. 1 WEG ebenso wenig von einer evtl. vereinbarten Zustimmung des Grundstückseigentümers gem. § 5 ErbbauRG abhängig sein[632] wie die Vorratsteilung[633] eines Erbbaurechtes. Als Inhalt des Erbbaurechts kann auch nicht vereinbart werden, dass der Erbbauberechtigte zur Teilung des Erbbaurechts gem. §§ 8, 30 Abs. 2 WEG der Zustimmung des Grundstückseigentümers bedarf.[634]

461 Auch **dinglich Berechtigte** am Erbbaurecht werden insoweit nicht im Sinne der §§ 876, 877 BGB berührt und brauchen der Begründung daher nicht zuzustimmen, wenn ihr Recht bereits vor der Aufteilung am gesamten Erbbaurecht lastete. Für die Belastung eines Bruchteils des ungeteilten Erbbaurechts gelten die für die Teilung des Grundstücks entwickelten Grundsätze sinngemäß.[635]

462 Mit dem Grundbuchvollzug ist das Wohnungserbbaurecht entstanden. Ist das **Gebäude** zu diesem Zeitpunkt **noch nicht errichtet,** besteht wie bei einem Wohnungseigen-

---

[630] BayObLG Rpfleger 1989, 503.

[631] *Weitnauer/Mansel* § 30 Rn. 11.

[632] LG Augsburg MittBayNot 1979, 68; *Bärmann/Pick* § 30 Rn. 31; *Rethmeier* MittRhNotK 1993, 145, 150; *Schöner/Stöber* Rn. 2998; *v. Oefele/Winkler* Rn. 3.111; a. A. *Staudinger/Mayer* (2009) § 5 ErbbauRG Rn. 2.

[633] BayObLG DNotZ 1978, 626 = Rpfleger 1978, 375; *Bärmann/Pick* § 30 Rn. 31; *Schöner/Stöber* Rn. 2998; *v. Oefele/Winkler* Rn. 3.112.

[634] OLG Celle Rpfleger 1981, 22.

[635] *Bauer/v. Oefele/Maaß* AT VI Rn. 270; insoweit ungenau *v. Oefele/Winkler* Rn. 3.115, der bei einer Einzelbelastung nur im Falle einer Wertänderung die Zustimmung für erforderlich hält. Maßgeblich ist jedoch auf die *rechtliche* Änderung des bisherigen Belastungsgegenstandes abzustellen.

tum zunächst ein Mitberechtigungsanteil am Erbbaurecht verbunden mit dem Anwartschaftsrecht auf Herstellung/Fertigstellung des Sondereigentums.[636]

Abbildung 10 – (Verkürztes) Eintragungsbeispiel: 463

Amtsgericht Duisburg **Grundbuch von Duisburg** **Blatt 10500**

Bestandsverzeichnis

Laufende Nummer der Grundstücke	Bisherige laufende Nummer der Grundstücke	Bezeichnung der Grundstücke und der mit dem Eigentum verbundenen Rechte					Größe		
		Gemarkung (Vermessungsbezirk)	Karte: Flur	Karte: Flurstück	Liegenschaftsbuch	Wirtschaftsart und Lage			
		a	b		c/d	e	ha	a	m²
1	2	3					4		
1		187/10.000stel Anteil an dem Erbbaurecht, das im Grundbuch von Duisburg Blatt 4567 als Belastung des im Bestandverzeichnis unter der lfd. Nr. 1 verzeichneten Grundstücks							
		Duisburg	1	101		Gebäude- und Freifläche, Kardinal-Galen-Straße 124		02	34
		in Abteilung II Nr. 1 für die Dauer von 99 Jahren seit dem Tage der Eintragung, dem 21. Mai 2000, eingetragen ist. Zur Veräußerung und Belastung mit Grundpfandrechten, Reallasten und Dauerwohnrechten ist die Zustimmung der Grundstückseigentümerin erforderlich. Grundstückseigentümerin: Stadt Duisburg Unter Bezugnahme auf die Bewilligung vom 14. Mai 2000 (Notar Dr. Helmut Genau in Duisburg – UR-Nr. 550/00) bei Anlegung dieses Wohnungserbbaugrundbuchs hier vermerkt am 22. Mai 2000.							
		Mit dem Anteil an dem Erbbaurecht ist das Sondereigentum an der im Aufteilungsplan vom 24. März 2000 mit Nr. 1 bezeichneten Wohnung im Erdgeschoß links mit einem Kellerraum im Kellergeschoß verbunden.							
		Für jeden Erbbaurechtsanteil ist ein besonderes Grundbuch angelegt (Nr. 10 500 bis Nr. 10 574). Der hier eingetragene Anteil ist durch die zu den anderen Anteilen gehörenden Sondereigentumsrechte beschränkt.							
		Zur Veräußerung ist die Zustimmung des Verwalters erforderlich.							
		Es sind Sondernutzungsrechte begründet hinsichtlich der hinter dem Haus gelegenen insgesamt 15 Pkw-Einstellplätze (StP 1 bis StP 15). Dem jeweiligen Wohnungserbbauberechtigten der Einheit Nr. 1 steht das Sondernutzungsrecht an dem Pkw-Einstellplatz StP 1 zu.							
		Wegen Gegenstand und Inhalt des Sondereigentums wird Bezug genommen auf die Bewilligung vom 15. Mai 2000 (Notar Dr. Helmut Genau in Duisburg – UR-Nr. 555/00).							
		Der Erbbaurechtsanteil ist von Blatt 10 499 hierher übertragen, eingetragen am 22. Mai 2000.							

dd) Erbbaurecht als Gegenstand der Teilung. aaa) „Ein" Erbbaurecht. An die Stelle 464 des aufzuteilenden Grundstücks beim Wohnungseigentum tritt beim Wohnungserbbaurecht das aufzuteilende Erbbaurecht. Gem. § 1 Abs. 4 WEG können deshalb Wohnungs-

[636] *Rethmeier* MittRhNotK 1993, 145, 149.

und Teilerbbaurechte **nicht an mehreren** rechtlich selbständigen **Erbbaurechten** gebildet werden.[637]

465 Aus diesem Grunde muss auch die Begründung von Wohnungserbbaurechten an einem sog. **Nachbarerbbaurecht** unterbleiben, soweit man dessen Begründung überhaupt für zulässig halten will.[638] Beim Nachbarerbbaurecht besteht nämlich kein einheitliches Erbbaurecht, sondern das einheitliche Gebäude wird aufgrund mehrerer verschiedener, rechtlich voneinander unabhängiger Einzelerbbaurechte errichtet.[639] Es mangelt dann jedoch an *einem* Erbbaurecht i. S. d. § 30 WEG.[640]

466 Möglich ist dagegen die Begründung von Wohnungs- und Teilerbbaurechten an einem **Gesamterbbaurecht.**[641] Es handelt sich dabei nämlich um *ein* Erbbaurecht im Rechtssinne, das als Gesamtrecht an mehreren rechtlich selbständigen Grundstücken unabhängig von den dort herrschenden Eigentumsverhältnissen begründet werden kann. Gesamterbbaurechte können aufgrund anfänglicher Bestellung, Teilung des Erbbaugrundstücks, nachträgliche Erstreckung des Erbbaurechts auf ein weiteres Grundstück oder durch Vereinigung mehrerer bisher selbständiger Erbbaurechte entstehen.[642] Die Zulässigkeit eines Gesamterbbaurechts wurde schon in der Vergangenheit überwiegend befürwortet[643] und ist jetzt auch durch den Gesetzgeber anerkannt.[644] Ein solches Gesamterbbaurecht kann als einheitliches Recht auch gem. § 30 WEG in Wohnungs- und Teilerbbaurechte aufgeteilt werden, ohne dass die Vorschrift des § 1 Abs. 4 WEG dem entgegensteht.[645]

467 Ob die Möglichkeit der Begründung eines **Erbbaurechts an einem Erbbaurecht** zulässig ist, war lange streitig,[646] wird jedoch indirekt durch § 6a GBO bestätigt.[647] Die Begründung von Wohnungserbbaurechten an einem solchen **Untererbbaurecht** soll danach ebenfalls zulässig sein.[648] Möglich sein muss dann auch die Begründung eines Wohnungserbbaurechts an einem Wohnungserbbaurecht (**Wohnungsuntererbbaurecht**).[649] Schwierigkeiten entstehen in einem solchen Fall allerdings dadurch, dass entsprechend § 3 oder § 8 WEG eine Unterteilung des Wohnungserbbaurechts erfolgen müsste. Mit dem auf diese Weise entstehenden Erbbaurechtsteil wäre dann Sondereigentum wiederum an einer abgeschlossenen Wohnung zu verbinden. Damit ergibt sich letztlich auf diesem Wege nichts anderes als die Teilung eines Wohnungserbbaurechts, so dass ein praktisches Bedürfnis[650] und wohl auch ein Rechtsschutzinteresse entfallen dürfte. We-

---

[637] *Schöner/Stöber* Rn. 2998.

[638] Die Möglichkeit von Nachbarerbbaurechten wird bejaht von OLG Stuttgart NJW 1975, 786; OLG Düsseldorf DNotZ 1974, 698; *Schöner/Stöber* Rn. 1694; *Ingenstau/Hustedt* § 1 Rn. 79; *Staudinger/Rapp* § 1 Rn. 34; abl. dagegen BayObLG DNotZ 1958, 409; *Bauer/v. Oefele/Maaß* AT VI Rn. 263; *v. Oefele/Winkler* Rn. 3.70 ff.; offen gelassen von BGH NJW 1985, 789.

[639] Zum Begriff vgl. *v. Oefele/Winkler* Rn. 3.70.

[640] *Bauer/v. Oefele/Maaß* AT VI Rn. 266; *Rethmeier* MittRhNotK 1993, 145, 147; *v. Oefele/Winkler* Rn. 3.104.

[641] BayObLG Rpfleger 1989, 503; *Bauer/v. Oefele/Maaß* AT VI Rn. 266; Ingenstau/*Hustedt* § 1 Rn. 86; krit. *Weinauer/Mansel* § 30 Rn. 21.

[642] Vgl. *v. Oefele/Winkler* Rn. 3.40.

[643] BGHZ 65, 345 = NJW 1976, 519; OLG Köln Rpfleger 1988, 355; *Schöner/Stöber* Rn. 1695; *v. Oefele/Winkler* Rn. 3.39.

[644] Vgl. § 6a GBO und § 39 Abs. 2 SachRBerG.

[645] *Bärmann/Pick* § 30 Rn. 13; *Demharter* DNotZ 1986, 457.

[646] Zum Meinungsstand und den Voraussetzungen s. im einzelnen *v. Oefele/Winkler* Rn. 3.17 m. w. N.

[647] *Holzer* NJW 1994, 481.

[648] *Bauer/v. Oefele/Maaß* AT VI Rn. 266; *v. Oefele/Winkler* Rn. 3.102 aE; *Weitnauer/Mansel* § 30 Rn. 20.

[649] *Bärmann/Pick* § 30 Rn. 3; *Weinauer/Mansel* § 30 Rn. 20.

[650] *Bärmann/Pick* § 30 Rn. 3.

gen der insgesamt höchst problematischen Rechtsfigur des Untererbbaurechts[651] wird von der Konstruktion zu Recht abgeraten.[652]

Nicht möglich ist die Begründung von Wohnungseigentum oder von Wohnungserbbaurechten, wenn das aufzuteilende **Grundstück** zuvor **mit einem Erbbaurecht vereinigt** worden ist. Die Möglichkeit einer solchen rechtlichen Vereinigung wird inzwischen allerdings überwiegend befürwortet,[653] wenn nur das Erbbaurecht nicht an dem zu vereinigenden Grundstück selbst besteht.[654] Jedoch wäre bei einer solchen Vereinigung völlig unklar, ob der für die Verbindung mit dem Sondereigentum erforderliche Miteigentumsanteil nun an dem Grundstück oder doch an dem Erbbaurecht besteht. Mischformen sind aber nicht möglich. Grundstück und Erbbaurecht sind nicht wesensgleich und folgen unterschiedlichen Verfügungsregeln. Eine Lösung könnte sich für den vorliegenden Fall also nur in der Weise anbieten, dass entweder die beiden betroffenen Grundstücke vor der Aufteilung in Wohnungseigentum zu vereinigen sind (§ 1 Abs. 4 WEG) oder das bisherige Erbbaurecht (dann als Gesamterbbaurecht) auf das weitere Grundstück zur Begründung von Wohnungserbbaurechten zu erstrecken ist. 468

bbb) „Ein" Gebäude. **Am selben Gebäude** könnten **Wohnungserbbaurechte und Wohnungseigentum** nicht kombiniert werden. Bestandteile des Erbbaurechts können nicht auch zugleich Bestandteile des Grundstücks sein (§ 12 Abs. 2 ErbbauRG). Eine gegenständliche Beschränkung des Erbbaurechts nur auf einen Teil des Gebäudes ist aber gerade im Hinblick auf § 1 Abs. 3 ErbbauRG nicht möglich. 469

Befinden sich allerdings **auf demselben Grundstück mehrere Bauwerke,** so kann eines rechtlich dem Erbbaurecht als Bestandteil zugeordnet werden, während ein anderes Gebäude als Grundstücksbestandteil verbleibt.[655] Die **Begründung von Erbbaurecht und Wohnungseigentum an demselben Grundstück** wird allerdings nur möglich sein, wenn im Hinblick auf § 12 ErbbauRG an der Grundstücksfläche, auf die sich die Ausübung des Erbbaurechts erstreckt, kein Sondereigentum oder Sondernutzungsrecht eines Wohnungseigentümers bestehen.[656] Allerdings kann die Begründung von Wohnungseigentum nur in der Weise erfolgen, dass sie das gesamte Grundstück erfasst. Dadurch werden sämtliche Wohnungseigentumsrechte mit dem gegenständlich beschränkten Erbbaurecht belastet sein müssen,[657] das dann seinerseits wiederum in Wohnungserbbaurechte aufgeteilt werden kann.[658] 470

Einen Unterfall dazu bildet die **horizontale Teilung eines Grundstücks.** Es ist anerkannt, dass dann nicht gegen das Verbot der horizontalen Teilung eines Gebäudes gem. § 1 Abs. 3 ErbbauRG verstoßen wird, wenn sich auf demselben Grundstück **zwei unabhängige Baukörper** völlig selbständig voneinander befinden wie z. B. eine Tiefgarage und das darüber befindliche Gebäude. In diesem Fall könnte das Eigentum an der Tiefgarage mit einem Erbbaurecht verbunden werden, das später in Teilerbbaurechte aufgeteilt werden kann, während das darüber befindliche Gebäude als Bestandteil des Grundstücks in Wohnungseigentumsrechte aufgeteilt wird.[659] 471

---

[651] Problematisch ist vor allem das ersatzlose Erlöschen des Untererbbaurechts beim Heimfall des Obererbbaurechts; Zum Schutz des Untererbbauberechtigten und der dinglichen Gläubiger am Untererbbaurecht vgl. die Lösungsvorschläge bei *v. Oefele/Winkler* Rn. 3.32 f.

[652] So *Weitnauer/Mansel* § 30 Rn. 20.

[653] *Bauer/v. Oefele/Maaß* AT VI Rn. 180; *Demharter* § 5 Rn. 6; *Palandt/Bassenge* § 890 Rn. 2; *Schöner/Stöber* Rn. 1848; a. A. *Meikel/Böttcher* § 5 Rn. 7; *v. Oefele/Winkler* Rn. 5. 179.

[654] Zur Frage, ob auch eine Zuschreibung des mit dem Erbbaurecht belasteten Grundstücks zum Erbbaurecht als Bestandteil in Betracht kommen kann vgl. *Schöner/Stöber* Rn. 1845.

[655] OLG Hamm FGPrax 1998, 126 = Rpfleger 1998, 335; OLG Zweibrücken FGPrax 1996, 131; *DNotI-Gutachten* DNotI-Report 1998, 13.

[656] OLG Hamm FGPrax 1998, 126 = Rpfleger 1998, 335.

[657] *DNotI-Gutachten* DNotI-Report 1998, 13; *Röll* DNotZ 1978, 76; *Staudinger/Rapp* § 1 Rn. 36.

[658] *v. Oefele/Winkler* Rn. 2.31.

[659] *Staudinger/Rapp* § 1 Rn. 36; *v. Oefele/Winkler* Rn. 2.9 u. 2.32.

472 *ccc) Deckungsgleicher Umfang des Belastungsgegenstands beim Erbbaurecht und des Rechtsinhalts der Wohnungserbbaurechte.* Bei der Begründung von Wohnungseigentum an Grundstücken ist es gängige Praxis, Nutzungsbefugnisse an Pkw-Stellplatzflächen hinsichtlich der nicht sondereigentumsfähigen Grundstücksflächen über eine entsprechende Vereinbarung gem. §§ 5 Abs. 4 S. 1, 10 Abs. 3, 13 Abs. 2 WEG als **Inhalt des Sondereigentums** abzusichern. Sollen solche **Sondernutzungsrechte** nun auch bei einem in Wohnungserbbaurechte aufzuteilenden Erbbaurecht begründet werden, wird darauf zu achten sein, dass die für die Stellplätze benötigten Flächen auch von dem im Grundbuch eingetragenen Erbbaurecht erfasst werden. Auch wenn Belastungsgegenstand des Erbbaurechts das ganze Grundstück sein muss, so kann doch die Nutzungsbefugnis teilweise beim Eigentümer verbleiben und die Ausübung des Erbbaurechts auf einen realen Grundstücksteil beschränkt sein. Die Begründung von Erbbaurechten auch an den sog. Nebenflächen ist gem. § 1 Abs. 2 ErbbauRG lediglich fakultativ. Rechtsinhalt und Belastungsgegenstand müssen somit bei einem Erbbaurecht nicht zwingend übereinstimmen.[660] Ist jedoch bereits die Einbeziehung der Nebenflächen in das Erbbaurecht unterblieben, vermag auch die spätere Begründung von Wohnungserbbaurechten mit der Einräumung von Sondernutzungsrechten an solchermaßen auf einer Nebenfläche befindlichen Pkw-Stellplätzen diesen Mangel nicht mehr zu beheben.[661] Dies könnte allenfalls durch eine Änderung des Erbbaurechtsvertrages unter Einbeziehung des Grundstückseigentümers und sämtlicher Wohnungserbbauberechtigten erreicht werden. Nur wenn also die Nutzungsbefugnis des Erbbauberechtigten auch solche Grundstücksteile mit den dort befindlichen Stellplätzen umfasst, können auch Nutzungsregelungen der Wohnungserbbauberechtigten gem. §§ 30 Abs. 3 S. 2, 13 Abs. 2 WEG auf die zum Inhalt des Erbbaurechts gehörige Nutzungsbefugnis am Erbbaugrundstück erstreckt werden.[662]

473 *ee) Auswirkung der Begründung von Wohnungs- und Teilerbbaurechten auf eingetragene Rechte insbesondere die Erbbauzinsreallast.* Die Begründung von Wohnungs- und Teilerbbaurechten bewirkt zunächst wie bei der Aufteilung des Grundstücks das Entstehen von **Gesamtrechten** (für Grundpfandrechte § 11 Abs. 1 S. 1 ErbbauRG i. V. m. §§ 1132 Abs. 1, 1192 Abs. 1, 1200 Abs. 1 BGB) bzw. die Übernahme der bisherigen Belastungen auf sämtliche für die einzelnen Wohnungserbbaurechte gebildeten Grundbücher.[663] Im einzelnen vgl. daher die Ausführungen zur Aufteilung des Grundstücks Rn. 213.

474 Auch der bisher einheitliche **Erbbauzins** setzt sich nach der Aufteilung des Erbbaurechts an sämtlichen neu gebildeten Einheiten als Gesamtbelastung fort. Es handelt sich bei dem vom Erbbauberechtigten zu zahlenden Erbbauzins um eine vertraglich vereinbarte, wiederkehrend zu erbringende Gegenleistung[664] für die am Grundstück eingeräumte Nutzungsbefugnis. Der Erbbauzins ist nicht Inhalt des Erbbaurechts,[665] sondern eine dingliche, reallastartige Belastung des Erbbaurechts.[666] Auf den Erbbauzins finden die Bestimmungen über die **Reallast** entsprechende Anwendung (§ 9 Abs. 1 S. 1 ErbbauRG i. V. m. §§ 1105 ff. BGB), allerdings mit der Besonderheit, dass dieses Recht ausschließlich subjektiv-dinglich – also nur für den jeweiligen Grundstückseigentümer – bestellt werden kann (§ 11 Abs. 2 ErbbauRG). Mit der Bildung der Wohnungserbbau-

---

[660] OLG HammFGPrax 2006, 2 = Rpfleger 2006, 9; Ingenstau/*Hustedt* § 1 Rn. 27; *v. Oefele/Winkler* Rn. 2. 69.

[661] Vgl. BayObLG NJW-RR 2001, 1456.

[662] *Bauer/v. Oefele/Maaß* AT VI Rn. 265; *Rethmeier* MittRhNotK 1993, 145, 148; *Staudinger/Rapp* § 30 Rn. 18; *v. Oefele/Winkler* Rn. 3.118; im Ergebnis ebenso *Bärmann/Pick* § 30 Rn. 49.

[663] *Bauer/v. Oefele/Maaß* AT VI Rn. 274; *v. Oefele/Winkler* Rn. 3.123 insbes. zu Vorkaufsrechten.

[664] Vgl. BGH NJW 1970, 944.

[665] BGH NJW 1986, 932 = Rpfleger 1986, 92; BGHZ 81, 358 = NJW 1982, 234 = Rpfleger 1981, 478.

[666] *Schöner/Stöber* Rn. 1797.

rechte entsteht daher eine **Gesamterbbauzinsreallast** zulasten sämtlicher Wohnungserbbaurechte, für die alle Wohnungserbbauberechtigten gesamtschuldnerisch haften (§ 11 Abs. 1 S. 1 ErbbauRG i. V. m. § 1108 Abs. 2 BGB).[667] Die Erbbauzinsreallast kann nicht von dem Eigentum des mit dem Erbbaurecht belasteten Grundstücks in der Weise getrennt werden, dass sie nur noch dem jeweiligen Eigentümer eines bestimmten Miteigentumsanteils am Grundstück zusteht.[668]

Die **persönliche** gesamtschuldnerische **Haftung** kann gem. § 1108 Abs. 1 BGB ausgeschlossen werden; die daneben bestehende **dingliche Gesamthaftung** kann nur durch Aufteilung des Erbbauzinses beseitigt werden.[669] 475

Zur **Aufteilung des Erbbauzinses** bedarf es nach materiellem Recht in jedem Fall der **Mitwirkung** des berechtigten **Grundstückseigentümers.** Ob daneben auch die Mitwirkung der Wohnungserbbauberechtigten zur – vertraglichen – Inhaltsänderung des vereinbarten Zinses erforderlich ist,[670] oder ob der Grundstückseigentümer die Verteilung einseitig in entsprechender Anwendung von § 1132 Abs. 2 BGB wirksam vornehmen kann,[671] ist umstritten. Verfahrensrechtlich dürfte die Bewilligung des Rechtsinhabers wie bei jeder Verteilung gem. § 1132 Abs. 2 BGB ausreichen, weil für die Wohnungserbbauberechtigten rechtlich mit der Aufteilung eine Entlastung verbunden ist und das Entstehen eines Eigentümerrechts bei einer Reallast ausgeschlossen ist.[672] 476

Weiterhin wird materiell-rechtlich die **Zustimmung der dinglich Berechtigten** *am Grundstück*(!) gem. § 876 S. 2 BGB zur Aufteilung erforderlich sein, soweit sie durch die Verteilung berührt werden können. Der subjektiv-dingliche Erbbauzins ist nämlich rechtlich ein Bestandteil des Grundstücks (§ 96 BGB). Eine Zustimmung wird insbesondere für Inhaber von Grundpfandrechten und Reallasten wegen der mit der Verteilung verbundenen Schmälerung ihrer Sicherheit erforderlich sein,[673] nicht dagegen für Dienstbarkeitsberechtigte.[674] Verfahrensrechtlich ist die Zustimmung dem Grundbuchgericht jedoch nur dann in der Form des § 29 GBO nachzuweisen, wenn am Grundstück auch ein sog. Herrschvermerk gem § 9 GBO[675] eingetragen war (§ 21 GBO).[676] Die Zustimmung nachrangiger dinglich Berechtigter am *Erbbaurecht* gem. §§ 877, 876 BGB kann nur im Falle der Erhöhung der bisher schon bestehenden Belastung erforderlich werden.[677] 477

Der Inhaber eines nach §§ 30, 8 WEG in Teil- bzw. Wohnungserbbaurechte aufgeteilten Erbbaurechts kann bei Veräußerung der Teil- bzw. Wohnungserbbaurechte **nicht** einen dinglichen Erbbauzins gem. § 9 ErbbauRG zu Lasten der veräußerten Anteile und zugunsten des jeweiligen Inhabers des in der Hand des Veräußerers verbleibenden Anteils bestellen, um seine **Erbbauzinsverpflichtung** gegenüber dem Grundstückseigentümer auf die Erwerber der Teil- bzw. Wohnungserbbaurechte **abzuwälzen.**[678] 478

Zur Vermeidung eines dinglich nicht zu lösenden **Rangkonflikts** zwischen den eingetragenen Grundpfandrechtsgläubigern am Erbbaurecht und dem erbbauzinsberechtigten Grundstückseigentümer besteht seit dem Inkrafttreten des Sachenrechtsänderungsge- 479

---

667 *Bauer/v. Oefele/Maaß* AT VI Rn. 274; *v. Oefele/Winkler* Rn. 3.119; a. A. *Rethmeier* MittRhNotK 1993, 145, 151.

668 BayObLG DNotZ 1991, 398 = Rpfleger 1990, 507.

669 *v. Oefele/Winkler* Rn. 3.120; a. A. *Rethmeier* MittRhNotK 1993, 145, 152.

670 So *v. Oefele/Winkler* Rn. 3.120 der ausdrücklich auf die §§ 877, 876 BGB Bezug nimmt.

671 So MünchKomm/*Joost* § 1107 Rn. 16; *Staudinger/Mayer* (2009) § 1107 Rn. 9.

672 Vgl. für die Verteilung eines Grundpfandrechts *Schöner/Stöber* Rn. 2682.

673 *Bauer/v. Oefele/Maaß* AT VI Rn. 274; *v. Oefele/Winkler* Rn. 3.121.

674 *Bauer/v. Oefele/Maaß* AT VI Rn. 274.

675 Zur Eintragungsfähigkeit auch bei subjektiv-dinglichen Reallasten s. *Schöner/Stöber* Rn. 1308.

676 Dies übersehen *Bauer/v. Oefele/Maaß* AT VI Rn. 274 und *v. Oefele/Winkler* Rn. 3.121.

677 Ebenso *v. Oefele/Winkler* Rn. 3.121, der jedoch hierfür bereits eine wirtschaftlich über den Anteilswert hinausgehende Belastung nach der Verteilung genügen lassen will.

678 OLG Düsseldorf DNotZ 1977, 305.

setzes vom 21. 9. 1994[679] die Möglichkeit, als Inhalt des Erbbauzinses gem. § 9 Abs. 3 S. 1 Nr. 1 ErbbauRG eine sog. **Bestehenbleibensvereinbarung** einzutragen. Auf diese Weise kann das Bestehenbleiben des Erbbauzinses mit seinem Hauptanspruch in der Zwangsversteigerung außerhalb des geringsten Gebotes erreicht werden, wenn der Grundstückseigentümer aus der Reallast oder der Inhaber eines im Rang vorgehenden oder gleichstehenden dinglichen Rechts die Zwangsversteigerung des Erbbaurechts betreibt. Die Entstehung eines erbbauzinslosen Erbbaurechts als Folge der Versteigerung kann so verhindert werden. Nachdem mit Wirkung vom 1. 7. 2007 auch wegen Hausgeldansprüchen im Vorrang die Zwangsversteigerung betrieben werden kann, ist die Regelung in § 9 Abs. 3 S. 1 Nr. 1 ErbbauRG nunmehr auch auf das vorrangige Betreiben seitens der Inhaber der in § 10 Abs. 1 Nr. 2 ZVG genannten Ansprüche auf Zahlung der Beiträge zu den Lasten und Kosten eines Wohnungserbbaurechts ausgedehnt worden.[680] Auch insoweit kann nunmehr ein Untergang des einzelnen Erbbauzinses am Wohnungserbbaurecht grundsätzlich verhindert werden, wenn die Zwangsversteigerung wegen rückständiger Hausgeldansprüche aus der neu besetzten Rangklasse 2 des § 10 Abs 1 ZVG erfolgt. Allerdings ergänzt diese Regelung nicht kraft Gesetzes das Vertragswerk der Beteiligten. Vielmehr hat der Gesetzgeber damit nur die *Möglichkeit* einer entsprechenden Vereinbarung **für die Zukunft** geregelt.

480 Bisher schon **geschlossene Verträge** werden dadurch **nicht automatisch angepasst,** so dass Erbbauzinsen mit einer Bestehenbleibensvereinbarung aus der Zeit von 1994 bis 2007 nach wie vor untergangsgefährdet sein können, wenn nicht die Beteiligten mit zusätzlichem Arbeits- und Kostenaufwand[681] ihre Verträge nachbessern. Eine vollständige **Nachholung oder Nachbesserung der Vereinbarung** dürfte sich jedoch in der Praxis als schwierig erweisen. Dazu bedürfte es nämlich außer der **Mitwirkung des Wohnungserbbauberechtigten** auch der **Zustimmung der Rechtsinhaber** von auf dem Wohnungserbbaurecht lastenden dinglichen Rechten, soweit sie der Erbbauzinsreallast rangmäßig vorgehen(!) oder gleichstehen (§ 9 Abs. 3 S. 2 ErbbauRG). Einer Zustimmung der der Erbbauzinsreallast im Rang nachgehenden Berechtigten bedarf es dagegen nicht.[682] Von Ausnahmefällen jedoch einmal abgesehen,[683] kann der Grundstückseigentümer aber weder vom Wohnungserbbauberechtigten den Abschluss einer entsprechenden Vereinbarung gem. § 9 Abs. 3 S. 1 Nr. 1 ErbbauRG verlangen, noch die erforderliche Zustimmung vor- oder gleichrangiger Gläubiger gem. § 9 Abs. 3 S. 2 ErbbauRG erzwingen.[684]

481 Im Hinblick auf das nachträglich nur mit Schwierigkeiten und großem Aufwand zu realisierende Mitwirkungs- und Zustimmungserfordernis des Erbbauberechtigten und der an dem Erbbaurecht dinglich Berechtigten ist die Eintragung einer Vereinbarung

---

[679] BGBl. I S. 2457.

[680] Artikel 3 Abs. 4 Nr. 1 des Gesetzes zur Änderung des Wohnungseigentumsgesetzes und anderer Gesetze v. 26. 3. 2007, BGBl. I S. 370.

[681] *Abramenko* Das neue WEG § 8 C III 3.

[682] *Böttcher* Praktische Fragen des Erbbaurechts Rn. 467, 468; *Ingenstau/Hustedt* § 9 Rn. 86; *Meikel/Morvilius* Einl. C 426; MünchKomm/*v. Oefele* § 9 Rn. 24 ErbbauRG; *Schöner/Stöber* Rn. 1806 a; **a. A.** *Eichel* MittRhNotK 1995, 193, 199.

[683] Zu einem eventuellen Anspruch aus § 242 BGB vgl. *Kümpel*, WM 1998, 1057, 1059.

[684] *Böttcher* Rpfleger 2007, 526, 527; *Meikel/Morvilius* Einl. C 425, der auf die gesetzlich geregelte Ausnahme des § 52 Abs. 1 SachenRBerG hinweist; *Riecke/Schmid/Schneider* § 1 Rn. 177. Einen Anspruch auf Abschluss einer entsprechenden Vereinbarung bei alten Erbbauzinsen unter Kostenübernahme wollen dagegen dem Grundstückseigentümer *Jennißen/Grziwotz* § 30 Rn. 16 einräumen. Demgegenüber halten für Altfälle *Staudinger/Rapp* § 9 ErbbauRG Rn. 32 und *Hügel/Elzer* Das neue WEG-Recht § 17 Rn. 2 eine ergänzende Vertragsauslegung für möglich, wenn die Erbbauzinsreallast bereits vor dem 1. 7. 2007 vollstreckungsfest gewesen ist. Eine ergänzende Vertragsauslegung dürfte damit allerdings in den Fällen ausscheiden, in denen schon bisher keine Vereinbarungen zum Bestehenbleiben erforderlich schienen und demgemäß auch nicht getroffen wurden, weil der Grundstückseigentümer nämlich mit seinem Erbbauzins gar keinen Vorrang einräumte.

gem. § 9 Abs. 3 S. 1 Nr. 1 ErbbauRG in der Weise für zulässig zu halten, dass bereits **bei der Bestellung eines neuen Erbbaurechts** – also noch vor der Begründung von Wohnungserbbaurechten – der durch die Novelle erweiterte Tatbestand verdinglicht werden kann. Bei der Eintragung eines **vollumfänglich zwangsversteigerungsfesten Erbbauzinses** im Sinne des § 9 Abs. 3 S. 1 Nr. 1 ErbbauRG bereits zum Zeitpunkt der Begründung des noch ungeteilten Erbbaurechts handelt es sich um ein durch die spätere Bildung von Wohnungserbbaurechten aufschiebend bedingtes Gestaltungsmerkmal bei dem einzutragenden Erbbauzins. Da der Eintritt der Bedingung von allen Beteiligten und dem Grundbuchgericht überprüft werden kann, handelt es sich auch um eine zulässige Bedingung im Rahmen der Grundbucheintragung, die nicht gegen den sachen- oder grundbuchrechtlichen Bestimmtheitsgrundsatz verstößt,[685] Nachfolgende Erwerber dinglicher Rechte müssen diesen Rechtsinhalt gegen sich gelten lassen.[686]

Soweit zur Sicherung des schuldrechtlichen Anspruchs auf Erhöhung des Erbbauzinses 482
eine **Vormerkung** im Grundbuch eingetragen sein sollte, ist die zugrunde liegende **Anpassungklausel** dahingehend zu ändern, dass sie sich jetzt nur noch auf den verteilten Zins bezieht.[687] Auch ein eingetragenes **Vorkaufsrecht** des Grundstückseigentümers sollte entsprechend aufgeteilt werden.[688]

b) Belastung von Wohnungs- und Teilerbbaurechten. Das Wohnungserbbaurecht kann 483
grundsätzlich **mit jedem dinglichen Recht** neu belastet werden, dass auch an einem Erbbaurecht bestellt werden kann.[689] Dabei wird allerdings ggf. eine gem. § 5 Abs. 2 ErbbauRG vereinbarte **Belastungsbeschränkung** zu beachten sein. Mit dinglicher Wirkung kann lediglich die Eintragung von Hypotheken, Grundschulden, Rentenschulden, Reallasten und Dauerwohnrechten[690] von der vorherigen Zustimmung des Erbbaurechtsausgebers abhängig gemacht werden. Für Belastungen anderer Art (z. B. Nießbrauchsrechte, beschränkte persönliche Dienstbarkeiten, Untererbbaurecht) kann jedoch eine Verpflichtung zur Einholung der Zustimmung schuldrechtlich begründet werden. Für den Fall der Zuwiderhandlung gegen diese Verpflichtung kann ein Heimfallanspruch begründet werden.[691] Die Belastungsbeschränkung des § 5 Abs. 2 ErbbauRG gilt auch für Verfügungen im Wege der **Zwangsvollstreckung,** der Arrestvollziehung oder durch den Insolvenzverwalter (§ 8 ErbbauRG).

Die Eintragung von **Nutzungsrechten** an den Wohnungserbbaurechten unterliegt dabei 484
den gleichen Beschränkungen wie beim Wohnungseigentum (dazu Rn. 305 ff.). Darüber hinaus können sich aus dem Erbbaurechtsvertrag weitere Beschränkungen ergeben. Ein Erbbauberechtigter kann nämlich seinerseits nur solche Rechte einräumen, die sich auch im Rahmen der ihm selbst eingeräumten Nutzungsbefugnisse halten.[692]

Problematisch kann die **Absicherung von Nutzungsrechten** sein, wenn im Rahmen der 485
Erbbaurechtsbestellung auch Nebenflächen gem. § 1 Abs. 2 ErbbauRG einbezogen worden sind (z. B. zur Sicherung von Geh- und Fahrtrechten). Hier wird durch eine inhalts-

---

[685] Vgl. § 158 Abs 1 BGB. Der Bedingungseintritt – Bildung der Wohnungserbbaurechte – ist mit Anlegung der neuen Grundbuchblätter offenkundig und deshalb sogar in der Form des § 29 Abs. 1 S. 2 GBO nachweisbar; vgl. *Bauer/von Oefele/Kössinger* § 19 Rn. 79 f. m. w. N.

[686] Zum Ganzen *Schneider* ZfIR 2007, 168, 171. Nach *v. Oefele/Winkler* Rn. 3.124 kommt auch ein Gesamtheimfallrecht aller Einheiten in Betracht, falls der Verband Wohnungseigentümergemeinschaft einen Versteigerungsantrag stellt, ohne das Bestehenbleiben des Erbbauzinses zu sichern.

[687] *Bauer/v. Oefele/Maaß* AT VI Rn. 274; *v. Oefele/Winkler* Rn. 3.122.

[688] *v. Oefele/Winkler* Rn. 3.122.

[689] *v. Oefle/Winkler* Rn. 3.125.

[690] *v Oefle/Winkler* Rn. 4.220 und 4.224.

[691] OLG Hamm NJW-RR 1986, 693 = Rpfleger 1986, 51.

[692] So ist bspw. die Belastung mit einer Tankstellendienstbarkeit ausgeschlossen, wenn das Erbbaurecht lediglich zum Haben eines Wohngebäudes berechtigt; BGH DNotZ 1958, 542 = Rpfleger 1959, 17.

gleiche Absicherung über eine Eintragung der Rechte **sowohl am Grundstück** (zunächst aufschiebend bedingt im Rang nach den dort erstrangig eingetragenen Wohnungserbbaurechten) *und* **auch an allen Wohnungserbbaurechten** der Untergang des Rechts mit einem evtl. Wegfall des Erbbaurechts und seiner späteren rangschlechteren Neueintragung verhindert werden können.[693]

486 c) **Änderung von Wohnungs- und Teilerbbaurechten.** Veränderungen von Wohnungs- und Teilerbbaurechten sind auf unterschiedlichen Ebenen denkbar. Einerseits können die Wohnungserbbauberechtigten **Änderungen der wohnungseigentumsrechtlichen Gemeinschaftsordnung** vereinbaren. Hierzu bedürfen sie nicht der Zustimmung oder der Mitwirkung des Grundstückseigentümers, solange die aufgezeigten Grenzen eingehalten werden.[694]

487 Darüber hinaus kann auch der **Inhalt des Erbbaurechts** geändert werden. Hierzu gehört auch eine **Erweiterung** der bestehenden **Baubefugnis.**[695] Inhaltliche Änderungen des Erbbaurechts sind aber weder durch Beschluss aller Wohnungserbbauberechtigten ohne Zustimmung des Grundstückseigentümers, noch durch eine Vereinbarung des Grundstückseigentümers mit nur einem Wohnungserbbauberechtigten möglich;[696] sie bedürfen vielmehr der vertraglichen Regelung unter Einbeziehung des Grundstückseigentümers und sämtlicher Wohnungserbbauberechtigten sowie ggf. dinglich Berechtigter.[697] Ist demgemäß als Inhalt des Erbbaurechts eine **Veräußerungs- oder Belastungsbeschränkung** vereinbart und wird diese mit Begründung von Wohnungserbbaurechten Inhalt eines jeden dieser Rechte, so kann durch eine Einigung zwischen *einem* Inhaber eines Wohnungserbbaurechts und dem Grundstückseigentümer sowie Eintragung in das Grundbuch das Zustimmungserfordernis für ein einzelnes Wohnungserbbaurecht nicht wirksam aufgehoben werden.[698]

488 Zulässig ist jedoch die nachträgliche **Vereinbarung des Bestehenbleibens** des aufgeteilten Erbbauzinses (dazu Rn. 479) **hinsichtlich nur eines Wohnungserbbaurechts.** In diesem Fall handelt es sich nämlich nicht um eine Verfügung über das Erbbaurecht, sondern um die inhaltliche Änderung eines Rechts an einem Wohnungserbbaurecht, die jedoch nicht mit einer – ggf. nach § 5 Abs. 2 ErbbauRG zustimmungspflichtigen – Haftungserweiterung für das Wohnungserbbaurecht verbunden ist.

489 Mehrere Wohnungserbbaurechte können in entsprechender Anwendung des § 890 Abs. 1 BGB rechtlich vereinigt werden. Der Eintragung der **Vereinigung mehrerer Wohnungserbbaurechte** steht eine unterschiedliche Belastung auch im Hinblick auf eine auf die jeweiligen Wohnungserbbaurechte aufgeteilte Erbbauzinsreallast nicht entgegen.[699]

490 **d) Beendigung von Wohnungs- und Teilerbbaurechten.** *aa) Beendigung aus wohnungseigentumsrechtlicher Veranlassung.* Eine Beendigung kann aus unterschiedlichen Gründen in Betracht kommen. So kann zunächst auf wohnungseigentumsrechtlicher Ebene während der Laufzeit des Erbbaurechts die **Aufhebung des Sondereigentums** in entsprechender Anwendung des § 9 Abs. 1 Nr. 1 WEG (§ 30 Abs. 3 S. 2 WEG) durch Vereinbarung der Wohnungserbbauberechtigten erfolgen. Die Aufhebung des Sondereigentums führt von Amts wegen zur Schließung der Wohnungserbbaugrundbücher.

---

[693] Zur Problematik vgl. *Rutenfranz* DNotZ 1965, 464; *Schöner/Stöber* Rn. 1739 und *v. Oefele/Winkler* Rn. 5.110 je m. w. N.

[694] *v. Oefele/Winkler* Rn. 3.125.

[695] BGH NJW-RR 1998, 1387.

[696] BGH NJW-RR 1998, 1387; *v. Oefele/Winkler* Rn. 3.125.

[697] *Meikel/Morvilius* Einl C Rn. 274.

[698] *Bauer/v. Oefele/Maaß* AT VI Rn. 276; *v. Oefele/Winkler* Rn. 3.125; a. A. BayObLG Rpfleger 1989, 503; *Rethmeier* MittRhNotK 1993, 145, 156; *Schöner/Stöber* Rn. 2998; *Staudinger/Gursky* (2007) § 877 Rn. 52. .

[699] OLG Hamm DNotZ 2007, 226 m. Anm. *Morvilius* MittBayNot 2007, 492, der die Verwirrungsgefahr i. S. d. § 5 Abs. 1 S. 1 GBO hervorhebt.

Auch wenn sich sämtliche Wohnungserbbaurechte **in einer Person vereinigen,** hat auf Antrag des alleinigen Wohnungserbbauberechtigen die Schließung der Wohnungserbbaugrundbücher erfolgen (§ 9 Abs. 1 Nr. 3, 30 Abs. 3 S. 2 WEG). Insoweit kann sinngemäß auf die Rn. 429 ff. gemachten Ausführungen verwiesen werden. In beiden Fällen entsteht wieder ein einheitliches Erbbaurecht, für das nach §§ 9 Abs. 3, 30 Abs. 3 S. 2 WEG ein neues Erbbaugrundbuch anzulegen ist.[700]

Die einseitige Aufgabe eines Wohnungserbbaurechts durch **Verzicht des Wohnungserbbauberechtigten** ist aus denselben Gründen wie bei einem Wohnungseigentum nicht möglich (Rn. 421 f.). 491

bb) Beendigung aus erbbaurechtlicher Veranlassung. Daneben kann auf erbbaurechtlicher Ebene ein **Erlöschen des Erbbaurechts** aufgrund einer einvernehmlichen **Aufhebung** (§ 26 ErbbauRG) unter Zustimmung etwaig betroffener dinglich Berechtigter (§ 876 BGB) oder aufgrund **Zeitablaufs** (§ 27 ErbbauRG) in Betracht kommen. In beiden Fällen geht letztlich das Gebäude wieder in das Eigentum des Grundstückseigentümers über (§ 12 Abs. 3 ErbbauRG), wobei im Aufhebungsfalle die Grundbucheintragung konstitutiv wirkt (vgl. § 11 Abs. 1 ErbbauRG, § 875 BGB). Erlischt das Erbbaurecht, so erlöschen auch die daran bestehenden anteilsmäßigen Mitberechtigungen und im Hinblick auf § 6 WEG auch das Sondereigentum, so dass die Wohnungserbbaurechte insgesamt erlöschen. In diesem Fall sind die Wohnungs- und Teilerbbaugrundbücher entsprechend § 16 ErbbauRG von Amts wegen zu schließen;[701] danach existiert nur noch das für das Grundstück zu führende Grundbuch. 492

Das Erlöschen durch einvernehmliche Aufhebung kann jedoch nur für alle Wohnungserbbaurechte einheitlich erfolgen; ein **teilweises Erlöschen** nur einiger Einheiten würde im Hinblick auf § 12 Abs. 3 ErbbauRG nämlich dazu führen, dass insoweit das Sondereigentum zum Bestandteil des Grundstücks würde.[702] Dies ist aber durch § 1 Abs. 3 ErbbauRG ausgeschlossen. Ein Nebeneinander von Wohnungseigentum und Wohnungserbbaurechten am selben Gebäude kann es also nicht geben (s. bereits Rn. 469). 493

Aus dem zuvor Gesagten ergibt sich, dass auch eine **teilweise Umwandlung von Wohnungserbbaurechten in Wohnungseigentumsrechte** unter gleichzeitigem Bestehenlassen der übrigen Wohnungserbbaurechte rechtlich nicht möglich ist.[703] Entsprechend kann auch ein **Verlängerungsangebot** des Grundstückseigentümers nach § 27 Abs. 3 ErbbauRG nicht auf einzelne Wohnungserbbaurechte beschränkt werden.[704] 494

Auch eine **Umwandlung aller Wohnungserbbaurechte in Wohnungseigentum** kann nicht durch eine Aufhebung des Erbbaurechts erreicht werden. Dazu bedarf es vielmehr im Anschluss an einen entsprechenden Bruchteilserwerb des Grundstücks eines Vertrages sämtlicher Miteigentümer über die Aufhebung der Wohnungserbbaurechte und die anschließende Aufteilung des Grundstücks in Wohnungseigentum (§§ 3, 4 WEG).[705] Selbst unter der Annahme einer zulässigen Bestandteilszuschreibung des Grundstücks zum Erbbaurecht ergibt sich kein anderes Ergebnis. 495

Der für die Umwandlung notwendige Eigentumserwerb an dem noch in Wohnungserbbaurechte aufgeteilten Grundstück wird sich jedoch nicht in allen Fällen auch immer gleichzeitig verwirklichen lassen. Als Lösung könne sich deshalb der **sukzessive Erwerb entsprechender Miteigentumsanteile am Grundstück** durch die bisherigen Wohnungserbbauberechtigten anbieten. In diesem Zusammenhang wird jedoch zu beachten sein, dass den Eigentümern der schon umgeschriebenen Miteigentumsanteile am Grundstück 496

---

700 *Bauer/v. Oefele/Maaß* AT VI Rn. 278.

701 *Bauer/v. Oefele/Maaß* AT VI Rn. 279; *v. Oefele/Winkler* Rn. 3.128; a. A. *Bärmann/Pick* § 30 Rn. 51, der § 9 WEG anwenden will.

702 *Bauer/v. Oefele/Maaß* AT VI Rn. 280; *v. Oefele/Winkler* Rn. 3.129.

703 *Bauer/v. Oefele/Maaß* AT VI Rn. 280; *v. Oefele/Winkler* Rn. 3.131.

704 *Bauer/v. Oefele/Maaß* AT VI Rn. 280; *v. Oefele/Winkler* Rn. 3.128.

705 BayObLG NJW-RR 1999, 1104 = Rpfleger 1999, 327.

nicht die entsprechend von ihnen als Wohnungserbbauberechtigte zu zahlenden Erbbauzinsen zugeordnet werden können. Die Erbbauzinsreallast kann nämlich nicht vom Eigentum an dem mit den Wohnungserbbaurechten belasteten Grundstück in der Weise getrennt werden, dass sie nur noch dem jeweiligen Eigentümer eines bestimmten Miteigentumsanteils zusteht.[706] Denkbar wäre allenfalls eine Verwaltungs- und Benutzungsregelung gem. § 1010 BGB am Grundstück, wonach bis zur Umwandlung jeder Miteigentümer nur zur Einziehung „seines" Erbbauzinses berechtigt ist und auch sonst absonderbare Eigentümerrechte allein gegenüber seinem Wohnungserbbaurecht ausüben kann.[707]

497 *cc) Keine Beendigungstatbestände für Wohnungs- und Teilerbbaurechte.* **Kein Erlöschen** der Wohnungserbbaurechte würde durch die Ausübung eines teilweise oder insgesamt möglichen Heimfallanspruchs bewirkt. Die **Ausübung des Heimfallanspruchs** (§ 3, §§ 32ff. ErbbauRG) führt statt dessen im vorgesehenen Umfang zum Bestehenbleiben des/r Wohnungserbbaurechte/s in der Hand des Grundstückseigentümers.[708]

498 Ebenfalls würde auch nicht der **Erwerb des** mit den Wohnungserbbaurechten belasteten **Grundstücks durch den Verband der Wohnungserbbauberechtigten** zum Erlöschen der Wohnungserbbaurechte führen. Wenngleich man den verbandsseitigen Erwerb des aufgeteilten Grundstücks, heute im Rahmen einer ordnungsgemäßen Verwaltung liegend im Hinblick auf §§ 30 Abs. 3 S. 2, 10 Abs. 6 S. 1 WEG für zulässig halten muss,[709] so handelt es sich doch bei dem Verband um einen eigenständigen, von der Gemeinschaft der Wohnungserbbauberechtigten streng zu trennenden Rechtsträger (vgl. Rn. 139ff.). Soweit Erbbauberechtigtenverbände angesichts der nach einem Grundstückserwerb bestehenden Möglichkeit einer Beeinträchtigung der bankseitigen Beleihungsgrundlage durch Aufhebung des Erbbauzinses sich **Finanzierungsschwierigkeiten** ausgesetzt sehen, könnten diese durch Eintragung eines sog. Herrschvermerkes gem. § 9 Abs. 1 GBO am Grundstück beseitigt werden. Der Vermerk könnte auf formlosen[710] Antrag des Verbandes oder einer dort eingetragenen Gläubigerin in das Grundstücksgrundbuch eingetragen werden (§ 9 Abs. 1 S. 2 GBO) und würde eine beeinträchtigende Verfügung des Verbandes über den (aufgeteilten) Erbbauzins zulasten der dinglich Berechtigten ohne deren grundbuchmäßige Mitwirkung verhindern (§ 21 GBO, §§ 876 S. 2, 877, 880 Abs. 3 BGB).

498a Auch der **Untergang des Gebäudes** als wesentlicher Bestandteil der Wohnungserbbaurechte lässt das Erbbaurecht gem. § 13 ErbbRG und damit auch die Wohnungserbbaurechte unberührt.[711] Ggf. besteht eine Wiederaufbauverpflichtung.

---

[706] BayObLG DNotZ 1991, 398 = Rpfleger 1990, 507.
[707] *v. Oefele/Winkler* Rn. 3.131.
[708] *Bauer/v. Oefele/Maaß* AT VI Rn. 277; *v. Oefele/Winkler* Rn. 3.126 f.
[709] A. A. wohl *Basty* ZWE 2009, 253, 257.
[710] *Demharter* § 9 Rn. 8.
[711] BeckOK/*Timme/Munzig* § 30 Rn. 82.

III. Vertragsübergänge und weitere Probleme bei Umwandlungen

1. Allgemeines

a) **Problemstellung.** Wohnungseigentum wird nach den Bestimmungen der §§ 3, 8 WEG durch eine gegenseitige vertragliche Einräumung von Sondereigentum oder durch Teilung des Alleineigentümers – meist eines Bauträgers – begründet. Gegenstand der Einräumung oder Teilung kann ein auf dem Grundstück bereits errichtetes oder ein zu errichtendes Gebäude sein. Vor allem bei einem **bereits errichteten Gebäude,** das in Wohnungs- und/oder Teileigentum **„umgewandelt"**[1] wird, stellen sich im Zusammenhang damit eine Reihe juristischer, aber auch praktischer Fragen. Neben **Kollisionen mit dem Mietrecht**[2] kann es bei einer solchen Umwandlung[3] vor allem zu **Problemen mit bereits bestehenden Verträgen** gegenüber Dritten kommen.[4] In der Regel werden nämlich bereits vor Entstehung einer (werdenden) Gemeinschaft von Wohnungseigentümern[5] vom Bauträger oder von Dritten „gemeinschaftsbezogene" Verträge geschlossen, vor allem solche mit Versorgungsunternehmen für die Versorgung der Anlage mit Elektrizität, Gas, Wasser oder Fernwärme.[6] Diese Praxis hat ihren Grund einerseits darin, dass ein Erwerber – natürlich – in seiner Eigentumswohnung beim Erwerb bereits **sämtliche Versorgungsleistungen** vorfinden will. Es ist auch davon auszugehen, dass eine vom Bauträger errichtete Wohnung ohne Einrichtung der Versorgungsleistungen nicht bezugsfertig i. S. v. § 3 Abs. 2 MaBV ist. Andererseits benötigt vor allem ein Bauträger diese Leistungen, um eine Wohnungseigentumsanlage überhaupt errichten zu können. Daneben kommen aber auch Verträge mit Versicherungen wegen Feuer, Leitungswasser, Sturm und Haftpflicht, Verträge wegen des Leasings oder der Wartung von Heizkostenverteilern oder Wärmeerfassungsgeräten, Verträge mit Telekommunikationsunternehmen, mit Kabelfernsehunternehmen oder mit Internetanbietern in Betracht. 499

Für solche „vorzeitig" geschlossenen Verträge gilt häufig, dass jedenfalls aus rechtlichen, aber auch aus praktischen Erwägungen heraus die nach § 10 Abs. 6 Satz 1 WEG **rechtsfähige Gemeinschaft der Wohnungseigentümer** (im Folgenden: Verband Wohnungseigentümergemeinschaft) – auch als werdende – **Vertragspartei** werden sollte und auch werden muss. Jedenfalls nach Entstehung einer Gemeinschaft von Wohnungseigentümern werden nämlich Verträge mit Dritten, die sich auf das Gemeinschaftseigentum beziehen, grundsätzlich vom entsprechend zugehörigen Verband Wohnungseigentümergemeinschaft geschlossen. Die Wohnungseigentümer selbst sind in einer bestehenden Wohnungseigentumsanlage nur **ausnahmsweise** und nur dann Vertragspartei, wenn sie sich ausdrücklich selbst vertraglich anstelle oder neben dem Verband verpflichten oder wenn ein Gesetz etwas anderes anordnet. 500

Fragen wegen eines **Vertragsübergangs** stellen sich – neben den bereits angesprochenen Versorgerverträgen – auch in Bezug auf Mietverträge, wenn nämlich Wohnungs- und/oder Teileigentum an einem bereits errichteten Gebäude begründet wurden und Einheiten (noch) vermietet sind. Ferner kommen bei der Prüfung einer Nachfolge etwa 501

---

[1] Die Begründung von Wohnungseigentum bei bestehenden Gebäuden wird allgemein als Umwandlung beschrieben, vgl. *F. Schmidt* Voraufl. Teil A X. Rn. 600.

[2] Dazu Rn. 173 ff.

[3] Diese ist nicht mit der Umwandlung von Wohnungs- in Teileigentum oder umgekehrt zu verwechseln. Siehe dazu A II Rn. 244 ff.

[4] Hiervon zu unterscheiden ist der Eintritt eines Sondernachfolgers in bestehende schuldrechtliche Vereinbarungen der Wohnungseigentümer untereinander, vgl. dazu *Hügel,* FS Wenzel (2007), S. 219 ff.

[5] Siehe dazu BGH NJW 2008, 2639 = ZMR 2008, 805 m. Anm. *Elzer.*

[6] Vgl. *Becker,* FS Seuß (2007), S. 19, 21.

Verträge mit Reinigungsunternehmen, mit einem Hausmeister oder einem Gärtner in den Blick. Übergangsprobleme sind schließlich im Zusammenhang mit dem **Verwaltervertrag** bekannt. Für alle Verträge bis auf Mietverträge, die häufig eher ein „Übel", denn ein Muss sind, gibt es in der Regel – nur für den Verwaltervertrag wird dieses neuerdings bestritten[7] – ein **großes Bedürfnis** dafür, dass sie zum einen bereits vor Entstehung einer (werdenden) Gemeinschaft von Wohnungseigentümern geschlossen werden und dass sie zum anderen möglichst schnell, ggf. sogar bereits zum Zeitpunkt ihrer Entstehung auf die rechtsfähige Gemeinschaft von Wohnungseigentümern übergehen.

502 **b) Vertragsübergang.** Ein Vertragsübergang ist unter dem zurzeit geltenden Regime **vertraglich zu konstruieren.**[8] Einen **gesetzlichen Vertragsübergang** ordnet das Wohnungseigentumsgesetz grundsätzlich nicht an,[9] auch nicht in § 8 WEG. Danach kann der Alleineigentümer letztlich zwar eine Gemeinschaftsordnung vorgeben, mithin Regelungen i.S.v. §§ 5 Abs. 4 Satz 1, 10 Abs. 2 Satz 2 WEG. Er ist danach aber nicht befugt, **Verträge der Wohnungseigentümer** oder des **Verbandes** mit einem Dritten zu schließen. Fände sich in einer Teilungserklärung als Teil der Gemeinschaftsordnung dennoch ein auf einen Vertragsübergang zielende Regelung, wäre diese für keinen bindend und rechtlich unbeachtlich. Selbst wenn man mit einer Mindermeinung bestimmte Entscheidungen des Alleineigentümers als „Entschluss" versteht, der mit Entstehung einer Gemeinschaft von Wohnungseigentümern zu einem schriftlichen Beschluss wird,[10] und wenn sich dieser Beschluss auf einen Vertragschluss richtete, fehlte es neben der Willensbildung an einer Ausführung der Willensbildung durch Willenserklärung gegenüber dem Dritten. Diese Willenserklärung aber könnte der Alleineigentümer nur als vollmachtloser Vertreter des Verbandes leisten. Um dennoch einen Vertragsübergang von den ursprünglichen Vertragsschließenden zum Verband zu ermöglichen, bedarf es daher stets einer **Abrede der Vertragsparteien für einen Vertragsübergang.** Außerdem müssen die späteren Wohnungseigentümer als Willensbildungsorgan des Verbandes Wohnungseigentümergemeinschaft an diese Vorstellungen wenn möglich „gebunden", jedenfalls muss ihnen soweit wie möglich ein Zustimmung erleichtert und vorbereitet werden.

503 Werden die sich mit einem Vertragsübergang stellenden Fragen angesprochen, wird in der Regel versucht, den Problemen durch „Hilfskonstruktionen" – vor allem mit so genannten „konkludenten" Vertragsschlüssen – zu begegnen.[11] Diese Hilfskonstruktionen sollten, da sie letztlich nur nachträglich eine Nachzeichnung des tatsächlich ggf. Gewollten, aber nicht Geschehenen sind, freilich soweit wie möglich **vermieden** werden. Aus jeder Sicht besser ist es, gleich bei Vertragsschluss mit einem Dritten – soweit dieses möglich ist – ausdrücklich zu regeln, dass es mit der Entstehung des (werdenden) Verbandes Wohnungseigentümergemeinschaft zu einem **gewillkürten Vertragsübergang** kommen soll und eine diesem Ziel entsprechende Regelung ausdrücklich zu treffen und vorzubereiten.

---

[7] Einige Autoren bezweifeln, ob es ein Bedürfnis dafür gibt, den Verwalter vor der ersten Eigentümerversammlung be- und anzustellen. Siehe dazu BGH BGHZ 151, 164, 173 = NJW 2002, 3240; OLG Düsseldorf ZWE 2001, 386, 387 = ZMR 2001, 650; *Drasdo* RNotZ 2008, 87, 89; *Wenzel,* *FS* Bub (2007), S. 249, 266; *Deckert,* FS Bub (2007), S. 37, 52.

[8] Vgl. *Becker,* FS Seuß (2007), S. 19, 22.

[9] Einen gesetzlichen Vertragsübergang gibt es nur in § 10 Abs. 7 S. 4 WEG für den Fall, dass die Gemeinschaft untergeht; a.A. *Briesemeister* ZWE 2008, 230, 233; siehe auch *Bärmann/Wenzel,* § 10 Rn. 294 und 297, der gegen die h.M. für einen Übergang des Vermögens auch bei Wiederentstehen eines Verbandes plädiert. Für h.M. vgl. etwa *Böhringer* NotBZ 2008, 179, 189; *Hügel* DNotZ 2007, 326, 341; *Kümmel in: Niedenführ/Kümmel/Vandenhouten* § 10 Rn. 78; *Riecke/Schmid/Elzer* § 10 Rn. 450.

[10] So *Bärmann/Wenzel* § 10 Rn. 180ff. m.w.N.; *Wenzel,* FS Bub (2007), S. 249, 267.

[11] Siehe in diesem Zusammenhang OLG Köln OLGZ 1986, 408, 410/412 = Rpfleger 1986, 298; BayObLG BayObLGZ 1974, 305, 310 = NJW 1974, 2136; *Müller* PiG 64, S. 195, 200.

c) Erwerberverträge. Die persönliche Bindung eines Erwerbers an einen bereits zuvor geschlossenen Vertrag kann in seinem **individuellen Erwerbsvertrag** mit dem Bauträger eine Regelung finden, sofern der Wohnungseigentümer **Vertragspartei** werden soll.[12] Soll hingegen der Verband Wohnungseigentümergemeinschaft Vertragspartei werden – und das ist der **Regelfall**[13] –, bedarf es nach Entstehung einer Gemeinschaft von Wohnungseigentümern einer entsprechenden Willensbildung der Wohnungseigentümer als dafür zuständige Stelle des Verbandes sowie eines Vertragsschlusses oder der Genehmigung eines zuvor erfolgten Vertragsschlusses. Besitzt der Verwalter der Anlage für den Vertragsschluss keine Vertretungsmacht oder scheidet er nach § 181 BGB als Vertreter aus, z. B. bei Abschluss seines eigenen Verwaltervertrages, müssen die Wohnungseigentümer nach § 27 Abs. 3 Satz 2 WEG den Verband vertreten – oder nach § 27 Abs. 3 Satz 3 WEG einige von ihnen. Eine Regelung in den Erwerbsverträgen mit den künftigen Wohnungseigentümern kann – bis auf Absichtserklärungen – für den Verband nicht getroffen werden.[14] 504

d) Einpersonen-Gemeinschaft. Ein Vertragsübergang ließe sich strukturell u. a. dann vermeiden, wenn bereits mit Anlegung der Wohnungsgrundbücher eine **Einpersonen-Gemeinschaft** entstünde.[15] Als **einziges Mitglied** der Gemeinschaft könnte der teilende Eigentümer im Namen des Verbandes Wohnungseigentümergemeinschaft in Angelegenheiten der Verwaltung des Gemeinschaftseigentums Verträge schließen bzw. genehmigen, ohne dass es einer späteren Willensbildung der Wohnungseigentümer und Beschlussfassung bedürfte.[16] 505

Diesem Modell hat der Gesetzgeber durch § 10 Abs. 7 Satz 4 WEG allerdings eine **Absage** erteilt.[17] Nach dieser Bestimmung geht das Verwaltungsvermögen des Verbandes Wohnungseigentümergemeinschaft auf den Eigentümer des Grundstücks über, wenn sich sämtliche Wohnungseigentumsrechte in einer Person vereinigen. Das Gesetz geht also mittelbar davon aus, dass der Verband „untergeht“, wenn er nicht mehrere Mitglieder hat. Diese Rechtsidee zu Grunde legend entschied bereits auch der Bundesgerichtshof, dass es keine „Ein-Personen-Gemeinschaft“ gäbe.[18] 506

2. Verwaltervertrag

a) Allgemeines. In der Praxis besitzt nach dem Verständnis der Wohnungseigentümer und nach der Beschäftigung des Schrifttums der **Verwaltervertrag** vielleicht die **größte Bedeutung** im Zusammenhang mit Vertragsübergängen bei einer Umwandlung. Zu Problemen im Rahmen einer Umwandlung kommt es freilich nicht, wenn Bestellung und Anstellung des Verwalters erst **nach Entstehung** des Verbandes erfolgen. In solchen Fällen ist nur darauf zu achten, dass es neben der Willensbildung, mit welchem Verwalter ein Vertrag eingegangen werden soll, auch einer **Ausführung** der Willensbildung bedarf. Die Ausführung liegt dabei ungeachtet eines weit verbreiteten Irr- 507

---

[12] OLG Köln OLGZ 1986, 408, 410/412 = Rpfleger 1986, 298; BayObLG BayObLGZ 1974, 305, 310 = NJW 1974, 2136; s. a. *Kreuzer* PiG 82, 73, 101.

[13] Soweit das Formular von *Kreuzer* PiG 82, 73, 101, ggf. den Eindruck erweckt, nicht der Verband, sondern die Wohnungseigentümer würden in der Regel in sämtliche vom Bauträger geschlossenen Verträge eintreten, ist dem nicht zu folgen. Die dort gemachten Hinweise sind überholt und bedürfen der Überarbeitung.

[14] *Becker,* FS Seuß (2007), S. 19, 22.

[15] *Becker,* FS Seuß (2007), S. 19 ff.; a. A. *Wenzel,* FS Bub (2007), S. 249, 263/264; *Riecke/Schmid/Elzer* § 10 Rn. 20.

[16] *Becker,* FS Seuß (2007), S. 19, 22, 36; siehe auch *F. Schmidt* ZWE 2008, 245, 246; *ders.* FS Bub (2008), S. 2007, S. 221 ff.; *Röll* NJW 1989, 1070, 1072.

[17] A. A. *Becker* ZfIR 2008, 869, 870; siehe auch *Häublein,* ZfIR 2006, 106.

[18] BGH NJW 2008, 2639 = ZMR 2008, 805 m. Anm. *Elzer.*

tums[19] **nicht** bereits **in der Beschlussfassung** zum Verwaltervertrag, sondern ein Angebot oder eine Annahme auf einen Vertragsschluss muss **gesondert** von den Wohnungseigentümern nach § 27 Abs. 3 Satz 2 WEG oder von einigen Wohnungseigentümern nach § 27 Abs. 3 Satz 3 WEG **erklärt werden.**[20] Denn der Verwaltervertrag wird nach der heute ganz herrschenden Meinung zwischen dem Verwalter und dem Verband Wohnungseigentümergemeinschaft geschlossen.[21]

508 Die Rechtslage liegt indes anders, wenn bereits die vormaligen Miteigentümer oder der Bauträger mit einem die Anlage verwaltenden Dritten einen Vertrag geschlossen haben, der – gegebenenfalls neben einer Baubetreuung oder anderen Punkten – jedenfalls auch die Gegenstände umfasst, die später von Gesetzes wegen oder nach einem Vertrag Aufgabe des Verwalters sind. In diesem Falle muss es zu einem gewillkürten **Vertragsübergang** auf den Verband Wohnungseigentümergemeinschaft kommen.[22]

509 b) **Erwerbsverträge.** Wie ausgeführt, wurde der Vertragsübergang früher – jedenfalls im Falle einer Gründung nach § 8 WEG – teilweise über die jeweiligen **Erwerbsverträge** konstruiert.[23] In den Erwerbsverträgen wurde etwa geregelt, dass ein Erwerber die zwischen dem Veräußerer und dem Verwalter vereinbarten Vertragsbedingungen als für sich „verbindlich anerkennt". Zusätzliche Voraussetzung war, dass der Verwalter als Vertragspartner eines zunächst Dritten mit dem Vertragsübergang auch **einverstanden** war. Dieses Einverständnis konnte zum Beispiel dadurch erreicht werden, dass der Verwalter bereits bei Abschluss seines zunächst in der Hauptsache eher baubetreuenden Vertrages mit dem Wechsel des Vertragspartners einverstanden war;[24] auch eine spätere Zustimmung war aber vorstellbar.

510 Dieses **System** ist nach Anerkennung des Verbandes Wohnungseigentümergemeinschaft und nach der Erkenntnis, dass der Verband Vertragspartner des Verwalters ist, allerdings **untauglich.**[25] Denn die Erwerbsverträge sind kein Ort, Verbindlichkeiten des Verbandes diesem gegenüber zu regeln oder zu bestimmen. Die Erwerber können zu einer Willensbildung des Verbandes im Erwerbsvertrag nicht beitragen. Vorstellbar ist nur, dass Erwerber im Erwerbsvertrag ihren Willen bekunden, in einer Versammlung für einen bestimmten Verwaltervertrag zu stimmen. Jedenfalls in einem Vertrag, der §§ 305 ff. BGB unterliegt, dürfte eine solche Klausel allerdings **überraschend** sein.

511 c) **Vertragsübergang.** Damit es zu einem Wechsel des Vertragspartners kommt, bedarf es eines Vertragsübergangs. Zu diesem kommt es, wenn **alle drei Beteiligten,** nämlich alter und neuer Gläubiger sowie der Schuldner mit einem Wechsel der Vertragsparteien einverstanden sind. Eine andere Möglichkeit besteht darin, dass zwei der drei Beteiligten einig sind und der Dritte die **Auswechslung genehmigt,** vgl. § 415 BGB.

512 Die Rechtslage ist danach einfach, wenn sämtliche Erklärungen ausdrücklich erfolgen. Vorstellbar ist z.B., dass der Verwalter zunächst von den ehemaligen Miteigentümern oder vom Bauträger **angestellt** wird. Nach Entstehung einer Gemeinschaft von Woh-

---

[19] Vgl. BayObLG NJW-RR 1987, 1039, 1040; OLG Hamm NJW-RR 1993, 845, 846; *Hügel/Scheel* Teil 9 Rn. 122; *Niederführ* in: *Niedenführ/Kümmel/Vandenhouten* § 26 Rn. 31; *Bärmann/Merle* § 26 Rn. 107.

[20] Siehe dazu im Einzelnen *Jacoby* ZWE 2008, 327 = AnwZert MietR 7/2008, Anm. 1; *Hügel* ZMR 2008, 1, 4; *Jennißen* § 26 Rn. 67. Grundlegend *Jacoby* Das private Amt, 2007, S. 550 ff.

[21] OLG Düsseldorf ZMR 2007, 56 = NJW 2007, 161; OLG Hamm ZMR 2006, 633 = FGPrax 2006, 153; *Häublein* ZWE 2008, 1, 2; *Hügel/Scheel* Teil 9 Rn. 128; a. A. *Armbrüster* ZWE 2006, 470, 475; *Jennißen,* § 26 Rn. 63.

[22] *Riecke,* ZfIR 2006, 334, 335; *Riecke/Schmid/Elzer* § 10 Rn. 449; i. E. auch *Wenzel, FS* Bub (2007), S. 249, 262.

[23] OLG Köln OLGZ 1986, 408, 410 = Rpfleger 1986, 298; BayObLG NJW 1974, 2136 = Rpfleger 1974, 401.

[24] Vgl. *Staudinger/Bub* § 26 Rn. 224.

[25] *Wenzel, FS* Bub (2007), S. 249, 262; a. A. *Hügel/Scheel* Teil 9 Rn. 125.

nungseigentümern und nach Entstehung eines Verbandes Wohnungseigentümergemeinschaft kann dann ein **Gläubigeraustausch** dadurch erfolgen, dass die Wohnungseigentümer für den Verband in der ersten Eigentümerversammlung den bereits bestehenden Vertrag für diesen „billigen" und sich für den Verband entsprechend rechtsgeschäftlich erklären, der ursprüngliche Gläubiger auf seine Rechte verzichtet sowie mit einem Übergang der Rechte und Pflichten einverstanden ist und schließlich auch der Verwalter – wie zumeist – mit allem einverstanden ist.

Im Idealfall erfolgen alle diese Erklärungen **ausdrücklich** und **eindeutig.** Selbstverständlich ist aber auch vorstellbar, dass die Erklärungen schlüssig (konkludent) erfolgen. Eine Genehmigung kann etwa durch Klageerhebung deutlich werden.[26] Notwendig, aber auch ausreichend ist, dass der Wille zur Schuldnerentlassung **klar hervortritt.** Unzureichend ist danach beispielsweise **reines Schweigen.**[27] Auch der „rügelose" Ablauf einer Eigentümerversammlung ist ohne Aussagekraft für den Willen des Verbandes Wohnungseigentümergemeinschaft und die für eine Genehmigung notwendige rechtsgeschäftliche Betätigung seiner Handlungsorganisation.[28] Wegen der Folgen, die für den Verband Wohnungseigentümergemeinschaft mit einem Vertragsschluss geknüpft sind, sind an seine konkludente Einverständniserklärung vielmehr **strenge Anforderungen** zu stellen.[29] Die Kenntnisnahme vom Hinzutreten eines neuen Schuldners oder die Annahme von Leistungen des Übernehmers, die dieser auch nach § 267 BGB erbringen konnte, genügen zum Beispiel nicht.[30] Ein auf eine befreiende Schuldübernahme, also die Entlassung des bisherigen Schuldners aus dem Schuldverhältnis gerichteter Wille des Gläubigers, kann nur dann angenommen werden, wenn er **deutlich** zum Ausdruck gebracht worden ist, oder wenn die Umstände den in jeder Hinsicht zuverlässigen Schluss auf die Zustimmung zulassen.[31] 513

d) Praktisches Vorgehen. Der Vertragsübergang ist **nach Entstehung einer Gemeinschaft von Wohnungseigentümern** und damit mit Entstehung eines Verbandes Wohnungseigentümergemeinschaft ohne weiteres konstruierbar. Um einen Vertragsübergang zu erleichtern, können zudem die ursprünglichen Vertragsparteien dessen **Voraussetzungen** bereits **anlegen** und vorbereiten. Für einen Vertragsübergang des ursprünglich mit einem Dritten geschlossenen Verwaltervertrages bieten sich mit dem Ziel eines Vertragsschlusses des Verwalters mit dem Verband Wohnungseigentümergemeinschaft **im Wesentlichen** drei Wege an. 514

aa) Vertragsschluss im eigenen Namen. Der ursprüngliche Vertragspartner des Verwalters kann den Verwaltervertrag **im eigenen Namen** schließen. Der Verband Wohnungseigentümergemeinschaft kann dann – wenn es einen entsprechenden Verbandswillen gibt – den Vertrag mit Billigung der ehemaligen Vertragsparteien nach § 415 BGB „übernehmen". Dazu bedarf es beim Verband einer entsprechenden Willensbildung und einer Willensentäußerung der berechtigten Stelle. 515

bb) Vertragsschluss im eigenen und im fremden Namen. Der ursprüngliche Vertragspartner des Verwalters kann den Vertrag im eigenen Namen und **zugleich** (als vollmachtloser Vertreter) für den **Verband Wohnungseigentümergemeinschaft** schließen.[32] Der Verband kann dann das für ihn getätigte Rechtsgeschäft später – wenn es einen entsprechenden Verbandswillen gibt – genehmigen. Eine konkludente Genehmigung ist möglich, liegt aber – wie ausgeführt – sicher nicht im „rügelosen" Ablauf einer Eigentümerver- 516

[26] BGH WM 75, 331; RG RGZ 107, 215, 216.
[27] BGH DtZ 1996, 211 = MDR 1996, 702; BGH NJW 1983, 678, 679; LG Frankfurt NJW-RR 1990, 274, 275.
[28] A. A. *Wenzel,* FS Bub (2007), S. 249, 262.
[29] Allgemein BGH DtZ 1996, 211 = MDR 1996, 702; BGH NJW 1983, 678, 679.
[30] BGH DtZ 1996, 211 = MDR 1996, 702.
[31] BGH NJW 1983, 678, 679; BGH WM 1978, 351, 352 = DB 1978, 2216.
[32] *Wenzel,* FS Bub (2007), S. 249, 262.

sammlung.[33] Eine konkludente Genehmigung liegt auch nicht in einem Beschluss. Beschlüsse sind keine Willenserklärungen und vermögen einen Vertragsschluss nur vorzubereiten. Sie sind aber für einen Vertrag weder Angebot noch Annahme.[34]

517 *cc) Vertragsschluss im fremden Namen.* Der ursprüngliche Vertragspartner des Verwalters kann (als vollmachtloser Vertreter) den Vertrag nur **im Namen des Verbandes** als (künftigen) Vertragspartner des Verwalters schließen. Der Verband kann dann das für ihn getätigte Rechtsgeschäft später – wenn es einen entsprechenden Verbandswillen gibt – genehmigen.[35] Für die Genehmigung gilt das Ausgeführte.

518 *dd) Vereinbarte Beschlussfassung?* Man könnte erwägen, als **Klausel im Bauträgervertrag** die Verpflichtung des Erwerbers aufzunehmen, bei der Abstimmung über die Genehmigung des vom Bauträger im Namen des Verbandes geschlossenen Vertrages mit „Ja" abzustimmen. Ein Wohnungseigentümer kann sich durch einen grundsätzlich zulässigen **Stimmbindungsvertrag** schuldrechtlich verpflichten, sein Stimmrecht in bestimmter Weise auszuüben.[36] Verstößt der Abstimmende bei seiner Stimmrechtsausübung gegen eine solche Bindung, ist dies für die Bewertung der Stimmabgabe in der Eigentümerversammlung allerdings bedeutungslos.[37] Zweifelhaft ist allerdings, ob die Stimmbindung in einem Formularvertrag der Prüfung nach §§ 305 ff. BGB standhält. Nahe liegt, eine solche Klausel als i. S. v. § 305 c Abs. 1 BGB **überraschend** anzusehen. Ein Erwerber muss nicht damit rechnen, dass sich im Erwerbervertrag Regelungen zur Eigentümerversammlung der Wohnungseigentümer finden.

519 *ee) Bewertung.* Aus Sicht des Verwalters empfiehlt sich vor allem der zweite Weg. Für den ursprünglichen Vertragspartner – meist einen Bauträger – sind die Varianten eins und zwei mit gleichen Chancen und Risiken verbunden. Kommt es zu keinem Vertragsübergang, ist zu klären, was aus dem Vertragsverhältnis passiert. Im Zweifel sollte es untergehen.

520 **c) Rechtsfolgen.** Durch eine Vertragsübernahme tritt der Verband Wohnungseigentümergemeinschaft an die **Stelle des bisherigen Schuldners,** z. B. des ehemaligen Alleineigentümers; dieser wird von seinen Leistungspflichten frei. Die übernommene Verbindlichkeit bleibt inhaltlich unverändert. Der Ausgleich zwischen den bisherigen Parteien richtet sich nach deren internen Rechtsbeziehungen aus Vertrag oder gem. §§ 677 ff., 812 ff. BGB.[38] Nicht vorgesehen ist ein gesetzlicher Forderungsübergang. Stehen etwa Vergütungen aus, schuldet diese noch der alte Vertragspartner – soweit nichts anderes vereinbart ist. Auch vor dem Übergang begangene Pflichtverstöße kann ohne Abrede nur der alte Vertragspartner rügen.

3. Verträge mit Trägern der Daseinsvorsorge

521 **a) Problemlage.** Nach dem wohnungseigentumsrechtlichen System sind **Verträge mit Dritten** mit Bezug auf das Gemeinschaftseigentum, auch mit **Trägern der Daseinsvorsorge,** vom Verband Wohnungseigentümergemeinschaft zu schließen.[39] Zwar enthält das

---

[33] Kritisch auch *Bärmann/Merle* § 26 Rn. 107; a. A. *Wenzel,* FS Bub (2007), S. 249, 262.

[34] Siehe dazu bereits Rn. 44.

[35] Siehe dazu auch *Bärmann/Merle* § 26 Rn. 107.

[36] *Jennißen/Elzer* vor §§ 23 bis 25 Rn. 42; vgl. BGH BGHZ 48, 163, 167 zum Gesellschaftsrecht.

[37] OLG Frankfurt OLGReport Frankfurt 2005, 423, 427; *Jennißen/Elzer* vor §§ 23 bis 25 Rn. 42.

[38] BGH BGHZ 72, 246, 249 ff. = NJW 1979, 157.

[39] *Bärmann/Wenzel* § 10 Rn. 311; etwas anders gilt, wenn ein Gesetz anordnet, dass die Wohnungseigentümer Vertragspartei werden sollen. Streitig ist dann, ob dieses Gesetz ein Bundesgesetz sein muss. Etwas anderes gilt ferner, wenn die Wohnungseigentümer sich persönlich verpflichten wollen.

Gesetz eine entsprechende allgemeine Anordnung für den Verband, die Wohnungseigentümer zu vertreten, wenn sämtliche Wohnungseigentümer in Bezug auf das Gemeinschaftseigentum mit einem Dritten einen Vertrag schließen müssten, nicht. Eine Pflicht zum Vertragsschluss des Verbandes gegenüber Dritten ist aber ansatzweise § 27 Abs. 3 Satz 1 Nr. 3 und Nr. 4 WEG sowie der Zuordnung des Verwaltungsvermögens zu entnehmen. Jedenfalls nach Sinn und Zweck muss der Verband auch für solche Verträge, die nach einer überkommenen Sichtweise von den Wohnungseigentümern als Grundstückseigentümern geschlossen wurden, etwa einem Versorgungsvertrag, heute als Vertragspartei anzusehen werden. Grundsätzlich gilt, dass auch mit **Versorgern** Verträge durch Angebot und Annahme zustande kommen.

Die Praxis zeigt häufig allerdings, dass entsprechende ausdrückliche Erklärungen nicht 522 erfolgen. Dann fragt sich, ob ein Vertragsübergang auch durch **schlüssiges Handeln** vorstellbar ist. Im Einzelnen ist bei einem Vertragsschluss danach zu entscheiden, ob bereits ein Verband Wohnungseigentümergemeinschaft entstanden ist und ob es bereits einen Vertragsschluss mit einem Dritten gibt, der gegebenenfalls einem konkludenten Austausch der Vertragsparteien entgegensteht.

b) Vertragsschluss mit dem entstandenen Verband. Gibt es **noch keinen Vertrag** mit 523 einem Dritten, ist ein Vertragsschluss mit einem entstandenen Verband unproblematisch zu konstruieren. Das Angebot eines Versorgungsunternehmens zum Abschluss des Versorgungsvertrages wird dann ausdrücklich erteilt und angenommen. Fehlt es hieran, kann das Angebot in der Bereitstellung von Leistungen im Leitungsnetz in Form einer so genannten **Realofferte** gesehen werden.[40] Die Annahme liegt nicht in einem etwa bestehenden Anschluss- und Benutzungszwang,[41] ist aber darin zu sehen, dass die Leistung in das Leitungsnetz eingespeist und dort von den Wohnungseigentümern als Verbandsmitgliedern – deren Verhalten sich der Verband zurechnen lassen muss – verbraucht wird.

Aus Sicht der Versorger – die sich in ihren AGB spiegelt –, aber auch nach der Recht- 524 sprechung richtete sich ein solches Versorgungsangebot bislang allerdings typischerweise nicht an den Verband Wohnungseigentümergemeinschaft, sondern an die **Grundstückseigentümer,** im Wohnungseigentumsrecht also an die Wohnungseigentümer. Andere – vor allem Nutzer des Grundstücks wie Mieter oder Pächter – kamen eher selten in den Blick und standen jedenfalls hinter dem Grundstückseigentümer zurück. Diese **Sichtweise** ist nach Entdeckung des Verbandes Wohnungseigentümergemeinschaft aber **überholt.**[42] Versorgungsverträge werden jetzt in der Regel[43] mit dem das Grundstück treuhänderisch nach außen verwaltendem Verband geschlossen werden. Dieser – und zwar allein[44] –, nimmt die Realofferte eines Versorgers an.

Für einen so gedachten Vertragsschluss spricht entscheidend, dass die Mittel, die zum 525 Ausgleich der dem Versorger geschuldeten Entgelte dienen, nach § 10 Abs. 7 WEG vermögensrechtlich dem Verband zugeordnet sind. Ferner, dass der Versorger die einzelnen Wohnungseigentümer zumeist gar nicht kennt, diese häufig wechseln und der Versorger kein anzuerkennendes Bedürfnis hat, einzelne Wohnungseigentümer in eine gesamtschuldnerische Haftung zu nehmen. Die § 10 Abs. 8 Satz 1 WEG angeordnete Haftung nach Miteigentumsanteilen ist für seine Belange grundsätzlich ausreichend. Für einen

---

[40] BGH NJW 2009, 913; BGH NJW 2007, 2987; BGH ZMR 2005, 345, 347 = NJW-RR 2005, 639; BGH ZMR 2005, 57 = NJW-RR 2004, 928; BGH ZMR 2003, 566 = NJW 2003, 3131.

[41] KG vom 24. 3. 2009 – 4 U 172/07; KG GE 2008, 601, 620 = MDR 2008, 675; *Greiner* ZMR 2005, 902, 903.

[42] KG vom 24. 3. 2009 – 4 U 172/07; *Riecke/Schmid/Elzer* § 10 Rn. 409.

[43] Etwas anderes gilt, wenn nur der einzelne Wohnungseigentümer Vertragspartner werden soll; dazu Rn. 70.

[44] A. A. KG ZMR 2007, 67.

freilich ausdrücklich geschlossenen Gaslieferungsvertrag hat der Bundesgerichtshof deshalb auch zu Recht entschieden, dass Vertragspartner des Gaslieferanten der Verband ist.[45]

526 c) **Verträge vor Entstehung eines Verbandes.** Werden Verträge vor Entstehung eines Verbandes geschlossen – ein frühzeitiger Abschluss von Versorgungsverträgen ist vor allem für Elektrizität, Gas, Wasser oder Fernwärme der Regelfall – ist nach Entstehung einer Gemeinschaft von Wohnungseigentümern ein Vertragswechsel auf den neben der Gemeinschaft stehenden Verband zu intendieren, sofern die Vertragsbeziehung nicht **ausnahmsweise unmittelbar** zu einem Wohnungseigentümer entstehen soll.

527 Solange der Verband Wohnungseigentümergemeinschaft nicht entstanden ist, können Versorgerverträge nur vom Alleineigentümer oder den Miteigentümern geschlossen werden. Vorstellbar ist, dass diese bereits bei ihrem Vertragsschluss den (noch nicht entstandenen) Verband Wohnungseigentümergemeinschaft rechtsgeschäftlich vertreten. Selbst diese Sichtweise macht aber wenigstens eine Genehmigung des Vertrages durch den Verband **nicht entbehrlich.**

528 d) **Vertragsübergang.** *aa) Ausdrücklicher Vertragsübergang.* Wie beim Verwaltervertrag, so sind für einen Vertragsübergang **ausdrückliche Konstruktionen** und ein von allen Beteiligten ausdrücklicher Wechsel der Vertragsparteien problemlos möglich und entsprechen den Interessen sämtlicher Beteiligter.

529 *bb) Automatischer Vertragsübergang.* Ein automatischer Vertragsübergang auf die Gemeinschaft der Wohnungseigentümer zum Zeitpunkt ihrer Entstehung ist gesetzlich nicht vorgesehen. Er folgt natürlich auch nicht aus den AGB der Träger der Daseinsvorsorge.

530 *cc) Konkludenter Vertragsübergang.* Auch ein konkludenter Vertragsübergang auf den Verband Wohnungseigentümergemeinschaft ist **im Ergebnis abzulehnen.** Nach ständiger Rechtsprechung des Bundesgerichtshofes ist zwar typischerweise der Grundstückseigentümer (was der Verband Wohnungseigentümergemeinschaft indes nicht ist) oder derjenige, der die Verfügungsgewalt über den Versorgungsanschluss am Übergabepunkt ausübt, Empfänger der im Leistungsangebot des Versorgungsunternehmens liegenden Realofferte zum Abschluss eines Versorgungsvertrages, gleich ob das Angebot Elektrizität, Gas, Wasser oder Fernwärme betrifft.[46]

531 Diese Richtung kommt einem Leistungsangebot des Versorgungsunternehmens aber dann nicht (mehr) zu, wenn der **Abnehmer** der Versorgungsleistung bereits **anderweitig feststeht,** weil das Versorgungsunternehmen oder der Abnehmer nämlich zuvor mit einem Dritten eine Liefervereinbarung geschlossen haben, aufgrund derer die Leistung in ein bestehendes Vertragsverhältnis eingebettet ist (Grundsatz des Vorrangs des Vertragsverhältnisses gegenüber einem Vertragsabschluss durch schlüssiges Verhalten).[47]

532 Hat ein Bauträger als vormaliger Alleineigentümer einen Versorgungsvertrag bereits vor Entstehung einer Gemeinschaft von Wohnungseigentümern geschlossen, bedarf es aus diesem Grunde eines **rechtsgeschäftlichen Vertragsübergangs.** Dieser kann – wie beim Verwaltervertrag – nur durch die dort näher beschriebenen Wege erfolgen.[48]

533 e) **Verträge mit Sondereigentümern.** Bei Versorgerverträgen ist im Einzelfall Praxis, dass sie nach Entstehung einer Gemeinschaft von Wohnungseigentümer **teilweise mit**

---

[45] BGH NZM 2007, 363.

[46] BGH WuM 2008, 139; BGH WuM 2006, 1442; BGH WuM 2006, 207; BGH WuM 2003, 1730.

[47] BGH WuM 2008, 139; BGH WuM 2005, 1089; BGH ZMR 2005, 57 = NJW-RR 2004, 928; BGH WuM 2004, 2450; OLG Karlsruhe vom 30. 10. 2008 – 9 U 5/08; KG GE 2008, 601, 620 = MDR 2008, 675; OLG Koblenz NJW-RR 2006, 1065; a. A. KG ZMR 2008, 556; KG NJW-RR 2007, 232.

[48] Vgl. Rn. 51 ff.

dem Wohnungseigentümer zustande kommen sollen. Anders als beim Verwaltervertrag und den vom Verband zu schließenden Verträgen ist daher für bestimmte Versorgerverträge, vor allem wegen **Stroms,** vorstellbar, mit Einverständnis des Versorgers einen Vertragsübergang bereits im Erwerbsvertrag (Bauträgervertrag) anzulegen und vorzubereiten. Der Erwerber muss dort mit einem Vertragsübergang einverstanden sein. Ferner müssen die ehemaligen Vertragsparteien diesen Vertragsübergang wollen.

Wie auch sonst liegen die Dinge einfach, wenn alle erforderlichen Erklärungen aus- 534
drücklich vorliegen. Schwieriger ist es, wenn es auf schlüssiges Handeln ankommt. Wie auch beim Verband steht einem **konkludenten Vertragsübergang** entgegen, dass der Versorger seinem ursprünglichen Vertragspartner bereits verbunden ist. Im Regelfall wird der gewollte Vertragsübergang deshalb **scheitern.**

4. Sonstige Verträge

Für sonstige, vor allem Rn. 499 aufgeführten Verträge gelten gegenüber dem Verwal- 535
ter- und den Versorgungsverträgen keine Besonderheiten. Auch für sie gilt, dass sie **zunächst** nicht mit dem Verband Wohnungseigentümergemeinschaft geschlossen werden, aber anzustreben ist, dass der Verband Vertragspartei wird. Dieser Vertragswechsel ist wie beim **Verwaltervertrag** konstruierbar.

5. Mietrechtliche Fragen

Bei Begründung von Wohnungseigentum kann es zu **Kollisionen** mit dem Mietrecht 536
kommen, wenn **Altbauten in Wohnungseigentum** modernisiert werden.[49] Ängste der Mieter bestehen darin, dass eine Umwandlung zu Mieterhöhungen führt, die von ihnen nicht mehr getragen werden können, und die Begründung von Wohnungseigentum danach den Verlust der Mietwohnung verursacht. Diese Ängste sind **zum Teil begründet.** Grundsatz ist allerdings, dass auch dann, wenn dann die Wohnung des Mieters in Wohn- oder Teileigentum umgewandelt und ggf. anschließend verkauft wird, der **Mietvertrag weiter bestehen bleibt.** Nach § 566 BGB „bricht Kauf keine Miete". Der Käufer der Wohnung kann auch nicht die Miete einfach neu festsetzen und wegen des Kaufs erhöhen. Eine Mieterhöhung ist nur nach dem System der §§ 557 ff. BGB möglich.

Probleme können bei der Frage entstehen, wer nach einer Umwandlung **Vermieter** ist 537
(Umwandlungsfälle). Vermieter ist zunächst in der Regel der Alleineigentümer oder es sind die Miteigentümer. Gelingt es nicht, vor oder während der Umwandlung die Mietverträge aufzulösen, ist im Einzelnen dann zu klären, wer Vermieter ist.[50] Besondere Probleme entstehen dabei vor allem dadurch, dass die den jeweiligen Mietverträgen unterliegenden Räume und Gelasse nach einer Umwandlung nicht nur einem Sondereigentum unterliegen. Dies ist zwar meist der Fall. Im Einzelfall können dem Mietvertrag unterfallende Räume aber im Gemeinschaftseigentum stehen oder einem Sondernutzungsrecht unterliegen.

Um Mieter vor den Folgen der Umwandlung von Miet- in Eigentumswohnungen, ins- 538
besondere vor der im Verkaufsfall häufig angedachten Kündigung nach § 573 Abs. 2 Nr. 2 BGB durch den Erwerber zu schützen, hat der Gesetzgeber ein **schuldrechtliches** Vorkaufsrecht des Mieters sowie eine Kündigungssperre eingeführt:

- Wenn in einem bestehenden Mehrfamilienhaus aus Mietwohnungen Eigentums- 539
  wohnungen werden, besitzen die Mieter nach § 577 BGB ein **gesetzliches Vorkaufsrecht.**
- Für den Mieter einer umgewandelten Mietwohnung gilt hingegen ein **Kündigungsschutz,** § 577 a BGB; bei Sozialwohnungen gilt eine besondere **Kündigungssperre.** Der

---

[49] Siehe auch *Drasdo* DWW 2000, 6 ff.; *Riecke* WuM 1997, 88 ff.

[50] Siehe dazu u. a. *Drasdo* DWW 2000, 6 ff.; *Sternel* MDR 1997, 315 ff.; *Riecke* in: *Riecke/Schmid* Anhang § 13 WEG Rn. 141 ff.

Käufer der **umgewandelten Sozialwohnung** darf so lange wegen Eigenbedarf nicht kündigen, wie die gekaufte Eigentumswohnung den Bindungen für Sozialwohnungen unterliegt.

540 a) **Umwandlungsfälle.** *aa) Mietsache und Sondereigentum stimmen überein:*

- **Allgemeines.** Im Idealfall stimmen die einer Mietsache unterliegenden Räume mit den räumlichen Grenzen eines künftigen Wohnungs- oder Teileigentums überein. Vor der Entstehung einer Gemeinschaft von Wohnungseigentümern und vor einem Verkauf der Wohnung wird dann meist der umwandelnde Alleineigentümer auch Vermieter sein. Nach der Umwandlung und nach der Begründung von Wohnungs- oder Teileigentum bleibt der Alleineigentümer zunächst Vermieter. Denn die bloße Umwandlung ändert an seiner Vermieterstellung nichts. Keine Änderung tritt auch dadurch ein, dass eine Gemeinschaft von Wohnungseigentümern entsteht. Der Mieter behält jedenfalls an den dem Gemeinschaftseigentum unterfallenden Flächen ein vom Vermieter abgeleitetes Mitgebrauchsrecht.

541 Veräußert der vermietende Alleineigentümer eine derartige Einheit, wird der Erwerber mit seiner Eintragung im Grundbuch nach § 566 Abs. 1 BGB neuer Vermieter.

542 • **Gesellschaft bürgerlichen Rechts (GbR):** War eine rechtsfähige Gesellschaft bürgerlichen Rechts (GbR) Alleineigentümerin, ist danach zu unterscheiden, wie die GbR nach der Begründung von Wohnungseigentum mit ihren Einheiten verfährt. Weist die GbR ihren Gesellschaftern bestimmte Einheiten nur zur bloßen Nutzung, nicht aber zu Eigentum zu, bleibt die GbR als Außengesellschaft Vermieterin. Ein Fall des § 566 Abs. 1 BGB ist nicht gegeben, die Tatbestandsvoraussetzungen sind nicht erfüllt.[51]

543 Überträgt die GbR hingegen im Wege der Auseinandersetzung ihren ehemaligen Gesellschaftern das Eigentum an bestimmten Einheiten und waren bereits vor der Auseinandersetzung von der Gesellschaft Mietverträge geschlossen worden, treten nach § 566 Abs. 1 BGB anstelle der Gesellschaft die ehemaligen Gesellschafter und jetzigen Eigentümer des Sondereigentums in die Mietverhältnisse mit den einzelnen Mietern ein.[52]

544 • **Mehrere Sondereigentumseinheiten sind Mietsache.** Im Einzelfall ist vorstellbar, dass sich eine Mietsache – vor allem eine gewerblich genutzte – nach einer Umwandlung über mehrere Sondereigentumseinheiten erstreckt. Nach einer Umwandlung und bei einer Veräußerung wird dann anstelle der bisherigen, aus den Miteigentümern bestehenden Vermietergemeinschaft oder des Alleineigentümers nach § 566 Abs. 1 BGB nunmehr der Sondereigentümer der vermieteten Einheiten Vermieter. Ebenso liegt es im Falle des § 8 WEG, wenn Vermieter zunächst ein Alleineigentümer war und dieser sein Eigentum auf einen Erwerber übertragen hat.

545 Schwieriger ist die Situation, wenn die Einheiten an verschiedene Wohnungseigentümer veräußert werden.[53] Steht das Sondereigentum an der einheitlichen Mietsache verschiedenen Eigentümern zu, ist anzunehmen, dass durch die Umwandlung (und ggf. eine Veräußerung) eine **Vermietergemeinschaft** entstanden ist.[54] Das **Verbot einer Verdoppelung der Vermieterstellung** steht dem nicht entgegen. Dass einem Mieter auf Vermieterseite zwei oder mehrere Personen gegenüberstehen, ist ein in der Praxis häufig vorkommender Fall, der zu keinen besonderen Schwierigkeiten für den Mieter bei der Erfüllung seiner vertraglichen Pflichten und der Durchsetzung seiner vertraglichen Rechte führt.[55]

---

[51] *Weitemeyer* ZMR 2004, 153, 163.

[52] LG Berlin GE 1998, 243; AG Schöneberg GE 1998, 683.

[53] LG Hamburg NZM 2000, 656; AG Mannheim vom 18. 4. 2008 – 9 C 48/08, BeckRS 2008 23309 = FD-MietR 2008, 271 073.

[54] AG Mannheim vom 18. 4. 2008 – 9 C 48/08, BeckRS 2008 23309 = FD-MietR 2008, 271073; MünchKommBGB/*Häublein* § 566 Rn. 26.

[55] BGH NJW 2005, 3781 = ZMR 2006, 30, 31.

Das Verhältnis unter den Vermietern bestimmt sich nicht nach Gesellschaftsrecht, sondern nach den **Regelungen über die Bruchteilsgemeinschaft.**[56] Erklärungen des Vermieters, z. B. eine **Kündigung,** sind von sämtlichen Eigentümern auszusprechen.[57] 546

bb) Mietsache und Sondereigentum stimmen nicht überein. Die Rechtslage ist kompliziert und kann noch nicht als geklärt betrachtet werden, wenn die einer Mietsache unterfallenden Räume nach einer Umwandlung sowohl dem Sonder-, als auch dem Gemeinschaftseigentum unterliegen. Der Wortlaut des § 566 Abs. 1 BGB und der Grundsatz der Einheitlichkeit legten es nahe, neben dem jeweiligen Sondereigentümer die **Gesamtheit der Wohnungseigentümer** als Vermieter des einheitlichen Mietverhältnisses anzusehen.[58] Erwerber i. S. v. § 566 Abs. 1 BGB könnten bei einem wörtlichen Verständnis eigentlich nur sämtliche Eigentümer sein.[59] Nach dem Grundsatz der **Einheitlichkeit eines Mietverhältnisses** darf der über ein Grundstück geschlossene einheitliche Mietvertrag außerdem nicht durch die Veränderung der dinglichen Rechtslage, nämlich die Teilung des Grundstücks und die vom Eigentümer, der zugleich der Vermieter ist, vorgenommene Veräußerung von Teilen an verschiedene Erwerber nicht in mehrere Mietverhältnisse aufgespalten werden.[60] 547

Eine solche Vervielfältigung der Vermieterstellung könnte freilich für Wohnungseigentümer und Mieter jedenfalls bei einer großen Gemeinschaft von Wohnungseigentümern zu einem umständlich zu verwaltenden Mietverhältnis führen.[61] Denn die Miete stünde bis zu einer Neuvermietung den Wohnungseigentümern als Bruchteilsgemeinschaft i. S. v. §§ 741 f. BGB gemeinschaftlich als Mitgläubigern nach § 432 BGB zu. Damit könnte der einzelne Vermieter nur Zahlung an alle Eigentümer verlangen; die Zahlung der Miete an nur einen Vermieter (etwa an den Erwerber der gemieteten Wohnung) befreite den Mieter nicht. Ferner könnten die Wohnungseigentümer sämtliche auf das Mietverhältnis bezogenen Willenserklärungen (z. B. Kündigungen, Abänderungen der Miethöhe, Mitteilungen von Modernisierungsmaßnahmen) im Außenverhältnis **nur gemeinschaftlich** abgeben. Die damit verbundenen Probleme würden bei Eigentumswohnanlagen mit häufig wechselnden Wohnungseigentümern noch verstärkt. In vielen Fällen wären Wohnungseigentümer und Mieter mit dieser Rechtslage überfordert. 548

Um den beschriebenen Schwierigkeiten auszuweichen, ist § 566 Abs. 1 BGB nach seinem Sinn und Zweck einschränkend auszulegen und anzuwenden. Sein durch ihn dem Mieter garantierter Schutz sollte nur solange und soweit greifen, wie dies im Sinne einer sachgerechten Lösung anzustreben ist.[62] Zum Schutz des Mieters ist notwendig, aber auch ausreichend, den Sondereigentümer der Eigentumswohnung – wenn diese auch nur ein Teil der einheitlichen Mietsache ist – allein als Vermieter anzusehen.[63] Diese Sichtweise ist erklärbar, indem die Wirkung des § 566 BGB bei der Veräußerung von Wohn- oder Teileigentum beschränkt wirkt und keine Anwendung auf die (notwendige) Mitveräußerung der mit dem Sondereigentum verbundenen Anteile am Gemeinschaftseigentum findet.[64] Streitig ist, ob die anderen Wohnungseigentümer vom Mieter die Herausgabe 549

---

[56] BGH NJW 2005, 3781 = ZMR 2006, 30, 31; BGH NZM 1999, 553.

[57] AG Mannheim vom 18. 4. 2008 – 9 C 48/08, BeckRS 2008 23309 = FD-MietR 2008, 271073.

[58] KG WuM 1993, 423; LG Hamburg WuM 1995, 267; AG Köln WuM 1986, 109; *Weitemeyer* NZM 1998, 169, 173 ff.; *Beuermann* WuM 1995, 5, 7; *Teitge* ZMR 1987, 281.

[59] Nach § 10 Abs. 6 Satz 3 WEG ist zwar allein der Verband Wohnungseigentümergemeinschaft berechtigt, das Gemeinschaftseigentum zu vermieten, vgl. *Wenzel* NZM 2006, 321, 322; *Riecke/Schmid/Elzer* § 10 Rn. 418. Der Verband kann aber nicht als „Erwerber" i. S. v. § 566 BGB verstanden werden kann. Auch durch die Umwandlung wird der Verband nicht Eigentümer des Gemeinschaftseigentums.

[60] BGH ZMR 1975, 245 = NJW 1974, 1551.

[61] BGH BGHZ 141, 239, 244 = NJW 1999, 2177.

[62] *Nüßlein* PiG 76, S. 51; *Greiner* ZMR 1999, 365, 368; *Sternel* MDR 1997, 315, 317.

[63] BGH BGHZ 141, 239, 247 ff. = NJW 1999, 2177.

[64] MünchKommBGB/*Häublein* § 566 Rn. 29.

der Mietsache verlangen können, weil der Mieter ihnen gegenüber ggf. kein Besitzrecht besitzt.[65]

550 Die Rechtslage ist auch dann sehr kompliziert, wenn die einer Mietsache unterliegenden Räume nach einer Umwandlung sowohl dem Sonder-, als auch als **Sondernutzungsrecht** dem Gemeinschaftseigentum unterliegen. Das liegt daran, dass ein Sondernutzungsrecht zwar dem Sondereigentum angeglichen ist. Die dem Sondernutzungsrecht unterliegende Fläche steht indes nach ganz h. M. stets im Gemeinschaftseigentum.

551 Nach einer Umwandlung müsste es daher nach den allgemeinen Grundsätzen zu einer **Vermietermehrheit** kommen: Vermieter des Sondereigentums wäre der jeweilige Sondereigentümer, Vermieter der dem Sondernutzungsrecht unterliegenden Fläche hingegen zunächst[66] **sämtliche Wohnungseigentümer** als gemeinschaftliche Eigentümer des Gemeinschaftseigentums. Wendete man hingegen die zu § 566 BGB entwickelte Rechtsprechung zur Vermietung einer im Gemeinschafts- und Sondereigentum stehenden Mietsache an, müsste der **Sondereigentümer** der Wohnung **allein als Vermieter** anzusehen sein.[67]

552 Der Bundesgerichtshof hat allerdings anders entschieden und einen dritten Weg für richtig erachtet.[68] Im Fall hatte ein Mieter eine Wohnung nebst Stellplatz von ein und denselben Vermieter gemietet. Später wurde die Wohnanlage in Wohnungseigentum aufgeteilt. Die vermietete Wohnung wurde an einen anderen Wohnungseigentümer verkauft als der Stellplatz. An diesem hatte der Aufteiler ein Sondernutzungsrecht begründet und es einer anderen Einheit zugeordnet. Die jeweiligen Eigentümer stritten um die Berechtigung, für den Stellplatz Miete verlangen zu können. Der Bundesgerichtshof entschied, dass die Eigentümer der Wohnungen, also der des vermieteten Sondereigentums und der, zu dessen Einheit das Sondernutzungsrecht zugerechnet worden war, nach § 566 BGB gemeinsam Vermieter des Stellplatzes seien. Erwerber träten in den über ein einheitliches Mietobjekt geschlossenen einheitlichen Mietvertrag ein.[69] Dasselbe gälte für ein einheitliches Mietverhältnis über eine Wohnung mit Garage oder anderen Nebenräumen, wenn der Eigentümer, der zugleich Vermieter ist, einen Teil des Mietobjekts abtrennt und veräußert.[70]

553 Dem ist **nicht zuzustimmen.** Problematisch ist bereits, ob § 566 BGB auf Sondernutzungsrechte überhaupt anwendbar ist.[71] Jedenfalls die bloße Zuweisung eines Nutzungsrechts nach § 15 WEG gilt allgemein nicht als Fall des § 566 BGB.[72] Bei unmittelbarer oder analoger Anwendung des § 566 BGB wären neben dem Sondereigentümer jedenfalls sämtliche Wohnungseigentümer als Vermieter anzusehen.[73] An der Fläche, an der das Sondernutzungsrecht begründet wurde, sind nämlich sämtliche Wohnungseigentümer Miteigentümer und müssten also als Erwerber i. S. v. § 566 BGB angesehen werden. Eine solche Vermehrung der Vermieter führte aber zu einer nicht hinzunehmenden Erschwerung der Vermietung durch eine Vervielfältigung der Vermieterstellung.[74]

554 § 566 Abs. 1 BGB ist daher – wenn er anwendbar ist – nach Sinn und Zweck in diesen Fällen in der Weise anzuwenden, dass der Sondereigentümer der Eigentumswohnung **allein** neuer Vermieter wird.

---

[65] *Nüßlein* PiG 76 S. 53, tritt für ein Besitzrecht analog § 986 Abs. 2 BGB ein. Dem tritt *Skauradszun,* ZWE 2008, 458, 460, entgegen.

[66] Später – gewillkürt – ggf. der Verband Wohnungseigentümergemeinschaft.

[67] *Nüßlein* PiG 76, S 51; *Drasdo* NJW-Spezial 2006, 6; *Riecke* in: *Riecke/Schmid* Anhang § 13 WEG Rn. 158 ff.

[68] BGH NJW 2005, 3781 = ZMR 2006, 30, 31.

[69] Verweisung auf BGH NJW 1973, 455; BayObLG NJW-RR 1991, 651; *Börstinghaus* NZM 2004, 481, 483.

[70] BayObLG NJW-RR 1991, 651; *Börstinghaus* NZM 2004, 481, 483.

[71] Vgl. *Flatow* jurisPR-MietR 26/2005 Anm. 1.

[72] *Flatow* jurisPR-MietR 26/2005 Anm. 1.

[73] *Weitemeyer* NZM 1998, 169, 175.

[74] BGH BGHZ 141, 239, 224 = NJW 1999, 2177.

cc) Miteigentümer als Vermietergemeinschaft. Haben Miteigentümer mit einem Mieter einen Mietvertrag als gemeinsame Vermieter und als Vermietergemeinschaft geschlossen und **weisen** sie durch einen Vertrag nach § 3 WEG einem der Miteigentümer das **Sondereigentum** an einer bestimmten Einheit zu, wird der vormalige Mit- und jetzige Sondereigentümer im Wege der Rechtsnachfolge alleiniger Vermieter.[75] Der ehemalige Miteigentümer und bisherige Mitvermieter tritt gemäß oder jedenfalls entsprechend § 566 BGB als Alleinvermieter an die Stelle der bisherigen Eigentümer- und Vermietergemeinschaft in die sich aus dem Mietverhältnis ergebenden Rechte und Verpflichtungen ein. 555

Die **bloße Umwandlung** von Miteigentum in Sondereigentum enthält hingegen lediglich eine Inhaltsänderung des Eigentums, jedoch keinen Eigentumsübergang und bringt daher auch keinen Vermieterwechsel.[76] 556

b) Vorkaufsrechte. Zu unterscheiden sind im Wesentlichen gesetzliche und vertragliche Vorkaufsrechte. 557

aa) Gesetzliche Vorkaufsrechte nach § 577 BGB. Das **gesetzliche Vorkaufsrecht** nach § 577 BGB soll einen Mieter[77] vor einer Verdrängung aus seiner Wohnung wegen einer ggf. spekulativen Umwandlung in Wohnungseigentum bewahren.[78] Anlass seiner Einführung war auch die Beendigung des früheren Streits über die Anforderungen an eine Abgeschlossenheitsbescheinigung und die anschließende „Antragsflut", die den Umwandlungsdruck speziell in größeren Ballungszentren wiederspiegelte.[79] Ein Verzicht auf das Vorkaufsrecht ist gem. § 577 Abs. 5 BGB **im Vorwege** nicht möglich. Nach Eintritt des Vorkaufsfalles kommt hingegen ein wirksamer Verzicht in Betracht. § 577 BGB findet auf die **Realteilung** eines mit zu Wohnzwecken vermieteten Einfamilienhäusern bebauten Grundstücks **entsprechende Anwendung.**[80] 558

Nach § 577 BGB besteht ein Vorkaufsrecht des Mieters, wenn **drei Voraussetzungen** vorliegen: 559

- Es muss sich um **vermietete Wohnräume** handeln. 560
- An den vermieteten Wohnräumen muss **nach der Überlassung** an den Mieter Wohnungseigentum **begründet** worden sein oder **begründet werden.**
- Die Wohnräume sollen an einen **Dritten verkauft** werden.

Danach besteht nur dann ein Vorkaufsrecht, wenn es sich um vermietete Wohnräume handelt. Die in § 549 Abs. 2 und Abs. 3 BGB erwähnten Mietobjekte scheiden damit also aus. Außerdem müssen die Wohnräume bereits vermietet sein. Nicht ausreichend ist mithin eine bloß **beabsichtigte Vermietung.** Ferner müssen die Räume nach dem Gesetz an den Mieter bereits **übergeben** worden sein. Daran fehlt es etwa, wenn die Übergabe der Mietsache aufgrund eines bereits geschlossenen Mietvertrages erst später erfolgen soll. 561

Der Eigentümer des umzuwandelnden Objektes muss nach der Überlassung an den Mieter **Wohnungseigentum begründet haben** oder **begründen wollen.** Eine Begründung kommt nur gem. §§ 3 und 8 WEG in Betracht. Die weiter in § 577 BGB genannten Begründungs**absicht** hat kaum Bedeutung. Nach h. M. entsteht das Vorkaufsrecht jedenfalls nur dann, wenn sich die Umwandlungsabsicht **nach außen konkretisiert** hat und die vom Mieter bewohnte Wohnung als **Vertragsgegenstand bestimmbar** ist.[81] Dann aber 562

---

[75] BayObLG ZMR 1994, 154, 156; BayObLG BayObLGZ 1981, 343, 345 = NJW 1982, 451.

[76] A. A. *Staudinger/Rapp* § 4 Rn. 3.

[77] Stirbt der Mieter, geht das Vorkaufsrecht nach § 577 Abs. 4 BGB auf diejenigen über, die in das Mietverhältnis nach § 563 Abs. 1 oder 2 BGB eintreten.

[78] *Bundschuh* ZMR 2001, 324; PWW/*Riecke* § 577 Rn. 2 m. w. N.; siehe bereits BT-Drucksache 8/3403, S. 35 und 40.

[79] *Börstinghaus/Meyer* NJW 1993, 1353, 1356; PWW/*Riecke* § 577 Rn. 2.

[80] BGH NJW 2008, 2257, 2258.

[81] BayObLG NJW-RR 1992, 1039, 1040; differenzierend MünchKommBGB/*Häublein* § 577 Rn. 7.

dürften die Geschäfte für eine Begründung nach §§ 3 und 8 WEG sehr weit gediehen sein.

563 Die Mieträume müssen nach § 577 Abs. 1 Satz 1 BGB an **einen Dritten** verkauft werden. Daran fehlt es, wenn der Eigentümer nach der Umwandlung in Wohnungseigentum **identisch** bleibt, z. B. im Falle einer Begründung nach § 3 WEG[82] oder wenn mehrere Personen ein Grundstück als Gesellschaft bürgerlichen Rechts erwerben und durch Gesellschaftsvertrag vereinbaren, dass jedem Gesellschafter an je einer Wohnung ein ausschließliches Nutzungsrecht zusteht.[83]

564 Das gesetzliche Vorkaufsrecht des Mieters nach § 577 BGB besteht nur bei dem **ersten Verkauf** nach der **Umwandlung in Wohnungseigentum;**[84] die Dauer zwischen Umwandlung und Verkauf ist dabei unerheblich.[85] „Verkauf" ist gem. § 471 BGB nicht der **Erwerb durch Zuschlag** im Rahmen der Zwangsvollstreckung und auch nicht der **Erwerb vom Insolvenzverwalter** aus der Insolvenzmasse.[86] Dem Verkauf gleich zu stellen sind **Umgehungsfälle,** in denen durch besondere Vertragsgestaltungen das Vorkaufsrecht „ausgehebelt" werden soll.[87] Das soll z. B. der Fall sein, wenn Wohnungseigentümer die Aufhebung des Sondereigentums gem. § 4 WEG vereinbaren, das Gebäude nach Schließung der Wohnungsgrundbücher gem. § 9 WEG veräußern und sodann plangemäß eine erneute Aufteilung in Wohnungseigentum erfolgt.

565 Der **zweite,** ggf. sehr nahe dem ersten liegende **Verkauf** nach der Umwandlung in Wohnungseigentum begründet **kein Vorkaufsrecht.**[88] Dies gilt selbst dann, wenn die Entstehung des Vorkaufsrechts bei dem „ersten" Verkauf auf Grund gesetzlicher Regelungen ausgeschlossen ist.[89] Das kann z. B. bei einem „Verkauf" im Wege der Zwangsversteigerung (§ 471 BGB) der Fall sein.[90] Ferner dann, wenn der Erstverkauf nach § 577 Abs. 1 Satz 2 BGB deshalb zu keinem Vorkaufsrecht geführt hat, weil es sich bei dem Käufer um einen **Familien- oder Haushaltsangehörigen** des Vermieters handelte.[91]

566 Dem Mieter steht auch dann ein Vorkaufsrecht an der von ihm bewohnten Eigentumswohnung zu, wenn die Wohnung nicht isoliert, sondern „en bloc" zusammen mit weiteren Eigentumswohnungen verkauft wird.[92] Problematisch ist hier, dass bei dem gebündelten Verkauf mehrerer Wohnungen die Ermittlung des anteiligen **Kaufpreises** schwierig sein kann. Zur Berechnung kommt eine Heranziehung des § 467 BGB in Betracht.[93] Die Berechnung des anteiligen Kaufpreises kann nach der Formel „Vorkaufspreis gleich Gesamtkaufpreis dividiert durch den Gesamtwert aller verkauften Wohnungseigentumsrechte multipliziert mit dem Wert des vom Vorkauf betroffenen Wohnungseigentums" erfolgen.94 Schwierigkeiten des Mieters, den auf seine Wohnung entfallenden anteiligen Kaufpreis zu ermitteln oder zumindest einigermaßen zuverlässig abzuschätzen, kann aber bei einem Streit über die Höhe des zu zahlenden Kaufpreises über die Anwendung der Grundsätze von Treu und Glauben (§ 242 BGB) Rechnung

---

[82] BGH BGHZ 126, 357 = NJW 1994, 2542.
[83] BGH v. 16. 7. 2009 – VIII ZR 231/08; OLG Karlsruhe WuM 1990, 330.
[84] BGH NZM 2007, 640, 641 = NJW 2007, 2699; BGH BGHZ 167, 58, 61 ff. = NJW 2006, 1869.
[85] PWW/*Riecke* § 577 Rn. 4.
[86] BGH BGHZ 141, 194 = NJW 1999, 2044.
[87] *Bamberger/Roth/Hannappel* § 577 Rn. 14.
[88] BGH NZM 2007, 640, 641 = NJW 2007, 2699.
[89] BGH NZM 2007, 640, 641 = NJW 2007, 2699; BGH BGHZ 167, 58, 61 ff. = NJW 2006, 1869.
[90] Vgl. Rn. 201.
[91] BGH NZM 2007, 640, 641 = NJW 2007, 2699.
[92] BGH NZM 2007, 640, 641= NJW 2007, 2699.
[93] *Schilling/Meyer* ZMR 1994, 503.
[94] PWW/*Riecke* § 577 Rn. 12.

getragen werden.[95] Im Einzelfall können Zweifel, die dem Mieter bei der Einschätzung des auf ihn entfallenden Kaufpreises bei seiner Entscheidung über die Ausübung des innerhalb der Frist des § 469 Abs. 2 Satz 1 BGB berechtigterweise verblieben sind, zu Lasten des Vermieters ausschlagen, weil dieser die die Ausübung des Vorkaufsrechts erschwerende Vertragsgestaltung zu verantworten hat.[96]

Der Veräußerer hat dem Mieter nach § 577 Abs. 1 Satz 3, 469 Abs. 1 Satz 1 BGB **unverzüglich** den Inhalt des mit dem Dritten geschlossenen Vertrags mitzuteilen. Die Anzeige muss bei mehreren Mietern an alle erfolgen. Bei Ausübung durch Einzelne Mieter kommt der Kaufvertrag mit diesen jeweils zustande.[97] Gegenstand der Unterrichtung ist die Mitteilung des gesamten Inhalts des Kaufvertrages. Außerdem muss der Mieter über sein Recht auf Ausübung des Vorkaufsrechts informiert werden, § 577 Abs. 2 BGB. 567

Der Vorkaufsberechtigte, der sein Vorkaufsrecht an der von ihm gemieteten Eigentumswohnung ausübt, kann von dem Vorkaufsverpflichteten regelmäßig **keinen Ersatz seines Verzögerungsschadens** beanspruchen, der darauf beruhen soll, dass der Vorkaufsverpflichtete seine Informationspflichten nicht unverzüglich erfüllt hat. Der Vorkaufsverpflichtete ist im Falle des Verkaufs mehrerer Gegenstände zu einem Gesamtpreis auch nicht verpflichtet, den Vorkaufsberechtigten über den Teil des Kaufpreises zu informieren, der nach § 467 BGB auf denjenigen mitverkauften Gegenstand entfällt, auf den sich das Vorkaufsrecht bezieht.[98] Beachtet der Verpflichtete das Vorkaufsrecht nicht und übereignet er ein Sondereigentum an den Dritten, besitzt der Mieter gem. §§ 437 Nr. 3, 280 Abs. 1 und Abs. 3, 283 BGB einen Anspruch auf Schadensersatz.[99] Den Eigentumserwerb kann er nicht rückgängig machen. Erfährt der Mieter von dem Kaufvertrag, kann er im Wege einstweiliger Verfügung versuchen, eine Vormerkung eintragen zu lassen.[100] 568

Die **Ausübung des Vorkaufsrechts** erfolgt durch schriftliche Erklärung des Mieters gegenüber dem Verkäufer, § 577 Abs. 3 BGB. Das Vorkaufsrecht kann nach § 577 Abs. 1 Satz 3, 469 Abs. 2 BGB dabei nur bis zum **Ablauf von zwei Monaten** nach Mitteilung des mit dem Dritten geschlossenen Vertrags ausgeübt werden. Die Frist beginnt neu zu laufen, wenn der ursprüngliche Kaufvertrag mit dem Dritten **geändert** wird.[101] Stirbt der Mieter, geht das Vorkaufsrecht auf diejenigen über, die in das Mietverhältnis nach § 563 Abs. 1 oder 2 BGB eintreten. Eine zum Nachteil des Mieters abweichende Vereinbarung ist unwirksam. 569

Das seit dem 1. Juli 1980 geltende Vorkaufsrecht des Mieters in einer **öffentlich geförderten Mietwohnung** gem. § 2b WoBindG ist entfallen. 570

bb) Vereinbarte Vorkaufsrechte. Vorstellbar ist, den Verkauf einer Eigentumswohnung von einem Wohnungseigentümer an einen anderen Wohnungseigentümer gem. §§ 1094, 1098, 463 BGB zum Gegenstand eines Vorkaufsrechtes eines weiteren Wohnungseigentümers zu machen. Die Rechtsprechung zur Unzulässigkeit der Vereinbarung eines Vorkaufsrechts für den Fall der Veräußerung eines Miteigentumsanteils an einen anderen Miteigentümer[102] ist auf die Veräußerung einer Eigentumswohnung von einem Mitglied der Wohnungseigentümergemeinschaft an ein anderes Mitglied **nicht übertragbar.**[103] 571

---

[95] BGH NZM 2007, 640, 641= NJW 2007, 2699; BGH BGHZ 141, 194, 200 = NJW 1999, 2044.

[96] BGH NZM 2007, 640, 641= NJW 2007, 2699.

[97] *Bamberger/Roth/Hannappel* § 577 Rn. 18.

[98] OLG Celle ZMR 2008, 119 m. Anm. *Häublein,* jurisPR-MietR 8/2008.

[99] AG Charlottenburg NZM 1999, 22; *Bub* NZM 2000, 1092, 1094.

[100] OLG München ZMR 1999, 549; AG Frankfurt NJW 1995, 1034.

[101] OLG Karlsruhe WuM 96, 325, 327.

[102] BGH NJW 1954, 1035.

[103] OLG Bremen Rpfleger 1977, 313; offen gelassen von OLG Celle, ZMR 2005, 141.

572 Besteht ein **Vorkaufsrecht an einem ganzen Grundstück,** das in Wohnungs- und Teileigentum aufgeteilt wird, so erstreckt sich das Vorkaufsrecht nach der Aufteilung inhaltsgleich auf sämtliche entstehenden Wohnungs- und Teileigentumseinheiten.[104] Eine Zustimmung des Vorkaufsberechtigten zur Aufteilung ist deshalb **nicht erforderlich.** Wenn ein Vorkaufsrecht lediglich an **einzelnen Miteigentumsanteilen** besteht und dann das Grundstück in Wohnungs- oder Teileigentum aufgeteilt wird, besteht das Vorkaufsrecht unverändert an dem bisherigen Miteigentumsanteil fort, sofern eine Zuordnung möglich ist. Eine Aufhebung und Neubegründung der Vorkaufsrechte ist nicht erforderlich. Für die Umwandlung erforderlich ist jedoch die Zustimmung der **Vorkaufsberechtigten** nach §§ 876, 877 BGB.

573 *cc) Vorkaufsrecht der Gemeinden.* Nach § 24 Abs. 1 BauGB können die Gemeinden beim Kauf von Grundstücken ein Vorkaufsrecht besitzen. Beim Kauf von Rechten nach dem Wohnungseigentumsgesetz und von Erbbaurechten gilt dies aber **nicht,** § 24 Abs. 2 BauGB.

574 **c) Kündigungsschutz nach einer Umwandlung.** *aa) Sinn und Zweck.* Nach § 577a BGB kann sich ein Erwerber auf berechtigte Interessen im Sinne des § 573 Abs. 2 Nr. 2 oder 3 BGB[105] erst nach **Ablauf von drei Jahren** seit der Veräußerung berufen, wenn an vermieteten Wohnräumen nach der Überlassung an den Mieter Wohnungseigentum begründet und das Wohnungseigentum veräußert wurde. Ebenso wie § 577 BGB soll es der in § 577a BGB angeordnete **besondere Kündigungsschutz** vereiteln, dass Mietwohnungen – ausgenommen ist Wohnraum i. S. d. § 549 Abs. 2 und 3 BGB – durch eine Umwandlung zu einem „schnelllebigen Handelsobjekt" werden. Dieser Schutz gilt vor allem Mietern,[106] die die Mietsache nicht kaufen können oder nicht kaufen wollen. Der Kündigungsschutz gilt auch, wenn eine Mietsache durch Zuschlag in einer Zwangsversteigerung oder durch eine Veräußerung durch einen Insolvenzverwalter oder Testamentsvollstrecker den Eigentümer wechselt. § 577a BGB findet auf die **Realteilung** eines mit zu Wohnzwecken vermieteten Einfamilienhäusern bebauten Grundstücks entsprechende Anwendung.[107]

575 *bb) Voraussetzungen.* § 577a BGB setzt für den durch ihn angeordneten **besonderen Kündigungsschutz** voraus, dass an **vermieteten Wohnräumen** nach der Überlassung an einen Mieter Wohnungseigentum begründet und das Wohnungseigentum veräußert wurde. Diese Voraussetzungen stimmen mit § 577 BGB überein, sind aber enger, da vor allem die Begründungsabsicht fehlt.

576 Unerheblich ist, dass die Überlassung zwar **vor** der Umwandlung, die Vermietung jedoch erst später erfolgt.[108] Die Veräußerung einer vermieteten Eigentumswohnung, an der schon **vor** dem Mietvertrag Wohnungseigentum bestand, **löst** aber **keine Sperrfrist** aus. Dasselbe gilt für die Begründung von Wohnungseigentum **ohne** anschließende Veräußerung und dann, wenn die **Überlassung der Mietsache** erst **nach** der Umwandlung erfolgt. Nur eine **erstmalige Veräußerung** löst eine Sperrfrist aus. Bei einer weiteren Veräußerung beginnt sie nicht wieder von neuem zu laufen.[109]

577 Die Begründung von Wohnungseigentum nach § 3 WEG ist keine **Veräußerung.**[110] Die Sperrfrist kann daher erst **nach** Veräußerung durch den Sondereigentümer in Lauf gesetzt werden. Wird nach der Begründung von Wohnungseigentum nach § 8 WEG einem Sondernachfolger des teilenden Alleineigentümers **durch Auflassung und Eintragung** in

---

104 DNotI-Report 2002, 59; *Panz,* BWNotZ 1995, 156, 158.

105 Andere Kündigungsgründe werden nicht ausgeschlossen.

106 Streitig ist, ob auch „Unter"mieter Mieter i. d. S. sind, vgl. dazu *Staudinger/Rolfs* § 577 Rn. 13.

107 BGH NJW 2008, 2257, 2258.

108 PWW/*Riecke* § 577a Rn. 6.

109 BayObLG BayObLGZ 1981, 343, 345 = NJW 1982, 451.

110 BGH ZMR 1994, 554, 555 = WuM 1994, 452.

das Wohnungsgrundbuch Eigentum an einer bestimmten vermieteten Wohnung übertragen und ist er als Wohnungseigentümer anzusehen, gilt dies hingegen als Veräußerung mit der Folge, dass die Sperrfrist des § 577a Abs. 1 BGB ausgelöst wird.[111]

Nicht erforderlich ist, dass Vermieter und Umwandler **personenidentisch** sind.[112] 578

cc) Rechtsfolge. Ein Erwerber kann sich bei Erfüllung der Tatbestandsvoraussetzungen 579
des § 577a BGB auf **berechtigte Interessen** i. S. d. § 573 Abs. 2 Nr. 2 oder 3 BGB frühestens **nach Ablauf von 3 Jahren** seit der Veräußerung berufen.

Die gesetzliche, nach § 577a Abs. 1 BGB **dreijährige Sperrfrist** beträgt nach § 577a 580
Abs. 2 BGB sogar **bis zu zehn Jahre,** wenn die ausreichende Versorgung der Bevölkerung mit Mietwohnungen zu angemessenen Bedingungen in einer Gemeinde oder einem Teil einer Gemeinde **besonders gefährdet** ist und eines Landesregierung in einer **Verordnung bestimmt** hat. **Überblick:**

581

Von der Verordnungsermächtigung des § 577a Abs. 2 Satz 2 BGB haben zurzeit Gebrauch gemacht:				
Land	Fundstelle	Dauer	Gebiet	Jahre
Bayern	GVBl. 2001, 368	1. 10. 2001–30. 9. 2011	104 Gemeinden	10
Berlin	GVBl. 2004, 294	1. 9. 2004–31. 8. 2011	Friedrichshain-Kreuzberg, Charlottenburg-Wilmersdorf, Tempelhof-Schöneberg, Pankow	7
Hamburg	GVBl. 2004, 30	1. 2. 2004–31. 1. 2014	Stadt Hamburg	10
Hessen	GVBl. 2004, 262	1. 9. 2004–31. 12. 2009	Darmstadt, Frankfurt/Main, Wiesbaden, Bensheim, Kelsterbach, Rüsselsheim, Bad Homburg v. d. H., Kronberg i. T., Oberursel/T., Schwalbach a. T., Kelkheim, Maintal	10
Nordrhein-Westfalen	GVBl. 2006, 461	In Fällen der Umwandlung von Mietwohnungen in Eigentumswohnungen und anschließender Veräußerung **vor dem 1. 1. 2007** sind die am 31. 12. 2006 geltenden Bestimmungen über die Kündigungssperrfristen der Verordnung zur Bestimmung der Gebiete mit Kündigungssperrfrist bei der Begründung und Veräußerung von Wohnungseigentum an vermieteten Wohnungen – Kündigungssperrfristverordnung – KSpVO – vom 20. 4. 2004 (GVBl. 2004, 216) noch bis zum 31. 12. 2009 weiter anzuwenden. Ein am 1. 1. 2007 bereits verstrichener Teil einer Frist wird angerechnet.		

cc) Öffentlich geförderter Wohnraum. Für öffentlich geförderten Wohnraum gilt § 32 582
Abs. 3 Satz 2 WoFG. Der Vermieter darf hiernach, solange der Wohnraum Belegungs- oder Mietbindungen unterliegt, **nicht wegen Eigenbedarfs** kündigen.

6. Umwandlungen und Steuerrecht

Die **Absetzung für Abnutzungen** (AfA) nach § 7 Abs. 5 i. V. m. § 7 Abs. 5 a EStG kann 583
bei einer Eigentumswohnung nur in Anspruch genommen werden, wenn diese in **bautechnischer Hinsicht** „neu“ ist.[113] Kein Neubau liegt etwa vor, wenn sich durch die bloße

[111] BayObLG BayObLGZ 1981, 343, 345 = NJW 1982, 451.
[112] *Staudinger/Rolfs* § 577 Rn. 17.
[113] BFH NJW 1993, 1288; BFHE 168, 109, BStBl II 1992, 808.

Umgestaltung die Zweckbestimmung des Gebäudes ändert. Eine Eigentumswohnung wird auch nicht allein schon durch die rechtliche Umwandlung eines bestehenden Gebäudes in Eigentumswohnungen gem. § 8 WEG (neu) hergestellt.[114] Die bauliche Umgestaltung eines vorhandenen Gebäudes kann **grundsätzlich nicht** als Herstellung eines neuen Gebäudes angesehen werden, solange das Gebäude in seiner wesentlichen Substanz nicht beeinträchtigt wird,[115] so z. B. dann, wenn die Außenmauern zum überwiegenden Teil weiter benutzt werden und mit dem Umbau lediglich eine Umgestaltung des durch die Außenmauern umbauten Raumes vorgenommen wird.

584 Der **Umbau eines Gebäudes** steht nur dann einem Neubau gleich, wenn die neu eingefügten Gebäudeteile dem Gesamtgebäude das **bautechnische Gepräge eines neuen Gebäudes verleihen.**[116] Das ist insbesondere der Fall, wenn verbrauchte Teile ersetzt werden, die für die Nutzungsdauer des Gebäudes bestimmend sind,[117] wie z. B. Fundamente, tragende Außen- und Innenwände, Geschoßdecken und die Dachkonstruktion.[118]

7. Sicherung von Gebieten mit Fremdenverkehrsfunktionen

585 Werden Beherbergungsbetriebe und Wohngebäude (vornehmlich solche mit Ferienwohnungen) in Eigentumswohnungen umgewandelt, besteht die Gefahr, dass sie als **Zweitwohnungen** genutzt werden und dem Fremdenverkehr nicht mehr oder nur noch eingeschränkt zur Verfügung stehen. § 22 BauGB hat deshalb die Möglichkeit geschaffen, die Begründung oder Teilung von Wohnungseigentum oder Teileigentum einer Genehmigung zu unterwerfen. Gemeinden, die oder deren Teile überwiegend durch den **Fremdenverkehr** geprägt sind, können danach in einem **Bebauungsplan** oder durch eine **sonstige Satzung** bestimmen, dass zur Sicherung der Zweckbestimmung von Gebieten mit Fremdenverkehrsfunktionen die Begründung oder Teilung von Wohnungseigentum oder Teileigentum einer **Genehmigung** unterliegt. Eine Pflicht zur Schaffung eines Genehmigungsvorbehaltes besteht nicht. Auch wenn die Voraussetzungen vorliegen, steht es im Ermessen der Gemeinde, ob und ggf. für welche Grundstücke sie den Genehmigungsvorbehalt einführt.

586 Der Genehmigungsvorbehalt erstreckt sich nach § 22 Abs. 1 Satz 1 und 2 BauGB auf die Begründung oder Teilung von Wohnungseigentum (§ 1 Abs. 2 WEG), Teileigentum (§ 1 Abs. 3 WEG), Wohnungs- und Teilerbbaurechten (§ 30 WEG) sowie Dauerwohnrechten und Dauernutzungsrechten (§ 31 WEG). Voraussetzung für die Einführung des Genehmigungsvorbehalts ist, dass die Gemeinde oder Gemeindeteile überwiegend durch den Fremdenverkehr **geprägt** ist bzw. sind (§ 22 Abs. 1 Satz 1 Hs. 1 BauGB). Das ist der Fall, wenn in der Gemeinde oder Teilen der Gemeinde das Beherbergungsgewerbe eine dominierende Rolle spielt, hinter dem andere Wirtschaftszweige zurückbleiben. Die Prägung eines Gebietes für den Fremdenverkehr wird im Regelfall nicht durch das Vorhandensein von Einrichtungen der öffentlichen Verwaltung, Grundstücken für kirchliche, soziale und kulturelle Zwecke und Grünflächen aufgehoben. Ein Genehmigungsvorbehalt für das gesamte Gemeindegebiet wird in aller Regel ausscheiden. Gemeinden, in denen Tages-Ausflugsverkehr dominiert und in denen das Beherberungsgewerbe deshalb keine prägende Rolle spielt, fallen nicht unter § 22 BauGB. Gemeinden, die sich zu Fremdenverkehrsorten entwickeln wollen, dürfen den Genehmigungsvorbehalt erst einführen, wenn die beschriebene Prägung erreicht ist.

587 Die Einführung des Genehmigungsvorbehalts setzt weiter voraus, dass durch die Begründung oder Teilung der genannten Rechte die vorhandene oder vorgesehene **Zweck-**

---

[114] BFH NJW 1993, 1288.
[115] BFH NJW 1993, 1287; BFH BFHE 122, 512 = BStBl II 1977, 725.
[116] BFH NJW 1993, 1287.
[117] BFH BStBl II 2008, 688.
[118] BFH NJW 1993, 1287.

bestimmung des Gebietes für den Fremdenverkehr und dadurch die geordnete städtebauliche Entwicklung **beeinträchtigt** werden können, § 22 Abs. 1 Satz 3 BauGB. Eine drohende Gefährdung muss nicht gegeben sein. Deshalb kann der Genehmigungsvorbehalt auch für den Bereich eines Bebauungsplans, der noch unbebaute Flächen umfasst, eingeführt werden. Der Gesetzgeber geht von der Vermutung aus, dass die Begründung von Wohnungseigentum usw. in Fremdenverkehrsgebieten regelmäßig zur Zweitwohnungsnutzung führt mit der für den Fremdenverkehr negativen Folge, dass Wohnraum der wechselnden Benutzung durch Fremde entzogen wird und so genannte Rollládensiedlungen entstehen.[119] Die Zweckbestimmung eines Gebietes für den Fremdenverkehr ist nach § 22 Abs. 1 Satz 4 BauGB **insbesondere anzunehmen,** wenn es in einem Bebauungsplan als Kurgebiet, als Gebiet für die Fremdenbeherbergung (§ 11 Abs. 2 BauNVO), als Wochenend- oder als Ferienhausgebiet (§ 10 Abs. 1 BauNVO) festgesetzt ist, es innerhalb der im Zusammenhang bebauten Ortsteile (§ 34) einem festgesetzten Kurgebiet, einem Gebiet für die Fremdenbeherbergung oder einem Wochenend- oder Ferienhausgebiet entspricht oder es sich um sonstige Gebiete mit Fremdenverkehrsfunktionen handelt, die durch Beherbergungsbetriebe und Wohngebäude mit Fremdenbeherbergung geprägt sind. Gebiete im Außenbereich kommen in Betracht, wenn sie durch Beherbergungsbetriebe und Wohngebäude mit Fremdenbeherbergung geprägt sind; eine Prägung wird nur angenommen werden können, wenn zumindest eine lockere Streubebauung vorhanden ist.

Über Erteilung oder Versagung der Genehmigung entscheidet die untere Bauaufsichtsbehörde im Einvernehmen mit der Gemeinde (§ 22 Abs. 5 Satz 1 BauGB). Das Einvernehmen der Gemeinde gilt als erteilt, wenn es nicht binnen zwei Monaten nach Eingang des Ersuchens der unteren Bauaufsichtsbehörde verweigert wird (§ 22 Abs. 5 Satz 3 BauGB). Die Genehmigung kann nur versagt werden, wenn durch die Begründung oder Teilung der Rechte die Zweckbestimmung des Gebietes für den Fremdenverkehr und dadurch die städtebauliche Entwicklung und Ordnung beeinträchtigt werden (§ 22 Abs. 4 BauGB). Es bedarf keines Nachweises, dass bereits die Begründung oder Teilung eines Rechtes oder einzelner Rechte die Zweckbestimmung des Gebietes für den Fremdenverkehr und dadurch die städtebauliche Entwicklung und Ordnung beeinträchtigen werden. Es genügt, dass von der Umwandlung eine negative Vorbildwirkung ausgeht, die weitere Anträge auslösen kann und die vorhandene Situation negativ in Bewegung bringt. Die Genehmigung ist zu erteilen, um Ansprüche Dritter zu erfüllen, die im Grundbuch durch Vormerkung gesichert sind oder durch Eintragung einer Vormerkung gesichert werden sollen und der Eintragungsantrag bereits beim Grundbuchamt eingegangen ist (§ 22 Abs. 4 Satz 2 BauGB). Die Vormerkung muss bereits eingetragen oder der Eintragungsantrag muss eingegangen sein, bevor die Satzung mit dem Genehmigungsvorbehalt rechtskräftig oder die Erteilung eines Zeugnisses nach § 22 Abs. 6 Satz 3 BauGB von der Baugenehmigungsbehörde ausgesetzt wurde. Ein Dritter kann die Genehmigung beantragen, wenn er einen schuldrechtlichen Anspruch auf eine dingliche Rechtsänderung hat, z.B. als Käufer (§ 22 Abs. 4 Satz 2 BauGB). Die Genehmigung kann erteilt werden, um wirtschaftliche Nachteile zu vermeiden, die für den Eigentümer eine besondere Härte bedeuten (§ 22 Abs. 4 Satz 3 BauGB). Als wirtschaftliche Nachteile kommen z.B. Beeinträchtigungen der Fortführung des Beherbergungsbetriebes oder der Lebensführung des Eigentümers in Betracht, die durch eine Versagung verursacht würden. Da eine besondere Härte vorausgesetzt wird, reicht nicht jeder wirtschaftliche Nachteil aus, z.B. schlechtere Verwertungsmöglichkeiten des Grundstücks. Es muss sich um ungewollte und unverhältnismäßige Belastungen des Eigentümers handeln. Auch bei Vorliegen der Voraussetzungen besteht keine Verpflichtung zur Erteilung der Genehmigung, wenn städtebauliche Gründe dagegen sprechen. 588

[119] Die Vermutung kann durch eine privatrechtlich abgesicherte Erklärung des Antragstellers nicht widerlegt werden, die Wohnung nicht als Zweitwohnung nutzen zu wollen.

589 Wird die Genehmigung versagt, kann kein Wohnungs- oder Teileigentum gebildet werden (§ 22 Abs. 6 Satz 1 BauGB).[120] Wird die Genehmigung versagt, kann der Eigentümer von der Gemeinde unter den Voraussetzungen des § 40 Abs. 2 BauGB aber die Übernahme des Grundstücks verlangen, wenn und soweit es ihm mit Rücksicht auf die Versagung der Genehmigung wirtschaftlich nicht zuzumuten ist, das Grundstück zu behalten oder es in der bisherigen oder einer anderen zulässigen Art (ohne die Begründung oder Teilung von Rechten nach dem WEG) zu nutzen.

---

[120] Kommt es entgegen § 22 Abs. 6 Satz 1 BauGB durch Versehen des Grundbuchamtes zur Eintragung, entsteht allerdings Wohnungseigentum, jedenfalls im Falle des Zweiterwerbs, vgl. § 892 BGB.

IV. Verkauf neuer Eigentumswohnungen

Sowohl dem Verkauf als auch dem Erwerb von neuen Eigentumswohnungen können unterschiedliche **Motive** zugrunde liegen: Seitens des Veräußerers erfolgt üblicherweise der Bau und die Teilung sowie der sich anschließende Verkauf der einzelnen Eigentumswohnungen aus Gewinnerzielungsabsicht. Der beabsichtigte Verkauf eines zu Eigentum gehaltenen Miethauses kann einerseits daran scheitern, dass kein Käufer gefunden werden kann, der den gesamten geforderten Kaufpreis zu zahlen gewillt oder in der Lage ist. Eine Aufteilung in einzelne Eigentumswohnungen hat zur Folge, dass die Kaufpreise für die einzelnen Einheiten eben gerade erheblich niedriger als der Gesamtkaufpreis liegen, so dass sich für die einzelnen Einheiten dann auch Käufer finden lassen, die den Einzelkaufpreis aufbringen oder finanzieren können. 590

Darüber hinaus kann auch der **Verkauf** einzelner Wohnungen im Vergleich zu dem zu erzielenden Kaufpreis bei Verkauf des Gesamtobjektes zu einer Gewinnmaximierung führen, da die Summe der **Einzelkaufpreise** häufig den – fiktiven – Gesamtkaufpreis des Objektes übersteigt. 591

Eine andere Motivationslage zum Verkauf von neuen Eigentumswohnungen kann vorliegen, wenn eine Gesamtheit von Eigentümern (Erbengemeinschaft, BGB-Gesellschaft) sich entschließt, die **Gemeinschaft** oder Gesellschaft auseinanderzusetzen und auch in diesem Fall ein Verkauf des gesamten Objektes nicht möglich ist. Es erfolgt zunächst die Teilung und der Abverkauf der einzelnen Wohnungen, entweder mit dem Ziel, die Kaufpreise dann aufzuteilen oder aber von vornherein mit einer entsprechenden Zuweisung der dann entstehenden einzelnen Eigentumswohnungen an die jeweiligen einzelnen Eigentümer. 592

Der **Erwerb** einer Eigentumswohnung ist zumeist getragen von zwei unterschiedlichen Gedanken: Entweder will der Erwerber die Wohnung selbst nutzen, oder aber er will eine vermietbare Eigentumswohnung erwerben. 593

Der **Selbstnutzungswunsch** basiert meist darauf, dass der/die Erwerber keine Miete (mehr) zahlen möchten. Die finanziellen Belastungen einer Eigentumswohnung sind – dauerhaft betrachtet – geringer als die fortwährende Mietzahlung. Dies gilt trotz der erforderlichen Finanzierung des Kaufpreises. Auch hat der Erwerber bei Aufwendungen für eine Eigentumswohnung stets das Gefühl, in das eigene Eigentum zu investieren, so dass die Aufwendungen nicht „verloren“ sind. Die reine Mietzahlung hingegen wird vom Mieter in keiner Weise positiv angesehen werden. Allerdings darf bei dieser Betrachtungsweise nicht übersehen werden, dass auch sämtliche Instandhaltungskosten von den Wohnungseigentümern selbst zu tragen sind.[1] Bei Anmietung einer Wohnung verbleiben diese Kosten beim Vermieter/Eigentümer.[2] 594

Der Kauf einer vermietbaren Eigentumswohnung erfolgt als **Geldanlage.** Durch die monatlich zu erzielende Miete soll zunächst der Kaufpreis refinanziert werden. Nach Abtragung desselben, soll ein Überschuss erwirtschaftet werden, der als Alterssicherung dient. Hinsichtlich dieses „Anlagemodells“ muss beachtet werden, dass keine zuverlässige Prognose für die folgenden Jahrzehnte nach dem Ankauf einer vermieteten Wohnung hinsichtlich der tatsächlich zu erzielenden Mieteinnahmen möglich ist. Zum einen kann das weitere Lebensverhalten des Mieters nicht eingeschätzt werden (evtl. Kündigung), zum anderen ist nicht bekannt, wie sich der Mietmarkt in Bezug auf diese konkrete Wohnung entwickeln wird. 595

Die **Bedeutung** des Erwerbs von Eigentumswohnungen hat in den letzten Jahren keineswegs abgenommen, sondern eher – gerade auch durch die Finanzkrise – an Bedeu- 596

---

[1] Bzgl. des Miteigentumsanteils am gemeinschaftlichen Eigentum vgl. § 16 Abs. 2 WEG.

[2] Vgl. § 535 Abs. 1 Satz 2, 3 BGB.

tung gewonnen. Die Investition in – finanzierbare – Immobilien zur Alterssicherung beziehungsweise Vermögensanlage ist noch immer allgemein anerkannt.[3]

597 Bei dem Erwerb von Eigentumswohnungen wird zwischen dem sog. „Ersterwerb“ und dem so genannte **„Zweiterwerb“** unterschieden; Ersterwerb bedeutet, dass der Käufer direkt von dem teilenden Eigentümer die Wohnung kauft. Vom Zweiterwerb hingegen wird gesprochen, wenn der Erwerb einer Eigentumswohnung nicht von dem teilenden Eigentümer erfolgt, sondern vielmehr von einem neuen Eigentümer, das heißt der Ersterwerb hat bereits zuvor stattgefunden. Der Begriff „Zweiterwerb“ umfasst somit nicht nur den tatsächlich zweiten Verkauf einer Eigentumswohnung (nach Teilung), sondern auch alle weiteren Verkäufe. Der Begriff soll nur deutlich machen, dass der Erwerb eben gerade nicht mehr vom teilenden Eigentümer erfolgt.

598 Im Rahmen des „Ersterwerbs“ muss nochmals eine **Unterscheidung** bezüglich verschiedener Erwerbsvorgänge vorgenommen werden. Dies gilt sowohl bezüglich der vertraglichen Regelungen, als auch bezüglich der Rechtsfolgen und Sicherungsinstrumente: Zum einen kann nämlich im Rahmen des Ersterwerbs eine bereits bestehende und vom teilenden Veräußerer nicht mehr zu verändernde Wohnung veräußert werden, zum anderen kann aber auch eine überhaupt noch nicht bestehende Wohnung veräußert werden beziehungsweise eine solche, an der der Veräußerer (teilender Eigentümer) noch Bauleistungen zu erbringen hat.

599 Letzterer Fall ist der sog. **„Bauträgervertrag“.** Dieser Vertragstypus hat in den vergangenen Jahren sowohl die Rechtsprechung, als auch den Gesetzgeber intensiv beschäftigt. Hauptursache war und ist, dass der Käufer einer noch nicht vollständig bestehenden Wohnung so abgesichert sein muss, dass er keine Zahlungen an den Veräußerer (Bauträger) leistet, ohne eine entsprechende Gegenleistung zu erhalten beziehungsweise ohne eine gleichwertige Sicherheit innezuhalten. Auch in Bezug auf die Sachmängelhaftung des Veräußerers sind Besonderheiten zu beachten, da nicht eine zu besichtigende Wohnung erworben wird, sondern noch zu erbringende Bauleistungen in Frage stehen, die bei Vertragsabschluss noch nicht fertig gestellt sind. Der Zweit- (und Dritt- und Viert/-...) Erwerb hingegen folgt grundsätzlich allein den Regeln des Grundstückskaufes.[4] Abweichungen sind allerdings wegen der Besonderheiten einer Eigentumswohnung auch zu beachten. Teilweise decken sich auch die Voraussetzungen von Erstverkauf und Zweitverkauf.

600 Als erste Grobübersicht kann man festhalten, dass der Erwerb einer Eigentumswohnung in drei **Kategorien** eingeteilt werden kann, nämlich in den Bauträgervertrag, den ersten Kauf bestehender Wohnungen und den Zweiterwerb von Eigentumswohnungen (Erwerb nicht vom teilenden Eigentümer):

1. Kaufgegenstand – Kauf vom „Reissbrett“ – Bauträgervertrag

601 Der Verkauf beziehungsweise Erwerb einer Eigentumswohnung, die noch nicht (vollständig) erstellt ist, ist möglich und auch gesetzlich vorgesehen.[5] Im WEG sind zwei Möglichkeiten der **Teilung** eines Objektes in Wohnungs- beziehungsweise Teileigentum normiert. In § 3 WEG ist der so genannten Teilungsvertrag geregelt, in § 8 WEG die Teilungserklärung.

602 § 3 WEG (**Teilungsvertrag**) regelt den Fall, dass eine Mehrheit von Eigentümern das Miteigentum gem. § 1008 BGB durch Vertrag so beschränkt, dass jedem Miteigentümer Sondereigentum an einer bestimmten Wohnung oder einer Teileigentumseinheit zugewiesen wird. Bei dieser Teilung wirken also sämtliche Miteigentümer durch den sie verbindenden Vertrag mit. Demgegenüber regelt § 8 WEG, dass ein Alleineigentümer die Tei-

[3] Staatliche Förderung u. a. durch „Riester-Bau-Rente“.
[4] *Hügel/Scheel* Teil 3 Rn. 2.
[5] Zum Begriff „vollständig erstellt“ vgl. *Deckert/Schill,* Die Eigentumswohnung, Teil 6 Rn. 39ff.

lung durch einseitige Erklärung vornimmt. Sowohl in § 3 als auch in § 8 WEG ist jeweils im Abs. 1, letzter Halbsatz, vorgesehen, dass die Teilung bezüglich eines auf dem Grundstück errichteten oder **zu errichtenden** Gebäude erfolgt. Dieser ausdrückliche gesetzliche Hinweis, macht deutlich, dass eine Teilung in Wohnungs- beziehungsweise Teileigentum bereits zu einem Zeitpunkt möglich ist, in dem das Gebäude noch nicht errichtet ist. Ist aber gesetzlich ausdrücklich die Teilung bereits zu so einem frühen Zeitpunkt vorgesehen, muss auch die Veräußerung nach erfolgter Teilung ebenfalls möglich sein. Die zu verkaufende Wohnung besteht zwar auf dem Papier, jedoch noch nicht rein tatsächlich.[6] Desehalb hat der Käufer im Rahmen dieses Ersterwerbs überhaupt noch keine Möglichkeit, den Kaufgegenstand/das Kaufobjekt in Augenschein zu nehmen. Er ist insoweit auf Zeichnungen, Grundrisse und Baubeschreibungen angewiesen.

a) Objekt existiert noch nicht. Die erste Fallgruppe im Rahmen des Erstverkaufes ist 603
diejenige, dass der Bauträger ein Grundstück zu Eigentum erworben hat, jedoch zum Zeitpunkt des Kaufvertragsabschlusses noch keinerlei Arbeiten zur **Errichtung** eines Gebäudes begonnen wurden. Der Käufer erwirbt in diesem Fall eine Wohnung, die nur auf dem Papier existiert. In Augenschein nehmen kann er nur den zukünftigen Bauplatz. Im Rahmen des Kaufvertrages werden schuldrechtliche Verpflichtungen des Bauträgers begründet, die sich auch auf die mängelfreie Herstellung/Erstellung des Kaufgegenstandes (Eigentumswohnung) beziehen.

b) Objekt im Rohbau. In der zweiten Fallgruppe hat der Bauträger bereits mit dem 604
Bau begonnen, jedoch ist der Kaufgegenstand, die Wohnung, noch nicht fertig gestellt. In diesem Fall ist es dem Käufer zwar möglich, bereits eine Besichtigung des „Gebäudes“ vorzunehmen, jedoch noch in einem **„Vorzustand“**. Wegen der zum Zeitpunkt des Vertragsabschlusses noch ausstehenden Bauverpflichtungen des Eigentümers und Bauträgers werden wiederum schuldrechtliche Pflichten begründet.

c) Zu modernisierender Altbau. Die dritte Fallgruppe des Bauträgervertrages betrifft 605
ein bestehendes Gebäude, welches auch bereits aufgeteilt wurde, bei dem aber bezüglich der zu verkaufenden Wohnung noch diverse erhebliche Arbeiten durchzuführen sind. Klassischer Fall ist die **Altbauwohnung,** die nicht in dem bestehenden, sondern in einem instandgesetzten oder modernisierten Zustand veräußert werden soll. [7] Werden nur kleinere Renovierungsarbeiten (Schönheitsreparaturen) vereinbart, liegt kein Bauträgervertrag vor.[8] Sofern erhebliche Bauleistungen geschuldet werden, sind ebenfalls wieder weitere schuldrechtliche Verpflichtungen des Veräußerers erforderlich, um das Interesse des Käufers abzusichern.

Bei allen drei vorstehenden Fallgruppen des Bauträgervertrages besteht der Vorteil für 606
den Bauträger darin, dass er mit **Teilkaufpreiszahlungen** der Erwerber die zu erbringenden Bauleistungen finanzieren kann. Der Vorteil des Erwerbers bei derartigen Modellen liegt darin, dass er noch Einfluss auf die Erstellung des Kaufgegenstandes nehmen kann. Anders als beim Kauf einer schon bestehenden Eigentumswohnung ist er nicht an den Grundriss, den Leitungsverlauf, genaue Lage von Türen und Fenstern etc. gebunden. Vielmehr kann nach seinen eigenen Vorstellungen die Wohnung entwickelt und erstellt werden.

2. Bauträgervertrag – Überblick

Bei dem Bauträgervertrag wird ein noch nicht er- oder fertig gestelltes Gebäude bezie- 607
hungsweise aber eine noch nicht (vollständig) fertig gestellte Eigentumswohnung vom Verkäufer (Bauträger) an einen Erwerber veräußert.

---

[6] BGHZ 108, 164; 74, 204.
[7] BGH NJW 2005, 1115; 2006, 214.
[8] BGH NJW 1989, 2534.

608 Der Vertrag ist zum einen darauf gerichtet, dem Erwerber Eigentum an der – noch zu erstellenden – Wohnung zu verschaffen, andererseits aber auch auf den Erfolg der Bauleistungen, nämlich die tatsächliche Erstellung der Wohnung. Aus dieser Konstellation erklärt sich auch der Begriff „Bauträger“: Der Bauträger soll nicht nur das Eigentum verschaffen, vielmehr ist er auch **Bauherr** hinsichtlich des noch zu erstellenden Objekts, also Vertragspartner sämtlicher Firmen, die mit der Erstellung beauftragt sind. Ein eigenes Vertragsverhältnis zwischen Erwerber und den bauausführenden Firmen besteht in der Regel nicht. Sämtliche mit der Bauausführung zu erbringenden Leistungen werden allein vom Bauträger beauftragt, so auch zum Beispiel der Architekt.[9]

609 **a) Form.** Da sämtliche Leistungen letztlich auf den Übergang des Eigentums auf den Erwerber ausgerichtet sind, greift hier insgesamt **§ 311 b Abs. 1 BGB** ein. Dies wiederum bedeutet, dass der gesamte Vertrag – also sowohl die Elemente, die den reinen Eigentumsübergang zur Folge haben, als auch die weiteren Elemente des Vertrages, die auf die Bauleistungen ausgerichtet sind – notariell zu beurkunden ist.[10]

610 **b) Vertragstypus.** Der Vertrag wird allseitig als **Vertrag sui generis** angesehen. Gesetzlich ist dieser Vertragstypus nicht vorgesehen, vielmehr sind in diesem Vertragstyp mehrere gesetzlich vorgesehene Vertragsgestaltungen vermengt. [11] Der Bauträgervertrag ist ein einheitlicher Vertrag in Form eines Typenmischvertrages.[12] Die Bezeichnung durch die Vertragsparteien als reiner Kauf- oder Werkvertrag ist unbeachtlich.[13] Dies gilt auch bei dem Verkauf einer Wohnung, die noch modernisiert werden muss, wobei die Modernisierungsarbeiten über reine Renovierungsarbeiten hinausgehen müssen.[14]

611 Die Vermischung von Elementen verschiedener Vertragstypen führt dazu, dass hinsichtlich der Eigentumsübertragung an sich das **Kaufrecht** Anwendung finden müsste, jedoch hinsichtlich der Bauleistungen **Werkvertragsrecht** oder Auftragsrecht.[15] Insoweit hat stets eine Differenzierung hinsichtlich der einzelnen Verkäuferleistungen zu erfolgen, allerdings unter Berücksichtigung des gesamten beiderseitigen Willens: Die reine Anwendung von Kauf- oder Werkvertragsrecht ist nach dem Willen und dem Interesse der Parteien nämlich nicht immer sachgerecht.[16] Die Regelung des § 309 Nr. 8 b bb BGB kann auf den Bauträgervertrag zum Beispiel nicht anwendbar sein.[17] Der Zweck des Bauträgervertrages ist nicht mit einer Regelung vereinbar, wonach der Rücktritt vom (Formular-)Vertrag ausgeschlossen werden kann, wenn eine Bauleistung Gegenstand der Mängelhaftung ist. Das Gesamtkonzept des Bauträgervertrages geht über einen reinen Werkvertrag hinaus, da auch weitere Leistungen vereinbart sind, die diesem Ausschluss entgegenstehen.[18]

612 Auch kann beim Bauträgervertrag der die Bauleistungen betreffende Teil des Vertrages nicht nach § 649 BGB allein aus werkvertraglichen Gesichtspunkten gekündigt werden, sondern nur aus wichtigem Grund.[19] Diese Regelung zum Werkvertrag wird auch in diesem Fall den Gesamtinteressen der Parteien nicht gerecht, da die **Kündigung** des Vertrages einerseits auch den beabsichtigten Eigentumserwerb mit umfassen würde und andererseits einer Teilkündigung bereits der Sinn des Vertrages entgegen steht. Festgehal-

---

[9] *Hügel/Scheel* Teil 3 Rn. 3.
[10] BGH NJW 1977, 2072.
[11] BGH NJW 2005, 1115.
[12] BGH NJW 2002, 511.
[13] BGH DNotZ 2008, 66; NJW 1985, 1551.
[14] BGH NJW 2005, 187.
[15] BGH NJW 1984, 2573; DNotZ 2007, 925.
[16] *Basty* Bauträgervertrag Rn. 7.
[17] BGH DNotZ 2002, 215.
[18] Vgl. *Basty* Bauträgervertrag Rn. 7.
[19] BGHZ 96, 275.

ten werden kann aber, dass für Mängel am Bau der Bauträger nach Werkvertragsrecht haftet.[20]

Grundgedanke dieses **Bauträgervertrages** ist, dass der Bauträger (Bauherr, Eigentümer und Veräußerer) die Bauleistungen mit Mitteln des Käufers finanziert. 613

Allerdings darf der Bauträger nicht schrankenlos die Geldmittel des Käufers zum Bau verwenden. Der Bauträger hat zunächst in Vorleistung zu treten. Durch die **Sicherungsmittel** der Erbringung einer Bürgschaft oder aber einer ratenweisen Kaufpreiszahlung erhält der Bauträger die Möglichkeit, nicht gänzlich vorleisten zu müssen, sondern nur hinsichtlich eines ersten Bauabschnittes. Sodann kann er für fertig gestellte Bauabschnitte Teilkaufpreiszahlungen verlangen, mit welchen er dann die weiteren Bauabschnitte finanzieren kann.[21] 614

Es muss auch hinsichtlich der **Fälligkeit** der Erwerberleistungen unterschieden werden: Zum einen wird der Kaufpreis geschuldet, zum anderen Werklohn. Die Fälligkeit des Kaufpreises ist nach Vorlage der üblichen Voraussetzungen gegeben, also nach Sicherstellung, dass der Erwerber auch tatsächlich als Eigentümer im Grundbuch eingetragen wird und nicht übernommene Lasten gelöscht werden. 615

Bezüglich des Werklohnes ist die **Abnahme** des mängelfreien Werkes Voraussetzung für die Fälligkeit. Sofern eine Teilabnahme möglich ist, bestimmt § 632 a BGB eine Teilkaufpreisfälligkeit. 616

c) **Sonderregelungen der MaBV.** In Abweichung bzw. Ergänzung dieser Regelung gilt für Bauträger die Makler- und Bauträgerverordnung (MaBV). 617

Zu beachten ist beim Bauträgervertrag zunächst, dass im Vergleich zu einem „normalen“ Kaufvertrag oder einem Zweiterwerb von Wohnungseigentum die ohnehin schon nicht unerhebliche **Zeitschiene** vom Vertragsabschluss bis zur Eigentumsumschreibung (gestreckter Erwerb) nochmals nicht unerheblich verlängert ist. 618

In § 3 Abs. 1 und Abs. 2 MaBV ist bestimmt, dass der Bauträger vom Käufer bis zu sieben **Abschläge** – je nach Bautenstand – verlangen kann. Alternativ hat er nach § 7 Abs. 1 MaBV die Möglichkeit, eine Bürgschaft beizubringen. In diesem Fall gelten die Beschränkungen des § 3 Abs. 1 und 2 nicht. Abweichende Vereinbarungen von diesem System der Makler- und Bauträgerverordnung sind unwirksam. Dies regelt § 12 MABV. 619

Bei der Vertragsgestaltung eines Bauträgervertrages ist auch darauf zu achten, dass die erforderliche **Baubeschreibung** (Leistungsbeschreibung der Bauleistungen) ausreichend konkret gefasst wird, um Streitigkeiten hinsichtlich dieser Ausführung von vornherein zu vermeiden.[22] 620

d) Problem: AGB. Zudem unterfällt der Bauträgervertrag, insbesondere die Baubeschreibung, regelmäßig dem Recht der Allgemeinen Geschäftsbedingungen nach den §§ 305 ff. BGB. Diese Verträge sind üblicherweise nicht nur auf einen Einzelfall ausgerichtet, sondern auf den Verkauf jeder Wohnung. Deshalb finden die Regelungen über die Allgemeinen Geschäftsbedingungen Anwendung, insbesondere auch § 307 Abs. 1 BGB, in welchem das **Transparenzgebot** gesetzlich geregelt ist:[23] Der Baubeschreibung müssen die Leistungen konkret und unzweideutig entnommen werden können. Mehrdeutigkeiten und Unklarheiten im Rahmen der Baubeschreibung gehen zu Lasten des Verwenders, hier also des Bauträgers (Veräußerers). 621

Durch die Verordnung über Abschlagszahlungen bei Bauträgerverträgen[24] und das Forderungssicherungsgesetz[25] findet § 632 a Abs. 3 BGB auf Bauträgerverträge Anwen- 622

---

[20] BGHZ 108, 164 ff.
[21] Sinngemäß *Hügel/Scheel* Teil 3 Rn. 17.
[22] BGH NJW-RR 2008, 258; *Radünz* DNotZ 2000, 592.
[23] BGH NJW 1982, 2243; DNotZ 2007, 822.
[24] BGBl. I 2001, S. 981.
[25] BGBl. I 2008, S. 2022.

dung. Nach dieser Vorschrift ist einem Verbraucher **Sicherheit** für die rechtzeitige Herstellung des Werkes ohne wesentliche Mängel zu gewähren. Die Sicherheit beträgt 5% des Vergütungsanspruches. Eine dieses Recht tangierende Vertragsklausel unterliegt der Inhaltskontrolle gem. § 307 BGB und kann bei Einschränkungen der Verbraucher-(Erwerber-)rechte auch nach § 309 Nr. 2 BGB unwirksam sein.[26]

623 Im Rahmen von Bauträgerverträgen darf nicht nur eine mögliche Problematik der Allgemeinen Geschäftsbedingungen betrachtet werden: Selbst wenn eine Unwirksamkeit von Vertragsklauseln aus AGB-Gesichtspunkten nicht in Frage steht, müssen zusätzlich stets die Regelungen der MaBV betrachtet werden, da **Verstöße** gegen diese Normen aufgrund des verbraucherschützenden Charakters immer zu einer Unwirksamkeit der betroffenen Klauseln führen.

624 **e) Mängelrechte – Überblick.** Schließlich unterscheidet sich der Bauträgervertrag im Hinblick auf die Mängelansprüche/Mängelrechte des Käufers von denen, die bei einer Weiterveräußerung in Frage stehen:

625 Der Verkauf einer bereits bestehenden Wohnung erfolgt allein im Rahmen eines Kaufvertrages, so dass auch nur die kaufvertraglichen **Gewährleistungsregelungen** der §§ 434 ff. BGB Anwendung finden. Bei einer noch zu errichtenden beziehungsweise fertigzustellenden Wohnung sind jedoch im Vertrag sowohl kaufvertragliche Regelungen enthalten (zur Eigentumsübertragung), als auch werkvertragliche Elemente hinsichtlich der Bauleistungen. Für den kaufrechtlichen Teil des Vertrages ist wiederum das kaufvertragliche Gewährleistungsrecht nach den §§ 434 ff. BGB anwendbar, für den werkvertraglichen Teil allerdings gelten die werkvertraglichen Gewährleistungsregeln der §§ 633 ff. BGB.[27]

626 **f) Sicherungsmechanismen der MaBV.** *aa) Grundsicherung gem. § 3 Abs. 1 MaBV.* Die erste Sicherung besteht darin, dass der Käufer überhaupt erst zu Zahlungen verpflichtet werden kann, wenn folgende **Voraussetzungen** gem. § 3 Abs. 1 MaBV vorliegen:

627
- Der Vertrag muss wirksam abgeschlossen sein, § 3 Abs. 1 Nr. 1 MaBV.
- Sämtliche eventuell erforderlichen Genehmigungen zum Vertrag, gleich ob von den Vertragsparteien oder von Dritten, müssen vorliegen, und zwar nach Mitteilung des amtierenden Notars, § 3 Abs. 1 Nr. 1 MaBV.
- Es darf kein vertragliches Rücktrittsrecht zugunsten des Bauträgers (mehr) bestehen, § 3 Abs. 1 Nr. 1 MaBV.
- Das Wohnungseigentum muss begründet sein (Wohnungsgrundbücher müssen angelegt sein), § 3 Abs. 1 Nr. 2 MaBV.
- Es muss eine ranggerechte Auflassungsvormerkung zugunsten des Käufers im Grundbuch eingetragen sein, § 3 Abs. 1 Nr. 2 MaBV.
- Es müssen die Löschungsbewilligungen bzw. Freigabeunterlagen hinsichtlich nicht übernommener Belastungen (insbesondere Grundpfandrechte) vorliegen und zwar auch für den Fall, dass das Bauvorhaben nicht fertig gestellt wird, § 3 Abs. 1 Nr. 3 MaBV.
- Es muss die Baugenehmigung erteilt sein bzw. eine Bestätigung des zuständigen Amtes vorliegen, dass eine Baugenehmigung für den vorliegenden Fall nicht erforderlich ist, § 3 Abs. 1 Nr. 4 MaBV.

628 Erst wenn alle diese Voraussetzungen vorliegen, können vom Käufer Zahlungen gefordert werden.

629 *bb) Zusätzliche Sicherung gem. § 3 Abs. 2 MaBV.* § 3 Abs. 2 MaBV bestimmt, dass wenn die Voraussetzungen nach Abs. 1 vorliegen, Zahlungen des Erwerbers nur in **Teilbeträgen** entgegengenommen beziehungsweise gefordert werden können. § 3 Abs. 2 MaBV gibt 13 Raten vor, die sich an einzelnen Bauabschnitten orientieren. Der entsprechende

---

[26] *Basty* Bauträgervertrag Rn. 43.

[27] BGHZ 108, 164; 74, 204; vgl. insoweit A. IV. Rn. 798 ff.

Prozentsatz vom Kaufpreis kann der Bauträger nach entsprechender Fertigstellung des entsprechenden Teilabschnittes fordern.[28]

Allerdings können nach dem Gesetzestext nur insgesamt maximal sieben der vorgeschlagenen 13 Raten vereinbart werden. Da alle 13 **Prozentsätze** zusammengerechnet 100% ergeben, jedoch nur sieben Raten gefordert werden können, müssen je nach Bauplanung mehrere der vorgesehenen Leistungen und somit auch die entsprechenden Teilbeträge zusammengefasst werden. Im notariellen Kaufvertrag sind dann die einzelnen Raten der Höhe nach genau zu bezeichnen.[29] Fallen einzelne Leistungen nicht an, sind die entsprechenden Prozentsätze anteilig auf die anderen Prozentsätze zu verteilen, § 3 Abs. 2 Satz 3 MaBV. 630

Sofern Bauleistungen an einem zumindest schon teilweise vorhandenen Bauwerk ausgeführt werden oder aber die Modernisierung einer Altbauwohnung in Frage steht, kann der Bauträger für bereits fertiggestellte **Leistungen** nach der Auflistung des § 3 Abs. 2 MaBV bereits Zahlungen verlangen.[30] Dies ergibt sich aus § 3 Abs. 2 Satz 4 MaBV. 631

Die Makler- und Bauträgerverordnung sieht in § 3 Abs. 2 folgende Prozentsätze für die nachstehenden Bauleistungen vor:
berechnet nach der gesamten Kaufpreissumme
- 30% nach Beginn der Erdarbeiten

von der restlichen Kaufpreissumme
- 40% nach Rohbaufertigstellung einschließlich Zimmererarbeiten
- 8% für die Herstellung der Dachflächen und Dachrinnen
- 3% für die Rohinstallation der Heizungsanlagen
- 3% für die Rohinstallation der Sanitäranlagen
- 3% für die Rohinstallation der Elektroanlagen
- 10% für den Fenstereinbau einschließlich der Verglasung
- 6% für den Innenputz, ausgenommen Beiputzarbeiten
- 3% für den Estrich
- 4% für die Fliesenarbeiten im Sanitärbereich
- 12% nach Bezugsfertigkeit und Zug um Zug gegen Besitzübergabe
- 3% für die Fassadenarbeiten
- 5% nach vollständiger Fertigstellung

Diese Prozentsätze sind auf den ersten Blick verwirrend, da die Summe der verschiedenen Prozente mehr als 100% ergibt. Dies hat seinen Grund jedoch darin, dass bis auf die erste Prozentangabe (30% nach Beginn der Erdarbeiten) die weiteren Prozentsätze von dem **Restkaufpreis** (also ausgehend von 70%) berechnet sind. 632

Eine andere – auch übliche – Darstellungsweise der Raten orientiert hinsichtlich sämtlicher Prozentsätze an der gesamten Kaufpreissumme:
- 30% nach Beginn der Erdarbeiten
- 28% nach Rohbaufertigstellung einschließlich Zimmererarbeiten
- 5,6% nach Herstellung der Dachflächen und Dachrinnen
- 2,1% nach Rohinstallation der Heizungsanlagen
- 2,1% nach Rohinstallation der Sanitäranlagen
- 2,1% nach Rohinstallation der Elektroanlagen
- 7% nach Fenstereinbau einschließlich der Verglasung
- 4,2% nach Innenputz, ausgenommen Beiputzarbeiten

---

[28] Zur genauen Bestimmung der Fälligkeit im tatsächlichen Sinn (Abnahme) vgl. Rn. A 638 ff.

[29] Begründung der Änderungsverordnung BR-Drucks. 1004/96, S. 7; *Pauly* ZMR 2007, 11; *Hermanns* ZfIR 1997, 578; a. A. *Basty* Bauträgervertrag Rn. 441 – freie nachträgliche Festlegung durch Bauträger.

[30] Nur die Voraussetzungen des § 3 Abs. 1 MaBV müssen vorliegen: OLG Hamm MittBayNot 2003, 53.

- 2,1% nach Estrichherstellung
- 2,8% nach Fliesenarbeiten im Sanitärbereich
- 8,4% nach Bezugsfertigkeit und Zug um Zug gegen Besitzübergabe
- 2,1% nach Fassadenarbeiten
- 3,5% nach vollständiger Fertigstellung

100%

633 Die vorgegebenen Prozentsätze stellen die **Maximalbeträge** dar, die gefordert beziehungsweise vereinbart werden können. Abweichungen nach unten sind hier genauso jederzeit möglich wie eine spätere Fälligkeit. Abweichungen der Sätze sind nur zugunsten des Erwerbers möglich.[31]

634 Werden entgegen der Regelung des § 3 Abs. 2 MaBV höhere Raten vereinbart und auch geleistet, so greift § 12 Makler- und Bauträgerverordnung ein. Hiernach sind abweichende Vereinbarungen unzulässig und unwirksam.[32] Folge ist, dass ein **Rückforderungsanspruch** des Erwerbers nach § 812 BGB besteht. Es gilt dann nämlich nicht als „hilfsweise" Vereinbarung der Zahlungsplan nach § 3 Abs. 2 MaBV, sondern § 641 Abs. 1 BGB, wonach die Fälligkeit der Vergütung sich nach der Abnahme bestimmt.[33] Die unerwünschte Folge für den Bauträger ist, dass der Kaufpreis erst nach vollständiger Fertigstellung aller geschuldeten Leistungen fällig wird (Abnahmereife).[34] Der Bauträger muss in diesem Fall vollständig vorleisten und bereits erhaltene Zahlungen zurückgewähren. Dieses Ergebnis kann dadurch vermieden werden, dass in dem Vertrag Teilabnahmen mit entsprechenden Teilvergütungen vorgesehen werden, § 641 Abs. 1 S. 2 BGB.[35] Die entsprechenden Teilleistungen müssen aber abnahme- und übergabefähig sein.[36]

635 Dem bereicherungsrechtlichen Rückzahlungsanspruch des Erwerbers steht auch § 813 Abs. 2 BGB grundsätzlich nicht entgegen (**Ausschluss** der Rückforderung). Soweit allerdings der von der Makler- und Bauträgerverordnung bezweckte Schutz des Erwerbers im Einzelfall schon verwirklicht ist (zum Beispiel durch Bürgschaftsleistung des Bauträgers), muss der Erwerber dann § 813 Abs. 2 BGB gegen sich gelten lassen, so dass in diesem Fall die Rückforderung ausgeschlossen ist.[37]

636 *cc) Ausnahmeregelung – § 7 MaBV.* Da das Vorliegen der Voraussetzungen des § 3 Abs. 1 MaBV als Grundlage für die Möglichkeit der Entgegennahme von Zahlungen einen längeren Zeitraum in Anspruch nimmt, ist eine Ausnahmeregelung in § 7 MaBV vorgesehen: Nach dieser Vorschrift darf der Bauträger bereits Zahlungen entgegennehmen, ohne dass die Voraussetzungen des § 3 Abs. 1 und 2 MaBV vorliegen. In diesem Fall muss der Bauträger allerdings eine **Bankbürgschaft** nach den §§ 2, 7 MaBV stellen. Die Bürgschaft muss selbstschuldnerisch erteilt sein, unter Verzicht der Einrede der Vorausklage.[38] Es müssen sämtliche möglichen Geldansprüche des Käufers aus mangelhafter oder unterlassener Erfüllung des Vertrages abgedeckt sein.[39] Auch für den Fall der Nichtigkeit des Bauträgervertrages mangels ordnungsmäßiger Beurkundung muss die Bürgschaft eine Sicherung vorsehen.[40] Die Bürgschaft ist so lange aufrechtzuerhalten, bis die Zahlungsvoraussetzungen des § 3 MaBV gegeben sind und das Vertragsobjekt fertiggestellt ist. Dies ergibt sich aus § 7 Abs. 1 Satz 3 MaBV.

[31] *Hügel/Scheel* Teil 3 Rn. 17; *Basty* Bauträgervertrag Rn 512.
[32] BGH DNotZ 2001, 201.
[33] BGHZ 146, 250; OLG Celle BauR 2004, 1007.
[34] *Basty* Bauträgervertrag Rn. 984, 1000.
[35] Vgl. zur Teilabnahme *Pause* Bauträgerkauf Rn. 590.
[36] So *Basty* Bauträgervertrag Rn. 988, 1000.
[37] BGH NJW 2007, 1947.
[38] BGH NJW 2008, 1729.
[39] BGH DNotZ 2002, 652.
[40] BGH NJW 2008, 1729.

Nach § 7 Abs. 1 Satz 4 MaBV ist ein **Austausch** der Sicherheiten der §§ 2 bis 6 und derjenigen des § 7 generell zulässig.[41] Unzulässig ist jedoch eine Vermischung im Sinne von einer Bürgschaft für Teilansprüche und im übrigen die Vereinbarung eines Ratenzahlungsplanes nach den Vorgaben des § 3 Abs. 2 MaBV.[42] 637

g) Fälligkeit der Raten. Der Notar ist hinsichtlich des Baufortschrittes zu Feststellungen nicht berufen und verpflichtet. Auch eine Bestimmung nach dem Kalender kommt nicht in Betracht, da ein genauer Zeitplan nicht aufgestellt werden kann. Ebenso kann dieser Nachweis nicht durch öffentliche Urkunden geführt werden. Es bieten sich zwei **Möglichkeiten** der Vereinbarung an: 638

Entweder es wird auf eine Zahlungsaufforderung des Bauträgers nebst **Baufortschrittsbestätigung** des Bauleiters oder bauleitenden Architekten abgestellt. Die Alternative zu der ersten – einseitigen – Feststellung ist, den jeweiligen Baufortschritt und somit den Eintritt der Fälligkeit durch einen gemeinsam beauftragten öffentlich bestellten und vereidigten Sachverständigen zu vereinbaren. Konstitutive Wirkung kann diese Mitteilung nur dann entfalten, wenn zusätzlich auch objektiv der entsprechende Bautenstand erreicht ist.[43] Eine vertragliche Regelung, nach der allein diese Mitteilung – ohne Berücksichtigung des tatsächlichen Bautenstands – Fälligkeitsvoraussetzung ist, wäre gem. §§ 3, 12 MaBV, 134 BGB und wegen Verstoßes gegen § 307 BGB nichtig.[44] 639

Bezüglich der letzten Kaufpreisrate kann auch eine gemeinsame Abnahme vereinbart werden. Besteht allerdings Streit darüber, ob das Werk mangelfrei ist, sollte wiederum die Stellungnahme eines **Sachverständigen** vorgesehen werden, um möglichst zügig und objektiv Klarheit hinsichtlich der Rechts- und Sachlage zu erhalten. 640

Hinsichtlich der werkvertraglichen Komponente des Bauträgervertrages ist in jedem Falle eine Abnahme der geschuldeten Bauleistung durch den Erwerber erforderlich. Es können insoweit Teilabnahmen hinsichtlich in sich abgeschlossener Bauleistungen vereinbart werden. Durch die Abnahme wird der **Erfüllungsanspruch** des Erwerbers beschränkt. Eine Neuherstellung kann dann in Bezug auf die abgenommenen Teile nicht mehr verlangt werden. Vielmehr ist der Erwerber auf die Mängelrechte/Mängelansprüche beschränkt.[45] Durch eine erfolgte Abnahme beginnt auch die Verjährungsfrist hinsichtlich der Gewährleistungsansprüche und -rechte zu laufen.[46] 641

3. Kaufgegenstand – bestehende Wohnung

Möglich ist als Ersterwerb – im Unterschied zum Bauträgervertrag –, dass eine Wohnung erworben wird, die bereits besteht. Entweder ist in diesem Falle erst nach **Fertigstellung** des Baus die Umwandlung in Wohnungseigentum erfolgt oder es ist bereits vor längerer Zeit die Teilung vorgenommen worden und die Wohnung befindet sich noch im Eigentum des ursprünglich teilenden Eigentümers. Dieser Erwerbsvorgang ist dadurch gekennzeichnet, dass eben gerade keine – erheblichen – Bauleistungen seitens des Veräußerers mehr zu erbringen sind, sondern dass vielmehr der Erwerber die Wohnung besichtigen und dann kaufen kann. 642

Eventuell noch zu erbringende (Werk-)Leistungen des Veräußerers, die unterhalb der **Erheblichkeitsgrenze** liegen (reine Schönheitsreparaturen), bleiben außer Betracht.[47] Diese Arbeiten führen nicht dazu, dass auch ein solcher Vertrag als Bauträgervertrag zu klassifizieren wäre. Es wird somit in diesem Fall ein reiner Kaufvertrag abgeschlossen. 643

---

[41] *Hügel/Scheel* Teil 3 Rn. 14.
[42] *Krause* NotBZ 1997, 73.
[43] LG Nürnberg-Fürth IBR 1998, 11; zur Auslegung derartiger Klauseln KG RNotZ 2004, 571.
[44] KG RNotZ 2004, 571; BGH DNotZ 2002, 878.
[45] *Palandt/Sprau* BGB § 640 Rn. 9.
[46] *Hannemann/Jasumbek* § 2 Rn. 54.
[47] Zur Abgrenzung BGH NJW 1989, 2534; 2006, 214.

Eine Differenzierung bezüglich der Mängelrechte nach Kaufrecht und Werkvertragsrecht ist hier somit nicht erforderlich. Gleiches gilt für Sicherungsmöglichkeiten des Erwerbers über die bei einem normalen Grundstückskaufvertrag vorgesehenen hinaus.

644 Vielmehr folgt diese Erstveräußerung einer Eigentumswohnung den allgemeinen Regeln (des Grundstückskaufvertrages). Eine Unterscheidung ist nur insoweit vorzunehmen, als die Teilung bereits grundbuchlich vollzogen sein kann (**Anlegung der Wohnungsgrundbücher**) oder dies noch nicht der Fall ist.

645 a) **Teilung erfolgt und vollzogen.** Soweit der oder die Eigentümer des Objektes die Teilung durch entsprechende Erklärung oder Vertrag bereits durchgeführt haben und diese auch grundbuchlich vollzogen ist, bestehen im Vergleich zu dem normalen Grundstückskaufvertrag keine speziellen Unterschiede. Lediglich die Tatsache des Verkaufs einer Eigentumswohnung an sich beinhaltet notwendige **Differenzierungen** in Bezug auf Sondereigentum und Gemeinschaftseigentum, Gemeinschaftsordnung, Wohngeld, eventuelle Vermietung etc.

646 b) **Teilung noch nicht vollzogen.** Sofern jedoch eine Beurkundung der Teilungserklärung bzw. des Teilungsvertrages erfolgt ist, jedoch ein Vollzug im Grundbuch noch nicht vorhanden ist, also die Wohnungsgrundbücher noch nicht angelegt sind, kann dennoch bereits zu diesem frühen Zeitpunkt ein Kaufvertrag über das Wohnungseigentum/Teileigentum begründet werden:[48] Der Kaufgegenstand ergibt sich dann nicht aus dem bereits angelegten Wohnungsgrundbuch, sondern aus der beurkundeten **Teilungserklärung.**[49] Eine Bezugnahme hat gemäß § 13a Beurkundungsgesetz auf die beurkundete Teilungserklärung zu erfolgen. Die Teilungserklärung muss in diesem Fall dem Kaufvertrag nicht als Anlage beigefügt und auch nicht verlesen werden. Im Rahmen des Kaufvertrages werden der noch grundbuchlich zu bildende Miteigentumsanteil und auch das Sondereigentum genannt, allerdings allein unter Bezugnahme auf die Teilungserklärung unter weiterer Mitteilung, dass diese im Grundbuch noch nicht vollzogen ist und dass die Wohnungsgrundbücher noch nicht angelegt sind.

647 Ansonsten gilt nichts anderes, als vorstehend zum Erwerb einer bereits bestehenden Eigentumswohnung bei erfolgter und vollzogener Teilung ausgeführt wurde.

4. Erfassung des Bestandes – in tatsächlicher Hinsicht

648 Der Abschluss eines Grundstückskaufvertrages ist ein rechtlich und tatsächlich für beide Beteiligte (Veräußerer und Erwerber) äußerst **bedeutsames Geschäft.** Der Vertragsgegenstand muss deshalb vor der Beurkundung vom Erwerber sowohl in tatsächlicher als auch in rechtlicher Hinsicht (vgl. insoweit IV. 5. Rn. 685 ff.) genauestens erfasst werden.

649 Eine **Beratung** kann bei Unsicherheiten ein Anwalt leisten, oder aber auch der Notar. Viele Erwerber übersehen, dass der Notar zur Erstellung eines ausgewogenen Kaufvertrages verpflichtet ist. Das bedeutet, dass der Notar die Interessen beider Parteien, also von Veräußerer und Erwerber, zu berücksichtigen und zu wahren hat. Der Notar ist verpflichtet, Fragen – auch im Vorfeld – mit beiden oder auch nur einer Partei – zu erörtern und aufzuklären. Diese Tätigkeit ist von den ohnehin anfallenden Aufgaben und Kosten des Notars mit umfasst. Sofern also Verständnisfragen bestehen oder aber vertraglich vorbereitete Klauseln unklar sind, sollte eine Beratung durch den Notar in Anspruch genommen werden. Die Beauftragung eines Rechtsanwaltes in Bezug auf den beabsichtigten Ersterwerb einer Eigentumswohnung kann so lange aus Kostengründen unterbleiben, als keine weiteren Verhandlungen mit der Verkäuferseite anstehen, sondern nur Verständnisprobleme bestehen.

---

[48] OLG Frankfurt DNotZ 1972, 180.

[49] *Sauren* § 8 Rn. 9.

Die Kosten des Notars berechnen sich nach der **Kostenordnung,** wohingegen die Kosten des Rechtsanwaltes sich nach dem RVG bestimmen. Diese Kosten des Rechtsanwaltes sind erheblich höher als jene des Notars. Wird ein Rechtsanwalt zur eigenen Beratung eingeschaltet, fallen bei diesem Gebühren an, die gesondert zu vergüten sind. Hinzu kommen dann noch die Notargebühren. 650

a) Größe der Wohnung. Die Fläche des Kaufgegenstandes (der Eigentumswohnung) stellt ein **Beschaffenheitsmerkmal** dar.[50] Die Größe der zu erwerbenden Eigentumswohnung ist in mehrerlei Hinsicht ein besonders wichtiges Merkmal des Kaufgegenstandes: Bei einer beabsichtigten Selbstnutzung muss die Größe der zu erwerbenden Wohnung den eigenen Nutzungswünschen entsprechen (Anzahl der Zimmer, Grundriss, Anzahl der Bäder, Lage der Küche). 651

Die Größe einer Wohnung wird üblicherweise in Quadratmetern angegeben. Sind im Exposé oder aber im Kaufvertragsentwurf hierzu Angaben enthalten, sollten diese vom Erwerber geprüft werden. Es ist nicht selten, dass eine angegebene Fläche einer Wohnung tatsächlich nicht zutreffend ist. Diese Tatsache ist keineswegs stets einer Unredlichkeit des Veräußerers (Bauträgers) geschuldet. Vielmehr sind bei Veräußerungen einer neu erstellten Wohnung **Aufmaße** vorhanden, die allein auf den Bauplänen beruhen, jedoch nicht nochmals anhand des tatsächlich erstellten Baus überprüft wurden. Hieraus können sich Differenzen ergeben. Diese wiederum können Einfluss auf den Kaufpreis haben. 652

Auch muss Berücksichtigung finden, auf welcher Grundlage die Flächenangabe des Veräußerers ermittelt wurde: Es gibt diverse gesetzliche Vorschriften, nach denen die Flächen einer Wohnung/Teileigentumseinheit ermittelt werden können. Einschlägig sollte bei Eigentumswohnungen die **Wohnflächenverordnung** sein. Rein praktisch erfolgt zunächst keine detaillierte Prüfung der Größe, sondern lediglich eine Besichtigung. Hierbei kann lediglich festgestellt werden, ob tatsächlich die angegebene Anzahl der Zimmer, Küche, Bad etc. vorhanden ist. Ob die Räume allerdings die tatsächliche angegebene Größe aufweisen, ist anhand eines einfachen Augenscheins nicht feststellbar. Hierfür ist eine Überprüfung durch einen Fachmann erforderlich. Dies ist – zumindest bei aufkommenden Zweifeln an der angegebenen Größe – stets empfehlenswert. 653

Wird der Kaufpreis in einem Exposé oder Angebot des Verkäufers nach Quadratmetern Fläche berechnet, ist es umso wichtiger, die angegebene Größe (Fläche) der Einheit zu überprüfen, allerdings dann unter Heranziehung derselben **Berechnungsgrundlage,** die auch der Verkäufer benutzt hat. 654

b) Lage/Anbindung der Wohnung. Gerade beim Ersterwerb einer – noch nicht erstellten – Wohnung sollte auch überprüft werden, ob die Lage nebst Anbindung den käuferseitigen Interessen entspricht. Eine Besichtigung kann insoweit Aufschluss bringen, als der **„Bauplatz“** an sich in Augenschein genommen und auch geprüft werden kann, ob nach Erstellung der Gesamtanlage das Interesse an Anbindung vollständig gewahrt ist. 655

Das Augenmerk ist zu legen auf öffentliche Verkehrsmittel in fußläufiger Nähe, die Anbindung an öffentliche Straßen, die Erreichbarkeit des Arbeitsplatzes, der „City“ etc ... Für die **Kaufentscheidung** sollte auch dieser Aspekt in Ansehung des üblicherweise nicht unerheblichen Kaufpreises für eine Eigentumswohnung eine gewichtige Rolle spielen. Auch die Familienplanung ist insoweit einzubeziehen (Schulen, Kindergärten, Sportplätze). 656

Werden in verkehrsmäßig nicht gut erschlossenen Gebieten Eigentumswohnungsanlagen geplant und zum Kauf angeboten, kann das Argument der Lage/fehlenden Anbindung eine Rolle bei der Bemessung des **Kaufpreises** spielen. Da in Städten und größeren Ortschaften größtenteils neue Wohnungsanlagen gerade nicht im innerstädtischen/Citybereich erstellt werden, sondern eher in den Rand-/Außenbezirken, ist diese Prüfung von Erheblichkeit. 657

---

[50] BGH NJW 2004, 2157.

658 Auch sollte der Käufer prüfen, ob gegebenenfalls in der näheren **Umgebung** Lärm- oder Geruchsquellen aufgrund der bereits vorhandenen Bebauung gegeben sind (Fabriken, Gewerbetreibende, naheliegenden Bahnstrecken, Autobahnen, Flughäfen).

659 c) **Vermietete Wohnung.** Des Weiteren ist in – tatsächlicher – Hinsicht auch zu prüfen, ob die zu erwerbende Wohnung vermietet ist. Bei einem Ersterwerb vom Bauträger ist dies sicherlich nicht der Normalfall; es ist jedoch nicht ausgeschlossen, dass – auch hinsichtlich einer noch nicht erstellten Wohnung – bereits ein **Mietvertrag** abgeschlossen wurde.

660 d) **Zubehör zu der Wohnung.** Vor Beurkundung eines Kaufvertrages muss zudem zwischen den Parteien geklärt werden, welche weiteren **Gegenstände** – außer Grundstück(steil) und Gebäude(teil) – mitveräußert werden:

661 Die Wohnung kann bereits ausgestattet sein, so dass Mobiliar, Vorhänge und Lampen, Teppiche, Einbaumöbel (Küche), Gartengegenstände, Antennen oder bereits vorhandene Heizölvorräte etc. in Betracht kommen. Wird derartiges **„Zubehör"** mitveräußert, sollte im Kaufvertrag eine gesonderte **Auflistung** erfolgen. Die Grunderwerbsteuer bezieht sich nämlich auf derartige Gegenstände nicht.[51] Unabhängig von dieser Tatsache muss Klarheit darüber bestehen, welche Gegenstände tatsächlich das Eigentum wechseln sollen.

662 Ist eine Einbauküche vorhanden oder befinden sich andere Einbaumöbel, Teppiche oder ähnliches in der Wohnung, sollten auch die Einzelheiten zu diesen Gegenständen aufgeführt werden (Herstellungsjahr, Zustand, Hersteller, Gerätenummer, aktueller Zustand). Nur durch eine solch detaillierte **Aufstellung**/Auflistung kann späteren Streitigkeiten vorgebeugt werden. Sind nämlich bei einer Besichtigung des Erwerbers diverse Gegenstände vorhanden, will dieser auch genau diese Gegenstände erwerben, und nicht andere, etwa zum Zeitpunkt des Vertragsabschlusses oder zum Besitzübergang vorhandene (ausgetauschte) andere Gegenstände/Bestandteile. Auch muss hinsichtlich derartiger Bestandteile eine wertmäßige Festlegung und Einigung zwischen den Vertragsparteien erfolgen.

663 e) **Erschließungssituation bzgl. der Wohnung.** Gerade bei „Bauplatzkäufen" (Bauträgervertrag) muss nicht nur über die Bebaubarkeit an sich Klarheit bestehen, sondern auch über den Stand der Erschließung und auch der Abrechnung dieser **Erschließungskosten:** Es müssen eindeutige Erklärungen/Bescheide der zuständigen Gemeinde vorliegen. Betroffen sind die Anlagen für die Be- und Entwässerung, die Beheizbarkeit, die Versorgung mit Telekommunikation und Fernsehen, die Stromversorgung und auch die sonstigen Versorgungsleistungen. Weiter muss zwischen den Vertragsparteien geklärt werden, dass sämtliche Ver- und Entsorgungslei(s)tungen vorhanden sind und wer die Kosten dieser Erschließung trägt. In der Praxis sind häufige Streitpunkte die nicht geklärten – vom Bauträger beauftragten, aber noch nicht bezahlten – Erschließungsleistungen von Versorgern, wenn die Rechnung erst gegenüber dem Erwerber erstellt wird.

664 f) **Wohngeldhöhe.** Der Erwerber einer Eigentumswohnung sollte sich stets über die Wohngeldhöhe informieren. Bei einem Zweiterwerb ist dies einfacher möglich, da der Veräußerer bereits Wohngeld gezahlt hat, er also Auskunft erteilen kann.

665 Beim Ersterwerb besteht die Problematik, dass aufgrund der Neuerstellung der Wohnung und der erst in Entstehung befindlichen Wohnungseigentümergemeinschaft bis zum Abschluss des Kaufvertrages meist überhaupt noch kein Wohngeld gezahlt wurde. Das Objekt wurde von dem teilenden Eigentümer (Bauträger) erstellt und allein bewirtschaftet. Es ist deshalb nicht nur beim Veräußerer nach der Wohngeldhöhe zu fragen, sondern auch zusätzlich nach der **Kalkulation,** die der Berechnung des Wohngeldbetrages zugrunde liegt. Der Käufer muss überprüfen, ob der in Ansatz gebrachte Wohngeldbe-

---

[51] Vgl. §§ 1 Abs. 1, 2 Abs. 1, 8, 9 GrEStG, §§ 94, 97 BGB.

trag angemessen ist. Dies kann er nur, indem er Einsicht in einen provisorischen **Wirtschaftsplan** nimmt, welcher sämtliche anfallenden Kosten des Gesamtobjektes ausweist.

Die Situation ist vergleichbar mit dem Neuabschluss eines Mietvertrages. In diesem Fall sollte der Mieter ebenfalls prüfen, in welcher Höhe Betriebskostenvorschüsse angemessen wären. Der umsichtige Mieter muss auch insbesondere die Unterlagen zur Bewirtschaftung des Objektes einsehen, um die vom Vermieter vorgegebene Vorschusshöhe auf die Angemessenheit zu prüfen.[52] Es besteht sonst die Gefahr – sowohl für den Mieter, als auch für den Erwerber einer Eigentumswohnung – dass die angegebene Vorschusshöhe/Wohngeldhöhe erheblich zu gering ist und somit im Rahmen der Jahresabrechnung ein erheblicher Nachzahlungsbetrag vom Erwerber (oder Mieter) zu zahlen ist. 666

Sofern dann im Nachhinein der Nachzahlungsbetrag rechnerisch anteilig auf das monatliche Wohngeld verteilt wird, ergibt sich eine völlig andere Wohngeldhöhe. Diese ist jedoch letztlich mit entscheidend für den Kaufentschluss. 667

g) Finanzierung des Kaufpreises. Üblicherweise wird der Erwerber einer Eigentumswohnung – also auch der Ersterwerber – die zu kaufende Wohnung nicht (vollständig) aus Eigenmitteln bezahlen (können), sondern eine **Bankfinanzierung** benötigen. 668

aa) Wohnung als Sicherungsobjekt für die Bank. Das den Kaufpreis finanzierende Bankinstitut verlangt für die Hingabe des Darlehens eine Sicherheit. Üblicherweise dient hierfür die zu erwerbende Wohnung, welche mit einer **Grundschuld** zu Gunsten der Bank in Abteilung III des Grundbuchs belastet wird. Problematisch ist, dass der Erwerber zum Zeitpunkt des Kaufvertragsabschlusses und des Abschlusses des Darlehensvertrages (noch) nicht Eigentümer der Wohnung ist. Er selbst kann keine Grundschuld bezüglich dieser Wohnung bestellen. Dies kann nur der jeweilige Eigentümer, §§ 13, 19, 29 GBO. 669

Aufgrund des „gestreckten Erwerbs" (in zeitlicher Hinsicht) einer Immobilie erlangt der Erwerber die Eigentümerstellung erst geraume Zeit nach Abschluss des Kaufvertrages und des Darlehensvertrages. Dieser Zeitraum ist beim Bauträgervertrag umso länger, als auch der Erstellungszeitraum der Wohnung noch hinzuzurechnen ist. Aus diesem Grund ist der Erwerber auf die **Mithilfe** des **Veräußerers** (Noch-Eigentümers) angewiesen, um seiner finanzierenden Bank eine ausreichende Sicherheit zu bieten:[53] 670

bb) Bevollmächtigung des Erwerbers. Im Kaufvertrag bevollmächtigt üblicherweise der Veräußerer den Käufer, die Grundschuldbestellung in seinem Namen (des Veräußerers) zu beurkunden und entsprechende Anträge zu stellen. Hierdurch wird der Erwerber in die Lage versetzt, die von der Bank geforderten Voraussetzungen (Sicherheit – Grundschuld) zu schaffen, damit das Darlehen dann ausgezahlt werden kann. Eine persönliche Haftung des Veräußerers muss ausgeschlossen sein, er stellt nur sein Wohnungseigentum „zur Verfügung" (**dingliche Haftung**). 671

Es sollte vereinbart werden, dass die Darlehenssumme (bis zur Höhe des Kaufpreises) nur an den Veräußerer ausgezahlt werden darf und auch nur zur Erfüllung der Kaufpreisschuld. Ein Einsatz der Finanzierungsmittel für andere Zwecke ist so lange auszuschließen, als der Erwerber noch nicht Eigentümer ist. Erst nach vollständiger **Kaufpreiszahlung** können dann nicht in Anspruch genommene weitere Darlehensteile für Bau- oder Renovierungszwecke genutzt werden.[54] 672

Ein Erwerber sollte es vermeiden, ohne **Finanzierungszusage** seiner Bank einen notariellen Kaufvertrag abzuschließen. Durch den Abschluss dieses Vertrages werden bereits beiderseitige Pflichten begründet, zu Lasten des Käufers die Verpflichtung zur Zahlung 673

[52] Vgl. zu § 556 Abs. 2 Satz 2 BGB: LG Berlin GE 1999, 777; NZM 2002, 212; *Schmidt-Futterer/Langenberg* § 556 Rn. 276, 389.

[53] *Schöner/Stöber* Grundbuchrecht Rn. 88.

[54] Vertragsmuster *Wurm/Wagner/Zartmann/Götte* Rechtsformularbuch Kap. 37.18.

des Kaufpreises. Liegt jedoch eine Finanzierung noch nicht vor, kann der Erwerber dieser Verpflichtung möglicherweise nicht fristgerecht nachkommen.

674 *cc) Rechtzeitige Klärung der Finanzierung.* Gerade beim Ersterwerb einer Eigentumswohnung vom Bauträger empfiehlt sich die frühzeitige Nachfrage bei der Bank. Aufgrund der vorbeschriebenen Eigenheiten des Bauträgervertrages, insbesondere wegen der Möglichkeit der Ratenzahlung des Kaufpreises je nach Baufortschritt, können auch Besonderheiten im Rahmen des **Darlehensvertrages** auftreten. Diese sollten frühzeitig mit dem entsprechenden Institut abgeklärt werden.

675 Sind bereits im Vorfeld sämtliche Fragen zwischen Erwerber und Bank einerseits und Erwerber und Veräußerer andererseits geklärt, kann dann auch in dem Termin, in dem der Grundstückskaufvertrag beurkundet wird, zugleich die Grundschuld bestellt werden. Veräußerer und Erwerber sind aufgrund des Abschlusses des Kaufvertrages ohnehin anwesend und können beide an der **Grundschuldbestellung** mitwirken.

676 *dd) Rang der Finanzierungsgrundschuld.* In dem Wohnungsgrundbuch ist in Abt. III im Normalfall noch eine Grundschuld des Bauträgers eingetragen, die der Sicherung seiner eigenen Finanzierung dient. Da die finanzierende Bank des Erwerbers jedoch eine Sicherheit an **rangerster Stelle** wünschen dürfte, muss seitens der Bank des Bauträgers eine Erklärung in grundbuchlicher Form beigebracht werden, dass diese die betreffende Wohnung aus der Mithaft entlässt. Sodann kann die vorrangige Grundschuld des Gläubigers im Grundbuch gelöscht werden.

677 Sofern die Wohnungsgrundbücher noch nicht angelegt sind, wird die Finanzierungsgrundschuld des Erwerbers zunächst auf dem **Stammgrundbuchblatt** (Gesamtgrundstück) eingetragen.[55] Die finanzierende Bank des Erwerbers muss deshalb eine entsprechende Pfandfreigabe/Pfandhaftentlassungserklärung bezüglich der anderen Wohnungen abgeben, damit letztlich die Grundschuld nur erstrangig auf dem einen betreffenden Wohnungseigentum lastet.

678 **h) Mängel am Kaufgegenstand.** Vor dem Kauf einer Immobilie sollte der Erwerber das Objekt in Augenschein nehmen und auf Mängel überprüfen. Beim Verkauf bestehender Objekte wird ganz überwiegend in den Kaufverträgen ein **Gewährleistungsausschluss** vereinbart, so dass der Verkäufer für vorliegende Mängel nicht haftet. Voraussetzung für den Abschluss einer solchen Vereinbarung ist auf Erwerberseite deshalb zwingend die vorangegangene Besichtigung des Objektes und die Überprüfung auf Mängel. Sinnvollerweise sollte eine solche Überprüfung nicht nur durch den Erwerber selbst erfolgen, sondern auch durch einen fachkundigen Begleiter.

679 Im Rahmen des Ersterwerbs von Eigentumswohnungen kann eine Besichtigung und Mängelprüfung nicht erfolgen, da das Objekt noch nicht besteht. Allenfalls könnte ein bereits bestehender Rohbau oder andere bereits fertig gestellte Bauteile in Augenschein genommen und auf Mängel überprüft werden. Wegen der fehlenden **Prüfungsmöglichkeit** ist im Bauträgervertrag kein Haftungssausschluss enthalten, gem. § 309 Nr. 8b BGB.[56] Aufgrund der vom Bauträger zu erbringenden Bauleistungen besteht vielmehr ausdrücklich die Verpflichtung des Bauträgers nach Werkvertragsrecht.[57] Wegen dieser Mängelrechte/-ansprüche des Erwerbers beim Bauträgervertrag wird verwiesen auf die Ausführungen zu IV. Ziffer 10 und 11 (Rn. 798 ff.). Die nachfolgenden Ausführungen beziehen sich auf den Ersterwerb einer bereits bestehenden Wohnung:

680 *aa) Mängel in der Wohnung (Sondereigentum).* Der Käufer erwirbt bei Durchführung des Vertrages Wohnungseigentum. Dies bedeutet, dass er zum einen Sondereigentum an der Wohnung selbst erwirbt und auch einen Miteigentumsanteil an dem gemeinschaftlichen Eigentum. Die Prüfung auf Mängel sollte sich deshalb nicht auf die Wohnung allein

---

[55] *Schöner/Stöber* Grundbuchrecht Rn. 2948 ff.

[56] Vgl. hierzu *Hügel/Scheel* Teil 3 Rn. 34 bis 36; BGH NJW 2002, 511.

[57] *Basty* ZWE 2002, 384; *Pause* NZBau 2002, 649.

beschränken, vielmehr muss das gesamte **Gebäude** mit in Augenschein genommen werden.

Im Bereich der Wohnung sollte der Erwerber jeden Raum und jegliche Installationsvorrichtung überprüfen. Da der Kaufpreis für den Erwerber ganz erheblich sein dürfte, muss eine intensive und fachgerechte **Prüfung** erfolgen. Empfehlenswert ist es, einen Dritten hinzuzuziehen, der fachlich in der Lage ist, diese Prüfung in ausreichendem Umfange vorzunehmen. Durch den Laien sind regelmäßig nur auf den ersten Blick sichtbare oder erkennbare Mängel festzustellen, wie die Schwergängigkeit von Fenstern oder Türen, sichtbare Schimmelbildungen u. ä. Beim Kauf einer Eigentumswohnung ist es jedoch auch erforderlich, auf die Leitungs- und Rohrführungen zu achten, die Bausubstanz der Wohnung in Augenschein zu nehmen und konstruktive Elemente zu untersuchen. 681

bb) Mängel am Gesamtobjekt (Gemeinschaftseigentum). Da der Käufer auch einen Miteigentumsanteil am gemeinschaftlichen Eigentum erwirbt, sollte er auch dieses vor der endgültigen Kaufentscheidung in Augenschein nehmen. Es muss die gesamte **Substanz** des Gebäudes überprüft werden. Da der Erwerber sichergehen will, dass er nicht in näherer Zukunft mit erheblichen Sonderumlagen zur Instandsetzung belastet wird, ist diese Prüfung unerlässlich. 682

Insbesondere sollte sich diese auf den Zustand des Daches und der Fassade beziehen, da diese Gebäudeteile der Witterung ausgesetzt sind und dort am ehesten **Instandsetzungsbedarf** bestehen könnte. Auch sind die Kosten für die Instandhaltung dieser Gebäudeteile erheblich. 683

Zusätzlich sollte der Zustand des Treppenhauses geprüft werden, gleichfalls der Zustand einer etwa vorhandenen Garagenanlage. Auch das Vorhandensein und der Zustand eines Aufzuges sollte einer Prüfung unterzogen werden. Des Weiteren sollte untersucht werden, ob im Objekt weitere störungsanfällige Einrichtungen wie Hebeanlagen, Klimaanlagen u. ä. vorhanden sind. Zum einen können sich hieraus zukünftige Kosten wegen der Instandsetzung ergeben, zum anderen verursachen derartige Geräte (Aufzug) auch laufende, nicht unerhebliche **Kosten.**[58] 684

5. Erfassung des Bestandes – in rechtlicher Hinsicht

Neben der Erfassung in tatsächlicher Hinsicht sollte durch den Erwerber bei einem Ersterwerb auch eine Erfassung des rechtlichen Bestandes der zu erwerbenden Eigentumswohnung erfolgen. Betroffen sind die Eigentümerstellung des Veräußerers, die vorhandenen Belastungen, die Größe des Miteigentumsanteils, eventuell bestehende Sondernutzungsrechte, die Durchsicht der Teilungserklärung bzw. der **Gemeinschaftsordnung** und auch der ggf. schon gefassten Beschlüsse oder Vereinbarungen sowie eventuell bestehende und zu übernehmende Vollmachten. Auch sollte geprüft werden, ob und ggf. seit wann ein Verwalter tätig wird oder ist. Schließlich sollte das Objekt (Gesamtanlage und auch betreffende die Wohnung) bezüglich der Energiewerte überprüft werden (Energieausweis).[59] 685

a) **Eigentümer.** Jeder Erwerbsinteressent sollte zunächst überprüfen (lassen), ob derjenige, der sich als Veräußerer geriert, auch tatsächlich der **Berechtigte** ist. Der erste Prüfungsschritt ist die Einsicht in das **Grundbuch,** wer der eingetragene Eigentümer ist. Im Idealfall stimmt der eingetragene Eigentümer mit dem potentiellen Veräußerer überein. Möglich sind Fälle, in denen der eingetragene Eigentümer nicht identisch mit dem potentiellen Verkäufer ist. Fallen Veräußerer und eingetragener Eigentümer auseinander, besteht Klärungsbedarf. Diese Tatsache kann einen nachvollziehbaren Hintergrund haben. So ist es möglich, dass der noch im Grundbuch eingetragene Eigentümer verstorben oder 686

[58] Laufende Betriebskosten nach § 2 Nr. 7 BetrKV.
[59] Energieeinsparverordnung (BGBl. I 2001, S. 3085).

rechtlich nicht handlungsfähig ist, so dass die Erben, ein Betreuer o. ä. die Veräußerung anstreben. Die entsprechenden Nachweise (z. B. Erbschein, Betreuerbestellung) wären dann vorzulegen. Auch ist es möglich, dass ein Erwerb des Veräußerers stattgefunden hat, der außerhalb des Grundbuches erfolgte und aus diesem Grunde noch nicht dort verlautbart ist. In Betracht kommt der Erwerb durch eine Zwangsversteigerung oder durch eine Geschäftsanteilsübertragung. Auch kann etwa ein Verwaltungsbefugter als Veräußerer auftreten (Insolvenzverwalter, Testamentsvollstrecker), wobei dessen Berechtigung ebenfalls durch die entsprechenden Urkunden nachzuweisen ist. Liegen diese Unterlagen – lückenlos – vor, bestehen keine Bedenken.

687 Möglich ist auch, dass der als Verkäufer Auftretende das Objekt erst „kurzerhand" erworben hat und die Eigentümerstellung aus diesem zeitlichen Grund noch nicht im Grundbuch vermerkt ist. Hier müsste der Veräußerer den notariellen Kaufvertrag vorlegen und auch den **Nachweis** erbringen, dass dieser wirksam ist und der Durchführung dieses Vertrages keine (rechtlichen und/oder tatsächlichen) Bedenken entgegenstehen. Zur Absicherung des Käufers hat in diesem Fall der Notar die notwendigen Vorkehrungen im Vertrag vorzusehen.

688 Tritt als Verkäufer eine Person auf, die weder im Grundbuch eingetragen ist, noch durch **Urkunden** die Berechtigung nachweisen kann, sollte bis zu einer abschließenden Klärung von einer Unterschrift unter den notariellen Kaufvertrag Abstand genommen werden.

689 **b) Belastungen.** Neben der Stellung des Eigentümers (Veräußerers) ist es für den Erwerber wichtig zu überprüfen, ob und welche Belastungen im und außerhalb des Grundbuches vorhanden sind. Er will nach Vollzug des Kaufvertrages lastenfreies Eigentum erwerben, lediglich unter Beibehaltung selbst im Vertrag übernommener Belastungen. Belastungen des – neu geschaffenen beziehungsweise neu zu schaffenden – Wohnungseigentums sind üblich. Der Bauträger muss nicht nur den von ihm selbst zu zahlenden Kaufpreis für das Grundstück finanzieren (**Finanzierungsgrundschuld** in Ab. III des Grundbuches), sondern auch zur Versorgung dieser Anlage diverse Grunddienstbarkeiten und auch persönlich beschränkte **Dienstbarkeiten** bestellen (Abt. II des Grundbuches). Einige dieser schon vom Bauträger bestellten Belastungen müssen vom Erwerber übernommen werden, andere hingegen hat der Bauträger im Zuges des Verkaufes zur Löschung zu bringen.

690 *aa) In Abt. II des Grundbuches.* Der Ersterwerber der Eigentumswohnung muss Einsicht in Abt. II des Grundbuches nehmen. Die dort vorhandenen Eintragungen betreffen Vormerkungen, beschränkt persönliche Dienstbarkeiten oder Grunddienstbarkeiten.

691 Findet sich eine **Vormerkung** für eine dritte Person in Abt. II des Grundbuches, muss diese gelöscht werden, damit der Käufer Eigentum erwerben kann. Eine bereits eingetragene Vormerkung sperrt weitere Eintragungen, also auch solche, die den Erwerber betreffen, § 883 Abs. 2 BGB. Bei dem Erwerb vom Bauträger kann eine Vormerkung zugunsten eines Dritten im Grundbuch eingetragen sein, wenn der Bauträger bereits einen Kaufvertrag mit einem anderen Erwerber abgeschlossen hatte, es jedoch nicht zur endgültigen Durchführung dieses Vertrages kam (wegen nicht vollständiger Zahlung des Kaufpreises, Ausübung eines Rücktrittsrechts etc.). Für die erforderliche Löschung ist die Löschungsbewilligung des Vormerkungsberechtigten in der Form des § 19, 29 GBO (notarielle Unterschriftsbeglaubigung) notwendig.[60]

692 In jedem Kaufvertrag – gleich ob Erst- oder Folgevertrag – sollte für den Fall, dass der Vertrag nicht zur Durchführung gelangt, eine entsprechende **Löschungsbewilligung** des Erwerbers bzgl. der zunächst einzutragenden Auflassungsvormerkung vorsorglich enthalten sein.

---

[60] *Schöner/Stöber* Grundbuchrecht, Rn. 100 bis 100 b.

Des Weiteren können **Grunddienstbarkeiten** nach § 1018 BGB im Grundbuch in Abt. II eingetragen sein.[61] Bei einer Grunddienstbarkeit wird ein (dienendes) Grundstück zugunsten des jeweiligen Eigentümers eines anderen (herrschenden) Grundstücks belastet. Der Eigentümer des herrschenden Grundstücks darf das dienende Grundstück in einzelnen Beziehungen, die genauer in der Grunddienstbarkeit beschrieben sind, benutzen oder auf dem dienenden Grundstück dürfen gewisse Handlungen nicht vorgenommen werden. Ein positives Handeln des dienenden Eigentümers darf nicht als Hauptpflicht vereinbart werden.[62] Durch Grunddienstbarkeiten wird die Versorgung eines Grundstücks abgesichert. Es handelt sich um Geh-, Fahr- und Leitungsrechte, Verpflichtungen zur Duldung einer geringeren Abstandsfläche o. ä.[63] Der Ersterwerber sollte überprüfen, ob derartige Eintragungen vorhanden sind und ob es sich um Eintragungen zugunsten (herrschen) oder zu Lasten (dienen) des betreffenden Grundstücks, an dem er einen Miteigentumsanteil erwerben will, handelt. Als Beispielsfall soll ein **„gefangenes" Grundstück** angeführt werden: Ein solches Grundstück ist von der öffentlichen Straße aus nicht direkt erreichbar. Es besteht keine eigene Verbindung zur öffentlichen Straße. Die Erreichbarkeit ist nur über ein oder mehrere andere Grundstücke gegeben. Sofern auf diesem gefangenen Grundstück die Eigentumsanlage vom Bauträger erstellt wird, muss der Erwerber prüfen, ob die Erreichbarkeit und Versorgung sichergestellt ist. In diesem Fall müssen im Grundbuch entsprechende Grunddienstbarkeiten (herrschend) vorhanden sein. Neben den reinen Eintragungen ist vom Erwerber weiter zu prüfen, ob der Inhalt dieser Grunddienstbarkeiten die Versorgung und Erreichbarkeit des Grundstückes zulässt. Es muss ein Geh-, Fahr- und Leitungsrecht bestellt sein, welches bestimmt, dass ein geeigneter Grundstücksteil des Nachbargrundstücks dem Begehen, dem Befahren und auch der Verlegung von Leitungen dient. Der Grunddienstbarkeit wird insoweit in aller Regel ein entsprechender Plan beigefügt sein, der den entsprechenden Grundstücksteil (Grundstücksstreifen in einer Breite von x m) ausweist.[64] 693

Fehlen derartige Grunddienstbarkeiten, liegt eine **dingliche Absicherung** nicht vor. Auf rein schuldrechtliche Vereinbarungen sollte sich der Erwerber nicht verweisen lassen, da eine solche nur zwischen den an diesem schuldrechtlichen Vertrag Beteiligten wirkt.[65] Kommt es zu einer Veräußerung, wäre der Erwerber an diese schuldrechtliche Vereinbarung nicht gebunden, es sei denn, er verpflichtet sich zum Eintritt. Dieses Risiko sollte der Erwerber nicht hinnehmen. 694

Der Fall des „gefangenen" Grundstücks führt spiegelbildlich auch zu „dienenden" Belastungen. Ist nicht das gefangene Grundstück dasjenige, von welchem der Ersterwerber einen Miteigentumsanteil erwerben will, sondern das **Nachbargrundstück,** welches zwischen dem gefangenen Grundstück und der Straße liegt, müssen aufgrund der vorstehenden Ausführungen in diesem Grundbuch in Abt. II die für die Versorgung des gefangenen Grundstücks erforderlichen Grunddienstbarkeiten eingetragen werden. 695

Sind derartige Grunddienstbarkeiten vorhanden, muss der Erwerber diese übernehmen und kann keine Löschung verlangen, da ansonsten die **Versorgung** und Erreichbarkeit des hinterliegenden Grundstücks nicht mehr gesichert wäre. 696

In der Regel werden auch die **Unterhaltspflichten** für den betreffenden Grundstücksteil dem Eigentümer des herrschenden Grundstücks übertragen, so dass auch Kosten zu Lasten des dienenden Grundstücks nicht entstehen.[66] 697

---

[61] Der sog. Herrschvermerk zugunsten des herrschenden Grundstücks wird auf entsprechenden Antrag in das Bestandsverzeichnis eingetragen, § 9 GBO.

[62] BGH DNotZ 1959, 240; BayObLGZ 1980, 232.

[63] Zum notwendigen Inhalt einer Grunddienstbarkeit vgl. BGH NJW 1985, 385; 1969, 502; BGHZ 35, 378 ff.

[64] Muster bei *Wurm/Wagner/Zartmann,* Rechtsformularbuch, Kap. 49.1.

[65] Wirkung „inter partes" gem. § 241 BGB.

[66] BayObLG DNotZ 1981, 124; DNotZ 1991, 257; KG DNotZ 1970, 606 zur Kostentragung ohne Verpflichtung zur Naturalunterhaltung.

698 Neben den Grunddienstbarkeiten sind regelmäßig in Abt. II des Grundbuchs auch **beschränkt persönliche Dienstbarkeiten** eingetragen gemäß § 1090 Abs. 1 BGB. Bei der beschränkt persönlichen Dienstbarkeit wird das Grundstück zugunsten einer Person belastet, welche dann berechtigt ist, dass dienende Grundstück in einzelnen Beziehungen zu benutzen. Im Unterschied zur Grunddienstbarkeit knüpft die beschränkt persönliche Dienstbarkeit zum einen an die reine Benutzung des dienenden Grundstückes an, zum anderen nicht an einen anderen Grundstückseigentümer, sondern an eine Person.[67] Der Sicherungszweck besteht in der Versorgung des Grundstücks. Beschränkt persönliche Dienstbarkeiten sind hauptsächlich zugunsten der Versorgungsbetriebe einzutragen. Durch die Eintragung wird (dinglich) sichergestellt, dass der Versorgungsträger das Grundstück betreten oder befahren darf, um an den dort vorhandenen Versorgungsleitungen erforderliche Instandsetzungs-, Reparatur- oder Ausbauarbeiten vorzunehmen. Derartige Belastungen sind vom Erwerber zu übernehmen, da es seinem eigenen Interesse entspricht, dass die Versorgungsbetriebe diese Arbeiten ausführen können und die Versorgung sichergestellt wird.

699 Finden sich noch weitere Belastungen in Abt. II (weitere Grunddienstbarkeiten oder weitere beschränkte persönliche Dienstbarkeiten), so muss im einzelnen überprüft werden, ob diese zu übernehmen sind, weil sie der Versorgung des Grundstücks dienen, oder ob es sich um Belastungen handelt, die nur aus der Sphäre des Bauträgers stammen und für die Versorgung des zu erwerbenden Objekts nicht erforderlich sind. Derartige Belastungen wiederum sollten zur **Löschung** gebracht werden.

700 *bb) In Abt. III des Grundbuchs.* Der Erwerber muss das Grundbuch auch in der Abt. III einsehen und die dort vorhandenen Eintragungen prüfen. In aller Regel wird die Löschung der vorhandenen Eintragungen notwendig sein. In Abt. III des Grundbuchs sind **Grundpfandrechte** eingetragen, also Hypotheken und Grundschulden.

701 Bei dem zunächst in Frage stehenden Ersterwerb von Wohnungseigentum ist in Abt. III die **Finanzierungsgrundschuld des Bauträgers** eingetragen. Dieser hat sich bei Erwerb des Grundstücks gegenüber seiner finanzierenden Bank verpflichtet, zur Sicherung des Darlehens, welches der Kaufpreiszahlung dient, eine Grundschuld auf dem Objekt in Abt. III zu bestellen und zur Eintragung zu bringen. Diese Belastung kann vom Erwerber nicht übernommen werden. Sofern der Bauträger mehrere finanzierende Kreditinstitute hatte, können auch mehrere Finanzierungsgrundschulden eingetragen sein, die sämtlichst zur Löschung gebracht werden müssen. Der Erwerber will lastenfreies Wohnungseigentum erwerben, abgesehen von den vorstehend behandelten zu übernehmenden Belastungen und von selbst zur Eintragung gebrachten.

702 Eine Grundschuld zugunsten einer anderen Bank sollte der Erwerber nicht dulden, da er ansonsten Gefahr läuft, sein erworbenes Eigentum zu verlieren. Tilgt der Bauträger das Darlehen gegenüber seiner finanzierenden Bank nicht vereinbarungsgemäß, kann diese Bank aufgrund der im Grundbuch erstrangig eingetragenen Grundschuld die **Versteigerung** der Wohnung betreiben. Der Erwerber selbst hat keinen Einfluss auf die Tilgung des Darlehens und somit auf die Verwendung des Sicherungsmittels „Grundschuld". Eine solche Situation muss zwingend vermieden werden.

703 Zudem wird üblicherweise der Erwerber auch den von ihm geschuldeten Kaufpreis über eine Bank finanzieren. Diese Bank wünscht zur Absicherung des hingegebenen Darlehens ebenfalls die Eintragung einer **Grundschuld.** Von Sonderfällen abgesehen, wird die **finanzierenden Bank des Erwerbers** die Eintragung an erster Rangstelle in Abt. III des Grundbuches fordern. Nur durch die erstrangige Eintragung besteht die beabsichtigte Sicherheit zugunsten der Bank.

704 Muss wegen nicht ordnungsmäßiger Tilgung des Darlehens die Versteigerung des Wohnungseigentums durch die Bank eingeleitet werden, so wird der Versteigerungserlös

[67] Bei mehreren Berechtigten BGH NJW 1967, 627; BayObLG Rpfleger 1980, 151.

in der Reihenfolge der Eintragungen (**Rangfolge**) verteilt.[68] Würde die Eintragung zugunsten der finanzierenden Bank des Erwerbers erst an zweiter oder noch schlechterer Rangstelle erfolgen, so würde bei der Verteilung des Versteigerungserlöses zunächst die vorrangig eingetragene Gläubigerin bedient werden. Nur, wenn danach Teile des Versteigerungserlöses zur Verteilung übrig sind, würde überhaupt eine Zahlung an diese Bank erfolgen können. Dem beabsichtigten Sicherungszweck zugunsten der Bank wäre also mit einer derartigen nachrangigen Eintragung nicht Genüge getan.

Bezüglich der Löschung ist zu unterscheiden, ob bereits ein Wohnungsgrundbuch angelegt worden ist oder ob dies noch nicht der Fall ist: Besteht bereits das Wohnungsgrundbuch, so wird im Rahmen der Vertragsabwicklung die finanzierende Bank des Bauträgers eine Löschungsbewilligung beibringen, die wiederum der notariellen Unterschriftsbeglaubigung bedarf, §§ 19, 29 GBO. Diese Urkunde wird dem vertragsdurchführenden Notar übersandt, verbunden mit einem **Treuhandauftrag,** dass dieser über diese Löschungsbewilligung nur dann verfügen darf (den entsprechenden Löschungsantrag stellen darf), wenn ein bestimmter Geldbetrag (aus dem Kaufpreis oder direkt vom Bauträger) an sie gezahlt wird. 705

Der Bauträger führt das aufgenommene Darlehen zum Kauf des Grundstücks dadurch an die Bank zurück, dass Teile des Kaufpreises hierzu benutzt werden. Im gleichen Umfang, wie Zahlungen an die Bank erfolgen, verringert sich das zugrunde liegende Darlehen, so dass eine Sicherheit nicht mehr in der ursprünglichen **Größenordnung** erforderlich ist, sondern sich entsprechend reduziert (Kaufpreis = Wert der entsprechenden Eigentumswohnung). Die verbleibenden – noch nicht verkauften – Wohnungen nebst Miteigentumsanteilen stellen dann die verminderte Sicherheit für das allerdings auch entsprechend verminderte Darlehen dar. 706

Ist ein Wohnungsgrundbuch noch nicht angelegt, so muss trotzdem sichergestellt sein, dass der Erwerber lastenfreies Wohnungseigentum erwerben kann. Jede Belastung, die noch auf dem **„Stammgrundbuch"** (Grundstück) lastet, wird bei vollzogener Aufteilung dann auf jedes einzelne Wohnungsgrundbuchblatt mit übertragen.[69] 707

Die finanzierende Bank des Bauträgers erteilt bei noch nicht angelegten Wohnungsgrundbüchern eine **Pfandhaftentlassungserklärung.** Diese Erklärung muss durch notarielle Beglaubigung der Unterschrift(-en) der Form der §§ 19, 29 GBO entsprechen. Die finanzierende Bank des Bauträgers entlässt diesen Teil des Pfandobjekts (eine Eigentumswohnung) aus der Mithaft.[70] Die Interessen der Bank werden nicht geschmälert, da – wie auch bei der Löschungsbewilligung – in gleichem Umfang Zahlungen an sie erfolgen und auch ein entsprechender Treuhandauftrag an den abwickelnden Notar erteilt wird. Liegt eine Löschungsbewilligung oder eine Pfandhaftentlassungserklärung vor, kann der beurkundende und abwickelnde Notar überprüfen, ob in Erfüllung der Treuhandaufträge die Löschung dieser Lasten sichergestellt werden kann, so dass die vom Käufer zu bestellende Grundschuld dann erstrangig – wie von dieser Bank gewünscht – eingetragen werden kann. 708

cc) Sonstige Belastungen im Grundbuch. Finden sich neben Grunddienstbarkeiten, beschränkt persönlichen Dienstbarkeiten und Grundschulden weitere Belastungen im Grundbuch, muss ebenfalls überprüft werden, ob diese zu übernehmen sind. 709

dd) Baulasten. Neben aus dem Grundbuch selbst zu entnehmenden Belastungen können auch solche bestehen, die aus dem Grundbuch nicht hervorgehen. Insbesondere sind insoweit Baulasten betroffen. Der Ersterwerber sollte auch in das **Baulastenverzeichnis** Einsicht nehmen, welches bei der Kreisverwaltungsbehörde oder beim Bauamt geführt wird. An solche Belastungen sind auch künftige Eigentümer vollumfänglich gebunden. 710

---

[68] Grundsatz § 10 Abs. 1 ZVG, mehrere Gläubiger in Abt. III in Eintragungsreihenfolge gem § 11 Abs. 1 ZVG.

[69] §§ 1192, 1132 BGB; *Bärmann/Merle* WEG § 2 Rn. 23.

[70] Teilaufhebung §§ 1192, 1183 BGB.

Aus diesem Grund sollte eine Überprüfung gerade im Rahmen des Ersterwerbs einer Eigentumswohnung erfolgen, damit Klarheit hinsichtlich der Bebaubarkeit besteht. Im Baulastenverzeichnis können etwa Duldungspflichten oder Bebauungsbeschränkungen eingetragen sein.

711 Teilweise sind derartige Belastungen im Grundbuch in Abt. II als Dienstbarkeiten eingetragen, teilweise jedoch auch nur im Baulastenverzeichnis. Zwar obliegt dem Bauträger als Veräußerer die Verpflichtung, lastenfreies Eigentum herzustellen und zu übertragen, es empfiehlt sich dennoch auch für den Erwerber, bereits im Vorfeld eine entsprechende **Einsichtnahme** durchzuführen, um Schwierigkeiten, die den Bauträger betreffen, im Vorfeld feststellen zu können, damit eine entsprechende Erörterung mit dem Bauträger stattfinden kann. In fast allen Bundesländern werden derartige Baulastenverzeichnisse geführt, Ausnahmen bilden Bayern und Brandenburg.[71]

712 c) **Miteigentumsanteil.** Der Käufer erwirbt Wohnungseigentum: Nach § 1 Abs. 2 WEG ist Wohnungseigentum das Sondereigentum an einer Wohnung in Verbindung mit dem Miteigentumsanteil an dem gemeinschaftlichen Eigentum, zu dem es gehört. Auch die Höhe des **Miteigentumsanteils** sollte vom (Erst-)Erwerber überprüft werden. Nach § 16 Abs. 1 WEG steht nämlich jedem Wohnungseigentümer ein Anteil an den Nutzungen des gemeinschaftlichen Eigentums zu, der dem Miteigentumsanteil entspricht.

713 Nach § 16 Abs. 2 WEG verhält es sich mit der **Kostentragungspflicht** ebenso. Der Anteil an den zu zahlenden Kosten jedes Wohnungseigentümers bestimmt sich (nach der gesetzlichen Regelung) nach dem Miteigentumsanteil. Diese Regelung ist zwar abdingbar[72] (Gemeinschaftsordnung/Vereinbarung), es ist aber nicht unüblich, insbesondere hinsichtlich der Kostentragungsverpflichtung an den Miteigentumsanteil eines jeden Eigentümers anzuknüpfen. Der Erwerber kann anhand der Größe seines Miteigentumsanteils Schlüsse hinsichtlich der zukünftigen Kostentragungsverpflichtung ziehen.

714 Eine Überprüfung der Höhe des Miteigentumsanteils ist deshalb angezeigt, weil die Bestimmung der Höhe der einzelnen Miteigentumsanteile im **Ermessen** des teilenden Eigentümers – beim Ersterwerb des Bauträgers – steht.[73] Eine spätere Änderung dieses Miteigentumsanteils ist nur unter Mitwirkung der anderen Eigentümer bzw. unter sehr engen Voraussetzungen möglich.

715 Ist der Erwerber im Wohnungsgrundbuch als Eigentümer eingetragen, ist er – von Ausnahmefällen abgesehen – an die Höhe des Miteigentumsanteils gebunden, mit der Folge, dass sich auch die Kosten, die er zu tragen hat, nach dieser Größe bestimmen. Jeder Erwerber wird Kosten für das gemeinschaftliche Eigentum nur insoweit tragen wollen, als diese sich an dem tatsächlichen Verhältnis seines Anteils und somit des Nutzwerts bemessen. Diese „tatsächliche Größe" muss bereits vor Erwerb überprüft werden. Der teilende Eigentümer – auch der Bauträger – ist in der Bestimmung der Miteigentumsanteile frei. Es gibt keine gesetzliche Regelung, die eine **Berechnungsgrundlage** für den Miteigentumsanteil vorgeben würde.

716 Oftmals wird angenommen, dass stets die **Wohnungsgröße** die Bezugsgröße für den Miteigentumsanteil bilden muss. Das ist unzutreffend. Zwar wird überwiegend die Wohnungsgröße als Berechnungsgrundlage herangezogen, zwingend ist dies aber nicht.[74] Möglich ist, dass der teilende Eigentümer einer kleinen Wohnung einen großen (hohen) Miteigentumsanteil zuordnet und einer großen Wohnung einen entsprechend kleinen Miteigentumsanteil. Eine solche Aufteilung kann durch den Bauträger u.a. schon mit Blick auf die zukünftigen Kosten erfolgen, wenn er eine Wohnung (diejenige mit dem geringen Miteigentumsanteil) in seinem eigenen Bestand halten möchte.

---

[71] Zur Baulast *Schöner/Stöber,* Grundbuchrecht, Rn. 3196 ff.
[72] *Sauren,* WEG, § 16 Rn. 2.
[73] BGH NJW 1976, 1976; ZMR 1986, 365.
[74] Vgl. auch *Schmid/Kahlen* § 7 Rn. 5.

d) Sondernutzungsrecht(e). Die Sondernutzungsrechte sind im einzelnen unter C. III. besprochen. Im Rahmen der Erstveräußerung soll nur Erwähnung finden, dass der Erwerber vor Abschluss des notariellen Kaufvertrages überprüfen sollte, ob ihm als **Vertrags(Kauf-)gegenstand** auch die alleinige uneingeschränkte Nutzung von Flächen des gemeinschaftlichen Eigentums versprochen wird.[75] 717

Betroffen sind insoweit Grundstücksflächen (Gartenanteil, Stellplatz), oder aber auch Keller- oder Dachgeschoßräume, ggf. auch Dachterrassen. Hat der Bauträger vorgesehen, dem Ersterwerber eine solche Fläche „zu verkaufen", so muss der Erwerber Wert darauf legen, dass auch ein entsprechendes Sondernutzungsrecht zu seinen Gunsten im **Grundbuch** eingetragen wird. Nur ein derartiges verdinglichtes Sondernutzungsrecht bindet auch Rechtsnachfolger, § 10 Abs. 3 WEG. Die Befugnis zur Nutzung einer solchen Fläche wird zum einen in dem Grundbuch des begünstigten Eigentümers eingetragen, zugleich aber auch spiegelbildlich als Belastung in den anderen Wohnungsgrundbüchern. Jeder Erwerber kann von vornherein erkennen, dass ein bestimmter Eigentümer zur ausschließlichen Nutzung dieser Teilfläche berechtigt ist. Aus diesem Grund ist er dann an diese Vereinbarung auch gebunden.[76] 718

Wird das Sondernutzungsrecht nicht im Grundbuch eingetragen, sondern nur im Kaufvertrag zwischen Bauträger und Ersterwerber schuldrechtlich vereinbart, so bestehen für den Erwerber erhebliche Schwierigkeiten, wenn ein weiterer **Erwerbsvorgang** erfolgt. Der neue weitere Eigentümer könnte aus dem Grundbuch nicht diese Belastung (das Sondernutzungsrecht) ersehen. Er ist an dieses dann nicht gebunden und von der Nutzung dieser Teilfläche auch nicht ausgeschlossen.[77] 719

Sinn und Zweck des Sondernutzungsrechts (die ausschließliche Nutzung durch den Erwerber) ist dann nicht mehr gegeben, da auch der weitere Erwerber diese Fläche mitnutzen darf. 720

e) Teilungserklärung/Gemeinschaftsordnung. Eine Selbstverständlichkeit sollte sein, dass vor Abschluss des Kaufvertrages die Teilungserklärung und auch die Gemeinschaftsordnung eingesehen werden. 721

aa) Abweichungen vom Gesetz. Die §§ 10 ff. WEG, die das Verhältnis der Wohnungseigentümer untereinander regeln, enthalten einige zwingende Vorschriften, andere gesetzliche Bestimmungen sind jedoch vertraglich abdingbar. Der Erwerber kann sich nicht darauf verlassen, dass im Rahmen der Gemeinschaft, in die er sich „hineinkauft", ausschließlich die gesetzlichen Regelungen gelten. Es ist unerlässlich, die entsprechende(-n) Urkunde(-en) sorgfältig durchzusehen, ob und welche **Abweichungen** vom Gesetz dort vorhanden sind (insbesondere hinsichtlich der zu verteilenden Kosten) und ob der Erwerber mit derartigen Regelungen einverstanden ist. In derartigen Abweichungen vom Gesetz können Gründe liegen, die den Kaufentschluss beeinflussen (vereinbartes Stimmrecht). 722

bb) Öffnungsklauseln. Eine Besonderheit, auf die der Ersterwerber ebenfalls sein Augenmerk richten sollte, besteht in Bezug auf in der Gemeinschaftsordnung vorhandenen „Öffnungsklauseln". Eine Öffnungsklausel ist eine Vereinbarung der Wohnungseigentümer, durch welche ein bestimmter Regelungsbereich, welcher nur durch Vereinbarung geändert werden kann, einem Beschluss zugänglich gemacht wird.[78] Bereits in der **Gemeinschaftsordnung** kann der teilende Eigentümer derartige Öffnungsklauseln vorsehen. Diese gelten wie Vereinbarungen. Sämtliche Erwerber sind dann daran gebunden. 723

Der Erwerber kann sich somit nicht darauf verlassen, dass die vom Gesetz vorgesehenen Bereiche nur durch eine Vereinbarung (Zustimmung sämtlicher Wohnungseigen- 724

---

[75] Definition nicht im Gesetz, siehe aber BGH NJW 2002, 2247.
[76] KG NJW-RR 1997, 205; zur Grundbucheintragung OLG Köln ZMR 1998, 373.
[77] BayObLG ZMR 2002, 528; *Ott* WE 1999, 80; *Sauren* § 13 Rn. 14.
[78] BGH NJW 2002, 2247; OLG Düsseldorf NJW 2004, 1394.

tümer) geregelt werden können. Vielmehr könnten Ausnahmen vorliegen, so dass bei bestimmen Regelungsbereichen statt der Vereinbarung auch ein Beschluss (einfache Mehrheit, qualifizierte Mehrheit) zur Regelung ausreichen kann.

725 *cc) Änderungsvollmachten für den Veräußerer.* Der Bauträger als teilender Eigentümer der Gesamtanlage steht vor dem Problem, dass der Verkauf der einzelnen Wohnungen nicht in einem unmittelbaren zeitlichen Zusammenhang erfolgt, sondern vielmehr sukzessive über einen –gewöhnlich- längeren Zeitraum. Da beim Bauträgervertrag zugunsten eines jeden Erwerbers die Möglichkeit besteht, eigene Änderungs- oder Ergänzungswünsche hinsichtlich des zu erstellenden Baus einzubringen, will der Bauträger bis zum Verkauf der letzten Wohnung flexibel bleiben und sich nicht bereits durch den Verkauf der ersten Wohnung an starre Regelungen binden. Deshalb lässt sich der Bauträger üblicherweise **„Änderungsvollmachten"** von den einzelnen Erwerbern erteilen. Die formelle Teilung wird durch den Bauträger dann zu einem späten Zeitpunkt vorgenommen, so dass er bis zu diesem Zeitpunkt noch aufgrund der Änderungsvollmachten allein handeln kann.[79]

726 Wegen des Bestimmheitsgrundsatzes sind derartige Änderungsvollmachten zwar grundsätzlich zulässig, allerdings muss jeder Erwerber erkennen können, wozu der Veräußerer im einzelnen berechtigt sein soll.[80] Darüber hinaus darf der Ersterwerber nicht in einer gegen den Grundsatz von Treu und Glauben verstoßenden Weise beeinträchtigt werden. Die vom Ersterwerber dem Bauträger erteilte Vollmacht muss zum einen eine zeitliche Grenze ausweisen und zum anderen zum Inhalt haben, dass keine Änderung zu einer wesentlichen Einschränkung im Sinne einer **Wertminderung** des Vertragsobjektes führen darf (keine zusätzlichen Kosten für den Ersterwerber). Schließlich darf eine solche Vollmacht vom Bauträger auch nicht rechtsmissbräuchlich ausgeübt bzw. ausgenutzt werden.[81]

727 *dd) Verwalter der Wohnungseigentumsanlage.* Es ist nicht unüblich, dass der Bauträger bereits in der Gemeinschaftsordnung festlegt, wer der erste Verwalter der Anlage wird. Das Amt des Verwalters beginnt dann mit Entstehung der werdenden Wohnungseigentümergemeinschaft.[82] Auch die Person des Verwalters kann für den Ersterwerber für die Kaufentscheidung mitentscheidend sein. Dieser Punkt muss vor Abschluss des Kaufvertrages geprüft werden, gegebenenfalls bietet sich ein Gespräch mit dem – zukünftigen – Verwalter an, da dieser eine **Vertrauensstellung** innehält.

728 f) **Energieausweis.** Aufgrund der Energieeinsparverordnung sollte der Ersterwerber das Objekt besonders sorgfältig in Augenschein nehmen, da unter Umständen Nachrüstungspflichten bestehen. Betroffen sind die Pflichten zur Dämmung von Leitungen, Armaturen und der Obergeschoßdecke zum Dachboden. Ggf. kann sogar die Außerbetriebnahme eines Öl- oder Gaskessels erforderlich sein, wenn die vorhandenen Anlagen noch aus einer Zeit vor 1978 stammen.[83] Da hierdurch nicht unerhebliche Kosten anfallen, sollte diese Problematik bereits im Vorfeld geklärt werden. Auch dürfte es dem Interesse des Erstwerbers entsprechen, dass er Informationen hinsichtlich des **Energiewertes** des Objektes und somit auch seiner Wohnung erhält. Falls beabsichtigt ist, die zu erwerbende Wohnung auch zu vermieten, besteht ebenfalls die Verpflichtung des Erwerbers, dann gegenüber dem Mieter einen Energiepass vorzulegen.

---

[79] *Deckert/Ott,* Eigentumswohnung Teil 3 Rn. 142.

[80] BayObLG Rpfleger 1982, 63 f.

[81] *Diester* WEG Rn. 178 ff.

[82] Nicht unumstritten, vgl. zum Meinungsstand *Sauren* § 26 Rn. 10.

[83] Zur Energieeinsparverordnung vgl. *Deckert/Drasdo,* Die Eigentumswohnung, Teil 6 Rn. 450 ff.

6. Kaufvertrag

Im Folgenden werden allgemeine Regelungen zu dem abzuschließenden Kaufvertrag dargestellt, gefolgt von Ausführungen (Ziff. 7) zu speziellen Regelungen, die der Ersterwerber beachten sollte. Es werden **Besonderheiten** und problematische Gebiete aufgezeigt, deren Regelung der Ersterwerber vor Unterzeichnung des Kaufvertrages prüfen sollte. 729

a) Allgemeines. Der Bauträger wird im Rahmen des Exposés einen Kaufvertragsentwurf zur Verfügung stellen. Der Ersterwerber hat die Möglichkeit, sich von einem **Rechtsanwalt** beraten zu lassen. Er sollte überprüfen lassen, ob ein ausgewogener Vertrag vorliegt und ob seine Interessen ausreichend Berücksichtigung gefunden haben und ob entsprechende Sicherheiten zu seinen Gunsten vorgesehen sind. 730

Vor der Beauftragung eines Rechtsanwaltes sollte die **Kostenfrage** geklärt sein. Die Anwaltsgebühren berechnen sich nach dem Rechtsanwaltsvergütungsgesetz[84] und können eine empfindliche Höhe erreichen. Deshalb sollte von Vornherein die Vergütung des prüfenden Rechtsanwaltes geklärt beziehungsweise vereinbart werden.[85] 731

Der Ersterwerber sollte – insbesondere wegen der entstehenden Kosten – beachten, dass auch der zur Beurkundung berufene **Notar** verpflichtet ist, einen ausgewogenen Vertrag zu erstellen und den Parteien die erforderlichen Erläuterungen zukommen zu lassen. Dies gilt nicht nur für den Zeitpunkt der Beurkundung an sich, sondern auch für den Zeitraum vor Abschluss des notariellen Kaufvertrages.[86] Der Notar darf keine einseitige Rechtsberatung erteilen, andererseits ist er aber verpflichtet, die beiderseitigen Interessen zu wahren und insbesondere die Regelungen im Vertrag zu erläutern und Sachverhaltsaufklärung zu betreiben. 732

Die Gebühren des Notars für seine gesamte Tätigkeit berechnen sich nach der Kostenordnung, die erhebliche geringere Gebührensätze beinhaltet, als das Rechtsanwaltsvergütungsgesetz. Da die Kosten des Notars üblicherweise ohnehin vom Käufer getragen werden, sollte er die **Dienstleistung** des Notars vollständig in Anspruch nehmen, insbesondere im Vorfeld ein Gespräch mit dem Notar suchen, damit sämtliche Regelungen, die der Notar in den Vertrag aufgenommen hat, erklärt werden. Im Normalfall gibt der Bauträger den Notar vor, da dieser sowohl die Teilung beurkundet als auch den Verkauf. Deshalb entsteht beim Ersterwerber zunächst der Eindruck, der Notar stehe auf der Seite des Bauträgers. Dies darf indes nicht der Fall sein, vielmehr ist der Notar für beide Parteien des Kaufvertrages tätig. Der Ersterwerber sollte deshalb keine Hemmungen haben, den Notar direkt bei Fragen anzusprechen. 733

b) Form. Nach § 311 b Abs. 1 BGB bedarf ein Vertrag, durch den sich der eine Teil verpflichtet, dass Eigentum an einem Grundstück (auch an Wohnungseigentum) zu übertragen oder zu erwerben, der notariellen **Beurkundung.** Ein ohne Beachtung dieser Form geschlossener Vertrag wird seinem ganzen Inhalt nach gültig, wenn die Auflassung und die Eintragung in das Grundbuch erfolgen.[87] 734

Der Bauträgervertrag hat zum einen zum Inhalt, dass Bauleistungen erbracht werden, zum anderen steht aber auch die Übertragung des Eigentums an der Eigentumswohnung (Sondereigentum und Miteigentumsanteil) im Vordergrund. Die **Eigentumsumschreibung** bei dem Ersterwerb einer Eigentumswohnung erfolgt aufgrund des gestreckten Erwerbs und der Bauphase erst längere Zeit nach Abschluss (Unterzeichnung) des Kaufvertrages. Die in § 311 b Abs. 1 Satz 2 BGB vorgesehene Heilung einer mangelnden Form kann 735

---

[84] RVG BGBl. I 2004, 717 (788).

[85] § 4 RVG gibt die Möglichkeit von Vereinbarungen vor.

[86] Vgl. zu den Notarpflichten im Einzelnen BGH DNotZ 1987, 450; *Brambring* DNotZ 1985, 23.

[87] § 311 b Abs. 1 Satz 2 BGB.

beim Bauträgervertrag somit erst geraume Zeit nach der Unterschriftsleistung eintreten. Die Form der notariellen Beurkundung sollte deshalb unbedingt beachtet werden.

736 Trotz der Tatsache, dass der Bauträgervertrag nicht nur die Eigentumsübertragung zum Inhalt hat, sondern eben auch Elemente des Werkvertrages, der Geschäftsbesorgung und des Auftrages, muss der gesamte Vertrag notariell beurkundet werden. Die **Pflicht** zur Beurkundung erstreckt sich nicht nur auf den Teil der Eigentumsübertragung.[88] Wird die Form nicht beachtet, ist der gesamte Vertrag unwirksam, nicht nur Teile hiervon.[89]

737 *aa) Vertrag.* Das gesamte Vertragswerk ist notariell zu beurkunden. Notarielle Beurkundung bedeutet nicht, dass nur die Unterschriften beglaubigt werden müssen. Vielmehr wird während der Beurkundung der **Gesamttext** des Kaufvertrages vom Notar verlesen. Hierzu ist der Notar gesetzlich verpflichtet;[90] Durch das Verlesen des Vertrages soll zum einen nochmals die Möglichkeit für alle Beteiligten bestehen, die zuvor bereits bekannten Regelungen zu überprüfen, auf Vollständigkeit, Ausgewogenheit etc. Auch soll durch das Verlesen den Beteiligten nochmals die Gelegenheit gegeben werden, bei einzelnen Verständnisproblemen dem Notar Fragen zu stellen. Dieser ist dann zu Erläuterungen verpflichtet. Auch können bei bestehenden Unstimmigkeiten diese im Rahmen der Beurkundung noch zwischen den Parteien ausgeräumt werden. Dies sollte allerdings der Ausnahmefall sein, da Probleme, die zwischen den Beteiligten bestehen, bereits im Vorfeld geklärt sein sollten.

738 *bb) Anlagen.* Gehören zu dem Vertrag **Anlagen,** auf welche Bezug genommen wird, so sind diese grundsätzlich mit zu verlesen. Ausnahmen sind nach den §§ 13a und 14 Beurkundungsgesetz vorgesehen: Handelt es sich bei den Anlagen um Bilanzen, Inventare, Nachlassverzeichnisse, sonstige Bestandsverzeichnisse oder Zeichnungen gem. § 14 BeurkG, so brauchen diese nicht verlesen zu werden, wenn die Beteiligten auf das Verlesen verzichten.[91] Allerdings müssen derartige Anlagen den Beteiligten zur Durchsicht und Unterzeichnung vorgelegt werden. Gerade beim Bauträgervertrag sind Anlagen unerlässlich, da Grundrisse erforderlich sind, weitere Zeichnungen des Objektes oder aber Bestandsverzeichnisse.

739 *cc) Bezugsurkunde(-en).* Eine Ausnahme von der Verpflichtung zum Verlesen im Rahmen der notariellen Beurkundung besteht auch dann, wenn bereits eine notarielle Urkunde erstellt worden ist, auf welche dann **Bezug** genommen wird, § 13a BeurkG. Diese muss sämtlichen Beteiligten bekannt sein: das heißt, dass diese zumindest in beglaubigter Abschrift bei der Beurkundung vorlag, § 13a Abs. 1 Satz 3 BeurkG.

740 Im Rahmen des Bauträgervertrages wird eine derartige **Bezugsurkunde** regelmäßig vom Bauträger erstellt. Es handelt sich um die eigentliche Teilungserklärung/Gemeinschaftsordnung. Diese ist im Vorfeld beurkundet worden, so dass diese Urkunde auch in beglaubigter Form vorliegen und den Beteiligten zugänglich gemacht werden muss und kann. Des Weiteren wird der Bauträger i.d.R. die Baubeschreibung bereits im Vorfeld in einer Bezugsurkunde niedergelegt haben. Für den Erwerber ist es von äußerster Erheblichkeit, dass er diese Bezugsurkunde mit der Baubeschreibung, die sowohl das gemeinschaftliche Eigentum, als auch sein zu erwerbendes Sondereigentum betrifft, durchzusehen und zu prüfen. Liegt die Baubeschreibung in Form einer schon beurkundeten Erklärung vor, muss diese nicht nochmals im Rahmen der Beurkundung des eigentlichen Vertrages vorgelesen werden.

741 Liegt die Baubeschreibung nicht als Bezugsurkunde vor, sondern als reine Anlage zum Vertrag, so gelten die Grundsätze zu bb), die gesamte Baubeschreibung muss vom Notar verlesen werden.

---

[88] Auch die komplette Baubeschreibung, selbst wenn teilweise schon ausgeführt: BGH NJW 2005, 1356.

[89] *Schöner/Stöber* Grundbuchrecht Rn. 3126; Siehe aber auch BGH DNotZ 2001, 846.

[90] § 13 Abs. 1 BeurkG.

[91] *Lerch* Beurkundungsgesetz § 14 Rn. 5.

dd) Nebenabreden. Sofern die Parteien Nebenabreden zu dem Kaufvertrag getroffen haben, müssen auch diese mit beurkundet werden. Sämtliche Regelungen, die die Parteien im **Zusammenhang** mit dem beabsichtigten Übertragungsgeschäft getroffen haben, unterliegen der Beurkundungspflicht. Wird eine Nebenabrede nicht mit beurkundet, ist regelmäßig[92] der gesamte Vertrag unwirksam, nicht nur die entsprechende nicht beurkundete Nebenabrede. Wird an einen Ersterwerber also noch zusätzlich zu den bereits vorliegenden Vertragsentwürfen eine Nebenabrede herangetragen, sollte dieser darauf dringen, dass diese Nebenabrede in den notariellen Kaufvertragsentwurf mit aufgenommen wird. 742

c) **Parteien.** Der Kaufvertrag muss auch die Parteien ausweisen. Sowohl auf Verkäufer-, als auch auf Käuferseite können insoweit Besonderheiten bestehen, die vom Erwerber bereits vorab geprüft werden sollten: 743

aa) Verkäufer. Die im Vertrag als Verkäufer bezeichnete Person sollte mit dem im **Grundbuch** eingetragenen Eigentümer übereinstimmen. Nur der eingetragene Eigentümer kann grundsätzlich dieses Eigentum auch übertragen. 744

Auch ist darauf zu achten, dass der Verkäufer als genau die Person im Kaufvertrag angegeben ist, die im Grundbuch verzeichnet ist. Ist dort eine juristische Person verzeichnet, so muss diese veräußern und nicht ein Gesellschafter oder Geschäftsführer (in eigenem Namen). 745

bb) Käufer. Der Käufer sollte überprüfen, ob die entsprechenden Angaben im Kaufvertrag zutreffend sind. Dies betrifft die Schreibweise des Namens, die persönlichen Daten und seine Anschrift. Wollen Ehegatten erwerben, muss dies auch Niederschlag in der Urkunde finden. Es ist nicht ausreichend, dass dort nur ein Ehegatte erwähnt ist, wenn beide Eigentümer werden wollen. Aufgrund von alltäglichen Überlastungen oder Missverständnissen bei der Übermittlung kann es zu **Fehlern** kommen, die durch den Erwerber aufgeklärt werden müssen. 746

cc) Genehmigungen. Tritt auf Verkäufer- oder Käuferseite ein Vertreter auf, so ist entweder eine notarielle Vollmacht zur Durchführung dieses Geschäftes von den tatsächlich Berechtigten erforderlich, oder aber eine nachfolgende **Genehmigung** (in grundbuchmäßiger Form) des Berechtigten.[93] 747

Der Ersterwerber muss eine Prüfung vornehmen, ob der Vertragsentwurf dies ausweist. Ist für den Bauträger ein vollmachtloser Vertreter als „erschienen" vorgesehen, muss der Vertragsentwurf zum einen das Erfordernis der Genehmigung durch den Bauträger selbst vorsehen, zum anderen sollte der Ersterwerber darauf Wert legen, dass diese Genehmigung innerhalb einer gewissen **Frist** zu erfolgen hat, damit der Bauträger nicht einseitig die Wirksamkeit des Vertrages durch Hinauszögern der Genehmigung beeinflussen kann. Üblicherweise wird eine 14-tägige Frist ausreichen. Nach Verstreichen dieser Frist ohne Genehmigung sollte ein Rücktrittsrecht zugunsten des Erwerbers im Vertrag vorgesehen sein. Von diesem Rücktrittsrecht kann der Ersterwerber dann Gebrauch machen, er muss es aber nicht. Insoweit ist stets der Einzelfall entscheidend. 748

7. Spezielle Regelungen im Erstvertrag

Neben den vorstehend erläuterten allgemeinen Kaufvertragsregelungen und Voraussetzungen sind im Rahmen des Bauträgervertrages auch spezielle Regelungen erforderlich beziehungsweise sinnvoll: 749

a) **Änderungsvollmachten für Verkäufer.** Diese Thematik wurde bereits unter A. IV. Rn. 725 f. erläutert. Im Folgenden wird auf Vollmachten im Kaufvertrag selbst Bezug 750

[92] RGZ 132, 131; *Lerch* Beurkundungsgesetz § 9 Rn. 20.

[93] Prüfungspflicht des Notars gem. § 12 BeurkG, im Einzelnen *Lerch* Beurkundungsgesetz § 12 Rn. 1 ff.

genommen. Der Bauträger wird häufig neben einer entsprechenden Regelung in der Teilungserklärung auch in jedem einzelnen Kaufvertrag eine Vereinbarung wünschen, wonach ihm für die Zukunft eine **Änderungsvollmacht** – in tatsächlicher und rechtlicher Hinsicht – vom Erwerber eingeräumt wird.

751 *aa) Vollmachten in tatsächlicher Hinsicht.* Eine Vollmacht in tatsächlicher Hinsicht bedeutet, dass der Ersterwerber den **Bauträger** ermächtigt und bevollmächtigt, Änderungen hinsichtlich der zu erbringenden Bauleistungen zukünftig vorzunehmen. Das Risiko für den Erwerber ist offensichtlich: Ihm wird im Kaufvertrag eine bestimmte Leistung versprochen, von der jedoch einseitig der Bauträger im Nachhinein noch abweichen darf. Andererseits besteht ein nachvollziehbares Interesse des Bauträgers, eine solche Vollmacht zu erhalten, damit er den Wünschen weiterer – späterer – Erwerber noch Rechnung tragen kann. Ohne eine derartige Vollmacht wäre er an die dem ersten Erwerber versprochene Ausführungsart und -weise gebunden. Änderungen in der Planung wären nicht mehr möglich. Zur Absicherung des Erwerbers muss deshalb eine Formulierung im Vertrag hinsichtlich dieser Vollmacht(-en) gewählt werden, die zum einen so bestimmt ist, dass der Erwerber bereits bei Erteilung der Vollmacht genau erkennen kann, welche Änderungen in tatsächlicher Hinsicht ggf. auf ihn zukommen können.[94] Es kann also keine uneingeschränkte – weder in zeitlicher noch tatsächlicher Hinsicht – Vollmacht erteilt werden. Hinzukommen muss, dass sich der Bauträger (Vollmachtnehmer) auch verpflichten muss, von der erteilten Vollmacht nur insoweit Gebrauch zu machen, als weder Gemeinschaftseigentum noch Sondereigentum wesentlich verändert werden und insbesondere, dass auch keine den Grundsätzen von Treu und Glauben widersprechende unbillige Änderung zulasten des Erwerbes erfolgen wird.[95]

752 Bereits diese Anhäufung von unbestimmten Rechtsbegriffen macht deutlich, dass hier nur **Einzelfallentscheidungen** möglich sind. Eine Gesamtschau der beiderseitigen Interessen zeigt aber auf, dass derartige Vollmachten durchaus sinnvoll und keineswegs für den Erwerber lediglich nachteilig sind. Vielmehr kann er von diesen Änderungsvollmachten partizipieren, wenn nämlich Änderungen eintreten, die sich auch zu seinen Gunsten auswirken.

753 *bb) Vollmachten in rechtlicher Hinsicht.* Die Änderungsvollmachten zugunsten des Bauträgers erfassen nicht nur Änderungen hinsichtlich der Bauausführung in tatsächlicher Hinsicht, sondern auch die Befugnis, in **rechtlicher Hinsicht** zukünftig Änderungen vorzunehmen. Insoweit können etwa die Miteigentumsanteile betroffen sein, die Schaffung oder Verteilung von Sondernutzungsrechten oder andere Änderungen der Teilungserklärung.

754 Grundvoraussetzung für die Ausübung einer solchen Vollmacht ist, dass ein Erfordernis (**sachlicher Grund**) hierfür besteht. Es muss bei den Formulierungen darauf geachtet werden, dass der Bauträger nicht ohne entsprechenden Anlass von der Vollmacht Gebrauch machen darf. Hinsichtlich der Bestimmtheit der Formulierung gilt nichts anderes, als zu der Vollmacht in „tatsächlicher Hinsicht“. Es muss sichergestellt werden, dass die Vollmacht nicht ausgenutzt werden kann, wenn die Folge für den Erwerber nachteilig – diesmal in rechtlicher Hinsicht – wäre. Es sollte vom Erwerber beachtet werden, dass eine derartige Vollmacht durchaus sinnvoll sein kann, da bei einem geplanten Bauvorhaben im Zuge der Ausführung sich immer sowohl in tatsächlicher als auch in rechtlicher Hinsicht Änderungserfordernisse ergeben können, die auch von sämtlichen Erwerbern gebilligt sind und diese nicht benachteiligen.

755 **b) Änderungswünsche Käufer.** Spiegelbildlich zu der Änderungsvollmacht zugunsten des Bauträgers (Veräußerers) sollten auch **Änderungswünsche** des Käufers im Rahmen des Kaufvertrages berücksichtigt werden. Eine Vollmacht für den Käufer ist nicht mög-

[94] BayObLG Rpfleger 1982, 63.

[95] *Deckert/Ott,* Eigentumswohnung Teil 3 Rn. 142 f.

lich, da es allein dem Verkäufer obliegt, sowohl in tatsächlicher als auch in rechtlicher Hinsicht den Kaufgegenstand zu erstellen und zu übertragen. Der Kaufvertrag ist aber als Grundlage geeignet, dort sämtliche Wünsche des Käufers zu vereinbaren. Der Erwerber muss sich also bis zum Kaufvertragsabschluss über seine konkreten Vorstellungen in tatsächlicher und rechtlicher Hinsicht klar werden.

aa) Käuferwünsche in tatsächlicher Hinsicht. Dem Erwerber wird seitens des Bauträgers vor Kaufvertragsabschluss die beabsichtigte Bauausführung mitgeteilt. Dies gilt sowohl für das zu erstellende Gemeinschaftseigentum, als auch für das Sondereigentum. Der Erwerber muss in dem Zeitraum bis zum Kaufvertragsabschluss intensiv prüfen, ob und gegebenenfalls welche Änderungswünsche oder **Zusatzwünsche** er in tatsächlicher Hinsicht bezüglich der Bauausführung hat. Diese müssen mit dem Bauträger abgestimmt werden. Sofern eine Einigkeit erzielt werden kann, müssen die entsprechenden geänderten Leistungen in den Kaufvertrag einfließen. Ist die Baubeschreibung bereits in einer Bezugsurkunde enthalten, auf die im Rahmen des Kaufvertragsabschlusses nur noch Bezug genommen wird, müssen diese Sonderwünsche ausdrücklich und ausführlich im Kaufvertrag beschrieben werden. Es muss klargestellt werden, dass es sich um eine Abweichung zur ursprünglichen Baubeschreibung handelt. 756

bb) Käuferwünsche in rechtlicher Hinsicht. Sofern der Ersterwerber in rechtlicher Hinsicht Änderungswünsche hat, müssen diese bereits im **Vorfeld** des Kaufvertragsabschlusses mit dem Bauträger abgestimmt werden. Nach Kaufvertragsabschluss wird der Bauträger – auch wegen weiterer Vertragsabschlüsse – zu Änderungen im rechtlichen Bereich kaum noch bereit sein bzw. es ist ihm dann nicht mehr (allein) möglich. 757

c) Nutzen-/Lastenwechsel. Im Kaufvertrag wird ein Nutzen-/Lastenwechsel vereinbart. Dies ist der Zeitpunkt, in dem zwar der Erwerber noch nicht als Eigentümer im Grundbuch eingetragen ist, aber intern zwischen den Parteien bereits vereinbart wird, dass sämtliche Lasten ab diesem Zeitpunkt vom Erwerber zu tragen sind und er andererseits sämtliche Nutzen ziehen und das Objekt in Besitz nehmen kann. 758

Dieser Zeitpunkt erfolgt gewöhnlich unmittelbar nach **Zahlung** des Kaufpreises. Die Hauptleistung „Kaufpreiszahlung" ist dann seitens des Käufers erfüllt, so dass im Gegenzug die Besitzübertragung erfolgen kann. Beim Bauträgervertrag wird der (vollständige) Kaufpreis erst längere Zeit nach Abschluss des Kaufvertrages gezahlt. Dies ist bedingt durch die noch erforderliche Bauausführung. Ein Nutzen-/Lastenwechsel ist erst denkbar, wenn die Eigentumswohnung so erstellt ist, dass ein Bezug möglich ist. 759

d) Übernahme bestehender Verträge (Eintritt). Der Bauträger muss, um seine Verpflichtungen aus dem Kaufvertrag zu erfüllen, mit den Baufirmen und Architekten Verträge abschließen. An diesen Verträgen ist der Erwerber nicht beteiligt. Weder muss er in diese Verträge eintreten, noch hat er **Einfluss** auf die Vertragsgestaltung. Dies obliegt allein dem Bauträger. 760

Hat der Bauträger aufgrund des bestehenden Bautenstands bereits **Versorgungsverträge** abgeschlossen, so bestehen diese Verträge zunächst nur „inter partes", also zwischen dem Versorger und dem Bauträger. Da eine Wohnungseigentümergemeinschaft noch nicht besteht, sollte der Ersterwerber, um die Versorgung der zu erstellenden eigenen Wohnung sicherzustellen, seinen Eintritt in diesen Vertrag erklären, wenn er Vertragspartei werden soll und will.[96] 761

Ein einseitiger „Beitritt" ist gesetzlich nicht vorgesehen, bei Bauträgermodellen sind allerdings die Verträge des Bauträgers regelmäßig so gestaltet, dass die **Zustimmung** des Versorgers zum Beitritt der neuen Eigentümer bereits im Vertrag mit dem Bauträger enthalten ist. Hat der Bauträger mit einem Verwalter bereits einen Vertrag abgeschlossen und in der Gemeinschaftsordnung die Erstbestellung erklärt, so ist an die vertraglichen 762

---

[96] OLG Köln OLGZ 1986, 408.

Regelungen der Erwerber nur dann gebunden, wenn er die Übernahme der Verpflichtungen/den Eintritt in den Vertrag erklärt.[97]

763 e) **Belastungsvollmacht/Finanzierung.** Sofern der Ersterwerber die Eigentumswohnung nicht allein aus eigenen Mitteln finanzieren will oder kann, sondern Drittmittel (Bankdarlehen) benötigt, muss eine entsprechende Regelung in den Kaufvertrag aufgenommen werden. Da die Bank für die Auszahlung eines Darlehens eine Sicherheit verlangt, muss der Erwerber diese Sicherheit für die Bank schaffen. Sofern er kein anderes Grundeigentum oder andere Sicherheiten besitzt (Normalfall), bleibt als Sicherungsobjekt nur die von ihm zu erwerbende Eigentumswohnung. Da er – insbesondere beim Ersterwerb – erst längere Zeit nach Kaufvertragsabschluss Eigentum erwirbt, zuvor aber bereits Kaufpreisteile fällig werden, kann er allein die Sicherheit (Grundschuld) nicht erbringen. Vielmehr ist er auf die Mithilfe des Veräußerers (Eigentümers) angewiesen. Damit er sicherstellen kann, dass diese Mithilfe erfolgt, muss eine entsprechende bindende Vereinbarung oder eine entsprechende Vollmacht zu seinen Gunsten im Kaufvertrag vereinbart werden (sog. **Belastungsvollmacht**).[98]

764 Der Ersterwerber muss neben den erforderlichen Gesprächen mit seiner Bank auch Gespräche mit dem Veräußerer führen, ob dieser der Belastung des noch in seinem Eigentum stehenden Grundbesitzes zustimmt. Da diese Art der Finanzierung den Normalfall darstellt, wird kein Bauträger dieses Ansinnen des Ersterwerbers ablehnen. Nur der **Veräußerer** als Eigentümer kann die Grundschuld bestellen beziehungsweise die Vollmacht für den Erwerber erteilen.

765 Im Rahmen dieser Vollmachtsregelung im Kaufvertrag muss durch den Erwerber beachtet werden, dass allein diese Bevollmächtigung nicht ausreicht, um eine ausreichende Sicherheit für die Bank zu schaffen, die diese fordern wird. Die Bank benötigt als Sicherheit nicht nur eine Grundschuld, die im Grundbuch eingetragen wird. Diese muss in Abt. III des Grundbuchs an rangerster Stelle steht. Da sich im Regelfall an erster **Rangstelle** noch die Finanzierungsgrundschuld des Veräußerers befindet, muss dies im Kaufvertrag geregelt werden. Die finanzierende Bank des Bauträgers wird eine Löschungsbewilligung nur unter der Voraussetzung erteilen, dass ihr der Kaufpreis oder Teile davon zufließen. Im Kaufvertrag ist deshalb vorzusehen, dass der Notar die Löschungsbewilligung der finanzierenden Bank des Bauträgers anfordert, verbunden mit einem entsprechenden Treuhandauftrag. Der Notar kann dann sicherstellen, dass die Grundschuld zugunsten der finanzierenden Bank des Ersterwerbers an erster Rangstelle eingetragen werden wird, da die Löschungsbewilligung/Pfandhaftentlassungserklärung der vorrangig eingetragenen finanzierenden Bank des Bauträgers vorliegt und der Treuhandauftrag diese Aussage zulässt.

766 f) **Kosten.** Bei Kaufverträgen über Eigentumswohnungen ist es üblich, dass der Käufer die Kosten des Vertrages und seiner Durchführung trägt. Es muss jedoch zwischen verschiedenen Kostenarten unterschieden werden. Auch **Kostenregelungen** stellen einen Verhandlungspunkt im Rahmen der gesamten Kaufvertragsverhandlungen dar, welcher vom Ersterwerber nicht außer Betracht gelassen werden sollte.

767 *aa) Kosten des Notars.* Die Kosten des **Notars** sind vom Erwerber zu tragen. Eine anderweitige Regelung ist möglich, muss dann aber auch ausdrücklich im Kaufvertrag ihren Niederschlag finden.

768 *bb) Kosten des Grundbuchamts.* Die Kosten des **Grundbuchamtes** für die Eigentumsumschreibung und die Eintragung der Finanzierungsgrundschuld des Käufers sind ebenfalls üblicherweise vom Käufer zu übernehmen. Auch insoweit sind aber abweichende Regelungen im Vertrag möglich.

---

[97] Vgl. zu dieser Thematik unter Berücksichtigung der Teilrechtsfähigkeit der WEG *Wenzel,* FS Bub, S. 249 (262).

[98] Muster bei *Wurm/Wagner/Zartmann/Götte* Rechtsformularbuch Kap. 37.19.

cc) Grunderwerbsteuer. Die **Grunderwerbsteuer** ist im Regelfall ebenfalls vom Käufer zu entrichten. Eine anderslautende Vereinbarung ist ebenfalls möglich, sollte dann allerdings auch näher begründet werden. 769

*dd) Kosten für die **Löschung** von Lasten.* Die „Bereinigung" des Grundbuches zur lastenfreien Übergabe an den Ersterwerber ist regelmäßig Aufgabe des Verkäufers, so dass dieser diese Kosten zu übernehmen hat. Anderslautende Regelungen sind möglich. 770

ee) Gesamtschuldnerische Kostenhaftung von Erwerber und Veräußerer. Beiden Parteien muss bewusst sein, dass sie für die anfallenden Notarkosten, Gerichtskosten beim Grundbuchamt und auch für die Grunderwerbsteuer gesamtschuldnerisch haften.[99] Dies bedeutet, dass unabhängig davon, welche Regelung zwischen ihnen zur **Kostenverteilung** bzw. Kostentragung im Kaufvertrag getroffen wurde, auch die jeweils andere durch die Vereinbarung nicht belastete Partei, zur Zahlung dieser Kosten herangezogen werden kann, wenn der andere Teil diese Kosten trotz entsprechender Aufforderung durch den Notar, das Amt oder Gericht nicht zahlt. 771

ff) Kosten von Genehmigung(-en). Des weiteren sollte im Vertrag vorgesehen werden, dass jede Partei anfallende **Genehmigungskosten,** die zur Wirksamkeit des Vertrages erforderlich sind, selbst trägt. Betroffen sind die Fälle der vollmachtlosen Stellvertretung bei Beurkundung des Kaufvertrages. Erscheint eine Partei zur Beurkundung des Vertrages nicht, so soll sie auch allein die Kosten tragen, die durch die Genehmigung bei einem Notar anfallen. Eine solche Regelung ist billig und nicht zu beanstanden. Sind Genehmigungen Dritter erforderlich (z. B. Verwalterzustimmung), so werden diese Kosten im Regelfall dem Käufer übertragen. Betroffen sind nicht nur Notarkosten, die durch die Genehmigung anfallen, sondern auch eventuelle Kosten des Verwalters, die dieser sich im Verwaltervertrag für den Fall der erforderlichen Verwaltergenehmigung vorbehalten hat.[100] 772

8. Zustimmung Dritter

§ 12 WEG bestimmt, dass als Inhalt des Sondereigentums vereinbart werden kann, dass ein Wohnungseigentümer zur Veräußerung seines Wohnungseigentums der Zustimmung anderer Wohnungseigentümer oder eines Dritten bedarf. Ist eine solche Vereinbarung getroffen worden, ist die Veräußerung des Wohnungseigentums so lange unwirksam, als nicht die erforderliche Zustimmung erteilt ist, § 12 Abs. 3 Satz 1 WEG.[101] Zu den Einzelheiten des § 12 und des **Zustimmungserfordernisses** vgl. C. IV. Rn. 620 ff. 773

Für den Ersterwerber einer Eigentumswohnung ist zu überprüfen, ob eine solche Vereinbarung vorliegt, ob also die Zustimmung eines Dritten erforderlich ist. In diesem Stadium, in dem noch keine Wohnungseigentümergemeinschaft besteht, kann eine Vereinbarung nicht von den Wohnungseigentümern getroffen worden sein, es könnte sich aber eine solche **Veräußerungsbeschränkung** in der Gemeinschaftsordnung finden. Dieser Fall ist nicht selten. Ganz überwiegend wird als Veräußerungsbeschränkung nach § 12 WEG in der Gemeinschaftsordnung durch den Bauträger bereits niedergelegt, dass die Veräußerung von Wohnungseigentum der **Zustimmung des Verwalters** bedarf. Hierdurch soll eine Kontrolle geschaffen werden, um die Mitglieder der Wohnungseigentümergemeinschaft von vornherein überprüfen zu können. Kenntnis von einer derartigen Veräußerungsbeschränkung ist deshalb für den Ersterwerber wichtig, damit er der zustimmungspflichtigen Person sämtliche erforderlichen Informationen über sich zukommen lassen kann.[102] 774

---

99 §§ 2 KostO, 13 GrEStG.

100 Zur Wirksamkeit einer solchen „Gebühr" KG ZMR 1997, 666; *Palandt/Bassenge* § 12 Rn. 6.

101 LG Frankfurt NJW-RR 1996, 1080; differenzierend OLG Hamm WuM 1997, 289.

102 *Sauren* § 12 Rn. 2.

775 Zu beachten ist, dass derartige **Klauseln** in Gemeinschaftsordnungen, die von Bauträgern geschaffen werden, ganz überwiegend den Fall der Erstveräußerung von dem Erfordernis der Zustimmung eines Dritten ausnehmen.[103] Der Grund für diese Handhabung ist , dass der Bauträger selbst die Erstveräußerung vornimmt und somit auch allein hinsichtlich der in Frage kommenden Erwerber entscheiden kann. Erst bei Zweit- und Folgeveräußerungen kommt in einem solchen Fall die Veräußerungsbeschränkung zum Tragen.

776 Eine solche Veräußerungsbeschränkung muss auch nicht den Verwalter als Zustimmungspflichtigen ausweisen, vielmehr kann dies auch ein **Dritter** (anderer Wohnungseigentümer oder Externer) sein.[104]

9. Rechtsfolgen

777 Als nächster Schritt sollen die Rechtsfolgen des abgeschlossenen Grundstückskaufvertrages erläutert werden. Es ist zu unterscheiden zwischen den Rechtsfolgen vor der Grundbuchumschreibung (**Eigentumseintragung**) und der Zeit danach. Sowohl für Veräußerer als auch für Ersterwerber ergeben sich verschiedene Rechtsfolgen, die insbesondere der Erwerber bereits vor Abschluss des Kaufvertrages kennen sollte:

778 **a) Folgen vor Grundbuchumschreibung.** Nach Abschluss des Kaufvertrages, aber vor Eigentumsumschreibung ergeben sich bereits Rechtfolgen für beide Parteien. Zum einen ergibt sich dies aus dem intern vereinbarten **Nutzen-/Lastenwechsel,** zum anderen aus erteilten beziehungsweise erforderlichen Vollmachten hinsichtlich von Handlungen nach außen, schließlich auch durch die von der Rechtsprechung entwickelte Figur der werdenden Wohnungseigentümergemeinschaft. Auch bezüglich der Haftung – nach außen und gegenüber den anderen Wohnungseigentümern – ergeben sich Rechtsfolgen.

779 *aa) Werdende Wohnungseigentümergemeinschaft.* Die Wohnungseigentümergemeinschaft entsteht mit der Grundbucheintragung des ersten weiteren Eigentümers neben dem teilenden Eigentümer.[105] Mit **Entstehung** dieser Wohnungseigentümergemeinschaft werden die gesetzlich vorgesehenen Rechte und Pflichten der Wohnungseigentümer begründet. Die Regelungen des Wohnungseigentumsgesetzes finden Anwendung.

780 Diesem Zeitpunkt gehen jedoch weitere Stadien voraus, insbesondere beim Ersterwerb vom Bauträger: Zunächst wird die Teilung erklärt, dann erfolgen die ersten Abverkäufe (Kaufverträge) mit der sich anschließenden Abwicklung derselben. In dem Stadium nach Abschluss des Kaufvertrages/der Kaufverträge entsteht bereits ein **Bedürfnis,** die Regelungen des WEG anzuwenden, da von beiden Vertragsparteien (Veräußerer und Erwerber) gewünscht ist, dass möglichst frühzeitig der Erwerber Rechte und Pflichten eines Wohnungseigentümers erhält.

781 Insbesondere haben die Parteien auch einen Nutzen-/Lastenwechsel vereinbart, der vor der Eigentumsumschreibung liegt. Nach dem Vertrag gilt allerdings dieser Nutzen-/Lastenwechsel nur intern (inter partes) und nicht auch nach außen.

782 Um die Position des Erwerbers bereits in diesem Stadium zu stärken, wurde die Rechtsfigur der „werdenden Wohnungseigentümergemeinschaft“ entwickelt. Den Mitgliedern einer solchen werdenden Wohnungseigentümergemeinschaft werden schon die Rechte und Pflichten eines Eigentümers zugesprochen. Es erfolgt eine zeitliche Vorverlagerung der Anwendbarkeit der Regelungen des WEG. **Voraussetzungen** für das Entstehen einer werdenden Wohnungseigentümergemeinschaft waren zunächst:

783
- wirksamer Erwerbsvertrag,
- Anlegung der Wohnungsgrundbücher,

[103] Wirksame Vereinbarung erforderlich, sonst greift § 12 WEG ein: BGH ZMR 1991, 230.
[104] *Schmid/Kahlen* § 12 Rn. 13.
[105] BGH NZM 2008, 649; *Wenzel* NZM 2008, 825 ff.

– Nutzen-/Lastenwechsel sowie
– Eintragung einer Auflassungsvormerkung.

Der BGH hat zwischenzeitlich klargestellt, dass das Erfordernis der „Anlegung der Wohnungsgrundbücher" nicht (mehr) Voraussetzung für das Entstehen der werdenden Wohnungseigentümergemeinschaft ist. Die dingliche Sicherung des Erwerbers könne auch durch eine Vormerkung auf dem Stammgrundbuch (des Grundstücks) erfolgen, so dass es der Wohnungsgrundbücher nicht bedarf.[106] 784

Sämtliche Ersterwerber, bei denen die vorgenannten drei Voraussetzungen vorliegen, bevor der erste von ihnen als Eigentümer im Grundbuch als Eigentümer eingetragen wird, werden **Mitglieder** der werdenden Wohnungseigentümergemeinschaft. Diese bilden dann also gemeinsam mit dem im Grundbuch eingetragenen teilenden Eigentümer die werdende Wohnungseigentümergemeinschaft. Sobald der erste Erwerber im Grundbuch als Eigentümer eingetragen wird, entsteht die (vollwertige) Wohnungseigentümergemeinschaft. Die bisherigen Mitglieder der werdenden Wohnungseigentümergemeinschaft verlieren ihre Rechtsposition durch diese Eintragung jedoch nicht. Vielmehr verbleiben bei ihnen die gleichen Rechte und Pflichten wie bei den eingetragenen Eigentümern. Die Wohnungseigentümergemeinschaft besteht somit bis zur Eintragung auch der Mitglieder der werdenden Wohnungseigentümergemeinschaft in das Grundbuch aus eingetragenen Eigentümern und aus über den Mitgliedern der ehemals werdenden Wohnungseigentümergemeinschaft.[107] 785

In **Literatur und Rechtsprechung** wird diskutiert, ob auch eine **Ausweitung** dieser Rechtsfigur in Betracht kommt. In der vorstehend zitierten Entscheidung hat auch der BGH entsprechende Andeutungen getätigt. Bisher wurden als Mitglieder der werdenden Wohnungseigentümergemeinschaft nur diejenigen anerkannt, bei denen bis zur Eintragung des ersten Eigentümers neben dem Veräußerer im Grundbuch die vorgenannten Voraussetzungen vorgelegen haben. War dies bei einem weiteren Erwerber zu diesem Zeitpunkt noch nicht der Fall (z.B. fehlt die Eintragung der Vormerkung), wurde dieser nicht Mitglied der werdenden Wohnungseigentümergemeinschaft, sondern erlangte die Rechte und Pflichten nach dem WEG erst mit seiner Eintragung im Grundbuch. Letztlich hängt nach dieser Auffassung also die Mitgliedschaft in der werdenden Wohnungseigentümergemeinschaft von zufälligen, insbesondere nicht von den Erwerbern zu beeinflussenden, Umständen ab, nämlich Grundbucheintragungen. Hierin wird eine Ungleichbehandlung dieser Erwerber gesehen. Es wird deshalb angeregt, auch demjenigen Ersterwerber (Kauf vom teilenden Eigentümer) die Rechte und Pflichten wie den Mitgliedern der werdenden Wohnungseigentümergemeinschaft zuzubilligen, bei welchem zum Zeitpunkt der Eintragung des ersten Erwerbers in das Grundbuch noch nicht sämtliche der vorstehenden Voraussetzungen vorgelegen haben.[108] Diese Auffassung dürfte zutreffend sein. Es besteht kein Grund, Ersterwerber unterschiedlich zu behandeln, nur weil zu einem nicht zu beeinflussenden Zeitpunkt eine Grundbucheintragung erfolgt ist. Sinn und Zweck der gesamten Rechtsfigur, nämlich die Vorverlagerung der Mitwirkungspflichten und -rechte, könnten somit erheblich besser und einfacher gewahrt werden. 786

Mit Beginn der **werdenden Wohnungseigentümergemeinschaft** ist diese auch – wie die Gemeinschaft an sich – **rechtsfähig,** § 10 Abs. 6 WEG. Eine entsprechende Anwendung dieser Vorschrift muss erfolgen.[109] In Bezug auf die Rechte und Pflichten der noch nicht eingetragenen Eigentümer ist festzustellen, dass sämtliche Mitglieder der werdenden Wohnungseigentümergemeinschaft zu Eigentümerversammlungen einzuladen sind, da sie 787

---

106 BGH NZM 2008, 649.

107 *Kümmel* Info M 2008, 335.

108 BGH NZM 2008, 649; *Wenzel* NZM 2008, 625 ff.; *Deckert* WE 1990, 151; vgl. auch OLG Brandenburg ZWE 2006, 447 f.

109 *Wenzel* NZM 2008, 625 (628).

dort Teilnahme- und Stimmrecht haben. Demgegenüber hat der noch im Grundbuch eingetragene Veräußerer bezüglich dieser Einheit(-en) kein eigenes Teilnahme- oder Stimmrecht (mehr).[110]

788 *bb) Vollmacht für den Erwerber.* Unabhängig von der Rechtsfigur der werdenden Wohnungseigentümergemeinschaft ist es sinnvoll, wenn der Veräußerer dem Erwerber bereits **Vollmachten** erteilt, um auf Eigentümerversammlungen das Stimmrecht auszuüben oder andere Handlungen vorzunehmen, die dem Eigentümer vorbehalten sind. Ein Mitglied der werdenden Wohnungseigentümergemeinschaft benötigt derartige Vollmachten aufgrund seiner Rechtsstellung nicht. Nach bisheriger Auffassung haben aber diese Rechtsstellung nicht diejenigen Ersterwerber erlangt, bei welchen die Voraussetzungen nicht bis zur Eintragung des ersten Eigentümers vorgelegen haben. Eben gerade hinsichtlich dieser Ersterwerber sind derartige Vollmachten erforderlich, damit die Vorverlagerung der Verantwortung auf den Erwerber erfolgen kann. Ob die jüngste Rechtsprechung des BGH[111] zukünftig eine Verbesserung der Rechtsposition dieser Ersterwerber bewirken wird, ist noch offen. Aus diesem Grunde sollte auf diese Vollmachten geachtet werden.

789 *cc) Haftung des Veräußerers und des Erwerbers.* Grundsätzlich haftet der Erwerber erst ab dem Zeitpunkt seiner Eintragung im Grundbuch. Für sämtliche Verpflichtungen, die danach begründet oder fällig werden, haftet der Erwerber nach den gesetzlichen Regelungen.[112] Bis zu diesem Zeitpunkt haftet der Veräußerer. Dies gilt sowohl hinsichtlich der Verbindlichkeiten gegenüber der WEG (Wohngeld, Sonderumlagen, Abrechnungsergebnisse), als auch bzgl. der **Haftung** nach außen (gegenüber Versorgern, Verwalter). Aufgrund der Vorverlagerung der faktischen Eigentümerstellung durch die Rechtsfigur der werdenden Wohnungseigentümergemeinschaft ändert sich an diesen Haftungsverhältnissen der Zeitpunkt der „Haftungsübernahme" durch den Erwerber. Zum Zeitpunkt des Erwerbs der Mitgliedschaft in der werdenden Wohnungseigentümergemeinschaft geht auch die Haftung sowohl nach innen als auch nach außen auf den Erwerber über. Dieser darf den Wirtschaftsplan und die Jahresabrechnung mitbeschließen, und ist andererseits auch verpflichtet, nach § 16 Abs, 2 WEG die Kosten und Lasten des künftigen Gemeinschaftseigentums zu tragen.[113]

790 Die gesetzliche Grundlage für die Außenhaftung der Mitglieder der werdenden Wohnungseigentümergemeinschaft ist **§ 10 Abs. 8 WEG.** Ausdrücklich ist dort zwar nur von „Wohnungseigentümer" die Rede, dies ist jedoch bei anderen Vorschriften des WEG genauso der Fall, bei welchen unstreitig die Anwendbarkeit auf Mitglieder der werdenden Wohnungseigentümergemeinschaft bejaht wurde. Es besteht deshalb kein Grund, hinsichtlich § 10 Abs. 8 WEG von dieser Betrachtungsweise abzurücken.[114]

791 *dd) Nutzen-/Lastenwechsel.* Weitere Rechtsfolgen für den Erwerber und Veräußerer ergeben sich vor der Grundbucheintragung des Erwerbers als Eigentümer durch den im Kaufvertrag vereinbarten Nutzen-/Lastenwechsel: Zu diesem Zeitpunkt geht der Besitz an der Wohnung auf den Erwerber über. Entscheidend sind die vertraglichen Regelungen. Über die bereits beschriebenen Rechtsfolgen bei Mitgliedschaft in der werdenden Wohnungseigentümergemeinschaft hinaus ergeben sich aus dem Nutzen-/Lastenwechsel dann Rechtsfolgen, wenn die **Auflassungsvormerkung** zugunsten des Erwerbers noch nicht eingetragen ist, er also (noch) nicht Mitglied der werdenden Wohnungseigentümergemeinschaft ist.

792 Der Nutzen-/Lastenwechsel bewirkt eine Übertragung von Rechten und Pflichten nur im Innenverhältnis zwischen Veräußerer und Erwerber. Die Rechtsstellung eines Woh-

---

[110] OLG Hamm ZMR 2007, 712.
[111] BGH NZM 2008, 649.
[112] BGHZ 1999, 358; OLG Hamm NJW-RR 1996, 911; *Palandt/Bassenge* § 16 Rn. 32 f.
[113] BGH NZM 2008, 649.
[114] *Wenzel* NZM 2008, 625 (629).

nungseigentümers – wie bei der Mitgliedschaft zur werdenden Wohnungseigentümergemeinschaft – ist hiermit nicht verbunden, insbesondere keine **Außenwirkung.** Gegenüber der (werdenden) Wohnungseigentümergemeinschaft und anderen Eigentümern bestehen vor Vorliegen der Voraussetzungen zur werdenden Wohnungseigentümergemeinschaft keine Wirkungen.

Damit aber der interne Nutzen-/Lastenwechsel auch den beabsichtigten Sinn und 793
Zweck erfüllen kann, erfolgen Bevollmächtigungen des Erwerbers durch den Veräußerer. Das Stimmrecht zur Eigentümerversammlung kann wirksam zu diesem Zeitpunkt nur durch den Veräußerer ausgeübt werden, allerdings lässt er sich dann aufgrund erteilter Vollmacht durch den Erwerber vertreten. Hinsichtlich weiterer Erklärungen, die ggf. abzugeben sind, muss ebenfalls eine ausdrückliche **Bevollmächtigung** des Erwerbers erfolgen. Vereinbarungen der Eigentümer wirken gegenüber dem Erwerber (noch) nicht.[115]

Die Pflicht zur Kostentragung verbleibt in diesem Stadium nach außen allein beim 794
Veräußerer. Insoweit ist allerdings im Innenverhältnis durch den internen Nutzen-/Lastenwechsel eine andere Verteilung vereinbart. Der Veräußerer kann, falls er auf Zahlung von Wohngeld etc. in Anspruch genommen wird, Ansprüche gegen den Erwerber geltend machen. Als Eigentümer hat der Verwalter in diesem Stadium noch den Veräußerer zu führen, den Erwerber erst nach Eintritt in die werdende Wohnungseigentümergemeinschaft oder nach erfolgter Grundbuchumschreibung.

ee) Folgen gegenüber dem Mieter. Bei dem Ersterwerb vom Bauträger ist die Wohnung 795
regelmäßig noch nicht erstellt, so dass auch keine Vermietung vorliegt. Rechtsfolgen gegenüber einem Mieter sind nicht gegeben. Es ist jedoch denkbar, dass auch bei dem Ersterwerb einer Eigentumswohnung (nämlich nach Umwandlung eines Miethauses) bereits eine **Vermietung** vorliegt. In diesem Falle ergeben sich Rechtsfolgen des Erwerbers gegenüber dem Mieter auch bereits vor Eigentumsumschreibung. Die Rechtslage entspricht derjenigen des Zweiterwerbs, vgl. a. IV. Rn. 916.

b) Nach Grundbuchumschreibung. Mit Grundbuchumschreibung des Eigentums auf 796
den Erwerber erlangt dieser vollständiges **Eigentum.** Er hält sämtliche Rechte und Pflichten inne. Es erfolgt eine zeitliche Zäsur, für sämtliche vor Eigentumsumschreibung begründete und fällige Verpflichtungen hat der Veräußerer einzustehen, für danach begründete und fällige der Erwerber.[116]

Mit der Eigentumsumschreibung beginnt die Außenhaftung des Erwerbers, wohinge- 797
gen die Haftung des Veräußerers nach § 10 Abs. 8 Satz 1 letzter Halbsatz WEG beschränkt fortwirkt. Die **Verpflichtung** zur Zahlung von Wohngeld, Sonderumlagen, Abrechnungsergebnissen etc. trifft den Erwerber, soweit diese Verpflichtungen nach Eigentumsumschreibung begründet und/oder fällig wurden, ansonsten noch den Veräußerer.[117] Sofern eine vermietete Eigentumswohnung erworben wurde, tritt der Erwerber nach § 566 Abs. 1 BGB in das Mietverhältnis ein.

10. Mängelansprüche nach BGB – Erwerb vom Bauträger

Bei dem Verkauf einer bestehenden Eigentumswohnung richten sich die Mängelrechte 798
des Erwerbers nach **Kaufrecht.** Die Gewährleistung wird in diesen Verträgen ganz überwiegend ausgeschlossen. Ein solcher Ausschluss ist möglich und wirksam.[118] Anders ist die Rechtslage beim Erwerb vom Bauträger, wenn eine noch nicht erstellte Wohnung verkauft wird. In diesem Fall ist auf die Bauleistungen **Werkvertragsrecht** anzuwenden. Ein Ausschluss von Mängelrechten (Gewährleistung) ist gem. § 309 Nr. 8 b BGB nicht

[115] Zur Wirkung von Vereinbarungen nach Eigentumswechsel vgl. *Sauren* § 10 Rn. 29.

[116] OLG Celle ZMR 2009, 52 f.

[117] Fälligkeitstheorie nach BGHZ 1999, 358; KG NJW-RR 1994, 83; *Palandt/Bassenge* § 16 Rn. 32 f.

[118] *Hügel/Scheel* Teil 3 Rn. 33.

möglich.[119] Diese Grundsätze gelten genauso auch für umgewandelte und sanierte Altbauten.[120]

799 Grundsätzlich hat der Bauträger als Werkunternehmer das Objekt dem Besteller frei von Sach- und Rechtsmängeln zu verschaffen, § 633 Abs. 1 BGB. Ein Mangel liegt vor, wenn das Werk die vereinbarte **Beschaffenheit** nicht hat, § 633 Abs. 2 BGB. Insoweit sind die Vereinbarungen im Kaufvertrag entscheidend.[121] Sind keine Beschaffenheitsvereinbarungen vorhanden, ist ein Mangel dann vorhanden, wenn das Werk für die gewöhnliche Verwendung nicht geeignet ist und/oder eine Beschaffenheit aufweist, die bei Werken der gleichen Art unüblich ist, § 633 Abs. 2 Satz 2 BGB.

800 **a) Nacherfüllung.** Soweit ein Mangel an der erworbenen Eigentumswohnung vorliegt, besteht zugunsten des Erwerbers zunächst nach § 635 Abs. 1 BGB ein Anspruch auf Nacherfüllung. Der Erwerber hat dem Bauträger den Mangel oder die Mängel anzuzeigen und unter Fristsetzung die Nacherfüllung zu verlangen. Dem Bauträger wird somit eine **„zweite Chance"** zur mangelfreien Herstellung eingeräumt.[122]

801 Der Bauträger hat sämtliche für die **Nacherfüllung** erforderlichen Aufwendungen selbst zu tragen, insbesondere Transport-, Wege-, Arbeits- und Materialkosten, § 635 Abs. 2 BGB. Sofern die Nacherfüllung nur mit einem unverhältnismäßigen Aufwand (finanziell)möglich ist, können die Nacherfüllungsansprüche des Bestellers ausgeschlossen sein, § 635 Abs. 3 BGB. In diesem Fall greifen dann die weiteren Mängelrechte/-ansprüche des Erwerbers ein. Nach § 635 Abs. 1 BGB kann der Bauträger nach entsprechender Aufforderung durch den Erwerber wählen, ob er den Mangel beseitigt oder ein neues Werk herstellt:[123]

802 *aa) Mängelbeseitigung.* Bei dem Verkauf einer Eigentumswohnung wird der Bauträger bei Vorliegen von Mängeln nicht die Neuerstellung des Werkes wählen, da diese unverhältnismäßig mehr Kosten verursachen würde, als eine Mängelbeseitigung. Die **Mängelbeseitigung** bedeutet, dass sämtliche vorliegenden und vom Erwerber angezeigten Mängel beseitigt werden müssen. Die Pflicht erstreckt sich nicht auf die Beseitigung von Symptomen (z. B. Feuchtigkeitserscheinungen), sondern auf die vollständige Beseitigung der Ursache des Mangels. Das Werk muss nach der Mängelbeseitigung den vereinbarten Beschaffenheiten entsprechen. Als Maßstab sind zunächst die vertraglichen Vereinbarungen heranzuziehen, fehlen solche, wird auf die übliche Beschaffenheit zurückgegriffen.

803 *bb) Neuherstellung.* Die Herstellung eines neuen Werkes, also einer neuen Eigentumswohnung dürfte nur in **Ausnahmefällen** in Betracht kommen. Die Wohnung müsste derart mangelhaft ist, dass von einer Wohnung gar nicht gesprochen werden kann. Dieser Fall dürfte äußerst selten sein.

804 **b) Selbstvornahme/Vorschuss.** Nach § 637 Abs. 1 BGB kann der Besteller den Mangel auch selbst beseitigen und Ersatz der erforderlichen **Aufwendungen** verlangen (Selbstvornahme). Es handelt sich um ein sogenanntes primäres Mängelrecht:[124]

805 Voraussetzung hierfür ist, dass der Erwerber dem Bauträger zunächst eine erfolglos verstrichene **Frist zur Nacherfüllung** (§ 635 Abs. 1 BGB) gesetzt hat. Die gesetzliche Systematik sieht vor, dass bei Vorliegen von Mängeln dem Bauträger zunächst eine Frist zur Nacherfüllung zu setzen ist und dass die weiteren Mängelrechte erst nach dem erfolglosen Ablauf geltend gemacht werden können.[125]

---

[119] Auch die Abtretung der Gewährleistungsansprüche gegenüber Subunternehmer befreit den Bauträger nicht: BGH NJW 1995, 1675.

[120] BGH NJW 1988, 490 ff.

[121] *Palandt/Sprau* § 633 Rn. 5.

[122] Modifizierter Erfüllungsanspruch: BGH NJW 1999, 1105 zur Rechtslage vor der Schuldrechtsmodernisierung.

[123] Ausnahmsweise kein Wahlrecht: BGH 1996, 111.

[124] BGH NJW 1997, 2173; *Palandt/Sprau* § 634 Rn. 15.

[125] Zu den Ausnahmen vom Erfordernis der Fristsetzung BGH NJW-RR 2002, 666.

Die Erstattung der durch die **Selbstvornahme** entstandenen Kosten ist dann ausgeschlossen, wenn der Unternehmer die Nacherfüllung zu Recht verweigert.[126] Der Erwerber sollte deshalb vor der Beauftragung entsprechender Arbeiten sorgfältig prüfen (lassen), ob der Nacherfüllungsanspruch auch tatsächlich besteht. Dann kann er selbst ausgesuchte Firmen mit der Mängelbeseitigung beauftragen. Den Auftrag erteilt er in eigenem Namen, so dass er auch die Vergütung zu zahlen hat. Es entsteht aber gegenüber dem Bauträger der Ersatzanspruch aus § 637 BGB. 806

§ 637 Abs. 2 BGB bestimmt dann weiter, dass § 323 Abs. 2 BGB entsprechende Anwendung findet. In dieser Vorschrift ist geregelt, dass es einer **Fristsetzung** (zur Nacherfüllung) dann nicht bedarf, wenn entweder der Bauträger die Leistung ernsthaft und endgültig verweigert hat oder ein bestimmter Termin zur Beseitigung vorgesehen war, welcher verstrichen ist, oder wenn besondere Umstände vorliegen, die unter Abwägung der beiderseitigen Interessen den sofortigen Rücktritt rechtfertigen würden. 807

Darüber hinaus bestimmt § 637 Abs. 2 BGB, dass auch dann eine **Fristsetzung** nicht erforderlich ist, wenn die Nacherfüllung bereits fehlgeschlagen oder dem Besteller unzumutbar ist. Bei Mängeln, die unverzüglich beseitigt werden müssen, weil ansonsten Gefahr im Verzuge wäre (Gasleitungen, Wasserleitungen etc.), kann die Fristsetzung somit entbehrlich sein. Im Regelfall sollte der Erwerber sich an die Fristsetzung zur Nacherfüllung halten. 808

Eine Besonderheit von dem vorbeschriebenen Grundsatz besteht insoweit, als möglicherweise die **Liquidität** des Erwerbers die eigene Beauftragung von Firmen zur Mängelbeseitigung nicht zulässt. Um dieser Problematik zu begegnen, ist in § 637 Abs. 3 BGB vorgesehen, dass der Erwerber von dem Bauträger für die für die Beseitigung des Mangels erforderlichen Aufwendungen einen **Vorschuss** verlangen kann. Der Erwerber müsste somit zunächst eine konkrete Schätzung der entstehenden Kosten vornehmen.[127] Hierfür dürfte die Einholung eines Gutachtens unentbehrlich sein. Durch die Einholung eines solchen Gutachtens vergeht dann allerdings ein gewisser Zeitraum. Dieser Weg bietet sich dann an, wenn der Erwerber zunächst mit den vorliegenden Mängeln „noch leben kann" und es auf eine umgehende Beseitigung nicht ankommt. Nach Einholung eines Gutachtens kann er dann den Bauträger zur Zahlung des Vorschusses auffordern, bei Nichtzahlung muss er die Beträge einklagen. Wegen dieser weiteren zeitlichen Verzögerung muss der Erwerber überlegen, welchen der Wege des § 637 BGB er gehen will bzw. kann. 809

Wurde der Vorschuss gewählt, muss nach Durchführung der erforderlichen Mängelbeseitigungsarbeiten durch den Erwerber eine **Abrechnung** bezüglich dieses Vorschusses im Verhältnis zu den tatsächlich entstandenen und bestimmungsgemäß verwendeten Kosten erfolgen.[128] Nicht verbrauchte Beträge sind an den Bauträger zurückzuzahlen; sollte sich jedoch eine Differenz zu Lasten des Erwerbers ergeben, ist der Bauträger zur entsprechenden Nachzahlung verpflichtet. 810

c) Minderung. Nach § 638 Abs. 1 BGB kann der Erwerber anstelle des Rücktritts auch eine Minderung der Werklohnforderung/des Kaufpreises geltend machen. Hierbei handelt es sich um ein so genanntes sekundäres Mängelrecht.[129] Nimmt der Erwerber eine Minderung vor, wird der Mangel nicht vom Bauträger beseitigt, vielmehr verliert er einen (teilweisen) Anspruch auf den vereinbarten Kaufpreis/Werklohn. Der Erwerber kann sich im Nachhinein entscheiden, ob er den Mangel selbst beseitigen lässt oder ob er den Mangel bestehen lässt. 811

Für die genaue Berechnung des Minderungsbetrages ist ein Vergleich des Wertes der mängelbehafteten Sache mit dem Wert der fiktiven mangelfreien Sache vorzuneh- 812

---

[126] *Palandt/Sprau* § 637 Rn. 5.
[127] BGH NJW-RR 2004, 1023.
[128] *Palandt/Sprau* § 637 Rn. 10.
[129] *Derleder* NZM 2003, 87; *Bärmann/Merle* § 21 Rn. 16.

men.[130] Gemäß § 638 Abs. 3 BGB kann dieser **Minderungsbetrag** – soweit erforderlich – durch eine Schätzung ermittelt werden. Auch für eine Schätzung dürfte jedoch die Einholung eines Gutachtens (zumindest eines Kostenangebots hinsichtlich der Mängelbeseitigung) unentbehrlich sein. Dem Erwerber ist die Einholung eines Gutachtens auch für diesen Fall anzuraten. Soweit er bereits mehr an den Bauträger gezahlt hat, als der letztlich geminderte Betrag ausmacht, so ist der Bauträger zur Rückerstattung verpflichtet, § 638 Abs. 4 Satz 1 BGB.

813 **d) Kleiner Schadensersatz.** Ein weiteres sekundärer Mängelrecht ist der so genannte „kleine Schadensersatzanspruch", §§ 636, 280, 281, 437 Nr. 3, 634 Nr. 4 BGB. Sofern es nicht zur Nacherfüllung und Mängelbeseitigung durch den Bauträger kommt, kann der Erwerber Schadensersatz verlangen. Dieser Anspruch ist verschuldensabhängig.[131] Das mängelbehaftete Wohnungseigentum verbleibt beim Erwerber. Dieser verlangt den durch den Mangel verursachten Schaden vom Bauträger. Dieser liegt in den Kosten der Mängelbeseitigung bzw. in dem merkantilen **Minderwert.**[132]

814 **e) Rücktritt.** Schließlich kann der Erwerber bei nicht vertragsgerechter Erfüllung und erfolglosem Ablauf der gesetzten Frist zur Nacherfüllung von dem abgeschlossenen Bauträgervertrag zurücktreten, §§ 437 Nr. 2, 634 Nr. 3, 323 BGB. Insoweit gelten die allgemeinen Regeln. Im Rahmen des Rücktritts wird das gesamte Vertragsverhältnis rückabgewickelt, d. h., der Erwerber muss so gestellt werden, als wäre der Vertrag zu keiner Zeit abgeschlossen worden.[133] Sämtliche **Aufwendungen,** die der Erwerber im Vertrauen auf die Wirksamkeit des Vertrages getätigt hat, sind vom Bauträger zu erstatten.[134] Der Rücktritt kommt nur dann in Betracht, wenn der Erwerber sich entschließt, die zunächst gewünschte Wohnung doch nicht zu erwerben. Der Erwerber sollte sich diesen Schritt ausreichend überlegen. Der Rücktritt sollte nur dann ausgesprochen werden, wenn tatsächlich keine für den Erwerber aussichtsreiche Möglichkeit mehr besteht, eine mängelfreie Wohnung zu erhalten oder aber eine zwar mängelbehaftete Wohnung, aber unter angemessener Minderung des Kaufpreises.

815 **f) Großer Schadensersatz.** Der Erwerber hat auch die Möglichkeit, den sog. „großen Schadensersatzanspruch" geltend zu machen, §§ 634 Nr. 4, 280, 281 Abs. 1 BGB. Sofern Mängel vorliegen und nicht beseitigt wurden, führt die Geltendmachung des großen Schadensersatzanspruches – wie auch der Rücktritt – zur **Rückabwicklung** des gesamten Vertragsverhältnisses mit den auch für den Rücktritt geschilderten Folgen.[135] Dieser verschuldensabhängige Anspruch ist auf den durch die Nichterfüllung entstandenen Schaden gerichtet. Sowohl in rechtlicher als auch in tatsächlicher Hinsicht muss der Zustand geschaffen werden, der vor Abschluss des Vertrages vorhanden war. Bei Rücktritt und großem Schadensersatz handelt es sich um Gestaltungsrechte. Zunächst ist der Ablauf der zur Nacherfüllung gesetzten Frist abzuwarten.

816 Der Rücktritt führt zu einem Abwicklungsverhältnis, der große Schadensersatzanspruch zu einem sog. **Abrechnungsverhältnis** (Schadensersatz statt Leistung).[136] Nach Wahl des jeweiligen Rechtes besteht eine Bindung des Erwerbers daran. Der Fristsetzung zur Nacherfüllung bedarf es nicht, wenn der Bauträger die Nacherfüllung verweigert hat, diese fehlgeschlagen oder dem Bauträger unzumutbar ist, § 636 BGB.

817 **g) Verjährung.** Die vorstehenden Mängelrechte des Erwerbers bestehen nicht schrankenlos. Vielmehr unterliegen sie der Verjährung. Insoweit enthält § 634 a BGB Spezialbestimmungen zur Verjährung der hier in Frage stehenden Ansprüche:

---

[130] *Wenzel* ZWE 2006, 109 (117); *Derleder* NZM 2003, 81 (86).
[131] *Hannemann/Weber/Jarsumbek* § 2 Rn. 41.
[132] BGHZ 148, 85; 108, 156.
[133] *Hannemann/Weber/Jarsumbek* § 2 Rn. 50.
[134] *Palandt/Sprau* § 636 Rn. 7.
[135] BGH NJW 1979, 2207.
[136] *Hügel/Scheel* Teil 3 Rn. 44.

- Der Anspruch auf Nacherfüllung nach § 635 BGB, das primäre Mängelrecht (Selbstvornahme nach § 637 BGB) sowie der kleine Schadensersatzanspruch verjähren regelmäßig in **zwei Jahren.** Eine Ausnahme besteht gemäß § 634 a Abs. 1 Ziff. 2 BGB. Die Verjährungsfrist beträgt **fünf Jahre** bei Arbeiten an einem Bauwerk. Da vorliegend die Erstellung der Eigentumswohnung in Frage steht, greift die fünfjährige Verjährungsfrist ein.[137] Bei beweglichen Sachen gilt die zweijährige Verjährungsfrist nach § 634 a Abs. 1 Nr. 1 BGB. 818
- In den Fällen des § 634 a Abs. 1 Nr. 1 und 2 BGB beginnt die Verjährung mit der Abnahme, § 634 a Abs. 2 BGB. 819
- Der Anspruch auf Rücktritt (§§ 636, 323 BGB) und auf Minderung nach § 638 BGB verjähren innerhalb der regelmäßigen Verjährungsfrist des § 195 BGB, d. h. in **drei Jahren,** § 634 a Abs. 1 Ziff. 3 BGB). 820
- Hat der Bauträger einen Mangel arglistig verschwiegen, gelten die regelmäßigen Verjährungsfristen. Läuft diese allerdings vor der vorbeschriebenen fünfjährigen Verjährungsfrist ab, gilt diese, § 634 a Abs. 3 Satz 2 BGB. 821
- In Bezug auf das Rücktrittsrecht ist § 218 BGB zu beachten:[138] Ist der Nacherfüllungsanspruch oder der Erfüllungsanspruch bereits verjährt (und beruft sich der Bauträger hierauf), ist der Rücktritt unwirksam. Trotz dieser Folge kann jedoch der Erwerber die Zahlung der Vergütung insoweit verweigern, als er aufgrund des Rücktritts dazu berechtigt sein würde. Dies ergibt sich aus § 634 a Abs. 4 Satz 2 BGB. Macht der Erwerber von diesem Recht Gebrauch, kann der Bauträger dann wiederum seinerseits von dem Vertrag zurücktreten. 822
- Schließlich bestimmt § 634 a Abs. 5 BGB, dass auch auf das Minderungsrecht § 218 und § 634 a Abs. 4 Satz 2 BGB (vgl. vorstehend) entsprechende Anwendung finden. 823

h) Abnahme. Die vorstehenden Verjährungsfristen bzgl. der zwei und fünf Jahre gem. den Nr. 1 und 2 berechnen sich nach § 634 a Abs. 2 BGB nach dem Zeitpunkt der **Abnahme,** § 634 a Abs. 2 BGB. Die Erfüllungsphase des werkvertraglichen Teils des Bauträgervertrages endet mit der Abnahme.[139] Nach § 640 Abs. 1 BGB besteht die Verpflichtung des Erwerbers zur Abnahme als Hauptleistungspflicht. Mit der Abnahme beginnt der Lauf der Verjährungsfristen, der Werklohn wird fällig (§ 641 BGB) und der Gefahrübergang tritt ein (§ 644 BGB). 824

Abnahme bedeutet, dass der Bauträger dem Erwerber anzeigt, dass er – nach seiner Auffassung – seine Leistungen erfüllt hat[140] und er um einen gemeinsamen Abnahmetermin bittet. Anlässlich dieses Termins werden dann sowohl Sondereigentum als auch Gemeinschaftseigentum (möglich ist aber auch eine getrennte Abnahme) in **Augenschein** genommen. Sind sich beide Parteien anlässlich dieses Termins darüber einig, dass die vertragsgemäße Leistung hergestellt ist, so ist die Abnahme vollzogen. Wegen unwesentlicher Mängel kann die Abnahme auch nicht verweigert werden.[141] Zugunsten des Bauträgers gilt, dass dieser dem Erwerber eine Frist zur Abnahme setzen kann. Kommt der Erwerber innerhalb dieser Frist seiner Abnahmeverpflichtung nicht nach, gilt die Abnahme als erfolgt.[142] Durch diese Regelung soll vermieden werden, dass der Erwerber die Abnahme ungebührlich hinauszögern kann. 825

Der Erwerber geht im Übrigen seiner Mängelrechte gem. § 634 Abs. 1 Nr. 1–3 BGB verlustig, wenn er Mängel kennt und trotzdem die Sache abnimmt. Er muss sich bei der Abnahme seine Rechte bzw. Ansprüche wegen dieser bekannten Mängel ausdrücklich vorbehalten, § 640 Abs. 2 BGB. 826

---

[137] Zu Einzelfragen bzgl. der „Arbeiten an einem Bauwerk" vgl. *Palandt/Sprau* § 634 a Rn. 10.
[138] Vgl. auch hierzu *Palandt/Sprau* § 634 a Rn. 22 bis 24.
[139] *Hannemann/Weber/Jarsumbek* § 2 Rn. 54.
[140] BGH NJW 1996, 1280.
[141] BGH NJW 1996, 1280.
[142] *Basty* Bauträgervertrag Rn. 892; *Palandt/Sprau* § 640 Rn. 10.

827 Im Bereich des Wohnungseigentums ist der Regelfall eine zweifache **Teilabnahme,** nämlich zum einen hinsichtlich des Sondereigentums, zum anderen hinsichtlich des Gemeinschaftseigentums. Das Sondereigentum ist in der Regel bereits fertig gestellt, wenn das Gemeinschaftseigentum (z. B. Außenanlagen) noch nicht abschließend erstellt ist. Zudem wollen beide Parteien möglichst schnell einen Besitzübergang hinsichtlich des Sondereigentums erreichen, so dass eine Teilabnahme hier auch sinnvoll und angezeigt ist. Durch die Abnahme geht der ursprüngliche Erfüllungsanspruch unter, vielmehr ist der Erwerber dann auf den Nacherfüllungsanspruch bzw. die weiteren Mängelrechte angewiesen.

11. Verfolgung der Mängelrechte/-ansprüche

828 Nachdem der Ersterwerber sich über die verschiedenen Möglichkeiten der Mängelrechte informiert hat, ist weiter zu prüfen, ob diese Rechte/Ansprüche allein durch ihn geltend machen werden können. Nachdem der BGH am 2. 6. 2005 die **Teilrechtsfähigkeit** der Wohnungseigentümergemeinschaft aufdeckte, hat dies auch der Gesetzgeber zum Anlass genommen, diese Teilrechtsfähigkeit im Rahmen der WEG-Novelle zum 1. 7. 2007 im Gesetz zu verankern.[143] Insbesondere wurden Neuregelungen zur Inhaberschaft und zur Ausübungsbefugnis von Rechten der Wohnungseigentümer in § 10 WEG geschaffen:

829 **a) Die Gemeinschaft der Wohnungseigentümer, § 10 Abs. 1, 6, 7 WEG.** In § 10 Abs. 1 WEG ist zunächst normiert, dass die (einzelnen) Wohnungseigentümer **Inhaber der Rechte und Pflichten** nach den Vorschriften des Wohnungseigentumsgesetzes sind. Der letzte Halbsatz dieser Vorschrift stellt dann eine Ausnahme von dieser Regel fest („soweit nicht etwas anderes ausdrücklich bestimmt ist"). Diese Ausnahme wird in § 10 Abs. 6 WEG konkretisiert. In dieser Vorschrift wird die Rechtsfähigkeit der Gemeinschaft der Wohnungseigentümer gesetzlich verankert.

830 Nach diesem neuen System ist der Bruchteilsgemeinschaft, also der Gesamtheit der Wohnungseigentümer (Rechtssubjekt), das Gemeinschaftseigentum (Rechtsobjekt) zugeordnet. Den einzelnen Wohnungseigentümern (Rechtssubjekt) ist auch weiterhin das Sondereigentum (Rechtsobjekt) zugeordnet. Der Gemeinschaft der Wohnungseigentümer (Rechtssubjekt) wird durch die gesetzliche Neuregelung das so genannte **Verwaltungsvermögen** (Rechtsobjekt), zugeordnet, § 10 Abs. 7 WEG. Der **Gemeinschaft der Wohnungseigentümer** (Verband) werden Rechte und Pflichten (bzgl. des Verwaltungsvermögens) zugeordnet. Das Verwaltungsvermögen besteht gem. § 10 Abs. 7 Satz 2 WEG aus den im Rahmen der gesamten Verwaltung des gemeinschaftlichen Eigentums gesetzlich begründeten und rechtgeschäftlich erworbenen Sachen und Rechten. Im Einzelnen sind dies Forderungen gegenüber Dritten, die die Gemeinschaft der Wohnungseigentümer aufgrund von rechtsgeschäftlicher Betätigung erworben hat, gemeinschaftlichen Geldern in der Barkasse oder in Form von Bankguthaben (auch Instandhaltungsrücklage), allen gemeinschaftlichen Gegenständen (zum Beispiel Rasenmäher) sowie vorhandenen dinglichen Rechten.

831 Hinzu kommen die **Ausübungsbefugnisse** gemäß § 10 Abs. 6 Satz 3 WEG: Dem Verwaltungsvermögen und somit der Ausübungsbefugnis der Gemeinschaft der Wohnungseigentümer werden die gemeinschaftsbezogenen Rechte zugeordnet, genauso wie die gemeinschaftsbezogenen Pflichten von der Gemeinschaft wahrgenommen werden müssen. Schließlich sollen nach dieser Norm auch sonstige Rechte und Pflichten der Wohnungseigentümer gemeinschaftlich wahrgenommen werden, soweit diese gemeinschaftlich geltend gemacht werden können oder zu erfüllen sind. Es muss insoweit eine **„ge-**

[143] Art. 1 Gesetz zur Änderung des Wohnungseigentumsgesetzes und anderer Gesetze v. 26. 3. 2007 (BGBl. I S. 370).

meinschaftsbezogenen Komponente" vorliegen.[144] Eine solche Gemeinschaftsbezogenheit kommt bei der Ausübung der Mängelrechte (Gemeinschaftseigentum) in Betracht. Da eine Zuordnung der gemeinschaftsbezogenen Rechte/Ansprüche zum Verwaltungsvermögen erfolgt ist, steht die entsprechende Ausübungsbefugnis dann nicht dem einzelnen Eigentümer, sondern dem Verband zu.

Der Erwerber muss deshalb bei der Prüfung, ob und wer welche Ansprüche geltend machen kann, die §§ 10 Abs. 1, 10 Abs. 6 und 7 WEG beachten. Rechte und Pflichten der Gemeinschaft der Wohnungseigentümer sind immer gemeinschaftsbezogen im Sinne des § 10 Abs. 6 Satz 3 WEG. Insoweit besteht eine **ausschließliche Ausübungsbefugnis** und Wahrnehmungsverpflichtung seitens der Gemeinschaft der Wohnungseigentümer. Es handelt sich um **„geborene" Befugnisse** beziehungsweise Verpflichtungen.[145] Dem gegenüber stehen Individualansprüche der Wohnungseigentümer, zum Beispiel Mängelrechte aus dem Kaufvertrag zwischen Erwerber und Bauträger bzgl. des Sondereigentums. Nach § 10 Abs. 6 Satz 3 WEG können diese Individualansprüche durch Mehrheitsbeschluss dem Bereich der ausschließlichen Ausübungsbefugnis und Wahrnehmungsverpflichtung des Verbandes zugeordnet werden. Zur Unterscheidung zu den vorstehenden Befugnissen wird hier von **„gekorenen" Befugnissen** und Verpflichtungen gesprochen.[146] 832

Dieses System hat Auswirkungen auf die Mängelrechte/-ansprüche: 833

b) Verfolgung durch den Erwerber. Hinsichtlich der Mängel am **Sondereigentum** hält der Ersterwerber sowohl die Rechtsinhaberschaft als auch die Verwaltungszuständigkeit und die Empfangszuständigkeit sowie die Ausübungsbefugnis inne. Eine Gemeinschaftsbezogenheit liegt in diesem Fall nicht vor, so dass die Gemeinschaft der Wohnungseigentümer auch grundsätzlich keine Rechte und Pflichten herleiten kann. Allerdings kann in diesem Fall eine Ermächtigung der Gemeinschaft der Wohnungseigentümer zur gerichtlichen Geltendmachung im Wege der **gewillkürten Prozeßstandschaft** erfolgen.[147] Betroffen sind nur die Eigentümer, die auch eine entsprechende Zustimmung erteilt haben. Es kann sich für den Erwerber anbieten, seine Rechte beziehungsweise Ansprüche wegen Mängeln am Sondereigentum nicht allein und individuell durchzusetzen, sondern insoweit den Verband zu ermächtigen. Durch die so entstehende Bündelung kann ggf. eine effektivere Durchsetzung erfolgen. 834

Daneben besteht auch grundsätzlich die Ausübungsbefugnis des Einzelerwerbers hinsichtlich seiner individuellen Rechte und Ansprüche wegen Mängeln am **Gemeinschaftseigentum.**[148] Da dem Einzelerwerber vertraglich eine bestimmte Leistung versprochen wurde kann dieser die entsprechenden Rechte geltend machen, wenn Mängel vorliegen. Anderes gilt aber dann, wenn die Gemeinschaft der Wohnungseigentümer diese Befugnis an sich zieht. Dies kann aufgrund der Gemeinschaftsbezogenheit von Ansprüchen erfolgen oder aber aufgrund eines Beschlusses der Eigentümer.[149] Die Folge ist dann, dass der Einzelerwerber diese Ansprüche beziehungsweise Rechte nicht mehr ausüben darf.[150] Vielmehr besteht dann die ausschließliche Ausübungsbefugnis zugunsten der Gemeinschaft der Wohnungseigentümer und zwar als gesetzlicher Prozeßstandschafter.[151] Betroffen sind der Nacherfüllungsanspruch sowie die primären und sekundären Mängel- 835

[144] Zur Gemeinschaftsbezogenheit *Hügel* in *Hügel/Scheel* Teil 7 Rn. 38 ff.

[145] *Wenzel* ZWE 2006, 467.

[146] *Hügel/Elzer* § 3 Rn. 165 ff.

[147] BGH NZM 2007, 403; BGH Info M 2007, 363 zum Vorgehen aus Bürgschaften.

[148] BGH NZM 2005, 792.

[149] BGH NZM 2007, 403.

[150] Ausnahme, wenn Erwerber vor Eigentümerbeschluss Nacherfüllungsfrist gesetzt hat und diese Frist abgelaufen ist – Erwerber kann zurücktreten oder großen Schadensersatz geltend machen: BGH NJW 2006, 2254.

[151] Verlangt die Gemeinschaft einen Vorschuss, kann bis zur Zahlung jeder Erwerber Frist setzen, um evtl. zurückzutreten: BGH NJW 2006, 3275; zur Prozessstandschaft BGH NZM 2007, 403.

rechte. Anderes gilt allerdings für das **Rücktrittsrecht** und den Anspruch auf **großen Schadensersatz.**[152]

836 Bei diesen Mängelrechten steht die Rückabwicklung des gesamten Vertrages in Frage. Betroffen von dieser Vertragsrückabwicklung sind allein die Parteien dieses Kauf- beziehungsweise Werkvertrages, nicht die übrigen Eigentümer. Aus diesem Grund darf die Gemeinschaft diese Befugnis nicht an sich ziehen. Die Rücktrittserklärung, also das Begehren nach Rückabwicklung nach Durchlaufen des Nacherfüllungsstadiums (nach Fristablauf) steht allein dem einzelnen Erwerber zu.

837 **c) Verfolgung durch die Gemeinschaft der Wohnungseigentümer.** Die Ausübungsbefugnisse des Einzelerwerbers stehen in unmittelbarem Zusammenhang zu den entsprechenden Befugnissen und Zuständigkeiten der Gemeinschaft der Wohnungseigentümer. Zunächst soll die **Empfangszuständigkeit der Gemeinschaft** betrachtet werden.[153] Bei gemeinschaftsbezogenen Mängeln (Gemeinschaftseigentum) besteht eine Mitgläubigerschaft nach § 432 BGB. Dies bedeutet, dass die Leistung nur an alle Miteigentümer erfolgen kann, spiegelbildlich können auch die Eigentümer die Leistung nur an sich (gemeinschaftlich) fordern. Die Leistung ist unteilbar. Ein Mangel kann nur einmal und in einer bestimmten Art und Weise beseitigt werden.

838 Betroffen von dieser Empfangszuständigkeit der Gemeinschaft sind die Nacherfüllungsansprüche, die primären und sekundären Mängelrechte. Ausgenommen sind Rücktritt und großer Schadensersatz.

839 Weiter zu beachten ist die **Verwaltungszuständigkeit der Gemeinschaft.** Nach § 21 Abs. 5 Nr. 2 WEG besteht zugunsten der Gemeinschaft der Wohnungseigentümer die Verwaltungszuständigkeit hinsichtlich der Instandsetzung. Diese Verwaltungszuständigkeit umfasst auch die erstmalige ordnungsgemäße Herstellung des Werkes, d.h., des Gemeinschaftseigentums. Im Rahmen dieser Verwaltungszuständigkeit besteht ein Ermessen zugunsten der Gemeinschaft der Wohnungseigentümer. Diese können somit einen Beschluss zur gemeinschaftlichen Geltendmachung fassen. Betroffen sind hier wiederum Nacherfüllungsanspruch nebst Fristsetzung, die primären und sekundären Mängelrechte.[154] Ausgenommen sind die Fälle, in denen die Instandhaltungsverpflichtung einzelnen Wohnungseigentümern obliegt, und zwar nach einer Vereinbarung oder der Gemeinschaftsordnung.[155] Von dieser Verwaltungszuständigkeit sind des weiteren die Rechte bzw. Ansprüche auf Rücktritt und großen Schadensersatz ausgenommen.

840 Schließlich soll noch die **Ausübungsbefugnis der Gemeinschaft** betrachtet werden. Hinsichtlich der sekundären Mängelrechte besteht die Ausübungsbefugnis der Gemeinschaft der Wohnungseigentümer. Der Einzelerwerber darf daneben diese Ansprüche bzw. Rechte nicht ausüben. Vielmehr obliegt dies allein der Gemeinschaft der Wohnungseigentümer als **gesetzlicher Prozessstandschafter.** Der Bauträger soll vor der Inanspruchnahme von mehreren Erwerbern mit unterschiedlicher Zielsetzung geschützt werden.[156] Es soll nicht zugleich eine Minderung und ein Vorschuss wegen desselben Mangels geltend gemacht werden können. Der Bauträger wäre dann ggf. trotz erfolgter Mängelbeseitigung zu weiteren Zahlungen verpflichtet. Möglich bleibt in diesem Bereich die gewillkürte Prozessstandschaft, d.h., es kann ein einzelner Erwerber ermächtigt werden, derartige Ansprüche wegen Mängeln am Gemeinschaftseigentum allein geltend zu machen.

---

[152] Rücktritt möglich, bis ein von der Gemeinschaft verlangter Vorschuss gezahlt ist: BGH NJW 2006, 3275.

[153] Siehe hierzu *Wenzel* ZWE 2006, 467.

[154] Nach Selbstvornahme kann dieser Erwerber Kostenersatz an sich verlangen, falls der von der Gemeinschaft geforderte Vorschuss noch nicht geleistet wurde: BGH ZMR 2005, 888.

[155] OLG München NZM 2007, 487.

[156] BGH NJW 2006, 3275; *Hügel/Scheel* Teil 3 Rn. 39; hierzu auch differenzierend *Derleder* ZWE 2009, 1 ff.

Bei Mängeln am Gemeinschaftseigentum muss der Erwerber also zunächst überprüfen, ob aufgrund der **Gemeinschaftsbezogenheit** des Mangels der Verband die Ausübungsbefugnis durch einen entsprechenden Beschluss der Wohnungseigentümer inne hält. Auch kann er, wenn er seine vermeintlichen Individualansprüche nicht selber durchsetzen will, auf einen entsprechenden Beschluss selbst hinwirken. 841

d) Praxishinweise. *aa) Durchsetzung durch Verband als Regel.* Für den Ersterwerber stellt sich die Frage, ob es sinnvoll ist, dass die Gemeinschaft der Wohnungseigentümer die Ausübung der Mängelrechte an sich zieht. Dies dürfte regelmäßig der Fall sein: Durch die einheitliche Ausübung der Mängelrechte durch die Gemeinschaft der Wohnungseigentümer wird ein unterschiedliches Vorgehen einzelner Eigentümer vermieden. Auch entstehen weniger Kosten durch die **Bündelung** der individuellen Ansprüche/Rechte zur einheitlichen Geltendmachung. Zudem muss bei Mängelbeseitigungsarbeiten am Gemeinschaftseigentum ohnehin die Gemeinschaft der Wohnungseigentümer einbezogen werden. Der Ersterwerber sollte deshalb Sorge dafür tragen, dass ein entsprechender Beschluss zur „Vergemeinschaftung" dieser „Mängel" auf die Tagesordnung der nächsten Eigentümerversammlung gesetzt wird. 842

bb) Einschaltung eines Rechtsanwalts. Die Einschaltung eines **Rechtsanwaltes** dürfte in jedem Fall geboten sein. Die Materie weist einen hohen Schwierigkeitsgrad auf. Gerade bei begehrter Mängelbeseitigung sollten bereits im Vorfeld juristisch „hieb- und stichfeste" Beschlussvorschläge unterbreitet werden, die vom Verwalter oder Einzeleigentümer möglicherweise nicht zu leisten sind. Der Erwerber kann sich auch nicht auf den Verwalter verlassen, da dieser zur Geltendmachung von Mängelrechten der Erwerber nicht verpflichtet ist.[157] Der/die beauftragten Rechtsanwalt/Rechtsanwälte sollten zu der entsprechenden Eigentümerversammlung eingeladen werden, damit eine nochmalige Aufklärung aller Anwesenden erfolgen kann. Über die Teilnahmeberechtigung und Hinzuziehung des Rechtsanwaltes sollte dann am Anfang der Eigentümerversammlung beschlossen werden.[158] 843

cc) Hinzuziehung eines Sachverständigen. Auch die Beauftragung eines **Sachverständigen** ist sinnvoll. Zum einen sind die Kosten (auch des Privatgutachtens) als selbständige Schadensposition letztlich erstattungsfähig. Durch ein solches Privatgutachten wird die Basis für die weiteren Schritte geschaffen. Sofern die Verjährung ansteht, sollte ein gerichtliches Beweisverfahren eingeleitet werden, damit die Verjährung gehemmt wird. 844

dd) Geltendmachung welcher Rechte/Ansprüche? Für den Ersterwerber stellt sich die Frage, welche Mängelrechte ausgeübt werden sollten. Primär sollten die **Erfüllungsansprüche** geltend gemacht, also solche auf Nacherfüllung, Kostenvorschussleistung für Selbstvornahme oder Aufwendungsersatz. Dem Interesse des Ersterwerbers dürfte es entsprechen, möglichst zügig die versprochene Leistung mängelfrei zu erhalten, so dass diese Ansprüche auch primär geltend gemacht werden sollten. Die sekundären Mängelrechte sollten dann in Betracht gezogen werden, wenn die Mängelbeseitigung unmöglich oder mit unverhältnismäßigen Kosten behaftet ist. 845

ee) Insolvenz des Bauträgers. Bei **Insolvenz** des Bauträgers muss zunächst geprüft werden, ob der Insolvenzverwalter zur Fertigstellung verpflichtet ist. Sofern die Vergütung nicht bereits komplett im Voraus gezahlt wurde, sondern in den entsprechenden Raten nach der Makler- und Bauträgerverordnung, liegt ein beiderseitig noch nicht erfüllter Vertrag vor, so dass der Insolvenzverwalter nach § 103 InsO ein Wahlrecht hat, ob er den Vertrag erfüllt oder ob er die Erfüllung ablehnt. Bei einer Entscheidung zur Erfüllung ist dann die Herstellungsverpflichtung gegeben. Der Insolvenzverwalter sollte deshalb zur Ausübung seines Wahlrechtes aufgefordert werden. 846

---

[157] Vgl. hierzu die Ausführungen zu IV. 11. d) ff).

[158] Zur Teilnahmeberechtigung eines Rechtsanwaltes: BGH NJW 1993, 1329; zur Beratung des Verwalters: BayObLG NJW-RR 2004, 1312.

847 Lehnt der Insolvenzverwalter die Herstellung ab oder besteht seinerseits keine Verpflichtung hierzu, so kommt eine gemeinsame **Vollendung** durch die Erwerber in Betracht. Besteht bereits eine werdende Wohnungseigentümergemeinschaft, sind nach § 21 Abs. 3 und 4 WEG Ansprüche des einzelnen Erwerbers auf Fertigstellung des gemeinschaftlichen Eigentums als Maßnahme ordnungsmäßiger Verwaltung gegeben. Zur Finanzierung etwaiger Baumaßnahmen muss dann ein Beschluss über eine Sonderumlage gefasst werden.

848 Hierbei ist auch zu berücksichtigen, ob und in welcher Größenordnung die einzelnen Erwerber bereits Zahlungen an den Bauträger geleistet haben. Auch sind üblicherweise in diesem Fall noch **Einbehalte** beim Bauträger vorhanden, die von den einzelnen Erwerbern gezahlt wurden. Insoweit kann die Gemeinschaft der Wohnungseigentümer den einzelnen Erwerber zur Geltendmachung der Mängelansprüche und Zahlung an sich ermächtigen, damit dann der Erwerber gegenüber dem Bauträger in entsprechender Höhe aufrechnen kann. Es besteht dann allerdings die Verpflichtung dieses Erwerbers, den Einbehalt an die Gemeinschaft zu zahlen.

849 *ff) Pflicht des Verbandes zur Geltendmachung?* Schließlich ist noch zu überlegen, ob eine **Handlungspflicht** der Gemeinschaft der Wohnungseigentümer bei Baumängeln besteht. Grundsätzlich hat jeder einzelne Wohnungseigentümer einen Anspruch auf Mängelbeseitigung bei Mängeln am Gemeinschaftseigentum gemäß § 21 Abs. 4, Abs. 5 Nr. 2 WEG. Allerdings richtet sich dieser Anspruch auf Mängelbeseitigung, nicht jedoch darauf, dass die Gemeinschaft rechtliche Schritte gegen den Bauträger einleitet. Zur Begründung einer derartigen Verpflichtung ist ein Beschluss erforderlich.

12. Rechte, Pflichten, Haftung des Verwalters

850 Zu betrachten ist weiter, ob eine Verpflichtung beziehungsweise auch das Recht des Verwalters zu selbständigem Handeln beim Vorliegen von Mängeln besteht. Eine derartige Verpflichtung kann sich etwa aus dem **Verwaltervertrag** ergeben. Üblicherweise finden sich allerdings dort keine Verpflichtungen oder Ermächtigungen. Nach dem Gesetz kann sich aus § 27 WEG eine **Notfallkompetenz** des Verwalters ergeben. Erforderlich ist jedoch hierfür eine konkrete Gefährdung des Objektes. Dies kann der Fall sein, wenn der Ablauf der Gewährleistungsfrist in Frage steht.[159] Aus dem Gesetz ergibt sich ansonsten nur die Pflicht des Verwalters zur Vorbereitung der geltend zu machenden Ansprüche, der Unterstützung der einzelnen Wohnungseigentümer, deren Information und eine Pflicht zur Feststellung von Mängeln.[160] Nach § 27 Abs. 1 Nr. 2 WEG gehört die Überprüfung des Gebäudes auf Baumängel innerhalb des Laufes der Gewährleistungsfrist zu den Pflichten des Verwalters,[161] eine weiter gehende Verpflichtung (zur Einleitung der Mängelbeseitigung) findet sich nicht. Eine Verpflichtung des Verwalters kann sich aber aus einem **Beschluss** der Wohnungseigentümer ergeben. Aus diesem Grund sind die Protokolle der Eigentümerversammlungen bzw. die Beschluss-Sammlung einzusehen.

851 Die Haftung des Verwalters richtet sich nach den allgemeinen Regeln. In Betracht kommen Ansprüche auf Schadensersatz und auf Schmerzensgeld gemäß §§ 823 ff. BGB sowie positiver Verletzung des Verwaltervertrages: Es muss eine **Pflichtverletzung** vorliegen. Zunächst ist deshalb nach einer solchen Verpflichtung zu suchen (vgl. vorstehende Ausführungen). Als Maßstab ist der „sorgfältige Verwalter“ heranzuziehen. Ggf. muss der Verwalter auch Fachleute hinzuziehen, wenn seine eigene Sachkenntnis nicht ausreicht. In jedem Fall zu beachten ist, dass für einen Schadensersatzanspruch gegen den Verwalters immer Kausalität zwischen seinem Handeln und dem eingetretenen Schaden

[159] *Gottschalg,* Die Haftung von Verwalter und Beirat, Rn. 165.
[160] OLG Hamm NJW 1997, 908.
[161] OLG München ZMR 2009, Heft 1, 2. Umschlagseite (LS).

bestehen muss.[162] An dieser Voraussetzung scheitern viele Ansprüche, da unabhängig von dem Verhalten des Verwalters ein Schaden ohnehin eingetreten sein würde. Zu denken ist hier beispielsweise an den Fall der Insolvenz des zur Mängelbeseitigung verpflichteten Bauträgers. Auch zu berücksichtigen ist in diesem Fall ein eventuelles **Mitverschulden** der einzelnen Wohnungseigentümer, die gegebenenfalls durch verzögerte oder überhaupt nicht vorgenommene Beschlussfassungen mit zum Eintritt eines Schadens beigetragen haben. Hat sich der Bauträger selbst zum Verwalter bestellt oder ist Verwalter ein mit dem Bauträger wirtschaftlich verflochtenes Unternehmen, gelten hier strengere und höhere Anforderungen an das Handeln des Verwalters. Aufgrund der Kenntnisse (Verflechtung mit dem Bauträger) bestehen hier weitere Pflichten, die im Rahmen dieser Betrachtung Berücksichtigung finden müssen, und zwar zugunsten der einzelnen Wohnungseigentümer.[163]

Zusammenfassend kann festgehalten werden, dass der Verwalter zu selbständigem Handeln berechtigt und verpflichtet ist, sofern ein entsprechender **Beschluss** gefasst wurde oder wenn derartige Regelungen im Verwaltervertrag vorhanden sind. Die gesetzlichen Pflichten des Verwalters beschränken sich auf die Vorbereitung und Unterstützung der Mängelbeseitigung bzw. Geltendmachung. Eine Ausnahme ist im Bereich der Notgeschäftsführung gegeben. 852

13. Erbbaurecht

Ein Erbbaurecht kann nicht nur an einem Grundstück bestellt werden, sondern auch an einer Wohnung, § 30 WEG. Nach der gesetzlichen Regelung ist ein Erbbaurecht das Recht, auf einem fremden Grundstück ein **Bauwerk** zu haben, § 1 ErbbauRG. Eigentum am Grundstück und Eigentum am Bauwerk fallen auseinander. Es wird in diesem Bereich von dem Grundsatz abgewichen, dass der Grundstückseigentümer auch Eigentümer sämtlicher wesentlicher Bestandteile (fest mit Grund und Boden verbunden) ist. 853

Beim Wohnungseigentum kann an den Sondereigentumseinheiten ein Erbbaurecht begründet werden. Zum Erbbaurecht an sich und zu seiner Bestellung vgl. A. II. Grundsätzlich kann der Erbbauberechtigte mit dem Wohnungserbbaurecht für die gesamte Dauer des Erbbaurechts verfahren wie ein **Wohnungseigentümer.** Insbesondere kann das Erbbaurecht belastet, verkauft oder vererbt werden. Zu beachten ist, dass der Übertragungsvertrag gemäß § 11 Abs. 2 Erbbaurechtsgesetz (ErbbauRG) notariell beurkundet werden muss, § 311 b BGB. Bei Nichteinhaltung dieser Form kommt es zur Heilung des Vertrages nur, wenn die dingliche Einigung und die Eintragung im Erbbaugrundbuch erfolgen, § 311 b Abs. 1 Satz 2 BGB. Die Einigung zwischen dem Erbbauberechtigten und dem Erwerber ist zwar erforderlich, sie ist jedoch formlos gültig, insbesondere muss sie nicht bei gleichzeitiger Anwesenheit vor einem Notar erklärt werden, § 925 BGB findet nämlich gemäß § 11 Abs. 1 Satz 1 ErbbauRG keine Anwendung. Die Zustimmung des Grundstückseigentümers kann erforderlich sein. Nach § 5 Abs. 1 ErbbauRG kann als Inhalt des Erbbaurechts vereinbart werden, dass der Erbbauberechtigte zur Veräußerung des Erbbaurechts der Zustimmung des Grundstückseigentümers bedarf. Diese Zustimmung ist formlos möglich und kann gegenüber dem bisherigen oder dem neuen Erbbauberechtigten erklärt werden (§ 182 BGB). 854

Konstitutiv ist die Eintragung des neuen Erbbauberechtigten im **Erbbaugrundbuch.** Diese Eintragung ist vom Grundbuchamt im Grundstücksgrundbuch zu vermerken (§ 14 Abs. 3 Satz 2 ErbbauRG). Diese Eintragung im Grundstücksgrundbuch hat allerdings dann nur deklaratorische Bedeutung. 855

Eine Übertragung des Erbbaurechts darf nicht bedingt und auch nicht befristet sein gem. § 11 Abs. 1 Satz 2 ErbbauRG. Eine gleichlautende Vorschrift findet sich für den 856

---

[162] BGH NJW 1991, 167; NJW-RR 1995, 937.
[163] OLG München ZMR 2009, Heft 1, 2. Umschlagseite (LS).

Eigentumswechsel bei Grundstücken in § 925 Abs. 2 BGB. Insoweit erfolgt eine weitere **Gleichstellung** mit dem Grundstücksgeschäft. Liegt eine Bedingung oder Befristung dennoch vor, ist die Erbbaurechtsübertragung unwirksam.[164] Betroffen sind sowohl aufschiebende als auch auflösende Bedingungen. Möglich ist allerdings eine schuldrechtliche Bedingung dahingehend, dass ein Rückübertragungsanspruch aufschiebend bedingt vereinbart wird, nämlich für den Fall der Nichtzahlung des Kaufpreises.[165]

857 Im Übrigen gelten die Regelungen für den Erwerb der Eigentumswohnung entsprechend.

[164] *Ingenstau/Hostedt* § 11 ErbbauRG Rn. 62, 63.
[165] *Ingenstau/Hostedt* § 11 ErbbauRG Rn. 62.

V. Weiterveräußerungen, Weitererwerb

Vorstehend wurden zu IV. die Besonderheiten des Ersterwerbes vom teilenden Eigentümer, insbesondere vom Bauträger aufgezeigt. Im Folgenden werden die Weiterveräußerung bzw. der Weitererwerb betrachtet (sog. **Zweiterwerb**). Beim Zweiterwerb ist Veräußerer nicht (mehr) der teilende Eigentümer. Vielfach decken sich die Problembereiche hinsichtlich des Ersterwerbs und des Zweiterwerbs. Die folgenden Ausführungen sollen deshalb auf die Besonderheiten beschränkt werden, die nur die Weiterveräußerung/den Weitererwerb betreffen. Ausgangslage ist eine bereits bestehende Wohnungseigentumsanlage, insbesondere vollständiges Vorhandensein der in Frage stehenden Wohnung sowie auch die bereits bestehende Wohnungseigentümergemeinschaft. 858

1. Erfassung des Bestandes – in tatsächlicher Hinsicht

Bei dem Erwerb einer bereits bestehenden Eigentumswohnung sollte der Erwerber eine genaue **Prüfung** des Objektes – in tatsächlicher und rechtlicher Hinsicht – vornehmen. Es gelten deshalb zunächst dieselben Grundsätze, die bereits für den Ersterwerb unter A. IV. Rn. 648 (in tatsächlicher Hinsicht) und A. IV. Rn. 685 ff. (in rechtlicher Hinsicht) dargestellt wurden. Dies gilt insbesondere hinsichtlich einer Überprüfung der Größe, der Lage und Anbindung, des Zubehörs, der Wohngeldhöhe und der Finanzierung sowie hinsichtlich von Mängeln. 859

a) **WEG-Verwalter.** Wer durch Erwerb einer Eigentumswohnung in eine bestehende Gemeinschaft eintritt, ist zwangsläufig mit dem **Wohnungseigentumsverwalter** für eine gewisse Dauer verbunden. Der Erwerber sollte sich deshalb informieren, wer der Wohnungseigentumsverwalter der Anlage ist und ggf. für welche Dauer die Bestellung erfolgt ist. Auch können Auskünfte über diesen Verwalter eingeholt werden, damit sich der Erwerber von der Person des Verwalters ein Bild machen kann. Dies ist zum einen wichtig, da die Wohnungseigentumsverwaltung diesem Verwalter obliegt, zum anderen auch deshalb, da bei bereits vorliegender oder beabsichtigter Vermietung der Wohnung gegebenenfalls auch der Wohnungseigentumsverwalter als Sondereigentumsverwalter von dem Erwerber beauftragt werden kann. Es bietet sich an, den Wohnungseigentumsverwalter auch mit der Betreuung und Verwaltung des Sondereigentums zu beauftragen. Erforderliche Informationen aus dem Verhältnis der Wohnungseigentümer liegen diesem Verwalter vor, so dass es nicht zu Informationsverlusten kommen kann. 860

b) **Wohngeld.** Zu ermitteln ist vor Kaufvertragsabschluss auch das zu zahlende Wohngeld: Der umsichtige Erwerber wird sich sowohl die aktuelle Wohngeldhöhe mitteilen lassen, als auch Einsicht in die zugrundeliegenden **Wirtschaftspläne** und auch die letzten Jahresabrechnungen nehmen. Gerade aus der letzten Abrechnung könnte sich ergeben, dass eine nicht unerhebliche Nachzahlung vom Veräußerer zu leisten war. Sofern das Wohngeld nicht entsprechend der Höhe nach angepasst wurde, ist für das nächste Jahr wiederum mit einer entsprechenden – gegebenenfalls empfindlichen – Nachzahlung zu rechnen. Eine solche finanzielle Belastung sollte vor Abschluss des Kaufvertrages geklärt sein. Jegliche – auch dauerhafte – finanzielle Belastung muss dem Erwerber bekannt sein, damit er insbesondere auch in Bezug auf die Höhe des Kaufpreises abschließend kalkulieren kann. Als Informationsquellen dienen hier der Verwalter, der Veräußerer und die Beschluss-Sammlung. 861

c) **Unvermietete Wohnung.** Beabsichtigt der Erwerber die Eigentumswohnung selbst zu nutzen, einem Familienangehörigen zur Nutzung zu überlassen oder aber an einen Dritten zu vermieten, muss er zunächst überprüfen, dass die Wohnung tatsächlich auch unvermietet ist oder ohne **Mietvertrag** genutzt wird und auch, dass nicht der Veräußerer 862 diese Wohnung nutzt. Abzustellen ist insoweit auf den Nutzen-/Lastenwechsel, nämlich den Zeitpunkt des Besitzübergangs. Zu diesem Zeitpunkt muss die Wohnung in diesem Fall nach der Interessenlage des Erwerbers leer übergeben werden.

863 Ist die Wohnung vermietet, muss der Erwerber prüfen, ob das Mietverhältnis bereits gekündigt ist, so dass tatsächlich mit einem **Auszug** des derzeitigen Nutzers zum Besitzübergang gerechnet werden kann. Nutzt der Veräußerer die Wohnung selbst, muss eine entsprechende Verpflichtung zur Übergabe in geräumtem Zustand mit in den Kaufvertrag aufgenommen werden.

864 Bei der ersten Überprüfung – in tatsächlicher Hinsicht – ist es für den Erwerber zunächst deshalb wichtig, seine eigene **Interessenlage** abschließend zu klären (Selbstnutzung, Vermietung etc.) und dann zu prüfen, ob diese beabsichtigte Nutzung sich auch anhand des in Frage stehenden Objektes realisieren lässt.

865 In diesem Zusammenhang sollte die Wohnung nicht nur auf eine bestehende Nutzung untersucht werden, sondern auch auf die generelle Eignung zur beabsichtigten eigenen Nutzung. Sie muss auch vom Zuschnitt, Grundriss her in Augenschein genommen werden. Gleichfalls muss eine Prüfung des Zustandes auf Mängel, Renovierungserfordernisse etc. erfolgen. Nicht selten sind Fälle, in denen Wohnungen ohne eine zuvor erfolgte Augenscheinseinnahme erworben werden, allein aufgrund von Fotos und **Exposés** etc. Hiervon ist dringend abzuraten.

866 **d) Vermietete Wohnung.** Soweit der Erwerber beabsichtigt, eine bereits vermietete Wohnung – als **Anlageobjekt** – zu erwerben, ergeben sich andere Aspekte hinsichtlich der Überprüfung in tatsächlicher Hinsicht: Zum einen sollte auch in diesem Fall eine Augenscheinseinnahme unerlässlich sein, damit der Erwerber bereits vor Kaufvertragsabschluss feststellen kann, in welchem Zustand sich die von einem Mieter genutzte Wohnung befindet. Es sollte möglichst ein persönlicher Kontakt zu dem Mieter hergestellt werden, da durch den Erwerb mit Eigentumsumschreibung der Erwerber in das Mietverhältnis eintritt, § 566 BGB. Aufgrund des bestehenden Dauerschuldverhältnisses ist ein persönlicher Kontakt hilfreich, um nicht von vornherein Spannungen im Verhältnis zum Mieter aufzubauen. Das persönliche Kennenlernen ist hilfreich, da diese beiden Parteien über den Mietvertrag dauerhaft verbunden sein werden.

867 Auch die Überprüfung des **Zustandes** der vermieteten Wohnung ist erforderlich, da der Zustand der Wohnung ggf. eine Kostentragungspflicht des Erwerbers begründen kann. Dem Vermieter obliegt nach § 535 Abs. 1 Satz 2 BGB die Instandsetzungsverpflichtung. Liegen Mängel an der Wohnung vor, die nicht vom Mieter verursacht sind, kann der Mieter nämlich Instandhaltungsansprüche auch gegenüber dem Erwerber – nach Eintritt in das Mietverhältnis – geltend machen. Eine solche – möglicherweise empfindliche – Kostenbelastung sollte von vornherein bekannt sein.

868 *aa) Miethöhe.* Der Erwerber sollte den Mietvertrag einsehen und sich sämtliche weiteren Erklärungen und Unterlagen aus diesem Mietverhältnis vorlegen lassen. Er muss sämtliche aktuellen **Regelungen** des Mietverhältnisses klären. Dies gilt für die aktuelle Miethöhe, für die Mietstruktur, eventuelle Nachträge zum Mietvertrag, Flächenangaben, Regelungen zu Schönheitsreparaturen etc. Gerade im Bereich der Schönheitsreparaturen muss eine Prüfung vor Kauf erfolgen, da durch die jüngste Rechtsprechung des Bundesgerichtshofes zu Formularklauseln in Bezug auf Schönheitsreparaturen überwiegend diese Klauseln unwirksam sind.[1] In diesem Fall ist der Vermieter, also der Erwerber als zukünftiger Vermieter, zur Durchführung der Schönheitsreparaturen im Rahmen der Instandhaltung verpflichtet. Die Kosten können so erheblich sein, dass sie den Kaufentschluss beeinflussen könnten. Deshalb müssen sämtliche Unterlagen zum Mietvertrag rechtzeitig und fachkundig eingesehen und geprüft werden.

---

[1] Vgl. zu dieser Thematik *Schmidt-Futterer/Langenberg* § 538 Rn. 149ff.; BGH Info 11 2009, 208.

Eine Überprüfung der **Größe** der Wohnung in Bezug auf die Angaben im Exposé oder andere Verkäuferangaben ist ebenfalls erforderlich. Dies gilt auch bei einer unvermieteten Wohnung. Bei einer Vermietung ist dieser Punkt umso wichtiger, da ein Mieter zur Minderung der Miete berechtigt ist, wenn die im Mietvertrag angegebene Fläche um mehr als 10% größer ist, als die tatsächlich vorhandene Fläche.[2] 869

Des Weiteren sollte der Erwerber Einsicht in die letzten **Betriebs- und Heizkostenabrechnungen** nehmen, um einen Überblick über sämtliche vom Mieter zu leistenden Zahlungen oder auch hinsichtlich bestehender Guthaben zu erlangen. 870

bb) Vorkaufsrecht des Mieters. Bei dem Erwerb einer vermieteten Eigentumswohnung kann zugunsten des Mieters ein **Vorkaufsrecht** eingreifen (vgl. hierzu A. IV Rn. 881 ff.). Sollte ein Vorkaufsrecht nach § 577 BGB in Betracht kommen, sollte der Erwerber bereits vor Kaufvertragsabschluss ein Vorgespräch mit dem Mieter führen, um zu klären, ob dieser von seinem Vorkaufsrecht gegebenenfalls. Gebrauch machen will. Zwar wird und kann der Mieter zu einem solchen frühen Zeitpunkt – ohne Vorlage des Kaufvertrages – keine für den Erwerber verbindliche Erklärung abgeben, immerhin erhält aber der Erwerber bereits den aktuellen Meinungsstand des Mieters. Sofern der Mieter bereits zu diesem Zeitpunkt mitteilt, dass er jede Möglichkeit nutzen werde, um die Wohnung selbst zu erwerben, kann der Erwerber noch von seinem Kaufentschluss hinsichtlich dieser Wohnung Abstand nehmen und – zeitnah – eine andere Wohnung zum Kauf suchen. Durch die Ausübung des Vorkaufsrechts wäre sonst eine zeitliche Verzögerung von nicht unerheblicher Dauer die Folge. 871

2. Erfassung des Bestandes – in rechtlicher Hinsicht

Zunächst gelten die entsprechenden Ausführungen zum Ersterwerb zu (A. IV. Rn. 685 ff.) entsprechend. Aufgrund der Tatsache, dass beim Zweiterwerb nicht vom Bauträger erworben wird, sind **Besonderheiten** zu beachten: 872

a) **Belastungen.** Da sich die beim Zweiterwerb in Frage stehende Wohnung bereits seit längerer Zeit im Eigentum des Vorerwerbers befunden haben kann, könnte dieser auch weitere Belastungen bewirkt haben. In Betracht kommt zunächst die **Finanzierungsgrundschuld** des Zweitveräußerers. Insoweit bestehen keine Besonderheiten zum Ersterwerb. Es ist aber möglich, dass im Grundbuch zum Zeitpunkt des Zweiterwerbs Wohnungsrechte (§ 1093 BGB) vorhanden sind, Versorgungsansprüche dinglich abgesichert wurden oder auch eine Vormerkung zugunsten eines Dritten im Grundbuch eingetragen ist. Eine Grundbucheinsicht ist daher erforderlich. Wohnungsrechte können zugunsten des Ehepartners, Kindern oder Dritten in das Grundbuch eingetragen worden sein, um diese hinsichtlich des Verbleibs in der Wohnung dinglich abzusichern. Gleiches gilt für Versorgungsansprüche. Eine Verpflichtung zur Zahlung von Versorgungsleistungen kann dinglich abgesichert werden. 873

Derartige Eintragungen im Grundbuch müssen gelöscht werden, damit der Erwerber die Wohnung lastenfrei erwerben und nutzen kann. Sollte eine Vormerkung im Grundbuch eingetragen sein, muss auch diese zur **Löschung** gebracht werden, da ansonsten der Erwerber kein Eigentum erwerben kann, § 883 Abs. 2 BGB. Der Veräußerer sollte mit den aus diesen Grundbucheintragungen Berechtigten klären, ob und gegebenenfalls unter welchen Bedingungen diese eine Löschungsbewilligung erteilen. Ist ein dinglich Berechtigter nicht bereit, die Löschungsbewilligung zu erteilen, kann der Veräußerer seinen kaufvertraglichen Pflichten gegenüber dem Erwerber nicht nachkommen (lastenfreies Eigentum). 874

b) **Beschlüsse und Vereinbarungen.** Der Erwerber muss die rechtlichen Grundlagen der Wohnungseigentümergemeinschaft überprüfen, in die er durch den Kauf eintritt: 875

---

[2] BGH WuM 2004, 336; KG GE 2002, 257.

876 *aa) Teilungserklärung.* Hierzu gehört primär die Durchsicht der Teilungserklärung und der **Gemeinschaftsordnung**. Insbesondere muss der Erwerber prüfen, ob und in welchen Bereichen Abweichungen von den §§ 10ff. WEG vorhanden sind (z. B. in Bezug auf Stimmrecht, Kostenverteilung, Beschlussfähigkeit, qualifizierte Mehrheitserfordernisse, Zweckbestimmungen, Zuordnungsvorbehalte, Gebrausregelungen). Ferner können Öffnungsklauseln vorliegen, die für bestimmte Regelungsbereiche eine Beschlusskompetenz eröffnen.

877 *bb) Vereinbarungen.* Aufgrund von nach der Teilung und Erstellung der Gemeinschaftsordnung geänderter Umstände kann eine **Anpassung** der ursprünglichen Regelungen erfolgt sein. Die Eigentümer könnten weitere Vereinbarungen getroffen haben. Der Erwerber muss deshalb das Grundbuch auch hinsichtlich „neuer" Vereinbarungen einsehen. Ein Rechtsnachfolger (Erwerber) ist an Vereinbarungen nur dann gebunden, wenn diese verdinglicht, also, im Grundbuch eingetragen sind, § 10 Abs. 3 WEG. Liegen Vereinbarungen vor, die nicht im Grundbuch eingetragen sind, ist der Erwerber an diese nicht gebunden. Eine Bindung tritt dann nur ein, wenn er ausdrücklich die Verpflichtungen aus einer solchen schuldrechtlichen Vereinbarung übernimmt.[3]

878 *cc) Beschlüsse.* Darüber hinaus muss der Erwerber auch die Beschlusslage prüfen. Die Wohnungseigentümergemeinschaft fasst auf der (grundsätzlich einmal jährlich stattfindenden) Wohnungseigentümerversammlung Beschlüsse. Daneben sind schriftliche Beschlussfassungen nach § 23 Abs. 3 WEG möglich. Die Regelungsbereiche, die durch Beschlussfassungen geändert werden können, sind vielfältig. Sofern in der Teilungserklärung/Gemeinschaftsordnung **Öffnungsklauseln** vorhanden sind, wäre dieser Bereich noch erweitert. Der Erwerber kann sich nicht darauf verlassen, dass Beschlüsse der Wohnungseigentümer nur Bereiche von untergeordneter Bedeutung geregelt haben werden. Insbesondere werden Wirtschaftspläne durch Beschluss gefasst, § 28 Abs. 5 WEG. Da diese Wirtschaftspläne die Grundlage für die monatlichen Wohngeldzahlungen der einzelnen Eigentümer darstellen, ist die Prüfung, ob ein derartiger Beschluss gefasst wurde, unerlässlich. Es besteht ansonsten das Risiko, dass keiner der Eigentümer Zahlungen leistet und die Liquidität der Gemeinschaft gefährdet ist und eine Bewirtschaftung des Objektes nicht mehr in ordnungsmäßiger Weise erfolgen kann.

879 *dd) Beschluss-Sammlung.* Durch die WEG-Novelle zum 1. 7. 2007 hat der Gesetzgeber die Beschluss-Sammlung eingeführt, § 24 Abs. 7 WEG: Diese Beschluss-Sammlung ist die **Informationsquelle** für den Erwerber, um sich hinsichtlich sämtlicher weiterer Regelungen, die nicht aus dem Grundbuch ersichtlich sind, zu informieren. Nach § 24 Abs. 7 Satz 8 WEG ist dem Erwerber vom Verwalter, der regelmäßig die Beschluss-Sammlung führt, Einsicht in diese zu gewähren, wenn der Erwerber eine entsprechende Bevollmächtigung seitens des Veräußerers vorlegt. Der Erwerber muss sich eine solche Vollmacht rechtzeitig vor Kaufvertragsabschluss vom Veräußerer erteilen lassen.[4] Aus der Beschluss-Sammlung gehen nicht nur sämtliche gefassten Beschlüsse hervor, sondern auch gerichtliche Entscheidungen. Auch diese sind für den Erwerber von gewichtigem Interesse, da er anhand der geführten Verfahren feststellen kann, ob und ggf. wie viele Wohnungseigentümer säumig mit Wohngeldzahlungen waren. Auch kann er feststellen, ob regelmäßig Beschlüsse angefochten werden. Dieses Zusammentragen von Informationen ergibt dann für den Erwerber ein komplettes Bild der Wohnungseigentümergemeinschaft.

880 Eine Verpflichtung des Verwalters zur Führung der Beschluss-Sammlung besteht erst ab dem 1. 7. 2007. Zur Eintragung früherer Beschlüsse oder Gerichtsentscheidungen besteht keine rechtliche **Verpflichtung**. Sollte der Erwerber jedoch auch ältere Beschlüsse einsehen wollen, muss er sich vom Verwalter oder Veräußerer die entsprechenden Niederschriften der Eigentümerversammlungen zur Einsicht vorlegen lassen. Sofern der

[3] OLG Zweibrücken NZM 2005, 343.
[4] *Sauren* § 24 Rn. 51.

Veräußerer nicht sämtliche **Versammlungsprotokolle** aufbewahrt hat, muss er dem Erwerber eine Vollmacht erteilen, damit dieser bei dem Verwalter die Einsicht vornehmen kann. Werden einige Protokolle nicht vorgelegt, sollte der Erwerber nicht ohne Weiteres den Kaufvertrag unterschreiben, sondern zunächst Nachforschungen – bei Miteigentümern – anstellen, um festzustellen, welche Beschlüsse in eben diesen Versammlungen gefasst wurden, um ggf. nachfolgend beurteilen zu können, warum ihm diese Protokolle nicht vorgelegt wurden.

c) **Vorkaufsrecht des Mieters.** Der Erwerber muss überprüfen (lassen), ob ein Vorkaufsrecht zugunsten des Mieters besteht, § 577 BGB: **881**

aa) Wesen des Vorkaufsrechts. § 577 BGB sieht vor, dass bei dem Verkauf einer vermieteten Eigentumswohnung unter gewissen Voraussetzungen ein Vorkaufsrecht zugunsten des Mieters besteht. Liegen diese Voraussetzungen vor, besteht für den Erwerber die Gefahr, dass er zwar mit dem Veräußerer einen Kaufvertrag über die Eigentumswohnung abschließt, jedoch der Mieter sein **Vorkaufsrecht** ausübt und das Eigentum erwirbt. Dem Erwerber entstehen durch die Ausübung eines solchen Vorkaufsrechts keinerlei Kosten, da sämtliche Vertragskosten dann von dem Vorkäufer (Mieter) zu übernehmen sind, andererseits erwirbt er kein Eigentum an der Wohnung. Er muss neu beginnen, ein anderes Objekt zu suchen. Dieser Zeitverlust wird dem Erwerber ebenso wenig ersetzt, wie eventuelle Aufwendungen, die er bereits im Vorfeld getätigt hat (z. B. Kauf von Einrichtungsgegenständen). Von derartigen Investitionen ist deshalb abzuraten, solange keine Klarheit besteht, ob ein Vorkaufsrecht besteht und ggf. ausgeübt wird. **882**

bb) Ausübung des Vorkaufsrechts. Nach § 577 Abs. 2 BGB ist der Mieter bei Bestehen eines Vorkaufsrechts nach Abschluss des Kaufvertrages zwischen Veräußerer und Erwerber über den Inhalt dieses Kaufvertrages zu informieren und über sein Vorkaufsrecht zu belehren. Dieses kann der Mieter bis zum Ablauf von **zwei Monaten** nach dem Empfang dieser Mitteilung ausüben, §§ 577, 469 Abs. 2 BGB. Diese Frist beginnt, wenn dem Mieter sowohl die Mitteilung über den Kaufvertrag, als auch über sein Vorkaufsrecht zugegangen ist.[5] Diese Mitteilung muss bei einer Mehrheit von Mietern sämtlichen Mietern zugehen, nicht nur einem.[6] **883**

Aufgrund der Unsicherheit über die Ausübung des Vorkaufsrechts bei Abschluss des Kaufvertrages sollte ein **Rücktrittsrecht** für den Fall der Ausübung des Vorkaufsrechts vereinbart werden. Übt der Mieter sein Vorkaufsrecht aus, muss der Verkäufer von dem Kaufvertrag mit dem Erwerber zurücktreten können. Dieser Vertrag bliebe sonst wirksam. Der Verkäufer kann jedoch gegenüber dem Erwerber seine Verpflichtungen (Eigentumsübertragung) nicht erfüllen. Der Kaufvertrag mit dem Mieter kommt durch die Ausübungserklärung zustande, dennoch ist eine weitere Beurkundung – insbesondere zur Erklärung der Auflassung – erforderlich.[7] **884**

cc) Verzicht auf das Vorkaufsrecht. Keine Wirkungen entfaltet ein **Verzichtsvertrag** zwischen Mieter und Vermieter (Veräußerer), der vor Abschluss des Kaufvertrages mit dem Erwerber abgeschlossen wird.[8] Genauso wenig ist ein Verzichtsvertrag zwischen Mieter und Erwerber möglich. Es gelten dieselben Regeln.[9] Erst nach Abschluss des Kaufvertrages und entsprechender Information des Mieters kann – auch vor Ablauf der Zweimonatsfrist – ein solcher Verzicht seitens des Mieters ausgesprochen werden.[10] **885**

dd) Voraussetzungen des Vorkaufsrechts. Es muss sich um vermietete **Wohnräume** handeln. Auf Gewerberäume findet diese Regelung keine Anwendung. Das Vorkaufs- **886**

---

[5] Zum Inhalt der Mitteilung BGH ZMR 2003, 408.
[6] MünchKommBGB/*Schilling* § 577 Rn. 16.
[7] A. A. *Schmidt-Futterer/Blank* § 577 Rn. 59; wie hier: *Börstinghaus* MietPrax Fach 1 Rn. 282.
[8] *Schmidt-Futterer/Blank* § 577 Rn. 66.
[9] *Schmidt-Futterer/Blank* § 577 Rn. 67.
[10] MünchKomm/*Schilling* § 577 Rn. 20.

recht besteht nur, wenn zunächst die Vermietung und Überlassung an den Mieter erfolgt ist und nachfolgend – also während des Mietverhältnisses – die Umwandlung in Eigentumswohnungen erfolgt ist.[11] Bei einer anderen Reihenfolge ist kein Vorkaufsrecht gegeben, insbesondere dann nicht, wenn erst die Umwandlung in Wohnungseigentum erfolgt ist und danach die Vermietung und Überlassung an den Mieter.[12] In diesem Fall ist der Mieter nicht schutzwürdig, da er wusste, in eine bestehende Eigentumswohnung einzuziehen. Auch wenn der Veräußerer zunächst vermietet, dann umwandelt und erst nachfolgend dem Mieter die Wohnung überlässt, besteht kein Vorkaufsrecht. Insoweit ist nicht nur auf die Vermietung abzustellen, sondern auch auf den Zeitpunkt der Überlassung an den Mieter.[13] Für den Zeitpunkt der Teilung ist abzustellen auf die Anlegung der **Wohnungsgrundbücher.**[14] Das Vorkaufsrecht tritt ein, wenn die Wohnung verkauft wird. Es muss ein Kaufvertrag wirksam zustande gekommen sein. Erfolgt der Verkauf an Familien- oder Haushaltsangehörige, ist das Vorkaufsrecht ausgeschlossen nach § 577 Abs. 1 Satz 2 BGB.

887 *ee) Vorkaufsberechtigter.* Vorkaufsberechtigt ist der **Mieter.** Entscheidend ist die Mieterstellung zum Zeitpunkt des Verkaufs. Das Vorkaufsrecht besteht nur für den ersten Verkauf nach der Umwandlung (nach dem 1. 9. 1993).[15] Bei einer nachfolgenden Veräußerung ist ein Vorkaufsrecht nicht (mehr) gegeben. Auch diese Prüfung ist daher für den Erwerber wichtig, nämlich ob es sich um den ersten Verkauf nach der Umwandlung handelt oder aber um einen Weiterverkauf.

888 d) **Kündigungsmöglichkeiten des Mietverhältnisses.** Der Erwerber muss sich über sämtliche Regelungen eines bestehenden Mietverhältnisses in Bezug auf die in Frage stehende Wohnung informieren. Insbesondere sollte er sein Augenmerk auch auf eine Kündigung(-smöglichkeit) des Mietverhältnisses legen. Sofern der Erwerber beabsichtigt, die Eigentumswohnung trotz der aktuellen Vermietung selbst zu nutzen, müsste er nach Erwerb das Mietverhältnis zunächst kündigen. Insoweit hat der Erwerber **§ 577 a BGB** zu beachten: Danach besteht eine Kündigungsbeschränkung für den Fall, dass eine vermietete Eigentumswohnung verkauft worden ist. Ist an vermieteten Wohnräumen nach der Überlassung (vgl. auch Vorkaufsrecht) Wohnungseigentum begründet und dann das Wohnungseigentum veräußert worden, kann sich der Erwerber auf berechtigte Interessen im Sinne von § 573 Abs. 2 Nr. 2 oder 3. (**Eigenbedarf und wirtschaftliche Verwertung**) erst nach dem Ablauf von drei Jahren seit dieser Veräußerung berufen. Nach Abs. 2 können die Landesregierungen der einzelnen Bundesländer diese Frist auf bis zu zehn Jahre verlängern. Je nachdem, in welchem Bundesland eine Wohnung belegen ist und ein Mietverhältnis gekündigt werden soll, muss deshalb eine Prüfung der landesrechtlichen Vorschriften erfolgen, welcher Zeitraum hinsichtlich des Ausschlusses der Eigenbedarfskündigung gilt.[16] Von dieser Regelung sind nur Wohnräume betroffen, keine Gewerberäume! Nochmals: Allein die Mindestfrist des § 577a BGB von drei Jahren kann die Kaufentscheidung eines Erwerbers entscheidend beeinflussen.

889 Die Sperrfrist beginnt mit dem Tag, an dem der Erwerber als neuer Eigentümer ins Grundbuch eingetragen wird.[17] Die Sperrfrist wirkt nur dann, wenn zunächst die **Vermietung und Überlassung** erfolgte und sodann nachfolgend die **Umwandlung** in Wohnungseigentum. Für die Teilung ist auch hier wiederum der Zeitpunkt maßgebend, zu dem die Wohnungsgrundbücher angelegt worden sind.[18] Veräußert während der laufen-

[11] *Palandt/Weidenkaff* § 577 Rn. 3.
[12] Vgl. hierzu AG Frankfurt NJW 1995, 1034.
[13] *Schmidt-Futterer/Blank* § 577 Rn. 7, vgl. aber auch Rn. 26.
[14] *Schmidt-Futterer/Blank* § 577 Rn. 12.
[15] BGH NJW 1999, 2044.
[16] KündSperrFrVO.
[17] *Palandt/Weidenkaff* § 577 a Rn. 4.
[18] *Schmidt-Futterer/Blank* § 577 a, Rn. 11.

den Frist der erste Erwerber die Eigentumswohnung, tritt der nächste Erwerber in eine laufende Frist ein. Diese beginnt nicht nochmals zu laufen. Ist die Frist zum Zeitpunkt des Zweiterwerbs bereits abgelaufen, so kann der Zweiterwerber ohne Beachtung der Sperrfrist kündigen.[19] In Betracht kommen deshalb nur **außerordentliche Kündigungen** wegen Zahlungsverzuges, Pflichtverletzungen etc. Ob die Voraussetzungen für eine außerordentliche – ggf. fristlose – Kündigung zukünftig vorliegen werden, kann der Erwerber bei Abschluss des Kaufvertrages nicht einschätzen. Nur wenn bereits Mietrückstände bestehen oder das bisherige Zahlungsverhalten des Mieters Anlasszu solchen Vermutungen Anlass gibt, könnte eventuell eine Möglichkeit zur Kündigung bereits in Betracht gezogen werden. Verlassen sollte sich der Erwerber darauf nicht. Er selbst tritt zudem erst mit Eigentumsumschreibung in das Mietverhältnis ein, so dass vorhergehende Kündigungserklärungen noch vom Veräußerer abgegeben werden müssten, oder aber aufgrund einer bestehenden Vollmacht durch den Erwerber, allerdings dann im Namen des Veräußerers.

3. Kaufvertrag

Hinsichtlich des Kaufvertrages gelten die Ausführungen zum Ersterwerb (A. IV. Rn. 729 ff.) entsprechend. Es bestehen in Bezug auf die allgemeinen Voraussetzungen keine Besonderheiten. Zu beachten ist nur, dass es sich bei dem Zweiterwerb üblicherweise um einen Kaufvertrag handelt und nicht um einen gemischten Vertrag, der auch werkvertragliche Elemente enthält. Dies gilt nur dann, wenn zusätzlich zu der Eigentumsübertragung noch weitere Leistungen des Veräußerers vereinbart werden. 890

4. Spezielle Regelungen

In dem Kaufvertrag über eine bereits bestehende Eigentumswohnung, die nicht vom Bauträger erworben wird, sind spezielle Regelungen zu beachten. Teilweise decken sich diese mit den Regelungen zum Erstvertrag, teilweise sind andere **Regelungen** erforderlich bzw. sinnvoll: 891

a) Übernahme der Verpflichtungen aus dem Erstvertrag. Der Erwerber wird Mitglied der Gemeinschaft der Wohnungseigentümer und auch der Bruchteilsgemeinschaft. Für den Veräußerer ist es deshalb – genauso wie für den Erwerber – wichtig, sämtliche Regelungen aus seinem (Erst-)Vertrag zu überprüfen, ob er sich verpflichtet hat, einem Erwerber Verpflichtungen schuldrechtlicher Art aufzuerlegen bzw. weiterzugeben. Durch die vom BGH erkannte Rechtsfähigkeit der Gemeinschaft ist eine Erleichterung im **Rechtsverkehr** gegeben. Die Verträge mit Dritten (z. B. Versorgern) werden durch den Verband (Gemeinschaft der Wohnungseigentümer) abgeschlossen, so dass durch die Eigentumsumschreibung der Erwerber Mitglied der Gemeinschaft der Wohnungseigentümer wird und somit die bestehenden Verträge von ihm gleichermaßen mitzuerfüllen sind.[20] 892

Hinsichtlich verdinglichter Rechte (z. B. Sondernutzungsrecht) ist der Erwerber bei Eigentumsumschreibung ohnehin mit verpflichtet.[21] Es können jedoch schuldrechtliche Vereinbarungen bestehen, an welche der Erwerber ohne entsprechende **Übernahmeerklärung** nicht gebunden ist.[22] Insoweit muss der Erwerber seine ausdrückliche Zustimmung/seinen Eintritt zu/in das bestehende Verpflichtungsverhältnis erklären, damit auch eine Bindung ihm gegenüber entsteht.[23] Der Veräußerer muss deshalb Wert darauf legen, 893

[19] *Schmidt-Futterer/Blank* § 577 a Rn. 3.
[20] Zum Verwaltervertrag: OLG Düsseldorf NJW 2007, 161; OLG Hamm NZM 2006, 632.
[21] § 10 Abs. 3 WEG, Notarhinweis auf diese Rechtslage trotzdem sinnvoll.
[22] OLG Köln NZM 2001, 1135; BayObLG NZM 2003, 321.
[23] *Hügel*, FS Wenzel, S. 219.

dass er seinen Verpflichtungen aus dem Erstvertrag zur Weitergabe dieser Verpflichtungen an einen Erwerber nachkommt. Ansonsten besteht eine derartige Verpflichtung seitens des Erwerbers nicht und der Veräußerer sähe sich möglichen **Schadensersatzansprüchen** ausgesetzt. Unabhängig davon, ob Verträge letztlich mit dem Verband abgeschlossen sind oder nicht, empfiehlt es sich für den Veräußerer in einem solchen Falle, Wert auf eine derartige Verpflichtungsübernahme zu legen. Auch der Verwalter hat seinen Vertrag mit dem Verband abgeschlossen. Dennoch sollte in den Erwerbverträgen – vorsorglich und zusätzlich – eine entsprechende Verpflichtung zur Übernahme sämtlicher Regelungen erfolgen.

894 **b) Übernahme von weiteren Verpflichtungen.** Neben bestehenden Verpflichtungen des Veräußerers, zu deren Weitergabe er sich im Erstvertrag verpflichtet hat, sollte zudem geprüft werden, ob nicht noch weitere Verpflichtungen des Veräußerers bestehen, deren Weitergabe erforderlich ist, obwohl dies nicht im Erstvertrag erwähnt ist. Es kann sich um solche Verpflichtungen handeln, die während der Dauer seines Eigentums entstanden sind, also nach Abschluss des entsprechenden Erstkaufvertrages. In Betracht kommen **Versorgungsverträge** nur für die betreffende Wohnung, insbesondere Versicherungsverträge o.ä. Resultieren hieraus Verpflichtungen, die von dem jeweiligen Eigentümer zu erfüllen sind, muss eine entsprechende Übernahme dieser Verpflichtungen durch den Erwerber erfolgen. Sollte der Erwerber eine Übernahme nicht wünschen, wäre ebenfalls eine entsprechende Vereinbarung im Vertrag zu treffen. Der Veräußerer müsste dann den Vertrag kündigen und bis zum Beendigungszeitpunkt die seinerseits eingegangenen Verpflichtungen erfüllen.

895 **c) Übernahme von Verträgen.** Bei bestehenden Verträgen muss der Veräußerer prüfen, ob (nur) die Gemeinschaft der Wohnungseigentümer Vertragspartner geworden ist. Der „Übergang" auf den Erwerber ist dann problemlos, da dieser mit Eigentumsumschreibung Mitglied der Gemeinschaft wird. Hat sich der Wohnungseigentümer selbst und ausnahmsweise und ausdrücklich neben dem Verband der Wohnungseigentümer in einem solchen Vertrag verpflichtet, muss eine Übernahme des Erwerbers ausdrücklich erklärt werden, da ansonsten weiterhin der Veräußerer in der Haftung bleibt.

896 **d) Vollmachten für den Erwerber.** Der Erwerber wird erst mit Eigentumsumschreibung Wohnungseigentümer und Mitglied der Gemeinschaft der Wohnungseigentümer. Der Kaufvertrag sieht indes einen Nutzen-/Lastenwechsel (Besitzübergang) bereits zu einem früheren Zeitpunkt vor. Damit der Erwerber ab diesem Zeitpunkt bereits die Eigentümerrechte ausüben kann, ist eine **Vollmacht** des Veräußerers erforderlich. Ansonsten ist weiterhin – bis zur Eigentumsumschreibung – dieser allein berechtigt, diese Rechte wahrzunehmen und auszuüben. Es entspricht jedoch seinem Interesse, ab Nutzen-/Lastenwechsel im Innenverhältnis aus der Gemeinschaft auszuscheiden und sämtliche Rechte dem Erwerber zu überlassen, was wiederum auch zu dessen Interesse liegt.

897 *aa) Vollmacht gegenüber dem Wohnungseigentümer.* Eine Vollmacht sollte vom Veräußerer an den Erwerber im Verhältnis zu den anderen Wohnungseigentümern erteilt werden. Er sollte ermächtigt werden, an **Wohnungseigentümerversammlungen** teilzunehmen und das Stimmrecht auszuüben. Sofern weitere Entscheidungen der Wohnungseigentümer anstehen, sollte ebenfalls eine ausdrückliche und diese Fälle vorsehende Vollmacht erteilt werden. Gegenüber den anderen Wohnungseigentümern ist ansonsten der Erwerber bis zur Eigentumsumschreibung aus Rechtsgründen nicht zu beachten.[24]

898 *bb) Vollmacht gegenüber der Gemeinschaft der Wohnungseigentümer.* Wie auch im Verhältnis zu den einzelnen Wohnungseigentümern sollte der Veräußerer dem Erwerber eine Vollmacht auch gegenüber der Gemeinschaft der Wohnungseigentümer erteilen, damit er auch mit und gegenüber der Gemeinschaft handeln kann. Eine solche

[24] Bei Vollmachtserteilung folgend auch Prozessstandschaft für Anfechtung: KG ZMR 2004, 461.

Vollmacht wird teilweise aufgrund des Nutzen-/Lastenwechsels konkludent angenommen, aus Gründen der **Rechtssicherheit** empfiehlt sich jedoch die Erteilung einer ausdrücklichen Vollmacht. Je nachdem, ob konkrete Handlungen bevorstehen, sollte diese – wenn möglich – konkret gefasst sein, ansonsten reicht eine allgemeine Vollmacht aus.[25]

cc) Vollmacht gegenüber dem Mieter. Da der Erwerber gemäß § 566 Abs. 1 BGB erst mit Eigentumsumschreibung in das bestehende **Mietverhältnis** eintritt, benötigt er zur Abgabe von Vermietererklärungen eine ausdrückliche Vollmacht des Veräußerers, welcher noch Vermieter bleibt. Die Vollmacht kann entweder allgemein gefasst sein, oder aber sich auf konkrete Einzelfälle, wie Mieterhöhungen, die Erstellung von Betriebkostenabrechnungen, Modernisierungsankündigungen oder Kündigungen beziehen. Sie kann im Kaufvertrag enthalten sein, oder aber zur besseren Praktikabilität gesondert erteilt werden. 899

e) **Nutzen-/Lastenwechsel.** Der Nutzen-/Lastenwechsel – also der Besitzübergang – ist im Kaufvertrag gewöhnlich gesondert und ausdrücklich geregelt. Ab diesem Zeitpunkt (in dem üblicherweise der Erwerber den Kaufpreis entrichtet hat) sollen ihm auch im Gegenzug Besitz und gegebenenfalls die Mieten zustehen. Aus diesem Grund ist eine Regelung erforderlich, die intern den Zeitpunkt festlegt, zu dem auch die dem Erwerber erteilten Vollmachten Geltung erlangen sollen. 900

f) **Mietvertrag.** Gerade in Bezug auf ein vermietetes Objekt ist der Nutzen-/Lastenwechsel von erheblicher Bedeutung. Es bestehen diverse Regelungsmöglichkeiten und -erfordernisse, um bereits in dem Kaufvertrag selbst den Interessen der beiden Kaufvertragsparteien gerecht zu werden. 901

aa) Miete. Es sollte im Kaufvertrag ausdrücklich eine **Abtretung** der Ansprüche auf Zahlung der Miete – an den Erwerber – enthalten sein. Diese Abtretung muss auf den Zeitraum ab Besitzübergabe beschränkt sein. Vorsorglich sollte klargestellt werden, dass sich diese Abtretung nicht nur auf die Nettokaltmiete bezieht, sondern auch auf die Zahlung der Vorschüsse für Heizkosten und kalte Betriebskosten erstreckt. Zugleich sollte eine Erklärung im Kaufvertrag enthalten sein, dass der Käufer den Verkäufer ab dem Tage des Besitzüberganges von Ansprüchen des Mieters aus den Mietverhältnissen insoweit freistellt, als die Ansprüche die Zeit ab Übergabe betreffen. Auch sollte eine Regelung hinsichtlich der erforderlichen Stichtagsabrechnung zwischen den Kaufvertragsparteien bezüglich der Miete erfolgen. 902

bb) Vorschüsse. Wie bereits vorstehend erwähnt, sollte im Kaufvertrag die Abtretung der Heizkostenvorschüsse und Vorschüsse für kalte Betriebskosten vorgesehen sein. 903

cc) Nebenkostenabrechnungen. Folgerichtig (Abtretung der Betriebskostenvorschüsse) muss eine Regelung erfolgen, wer (Veräußerer oder Erwerber) welche **Nebenkostenabrechnung** zu erstellen hat. Es bietet sich an, die Verpflichtung für zum Zeitpunkt des Besitzüberganges bereits abgelaufene Abrechnungsperioden dem Veräußerer aufzuerlegen, da dieser auch der Berechtigte bzw. Verpflichtete aus diesen Abrechnungen gegenüber den Mietern ist. Für das Jahr, in welchem der Besitzübergang erfolgt, sollte die Betriebskostenabrechnung vom Erwerber übernommen werden, da dieser zum Zeitpunkt der Fälligkeit der Betriebskostenabrechnung bereits im Besitz sämtlicher (Abrechnungs-)Unterlagen ist. Hinsichtlich der Betriebskosten hat eine Vereinbarung zu erfolgen, wonach die Parteien auf den Übergabestichtag hinsichtlich der Einnahmen und Ausgaben untereinander abzurechnen haben. Es sollte eine Frist gesetzt werden, bis zu welcher diese Stichtagsabrechnung zu erstellen ist. Sinnvoll ist, dass auch eine Verpflichtung des Veräußerers in den Kaufvertrag aufgenommen wird, dass dieser dem Mieter unverzüg- 904

[25] Gegen standardisierte Lösungen bei Übernahmeerklärungen *Hügel/Scheel* Teil 3 Rn. 54.

lich nach Zahlung des Kaufpreises die Veräußerung des Vertragsgegenstandes und die Abtretung der Miete anzeigt.

905 *dd) Kaution.* Nach § 566 a BGB tritt der Erwerber in die durch die Kautionsleistung des Mieters begründeten Rechte und Pflichten ein. Darüber hinaus bestimmt § 566 a Satz 2 BGB, dass der Mieter sich bei Beendigung des Mietverhältnisses bzgl. der Rückforderung der Kaution auch noch an den **Veräußerer** halten kann, wenn er die Mietsicherheit von dem Vermieter (Erwerber) nicht erhalten hat. Das Interesse des Veräußerers geht indes dahin, mit Abschluss und Vollzug des Kaufvertrages auch aus sämtlichen Rechten und Pflichten des Mietverhältnisses entlassen zu sein. Diese Regelung des § 566 a BGB steht diesem Interesse entgegen. Aus diesem Grund sollte der Veräußerer Wert darauf legen, eine Regelung in den Kaufvertrag aufzunehmen, wonach er gegenüber dem Mieter von der Verpflichtung zur Rückzahlung der Kaution – in jedem Fall – frei wird. Diese lautet üblicherweise, dass die Kautionen – soweit von dem Mieter geleistet – von dem Veräußerer an den Erwerber samt Zinsen übertragen werden, wenn die Zustimmung des Mieters vorliegt. Die Zustimmung des Mieters ist für den Veräußerer von erheblicher Bedeutung. Wenn die Zustimmung erteilt wird, kann der Veräußerer die Kautionen an den Erwerber übertragen und ist von seiner Haftung gemäß § 566 a BGB frei. Der zustimmende Mieter kann das in § 566 a BGB gegenüber dem Veräußerer normierte Recht nicht mehr ausüben.[26] Stimmt der Mieter jedoch nicht zu, kann der Veräußerer die geleistete Kaution nebst Zinsen an den Mieter zurückzahlen. Der Erwerber kann dann seinerseits entsprechend der mietvertraglichen Verpflichtungen die Kaution neu anfordern, notfalls einklagen. Der Veräußerer ist aber durch die Rückzahlung der Kaution von seiner Verpflichtung zur Rückzahlung frei geworden.[27]

906 *ee) Mängelbedingte Minderungen.* Im Vertrag sollte – zugunsten des Erwerbers – aufgenommen werden, dass bis zum Tag des Kaufvertragsabschlusses keine **Minderungs- oder Schadensersatzansprüche** von Mietern geltend gemacht wurden. Insoweit muss eine Zusicherung, ggf. sogar Garantie des Verkäufers erfolgen. Sind Minderungen oder Schadensersatzansprüche mieterseits geltend gemacht, sollten diese ausdrücklich – ggf. in einer Liste als Anlage zum Kaufvertrag – aufgenommen werden.

907 *ff) Kündigung.* Wie schon bei den Vollmachten erwähnt, muss der Verkäufer den Käufer bevollmächtigen, bereits nach Übergabe, aber schon vor Eigentumsumschreibung, im Namen des Veräußerers alle die bestehenden Mietverhältnisse betreffenden Regelungen in eigener **Entscheidungsfreiheit** zu treffen, insbesondere Mietverhältnisse zu kündigen und neue einzugehen sowie ein- und zweiseitige Erklärungen gegenüber dem Mieter abzugeben und entgegenzunehmen, soweit sie den Zeitraum ab Übergabe betreffen. Zudem sollte sich der Verkäufer verpflichten, im Falle von Kündigungen bzw. anstehenden Neuvermietungen zwischen Vertragsabschluss und Übergabe den Käufer von derartigen Vorgängen unverzüglich zu informieren und seine Handlungen mit dem Käufer abzustimmen.

g) Belastungsvollmacht/Finanzierung. Auch bei einem Zweiterwerb von Wohnungseigentum muss der Erwerber frühzeitig seine Finanzierung und auch die Frage, ob es einer Grundschuldbestellung auf dem betreffenden Objekt bedarf klären. Insoweit sei auf die Ausführungen zum Ersterwerb verwiesen.

908 **h) Zustimmung Dritter.** Der Erwerber und auch der Veräußerer müssen die Voraussetzungen des § 12 WEG (Zustimmung) prüfen, damit der Vertrag Wirksamkeit erlangen kann.

909 **i) Kosten.** Auch beim Zweiterwerb bestehen die gleichen Grundsätze hinsichtlich der Kosten wie beim Erstvertrag. Abweichungen von den Grundsätzen sind möglich. Ob

---

[26] Str., wie hier OLG Düsseldorf WuM 2002, 556; *Schmidt-Futterer/Gather* § 566 a Rn. 34.
[27] *Kandelhard/Herrlein* § 566 a Rn. 10; *Blank/Börstinghaus* § 566 Rn. 19.

diese sinnvoll sind, kann nur im Einzelfall entschieden werden. Wird von den Grundsätzen abgewichen, sollte aufgrund des Ausnahmecharakters eine entsprechende Erläuterung in den Vertrag mit aufgenommen werden, damit nicht im Nachhinein aufgrund der Regelabweichung Missverständnisse auftreten können.

5. Rechtsfolgen

Nachfolgend werden die Rechtsfolgen des abgeschlossenen Kaufvertrages für den Zeitraum nach Kaufvertragsabschluss aber vor Grundbuchumschreibung (Eigentumseintragung) und für den Zeitraum nach Grundbuchumschreibung betrachtet. 910

a) Vor Grundbuchumschreibung. *aa) Werdende Wohnungseigentümergemeinschaft.* Die Ausführungen zum Zweiterwerb gehen davon aus, dass von einem eingetragenen Erwerber erworben wird. Deshalb kommt die werdende Wohnungseigentümergemeinschaft in diesem Fall nicht (mehr) zum Tragen. Da bereits ein Eigentümer eingetragen ist, von welchem auch erworben wird, kann eine werdende Wohnungseigentümergemeinschaft nicht mehr bestehen bzw. der Erwerber kann nicht mehr Mitglied derselben werden. 911

bb) Stimmrecht und Vollmacht. Für den Zeitraum zwischen Besitzübergang und Grundbucheintragung sind **Vollmachten** des Veräußerers für den Erwerber erforderlich, da dieser ansonsten nicht an den Eigentümerversammlungen teilnehmen und das Stimmrecht ausüben kann. Da dies jedoch dem beiderseitigen Interesse entspricht, muss eine entsprechende – schriftliche – Vollmacht erteilt werden. Zwar ist grundsätzlich eine auch nur mündliche Bevollmächtigung ausreichend, allerdings muss der Versammlungsleiter einer Eigentümerversammlung sich die Vollmacht eines Dritten schriftlich nachweisen lassen.[28] 912

cc) Außenhaftung von Erwerber und Veräußerer. Die Außenhaftung eines Wohnungseigentümers richtet sich nach § 10 Abs. 8 WEG. Die Außenhaftung ist auf das Verhältnis des Miteigentumsanteils beschränkt. Des Weiteren erfolgt eine weitere Beschränkung hinsichtlich der Fälligkeit der Verbindlichkeiten während der **Zugehörigkeit zur Gemeinschaft.** Gleiches gilt für das Entstehen der Verbindlichkeit. Auch ist eine Nachhaftung nach Veräußerung des Wohnungseigentums gemäß § 160 HGB festgeschrieben. Bis zur Eigentumsumschreibung haftet der Veräußerer nach außen, ab Eigentumsumschreibung der Erwerber. Abzustellen ist jeweils auf das Entstehen und die Fälligkeit der Forderungen. 913

dd) Haftung für das Wohngeld. Hinsichtlich des Wohngeldes besteht die Haftung des Veräußerers insoweit, als diese Verbindlichkeiten vor dem Eigentumsübergang begründet und fällig geworden sind.[29] Bis zur **Grundbuchumschreibung** bleibt deshalb im Verhältnis zur Wohnungseigentümergemeinschaft der Veräußerer in der Haftung. Eventuelle Vereinbarungen im Innenverhältnis wirken nur inter partes, so dass ein Ausgleich im Innenverhältnis verlangt werden kann. Vom Gesetz abweichende Vereinbarungen der Wohnungseigentümer sind allerdings zu beachten.[30] 914

ee) Rechte des Erwerbers. Dem Erwerber stehen bis zur Eigentumsumschreibung keine **originären Rechte** zu. Vielmehr kann dieser nur aufgrund entsprechend Ermächtigung und Bevollmächtigung des Veräußerers Eigentümererklärungen abgeben oder Eigentümeransprüche geltend machen. Da der Zweiterwerber nicht Mitglied i. S. d. werdenden Wohnungseigentümergemeinschaft wird, erfolgt auch keine Vorverlagerung der faktischen Eigentümerstellung. 915

---

[28] BGH NJW 1987, 650; vgl. auch OLG Hamm WE 1990, 104.

[29] BGHZ 99, 358, 360; *Palandt/Bassenge* § 16 WEG Rn. 32 f.; *Deckert,* Die Eigentumswohnung, Gruppe 3, S. 66, Rn. 78; OLG Celle ZMR 2009, 52.

[30] BGH NJW 1994, 2950.

916 *ff) Verhältnis zum Mieter.* Auch im Verhältnis zum Mieter kann der Erwerber im Zeitraum zwischen Kaufvertragsabschluss und Grundbuchumschreibung keinerlei einseitige Vermietererklärungen abgeben. Vereinbarungen mit dem Mieter kann er nicht treffen. Dies ist nur dann möglich, wenn eine entsprechende Bevollmächtigung oder Ermächtigung durch den Veräußerer (und zu diesem Zeitpunkt noch Vermieter) vorliegt. Der Eintritt in das Mietverhältnis erfolgt erst mit Eigentumsumschreibung nach § 566 Abs. 1 BGB.

917 b) **Nach Grundbuchumschreibung.** Für den Zeitraum nach Grundbuchumschreibung gelten andere Regeln. Der Erwerber erlangt die Eigentümerstellung und auch die Vermieterstellung bei einer vermieteten Eigentumswohnung.

918 *aa) Rechtliche Stellung des Erwerbers.* Der Erwerber ist „vollwertiger" Eigentümer. Sowohl gegenüber den Miteigentümern, als auch gegenüber dem Verband (Gemeinschaft der Wohnungseigentümer) und auch gegenüber dem Verwalter und dem Mieter ist er derjenige, dem sämtliche Rechte und Pflichten zustehen. Er kann ohne besondere Ermächtigung sämtliche **Eigentümer- und Vermieterrechte** ausüben. Allerdings treffen ihn auch sämtliche Verpflichtungen.

919 *bb) Rechtliche Stellung des Veräußerers.* Mit Eigentumsumschreibung endet die Eigentümerstellung des Veräußerers und auch die Stellung als Vermieter gemäß § 566 BGB. Rechte kann der Veräußerer somit weder im Rahmen des Eigentums, noch im Rahmen des Mietvertrages ausüben. Verpflichtungen bestehen allerdings weiterhin. In Bezug auf die ehemalige Eigentümerstellung ist die (Außen-)**Nachhaftung** nach § 160 HGB (§ 10 Abs. 8 Satz 1, letzter Halbsatz WEG) zu beachten. In Hinblick auf das Mietverhältnis ist die Haftung für eine an den Erwerber übergebende Kaution zu berücksichtigen. Andererseits stehen dem Veräußerer Abrechnungsguthaben aus zum Zeitpunkt der Eigentumsumschreibung bereits beschlossenen Jahresabrechnungen zu. Auch Guthaben aus Betriebskostenabrechnungen für bereits abgelaufene Zeiträume sind ihm zuzuordnen. Stehen noch Mieten aus Zeiträumen vor Eigentumsumschreibung offen, kann er diese noch einfordern, da die Eigentumsumschreibung und der Wechsel in der Vermieterstellung insoweit eine zeitliche **Zäsur** bilden.[31] Sämtliche zuvor entstandenen Ansprüche können weiterhin (nur) vom Veräußerer geltend gemacht werden.[32] Anderes gilt nur, wenn im Kaufvertrag ausdrücklich eine anderweitige Regelung erfolgt ist und auch entsprechende Abtretungen vorgenommen wurden.

920 *cc) Übergang des Verwaltungsvermögens /der Instandhaltungsrücklage.* Durch die vom BGH aufgedeckte Gemeinschaft der Wohnungseigentümer bestehen Probleme in Bezug auf den Übergang des **Verwaltungsvermögens** und der Instandhaltungsrücklage bei einem Erwerbsvorgang nicht (mehr). Träger des Verwaltungsvermögens und somit auch der Instandhaltungsrücklage ist die Gemeinschaft der Wohnungseigentümer. Der Veräußerer scheidet aus dieser Gemeinschaft aus, der Erwerber tritt in diese ein. Eine Ausgleichung erfolgt nicht. Aus diesem Grund besteht kein Regelungsbedarf im Rahmen des Kaufvertrags.[33] Dieser Punkt stellt einen der zentralen Vorteile der Feststellung der Rechtsfähigkeit der Gemeinschaft der Wohnungseigentümer dar.[34]

921 *dd) Wirkung von Beschlüssen und Vereinbarungen gegenüber dem Erwerber.* Es bestehen keine Besonderheiten. Beschlüsse der Wohnungseigentümer wirken nach § 10 Abs. 4 WEG auch ohne Grundbucheintragung gegenüber dem Erwerber. Vereinbarungen, die zum Inhalt des Grundbuches gemacht worden sind (verdinglicht), wirken ebenfalls für und gegen ihn. Lediglich bei nur **schuldrechtlichen Vereinbarungen** ist zu überprüfen, ob der Erwerber im Kaufvertrag eine entsprechende Verpflichtung übernommen

[31] BGH DWW 2001, 242; OLG Celle NZM 2000, 93.
[32] *Schmidt-Futterer/Gather* § 566 Rn. 42.
[33] *Hügel/Scheel* Teil 3 Rn. 60.
[34] BGH NJW 2005, 2061.

hat. Dies allein reicht noch nicht aus, um die Bindungswirkung herbeizuführen. Vielmehr müssten auch die übrigen Wohnungseigentümer ihre Zustimmung hierzu erklären. Diese Zustimmungen werden regelmäßig konkludent erteilt werden. Es liegt eine antizipierte stillschweigende Zustimmung der anderen Eigentümer bei einem Erwerbsvorgang vor, da sie mit Abschluss der Vereinbarung auch die Bindung etwaiger Rechtsnachfolger gewollt haben.[35] Das Erfordernis einer nochmaligen ausdrücklichen Zustimmung sämtlicher weiterer Eigentümer dürfte eine unnötige Förmelei darstellen. Sofern ein Eigentümer nicht (mehr) mit der einmal getroffenen Vereinbarung einverstanden ist, muss dieser dies auch eindeutig zum Ausdruck bringen.

Ist in den gefassten Beschlüssen oder Vereinbarungen eine **Rückwirkung** zu Lasten des Veräußerers enthalten, so ist auch dieser weiterhin hieran gebunden. Spiegelbildlich kann allerdings auch eine Vereinbarung existieren, die vorsieht, dass ein Erwerber für Wohngeldrückstände des Veräußerers einzustehen hat.[36] Insoweit ist eine Prüfungspflicht des Erwerbers geboten und zwar vor Kaufvertragsabschluss. 922

ee) Haftung des Erwerbers. Der Erwerber haftet für solche Verbindlichkeiten, die ab Eigentumsumschreibung begründet und fällig werden. Er muss sich deshalb bei Kaufvertragsabschluss über etwa bestehende **Regelungen** eingehend informieren. Insbesondere kann bereits in der Gemeinschaftsordnung eine Regelung vereinbart sein, dass er für Wohngeldrückstände des Veräußerers aufzukommen hat.[37] Insoweit ist nicht nur eine Prüfung dieser Regelung an sich erforderlich, sondern auch des Bestehens von Wohngeldrückständen. Ggf. muss im Innenverhältnis im Kaufvertrag eine entsprechende Ausgleichverpflichtung des Veräußerers aufgenommen werden. 923

ff) Haftung des Veräußerers. Der Veräußerer haftet für während der Dauer seines Eigentums begründete und fällig gewordene Verbindlichkeiten. Nur, wenn eine Vereinbarung der Wohnungseigentümer besteht, dass Wohngeldrückstände vom Erwerber zu übernehmen sind, würde er frei werden. Besteht allerdings – und hierauf sollte der Erwerber Wert legen – eine anderslautende interne Regelung im Kaufvertrag, hätte er gegenüber dem Erwerber derartige Forderungen auszugleichen. Ansonsten besteht nach § 10 Abs. 8 Satz 1, letzter Halbsatz, die **Nachhaftung** des Veräußerers nach § 160 HGB. 924

6. Mängel

Im Kaufvertrag des Zweiterwerbers einer Eigentumswohnung wird üblicherweise ein **Sachmängelhaftungsausschluss** vereinbart werden. Dieser ist wirksam, da Kaufrecht in Frage steht, nicht auch Werkvertragsrecht wie beim Bauträgervertrag.[38] Der Erwerber sollte deshalb die Wohnung vor Kaufvertragsabschluss in Augenschein nehmen, um eventuelle Mängel festzustellen und auf entsprechende weitere Regelungen im Kaufvertrag hinwirken. 925

a) Rechte gegenüber dem Bauträger. Gegenüber dem Bauträger hat der Erwerber keinerlei Ansprüche auf Mängelbeseitigung. Ausnahmsweise kann dies der Fall sein, wenn der Veräußerer dem Erwerber im Kaufvertrag etwaige noch bestehende Mängelrechte/-ansprüche abgetreten hat.[39] Der Erwerber ist gut beraten, sich vor Kaufvertragsabschluss hinsichtlich etwaiger noch bestehender entsprechender Fristen zu informieren und auf eine entsprechende **Abtretung** hinzuwirken. Ist eine Abtretung erfolgt, kann der Erwerber gegenüber dem Bauträger diese Rechte ausüben/Ansprüche geltend machen. 926

---

[35] *Hügel/Scheel* Teil 3 Rn. 52.
[36] BGH NJW 1994, 2950.
[37] BGH NJW 1994, 2950.
[38] *Hügel/Scheel* Teil 3 Rn. 49.
[39] Vermutung zur Ermächtigung durch Verkäufer: BGH NJW 1997, 2173; OLG Düsseldorf ZMR 2004, 279; vgl. auch BGH NJW 2004, 1873.

927 **b) Rechte gegenüber den Wohnungseigentümern.** Nicht betroffen sind zunächst sämtliche Mängel am Sondereigentum, da die übrigen Wohnungseigentümer in keinem haftungsbegründenden Verhältnis zum Erwerber stehen. Bestehen Mängel am Gemeinschaftseigentum, kann sich trotz eines internen Sachmängelhaftungsausschlusses im Kaufvertrag der Anspruch des Erwerbers auf Instandsetzung gegen die übrigen Wohnungseigentümer bzw. gegen die Gemeinschaft der Wohnungseigentümer richten· Es handelt sich um eine Maßnahme **ordnungsmäßiger Verwaltung** nach § 21 Abs. 1 WEG. Hierüber können die Wohnungseigentümer mit Mehrheit beschließen. Gegebenenfalls. besteht ein Individualanspruch des Erwerbers gem. § 21 Abs. 4 WEG.

928 **c) Rechte gegenüber dem Veräußerer.** Ist ein Sachmängelhaftungsausschluss vereinbart, kann wegen bei Übergabe bereits bestehender und erkennbarer Mängel der Veräußerer nicht in die Haftung genommen werden. Nur wenn dieser eine unzutreffende **Garantie** abgegeben hat oder aber versteckte Mängel vorliegen, die nicht erkennbar waren, kann der Erwerber gegen den Veräußerer entsprechende Mängelrechte geltend machen. Diese Rechtsfolge macht deutlich, wie wichtig die Augenscheinseinnahme und Begutachtung der Wohnung vor Kaufvertragsabschluss durch den Erwerber ist.

VI. Wohnungseigentum und Timesharing

Der Begriff des „Timesharing" ist gesetzlich nicht geregelt. Man versteht darunter die gemeinschaftliche Nutzung eines Wirtschaftsgutes durch mehrere Personen in zeitlich[1] aufeinander folgender, sich wiederholender, regelmäßiger,[2] in sich gegenseitig zwingend ausschließender[3] Reihenfolge bei Teilung der anfallenden Kosten der Anschaffung und Nutzung.[4] In der Auslegung zu eng wird auch von Zeiteigentum gesprochen. Die Bezeichnung als Zeiteigentum ist irreführend, weil nicht zwingend ein zeitlich befristetes[5] Recht erworben und gehalten werden soll, sondern die Dauer der Rechtsverbindung auch zeitlich unbegrenzt vorliegen kann. 929

1. Einleitung

Der mit dem Wohnungseigentum gezogene Vergleich[6] ist nicht zutreffend, weil es an einer zwingenden dinglichen Zuordnung fehlt. Diese Definition besteht unabhängig von der rechtlichen Einordnung der jeweiligen Vertragskonstruktion der einzelnen „Timesharing-Modelle". 930

Auf den europäischen Märkten sind verschiedene Modelle bekannt geworden, die dem Erwerb von zeitlich befristeten Nutzungsrechten an Immobilien – in der Regel Ferienhäuser oder -wohnungen aber auch Hotels – zum Gegenstand haben.[7] Die Intentionen von Vertreibern und Erwerbern sind regelmäßig different: Die Erwerber sehen eine Möglichkeit „Grundbesitz" zu einem subjektiv geringen Preis zu erlangen und sich auf Dauer einen immobilen Wert, den sie sich oft als Ganzen nicht leisten können, zumindest teilweise zu sichern.[8] Die Vertreiber hingegen beabsichtigen, durch die Aufteilung einer Nutzung einer Immobilie einen objektiv oft überhöhten Preis zu erzielen, der bei einer Veräußerung an nur eine Person niemals zu realisieren wäre.[9] 931

Der Verkauf und die Vermittlung von Teilzeitwohnrechten, das so genannte Time-Sharing, sind in der Vergangenheit erheblich in Misskredit geraten. Die Gründe dafür lagen vielfach in unseriösen Geschäftspraktiken der Vertreiber und Vermittler, die in zahlreichen Fällen zu erheblichen Vermögensnachteilen der die Timesharing-Objekte erwerbenden Personen führten. In der Praxis zeigten sich die Unzulänglichkeit des Systems und der mangelnde Verbraucherschutz in verschiedenen Formen. Zunächst war zu beobachten, dass häufig Objekte angeboten wurden, die in ihrer baulichen Substanz vollkommen mangelhaft waren. Die Vertreiber und Vermittler waren in der Regel ausländische Gesellschaften, die ihre Geschäftssitze weder am Ort der Anlage noch in der Bundesrepublik hatten. Ordnungsgemäße und zustellfähige Anschriften waren regelmäßig nicht bekannt. Häufig wurden die Interessenten am Urlaubsort unter merkwürdigen Bedingungen angehalten, entsprechende Verträge, die eine Teilnutzung der Immobilie ermöglichen sollte, zu unterzeichnen.[10] Wegen dieser gesamten Unzulänglichkeiten des Marktes hat das Europäische Parlament und der Rat der Europäischen Union am 932

---

[1] *Mäsch* DNotZ 1997, 180; *Schaaff* ZIP 1984, 908.

[2] *Gralka,* S. 2; *Jäckel-Hutmacher/Tonner* VuR 1994, 9; unklar *Martinek* NJW 1997, 1393.

[3] *Kappus* EWS 1996, 273; *Martinek* NJW 1997, 1393.

[4] *Drasdo,* TzWrG, § 1 Rn. 1; *Schomerus* NZM 1999, 549; *Schubert* NZM 2007, 665.

[5] LG Berlin VuR 1996, 55; AG Hamburg VuR 1994, 19; AG Schöneberg VuR 1996, 86.

[6] So *Sommer* Beilage 14 zu Heft 28 BB 1988, 11.

[7] EU-Richtlinie 94/74/EG, Punkt 6. der Erwägungen.

[8] *Jäckel-Hutmacher/Tonner* VuR 1994, 9; *Mäsch* DNotZ 1997, 180; *Schober* DB 1985, 1513; *Tönnes* RIW 1996, 124.

[9] AG Hamburg VuR 1994, 19; *Jäckel-Hutmacher/Tonner* VuR 1994, 9; *Jäckel* VuR 1995, 265; *Luckow* RIW 1989, 557.

[10] *Jäckel-Hutmacher/Tonner* VuR 1994, 9.

26. 10. 1994 eine entsprechende Richtlinie zur Abstellung der Marktgegebenheiten verabschiedet.[11] Sie wurde in Deutschland in Form des TzWrG, diesem folgend den §§ 481 ff. BGB, umgesetzt.

933 Die materiellen Definitionen der §§ 481 ff. BGB hat der Gesetzgeber bewusst offen gefasst, um jedwede vertragliche Gestaltung der Nutzungsrechte zu ermöglichen.[12] Zweck der Regelung ist, den Verbraucher im Bereich des Vertriebs zu schützen, nicht aber hinsichtlich der rechtlichen Ausgestaltung der Nutzungsrechte die zivilrechtlichen Gestaltungsmöglichkeiten einzuschränken. Insoweit sind rechtliche Konstruktionen möglich, wenn sie in zivilrechtlich zulässiger Weise umgesetzt werden.

934 Wenn auch nicht zwingend, so sind Teilzeitwohnrechte oft zeitlich begrenzt.[13] Diese Befristung muss zwangsläufig dazu führen, dass das Time-Sharing-Recht wieder an den Eigentümer des Objektes zurückfällt. Entschädigungsansprüche für diesen „Heimfall“ sind bei den befristeten Vereinbarungen in den Verträgen regelmäßig nicht vorgesehen. In dem Preis für den Erwerb des Nutzungsrechtes ist daher in solchen Fällen wirtschaftlich nichts anderes als ein Miete oder Pacht zu verstehen.[14] Der Vertreiber hat damit die Möglichkeit der Wiederverwertung ohne weitergehende Kosten. Durch die Regelung des § 2 BGB-InfoV über die Veräußerung und den Tausch wird der „Heimfall“ nicht geregelt. Er kann sich bei einer Veräußerung jedoch auf den Wert des Objektes auswirken, weil die Restlaufzeit des Nutzungsrechtes wesentlich den Preis bestimmen wird.

2. Die materielle Rechtslage des Timesharing

935 Ebenso wie die Geschäftsmethoden hatten auch die verschiedenen vertraglichen Modelle der Timesharing-Objekte häufig rechtlich kaum halt- oder nachvollziehbare Gestaltungen. In der Praxis haben sich zwischenzeitlich verschiedene Formen entwickelt:

936 • Die Begründung von Dauerwohnrechten entsprechend § 31 WEG durch mehrere Personen in Bruchteilsgemeinschaft[15] oder als Gesellschaft bürgerlichen Rechtes,[16] wobei im Innenverhaltnis schuldrechtlich die Nutzungsdauer geregelt ist.[17]

937 • Die Begründung solcher Dauerwohnrechte im Sinne des § 31 WEG, die jedoch von einer Person treuhänderisch gehalten werden und an denen die Erwerber im Innenverhältnis Nutzungsrechte eingeräumt bekommen.[18]

938 • Die Einräumung von mehreren zeitlich befristeten Dauernutzungsrechten in dinglicher Form.[19] Das LG Paderborn[20] verwendet insoweit den Begriff eines „Dauernutzungswohnrechtes“ ohne zu erklären, was rechtlich damit gemeint sein soll.

939 • Die Beteiligung des Erwerbers an einer GmbH & Co. KG entweder als stiller Gesellschafter[21] oder über eine treuhänderische Beteiligung[22] an der Kommanditistenstellung, wobei die Verzinsung des Kapitals in zeitliche Nutzungsrechte an der Immobilie umgerechnet wird.

---

[11] EU-Richtlinie 94/97/EG.

[12] BR-Drucks. 887/95, S. 18; BT-Drucks. 13/4185, S. 10.

[13] LG Berlin VuR 1996, 55; AG Hamburg VuR 1994, 19; AG Schöneberg VuR 1996, 86.

[14] AG Ludwigshafen VuR 1996, 169.

[15] OLG Köln, Beschluss vom 18. 8. 1999 – 16 Wx 78/99.

[16] *Mäsch* DNotZ 1997, 180.

[17] BGH NJW 1995, 2637; *Drasdo,* FS Merle, S. 129; *F. Schmidt* WEZ 1987, 119; *Tönnes* RIW 1996, 124.

[18] OLG Schleswig VuR 1998, 95; LG Hamburg NZM 1999, 722; LG Hamburg NZM 1999, 724; *Drasdo,* FS Merle, S. 129.

[19] *Gralka* NJW 1987, 1997; *Mäsch* DNotZ 1997, 180; *Jäckel-Hutmacher/Tonner* VuR 1994, 9; *F. Schmidt* WEZ 1987, 119; a. A. OLG Stuttgart NJW 1987, 2023; LG Lübeck VuR 1994, 35.

[20] LG Paderborn VuR 1998, 92.

[21] LG Kleve VuR 1993, 49.

[22] BGH NJW 1993, 2622; BGH NJW 1995, 2367; OLG Karlsruhe ZIR 1997, 140; OLG Köln VuR 1996, 343; OLG Frankfurt NJW-RR 1996, 1270; LG Essen NJW 1995, 1500.

- Der Kauf von Namensaktien an einer Aktiengesellschaft nach schweizerischem Recht, wobei die Dividende ähnlich wie bei der KG-Lösung in der Gewährung von zeitlichen Wohnrechten an Objekten der Gesellschaft umgerechnet wird.[23] 940
- Die Mitgliedschaft in einem Verein, die zu einer zeitlich bestimmten Nutzung einer Immobilie berechtigt, ohne dass diese im Eigentum des Vereins steht, sondern diesem wiederum zur Nutzung überlassen ist.[24] 941
- Die Bildung von Bruchteilseigentum[25] oder der unmittelbaren Begründung von Wohnungseigentum,[26] wobei jedes Sondereigentumsrecht von verschiedenen Personen, die wiederum an diesem eine Untergemeinschaft bilden, als Bruchteilseigentum gehalten wird. Die Nutzungszuweisung für eine bestimmte Dauer innerhalb des Jahres wird vertraglich geregelt, wobei der Vertrag der Beteiligten ähnlich einer Gemeinschaftsordnung nach den Regelungen des WEG ausgestaltet ist.[27] 942
- Beim letzten Fall war als Variante das so genannte Handelsvertretermodell zu beobachten.[28] Dieses basiert auf den bereits geschilderten Vertriebsmethoden mit der Abwandlung, dass der Verkäufer zum Vertrieb sich der Hilfe von Handelsvertretern, die jedoch zunächst ebenfalls ein Teilzeitwohnrecht erwerben müssen, bedient. 943
- Letztlich ist – soweit ersichtlich jedoch in der Praxis nicht realisiert – in Betracht gezogen worden, die Nutzung der Timesharing-Objekte über persönliche Reallasten im Sinne des § 1105 Abs. 1 BGB zu begründen.[29] Zeitliche und sachliche Aufteilungen sind bei diesem Institut zulässig. Da nach Artikel 115 EGBGB die Regelungen der Reallasten jedoch den einzelnen Bundesländern vorbehalten ist, kann eine bundeseinheitliche Regelung nicht garantiert werden.[30] 944

Häufigste Form bei der Begründung von Teilzeitwohnrechten ist die Aufteilung in Wohnungseigentum und die dann notwendige zeitliche Zuordnung einzelner Einheiten über Treuhand- oder Gesellschaftsverhältnisse. Neben dieser vertraglichen Konstruktion des Erwerbes wird auch die Nutzung des Objektes unterschiedlich ausgestaltet. Es sind jeweils feste Zeiten als auch variable Nutzungszeiträume sowie konkrete als auch wechselnde Objekte auf dem Markt zu etabliert.[31] 945

3. Die Gestaltung in der Form des Wohnungseigentums

Wird an den Timesharing-Objekten Wohnungseigentum begründet, bieten sich verschiedene materielle Möglichkeiten an, die Beteiligungen zu regeln. Zunächst können alle Berechtigten an einem Sondereigentum beteiligt sein. Sie bilden im Innenverhältnis dann entweder eine Gesellschaft im Sinne der §§ 705 ff. BGB oder eine Bruchteilsgemeinschaft. Das Verhältnis der jeweils beteiligten Personen muss dann ausschließlich zwischen diesen geregelt werden[32] (Modell I). Als zweite Variante kommt in Betracht, dass im Wohnungsgrundbuch nur eine Person eingetragen wird. Diese bestellt dann zu Gunsten der einzelnen Erwerber zeitlich befristete Dauerwohnrechte im Sinne der §§ 31 ff. 946

---

[23] *Gralka,* S. 9 und 113; *Mäsch* DNotZ 1997, 180; *Schaaf* ZIP 1984, 908; vgl. auch BFH BStBl. II 1993, 399; FG Baden-Württemberg EFG 1992, 528.

[24] LG Dortmund VuR 1996, 208; AG Hamburg VuR 1994, 346; AG Hamburg VuR 1998, 346.

[25] *Hildenbrand/Kappus/Mäsch,* Time-Sharing im Überblick, Rn. 11; *Mäsch* DNotZ 1997, 180.

[26] *Drasdo,* FS Merle, S. 129.

[27] BGH NJW-RR 1995, 267.

[28] BGHZ 125, 218.

[29] *Hildenbrand/Kappus/Mäsch,* Time-Sharing im Überblick, Rn. 20.

[30] Vgl. das Österreichische Bundesgesetz über den Erwerb von Teilzeitnutzungsrechten an unbeweglichen Sachen – TNG (ÖBGBl. I 1997 S. 32); insbesondere § 10 TNG, der die Eintragungen von Reallasten als Möglichkeiten zur Sicherung der Erwerber vorsieht; dazu *Spruniza* ZMR 1998, 65; *Stanbentheiner* ZMR 1998, 61.

[31] *Bütter* NJW 1998, 945.

[32] BGH NJW-RR 1995, 267.

WEG. Die Zulässigkeit dieser Konstruktion ist jedoch umstritten[33] (Modell II). Abschließend besteht die Möglichkeit, dass Sondereigentum von einer, das Objekt nicht nutzenden, Person als Treuhänder erworben wird.[34] Im Rahmen dieses Treuhandmodells werden die jeweiligen Erwerber im Innenverhältnis an dem Objekt beteiligt und bilden eine sogenannte Untergemeinschaft[35] (Modell III).

947 Gleichgültig, welche Konstruktion von den Vertreibern gewählt oder von den Nutzern vorgefunden wird, ergeben sich bei der Verwaltung der Timesharing-Objekte in Form des Wohnungseigentums verschiedene Gesichtspunkte, die es zu beachten gilt. Probleme sind häufig darin begründet, weil im Bereich des Wohnungseigentumsrechtes nach herrschender Auffassung[36] nur an die formale Rechtsstellung des Eigentümers anzuknüpfen ist:

4. Die Verwaltungsorgane im Wohnungseigentumsbereich

948 Die Verwaltung eines solchen Timesharing-Objekts muss im Hinblick auf die wohnungseigentumsrechtlichen Gegebenheiten verschiedene Gesichtspunkte beachten. Diese können nicht mit der Bewirtschaftung der Anlage identisch behandelt werden. Sie müssen bereits bei der Konzeption der Verträge Berücksichtigung finden.

949 a) **Verwaltung.** In der Praxis der so genannten „Timesharing-Modelle" ist die Verwaltung regelmäßig in verschiedenen Stufen abzuwickeln.[37] Zunächst hat die Verwaltung der Anlage oder des Betriebes als solche zu erfolgen. Daneben müssen parallel die Trägerkonstruktion als auch die einzelnen Nutzungsrechte verwaltet werden. Innerhalb der letzteren hat abschließend eine Aufteilung der Nutzen und Lasten unter den an dem jeweiligen Objekt, in der Regel eine bestimmte Wohnung, beteiligten Personen zu erfolgen.[38] Gewisse Einschränkungen der Verwaltungsfreiheit bestehen, weil die Kosten gemäß §§ 482 BGB, 2 BGB-InfoV dem Grunde nach bereits bei dem Erwerb für den Nutzungsberechtigten bekannt sein müssen. Sind die Eigentumsverhältnisse in Form einer Aktiengesellschaft oder eines Vereines geregelt, muss dessen Geschäftsführung im Rahmen der spezifischen Rechtsvorschriften erfolgen. Daneben müssen jedoch die Interessen der Vereinsmitglieder oder Aktionäre im Hinblick auf die zu überlassenden Nutzungsrechte berücksichtigt werden.[39] Liegt der Konstruktion eine Kommanditgesellschaft zu Grunde, gelten prinzipiell die gleichen Grundsätze.

950 Besteht das „Timesharing-Objekt" in Form einer Wohnungseigentümergemeinschaft, bieten sich für die Gliederung verschiedene Möglichkeiten an: Zum Einen kann ähnlich wie bei der Kommanditgesellschaft ein Sondereigentumsrecht für verschiedene Personen treuhänderisch gehalten werden. Die Treugeber bilden dann eine Unterbeteiligtengesellschaft. Zum anderen können alle Nutzungsberechtigten im Grundbuch als Eigentümer eingetragen sein. In diesen Fällen wird eine BGB-Gesellschaft im Sinne der §§ 705 ff. BGB vorliegen. Die Gesellschafter regeln dann im Innenverhältnis alleine die Art der jeweiligen Nutzung. Darüber hinaus besteht aber noch die Möglichkeit, dass an einem Sondernutzungsrecht, das eigentumsrechtlich einer dritten Person zuzuordnen ist, Dauerwohnrechte im Sinne der §§ 31 ff. WEG begründet werden. Bei dieser Konstruktion sind dann die Verwaltungsvorgaben des § 33 Abs. 4 WEG gesondert zu beachten. In

[33] Ablehnend OLG Stuttgart NJW 1987, 2023; LG Lübeck VuR 1994, 35; zustimmend *Gralka* NJW 1987, 1997, *F. Schmidt* WEZ 1987, 119.

[34] BGH NJW 1993, 2622; BGH NJW 1995, 2367; OLG Karlsruhe ZIR 1997, 140; OLG Köln VuR 1996, 343; OLG Frankfurt NJW-RR 1996, 1270; LG Essen NJW 1995, 1500; LG Hanau NJW 1995, 1100 f.

[35] *Böhmer,* S. 88.

[36] BGHZ 106, 113; BGHZ 87, 138; BGHZ 104, 197; BayObLG WE 1990, 67.

[37] OLG Köln VuR 1996, 343.

[38] *F. Schmidt* WEZ 1987, 119.

[39] LG Darmstadt EuZW 1996, 191.

allen Fällen muss jeweils eine gesonderte Verwaltung der Beteiligungen an den entsprechenden Räumen erfolgen.

b) Verwaltungsbeirat. Schwierigkeiten können bei der Bestellung der Mitglieder des Verwaltungsbeirates auftreten. Je nach rechtlicher Ausgestaltung der Timesharing-Objekte erscheint zweifelhaft, ob jeweils die Nutzungsberechtigten bestellt werden können. 951

Die Regelung des § 29 Abs. 1 S. 2 WEG geht davon aus, dass der Verwaltungsbeirat aus Wohnungseigentümern besteht. Nach heute überwiegender Auffassung können Nichtmitglieder die Stellung eines Beiratsmitgliedes nur bekleiden, wenn die Gemeinschaftsordnung entsprechende Regelungen vorsieht.[40] Nach allgemeiner Ansicht können persönlich haftende Gesellschafter von Personengesellschaften Mitglieder des Beirates sein, wenn die Gesellschaft Inhaberin des Wohnungs- oder Teileigentumsrechtes ist.[41] Sie seinen keine außenstehenden Personen im Sinne des § 29 WEG, da diese Gesellschaften nur durch natürliche Personen handeln.[42] 952

Treuhänder im eigentlichen Sinne können Beiratsmitglieder werden. Sie sind als Eigentümer eingetragen. Wem sie wiederum aus dem Treuhandverhältnis gegenüber verpflichtet sind, bleibt ohne Bedeutung, da es nur auf die formale Eigentümerstellung ankommt.[43] Eine nur treuhänderische Verwaltung des Sonder- oder Teileigentumes berechtigt hingegen nicht zur Beiratsmitgliedschaft, da in diesen Fällen der Treugeber im Grundbuch selber als Eigentümer eingetragen ist. Der Dauerwohnungsberechtigte im Sinne der §§ 31 ff. WEG eines Sondereigentumsrechtes ist kein Eigentümer. Ihm steht nur ein dingliches Recht der Nutzung zu. Eine Wahl als Beiratsmitglied scheidet aus. 953

Demnach kann nur im Falle des Modells I davon ausgegangen werden, dass der Inhaber eines Teilzeit-Wohnrechtes als Mitglied des Verwaltungsbeirats bestellt werden kann. In den anderen Fällen kommt nur, wenn die bereits angesprochene Regelung vereinbart wurde, in Betracht, außen stehende Personen als Mitglieder des Verwaltungsbeirates bestellen zu können.[44] 954

c) Wohnungseigentümerversammlung. Auch bei Vorbereitung und Durchführung der Wohnungseigentümerversammlung sind einige Besonderheiten zu beachten: 955

aa) Vorbereitung der Wohnungseigentümerversammlung. Zu Wohnungseigentümerversammlung ist der Wohnungseigentümer zu laden. Deren Identifikation ist regelmäßig nicht mit Schwierigkeiten verbunden. Zu bedenken ist jedoch, dass bei allen aufgezeigten Modellen – da immer verschiedene Personen sich zunächst eine Meinung zu bilden haben – in welcher Form die Stimmrechte auszuüben sind, genügend Zeit bestehen muß, dies zu ermöglichen. 956

Der Treuhänder muss zunächst die Treugeber informieren und deren Votum hinsichtlich der Abgabe des Stimmrechtes zu den einzelnen Tagesordnungspunkten einholen. Gleiches gilt für den Dauerwohnrechtsverpflichteten. Die Gesellschafter oder Bruchteilseigentümer müssen im Innenverhältnis ebenfalls die Form der Abgabe ihrer Stimme regeln. Insoweit erscheint es sinnvoll, die jeweilige Tagesordnung so weit vor der Versammlung bekannt zu geben, dass die verschiedenen Interessengruppen der einzelnen Modelle ihre Meinung vorab bilden können. Dies kann durch eine Verlängerung der in § 24 Abs. 4 S. 2 WEG vorgesehenen Ladungsfrist von zwei Wochen erfolgen. Andererseits kann auch vereinbart werden, dass die Tagesordnung für die Wohnungseigentümerversammlung einen bestimmten Zeitraum vor dieser ohne Verbindung mit einer Einla- 957

---

[40] KG WE 1989, 137; KG NJW-RR 1989, 460; OLG Düsseldorf OLGZ 1991, 37.

[41] OLG Frankfurt WE 1986, 141.

[42] OLG Frankfurt WE 1986, 141.

[43] BGH NJW 1989, 1087; BGH NJW 1989, 2697; BGH Rpfleger 1989, 366; BayObLG NJW-RR, 1990, 81; *Drasdo*, Verwaltungsbeirat, S. 36.

[44] KG WE 1989, 137; KG NJW-RR 1989, 460; OLG Düsseldorf OLGE 1991, 37.

dung bekannt zu geben ist. Die Frist des § 24 Abs. 4 S. 2 WEG ist nur eine Sollvorschrift, deren Missachtung nicht zwingend zu einer Anfechtbarkeit der dann gefassten Beschlüsse führt.[45] Zudem mag es Fälle geben, die eine Verkürzung der Ladungsfrist aus tatsächlichen Gründen als notwendig erscheinen lassen.[46] Für solche Fälle sollten die Gemeinschaftsordnung und die Vereinbarungen im Innenverhältnis der jeweils an dem Wohnungseigentumsrecht berechtigten Personen Regelungen vorsehen. Diese müssen auf tatsächliche Notfälle beschränkt bleiben, um die Rechte der Timesharing-Besitzer nicht übermäßig zu beeinträchtigen.

958 *bb) Einberufung der Wohnungseigentümerversammlung.* Zu Wohnungseigentümerversammlung sind die materiell-rechtlichen Eigentümer einzuladen.[47] Vereinbarungen, die diese wegen der Berechtigung an dem Wohnungs- oder Teileigentumsrecht mit dritten Personen getroffen haben, bleiben unberücksichtigt.[48] Für die Timesharing-Objekte, die in der Form des Treuhandmodells oder über die Variation der Einräumung von Dauerwohnrechten organisiert werden, bedeutet dies, dass jeweils nur der Treuhänder beziehungsweise der Dauerwohnrechtsverpflichtete einzuladen ist. Befindet sich ein Wohnungs- oder Teileigentumsrecht wie bei der Bruchteilsgemeinschaft in der Hand mehrerer Personen, so müssen diese alle zu der Wohnungseigentümerversammlung eingeladen werden. Es ist ersichtlich, dass letzteres einen erheblichen Aufwand darstellen kann, wenn das Timesharing-Objekt sich wie gewöhnlich in der Hand von mindestens 26, oft sogar bis zu 52 Personen – Ehegatten noch unberücksichtigt – befindet. Weitere Probleme treten auf, wenn nicht alle Einladungen die Mitglieder der Bruchteilsgemeinschaft erreichen. Denn in diesem Fall kann – wenn die Versammlung nicht mit allen Bruchteilseigentümern des jeweiligen Wohnungs- oder Teileigentumsrechtes stattfindet – ein Grund für eine Anfechtung vorliegen.[49] Ein kausaler Zusammenhang wird bei jeder Beschlussfassung jedoch geprüft werden müssen.[50]

959 Für diese Fälle der Mehrheiten von Berechtigten an einem Wohnungs- oder Teileigentum ist zur Vereinfachung der Verwaltung angebracht, eine Regelung zutreffen. Es bietet sich die Möglichkeit an, einen Bevollmächtigten benennen zu lassen, der zumindest für die Entgegennahme von Zustellungen und sonstigen Nachrichten verantwortlich ist.

960 *cc) Stimmrechte.* Nach der Bestimmung des § 25 Abs. 2 S. 1 WEG gilt im Rahmen der Ausübung des Stimmrechtes das Kopfprinzip, nach dem steht jedem Wohnungseigentümer unabhängig von der Anzahl der in seinem Eigentum Rechte nur eine Stimme zusteht. Anderweitige Regelungen sind unter Beachtung der Einschränkungen der §§ 12, 16 und 22 WEG vereinbar. So kann sich das Stimmrecht nach dem Objekt-[51] oder nach dem Wertprinzip[52] richten. Im Rahmen des Stimmrechtes ist weiterhin zu beachten, dass für den Fall, dass das Wohnungseigentum mehreren Personen zusteht, dieses gemäß § 25 Abs. 2 S. 2 WEG nur einheitlich ausgeübt werden kann.[53] Die jeweils an dem Wohnungseigentumsrecht beteiligten Personen müssen sich daher im Innenverhältnis einigen.[54]

961 Diese Vorgaben können in Teilbereichen bei der Begründung von Timesharing-Objekten in Form des Wohnungseigentums Schwierigkeiten hervorrufen. Bei dem Treuhand-

---

45 BayObLG WE 1991, 261; AG Hannover DWE 1978, 58.

46 OLG Frankfurt OLGZ 1982, 418.

47 BGHZ 106, 113.

48 BGHZ 106, 113.

49 OLG Düsseldorf NJW-RR 1995, 464.

50 BayObLGZ 1985, 436; BayObLG NJW-RR 1990, 784; KG NJW-RR 1987, 973.

51 BayObLGZ 1976, 145; BayObLG NJW-RR, 566; KG OLGZ 1986, 56; OLG Hamm Rpfleger 1975, 401; OLG Frankfurt Rpfleger 1978, 415.

52 BayObLG WE 1989, 183; KG OLGZ 1994, 389; OLG Zweibrücken OLGZ 1990, 186.

53 *Bornheimer,* S. 54; *Lotz-Störmer,* S. 119; *Ziege* NJW 1973, 2185.

54 KG NJW-RR 1989, 1162.

modell ist ausschließlich der Treuhänder als Eigentümer eingetragen. Diesem steht somit das Stimmrecht für das jeweilige Wohnungseigentum zu. Im Innenverhältnis zu den Treugebern ist er jedoch in der Regel an deren Anweisung gebunden.

Denkbar ist, dass ein Treuhänder verschiedene Wohnungseigentumsrechte hält. In der von ihm abgehaltenen Versammlung der Treugeber sprechen sich die verschiedenen Untergemeinschaften jeweils auf Grund von entsprechenden Abstimmungsvorgängen für unterschiedliche Meinungen aus. Diese müssen die Treuhänder in der Wohnungseigentümerversammlung wegen des ihm erteilten Mandates vertreten und durch die Stimmangabe kundtun. Ist nunmehr das Kopfprinzip im Sinne des § 25 Abs. 2 S. 1 WEG für die Abstimmung in der Versammlung maßgebend, steht dem Treuhänder nur eine Stimme zu. Er kann daher den unterschiedlichen Anweisungen aus den einzelnen Treuhandverhältnissen nicht gerecht werden. Eine Stimme kann er letztlich nicht abgeben. Damit verletzt er seine Verpflichtungen aus dem Treuhandauftrag. Die Regelungen über den Wert des Stimmrechtes in der Wohnungseigentümerversammlung müssten demnach bei der Organisation eines Timesharing-Objektes in der Form des Wohnungseigentums einer möglicherweise bestehenden oder geplanten treuhänderischen Abwicklung angepasst werden. Bei den §§ 12, 16 und 22 WEG ist dies nicht möglich, so dass ein Treuhandverhältnis für mehrere Einheiten letztlich nicht mehr begründbar ist. 962

Bei Bruchteilsgemeinschaften, die das Timesharing-Objekt in Form des Wohnungseigentumsrechts halten, stellt sich das genannte Problem zunächst nicht. Gleichgültig, welchen Wert das Stimmrecht hat, ist nach § 25 Abs. 2 S. 2 WEG immer nur eine einheitliche Stimmabgabe möglich.[55] Jedoch muss auch die Situation berücksichtigt werden, dass eine Person innerhalb derselben Wohnungseigentümergemeinschaft an verschiedenen Wohnungseigentumsrechten Teilzeitwohnrechte besitzt. In diesem Fall stellt sich die Frage, ob nicht auch insoweit das Kopfprinzip anzuwenden ist, weil jeder Eigentümer ungeachtet der Höhe seine Beteiligung nur eine Stimme hat. Jedoch ist anerkannt, dass bei Beteiligungen an verschiedenen Wohnungseigentumsrechten das so genannte Kopfprinzip nicht zur Anwendung kommt, wenn die jeweils beteiligten Personenvereinigungen nicht vollkommen identisch sind.[56] Einer Regelung bedarf es daher in diesem Fällen hinsichtlich des Stimmrechtes nicht. Liegt eine Personenidentität bei der Beteiligung an verschiedenen Wohnungseigentumsrechten vor, so findet das Kopfprinzip hingegen wiederum Anwendung.[57] 963

Soweit eine Organisation des Timesharing-Objektes in Form der Dauerwohnrechte erfolgt, gestaltet sich die Situation wie im Falle des Treuhänders. Der Eigentümer übt das Stimmrecht aus, ist jedoch möglicherweise an die Entscheidungen der Dauernutzungsberechtigten im Innenverhältnis gebunden. Hat ein Eigentümer daher an verschiedenen Wohnungseigentumsrechten Dauernutzungsrechte eingeräumt, so muss auch hier die möglicherweise unterschiedliche Interessenslage der verschiedenen Dauerwohnrechtsinhaber an verschiedenen Wohnungseigentumsrechten in der oben geschilderten Weise Berücksichtigung finden, so dass sich im Ergebnis ebenfalls verbietet, mehrere Sondereigentumsrechte eines Wohnungseigentümers mit Dauerwohnrechten zu belasten. 964

dd) Stimmrechtsausschluss. Nach § 25 Abs. 5 WEG ist ein Eigentümer vom Stimmrecht ausgeschlossen, wenn der zu fassende Beschluss ein mit ihm abzuschließendes Rechtsgeschäft oder einen ihn betreffenden Rechtsstreit hinsichtlich der gemeinschaftlichen Verwaltung zum Gegenstand hat. Eine Ausübung des Stimmrechtes durch einen Vertreter scheidet ebenso aus wie die Fallgestaltung, dass der betroffene Eigentümer selbst für einen anderen als Vertreter auftritt.[58] Dies kann dazu führen, dass wenn der 965

---

[55] BayObLG WE 1991, 226; *Ziege* NJW 1973, 2185.

[56] KG, WuM 1988, 325; OLG Frankfurt PuR 1997, 39.

[57] KG, OLGZ 1988, 434; *Bornheimer,* S. 68; *Lotz-Störmer,* S. 141.

[58] Vgl. BayObLG Rpfleger 1983, 14; BayObLG WE 1991, 226; KG WE 1989, 134; OLG Düsseldorf WE 1992, 81; OLG Zweibrücken WE 1991, 357.

Dauernutzungsverpflichtete oder der Treuhänder betroffen ist, ein Stimmrecht für das in Betracht kommende Wohnungs- oder Teileigentum nicht gegeben ist. Ob die Dauernutzungsberechtigten oder Treugeber von der dem § 25 Abs. 5 WEG zu Grunde liegenden Interessenskollission nicht erfasst werden, bleibt außer Betracht. Bei der Bruchteilsgemeinschaft hingegen ist das Stimmrecht aller Anteilseigner ausgeschlossen, wenn auch nur auf einen von ihnen die Vorschrift des § 25 Abs. 5 WEG Anwendung findet.[59]

966 *ee) Vertretung in der Wohnungseigentümerversammlung.* Bei der Wohnungseigentümerversammlung handelt es sich um eine nichtöffentliche Veranstaltung.[60] Die Begründung liegt allgemein darin, dass die Wohnungseigentümer mit den von ihnen zu erörternden Sachfragen von dritten Personen unbehelligt bleiben wollen.[61] Ob dies bei Timesharing-Objekten ebenfalls anzunehmen ist, mag bezweifelt, kann aber nicht ausgeschlossen werden, so dass es bei diesem allgemeinen Grundsatz verbleiben muss. Für die Teilnahme dritter Personen in der Wohnungseigentümerversammlung muss eine gesonderte, dies gestattende Regelung in der Gemeinschaftsordnung vorhanden sein.[62] In diesem Zusammenhang erkennt die Rechtsprechung[63] auch vertretungseinschränkende Regelungen der Gemeinschaftsordnung an. Diese Rechtslage hat, wenn nicht anderweitige Vereinbarungen bestehen, zur Folge, dass im Falle der Time-sharing-Objekte bei der Einräumung von Dauerwohnrechten und im Falle der Treuhandschaft nur der Dauerwohnrechtsverpflichtete und der Treuhänder an der Wohnungseigentümerversammlung teilnehmen dürfen. Ein Teilnahmerecht der Dauerwohnrechtsberechtigten oder Treugeber als Besitzer der Timesharing-Objekte besteht nicht. Befindet sich das Timesharing-Objekt in der Hand einer Bruchteilsgemeinschaft, so ist jedes ihrer Mitglieder zu der Teilnahme an der Wohnungseigentümerversammlung berechtigt. Hingegen ist die Teilnahme von beauftragten Personen, insbesondere der für die Bruchteilsgemeinschaft tätigen Verwalter, neben den Bruchteilsberechtigten mangels anderweitiger Bestimmung in der Gemeinschaftsordnung nicht zulässig. Soweit eine Vertretungseinschränkung nicht vorliegt, kann in der Wohnungseigentümerversammlung eine dritte Person statt der und für die Bruchteilseigentümer erscheinen. Da aber regelmäßig die Timesharing-Besitzer die Verwaltung des Objektes nicht alle selber durchführen, sollte für eine Regelung in der Gemeinschaftsordnung, welche die Teilnahme dritter Personen für die Mitglieder der Bruchteilsgemeinschaft gestattet, Sorge getragen werden.

5. Veräußerungszustimmung

967 Nach § 12 Abs. 1 WEG kann zwischen den Wohnungseigentümern vereinbart werden, dass die Veräußerung der Zustimmung der Mitglieder der Wohnungseigentümergemeinschaft oder eines Dritten bedarf. Die Regelung stellt damit ein Korrektiv zu dem in § 11 WEG manifestierten Grundsatz der Unauflöslichkeit der Wohnungseigentümergemeinschaft dar. Bezweckt werden soll ein Schutz der Gemeinschaft vor finanziell unzuverlässigen[64] oder sich in die bestehende Wohnungseigentümergemeinschaft nicht einfügende potentiellen Erwerbern.[65]

---

[59] BayObLGZ 1992, 288.

[60] BGHZ 99, 90; BGH NJW 1993, 1329; KG WuM 1997, 456; OLG Düsseldorf WE 1996, 31; OLG Frankfurt OLGZ 1979, 134; OLG Hamm WE 1990, 97; OLG Karlsruhe OLGZ 1976, 273.

[61] BGHZ 99, 90; BGH NJW 1993, 1329; KG WuM 1997, 456; OLG Düsseldorf WE 1996, 31; OLG Frankfurt OLGZ 1979, 134; OLG Hamm WE 1990, 97; OLG Karlsruhe OLGZ 1976, 273.

[62] BGHZ 121, 236; KG WuM 1992, 392.

[63] BGHZ 99, 90; BGHZ 121, 236; BayObLGZ 1981, 161; BayObLGZ 1981, 220; OLG Frankfurt OLGZ 1979, 134; OLG Karlsruhe OLGZ 1976, 273.

[64] BayObLG MittBayNotK 1983, 173; OLG Celle Rpfleger 1974, 267; OLG Düsseldorf WuM 1997, 388.

[65] BayObLG NJW 1973, 152; OLG Karlsruhe Die Justiz 1985, 140; OLG Zweibrücken NJW-RR 1994, 1103.

Besteht in der Gemeinschaftsordnung eine dem § 12 Abs. 1 WEG entsprechende Regelung, hat dies für die verschiedenen Modelle der Timesharing-Anlagen unterschiedliche Auswirkungen: Soweit das Timesharing-Objekt in Bruchteilsgemeinschaft verschiedenen Personen zuzurechnen ist, kann bei einer Veräußerung unmittelbar auf den möglichen Erwerber des Bruchteils abgestellt werden. Liegt hingegen eine Konstruktion über Dauerwohnrechte oder Treuhandbeteiligungen vor, ist unmittelbar auf den materiellen Eigentümer und damit nicht auf die Inhaber der Teilzeit-Wohnrechte abzustellen. Die Veräußerung der einzelnen Dauerwohnrechte oder der Unterbeteiligungen werden von der Regelung dann nicht erfasst. Jedoch besteht für die beiden letztgenannten Fälle die Möglichkeit, eine entsprechende Zustimmungsvereinbarung zu Lasten des Sondereigentums für die Weitergabe von oder die Nutzung durch Time-sharing-Rechten in der Gemeinschaftsordnung zu vereinbaren. Dass sich eine dem § 12 WEG entsprechende Regelung nicht nur auf den Eigentumswechsel, sondern auch auf Gebrauchsüberlassungen beziehen kann, ist anerkannt.[66] 968

6. Gewerbliche Tätigkeiten

In der Bezeichnung des Sondereigentums in der Teilungserklärung und Gemeinschaftsordnung als „Wohnungseigentum" wird zugleich eine Zweckbestimmung hinsichtlich der Nutzung der entsprechenden Einheit vorgenommen.[67] Jeder Eigentümer kann von dem gegen diese Zweckbestimmung verstoßenden anderen Eigentümer[68] oder gegen dritte Personen[69] entsprechende Unterlassung verlangen. 969

Insoweit stellt sich bei der auf einem Dauerwohnrecht und auf dem Treuhandmodell beruhenden Timesharing-Objekte die Frage, ob nicht eine gewerbliche Nutzung vorliegt, wenn der Dauerwohnrechtsverpflichtete oder der Treunehmer die Timesharing-Rechte in gewerblicher Form überlassen. Dies kann der Fall sein, wenn an sie wegen der Überlassung neben der einmaligen Zahlung auch dauerhaft Gebühren, Nutzungsentschädigungen oder andere Zahlungen zum Zwecke der dauerhaften Gewinnerzielungsabsicht geleistet werden. 970

Im Hinblick auf die Regelungen des WEG ist davon auszugehen, dass durch die Zweckbestimmung der Bezeichnung eines Sondereigentums als „Wohnungseigentum" oder als „Teileigentum" eine für die Eigentümer bindende, ausschließliche Nutzungsregelung getroffen werden soll. Mit der Zweckbestimmung soll jedwede Nutzung außerhalb einer solchen zu Wohnzwecken unterbunden werden. Demnach kann die Überlassung von Räumlichkeiten in Form des Timesharings eine gewerbliche Tätigkeit darstellen. Eine Klarstellung, dass die Wohnungen zum Zwecke des Timesharings genutzt oder überlassen werden sollen, erscheint daher empfehlenswert. 971

7. Entziehung des Wohnungseigentums

Gemäß § 18 WEG kann das Wohnungseigentum unter bestimmten – im Gesetz genannten oder von den Wohnungseigentümern zu vereinbarenden – Voraussetzungen entzogen werden. Notwendig ist jeweils das Vorliegen eines wichtigen Grundes. Ein Verschulden im Sinne des § 276 BGB des einzelnen Wohnungseigentümers an dem Eintritt der jeweiligen Voraussetzungen ist hingegen nicht erforderlich.[70] Abzustellen ist vielmehr 972

[66] BGHZ 37, 203; BayObLG NJW-RR 1988, 17; OLG Frankfurt OLGZ 1987, 269.

[67] BayObLG NJW-RR 1991, 849; OLG Stuttgart DWE 1987, 31 (Ls).

[68] BayObLG WE 1992, 208 (Ls); KG WE 1992, 286.

[69] BGH ZMR 1995, 480; BayObLG WuM 1993, 558; OLG München NJW-RR 1992, 1492; OLG Frankfurt NJW-RR 1993, 981; OLG Karlsruhe NJW-RR 1994, 146; OLG Stuttgart OLGZ 1993, 65.

[70] BVerfG NJW 1994, 241; LG Tübingen NJW-RR 1995, 650.

auf eine kausale Zurechenbarkeit.[71] Bei einer Personenmehrheit ist ausreichend, wenn eines ihrer Mitglieder den gesetzlichen oder vereinbarten Tatbestand verwirklicht.[72]

973 Im Hinblick darauf, dass nach der bestehenden Rechtslage nur auf die materiell-rechtliche Eigentümerstellung Bezug zu nehmen ist, ergibt sich, dass im Falle der Modelle II und III scheinbar nur auf den Dauerwohnrechtsverpflichteten und den Treuhänder abzustellen ist. Das Verhalten der Inhaber der Time-sharing-Objekte wäre möglicherweise unbeachtlich. Anderseits bestimmt § 14 Nr. 2 WEG, dass der Eigentümer für die Einhaltung der Gemeinschaft gegenüber bestehenden Pflichten auch durch die Personen Sorge zu tragen hat, denen er sein Sondereigentum zur Benutzung überlässt. Dies führt dazu, dass die Gemeinschaft eventuelle Verstöße im Sinne des § 18 WEG durch die Inhaber der Timesharing-Rechte nicht hinnehmen muss, wenn gegen den Dauerwohnrechtsverpflichteten oder der Treuhänder das Entziehungsverfahren betrieben werden kann.

974 Die Inhaber der Timesharing-Rechte sind bei den geschilderten Konstruktionen einem vertrags- oder gesetzeswidrigem Verhalten des Eigentümers schutzlos ausgeliefert. Da nach den obigen Ausführungen für die Entziehung des Wohnungseigentums auch das Verhalten einer Person, der das Sondereigentumsrecht zur Nutzung überlassen wurde, auch bei den Dauerwohnrechts- oder Treuhandmodellen ausreichend ist, bestehen auch keine Schutzmechanismen zu Gunsten der anderweitig berechtigten Timesharing-Inhaber, wenn die Ursache in dem Verhalten eines gleichberechtigten Timesharing-Inhabers besteht.

8. Zahlungsverpflichtungen

975 Unbestritten ist, dass nur die materiell-rechtlichen Eigentümer eines Wohnungseigentumsrechtes zur Zahlung von Leistungen an die Wohnungseigentümergemeinschaft verpflichtet sind.[73] Daraus folgt, dass die Wohnungseigentümer weder von einem Nutzer noch von sonstigen dritten Personen Leistungen verlangen können. Daraus ergeben sich für die Timesharing-Modelle verschiedene Konsequenzen: Im Fall der Bestellung von Dauerwohnrechten und bei dem Treuhandmodell sind ausschließlich der Dauerwohnungsverpflichtete und der Treuhänder gegenüber der Wohnungseigentümergemeinschaft zur Zahlung verpflichtet. Weder gegen die Dauerwohnrechtsinhaber noch gegen die Treugeber können Forderungen geltend gemacht werden. Anders gestaltet sich die Rechtslage bei der Bruchteilsgemeinschaft. Da alle ihre Mitglieder im Wohnungsgrundbuch als Eigentümer eingetragen sind, haften sie gegenüber der Wohnungseigentümergemeinschaft für diese als Gesamtschuldner.[74]

976 Diese Rechtslage ist für alle Seiten unbefriedigend: Geraten der Dauerwohnrechtsverpflichtete oder der Treuhänder in Liquiditätsschwierigkeiten, kann trotz deren Nichtzahlung an die Wohnungseigentümergemeinschaft die weitere Nutzung des jeweiligen Objektes durch die Timesharing-Inhaber zumindest zeitweilig nicht verhindert werden. Bei der Bruchteilsgemeinschaft können die Zahlungsunfähigkeit einiger ihrer Mitglieder und die damit verbundene Haftung der übrigen leicht dazu führen, dass von letzteren die finanzielle Mehrbelastung auf Dauer nicht getragen werden kann.

977 Insoweit könnte im Falle der Treuhandschaft und der Einräumung von Dauerwohnrechten zwischen der Wohnungseigentümergemeinschaft und den Inhabern der Timesharing-Rechte vereinbart werden, dass bei einem Zahlungsausfall durch die Nutzer ein unmittelbarer Ausgleich der Forderungen erfolgt. Für die Gemeinschaft bringt dies den Vorteil, dass weiterhin mit Zahlungen gerechnet werden kann, um die Betriebskosten zu bestreiten. Die Timesharing-Inhaber in Form des Treuhandmodells erlangen so die rela-

---

[71] LG Tübingen NJW-RR 1995, 650.

[72] *Staudinger-Kreuzer,* § 18 Rn. 21.

[73] BGHZ 107, 285.

[74] BayObLGZ 1979, 56; OLG Frankfurt DWE 1987, 62 (Ls); OLG Hamm NJW-RR 1988, 655; OLG Stuttgart OLGZ 1986, 32.

tive Sicherheit, dass sie ihrer dinglich nicht gesicherten Rechte durch ein Entziehungsverfahren nach § 18 WEG oder durch die Zwangsversteigerung nicht verloren gehen. Die Dauerwohnrechtsinhaber haben, wenn auch eine dingliche Sicherung ihrer Rechte vorliegt, den Vorteil, dass eine Bewirtschaftung auf Dauer gewährleistet wird.

9. Schlussbemerkungen

Im Fall der Begründung von Wohnungseigentum zum Zwecke des Vertriebes von und der Nutzung als Timesharing-Objekte müssen zahlreiche von einer üblichen Gemeinschaftsordnung abweichende Regelungen getroffen werden. Zudem ist im Verhältnis der Timesharing-Nutzer eine Vereinbarung über die sie betreffenden Angelegenheiten der Verwaltung des Timesharing-Objektes und der Wohnungseigentumsanlage zu schließen. Je nach materiell-rechtlicher Ausgestaltung müssen der Dauerwohnrechtsverpflichtete und der Treugeber in diese einbezogen werden. 978

VII. Besondere Erscheinungsformen des Wohnungseigentums

979 Wohnungs- und Teileigentum tritt nicht nur in der „klassischen“ Form auf. Vermehrt ist zu beobachten, dass die Konstruktion der Wohnungseigentümergemeinschaft genutzt wird, um neue Modelle des Wohnens oder der sonstigen Immobiliennutzung zu kreieren, oftmals auch erst zu ermöglichen.

980 Das WEG beinhaltet solche besonderen Ausgestaltungen nicht. Der Gesetzgeber hat – auch nicht im Zusammenhang mit der WEG-Novelle – diese Formen nicht bedacht. Ihre Zulässigkeit an sich ist, wenn auch einzelne Punkte ihrer Ausgestaltung häufig streitig sind, nicht in Frage gestellt. Mangels gesetzlicher Vorgaben innerhalb des WEG können sich daher Schranken, wenn seine Bestimmungen eingehalten werden, nur unter anderen Gesichtspunkten ergeben.

1. Wohnungseigentum und Heimeinrichtungen

981 Wohnungseigentumsanlagen können auch zum Betrieb eines Heimes Verwendung finden. Dabei ist jedoch zu differenzieren, da es verschiedene Ausgestaltungen eines solchen geben kann.

982 **a) Heim i. S. d. Heimrechts.** Es kann sich um ein Heim i. S. d. noch geltenden HeimG[1] oder der diesem nachfolgenden Bestimmungen der einzelnen Bundesländer[2] handeln.[3] Möglich ist auch, dass die Bezeichnung „Heim“ nur gewählt wird, es sich jedoch tatsächlich um eine Ansammlung verschiedener selbständiger Wohnungen und Apartments, etwa bei Studenten- und Jugendwohnheimen i. S. d. § 549 Abs. 3 BGB, handelt. Zudem muss bei beiden Varianten unterschieden werden, ob ein einziger Betreiber die gesamte Bewirtschaftung und Raumüberlassung durchführt oder ob sich dessen Tätigkeit darauf beschränkt, bestimmte Gemeinschaftseinrichtungen zu bewirtschaften während die einzelnen Wohneinheiten selbständig von den Eigentümern verwaltet werden. Letztlich verbleibt noch die Ausgestaltung, dass ein Betreiber verschiedene Wohnungseigentumsrechte anmietet, um darin einen Heimbetrieb unabhängig von der Nutzung der anderen Sondereigentumseinheiten und des gemeinschaftlichen Eigentums zu betreiben.

983 Gemeinsam ist allen Ausgestaltungen nur, dass eine entsprechende Nutzungsvereinbarung in der Teilungserklärung in der Form der Regelung, ob es sich um Teil- oder Wohnungseigentum handelt, oder zumindest in der Gemeinschaftsordnung als Nutzungsregelung i. S. d. § 15 I WEG vorhanden sein muss.[4]

984 *aa) Begriff des Heims.* Der Begriff des Heims ist zumindest nicht einheitlich definiert, eine gesetzliche zivilrechtliche Charakterisierung findet sich nicht.

985 Eine Legaldefinition ist hingegen in § 1 I 2 a. F. HeimG vorgenommen worden: Danach sind Heime Einrichtungen, die dem Zweck dienen, ältere Menschen oder pflegebe-

---

[1] Heimgesetz (HeimG) vom 5. 11. 2001 (BGBl. I S. 2970).

[2] Baden-Württemberg: Heimgesetz für Baden-Württemberg (Landesheimgesetz – LHeimG) v. 3. 6. 2008 (GBL.BW S. 169); Bayern: Gesetz zur Förderung der Pflege-, Betreuungs- und Wohnqualität im Alter und bei Behinderung – (Pflegequalitätsgesetz – PfegeqG) v. 3. 7. 2008 (BayGVBl S. 346); Nordrhein-Westfalen: Gesetz zur Umsetzung der Föderalismusreform – Artikel 1 – Gesetz über das Wohnen mit Assistenz und Pflege in Einrichtungen (Wohn- und Teilhabegesetz – WTG) – v. 18. 11. 2008 (GVBl. NW S. 7382).

[3] Vgl. zu der Gesetzgebungskompetenz der Länder nach der Föderalismusreform, *Drasdo* NVwZ 2008, 639.

[4] BayObLG NJW 1992, 917; BayObLG NJW 1994, 1662; KG, NJW 1992, 3045; KG NZM 2001, 531; OLG Celle NZM 2005, 184; OLG Frankfurt Rpfleger 1981, 148; OLG Hamm NJW 1992, 184; OLG Hamm NJW-RR 1993, 786; OLG Hamm ZMR 1999, 504; OLG Köln NJW-RR 2007, 87; OLG Stuttgart NJW 1992, 3046.

dürftige oder behinderte Volljährige aufzunehmen. Ihnen ist Wohnraum zu überlassen und Betreuung zu gewähren. Verpflegung ist vorzuhalten oder zu liefern. In ihrem Bestand sind sie von den jeweiligen Bewohnern unabhängig und werden entgeltlich betrieben.

Daher werden zu dem Begriff des „Heims" Altenheime,[5] Schwesternaltenheime,[6] Altenwohnheime,[7] Pflegeheime[8] und Behindertenheime[9] sowie Altenkrankenheime[10] gerechnet. Wohngemeinschaften fallen, soweit sie auf einem freiwilligen und selbständigen, eigenverantwortlichen Zusammenschluss der Bewohner beruhen, nicht in den Anwendungsbereich des Heimrechts.[11] Es muss ein Träger vorhanden sein.[12] Dies erfordert die Durchführung des Betriebs auf eigene Rechnung. Bezüglich der Eigentümer des Grundstückes, auf dem der Betrieb erfolgt, muss keine Identität bestehen. Diese Beschreibung ist jedoch nicht generell auf alle Einrichtungen übertragbar, sondern erfasst primär den sozialen Pflegebereich. 986

Das Zivilrecht kennt eine Begriffsbestimmung nicht. Studenten- und Jugendwohnheime i.S.d. § 549 Abs. 3 BGB müssen auch, wenn dies häufig der Fall ist, nicht an öffentlich-rechtliche Träger gebunden sein. Private Einrichtungen können ebenfalls auftreten. Eine ausdrückliche Bezeichnung als „Studenten- oder Jugendwohnheim" ist nicht erforderlich. Ausschlaggebend ist die Zweckbestimmung und tatsächliche Nutzung der Einrichtung. Alleine das Zusammenwohnen mehrerer in gleicher Weise sich beschäftigender Personen charakterisiert insoweit jedoch alleine nicht den Heimbegriff.[13] Nach h.M.[14] erfüllen den Begriff Gebäude, die nach ihrer baulichen Gestaltung und Ausstattung auf Dauer bestimmt und geeignet sind, Wohnbedürfnisse einer Vielzahl von Studenten oder Jugendlichen zu erfüllen.[15] Dies entspricht der allgemeinen Heimdefinition in § 15 II. WoBauG. Dabei kommt sowohl eine Unterbringung in Einzel- als auch Mehrbettzimmern in Betracht. Es können auch abgeschlossene Wohnungen oder Apartments vorgehalten werden Gemeinschaftseinrichtungen müssen nicht vorhanden sein.[16] Eine möblierte Ausstattung kann vorliegen. 987

Abgestellt werden muss daher bei der Beurteilung, ob es sich um ein Heim handelt auf den Einzelfall der vertraglichen Ausgestaltung und der sich daraus ergebenden tatsächlichen Abwicklung der Bewirtschaftung und Verwaltung der Wohnungseigentümergemeinschaft. 988

bb) Wohnungseigentumsrechtliche Aspekte. Die Begründung von Wohnungseigentum mit der Einschränkung, dass die Nutzung des Gemeinschafts- und des Sondereigentums nur durch einen bestimmten, in der Gemeinschaftsordnung festgelegten Personenkreis erfolgen darf, ist möglich. Nach § 15 Abs. 1 WEG kann die Nutzbarkeit durch eine Vereinbarung der Wohnungseigentümer eingeschränkt werden.[17] Eine Beschlussfassung reicht nicht aus. Entweder ist ein unzulässiger Eingriff in den so genannten Kernbereich[18] 989

---

[5] *Kunz/Butz/Wiedemann,* § 1 Rn. 4.
[6] *Kunz/Butz/Wiedemann,* § 1 Rn. 4.
[7] *Kunz/Butz/Wiedemann,* § 1 Rn. 5.
[8] *Kunz/Butz/Wiedemann,* § 1 Rn. 6.
[9] *Kunz/Butz/Wiedemann,* § 1 Rn. 7.
[10] *Kunz/Butz/Wiedemann,* § 1 Rn. 6.
[11] OVG Lüneburg NJW 1987, 3026; *Kunz/Butz/Wiedemann,* § 1 Rn. 8.
[12] *Kunz/Butz/Wiedemann,* § 1 Rn. 8.
[13] OLG Hamburg MDR 1981, 144; AG Hamburg WuM 1985, 145; *Schmidt-Futterer/Blank,* § 549 Rn. 36.
[14] *Schmidt-Futterer/Blank,* § 549 Rn. 35.
[15] LG Konstanz WuM 1989, 539; AG München WuM 1992, 133.
[16] LG Freiburg WuM 1987, 128.
[17] BGH NJW 2007, 213; OLG München ZMR 2006, 949; *Munzig,* S. 55; *Heinemann* MittBayNotK 2002, 69; *Markus* WuM 2005, 290; a.A. *Kahlen* ZMR 2007, 671.
[18] OLG Düsseldorf NZM 2001, 238.

gegeben oder es mangelt an der Beschlusskompetenz,[19] entsprechende Regelungen treffen zu können.

990 Ohne eine solche ausdrückliche Vereinbarung in der Gemeinschaftsordnung ist ein Heimbetrieb zumindest in einem Wohnungseigentum nicht zulässig.[20] Denn dieser stellt als solcher eine gewerbliche Tätigkeit dar. Die Abgrenzung erfolgt in der Form, dass von einem Heimbetrieb ausgegangen wird, wenn kein familienartiges Zusammenleben erfolgt.[21] Dies kann mit der Folge der Statthaftigkeit auch in einem Wohnungseigentum bei Integrations- oder Selbsthilfegruppen im Rahmen des § 34 SGB VIII möglich sein.[22] Denkbar ist auch, dass nur die Nutzung als Begegnungsstätte zulässig ist.[23]

991 Ebenso kann in der Gemeinschaftsordnung vereinbart werden, dass die Wohnungseigentümer ihr Sondereigentum an bestimmte Personen für ein bestimmtes Vorhaben überlassen müssen.[24] Dies gilt nicht nur für die Überlassungspflicht als solche, sondern auch für eventuelle weitere Zweckbeschränkungen. Solche einschränkenden Vereinbarungen mit einer daraus folgende Überlassungspflicht sind auch anderweitig zu beobachten.[25] Ebenfalls sind Einschränkungen bezüglich des Gebrauchs des Gemeinschaftseigentums zulässig.[26] Solche dürfen, weil sie als ausschließlich das Verhältnis der Wohnungseigentümer zueinander regelnde Normen keine Vereinbarung nach § 10 Abs. 2 WEG sind,[27] auch zu Gunsten eines Dritten im Sinne der §§ 328 ff. BGB vereinbart werden. Sie können eine unentgeltliche Nutzung durch die zur Betreuung und Pflege vorgesehenen Personen oder Vertragspartner vorsehen.[28] Ob dafür auch ein Beschluss ausreichend sein kann,[29] muss im Hinblick auf die Entscheidung des BGH vom 20. 9. 2000[30] bezweifelt werden. Zwar können die Wohnungseigentümer die Vermietung des Gemeinschaftseigentums durch Beschluss regeln, weil sich die Nutzung an diesem an der Miete als Ertrag fortsetzt.[31] Die Wohnungseigentümer erhalten somit ein Entgelt für die entgangene tatsächliche Nutzung. Sie können daher davon ausgehen, dass die Nutzung des Gemeinschaftseigentums durch Dritte nur gegen Bezahlung erfolgt. Die endgültige oder dauerhafte unentgeltliche Überlassung eines Sondereigentums zu einem bestimmten Zweck an nur einen eingeschränkten Nutzerkreis – insoweit eventuell sogar als Pflicht ausgestaltet – geht darüber hinaus. Dies bedarf einer Vereinbarung.[32]

992 Deshalb bestehen keinerlei Bedenken, in der Gemeinschaftsordnung zu vereinbaren, dies gegebenenfalls über Dienstbarkeiten weitergehend zu sichern, dass das Gemeinschafts- und das Sondereigentum nur von Bewohnern mit einem bestimmten Mindestal-

---

[19] BGH NJW 2000, 3500.

[20] BayObLG NJW 1992, 917; BayObLG NJW 1994, 1662; KG NJW 1992, 3045; KG NZM 2001, 531; OLG Celle NZM 2005, 184; OLG Frankfurt Rpfleger 1981, 148; OLG Hamm NJW 1992, 184; OLG Hamm NJW-RR 1993, 786; OLG Hamm ZMR 1999, 504; OLG Köln NJW-RR 2007, 87; OLG Stuttgart NJW 1992, 3046.

[21] KG NZM 2001, 531; OLG Hamm ZMR 1999, 504.

[22] KG NZM 2001, 531; OLG Hamm ZMR 1999, 504; unklar *Kahlen* ZMR 2007, 671.

[23] OLG Düsseldorf NZM 2008, 489.

[24] BGH NJW 2005, 2008; *Heinemann* MittBayNotK 2002, 69.

[25] BayObLG Rpfleger 1982, 15; BayObLG Rpfleger 1982, 63; BayObLG, WE 1991, 83; BayObLG WuM 1994, 156; BayObLG, MittBayNotK 1995, 388; BayObLG DNotI-Report, 1998, 140; OLG München ZMR 2005, 811; zweifelnd OLG Karlsruhe NJW-RR 1987, 651.

[26] *Heinemann* MittBayNotK 2002, 69.

[27] *Weitnauer/Lüke*, § 10 Rn. 38.

[28] BGH NJW 2007, 213; *Munzig*, S. 56; *Heinemann* MittBayNotK 2002, 69.

[29] OLG Celle NZM 2005, 184; OLG Stuttgart OLGReport 2000, 189.

[30] BGH NJW 2000, 3500.

[31] BGHZ 144, 386; BayObLG NZM 2000, 41; OLG Hamburg NZM 2001, 132; *Kahlen* ZMR 2007, 671; a. A. noch OLG Zweibrücken NJW-RR 1986, 1338.

[32] OLG Celle NZM 2005, 184.

ter oder einer genau festgelegten Pflege- oder Betreuungsbedürftigkeit genutzt werden dürfen.[33]

cc) Anwendungsbereich des Heimgesetzes. Nach § 1 Abs. 1 HeimG a.F. ist für die Einordnung eines Gebäudes oder Betriebes als „Heim" zwingend erforderlich, dass unter anderem auch Wohnraum überlassen wird. Also liegt ein Heimbetrieb nicht vor, wenn ausschließlich die Betreuung oder Pflege sowie eine sonstige helfende Dienstleistung erbracht wird. Wird Wohnungseigentum durch den Eigentümer selber genutzt, daneben eine Pflege- oder Betreuungsleistung – gleich in welchem Umfang – erbracht, kann das Heimrecht keine Anwendung finden.[34] Das Betreiben eines Heims im Sinne des § 1 Abs. 1 HeimG a.F. kommt bei Wohnungseigentum daher nur in Betracht, wenn dieses einem Träger oder Betreiber in irgendeiner Form überlassen wird und dieser seinerseits die Räumlichkeiten an dritte Personen im Rahmen eines Heimbetriebs überlässt.[35] 993

Werden Pflege-, Dienst- oder sonstige Versorgungsleistungen von einem Betreiber unmittelbar gegenüber einem selbst nutzenden Wohnungseigentümer erbracht, kann nur die Form des „Betreuten Wohnens" vorliegen. Als Alternative verbleibt nur die Möglichkeit, dass der Wohnungseigentümer sein Wohnungseigentum an den Betreiber eines Heims vermietet oder in anderer Weise überlässt und dann mit diesem einen Vertrag unter Einschluss von Pflege-, Betreuungs- und Unterbringungsleistungen abschließt. 994

b) Heimbetriebe im Sondereigentum. Soweit nicht bereits in der Gemeinschaftsordnung die Überlassung des Sondereigentums an einen Heimbetreiber festgelegt wurde, ist denkbar, dass jeder einzelne Sondereigentümer in seiner Einheit ein Heim oder einen heimähnlichen Betrieb einrichtet. Ob dabei tatsächlich der Begriff des Heims i.S. des § 1 Abs. 1 HeimG a.F. erfüllt wird, mag dahinstehen. 995

Möglich ist zumindest, dass eine einer Heimunterbringung angeglichene Nutzung erfolgt. Da es sich bei einer dahingehenden Nutzung nicht um ein „Wohnen", sondern um eine gewerbliche Tätigkeit handelt, scheidet sie im Rahmen eines Wohnungseigentums aus. Anderweitige Vereinbarungen in der Gemeinschaftsordnung sind möglich. Beschlüsse, die eine solche gewerbliche Tätigkeit gestatten, entsprechen nicht den Grundsätzen einer ordnungsmäßigen Verwaltung und sind daher zumindest anfechtbar, wenn nicht sogar nichtig.[36] 996

Ob eine dahingehende Nutzung in einem Teileigentum zulässig ist, wird vielfach ebenfalls von den getroffenen Nutzungsvereinbarungen abhängen. Ist lediglich die Bezeichnung „Teileigentum" gewählt, ist im Rahmen der §§ 134, 138 BGB jede gewerbliche Nutzung vorbehaltlich der Einhaltung öffentlich-rechtlicher Normen statthaft. Finden sich hinsichtlich der Nutzungsmöglichkeiten weitere Einschränkungen, ist beispielsweise eine Nutzung als „Laden" oder „Gaststätte" vereinbart, scheidet der Betrieb eines Heimes im Sondereigentum aus. 997

c) Studenten oder Jugendwohnheim. Studenten- oder Jugendwohnheime unterfallen nicht dem Heimbegriff des § 1 Abs. 1 HeimG a.F., weil es regelmäßig an der pflegerischen Betreuung des Betreibers fehlen wird. Jedoch kann nicht ausgeschlossen werden, dass solche Betriebe auch in der Form von Wohnungseigentum eingerichtet werden können. Es gilt letztlich bereits für die nach dem HeimG errichteten Betriebe aufgestellten Gestaltungsmöglichkeiten und Grundsätze. 998

---

[33] BGH Rpfleger 2005, 210; zum Betreuten Wohnen ausdrücklich OLG Hamm, Beschluss vom 18. 12. 2003 – 15 W 8/03; *Lüke* ZWE 2004, 291; *F. Schmidt* ZWE 2000, 506.

[34] *Markus* WuM 2005, 290.

[35] LG Lüneburg ZMR 2001, 805; siehe in diesem Zusammenhang auch die unklaren Hinweise bei *Kunz/Butz/Wiedemann*, § 1 Rn. 10.

[36] BayObLG NJW 1992, 917; BayObLG NJW 1994, 1662; KG NJW 1992, 3045; KG NZM 2001, 531; OLG Celle NZM 2005, 184; OLG Frankfurt Rpfleger 1981, 148; OLG Hamm NJW 1992, 184; OLG Hamm NJW-RR 1993, 786; OLG Hamm ZMR 1999, 504; OLG Köln NJW-RR 2007, 87; OLG Stuttgart NJW 1992, 3046.

999 Allerdings ist die Einrichtung einer Wohngemeinschaft in einem Sondereigentum nicht als Studenten- oder Jugendwohnheim zu charakterisieren. Die Mitglieder einer solchen Wohngemeinschaft bilden eine Gesellschaft bürgerlichen Rechts.[37] Der Miet- oder Nutzungsvertrag wird mit der Gesellschaft und im Gegensatz zu einem Vertrag in einem Wohnheim nicht mit deren einzelnen Mitglied abgeschlossen. Er ist demzufolge auch von dem Bestand der Mitglieder nicht abhängig. Im Wesentlichen liegt der Unterschied jedoch darin, dass bei den Wohnheimen eine Vermietung über nicht zwingend einen einzelnen Raum an einzelne Personen, bei Wohngemeinschaften aber eine Vermietung an einen Personenverband zur Nutzung ein oder mehrerer Räume vorgenommen wird.

1000 **d) Schlussbetrachtung.** Heimartige Gestaltungen sind im Wohnungseigentum demnach sowohl in Bezug auf das Gemeinschafts- als auch das Sondereigentum möglich. Detaillierte Vereinbarungen müssen die jeweiligen Einzelheiten regeln. Beschlüsse zur Einführung solcher Gestaltungen reichen nicht aus.

2. Betreutes Wohnen

1001 Die Einrichtung des Betreuten Wohnens ist darauf zurückzuführen, dass oftmals der Wunsch besteht, nicht in einem Pflegeheim, sondern unter persönlich als akzeptabel angesehenen Bedingungen den Lebensabend zu verbringen. Überwiegend im eigenen Haushalt zu leben, wird aber auch nicht als zufrieden stellend empfunden. Der Wunsch nach einem altengerechten, betreuten Wohnen wird immer deutlicher geäußert.

1002 **a) Abgrenzung des „Betreuten Wohnens" vom Heim.** Das „Betreute Wohnen" soll die „letzte Stufe eines selbständigen Wohnens vor dem Altenheim" darstellen.[38] Charakterisiert wird es u.a. durch die Führung eines selbständigen Haushalts.[39] Es ist positivgesetzlich nicht geregelt. Das HeimG findet nicht zwangsläufig Anwendung. Die Abgrenzung zum Heim erfolgt in § 1 Abs. 2 HeimG a.F. in negativer Weise.[40] Damit sollen bestimmte Erscheinungsweisen des „Betreuten Wohnens" von dem Anwendungsbereich des Heimrechts ausgenommen werden.[41] Unbeachtlich ist, wie die Raumüberlassung geregelt wird. Die Bildung eines eigenen Haushalts schließt nämlich einen Heimbetrieb nicht aus.[42] Sie ist für diesen jedoch auch nicht notwendig.[43] Die Abgrenzung und Einstufung muss sich an der Wertigkeit und dem Verhältnis der Betreuungsleistung orientieren.[44]

1003 Danach reicht allein die Sicherstellung der Betreuung des Bewohners nicht aus, um aus einem „Betreuten Wohnen" eine heimartige Einrichtung zu machen.[45] Auch ist die Übernahme in Betreuungsleistung im Zusammenhang mit der Unterbringung nicht zwangsläufig Voraussetzung dafür, dass das Heimrecht anzuwenden ist.[46] Dies wäre nur der Fall, wenn diese Leistung wesentlich ist. Zurzeit wird davon ausgegangen, dass dafür mindestens mehr als 20% des Entgeltes auf den Betreuungsanteil entfallen müssen.[47] Dem gegenüber findet das Heimrecht Anwendung, wenn die Bewohner verpflichtet sind,

---

[37] BGHZ 136, 314; OLG Saarbrücken NJW-RR 1992, 781.

[38] BFHE 205, 561.

[39] BVerwG NZM 2006, 668; BFH, BStBl. II 2006, 559.

[40] *Markus* WuM 2005, 290; *Thier* NZM 2003, 264.

[41] OLG Frankfurt NJW 2000, 396; VGH Mannheim BeckRS 2003, 24 933; OVG Münster WuM 1999, 412; *Igl,* FS Derleder, S. 479.

[42] BVerwG NZM 2006, 668; OLG Frankfurt NJW 2000, 396.

[43] BFH, BStBl. II 2006, 559.

[44] OVG Münster WuM 1999, 412; VG Münster WuM 1999, 412; *Hanning* NZM 2000, 1114; *Schlüter* NZM 2000, 530.

[45] AG Neuwied NZM 2004, 702.

[46] BFH, BStBl. II 2006, 559.

[47] *Markus* WuM 2005, 290.

Verpflegung und weitere Betreuungsleistungen abzunehmen. Daher kann davon ausgegangen werden, dass für den Fall, dass der Bewohner ein Wahlrecht hat, ob er eine Leistung in Anspruch nimmt, ein „Betreutes Wohnen" vorliegt.[48]

Neben der Überlassung von Wohnraum wird als Betreuungsleistung regelmäßig als Grundangebot ein Hausnotrufsystem, Vorsorge für Notfallsituationen, Erledigung kleinerer Botengänge und hauswirtschaftliche Dienstleistungen sowie die Beratung und der Umgang mit Behörden als auch die Unterstützung der Teilnahme am kulturellen Leben angeboten.[49] 1004

b) Normgebung. Lange bestand nur eine Definition des „Betreuten Wohnens", die sich als Leistungsprofil für ältere Menschen, die in einer nach Lage, Zustand und Ausstattung so genannten barrierefreien Wohnung leben, darstellte.[50] Maßstab dafür war die auch immer noch geltende DIN 18 025 mit den aus Grund- und Wahlleistungen bestehenden Dienstangeboten.[51] Dem sind zwischenzeitlich zahlreiche Bauordnungen der Länder in ihren Anforderungen gefolgt, indem spezielle Regelungen wegen eines barrierefreien Bauens aufgenommen wurden.[52] Der Normenausschuss hat nunmehr auch Dienstleistungs- und nicht nur Produktnormungen hinsichtlich des „Betreutes Wohnen" vorgenommen.[53] Die Dienstleistungen bilden somit den Schwerpunkt des Normungsvorhabens. Bezüglich der Immobilie sind nur Informationspflichten im Rahmen der Dienstleistungserbringung aufgenommen worden. 1005

Die neue DIN 77 800 ist zum 1. 9. 2006 in Kraft getreten. Sie dient der Transparenzschaffung der umfangreichen Leistungsangebote und der oftmals verbundenen Verträge. 1006

Sie stellt unter Anderem folgende Anforderungen auf:

- Wohnanlage: 1007
  - Vermieter, Verkäufer, Anschrift, Kontaktdaten
  - Ansprechpartner (Funktion, Telefonnummer, eventuell Telefax-Nummer und E-Mail)
  - Baujahr der Anlage
  - Größe der Anlage (Wohnungsanzahl)
  - andere Dienstleistungsangebote auf dem Areal
  - Art und Umfang der Gemeinschaftseinrichtungen
  - Barrierefreiheit des Gebäudes
- Wohnung: 1008
  - Wohnungsgrößen in qm
  - Wohnungszuschnitte, Wohnungsgrundriss, Lage innerhalb der Anlage
  - Einhaltung der DIN 18025
  - Ausstattung
  - Möglichkeiten der Installierung von Zusatzeinrichtungen (zum Beispiel Waschmaschine)
  - Infrastruktur zum Anschluss eines Hausnotrufgerätes
  - Zulässigkeit von Haustieren
- Grundleistungen: 1009
  - Träger der Betreuungsleistungen, Funktion des Ansprechpartners, Adresse, Telefonnummer
  - Leistungskatalog des Betreuungsträgers

---

[48] BFHE 205, 561; *Hannig* NZM 2000, 1114; *Schlüter* NZM 2000, 530; *Thier* NZM 2003, 264.

[49] *Hannig* NZM 2000, 1114.

[50] Vgl. die DIN 18 025.

[51] Die bisherige DIN 18 025 Teil 1 und Teil 2 soll nunmehr umgewandelt werden in die DIN 18 030 Teil 1 (rollstuhlgerechte Planung, Ausführung und Einrichtung) und in DIN 18 030 Teil 2 (barrierefreie Planung, Ausführung und Einrichtung); vgl dazu auch *Edinger/Lerch* ZdWBay 2007, 24.

[52] Vgl. nur beispielhaft § 45 II BayBauO; § 43 II HessBauO; § 49 BauO NW.

[53] Vgl. die Hinweise bei *Drasdo* NJW-Spezial 2005, 102; *Rychter,* Immobilienjahrbuch 2006, Berlin 2006, S. 206.

1010 • Wahlleistungen:
- freie Wählbarkeit der Dienstleister
- Leistungskatalog des Betreuungsträgers
- Zusammenarbeit mit externen Dienstleistern

1011 • Kosten und Finanzierung:
- Miete/qm /Monat (Von-bis-Angabe)
- Mietnebenkostenvorauszahlung/qm (Durchschnitt pro Monat)
- Möglichkeit des Eigentumserwerbs
- Kosten Grundleistung / Monat
- einmalige Kosten bei Vertragsabschluss
- Kosten PKW-Stellplatz
- Preisliste für Wahlleistungen

1012 Bei den Anforderungen an die Dienstleistungen widmet sich die Norm insbesondere den Punkten
- Haustechnischer Service;
- Notrufsicherung;
- Betreuungsleistungen;
- Beratungstätigkeit;
- Regelmäßige Informationstätigkeit;
- Vermittlungs- und Organisationstätigkeit;
- Soziale und kulturelle Betreuung.

1013 Des Weiteren enthält die Norm Aussagen zum Anforderungsprofil für Betreuungspersonen.

1014 Mit der DIN 77800 soll ein einheitlicher Qualitätsmaßstab sichergestellt werden. Regionale Sicherungskonzepte haben sich damit jedoch nicht überholt. Eine Zertifizierung ist möglich. Lokale Institutionen wie das Qualitätssiegel „Betreutes Wohnen Baden-Württemberg“[54] oder „Betreutes Wohnen für ältere Menschen NRW“[55] bleiben neben dieser Einrichtung ebenso wie private Organisationen[56] weiter bestehen. Auch sie vergeben teilweise Zertifizierungen mit eigenen Qualitätsmaßstäben und entsprechenden Zeichen zum Nachweis gegenüber der Öffentlichkeit. Zudem haben sich zwischenzeitlich auch die Berufsorganisationen der Handwerker auf den veränderten Markt eingestellt. Sie bieten Fachlehrgänge für das „Wohnen im Alter“ und „Barrierefreies Bauen“ an. Dies wird mit entsprechenden Zeichen auch dokumentiert.

1015 c) **Nutzung zum Zwecke des „Betreuten Wohnens“.** Die Begründung von Wohnungseigentum mit der Einschränkung, dass die Nutzung des Gemeinschafts- und des Sondereigentums nur durch einen bestimmten, in der Gemeinschaftsordnung festgelegten Personenkreis erfolgen darf, ist möglich. Nach § 15 Abs. 1 WEG kann die Nutzbarkeit des Sondereigentums durch eine Vereinbarung der Wohnungseigentümer eingeschränkt werden.[57] Eine Beschlussfassung reicht nicht aus. Entweder ist dadurch ein unzulässiger Eingriff in den so genannten Kernbereich[58] gegeben oder es mangelt an der Beschlusskompetenz,[59] dahingehende Regelungen treffen zu können.

1016 In der Gemeinschaftsordnung kann vereinbart werden, dass die Wohnungseigentümer ihr Sondereigentum an bestimmte Personen für ein bestimmtes Vorhaben überlassen

---

[54] Kommunalverband für Jugend und Soziales Baden-Württemberg, Öffentlichkeitsarbeit, Lindenspürstraße 39, 70176 Stuttgart.

[55] Landesinitiative Seniorenwirtschaft, Wissenschaftspark Gelsenkirchen, Munscheidstraße 14, 45886 Gelsenkirchen.

[56] Vgl. Volkssolidarität Landesverband Berlin e. V., Alfred-Jung-Straße 17, 10367 Berlin.

[57] BGH NJW 2007, 213; OLG München, ZMR 2006, 949; *Munzig,* S. 55; *Heinemann* MittBayNotK 2002, 69; *Markus* WuM 2005, 290; a. A. *Kahlen* ZMR 2007, 671.

[58] OLG Düsseldorf, NZM 2001, 238.

[59] BGH NJW 2000, 3500.

müssen.[60] Dies gilt nicht nur für die Überlassungspflicht als solche, sondern auch für weitere Zweckbeschränkungen. Ebenfalls sind Einschränkungen bezüglich des Gebrauchs des Gemeinschaftseigentums zulässig.[61] Solche dürfen, weil sie als ausschließlich das Verhältnis der Wohnungseigentümer zueinander regelnde Normen keine Vereinbarung nach § 10 Abs. 2 WEG sind,[62] auch zu Gunsten eines Dritten im Sinne der §§ 328 ff. BGB vereinbart werden. Sie können eine unentgeltliche Nutzung durch die zur Betreuung und Pflege vorgesehenen Personen oder Vertragspartner vorsehen.[63] Ob dafür auch ein Beschluss ausreichend sein kann,[64] muss im Hinblick auf die Entscheidung des BGH vom 20. 9. 2000[65] bezweifelt werden. Zwar können die Wohnungseigentümer die Vermietung des Gemeinschaftseigentums durch Beschluss regeln, weil sich die Nutzung an diesem an der Miete als Ertrag fortsetzt.[66] Die Wohnungseigentümer erhalten somit ein Entgelt für die entgangene tatsächliche Nutzung. Sie können daher davon ausgehen, dass die Nutzung des Gemeinschaftseigentums durch Dritte nur gegen Bezahlung erfolgt. Die endgültige oder dauerhafte unentgeltliche Überlassung des Gemeinschaftseigentums zu einem bestimmten Zweck an nur einen eingeschränkten Nutzerkreis – insoweit eventuell sogar als Pflicht ausgestaltet – geht darüber hinaus. Dies bedarf einer Vereinbarung.[67]

Danach bestehen keinerlei Bedenken, in der Gemeinschaftsordnung zu vereinbaren, 1017
dies gegebenenfalls über Dienstbarkeiten weitergehend zu sichern, dass das Gemeinschafts- und das Sondereigentum nur von Bewohnern mit einem bestimmten Mindestalter oder einer genau festgelegten Pflege- oder Betreuungsbedürftigkeit genutzt werden dürfen.[68]

aa) Nutzung des Sondereigentums durch den Wohnungseigentümer. Die Nutzung des 1018
Sondereigentums kann dann auch durch den Eigentümer nur noch unter den vereinbarten Voraussetzungen erfolgen.[69] Eine Eigennutzung kann, muss insoweit jedoch nicht vereinbart werden. Dies könnte auch unter verfassungsrechtlichen Gesichtspunkten zu weitgehend sein, wenn Erben auf Grund der vereinbarten Vorgaben zu einer Nutzung nicht berechtigt sind und eine Vermietung nicht in Betracht kommt. Der wirtschaftliche Wert des Wohnungseigentums wäre ausgehöhlt.[70]

Nach § 1 Abs. 1 HeimG a. F. ist für die Einordnung eines Gebäudes oder Betriebes als 1019
„Heim" zwingend erforderlich, dass unter anderem auch Wohnraum überlassen wird. Demzufolge liegt ein Heimbetrieb nicht vor, wenn ausschließlich die Betreuung oder Pflege sowie eine sonstige helfende Dienstleistung erbracht wird. Wird Wohnungseigentum durch den Eigentümer selber genutzt, daneben eine Pflege- oder Betreuungsleistung – gleich in welchem Umfang – erbracht, kann das Heimrecht keine Anwendung finden.[71]

Werden Pflege-, Dienst- oder sonstige Versorgungsleistungen von einem Betreiber un- 1020
mittelbar gegenüber einem selbstnutzenden Wohnungseigentümer erbracht, kann nur die Form des „Betreuten Wohnens" vorliegen. Eine Anwendung des Heimrecht scheidet un-

---

[60] BGH NJW 2005, 2008; *Heinemann* MittBayNotK 2002, 69.
[61] *Heinemann* MittBayNotK 2002, 69.
[62] *Weitnauer/Lüke*, § 10 Rn. 38.
[63] BGH NJW 2007, 213; *Munzig*, S. 56; *Heinemann* MittBayNotK 2002, 69.
[64] OLG Celle NZM 2005, 184; OLG Stuttgart OLGReport 2000, 189.
[65] BGH NJW 2000, 3500.
[66] BGHZ 144, 386; BayObLG NZM 2000, 41; OLG Hamburg NZM 2001, 132; *Drasdo*, FS Blank, S. 617; *Kahlen* ZMR 2007, 671; a. A. noch OLG Zweibrücken NJW-RR 1986, 1338.
[67] OLG Celle NZM 2005, 184.
[68] BGH, Rpfleger 2005, 210; zum Betreuten Wohnen ausdrücklich OLG Hamm, Beschluss vom 18. 12. 2003 – 15 W 8/03; *Lüke* ZWE 2004, 291; *F. Schmidt* ZWE 2000, 506.
[69] *Heinemann* MittBayNotK 2002, 69.
[70] Vgl. aber BayObLG, WuM 1994, 156; OLG München, ZMR 2005, 811.
[71] *Markus* WuM 2005, 290.

geachtet des Umfanges dieser Leistungen oder der Abnahmeverpflichtung auch nach § 1 Abs. 2 S. 3 HeimG a. F. aus.

1021 *bb) Fremdnutzung des Sondereigentums.* Die Vermietung eines einzelnen Sondereigentums im Rahmen des „Betreuten Wohnens" kann in der Weise erfolgen, dass der Mieter verpflichtet wird, von einem bestimmten Dritten betreuende Dienstleistungen in Anspruch zu nehmen. Um einen Heimbetrieb handelt es sich in solchen Fällen nicht. Denn bei der Vermietung durch einen einzelnen Wohnungseigentümer fehlt es an dem dafür erforderlichen Träger.[72] Der Wohnraummietvertrag im Sinne der §§ 535 ff. BGB steht in diesen Fällen selbständig neben den Dienst- oder Werkverträgen der §§ 611 ff., 631 ff. BGB. Eine solche vertragliche Konstruktion ist für den Anbieter der Betreuungsleistungen wegen der nach § 309 Nr. 9 Lit. a) BGB auf nur zwei Jahre begrenzten Laufzeit seiner Verträge keine wirtschaftliche Sicherheit. Die isolierte Stellung beider Vertrags- und Leistungstypen ermöglich auch deren getrennte Kündigung.[73]

1022 *cc) Wegfall der Voraussetzungen bei Personenmehrheiten.* Probleme können sich ergeben, wenn die im Rahmen des Betreuten Wohnens vereinbarten Voraussetzungen nur bei einer der nutzenden Personen erfüllt werden. Verstirbt diese oder muss die Wohnung aus anderen Gründen von ihr verlassen werden, hätte dies zwangsläufig zur Folge, dass auch die andere Person die Nutzung aufgeben müsste. Dies kann insbesondere bei Ehegatten oder Lebensgemeinschaften nach dem LPartG eine besondere Härte darstellen und verfassungsrechtlich bedenklich sein. Daher sollte in der Gemeinschaftsordnung eine Vereinbarung aufgenommen werden, die die Fortdauer der Nutzung solcher Personen, die mit dem ursprünglich die Voraussetzungen erfüllenden Bewohner in einer häuslichen Gemeinschaft gelebt haben, auch dann noch möglich ist, wenn diese weggefallen ist.

1023 **d) Beurteilung.** Demnach ermöglicht das WEG zwar eine Nutzung, die faktisch einem „Betreuten Wohnen" angeglichen ist, gegebenenfalls sogar mit diesem übereinstimmt. Eine Anwendung der noch verbleibenden Schutzbestimmungen des Heimrechts scheidet hingegen aus. Die entsprechenden Voraussetzungen für eine gewünschte vollumfängliche Betreuung der Eigentümer als Alterswohnsitz können damit nur im Rahmen der Gemeinschaftsordnung, eventuell unter einer weiteren Absicherung durch Dienstbarkeiten, erlangt werden.[74]

1024 **e) Verwaltung der Wohnungseigentümergemeinschaft.** Soweit die Wohnungseigentumseinheiten zuvor einem Betreiber oder Träger überlassen werden müssen, kann dieser auch gleichzeitig Verwalter im Sinne des § 26 Abs. 1 WEG sein. Eine dahingehende Bestellung des Betreibers oder Trägers kann wegen des Verbots des § 26 Abs. 1 S. 2 WEG bei der Erstbestellung höchstens für drei Jahre und bei weiteren Bestellungen maximal für fünf Jahre vorgenommen werden.[75] Jede weitergehende Bestellung ist gemäß § 134 BGB zumindest für den übersteigenden Zeitraum nichtig.[76] Wiederholte Bestellungen sind mit der Fristvorgabe des § 26 Abs. 2 WEG zulässig. Ist die Identität zwischen Betreiber oder Träger und Verwalter für die Konzeption der Anlage, die Renditeberechnungen oder aus anderen Gründen aus der Sicht eines Beteiligten zwingend notwendig, kann dies nicht mit ausreichender Sicherheit gestaltet werden. Zudem sind Verlängerungsklausel oder vertragliche Verpflichtungen, den Bestellungszeitraum verlängern zu müssen, wegen Umgehung des § 26 Abs. 1 S. 2 WEG ebenfalls unwirksam.[77]

---

[72] LG Lüneburg ZMR 2001, 805.

[73] BGH NJW 2007, 213; LG Lüneburg ZMR 2001, 805; *R. Breiholdt* HambGE 2007, 15.

[74] BayObLG MittBayNot 2001, 317; *Heinemann* MittBayNot 2002, 69; a. A. LG Ulm BWNotZ 1984, 37.

[75] BGH NJW 2007, 213.

[76] BayObLG WE 1996, 314; KG ZMR 1987, 277; LG Bremen Rpfleger 1987, 199; LG Frankfurt Rpfleger 1984, 14; LG Köln RNotZ 1984, 21; LG Lübeck DWE 1986, 64.

[77] AG Kerpen WuM 1998, 507; *Bub* ZdWBay 1992, 577.

f) Bewirtschaftung der Wohnungseigentümergemeinschaft. Da die Betreuungsleistungen nicht in einem unmittelbaren Zusammenhang mit der Bewirtschaftung der Wohnungseigentümergemeinschaft stehen, wohnungseigentumsrechtlich regelmäßig auch keine Kosten im Sinne des § 16 Abs. 2 WEG darstellen, muss eine Trennung der jeweiligen Leistungs- und Bewirtschaftungskreise erfolgen, so dass Ausgaben der Pflege- und Betreuung nicht aus dem Vermögen der Wohnungseigentümergemeinschaft entnommen werden dürfen.[78] In solchen Fällen muss neben der Wohnungseigentümergemeinschaft, wenn Betreuungs- und Pflegeleistungen einheitlich durch die Bewohner in Anspruch genommen werden sollen, noch eine weitere Rechtspersönlichkeit gebildet werden. Zumindest ist es erforderlich, die Entnahme von Vermögenswerten für Betreuungsleistungen in der Gemeinschaftsordnung ausdrücklich zu regeln. 1025

g) Abschluss von Betreuungsverträgen. Oftmals ist in der Gemeinschaftsordnung geregelt, dass der Sondereigentümer mit einem Betreiber einen Betreuungsvertrag über dahingehende Leistungen abschließen muss. Der BGH[79] geht in solchen Fällen davon aus, dass ein Betreuungsvertrag mit den Bewohnern nicht über einen Zeitraum von zwei Jahren hinaus aufgezwungen werden dürfen. Dies widerspreche § 309 Nr. 9 Lit a) BGB. Dem stehe auch nicht der Zweck der Betreuung entgegen. Dabei komme es nicht darauf an, dass eventuell der Bestand des Vertrags von dem Eintritt eines bestimmten Ereignisses abhänge. Denn auch dieser Fall werde, soweit der Zeitraum von zwei Jahren überschritten ist, von der Regelung erfasst. Bedenken beständen wegen der Wirksamkeit des Vertrages vor allem im Hinblick darauf, dass durch den Kontrahierungszwang die Nutzer ohne Möglichkeit, die Vertragsbedingungen auszuhandeln, verpflichtet werden, ein bestimmtes Betreuungsunternehmen hinzunehmen, obwohl sie mit dessen Leistung nicht in vollem Umfang zufrieden sind. Insbesondere im Bereich des Betreuten Wohnens bestehe für eine Kündigungsmöglichkeit aus diesen Gründen ein besonderes, schützenswertes Bedürfnis. 1026

Ebenso wie bei der zeitlichen Begrenzung der Verwalterbestellung nach § 26 Abs. 1 S. 2 WEG muss nach Ansicht des BGH für den Abschluss des Betreuungsvertrages ein Limit beachtet werden. Die Rechtsprechung des BGH ist konsequent, wenn auch die durch das WEG gezogenen gesetzlichen Grenzen durch die Schaffung eines eventuell neuen Vertragstypus nicht aufgeweicht werden sollen. Andererseits wird mit der Entscheidung die Möglichkeit vertan, einem neuen Vertragstyp zum Durchbruch zu verhelfen. Dass die Grenze des § 309 Nr. 9 Lit a) BGB nicht zwingend im Bereich des WEG gelten muss, hat der Senat im Hinblick auf die Dauer der Geltung des Verwaltungsvertrages bereits entschieden.[80] Da eine Kündigung des Dienstleistungsvertrages für die Betreuung aus wichtigem Grunde immer möglich wäre, sind die Sondereigentümer und sonstigen Nutzer auch nicht rechtlos gestellt. Mit einer anderweitigen Begründung, etwa dem Hinweis auf die einheitliche Gestaltung und Bewirtschaftung einer solchen Einrichtung, hätte man auch zu einem anderen Ergebnis gelangen können. Die Koppelung verschiedener Verträge ist im Rahmen des betreuten Wohnens nicht sittenwidrig.[81] Sie ist dafür sogar charakteristisch.[82] Demzufolge ist im Rahmen des mietrechtlich betrieben Betreuten Wohnens eine isolierte Kündigung der unterschiedlichen Verträge gegebenenfalls sogar ausgeschlossen.[83] Dies muss zumindest bei einem einheitlichen Anbieter gelten, so dass der Kündigungsausschluss auch keine unangemessene Benachteiligung darstellen soll.[84] Die Verknüpfung innerhalb der Gemeinschaftsordnung hätte daher 1027

---

78 OLG München, Beschluss vom 25. 7. 2006 – 32 Wx 076/06.
79 BGH NJW 2007, 213.
80 BGH NJW 2002, 3240.
81 BGH NJW 2006, 1276.
82 Brandenburgisches OLG, Urteil vom 7. 7. 2004 – 7 U 240/03.
83 BGH NZM 2004, 22; BGH NJW 2006, 1276.
84 BGH NJW 2006, 1276; LG Kiel NZM 2002, 272.

Anlass gegeben, diese Fragen mit den bereits für das Mietrecht vorliegenden Antworten des BGH zu vergleichen. Ein anderes Ergebnis wäre dann durchaus denkbar gewesen.

1028 Möglicherweise kann man sich zukünftig die in § 10 Abs. 6 WEG kodifizierte Rechtsfähigkeit der Wohnungseigentümergemeinschaft für diesen Problembereich zu Nutze machen. Die Gemeinschaft könnte nach der Gemeinschaftsordnung als rechtsfähiger Verband verpflichtet werden, solche Verträge mit Service- und Dienstleistungsunternehmen – gegebenenfalls als Rahmenverträge – abzuschließen. Sie würde Vertragspartner. Bedenken hinsichtlich der Anwendbarkeit der §§ 305 ff. BGB ergäben sich nicht, wenn die Wohnungseigentümergemeinschaft als rechtsfähiger Verband kein Verbraucher im Sinne des § 13 BGB ist. Dann wären zahlreiche Bestimmungen des Rechts der Allgemeinen Geschäftsbedingungen nicht anzuwenden. Diese mangelnde Verbrauchereigenschaft wird zum Teil bejaht.[85] Dem ist Armbrüster[86] entgegengetreten. Das LG Rostock gehe davon aus, dass die Gemeinschaft, weil sie nicht Verbraucherin ist, zwingend Unternehmerin wäre. Dieser Schluss wäre übereilt, weil die Gemeinschaft mangels unternehmerischer Tätigkeit nicht unter den Anwendungsbereich des § 14 BGB falle. Zudem sei der Begriff der „natürlichen Person" in § 13 BGB auch auf Personenverbände auszudehnen.[87] Die Bedenken von Armbrüster vermögen nicht zu überzeugen. Der BGH hat im Rahmen des VerbrKrG a. F. den Verbraucherbegriff unter Einbeziehung einer rechtsfähigen Gesellschaft bürgerlichen Rechts weit ausgelegt, weil deren Mitglieder für die sich aus dem Vertrag ergebenden Verpflichtungen einstehen müssen. Dies ist bei der Wohnungseigentümergemeinschaft nicht der Fall. Vertragliche Ansprüche dritter Personen bestehen gegen deren Mitglieder nicht. Es gibt nach § 10 Abs. 8 S. 1 WEG nur eine quotale gesetzliche Haftung. Schuldnerin der vertraglichen Ansprüche bleibt die rechtsfähige Wohnungseigentümergemeinschaft. Darüber hinaus ist nicht erforderlich, dass wenn der Verbraucherstatus nicht erfüllt wird, eine Unternehmereigenschaft zwingend gegeben sein muss. Da die Wohnungseigentümergemeinschaft ein Verband sui generis ist,[88] kann nicht ausgeschlossen werden, dass auch ein Tertium vorliegt. Geht man davon aus, dass die Wohnungseigentümergemeinschaft kein Verbraucher im Sinne des § 13 BGB ist,[88a] kann diese mit den notwendigen Unternehmen die entsprechenden Verträge schließen. Über die Bewirtschaftungskosten erfolgte ein Ausgleich durch die Wohnungseigentümer. Verteilungskriterien lassen sich in der Gemeinschaftsordnung aufstellen oder nach § 10 Abs. 3 WEG beschließen. Ob auch dem Mieter durch vermietende Wohnungseigentümer diese Kosten in Rechnung gestellt werden können, wird von dem Charakter und der Ausgestaltung des entsprechenden Vertrages abhängen.

3. Wohnungseigentum und Boarding-House-Systeme

1029 Die Einrichtungen von Boarding-Houses nimmt zu. Zurückzuführen ist dies auf eine sich steigernde Mobilität, die jedoch nur zu einem zeitweiligen Verlagern des Wohnbedarfes führt. Zahlreiche Rechtsfragen sind insoweit noch offen. Das Modell des Boarding-House hat sich dafür als tauglich erwiesen.

1030 Übersetzt bedeutet der Begriff soviel wie „Fremdenheim" oder „Pension". Tatsächlich erfüllt er die dafür charakteristischen Merkmale nur teilweise. Das Boarding-House soll eine Alternative zum Hotelaufenthalt darstellen.[89] Regelmäßig ist im Vergleich zu diesem eine längere Verweildauer zu verzeichnen.

---

[85] LG Rostock ZWE 2007, 292; AG Düsseldorf, Beschluss vom 11. 9. 2007 – 290 II 71/07; MünchKommBGB/*Micklitz* § 13 Rn. 19.

[86] *Armbrüster* ZWE 2007, 290; ebenso OLG München NotBZ 2008, 473.

[87] Vgl. insoweit auch BGH NJW 2002, 368.

[88] BGH NJW 2005, 2061.

[88a] Vgl. LG Nürnberg-Fürth NotBZ 2008, 476.

[89] BGH NZM 2008, 257.

Oftmals handelt es sich um Anlagen oder Einrichtungen, die aus verschiedenen Apartments mit Wohn-, Schlaf- und Kochbereichen bestehen. Gleichzeitig erfolgt eine Eingliederung in eine hotelähnliche Bewirtschaftung, so dass sowohl eine Selbstversorgung als auch die Inanspruchnahme verschiedener Dienstleistungen möglich ist. Diese können von dem Betreiben als auch von Dritten erbracht werden. 1031

Neben diesen auf den jeweiligen Einzelbereich bezogenen Leistungen können auch solche von Gemeinschaftseinrichtungen ähnlich einem Hotel zur Verfügung gestellt werden. Insbesondere die Anbindung an eine Rezeption und die Nutzbarkeit von Restaurants, Bars und sonstigen hoteltypischen Einrichtungen und Leistungsangeboten, wie Wäscheservice und Reinigung, sind denkbar, aber nicht zwingend. Die auftretenden Erscheinungsformen sind vielfältig. 1032

a) Baurechtliche Abgrenzung von Wohnnutzung zum Beherbergungsbetrieb. Während die Ausgestaltung und Nutzung des Objekts zivilrechtlich vornehmlich für die Vertragsgestaltung von Bedeutung ist, stellen sich baurechtlich weitergehende Probleme. Im Hinblick auf die Nutzungsfestlegungen in den Bebauungsplänen ist für die Zulässigkeit eines Vorhabens nämlich entscheidend, ob es sich um eine Wohnnutzung oder um eine gewerbliche Tätigkeit in der Form des Beherbergungsbetriebes handelt. 1033

Der Begriff der „Wohnung" wird dabei regelmäßig dahingehend charakterisiert, dass dort eine Haushaltsführung erfolgt, die weitestgehend eine von anderen unabhängige Lebensgestaltung ermöglicht. Demgegenüber finden sich im Rahmen eines Beherbergungsbetriebes i.d.R. Eingliederungen in Gemeinschaftseinrichtungen. Das Boarding-House wird keiner dieser Definitionen hinreichend gerecht, so dass es als Übergangsform zwischen einer Wohnung und einem Beherbergungsbetrieb bezeichnet wurde.[90] Je weniger Abhängigkeit von gemeinschaftlich nutzbaren Einrichtungen besteht, desto eher ist eine Wohnung anzunehmen. 1034

b) Nutzungsverhältnis. In der Rechtsprechung wird das Institut des „Boarding-House" hinsichtlich seiner rechtlichen Ausgestaltung und des Verhältnisses zwischen Betreiber und Nutzer nicht genannt. Es findet nur i.d.R. nebenbei im Zusammenhang mit gesellschaftsrechtlichen Haftungsfragen,[91] Gesellschaftszwecken[92] und Darlehenshaftungen[93] sowie bei Verletzung von Beratungspflichten im Zusammenhang mit dem Erwerb von Kapitalanlagen[94] Erwähnung. Einen eigenen Wohnsitz im Sinne des EStG soll die Nutzung nicht begründen.[95] Über die Ausgestaltung des Nutzungsverhältnisses finden sich auch in der Literatur keine weitergehenden Ausführungen.[96] 1035

c) Wohnungseigentumsrechtliche Aspekte. Handelt es sich bei dem zu nutzenden Objekt um Teileigentum, kommt, soweit einschränkende Vereinbarungen ansonsten nicht vorliegen, eine Nutzung zum Betrieb eins Boarding-Houses in Betracht. Bauordnungsrechtliche Vorgaben müssen beachtet werden. 1036

Wesentlich schwieriger ist die Beurteilung, wenn es sich um Wohnungseigentum handelt. Die kurzeitige Überlassung kann nämlich in Anlehnung an den Beherbergungsbetrieb eine gewerbliche, mit der Charakterisierung des Wohnungseigentums nicht zu vereinbarende Nutzung darstellen.[97] Von einer Wohnnutzung und nicht einer gewerblichen Tätigkeit wird ausgegangen, wenn die Unterbringung auf einen längeren Zeitraum angelegt war.[98] Das OLG Stuttgart geht davon aus, dass eine Wohnnutzung immer dann aus- 1037

---

[90] OVG Berlin-Brandenburg BauR 2006, 1711.
[91] BGH NJW-RR 1003, 1042; OLG Hamm BeckRS 2001, 30 223 968.
[92] FG München BeckRS 2003, 26 015 789.
[93] OLG Schleswig BeckRS 2004, 12 065.
[94] BGH NZM 2008, 257; OLG Karlsruhe, Urteil vom 18. 12. 2007 – 17 U 73/07.
[95] FG München BeckRS 2002, 21 010 960.
[96] *Lindner-Figura/Oprée/Stellmann*, Kap. 14 Rn. 155.
[97] KG, Beschluss vom 31. 5. 2007 – 24 W 276/06; KG, Beschluss vom 2. 7. 2007 – 24 W 34/07.
[98] BayObLG NJW 1992, 917; KG NJW 1992, 3045.

scheidet, wenn die Unterbringung nicht mindestens sechs Monate andauere.[99] Dabei knüpft es an die Rechtsprechung in ähnlich gelagerten Fällen, etwa der Unterbringung von Asylbewerbern[100] an.

1038 Ist nicht bereits in der Gemeinschaftsordnung eine Nutzung im Rahmen eines Boarding-Houses vorgesehen, kann eine dahingehende Teilnahme der einzelnen Wohnungseigentümer nicht durch einen Beschluss erzwungen werden.[101] Dies entspricht, der Rechtslage zu anderen Zwangszusammenschlüssen der Wohnungseigentümer, etwa zu Hotelgemeinschaften, Vermietungspools[102] oder bei Timesharing-Anlagen.

1039 d) **Nutzungsvereinbarungen.** Handelt es sich bei der Einrichtung um einen hotelähnlichen Betrieb, liegt in der Nutzungsvereinbarung der gesetzlich nicht geregelte Beherbergungsvertrag vor. Wird hingegen eine Vermietung von Wohnraum vorgenommen, ist wegen der regelmäßig zeitlich befristeten Nutzung unmittelbar an § 575 BGB zu denken. Die Zeitmietverträge ausschließende Norm gilt nach § 549 Abs. 2 Nr. 1 BGB jedoch nicht, wenn Wohnraum nur zu einem vorübergehenden Gebrauch überlassen wird. Dies ist bei der Nutzung als Boarding-House der Fall. Die Bestimmung gilt insbesondere für Vermietungen von Wohnraum bei Gastprofessuren und beruflich länger andauernden Aufenthalten.[103] Der Nutzer will keinen dauerhaften Hausstand begründen, sondern nur eine Atmosphäre genießen, die der einen Hotels nicht ähnlich ist. Der Abschluss eines Mietvertrags ist demnach denkbar.

1040 Dabei bleibt unberücksichtigt, dass ein Boarding-House in ein Hotel integriert sein kann oder dass durch den Betreiber sowie durch externe Kräfte Serviceleistungen erbracht werden. Diese Vereinbarungen überschreiten oftmals den Bereich des Mietrechts, stellen aber auch keinen originären Beherbergungsvertrag dar. Demnach kann es sich auch um Verträge sui generis handeln. Auch an typengemischte Vereinbarungen ist wegen der unterschiedlichen Leistungen zu denken. Die Beurteilung im Einzelfall ist gewöhnlich von entscheidender Bedeutung.

1041 e) **Vermittlungsleistungen.** Ähnlich wie im Bereich des Timesharings gibt es auch bei den Boarding-Houses zwischenzeitlich weltweit arbeitende Vermittlungsorganisationen. Ein Vertrag kommt mit diesem Vermittler hinsichtlich der Raumnutzung nicht zu Stande. Es wird nur eine Maklerleistung erbracht. Demnach haftet der Vermittler nicht für die Unterbringungsleistung, sondern nur dafür, dass die von ihm gemachten Angaben zutreffend sind. Die Vergütung der Vermittlung erfolgt entweder ähnlich dem Maklervertrag je einzelner Vermittlungsleistung oder entsprechend den Tauschringen im bei Timesharing-Objekten durch Mitgliedschaften in Vermittlungseinrichtungen.

1042 f) **Ausblick.** Im Bereich der Rechtslage des Boarding-House-Systems sind viele Einzelheiten durch die Rechtsprechung bisher nicht hinreichend geklärt. Zurückzuführen ist dies sicherlich nicht darauf, dass es sich um eine neue Einrichtung handelt. Denn seit Jahren sind solche in großen Städten zu finden und dienen vor allem Personen, die aus beruflichen Gründen sich nicht zu Hause aufhalten können, jedoch keinen zweiten Wohnsitz begründen wollen, und Künstlern als gerne angenommener Aufenthaltsort.

4. Wohnungseigentum bei Hotelanlagen

1043 Die Nutzung von Wohnungseigentum durch einen ständig wechselnden Personenkreis, ein typisches Merkmal eines Hotelbetriebes, kann in einer Wohnungseigentümergemein-

---

99 OLG Stuttgart NZM 2006, 590.
100 OLG Hamm WE 1992, 135; OLG Stuttgart NJW 1992, 3046.
101 OLG Stuttgart NZM 2006, 588.
102 OLG Düsseldorf NZM 2001, 238.
103 MünchKommBGB/*Schilling* § 549 Rn. 14.

schaft nur zulässig sein, wenn dahingehende Vereinbarungen vorliegen.[104] Denn eine solche Nutzung durch einen nahezu unüberschaubaren Personenkreis geht über den üblichen Gebrauch als Wohnnutzung hinaus und ist daher von dem Begriff des „Wohnungseigentums“ in § 1 Abs. 2 WEG nicht gedeckt. Eher liegt eine gewerbsmäßige Tätigkeit vor. Dies macht es letztlich erforderlich, für einen Hotelbetrieb Teileigentum i. S. des § 1 Abs. 3 WEG zu begründen oder zumindest auch eine gewerbliche Tätigkeit im Wohnungseigentum durch eine Vereinbarung zuzulassen.

a) Erscheinungsformen. Solche auf einer Wohnungseigentümergemeinschaft beruhenden Hotelanlagen treten in verschiedenen Erscheinungsformen auf. Die einzelnen Sondereigentumseinheiten können alle einem Hotelbetrieb dienen. Denkbar ist auch, dass nur ein Teil diesem zugerechnet wird und die verbleibenden Einheiten als Apartments zu Wohn- oder Gewerbezwecken unabhängig davon genutzt werden können. 1044

Zudem können auch sonstige Einrichtungen in dem Objekt, die mit dem Hotelbetrieb in Zusammenhang oder Konkurrenz stehen vorhanden sein. Zu denken ist an das Prinzip eines Boarding-House oder die Nutzungsüberlassung von Einheiten durch die Eigentümer mit der Maßgabe, dass die Mieter die Einrichtungen des Hotels dennoch gegen ein weiteres Entgelt nutzen dürfen. 1045

Darüber hinaus sind die Nebeneinrichtungen zu berücksichtigen. Diese dienen oftmals der Freizeitgestaltung oder sind dem Hotelbetrieb, etwa als Restaurant, nicht unmittelbar zugeordnet. Insoweit sind daher durchaus Einrichtungen und weitere Gebäudeteile denkbar, die dem Hotelbetrieb zwar nützlich sind, diesem aber nicht zugerechnet werden müssen. 1046

b) Abgeschlossenheit. Wie bei allen anderen wohnungseigentumsrechtlichen Anlagen muss hinsichtlich der einzelnen Einheiten eine Abgeschlossenheit vorliegen. Die einzelnen Bereiche müssen gegenüber gemeinschaftlichen Einrichtungen abgrenzbar sein. 1047

Streitig war dies im Hinblick auf Hotelzimmer. In Frage gestellt wurde, ob diese alleine nutzbar wären, weil der Gast nicht nur das Zimmer, sondern auch andere Einrichtungen wie etwa Frühstücksraum, Restaurant und Aufenthaltsräume nutzen müsse. Nur in diesem Zusammenwirken lasse sich die Hotelnutzung verwirklichen. Daher wären die Hotelzimmer als solche nicht zu einer Abgeschlossenheit fähig.[105] Dieser Einschätzung hat Häublein[106] unter teilweiser Bezugnahme auf Röll[107] zu Recht widersprochen. Zunächst sind nämlich die Voraussetzungen für die Begründung einer Teileigentumseinheit nach Nr. 5 AVA wesentlich geringer als für eine Wohnung. Zudem müssen auch nur der Wasseranschluss, der Ausguss und das WC innerhalb der Einheit liegen. Außerhalb des Abschlusses des Sondereigentums liegende Räume sind sogar ausdrücklich gestattet. Zudem ist es nicht ungewöhnlich, dass die Sondereigentümer außerhalb ihres Rechtes liegende Räumlichkeiten benutzen. Dies ist bei jeder Wohnungseigentumsanlage zu beobachten. 1048

Demzufolge wird zutreffend davon ausgegangen, dass an einzelnen Hotelzimmern und Appartements Sondereigentum begründet werden kann:[108] 1049

aa) Begründung von Teileigentum. Die Nutzung im Rahmen eines Hotelbetriebes stellt ungeachtet der sonstigen Bedingungen keine Wohnnutzung dar. Es liegt eine i. d. R. gewerbliche Tätigkeit vor.[109] Insoweit scheidet die Begründung von Wohnungseigentum aus. Die Schaffung von Teileigentum ist jedoch unbeschränkt möglich. Nur wenn unter- 1050

---

[104] KG NJW 1992, 3045; KG ZMR 2008, 406; KG, Beschluss vom 2. 7. 2007 – 24 W 34/07.

[105] LG Halle NotZB 2004, 242.

[106] *Häublein* NotZB 2004, 243.

[107] *Röll* DNotZ 1984, 390.

[108] BFH DStR 1997, 1729; BayObLG WuM 1991, 442; BayObLG NZM 1999, 420; BayObLG NZM 2003, 520; OLG Oldenburg NZM 1998, 39.

[109] KG, Beschluss vom 2. 7. 2007 – 24 W 34/07.

schiedliche Nutzungen vorliegen, es im Rahmen von Mischformen auch ggf. sogar vom Eigentümer selbst genutzte Wohnungseigen in einer Anlage gibt, ist auch die Begründung von Wohnungseigentum in einer solchen Gemeinschaft möglich.

1051 Beschlüsse der Wohnungseigentümer, die deren Regelungskreis überschreiten, sind nichtig. Darunter fallen etwa Beschlüsse, die in den ausschließlich der Disposition des einzelnen Eigentümers unterliegenden Rechtskreis eingreifen.[110] Die Wohnungseigentümer können daher nicht durch einen Beschluss regeln, ob der Eigentümer sein Sondereigentum selbst nutzt oder dritten Personen überlässt, welches Entgelt er für die Überlassung vereinbart oder welchen Inhalt ein Mietvertrag haben soll. Daher können sie nicht durch einen Beschluss festlegen, ob die Wohnungseigentümer einem Mietpool beitreten müssen[111] oder generell die Nutzung der Einheiten zu sonstigen bestimmten Zwecken erfolgen soll.[112]

1052 In gleicher Weise scheidet die Möglichkeit aus, durch Beschlüsse festzulegen, die Wohnungs- oder Teileigentumseinheiten einem Hotelbetrieb vermieten zu müssen. Nur anfechtbar ist hingegen, wenn sich ein Eigentümer durch einen Beschluss genehmigen lässt, seine Wohnung entgegen den bestehenden Vereinbarungen zweckwidrig als Hotel, oder durch Einbringung in ein solches System nutzen zu dürfen. Denn darin liegt nur ohne Änderung der bestehenden Verhältnisse nur ein Gesetzesverstoß im Rahmen einer konkreten Entscheidung.

1053 *bb) Behandlung der für den Hotelbetrieb notwendigen Gemeinschaftsräume und Gemeinschaftseinrichtungen.* Ob auch an für den Hotelbetrieb erforderlichen Gemeinschaftseinrichtungen Teileigentum begründet werden kann, wird oftmals von den einzelnen örtlichen Verhältnissen abhängen. Teileigentum kann zumindest nicht an den Bestandteilen des Gebäudes begründet werden, die zwingend dem gemeinschaftlichen Eigentum zugerechnet werden müssen. Eine Begründung von Sondereigentum etwa an dem Raum, in dem die Heizungsanlage untergebracht[113] ist, oder an dem sog. Hausanschlussraum scheidet ebenso aus wie bei Treppenhäusern[114] und Eingangshallen.[115]

1054 Soweit Räume sondereigentumsfähig sind, kann an diesen für jeden Zweck, der für den Hotelbetrieb dienlich oder nützlich ist, Teileigentum begründet werden.

1055 *cc) Garagen und Stellplätze.* Für Garagen und Stellplätze gelten die allgemeinen Grundsätze. Objektabhängig können verschiedene Varianten auftreten. An jedem Stellplatz kann Sondereigentum begründet werden. Bei diesem sind wieder interne Nutzungsregelungen denkbar. Es besteht auch die Möglichkeit, die Stellplätze im Gemeinschaftseigentum zu belassen und für den Gebrauch durch Sondernutzungsrechte Regelungen zu schaffen. Letztlich können die Stellplätze im gemeinschaftlichen Eigentum zur allgemeinen Nutzung ohne besondere Zuweisungen verbleiben, wobei eine solche Regelung für den Hotelbetrieb aus praktischen Erwägungen nicht angebracht ist.

1056 c) **Nutzungsvereinbarungen.** Wegen der architektonischen Gestaltung kann oftmals nicht ausgeschlossen werden, dass die Begründung von Teileigentum nicht in Betracht kommt. Dies kann darauf zurückzuführen sein, dass die Räumlichkeiten zwingend zum gemeinschaftlichen Eigentum rechnen müssen oder dass es an einer Abgeschlossenheit mangelt. Ersterer Fall wird oftmals bei den allgemeinen Zuwegungen auftreten. An einer Abgeschlossenheit mangelt es bei einer offenen architektonischen Ausgestaltung oftmals innerhalb der Raumaufteilungen im Empfangs-, Restaurant- und Barbereich.

---

110 OLG Düsseldorf NZM 2001. 238; OLG Düsseldorf NZM 2003, 805.
111 OLG Düsseldorf NZM 2001, 238.
112 OLG Saarbrücken NZM 2006, 588.
113 BGHZ 109, 179; BGHZ 130, 159.
114 BayObLG Rpfleger 1986, 220.
115 BayObLG MDR 1981, 145.

aa) Gemeinschaftseigentum. Soweit nicht Sondereigentum begründet wurde, handelt es sich bei alle Einrichtungen und Räumen um Gemeinschaftseigentum. Der Grund, warum eine Begründung von Sondereigentum scheitert oder nicht durchführbar ist, hat keine Bedeutung. 1057

- **Ausschließliche Nutzung durch Hotelbetrieb:** Soweit die Nutzung des Objektes ausschließlich zum Zwecke eines Hotelbetriebes erfolgt, hat dies regelmäßig keine wesentlichen Auswirkungen. Denn die Nutzung erfolgt nur durch solche Personen, die im Rahmen des Hotel oder Gastronomiebetriebs dazu berechtigt sind. 1058
- **Gemischt genutzte Anlagen:** Anders kann sich dies bei solchen Anlage verhalten, in denen nicht alle Eigentümer der Hotelzimmer verpflichtet sind, ihr Sondereigentum dem Betreiber für das Hotel zur Verfügung zu stellen. Denn dann sind diese Eigentümer nach § 13 Abs. 2 WEG berechtigt, wie die Bewohner des Hotels die gemeinschaftlichen Anlagen zu gebrauchen. Dies wird regelmäßig nicht gewollt sein. Verhindert werden kann dies nur dadurch, dass nach § 15 Abs. 1 WEG hinsichtlich des Gemeinschaftseigentums Nutzungsregelungen der Art vereinbart werden, dass diese nicht berechtigt sind, die dem Hotelbetrieb dienenden Einrichtungen und Anlagen zu nutzen. Auch können zu Gunsten des Eigentümer, die ihre Zimmer dem Hotel zur Verfügung stellen, Sondernutzungsrechte an den in Betracht kommenden Räumen und Einrichtungen begründet werden. Zu Gunsten des Hotelbetreibers ist dies nicht möglich, weil Sondernutzungsrechte nur für Sondereigentümer begründet werden können. 1059
  Soweit Räume und Einrichtungen zwingend gemeinschaftliches Eigentum sein müssen, scheidet die Begrünung von Sondernutzungsrechten ebenso aus, wie ausschließliche Nutzungsregelungen zu Gunsten eines bestimmten Kreises der Eigentümer. Denn dann läge faktisch ebenfalls ein die allgemeine Nutzung unzulässiger Weise ausschließende Einschränkung vor.

bb) Sondereigentum. Nutzungsvereinbarungen i. S. d. § 15 Abs. 1 WEG können nach dessen Wortlaut nicht nur für das Gemeinschafts-, sondern auch für das Sondereigentum vereinbart werden. Dies kann demnach auch im Interesse des Hotelbetriebs erfolgen. Insbesondere kann in der Gemeinschaftsordnung geregelt werden, dass eine Eigennutzung des Sondereigentums ausgeschlossen oder nur auf bestimmte Zeiten oder Zeiträume beschränkt ist. 1060

d) Überlassung des Sondereigentums an Hotelbetrieb. Ist ein Hotelbetrieb in einem Objekt beabsichtigt, muss sicher gestellt sein, dass dieser wirtschaftlich ausreichende Möglichkeiten hat, gewinnbringend, zumindest kostendeckend zu arbeiten. Dies setzt voraus, dass ihm neben den Einrichtungen, die wie etwa Restaurant, Bar, Rezeption und Wellness-Einrichtungen allgemein einem solchem Geschäftsbetrieb zugerechnet werden, vor allem Zimmer und Apartments zur Vermietung zur Verfügung stehen. Dies kann auf unterschiedliche Weise erreicht und sichergestellt werden. 1061

aa) Verpflichtung in der Gemeinschaftsordnung zur Einzelüberlassung. In die Gemeinschaftsordnung kann aufgenommen werden, dass jeder Eigentümer seine Einheit dem Hotelbetrieb zur Verfügung stellen muss.[116] Eine Eigennutzung wird damit ausgeschlossen. Die Gegenleistung kann dafür in unterschiedlicher Weise ausgestaltet sein. Entweder erfolgt jeweils eine Vergütung, wenn eine Belegung des jeweiligen Sondereigentums durch Hotelgäste erfolgt, oder es wird ein in der Regel niedriges Entgelt unabhängig von der konkreten Nutzung der jeweiligen Einheit vereinbart. 1062

bb) Freistellung der Einzelüberlassung. Alternativ kann den Eigentümern freigestellt werden, die Teileigentumseinheiten dem Hotelbetrieb zu überlassen. Das ist für diesen jedoch wirtschaftlich wenig reizvoll, weil der Betreiber jeweils darauf angewiesen ist, mit den Teileigentümern separate Nutzungsvereinbarungen oder Mietverträge abzuschließen. 1063

---

[116] BFH ZfIR 1997, 616; BayObLG Rpfleger 1982, 63; BayObLG NJW-RR 1988, 1163.

Für die Teileigentümer besteht die Unsicherheit, dass nicht festgelegt ist, ob und wann die Einheiten für den Hotelbetrieb benötigt werden.

1064 *cc) Überlassung im Rahmen einer Poolgesellschaft.* Abschließend kann auch vereinbart werden, dass die Teileigentümer neben ihrer Mitgliedschaft in der Wohnungseigentümergemeinschaft noch eine Poolgesellschaft gründen, die Nutzungsmöglichkeit in diese einbringen und dann die regelmäßig als Gesellschaft bürgerlichen Rechts betriebene Poolgesellschaft die Nutzung durch den Hotelbetrieb regelt. Dies hat für den Teileigentümer den Vorteil, dass er durch die Zwischenschaltung des Pools sein Risiko minimieren kann, wenn die Vergütung ansonsten von der konkreten Belegung abhängig sein sollte. Für den Betreiber ist dies zweckmäßig, weil er sich nur einem Vertragspartner gegenüber sieht. Allerdings wird durch eine solche Gestaltung eine weitere Verwaltungsebene – nämlich die der Poolgesellschaft – begründet.

1065 *dd) Abwägung.* Von welcher Möglichkeit Gebrauch gemacht wird, dürfte jeweils von der Gesamtkonzeption und den Umständen des Einzelfalls abhängen. Die Entscheidung, die wegen der Notwendigkeit der Vereinbarung in der Gemeinschaftsordnung frühzeitig zu treffen ist, kann mangels Beschlusskompetenz später nur schwer korrigiert werden. Eine Mitwirkung aller Eigentümer wird sich nach Begründung der Gemeinschaft erfahrungsgemäß oftmals nicht mehr erreichen lassen. Dies lässt den Ruf nach einer vertraglichen Öffnungsklausel laut werden. Da diese jedoch erheblich in die Nutzungsmöglichkeiten des Sondereigentums eingreift, wird eine hinreichend deutliche Abfassung notwendig sein. Ob dies auch im Hinblick auf eine von der Grundkonzeption abweichende Nutzung möglich ist, erscheint zweifelhaft.

1066 Sind andererseits Wohnungen erstellt worden, scheidet eine gewerbliche oder sonstige nicht zu Wohnzwecken dienende Nutzung der Einheit regelmäßig aus. Daher kann ein Gemeinschaftsmitglied seine Wohnung auch nicht einem Hotelbetrieb, mag dieser auch in der gleichen Wohnungseigentümergemeinschaft ansonsten zulässig betrieben werden, zur Nutzung zur Verfügung stellen.[117] Jedoch dürfte eine Nutzungsanderung im Einzelfall durch einen bestandskräftigen Beschluss festgelegt werden können. Ein solcher Beschluss ist nicht nichtig,[118] sondern allenfalls anfechtbar. Denn in einer solchen Regelung liegt nur ein Verstoß gegen die Vorgaben der Gemeinschaftsordnung, nicht aber eine Änderung derselben oder eine Abweichung von gesetzlichen Vorgaben.

1067 e) **Betriebsgesellschaft.** Neben der Wohnungseigentümergemeinschaft und der Gemeinschaft der Wohnungseigentümer besteht eine Betriebsgesellschaft für die Bewirtschaftung und Betreibung des Hotels. Denn die Teileigentümer werden die damit verbundenen Tätigkeiten nicht erfüllen wollen oder können. Die Wohnungseigentümergemeinschaft als solche ist dazu nicht in der Lage, weil die damit verbundenen Geschäfte nicht zu ihrem originären Wirkungskreis rechnen.

1068 Wichtig ist, dass die gesellschaftsrechtlichen Vorgaben hinsichtlich des Eintritts, Austausches oder Austritts einzelner oder einer Vielzahl der Gesellschafter in der Weise hinreichend beachtet werden, dass dadurch die Betriebsgesellschaft nicht aufgelöst wird. Bei Kapitalgesellschaften müssen Anteilsübertragungsverpflichtungen oder Einzugsrechte für den Gesellschaftsanteil geregelt werden. Denn ungeachtet der zivilrechtlichen Probleme, etwa eine Haftung des Eintretenden für die Altverbindlichkeiten und die Nachhaftung eines ausscheidenden Mitgliedes, werden erhebliche steuerliche Folgen eintreten.

1069 *aa) Fremdgesteuerte Betriebsgesellschaft.* Die Gesellschafter einer Betriebsgesellschaft müssen mit den Wohnungs- und Teileigentümern nicht personenidentisch sein. Dies gilt auch für deren Geschäftsführung. Die Mitglieder der Wohnungs- oder Teileigentümergemeinschaft können daher den wirtschaftlichen Bereich vollkommen dritten Personen überlassen.

---

[117] OLG Saarbrücken NZM 2006, 590.

[118] OLG Saarbrücken NZM 2006, 588.

Die Parteien stehen sich wie bei jedem anderen Vertragsverhältnis gegenüber. Unmittelbare wirtschaftliche oder rechtliche Verbindungen bestehen dann regelmäßig nur in Ausnahmefällen. Vertragspartner der Betreibergesellschaft sind die Teileigentümer und nicht die rechtsfähige Wohnungseigentümergemeinschaft. Dies gilt auch dann, wenn neben der Überlassung der Sondereigentumseinheiten die Nutzung des Gemeinschaftseigentums Gegenstand des Vertrages ist. Denn die Überlassung erfolgt nicht im Rahmen der Teilnahme des Verbandes am Rechtsverkehr, sondern auf Grund der durch Gesamtkonzeptionen vorgesehenen Verträge, die ihren Ursprung in dem Eigentum der einzelnen Gemeinschaftsmitglieder haben. 1070

bb) Teileigentümer als Gesellschafter der Betriebsgesellschaft. Die Betriebsgesellschaft kann auch durch die Teileigentümer selber betrieben werden. Dazu bieten sich zwei Varianten an. Zum einen ist es möglich, dass eine eigenständige Gesellschaft gegründet wird; zum anderen kann man sich die Wohnungseigentümergemeinschaft dafür zu nutze machen. 1071

- **Alle Teileigentümer:** Solange alle Teileigentümer an einer solchen Betriebsgesellschaft beteiligt sind, erscheint deren Abwicklung unproblematisch. Diese alle erfassende Mitgliedschaft in der Betriebsgesellschaft lässt sich vereinbaren. Sinnvoller Weise werden Koppelungen mit der Stellung als Wohnungs- oder Teileigentümer vorgenommen, um zu verhindern, dass es zu Spaltungen kommt. 1072
  Dies muss sich zum einen darauf beziehen, dass derjenige, der Eigentum erwirbt, der Betriebsgesellschaft beitreten muss. Zum anderen ist zu berücksichtigen, dass derjenige der sein Eigentum verliert auch seiner Gesellschafterstellung verlustig gehen muss. Automatisierungen erscheinen sinnvoll und zweckmäßig. Damit nicht das Problem auftritt, dass ein Vertrag zu Lasten Dritter, noch nicht in die Wohnungseigentümergemeinschaft eingetretener Personen erfolgt, müssen solche Regelungen auf der Ebene der Gemeinschaftsordnung erfolgen, so dass die Rechtsfolge des Ein- oder Austrittes bei der Betriebsgesellschaft ausschließlich von der Mitgliedschaft in der Wohnungseigentümergemeinschaft abhängig ist.
- **Einige Teileigentümer:** Dem Grunde nach sind die obigen Vorgaben auch anzuwenden, wenn nur ein Teil der Mitglieder der Wohnungs- oder Teileigentümergemeinschaft der Betriebsgesellschaft beitreten will oder soll. Dies wird immer dann der Fall sein, wenn eine unmittelbare Selbstnutzung der Einheit nicht ausgeschlossen werden soll. 1073
  Um dieses Ziel zu erreichen muss eine Vereinbarung vorliegen, die den Eigentümern eine solche Wahlmöglichkeit zubilligt. Wie dies in einem laufenden Geschäftsbetrieb realisiert werden soll, kann ebenfalls vertraglich geregelt werden. Ansonsten ist davon auszugehen, dass bei einem entsprechen Wahlrecht an den Eigentumsübergang, demnach den Zeitpunkt der Grundbuchumschreibung oder des Zuschlagsbeschlusses anzuknüpfen.
  Wenn dem einzelnen Wohnungs- oder Teileigentümer ein solches Wahlrecht auch nicht nur im Zusammenhang mit dem Eigentumserwerb, sondern ständig frei nach seinem Ermessen zustehen soll, kann dies sicherlich rechtlich und bilanztechnisch umgesetzt werden. Aus Vereinfachungsgründen bietet sich jedoch an, dass immer nur zu bestimmten Zeitpunkten für die Zukunft zuzulassen.

f) Verwaltung der Wohnungseigentümer- beziehungsweise Teileigentümergemeinschaft. 1074
Wichtig ist, dass die Verwaltung der Wohnungseigentümergemeinschaft von der Geschäftsführung der Betriebsgesellschaft getrennt wird. Weder können die Mitgliederversammlungen gemeinsam erfolgen noch ist das Rechnungswesen einheitlich durchzuführen.

Insgesamt muss hinreichend darauf geachtet werden, dass zwei verschiedene Korporationen vorhanden sind, auf die die jeweils für sie geltenden Regeln Anwendung finden. Dies schließt nicht aus, dass gegebenenfalls gemeinsame Probleme zu entscheiden sind, dass gewisse Abhängigkeiten bei der Entscheidungsfindung bestehen, ändert aber nichts 1075 an der Notwendigkeit der isolierten Behandlung. Je nach Konstellation finden sich Stimmrechtsbebeschränkungen durch die §§ 181 BGB, 25 Abs. 5 WEG.

1076 *aa) Verwaltung durch einen klassischen Wohnungseigentumsverwalter.* Die Verwaltung der Wohnungseigentümergemeinschaft muss nicht im Zusammenhang mit der Betriebsgesellschaft erfolgen. Die Wohnungs- oder Teileigentümer können unabhängig davon nach § 26 Abs. 1 WEG einen Verwalter bestellen. Auch andere Verwaltungsorgane, wie etwa die Mitglieder des Verwaltungsbeirates, müssen nicht in einem Zusammenhang zu der Betreibergesellschaft stehen.

1077 Eine solche Trennung bietet Vorteile. Denn die Verwaltung der Wohnungseigentümergemeinschaft wird durch die Geschäftsführung der Betriebsgesellschaft nicht beeinträchtigt. Die Trennung führt insbesondere bei einer nicht vorliegenden vollständigen Identität zwischen den Gemeinschaftsmitgliedern und der Gesellschaftern dazu, dass eine Vermischung der Interessen der beiden Verbände unterbleibt.

1078 Diese strikte Trennung schließt nicht aus, dass ansonsten in den einzelnen Vereinbarungen bestimmte Abhängigkeiten geschaffen werden.[119] Für eine sachgerechte Verwaltung kann dies zweckmäßig sein. Ob die Regelung wirksam ist, beurteilt sich jedoch nur nach dem Recht der jeweils betroffenen Korporation.

1079 *bb) Verwaltung durch Betriebsgesellschaft des Hotels.* Zum Verwalter der Wohnungseigentümergemeinschaft kann auch jemand, der zu der Betriebsgesellschaft in Beziehungen steht, etwa deren Geschäftführer, bestellt werden. Irgendwelche Einschränkungen bestehen im WEG nicht. Da auch rechtsfähige Personenvereinigungen das Verwalteramt übernehmen können, kommt eine Bestellung der Betriebsgesellschaft selber in Betracht.

1080 Ob dies sinnvoll ist, muss im Einzelfall entschieden werden. Oftmals wird die erste Verwaltereinsetzung jedoch durch die Initiatoren des Modells erfolgen, so dass diese nach eigenen Interessen, die nicht unbedingt von denen der Wohnungs- oder Teileigentümer abweichen müssen, entscheiden.

1081 • **Beschränkung der Verwalterbestellung:** Die Bestellung des Verwalters kann befristet werden. Nach der Vorgebe des § 26 Abs. 1 S. 2 WEG ist eine Höchstgrenze von fünf und im Falle der Erstbestellung sogar von drei Jahren vorgesehen. Längere Bestellungen führen zur Unwirksamkeit des diesen Zeitrahmen überschreitenden Teils. Niedrigere Laufzeiten können festgelegt werden. Dies kann aber nur durch einen konkreten Beschluss über die Bestellung eines bestimmten Verwalters erfolgen. Generelle Festlegungen in der Gemeinschaftsordnung scheiden nach § 26 Abs. 1 S. 5 WEG aus, weil sich dann wegen der Kürze der Zeit ein Verwalter nicht finden lässt.

Im Hinblick auf das Verbot, die Verwalterbestellung einzuschränken, kommt auch nicht in Betracht, diese zwingend an die Übernahme der Bewirtschaftung der Hotelanlage zu koppeln. Daher scheidet eine Regelung der Gemeinschaftsordnung, die eine Bestellung des Verwalters dahingehend einschränkt, dass nur eine solche Person dafür in Betracht gezogen werden darf, die auch die Betriebsgesellschaft stellt oder deren Geschäftsführung übernimmt. Wenn die Sondereigentümer dies tatsächlich wollen, kann nur bei der Bestellung eines konkreten Verwalters dies als Entscheidungskriterium berücksichtigt werden.

1082 • **Mangelnder Gleichklang der Verwalter- mit Geschäftsführerbestellung in der Betriebsgesellschaft:** Bereits auf Grund der obigen Ausführungen kann nicht auf Dauer gewährleistet werden, dass die Bestellung des Verwalters mit der der Geschäftführung der Betriebsgemeinschaft ständig gleichgeschaltet wird.

Von besonderer Bedeutung ist dies, wenn die Sondereigentümer nicht alle verpflichtet sind, der Hotelgesellschaft beizutreten oder ihr Sondereigentum an diese zu überlassen. Je nach Ausgestaltung der mehrheitlichen Interessen kann durchaus ein Widerstreit zwischen der Verwalterstellung und der Stellung des geschäftsführenden Organs der Betriebsgesellschaft gegeben sein.

---

119 BayObLG NZM 2000, 667.

cc) Kompetenzabgrenzung zwischen Wohnungseigentumsverwaltung und Hotelbetriebsgesellschaft. Da es sich bei der Betriebsgesellschaft und der Wohnungseigentümergemeinschaft um jeweils selbständige Gebilde handelt, müssen die Entscheidungsfindungen getrennt auf der jeweils zuständigen Ebene getroffen werden. 1083

Dies hat zur Folge, dass zunächst die Versammlungen der jeweils beteiligten Personen nicht zusammen abgehalten werden dürfen. Für die WEG ergibt sich dies bereits aus dem Gebot der Nichtöffentlichkeit der Wohnungseigentümerversammlung.[120] Beschlüsse, die auf einer jeweils nicht zuständigen Versammlung gefasst werden sollten, sind nichtig.[121] 1084

Wenn es auch in der praktischen Abwicklung bei der Verwaltung der Wohnungseigentümergemeinschaft mit der Geschäftführung der Betriebsgesellschaft Übereinstimmung bei verschiedenen Bereichen geben mag, muss demnach dennoch eine getrennte Entscheidung getroffen werden. Insbesondere dann, wenn zwischen den Gesellschaftern der Betriebsgesellschaft und den Wohnungseigentümern keine vollkommene Identität besteht, ist dies wichtig. Denn dann müssen ungeachtet der rechtlichen Gegebenheiten die wirtschaftlichen Probleme nicht gleich gelagert sein. 1085

dd) Kompetenzabgrenzung zwischen Sondereigentumsverwaltung und Hotelbetriebsgesellschaft. Auch die Verwaltung des Sondereigentums ist getrennt von den Verwaltungsmaßnahmen des Gemeinschaftseigentums und der Betriebsgesellschaft zu betrachten. Ersteres entspricht bereits der traditionellen Betrachtungsweise zum Wohnungseigentum, weil die Kompetenz der Wohnungseigentümergemeinschaft sich nicht auf das Sondereigentum erstreckt. 1086

Eine Trennung ist auch von der Verwaltung der Betriebsgemeinschaft notwendig. Denn deren wirtschaftlichen Gegebenheiten stehen zu dem Sondereigentum nur insoweit in Zusammen, als dass dieses der Betriebsgesellschaft überlassen worden ist, um deren unternehmerischen Zielen zu dienen. Dies bedeutet nicht, dass deren finanzielle Mittel zwangsläufig auch für das Sondereigentum eingesetzt werden dürfen. Dafür wäre eine gesonderte Vereinbarung notwendig, aber auch zulässig. Diese kann bereits in der Gemeinschaftsordnung, jedoch auch später individuell getroffen werden. Ein zwingender Gleichklang ist dann nur bei der Vereinbarung in der Gemeinschaftsordnung gegeben. 1087

ee) Kostentrennung zwischen Bewirtschaftung der Teileigentümergemeinschaft und dem Hotelbetrieb. Die bei der Bewirtschaftung der Wohnungseigentümergemeinschaft anfallenden Kosten sind von denen der Betriebsgesellschaft zu trennen. Dies folgt bereits daraus, dass es nicht den Grundsätzen einer ordnungsmäßigen Verwaltung entspricht, wenn die Wohnungseigentümergemeinschaft Kosten übernimmt, die nicht mit ihrer Bewirtschaftung in Zusammenhang stehen. Andererseits kann die Betriebsgesellschaft, weil diesbezüglich mangels gesetzlicher Vorgaben Vertragsfreiheit besteht, Kosten der Wohnungseigentümergemeinschaft übernehmen. 1088

Dies bedingt nahezu zwangsläufig, dass getrennte Rechnungswesen eingerichtet werden müssen. Sollen Zahlungen zwischen beiden verbänden erfolgen, muss dies hinreichend dokumentiert werden. Dies wird regelmäßig immer dann ordnungsgemäß vorgenommen werden, wenn die Verwaltung der Wohnungseigentümergemeinschaft mit der Geschäftsführung der Betriebsgesellschaft nicht identisch ist. Je mehr Übereinstimmung in der Zusammensetzung der Gesellschafter mit den Wohnungseigentümern und dem Verwalter mit dem Geschäftsführung besteht, desto größer ist die Gefahr, dass diese Grundsätze missachtet werden. 1089

Wird gegen diesen Grundsatz der Trennung verstoßen, sind zumindest im Rahmen der Abrechnung der Wohnungseigentümergemeinschaft die tatsächlichen Geldflüsse nach 1090

---

[120] BGHZ 99, 90; BGH NJW 1993, 1329; OLG Hamm OLGZ 1989, 57; OLG Frankfurt WuM 1996, 177.

[121] BayObLG ZWE 2002, 272; BayObLG BlnGE 2001, 558; OLG Düsseldorf NZM 2003, 446; OLG Köln NZM 2002, 617.

dem Prinzip der Einnahmen-/Ausgabenrechnung von Bedeutung. Lediglich in dem nicht der Abrechnung zuzurechnendem Vermögensstatus ist ersichtlich, ob die Wohnungseigentümergemeinschaft noch Forderungen hat oder solchen ausgesetzt ist. Bei der Betriebsgesellschaft müssen entsprechende Forderungen und Verbindlichkeiten in der Bilanz ausgewiesen werden. Hier können Abgrenzungen vorgenommen werden.

1091 *ff) Verwaltung des Sondereigentums.* Wie eine Trennung zwischen der Verwaltung des Sonder- und Gemeinschaftseigentums selbstverständlich ist, muss dies bei der Verwaltung des Sondereigentums im Verhältnis zu der Betriebsgemeinschaft nicht zwingend vorgenommen werden. Oftmals wird dies im Hinblick auf die Überlassungspflicht des Sondereigentums auch die Ausnahme sein.

1092 Aus den Erträgen werden häufig in Zusammenarbeit mit der Betriebsgemeinschaft die Kosten des Sondereigentums bis zu Zahlung der Hausgelder an die Wohnungseigentümergemeinschaft übernommen. Die Zulässigkeit eines solchen Vorgehens hängt von der Gestaltung der Gemeinschaftsordnung oder der individuellen Verträgen ab. Wesentlich sind bei der Ausgestaltung der Verträge jeweils die Umstände des Einzelfalls.

1093 **g) Ausblick.** Die Begründung von Wohnungseigentum für den Betrieb eines Hotelobjektes ist möglich. Ähnlich wie bei anderen Konstruktionen ist eine ausreichende Trennung der verschiednen Verwaltungsebenen notwendig. Ein Zusammenwirken ist nur möglich, wenn dem nicht gesetzliche Vorgaben entgegenstehen. Die Planung solcher Objekte muss sorgfältig vorgenommen und abgewickelt werden. Unzulänglichkeiten in der Verwaltung führen häufig zu erheblichen Problemen.

B. Vermietetes Wohneigentum

Literatur: *Abramenko,* Zur vertraglichen Bindung des Mieters an die Betriebskostenabrechnung des Wohnungseigentumsverwalters, ZMR 1999, 676; *Armbrüster,* Kollisionen zwischen Gemeinschaftsordnung und Mietvertrag, ZWE 2004, 217; *Armbrüster,* Harmonisierung des wohnungseigentumsrechtlich und mietvertraglich zulässigen Gebrauchs, Festschrift für Blank (2006), 577; *Armbrüster/M. Müller,* Direkte Ansprüche der Wohnungseigentümer gegen Mieter, insbesondere bei zweckwidrigem Gebrauch, ZMR 2007, 321; *Blank,* Das Mietrecht an der Schnittstelle zum WEG, WuM 2000, 253; *Blank;* Jahresabrechnung und Betriebskostenabrechnung, NZM 2004, 365; *Blank,* Anforderungen an die Betriebskostenabrechnung nach der Rechtsprechung des BGH – Offene Fragen und Probleme, NZM 2008, 745; *Bub,* Mietverhältnis und Wohnungseigentum, WE 1989, 122; *Bub/Treier,* Handbuch der Geschäfts- und Wohnraummiete, 3. Auflage 1999; *Drasdo,* Die Barrierefreiheit im Sinne des § 554 a BGB, WuM 2002, 123; *Drasdo,* Verwalterhaftung für die Folgen zu spät erstellter Betriebskostenabrechnungen, NZM 2004, 372; *Drasdo,* Umsetzung von WEG-Beschlüssen im Mietverhältnis nach der WEG-Reform, ZMR 2008, 421; *Fritz,* Vermietung von Sondereigentum zu gewerblichen Zwecken, NZM 2000, 633; *Fritz/Schacht,* Vermietung von Sondereigentum zu gewerblichen Zwecken, NZM 2008, 155; *Hannemann,* Unmittelbare Ansprüche der Eigentümergemeinschaft gegen den Mieter?, NZM 2004, 531; *Jennißen,* Abhängigkeit der mietrechtlichen Betriebskostenabrechnung von der wohnungseigentumsrechtlichen Jahresabrechnung, NZM 2002, 236; *Kümmel,* Abwehransprüche der Wohnungseigentümer gemäß § 1004 BGB gegen Mieter und sonstige Nutzer des Sonder- und Gemeinschaftseigentums, ZWE 2008, 273; *Langenberg,* Die Betriebskosten der vermieteten Eigentumswohnung, NZM 2004, 361; *Lehmann-Richter,* Der Mängelbeseitigungsanspruch des Mieters und Gegenrechte des Vermieters, NJW 2008, 1196; *Milger,* Probleme der Abrechnung von Wasserkosten und des „Abflussprinzips" – Eine Darstellung anhand aktueller Entscheidungen des BGH mit Beispielen, NZM 2008, 757; *Nüßlein,* Die Divergenzen zwischen Wohnungseigentums- und Mietrecht (2006); *Riecke,* Risiken und Besonderheiten bei der Betriebskostenabrechnung für vermietetes Sondereigentum, WuM 2003, 309; *Ruthmann,* Wohnungseigentumsrechtliche Bindungen bei Mietverträgen über Wohnungseigentum (1993); *Schmid,* Das Abflussprinzip im Verständnis des BGH, NZM 2008, 918; *Schuschke,* Kann die Gemeinschaft einen Wohnungseigentümer zur Kündigung eines unliebsamen Mietverhältnisses zwingen?, NZM 1998, 176.

I. Das Vermietungsrecht des Wohnungseigentümers und seine Grenzen

1. Der Grundsatz der freien Vermietbarkeit von Teil- und Wohneigentum

Gemäß § 13 Abs. 1 WEG kann jeder Wohnungseigentümer, soweit nicht das Gesetz oder Rechte Dritter entgegenstehen, mit den im Sondereigentum stehenden Gebäudeteilen nach Belieben verfahren und diese auch an Dritte vermieten. Der Wohnungseigentümer hat keine geringeren Nutzungs- und Gebrauchsrechte als der Eigentümer eines ungeteilten Grundstücks, für den sich diese Befugnisse aus § 903 BGB ergeben. Das Recht eines Wohnungs- oder Teileigentümers, sein Sondereigentum zu vermieten, schließt die Befugnis ein, das ihm gemäß § 13 Abs. 2 Satz 1 WEG zustehende Recht auf Mitgebrauch des gemeinschaftlichen Eigentums auf den Mieter zu übertragen. Dies gilt nicht nur für alle gemeinschaftlichen Einrichtungen, ohne deren Benutzung die Nutzung der Sondereigentumsräume nicht möglich oder vorstellbar wäre (z. B. des Treppenhauses), sondern auch für den Mitgebrauch solcher gemeinschaftlichen Einrichtungen, die für die Nutzung des Sondereigentums eher unbedeutend sind (z. B. für die Mitbenutzung eines auf dem gemeinschaftlichen Grundstück errichteten Kinderspielplatzes oder KFZ-Stellplatzes).[1] 1

[1] BayObLG WE 1998, 352; OLG Düsseldorf ZMR 1996, 96, 97.

2 Bei der Vermietung sind die übrigen Wohnungseigentümer zur **Duldung dieses Mitgebrauchs** nach §§ 13 Abs. 1, 14 Nr. 3 WEG verpflichtet. Der vermietende Wohnungseigentümer muss seinerseits nach § 14 Nr. 1 und 2 WEG dafür Sorge tragen, dass sein Mieter von dem Mietgegenstand nur in solcher Weise Gebrauch macht, dass den anderen Wohnungseigentümer kein Nachteil erwächst, der über das bei einem geordneten Zusammenleben unvermeidliche Maß hinausgeht.

3 Weitergehende Verpflichtungen treffen den vermietenden Sondereigentümer im Hinblick auf § 14 Nr. 2 WEG, wenn die Wohnungseigentümer nach Maßgabe der §§ 10 Abs. 2 Satz 2, 15 Abs. 1 und 2 WEG die Vermietung durch Vereinbarung von Vermietungsgeboten oder -verboten sowie von Zustimmungsvorbehalten oder generell den Gebrauch des Sonder- und Gemeinschaftseigentums regulieren. Er muss dafür Sorge tragen, dass solche rechtsgeschäftlichen Abreden – etwa eine beschlossene Hausordnung – auch durch seinen Mieter beachtet werden.

2. Vermietungsgebote und -verbote

4 Die Vermietung kann – was allerdings nur in Ausnahmefällen relevant wird – durch **Vereinbarung** ausdrücklich vorgeschrieben sein, zum Beispiel in solchen Fällen, in denen eine Wohnungsanlage einem bestimmten Zweck gewidmet ist. Dient das im gemeinschaftlichen Eigentum stehende Grundstück dem Betrieb eines Feriendorfes, kann die Gemeinschaftsordnung die Wohnungseigentümer beispielsweise verpflichten, dass sie ihr Sondereigentum zum Betrieb des Feriendorfes zur Verfügung stellen müssen, insbesondere, dass die einzelnen Häuser nur als Ferienhäuser verwendet werden dürfen und ganzjährig an ständig wechselnde Gäste vermietet werden müssen.[2]

5 Die Wohnungseigentümer können andererseits durch Vereinbarungen im Sinne von § 10 Abs. 2 Satz 2 WEG die Überlassung der Wohnung an Dritte und insbesondere eine Vermietung auch vollständig **ausschließen.**[3] Von dieser Möglichkeit wird in Gemeinschaftsordnungen allerdings kaum Gebrauch gemacht, da sie die Nutzungsmöglichkeiten einer Wohnung ganz erheblich beschränken und damit ihren Marktwert erheblich herabsetzen kann.[4]

3. Zustimmungsvorbehalte

6 a) **Die rechtsgeschäftlichen Grundlagen von Zustimmungsvorbehalten.** Die Wohnungseigentümer können als **Inhalt des Sondereigentums** nach § 10 Abs. 2 Satz 2 WEG **vereinbaren,** dass ein Wohnungseigentümer seine Wohnung oder Teileigentumseinheit einem Dritten zur alleinigen Nutzung nur nach vorheriger Zustimmung des Verwalters oder anderer Personen überlassen darf;[5] eine solche Regelung kann auch nach Maßgabe des § 8 Abs. 1 WEG zum Inhalt des Sondereigentums gemacht werden.[6] Besteht eine solche Regelung, darf die Vermietung der Sondereigentumseinheit nur erfolgen, wenn die Zustimmung zuvor erteilt wurde. Im Falle der beabsichtigten Vermietung eines Sondereigentums können darüber hinaus auch solche Zustimmungsvorbehalte in Teilungserklärungen relevant werden, die eine Zustimmung für den Fall vorschreiben, dass ein Sondereigentum zu anderen als zu Wohnzwecken (z. B. zur Ausübung eines Gewerbes, zum Betrieb einer Arztpraxis oder zur Ausübung einer sonstigen freiberuflichen Tätigkeit) genutzt werden soll.[7]

---

[2] BayObLGR 1998, 16.

[3] *Ruthmann,* S. 34; *Armbrüster* ZWE 2004, 217 (221); *Bärmann/Wenzel* § 13 Rn. 65.

[4] *Bub* WE 1989, 122.

[5] BayObLG WuM 1992, 278.

[6] BGHZ 37, 203–210 = WuM 1962, 822–824.

[7] OLG Frankfurt NZM 2006, 144, 145; BayObLG NJW-RR 1991, 849; BayObLG WuM 1992, 278.

Ordnet eine Teilungserklärung **Zustimmungsvorbehalte** an, so bestimmt sie häufig zugleich, dass die Zustimmung ggfs. unter Auflagen erteilt werden kann und nur aus wichtigem Grund versagt werden darf.[8] Bisweilen enthalten die Teilungserklärungen Klauseln, wonach die Genehmigung nur zu erteilen ist, wenn z. B. die Ausübung eines Gewerbes keinerlei unzumutbare Beeinträchtigung der Wohnungseigentümer oder der Hausbewohner mit sich bringt bzw. befürchten lässt.[9] Gelegentlich berechtigen die Teilungserklärungen die betroffenen Wohnungseigentümer in Streitfällen sogar ausdrücklich dazu, über die Erteilung und Versagung der Erlaubnis einen Beschluss der Wohnungseigentümer herbeizuführen.[10] 7

b) Zustimmungskriterien und Versagungsgründe. Bestimmt die Teilungserklärung, dass die Erlaubnis zur Vermietung nur aus wichtigem Grund versagt werden darf, so kann für die Versagensgründe ergänzend auf die Grundsätze abgestellt werden, die die Rechtsprechung zur **Versagung der Zustimmung** im Falle der Veräußerung eines Wohnungseigentums zu § 12 Abs. 2 WEG entwickelt hat. Eine erforderliche Zustimmung kann versagt werden, wenn die in Aussicht genommene Vermietung für die Wohnungsgemeinschaft schlechthin unzumutbar ist oder wenn sie eine gemeinschaftswidrige Gefahr für die übrigen Wohnungseigentümer darstellt.[11] Darüber hinaus kann auch die Art, wie der in Aussicht genommene Mieter die Räume verwenden will, einen wichtigen Grund darstellen, um die Zustimmung zu versagen.[12] 8

Ist nach der Teilungserklärung eine Zustimmung des Verwalters zur Vermietung deshalb erforderlich, weil die Vermietung in **Abweichung von der Zweckbestimmung** des Sondereigentums nicht zu Wohnzwecken, sondern zur Ausübung einer freiberuflichen Tätigkeit erfolgt, ist die Zustimmung zu versagen, wenn die in Aussicht genommene Art der Nutzung bei generalisierender Betrachtungsweise die übrigen Wohnungseigentümer mehr stört oder in höherem Maße beeinträchtigt als eine Nutzung als Wohnung.[13] 9

Ordnet die Teilungserklärung für die Fälle der Vermietung oder der Nutzungsänderung zwar die Zustimmung des Verwalters an, ohne diesem zugleich nähere Kriterien für die Entscheidung an die Hand zu geben, ist durch Auslegung der Teilungserklärung zu ermitteln, ob und in welchem Umfang dem Verwalter oder dem sonstigen Zustimmungsberechtigten ein **Entscheidungsermessen** eingeräumt werden soll. Dies wird relevant, wenn in der Teilungserklärung ausdrückliche Regelungen fehlen, wonach die Zustimmung nur aus wichtigem Grund oder nur dann versagt werden darf, wenn sie eine unzumutbare Beeinträchtigung der Wohnungseigentümer mit sich bringt. Die Auslegung wird regelmäßig zum Ergebnis haben, dass dem Verwalter oder dem sonstigen Zustimmungsberechtigten eine weitgehende Ermessensfreiheit zugestanden werden soll mit der Folge, dass seiner Ermessensentscheidung lediglich durch das Verbot der Willkür und des Missbrauchs Grenzen gesetzt sind.[14] 10

Bestehen für den Verwalter oder den sonstigen Zustimmungsberechtigten ernstliche Zweifel, ob die Voraussetzungen für die Erteilung einer nach der Teilungserklärung erforderlichen Zustimmung vorliegen, kann er die Wohnungseigentümer um eine **Weisung** bitten und eine **Beschlussfassung der Eigentümerversammlung** zu dieser Frage einholen.[15] Erteilen die Wohnungseigentümer dem Verwalter durch Mehrheitsbeschluss eine 11

---

[8] BGHZ 37, 203 = WuM 1962, 822–824; BayObLG NJW-RR 1991, 849.

[9] BayObLG WuM 1992, 278.

[10] BGHZ 37, 203 = WuM 1962, 822–824; BayObLG WuM 1992, 278.

[11] *Armbrüster* ZWE 2004, 217, 222; *Ruthmann,* S. 40; zu den Versagungsgründen im Sinne von § 12 Abs. 2 WEG siehe *Bärmann/Wenzel* § 12 Rn. 42–44.

[12] BayObLGZ 1987, 291, 292; BayObLG WuM 1992, 278–280; *Nüßlein* S. 126.

[13] In diesem Sinne wohl BayObLG NJW-RR 1991, 849, 850.

[14] OLG Frankfurt NZM 2006, 144, 145; *Bärmann/Wenzel* § 12 Rn. 21.

[15] BGH NJW 1996, 1216, 1217.

Weisung, ist er an sie gebunden und hat er sie auszuführen.[16] Dies folgt unmittelbar aus § 27 Abs. 1 Nr. 1 WEG, wonach der Verwalter die Beschlüsse der Gemeinschaft auszuführen hat. Die Wohnungseigentümer können den Verwalter auch von sich aus durch Mehrheitsbeschluss ausdrücklich anweisen, eine beantragte Zustimmung zu erteilen oder zu verweigern.

12 **c) Die Wirkung der Zustimmungserklärung.** Stimmt der Verwalter im Zusammenhang mit der beabsichtigten Vermietung einer Nutzungsänderung zu, obgleich Versagungsgründe vorliegen, sind die übrigen Wohnungseigentümer an diese Zustimmung nicht gebunden. Genehmigt der Verwalter beispielsweise die Ausübung einer freiberuflichen Tätigkeit in einer Wohnzwecken dienenden Sondereigentumseinheit, kann jeder Wohnungseigentümer ungeachtet der Genehmigung unter den Voraussetzungen des § 15 Abs. 3 WEG und § 1004 Abs. 1 BGB die **Unterlassung dieser Nutzung** verlangen. Voraussetzung ist allerdings, dass die abweichende Nutzung ihn mehr stört als eine der Zweckbestimmung entsprechende Nutzung. Durch das Genehmigungserfordernis wird die Prüfung, ob für die abweichende Nutzung Versagungsgründe bestehen, somit nur vorläufig in die Hand des Verwalters gelegt; seine Entscheidung ist nicht endgültig. Sie unterliegt in vollem Umfang der Kontrolle durch die Wohnungseigentümer ebenso wie einer Kontrolle durch das Gericht.[17] Die Wohnungseigentümer können daher entweder durch Mehrheitsbeschluss die erteilte Zustimmung widerrufen oder – jeder einzelne für sich – den vermietenden Eigentümer unmittelbar auf Unterlassung der Nutzung in Anspruch nehmen.[18]

13 Diese Grundsätze gelten entsprechend, wenn der Verwalter eine Vermietung des Sondereigentums gestattet, obwohl wichtige Gründe vorliegen, die ihn nach der Teilungserklärung zur Versagung der Zustimmung verpflichtet hätten. Auch eine solche Zustimmung lässt die Abwehransprüche der übrigen Wohnungseigentümer unberührt.

14 Erfolgt die Vermietung trotz einer fehlenden, nach der Teilungserklärung aber erforderlichen Zustimmung, so hat dies für sich genommen keine Auswirkungen auf die **Wirksamkeit des Mietvertrages;** die Unwirksamkeit ergibt sich insbesondere nicht aus einer entsprechenden Anwendung des § 12 Abs. 3 Satz 1 WEG, denn die dort vorgesehene Rechtsfolge ist nicht auf den Fall einer ohne Zustimmung erfolgten Vermietung anzuwenden.[19]

15 **d) Rechtsschutz bei verweigerter Zustimmung.** Verweigert der Verwalter die nach der Teilungserklärung erforderliche Zustimmung zur Vermietung, so kann der hiervon betroffene Eigentümer eine gerichtliche Entscheidung über die Rechtmäßigkeit der Versagung herbeiführen. Problematisch und noch nicht abschließend geklärt ist, ob eine solche Klage gegen die nach § 10 Abs. 6 WEG rechtsfähige Wohnungseigentümergemeinschaft, gegen die einzelnen Miteigentümer oder aber gegen den Verwalter zu richten ist. Nach hier vertretener Auffassung ist diese Klage gegen die übrigen Wohnungseigentümer zu erheben, denn dem **Zustimmungsanspruch** zugrunde liegt ein Anspruch auf ordnungsgemäße Verwaltung des gemeinschaftlichen Eigentums nach § 21 Abs. 4 und 8 WEG. Dieser Anspruch besteht nur im Verhältnis der Wohnungseigentümer. Für ihre Passivlegitimation spricht ferner, dass die Wohnungseigentümer an einer zu Unrecht erteilten Zustimmung oder Verweigerung der Zustimmung durch den Verwalter nicht gebunden sind;[20] die abschließende Entscheidung ist ihnen vorbehalten. Die hier vertretene Auffassung trägt somit auch der Stellung des Verwalters Rechnung. Nach den Vorgaben des Gesetzgebers ist der Verwalter ein weisungsgebundener Sachwalter des Gemeinschafts-

---

[16] BGH NJW 1996, 1216, 1217.

[17] Zum Vorstehenden: BayObLG NJW-RR 1991, 849, 850.

[18] OLG Frankfurt NJW-RR 2005, 1604, 1605.

[19] *Ruthmann*, S. 51; *Bärmann/Wenzel* § 12 Rn. 22.

[20] BayObLG NJW-RR 1991, 849, 850.

vermögens und lediglich ein Vollzugsorgan der Gemeinschaft.[21] Zur eigenverantwortlichen Leitung der Gemeinschaft ist er nicht befugt. Weisungsgebunden bleibt er selbst dann, wenn ihm die Teilungserklärung in einzelnen Fällen ein Entscheidungsrecht zuweist. Für die Passivlegitimation der Wohnungseigentümer spricht schließlich auch dass mit der Zustimmungsklage einhergehende hohe Kostenrisiko. Es wäre nicht recht einsehbar, warum der weisungsgebundene Verwalter dieses Risiko anstelle der zur Weisung befugten Wohnungseigentümer tragen müsste.

4. Gebrauchsbeschränkungen

Nach § 15 Abs. 1 WEG können die Wohnungseigentümer den Gebrauch des Sondereigentums durch Vereinbarung regeln und nach Absatz 2 dieser Vorschrift darüber hinaus durch Stimmenmehrheit einen der Beschaffenheit der im Sondereigentum stehenden Gebäudeteile und des gemeinschaftlichen Eigentums entsprechenden ordnungsgemäßen Gebrauch beschließen. Diese Vorschriften ermächtigen die Wohnungseigentümer zu umfassenden Regulierungen des Gebrauchs und ermöglichen insbesondere eine Begrenzung der Gebrauchsmöglichkeiten. Bestehen zwischen den Wohnungseigentümern solche rechtsgeschäftlichen Regelungen, sind sie auch bei der Vermietung des Sondereigentums zu beachten. 16

a) **Gebrauchsbeschränkungen durch Vereinbarungen.** *aa) Zweckbestimmungen.* Gebrauchregelungen beruhen häufig auf die in der Teilungserklärung enthaltenen Zweckbestimmungen, die den Charakter einer Vereinbarung im Sinne von § 10 Abs. 2 Satz 2 WEG haben. Wird ein Sondereigentum in der Teilungserklärung beispielsweise ausdrücklich als *„Wohnung"* bezeichnet, so darf es grundsätzlich nur zu Wohnzwecken genutzt und vermietet werden,[22] eine Nutzung als Arztpraxis[23] oder eine gewerbliche Nutzung kommt daher grundsätzlich nicht in Betracht.[24] Wird andererseits das Sondereigentum als *„Gewerberaum"* oder als *„Teileigentum"* bezeichnet, ist eine Nutzung zu Wohnzwecken grundsätzlich nicht möglich.[25] Eine Nutzung zu dauerhaften Wohnzwecken ist auch bezüglich solcher Räume ausgeschlossen, die in der Teilungserklärung als *„Hobbyraum"* bezeichnet und einem Wohnungseigentümer als Sondernutzungsrecht zur alleinigen Nutzung zugewiesen sind. Sieht die Teilungserklärung eine Nutzung der im Teileigentum stehenden Räume als *„Laden"* vor, so dürfen sie – in Übereinstimmung mit dem allgemeinen Sprachgebrauch – im Rahmen der allgemeinen Ladenschlusszeiten als Verkaufsstätte zum Vertrieb von Waren an jedermann genutzt werden.[26] Eine Nutzung solcher Räume als Videothek oder Weinhandlung ist daher unter Beachtung der geltenden Ladenschlusszeiten möglich,[27] nicht aber die Nutzung als Sportstudio.[28] Vergleichbare Beschränkungen können sich aus der Bezeichnung der Räume als *„Büro"*, *„Café"*, oder *„Blumenladen"* ergeben,[29] denn auch solche Widmungen begrenzen den zulässigen Gebrauch des Sondereigentums. 17

Die vorgenannten Zweckbestimmungen entfalten, da sie auf eine verbindliche Gebrauchsregelung abzielen, als Vereinbarungen im Sinne von §§ 10 Abs. 2 Satz 2, 15 18

---

[21] BT-Drucks. 16/887, 40.

[22] *Bärmann/Wenzel* § 13 Rn. 33.

[23] BayObLG NZM 2001, 137, 138.

[24] *Bärmann/Wenzel* § 13 Rn. 34–35 m. w. N. aus der Rechtsprechung.

[25] BayObLG NZM 2005, 263 (Nutzung zur Unterbringung wohnsitzloser Personen); anders OLG Düsseldorf NZM 2005, 70 (Nutzung zu Wohnzwecken durch Ehepaar).

[26] KG ZWE 2007, 258 (Ls); zur Auslegung solcher Zweckbestimmungen siehe *Bärmann/Wenzel* § 13 Rn. 23 ff. und *Jennißen/Hogenschurz* § 14 Rn. 13.

[27] Zu den Folgen der Liberalisierung der Ladenschlusszeiten für die Nutzungsmöglichkeiten von Ladenräumen siehe OLG Hamm NJW 2008, 302, 303.

[28] OLG Schleswig NZM 2003, 483; vgl. auch *Jennißen/Hogenschurz* § 14 Rn. 13.

[29] Siehe zur den zahlreichen Zweckbestimmungen: *Bärmann/Wenzel* § 13 Rn. 28 ff.

Abs. 1 WEG rechtsgeschäftlichen Wirkungen und sind somit von den jeweiligen Eigentümern uneingeschränkt zu beachten.[30] Missachtet der jeweilige Sondereigentümer oder der Mieter der Räume die sich aus der Zweckbestimmung ergebenden Gebrauchsbeschränkungen, so kann sich aus § 15 Abs. 3 WEG oder aus § 1004 BGB ein Anspruch auf Unterlassung der zweckwidrigen Nutzung ergeben (siehe sogleich unten).

19 *bb) Sonstige vereinbarte Gebrauchregelungen.* Der Gebrauch des Sondereigentums kann durch Vereinbarungen im Sinne von § 10 Abs. 2 Satz 2 WEG auch in der Weise reguliert werden, dass ein nach § 14 Nr. 1 WEG an sich unzulässiger Gebrauch ausdrücklich geduldet oder ein an sich zulässiger Gebrauch ausdrücklich untersagt wird. So kann die **Gemeinschaftsordnung** beispielsweise das Abstellen von Kinderwagen in einem engen Treppenhaus gestatten oder aber ein generelles Tierhaltungsverbot anordnen.[31] In Betracht kommt ferner das Verbot, in der Wohn- oder Teileigentumsanlage ein Konkurrenzunternehmen zu betreiben.[32] Vorstellbar sind auch Begrenzungen der Öffnungszeiten eines Restaurantbetriebes[33] oder eines Ladens.

20 **b) Gebrauchsbeschränkungen durch Mehrheitsbeschluss.** Die Wohnungseigentümer können schließlich im Rahmen des § 15 Abs. 2 WEG den Gebrauch des Sondereigentums und des gemeinschaftlichen Eigentums durch Beschlussfassung mit Stimmenmehrheit regeln. Solche Regelungen werden regelmäßig im Rahmen einer Hausordnung, zu deren Aufstellung die Wohnungseigentümer nach § 21 Abs. 5 Ziffer 1 WEG verpflichtet sind, getroffen. Hausordnungen enthalten häufig Regelungen zur Benutzung des Treppenhauses (z. B. ein Rauchverbot; das Abstellen von Fahrrädern oder Kinderwagen), der Balkone und Terrassen und ggfs. der Gärten und Freiflächen (Benutzung von Rasenflächen zu Spielzwecken) sowie sonstige Verhaltensregeln, die ein möglichst reibungsloses Miteinander gewährleisten sollen.

21 Durch Mehrheitsbeschluss können solche Regelungen getroffen werden, die einen **ordnungsgemäßen Gebrauch aller Gebäudeteile** gewährleisten. Entspricht eine beschlossene Gebrauchsbeschränkung diesen Anforderungen nicht, so ist der Beschluss zwar rechtswidrig, aber nicht ohne weiteres nichtig. Nichtig ist der Beschluss nach den allgemeinen Grundsätzen nur, wenn er gegen Rechtsvorschriften verstößt, auf die die Wohnungseigentümer rechtswirksam nicht verzichten können (§ 23 Abs. 4 Satz 1 WEG). Dies ist zum einen dann der Fall, wenn der Beschlussinhalt von einer gesetzlichen oder vereinbarten Regelung dauerhaft für die Zukunft abweicht und diese Regelungen abbedingen und ersetzen soll.[34] Entsprechendes gilt, wenn der Beschluss in den Kernbereich des Wohnungseigentums eingreift.[35] Ist ein Beschluss dagegen nur aus sonstigen formellen oder materiellen Gründen fehlerhaft, müssen die betroffenen Wohnungseigentümer die Bindungswirkungen eines nur anfechtbaren Beschlusses beseitigen lassen, indem sie seine gerichtliche Ungültigerklärung betreiben (§ 46 Abs. 1 WEG).

22 Zulässig und rechtlich wirksam sind demnach Mehrheitsbeschlüsse der Eigentümerversammlung, mit denen die Wohnungseigentümer das Baden oder das Duschen zur Nachtzeit,[36] das Musizieren[37] oder die Tierhaltung[38] in der Wohnung beschränken. So

---

[30] Zu Gebrauchsregelungen durch Zweckbestimmungen siehe zusammenfassend: *Bärmann/Wenzel* § 15 Rn. 8–12 und *Jennißen/Weise* § 15 Rn. 4–11.

[31] BGH NJW 1995, 2036; zu weiteren Beispielen für solche Gebrauchsregelungen siehe *Bärmann/Wenzel* § 15 Rn. 13 ff.

[32] OLG Hamm NJWE-MietR 1997, 96 = FGPrax 1997, 96; BayObLG NJWE-MietR 1997, 231 = FGPrax 1997, 141.

[33] BayObLG NJW-RR 1987, 463 (Schließzeit des Restaurants um 24:00 Uhr).

[34] BGH NJW 2000, 3500, 3501.

[35] BGH NJW 1995, 2036, 2037; *Bärmann/Wenzel* § 15 Rn. 6; *Jennißen/Weise* § 15 Rn. 14–16.

[36] BayObLG WuM 1991, 300.

[37] BGHZ 139, 288, 293 = NJW 1988, 3713.

[38] OLG Saarbrücken NZM 2007, 168.

können durch Mehrheitsbeschluss Ruhezeiten von 20 Uhr bis 8 Uhr und von 12 Uhr bis 14 Uhr bestimmt werden, in denen das Musizieren allenfalls in Zimmerlautstärke gestattet ist.[39] Ein generelles Verbot, innerhalb des Sondereigentums zu Musizieren, kann dagegen – weil dies einen Eingriff in den Kernbereich des Wohnungseigentums bedeuten würde – mit Stimmenmehrheit nicht beschlossen werden.[40] Ein solcher Beschluss ist nichtig. Ebenso ist ein generelles Haustierhaltungsverbot einem Mehrheitsbeschluss der Wohnungseigentümer nicht zugänglich. Er ist – jedenfalls nach der Rechtsprechung des OLG Saarbrücken – ebenfalls nichtig, weil auch die Haustierhaltung zum Wesensgehalt des Sondereigentums zählt[41] und die generelle Beschränkung somit einen Eingriff in den unantastbaren Kernbereich des Sondereigentums darstellt.[42]

c) **Die Bindung des Mieters an Gebrauchsregelungen der Wohnungseigentümer.** Die zwischen den Wohnungseigentümern vereinbarten oder mit Stimmenmehrheit beschlossenen Gebrauchsbeschränkungen binden den Mieter einer Wohnungs- oder Teileigentumseinheit rechtsgeschäftlich nicht, denn er ist weder an dem Zustandekommen der Vereinbarungen noch an der Beschlussfassung beteiligt. Aufgrund der fehlenden rechtsgeschäftlichen Bindung ist der Mieter daher grundsätzlich nur bei einer ausdrücklichen Absprache im Mietvertrag verpflichtet, den Gebrauchsregelungen der Gemeinschaft Folge zu leisten. Eine Ausnahme soll gelten, wenn eine Gebrauchsregelung als Inhalt des Sondereigentums (§ 5 Abs. 4, 10 Abs. 3 WEG) im Grundbuch eingetragen ist. In diesem Fall soll sie über die schuldrechtliche Wirkung hinaus eine **dingliche Wirkung** entfalten, so dass sie nicht nur von den Wohnungseigentümern, sondern auch von jedem Nutzer des Sondereigentums (insbesondere vom Mieter oder Pächter) zu beachten ist. Verstößt der Nutzer gegen die vereinbarte und im Grundbuch eingetragene Regelung, soll jeder Wohnungseigentümer von ihm Unterlassung verlangen können.[43] Diese Ansicht ist allerdings nicht unumstritten;[44] eine abschließende höchstrichterliche Klärung steht noch aus. Lediglich für den Fall, dass die Vermietung im Widerspruch zur Zweckbestimmung der Teileigentumseinheit als Laden steht, hat der BGH einen unmittelbaren Anspruch der Wohnungseigentümer gegen den Mieter auf Unterlassung der zweckwidrigen Nutzung der Räume bejaht.[45] 23

Die fehlenden Bindung des Mieters an die im Verhältnis der Wohnungseigentümer untereinander getroffenen Gebrauchsregelungen kann – insbesondere dann, wenn sie als Hausordnung mit Stimmenmehrheit beschlossen worden sind – zu Kollisionen zwischen mietvertraglichen Regelungen einerseits und den Vorgaben der beschlossenen Hausordnung andererseits führen. Eine solche Kollision entsteht, wenn die beschlossene Hausordnung die Hundehaltung oder die Musikausübung beschränkt und der vermietende Wohnungseigentümer es versäumt, seinen Mieter zur Einhaltung dieser Beschränkungen zu verpflichten. Sie kann aber auch dadurch entstehen, dass eine Eigentümerversammlung erst nach Abschlusses eines Mietvertrages die Beschränkung der Hundehaltung oder der Musikausübung beschließt. 24

Der vermietende Eigentümer kann solche Kollisionen und etwaige sich daraus für ihn ergebende Haftungsrisiken nur durch eine entsprechende Gestaltung des Mietvertrages vermeiden. Dies kann durch Aufnahme einer dynamischen Verweisungsklausel in den Mietvertrag geschehen, die den Mieter zur Beachtung der Hausordnung in der jeweils 25

[39] BGHZ 139, 288, 293 = NJW 1988, 3713, 3714–3715; OLG Hamm NJW-RR 1986, 500.
[40] BGHZ 139, 288, 293 = NJW 1998, 3713, 3715.
[41] OLG Saarbrücken NJW 2007, 779, 780.
[42] Kritisch *Bärmann/Wenzel* § 14 Rn. 36.
[43] *Bärmann/Armbrüster* § 1 Rn. 191; *Armbrüster/Müller* ZMR 2007, 321, 323 f.; *Nüßlein,* S. 127–134.
[44] Siehe nur *Kümmel* ZWE 2008, 273, 275 f.
[45] BGH NJW 1996, 714.

geltenden Fassung verpflichtet.[46] Bei der Gestaltung des Vertrages muss der Vermieter – sofern er den Mietvertrag nicht in allen seinen Einzelheiten mit dem Mieter aushandelt – die Vorgaben der §§ 305 ff BGB über die Gestaltung vorformulierter Vertragsbedingungen, insbesondere § 305 c BGB beachten.[47]

5. Die Rechtsfolgen der unzulässigen Vermietung oder des unzulässigem Gebrauchs des Sondereigentums durch den Mieter

26 **a) Ansprüche der Wohnungseigentümer gegen den vermietenden Wohnungseigentümer.** Verstößt ein Wohnungseigentümer mit der Vermietung seiner Sondereigentumseinheit gegen ein in der Gemeinschaftsordnung bestimmtes **Vermietungsverbot** oder überlässt er seinem Mieter die Sondereigentumseinheit zu Nutzungswecken, die im Gegensatz zu der in der Teilungserklärung bestimmten Zeckbestimmung stehen (z.B. wird die *„Wohnung"* dem Dritten zur Ausübung einer freiberuflichen Tätigkeit überlassen), kann jeder Wohnungseigentümer aus § 15 Abs. 3 WEG in Verbindung mit § 1004 BGB die Unterlassung dieser Nutzung verlangen.[48] Entsprechendes gilt, wenn die nach der Teilungserklärung erforderliche Zustimmung des Verwalters fehlt.[49] Der Unterlassungsanspruch steht jedem Wohnungseigentümer eigenständig zu, er muss also nicht gemeinschaftlich geltend gemacht werden.[50] Die Wohnungseigentümer können aber eine Geltendmachung durch die Gemeinschaft beschließen.[51]

27 Der vermietende Wohnungseigentümer ist als **Störer** passivlegitimiert, denn er hat nach § 14 Nr. 2 WEG dafür Sorge zu tragen, dass sein Mieter von der Sondereigentumseinheit nur in der Weise Gebrauch macht, dass dadurch keinem der anderen Wohnungseigentümer über das bei einem geordneten Zusammenleben unvermeidliche Maß hinaus ein Nachteil erwächst.

28 Bei einer von der **Zweckbestimmung** abweichenden Nutzung der Sondereigentumseinheit kommt es für den aus § 1004 BGB herzuleitenden Unterlassungsanspruch darauf an, ob die konkrete Nutzung bei generalisierender Betrachtungsweise mehr stört als die Nutzung nach der in der Gemeinschaftsordnung enthaltenen Zweckbestimmung.[52] Die generalisierende Betrachtungsweise vermeidet, dass die Betroffenen und – im Falle eines Rechtsstreits das zuständige Gericht – umfangreiche Ermittlungen zum Umfang der tatsächlich störenden Auswirkung der konkreten Nutzung machen müssen. Allerdings bleiben die konkreten Umstände des Einzelfalls nicht gänzlich außer Betracht, weshalb im Einzelfall auch immer auf den Charakter der Wohnanlage und ihrer näheren Umgebung abzustellen ist.[53] Soll beispielsweise in einer Wohnung eine Arztpraxis betrieben werden, ist der konkrete Gebrauch nach seiner Art und Durchführung zu ermitteln. Es kommt also darauf an, wie viele Patienten die Räume frequentieren, zu welchen Uhrzeiten dies geschieht und welche Auswirkungen dies konkret aufgrund der Lage der Wohnung hat.[54] Es kann deshalb im Einzelfall einen Unterschied machen, ob eine Wohnung im Erdgeschoss oder in der vierten Etage einer Wohnanlage liegt, weil bei einer Lage im Erdgeschoss der Publikumsverkehr typischerweise weniger störend ist. Maß-

[46] Sie hierzu *Armbrüster,* FS Blank, S. 512; ders. ZWE 2004, 217, 227; vgl. auch *Nüßlein,* S. 143 ff.

[47] *Armbrüster,* FS Blank, S. 512 f.

[48] BGH NJW 1996, 714; BayObLG NJW-RR 1991, 658; *Fritz/Schacht* NZM 2008, 155; *Schuschke* NZM 1998, 176, 177.

[49] *Armbrüster* ZWE 2004, 217, 222.

[50] BayObLG WE 1998, 76; *Nüßlein,* S. 128.

[51] *Bärmann/Wenzel* § 10 Rn. 253 ff. und 263.

[52] OLG Frankfurt NZM 2006, 144.

[53] KG NZM 1999, 425; OLG Frankfurt NZM 2006, 144; vgl. auch *Jennißen/Weise* § 15 Rn. 25 c und 26.

[54] OLG Frankfurt NZM 2006, 144.

gebend kann es auch sein, ob die Sondereigentumseinheit über einen separaten Eingang verfügt.[55]

Ist die konkrete Nutzung nicht störender als eine in Übereinstimmung mit der Zweckbestimmung erfolgende Nutzung, besteht kein Unterlassungsanspruch gegen den Vermieter. Eine solche Nutzung müssen die übrigen Wohnungseigentümer nach § 14 Nr. 1 WEG dulden.[56] 29

Der in Anspruch genommene Vermieter kann gegen den Unterlassungsanspruch nicht mit Erfolg einwenden, er habe seinem Mieter die beanstandete Nutzung vertraglich gestattet und er sei rechtlich nicht zu einseitigen Änderungen der mietvertraglichen Abreden berechtigt. Der Vermieter ist verpflichtet den Mieter zu einer Änderung des Mietvertrages oder zu seiner Aufhebung zu bewegen. Gegebenenfalls muss er ihm eine Entschädigung anbieten und zahlen, wenn der Mieter nur so dem Verlangen nachkommen will. Das Gericht darf dem Vermieter allerdings nicht vorschreiben, was er im Einzelnen zu unternehmen hat, um dem Unterlassungsanspruch gerecht zu werden.[57] Die Frage, welche rechtlichen Möglichkeiten dem in Anspruch genommenen Vermieter zustehen, um die unzulässige Nutzung zu beenden, ist erst im Vollstreckungsverfahren zu prüfen.[58] 30

Wird der Vermieter zur Unterlassung verurteilt, erfolgt die **Vollstreckung des Urteils** nach Maßgabe des § 890 ZPO.[59] Gegen den verurteilten Vermieter kann also ein Ordnungsgeld oder Ordnungshaft festgesetzt werden, um die Unterlassung der störenden Nutzung zu erzwingen. Die Festsetzung kommt aber nur in Betracht, sofern der Vollstreckungsschuldner schuldhaft den ihm auferlegte Verhaltenspflichten nicht nachkommt.[60] Ein solches Verschulden fehlt regelmäßig, wenn er vergeblich ihm alles Zumutbare unternommen hat, um den Mieter zur Aufgabe der gemeinschaftswidrigen Nutzung oder zur Räumung zu bewegen.[61] 31

Vermietet ein Sondereigentümer in Widerspruch zur Gemeinschaftsordnung sein Sondereigentum, verletzt er dadurch seine Pflichten aus dem Gemeinschaftsverhältnis, weshalb er sich ggfs. gegenüber den übrigen Wohnungseigentümern schadensersatzpflichtig macht.[62] Im Falle einer zweckwidrigen Vermietung von Teileigentum kann der vermietende Wohnungseigentümer zur **Zahlung einer Nutzungsentschädigung** verpflichtet sein, wenn er aufgrund der Überschreitung des Nutzungsrechts Mehreinnahmen erzielt.[63] Sofern einem Wohnungseigentümer das Recht zum Mitgebrauch der im gemeinschaftlichen Eigentum stehenden Gebäudeteile durch verbotene Eigenmacht (§ 858 BGB) entzogen wird, zum Beispiel durch widerrechtlich Inbesitznahme eines im gemeinschaftlichen Eigentum stehenden Kellerraumes, bestehen neben Ansprüchen aus § 985 BGB auch besitzrechtliche Ansprüche auf Wiedereinräumung des Mitbesitzes (§§ 858, 861 BGB).[64] 32

b) Ansprüche der Wohnungseigentümer gegen den Mieter. Sind die Wohnungseigentümer nach § 14 Nr. 1 WEG nicht verpflichtet, die Vermietung eines Sondereigentums 33

---

[55] Vgl. auch *Jennißen/Weise* WEG § 15 Rn. 25 c.

[56] Zu weiteren Einzelfällen und Rechtsprechungsbeispielen siehe *Jennißen/Weise* WEG, § 15 Rn. 26 ff.

[57] BayObLG NJW-RR 1991, 657, 658; BayObLG NJW-RR 1994, 527, 528; *Schuschke* NZM 1998, 176, 177.

[58] BGH NJW 1996, 714; BayObLG NZM 1998, 773.

[59] BayObLG NZM 1998, 773.

[60] BayObLG NJW-RR 1994, 427, 528.

[61] BGH NJW 1996, 714, 715; BayObLG NJW-RR 1994, 527, 528; OLG München NJW-RR 1992, 1492; OLG Stuttgart ZMR 1992, 553; OLG Karlsruhe MDR 1994, 59; *Hannemann* NZM 2004, 521; *Bärmann/Wenzel* § 13 Rn. 156.

[62] BayObLG NZM 2002, 167 (Ersatz des Mietausfalls); OLG Hamm NJW-RR 1996, 41; *Becker/Kümmel/Ott* Rn. 142.

[63] OLG Düsseldorf NJW-RR 2005, 163.

[64] KG ZMR 2002, 544, 545; *Becker/Kümmel/Ott* Rn. 142; solche Ansprüche können auch im Verhältnis der Mieter untereinander entstehen.

oder die Überlassung an Dritte zu dulden oder nutzt der Mieter die Wohnung zu anderen als den nach der Gemeinschaftsordnung zulässigen Zwecken, können die Wohnungseigentümer auch den Mieter nach ständiger Rechtsprechung unmittelbar nach § 1004 BGB auf Unterlassung in Anspruch nehmen.[65] Dabei kommt es nicht darauf an, ob dem Mieter der Gebrauch mietvertraglich gestattet ist, denn die übrigen Wohnungseigentümer sind an den Mietvertrag und seine Regelungen nicht gebunden.[66] Zu Begründung wird darauf abgestellt, dass der Mieter jedenfalls an solche **Gebrauchsregelungen** gebunden sei, die durch Eintragung in das Grundbuch zum **Inhalt des Sondereigentums** geworden sind. Solchen Regelungen würden – wie dingliche Rechte – Rechtswirkungen auch gegenüber solchen Personen entfalten, die anstelle des Eigentümers das Gemeinschaftseigentum oder das Sondereigentum nutzen.[67]

34 c) **Zum Rechtsverhältnis zwischen vermietendem Wohnungseigentümer und Mieter.** Überlässt ein Wohnungseigentümer seine Sondereigentumseinheit Dritten unter Missachtung eines in der Gemeinschaftsordnung vereinbarten Vermietungsverbotes oder einer Zweckbestimmung und wird der Vermieter auf die Klage seiner Miteigentümer hin zur Unterlassung der Vermietung verurteilt, berechtigt ihn dies nicht zur **Kündigung des Mietverhältnisses aus wichtigem Grund.** Eine Kündigung nach § 543 BGB scheidet schon in Ermangelung einer Vertragsverletzung oder eines Verschuldens des Mieters aus. Nicht in Betracht kommt auch eine Kündigung wegen Wegfalls der Geschäftsgrundlage (§ 313 Abs. 3 Satz 2 BGB). Eine darauf gestützte Kündigung würde nach dem Wortlaut des § 313 Abs. 1 BGB unter anderem voraussetzen, dass sich die Vertragsgrundlage erst nach Vertragsschluss schwerwiegend verändert hat, diese Veränderung für den Kündigenden nicht vorhersehbar gewesen ist und das Festhalten an dem Vertrag dem Kündigenden auch unter Berücksichtigung der vertraglichen Risikoverteilung nicht zugemutet werden kann. Diese Voraussetzungen liegen regelmäßig nicht vor, denn es liegt allein im Risikobereich des Vermieters, ob die Vermietung von Teileigentum mit der Gemeinschaftsordnung vereinbar ist.[68] Über die Vereinbarkeit der beabsichtigten Vermietung mit der Gemeinschaftsordnung muss er sich vor Abschluss des Mietvertrages vergewissern.

35 Der Mieter ist gegenüber dem vermietenden Eigentümer auch nicht nach § 14 Nr. 2 WEG verpflichtet, bei der Ausübung seiner mietvertraglichen Gebrauchsrechte die sich für den Vermieter aus § 14 Nr. 1 WEG ergebenden Begrenzungen einzuhalten und den gemeinschaftsordnungswidrigen Gebrauch zu unterlassen. Der Umfang der zulässigen Nutzung wird im Verhältnis der Mietvertragsparteien abschließend durch den **Mietvertrag** geregelt.[69] Daher kann sich ein Unterlassungsanspruch des Vermieters allenfalls aus § 541 BGB ergeben; dieser Anspruch besteht aber nur bei einem (miet-)vertragswidrigen Gebrauch der Mietsache. Ist aber eine bestimmte (gemeinschaftsordnungswidrige) Nutzung mietvertraglich vereinbart worden, sind die Voraussetzungen des § 541 BGB nicht erfüllt.

36 Wird der Mieter auf die Klage einzelner Wohnungseigentümer hin zur Unterlassung der Nutzung verurteilt, so liegt spätestens ab Eintritt der Rechtskraft dieses Urteils ein **Rechtsmangel** vor, so dass dem Mieter ab diesem Zeitpunkt die vertraglichen Gewährleistungsrechte- und ansprüche gegenüber seinem Vermieter zustehen. Er ist nach Maßgabe des § 536 Abs. 1 BGB nur zur Zahlung einer geminderten Miete verpflichtet (§ 536 Abs. 3 BGB). Darüber hinaus haftet ihm der Vermieter nach § 536 a Abs. 1 BGB auf Schadensersatz. Schließlich ist der Mieter berechtigt, seinerseits nach § 543 BGB das Mietverhältnis fristlos zu kündigen.[70]

---

[65] BGH NJW 1996, 714.

[66] *Bärmann/Wenzel* § 13 Rn. 156.

[67] *Armbrüster/Müller* ZWE 2007, 227, 239; *Armbrüster/Müller* ZMR 2007, 321; kritisch und im Ergebnis a. A. *Kümmel* ZWE 2008, 273, 276.

[68] BGH NJW 1996, 714.

[69] *Jennißen/Hogenschurz* § 14 Rn. 16.

[70] Siehe zur Rechtsstellung des Mieters auch BGH NJW 1996, 714 und *Nüßlein* S. 134–135.

6. Ansprüche bei sonstigen Störungen des Mieters

a) Überblick und Problemstellung. Macht ein Wohnungseigentümer in rechtlich zulässiger Weise von der auf § 13 Abs. 1 WEG beruhenden Befugnis Gebrauch, die in seinem Sondereigentum stehenden Gebäudeteile zu vermieten, sind die übrigen Wohnungseigentümer nach Maßgabe des § 14 Nr. 1 WEG zur **Duldung der Vermietung und des Gebrauchs der Mietsache** durch Dritte verpflichtet. Der Mieter darf im Verhältnis zu den übrigen Wohnungseigentümern sowohl das Sondereigentum als auch das Gemeinschaftseigentum in dem Umfang nutzen, wie auch der vermietende Wohnungs- oder Teileigentümer zur Nutzung berechtigt wäre.[71] Problematisch sind die Rechtsverhältnisse zwischen den Beteiligten, wenn der Mieter gegen Gebrauchsbeschränkungen verstößt, die sich nicht aus einer Zweckbestimmung des Wohn- oder Teileigentums ergeben und die nicht als Inhalt des Sondereigentums im Grundbuch eingetragen sind, sondern auf Mehrheitsbeschlüssen der Gemeinschaft beruhen (z. B. der Verstoß eines Mieters gegen die durch Mehrheitsbeschluss geregelten Ruhezeiten oder die Verpflichtung, die Hauseingangstür nach 20 Uhr verschlossen zu halten; Verstöße gegen Regelungen in einer beschlossenen Hausordnung). Eine vergleichbare Problemstellung ergibt sich, wenn der Mieter in Wahrnehmung seiner mietrechtlichen Nutzungsrechte baulicher Veränderungen vornimmt, die im Verhältnis der Wohnungseigentümer untereinander unzulässig sind (z. B. Ausbau eines Balkons zum Wintergarten). 37

b) Ansprüche der Miteigentümer gegen den vermietenden Wohnungseigentümer. Es ist einhellige Meinung, dass der vermietende Wohnungseigentümer auch in diesen Fällen auf Unterlassung der störenden Nutzung von seinen Miteigentümer in Anspruch genommen werden kann (§ 15 Abs. 3 WEG und § 1004 BGB). Der vermietende Wohnungseigentümer hat gegenüber seinen Miteigentümern nach § 14 Nr. 2 WEG dafür einzustehen, dass sein Mieter die rechtsgeschäftlich verabredeten Gebrauchregelungen einhält. Er muss daher dafür Sorge tragen, dass sich der konkrete Gebrauch in den Grenzen des § 14 Nr. 1 WEG hält und dass der Mieter keine unzulässigen baulichen Veränderungen am Sonder- oder am Gemeinschaftseigentum vornimmt. 38

c) Ansprüche der Miteigentümer gegen den störenden Mieter. Nimmt der Mieter einer Wohnung eine **bauliche Veränderung des gemeinschaftlichen Eigentums** (Ausbau eines Balkons zum Wintergarten) vor, so ist er Handlungsstörer und kann daher von den übrigen Wohnungseigentümern nach § 1004 BGB unmittelbar auf Beseitigung der Störung (dass heißt auf Rückbau), ggfs. durch die Gemeinschaft nach § 823 Abs. 1 BGB auch auf Schadensersatz wegen Verletzung des gemeinschaftlichen Eigentums in Anspruch genommen werden.[72] Ist diese bauliche Veränderung noch von dem vermietenden Eigentümer selbst veranlasst worden, so kann der Mieter als Zustandsstörer in Anspruch genommen werden. Er ist dann verpflichtet, den Rückbau des Wintergartens dulden.[73] 39

Verstößt der Mieter hingegen gegen **Gebrauchsregelungen,** die lediglich durch Mehrheitsbeschluss festgelegt wurden und daher nicht Inhalt des Sondereigentums sind, besteht ein unmittelbarer Unterlassungsanspruch der übrigen Wohnungseigentümer gegen ihn nicht. Entsprechendes gilt, wenn er die Räume – ohne eine von den Wohnungseigentümern beschlossene Gebrauchsregelungen zu verletzen – in einer Weise nutzt, die den Anforderungen des § 14 Nr. 1 WEG nicht genügt (z. B. dauerhaftes Abstellen eines Fahrrades im Treppenhaus). In diesem Fall kann er nur von seinem Vermieter unmittelbar auf Unterlassung des störenden Gebrauchs in Anspruch genommen werden.[74] Die durch 40

---

[71] OLG Düsseldorf NJW-RR 2005, 163, 164; *Jennißen/Löffler* § 13 Rn. 31.

[72] *Bärmann/Wenzel* § 13 Rn. 154; *Kümmel* ZWE 2008, 273, 277.

[73] BGH NZM 2007, 130, 131.

[74] Wie hier *Bärmann/Wenzel* § 13 Rn. 156; *Kümmel* ZWE 2008, 273, 275 f.; a. A. *Ruthmann* S. 65 f.; *Armbrüster* ZWE 2004, 217, 219.

Mehrheitsbeschluss getroffenen Gebrauchsregelungen werden nicht als Inhalt des Sondereigentums im Grundbuch eingetragen und können deshalb keine **Rechtswirkungen gegenüber Dritten,** also auch nicht gegen den Mieter, entfalten. Ein Unterlassungsanspruch der übrigen Wohnungseigentümer gegen den Mieter besteht allerdings unter den Voraussetzungen des §§ 858, 661, 862 BGB, wenn der Mieter den Wohngebrauch der übrigen Hausbewohner durch verbotene Eigenmacht stört (z. B. durch übermäßig lauten Rundfunkempfang oder durch andere, nicht hinnehmbare Lärmbelästigungen).

II. Instandhaltung und bauliche Veränderung der vermieteten Eigentumswohnung

1. Instandhaltung der vermieteten Eigentumswohnung

a) Der Gegenstand des Mietverhältnisses. Wird eine Eigentumswohnung vermietet, ist es praktisch unmöglich, die Vermietung nur auf solche Räume und bauliche Bestandteile zu beschränken, die rechtlich im Sondereigentum und damit im alleinigen Eigentum des Vermieters stehen. Dem Mieter ist, um die gemieteten Räume zweckentsprechend nutzen zu können, auch der **Mitgebrauch des gemeinschaftlichen Eigentums,** z. B. des Treppenhauses, eines gemeinschaftlichen Personenaufzuges oder gemeinschaftlicher Kellerräume einzuräumen. Während § 13 Abs. 1 WEG die Vermietung der im Sondereigentum stehenden Gebäudeteile unmittelbar gestattet, folgt die Berechtigung zur Überlassung der im gemeinschaftlichen Eigentum stehenden Bestandteile mittelbar aus § 14 Nr. 2 und 1 WEG. Die Vorschrift verpflichtete den vermietenden Wohnungseigentümer, dafür Sorge zu tragen, dass sein Mieter von dem gemeinschaftlichen Eigentum nur in solcher Weise Gebrauch macht, dass dadurch keinem der anderen Wohnungseigentümer über das bei einem geordneten Zusammenleben unvermeidliche Maß hinaus ein Nachteil erwächst. Eine solche Verpflichtung des vermietenden Wohnungseigentümers setzt denknotwendig die Berechtigung zur Vermietung voraus. 41

Jeder Vermieter – auch der vermietende Wohnungseigentümer – ist nach § 535 Abs. 1 Satz 2 BGB verpflichtet, seinem Mieter die Mietsache in einem zum **vertragsgemäßen Gebrauch geeigneten Zustand zu überlassen** und sie während der Mietzeit in einem zum vertragsgemäßen Gebrauch geeigneten Zustand zu erhalten. Diese Instandhaltungsverpflichtung trifft den Vermieter unabhängig davon, ob die betroffenen Bestandteile oder Einrichtungen sich im gemeinschaftlichen Eigentum oder im Sondereigentum des Vermieters befinden. Der Vermieter ist daher beispielsweise vertraglich nicht nur zur Instandsetzung einer defekten Badewanne oder sonstiger Badeinrichtungen (diese Einrichtungen gehören zum Sondereigentum), sondern auch zur Reparatur eines mitvermieteten, aber defekten und daher nicht funktionsfähigen Personenaufzugs oder zur Reparatur einer durch Vandalismus zerstörten Hauseingangstür (jeweils Gemeinschaftseigentum) verpflichtet. 42

Für die **Zuordnung der Räume und Gebäudebestandteile zum Sonder- und Gemeinschaftseigentum** sind die Teilungserklärung und die gesetzlichen Vorgaben in § 5 WEG maßgeblich. Danach sind Gegenstand des Sondereigentums die in der Teilungserklärung ausdrücklich dazu bestimmten Räume (maßgeblich ist insoweit der Aufteilungsplan, § 7 Abs. 4 Nr. 1 WEG) sowie die zu diesen Räumen gehörenden Bestandteile, die verändert, beseitigt oder eingefügt werden können, ohne dass dadurch das gemeinschaftliche Eigentum oder ein auf einem Sondereigentum beruhendes Recht eines anderen Wohnungseigentümers über das nach § 14 WEG zulässige Maß hinaus beeinträchtigt oder die äußere Gestaltung des Gebäudes verändert wird (§ 5 Abs. 1 WEG). Demgegenüber sind Teile eines Gebäudes, die für dessen Bestand oder Sicherheit erforderlich sind, sowie Anlagen und Einrichtungen, die dem gemeinschaftlichen Gebrauch der Wohnungseigentümer dienen, nicht sondereigentumsfähig. Dies gilt auch dann, wenn sie sich im Bereich der im Sondereigentum stehenden Räume befinden (§ 5 Abs. 2 WEG).[1] 43

b) Die Instandhaltung des Sondereigentums. Treten während des Mietverhältnisses Mängel an Gebäudebestandteilen auf, die – wie etwa Waschbecken, Toilettenbecken oder sonstige Sanitäreinrichtungen,[2] oder in der Wohnung befindliche Heizthermen oder ein Laminatfußboden[3] – im Sondereigentum stehen, ist der Vermieter ohne weiteres und 44

---

[1] Zu den Einzelheiten der Zuordnung vgl. *Bärmann/Armbrüster,* § 5 Rn. 25 ff.

[2] *Jennißen/Dickersbach* § 5 Rn. 36.

[3] OLG Düsseldorf ZMR 2002, 70; OLG Köln ZMR 2002, 377.

ohne dass es eines Einverständnisses der übrigen Wohnungseigentümer bedürfte, zur Instandsetzung auf eigene Kosten verpflichtet. Diese Instandsetzungsverpflichtung beruht mietvertraglich gegenüber dem Mieter auf § 535 Abs. 1 BGB und besteht nach Maßgabe des § 14 Nr. 1 WEG auch im Verhältnis der übrigen Wohnungseigentümer der Gemeinschaft.

45 Der Mieter darf nach § 536a Abs. 2 BGB den Mangel an Einrichtungen und baulichen Bestandteilen, die im Sondereigentum stehen, selbst beseitigen und den Ersatz der erforderlichen Aufwendungen vom Vermieter verlangen, wenn
- dieser mit der **Beseitigung des Mangels** im Verzug ist oder
- die umgehende Beseitigung des Mangels zur **Erhaltung oder Wiederherstellung des Bestands der Mietsache** erforderlich ist.

46 c) **Die Instandhaltung des gemeinschaftlichen Eigentums.** *aa) Befugnisse des Verwalters und der Gemeinschaft.* Treten Mängel an baulichen Bestandteilen oder Einrichtungen auf, die im gemeinschaftlichen Eigentum stehen, darf der vermietende Wohnungseigentümer – abgesehen von Ausnahmefällen (zu den Ausnahmefällen siehe sogleich unten) – nicht selbst Abhilfe schaffen und eine Reparatur in Auftrag gegeben. Nach § 27 Abs. 1 Nr. 2 WEG obliegt es dem **Verwalter** gegenüber den Wohnungseigentümern, die zur Instandhaltung und Instandsetzung des gemeinschaftlichen Eigentums erforderlichen Maßnahmen zu treffen. Dass heißt, dass zunächst der Verwalter die zur Vorbereitung und Durchführung erforderlichen Maßnahmen (Feststellung des Instandsetzungsbedarfs, Einholung von verschiedenen Kostenvoranschlägen, Einberufung einer Eigentümerversammlung zur Beschlussfassung) treffen muss, während es den Wohnungseigentümern nach § 21 Abs. 3 in Verbindung mit Abs. 5 Nr. 2 WEG obliegt, die von mehreren Instandhaltungsmaßnahmen geeignete in einer Versammlung zu beschließen. Der vermietende Wohnungseigentümer ist aufgrund dieser gesetzlichen Kompetenzzuweisungen nicht berechtigt, eigenmächtig Instandsetzungsarbeiten am gemeinschaftlichen Eigentum in Auftrag zu geben. Er hat daher beispielsweise die Beschlussfassung der Gemeinschaft abzuwarten, wenn
- es aufgrund einer Undichtigkeit der Dachhaut zu einer Durchfeuchtung der Decken und Wände in den vermietenden Räumen kommt;
- die Hauseingangstür oder das Treppenhaus durch Vandalismus beschädigt wurde;
- die im Treppenhaus befindliche Aufzugsanlage defekt ist;
- die zentrale Heizungsanlage defekt ist und sie daher nur eine beschränkte Beheizbarkeit der Räume gewährleistet;
- die zentrale Klingelanlage defekt ist.[4]

47 *bb) Ausnahmen.* Eine Instandsetzung von Gebäudebestandteilen, die im gemeinschaftlichen Eigentum stehen, ist dem vermietenden Wohnungseigentümer dagegen ohne weiteres erlaubt, wenn die Gemeinschaftsordnung ausdrücklich festlegt, dass bestimmte im gemeinschaftlichen Eigentum stehende Gebäudebestandteile von einzelnen Miteigentümer instand zu halten sind. So findet sich beispielsweise in Teilungserklärungen häufig eine Regelung, wonach **Außenfenster und Außentüren einer Wohnung** – die nach § 5 Abs. 2 WEG zwingend zum gemeinschaftlichen Eigentum gehören – durch den jeweiligen Sondereigentümer auf seine Kosten instand zu halten[5] und auch Glasschäden an Fenstern und Türen im räumlichen Bereich des Sondereigentums ohne Rücksicht auf die Ursache des Schadens von dem betroffenen Wohnungseigentümer auf seine Kosten zu beheben sind.[6] Solche zusätzliche Instandhaltungsverpflichtungen gehen häufig auch mit

---

[4] Die Zuleitungen zu den Wohnungen stehen im gemeinschaftlichen Eigentum, nur die in den Wohnungen befindlichen Sprechstellen können sondereigentumsfähig sein, vgl. OLG Köln NZM 2002, 865.

[5] Vgl. z. B. BayObLG WuM 1993, 562.

[6] BayObLG NZM 2001, 1081; zu weiteren Beispielen siehe *Bärmann/Becker* § 16 Rn. 15 und Fn. 76.

der Zuweisung von Sondernutzungsrechten an einzelne Miteigentümer einher. So kann einem Wohnungseigentümer, dem in der Teilungserklärung ein Sondernutzungsrecht an einem Dachgarten zugewiesen wird, zugleich auch aufgegeben werden, dass ihm die Instandhaltung und Instandsetzung des Dachgartens obliegt.[7] Ist der vermietende Wohnungseigentümer aufgrund solcher Regelungen zur Instandhaltung verpflichtet, so bedarf es vor der Durchführung weder einer Rücksprache mit dem Verwalter (es sei denn, die Durchführung einer solchen Maßnahme ist nach der Gemeinschaftsordnung ausdrücklich nur mit Zustimmung des Verwalters erlaubt) noch einer vorherigen Beschlussfassung der Gemeinschaft.

Der vermietende Wohnungseigentümer darf Instandsetzungsmaßnahmen ohne Zu- 48
stimmung der anderen Wohnungseigentümer treffen, wenn diese zur **Abwendung eines** dem gemeinschaftlichen Eigentums **unmittelbar drohenden Schadens** notwendig sind (§ 21 Abs. 2 WEG). Er darf daher in Fällen eines Rohrbruches oder einer Rohrverstopfung, bei Ausfall einer Heizungsanlage im Winter oder bei erheblichen Dachschäden nach einem Sturm – insbesondere an Wochenenden und Feiertagen – sofort einen Handwerker mit der Vornahme der unverzichtbaren Instandsetzungsarbeiten beauftragen. Liegt ein solcher Fall einer Notgeschäftsführung vor, darf auch der Mieter unter den Voraussetzungen des § 536a Abs. 2 BGB den Mangel auf Kosten seines Vermieters beseitigen. Zulässig sind in beiden Fällen Notmaßnahmen, die zur Erhaltung und Wiederherstellung der Mietsache erforderlich sind und keinen Aufschub dulden.[8]

d) Die gerichtliche Durchsetzung des Instandsetzungsanspruchs. Der Mieter einer 49
Eigentumswohnung ist nicht daran gehindert, den ihm zustehenden Instandsetzungsanspruch gerichtlich durchzusetzen, auch wenn es hinsichtlich der Instandsetzung noch an einem Beschluss der Wohnungseigentümergemeinschaft fehlt. Wird der Vermieter gerichtlich auf Instandsetzung in Anspruch genommen, kann er sich nicht mit Erfolg darauf berufen, eine Instandsetzung sei ihm allein nicht möglich, da zunächst eine Beschlussfassung der Gemeinschaft herbeizuführen sei. Weder liegt insoweit eine objektive Unmöglichkeit noch ein dauerhaftes Unvermögen des Vermieters vor, weshalb der Anspruch des Mieters nicht nach § 275 Abs. 1 BGB ausgeschlossen ist und der Vermieter nicht von seiner Leistungspflicht frei werden kann. Das Leistungshindernis besteht nur vorübergehend, denn die erforderliche Beschlussfassung der Wohnungseigentümergemeinschaft kann jederzeit noch nachgeholt werden.[9]

Der Vermieter ist verpflichtet, sich mit allen ihm zumutbaren Mitteln, notfalls auch 50
mit gerichtlicher Hilfe, um die gegebenenfalls erforderliche Mitwirkung und Zustimmung der anderen Wohnungseigentümer zu bemühen.[10] Der diesbezügliche Rechtsanspruch gegen die übrigen Miteigentümer ergibt sich aus § 21 Abs. 4 WEG, wonach jeder Wohnungseigentümer eine Verwaltung verlangen kann, die dem Interesse der Gesamtheit der Wohnungseigentümer nach billigem Ermessen entspricht. Hierzu gehört nach § 21 Abs. 5 Nr. 2 WEG ausdrücklich die ordnungsgemäße Instandhaltung und Instandsetzung des gemeinschaftlichen Eigentums. Lehnen die Wohnungseigentümer daher eine erforderliche Instandsetzung ab, ist der Wohnungseigentümer gehalten, die Ungültigerklärung dieses Beschluss durch Erhebung einer Anfechtungsklage zu betreiben und den auf § 21 Abs. 4 WEG beruhenden Anspruch auf gerichtlichem Wege durchzusetzen. Dabei kann er nach § 21 Abs. 8 WEG auch beantragen, dass das Gericht die erforderlichen Maßnahmen unmittelbar bestimmt und Anordnungen für eine zügige Umsetzung trifft.[11]

Der auf Instandsetzung verklagte Vermieter kann sich auch nicht mit Erfolg darauf 51
berufen, eine Instandsetzung durch die Gemeinschaft sei wegen fehlender finanzieller

---

[7] BayObLG WuM 1998, 616.
[8] BT-Drucks. 14/4553, S. 14.
[9] KG NJW-RR 1990, 1166, 1167; *Lehmann-Richter* NJW 2008, 1196, 1197.
[10] KG NJW-RR 1990, 1166, 1167.
[11] Siehe *Jennißen/Suilmann* § 21 Rn. 151.

Mittel der Gemeinschaft oder wegen größerer Dringlichkeit anderer Instandsetzungsmaßnahmen derzeit nicht durchsetzbar. Soweit es im Einzelfall wegen der finanziellen Leistungsfähigkeit der Gemeinschaft billigem Ermessen im Sinne von § 21 Abs. 4 WEG entsprechen sollte, eine erforderliche Maßnahme vorübergehend zurückzustellen, kann der Mieter vom Vermieter verlangen, dass er die zur Instandsetzung erforderlichen Kosten der Gemeinschaft aus eigenen Mitteln vorschießt.[12]

52 Wird der Vermieter zur Ausführung von Instandsetzungsarbeiten verurteilt, so ist dieses Urteil nicht nach § 887 ZPO vollstreckbar. Der Mieter kann sich folglich nicht durch das Prozessgericht ermächtigen lassen, die Arbeiten auf Kosten des Vermieters selbst auszuführen; eine solche Vorgehensweise würde die Mitwirkungsrechte der übrigen Wohnungseigentümer missachten. Die **Zwangsvollstreckung** erfolgt vielmehr, soweit für die geschuldeten Arbeiten eine Mitwirkung der übrigen Wohnungseigentümer erforderlich ist, nach § 888 ZPO. Der Vermieter kann zur Durchführung der Arbeiten durch Verhängung von Zwangsgeld oder Zwangshaft angehalten werden. Erst wenn feststeht, dass er vergeblich alles ihm Zumutbare getan hat, um den notwendigen Erfolg zu erzielen, kann von einem Unvermögen ausgegangen werden und hat die Festsetzung von Zwangsmitteln zu unterbleiben.[13]

2. Der barrierefreie Zugang zur Wohnung

53 **a) Der Anspruch des Mieters auf Barrierefreiheit.** Nach § 554a Abs. 1 BGB kann der Mieter vom Vermieter die Zustimmung zu baulichen Veränderungen oder sonstigen Einrichtungen verlangen, die für eine **behindertengerechte Nutzung der Mietsache** oder den Zugang zu ihr erforderlich sind. Erforderlich ist ein berechtigtes Interesse des Mieters. Der Vermieter kann seine Zustimmung verweigern, wenn sein Interesse an der unveränderten Erhaltung der Mietsache oder des Gebäudes das Interesse des Mieters an einer behindertengerechten Nutzung der Mietsache überwiegt. Dabei sind auch die berechtigten Interessen der anderen in dem Gebäude wohnenden Mieter zu berücksichtigen.

54 Die gesetzliche Regelung in § 554a Abs. 1 BGB betrifft zum einen Fälle, in denen Umbauten innerhalb der Wohnung erforderlich sind, damit ein behinderter Mensch sie problemlos nutzen und sich darin bewegen kann, wie etwa der Einbau einer behindertengerechten Nasszelle oder die Verbreiterung von Türen. Zum anderen können aber auch bauliche Veränderungen außerhalb der Wohnung, wie z.B. im Treppenhaus notwendig sein, damit der behinderte Mensch die Wohnung ohne fremde Hilfe überhaupt erreichen kann.[14] In Betracht kommt Beispielweise der Einbau eines Treppenliftes[15] oder die Errichtung einer Rollstuhlrampe im Eingangsbereich der Wohnanlage.[16] Die im Gesetz vorgesehene Abwägung trägt verfassungsrechtlichen Vorgaben Rechnung. Ob im Einzelfall eine Zustimmung des Vermieters zu Umbaumaßnahmen verlangt werden kann, ist nach der Rechtsprechung des *Bundesverfassungsgerichts* durch eine umfassenden Abwägung der (durch Artikel 14 Abs. 1 Satz 1 GG und Artikel 3 Abs. 3 Satz 2 GG) geschützten Interessen des Mieters einerseits und der (nach Artikel 14 Abs. 1 Satz 1 GG) grundrechtlich geschützten Interessen des Vermieters und der übrigen Mieter des Hauses andererseits zu ermitteln.[17] Für diese Abwägung sind alle generell und im **konkreten Einzelfall erheblichen Umstände** zu berücksichtigen, wie zum Beispiel Art, Dauer, Schwere der Behinderung, Umfang und Erforderlichkeit der Maßnahme, Dauer der Bauzeit, Mög-

[12] KG NJW-RR 1990, 1166, 1167; zu weiteren möglichen Gegenrechten des auf Mängelbeseitigung in Anspruch genommenen Vermieters siehe *Lehmann-Richter* NJW 2008, 1196.

[13] KG NJW-RR 1990, 1166, 1167.

[14] Vgl. die Begründung des Rechtsausschusses des Deutschen Bundestages, BT-Drucks. 14/5663, S. 78.

[15] AG Hamburg ZMR 2005, 821.

[16] AG Pinneberg WuM 2004, 277.

[17] BVerfG NJW 2000, 2658, 2659.

lichkeit des Rückbaus, bauordnungsrechtliche Genehmigungsfähigkeit, Beeinträchtigungen der Mietmieter während der Bauzeit, Einschränkungen durch die Maßnahme selbst sowie mögliche Haftungsrisiken des Vermieters aufgrund der ihm obliegenden Verkehrssicherungspflicht. Im Hinblick auf die Verkehrssicherungspflicht ist zu berücksichtigen, ob durch Auflagen an den Mieter, wie etwa die Auflage, eine Haftpflichtversicherung abzuschließen, mögliche Nachteile gemildert werden können.[18] Schließlich kann der Vermieter seine Zustimmung nach § 554a Abs. 2 BGB von der Leistung einer angemessenen zusätzlichen Sicherheit für die Wiederherstellung des ursprünglichen Zustands abhängig machen. Maßgeblich ist insoweit die Höhe der voraussichtlich entstehenden Beseitigungs- und Rückbaukosten, die durch einen Kostenvoranschlag belegt werden können.[19]

§ 554a Abs. 1 BGB gibt dem Mieter einen Anspruch auf Zustimmung zur Vornahme der erforderlichen baulichen Veränderung. Das bedeutet, dass der Vermieter die Veränderungen nicht selbst und auf eigene Kosten durchzuführen hat, sondern die erforderlichen Maßnahmen lediglich dulden muss. Auszuführen sind sie vom Mieter, auf dessen Kosten und Verantwortung. 55

b) Der Anspruch des Mieters bei vermietetem Wohneigentum. *aa) Barrierefreiheit und § 22 Abs. 1 WEG.* Die Regelung des § 554a BGB gilt auch, wenn der Mieter einer Eigentumswohnung eine bauliche Veränderung am Gemeinschaftseigentum zur Herstellung eines barrierefreien Zugangs vornehmen will. Der Mieter kann diesen Anspruch jedenfalls in dem Maße durchsetzen, wie auch dem vermietenden Wohnungseigentümer gegenüber seinen Miteigentümern ein Anspruch auf Duldung solcher Maßnahmen zusteht.[20] Zwar regelt das Wohnungseigentumsgesetz – anders als § 554a BGB für Wohnraummietverhältnisse – nicht ausdrücklich, ob und in welchem Umfang den Wohnungseigentümern ein solcher Zustimmungsanspruch zusteht. Auch im Zuge der Novellierung des Wohnungseigentumsgesetzes im Jahre 2007 ist davon abgesehen worden, eine dem § 554a BGB vergleichbare Regelung ausdrücklich in das Gesetz aufzunehmen. Der Gesetzgeber hat aber davon nicht deshalb abgesehen, weil es dem behinderten Nutzer der Wohnung einen solchen Anspruch ausdrücklich nicht zugestehen wollte, sondern deshalb, weil dieser Anspruch in Rechtsprechung und Literatur bereits allgemein anerkannt[21] und schon aufgrund der bestehenden Gesetzeslage unmittelbar aus § 22 Abs. 1 BGB herzuleiten ist. 56

Nach der Vorstellung des Gesetzgebers kann jeder Wohnungseigentümer bereits aus § 22 Abs. 1 Satz 1 WEG von den übrigen Miteigentümern die **Zustimmung zur Vornahme von Baumaßnahmen** verlangen, die für einen barrierefreien Zugang erforderlich sind. Solche Maßnahmen darf der behinderte Wohnungseigentümer aufgrund seines Miteigentums (§ 903 BGB) durchführen. Die ergänzenden Voraussetzungen des § 22 Abs. 1 Satz 2 WEG in Verbindung mit § 14 Nr. 1 WEG sind in Fällen dieser Art in aller Regel erfüllt. Solche Maßnahmen beeinträchtigen die Miteigentümer nur unwesentlich, wenn sich aus einer Abwägung der Interessen des behinderten Nutzers und der übrigen Wohnungseigentümer und Mieter des Hauses ein Duldungsanspruch des betroffenen Mieters ergibt. Der Einbau solcher Einrichtungen stellt einen zulässigen Gebrauch des Sondereigentums im Sinne des § 14 Nummer 1 und 2 WEG dar.[22] Liegt aber nur eine unwesentliche Beeinträchtigung vor, ist die Zustimmung der anderen Wohnungseigentümer entbehrlich, was § 22 Abs. 1 Satz 2 WEG ausdrücklich klargestellt.[23] 57

---

[18] Bericht des Rechtsausschusses des Deutschen Bundestages, BT-Drucks. 14/5663, S. 78.

[19] Bericht des Rechtsausschusses des Deutschen Bundestages, BT-Drucks. 14/5663, S. 78.

[20] *Drasdo* WuM 2002, 123, 129.

[21] Bericht des Rechtsausschusses des Deutschen Bundestages, BT-Drucks. 14/5663, S. 78; *Drasdo* WuM 2002, 123, 128.

[22] AG Krefeld WuM 1999, 590.

[23] Vgl. zum Ganzen: BT-Drucks. 16/887, S. 31.

58 Bauliche Maßnahmen sind jedenfalls dann als unvermeidlich zu behandeln, wenn die Barrierefreiheit nach objektiven Kriterien geboten und ohne erhebliche Eingriffe in die Substanz des Gemeinschaftseigentums technisch machbar ist. Bei der insoweit erforderlichen Abwägung aller Umstände des Einzelfalles ist neben dem aus dem Eigentumsrecht (Artikel 14 Abs. 1 Satz 1 GG) fließenden Gestaltungsrecht der anderen Miteigentümer zu berücksichtigen, dass dieses Recht auch dem Behinderten zusteht und im Licht der Bedeutung des Artikels 3 Abs. 3 Satz 2 GG (Verbot der Benachteiligung Behinderter) auszulegen ist. Dem Verbot der Benachteiligung Behinderter kommt dabei erhöhte Bedeutung zu, denn von einem verständigen Miteigentümer darf und muss erwartet werden, dass er Toleranz auch und gerade gegenüber Behinderten aufbringt.[24]

59 *bb) Der Zustimmungsanspruch des Mieters.* Dem Mieter einer Eigentumswohnung steht der auf § 554a BGB beruhende Zustimmungsanspruch nur gegen seinen Vermieter zu, weil er nur zu diesem, nicht aber auch zu den übrigen Wohnungseigentümern der Gemeinschaft mietvertragliche Beziehungen unterhält. Weil aber der vermietende Wohnungseigentümer zu den übrigen Miteigentümern des Grundstücks in einem Gemeinschaftsverhältnis steht, hängt die Zulässigkeit der baulichen Maßnahme jedenfalls dann von der Zustimmung der übrigen Wohnungseigentümer ab, wenn die Maßnahme das Gemeinschaftseigentum betrifft. Nur dann, wenn sich die Maßnahmen ausschließlich auf das Sondereigentum (wie z.B. beim Einbau einer behindertengerechten Nasszelle) beschränken, ist von vornherein lediglich die Zustimmung des vermietenden Sondereigentümers erforderlich.[25]

60 Betrifft die beabsichtigte bauliche Veränderung dagegen das gemeinschaftliche Eigentum (wie der Einbau eines Treppenliftes oder einer Rollstuhlrampe im Treppenhaus), bedarf es einer ausdrücklichen, die bauliche Veränderung genehmigenden **Beschlussfassung der Gemeinschaft.** Zwar sind die Wohnungseigentümer grundsätzlich zur Duldung solcher Arbeiten verpflichtet, die zur Herstellung der Barrierefreiheit unvermeidlich sind. Zu berücksichtigen ist aber, dass sie – sofern mehrere Möglichkeiten zur Herstellung der Barrierefreiheit bestehen – berechtigt sind, die von mehreren Maßnahmen geeigneten selbst auszuwählen. Zudem dürfen die Wohnungseigentümer ihre Zustimmung in entsprechender Anwendung des § 554a Abs. 2 BGB an bestimmte Auflagen – insbesondere an die Leistung einer Sicherheit zur Deckung der voraussichtlich entstehenden Rückbaukosten – knüpfen.[26]

61 Der vermietende Wohnungseigentümer ist gegenüber seinem Mieter verpflichtet, die erforderliche Zustimmung der übrigen Wohnungseigentümer und eine entsprechende Beschlussfassung der Gemeinschaft herbeizuführen. Kommt er dieser Verpflichtung nicht nach, ist der Mieter gehalten, den Vermieter auf Zustimmung zur Vornahme der erforderlichen Maßnahmen zu verklagen. Allerdings berechtigt den Mieter ein auf eine solche Klage hin ergangenes obsiegendes Urteil nicht auch im Verhältnis zu den übrigen Wohnungseigentümern der Gemeinschaft zur Bauausführung. Er muss daher den vermietenden Wohnungseigentümer zusätzlich auch auf Vornahme derjenigen Maßnahmen verklagen, die zur Herbeiführung der erforderlichen Beschlussfassung erforderlich sind. Er kann diesen Titel nach Maßgabe des § 888 ZPO vollstrecken.

62 Der anspruchsberechtigte Mieter hat die erforderlichen Bauarbeiten in eigener Regie selbst auszuführen, sofern nicht die Gemeinschaft eine Ausführung in eigener Regie beschließt. Er hat auch die Kosten der baulichen Maßnahme alleine zu tragen.

---

[24] Vgl. zum Ganzen: Bericht des Rechtsausschusses des Deutschen Bundestages, BT-Drucks. 14/5663, S. 78.

[25] *Drasdo* WuM 2002, 123, 128.

[26] *Drasdo* WuM 2002, 123, 129.

III. Betriebskosten und Betriebskostenumlage bei der Vermietung von Wohneigentum

1. Das Verhältnis der Jahresabrechnung nach § 28 Abs. 3 WEG zur Betriebskostenabrechnung nach § 556 Abs. 1 BGB

a) Einleitung. Nach § 28 Abs. 1 und 3 WEG hat der Verwalter des gemeinschaftlichen Eigentums jeweils für ein Kalenderjahr einen Wirtschaftsplan und nach Ablauf des Wirtschaftsjahres eine Jahresabrechnung aufzustellen. Über den Wirtschaftsplan und die Jahresabrechnung beschließen die Wohnungseigentümer nach § 28 Abs. 5 WEG durch Stimmenmehrheit. Sowohl der Wirtschaftsplan als auch die Jahresabrechnung betreffen unmittelbar nur das Verhältnis der Teil- und Wohnungseigentümer untereinander. Weil sie nur die Kostenverteilung im Verhältnis der Wohnungseigentümer regeln, entfalten sie gegenüber dem Mieter einer Eigentumswohnung keine unmittelbaren rechtsgeschäftlichen Wirkungen, selbst wenn der Mieter mietvertraglich zur Tragung der Betriebskosten verpflichtet ist. 63

Hat ein Wohnungseigentümer sein Sondereigentum zu Wohnzwecken vermietet, so kann er mit seinem Mieter nach § 556 Abs. 1 BGB vereinbaren, dass dieser die Betriebskosten im Sinne der Betriebskostenverordnung zu tragen hat. Dabei kann nach § 556 Abs. 2 Satz 1 BGB verabredet werden, dass die Betriebskosten entweder als *Pauschale* oder als *Vorauszahlungen* ausgewiesen werden. Vereinbaren die Parteien eine Betriebskostenpauschale, sind mit der Zahlungen des vereinbarten Betrages wechselseitige Ansprüche im Hinblick auf die entstandenen Betriebskosten ausgeglichen. Die Pauschale ist also unabhängig von der Höhe der tatsächlich entstandenen Betriebskosten zu zahlen. Sind die gezahlten Beträge zu niedrig und decken sie die entstandenen Betriebskosten nicht, trägt das Risiko der Vermieter, denn er muss den Fehlbetrag selbst ausgleichen. Er kann lediglich unter den Voraussetzungen des § 560 BGB eine Erhöhung der Pauschale für die Zukunft bestimmen. 64

Vereinbaren die Parteien dagegen Vorauszahlungen, muss deren Höhe angemessen sein (§ 556 Abs. 2 Satz 2 BGB). Außerdem ist über die geleisteten Vorauszahlungen nach § 556 Abs. 3 Satz 1 BGB jährlich abzurechnen. 65

Die Unterscheide zwischen der wohnungseigentumsrechtlichen Jahresabrechnung und der mietrechtlichen Betriebskostenabrechnung sind Wohnungseigentümern und Mietern vielfach unbekannt, weshalb es immer noch vorkommt, dass Wohnungseigentümer die für sie erstellten Jahreseinzelabrechnungen unverändert als Betriebskostenabrechnungen an ihre Mieter weiterleiten. Dies ist unzulässig, denn zwischen den beiden Abrechnungen bestehen erheblich Unterschiede:[1] Sowohl die Abrechnungsgegenstände als auch die Abrechnungsmethoden sind verschieden und damit zwangsläufig auch die formellen und inhaltlichen Anforderungen an die einzelnen Abrechnungen. Hinzu kommt, dass in der Jahresabrechnung einige der umlagefähigen Betriebskosten wie z. B. die Grundsteuer gar nicht ausgewiesen sind, weil insoweit nicht die Gemeinschaft, sondern die jeweiligen Sondereigentümer unmittelbar veranlagt werden. Anderseits werden in den Jahresabrechnungen Kosten – wie beispielsweise die Vergütung des Wohnungseigentumsverwalters umgelegt – die mietrechtlich jedenfalls im Verhältnis zu Wohnraummietern[2] nicht umlagefähig sind. Sehr missverständlich ist daher die in der Literatur anzutreffende Empfehlung, der Vermieter könne die von den Wohnungseigentümern beschlossene Jahresabrechnung an seinen Mieter weiterleiten.[3] 66

---

[1] *Jennißen/Jennißen* § 28 Rn. 24; *Jennißen* NZM 2002, 236, 237.

[2] Im Rahmen einer Geschäftsraummiete ist eine Umlage dagegen grundsätzlich möglich, vgl. *Bub/Treier/v. Brunn* Kapitel III Rn. 26 m. w. N.

[3] So *Röll/Sauren*, Handbuch für Wohnungseigentümer und Verwalter, Teil C Rn. 309.

67 Die Erstellung einer Betriebskosten- und Jahresabrechnung ist keine Gefälligkeit der Vermieter oder der Wohnungseigentumsverwalter. Die Verpflichtung der Wohnungseigentümer zur Beschlussfassung über den Wirtschaftsplan und die Jahresabrechnung beruht auf einer ausdrücklichen gesetzlichen Anordnung in § 28 Abs. 3 WEG. Sofern sie nicht durch eine Vereinbarung im Sinne von § 10 WEG aufgehoben worden ist, kann jeder einzelne Wohnungseigentümer aus § 21 Abs. 4 WEG eine entsprechende Beschlussfassung verlangen. Mietrechtlich beruht die Verpflichtung zur anteiligen Tragung von Betriebskosten dagegen auf einer ausdrücklichen rechtsgeschäftlichen Abrede. Daher bestimmt § 556 Abs. 1 Satz 1 BGB lediglich, dass die Vertragsparteien vereinbaren können, dass der Mieter Betriebskosten trägt. Fehlt eine solche Vereinbarung oder ist sie unwirksam, ist allein der Vermieter zur Tragung der Betriebskosten verpflichtet und eine Umlage auf den Mieter nicht möglich. Unterschiede bestehen zwischen den Abrechnungen folglich nicht nur bezüglich der Funktionen und Methoden, sondern auch im Hinblick auf den **Entstehungsgrund der Abrechnungsverpflichtung.**

68 **b) Der Abrechnungsgegenstand.** *aa) Die Einnahmen und Ausgaben im Sinne von § 28 Abs. 1 WEG.* Die Betriebskosten im Sinne von § 556 BGB sind nicht identisch mit den *„Einnahmen und Ausgaben der Wohnungseigentümergemeinschaft"* im Sinne von § 28 Abs. 1 WEG. Zu den Einnahmen und Ausgaben im Sinne dieser Vorschrift zählen sämtliche Zu- und Abflüsse, die der Gemeinschaft in bar oder auf dem gemeinschaftlichen Konto zugeflossen bzw. von diesem Konto abgeflossen sind. Unerheblich ist es, ob der Zu- oder Abfluss zu Recht erfolgte, insbesondere ob eine Ausgabe zu Unrecht getätigt wurde.[4] Weil die Jahresabrechnung eine einfache Einnahmen- und Ausgabenrechnung ist, dürfen allerdings nur tatsächlich erfolgte Zu- und Abflüsse berücksichtigt werden. Zu den in die Jahresabrechnung einzustellenden Ausgaben zählen neben den Kosten für die Verwaltung (z.B. die an den Verwalter gezahlten Vergütungen) beispielsweise Aufwendungen für Rechtsstreitigkeiten und Instandhaltungsmaßnahmen. Dazu gehören aber auch die im Abrechnungszeitraum gezahlten Betriebskosten im Sinne von § 556 BGB.

69 *bb) Die Betriebskosten im Sinne von § 556 Abs. 1 BGB.* Gegenstand der Betriebskostenabrechnung im Rahmen eines Wohnraummietverhältnisses sind dagegen allein die Betriebskosten im Sinne von § 556 BGB. Dies sind diejenigen Kosten, welche dem Eigentümer durch das Eigentum am Grundstück und durch den bestimmungsgemäßen Gebrauch des Gebäudes laufend entstehen. Ist die Umlage von Betriebskosten im Sinne von § 556 Abs. 1 BGB wirksam vereinbart, sind vor allem folgende Betriebskosten umlagefähig:
- die laufenden öffentlichen Lasten des Grundstücks, hierzu gehört namentlich die Grundsteuer;
- die Kosten der Wasserversorgung,
- die Kosten der Entwässerung,
- die Kosten des Betriebs der zentralen Heizungsanlage oder des Betriebs der zentralen Brennstoffversorgungsanlage,
- die Kosten des Betriebs der zentralen Warmwasserversorgungsanlage oder der eigenständig gewerblichen Lieferung von Warmwasser oder der Reinigung und Wartung von Warmwassergeräten,
- die Kosten verbundener Heizungs- und Warmwasserversorgungsanlagen
- die Kosten des Betriebs des Personen- oder Lastenaufzugs,
- die Kosten der Straßenreinigung und Müllbeseitigung,
- die Kosten der Gebäudereinigung und Ungezieferbekämpfung,
- die Kosten der Gartenpflege,
- die Kosten der Beleuchtung,

[4] OLG Düsseldorf WuM 1991, 619; *Jennißen* NZM 2002, 236, 237.

- die Kosten der Schornsteinreinigung,
- die Kosten der Sach- und Haftpflichtversicherung,
- die Kosten für den Hauswart,
- die Kosten des Betriebs der Gemeinschafts-Antennenanlage, oder des Betriebs der mit einem Breitbandkabelnetz verbundenen privaten Verteilanlage,
- die Kosten des Betriebs der Einrichtungen für die Wäschepflege,

Nur die von § 1 Abs. 1 BetrKV erfassten Betriebskosten dürfen auf den Wohnraum- 70 mieter anteilig, also im Verhältnis des jeweils vereinbarten oder gesetzlich bestimmten Verteilungsschlüssels, umgelegt werden. Enthalten die Abrechnungen darüber hinaus weitere Ausgaben, z. B. Aufwendungen für Instandhaltungsmaßnahmen oder die an den Verwalter gezahlten Vergütungen, sind sie insoweit unrichtig, denn der Mieter ist nicht zur Tragung solcher Kosten verpflichtet (vgl. § 1 Abs. 2 Nr. 1 und 2 BetrKV). Voraussetzung für die Berücksichtigung einer Kostenposition in der Betriebskostenabrechnung ist deshalb, anders als bei der Jahresabrechnung nach § 28 WEG, dass sie überhaupt umlagefähig ist.[5] Im Unterschied zu einer Jahresabrechnung nach § 28 Abs. 1 WEG ist es auch unerheblich, ob der Vermieter die ihm in Rechnung gestellten Betriebskosten überhaupt schon gezahlt hat. Für die **Umlagefähigkeit der Betriebskosten** gegenüber den Mietern genügt es schon, dass sie dem Vermieter gegenüber durch Rechnungslegung fällig gestellt wurden.[6]

Im Bereich der *Geschäftsraummiete* sind die Parteien an die Regelungen des § 556 71 Abs. 1 BGB von Gesetzes wegen nicht gebunden, was sich unmittelbar aus § 578 Abs. 2 BGB ergibt. Sie können daher abweichende Vereinbarungen treffen und beispielsweise verabreden, dass der Mieter neben den in § 1 Abs. 1 BetrKV genannten Betriebskosten weitere Kosten wie die Kosten der Verwaltung, der Instandhaltung oder der Bewachung des Gebäudes zu tragen hat.[7]

c) Die Funktion und die Methode der Betriebskostenabrechnung. *aa) Grundlagen.* Die 72 Betriebskostenabrechnung hat eine doppelte Funktion. Ihr Zweck besteht zum einen darin, gegenüber dem Mieter die zweckentsprechende Verwendung der von ihm im Abrechnungszeitraum geleisteten Vorauszahlungen nachzuweisen. Daneben ist eine ordnungsgemäße Abrechnung die Grundlage für einen etwaigen Nachforderungsanspruch des Vermieters bzw. (im Fall überhöhter Vorauszahlungen) für einen Rückzahlungsanspruch des Mieters.

Nach ständiger Rechtsprechung des BGH[8] muss eine Betriebskostenabrechnung, um 73 diesen Zwecken zu genügen, insbesondere um eine Nachforderung des Vermieters begründen zu können, eine geordnete Zusammenstellung der Einnahmen und Ausgaben in Form einer zweckmäßigen und übersichtlichen Aufgliederung in Abrechnungspositionen enthalten. Sie muss gedanklich und rechnerisch nachvollziehbar sein; aus ihr heraus muss sich die Höhe des Abrechnungsbetrages ohne weiteres errechnen lassen. Soweit die Parteien keine besonderen Abreden treffen, sind folgenden Mindestangaben erforderlich:

- eine Zusammenstellung der Gesamtkosten (bezogen auf das Gebäude oder die Abrechnungseinheit),
- die Angabe und Erläuterung des zugrunde gelegten Verteilungsschlüssels,
- die Berechnung des Anteils des Mieters,
- der Abzug der Vorauszahlungen des Mieters.[9]

Die Betriebskostenabrechnung ist so aufzubauen und zu erläutern, dass sie für einen 74 durchschnittlich gebildeten, **juristisch und betriebswirtschaftlich nicht geschulten Mieter**

---

[5] *Jennißen* § 28 Rn. 24.
[6] *Riecke* WuM 2003, 309, 310.
[7] *Bub/Treier,* Kapitel II Rn. 435.
[8] BGH NZM 2008, 477; NZM 2007, 244; NZM 2005, 13; NZM 2003, 169; NJW 1982, 573.
[9] BGH NZM 2008, 477; NZM 2007, 244; NZM 2005, 13; NZM 2003, 169; NJW 1982, 573; KG NJW-RR 1998, 1311.

verständlich ist. Sie soll den Mieter in die Lage versetzen, den Anspruch des Vermieters nachzuprüfen und die zugrundeliegende Berechnung gedanklich und rechnerisch nachzuvollziehen. Ist die Abrechnung unverständlich, liegt ein formeller Mangel vor, der zur Unwirksamkeit der Abrechnung führt.[10]

75 Eine formell ordnungsgemäße Abrechnung setzt daher voraus, dass dem Mieter die Gesamtkosten einer berechneten Kostenart auch dann mitgeteilt werden, wenn ein Teil davon nicht umlagefähig ist und der Vermieter deshalb nur den um den nicht umlagefähigen Betrag bereinigten Anteil geltend macht. Es genügt dann nicht, dem Mieter nur den gekürzten Betrag mitzuteilen. Dem Mieter muss ersichtlich sein, ob und in welcher Höhe nicht umlagefähige Kosten vorab abgesetzt worden sind.[11] Bedeutsam wird dies beispielsweise, wenn Lohnzahlungen entstanden und anteilig umgelegt werden sollen, die sowohl für umlagefähige Hauswartstätigkeiten (§ 1 Abs. 2 Nr. 14 BetrKV) als auch für nicht umlagefähige Verwaltungstätigkeiten entstanden sind.[12] Der Vermieter muss in der Abrechnung die gesamten Lohnzahlungen angeben und in Bezug zu den einzelnen Tätigkeiten der von ihm beschäftigten Person setzen. Sodann ist in der Abrechnung zu erläutern, warum und in welcher Höhe der in die Abrechnung eingestellte Betrag umlagefähig ist.

76 Entsprechendes gilt bei der Abrechnung von Betriebskosten in Mehrhausanlagen. Auch dort müssen dem Mieter die Gesamtkosten einer berechneten Kostenart mitgeteilt und darf nicht lediglich ein vorab gekürzter Betrag in die Abrechnung eingestellt werden.[13]

77 Eine **formell ordnungsgemäße Abrechnung** liegt nicht vor, wenn der Verteilerschlüssel nicht ausreichend erläutert wird und deshalb unverständlich ist.[14] Dies gilt insbesondere, wenn einzelne Betriebskosten in unterschiedlichem Maße auf die Nutzfläche verteilt werden, wenn also in einem Fall die gesamte Fläche berücksichtigt und in einem anderen Fall – beispielsweise wegen einer gesonderten Erfassung der Kosten – nur ein geringere Anteil berücksichtigt wird. Wird der Abrechnung dagegen ein falscher Umlageschlüssel zugrunde gelegt, erfolgt die Verteilung der Kosten beispielsweise nicht nach der Wohnfläche sondern nach Miteigentumsanteilen oder umgekehrt, so beeinträchtigt dies nicht die formelle Richtigkeit der Abrechnung. Solange die Abrechnung verständlich ist und der Mieter den Fehler unschwer erkennen kann, macht ein solcher Fehler die Abrechnung lediglich inhaltlich unrichtig.[15] Ein solcher inhaltlicher Fehler kann auch nach Ablauf der Abrechnungsfrist des § 556 Abs. 3 Satz 2 BGB noch korrigiert werden.[16]

78 *bb) Das Leistungs- und Abflussprinzip.* Es gibt mindestens zwei unterschiedliche Methoden, um die nach § 556 Abs. 3 Satz 1 BGB jährlich abzurechnenden Betriebskosten dem jeweiligen Abrechnungszeitraum zuzuordnen.[17] Nach dem sog. **Leistungsprinzip** (auch **Zeitabgrenzungs- oder Verbrauchsprinzip** genannt) sind diejenigen Betriebskosten abzurechnen, die für den jeweiligen Abrechnungszeitraum angefallen sind. Es kommt nicht darauf an, ob eine Rechnung dem Vermieter noch innerhalb des Abrechnungszeitraums zugegangen ist. Nach dem sog. Abflussprinzip (auch **Abrechnung nach Rechnungen oder Ausgabenabrechnung** genannt), sind nur diejenigen Kosten, mit denen der

---

[10] Zum Ganzen: BGH NZM 2009, 78–80; NZM 2008, 477; NZM 2005, 13.

[11] BGH NZM 2007, 244.

[12] Zur Umlagefähigkeit solcher Kosten und zur Darlegungslast des Vermieters im Prozess siehe BGH NZM 2008, 1801.

[13] LG Hamburg WuM 2007, 694.

[14] BGH NZM 2008, 477.

[15] BGH v. 19. 1. 2000 – VIII ZR 116/04 = Grundeigentum 2005, 360, 361.

[16] BGH NZM 2008, 477; NZM 2007, 244; NZM 2005, 13.

[17] Vgl. zu den unterschiedlichen Methoden und ihren uneinheitlichen Bezeichnungen *Nüßlein*, S. 74; *Schmid* NZM 2008, 918; *Milger* NZM 2008, 757, 760 f.

Vermieter im Abrechnungszeitraum selbst belastet worden ist, in die Betriebskostenabrechnung einzustellen.

Die Unterschiede zwischen den beiden Methoden werden relevant, wenn ein Versorgungsunternehmen seine Abrechnungen gegenüber dem Vermieter nach einem Abrechnungsturnus erstellt, der nicht mit dem Abrechnungsturnus der Betriebskostenabrechnungen übereinstimmt. Rechnet der Vermieter seine Betriebskosten bezogen auf das Kalenderjahr ab, erfolgt dagegen aber die Rechnungslegung für die Wasserversorgung jeweils im September für den Zeitraum der vorausgegangnen 12 Monate, so ist der Vermieter bei einer Abrechnung nach dem **Leistungsprinzip** gehalten, die ihm in Rechnung gestellten Beträge auf die einzelnen Kalenderjahre zu verteilen. Dazu muss er entweder den Gesamtverbrauch zusätzlich am Schluss des Kalenderjahres ablesen lassen, um die Kosten nach dem tatsächlichen Gesamtverbrauch aufzuteilen, oder er muss die abgerechneten Beträge im Wege einer Schätzung den einzelnen Kalenderjahren zuordnen. Bei einer Abrechnung nach dem **Abflussprinzip** kann der Vermieter dagegen den ihm im September in Rechnung gestellten Betrag in voller Höhe in die Betriebskostenabrechnung des gleichen Kalenderjahres einstellen.[18] 79

Die Abrechnung nach dem **Abflussprinzip** ist für den Vermieter grundsätzlich einfacher zu handhaben, da er die ihm gestellten Rechnungen nicht auf die verschiedenen Abrechnungszeiträume verteilen, sie also nicht „abgrenzen“ muss. Sie ist aber auch für den Mieter von Vorteil, weil ihm diese Abrechnungsmethode die Kontrolle der jeweiligen Betriebskostenabrechnung vereinfacht. Er kann allein anhand des Fälligkeitsdatums der Rechnung feststellen, ob ein in die Abrechnung eingestellter Betrag zum Abrechnungszeitraum gehört.[19] 80

Nach der Rechtsprechung des *BGH* ist es – entgegen einer in der instanzgerichtlichen Rechtsprechung und in der Literatur weit verbreiteten Ansicht – zulässig, die Betriebskostenabrechnung sowohl nach dem Leistungsprinzip als auch nach dem Abflussprinzip zu erstellen.[20] Allenfalls in gesondert gelagerten Fällen eines Mieterwechsels unterliegt diese Wahlfreiheit gewissen Einschränkungen. Wird der Vermieter beispielsweise zur Tragung erhöhter Grundsteuern für mehrere zurückliegende Jahre herangezogen, kann er diesen Betrag nur dann auf den Mieter in voller Höhe umlegen, sofern das Mietverhältnis im gesamten Veranlagungszeitraum schon bestand. Für die Jahre, in denen ein Mietverhältnis nicht bestand, ist es dem Vermieter dagegen nach Treu und Glauben (§ 242 BGB versagt), den Mieter auch für diesen Zeitraum zur Tragung von Grundsteuern heranzuziehen.[21] 81

Bei der Abrechnung der Heiz- und Warmwasserkosten muss die Abrechnung zwingend nach dem Leistungsprinzip vorgenommen werden, wenn diese Kosten – wie in §§ 7–9 HeizkostenV vorgeschrieben – verbrauchsabhängig verteilt werden. In diesem Fall sind die ermittelten Verbrauchskosten, nicht aber die tatsächlich im Abrechnungszeitraum erfolgten Zahlungen des Vermieters an das Versorgungsunternehmen in die Abrechnung einzustellen. Anders könnte die in der Heizkostenverordnung vorgeschriebene periodengerechte Heizkostenabrechnung gar nicht durchgeführt werden. 82

cc) Der anzuwendende Kostenverteilungsschlüssel. Haben die Vertragsparteien nichts anderes vereinbart, sind die Betriebskosten nach § 556 a Abs. 1 Satz 1 BGB nach dem Anteil der Wohnfläche umzulegen. Betriebskosten, die von einem erfassten Verbrauch oder einer erfassten Verursachung durch die Mieter abhängen, sind nach Satz 2 dieser Vorschrift nach einem Maßstab umzulegen, der dem unterschiedlichen Verbrauch oder 83

---

[18] Siehe hierzu und zu den Auswirkungen bei der Abrechnung von Wasserkosten *Milger* NZM 2008, 757, 760 f.

[19] So auch BGH NZM 2008, 277, 279.

[20] BGH NZM 2008, 277, 278 mit Nachweisen zu den in Rechtsprechung und Literatur vertretenen unterschiedlichen Ansichten.

[21] Offen gelassen von BGH NZM 2008, 277, 279.

der unterschiedlichen Verursachung Rechnung trägt. Dies gilt insbesondere für die Heiz- und Warmwasserkosten, die zwingend nach Maßgabe der §§ 7–9 HeizkostenV zu verteilen sind. Haben die Parteien des Mietvertrages für einzelne Betriebskosten eine andere Verteilung vereinbart, kann der Vermieter einseitig bestimmen, dass die Betriebskosten zukünftig nach einem Maßstab umgelegt werden dürfen, die dem erfassten unterschiedlichen Verbrauch oder der erfassten unterschiedlichen Verursachung Rechnung trägt, § 556 Abs. 2 Satz 1 BGB. Der Vermieter kann beispielweise bestimmen, dass die Kosten für den Betrieb eines Personenaufzugs zukünftig nicht mehr im Verhältnis der Nutzfläche verteilt werden, sondern nur von den Bewohnern zu tragen sind, die den Aufzug tatsächlich nutzen. Eine solche Bestimmung ist aber nur vor Beginn eines Abrechnungszeitraumes zulässig, § 556 a Abs. 2 Satz BGB.

84 **d) Die Funktion und die Methode der Jahresabrechnung und die Unterschiede zur Betriebskostenabrechnung.** *aa) Grundlagen.* Die Funktion einer Jahresabrechnung besteht darin, nach Ablauf eines Wirtschaftsjahres die tatsächlichen Einnahmen und Ausgaben der Gemeinschaft rechtsverbindlich festzustellen und anteilig auf die Wohnungseigentümer zu verteilen. Sie soll die Eigentümer informieren, welche Einnahmen und Ausgaben insgesamt im Wirtschaftsjahr angefallen sind und diese Einnahmen und Ausgaben nach den geltenden Kostenverteilungsschlüsseln auf die einzelnen Wohnungseigentumseinheiten verteilen. Den jeweils auf die einzelnen Eigentümer verteilten Kosten sind die jeweils aufgrund des Wirtschaftsplans gezahlten Wohngelder gegenüber zu stellen. Durch die Saldierung dieser Beträge lässt sich ermitteln, ob sich ein Nachzahlungsverpflichtung für die Wohnungseigentümer ergibt oder ob zu ihren Gunsten ein Guthaben entstanden ist. Daher muss die Abrechnung nach ständiger Rechtsprechung eine geordnete und übersichtliche, inhaltlich zutreffende Aufstellung sämtlicher Einnahmen und Ausgaben des betreffenden Wirtschaftsjahres enthalten. Sie muss für die Eigentümer ohne Zuziehung eines Buchprüfers oder sonstigen Sachverständigen verständlich sein.[22]

85 Die Jahresabrechnung besteht anders als eine Betriebskostenabrechnung aus einer **Gesamtabrechnung und den Einzelabrechnungen.** Die Gesamtabrechnung listet die gesamten Einnahmen und Ausgaben eines Wirtschaftsjahres auf und ermöglicht im Zusammenspiel mit dem Kontenabgleich die Überprüfung der rechnerischen Richtigkeit der Abrechnung. Soweit hinsichtlich der Heiz- und Warmwasserkosten Rechnungsabgrenzungen vorgenommen werden, sind diese in der Abrechnung darzustellen und zu erläutern, damit die Überprüfung der rechnerischen Richtigkeit der Abrechnung gewährleistet ist.[23] Die im Wirtschaftsjahr erzielten Einnahmen und die in der Gesamtabrechnung ausgewiesenen Ausgaben sind sodann nach Maßgabe des für jede Rechnungsposition anwendbaren Kostenverteilungsschlüssels auf die einzelnen Wohnungseigentümer in den Einzelabrechnungen zu verteilen.[24] Die auf den einzelnen Wohnungseigentümer anteilig umgelegten Kosten sind mit dem von ihm im Wirtschaftsjahr aufgrund des Wirtschaftsplans gezahlten Vorschüssen zu verrechnen. Das Abrechnungssaldo ergibt entweder einen Nachzahlungsbetrag oder ein Guthaben zugunsten des Wohnungseigentümers, der auszugleichen ist.

86 Die Funktion der Jahresabrechnung geht über die einer mietrechtlichen Betriebskostenabrechnung hinaus. Sie dient nicht nur dazu, Rechenschaft über die Verwendung der im Wirtschaftsjahr geschuldeten Wohngelder zu legen und durch Bildung der Abrechnungssalden in den Einzelabrechnungen Nachzahlungsansprüche gegen die Wohnungseigentümer, oder – im Falle eines Abrechnungsguthabens – Rückzahlungsansprüche des Wohnungseigentümers gegen die Gemeinschaft zu begründen. Sie dient daneben auch der **Kontrolle des Verwalters.** Die Abrechnung soll den Wohnungseigentümern die Prü-

---

[22] BayObLG NJW-RR 1993, 1166, 1167; *Bärmann/Merle* § 28 Rn. 67 mit umfangreichen Nachweisen aus der obergerichtlichen Rechtsprechung.

[23] OLG Hamm ZMR 2001, 1001.

[24] BGHZ 131, 228, 231 = NJW 1996, 725.

fung ermöglichen, ob der Verwalter alle der Gemeinschaft zustehenden Forderungen eingezogen und die vorhandenen und erlangten Geldmittel ordnungsgemäß eingesetzt hat.[25] Die Jahresabrechnung enthält – anders als die Betriebskostenabrechnung – somit auch Elemente eines Wirtschaftsberichts.[26] Daher muss die Jahresabrechnung auch einen Kontenabgleich ermöglichen und zu diesem Zweck den Stand und die Entwicklung der gemeinschaftlichen Konten ausweisen. Diese Angaben sind erforderlich, um die rechnerische Schlüssigkeit der Gesamt- und Einzelabrechnung darzulegen. Werden die tatsächlichen Einnahmen und Ausgaben nämlich vollständig in die Abrechnung aufgenommen, so stimmt deren Differenz mit der Differenz der Anfangs- und Endbestände der Bankkonten und ggfs. der Barkasse überein, über die die Umsätze getätigt wurden. Liegt eine solche Übereinstimmung vor, indiziert dies die rechnerische Richtigkeit der Gesamtabrechnung.[27] Fehlen diese Angaben und ist ein Kontenabgleich deshalb nicht möglich, entspricht die Genehmigung der Abrechnung nicht den Grundsätzen ordnungsgemäßer Verwaltung und ist der Genehmigungsbeschluss auf Anfechtungsklage hin für ungültig zu erklären.[28]

Darüber hinaus kann der Verwalter in einer Vermögensübersicht (dem sog. **Vermögensstatus**) darstellen, welche Forderungen der Gemeinschaft gegen einzelne Eigentümer 87
oder Dritte am Ende des Abrechnungsjahres noch offen waren und in welcher Höhe noch unerfüllte Ansprüche gegen die Gemeinschaft bestanden haben. Bestandteil einer Jahresabrechnung kann zudem auch eine Saldenliste sein, aus der alle Abrechnungsergebnisse der Einzeljahresabrechnungen ersichtlich sind. Weder die Vermögensübersicht noch die Saldenliste muss aber von Gesetzes wegen Bestandteil der Abrechnung sein.[29]

bb) Die Jahresabrechnung als Einnahmen- und Ausgabenrechnung. Nach herrschen- 88
der Meinung ist die Jahresabrechnung eine reine Einnahmen- und Ausgabenrechnung und keine Bilanz oder Gewinn- und Verlustrechnung.[30] Daher sind in ihr alle Einnahmen und Ausgaben, also sämtliche Veränderungen im Bestand der gemeinschaftlichen Gelder, so auszuweisen, wie sie im Abrechnungszeitraum tatsächlich erfolgt sind. Unerheblich ist, ob der Rechtsgrund für die Veränderung aus der betreffenden Abrechnungsperiode stammt oder ob tatsächliche Auswirkungen auf spätere Wirtschaftsjahre bestehen können. Rechnungsabgrenzungen sind daher grundsätzlich nicht vorzunehmen.[31] Die Jahresabrechnung baut daher auf dem Abflussprinzip auf.[32] Aus diesem Grund sind beispielsweise die erst in einem Folgejahr fließenden Zahlungseingänge oder Zahlungsausgänge erst in der nächsten Jahresabrechnung zu berücksichtigen.[33]

Wenn auch die Jahresabrechnung auf dem sog. **Abflussprinzip** aufbaut, so darf diese 89
Methode nicht mit der mietrechtlichen Methode der Abrechnung nach Rechnungen oder der Ausgabenabrechung (die ebenfalls als Abflussprinzip bezeichnet wird[34]) verwechselt werden. Es besteht insofern ein wesentlicher Unterschied, als wohnungseigentumsrechtlich nur die tatsächlich vom Gemeinschaftskonto erfolgten Zahlungen in die Jahresabrechnung eingestellt werden dürfen. Mietrechtlich ist es demgegenüber ausreichend, dass der Vermieter mit den Rechnungsbeträgen im Abrechnungszeitraum belastet wurde, dass

25 *Becker/Kümmel/Ott* § 8 Rn. 483.

26 *Jennißen* § 28 Rn. 24.

27 OLG Hamm ZMR 2001, 1001; BayObLG NJW-RR 1993, 1166, 1167; NZM 2000, 280, 281.

28 AG Erfurt v. 25. 4. 2008 – 10 C 15/07; a. A. BayObLG NJW-RR 2004, 1602: nur Anspruch des Eigentümers auf Ergänzung.

29 *Jennißen* § 28 Rn. 113–115.

30 OLG Hamm ZMR 2001, 1001.

31 OLG Zweibrücken NZM 1999, 276; a. A. *Jennißen* § 28 Rn. 71.

32 *Jennißen* NZM 2002, 236, 237.

33 KG NJW-RR 1987, 79, 80; *Bärmann/Pick/Merle,* 9. Auflage 2003, § 28 Rn. 68; *Becker/Kümmel/Ott*, Rn. 489.

34 Siehe BGH NZM 2008, 277, 278.

ihm gegenüber also Betriebskosten durch Rechnungslegung fällig gestellt worden sind. Ob die Rechnungsbeträge von ihm überhaupt oder gar noch im Abrechnungszeitraum tatsächlich ausgeglichen wurden, ist für ihre Umlage auf den Mieter irrelevant.[35]

90 Die Jahresabrechnung ist allein aus Gründen der Zweckmäßigkeit als einfache Einnahmen- und Ausgabenrechung aufzubauen, denn nur so wird sie den Anforderungen an Übersichtlichkeit und Verständlichkeit gerecht und ist sie für die wohnungswirtschaftlich oftmals nicht geschulten Wohnungseigentümer verständlich.[36] Die Rechtsprechung und die ihr folgende Literaturmeinung lassen aber aus eben solchen Zweckmäßigkeitserwägungen auch Abweichungen von dieser Methode bei einzelnen Kostenpositionen zu, wenn dies aufgrund gesetzlicher Vorgaben oder aus anderen Gründen geboten ist. Dies betrifft insbesondere die Heiz- und Warmwasserkosten, wenn diese wie nach der Heizkostenverordnung vorgesehen nach dem tatsächlichen Verbrauch ermittelt und verbrauchsbezogen verteilt werden. Anstelle der tatsächlich geleisteten Zahlungen zur Deckung der Heiz- und Warmwasserkosten sind in die Jahresabrechnung die in dem Abrechnungszeitraum tatsächlich angefallenen Verbrauchskosten einzustellen. Andernfalls könnte die in der Heizkostenverordnung vorgeschriebene periodengerechte Heizkostenabrechnung nicht durchgeführt werden.[37] Da diese Vorgehensweise zwingend zur Bildung von Abgrenzungsposten führt, sind sie allerdings offen und für die einzelnen Wohnungseigentümer in nachvollziehbarer Weise auszuweisen. Der Rechnungsabgrenzungsposten kann beispielweise im Vermögensstatus bei der Kontoentwicklung ausgewiesen werden.[38]

91 Eine weitere Ausnahme lässt die herrschende Ansicht bei der Verbuchung des Sollbetrages der Instandhaltungsrückstellung und einer beschlossenen Sonderumlage zu, sofern keine gesonderte Abrechnung erfolgt.[39] Die im Wirtschaftsjahr von den Wohnungseigentümern auf diese Positionen geschuldeten Beiträge sind – insoweit systemwidrig – als Ausgabe in die Gesamtabrechnung aufzunehmen.[40] Diese Vorgehensweise stellt sicher, dass den im Abrechnungsjahr erfolgten Zahlungen der Wohnungseigentümer auf die Instandhaltungsrücklage und auf die Sonderumlage entsprechende Sollstellungen in der Jahresabrechnung gegenüberstehen. Sie hat in erster Linie buchhalterische Gründe und verhindert ein fehlerhaftes Abrechnungssaldo.

92 Wünschen die Wohnungseigentümer eine Jahresabrechnung, die nach dem mietrechtlichen Leistungsprinzip (Zeitabgrenzungsprinzip) aufgebaut ist, müssen sie dies gemäß § 10 Abs. 1 Satz 2 WEG vereinbaren. Einen Mehrheitsbeschluss lässt die Rechtsprechung hierfür nicht genügen.[41]

93 e) **Abrechnungszeitraum und Abrechnungsfristen.** *aa) Betriebskostenabrechnung.* Der Abrechnungszeitraum für die Betriebskostenabrechnung ist, anders als in § 28 Abs. 1 WEG für die Jahresabrechnung, nicht gesetzlich vorgegeben. Üblichweise werden Betriebskosten bezogen auf das Kalenderjahr abgerechnet, die Parteien können aber einen anderen Abrechnungszeitraum festlegen. Der Abrechnungszeitraum darf lediglich nicht länger sein als ein Jahr. Nicht erforderlich ist es, dass der Abrechnungszeitraum für alle Betriebskostenarten identisch ist. Zulässig und nicht unüblich ist es, dass insbesondere der Abrechnungszeitraum für die Heizkosten sich nicht auf das Kalenderjahr, sondern sich auf eine gesondert festgelegte Heizperiode bezieht (z.B. 1. 8.–31. 7. des Folgejahres).[42] Soweit ein bestimmter Abrechnungszeitraum nicht vereinbart wird, ist der Ver-

---

35 *Riecke* WuM 2003, 309, 310.
36 BayObLG NJW-RR 1993, 1166, 1168.
37 OLG Hamm ZMR 2001, 1001 f.; BayObLG NZM 2000, 873, 875.
38 Siehe zum Vorstehenden OLG Hamm ZMR 2001, 1001 ff.
39 BayObLGZ 1993, 185, 188; NZM 2000, 873, 875.
40 OLG Hamm ZMR 2001, 1001; BayObLG NJW-RR 1991, 15, 16.
41 BayObLGZ 1993, 185, 191; NZM 2000, 873, 875; OLG Zweibrücken NZM 1999, 276.
42 BGH NZM 2008, 520, 521.

mieter in der Wahl des Abrechnungszeitraumes frei.[43] Nachträgliche Änderungen des einmal bestimmten Abrechnungszeitraumes können allerdings nur im Einverständnis mit dem Mieter und nicht mehr einseitig vom Vermieter vorgenommen werden.

Die Betriebskostenabrechnung ist dem Mieter nach § 556 Abs. 3 Satz 2 BGB spätestens bis zum Ablauf des zwölften Monats nach Ende des Abrechnungszeitraums mitzuteilen. Nur eine formell ordnungsgemäße Abrechnung kann diese Abrechnungsfrist wahren.[44] Nach Ablauf dieser Frist ist die **Geltendmachung einer Nachforderung** durch den Vermieter ausgeschlossen, es sei denn, er hat die verspätete Geltendmachung nicht zu vertreten, § 556 Abs. 3 Satz 3 BGB. Er kann dann lediglich noch die Zahlung der bislang nicht geleisteten Vorauszahlungen auf der Grundlage der Betriebskostenabrechnung verlangen.[45] Mietvertragliche Vereinbarungen, die zum Nachteil des Mieters von diesen gesetzlichen Regelungen abweichen, sind nach § 556 Abs. 4 BGB unwirksam. 94

Versäumt der Vermieter die gesetzliche Abrechnungsfrist, bleibt er gleichwohl zur Abrechnung verpflichtet und kann der Mieter weiterhin eine Abrechnung verlangen. Ist die Abrechnungsfrist abgelaufen, ist der Mieter bei fortbestehendem Mietverhältnis zudem berechtigt, die von ihm geschuldeten monatlichen Vorauszahlungen bis zur ordnungsgemäßen Abrechnung des Vermieters zurückzuhalten.[46] Selbst nach Beendigung des Mietverhältnisses bleibt der Vermieter gegenüber seinem ehemaligen Mieter zur Abrechnung über die geleisteten Vorauszahlungen verpflichtet. Kommt er dieser Verpflichtung nicht nach, kann der Mieter die von ihm gezahlten Vorauszahlungen in voller Höhe zurückverlangen.[47] 95

bb) Jahresabrechnung. Sofern die Wohnungseigentümer nichts Gegenteiliges vereinbaren, ist Abrechnungsjahr jeweils das Kalenderjahr. Dies ergibt sich unmittelbar aus dem Wortlaut des § 28 Abs. 1 WEG. Anders als § 556 BGB für die Betriebskostenabrechnung regelt § 28 WEG allerdings nicht, bis wann die Jahresabrechnung durch den Verwalter erstellt und von den Wohnungseigentümern beschlossen werden muss. § 28 Abs. 3 WEG bestimmt lediglich, dass eine Abrechnung nach Ablauf des Wirtschaftsjahres aufzustellen ist. Die Dauer dieser Frist bestimmt sich zum einen nach der Zeit, die für die Beschaffung der notwendigen Daten erforderlich ist, zum anderen nach dem zeitlichen Aufwand für die Erstellung der Abrechnungen. Da die Abrechnung als Einnahmen- und Ausgabenrechung aufzubauen ist, ist die Frist für die Ermittlung der erforderlichen Daten grundsätzlich kurz zu bemessen, weil diese bereits unmittelbar mit Ablauf des Wirtschaftsjahres feststehen. Verzögerungen können sich allenfalls im Hinblick auf die Heiz- und Warmwasserkostenabrechnung ergeben, da die zur verbrauchsabhängigen Verteilung der Kosten erforderlichen Ablesewerte und die Abrechnungen der mit der Erstellung beauftragten Ableseunternehmen regelmäßig erst im Verlauf der ersten 3 bis 6 Monate eines Kalenderjahres eingehen. Spätestens nach Ablauf dieses Zeitraums wird die Erstellung der Abrechnung durch den Verwalter fällig.[48] 96

f) Die Prüfungsrechte und Rügepflichten des Abrechnungsempfängers. *aa) Das Prüfungsrecht und sein Umfang.* Der Mieter ist zur rechnerischen und sachlichen Überprüfung der Betriebskostenabrechnung berechtigt; entsprechendes gilt für den Wohnungseigentümer in Bezug auf die Jahresabrechnung. Zu diesem Zweck ist ihnen die Einsichtnahme in die Abrechnungsunterlagen zu gewähren. Sie dürfen sich dabei – soweit erforderlich – fachkundiger Hilfe bedienen. Die Einsichtnahme erfolgt grundsätzlich in den Räumen des Vermieters bzw. des Verwalters. Für den Wohnungseigentümer gilt 97

---

[43] BGH NZM 2008, 520.
[44] BGH NZM 2008, 477; NZM 2007, 244.
[45] BGH NJW 2005, 1499, 1503.
[46] BGH NZM 2006, 533.
[47] BGH NJW 2005, 1499, 1501.
[48] OLG Brandenburg NZM 2007, 773; BayObLG WE 1991, 223; *Jennißen* § 28 Rn. 122; *Bärmann/Merle* § 28 Rn. 58.

dies ohne Einschränkung auch in großen Wohnanlagen.[49] Ein **Anspruch auf Herausgabe der Originalunterlagen** haben weder Wohnungseigentümer noch der Mieter. Anders als einem Mieter gesteht die Rechtsprechung dem Wohnungseigentümer aber einen Anspruch auf Fertigung und Aushändigung von Kopien zu, da es ihm nicht zugemutet werden könne, handschriftliche Abschriften zu erstellen. Dies gilt sowohl für die Abrechnungen selbst als auch für die ihr zugrunde liegenden Belege.[50] Die Kosten der Ablichtung sind dem Verwalter von dem Wohnungseigentümer zu erstatten.[51]

98 Ein Anspruch des Mieters auf Überlassung von Fotokopien der Abrechnungsunterlagen gegen Erstattung der Auslagen besteht dagegen nur in einem preisgebundenen Mietverhältnis und beruht dort auf § 29 Abs. 2 Satz 1 NMV. Diese Regelung ist auf Mietverhältnisse über preisfreien Wohnraum nicht entsprechend anzuwenden.[52] Allenfalls in Ausnahmefällen besteht ein Anspruch des Mieters auf Überlassung von Fotokopien, wenn ihm die Einsichtnahme in die Räume des Vermieters nicht zugemutet werden kann.[53]

99 Der einzelne Wohnungseigentümer ist – anders als der Mieter – zur **Einsichtnahme** in alle **Einzeljahresabrechnungen** berechtigt; datenschutzrechtliche Belange stehen dem nicht entgegen.[54] Ein besonderes berechtigtes Interesse an der Einsicht muss der Wohnungseigentümer dem Verwalter insoweit nicht darlegen.[55]

100 *bb) Die Rügepflicht des Mieters.* Nach § 556 Abs. 3 Satz 5 und 6 BGB obliegt es dem Mieter, dem Vermieter bis zum Ablauf des zwölften Monats nach Zugang der Abrechnung Einwendungen gegen die Abrechnung mitzuteilen. Nach Ablauf dieser Frist ist er mit den nicht fristgerecht mitgeteilten Einwendungen ausgeschlossen, es sei denn, der Mieter hat die verspätete Geltendmachung nicht zu vertreten. Diese Frist wird nur durch eine formell ordnungsgemäße Abrechnung in Gang gesetzt. Mit ihr soll erreicht werden, dass in absehbarer Zeit nach einer Betriebskostenabrechnung Klarheit über wechselseitig geltend gemachte Ansprüche bestehen.[56] Zu den Einwendungen, die der Mieter innerhalb der vorgenannten Frist mitteilen muss, gehört beispielsweise die nicht vollständige Berücksichtigung der geleisteten Vorauszahlungen, aber auch der Einwand, dass es für einzelne der umgelegten Kosten an einer vertraglichen Vereinbarung über ihre Umlage fehlt[57] oder der Einwand, dass der Vermieter Betriebskosten, die nach der mietvertraglichen Vereinbarung durch eine Teilinklusivmiete abgegolten sein sollen, abredewidrig konkret abgerechnet wurden.[58]

101 *cc) Rechtsschutz des Wohnungseigentümers gegen fehlerhafte Jahresabrechnung.* Ist die Gesamt- und Einzeljahresabrechnungen fehlerhaft, muss der einzelne Wohnungseigentümer, um die Bindungswirkungen des Beschlusses zu beseitigen, dessen gerichtliche Ungültigerklärung betreiben. Die gegen die Beschlussfassung gerichtete Anfechtungsklage ist nach § 46 Abs. 1 Satz 1 WEG gegen die übrigen Wohnungseigentümer der Gemeinschaft zu errichten. Sie muss innerhalb eines Monats nach Beschlussfassung erhoben und innerhalb von zwei Monaten nach der Beschlussfassung begründet werden. Versäumt der Kläger diese Fristen, erwächst der Beschluss, soweit er unter Anfechtungsgründe leidet, in Bestandskraft. In diesem Fall bleibt auch eine fehlerhafte Jahresabrechnung für die Wohnungseigentümer endgültig verbindlich.

---

[49] BayObLG NZM 2000, 873, 874.
[50] OLG München NZM 2007, 691 m. w. N.; BayObLG NZM 2000, 873, 874.
[51] BayObLG NZM 2008, 873, 874.
[52] Zum Ganzen: BGH NZM 2006, 340, 342.
[53] BGH NZM 2006, 340, 342; LG Frankfurt NZM 2000, 27; LG Zwickau WuM 2003, 271.
[54] OLG München NZM 2007, 691.
[55] BayObLG NZM 2000, 873, 874.
[56] BGH NZM 2008, 81, 82.
[57] BGH NZM 2008, 81, 82.
[58] BGH NZM 2008, 361.

Ein Wohnungseigentümer kann Fehler der Abrechnung – anders als ein Mieter – nicht im Wege einer Einrede geltend machen und insbesondere nicht einem gegen ihn aufgrund des Beschlusses über die Jahresabrechnung geltend gemachten Zahlungsanspruch entgegenhalten.[59] Dies gilt selbst dann, wenn er eine Anfechtungsklage fristgerecht erhoben hat. Die Erhebung einer solchen Klage hat keine aufschiebende Wirkung[60] und bewirkt daher nicht, dass der auf den Beschluss beruhende Beitragsanspruch der Gemeinschaft seine Fälligkeit verliert. Die rechtsgeschäftlichen Bindungswirkungen entfallen erst, wenn die gerichtliche Entscheidung unanfechtbar geworden und in formelle Rechtskraft erwachsen ist (§ 705 ZPO). 102

Wird der Beschluss über die Jahresabrechnung teilweise für ungültig erklärt, bleibt seine Bindungswirkung im Übrigen unberührt, so dass die Wohnungseigentümer nicht erneut über die gesamte Abrechnung, sondern nur noch ergänzend über die für ungültig erklärten Teile zu beschließen haben.[61] Auf Antrag kann das Gericht unter den Voraussetzungen des § 21 Abs. 8 WEG auch selbst eine korrigierte Jahresabrechnung in Geltung setzen. 103

g) Die Wirkung der Abrechnung auf die Zahlungspflichten des Mieters und des Wohnungseigentümers. *aa) Betriebskosten und Zahlungspflicht des Mieters.* Ein in der Betriebskostenabrechnung errechneter Nachzahlungsbetrag wird sofort mit Erteilung einer nachvollziehbaren Abrechnung fällig. Der **Eintritt der Fälligkeit** setzt nicht voraus, dass zunächst eine angemessene Frist zu ihrer Überprüfung durch den Mieter verstreicht.[62] Die Fälligkeit tritt daher auch unabhängig davon ein, ob der Mieter schon Einsicht in die Abrechnungsunterlagen genommen hat. Der Vermieter verletzt allerdings seine mietvertraglichen Nebenpflichten, wenn er dem Mieter die Einsichtnahme in die Abrechnungsunterlagen verweigert.[63] In einem solchen Fall steht dem Mieter gegenüber der Nachforderung des Vermieters ein Zurückbehaltungsrecht nach § 273 Abs. 1 BGB solange zu, bis der Vermieter ihm eine Überprüfung der Abrechnung ermöglicht.[64] 104

Der Mieter bleibt zunächst auch noch nach Ablauf eines Abrechnungsjahres zur Zahlung der mietvertraglich geschuldeten Vorauszahlungen verpflichtet. Die Vorauszahlungspflicht erlischt, sobald der Vermieter dem Mieter eine Abrechnung mitteilt. Ab diesem Zeitpunkt kann der Vermieter Zahlungsansprüche für das Abrechnungsjahr nur noch aus der Abrechnung selbst herleiten. Ist der Mieter ihm Vorauszahlungen schuldig geblieben, können diese nur noch in Höhe des in der Abrechnung ermittelten Nachzahlungsbetrages verlangt werden. 105

Die Verpflichtung zu Leistung von Vorauszahlungen erlischt ferner mit Ablauf der in § 556 Abs. 3 Satz 2 BGB bestimmten Abrechnungsfrist. Der Vermieter darf also die im Jahr 2009 fällig gewordenen Vorauszahlungen noch im Jahr 2010, nicht aber mehr im Jahr 2011 gerichtlich beitreiben. Nach Ablauf der Abrechnungsfrist ist der Mieter zur Zahlung offener Vorauszahlungen – sofern sie das Abrechnungsjahr selbst betreffen – somit nicht mehr verpflichtet. Kommt der Vermieter seinen Abrechnungspflichten nicht fristgerecht nach, erlischt nicht nur die Verpflichtung des Mieters zur Zahlung noch offener Vorauszahlungen; der Mieter ist darüber hinaus auch berechtigt, die laufenden Vorauszahlungen nach § 273 BGB zurückzuhalten.[65] 106

bb) Beitragspflichten des Wohnungseigentümers. Während die Mitteilung einer Betriebskostenabrechnung die Verpflichtung des Mieters zur Zahlung von Vorauszahlungen für den abgerechneten Abrechnungszeitraum erlöschen lässt, gilt entsprechendes 107

---

[59] BayObLG WuM 1994, 570; *Jennißen* § 28 Rn. 188–190.
[60] BayObLG NJW-RR 1998, 1386; *Jennißen/Suilmann* § 46 Rn. 173.
[61] BGH NJW 2007, 1869, 1870.
[62] BGH NZM 2006, 340, 341.
[63] OLG Düsseldorf NZM 2001, 48.
[64] BGH NZM 2006, 340, 342; OLG Düsseldorf NZM 2001, 48.
[65] BGH NZM 2006, 533.

nicht für die Beschlussfassung der Wohnungseigentümer über die Jahresabrechnung und die Beitragspflicht des Wohnungseigentümers. Der Beschluss über die Jahrsabrechnung hat nicht zur Folge, dass die aufgrund des Wirtschaftplans noch bestehenden Beitragspflichten erlöschen. Vielmehr bleibt der Wirtschaftsplan auch weiterhin Grundlage für bislang nicht erfüllte Vorschusspflichten des Wohnungseigentümers.[66] Die **Wirkung der Jahresabrechnung auf die Vorschusspflicht eines Wohnungseigentümers** ist daher eine völlig andere als die Wirkung der mietrechtlichen Betriebskostenabrechnung auf die Vorauszahlungsverpflichtung des Mieters. Die Jahresabrechnung begründet nur für die sog. „Abrechnungsspitze" originär eine zusätzliche Zahlungsverpflichtung.[67] Die auf dem Wirtschaftsplan beruhenden Vorschusspflichten bleiben dagegen auch nach der Beschlussfassung über die Jahresabrechnung bestehen, weil nicht angenommen werden kann, dass die Wohnungseigentümer den Wirtschaftsplan aufheben wollen. Eine Aufhebung hätte nämlich nicht nur das Erlöschen der Vorauszahlungsverpflichtung zur Folge, sondern auch den Verlust der für diese Forderungen bestehenden Sicherungs- und Vorzugsrechte und der wegen Verzugseintritts entstandenen Zins- und Schadensersatzansprüche.[68] Daher hat der Beschluss der Wohnungseigentümer über die Genehmigung der Jahresabrechnung hinsichtlich der offenen Vorschussforderungen – sofern nicht ausdrücklich etwas anderes gewollt ist – lediglich bestätigende oder rechtsverstärkende Wirkung.[69]

108 Klagt der Verwalter rückständige Beiträge gegen einen Wohnungseigentümer ein, so kann er diese deshalb auch nach dem Beschluss über die Jahresabrechnung weiterhin auf die Beschlussfassung über den Wirtschaftsplan stützen. Ist der Gesamtbetrag der in der Jahresabrechnung auf ihn umgelegten Kosten aber geringer als die Summe der geschuldeten Vorauszahlungen, ist der Betrag entsprechend zu reduzieren. Enthalten die beschlossenen Einzeljahresabrechnungen neben den errechneten Nachzahlungsbeträgen auch die bislang nicht erbrachten Vorauszahlungen, kann der Anspruch auf Zahlung von Wohngeld insgesamt auf die Jahresabrechnung gestützt werden. Dies gilt aber nur, wenn der Schuldner der Beitragszahlungen identisch ist, es also bis zur Beschlussfassung über die Jahresabrechnung nicht zu einem Eigentümerwechsel gekommen ist.[70]

109 Die Wohnungseigentümer bleiben zur Erfüllung der auf dem Wirtschaftsplan geschuldeten Beiträge auch dann verpflichtet, wenn der Abrechnungsanspruch fällig ist, die Erstellung der Abrechnung oder die Beschlussfassung der Wohnungseigentümer sich aber verzögert. Selbst wenn eine Abrechnung über mehrere Jahre nicht erfolgt, steht ihnen wegen der unterbliebene Abrechnung – anders als dem Mieter im Verhältnis zu seinem Vermieter[71] – kein Zurückbehaltungsrecht zu. Der von den Wohnungseigentümern zu leistende Vorschuss dient dem Interesse aller Wohnungseigentümer an der Bewirtschaftung des Grundstücks. Dieser Zweck schließt die Ausübung eines Zurückbehaltungsrechts von vornherein aus.[72] Der einzelne Wohnungseigentümer kann den Verwalter und seine Miteigentümer daher ggfs. nur durch Erhebung einer Klage zur Erstellung einer Jahresabrechnung und zur Beschlussfassung hierüber anhalten.

110 *cc) Besonderheiten bei Mieter- und Eigentümerwechsel.* Kommt es im Laufe eines Abrechnungsjahres zu einem Mieterwechsel, ist der Vermieter verpflichtet, die Betriebskosten anteilig im Verhältnis der Nutzungsdauer der vermieteten Räume auf beide Mieter zu verteilen. Das bedeutet, dass er sowohl dem früheren als auch dem neu eingezogenen Mieter gegenüber zur Abrechnung der jeweils von ihnen geleisteten Vorauszahlungen

---

66 OLG Oldenburg ZMR 2005, 734.
67 BGH NJW 1996, 725.
68 BGHZ 131, 228, 231 = NJW 1996, 725.
69 BGHZ 142, 290 = NJW 1999, 3713, 3714; BGHZ 131, 228, 231 = NJW 1996, 725.
70 OLG Hamm ZMR 2004, 54, 55.
71 BGH NZM 2006, 533, 534.
72 *Bärmann/Merle* § 28 Rn. 161.

verpflichtet ist. Dabei dürfen sowohl der ausgeschiedene als auch der neue Mieter nur mit solchen Betriebskosten belastet werden, die während der Dauer des jeweiligen Mietverhältnisses entstanden sind.

Eine solche Aufteilung von Kosten, wie sie bei der Abrechnung von Betriebskosten im Mietverhältnis zwingend ist, ist dagegen wohnungseigentumsrechtlich unzulässig. Diese Unzulässigkeit ergibt sich aus Folgendem: Die vom Verwalter zu erstellende Jahresabrechnung wird im Verhältnis der Wohnungseigentümer erst dann rechtsverbindlich, wenn über sie beschlossen worden ist. Ein Beschluss der Wohnungseigentümer entfaltet aber rechtsgeschäftliche Bindungswirkungen nur gegenüber denjenigen Wohnungseigentümern, die im Zeitpunkt der Beschlussfassung noch oder schon als Eigentümer im Grundbuch eingetragen sind.[73] Ist ein Wohnungseigentümer aber im Verlauf eines Kalenderjahres oder bis zur Beschlussfassung über die Jahresabrechnung aus der Gemeinschaft durch Veräußerung seines Sondereigentums ausgeschieden, so kann der nach seinem Ausscheiden gefasste Beschluss über die Jahresabrechnung ihn nicht mehr binden.[74] Selbst wenn der Beschluss eine zusätzliche Belastung des ausgeschiedenen Wohnungseigentümers vorsehen würde, wäre dies unbeachtlich und wirkungslos, weil die Rechtsordnung Rechtsgeschäfte zu Lasten Dritter nicht anerkennt. 111

Hat es bezüglich einer Wohnung daher einen **Eigentümerwechsel** gegeben und ergibt die Jahresabrechnung in einem solchen Fall eine Abrechnungsspitze, hat allein der Erwerber für diesen Nachzahlungsbetrag einzustehen.[75] Der ausscheidende Wohnungseigentümer bleibt dagegen zur Erfüllung derjenigen Beiträge verpflichtet, die bis zum Eigentumswechsel beschlossen und fällig geworden sind.[76] Nur wenn im Verhältnis der Wohnungseigentümer eine Vereinbarung besteht, wonach der rechtsgeschäftliche Erwerber auch für Beitragsrückstände seines Veräußerers haftet,[77] ist der Erwerber zugleich neben dem Veräußerer verpflichtet, die vor seinem Eintritt in die Gemeinschaft fällig gewordenen Beitragsrückstände auszugleichen. 112

Aus dem Vorstehenden ergibt sich, dass der Verwalter nur für den Erwerber, nicht aber auch für den ausscheidenden Wohnungseigentümer eine Einzelabrechnung zu erstellen hat. Schon gar nicht darf er die im Wirtschaftsjahr angefallen Kosten anteilig auf den Veräußerer und den Erwerber verteilen. 113

2. Die Betriebskostenabrechnung bei vermietetem Wohneigentum

a) Die Besonderheiten der Betriebskostenabrechnung im Überblick. Im Falle einer Vermietung von Sondereigentum zu Wohnzwecken treten im Zusammenhang mit der Umlage von Betriebskosten besondere Probleme auf, weil die Kosten im Sinne von § 1 Abs. 1 BetrKV, die „durch das Eigentum oder durch den bestimmungsgemäße Gebrauch laufend entstehen“ – jedenfalls überwiegend – nicht allein beim vermietenden Sondereigentümer, sondern bei allen Wohnungseigentümern gemeinsam anfallen. Nur wenn jeder Wohnungseigentümer mit Betriebskosten unmittelbar belastet wird, wie zum Beispiel mit der Grundsteuer, kann der vermietende Wohnungseigentümer diese in voller Höhe gegenüber seinen Mietern abrechnen.[78] Fallen die als Bewirtschaftungskosten umlagefähigen Betriebskosten dagegen – wie beispielweise die Kosten der Müllentsorgung oder der Hausreinigung – im Zusammenhang mit der Verwaltung des gemeinschaftlichen Eigentums an, erfolgt die Belastung gegenüber der Gemeinschaft, nicht aber unmittelbar gegenüber dem vermietenden Wohnungseigentümer. Solche Kosten werden erst durch die Jahresabrechnung anteilig auf die Wohnungseigentümer umgelegt. 114

[73] BGHZ 131, 228, 231 = NJW 1996, 725.
[74] BGH NJW 1999, 3713.
[75] BGH NJW 1999, 3713.
[76] BGH NJW 1988, 1910; zum Ganzen siehe auch *Becker/Kümmel/Ott* § 8 Rn. 516.
[77] Eine solche Klausel ist zulässig, vgl. BGH NJW 1994, 2958.
[78] *Blank* WuM 2000, 523, 524.

115 **b) Die unterschiedlichen Methoden der Abrechnung.** *aa) Gebäudebezogene Kostenerfassung.* Bei der Abrechnung derjenigen Betriebskosten, die anders als beispielsweise die Grundsteuer zunächst gegenüber der Gemeinschaft anfallen, werden wegen der vorstehend dargestellten Besonderheiten im wesentlichen zwei im Ansatz sehr unterschiedliche Methoden praktiziert.[79] Die eine Methode beruht auf der Ansicht, dass es keinen Unterschied mache, ob ein Gebäude einem Eigentümer allein gehöre oder ob es nach § 8 WEG in Wohneinheiten geteilt sei. Auch bei einem in Wohneigentum aufgeteilten Gebäude bilde das gemeinschaftliche Eigentum die maßgebliche Abrechnungseinheit, so dass es zwischen den Betriebskosten eines Mietshauses und den Betriebskosten einer Eigentumswohnung keinen Unterschied gebe. Der Abrechnungsgegenstand sei in beiden Fällen identisch. Daher seien auch bei einer vermieteten Eigentumswohnung sämtliche für den Betrieb des gesamten Gebäudes anfallenden Bewirtschaftungskosten zu erfassen, in der Betriebskostenabrechnung darzustellen und nach den mietrechtlichen Vorgaben zu verteilen und abzurechnen. Nach dieser Methode kann der Vermieter gegenüber dem Mieter unabhängig davon über die Betriebskostenvorauszahlungen abrechnen, ob eine Jahresabrechnung schon erstellt oder gar schon beschlossen ist.[80]

116 *bb) Wohnungsbezogene Kostenerfassung.* Der Methode der gebäudebezogenen Kostenerfassung steht die Methode der wohnungsbezogenen Kostenerfassung gegenüber. Danach kann der vermietende Wohnungseigentümer von den Betriebskosten des gemeinschaftlichen Eigentums nur den Anteil auf seinen Mieter umlegen, den er im Verhältnis zu den übrigen Wohnungseigentümern zu tragen hat. Maßgeblich ist danach für die Höhe der umlagefähigen Betriebskosten die von den Wohnungseigentümern beschlossene Jahresabrechnung. Diese Methode beruht auf der Ansicht, dass der Sondereigentümer erst durch die Beschlussfassung der Wohnungseigentümer über die Jahresabrechnung mit bestimmten Betriebskosten erstmals belastet werde. Der Vermieter einer Eigentumswohnung sei daher in wirtschaftlicher und rechtlicher Hinsicht mit dem Vermieter eines Einfamilienhauses vergleichbar.[81]

117 Weil erst die Beschlussfassung über die Jahresabrechnung eine Belastung des Wohnungseigentümers mit dem im gemeinschaftlichen Eigentum entstandenen Betriebskosten bewirken könne, soll eine entsprechende Beschlussfassung bei dieser Abrechnungsmethode unverzichtbare Voraussetzung für die Umlagefähigkeit der Betriebskosten sein.[82] Die Bestandskraft des Beschlusses soll der Wohnungseigentümer allerdings nicht abwarten müssen.[83]

118 *cc) Stellungnahme.* Die Methode der gebäudebezogenen Abrechnung ist vorzugswürdig und trägt allein den schutzwürdigen Belangen des Mieters hinreichend Rechnung. Ihr steht nicht entgegen, dass nach § 1 Abs. 1 BetrKV nur die dem Eigentümer entstehenden Betriebskosten umlagefähig sind. Werden Hauwartstätigkeiten, Müllreinigungsarbeiten oder Gartenpflegearbeiten in der Wohnanlage ausgeführt, haftet zwar im Außenverhältnis die nach § 10 Abs. 6 WEG rechtsfähige Gemeinschaft für die Zahlung der vereinbarten Vergütung oder Gegenleistung. Nicht hinreichend beachtet wird allerdings in diesem Zusammenhang, dass auch jeder Wohnungseigentümer von den Forderungsgläubigern unmittelbar nach § 10 Abs. 8 Satz 1 WEG für die Erfüllung der Verbindlichkeiten im Verhältnis seiner Miteigentumsanteile in Haftung genommen werden kann. Bereits aus dieser formalen Betrachtung folgt, dass die Betriebskosten des gemeinschaftlichen Eigen-

---

79 Siehe zu den verschiedenen Ansätzen *Blank* NZM 2004, 365, 367 und *Staudinger/Bub* 12. Aufl., § 28 Rn. 320.

80 So insbesondere *Jennißen* NZM 2002, 236, 238.

81 *Blank* NZM 2004, 365, 371.

82 OLG Düsseldorf NZM 2001, 48; *Blank* NZM 2004, 365, 371; *Emmerich/Sonnenschein/Weitemeyer,* 9. Aufl., § 556 Rn. 49; *Langenberg* NZM 2004, 361, 362; a. A. *Riecke* WuM 2003, 309; *Drasdo* NZM 2001, 13, 16.

83 *Langenberg* NZM 2004, 361, 362; a. A. OLG Düsseldorf NZM 2001, 48.

tums allen Wohnungseigentümern gegenüber im Sinne von § 1 Abs. 1 BetrKV entstehen, ohne dass es einer vorherigen Beschlussfassung und Verteilung der Kosten in der Jahresabrechnung bedarf. Wenn nämlich die Wohnungseigentümer den Versorgungsträgern gegenüber unmittelbar auf Zahlung haften, kann es für die Umlagefähigkeit der Betriebskosten nicht mehr darauf ankommen, ob die Wohnungseigentümer rechtsgeschäftlich die Verteilung der Kosten im Innenverhältnis durch Beschluss endgültig regeln.[84]

Die Methode der wohnungsbezogenen Abrechnung lässt zudem in unzulässiger Weise 119 die gesetzlichen Vorgaben in § 556a Abs. 1 BGB außer Acht. Nach dieser Vorschrift sind die Betriebskosten – sofern nicht mietvertraglich ausdrücklich etwas anderes vereinbart ist – nach dem Verhältnis der Wohnfläche umzulegen. Die Kosten des gemeinschaftlichen Eigentums sind dagegen nach § 16 Abs. 2 WEG auf die Wohnungseigentümer im Verhältnis der Miteigentumsanteile zu verteilen. Dieses Verhältnis muss mit dem Verhältnis der Wohnflächen nicht identisch sein.[85] Daraus folgt, dass der Mieter einer Eigentumswohnung – entgegen den gesetzlichen Vorgaben – in höherem Maße mit Betriebskosten belastet werden kann, als andere Mieter. Diese Gefahr ist nach Inkrafttreten des WEG-Änderungsgesetzes und der Neufassung des § 16 Abs. 3 WEG sogar noch gewachsen, weil die Wohnungseigentümer nunmehr mit qualifizierter Mehrheit eine von § 16 Abs. 2 WEG abweichende Verteilung der Betriebskosten im Innenverhältnis beschließen können. Es besteht aber weder ein Grund noch eine nachvollziehbare Notwendigkeit, dem Mieter einer Eigentumswohnung die nachteiligen Folgen einer für ihn nachteiligen Beschlussfassung aufzubürden. Diese würde auch die Grundsätze der Wirtschaftlichkeit missachten, die bei der Umlage von Betriebskosten nach § 556 Abs. 3 Satz 1 BGB zu beachten sind.

Nur eine gebäudebezogene Abrechnung gewährleistet schließlich überhaupt, dass der 120 **Grundsatz der Wirtschaftlichkeit** auch in Wohnungseigentumsanlagen beachtet wird. Diese Abrechnungsmethode trägt nämlich allein dem Umstand Rechnung, dass das Gemeinschaftseigentum betriebskostenrechtlich eine Abrechnungseinheit darstellt. Der Mieter wird aber zur Prüfung, ob der Grundsatz der Wirtschaftlichkeit beachtet wurde, erst dann in die Lage versetzt, wenn ihm auch die in der Abrechnungseinheit entstandenen Gesamtkosten mitgeteilt werden.[86] Es besteht auch kein zwingender Grund, warum von diesen Anforderungen bei Mietverhältnissen über Eigentumswohnungen abgesehen werden sollte.

Die hier bevorzugte Methode ermöglicht es dem vermietenden Wohnungseigentümer 121 schließlich, unabhängig von der Jahresabrechnung des Verwalters und von einer Beschlussfassung der Gemeinschaft eine Betriebskostenabrechnung zu erstellen. Er kann durch Einsichtnahme in die Verwaltungsunterlagen die im Abrechnungszeitraum angefallenen Betriebskosten selbst ermitteln und ohne auf Vorarbeiten des Verwalters angewiesen zu sein, eine Abrechnung erstellen. Dies kann zwar aufwendig und insbesondere die Beschaffung der erforderlichen Unterlagen praktisch schwierig sein;[87] es ist aber keineswegs unmöglich und – im Hinblick auf die jedem Vermieter durch § 556 Abs. 2 BGB eröffnete Möglichkeit, Betriebskostenpauschalen zu vereinbaren – auch keineswegs unzumutbar. Erstellt der Wohnungseigentümer die Betriebskostenabrechnung nach dem vom BGH für zulässig gehaltenen (mietrechtlichen) Abflussprinzip (also dem Prinzip der Abrechnung nach Rechnungen), kann er anhand des Fälligkeitsdatums der Rechnung des Dienstleisters oder Versorgers unschwer feststellen, ob der Rechnungsbetrag in die Abrechnung eingestellt werden darf.

Keine besonderen Probleme hat der vermietende Eigentümer auch im Hinblick auf die 122 Heizkosten- und Warmwasserabrechnung zu bewältigen, da diese Abrechnung nach den

---

[84] Vgl. auch *Nüßlein,* S. 111.

[85] *Blank* NZM 2004, 365, 367.

[86] BGH NZM 2007, 244.

[87] Zutreffend *Jennißen* NZM 2002, 236, 239.

zwingenden gesetzlichen Vorgaben der Heizkostenverordnung verbrauchsabhängig zu erfolgen hat. Dies gilt sowohl im Verhältnis der Wohnungseigentümer untereinander (§ 1 Abs. 2 Nr. 3 und § 3 HeizkostenV) als auch im Verhältnis des vermietenden Wohnungseigentümers zu seinem Mieter (§ 1 Abs. 4 HeizkostenV). Der vermietende Wohnungseigentümer hat nur darauf zu achten, dass die Verteilung der Kosten nach dem erfassten Verbrauch einerseits (mindestens 50%, höchstens 70%) und dem Anteil der Wohn- und Nutzfläche mietvertraglich in Übereinstimmung mit den Regelungen der Teilungserklärung steht.

123 c) **Das Prüfungsrecht des Mieters einer vermieteten Eigentumswohnung.** Der Mieter einer Eigentumswohnung hat ein uneingeschränktes Einsichtsrecht in die der Abrechnung zugrundeliegenden Originalbelege. Das Einsichtsrecht ist daher nicht auf diejenigen Unterlagen beschränkt, die sich bei dem Wohnungseigentümer selbst befinden.[88] Ein uneingeschränktes Einsichtsrecht ist dem Mieter einer Wohnung schon deshalb zuzubilligen, weil bei der Abrechnung von Betriebskosten nach § 556 Abs. 3 Satz 1 BGB der Grundsatz der Wirtschaftlichkeit zu beachten ist.[89] Es obliegt dem vermietenden Eigentümer, seinem Mieter die Einsichtnahme in die Unterlagen der Wohnungseigentümergemeinschaft zu ermöglichen.[90] Hierzu kann er dem Mieter z.B. eine entsprechende Ermächtigung erteilen.[91]

124 d) **Änderung von Kostenverteilungsschlüssel.** Die wohnungseigentums- und mietrechtlichen Bestimmungen zur Verteilung von Betriebskosten im Sinne von § 1 BetrKV sind nicht aufeinander abgestimmt. Nach § 16 Abs. 2 WEG sind die Lasten und Kosten des gemeinschaftlichen Eigentums, zu denen auch die Betriebskosten im Sinne von § 1 BetrKV gehören können, von den Miteigentümern nach dem Verhältnis der Miteigentumsanteile zu tragen. Mietrechtlich hat die Verteilung dagegen nach § 556a Abs. 1 BGB nach dem Verhältnis der Wohnfläche zu erfolgen. Dies gilt jedenfalls, sofern die Beteiligten nichts anderes vereinbart haben und soweit gesetzlich – wie etwa in der Heizkostenverordnung – nichts anderes bestimmt ist. Weil die Miteigentumsanteile nicht zwingend dem Anteil der Wohnfläche des Mieters an der Gesamtnutzfläche der Abrechnungseinheit entsprechen muss, kann es vorkommen, dass – bei einer objektbezogenen Abrechnung der Betriebskosten – der Mieter rechnerisch in höherem oder geringerem Maße als sein vermietender Wohnungseigentümer in der Jahresabrechnung mit Betriebskosten belastet wird.

125 Diese Diskrepanz wird durch die Neuregelung des § 16 Abs. 3 WEG noch verschärft. Danach können die Wohnungseigentümer beschließen, dass die Betriebskosten des gemeinschaftlichen Eigentums oder des Sondereigentums im Sinne des § 556 Abs. 1 BGB, die nicht unmittelbar (wie die Grundsteuer) gegenüber Dritten abgerechnet werden, und die Kosten der Verwaltung nach Verbrauch oder Verursachung erfasst und nach diesem oder nach einem anderen Maßstab verteilt werden, soweit dies ordnungsgemäßer Verwaltung entspricht. Während zum Beispiel die Verteilung der Hausreinigungskosten mietrechtlich nach dem Anteil der Wohnfläche erfolgt, könnten die Wohnungseigentümer untereinander nach § 16 Abs. 3 WEG eine Umlage dieser Kosten im Verhältnis der Anzahl der Bewohner beschließen. Der Vermieter könnte zwar nach § 556a Abs. 2 BGB durch Erklärung in Textform eine abweichende Umlage von Betriebskosten bestimmen, wenn die Umlage dem unterschiedlichen Verbrauch oder einer unterschiedlichen Verursachung Rechnung trägt. Während aber die Wohnungseigentümer eine Änderung des Kostenverteilungsschlüssels mit sofortiger Wirkung beschließen können, ist die entspre-

---

[88] Wie hier *Röll/Sauren,* Handbuch für Wohnungseigentümer und Verwalter, Teil C Rn. 310; *Langenberg* NZM 2004, 361, 365; a. A. LG Mannheim WuM 1996, 630.

[89] Im Ergebnis auch *Blank* NZM 2004, 365, 371.

[90] LG Frankfurt/Main NJWE-MietR 1997, 147.

[91] *Langenberg* NZM 2004, 361, 365.

chende Erklärung des Vermieters nach § 556a Abs. 2 Satz 2 BGB nur vor Beginn eines Abrechnungszeitraumes zulässig.

Im Schrifttum fehlt es nicht an Untersuchungen, ob und durch welche vertraglichen Gestaltungen diesen Diskrepanzen begegnet werden kann.[92] Vorgeschlagen wird beispielweise, dass der Vermieter seinen Mieter durch vertragliche Absprache an die Jahresabrechnung der Gemeinschaft bindet, so dass die auf ihn umgelegten Betriebskosten unmittelbar von dem Mieter zu tragen wären.[93] Etwaige Veränderungen des Kostenverteilungsschlüssels im Verhältnis der Wohnungseigentümer untereinander – so die Vorstellung der Befürworter – würden dann unmittelbar auch für die Betriebskostenabrechnung gelten. Zu beachten ist allerdings, dass § 556a Abs. 2 Satz 2 BGB den Vermieter von Wohnraum zwar in dem in Satz 1 bestimmten Umfang zu einseitigen Änderungen des Kostenverteilungsschlüssels berechtigt, eine entsprechende Erklärung aber nur vor Beginn eines Abrechnungszeitraums zulässig ist. Eine hiervon zum Nachteil des Mieters abweichende Vereinbarung und damit eine uneingeschränkte Bindung an die Jahresabrechnung wäre daher schon nach § 556a Abs. 3 BGB unwirksam. Als vorformulierte Vertragsbedingung müsste die Klausel zudem so abgefasst sein, dass kein Zweifel an ihrem Inhalt und Ihrer Reichweite verbleiben und sie nicht gegen das **Transparenzgebot** des § 305c Abs. 2 BGB verstößt. Schließlich dürfte eine solche Klausel den Vermieter nicht von seiner Verpflichtung befreien, bei der Abrechnung den **Grundsatz der Wirtschaftlichkeit** zu beachten; eine hiervon zum Nachteil des Mieters abweichende Vereinbarung wäre schon nach § 556 Abs. 3 BGB unwirksam. Nicht unproblematisch sind wegen der Regelungen in §§ 305 ff. BGB schließlich auch Änderungsklauseln, mit denen eine dynamische Anpassung des Kostenverteilungsschlüssels erreicht werden soll.[94] Durch Regelungen in allgemeinen Geschäftsbedingungen wird sich daher eine befriedigende und – gerade im Hinblick auf die strengen Vorgaben, die das Gesetz an die Wirksamkeit vorformulierter Vertragsbedingungen stellt – juristisch belastbare Lösung wohl kaum erreichen lassen.[95] 126

Die vermietenden Wohnungseigentümer und die ihnen vertraglich verbundenen Sondereigentumsverwalter sollten wegen dieser zahlreichen Unwägbarkeiten daher vor Abschluss eines Mietvertrages prüfen, ob sie nicht von vornherein davon absehen, Vorauszahlungen für solche Betriebskosten zu vereinbaren, die nicht nach Maßgabe der Heizkostenverordnung abzurechnen sind. Die Vertragsparteien können nach § 556 Abs. 2 BGB vereinbaren, dass Betriebskosten statt als Vorauszahlungen als Pauschale ausgewiesen werden. Der vermietende Wohnungseigentümer wäre bei der **Vereinbarung einer Pauschale (also einer sog. Bruttokaltmiete)** bei entsprechender ausdrücklicher Vereinbarung im Mietvertrag nach § 560 Abs. 1 Satz 1 BGB berechtigt, die Pauschale unter den in § 560 Abs. 1 bis 3 BGB genannten Voraussetzungen zu erhöhen. Von der Verpflichtung zu einer jährlichen Abrechnung von Vorauszahlungen wäre er bezüglich derjenigen Betriebskosten, für die die Pauschale zu entrichten ist, befreit. Soweit darüber hinaus Heiz- und Warmwasserkosten anfallen, könnte er die für die Gemeinschaft erstellte Abrechnung ohne weiteres zur Grundlage einer Abrechnung gegenüber dem Mieter machen, wenn er bei Vertragsschluss darauf achtet, dass die Abrechnungszeiträume identisch sind. Es liegt auf der Hand, dass eine solche Vertragsgestaltung zahlreiche der hier dargestellten Probleme gar nicht erst entstehen lassen würde. 127

---

[92] *Abramenko* ZMR 1999, 676; *Drasdo* ZMR 2008, 421.
[93] *Abramenko* ZMR 1999, 676, 677.
[94] *Drasdo* ZMR 2008, 421, 431.
[95] Siehe hierzu ausführlich *Drasdo* ZMR 2008, 421 ff.

C. Die Wohnungseigentümer und ihre Verwaltung

I. Abgrenzung von Sondereigentum und Gemeinschaftseigentum

1. Allgemeine Regeln der Abgrenzung

Die Abgrenzung zwischen Sondereigentum und Gemeinschaftseigentum gehört zu den in der Praxis häufig gestellten Fragen. Sie ist vor allem eine **Vorfrage für** die Beurteilung der **Instandhaltungszuständigkeit** und **Kostentragung** innerhalb der Gemeinschaft. Die Kosten des Sondereigentums trägt der jeweilige Sondereigentümer; die Kosten des Gemeinschaftseigentums tragen sämtliche Wohnungseigentümer nach dem gesetzlichen (§ 16 Abs. 2 WEG), vereinbarten oder beschlossenen (§ 16 Abs. 3 und 4 WEG) Verteilerschlüssel. Die Gemeinschaftsordnung kann allerdings eine von der gesetzlichen Systematik abweichende Kostentragung regeln, etwa dergestalt, dass die Kosten der Instandhaltung der Fenster, die sich im räumlichen Bereich eines Sondereigentums befinden, von dem jeweiligen Sondereigentümer allein zu tragen sind. Aus der Eigentumszuordnung darf daher nicht ohne weiteres auf die Verpflichtung zur Kostentragung geschlossen werden. Vorab sind stets die Gemeinschaftsordnung und die Beschluss-Sammlung hinsichtlich etwaiger abweichender Regelungen zu sichten. Nachfolgend werden die allgemeinen Regeln zur Abgrenzung von Sondereigentum und Gemeinschaftseigentum dargestellt. In systematischer Hinsicht ist bei der Abgrenzung von Sondereigentum und Gemeinschaftseigentum zu unterscheiden zwischen 1

– dem Grundstück und seinen wesentlichen Bestandteilen,
– den Räumen innerhalb der Wohnanlage sowie
– Gebäudebestandteilen, Anlagen und Einrichtungen.

Das WEG enthält insoweit unterschiedliche systematische Ansätze für die Eigentumszuordnung: 2

a) Das Grundstück und seine wesentlichen Bestandteile. Der Grund und Boden, auf dem die Wohnanlage sich befindet, und sämtliche Außenanlagen stehen zwingend im Gemeinschaftseigentum (§ 1 Abs. 5 WEG). An oberirdischen und nicht durch Überdachung und Wände abgeschlossenen Flächen kann kein Sondereigentum begründet werden. Es fehlt an einem Kubus. Folglich wäre die Begründung von Sondereigentum an ebenerdigen Terrassen und an oberirdischen Abstellplätzen außerhalb von Garagen[1] nichtig. Die Eintragung einer entsprechenden Regelung im Grundbuch ändert an der Nichtigkeit nichts. 3

Es stellt sich allenfalls die Frage, ob die nichtige Zuweisung von Sondereigentum gemäß § 140 BGB in ein **Sondernutzungsrecht umgedeutet** werden kann.[2] Dies ist der Fall, wenn mit der Sondereigentumszuweisung vornehmlich die Absicht verfolgt wurde, einem Wohnungseigentümer das Recht zum alleinigen Gebrauch und zur alleinigen Nutzung der betreffenden Fläche zu verschaffen. Die Begründung eines Sondernutzungsrechts setzt ebenso wie die Sondereigentumsbegründung voraus, dass die betreffende Grundstücks- oder Gebäudefläche hinreichend bestimmt bezeichnet ist und eine eindeutige Abgrenzung zu anderen Bereichen der Wohnanlage möglich ist. Durch eine Umdeutung darf der Berechtigte aber keine wirtschaftlich bessere Position erlangen als im Fall der Sondereigentumsbegründung.[3] 4

---

[1] Zu Stellplätzen in Garagen siehe Rn. 17.
[2] Vgl. OLG Köln MittRhNotK 1996, 61; KG ZMR 1999, 206.
[3] Vgl. BayObLG MDR 1981, 145.

5 **b) Die Zuordnung von Räumen.** Es gilt folgender **Grundsatz:** Räume, die in der Teilungserklärung und im Aufteilungsplan nicht ausdrücklich zu Sondereigentum erklärt sind, stehen im Gemeinschaftseigentum.

6 Rechtlich verbindlich für die Eigentumszuordnung sind nur notarielle Urkunden und behördliche Aufteilungspläne, die durch Eintragung ins Bestandsverzeichnis des Grundbuchs vollzogen wurden.[4] In der Praxis werden bisweilen mehrere Teilungserklärungen und Änderungsurkunden sowie mehrere Aufteilungspläne und Abgeschlossenheitsbescheinigungen beurkundet beziehungsweise erstellt. Diese Urkunden und Pläne erlangen jedoch Verbindlichkeit erst mit der Eintragung in das Grundbuch. Die Eintragung erfolgt in der Regel durch Bezugnahme auf die Eintragungsbewilligung (§ 7 Abs. 3 WEG).

7 *aa) Formelle Voraussetzungen für Sondereigentum an Räumen.* Ein Raum steht im Sondereigentum, wenn er in der Teilungserklärung und dem dort in Bezug genommenen Aufteilungsplan als Sondereigentum ausgewiesen ist (siehe §§ 3 und 7 WEG). Zur näheren Bezeichnung des Gegenstandes des Sondereigentums im Grundbuch wird in der Regel nur auf die Eintragungsbewilligung Bezug genommen (§ 7 Abs. 3 WEG). Der beim Grundbuchamt einzureichenden Eintragungsbewilligung (d.h. der Erklärung des oder der Grundstückseigentümer, dass bestimmte Regelungen über die Zuordnung von Sonder- und Gemeinschaftseigentum ins Grundbuch eingetragen werden sollen) sind gemäß § 7 Abs. 4 WEG als Anlagen beizufügen:

8 • Eine von der Baubehörde mit Unterschrift und Siegel oder Stempel versehene Bauzeichnung, aus der die Aufteilung des Gebäudes sowie die Lage und Größe der im Sondereigentum und der im Gemeinschaftseigentum stehenden Gebäudeteile ersichtlich ist (**Aufteilungsplan**), sowie

9 • eine Bescheinigung der Baubehörde, dass die Voraussetzungen des § 3 Abs. 2 WEG vorliegen, mithin die Wohnungen oder sonstigen Räume in sich abgeschlossen sind (sog. **Abgeschlossenheitsbescheinigung**)

10 **Fehlt** der der Eintragungsbewilligung beizufügende **Aufteilungsplan,** entsteht kein Sondereigentum, da aus dem Grundbuch nicht ersichtlich ist, welche Räume im Sondereigentum stehen. Das Fehlen der Abgeschlossenheitsbescheinigung stellt hingegen lediglich einen Formmangel dar, der nicht zur Unwirksamkeit der Sondereigentumseinräumung führt.[5] Der Aufteilungsplan hat für das Wohnungseigentum eine ähnliche **Funktion** wie das Liegenschaftskataster für die Lage eines Grundstücks. Er sichert den sachenrechtlichen Bestimmtheitsgrundsatz, indem er die Grenzen des Sondereigentums zum Gemeinschaftseigentum und die Grenzen des Sondereigentums zu anderen Sondereigentumsräumen definiert.[6] Er besteht aus Grundrissen der Gebäudeetagen, an denen Sondereigentum entstehen soll. Möglich und nützlich ist auch die Beifügung von Längsschnitten und Ansichten des Gebäudes,[7] um die Grenzen des Sondereigentums auch in vertikaler Hinsicht zu definieren. Im Aufteilungsplan sind alle zu demselben Wohnungseigentum gehörenden Einzelräume mit der jeweils gleichen Nummer zu kennzeichnen. Alternativ können durch farbliche Umrandungen oder Schraffierungen die Grenzen des Sondereigentums und die Zusammengehörigkeit mehrerer Räume zu einer Sondereigentumseinheit kenntlich gemacht werden.[8] Ein Sondereigentumsraum kann nur einer Wohnungseigentumseinheit zugewiesen werden. Mitsondereigentum an Räumen gibt es nicht.

11 Besteht eine Wohnanlage aus **mehreren Gebäuden,** ist für jedes Gebäude ein Aufteilungsplan erforderlich. Fehlt für ein Gebäude ein Aufteilungsplan, steht dieses Gebäude vollständig im Gemeinschaftseigentum.

---

[4] BGH NJW 1995, 2851; LG Itzehoe ZMR 2008, 736.
[5] BGH NZM 2008, 688; BayObLG Rpfleger 1980, 295.
[6] BGH ZMR 2004, 206.
[7] BayObLG ZMR 1998, 43.
[8] BayObLG Rpfleger 1982, 21.

Räume, die im Aufteilungsplan keiner Sondereigentumseinheit erkennbar zugewiesen sind, stehen im Gemeinschaftseigentum. Dies gilt auch, wenn der Raum **funktional** nur **einer Wohnungseigentumseinheit dient**, weil er nur von dieser Sondereigentumseinheit aus erreichbar ist und sinnvollerweise auch nur vom Eigentümer dieser Sondereigentums genutzt werden kann.[9] Dies betrifft etwa Balkone, Kellerräume, Spitzböden, Abstellräume oder Vorräume. Die von *Schneider*[10] und *F. Schmidt*[11] vertretene Auffassung, wonach solche Räume stets wesentliche Bestandteile (§ 94 BGB) des Sondereigentums seien, dem sie funktional dienten, überzeugt nicht.[12] Das WEG kennt keine Räume oder Gebäudeteile, die zwingend im Sondereigentum stehen müssen. Der Balkon als „Raum" kann nicht wesentlicher Bestandteil eines anderen Raumes sein. § 94 BGB wird in Bezug auf Räume durch die Sonderregelungen der §§ 3, 5, 7 und 8 WEG verdrängt. § 5 Abs. 3 WEG ist zu entnehmen, dass jeder sondereigentumsfähige Raum oder Gebäudeteil im Gemeinschaftseigentum belassen werden kann. Da das Sondereigentum an Räumen durch den Aufteilungsplan definiert wird, steht ein Raum im Gemeinschaftseigentum, wenn der Aufteilungsplan ihn nicht als Sondereigentum ausweist. 12

bb) Bauliche Voraussetzungen für die Begründung von Sondereigentum. Sondereigentum kann nur an Räumen, das heißt an kubischen Gebilden innerhalb eines Gebäudes, begründet werden, die im **Aufteilungsplan** nach **Länge, Breite** und **Höhe** vom Gemeinschaftseigentum und vom Sondereigentum anderer Einheiten abgegrenzt sind. Die Abgrenzung muss durch feste, geschlossene Wände und Decken sowie durch schließbare Zugänge erfolgen. Der Hauptbereich des nach § 13 Abs. 1 WEG uneingeschränkter Raumherrschaft unterliegenden Sondereigentums muss baulich so umfriedet sein, dass feste und geschlossene oder verschließbare Bauteile die Raumeinheit dauerhaft abschirmen und dadurch Dritten der unbefugte Zugang tatsächlich verwehrt ist.[13] Die Trennwände und Trenndecken müssen allerdings nicht den Anforderungen entsprechen, die das Bauordnungsrecht des jeweiligen Bundeslandes an Neubauten stellt.[14] Sofern der Aufteilungsplan und die Teilungserklärung keine diesen Anforderungen entsprechende räumliche Abgrenzung des Sondereigentums vorsehen, muss das Grundbuchamt die Begründung von Sondereigentum verweigern. Der Aufteilungsplan muss die Grenzen des Sondereigentums mit hinreichender Bestimmtheit erkennen lassen. Ist dies nicht der Fall, entsteht an dem betreffenden Raum kein Sondereigentum; der Raum verbleibt in Gänze im Gemeinschaftseigentum. 13

Erfüllt der Aufteilungsplan die vorstehend genannten Voraussetzungen, ist das Raumgebilde vor Ort aber (noch) nicht dreidimensional umgrenzt, entsteht gleichwohl Sondereigentum, wenn das Grundbuchamt das Wohnungsgrundbuch anlegt und die (nach der Teilungserklärung noch zu schaffenden) Grenzen des Sondereigentums – gegebenenfalls durch Vermessung – bestimmt werden können.[15] Folglich lässt auch die nachträgliche **Entfernung von Wänden** oder Decken Sondereigentum nicht entfallen,[16] solange die planmäßigen Grenzen des Kubus noch bestimmbar sind. Wird eine Wand, die Decke oder der Boden eines Raumes nachträglich entfernt (z. B. die Zwischendecke zum Spitzboden),[17] verändert sich dadurch die Grenze des Sondereigentums nicht. Soll der räum- 14

[9] OLG Frankfurt Rpfleger 1997, 374; LG Frankfurt NJW-RR 1990, 1238; a. A. *Riecke/Schmid/Schneider* § 7 Rn. 94: gehört als wesentlicher Bestandteil i. S. d. § 94 BGB zum Sondereigentum.

[10] *Riecke/Schmid/Schneider* § 7 Rn. 94.

[11] MittBayNot 2001, 442.

[12] Wie hier: *Bärmann/Armbrüster* § 5 Rn. 55. Nach *Staudinger/Rapp* § 5 WEG Rn. 7 sollen Balkone, Terrassen und Loggien nicht sondereigentumsfähig sein, da sie keinen Schutz vor äußeren Einwirkungen böten.

[13] BGH NJW 1991, 1611.

[14] Gemeinsamer Senat der obersten Gerichtshöfe des Bundes NJW 1992, 3290.

[15] BGH NZM 2008, 688.

[16] BGH NJW 2001, 1212.

[17] Vgl. OLG Düsseldorf DNotZ 1995, 82.

liche Bereich des Sondereigentums verändert werden, bedarf es dazu einer Änderung der Teilungserklärung nebst Eintragung im Grundbuch. Durch nachträgliche bauliche Veränderungen am Sonder- oder Gemeinschaftseigentum verschieben sich die Grenzen des Sondereigentums nicht.

15 Sind die baulichen Grenzen des Sondereigentums nicht, wie im Aufteilungsplan vorgesehen, vorhanden, kann jeder Wohnungseigentümer gemäß § 21 Abs. 4 WEG die (Wieder-)Herstellung der baulichen Begrenzung des Sondereigentums als Maßnahme ordnungsmäßiger Verwaltung verlangen.

16 An einem **Carport** mit offenem Einfahrtsbereich kann kein Sondereigentum entstehen.[18] **Balkone** und **Terrassen** werden – wohl eher aus praktischen Erwägungen heraus – überwiegend als sondereigentumsfähig angesehen, wenn sie seitlich abgeschlossen sind.[19] Die obere Grenze des im Sondereigentum stehenden Kubus endet an der Oberkante der Brüstung. Die fehlende Abgeschlossenheit nach oben hin steht dem nach herrschenden Meinung nicht entgegen, solange sich der Kubus eindeutig von den übrigen Bereichen des Gebäudes abgrenzen lässt.[20] An Terrassen und Balkonen ohne seitliche Umrandung und Höhenabgrenzung kann mithin kein Sondereigentum entstehen.[21] Bei umlaufenden Terrassen oder Balkonen müssen die aneinandergrenzenden Sondereigentumsbereiche durch fest installierte Wand-, Brüstungs- oder Zaunelemente voneinander abgegrenzt sein.

17 *cc) Sondereigentum an Garagenstellplätzen.* § 3 Abs. 2 Satz 2 WEG enthält eine Sonderregelung für Garagenstellplätze. Garagenstellplätze **gelten als abgeschlossene Räume,** wenn ihre Flächen durch **dauerhafte Markierungen** kenntlich gemacht. Durch die Fiktion der Abgeschlossenheit wird die Bildung mehrerer Sondereigentumsbereiche innerhalb einer Sammelgarage ohne Trennwände ermöglicht. Ohne die Regelung des § 3 Abs. 2 Satz 2 WEG bestünde nur die Möglichkeiten, die gesamte Sammelgarage zu einer Sondereigentumseinheit zu erklären oder die Sammelgarage im Gemeinschaftseigentum zu belassen und an den einzelnen Stellplätzen Sondernutzungsrechte zu begründen.

18 Eine **Markierung ist „dauerhaft"**, wenn sie mit dem Garagenboden oder den Wänden fest verbunden ist und nicht verschoben werden kann. Als dauerhafte Markierungen kommen nach § 6 AVA in Betracht: fest montierte Trennwände, im Boden verankerte Geländer, Begrenzungsschwellen, Markierungssteine, Markierungsnägel. Teilweise wird auch ein Farbanstrich für ausreichend gehalten.[22] Durch eine nachträgliche Entfernung der Markierung entfällt das Sondereigentum nicht, denn es kommt lediglich auf die ursprüngliche Funktion der Markierung an, die Grenzlinie auf Dauer zu fixieren.[23] Entscheidend ist, dass die Fläche mit der erforderlichen Bestimmtheit rekonstruiert werden kann und der Eigentümer im Grundbuch eingetragen ist.[24]

19 Umstritten ist, ob Garagenstellplätze auf **unüberdachten Gebäudeflächen,** etwa Dächern von Garagen, Parkpaletten oder anderen Gebäuden, sondereigentumsfähig sind. Gegen diese Annahme spricht der Wortlaut des § 3 Abs. 2 Abs. 2 WEG. Dort ist von Garagenstellplätzen die Rede. Eine Garage ist nach allgemeinem Sprachverständnis ein mit Wänden und Decke umschlossener Raum, der das Fahrzeug vor Witterung und unbefugtem Zugriff schützt. Ein „Garagenstellplatz" befindet sich daher innerhalb des Ga-

---

[18] BayObLG ZMR 1986, 207; OLG Celle NJW-RR 1991, 1489.

[19] Siehe unten Rn. 66 Stichwort „Balkon".

[20] BGH NJW 1985, 1551; *Bärmann/Armbrüster* § 5 Rn. 55; *Niedenführ/Kümmel/Vandenhouten* § 5 Rn. 13; *Jennißen/Dieckersbach* § 5 Rn. 14; *Riecke/Schmid/Schneider* § 7 Rn. 94; a. A. *Staudinger/Rapp* § 5 WEG Rn. 7 f.

[21] OLG Köln MDR 1982, 757.

[22] *Jennißen/Zimmer* § 3 Rn. 24; a. A. *Riecke/Schmid/Elzer* § 3 Rn. 69.

[23] BayObLG ZMR 2001, 820.

[24] BayObLG ZMR 2001, 820.

ragenraumes und nicht auf dessen Dach.[25] Die herrschende Ansicht legt hingegen § 3 Abs. 2 Satz 2 WEG extensiv aus und hält die Begründung von Sondereigentum an Stellplätzen auf dem nicht überdachten Oberdeck eines Parkhauses oder einer Sammelgarage für möglich.[26] § 3 Abs. 2 Satz 2 WEG verfolge den Zweck, die sonderrechtsfähigen Garagenstellplätze von Kraftfahrzeugstellplätzen im Freien abzugrenzen, weil Sondereigentum bzw. Teileigentum an einer bloßen Grundstücksfläche nicht begründet werden könne. Die Dachfläche einer mehrgeschossigen Sammelgarage sei als Teil des Garagengebäudes und nicht als Teil des unbebauten Grundstücks anzusehen. Der allgemeine Sprachgebrauch, nach dem der Begriff der Garage eine zumindest überdachte Stellfläche voraussetze, bedeute nicht, dass „Garagenstellplätze" nur diejenigen wären, die im überdachten Flächenbereich der betreffenden Gesamtanlage belegen seien. Die Bezeichnung „Garage" umfasse das Bauwerk insgesamt und damit grundsätzlich auch die Stellplätze auf der obersten Ebene, ohne dass es auf die Überdachung des einzelnen Platzes ankomme.[27] Das Gesetz zur Änderung des Wohnungseigentumsgesetzes vom 30. 7. 1973 (BGBl 1973 I, 910) gebe auch keinerlei Hinweis darauf, dass der Gesetzgeber als „Raum" im Sinne des § 3 Abs. 2 Satz 2 WEG das Parkhaus als solches ansehen wollte. In diese Richtung weise schon der Wortlaut des Gesetzes, wo nicht von Garageneinstellplätzen (in Räumen), sondern schlicht von Garagenstellplätzen die Rede sei. Da aber eine gesetzliche Definition des Begriffs „Garage" fehle, erscheine es angängig, als Garagenstellplatz nicht nur einen solchen in dem allseits von Beton umschlossenen Baukörper zu verstehen, sondern auch den Platz, der über Auffahrten im Gebäudekörper erreicht werden könne. Auch ein solcher Platz werde vom allgemeinen Sprachgebrauch als in einem Gebäude liegend angesehen.[28] Voraussetzung sei allerdings, dass der Stellplatzbereich durch Absperreinrichtungen vor einer Benutzung durch Unbefugte geschützt ist, etwa durch eine Schranke oder ein Rolltor im Zufahrtsbereich. Pkw-Abstellplätze auf einem ebenerdig gelegenen und von der Umgebung nicht abgegrenzten Dach einer Tiefgarage seien daher nicht sonderrechtsfähig.[29] Der herrschenden Auffassung ist entgegenzuhalten, dass sie das natürliche Sprachverständnis der Bevölkerung nicht trifft. Der Käufer eines Garagenstellplatzes erwartet, seinen Pkw in einer umschlossenen Garage abstellen zu können (und nicht im Freien auf dem Garagendach). Der Umstand, dass die Zufahrt zum Garagendach durch eine Schranke oder ein Rolltor gesichert ist, ändert daran nichts. Ein „Garagenstellplatz" ohne Wände und Decke dürfte zudem aus kaufvertraglicher Sicht mit einem Sachmangel im Sinne des § 434 Abs. 1 BGB behaftet sein.

Ist an einem Garagenstellplatz wirksam Sondereigentum begründet, gehört nur der 20
obere Fahrbelag zum Sondereigentum. Die **Markierung** zur Abgrenzung der Stellplatzfläche gehört zum Gemeinschaftseigentum, da sie zugleich der Abgrenzung des Gemeinschaftseigentums oder der Abgrenzung anderer Stellplatzflächen dient. Die Markierung kann daher nicht entfernt werden, ohne dass der Stellplatznachbar oder die Eigentümergemeinschaft eine Rechtsunsicherheit erleiden. Innerhalb der Sammelgarage gehören die Wände, Stützpfeiler, die Decke, das Garagentor, Türen, elektrische und sonstige technische Einrichtungen zum Gemeinschaftseigentum.

An Stellplätzen auf **Doppelstockhebevorrichtungen** (sog. Duplexstellplätzen) kann 21
nach herrschender Meinung kein Sondereigentum begründet werden.[30] Denn die beweg-

---

[25] So im Ergebnis auch KG ZMR 1996, 216; *Niedenführ/Kümmel/Vandenhouten* § 3 Rn. 32; *Palandt/Bassenge* § 3 WEG Rn. 8; *Staudinger/Rapp* § 3 WEG Rn. 20.

[26] *Riecke/Schmid/Elzer* § 3 Rn. 71; *Jennißen/Zimmer*, WEG, § 3 Rn. 24; *Bärmann/Armbrüster* § 5 Rn. 18 und die nachfolgend zitierte Rechtsprechung.

[27] OLG Hamm NZM 1998, 267.

[28] OLG Frankfurt DNotZ 1977, 635.

[29] OLG Frankfurt MDR 1984, 147.

[30] BayObLG NJW 1975, 740; OLG Düsseldorf NZM 1999, 571; OLG Jena NotBZ 2005, 219; a. A. *Bärmann/Armbrüster* § 5 Rn. 64; *Riecke/Schmid/Elzer* § 3 Rn. 73; *Häublein* MittBayNot 2000, 112; *Hügel* NotBZ 2000, 349; *Gleichmann* Rpfleger 1988, 10; *Sauren* MittRhNotK 1982, 213.

lichen Stellplätze auf der Hebevorrichtung teilen sich den gleichen Luftraum über der abgegrenzten Bodenfläche. Das Sondereigentum bzw. Alleineigentum setzt seiner Definition entsprechend aber gerade voraus, dass ein ungeteiltes Herrschaftsrecht eines Sonder- oder Alleineigentümers besteht. Das ist bei der Begründung von Sondereigentum am einzelnen Stellplatz einer Doppelstockhebevorrichtung nicht der Fall, weil die Herrschaft bzw. Duldung durch den einen Berechtigten unmittelbar mit der Herrschaft und der Duldung des anderen Berechtigten korrespondiert. Keiner kann den anderen grundsätzlich von der Einwirkung auf seinen Herrschaftsbereich ausschließen, beide haben den Zugang des anderen zu gestatten und sind ihrerseits auf die Gewährung des Zutritts durch jenen angewiesen.[31]

22 Es besteht nur die Möglichkeit, die Fläche in der Sammelgarage, über deren Luftraum sich die **Hebebühne** befindet, als Sondereigentum auszuweisen.[32] Damit gehören die Stellplätze auf der Hebevorrichtung zu ein und demselben Sondereigentum. Die Hebevorrichtung bzw. die Hebebühne selbst steht in diesem Fall im Sondereigentum. Sie dient nur einer Sondereigentumseinheit (mit zwei übereinander liegenden Stellflächen) und kann verändert oder beseitigt werden, ohne einen anderen Teileigentümer zu beeinträchtigen. Anderer Ansicht ist das OLG Hamm, das zur Begründung ausführt: Ohne Hebevorrichtung sei der Doppelstockparker kein solcher, denn erst die Hebevorrichtung ermögliche das Einstellen von zwei (oder mehr) Fahrzeugen auf einer Grundfläche, die an sich nur für ein Kraftfahrzeug groß genug ist. Folglich müsse die Hebevorrichtung im Gemeinschaftseigentum stehen. Diese Argumentation missachtet allerdings § 5 Abs. 1 und 2 WEG. Der Umstand, dass die Hebevorrichtung erst das nach der Bauplanung vorgesehene Abstellen mehrerer Pkw ermöglicht, ändert nichts daran, dass die Hebevorrichtung nur einer Sondereigentumseinheit dient und den Gebrauch des Gemeinschaftseigentums und anderer Sondereigentumseinheiten nicht berührt. Folglich fällt die Hebebühne nicht unter § 5 Abs. 2 WEG. Anders wäre dies nur, wenn man die Begründung von Sondereigentum an den übereinander liegenden Stellflächen auf der Hebebühne zuließe. In diesem Fall würde die Hebebühne tatsächlich dem Gebrauch mehrerer Sondereigentumseinheiten dienen und stünde damit gemäß § 5 Abs. 2 WEG zwingend im Gemeinschaftseigentum.[33] Der **Motor** und die **Hydraulikanlage** einer Hebeanlage stehen im Sondereigentum, wenn sie nur einem Doppelparkplatz dienen. Dienen sie hingegen dem Antrieb mehrerer Hebebühnen verschiedener Sondereigentumseinheiten, stehen sie gemäß § 5 Abs. 2 WEG zwingend im Gemeinschaftseigentum. Erstreckt sich eine Hebebühne über mehrere nebeneinander liegende und als separates Sondereigentum ausgewiesene Stellplatzflächen (2 x 2-Hebebühne), steht sie ebenfalls im Gemeinschaftseigentum, da die Hebebühne der einen Sondereigentumseinheit zugleich die Hebebühne der daneben liegenden Sondereigentumseinheit ist.

23 *dd) Räume des gemeinschaftlichen Gebrauchs:* Gemäß § 5 Abs. 2 WEG gehören Anlagen und Einrichtungen, die dem gemeinschaftlichen Gebrauch der Wohnungseigentümer dienen, zwingend zum Gemeinschaftseigentum. Dies gilt auch für *Räume,* auf deren gemeinschaftliche Benutzung die Wohnungseigentümer angewiesen sind.[34]

24 **Zugang zum Sondereigentum:** Die Wohnungseigentümer sind **auf die Benutzung** solcher Räume **angewiesen,** die sie betreten müssen, um in ihr Sondereigentum zu gelangen.[35] Beispiele hierfür sind das Treppenhaus und die Zugangsflure zu mehreren Sondereigentumsräumen. Ein Vorraum oder Flur, der nur die Räume einer Sondereigentumseinheit erschließt, kann hingegen dem Sondereigentum zugeordnet werden.[36]

---

31 OLG Jena NotBZ 2005, 219.
32 BayObLG NJW-RR 1995, 783; OLG Düsseldorf NZM 1999, 571.
33 Vgl. OLG Celle NZM 2005, 871.
34 BGH NJW 1979, 2391.
35 OLG Hamm NZM 2002, 253 m. w. N.
36 OLG Köln OLGZ 1993, 43.

Zugang zum Gemeinschaftseigentum. Differenzierter – und wohl auch unsystematischer – wird die Rechtslage beurteilt, wenn Räume des Gemeinschaftseigentums nur durch Räume des Sondereigentums erreicht werden können. Hier stellt sich die Frage, ob der dem Gemeinschaftseigentum vorgelagerte Raum zwingend im Gemeinschaftseigentum stehen muss. 25

Beispiel: ein Dachraum/Spitzboden, der nur durch die darunterliegende Wohnung erreichbar ist; ein Kellerraum, der nur durch einen als Sondereigentum ausgewiesenen Raum im Erdgeschoss erreichbar ist; ein Balkon mit einzigem Zugang über eine Wohnung; ein Vorflur zum gemeinschaftlichen Heizungsraum. 26

Entscheidend für die Eigentumszuordnung ist, ob die Wohnungseigentümer **auf die Benutzung** des im Gemeinschaftseigentum stehenden Raumes **zwingend angewiesen** sind. Erfüllt der im Gemeinschaftseigentum belassene Raum keine Funktionen, die eine Einordnung als Gemeinschaftseigentum erzwingen (hätte der Raum also auch zu Sondereigentum erklärt werden können), etwa der Spitzboden über einer Wohnung, sind die Wohnungseigentümer auf die Benutzung dieses Raumes nicht angewiesen. Folglich ist ein ungehinderter und ständiger Zugang zu diesem Raum nicht erforderlich mit der Konsequenz, dass die diesem Gemeinschaftseigentum vorgelagerten Zugangsräume ebenfalls nicht im Gemeinschaftseigentum stehen müssen, die Zugangsräume also sondereigentumsfähig sind.[37] Unabhängig davon ist der jeweilige Sondereigentümer aufgrund des gemeinschaftlichen Treueverhältnisses verpflichtet, dem Verwalter oder den anderen Wohnungseigentümern den Zugang zu dem Gemeinschaftsraum zu gestattet, wenn es für das Betreten des Raumes einen sachlichen Grund gibt. Steht ein Raum hingegen aufgrund seiner Funktion zwingend im Gemeinschaftseigentum, zum Beispiel der gemeinschaftliche Fahrradkeller, so gehören auch die Zugangsräume zu diesem Raum zwingend zum Gemeinschaftseigentum. 27

Räume mit technischen Anlagen des Gemeinschaftseigentums. Die Wohnungseigentümer können auf die Benutzung solcher Räume zwingend angewiesen sein, in denen sich technische Anlagen des Gemeinschaftseigentums befinden (z. B. Öltank, Heizkessel, Hebeanlage, Wasser- und Stromzähler, Absperrventile). Technische Anlagen, die dem gemeinschaftlichen Gebrauch der Wohnungseigentümer dienen, sind gemäß § 5 Abs. 2 WEG zwingend Gemeinschaftseigentum.[38] Nach dem ausdrücklichen Gesetzeswortlaut soll dies auch dann gelten, wenn diese Anlagen sich im Bereich der im Sondereigentum stehenden Räume befinden. Daraus folgt im Umkehrschluss, dass Räume, in denen sich Gemeinschaftsanlagen befinden, nicht schon wegen der Beherbergung der Anlage im Gemeinschaftseigentum stehen müssen.[39] Für die Eigentumszuordnung des Raumes ist vielmehr von Bedeutung, ob die Wohnungseigentümer wegen der Art der Anlage **zwingend auf die Benutzung des Raumes angewiesen** sind. Muss die Anlage jederzeit, ohne Voranmeldung und ungehindert zugänglich sein, gilt dies auch für den Raum, in dem die Anlage sich befindet. Ein Raum, auf dessen **jederzeitigen Zugang** die Wohnungseigentümer angewiesen sind, steht zwingend im Gemeinschaftseigentum. Dies gilt insbesondere für Räume, die Anlagen mit **sicherheitsrelevanten Funktionen** beherbergen. 28

Beispiel: Steuerungselement der Heizung,[40] Heizkessel, Übergabestation bei Fernwärmeanlagen, Hauptabsperrventile und Sicherungsschalter für Havarien. 29

Der Raum, in dem sich die Anlage befindet, ist hingegen sondereigentumsfähig, wenn 30
– die Anlage keine sicherheitsrelevanten Funktionen erfüllt,

---

[37] BayObLG NJW-RR 1992, 81; ZMR 1995, 371; NJW-RR 2001, 801; OLG Hamm NZM 2002, 253.

[38] Siehe dazu Rn. 42 ff.

[39] BGH NJW 1979, 2391.

[40] Vgl. OLG Schleswig ZMR 2006, 886.

– es genügt, dass der Raum nur nach vorheriger Ankündigung betreten werden kann und
– der Raum nicht ausschließlich demselben Zweck wie die Anlage dient.[41]

31 **Beispiel:** Absperrventile ohne Havariefunktion, Wasser- und Stromzähler.

32 *ee) Widerspruch zwischen Teilungserklärung und Aufteilungsplan.* Bei Widersprüchen zwischen der Teilungserklärung und dem Aufteilungsplan sind zwei häufig auftretende Konstellationen zu unterscheiden:

33 **Konstellation 1:** Die Teilungserklärung beschreibt einen Raum als Sondereigentum, der im Aufteilungsplan aber nicht als Sondereigentum ausgewiesen ist.

34 **Beispiel:** Die Teilungserklärung beschreibt eine Wohnungseigentumseinheit als 80/1000 Miteigentumsanteil verbunden mit dem Sondereigentum an der im Aufteilungsplan mit der Nr. 8 bezeichneten Wohnung im Erdgeschoss, bestehend aus Flur, Küche, Wohnraum, Schlafraum, Bad und Hobbyraum im Souterrain. Der Aufteilungsplan weist den Hobbyraum im Souterrain aber nicht als Sondereigentum aus.

35 Für die Bestimmung, was Gegenstand des Sondereigentums ist, ist die Grundbucheintragung maßgeblich. Bei deren Auslegung ist vorrangig auf den Wortlaut und den Sinn der Eintragung sowie der darin in Bezug genommenen Eintragungsbewilligung abzustellen, wie sie sich für einen unbefangenen Betrachter als nächstliegende Bedeutung des Eingetragenen ergeben.[42] Für die Auslegung der Eintragung über den Gegenstand des Sondereigentums sind die Teilungserklärung und der Aufteilungsplan heranzuziehen. Diese sollen verdeutlichen, welche Räume nach der Teilungserklärung zu welchem Sondereigentum gehören und wo die Grenzen der im Sondereigentum stehenden Räume untereinander sowie gegenüber dem gemeinschaftlichen Eigentum verlaufen. Stimmen die wörtliche Beschreibung des Gegenstands von Sondereigentum im Text der Teilungserklärung und die Angaben im Aufteilungsplan nicht überein, ist grundsätzlich keiner der sich widersprechenden Erklärungsinhalte vorrangig.[43] Wenn ein Raum im Aufteilungsplan nicht als Sondereigentum ausgewiesen ist, kann an dem betroffenen Raum auch kein Sondereigentum entstehen. Weisen zwar Teilungserklärung und Aufteilungsplan einen Gebäudeteil als Sondereigentum aus, unterscheiden sich die Angaben aber hinsichtlich Größe und Lage der Sondereigentumsfläche, kann Sondereigentum nur an dem Gebäudeteil (z. B. Dachraum) entstehen, der in Teilungserklärung und Aufteilungsplan übereinstimmend als Sondereigentum ausgewiesen ist.[44]

36 **Konstellation 2:** Umgekehrt liegt der Fall, wenn der Aufteilungsplan einen Raum als einer Wohnungseigentumseinheit zugehörig bezeichnet, der nach dem Text der Teilungserklärung aber nicht im Sondereigentum stehen soll.

37 **Beispiel:** Die Teilungserklärung beschreibt eine Wohnungseigentumseinheit als 80/1000 Miteigentumsanteil verbunden mit dem Sondereigentum an der im Aufteilungsplan mit der Nr. 8 bezeichneten Wohnung im Erdgeschoss, bestehend aus Flur, Küche, Wohnraum, Schlafraum und Bad im Souterrain. Der Aufteilungsplan kennzeichnet zusätzlich noch einen Hobbyraum im Souterrain mit der Wohnungsnummer 8.

38 Auch in dieser Konstellation steht der betreffende Raum nicht im Sondereigentum.[45] Dies folgt aus der Bedeutung des Aufteilungsplans. § 7 Abs. 4 Nr. 1 Halbsatz 2 WEG ist eine Sollvorschrift mit Ordnungsfunktion. Um eindeutiger Zuordnung willen sollen Einzelräume, unter anderem Keller, Speicher, Trockenboden, Garage, die zu einem Wohnungseigentum gehören, mit der gleichen Nummer im Aufteilungsplan gekennzeichnet

---

[41] Zu diesem Kriterium siehe BGH NJW 1979, 2391; OLG Schleswig ZMR 2006, 886.
[42] BGH NJW 1995, 2851.
[43] BGH NJW 1995, 2851.
[44] Siehe zu dieser Konstellation BGH NJW 1995, 2851.
[45] Vgl. OLG Stuttgart OLGZ 1981, 160; OLG Karlsruhe ZMR 1993, 474.

werden. Hieraus folgt jedoch nicht umgekehrt, dass Einzelräume, die mit bestimmten Ziffern bezeichnet sind, jeweils den ziffernmäßig entsprechenden Wohnungseigentumseinheiten – über den Inhalt der Teilungserklärung hinaus – als Sondereigentum zuzuordnen sind.[46]

ff) Widerspruch zwischen Aufteilungsplan und tatsächlicher Bauausführung. Weicht die tatsächliche Bauausführung vom Aufteilungsplan ab, kann an den betroffenen Räumen gleichwohl Sondereigentum entstehen, wenn sich vor Ort anhand des Aufteilungsplans **zweifelsfrei feststellen** lässt, wo die **grundbuchmäßigen Grenzen** des Sondereigentums verlaufen.[47] Die Eigentumsabgrenzung richtet sich nach dem Aufteilungsplan und nicht nach der **abweichenden Bauausführung.**[48] Befindet sich eine Trennwand zwischen zwei Sondereigentumseinheiten nicht an der im Aufteilungsplan angegebenen Stelle, sondern ist sie zulasten einer Sondereigentumseinheit verschoben oder fehlt die Wand gänzlich, verläuft die Grenze des Sondereigentums an der im Aufteilungsplan angegebenen Stelle. Der benachteiligte Eigentümer hat einen Anspruch auf Herstellung bzw. Versetzung der Wand und Herausgabe der vom Nachbarsondereigentümer genutzten Fläche. Nur wenn die Verschiebung der Trennwand bautechnisch unmöglich ist oder der dafür erforderliche Kostenaufwand in keinem vernünftigen Verhältnis zu dem Raumgewinn steht, besteht ein Anspruch auf finanziellen Ausgleich Zug um Zug gegen Bewilligung der Änderung der Teilungserklärung im Sinne einer Anpassung der rechtlichen Beschreibung im Aufteilungsplan an die tatsächlichen Verhältnisse.[49] Ist eine Trennwand zwischen einer Sondereigentumseinheit und dem Gemeinschaftseigentum zulasten des Sondereigentümers oder zulasten des Gemeinschaftseigentums verschoben, verläuft die Grenze des Sondereigentums an der im Aufteilungsplan angegebenen Stelle. Die Gemeinschaft bzw. der betroffene Sondereigentümer haben einen Anspruch auf Versetzung der Wand. 39

Die Bildung des Sondereigentums schlägt allerdings fehl, wenn die Bauausführung der Wohnungseigentumsanlage von dem Aufteilungsplan in einer Weise abweicht, die es **unmöglich** macht, die errichteten Räume einer in dem Aufteilungsplan ausgewiesenen Raumeinheit **zuzuordnen.**[50] Das gesamte Gebäude oder der betroffene Gebäudeteil stehen dann im Gemeinschaftseigentum. Dies ist etwa der Fall, wenn das Gebäude einen völlig anderen Außengrundriss aufweist als die Grundrisszeichnung im Aufteilungsplan. 40

Eine abweichende Bauausführung **innerhalb der Grenzen des Sondereigentums** wirkt sich auf die Eigentumszuordnung nicht aus, denn die (äußeren) Grenzen des Sondereigentums sind von der Bauabweichung nicht betroffen.[51] 41

c) Gebäudebestandteile, Anlagen und Einrichtungen (§ 5 Abs. 1, 2 WEG). *aa) Gemeinschaftseigentum.* Zwingend Gemeinschaftseigentum sind gemäß § 5 Abs. 2 WEG 42

- die Teile des Gebäudes, die für dessen Bestand oder Sicherheit erforderlich sind,
- Anlagen und Einrichtungen, die dem gemeinschaftlichen Gebrauch der Wohnungseigentümer dienen sowie
- Bestandteile des Gebäudes, die nicht verändert, beseitigt oder eingefügt werden können, ohne dass dadurch das Gemeinschaftseigentum oder ein auf Sondereigentum beruhendes Recht eines anderen Wohnungseigentümers über das nach § 14 Nr. 1 WEG zulässige Maß hinaus beeinträchtigt oder die äußere Gestaltung des Gebäudes verändert wird.

Die vorgenannten Gebäudebestandteile gehören auch dann zum Gemeinschaftseigentum, wenn sie sich **im Bereich der im Sondereigentum** stehenden Räume befinden. Sollte 43

[46] OLG Düsseldorf ZMR 2004, 611.
[47] BGH NZM 2008, 688.
[48] OLG Celle OLGZ 1981, 106; KG NZM 2001, 1127; OLG Zweibrücken NZM 2006, 587.
[49] KG NZM 2001, 1127.
[50] BGH NJW 2004, 1798; OLG Hamm Rpfleger 1986, 374.
[51] BayObLG Rpfleger 1982, 21; OLG Hamm Rpfleger 1986, 374.

die Teilungserklärung solche Bestandteile des Gebäudes zu Sondereigentum erklären, ist dies unwirksam.[52]

44 Bei einer aus mehreren **Einfamilienhäusern** bestehenden Wohnanlage gehören die konstruktions- und sicherheitsrelevanten Bauteile jedes Hauses ebenfalls zwingend zum Gemeinschaftseigentum.[53] Eine Regelung in der Teilungserklärung, wonach sämtliche Gebäudebestandteile eines Einfamilienhauses im Sondereigentum stehen sollen, ist folglich nichtig.[54]

45 Die unwirksame Eigentumszuordnung kann im Einzelfall gemäß § 140 BGB in eine **Instandhaltungs- und/oder Kostentragungspflicht** umgedeutet werden. Die **Umdeutung** ist darauf gerichtet, den rechtsgeschäftlich erklärten Willen in einer anderen Gestalt zur Wirksamkeit zu verhelfen. Die gesetzlichen Vorschriften der §§ 21, 16 Abs. 2 WEG, die die Instandhaltung des gemeinschaftlichen Eigentums betreffen, sind dispositives Recht. Durch eine Vereinbarung kann somit eine vom Gesetz abweichende Regelung getroffen werden. Eine Umdeutung ist geboten, wenn anzunehmen ist, dass der Verfasser der Teilungserklärung eine vom Gesetz abweichende Regelung bezüglich der Instandhaltung des gemeinschaftlichen Eigentums gewollt hätte, wenn ihm bewußt gewesen wäre, dass die Zuweisung zum Sondereigentum nichtig ist.[55] Die Umdeutung in eine Instandhaltungspflicht ist insbesondere geboten, wenn die Gemeinschaftsordnung ausdrücklich bestimmt, dass der jeweilige Sondereigentümer die ihm nach der Teilungserklärung (nichtig) als Sondereigentum zugewiesenen Teile des Gebäudes instand zu halten und instand zu setzen hat.[56]

46 **Konstruktive und sicherheitsrelevante Gebäudeteile:** Teile des Gebäudes sowie Anlagen und Einrichtungen, die für den Bestand oder die Sicherheit des Gebäudes erforderlich sind, gehören zwingend zum Gemeinschaftseigentum. Ohne Bedeutung ist insoweit, ob sich der Gebäudebestandteil oder die Anlage bzw. Einrichtung im räumlichen Bereich des Gemeinschaftseigentums oder im räumlichen Bereich des Sondereigentums befindet.

47 Die **Sicherheit des Gebäudes** kann bedroht sein durch Einsturz, Brand, Regenwasser, Überschwemmung, Sturm, Blitzschlag, Einbruch, Vandalismus usw. Zum Gemeinschaftseigentum zählen daher unter sicherheitstechnischen Aspekten: die Stützpfeiler innerhalb einer zu Sondereigentum erklärten Tiefgarage, die tragende Wand innerhalb einer Wohnung, das Gebäudefundament, die Außenmauern, die Geschossdecken, der Dachstuhl, die Kragplatte des Balkons, die Rauchabzugsanlage, die feuerhemmenden Türen, der Schornstein, die Fenster, die Außentüren, die Fassade, die Dacheindeckung, die Blitzschutzanlage, der Zaun, die Hochwasserschutzanlage, die Feuchtigkeitsisolierungen, die Fenstergitter, zentrale Absperrventile und Elektrosicherungen, die Balkonbrüstung.

48 **Gemeinschaftlicher Gebrauch:** Zum Gemeinschaftseigentum gehören weiterhin die Anlagen und Einrichtungen des Gebäudes, die nach ihrer Funktion und Bedeutung **dem gemeinschaftlichen Gebrauch** der Wohnungseigentümer **dienen**. Eine Anlage oder Einrichtung dient dem gemeinschaftlichen Gebrauch, wenn sie nach ihrer Zweckbestimmung so auf die gemeinsamen Bedürfnisse der Wohnungseigentümer zugeschnitten ist, dass eine Vorenthaltung der gemeinschaftlichen Verfügungsbefugnis den schutzwürdigen Belangen der Wohnungseigentümer zuwider liefe.[57]

49 **Beispiele:** Zentralheizung, Aufzug, Dach, Steigestränge und Fallrohre bis zur Abzweigung in das Sondereigentum, Verbrauchserfassungsgeräte, Antennenanlage, Türschließanlage.

---

[52] OLG Hamm ZMR 1997, 193.

[53] BGHZ 50, 56; BGH NJW-RR 2001, 800.

[54] BGHZ 50, 56.

[55] OLG Hamm NJW-RR 1992, 148; ZMR 1996, 503.

[56] OLG Hamm NJW-RR 1992, 148; ZMR 1996, 503; ZMR 1997, 193; OLG Karlsruhe NZM 2002, 220; eine Umdeutung im Einzelfall ablehnend: OLG Hamm ZMR 1996, 503; OLG Düsseldorf NZM 1998, 269.

[57] BGH NJW 1981, 455.

Nicht erforderlich ist, dass der Gebäudebestandteil dem Gebrauch **sämtlicher** Wohnungseigentümer dient.[58] Gemeinschaftliches Eigentum ist bereits gegeben, wenn die Anlage oder Einrichtung dem Gebrauch mehr als eines Wohnungseigentümers dient. Denn in diesem Fall kann die Anlage nicht verändert oder beseitigt werden, ohne dass ein weiterer Sondereigentümer über das in § 14 Nr. 1 WEG bestimmte Maß hinaus beeinträchtigt wird. Eine Heizungsanlage, an die beispielsweise nur neun von zehn Wohnungen angeschlossen sind, steht daher im Gemeinschaftseigentum. Selbst eine Gasheiztherme, die nur der Beheizung zweier Wohnungen dient, während die anderen Wohnungen durch eine Ölzentralheizung versorgt werden, steht zwingend im Gemeinschaftseigentum und nicht im Mitsondereigentum der Eigentümer der angeschlossenen Wohnungen.[59] 50

In Bezug auf eine **nicht tragende Trennwand** zwischen zwei Sondereigentumseinheiten vertreten Rechtsprechung und Teile des Schrifttums allerdings die Auffassung, diese Wand stehe im gemeinsamen Sondereigentum der Eigentümer der beiden angrenzenden Sondereigentumseinheiten (**Nachbareigentum**).[60] Diese Auffassung widerspricht jedoch § 5 Abs. 2 WEG, denn die Trennwand kann nicht beseitigt werden, ohne dass das Sondereigentum der benachbarten Einheit seine bauliche Abgrenzung und damit den Schutz vor äußeren Einflüssen verlöre, worin eine erhebliche Beeinträchtigung im Sinne des § 14 Nr. 1 WEG läge. Die Trennwand steht aufgrund eines Umkehrschlusses aus § 5 Abs. 1 WEG zwingend im Gemeinschaftseigentum.[61] 51

Beeinträchtigung anderer Wohnungseigentümer bei baulichen Änderungen: Nach § 5 Abs. 1 WEG können zum Sondereigentum nur solche Bestandteile des Gebäudes gehören, die verändert, beseitigt und eingefügt werden können, ohne dass dadurch das Gemeinschaftseigentum oder ein auf Sondereigentum beruhendes Recht eines anderen Wohnungseigentümers über das nach § 14 Nr. 1 WEG zulässige Maß hinaus beeinträchtigt oder die äußere Gestaltung des Gebäudes verändert wird. Daraus folgt im Umkehrschluss, dass solche Gebäudebestandteile zwingend im Gemeinschaftseigentum stehen, die **nicht verändert**, beseitigt oder eingefügt **werden können**, ohne dass dadurch das Gemeinschaftseigentum oder das Sondereigentum einer anderen Einheit beeinträchtigt werden. Im Gemeinschaftseigentum stehen danach zum 52

Beispiel: Estrich mit Trittschallfunktion, Feuchtigkeitssperre im Bad, Verbrauchserfassungsgeräte; Gebäudebestandteile, die die äußere Gestaltung des Gebäudes berühren sind etwa die Verglasung eines Balkons, Rollläden, Markisen. 53

bb) Sondereigentum. Erklärt die Teilungserklärung einen Raum zu Sondereigentum, gehören gemäß § 5 Abs. 1 WEG zum Sondereigentum diejenigen Bestandteile des Gebäudes sowie Anlagen und Einrichtungen, 54
- die mit dem Raum in einem funktionalen, dienenden Zusammenhang stehen und
- verändert, beseitigt oder eingefügt werden können, ohne dass dadurch das Gemeinschaftseigentum oder ein auf Sondereigentum beruhendes Recht eines anderen Wohnungseigentümers über das nach § 14 Nr. 1 WEG zulässige Maß hinaus beeinträchtigt oder die äußere Gestaltung des Gebäudes verändert wird.

Wesentlicher Gebäudebestandteil: Die Regelung des § 5 Abs. 1 WEG erfasst allerdings nur **wesentliche Bestandteile** des Gebäudes im Sinne der §§ 93, 94 BGB. Zu den wesentlichen Bestandteilen eines Gebäudes gehören die zur Herstellung des Gebäudes eingebrachten Sachen. Davon zu unterscheiden sind die so genannten **Scheinbestandteile** nach § 95 BGB, die nur zu einem vorübergehenden Zweck mit dem Grundstück verbunden 55

[58] OLG Schleswig ZMR 2007, 726; *Bärmann/Armbrüster* § 5 Rn. 43; *Staudinger/Rapp* § 5 Rn. 40; a. A. BayObLG NJW-RR 2000, 1032.

[59] Vgl. OLG Schleswig ZMR 2007, 726 zur Hebeanlage; a. A. BayObLG NJW-RR 2000, 1032 zu einer Heizungsanlage; OLG Zweibrücken ZMR 1987, 102 zu einer Wasserleitung.

[60] BGH NJW 2001, 1212; ebenso BayObLG ZMR 1996, 618; OLG München ZMR 2006, 300.

[61] So auch *Niedenführ/Kümmel/Vandenhouten* § 3 Rn. 7.

oder in das Gebäude eingebracht wurden. Um solche handelt es sich häufig bei Sachen, die von Einzeleigentümern nachträglich in das Gebäude eingebracht werden.

56 **Beispiele:** nachträglich installierte Markisen, Briefkästen, Parabolantennen, Gerätehäuser.

57 Das Eigentum an den Scheinbestandteilen richtet sich nach den Vorschriften des BGB.[62] Durch die Einbringung der Sachen in das Gebäude ändert sich die Eigentumszuordnung nicht. Die Sache gehört weiterhin dem, dem sie vor Einbringung in das Gebäude gehörte. In der Regel wird dies der Eigentümer sein, der die Einbringung vorgenommen hat. Da die Unterscheidung zwischen den wesentlichen Bestandteilen eines Gebäudes und den Scheinbestandteilen bisweilen sehr schwierig ist und stets von den besonderen Umständen des Einzelfalls abhängt, sei an dieser Stelle auf die Kommentarliteratur zu den §§ 93 bis 95 BGB verwiesen.

58 **Funktionaler Zusammenhang mit Gebäudebestandteilen:** Ein Gebäudeteil steht zur Raumeinheit in einem **funktionalen Zusammenhang,** wenn er nach seiner Zweckbestimmung ausschließlich der Raumeinheit dient und für den Bestand oder den Gebrauch der anderen Sondereigentumseinheiten ohne Bedeutung ist. Im Regelfall befinden sich solche Gebäudebestandteile im Inneren des Raumes.

59 **Beispiele:** Fußbodenbelag, Innentüren, Putz auf den Wänden, Fliesen, Waschbecken, Fensterbank innen, Innenanstrich der Wohnungseingangstür.

60 Der funktional, dienende Zusammenhang kann aber auch zu **außerhalb des Raumes** befindlichen Anlagen und Einrichtungen bestehen.[63] So gehört etwa eine im Gemeinschaftskeller installierte Gastherme, die nur der Beheizung einer Wohnung dient, zum Sondereigentum dieser Wohnung.[64] Gleiches gilt für eine Hebeanlage, die sich zwar im Gemeinschaftseigentum befindet, aber nur das Abwasser einer Sondereigentumseinheit transportiert.[65] Zum Sondereigentum können damit auch **Rohre** und **Leitungen** außerhalb des räumlichen Bereichs des Sondereigentums gehören, die ausschließlich der Ver- und Entsorgung einer Wohnungseigentumseinheit dienen.[66] Dies gilt auch, wenn die Leitungen teilweise durch den räumlichen Bereich fremden Sondereigentums verlaufen.[67]

61 **Keine Beeinträchtigung anderer Eigentümer oder der äußeren Gestalt.** Steht der Gebäudebestandteil oder die Anlage und Einrichtung mit einer Raumeinheit in einem funktionalen, dienenden Verhältnis, ist weiterhin erforderlichen, dass der Gebäudeteil verändert, beseitigt und eingefügt werden kann, ohne dass dadurch das Gemeinschaftseigentum oder ein auf Sondereigentum beruhendes Recht eines anderen Wohnungseigentümers über das nach § 14 Nr. 1 WEG zulässige Maß hinaus beeinträchtigt oder die äußere Gestaltung des Gebäudes verändert wird.

62 Ein **rechtserheblicher Nachteil** im Sinne des § 14 Nr. 1 WEG ist nicht bereits anzunehmen, wenn ein Übermaßgebrauch oder eine Verwaltungsmaßnahme an dem Gebäudeteil (z. B. Reparatur) zu einer Beeinträchtigung anderer Eigentümer führt. Zum einen folgt aus § 14 Nr. 1 WEG, dass ein Wohnungseigentümer auch von seinem Sondereigentum nur in einer solchen Weise Gebrauch machen darf, dass kein anderer Wohnungseigentümer beeinträchtigt wird, woraus im Umkehrschluss folgt, dass auch solche Gebäudeteile im Sondereigentum stehen können, deren Gebrauch oder Reparatur andere Eigentümer beeinträchtigen kann. Andererseits stellen nach dem Wortlaut des § 14 Nr. 1

---

[62] BGH NJW 1975, 688; OLG Düsseldorf NJW-RR 1995, 206.

[63] *Bärmann/Armbrüster* § 5 Rn. 22; *Staudinger/Rapp* § 5 Rn. 22.

[64] *Niedenführ/Kümmel/Vandenhouten* § 5 Rn. 40.

[65] OLG Düsseldorf NZM 2001, 752.

[66] *Niedenführ/Kümmel/Vandenhouten* § 5 Rn. 23; MünchKomm/*Commichau* § 5 WEG Rn. 11; *Spielbauer/Then* § 5 Rn. 4; a. A. *Schneider/Förth* in: *Riecke/Schmid* § 5 Rn. 59; *Jennißen/Dieckersbach* § 5 Rn. 33; wohl auch BayObLG WE 1994, 21.

[67] BayObLG WuM 1989, 35; a. A. KG WuM 1989, 89.

WEG „unvermeidliche" Nachteile keine rechtserhebliche Beeinträchtigung dar. Unvermeidbar sind etwa **erforderliche Reparaturarbeiten.**[68] Sähe man in den unvermeidbaren nachteiligen Begleiterscheinungen von Reparaturarbeiten bereits eine Beeinträchtigung im Sinne des § 5 Abs. 1 WEG, müssten auch solche Gebäudebestandteile innerhalb einer Wohnung als Gemeinschaftseigentum angesehen werden, die nicht ohne Lärm, Erschütterung, Staub oder sonstige außerhalb der Sondereigentumseinheit spürbare Störungen repariert, verändert oder beseitigt werden können. Dies ginge aber zu weit. Für das Vorliegen einer Beeinträchtigung infolge Einfügens, Veränderns oder Beseitigens kommt es nicht auf den Akt des Einfügens, Veränderns oder Beseitigens an, sondern auf das **Ergebnis** der Maßnahme.[69] Eine nichttragende Wand innerhalb einer Wohnung etwa stellt auch dann Sondereigentum dar, wenn sie nur mit einem Presslufthammer entfernt werden kann und dies außerhalb der Wohnung spürbaren Lärm, Erschütterungen und Staub verursacht. Entscheidend ist, dass das Fehlen der Wand (nicht das Entfernen als Handlung) das Sondereigentum anderer Einheiten und das Gemeinschaftseigentum nicht beeinträchtigt. **Rohre und Leitungen** außerhalb des räumlichen Bereichs des Sondereigentums, die nur eine Sondereigentumseinheit erschließen, können auch dann im Sondereigentum stehen, wenn diese unter Putz verlegt sind und wenn für deren Reparatur oder Entfernung im Gemeinschaftseigentum stehende Wandflächen geöffnet werden müssen.[70] Das KG[71] vertritt für Be- und Entwässerungsleitungen, die nur eine Wohnung erschließen, aber teilweise durch fremdes Sondereigentum verlaufen, die Auffassung, diese gehörten zum Gemeinschaftseigentum, weil sie nicht ohne Beeinträchtigung des Sondereigentums, durch das sie verlaufen, verändert oder beseitigt werden könnten. Worin die Beeinträchtigung liegen soll, erläutert das Gericht allerdings nicht. Sollte die Beeinträchtigung nur in den Unannehmlichkeiten liegen, die die Reparatur oder Beseitigung der Rohre zeitlich begrenzt mit sich bringt, wäre dem KG nicht zu folgen.[72] Das BayObLG[73] sah Wasserrohre in fremdem Sondereigentum als dem Sondereigentum jener Einheiten zugehörig an, deren Erschließung sie dienen. Dies bedeutet freilich nicht, dass der Sondereigentümer mit diesen Rohren nach Belieben verfahren darf. Vielmehr gilt auch hier gemäß § 14 Nr. 1 WEG der Grundsatz der gegenseitigen Rücksichtnahme. Reparaturen und Veränderungen sind mit den betroffenen Miteigentümern abzustimmen und Beeinträchtigungen auf das unvermeidbare Maß zu beschränken. Schäden an fremdem Sondereigentum und am Gemeinschaftseigentum hat der Eigentümer analog § 14 Nr. 4 2. Halbsatz WEG zu ersetzen.

Wasserrohre von der Abzweigung an der Hauptleitung bis zur Abnahmestelle in der 63
Wohnung gehören auch dann zum Sondereigentum, wenn bei ihrer Reparatur das Wasser auch in anderen Wohnungen abgestellt werden muss.[74]

Hat ein Gebäudebestandteil Einfluss auf die äußere Gestaltung des Gebäudes, gehört 64
er zwingend zum Gemeinschaftseigentum.[75]

cc) Regelungen in der Teilungserklärung. Die in Teilungserklärungen häufig zu fin- 65
denden Zuordnungen von Gebäudebestandteilen, Anlagen und Einrichtungen zum Gemeinschaftseigentum und zum Sondereigentum haben nahezu ausschließlich **deklaratorische Bedeutung.** Gebäudebestandteile, Anlagen und Einrichtungen, die nicht bereits gemäß § 5 Abs. 1 WEG zum Sondereigentum gehören, können nicht durch rechtsge-

---

[68] Ähnliche *Weitnauer/Briesemeister* § 5 Rn. 26.

[69] Zu weitgehend daher *Jennißen/Dieckersbach* § 5 Rn. 33.

[70] A. A. BayObLG WE 1994, 21 (Gemeinschaftseigentum).

[71] KG WuM 1989, 89.

[72] *Weitnauer/Briesemeister* § 5 Rn. 26.

[73] BayObLG WuM 1989, 35; anders aber später WE 1994, 21 für Rohre im Bereich des Treppenhauses.

[74] A. A. *Jennißen/Dieckersbach* § 5 Rn. 33.

[75] Siehe Rn. 54.

schäftliche Regelung dem Sondereigentum zugewiesen werden.[76] § 5 Abs. 3 WEG lässt es lediglich zu, Bestandteile des Gebäudes, die gemäß § 5 Abs. 1 WEG Gegenstand des Sondereigentums sein können, zu Gemeinschaftseigentum zu erklären.[77] Den umgekehrten Fall kennt das WEG nicht. Etwaige nichtige Regelung der Teilungserklärung zu den Bestandteilen des Sondereigentums können im Einzelfall allerdings in eine Instandhaltungs- und Kostentragungspflicht umgedeutet werden.[78]

2. Alphabetische Aufzählung von Beispielen

66

Abdichtung	Siehe „Feuchtigkeitsisolierschicht"
Absperr-ventil	Absperrventile an Rohren und Leitungen, die zum Sondereigentum gehören (siehe „Rohre"), zählen zum Sondereigentum.
Abwasser-rohr	Siehe „Rohre"
Alarmanlage	Eine Alarmanlage, die nur der Sicherheit einer Wohnungseigentumseinheit dient, gehört zum Sondereigentum dieser Einheit. Eine Alarmanlage, die der Sicherheit mehrerer Wohnungseigentumseinheiten oder (auch) der Sicherheit des gemeinschaftlichen Grundstücks oder gemeinschaftlicher Bereiche des Gebäudes dient, steht im Gemeinschaftseigentum.
Antenne	Die Hausantenne, die planmäßig bei der Errichtung des Gebäudes installiert wurde und ihrer Zweckbestimmung nach der Rundfunkversorgung aller oder mehrerer Wohnungseigentumseinheiten dient, steht im Gemeinschaftseigentum. Dies gilt auch, wenn Wohnungseigentümer sich zwischenzeitlich von der Antennenanlage abgekoppelt haben sollten. Antennen, die nachträglich von Einzeleigentümern installiert wurden, stehen in deren alleinigem Eigentum. Diese Antennen werden in der Regel nicht wesentlicher Bestandteil des Gebäudes im Sinne der §§ 93, 94 BGB und unterfallen damit nicht den sachenrechtlichen Regelungen der §§ 1–9 WEG.[79] Dies gilt auch für Antennen, die von mehreren Eigentümern gemeinsam (aber nicht von der Gemeinschaft) nachträglich installiert werden.
Antennen-kabel	Das Antennenkabel, das nur der Versorgung einer Wohnung dient, steht im Sondereigentum. Dies gilt auch dann, wenn sich das Kabel außerhalb des räumlichen Bereichs des Sondereigentums befindet. Antennenkabel, die der Versorgung aller oder mehrerer Sondereigentumseinheiten dienen, stehen im Gemeinschaftseigentum.
Antennen-steckdose	Die Antennensteckdose im räumlichen Bereich einer Sondereigentumseinheit steht im Sondereigentum.
Aufzug	Aufzüge stehen grundsätzlich im Gemeinschaftseigentum. Dies gilt mangels anderweitiger Bestimmung auch dann, wenn der Aufzug nur der Erschließung einer Sondereigentumseinheit dient; in diesem Fall kann der Aufzugsschacht nebst Aufzugsanlage allerdings in der Teilungserklärung zu Sondereigentum erklärt werden. Erschließt der Aufzug hingegen

[76] *Bärmann/Armbrüster* § 5 Rn. 19; *Spielbauer/Then* § 5 Rn. 8; a. A. offenbar KG ZMR 1985, 344.

[77] OLG Düsseldorf ZMR 1998, 652 zu Heizungsrohren im räumlichen Bereich des Gemeinschaftseigentums.

[78] Siehe oben Rn. 45.

[79] Siehe Rn. 55.

	mehr als eine Sondereigentumseinheit, steht der Aufzugsschacht nebst Aufzugsanlage zwingend im Gemeinschaftseigentum.[80]
Außen-jalousie	Siehe „Jalousie“
Balkon	Ob ein Balkon im Sondereigentum oder im Gemeinschaftseigentum steht, richtet sich nach der Teilungserklärung und dem dort in Bezug genommenen Aufteilungsplan. Soll der Balkon im Sondereigentum stehen, muss der Aufteilungsplan den Balkon als Sondereigentum ausweisen.[81] Ist dies nicht der Fall, steht der Balkon im Gemeinschaftseigentum.[82] Steht der räumliche Bereich des Balkons nach dem Aufteilungsplan im Sondereigentum, gehören zum Sondereigentum jene baulichen Bestandteile des Balkons, die verändert, beseitigt oder eingefügt werden können, ohne dass das Gemeinschaftseigentum oder das Sondereigentum einer anderen Einheit über das nach § 14 WEG zulässige Maß hinaus beeinträchtigt werden. Im Sondereigentum stehen danach: • Fußbodenoberbelag, sofern ein solcher auf der Kragplatte vorhanden ist, z. B. Fliesen;[83] ggf. steht auch nur der Anstrich der Betonplatte im Sondereigentum, wenn ein gesonderter Oberbelag nicht vorhanden ist, • Mörtelbett der Fliesen, wenn dieses weder abdichtende Funktion hat noch das für den Wasserabfluss erforderliche Gefälle der Fliesen ausbildet, • Estrich, soweit dieser keine trittschall- oder wärmedämmende Funktion hat,[84] • Innenanstrich der Balkonumrandung, • besteht die Balkonumrandung aus mehreren Bauelementen, kann auch die Innenverkleidung im Sondereigentum stehen, wenn diese beseitigt werden kann, ohne dass das Gemeinschaftseigentum beeinträchtigt wird, • Innenanstrich der Balkonbrüstung und des Geländers, Auch wenn die Teilungserklärung nebst Aufteilungsplan den Balkon als Sondereigentum ausweisen, stehen jene baulichen Bestandteile des Balkons zwingend im Gemeinschaftseigentum, die für dessen Bestand und die Sicherheit des Balkons und des Gebäudes erforderlich sind. Zwingend im Gemeinschaftseigentum stehen auch die baulichen Bestandteile des Balkons, die nicht verändert, beseitigt oder eingefügt werden können, ohne dass dadurch das Gemeinschaftseigentum oder das Sondereigentum einer anderen Einheit über das nach § 14 WEG zulässig Maß hinaus beeinträchtigt werden oder die äußere Gestaltung des Gebäudes verändert wird. Im Gemeinschaftseigentum stehen danach: • Krag- bzw. Bodenplatte des Balkons,[85] • das Ständerwerk, • Feuchtigkeitsisolierung des Balkons[86] und Abdichtungsanschlüsse zum Gebäude,[87]

[80] Siehe Rn. 50.
[81] Dies gilt auch für nachträglich errichtete Balkone.
[82] Siehe Rn. 12.
[83] BayObLG DWE 2004, 61.
[84] Vgl. OLG Hamm ZMR 1997, 193.
[85] BGH NJW-RR 2001, 800; OLG München NZM 2007, 369.
[86] BGH NJW-RR 2001, 800; OLG Hamm DWE 1995, 127; OLG Düsseldorf NZM 1998, 269; BayObLG DWE 2004, 27.
[87] OLG München NZM 2007, 369.

	• Wassereinlauf und die Abflussleitung, • Mörtelbett der Fliesen, wenn dieses für das zum Wasserablauf erforderliche Gefälle der Fliesen verantwortlich ist, • Estrich, soweit dieser trittschall- oder wärmedämmende Funktion hat,[88] • Brüstung[89] und Geländer,[90] • äußere Balkonverkleidung, • Trennwand auf einem Doppelbalkon, • Verglasung,[91] • Regenrinne; • Anstrich der Unterseite der Balkonplatte, wenn der umschlossene Raum des darunter befindlichen Balkons nicht bis an die Unterseite der Balkonplatte heranreicht.
Blumen-/ Pflanztrog	Blumen- und Pflanztröge auf Balkonen, Terrassen und Loggien sind Gemeinschaftseigentum, wenn sie als begrenzende Einfassungen die Brüstung oder Wandelemente ersetzen. Blumentöpfe und Pflanztröge, die von einzelnen Wohnungseigentümern aufgestellt wurden, bleiben im Eigentum dieser Personen. Blumentöpfe und Pflanztröge, die von der Eigentümergemeinschaft angeschafft wurden, gehören zum Verwaltungsvermögen i. S. d. § 10 Abs. 7 WEG.
Bodenbelag	Der Bodenbelag im räumlichen Bereich des Sondereigentums, wie Teppich, Parkett, Linoleum, Laminat und Fliesen, gehört zum Sondereigentum. **Dielen** in Altbauten gehören zum Gemeinschaftseigentum, wenn sie zugleich Bestandteil der Geschossdecke sind und der Raum nach Entfernung der Dielen nicht mehr betreten werden kann, weil sich unterhalb der Dielen unmittelbar die Deckenbalken und die Schüttung befinden. In diesem Fall kann allenfalls der Lack auf den Dielen zum Sondereigentum gezählt werden. Befindet sich unterhalb der Dielen hingegen noch ein begehbarer Belag (z. B. Spanplatten oder Estrich), gehören die Dielen zum Sondereigentum.
Briefkasten	Die gemeinschaftliche Briefkastenanlage im Hauseingangsbereich oder vor dem Haus gehört zum Gemeinschaftseigentum. Die Tatsache, dass der Aufteiler des Objekts, der Verwalter oder die Eigentümerversammlung die einzelnen Briefkästen bestimmten Wohnungen zum alleinigen Gebrauch zugewiesen haben, führt nicht zur Sondereigentumsbegründung, denn die Verteilung der Briefkästen ist im Regelfall nicht von zwingenden Kriterien abhängig. Nur wenn der einzelne Briefkasten bei funktionaler Betrachtung nur einer bestimmten Sondereigentumseinheit dienen kann, z. B. weil sich der Briefkasten unmittelbar neben der Wohnungseingangstür befindet, könnte der Briefkasten als Bestandteil des Sondereigentums angesehen werden.[92] Gegen die Annahme von Sondereigentum könnte allerdings im Einzelfall sprechen, dass die Beseitigung, Einfügung oder Veränderung des Briefkastens zu einer Beeinträchtigung der optischen Gestaltung des Treppenhauses führt. Hat ein Eigentümer in einem Haus, in dem bislang nur Briefschlitze in den Wohnungseingangstüren vorhanden waren, nachträglich einen Brief-

[88] OLG Hamm ZMR 1997, 193.
[89] BayObLG NJW-RR 1990, 784.
[90] BayObLG ZMR 1999, 59; OLG München NZM 2007, 369.
[91] BayObLG NZM 2004, 106.
[92] Vgl. *Staudinger/Rapp* § 5 Rn. 22.

	kasten neben der Tür an der Wand des Treppenhauses angebracht, bleibt der Briefkasten als Scheinbestandteil im Eigentum dieses Eigentümers.[93]
Carport	Ein Carportstellplatz ist nicht sondereigentumsfähig, da der gemeinschaftliche Grund und Boden außerhalb von Gebäuden gemäß § 1 Abs. 5 WEG zwingend zum Gemeinschaftseigentum gehört.
Dach	Das Dach einschließlich Dacheindeckung, Dachstuhl, Sparren, Latten, Unterspannbahn, Dämmung, Dampfsperre gehört zum Gemeinschaftseigentum. Dies gilt auch bei Einfamilienhäusern.
Dachterrasse	Eine Dachterrasse kann ebenso wie ein Balkon zum Sondereigentum einer Wohnung gehören. Siehe „Balkon". Voraussetzung ist, dass die Terrasse eine Umrandung aufweist. Die auf einer Dachterrasse befindliche Humusschicht kann Sondereigentum sein.[94]
Decken	Siehe „Geschossdecken"
Deckenputz	Im räumlichen Bereich des Sondereigentums gehört der Putz an der Decke zum Sondereigentum.
Dielen	Siehe „Bodenbelag"
Doppelparker	An Stellplätzen auf Doppelstockhebevorrichtungen (sog. Duplexstellplätzen) kann nach h. M. kein Sondereigentum begründet werden.[95]
Duplexstellplätze	Siehe „Doppelparker".
Einbauschrank	Einbauschränke im räumlichen Bereich des Sondereigentums gehören nicht zum Gemeinschaftseigentum.
Einfamilienhaus	Bei Einfamilienhäusern, die zu einer Wohneigentumsanlage gehören, stehen sämtliche konstruktiven Bestandteile des Gebäudes zwingend im Gemeinschaftseigentum,[96] insbesondere Dach, Fundament, Außenmauern, Außenisolierung, Fenster, Geschossdecken, Außentüren.
Estrich	Der Estrich im räumlichen Bereich des Sondereigentums gehört zum Gemeinschaftseigentum, wenn er nicht verändert oder beseitigt werden kann, ohne das Gemeinschaftseigentum oder das Sondereigentum einer anderen Einheit zu beeinträchtigen.[97] Dies ist etwa der Fall, wenn der Estrich eine vor Trittschall schützende Funktion hat.[98] Andernfalls ist der Estrich Sondereigentum,[99] so etwa wenn der Estrich nur als Trägerschicht für den Bodenbelag (z. B. Fliesen) ohne schalldämmende Funktion dient.[100] In Wohnanlagen mit Einfamilienhäusern gehört der Estrich zum Sondereigentum, weil sich Mängel am Estrich in einem Einfamilienhaus nicht auf das Sondereigentum in anderen Häusern auswirkt. Bei der Auswertung der Rechtsprechung fällt auf, dass die Gerichte häufig nicht danach differenzieren, welche Funktion dem Estrich in dem betreffenden Raum zukommt.

[93] Siehe Rn. 55.
[94] BayObLG WuM 1991, 610.
[95] Siehe Rn. 21.
[96] Siehe Rn. 46.
[97] Vgl. OLG Düsseldorf ZMR 1999, 726; NZM 2001, 958; BayObLG ZMR 2003, 366.
[98] BayObLG ZMR 1994, 167; OLG München Rpfleger 1985, 437.
[99] Vgl. OLG Düsseldorf ZMR 2004, 280; *Staudinger/Rapp* § 5 Rn. 25.
[100] Vgl. OLG Hamm ZMR 1997, 193; OLG Düsseldorf NZM 2002, 443.

Fahrstuhl	Siehe „Aufzug"
Fenster	• Für Fenster, die sich im räumlichen Bereich des Sondereigentums befinden und das Gebäude nach außer hin oder zum Gemeinschaftseigentum hin abgrenzen, gilt: Der Fensterrahmen, der Fensterflügel und das Fensterglas stehen zwingend im Gemeinschaftseigentum,[101] da sie das Gebäude vor Witterungseinflüssen schützen und somit der Sicherheit im Sinne des § 5 Abs. 2 WEG dienen. Gemeinschaftseigentum sind auch die Scharniere und die Schließmechanik und – soweit vorhanden – der Außenanstrich. Sondereigentum ist – soweit vorhanden – der Innenanstrich des Fensterflügels und des Fensterrahmens. Zum Sondereigentum gehört auch der Griff als verlängertes Bedienelement für die Schließmechanik, sofern er separat ausgetauscht werden kann.[102] Nach überwiegender Meinung sollen bei Doppelfenstern die separat zu öffnenden und herausnehmbaren Innenfenster im Sondereigentum stehen.[103] Diese Auffassung ist allerdings nur in den Fällen zutreffend, in denen die Innenfenster entfernt werden können, ohne dass die Energiebilanz des Hauses über das in § 14 Nr. 1 WEG bestimmte Maß hinaus beeinträchtigt wird. Der Fensterkasten steht insgesamt im Gemeinschaftseigentum. • Fenster außerhalb des räumlichen Bereichs des Sondereigentums stehen mit sämtlichen Bestandteilen im Gemeinschaftseigentum.
Fensterbank/ Fensterbrett	Die innere Fensterbank steht im Sondereigentum. Die äußere Fensterbank steht im Gemeinschaftseigentum.[104]
Fenstergitter	Fenstergitter stehen im Gemeinschaftseigentum, da sie die optische Erscheinung der Wohnanlage berühren.[105]
Fensterladen	Fensterläden gehören zum Gemeinschaftseigentum.[106]
Feuchtigkeitsisolierschicht	Die Feuchtigkeitsisolierschicht gehört zwingend zum Gemeinschaftseigentum, weil sie sowohl das Gemeinschaftseigentum als auch das Sondereigentum anderer Einheiten vor Feuchtigkeit schützt.[107]
Feuermelder	Feuermelder dienen der Sicherheit in der Wohnanlage. Sie gehören jedenfalls dann zum Gemeinschaftseigentum, wenn sie zur planmäßigen Erstausstattung des Gebäudes gehören. Feuermelder, die von einzelnen Wohnungseigentümern eigenständig im räumlichen Bereich des Sondereigentums installiert werden, stehen im Sondereigentum. Sollten Feuermelder gesetzlich vorgeschrieben werden, gehören sie zum Gemeinschaftseigentum.
Fliesen	Siehe „Bodenbelag"
Freifläche	Freiflächen außerhalb von Gebäuden stehen zwingend im Gemeinschaftseigentum.[108] An ihnen können allenfalls Sondernutzungsrechte begründet werden.

[101] OLG Düsseldorf NZM 1998, 269; BayObLG ZMR 2000, 241.
[102] A. A. *Jennißen/Dieckersbach* § 5 Rn. 37.
[103] BayObLG ZMR 2000, 241; *Bärmann/Armbrüster* § 5 Rn. 71; *Schneider/Förth* in: *Riecke/Schmid* § 5 Rn. 46.
[104] *Staudinger/Rapp* § 5 Rn. 25.
[105] Vgl. KG ZMR 1994, 169.
[106] *Staudinger/Rapp* § 5 Rn. 25.
[107] BayObLG WuM 1991, 610; OLG Hamm ZMR 1997, 193; OLG Düsseldorf ZMR 1999, 726; OLG Köln NZM 2002, 125.
[108] Siehe Rn. 3.

Fußbodenheizung	Die Fußbodenheizung (Heizschlange) im räumlichen Bereich des Sondereigentums gehört zum Sondereigentum, wenn sie abgeklemmt werden kann, ohne dass dies den Betrieb und die Funktionsfähigkeit der zentralen Heizungsanlage oder die Beheizung einer anderen Sondereigentumseinheit über das in § 14 Nr. 1 WEG bestimmte Maß hinaus beeinträchtigt.[109] Nach Auffassung des LG Bonn[110] soll eine Fußbodenheizung allerdings dann zwingend im Gemeinschaftseigentum stehen, wenn sie im Estrich verlegt ist und dieser zum Gemeinschaftseigentum gehört. Diese Auffassung überzeugt jedoch nicht, denn ein Gebäudebestandteil gehört nicht schon dann zwingend zum Gemeinschaftseigentum, wenn er nicht repariert werden kann, ohne Bestandteile des Gemeinschaftseigentums zu beschädigen. Selbstverständlich muss der Eigentümer der Fußbodenheizung den Estrich wieder ordnungsgemäß herstellen, wenn er diesen für Instandsetzungsmaßnahmen an der Fußbodenheizung öffnen musste. Der vorübergehende Eingriff in das Gemeinschaftseigentum ist jedoch unvermeidbar und stellt daher keine Beeinträchtigung im Sinne des § 14 Nr. 1 WEG dar.
Garage	Bei Einzelgaragen, deren Räume zu Sondereigentum erklärt sind, gehört die Gebäudehülle (Fundament, Bodenplatte, Dach, Tor, Wände) zum Gemeinschaftseigentum. Dies gilt auch bei Fertigteilgaragen.[111]
Garagenstellplatz	Siehe „Pkw-Stellplatz".
Gastherme	Siehe „Heizung".
Geschossdecke	Die Geschossdecken gehören zum konstruktiven Teil eines Gebäudes und stehen deshalb im Gemeinschaftseigentum. Bei Holzbalkendecken gehören zur Geschossdecke die Balken, die Schüttung, die tragende Schicht auf den Balken, die Schicht unterhalb der Balken, die Trittschalldämmung und die Feuchtigkeitsisolierung. Siehe auch „Dielen". Zwischendecken können in der Regel entfernt werden, ohne das Gemeinschaftseigentum oder das Sondereigentum der darüber liegenden Einheit zu beeinträchtigen. Sie gehören deshalb zum Sondereigentum.
Hebeanlage	Eine Hebeanlage (nebst Leitungen), die nur der Entsorgung einer Sondereigentumseinheit dient, gehört zum Sondereigentum dieser Einheit, auch wenn sie sich außerhalb des räumlichen Bereichs dieser Sondereigentumseinheit befindet.[112] Dient die Hebeanlage mehr als einer Sondereigentumseinheit, steht sie im Gemeinschaftseigentum.[113]
Heizkostenverteiler	Siehe „Heizungsanlage".
Heizungsanlage	Eine Heizungsanlage, die nur der Beheizung *einer* Wohnung dient, steht vollständig im Sondereigentum, auch soweit sich Teile der Heizungsanlage (z. B. Heizkessel, Vorratsbehälter für Brennstoff, Rohre) außerhalb des räumlichen Bereichs der Sondereigentumseinheit befinden.[114]

109 *Spielbauer/Then* § 5 Rn. 4.
110 LG Bonn WE 2001, 47; zustimmend *Schmid* ZMR 2008, 962.
111 BayObLG WE 1989, 218.
112 OLG Düsseldorf NZM 2001, 752.
113 OLG Schleswig ZMR 2007, 726.
114 Siehe Rn. 60.

	Bei einer (zentralen) Heizungsanlage, an die mehrere Sondereigentumseinheiten (nicht notwendig alle) angeschlossen sind, ist hinsichtlich der Bestandteile der Heizungsanlage zu differenzieren: • Im Gemeinschaftseigentum stehen der Heizkessel, der Vorratsbehälter und die Versorgungsleitungen für den Brennstoff, die Ringleitung und alle sonstigen Bestandteile der Heizungsanlage, die nicht ausschließlich der Erwärmung einer Sondereigentumseinheit dienen. Dies gilt unabhängig davon, ob sich diese Bestandteile der Heizungsanlage im räumlichen Bereich des Gemeinschaftseigentums oder des Sondereigentums befinden. • Heizkörper im räumlichen Bereich des Sondereigentums stehen im Sondereigentum,[115] wenn sie beseitigt werden können, ohne dass dies den Betrieb und die Funktionsfähigkeit der zentralen Heizungsanlage oder die Beheizung einer anderen Sondereigentumseinheit über das in § 14 Nr. 1 WEG bestimmte Maß hinaus beeinträchtigt. Ist eine Entfernung des Heizkörpers ohne eine derartige Beeinträchtigung nicht möglich, steht der Heizkörper im Gemeinschaftseigentum.[116] Die Heizungsrohre von der Abzweigung an der gemeinschaftlichen Ring- bzw. Steigeleitung bis zum Heizkörper in der Wohnung stehen im Sondereigentum, wenn der Heizkörper im Sondereigentum steht[117] und die Rohre beseitigt oder verändert werden können, ohne dass das Sondereigentum einer anderen Einheit oder das Gemeinschaftseigentum beeinträchtigt werden.[118] Andernfalls steht auch das Heizungsrohr im Gemeinschaftseigentum. • Thermostatventile und Verbrauchserfassungsgeräte (sog. Heizkostenverteiler und Wärmemengenzähler) gehören zum Gemeinschaftseigentum, wenn sie für eine verbrauchsabhängige Abrechnung der Heizkosten gemäß den Vorgaben der Heizkostenverordnung zwingend erforderlich sind.[119]
Heizungsraum	Der Raum, in dem sich der Heizbrenner nebst Steuerungsanlage und/oder der Vorratsbehälter für den Brennstoff befinden, kann nach der Rechtsprechung im Sondereigentum stehen, wenn die Teilungserklärung und der Aufteilungsplan diesen Raum als Sondereigentum ausweisen und der Raum trotz der Beherbergung der Heizungsanlage auch noch zu anderen Zwecken nutzbar ist.[120] Andernfalls steht der Raum im Gemeinschaftseigentum. Nach hier vertretener Auffassung steht der Raum, in dem sich der Heizbrenner nebst Steuerungsanlage befindet, zwingend im Gemeinschaftseigentum.[121]
Isolierschicht	Siehe „Feuchtigkeitsisolierschicht" und „Trittschalldämmung"
Jalousie	Außenjalousien stehen im Gemeinschaftseigentum, da sie die optische Erscheinung der Wohnanlage berühren.[122] Innenjalousien gehören nicht zum Gemeinschaftseigentum.

[115] BayObLG ZMR 2003, 366; a. A. *Schmid* ZMR 2008, 862.
[116] *Staudinger/Rapp* § 5 Rn. 25; *Spielbauer/Then* § 5 Rn. 12.
[117] Vgl. Rn. 60, 62.
[118] Siehe auch Rn. 60, 62 zum Stichwort „Rohre".
[119] OLG Hamm ZMR 2001, 839; OLG Stuttgart ZMR 2008, 243.
[120] OLG Schleswig ZMR 2006, 886.
[121] Siehe Rn. 28.
[122] KG ZMR 1985, 344; OLG Karlsruhe NZM 2002, 220 (zu Rollläden); a. A. LG Memmingen Rpfleger 1978, 101 (zu Rollläden).

Kamin	Siehe „Schornstein“
Keller	Kellerräume und Kellerabteile gehören nur zum Sondereigentum, wenn der Aufteilungsplan sie als Sondereigentum ausweist. Hinsichtlich der Kellertrennwände siehe „Wand“.
Kfz-Stellplatz	Siehe „Pkw-Stellplatz“.
Klimaanlage	Die nur einer Wohnung dienende Klimaanlage ist Bestandteil des Sondereigentums, auch wenn die Klimaanlage an der Außenfassade installiert ist. Zum Gemeinschaftseigentum gehört dann nur die äußere Verkleidung des Klimagerätes.
Klingel- und Gegensprechanlage	Bei einer gemeinschaftlichen Klingel- und Gegensprechanlage gehören die Sprechstellen in den einzelnen Wohnungen (Klingelkasten nebst Lautsprecher, Mikrofon und Taste für Türöffner) zum Sondereigentum, wenn das Funktionieren einer Sprechstelle nicht Voraussetzung für das Funktionieren der zentralen Haussprechanlage ist.[123] Zum Sondereigentum gehört auch die nur zu der Sprechstelle in der Wohnungen führende Leitung, auch soweit diese sich außerhalb des räumlichen Bereichs des Sondereigentum befindet.[124] Alle übrigen Teile der zentralen Klingel- und Gegensprechanlage stehen im Gemeinschaftseigentum. Dies gilt auch für die Namensschilder. Führt der Defekt einer Sprechstelle dazu, dass die gesamte Hausanlage oder andere Sprechstellen nicht mehr funktionieren, gehören auch die Sprechstellen in den Wohnungen zum Gemeinschaftseigentum. In Häusern, in denen es keine zentrale Klingelanlage gibt, sondern jede Wohnung mit einem eigenständigen Klingelstromkreislauf ausgestattet ist, gehört die Klingelanlage jeder Wohnung zum Sondereigentum. Eine Ausnahme gilt allerdings für den Klingeltaster im Treppenhaus, wenn dieser nicht verändert werden kann, ohne die optische Erscheinung des gemeinschaftlichen Treppenhauses zu beeinträchtigen.
Laminat	Siehe „Bodenbelag“
Leitung	Siehe „Rohre“
Lichtkuppel	Lichtkuppeln schließen das Gebäude nach außen hin ab. Sie gehören daher zum Gemeinschaftseigentum, auch wenn sie von einem Eigentümer nachträglich installiert wurden und sich im räumlichen Bereich des Sondereigentums befinden.
Lichtschacht	Lichtschächte sind stets Gemeinschaftseigentum, da sie das Gebäude nach außen hin abgrenzen. Dies gilt auch dann, wenn sie der Belichtung von Räumen des Sondereigentums dienen.
Loggia	Hier gelten die gleichen Grundsätze wie bei Balkonen.
Lüftungsanlage	Die Lüftungsanlage in fensterlosen Räumen des Sondereigentums (z. B. Bad) gehört mit jenen Bestandteilen zum Sondereigentum, die abgestellt oder entfernt werden können, ohne die Funktionsfähigkeit der Lüftung in anderen Sondereigentumseinheiten zu beeinträchtigen. Zum Sondereigentum gehören danach das Lüftungsgitter als äußerer Abschluss des Lüftungsrohres und der Filter. Der über mehrere Etagen verlaufende

[123] OLG Köln NZM 2002, 865.
[124] Vgl. Rn. 60.

	Lüftungsschacht gehört zum Gemeinschaftseigentum. Die äußere Verkleidung des Lüftungsschachts in der Wohnung ist hingegen Sondereigentum.
Markise	Markisen an der Außenwand des Gebäudes gehören zum Gemeinschaftseigentum, wenn sie bestimmungsgemäß bei der Errichtung des Gebäudes installiert und damit wesentlicher Bestandteil des Gebäudes geworden sind.[125] Markisen, die nachträglich von einem Eigentümer zu seinem Nutzen angebracht wurden und ohne Zerstörung wieder entfernt werden können, dürften Scheinbestandteil des Gebäudes sein und daher weiterhin im Eigentum des Einzeleigentümers stehen, der die Markise installiert hat.[126]
Müllabwurfanlage/Müllschlucker	Eine Müllabwurfanlage steht grundsätzlich im Gemeinschaftseigentum. Die Einwurföffnung gehört allerdings zum Sondereigentum, wenn sie sich im räumlichen Bereich des Sondereigentums befindet.
Müllbehälter	Die Müllbehälter werden i. d. R. von der örtlichen Gemeinde gestellt und stehen daher im Eigentum der Gemeinde. Müllbehälter, die von der Eigentümergemeinschaft angeschafft werden, gehören zum Verwaltungsvermögen i. S. d. § 10 Abs. 7 WEG. Der Müllstandplatz außerhalb von Gebäuden befindet sich zwingend im Gemeinschaftseigentum.
Parabolantenne	Siehe „Antenne".
Parkett	Siehe „Bodenbelag"
Pflanzen	Pflanzen im Grund und Boden der Wohnanlage stehen zwingend im Gemeinschaftseigentum. Pflanzen in beweglichen Behältern können Sondereigentum sein; wurden sie von der Gemeinschaft angeschafft, gehören sie zum Verwaltungsvermögen im Sinne des § 10 Abs. 7 WEG.
Pkw-Stellplätze	Zu Sondereigentum können nur Stellplätze in Gebäuden erklärt werden.[127] Stellplätze im Freien (auch überdachte) sind nicht sondereigentumsfähig. An der Stellplatzfläche gehört nur der Fahrbelag zum Sondereigentum. Die Markierung zur Abgrenzung der Stellplatzflächen innerhalb von Sammelgaragen gehört zum Gemeinschaftseigentum.[128]
Putz	Siehe „Wandputz" und „Deckenputz"
Rettungsweg	Räume, die bauordnungsrechtlich als Rettungsweg für fremde Sondereigentumseinheiten dienen, können nur dann Sondereigentum sein, wenn die jederzeitige Erreichbarkeit des Raumes im Havariefall der Zweckbestimmung des Raumes nicht entgegensteht. Sondereigentumsfähig sind danach Terrassen und Tiefgaragen.[129] Nicht sondereigentumsfähig sind Wohnräume.
Rohre	Versorgungs- und Entsorgungsrohre sowie Leitungen, die nur der Erschließung einer Sondereigentumseinheit dienen, stehen im Sondereigentum und zwar auch dann, wenn sie durch den räumlichen Bereich des Gemeinschaftseigentums oder fremdes Sondereigentum verlaufen.[130]

[125] *Staudinger/Rapp* § 5 Rn. 24.
[126] Siehe Rn. 55.
[127] Siehe Rn. 3, 17.
[128] Siehe Rn. 20.
[129] Vgl. OLG Frankfurt ZMR 1995, 166.
[130] Siehe Rn. 60, 62.

	Etwas anderes gilt nur, wenn die Rohre und Leitungen nicht verändert oder beseitigt werden können, ohne dass das Gemeinschaftseigentum oder das Sondereigentum einer anderen Einheit über das in § 14 Nr. 1 WEG bestimmte Maß hinaus beeinträchtigt werden (z. B. aus optischen Gründen);[131] dann stehen die Rohre im Gemeinschaftseigentum. Die Teilungserklärung kann bestimmen, dass Rohre und Leitungen stets zum Gemeinschaftseigentum gehören, soweit sie außerhalb des räumlichen Bereichs des Sondereigentums verlaufen.[132]
Rollladen	Siehe „Jalousien"
Satelliten-schüssel	Siehe Antenne
Schilder	Schilder, die von einzelnen Eigentümern an der Gebäudefassade oder im Treppenhaus angebracht werden, sind Scheinbestandteile und gehören dem jeweiligen Eigentümer. Gemeinsame Werbeanlagen (sog. stiller Portier), an denen mehrere Eigentümer ihre Werbeschilder befestigen können, stehen im Gemeinschaftseigentum.
Schlüssel	Schlüssel für Türen der Wohnanlage sind Zubehör und damit weder Sonder- noch Gemeinschaftseigentum. Der Schlüssel gehört jener Person, der er übereignet wurde. Schlüssel, über die der Verwalter verfügt, gehören zum Verwaltungsvermögen im Sinne des § 10 Abs. 7 WEG. Sie können einzelnen Eigentümern zum Gebrauch überlassen werden. Siehe auch „Türen".
Schornstein	Kaminzüge gehören zum konstruktiven Teil eines Gebäudes und stehen daher im Gemeinschaftseigentum. Dies gilt auch, wenn der Kaminzug nur einer Sondereigentumseinheit dient.[133] Auch in Einfamilienhäusern gehört der Kaminzug zum Gemeinschaftseigentum.
Steckdose	Steckdosen im räumlichen Bereich des Sondereigentums gehören zum Sondereigentum.[134]
Stromzähler	Stromzähler stehen im Sondereigentum, wenn sie nur den Stromverbrauch in einer Sondereigentumseinheit zählen und nicht im Eigentum des Stromversorgungsunternehmens stehen.
Tapeten	Tapeten im räumlichen Bereich des Sondereigentum gehören zum Sondereigentum.[135]
Telefon-anschluss	Die Telefonsteckdose im räumlichen Bereich einer Wohnung gehört zum Sondereigentum. Die Zuleitungen stehen im Sondereigentum, soweit sie nur dem Anschluss einer Sondereigentumseinheit dienen.
Terrasse	Ebenerdige Terrassen ohne vollständig umlaufende Brüstung sind nicht sondereigentumsfähig, da sie keinen Kubus darstellen.[136] Ob eine Terrasse im Sondereigentum oder im Gemeinschaftseigentum steht, richtet sich nach der Teilungserklärung und dem dort in Bezug genommenen Aufteilungsplan. Soll die Terrasse im Sondereigentum stehen,

[131] BayObLG WE 1994, 21; KG WuM 1989, 89 zu Leitungen durch fremdes Sondereigentum.
[132] OLG Düsseldorf ZMR 1998, 652.
[133] BayObLG ZMR 1999, 50.
[134] *Staudinger/Rapp* § 5 Rn. 25.
[135] BayObLG ZMR 2003, 366.
[136] Siehe Rn. 3.

	muss der Aufteilungsplan die Terrasse als Sondereigentum ausweisen.[137] Ist dies nicht der Fall, steht die Terrasse im Gemeinschaftseigentum.[138] Zur Eigentumszuordnung der baulichen Bestandteile einer Terrasse vergleiche die Erläuterungen zu „Balkon".
Thermostatventile	Siehe „Heizungsanlage"
Treppen	Treppen im räumlichen Bereich des Gemeinschaftseigentums sind Gemeinschaftseigentum. Treppen im räumlichen Bereich des Sondereigentums (z. B. in Maisonettewohnungen) sind Sondereigentum.
Trittschalldämmung	Die Trittschalldämmung in Mehrparteienhäusern gehört zum Gemeinschaftseigentum.[139] Eine Ausnahme ist bei Maisonettewohnungen denkbar, bei denen die Trittschalldämmung in den oberen Räumen nur dem Schutz derselben Einheit auf der darunter befindlichen Etage dient.
Türen	• Türen an der Grenze zwischen Sondereigentum und Gemeinschaftseigentum: Zum Gemeinschaftseigentum gehören die Bestandteile der Tür, die für die räumliche Abgeschlossenheit sorgen, die für das Öffnen und Schließen des Türblattes verantwortlich sind und die nicht verändert oder beseitigt werden können, ohne dass sich die optische Erscheinung der zum Gemeinschaftseigentum hin gewandte Seite der Tür verändert.[140] Gemeinschaftseigentum sind danach das Türblatt und der Türrahmen sowie der Anstrich oder die Beschichtung auf der zum räumlichen Bereich des Gemeinschaftseigentums hin gewandten Außenseite der Tür. Der Anstrich und die Beschichtung auf der zum Sondereigentumsraum hin gewandte Innenseite der Tür (Türblatt und Türrahmen) stehen im Sondereigentum,[141] da diese Seite der Tür verändert werden kann, ohne die optische Gestaltung des gemeinschaftlichen Raumes zu verändern. Aus dem gleichen Grund gehören die Türklinke und der Türbeschlag an der Innenseite der Tür zum Sondereigentum und die Türklinke und der Türbeschlag an der Außenseite der Tür zum Gemeinschaftseigentum. Türangeln, Scharniere und der Schließmechanismus (ohne Schließzylinder) gehören zum Gemeinschaftseigentum, denn ohne diese fiele das Türblatt aus dem Rahmen und könnte nicht bewegt werden. Der Schließzylinder steht im Sondereigentum, denn die Verschließbarkeit der Tür gegen unberechtigten Zutritt betrifft nur die Interessen des Sondereigentümers. Die Türschlüssel sind Zubehör im Sinne des § 97 BGB und damit sonderrechtsfähig.[142] Dichtungen (Dichtgummis) zwischen Türblatt und Türrahmen stehen nur dann im Sondereigentum, wenn diese verändert oder beseitigt werden können, ohne dass dadurch das Gemeinschaftseigentum über das nach § 14 zulässige Maß hinaus beeinträchtigt wird. Dichtungen mit Isolierfunktion gegen Kälte dienen in der Regel dem Gemeinschaftseigentum, da eine Verringerung des Energieverbrauchs im objektiven Interesse aller Eigentümer liegt. Dichtungen gegen Lärm aus dem Gemeinschaftseigentum (z. B. Treppenhaus) dienen

[137] Dies gilt auch für nachträglich errichtete Balkone.
[138] Siehe Rn. 12.
[139] BGH NJW 1991, 2480; OLG Düsseldorf ZMR 1999, 726.
[140] Vgl. OLGR Düsseldorf 2000, 1; OLG München ZMR 2007, 725.
[141] *Staudinger/Rapp* § 5 Rn. 25; *Müller* Rn. 81; a. A. *Bärmann/Armbrüster* § 5 Rn. 113.
[142] Siehe Stichwort „Schlüssel".

	nur dem Sondereigentümer und stehen daher im Sondereigentum. Nach Auffassung des OLG Düsseldorf soll die Tür in der Teilungserklärung vollständig dem Sondereigentum zugewiesen werden können.[143] Diese Auffassung ist unzutreffend, da die Tür (auch) dem gemeinschaftlichen Gebrauch dient, indem sie den Wohnungseigentümern den Blick in das Sondereigentum erspart und das Gemeinschaftseigentum räumlich vom Sondereigentum abgrenzt. Die Tür steht daher gemäß § 5 Abs. 2 WEG im vorstehend beschriebenen Umfang zwingend im Gemeinschaftseigentum.[144] • Innentüren zwischen Räumen derselben Sondereigentumseinheit stehen mit sämtlichen Bestandteilen im Sondereigentum.[145] • Türen im räumlichen Bereich des Gemeinschaftseigentums stehen mit sämtlichen Bestandteilen im Gemeinschaftseigentum. • Türen zwischen Räumen verschiedener Sondereigentumseinheiten: Das Türblatt und der Türrahmen (ohne Anstrich oder Beschichtung), die Türangeln, Scharniere, das Schließblech und der Schließzylinder stehen im Gemeinschaftseigentum, denn sie können nicht beseitigt werden, ohne dass dadurch der Gebrauch des jeweils anderen Sondereigentums beeinträchtigt würde. Der Anstrich oder die Beschichtung der Tür gehören zum Sondereigentum jener Einheit, auf deren Seite sich die Beschichtung befindet. Gleiches gilt für die Türklinke und den Türbeschlag. Die Türschlüssel sind Zubehör im Sinne des § 97 BGB und damit sonderrechtsfähig. Der Schlüssel gehört jenem Wohnungseigentümer, dem er übereignet wurde.
Umkofferung	Siehe „Versorgungsschacht“
Ventil	Siehe „Absperrventil“
Verbrauchserfassungsgeräte	Siehe „Wasserzähler“, „Stromzähler“ und „Heizungsanlage“
Versorgungsrohr	Siehe „Rohre“
Versorgungsschacht	Ob Umkofferungen von Versorgungsleitungen im räumlichen Bereich des Sondereigentums zum Sondereigentum gehören, hängt von der Darstellung im Aufteilungsplan ab. Ist der Aufteilungsplan insoweit nicht eindeutig, gehört der umkofferte Raum nebst Trennwand zum Gemeinschaftseigentum. Anders verhält es sich allerdings bei Umkofferungen, die erst nach Begründung von Wohnungseigentum geschaffen wurden. In diesen Fällen gehört der nachträglich umkofferte Raum zum Sondereigentum.
Wand	Tragende Wände stehen im Gemeinschaftseigentum,[146] auch wenn sie sich im räumlichen Bereich des Sondereigentums befinden. Nichttragende Wände zwischen Räumen innerhalb ein und derselben Sondereigentumseinheit gehören zum Sondereigentum.[147] Trennwände zwischen

[143] OLG Düsseldorf NZM 2002, 571.
[144] BayObLG ZMR 2000, 241.
[145] BayObLG ZMR 2000, 241.
[146] BayObLG NJW-RR 1995, 649.
[147] *Spielbauer/Then* § 5 Rn. 4.

	dem räumlichen Bereich des Sondereigentums und dem Gemeinschaftseigentum stehen im Gemeinschaftseigentum. Nichttragende Trennwände zwischen zwei Sondereigentumseinheiten sollen nach h. M. im gemeinsamen Sondereigentum der Eigentümer der beiden angrenzenden Sondereigentumseinheiten stehen.[148] Nach hier vertretener Auffassung gehört die Trennwand zum Gemeinschaftseigentum.[149]
Wandanstrich	Der Wandanstrich im räumlichen Bereich des Sondereigentum gehört zum Sondereigentum.[150]
Wandputz	Der Putz an Wänden im räumlichen Bereich des Sondereigentum gehört zum Sondereigentum.[151] Der Putz an Wänden im räumlichen Bereich des Gemeinschaftseigentums gehört zum Gemeinschaftseigentum.
Wärmedämmung	Die Wärmedämmung an Dächern, Wänden und Geschossdecken gehört zum Gemeinschaftseigentum.[152]
Wärmemengenzähler	Siehe „Heizungsanlage“
Wasserhahn	Wasserhähne im räumlichen Bereich des Sondereigentum gehören zum Sondereigentum. Wasserhähne im räumlichen Bereich des Gemeinschaftseigentum stehen im Gemeinschaftseigentum; dies gilt auch für Gartenwasserhähne im Bereich einer der Wohnung vorgelagerten Gartenfläche, an der ein Sondernutzungsrecht besteht.
Wasserrohr	Siehe „Rohre“
Wasserzähler	In den Sondereigentumseinheiten installierte Wasserzähler stehen im Gemeinschaftseigentum, wenn sie für eine verbrauchsabhängige Abrechnung der Wasserkosten benötigt werden.[153]
Werbeanlagen	Siehe „Schilder“.
Zählerraum	Der Raum, in dem sich Verbrauchserfassungsgeräte (z. B. Stromzähler, Wärmemengenzähler) befinden, ist sondereigentumsfähig.[154]
Zwischendecke	(Abgehängte) Zwischendecken können in der Regel entfernt werden, ohne das Gemeinschaftseigentum oder das Sondereigentum der darüber liegenden Einheit zu beeinträchtigen. Sie gehören dann zum Sondereigentum.

[148] BGH NJW 2001, 1212; ebenso BayObLG ZMR 1996, 618; OLG München ZMR 2006, 300.
[149] Siehe Rn. 52.
[150] BayObLG ZMR 2003, 366.
[151] BayObLG ZMR 2003, 366; OLGR Düsseldorf 2005, 148.
[152] BayObLG WuM 1991, 610; OLG Hamm ZMR 1997, 193.
[153] HansOLG Hamburg ZMR 2004, 291.
[154] Vgl. Rn. 31.

II. Bauliche Veränderungen

1. Einleitung

Die Vornahme baulicher Umgestaltungen gehört zu den praxisrelevantesten und oftmals streitträchtigen Angelegenheiten im Wohnungseigentumsrecht. Das Wohnungseigentumsgesetz in der seit dem 1. 7. 2007 geltenden Neufassung[1] eröffnet Wohnungseigentümern[2] neue Wege bei der Anpassung ihrer Anlage an zeitgemäße Verhältnisse. Die Mehrheitsmacht wurde im Vergleich zum bisherigen Recht deutlich **erweitert** und die Willensbildung dadurch entsprechend **erleichtert.** Der Gesetzgeber will damit drohenden Wertverlusten des gemeinschaftlichen Eigentums und des Sondereigentums entgegentreten.[3] Dazu gehören auch erweiterte gesetzliche Beschlusskompetenzen für die Verteilung der durch die Baumaßnahme verursachten Kosten.[4] In der Rechtsanwendung ist es wichtig, die Frage nach der Zulässigkeit (Rechtmäßigkeit) einer baulichen Maßnahme sauber zu trennen von der Frage der Kostenverteilung. Oft gelten unterschiedliche Anforderungen, speziell Mehrheitserfordernisse, wobei neben den unterschiedlichen gesetzlichen auch etwaige in der Gemeinschaftsordnung vereinbarte Regelungen zu bedenken sind, die von der gesetzlichen Ausgangsregelung abweichen und dieser vorgehen. Zentrale gesetzliche Vorschrift für die Beurteilung der Zulässigkeit baulicher Veränderungen am gemeinschaftlichen Eigentum ist § 22 WEG. 67

a) Bauliche Maßnahme als Oberbegriff. Der in der Praxis allgemein gängige Sprachgebrauch erweckt den Eindruck, jede bauliche Maßnahme sei eine bauliche Veränderung. Dies war und ist unzutreffend.[5] Eine **bauliche Maßnahme** muss nicht zwingend eine bauliche Veränderung im rechtstechnischen Sinne des § 22 Abs. 1 WEG darstellen. Die Bandbreite der rechtlichen Qualifizierung ist sehr viel weiter. Eine bauliche Maßnahme kann sein Instandhaltung oder Instandsetzung des gemeinschaftlichen Eigentums (§ 21 Abs. 5 Nr. 2 WEG) einschließlich der modernisierenden Instandsetzung (§ 22 Abs. 3 WEG), die Erfüllung der Verkehrssicherungspflicht,[6] die Erfüllung öffentlich-rechtlicher Rechtsnormen (Gesetze, Verordnungen, Satzungen)[7] sowie darauf beruhender behördlicher Verwaltungsakte oder anderer hoheitlicher Verfügungen[8] oder eine sonstige Maßnahme der ordnungsgemäßen Verwaltung des gemeinschaftlichen Eigentums (§ 21 Abs. 3 WEG),[9] eine „privilegierte" bauliche Veränderung, d. h. Modernisierung oder Anpassung an den Stand der Technik (§ 22 Abs. 2 WEG) oder eine „klassische" bauliche Veränderung (§ 22 Abs. 1 WEG). Steht die rechtliche Qualifizierung in Streit, bietet es sich an, wertneutral von einer **baulichen Maßnahme** zu sprechen. Sie bildet den **untech-** 68

---

[1] BGBl I 2007, 370.

[2] Entsprechendes gilt für Teileigentümer (vgl. § 1 Abs. 6 WEG).

[3] Vgl. BT-Drucks. 16/887, S. 28 ff.

[4] Zu neuen Möglichkeiten der Kostenverteilung bei der Vornahme baulicher Maßnahmen unten Rn. 210 sowie ausführlich *J.-H. Schmidt* ZMR 2007, 913.

[5] Näher unten Rn. 1 und 2.

[6] Dazu *Wenzel* ZWE 2009, 57 ff.

[7] Z. B. in den Landesbauordnungen, etwa Einbau von Kaltwasserzählern (BGH ZMR 2003, 937) oder Rauchwarnmeldern (dazu *Schmidt/Breiholdt/Riecke* ZMR 2008, 341 ff.).

[8] Vgl. zu baulichen Maßnahmen aufgrund einer behördlichen Anordnung BGH NZM 2009, 394.

[9] § 21 Abs. 3 ist der **übergeordnete Auffangtatbestand** für alle Maßnahmen der Verwaltung, die mit einfacher Stimmenmehrheit beschlossen werden können. Instandhaltung und (modernisierende) Instandsetzung, Erfüllung der Verkehrssicherungspflicht oder öffentlich-rechtlicher Vorgaben usw. sind nur Anwendungsbeispiele. Sind sie nicht einschlägig, ist immer noch zu prüfen, ob die fragliche Maßnahme nicht nach § 21 Abs. 3 beschlossen werden kann, vgl. *Wenzel* ZWE 2007, 179, 180 = FS für Seuß (2007), S. 259, 261.

nischen Oberbegriff für alle unter die §§ 21, 22 Abs. 1 bis 3 WEG fallenden baulichen Maßnahmen.[10]

69 **b) Überblick zur Rechtslage vor dem 1. 7. 2007.** Vor Inkrafttreten der WEG-Novelle zum 1. 7. 2007 fiel die rechtliche Qualifizierung einer baulichen Maßnahme leichter als nach neuem Recht. In Betracht kam eine Qualifizierung als Instandhaltung, Instandsetzung[11] oder sonstige Maßnahme ordnungsmäßiger Verwaltung des gemeinschaftlichen Eigentums (§ 21 Abs. 3 WEG) oder als bauliche Veränderung (§ 22 Abs. 1 WEG). Bauliche Veränderungen, die über die ordnungsmäßige Instandhaltung oder Instandsetzung oder sonstige ordnungsmäßige Verwaltung des gemeinschaftlichen Eigentums hinausgingen, konnten laut § 22 Abs. 1 WEG nicht gemäß § 21 Abs. 3 WEG beschlossen oder gem. § 21 Abs. 4 WEG verlangt werden. Gleichwohl war anerkannt, dass § 22 Abs. 1 WEG den Eigentümern eine Beschlusskompetenz verlieh, um einer baulichen Veränderung am Gemeinschaftseigentum im Beschlusswege zuzustimmen, sei es vor deren Vornahme (Einwilligung) oder danach (Genehmigung). Denn – so die Lesart der h. M. – nach dem Wortlaut des § 22 Abs. 1 WEG durfte die Zustimmung „nicht gemäß § 21 Abs. 3 WEG" beschlossen werden, also lediglich nicht mit einfacher Mehrheit; die Beschlusskompetenz als solche wurde aber bejaht.[12] Ferner war anerkannt, dass ein Zustimmungserfordernis nur bestand, wenn bzw. soweit die bauliche Veränderung, um die es ging, Wohnungseigentümer entweder über das in § 14 Nr. 1 WEG gesetzlich bestimmte Maß, d. h. nicht nur ganz unerheblich,[13] oder über das in der Gemeinschaftsordnung abweichend von der gesetzlichen Grundregel des § 14 Nr. 1 WEG vereinbarte Maß[14] beeinträchtigte. Gab es keinen in diesem Sinne Beeinträchtigten, bestand kein Zustimmungserfordernis, gab es einige Beeinträchtigte, war deren Zustimmung erforderlich, gab es nur einen einzigen, der über das gesetzliche oder abweichend vereinbarte Maß hinaus beeinträchtigt war, reduzierte sich das Zustimmungserfordernis auf ihn. Zutreffend war daher die Feststellung, dass ein Mehrheitsbeschluss im Bereich des § 22 Abs. 1 WEG weder **erforderlich noch ausreichend** war:[15] Erforderlich dann nicht, wenn kein Eigentümer beeinträchtigt wurde oder die erforderliche(n) Zustimmung(en) von dem/den Beeinträchtigen formlos erteilt wurde(n), was nach damals ganz h. M.[16] genügte. Ausreichend dann nicht, wenn ein oder mehrere Eigentümer beeinträchtigt war(en). Denn diese(r) durfte(n) durch Mehrheitsbeschluss nicht überstimmt werden. Ein dennoch gefasster Mehrheitsbeschluss war aber bloß anfechtbar (Zitterbeschluss), also nicht nichtig und band (vgl. § 10 Abs. 4 WEG a. F.) daher alle, auch die überstimmten Miteigentümer.[17] Die Bindungswirkung trat mit Beschlussergebnisverkündung ein[18] und erwuchs nach ungenutztem Ablauf der Anfechtungsfrist in endgültige Bestandskraft, die den während des Laufs der Anfechtungsfrist andauernden **Schwebezustand** (schwebende Wirksamkeit)[19] beendete. Ein Rechtsanspruch des bauwilligen Eigentümers oder einer bauwilligen Eigentümergruppe – sei es auch die ganz überwiegende Mehrheit – auf Vor-

---

[10] *J.-H. Schmidt* ZMR 2007, 913, 916.

[11] Einschließlich der richterrechtlich entwickelten modernisierenden Instandsetzung, zum neuen § 22 Abs. 3 unten Rn. 199 ff.

[12] Nachweise bei *Häublein* NJW 2005, 1466, 1468. Zur Unterscheidung zwischen „rechtlichem Dürfen" und „rechtlichem Können" s. grundlegend BGH NJW 2000, 3500.

[13] Nachweise bei BT-Drucks. 16/887, S. 28.

[14] §§ 22 Abs. 1 Satz 2, 14 Nr. 1 a. F. gehörten zu den dispositiven Regelungen des Gesetzes, die gemäß § 10 Abs. 1 Satz 2 a. F. durch Regelungen in der Gemeinschaftsordnung modifiziert werden konnten. Auch die heutigen gesetzlichen Regelungen sind dispositiv. Näher unten Rn. 123 ff.

[15] BGH NJW 1979, 817, 818 = ZMR 1979, 146, 148. *Hügel/Elzer* § 7 Rn. 13.

[16] BayObLG NZM 1999, 1009; ZMR 2003, 48.

[17] Nachweise bei *Kümmel* ZMR 2007, 932.

[18] Dazu BGH NJW 2001, 3339.

[19] Nach altem wie neuem Recht unrichtig BT-Drucks. 16/887, S. 32 zu § 23 Abs. 4 WEG n. F.: „schwebend unwirksam".

nahme der baulichen Veränderung oder die Zustimmung der Miteigentümer bestand nicht.

c) Überblick zur neuen Rechtslage. Das neue Recht hat das Spektrum der rechtlichen Qualifizierungsvarianten baulicher Maßnahmen am gemeinschaftlichen Eigentum gegenüber der bisherigen Rechtslage (oben 2.) erweitert. § 22 Abs. 1 WEG, der die **„klassische" bauliche Veränderung** regelt, wurde vom Gesetzgeber allerdings nur sprachlich korrigiert, um Missverständnisse in der Rechtsanwendung zu beheben, ohne inhaltliche Veränderungen gegenüber der bisherigen Rechtslage vorzunehmen.[20] § 22 Abs. 2 WEG dagegen bringt materielle Neuerungen in Gestalt der **Modernisierung** und der **Anpassung an den Stand der Technik,** die sich in Abgrenzung zur „klassischen" baulichen Veränderung als „privilegierte" bauliche Veränderungen oder auch Modernisierung im engeren Sinne (des § 559 Abs. 1 BGB) und im weiteren Sinne (Anpassung an den Stand der Technik) bezeichnen lassen. Zwar begründet § 22 Abs. 2 WEG **keine neue Beschlusskompetenz,**[21] da diese bereits nach altem Recht bestand (siehe oben 2.), sorgt aber dafür, dass bei Vorliegen der doppelt qualifizierten Stimmenmehrheit und der weiteren Tatbestandsvoraussetzungen jedenfalls für den rechtspolitisch erwünschten und gestärkten **Teilbereich** baulicher Maßnahmen **rechtmäßige** Eigentümerbeschlüsse gefasst werden können ohne (Erfolg versprechende) Anfechtungsmöglichkeit der Beschlussgegner. § 22 Abs. 3 WEG enthält kodifiziertes Richterrecht, indem die modernisierende Instandsetzung nunmehr ausdrücklich gesetzlich verankert wird, gerade auch zur notwendigen Abgrenzung gegenüber der Modernisierung nach Abs. 2.[22] 70

Für die Rechtspraxis bedeutet die Novellierung, dass § 22 Abs. 1 WEG bei der rechtlichen Qualifizierung in Frage stehender baulicher Maßnahmen am gemeinschaftlichen Eigentum einschließlich der Ermittlung der für eine Beschlussfassung benötigten Mehrheitserfordernisse am Ende der Prüfungskette steht. Eine „klassische" bauliche Veränderung ist in Betracht zu ziehen, wenn die fragliche bauliche Maßnahme weder unter § 21 Abs. 3 WEG noch unter § 22 Abs. 2 und 3 WEG subsumiert werden kann. Eine praktikable Lesart von § 22 Abs. 1 WEG lautet: Bauliche Maßnahmen am Gemeinschaftseigentum, die über eine Instandhaltung, (inkl. modernisierende) Instandsetzung oder sonstige Maßnahme ordnungsmäßiger Verwaltung oder eine Modernisierung oder Anpassung an den Stand der Technik hinausgehen, können beschlossen werden, wenn jeder Wohnungseigentümer zustimmt, dessen Rechte durch die Maßnahme über das in § 14 Nr. 1 WEG bestimmte gesetzliche oder abweichend davon in der Gemeinschaftsordnung vereinbarte Maß hinaus beeinträchtigt werden. Die Zustimmung eines Wohnungseigentümers ist gemäß §§ 22 Abs. 1 Satz 2, 14 Nr. 1 WEG nach wie vor nicht erforderlich, soweit seine Rechte durch die bauliche Veränderung nicht beeinträchtigt werden. 71

d) Interessenlagen. In der bisherigen Diskussion werden die Interessen der durch eine bauliche Maßnahme betroffenen Eigentümer und Eigentümergruppen zu wenig beleuchtet. Im Ausgangspunkt unzweifelhaft und unbestritten ist, dass die hinter einer baulichen Maßnahme stehenden Interessen unterschiedlich sein können und nicht selten in konkreten **Interessengegensätzen** enden, ganz besonders dann, wenn es nicht um bauliche Maßnahmen im **kollektiven Gesamtinteresse** aller Wohnungseigentümer geht, sondern im **individuellen (privaten) Sonderinteresse** einzelner Eigentümer. Die notwendige Unterscheidung beschränkt sich nicht etwa auf die „klassische" bauliche Veränderung i. S. d. § 22 Abs. 1 WEG, wenngleich dort ihr Schwerpunkt liegen wird. Auch „privilegierte" bauliche Veränderungen i. S. d. § 22 Abs. 2 WEG können allein im Individualinteresse liegen, wenn man etwa bedenkt, dass auch die Modernisierung einzelner Wohnungen, 72

---

[20] BT-Drucks. 16/887, S. 28 f.; *Bärmann/Merle,* § 22 Rn. 1; *Niedenführ* NJW 2007, 1841, 1842.

[21] Ungenau BT-Drucks., S. 29; *Bärmann/Merle,* § 22 Rn. 1.

[22] BT-Drucks. 16/887, S. 29.

z. B. Anbau von Gartentreppen in den Erdgeschosswohnungen, den Tatbestand der §§ 22 Abs. 2 Satz 1 WEG und 559 Abs. 1 BGB erfüllen kann.[23]

73 Am deutlichsten leuchtet der Unterschied zwischen Kollektivinteresse und Einzelinteresse ein bei baulichen Maßnahmen am gemeinschaftlichen Eigentum, die von einem einzelnen Wohnungseigentümer (Sondereigentümer) **innerhalb** seines **Sondereigentums** oder im Bereich eines nur ihm eingeräumten Sondernutzungsrechts[24] vorgenommen werden und sowohl rechtlich als auch faktisch nur ihm zu dienen bestimmt sind (z. B. Dachausbau zu Wohnzwecken, Wand- oder Deckendurchbruch). Die übrigen Eigentümer haben zu derartigen baulichen Maßnahmen keinen Zugang und dementsprechend kein eigenes Nutzungsinteresse. Selbst wenn sie der Maßnahme zustimmen, können sie an den Gebrauchsvorteilen nicht teilhaben. Ihr Interesse dürfte sich bei verständiger (objektiver) Würdigung darauf beschränken, nicht mit Kosten belastet zu werden, und zwar weder mit den einmaligen Baukosten noch mit den regelmäßig wiederkehrenden Folgekosten für Betrieb, Wartung, Instandhaltung, Instandsetzung usw. einschließlich eines baubedingt erhöhten Instandsetzungsaufwandes. Ein Interesse an der Beibehaltung des **optischen Erscheinungsbildes** der Wohnanlage dürfte bei baulichen Umgestaltungen im räumlichen Bereich eines Sondereigentums[25] nicht schutzwürdig sein. Hier können allenfalls andere Beeinträchtigungen, z. B. statischer Art, vorgebracht werden.[26] Unter der Voraussetzung der Kostenbefreiung spricht bei verständiger (objektiver) Würdigung der Interessen der Miteigentümer also regelmäßig nichts dagegen, dem bauwilligen Eigentümer die begehrte bauliche Maßnahme zu gestatten oder diese wenigstens zu dulden.[27]

74 Weniger eindeutig ist die Interessenlage bei baulichen Maßnahmen am gemeinschaftlichen Eigentum **außerhalb** des räumlichen Bereichs eines Sondereigentums oder des Bereichs eines **Sondernutzungsrechts,** nämlich im Bereich des Gemeinschaftseigentums (z. B. Treppenhaus, Fassade, Dach, Sauna, Schwimmbad) oder auf einer Gemeinschaftsfläche (z. B. PKW-Stellplätze, Garten- und Grünanlagen, Kinderspielplatz) ohne ausschließliches Gebrauchs- und Nutzungsrecht einzelner Sondernutzungsberechtigter. Hier haben alle Eigentümer rechtlich und faktisch das gleiche (Mit-)Gebrauchsrecht. Der tatsächliche Umstand, dass diese allgemein zugänglichen Bereiche aufgrund unterschiedlicher Nutzungsinteressen individuell unterschiedlich genutzt werden, ändert an der rechtlichen Ausgangslage nichts. Der individuelle Verzicht auf eine rechtlich und faktisch eingeräumte (Mit-)Gebrauchsmöglichkeit erfolgt freiwillig, wobei wiederum danach differenziert werden kann, ob der Verzicht wirklich zu einem tatsächlichen Ausschluss von den Gebrauchsvorteilen (z. B. Sauna, Schwimmbad) führt oder es um Gebrauchsvorteile geht, von denen ein Eigentümer – trotz seines fehlenden Interesses – sich weder selbst ausschließen noch von den Miteigentümer ausgeschlossen werden kann (z. B. Umgestaltung von Treppenhaus, Vorgarten, Grünanlagen).[28]

75 Die amtliche Begründung zur Änderung des Wohnungseigentumsgesetzes rückt in Anlehnung an die bisherige Betrachtungsweise bauliche Umgestaltungen in den Mittelpunkt, die das **Gesamtinteresse** aller Wohnungseigentümer berühren, z. B. den Einbau von Fenstern oder Türen, Änderungen am Fußboden oder an den Wänden des Treppenhauses, Ersatz der Gemeinschaftsantenne durch Kabelanschluss sowie alle Änderungen am Grundstück selbst, wie die Anlage eines Gartens, die Pflasterung des Hofes oder von

---

[23] Nachweise unten Rn. 159.

[24] Gleichzustellen ist das in der Gemeinschaftsordnung eingeräumte Dachausbaurecht zu Wohnzwecken, ohne dass die Dachfläche bereits im Sondereigentum oder Sondernutzungsrecht des Ausbauberechtigten steht.

[25] Bei Sondernutzungsflächen außerhalb des Sondereigentums kann dies anders zu bewerten sein.

[26] Vgl. BGH NJW 2001, 1212 zum Wanddurchbruch durch eine tragende Wand zwischen zwei benachbarten Sondereigentumseinheiten.

[27] Zustimmung und Duldung sind zu unterscheiden, s. unten Rn. 137.

[28] Vgl. *Bub,* FS Wenzel, S. 123, 125; *Armbrüster* ZfIR 1998, 395.

Zufahrten und Wegen.[29] Auch das Gesetz scheint in § 16 Abs. 6 WEG (§ 16 Abs. 3 a. F.) allein derartige bauliche Veränderungen im Blick zu haben, wenn es anordnet, dass ein Wohnungseigentümer, der einer Maßnahme nach § 22 Abs. 1 WEG nicht zugestimmt hat, nicht berechtigt ist, einen Anteil an den Nutzungen, die auf einer solchen Maßnahme beruhen, zu beanspruchen und – damit korrespondierend – nicht verpflichtet ist, Kosten zu tragen, die durch die Maßnahme verursacht werden. Die gesetzliche Regelung unterstellt also ein **Korrelat** von Mitgebrauch (§ 13 Abs. 2 Satz 1 WEG) oder jedenfalls (Mit-)Gebrauchsmöglichkeit (vgl. § 16 Abs. 6 Satz 2 und Abs. 4 WEG) auf der einen Seite und der anteiligen Kostentragungslast auf der anderen. Die gesetzliche Ausgangsregelung ist daher unvollkommen, da sie für bauliche Maßnahmen im Sonderinteresse einzelner Eigentümer keine angemessene Regelung zur Verfügung stellt.

Vor der Novellierung des WEG wurde zum Teil versucht, im Wege der Auslegung der 76
unterschiedlichen Arten möglicher Zustimmungen[30] zu interessengerechten Ergebnissen zu kommen und auf diese Weise einen angemessenen Ausgleich zwischen Gebrauchsvorteilen einerseits und Kostenbelastung andererseits zu schaffen.[31] Vereinzelt wurde eine **Analogie** zu § 16 Abs. 3 WEG a. F. angeregt, um diejenigen Wohnungseigentümer, die keinen Zugang zu den Gebrauchsvorteilen haben, auch dann nicht an den Kosten zu beteiligen, wenn sie der im Individualinteresse eines Miteigentümers liegenden baulichen Veränderung – etwa aus Toleranz, Unwissenheit oder reiner Freundlichkeit – vorbehaltlos zugestimmt hatten.[32] Die wohl h. M.[33] verlangt hingegen einen Vorbehalt des zustimmenden Eigentümers gegen seine anteilige Kostenbelastung, um das durch die Analogie bezweckte interessengerechte Ergebnis zu erzielen. Eine vorbehaltlose Zustimmung soll hingegen die nachteiligen Kostenfolgen auslösen, selbst wenn der Zustimmende von vornherein von den Gebrauchsvorteilen ausgeschlossen ist.[34] In die obergerichtliche Rechtsprechung fanden diese Überlegungen soweit ersichtlich bislang keinen Eingang. Lediglich im umgekehrten Fall des Wohnungseigentümers, der einer beschlossenen baulichen Veränderung nicht zugestimmt hatte, gleichwohl aber „nolens volens“[35] Gebrauchsvorteile aus der baulichen Maßnahme zieht, steht die h. M. auf dem Standpunkt, dass eine Kostenbeteiligung gegen § 16 Abs. 3 WEG a. F. (jetzt § 16 Abs. 6 WEG) verstößt und daher unzulässig ist.[36] Gegenteiliges könne nur angenommen werden, wenn über die Vornahme der baulichen Veränderung hinaus eine Regelung über die Kostentragung beschlossen wurde[37] oder die Gemeinschaftsordnung eine solche enthalte,[38] was sich nach unbefangener Betrachtung des Beschlussinhalts zu bemessen hat.[39]

Infolge der WEG-Novelle wird die Differenzierung zwischen baulichen Maßnahmen 77
im **Gesamtinteresse** aller Eigentümer und im **Sonderinteresse** einzelner Eigentümer wieder stärker betont.[40] Es wird unterschieden zwischen baulichen Veränderungen im Gemeinschaftsinteresse und solchen im Individualinteresse, wobei die Abgrenzung sich schlicht danach richten soll, ob eine Mehrheit der Wohnungseigentümer sich für die Ver-

---

[29] BT-Drucksache 16/887, S. 29 f.

[30] Dazu unten Rn. 126 ff.

[31] *Bub,* FS Wenzel, S. 123; *Armbrüster* ZfIR 1998, 395; ders., Potsdamer Tage (2000), S. 97.

[32] Grundlegend *Armbrüster* ZfIR 1998, 395, 399; ders., Potsdamer Tage (2000), S. 97, 105; ihm folgend *Briesemeister* ZWE 2002, 241, 244 f.; *J.-H. Schmidt* ZMR 2001, 924, 925.

[33] *Becker* in Bärmann § 16 Rn. 142; *Bärmann/Merle* § 22 Rn. 290.

[34] *Merle* a. a. O.

[35] Vgl. etwa die Umgestaltung des Vordergartens (OLG Hamm ZMR 1997, 371); Anbringung von Schneefanggittern am Dach bzw. an Balkonüberdachungen (OLG München ZMR 2008, 905).

[36] OLG München ZMR 2008, 905 im Anschluss an OLG Hamm ZMR 1997, 371.

[37] OLG München ZMR 2008, 905 im Anschluss an OLG Hamm ZMR 1997, 371.

[38] BayObLG ZMR 2001, 829.

[39] BayObLG ZMR 2001, 829.

[40] *Becker* in Bärmann § 16 Rn. 120, 143 ff.; *Armbrüster* ZWE 2008, 61; *Bub,* FS Wenzel, S. 123, 125.

änderung ausspricht.[41] Im letzteren Fall soll die Maßnahme eine Gemeinschaftsangelegenheit darstellen.[42]

78 Auf das Gesetzgebungsverfahren haben die rechtspolitischen Forderungen nach einer praxisnäheren Entkoppelung des im Gesetz (§ 16 Abs. 2 und 3 WEG a. F.) unterstellten Gleichlaufs von Nutzung und Kostentragung keinen Einfluss genommen. An einer planwidrigen Regelungslücke als Voraussetzung einer Analogie[43] dürfte es daher spätestens jetzt fehlen. Immerhin erlaubt der neue § 16 Abs. 4 WEG den Wohnungseigentümern, im Einzelfall eine von dem vereinbarten oder beschlossenen Kostenverteilungsschlüssel abweichende Kostenverteilung zu beschließen, wenn der abweichende Schlüssel dem Gebrauch oder der Möglichkeit des Gebrauchs Rechnung trägt. Dadurch ist die Möglichkeit eröffnet, die Belastung mit Kosten am Zugang zu der Gebrauchsmöglichkeit auszurichten und somit eine **höhere Kostenverteilungsgerechtigkeit** zu erzielen. Wer eine Gebrauchsmöglichkeit erhält und damit regelmäßig auch an einer Werterhöhung teilnimmt, soll sich nicht der Kostentragung entziehen können, wenn sich dies nicht mit dem Willen der weit überwiegenden Mehrheit[44] der Wohnungseigentümer deckt.[45] Allerdings offenbart die amtliche Begründung eine Fehleinschätzung der Praxis, wenn es heißt, dass Eigentümer, die als Folge von § 16 Abs. 4 WEG die Kosten zu tragen haben, auch die Nutzungen beanspruchen können müssen, unabhängig davon, ob sie die Kostenverteilung mit beschlossen oder ob sie ihr nicht zugestimmt haben und überstimmt wurden[46] und dass das Erfordernis der (abstrakten) Gebrauchsmöglichkeit sicherstelle, dass auch die Wohnungseigentümer, die einer Maßnahme gemäß § 22 Abs. 1 oder 2 WEG nicht zustimmen möchten, nur in sachgerechter Weise an den Kosten beteiligt werden.[47] Der Gesetzgeber überlässt die Gestaltung einer abweichenden Kostenverteilung gemäß § 16 Abs. 4 WEG der privatautonomen Entscheidung der Wohnungseigentümer und damit im praktischen Ergebnis der Wachsamkeit (Kontrolle) der überstimmten Minderheit, denn weder der Maßstab der Gebrauchsbezogenheit noch das doppelt qualifizierte Mehrheitserfordernis ist **beschlusskompetenzbegrenzend,**[48] so dass ein rechtswidriger Beschluss über eine Beteiligung an den Kosten einer Maßnahme gemäß § 22 Abs. 1 oder 2 WEG trotz fehlender Gebrauchsmöglichkeit nur anfechtbar, aber nicht nichtig ist. Wird die Anfechtung verpasst, ist die abweichende Kostenverteilungsregelung bestandskräftig und meist „irreparabel“, da ein Anspruch gemäß § 21 Abs. 4 WEG auf einen aufhebenden oder abändernden **Zweitbeschluss** in aller Regel nicht bestehen dürfte.[49] Dies gilt unstreitig für die Baukosten.[50] Noch weit reichender sind die Auswirkungen für die vom Gebrauch ausgeschlossene, jedoch mit Kosten belastete überstimmte Minderheit, wenn nach bestrittener, aber wohl h. M.[51] auch die Verteilung der Folgekosten der baulichen Maßnahme, d. h. eine Änderung und nicht nur eine Abweichung,[52] vom gesetzlichen Tatbestandsmerkmal „Einzelfall“ umfasst sein sollte.[53]

---

[41] *Armbrüster* ZWE 2008, 61 unter I.

[42] *Armbrüster* a. a. O.

[43] Zu § 16 Abs. 3 WEG a. F. analog s. o. Rn. 78.

[44] Gemeint ist die doppelt qualifizierte Stimmenmehrheit nach § 16 Abs. 4 WEG.

[45] BT-Drucksache 16/887, S. 25.

[46] BT-Drucksache a. a. O. zu § 16 Abs. 6 WEG.

[47] BT-Drucksache a. a. O., S. 24 rechte Spalte oben zu § 16 Abs. 4 WEG.

[48] *J.-H. Schmidt* ZMR 2007, 913, 914 Fn. 15; zustimmend *Becker* in Bärmann § 16 Rn. 116.

[49] Vgl. *J.-H. Schmidt* ZMR 2007, 913, 916 m. w. N.

[50] *Becker* in Bärmann § 16 Rn. 117; *Häublein* NZM 2007, 752; *J.-H. Schmidt* ZMR 2007, 913, 915.

[51] *Häublein* NZM 2007, 752, 760 f.; *Armbrüster* ZWE 2008, 61, 67; *Bub* ZWE 2008, 205, 215; *Becker* in Bärmann § 16 Rn. 121; a. A. *Elzer* ZWE 2008, 153, 162; *J.-H. Schmidt* ZMR 2007, 913, 915.

[52] Nach diesseitigem Verständnis ermöglicht § 16 Abs. 4 WEG nur die Abweichung von dem **unverändert** fortbestehenden Kostenverteilungsschlüssel, keine Änderung für zukünftige Fälle, s. näher *J.-H. Schmidt* ZMR 2007, 913, 914 f.

[53] Zu weiteren Aspekten dieses Problems unten Rn. 138.

e) **Beschränkung auf das Gemeinschaftseigentum.** Grundlegend zu beachten ist, dass alle baulichen Maßnahmen, die nach dem Wohnungseigentumsgesetz beschlossen werden dürfen und können,[54] auf das **gemeinschaftliche Eigentum** beschränkt sind. Nur dieses unterliegt der gemeinschaftlichen Pflicht und Verantwortung zur Instandhaltung und Instandsetzung, der so genannten **Instandhaltungs- und Instandsetzungslast**[54a] und somit der Beschlusskompetenz der Eigentümer. Instandhaltung, Instandsetzung, Gestaltung und sonstige bauliche Maßnahmen am **Sondereigentum** sind hingegen alleinige und ausschließliche Befugnis des Sondereigentümers. Die Entscheidung, ob, wann und wie solche Maßnahmen durchzuführen sind, liegt beim Sondereigentümer.[55] Der **Beurteilungs- und Entscheidungsspielraum,** der dem Sondereigentümer eröffnet ist, muss jedenfalls weiter sein als bei der ihm durch die Gemeinschaftsordnung übertragenen Instandhaltungslast für Teile, Anlagen oder Einrichtungen des gemeinschaftlichen Eigentums, wo trotz der Überbürdung das objektive Gesamtinteresse aller Wohnungseigentümer Maßstab für die Ordnungsmäßigkeit bleibt.[56] Beim Sondereigentum obliegt es daher in weiterem Umfang der subjektiven Entscheidung des Sondereigentümers, ob und inwieweit ein Instandsetzungsbedarf durch eine einfache Reparatur oder durch eine vollständige Erneuerung behoben wird, solange nicht bei bloßer Reparatur eine Gefährdung der Bausubstanz besteht.[57] Dem Gesetz lässt sich die **Instandhaltungs- und Instandsetzungslast** des Sondereigentümers aus § 13 Abs. 1 WEG entnehmen, der in den meisten Gemeinschaftsordnungen gleichlautend oder sinngemäß wieder zu finden ist. Gegen einen Sondereigentümer, der seiner gesetzlichen (§ 14 Nr. 1 WEG) oder vereinbarten Pflicht zur Instandhaltung und Instandsetzung der laut Teilungserklärung in seinem Sondereigentum stehenden Gebäudeteile (z.B. Leitungsabschnitte in seiner Wohnung jenseits der Abzweigung von der gemeinschaftlichen Steigeleitung)[58] nicht freiwillig nachkommt, kann grundsätzlich nur der Rechtsweg beschritten werden. Hingegen fehlt den Wohnungseigentümern die Beschlusskompetenz, durch gemeinschaftlich festgelegte und organisierte Maßnahmen unmittelbar in die **Verwaltungshoheit des Sondereigentümers** einzugreifen.[59] Beschlüsse, die dies versuchen, sind in der Regel mangels Beschlusskompetenz nichtig.[60] Dies gilt etwa für den Mehrheitsbeschluss, wie ein Sondereigentümer den Bodenbelag seines Balkons auszugestalten hat.[61] Auch im Bereich der „privilegierten" baulichen Veränderung i.S.d. § 22 Abs. 2 WEG muss dieser Grundsatz bedacht werden.[62] Eine **Auflockerung** ist neuerdings bezüglich solcher gemeinschaftlichen Gebäudeteile, Einrichtungen oder Anlagen festzustellen, die nicht ausschließlich zum gemeinschaftlichen Eigentum gehören, sondern in Teilen oder Teilabschnitten zum Sondereigentum zählen, namentlich im Verhältnis der zentralen Heizungsanlage und der Heizkörper[63] oder beim Austausch von (Doppel-)Fenstern.[64] Ist eine Instandsetzung der gemeinschaftlichen Heizungsanlage oder Außenfenster (Gemeinschaftseigentum) erforderlich, wird die Beschlusskompetenz der Eigentümerversammlung bejaht, in einem ein- 79

---

[54] Also im Sinne der Beschlusskompetenz, vgl. BGH NJW 2000, 3500 („rechtliches Können").

[54a] Zum Träger der Instandshaltungs- und Instandsetzungslast s. unten Rn. 95.

[55] BayObLG ZMR 2004, 607, 608; 605, 606.

[56] BayObLG ZMR 2004, 607.

[57] Vgl. BayObLG a.a.O.

[58] Zur Rohrsanierung vgl. näher *J.-H. Schmidt* ZMR 2005, 669, 674.

[59] Vgl. *Drabek* in Riecke/Schmid § 22 Rn. 138: „Hineinregieren" (zu § 22 Abs. 2 WEG).

[60] Vgl. BayObLG ZMR 2004, 605f., das zumindest nicht expressis verbis von einer Beschlussnichtigkeit ausgeht. Dies könnte ein Indiz für eine bloß schwebende Unwirksamkeit des Mehrheitsbeschlusses sein. Stimmt der pflichtige Sondereigentümer dem Beschluss zu, wird dieser wirksam. Vgl. näher *Schmidt/Riecke* ZMR 2005, 252, 259f.

[61] OLG Düsseldorf NZM 2002, 443.

[62] Dazu unten Rn. 155.

[63] OLG München ZMR 2009, 64.

[64] LG München I ZMR 2008, 448.

heitlichen Beschluss den gleichzeitigen Austausch der reparaturbedürftigen Heizkörper bzw. Innenfenster (Sondereigentum) mit zu beschließen, d. h. organisiert und beauftragt durch den Verwalter im Namen der Wohnungseigentümergemeinschaft. Diese Befugnis erleichtert die Instandsetzung, wenngleich der zusätzliche Verwaltungsaufwand[65] zu bedenken und die Nachhaltigkeit dieser neuen Tendenz noch nicht absehbar ist. Der **Liberalisierung** in der Rechtsprechung entspricht im praktischen Ergebnis ein im Schrifttum vorgeschlagener (Aus-)Weg über die wohnungseigentumsrechtliche Treuepflicht, speziell der daraus abzuleitenden gegenseitigen Schutz- und Mitwirkungspflicht an einer einheitlichen und gleichzeitigen Gesamtsanierungsmaßnahme.[66]

2. „Klassische" bauliche Veränderung (§ 22 Abs. 1 WEG)

80 **a) Begriffsbestimmungen.** *aa) Bauliche Veränderung.* Eine bauliche Veränderung i. S. d. § 22 Abs. 1 Satz 1 WEG ist nach h. M. jede auf Dauer angelegte **Umgestaltung** des gemeinschaftlichen Eigentums.[67] Eine Umgestaltung kann sowohl in der kompletten oder teilweisen **Hinzufügung** als auch in der kompletten oder teilweisen **Entfernung** einer Sache, eines Gebäudeteils, einer vorhandenen Anlage oder einer Einrichtung zu sehen sein.

81 Ein Eingriff in die **Substanz**[68] im Sinne einer **gegenständlichen Veränderung** realer Teile[69] ist nicht erforderlich,[70] so dass z. B. auch das Aufstellen einer mobilen Parabolantenne auf dem Balkon[71] oder der **Überhang** einer Wärmedämmung von der Nachbarfassade über die Grundstücksgrenze in den **Luftraum** der betroffenen Gemeinschaft[72] unter § 22 Abs. 1 WEG fällt. Der Luftraum ist kein körperlicher (realer) Gegenstand (vgl. § 90 BGB), aber trotzdem von § 22 Abs. 1 WEG erfasst, und zwar mindestens bis zur Höhe des oberen Abschlusses aufstehender Gebäude (vgl. § 905 BGB). Auch die Projektion von Lichtreklame oder Farbspielen auf die Hausfassade kann eine Umgestaltung i. S. d. § 22 Abs. 1 WEG sein, obwohl sie weder eine gegenständliche Veränderung herbeiführt noch Luftraum besetzt.

82 Die Umgestaltung muss **auf Dauer** angelegt sein. Dies ist unproblematisch zu bejahen bei der Schaffung fester Verbindungen (z. B. Aufmauern, Verschrauben, Verankern, Streichen, Lackieren usw.). Bei unregelmäßiger (z. B. Wäschespinne) oder fortlaufender, aber jeweils nur kurzer Umgestaltung sind Nutzungsfrequenzen (z. B. tägliches Aufstellen und Abräumen von Stehtischen zu gastronomischen Zwecken) und Nutzungsabsicht (auf Dauer „angelegt") in die Bewertung einzubeziehen. Ist eine Umgestaltung auf Dauer nach den Umständen des Einzelfalles zu verneinen, z. B. bei einer einmaligen kurzfristigen Umgestaltung (z. B. Lagern eines Schuttcontainers im Innenhof), wird zumeist ein **Unterlassungsanspruch** nach § 15 Abs. 3 WEG, § 1004 BGB gegeben sein.[73] Eine Verurteilung zur Beseitigung einer nicht (mehr) vorhandenen baulichen Veränderung wäre auf eine tatsächlich unmögliche Leistung gerichtet. Erfolgt die Entfernung nach Klageerhebung, tritt Erledigung des Rechtsstreits in der Hauptsache ein. In derartigen Fällen bleibt ein Unterlassungsanspruch zu prüfen.

---

[65] Es ist sicherzustellen, dass die das Sondereigentum betreffenden Kosten letztlich von Sondereigentümer zu tragen sind, was bei der Auftragsvergabe und Abrechnung zu berücksichtigen ist.

[66] Siehe am Beispiel der Instandsetzung des insgesamt (d. h. Gemeinschafts- und Sondereigentum) maroden Leitungsnetzes *J.-H. Schmidt* ZMR 2005, 669, 675 f. m. w. N. Grundlegend zur Treuepflicht unter Wohnungseigentümern *Armbrüster,* FS Merle (2000), S. 1 ff. = ZWE 2002, 333 ff.

[67] *Bärmann/Merle* § 22 Rn. 7; *Palandt/Bassenge* § 22 Rn. 1.

[68] Mit dieser Einschränkung aber *Niedenführ* NZM 2001, 1105, 1105 f. gegen die h. M.

[69] So aber und zu eng OLG Hamm ZMR 1997, 371; im Anschluss auch *Bärmann/Merle* § 22 Rn. 58.

[70] Nachweise der h. M. bei *Jennißen/Hogenschurz* § 22 Rn. 3.

[71] *Schuschke* ZWE 2000, 146, 147; offen gelassen von BGH NZM 2004, 227, 228 m. w. N.

[72] OLG Celle NJW-RR 2004, 16.

[73] *Niedenführ* NZM 2001, 1105, 1106.

Das Merkmal „auf Dauer" darf nicht gleichgesetzt werden mit der Art und Weise der Installation. Es handelt sich um unterschiedliche Merkmale. Eine bauliche Veränderung erfordert **keine feste Verbindung,** so dass das Aufstellen von nicht fest im Boden verankerten Sachen (z. B. mobile Wäschespinne, Gartenhaus, Baldachin, Kinderspielgerät) auf einer Gemeinschaftsfläche eine bauliche Veränderung darstellen kann.[74] Gleiches gilt für eine auf dem Balkon ohne Eingriff in die Bausubstanz aufgestellte mobile Funk- oder Parabolantenne.[75] Es genügt, wenn die streitige Sache durch ihr Eigengewicht, die Schwerkraft oder eine lose Verbindung (z. B. Parabolantenne in Sonnenschirmständer) ihren Standort oder Halt findet. Gleiches gilt für eine etwa auf die Hausfassade projizierte Lichtwerbung. Ferner genügt eine natürlich gewachsene Verbindung (z. B. Verwurzelung), so dass die Anpflanzung einer Hecke eine gegenständliche Veränderung des Grundstücks i. S. d. § 22 Abs. 1 Satz 1 ist.[76] 83

Bauliche Veränderungen **am Sondereigentum** (vgl. dazu § 13 Abs. 1 WEG) fallen nicht unter § 22 Abs. 1 WEG, können also vom Sondereigentümer zustimmungsfrei geplant und vorgenommen werden, es sei denn, sie wirken sich nachteilig (z. B. statisch, substanziell, optisch, akustisch) auf das Gemeinschaftseigentum aus.[77] Verbietet ein Mehrheitsbeschluss dem Sondereigentümer die Vornahme einer das gemeinschaftliche Eigentum nicht beeinträchtigenden baulichen Veränderung seines Sondereigentums oder macht er dem Sondereigentümer konkrete Vorgaben für die Gestaltung oder Bauausführung, so ist der Beschluss wegen Eingriffs in den **Kernbereich des Sondereigentums,**[78] jedenfalls aber in die durch §§ 13 Abs. 1, 14 Nr. 1 WEG geschützte **Verwaltungshoheit des Sondereigentümers** nichtig.[79] 84

Umgestaltungen **am** Sondereigentum sind nicht zu verwechseln mit Umgestaltungen am Gemeinschaftseigentum **im** Sondereigentum, also dem abgeschlossenen räumlichen Bereich einer Wohnung oder sonstigen Sondereigentumseinheit (vgl. § 1 Abs. 1 bis 3, § 3 Abs. 2 Satz 1, § 8 Abs. 2 WEG). Bauliche Veränderungen **am** gemeinschaftlichen Eigentum im räumlichen Bereich des Sondereigentums (z. B. tragende Wände, Geschossdecke, Estrich) fallen daher unter § 22 Abs. 1 WEG. Bringen sie Nachteile mit sich, sind sie zustimmungsbedürftig, falls nicht die Gemeinschaftsordnung eine abweichende Regelung enthält.[80] Tauscht ein Sondereigentümer den in seinem Sondereigentum stehenden oberen Fußbodenbelag aus (z. B. Laminat statt Teppich) und verschlechtert er durch den Eingriff in den im gemeinschaftlichen Eigentum stehenden Deckenaufbau die bisherige **Trittschalldämmung,** kann eine bauliche Veränderung des gemeinschaftlichen Eigentums gem. § 22 Abs. 1 WEG gegeben sein.[81] 85

Eine bauliche „Veränderung" setzt sprachlich und denklogisch einen bestehenden Zustand („Status quo") voraus, der umgestaltet wird.[82] Dieser Zustand ist nicht statisch, sondern kann sich im Laufe der Zeit verändern. Der als tatsächlicher Anknüpfungspunkt für die rechtliche Bewertung nach § 22 Abs. 1 WEG frühest denkbare (Ursprungs-)Zustand ist der im Zeitpunkt der Begründung von Wohnungseigentum (vgl. § 2 WEG) vertraglich vereinbarte (vgl. § 3 WEG) bzw. in der Teilungserklärung bestimmte (vgl. § 8 86

---

[74] A. A. BayObLG NJW-RR 2002, 949 zum Aufstellen von Biertischen, Bänken und Schirmen zum Betreiben eines Freiausschanks für 6 Monate im Jahr; OLG Zweibrücken NZM 2000, 493 bzgl. einer mobilen Wäschespinne.

[75] Offen gelassen von BGH NZM 2004, 227, 228.

[76] A. A. BayObLG NJW-RR 1991, 1362.

[77] *Palandt/Bassenge* § 13 Rn. 2.

[78] Offen gelassen von OLG Köln NZM 2001, 541, 542 für Gestaltungsvorgaben für den Balkonbodenbelag.

[79] Vgl. OLG Köln NZM 2001, 541, 542. Siehe zur Verwaltungshoheit des Sondereigentümers aber auch oben Rn. 79.

[80] Zur Abbedingung der §§ 22 Abs. 1, 14 Nr. 1 WEG unten Rn. 123 ff.

[81] Vgl. OLG Saarbrücken ZMR 2006, 802; LG Hamburg ZMR 2004, 863.

[82] *Bärmann/Merle* § 22 Rn. 22.

WEG) und **geschaffene** bauliche Zustand. Inhaltlich wird dieser bestimmt durch die textlichen und zeichnerischen Darstellungen in Teilungserklärung/Gemeinschaftsordnung, Aufteilungsplan, Bauplänen und Baubeschreibung.[83] Die **erstmalige Herstellung** dieses (plangerechten) baulichen Zustandes[84] ist folglich (noch) keine bauliche Veränderung, sondern eine Maßnahme nach § 21 Abs. 3, 5 Nr. 2 WEG.[85] Sie fällt daher nicht unter § 22 Abs. 1 WEG und beseitigt nicht etwa nur das Zustimmungserfordernis i. S. d. § 22 Abs. 1 Satz 2 WEG.[86]

87 Keine bauliche Veränderung i. S. von § 22 Abs. 1 Satz 1 WEG liegt daher vor, wenn bei Teilung nach § 8 WEG bereits der Bauträger in Abweichung von der Teilungserklärung/Gemeinschaftsordnung, dem **Aufteilungsplan** oder der **Baubeschreibung**[87] das Wohnungseigentum errichtet. Die mit Einverständnis des teilenden Eigentümers vorgenommenen baulichen Veränderungen werden nicht als solche i. S. d. § 22 Abs. 1 WEG angesehen, weil der teilungserklärungswidrige Bauzustand bereits bei Beginn der Wohnungseigentümergemeinschaft bestand.[88] Erst ab dem Zeitpunkt der Entstehung einer **werdenden Wohnungseigentümergemeinschaft** ist § 22 Abs. 1 WEG anwendbar. Denn ab diesem Zeitpunkt ist der teilende Alleineigentümer (Bauträger) nicht mehr berechtigt, einseitig Änderungen am Bauwerk vorzunehmen.[89] Entstehungsvoraussetzungen der **werdenden Wohnungseigentümergemeinschaft** sind Abschluss (mindestens) eines wirksamen Kaufvertrages, Eintragung einer Auflassungsvormerkung[90] und Besitzübergabe an einen Erwerber.[91] Bauliche Veränderungen aus der Zeit vor dem Beginn der werdenden Wohnungseigentümergemeinschaft kann der Alleineigentümer (Bauträger) ohne Bindung an § 22 Abs. 1 WEG vornehmen.[92] Ein Beseitigungsanspruch gegen den erwerbenden einzelnen Wohnungseigentümer besteht dann nicht, und zwar selbst dann nicht, wenn die Veränderung auf seine Veranlassung hin vorgenommen wurde, sondern allenfalls ein Anspruch auf erstmalige plangerechte Herstellung gegenüber der Gesamtheit der Wohnungseigentümer.[93] Der Erwerber ist (nur) zur **Duldung** der plangemäßen Herstellung verpflichtet,[94] etwa zur Duldung der Beseitigung einer rechtswidrigen baulichen Anlage oder Einrichtung durch und auf Kosten der Gemeinschaft.[95] Der Duldungsanspruch bzw. – genauer gesagt – seine Durchsetzung (vgl. § 10 Abs. 6 Satz 3 WEG) steht dem rechtsfähigen Verband zu.[96] Maßnahmen ordnungsgemäßer Verwaltung (§ 21 Abs. 3 WEG), werden, auch wenn sie den vorhandenen baulichen Zustand (tatsächlich) verändern, schon begrifflich (rechtlich) nicht als bauliche Veränderung i. S. d. § 22 Abs. 1 WEG qualifiziert.[97]

---

[83] OLG Hamm ZMR 2008, 227 = ZWE 2007, 491, 492 mit Anm. F. *Schmidt.*

[84] Dazu unten Rn. 96.

[85] *Bärmann/Merle* § 22 Rn. 22 m. w. N.

[86] A. A. BayObLG ZfIR 2003, 160, 161 mit krit. Anm. *Häublein.*

[87] Vgl. OLG Hamm ZWE 2007, 491 mit Anm. F. *Schmidt.*

[88] KG ZMR 2005, 75, 77.

[89] BayObLG ZMR 2003, 857.

[90] Nicht zwingend in den Wohnungsgrundbüchern; im ungeteilten Grundbuch genügt, BGH NZM 2008, 649.

[91] Vgl. BGH NZM 2008, 649; dazu *Wenzel* NZM 2008, 625.

[92] *Bärmann/Merle* § 22 Rn. 32 f.

[93] OLG Frankfurt/M. NZM 2008, 322, 323 m. w. N. Es fragt sich, ob der Anspruch auf erstmalige Herstellung aus § 21 Abs. 4 WEG gegen die übrigen Wohnungseigentümer oder gegen den rechtsfähigen Verband geltend zu machen ist. Unklar daher KG ZMR 2003, 375, 376, freilich noch zur früheren Rechtslage: „... gegen die Wohnungseigentümergemeinschaft in ihrem Bestande, wie er bei Einleitung des Verfahrens gegeben ist ...“.

[94] OLG Frankfurt/M. NZM 2008, 322, 323 m. w. N.

[95] *Bärmann/Merle* § 22 Rn. 318 f. und unten Rn. 238.

[96] KG NZM 2007, 845, 847 = ZMR 2007, 639, 640. Näher unten Rn. 216.

[97] OLG Hamm ZMR 1997, 371.

Wegen weiterer Einzelheiten zum Begriff der baulichen Veränderung i. S. d. § 22 Abs. 1 Satz 1 WEG und der zahlreichen Einzelfälle aus Rechtsprechung und Schrifttum wird an dieser Stelle auf andere Kommentierungen verwiesen.[98] 88

bb) Aufwendungen. § 22 Abs. 1 Satz 1 WEG erfasst neben baulichen Veränderungen (oben Rn. 80 ff.) **Aufwendungen**, die über die ordnungsgemäße Instandhaltung und Instandsetzung des gemeinschaftlichen Eigentums hinausgehen, ohne jedoch mit einer Umgestaltung des gemeinschaftlichen Eigentums verbunden zu sein.[99] Die Einschränkung des Gesetzeswortlautes auf die ordnungsgemäße Instandhaltung und Instandsetzung ist unangebracht. Es ist jede Aufwendung einzubeziehen, die über eine ordnungsgemäße Verwaltung des gemeinschaftlichen Eigentums i. S. d. § 21 Abs. 3 oder einen ordnungsgemäßen Gebrauch i. S. d. § 15 Abs. 2 WEG hinausgeht und nicht die Grenze zur baulichen Veränderung überschreitet. 89

Der Begriff der **Aufwendung** i. S. d. § 22 Abs. 1 WEG ist entsprechend dem BGB zu verstehen, obwohl er dort ebenfalls nicht legal definiert ist. Aufwendungen sind freiwillige Vermögensopfer im Interesse eines anderen.[100] Richten sich Aufwendungen auf eine Sache, handelt es sich um Verwendungen.[101] Aufwendung ist insbesondere die Eingehung oder Übernahme einer Verbindlichkeit und somit auch das nicht gegenständliche (unkörperliche) Vermögensopfer. Als von § 22 Abs. 1 Satz 1 WEG erfasste Beispielsfälle werden die Anschaffung eines nicht zwingend erforderlichen elektrischen Rasenmähers, die unnötig teure Ersatzbeschaffung von Gartengeräten oder die Einstellung eines hauptberuflichen Hausmeisters in einer kleinen Anlage aufgezählt.[102] Beispiele für Aufwendungen, die nicht unter § 22 Abs. 1 Satz 1 WEG fallen, sondern Ausgaben einer ordnungsgemäßen Verwaltung des gemeinschaftlichen Eigentums im weiteren Sinne der gesamten Verwaltung einschließlich der Verwaltung des Gebrauchs (vgl. §§ 21 Abs. 3, 15 Abs. 2 WEG) darstellen, sind etwa Aufwendungen im Zusammenhang mit der Aufstellung einer Hausordnung (§ 21 Abs. 5 Nr. 1 WEG), der Abschluss von Versicherungen (§ 21 Abs. 5 Nr. 3 WEG), der Bezug von Energieleistungen oder die Beauftragung von Handwerkern, Ingenieuren, Architekten, Rechtsanwälten oder sonstigen Sonderfachleuten. Im Einzelfall kann eine scharfe Trennung zwischen baulichen Veränderungen und Aufwendungen schwierig, im Ergebnis aber entbehrlich sein im Hinblick auf die Rechtsfolgenidentität.[103] Diese wird auch in § 16 Abs. 4 Satz 1 und Abs. 6 WEG gewahrt, der bauliche Veränderungen und Aufwendungen gleichermaßen nennt. 90

b) Abgrenzungen. Um keine bauliche Veränderung i. S. d. § 22 Abs. 1 Satz 1 WEG handelt es sich, wenn die fragliche bauliche Maßnahme sich qualifizieren lässt als **Instandhaltung oder Instandsetzung** (§ 21 Abs. 5 Nr. 2 WEG) einschließlich der **erstmaligen Herstellung** eines ordnungsmäßigen Zustandes und der **modernisierenden Instandsetzung** (§ 22 Abs. 3 WEG), als Herstellung einer Fernsprechteilnehmereinrichtung, einer Rundfunkempfangsanlage oder eines Energieversorgungsanschlusses (§ 21 Abs. 5 Nr. 6 WEG), als Maßnahme zur **Erfüllung der Verkehrssicherungspflicht** oder **öffentlich-rechtlicher Vorgaben** (Gesetz, Rechtsverordnung, Satzung) und behördlicher Verfügungen (z. B. Verwaltungsakt oder Nebenbestimmung dazu) oder als **sonstige Maßnahme ordnungsgemäßer Verwaltung** des gemeinschaftlichen Eigentums im weiteren Sinne gemäß § 21 Abs. 3 und § 15 Abs. 2 WEG oder als **„privilegierte" bauliche Veränderung** i. S. d. § 22 Abs. 2 WEG, also als **Modernisierung** entsprechend § 559 Abs. 1 BGB oder **Anpassung** des gemeinschaftlichen Eigentums an den **Stand der Technik** (dazu unten Rn. 150 ff.). Diese entweder gesetzlich angeordneten oder richterrechtlich anerkannten 91

---

[98] Umfangreich *Bärmann/Merle* § 22 Rn. 34 ff.

[99] *Bärmann/Merle* § 22 Rn. 11; *Armbrüster* ZWE 2008, 61, 62.

[100] *Palandt/Heinrichs* § 256 Rn. 1 m. w. N.

[101] Vgl. *Palandt/Bassenge* § 994 Rn. 2: Sachbezogene Vermögensaufwendungen.

[102] *Bärmann/Merle* § 22 Rn. 12 und 64; *Armbrüster* ZWE 2008, 61, 62.

[103] Vgl. *Bärmann/Merle* § 22 Rn. 14.

Sondertatbestände sind vorrangig zu prüfen, zumal sie zumeist geringeren Mehrheitserfordernissen unterliegen als die „klassische" bauliche Veränderung.

92 Eine bauliche Maßnahme, die sich im Rahmen ordnungsgemäßer Verwaltung (§ 21 Abs. 3 WEG) oder eines ordnungsgemäßen Gebrauchs des gemeinschaftlichen Eigentums (§ 15 Abs. 2 WEG) bewegt, kann nicht zugleich eine bauliche Veränderung oder Aufwendung i.S.d. § 22 Abs. 1 WEG sein, selbst wenn sie zu einer baulichen Umgestaltung führt.[104] Andernfalls droht ein **Widerspruch innerhalb des Gesetzes,** da dieselbe bauliche Maßnahme verschiedenen Mehrheitserfordernissen und Rechtsfolgen unterläge. Dies muss auch gelten, wenn ein Beschluss über die Vornahme einer Maßnahme ordnungsgemäßer Verwaltung oder ordnungsgemäßem Gebrauch widerspricht, also rechtswidrig ist, jedoch unangefochten blieb. Die Vornahme einer unnötigen, untauglichen oder überteuerten, aber bestandskräftig beschlossenen Sanierungsmaßnahme beurteilt sich also nicht nach § 22 Abs. 1 WEG.

93 *aa) Instandhaltung und Instandsetzung.* Die ordnungsmäßige Instandhaltung und Instandsetzung ist in § 21 Abs. 5 Nr. 2 WEG als **Unterfall** („insbesondere") der ordnungsmäßigen Verwaltung des gemeinschaftlichen Eigentums aufgeführt. Nach dem Gesetz unterscheiden sich Instandhaltung und Instandsetzung in ihren Rechtsfolgen nicht. Deshalb kann eine begriffliche Abgrenzung für gewöhnlich vernachlässigt werden. Nach gängiger Formulierung ist Instandhaltung die **Erhaltung** des ursprünglichen ordnungsgemäßen Zustands, während Instandsetzung die **Wiederherstellung** des ursprünglichen ordnungsgemäßen Zustands durch Reparatur oder Ersatzbeschaffung ist.[105] Oder kürzer: **Instandhaltung ist die Vermeidung der Instandsetzung.** Deshalb können auch **vorbereitende** Maßnahmen zur Instandhaltung gezählt werden, z.B. **Untersuchungsmaßnahmen** durch einen Sachverständigen, die der Überprüfung des baulichen Zustandes einer gemeinschaftlichen Anlage dienen. Muss dazu Sondereigentum betreten oder benutzt (beschädigt oder zerstört) werden (vgl. § 14 Nr. 4 Halbsatz 1 WEG), bedarf es wegen Art. 13 Abs. 1 GG allerdings **hinreichender tatsächlicher Anhaltspunkte** für einen konkreten Instandhaltungs- oder Instandsetzungsbedarf.[106]

94 Die gesetzliche Regelung des § 21 Abs. 5 Nr. 2 WEG ist nicht zwingend. In der Gemeinschaftsordnung kann die **Instandhaltungs- und Instandsetzungslast** bezüglich einzelner (zwingend) im gemeinschaftlichen Eigentum stehender Gebäudeteile, z.B. konstruktiver oder gestaltprägender **Balkonteile,** vollständig oder auch nur teilweise auf den einzelnen Sondereigentümer oder Sondernutzungsberechtigten,[107] dessen ausschließlicher Nutzungsberechtigung sie unterliegen, überbürdet werden. Mit der vollständigen oder teilweisen Überbürdung der Instandhaltungs- und Instandsetzungslast kann zugleich die Pflicht zur Tragung der hierdurch anfallenden Instandhaltungs- und Instandsetzungskosten verbunden sein.[108] Umgekehrt ist es möglich, dass ausschließlich die Kostentragungspflicht dem einzelnen Sondereigentümer oder Sondernutzungsberechtigten auferlegt wird, die Instandhaltungs- und Instandsetzungslast selbst aber bei der Gemeinschaft verbleibt. Dies alles ist jeweils eine Frage der Auslegung der Gemeinschaftsordnung.[109] Instandhaltung und Instandsetzung müssen nicht das gleiche rechtliche Schicksal teilen. Auch insoweit ist die gesetzliche Grundregel nicht zwingend. In der Gemeinschaftsordnung können an die Instandhaltung andere Voraussetzungen oder Rechtsfolgen geknüpft

---

[104] *Bärmann/Merle* § 22 Rn. 16.

[105] *Bärmann/Merle* § 21 Rn. 89 m.w.N.; OLG Hamburg WE 2007, 57.

[106] OLG München NJW-RR 2006, 1022, 1023; *Wenzel* in Bärmann § 14 Rn. 56.

[107] OLG München ZMR 2007, 557; zur Abwälzung nur der Instandhaltungs-, nicht aber der Instandsetzungslast für eine im Sondernutzungsrecht stehende Terrasse s. KG KGReport 2009, 406.

[108] Vgl. OLG München ZMR 2007, 557, 559.

[109] Vgl. etwa zu Balkonen OLG München ZMR 2007, 557; OLG Braunschweig ZMR 2006, 787; LG Braunschweig ZMR 2006, 395; AG Kerpen ZMR 2004, 948; OLG Düsseldorf ZMR ein 1998, 304; OLG Schleswig ZMR 2006, 963.

werden als an die Instandsetzung. Etwa kann die **Instandhaltungslast** für Teile des gemeinschaftlichen Eigentums dem einzelnen Wohnungseigentümer (Sondereigentümer) und die **Instandsetzungslast** der Gemeinschaft zugewiesen werden.[110] In einem Fall des OLG Hamburg enthielt die Gemeinschaftsordnung eine Regelung, wonach der Innenanstrich der Außenfenster dem einzelnen Sondereigentümer oblag, wohingegen die Erneuerung des Außenanstrichs der Fenster Gemeinschaftsangelegenheit war. Bei objektiv unbefangener Auslegung sprach aus Sicht des OLG Hamburg nichts dagegen, den Außenanstrich der Fenster der Instandhaltungslast der Gemeinschaft zu unterstellen, die Instandhaltungslast bezüglich des Innenanstrichs der Außenfenster hingegen dem Sondereigentümer. Grund für diese Unterscheidung war, dass nur der Außenanstrich der Außenfenster das optische Erscheinungsbild der Wohnanlage betraf (bzw. zu beeinträchtigen drohte), der Innenanstrich der Fenster hingegen nicht.[111] In der Praxis ist ein gründlicher Blick in die Gemeinschaftsordnung unverzichtbar, um zu prüfen, ob es einschlägige vom Gesetz abweichende Regelungen gibt, die den gesetzlichen Bestimmungen ganz oder zumindest teilweise vorgehen. Zum Teil treten erhebliche Auslegungsschwierigkeiten auf, deren zutreffende rechtliche Lösung spezifisch juristische Denk- und Arbeitsmethoden erfordert und sich für WEG-Verwalter als sehr haftungsträchtig erweist. Wird die Instandhaltungslast für Fenster und Fensterläden als Teil des Gemeinschaftseigentums dem Sondereigentümer auferlegt, richtet sich die Renovierungspflicht dennoch nach dem Gesamtinteresse aller Wohnungseigentümer und nicht nach der subjektiven Beurteilung des Sondereigentümers.[112] Legt die Gemeinschaftsordnung in Abweichung von der gesetzlichen Grundregel die **Instandsetzungslast** für einzelne Teile, Anlagen oder Einrichtungen des gemeinschaftlichen Eigentums dem einzelnen Wohnungseigentümer auf, erfasst dies nicht die **erstmalige Herstellung** eines ordnungsgemäßen Zustands (dazu unten Rn. 96).[113]

Seit Entdeckung[114] und Anerkennung[115] der Rechtsfähigkeit der Wohnungseigentümergemeinschaft (Verband) ist unklar, wer **Träger der Instandhaltungs- und Instandsetzungslast** für das Gemeinschaftseigentum ist. Eine Ansicht geht davon aus, die Last liege beim Verband.[116] Diese Ansicht ist zweifelhaft. Für sie sprechen sicherlich praktische Erwägungen, da ein einzelner Wohnungseigentümer seinen Anspruch auf ordnungsmäßige Instandhaltung und Instandsetzung des gemeinschaftlichen Eigentums gem. § 21 Abs. 4 WEG gegen den Verband richten könnte, unabhängig vom Wechsel der jeweils dahinter stehenden Wohnungseigentümer. Ferner trifft es zu, dass die im Außenverhältnis erforderlichen Rechtsgeschäfte (Verträge) über die Instandhaltung oder Instandsetzung im Namen des Verbandes abgeschlossen werden. Dies betrifft aber erst die Durchführung des Beschlusses auf der **Willensbetätigungsebene** (vgl. § 27 Abs. eins Nr. 1 WEG), der ein Beschluss der Eigentümer auf der **Willensbildungsebene** vorauszugehen hat, um Inhalt und Umfang der Sanierungsmaßnahme festzulegen. Hier darf nicht der zweite vor dem ersten Schritt getan werden. Träger der Instandsetzungs- und Instandsetzungslast sind nach hier vertretener Meinung daher die Wohnungseigentümer. Sie sind Eigentümer des gemeinschaftlichen Eigentums (§ 10 Abs. 1 WEG). Sie entscheiden über Instandhaltungs- und Instandsetzungsmaßnahmen. Ihr Wille (Beschlüsse) wird losgelöst von einem Verbandsinteresse gebildet und auch im Ergebnis nicht dem rechtsfähigen Verband als 95

---

[110] *Bärmann/Merle* § 21 Rn. 88 m. w. N.; OLG Hamburg WE 2007, 57; KG KGReport 2009, 406.

[111] OLG Hamburg, a. a. O. Das LG in der Vorinstanz hatte die Regelung wegen innerer Widersprüchlichkeit (Perplexität) für nichtig befunden.

[112] BayObLG ZMR 2004, 607.

[113] OLG München ZMR 2007, 991 für eine Tiefgarage; BayObLG ZMR 2003, 366.

[114] BGH NJW 2005, 2061 = ZMR 2005, 547 mit Anm. *Häublein*.

[115] § 10 Abs. 6 Satz 1 und 2 WEG in der seit dem 1. 7. 2007 geltenden Fassung.

[116] *Häublein* jurisAnwZert MietR 21/2008, Anm. 3, B I 2; OLG Hamburg WE 2007, 57; a. A. OLG München ZMR 2007, 557, 559.

eigener Wille zugerechnet. Der rechtsfähige Verband, vertreten durch den WEG-Verwalter, setzt nur die von Eigentümerseite beschlossenen Maßnahmen im Außenverhältnis um. Zum Träger der Instandhaltungs- und Instandsetzungslast wird er dadurch aber nicht, auch wenn er zur Durchführung der Beschlüsse im eigenen Namen Verträge abschließt. Dieser Umstand wirkt sich auch prozessual aus, etwa bei einer kombinierten (negativen) Anfechtungs- und (positiven) Leistungsklage. Sofern nicht nur eine ganz bestimmte (nämlich die mehrheitlich abgelehnte) Instandhaltungs- oder Instandsetzungsmaßnahme infrage kommt (Fallgruppe der **Ermessensreduzierung auf „Null"**), müssen auch[117] bezüglich des Leistungsantrags Beklagte die übrigen Wohnungseigentümer sein und nicht der rechtsfähige Verband.

96 *bb) Erstmalige Herstellung eines ordnungsgemäßen Zustandes.* Instandsetzung i. S. d. des § 21 Abs. 5 Nr. 2 WEG ist nach h. M. auch die **erstmalige Herstellung eines ordnungsgemäßen (plangerechten) Zustandes** des gemeinschaftlichen Eigentums. Sie kann auch in der Beseitigung einer planwidrigen Baulichkeit liegen.[118] Inhaltlich wird der ordnungsgemäße Zustand des gemeinschaftlichen Eigentums in erster Linie durch die **Teilungserklärung/Gemeinschaftsordnung** und den in ihr gemäß § 7 Abs. 4 Nr. 1 WEG in Bezug genommenen **Aufteilungsplan** bestimmt. Neben der dortigen textlichen und zeichnerischen Darstellung ist der in den **Bauplänen**[119] oder der **Baubeschreibung** vorgesehene Zustand verbindlich.[120] Erstmalige Herstellung ist auch die vollständige Herstellung eines bislang nur teilweise (unvollständig) oder behelfsmäßig hergerichteten baulichen Zustandes.[121] Von der erstmaligen Herstellung abzugrenzen ist die **Wiederherstellung** des ursprünglichen, also bereits einmal ordnungsgemäß hergestellten, dann aber wieder beseitigten Zustandes. War diese Beseitigung rechtswidrig, ist die Wiederherstellung eine rechtmäßige Maßnahme, zumeist nach § 21 Abs. 5 Nr. 2 WEG, sonst nach § 21 Abs. 3 WEG. Denn wenn schon die erstmalige Herstellung des gemeinschaftlichen Eigentums eine Maßnahme der ordnungsgemäßen Verwaltung darstellt, muss auch die Wiederherstellung des Gemeinschaftseigentums in einen ordnungsgemäßen Zustand eine Maßnahme ordnungsgemäßer Verwaltung sein.[122] War eine Beseitigung rechtmäßig, liegt in der weiteren Umgestaltung eine bauliche Veränderung.[123] Grundsätzlich ist der Anspruch auf **Mitwirkung** an einer erstmaligen Herstellung oder Wiederherstellung gerichtet,[124] im Einzelfall kann die bauliche Maßnahme auch direkt, d. h. ohne Beschluss oder Zustimmung der Miteigentümer, vorgenommen werden, wenn nur eine konkrete Maßnahme in Betracht kommt, insbesondere die plangerechte Herstellung keine Ausführungsvarianten zulässt und auch die Kostentragung unstreitig ist.[125] (**Ermessensreduzierung auf „Null"**). Die gerichtliche Geltendmachung des Anspruchs auf Mitwirkung bei der erstmaligen Herstellung eines ordnungsmäßigen Zustands setzt grundsätzlich die vorherige Befassung der Eigentümerversammlung voraus, denn diese hat über Maßnahmen der ordnungsmäßigen Instandsetzung des Gemeinschaftseigentums zu entscheiden.[126] Die **Vorbefassung** kann ausnahmsweise unterbleiben, wenn wegen der Stimmrechtsverhältnisse nicht mit einer Beschlussfassung zu rechnen und davon auszugehen

---

[117] Bzgl. der Anfechtungsklage zweifelsohne (s. § 46 WEG).

[118] BayObLG ZMR 2001, 469: Beseitigung von zwei in den Plänen nicht vorgesehenen Stellplätzen.

[119] Z. B. Entwässerungsplänen, BayObLG NZM 2000, 515.

[120] OLG Hamm ZWE 2007, 491, 492 mit Anm. *F. Schmidt;* BayObLG NZM 2000, 515; *Fritsch* Rn. 248.

[121] Vgl. *Fritsch* Rn. 248.

[122] *Bärmann/Merle* § 22 Rn. 319.

[123] Vgl. BayObLG NZM 1999, 29.

[124] BayObLG ZMR 2001, 469.

[125] S. den Fall BayObLG ZfIR 2003, 160: Einbau einer im Aufteilungsplan vorgesehenen, aber nicht hergestellten Wand mit Tür.

[126] Der Vorbefassungsgrundsatz gilt nicht für die individuelle Beseitigungsklage.

ist, dass der Anspruchsteller ohnehin keine Mehrheit in der Versammlung finden wird.[127] Dies ist stets der Fall in einer Zweiergemeinschaft, wo die Vorbefassung mit dem Gegner in einer Versammlung reine Förmelei wäre, kann aber auch in größeren und Großanlagen eintreten,[128] wenngleich die Darlegungs- und Beweislast für die Überflüssigkeit der Versammlung beim Kläger liegt. Im Einzelfall kann der Vorbefassungsgrundsatz auch dann entfallen, wenn der Verwalter die Befassung einer Eigentümerversammlung mit dem begehrten TOP abgelehnt hat.[129] Der WEG-Verwalter ist rechtlich nicht befugt, über die Herstellung des erstmaligen Zustandes zu entscheiden. Dies fällt in die Zuständigkeit der Wohnungseigentümer. Ein gegen ihn gerichteter Antrag ist unbegründet.[130]

cc) Erfüllung der Verkehrssicherungspflicht. Keine bauliche Veränderung i. S. d. § 22 Abs. 1 WEG, sondern eine Maßnahme der **Verkehrssicherung,** die mit einfacher Mehrheit beschlossen werden kann und darf, ist die (bauliche)[131] Beseitigung oder Absicherung gefahrbringender Anlagen, Einrichtungen oder Zustände auf oder vor dem Grundstück. Wohnungseigentümer und/oder – was hier dahinstehen kann[132] – den rechtsfähigen Verband trifft eine allgemeine **Verkehrssicherungspflicht** für Grundstück, Gebäude, Gebäudeteile sowie gemeinschaftliche Einrichtungen und Anlagen, und zwar sowohl gegenüber einzelnen Eigentümern als auch gegenüber Dritten.[133] Unerheblich ist, ob die Verkehrssicherungspflicht **privatrechtlich** (siehe z. B. die speziellen Gebäudeunterhaltungspflichten nach §§ 836 bis 838 BGB) oder **öffentlich-rechtlich** begründet ist,[134] wobei öffentlich-rechtlich vorgeschriebene bauliche Maßnahmen zur Erfüllung der Verkehrssicherungspflicht eine weitere Fallgruppe betreffen (dazu Rn. 98 ff.). Beispiele aus der obergerichtlichen Rechtsprechung sind der Rückbau einer **Teichanlage,**[135] die Errichtung oder Verstärkung eines Zaunes zum Schutz kleiner Kinder vor einem über das Grundstück fließenden Bach,[136] die Herstellung einer ausreichenden Beleuchtung der Außenanlagen[137] oder die Versetzung von Spielgeräten auf dem gemeinschaftlichen **Kinderspielplatz** zur Einhaltung der vorgeschriebenen **Sicherheitsabstände.**[138] In Bundesländern ohne gesetzliche Einbaupflicht kann der Einbau von Rauchwarnmeldern als Versicherungsmaßnahme qualifiziert werden.[136a] Als Maßnahme der Instandhaltung und Instandsetzung i. S. d. § 21 Abs. 5 Nr. 2 WEG wird sich die Erfüllung der **Verkehrssicherungspflicht** oft nicht werten lassen, da es um die Vorbeugung oder Beseitigung eines gefährlichen Zustandes geht. Vorzugswürdig ist es dann, den Auffangtatbestand des § 21 Abs. 3 WEG anzuwenden. Wo eine bauliche Maßnahme zugleich als Instandhaltung oder Instandsetzung und als Erfüllung der Verkehrssicherungspflicht gewertet werden 97

---

[127] BayObLG ZMR 2001, 469 = NZM 2002, 267.

[128] BayObLG ZMR 2001, 469; KG NZM 2000, 286; OLG Celle NZM 1998, 577.

[129] So OLG Düsseldorf NZM 2008, 489. Die Alternative wäre eine Klage gegen den Verwalter auf Einberufung bzw. Ergänzung der Einladung/Tagesordnung mit dem begehrten TOP.

[130] Vgl. BayObLG ZMR 2001, 469: Unzulässige Verurteilung zu einer rechtlich unmöglichen Leistung.

[131] Die Erfüllung der Verkehrssicherungspflicht bringt natürlich nicht notwendig die Vornahme baulicher Maßnahmen mit sich (siehe z. B. Reinigungs- und Streupflichten). Vorliegend sind aber nur bauliche Maßnahmen von Interesse.

[132] Zum Meinungsstand *Wenzel* ZWE 2009, 57 ff.

[133] *Bärmann/Merle* § 21 Rn. 108; *Wenzel* ZWE 2009, S. 57 ff.; OLG Frankfurt/M. v. 30. 6. 2003–20 W 254/01, n. v.

[134] Vgl. *Wenzel* ZWE 2009, 57, 58 ff.

[135] OLG Frankfurt/M. v. 30. 6. 2003 – 20 W 254/01, n. v.

[136] BayObLG ZMR 2000, 394 = NZM 2000, 513.

[137] BayObLG ZWE 2000, 580, 581; *Bärmann/Merle* § 21 Rn. 39.

[138] BayObLG NZM 1998, 817, 818.

[136a] Offen gelassen von OLG Frankfurt/M. DWE 2009, 63, 64 unter Hinweis auf *Schmidt/Breiholdt/Riecke* ZMR 2008, 341, 346.

kann (z. B. Befestigung abgelöster Dachpfannen), erübrigt sich wegen der Rechtsfolgenidentität eine Abgrenzung.

98 *dd) Erfüllung öffentlich-rechtlicher Vorgaben.* Bezweckt ein Beschluss die Erfüllung öffentlich-rechtlicher Verpflichtungen der Wohnungseigentümer und/oder der Wohnungseigentümergemeinschaft, kann er mit einfacher Stimmenmehrheit gefasst werden. Es handelt sich nicht um eine bauliche Veränderung i. S. d. § 22 Abs. 1 WEG, selbst wenn die Maßnahme eine bauliche Umgestaltung der Wohnanlage mit sich bringt. Ferner liegt kein Fall des § 22 Abs. 2 WEG vor, auch wenn die Maßnahme die tatbestandlichen Voraussetzungen einer Modernisierung i. S. d. § 559 BGB erfüllt (z. B. Anlegung eines baurechtlich vorgeschriebenen **Kinderspielplatzes**),[139] da der Gesetzeswortlaut insofern teleologisch reduziert werden muss.[140] Die bauliche Maßnahme kann gemäß § 21 Abs. 3 WEG mit einfacher Stimmenmehrheit beschlossen werden. Ob die öffentlich-rechtlich vorgeschriebene Errichtung gemeinschaftlicher Anlagen oder Einrichtungen (z. B. Brandschutzanlagen, Rauchgasklappen, Kinderspielplätzen) per se als Instandhaltung oder Instandsetzung i. S. d. § 21 Abs. 5 Nr. 2 WEG zu qualifizieren ist,[141] erscheint zweifelhaft, kann aber dahinstehen, da jedenfalls ein einfacher Mehrheitsbeschluss ausreicht.

99 **Öffentlich-rechtliche Verpflichtungen** zur Vornahme baulicher Maßnahmen folgen häufig aus dem **öffentlichen Baurecht**, sei es in abstrakt-genereller Form (Gesetz, Rechtsverordnung, Satzung), z. B. dem in einigen **Landesbauordnungen** gesetzlich vorgeschriebenen Einbau von **Kaltwasserzählern**,[142] **Rauchwarnmeldern**[143] oder der Anlegung von **Kinderspielplätzen**,[144] sei es in Gestalt einer konkret-individuellen Regelung, z. B. eines **Verwaltungsakts** i. S. d. § 35 VwVfG oder einer **Nebenbestimmung** zu einem Verwaltungsakt i. S. d. § 36 Abs. 1 VwVfG, z. B. einer Bedingung oder Auflage[145] zum Baugenehmigungsbescheid.[146] **Behördliche Verfügungen** sind gesetzlichen und anderen öffentlich-rechtlichen Verpflichtungen gleichzustellen,[147] da sie die abstrakt-generellen Inhalte der Ermächtigungsgrundlage auf konkret-individueller Rechtsebene im Verhältnis zum Pflichtigen rechtsverbindlich konkretisieren. In den meisten Fällen wird der **rechtsfähige Verband**, gesetzlich vertreten durch den WEG-Verwalter, als Wahrnehmungsbefugter gem. § 10 Abs. 6 Satz 3 WEG Adressat der behördlichen Anordnung sein. Er ist im Verwaltungsverfahren beteiligtenfähig i. S. d. § 13 Abs. 1 VwVfG. Ob und inwieweit die behördliche Auswahl im Einzelfall rechtmäßig, der rechtsfähige Verband also richtiger Adressat der Ordnungsverfügung ist, richtet sich nach der jeweiligen Ermächtigungsgrundlage, auf die sich das behördliche Handeln stützt. Grundsätzlich wird es der Verband sein, der die aus seiner Sicht fremden Ordnungspflichten der Wohnungseigentümer als Grundstückseigentümer (§ 10 Abs. 1 WEG) im eigenen Namen aufgrund einer **geborenen**, d. h. beschlussunabhängigen **Wahrnehmungsbefugnis** wahrnimmt. Selbst wo öffentlich-rechtliche Pflichten nicht an das Grundstückseigentum anknüpfen, sondern an die Herrschaft und Verantwortlichkeit für die Gefahrenlage auf oder – z. B. bei einer auf Ortssatzung beruhenden Pflicht zum Winterdienst – vor dem Grundstück, handelt es sich regelmäßig nicht um eine verbandseigene Verpflichtung der Wohnungseigentümergemeinschaft i. S. d. § 10 Abs. 6 Satz 2 WEG, sondern um einen Fall des § 10 Abs. 6 Satz 3 WEG, da der Verband die Erfüllung der Ordnungspflicht (nur) zu organisieren hat. Anderes kann gelten, wenn die öffentlich-rechtliche Ermächtigungsgrundlage die

---

[139] BayObLG NZM 1998, 817.
[140] Näher Rn. 156.
[141] So BGH NJW 2002, 3629, 3632 m. w. N.
[142] Vgl. BGH ZMR 2003, 937 zur gesetzlichen Einbaupflicht gem. LBauO.
[143] Dazu ausführlich *Schmidt/Breiholdt/Riecke* ZMR 2008, 341 ff.
[144] BayObLG NZM 1998, 817.
[145] Vgl. BayObLG NJW-RR 1992, 81, 83.
[146] Vgl. BayObLG NZM 1998, 817.
[147] Vgl. BGH NZM 2009, 394; NJW 2002, 3629, 3632 m. w. N.

Ordnungspflicht ausdrücklich gegenüber der Wohnungseigentümergemeinschaft begründet.

Neben Ordnungsverfügungen, die auf ein Tun oder Unterlassen gerichtet sind, kommen behördliche **Gebühren- oder Bußgeldbescheide** als Gegenstand der Wahrnehmungsbefugnis des Verbandes in Betracht, da Zahlungspflichten ebenfalls zu den gemeinschaftsbezogenen Pflichten i. S. d. § 10 Abs. 6 Satz 3 WEG gehören können.[148] Dies gilt auch, wenn die Erhebung kommunaler **Grundbesitzabgaben** (z. B. für Abfallentsorgung, Straßenreinigung und Abwasserentsorgung) öffentlich-rechtlich anstatt durch (verwaltungs-)privatrechtlichen Vertrag[149] ausgestaltet ist und die Ermächtigungsgrundlage die Gebührenpflicht an das Eigentum am Grundstück anknüpft.[150] 100

Vergleichbare Handlungspflichten, deren Erfüllung mit einfacher Stimmenmehrheit beschlossen werden kann, können sich auch aus anderen öffentlich-rechtlichen Vorschriften ergeben, z. B. **kommunalen** Reinigungs-, Räum- und Streupflichten.[151] Dazu gehören insbesondere auch **energierechtliche Bestimmungen, z. B. Erneuerbare-Energien-Wärme-Gesetz** (**EEWärmeG**),[152] **Energieeinsparungsgesetz** (**EnEG**), **Energieeinsparverordnung** (**EnEV**),[153] **WärmeschutzVO, HeizungsanlagenVO, HeizungsbetriebsVO** in der jeweils gültigen Fassung.[154] Zumeist richtet sich die Rechtmäßigkeit einer Beschlussfassung nach dem im Zeitpunkt der Beschlussfassung gültigen Recht und zwar sowohl hinsichtlich der wohnungseigentumsrechtlichen Überprüfung[155] als auch in Bezug auf die anzuwendende öffentlich-rechtliche Vorschrift.[156] 101

Die freiwillige, einer Vollstreckung oder anderen drohenden Rechtsnachteilen vorbeugende Erfüllung kann mit einfacher Mehrheit beschlossen werden und entspricht in der Regel ordnungsmäßiger Verwaltung. **Gesetzliche** oder **behördliche** Handlungspflichten begründen Anforderungen an das Baugrundstück, deren Erfüllung Voraussetzung der Baugenehmigung und der Aufrechterhaltung eines bauordnungsgemäßen Zustandes ist.[157] Ist dem Pflichtigen ein Handlungsspielraum eröffnet, **wie** er der öffentlich-rechtlichen Verpflichtung nachkommt, ist dies bei der Beschlussfassung zu berücksichtigen. Erstens gilt wie immer in den Fällen der Herbeiführung eines ordnungsmäßigen Verwaltungszustandes das **Vorbefassungsrecht** der Eigentümerversammlung.[158] Zweitens steht dieser grundsätzlich ein weiter **Ermessensspielraum** zu,[159] wie sie rechtmäßige Zu- 102

---

[148] Vgl. *Wenzel* in Bärmann § 10 Rn. 260.

[149] Dort kann im Wege der Vertragsauslegung hinterfragt werden, ob Wohnungseigentümer oder rechtsfähiger Verband Schuldner sind, vgl. BGH NZM 2007, 363 (Gaslieferung) und KG NZM 2008, 690 (Wasserver- und -entsorgung), jeweils dieselbe Liegenschaft betreffend.

[150] Anders OLG Hamm ZMR 2009, 464, das nur eine eigene Gebührenpflicht des Verbandes prüft. Da der bestandskräftige Gebührenbescheid vom 9. 3. 2005 datierte, wäre zu prüfen gewesen, ob § 10 Abs. 6 Satz 3 WEG auch „Altschulden" umfasst. Vgl. zu hoheitlich festgesetzten Gebührenbescheiden ferner BVerwG NZM 2006, 146.

[151] Beispiele bei *Wenzel* in Bärmann § 10 Rn. 259; *Niedenführ* in Niedenführ/Kümmel/Vandenhouten § 21 Rn. 78 ff.

[152] Dazu *Schläger* ZMR 2009, 339; *v. Oppen/Schubert* AnwBl 2009, 439 und im Kurzüberblick *Walburg* Info M 2009, S. 2 f.

[153] Vgl. zur EnEV 2009 im Kurzüberblick *Rathjen* Info M 2009, S. 55; zur Entwicklung der EnEV seit ihrer Einführung im Jahre 2002 *Mersson* DWW 2009, 122, 125; *Franke* DWW 2009, 138, 144; *Flatow* NZM 2008, 785; *Friers* WuM 2008, 255 ff.; *Artz* WuM 2008, 259 ff.; *Schmidt-Futterer/Börstinghaus* § 559 Rn. 107 m. w. N.

[154] Vgl. OLG Hamm WuM 2009, 252; BayObLG NJW 1980, 690. 691; *Gottschalg* NZM 2001, 729, 731.

[155] OLG Hamm WuM 2009, 252, 254.

[156] OLG Hamm WuM 2009, 252, 255; BayObLG NZM 2002, 75, 76; NJW 1980, 690, 691.

[157] Vgl. BayObLG NZM 1998, 817, 818; *Bärmann/Merle* § 22 Rn. 21 zur Anlage eines Kinderspielplatzes.

[158] Vgl. BayObLG ZMR 2001, 489 = NZM 2002, 267 m. w. N.

[159] Vgl. etwa BayObLG NZM 2002, 75, 76.

stände herbeiführt, aufrechterhält oder wiederherstellt. Die Klage eines einzelnen Wohnungseigentümers auf die Vornahme einer ganz bestimmten Maßnahme hat nur dann hinreichende Aussicht auf Erfolg, wenn das der Mehrheit eröffnete **Ermessen im konkreten Einzelfall auf „Null" reduziert ist,** so dass nur diese eine (begehrte) Maßnahme rechtmäßig ist und jede abweichende Mehrheitsentscheidung rechtswidrig macht. Dies ist im Regelfall im Zusammenhang mit der öffentlich-rechtlichen Ermächtigungsgrundlage zu sehen, auch wenn selbstverständlich im Ausgangspunkt das Auswahl- und Entschließungsermessen der Behörde, ob und inwiefern gegen einen öffentlich-rechtlich Pflichtigen (z. B. Zustandsstörer) behördlich vorgegangen wird, streng zu unterscheiden ist von dem **Ermessensspielraum** der Wohnungseigentümer (Eigentümerversammlung). Wurde gegen die Wohnungseigentümer oder den Verband – Letzterer entweder als Rechtsinhaber oder Wahrnehmungsbefugter gem. § 10 Abs. 6 Satz 3 WEG – ein wirksamer Verwaltungsakt erlassen, besteht zumeist eine verbindliche konkret-individuelle Handlungspflicht, die nach Inhalt und Frist einzuhalten ist. Ein darauf gerichteter Mehrheitsbeschluss entspricht ordnungsmäßiger Verwaltung. Lässt die behördliche Verfügung einen Handlungsspielraum, z. B. über die Art der vorzunehmenden Maßnahme (**Auswahlermessen**), muss die Eigentümerversammlung entscheiden. Ist ein Verwaltungsakt rechtswidrig, kann es ordnungsmäßiger Verwaltung entsprechen, gegen ihn Widerspruch zu erheben und gegebenenfalls Anfechtungsklage vor dem Verwaltungsgericht zu erheben, um die Bestandskraft zu verhindern. Der Beschluss, die behördliche Verfügung nicht zu erfüllen, sondern gegen sie vorzugehen, entspricht ordnungsmäßiger Verwaltung, es sei denn, der Rechtsbehelf ist offensichtlich unzulässig oder unbegründet.[160] Fehlt eine **konkret-individuelle Handlungspflicht,** da (noch) keine behördliche Verfügung ergangen ist, besteht aber eine **abstrakt-generelle Pflicht** (z. B. Gesetz, Rechtsverordnung, Satzung), die zu erfüllen ist, gelten die gleichen Grundsätze. Ist eine bauliche Maßnahme öffentlich-rechtlich **zwingend** vorgeschrieben, z. B. die Nachrüstung der Wohnungen mit Rauchwarnmeldern bis zu einem gesetzlich vorgegebenen Zeitpunkt, ist das **Entschließungsermessen** („Ob") insoweit auf Null reduziert. Bezüglich des **Auswahlermessens** („Wie") entscheidet die Mehrheit.[161] Ist eine bauliche Maßnahme öffentlich-rechtlich nicht zwingend vorgeschrieben und besteht auch mangels einer im konkreten Einzelfall ergangenen Ordnungsverfügung kein Handlungszwang, kommt eine Beschlussfassung nach § 21 Abs. 3 WEG regelmäßig nicht in Betracht.[162] Das gleiche wird zu gelten haben, wenn eine Beschlussfassung ersichtlich nicht der Erfüllung öffentlich-rechtlicher Vorgaben diente.[163]

103 Bei der Pflicht zur Erfüllung öffentlich-rechtlicher Vorgaben tritt die bei Maßnahmen der ordnungsgemäßen Instandhaltung und Instandsetzung anzustellende **Kosten-Nutzen-Analyse** in den Hintergrund. Ist etwa die einfache Reparatur einer instandsetzungsbedürftigen Fassade nicht ausreichend, sondern bedarf es einer Erneuerung im Sinne der im Zeitpunkt der Beschlussfassung geltenden WärmeschutzVO 1995 bzw. EnEV 2007, die sich auf 20% und mehr als 20% der Gesamtfläche erstreckt, stellt sich die sonst entscheidungs- und in einem Rechtsstreit oft beweiserhebliche Frage der **Amortisation** der Kosten[164] nicht, weil dann die Wärmedämmung **zwingend** vorgeschrieben ist. Ist hingegen eine einfache Reparatur ausreichend oder erstreckt sich die erforderliche Erneuerungsmaßnahme auf weniger als 20% der Gesamtfläche des jeweiligen Bauteils, so dass ein energierechtlicher Handlungszwang nicht eingreift, beurteilt sich die Ordnungsmäßigkeit einer Erneuerung von Teilen der Fassade nach der Wirtschaftlichkeit der Maßnahme, die anhand einer **Kosten-Nutzen-Analyse** zu ermitteln ist.[165]

---

[160] Vgl. *Heinemann* in Jennißen § 21 Rn. 107 m. w. N.

[161] Vgl. für Rauchwarnmelder erneut *Schmidt/Breiholdt/Riecke* ZMR 2008, 341 ff.

[162] Vgl. BayObLG NJW 1981, 690.

[163] Vgl. BayObLG NJW-RR 1992, 81, 83.

[164] Dazu KG NJWE-MietR 1996, 133 = ZMR 1996, 282.

[165] OLG Hamm WuM 2009, 252, 255 im Anschluss an BayObLG NZM 2002, 75, 76.

Als weitere Variante neben der Erfüllung gesetzlicher oder behördlicher Verpflichtungen muss auch die Erfüllung einer **rechtskräftigen gerichtlichen Entscheidung** angesehen werden, wenn sie etwa die Pflicht zur Vornahme einer baulichen Maßnahme feststellt. Ein rechtskräftiger Richterspruch muss befolgt werden, selbst wenn die Entscheidung aus tatsächlichen oder rechtlichen Gründen unrichtig sein sollte. 104

ee) Modernisierende Instandsetzung (§ 22 Abs. 3 WEG). Keine bauliche Veränderung i. S. d. § 22 Abs. 1 WEG, sondern eine Maßnahme ordnungsmäßiger Verwaltung ist die **modernisierende Instandsetzung.** Sie wurde zur Erweiterung der rechtmäßigen Beschlussmöglichkeiten in der Rechtsprechung frühzeitig entwickelt und ist nunmehr erstmals gesetzlich verankert (§ 22 Abs. 3 WEG). Aufgrund der eigenständigen Regelung wird sie im Anschluss an die „klassische" bauliche Veränderung (§ 22 Abs. 1 WEG) und die „privilegierte" bauliche Veränderung (§ 22 Abs. 2 WEG) behandelt (unten Rn. 199 ff.). 105

ff) Gebrauchsregelungen. Von baulichen Veränderungen i. S. d. § 22 Abs. 1 WEG ist der bloße **(Mit-)Gebrauch** des gemeinschaftlichen Eigentums zu unterscheiden.[166] Während es beim Gebrauch um die **Nutzungen** des gemeinschaftlichen Eigentums geht, d. h. um die Ziehung von **Gebrauchsvorteilen,** z. B. das Wohnen in der Wohnanlage[167] (vgl. § 100 BGB), und **sonstiger Nutzungen,** z. B. die Erzielung von Miete aus der Vermietung gemeinschaftlichen Räume oder Flächen (vgl. § 13 Abs. 2 WEG) sowie die Ausschließung Dritter von diesen Nutzungen und sonstigen Einwirkungen (sog. **Nutzungs- und Ausschlussfunktion von Eigentum**),[168] ist regelmäßiges Kennzeichen einer baulichen Veränderung, dass die tatsächliche Substanz des gemeinschaftlichen Eigentums betroffen ist.[169] Eine scharfe Trennung fällt schwer, seitdem der Gesetzgeber mit der Kodifizierung der Rechtsfähigkeit (§ 10 Abs. 6 Satz 1, Abs. 7 Satz 2 WEG) einen **weiten Verwaltungsbegriff** in das Gesetz eingeführt hat, der die **gesamte Verwaltung** des gemeinschaftlichen Eigentums umfasst und daher auch die Verwaltung des Gebrauchs der im Gemeinschaftseigentum stehenden Gebäudeteile, Anlagen, Einrichtungen und Flächen einschließt.[170] Bewegt sich eine bauliche Maßnahme im Bereich des ordnungsgemäßen Gebrauchs des gemeinschaftlichen Eigentums (§ 15 Abs. 2 WEG), ist § 22 Abs. 1 Satz 1 WEG nicht anwendbar, selbst wenn mit ihr eine bauliche Veränderung einhergehen sollte (§ 22 Abs. 1 Satz 2 WEG)[171] Dies kann z. B. zur gesetzlichen Duldungspflicht der übrigen Eigentümer (§ 14 Nr. 1, 3 WEG, § 1004 Abs. 2 BGB) für eine von einem ausländischen Miteigentümer auf seinem Balkon aufgestellte mobile Parabolantenne trotz vorhandenen Anschlusses an ein Breitbandkabelnetz führen[172] 106

Nicht selten beschränken sich bauliche Veränderungen nicht auf die Umgestaltung des vorhandenen baulichen Zustandes, sondern bringen zusätzlich eine Änderung der bisherigen tatsächlichen **Nutzung** mit sich. Ein typisches Beispiel ist der Ausbau von Dachflächen **zu Wohnzwecken,** wenn also mit dem Ausbau die anschließende Änderung der zweckbestimmungsgemäßen Nutzung[173] der Dachfläche einhergeht. Räumt hier die Gemeinschaftsordnung dem Ausbauberechtigten kein umfassendes **Dachausbaurecht** samt 107

---

[166] *Bärmann/Merle* § 22 Rn. 30.

[167] Wohnen in der eigenen Wohnung ist dagegen ein Gebrauchsvorteil des Sondereigentums (vgl. § 13 Abs. 1 WEG, § 100 BGB).

[168] *Palandt/Bassenge* § 903 Rn. 5 f.

[169] *Bärmann/Merle* § 22 Rn. 30.

[170] BT-Drucksache 16/887, S. 60. Dazu *Wenzel* ZWE 2006, 462.

[171] Vgl. *Bärmann/Merle* § 22 Rn. 30 f. m. w. N.

[172] BGH NZM 2004, 227, 228.

[173] Eine Zweckbestimmung hat zumeist Vereinbarungscharakter (BGH NZM 2003, 977) und nicht nur den Status eines unverbindlichen Nutzungsvorschlags, vgl. dazu OLG Hamburg ZMR 2000, 628; BayObLG ZMR 2000, 234; *Müller* Rn. 183 m. w. N. Eine zweckbestimmungswidrige Nutzung ist hinzunehmen, wenn sie nicht mehr stört als die zweckbestimmungsgemäße, was bei einer Umstellung auf Wohnnutzung jedoch ausscheidet, vgl. BGH NZM 2003, 977 m. w. N.

anschließender Wohnnutzung ein, sondern nur ein Ausbaurecht[174] oder keines von beiden,[175] kann es zu ganz erheblichen Problemen kommen. Insoweit ist die Aussage, Beschlüsse in Bezug auf bauliche Veränderung seien zwar weder ausreichend noch erforderlich, in aller Regel aber zur Beseitigung von Unsicherheiten geeignet,[176] bei derartigen baulichen Veränderungen einzuschränken. Ist in der Gemeinschaftsordnung keine **Öffnungsklausel** vereinbart, setzt die wirksame Änderung der **Zweckbestimmung** (z.B. Wohnung statt Trockenboden oder Hobbykeller) eine Vereinbarung voraus. Ein Mehrheitsbeschluss wäre mangels Beschlusskompetenz nichtig. Die Rechtsprechung geht über dieses Problem freilich großzügig hinweg, wenn angenommen wird, die selbst oder vom Rechtsvorgänger erteilte Zustimmung zu einer baulichen Veränderung erstrecke sich zugleich auf die damit bezweckte Nutzung[177] bzw. verpflichte zumindest zu deren Duldung.[178]

108 Von **Baumaßnahme** und **Gebrauch** abzugrenzen sind die **sachenrechtlichen Grundlagen** der Wohnanlage, auf denen sowohl die Verwaltung als auch der Gebrauch von Gemeinschafts- und Sondereigentum aufbauen. Diese können weder durch Beschluss noch durch Vereinbarung der Wohnungseigentümer im Sinne der §§ 10ff. WEG rechtswirksam abgeändert werden. Denn die Änderung der sachenrechtlichen Grundlagen bewirkt keine **inhaltliche** Änderung des Sondereigentums, sondern eine **gegenständliche** Veränderung des Gemeinschafts- und des Sondereigentums.[179] Erforderlich ist grundsätzlich die dingliche Einigung sämtlicher Miteigentümer in der Form der Auflassung (vgl. § 4 WEG) und die Zustimmungserklärungen dinglich Berechtigter. Daher führt die Errichtung von Räumlichkeiten, die zu Wohnzwecken genutzt werden können, nicht dazu, dass der sie errichtende Wohnungseigentümer zwangsläufig Sondereigentum an diesen Räumen erwirbt. Ohne eine dingliche Einigung verbleiben sie vielmehr im gemeinschaftlichen Eigentum.[180] An Stelle einer dinglichen Umwandlung kann an den neu geschaffenen Räumen ein alleiniges Nutzungs- und Ausschlussrecht gegenüber Dritten durch dic Einräumung eines Sondernutzungsrechts begründet werden. Dazu ist keine dingliche Einigung erforderlich, sondern mangels einer in der Gemeinschaftsordnung vereinbarten Öffnungsklausel eine Vereinbarung (§ 10 Abs. 2 WEG).

109 c) **Zustimmung (nur) beeinträchtigter Eigentümer.** Nach altem wie nach neuem Recht bedarf eine „klassische" bauliche Veränderung am Gemeinschaftseigentum der Zustimmung derjenigen Wohnungseigentümer, die durch sie nachteilig betroffen sind (§ 22 Abs. 1 Satz 2, § 14 Nr. 1 WEG). Darin liegt ein Unterschied zu **festen** Mehrheitserfordernissen, die sich aus dem Gesetz oder einer Vereinbarung (z.B. Öffnungsklausel) ergeben. Unabhängig davon, ob es sich bei diesen um einfache oder qualifizierte Mehrheitserfordernisse handelt, sind sie in der Regel doch schnell und verlässlich feststellbar. Im Bereich der „klassischen" baulichen Veränderung gemäß § 22 Abs. 1 WEG liegen die Dinge anders. Hier wird die Rechtsanwendung in Gestalt der Klärung der Zustimmungsbedürftigkeit als solcher und – falls diese zu bejahen ist – der korrekten Ermitt-

---

[174] Ist nur von einem Ausbaurecht die Rede, muss durch (ergänzende) Auslegung der Gemeinschaftsordnung ermittelt werden, ob die anschließende Wohnnutzung als die vielfach einzig sinnvolle und beabsichtigte Folge des Ausbaus ebenfalls vereinbart ist oder zumindest geduldet werden muss, vgl. BayObLG NZM 1999, 33, 34; 1998, 524, 525; NJW-RR 1993, 1165, 1166.

[175] So dass das Ausbaurecht nachträglich verschafft werden muss, etwa durch Vereinbarung oder Beschluss.

[176] BayObLG NZM 2002, 529, 530; 2001, 1037 und zum Dachausbau *v. Rechenberg*, FS Deckert (2002), S. 309, 314.

[177] BayObLG ZfIR 2003, 160, 161 mit Anm. Häublein.

[178] BayObLG NZM 1999, 33, 34; NZM 1998, 524, 525; skeptisch zu Recht v. Rechenberg, FS Deckert (2002); S. 309, 314.

[179] Grundlegend *Schneider* in: Riecke/Schmid § 7 Rn. 208ff.

[180] OLG München NJW-RR 2007, 1384, 1386.

lung derjenigen Eigentümer, deren Zustimmung erforderlich ist, erheblich erschwert. Denn in § 22 Abs. 1 WEG fehlt ein **festes** Mehrheitserfordernis. Die Zustimmungsbedürftigkeit ist **variabel,** da sie jeweils von der konkreten Art der baulichen Veränderung und ihren konkreten Auswirkungen für alle Wohnungseigentümer abhängt. Die Rechtsanwendung setzt neben der Erfassung der Tatsachen nicht selten eine spezifisch juristische **Subsumtion** des Lebenssachverhaltes unter die verschiedenen rechtlichen Fallgruppen und die Kenntnis der ausgeprägten Kasuistik voraus. Sind alle Eigentümer beeinträchtigt, setzt ein rechtmäßiger Beschluss voraus, dass alle Eigentümer zustimmen. Beeinträchtigt die bauliche Veränderung keinen Eigentümer, ist sie nicht zustimmungsbedürftig, sondern von vornherein zustimmungsfrei gestattet und durchführbar. Sind nur einige beeinträchtigt, müssen nur sie zustimmen, die restlichen Eigentümer nicht. Liegen die erforderlichen Zustimmungen vor, müssen alle Eigentümer die bauliche Veränderung dulden (§§ 22 Abs. 1 Satz 2, 14 Nr. 3 und 1 WEG). Diese **variable** Zustimmungslösung des § 22 Abs. 1 WEG wird in der Praxis häufig übersehen oder verkannt. Um dem Missverständnis vorzubeugen, gemäß § 22 Abs. 1 Satz 1 WEG sei immer ein einstimmiger Beschluss der Wohnungseigentümer erforderlich, dem außerdem alle im Sinne von Satz 1 nachteilig betroffenen Wohnungseigentümer zustimmen müssen, wurde Satz 2 ebenfalls neugefasst. Er bringt zum Ausdruck, dass sich an der bestehenden Rechtslage nichts ändert und der im WEG-Beschlussrecht geltende Einstimmigkeitsgrundsatz des § 21 Abs. 1 WEG durch § 22 Abs. 1 WEG weiterhin „modifiziert" wird.[181]

aa) Beeinträchtigung. Den gesetzlichen[182] Maßstab für die Beurteilung, ob eine bauliche Veränderung am gemeinschaftlichen Eigentum wegen ihrer Auswirkungen zustimmungsbedürftig ist oder nicht, liefert § 14 Nr. 1 WEG, auf den § 22 Abs. 1 Satz 1 WEG Bezug nimmt. Klarstellend fügt § 22 Abs. 1 Satz 2 WEG ausdrücklich hinzu, dass die Zustimmung nicht erforderlich ist, soweit die Rechte eines Wohnungseigentümers nicht in der in § 14 Nr. 1 WEG bezeichneten Weise **beeinträchtigt** werden. Bauliche Veränderungen, die keine oder allenfalls solche Beeinträchtigungen verursachen, die nicht das in § 14 Nr. 1 WEG gesetzlich bestimmte Maß überschreiten, sind daher ohne Zustimmung zulässig und von den anderen Eigentümern zu **dulden.** Der Duldungsanspruch kann gerichtlich eingeklagt werden (vgl. § 43 Nr. 2, 3, § 14 Nr. 1 und 3, § 22 Abs. 1 Satz 2 WEG). Statthaft ist die Leistungsklage, die das Rechtsschutzbedürfnis für eine Klage auf Feststellung der Zustimmungsfreiheit entfallen lassen dürfte.[183] **110**

Das *„in § 14 Nr. 1 WEG bestimmte Maß"*, von dem zumeist gesprochen wird,[184] ist das bei einem geordneten Zusammenleben unvermeidliche Maß an Störungen und Beeinträchtigungen. Es handelt sich genau genommen um das „gesetzlich" bestimmte Maß, das durch die Gemeinschaftsordnung abbedungen oder modifiziert sein kann,[185] so dass eine Beeinträchtigung dann nicht nach dem in § 14 Nr. 1 WEG gesetzlich bestimmten, sondern nach dem in der Gemeinschaftsordnung vereinbarten[186] Maße zu prüfen ist. Solange dieses Maß nicht überschritten wird, dürfen bauliche Veränderungen am gemeinschaftlichen Eigentum **ohne** Zustimmung vorgenommen werden. Unerhebliche Beeinträchtigungen sind daher unbeachtlich. Wird das Maß überschritten und erwächst **111**

---

[181] BT-Drucksache 16/887, S. 29.

[182] Die gesetzliche Ausgangsregelung in §§ 22 Abs. 1, 14 Nr. 1 WEG ist abdingbar, siehe unten Rn. 122 ff.

[183] Vgl. OLG München NZM 2008, 848.

[184] Siehe etwa *Bärmann/Merle* § 22 Rn. 166, 168, 169 und passim; *Hügel/Elzer* § 7 Rn. 18.

[185] Zur Abbedingung der gesetzlichen Regelung unten Rn. 122 ff.

[186] Wurde von einer vereinbarten Öffnungsklausel wirksam Gebrauch gemacht, kann es zudem auf ein „beschlossenes" Maß der Beeinträchtigung ankommen, da ein solcher Beschluss Gemeinschaftsrecht ändert und deshalb der Gemeinschaftsordnung gleichgestellt ist. Teil der Gemeinschaftsordnung wird er nicht, da die Bindungswirkung gegenüber Sondernachfolgern dann die Eintragung im Grundbuch voraussetzen würde (vgl. § 10 Abs. 3 WEG), was bei Beschlüssen mangels Eintragungsfähigkeit unmöglich ist (§ 10 Abs. 4 Satz 2 WEG).

einem Miteigentümer hierdurch ein Nachteil, setzt seine Zustimmungsbedürftigkeit ein. Die gesetzliche Regelung dient somit dem **Individualrechtsschutz** jedes einzelnen Wohnungseigentümers vor **Nachteilen,** die über das bei einem geordneten Zusammenleben unvermeidliche Maß hinausgehen. Selbst wenn also mehr als ein einziger, d.h. einige, mehrere, der ganz überwiegende Teil oder sogar alle Wohnungseigentümer von der betreffenden baulichen Veränderung über das bei einem geordneten Zusammenleben unvermeidliche Maß hinaus nachteilig betroffen werden, steht jeder Einzelne für sich vor dem individuellen (persönlichen) Entschluss, ob er auf den ihm gesetzlich eingeräumten **Individualrechtsschutz** verzichtet oder nicht.[187]

112 Obwohl § 22 Abs. 1 WEG dem **Individualrechtsschutz** jedes einzelnen nachteilig betroffenen Wohnungseigentümers dient, ist der rechtliche Beurteilungsmaßstab dafür, ob eine bauliche Veränderung über das in § 14 Nr. 1 WEG bestimmte gesetzliche Maß hinaus Beeinträchtigungen (Nachteile) verursacht, nicht das subjektive Empfinden jedes einzelnen Wohnungseigentümers in seiner konkreten Lebenssituation. Maßstab ist vielmehr die **Verkehrsanschauung** und somit die Frage, ob sich ein Wohnungseigentümer in der betreffenden Situation verständlicherweise beeinträchtigt fühlen kann.[188] Ist der Schutzbereich von **Grundrechten** berührt, z.B. des Diskriminierungsverbots wegen körperlicher Behinderungen (Art. 3 Abs. 3 Satz 2 GG), der Glaubens- und Religionsfreiheit (Art. 4 GG), der Informationsfreiheit (Art. 5 Abs. 1 Satz 1 GG) oder der Berufsausübungsfreiheit (Art. 12 Abs. 1 GG), ist dem durch eine **verfassungskonforme Anwendung** des § 14 Nr. 1 WEG unter **Abwägung** der jeweils betroffenen Interessen und Schutzgüter Rechnung zu tragen.[189] Der die Güterabwägung tragende Verhältnismäßigkeitsgrundsatz wird in der Regel dazu führen, dass jeweils nur der schonendste Eingriff in die wechselseitigen Grundrechtspositionen hinzunehmen ist. So kann z.B. das Grundrecht auf Informationsfreiheit nicht die ohne weiteres sichtbare und Substanz schädigende feste Verankerung einer Satellitenempfangsanlage (Parabolantenne) im Mauerwerk der Außenfassade rechtfertigen, wenn ein störungsfreier Empfang auch durch das Aufstellen einer durch die Balkonbrüstung (teilweise) verdeckten mobilen Parabolantenne gewährleistet wird.

113 Ob und inwieweit eine nachteilige Veränderung i.S.d. §§ 22 Abs. 1, 14 Nr. 1 WEG vorliegt, ist in erster Linie eine Frage der tatrichterlichen Würdigung.[190] Dies gilt vor allem für die Frage, ob eine bauliche Veränderung des Gemeinschaftseigentums eine optische Beeinträchtigung darstellt.[191] **Optische Nachteile** dürfen anhand aussagekräftiger Lichtbilder über die streitgegenständlichen Bereiche überprüft werden, andernfalls ist eine gerichtliche Augenscheinnahme auf dem Grundstück vorzunehmen. Entscheidet das Gericht über eine von den Parteien unter Sachverständigenbeweis gestellte und beweiserhebliche Streitfrage ohne Zuziehung eines Sachverständigen, ob eine bauliche Maßnahme nachteilige Auswirkungen auf das gemeinschaftliche Eigentum hat, so muss es in nachvollziehbarer Weise seine eigene Sachkunde darlegen.[192]

114 Beispiele für typische Beeinträchtigungen (Nachteile) sind

115 • Veränderungen des **äußeren Erscheinungsbildes** der Wohnanlage. Der klassische Fall einer zustimmungsbedürftigen baulichen Veränderung ist die nachteilige Veränderung

---

[187] Zur umstrittenen Frage der Kollektivierung des Individualrechtsschutzes sowie zur Mehrheitsfestigkeit unten Rn. 130ff.

[188] BGH NJW 2001, 1212; 1992, 978, 979; OLG München ZMR 2006, 800, 801; BayObLG ZMR 2003, 514; LG München I vom 16. 2. 2009 – 1 S 20283/08; *Bärmann/Merle* § 22 Rn. 174.

[189] BGH NZM 2008, 37; 2004, 227 (jeweils Parabolantenne); OLG München NZM 2008, 848; LG Hamburg NZM 2001, 767 (Treppenlift); weitere Nachweise bei *Jennißen/Hogenschurz* § 22 Rn. 36.

[190] OLG München NZM 2008, 848, 849; NJW-RR 2005, 1324, 1325.

[191] BayObLG ZMR 2003, 857.

[192] BayObLG NZM 1999, 1146, 1147 zur Belastung des Flachdaches mit Steinen zur Sicherung einer dort aufgestellten Funkantenne.

des **optischen Gesamteindrucks** der Wohnanlage.[193] Ob eine Veränderung nachteilig ist, hängt von den Umständen des Einzelfalles. Für einen optischen Nachteil i. S. d. § 14 Nr. 1 WEG genügt nicht jede ganz unerhebliche Veränderung des optischen Gesamteindrucks, sondern nur eine solche, die sich objektiv nachteilig auf das äußere Bild auswirkt.[194] Sichtbeeinträchtigungen oder Veranstaltungen stellen nicht ganz unerhebliche Beeinträchtigungen dar.[195] Als nachteilig werden ferner solche Veränderungen beurteilt, die das architektonische Aussehen, das ästhetische Bild oder den Stil des Objektes verändern,[196] so auch ein **Stilmix.**[197] Die Rechtsprechung legt einen strengen Maßstab an, was der vom BVerfG[198] gebilligten verfassungskonform restriktiven Auslegung und Anwendung der §§ 22 Abs. 1, 14 Nr. 1 WEG durch die WEG-Gerichte im Lichte der wechselseitig wirkenden Eigentumsgarantie (Art. 14 Abs. 1 GG) entspricht.[199] Eine **„Aufrechnung"** nachteiliger baulicher Veränderungen billigen die Gerichte für gewöhnlich nicht,[200] was sich damit begründen lässt, dass im Unrecht kein Gleichbehandlungsanspruch gilt und rechtswidrige Zustände keinen Vertrauenstatbestand begründen. Auch das Argument der Schaffung einheitlicher (z. B. fassadensymmetrischer) Zustände durch den Anbau eines baugleichen Balkons oder Wintergartens an der anderen Gebäudehälfte lassen Gerichte oftmals nicht gelten. Nur in seltenen Ausnahmefällen wird ein optischer Nachteil verneint, etwa bei einer stark ausgeprägten Uneinheitlichkeit des äußeren Erscheinungsbildes der Wohnanlage.[201] Dem lässt sich entgegen halten, dass auf diese Weise der Eindruck der Uneinheitlichkeit (immer) weiter verstärkt wird.[202] Für die Beurteilung, ob eine nachteilige Veränderung des optischen Gesamteindrucks vorliegt, ist nach h. M. jeder beliebige **Blickwinkel (Standort)** auf oder vor dem Grundstück maßgeblich, z. B. von der Straße, vom Hof oder Garten oder sogar von der Wohnung eines anderen Sondereigentümers,[203] nicht nur der Ausblick vom Sondereigentum oder einer Sondernutzungsfläche des Eigentümers, der sich beeinträchtigt fühlt.[204] Zumindest gemeinschaftliche Teile, Flächen und Wege müssen schon wegen § 13 Abs. 2 WEG als Beobachtungsstandort einbezogen sein, da optische Nachteile auch hierher „ausstrahlen".

- Eingriffe in **Statik und Substanz** des Gebäudes oder des sonstigen gemeinschaftlichen Eigentums. Beim **Wanddurchbruch** durch eine tragende Wand ist ein Nachteil dann ausgeschlossen, wenn kein vernünftiger Zweifel daran besteht, dass ein wesentlicher Eingriff in die Substanz des Gemeinschaftseigentums unterblieben ist, insbesondere zum Nachteil der übrigen Eigentümer keine Gefahr für die konstruktive Stabilität des Gebäudes und dessen Brandsicherheit geschaffen wurde. Bei sachkundiger Planung, statischer Berechnung und fachgerechter Ausführung sind derartige Bedenken ausgeräumt.[205] Gleiches hat zu gelten bei einem **Deckendurchbruch** innerhalb eines Sonder- **116**

---

[193] Dazu und zu weiteren Einzelheiten zum Meinungsstand *Bärmann/Merle* § 22 Rn. 185 f.

[194] BayObLG NZM 2002, 127; OLG Hamburg ZMR 1998, 797; LG Hamburg ZMR 2009, 141, 142 m. w. N.

[195] BayObLG NZM 2002, 127.

[196] LG Hamburg ZMR 2009, 141, 142 m w. N.

[197] OLG Hamburg NZM 2003, 109, 111.

[198] BVerfG NZM 2005, 182.

[199] OLG München ZMR 2006, 800; OLG Köln NZM 2005, 790.

[200] OLG München ZMR 2006, 800, 802 mit Hinweis auf *Weitnauer/Lüke* § 22 Rn. 19; OLG Frankfurt/M. FGPrax 1997, 54 = NZM 1998, 201 LS.

[201] LG Hamburg ZMR 2009, 141 betreffend eine Freitreppe in den Garten.

[202] OLG München ZMR 2006, 800, 802.

[203] BayObLG NZM 1999, 1146 m. w. N.; OLG Celle ZMR 2004, 363; OLG Köln OLGR 2004, 412.

[204] OLG Köln NZM 2005, 790; a. A. LG München I WuM 2009, 189.

[205] BGH NJW 2001, 1212 auch zum Wanddurchbruch durch nicht tragende Wände, der von vornherein nicht zustimmungsbedürftig ist.

eigentums oder zur Verbindung mehrerer, wobei Decken im Gegensatz zu Wänden stets tragend und daher zwingend (vgl. § 5 Abs. 2 WEG) Gemeinschaftseigentum sind. Ein Substanzeingriff liegt z. B. vor bei Verankerung einer Parabolantenne an der Außenfassade.

117 • **Intensivere Nutzung** des gemeinschaftlichen Eigentums. Die Steigerung der Nutzungsintensität des Gemeinschaftseigentums kann einen Nachteil darstellen. Beispiele sind der Ausbau von Dach- oder Kellerflächen, die Aufstockung sowie generell **Aus-, Um- und Anbauten.** Hier können sowohl die betreffenden Räume und Flächen selbst intensiver genutzt werden als auch gemeinschaftliche Flächen und Zuwegungen durch einen ausbaubedingten Nutzerzuwachs (z. B. Treppenhaus, Verkehrswege).[206] Die Anlegung oder Erweiterung von Terrassen auf einer Rasenfläche erlaubt eine intensivere Nutzung wegen der befestigten Sitz- und Stellmöglichkeiten. Die Anbringung einer Markise, Pergola, Balkon- oder Terrassenüberdachung usw. ermöglicht eine intensivere Nutzung wegen des Wetterschutzes vor Sonne und/oder Regen.

118 • **Ausschluss** anderer Miteigentümer vom Mitgebrauch des gemeinschaftlichen Eigentums. Entzieht die Vornahme einer baulichen Maßnahme, selbst wenn sie sich innerhalb der Zweckbestimmung bewegt, allen oder einigen Miteigentümern den Mitgebrauch am gemeinschaftlichen Eigentum, stellt dies einen Nachteil dar. Daher ist der Anschluss eines Kaminofens an einen derzeit stillgelegten Kaminzug nachteilig, wenn andere Eigentümer von der Mitbenutzung ausgeschlossen würden, da aus technischen Gründen nur zwei Feuerstätten angeschlossen werden dürfen.[207] Neben der Entziehung des Mitgebrauchs ist auch dessen nicht ganz unerhebliche Störung als Nachteil zu werten (vgl. auch § 858 Abs. 1 BGB), z. B. der mehr als nur ganz geringfügige Überbau eines Gerätehauses oder Carports auf die gemeinschaftliche Zuwegung.[208]

119 • Ein negativer **Nachahmungseffekt** als möglicher Nachteil wird teilweise bejaht unter Hinweis darauf, dass jeder andere Wohnungseigentümer das gleiche Recht auf Zustimmung zu einer vergleichbaren baulichen Veränderung in Anspruch nehmen könnte und es dann aller Voraussicht nach zu Unzuträglichkeiten und weiteren Rechtsstreitigkeiten käme.[209] Auch der faktische negative **Nachahmungseffekt** durch Mieter kann genügen.[210] Die überwiegende Meinung in der Rechtsprechung zieht die drohende Nachahmung lediglich als Hilfsargument heran.[211] Sie kann für sich allein nicht die Feststellung ersetzen, dass eine bauliche Veränderung zu einer nicht ganz unerheblichen nachteiligen Veränderung des optischen Erscheinungsbildes der Wohnanlage geführt hat.[212] Will man die wachsende Uneinheitlichkeit des äußeren Erscheinungsbildes als Ausschlusskriterium für einen optischen Nachteil bewerten,[213] wäre es konsequent, bereits den negativen Nachahmungseffekt als eigenständigen Nachteil anzusehen.

120 • Geruchsbelästigungen, Lärm oder sonstige Immissionen.[214]

121 Zu weiteren Einzelfällen wird auf die Kommentarliteratur verwiesen.[215]

122 *bb) Abbedingung und Modifizierung der gesetzlichen Ausgangsregelung.* Aufgrund der im Wohnungseigentumsrecht zu beachtenden **Normenhierarchie** ist bei der Rechtsanwendung stets zu prüfen, ob in der Gemeinschaftsordnung Sonderregelungen vereinbart sind, die der gesetzlichen Ausgangsregelung vorgehen. Die §§ 22 Abs. 1, 14 Nr. 1 WEG

---

206 Vgl. aber auch BGH NJW 2001, 1212, 1213 f.

207 LG München I WuM 2008, 743 m. w. N.

208 Hier wird meistens auch eine intensivere Nutzung vorliegen.

209 OLG Köln WuM 1996, 292; *Niedenführ* NZM 2001, 1105, 1108.

210 OLG Köln OLGR 2004, 412.

211 OLG Celle ZMR 2008, 391; BayObLG NZM 1999, 1146, 1147; a. A. OLG Köln OLGR 2004, 412.

212 BayObLG NZM 1999, 1146.

213 LG Hamburg ZMR 2009, 141 gegen die h. M., oben Rn. 115.

214 Dazu *Bärmann/Merle* § 22 Rn. 193 bis 195.

215 Siehe nur *Bärmann/Merle* § 22 Rn. 180 ff. und 202 ff.

zählen zu den Vorschriften des Wohnungseigentumsgesetzes, auf deren Einhaltung rechtswirksam verzichtet werden kann (vgl. §§ 10 Abs. 2 Satz 2, 23 Abs. 4 Satz 1 WEG). Sie sind **dispositiv** und somit **abdingbar.** In der Praxis wird bei der Begründung von Wohnungseigentum vielfach von dieser Abänderungsbefugnis Gebrauch gemacht, zumeist direkt in der notariellen Gründungsurkunde (§§ 2, 3 und 8 WEG) oder auch in späteren Nachträgen. Die gesetzlichen Bestimmungen werden ganz oder teilweise ergänzt, abgeändert oder auch vollständig abbedungen. Dies führt dazu, dass die gesetzlichen Anforderungen entweder **herabgesenkt** oder **heraufgesetzt werden,** die Gestattung baulicher Veränderungen am gemeinschaftlichen Eigentum also entweder **erleichtert** oder **erschwert** wird. Ebenfalls denkbar ist, dass aufgrund einer in der Gemeinschaftsordnung vereinbarten **Öffnungsklausel** rechtswirksame Beschlüsse gefasst wurden, durch die die Zulässigkeit baulicher Veränderungen am Gemeinschaftseigentum abweichend vom Gesetz und/oder der Gemeinschaftsordnung in abstrakt-genereller Weise geregelt ist. Auch derartige Beschlüsse gehen der gesetzlichen Ausgleichsregelung vor, da sie Vereinbarungsinhalt haben und zum Gemeinschaftsrecht zu zählen sind. Ein Abänderungsverbot wie bei den „privilegierten" baulichen Veränderungen gemäß § 22 Abs. 2 Satz 2 WEG gilt für §§ 22 Abs. 1, 14 Nr. 1 WEG nicht.

Viele **Öffnungsklauseln** sind beschränkt auf die Änderung des Kostenverteilungs- 123
schlüssels, gestatten also nicht die Änderung der Gemeinschaftsordnung in Bezug auf bauliche Veränderungen. Gibt es aber eine **Öffnungsklausel,**[216] muss überprüft werden, ob auf ihrer Grundlage Änderungen oder Ergänzungen betreffend die Zulässigkeit baulicher Veränderungen am gemeinschaftlichen Eigentum beschlossen wurden. Für Beschlussfassungen ab dem 1. 7. 2007 empfiehlt sich der Blick in die **Beschluss-Sammlung** (§ 24 Abs. 7 und 8 WEG), für die Zeit davor in die **Versammlungsprotokolle.** Im Grundbuch wird man nicht fündig, da auch die aufgrund einer vereinbarten Öffnungsklausel gefassten Beschlüsse, die das Gesetz oder die Gemeinschaftsordnung abändern, weder eintragungsbedürftig noch eintragungsfähig sind (vgl. § 10 Abs. 4 Satz 2 WEG).

Finden sich in der Gemeinschaftsordnung oder in einem Beschluss abweichende Rege- 124
lungen, müssen diese ausgelegt werden. Der **Auslegungsmaßstab** ist in beiden Fällen der gleiche, da es um **abstrakt-generelle** Bestimmungen geht, die sich nicht auf einen Einzelfall beschränken und mit ihm erledigen, sondern für eine Vielzahl von Fällen gelten sollen. Es ist daher wie bei Grundbucherklärungen nicht nach den subjektiven Vorstellungen der Beteiligten (Notar, aufteilende Eigentümer) zu fragen, sondern nach dem objektiven Wortlaut und Sinn der Regelung, wie er sich für den unbefangenen Betrachter als nächstliegende Bedeutung ergibt.[217]

In der Rechtspraxis finden sich die unterschiedlichsten Formulierungen, deren zutref- 125
fende Auslegung allen Rechtsanwendern oftmals erhebliche Schwierigkeiten bereitet, nicht zuletzt deshalb, weil der „unbefangene Betrachter" bei einem Rechtsstreit über das richtige Auslegungsergebnis letztlich immer das (letztinstanzlich) mit der Sache befasste Gericht ist. Einige Beispiele aus Praxis und Rechtsprechung mögen dies veranschaulichen: Darf nach der Gemeinschaftsordnung jeder Wohnungseigentümer bauliche Veränderungen vornehmen, soweit nicht Interessen seiner Miteigentümer über das unvermeidbare Maß hinaus beeinträchtigt werden, liegt bei unbefangener Betrachtung keine Abweichung von der gesetzlichen Regel vor, da der Gesetzeswortlaut von § 14 Nr. 1 WEG wortlautgetreu[218] wiederholt wird. Gleiches dürfte gelten, wenn die Regelung von einem „nicht un-

---

[216] Z. B. eine abstrakte Öffnungsklausel, die eine Änderung erlauben würde. Zum Streitstand bzgl. der Wirksamkeit solcher abstrakter Öffnungsklauseln *Becker* in: Köhler/Bassenge AHB WEG, Teil 3 Rn. 140 ff.

[217] Objektiv-normative Auslegung, aus der st. Rspr. BGH NZM 2006, 465; NZM 2004, 870; OLG München ZWE 2008, 443; NJW-RR 2007, 1384, 1386 m. w. N.

[218] Die Verwendung des Wortes „unvermeidbar" statt „unvermeidlich" macht keinen Unterschied.

erheblichen Maße" oder von „unwesentlichen Beeinträchtigungen" spricht. Verbietet die Gemeinschaftsordnung dagegen bauliche Veränderungen bei Beeinträchtigungen „in erheblichem Maße" oder „im unzumutbaren Maße", dürfte die gesetzliche Regelung der § 22 Abs. 1, § 14 Nr. 1 WEG dahin abbedungen sein, dass eine höhere als die gesetzliche Eingriffsintensität erforderlich ist, um die bauliche Veränderung zu verbieten bzw. von der Zustimmung der beeinträchtigten Wohnungseigentümer abhängig zu machen. Darf nach der Gemeinschaftsordnung ein Wohnungseigentümer ohne Zustimmung anderer beeinträchtigter Wohnungseigentümer bauliche Veränderungen vornehmen, so ist § 22 Abs. 1 WEG vollständig abbedungen und die Begründung eines Beseitigungsanspruchs regelmäßig nur an den allgemeinen **nachbarrechtlichen Vorschriften** des Privatrechts und öffentlichen Rechts zu messen.[219] Sind laut Gemeinschaftsordnung zur Veränderung des äußeren Erscheinungsbildes des Hauses nur die Miteigentümer gemeinsam berechtigt, liegt darin eine Abbedingung des § 22 Abs. 1 Satz 2 WEG dahingehend, dass Veränderungen im Erscheinungsbild auch ohne Beeinträchtigung eines oder mehrerer Wohnungseigentümer stets der allseitigen Zustimmung bedürfen. Der Maßstab des § 14 Nr. 1 WEG ist in diesem Fall nicht anzulegen.[220] Schreibt die Gemeinschaftsordnung einer aus **zwei Doppelhaushälften** bestehenden Wohnanlage die weitest mögliche wirtschaftliche Trennung der Einheiten vor, ist § 22 Abs. 1 WEG nicht abbedungen,[221] anders wenn der Gemeinschaftsordnung die Bestimmung zu entnehmen ist, dass die einzelnen Eigentümer einer Reihenhauseigentumseinheiten mangels möglicher Realteilung wirtschaftlich so weit wie möglich so gestellt werden, als ob sie Alleineigentümer der betreffenden Grundstücks- und Gebäudeeinheiten seien.[222] Ist in der Gemeinschaftsordnung einer **Mehrhausanlage** bestimmt, dass die Wohnungseigentümer des von der Änderung betroffenen Gebäudes mit Stimmenmehrheit u. a. über die Gestaltung der Fassade und des Außenanstrichs entscheiden, so liegt darin eine zulässige Abbedingung des § 22 Abs. 1 WEG.[223] Ist jeder Eigentümer berechtigt, bauliche Veränderungen „innerhalb seines Raumeigentums" ohne Zustimmung der Miteigentümer vorzunehmen, dürfte dies bei unbefangener Betrachtung bauliche Veränderungen, die das äußere Erscheinungsbild nachteilig verändern, nicht gestatten. Anderes kann gelten, wenn die Regelung beispielhafte Aufzählungen enthält und sich darunter Teile oder Anlagen befinden, die den Außenbereich betreffen (z. B. Markisen, Antennen, Sichtschutzblenden, Trennwände, Reklameschilder). Eine Bestimmung in der Gemeinschaftsordnung: „Der Wohnungseigentümer darf die äußere Gestalt des Bauwerks oder seine im gemeinschaftlichen Eigentum stehenden Bestandteile – insbesondere die Farbe der außerhalb des Sondereigentums sichtbaren Anstriche – nicht ändern ..." wird der unbefangene Betrachter dahin verstehen, dass damit ausschließlich die Erhaltung der äußeren Gestalt des Gebäudes geschützt wird mit dem Ergebnis, dass die Entfernung eines Fensters mit Rolladenkasten und der Einbau einer Balkontür zustimmungsfrei sein sollen.[224] Macht die Gemeinschaftsordnung die Zulässigkeit baulicher Veränderungen am gemeinschaftlichen Eigentum von der **Zustimmung des Verwalters** abhängig, wird dadurch bei unbefangener Betrachtung die Zustimmungsbedürftigkeit seitens der beeinträchtigten Eigentümer grundsätzlich nicht abbedungen, sondern um ein zusätzliches Erfordernis ergänzt.[225] Im Einzelfall und bei entsprechender Formulierung der Gemeinschaftsordnung kann sich aber ergeben, dass nur die Verwalterzustimmung erforderlich ist.[226] Eine in der Gemeinschaftsordnung vorgeschriebene schriftliche Zu-

[219] Vgl. OLG München ZMR 2008, 566; OLG Frankfurt/M. ZWE 2008, 353; BayObLG NJW-RR 2002, 1022, 1023; ZMR 2001, 363; ZMR 2001, 472; LG Itzehoe ZMR 2009, 480.

[220] BayObLG NZM 2002, 127.

[221] OLG München NJW-RR 2007, 1384.

[222] OLG München ZMR 2008, 566; ähnlich OLG Frankfurt/M. ZWE 2008, 353.

[223] OLG Düsseldorf ZMR 2006, 142; siehe ferner BayObLG NZM 2000, 291.

[224] So OLG München ZWE 2008, 443.

[225] BGH NJW 1996, 1216; KG NZM 1998, 771, 772.

[226] KG NZM 1998, 771 zu einem Dachausbaurecht.

stimmung des Verwalters ist entbehrlich, wenn die Eigentümerversammlung diese ersetzt, jedenfalls dann, wenn die Gemeinschaftsordnung ein Delegationsrecht enthält.[227] Unerheblich dürfte es dabei sein, wenn die Gemeinschaftsordnung dem Verwalter die Befugnis einräumt, die Frage der Eigentümerversammlung vorzulegen, diese aber einer Vorlage zuvorkommt. Bei unbefangener Betrachtung dürfte dieser Verfahrensverstoß unbeachtlich sein, zumindest dann, wenn der Verwalter eine Vorlage wegen tatsächlicher oder rechtlicher Schwierigkeiten in Betracht gezogen hatte. Fehlt eine Delegationsmöglichkeit, muss im Wege der Auslegung der Gemeinschaftsordnung geklärt werden, ob die Versammlung gleichwohl die Zustimmung an sich ziehen kann. Dies wird wegen der Selbstverwaltungsautonomie der Eigentümerversammlung in allen Angelegenheiten der Verwaltung des gemeinschaftlichen Eigentums zu bejahen sein. Holt der Verwalter über die Frage, ob i. S. d. der Gemeinschaftsordnung ein wichtiger Grund zur Versagung der Zustimmung zu einer baulichen Veränderung vorliegt, eine Weisung der Eigentümerversammlung ein, hat er, wenn er gewerblich tätig wird, die Eigentümer über die aufgetretenen tatsächlichen und rechtlichen Zweifelsfragen umfassend aufzuklären; hat er die Rechtsfrage mit der erforderlichen Sorgfalt geprüft, ist es ihm haftungsrechtlich nicht anzulasten, wenn er gleichwohl einem Rechtsirrtum unterliegt.[228] Zur eigenen Absicherung sollte der WEG-Verwalter in derartigen Situationen den **Rechtsrat** eines Rechtsanwalts einholen, zumal ihm persönlich nur rechtliche Hinweise gestattet sind, nicht aber eine **rechtliche Empfehlung** darüber, wie die Wohnungseigentümer in dem konkreten Einzelfall aus Rechtsgründen ihr Abstimmungsverhalten ausrichten sollten.[229] Eine derartige **rechtliche Handlungsempfehlung** würde die Voraussetzungen einer Rechtsberatung erfüllen, die dem WEG-Verwalter auch nach § 5 Abs. 2 Nr. 2 RDG nicht erlaubt ist. Gleiches gilt, soweit die Rechtsprechung es als Pflicht des Verwalters ansieht, die Eigentümer über die Berechtigung von gegen die Gemeinschaft gerichteten Forderungen zu beraten.[230] Die Weitergabe der rechtlichen Empfehlung eines Rechtsanwalts an die Eigentümerversammlung wäre hingegen keine verbotene Rechtsberatung i. S. d. **Rechtsdienstleistungsgesetzes,** sondern die bloße erlaubnisfreie Weitergabe von **Rechtsinformation.**

cc) Zustimmungserklärung. Nach der bis zur WEG-Novellierung ganz h. M. unterlag **126** die Erteilung der Zustimmung zu einer zustimmungsbedürftigen baulichen Veränderung keiner Form.[231] Sie war daher **formfrei** wirksam, setzte also insbesondere keinen in der Eigentümerversammlung oder im Umlaufverfahren (§ 23 Abs. 3 WEG) schriftlich gefassten Beschluss voraus.[232] Probleme stellten sich allenfalls in tatsächlicher Hinsicht ein, nämlich bei der Frage der Beweisbarkeit. Diese wurden von der h. M. aber in Kauf genommen. Infolge der Formfreiheit war anerkannt, dass die Zustimmung durch schlüssiges Verhalten **konkludent** erfolgen[233] konnte und mit Bedingungen und Auflagen versehen werden durfte.[234] Unstreitig war die Verbindung der Zustimmung mit **Bedingungen, Auflagen** oder anderen **Nebenbestimmungen** oder **Vorbehalten** nur möglich bei der individuellen Zustimmungserklärung. Bei einer kollektiven Zustimmung durch Beschluss wurde die Beschlusskompetenz im Anschluss an die Entscheidung des BGH vom 20. 9. 2000 zur **Beschlussfassungskompetenz** der Wohnungseigentümer[235] zunehmend und zuletzt überwiegend verneint, wenn die Bedingung, Auflage oder sonstige Nebenbestim-

[227] OLG Düsseldorf NZM 2004, 835, 836.
[228] BGH NJW 1996, 1216 = MDR 1996, 787 mit Anm. *Riecke.*
[229] A. A. scheinbar BGH NJW 1996, 1216, 1217 f.
[230] So OLG München ZMR 2007, 814, 815.
[231] BayObLG NZM 1999, 1009.
[232] BayObLG ZMR 2001, 640 m. w. N. = ZWE 2001, 609.
[233] BayObLG ZMR 2003, 48.
[234] BayObLG NZM 1998, 1014.
[235] In Abgrenzung zur **Beschlussergebnisverkündungskompetenz** des WEG-Verwalters als Versammlungs- bzw. Abstimmungsleiter, dazu BGH NJW 2001, 3339.

mung zu einer Änderung des geltenden Kostenverteilerschlüssels führte.[236] Die Zustimmung gem. § 22 Abs. 1 WEG a.F. konnte sowohl vor Vornahme der baulichen Maßnahme als auch nachträglich erklärt werden oder bereits in der Gemeinschaftsordnung enthalten sein. Einer Grundbucheintragung bedurfte es insoweit nicht, da auch Vereinbarungen formlos wirksam sind. Nur gegen Sondernachfolger wirken formlos abgeschlossene Vereinbarungen gem. § 10 Abs. 3 WEG (§ 10 Abs. 2 WEG a.F.) nicht.

127 Eine erteilte Zustimmung sollte zudem regelmäßig solange **widerruflich** sein, wie der bauwillige bzw. bauberechtigte Wohnungseigentümer Dispositionen zur Verwirklichung der baulichen Maßnahme noch nicht getroffen hatte, wobei nicht nur die Baukosten selbst, sondern auch Vorbereitungskosten (z.B. Architekt, Statiker, Ingenieur, gegebenenfalls auch Rechtsberatungskosten) den Vertrauensschutz auslösten.[237] Die Widerruflichkeit galt zumindest für individuell oder kollektiv durch Eigentümerbeschluss erteilte Zustimmungen. Bei einer in der Gemeinschaftsordnung vorweggenommenen Zustimmung (z.B. Dachausbaurecht) konnte ein Widerruf nicht wirksam gegen den Willen des Ausbauberechtigten erklärt werden, da dies zu einem Entzug des Ausbaurechts geführt hätte. Nach damals ganz h.M. war die Ersetzung fehlender Zustimmungserklärungen beeinträchtigter Wohnungseigentümer durch Mehrheitsbeschluss zwar rechtswidrig, nach Ablauf der Anfechtungsfrist jedoch endgültig bestandskräftig. Die Beschlusskompetenz hatten die Wohnungseigentümer – wie sich aus dem Wortlaut „können beschließen" ergab – also unabhängig davon, ob die Beeinträchtigten im Sinne des § 14 Nr. 1 WEG zustimmten. Die Mehrheit durfte keine Beschlüsse fassen, denen die beeinträchtigten Eigentümer nicht zugestimmt hatten, konnte es aber.[238]

128 Die Neufassung des § 22 Abs. 1 WEG soll laut amtlicher Begründung an der bisherigen Rechtslage nichts ändern. Der im Wohnungseigentumsrecht geltende **Einstimmigkeitsgrundsatz**,[239] der u.a. in § 21 Abs. 1 WEG zum Ausdruck kommt,[240] wird auch durch die Neufassung des § 22 Abs. 1 WEG insoweit durchbrochen, als weiterhin nur diejenigen Wohnungseigentümer zustimmen müssen, die durch die bauliche Maßnahme beeinträchtigt werden.[241] Dennoch sind einige der o.g. Grundsätze durch die WEG-Novellierung ins Wanken geraten und teilweise hochgradig umstritten.

129 *aaa) Gemeinschaftsordnung.* Die gesetzliche Ausgangsregelung in §§ 22 Abs. 1, 14 Nr. 1 WEG kann durch die Gemeinschaftsordnung abgeändert sein. Denkbar ist, dass die Zustimmungsbedürftigkeit seitens der beeinträchtigten Eigentümer in Bezug auf (bestimmte) bauliche Veränderungen am gemeinschaftlichen Eigentum ganz oder teilweise aufgehoben wird. Ebenfalls ist es zulässig, das in § 14 Nr. 1 WEG gesetzlich bestimmte Maß einer die Zustimmungsbedürftigkeit auslösenden Beeinträchtigung abzusenken oder heraufzusetzen, so dass die Vornahme einer baulichen Veränderung aus Sicht des bauwilligen Eigentümers erleichtert oder erschwert werden kann. Des Weiteren kann die Zulässigkeit von einer (schriftlichen) Zustimmung des jeweiligen Verwalters abhängig gemacht werden. Wegen der Einzelheiten wird verwiesen auf die Ausführungen zu Rn. 122ff. In vielen Gemeinschaftsordnungen verbreitet sind **Ausbaurechte** zu Gunsten des jeweiligen Eigentümers einer Dachfläche. Hier sind in der Praxis teilweise sehr umfang- und detailreiche Regelungskataloge anzutreffen.[242] Je umfangreicher die **Ausbauberechtigung** in den Einzelheiten vereinbart ist, desto geringer bzw. zweifelhafter wird

---

[236] Nachweise zur damaligen Rechtslage in BT-Drucks. 16/887, S. 24.

[237] OLG Düsseldorf ZMR 2006, 624; Vgl. *Hügel/Elzer* § 7 Rn. 13.

[238] BT-Drucks. 16/887, S. 28f.; OLG Düsseldorf, ZMR 2005, 143; BayObLG, NZM 2001, 133; *Kümmel* ZMR 2007, 932, 933; *Abramenko* ZMR 2003, 468, 469; *Weitnauer/Lüke* § 22 Rn. 8.

[239] BGH NJW 2000, 3500.

[240] BT-Drucks. 16/887, S. 29.

[241] BT-Drucks. 16/887, S. 29.

[242] Ausführlich *v. Rechenberg*, FS Deckert (2002), S. 309ff.

die Befugnis der Miteigentümer, durch Mehrheitsbeschluss Vorgaben für die Gestaltung oder Bauausführung zu treffen. Wegen der Tragweite der baulichen Eingriffe einerseits und der Pflicht zur schonendsten Inanspruchnahme[243] des gemeinschaftlichen Eigentums andererseits kann den Wohnungseigentümern nicht die Beschlusskompetenz abgesprochen werden, erforderliche Maßnahmen zu verlangen und darüber zu beschließen. Unmittelbar rechtsgestaltende Regelungen unterliegen nur dann einer Beschlusskompetenz, sofern die Ausbauvereinbarung in der Gemeinschaftsordnung bei unbefangener Auslegung eine (verdeckte) Öffnungsklausel erkennen lässt und daher einer ergänzenden Regulierung zugänglich ist. Dagegen sind **konstitutiv rechtsbegründende, -gestaltende oder -vernichtende Beschlüsse** mangels Beschlusskompetenz nichtig.[244] Ist ein für ein unausgebautes Sondereigentum in der Gemeinschaftsordnung vereinbartes Ausbaurecht zeitlich befristet, so bedarf es zur Aufhebung des Sondereigentums und Umwandlung in Gemeinschaftseigentum der Einigung aller Wohnungseigentümer in der für die Auflassung vorgeschriebenen Form (§ 4 Abs. 1 und 2 WEG), da Sondereigentum nicht unter einer Zeitbestimmung eingeräumt oder aufgehoben werden kann (§ 4 Abs. 2 Satz 2 WEG).

bbb) Mehrheitsbeschluss. In der Praxis kommt es sehr häufig vor, dass über die Gestattung einer baulichen Veränderung am gemeinschaftlichen Eigentum durch Eigentümerbeschluss abgestimmt wird. Dies war nach bislang ganz h. M. ohne Weiteres möglich (s. oben Rn. 69) und aus Gründen der **Rechtssicherheit** und **Rechtsklarheit** zweckmäßig. Insbesondere der Bauwillige schützte sich so vor nachträglichen Auseinandersetzungen über die von ihm geschaffene Umgestaltung, insbesondere deren nachträgliche Beseitigung. Die übrigen Eigentümer nutzten die Beschlussfassung zur Regelung bestimmter Auflagen, Bedingungen oder der Kostenverteilung. Ferner konnte es im beiderseitigen Interesse liegen, den genauen Umfang und die Einzelheiten der vorgesehenen baulichen Maßnahme festzulegen. Insofern waren und sind die praktischen Vorzüge eines Beschlusses unbestritten. **130**

Seit der Neufassung des § 22 Abs. 1 Satz 1 WEG ist umstritten, ob nunmehr im Bereich der „klassischen" baulichen Veränderung ein **Beschlusszwang** eingeführt wurde. Eine Ansicht steht auf dem Standpunkt, dass nach der Neuregelung zwingend ein Beschluss erforderlich ist und verlangt werden kann, um eine notwendige Zustimmung zu erteilen. Eine formfreie Zustimmung soll nicht mehr ausreichen.[245] Diese Meinung beruft sich auf Gesetzeswortlaut, Entstehungsgeschichte sowie Sinn und Zweck des neuen § 22 Abs. 1 WEG.[246] Die h. M. geht davon aus, dass ein Beschlusszwang nicht eingeführt wurde, so dass weiterhin die bisherigen Arten der Zustimmung ausreichen, insbesondere also auch formlose Zustimmungen.[247] Die h. M. verdient weiterhin den Vorzug. Der Wortlaut spricht nicht für einen Beschlusszwang, da nachteilige bauliche Veränderungen mit den Stimmen der beeinträchtigten Wohnungseigentümer beschlossen werden „können", aber – im Umkehrschluss – nicht beschlossen werden müssen. Die Beschlussfassung stellt also nach wie vor nur eine unter mehreren möglichen Zustimmungsarten dar. Der Entstehungsgeschichte ist nichts Gegenteiliges zu entnehmen. Die Neufassung soll die wegen ihrer negativen Formulierung missverständliche Altregelung („... können nicht gem. § 21 Abs. 3 beschlossen werden...") durch eine eindeutige Beschlusskompetenz auch für bauliche Veränderungen („... können beschlossen werden ...") ersetzen.[248] **131**

---

[243] Vgl. dazu KG NZM 2000, 1012, 1013 f.

[244] Ausführlich dazu *Schmidt/Riecke* ZMR 2005, 252 ff.

[245] *Bärmann/Merle* § 22 Rn. 133 ff.; *Kümmel* ZMR 2007, 932, 933; *Hügel/Elzer* § 7 Rn. 3 f. und 16.

[246] Im Einzelnen *Bärmann/Merle* § 22 Rn. 119 ff.

[247] *Armbrüster* ZWE 2008, 61, 63 f.; *Häublein* NZM 2007, 752, 753 ff.; *ders.* ZMR 2007, 409, 429; *Jennißen/Hogenschurz* § 22 Rn. 29; *J.-H. Schmidt* ZMR 2007, 913, 917.

[248] BT-Drucks. 16/887, S. 28.

Die Neuregelung kodifiziert mithin die Beschlusskompetenz, nicht einen Beschlusszwang. Die systematische Gesetzesauslegung rechtfertigt ebenfalls keine Abkehr von der bislang h.M. Der Hinweis auf den im Wohnungseigentumsrecht geltenden **Einstimmigkeitsgrundsatz** nach § 21 Abs. 1 WEG[249] verkennt, dass sowohl § 21 Abs. 3 WEG *(„... können [...] durch Stimmenmehrheit beschließen")* als auch § 22 Abs. 1 Satz 1 WEG *(„... können beschlossen werden, wenn jeder [...] zustimmt, dessen Rechte [...] beeinträchtigt werden")* eine anderweitige und daher § 21 Abs. 1 WEG[250] vorrangige Bestimmung enthalten, durch die das Einstimmigkeitsprinzip durchbrochen wird. Dieser gesetzliche Befund ist systematisch eindeutig, wenngleich damit noch nicht die teleologisch zu klärende Frage beantwortet ist, ob und in wieweit sich die individuelle Zustimmung beeinträchtigter Wohnungseigentümer i.S.d. § 22 Abs. 1 Satz 1 WEG von der kollektivierten Stimmenmehrheit gem. § 21 Abs. 3 WEG unterscheidet.[251] Die teleologische Auslegung nach Sinn und Zweck spricht ebenfalls nicht für einen Beschlusszwang. Die **Vorbefassung** in der Eigentümerversammlung[252] führt nicht notwendig zu einem Beschluss, da die begehrte bauliche Maßnahme ebenso gut abgelehnt werden kann. Rechtssicherheit und Rechtsklarheit lassen sich zudem auch auf andere Weise als durch Beschluss erreichen, z.B. durch schriftliche Erklärungen unter Beifügung von Bauanträgen, Baubeschreibungen usw. Sofern eine durch die Beschlussfassung eröffnete präventive und effektive Kontrolle, ob die beabsichtigte bauliche Veränderung für einzelne Eigentümer nachteilig ist oder nicht, als Grund für den Beschlusszwang angeführt wird,[253] ist zu bedenken, dass eine gerichtliche Kontrolle nur bei rechtzeitiger Anfechtung erfolgt und selbst dann die sofortige Vollziehbarkeit des Zustimmungsbeschlusses und folglich die Schaffung vollendeter Tatsachen nicht aufschieben würde.[254] Mit einer sonst drohenden Verletzung des **Individualrechtsschutzes**[255] lässt sich ein Beschlusszwang nicht begründen, da dieser – sollte er entgegen h.M. ein mit Mehrheit nicht überwindbares Beschlusshindernis sein – ohnehin zur Nichtigkeit des Beschlusses führen würde. Die Zustimmung zu einer nachteiligen baulichen Veränderung i.S.d. § 22 Abs. 1 WEG bedeutet nach h.M. einen freiwilligen individuellen Verzicht des Rechtsträgers auf Individualrechtsschutz.[256] Dieser von der Rechtsordnung verliehene individuelle Schutz und der individuelle Verzicht auf ihn können nicht in Gestalt eines Beschlusszwangs von Grund auf gesetzlich verkollektiviert sein.[257] Im Ergebnis ist ein Beschlusszwang über die Gestattung einer baulichen Veränderung am gemeinschaftlichen Eigentum abzulehnen.

132 Umstritten ist, ob die fehlende oder versagte Zustimmung eines durch eine bauliche Veränderung am gemeinschaftlichen Eigentum **benachteiligten** Wohnungseigentümers durch Mehrheitsbeschluss ersetzt werden kann. Dies wird im Schrifttum unter ausdrücklicher Abkehr von der bislang ebenfalls ganz h.M. neuerdings verneint.[258] Die Diskussion steht am Anfang und würde – sollte sich die neue Sichtweise durchsetzen – die Möglichkeiten des Mehrheitsbeschlusses **im Baubereich** erheblich einschränken. Kern der neuen Meinung ist die Trennung zwischen der **Gestattung** einer baulichen Veränderung auf der Willensbildungsebene einerseits und ihrer **Durchführung** auf der Willensbe-

---

[249] *Bärmann/Merle* § 22 Rn. 121; BT-Drucks. 16/887, S. 29 linke Spalte oben.

[250] *„[...] soweit nicht in diesem Gesetz [...] etwas anderes bestimmt ist, ...".*

[251] Dazu unten Rn. 132.

[252] *Bärmann/Merle* § 22 Rn. 129; BT-Drucks. 16/887, S. 28 rechte Spalte oben.

[253] Vgl. *Bärmann/Merle* § 22 Rn. 129; BT-Drucks. 16/887, S. 28.

[254] Vgl. wegen weiterer Bedenken auch *Armbrüster* ZWE 2008, 61, 64.

[255] Dazu *Armbrüster* ZWE 2008, 61, 65 ff. sowie nachfolgend Rn. 132.

[256] Vgl. *Hogenschurz* in AHB WEG Teil 9 Rn. 49 m.w.N.

[257] *J.-H. Schmidt* ZMR 2007, 913, 917 m.w.N. in Fn. 46; *Hogenschurz* in AHB WEG Teil 9 Rn. 49 f. m.w.N.

[258] So gegen die bislang ganz h.M. *Armbrüster* ZWE 2008, 61, 65 ff.; *ders.* ZMR 2009, 252 in Erwiderung auf *Abramenko* ZMR 2009, 97.

tätigungsebene (Ausführungsebene) andererseits; auf der Willensbildungsebene sei zwischen zwei verschiedenen Willensäußerungen zu unterscheiden, nämlich der (kollektiven) Beschlussfassung und der (individuellen) Zustimmung(en) aller Benachteiligten.[259] Die von der bislang ganz h. M. bejahte Beschlusskompetenz für die Gestattung einer baulichen Veränderung wird von dieser neuen Ansicht nicht bezweifelt, dafür aber die Beschlusskompetenz, das daneben bestehende individuelle Zustimmungserfordernis seitens der beeinträchtigten Eigentümer durch einen Mehrheitsbeschluss zu überwinden,[260] wobei sich dieser **Individualrechtsschutz** im Ergebnis nicht auf der Willensbildungsebene auswirkt, sondern erst auf der Willensbetätigungsebene (Ausführungsebene), denn das Fehlen erforderlicher Zustimmungen berührt weder die Beschlusskompetenz (Rechtswirksamkeit) noch die Ordnungsmäßigkeit (Rechtmäßigkeit) des Gestattungsbeschlusses, sondern die Zulässigkeit der Durchführung (Vornahme) der beschlossenen baulichen Veränderung.[261] Im Hinblick auf die gesetzliche Beschlussdurchführungspflicht des WEG-Verwalters gem. § 27 Abs. 1 Nr. 1 WEG könne ihm in seiner Funktion als Versammlungsleiter in der Versammlung nur angeraten werden, die Verkündung des Beschlussergebnisses über die Gestattung der baulichen Veränderung unter den ausdrücklichen Vorbehalt der noch ausstehenden Zustimmungen zu stellen.[262] Bis dahin müsse die Umsetzung des bestandskräftigen Beschlusses unterbleiben.[263] Diese Ansicht ist auf Kritik gestoßen.[264] In der Tat erscheinen die Auswirkungen auf das WEG-Beschlussrecht bedenklich. Die neue Ansicht führt zu einem **schwebend wirksamen Gestattungsbeschluss** mit einer **schwebend unwirksamen Durchführungspflicht.** Wie bislang soll der Beschluss über die Gestattung einer nachteiligen baulichen Veränderung mit Verkündung schwebend wirksam (gültig) und nach Ablauf der Anfechtungsfrist endgültig wirksam (bestandskräftig) sein, so dass auch weiterhin rechtswidrige bauliche Veränderungen gem. § 22 Abs. 1 WEG durch Zitterbeschluss genehmigt (gestattet) werden können. Im Gegensatz zur bisherigen h. M. soll ein solcher Zitterbeschluss jedoch trotz Bestandskraft nicht in die Tat umgesetzt werden dürfen, solange nicht alle i. S.d § 22 Abs. 1, § 14 Nr. 1 WEG beeinträchtigten Eigentümer der Durchführung des Zitterbeschlusses individuell zustimmten. Die neue Auffassung löst sich also von der bislang ebenfalls ganz h. M.,[265] die annimmt, dass Beschlüsse über rechtswidrige bauliche Maßnahmen trotz Anfechtung und – erst recht – bei unterbliebener Anfechtung durchzuführen sind. Eine **schwebend unwirksame Durchführungspflicht** wird soweit ersichtlich bislang nicht vertreten. Diesbezüglich von einem „Erschwernis“[266] für die Durchführung derartiger Beschlüsse zu sprechen, dürfte die wahre Dimension eines Meinungswandels unterschätzen, wenn man bedenkt, dass der Schwebezustand bereits dann endet, wenn der erste nachteilig betroffene Wohnungseigentümer seine Zustimmung versagt. Dies wird erfahrungsgemäß der Regelfall sein, zumal jeder benachteiligte Wohnungseigentümer bereits in der Eigentümerversammlung unmittelbar nach der Beschlussergebnisverkündung sein „Durchführungsveto“ geltend machen kann und dazu im Normalfall auch berechtigt sein wird.[267] Letztlich schafft die neue Ansicht (vorerst nur) **im Baubereich** einen individuellen Rechtsanspruch auf **rechtmäßige Beschlussbetätigung.** Rechtswidrige Beschlüsse über

---

259 *Armbrüster* ZWE 2008, 61, 63.

260 *Armbrüster* ZWE 2008, 61, 65 f.; *ders.* ZMR 2009, 252, 253.

261 *Armbrüster* ZWE 2008, 61, 66.

262 *Armbrüster* a. a. O.

263 Vgl. *Armbrüster* ZMR 2009, 252, 253.

264 *Abramenko* ZMR 2009, 97; dagegen *Armbrüster* ZMR 2009, 252; dagegen wiederum *Abramenko* jurisAnwZert MietR 9/2009, Anm. 1.

265 Vgl. dazu *Bärmann/Merle* § 27 Rn. 18 ff. m. w. N.

266 Vgl. *Armbrüster* ZMR 2009, 252, 253.

267 Auch *Armbrüster* ZMR 2009, 252, 254 weist darauf hin, dass die wohnungseigentumsrechtliche Treuepflicht dem Eigentümer die Erteilung der Zustimmung nur in ganz seltenen Ausnahmefällen gebieten wird.

bauliche Maßnahmen, die z. B. das äußere Erscheinungsbild der Wohnanlage nachteilig verändern, sind zwar wirksam, aber nicht durchführbar, da einer Umsetzung der Individualrechtsschutz der bzw. des einzelnen nachteilig betroffenen Wohnungseigentümer(s) entgegen steht. Eine solche Entwicklung ist gerade **im Baubereich** des § 22 Abs. 1 WEG nicht sinnvoll. Ein **Anspruch auf rechtmäßige Beschlussbetätigung** ist abzulehnen, sofern dieser über das jedem Wohnungseigentümer, der sich aufgrund einer baulichen Veränderung i. S. d. § 22 Abs. 1 WEG in seinen individuellen Schutzrechten verletzt sieht, zustehende Anfechtungsrecht (§ 23 Abs. 4, § 43 Nr. 4, § 46 Abs. 1 WEG) hinaus gegen rechtliche Eingriffe abgesichert wird.[268] Dem durch §§ 22 Abs. 1, 14 Nr. 1 WEG eingeräumten **Individualrechtsschutz** jedes einzelnen benachteiligten Wohnungseigentümers ist durch die gerichtliche Kontrolle ausreichend Rechnung getragen. Dies kann durch § 23 Abs. 4 WEG belegt werden, der die Durchführung rechtswidriger, aber unangefochten gebliebener und daher bestandskräftiger Mehrheitsbeschlüsse ausdrücklich vorsieht. § 22 Abs. 1 WEG und der durch ihn vermittelte Individualrechtsschutz **im Baubereich** ist eine Rechtsvorschrift i. S. d. § 23 Abs. 4 Satz 1 WEG, auf deren Einhaltung nicht rechtswirksam verzichtet werden kann. Insbesondere ist ein Mehrheitsbeschluss, der die fehlende oder verweigerte individuelle Zustimmungserklärung ersetzt bzw. übergeht nicht zum Bereich der Fallgruppe von anspruchs- oder rechtsvernichtenden Eigentümerbeschlüssen zu zählen.[269] Die Gegenmeinung lässt sich des Weiteren nicht durch die Ausführungen des BGH in seiner Grundsatzentscheidung zur Teilrechtsfähigkeit[270] stützen. Wenn der BGH dort ausführt, dass Mehrheitsbeschlüsse über die Begründung persönlicher Leistungspflichten der Wohnungseigentümer für Verbindlichkeiten des rechtsfähigen Verbandes mangels Beschlusskompetenz der Nichtigkeit unterfallen,[271] so wird man dies zwar vom Außenrecht in das Innenverhältnis übertragen können, da dieses ebenfalls keinen rechtsfreien Raum darstellen kann,[272] nicht jedoch auf die Verletzung von Individualansprüchen des einzelnen Wohnungseigentümers. Andernfalls könnte auf diese Weise jede Verletzung des Individualspruches auf ordnungsgemäße Verwaltung (§ 21 Abs. 4 WEG) einem Durchführungsverbot unterstellt werden. Im praktischen Ergebnis liefe das auf das „Aus" des Zitterbeschlusses und einen Zwang zur **rechtmäßigen Beschlussbetätigung** im Wohnungseigentumsrecht hinaus. Ein solches Ergebnis ist abzulehnen. Es entspricht nicht dem Willen des Gesetzgebers, der das Erfordernis der individuellen Zustimmung aller beeinträchtigten Wohnungseigentümer i. S. d. §§ 22 Abs. 1, 14 Nr. 1 WEG ausdrücklich als Regelung über die „benötigte Stimmenzahl" ansieht,[273] so dass ein Verstoß lediglich als Zählfehler zu werten ist, der sich nicht auf die Beschlusskompetenz auswirkt.[274] Soweit von der Gegenansicht auf § 22 Abs. 2 WEG und das dort geregelte strengere Mehrheitserfordernis verwiesen wird,[275] welches es rechtfertigen soll, den Individualrechtschutz der nachteilig betroffenen Wohnungseigentümer preis zu geben, kann dem entgegen gehalten werden, dass der Grenzbereich zwischen § 22 Abs. 1 und Abs. 2 WEG fließend und nach h. M. ein **„Umswitchen"**[276] von Abs. 2 auf Abs. 1 erlaubt ist. Bislang wird nur das „Umswitchen" von der **doppelt qualifizierten Stim-**

[268] Vgl. dazu bereits im Zusammenhang mit der (abzulehnenden) Pflicht des Abstimmungsleiters zur Verkündung rechtmäßiger Beschlussergebnisse *J.-H. Schmidt* DWE 2005, 9 ff. m. w. N.

[269] Dazu *Schmidt/Riecke* ZMR 2005, 252 ff.

[270] BGH NJW 2005, 2061 = ZMR 2005, 447 mit Anm. *Häublein*.

[271] BGH NZM 2005, 543 (unter III. 9 a) mit Verweis auf *Wenzel* NZM 2004, 542, 543.

[272] *J.-H. Schmidt* NZM 2008, 395, 396 zur konstitutiven Begründung von Beseitigungsansprüchen im Anschluss an *Schmidt/Riecke* ZMR 2005, 252 ff.

[273] BT-Drucks. 16/887, S. 28.

[274] Gem. BT-Drucks. a. a. O. wirkt sich das Erreichen der benötigten Stimmenzahl nicht kompetenzbegründend aus, so dass – umgekehrt – das Unterschreiten der benötigten Stimmenzahl auch nicht kompetenzbegrenzend ist.

[275] *Armbrüster* ZWE 2008, 61, 63.

[276] Dazu unten Rn. 182.

menmehrheit (§ 22 Abs. 2 WEG) auf § 22 Abs. 1 WEG erörtert. In der „Gegenrichtung" erhebt sich für die hier diskutierte Problematik die Frage, wie dem Individualrechtsschutz Rechnung getragen werden soll, wenn – etwa aufgrund eines Rechtsirrtums – mit der erforderlichen doppelt qualifizierten Mehrheit nach Abs. 2 eine bauliche Veränderung genehmigt wird, die in Wahrheit keine „privilegierte" bauliche Veränderung ist, sondern unter § 22 Abs. 1 WEG fällt. Wäre der Individualrechtsschutz im Baubereich des § 22 Abs. 1 WEG wirklich zwingend, unterfiele die Maßnahme also trotz der erreichten doppelt qualifizierten Mehrheit einem Durchführungsverbot. Fraglich ist, ob gegen die **Anfechtungslast** des benachteiligten Wohnungseigentümers und das damit verbundene Prozessrisiko verfassungsrechtliche Bedenken im Hinblick auf den Eigentumsschutz (Art. 14 Abs. 1 GG) durchgreifen.[277] Da die Initiativlast – wie immer bei Zitterbeschlüssen – nicht von der sich rechtswidrig verhaltenen Eigentümerversammlung verteilt wird, sondern von der Rechtsordnung, namentlich dem Wohnungseigentumsgesetz (vgl. § 23 Abs. 4 WEG),[278] stellt sich die Frage, ob der von der Eigentumsgarantie des Art. 14 Abs. 1 GG gewährte Individualrechtsschutz im Wege einer verfassungskonform restriktiven Auslegung und Anwendung von § 23 Abs. 4 WEG und § 27 Abs. 1 Nr. 1 WEG dazu führen muss, Mehrheitsbeschlüsse, die den Individualrechtsschutz verletzen, als nichtig und nicht nur als anfechtbar anzusehen. Zumindest beim Individualrechtsschutz **im Baubereich** erscheint es angebracht und zumutbar, dass der individuelle Rechtsträger sich gegen vermeintliche Eigentumsverletzungen zur Wehr setzen muss. Es ist kein Unterschied ersichtlich zu rechtswidrigen Instandsetzungsmaßnahmen am Gemeinschaftseigentum, die von der Eigentümerversammlung mehrheitlich beschlossen werden. Ein Unterschied sollte nicht darin erblickt werden, dass bauliche Veränderungen das äußere Erscheinungsbild der Wohnanlage in ihrer Substanz betreffen. Einerseits ist dies bei Instandsetzungsmaßnahmen vielfach nicht anders. Zum anderen verkörpert das **äußere Erscheinungsbild** einer Wohnanlage einen geeigneten **Publizitätsträger,** um den notwendigen Schutz der Eigentumsgarantie (Art. 14 Abs. 1 GG) vor unverhältnismäßigen Eingriffen sicherzustellen.[279] Streitigkeiten zwischen Wohnungseigentümern über die Frage der Zulässigkeit einer baulichen Maßnahme am gemeinschaftlichen Eigentum gehen oft auf ästhetische Vorstellungen und Empfindungen zurück. Dieser Umstand rechtfertigt es, dem einzelnen Eigentümer die Obliegenheit aufzuerlegen, das äußere Erscheinungsbild der Wohnanlage im Hinblick auf unerwünschte bauliche Veränderungen im Auge zu behalten und bei etwaigen Rechtsverstößen rechtzeitig gerichtliche Hilfe in Anspruch zu nehmen. Ein unverhältnismäßiger (verfassungswidriger) Eingriff in den Schutzbereich des Wohnungseigentums liegt darin nicht. Zusammenfassend ist daher festzustellen, dass die besseren Gründe für die h. M. sprechen. Daher können rechtswidrige bauliche Veränderungen gem. § 22 Abs. 1 WEG durch Zitterbeschluss beschlossen und ohne Zustimmung der benachteiligten Wohnungseigentümer durchgeführt (§ 27 Abs. 1 Nr. 1 WEG) werden. Fehlende individuelle Zustimmungserklärungen Einzelner i. S. d. § 22 Abs. 1 WEG werden durch die kollektive Bindungswirkung des Beschlusses (§ 10 Abs. 4 Satz 1 WEG) rechtswirksam überwunden.

ccc) Andere Arten der Zustimmung. Da die Zustimmung zu einer zustimmungsbedürftigen baulichen Veränderung des gemeinschaftlichen Eigentums nach unverändert zutreffender Ansicht **keinem Beschlusszwang** unterliegt (oben Rn. 131), können die Wohnungseigentümer notwendige Zustimmungen wie nach bisheriger Rechtslage auch **formlos** erklären. Zustimmungen nach § 22 Abs. 1 WEG unterliegen nach dem Grundsatz der Vertragsfreiheit **keinem Formzwang.**[280] Mangels abweichender Regelungen in 133

---

[277] *Armbrüster* ZWE 2008, 61, 65.

[278] *Häublein* NJW 2005, 1466, 1470 unter 3.; *J.-H. Schmidt* DWE 2005, 9, 10 f.

[279] Zum äußeren Erscheinungsbild als dritten eigenständigem **Publizitätsträger** neben Grundbuch und Beschluss-Sammlung unten Rn. 145.

[280] BayObLG NZM 2002, 127 mit Hinweis auf BGH NJW 1978, 817, 819.

der Gemeinschaftsordnung[281] gilt **Formfreiheit,** so dass z.B. mündliche Zustimmungserklärungen der Benachteiligten ausreichen. Diese können in abstrakt-genereller Weise vorliegen, z.B. durch eine Vereinbarung nach § 10 Abs. 3 WEG,[282] oder sich auf die konkret-individuelle bauliche Veränderung eines Miteigentümers beschränken. Eine Folge der Formfreiheit ist, dass Zustimmungen i.S.d. § 22 Abs. 1 WEG nicht auf rechtsgeschäftliche Erklärungen oder rechtsgeschäftsähnliche Handlungen beschränkt sind. Zwar wird nach verbreiteter Rechtsmeinung die Zustimmung als **einseitiges Rechtsgeschäft** qualifiziert, auf das die §§ 182ff. BGB entsprechende Anwendung finden.[283] Die – hier abgelehnte (oben Rn. 131) – Ansicht, die einen Beschlusszwang annimmt, müsste die Zustimmung folgerichtig nicht als einseitiges Rechtsgeschäft, sondern als ein **mehrseitiges Rechtsgeschäft** in der besonderen Form eines Gesamtakts, durch den mehrere gleichgerichtete Willenserklärungen der Wohnungseigentümer gebündelt werden, ansehen.[284] Diese Ansicht ist jedoch nicht unumstritten. Nach anderer Auffassung ist die Zustimmung zu baulichen Maßnahmen, die im Fremdinteresse durchgeführt werden, als Einverständnis in Rechtseingriffe durch nicht rechtsgeschäftliche Handlungen eine **unechte Zustimmung,** also **Realakt.**[285] Entgegen der h.M. beinhalte die Zustimmung keinen rechtsgeschäftlichen Verzicht auf etwaige Unterlassungs- und Beseitigungsansprüche, denn einen solchen einseitigen Verzicht kenne die Rechtsordnung nicht; vielmehr könne der zustimmende Wohnungseigentümer als Rechtsfolge seiner Zustimmung keine Unterlassungs- und Beseitigungsansprüche geltend machen, es handele sich also nicht um eine Zustimmung i.S.d. §§ 182 bis 184 BGB zu Rechtsgeschäften, ähnele aber der Zustimmung eines Berechtigten zur Verfügung eines Nichtberechtigten im Sinne von § 185 BGB.[286] Obwohl beide Ansichten fast immer zu denselben Ergebnissen führen dürften, ist es wohl richtig, die Zustimmung nicht als einseitiges Rechtsgeschäft zu qualifizieren. Unbestritten ist dabei zunächst, dass die Zustimmung nicht als Einverständniserklärung zu dem von einem anderen vorgenommenen Rechtsgeschäft[287] gewertet werden kann, so dass eine direkte Anwendung der §§ 182ff. BGB unzweifelhaft ausscheidet. Die bauliche Maßnahme selbst ist weder eine **rechtsgeschäftliche** noch eine **rechtsgeschäftähnliche Handlung,** sondern ein faktischer Rechtseingriff (**Realakt**). Zumeist ist sie verkörpert in einer gegenständlichen Veränderung des äußeren Erscheinungsbildes der Wohnanlage.[288] Doch auch die Zustimmungserklärung selbst ist ihrer Rechtsnatur nach keine einseitige empfangsbedürftige Willenserklärung i.S.d. § 182 BGB,[289] sondern eine auf einen tatsächlichen Erfolg gerichtete Willensbetätigung, die willensunabhängig kraft Gesetzes eine Rechtsfolge hervorbringt (Realakt).[290] Der Realakt unterscheidet sich von einer rechtsgeschäftsähnlichen Handlung dadurch, dass er keine Erklärung voraussetzt.[291] Die Zustimmung nach § 22 Abs. 1 Satz 1 WEG setzt keine Erklärung voraus. Wie bislang

---

[281] Vereinbarte Protokollierungspflichten für Beschlüsse greifen nicht, wenn nicht durch Beschluss zugestimmt wurde; wurde ein Beschluss gefasst, soll die fehlende Protokollierung nur Anfechtungs-, nicht Nichtigkeitsgrund sein, vgl. BayObLG NZM 2002, 127 mit Hinweis auf BGHZ 136, 187, 192.

[282] BayObLG NZM 2002, 127 m.w.N. Vereinbarungen i.S.d. §§ 10ff. WEG sind formfrei wirksam, wirken bei Nichteintragung aber nicht gegen Sondernachfolger.

[283] OLG Hamm, NJW-RR 1991, 910; *Ott* ZWE 2002, 61, 62; *Schuschke* NZM 2001, 497; *Jennißen/Hogenschurz* § 22 Rn. 13.

[284] Vgl. dazu BGH NJW 2002, 3629, 3630; 1998, 288.

[285] *Bub*, FS Wenzel, S. 123, 125 unter Hinweis auf MünchKommBGB/*Schramm* Einf. vor §§ 182ff. Rn. 19; *Staudinger/Dilcher* § 104 Rn. 2.

[286] *Bub* a.a.O.

[287] S. *Palandt/Heinrichs* Einf. vor § 182 Rn. 1.

[288] Zum äußeren Erscheinungsbild als **Publizitätsträger** unten Rn. 145f.

[289] S. *Palandt/Heinrichs* Einf. vor § 182 Rn. 3.

[290] Vgl. *Palandt/Ellenberger* Überbl. vor § 104 Rn. 9.

[291] *Palandt/Ellenberger* a.a.O.

genügt ein **konkludentes (schlüssiges) Verhalten,**[292] wenn das Verhalten eines Wohnungseigentümers bei Anwendung der im Verkehr erforderlichen Sorgfalt nach Treu und Glauben mit Rücksicht auf die Verkehrssitte eindeutig und zweifelsfrei als Zustimmung zu einer baulichen Veränderung aufzufassen ist und der Erklärende die mögliche Deutung seines Verhaltens als Zustimmung erkannt hat oder bei Anwendung der erforderlichen Sorgfalt hätte erkennen müssen.[293] Die kraft Gesetzes geknüpfte Rechtsfolge ist das Verbot, entgegen der Zustimmung eine Beseitigung und Wiederherstellung des vorherigen baulichen Zustandes verlangen zu dürfen. Dieses Verbot folgt aus § 242 BGB in der Variante des Verbotes, sich zu seinem vorherigen Verhalten in Widerspruch setzen zu dürfen (**venire contra factum proprium**).[294] Die Rechtslage ist insoweit der Wirkung eines Entlastungsbeschlusses vergleichbar, der ebenfalls nicht zu einem Anspruchsverzicht führt, aber die Wohnungseigentümer daran hindert, gleichwohl Ansprüche gegen den entlasteten Verwalter geltend zu machen.[295]

Mündliche oder auch nur konkludente (schlüssige) Zustimmungen sind, obwohl sie rechtswirksam sind, nicht zweckmäßig, da es im Streitfall zu **Beweisschwierigkeiten** kommen wird. Darlegungs- und beweisbelastet für die Erteilung der Zustimmung ist der Eigentümer, der sich auf sie beruft, also im Normalfall derjenige, der die bauliche Veränderung vorgenommen hat. Eine Zustimmung i. S. d. § 22 Abs. 1 Satz 1 WEG kann vor, nach oder auch während (z. B. mündliche Zustimmung zum Aufstellen eines Gartenhauses) der baulichen Maßnahme erklärt werden. Insoweit kann auf die vergleichbare Rechts- und Interessenlage bei vorherigen Zustimmungen (Einwilligungen) und nachträglichen Zustimmungen (Genehmigungen) zur Rechtsgeschäften i. S. d. §§ 182 bis 184 BGB verwiesen werden. Die Zustimmung muss auch nicht gleichzeitig durch alle benachteiligten Wohnungseigentümer erfolgen. Es genügen sukzessive Erklärungen. Ebenfalls kommt das schriftliche Umlaufverfahren nach § 23 Abs. 3 WEG in Betracht,[296] auch wenn es sich hierbei nicht um eine sukzessive Zustimmung handeln dürfte, da der schriftliche Beschluss erst mit Mitteilung durch den Abstimmungsleiter (Initiator) entsteht.[297] 134

ddd) Widerruf, Anfechtung und Aufhebung der Zustimmung. Die Zustimmung zu einer baulichen Veränderung ist nach ganz h. M. für den Zustimmenden verbindlich, kann aber entsprechend § 183 BGB bis zur Vornahme der baulichen Veränderung, also regelmäßig dem Beginn der Bauarbeiten, **widerrufen** werden.[298] Dem ist im Grundsatz zuzustimmen, allerdings muss bei der weiteren Betrachtung berücksichtigt werden, auf welche Art und Weise die Zustimmung erfolgte. Denn weil die Zustimmung zu einer baulichen Veränderung nicht ausdrücklich und auch nicht schriftlich erklärt werden muss, sondern auch **konkludent** durch schlüssiges Verhalten erteilt werden kann, ist zu prüfen, ob sich durch die jeweilige Erklärungsform unterschiedliche Vertrauenstatbestände seitens des Berechtigten ergeben können. Vor einem Widerruf entsprechend § 183 BGB ist zunächst ein Widerruf entsprechend § 130 Abs. 1 Satz 2 BGB in Betracht zu ziehen. Eine schriftlich abgegebene Zustimmungserklärung ist bis zum Zugang beim Begünstigten (Empfänger) widerruflich (§ 130 Abs. 1 Satz 2 BGB). Eine im Beisein des Begünstigten abgegebene mündliche Zustimmungserklärung ist sofort wirksam (arg. e § 130 Abs. 1 BGB).[299] Gleiches gilt für eine konkludente Zustimmung, sobald diese vom 135

---

[292] BayObLG NZM 1999, 1009, 1010; 1998, 524.

[293] OLG München, NJW-RR 2007, 1384, 1386; BayObLG NZM 2000, 127; NZM 1998, 1014.

[294] In diesem Sinne *Bub*, FS Wenzel, S. 123, 125.

[295] Vgl. BGH NZM 2003, 764 zur Entlastung des amtierenden und BGH NZM 2003, 950 zum ausgeschiedenen WEG-Verwalter(s).

[296] OLG Karlsruhe NZM 1999, 274.

[297] Vgl. BGH NJW 2001, 3339.

[298] OLG Düsseldorf ZMR 2006, 624; BayObLG ZMR 2002, 68; *Hügel/Elzer* § 7 Rn. 13.

[299] Siehe den Fall OLG Düsseldorf ZMR 2006, 624: Mündliche Zustimmung zum nachträglichen Balkonanbau anlässlich einer lockeren Zusammenkunft im Garten.

Begünstigten (Empfänger) wahrgenommen wurde.[300] Scheidet der Widerruf entsprechend § 130 BGB aus, kann entsprechend § 183 BGB eine vorherige Zustimmung bis zur Vornahme der baulichen Veränderung, auf die sie sich bezieht, widerrufen werden. Hintergrund ist, dass bis zum diesem Zeitpunkt in der Regel noch keine Änderung der vorherigen Situation stattfand. Wurde die Baumaßnahme bereits begonnen oder gar abgeschlossen oder traf der bauberechtigte Wohnungseigentümer sonstige Dispositionen zur Verwirklichung seines Vorhabens (z. B. Materialkauf, Beauftragung eines Architekten mit Planung oder Rechtsanwalts mit Rechtsprüfung usw.), entfällt das Widerrufsrecht. Wurden nur Angebote eingeholt, ist der Widerruf noch zulässig.[301] Anders ist die Ausgangslage, wenn die Zustimmung durch Beschluss der Eigentümerversammlung eingeholt wurde. Hier kann der einzelne Eigentümer seine Zustimmung nach der Abstimmung nicht mehr widerrufen, da sie in der Stimmenabgabe (seine Einzelstimme) lag und diese mit Zugang beim Abstimmungsleiter, der die abgegebenen Stimmen auszählte, spätestens aber mit Verkündung des Beschlussergebnisses als einzelne Willenserklärung nicht mehr widerruflich ist (vgl. § 130 BGB). Die individuellen Zustimmungserklärungen der einzelnen Eigentümer werden im Beschluss „kollektiviert". Eine Anfechtung der abgegebenen Einzelstimme ist zwar nach den allgemeinen zivilrechtlichen Regeln (§§ 104ff., 119ff. BGB) grundsätzlich vorstellbar,[302] jedoch mangels Ursächlichkeit für das Beschlussergebnis in der Regel erfolglos. Daher kommt in solchen Fällen nur ein Widerruf der Zustimmung durch einen (aufhebenden) **Zweitbeschluss** in Frage. Ein solcher ist nach der Rechtsprechung im Grundsatz nur zulässig, wenn es einen sachlichen Grund[303] für den Meinungswandel gibt und kein Eigentümer gegenüber dem durch den Erstbeschluss geschaffenen Rechtszustand unbillig benachteiligt wird. Die h. M. unterscheidet danach, ob mit der Vornahme der baulichen Veränderung schon begonnen wurde oder nicht. Wurde noch nicht gebaut, ist der bauliche Zustand also unverändert derselbe, bedarf es für die Aufhebung des Erstbeschlusses nicht der Zustimmung aller von der Baumaßnahme betroffenen Eigentümer, da der Zweitbeschluss selbst keine bauliche Veränderung zum Gegenstand hat.[304] Die Aufhebung kann ohne Angabe von Gründen erfolgen.[305] Von Bedeutung ist allein, ob der neue Beschluss aus sich heraus einwandfrei ist.[306] Die Grenzen der Ordnungsmäßigkeit werden erst dann überschritten, wenn der Erstbeschluss zu Gunsten eines Wohnungseigentümers ein subjektives Recht begründete, welches durch den Zweitbeschluss wieder entzogen werden soll. Daran fehlt es bei baulichen Maßnahmen im **Gesamtinteresse,** die also etwa im Bereich des Gemeinschaftseigentums liegen, dem gemeinschaftlichen Mitgebrauch aller Eigentümer dienen und eine gemeinschaftliche Gebrauchsmöglichkeit eröffnen.[307] Bei baulichen Veränderungen im **Individualinteresse** fällt die Wertung des § 183 BGB stärker ins Gewicht: Der Zweitbeschluss entspricht nur ordnungsmäßiger Verwaltung, wenn der bauberechtigte Eigentümer den Erstbeschluss weder durch Bau bzw. Baubeginn noch durch andere Vermögensdispositionen umgesetzt hat. Denn nur dann werden weder geschaffene Vermögenswerte wieder zerstört noch getätigte Aufwendungen nutzlos. Sachlicher Grund kann ein langer Zeitablauf sein, wenn der bauberechtigte Eigentümer von der durch Erstbeschluss erteilten Zustimmung seit Jahren keinen Gebrauch gemacht hat und mit einer Umsetzung nicht mehr zu rechnen war. Dass der Erstbeschluss möglicherweise rechtswidrig war, dürfte als sachlicher Grund nicht genügen, wenn dieser Einwand durch das Verpassen der Anfech-

[300] Vgl. *Palandt/Ellenberger* § 130 Rn. 14.

[301] OLG Düsseldorf ZMR 2006, 624 = NZM 2006 702, 703.

[302] BGH NJW 2002, 3629, 3630; BayObLG NZM 2000, 499.

[303] Gegen die h. M. insoweit *Elzer* ZMR 2007, 237, 239f.; *Bärmann/Merle* § 23 Rn. 59.

[304] OLG Köln NZM 2002, 454; OLG Frankfurt OLGR 2005, 334.

[305] Vgl. OLG Köln und Frankfurt/M. jeweils a. a. O.; *Häublein* jurisAnwZert MietR 7/2009, Anm. 3.

[306] LG Hamburg ZMR 2009, 314.

[307] LG Hamburg a. a. O.

tungsfrist präkludiert ist. Anderer Ansicht kann sein, wer das Vertrauen nicht für schutzwürdig hält mit dem Argument, der Erstbeschluss sei und bleibe trotz seiner Bestandskraft ein rechtswidriger Beschluss und der auf ihm beruhende bauliche Zustand ein rechtswidriger Zustand, der keine Vertrauensgrundlage bilde. Eine durch **schriftlichen Umlaufbeschluss** (§ 23 Abs. 3 WEG) erteilte Zustimmung kann unter Einhaltung der vorgenannten Voraussetzungen durch Zweitbeschluss aufgehoben werden. Der Zweitbeschluss setzt nicht seinerseits Einstimmigkeit voraus, es genügt ein Mehrheitsbeschluss.[308] Wird die Zustimmung zu einer baulichen Veränderung in der Gemeinschaftsordnung vorweggenommen oder abbedungen, so kann der dadurch entstandene Rechtsanspruch auf Durchführung nicht durch Mehrheitsbeschluss rechtswirksam entzogen werden. Dem Beschluss fehlt die Beschlusskompetenz, wenn er auf eine konstitutive Anspruchsvernichtung gerichtet ist.[309] Die Änderung der Gemeinschaftsordnung setzt eine Vereinbarung voraus. Alternativ kommt eine vertragliche Vereinbarung (Einigung)[310] mit dem bauberechtigten Miteigentümer in Betracht, in der dieser auf sein Recht oder zumindest dessen Ausübung verzichtet.

eee) Bloße Duldung statt Zustimmung. Von der Zustimmung zu einer baulichen Veränderung abzugrenzen ist die rein faktische **Duldung** des durch sie geschaffenen baulichen Zustandes.[311] Hiermit ist nicht die rechtlich geschuldete Duldungspflicht, die sich aus einer erteilten Zustimmung zu einer zustimmungsbedürftigen baulichen Veränderung für den Zustimmenden ergibt,[312] und auch nicht die gesetzliche Duldungspflicht im Falle einer mangels Erheblichkeit gemeint i. S. d. § 14 Nr. 1 WEG nicht zustimmungsbedürftigen baulichen Veränderung.[313] Denn in diesen beiden Fällen liegt eine **rechtmäßige** bauliche Veränderung vor und deshalb ein Anspruch auf Duldung dieser baulichen Maßnahme. 136

Im hier erörterten Zusammenhang ist die bloße Duldung einer **rechtswidrigen** baulichen Veränderung gemeint. Diese hat wie das bloße **Schweigen** oder **Nichtstun** im Rechtsverkehr grundsätzlich keinen Erklärungswert.[314] Insofern ist anerkannt, dass die bloße Duldung durch Eigentümer, deren Zustimmung gemäß §§ 22 Abs. 1, 14 Nr. 1 WEG erforderlich ist, der Zustimmung nicht gleichsteht.[315] Eine nachträgliche Zustimmung (Genehmigung) kann für gewöhnlich auch nicht darin erblickt werden, dass Kosten der fraglichen baulichen Veränderungen in der Jahresabrechnung verteilt werden, denn die Frage, ob die Abrechnung korrekt ist, hat mit der Frage der Zustimmung zu einer baulichen Veränderung nichts zu tun,[316] zumal unberechtigte Ausgaben und Ausgaben für unberechtigte bauliche Veränderungen ebenfalls ordnungsgemäß abgerechnet werden müssen. Die Duldung richtet sich demnach nicht auf einen rechtmäßigen Zustand und führt ihn auch nicht herbei. Der rechtswidrige Zustand kann darauf zurückgehen, dass keine Zustimmung vorliegt oder darauf, dass eine solche zwar erteilt, aber in ihren Grenzen überschritten wurde. Die an sich rechtmäßige bauliche Veränderung ist insoweit rechtswidrig, wie sie nicht von der Zustimmung gedeckt ist. Dies ist bei nicht nur unerheblichen Abweichungen oder späteren Änderungen zumeist anzunehmen.[317] Wird eine zustimmungsbedürftige bauliche Veränderung von den nachteilig betroffenen Wohnungseigentümern nicht gebilligt, sondern lediglich **geduldet**, ist ein späteres Beseitigungsver- 137

---

[308] Vgl. *Kümmel* PiG Band 61 (2001), S. 187, 194.

[309] Dazu *Schmidt/Riecke* ZMR 2005, 252 ff.

[310] Hierbei handelt es sich um einen individuellen schuldrechtlichen Vertrag, nicht um eine kollektive Vereinbarung im Sinne der §§ 10 ff. WEG.

[311] BayObLG NZM 1998, 524.

[312] Aus dem Verbot des venire contra factum proprium (vgl. § 242 BGB).

[313] Vgl. OLG München NZM 2008, 848, 849.

[314] OLG Schleswig NZM 2001, 1035, 1037; BayObLG NZM 1998, 524.

[315] BayObLG NZM 1998, 524.

[316] OLG Schleswig NZM 2001, 1035, 1037.

[317] OLG Karlsruhe NZM 1998, 526, 527; *Bub*, FS Wenzel, S. 123, 126 m. w. N.

langen regelmäßig nicht rechtsmissbräuchlich, da der bauliche Zustand von Anfang an rechtswidrig ist und die Rückkehr zu rechtmäßigen Verhältnissen grundsätzlich nicht gegen Treu und Glauben (§ 242 BGB) verstößt. Allerdings müssen die benachteiligten (duldenden) Wohnungseigentümer die drohende **Verjährung** des Beseitigungsanspruches beachten. Für Beseitigungsansprüche (§ 15 Abs. 3 WEG, § 1004 BGB) gilt die dreijährige Regelverjährungsfrist (§ 195 BGB), deren Lauf mit Ende des Jahres beginnt, in dem die Kenntnis oder grob fahrlässige Unkenntnis von der baulichen Veränderung erlangt wird (vgl. § 199 Abs. 1 Nr. 1 BGB).[318] Da der rechtswidrig geschaffene bauliche Zustand auch bei **Verjährung** oder **Verwirkung** eines Beseitigungsanspruchs rechtswidrig bleibt und sich nicht etwa ipso iure in einen rechtmäßigen Zustand verwandelt,[319] kann es auch keinen Anspruch auf Instandhaltung, Instandsetzung oder – in Fällen des § 14 Nr. 4 WEG – Wiederherstellung einer unerlaubt vorgenommenen baulichen Veränderung am Gemeinschaftseigentum geben,[320] erst recht nicht auf Kosten der Wohnungseigentümergemeinschaft.[321] Ebenso wenig kann ein Eigentümer, der eine rechtswidrige bauliche Veränderung vorgenommen hat, deren Beseitigung wegen Verjährung aber nicht mehr verlangt werden kann, von den übrigen Eigentümern deshalb nunmehr beanspruchen, den erreichten Zustand im Sinne einer Ausweitung des Nachteils baulich zu verändern.[322]

138 *fff) Zustimmung unter Bedingungen und Auflagen (Kostenvorbehalt).* Noch ungeklärt ist, ob und inwieweit die Zustimmung zu einer baulichen Veränderung am gemeinschaftlichen Eigentum unter **Bedingungen** oder **Auflagen,** insbesondere einem **Kostenvorbehalt** der zustimmenden Eigentümer, erteilt werden kann. Nach lange h. M. konnte dies rechtswirksam geschehen.[323] Begründungsansatz war, dass kein Anspruch auf Erteilung einer erforderlichen Zustimmung zu einer baulichen Veränderung bestand,[324] was seit der WEG-Novelle jedoch anders ist.[325] Ferner ließ sich als Argument anführen, dass die Zustimmung von der h. M. als individueller Verzicht des einzelnen Wohnungseigentümers auf **Individualrechtsschutz** gegen eine nachteilige bauliche Veränderung verstanden wurde,[326] so dass es schlüssig erschien, den freiwilligen und ungeschuldeten Rechtsverzicht von Bedingungen oder Auflagen abhängig machen zu dürfen. Probleme ergaben sich in der damaligen weiteren Rechtsentwicklung aus der Entscheidung des BGH vom 20. 9. 2000 zur Beschlusskompetenz.[327] Infolge dieser Entscheidung waren Auflagen oder Bedingungen, an die die Zustimmung geknüpft wurde, nach überwiegender Ansicht nichtig, wenn sie durch Mehrheitsbeschluss bestimmt wurden und eine Änderung gesetzlicher oder vereinbarter Regelungen des Gemeinschaftsrechts (insbesondere zur Kostenverteilung oder Instandsetzungslast) beinhalteten.[328] Der Gesetzgeber hat ausweislich der amtlichen Begründung[329] die in der Rechtspraxis herrschende Unsicherheit erkannt und

---

[318] Zur Verjährung unten Rn. 235.

[319] Was sich darin zeigt, dass ein etwaiger Unterlassungsanspruch weiterhin geltend gemacht werden kann. Unterlassungsansprüche sind unverjährbar, da sie bei anhaltender Störung täglich neu entstehen, vgl. *Wenzel* in Bärmann, § 13 Rn. 105 m. w. N.

[320] Vgl. OLG Hamburg ZMR 2002, 451, 452; *Wenzel* in Bärmann § 14 Rn. 73; a. A. *v. Rechenberg* ZWE 2005. 47, 56.

[321] *Wenzel* in Bärmann; *v. Rechenberg* jeweils a. a. O. gegen *J.-H. Schmidt* ZMR 2001, 925.

[322] OLG Düsseldorf OLGR 2009, 2; dazu *Briesemeister* GE 2008, 1243.

[323] BayObLG NZM 1998, 1014.

[324] BayObLG a. a. O. m. w. N. zur damaligen Rechtslage.

[325] Dazu unten Rn. 149.

[326] Vgl. BayObLG NZM 1999, 809; OLG Karlsruhe NZM 1999, 274; *Schmack/Kümmel* ZWE 2000, 433, 440; *J.-H. Schmidt* ZMR 2007, 913, 917; *Hogenschurz* AHB WEG Teil 9 Rn. 49 f.; a. A. *Bub,* FS Wenzel, S. 123, 125.

[327] BGH NJW 2000, 3500.

[328] *Wenzel* ZWE 2001, 226, 236; vgl. auch BT-Drucksache 16/887, S. 24; a. A. OLG Düsseldorf NZM 2006, 109; *Jennißen/Hogenschurz* § 22 Rn. 25.

[329] BT-Drucksache 16/887, S. 23 f.

in § 16 Abs. 3 WEG eine gesetzliche Beschlusskompetenz zur Änderung des Kostenverteilungsschlüssels für Betriebskosten und (sonstige) Verwaltungskosten sowie in § 16 Abs. 4 WEG zur einmaligen Durchbrechung des unverändert fort geltenden Verteilerschlüssels für die konkrete bauliche Maßnahme „im Einzelfall" eingeführt. Eine Beschlusskompetenz ist daher zu bejahen. Versteht man den Begriff des „Einzelfalles" i. S. d. § 16 Abs. 4 WEG mit der derzeit wohl h. M.[330] weit, d. h. nicht beschränkt auf die Baukosten, sondern auch für sämtliche Folgekosten, besteht sogar eine Beschlusskompetenz zur Änderung des Kostenverteilungsschlüssels für die Instandhaltung und Instandsetzung dieser konkreten baulichen Maßnahme.

Werden Zustimmungen nicht im Wege eines **kollektiven** Eigentümerbeschlusses abgegeben, sondern **individuell** erklärt, wird es dem jeweils Zustimmenden zuzugestehen sein, seine Einwilligung oder Genehmigung von bestimmten **Bedingungen** oder **Auflagen** abhängig machen zu können. Dies gebieten **Individualrechtsschutz** und Privatautonomie. Deshalb erscheint eine Kostenfreistellung als Bedingung der Zustimmung außerhalb des Gemeinschaftsverhältnisses denkbar. Allerdings wird es mit Ausnahme kleiner Gemeinschaften praktische Probleme bereiten, den in einer Vielzahl zweiseitiger Rechtsbeziehungen[331] jeweils für sich geregelten Individualrechtsschutz auf Gemeinschaftsebene mit der notwendigen Rechtsklarheit zu versehen. Individuelle vertragliche Vereinbarungen können die kollektiven Regelungen des Gemeinschaftsverhältnisses (Gemeinschaftsordnung, Beschlüsse) nicht abändern. Daher kann es sich anbieten, die individuell vereinbarten Ergebnisse durch Mehrheitsbeschluss in Gemeinschaftsrecht umzusetzen. Der dadurch verursachte besondere Verwaltungsaufwand scheint vom Gesetz hingenommen zu werden (vgl. § 16 Abs. 6 WEG)[332] und kann – soweit die Voraussetzungen vorliegen – durch einen Beschluss nach § 21 Abs. 7 WEG oder eine Sondervergütung für den Verwalter ausgeglichen werden. Wohnungseigentümern, die einer ihrer Zustimmung bedürfenden baulichen Veränderung des gemeinschaftlichen Eigentums nicht im Wege stehen möchten, sollten ihren Kostenvorbehalt stets hinreichend deutlich zum Ausdruck bringen. Bei einer individuellen Zustimmungserklärung fällt dies leichter als im Wege einer Beschlussfassung. Wird die Zustimmung zur Abstimmung der Eigentümerversammlung gestellt, sollte der Beschlussantrag zur Sicherheit einen ausdrücklichen Kostenvorbehalt enthalten und die unter Kostenverwahrung zustimmenden Wohnungseigentümer namentlich benennen. Im Optimalfall liegt vor Abstimmung eine Namensliste vor, die als Anlage zum Beschluss genommen wird.[333] 139

ggg) Behördliche Genehmigung. Eine nach dem Wohnungseigentumsrecht erforderliche privatrechtliche Zustimmung i. S. d. der §§ 22 Abs. 1, § 14 Nr. 1 WEG wird grundsätzlich nicht durch einen **Baugenehmigungsbescheid** oder eine sonstige **öffentlich-rechtliche Genehmigung** ersetzt. Baugenehmigungen etwa ergehen regelmäßig unbeschadet der privaten Rechte Dritter, so dass sie nicht im privatrechtlichen Gemeinschaftsverhältnis der Wohnungseigentümer untereinander wirken.[334] Somit müssen weitere Umstände hinzutreten, um von einer Zustimmung ausgehen zu können. Da nach h. M. die Zustimmung nach § 22 Abs. 1 WEG formlos, unter anderem durch konkludentes (schlüssiges) Verhalten erteilt werden kann (Rn. 133), ist es im Einzelfall möglich, z. B. 140

[330] *Bub* ZWE 2008, 205, 215. S. auch Rn. 78 a. E.

[331] Nämlich des Bauwilligen und des jeweils zustimmenden Eigentümers untereinander.

[332] Vgl. OLG München ZMR 2008, 905, wonach Eigentümer, die einer baulichen Maßnahme nicht zugestimmt haben, in der Jahresabrechnung nicht mit Kosten belastet werden dürfen. Dies setzt entsprechende Ermittlungen des WEG-Verwalters voraus.

[333] Zur umstrittenen Frage, ob eine Kostenbefreiung ordnungsmäßiger Verwaltung entspricht, wenn die nur unter Vorbehalt zustimmenden Wohnungseigentümer wegen der tatsächlichen Beschaffenheit der baulichen Veränderung unvermeidbar an den Nutzungen teilhaben, siehe oben Rn. 138.

[334] OLG Köln NZM 2000, 296, 297 m. w. N.

die Unterschriftsleistung auf dem Baugenehmigungsantrag der bauwilligen Miteigentümer oder ohne auf einer von diesen aufgesetzten Bauvoranfrage erteilte (öffentlich-rechtlichen) Erklärung zugleich als eine solche (privatrechtliche) Zustimmung zu werten, auch wenn die obergerichtliche Rechtsprechung teils sehr strenge Anforderungen stellt.[335] Derjenige, der sich auf die konkludente Zustimmung beruft, muss zur Überzeugung des Gerichts u. a. darlegen und beweisen, dass vor der Unterzeichnung auch über die wohnungseigentumsrechtliche Nutzungsabsicht gesprochen wurde und bei Unterzeichnung ein umfassendes Erklärungsbewusstsein vorhanden war.

141 Umgekehrt gibt eine in der Gemeinschaftsordnung vereinbarte umfassende Zulässigkeit der Nutzung eines Teileigentums zu gewerblichen Zwecken dem Sondereigentümer kein Recht, vorhandene bauliche Anlagen über den vorgegebenen bauordnungsrechtlichen Rahmen hinaus zu nutzen, um eine bestimmte Form gewerblicher Nutzung des Sondereigentums realisieren zu können. Jeder Miteigentümer hat grundsätzlich Anspruch darauf, dass der Gebrauch des Teileigentums im Rahmen derjenigen bauordnungsrechtlichen Vorschriften erfolgt, die **nachbarschützenden Charakter** haben, was bei Brandschutzbestimmungen und Vorschriften über die Vermeidung von Geruchsimmissionen der Fall ist.[336]

142 **d) Bindung von Rechtsnachfolgern an eine erteilte Zustimmung.** Nach bislang ganz h. M. ist an eine einmal erteilte **Zustimmung** zu einer baulichen Veränderung nicht nur der Zustimmende selbst gebunden, sondern auch sein Rechtsnachfolger, also der **Gesamtrechtsnachfolger** (z. B. § 1922 BGB), **Ersteher** kraft staatlichen Hoheitsakts (z. B. Zuschlag in Zwangsversteigerung, § 90 Abs. 1 ZVG) und vor allem der **Sondernachfolger** (z. B. Käufer).[337] Angesichts der nach h. M.[338] zu Recht anerkannten unterschiedlichen Arten möglicher Zustimmungen ist eine differenzierte Betrachtung erforderlich, was oft nicht genügend berücksichtigt wird.[339] Deshalb sind nicht nur beschlossene oder in der Gemeinschaftsordnung vereinbarte Zustimmungen in ihrer **Bindungswirkung** für und gegen Sondernachfolger eines Wohnungseigentümers zu prüfen, sondern ebenso formfreie Zustimmungen durch mündliche Erklärungen oder konkludentes (schlüssiges) Verhalten. Hinzu kommen privatschriftliche oder notarielle[340] Vereinbarungen, denen es – wie einer formlosen Vereinbarung i. S. d. § 10 Abs. 2 WEG oder einer formlosen Zustimmung – an einem **gemeinschaftsrechtlichen Publizitätsträger** fehlt.[341]

143 Unbestritten ist, dass die durch einen vor ihrer Vornahme oder nachträglich gefassten **Beschluss** der Wohnungseigentümer legitimierte bauliche Veränderung des gemeinschaftlichen Eigentums den Sondernachfolger eines Wohnungseigentümers bindet.[342] Unerheblich ist, ob der Beschluss in einer Eigentümerversammlung oder außerhalb einer solchen im schriftlichen Beschlussverfahren nach § 23 Abs. 3 WEG (Umlaufverfahren) gefasst wurde.[343] Die Bindungswirkung folgt aus dem Gesetz (§ 10 Abs. 4 WEG = § 10 Abs. 3 WEG a. F.).[344] Wegen dieser gesetzlich angeordneten Rechtsfolge ist es unerheblich, ob der Rechtsvorgänger dem Beschlussantrag zustimmte oder nicht, sich der Stimme enthielt oder überhaupt an der Abstimmung teilnahm. **Publizitätsträger** ist nach neuem

---

335 Vgl. OLG München NJW-RR 2007, 1384, 1386 f.; OLG Karlsruhe NZM 1998, 526.

336 OLG Hamm 2009, 343 = DWE 2009, 66.

337 Vgl. allgemein ZWE 2002, 190, 192; ZMR 2001, 640 f.; 2001, 468 f.; BayObLG NZM 1998, 524; OLG Düsseldorf NZM 1998, 79; *Bärmann/Merle* § 22 Rn. 150, 165; *Hügel/Elzer* § 7 Rn. 21 ff.; OLG Hamburg NZM 2000, 517.

338 Zur a. A. siehe Rn. 131.

339 Ausführlich *Bub*, FS Wenzel, S. 123, 126 ff.

340 Z. B. in den notariellen Kaufverträgen, vgl. etwa KG ZMR 2005, 75.

341 Vgl. KG ZMR 2005, 75.

342 OLG Hamm NJW-RR 1996, 971; *Bärmann/Merle* § 22 Rn. 150; *Bub*, FS Wenzel, S. 123, 134 f.

343 Differenzierend *Bärmann/Merle* § 22 Rn. 143.

344 *Bärmann/Merle* § 22 Rn. 150.

Recht die **Beschluss-Sammlung** (§ 24 Abs. 7, 8 WEG), für die Zeit davor sind es die **Beschlussprotokolle.** Da ein ausreichender Publizitätsträger existiert, kommt es nicht darauf an, ob die beschlossene bauliche Veränderung im maßgeblichen Zeitpunkt ganz oder teilweise bereits vorgenommen und das äußere Erscheinungsbild der Wohnanlage verändert wurde. Keine Bindungswirkung besteht, wenn die Zustimmung vor Entstehung der werdenden Wohnungseigentümergemeinschaft (im Fall des § 8 WEG) bzw. vor Entstehung der nach § 3 WEG vertraglich begründeten Wohnungseigentümergemeinschaft „beschlossen" wurde. Auf eine derartige Zustimmung kann § 10 Abs. 4 WEG nicht analog angewendet werden, da das Regelungsinstrument des Beschlusses noch nicht zur Verfügung stand.[345]

Ist die Zulässigkeit einer baulichen Veränderung in der **Gemeinschaftsordnung** i. S. des § 10 WEG vereinbart (z. B. ein Dachausbaurecht), wirkt diese Vereinbarung **zugunsten** des Sondernachfolgers des Ausbauberechtigten unabhängig davon, ob sie als Inhalt des Sondereigentums im Grundbuch eingetragen ist (arg. e § 10 Abs. 3 WEG). Dies gilt jedenfalls dann, wenn die Ausbauvereinbarung – was Auslegungsfrage ist – zugunsten des **jeweiligen** Eigentümers getroffen wurde. Wurde sie auf eine bestimmte Person (z. B. Bauträger oder Ersterwerber) beschränkt, wirkt sie bereits ihrem Wortlaut nach nicht zugunsten eines Sondernachfolgers. Der begünstigte Sondernachfolger, für den die Vereinbarung auch ohne Eintragung wirkt, hat allerdings das Nachsehen, sobald auf Seiten der benachteiligten Miteigentümer eine Sonderrechtsnachfolge eintritt. Denn **gegen** den Sondernachfolger eines Wohnungseigentümers gilt die Vereinbarung über die Zulässigkeit einer baulichen Veränderung des gemeinschaftlichen Eigentums nur, wenn sie als Inhalt des Sondereigentums[346] im Grundbuch eingetragen ist (§ 10 Abs. 3 WEG). Hier ist das Grundbuch **Publizitätsträger.** Unbeachtlich ist, ob die Baumaßnahme ganz oder teilweise bereits ins Werk gesetzt wurde. Da eine nicht im Grundbuch eingetragene Vereinbarung **gegen** Sondernachfolger keine Bindungswirkung entfaltet, wird sie im Zeitpunkt des Eigentumswechsels hinfällig.[347] Etwas anderes gilt, wenn der nachteilig betroffene Sondernachfolger rechtsgeschäftlich in die Vereinbarung eintritt. Der **rechtsgeschäftliche Eintritt** des Sondernachfolgers beseitigt sein eventuelles Schutzbedürfnis.[348] Ein rechtsgeschäftlicher Eintritt erfordert Kenntnis des Inhalts der Vereinbarung und einen darauf gerichteten rechtsgeschäftlichen Eintrittswillen des Sondernachfolgers in den Kollektivvertrag.[349] Die Erklärung kann unter diesen Umständen als Eintritt in die kollektive Vereinbarung i. S. d. § 10 Abs. 2 WEG interpretiert werden, auch wenn sie im individuellen Erwerbsvertrag (z. B. notariellen Kaufvertrag) enthalten ist, denn § 10 Abs. 2 Satz 2 WEG unterliegt keinem Formzwang. Da der Abschluss des schuldrechtlichen Vertrages dem dinglichen Eigentumsübergang regelmäßig vorausgehen wird, ist die bestehende Vereinbarung i. S. d. § 10 Abs. 2 WEG der Wohnungseigentümer mit dem Rechtsvorgänger des Sondernachfolgers im Zeitpunkt der Eintrittserklärung noch nicht gem. § 10 Abs. 3 WEG erloschen. Die Eintrittserklärung des Sondernachfolgers in die Vereinbarung nach § 10 Abs. 2 WEG wird den übrigen Wohnungseigentümern als Vertragspartnern des **Kollektivvertrages** zugehen müssen, da die Sonderrechtsnachfolge ihnen für gewöhnlich unbekannt ist und auch der Vertragswille nicht als gegenüber dem Sondernachfolger fortwirkend unterstellt werden kann.[350] Lässt sich aufgrund besonderer Umstände des Einzelfalls eine Zustimmung des Sondernachfolgers nicht als Beitrittser- 144

---

[345] *Bub,* FS Wenzel, S. 123, 135.

[346] Daher ist zumindest nach dem Gesetzeswortlaut die Bindungswirkung fraglich, wenn z. B. ein Dachausbaurecht nicht in der Gemeinschaftsordnung vereinbart wurde, sondern in der Teilungserklärung im engeren Sinne der sachenrechtlichen Aufteilung.

[347] Im Sinne einer rechtsvernichtenden Einwendung und nicht nur im Sinne einer schwebenden Unwirksamkeit.

[348] Volenti non fit iniura; vgl. *Kümmel,* PiG Bd. 61 (2001), S. 187, 195.

[349] Vgl. KG ZMR 2005, 75, 76; *Bärmann/Merle* § 22 Rn. 165.

[350] Vgl. näher *Merle,* FS Wenzel, S. 251 ff.

klärung zur Vereinbarung i. S. d. § 10 Abs. 2 WEG verstehen, sondern etwa nur als Zustimmungserklärung im Zweipersonenverhältnis zum Verkäufer (z. B. Bauträger), kann sie als sonstiger rechtsverbindlicher Willensakt einen später erhobenen Beseitigungs- oder Unterlassungsanspruch wegen widersprüchlichen Verhaltens **rechtsmissbräuchlich** erscheinen lassen.

145 Nach hier vertretener Meinung muss der Sondernachfolger entgegen der h. M. auch an eine nicht eingetragene Vereinbarung i. S. d. § 10 Abs. 2 WEG, der sein Rechtsvorgänger, nicht aber er zugestimmt hat, gebunden sein, sofern die bauliche Veränderung des Gemeinschaftseigentums vom Berechtigten im maßgeblichen Zeitpunkt bereits vollständig oder zumindest teilweise **sichtbar** vorgenommen wurde.[351] Angebracht erscheint zunächst der Hinweis, dass eine bauliche Veränderung nur selten vereinbart sein wird.[352] Eine Vereinbarung i. S. d. § 10 Abs. 2 WEG setzt tatbestandlich nämlich voraus, dass die Zulässigkeit der konkreten baulichen Maßnahmen, um die es geht, abweichend von den gesetzlichen Bestimmungen geregelt wird. Das setzt zwar keine **generell-abstrakte** Regelung für eine Vielzahl baulicher Veränderungen und Eigentümer voraus, da auch eine einzige **konkret-individuelle** bauliche Veränderung für einen einzigen Wohnungseigentümer in der Gemeinschaftsordnung abweichend vom Gesetz legitimiert sein kann (z. B. ein Dachausbaurecht zu Wohnzwecken), schränkt aber den realen Anwendungsbereich im Verhältnis zu Beschlüssen und individuellen Zustimmungen deutlich ein. Doch auch bei einer in diesem Sinne vereinbarten baulichen Veränderung kann es entgegen der h. M. nicht auf die Grundbucheintragung nach § 10 Abs. 3 WEG ankommen. Die hier vertretene Auffassung knüpft an die h. M. zur Sondernachfolgerbindung an die individuelle Zustimmung zu konkreten baulichen Maßnahmen durch mündliche Erklärung oder konkludentes (schlüssiges) Verhalten des Rechtsvorgängers an. Hier bejaht die h. M. eine Bindungswirkung.[353] Es besteht kein Grund, die Fallgruppen unterschiedlich zu behandeln. Vereinbarungen i. S. d. § 10 Abs. 2 WEG sind ebenfalls **formfrei** wirksam. Der durch § 10 Abs. 3 WEG bezweckte Schutz des Sondernachfolgers vor nicht im **Grundbuch** eingetragenen nachteiligen Vereinbarungen wird ebenso wie bei mündlichen oder konkludenten Zustimmungen durch die ganz oder zumindest teilweise vorgenommene tatsächliche bauliche Veränderung des **äußeren Erscheinungsbildes** der Wohnanlage ersetzt. Die **reale Lebenswirklichkeit,** d. h. die tatsächlichen Umstände und Vorgänge, die zu ihrer gegenständlich wahrnehmbaren Ausprägung führen, ist in derartigen Fällen dem Grundbuch als **Publizitätsträger** vorrangig. Schutzwürdigen Belangen des Sondernachfolgers ist dadurch genügend Rechnung getragen, dass die bauliche Veränderung zumindest teilweise und für den Sondernachfolger sichtbar vorgenommen worden sein muss. Jedenfalls **im Baubereich** des § 22 WEG muss der reale **äußere Augenschein** der Wohnanlage ein stärkeres Publizitätsmittel verkörpern als der Grundbuchinhalt. Tatsächliche Verhältnisse nehmen nicht am **öffentlichen Glauben des Grundbuchs** (§ 892 Abs. 1 BGB) teil, zumindest nicht das äußere Erscheinungsbild der Wohnanlage.[354] Da aber der Grundbuchinhalt über das tatsächliche äußere Erscheinungsbild der Wohnanlage keine Auskunft gibt und folglich auch nicht unrichtig wird, wenn im Widerspruch zu ihm bauliche Veränderungen vorgenommen werden, kann die Grundbucheintragung ihre Publizitätsfunktion diesbezüglich nicht erfüllen. Der Erwerber eines im

---

[351] Im Ergebnis ebenso für vollständig vorgenommene bauliche Veränderungen *Bub,* FS Wenzel, S. 123, 138 ff.; vgl. auch KG ZMR 2005, 75, 77, wo allerdings mit dem Bau (Aufzug im Hofbereich) noch nicht begonnen worden war.

[352] Zu wenig prägnant *Bärmann/Merle* § 22 Rn. 165; *Bub,* FS Wenzel, S. 123, 138.

[353] BayObLG NZM 1998, 524; OLG Düsseldorf NZM 1998, 79, vgl. auch *Hügel/Elzer* § 7 Rn. 21, die diese Rechtsprechung allerdings fälschlicherweise auf Zustimmungen durch Beschluss übertragen. Die zitierte OLG-Rechtsprechung beschränkt sich auf formfrei erklärte Zustimmungen. Ein Beschluss kommt wegen der Beschlussergebnisverkündungspflicht (vgl. BGH NJW 2001, 3339) nicht formfrei zustande.

[354] Vgl. *Palandt/Bassenge* § 891 Rn. 6, § 892 Rn. 12; *Bub,* FS Wenzel, S. 123, 127.

Grundbuch eingetragenen dinglichen Rechts (Wohnungseigentum) kann sich daher zwar regelmäßig darauf verlassen, dass Umfang und Grenzen seines **Rechts** aus dem Grundbuch ersichtlich sind,[355] nicht aber darauf, dass das tatsächliche äußere Erscheinungsbild der Wohnanlage mit Grundbuchinhalt und Gemeinschaftsrecht deckungsgleich ist.

Publizitätsfunktion und Vorrang des **äußeren Erscheinungsbildes** vor dem Grundbuchinhalt sind dem Immobiliarsachenrecht keineswegs fremd. In diesem Zusammenhang ist auf **§ 1028 BGB** hinzuweisen. Danach erlischt mit Verjährung des Anspruches auf Beseitigung einer Anlage, durch die eine auf dem belasteten Grundstück eingetragene **Grunddienstbarkeit** beeinträchtigt wird (§§ 1027, 1004 BGB), die Grunddienstbarkeit, soweit der Bestand der Anlage mit ihr in Widerspruch steht (§ 1028 Abs. 1 Satz 2 BGB). Das Erlöschen erfolgt kraft Gesetzes,[356] so dass die Verjährung des Beseitigungsanspruchs in diesem Sonderfall nicht nur ein Leistungsverweigerungsrecht verleiht, sondern zur Rechtsvernichtung führt. Das Grundbuch wird unrichtig. § 1028 BGB modifiziert den sachenrechtlichen Grundsatz der Unverjährbarkeit eingetragener dinglicher Rechte nach § 902 Abs. 1 Satz 1 BGB.[357] Einen Gutglaubenschutz für den Erwerber, der das herrschende Grundstück in Unkenntnis des Laufs der Verjährungsfrist oder des Erlöschens der Grunddienstbarkeit erwirbt, gibt es nicht (§ 1028 Abs. 2 BGB), sondern nach umstrittener Ansicht allenfalls dann, wenn er das Grundstück nach Beseitigung der Anlage erwirbt.[358] Die Bindungswirkung gegen den Rechtsnachfolger ergibt sich auch hier nicht aus dem Grundbuch, da gegenständliche Veränderungen des Eigentums nach allgemeinen sachenrechtlichen Grundsätzen nicht am öffentlichen Glauben teilnehmen und der **äußere Augenschein** ein stärkeres Publizitätsmittel ist als das Grundbuch.[359] **146**

Da die Zustimmung zu einer nachteiligen baulichen Veränderung nach h. M. weder vereinbarungsbedürftig ist noch einem Beschlusszwang unterliegt,[360] sondern eine schriftliche oder mündliche Erklärung oder Zustimmung durch konkludentes (schlüssiges) Verhalten ausreicht (oben Rn. 131 ff.), besteht auch bei diesen Zustimmungsarten eine Bindung des Sonderrechtsnachfolgers an eine von seinem Rechtsvorgänger erteilte Zustimmung, wenn die bauliche Veränderung im maßgeblichen Zeitpunkt bereits begonnen worden war.[361] Der h. M. lässt sich nicht entgegen halten, sie basiere auf der unzutreffenden Annahme, jede beeinträchtigende bauliche Veränderung sei ohne weiteres sichtbar, wie etwa dann, wenn die bauliche Veränderung innerhalb der im Sondereigentum stehenden Räume durchgeführt werde oder im maßgeblichen Zeitpunkt vom bauwilligen Wohnungseigentümer noch nicht begonnen wurde.[362] Diese Kritik verkennt, dass die h. M. bei fehlender Sichtbarkeit eine Bindungswirkung doch gerade ablehnt. Vielmehr nimmt die h. M. an, dass die fehlende Sichtbarkeit die Zurechnung einer Zustimmung des Rechtsvorgängers mangels Publizität verbietet. Abgesehen davon dürften bauliche Veränderungen am Gemeinschaftseigentum innerhalb des Sondereigentums **147**

---

[355] KG ZMR 2005, 75, 76.

[356] MünchKommBGB/*Falckenberg* § 1028 Rn. 3; *Staudinger/Mayer* [2009] § 1028 Rn. 5 und ganz h. M.

[357] Vgl. *Palandt/Heinrichs* § 194 Rn. 8.

[358] *Palandt/Bassenge* § 1028 Rn. 2; *Staudinger/Gursky* [2008] § 892 Rn. 179; a. A. MünchKommBGB/*Falckenberg* § 1028 Rn. 3; *Staudinger/Mayer* [2009] § 1028 Rn. 6 m. w. N. Beide Ansichten stimmen darin überein, dass der äußere Augenschein dem Grundbuchinhalt in jedem Falle vorgeht. Erst die Beseitigung der Anlage soll nach der einen Ansicht den Gutglaubensschutz wieder aufleben lassen, da das stärkere Publizitätsmittel (Augenschein) dann entfallen sei.

[359] BGHZ 60, 235, 237 = NJW 1973, 703; *Staudinger/Mayer,* § 1028 Rn. 1.

[360] Dazu oben Rn. 131.

[361] KG ZMR 2005, 75, 77; OLG Schleswig NZM 2001, 1035, 1037; BayObLG NZM 1998, 524, OLG Düsseldorf NZM 1998, 79; OLG Hamm NJW-RR 1991, 910; KG ZMR 1989, 346, 347.

[362] So aber die Kritik von *Bub,* FS Wenzel, S. 123, 129.

ohnehin selten nachteilig sein.[363] Sofern es sich um nachteilige bauliche Veränderungen außerhalb des Sondereigentums handelt, mit denen der bauwillige Eigentümer noch nicht begonnen hatte, geht der Schutz des Sondernachfolgers dem des bauberechtigten Wohnungseigentümers vor,[364] und zwar nach der Rechtsprechung selbst bei Kenntnis von den Bauabsichten des Miteigentümers.[365] **Maßgeblicher Zeitpunkt** für die Erkennbarkeit der baulichen Veränderung ist nicht der Eintritt der Sonderrechtsnachfolge,[366] sondern der Abschluss des schuldrechtlichen Vertrages, da es darauf ankommt, dass der Erwerber die Baumaßnahme (optisch) erkennen und zur Grundlage seiner Kaufentscheidung machen kann.[367] Anknüpfungspunkt für die Erkennbarkeit in tatsächlicher Hinsicht ist der **äußere Augenschein** des Erscheinungsbildes der Wohnanlage. Eine ganz oder teilweise vollzogene, äußerlich jedoch nicht sichtbare bauliche Veränderung entfaltet keine Bindungswirkung. Eine äußerlich nicht sichtbare, dem Sondernachfolger aber zugänglich gemachte Baumaßnahme (z. B. eine zurückspringende Dachterrasse oder eine Maßnahme innerhalb des Sondereigentums) reicht aus, wobei zu klären ist, ob Fotos genügen oder nur eine Inaugenscheinnahme vor Ort.

148 Fehlt es an einer Zustimmung des Rechtsvorgängers, kommt eine Bindungswirkung nicht in Betracht. So wirkt die bloße **Duldung** einer der Teilungserklärung widersprechenden Nutzung[368] durch frühere Miteigentümer nicht gegen spätere Erwerber. Um insoweit eine Bindung zu erreichen, bedarf es einer Vereinbarung durch alle Miteigentümer, die zur Wirkung gegen einen Sondernachfolger in das Grundbuch eingetragen sein muss (§ 10 Abs. 3 WEG).[369]

149 e) **Anspruch auf bauliche Veränderung.** Nach bisherigem Recht konnten bauliche Veränderungen und Aufwendungen, die über die ordnungsmäßige Instandhaltung und Instandsetzung hinaus gingen, nicht gem. § 21 Abs. 4 WEG verlangt werden. Ein individueller Anspruch des bauwilligen Wohnungseigentümers auf die erforderliche Zustimmung zu einer baulichen Veränderung bestand daher grundsätzlich nicht. War auch nur ein Wohnungseigentümer, dessen Zustimmung wegen seiner Benachteiligung erforderlich war, gegen die bauliche Veränderung am gemeinschaftlichen Eigentum, war eine rechtmäßige bauliche Umgestaltung ausgeschlossen.[370] Nach der Neufassung von § 22 Abs. 1 WEG können bauliche Veränderungen und Aufwendungen, die über die ordnungsmäßige Instandhaltung oder Instandsetzung des gemeinschaftlichen Eigentums hinausgehen, beschlossen oder **verlangt** werden, wenn jeder benachteiligte Wohnungseigentümer zustimmt. Die gesetzliche Formulierung, eine Maßnahme i. S. d. § 22 Abs. 1 Satz 1 WEG könne **„verlangt"** werden, ist nach der amtlichen Begründung dahingehend zu verstehen, dass auf Verlangen etwa eines einzelnen Wohnungseigentümers eine entsprechende Willensbildung der Eigentümergemeinschaft eingefordert wird, also die Erklärung des Einverständnisses mit der Durchführung der Maßnahme durch den Einzelnen, nicht aber dahin, dass die Wohnungseigentümergemeinschaft selbst die Maßnahme durchzuführen habe. Der Gesetzeswortlaut entspricht insoweit dem des § 15 Abs. 3 WEG, bei dem die gleiche Formulierung gewählt ist. Dass nur ein Anspruch auf Gestattung der Maßnahme durch den Einzelnen besteht, nicht aber ein Anspruch auf Durchführung der Maßnahme durch die Wohnungseigentümergemeinschaft, d. h. organisiert durch den WEG-Verwalter, ergibt sich ferner aus dem Begriff der „Beeinträchtigung" i. S. d. § 22 Abs. 1

---

[363] S. oben Rn. 85.

[364] Wie hier *Bärmann/Merle* § 22 Rn. 165; a. A. *Bub*, FS Wenzel S. 123, 129.

[365] KG ZMR 2005, 75, 76.

[366] So aber *Hügel/Elzer* § 7 Rn. 21; *Bub*, FS Wenzel, S. 123, 129.

[367] OLG Schleswig NZM 2001, 135, 137; OLG Hamm NJW-RR 1991, 910, 911 f.; OLG Düsseldorf NZM 1998, 79, 80.

[368] Im dortigen Fall eines von Anfang an zu Wohnzwecken ausgebauten Spitzbodens.

[369] OLG Celle OLGR 2007, 756 unter Hinweis auf BGH NZM 2003, 977.

[370] Vgl. *Bärmann/Merle* § 22 Rn. 116; *Niedenführ* NZM 2001, 1105, 1109.

Satz 1 WEG selbst, denn wenn die Gemeinschaft die bauliche Veränderung selbst durchführen müsste, wären ohnehin alle Wohnungseigentümer betroffen, so dass ohne dies Einstimmigkeit erforderlich wäre.[371] Wird durch die beabsichtigte bauliche Veränderung kein Wohnungseigentümer über das in § 22 Abs. 1, § 14 Nr. 1 WEG gesetzlich bestimmte Maß hinaus beeinträchtigt, kann der bauwillige Wohnungseigentümer sie allein durchführen, also ohne vorherige Befassung in der Eigentümerversammlung und – erst Recht – ohne eine (deklaratorische) Beschlussfassung. Allerdings kann der Eigentümer in derartigen Situationen eine Beschlussfassung verlangen, um Rechtsklarheit zu schaffen und seine Berechtigung zu dokumentieren. Zu eng erscheint insoweit der Gesetzeswortlaut, der einen Anspruch auf Gestattung durch Mehrheitsbeschluss nur für den Fall erwähnt, dass alle beeinträchtigten Wohnungseigentümer zugestimmt haben.[372] Die Verwendung des Hilfsverbs „haben" in der Gesetzesbegründung ist missverständlich, da es den Eindruck erweckt, als sei die vorherige Zustimmung erforderlich bevor ein Anspruch auf Beschlussfassung besteht. Dies ist nicht der Fall. Der Gesetzeswortlaut selbst verzichtet daher zu Recht auf diese Formulierung. Ein Anspruch des einzelnen Eigentümers auf Ausnahme des entsprechenden Tagesordnungspunktes in die Einladung (Tagesordnung) einer Eigentümerversammlung besteht unabhängig von einer vorherigen Äußerung der übrigen Wohnungseigentümer, zumal kein Wohnungseigentümer dazu verpflichtet ist, vor einer Eigentümerversammlung über sein künftiges Abstimmungsverhalten Auskunft zu erteilen.[373] Es genügt also die Möglichkeit einer Zustimmung in der Versammlung sowie der weiteren Möglichkeit, dass die Mehrheit die Maßnahme zur Gemeinschaftsangelegenheit macht, so dass ihre Durchführung vom einzelnen Eigentümer auf die Gemeinschaft wechselt (vgl. § 27 Abs. 1 Nr. 1 WEG). Ein Anspruch darauf, dass die Gemeinschaft die Maßnahme „an sich zieht" und selbst durchführt, besteht freilich nicht.

3. „Privilegierte" bauliche Veränderung (§ 22 Abs. 2 WEG)

a) Die Neuregelung des § 22 Abs. 2 WEG. Vor dem Inkrafttreten der WEG-Novelle wurde eine Anpassung des Gemeinschaftseigentums an veränderte Umstände viel zu häufig verhindert. Die Merkmale „Bauliche Veränderung" und „Beeinträchtigung" i.S.d § 22 Abs. 1 Satz 1 WEG a.F. wurden seit jeher verhältnismäßig weit ausgelegt, und zwar dahin, dass jede nicht ganz unerhebliche Veränderung des vorhandenen baulichen Zustandes erfasst und somit einer Zustimmungsbedürftigkeit unterstellt wird.[374] Deshalb bedurften viele Neuerungen der Zustimmung praktisch aller Wohnungseigentümer, so etwa in der Regel der Einbau von Fenstern oder Türen, jede nicht ganz unerhebliche Änderung des äußeren Erscheinungsbildes, wie das Anbringen von Markisen, ebenso Umgestaltungen der vorhandenen Einrichtung wie Änderungen am Fußboden oder an den Wänden des Treppenhauses oder ein Ersatz der Gemeinschaftsantenne durch Kabelanschluss, schließlich alle Änderungen am Grundstück selbst wie die Anlage eines Gartens, die Pflasterung des Hofes oder von Zufahrten und Wegen.[375] Die nach der früheren Gesetzeslage erforderliche Zustimmung war aber jedenfalls in mittleren und größeren Wohnanlagen praktisch kaum zu erreichen, da es fast immer den einen oder anderen Miteigentümer gibt, der aus nicht sachlichen Gründen der beabsichtigten Anpassung des gemeinschaftlichen Eigentums an zeitgemäße Zustände widersprach oder sich mangels Interesses nicht an der notwendigen Willensbildung beteiligte, so dass viele auch wirtschaftlich sinnvolle und wünschenswerte Maßnahmen in der Praxis scheiterten. Mangels Anpassung an die Erfordernisse der Zeit drohte somit insbesondere bei älteren Wohnanlagen ein Wertverlust sowohl hinsichtlich des Gemeinschafts- als auch des Sondereigen- 150

[371] BT-Drucks. 16/887, S. 29.
[372] BT-Drucks. 16/887, S. 29; ebenso *Hügel/Elzer* § 7 Rn. 24.
[373] Vgl. dazu OLG München NZM 2005, 585.
[374] *Hügel/Elzer* § 7 Rn. 27.
[375] BT-Drucks. 16/887 S. 29.

tums.[376] Keinen Ausweg bot der Umstand, dass nach früherem Recht eine modernisierende Instandsetzung des gemeinschaftlichen Eigentums mit einfacher Stimmenmehrheit, also gegen den Willen unzugänglicher oder desinteressierter Miteigentümer, beschlossen werden konnten. Diese Möglichkeit setzte nämlich voraus, dass ein **Instandsetzungsbedarf** bereits bestand oder zumindest bald absehbar war und erfasste somit nur einen kleinen Teilausschnitt an Neuerungen, Umgestaltungen und Änderungen.[377] Alle anderen baulichen Maßnahmen fielen daher auf die rigide Regelung in § 22 Abs. 1 WEG a.F. zurück. Da gerade in älteren Gemeinschaftsordnungen Öffnungsklauseln, die eine Änderung der gesetzlichen oder vereinbarten Regelungen hätten ermöglichen können, fehlten, drohten Wohnanlagen zu veralten. An diesem nicht zeitgemäßen Befund setzt die WEG-Novelle an. Durch die Neuregelung des § 22 Abs. 2 WEG wird deshalb Wohnungseigentümern die Möglichkeit eingeräumt, mit doppelt qualifizierter Mehrheit Maßnahmen zur Modernisierung und Anpassung des gemeinschaftlichen Eigentums an den Stand der Technik **ohne Zusammenhang** mit einer Reparatur, also insbesondere ohne aktuellen Instandsetzungsbedarf zu beschließen.[378] Entgegen der Formulierung in der Regierungsbegründung („Kompetenz") handelt es sich aber nicht um eine Erweiterung der Beschlusskompetenz – diese bestand bereits vorher. Es wird Wohnungseigentümern vielmehr nunmehr die Berechtigung erteilt, um derartige Maßnahmen **rechtmäßig** zu beschließen. Eine Unterschreitung der doppelt qualifizierten Mehrheit macht den z.B. mit nur einfacher Mehrheit verkündeten Beschluss nicht mangels Beschlusskompetenz nichtig.[379] Das gleiche gilt, wenn die beschlossene Maßnahme keine Modernisierung oder Anpassung an den Stand der Technik darstellt.[380] Unberührt von § 22 Abs. 2 WEG bleibt die bisherige Möglichkeit, mit einfacher Stimmenmehrheit Maßnahmen modernisierender Instandsetzung beschließen zu können, was zur Klarstellung in § 22 Abs. 3 WEG noch einmal ausdrücklich festgelegt wird. Die Einführung des § 22 Abs. 2 dient der gezielten Einschränkung des **Einstimmigkeitsprinzips** (§ 21 Abs. 1 WEG) bzw. – spiegelbildlich – der Stärkung der Mehrheit.[381] In die Eigentumsfreiheit (Art. 14 Abs. 1 Satz 2 GG) der überstimmten Minderheit wird die Ausweitung der Mehrheitsmacht in diesem Bereich nicht – jedenfalls nicht in verfassungsrechtlich bedenklicher Weise – eingegriffen, da es einerseits um Maßnahmen geht, mit denen nach der Lebenserfahrung bei Wohnimmobilien immer zu rechnen ist und bei denen deshalb der Einzelne auf den unveränderten Fortbestand des gemeinschaftlichen Eigentums in seiner ursprünglichen Form nicht vertrauen kann, und andererseits nur solche Maßnahmen beschlossen werden dürfen, die dem Willen der **ganz überwiegenden Mehrheit** entsprechen.[382]

151 **b) Begriffsbestimmungen.** Eine bauliche Veränderung am Gemeinschaftseigentum bedarf – entgegen § 22 Abs. 1 WEG – nicht der Zustimmung aller Wohnungseigentümer, die durch sie beeinträchtigt werden, wenn es sich bei ihr um eine **Modernisierung** im Sinne des Wohnraummietrechts (Modernisierung im engeren Sinne) oder um eine **Anpassung an den Stand der Technik** (Modernisierung im weiteren Sinne) handelt. Ferner bedarf es – entgegen § 21 Abs. 3, 5 Nr. 2 und § 22 Abs. 3 WEG – keines vorhandenen oder bald absehbaren **Instandsetzungsbedarfs.** Es genügt – wenn man so will – ein von der ganz überwiegenden Mehrheit bejahter **Modernisierungsbedarf,** die Wohnanlage in einen zeitgemäßen Wohnstandard zu versetzen. Seit dem 1. 7. 2007 dürfen deshalb „privilegierte" bauliche Veränderungen am Gemeinschaftseigentum mit einer **doppelt qualifizierten Mehrheit** beschlossen werden, wenn – was als weitere Voraussetzung nicht

---

[376] BT-Drucks. 16/887, S. 29.
[377] Vgl. BT-Drucks. 16/887, S. 29; *Hügel/Elzer* § 7 Rn. 29.
[378] Vgl. BT-Drucks. a. a. O.; *Bärmann/Merle* § 22 Rn. 327.
[379] *Drabek* in Riecke/Schmid § 22 Rn. 124; a. A. *Abramenko* § 4 Rn. 52.
[380] A. A. *Drabek* in Riecke/Schmid § 22 Rn. 124; *Abramenko* § 4 Rn. 52.
[381] BT-Drucks. 16/887, S. 31.
[382] BT-Drucks. a. a. O.

übersehen werden darf – die bauliche Maßnahme die **Eigenart der Wohnanlage** nicht ändert und keinen Wohnungseigentümer **gegenüber anderen unbillig beeinträchtigt.** § 22 Abs. 2 Satz 1 WEG enthält eine Vielzahl neuer Tatbestandsmerkmale, überwiegend unbestimmte Rechtsbegriffe. Keines dieser Merkmale wirkt sich aber im Hinblick auf die Beschlusskompetenz **kompetenzbegründend** oder **kompetenzbegrenzend** aus.[383] Hinsichtlich des Tatbestandsmerkmals der Modernisierung wird die Rechtsanwendung dadurch erleichtert, dass sich das Wohnungseigentumsgesetz an die mietrechtliche Vorschrift des § 559 Abs. 1 BGB anlehnt, so dass – jedenfalls im Ansatz – dort gesicherte Rechtserkenntnisse einschließlich der Rechtsprechung insbesondere des u.a. für das Wohnraummietrecht zuständigen VIII. Zivilsenats des Bundesgerichtshofs herangezogen werden können. Wenn darauf hingewiesen wird, der Verweis erleichtere es dem vermietenden Wohnungseigentümer, die Kosten bestimmter Modernisierungsmaßnahmen mittels entsprechender Mieterhöhung auf seine Mieter umzulegen,[384] bedeutet dies aber keine Befreiung von den mietrechtlich einzuhaltenden Voraussetzungen (vgl. insb. § 554 BGB). Bei den anderen Merkmalen bleibt die künftige Rechtsentwicklung abzuwarten.

aa) Modernisierung. Als „privilegierte" bauliche Veränderung des gemeinschaftlichen 152
Eigentums i.S.d. § 22 Abs. 2 Satz 1 WEG kommt eine Modernisierung des gemeinschaftlichen Eigentums entsprechend § 559 Abs. 1 BGB in Betracht. Das Wohnungseigentumsgesetz greift die **Legaldefinition** aus dem Wohnraummietrecht auf, die dort in der Regelung zur Modernisierungsmieterhöhung vorgegeben wird (§ 559 Abs. 1 1. Alt. BGB). Auf § 559 Abs. 1 2. Alt. BGB („andere bauliche Maßnahme") erstreckt sich die gesetzliche Verweisung nicht, so dass insoweit keine Abgrenzungsschwierigkeiten bestehen. Daraus folgt, dass andere bauliche Maßnahmen, die keine Modernisierung und keine Anpassung an den Stand der Technik beinhalten, nicht unter § 22 Abs. 2 WEG subsumiert werden können. Dies gilt etwa für den in vielen Landesbauordnungen gesetzlich vorgeschriebenen Einbau von **Rauchwarnmeldern,** der wohnraummietrechtlich als „andere bauliche Maßnahme aufgrund von Umständen, die der Vermieter nicht zu vertreten hat", insoweit unter § 559 Abs. 1 2. Alt. BGB fällt, wohnungseigentumsrechtlich aber mit einfacher Stimmenmehrheit beschlossen werden kann.[385]

Das Tatbestandsmerkmal **„Maßnahme"** definiert sich im Wohnungseigentumsrecht 153
nicht anhand des § 559 Abs. 1 BGB *(„bauliche Maßnahme"),* sondern anhand der baulichen Veränderung gem. § 22 Abs. 1 Satz 1 WEG *(„Maßnahmen gemäß Absatz 1 Satz 1 [...]").* Grundsätzlich wird dies nicht zu unterschiedlichen Ergebnissen führen. Im Einzelfall kann es aber zu Abweichungen vom mietrechtlichen Begriffsverständnis kommen. Im Mietrecht ist umstritten, ob als bauliche Maßnahme i.S.d. § 559 Abs. 1 BGB auch der **Abriss** oder **Rückbau** von Wohngebäuden zur Gewinnung von Freiflächen für Grünanlagen angesehen werden kann. Die h.M. verneint das.[386] Dagegen wird die **Wiederinbetriebnahme bzw. Neuinstallation** eines seit langer Zeit stillgelegten Aufzugs als Modernisierung angesehen.[387] Im Wohnungseigentumsrecht sind **Abriss, Rückbau und Wiederinbetriebnahme** als (bauliche) Maßnahme anzusehen. Weitere Unterschiede zum Mietrecht können sich daraus ergeben, dass die Wiederherstellung oder Wiederinbetriebnahme einer stillgelegten[388] gemeinschaftlichen Anlage oder Einrichtung nicht notwendigerweise unter § 22 Abs. 2 Satz 1 WEG, § 559 Abs. 1 BGB fallen muss, sondern

---

383 A. A. *Drabek* in Riecke/Schmid § 22 Rn. 124; *Abramenko* § 4 Rn. 52.

384 *Drabek* in Riecke/Schmid § 22 Rn. 139.

385 Vgl. einerseits *Palandt/Weidenkaff* § 559 Rn. 12 und andererseits *Schmidt/Breiholdt/Riecke* ZMR 2008, 341 ff.

386 *Both* NZM 2001, 78, 85; zustimmend *Sternel* Mietrecht aktuell Rn. IV 308.

387 *Schmidt-Futterer/Börstinghaus* § 559 Rn. 110; *Sternel* Mietrecht aktuell Rn. IV 308, jeweils unter Hinweis auf AG Schöneberg GE 1995, 621.

388 Die Stilllegung ist bei dauerhaftem Gebrauchsentzug vereinbarungsbedürftig, vgl. BayObLG ZMR 2002, 607 (Müllschlucker).

gegebenenfalls mit einfacher Stimmenmehrheit beschlossen werden darf. Im Mietrecht wird die Umfunktionierung eines leer stehenden Kellerraumes zu einer Waschküche mit Aufstellung einer Gemeinschaftswaschmaschine und eines Gemeinschaftswäschetrockners nicht als „bauliche" Maßnahme i.S.d. § 559 Abs. 1 BGB verstanden.[389] Im Wohnungseigentumsrecht kann es sich anders verhalten.

154 Dieses Beispiel ist nur ein erster Beleg dafür, dass der Modernisierungsbegriff des § 559 Abs. 1 BGB nicht „1:1" vom Wohnraummietrecht in das Wohnungseigentumsrecht übernommen werden kann.[390] Im Mietrecht regelt § 559 Abs. 1 BGB die Überwälzung der Kosten einer Modernisierungsmaßnahme auf den Mieter, also letztlich einen angemessenen **sozialen Ausgleich** zwischen Vermieter und Mieter. Im Wohnungseigentumsrecht geht es hingegen um die rechtliche **Zulässigkeit** der baulichen Maßnahme selbst im Verhältnis der Wohnungseigentümer untereinander. Mit der Verteilung der durch sie entstehenden Bau- und Folgekosten befasst sich § 22 Abs. 2 WEG nicht. Sie bleibt den allgemeinen Regelungen sowie den besonderen Beschlussmöglichkeiten nach § 16 Abs. 3 und 4 WEG vorbehalten.[391] Eine Konformität der rechtspolitischen Ziele ist bei den baulichen Maßnahmen selbst festzustellen. Der mietrechtlichen Zielsetzung der Verbesserung des Wohnbestandes, Erhöhung des Wohnkomforts und der Wohnqualität für den Mieter[392] entspricht die wohnungseigentumsgesetzliche Zielrichtung, die Wohnanlage an die Erfordernisse der Zeit anzupassen und gerade bei älteren Wohnanlagen einem drohenden Wertverlust des Gemeinschafts- und Sondereigentums entgegen zu treten.[393] Vor diesem Hintergrund ist im Zweifel eine **weite Auslegung** der einzelnen Tatbestandsmerkmale geboten.

155 Ein wesentlicher Unterschied ist, dass die Beschlussmöglichkeit nach § 22 Abs. 2 WEG grundsätzlich „vor der Wohnungstür" des **Sondereigentümers** endet. Daher wird § 559 Abs. 1 BGB, der im Wohnraummietrecht schwerpunktmäßig der Herstellung besserer Wohnverhältnisse **innerhalb** der Wohnung dient,[394] seine praktische Relevanz im Wohnungseigentumsrecht bei Modernisierungsmaßnahmen **außerhalb** des räumlichen Bereichs des Sondereigentums erlangen.[395] Auch soweit eine Modernisierung sachenrechtlich zwar gemeinschaftliches Eigentum betrifft, aber innerhalb des räumlichen Bereichs des Sondereigentums oder im Geltungsbereich eines Sondernutzungsrechts stattfinden soll, wird die Beschlusskompetenz der Wohnungseigentümer in der Regel fehlen, und zwar aufgrund des **Schutzes des Kernbereichs** des Eigentums.[396] Beispiele sind der Beschluss über eine **Grundrissänderung** mit Schaffung eines zusätzlichen oder größeren Raumes unter Aufgabe eines anderen Raumes durch Abriss und Versetzung tragender Wände, um den Gebrauchswert der Wohnung nachhaltig zu erhöhen,[397] der Einbau zusätzlicher Fenster zur besseren Belichtung der Wohnung,[398] die Außerbetriebnahme laut Teilungserklärung im Sondereigentum stehender **Gasetagenheizungen** zwecks Umstellung auf **Zentralheizung** oder **Fernwärme**[399] oder die Pflicht zur Installation von **Durchlaufbegrenzern** an Duschkopf, Handbrause oder WC-Spülkasten. Verwaltung und Umgestaltung des Sondereigentums unterstehen der **Verwaltungshoheit des Sondereigen-**

---

[389] *Mersson* DWW 2009, 122.

[390] Anders beim Betriebskostenbegriff, s. Rn. 205.

[391] Vgl. dazu *J.-H. Schmidt* ZMR 2007, 913 und unten Rn. 205 f.

[392] Vgl. BT-Drucks. 14/4553, S. 58; *Mersson* DWW 2009, 122; *Schmidt-Futterer/Börstinghaus* § 559 Rn. 58.

[393] Vgl. BT-Drucks. 16/887 S. 29.

[394] Vgl. *Bub* ZWE 2008, 205.

[395] *Bärmann/Merle* § 22 Rn. 330; *Bub* ZWE 2008, 205, 205 f.

[396] Vgl. *Bub* ZWE 2008, 205, 206 unter Hinweis auf *Abramenko* § 4 Rn. 34.

[397] Vgl. BGH NZM 2008, 283 (Vergrößerung des Badezimmers durch Aufopferung der Speisekammer), dort allerdings zu § 554 Abs. 2 BGB und nicht zu § 559 Abs. 1 BGB.

[398] Vgl. *Schmidt-Futterer/Börstinghaus* § 559 Rn. 111.

[399] Vgl. BGH NZM 2008, 883; unten Rn. 173.

tümers.[400] Aus diesem Grund ist die im Mietrecht bei Modernisierungsmaßnahmen in der Wohnung zumeist erforderliche Duldungsklage (§ 554 BGB) gegen einen Sondereigentümer in solchen Fällen aussichtslos, selbst wenn der Modernisierungsbeschluss unangefochten geblieben sein sollte. Ist ausnahmsweise das Betreten oder die Benutzung des Sondereigentums erforderlich, um eine Modernisierung des gemeinschaftlichen Eigentums vornehmen zu können,[401] ergibt sich eine Duldungspflicht aus § 14 Nr. 4 Halbsatz1 WEG. Die dreimonatige **Mitteilungsfrist** gem. § 554 Abs. 3 Satz 1 BGB besteht im Verhältnis zu einem Miteigentümer nicht, wie sich aus der fehlenden Verweisung und der nicht vergleichbaren Interessenlage ergibt. Im Hinblick auf vermietende Wohnungseigentümer kann es angebracht sein, bereits im Eigentümerbeschluss die **Aufforderung** zur frist- und formgerechten Mitteilung gegenüber dem Mieter auszusprechen, um Verzögerungen der Maßnahme zu vermeiden und gegebenenfalls die Geltendmachung von Verzögerungsschäden gegen den Sondereigentümer vorzubereiten. Vermietende Wohnungseigentümer sind durch § 22 Abs. 2 WEG von der Beachtung der mietrechtlichen Voraussetzungen nicht entbunden. Die Einhaltung der mietrechtlichen Mitteilungsfrist ist eine gesetzliche Fälligkeitsvoraussetzung, die nur in Bagatellfällen nicht gilt.

Weitere Konsequenz der lediglich entsprechenden Anwendung von § 559 Abs. 1 BGB **156**
ist, dass es nicht auf die „Mietsache“ ankommt, sondern auf den Gebrauchswert und die allgemeinen Wohnverhältnisse der betreffenden Wohnungseigentumsanlage, die maßgeblich durch die Teilungserklärung, Gemeinschaftsordnung sowie gegebenenfalls Beschlusslage vorgegeben werden.[402] An die Stelle des nach der Verkehrsanschauung zu bestimmenden „vertragsgemäßen“ Gebrauchs der Mietsache[403] tritt also dementsprechend der vertragsgemäße Gebrauch des Wohnungseigentums unter Berücksichtigung von Teilungserklärung, Gemeinschaftsordnung (Zweckbestimmung) und Baualter. Einer **teleologischen Reduktion** von § 22 Abs. 2 WEG bedarf es in den Fällen, in denen statt der gesetzlich angestrebten Erleichterung der Willensbildung[404] aufgrund des zu weit gefassten Gesetzeswortlautes nunmehr eine **doppelt qualifizierte Stimmenmehrheit** erforderlich wäre für Maßnahmen, die nach bisherigem Recht mit einfacher Stimmenmehrheit beschlossen werden durften. Um einer Erschwerung gegenüber der bisherigen Rechtslage vorzubeugen, unterliegen derartige Maßnahmen nicht dem Erfordernis einer qualifizierten Mehrheit nach § 22 Abs. 2 WEG.[405] Hierzu gehören Maßnahmen der Instandhaltung und Instandsetzung des gemeinschaftlichen Eigentums, etwa der Einbau von gesetzlich vorgeschriebenen **Kaltwasserzählern,** Maßnahmen **modernisierender Instandsetzung** (§ 22 Abs. 3 WEG), ferner die **erstmalige Herstellung** eines ordnungsmäßigen Zustandes sowie die Erfüllung der **Verkehrssicherungspflicht** oder **öffentlich-rechtlicher Normen** und Verfügungen einschl. dazu ergangener Nebenbestimmungen.[406]

Eine **„privilegierte“ bauliche Veränderung** des gemeinschaftlichen Eigentums im Sinne **157**
des § 22 Abs. 2 WEG ist somit jede bauliche Maßnahme, die

- den Gebrauchswert des Wohnungseigentums und der Wohnanlage nach Maßgabe der Gemeinschaftsordnung nachhaltig erhöht,
- die allgemeinen Wohnverhältnisse auf Dauer verbessert oder

---

[400] *Bärmann/Merle* § 22 Rn. 330.

[401] Z. B. der Einbau bodentiefer Fenster oder von Rauchwarnmeldern in Bundesländern ohne gesetzliche Einbaupflicht, da dieser unter § 22 Abs. 2 WEG fallen dürfte, vgl. *Schmidt/Breiholdt/Riecke* ZMR 2008, 341 ff.

[402] Vgl. *Häublein* ZMR 2007, 409, 420; *Bub* ZWE 2008, 205, 208 f.; *Bärmann/Merle* § 22 Rn. 331.

[403] Vgl. BGH NZM 2004, 736, 737 f. zur Instandsetzung der Mietwohnung.

[404] BT-Drucks. 16/887, S. 30 f. und passim.

[405] *Bärmann/Merle* § 22 Rn. 330; *Schmidt/Breiholdt/Riecke* ZMR 2008, 341 ff. am Beispiel des Einbaus von Rauchwarnmeldern in Bundesländern mit gesetzlicher Einbaupflicht.

[406] Vgl. *Bärmann/Merle* § 22 Rn. 330 m. w. N.

– nachhaltig Einsparungen von Energie oder Wasser bewirkt sowie
– die o.g. Besonderheiten des wohnungseigentumsrechtlichen Modernisierungsbegriffes i.S.d. §§ 22 Abs. 2 WEG, 559 Abs. 1 BGB beachtet.

158 *aaa) Nachhaltige Gebrauchswerterhöhung.* Diese 1. Variante der Modernisierung i.S.d. § 559 Abs. 1 1. Alt. BGB umfasst alle baulichen Maßnahmen, die unmittelbar oder zumindest mittelbar den Gebrauchswert des Wohnungseigentums für den **einzelnen** Wohnungseigentümer erhöhen.[407] Eine Erhöhung nur des Gebäudewertes ohne Gebrauchswertserhöhung ist unbeachtlich.[408] Der mietrechtlichen Zielsetzung des § 559 Abs. 1 BGB, einen Anreiz zur Herstellung besserer Wohnverhältnisse zu setzen,[409] entspricht im Bereich des § 22 Abs. 2 WEG die wohnungseigentumsgesetzliche Zielrichtung, die Wohnanlage an die Erfordernisse der Zeit anzupassen und gerade bei älteren Wohnanlagen einem drohenden Wertverlust des Gemeinschafts- und Sondereigentums entgegen zu treten.[410] Daher ist es angebracht, den Begriff der Gebrauchswerterhöhung hier wie dort **weit auszulegen.** Maßgeblich ist ein an der **Verkehrsanschauung** orientierter **objektiver Maßstab,**[411] hinter den subjektive Vorstellungen und Wünsche der Wohnungseigentümer in ihrer wechselhaften personellen Zusammensetzung zurücktreten. Unbeachtlich muss deshalb der Einwand eines Wohnungseigentümers sein, er sei an der baulichen Maßnahme nicht interessiert oder könne für sich persönlich darin keinen Vorteil erblicken.[412] Auf subjektive Vorstellungen von Mietern oder sonstigen Nutzern kann es ohnehin nicht ankommen. Gebrauchswerterhöhend ist eine Modernisierung dann, wenn durch sie das Wohnen aus der Sicht eines durchschnittlichen und vernünftigen Wohnungseigentümers **bequemer, sicherer, gesünder, angenehmer oder weniger arbeitsaufwändig** wird.[413] **Bequemer** wird das Wohnen durch den Anbau einer Treppe vom Balkon in den Garten.[414] **Weniger Arbeitsaufwand** bewirken verbesserte Funktionsabläufe, z.B. die Einbringung eines leichter zu pflegenden und hygienischeren Bodenbelages im Treppenhaus.[415] **Sicherer** kann das Wohnen werden durch stärkere Haus- oder Wohnungseingangstüren,[416] Sicherheitsschlösser an Kellertüren und Fenstern, Kettensicherungen, Türspione oder die Anlegung einer Feuerwehrzufahrt.[417] **Angenehmeres** Wohnen können **optische Maßnahmen** erzielen, z.B. frischer Farbanstrich von Hausfassade oder Treppenhaus, Aufstellen einer Skulptur im Garten, Einbau von Marmorstufen im Treppenhaus[418] oder die Auskleidung einer Aufzugskabine mit Edelstahl- und Spiegelflächen statt Teppichwandbezügen,[419] wenngleich in derartigen Fällen die Abgrenzung zur Luxusmodernisierung verstärkt zu beachten sein wird.

159 Nach h.M. nicht erforderlich ist, dass die Gebrauchswerterhöhung **alle** Wohnungen gleichermaßen betrifft. Es reicht aus, wenn sie **einigen** oder **einzelnen** Wohnungseigen-

---

[407] Reine Außenmodernisierungen unterfallen hingegen § 559 Abs. 1 1. Alt. 2. Var. BGB, vgl. *Schmidt-Futterer/Börstinghaus* § 559 Rn. 64.

[408] *Mersson* DWW 2009, 122, 123 m.w.N.

[409] *Schmidt-Futterer/Börstinghaus* § 559 Rn. 58.

[410] BT-Drucks. 16/887 S. 29.

[411] Vgl. BGH NZM 2008, 283; 2005, 697.

[412] Vgl. *Schmidt-Futterer/Börstinghaus,* § 559 Rn. 60.

[413] Vgl. AG Hannover, ZMR 2008, 250f.; *Bub* ZWE 2008, 205 im Anschluss an *Schmidt-Futterer/Börstinghaus* § 559 Rn. 59 m.w.N.; s. ferner *Mersson* DWW 2009, 122 m.w.N.

[414] Vgl. AG Hannover ZMR 2008, 250.

[415] *Franke* DWW 2009, 138, 141. In der Wohnung steht der obere Bodenbelag im Sondereigentum, so dass eine Beschlusskompetenz nach § 22 Abs. 2 WEG fehlt, s. Rn. 155.

[416] Auch Wohnungseingangstüren sind Gemeinschaftseigentum, OLG München ZMR 2007, 725; *Armbrüster* in Bärmann § 5 Rn. 113 m.w.N.

[417] Vgl. *Franke* DWW 2009, 138, 141 m.w.N.

[418] Vgl. *Mersson* DWW 2009, 122, 123.

[419] Vgl. LG Hamburg ZMR 2009, 314, 315, wo wegen des absehbaren Instandsetzungsbedarfs von einer modernisierenden Instandsetzung ausgegangen wird.

tümern zu Gute kommt, z. B. durch den Anbau von Gartentreppen in den Erdgeschosswohnungen.[420] Insoweit zeigt sich, dass auch Modernisierungen i. S. d. § 22 Abs. 2 WEG sowohl dem **Gesamtinteresse** aller als auch dem **Individualinteresse** einzelner Wohnungseigentümer dienen können (zur Interessenlage oben Rn. 72 ff.). Auch die **Modernisierung im Individualinteresse** erfordert die doppelt qualifizierte Mehrheit, die nach der Lebenserfahrung umso schwieriger zu erlangen sein dürfte, je weniger Eigentümer Nutzen aus der Modernisierung ziehen. Gelingt es einem einzelnen Wohnungseigentümer, die erforderliche **doppelt qualifizierte Stimmenmehrheit** für eine nur von ihm erwünschte und nur seiner Wohnung dienende Modernisierungsmaßnahme (z. B. Balkonanbau; Gartentreppe) herbeizuführen, erschöpft sich der Individualrechtsschutz der überstimmten Minderheit in der gerichtlichen Überprüfung des Vorliegens der tatbestandlichen Voraussetzungen des § 22 Abs. 2 Satz 1 WEG.

Im Gegensatz zu § 554 Abs. 2 Satz 1 BGB, wonach jede Maßnahme geduldet werden **160**
muss, die nach der Verkehrsanschauung den objektiven Gebrauchs- oder Substanzwert der Räume oder Gebäudeteile im Rahmen ihres Zwecks erhöht und eine bessere Nutzung ermöglicht,[421] fällt unter § 22 Abs. 2 WEG aufgrund der gesetzlichen Verweisung auf § 559 Abs. 1 BGB nur eine solche Modernisierung, die den Gebrauchswert **nachhaltig** erhöht. Dieses zusätzliche Merkmal des § 559 Abs. 1 BGB bedeutet, dass die Gebrauchswertverbesserung nicht nur zeitweise eintreten darf und zumindest einen gewissen Umfang erreichen muss, damit sie mit der erforderlichen Mehrheit beschlossen werden darf.[422] Bei nur ganz unerheblichen Verbesserungen kann die Nachhaltigkeit fehlen, z. B. Austausch des geschlossenen durch ein lichtdurchlässiges Vordach über der Haustür oder Anbau eines beleuchteten Klingeltableaus. Auf eine bestimmte Qualität der baulichen Maßnahme bezieht sich das Merkmal indessen nicht.[423]

Wohnungseigentümer sind nicht darauf beschränkt, ihre Wohnanlage auf den heu- **161**
tigen durchschnittlichen Standard anzuheben oder durchweg nur diesen Standard zu halten. Deshalb dürfen sie ebenso wie der Vermieter gegenüber seinem Mieter durch eine **überdurchschnittliche Ausstattung** die Attraktivität der Wohnanlage für ihre Bewohner erhöhen,[424] wenn sich die erforderliche **doppelt qualifizierte Stimmenmehrheit** findet. Eine entsprechende Zweckbestimmung oder sonstige Regelung in der Teilungserklärung oder Gemeinschaftsordnung ist dazu nicht erforderlich (vgl. auch § 22 Abs. 2 Satz 2 WEG), kann aber unter Umständen einen Rechtsanspruch begründen, der nach dem Gesetz im Anwendungsbereich des § 22 Abs. 2 WEG nicht besteht. Die Anhebung des Zustands der Wohnanlage auf den seit Jahrzehnten üblichen allgemeinen Lebensstandard muss nicht zwingend Modernisierung, sondern kann auch Instandsetzung in den nach Teilungserklärung, Zweckbestimmung und Baualter vertragsgemäßen[425] Zustand sein.[426] Maßgeblich ist auch hier die **Verkehrsanschauung.** Wie im Mietrecht umfasst auch im Wohnungseigentumsrecht der vertragsgemäße Gebrauch einer (Eigentums-) Wohnung nach der Verkehrsanschauung, dass zumindest ein größeres Haushaltsgerät wie Waschmaschine oder Geschirrspülmaschine und gleichzeitig weitere haushaltsübliche Elektrogeräte wie etwa ein Staubsauger in der Wohnung benutzt werden können.

---

[420] AG Hannover ZMR 2008, 250; *Häublein* NZM 2007, 752, 759; *Bub* ZWE 2008, 205, 208; *Bärmann/Merle* § 22 Rn. 331.

[421] BGH NZM 2008, 283, 284; KG NJW, 1985, 2031, 2032; *Schmidt-Futterer/Eisenschmid* § 554 Rn. 62.

[422] Vgl. *Schmidt-Futterer/Börstinghaus* § 559 Rn. 61.

[423] Vgl. *Franke* DWW 2009, 138, 139.

[424] Vgl. BGH NZM 2005, 697. Wenn der BGH die überdurchschnittliche Ausstattung mit dem Zweck verbindet, „die Entwicklung auf dem Wohnungsmarkt voranzutreiben, selbst wenn die Nachfrage danach noch verhältnismäßig gering sein mag", dürfte dies sinngemäß auch für Wohnungseigentumsanlagen gelten.

[425] Vertragsgemäß Sinne der Teilungserklärung mit Gemeinschaftsordnung.

[426] Vgl. BGH NZM 2004, 736 zur Instandsetzung der Stromversorgung (Elektroinstallation).

Zu einer zeitgemäßen Wohnnutzung gehört außerdem, dass das Haus über eine Stromversorgung verfügt, die nicht nur eine Beleuchtung, sondern auch den Betrieb von kleineren elektrischen Geräten über eine Steckdose ermöglicht.[427] Die Herstellung eines solchen **Mindeststandards** ist unabhängig vom Baualter des Gebäudes keine Modernisierung, sondern Instandsetzung bzw. ordnungsmäßige Verwaltung, auf die jeder Wohnungseigentümer gem. § 21 Abs. 4 WEG einen individuellen Anspruch hat. Dagegen hat der einzelne Wohnungseigentümer ebenso wenig wie ein Mieter einen Anspruch darauf, dass die Wohnanlage stets dem neuesten Stand der Technik entspricht.[428] Eine Anpassung des gemeinschaftlichen Eigentums an den Stand der Technik bedarf eines doppelt qualifizierten Mehrheitsbeschlusses nach § 22 Abs. 2 Satz 1 WEG. Schutz vor **„Luxusmodernisierungen"**, die im Wohnraummietrecht durch die Härteklausel des § 554 Abs. 2 Satz 2 BGB sanktioniert werden, der im Wohnungseigentumsrecht nicht – auch nicht entsprechend – anwendbar ist, wird durch die einschränkenden Rechtmäßigkeitsvoraussetzungen des § 22 Abs. 2 WEG (dazu unten Rn. 184 ff.) gewährleistet.[429]

162 Beispiele für **nachhaltige Gebrauchswerterhöhungen** des gemeinschaftlichen Eigentums oder des Wohnungseigentums sind: Verbesserung der **Belichtung** und **Belüftung,** des **Schallschutzes** (Luftschall und im Bauwesen vor allem Tritt- und Installationsschall) und **Lärmschutzes** (z.B. Obertürschließer, Lärmschutzwände, Hecken),[430] der **Energieversorgung** einschließlich Elektroinstallation, **TV-, IT und Telekommunikationsversorgung,** vor allem **rückkanalfähiges Breitbandkabelnetz** mit Aufrüstungsmöglichkeit für **interaktive Mediennutzung** (Pay-per-View, Internet), ausländischer und deutschsprachiger Fernsehprogramme, der **Wasserversorgung** und **Entwässerung,** der **Brandschutztechnik,** Einbau einer **Zentralheizungs- oder Warmwasserversorgungsanlage,** eines **Aufzugs,** einer **Videoüberwachungs-,**[431] **Türöffnungs- oder Gegensprechanlage,**[432] von **Isolierglas- oder Schallschutzfenstern, Kunststoff- für Holzfenster**[433] oder von **Gartentreppen,** Einbau von **Alarmanlagen,** sichereren Haus-, Keller- oder Wohnungseingangstüren, **Sicherheitsschlössern** an Fenstern und Kelleraußentüren, **Türspionen, Kellervergitterungen** oder von anderen **einbruchshemmenden Maßnahmen,**[434] die Umstellung des Garagentores auf **Funksteuerung, Anbau eines Balkons** usw.[435]

163 Letztlich entscheiden immer die Umstände des Einzelfalles. So kann beim Anbau eines zweiten **Balkons** an eine Zweizimmerwohnung, wenn der vorhandene Balkon für zwei Personen Platz bietet,[436] oder beim Anbau eines Balkons an der Nordseite des Gebäudes, der nur über einen Abstellraum betreten werden kann und weder die Lichtverhältnisse in der Wohnung verbessert noch eine direkte Verbindung zu dem bereits bestehenden Balkon hat, eine Gebrauchswertserhöhung verneint werden.[437] Grundsätzlich stellt der Anbau von Balkonen eine nachhaltige Gebrauchwerterhöhung der Wohnungen, denen sie

---

[427] Vgl. BGH NZM 2004, 736, 737 f.

[428] Vgl. zum Mietrecht BGH NZM 2004, 736.

[429] Vgl. BT-Drucks. 16/887 S. 30.

[430] Ob eine Hecke eine Lärmschutzfunktion erfüllen kann, hängt von den Umständen des Einzelfalles ab, vgl. BGH NJW 2000, 512, 513 f.

[431] Diese darf einzelne Wohnungseigentümer nicht unbillig beeinträchtigen (§ 22 Abs. 2 WEG), insbesondere in ihrem allgemeinen Persönlichkeitsrecht, vgl. KG WuM 2008, 663 und dazu *Beyer* Info M 2009, 7.

[432] *Franke* DWW 2009, 138, 141 m. w. N.

[433] LG München I WuM 2009, 424, 425.

[434] *Franke* DWW 2009, 138, 141 m. w. N.

[435] Aufzählung nach *Bärmann/Merle* § 22 Rn. 331; *Schmidt-Futterer/Börstinghaus* § 559 Rn. 59 und 90 ff.; *Bub* ZWE 2008, 205, 209; *Franke* DWW 2009, 138, 141 m. w. N.; zur TV- und IT-Versorgung BGH NZM 2005, 697.

[436] Vgl. LG Berlin GE 2006, 190; *Schmidt-Futterer/Börstinghaus* § 559 Rn. 96.

[437] Vgl. AG Hannover WuM 1996, 282; *Schmidt-Futterer/Börstinghaus* § 559 Rn. 96.

vorgebaut werden, dar.[438] Dies gilt auch für den erstmaligen Anbau eines Balkons zum Innenhof hin, auch wenn die Wohnung bereits über einen straßenseitigen Austritt (Erker) verfügt[439] und kann auch für den Anbau überdachter Balkone gelten.[440] Der Umbau eines Balkons oder einer Loggia in einen Wintergarten ist nach h.M. im Mietrecht[441] keine Modernisierung, da durch das Entfallen des Sitzens im Freien der Erholungsfaktor sinken soll; dagegen spricht die Ermöglichung einer ganzjährigen wetterunabhängigen Nutzung. Im Einzelfall kann eine Gebrauchswerterhöhung gleichzeitig die Voraussetzungen der beiden anderen Varianten der Modernisierung i.S.d. § 559 Abs. 1 BGB erfüllen.

Zum Teil erhebliche Abgrenzungsprobleme zeigen sich bei **Modernisierungen im Bestand,** z.B. der **Vergrößerung** vorhandener Balkone auf ein heutigem Wohnstandard entsprechendes Maß oder der **Wechsel** von in der Fassade verankerten Hänge- zu vor der Fassade stehenden **Ständerbalkonen.** Die baugleiche Reproduktion des bisherigen Zustandes wäre unzweifelhaft eine Instandsetzungsmaßnahme, die mit einfacher Mehrheit beschlossen werden kann (§ 21 Abs. 3, 5 Nr. 2 WEG). Die einfache Stimmenmehrheit genügt auch, **wenn** und **soweit** die Maßnahme die Voraussetzungen einer modernisierenden Instandsetzung erfüllt (§ 22 Abs. 3 WEG). Eine doppelt qualifizierte Stimmenmehrheit gem. § 22 Abs. 2 WEG ist dagegen erforderlich, **soweit** eine Modernisierung vorliegt, entweder weil insoweit kein Instandsetzungsbedarf, sondern ein bloßer Modernisierungswunsch besteht, oder weil bei vorhandenem Instandsetzungsbedarf die Grenzen einer (modernisierenden) Instandsetzung überschritten werden. Nach früherer Rechtslage bewertete die Rechtsprechung den Abriss sanierungsbedürftiger alter Balkone mit Kragplatten und gemauerten Balkonbrüstungen und Neubau großer **Ständerbalkone** mit neuen leichten Brüstungen bzw. Geländern als bauliche Veränderung i.S.d. § 22 Abs. 1 WEG, die zustimmungsbedürftig war, wenn sich durch die Vergrößerung der Balkone das äußere Erscheinungsbild oder der Lichteinfall in den unter der Balkonständerkonstruktion liegenden Wohnungen über das in § 14 Nr. 1 WEG bestimmte Maß hinaus nachteilig veränderte.[442] Eine modernisierende Instandsetzung sei jedenfalls dann zu verneinen, wenn die beschlossene Vergrößerung im Einzelfall (dort: 83% Flächenzuwachs) das bei einem geordneten Zusammenleben unvermeidliche Maß i.S.d. § 14 Nr. 1 WEG überschreite.[443] Nach neuer Rechtslage kann die rechtliche Würdigung schon wegen des neu in das Gesetz eingefügten § 22 Abs. 2 WEG nicht auf das in § 14 Nr. 1 WEG gesetzlich bestimmte (strengere) Maß gem. § 22 Abs. 1 WEG reduziert werden. Richtigerweise wird bei vorhandenem Instandsetzungsbedarf der Abbruch früher üblicher Kragplatten- bzw. Hängebalkone mit Verschließung der Außenfassade und deren Ersetzung durch Stehbalkone vor der Außenfassade als modernisierende Instandsetzung (§ 22 Abs. 3 WEG) zu qualifizieren sein. Sowohl die Beseitigung von Kälte- und Wärmebrücken als auch der im Verhältnis zur Sanierung der vorhandenen Balkone günstigere oder besser kalkulierbare Kostenrahmen lassen den Wechsel als die technisch bessere und wirtschaftlich sinnvollere Lösung erscheinen.[444] Davon ist indes nur der Konstruktionswechsel erfasst. Soweit es um die **Vergrößerung** der bisherigen Balkonflächen geht, lässt sich von einer modernisierenden Instandsetzung wohl nur bei so geringfügigen Flächenzuwächsen sprechen, dass eine nachhaltige Erhöhung des Gebrauchswerts der einzelnen Balkone i.S.d. § 22 Abs. 2 Satz 1 WEG, § 559 Abs. 1 BGB nicht festzustellen ist oder 164

---

[438] Vgl. LG Berlin ZMR 2004, 193; *Schmidt-Futterer/Börstinghaus* § 559 Rn. 96; *Franke* DWW 2009, 138, 140.

[439] Vgl. LG Berlin WuM 2008, 85; *Franke* DWW 2009, 138, 140.

[440] LG Berlin ZMR 2004, 193.

[441] LG Hamburg WuM 2008, 27, 29; LG Berlin NZM 1998, 189; *Schmidt-Futterer/Börstinghaus* § 559 Rn. 96; *Franke* DWW 2009, 138, 140.

[442] AG Düsseldorf ZMR 2008, 249.

[443] AG Düsseldorf ZMR 2008, 249.

[444] Vgl. AG Düsseldorf a.a.O.

eine Balkonständerkonstruktion in den vorhandenen Maßen nicht marktgängig ist.[445] Weitere Voraussetzung ist, dass der hinsichtlich der Vergrößerung an sich zu verneinende Instandsetzungsbedarf kein Hindernis darstellt. Grundsätzlich muss die Vergrößerung aber als Modernisierung i. S. d. § 22 Abs. 2 Satz 1, § 559 Abs. 1 BGB angesehen werden. In der Praxis wird die demnach erforderliche **doppelt qualifizierte Mehrheit** freilich regelmäßig erreicht werden, da bauliche Verhältnisse und Interessenlage die **Erdgeschosseigentümer** zahlenmäßig in eine deutliche Minderheit (Außenseiterposition) bringen.[446] Die unterschiedlichen Gesichtspunkte einer gleichzeitigen Instandsetzung, Ersetzung und **Vergrößerung** sanierungsbedürftiger **Balkone** können bei der Gestaltung eines von dem an sich geltenden Verteilerschlüssel abweichenden gebrauchsbezogenen Kostenverteilungsschlüssels gem. § 16 Abs. 4 WEG angemessen berücksichtigt werden.[447] Soweit der Begriff „im Einzelfall" i. S. d. § 16 Abs. 4 WEG von der wohl h. M.[448] weit interpretiert wird und Folgekosten einschließt, können sich bei Modernisierungen im Bestand daraus spezielle Probleme ergeben, dass allenfalls die Flächenvergrößerung, nicht aber die Balkone als solche als erstmalige Erweiterung des baulichen Zustand der Wohnanlage bewertet werden können, sofern die h. M. in diesem einschränkenden Sinne – extensives Einzelfallverständnis nur bei neu hinzugefügten baulichen Anlagen oder Einrichtungen – zu verstehen ist.

165 *bbb) Verbesserung der allgemeinen Wohnverhältnisse.* Eine „privilegierte" bauliche Veränderung liegt auch vor, wenn sie zu einer Verbesserung der allgemeinen Wohnverhältnisse auf Dauer (§ 559 Abs. 1 1. Alt. 2. Var. BGB) führt. Im miet- und wohnungseigentumsrechtlichen Schrifttum werden weitreichende Überschneidungen mit der Gebrauchswerterhöhung gesehen, so dass ein eigenständiger Anwendungsbereich vor allem bei **Außenmodernisierungen** bestehen dürfte.[449] Natürlich sind darin begrifflich auch Modernisierungen innerhalb des Gebäudes eingeschlossen, die zwar räumlich betrachtet nicht außerhalb, sondern innerhalb des Gebäudes bzw. Baukörpers liegen, aber außerhalb der Sondereigentumseinheiten. Gemeint sind demnach Maßnahmen, die zumindest keine unmittelbare Gebrauchswerterhöhung für das einzelne Wohnungseigentum mit sich bringen, also insbesondere die Schaffung oder Ausweitung **gemeinschaftlicher Anlagen und Einrichtungen,** deren Nutzung dem individuellen Interesse des Sondereigentümers überlassen bleibt, z. B. die Errichtung von **Kinderspielplätzen, Grün- und Außenanlagen, Müllschluckern** oder **Mülleimerboxen, Aufzügen, Kfz-Stellplätzen** oder anderen Verkehrsanlagen, **Waschküche, Trockenraum, Fahrradständern,** Fahrrad-, Hobby-, Fitness-, Werkzeug oder Partykellern usw., Gemeinschaftsantenne oder Gemeinschaftsparabolantenne, Anschluss an ein rückkanalfähiges **Breitbandkabelnetz** usw.[450] Auch die Verstärkung der Elektrosteigleitungen[451] oder anderer zwingend im Gemeinschaftseigentum stehender Steigleitungen kommt in Betracht.[452] Der erstmalige Einbau eines **Aufzugs**

---

[445] Wobei unwirtschaftliche Mehrkosten für Sonder- oder Maßanfertigungen eine an dieser Stelle bejahte modernisierende Instandsetzung i. S. d. § 22 Abs. 3 WEG spätestens im Rahmen der Kosten-Nutzen-Analyse zu Fall bringen dürften.

[446] Ihr Rechtsschutz hängt daher im Wesentlichen von den weiteren einschränkenden Rechtmäßigkeitsvoraussetzungen des § 22 Abs. 2 Satz 1 WEG ab. Dazu Rn. 184 ff.

[447] Zum Verhältnis bauliche Maßnahme und Kosten unten Rn. 205 f.

[448] *Häublein* NZM 2007, 752, 760 f.; *Armbrüster* ZWE 2008, 61, 67; *Bub* ZWE 2008, 205, 215; *Becker* in Bärmann § 16 Rn. 121; a. A. *Elzer* ZWE 2008, 153, 162; *J.-H. Schmidt* ZMR 2007, 913, 915.

[449] Vgl. *Schmidt-Futterer/Börstinghaus* § 559 Rn. 64; *Häublein* ZMR 2007, 409, 420; *Bub* ZWE 2008, 205, 209; *Bärmann/Merle* § 22 Rn. 332.

[450] Aufzählung nach *Schmidt-Futterer/Börstinghaus* § 559 Rn. 63 und 90 ff.; *Bub* ZWE 2008, 205, 209; *Bärmann/Merle* § 22 Rn. 332.

[451] Vgl. LG Berlin NZM 1999, 1036; *Franke* DWW 2009, 138, 141.

[452] Zu einer Energieeinsparung führen diese Maßnahmen meist nicht, so dass die 3. Var. von § 559 Abs. 1 1. Alt. BGB nicht erfüllt ist.

(**Fahrstuhls**) stellt eine Verbesserung der allgemeinen Wohnverhältnisse dar. Dies gilt selbst dann, wenn der Aufzug bei einem Haus mit vier Obergeschossen zuzüglich Dachgeschoss jeweils nur auf den halben Stockwerken (Zwischenetagen) und nicht auf der Ebene der Wohnungen anhält.[453] Unter Umständen kann auch eine Verlegung der Haltepunkte von den Zwischenetagen auf die Wohnungsebenen eine Wertverbesserung darstellen, da ein Treppensteigen vollständig entfällt. Gleiches gilt daher für die nachträgliche Schaffung eines Haltepunktes im Keller. Der Einbau eines **Treppenlifts** im Treppenhaus wird wegen des sehr eingeschränkten Benutzerkreises regelmäßig[454] nicht als Verbesserung der allgemeinen Wohnverhältnisse anzusehen sein, kann aber eine Gebrauchswertserhöhung darstellen bzw. – je nach den Umständen des Einzelfalles (z.B. Gehbehinderung des Wohnungseigentümers oder seines Ehegatten) – sogar eine bei verfassungskonform restriktiver Auslegung von § 14 Nr. 1 WEG zustimmungsfrei zulässige bauliche Veränderung des gemeinschaftlichen Eigentums gemäß § 22 Abs. 1 WEG.[455] Anders als bei Maßnahmen zur **Gebrauchswerterhöhung** (1. Var.) und **Energieeinsparung** (3. Var.) verlangt der Gesetzeswortlaut hier keine **Nachhaltigkeit,** sondern eine Verbesserung **auf Dauer.** Trotz der sprachlichen Abweichung werden sich hieraus keine sachlichen Unterschiede herleiten lassen.[456] Ein zeitlich unbegrenzter Fortbestand der Maßnahme im Sinne eines Einbaus auf Ewigkeit, wie z.B. bei einem Aufzug, ist nicht erforderlich, so dass etwa die Errichtung eines Kinderspielplatzes für eine kinderstarke Bewohnergeneration genügt oder auch ein ungewisses Ende der Maßnahme genügen kann.

ccc) Nachhaltige Einsparung von Energie und Wasser. Eine Modernisierung i.S.d. 166
§ 559 Abs. 1 1. Alt. 3. Var. BGB stellen auch Maßnahmen zur nachhaltigen Einsparung von Energie und Wasser dar. Angesichts knapper werdender Ressourcen, steigender Preise, eines verstärkten Umweltbewusstseins und der immer besser werdenden technischen Möglichkeiten[457] kommt dieser Tatbestandsvariante eine ständig wachsende Bedeutung zu. Eine Gebrauchswertserhöhung oder Wohnwertverbesserung setzt sie nicht voraus, insbesondere keine Kostenersparnis. Die verschiedenen Varianten des § 559 I BGB gelten alternativ, nicht kumulativ.[458] Ziel ist nur eine konkrete und spürbare Reduzierung des Verbrauchs von Energie, nicht die Kostensenkung.[459] Wie bei der 1. Variante von § 559 Abs. 1 1. Alt. BGB muss die Maßnahme **nachhaltig** sein. Die Nachhaltigkeit bezieht sich auf die **Energieeinsparung,** nicht auf die Kostenersparnis. Nachhaltig ist die Einsparung, wenn sie von Dauer ist und zu einer messbaren Einsparung von Energie führt. Einer prozentualen Mindesteinsparung bedarf es nicht.[460] Voruntersuchungen bezüglich möglicher Energieeinsparungen sind noch keine Energie sparende Maßnahme,[461] so dass die Beschaffung eines **Energieausweises („Energiepass")** keine Modernisierungsmaßnahme i.S.d. § 22 Abs. 2 WEG ist, über die nur mit doppelt qualifizierter Mehrheit beschlossen werden könnte. Diskutiert wird, ob der Einbau von **Wärmepumpen** und **Solaranlagen** zur Rückgewinnung von Wärme oder zur Energiegewinnung Modernisierungen sind, da solche Maßnahmen nicht der Einsparung von Energie, sondern allenfalls der Einsparung der Kosten der Energiebeschaffung dienen.[462] Hier wird zu differenzieren sein: Wird eine

---

[453] LG Hamburg ZMR 2002, 918 mit Anm. *Bottenberg;* LG Berlin GE 2002, 930; *Schmidt-Futterer/Börstinghaus* § 559 Rn. 110.

[454] Ausnahmsweise vielleicht anders in einer Seniorenwohnanlage.

[455] Vgl. LG Hamburg NZM 2001, 767.

[456] Vgl. *Schmidt-Futterer/Börstinghaus* § 559 Rn. 65; *Mersson* DWW 2009, 122, 123.

[457] Zum Verhältnis zur Anpassung an den Stand der Technik unten Rn. 173.

[458] LG München I WuM 2009, 424, 425.

[459] Vgl. BGH NZM 2004, 252; *Franke* DWW 2009, 138, 143.

[460] Vgl. BGH NZM 2004, 336; 2002, 519; *Schmidt-Futterer/Börstinghaus* § 559 Rn. 71.

[461] Vgl. *Horst* NZM 2008, 145; *Sternel* NZM 2006, 495.

[462] Vgl. *Fritsch* Rn. 269; *Bub* ZWE 2008, 205, 209; verneinend *Bärmann/Merle* § 22 Rn. 334.

Solaranlage zur Warmwasserzubereitung oder Heizungsunterstützung (**Solarthermie**)[463] in der eigenen Wohnanlage eingesetzt, wird unmittelbar Energie gespart, so dass eine Modernisierung vorliegt. Wird mittels einer **Photovoltaikanlage** Strom gegen Entgelt verkauft und ins öffentliche Stromnetz eingespeist, werden allenfalls mittelbar die Kosten der eigenen Stromversorgung reduziert, so dass es an einer Modernisierung fehlt. Gleiches gilt für eine **Windkraftanlage** zur Stromerzeugung.[464] Anderes kann man nur vertreten, wenn man die allgemeine Einsparung von Primärenergie genügen lässt, ohne dass diese unmittelbar in der Wohnanlage selbst einzutreten braucht.

167 **Energieeinsparmaßnahmen** betreffen alle Arten von Energie, nicht nur **Heizenergie**, also Heizung und Warmwasser, sondern etwa auch Maßnahmen zur Einsparung von **Kaltwasser** (Trink- und Nutzwasser und Abwasser) und zur **Stromeinsparung.**[465] Beispiele sind etwa Erneuerung der Heizungsanlage, Verbesserung der Wärmedämmung von **Fenstern** (z.B. Doppel- statt Einfachverglasung), das Dämmen der Fassade oder Teilen davon (z.B. Giebelwand oder Wetterseite) durch eine Vollwärmedämmung (**Wärmedämmverbundsystem**) oder **Thermohaut,** die Dämmung der **Kellerdecke** oder von obersten **Geschossdecken** beheizter Räume, der Einbau von **Kaltwasserzählern** oder anderer **Messeinrichtungen** zur Verbrauchserfassung.[466] Ferner ist zu denken an energiesparende **Einschubrollläden,**[467] **Energiesparlampen** für Beleuchtung in Außenbereich, Tiefgarage, Kellerfluren, Treppenhaus usw., **Zeitschaltungen, Umwälzpumpen** und **Ventilatoren.**[468] Zu beachten ist, dass zahlreiche der aufgezählten Maßnahmen im Einzelfall unter Umständen als **modernisierende Instandsetzungsmaßnahme,** Erfüllung **öffentlich-rechtlicher Pflichten** (z.B. **EnEV**) oder sonstige Maßnahme ordnungsmäßiger Verwaltung gewertet und daher mit einfacher Stimmenmehrheit beschlossen werden können und dürfen (§ 21 Abs. 3, § 22 Abs. 3 WEG), besonders dann, wenn man den Anwendungsbereich von § 22 Abs. 3 WEG weiter fasst unter Abkehr von der Voraussetzung eines aktuellen oder bald absehbaren Instandsetzungsbedarfs.[469] Energiesparmaßnahmen können mit anderen Varianten der Modernisierung zusammentreffen, z.B. Einbau isolierverglaster Fenster oder Wärmedämmmaßnahmen an der Fassade.

168 Eine Maßnahme zur **Einsparung von Heizenergie** kann vor allem die **Umstellung** der bisherigen Heizungsversorgung sein, z.B. die Umstellung von **Gasetagenbeheizung** auf das aus Anlagen der **Kraft-Wärme-Kopplung** gespeiste **Fernwärmenetz** wegen der dadurch eingesparten Primärenergie, unabhängig davon, ob auch beim einzelnen Nutzer eine Verringerung des Energieverbrauchs ankommt.[470] Wohnungseigentumsrechtliche Probleme können sich hier ergeben, wenn Gasetagenheizungen oder Kohleöfen nach der Teilungserklärung im Sondereigentum der jeweiligen Sondereigentümer stehen und nunmehr auf eine Zentralheizung umgestellt wird.[471] Auch die Stilllegung einer veralteten Heizungsanlage kann eine Modernisierung sein, sofern sie nicht ohnehin auf einer öffentlich-rechtlichen Verpflichtung beruht und daher unter § 21 Abs. 3 WEG fällt (vgl. etwa § 10 EnEV 2007).

169 Als **Wasser sparende** Maßnahme kommen alle Maßnahmen in Betracht, die der Kontrolle und konkreten Verringerung des Wasserverbrauchs dienen und dadurch Einspa-

---

[463] Solarthermie ist Wärme-, Photovoltaik Stromerzeugung durch Sonneneinstrahlung.

[464] Vgl. *Mersson* DWW 2009, 122, 124 m. w. N.

[465] Vgl. *Bub* ZWE 2008, 205, 209; *Bärmann/Merle* § 22 Rn. 333.

[466] Vgl. *Bärmann/Merle* § 22 333; *Bub* ZWE 2008, 205, 209 jeweils m. w. N.

[467] Diese sind zwingend Gemeinschaftseigentum, wenn sie äußerlich sichtbar auf die Fassade gesetzt werden, vgl. *Armbrüster* in Bärmann § 5 Rn. 98 m.w.N. Einschubrollläden werden nicht sichtbar in die Rollladensturzkästen eingebaut und sind dann sondereigentumsfähig.

[468] Vgl. *Franke* DWW 2009, 138, 143.

[469] Dazu Rn. 202.

[470] BGH NZM 2008, 883; *Bärmann/Merle* § 22 Rn. 334 m. w. N.

[471] Vgl. BayObLG NZM 2000, 516; *Armbrüster* in Bärmann § 5 Rn. 70. Zur grundsätzlichen Verwaltungshoheit des Sondereigentümers oben Rn. 79 und 155.

rungseffekte freisetzen können, z. B. Einbau von **Kaltwasserzählern,** WC-Spülkästen mit **Spartaste** oder reduziertem Wassertank, Auffangung von Niederschlagswasser zur Toilettenspülung oder Gartenbewässerung.[472] Das Auffangen von Regenwasser bietet das größte Einsparungspotenzial, ist aber andererseits kostspielig. Der Einbau von **Durchlaufbegrenzern**[473] kommt in Betracht, wenn er an Teilen des Gemeinschaftseigentums erfolgt, also z. B. nicht bei Duschköpfen, Handbrausen oder Armaturen in der Wohnung (z. B. Waschbecken), da diese im Sondereigentum stehen und nicht der Beschlusskompetenz der Wohnungseigentümer unterliegen. Das erstmalige Aufstellen einer **Gemeinschaftswaschmaschine** mit reduziertem Wasserverbrauch, etwa im Wasch- und Trockenkeller,[474] kann wassersparend sein, verwirklicht aber zumeist bereits das Merkmal der Verbesserung der allgemeinen Wohnverhältnisse. Ein **Gemeinschaftstrockner** spart keine Energie, kann aber die allgemeinen Wohnverhältnisse verbessern.

Bauliche Maßnahmen zur **Müllvermeidung,** z. B. durch **Müllwaagen oder -scanner** 170
sind nicht umfasst, obwohl der Umweltschutzgedanke auch hier zu bejahen und eine verursachungsgerechte Verteilung der Müllkosten durch § 16 Abs. 3 WEG möglich ist.

bb) Anpassung an den Stand der Technik. Als Tatbestandsalternative neben der Mo- 171
dernisierung im (engeren) Sinne des § 559 Abs. 1 1. Alt. BGB erfasst § 22 Abs. 2 Satz 1 2. Alt. WEG als „privilegierte" bauliche Veränderung bauliche Maßnahmen, die der Anpassung des gemeinschaftlichen Eigentums an den **Stand der Technik** dienen. Anders als die Modernisierung greift der Gesetzgeber insoweit nicht auf mietrechtlich oder in anderen gesetzlichen Bestimmungen (siehe etwa § 3 Abs. 6 BImSchG)[475] vorgeprägte Rechtsbegriffe zurück. Vielmehr trägt er dem Umstand Rechnung, dass Wohnungseigentümern im Gegensatz zum Vermieter im Mietrecht alle Veränderungen zu Gute kommen, die **technische Verbesserungen** des Hauses betreffen. Ein Vermieter schuldet dem Mieter eine dem **heutigen Stand der Technik** entsprechende Wohnung grundsätzlich nicht, kann aber andererseits die Kosten für eine Versetzung der angemieteten Wohnung in einen heutigem technischen Mindeststandard genügenden Zustand nicht gem. § 559 Abs. 1 BGB an den Mieter weitergeben.[476] Die Schaffung einer **überdurchschnittlichen technischen Ausstattung,** die über den heutigen Stand der Technik hinausgeht, kann dagegen als Modernisierung eine Mieterhöhung nach § 559 Abs. 1 BGB rechtfertigen.[477] Die mietrechtliche Kasuistik ist ausgeprägt und mitunter unübersichtlich. Um insoweit Missverständnissen vorzubeugen, entschied sich der Gesetzgeber für eine Bezugnahme auf den **Stand der Technik.**[478] Damit ist nach der Entwurfsbegründung das Niveau einer **anerkannten** und **in der Praxis bewährten** fortschrittlichen technischen Entwicklung gemeint, das das Erreichen des gesetzlich vorgegebenen Ziels gesichert erscheinen lässt.[479] Der Begriff wurde bewusst bevorzugt gegenüber jenem der **„allgemein anerkannten Regeln der Technik"**, wie er etwa in § 641 a Abs. 3 Satz 4 BGB zu finden ist.[480] Dort wird ein Maßstab verwendet, den der Besteller eines Werks auch ohne entsprechende Vereinbarung über die Soll-Beschaffenheit verlangen kann und den ein Werkunternehmer üblicherweise beachten muss. Demgegenüber ist im Rahmen des § 22 Abs. 2 Satz 1 WEG ein höheres Anforderungsniveau angebracht, um Streit über den mit einer bestimmten Maßnahme erreichbaren Grad der Modernisierung zu vermeiden. Dagegen ginge es nach der amtlichen

---

472 *Bub* ZWE 2008, 205, 209; *Bärmann/Merle* § 22 Rn. 334.

473 *Bärmann/Merle* § 22 Rn. 334.

474 Vgl. zu Inhalt und Grenzen der Zweckbestimmung OLG Frankfurt/M. ZWE 2009, 136.

475 Dazu *Seibel,* Baumängel und anerkannte Regeln der Technik – Handbuch für Baujuristen, 2009, Rn. 14 ff.

476 Vgl. BGH NZM 2004, 736.

477 BGH NZM 2005, 697 zur Umstellung auf rückkanalfähiges Breitbandkabelnetz trotz Digitalfernsehempfangs.

478 Vgl. BT-Drucks. 16/887, S. 30.

479 BT-Drucks. a. a. O.; vgl. ferner BGH NZM 2004, 736, 737.

480 Näher *Seibel* Rn. 20 ff. m. w. N.

Begründung zu weit, über § 22 Abs. 2 WEG auch solche baulichen Maßnahmen zuzulassen, die dem **„Stand von Wissenschaft und Technik"** entsprechen.[481] Der Gesetzgeber entschied sich also bewusst gegen eine Anknüpfung an den jeweils neuesten wissenschaftlich-theoretischen Erkenntnisstand, der weitergehend ist als der praktisch erreichte Entwicklungsstand, der im Stand der Technik zum Ausdruck kommt.[482] Ebenfalls zu weit gegangen wäre die Anlehnung an den europäischen Rechtsbegriff **„beste verfügbare Techniken"** („best available techniques"), die ein höheres Technikniveau verkörpern als der Stand der Technik.[483] Mit der Anknüpfung an den „Stand der Technik" soll nach dem Willen des Gesetzgebers auch eine Überforderung der Wohnungseigentümer in finanzieller Hinsicht vermieden werden, wobei der einzelne Eigentümer vor einer individuellen **finanziellen Überforderung** zusätzlich durch das weitere Merkmal der gesetzlich untersagten „erheblichen" Beeinträchtigung (dazu Rn. 189) geschützt wird.[484]

172 Die Entwurfsbegründung nennt für die Anpassung des Gemeinschaftseigentums an den **Stand der Technik** kein konkretes Beispiel, sondern verweist bezüglich der Herleitung dieses unbestimmten Rechtsbegriffs auf eine Entscheidung des BGH zum Aufstellen von **Parabolantennen** in Wohnungseigentumsanlagen trotz vorhandenen Kabelanschlusses.[485] Dieser Entscheidung[486] lässt sich indessen in dieser Hinsicht nichts Weiterführendes entnehmen, so dass als Auslegungshilfe nur auf die amtliche Begründung und – soweit damit konform – gesicherte Rechtserkenntnisse zu anderen gesetzlichen **Technikbegriffen**[487] zurückgegriffen werden kann. Soweit dort, wie z.B. im Immissionsschutzrecht, der **Stand der Technik** eine **Betriebserprobung** nicht mehr zwingend voraussetzt,[488] dürften im Wohnungseigentumsrecht technische Neuerungen, die in der Praxis noch nicht erprobt wurden, aufgrund der ausdrücklich geforderten **Praxisbewährung**[489] nicht dem Stand der Technik i.S.d. § 22 Abs. 2 WEG entsprechen. Ob eine günstige Prognose für die Erprobung und Bewährung in der Praxis ausreicht und der (doppelt qualifizierten ganz überwiegenden) Mehrheit diesbezüglich einen Ermessenspielraum geöffnet, ist daher fraglich.

173 Die künftige Rechtsentwicklung dürfte vorerst dahin gehen, dass technische Verbesserungen der Wohnanlage, die nicht, noch nicht oder nicht mehr die begrifflichen Voraussetzungen einer Instandhaltung, Instandsetzung i.S.d. § 21 Abs. 3 und Abs. 5 Nr. 2, Nr. 6 WEG oder Modernisierung i.S.d. § 22 Abs. 2 Satz 1 1. Alt. WEG, § 559 Abs. 1 BGB erfüllen, von § 22 Abs. 2 Satz 1 2. Alt. WEG aufgefangen werden können. So könnte etwa die Umrüstung einer funktionstüchtigen batterie- auf eine netzbetriebene Alarm-, Videoüberwachungs-, Gegensprech- oder Rauchwarnmelderanlage oder die Aufrüstung einer Videogegensprechanlage von schwarz-weiß- auf Farbempfang als Anpassung an den Stand der Technik zu qualifizieren sein, sofern man eine nachhaltige Gebrauchswerterhöhung und dauerhafte Verbesserung der allgemeinen Wohnverhältnisse im Einzelfall verneinen muss.

174 Der Begriff **„dienen"** stellt sicher, dass die Anforderungen an einen Modernisierungsbeschluss nicht höher sind, als an einen Beschluss zur modernisierenden Instandsetzung. In beiden Fällen reicht es aus, dass die Maßnahme sinnvoll ist,[490] also ordnungsmäßiger Verwaltung entspricht.[491] Dies ist der Fall, wenn die Maßnahme dem geordneten Zu-

[481] BT-Drucks. 16/887, S. 30.
[482] Vgl. *Seibel* Rn. 27ff. m.w.N.
[483] Dazu *Seibel* Rn. 42ff.; *ders.* BauR 2005, 1109ff.
[484] BT-Drucks. a.a.O.; *Bärmann/Merle* § 22 Rn. 336.
[485] BT-Drucks. 16/887, S. 30 mit Verweis auf BGH NZM 2004, 227.
[486] Vgl. BGH NZM 2004, 227, 228 a.E.
[487] Ausführlich *Seibel* Rn. 10ff.
[488] *Seibel* Rn. 16ff.; 26.
[489] BT-Drucks. 16/887, S. 30 li. Spalte.
[490] BT-Drucks. 16/887, S. 30 re. Spalte.
[491] *Hügel/Elzer* § 7 Rn. 33.

sammenleben der Wohnungseigentümer dient, dem Interesse der Gesamtheit der Wohnungseigentümer nach billigem Ermessen entspricht und der Gemeinschaft nützt.[492] Dabei kommt es auf die voraussichtliche Eignung der Maßnahme an. Als Beurteilungsmaßstab ist auf einen vernünftigen, wirtschaftlich denkenden und sinnvollen Neuerungen gegenüber aufgeschlossenen Hauseigentümer abzustellen.[493]

Die einschränkenden weiteren Merkmale des § 22 Abs. 2 Satz 1 WEG gelten indes- 175
sen sowohl für die Modernisierung als auch für die Anpassung des gemeinschaftlichen Eigentums an den Stand der Technik gleichermaßen (dazu Rn. 184 ff.).

cc) Doppelt qualifiziertes Mehrheitserfordernis. Ein Beschluss der Wohnungseigen- 176
tümer zur Modernisierung oder Anpassung des gemeinschaftlichen Eigentums an den Stand der Technik bedarf nach § 22 Abs. 1 Satz 1 WEG einer Mehrheit von drei Viertel aller stimmberechtigten Wohnungseigentümer i. S. d. § 22 Abs. 2 WEG und mehr als der Hälfte aller Miteigentumsanteile. Das Gesetz sieht also eine **doppelt qualifizierte Stimmenmehrheit** vor durch ein **kombiniertes Kopf- und Wertprinzip.** Nach dem Gesetzeswortlaut erfordert ein rechtmäßiger Beschluss eine qualifizierte Mehrheit von 75% nach Köpfen aller stimmberechtigten Eigentümer, die gleichzeitig mehr als die Hälfte aller Miteigentumsanteile repräsentieren muss. Dieses doppelt qualifizierte Mehrheitserfordernis soll sicherstellen, dass nur solche Maßnahmen durchgeführt werden, die dem Willen der ganz überwiegenden Mehrheit entsprechen. Zufällige, durch eine geringe Anzahl von Eigentümern in der Versammlung zustande gebrachte Beschlussfassungen sollen in diesem Bereich wegen der großen Bedeutung, insbesondere den damit zusammen hängenden finanziellen Belastungen, ausgeschlossen werden.[494] Anders als das variable Zustimmungserfordernis gem. § 22 Abs. 1 WEG (oben Rn. 109) unterliegt § 22 Abs. 2 Satz 1 WEG einem **Beschlusszwang,** so dass formfreie (z. B. mündlich) oder durch konkludentes (schlüssiges) Verhalten erteilte Zustimmungen nicht ausreichen. Ein schriftlicher Beschluss i. S. d. § 23 Abs. 3 WEG reicht erst recht aus, da im **Umlaufverfahren** alle Wohnungseigentümer zustimmen müssen. Scheitert das Umlaufverfahren, kann eine Abstimmung in der Eigentümerversammlung verlangt werden, da andernfalls Sinn und Zweck von § 22 Abs. 2 Satz 2 WEG umgangen werden könnten. Eine Vereinbarung i. S. d. § 10 Abs. 2 WEG würde zwar ebenfalls die Zustimmung aller beinhalten und – anders als bei § 23 Abs. 3 WEG – sogar formfrei alle bei Abschluss zur Gemeinschaft gehörenden Wohnungseigentümer binden; allerdings setzt eine Vereinbarung i. S. d. § 10 Abs. 2 WEG eine das Verhältnis der Wohnungseigentümer untereinander ändernde Regelung voraus, an der es bei der Zustimmung zu einer konkreten Einzelfallmodernisierung fehlen dürfte. Wird die gesetzliche Regelung oder eine in der Gemeinschaftsordnung bereits enthaltene vom Gesetz abweichende Vereinbarung durch eine weitere Vereinbarung abgeändert (z. B. für Mehrheitsbeschlüsse noch weiter geöffnet), so ist es Auslegungsfrage, ob die Neuregelung auch für eine bereits vorgenommene oder konkret beantragte Modernisierungsmaßnahme gelten soll oder nur für zukünftige Fälle.

Wegen des Beschlusszwanges und der **Bedingungsfeindlichkeit** der einzelnen Stimm- 177
abgabe[495] dürfte es im Bereich der „privilegierten" baulichen Veränderung i. S. d. § 22 Abs. 2 WEG im Unterschied zu § 22 Abs. 1 WEG unzulässig sein, seine persönliche Zustimmung (Ja-Stimme) an eine **Bedingung** oder **Auflage** zu knüpfen, z. B. die von einem Erdgeschosseigentümer als Gegenleistung für seine Zustimmung zu einer Balkonanbrin-

---

[492] KG ZMR 2004, 780; *Hügel/Elzer* § 7 Rn. 33 m. w. N. Wenn dort jeweils von „den Interessen der Gesamtheit der Wohnungseigentümer" gesprochen wird, ist dies nicht nur ungenau, sondern sachlich unzutreffend, da es auf das Interesse der Gesamtheit der Wohnungseigentümer ankommt (siehe § 15 Abs. 3 und § 21 Abs. 3 WEG), d. h. ein nach der Verkehrsauffassung verobjektiviertes einheitliches Gesamtinteresse.

[493] LG München I WuM 2009, 424, 425. BT-Drucks. a. a. O.

[494] *Hügel/Elzer* § 7 Rn. 39.

[495] *Bärmann/Merle* § 23 Rn. 31 mit Hinweis auf OLG Düsseldorf ZWE 2002, 418, 419.

gung oder einem Aufzugeinbau geforderte Erlaubnis, seinerseits eine Terrasse errichten zu dürfen. Eine bedingte Stimmabgabe ist unwirksam und darf vom Versammlungsleiter nicht mitgezählt werden. Ein Verstoß macht den Beschluss aber nicht nichtig. Zu diskutieren sein wird, ob der Beschlussantrag bzw. Beschluss (Gesamtakt) selbst von der zustimmenden doppelt qualifizierten Mehrheit mit einer Bedingung oder Auflage versehen werden darf. Dies dürfte zu bejahen sein.

178 Fraglich und umstritten ist, ob die Verweisung auf das **Kopfprinzip** des § 25 Abs. 2 Satz 1 WEG **zwingend** ist, so LG München I WuM 2009, 424, 426 oder ob abweichende **Stimmrechtsvereinbarungen** wirksam sind, welche die Stimmkraft nicht nach Köpfen, sondern etwa nach der Anzahl der Einheiten (**Objektprinzip**) oder der Größe des Miteigentumsanteils (**Wertprinzip**) bemessen (zum Abänderungsverbot Rn. 195). Der Gesetzeswortlaut hilft bei der Auslegung nicht weiter, da mit „im Sinne des § 25 Abs. 2" zwar die Grundregel des § 25 Abs. 2 Satz 1 WEG in Bezug genommen wird, die aber im WEG-Beschlussrecht nach bislang ganz h. M.[496] keinen zwingenden Leitbildcharakter hat. Ob dies aus Gründen des Minderheitenschutzes im Bereich des § 22 Abs. 2 WEG nunmehr anders ist, beurteilt sich nach Sinn und Zweck. Die Gesetzessystematik spricht für den zwingenden Charakter, da bei Vereinbarung des Wertprinzips das Erfordernis „mehr als der Hälfte aller Miteigentumsanteile" überflüssig wäre. Nach Sinn und Zweck soll eine abweichende Stimmrechtsvereinbarung in Betracht kommen, wenn im konkreten Einzelfall die vereinbarte „Mehrheitshürde" genommen werden kann, nach der gesetzlichen Regelung hingegen nicht.[497] Diese Ansicht stellt also das gesetzgeberisch verfolgte Ziel der Schaffung zeitgemäßer baulicher Zustände durch eine Stärkung der Mehrheitsmacht über den **Minderheitenschutz.** Die Rechtsanwendung für den Abstimmungsleiter wird im Falle einer solchen vergleichenden Stimmauszählung nach alternativen Mehrheitserfordernissen erheblich erschwert und das Haftungsrisiko entsprechend erhöht. In jedem Falle muss bei der teleologischen Gesetzesauslegung die amtliche Gesetzesbegründung berücksichtigt werden, wonach Maßnahmen i. S. d. § 22 Abs. 2 Satz 1 WEG deshalb einer erweiterten Beschlussmöglichkeit unterstellt werden, da sie dem Willen **„der ganz überwiegenden Mehrheit"** entsprechen.[498] An dieser Stelle hebt die Entwurfsbegründung auf das Kopfprinzip ab, wonach jeder Eigentümer (nur) eine Stimme hat, unabhängig davon, wie viele Einheiten ihm gehören und wie viele Miteigentumsanteile er auf sich vereinigt. Durch abweichende Stimmrechtsvereinbarungen könnte dieser Schutz unterwandert werden, indem **Mehrfacheigentümer** die „ganz überwiegende Mehrheit" verkörpern.

179 Unstreitig ist, dass es bei der Auszählung der Stimmen nicht auf die in der Versammlung persönlich anwesenden oder (ordnungsgemäß) vertretenen Eigentümer ankommt, sondern auf alle im Grundbuch eingetragenen Wohnungseigentümer.[499] Hierbei kommt es auf die stimmberechtigten Wohnungseigentümer an, so dass nicht stimmberechtigte Eigentümer bei der Abstimmung – jedenfalls bei der Auszählung der Stimmen – nicht berücksichtigt werden dürfen.[500] Der durch die bauliche Maßnahme nach § 22 Abs. 2 WEG begünstigte Wohnungseigentümer unterliegt keinem Stimmrechtsausschluss gem. § 25 Abs. 5 WEG. Unerheblich ist dabei, ob die Maßnahme im Gesamtinteresse aller Eigentümer liegt oder lediglich im **Individualinteresse** eines oder einzelner Eigentümer. Bei Maßnahmen im **Gesamtinteresse,** also vor allem allen Eigentümern zugänglichen gemeinschaftlichen Einrichtungen oder Anlagen, ergibt sich dies bereits daraus, dass an-

[496] Statt aller *Bärmann/Merle* § 25 Rn. 28 m. w. N.

[497] Vgl. dazu *Bärmann/Merle* § 22 Rn. 349; ausführlich *Häublein* ZMR 2007, 409, 410 ff.

[498] BT-Drucks. 16/887, S. 31.

[499] Vgl. *Bärmann/Merle* § 22 Rn. 344. Eigentumserwerbstatbestände außerhalb des Grundbuchs (z. B. § 1922 BGB) sind stets zu bedenken.

[500] *Bärmann/Merle* a. a. O.; *Elzer* ZWE 2007, 165, 175; *Bub* ZWE 2008, 205, 213; vgl. auch *Häublein* NZM 2007, 752, 756.

dernfalls kein Wohnungseigentümer stimmberechtigt wäre. Aber auch dann, wenn die Wohnungseigentümer über eine „privilegierte" bauliche Veränderung beschließen, die einem Miteigentümer überwiegend oder gar ausschließlich zu Gute kommt, ist dieser grundsätzlich nicht von seinem Stimmrecht ausgeschlossen[501] Erforderlich ist, dass die stimmberechtigte qualifizierte Mehrheit **mehr** als die Hälfte aller Miteigentumsanteile repräsentiert. Durch dieses zusätzliche Erfordernis soll verhindert werden, dass eine kleine Gruppe von Eigentümern (nach Köpfen) gegen bzw. ohne die Zustimmung eines Mehrheitseigentümers erhebliche bauliche Umgestaltungen beschließen kann.[502] In Zweier- und Dreiergemeinschaften ist stets ein einstimmiger Beschluss erforderlich, weil die nach der gesetzlichen Regelung erforderlichen Mehrheiten nicht möglich sind.[503] In Vierer- und größeren Gemeinschaften sind hingegen Mehrheitsbeschlüsse möglich.

Die tatbestandlichen Voraussetzungen des § 22 Abs. 2 Satz 1 WEG sind in Bezug auf **180** die Beschlusskompetenz weder **kompetenzbegründend** noch **-begrenzend.**[504] Eine Beschlusskompetenz für alle unter die Neuregelung fallenden „privilegierten" baulichen Veränderungen bestand bereits vor der Novelle (siehe oben Rn. 69). Sie wird auch nicht begrenzt auf Maßnahmen, die der Modernisierung oder der Anpassung an den Stand der Technik dienen.[505] Wird ein die bauliche Maßnahme gestattender Mehrheitsbeschluss nicht angefochten, ist er bestandskräftig, unabhängig davon, um was für eine Art baulicher Maßnahme es sich handelt und mit welcher Stimmenmehrheit er zustande kam.

Fraglich ist, ob die **Aufhebung** eines **(Erst-)Beschlusses** i. S. d. § 22 Abs. 2 WEG durch **181** einen **Zweitbeschluss** seinerseits eine **doppelt qualifizierte Mehrheit** voraussetzt oder eine einfache Stimmenmehrheit genügt.[506] Grundsätzlich bedarf es der doppelt qualifizierten Mehrheit nicht, da der Zweitbeschluss selbst keine Modernisierung oder Anpassung an den Stand der Technik zum Gegenstand hat, sondern – wenn die bauliche Maßnahme schon begonnen oder beendet wurde – eine bauliche Veränderung nach § 22 Abs. 1 WEG und sonst – wenn sich am baulichen Zustand mangels Umsetzung der Maßnahme noch nichts geändert hat – eine Maßnahme (sonstiger) ordnungsmäßiger Verwaltung nach § 21 Abs. 3 WEG. Stellt die Aufhebung – was schwer vorstellbar ist – selbst eine Modernisierung dar, kann ausnahmsweise anderes gelten.[507] Da § 22 Abs. 2 Satz 1 WEG für den Zweitbeschluss grundsätzlich unanwendbar ist, sind abweichende Stimmrechtsvereinbarungen zu bedenken. Die Aufhebung des Modernisierungsbeschlusses durch die gemäß § 22 Abs. 2 Satz WEG Überstimmten, die aber z. B. wegen des vereinbarten Objektsprinzips die einfache Mehrheit besitzen, entspricht ordnungsmäßiger Verwaltung, wenn der Modernisierungsbeschluss seinerseits rechtmäßig ist.[508] Diese Aussage zielt auf Modernisierungsmaßnahmen im **Gesamtinteresse** ab. Bei Modernisierungsmaßnahmen im **Individualinteresse** eines Wohnungseigentümers[509] wird dessen Zustimmung erforderlich sein. Schutzwürdige Belange können durch doppelt qualifizierte Mehrheit nicht übergangen werden. Verstöße führen aber nur zur Anfechtbarkeit, nicht zur Nichtigkeit. Im Übrigen könnte eine Differenzierung notwendig sein, die daran anknüpft, ob die bauliche Maßnahme, die aufgehoben werden soll, ihrerseits von Anfang

---

[501] Vgl. BayObLG ZMR 2004, 209 zum Einbau eines Treppenlifts.

[502] Vgl. BT-Drucks. 16/887, S. 25, 31.

[503] *Bärmann/Merle* § 22 Rn. 344; *Bub* ZWE 2008, 205, 213.

[504] Wie hier im Ergebnis auch *Bärmann/Merle* § 22 Rn. 342 f.; ungenau BT-Drucks. 16/887, S. 29 f.; a. A. *Abramenko* § 4 Rn. 52 und teils auch *Drabek* in Riecke/Schmid § 22 Rn. 124 und 134.

[505] A. A. *Drabek* in Riecke/Schmid § 22 Rn. 134. Anders wiederum das Tatbestandsmerkmal „im Einzelfall" gemäß § 16 Abs. 4 WEG.

[506] Dazu *Häublein* jurisAnwZert MietR 7/2009, Anm. 3.

[507] Vgl. *Häublein* a. a. O. unter Anknüpfung an OLG Köln NZM 2002, 454 zu § 22 Abs. 1 WEG a. F.

[508] So *Häublein* a. a. O.

[509] Auch diese können unter § 22 Abs. 2 Satz 1 WEG, § 559 Abs. 1 BGB fallen, oben Rn. 159.

an rechtmäßig war, da die gesetzlichen oder vereinbarten Voraussetzungen eingehalten waren, oder ob es sich um einen Zitterbeschluss handelt, der unangefochten blieb. Im letzteren Fall kann die Rechtmäßigkeit des Erstbeschlusses allenfalls fingiert werden (vgl. § 23 Abs. 4 WEG); möglicherweise bleibt der Beschluss aber auch rechtswidrig. In jedem Falle stellt sich die Frage, ob ein einzelner Wohnungseigentümer auf den Fortbestand des Erstbeschlusses trotz dessen Bestandskraft vertrauen darf. Soll einer baulichen Veränderung i. S. d. § 22 Abs. 2 Satz 1 WEG im Rahmen eines **gerichtlichen Vergleichs** zugestimmt werden, setzt der den Vergleich genehmigende Eigentümerbeschluss eine doppelt qualifizierte Mehrheit voraus. Andernfalls ist er anfechtbar. Enthält der Vergleich zugleich eine abweichende Kostenregelung gem. § 16 Abs. 4 WEG, genügt an Stelle der doppelt qualifizierten Mehrheit insoweit die Zustimmung der durch den abweichenden Verteilerschlüssel finanziell schlechter gestellten Eigentümer.

182 Wird die nach § 22 Abs. 2 Satz 1 WEG erforderliche doppelt qualifizierte Mehrheit nicht erreicht, ist umstritten, ob der Verwalter als regelmäßiger (§ 24 Abs. 5 WEG)[510] Versammlungs- bzw. Abstimmungsleiter[511] von einer Abstimmung nach § 22 Abs. 2 WEG auf eine Abstimmung nach § 22 Abs. 1 WEG **„umswitchen"** und bei erreichter einfacher Mehrheit die Annahme des Beschlussantrags verkünden darf oder ob er einen negativen Beschluss verkünden muss, also die Ablehnung des Beschlussantrags. Überwiegend wird Letzteres angenommen, einerseits von denjenigen, die für die Modernisierung oder Anpassung an den Stand der Technik § 22 Abs. 2 Satz 1 WEG als vorrangige und abschließende Sonderregelung zu § 22 Abs. 1 WEG ansehen und daher bereits eine Beschlusskompetenz für ein **„Umswitchen"** verneinen,[512] andererseits von denen, die zwar die Beschlusskompetenz bejahen, aber keine Befugnis des Verwalters, beim Verfehlen der doppelt qualifizierten Mehrheit einen mit einfacher Mehrheit gefassten positiven Beschluss zu verkünden, es sei denn, alle i. S. d. §§ 22 Abs. 1 Satz 1, 14 Nr. 1 WEG beeinträchtigten Eigentümer haben zugestimmt.[513] Nach h. M. hat der Verwalter also nicht zuletzt schon wegen der ihm drohenden Prozesskostentragung (§ 49 Abs. 2 WEG) die Ablehnung des Beschlussantrags über die Modernisierung oder Anpassung an den Stand der Technik zu verkünden. Nach hier vertretener Ansicht hat der WEG-Verwalter als Abstimmungsleiter die Annahme des Beschlussantrags nach § 22 Abs. 1 WEG mit einfacher Mehrheit zu verkünden, auch wenn nicht alle beeinträchtigten Wohnungseigentümer dem Antrag zustimmen, die Mehrheit es aber **trotz eines ausdrücklichen Hinweises** des Verwalters auf das Anfechtungsrisiko die Verkündung wünscht. Ein Verkündungsverbot ist entgegen der h. M. abzulehnen. Unterhalb der Schwelle der doppelt qualifizierten Mehrheit herrscht nach noch[514] ganz h. M. nicht die Beschlussnichtigkeit, sondern die Beschlussrechtswidrigkeit. Das Verpassen der qualifizierten Stimmenmehrheit wird also als Zählfehler behandelt, nicht als Nichtigkeitsgrund.[515] Auch die nach § 22 Abs. 1

---

[510] Es handelt sich weder um eine eigenständige Organkompetenz noch um eine aus dem Verwalteramt folgende organschaftliche Befugnis, sondern nur um eine Ersatzkompetenz.

[511] Denn Abstimmungs- und Versammlungsleitung müssen nicht notwendig in einer Hand liegen, vgl. bereits näher *J.-H. Schmidt* DWE 2005, 9 ff.

[512] Siehe *Abramenko* § 4 Rn. 37.

[513] *Bärmann/Merle* § 23 Rn. 345; *Hügel/Elzer* § 7 Rn. 41; *Armbrüster* ZWE 2008, 61, 62 f.; *Bub* ZWE 2008, 205, 208; *Deckert* ZMR 2008, 585, 592 f.; *Häublein* NJW 2005, 1466 und nunmehr zum neuen Recht ders., NZM 2007, 752, 757 ff.; *Kümmel* ZWE 2006, 278, 281; im Ergebnis ebenso *Elzer* MietRB 2008, 378, 380.

[514] Skeptisch *Elzer* MietRB 2008, 378, 379 unter 4. („Jedenfalls nach h. M. […]"). In der Tat ist an der h. M. zu kritisieren, dass das WEG auf dem Einstimmigkeitsprinzip (Vertragsprinzip) beruht, so dass überall dort, wo eine einfache Mehrheit nicht ausreicht, sondern eine qualifizierte Mehrheit erforderlich ist und nicht erreicht wurde, weiterhin das Einstimmigkeitserfordernis herrscht mit der Nichtigkeitsfolge bei einem Verstoß. Es könnte sich daher nicht um einen bloßen Zählfehler handeln. Darüber muss an anderer Stelle diskutiert werden.

[515] Siehe insoweit zutreffend *Hügel/Elzer* § 7 Rn. 41.

WEG beschlossene Modernisierung oder Anpassung an den Stand der Technik i. S. d. § 22 Abs. 2 WEG hat bildlich gesprochen „das Zeug", nach Ablauf der Anfechtungsfrist endgültig bestandskräftig zu werden. Es handelt sich um einen **Zitterbeschluss.** Daher ist die Annahme des Beschlussantrags zu verkünden, wenn die Mehrheit es trotz des Hinweises auf das Anfechtungsrisiko so will. Der WEG-Verwalter in seiner Funktion als Abstimmungsleiter ist weder der verlängerte Arm des Gerichts noch der Vormund der Eigentümer, sondern bloßer **Funktionsgehilfe** der Eigentümerversammlung, die in Bezug auf materiell rechtswidrige (nicht ordnungsmäßige) Beschlüsse eigenverantwortliche Entscheidungen trifft. Die dem Verwalter im eigenen Interesse dringend zu empfehlende **haftungsrechtliche Absicherung** erfordert einen **ausdrücklichen Hinweis** vor der Abstimmung, spätestens aber vor der Verkündung des rechtswidrigen Beschlussergebnisses, da die Mehrheit im Zeitpunkt der Verkündung das notwendige Unrechtsbewusstsein erlangt und das Kostenrisiko infolge einer drohenden Anfechtung erkannt haben muss. Ein Hinweis erst nach Verkündung oder gar erst im Protokoll ist zu spät. Um die Gefahr einer Genehmigung der baulichen Maßnahme nach § 22 Abs. 2 WEG durch einen einfachen Mehrheitsbeschluss nach § 22 Abs. 1 WEG allen Eigentümern frühzeitig kenntlich zu machen, wird vorgeschlagen, in der Einladung/Tagesordnung (vgl. § 23 Abs. 2 WEG) beide Beschlusstatbestände gesondert auszuweisen und nicht nur die beabsichtigte bauliche Maßnahme als solche zu erwähnen.[516] In jedem Falle gefährlich und daher tunlichst zu vermeiden ist es, in der Einladung eine Beschlussfassung über die hinreichend beschriebene bauliche Maßnahme nach § 22 Abs. 2 WEG anzukündigen und sodann in der Versammlung nach § 22 Abs. 1 WEG vorzugehen, wenn die dadurch qualifizierte Mehrheit verfehlt wird. Hier könnte es sein, dass ein mit der Sache befasstes Gericht ein grobes Verschulden gemäß § 49 Abs. 2 WEG allein auf den formellen Einberufungsmangel (§ 23 Abs. 2 WEG) stützt und das Vorliegen einer weiteren Pflichtverletzung des Verwalters dahinstehen lässt. Wird in der Einladung weder eine alleinige Beschlussfassung nach § 22 Abs. 1 WEG noch eine **alternative Beschlussfassung** nach § 22 Abs. 1 oder 2 WEG erwähnt, sondern nur die zur Abstimmung gestellte bauliche Maßnahme als solche hinreichend genug beschrieben,[517] muss jeder eingeladene Wohnungseigentümer damit rechnen, dass in der Eigentümerversammlung die Maßnahme nur mit einfacher Mehrheit beschlossen werden könnte und daher seinerseits entsprechende Rechtsbehelfe zu ergreifen sein könnten, um Rechtsverluste zu vermeiden. In einem solchen Fall wäre ein Einberufungsmangel zu verneinen.

Erfüllt eine bauliche Maßnahme die tatbestandlichen Voraussetzungen einer Moderni- **183**
sierung i. S.d § 22 Abs. 2 WEG (§ 559 Abs. 1 BGB), so bleibt es dennoch – entgegen dem Wortlaut des Gesetzes – bei dem einfachen Mehrheitserfordernis nach § 21 Abs. 3 WEG, sofern es sich um eine Maßnahme ordnungsmäßiger Instandhaltung oder Instandsetzung bzw. (sonstiger) ordnungsmäßiger Verwaltung des gemeinschaftlichen Eigentums handelt. Andernfalls würde eines der wesentlichen Ziele der WEG-Novelle, die **Erleichterung** der Willensbildung, in ihr Gegenteil verkehrt, weil zur rechtmäßigen Beschlussfassung anders als nach bisheriger Rechtslage de lege lata ein höheres Mehrheitserfordernis erforderlich wäre, während vor dem 1. 7. 2007 die einfache Stimmenmehrheit genügte. § 22 Abs. 2 Satz 1 WEG ist in derartigen Fällen **teleologisch zu reduzieren.**

dd) Weitere Rechtmäßigkeitsvoraussetzungen. Rechtmäßige Beschlussfassungen über **184**
„privilegierte" bauliche Veränderungen am Gemeinschaftseigentum setzen nicht nur das Erreichen der doppelt qualifizierten Mehrheit voraus. § 22 Abs. 2 Satz 1 WEG enthält zwei alternative Ausschlusstatbestände, deren Verwirklichung den Beschluss rechtswidrig

---

516 In diesem Sinne wohl *Armbrüster* ZWE 2008, 61, 63; *Häublein* NZM 2007, 752, 758 f.

517 Beispiel: „TOP xy Beschlussfassung über den Einbau eines Aufzugs im Treppenhaus". Es kann sich empfehlen, auch die Kostenverteilung ohne konkrete Bezugnahme auf spezielle Gesetzesvorschriften anzukündigen, z. B.: „TOP xy Beschlussfassung über den Einbau eines Aufzugs im Treppenhaus mit Kostenverteilung".

macht. Die bauliche Maßnahme darf die **Eigenart der Wohnanlage** nicht ändern und keinen Wohnungseigentümer gegenüber anderen **unbillig beeinträchtigten.** Diese beiden weiteren Voraussetzungen müssen also bei der Rechtmäßigkeitskontrolle geprüft werden, was zumeist nur anhand der Verhältnisse in der Wohnanlage vor Ort, im Streitfall etwa einer Ortsbesichtigung durch das mit der Sache befasste Gericht, möglich sein wird. Beide Merkmale stellen keine Grenzen der Beschlusskompetenz dar,[518] sondern betreffen die **Ordnungsmäßigkeit** einer Beschlussfassung.

185 *aaa) Keine Änderung der Eigenart der Wohnanlage.* Maßnahmen nach § 22 Abs. 2 Satz 1 WEG dürfen die Eigenart der Wohnanlage nicht ändern. Das Vertrauen eines Erwerbers auf den wesentlichen inneren und äußeren Bestand der Wohnanlage soll im Grundsatz ebenso geschützt werden wir der Fortbestand der Gemeinschaftsordnung.[519] Eine unzulässige Änderung der Eigenart der Wohnanlage liegt nach der Gesetzesbegründung insbesondere vor bei einem **Anbau**, etwa eines Wintergartens, einer **Aufstockung** oder eines **Abrisses** von Gebäudeteilen oder durch vergleichbare Veränderungen des inneren oder äußeren Bestandes, etwa dann, wenn ein Wohnhaus einfacher Wohnqualität gleichsam luxussaniert oder wenn ein bisher nicht zu Wohnzwecken genutzter Speicher zu Wohnzwecken ausgebaut oder wenn eine die Wohnanlage umgebende größere Grünfläche weithin zum Abstellung von Autos asphaltiert werden soll.[520] Zutreffend wird darauf hingewiesen, dass diese Maßnahmen bereits keine Modernisierungen i. S. d. §§ 22 Abs. 2 Satz 1 WEG, 559 Abs. 1 BGB darstellen dürften, sondern in der Regel „klassische" bauliche Veränderungen nach § 22 Abs. 1 Satz 1 WEG.[521]

186 Eine unzulässige Änderung der Eigenart der Wohnanlage liegt nach der Entwurfsbegründung ferner vor, wenn der **optische Gesamteindruck** nachteilig verändert wird, auch, wenn ein uneinheitlicher Gesamteindruck entsteht, so wenn nur einzelne Balkone an der Front[522] eines Hauses, nicht aber alle verglast werden oder wenn beim Bau von Dachgauben in einer vorhandenen Dachgeschosswohnung die **Symmetrie** des Hauses nicht eingehalten wird.[523] Eine Diskussion darüber, ob eine Änderung von Optik oder Symmetrie zur „Eigenart" gezählt werden sollte[524] oder ausschließlich unter das Merkmal der „unbilligen Beeinträchtigung" zu fassen ist,[525] kann angesichts der § 22 Abs. 2 Satz 1 WEG zu entnehmenden Rechtsfolgenidentität dahin stehen, sofern nicht die Gemeinschaftsordnung Abweichendes vorsieht. Jedenfalls ist die optische Grenze erst bei **Verschandelungen** überschritten, nicht bei einer Änderung des Erscheinungsbildes. In den ersten in der Rechtsprechung ergangenen Entscheidungen wird die Gesamtoptik bei der Eigenart berücksichtigt. So soll die Beschlussfassung über die Errichtung von Wintergärten auf Balkonen bereits keine Modernisierung i. S. d. § 22 Abs. 2 Satz 1 WEG sein und außerdem die Eigenart der Wohnanlage ändern; die Errichtung von Außenaufzügen soll zwar eine Modernisierung darstellen, aber ebenfalls die Eigenart der Wohnanlage ändern.[526] Das Ausschlusskriterium sollte nicht zu streng gehandhabt werden. Eine Wohnanlage mit oder ohne oder mit einigen Balkonen bleibt ihrem **„Charakter"** nach auch dann eine Wohnanlage, wenn einzelne Balkone hinzu gefügt oder abgerissen werden. Bei der in der Praxis eine große Rolle spielenden nachträglichen Anbringung oder Vergrößerung von Balkonen ist die damit oftmals verbundene Verringerung des Lichtein-

---

[518] Entgegen *Bärmann/Merle* § 22 Rn. 337.

[519] *Bärmann/Merle* § 22 Rn. 338; zum äußeren Augenschein einer Wohnanlage als eigenständigem Publizitätsträger oben Rn. 145.

[520] BT-Drucks. 16/887, S. 30.

[521] *Bub* ZWE 2008, 205, 210.

[522] Im Umkehrschluss also nicht bei Maßnahmen an der Rückseite des Gebäudes.

[523] BT-Drucks. 16/887, S. 30.

[524] So BT-Drucks. 16/887, S. 30.

[525] So *Abramenko* § 4 Rn. 40.

[526] AG Konstanz ZMR 2008, 494.

falls für unterliegende Wohnungen, vor allem für die Erdgeschoss- oder für Souterrainwohnungen, und die Erhöhung der Einsehbarkeit in andere Einheiten zu berücksichtigen (dazu unten Rn. 155). Bringt eine beschlossene Maßnahme eine unzulässige Änderung der Eigenart der Wohnanlage mit sich, führt dieser Verstoß lediglich zur Rechtswidrigkeit des Beschlusses, nicht zu seiner Nichtigkeit.[527]

Die **Eigenart** der Wohnanlage darf nicht gleichgesetzt werden mit dem **Erscheinungsbild** der Wohnanlage. Denn letzteres ist bei den meisten baulichen Veränderungen betroffen, jedenfalls dann, wenn es um Außenmodernisierungen oder Anpassungen des gemeinschaftlichen Eigentums an den Stand der Technik im Außenbereich geht. Ein anderes Verständnis würde das erklärte Ziel[528] des Gesetzgebers zum Scheitern bringen, etwa einen Fahrradständer aufzustellen oder einen Aufzug einzubauen.[529] Somit ist eine Änderung des Erscheinungsbildes nicht notwendig eine Änderung der Eigenart, da letztere mehr ist als nur das Erscheinungsbild. Die Eigenart kann sinnbildlich als der **Charakter** der Wohnanlage verstanden werden. Daher werden etwa Maßnahmen, die zur spezifischen Eigenart einer Wohnanlage im Widerspruch stehen, etwa die Errichtung eines **Kinderspielplatzes** in einer Seniorenresidenz für betreutes Wohnen oder der Einbau eines **Treppenliftes** in einem Studentenwohnheim oder Sporthotel, zu einer Änderung der Eigenart führen.[530] 187

Ist eine Wohnanlage keine reine Wohnanlage, sondern gemäß Teilungserklärung ein **Mischobjekt** mit Wohnungen und Gewerbe, ist das Tatbestandmerkmal „Wohnanlage" entsprechend weiter zu verstehen. Ein solches Mischobjekt weist nach der Verkehrsanschauung eine andere Eigenart auf als eine reine Wohnanlage. Gibt es ausschließlich Wohnungen mit eigenständigen Kfz-Stellplätzen (Teileigentum), handelt es sich trotz der begrifflichen Abweichung um eine reine Wohnanlage. 188

bbb) Keine unbillige Beeinträchtigung. Maßnahmen nach § 22 Abs. 2 WEG dürfen keinen Wohnungseigentümer gegenüber anderen **unbillig beeinträchtigen**. Unterhalb der Grenze zur unbilligen Beeinträchtigung soll ein einzelner Wohnungseigentümer einer solchen Maßnahme nicht mit Erfolg widersprechen können, da mit ihnen nach der Lebenserfahrung bei Wohnimmobilien immer zu rechnen ist und der Einzelne deshalb auf den unveränderten Fortbestand des gemeinschaftlichen Eigentums in seiner ursprünglichen Form nicht vertrauen kann.[531] Nach dem Gesetzeswortlaut muss eine unbillige Beeinträchtigung mehr sein als eine einfache Beeinträchtigung. Sie muss also ein **erhebliches Gewicht** haben, insbesondere das in § 14 Nr. 1 WEG gesetzlich bestimmte Maß übersteigen. Im Vergleich mit § 22 Abs. 1 WEG erhöht § 22 Abs. 2 Satz 1 WEG mithin das Maß der Nachteile, die ein Wohnungseigentümer hinnehmen muss.[532] Solange die Rechtsprechung keine Abgrenzungskriterien herausgebildet hat, wird man die Entwurfsbegründung dahin werten dürfen, dass selbst eine **erhebliche Beeinträchtigung** eine Maßnahme i. S. d. § 22 Abs. 2 Satz 1 WEG nicht rechtswidrig macht. Der Gesetzgeber will das Gewicht der Beeinträchtigung i. S. d. § 22 Abs. 2 Satz 1 WEG gegenüber der bisherigen Rechtslage (§§ 22 Abs. 1, 14 Nr. 1 WEG) **erheblich heraufsetzen.**[533] Unter Berücksichtigung der bisher bekannten wohnungseigentumsrechtlichen Terminologie ist eine unbillige Beeinträchtigung daher **mehr** als eine erhebliche und **erst recht mehr** als eine unerhebliche Beeinträchtigung, aber **weniger** als eine **grob** unbillige Beeinträchtigung. Hierfür spricht, dass der Gesetzgeber während des Gesetzgebungsverfahrens auf Empfehlung des Rechtsausschusses das ursprüngliche Tatbestandsmerkmal „erheblich" 189

---

[527] *Bärmann/Merle* § 22 Rn. 338.
[528] BT-Drucks. 16/887, S. 30 linke Spalte oben.
[529] *Häublein* ZMR 2007, 409, 421.
[530] *Bärmann/Merle* § 22 Rn. 338; *Abramenko* § 4 Rn. 41.
[531] BT-Drucks. 16/887 S. 31.
[532] Vgl. BT-Drucks. 16/887, S. 30 f.
[533] Zutreffend *Abramenko* § 4 Rn. 42.

durch „unbillig" ersetzte. Hiermit sollte zwar in erster Linie das Missverständnis vermieden werden, es komme mehr auf objektive[534] und weniger auf subjektive, personenbezogene Gesichtspunkte an.[535] Zur Erreichung dieses Zieles hätte aber die erfolgte Einfügung „gegenüber anderen" genügt. Der Gesetzgeber beließ es jedoch nicht dabei, sondern entschied sich für eine unbillige statt einer erheblichen Beeinträchtigung gegenüber anderen Wohnungseigentümern.

190 Die Beurteilung hängt wie bei §§ 22 Abs. 1, 14 Nr. 1 WEG weitgehend von den Umständen des Einzelfalles ab.[536] Ob Unbilligkeit gegeben ist, muss insbesondere anhand der objektiven und subjektiven, personenbezogenen Gesichtspunkte ermittelt werden.[537] Nachteile, die zwangsläufig mit Modernisierungen oder Anpassungen des gemeinschaftlichen Eigentums an den Stand der Technik verbunden sind, können für sich alleine nicht ausreichen, eine unbillige Beeinträchtigung zu bejahen, so etwa die nach technischer Anpassung erhöhte Wartungs- oder Reparaturanfälligkeit, die Kompliziertheit einer neuen technischen Anlage, die mit dem Einbau eines Fahrstuhls (Aufzugs) verbundene Einschränkung der Gebrauchsmöglichkeit des Treppenhauses oder eine intensivere Nutzung von Obergeschossen.[538] Auch die **Summe** derartiger i. S. d. § 22 Abs. 2 Satz 1 WEG unbeachtlicher Nachteile kann keine Unbilligkeit herbeiführen, da sie regelmäßig zusammentreffen werden. Daher werden **nachträgliche Balkonanbauten** etwa im Normalfall weder zu einer unzulässigen Änderung der Eigenart der Wohnanlage noch zu einer unbilligen Beeinträchtigung führen. Würde allein die teilweise eintretende Verschattung oder Veränderung des Lichteinfalls eine unbillige Beeinträchtigung darstellen, so könnte ein Balkon fast nie Gegenstand einer Modernisierung sein.[539] Außerdem kann in der Person des sich unbillig beeinträchtigt fühlenden Wohnungseigentümers die Verschlechterung der Belichtungsverhältnisse durch die Möglichkeit, auf seinem Balkon nach draußen treten zu können, aufgefangen werden.[540] Im Ausnahmefall kann anderes gelten, wenn und soweit durch den Balkonanbau bereits vorhandene Balkone anderer Wohnungseigentümer eine andere Qualität erhalten und sich die Lichtverhältnisse in der Wohnung ganz erheblich verschlechtern.[541] Dies kann insbesondere für unten liegende Wohnungen, speziell für **Erdgeschosseigentümer,** der Fall sein, wenn z. B. Balkone erstmalig als Ständerkonstruktion errichtet oder vorhandene Balkone flächenmäßig deutlich vergrößert werden.

191 Fraglich ist, ob der Gesetzeswortlaut einengend dahin zu verstehen ist, dass unbillige Beeinträchtigungen, die alle Wohnungseigentümer gleichermaßen benachteiligen, von § 22 Abs. 2 Satz 1 WEG auszunehmen sind.[542] Unter einer unbilligen Beeinträchtigung von vornherein nur eine ungleichmäßig verteilte Beeinträchtigung zu verstehen, ist im Hinblick auf die in der Entwurfsbegründung genannten Beispiele abzulehnen.[543] Auf der

---

[534] § 22 Abs. 2 Satz 1 WEG-E lautete: „[...] und keinen Wohnungseigentümer erheblich beeinträchtigen ...", d.h. ohne „gegenüber anderen ...", was nach Befürchtungen im Rechtsausschuss eine zu objektive Auslegung hätte nach sich ziehen können.

[535] Vgl. BT-Drucks. 16/3843, S. 50; *Abramenko* § 4 Rn. 42.

[536] BT-Drucks. 16/887, S. 30.

[537] *Bärmann/Merle* § 22 Rn. 339 mit Hinweis auf BT-Drucks. 16/3843, S. 50.

[538] BT-Drucks. 16/887, S. 31.

[539] LG Berlin ZMR 2004, 193.

[540] Vgl. LG Berlin ZMR 2004, 193, 194.

[541] Vgl. AG Konstanz NZM 2007, 888.

[542] Bejahend *Meffert* ZMR 2007, 758, 760; *Bärmann/Merle* § 22 Rn. 340; a. A. *Bub* ZWE 2008, 205, 211.

[543] BT-Drucks. 16/887, S. 31 nennt zwar ausdrücklich nur die unbillige („erhebliche") Kostenbeteiligung, jedoch sind die übrigen Beispiele nicht etwa so zu verstehen, dass bei entsprechender Intensität die Grenze zur Unbilligkeit („Erheblichkeit") nicht ebenfalls überschritten werden kann, vgl. in diesem Sinne auch *Abramenko* § 4 Rn. 43 ff. in Präzisierung der Beispiele der Gesetzesmaterialien. Die übrigen Beispiele (erhöhte Wartungs- oder Reparaturanfälligkeit, Kompliziertheit einer neuen technischen Anlage, Einschränkung der Gebrauchsmöglichkeit des Treppenhauses durch Aufzug) sind aber gleichmäßige bzw. gleichartige Beeinträchtigungen.

anderen Seite ist nicht zu verkennen, dass § 22 Abs. 2 Satz 1 WEG das Erfordernis der unbilligen Beeinträchtigung einem **Vergleich** mit den anderen Wohnungseigentümern *(„[...] gegenüber anderen unbillig beeinträchtigen ...")* unterstellt, so dass eine **gleichmäßig** oder **gleichartig** verteilte Beeinträchtigung zumindest **im Regelfall** keine unbillige Beeinträchtigung des Einzelnen bedeutet. Dies gilt etwa bei **Einschränkungen des Mitgebrauchs** in Form von **Platzverlusten** im Treppenhaus oder auf dem Grundstück aufgrund gemeinschaftlicher Einrichtungen oder Anlagen. Von der hinzunehmenden Einschränkung der Gebrauchsmöglichkeit an gemeinschaftlichen Flächen, Anlagen oder Einrichtungen ist der **vollständige Entzug** dieser Gebrauchsmöglichkeiten abzugrenzen.[544] Da etwa die Stilllegung gemeinschaftlicher Anlagen und Einrichtungen (z. B. Schwimmbad, Gemeinschaftssauna, Müllschlucker) aufgrund des mit ihr verbundenen vollständigen Gebrauchsentzuges (vgl. § 13 Abs. 2 WEG) nach ganz h. M. vereinbarungsbedürftig und ein Mehrheitsbeschluss mangels Beschlusskompetenz nichtig ist,[545] kann das Vereinbarungserfordernis nicht durch einen Beschluss nach § 22 Abs. 2 Satz 1 WEG umgangen werden. § 22 Abs. 2 Satz 2 WEG steht einem solchen Verständnis nicht entgegen, weil die Zweckbestimmung[546] keine Vereinbarung ist, die die Beschlussfassung i. S. d. Änderungsverbots einschränkt oder ausschließt. Abgesehen davon ist fraglich, ob die Stilllegung überhaupt als Modernisierung bzw. Anpassung an den Stand der Technik verstanden werden kann, da sie für sich gesehen keine Wertverbesserung herbeiführt, sondern zumeist aus Kostengründen erfolgt.

Auch die **Kosten** der Maßnahmen können nach der Entwurfsbegründung[547] eine Beeinträchtigung darstellen. Als unbillige Beeinträchtigung sind sie aber nur im Ausnahmefall anzusehen, nämlich dann, wenn sie das Maß der Aufwendungen übersteigen, die dazu dienen, das gemeinschaftliche Eigentum in einen Zustand zu versetzen, wie er allgemein üblich ist, etwa zur Energieeinsparung oder zur Schadstoffminderung. Mit solchen Maßnahmen muss jeder Wohnungseigentümer rechnen und erforderlichenfalls entsprechende private Rücklagen bilden, um sie zu finanzieren.[548] Wird die Maßnahme auf Kosten aller Wohnungseigentümer vorgenommen, liegt eine unbillige (finanzielle) Beeinträchtigung einzelner „gegenüber anderen" Wohnungseigentümern i. S. d. § 22 Abs. 2 Satz 1 WEG regelmäßig nicht vor, selbst wenn die Kostenbeteiligung wegen des geltenden Verteilerschlüssels unterschiedlich hoch ausfällt (z. B. Miteigentumsanteile oder Wohnfläche). Nach der Gesetzesbegründung kommt eine unbillige Beeinträchtigung wegen der Kostenbelastung erst in Betracht, wenn ein Wohnungseigentümer gezwungen würde, wegen einer Maßnahme nach § 22 Abs. 2 Satz 1 WEG sein Wohnungseigentum veräußern zu müssen. Allerdings ist die durch § 16 Abs. 4 WEG geschaffene Möglichkeit einer abweichenden sachgerechten Kostenverteilung zu berücksichtigen.[549] An dieser Stelle und mit dieser Aussage sieht die Begründung freilich ein großes Problem, das sich in der Praxis zeigt, nicht. Gemeint sind Fälle, in denen mit doppelt qualifizierter Mehrheit eine Modernisierung (z. B. Anbau von Balkonen) beschlossen wird unter gleichzeitiger Ablehnung eines Antrags (vgl. § 16 Abs. 4 WEG) auf Kostenfreistellung derjenigen Wohnungseigentümer, die der Maßnahme nicht zustimmen oder denen diese keinerlei Nutzen bringt (z. B. Erdgeschosseigentümer). Hier muss die Rechtspraxis eine angemessene Lösung finden. Diese kann etwa darin liegen, analog § 10 Abs. 2 Satz 3 WEG einen Anspruch auf Abweichung im Einzelfall zu bejahen wegen unbilliger Kostenbelastung 192

---

544 *Abramenko* § 4 Rn. 45.

545 Vgl. BayObLG ZMR 2002, 607 (Müllschlucker).

546 Die grundsätzlich Vereinbarungscharakter i. S. d. § 10 WEG hat, BGH NZM 2003, 977. Zur Abgrenzung zum bloß unverbindlichen Nutzungsvorschlag vgl. OLG Frankfurt/M. ZWE 2009, 136; OLG Hamburg ZMR 2000, 628; BayObLG ZMR 2000, 234.

547 BT-Drucks. 16/887, S. 31.

548 BT-Drucks. 16/887, S. 31; *Bärmann/Merle* § 22 Rn 341.

549 Vgl. BT-Drucks. 16/887, S. 31.

für eine unzugängliche Modernisierungsmaßnahme.[550] Wird ein Wohnungseigentümer durch eine Maßnahme i. S. d. § 22 Abs. 2 Satz 1 WEG unbillig beeinträchtigt, so ist dies nach dem Rechtsgedanken des § 22 Abs. 1 WEG unbeachtlich, wenn er der Maßnahme zugestimmt hat.[551]

193 Änderungen des **optischen Gesamteindrucks,** die nicht die Eigenart der Wohnanlage i. S. d. § 22 Abs. 2 Satz 1 WEG verändern, können dennoch als unbillige Beeinträchtigung eines Wohnungseigentümers einzuordnen sein, da eine zwingende Zuordnung nur unter eine von beiden Tatbestandsalternativen nicht ersichtlich ist.[552] Eine mögliche Abgrenzung kann sich daraus ergeben, dass mit der Eigenart (1. Alt.) das (objektive) **Gesamtinteresse** aller Wohnungseigentümer am optischen Gesamteindruck angesprochen ist, während die unbillige Beeinträchtigung Einzelner (2. Alt.) den **individuellen Blickwinkel** betrifft, so dass es insoweit etwa auf die konkrete Lage der Wohnung des individuell betroffenen Eigentümers ankommen kann. Neben optischen Beeinträchtigungen kommen auch Geräusch- oder Geruchseinwirkungen sowie andere Emissionen in Betracht. Hat z. B. die Errichtung eines Aufzugs im Treppenhaus (Treppenauge) oder an der Außenfassade nicht unerhebliche Geräuscheinwirkungen (z. B. mechanischer statt hydraulischer Antrieb) oder Verschattungen auf das Sondereigentum eines Wohnungseigentümers zur Folge oder wird die Einsehbarkeit in seine Wohnung erhöht, kann dies eine unbillige Beeinträchtigung gegenüber anderen darstellen.[553] Kommt für die gemeinschaftliche Anlage oder Einrichtung nur ein einziger Standort in Betracht (z. B. Treppenauge), stellt sich die Frage, ob das Maß der Unbilligkeit durch entsprechende Vorkehrungen auf Kosten aller Eigentümer abgesenkt werden kann.[554] In Einzelfällen kann auch eine entsprechende Anwendung von § 14 Nr. 4 Halbsatz 1 und 2 WEG in Betracht kommen,[555] im Übrigen möglicherweise auch eine Anwendung der wohnungseigentumsrechtlichen Treue- und Mitwirkungspflicht.

194 *ee) Kein Anspruch auf Modernisierungs- oder Anpassungsmaßnahmen.* Der einzelne Wohnungseigentümer hat auf Modernisierungs- oder Anpassungsmaßnahmen gem. § 22 Abs. 2 Satz 1 WEG – im Unterschied zu allen Maßnahmen einer dem Interesse der Gesamtheit der Wohnungseigentümer entsprechenden ordnungsgemäßen Verwaltung i. S. d. § 21 Abs. 4 WEG („verlangen") sowie die Gestattung einer „klassischen" baulichen Veränderung unter den Voraussetzungen des § 22 Abs. 1 WEG („verlangen") – **keinen Anspruch.**[556] Wird der auf die Vornahme einer „privilegierten" baulichen Veränderung i. S. d. § 22 Abs. 2 Satz 1 WEG gerichtete Beschlussantrag wegen Nichterreichens der erforderlichen doppelt qualifizierten Mehrheit abgelehnt, handelt es sich zwar um einen grundsätzlich anfechtbaren negativen Beschluss.[557] Mangels Rechtsschutzbedürfnisses ist eine Anfechtungs- und Zustimmungsklage jedoch unzulässig, jedenfalls aber unbegründet.[558] Hat ein Wohnungseigentümer aus besonderen Gründen ausnahmsweise einen Anspruch, kommt es auf das Erreichen der doppelt qualifizierten Mehrheit gem. § 22 Abs. 2 Satz 1 WEG nicht an, selbst wenn die bauliche Maßnahme unter den Begriff der Modernisierung oder Anpassung an den Stand der Technik subsumiert werden könn-

---

[550] Dazu näher *J.-H. Schmidt* ZMR 2007, 913, 918; *ders.* juris AnwZert MietR 11/2009, Anm. 3.

[551] *Bärmann/Merle* § 22 Rn. 339; *Abramenko* § 4 Rn. 42; *Bub* ZWE 2008, 205, 211: **„Volenti non fit iniuria".**

[552] In diesem Sinne wohl auch *Bärmann/Merle* § 22 Rn. 338 und 340; a. A. *Abramenko* § 4 Rn 40 und 43, der Optik und Symmetrie des Gebäudes ausschließlich der zweiten Alternative zuordnet.

[553] vgl. *Bärmann/Merle* § 22 Rn. 340; *Bub* ZWE 2008, 205, 211.

[554] Bejahend wohl *Bärmann/Merle* § 22 Rn. 340 a. E.; *Abramenko* § 4 Rn 47.

[555] Vgl. *Abramenko* a. a. O.

[556] Vgl. *Hügel/Elzer* § 7 Rn. 42.

[557] Vgl. zur Beschlussqualität und Anfechtbarkeit von Negativbeschlüssen BGH NJW 2001, 3339.

[558] Vgl. *Bub* ZWE 2008, 205, 214.

te.[559] Enthält die Gemeinschaftsordnung Bestimmungen, die bei unbefangener Auslegung einen solchen individuellen Rechtsanspruch einräumen, kann abweichend von der gesetzlichen Grundregel des § 22 Abs. 2 WEG eine Modernisierung oder Anpassung an den Stand der Technik verlangt werden.

ff) Abänderungsverbot (§ 22 Abs. 2 Satz 2 WEG). § 22 Abs. 2 Satz 1 WEG verleiht 195 den Wohnungseigentümern eine **zwingende gesetzliche Beschlusskompetenz.** Nach § 22 Abs. 2 Satz 2 WEG kann die Befugnis, mit doppelt qualifizierter Mehrheit bauliche Maßnahmen, die der Modernisierung oder der Anpassung des gemeinschaftlichen Eigentums an den Stand der Technik dienen, durch Vereinbarung der Wohnungseigentümer nicht eingeschränkt oder ausgeschlossen werden. Mit dieser Beschränkung der Vertragsfreiheit, die für die Gemeinschaftsordnung schlechthin gilt, d.h. bestehende und künftige Vereinbarungen gleichermaßen, wird die erweiterte Gestaltungsmacht der Mehrheit gesichert und der Minderheitenschutz entsprechend zurückgedrängt. Die Vorschrift ist im Zusammenhang zu sehen mit den parallelen Vorschriften der §§ 12 Abs. 4 Satz 3 und 16 Abs. 5 WEG. Auch diese enthalten zur Sicherung der neuen gesetzlichen Beschlusskompetenzen entsprechende Abänderungsverbote.[560] Sie alle gelten mithin auch für Gemeinschaftsordnungen, die vor dem 1. 7. 2007, also vor dem Inkrafttreten des WEG-Reformgesetzes, bereits bestanden.[561]

Eine Vereinbarung in der Gemeinschaftsordnung, wonach für einen Beschluss über 196 eine „privilegierte" Maßnahme i.S.d. § 22 Abs. 2 WEG eine **größere Mehrheit** als die im Gesetz bestimmte erforderlich ist, z.B. eine Mehrheit von vier Fünftel[562] oder Einstimmigkeit aller stimmberechtigten Wohnungseigentümer, wäre als Einschränkung der gesetzlichen Beschlusskompetenz gem. § 134 BGB nichtig. Dasselbe gilt, wenn durch Vereinbarung die Beschlusskompetenz etwa für Modernisierungsmaßnahmen schlechthin ausgeschlossen wird, beispielsweise durch eine Regelung, wonach jede bauliche Veränderung einer Vereinbarung oder eines einstimmigen Beschlusses (vgl. § 21 Abs. 1 WEG) der Wohnungseigentümer bedarf.[563]

Da das Abänderungsverbot des § 22 Abs. 2 Satz 2 WEG Erschwerungen der Be- 197 schlusskompetenz verbietet, folgt daraus im Umkehrschluss, dass **Erleichterungen** der Willensbildung durch eine vereinbarte Öffnungsklausel zulässig und wirksam sind. Daher ist eine in der Gemeinschaftsordnung vereinbarte Regelung, wonach bauliche Veränderungen des gemeinschaftlichen Eigentums mit zwei Dritteln aller Wohnungseigentümer oder drei Viertel der anwesenden Wohnungseigentümer beschlossen werden können, wirksam, da die Beschlusskompetenz nicht eingeschränkt oder ausgeschlossen, sondern erweitert wird.[564] Darf danach eine Modernisierung oder Anpassung an den Stand der Technik mit einfacher Mehrheit beschlossen werden, so geht diese vereinbarte der gesetzlichen Beschlusskompetenz vor. Die Minderheit, die von der gesetzlichen Neuregelung des § 22 Abs. 2 Satz 1 WEG durch das Erfordernis einer doppelt qualifizierten Mehrheit geschützt wird, kann sich insoweit nicht auf eine unzulässige Abweichung vom Gesetz berufen. Das Abänderungsverbot in § 22 Abs. 2 Satz 2 WEG räumt der erleichterten Durchführung von Modernisierungen den Vorrang ein vor dem **Minderheitenschutz.**

In **Kollisionsfällen** zwischen einer Bestimmung in der Gemeinschaftsordnung und § 22 198 Abs. 2 Satz 2 WEG muss zunächst eine Auslegung erfolgen, ob sie bei unbefangener Be-

---

[559] Vgl. BT-Drucks. 17/887, S. 31.

[560] Vgl. näher zu den Abänderungsverboten im novellierten WEG *Häublein* FS Bub, S. 113 ff.

[561] OLG Hamm ZMR 2009, 219, 221 mit Hinweis auf BT-Drucks. 16/88, S. 25.

[562] Vgl. etwa AG Rosenheim ZMR 2008, 339 zum Abänderungsverbot gem. § 16 Abs. 5 WEG in Bezug auf eine strengere Öffnungsklausel in der Gemeinschaftsordnung (dort: 80% Miteigentumsanteile).

[563] *Bärmann/Merle* § 22 Rn. 347; *Bub* ZWE 2008, 205, 214.

[564] *Bärmann/Merle* § 22 Rn. 347; LG Dessau-Roßlau ZMR 2008, 324, 325.

trachtung nach Wortlaut und Sinn auf „privilegierte“ bauliche Veränderungen i. S. d. § 22 Abs. 2 Satz 2 WEG überhaupt anwendbar ist.[565] Spricht die Gemeinschaftsordnung – was der Regelfall sein dürfte – in Anlehnung an den (damaligen) Gesetzestext allgemein von „baulichen Veränderungen“, so wird sich bei unbefangener Betrachtung als nächstliegende Bedeutung des Erklärten ergeben, dass sowohl die „klassische“ bauliche Veränderung (§ 22 Abs. 1 WEG) als auch die „privilegierte“ bauliche Veränderung (§ 22 Abs. 2 WEG) erfasst sein wird. Beide Maßnahmen sind bauliche Veränderungen, die in einem Spezialitätsverhältnis zueinander stehen. Anderes kann gelten, wenn die Gemeinschaftsordnung lediglich spezielle bauliche Maßnahmen namentlich nennt, die nach früherem wie nach neuem Recht als „klassische“ bauliche Veränderung des gemeinschaftlichen Eigentums anzusehen sind, nicht aber als „privilegierte“ bauliche Veränderung gewertet werden können, z. B. die Anbringung einer Markise, Sichtschutzblende, Funkantenne, das Anbringen von Blumenkästen.

4. Modernisierende Instandsetzung (§ 22 Abs. 3 WEG)

199 § 22 Abs. 3 WEG regelt in Umsetzung kodifizierten Richterrechts die so genannte **modernisierende Instandsetzung.** Diese ist eine Variante der **Instandsetzung,** so dass für sie kein besonderes Zustimmungs- oder Mehrheitserfordernis gemäß § 22 Abs. 1 oder Abs. 2 WEG gilt, sondern die einfache Stimmenmehrheit gem. §§ 21 Abs. 3, Abs. 5 Nr. 2 WEG ausreicht. Diese bezieht sich auf die in der Versammlung persönlich anwesenden oder vertretenen Eigentümer. Anders als bei § 22 Abs. 2 WEG kommt es nicht auf alle Wohnungseigentümer an, die zur Gemeinschaft gehören. Erfüllt eine modernisierende Instandsetzungsmaßnahme – was regelmäßig der Fall sein dürfte, da der Terminus dem Mietrecht (§§ 535 ff. BGB) fremd ist[566] – begrifflich zugleich die Voraussetzungen einer Modernisierung gemäß § 22 Abs. 2 WEG, § 559 Abs. 1 BGB, hat § 22 Abs. 3 WEG Vorrang, da erklärtes[567] Ziel der WEG-Novelle die **Erleichterung** der Willensbildung ist und nicht ihre Erschwerung gegenüber der vorherigen Rechtslage.[568] § 22 Abs. 2 WEG ist deshalb **teleologisch zu reduzieren.**

200 Die modernisierende Instandsetzung erlaubt es den Eigentümern, im Rahmen der ordnungsgemäßen Instandsetzung nicht den früheren Zustand wiederherstellen zu müssen, sondern über die bloße Reproduktion des alten (veralteten) Zustandes hinaus eine zeitgemäße, technisch bessere und wirtschaftlich sinnvollere Lösung umzusetzen und damit dem technischen Fortschritt und den allgemeinen Änderungen in den Lebensgewohnheiten und insbesondere dem Wohnverhalten Rechnung zu tragen.[569] So ist etwa der Austausch von **Holz- gegen Kunststofffenster** im Regelfall keine bauliche Veränderung, sondern eine Maßnahme modernisierender Instandsetzung.[570] Nicht zwingend ist, dass die modernisierende Instandsetzungsmaßnahme ein bereits vorhandenes Gebäudeteil ersetzt oder eine bereits vorhandene Funktion übernimmt. Daher kann die Beseitigung von Nässeschäden an einer Fassade unter gleichzeitiger und erstmaliger Aufbringung einer Wärmedämmung eine modernisierende Instandsetzung darstellen.[571] Gleiches gilt für die erstmalige Dämmung der Kellerdecke im Rahmen einer anstehenden Fassadensanierung.[572]

---

[565] Zur gesetzeskonformen Auslegung vgl. *Häublein,* FS Bub, S. 113 ff.; *Bub* ZWE 2008, 205, 213; *Bärmann/Merle* § 22 Rn. 348.

[566] Vgl. aber auch *Schmidt-Futterer/Börstinghaus* § 559 Rn. 163.

[567] Siehe nur BT-Drucksache 16/887, S. 1, 10, 30 und passim.

[568] Vgl. zutreffend *Bub* ZWE 2007, 205, 207.

[569] OLG Schleswig NZM 2007, 650; *Bärmann/Merle* § 21 Rn. 101; *Gottschalg,* NZM 2001, 729, 732.

[570] LG München I ZMR 2008, 488 m. w. N; BayObLGR 2005, 266.

[571] OLG Düsseldorf NZM 2000, 1067.

[572] OLG Hamm ZMR 2007, 131 = FGPrax 2007, 69, 70.

Eine modernisierende Instandsetzung im Rahmen ordnungsmäßiger Verwaltung setzt neben den allgemeinen Anforderungen an Sanierungsbeschlüsse[573] als besondere Rechtmäßigkeitsvoraussetzung grundsätzlich eine **Kosten-Nutzen-Analyse** unter Abwägung aller Vor- und Nachteile einer bloßen Reparatur des vorhandenen Zustands einerseits im Vergleich zu der Herstellung des neuen Zustands andererseits voraus. Ist eine Maßnahme wirtschaftlich sinnvoll und hält sie sich im Bereich erprobter und bewährter Techniken, liegt keine bauliche Veränderung i. S. d. § 22 Abs. 1 WEG vor, sondern eine Instandsetzungsmaßnahme, selbst wenn der ursprüngliche Zustand des Gebäudes baulich umgestaltet wird.[574] Bei Maßnahmen zur Energieeinsparung wird von der obergerichtlichen Rechtsprechung bislang zumeist eine **Amortisation** der Kosten innerhalb von 10 Jahren gefordert.[575] Infolge der neuen Gesetzeslage im **Energierecht** können sich kurz- bis mittelfristig Verlängerungen der Amortisationszeiträume ergeben. Die **Kosten-Nutzen-Analyse** entfällt, soweit die Durchführung der Gesamtmaßnahme oder ein Teil von ihr durch öffentlich-rechtliche Bestimmungen vorgeschrieben ist.[576] Führt eine öffentlich-rechtliche Verpflichtung zu wirtschaftlich unzumutbaren Belastungen für die Wohnungseigentümer, muss gegebenenfalls gegen die behördliche Verfügung (Verwaltungsakt) vorgegangen werden, notfalls durch Klage vor dem Verwaltungsgericht. Die Rücknahme oder der Widerruf eines bestandskräftigen Verwaltungsakts wird im Regelfall nicht zu erreichen sein. **201**

Wesentliche Voraussetzung einer modernisierenden Instandsetzung ist nach h. M. das Bestehen eines **konkreten Instandsetzungsbedarfs.** Fehlt ein solcher, kommt eine Qualifizierung der baulichen Maßnahme als modernisierende Instandsetzung nicht in Betracht. Es kann eine Modernisierungsmaßnahme gemäß § 22 Abs. 2 WEG mit doppelt qualifizierter Mehrheit beschlossen werden. Ein einfacher Mehrheitsbeschluss gem. § 21 Abs. 3 WEG scheidet dann aus. Er wäre rechtswidrig und anfechtbar. Umstritten ist, was unter einem **konkreten Instandsetzungsbedarf** zu verstehen ist. Nach h. M. setzt eine modernisierende Instandsetzung einen bereits vorhandenen Instandsetzungsbedarf voraus,[577] wobei in der obergerichtlichen Rechtsprechung vereinzelt ein schwerwiegender Mangel des Gemeinschaftseigentums verlangt wird, der dessen Reparatur oder Erneuerung erforderlich macht,[578] während die meisten Gerichte schon einen geringeren Instandsetzungsbedarf genügen lassen.[579] Im neueren Schrifttum wird die Meinung vertreten, eine modernisierende Instandsetzung verlange weder einen aktuellen (vorhandenen) noch einen potentiellen (absehbaren)[580] Instandsetzungsbedarf, sondern nur die Feststellung, dass der vorhandene, noch funktionsfähige Standard hinter den Anforderungen eines **zeitgemäßen Wohnens** zurückbleibt.[581] Die Schaffung eines zeitgemäßen Standards falle unter § 22 Abs. 3 WEG, denn im Interesse eines modernen, zeitgemäßen Wohnkomforts **202**

---

573 Nach h. M. bedarf es vor Beschlussfassung über eine aufwändigere Sanierungsmaßnahme regelmäßig der Einholung verschiedener Alternativ- oder Konkurrenzangebote, eine bloße Kostenschätzung oder -zusammenstellung genügt nicht, vgl. dazu und weiteren Erfordernissen instruktiv LG München I ZMR 2008, 488 m. w. N.

574 OLG Hamm a. a. O.; OLG Düsseldorf NZM 2000, 1067.

575 KG ZMR 2003, 600; NJWE-MietR 1996, 133 = ZMR 1996, 282; vgl. auch OLG Hamm WuM 2009, 252, 255. Für § 22 Abs. 2 WEG ebenso *Bärmann/Merle* § 22 Rn. 341 im Anschluss an *Häublein* ZMR 2007, 409, 412.

576 Vgl. OLG Hamm WuM 2009, 252, 255, BayObLG NZM 2002, 75, 76 jeweils zur WärmeschutzVO.

577 *Wenzel* ZWE 2007, 179 unter II 2 m. w. N.

578 OLG Schleswig NZM 2007, 650.

579 OLG Düsseldorf NZM 2000, 1067, 1068; 2002, 704; 2003, 28; OLG Hamburg WuM 1999, 55; BayObLG NJW-RR 1989, 1293; NZM 2002, 75; Rechtsprechungsüberblick bei *Gottschalg* NZM 2001, 729, 732 f.

580 So *Bärmann/Merle* § 21 Rn. 101; s. auch BT-Drucksache 16/887, S. 29.

581 *Bub* ZWE 2008, 205, 207.

sei der Begriff der modernisierenden Instandsetzung weit auszulegen.[582] Es muss abgewartet werden, ob sich diese Ansicht in der Rechtsprechung durchsetzt. Berechtigt ist in jedem Falle der Hinweis, dass eine bauliche Maßnahme, die nicht der Instandsetzung dient, immer noch im Rahmen des § 21 Abs. 3 WEG ordnungsmäßiger Verwaltung entsprechen kann.[583] Fragwürdig ist indessen, ob es mit der Gesetzesbegründung in Einklang zu bringen ist, eine bauliche Maßnahme zur Schaffung zeitgemäßer Wohnverhältnisse, die mangels Instandsetzungsbedarfs nicht unter § 21 Abs. 5 Nr. 2 WEG fällt, sondern wegen des allenfalls erkennbaren „Modernisierungsbedarfs" unter § 22 Abs. 2 WEG, entweder durch eine Begriffserweiterung der modernisierenden Instandsetzung über den bereits gegebenen oder bald absehbaren Reparaturbedarf[584] hinaus[585] oder über § 21 Abs. 3 WEG[586] – quasi als „Maßnahme sonstiger modernisierender Verwaltung" – statt dem qualifizierten Stimmenquorum (§ 22 Abs. 2 WEG) der einfachen Stimmenmehrheit zu unterstellen. Der durch § 22 Abs. 2 WEG bezweckte Minderheitenschutz, der für Modernisierungen bewusst die Rückendeckung durch die **„ganz überwiegende Mehrheit"** verlangt,[587] würde durch eine solche Einschränkung seines Anwendungsbereichs zu Gunsten der damit korrespondierenden Ausweitung des Anwendungsbereichs von § 21 Abs. 3 WEG und mithin letztendlich zum Vorteil einer änderungswilligen einfachen Mehrheit umgangen werden.

203 Die Anerkennung einer **modernisierenden Instandhaltung** dürfte schon begrifflich ausscheiden, im Übrigen aber rein theoretischer Natur sein. Vorstellbar wäre womöglich die Umstellung der Wartung auf eine technisch hochwertigere Variante zur besseren Vorbeugung eines Instandsetzungsbedarfs.

5. Wiederaufbau (§ 22 Abs. 4 WEG)

204 Der Wiederaufbau bei **Zerstörung** eines Gebäudes ist in § 22 Abs. 4 WEG geregelt. Danach soll der Wiederaufbau nicht gemäß § 21 Abs. 3 WEG beschlossen oder gemäß § 21 Abs. 4 WEG verlangt werden können, wenn das Gebäude zu mehr als der Hälfte seines Wertes zerstört und der Schaden nicht durch eine Versicherung oder in anderer Weise gedeckt ist. Eine Pflicht zum Wiederaufbau ergibt sich aus § 22 Abs. 4 WEG nicht. Diese kann aber in der Gemeinschaftsordnung vereinbart sein oder sich sonst aus § 21 Abs. 3 WEG ergeben.[588] Nicht jede Beschädigung eines Gebäudes ist bereits eine Zerstörung. Es kann sich auch um eine Beschädigung erheblichen Ausmaßes handeln. Ist ein Gebäude nur beschädigt, ohne dass bereits von einer Zerstörung die Rede sein kann, wird meist auch das gemeinschaftliche Eigentum beschädigt sein, so dass dieses gemäß § 21 Abs. 5 Nr. 2 WEG instandzusetzen ist. Diese Vorschrift unterscheidet nicht zwischen Beschädigung und Zerstörung, sondern knüpft ohne Rücksicht auf den Grad der Beschädigung allein an die Instandsetzungsbedürftigkeit des Gemeinschaftseigentums an. Unerheblich ist die Ursache der Zerstörung bzw. Beschädigung.[589] Streitig ist, ob bei der Wertberechnung ausschließlich auf das gemeinschaftliche Eigentum abzustellen ist oder ob auch Sondereigentum zu berücksichtigen ist.[590] Maßgebend ist allein der Wert des Gebäudes, auf den Wert des Grunds und Bodens kommt es nicht an.[591] Wird bei einer Mehrhausanlage nur eines von mehreren Gebäuden zerstört, kommt es ausschließlich

---

[582] *Bub* a. a. O.
[583] *Wenzel* ZWE 2007, 179, 180. Sie oben Rn. 68.
[584] BT-Drucksache 16/887, S. 29 rechte Spalte unten.
[585] So der Ansatz von *Bub* ZWE 2008, 205, 207.
[586] So der Ansatz von *Wenzel* ZWE 2007, 179, 180 zur Umstellung des Fernsehempfangs.
[587] Vgl. BT-Drucksache 16/818, S. 31.
[588] Vgl. *Bärmann/Merle* § 22 Rn. 354.
[589] *Bärmann/Merle* § 22 Rn. 356.
[590] Zum Streitstand *Bärmann/Merle* § 22 Rn. 358.
[591] *Bärmann/Merle* a. a. O.

auf den Zerstörungsgrad dieses Gebäudes an, d.h. die anderen unzerstörten Gebäude der Anlage bleiben außer Betracht.[592] Eine Wiederaufbaupflicht hinsichtlich des **Sondereigentums** lässt sich § 22 Abs. 4 WEG nicht entnehmen, auch nicht im Umkehrschluss. Zu prüfen ist, ob hinsichtlich des Sondereigentums eine Wiederaufbaupflicht aus einer Vereinbarung in der Gemeinschaftsordnung ergibt oder aus § 14 Nr. 1 WEG, wonach jeder Wohnungseigentümer verpflichtet ist, seine im Sondereigentum stehenden Gebäudeteile so instand zu halten, dass keinem anderen Wohnungseigentümer ein Nachteil entsteht, der über das bei einem geordneten Zusammenleben unvermeidliche Maß hinausgeht. Erleidet im Einzelfall ein Wohnungseigentümer durch die Zerstörung von Sondereigentum eines anderen Wohnungseigentümers einen derartigen Nachteil, kann er von diesem Sondereigentümer den Wiederaufbau des Sondereigentums verlangen, soweit der Nachteil nur auf diese Weise beseitigt werden kann.[593] Von der Fallgruppe des Wiederaufbaus bereits begrifflich zu unterscheiden ist die erstmalige Herstellung eines bislang nicht errichteten Gebäudes. Ein Beispiel aus der Praxis ist die Begründung von Wohnungseigentum an einem noch zu errichtenden Gebäude (vgl. §§ 3 Abs. 1, 8 Abs. 2 S. 1 WEG), wenn das Bauvorhaben begonnen, aber nicht fertig gestellt ist (**„steckengebliebener Bau“**).[594]

6. Bauliche Maßnahme und Kostenverteilung

In der Rechtsanwendung ist die Frage der Zulässigkeit einer baulichen Maßnahme zu trennen von der Kostenverteilung. Oft gelten unterschiedliche Voraussetzungen, in Bezug auf Beschlussfassungen vor allem unterschiedliche Zustimmungs- bzw. Mehrheitserfordernisse. Zentrale Vorschriften für bauliche Veränderungen sind § 22 und § 16 Abs. 3 und 4 WEG, wobei § 22 WEG die Zulässigkeit der baulichen Maßnahme betrifft und § 16 Abs. 3 und 4 WEG die Verteilung der durch sie verursachten Kosten. Bei den Kosten ist zu unterscheiden zwischen den eigentlichen einmaligen **Baukosten** und den regelmäßig wiederkehrenden **Folgekosten,** letztere wiederum unterteilbar in **Betriebskosten** (§ 16 Abs. 3 WEG), Kosten der **Instandhaltung und Instandsetzung** (§ 16 Abs. 4 WEG) sowie **sonstige Kosten der Verwaltung** (§ 16 Abs. 2 WEG). Der **Betriebskostenbegriff** i.S.d. § 16 Abs. 3 WEG ist derselbe wie im Wohnraummietrecht (§ 556 Abs. 1 Satz 2 BGB), erfordert also keine spezifisch wohnungseigentumsrechtliche Anpassung. Nach § 16 Abs. 3 WEG, § 556 Abs. 1 Satz 2 BGB sind Betriebskosten die Kosten, die dem Eigentümer [...] durch das Eigentum am Grundstück [...] oder durch den bestimmungsmäßigen Gebrauch des Gebäudes, der Nebengebäude, Anlagen, Einrichtungen und des Grundstücks laufend entstehen. Unterschiede zwischen WEG und Mietrecht (BGB, BetrKV) zeigen sich aber insoweit, als § 16 Abs. 3 WEG die Änderung des Betriebskostenschlüssels auch für solche Betriebskosten erlaubt, die wohnraummietrechtlich gemäß § 556 Abs. 1 Satz 3 BGB, § 2 BetrKV nicht auf den Mieter umgelegt werden dürfen.[595] Praktisch wichtig ist dies für die Verteilung der Kosten von **Vollwartungsverträgen** (z.B. Aufzug) wegen des darin enthaltenen **Instandsetzungsanteils.** Nach hier vertretener Meinung können die Wohnungseigentümer über § 16 Abs. 3 WEG unter Berücksichtigung von Sinn und Zweck der gesetzlichen Beschlusskompetenz eine umfassende Änderung des diesbezüglichen Kostenverteilungsschlüssels beschließen trotz bzw. ungeachtet der gem. BetrKV nur eingeschränkten **Umlagefähigkeit** der in der Rechnung enthaltenen Kosten auf einen Wohnraummieter.[596] Werden Kosten einer Modernisierung i.S.d. § 22 205

[592] *Bärmann/Merle* § 22 Rn. 361.
[593] Vgl. *Bärmann/Merle* § 22 Rn. 366.
[594] Dazu näher *Bärmann/Merle* § 22 Rn. 374ff.
[595] Vgl. *Lützenkirchen* GE 2008, 1306; *J.-H. Schmidt* ZMR 2007, 913, 923ff.
[596] Näher *J.-H. Schmidt* ZMR 2007, 913, 923f.; zustimmend *Becker* in Bärmann § 16 Rn. 84; *Lützenkirchen* GE 2008, 1306, 1308; a.A. AG Oldenburg NZM 2008, 495, 496; *Elzer* ZWE 2008, 153, 156; *Meffert* ZMR 2007, 667, 669.

Abs. 2 WEG, § 559 Abs. 1 BGB gem. § 16 Abs. 4 WEG im Einzelfall abweichend von dem an sich geltenden Verteilerschlüssel verteilt, besteht im Rahmen ordnungsmäßiger Verwaltung kein Zwang, einen Anteil für eine im Zeitpunkt der Modernisierung **fällige Instandsetzung** in Abzug zu bringen,[597] da die Unterscheidung zwischen Instandhaltung, Instandsetzung und Modernisierung anders als im Wohnraummietrecht keine Rolle spielt. Dies schließt es allerdings nicht aus, für die Instandsetzung einerseits (z. B. Wiederherstellung) und die Modernisierung andererseits (z. B. Vergrößerung) unterschiedliche Verteilerschlüssel zu kombinieren, von denen zumindest einer[598] **gebrauchsbezogen** sein muss, so etwa der Beschluss, die Mehrkosten einer Balkonvergrößerung (**Modernisierungsanteil**) im Vergleich zur einfachen Wiederherstellung (**Instandsetzungsanteil**) nach qm-Flächenzuwachs auf die Wohnungseigentümer, die größere Balkone erhalten, umzulegen.[599] **Sowieso-Kosten,** die auch ohne die Modernisierung anfielen, sollten im Rahmen einer ausgewogenen Verteilung im Zweifel dem Instandsetzungsanteil zugeschlagen werden, abgrenzbare Baunebenkosten für Planung oder anwaltliche Beratung hingegen dem Modernisierungsanteil.

206 § 22 Abs. 2 und § 16 Abs. 3 und 4 WEG verleihen den Eigentümern **zwingende gesetzliche Beschlusskompetenzen,** d. h. mit der gesetzlich geforderten Mehrheit gewollte Modernisierungen oder Anpassungen an den Stand der Technik (§ 22 Abs. 2 WEG) sowie Abänderungen (§ 16 Abs. 3 WEG) oder Durchbrechungen (§ 16 Abs. 4 WEG) des gesetzlichen oder vereinbarten Kostenverteilungsschlüssels können weder ausgeschlossen noch eingeschränkt noch sonst **erschwert** werden, und zwar insbesondere auch nicht durch eine Vereinbarung in der Gemeinschaftsordnung (vgl. § 22 Abs. 2 Satz 2, § 16 Abs. 5 WEG).[600] **Erleichterungen** in der Willensbildung durch vorrangige Vereinbarungen in der Gemeinschaftsordnung sind dagegen – wie der Umkehrschluss aus den Abänderungsverboten zeigt – in beiden Bereichen zulässig und im jeweiligen Einzelfall zu berücksichtigen. Vereinbarte Öffnungsklauseln aus der Zeit vor dem Inkrafttreten der WEG-Novelle sind daher weiterhin geltendes und somit anzuwendendes Gemeinschaftsrecht.[601] Anderes gilt nur dann, wenn im konkreten Einzelfall die Auslegung der Gemeinschaftsordnung dazu führt, dass eine mit den Abänderungsverboten kollidierende Vereinbarung mangels möglicher gesetzeskonformer Auslegung nichtig ist.

7. Rechtsschutz bei rechtswidrigen baulichen Veränderungen

207 Rechtsgültig beschlossene bauliche Veränderungen i. S. d. § 22 Abs. 1 oder 2 WEG sind von allen Wohnungseigentümern zu **dulden.** Dies gilt sowohl für bauliche Veränderungen im Gesamtinteresse aller Eigentümer als auch für solche im Individualinteresse einzelner. Die Verteilung der Baukosten richtet sich in erster Linie nach etwaigen getroffenen kollektiven oder individuellen Vereinbarungen, einem etwaigen Beschluss gem. § 16 Abs. 4 WEG und mangels einer solchen vorrangigen Regelung nach der gesetzlichen Ausgangsregelung in § 16 Abs. 6 Satz 1 Halbsatz 2 WEG. Danach ist ein Wohnungseigentümer, der einer baulichen Veränderung nach § 22 Abs. 1 WEG nicht zugestimmt hat, nicht verpflichtet, Kosten, die durch die Maßnahme verursacht sind, anteilig zu tragen. Diese Kostenbefreiung gilt nach h. M. auch dann, wenn der nicht zustimmende Eigentümer unvermeidbar aus der baulichen Maßnahme Gebrauchsvorteile zieht, weil er von

[597] Vgl. dazu etwa *Schmidt-Futterer/Börstinghaus* § 559 Rn. 164, 111.

[598] Die Kombination eines gebrauchsbezogenen mit einem nicht gebrauchsbezogenen Umlagemaßstab dürfte von § 16 Abs. 4 WEG gedeckt sein, vgl. *J.-H. Schmidt* ZMR 2007, 913, 922 Fn. 89.

[599] Siehe zur Balkonvergrößerung Rn. 164.

[600] *Armbrüster* ZWE 2005, 141 spricht von zwingenden Beschlusskompetenzen, *Häublein* ZMR 2007, 409, 410 von einem Abänderungsverbot; ders. vertiefend, FS Bub, S. 113, 114 ff.

[601] Vgl. *Bub* ZWE 2008, 205, 215.

diesen wegen der Beschaffenheit der Maßnahme nicht ausgeschlossen werden kann.[602] Die Kostenbefreiung gem. § 16 Abs. 6 Satz 1 Halbsatz 2 WEG erfasst auch die Folgekosten der Maßnahme, wobei die Einzelheiten umstritten sind.[603]

Ist eine bauliche Maßnahme nicht durch Vereinbarung oder Beschluss im obigen Sinne legitimiert, ist sie nicht rechtmäßig, sondern rechtswidrig. Gleiches gilt, wenn die Grenzen einer erteilten Zustimmung überschritten werden, also etwa ein Teil der vorgenommenen baulichen Veränderung nicht von der Zustimmung gedeckt ist.[604] Gegen rechtswidrige bauliche Maßnahmen bietet die Rechtsordnung verschiedene Möglichkeiten des Rechtsschutzes. Je nach dem Rechtschutzziel kommen unterschiedliche Ansprüche in Betracht, die der Anspruchsinhaber bzw. Ausübungsbefugte gegen den Anspruchsgegner durchsetzen kann. 208

a) **Mögliche Ansprüche.** Rechtswidrige bauliche Veränderungen am gemeinschaftlichen Eigentum eröffnen eine Vielzahl möglicher Abwehransprüche.[605] Grundsätzlich kann jeder einzelne Wohnungseigentümer derartige Ansprüche individuell verfolgen ohne entsprechende Ermächtigung durch die übrigen Miteigentümer. Denn nach § 15 Abs. 3 WEG kann jeder Wohnungseigentümer einen Gebrauch des gemeinschaftlichen Eigentums verlangen, der dem Gesetz, den Vereinbarungen und Beschlüssen entspricht.[606] 209

aa) Beseitigung. Am häufigsten ziehen widerrechtliche bauliche Veränderungen Ansprüche auf **Beseitigung** (§ 1004 Abs. 1 Satz 1 BGB) nach sich. Nach dieser Vorschrift kann jeder Wohnungseigentümer (vgl. § 15 Abs. 3 WEG) grundsätzlich die Beseitigung der rechtswidrigen baulichen Veränderung vom Störer verlangen, also von demjenigen, der sie unmittelbar selbst vorgenommen (unmittelbarer Handlungsstörer) oder mittelbar adäquat verursacht hat (mittelbare Handlungsstörer) oder dem sie aus sonstigen Gründen zuzurechnen ist (Zustandsstörer).[607] Der Anspruch ist ausgeschlossen, wenn der Eigentümer zur Duldung verpflichtet ist (§ 1004 Abs. 2 BGB). Eine besondere wohnungseigentumsgesetzliche Duldungspflicht i. S. d. § 1004 Abs. 2 BGB kann sich ergeben, wenn eine Beeinträchtigung nur unerheblich i. S. d. § 14 Nr. 1 WEG ist.[608] Inhaltlich geht der Anspruch auf Beseitigung der Beeinträchtigung, also darauf, die Beeinträchtigung des gemeinschaftlichen Eigentums für die Zukunft abzustellen. Die Auswahl unter den geeigneten Abwehrmaßnahmen bleibt grundsätzlich dem Schuldner überlassen,[609] es sei denn, es kommt technisch nur eine einzige Möglichkeit der Beseitigung in Betracht oder es wird rechtlich eine bestimmte geschuldet. 210

Vom Anspruch auf Beseitigung nach § 1004 Abs. 1 WEG **durch** den Störer zu unterscheiden ist der Anspruch gegen den Störer auf **Duldung der Beseitigung** durch die Gemeinschaft.[610] Dieser Anspruch greift ein, wenn ein Wohnungseigentümer weder unmittelbarer noch mittelbarer **Handlungsstörer** ist, sondern **Zustandsstörer.** Als Zustandsstörer haftet ein Wohnungseigentümer nicht auf Beseitigung einer störenden Einrichtung, sondern allenfalls auf Duldung der Beseitigung. Die einzelnen beeinträchtigten Miteigentümer haben in diesem Fall einen Anspruch nach § 21 Abs. 4 WEG gegen die Gemeinschaft auf ordnungsmäßige, dem Interesse der Gesamtheit der Wohnungseigentümer 211

[602] OLG München ZMR 2008, 905; OLG Schleswig NZM 2007, 650; obiter dictum auch OLG Hamm ZMR 1997 371: Umgestaltung einer gemeinschaftlichen Vorgartenanlage.

[603] Überblick bei *Bärmann/Merle* § 22 Rn. 289 ff. m. w. N.

[604] Vgl. *Bärmann/Merle* § 22 Rn. 302.

[605] Überblick bei *Bärmann/Merle* § 22 Rn. 303 ff.

[606] Zur Rechtsverfolgungskonkurrenz Rn. 227.

[607] Zum Begriff des Störers unten Rn. 229.

[608] OLG München ZMR 2009, 224; OLG Köln ZMR 1998, 46. Zu anderen Einwendungen unten Rn. 235.

[609] KG ZMR 2007, 639, 639 f.; *Bärmann/Merle* § 22 Rn. 306.

[610] KG ZMR 2007, 639, 640; *Bärmann/Merle* § 23 Rn. 318 f.

entsprechende Verwaltung, die sich u. a. auf die ordnungsmäßige Instandhaltung und Instandsetzung des gemeinschaftlichen Eigentums richtet (§ 21 Abs. 5 Nr. 2 WEG). Bei dem Anspruch auf **Duldung** handelt es sich um einen von einem Beseitigungsanspruch zu unterscheidenden Streitgegenstand. Dieser soll grundsätzlich allein der Wohnungseigentümergemeinschaft zustehen,[611] was abzulehnen ist, da Rechtsinhaberschaft und Rechtsverfolgung nicht sauber getrennt werden (siehe Rn. 227). § 21 Abs. 4 WEG ist ein Individualanspruch jedes einzelnen Wohnungseigentümers, nicht des Verbandes. Dieser tritt frühestens bei der Durchführung (z. B. Beauftragung eines Handwerkers) und Durchsetzung (z. B. Beseitigungsklage gegen den Störer) einer beschlossenen Maßnahme im Außenverhältnis in Erscheinung. Allein die Rechtsverfolgung ist eine gemeinschaftsbezogene Angelegenheit. Folge davon ist aber in jedem Falle, dass der einzelne Wohnungseigentümer im Unterschied zum Anspruch auf Beseitigung (§ 1004 BGB) den Anspruch auf Duldung der Beseitigung nicht ohne Vorbefassung in der Eigentümerversammlung und auch nicht ohne ermächtigenden Beschluss allein geltend machen kann. Inhaltlich geht der Duldungsanspruch auf die Beseitigung durch und auf Kosten der Gemeinschaft. Die Organisation erfolgt daher durch den WEG-Verwalter. Der Zustandsstörer hat sich nur anteilig nach dem maßgeblichen Verteilerschlüssel an den Kosten zu beteiligen.

212 *bb) Wiederherstellung.* In der Praxis wird der Anspruch auf Beseitigung regelmäßig verbunden mit einem Anspruch auf Wiederherstellung des vorherigen Zustandes. Die Wiederherstellung rückt den Beseitigungsanspruch in Anspruchskonkurrenz zur Deliktshaftung (dazu unten Rn. 216). Nach der vom BGH vertretenen **Wiederbenutzbarkeitstheorie** umfasst der Beseitigungsanspruch nicht nur die isolierte Beseitigung der Störungsquelle, sondern auch die anschließende Wiederherstellung des in seiner Benutzbarkeit beeinträchtigten Grundstückszustandes.[612] Die Wiederherstellung wird sich zumeist auf die Beseitigung unmittelbarer Substanzschäden, die etwa durch die Anbringung einer rechtswidrigen baulichen Veränderung verursacht wurden, beschränken. Sonstige Einbußen, insbesondere mittelbarer Sachschaden (vgl. § 14 Nr. 4 Halbsatz 2 WEG) oder Vermögensschäden (§§ 823 Abs. 2 BGB i. V. m. 1004 Abs. 1 BGB), sind nach Deliktsrecht (§§ 823 ff. BGB) zu beurteilen. Inhaltlich gehen beide Ansprüche auf Wiederherstellung des Zustandes, der vor der baulichen Veränderung bestanden hat, wobei allerdings zu berücksichtigen ist, dass § 1004 Abs. 1 BGB verschuldensunabhängig ist, während die deliktsrechtliche Haftung ein Verschulden erfordert. [613]

213 *cc) Herausgabe (Mitbesitz).* Neben dem Anspruch auf Beseitigung einer rechtswidrigen baulichen Veränderung nach § 1004 Abs. 1 BGB kann nach einer Ansicht in der Rechtsprechung auch ein Anspruch auf Wiedereinräumung bzw. Verschaffung des unmittelbaren Besitzes am gemeinschaftlichen Eigentum gegeben sein, wenn die widerrechtliche bauliche Veränderung sowohl ein Vorenthalten des Besitzes als auch eine andere Beeinträchtigung des gemeinschaftlichen Eigentums darstellt.[614] Der Anspruch folgt nach dieser Meinung aus dem Herausgabeanspruch des § 985 BGB, der sowohl die Verschaffung des unmittelbaren Mitbesitzes am gemeinschaftlichen Eigentum umfasse als auch – als Minus des Herausgabeanspruchs – die **Duldung** der Beseitigung der Besitz störenden Bebauung durch die Wohnungseigentümergemeinschaft. [615] Nach h. M. richtet sich der Herausgabeanspruch aus § 985 BGB nur auf Herausgabe der Sache in dem Zustand, in dem sie sich gerade befindet, so dass der Antragsgegner nur dafür sorgen muss, dass die übrigen Wohnungseigentümer Mitbesitz an der durch die widerrechtliche bauliche Veränderung beanspruchten Gemeinschaftsfläche erhalten. Das erfasst nicht die

---

[611] KG ZMR 2007, 639, 640 m. w. N.

[612] BGH NZM 2004, 154; NJW 1997, 2234; 1986, 2640; *Wenzel* NZM 2008, 74, 75; *ders.* NJW 2005, 241, 243.

[613] Vgl. *Bärmann/Merle* § 22 Rn. 310.

[614] OLG München NZM 2008, 87; vgl. auch OLG München ZMR 2009, 224.

[615] OLG München NZM 2008, 87, 89; a. A. *Wenzel* NZM 2008, 74, 74 f.

Verpflichtung zur **Duldung** des Rückbaus, da sonst mit dem Herausgabeanspruch immer auch ein **unverjährbarer** (vgl. § 902 BGB) Duldungs- oder Unterlassungsanspruch verbunden wäre. Ein derartiger Anspruch lässt sich wiederum nur aus § 15 Abs. 3 WEG oder § 1004 Abs. 1 BGB herleiten.[616] Da gemeinschaftliche Flächen (z.B. Dachfläche, Grundstück), an denen kein Sondernutzungsrecht besteht, dem gemeinschaftlichen Mitgebrauch aller Wohnungseigentümer unterliegen (§ 13 Abs. 2 S. 1 WEG), dürfte der Anspruch auf Herausgabe zu den geborenen gemeinschaftsbezogenen Angelegenheiten i.S.d. § 10 Abs. 6 S. 3 WEG gehören, so dass der einzelne Miteigentümer ohne Ermächtigung durch die Eigentümerversammlung den Herausgabeanspruch nicht wird geltend machen können, auch nicht im Wege der Herausgabe der streitgegenständlichen Fläche an alle Miteigentümer gemäß §§ 1011, 432 BGB.[617]

dd) Unterlassung. Rechtswidrige bauliche Veränderungen am gemeinschaftlichen Eigentum können einen Anspruch auf Unterlassung begründen (§ 1004 Abs. 1 Satz 2 BGB). Der Anspruch ist ausgeschlossen, wenn eine Pflicht zur Duldung besteht (§ 1004 Abs. 2 BGB), die sich aus § 14 Nr. 1 WEG ergeben kann, wenn die Beeinträchtigung nur unerheblich ist.[618] Vor Durchführung baulicher Veränderungen können Wohnungseigentümer einen Unterlassungsanspruch geltend machen, wenn die Besorgnis begründet ist, ein oder mehrere Wohnungseigentümer werden das Gemeinschaftseigentum rechtswidrig baulich verändern.[619] Diese Besorgnis ist etwa dann begründet, wenn ein Wohnungseigentümer eine bauordnungsrechtliche Genehmigung der baulichen Veränderung beantragt,[620] der Baugenehmigungsbescheid bereits erlassen wurde[621] oder sich aus sonstigen Umständen die begründete Besorgnis zukünftiger Eingriffe ergibt.[622] Der Unterlassungsanspruch setzt also nicht zwingend voraus, dass es bereits zu einer tatsächlichen Beeinträchtigung gekommen ist.[623] Die begründete Besorgnis zukünftiger Beeinträchtigungen kann zu bejahen sein, wenn ein Baugenehmigungsbescheid Eheleuten erteilt wurde und ein Ehegatte nach Rechtshängigkeit des Unterlassungsanspruches sein Eigentum auf den anderen übertragen hat. Die begründete Besorgnis knüpft an die Rechtsmacht zur Umsetzung der baulichen Maßnahme an. Auf den **ausgeschiedenen Wohnungseigentümer** ist § 265 ZPO anzuwenden.[624] Auch der Sondernutzungsberechtigte kann Unterlassung von Eingriffen verlangen, wenn die begründete Besorgnis eines zukünftigen Eingriffs besteht.[625] Ist es in der Vergangenheit einmal oder wiederholt zu rechtswidrigen baulichen Veränderungen durch einen Wohnungseigentümer gekommen, kann ebenfalls die begründete Besorgnis (Wiederholungsgefahr) zu bejahen sein, die einen Unterlassungsanspruch begründet.[626] Ferner denkbar sind Ansprüche auf Unterlassung des **Gebrauchs** oder sonstigen **Nutzung** (z.B. Vermietung) einer rechtswidrigen baulichen Veränderung. Dies kann in Betracht kommen, wenn ein Anspruch auf Beseitigung verjährt ist,[627] z.B. wegen zu langer Duldung durch den Anspruchsteller oder seinen Rechtsvorgänger,[628] oder die Beseitigung einer widerrechtlichen baulichen Anlage oder Einrichtung nicht 214

[616] *Wenzel* NZM 2008, 74, 74f. m. w. N.

[617] Vgl. zur Deliktshaftung bei Sachbeschädigung BGH NJW 1993, 727, 728; *Wenzel* NZM 2008, 74, 75.

[618] Vgl. OLG München ZMR 2009, 224 m. w. N.

[619] *Bärmann/Merle* § 22 Rn. 311.

[620] BayObLG WE 1994, 116 = WuM 1993, 294.

[621] OLG München ZMR 2007, 643, 645.

[622] OLG München ZMR 2007, 643.

[623] BayObLG ZMR 1987, 345.

[624] Vgl. OLG München ZMR 2007, 643, 645.

[625] BayObLG ZMR 1987, 345.

[626] *Bärmann/Merle* § 22 Rn. 311.

[627] Vgl. dazu *Wenzel* in Bärmann § 13 Rn 105; *ders.* NZM 2008, 74, 75.

[628] Vgl. den Sachverhalt bei OLG Celle OLGR 2007, 756, wo dies nach den mitgeteilten Gründen mutmaßlich der Fall gewesen sein dürfte.

erforderlich ist, um die störende Beeinträchtigung abzuwehren. Zu denken ist etwa daran, dass die rechtswidrige Nutzung eines Dachbodens als Wohnraum untersagt wird, der Einbau von die Wohnnutzung ermöglichenden Sanitäranlagen oder Heizkörpern samt Leitungen aber ohne Rückbau bleiben darf. In der Regel wird dem Beseitigungsanspruch das erforderliche Rechtschutzbedürfnis in derartigen Situationen aber zur Seite stehen, da dem Anspruchsinhaber die Kontrolle der tatsächlichen Unterlassung der Weiterbenutzung der rechtswidrigen baulichen Anlage entweder nicht möglich, jedenfalls aber nicht zumutbar sein wird.

215 *ee) Schadensersatz.* Die Vornahme einer rechtswidrigen baulichen Veränderung kann eine zum Schadensersatz (§ 249 BGB) verpflichtende Pflichtverletzung sein, z. B. eigenmächtige Eingriffe in den Fußbodenaufbau, soweit gemeinschaftliches Eigentum nachteilig betroffen wird.[629] Denn in einer rechtswidrigen baulichen Veränderung liegt in der Regel zugleich eine widerrechtliche Verletzung des gemeinschaftlichen Eigentums der übrigen Miteigentümer i. S. d. § 823 Abs. 1 BGB.[630] Da § 1004 Abs. 1 BGB ein Schutzgesetz i. S. d. § 823 Abs. 2 BGB ist,[631] kommt eine deliktsrechtliche Ersatzpflicht auch für **Vermögensschäden** in Frage. Zudem kann eine Verletzung des zwischen den Wohnungseigentümern bestehenden gesetzlichen Schuldverhältnisses (Gemeinschaftsverhältnis) vorliegen (§ 280 Abs. 1 BGB). Als ersatzfähiger Vermögensschaden können insofern u. a. auch **außergerichtliche Rechtsverteidigungskosten** in Betracht kommen, wenn etwa auf ein anwaltliches Aufforderungsschreiben hin eine rechtswidrige bauliche Veränderung vom Störer freiwillig wieder beseitigt wird und die Voraussetzungen eines **materiellrechtlichen Kostenerstattungsanspruchs** erfüllt sind. Befand sich der Störer bei Einschaltung des Rechtsanwalts mit der Beseitigung in Verzug oder lässt sich die Vornahme oder Ankündigung einer rechtswidrigen baulichen Veränderung sonst als eine Pflichtverletzung in Bezug auf das Gemeinschaftsverhältnis begründen, kann er der Gemeinschaft die zur Rechtsverfolgung aufgewandten Rechtsanwaltskosten als Schadensersatz schulden. Der Höhe nach wird die Ersatzpflicht regelmäßig auf die gesetzliche Geschäftsgebühr nach Nr. 2300 VV RVG beschränkt sein, wobei im Einzelfall anderes gelten kann, wenn die anwaltliche Tätigkeit umfangreich oder schwierig war, was zu einer Erhöhung der 1,3 Regelgebühr bis zu 2,5 führen kann (s. Nr. 2300 VV RVG). Vereinbarte Sondervergütungen, die die gesetzliche Geschäftsgebühr überschreiten, werden nicht erstattungsfähig sein.

216 Deliktsrechtliche Ansprüche nach den §§ 823 ff. BGB und Schadensersatzansprüche nach § 280 Abs. 1 BGB setzen im Unterschied zu § 1004 BGB voraus, dass den Wohnungseigentümer, der die rechtswidrige bauliche Veränderung vorgenommen hat, ein **Verschulden** trifft. Eine fahrlässige Eigentumsverletzung dürfte bereits dann anzunehmen sein, wenn die bauliche Veränderung nicht auf eine Vereinbarung (Gemeinschaftsordnung) oder einen Eigentümerbeschluss zurückzuführen ist.[632] Schuldhaft handelt etwa derjenige Wohnungseigentümer, der sich vor der Vornahme einer baulichen Veränderung nicht darüber vergewissert, ob der für die Baumaßnahme vorgesehene Bereich ihm gehört (Sondereigentum) oder zumindest seiner alleinigen Nutzung (z. B. Sondernutzung) unterliegt.[633] So muss sich ein Wohnungseigentümer vor dem Ausbau des Dachgeschosses durch Einsicht in die Teilungserklärung/Gemeinschaftsordnung ein Bild über die Eigentumszuordnung verschaffen.[634] Bei Unklarheiten über die Abgrenzung von Sonder- und Gemeinschaftseigentum hat er gegebenenfalls fachkundigen Rat einzuho-

[629] LG Hamburg ZMR 2004, 863.
[630] *Bärmann/Merle* § 22 Rn. 309.
[631] BGH NJW 2000, 512, 514.
[632] *Bärmann/Merle* § 22 Rn. 309.
[633] Vgl. OLG Düsseldorf NZM 2006, 705, 706 zu einem unberechtigten Dachgeschossausbau unter Hinweis auf BGH NZM 2003, 996 betreffend einen Überbau.
[634] OLG Düsseldorf NZM 2006, 705, 706.

len.[635] Auch für **schuldhafte Rechtsirrtümer,** z. B. die rechtsirrtümliche Annahme, aufgrund eines vereinbarten Sondernutzungsrechts auch zu baulichen Veränderungen der betreffenden Fläche oder des betreffenden Raumes berechtigt zu sein, hat ein Wohnungseigentümer grundsätzlich einzustehen. Gleiches gilt für die fehlerhafte rechtliche Würdigung der Frage, ob ein einen anderen Wohnungseigentümer beeinträchtigender Nachteil i. S. d. § 22 Abs. 1 Satz 2, § 14 Nr. 1 WEG gegeben ist.

Eine zum Schadensersatz verpflichtende Beschädigung des gemeinschaftlichen Eigentums kann darin liegen, dass ein Recht zur fachgerechten Umgestaltung des Gemeinschaftseigentums mangelhaft durchgeführt wird oder die Grenzen der zulässigen baulichen Umgestaltung überschritten werden.[636] Ein in der Gemeinschaftsordnung oder durch Beschluss erteiltes Dachausbaurecht verpflichtet den Ausbauberechtigten auch ohne ausdrückliche Regelung zu einer fachgerechten Behandlung des angrenzenden Gemeinschaftseigentums. Bei dem Ausbau hat er, weil und soweit Gemeinschaftseigentum betroffen ist, mit der Sorgfalt eines Beauftragten vorzugehen. Für die Fehlerhaftigkeit des Dachgeschossausbaus haftet der Ausbauberechtigte demgemäß nach den allgemeinen Vorschriften entweder im Sinne einer Garantiehaftung[637] oder zumindest bei objektiver Pflichtverletzung und entsprechendem Verschulden.[638] Bei der Deliktshaftung trifft grundsätzlich den Anspruchsteller die **Beweislast** dafür, dass der Anspruchsgegner schuldhaft handelte. Bei einer Verletzung des gesetzlichen Schuldverhältnisses der Wohnungseigentümer (Gemeinschaftsverhältnis) muss hingegen der Anspruchsgegner nach § 280 Abs. 1 Satz 2 BGB darlegen und beweisen, dass er die Pflichtverletzung nicht zu vertreten hat. Einen pflichtwidrigen Rechtsirrtum hat der Schädiger im Rahmen eines bestehenden Schuldverhältnisses i. S. d. § 280 Abs. 1 Satz 2 BGB nicht schon dann zu vertreten, wenn er nicht erkennt, dass seine Rechtsposition in der Sache nicht berechtigt ist, sondern erst, wenn er diese Rechtsposition auch nicht als plausibel ansehen durfte.[639] Schadensersatzansprüche wegen Beschädigung des gemeinschaftlichen Eigentums können von einem einzelnen Wohnungseigentümer grundsätzlich nicht ohne Ermächtigung der übrigen Wohnungseigentümer (Eigentümerversammlung) geltend gemacht werden. Obwohl das beschädigte Miteigentum dem einzelnen Wohnungseigentümer ganz, wenn auch nicht allein gehört (vgl. § 1008 BGB), handelt es sich bei der Rechtsverfolgung insoweit um eine geboren gemeinschaftsbezogene Angelegenheit gemäß § 10 Abs. 6 Satz 3 WEG.[640] Anderes gilt, wenn der einzelne Wohnungseigentümer einen Schaden liquidiert, der ausschließlich ihm entstanden ist. 217

Eine ihrerseits zur Schadensersatzleistung führende Beschädigung des gemeinschaftlichen Eigentums kann auch darin liegen, dass eine rechtskräftig festgestellte Pflicht zur Beseitigung einer baulichen Veränderung unter Wiederherstellung des bisherigen Zustandes mangelhaft oder unzureichend vorgenommen wird. 218

ff) Nutzungsersatz und Bereicherungsausgleich. Erzielt ein Wohnungseigentümer aus rechtswidrigen baulichen Veränderungen des gemeinschaftlichen Eigentums Nutzungen (z. B. Mieteinnahmen), kann er nach den Vorschriften des **Eigentümer-Besitzer-Verhältnisses** nicht nur zur Herausgabe der von ihm in Beschlag genommenen Gemeinschaftsflächen (z. B. Dachgeschoss) verpflichtet sein, sondern auch zur Herausgabe gezogener oder (vgl. § 987 Abs. 2 BGB) schuldhaft nicht gezogener Nutzungen verpflichtet sein. Ein Wohnungseigentümer, der das keiner Wohnung zugeordnete und daher im Ge- 219

---

[635] Vgl. BGH NZM 2003, 996: Hinzuziehung eines Vermessungsingenieurs.

[636] Vgl. KG NZM 2000, 1012, 1013 zu einem in der Gemeinschaftsordnung eingeräumten Dachausbaurecht.

[637] Sofern sich die Regelung über das Ausbaurecht als verschuldensunabhängige Haftungsregelung auslegen lässt.

[638] KG NZM 2000, 1012, 1013 f. m. w. N.

[639] Vgl. BGH NJW 2009, 1262 und dazu *Deckenbrock* NJW 2009, 1247.

[640] Vgl. BGH NJW 1993, 727, 728; *Wenzel* NZM 2008, 74, 75.

meinschaftseigentum stehende Dachgeschoss auf eigene Rechnung zu Wohnungen ausbaut und vermietet, ohne sich zuvor durch Einblick in die Teilungserklärung über die Aufteilungsverhältnisse zu unterrichten, ist bösgläubiger Besitzer i. S. d. § 990 Abs. 1 BGB, so dass er dem auf Herausgabe des Besitzes sowie der erzielten Mieteinnahmen an die Gemeinschaft gerichteten Anspruch nicht seinerseits Ansprüche aus Verwendungsersatz oder ungerechtfertigter Bereicherung entgegenhalten kann.[641]

220 *gg) Auskunft.* Grundsätzlich obliegt dem Wohnungseigentümer, der die Beseitigung einer rechtswidrigen baulichen Veränderung gem. § 1004 Abs. 1 BGB verlangt oder einen anderen Abwehr- oder Schadensersatzanspruch geltend macht, die Beweislast dafür, dass die streitgegenständliche bauliche Veränderung existiert, sein Eigentum gegenwärtig beeinträchtigt wird und der in Anspruch genommene Wohnungseigentümer als Störer für diese Beeinträchtigung verantwortlich ist.[642] Bei sichtbaren baulichen Veränderungen im **Außenbereich** wird die Sachverhaltsermittlung dem Anspruchsteller regelmäßig keine größeren Schwierigkeiten bereiten. Anders verhält es sich bei (mutmaßlichen) rechtswidrigen baulichen Veränderungen **im** räumlich abgeschlossenen Bereich des Sondereigentums. Zur Vorbereitung eines Abwehranspruches wegen unzulässiger, in das Gemeinschaftseigentum eingreifender Umbaumaßnahmen kann dem einzelnen Wohnungseigentümer ein Auskunftsanspruch gegen den Miteigentümer zustehen, der die baulichen Veränderungen vorgenommen hat. Voraussetzung ist, dass eine Rechtsbeeinträchtigung dem Grunde nach vorliegt oder zumindest überwiegend wahrscheinlich ist, dass der Anspruchsteller in entschuldbarer Weise über das Bestehen und den Umfang der Beeinträchtigung im Ungewissen ist und der Anspruchsgegner die zur Beseitigung der Ungewissheit erforderlichen Auskünfte unschwer geben kann.[643] Der Auskunftsanspruch besteht auch im Falle der Veräußerung des Wohnungseigentums während des rechtshängigen Verfahrens (vgl. § 265 ZPO) unter dem Gesichtspunkt nachwirkender **Treuepflichten** fort, weil im Zweifel nur der Beklagte als möglicher Störer die Einzelheiten kennt, die zur Beurteilung des Abwehranspruches erforderlich sind.[644] Der Anspruchsteller sollte für gewöhnlich im Rahmen der **Stufenklage** vorgehen, also zunächst nur Auskunft verlangen und sodann gegebenenfalls seine Klage auf Beseitigung, Unterlassung usw. erweitern. Ein Auskunftsanspruch kommt auch zur Vorbereitung eines möglichen Anspruchs auf Herausgabe zu Unrecht erzielter Pacht- bzw. Mieteinnahmen in Betracht, die der Anspruchsgegner aus der ungerechtfertigten Nutzung von gemeinschaftlichen Räumen oder Flächen oder von fremdem Sondereigentum erlöst hat.[645]

221 *hh) Anfechtungsklage und einstweiliger Rechtsschutz.* Wegen der nach h. M. weitreichenden Beschlusskompetenzen der Wohnungseigentümer in Bezug auf die Gestattung baulicher Veränderungen am gemeinschaftlichen Eigentum ist es für einen Wohnungseigentümer, der sich gegen die bauliche Maßnahme zur Wehr setzen möchte, in der Regel empfehlenswert bzw. unerlässlich, den Eigentümerbeschluss rechtzeitig gerichtlich anzufechten. Andernfalls drohen ihm Rechtsnachteile, wenn der rechtswidrige Beschluss nach Ablauf der Anfechtungsfrist endgültig bestandskräftig wird. Eine Anfechtungsklage bietet sich auch dann an, wenn fraglich ist, wie die streitgegenständliche bauliche Maßnahme rechtlich zu qualifizieren ist. Da rechtswidrige Eigentümerbeschlüsse über bauliche Maßnahmen trotz Anfechtungsklage weiterhin so lange gültig und somit durchführbar (vgl. § 27 Abs. 1 Nr. 1 WEG) sind, wie sie nicht durch rechtskräftiges Urteil[646] für ungültig erklärt wurden, kann es zur Vermeidung der Schaffung vollendeter Tatsachen für den An-

---

[641] Vgl. OLG Düsseldorf NZM 2006, 705.

[642] *Bärmann/Merle* § 22 Rn. 307 m. w. N.

[643] OLG Düsseldorf ZMR 1997, 149; *Bärmann/Merle* § 22 Rn. 307.

[644] OLG Düsseldorf ZMR 1997, 149; *Bärmann/Merle* § 22 Rn. 307.

[645] OLG Köln, ZMR 2004, 707 = NZM 2004, 389.

[646] Die Verkündung des Beschlussergebnisses durch den Abstimmungsleiter erlangt also sofortige Gültigkeit, der Richterspruch, der ein Gestaltungsurteil ist, hingegen erst mit Rechtskraft.

fechtungskläger sinnvoll sein, durch **einstweilige Verfügung** einen vorübergehenden **Baustopp** zu erwirken. Der Verfügungsantrag setzt nicht die Rechtshängigkeit der Hauptsacheklage (Anfechtungsklage oder Rückbauklage) voraus (anders § 44 Abs. 3 WEG a.F.). Am Verfügungsgrund kann es fehlen, wenn der Verfügungskläger sich erst zwei Monate nach der angefochtenen Beschlussfassung sowie erst nach Beginn der Bauarbeiten an das Gericht wendet.[647] Der Verfügungskläger muss sein überwiegendes Interesse an einer Nichtdurchführung der angefochtenen Baumaßnahme glaubhaft machen. Dies kann zweifelhaft sein, wenn der Verfügungskläger ausschließlich formale Bedenken an der Beschlussfassung vorbringt.[648] Ist die Gefahr irreversibler Schäden nicht begründet und können etwaige wirtschaftliche Einbußen (Mehrkosten durch die Umlage zu hoher Instandsetzungskosten) auch noch nach Beendigung der Arbeiten kompensiert werden, kann dies einem Verfügungsgrund entgegen stehen.[649] Geht es um **Außenmodernisierungen** oder andere bauliche Maßnahmen **im Außenbereich** außer,halb des Sondereigentums muss der Kläger bzw. Antragsteller eine nicht unerhebliche Beeinträchtigung seines Mitgebrauchs glaubhaft machen und etwa darlegen, dass die Durchführung der Maßnahme zu irreversiblen Schäden und für ihn persönlich zu einer unzumutbaren Härte führen kann.[650] Eine Anfechtungsklage gegen einen Eigentümerbeschluss, der eine Beseitigungspflicht begründet, ist nach der gegenwärtigen Rechtslage ebenfalls empfehlenswert, da in der obergerichtlichen Rechtsprechung die Meinung vertreten wird, dass durch einen bestandskräftigen – wenn auch rechtswidrigen – Beseitigungsbeschluss eigenständige Anspruchsgrundlagen konstitutiv begründet werden können (dazu jetzt Rn. 222).

ii) Anspruchsbegründung durch unangefochtenen Mehrheitsbeschluss. Umstritten **222**
und höchstrichterlich noch nicht geklärt ist, ob ein unangefochtener Mehrheitsbeschluss über die Beseitigung einer baulichen Veränderung bereits aus sich heraus einen Anspruch der Wohnungseigentümer auf diese Beseitigung begründen kann. Nach langer Zeit h.M. in Rechtsprechung und Literatur konnten bestandskräftige Eigentümerbeschlüsse **eigenständige Anspruchsgrundlagen** bilden, ohne dass es darauf ankam, ob nach der tatsächlichen Sach- und Rechtslage die Voraussetzungen einer in Betracht kommenden Anspruchsgrundlage (siehe dazu oben) vorlagen.[651] Diese Auffassung geht davon aus, dass Wohnungseigentümer die Beschlusskompetenz besitzen, um durch einfachen Mehrheitsbeschluss **konstitutiv** einen Beseitigungsanspruch gegenüber einem Miteigentümer zu begründen, auch wenn ein solcher nicht besteht, insbesondere also sogar dann, wenn die streitgegenständliche bauliche Veränderung entweder rechtmäßig ist oder sich ihre Rechtswidrigkeit zumindest nicht beweisen lässt oder ein Beseitigungsanspruch bereits verjährt ist. Die bislang h.M. in der obergerichtlichen Rechtsprechung wird in der Zwischenzeit auch von anderen Oberlandesgerichten in Zweifel gezogen. Als so-weit ersichtlich erstes stellte sich das OLG Zweibrücken[652] gegen die bisher einhellige Rechtspraxis. Andere Oberlandesgerichte enthalten sich bislang einer abschließenden Stellungnahme.[653] Im Schrifttum wird die bislang h.M. zu Recht zurückgewie-

---

[647] LG München I GE 2008, 1501 mit Besprechung *Briesemeister* S. 1479.

[648] Vgl. LG München I GE 2008, 1501: Keine drei Vergleichsangebote, unzulässige Delegation auf die Verwaltung.

[649] LG München I GE 2008, 1503 mit Besprechung *Briesemeister* S. 1480.

[650] Vgl. LG Hamburg Urt. v. 11. 11. 2008 – 334 S 38/08, n.v.

[651] OLG Hamburg ZMR 2009, 306 m. abl. Anm. *J.-H. Schmidt*; ZMR 2003, 447; OLG Köln ZMR 2004, 215; NZM 1999, 424; BayObLG ZMR 2004, 603; ZMR 1996, 623; OLG Düsseldorf ZWE 2005, 236; *Palandt/Bassenge* § 22 Rn. 36; *Schuschke* ZWE 2000, 146, 153.

[652] NZM 2007, 646 = ZWE 2007, 313 m. zust. Anm. Drabek. Ebenso OLG Düsseldorf 21. 10. 2008 – I-3 Wx 240/07 DWE 2009, 23 zur konstitutiven Begründung einer Kündigungspflicht des vermietenden Wohnungseigentümers gegenüber einem störenden Mieter.

[653] OLG Hamm ZMR 2007, 880, 883; vgl. nunmehr auch OLG München ZMR 2009, 225, 226; ZMR 2009, 312, 314, freilich insoweit zur Anspruchsvernichtung durch bestandskräftigen Mehrheitsbeschluss.

sen.[654] Wohnungseigentümern fehlt die Beschlusskompetenz zur **Selbsttitulierung** nicht bestehender **Beseitigungsansprüche.** Dies lässt in anderem Zusammenhang auch der BGH durchblicken.[655] Der BGH verneint die Beschlusskompetenz direkt zwar nur in Bezug auf die Begründung einer persönlichen Mithaftung der Wohnungseigentümer für Verbandsschulden im Außenverhältnis. Im Innenverhältnis der Eigentümer kann aber nichts anderes gelten, da sich an der alleinigen Maßgeblichkeit der wirklichen materiellen Sach- und Rechtslage in beiden Fällen nichts ändert. Das Innenrecht einer Wohnungseigentümergemeinschaft ist kein rechtsfreier Raum, in dem Zahlungs- oder sonstige individuelle Leistungspflichten, wie z. B. auch Rückbaupflichten, an Gesetz und Gericht „vorbei" konstitutiv geschaffen werden können.[656] Bevor die Frage der Nichtigkeit wegen fehlender Beschlusskompetenz entschieden werden muss, muss zunächst im Wege der **Beschlussauslegung** geklärt werden, ob nach dem Beschlussinhalt unter Zugrundelegung der maßgeblichen unbefangenen Betrachtung eine **konstitutive** Anspruchsbegründung beschlossen wurde oder lediglich eine Leistungsaufforderung zur freiwilligen Beseitigung.[657] Nur wenn eine (gesetzeskonforme) Beschlussauslegung zu dem Ergebnis führt, dass die Schaffung einer eigenständigen Anspruchsgrundlage beschlossen wurde, ist der Mehrheitsbeschluss mangels Beschlusskompetenz nichtig. Wohnungseigentümer können nicht durch Mehrheitsbeschluss mit einem Miteigentümer „kurzen Prozess" machen,[658] schon gar nicht, wenn bereits ein Rückbauprozess rechtshängig ist.[659] Von der Beschlusskompetenz des § 21 Abs. 3 WEG ist lediglich die Mehrheitsentscheidung über die außergerichtliche oder gerichtliche Geltendmachung eines (angeblichen) Beseitigungsanspruchs gedeckt, und zwar einschließlich der Möglichkeit, trotz Zweifelhaftigkeit oder gar Aussichtslosigkeit der Anspruchsverfolgung gegen den Miteigentümer zu klagen. Nicht von der Beschlusskompetenz gedeckt ist aber die konstitutive Begründung des fraglichen Anspruchs. Ein mit der Sache befasstes Gericht kommt daher nicht umhin, die wirkliche Sach- und Rechtslage zu überprüfen. Bei der Formulierung von Beschlussanträgen im Zusammenhang mit der Verfolgung von (angeblichen) Beseitigungsansprüchen ist daher seitens des Abstimmungsleiters mit Sorgfalt vorzugehen. Es ist unerlässlich darauf zu achten, dass der Beschluss lediglich als **Vorbereitungsmaßnahme** dient und nicht als unmittelbarer Akt der Rechtssetzung. Der Vorbereitungscharakter kann dadurch zum Ausdruck gebracht werden, dass der Miteigentümer, der die streitige bauliche Veränderung vorgenommen hat, unter Fristsetzung aufgefordert wird, diese zu beseitigen und den vorherigen Zustand wieder herzustellen. Für den Fall des ergebnislosen Fristablaufs ist der WEG-Verwalter zu ermächtigen und zu beauftragen, im Namen der Wohnungseigentümergemeinschaft den Anspruch auf Beseitigung außergerichtlich und notfalls gerichtlich unter Hinzuziehung eines Rechtsanwalts durchzusetzen.

223 **b) Anspruchsinhaber.** Geht es um die Frage, wer einen Anspruch auf Beseitigung einer rechtswidrigen baulichen Veränderung und/oder Unterlassung ihrer rechtswidrigen Vornahme oder Nutzung gegen den Störer (dazu Rn. 229) geltend macht, muss zwischen der **Rechtsinhaberschaft** einerseits und der **Rechtsverfolgung** andererseits unterschieden werden. Beides muss nicht notwendig in einer Hand liegen. Es ist denkbar, dass ein anderer als der Rechtsträger fremde Rechte in dessen Namen oder im eigenen Namen gel-

---

[654] *Bärmann/Merle* § 22 Rn. 308; *Wenzel* NZM 2004, 542; *Gottschalg* DWE 2004, 41, 43; *Jennißen* NJW 2004, 3527, 3528 f.; *Briesemeister* ZWE 2007, 504 f.; umfangreich *Schmidt/Riecke* ZMR 2005, 252 ff.; a. A. *Palandt/Bassenge* § 22 Rn. 36.

[655] BGH ZMR 2005, 547 m. Anm. *Häublein* unter III. 9 a der Gründe unter Verweis auf *Wenzel* NZM 2004, 542, 543.

[656] Weitere Einzelheiten bei *J.-H. Schmidt* ZMR 2009, 307 ff.; *ders.* NZM 2008, 395.

[657] Vgl. zutreffend KG ZMR 1997, 318, 320 f.; ZMR 1996, 389; *Schmidt/Riecke* ZMR 2005, 252, 255 ff.; lediglich im Ansatz folgend BayObLG ZMR 2003, 433, 434; OLG Köln ZMR 2004, 215.

[658] *Schmidt/Riecke* ZMR 2005, 252 ff.

[659] Besonders perfide deshalb OLG Hamburg ZMR 2009, 306 m. abl. Anm. *J.-H. Schmidt.*

tend macht. In der Praxis begegnet man Missverständnissen, nicht zuletzt bedingt durch die Einführung der Ausübungs- und Wahrnehmungsbefugnis nach § 10 Abs. 6 Satz 3 WEG.[660]

aa) Wohnungseigentümer. Abwehransprüche auf Beseitigung oder Unterlassung (§ 1004 Abs. 1 BGB) stehen jedem **Wohnungseigentümer** zu (§ 15 Abs. 3 WEG). Dieser Ausgangspunkt ist unstreitig und unzweifelhaft. Abwehransprüche sind Teil der Ausschlussfunktion, die Eigentum i. S. d. §§ 903, 1008, 741 BGB dem Eigentümer neben der Nutzungsfunktion verleiht. Wohnungseigentum ist echtes Eigentum in diesem Sinne (vgl. etwa auch § 3 Abs. 1 WEG). Sondereigentum und Gemeinschaftseigentum gehören den Wohnungseigentümern (§ 10 Abs. 1 WEG), nicht dem rechtsfähigen Verband, der somit etwas verwaltet, das ihm nicht gehört. 224

Soweit eine rechtswidrige bauliche Veränderung einen Teil des gemeinschaftlichen Eigentums beeinträchtigt, der der **Sondernutzung** eines einzelnen Wohnungseigentümers oder einer Gruppe von Wohnungseigentümern (Gruppensondernutzungsrecht)[661] unterliegt, ist Rechtsinhaber der Sondernutzungsberechtigte. Das Sondernutzungsrecht verleiht ihm die alleinige Nutzungs- und Ausschlussfunktion, also auch die daraus resultierenden Abwehransprüche. Beeinträchtigt die bauliche Veränderung teilweise einen Sondernutzungsbereich und teilweise allgemeines Gemeinschaftseigentum, ist bezüglich der Rechtsinhaberschaft zu unterscheiden.[662] 225

Fraglich und umstritten ist, ob der **rechtsfähige Verband**, der Träger von Rechten und Pflichten sein kann, sofern diese im Rahmen der gesamten Verwaltung des gemeinschaftlichen Eigentums liegen (s. § 10 Abs. 6 Satz 1 in Abgrenzung zu § 10 Abs. 1 WEG), Inhaber eines **verbandseigenen** Abwehranspruchs ist. Einen eigenen Anspruch auf Beseitigung einer rechtswidrigen baulichen Veränderung oder Unterlassung ihrer rechtswidrigen Nutzung kann der rechtsfähige Verband haben, wenn er selbst Wohnungseigentümer[663] ist. Abgesehen von diesem praktisch seltenen Ausnahmefall ist ein verbandseigener Abwehranspruch abzulehnen.[664] Die in der obergerichtlichen Rechtsprechung vertretene Gegenauffassung[665] vernachlässigt den Unterschied zwischen **Rechtsinhaberschaft** und **Rechtsverfolgung** und übersieht ferner, dass bei einem verbandseigenen Abwehranspruch das Tatbestandserfordernis einer Störung bzw. Beeinträchtigung nicht auf die Wohnungseigentümer, sondern auf den Verband zu beziehen wäre. Beurteilungsmaßstab wäre ein Verbandsinteresse, das nicht gleichzusetzen wäre mit Individualinteressen einzelner Eigentümer und auch nicht mit dem Gesamtinteresse aller Wohnungseigentümer und daher zu erheblichen Abgrenzungsschwierigkeiten führen würde. Zwar scheidet der rechtsfähige Verband als Rechtsträger (§ 10 Abs. 6 Satz 1 WEG) auch als Träger eines **Verbandsinteresses** nicht a priori aus. In Angelegenheiten der äußeren Gestaltung der Wohnanlage erscheint ein solches verbandseigenes Interesse aber bedenklich. Als bloße Zweckschöpfung des Gesetzgebers lebt der Verband nicht in der Wohnanlage. § 14 WEG und die darin geregelten Mindestvoraussetzungen menschlichen Zusammenlebens in einer Wohnungseigentumsanlage passen auf die leblose Hülle einer allein kraft Rechtsordnung rechtsfähigen Rechtsperson („Rechtsidee") nicht. Die Gegenansicht käme ferner zu dem nicht überzeugenden Resultat, dass Wohnungseigentümer entgegen § 21 Abs. 1 WEG nicht einmal mehr einstimmige[666] (Zitter-)Beschlüsse über nachteilige 226

---

[660] Dazu *Wenzel* ZWE 2006, 462, 465 ff.

[661] Vgl. am Beispiel der Mehrhausanlage *Häublein* NZM 2003, 785, 787.

[662] Vgl. OLG München ZMR 2009, 224.

[663] Zum Eigentumserwerb durch den rechtsfähigen Verband s. *Häublein* in: FS für Seuß (2007), S. 125 ff.

[664] So auch OLG München ZMR 2005, 733; vgl. auch *Jennißen*, Kap. A Rn. 155 m. w. N.

[665] OLG München ZMR 2006, 157 = ZWE 2006, 135.

[666] Hier im Sinne von allstimmig. Die Einstimmigkeit beseitigt nicht die materielle Rechtswidrigkeit, sondern überwindet sie, vgl. *Kümmel* PiG Band 61 (2001), S. 187 ff.

bauliche Maßnahmen fassen könnten, da sie immer noch der Beschlussanfechtung des in seinem Abwehrrecht verletzten rechtsfähigen Verbandes, vertreten durch den WEG-Verwalter, ausgeliefert wären. Das „vereinte" Gesamtinteresse aller Wohnungseigentümer würde somit durch ein überindividuelles Verbandsinteresse überlagert werden und der Verwalter vom Vertretungs- zum Kontrollorgan[667] umfunktioniert.

227 *bb) Abgrenzung von Rechtsinhaberschaft und Rechtsverfolgung.* Die notwendige Trennung zwischen Rechtsinhaberschaft und Rechtsverfolgung führt zu Problemen der **Rechtsverfolgungskonkurrenz.**[668] Umstritten ist, ob der Mehrheitsbeschluss, durch den der Verband die Rechtsverfolgung – nicht das Recht – „an sich zieht",[669] eine **Sperrwirkung** dergestalt entfaltet, dass die Wohnungseigentümer mit der individuellen Verfolgung ihrer Abwehransprüche ausgeschlossen sind. Teilweise wird darauf hingewiesen, eine divergierende[670] Inanspruchnahme des Schuldners drohe bei Abwehransprüchen regelmäßig nicht; im Unterschied zur Verfolgung schuldrechtlicher Mängelrechte der §§ 633ff. BGB aus den Erwerbsverträgen gegenüber dem Bauträger seien die gesetzlichen Abwehransprüche in ihren Rechtsfolgen gleichgerichtet.[671] Zweifelsfrei ist diese Ansicht nicht, wenn man bedenkt, dass sich verschiedene Miteigentümer subjektiv (persönlich) oder nach der Lage ihrer Wohnung ganz unterschiedlich beeinträchtigt fühlen und daher mit unterschiedlichen Varianten einer Störungsbeseitigung zufrieden geben können, so dass dem störenden Miteigentümer letztlich auch hier eine divergierende Inanspruchnahme drohen kann. Beim dinglichen Beseitigungsanspruch nach § 1004 BGB kann es beim „Wie" der Beseitigung also erhebliche Meinungsunterschiede geben.[672]

228 In Rechtsprechung und Schrifttum bislang nicht differenziert wird hinsichtlich der Frage, ob der fragliche Abwehranspruch auf das gemeinschaftliche Eigentum oder das Sondereigentum gestützt wird. Die Diskussion beschränkt sich stillschweigend auf Abwehransprüche aus dem Gemeinschaftseigentum. Hinsichtlich des aus dem **Sondereigentum** jedes einzelnen Sondereigentümers folgenden individuellen Abwehranspruchs (§§ 903, 1004 Abs. 1 BGB) kann der Mehrheitsbeschluss nach hier vertretener Meinung keine Sperrwirkung entfalten. Anders als bei den aus dem Gemeinschaftseigentum (§§ 741, 1008, 1004 BGB) fließenden Abwehransprüchen, handelt es sich insoweit um **absolute Individualrechte.**[673] Wohnungseigentümer besitzen nicht die Beschlusskompetenz, um in die Rechtshoheit des Sondereigentümers einzugreifen. Ein solcher Eingriff liegt nicht erst bei einem rechtsvernichtenden Beschluss vor, der das individuelle Abwehrrecht konstitutiv zum Erlöschen bringen oder in seinem rechtlichen Bestand ein-

---

[667] Auch nach neuem Recht steht dem WEG-Verwalter ein eigenes Anfechtungsrecht zu (§ 46 Abs. 1 S. 1 2. Alt.). Fraglich ist, ob er in seiner eigenen Rechtsposition berührt sein muss oder generell anfechten darf, um eine (stets) rechtmäßige Betätigung des Verbandes nach außen und nach innen sicherzustellen.

[668] *Wenzel* NZM 2008, 74, 75 m. w. N.

[669] Genau genommen „zieht" nicht der rechtsfähige Verband die Rechtsverfolgung „an sich"; vielmehr wird sie ihm – wie bei einer Ermächtigung (vgl. § 185 BGB) oder Prozessstandschaft üblich – von den Wohnungseigentümern (Rechtsinhabern) übertragen.

[670] Die Gefahr für den Schuldner ist weniger in einer *doppelten* Inanspruchnahme zu sehen (so aber *Abramenko* ZMR 2007, 842) als vielmehr in einer *unterschiedlichen* Inanspruchnahme. Die Beseitigung einer baulichen Veränderung erfüllt die gleichgerichteten Ansprüche gleichermaßen, egal, wie viele Gläubiger den Anspruch stellen.

[671] Vgl. OLG München NZM 2008, 87, 89 m. w. N.; OLG Hamburg ZMR 2009, 306, 307; a. A. *Wenzel* NZM 2008, 74, 75ff.

[672] *Wenzel* NZM 2008, 74, 75.

[673] In Abgrenzung zu den (gekoren) gemeinschaftsbezogenen bzw. relativen Abwehransprüchen aus §§ 741, 1008, 1004 BGB, vgl. bereits DAV, 2. Ergänzende Stellungnahme Nr. 48/2006 zum WEGÄndG, abgedruckt in NZM 2006, 767, 769 zu III. 2. Der Gesetzgeber griff die dortige Differenzierung nicht auf.

schränken will,[674] sondern schon bei einem die individuelle Rechtsverfolgungskompetenz des alleinigen Rechtsträgers verhindernden (blockierenden) Beschluss. Jeder Sondereigentümer entscheidet allein, ob er gegen Störungen, die die Nutzung seines Sondereigentums beeinträchtigen, einschreitet. Die Gemeinschaft kann ihm diese Befugnis nicht streitig machen. Dazu fehlt ihr die Beschlusskompetenz. Eine Verdrängung des Abwehranspruchs aus dem Sondereigentum erscheint daher bedenklich. Die explizite gesetzliche Unterscheidung zwischen Sonder- und Gemeinschaftseigentum im Bereich der Störungsabwehr (vgl. §§ 14 Nr. 1 bis 3, 15 Abs. 1 bis 3 WEG) kann nicht darauf beschränkt werden, ob Sonder- oder Gemeinschaftseigentum beeinträchtigt wird, sondern muss die Eigentumsform als eigenständige Rechtsgrundlage beachten.

c) **Anspruchsgegner.** *aa) Handlungsstörer und Zustandsstörer.* Anspruchsgegner der oben genannten Ansprüche ist der so genannte Störer. Das ist derjenige, der die rechtswidrige bauliche Veränderung durch sein Verhalten unmittelbar selbst verursacht hat (**unmittelbarer Handlungsstörer**), die unmittelbare Eigentumsbeeinträchtigung durch einen Dritten oder durch Naturkräfte adäquat verursacht hat (**mittelbarer Handlungsstörer**) oder durch dessen maßgebenden Willen der beeinträchtigende Zustand aufrecht erhalten wird (**Zustandsstörer**).[675] Die Pflicht zur Unterlassung einer noch nicht vorgenommenen rechtswidrigen baulichen Veränderung trifft grundsätzlich den **potentiellen** Handlungsstörer.[676] Störer kann ein aktueller oder ausgeschiedener Wohnungseigentümer sein oder auch ein Dritter, z. B. der Mieter eines vermietenden Sondereigentümers oder des Verbandes bei der Anmietung von gemeinschaftlichen Räumen oder Flächen. Die Abgrenzung zwischen Handlungsstörung und Zustandsstörung wird vielfach relevant, wenn Wohnungseigentum vermietet oder auf andere Weise einem Dritten zur Benutzung überlassen (vgl. § 14 Nr. 2 WEG) wurde, z. B. Pächter, Nießbraucher, Leiher oder auch dem Käufer vor Grundbuchumschreibung.[677] 229

Unmittelbarer Handlungsstörer ist, wer die rechtswidrige bauliche Veränderung durch eigenes **Verhalten** selbst vorgenommen hat.[678] „Selbst" im realen Sinne muss die Vornahme nicht erfolgen. Es genügt die Zurechnung als eigenes Verhalten, z. B. durch die Beauftragung eines Handwerkers, der die bauliche Maßnahme vornimmt. Der Auftraggeber (Besteller) ist daher unmittelbarer, nicht nur mittelbarer Handlungsstörer. Verhalten im Rechtssinne ist sowohl **positives Tun** als auch pflichtwidriges **Unterlassen**, sofern also eine Rechtspflicht zum Handeln besteht. Daher kann unmittelbarer Handlungsstörer nicht nur sein, wer das Wohnungseigentum seinem Mieter mit der Erlaubnis zu dem störenden Verhalten überlassen oder dieses auf sonstige Weise **aktiv** unterstützt hat, sondern auch derjenige, der es unterlässt, den Mieter von dem nach dem Mietvertrag unerlaubten, fremdes Eigentum beeinträchtigenden Gebrauch der Mietsache abzuhalten.[679] Im zweiten Fall ist der Vermieter gemeinschaftsrechtlich verpflichtet und mietvertraglich im Stande, die Störung zu unterbinden. Schwieriger ist die Situation im ersten Fall, da der vermietende Wohnungseigentümer den Miteigentümern (gemeinschaftsrechtlich) wiederum zur Einwirkung verpflichtet ist, gegen seinen Mieter aber keinen vertraglichen Anspruch hat. Wohnungseigentümer muss der Handlungsstörer nicht sein. Nimmt der Mieter eine rechtswidrige bauliche Veränderung des gemeinschaftlichen Eigentums vor, so ist er unmittelbarer Handlungsstörer und selbst zum Rückbau verpflichtet. Seine Rechte sollen nach h. M. nicht weitergehen können als die des vermietenden Wohnungs- 230

---

674 Zur konstitutiven Anspruchsbegründung und -vernichtung durch Mehrheitsbeschluss umfassend *Schmidt/Riecke* ZMR 2005, 252 m. w. N. und vielen Beispielen. In diesem Sinne nunmehr auch – bislang kaum bemerkt – BGH NJW 2005, 2061 mit Hinweis auf *Wenzel* NZM 2004, 542.

675 Vgl. *Bärmann/Merle* § 22 Rn. 303 f. und 317; *Wenzel* NJW 2005, 241.

676 OLG München NJW-RR 2007, 1384, 1387.

677 Letzteres ist umstritten, vgl. BGH NJW 1998, 3273.

678 Vgl. BGH ZMR 2007, 188, 189; KG ZMR 2007, 639.

679 Vgl. BGH NJW 1998, 3273 m. w. N.

eigentümers, von dem er seine Rechtsposition ableitet.[680] Hat nicht der Mieter, sondern der Vermieter die bauliche Veränderung vorgenommen, ist der Mieter zur Duldung der Beseitigung durch den Vermieter, hilfsweise durch die Gemeinschaft verpflichtet, da der Mieter insoweit Zustandsstörer ist.[681] Der vermietende Wohnungseigentümer ist **mittelbarer Handlungsstörer,** wenn die widerrechtliche Maßnahme durch sein pflichtwidriges Verhalten veranlasst wurde.[682] Die mit seiner mietvertraglich oder auch mündlich erteilten Gestattung vorgenommene bauliche Maßnahme des Mieters hat sich der Vermieter zurechnen zu lassen. Ein adäquater Kausalzusammenhang ist zu bejahen. Der Mieter darf die von seinem Vertragspartner erhaltene Erlaubnis ernst nehmen. Sein Verhalten ist durch den Mietvertrag gedeckt. Die Gegenansicht, die in derartigen Fällen nur den als Handlungsstörer ansieht, der die bauliche Maßnahme selbst vorgenommen hat, nicht aber denjenigen, der ihr nur zugestimmt hat,[683] also mit anderen Worten die Rechtsfigur des mittelbaren Handlungsstörers insoweit ablehnt, muss den vermietenden Wohnungseigentümer als Zustandsstörer ansehen. Hat ein Wohnungseigentümer indes weder selbst noch zumindest mittelbar (vgl. § 14 Nr. 2 WEG) die von einer in seinem Sondereigentum stehenden Einrichtung oder die von einer im Bereich seines Sondereigentums befindlichen Einrichtung des gemeinschaftlichen Eigentums ausgehende Beeinträchtigung verursacht, kann er nicht als Handlungsstörer in Anspruch genommen werden. Er kann allenfalls Zustandsstörer sein.[684]

231 **Zustandsstörer** ist derjenige, der eine Beeinträchtigung nicht selbst verursacht hat, durch dessen maßgeblichen Willen der beeinträchtigende Zustand aber aufrecht erhalten wird.[685] Voraussetzung ist, dass der Inanspruchgenommene die Quelle der Störung beherrscht, also die Möglichkeit zu deren Beseitigung hat, und ihm die Beeinträchtigung zurechenbar ist, wofür es nicht genügt, dass der Inanspruchgenommene Eigentümer oder Besitzer der Sache ist, von der die Störung ausgeht; vielmehr muss die Beeinträchtigung wenigstens mittelbar auf den Willen des Eigentümers oder Besitzers der störenden Sache zurückgehen.[686] Eine Haftung als Zustandsstörer kommt nicht in Frage, wenn die Beeinträchtigung nicht vom Zustand des gemeinschaftlichen Eigentums, etwa einer darauf befindlichen Anlage (z. B. Gartenhütte) oder daran angebrachten Einrichtung (z. B. Parabolantenne an Außenfassade), sondern von dem Verhalten ihres jetzigen Besitzers ausgeht. Dieser wiederum kann Zustandsstörer sein. Wurde dem Mieter die rechtswidrige bauliche Maßnahme nicht gestattet, ist der vermietende Wohnungseigentümer kein Handlungsstörer, sondern allenfalls Zustandsstörer. Die Zustandsstörerhaftung knüpft daran an, dass der Vermieter als Eigentümer und mittelbarer Besitzer weiterhin für sein Sondereigentum und die von diesem sowie dessen Nutzer (unmittelbaren Besitzer) verursachten Störungen gegenüber den übrigen Miteigentümern verantwortlich bleibt (vgl. § 14 Nr. 2 WEG).

232 Ein **Rangverhältnis** zwischen mehreren Störern gibt es nicht, insbesondere kein Verbot der Rechtsverfolgung gegen den Zustandsstörer, wenn der Mieter als Handlungsstörer in Betracht kommt.[687] Der Anspruch gegen den vermietenden Wohnungseigentümer richtet sich darauf, dass dieser darauf hinwirkt, dass der Mieter die rechtswidrige bauliche Veränderung beseitigt. Es geht also in diesen Fällen um eine aktive **Einwirkungspflicht** des

---

[680] Kritisch gegenüber der h. M. *Armbrüster/Müller* ZMR 2007, 321; *dies.*, FS Seuß (2007), S. 3 ff. Dazu in Bezug auf die Durchsetzung der WEG-Hausordnung gegen den Mieter *J.-H. Schmidt* ZMR 2009, 325

[681] BGH ZMR 2007, 188.

[682] Vgl. BGH ZMR 2007, 188, 189; BayObLG NJWE-MietR 1997, 11; OLG Düsseldorf NJW-RR 2001, 803; *Wenzel* NJW 2005, 241; a. A. *Bärmann/Merle* § 22 Rn. 304: Zustandsstörer.

[683] *Bärmann/Merle* § 22 Rn. 304; wohl auch OLG München NJW-RR 2007, 1384, 1387.

[684] KG ZMR 2007, 639, 640 m. w. N.

[685] BGH ZMR 2007, 188, 189.

[686] BGH ZMR 2007, 188, 189; *Wenzel* NJW 2005, 241.

[687] OLG Köln NZM 2000, 1018, 1019 m. w. N.

Vermieters. Er ist verpflichtet, alles „Erforderliche und ihm Zumutbare" zu unternehmen, damit sein Mieter Sonder- und Gemeinschaftseigentum nur in einer solchen Weise nutzt, die den gemeinschaftsrechtlichen Vorgaben entspricht.[688] Dadurch wird die Entscheidung eines Rechtsstreits letztlich in das Vollstreckungsverfahren verlagert, was nicht zu beanstanden ist.[689] Diese Pflicht folgt aus den §§ 15 Abs. 3, 14 Nr. 2 WEG, 1004 Abs. 1 BGB.[690] Nach § 14 Nr. 2 WEG ist der vermietende Sondereigentümer verpflichtet, für die Einhaltung seiner eigenen gesetzlichen Verpflichtungen aus § 14 Nr. 1 WEG durch diejenigen Personen zu sorgen, denen er die Benutzung seines Sondereigentums überlässt. Soweit dem Mieter – was der Regelfall ist[691] – mietvertraglich neben dem Gebrauch des Sondereigentums der Mitgebrauch des gemeinschaftlichen Eigentums eingeräumt ist, so erstreckt sich diese wohnungseigentumsrechtliche Verpflichtung auch auf gemeinschaftliche Einrichtungen, Flächen und Anlagen (vgl. §§ 13 Abs. 2 Satz 1, 14 Nr. 2 WEG). Hat der Mieter untervermietet, schuldet er seinerseits Einwirkung auf den Untermieter (doppelte Einwirkungspflicht).[692] Da die Vollstreckung von **Einwirkungspflichten** äußerst beschwerlich ist, und vielfach ergebnislos verläuft, wenn der Inanspruchgenommene die Beseitigung nicht selbst schuldet, kann es sich im Einzelfall anbieten, gegen den unmittelbaren Handlungs- oder Zustandsstörer direkt vorzugehen. Der BGH hat entschieden, dass der sich gegenüber seinem Vermieter vertragskonform verhaltende Mieter seitens der Gemeinschaft oder eines anderen Anspruchsinhabers (z. B. einzelner Wohnungseigentümer) dennoch auf Duldung der Beseitigung einer rechtswidrigen baulichen Veränderung, die der vermietende Wohnungseigentümer vorgenommen hat, in Anspruch genommen werden kann, da er Zustandsstörer ist.[693] Keine Rolle spielt, ob die rechtswidrige bauliche Veränderung vom Vermieter vor Mietbeginn bzw. Gebrauchsüberlassung an den Mieter vorgenommen wurde oder danach.

bb) Störereigenschaft und Rechtsnachfolge. Fraglich ist, ob eine Haftung als Hand- 233
lungs- oder Zustandsstörer auf den Rechtsnachfolger übergehen kann. Ferner fragt sich, ob und inwieweit eine Haftung des Rechtsvorgängers durch den **Eigentumswechsel** endet oder fortbesteht. Die Handlungsstörereigenschaft des Handlungsstörers geht durch Eigentümerwechsel nicht verloren. Unstreitig ist dies bei der **Gesamtrechtsnachfolge:** Stirbt der Handlungsstörer, so richtet sich der gegen ihn begründete Anspruch nunmehr gegen die Erben als Gesamtrechtsnachfolger, da sie in die Sachbefugnis (Passivlegitimation) eintreten. Dagegen kann im Falle der rechtsgeschäftlichen Veräußerung von Wohnungseigentum der **Sondernachfolger** nicht auf Beseitigung einer rechtswidrigen baulichen Veränderung in Anspruch genommen werden, die er nicht selbst vorgenommen hat, da eine Sonderrechtsnachfolge in Handlungsstörungen nicht stattfindet. Es fehlt an einer gesetzlichen Überleitung von Verbindlichkeiten aus Rechtsverstößen des Rechtsvorgängers auf den Nachfolger in Wohnungseigentum.[694] Auch als Zustandsstörer kann der Sondernachfolger nicht auf Beseitigung in Anspruch genommen werden. Er ist lediglich verpflichtet, die Beseitigung zu **dulden.**[695] Hat der Rechtsvorgänger mit Billigung der

---

[688] Ein solcher Klagantrag ist bei Einwirkungspflichten bestimmt genug, vgl. etwa BGH NJW 2007, 3777 m. w. N.; OLG Köln NZM 2000, 1018, 1019; BayObLG ZMR 1994, 25, 26.

[689] Vgl. BGH NJW 1993, 1656.

[690] BayObLG ZMR 1994, 25, 26; OLG Köln NZM 2000, 1018, 1019.

[691] Vermietet der Eigentümer Wohnungen oder Geschäftsräume, erstreckt sich das Recht des Mieters zur Benutzung der gemieteten Räume auf das Recht zur Mitbenutzung der Gemeinschaftsflächen des Hauses, BGH ZMR 2007, 180, 181.

[692] Vgl. BayObLG ZMR 1994, 25: Teileigentümer verpachtet Gaststätte. Pächter unterverpachtet an Gastwirt.

[693] BGH ZMR 2007, 188; a. A. OLG München ZMR 2003, 707.

[694] KG ZMR 2007, 639, 640.

[695] OLG München ZMR 2007, 642, 646; *Bärmann/Merle* § 22 Rn. 305 m. w. N. Zur Duldungspflicht des Mieters des vermietenden Wohnungseigentümers, der eine rechtswidrige bauliche Veränderung vorgenommen hat BGH ZMR 2007, 188 gegen OLG München ZMR 2003, 707.

übrigen Miteigentümer an fremdem Sondereigentum bauliche Veränderungen vorgenommen, kann vom Sondernachfolger des Eingreifenden nicht Wiederherstellung des alten Zustandes verlangt werden, sondern nur Unterlassung der Nutzung des fremden Sondereigentums und Zahlung einer Nutzungsentschädigung. Der Anspruch auf Wiederherstellung richtet sich dagegen gegen den Eingreifenden, der Handlungsstörer bleibt, und gegen die Gemeinschaft.[696]

234 Von der zu verneinenden Sonderrechtsnachfolge des Sondernachfolgers in Handlungsstörungen seines Rechtsvorgängers abzugrenzen ist die Frage, ob bei Sondernachfolge die Handlungsstörereigenschaft des **Veräußerers** mit dem **Eigentumswechsel** endet. Teilweise wird dies bejaht.[697] Diese Ansicht ist zweifelhaft. Sie differenziert nicht genügend zwischen verschiedenen Fallgruppen. Im Ausgangspunkt schließen entgegenstehende vertragliche Verpflichtungen des veräußernden Störers gegenüber einem Dritten eine Beseitigung der Störung durch ihn nicht schlechthin aus.[698] Dies gilt auch für die Zeit nach dem Eigentumsübergang. Seine Verurteilung zur Beseitigung verbietet sich – wie im Fall der Vermietung oder Verpachtung – erst, wenn feststeht, dass dem ausgeschiedenen Eigentümer die Beseitigung aufgrund der veränderten Eigentumsverhältnisse und der Haltung des Sondernachfolgers unmöglich ist (vgl. § 275 Abs. 1 BGB). Daran fehlt es, wenn nicht ausgeschlossen ist, dass durch Verhandlungen mit dem Sondernachfolger die Duldung der Beseitigung erreicht werden kann[699] oder der Sondernachfolger aufgrund besonderer Umstände duldungspflichtig ist. Der Handlungsstörer bleibt folglich Handlungsstörer, solange die rechtswidrige bauliche Maßnahme nicht beseitigt ist, da sie durch ihn vorgenommen wurde. Spätere Veränderungen durch den Sondernachfolger heben die Handlungsstörereigenschaft des Veräußerers nicht auf, solange nicht eine vollständige Umgestaltung der störenden Einrichtung erfolgt und eine Mitursächlichkeit nicht mehr angenommen werden kann. Nimmt der Veräußerer auf Wunsch des noch nicht als Eigentümer eingetragenen Erwerbers eine rechtswidrige bauliche Maßnahme vor, welche sodann Ursache der Beeinträchtigung anderer Wohnungseigentümer wird (z. B. Trittschall durch Laminatboden), bleibt der Veräußerer unmittelbarer Handlungsstörer. Der Erwerber wird nicht dadurch zum **mittelbaren Handlungsstörer,** dass er auf den Veräußerer eingewirkt hat und bereit war, einen höheren Kaufpreis für die Wohnung zu zahlen.[700] **Unmittelbarer Handlungsstörer** kann er sein, wenn er gemeinsam mit dem Veräußerer die bauliche Maßnahme vorgenommen hat. Beide haften entsprechend § 840 Abs. 1 BGB grundsätzlich gesamtschuldnerisch. Der Erwerber ist und bleibt hingegen Handlungsstörer, wenn er die bauliche Veränderung vor dem Eigentumserwerb im Rahmen einer früheren Nutzungsberechtigung, z. B. als Mieter oder Ehegatte, selbstverantwortlich mit hervorgerufen hat.[701] Anders zu bewerten ist wiederum der Fall, dass nur der Sondernachfolger, nicht aber der Veräußerer Handlungsstörer ist. Da der Veräußerer ab Besitzübergabe, jedenfalls aber ab Eigentumsumschreibung rechtlich nicht mehr für das Wohnungseigentum verantwortlich ist, kommt eine Störereigenschaft des Rechtsvorgängers nicht in Betracht, insbesondere auch nicht als Zustandsstörer.[702]

235 **d) Verjährung, Verwirkung, Schikane, Rechtsmissbrauch.** Mit der deutlichen Verkürzung der regelmäßigen **Verjährungsfrist** (§ 195 BGB) von 30 auf 3 Jahre zum 1. 1. 2002 durch das Schuldrechtsmodernisierungsgesetz[703] haben Verjährungsfragen im Woh-

---

[696] OLG Köln NZM 2004, 389.

[697] *Hogenschurz* in AHB WEG Teil 9 Rn. 145 unter Hinweis auf BGH NJW 1998, 3273.

[698] BGH NJW 1967, 246.

[699] Vgl. BGH NJW 1967, 246.

[700] Vgl. KG ZMR 2007, 639, 640.

[701] OLG München NJW-RR 2007, 1384.

[702] Vgl. insoweit auch BGH NJW 1998, 3273.

[703] Gesetz zur Modernisierung des Schuldrechts vom 26. 11. 2001 (BGBl. I S. 3138). Übergangsregelung in Art. 229 § 6 EGBG.

nungseigentumsrecht an Bedeutung gewonnen.[704] In der praktischen Rechtsanwendung haben seither **Verwirkung** (unten Rn. 242) und Verjährung die Rollen getauscht. Störungsabwehransprüche unterliegen unterschiedlichen Verjährungsfristen. Ansprüche auf **Beseitigung** und **Wiederherstellung** des vorherigen Zustands verjähren in 3 Jahren. Sie sind nach h. M. keine unverjährbaren Ansprüche aus einem eingetragenen Recht i. S. d. § 902 Abs. 1 Satz 1 BGB.[705] Die Verjährungsfrist beginnt mit dem Schluss des Jahres, in dem der Anspruch entstanden ist und der Gläubiger von den den Anspruch begründenden Umständen und der Person des Schuldners Kenntnis erlangt oder ohne grobe Fahrlässigkeit erlangen musste (§ 199 Abs. 1 BGB). Ohne Rücksicht auf die Kenntnis oder die grob fahrlässige Unkenntnis des Anschlussinhabers verjähren Ansprüche mit Ausnahme von Schadensersatzansprüchen (dazu § 199 Abs. 2, 3 BGB) in jedem Fall in 10 Jahren von ihrer Entstehung an (§ 199 Abs. 4 BGB). Geht der Anspruch auf eine **Unterlassung,** so tritt an die Stelle der Entstehung die Zuwiderhandlung (§ 199 Abs. 5 BGB). Der Anspruch kann frühestens mit der rechtlichen Entstehung der Wohnungseigentümergemeinschaft entstehen.[706] Hat der Berechtigte eine bauliche Anlage für eine bestimmte Zeit erlaubt, so beginnt die Verjährung nicht vor Ablauf dieser Zeit, denn solange bestand (entstand) kein Beseitigungsanspruch (vgl. § 199 Abs. 1 Nr. 1 BGB).

Ist ein **Beseitigungsanspruch** aus § 1004 Abs. 1 BGB einmal entstanden, so hat ein **236**
Eigentümerwechsel auf Gläubigerseite auf den Lauf der Frist keinen Einfluss.[707] Der Eigentümerwechsel setzt keine neue Verjährungsfrist in Gang, so dass der Sondernachfolger sich den zurückliegenden Fristablauf oder bisherigen Fristenlauf zurechnen lassen muss. Dies bezieht auch den Fall ein, dass der Rechtsvorgänger eine rechtswidrige bauliche Veränderung **geduldet** hat, ohne verjährungshemmende Maßnahmen zu ergreifen. Die fortdauernde Einwirkung einer vorhandenen Beeinträchtigung lässt den Beseitigungsanspruch (§ 1004 Abs. 1 Satz 1 BGB) im Gegensatz zum Unterlassungsanspruch (§ 1004 Abs. 1 Satz 2 BGB) nicht ständig neu entstehen.[708] Tritt hingegen eine Beeinträchtigung i. S. d. § 1004 Abs. 1 BGB erst durch eine Änderung der Benutzung des beeinträchtigten[709] Grundstücks ein, so entsteht der Beseitigungsanspruch erst in diesem Zeitpunkt[710] und lässt den Fristlauf erst dann beginnen (vgl. § 199 Abs. 1 Nr. 1 BGB). Gleiches hat zu gelten, wenn festzustellen ist, dass eine beeinträchtigende Anlage durch eine andere ersetzt[711] oder die beeinträchtigende Wirkung der Anlage ab einem bestimmten Zeitpunkt ausgeweitet oder intensiviert wurde. Wird eine neue Anlage errichtet, entsteht ein neuer Beseitigungsanspruch.[712]

Maßgeblich für den Verjährungsbeginn ist die Kenntnis des Wohnungseigentümers, **237**
der die Beseitigung verlangt.[713] Da der Anspruch auf Beseitigung aus § 1004 Abs. 1 BGB ein Individualanspruch eines jeden einzelnen Wohnungseigentümers ist (§ 15 Abs. 3 WEG), ist dieser Ansatzpunkt zutreffend. Werden **Beseitigungsansprüche** einzelner Wohnungseigentümer vom rechtsfähigen Verband im eigenen Namen durchgesetzt, genügt es für die Begründetheit der Klage, wenn das Recht auch nur eines Wohnungseigentümers noch nicht verjährt ist.[714] Die übrigen Wohnungseigentümer, deren Ansprüche bereits verjährt sind, profitieren von der gemeinschaftlichen Rechtsverfolgung. Die Rechtslage ist insofern vergleichbar mit der Durchsetzung von Mängelrechten aus den individuel-

---

704 Dazu *Schmid* DWE 2009, 2 ff.
705 BGH NZM 2007, 935, 936; NJW 1973, 703.
706 KG ZMR 2003, 375, 377.
707 *Wenzel* in Bärmann § 13 Rn. 105 mit Hinweis auf BGH NJW 1973, 703, 704.
708 BGH NJW 1973, 703, 705.
709 Nicht etwa des beeinträchtigenden Grundstücks; dazu jetzt unten im Text.
710 BGH NJW 1973, 703, 705: Ausbau Wochenendhaus zu modernem Bungalow.
711 Vgl. *Palandt/Bassenge* § 1028 Rn. 1 m. w. N.
712 Vgl. BGH NJW 1967, 1609.
713 *Wenzel* in Bärmann § 13 Rn. 105; *Schmid* DWE 2009, 2, 3.
714 *Schmid* DWE 2009, 2, 4.

len Erwerbsverträgen. Bejaht man entgegen der hier vertretenen Meinung einen **verbandseigenen** Beseitigungsanspruch (oben Rn. 226), kommt es für die Kenntnis bzw. die grob fahrlässige Unkenntnis i. S. d. § 199 Abs. 1 Nr. 2 BGB auf den WEG-Verwalter an.[715] Fehlt ein Verwalter oder ist er im Einzelfall zur Vertretung (Wissenszurechnung) nicht berechtigt, so vertreten alle Wohnungseigentümer die Gemeinschaft (vgl. § 27 Abs. 3 Satz 2 WEG). Da insoweit ein Fall der **organschaftlichen Gesamtvertretung** (Gesamtorganschaft) vorliegt, genügt die Kenntnis oder grob fahrlässige Unkenntnis eines Wohnungseigentümers, die der Gesamtheit der Wohnungseigentümer zuzurechnen ist.

238 Anders als der Anspruch auf Beseitigung einer fortwirkenden Beeinträchtigung aus ein und derselben Handlung entsteht der Anspruch auf **Unterlassung** von sich wiederholenden gleichartigen Rechtsverletzungen mit jeder Wiederholung neu.[716] Diese fortwährende Neuentstehung von Unterlassungsansprüchen (vgl. § 199 Abs. 5 BGB) führt dazu, dass die Unterlassung von Störungen praktisch **zeitlich unbegrenzt** verlangt werden kann.[717] Die verjährungsrechtliche Ungleichbehandlung von Beseitigungs- und Unterlassungsansprüchen kann dazu führen, dass eine störende Anlage zwar bestehen bleiben, aber nicht benutzt werden darf.[718]

239 Der dingliche **Herausgabeanspruch** nach § 985 BGB auf Wiedereinräumung bzw. Verschaffung des unmittelbaren Mitbesitzes am gemeinschaftlichen Eigentum unterliegt nicht der Verjährung, da er auf ein eingetragenes dingliches Recht zurückgeht (§ 902 Abs. 1 Satz 1 BGB).[719] § 197 Abs. 1 Nr. 1 BGB ist auf die Herausgabe beweglicher Sachen beschränkt.[720] Dies gilt auch für die Herausgabe von Sondereigentum.[721] Eine Verwirkung des Herausgabeanspruchs des eingetragenen Eigentümers eines Grundstücks kommt nur in ganz engen Ausnahmefällen in Betracht, wenn die Herausgabe für den Besitzer schlechthin unerträglich ist, da die Verneinung des Herausgabeanspruchs wirtschaftlich die Enteignung des Eigentümers bedeutet.[722] Der Anspruch aus § 985 BGB ist nach h. M. auf die Herausgabe der Sache in dem Zustand gerichtet, in dem sie sich zurzeit befindet.[723] Geschuldet wird also nur die Besitzverschaffung zugunsten der übrigen Wohnungseigentümer. Wird eine Zustandsveränderung verlangt, z. B. die Beseitigung einer Beschädigung oder die Wiederherstellung des vorherigen Zustandes, müssen andere Anspruchsgrundlagen herangezogen werden. Die Herausgabe von Gemeinschaftseigentum oder Sondereigentum nach § 985 BGB schließt nicht die Entfernung eingebrachter Sachen ein.[724] Für die Entfernung beweglicher Sachen gilt § 1004 Abs. 1 BGB, für den § 902 Abs. 1 Satz 1 BGB nach h. M. nicht gilt.[725] Nicht von der Rechtsfolge des § 985 BGB erfasst ist eine Verpflichtung zur **Duldung** des Rückbaus der streitgegenständlichen Fläche. Sonst wäre mit jedem Herausgabeanspruch immer auch ein unverjährbarer Duldungs- oder Unterlassungsanspruch verbunden.[726]

240 Fraglich und umstritten ist, ob der Anspruch auf **erstmalige Herstellung** des ordnungsgemäßen (plangerechten) Zustandes des gemeinschaftlichen Eigentums der Verjäh-

---

715 Vgl. OLG München ZMR 2007, 478; *Schmid* DWE 2009, 2, 3.

716 *Wenzel* in Bärmann § 13 Rn. 105 mit Hinweis auf BGH NJW-RR 2006, 236; NJW 1990, 2555, 2556.

717 *Wenzel* NZM 2008, 74, 75; *Schmid* DWE 2009, 2.

718 Vgl. *Schmid* DWE 2009, 2, 4.

719 BGH NZM 2007, 935; NK-BGB-*U. Krause* § 902 Rn. 4; NK-BGB-*Schanbacher* § 985 Rn. 63; *Schmid* DWE 2009, 2, 4; *Wenzel* NZM 2008, 74; a. A. KG ZMR 2003, 375, 377: 30 Jahre.

720 *Palandt/Bassenge* § 902 Rn. § 985 Rn. 11; NK-BGB-*Schanbacher* § 985 Rn. 63.

721 Vgl. KG ZMR 2003, 375, 377.

722 BGH NZM 2007, 935 f.

723 NK-BGB-*Schanbacher* § 985 Rn. 43; *Wenzel* NZM 2008, 74.

724 BGH NJW 2001, 2966; NK-BGB-*Schanbacher* § 985 Rn. 43 m. w. N.

725 BGH NZM 2007, 935, 936; NJW 1973, 703.

726 *Wenzel* NZM 2008, 74, 75 gegen OLG München NZM 2008, 87.

rung unterliegt und – falls ja – welche Frist für ihn gilt.[727] Eine Unverjährbarkeit gem. § 902 Abs. 1 Satz 1 BGB ist abzulehnen, da der Anspruch Teil des Anspruchs auf ordnungsmäßige Verwaltung nach § 21 Abs. 4 WEG ist, bei dem es sich nicht um ein dingliches Recht handelt, sondern um einen Anspruch aus dem gesetzlichen Begleitschuldverhältnis der Wohnungseigentümer untereinander (Gemeinschaftsverhältnis i. S. d. §§ 10 ff. WEG). Dieses selbst ist zwar ein **Dauerschuldverhältnis,** das **unverjährbar** ist,[728] allerdings nicht die aus ihm erwachsenden Ansprüche.[729] Gleichwohl erscheint es bedenklich, eine Verjährung zu bejahen und die Regelverjährungsfrist anzuwenden.[730] So wie das Gemeinschaftseigentum **instandgesetzt** werden muss, auch wenn ein[731] Instandsetzungsbedarf schon länger als 3 Jahre andauert,[732] muss der ordnungsgemäße bauliche Zustand **erstmalig hergestellt** werden, auch wenn der planwidrige Zustand länger als 3 Jahre besteht.[733] Da § 21 Abs. 4 WEG nicht nur der Verfolgung individueller Einzelinteressen dient, sondern auch dem kollektiven Gesamtinteresse aller Eigentümer an einer ordnungsgemäßen Verwaltung,[734] ist die Ablehnung einer regelmäßigen Verjährung vorzugswürdig. Teilweise wird auch eine entsprechende Anwendung von § 197 Abs. 1 Nr. 1 BGB bejaht.[735] Zudem könnte erwogen werden, dass im Gegensatz zur Rechtslage beim Beseitigungsanspruch jeder Eigentümerwechsel den Anspruch auf ordnungsgemäße Verwaltung (§ 21 Abs. 4 WEG) in der Person des Sondernachfolgers neu entstehen lässt und eine neue Verjährungsfrist auslöst, da andernfalls unbillige Ergebnisse drohen können, besonders, wenn der Rechtsvorgänger die planwidrige Abweichung der tatsächlichen Bauausführung zu verantworten hatte.[736] Schließlich ist eine Analogie zu § 194 Abs. 2 BGB zu erwägen mit der Folge, dass Ansprüche auf ordnungsmäßige Verwaltung insoweit nicht der Verjährung unterliegen, wie sie auf die Herstellung des ordnungsgemäßen Zustandes für die Zukunft gerichtet sind. Nur in Ausnahmefällen kommt die regelmäßige Verjährung in Betracht, wenn der Anspruch auf erstmalige Herstellung in der Beseitigung einer nicht plangerechten baulichen Umgestaltung liegt, da insoweit die kürzere Regelverjährungsfrist (§§ 1004 Abs. 1, 195, 199 BGB) vorgehen könnte.[737]

Ansprüche auf **Nutzungsherausgabe** (§§ 987 ff. BGB) oder Entschädigung wegen Vorenthaltung von Gemeinschafts- oder Sondereigentum (§ 812 BGB) dürften nach den §§ 195, 199 BGB verjähren, da sie dem gesetzlichen Begleitschutzverhältnis entstammen, das neben den dinglichen Anspruch aus § 985 BGB tritt.[738] Jedenfalls tritt Verjährung ein mit Verjährung des Hauptanspruchs auf Herausgabe.[739] **241**

Die **Verwirkung** hat gegenüber der kurzen Verjährungsfrist (oben Rn. 235) an Bedeutung verloren.[740] Nach h. M. soll nach mehreren Jahrzehnten und bei Vorliegen weiterer **242**

---

[727] Vgl. KG ZMR 2003, 375, 377; *Schoch* ZMR 2007, 427, 429.

[728] *Schmid* DWE 2009, 2, 3 mit Hinweis auf *Palandt/Heinrichs* § 194 Rn. 7.

[729] Vgl. *Palandt/Heinrichs* § 194 Rn. 7.

[730] So aber OLG Düsseldorf WE 2009, 128 mit zust. Anm. *Münstermann-Schlichtmann.*

[731] Die Vergrößerung des Instandsetzungsbedarfs (z. B. „weiter fressender" Feuchtigkeitsmangel) als Unterscheidungsmerkmal heranzuziehen, überzeugt nicht. Auch bei über mehrere Jahre hinweg unverändert gleich gebliebenem Instandsetzungsbedarf kann daher einem auf § 21 Abs. 4 WEG gestützten Instandsetzungsanspruch die Verjährungseinrede nicht erfolgreich entgegengesetzt werden.

[732] So *Schmid* DWE 2009, 2, 3, wenn auch die Instandsetzung im Unterschied zur erstmaligen Herstellung eine bereits vorhandene Anlage oder Einrichtung voraussetzt.

[733] A. A. OLG Düsseldorf WE 2009, 128 mit zust. Anm. *Münstermann-Schlichtmann; Schoch* ZMR 2007, 427, 429.

[734] Vgl. nur BGH NJW 2007, 1869, 1870; BayObLG NZM 2001, 754, 756.

[735] KG ZMR 2003, 375, 377.

[736] So im Fall OLG Düsseldorf WE 2009, 128.

[737] Vgl. zur Anspruchskonkurrenz insoweit *Palandt/Heinrichs* § 195 Rn. 13 ff.

[738] *Mansel/Stürner* in AnwKommBGB § 197 Rn. 24 ff.

[739] KG ZMR 2003, 375, 377 m. w. N.

[740] *Bärmann/Merle* § 22 Rn. 316.

Umstände eine **Verwirkung** des Anspruchs auf erstmalige Herstellung eines ordnungsmäßigen Zustands in Betracht kommen können.[741] Das ist zumindest nicht unzweifelhaft. In jedem Falle gilt aber das Verbot des **Rechtsmissbrauchs.** Ein Eigentümer kann die erstmalige Herstellung eines den Plänen entsprechenden ordnungsmäßigen Zustands nicht verlangen, wenn dies den übrigen Eigentümern unter Berücksichtigung aller Umstände nach Treu und Glauben nicht zumutbar ist, z. B. bei unangemessen hohen Kosten.[742]

243 Eine Verwirkung setzt ein **Zeitmoment** und ein **Umstandsmoment** voraus.[743] Der Ablauf einer längeren Zeitspanne seit der baulichen Veränderung allein ist deshalb nicht ausreichend, um den Verwirkungstatbestand zu erfüllen. Vielmehr müssen besondere Umstände (Umstandsmoment) darauf schließen lassen, dass der Anspruchsinhaber seinen Anspruch nicht mehr geltend machen wird.[744] Die Umstände, die ein Vertrauen des Pflichtigen in die weitere Nichtausübung des Rechts zu rechtfertigen vermögen, müssen umso erheblicher sein, je weniger Zeit seit der Durchführung der rechtswidrigen baulichen Veränderung verstrichen ist.[745] Eine relativ kurze Zeitspanne genügt dem Zeitmoment nicht,[746] schon gar nicht, wenn sie unterhalb der regelmäßigen dreijährigen Verjährungsfrist liegt. Nach allgemeinen Grundsätzen zur Verwirkung genügt bloßes Vertrauen auf die Nichtausübung des Abwehranspruchs nicht. Hinzukommen muss, dass der Störer sich durch entsprechende **Vermögensdispositionen** auf die Dauerhaftigkeit des rechtswidrigen baulichen Zustandes eingerichtet hat.[747] Die Verwirkung eines Beseitigungsanspruches kann im Einzelfall auch gegenüber einem Sondernachfolger wirken, wenn dies nicht der positiven Begründung eines dinglich wirkenden Sondernutzungsrechtes gleich kommt.[748] In keinem Fall kann eine Verwirkung dazu berechtigen, anstelle des bisherigen rechtswidrigen baulichen Zustandes oder der bisherigen zweckbestimmungswidrigen Nutzung nunmehr eine andere, ebenfalls zweckbestimmungswidrige Nutzung fortsetzen oder den rechtswidrigen baulichen Zustand ausweiten oder vertiefen zu dürfen.[749]

244 Störungsabwehransprüche können bei **Schikane** gem. § 226 BGB ausgeschlossen sein, wenn die Beseitigung oder Unterlassung der Beeinträchtigung oder die Wiederherstellung des früheren Zustandes nur verlangt wird, um dem oder den Wohnungseigentümern, die die Umgestaltung vorgenommen haben, Schaden zuzufügen.[750] Derartige Fälle werden nur sehr selten vorliegen. Eine Rechtsausübung ist nur schikanös, wenn nach Lage der gesamten Umstände ein anderer Zweck als die Schadenszufügung objektiv ausgeschlossen ist. Allein der Umstand, dass jemand subjektiv aus verwerflichen Gründen von seinem Recht Gebrauch macht, genügt nicht.[751] Dass ein Wohnungseigentümer die Entfernung einer eigenmächtig angebrachten Satellitenantennenanlage letztlich nur deshalb verlangt, weil er zuvor selbst auf Entfernung eigenmächtiger baulicher Veränderung in Anspruch genommen worden war, nicht aber, weil ihn die Satellitenantennenanlage wirklich stört, macht sein Beseitigungsverlangen ebenfalls noch nicht schikanös, wenn durch die Anlage die Gefahr begründet ist, dass Mieter anderer Wohnungen des Anspruchsinhabers nunmehr ebenfalls Satellitenantennen anbringen werden.[752] Die Gel-

[741] OLG München ZMR 2007, 557, 560; KG ZMR 2003, 375, 377 m. w. N.
[742] BayObLG ZMR 2001, 469; NZM 2000, 515.
[743] Statt aller KG ZMR 2003, 375, 377; *Palandt/Heinrichs* § 242 Rn. 93 ff. m. w. N.
[744] BGH NZM 2007, 935 f. m. w. N.
[745] OLG Hamburg ZWE 2002, 596, 597; *Bärmann/Merle* § 22 Rn. 316.
[746] Beispiele aus der Rechtsprechung bei *Bärmann/Merle* § 22 Rn. 316.
[747] Vgl. KG ZMR 2003, 375, 377; *Palandt/Heinrichs* § 242 Rn. 95 m. w. N.
[748] OLG Hamm ZMR 2008, 159, 161; *Bärmann/Merle* § 22 Rn. 316.
[749] Vgl. *Wenzel* in Bärmann § 13 Rn. 106.
[750] OLG Düsseldorf NZM 2001, 392; *Bärmann/Merle* § 22 Rn. 313.
[751] OLG Köln OLGR 2004, 412; *Bärmann/Merle* § 22 Rn. 313.
[752] OLG Köln OLGR 2004, 412.

tendmachung eines Anspruchs auf Unterlassung (Untersagung) der Nutzung eines im Gemeinschaftseigentum stehenden Spitzbodens zu Wohnzwecken ist auch dann nicht deshalb schikanös, wenn gravierende Nachteile mit der Fortsetzung der Wohnnutzung nicht verbunden sind oder der Unterlassungspflichtige sogar Kostenersatz anbietet, da die Anpassung der tatsächlichen Verhältnisse an die rechtlichen Grundlagen der Gemeinschaft von jedem Eigentümer verlangt werden darf.[753]

Beseitigungs- und Wiederherstellungsansprüche können nach den Grundsätzen von Treu und Glauben gemäß § 242 BGB ausgeschlossen sein, wenn sich die Geltendmachung des Anspruchs als **Rechtsmissbrauch** erweist. Dies kann etwa der Fall sein, wenn dem in Anspruch genommenen Störer nach Gesetz oder Gemeinschaftsordnung seinerseits ein Anspruch gegen die Miteigentümer auf Zustimmung zur Vornahme der baulichen Veränderung zusteht, die Eigentümerversammlung aber bislang hierüber nicht abgestimmt hat.[754] Ein Beseitigungsverlangen kann ferner rechtsmissbräuchlich sein, wenn die Beseitigung **unverhältnismäßig** große Aufwendungen erfordert und deshalb unzumutbar ist. Hier kann dem Anspruch aus § 1004 BGB der Rechtsgedanke des § 275 Abs. 2 BGB entgegenstehen.[755] Dies wird allerdings nur in seltenen Ausnahmefällen anzunehmen sein, da hohe Kosten allein regelmäßig noch nicht zur Unzumutbarkeit der Beseitigung führen.[756] Die Unverhältnismäßigkeit kann nicht daraus gefolgert werden, dass die durch die bauliche Veränderung verursachten Nachteile auch durch andere, den Störer weniger belastende Maßnahmen abgemildert oder ausgeschlossen werden können. Ebenso wenig spielt eine Rolle, ob der die Beseitigung verlangende Wohnungseigentümer oder andere Miteigentümer selbst rechtswidrige bauliche Veränderungen vorgenommen oder geduldet haben, da eine derartige **„Aufrechnung" im Unrecht** nicht statthaft ist.[757] Rechtsmissbräuchlich unter dem Gesichtspunkt des **widersprüchlichen Verhaltens (protestatio facto contrario)** kann ein Beseitigungsverlangen sein, wenn der Anspruchsteller die beanstandete bauliche Veränderung im eigenen Interesse nutzt, z. B. einen vom Miteigentümer errichteten Schuppen zum Abstellen eigener Fahrräder und sonstiger Gerätschaften.[758] Gleiches kann gelten, wenn die Zustimmung zu einer baulichen Veränderung i. S. d. § 22 Abs. 1 WEG vom Zustimmungsberechtigten unter einer Bedingung erklärt wurde, deren Eintritt er sodann vereitelt. Hier steht der Rechtsgedanke des § 162 Abs. 1 BGB dem Beseitigungsanspruch entgegen.[759] Auch der aufteilende Eigentümer, der sich im notariellen Kaufvertrag mit dem Dachausbauberechtigten zur Duldung des Anbaus eines Außenaufzugs im Hofbereich und zur Weitergabe der Duldungspflicht an künftige Erwerber verpflichtet hat, die Weiterreichung aber versäumte, verhält sich treuwidrig, wenn er seinen Unterlassungsanspruch darauf stützt, dass keine Verpflichtung sämtlicher Wohnungseigentümer vorliege, die Errichtung des Aufzugs zu dulden.[760] Die Berufung eines Sondernachfolgers auf die fehlende Duldungspflicht zur Hinnahme einer baulichen Veränderung kann rechtsmissbräuchlich sein, sofern er im Innenverhältnis denjenigen Personen gegenüber duldungspflichtig ist, von denen der Störer seine vertragliche Befugnis ablei- 245

[753] Vgl. OLG Celle OLGR 2007, 756.

[754] *Bärmann/Merle* § 22 Rn. 314.

[755] Vgl. OLG Düsseldorf ZMR 2007, 710; BayObLG ZWE 2000, 308, 309; *Bärmann/Merle* § 22 Rn. 314.

[756] KG NZM 2002, 252; OLG Zweibrücken NZM 2000, 294; *Bärmann/Merle* § 22 Rn. 314.

[757] OLG München ZMR 2006, 800, 802; OLG Frankfurt/M. NZM 1998, 201; *Bärmann/Merle* § 22 Rn. 314.

[758] BayObLG ZWE 2001, 609, 611; *Bärmann/Merle* § 22 Rn. 314.

[759] BayObLG ZWE 2001, 609, 611.

[760] KG ZMR 2005, 75. Zieht der Verband die Rechtsverfolgung an sich, dürfte das treuwidrige Verhalten in der Person eines Miteigentümers den Anspruch nicht zu Fall bringen. Dogmatisch lässt sich damit begründen, dass lediglich die „makellosen" Individualansprüche der übrigen Erwerber verfolgt werden.

tet.[761] Seit der Entdeckung der Teilrechtsfähigkeit der Wohnungseigentümergemeinschaft kann eine derartige Situation auch eintreten, wenn der rechtsfähige Verband mit dem Störer entsprechende Verträge abgeschlossen hat.

246 Ein **Zurückbehaltungsrecht** (§ 273 BGB) wegen Mängelbeseitigung am Gemeinschaftseigentum gegenüber dem Anspruch auf Beseitigung einer rechtswidrigen baulichen Veränderung besteht nicht, wenn die Wohnungseigentümer wegen dieser Mängel bereits Mängelrechte gegenüber dem Bauträger geltend gemacht haben.[762]

247 e) **Zwangsvollstreckung.** Für die Vollstreckung rechtskräftiger oder für vorläufig vollstreckbar erklärter (§ 704 Abs. 1 ZPO) oder kraft Gesetzes vorläufig vollstreckbarer (z.B. Anordnung oder Bestätigung einer einstweiligen Verfügung) Ansprüche auf Beseitigung, Wiederherstellung, Herausgabe, Unterlassung, Auskunft, Zahlung usw. wegen baulicher Veränderungen am gemeinschaftlichen Eigentum gelten die allgemeinen Vorschriften des Zwangsvollstreckungsrechts (§§ 704 ff. ZPO).

248 Die **Beseitigung** einer baulichen Veränderung und **Wiederherstellung** des früheren Zustandes richtet sich grundsätzlich nach den Vorschriften über die Vollstreckung einer **vertretbaren Handlung** (§ 887 ZPO). Bewohnt der Vollstreckungsschuldner die Wohnung selbst, bereitet die Vollstreckung für gewöhnlich keine größeren Probleme. Es kann im Wege der **Ersatzvornahme** vorgegangen werden, d.h. der Gläubiger kann sich von dem Prozessgericht der ersten Instanz durch Beschluss ermächtigen lassen, auf Kosten des Vollstreckungsschuldners die Handlung durch einen Dritten vornehmen zu lassen (§ 887 Abs. 1 ZPO) und hat zur Vermeidung eigener Auslagen einen **Kostenvorschussanspruch** (§ 887 Abs. 2 ZPO), der wiederum als Geldforderung zu vollstrecken ist (§§ 794 Nr. 3, 803 ff. ZPO). Ein eventueller **Widerstand** ist gem. § 892 ZPO mithilfe des Gerichtsvollziehers zu überwinden. Führt ein Wohnungseigentümer eine rechtskräftig geschuldete Rückbaumaßnahme nicht fachgerecht aus und bessert er trotz Fristsetzung nicht erfolgreich nach, so schuldet er bei Durchführung der Maßnahme durch die Gemeinschaft nach den Grundsätzen fur die **Selbstvornahme** der Mängelbeseitigung analog § 637 BGB vollen Kostenersatz, und zwar auch dann, wenn es günstigere Anbieter gab.[763] Wird eine rechtskräftig festgestellte Beseitigungspflicht durch einen Mehrheitsbeschluss aufgehoben oder außer Kraft gesetzt, ist der Beschluss mangels Beschlusskompetenz nichtig, da Wohnungseigentümer weder die Beschlusskompetenz besitzen, materiell bestehende Rechtsansprüche oder rechtskräftige Gerichtsurteile konstitutiv zu vernichten oder sonst in ihrem Bestand zu verändern.[764]

249 Setzt die Vollstreckung eines Beseitigungstitels das Betreten des Sondereigentums voraus und hat der Vollstreckungsschuldner seine Einheit einem **Dritten** (z.B. Mieter) zur Nutzung überlassen, ohne dass gegen den die Vollstreckung nicht duldenden Dritten ein Duldungstitel existiert, ist die Zwangsvollstreckung gegen den Vollstreckungsschuldner gem. § 888 ZPO vorzunehmen, da die Beseitigung an sich zwar eine vertretbare Handlung gem. § 887 ZPO ist, allerdings zu einer **unvertretbaren Handlung** i.S.d. § 888 ZPO wird, wenn deren Vornahme die Mitwirkung oder Zustimmung von dritten Personen erfordert und diese dazu nicht bereit sind.[765] Der Vollstreckungsgläubiger muss gegebenenfalls seinen Ermächtigungsantrag nach § 887 Abs. 1 ZPO mit einem Hilfsantrag nach § 888 Abs. 1 ZPO auf Festsetzung von Zwangsgeld verbinden. Der Vollstreckungsschuldner müsste dann darlegen, dass und aus welchen Gründen ihm die Vornahme der titulierten Handlung (Beseitigung) unmöglich ist. Solange nicht feststeht, dass eine an sich vertretbare Handlung nicht nach § 887 Abs. 1 ZPO vollstreckt werden kann, ist für

---

[761] OLG Schleswig NZM 2001, 1035 zur Aufstellung einer Mobilfunksendeanlage auf dem Dach, wo allerdings eine Duldungspflicht im Ergebnis abgelehnt wurde.

[762] BayObLG NJW-RR 1991, 1234, 1235; *Bärmann/Merle* § 22 Rn. 312.

[763] LG Hamburg ZMR 2009, 316.

[764] Vgl. OLG Hamm ZMR 2001, 654; *Schmidt/Riecke* ZMR 2005, 252, 265 f.

[765] BGH NZM 2009, 202; *Bärmann/Merle* § 22 Rn. 326.

die Anwendung des § 888 Abs. 1 ZPO kein Raum. Aber selbst wenn das Vorliegen einer unvertretbaren Handlung festgestellt ist, ist die gerichtliche Festsetzung von **Zwangsgeld,** hilfsweise **Zwangshaft** gem. § 888 ZPO nicht möglich, wenn eindeutig feststeht, dass der Vollstreckungsschuldner – erfolglos – alle zumutbaren Maßnahmen einschließlich eines gerichtlichen Vorgehens unternommen hat, um den Dritten zur Duldung der Beseitigung zu veranlassen.[766] Ein Gläubiger (Wohnungseigentümer) kann aus einem Vollstreckungstitel, der den Schuldner (weiterer Wohnungseigentümer) zur Beseitigung einer baulichen Anlage verpflichtet, nicht verlangen, dass der Schuldner die Namen und Anschriften der Personen bekannt gibt, an die er das zu beseitigende Gebäude vermietet hat. Dementsprechend kann gegen den Schuldner, der sich weigert, die von dem Gläubiger nachgefragten Namen und Adressen mitzuteilen, kein Zwangsmittel nach § 888 Abs. 1 ZPO festgesetzt werden. Hier muss ein eventuell bestehender **materiell-rechtlicher Auskunftsanspruch** gegebenenfalls in einem neuen Verfahren geltend gemacht werden.[767] Das ist trotz des zu bejahenden materiellen Anspruchs (§ 14 Nr. 2 WEG, ggf. i. V. m. § 242 BGB und der wohnungseigentumsrechtlichen Treuepflicht) langwierig. Vorzugswürdig kann in derartigen Fällen, in denen der Dritte (z. B. Mieter) die erforderliche Mitwirkung (z. B. Öffnen der Wohnungstür, Duldung der Arbeiten) verweigert, ein direktes Vorgehen gegen ihn sein, da er insoweit Zustandsstörer ist.[768] Teilweise wird empfohlen, in einem Prozess gegen den vermietenden Wohnungseigentümer dem Mieter bzw. Nutzer den Streit zu verkünden und ggf. den Antrag auf **Androhung** von Ordnungsmitteln (§ 890 Abs. 2 ZPO)[769] zu stellen.[770] Alternativ könnte bei Veranlassung zur Klage (z. B. erfolglos verlangte Duldungserklärung) sofort und in einem Prozess auf Duldung geklagt werden. Bei unterschiedlicher sachlicher Zuständigkeit der Gerichte (Klage gegen vermietenden Wohnungseigentümer geht gem. § 43 Nr. 1 WEG streitwertunabhängig zum Amtsgericht; Klage gegen Mieter geht gem. § 71 Abs. 1 GVG bei Streitwert über 5.000 € zum Landgericht) kann gem. § 36 Abs. 1 Nr. 3 ZPO beim übergeordneten Gericht die **Bestimmung** des Amtsgerichts als gemeinsam zuständiges Gericht beantragt werden, da die Beklagten Streitgenossen (§ 60 ZPO) sind, weil sie aus gleichartigen tatsächlichen und rechtlichen Gründen in Anspruch genommen werden.[771] Ist der Dritte zur Duldung der Beseitigung der rechtswidrigen baulichen Maßnahme durch den Vollstreckungsschuldner bereit, kann nach § 887 Abs. 1 ZPO vollstreckt werden. Ist nicht klar, ob es sich bei dem geltend gemachten Anspruch um eine Unterlassung (wird vollstreckt nach § 890 ZPO) oder eine unvertretbare Handlung (wird vollstreckt nach § 888 ZPO) handelt, ist gegebenenfalls vorsorglich ein Hilfsantrag nach § 888 ZPO zu stellen.[772]

Ein **Duldungstitel** ist nach § 890 ZPO zu vollstrecken. Wegen der sich sonst ergeben- **250** den Schwierigkeiten bei der Feststellung einer Zuwiderhandlung muss die zu duldende Handlung aus dem Titel nach Inhalt und Umfang konkret und unzweideutig entnommen werden kann.[773]

Ein **Unterlassungstitel** ist wie ein Duldungstitel ebenfalls nach § 890 ZPO zu vollstre- **251** cken. Auch bei der Verfolgung von Unterlassungsansprüchen sollte man sich bei **vermietetem Wohnungseigentum** auf Gläubigerseite frühzeitig bewusst machen, dass die Vollstreckung von Einwirkungspflichten gegen den Vermieter wesentlich schwieriger sein kann als die Vollstreckung gegen den unmittelbaren Störer (**Mieter**). Zwar gibt es auch hier kein **Rangverhältnis,** aufgrund dessen die übrigen Eigentümer oder der Verband

---

[766] Zu den Einzelheiten s. BGH NZM 2009, 202.
[767] BGH NZM 2009, 202 in Bestätigung von LG Hamburg ZMR 2008, 572.
[768] BGH ZMR 2007, 188.
[769] Sofern nach § 890 Abs. 1 ZPO vollstreckt wird. Bei Vollstreckung nach § 888 Abs. 1 ZPO entfällt die Androhung (§ 888 Abs. 2 ZPO).
[770] *Hannemann* NZM 2004, 531, 532; *Schuschke* NZM 1998, 176, 177 f.
[771] OLG München NJW-RR 2008, 1544.
[772] *Elzer* ZMR 2007, 733, 742 m. w. N.
[773] OLG Köln IMR 2009, 236; NJW-RR 2003, 371.

verpflichtet wären, vor einer Inanspruchnahme des vermietenden Miteigentümers (und eventuellen mittelbaren Handlungs- oder Zustandsstörers) zunächst gegen dessen störenden Mieter mit Unterlassungsklagen und Vollstreckungsmitteln vorzugehen.[774] Jedoch bleibt die Wahl der Mittel zur Beseitigung der Unterlassung dem vermietenden Wohnungseigentümer überlassen, sofern nicht ausnahmsweise nur eine einzige Maßnahme zur Störungsbeseitigung ernsthaft in Betracht zu ziehen ist. Eine **Kündigung** des Mietverhältnisses mit anschließender möglicher Räumungsklage kann daher grundsätzlich nicht beansprucht werden.[775] Zusätzliche Probleme ergeben sich dann, wenn dem **Mieter** das die Wohnungseigentümer störende Verhalten nach dem Mietvertrag entweder gestattet ist[776] oder man sich über diese Frage (mietrechtlich) zumindest streiten kann. Es nützt den Miteigentümern wenig, dass sich der Anspruch auf Unterlassung einer beabsichtigten oder inzwischen wieder beseitigten rechtswidrigen baulichen Veränderung oder deren bestimmungswidriger Nutzung im Erkenntnisverfahren gegen den vermietenden Eigentümer richten kann. Denn die Frage, ob dieser die Nutzung unterbinden kann, klärt sich erst im Zwangsvollstreckungsverfahren.[777] Im Regelfall empfiehlt sich deshalb ein unmittelbares Vorgehen gegen den unmittelbaren Handlungsstörer (Mieter). Denn nur dieser schuldet anders als der die gemeinschaftswidrige Fremdnutzung seines Sondereigentums gestattende oder duldende Eigentümer nicht nur ein Hinwirken auf das Unterlassen, sondern die tatsächliche Unterlassung selbst.[778] Dies vereinfacht die Vollstreckung, da der vermietende Sondereigentümer seinen Kopf nicht durch Einwendungen „aus der Schlinge ziehen kann", über die sich in tatsächlicher und rechtlicher Hinsicht – im letzten Schritt nur gerichtlich (im Vollstreckungsverfahren)[779] – streiten lässt. So ist mitnichten sicher, dass der vermietende Sondereigentümer rechtlich (mietvertraglich) in der Lage ist, seinen Mieter auf Unterlassung in Anspruch zu nehmen oder das Mietverhältnis gar zu kündigen.[780] Dazu ist der vermietende Sondereigentümer oft weder berechtigt noch verpflichtet.[781] Ist nämlich dem Mieter das (wohnungseigentumsrechtlich betrachtet) störende Verhalten nach dem Mietvertrag ausdrücklich erlaubt oder zumindest nicht untersagt, fehlt es dem Vermieter an der rechtlichen Handhabe (**Abmahnung, Kündigung**).[782] Mangels juristischer Druckmittel bleibt am Ende nur eine wirtschaftliche Lösung des Problems, was für den vermietenden Eigentümer teuer werden kann. In der Rechtsprechung wird es als ihm zumutbar erachtet, mit dem Mieter eine **Aufhebungsvereinbarung** abzuschließen und eine „hohe" **Abfindungszahlung** anzubieten.[783] Dies belegt, dass die Schwelle des „Erforderlichen und Zumutbaren" hoch anzusetzen ist und den rechtskräftig verurteilten Schuldner (Vermieter) im Einzelfall durchaus zu einigen Aktivitäten und sogar finanziellen Opfern anhalten kann. Der vermietende Sondereigentümer muss im Vollstreckungsverfahren konkret darlegen, welche Maßnahmen er ergriffen hat, um auf den Mieter einzuwirken oder das Mietver-

[774] OLG Düsseldorf DWE 2009, 23, 25 m. w. N.

[775] OLG Düsseldorf DWE 2009, 23, 25. Auch durch Mehrheitsbeschluss kann ein solcher materiell nicht bestehender Rechtsanspruch nicht konstitutiv begründet werden, OLG Düsseldorf a. a. O. S. 24.

[776] Was auch beim Eintritt des Vermieters in ein bestehendes Mietverhältnis der Fall sein kann, s. OLG Celle ZMR 2004, 689.

[777] Zutreffend BayObLG NZM 1998, 773, 775 m. w. N.

[778] *Armbrüster* ZWE 2004, 217, 219; *Riecke/Schmidt* in: AnwKommBGB, Anh. zu §§ 535–580 a Rn. 10.

[779] Die Frage, welche rechtlichen Möglichkeiten dem vermietenden Sondereigentümer offen stehen, um die unzulässige Nutzung zu beenden, und inwieweit er diese erfüllt hat, ist im Rahmen der Zwangsvollstreckung zu prüfen, BayObLG NZM 1998, 773, 775 m. w. N.

[780] So aber zu undifferenziert OLG Saarbrücken WuM 2007, 584, 586.

[781] Siehe *Riecke/Schmidt* in: AnwKommBGB, a. a. O. Rn. 10 m. w. N.

[782] BGH ZMR 1996, 147, 148. Siehe auch ausführlich *Müller*, Praktische Fragen Rn. 399 m. w. N.

[783] So OLG Celle ZMR 2004, 689, 690. Siehe ferner *Müller* a. a. O.

hältnis aufzuheben. Auf eine Unmöglichkeit der Vollstreckung kann er sich so schnell nicht berufen, da er einige Anstrengungen unternehmen muss, um Hindernisse zu beseitigen.[784] Er muss die ihm rechtlich, wirtschaftlich und tatsächlich gegebenen Möglichkeiten ausschöpfen, um die Beeinträchtigung auszuschließen.[785] Aber auch dann, wenn dem Vermieter nach dem Mietvertrag Rechtsansprüche gegen den Mieter zustehen, ist umstritten, wie weit der Vermieter gehen muss.[786] Vorteil eines direkten Vorgehens gegen den störenden Mieter ist nach h. M., dass dieser sich gegenüber der Gemeinschaft bzw. den Eigentümern nicht mit dem Inhalt seines Mietvertrages erfolgreich verteidigen kann.

---

[784] Vgl. die instruktiven Ausführungen bei BGH NJW 2007, 3777 = ZMR 2008, 136.

[785] Vgl. AG Braunschweig NZM 2008, 172 zu Lärmbeeinträchtigungen durch Schreie eines geistig behinderten Kindes und dessen Mutter. Vgl. ferner OLG Köln NZM 1998, 122.

[786] Vgl. BayObLG ZMR 1994, 25 = NJW-RR 1994, 337 zur Frage der Pflicht zur fristlosen Kündigung und Erhebung der Räumungsklage.

III. Sondernutzungsrechte

1. Begriffsdefinition

252 Der Begriff des Sondernutzungsrechtes ist für das Wohnungseigentumsrecht auch nach der mit Wirkung zum 1. 7. 2007 in Kraft getretenen Gesetzesänderung[1] **gesetzlich nicht definiert.**[2] Zwar findet sich der Terminus jetzt in zwei Bestimmungen,[3] seine Bedeutung wird dabei jedoch vorausgesetzt. Geprägt wird der Begriff durch jahrzehntelange Rechtsprechung[4] und eine unüberschaubare Zahl von Literaturbeiträgen.[5]

253 Allgemein wird ein wohnungseigentumsrechtliches Sondernutzungsrecht heute wie folgt definiert: *„Ein Sondernutzungsrecht ist das einem Wohnungseigentümer oder mehreren Wohnungseigentümern eingeräumte, dauernde und alleinige Recht zur Nutzung von Flächen, Anlagen und Einrichtungen des gemeinschaftlichen Eigentums oder fremden Sondereigentums unter Ausschluss der übrigen Miteigentümer.“*[6] Je nach zugrundeliegendem theoretischen Verständnis können einzelne Abgrenzungsmerkmale dabei variieren (vgl. dazu Rn. 280 und 385).[7]

2. Rechtsnatur

254 **a) Rechtliche Grundlagen.** Ihrer Rechtsnatur nach stellen Sondernutzungsrechte **Vereinbarungen der Wohnungseigentümer**[8] dar (zu anderen Begründungsmöglichkeiten s. Rn. 332 ff.). Die vom teilenden Eigentümer einseitig vorgenommene Setzung der Gemeinschaftsordnung gemäß § 8 Abs. 2 WEG steht dabei einer solchen Vereinbarung gleich.[9] Es handelt sich damit nach heute ganz herrschendem Verständnis um **schuld-**

[1] Gesetz zur Änderung des Wohnungseigentumsgesetzes und anderer Gesetze vom 26. 3. 2007 (BGBl. I S. 370).

[2] Im Gesetzgebungsverfahren wurde es ausdrücklich weder für erforderlich noch für sinnvoll gehalten, den Begriff gesetzlich zu definieren, vgl. den Gesetzentwurf der Bundesregierung v. 9. 3. 2006 (BT-Drs. 16/887), S. 16 lit. c).

[3] Vgl. § 2 Abs. 2 Nr. 3 GrEStG und § 5 Abs. 4 S. 2 u. 3 WEG.

[4] Grundlegend insoweit u. a. BGHZ 73, 145 = NJW 1979, 548 = Rpfleger 1979, 57 [Übertragung eines eingetragenen Sondernutzungsrechts]; BGHZ 91, 343 = NJW 1984, 2409 = Rpfleger 1984, 408 [Zustimmungserfordernis dinglich Berechtigter]; BGHZ 145, 133 = NJW 2000, 3643 = Rpfleger 2001, 69 [Löschung eines eingetragenen Sondernutzungsrechts]; BGHZ 145, 158 = NJW 2000, 3500 = Rpfleger 2001, 19 [Keine Sondernutzungsrechtsbegründung durch bestandskräftigen Mehrheitsbeschluss]; BayObLG DNotZ 1986, 479 m. Anm. *Ertl* = Rpfleger 1986, 132 [Gestreckte Begründung von Sondernutzungsrechten].

[5] Grundlegend neben zahlreichen Einzelbeiträgen u.a. *Böhringer* Begründung und spätere Veränderungen von Sondernutzungsrechten NotBZ 2003, 285; *Bornemann* Der Erwerb von Sondernutzungsrechten im Wohnungseigentumsrecht (2000); *Ertl* Eintragung von Sondernutzungsrechten im Sinne des § 15 WEG, Rpfleger 1979, 81; *Häublein* Sondernutzungsrechte und ihre Begründung im Wohnungseigentumsrecht (2003); *Hogenschurz* Das Sondernutzungsrecht nach WEG (2008); *Kreuzer* Sondernutzungsrechte: Begründung, Übertragung, Änderung FS Merle (2000), S. 203; *Ott* Das Sondernutzungsrecht im Wohnungseigentum (2000); *Schmenger* Begründung, Änderung, Übertragung und Erlöschen von dinglichen und schuldrechtlichen Sondernutzungsrechten, BWNotZ 2003, 73; *Schnauder* Die Relativität der Sondernutzungsrechte FS Bärmann und Weitnauer (1990), S. 567; *Schweiger* Sondernutzungsrechte im Wohnungseigentum (1987).

[6] *Hogenschurz* Das Sondernutzungsrecht nach WEG, S. 5.

[7] Vgl. z.B. die Definitionen bei *Köhler/Bassenge/Häublein* Anwaltshandbuch Wohnungseigentumsrecht, 1. Aufl. Teil 12 Rn. 7 und *Bärmann/Wenzel* § 13 Rn. 73, die lediglich auf die Nutzung des gemeinschaftlichen Eigentums abstellen. Zur weitergehenden Begriffsanalyse vgl. *Häublein* Sondernutzungsrechte und ihre Begründung im Wohnungseigentumsrecht, S. 2 ff.

[8] BGHZ 145, 158 = NJW 2000, 3500 = Rpfleger 2001, 19.

[9] BGHZ 145, 133 = 133 = NJW 2000, 3643 = Rpfleger 2001, 69.

rechtliche Regelungen der Wohnungseigentümer,[10] die zunächst lediglich zwischen den unmittelbar vertragsschließenden Wohnungseigentümern („inter partes") wirken.[11] Allerdings *können* derlei Vereinbarungen gemäß § 5 Abs. 4 S. 1 WEG zur Gestaltung des Gemeinschaftsverhältnisses als **Inhalt des Sondereigentums** in das Grundbuch eingetragen werden.[12] Sie stehen damit anderen Regelungen der Wohnungseigentümer wie z. B. solchen zur beschränkten Veräußerbarkeit (§ 12 WEG), zur Kostentragungs- (§ 16 WEG) oder Instandsetzungspflicht (§ 21 WEG) gleich.[13] Vereinbarungen über ein Sondernutzungsrecht können deshalb nicht den Regelungen über das Sondereigentum (insbesondere nicht § 4 WEG) unterfallen.

Sondernutzungsrechte wurden zunächst allgemein als Gebrauchsregelungen i. S. d. § 15 Abs. 1 WEG verstanden.[14] Erst mit dem als „Jahrhundertentscheidung" bekannt gewordenen Beschluss vom 20. 9. 2000[15] arbeitete der BGH heraus, dass Sondernutzungsrechte wegen ihres gesetzesändernden Inhaltes als **Gebrauchsentzug** unter **§ 13 Abs. 2 WEG** einzuordnen sind.[16] Diese veränderte dogmatische Einordnung ermöglicht es, Sondernutzungsrechte dem mehrheitsfesten Bereich wohnungseigentumsrechtlicher Regelungsmöglichkeiten zuzuordnen. Für eine Satzungsänderung mangelt es den Wohnungseigentümern – vorbehaltlich einer Öffnungsklausel – unterhalb der Vereinbarungsebene nämlich an der erforderlichen Beschlusskompetenz. Der Anwendungsbereich von Mehrheitsbeschlüssen mit Vereinbarungsinhalt (sog. „Pseusovereinbarungen" oder „Zitterbeschlüsse") beschränkt sich hiernach auf vereinbarungsersetzende und vereinbarungswidrige Mehrheitsbeschlüsse;[17] Sondernutzungsrechte sind diesem Bereich jetzt entzogen. 255

b) Wirkung der (unterbliebenen) Grundbucheintragung. Die Grundbucheintragung der Vereinbarung gemäß § 5 Abs. 4 S. 1, (§ 8 Abs. 2) WEG bewirkt eine Inhaltsänderung sämtlicher Sondereigentumsrechte in der Weise, dass an die Stelle des gesetzlich geregelten Nutzungsverhältnisses gemäß § 13 Abs. 2 WEG nach außen erkennbar nunmehr die geänderte Regelung tritt. Das vereinbarte Sondernutzungsrecht entfaltet seine Wirkung im Falle der **Eintragung** dann nicht mehr nur im Verhältnis der an der Vereinbarung unmittelbar Beteiligten, sondern **bindet** gemäß § 10 Abs. 3 WEG auch deren jeweilige **Sondernachfolger** im Eigentum (zum Begriff s. Teil A. II. Rn. 403). Die maßgebliche Bedeutung der Grundbucheintragung liegt damit in der **Sukzessionswirkung;** für das Entstehen eines Sondernutzungsrechtes ist die Eintragung im Grundbuch demnach nicht konstitutiv.[18] 256

---

[10] KG ZWE 2007, 237; OLG Köln DNotZ 2002, 223; BayObLG DNotZ 1990, 496; Bärmann/*Wenzel* § 10 Rn. 66; *Häublein* Sondernutzungsrechte und ihre Begründung im Wohnungseigentumsrecht, S. 33 ff.; *Hogenschurz* Das Sondernutzungsrecht nach WEG § 1 Rn. 32; *Kümmel* Die Bindung der Wohnungseigentümer und deren Sondernachfolger an Vereinbarungen, Beschlüsse und Rechtshandlungen nach § 10 WEG, S. 3 f.; *Riecke/Schmid/Elzer* § 10 Rn. 146; *Schnauder* FS Bärmann und Weitnauer (1990), S. 567, 577 ff.; *Weitnauer/Lüke* § 15 Rn. 30; a. A. noch OLG Frankfurt Rpfleger 1975, 309; *Bärmann* AcP 155, 1, 10 ff.; *Ott* ZMR 2002, 7, 9; *Röll* Rpfleger 1980, 90, die in einem Sondernutzungsrecht einen sachenrechtlichen Bestandteil des Wohnungseigentums sehen wollen.

[11] OLG Frankfurt ZWE 2006, 489 m. Anm. *Becker*; BayObLG NZM 2002, 747.

[12] Wegen der dogmatischen Unterscheidung von *Gegenstand* und *Inhalt* des Sondereigentums s. Teil A. II. Rn. 161 f. m. w. N.

[13] *Hogenschurz* Das Sondernutzungsrecht nach WEG § 1 Rn. 20; *Weitnauer/Lüke* § 15 Rn. 30.

[14] So z. B. noch BGHZ 73, 145 = NJW 1979, 548 = Rpfleger 1979, 57; BayObLG Rpfleger 1985, 292; *Bärmann/Pick/Merle* 9. Aufl. (2003) § 15 Rn. 17 und *Weitnauer/Lüke* 9. Aufl. (2005) § 15 Rn. 25.

[15] BGHZ 145, 158 = NJW 2000, 3500 = Rpfleger 2001, 19.

[16] Diese Sichtweise wurde vorbereitet durch BGHZ 145, 133 = NJW 2000, 3643 = Rpfleger 2001, 69.

[17] Ausführlich zur geänderten Dogmatik *Wenzel* NZM 2000, 257.

[18] *Hogenschurz* Das Sondernutzungsrecht nach WEG § 1 Rn. 14 m. w. N.

257 Eine **Weitergabeverpflichtung,** durch die sich die Beteiligten einer Vereinbarung über ein Sondernutzungsrecht verpflichten, diese an ihre Rechtsnachfolger weiterzugeben und sie in gleicher Weise zu verpflichten, schützt den Sondernutzungsberechtigten nicht in einer § 10 Abs. 3 WEG gleichkommenden Qualität;[19] spätestens im Versteigerungsfalle wird die Kette schuldrechtlich begründeter Weitergaben durchbrochen. Auch kann **§ 10 Abs. 3 WEG** nicht in der Weise durch eine in das Grundbuch eingetragene Vereinbarung **abbedungen** werden, dass jegliche schuldrechtlichen Vereinbarungen auch ohne Eintragung in das Grundbuch „automatisch" gegenüber Sonderrechtsnachfolger wirksam sein sollen.[20]

258 **Unterbleibt** die **Grundbucheintragung,** kann das dann lediglich schuldrechtlich wirkende Sondernutzungsrecht im Falle eines Eigentümerwechsels keinen Bestand haben, wenn nicht der neue Eigentümer in die für ihn **nachteilige Regelung** eintritt.[21] Die nicht im Grundbuch eingetragene Vereinbarung wird dann im Falle eines Eigentümerwechsels **insgesamt hinfällig;**[22] eine „halbseitige Bindung" kommt insoweit wegen des für alle Wohnungseigentümer einheitlich zu beurteilenden Geltungsbereiches nicht in Betracht.[23] Die Berufung auf die fehlende Bindungswirkung nach § 10 Abs. 3 WEG durch einen Sonderrechtsnachfolger wird dabei regelmäßig auch nicht rechtsmißbräuchlich sein.[24]

259 Streitig ist, ob **ein nicht im Grundbuch vermerktes Sondernutzungsrecht** dennoch auch ohne Kenntnis seines Bestehens ***zugunsten*** **des begünstigten Sondernachfolgers** wirken kann. Die h. M. bejaht dies unter Hinweis auf eine entsprechende Anwendung des § 746 BGB.[25] Dem wird zu Recht entgegen gehalten, dass § 746 BGB im Wohnungseigentumsrecht nicht anwendbar ist. Der rechtsgeschäftliche Eintritt eines Sonderrechtsnachfolgers in eine schuldrechtliche Vereinbarung der Wohnungseigentümer setzt vielmehr die positive Kenntnis des Erwerbers und die Feststellung seines rechtsgeschäftlichen Willens voraus, in diese Vereinbarung eintreten zu wollen. Der Fortbestand eines nicht im Grundbuch eingetragenen Sondernutzungsrechts ist nach diesem Verständnis stets von einer ausdrücklichen oder konkludenten Übernahme seitens des Begünstigten abhängig.[26]

260 Umstritten ist auch, welcher **Zeitpunkt für die Bindung des Sondernachfolgers** maßgebend ist. So soll im Falle eines rechtsgeschäftlichen Erwerbs auf den Zeitpunkt der Eigentumsumschreibung und bei einem Erwerb im Wege der Zwangsversteigerung auf den Zeitpunkt des Zuschlags abgestellt werden.[27] Man wird aber wohl lediglich eine schwebende Unwirksamkeit mit der Möglichkeit der späteren Genehmigung durch den hinzutretenden Erwerber annehmen können, weil sich nur so eine vorzeitige Lösung der übrigen Wohnungseigentümer aus einer dem Erwerber möglicherweise noch gar nicht bekannten Sondernutzungsregelung verhindern lässt.[28]

---

[19] *Hogenschurz* Das Sondernutzungsrecht nach WEG § 1 Rn. 16.

[20] OLG Hamm DNotZ 2008, 382 = Rpfleger 2008, 192.

[21] Saarländisches OLG Saarbrücken ZMR 2005, 981; BayObLG NZM 2003, 321; HansOLG Hamburg NZM 2002, 27; OLG Köln DNotZ 2002, 223 m. Anm. *Häublein;* OLG Hamm FGPrax 1997, 15.

[22] BGH DNotZ 2002, 866 = NJW 2002, 2863; BayObLG DNotZ 2005, 789; OLG Zweibrücken NZM 2005, 343; OLG Köln DNotZ 2002, 223 m. Anm. *Häublein; Müller* ZMR 2000, 473, 474; *Wenzel* FS Deckert (2002), 517, 525.

[23] *Bärmann/Wenzel* § 13 Rn. 84; *Volmer* ZfIR 2000, 931, 940.

[24] OLG Hamm FGPrax 1997, 15.

[25] OLG Frankfurt ZWE 2006, 489; BayObLG NZM 2003, 321; OLG Düsseldorf NZM 2001, 530; OLG Hamm FGPrax 1998, 175; OLG Schleswig FGPrax 1996, 56; *Schnauder* FS Bärmann und Weitnauer (1990), 567, 580; *Weitnauer/Lüke* § 10 Rn. 31.

[26] *Bärmann/Wenzel* § 13 Rn. 84; Kümmel Die Bindung der Wohnungseigentümer und deren Sondernachfolger an Vereinbarungen, Beschlüsse und Rechtshandlungen nach § 10 WEG, 38 f.; *Ott* Das Sondernutzungsrecht im Wohnungseigentum, 47 ff.; *Riecke/Schmid/Elzer* § 10 Rn. 149.

[27] *Bärmann/Wenzel* § 10 Rn. 108.

[28] *Häublein* DNotZ 2002, 229 f.; *Hügel* FS Wenzel (2005) S. 219, 231 f.

Die „Erstreckung des schuldrechtlichen Bandes“[29]führt jedoch nicht zu einer Veränderung der sachenrechtlichen Befugnisse.[30] Die Vereinbarung eines Sondernutzungsrechts soll lediglich im Verhältnis der jeweiligen Wohnungseigentümer zueinander wirken, nicht aber gegenüber außenstehenden Dritten.[31] Durch die Grundbucheintragung des Sondernutzungsrechts wird die Ausübung der Nutzungsbefugnis im Verhältnis der Wohnungseigentümer zueinander abweichend von § 13 Abs. 2 WEG geregelt; eine darüber hinausgehende absolut wirkende Änderung in der Zuordnung sachenrechtlicher Befugnisse ist von den Beteiligten nicht beabsichtigt[32] und findet auch nicht statt.[33] 261

c) **Terminologie.** Es handelt sich somit bei einem im Grundbuch eingetragenen Sondernutzungsrecht nach h. M. weder um ein dingliches[34] noch um ein grundstücksgleiches Recht.[35] Allerdings ist die im Schrifttum verwendete Terminologie mitunter ungenau und verwirrend.[36] Begriffe wie „schuldrechtliche Sondernutzungsrechte“ zur Kennzeichnung einer fehlenden bzw. „dingliche Sondernutzungsrechte“ zur Kennzeichnung einer vorhandenen Grundbucheintragung[37] suggerieren unterschiedliche zur Nutzung berechtigende Rechtspositionen. Aus diesem Grunde sollte in Abgrenzung von rein schuldrechtlich wirkenden Rechtsbeziehungen der unmittelbar Vertragsbeteiligten einerseits und dinglich gegenüber jedermann wirkenden Rechten andererseits von einer **„verdinglichten“ Rechtsposition** gesprochen werden.[38] Damit würde gleichzeitig zum Ausdruck gebracht, dass es sich nicht um verschiedene Rechtsinstitute, sondern um dieselbe Vereinbarung mit einem unterschiedlichen Wirkungskreis handelt.[39] 262

3. Gegenstand von Sondernutzungsrechten

a) **Ausübungsbereiche.** Sondernutzungsrechte werden in der Regel am gemeinschaftlichen Eigentum des in Wohnungseigentum aufgeteilten Grundstücks begründet. Auch aus diesem Grunde unterliegen sie daher nicht dem für Räumlichkeiten geltenden Abgeschlossenheitserfordernis des § 3 Abs. 2 WEG (dazu s. Teil A. II. Rn. 186ff.). Sie bieten sich deshalb insbesondere in Ermangelung eines abgeschlossenen Sondereigentums als Gestaltungsmöglichkeit in der Gemeinschaftsordnung an. Sondernutzungsrechte können demgemäß sowohl an **Flächen** und **Räumen** als auch an **Gebäudeteilen, Anlagen** und **Einrichtungen** des Gemeinschaftseigentums bestellt werden.[40] Zu Sondernutzungsrechten am Sondereigentum s. Rn. 280f. 263

Eine Besonderheit gilt für Sondernutzungsrechte, die zum Inhalt eines Sondereigentums gemacht werden, das nicht mit einem Anteil an einem Grundstück, sondern mit einem Anteil an einem Erbbaurecht verbunden ist (**Wohnungserbbaurecht**, § 30 Abs. 1 u. 2 WEG). Zwar ist eine solche Zuordnung möglich, weil die Bestimmungen über das Wohnungseigentum entsprechende Anwendung finden (§ 30 Abs. 3 S. 2 WEG), jedoch ist hierbei zu beachten, dass die Möglichkeit einer Nutzung von Nebenflächen außerhalb des Baukörpers für einen Erbbauberechtigten lediglich fakultativ geregelt ist (§ 1 Abs. 2 264

---

[29] *Schnauder* FS Bärmann und Weitnauer (1990), S. 567.

[30] *Riecke/Schmid/Elzer* § 10 Rn. 147 a. E.

[31] *Ott* ZWE 2001, 12, 16; str., zumindest im Hinblick auf Ansprüche aus § 1004 BGB vgl. *Bauer/v. Oefele* AT V Rn. 137.

[32] *Riecke/Schmid/Elzer* § 10 Rn. 147.

[33] So insbesondere BayObLG NJW 1992, 700 = Rpfleger 1992, 154 m. zust. Anm. *Eckhardt;* a. A. – wirkt wie eine Dienstbarkeit – *Bauer/v. Oefele* AT V Rn. 137 m. w. N.

[34] KG ZWE 2007, 237; *Riecke/Schmid/Elzer* § 10 Rn. 147.

[35] BayObLG DNotZ 1990, 496; *Böhringer* NotBZ 2003, 285.

[36] Vgl. *Schneider* Rpfleger 1998, 9, 10; *Schuschke* NZM 1999, 241.

[37] Vgl. *Merle* Rpfleger 1978, 86.

[38] Zutreffend *Riecke/Schmid/Elzer* § 10 Rn. 143.

[39] *Ertl* FS Seuß (1987), S. 151, 155.

[40] *Soergel/Stürner* § 15 Rn. 3 m. w. N.; *Staudinger/Kreuzer* § 15 Rn. 16.

ErbbauRG), sofern das Bauwerk wirtschaftlich die Hauptsache bleibt. Erstreckt sich das Erbbaurecht nicht auf solche Nebenflächen, können demzufolge insoweit auch keine Sondernutzungsrechte begründet werden (bedeutsam z. B für Pkw-Stellplätze im Freien!). Nur wenn die Nutzungsbefugnis aus dem Erbbaurecht auch solche Grundstücksteile umfasst, können auch Nutzungsregelungen der Wohnungserbbauberechtigten gem. §§ 30, 13 Abs. 2 WEG auf die zum Inhalt des Erbbaurechts gehörige Nutzungsbefugnis am Erbbaugrundstück erstreckt werden.[41]

265 **b) Keine Umgehung des § 5 Abs. 2 WEG.** Die Einräumung eines Sondernutzungsrechts ist selbst dann möglich, wenn die betreffenden Bereiche dem Sondereigentum eines Wohnungseigentümers zwingend gem. § 5 Abs. 2 WEG entzogen sind. Über die Bestellung eines Sondernutzungsrechts kann dann letztlich doch einem oder mehreren Wohnungseigentümern die tatsächliche Sachherrschaft über **nicht sondereigentumsfähige Bereiche** eingeräumt werden.[42] Insbesondere Probleme mit Zugangsmöglichkeiten zu zwingend im Gemeinschaftseigentum stehenden Räumlichkeiten lassen sich auf diese Weise praxisgerecht lösen. Im Hinblick auf die geringere Nutzungsintensität[43] von Sondernutzungsrechten gegenüber einem Sondereigentum liegt hierin auch **keine unzulässige Umgehung** des § 5 Abs. 2 WEG.[44]

266 **c) Umfassende Sondernutzungsrechte.** Sondernutzungsrechte können nach zutreffender Ansicht durchaus **umfassend** eingeräumt werden. Die Nutzung kann **das gesamte gemeinschaftliche Eigentum** erfassen; es ist nicht zwingend, dass am gemeinschaftlichen Eigentum noch irgendeine Form von gemeinschaftlicher Restnutzung erhalten bleiben muss.[45] Eine solche Gestaltung wird insbesondere für Doppelhaushälften und Reihenhäuser in Betracht kommen, deren Rechtssphären anstelle einer (u. U. nicht möglichen) Realteilung über Sondernutzungsrechte abgegrenzt werden sollen. Auch kann die Nutzungsbefugnis **ohne Beschränkung auf eine bestimmte Nutzungsart** eingeräumt werden.[46]

267 **d) Teilsondernutzungsrechte.** Umgekehrt können Sondernutzungsrechte nach zutreffender Ansicht auch sachlich und örtlich auf einen bestimmten Teil des zuvor genannten Gegenstandsbereiches beschränkt werden.[47] In Betracht kommen kann also z. B. die Sondernutzung hinsichtlich eines näher bestimmten Raumteiles.[48] Sie kann auch begrenzt sein auf eine bestimmte Art und Weise der Ausübung.[49]

268 **e) Sondernutzungsrechte in Ausübung einer Grunddienstbarkeit.** Sondernutzungsrechte können nur im Bereich des in Wohnungseigentum aufgeteilten Grundstücks begründet werden, weil sie rechtlich als Inhalt des dort begründeten Sondereigentums aus-

---

[41] *Bauer/v. Oefele/Maaß* AT VI Rn. 265; *Rethmeier* MittRhNotK 1993, 145, 148; *Staudinger/Rapp* § 30 Rn. 18; *v. Oefele/Winkler* Rn. 3.118; im Ergebnis ebenso *Bärmann/Pick* § 30 Rn. 49

[42] BGH DNotZ 1992, 224 = NJW 1991, 2909 = Rpfleger 1991, 454; BayObLG DNotZ 2004, 386 = Rpfleger 2004, 214 a. E.; mit Einschränkung auch *Hogenschurz* Das Sondernutzungsrecht nach WEG § 1 Rn. 3; widerspr. *Bärmann/Wenzel* § 13 Rn. 96 u. Rn. 102.

[43] Zur Beschränkung eines Sondernutzungsrecht durch ein Zutrittsrecht vgl. z. B. KG NJW-RR 1990, 333.

[44] A. A. zur Umgehungsproblematik *Köhler/Bassenge/Häublein* Anwaltshandbuch Wohnungseigentumsrecht 1. Aufl., Teil 12 Rn. 55 m. w. N.; Staudinger/*Rapp* § 5 Rn. 36.

[45] *Häublein* Sondernutzungsrechte und ihre Begründung im Wohnungseigentumsrecht, S. 96; *Schneider* Rpfleger 1998, 9, 14; *Weitnauer/Lüke* § 15 Rn. 26; a. A. noch LG Berlin MDR 1982, 149 und *Krücker-Ingenhag* MittRhNotK 1986, 85, 94.

[46] BayObLG DNotZ 1999, 672.

[47] *Bärmann/Wenzel* § 13 Rn. 96.

[48] *Bärmann/Wenzel* § 13 Rn. 96; a. A. OLG Naumburg FG Prax 1998, 92 m. abl. Anm. *Sauren* FS Merle (2000), S. 261.

[49] *Bärmann/Wenzel* § 13 Rn. 96; LG Wuppertal MittRhNotK 1998, 327 m. zust. Anm. *Geißel;* a. A. ThürOLG Rpfleger 1999, 70 m. abl. Anm. *Sauren* FS Merle (2000), S. 261.

schließlich das Verhältnis der Wohnungseigentümer untereinander betreffen. Rechte zur Benutzung eines **Nachbargrundstückes** können deshalb grundsätzlich nicht zum Inhalt des Sondereigentums gemäß §§ 5 Abs. 4 S. 1, 10 Abs. 3 WEG gemacht werden.[50]

Möglich ist allerdings – insbesondere zur dinglichen Absicherung von Pkw-Stellplätzen oder Garagen auf einem Nachbargrundstück – die Eintragung einer Grunddienstbarkeit gemäß § 1018 1. Alt. BGB zulasten des dienenden Nachbargrundstücks und zugunsten des herrschenden in Wohnungseigentumsrechte aufgeteilten Grundstücks. Die Grunddienstbarkeit steht in diesem Fall den jeweiligen Wohnungseigentümern (subjektiv-dinglich) als wesentlicher Bestandteil des aufgeteilten Grundstücks gemeinschaftlich zu (vgl. § 96 BGB). Vereinbaren die Wohnungseigentümer nunmehr Regelungen über die **Ausübung** dieser **Grunddienstbarkeit,** betreffen sie das Verhältnis der Wohnungseigentümer untereinander, so dass sie zum Inhalt des Sondereigentums gemacht werden können. Die Grundbucheintragung der Benutzungsregelung betrifft dann lediglich das Innenverhältnis der Wohnungseigentümer; Inhalt und Umfang der Grunddienstbarkeit werden hierdurch nicht berührt.[51] Gegenstand des Sondernutzungsrechtes ist somit die Grunddienstbarkeit[52] und nicht das Nachbargrundstück. 269

Von dieser Gestaltungsmöglichkeit abgegrenzt werden muss die Bestellung einer **Grunddienstbarkeit lediglich für bestimmte Miteigentümer** einiger ausgewählter Wohnungseigentumsrechte[53] und nicht für das gesamte in Wohnungseigentumsrechte aufgeteilte Grundstück. In diesem Fall kann die Nutzungsberechtigung nämlich nicht mehr dem Gemeinschaftsverhältnis zugeordnet werden, da sie nur zugunsten einzelner Wohnungseigentümer besteht. Ein abgesondertes Gemeinschaftseigentum kann es jedoch nicht geben; die rechtliche Einordnung solcher Berechtigungen ist umstritten.[54] 270

f) Beispiele aus der Rechtsprechung (in alphabetischer Reihenfolge). Exemplarische Sondernutzungsrechte finden sich in der Praxis für: 271

Aufzugsanlagen	Aufzugsanlagen können Gegenstand eines Sondernutzungsrechts sein, sofern sie nur einem Sondereigentümer oder einer Gruppe von Sondereigentümern zu nutzen bestimmt sind.[55]
Balkon	Die Einräumung eines Sondernutzungsrechts an einem Balkon[56] bietet sich insbesondere an, soweit die Sondereigentumsfähigkeit von Balkonen abgelehnt wird.[57]
Bebauungsrecht	Die Einräumung eines umfassenden Sondernutzungsrechts an einer Grundstücksfläche mit dem Recht,

[50] OLG Hamm ZWE 2006, 346; OLG Hamm DNotZ 1997, 972 = Rpfleger 1997, 305; *Weitnauer/Lüke* WEG § 10 Rn. 38.

[51] OLG Köln NotBZ 2006, 436; OLG Köln NJW-RR 1993, 982 = Rpfleger 1993, 335; OLG Stuttgart NJW-RR 1990, 659 = Rpfleger 1990, 254; BayObLG NJW-RR 1990, 1043 = Rpfleger 1990, 354, noch offen lassend, ob eine solche Nutzungsregelung dem Begriff „Sondernutzungsrecht“ unterfällt; *Bärmann/Wenzel* § 13 Rn. 97; *Riecke/Schmid/Abramenko* § 13 Rn. 28; *Schneider* Rpfleger 1998, 53, 63; *Schöner/Stöber* Rn. 2909 b; a. A. OLG Düsseldorf ZMR 2009, 132: „Sonderberechtigung“.

[52] *Bärmann/Wenzel* § 13 Rn. 97.

[53] Zulässig vgl. BGHZ 107, 289 = DNotZ 1990, 493 = Rpfleger 1989, 452.

[54] Vgl. LG Kassel MittBayNot 2003, 222 m. zust. Anm. *Röll* = Rpfleger 2003, 123 einerseits und *Schöner/Stöber* Rn. 2909 b anderseits.

[55] Vgl. BayObLG v. 2. 3. 2001 – 2 Z BR 29/97 – zit. juris.

[56] Vgl. OLG Düsseldorf NZU 2009, 585 = Rpfleger 2009, 501.

[57] Die Sondereigentumsfähigkeit gänzlich ablehnend *Staudinger/Rapp* § 5 Rn. 7.

	diese zu bebauen, ist zwar nach wie vor zulässig, enthält aber entgegen einer früheren Rechtsansicht nicht die vorweggenommene Einigung über die Einräumung von Sondereigentum an den Räumen in dem zu errichtenden Gebäude zugunsten des Sondernutzungsberechtigten.[58]
Bootssteg	Zur uneingeschränkten gewerblichen Betätigung auf einem an einer Bundeswasserstraße gelegenen Wassergrundstück gehört auch die ortsübliche Nutzung einer Bootssteganlage als Zugang vom Wasser für Publikums- und Kundenverkehr.[59]
Carport	Bei der nachträglichen Errichtung eines Carports auf einem als Sondernutzungsrecht zugewiesenen Pkw-Stellplatz bereitet oftmals die Zustimmung nachteilig beeinträchtigter Wohnungseigentümer wegen der damit verbundenen baulichen Veränderung Schwierigkeiten.[60]
Dachfläche	Zur Nutzung einer entsprechenden Sondernutzungsfläche durch Aufstellung einer Mobilfunkanlage vgl.[61]
Dachgarten	Die Anlegung eines Dachgartens kann von einem Sondernutzungsrecht gedeckt sein.[62]
Dachterrassen	Wegen der umstrittenen Zulässigkeit der Begründung von Sondereigentum[63] bietet sich auch hier die Bestellung eines Sondernutzungsrechts an.[64]
Doppelstockgarage	Soweit die Einräumung von Sondereigentum die gesamte Doppelstockgarage umfasst, können über Sondernutzungsrechte die einzelnen Stellplätze bestimmten Wohnungseigentümern zugewiesen werden.[65]
Fassadenflächen	Die Begründung von Sondernutzungsrechten eignet sich hier besonders zur Eingrenzung eines Schilderwildwuchses[66] in gewerblich/freiberuflich genutzten Anlagen, weil andernfalls eine ortsübliche Werbung in angemessener Größe unkontrolliert hinzunehmen sein könnte.[67]
Gartenflächen	Im Hinblick auf die fehlende Sondereigentumsfähigkeit handelt es sich insoweit um einen Hauptanwen-

[58] BayObLG NZM 2002, 70 = Rpfleger 2002, 140.
[59] KG ZMR 2005, 147.
[60] Vgl. BayObLG NZM 2003, 199; BayObLG NZM 1999, 855; OLG Hamm Rpfleger 1997, 376.
[61] Vgl. OLG Köln NJW-RR 2003, 371, OLG Köln NZU 2002, 612; BGH NJW 2006, 2887.
[62] Vgl. OLG München MDR 2007, 827.
[63] Bejahend OLG München MDR 2007, 827; LG Schwerin ZMR 2009, 401; verneinend *Staudinger/Rapp* § 5 Rn. 7; *Weitnauer/Briesemeister* § 5 Rn. 10.
[64] Vgl. LG München Rpfleger 2006, 396.
[65] Vgl. KG ZMR 2005, 569.
[66] Vgl. *Müller/Schneider* Beck'sches Formularbuch Wohnungseigentumsrecht Form. E. I. 2 Rn. 8.
[67] Vgl. BayObLG NZM 2000, 1236; KG NJW-RR 1995, 333.

	dungsbereich.[68] Wegen der damit verbundenen Fragestellungen s. ausführlich Rn. 408.
Glasdach	Ein über einer Hoffläche befindliches Glasdach ist zwingend Gemeinschaftseigentum; insoweit kann nur die Einräumung eines Sondernutzungsrechts zugunsten eines Wohnungseigentümers in Betracht kommen.[69]
Kellerräume	Die Begründung von Sondernutzungsrechten ist beliebt, um dem aufteilenden Eigentümer eine größtmögliche Flexibilität in der späteren Zuordnung zu erhalten.[70]
Pkw-Stellplätze	Mangels Raumeigenschaft stellen im Hinblick auf die Werthaltigkeit Sondernutzungsrechte an Pkw-Stellplätzen im Freien den „Klassiker" für einzuräumende Sondernutzungsrechte dar.[71]
Reihen- oder Doppelhäuser	Sondernutzungsrechte kommen hier insbesondere wegen der Schaffung eigentumsähnlicher Sphären als Ersatz für ein real nicht teilbares Grundstück in Betracht.[72]
Speicherräume	Schwierigkeiten bereitet hier in der Praxis immer wieder die Abgrenzung bei der Frage nach der zulässigen Nutzung von Speicherräumen [73] (als Wohnraum, als Hobbyraum oder als Abstellraum).[74]
Spitzboden	Zum Umfang eines Sondernutzungsrechts an einem Spitzboden.[75] Zur Abgrenzung von „Dachraum", „Dachgeschoß" und „Spitzboden" s. KG.[76]
Stellplätze auf dem Oberdeck eines Gebäudes	Im Hinblick auf die nach wie vor ungeklärte Frage der Sondereigentumsfähigkeit von Pkw-Stellplätzen auf einem Garagenoberdeck empfehlen sich insoweit Sondernutzungsrechte.[77]
Terrassen	Sondernutzungsrechte bieten sich für diesen Bereich an, da plattierte Terrassenflächen ohne vertikale Begrenzung nicht sondereigentumsfähig sind.[78]
Wasserhahn	Die Zuweisung von im Gemeinschaftseigentum stehenden Wasserhähnen im Garten an einzelne Wohnungseigentümer unter Ausschluss der übrigen Mit-

[68] Vgl. nur BGHZ 174, 20 = NJW 2007, 3636 = Rpfleger 2008, 128; OLG Köln ZMR 2008, 817.
[69] OLG Düsseldorf ZWE 2008, 302 m. krit. Anm. *Sauren.*
[70] Vgl. OLG Düsseldorf ZMR 2004, 611; OLG Köln NZM 2001, 1135.
[71] Vgl. KG ZMR 2007, 384.
[72] Vgl. OLG München DNotZ 2008, 614; OLG Düsseldorf FGPrax 2004, 267 = Rpfleger 2004, 691.
[73] Vgl. z. B. OLG Düsseldorf ZWE 2008, OLG Köln NZM 2001, 1135.
[74] Vgl. OLG München ZMR 2006, 301.
[75] OLG München DNotZ 2008, 289 = Rpfleger 2007, 653.
[76] KG WE 2006, 103.
[77] Vgl. *F. Schmidt* ZWE 2007, 280, 283 f. m.w.N.
[78] Vgl. OLG Köln Rpfleger 1982, 278.

	eigentümer beinhaltet materiell die Begründung von Sondernutzungsrechten.[79]
Wohnungen	Die Vereinbarung von Sondernutzungsrechten an Wohnungen, die mit dem Teileigentum an Kellern oder Garagen verbunden sind („Kellermodell“) ist zulässig und stellt nach zutreffender Auffassung keine Gesetzesumgehung dar.[80] Zu den Hintergründen vgl. auch Teil A. II. Rn. 150.

4. Inhalt von Sondernutzungsrechten

272 **a) Die beiden Komponenten eines Sondernutzungsrechts.** Ein Sondernutzungsrecht besteht aus **zwei Komponenten:**[81]

- einerseits werden durch die Einräumung eines Sondernutzungsrechtes die übrigen nicht berechtigten Wohnungseigentümer vom weiteren Gebrauch der gemeinschaftlichen Sache ausgeschlossen (negative Komponente),
- andererseits wird die ausschließliche Nutzungsbefugnis dem/den berechtigten Wohnungseigentümer/n allein zugewiesen (positive Komponente).

273 Nach heutigem Erkenntnisstand müssen die beiden Komponenten nicht gleichzeitig verwirklicht werden, sondern können auch zeitlich gestreckt erfolgen.[82]

274 Das Gesetz legt inhaltlich keinen **Nutzungsumfang** fest; Sondernutzungsrechte richten sich damit nach dem Umfang, mit dem sie begründet werden. Sie können ohne Beschränkung auf eine bestimmte Nutzungsart umfassend eingeräumt werden.[83] Wird allerdings die ausschließliche Nutzung auf einen bestimmten Zweck beschränkt, berechtigt dies den Sondernutzungsberechtigten nicht zu einer darüber hinausgehenden oder abweichenden Nutzung, wenn diese die übrigen Wohnungseigentümer stärker beeinträchtigt.[84]

275 **b) Abgrenzung von anderen den Gebrauch ermöglichenden Rechten.** Sondernutzungsrechte sind damit wirtschaftlich **dem Sondereigentum stark angenähert.**[85] Im Gegensatz zu diesem stellen sie jedoch kein sachenrechtliches Eigentum dar, sondern lediglich schuldrechtliche Regelungen innerhalb der Wohnungseigentümergemeinschaft. Die konstruktiven Unterschiede führen zu unterschiedlichen rechtlichen Anforderungen im Rahmen der Begründung (z. B. hinsichtlich der für Wohnungseigentum, nicht aber für Sondernutzungsrechte erforderlichen Abgeschlossenheit) und der späteren Verfügungen (z. B. hinsichtlich der nach h. M. für Sondernutzungsrechte nicht gegebenen Belastungsmöglichkeit mit dinglichen Rechten).[86]

276 Gegenüber **bloßen Gebrauchsregelungen** gem. § 15 WEG ist die Abgrenzung in der Praxis mitunter schwierig.[87] Entscheidendes Abgrenzungskriterium muss auch hier der

---

[79] OLG München NJW-RR 2007, 806.

[80] BayObLG NJW 1992, 700 = Rpfleger 1992, 154 m. Anm. *Eckardt;* OLG Hamm NJW-RR 1993, 1233 = Rpfleger 1993, 445; OLG Düsseldorf NJW-RR 2001, 1379 = Rpfleger 2001, 536 m. Anm. *Schneider; Blum* MittRhNotK 1992, 109; *Bärmann/Armbrüster* § 1 Rn. 47 ff.; BeckOK/*Timme/Dötsch* § 15 Rn. 251; *Pause* NJW 1990, 3178; *F. Schmidt* WE 1992, 2; *Schneider* Rpfleger 1991, 499; a. A. LG Braunschweig Rpfleger 1991, 201 m. zust. Anm. *Schäfer; Staudinger/Rapp* § 5 Rn. 18; *Häublein* Sondernutzungsrechte S. 100, 106.

[81] Grundlegend BGHZ 73, 145 = NJW 1979, 548 = Rpfleger 1979, 57.

[82] Vgl. zusammenfassend KG ZMR 2007, 384.

[83] BayObLG DNotZ 1999, 672.

[84] Exemplarisch BayObLG MDR 1981, 937 (Kein Abstellen eines Oldtimers auf einer Gartenterrasse).

[85] *Hügel/Scheel* Teil 6 Rn. 29.

[86] Vgl. BayObLG DNotZ 1990, 496 und ausführlich Rn. 469 m. w. N.

[87] So hat bspw. das OLG Hamm FGPrax 2005, 113 für die räumliche Aufteilung einer gemeinschaftlichen Gartenfläche und Zuweisung zur ausschließlichen Nutzung gebildeter Teilflächen je-

vollständige Ausschluss der übrigen Wohnungseigentümer vom Mitgebrauch sein.[88] Umstritten ist dabei, ob es sich bei einer **turnusmäßigen Alleinnutzung** um eine bloße Gebrauchsregelung[89] des gemeinschaftlichen Eigentums oder schon um die Begründung eines Sondernutzungsrechts[90] handelt. Zutreffend handelt es sich hier um bedingte und befristete Sondernutzungsrechte, wenn nicht unverändert alle Mitglieder der Eigentümergemeinschaft zur Nutzung berechtigt bleiben.[91]

Ähnlich vollzieht sich die Abgrenzung von Sondernutzungsrechten zu Rechtspositionen aus **Miet- oder Pachtverträgen.** Ein entsprechender Beschluss über die Vermietung gemeinschaftlichen Eigentums entzieht den Wohnungseigentümern nicht das Recht zum Mitgebrauch, sondern setzt es weiterhin voraus. Geregelt wird nur die Art und Weise der Ausübung, indem die Möglichkeit des unmittelbaren (Eigen-) Gebrauchs ersetzt wird und an seine Stelle der unmittelbare Gebrauch an dem Anteil der Mieteinnahmen tritt. Auch hier kann die Abgrenzung im Einzelfall Schwierigkeiten bereiten. Als Abgrenzungskriterien kommt eine Orientierung an der Ausschließlichkeit der Nutzung, der Dauer und Kompensation des Rechtsverhältnisses sowie der Kündigungsmöglichkeit in Betracht.[92] Liegt also keine entgegenstehende Vereinbarung vor, kommt den Wohnungseigentümern eine Beschlusskompetenz zum Abschluss eines – auch langfristigen – Miet- oder Pachtvertrages im Rahmen ordnungsgemäßer Verwaltung zu.[93] 277

c) **Bedingungen und Befristungen.** Sondernutzungsrechte können sowohl mit aufschiebenden als auch auflösenden **Bedingungen** versehen werden (§ 158 Abs. 1 und 2 BGB).[94] Häufig wird die nachträgliche Einräumung eines Sondernutzungsrechtes durch die Zahlung eines entsprechenden Entgeltes an die Gemeinschaft der Wohnungseigentümer bedingt sein.[95] Dabei entsteht das Sondernutzungsrecht aufschiebend bedingt bereits vollständig mit beiden Komponenten vor Eintritt der Bedingung (§ 158 Abs. 1 BGB). Da lediglich die Rechtswirkungen bis zum Eintritt der Bedingung aufgeschoben sind, vermittelt das bereits vor Bedingungseintritt entstandene Sondernutzungsrecht dem Berechtigten ein Anwartschaftsrecht, das nach den Regeln für die Übertragung des Vollrechtes wirksam übertragen werden kann.[96] Die vereinbarte Bedingung muss dabei nicht in einer Weise bestimmt sein, dass sie dem Grundbuchgericht in der Form des § 29 Abs. 1 S. 2 GBO nachgewiesen werden kann.[97] Von dieser bedingten Bestellung ist strikt die Begründung eines aufschiebend bedingten Sondernutzungsrechtes im Wege der gestreckten Begründung zu unterscheiden (s. Rn. 325). Dabei wird sich die positive Zuordnungserklärung hinsichtlich des Ausschlusses von der Nutzungsmöglichkeit als aufschiebende Bedingung darstellen, so dass das Sondernutzungsrecht erst mit der wirksamen Zuordnungserklärung entstehen kann. 278

---

weils an eine Gruppe von Miteigentümern noch eine Beschlusskompetenz bejaht, weil es sich nur um eine Konkretisierung des gemeinschaftlichen Gebrauchs der Gartenfläche in Form einer gegenseitigen räumlichen Abgrenzung der Nutzungsbereiche handeln soll.

[88] *Bärmann/Wenzel* § 13 Rn. 109.

[89] So *Bärmann/Wenzel* § 13 Rn. 109.

[90] So *Häublein* Sondernutzungsrechte und ihre Begründung im Wohnungseigentumsrecht, S. 7.

[91] OLG Frankfurt NJW-RR 2008, 320; *Bornemann* Der Erwerb von Sondernutzungsrechten im Wohnungseigentumsrecht, S. 56; *Häublein* Sondernutzungsrechte und ihre Begründung im Wohnungseigentumsrecht, S. 7; *Schöner/Stöber* Rn. 2909 a.

[92] *Bärmann/Wenzel* § 13 Rn. 108; *Staudinger/Kreuzer* § 15 Rn. 12.

[93] BGHZ 144, 386 = DNotZ 2000, 851 = NJW 2000, 3211; HansOLG Hamburg ZMR 2003, 957.

[94] OLG Zweibrücken NJW-RR 2008, 1395 = Rpfleger 2008, 358; BayObLG Rpfleger 1986, 132, 134; LG Koblenz Rpfleger 2003, 416; *Häublein* Sondernutzungsrechte und ihre Begründung im Wohnungseigentumsrecht, S. 6; *Schneider* Rpfleger 1998, 9, 14; *Weitnauer/Lüke* § 15 Rn. 26 a. E.

[95] Vgl. BayObLG NJW-RR 1987, 1364.

[96] BayObLG NJW-RR 1989, 720.

[97] OLG Zweibrücken NJW-RR 2008, 1395 = Rpfleger 2008, 358.

279 Auch eine Begründung von Sondernutzungsrechten unter einer **Zeitbestimmung** (§ 163 BGB) ist möglich.[98] Hierunter können nach dem hier zugrunde gelegten Verständnis auch Rotationsregelungen fallen, bei denen dem Eigentümer einer als Geschäftsräume genutzten Teileigentumseinheit der Gebrauch näher bestimmter Pkw-Stellplätze während genau bezeichneter Geschäftszeiten zustehen soll (zur Abgrenzung von einer Gebrauchsregelung vgl. Rn. 276).

280 **d) Sondernutzungsrechte am Sondereigentum.** Ausschließliche Nutzungsmöglichkeiten können nicht nur am gemeinschaftlichen Eigentum, sondern auch am Sondereigentum eines fremden Wohnungs- oder Teileigentumsrechts eingeräumt werden.[99] Bisweilen wird hier der Sprachgebrauch verengt[100], wenngleich die überwiegende Meinung[101] zu Recht in der Sache von einem Sondernutzungsrecht am Sondereigentum ausgeht.

281 Nach wie vor höchst streitig ist die Frage, ob die **Zuweisung eines Sondernutzungsrechts** zu einem Sondereigentum auch in der Weise erfolgen kann, dass sie **zugunsten eines** daran bestehenden **Miteigentumsanteils** erfolgt. Das Problem stellt sich insbesondere, wenn man mit der h. M. die Sondereigentumsfähigkeit eines einzelnen Stellplatzes in einem Mehrfachparker („Duplexgarage“, „Quadroparker“) mangels Raumeigenschaft verneint und Sondereigentum demzufolge nur an dem gesamten Mehrfachparker für zulässig hält.[102] Folgt man der h. M. zur Sondereigentumsfähigkeit nur des gesamten Teileigentums, so können die Nutzer der einzelnen Stellplätze lediglich gewöhnliche Bruchteile an diesem Teileigentum erwerben. Bezüglich der einzelnen Stellplätze kann sodann eine Gebrauchsregelung gem. §§ 13, 15 Abs. 1 WEG getroffen werden, weil der Miteigentumsanteil an dem Teileigentum auch in das Gemeinschaftsverhältnis aller Wohnungseigentümer eingebunden ist und der Wortlaut des § 15 Abs. 1 WEG ausdrücklich auch eine entsprechende Regelung hinsichtlich des Sondereigentums zulässt. Die Zuordnung der Sondernutzungsrechte erfolgt also jeweils zugunsten eines bestimmten idellen Miteigentumsanteils.[103] Einer solchermaßen verdinglichten Nutzungsregelung an

---

[98] *Weitnauer/Lüke* § 15 Rn. 26 a. E.

[99] OLG Zweibrücken ZWE 2002, 142; OLG Zweibrücken Rpfleger 1990, 19; *Häublein* Sondernutzungsrechte und ihre Begründung im Wohnungseigentumsrecht, S. 10 f.; *Hogenschurz* Das Sondernutzungsrecht nach WEG § 1 Rn. 6; *Weitnauer/Lüke* § 15 Rn. 39; a. A. *Niedenführ/Kümmel/Vandenhouten* § 13 Rn. 21.

[100] OLG Zweibrücken Rpfleger 1990, 19.

[101] *Basty* Rpfleger 2001, 169, 170 Fn. 6; *Ertl* Rpfleger 1979, 81.

[102] So die wohl h. M. OLG Celle NZM 2005, 871; ThürOLG Rpfleger 2005, 309; OLG Düsseldorf NZM 1999, 571; BayObLG NJW-RR 1995, 783 = Rpfleger 1995, 346; OLG Düsseldorf MittRhNotK 1978, 85; BayObLG DNotZ 1976, 28; *Bauer/v. Oefele* AT V Rn. 90; *Böttcher* Rpfleger 2004, 21, 25; *Erman/Grziwotz* § 3 Rn. 7; *Müller* Rn. 21; MünchKomm/*Commichau* § 5 Rn. 17 ff.; *Riecke/Schmid/Schneider* § 5 Rn. 43; *Weitnauer/Briesemeister* § 5 Rn. 29; a. A. unter Annahme einer Raumeigenschaft: *Bärmann/Armbrüster* § 5 Rn. 64; *Gleichmann* Rpfleger 1988, 10; *Hügel* NotBZ 2000, 349; *Riecke/Schmid/Elzer* § 3 Rn. 73; Münchner Vertragshandbuch/*F. Schmidt* Bd. 6 VIII 1. Anm. 25 c); *Sauren* MittRhNotK 1982, 213; *Schöner/Stöber* Rn. 2836; *Staudinger/Rapp* § 3 Rn. 20.

[103] OLG Jena FGPrax 2000, 7; OLG Frankfurt a. M. NZM 2001, 527 = Rpfleger 2000, 212 mit zust. Anm. v. Oefele MittBayNot 2000, 440; BayObLG NJW-RR 1994, 1427 = Rpfleger 1995, 67; LG München II MittBayNot 1988, 78; LG München I MittBayNot 1971, 242; *Bauer/v. Oefele* AT V Rn. 91; *Böttcher* ZfIR 1997, 321, 327; *ders.* Rpfleger 2004, 21, 26; *Ertl* Rpfleger 1979, 81; *ders.* DNotZ 1988, 4, 11; *Frank* MittBayNot 1994, 512; *Häublein* Sondernutzungsrechte und ihre Begründung im Wohnungseigentumsrecht, S. 11; *v. Heinitz* DNotZ 1971, 645; KEHE/*Herrmann* Einl. E Rn. 33; *v. Oefele* MittBayNot 2000, 441; *Schmenger* BWNotZ 2003, 73, 74; *F. Schmidt* MittBayNot 1995, 115; *Schneider* Rpfleger 1998, 9, 12 f.; *Staudenmaier* BWNotZ 1975, 170, 172; *Staudinger/Kreuzer* § 15 Rn. 4; vgl. auch OLG Zweibrücken ZMR 2001, 734; a. A. LG Düsseldorf MittRhNotK 1987, 163; *Bärmann/Wenzel* § 13 Rn. 113; *Basty* Rpfleger 2001, 169; *Huff* WE 1996, 134; *Hügel* ZWE 2001, 42; *Niedenführ/Kümmel/Vandenhouten* § 15 Rn. 1; *Palandt/Bassenge* § 15 Rn. 1; *Riecke/Schmid/Elzer* § 3 Rn. 73; *Schöner* Rpfleger 1997, 416; *Schöner/Stöber* Rn. 2836; *Stumpp* MittBayNot 1971, 10; *Weitnauer/Briesemeister* § 3 Rn. 121.

dem einzelnen Stellplatz kommt kein grundbuchmäßiger Rang zu, so dass anders als bei der von der Mindermeinung favorisierten Regelung über eine ranggebundene Miteigentümervereinbarung gem. § 1010 BGB kein Ausfall in einer Zwangsversteigerung droht. Ein weiterer Vorteil zeigt sich in einer Zwangsversteigerung zum Zwecke der Aufhebung einer an einer Einheit bestehenden Bruchteilsgemeinschaft (sog. Teilungsversteigerung). Bei einer Regelung nach § 1010 BGB könnte allenfalls die Wohnung, nicht aber der zugeordnete Stellplatz in das Verfahren einbezogen werden.

5. Begründung von Sondernutzungsrechten

a) Allgemeine Anforderungen. Für die Begründung eines Sondernutzungsrechts ist gem. § 10 Abs. 2 S. 2 WEG materiell-rechtlich das Zustandekommen einer schuldrechtlich wirkenden **Vereinbarung aller Miteigentümer** erforderlich.[104] Ein Mehrheitsbeschluss ist – vorbehaltlich einer Öffnungsklausel (dazu s. u.) – nicht ausreichend.[105] Die Wohnungseigentümer sind an eine Vereinbarung über die Begründung eines Sondernutzungsrechts grundsätzlich sofort gebunden, wenn nicht abweichend vereinbart wird, dass die Wirkungen erst mit Eintragung der Vereinbarung in das Grundbuch oder zu einem anderen Zeitpunkt eintreten sollen.[106] Die Eintragung in das Grundbuch ist jedoch keine Wirksamkeitsvoraussetzung. 282

Die Vereinbarung kann wie alle Verträge auch **stillschweigend** oder durch **konkludentes Handeln** zustande kommen.[107] In jedem Fall ist es aber erforderlich, dass sich das Bewußtsein der zustimmenden Wohnungseigentümer feststellen lässt, eine für die Zukunft geltende Regelung schaffen zu wollen.[108] Trotz eines entsprechenden Rechtsbindungswillens können solchermaßen zustande gekommenen Vereinbarungen nicht in das Grundbuch eingetragen werden, weil sie bereits nach ihrer Form nicht die Voraussetzungen der §§ 19, 29 GBO erfüllen. Stillschweigend bzw. durch schlüssiges Verhalten begründete Sondernutzungsrechte sind damit stark untergangsgefährdet. Mangels einer entsprechenden Weitergabeverpflichtung werden solche Sondernutzungsrechte beim ersten rechtsgeschäftlichen Eigentumswechsel und auch bei einem Zuschlag in der Zwangsversteigerung erlöschen. 283

b) Anforderungen an die Verdinglichung von Sondernutzungsrechte. *aa) Begründung von Sondernutzungsrechten anlässlich der Aufteilung des Grundstücks.* Wohnungseigentum kann entweder durch Teilungsvertrag gem. § 3 WEG oder durch einseitige Teilungserklärung gem. § 8 WEG begründet werden. Für gleichzeitig eingeräumte Sondernutzungsrechte macht die Teilungsart keinen Unterschied. Der vereinbarungsweisen Einräumung von Sondernutzungsrechten im Rahmen eines Teilungsvertrages gem. § 3 WEG entspricht die einseitige Begründung durch den aufteilenden Alleineigentümer gem. § 8 WEG, weil die Teilungserklärung ab dem Zeitpunkt, ab dem sie von dem teilenden Eigentümer nicht mehr einseitig abgeändert werden kann, einer Vereinbarung gleichsteht (§ 5 Abs. 4 S. 1 i.V.m. § 8 Abs. 2 WEG).[109] 284

Unabhängig von der Art der Begründung erfolgt die **Verdinglichung** durch Grundbucheintragung der neu begründeten Wohnungs- und Teileigentumsrechte zusammen mit den Sondernutzungsrechten aufgrund einer Eintragungbewilligung (§ 19 GBO)[110] in der 285

---

[104] BGHZ 145, 133 = NJW 2000, 3643 = Rpfleger 2001, 69; OLG Köln OLGReport 2006, 783; OLG Köln NZM 2001, 1135.

[105] BGHZ 145, 158 = NJW 2000, 3500 = Rpfleger 2001, 19.

[106] BeckOK/*Timme*/ *Dötsch* § 15 Rn. 181; *Hogenschurz* Das Sondernutzungsrecht nach WEG § 2 Rn. 5.

[107] OLG Düsseldorf ZfIR 2003, 911; BayObLG NZM 2002, 747; BayObLG ZWE 2002, 403; BayObLG NZM 1998, 873.

[108] *Hogenschurz* Das Sondernutzungsrecht nach WEG § 2 Rn. 7.

[109] BGHZ 145, 133 = NJW 2000, 3643 = Rpfleger 2001, 69.

[110] Vgl. OLG Hamm Rpfleger 1985, 109.

Form des § 29 GBO, die im Falle der vertraglichen Einräumung auch in der materiellen Einigungserklärung gem. § 4 WEG enthalten sein kann.[111]

286 Bei der Begründung von Sondernutzungsrechten anlässlich der Aufteilung des Grundstücks muss die **Größe der Sondernutzungsflächen** nicht mit den gebildeten Miteigentumsanteilen übereinstimmen. Es steht den Wohnungseigentümern vielmehr frei, einvernehmlich Sondernutzungsrechte z. B. an Gartenflächen unabhängig von den Miteigentumsanteilen zu bestellen.[112]

287 Eine mit der Aufteilung des Grundstücks verbundene Eintragung von Sondernutzungsrechten bedarf keiner **Zustimmung dinglich Berechtigter,** da jede Eintragung in den neu angelegten Wohnungsgrundbüchern als Gesamtbelastung erfolgt.[113] Dies kann jedoch nur gelten, soweit sich nicht ein Zustimmungserfordernis gem. §§ 876, 877 BGB bereits aus den allgemeinen Grundsätzen anläßlich der Aufteilung in Wohnungseigentumsrechte ergibt.[114] So können von einer vertraglichen Einräumung des Sondereigentums (und der ggf. damit verbundenen Sondernutzungsrechte) gem. § 3 WEG im Grundbuch eingetragene Drittberechtigte betroffen sein, soweit deren Rechte vor der Aufteilung nur auf einem Miteigentumsanteil und nicht auf dem gesamten Grundstück lasteten. Dies macht deren Zustimmung erforderlich, die dann allerdings schon zur Eintragung der Inhaltsänderung der Miteigentumsanteile benötigt wird (dazu s. Teil A. II. Rn. 216). Abzulehnen ist deshalb die Auffassung des BayObLG, wonach bei einer auf *sämtlichen* Miteigentumsanteilen eingetragenen Grunddienstbarkeit die Zustimmung dieses Berechtigten zur Begründung eines Sondernutzungsrechts dann erforderlich sein soll, wenn sich die Ausübungsbereiche der Dienstbarkeit und des Sondernutzungsrechts auf dieselbe Fläche erstrecken.[115]

288 *bb) Nachträgliche Begründung von Sondernutzungsrechten. aaa) Änderungsbefugnis des teilenden Eigentümers.* Die nachträgliche Einräumung eines Sondernutzungsrechtes am Gemeinschaftseigentum stellt sich als **Änderung** der vereinbarten Gemeinschaftsordnung bzw. der gesetzlichen Nutzungsregelung dar. Sie kann deshalb **einseitig vom teilenden Eigentümer** allein herbeigeführt werden, solange nicht zugunsten des ersten Erwerbers eine Auflassungsvormerkung an zumindest einem Wohnungseigentumsrecht eingetragen ist[116] oder ein sonstiges Einzelrecht besteht (s. u.).

289 Aus diesem Grunde versucht die Praxis vielfach über entsprechende Vollmachtsregelungen, dem teilenden Bauträger auch nach der Abveräußerung von Einheiten ein einseitiges Änderungsrecht vorzubehalten. Solche Vollmachten werden in der Regel nicht auf die nachträgliche Begründung von Sondernutzungsregelungen beschränkt sein. Wegen der reichhaltigen Kasuistik zur Gestaltung von **Änderungsvollmachten** und den grundbuchmäßigen Anforderungen s. zunächst ausführlich Teil A. II. Rn. 326 ff. Wegen der sonstigen Möglichkeiten zur gestreckten Begründung von Sondernutzungsrechten s. sogleich.

290 Speziell für Sondernutzungsrechte ist noch darauf hinzuweisen, dass die einer Notariatsangestellten in einem Kaufvertrag erteilte **Vollmacht zur Durchführung und evtl. Ergänzung** des Vertrages diese nicht dazu berechtigt, die vereinbarte Verpflichtung zur Verschaffung eines verdinglichten Sondernutzungsrechts durch die Verpflichtung zur Verschaffung eines lediglich schuldrechtlich wirkenden Sondernutzungsrechts zu erset-

---

[111] Vgl. BayObLG DNotZ 2004, 147.

[112] OLG Hamburg ZMR 2003, 448.

[113] *Staudinger/Kreuzer* § 10 Rn. 39.

[114] *Schöner/Stöber* Rn. 2912 b.

[115] BayObLG FGPrax 2002, 149 = Rpfleger 2002, 432; a. A. *Bamberger/Roth/Hügel* § 8 Rn. 25; *Riecke/Schmid/Schneider* § 7 Rn. 45; *Röll* NZM 2002, 601 u. MittBayNot 2002, 398; *Schöner/Stöber* Rn. 2849. Im vom BayObLG entschiedenen Fall sollte jedoch nicht lediglich die Nutzungsberechtigung, sondern weitergehend auch die Nutzungs*art* der Dienstbarkeit verändert werden.

[116] BayObLG NZM 1999, 126 = Rpfleger 1999, 178.

zen.[117] Auch soll eine im Außenverhältnis unbeschränkte Vollmacht den Vollmachtnehmer dann nicht zur Abgabe von Zuordnungserklärungen über Sondernutzungsrechte gegenüber dem Grundbuchgericht berechtigen, wenn ihm dies durch eine interne Abrede mit dem Vollmachtgeber untersagt ist und evident ist, dass dem Vollmachtgeber durch die Erklärung ein Vermögensschaden entsteht.[118]

Weiterhin ist immer zu bedenken, dass die dem Erwerb zugrunde liegenden Kaufverträge mit den Enderwerbern nachträglich einseitige Änderungen tatsächlicher und rechtlicher Art erlauben müssen, um nicht **Gewährleistungsansprüche** auszulösen.[119] Für Begründung und Inhalt eines Sondernutzungsrechtes ist nämlich allein maßgeblich auf die Grundbucheintragung und die dort in Bezug genommenen Unterlagen (Teilungserklärung) abzustellen. Käufer von Wohnungen müssen das Sondernutzungsrecht also so hinnehmen, wie es sich aus der Eintragung im Grundbuch und den dort in Bezug genommenen Urkunden (Teilungserklärung mit Gemeinschaftsordnung) ergibt. Falsche oder irreführende Angaben im Verkaufsprospekt des Bauträgers mögen kaufrechtliche Ansprüche der Käufer diesem gegenüber begründen, können aber den Umfang des Sondernutzungsrechts nicht beeinflussen. Ohne rechtliche Auswirkung auf die Verbindlichkeit des Sondernutzungsrechts ist es auch, wenn die Käufer der Wohnungen ein Exemplar der Teilungserklärung ohne den Lageplan erhalten haben; denn maßgeblich ist nach § 10 Abs. 3 WEG allein das bei den Grundakten befindliche Exemplar.[120] **291**

bbb) Begründung bei bestehender Eigentümergemeinschaft. Bei einer bereits **begründeten Eigentümergemeinschaft** wird durch die nachträgliche Einräumung eines Sondernutzungsrechtes die bisher für alle Wohnungseigentümer bestehende uneingeschränkte Nutzungsbefugnis gemäß § 13 Abs. 2 WEG dergestalt abgeändert, dass für den Berechtigten nunmehr unter Erweiterung seiner bisherigen Mitberechtigung die Befugnis zur ausschließlichen Nutzung besteht. Zur Änderung der bisherigen Nutzungsbefugnis mit Wirkung gegegenüber einem Sondernachfolger muss sie durch Eintragung im Grundbuch gemäß § 10 Abs. 3 WEG zum Inhalt des Sondereigentums gemacht werden. Dies bedeutet nach h. M. materiell-rechtlich eine **Inhaltsänderung des** jeweiligen **Sondereigentums** gemäß § 5 Abs. 4 S. 1 WEG. Nach ganz überwiegender Auffassung in Rechtsprechung[121] und Literatur[122] sollen darauf die Vorschriften der §§ 877, 873 BGB zumindest entsprechend anwendbar sein. Nach der hier vertretenen Auffassung bedarf es jedoch keiner konstitutiv wirkenden Grundbucheintragung. Lediglich die Sukzessionswirkung des § 10 Abs. 3 WEG wird durch die Eintragung bewirkt; entgegen der h. M. bedarf es keiner zusätzlichen sachenrechtlichen Einigung darüber, dass die Vereinbarung verdinglicht werden soll.[123] Auch die nachträgliche Vereinbarung eines Sondernutzungsrechts ist materiell-rechtlich formfrei möglich Auf sie ist weder § 4 Abs. 2 WEG i. V. m. § 925 BGB noch § 20 GBO anzuwenden.[124] Auch § 4 Abs. 3 WEG i. V. m. § 311 b BGB kann auf das schuldrechtliche Kausalgeschäft (Kauf, Tausch, Schenkung etc.) keine Anwendung fin- **292**

---

117 BGH NJW 2002, 2863 = NZM 2002, 664.

118 OLG München DNotZ 2007, 41; dazu krit. *Böttcher* ZNotP 2007, 298.

119 BGH NZM 2005, 753.

120 BayObLG BeckRS 2005, 03 085; vgl. auch BGHZ 150, 334 = NJW 2002, 2247 = Rpfleger 2002, 513; KG NZM 1999, 568.

121 BGHZ 145, 133 = NZM 2000, 1187 = Rpfleger 2001, 69; BGHZ 91, 343 = NJW 1984, 2409 = Rpfleger 1984, 408; BGHZ 73, 145 = NJW 1979, 548 = Rpfleger 1979, 57; BayObLG NJW-RR 2001, 1164 = Rpfleger 2001, 404; BayObLG DNotZ 1986, 87, 88 = Rpfleger 1985, 292.

122 *Böttcher* Rpfleger 2004, 21, 33; *Hügel* DNotZ 2001, 176, 184; *Ott,* Das Sondernutzungsrecht, S. 91; *Staudinger/Gursky* (2000) § 877 Rn. 59; *Weitnauer* JZ 1984, 1115; a. A. *Häublein,* Sondernutzungsrechte und ihre Begründung im Wohnungseigentumsrecht, S. 78.

123 Ebenso auch *Müller* Praktische Fragen des Wohnungseigentums Rn. 324.

124 KEHE/*Herrmann* Einl. E 79; KEHE/*Munzig* § 20 Rn. 108; *Ott,* Das Sondernutzungsrecht im Wohnungseigentum, S. 91; a. A. *Belz* WE 1991, 130, 134, der unzutreffend § 4 WEG nicht nur auf den Gegenstand, sondern auch auf den Inhalt des Sondereigentums anwenden will.

den, es sei denn, die Beurkundungspflicht folgt bereits aus einer anderen formgebundenen Regelung wie etwa einem Bauträgervertrag.[125]

293 Von der nachträglichen Einräumung eines Sondernutzungsrechtes sind verfahrensrechtlich nur diejenigen Wohnungseigentümer betroffen, deren Sondereigentum nach der Eintragung nicht mehr mit der Befugnis zur Mitbenutzung verbunden sein wird. Weil deren Buchposition eine *rechtliche* Verschlechterung erleidet, haben sie die **Eintragung** in das Grundbuch in der Form des § 29 GBO zu **bewilligen** (§ 19 GBO). Inhaltlich handelt es sich um eine Berichtigungsbewilligung. Da außergrundbuchlich nach dem hier zugrunde gelegten Verständnis bereits eine wirksame Änderung der vereinbarten oder ursprünglichen gesetzlichen Nutzungsregelung eingetreten ist, ist das Grundbuch insoweit unrichtig.[126] Für den Grundbuchvollzug macht dies jedoch im Ergebnis keinen Unterschied. Der grundbuchrechtliche Nachweis kann allerdings nicht durch Vorlage einer Niederschrift über die Versammlung der Wohnungseigentümer in der in § 26 Abs. 3 WEG bestimmten Form geführt werden.[127] *Wirtschaftliche* Folgen der Nutzungserweiterung, also etwa Kostentragungs-, Unterhaltungs- und Verkehrssicherungspflichten, haben außer Betracht zu bleiben.[128] **Betroffen** sind daher nicht Wohnungseigentümer, die schon vor der nachträglichen Begründung des Sondernutzungsrechtes von der Mitbenutzung ausgeschlossen waren.[129] Ausschließlich **rechtlich begünstigt** ist der nach materiellem Recht jetzt Alleinnutzungsberechtigte; er kann sein Recht nunmehr auch den Sondernachfolgern der übrigen Wohnungseigentümer entgegenhalten.[130]

294 Der Anspruch auf nachträgliche Begründung eines Sondernutzungsrechtes ist auf die Änderung einer Vereinbarung der Wohnungseigentümer gerichtet und damit **vormerkungsfähig.**[131] Die Eintragung der Vormerkungen an den anderen Wohnungseinheiten muss dabei nicht zeitgleich erfolgen; sie kann auch sukzessiv aufgrund getrennter Bewilligungen vorgenommen werden.[132]

295 *ccc) Zustimmung dinglich Berechtigter.* Wie das Gesetz nunmehr mit den neu eingefügten Sätzen 2 und 3 des § 5 Abs. 4 WEG bestätigt, macht die durch die nachträgliche Eintragung eines Sondernutzungsrechtes im Grundbuch dokumentierte Inhaltsänderung des Sondereigentums materiell-rechtlich entsprechend §§ 877, 876 S. 1 BGB die **Zustimmung Drittberechtigter** am Wohnungseigentum erforderlich. Die Zustimmung ist nur dann entbehrlich, wenn deren dingliche Rechtsstellung durch die Änderung nicht berührt werden kann. Auch hier muß jede *rechtliche,* nicht bloß eine *wirtschaftliche* Beeinträchtigung mit Sicherheit ausgeschlossen sein.[133] Der mit einer Änderung der Teilungserklärung verbundene Verzicht auf etwaige Beseitigungs- und/oder Unterlassungsansprüche sowie eine mögliche Erhöhung der Unterhaltungslasten stellen lediglich *wirt-*

[125] BeckOK/*Timme/Dötsch* § 15 Rn. 183; *Staudinger/Kreuzer* § 15 Rn. 38. Zum Bedürfnis nach notarieller Abwicklung zwecks Sicherstellung der Kaufpreiszahlung und der vorherigen Beschaffung sämtlicher Zustimmungserklärungen von Eigentümern und dinglich Berechtigten vgl. *Köhler/Bassenge/Häublein,* Anwaltshandbuch Wohnungseigentumsrecht, 1. Aufl. Teil 12 Rn. 79.

[126] Vgl. *Schneider* ZfIR 2002, 108, 117 m.w.N.

[127] BayObLG Rpfleger 1979, 108.

[128] BGHZ 145, 133 = NZM 2000, 1187 = Rpfleger 2001, 69; BGHZ 91, 343 = NJW 1984, 2409 = Rpfleger 84, 408; BGHZ 66, 341 = DNotZ 1976, 490; OLG Hamm NJWE-MietR 1997, 281 = Rpfleger 1997, 376; *Böhringer* MDR 2000, 758; *Schneider* Rpfleger 1998, 53, 54; *Schöner/Stöber* Rn. 100.

[129] BayObLG NZM 2001, 1131 = Rpfleger 2001, 587.

[130] Nicht zutreffend *Bauer/v.Oefele* AT V Rn. 328, wonach *alle* Wohnungseigentümer betroffen sein sollen und deshalb die Eintragung zu bewilligen haben.

[131] BayObLG DNotZ 1975, 36 = Rpfleger 1974, 261; BeckOK/*Timme/Dötsch* § 15 Rn. 183; *Staudinger/Kreuzer* § 15 Rn. 38.

[132] *Schöner/Stöber* Rn. 2961 a.

[133] BGHZ 91, 343 = NJW 1984, 2409 = Rpfleger 1984, 408.

schaftliche Beeinträchtigungen dar.[134] Ist nach materiellem Recht für die Rechtsänderung die Zustimmung des Drittberechtigten notwendig, so ist auch verfahrensrechtlich dessen **Eintragungsbewilligung** in der Form des § 29 GBO nötig.[135] Dabei kann die in der Gemeinschaftsordnung vorweggenommene Ermächtigung des aufteilenden Eigentümers zur Neubegründung von Sondernutzungsrechten ohne Zustimmung der dinglich Berechtigten nicht in einer die dinglich Berechtigten bindenden Weise als Inhalt des Sondereigentums vereinbart werden. Dies wäre nämlich ein unzulässiger Vertrag zu Lasten Dritter.[136] Die von einem dinglich Berechtigten erteilte Zustimmung zur nachträglichen Begründung eines Sondernutzungsrechts wirkt vorbehaltlich des guten Glaubens des Zessionars auch diesem gegenüber, wenn die Grundbucheintragung zwar noch nicht erfolgt, aber die Zustimmungserklärung gem. § 876 S. 3 BGB bereits bindend geworden ist.[137]

Eine **Zustimmungspflicht** Drittberechtigter entsprechend §§ 877, 876 BGB ist somit **296** immer dann **ausgeschlossen,** wenn deren Rechtsstellung durch die beabsichtigte Inhaltsänderung des Sondereigentums nicht beeinträchtigt werden kann. Dies gilt namentlich für alle eingetragenen Berechtigten, deren dingliche Rechte auf **sämtlichen Einheiten** des Gesamtobjektes lasten.[138] Ihnen steht nach wie vor das Grundstück in seiner Gesamtheit als Haftungsobjekt zur Verfügung. Wirken Nutzungsregelungen **nur schuldrechtlich** zwischen den Wohnungseigentümern im Innenverhältnis können sie für dinglich gesicherte Berechtigte keine Beeinträchtigung darstellen.[139] Ebenfalls nicht erforderlich ist die Zustimmung derjenigen dinglich Berechtigten, deren Rechte **ausschließlich am begünstigten Wohnungseigentum** eingetragen sind, weil dem dinglich Berechtigten nicht mehr Rechte zustehen können als dem in diesem Fall nicht zur Zustimmung verpflichteten Wohnungseigentümer, von dem er seine Berechtigung ableitet.[140]

Für eingetragene **Einzelrechte** dinglich Berechtigter gilt: **297**

- **Grundpfandrechte:** Es bestand schon vor der Einfügung des § 5 Abs. 4 S. 2 u. 3 WEG **298** weitgehend Einvernehmen, dass der nachträglichen Einräumung eines Sondernutzungsrechtes Gläubiger von Grundpfandrechten an den „verlierenden" Einheiten zu-

---

[134] OLG Hamm NJWE-MietR 1997, 281 = Rpfleger 1997, 376.

[135] Ganz herrschende Meinung vgl. BGHZ 91, 343 = NJW 1984, 2409 = Rpfleger 84, 408; OLG Köln Rpfleger 2001, 535; OLG Frankfurt FGPrax 1997, 221 = Rpfleger 1998, 20; OLG Hamm FGPrax 1998, 49; BayObLG DNotZ 1996, 297; OLG Köln ZMR 1993, 428; weiterhin unabhängig vom theoretischen Ansatz: *Bärmann/Wenzel* § 13 Rn. 94; *Bauer/v. Oefele* AT V Rn. 319; *Böttcher* BWNotZ 1996, 80, 81; *Demharter* Anhang zu § 3 Rn. 79 und § 19 Rn. 53; *Ertl* DNotZ 1988, 4, 14 anders noch *ders.* DNotZ 1979, 267, 278, 283; *Lüke* WE 1998, 202, 204; *Meikel/Morvilius* Einl. C 169; *Ott* Das Sondernutzungsrecht im Wohnungseigentum, S. 66 ff.; *Röll* MittBayNot 1996, 77, 78; *Schmack* ZWE 2001, 89; *Schnauder* FS Bärmann und Weitnauer 1990, S. 567, 587; *Schneider* Rpfleger 1998, 53, 55; *Schöner/Stöber* Rn. 2958; *Soergel/Stürner* § 10 Rn. 8; *Staudinger/Gursky* (2007) § 877 Rn. 47 f.; *Weitnauer/Lüke* § 10 Rn. 50; *Weitnauer* JZ 1984, 1113; a. A. soweit ersichtlich wohl nur *Häublein,* Sondernutzungsrechte und ihre Begründung im Wohnungseigentumsrecht, S. 120 ff.

[136] BayObLG NJW 2005, 444 = Rpfleger 2005, 136 m. zust. Anm. *F. Schmidt* ZWE 2005, 315. Etwas anderes hätte jedoch dann zu gelten, wenn eine dem Bestimmtheitsgrundsatz genügende Verdinglichung durch Eintragung der Ermächtigung/Vollmacht im Grundbuch erfolgt ist. So wurde z. B. vom OLG Frankfurt FGPrax 1997, 221 = Rpfleger 1998, 20 eine entsprechende Bevollmächtigung im Sinne eines aufschiebend bedingten Nutzungsausschlusses ausgelegt, was dann eine Mitwirkung der dinglich Berechtigten im konkreten Fall wiederum entbehrlich machte, weil diese ihr Recht nämlich von vornherein mit den bestimmten und für sie vorhersehbaren Einschränkungen erworben haben. Ähnlich wie hier auch *Häublein* Sondernutzungsrechte und ihre Begründung im Wohnungseigentumsrecht, S. 285 f.

[137] OLG Hamm DNotZ 1995, 632 = Rpfleger 1995, 246.

[138] OLG Frankfurt FGPrax 1997, 139 = Rpfleger 1997, 374; OLG Frankfurt NJW-RR 1996, 918 = Rpfleger 1996, 340; *Demharter* Anhang zu § 3 Rn. 79; *Staudinger/Kreuzer* § 10 Rn. 45.

[139] LG Mönchengladbach RNotZ 2003, 568.

[140] BayObLG Rpfleger 1990, 63; OLG Hamm Rpfleger 1989, 280; *Bauer/v.Oefele* AT V Rn. 328.

zustimmen haben. In dem Ausschluss von der Mitbenutzung durch die zum Inhalt des Sondereigentums gewordene Nutzungsregelung liegt nämlich eine Veränderung des Haftungsgegenstandes, die sich im Vollstreckungsfalle nachteilig auf den zu erzielenden Erlös auswirken kann.[141]

299 Nunmehr ist die grundsätzliche Zustimmungspflicht bei der nachträglichen Einräumung eines Sondernutzungsrechts durch § 5 Abs 4 S. 2 WEG ausdrücklich klargestellt. Das Zustimmungserfordernis für einen Grundpfandrechtsgläubiger oder Reallastberechtigten kann jedoch entfallen, wenn durch die Vereinbarung gleichzeitig das zu seinen Gunsten belastete Wohnungseigentum mit einem Sondernutzungsrecht verbunden wird (§ 5 Abs. 4 S. 3 WEG). Die Neuregelung muss als sprachlich mißlungen bezeichnet werden.[142] Die vom Gesetzgeber angestrebte Reduzierung überdehnter Zustimmungserfordernisse[143] ging offenbar in Anlehnung an eine Entscheidung des BGH[144] von einer Gleichwertigkeit der eingeräumten Sondernutzungsrechte aus, die sich als Voraussetzung jedoch im Gesetzestext ausdrücklich nicht wiederfindet.[145] Will man nicht die gleichzeitige Einräumung völlig unterschiedlicher Sondernutzungsrechte über § 5 Abs. 4 S. 3 als zustimmungsfrei sanktionieren[146], wird man wohl bei der Anwendung der Bestimmung von einer gewissen *Gleichwertigkeit* auszugehen haben.[147] Einem solchen Äquivalenzerfordernis kann möglicherweise aber auch durch eine *Gleichartigkeit* der mehreren an der gleichzeitigen Einräumung beteiligten Sondernutzungsrechte entsprochen werden[148] oder sogar aus einer Kombination von Beidem.[149]

300 Mit den den Grundbuchgerichten zur Verfügung stehenden Mitteln lassen sich solche Anforderungen jedoch nicht überprüfen, so dass zu befürchten steht, dass zur Vermeidung von Zweifelsfragen auch weiterhin die Zustimmung von Grundpfandrechtsgläubigern und Reallastberechtigten nachgewiesen werden muss. Zu offenkundigen Umgehungsgeschäften muss das Grundbuchgericht jedenfalls nicht sehenden Auges die Hand reichen.[150]

301 • **Reallasten:** Sie werden hinsichtlich einer evtl. Zustimmungspflicht gemäß §§ 877, 876 BGB wie Grundpfandrechte behandelt (vgl. § 5 Abs. 4 S. 2 u. 3 WEG), da das belastete Wohnungseigentum auch in diesem Fall für eine geldwerte Leistung haftet (s. o.).

302 • **Grunddienstbarkeiten und beschränkte persönliche Dienstbarkeiten:** Eine solche Einzelberechtigung ist grundsätzlich immer dann möglich, wenn sich der Ausübungsbe-

---

141 BGHZ 91, 343 = NJW 1984, 2409 = Rpfleger 84, 408; *Bärmann/Wenzel* § 13 Rn. 94; *Meikel/Böttcher* § 19 Rn. 87; *Staudinger/Gursky* (2007) § 877 Rn. 69; *Staudinger/Kreuzer* § 10 WEG Rn. 45; *Böttcher* BWNotZ 1996, 81; *Ott* Das Sondernutzungsrecht im Wohnungseigentum, S. 69 f.; *Röll* Rpfleger 1980, 90, 92; *Weitnauer/Lüke* § 15 Rn. 38; a. A wohl nur *Häublein* Sondernutzungsrechte und ihre Begründung im Wohnungseigentumsrecht, S. 152 ff., obwohl auch nach seinem theoretischen Ansatz die Bindungswirkung des § 10 Abs. 3 WEG eine rechtliche Beeinträchtigung darstellt; so zu Recht *Bärmann/Wenzel* § 13 Rn. 94 Fn. 296.

142 *Riecke/Schmid/Schneider* § 5 Rn. 105.

143 RegE v. 9. 3. 2006 – BT-Drs. 16/887, S. 14 ff.

144 BGHZ 91, 343 = NJW 1984, 2409 = Rpfleger 84, 408.

145 Woraus *Böhringer/Hintzen* Rpfleger 2007, 353, 357 folgern, dass das Grundbuchgericht insoweit auch nicht in eine Prüfung eintreten müsse.

146 Prägnante Beispiele finden sich bei *Hügel/Elzer* § 1 Rn. 17 ff.

147 *Meffert* ZMR 2007, 517.

148 *Niedenführ/Kümmel/Vandenhouten* § 5 Rn. 57.

149 *Staudinger/Gursky* (2007) § 877 Rn. 59.

150 *Hogenschurz* Das Sondernutzungsrecht nach WEG § 2 Rn. 89; Riecke/Schmid/*Schneider* § 5 Rn. 106; vgl. auch den Vorschlag *Abramenkos* Das neue WEG § 1 Rn. 15, Grundpfandrechtsgläubiger könnten sich zur Absicherung vor einer Aushöhlung ihres Sondernutzungsrechts ein von der Zustimmungsfreiheit nicht erfasstes Recht, z. B. eine Dienstbarkeit mit dem Inhalt eines jährlichen Betretungsrechts, eintragen lassen.

reich der Dienstbarkeit auf das Sondereigentum der belasteten Einheit beschränkt.[151] Richtigerweise ist deshalb darauf abzustellen, welchen Inhalt die Dienstbarkeit hat und ob die Befugnisse des Dienstbarkeitsberechtigten überhaupt berührt werden können.[152] Dies kann jedoch dann der Fall sein, wenn Inhalt des Rechts eine *Nutzungs*berechtigung i.S.v. § 1018 1. Alt. BGB bzw. § 1090 Abs. 1 1. Alt. BGB ist. Danach sind Fälle denkbar, in denen eine Beeinträchtigung des Servitutenberechtigten durch Gebrauchsregelungen der Eigentümer wie beim Nießbrauch (s. sogleich) möglich sind.[153] Entscheidend ist, dass dem Dienstbarkeitsberechtigten in diesem Falle ein Teil der Eigentümerbefugnisse übertragen wird. In diesem Umfang ist er somit an die Vereinbarungen der Wohnungseigentümer gebunden, da seine Rechte nicht weiter gehen können als die des Eigentümers. Infolgedessen scheiden für eine potenzielle Beeinträchtigung die Berechtigungen der § 1018 2. u. 3. Alt. BGB ggf. i.V.m. § 1090 BGB aus. Sowohl bei der Unterlassungs- als auch bei der Ausschlussdienstbarkeit werden keine Eigentümerbefugnisse übertragen.[154] Aus diesem Grunde bedarf es auch keiner Zustimmung des Berechtigten aus einem Bergschadenminderwertverzicht zur nachträglichen Einräumung eines Sondernutzungsrechtes (§ 1018 3. Alt. BGB ggf. i.V.m. § 1090 Abs. 1 BGB); die Haftungsgrundlage kann dadurch nicht geschmälert werden.[155] Im übrigen hat sich an einer bestehenden Zustimmungspflicht durch die Novelle 2007 für die genannten Rechte nichts geändert.

- **Nießbrauchsrechte:** Der Nießbraucher am Anteil eines Miteigentümers übt dessen Rechte aus der Gemeinschaft hinsichlich der Art der Benutzung aus (§ 1066 Abs. 1 BGB).[156] Die Begründung eines Sondernutzungsrechtes zugunsten eines anderen Wohnungseigentümers wirkt sich damit für den Nießbraucher als Verkürzung seiner Rechtsposition aus[157] und macht deshalb seine Mitwirkung erforderlich.[158] Im Übrigen hat sich an einer bestehenden Zustimmungspflicht durch die Novelle 2007 für Nießbrauchsrechte nichts geändert. 303
- **Erwerbsvormerkungen:** Die h.M. behandelt den Inhaber einer Erwerbsvormerkung (Auflassungsvormerkung) wie einen dinglich Berechtigten. Muss der Vormerkungsberechtigte als späterer Wohnungseigentümer an einer Vereinbarung mitwirken, ist sein Recht durch die Inhaltsänderung des Sondereigentums möglicherweise beeinträchtigt. Eine für den Vormerkungsberechtigten nachteilige Änderung der Teilungserklärung 304

---

[151] Vgl. BGHZ 107, 289 = NJW 1989, 2391 = Rpfleger 1989, 452; BayObLG DNotZ 1990, 496; *Bauer*/v. Oefele/*Bayer* AT III Rn. 260; *Weitnauer/Briesemeister* § 3 Rn. 116.

[152] Ein völliger Ausschluss jeglicher Beeinträchtigung, wie er von *Röll* Rpfleger 1980, 90, 92, *ders.* MittBayNot 1996, 79 und ihm folgend *Böttcher* BWNotZ 1996, 80ff. und eingeschränkt auch von *Ott* Das Sondernutzungsrecht im Wohnungseigentum, S. 71ff. vertreten wird, würde im Ergebnis für die genannten Dienstbarkeiten auf eine vom Gesetz nicht vorgesehene relative Unwirksamkeit der vereinbarten Gemeinschaftsordnung hinauslaufen und ist deshalb zu Recht auch vom Gesetzgeber nicht übernommen worden; vgl. gegenüber dem ursprünglichen Referentenentwurf den RegE v. 27. 5. 2005 – BR-Drs. 397/05, S. 31.

[153] *Häublein* Sondernutzungsrechte und ihre Begründung im Wohnungseigentumsrecht, S. 147 m.w.N.

[154] Zumindest bewilligungsrechtlich ebenso *Häublein* Sondernutzungsrechte und ihre Begründung im Wohnungseigentumsrecht, S. 146ff.

[155] OLG Hamm Rpfleger 1989, 280; vgl. zur Eintragungsfähigkeit lediglich auf einem Wohnungseigentumsrecht auch OLG Hamm FGPrax 2006, 462 = Rpfleger 2006, 462.

[156] Vgl. BGHZ 150, 109 = NJW 2002, 1647 = Rpfleger 2002, 424 (dort insbesondere auch zur Frage des Stimmrechts des Nießbrauchers).

[157] A.A. wiederum *Röll* Rpfleger 1980, 90, 92; *ders.* MittBayNot 1996, 79 und ihm folgend *Böttcher* BWNotZ 1996, 80ff., wonach eine nachträgliche Einschränkung der Nutzungsbefugnis das dingliche Recht gar nicht beeinträchtigen könne.

[158] *Bärmann/Wenzel* § 13 Rn. 95; *Ott* Das Sondernutzungsrecht im Wohnungseigentum S. 77f.; zumindest bewilligungsrechtlich auch *Häublein* Sondernutzungsrechte und ihre Begründung im Wohnungseigentumsrecht, S. 131ff.

bzw. Gemeinschaftsordnung durch die Begründung eines Sondernutzungsrechtes kann demnach ohne seine Zustimmung im Grundbuch nicht vollzogen werden.[159] Damit findet § 888 BGB in diesem Fall keine Anwendung. Im Interesse der Erhaltung einheitlicher Rechtsverhältnisse in der Eigentümergemeinschaft ist die vorherige Zustimmung des Berechtigten aus der Erwerbsvormerkung erforderlich.[160] Auch wenn die Neufassung des § 5 Abs. 4 WEG Vormerkungsberechtigte nicht ausdrücklich als mögliche Zustimmungsberechtigte erwähnt, so wurde vom Gesetzgeber gleichwohl die Notwendigkeit einer Zustimmung im Einzelfall durchaus gesehen und auch weiterhin der Rechtsprechung überantwortet.[161]

305 • **Dingliche Vorkaufsrechte:** Der Zustimmung eines Vorkaufsberechtigten bedarf es generell nicht, da der Vorkaufsberechtigte das einzelne Wohnungseigentum nur in dem Zustand und zu den Bedingungen übernehmen kann, die sich aus dem späteren Verkauf ergeben.[162] Der durch die Vormerkungswirkung geschützte Anspruch entsteht nach dem Wortlaut des Gesetzes jedoch erst mit der Ausübung des Vorkaufsrechts (§ 1098 Abs. 2 BGB),[163] so dass zwischenzeitliche Inhaltsänderungen des Sondereigentums die Rechtsstellung des Vorkaufsberechtigten nicht berühren können. Reduziert sich der im Grundbuch vermerkte Inhalt des Sondereigentums durch die nachträgliche Bestellung eines Sondernutzungsrechts zugunsten eines anderen Miteigentümers, kann der Vorkaufsberechtigte lediglich Schadensersatzansprüche gegen den Vorkaufsverpflichteten geltend machen.[164] Im Übrigen hat sich an einer bestehenden Zustimmungspflicht durch die Novelle 2007 für Vorkaufsrechte nichts geändert.

306 Eine nach dem zuvor Ausgeführten erforderliche Zustimmung dinglich Berechtigter kann ggf. durch die Heranziehung landesrechtlicher Vorschriften über **Unschädlichkeitszeugnisse** (Art. 120 EGBGB) entbehrlich werden.[165] Auch nach der Einführung von § 5 Abs. 4 S. 2 u. 3 WEG besteht noch ein – allerdings um die dort genannten Verwertungsrechte reduziertes – Bedürfnis für eine entsprechende Anwendung der Vorschriften, das in diesem Restbereich auch nicht durch die Gesetzesänderung unterbunden werden sollte.[166]

307 Ein Zustimmungserfordernis aus §§ 877, 876 BGB entfällt weiterhin, wenn der Inhaber des belasteten Wohnungseigentumsrechts nach Treu und Glauben **zur Mitwirkung** an der fraglichen Änderung der Gemeinschaftsordnung **verpflichtet** ist.[167] Das Gleiche

---

159 BayObLG NZM 1999, 126 = Rpfleger 1999, 178; OLG Celle OLG-Report 1999, 133; OLG Frankfurt NZM 1998, 409 = Rpfleger 1998, 356; OLG Düsseldorf FGPrax 1997, 129 = Rpfleger 1997, 305; BayObLG NJW-RR 1993, 1362 = Rpfleger 1994, 17; BayObLG DNotZ 1990, 381; *Bärmann/Wenzel* § 13 Rn. 95; *Böhringer* NotBZ 2003, 285, 286, 288; *Demharter* Anhang zu § 3 Rn. 80; *Staudinger/Gursky* (2007) § 877 Rn. 47 f.; *Staudinger/Kreuzer* § 10 WEG Rn. 46.

160 A. A. *Häublein* Sondernutzungsrechte und ihre Begründung im Wohnungseigentumsrecht, S. 130; *Ott* Das Sondernutzungsrecht im Wohnungseigentum, S. 80; tendenziell auch BeckOK/*Timme/Dötsch* § 15 Rn. 203.

161 RegE v. 9. 3. 2006 – BT-Drs. 16/887, S. 16 lit b) cc).

162 *Röll* Rpfleger 1980, 90, 92; *Böttcher* BWNotZ 1996, 80, 81; *Ott* Das Sondernutzungsrecht im Wohnungseigentum, S. 79; zurückhaltend *Staudinger/Gursky* (2007) § 877 Rn. 60; a. A. jetzt *Meikel/Morvilius* Einl. C Rn. 169 wie hier noch in der Vorauflage Rn. 122 a.

163 Zur Rückbeziehung auf den Zeitpunkt des Eintritts der Vorkaufslage s. Staudinger/*Schermaier* (2009) § 1098 Rn. 15 m. w. N.

164 *Ott* Das Sondernutzungsrecht im Wohnungseigentum, S. 79.

165 BayObLG NJW 2005, 444 = Rpfleger 2005, 136; OLG Hamburg ZMR 2002, 619 = NZM 2003, 999 Ls.; BayObLG NZM 2003, 853; BayObLG NJW-RR 1988, 592 = Rpfleger 1988, 140; *Weitnauer/Lüke* § 15 Rn. 38; a. A. OLG Köln ZMR 1993, 428.

166 Wie hier ausdrücklich *Staudinger/Gursky* (2007) § 877 Rn. 60; ebenso allerdings ohne Problematisierung *Hügel/Scheel* Teil 6 Rn. 51; *Schöner/Stöber* Rn. 2958 Fn 3; *Demharter* Anh zu § 3 Rn. 82 a. E.; a. A. *Bärmann/Wenzel* § 10 Rn. 90; BeckOK/*Timme/Dötsch* § 15 Rn. 206.

167 BayObLG NJW-RR 1987, 714; OLG Hamburg FGPrax 1995, 31.

muß gelten, wenn der von der Änderung nachteilig betroffene Inhaber des belasteten Wohnungseigentumsrechts den anderen Wohnungseigentümern jetzt nach § 10 Abs 2 S 3 WEG zur Mitwirkung bei der betreffenden Änderung verpflichtet ist.[168] Die Zustimmung zu einer Änderungsvereinbarung gilt mit der rechtskräftigen Entscheidung als abgegeben (§ 894 ZPO). In diesem Fall kann der Nachweis hinsichtlich einer solchermaßen entbehrlichen Zustimmungserklärung durch Vorlage der rechtskräftigen Entscheidung beim Grundbuchgericht geführt werden. Für alle übrigen dinglich Berechtigten an Einheiten, bei denen eine Eigentümerzustimmung nicht ersetzt wurde, muss es mangels einer Prüfungsmöglichkeit des Grundbuchgerichts bei den dargestellten Bewilligungserfordernissen verbleiben.[169]

cc) Bestimmtheitsgrundsatz. Vereinbarungen über Sondernutzungsrechte müssen dem Bestimmtheitsgrundsatz genügen. Dies gilt sowohl für lediglich schuldrechtlich begründete Sondernutzungsrechte als auch solchen mit Verdinglichungswirkung.[170] Allenfalls können bei lediglich schuldrechtlich wirkenden Sondernutzungsrechten die Anforderung wohl etwas geringer gestellt werden; die essentialia eines Sondernutzungsrechts müssen aber auch hier in der Einigung enthalten sein.[171] **308**

Zu verdinglichende Sondernutzungsrechte unterliegen dem das Grundbuchverfahren allgemein beherrschenden **Bestimmtheitsgrundsatz.**[172] Dies erfordert als Eintragungsgrundlage klare und eindeutige Angaben hinsichtlich des betroffenen Bereiches des aufzuteilenden Grundstücks, des Berechtigten sowie des Inhalts und des Umfangs des einzutragenen Rechts.[173] Mangels Bestimmtheit kann ein Sondernutzungsrecht nicht entstehen.[174] **309**

Dem Bestimmheitsgrundsatz ist allerdings Genüge getan, wenn der Bereich des Sondernutzungsrechts **bestimmbar** ist.[175] Ist demgemäß eine Abgrenzung zwischen zwei Sondernutzungsflächen mangels Bestimmbarkeit nicht möglich, unterliegen die Flächen weiterhin dem Gebrauch aller Wohnungseigentümer.[176] Dies gilt auch für zu errichtende Pkw-Stellplätze; sie müssen in der Teilungserklärung oder ggf. durch Bezugnahme auf Anlagen sowohl nach ihrer Lage als auch ihrer Größe beschrieben sein.[177] Die von einem Sondernutzungsrecht erfasste Fläche muss zumindest in der Örtlichkeit eindeutig ermittelbar sein. Als nicht ausreichend ist deshalb eine Regelung anzusehen, wonach *sämtliche* auf einem Grundstück befindlichen Pkw-Stellplätze *ohne weitere Erläuterungen* einem Sondernutzungsberechtigten zur ausschließlichen Nutzung zugewiesen werden sollen.[178] Ebenso ergibt die Auslegung der Gemeinschaftsordnung, wonach auf dem Dach des gemeinschaftlichen Gebäudes „*eine* Funkfeststation" betrieben werden darf, dass der Betrieb *mehrerer* solcher Anlagen nicht gestattet ist.[179] **310**

Da der Aufteilungsplan nur Aussagen über das Sonder- und das Gemeinschaftseigentum macht und sich regelmäßig nicht über Bereiche verhält, an denen Sondernutzungs- **311**

---

[168] *Staudinger/Gursky* (2007) § 877 Rn. 59.

[169] *Staudinger/Kreuzer* § 10 Rn. 55 f.

[170] *Häublein* Sondernutzungsrechte und ihre Begründung im Wohnungseigentumsrecht, S. 92 ff; *Staudinger/Kreuzer* § 15 Rn. 17; a. A. *Bärmann/Wenzel* § 13 Rn. 91 f.

[171] BeckOK/*Timme/Dötsch* § 15 Rn. 195.

[172] *Bärmann/Wenzel* § 13 Rn. 92.

[173] BayObLG Rpfleger 1989, 194.

[174] BayObLG DNotZ 1994, 244.

[175] OLG Hamm ZMR 2000, 693; OLG Saarbrücken MittBayNot 2005, 43; strenger *Bärmann/Wenzel* § 13 Rn. 92 unter Hinweis auf BGH NJW 2002, 3021.

[176] OLG Hamburg ZMR 2006, 468.

[177] LG Bielefeld Rpfleger 1993, 241; *Riecke/Schmid/Schneider* § 7 Rn. 178.

[178] So aber als umfassende Regelung ansehend OLG Frankfurt a. M. DNotZ 1998, 392, 395; KG WE 1996, 388; *Häublein* Sondernutzungsrechte und ihre Begründung im Wohnungseigentumsrecht, S. 292.

[179] BGH NJW 2006, 2187 = NZM 2006, 465; a. A. noch OLG Köln NZM 2002, 612.

rechte begründet werden sollen, bietet es sich an, insbesondere zur genauen Bezeichnung von Räumen oder Flächen einen separaten **Sondernutzungsplan** mit zu beurkunden, der dann die hinreichende Bestimmtheit sichert.[180] Im Einzelfall können auch entsprechende Markierungen in den Aufteilungsplänen erfolgen, wenn diese mitbeurkundet werden.[181] Der Vorteil dieser Verfahrensweise wäre, dass der Sondernutzungsplan an der **maßstabgerechten Widergabe** der Aufteilungspläne teilhaben würde. Darauf sollte nach Möglichkeit auch in einem separaten Sondernutzungsplan geachtet werden.[182] Dies würde im Streitfall die Überprüfung der Einhaltung der Grenzen eines Sondernutzungsrecht durch Vermessung vor Ort wesentlich erleichtern.[183] Ausreichen kann jedoch auch eine **wörtliche Beschreibung** des Sondernutzungsrechts, wenn sie nur eindeutig auf vorhandene Merkmale verweist. Diese können natürlichen Ursprungs sein (wie z.B. Bäume, Hecken, Zäune, Pfähle oder Gräben) oder auch Merkmale innerhalb eines Gebäudes einbeziehen, wenn sie mit dem Gebäude dauerhaft verbunden sind. Die insoweit zur Bestimmbarkeit von Grunddienstbarkeiten ergangene Rechtsprechung[184] kann entsprechende Anwendung finden.[185] Zulässig ist danach auch der Verweis auf vorhandene Lattenverschläge zur Beschreibung von Kellerräumen und Bezeichnungen wie „das erste Drittel des hergestellten Kellerraumes vom Abgang her gesehen" oder für einen „Freiraum unter der Treppe im Bereich des Erdgeschosses". Zur näheren Bestimmung einer Sondernutzungsfläche kann auch eine **Quadratmeterangabe** erfolgen.[186] Sofern die genaue Größe der dem Nutzungsrecht unterfallenden Fläche offen bleibt, ist das Sondernutzungsrecht zumindest in dem Umfang entstanden, wie über die Mindestfläche Einigkeit erzielt werden kann.[187]

312 Bei einem durch Auslegung nicht zu lösenden **Widerspruch** zwischen der Teilungserklärung und dem Aufteilungsplan kann ein Sondernutzungsrecht nicht wirksam begründet werden.[188] Widersprechen sich Lageplan und Größenangaben in der verbalen Beschreibung, so ist der Lageplan maßgeblich.[189] Weicht die tatsächliche Bauausführung von den in Bezug genommenen Plänen ab, richtet sich die Größe der Sondernutzungsflächen gleichwohl nach der Teilungserklärung in Verbindung mit dem Aufteilungsplan.[190]

313 *dd) Eintragung in das Grundbuch.* Ein dinglich wirkendes Sondernutzungsrecht gehört zum Inhalt des Sondereigentums und entsteht nach dem zuvor Ausgeführten nicht ohne Grundbucheintragung.[191] Die Eintragung in das Grundbuch vollzieht sich gem. §§ 7 Abs. 3, 8 Abs. 2 WEG i.V.m. § 874 BGB. Danach kann zur näheren Bezeichnung des Gegenstandes und des Inhalts des Sondereigentums auf die Eintragungsbewilligung Bezug genommen werden. Es genügt demgemäß den gesetzlichen Anforderungen, wenn die Zuordnung von Sondernutzungsrechten nicht ausdrücklich im Grundbuch vermerkt wird, sondern lediglich von einem allgemein gehaltenen **Bezugnahmevermerk** abgedeckt

---

[180] Vgl. BGHZ 150, 334 = Rpfleger 2002, 513; BayObLG NotBZ 2005, 158 LS; OLG Frankfurt Rpfleger 1998, 336; BayObLG MittBayNot 1986, 77).

[181] BayObLG NotBZ 2005, 158 Ls.

[182] Eine maßstabsgerechte Darstellung wird zwingend gefordert von *Bärmann/Wenzel* § 13 Rn. 92.

[183] BayObLG MittBayNot 1992, 266.

[184] BGHZ 59, 11; BGH NJW 1981, 1781; BGH NJW 1982, 1039.

[185] BayObLG MittRhNotK 1986, 77.

[186] BayObLG Rpfleger 1989, 194.

[187] BayObLG ZMR 2002, 849.

[188] OLG Frankfurt ZWE 2006, 243; BayObLG NotBZ 2005, 263; BayObLG DNotZ 2000, 204; a.A. OLG Hamburg ZMR 2003, 445, das der Teilungserklärung im Rahmen der Auslegung den Vorrang einräumen will.

[189] BayObLG NZM 2000, 509.

[190] OLG Hamburg ZMR 2003, 448.

[191] KG NJW-RR 1997, 205.

wird.[192] Das gleiche hat auch für spätere Veränderungen bereits eingetragener Sondernutzungsrechte zu gelten.[193]

Unabhängig von diesen Mindestanforderungen erscheint es zur Steigerung der Grundbuchklarheit und Rechtssicherheit zweckmäßig, wesentliche Sondernutzungsrechte **im Grundbuch ausdrücklich** zu formulieren, statt sie hinter einem rechtlich zwar einwandfreien aber nichtssagenden Eintragungsvermerk zu verstecken.[194] Ein über die bloße Bezugnahme hinausgehender Vermerk ist auch nach der Änderung des § 44 GBO[195] unverändert zulässig[196] Die ausdrückliche Grundbucheintragung macht dabei nicht die vollständige Widergabe der Sondernutzungsrechtsregelung im Grundbuch erforderlich; es genügt vielmehr eine aussagekräftige **schlagwortartige Bezeichnung** des wesentlichen Inhalts. Ganz besonders dürfte sich eine solche Verfahrensweise in den großstädtisch geprägten Ballungsräumen mit zahlreichen Übertragungs- und gestreckten Begründungsvorgängen bei Sondernutzungsrechten empfehlen.[197] 314

Ist die Eintragung eines Sondernutzungsrechtes erst einmal – wirksam – unter Bezugnahme auf die Eintragungsbewilligung im Grundbuch erfolgt, soll allerdings ein Rechtsanspruch der Beteiligten auf nachträgliche Ergänzung des Eintragungsvermerkes durch ausdrückliche Verlautbarung des Sondernutzungsrechts im Grundbuch nicht bestehen.[198] Diese Auffassung erscheint bedenklich,[199] zumal eine ausdrückliche Formulierung im Grundbuch auch helfen kann, Haftungsansprüche zu vermeiden.[200] Ratsam erscheint es vor diesem Hintergrund, bereits in den Eintragungsantrag eine entsprechende Anregung an das Grundbuchgericht aufzunehmen, Sondernutzungsrechte bei der Grundbucheintragung durch einen ausdrücklichen, mindestens schlagwortartigen Vermerk zu kennzeichnen.[201] 315

ee) Gestaltungsmöglichkeiten einer einseitigen Zuordnung von Sondernutzungsrechten. Allen nachfolgend dargestellten Gestaltungsmöglichkeiten[202] ist gemeinsam, dass sie 316

---

[192] KG ZMR 2007, 384; BayObLG NJW-RR 1997, 206; KG NJW-RR 1997, 205; OLG Hamm Rpfleger 1985, 109.

[193] OLG Köln Rpfleger 1985, 110; a. A. jetzt *Bärmann/Wenzel* § 13 Rn. 135, der in Anlehnung an die Entscheidung des BGH BGHZ 174, 61 = NJW 2007, 3777 = Rpfleger 2008, 60 zur ausdrücklichen Grundbucheintragung einer Bestandsänderung im Sonder*eigentum* nun auch für *Sondernutzungsrechte* von einer unzulässigen Bezugnahme ausgeht, wenn diese bei ihrer Eintragung bereits konkret bezeichnet worden sind.

[194] Nahezu einhellige Meinung; vgl. OLG Frankfurt NJW-RR 1996, 1168; BayObLG DNotZ 1994, 244 = Rpfleger 1994, 294; OLG Hamm Rpfleger 1985, 109; OLG Köln Rpfleger 1985, 110; BayObLG MittBayNot 1985, 74, 78; LG Köln Rpfleger 1992, 479; LG Köln Rpfleger 1990, 205; *Bamberger/Roth/Hügel* § 7 Rn. 4; *Bauer/v. Oefele* AT V Rn. 239; *Bauer/v. Oefele/Knothe* § 44 Rn. 44; *Demharter* § 44 Rn. 31; *Ertl* Rpfleger 1979, 81; KEHE/*Eickmann* § 3 WGV Rn. 7; (zögerlich) *Kreuzer* FS Merle (2000), S. 203, 216 ff.; *Meikel/Böttcher* § 3 WGV Rn. 28 a.E.; MünchKomm/*Commichau* § 7 Rn. 26; *Niedenführ/Kümmel/Vandenhouten* § 7 Rn. 36; *Noack* Rpfleger 1976, 193, 196; *Nieder* BWNotZ 1984, 49, 52; *F. Schmidt* MittBayNot 1985, 237, 242; *Schneider* Rpfleger 1998, 53, 64; *Schöner/Stöber* Rn. 2915 u. 2961; *Weitnauer/Lüke* § 15 Rn. 33; **a. A.** wohl nur *Schnauder* FS Bärmann u. Weitnauer (1990), S. 567, 583 f.; *Staudinger/Rapp* § 7 Rn. 9.

[195] § 44 GBO geändert durch das RegVBG v. 20. 12. 1993 – BGBl. I S. 2182.

[196] *Demharter* FGPrax 1999, 46, 47.

[197] *Riecke/Schmid/Schneider* § 7 Rn. 181.

[198] OLG Zweibrücken FGPrax 2007, 161 = Rpfleger 2007, 460; OLG München DNotZ 2007, 47 = Rpfleger 2007, 70.

[199] Einen Klarstellungsvermerk hält jetzt auch *Schöner/Stöber* Rn. 2915 Fn 194 für zulässig.

[200] *Stöber* ZVG-Handbuch Rn. 396 b unter Hinweis auf einen bei *Ertl* Rpfleger 1979, 81 geschilderten Fall.

[201] So – noch vor Einführung des Bezugnahmegebotes durch die Neufassung des § 44 GBO – auch LG Köln Rpfleger 1992, 479.

[202] Gesamtdarstellungen mit unterschiedlicher Akzentuierung finden sich bei KG ZMR 2007, 384; BeckOK/*Timme/Dötsch* § 15 Rn. 258 ff.; *Hogenschurz* Das Sondernutzungsrecht nach WEG

im Falle einer späteren Einräumung von Sondernutzungsrechten zugunsten von Enderwerbern auf eine **Minimierung** der an sich bestehenden **Mitwirkungspflichten** seitens der übrigen Wohnungseigentümer und deren dinglich Berechtigter bei größtmöglicher Flexibilität des Bauträgers trotz bereits bestehender Eigentümergemeinschaft gerichtet sind. Auf diese Weise soll der Verlust der Befugnis des teilenden Bauträgers zur einseitigen Änderung der Teilungserklärung nach Entstehen der Eigentümergemeinschaft bzw. bereits bei Eintragung der ersten Einzelbelastung kompensiert werden.

317 Zwingend erforderlich ist dafür in jedem Fall, dass die von Sondernutzungsregelungen nicht begünstigten Wohnungseigentümer bereits **in der Teilungserklärung** vom gesetzlich vorgesehenen Mitgebrauch am gemeinschaftlichen Eigentum **wirksam ausgeschlossen** werden. Die Grundbucheintragung der negativen Komponente in sämtlichen Grundbüchern der betreffenden Anlage ist damit unerlässliche Voraussetzung. Durch die auf diese Weise eintretende Verdinglichung werden Sondernachfolger und deren dinglich Berechtigte in Gemäßheit des § 10 Abs. 3 WEG an den Ausschluss von der Nutzungsbefugnis gebunden. Demnach können bloße **Absichtserklärungen** nicht die Begründung von Sondernutzungsrechten durch den teilenden Alleineigentümer ohne Beteiligung der inzwischen in den Grundbüchern eingetragenen Erwerber oder deren dinglich Berechtigte rechtfertigen. Nicht ausreichend ist deshalb eine Bestimmung in der Teilungserklärung, dass hinsichtlich genau bezeichneter Pkw-Stellplätze noch eine Sondernutzungsregelung getroffen wird.[203]

318 *aaa) Parken von Sondernutzungsrechten.* Bei dieser Variante werden die betreffenden Sondernutzungsrechte bereits **vollständig mit positiver und negativer Komponente in der Teilungserklärung begründet.** Ihre Zuordnung erfolgt dort zunächst gebündelt zugunsten des jeweiligen Eigentümers eines bestimmten Wohnungs- oder Teileigentums, das mutmaßlich vom Bauträger zuletzt abveräußert werden wird (z.B. einem Kellerraum oder einer Garage).[204] Um Zustimmungspflichten Drittberechtigter bei einer späteren – lastenfreien – Übertragung auszuschließen, werden sodann die an dieser Einheit eingetragenen dinglichen Rechte soweit als möglich zur Löschung gebracht. Dies gilt insbesondere für die Finanzierungsrechte des Bauträgers. Wird in der Folge ein Wohnungseigentum verkauft, kann der Bauträger dann allein die bisherige Zuordnung ändern und das gewünschte Sondernutzungsrecht einzeln nach den Regeln der Übertragung[205] von seiner Einheit auf die veräußerte übertragen.[206] Verfahrensrechtlich bedarf es hierzu lediglich der Bewilligung des Eigentümers der abgebenden Einheit und etwaig dort noch eingetragener Einzelrechtsinhaber. Trotz einer bestehenden Eigentümergemeinschaft ist die Zustimmung der übrigen Wohnungseigentümer und deren dinglich Berechtigter entsprechend §§ 876, 877 BGB, § 19 GBO mangels Beschaffenheit nicht erforderlich.

319 Der Bauträger muss sich allerdings frühzeitig darüber im Klaren sein, bei welcher Einheit die Sondernutzungsrechte geparkt werden sollen. Spätere **Änderungen in der Zuordnung**[207] sind zwar noch möglich, verlangen aber einen zusätzlichen Zeit- und Kostenaufwand. Wegen der regelmäßig erfolgten Lastenfreistellung der mit den Sondernutzungsrechten verbundenen Einheit dürfte das mit einer Vielzahl dort geparkter Sondernutzungsrechte ausgestattete Sondereigentum des Bauträgers insbesondere angesichts eines

---

§ 2 Rn. 62ff., *Häublein* Sondernutzungsrechte und ihre Begründung im Wohnungseigentumsrecht, S. 276ff.; *Schneider* Rpfleger 1998, 53, 60ff.

[203] BayObLG NJWE-MietR 1997, 17 = Rpfleger 1997, 63.

[204] Die Verbindung von Teileigentumseinheiten mit Sondernutzungsrechten ist unbestritten zulässig; vgl. dazu grundlegend im Rahmen des sog. Kellermodells BayObLG NJW 1992, 700 = Rpfleger 1992, 154.

[205] Grundlegend BGHZ 73, 145 = NJW 1979, 548 = Rpfleger 1979, 57; vgl. Rn. 367ff.

[206] *Nieder* BWNotZ 1984, 49, 51.

[207] Solche Änderungen würden den ohnehin schon bestehenden „Alptraum" der Grundbuchgerichte noch steigern; vgl. *F. Schmidt* DNotZ 1984, 698, 699.

drohenden Vermögensverfalls ein **bevorzugtes Vollstreckungsobjekt** für bisher dinglich noch nicht gesicherte Gläubiger darstellen.[208]

Andererseits wird das Parken von Sondernutzungsrechten auch heute noch für eine zwar umständliche, aber gute Lösung einer zustimmungsfreien späteren Zuordnung von Sondernutzungsrechten gehalten.[209] Das hängt sicherlich auch damit zusammen, dass im Gegensatz zu den beiden anderen noch darzustellenden Varianten nur über das „Parken" von Sondernutzungsrechten der Übertragungsanspruch eines Erwerbers durch Eintragung einer **Vormerkung** in das Grundbuch gesichert werden kann.[210] Sowohl bei einem einseitigen Zuordnungsvorbehalt (sogleich bbb)) als auch bei einem Nutzungsausschluss unter einer aufschiebenden Bedingung (ccc)) käme für einen Erwerber allenfalls eine Absicherung seines Übertragungsanspruchs durch Eintragung einer Erwerbsvormerkung in den Grundbüchern sämtlicher, dem teilenden Bauträger noch verbliebenen Einheiten in Betracht. Eine solche Eintragung würde jedoch das mit der gestreckten Begründung von Sondernutzungsrechten angestrebte Ziel geradezu konterkarieren, weil in der Folge sämtliche dem Bauträger verbliebenen Einheiten für andere Abveräußerungen grundbuchmäßig blockiert wären. 320

bbb) Gestreckte Begründung von Sondernutzungsrechten durch Zuordnungsvorbehalt. Diese Gestaltungsmöglichkeit gründet sich auf die höchstrichterliche Rechtsprechung,[211] wonach Wohnungseigentümer durch eine Benutzungsregelung an Gemeinschaftsflächen nicht benachteiligt werden können und deshalb insoweit auch nicht zustimmungsplichtig sind, wenn sie von deren Nutzung ohnehin bereits ausgeschlossen sind. Dazu ist es bereits mit der Errichtung der Teilungserklärung erforderlich, die zukünftigen Erwerber eines Wohnungseigentums von der Benutzung gemeinschaftlicher Bereiche eindeutig auszuschliessen und diese Regelung auch durch Grundbucheintragung zum Inhalt des Sondereigentums zu machen.[212] Sind die späteren Erwerber durch diese Verdinglichung – negativ – bereits von bestimmten Nutzungsmöglichkeiten hinsichtlich des gemeinschaftlichen Eigentums ausgeschlossen, berührt eine nachfolgende – positive – Zuweisung von Sondernutzungsrechten den Inhalt ihrer Sondereigentumsrechte nicht mehr. Der bisherige Gleichlauf der beiden **Komponenten** eines Sondernutzungsrechts wird nun **zeitlich gestreckt.** 321

Eine solche Regelung setzt allerdings voraus, dass nicht sämtliche Wohnungseigentümer vom Mitgebrauch des gemeinschaftlichen Eigentums ausgeschlossen werden, ohne dass bei einem anderen Wohnungseigentümer ein gleichwertiger Rechtszuwachs erfolgt.[213] Weil das Gebrauchsrecht Ausfluss des Eigentumsrechts ist und sich nicht alle Wohnungseigentümer gleichzeitig mit dinglicher Wirkung dieser Befugnis begeben können,[214] bleibt dem teilenden Eigentümer zunächst die alleinige Nutzung mit dem Recht der Fruchtziehung (z.B. Mieten) vorbehalten. Damit liegt aber eigentlich kein Begründungsvorbehalt im engeren Sinne vor; der Sache nach handelt es sich um ein **persönliches Sondernutzungsrecht.**[215] Zur Behandlung solcher persönlichen Sondernutzungs- 322

---

[208] *Hogenschurz* Das Sondernutzungsrecht nach WEG § 2 Rn. 64.

[209] *Bauer/v. Oefele* AT V Rn. 148.

[210] *F. Schmidt* FS Bärmann und Weitnauer (1990), S. 564.

[211] BGHZ 73, 145 = NJW 1979, 548 = Rpfleger 1979, 57.

[212] KG ZMR 2007, 384; OLG Köln Rpfleger 2001, 535; BayObLG Rpfleger 1990, 63; BayObLG DNotZ 1986, 87 m. Anm. *Herrmann.*

[213] *Ertl* DNotZ 1986, 485; *Herrmann* DNotZ 1986, 91, 92; *Soergel/Stürner* § 15 Rn. 3; *Streblow* MittRhNotK 1987, 141, 157.

[214] BayObLGZ 1974, 294, 299; BeckOK/*Timme/Dötsch* § 15 Rn. 262; wohl auch *Bärmann/Wenzel* § 13 Rn. 89; a.A. Beck'sches Notarhandbuch/ *Rapp* A. III. Rn. 60; *Blüggel* Rpfleger 1996, 339; *Häublein,* Sondernutzungsrechte und ihre Begründung im Wohnungseigentumsrecht, S. 281 Fn. 1137.

[215] KG ZMR 2007, 384; BeckOK/*Timme/Dötsch* § 15 Rn. 262; *Häublein* Sondernutzungsrechte und ihre Begründung im Wohnungseigentumsrecht, S. 279 f.

rechte s. für die Grundbucheintragung Rn. 354 f., für die Übertragung Rn. 367 und für die Beendigung Rn. 435 f.

323 Der teilende Eigentümer benötigt als (Noch-) Miteigentümer also nicht die **Zustimmungen** der übrigen Wohnungseigentümer und der an diesen Einheiten dinglich Berechtigten, wenn er sein vorbehaltenes Zuordnungsrecht durch Verbindung positiver Nutzungsrechte mit bestimmten Wohnungseinheiten später ausüben will. Hierfür genügt die Vorlage einer formgerechten Zuordnungserklärung des Bauträgers (§§ 19, 29 GBO). Es bedarf auch nicht der Zustimmung eines erwerbenden Miteigentümers und etwaig dinglich Berechtigter am aufnehmenden Wohnungseigentum, weil diese lediglich rechtlich begünstigt sind.[216] Allerdings stellt sich die Verknüpfung des alleinigen Nutzungsrechts mit einem bestimmten Wohnungseigentum für den teilenden Eigentümer selbst als erstmaligen Ausschluss von der bisher bestehenden Nutzungsmöglichkeit dar. Dadurch ändert sich bei den ihm noch verbleibenden Einheiten der Inhalt des Sondereigentums nachteilig, so dass zur Wirksamkeit der Zuordnung die Zustimmung der dinglich Berechtigten an den dem teilenden Eigentümer verbleibenden Einheiten erforderlich ist. Für die Berechtigten dieser Rechte schmälert sich die bisher bestehende Haftungsgrundlage durch Umwandlung in ein subjektiv-dingliches Sondernutzungsrecht und den damit verbundenen Entzug der Nutzungsmöglichkeit, so dass die dinglich Berechtigten an den dem teilenden Bauträger verbleibenden Einheiten auch verfahrensrechtlich gemäß §§ 19, 29 GBO der Zuordnung zuzustimmen haben.[217] Da in der Praxis im Zuge der Abveräußerung regelmäßig in den verbleibenden Grundbüchern des teilenden Eigentümers Erwerbsvormerkungen und Finanzierungsrechte der Enderwerber zur Eintragung gelangen werden, kann von Zuordnungsvorbehalten der vorliegenden Art zumindest für den Bauträgerbereich nur abgeraten werden.[218]

324 **Grundbuchmäßig** braucht nach der Eintragung des Nutzungsausschlusses an sämtlichen Einheiten anlässlich der Begründung des Wohnungseigentums zur Herbeiführung der Verdinglichungswirkung jetzt nur noch die positive Zuordnung im Grundbuch des begünstigten Wohnungseigentümers zu erfolgen. In den übrigen Grundbüchern der von der Nutzung bereits ausgeschlossenen Miteigentümer erfolgen keine weiteren Eintragungen.[219]

325 *ccc) Gestreckte Begründung von Sondernutzungsrechten durch aufschiebend bedingte Zuordnung.* Im Gegensatz zu dem unter lit. bbb) behandelten unbedingten Nutzungsausschluss ist auch ein Nutzungsausschluss unter einer Bedingung denkbar. Zunächst sind hierbei *sämtliche* Wohnungseigentümer unter einer aufschiebenden Bedingung vom Mitbenutzungsrecht – negativ – auszuschließen. Dieser Ausschluss ist wiederum in allen Grundbüchern der Wohnungseigentumsserie als Inhalt des Sondereigentums gem. §§ 5 Abs. 4 S. 1, 8 Abs. 2, 10 Abs. 3, 13 Abs. 2 WEG einzutragen. Die spätere Angabe, wem das alleinige Nutzungsrecht – positiv – zustehen soll, stellt die die Rechtsänderung auslösende Bedingung dar. Sie kann in diesem Fall allerdings nicht nur als bloße Bedingung im Sinne des § 158 BGB angesehen werden kann. Da ein Sondernutzungsrecht erst mit der

---

[216] BayObLG Rpfleger 1990, 63.

[217] OLG Köln Rpfleger 2001, 535 mit insoweit zust. Anm. *Schneider;* BayObLG Rpfleger 1990, 63; BayObLG DNotZ 1986, 87 = Rpfleger 1985, 292; *Bärmann/Wenzel* § 13 Rn. 89; *Bauer/v. Oefele* AT V Rn. 146; BeckOK/*Timme/Dötsch* § 15 Rn. 263; *Meikel/Böttcher* § 3 WGV Rn. 30; *Ott* Das Sondernutzungsrecht im Wohnungseigentum, S. 82; *Schöner/Stöber* Rn. 2913 a Fn. 160; a. A. nach seinem Ansatz eines vollständigen Nutzungsausschlusses konsequent *Blüggel* Rpfleger 1996, 339, der dann jedoch bereits bei Anlegung der Wohnungsgrundbücher und Eintragung des vollständigen Nutzungsausschlusses die Zustimmung aller dinglich Berechtigten (auch Gesamtberechtigten!) fordern muss.

[218] Ebenso *F. Schmidt* Münchener Vertragshandbuch Bd. 6 Form. VIII. 1 Anm. 25 d; *Schöner/Stöber* Rn. 2913 a Fn 172.

[219] BayObLG Rpfleger 1990, 63; *Meikel/Böttcher* § 3 WGV Rn. 30; *Schöner/Stöber* Rn. 2915.

positiven Komponente vollständig begründet ist, stellt die Zuordnungserklärung eine für das Sondernutzungsrecht inhaltsbestimmende rechtsgeschäftliche Erklärung und nicht nur einen Durchführungsakt dar.[220] Erst mit dem Eintritt der Bedingung wird der Ausschluss der Wohnungseigentümer vom Mitgebrauch wirksam (§ 158 Abs. 1 BGB), so dass ab diesem Zeitpunkt ihre Rechtsstellung durch die beantragte Eintragung eines Sondernutzungsrechts nicht mehr nachteilig berührt werden kann. Die Ausübung des Zuweisungsrechts in Bezug auf den betroffenen Bereich des Gemeinschaftseigentums führt zum Erlöschen der Zuweisungsbefugnis; dies kann klarstellend in der Gemeinschaftsordnung festgehalten werden.[221]

In die Rechtsstellung dinglich Berechtigter, die *nach* Eintragung der Gemeinschafts- 326
ordnung im Grundbuch ihr Recht erworben haben, wird nach Bedingungseintritt nicht eingegriffen. Sie sind ab diesem Zeitpunkt unter Zugrundelegung der Rechtsgrundsätze des § 161 BGB nicht mehr betroffen, weil sie ihre Rechte durch eine Verfügung des Wohnungseigentümers während der Schwebezeit erworben haben. Im Falle des Bedingungseintritts (positive Zuordnung) ist die während der Schwebezeit getroffene Verfügung (Belastung eines anderen Wohnungseigentums) insoweit unwirksam, als sie die Wirkung des Ausschlusses des betreffenden Wohnungseigentümers vom Mitgebrauch in der Gemeinschaftsordnung vereiteln oder beeinträchtigen würde. Die Wirkungen, die der Ausschluss der Wohnungseigentümer vom Mitgebrauch hat, werden ab diesem Zeitpunkt so betrachtet, als ob die Belastung mit den beschränkten dinglichen Rechten nicht erfolgt wäre.[222] Eine Zustimmung zur Zuordnung insbesondere der in der Praxis zahlreichen Einzelrechte und Erwerbsvormerkungen an den verbleibenden Einheiten des Bauträgers ist damit bei dieser Gestaltung entbehrlich. Bei dem beschriebenen Nutzungsausschluss handelt es sich um einen echten **Begründungsvorbehalt;**[223] er wird inzwischen von der obergerichtlichen Rechtsprechung[224] und der Literatur[225] allgemein als zulässig und zweckmäßig angesehen.

Bedenken hinsichtlich eines vollständigen Nutzungsausschluss aller Miteigentümer 327
kommen bei einem solchen Begründungsvorbehalts nicht zum Tragen, weil sich die Wohnungseigentümer hier nicht sämtlich ihrer aus dem Eigentum fließenden Befugnis zum **Gebrauch des gemeinschaftlichen Eigentums für die Schwebezeit** bis zum Eintritt der Bedingung begeben.[226] Den Wohnungseigentümern verbleibt vielmehr bei dieser Regelung ein Mitbenutzungsrecht, das erst mit der positiven Zuweisung an einen bestimmten Wohnungseigentümer endet. Das bedeutet dann aber auch, dass sie vor Eintritt der Bedingung bei etwaigen in den Grundbüchern einzutragenden Änderungen der Teilungserklärung hinsichtlich des betroffenen Gegenstandsbereiches noch als Betroffene gem. § 19 GBO anzusehen sind mit der Folge, dass ggf. auf das Erfordernis ihrer Bewilligung und der an den benachteiligten Einheiten dinglich Berechtigten dann nicht verzichtet

---

220 Zustimmend *Häublein,* Sondernutzungsrechte und ihre Begründung im Wohnungseigentumsrecht, S. 282.

221 Vgl. *Kreuzer* FS Merle (2000), S. 203, 212.

222 BayObLG BayObLG DNotZ 1986, 479 m. zust. Anm. Ertl = Rpfleger 1986, 132.

223 KG ZMR 2007, 384; BeckOK/*Timme/Dötsch* § 15 Rn. 265; *Häublein* Sondernutzungsrechte und ihre Begründung im Wohnungseigentumsrecht, S. 283.

224 KG ZMR 2007, 384; OLG Düsseldorf NJW-RR 2001, 1379 = Rpfleger 2001, 534 m. insoweit zust. Anm. *Schneider;* OLG Hamm DNotZ 2000, 210; OLG Frankfurt a. M. DNotZ 1998, 392 = Rpfleger 1998, 20; OLG Hamm NZM 1998, 673; OLG Düsseldorf Rpfleger 1993, 193; OLG Düsseldorf NJW-RR 1987, 1491 = Rpfleger 1988, 63; BayObLG DNotZ 1986, 479 m. zust. Anm. Ertl = Rpfleger 1986, 132.

225 *Bärmann/Wenzel* § 13 Rn. 90; BeckOK/*Timme/Dötsch* § 15 Rn. 265 ff.; *Häublein* Sondernutzungsrechte und ihre Begründung im Wohnungseigentumsrecht, S. 278 ff.; *Meikel/Böttcher* § 3 WGV Rn. 30, S. 2910; *Palandt/Bassenge* § 13 Rn. 10; *Schneider* Rpfleger 1998, 53, 61 f.; *Schöner/Stöber* Rn. 2913 b; *Weitnauer/Lüke* § 15 Rn. 28.

226 BayObLG DNotZ 1986, 479 m. zust. Anm. Ertl = Rpfleger 1986, 132.

werden kann.[227] Im Zweifel werden aus diesem Grunde der Eigentümergemeinschaft auch für die Zeit bis zur Wirksamkeit einer Zuweisungserklärung die etwaigen Erlöse aus der **Vermietung** von Pkw-Stellplätzen zustehen.[228] Ist dieses Ergebnis nicht erwünscht, empfiehlt sich die Aufnahme einer entsprechenden Regelung in die Gemeinschaftsordnung, wonach der aufteilende Eigentümer abweichend von § 16 Abs. 1 WEG zur alleinigen Ziehung der Früchte in Bezug auf die vermieteten Stellplätze berechtigt sein soll.[229]

328 Da der teilende Bauträger bei dieser Gestaltung nicht persönlich sondernutzungsberechtigt, sondern nur zuweisungsberechtigt ist, ist die **Zuordnungsbefugnis unabhängig von seiner Stellung als teilender Eigentümer.** Damit kommen für die Abgabe der Zuordnungserklärung in entsprechender Anwendung des § 317 BGB neben einem evtl. sogar inzwischen aus der Gemeinschaft ausgeschiedenen teilenden Eigentümer auch hierzu ermächtigte Dritte, insbesondere der WEG-Verwalter, in Betracht.[230] Ferner wird man sowohl eine **Gesamtrechtsnachfolge** (z. B. im Wege der Umwandlung einer aufteilenden Gesellschaft) als auch eine rechtsgeschäftliche **Übertragbarkeit hinsichtlich der Zuordnungsbefugnis**[231] (z. B. auf ein Tochterunternehmen) für zulässig halten müssen. Will man derlei Veränderungsmöglichkeiten in der Zuordnungsbefugnis ausschließen, verbleibt nur die Möglichkeit, bei dem Begründungsvorbehalt eine zeitliche Beschränkung zu vereinbaren.

329 Verfahrensrechtlich ist eine Bewilligung entbehrlich, wenn dem Grundbuchgericht die **Zuordnungserklärung** und ihr Wirksamwerden in der Form des § 29 GBO nachgewiesen werden (§ 22 Abs. 1 GBO).[232] Um Unklarheiten über das **Wirksamwerden der Zuordnungserklärung** zu vermeiden, empfiehlt sich die Aufnahme einer eindeutigen Regelung in die Gemeinschaftsordnung z. B. dahingehend, dass für die Entstehung des Sondernutzungsrechts der – offenkundige und daher nicht noch zusätzlich nachzuweisende – Zugang der Erklärung bei dem Grundbuchgericht in der Form des § 29 GBO ausreichen soll.[233] Aufgrund der bereits in sämtlichen Grundbüchern vollzogenen Eintragung des bedingten Nutzungsausschlusses genügt zur Herbeiführung der Verdinglichungswirkung die **Eintragung der Zuordnung im Grundbuch des begünstigten Wohnungseigentümers.** Eine weitergehende Eintragung in den Grundbüchern der übrigen bereits von der Nutzung ausgeschlossenen Miteigentümer wird jedoch als zulässig angesehen, weil sie zum Ausdruck bringt, dass die in der Gemeinschaftsordnung enthaltene Bedingung über den Ausschluss vom Mitgebrauch nunmehr eingetreten ist.[234]

---

[227] *Schneider* Rpfleger 1998, 53, 62.

[228] *Häublein* Sondernutzungsrechte und ihre Begründung im Wohnungseigentumsrecht, S. 278; *Schneider* Rpfleger 2001, 536, 537.

[229] *Häublein* Sondernutzungsrechte und ihre Begründung im Wohnungseigentumsrecht, S. 278.

[230] *Böhringer* BWNotZ 1993, 153, 158; *Ertl* DNotZ 1986, 485; *Häublein* Sondernutzungsrechte und ihre Begründung im Wohnungseigentumsrecht, S. 284; *Meikel/Böttcher* § 3 WGV Rn. 30; *Palandt/Bassenge* § 13 Rn. 10; *Schneider* Rpfleger 1998, 53, 62; *Staudinger/Kreuzer* § 15 Rn. 34; a. A *Ott* Das Sondernutzungsrecht im Wohnungseigentum, S. 55 f., der §§ 315 ff. für unanwendbar hält.

[231] *Häublein* Sondernutzungsrechte und ihre Begründung im Wohnungseigentumsrecht, S. 284.

[232] *Meikel/Böttcher* § 3 WGV Rn. 30.

[233] So auch Beck'sches Notarhandbuch/*Rapp* A. III. Rn. 62 a, der dort sowohl die Mitnahme als auch die Übertragbarkeit des Zuordnungsrechts ausschliesst. Vgl dazu auch *Häublein* Sondernutzungsrechte und ihre Begründung im Wohnungseigentumsrecht, S. 305.

[234] BayObLG DNotZ 1986, 479, 485 mit zust. Anm. *Ertl; Meikel/Böttcher* § 3 WGV Rn. 30; weitergehend allerdings *Häublein* Sondernutzungsrechte und ihre Begründung im Wohnungseigentumsrecht, S. 291, der zutreffend darauf hinweist, dass bei Einräumung eines Begründungsvorbehaltes mit einem über § 13 Abs. 2 WEG hinausgehenden Inhalt (z. B. der Berechtigung zur Vornahme baulicher Veränderungen in Bezug auf das zugeordnete Sondernutzungsrecht etwa durch Errichtung eines Carports auf einem Pkw-Stellplatz), die Eintragung der positiven Zuordnung in allen für das Grundstück angelegten Wohnungsgrundbüchern nicht nur empfehlenswert, sondern sogar zwingende Voraussetzung ist.

Wird versehentlich beim Ersterwerb vom teilenden Bauträger die **Grundbucheintragung einer** in der Erwerbsurkunde abgegebenen **Zuordnungserklärung unterlassen,** so begründet ein schuldrechtlich und dinglich vollzogener Zweiterwerb des Wohnungseigentums kein Recht dieses Erwerbers an dem Eigentumsverschaffungsanspruch seines Rechtsvorgängers. Aus diesem Grunde ist er nicht als Beteiligter der Erstbeurkundung anzusehen; ihm steht damit auch keine Beschwerdebefugnis mit dem Ziel zu, den Notar der Erstbeurkundung zur nachträglichen Antragstellung bei dem Grundbuchgericht auf Eintragung der Änderung des Inhalts des Sondereigentums anzuweisen.[235] 330

Die Frage, ob die strengen Anforderungen zur Unwirksamkeit pauschaler Änderungsvorbehalte in Bauträgerverträgen gem. **§ 308 Nr. 4 BGB**[236] auch bei der nachträglichen Zuordnung von Sondernutzungsrechten mit dinglicher Wirkung durch den Bauträger anzuwenden sind[237], ist obergerichtlich noch nicht geklärt.[238] 331

c) **Besondere Entstehungstatbestände.** *aa) Begründung durch allstimmigen Beschluss.* 332 Sondernutzungsrechte können zwar grundsätzlich aufgrund der fehlenden Beschlusskompetenz nicht durch einen Mehrheitsbeschluss begründet werden.[239] Denkbar ist aber das Zustandekommen einer Sondernutzungsregelung durch einen **allstimmigen Eigentümerbeschluss,** der unter Beteiligung sämtlicher Wohnungseigentümer nicht nur in einer Eigentümerversammlung, sondern ggf. auch in einem **Umlaufverfahren** gem. § 23 Abs. 3 WEG[240] herbeigeführt sein kann. In einem solchen Fall wird zur Klärung der Frage, ob die in der Eigentümerversammlung oder im schriftlichen Verfahren getroffene Maßnahme als Vereinbarung oder als Beschluss anzusehen ist, maßgeblich nicht auf die äußere Form, sondern auf ihren Inhalt abzustellen sein. Eine Vereinbarung wird regelmäßig dann anzunehmen sein, wenn der Gegenstand einer Regelung wegen der mangelnden Beschlusskompetenz nicht zu dem von den Wohnungseigentümern angestrebten Ergebnis führen kann. Im Zweifel hätten die Wohnungseigentümer dann die rechtlich wirksame Gestaltung durch Abschluss einer Vereinbarung für die Sondernutzungsregelung gewollt.[241] Ein allstimmig zustande gekommener Beschluss, der das Statut der Gemeinschaft durch Einräumung eines Sondernutzungsrechts ändert, ist damit auch nach der „Jahrhunderentscheidung" des BGH nicht dem Nichtigkeitsverdikt ausgesetzt.[242]

Das Sondernutzungsrecht kann in einem solchen Fall jedoch zunächst lediglich aufgrund der schuldrechtlich wirkenden Vereinbarung begründet werden. Es ist damit der Gefahr des jederzeitigen Untergangs durch einen Wechsel in der Zusammensetzung der beschließenden Wohnungseigentümer ausgesetzt. Soll also das allstimmig beschlossene Sondernutzungsrecht Bestand haben, muss diese in der Sache vereinbarungsweise Regelung in das Grundbuch eingetragen werden. Solche Beschlüsse werden also nicht vom Anwendungsbereich des § 10 Abs. 4 WEG erfasst; sie bedürfen richtigerweise zur Erlan- 333

---

[235] OLG Hamm FGPrax 2006, 79.

[236] Vgl. BGH NJW 2005, 3420 = DNotZ 2006, 174.

[237] Befürwortend etwa *Hogenschurz* Das Sondernutzungsrecht nach WEG § 2 Rn. 75 ff; *Vogel* ZMR 2005, 801.

[238] Nach altem AGBG-Recht für einen Verstoß gegen § 9 allerdings bereits LG Düsseldorf Rpfleger 1999, 217; vgl. jetzt auch LG Nürnberg-Fürth NJW 2009, 3442.

[239] BGHZ 145, 158 = NJW 2000, 3500 = Rpfleger 2001, 19.

[240] So im Fall des OLG Hamburg ZMR 2008, 154.

[241] OLG Hamburg ZMR 2008, 154; OLG Köln BeckRS 2006 09787; BayObLG NJW-RR 2003, 9; OLG Düsseldorf NZM 2001, 530; BayObLG FGPrax 2001, 145 = Rpfleger 2001, 404; OLG Hamburg OLG-Report 2001, 304; BayObLG NJW-RR 1992, 81; *Hogenschurz* Das Sondernutzungsrecht nach WEG § 2 Rn. 81 m. w. N..; a. A. *Deckert* WE 1999, 2, 6; *Häublein* ZMR 2000, 423, 425; *Wenzel* FS Deckert (2003), S. 517, 525.

[242] *Riecke* WE 2002, 9.

gung der Erstreckungswirkung der **Grundbucheintragung** gem. § 10 Abs. 3 WEG und müssen deshalb eintragungsfähig sein.[243]

334 Dies setzt allerdings den **Nachweis** in grundbuchmäßiger Form voraus (§ 29 GBO). Nach h. M. kann noch bis zum Eintritt der Bindung gem. §§ 877, 873 Abs. 2 BGB durch notarielle Beurkundung, Einreichung der Erklärung beim Grundbuchgericht oder Aushändigung einer den Vorschriften der GBO entsprechenden Eintragungsbewilligung ein Widerruf erfolgen.[244]

335 *bb) Begründung durch Mehrheitsbeschluss.* Sondernutzungsrechte können mangels Beschlusskompetenz grundsätzlich nicht durch Beschluss begründet werden. Eine solche Mehrheitsentscheidung wäre nichtig.[245] Auch Altfälle aus der Zeit vor der Entscheidung des BGH vom 20. 9. 2000 genießen keinen Vertrauensschutz.[246] Nach h. M. können Sondernutzungsrechte allerdings ausnahmsweise durch einen Mehrheitsbeschluss begründet werden, wenn die Gemeinschaftsordnung eine entsprechende Beschlusskompetenz („Öffnungsklausel") vorsieht.[247]

336 Solche **Öffnungsklauseln** können einerseits **allgemein** gehalten sein (allgem. Öffnungsklausel), oder auch **speziell** die Regelung enthalten, dass abweichend vom Gesetz die Einräumung, Ausgestaltung, Änderung oder Aufhebung von Sondernutzungsrechten durch Mehrheitsbeschluss möglich sein soll (spezielle Öffnungsklausel). Eine Abänderungsmöglichkeit aufgrund einer Öffnungsklausel soll nach überwiegender Auffassung jedoch nicht schrankenlos, sondern nur dann bestehen, wenn auch ein sachlicher Grund für die Änderung vorliegt und einzelne Wohnungseigentümer gegenüber dem früheren Rechtszustand nicht unbillig benachteiligt werden. [248] Ist eine Öffnungsklausel ihrerseits nicht als Inhalt des Sondereigentums in das Grundbuch eingetragen, so verliert ein auf ihrer Grundlage gefasster Mehrheitsbeschluss gegenüber Sondernachfolgern mangels Beschlusskompetenz seine Wirksamkeit, wenn sie nicht in die Vereinbarung eintreten.[249]

337 Nach überwiegender Auffassung sollte die **Begründung eines Sondernutzungsrechts** aufgrund einer Mehrheitsentscheidung möglich sein, wenn dies in der Gemeinschafsordnung **ausdrücklich** vorgesehen ist.[250] Eine allgemeine Klausel genügte hierfür nicht, da ohne nähere Beschreibung der Beschlusskompetenz nicht davon ausgegangen werden kann, dass sie als vorweggenommene Zustimmung verstanden werden kann.[251]

---

[243] *Hogenschurz* Das Sondernutzungsrecht nach WEG § 2 Rn. 81; *Schneider* Rpfleger 2002, 503, 505 f.

[244] BayObLG NJW-RR 2001, 1164 = Rpfleger 2001, 404.

[245] BGHZ 145, 158 = NJW 2000, 3500 = Rpfleger 2001, 19; OLG München ZMR 2008, 560; OLG Düsseldorf NZM 2003, 767.

[246] OLG Düsseldorf NZM 2005, 623; etwas anderes gilt mit Rücksicht auf die Rechtskraftwirkung nur dort, wo in der Vergangenheit ein solcher Beschluss über die Einräumung eines Sondernutzungsrechts Gegenstand eines Beschlussanfechtungsverfahrens gewesen ist und die gerichtliche Entscheidung bindend festgestellt hat, dass der Eigentümerbeschluss über die Begründung des Sondernutzungsrechts nicht ungültig ist; *Hogenschurz* Das Sondernutzungsrecht nach WEG § 2 Rn. 98.

[247] Grundlegend zur Zulässigkeit von Öffnungsklauseln BGHZ 95, 137 = DNotZ 1986, 83 = NJW 1985, 2832.

[248] BGHZ 95,137 = DNotZ 1986, 83 = NJW 1985, 2832; OLG Hamm ZWE 2007, 252; OLG Hamm NZM 2004, 504; OLG Düsseldorf ZMR 2006, 296; OLG Zweibrücken ZWE 2000, 46; *Bärmann/Merle* § 23 Rn. 19; *Palandt/Bassenge* § 10 Rn. 22; a. A. *Elzer* ZMR 2007, 237, 240 f.; *Grebe* DNotZ 1987, 5, 15; *Häublein* Sondernutzungsrechte und ihre Begründung im Wohnungseigentumsrecht, S. 212; *Hügel* NotBZ 2004, 205, 206; *Sauren* NJW 1986, 2034.

[249] *Becker* ZWE 2002, 341, 343; *Kümmel* ZWE 2002, 68 f.; *Schneider* ZfIR 2002, 108, 111; a. A. *Rau* ZMR 2001, 241, 248.

[250] *Hogenschurz* Das Sondernutzungsrecht nach WEG § 2 Rn. 101 m. w. N.

[251] *Hogenschurz* Das Sondernutzungsrecht nach WEG § 2 Rn. 109 m. w. N.

Vor dem Inkrafttreten der Novelle 2007 hatte sich nun eine h. M.[252] herausgebildet, die zulässigerweise aufgrund einer rechtsgeschäftlich vereinbarten Öffnungsklausel getroffene Mehrheitsentscheidungen der Wohnungseigentümer im gesetzes- bzw. vereinbarungsändernden Bereich – damit also auch die Einräumung von Sondernutzungsrechten – nicht nur für eintragungsfähig hielt, sondern zur Erlangung der Erstreckungswirkung gegenüber einem Sondernachfolger im Eigentum sogar deren Grundbucheintragung für unerlässlich hielt. Es bestand nämlich Konsens darüber, dass der Eingriff in eine bestehende Gemeinschaftsordnung nach seinem materiellen Wirkungsgehalt zu beurteilen ist. Danach würde aber eine durch rechtsgeschäftliche Öffnungsklausel zugelassene Mehrheitsentscheidung die gleichen Rechtswirkungen zeitigen wie eine als Inhalt des Sondereigentums gem. § 10 Abs. 3 WEG in das Grundbuch eingetragene, das Gesetz oder eine frühere Vereinbarung abändernde oder aufhebende Vereinbarung. Das Gesetz untersagt jedoch **nunmehr** mit **§ 10 Abs. 4 S. 2 WEG** – wie schon in § 10 Abs. 4 S. 1 WEG aufgrund ihres subsidiären Charakters für gewöhnliche Beschlüsse – die Grundbucheintragung für die gem. § 23 Abs. 1 WEG aufgrund einer Vereinbarung gefassten Beschlüsse, die vom Gesetz abweichen oder eine Vereinbarung ändern. Mangelt es jedoch an der Eintragungsbedürftigkeit, so sollen gesetzes- und vereinbarungsändernde Beschlüsse nach diesem Verständnis heute auch nicht in das Grundbuch eingetragen werden können.[253] 338

Es soll also nach dem Willen des Gesetzgebers **zwei Arten von dinglich wirkenden Sondernutzungsrechten** geben: einerseits vereinbarte, die in das Grundbuch eingetragen werden können und zur Erlangung der Verdinglichungswirkung auch eingetragen werden müssen und andererseits beschlossene, die nicht in das Grundbuch eingetragen werden können. Dies führt zu einer Reihe von **Wertungswidersprüchen.**[254] So soll z. B. zulässigerweise im Beschlusswege eingeräumten Sondernutzungsrechten nach der Novelle ein höherer Wirkungsgrad ohne Zustimmung Drittberechtigter zukommen als den mit einer kosten- und zeitaufwändigen Grundbucheintragung gem. § 5 Abs. 4 S. 1, § 8 Abs. 2 S. 2, § 10 Abs. 3 WEG zum Inhalt des Sondereigentums gemachten. Problematisch geworden ist auch die Übertragung „beschlossener" Sondernutzungsrechte[255] sowie die Anwendung von Gutglaubensvorschriften.[256] Derzeit erscheint die Rechtslage in diesen Punkten noch als ungeklärt. 339

Es spricht deshalb nach der hier vertretenen Auffassung vieles dafür, Sondernutzungsrechte nicht mehr dem Anwendungsbereich vereinbarter Öffnungsklauseln sondern statt dessen dem sog. **Kernbereich des Wohnungseigentums** zuzuordnen.[257] Ein auf einer Öffnungsklausel beruhender Beschluss, der in den Kernbereich des Wohnungseigentums eingreift, ist nämlich nicht legitimiert und somit nichtig.[258] Diese Sichtweise erscheint 340

---

252 Vgl. u. a. *Bärmann/Pick/Merle* 9. Aufl. § 23 Rn. 20; *Böttcher* Rpfleger 2004, 21, 31; *Buck* WE 1996, 94, 96; *Grebe* DNotZ 1987, 5; KK-WEG/*Elzer* § 10 Rn. 297 f.; *Hügel* DNotZ 2001, 176; *v. Oefele/Schneider* DNotZ 2004, 740; *Ott* ZWE 2001, 466, 469; *Röll* Rpfleger 2003, 277, 278; *Schneider* ZfIR 2002, 108, 112; *Weitnauer/Lüke* 9. Aufl. 2005 § 10 Rn. 57; *Wenzel* ZWE 2004, 130, 135 ff. je m. w. N.

253 So für das neue Recht *Riecke/Schmid* § 24 Rn. 148; *Jennißen/Grziwotz* § 10 Rn. 48; *Niedenführ/Kümmel/Vandenhouten* § 10 Rn. 52; *Palandt/Bassenge* § 10 Rn. 22; *Schneider* NotBZ 2008, 442; *Schöner/Stöber* 14. Aufl. 2008 Rn. 2887; *Bärmann/Wenzel* § 10 Rn. 190 a. A. *Hügel/Elzer* § 3 Rn. 136 ff.; *Hügel* DNotZ 2007, 326, 349 f.; *Riecke/Schmid/Elzer* § 10 Rn. 289; *Böttcher* NotBZ 2007, 421, 428; *Rapp* DNotZ 2009, 335, 341.

254 Ausführlich *Hügel/Elzer* § 3 Rn. 149 f.

255 Zuletzt *Hügel* NotBZ 2008, 169, 172 m. w. N.

256 Vgl. *F. Schmidt* ZWE 2007, 280, 288.

257 Schneider NotBZ 2008, 442; *Riecke/Schmid/Elzer* § 10 Rn. 280 u. Rn. 297 sieht diesen Schritt als naheliegende Konsequenz aus der von ihm abgelehnten h. M. zur Nichteintragbarkeit von Mehrheitsentscheidungen aufgrund § 10 Abs. 4 S. 2 WEG; ablehnend dagegen BeckOK/*Timme/Dötsch* § 15 Rn. 212.

258 *Buck* WE 1995, 142, 144; *Hauger* PiG 39, 225, 229; *Ott* ZWE 2001, 466, 467.

im Hinblick auf den Ausschließlichkeitscharakter von Sondernutzungsrechten gerechtfertigt.[259] Sondernutzungsrechte werden zwar durch ihre Eintragung im Grundbuch nicht zu dinglichen Rechten,[260] kommen diesen mit ihrer dienstbarkeitsähnlichen Struktur[261] jedoch in vielerlei Hinsicht sehr nahe. Deshalb erscheint nur die Möglichkeit einer grundbuchmäßigen Verlautbarung geeignet, eine rechtlich eindeutige und mehrheitsfeste, mit den tragenden Prinzipien des Grundbuchrechts übereinstimmende Ausgestaltung zu gewährleisten. Wo Änderungen des Grundverhältnisses der Wohnungseigentümer unter Einschluß der Teilungserklärung betroffen sind, bedarf es gerade für den Sonderrechtsnachfolger hinreichender Klarheit und Publizität, die aber verläßlich durch die neu eingeführte Beschlusssammlung nicht gewährleistet werden kann.[262] Mit einer solchen Sichtweise verträgt es sich nicht, wenn in Zukunft vereinbarte und eintragungsfähige Sondernutzungsrechte „I. Klasse" mit erforderlichen Drittzustimmungen und ausgestattet mit Gutglaubensschutz neben solchen beschlossenen und nicht eintragungsfähigen „II. Klasse" ohne Drittzustimmungen und mit fehlendem Schutz des guten Glaubens den Rechtsverkehr verunsichern.[263] Im Ergebnis käme dieser Dualismus im Bereich der Sondernutzungsrechte dem Stand der Rechtsprechung vor der Entlarvung der sog. „Zitterbeschlüsse" durch den BGH[264] gleich. Mit dieser Entscheidung wollte der BGH aber erklärtermaßen gerade die Publizität des Grundbuchs stärken und nicht, wie sich jetzt abzeichnet, weiter aushöhlen.

341 *cc) Umdeutung einer unwirksamen Begründung von Sondereigentum.* Eine fehlgeschlagene Begründung von Sondereigentum z. B. an Gartenflächen oder Pkw-Stellplätzen im Freien kann ggf. zur Vermeidung eines wirtschaftlichen Verlustes gem. § 140 BGB in die Einräumung eines Sondernutzungsrechts umgedeutet werden.[265] Das setzt allerdings voraus, dass sämtliche Tatbestandsmerkmale für die Entstehung eines Sondernutzungsrechts vorliegen und insbesondere noch ein (Rest-) Sondereigentum zur Verfügung steht, mit dem das Sondernutzungsrecht gem. § 5 Abs. 4 S. 1 WEG verknüpft werden kann.[266] Ob eine **Umdeutung** als unzulässiges Umgehungsgeschäftes ausgeschlossen ist, wenn das Sondereigentum wegen eines Verstoßes gegen § 5 Abs. 2 WEG nicht entstanden ist,[267] erscheint im Hinblick auf die obergerichtliche Rechtsprechung[268] zweifelhaft.

342 Der **Grundbuchvollzug** kann im Wege der Berichtigung erfolgen.[269] Der Eintragung kommt richtigerweise **Rückwirkung** zu.[270] Eine Umdeutung bereits im Eintragungsver-

---

[259] Ebenso *Kreuzer* MittBayNot 1996, 339, 341; **a. A.** *Demharter* MittBayNot 1996, 417; vgl. auch *ders.* MittBayNot 1995, 34: „Kein Sonderrecht für das Sondernutzungsrecht".

[260] BGHZ 145, 133 = DNotZ 2001, 381 = NJW 2000, 3643 = Rpfleger 2001, 69.

[261] *Bauer/v. Oefele* AT V Rn. 137 m. w. N.

[262] Die Kernbereichslehre wurde bereits vor der „Jahrhundertentscheidung" im Rahmen der Begründung von Sondernutzungsrechten aufgrund eines sog. „Zitterbeschlusses" vertreten: KG NZM 2000, 137; OLG Düsseldorf NJW-RR 1994, 1426; OLG Köln NJW-RR 1992, 598; OLG Karlsruhe WE 1991, 110.

[263] Vgl. *Hügel/Elzer* § 3 Rn. 139 ff.

[264] BGHZ 145, 158 = DNotZ 2000, 854 = NJW 2000, 3500 = Rpfleger 2001, 19.

[265] KG NZM 1999, 258, OLG Köln MittRhNotK 1996, 61; BayObLG MittBayNot 1987, 197; OLG Hamm Rpfleger 1983, 19; BayObLG MDR 1981, 145; *Bärmann/Wenzel* § 13 Rn. 102; *Böhringer* MittBayNot 1990, 12; *Riecke/Schmid/Schneider* § 5 Rn. 21 ff.; *Schmenger* BWNotZ 2003, 73, 75; *F. Schmidt* ZWE 2007, 280, 284 f.; *Weitnauer/Briesemeister* § 5 Rn. 10; a. A. *Abramenko* Rpfleger 1998, 313.

[266] KG NZM 1999, 258, *F. Schmidt* ZWE 2007, 280, 284 f. mit Beispielen.

[267] So *Staudinger/Rapp* § 5 Rn. 29; widerspr. *Bärmann/Wenzel* § 13 Rn. 96 u. Rn. 102.

[268] BGH NJW 1991, 2909 = DNotZ 1992, 224 = Rpfleger 1991, 454; BayObLG DNotZ 2004, 386 = Rpfleger 2004, 214.

[269] Eintragung von Amts wegen: LG Regensburg MittBayNot 1990, 43; *Meikel/Böhringer* Einl. G Rn. 140; *Meikel/Streck* § 53 Rn. 34; Eintragung gem. § 22 GBO: *Schöner/Stöber* Rn. 2917.

[270] *Meikel/Streck* § 53 Rn. 34; MünchKomm/*Wacke* § 873 Rn. 55; *Riecke/Schmid/Schneider* § 5 Rn. 25; a. A. *Demharter* § 53 Rn. 4; *Meikel/Böhringer* Einl. G Rn. 140; *Staudinger/Gursky* (2007)

fahren muss wegen des in Grundbuchverfahren geltenden Bestimmtheitsgrundsatzes ausscheiden.[271]

d) Keine Entstehungstatbestände. *aa) Keine Begründung durch gerichtliche Entscheidung.* Durch gerichtliche Entscheidung kann ein Sondernutzungsrecht nicht begründet werden, weil im Verfahren nach § 43 WEG nur Gebrauchsregelungen getroffen werden können, die einem Mehrheitsbeschluss nach § 15 Abs. 2 WEG zugänglich wären.[272] 343

bb) Keine Begründung durch Kaufvertrag. Ein schuldrechtlich wirkender Vertrag (z. B. gerichtet auf Kauf, Tausch oder Schenkung) zwischen dem Veräußerer (Bauträger) und dem Erwerber eines Sondernutzungsrechts begründet lediglich eine Übertragungsverpflichtung des Veräußerers im Verhältnis zum Erwerber. Die übrigen Wohnungseigentümer können durch eine solche Regelung nicht gebunden werden. Stimmen sie der Einräumung des Sondernutzungsrechts nicht sämtlich zu, ist der Erwerber auf Schadensersatzansprüche gegen den Veräußerer verwiesen.[273] Auch eine formlose Vereinbarung des Veräußerers mit dem ersten Erwerber über eine Vergrößerung von dessen Sondernutzungsfläche wirkt mangels Eintragung im Grundbuch nicht gegen einen anderen Erwerber.[274] 344

cc) Keine Begründung durch öffentlich-rechtliche Regelung. Durch eine öffentlich rechtliche Erlaubnis aus einer Gaststättenkonzession kann ein Sondernutzungsrecht mit Wirkung für das Verhältnis der Wohnungseigentümer untereinander nicht begründet werden; hierzu ist eine Vereinbarung der Miteigentümer erforderlich.[275] Der bürgerlichrechtliche Begriff des wohnungseigentumsrechtlichen Sondernutzungsrechts darf nicht verwechselt werden mit einer über den Gemeingebrauch hinausgehenden Sondernutzung öffentlicher Plätze, Straßen- oder Wegeflächen.[276] 345

dd) Keine Begründung durch tatsächliche Nutzung. Ein Sondernutzungsrecht lässt sich regelmäßig nicht aus der alleinigen Nutzung einer im Gemeinschaftseigentum stehenden Fläche durch einen Wohnungseigentümer über einen längeren Zeitraum herleiten. In einem solchen Fall fehlt es an einem feststellbaren Rechtsbindungswillen. Dies folgt mittelbar auch daraus, dass die Nichtigkeit einer inhaltsgleichen Beschlussregelung ohne zeitliche Befristung geltend gemacht werden kann.[277] Eine **„Ersitzung"** von Sondernutzungsrechten ist demnach nicht möglich.[278] 346

ee) Keine faktischen Sondernutzungsrechte. Sondernutzungsrechte werden nach dem zuvor Gesagten durch eine rechtsgeschäftliche Vereinbarung der Miteigentümer oder eine ihr gleich kommende Zuordnungserklärung des teilenden Bauträgers begründet, die von einem entsprechenden Erklärungs- und Zuordnungswillen getragen sein muss. Jenseits dieses rechtsgeschäftlichen Bestellungsvorgangs sind in einem in Wohnungseigentumsrechte aufgeteilten Gebäude tatsächliche räumliche Verhältnisse denkbar, die ein Betreten bestimmter Teile des gemeinschaftlichen Eigentums nur durch das Sondereigentum eines Miteigentümers erlauben. Dies kann z. B. der Fall sein bei einem nur aus einer bestimmten Wohnung heraus begehbaren Balkon oder bei einem nur durch das darun- 347

---

§ 873 Rn. 280 f.

[271] *Schöner/Stöber* Rn. 2917; a. A. OLG Köln MittRhNotK 1996, 61.

[272] *Bärmann/Wenzel* § 13 Rn. 83.

[273] OLG Frankfurt Rpfleger 1980, 391; OLG Hamburg MDR 1979, 58; *Staudinger/Kreuzer* § 15 Rn. 37.

[274] KG NZM 1999, 568.

[275] OLG Frankfurt Rpfleger 1980, 391.

[276] Vgl. § 8 FStrG i. V. m. den entsprechenden landesrechtlichen Regelungen und Ortssatzungen.

[277] KG ZWE 2007, 447.

[278] BGH NJW 2004, 364; OLG Celle OLGReport 2007, 756; OLG Düsseldorf NJW-RR 2003, 1378; OLG Köln DNotZ 2002, 223 m. Anm. *Häublein* = NZM 2001, 1135 unter Aufgabe seiner früheren Auffassung; *Hogenschurz* Das Sondernutzungsrecht nach WEG § 2 Rn. 7.

terliegende Sondereigentum erreichbaren Spitzboden, der über keinen eigenen Zugang verfügt.[279] In solchen Fällen sind die übrigen Miteigentümer aus *tatsächlichen* Gründen vom Gebrauch des gemeinschaftlichen Eigentums ausgeschlossen.

348 Mitunter wird für Nutzungseinschränkungen dieser Art der Begriff des **„faktischen Sondernutzungsrechts"** verwendet.[280] Tatsächlich beruht die (weitgehend) alleinige Nutzungsbefugnis in den dargestellten Fällen jedoch nicht auf einer rechtsgeschäftlichen Zuordnung, sondern auf einer Beschränkung des Mitgebrauchsrechts gem. §§ 13, 14 WEG als Annex des Sondereigentums. Der tatsächlich nutzende Wohnungseigentümer ist im Ergebnis aus der Natur der Sache heraus allein nutzungsberechtigt. Die übrigen Miteigentümer sind vom Mitgebrauch (fast) vollständig ausgeschlossen; ihr Mitgebrauch ist auf Kontrollrechte eingeschränkt.[281]

349 **e) Anspruch auf Begründung von Sondernutzungsrechten.** Ein Anspruch auf Änderung oder Ergänzung der Teilungserklärung durch Mitwirkung bei der Einräumung eines Sondernutzungsrechts kann aufgrund des besonderen Treueverhältnisses der Wohnungseigentümer allenfalls in Betracht kommen, wenn **außergewöhnliche Umstände** ein Festhalten an der Teilungserklärung als grob unbillig und damit gegen Treu und Glauben verstoßend erscheinen lassen. Hierbei ist allerdings ein strenger Maßstab anzulegen, wobei diese engen Voraussetzungen insbesondere dann vorliegen können, wenn die in der Teilungserklärung getroffene Regelung sich von Anfang an als verfehlt oder unzweckmäßig erweist.[282] Ein solcher Anspruch auf Mitwirkung bei der **Beseitigung eines fehlgeschlagenen Begründungsaktes** kann auch der Geltendmachung eines Anspruchs auf Mitgebrauch seitens eines anderen Wohnungseigentümers einredeweise entgegengehalten werden. Muss nämlich die Befugnis zum gemeinschaftlichen Gebrauch sogleich wieder aufgegeben werden, so können bereits im Zeitpunkt des geltend gemachten Mitwirkungsanspruchs aus dieser Rechtsposition keine Rechte hergeleitet werden (sog. dolo-petit-Einwand).[283]

350 Dagegen lässt sich ein Anspruch auf Abschluss einer Sondernutzungsrechtsvereinbarung regelmäßig nicht aus der **alleinigen Nutzung** einer im Gemeinschaftseigentum stehenden Fläche durch einen Wohnungseigentümer **über einen längeren Zeitraum** herleiten.[284]

351 Die Vereinbarung eines schuldrechtlich wirkenden Sondernutzungsrechts soll nicht automatisch einen **Anspruch auf Mitwirkung bei der zur Verdinglichung notwendigen Grundbucheintragung** beinhalten.[285] Eine Bindung an die von der h. M. für erforderlich gehaltene dingliche Einigung kommt nämlich nur nach §§ 877, 873 Abs. 2 BGB in Betracht. Allerdings kann die Auslegung einer schuldrechtlichen Verpflichtung der Wohnungseigentümer zur Einräumung von Sondernutzungsrechten wiederum ergeben, dass auch eine Verpflichtung zur Mitwirkung bei der Eintragung der Vereinbarung in den Wohnungsgrundbüchern vereinbart ist.[286]

---

[279] Die Rechtsprechung des früheren BayObLG zur Sondereigentumsfähigkeit einer Wohnung unterhalb des nur durch sie erreichbaren Spitzbodens im gemeinschaftlichen Eigentum hat solche Konstellationen sicherlich befördert, weil infolge der Entscheidungen anlässlich der Begründung von Sondereigentum das Augenmerk nicht mehr auf diese Problematik gerichtet werden musste; vgl. BayObLG NZM 2001, 384 ; BayObLG NJW-RR 1995, 908; BayObLG NJW-RR 1992, 81.

[280] OLG München MDR 2007, 827; *Amann* DNotZ 1990, 498, 499.

[281] BayObLG NZM 2004, 384; OLG Hamburg NZM 2001, 1082; OLG Köln NZM 2001, 385; OLG Hamm NZM 2001, 239 = Rpfleger 2001, 126; *Bärmann/Wenzel* § 13 Rn. 110; BeckOK/*Timme/Dötsch* § 15 Rn. 250; *Hogenschurz* Das Sondernutzungsrecht nach WEG § 1 Rn. 38.

[282] OLG Hamburg ZMR 2006, 468; OLG Saarbrücken ZMR 2005, 981; OLG Hamm NZM 2000, 659 = Rpfleger 2000, 385.

[283] OLG Hamm NZM 2000, 659 = Rpfleger 2000, 385.

[284] KG ZWE 2007, 447.

[285] Offen gelassen von KG NZM 2004, 552.

[286] BayObLG DNotZ 2004, 931.

6. Berechtigter eines Sondernutzungsrechtes

a) Beschränkung auf Wohnungs- und Teileigentümer. Berechtigter eines Sondernutzungsrechtes kann im Hinblick auf die der Begründung zugrundeliegende Vereinbarung **nur ein Wohnungseigentümer,** nicht dagegen ein außenstehender Dritter sein. Dies gilt umso mehr, als das Sondernutzungsrecht als *Inhalt des Sondereigentums* in das Grundbuch eingetragen wird, weil das Sondereigentum gem. § 6 Abs. 1 WEG nur einem Miteigentümer zustehen kann.[287] 352

b) Der „jeweilige Eigentümer" als Berechtigter eines Sondernutzungsrechts. Sondernutzungsrechte werden in der Praxis üblicherweise **subjektiv-dinglich,** d. h. durch Anbindung an ein bestimmtes Wohnungseigentum bestellt.[288] In diesem Fall erfolgt die Eintragung des Sondernutzungsrechtes in das Grundbuch „für den jeweiligen Eigentümer" einer näher bestimmten Wohnungseigentumseinheit, sofern nicht die Grundbucheintragung lediglich unter Bezugnahme (§ 7 Abs. 3 WEG) vorgenommen wird (wovon allerdings abzuraten ist – vgl. Rn. 313 ff.). 353

c) Ein bestimmter Wohnungseigentümer als Berechtigter eines Sondernutzungsrechts. 354
Die Verknüpfung eines Sondernutzungsrechts mit einem bestimmten Wohnungseigentum ist nach dem WEG für dessen Wirksamkeit allerdings nicht zwingend erforderlich. Berechtigter eines Sondernutzungsrechtes kann auch ein Mitglied der Wohnungseigentümergemeinschaft ohne Bindung an ein bestimmtes Wohnungseigentum sein.[289] Solche **persönlichen Sondernutzungsrechte** werden sich insbesondere ergeben, wenn der aufteilende Grundstückseigentümer mit der Eintragung der Gemeinschaftsordnung in die Grundbücher einen **Begründungsvorbehalt** dergestalt verdinglicht hat, dass Erwerber einzelner Einheiten von vornherein von der Benutzung bestimmter Gemeinschaftsflächen ausgeschlossen sind, an denen später Sondernutzungsrechte zugunsten der Eigentümer anderer Wohnungen zur Entstehung gelangen sollen.[290] Im Einzelnen vgl. Rn. 321 ff. In diesen Fällen wirkt sich die spätere Einräumung der positiven Nutzungsbefugnisse auf den Inhalt der bereits ausgeschlossenen Wohnungseigentumsrechte nicht mehr aus. Dem teilenden Bauträger verbleibt insoweit ein „Grundlagenrecht",[291] das auch grundbuchtechnisch nicht mehr einer bestimmten Wohnungseigentumseinheit zugeordnet werden kann. Bei der Begründung einer solchen persönlichen Berechtigung handelt es sich im Hinblick auf die vom Bauträger regelmäßig angelegte Abveräußerung sämtlicher Einheiten somit um die auflösend, durch Übertragung oder Ausscheiden aus der Eigentümergemeinschaft bedingte Einräumung einer Nutzungsbefugnis.

Die Begründung solchermaßen **unangebundener Sondernutzungsrechte** muss jedoch nicht auf die Anlaufphase einer Wohnungseigentümergemeinschaft beschränkt bleiben. Persönliche Sondernutzungsrechte können auch auf längere und unbestimmte Dauer beabsichtigt sein, so z. B. wenn die Ausübung an persönliche Merkmale des Berechtigten 355

---

[287] BGHZ 73, 145 = NJW 1979, 548 = Rpfleger 1979, 57; BayObLG MittBayNot 2002, 113 = Rpfleger 2002, 260; OLG Zweibrücken NJW-RR 1986, 1338; *Bärmann/Wenzel* § 13 Rn. 79; *Weitnauer/Lüke* § 15 Rn. 26.

[288] Diese Art der Bestellung erschien bis Mitte der 80er Jahre des vergangenen Jahrhunderts als die einzig zulässige Form; vgl. *F. Schmidt,* MittBayNot 1985, 237, 241.

[289] KG ZMR 2007, 384; OLG Düsseldorf NZM 2000, 765; BeckOK/*Timme/Dötsch* § 15 Rn. 248; *Ertl* FS Seuß (1987), S. 151, 155; *Häublein* Sondernutzungsrechte und ihre Begründung im Wohnungseigentumsrecht, S. 279 f.; *Herrmann* DNotZ 1986, 91, 92; *Hogenschurz* Das Sondernutzungsrecht nach WEG § 1 Rn. 46; *Niedenführ/Kümmel/Vandenhouten* § 13 Rn. 24; *Palandt/Bassenge* § 13 Rn. 9; *Schneider* Rpfleger 1998, 9, 13; *Weitnauer/Lüke* § 15 Rn. 26 a. E.; a. A. *Bärmann/Wenzel* § 13 Rn. 79.

[290] OLG Köln Rpfleger 2001, 535; BayObLG DNotZ 1986, 87 = Rpfleger 1985, 292.

[291] Prägnant *Herrmann* DNotZ 1986, 91, 92.

oder an eine besondere Vertrauensstellung geknüpft sein soll.[292] Immer ist jedoch die Nutzungsbefugnis unabänderbar an die Zugehörigkeit zur Eigentümergemeinschaft geknüpft.[293]

356 Bei der **grundbuchmäßigen Buchung** solcher personengebundener Nutzungsbefugnisse bestehen für Notare und Grundbuchgerichte Kontroll- und Findungsprobleme, die sich in der Praxis allerdings im häufiger vorkommenden Fall durch fortlaufende Abveräußerungen des Bauträgers bis hin zu seinem Ausscheiden aus der Eigentümergemeinschaft relativieren.

357 **d) Umwandlung subjektiv-dinglicher in persönliche Sondernutzungsrechte und umgekehrt.** Die spätere Verknüpfung eines bisher dem teilenden Bauträger zustehenden Nutzungsrechts mit einem bestimmten Wohnungseigentumsrecht stellt sich als Umwandlung des persönlichen Sondernutzungsrechtes in ein subjektiv-dingliches dar.[294] Bei einer solchen **Umwandlung eines Sondernutzungsrechts** handelt es sich rechtlich um eine **Inhaltsänderung** der eingetragenen Sondereigentumsrechte, die deshalb materiell-rechtlich der Vereinbarung aller Wohnungseigentümer bedarf. Etwas anderes kann nur dann gelten, wenn die zugrundeliegende Vereinbarung bereits eine entsprechende Übertragung vorsieht und damit gestattet.[295]

358 Ebenso ist es umgekehrt auch für zulässig zu halten, ein mit einem bestimmten Wohnungseigentum subjektiv-dinglich verknüpftes Sondernutzungsrecht auf gleiche Weise in ein solches zugunsten eines bestimmten Wohnungseigentümers umzuwandeln.[296] Verfahrensrechtlich kann die Verdinglichungswirkung zugunsten des persönlichen Nutzungsberechtigten nur durch – möglichst ausdrückliche – Eintragung eines Vermerks über das Sondernutzungsrecht in allen Grundbüchern der betreffenden Anlage bewirkt werden.

359 **e) Ein Bruchteilseigentümer als Berechtigter eines Sondernutzungsrechts.** Entgegen der Auffassung des KG[297] kann ein Sondernutzungsrecht auch in der Weise begründet werden, dass es lediglich mit dem **Miteigentumanteil** eines von mehreren Bruchteilseigentümern (§§ 741, 1008 BGB) an derselben Wohnungseigentumseinheit verbunden sein soll. Die Ausübungsbefugnis muss nämlich nicht zwingend sämtlichen Miteigentümern gleichermaßen zukommen. So kann sich die Alleinnutzungbefugnis eines Bruchteilsberechtigten z. B. auch erst durch spätere Abveräußerung von Miteigentumsanteilen ohne Mitübertragung der zugeordneten Nutzungsbefugnis ergeben.[298] Für Sondernutzungsrechte am Sondereigentum ist diese Art der Bruchteilsberechtigung in der Rechtsprechung bereits seit längerem anerkannt.[299]

360 **f) Mehrere Wohnungseigentümer als Berechtigte eines Sondernutzungsrechts.** Mehreren Wohnungseigentümern – seien sie nun subjektiv-dinglich oder subjektiv-persönlich berechtigt – kann schon begrifflich nicht gleichzeitig an denselben Bereichen des Gemeinschaftseigentums ein selbständiges *Sonder*nutzungsrecht eingeräumt werden.[300] Die Einräumung für denselben Bereich müßte umgedeutet werden in die Bestellung eines

---

[292] So im Fall des OLG Düsseldorf NZM 2000, 765; angedeutet auch bei BayObLG NJW-RR 1997, 206.

[293] A. A. *Bärmann/Wenzel* § 13 Rn. 79, der in jedem Fall die Bindung an ein Wohnungseigentum fordert.

[294] *Häublein,* Sondernutzungsrechte und ihre Begründung im Wohnungseigentumsrecht, S. 279 f.

[295] So im Fall BayObLG DNotZ 1986,87 = Rpfleger 1985, 292.

[296] *Ertl* FS Seuß (1987), S. 151, 155.

[297] KG DNotZ 2004, 634 m. krit. Anm. *Häublein* = Rpfleger 2004, 347.

[298] Die Entscheidung des KG zu Recht ablehnend daher *Bärmann/Wenzel* § 13 Rn. 79; BeckOK/*Timme/Dötsch* § 15 Rn. 249; *Häublein* DNotZ 2004, 635, 637 f.; *Hogenschurz* Das Sondernutzungsrecht nach WEG § 1 Rn. 45; *Hügel* NZM 2004, 766, 768.

[299] OLG Frankfurt NZM 2001, 527 = Rpfleger 2000, 212; ThürOLG Jena FGPrax 2000, 7; BayObLG NJW-RR 1994, 1427 = Rpfleger 1995, 67.

[300] So auch *Bärmann/Wenzel* § 13 Rn. 79 a.E.

Sondernutzungsrechtes für mehrere Berechtigte.[301] Möglich und sinnvoll ist in der Praxis eine solche Begründung z.B. für eine Gruppe von Wohnungseigentümern bei sog. Mehrhausanlagen mit separaten Eingängen und Treppenhäusern oder bei Zufahrtsflächen in Tiefgaragen, die lediglich von den Garageninhabern genutzt werden. Untereinander bestimmt sich das Rechtsverhältnis der mehreren Nutzungsberechtigten nach § 741 ff. BGB.[302] Einer ausdrücklichen **Angabe des Beteiligungsverhältnisses** bedarf es dabei nicht.[303] Das Beteiligungsverhältnis muß auch nicht in das Grundbuch eingetragen werden; § 47 GBO findet insoweit keine Anwendung.[304]

Schließlich können auch bei der Begründung von Wohnungseigentum näher beschrie- 361
bene Bereiche des gemeinschaftlichen Eigentums **mehreren Wohnungseigentümern persönlich** zur alleinigen Nutzung mit einer **Ausschlussklausel** vorbehalten werden. Die Regelung, dass spätere Erwerber der anderen Wohnungseigentumseinheiten abweichend von den gesetzlichen Bestimmungen der § 13 Abs. 2, § 16 Abs. 1 WEG vom Mitgebrauch und von den sonstigen Nutzungen ausgeschlossen sein sollen und dass diese Rechte auch nach Veräußerung einzelner Wohnungen nur den Begründern des Wohnungseigentums und deren Gesamtrechtsnachfolgern zustehen sollen, solange sie nicht alle aus der Gemeinschaft ausgeschieden sind, führt zu einer zunehmenden Verkleinerung des Kreises der Berechtigten mit jeder Veräußerung. Ein solchermaßen begründetes Sondernutzungsrecht ist jedenfalls solange nicht hinfällig, als noch einer der Begründer des Wohnungseigentums Mitglied der Gemeinschaft ist.[305]

g) Der „Verband Wohnungseigentümergemeinschaft" als Berechtigter. Der „Verband 362
Wohnungseigentümergemeinschaft" kann als Berechtigter eines Sondernutzungsrechtes nur in Betracht kommen, wenn er selbst Eigentümer eines Wohnungseigentums in der von ihm verwalteten Anlage ist.[306] Nur in diesem Fall kann er als außenstehende juristische Person nämlich ein ihm zustehendes Sondernutzungsrecht zum Inhalt (s)eines Sondereigentums machen.[307] Da dieses Sondereigentum aber mit einem eigenständigen Miteigentumsanteil verknüpft ist, führt die Berechtigung des Verbandes keineswegs zu einer faktischen Aufhebung des Sondernutzungsrechts.[308] Das dem Verband zustehende Sondernutzungsrecht könnte ggf. später durchaus – zusammen mit der berechtigten Einheit oder auch isoliert – auf ein anderes, evtl. auch neu eintretendes Mitglied der Wohnungseigentümergemeinschaft übertragen werden. Diese Konstellation darf nicht mit der vereinbarungsweisen (Rück-)Übertragung eines Sondernutzungsrechtes auf sämtliche Miteigentümer verwechselt werden, die dann allerdings materiell-rechtlich zur Aufhebung eines bisher nur einem Miteigentümer eingeräumten Sondernutzungsrechts führt.[309]

---

301 *Schneider* Rpfleger 1998, 9, 14.

302 BayObLG WE 1994, 17; *Weitnauer/Lüke* § 15 Rn. 27.

303 A. A. *Hügel* ZNotP 2002, 61.

304 *Böhringer* NotBZ 2003, 285, 289; *Röll* Rpfleger 1996, 322, 323; *Schneider* Rpfleger 1998, 9, 14; *Schöner/Stöber* Rn. 2963 Fn. 16.

305 BayObLG NJW-RR 1997, 206; dort wird offen gelassen, ob für ein solche Vereinbarung der Begriff „Sondernutzungsrecht" Anwendung finden kann.

306 Was nach h.M. durchaus zulässig ist; OLG Celle DNotZ 2008, 616 = NJW 2008, 1537 = Rpfleger 2008, 296; LG Frankenthal MittBayNot 2008, 128; *Abramenko* ZMR 2006, 338, 340; *Häublein* FS Seuß 2007, 125, 148; *Hügel* DNotZ 2005, 753, 771 f.; *Jennißen* NZM 2006, 203, 205; *Rapp* MittBayNot 2005, 449, 458 f.; *Schneider* Rpfleger 2007, 175; *Wenzel* ZWE 2006, 462, 469; **a.A.** wohl nur noch *Bonifacio* ZMR 2009, 257 u. *Schöner/Stöber* Rn. 2838 c.

307 *Hogenschurz* Das Sondernutzungsrecht nach WEG § 5 Rn. 25.

308 So aber *Hogenschurz* Das Sondernutzungsrecht nach WEG § 5 Rn. 25.

309 Vgl. BayObLG NZM 1998, 978; dort geht das Gericht allerdings unzutreffend davon aus, dass ein Sondernutzungsrecht durch einen Beschluss der Wohnungseigentümer aufgehoben werden könnte. Insoweit deshalb zu Recht abl. *H. Müller* ZMR 1998, 650. A. A. wohl BeckOK/ *Timme/Dötsch* § 15 Rn. 243, der offenbar eine – hier abgelehnte – isolierte „Rückübertragung" des Sondernutzungsrechts auf den Verband mit der Folge des Erlöschens für möglich hält.

7. Erwerb von Sondernutzungsrechten

363 a) **Grundsatz.** Weil es sich bei den von den Wohnungseigentümern begründeten Sondernutzungsrechten um Regelungen im Innenverhältnis der Gemeinschafter handelt, kann wie bei der Begründung auch eine Übertragung lediglich auf ein anderes **Mitglied der Wohnungseigentümergemeinschaft,** nicht aber auf einen außenstehenden Dritten erfolgen.[310] Die Übertragung an einen Außenstehenden wäre mit einer unzulässigen Inhaltsänderung verbunden (vgl. § 399 BGB).[311]

364 b) **Erwerb im Grundbuch nicht verlautbarter Sondernutzungsrechte.** *aa) Isolierte Übertragung nicht verlautbarter Sondernutzungsrechte.* Ein lediglich schuldrechtlich wirkendes Sondernutzungsrecht kann gem. §§ 398, 413 BGB außerhalb des Grundbuchs im Wege der **Abtretung** mit antizipierter Zustimmung der übrigen Miteigentümer auf einen anderen Wohnungseigentümer übertragen werden, soweit nichts anderes bestimmt ist.[312] Einer Mitwirkung der übrigen Wohnungseigentümer oder deren dinglich Berechtigter bedarf es nicht, weil sich an deren Ausschluss vom Mitgebrauch durch die Übertragung nichts ändert.[313] Auch eine Zustimmung dinglich Berechtigter am Wohnungseigentum des veräußernden Miteigentümers ist entbehrlich, da sie vom Gesetz nicht vorgesehen ist und durch schuldrechtliche Abtretungen Drittberechtigte in ihren dinglichen Rechtspositionen nicht beeinträchtigt werden können.

365 Wegen der bei der Einräumung personengebundener Sondernutzungsrechte wohl regelmäßig dominierenden persönlichen Gesichtspunkte wird man eine freie Übertragbarkeit solcher Sondernutzungsrechte mangels anderslautender Angaben nicht annehmen können.[314]

366 *bb) Automatischer Übergang mit einem erworbenen Wohnungseigentum?* Nach h. M. soll ein nicht im Grundbuch vermerktes Sondernutzungsrecht auch ohne Kenntnis seines Bestehens *zugunsten* des begünstigten Sondernachfolgers fortbestehen können. Begründet wird dies mit der entsprechenden Anwendung des § 746 BGB, wonach die zugrunde liegende Vereinbarung auch ohne Grundbucheintragung *zugunsten* eines Sondernachfolgers wirkt.[315] Dem wird zu Recht entgegen gehalten, dass § 746 BGB im Wohnungseigentumsrecht nicht anwendbar ist. Der rechtsgeschäftliche Eintritt eines Sonderrechtsnachfolgers in eine schuldrechtliche Vereinbarung der Wohnungseigentümer setzt vielmehr die positive Kenntnis des Erwerbers und die Feststellung seines rechtsgeschäftlichen Willens voraus, in diese Vereinbarung eintreten zu wollen. Der Fortbestand eines bisher nicht im Grundbuch eingetragenen Sondernutzungsrechts ist nach diesem Verständnis stets von einer ausdrücklichen oder konkludenten Übernahme seitens des Begünstigten abhängig.[316] Die h. M. fordert dies bisher lediglich für die Übernahme nachteiliger Regelungen,

---

310 BGH NZM 2008, 732; BGHZ 73, 145 = NJW 1979, 548 = Rpfleger 1979, 57.

311 BeckOK/*Timme/Dötsch* § 15 Rn. 230; *Hogenschurz* Das Sondernutzungsrecht nach WEG § 4 Rn. 16.

312 *Bärmann/Wenzel* § 13 Rn. 121; BeckOK/*Timme/Dötsch* § 15 Rn. 231; ebenso ohne nähere Problematisierung der durch die Übertragung möglicherweise geänderten vertraglichen Grundlage *Riecke/Schmid/Abramenko* § 13 Rn. 36; *Hogenschurz* Das Sondernutzungsrecht nach WEG § 4 Rn. 3.

313 *Bärmann/Wenzel* § 13 Rn. 121.

314 *Hogenschurz* Das Sondernutzungsrecht nach WEG § 4 Rn. 3.

315 OLG Frankfurt ZWE 2006, 489; BayObLG NZM 2003, 321; OLG Düsseldorf NZM 2001, 530; OLG Hamm FGPrax 1998, 175; OLG Schleswig FGPrax 1996, 56; *Hogenschurz* Das Sondernutzungsrecht nach WEG § 4 Rn. 9; *Schnauder* FS Bärmann und Weitnauer (1990), 567, 580; *Weitnauer/Lüke* § 10 Rn. 31.

316 *Bärmann/Wenzel* § 13 Rn. 84 und Rn. 122; Kümmel Die Bindung der Wohnungseigentümer und deren Sondernachfolger an Vereinbarungen, Beschlüsse und Rechtshandlungen nach § 10 WEG, 38 f.; *Ott* Das Sondernutzungsrecht im Wohnungseigentum, 47 ff.; *Riecke/Schmid/Elzer* § 10 Rn. 149.

die ohne eine Übernahme nicht *gegen* den Sondernachfolger im Eigentum wirken können. So kann bspw. durch eine im Kaufvertrag geregelte und nur allgemein gehaltene Übernahme schuldrechtlicher Rechte und Pflichten ein Sonderrechtsnachfolger nicht automatisch in die für ihn nachteilige Vereinbarung schuldrechtlich wirkender Sondernutzungsrechte innerhalb der Wohnungseigentumsgemeinschaft eintreten.[317]

c) Erwerb verdinglichter Sondernutzungsrechte. *aa) Übertragung persönlicher Sonder-* 367
nutzungsrechte. Im Hinblick auf die in der Regel an der Person des Berechtigten ausgerichtete Motivation für die Einräumung eines persönlichen Sondernutzungsrechts dürfte die Berechtigung aus einer solchen Rechtsposition auch dann nicht ohne weiteres übertragbar sein, wenn das Recht im Grundbuch vermerkt ist.[318] Fehlt also eine anderslautende Regelung, ist insoweit wie bei einem nicht im Grundbuch verlautbarten Sondernutzungsrecht von einem Ausschluss der Übertragbarkeit auszugehen.[319]

bb) Übertragung subjektiv-dinglicher Sondernutzungsrechte. aaa) Übertragung ver- 368
dinglichter Sondernutzungsrechte mit dem zugeordneten Wohnungseigentum. Der Rechtsübergang eines im Grundbuch für den jeweiligen Eigentümer einer bestimmten Sondereigentumseinheit vermerkten Sondernutzungsrechts vollzieht sich im Hinblick auf § 10 Abs. 3 WEG **mit der Übertragung des betreffenden Wohnungseigentums** ohne weitere Abtretungserklärungen. Das Sondernutzungsrecht folgt als Inhalt des Sondereigentums den für die Übertragung des Eigentums geltenden Regeln (§ 6 Abs. 2 WEG). Dies gilt sowohl für einen rechtsgeschäftlichen Eigentumserwerb[320] als auch für einen Erwerb durch Zuschlag im Wege der Zwangsversteigerung.[321]

Probleme können dann auftreten, wenn nach Abschluss eines bereits die Auflassung 369
enthaltenden Erwerbsvertrages noch vor dessen Vollzug im Grundbuch die **Zuordnung eines Sondernutzungsrechts im Grundbuch geändert** wird. Dies kann sowohl durch Verlautbarung eines in diesem Zeitraum zugeordneten Sondernutzungsrechts zum veräußerten Wohnungseigentum als auch durch Abschreibung eines bisher dort zugeordneten Sondernutzungsrechtes erfolgen. Je nach theoretischem Ansatz ergeben sich hier unterschiedliche und weitreichende Konsequenzen. Sieht man in dem Sondernutzungsrecht ein inhaltsbestimmendes Merkmal des Sondereigentums, kann die bereits erklärte Auflassung für eine um das Sondernutzungsrecht erweiterte oder reduzierte Grundbucheintragung wegen der fehlenden Identität des Vertragsgegenstandes keine Eintragungsgrundlage mehr bilden.[322] Genügt jedoch die erklärte Auflassung nicht den Anforderungen an eine ordnungsgemäße und insbesondere vollständige Bezeichnung des Übertragungsgegenstandes, ist die Eigentumsumschreibung noch nicht möglich und macht eine neuerliche Auflassung des geänderten Wohnungseigentums erforderlich. Insbesondere bei einer zwischenzeitlichen Zuordnung fehlt es nach diesem Verständnis an einer wirksamen Auflassung. Dagegen wird wohl überwiegend im Hinblick auf den schuldrechtlichen Charakter eines Sondernutzungsrechts in den beschriebenen Fällen keine Veränderung des Vertragsgegenstandes „Wohnungseigentum" gesehen,[323] so dass aufgrund der erklärten Auflassung eine wirksame Eigentumsänderung durch Eintragung im Grundbuch stattfinden kann.

---

[317] BayObLG FGPrax 2005, 106.

[318] In diese Richtung auch *Häublein,* Sondernutzungsrechte und ihre Begründung im Wohnungseigentumsrecht S. 56; a. A. wohl *Ertl* FS Bärmann und Weitnauer (1990), S. 251, 262.

[319] Ebenso BeckOK/*Timme/Dötsch* § 15 Rn. 232. S. insoweit auch das Beispiel zur Einräumung eines Sondernutzungsrechts an einem wohnungsnah gelegenen Pkw-Stellplatz für einen gehbehinderten Wohnungseigentümer bei *Hogenschurz* Das Sondernutzungsrecht nach WEG § 4 Rn. 3 Fn 6.

[320] *Bärmann/Wenzel* § 13 Rn. 125; *Hogenschurz* Das Sondernutzungsrecht nach WEG § 4 Rn. 7; *Kreuzer* FS Merle (2000), S. 203, 214.

[321] OLG Stuttgart OLGReport 2002, 290.

[322] So z. B *Palandt/Bassenge* § 10 Rn. 2 a.E.

[323] BayObLG Rpfleger 1984, 408; *Schöner/Stöber* Rn. 2939.

370 *bbb) Isolierte Übertragung verdinglichter Sondernutzungsrechte.* Die Übertragung eines im Grundbuch verlautbarten Sondernutzungsrechts ohne das bisher zugeordnete Wohnungseigentum bewirkt nach h. M. eine **Inhaltsänderung des Sondereigentums** ausschließlich bei den beteiligten Wohnungseigentumsrechten (§ 5 Abs. 4 S. 1 WEG). Dazu soll eine Einigung des betroffenen und des begünstigten Wohnungseigentümers gem. §§ 877, 873 BGB mit entsprechender – konstitutiv wirkender – Grundbucheintragung erforderlich sein.[324] Gehören die betroffenen Einheiten demselben Wohnungseigentümer, ist dessen einseitige Erklärung über die geänderte Zuordnung ausreichend.[325]

371 Die Vereinbarung ist **formlos wirksam** und bedarf nicht der Einhaltung der Formvorschriften für die Auflassung (§ 925 BGB, § 20 GBO). Auch der schuldrechtliche Vertrag bedarf nicht der Urkundsform der § 4 Abs. 3 WEG, § 311 b BGB.[326]

372 Dieser Ansicht kann nach der hier vertretenen Auffassung nicht gefolgt werden[327], da es sich bei der Änderung des im Grundbuch vermerkten Sondernutzungsberechtigten lediglich um eine Berichtigung und damit eine deklaratorische Eintragung handelt.[328] Gleichwohl wird mit der h. M. zumindest grundbuchrechtlich in jedem Fall die Eintragungsbewilligung (nur) des betroffenen Wohnungseigentümers zur Übertragung nachzuweisen sein (§ 19 GBO).

373 Soll ein im Grundbuch vermerktes **Sondernutzungsrecht** nicht vollständig, sondern nur **teilweise übertragen** werden, so bedarf es der vorherigen Teilung des Sondernutzungsrechts (dazu s. Rn. 413). Nach vollzogener Aufteilung kann die Übertragung dann wie dargestellt nach denselben Grundsätzen vorgenommen werden.[329]

374 Einer **Mitwirkung der übrigen Wohnungseigentümer und deren dinglich Berechtigter** bedarf es nicht, da sie durch den vereinbarten Nutzungsausschluss von der geänderten positiven Zuordnung *rechtlich* nicht mehr berührt werden können.[330] Eine Mitwirkungspflicht scheidet auch dann aus, wenn mit dem Sondernutzungsrecht eine etwaig vereinbarte Verpflichtung zur Kosten- und Lastentragung übergehen sollte und dadurch den anderen Wohnungseigentümern der Schuldner ausgetauscht werden sollte.[331] Die Situation stellt sich in diesem Fall nämlich nicht anders dar als bei der Übertragung eines Wohnungseigentums in Verbindung mit einem zugeordneten Sondernutzungsrecht.[332]

375 Erforderlich ist jedoch die Zustimmung (grundbuchrechtlich: Bewilligung) von **dinglich Berechtigten** aus Einzelbelastungen am abgebenden Wohnungseigentum, soweit sie dadurch betroffen sein können (§§ 876, 877 BGB, § 19 GBO – vgl. dazu Rn. 295 ff.). Eine **Zustimmungserleichterung** gem. § 5 Abs. 4 S. 3 WEG dürfte im Hinblick auf den eindeutigen Wortlaut der Vorschrift für Übertragungen ausscheiden; § 5 Abs. 4 S. 3 WEG ist als Ausnahmeregelung eng auszulegen.[333] Die Zustimmung von Grundpfand-

---

[324] BGH NZM 2008, 732; BGHZ 73, 145 = NJW 1979, 548 = Rpfleger 1979, 57; *Bamberger/Roth/Hügel* § 13 Rn. 19; *Bärmann/Wenzel* § 13 Rn. 123; Bauer/*v. Oefele* AT V Rn. 332; *Schöner/Stöber* Rn. 2963.

[325] OLG Düsseldorf MittRhNotK 1981, 196; LG Köln Rpfleger 1990, 205; *Bamberger/Roth/Hügel* § 13 Rn. 19

[326] Bauer/*v. Oefele* AT V Rn. 333; *Schöner/Stöber* Rn. 2963.

[327] A. A. auch *Weitnauer/Lüke* § 15 Rn. 32.

[328] Zur näheren Begründung s. *Riecke/Schmid/Schneider* § 7 Rn. 279 m. w. N.

[329] Vgl. BayObLG Rpfleger 1991, 308.

[330] LG Darmstadt NZM 2000, 716; im konkreten Fall bedenklich, weil mit der Übertragung auch eine Änderung der bisherigen Zweckbestimmung verbunden sein sollte.

[331] Aus diesem Grund krtit. *Häublein* Sondernutzungsrechte und ihre Begründung im Wohnungseigentumsrecht, S. 53.

[332] *Hogenschurz* Das Sondernutzungsrecht nach WEG § 4 Rn. 20.

[333] Vgl. OLG München Beschl. v. 19. 5. 2009 – 34 Wx 36/09 – m. Anm. *Häublein* jurisPR-MietR 16/2009 Anm. 5 für den Fall einer Aufhebung in Verbindung mit Neubestellungen.

rechtsgläubigern dürfte demnach auch dann nicht entbehrlich sein, wenn die Übertragung des Sondernutzungsrechts mit einem Tausch verbunden sein sollte.[334] Allenfalls könnte die Ersetzung einer erforderlichen Zustimmung durch ein landesrechtliches **Unschädlichkeitszeugnis** in Betracht kommen.[335]

Dinglich Berechtigte am aufnehmenden Wohnungseigentum sind *rechtlich* lediglich begünstigt und brauchen daher selbst dann nicht mitzuwirken, wenn die evtl. vereinbarte Verpflichtung zur Lasten- und Kostentragung *wirtschaftlich* mit übergehen sollte.[336] Rechte die bereits auf dem gewinnenden Wohnungseigentum lasten, erstrecken sich kraft Gesetzes auf das hinzuerworbene Sondernutzungsrecht (§ 6 Abs. 2 WEG) und bedürfen deshalb keiner Nachverpfändung.[337] **376**

Eine für die Übertragung des Wohnungseigentums vorgesehene **Veräußerungsbeschränkung gem. § 12 WEG** erfasst nicht automatisch auch die isolierte Übertragung eines damit verbundenen Sondernutzungsrechts.[338] Möglich ist aber die Vereinbarung eines entsprechenden Zustimmungserfordernisses nur für die Übertragung von Sondernutzungsrechten.[339] Eine solche Regelung sollte ausdrücklich in den Wohnungsgrundbüchern vermerkt werden (entspr. § 3 Abs. 2 WGV). **377**

Unabhängig von einem Zustimmungserfordernis für die isolierte Übertragung von Sondernutzungsrechten erscheint es sinnvoll, eine Regelung in die Gemeinschaftsordnung aufzunehmen, wonach bei der **Übertragung** eines Sondernutzungsrechts diese **dem Verwalter anzuzeigen** ist. Der Anzeigepflicht ist damit zwar keine konstitutive Wirkung beigelegt, ein Verstoß kann jedoch Schadensersatzansprüche z. B. wegen der Notwendigkeit einer erneuten Erstellung der Jahresabrechnung auslösen.[340] **378**

Die **Grundbucheintragung** der geänderten Zuordnung des Sondernutzungsrechts erfolgt ausschließlich in den Grundbuchblättern der von der Übertragung unmittelbar betroffenen und begünstigten Einheiten.[341] In den Wohnungsgrundbüchern der vom Mitgebrauch bereits ausgeschlossenen Miteigentümer ist auch die nachträgliche Zuordnung eines Sondernutzungsrechts nicht eintragungsfähig.[342] Ist das Sondernutzungsrecht schon bisher durch konkrete Bezeichnung und nicht lediglich unter Bezugnahme auf die Eintragungsbewilligung im Grundbuch vermerkt gewesen, soll bei der späteren Übertragung ebenfalls nur eine solche zulässig sein; eine bloße Bezugnahme auf die Eintragungsbewilligung wäre dann nicht ausreichend und würde zur Unwirksamkeit der Eintragung führen.[343] **379**

Der schuldrechtliche **Anspruch auf Übertragung eines Sondernutzungsrechts** kann durch Eintragung einer **Vormerkung** in das Grundbuch gesichert werden.[344] Die Eintragung er- **380**

---

[334] A. A. *Bamberger/Roth/Hügel* § 13 Rn. 20; *Böttcher* Rpfleger 2009, 181, 194.

[335] Zur auch weiterhin möglichen Anwendung bei inhaltlichen Veränderungen des Sondereigentums s. Rn. 306.

[336] *Bärmann/Wenzel* § 13 Rn. 124; a. A. *Ott* Das Sondernutzungsrecht im Wohnungseigentum, S. 149; *Staudinger/Kreuzer* § 15 Rn. 40.

[337] *Böhringer* BWNotZ 1993, 153, 158; *Böttcher* BWNotZ 1996, 80, 92; *Schneider* Rpfleger 1998, 53, 57.

[338] BeckOK/*Timme/Dötsch* § 15 Rn. 235; *Hogenschurz* Das Sondernutzungsrecht nach WEG § 4 Rn. 22.

[339] BGHZ 73, 145 = NJW 1979, 548 = Rpfleger 1979, 57; *Hallmann* MittRhNotK 1985, 1, 4 f.; *Hogenschurz* Das Sondernutzungsrecht nach WEG § 4 Rn. 25; *Schneider* Rpfleger 1998, 53, 57; *Schöner/Stöber* Rn. 2963 a. E.

[340] BeckOK/*Timme/Dötsch* § 15 Rn. 236; *Hogenschurz* Das Sondernutzungsrecht nach WEG § 4 Rn. 27.

[341] OLG Frankfurt NZM 2008, 214.

[342] BayObLG Rpfleger 1990, 63.

[343] *Bärmann/Wenzel* § 13 Rn. 135 unter Hinweis auf die Entscheidung BGHZ 174, 61 = NJW 2007, 3777 = Rpfleger 2008, 60 zur notwendigen Bezeichnung von Sondereigentum bei Änderungen im Bestand.

[344] BayObLG DNotZ 179, 307 = Rpfleger 1979, 217; *Weitnauer/Lüke* § 15 Rn. 36 a. E.

folgt aufgrund Bewilligung des bisher Nutzungsberechtigten ausschließlich in dessen Wohnungsgrundbuch. Zur Eintragung bedarf es nicht der Mitwirkung der übrigen Wohnungseigentümer. Umgekehrt kann auch der **Anspruch auf Übertragung** des Wohnungseigentums **ohne** das dort bisher zugeordnete **Sondernutzungsrecht** vorgemerkt werden.[345]

381 Zur isolierten Übertragung eines Sondernutzungsrechts ist gem. § 2 Abs. 2 Nr. 3 GrEStG eine **Unbedenklichkeitsbescheinigung** des Finanzamtes vorzulegen.[346]

382 *cc) Übertragung erlaubtermaßen beschlossener Sondernutzungsrechte.* Sondernutzungsrechte sollen auch nach der Novelle 2007 aufgrund einer Öffnungsklausel zulässigerweise mehrheitlich begründet werden können.[347] Die Übertragung soll dann wie bei einem „schuldrechtlichen" Sondernutzungsrecht gem. §§ 398, 413 BGB erfolgen.[348] Im Hinblick auf die Regelung in § 10 Abs. 4 S. 2 WEG ist die Verlautbarung solcher Beschlüsse im Grundbuch aber nicht eintragungsfähig.[349] Damit besteht auch für die Eintragung der Übertragung keine Rechtsgrundlage.[350]

383 **d) Gutgläubiger Erwerb von Sondernutzungsrechten.** *aa) Kein gutgläubiger Erwerb nicht im Grundbuch verlautbarter Sondernutzungsrechte.* Ein gutgläubiger Erwerb nicht im Grundbuch verlautbarter Sondernutzungsrechte scheidet mangels Anknüpfungspunkt von vornherein aus.[351]

384 Dies muss jetzt auch für nicht in das Grundbuch eintragbare Sondernutzungsrechte gelten, die auf einer Öffnungsklausel beruhen (§ 10 Abs. 4 S. 2 WEG).[352] Insoweit scheidet auch ein gutgläubig „lastenfreier" Erwerb unter Wegfall eines zulässigerweise beschlossenen Sondernutzungsrechts aus, da nach der Novelle 2007 nicht mehr auf das Schweigen des Grundbuchs vertraut werden darf.[353]

385 *bb) Gutgläubiger Erwerb verdinglichter Sondernutzungsrechte.* Die ganz überwiegende Meinung ging schon vor dem Inkrafttreten der WEG-Novelle 2007 – allerdings mit unterschiedlicher Begründung[354] – davon aus, dass im Grundbuch als Inhalt des Sondereigentums vermerkte Regelungen der Wohnungseigentümer – und damit auch **Sondernutzungsrechte – gutgläubig** erworben werden können. Dies wurde überwiegend sowohl für den Erst- wie auch für den Zweiterwerb von Sondernutzungsrechten angenommen.[355]

---

[345] *Bauer/v. Oefele* AT V Rn. 333; *Schöner/Stöber* Rn. 2966.

[346] Dies wird auch unter Berücksichtigung der im GrEStG nicht angepassten Berufung auf § 15 WEG – statt jetzt wie im Wohnungseigentumsrecht allgemein auf § 13 Abs. 2 WEG – zu gelten haben.

[347] BeckOK/*Timme/Dötsch* § 15 Rn. 209 ff.; *Hogenschurz* Das Sondernutzungsrecht nach WEG § 2 Rn. 109 ff. 147 ff. *Schöner/Stöber* Rn. 2912 d; a. A. *Schneider* NotBZ 2008, 442, 449.

[348] *Bärmann/Wenzel* § 13 Rn. 126; *Palandt/Bassenge* § 13 Rn. 12; *Schöner/Stöber* Rn. 2966 a.

[349] *Abramenko* Das neue WEG in der anwaltlichen Praxis § 1 Rn. 7; *Bärmann/Wenzel* § 10 Rn. 190 a.E.; *Böhringer/Hintzen* Rpfleger 2007, 353, 356; *Hogenschurz* Das Sondernutzungsrecht nach WEG § 2 Rn. 103 Fn. 176 u. Rn. 107; Jennißen/*Grziwotz* § 10 Rn. 24; *Köhler* Das neue WEG 2007 Rn. 86 ff.; a. A. *Böttcher* NotBZ 2007, 421, 428; *Hügel/Elzer* § 3 Rn. 139 ff.; *Hügel* DNotZ 2007, 326, 349 f.; *Riecke/Schmid/Elzer* § 10 Rn. 289.

[350] *Schöner/Stöber* Rn. 2966 a.

[351] *Bärmann/Wenzel* § 13 Rn. 122; BeckOK/*Timme/Dötsch* § 15 Rn. 215.

[352] *Bärmann/Wenzel* § 13 Rn. 126; *Hogenschurz* Das Sondernutzungsrecht nach WEG § 2 Rn. 106 u. Rn. 118; *Schneider* NotBZ 2008, 442, 446.

[353] *Bärmann/Wenzel* § 13 Rn. 129; BeckOK/*Timme/Dötsch* § 15 Rn. 216.

[354] Wegen der unterschiedlichen theoretischen Ansätze vgl. Müller/*Schneider* E. I. 1 Anm. 9 m. w. N.

[355] OLG Frankfurt FGPrax 1997, 214 (für eine Zweckbestimmung); OLG Hamm WE 1993, 250 = Rpfleger 1994, 60; BayObLG Rpfleger 1991, 308; BayObLG DNotZ 1990, 381; OLG Stuttgart NJW-RR 1986, 318 = OLGZ 1986, 35; LG Stuttgart WE 1994, 119; *Ertl* FS Seuß (1987), S. 150, 158; *Köhler/Bassenge/Häublein* Teil 12 Rn. 151; *Lutter* AcP 164, 122, 143; Meikel/*Streck* § 53 Rn. 50; *Müller* Rn. 106; *Palandt/Bassenge* § 13 Rn. 12; *Röll* FS Seuß (1987), S. 233, 238; *Schneider* ZfIR 2002, 108, 114; *Staudinger/Rapp* Einl. zum WEG Rn. 91; *Staudinger/Gursky* (2002) § 892

Auch nach dem genannten Zeitpunkt bekannt gewordene Entscheidungen[356] und Kommentierungen[357] folgen weiterhin dieser Linie.

386 **Voraussetzung** für einen gutgläubigen Erwerb gem. § 892 BGB ist allerdings, dass das Grundbuch *unrichtig* ist und das **mit dem Sondereigentum verknüpfte Sondernutzungsrecht** materiell-rechtlich nicht wirksam entstanden ist (z.B wegen Fehlens einer notwendigen Drittzustimmung oder Unwirksamkeit einer dem aufteilenden Eigentümer zur Begründung erteilten Vollmacht)[358]oder sein Inhalt im Grundbuch unzutreffend wiedergegeben wird.[359] Nicht möglich ist dagegen der gutgläubige Erwerb eines Sondernutzungsrechtes, wenn sich der Rechtserwerb durch Zuschlag in der Zwangsversteigerung vollzieht[360] oder eine persönliche bzw. wirtschaftliche Identität der Vertragsparteien[361] besteht, weil es sich in diesen Fällen nicht um ein Verkehrsgeschäft handelt.[362] Ein gutgläubiger Erwerb muss ebenfalls ausscheiden, wenn die in der Eintragungsbewilligung in Bezug genommenen Urkunden (Teilungserklärung/Gemeinschaftsordnung einerseits und Sondernutzungsplan andererseits) widersprüchlich sind; auf der Grundlage einer *unzulässigen* Eintragung kann sich kein gutgläubiger Erwerb vollziehen.[363] Liegen die Voraussetzungen des § 892 BGB vor, soll von der Gutgläubigkeit des Erwerbenden ausgegangen werden können, solange nicht Bösgläubigkeit im Sinne des § 892 BGB mit Sicherheit feststeht.[364]

387 Ob sich auch die **isolierte Übertragung** von Sondernutzungsrechten ohne ein zugeordnetes Wohnungseigentum im Wege eines gutgläubigen Erwerbs vollziehen kann, ist umstritten.[365] Möchte man nämlich Sondernutzungsrechte zuerst als schuldrechtliche Vereinbarungen sehen, so erscheint ein gutgläubiger Erwerb von Forderungen ausgeschlossen. Im Ergebnis wird aber auch ein solcher Erwerb auf der Grundlage des § 892 BGB für möglich zu halten sein, wenn man bedenkt, dass es sich bei den im Grundbuch verlautbarten Gemeinschaftsverhältnissen zwar einerseits um schuldrechtliche Vereinbarungen und nicht um dingliche Rechte handelt, andererseits diese jedoch den Inhalt und Umfang eines dinglichen Rechts bestimmen. Der Gutglaubensschutz des § 892 BGB bezieht sich aber nicht nur auf den Erwerb eines dinglichen Rechs als solches, sondern wirkt im Zweifel hinsichtlich seines gesamten Inhalts.[366] Zutreffend ist die Rechtslage deshalb dahingehend zu untersuchen, ob und ggf. inwieweit sich der gute Glaube an das Vorhandensein eines eingetragenen Erstreckungsvermerks und nicht an einem nach schuldrechtlichem Verständnis gar nicht eintragbaren „Recht“ bilden kann.

388 Für die Zeit **nach der Novellierung des WEG** sind diese Ergebnisse allerdings fraglich geworden. Der Gesetzgeber hat mit § 10 Abs 4 S. 2 WEG eine Regelung in das Gesetz eingefügt, wonach es auch für die gemäß § 23 Abs. 1 WEG aufgrund einer Vereinbarung

---

Rn. 206; a. A. LG Köln MDR 2002, 1186; *Weitnauer/Lüke* § 15 Rn. 35; *Weitnauer* DNotZ 1990, 385, 392; *Demharter* DNotZ 1991, 28; *Schnauder* FS Weitnauer und Bärmann (1990), S. 567, 591 ff.

356 OLG Hamm DNotZ 2009, 383; LG Nürnberg-Fürth NJW 2009, 3442.

357 *Bärmann/Wenzel* § 13 Rn. 127.

358 *Hogenschurz* Das Sondernutzungsrecht nach WEG § 2 Rn. 123 m. w. N.

359 *Bärmann/Wenzel* § 13 Rn. 128.

360 BayObLG DNotZ 1994, 244 = Rpfleger 1994, 294.

361 Vgl BGHZ 173, 71 = NJW 2007, 3204 = Rpfleger 2007, 597 zur fehlenden Identität bei gutgläubigem Erwerb unter Miteigentümern.

362 *Bärmann/Wenzel* § 13 Rn. 128.

363 BeckOK/*Timme/Dötsch* § 15 Rn. 217 a. E.

364 OLG Hamm DNotZ 2009, 383; BayObLG NJW-RR 1986, 380.

365 Verneinend *Demharter* WuM 2001, 103; *Hogenschurz* Das Sondernutzungsrecht nach WEG § 2 Rn. 126 f.; dagegen bejahend *Bärmann/Wenzel* § 13 Rn. 127; *Staudinger/Rapp* Einl. WEG Rn. 91.

366 *Meikel/Streck* § 53 Rn. 50; *Palandt/Bassenge* § 892 Rn. 11; *Schneider* ZfIR 2002, 108, 114; *Staudinger/Gursky* (2002) § 892 Rn. 206.

gefassten Beschlüsse, die vom Gesetz abweichen oder eine Vereinbarung ändern, bei der schon bisher für „normale“ Beschlüsse geltenden Regelung verbleibt. Eintragungsbedürftig und damit eintragungsfähig waren nach dem Gesetz bisher nur Vereinbarungen, nicht aber Beschlüsse. Dazu gehören nunmehr ausdrücklich auch solche Beschlüsse, die zulässigerweise Regelungen im so genannten gesetzes- oder vereinbarungsändernden Bereich zum Inhalt haben.[367] Wird also zukünftig eine als Inhalt des Sondereigentums im Grundbuch eingetragene Vereinbarung im Rahmen einer Öffnungsklausel durch einen Mehrheitsbeschluss in zulässiger Weise geändert, wird dadurch das Grundbuch hinsichtlich des Inhalts des Sondereigentums unrichtig. Eine Berichtigung wäre aber nur durch eine Eintragung des Mehrheitsbeschlusses möglich. Eine solche ist nun aber ausdrücklich nicht zulässig. Das Grundbuch bleibt damit ohne die Möglichkeit einer Berichtigung auf Dauer unrichtig. Die Folge davon ist, dass sich niemand auf die Richtigkeit und Vollständigkeit des Grundbuchs hinsichtlich des Inhalts des Sondereigentums verlassen kann. Insoweit kann das Grundbuch damit keinen öffentlichen Glauben genießen;[368] der Bereich der Gemeinschaftsordnung ist dem Anwendungsbereich der §§ 892 f. BGB entzogen. Die – systemwidrige[369] – Entscheidung des Gesetzgebers gegen die Eintragung von Mehrheitsbeschlüssen in das Grundbuch, die den Inhalt des Wohnungseigentums erlaubtermaßen ändern oder aufheben, führt dazu, dass sich auf diese Weise der Inhalt eines Sachenrechts nicht mehr aus dem Grundbuch entnehmen lässt.[370] Infolgedessen kann auch die Übertragung eines solchermaßen begründeten oder geänderten Sondernutzungsrechts nur durch Abtretung wie bei einem gewöhnlichen, nicht im Grundbuch verlautbarten Sondernutzungsrecht erfolgen (vgl. Rn. 364 f.). Im Grunde geht der Gesetzgeber mit der Neuregelung auf den Stand der Rechtsprechung vor der „Entlarvung“ der Zitterbeschlüsse durch den BGH[371] im Jahre 2000 zurück.

389 Ungeklärt ist nun, welche Konsequenzen sich aus der gesetzlichen **Neuregelung** ergeben. Während *Demharter*[372] den Bereich der Gemeinschaftsordnung dem Anwendungsbereich des § 892 BGB vollständig entzogen sieht, dürfte ein gutgläubiger Erwerb unverändert wohl noch in den Fällen in Betracht kommen, in denen die einmal durch Grundbucheintragung erlangte Erstreckungswirkung fortdauernd verlautbart wird.[373] Das insoweit vermerkte Sonderrecht des Nutzungsberechtigten könnte nämlich nicht ohne dessen Zustimmung grundbuchmäßig beeinträchtigt werden,[374] so dass die Gefahr einer außergrundbuchlichen Beseitigung der Erstreckungswirkung ohne Mitwirkung des Sondernutzungsberechtigten nicht besteht und für die Dauer der Eintragung ein grundbuchmäßiger Anknüpfungspunkt für einen guten Glauben besteht. Darüber noch hinausgehend soll eine Prüfung in jedem Einzelfall zeigen, ob eine vereinbarte oder gesetzliche Öffnungsklausel fehlt und/oder im konkreten Regelungsbereich keine Anhaltspunkte dafür ersichtlich sind, dass der konkrete Grundbuchinhalt durch Mehrheitsbeschlüsse unrichtig geworden sein kann.[375] Nach der zuletzt genannten Ansicht sollen allein die

---

[367] RegEntwurf vom 9. 3. 2006, BT-Drs. 16/887, S. 20.

[368] *Bärmann/Wenzel* § 13 Rn. 126; *Becker* ZWE 2008, 217, 225; *Demharter* ZWE 2005, 131, 151; *F. Schmidt* ZWE 2007, 280, 288; *Schneider* ZMR 2005, 15; ebenso *Hügel/Elzer* § 8 Rn. 24 für den Bereich der Kostentragung.

[369] S. *Hügel* Anhörung vor dem Rechtsausschuss des Deutschen Bundestages am 18. 9. 2006, zit. nach ttp://www.bundestag.de/ausschuesse/a06/anhoerungen/02_WEG/04_StN/Prof_Dr_Huegel.pdf, S. 2 ff.

[370] *F. Schmidt* ZWE 2007, 280, 288.

[371] BGHZ 145, 158 = NJW 2000, 3500.

[372] *Demharter* ZWE 2005, 131, 151.

[373] *Müller/Schneider* E. I. 1 Anm 9 a. E.

[374] So wäre für die grundbuchmäßige Beseitigung gem. § 19 GBO die Löschungsbewilligung des eingetragenen Sondernutzungsberechtigten erforderlich; vgl. Rn. 438 ff.

[375] BeckOK/*Timme/Dötsch* § 15 Rn. 219; *Hogenschurz* Das Sondernutzungsrecht nach WEG § 2 Rn. 134 ff.

Fälle vom gutgläubigen Rechtserwerb ausgeklammert werden, in denen eine vereinbarte Öffnungsklausel besteht und das Grundbuch hinsichtlich eines Sondernutzungsrechts auch durch einen Mehrheitsbeschluss unrichtig geworden sein kann.

8. Rechte und Pflichten des Sondernutzungsberechtigten

a) Rechte des Sondernutzungsberechtigten. *aa) Grundsatz.* Ein Sondernutzungsrecht berechtigt den Inhaber regelmäßig zur alleinigen und ausschließlichen Nutzung, es gestattet dabei aber lediglich eine **intensive, nicht jedoch eine schrankenlose Nutzung** des Gemeinschaftseigentums.[376] Mangels abweichender Regelung darf der Sondernutzungsberechtigte von seinem Recht nur in einer Weise Gebrauch machen, als dadurch keinem der übrigen Wohnungseigentümer über das bei einem geordneten Zusammenleben unvermeidliche Maß hinaus ein Nachteil erwächst (§ 14 Nr. 1 WEG). Es ist deshalb nicht nur zulässig, sondern im Einzelfall sicherlich geboten, Berechtigungen und Beschränkungen der Alleinnutzung ausdrücklich zu vereinbaren. Wegen der fehlenden gesetzlichen Definition empfiehlt es sich, Inhalt und Umfang eines Sondernutzungsrechts möglichst eindeutig zu vereinbaren. Nur auf diese Weise lassen sich unerwünschte Nutzungen oder eine Übernutzung vermeiden. Zweckbestimmungen und vereinbarte Gebrauchsregelungen für das Gemeinschaftseigentum binden nämlich auch den Sondernutzungsberechtigten.[377] 390

bb) Dem Wohnungseigentum immanente Beschränkungen. Mitunter zwingen auch die Beschaffenheit des Sondernutzungsbereichs oder die örtlichen Verhältnisse zu **Einschränkungen,** wenn z.B. der rückwärtige Kellereingang für die übrigen Miteigentümer nur über das an der gesamten rückwärtigen Grundstücksfläche eingeräumte Sondernutzungsrecht erreichbar ist.[378] Auch ohne eine ausdrückliche Regelung unterliegen Sondernutzungsrechte den dem Wohnungseigentumsrecht eigenen **immanenten Schranken,**[379] die sich aus dem Gemeinschaftsverhältnis ergeben. Die Rechte des Sondernutzungsberechtigten können nicht weiter gehen als die des Sondereigentümers.[380] Es spricht nichts dagegen, diese dann auch ausdrücklich als Inhalt eines Sondernutzungsrechts zu formulieren und zur Eintragung zu bewilligen.[381] 391

cc) Beschränkungen durch Beschlussvorbehalt. Ein Sondernutzungsberechtigter unterliegt in der Ausübung des Sondernutzungsrechts- vorbehaltlich einer anderslautenden vereinbarungsweisen Regelung – dem **Beschlussvorbehalt** des § 15 Abs. 2 WEG. Neben einer zulässigen Beschränkung auf bestimmte Nutzungsarten[382] können also auch Beschränkungen durch Mehrheitsbeschluss erfolgen, wenn und solange diese nur der Konkretisierung des ordnungsgemäßen Gebrauchs dienen.[383] Greift ein Beschluss allerdings in den Kernbereich eines Sondernutzungsrechts ein oder wird eine gesetzes- bzw. vereinbarungsändernde Wirkung statuiert, ist ein entsprechender Beschluss wegen fehlender Kompetenz nichtig.[384] Umgekehrt kann mangels anderslautender Vereinbarung nicht im Rahmen eines Mehrheitsbeschlusses durch Gebrauchsregelung gem. § 15 Abs. 2 WEG in ein Sondernutzungsrecht eingegriffen werden.[385] 392

---

[376] HansOLG Hamburg ZMR 2003, 524.

[377] *Niedenführ/Kümmel/Vandenhouten* § 13 Rn. 36.

[378] OLG Stuttgart ZMR 2001, 731; BayObLG NJWE-MietR 1997, 80.

[379] OLG Frankfurt a.M. ZWE 2006, 105 Ls; OLG Stuttgart ZMR 2001, 730; KG NJW-RR 1990, 333.

[380] BayObLG WuM 1992, 705.

[381] LG Wuppertal MittRhNotK 1998, 327 m. Anm. *Geißel* für Betretungsrechte.

[382] BayObLG DNotZ 1999, 674.

[383] Vgl. BayObLG ZMR 2001, 819.

[384] OLG Frankfurt NJW-RR 2007, 889; *Staudinger/Kreuzer* § 15 Rn. 53.

[385] Vgl. KG ZWE 2000, 189 für das Abstellen von Wohnmobilen normalen Ausmaßes auf einer größeren Hoffläche, an der ein Sondernutzungsrecht u. a. als Pkw-Stellplatz eingeräumt ist.

393 *dd) Recht zur Fruchtziehung.* Sofern ein Wohnungseigentümer nicht durch eine anderslautende Regelung der Gemeinschaftsordnung beschränkt ist, umfasst seine Berechtigung auch die sonstigen Nutzungen (§ 16 Abs. 1 WEG). Er ist damit sowohl zur Fruchtziehung an **Sachfrüchten** (z. B. dem Obst aus dem Garten) als auch an **Rechtsfrüchten** der seiner Sondernutzung unterliegenden Bereiche (z. B. Mieten für Pkw-Stellplätze) berechtigt. Dies ist sowohl zusammen mit dem ihm gehörigen Wohnungseigentum als auch separat zulässig.[386] Lediglich Übermaßfrüchte stehen gem. § 13 Abs. 2 S. 2 WEG allen Wohnungseigentümern zu.[387]

394 *ee) Bauliche Veränderungen.* Ein Sondernutzungsberechtigter ist grundsätzlich zur Vornahme baulicher Veränderungen nicht befugt, weil die bloße Nutzungmöglichkeit nicht zu Eingriffen in die Substanz des Eigentums berechtigt;[388] hierfür bedarf es vielmehr einer entsprechenden Vereinbarung der Wohnungseigentümer im Rahmen der Sondernutzungseinräumung.[389] Ob in der Zuweisung eines Sondernutzungsrechts auch die Zustimmung zur Vornahme baulicher Veränderungen zu sehen ist, muss ggf. im Wege der Auslegung ermittelt werden und ist aus dem zuvor genannten Grund regelmäßig zu verneinen.[390] Eine entsprechende Vereinbarung hat deshalb ausdrücklich zu erfolgen.[391] Folglich kann mit der Einräumung eines Sondernutzungsrechtes zusätzlich auch die ausdrückliche **Befugnis zur Vornahme bestimmter baulicher Veränderungen** verbunden sein.[392] Selbst die Bestellung eines umfassenden Sondernutzungsrechts berechtigt jedoch ebenso wenig zur Vornahme baulicher Veränderungen[393] wie eine Bestimmung, dass mit einem Sondernutzungsrecht wie mit Sondereigentum verfahren werden darf.[394]

395 Die Rechtsprechung sieht allerdings in der Ausübung eines bereits **in der Teilungserklärung festgelegten Ausbaurechts** keine bauliche Veränderung gem. § 22 WEG, sondern lediglich eine zeitlich gestreckte (Erst-) Erstellung des Gebäudes, die keiner Zustimmung der übrigen Miteigentümer bedarf.[395]

396 **b) Pflichten des Sondernutzungsberechtigten.** *aa) Kostentragung.* Die Begründung eines Sondernutzungsrecht ändert nichts an dem Umstand, dass die dem Sondernutzungsrecht unterliegenden Bereiche rechtlich weiterhin dem Gemeinschaftseigentum zuzurechnen sind. Daher findet insoweit § 16 Abs. 2 WEG Anwendung, wonach die entstehenden **Kosten grundsätzlich von allen Wohnungseigentümern** nach dem Verhältnis ihrer Miteigentumsanteile zu tragen sind. Einen allgemeinen Grundsatz, nach dem ein Wohnungseigentümer, der zur Nutzung nicht berechtigt ist, auch keine Kosten zu tragen hat, findet sich im WEG nicht.[396]

397 Regelungen in Gemeinschaftsordnungen können allerdings eine von § 16 Abs. 2 WEG **abweichende Kostenverteilung** vorsehen.[397] Unter Beachtung der Grundsätze für die Auslegung einer Grundbucheintragung ist auch eine **ergänzende Auslegung der Gemeinschaftsordnung** nicht ausgeschlossen.[398] So wird eine Formulierung in der Gemein-

---

386 *Schuschke* NZM 1999, 241.

387 *Niedenführ/Kümmel/Vandenhouten* § 13 Rn. 35.

388 *Weitnauer/Lüke* § 15 Rn. 3.

389 OLG Zweibrücken ZWE 2002, 143; OLG Hamm NJW-RR 2000, 1401; OLG Köln NZM 1998, 664; KG WE 1994, 336.

390 *Bärmann/Merle* § 22 Rn. 164.

391 OLG Köln NZM 2002, 458.

392 Siehe z. B. BayObLG DNotZ 1990, 381; OLG Düsseldorf MittRhNotK 1986, 169.

393 *Soergel/Stürner* § 15 Rn. 6.

394 BayObLG WuM 1990, 91.

395 BayObLG DNotZ 2003, 539; KG NZM 2000, 1014.

396 BGHZ 72, 18 = NJW 1984, 2576 = Rpfleger 1984, 465; KG ZMR 2005, 569.

397 BayObLG NZM 2003, 29.

398 BGHZ 160, 354 = NJW 2004, 3413.

schaftsordnung, dass der Sondernutzungsberechtigte wie ein Sondereigentümer zu behandeln sei[399], ergeben, dass der Sondernutzungsberechtigte für die seiner Nutzung unterliegende Gemeinschaftsfläche wie ein Sondereigentümer die Kosten und Lasten tragen soll. Ebenfalls kann in einer Zustimmung der übrigen Wohnungseigentümer zu einer baulichen Veränderung, die der Sondernutzungsberechtigte auf eigene Kosten vornehmen möchte, zugleich auch die Zuweisung der alleinigen Kostentragungspflicht – auch für die Folgekosten dieser Maßnahme – gesehen werden.[400] Ist der Sondernutzungsberechtigte zur Instandhaltung und Instandsetzung verpflichtet oder obliegt ihm die Verkehrssicherung, hat er im Zweifel auch die dadurch entstehenden Kosten zu tragen.[401]

Stets ist jedoch eine Bestimmung der Kostentragungspflicht im Einzelfall erforderlich. So kann eine Auslegung der Regelung in der Gemeinschaftsordnung, wonach Wohnungseigentümern an bestimmten Gebäudeteilen Sondernutzungsrechte „wie Sondereigentum" eingeräumt werden, ergeben, dass sie nicht zur Kostentragung für eine Verbesserung des ursprünglichen Zustandes aufzukommen haben.[402] Ebenso reicht die Verpflichtung zur Übernahme der Instandhaltungs- und Instandsetzungskosten nicht soweit, dass vom Sondernutzungsberechtigten auch die Kosten einer Gefahrenabwehr für andere Teile des Gemeinschaftseigentums allein zu tragen sind.[403] 398

Nach der Änderung des Gesetzes besteht in diesem Bereich eine **Beschlusskompetenz** für die Einführung einer verursachungs- oder verbrauchsabhängigen Abrechnung (§ 16 Abs. 3 WEG). Die Vorschrift ermöglicht nunmehr auch eine Beschlussfassung durch die Wohnungseigentümer mit einfacher Stimmenmehrheit, dass ein Sondernutzungsberechtigter die auf seinen Bereich entfallenden **Betriebskosten** zu tragen hat.[404] 399

bb) Instandhaltung und Instandsetzung. Die Instandhaltung und Instandsetzung obliegt den Wohnungseigentümern grundsätzlich gemeinsam (§ 21 Abs. 1, Abs. 5 Nr. 2 WEG). Sie kann durch Vereinbarung aber in vollem Umfang oder teilweise einem oder mehreren Wohnungseigentümern übertragen werden.[405] Für eine solche Verpflichtung spricht die Formulierung in der Gemeinschaftsordnung, dass der Sondernutzungsberechtigte die Rechte und Pflichten eines Sondereigentümers haben soll.[406] 400

Die Zuweisung der Instandhaltungs- und Instandsetzungspflichten kann Konfliktpotential bergen, wenn der einheitliche Unterhaltungsstandard einer Wohnungseigentumsanlage dadurch gefährdet ist.[407] Ein „Zurückholen" der Instandhaltungs- und Instandsetzungsbefugnis durch einen Eigentümerbeschluss, mit dem die Wohnungseigentümergemeinschaft die Mängelbeseitigung gegen den Willen des betroffenen Wohnungseigentümers wieder an sich ziehen möchte, ist jedoch vereinbarungswidrig und somit anfechtbar.[408] 401

Ist die Reichweite der zugewiesenen Instandhaltungs- und Instandsetzungspflichten nicht eindeutig, umfasst im Zweifel die Instandhaltungspflicht nur diejenigen Bestandteile des Grundstücks und des Gebäudes, die im Falle einer Zuweisung als Sondereigentum auch gem. § 5 WEG sondereigentumsfähig gewesen wären. Ausgenommen sind des- 402

[399] Vgl. BayObLG ZMR 2004, 357.
[400] BayObLG NZM 2001, 1138.
[401] Vgl. BayObLG Wohnungseigentümer 1986, 95.
[402] BayObLG NJW-RR 1988, 140.
[403] OLG Düsseldorf WuM 2004, 227.
[404] *Niedenführ/Kümmel/Vandenhouten* § 13 Rn. 43.
[405] BayObLG ZMR 2004, 357.
[406] *Köhler/Bassenge/Häublein* 1. Aufl. Teil 12 Rn. 104.
[407] Vgl. *Hogenschurz* Das Sondernutzungsrecht nach WEG § 3 Rn. 17 m. w. N. mit dem Beispiel eines bunten Bildes modernisierter und sanierungsbedürftiger Fenster aufgrund einer Zuweisung der Unterhaltungs- und Kostentragungspflicht.
[408] OLG München NJW 2007, 2418.

halb diejenigen Teile, die für den Bestand und die Sicherheit des Gebäudes erforderlich sind oder die auch den übrigen Wohnungseigentümern dienen.[409] Ist also z. B. eine Gartensondernutzungsfläche auf dem Dach einer Tiefgarage gelegen, wird die Instandhaltung und Instandsetzung der Abdichtung der Tiefgarage nicht zu den Aufgaben des Sondernutzungsberechtigten an der Gartenfläche gehören.[410] Entsprechend werden Maßnahmen, die über die bloße Instandhaltung und Instandsetzung der Tiefgarage hinausgehen und den konstruktiven Bereich des auf der Tiefgarage errichteten Gebäudes erfassen, im Zweifel von allen Wohnungseigentümern zu zahlen sein und nicht nur von den an den Stellplätzen sondernutzungsberechtigten.[411]

403 Die **Neuregelung des § 16 Abs. 4 WEG** ermöglicht nunmehr im Einzelfall eine Änderung der Kostenverteilung für Instandhaltungs- und Instandsetzungsmaßnahmen auch für den vorhandenen Bestand, die mit doppelt qualifizierter Mehrheit beschlossen werden kann (Mehrheit von drei Viertel aller stimmberechtigten Wohnungseigentümer im Sinne des § 25 Abs. 2 WEG und mehr als der Hälfte aller Miteigentumsanteile). Zur Verhinderung einer rückwirkenden Benachteiligung des Sondernutzungsberechtigten aufgrund der ab 1. 7. 2007 geltenden Bestimmung wird deshalb eine **einschränkende Anwendung** der Norm in dem Sinne befürwortet, dass eine Beschlussfassung nach § 16 Abs. 4 WEG nur dann in Betracht kommen kann, wenn die Veränderungen, die sich auf die Kosten der Instandhaltung und Instandsetzung des gemeinschaftlichen Eigentums auswirken, erst nachträglich vorgenommen wurden.[412]

404 *cc) Verkehrsicherungspflicht.* Die Verkehrssicherungspflicht kann für das **Innenverhältnis** der Wohnungseigentümer einem Sondernutzungsberechtigten zusammen mit der Verpflichtung zur Instandhaltung und Instandsetzung durch Vereinbarung ausdrücklich übertragen werden. Im Zweifel trifft den Sondernutzungsberechtigten aber mit der Verpflichtung zur Instandhaltung und Instandsetzung auch die Verkehrssicherungspflicht an dem Sondernutzungsbereich.[413] Aber auch wenn die Instandhaltung und Instandsetzung nicht auf den Sondernutzungsberechtigten übertragen sein sollte, wird er für die Verkehrssicherheit des Sondernutzungsbereiches zu sorgen haben, da die Verkehrssicherheit vor allem an das Kriterium der Beherrschbarkeit der Gefahrenquelle und die Eröffnung des Verkehrs anknüpft.[414]

405 Im **Außenverhältnis** gegenüber Dritten ändert sich an der Verkehrssicherungspflicht nichts dadurch, dass an einer Gemeinschaftsfläche ein Sondernutzungsrecht eingeräumt worden ist.[415] Insoweit obliegt die Verkehrssicherungspflicht dem Verband Wohnungseigentümergemeinschaft (§ 10 Abs. 6 S. 1 WEG).[416] Den WEG-Verwalter trifft auch bezüglich der der Sondernutzung unterliegenden Bereiche eine eigene Verkehrssicherungpflicht (§ 27 Abs. 1 Nr. 2 WEG). Aufgrund der internen abweichenden Regelung verbleibt dem Verband eine Überwachungspflicht, deren tatsächliche Durchführung im Zweifel dann dem Verwalter obliegt.[417]

406 **c) Einzelfälle.** Die zuvor dargestellten Grundsätze finden ihren Niederschlag in einer Vielzahl von gerichtlichen Entscheidungen. Nachfolgend sollen die in der Praxis bedeutsamen Anwendungsfälle kurz zusammengefasst werden.

---

409 *Köhler/Bassenge/Häublein* 1. Aufl. Teil 12 Rn. 107.
410 *Hogenschurz* Das Sondernutzungsrecht nach WEG § 3 Rn. 19.
411 BayObLG WE 1998, 404 = NZM 1998, 339 Ls.
412 *Riecke/Schmid/Abramenko* § 13 Rn. 44.
413 OLG Stuttgart ZMR 2001, 730.
414 *Köhler/Bassenge/Häublein* 1. Aufl. Teil 12 Rn. 108; *Niedenführ/Kümmel/Vandenhouten* § 13 Rn. 45.
415 *Gottschalg* NZM 2002, 590.
416 OLG München NJW 2006, 1293 = NZM 2006, 110; *Riecke/Schmid/Drabek* § 21 Rn. 145.
417 *Köhler/Bassenge/Häublein* 1. Aufl. Teil 12 Rn. 108.

aa) Sondernutzungsrechte an Pkw-Stellplätzen. 407
- Die etwaige Errichtung eines **Carports** auf einem zur Sondernutzung zugewiesenen Pkw-Abstellplatz stellt eine bauliche Veränderung dar, die nicht ohne die erforderliche Zustimmung gem. § 22 WEG durchgeführt werden kann.[418]
- Mangels einer entsprechenden Vereinbarung ist die **Abgrenzung eines Stellplatzes** als unzulässige bauliche Maßnahme des Sondernutzungsberechtigten anzusehen, wenn sie das Einparken anderer Miteigentümer behindert.[419]
- Eine Behinderung kann auch in der Anbringung eines im Boden fest verankerten **Sperrbügels** zu sehen sein, der eine unbefugte Benutzung des Stellplatzes unterbinden soll.[420]
- Als nicht hinzunehmende Behinderung für einen als Sondernutzungrecht zugewiesenen Pkw-Stellplatz in der Tiefgarage hat zu gelten, wenn dort zwischen Tiefgaragenboden und -decke ein **Fahrradständer** fest verspannt ist, der die Nutzbarkeit des benachbarten Stellplatzes derart einschränkt, dass dort wegen der geringen Stellplatzgröße die erforderliche Mitbenutzung des benachbarten Luftraumes nicht mehr möglich ist.[421]

bb) Sondernutzungsrechte an Gartenflächen. 408
- Ohne nähere Bestimmungen in der Gemeinschaftsordnung berechtigt ein Sondernutzungsrecht an einer Gartenfläche nur zur **gärtnerischen Nutzung,** nicht jedoch zu weiteren Maßnahmen.[422]
- Es ist grundsätzlich dem Geschmack und dem Gutdünken des Sondernutzungsberechtigten zu überlassen, wie er die **gärtnerische Gestaltung** vornimmt.[423]
- Zur gärnerischen Gestaltung kann auch das **Anpflanzen** von Bäumen und Sträuchern gehören.[424]
- Eine Gemeinschaftsordnung kann Vorgaben zur Bepflanzung und zur Tierhaltung im Rahmen eines Sondernutzungsrechts machen.[425]
- Ein Sondernutzungsrecht kann auch zur Tragung der **laufenden Kosten der Unterhaltung** insbesondere der Bewässerung verpflichten.[426]
- Die Kosten für den Einbau eines **Zwischenzählers** zur getrennten Erfassung der Bewässerungskosten fallen der Gemeinschaft zur Last.[427]
- Der Begriff der **„ortsüblichen Nutzung“** ist mehrdeutig.[428]
- Die **gärtnerische Nutzung** darf nicht das Maß überschreiten, dass die übrigen Wohnungseigentümer unzuträglich in der Nutzung ihres Sondereigentums beeinträchtigt werden.[429]
- Die gärtnerische Nutzung darf nicht das Maß überschreiten, dass der **Charakter der Wohnungseigentumsanlage** verändert wird.[430]
- Begrenzungen in der Ausübung durch Mehrheitsbeschluss gem. § 15 Abs. 2 WEG sind möglich zum Schutz der Tiefgarage vor eindringendem **Wurzelwerk.**[431]

---

[418] BayObLG NZM 1999, 855; BayObLG ZMR 2003, 364.
[419] BayObLG MDR 1981, 937.
[420] *Schuschke* NZM 1999, 1121, 1126 f.; a. A. OLG Schleswig OLGReport 1997, 36.
[421] *Köhler/Bassenge/Hogenschurz* Anwaltshandbuch Teil 11 Rn. 192.
[422] BayObLG MDR 1985, 767.
[423] OLG Hamburg ZMR 2003, 522; BayObLG ZMR 2001, 122, 123; OLG Köln WuM 1996, 640.
[424] OLG Köln ZMR 1997, 47.
[425] OLG Frankfurt NZM 2006, 265; OLG Köln NJW-RR 2005, 1541.
[426] OLG Düsseldorf ZWE 2002, 92.
[427] OLG Köln NZM 2005, 785.
[428] BayObLG NZM 1999, 261.
[429] KG NJW-RR 1996, 464.
[430] *Hogenschurz* MietRB 2003, 85, 86.
[431] BayObLG WE 1994, 28.

- Begrenzungen in der Ausübung durch Mehrheitsbeschluss gem. § 15 Abs. 2 WEG sind möglich (**Pflanzverbot**) zur Erhaltung eines für die Anlage charakteristischen Seeblicks.[432]
- Mangels Vereinbarung ist die Errichtung eines **Garten- oder Gerätehauses** untersagt.[433]
- Die Anlage eines **Kinderspielplatzes** oder eines **Sandhaufens** für Katzen und Hunde bedarf der Vereinbarung.[434]
- Das dauerhafte Aufstellen eines 2 Meter hohen **Schaukelgerüstes** auf einer als „Grünfläche" bezeichneten Gartenfläche ist nicht ausgeschlossen.[435]
- Das vorübergehende Aufstellen von **Spielgeräten** im Garten ist statthaft.[436]
- Ein **Saunahaus** darf nicht auf einer Gartensondernutzungsfläche errichtet werden.[437]
- Eine **Pergola** über der Gartenterrasse darf nicht errichtet werden,[438] wenn nicht die Befugnis ausdrücklich in der Teilungserklärung enthalten ist.[439]
- Der Sondernutzungsberechtigte ist nicht berechtigt, einen **Teich**[440] oder ein **Schwimmbecken**[441] anzulegen.
- Die Anlegung einer **Terrasse** auf der Sondernutzungsfläche ist als bauliche Veränderung untersagt.[442]
- Umstritten ist die Zulässigkeit einer **Vergrößerung der Terrasse** in die Sondernutzungsfläche hinein.[443]
- Die Anlage einer festen **Terrasse mit Zuwegung** zur Strasse mittels Granitsteinen und Terrassenplatten auf der einer Erdgeschosswohnung zugeordneten Vorgartenfläche, an der dem Wohnungseigentümer ein Sondernutzungsrecht zusteht, ist untersagt.[444]
- Die Errichtung eines **Pkw-Stellplatzes** auf einer Rasenfläche ist unzulässig.[445]
- Das Aufstellen eines **Grillkamines** aus Fertigbetonteilen ist unzulässig.[446]
- Das Gesamtbild der Anlage prägende **Hecken und Bäume** mit Sichtschutzfunktion dürfen nicht gefällt werden.[447]
- Das **Anpflanzen** stark wachsender Bäume[448] und Hecken[449] in Ausübung eines Sondernutzungsrechts ist unzulässig.
- Eine völlige **Neugestaltung** nach vollständiger Entfernung der vorhandenen mehr als fünf Meter hohen bisherigen Bepflanzung ist nicht möglich.[450]
- Die **Umgestaltung einer Hangfläche** in einen **Steingarten** ist gestattet, wenn bei objektiver Betrachtungsweise damit keine relevante optische Beeinträchtigung des Gesamteindrucks der Anlage einhergeht.[451]

---

432 BayObLG ZMR 1992, 202.
433 OLG Zweibrücken NZM 2000, 293; OLG Köln ZMR 1995, 606; KG NJW-RR 1994, 207; BayObLG ZWE 2001, 609; a. A. bei fehlender optischer Beeinträchtigung BayObLG ZMR 2000, 117.
434 BayObLG NZM 1998, 817.
435 OLG Düsseldorf NJW-RR 1989, 1167.
436 *Bärmann/Merle* § 22 Rn. 57.
437 BayObLG ZWE 2001, 428.
438 BayObLG WE 1997, 67; OLG Köln MDR 1997, 1020.
439 BayObLG WE 1999, 148.
440 *Bielefeld* DWE 1996, 10, 12.
441 BayObLG ZMR 1999, 580.
442 OLG Karlsruhe ZMR 2001, 224.
443 OLG Celle ZWE 2002, 371; OLG Hamburg ZMR 1989, 466; BayObLG NJW-RR 1997, 971; a. A. OLG Schleswig ZMR 2001, 853; BayObLG BayObLG-Report 2005, 25.
444 OLG Hamburg ZMR 2005, 391.
445 BayObLG WuM 1990, 622.
446 *Hogenschurz* MietRB 2003, 85, 88.
447 OLG Hamburg ZMR 2003, 525; BayObLG ZMR 2000, 846.
448 KG NJW-RR 1987, 1360.
449 BayObLG NZM 1999, 261.
450 OLG Düsseldorf NJW-RR 1994, 1167.
451 BayObLG ZMR 2001, 122; vgl. auch LG München I NZM 2006, 666.

- Die **Begradigung eines Hanges** stellt eine nachteilige bauliche Veränderung dar.[452]
- Soweit sich die zur Sondernutzung berechtigende Gartenfläche in räumlicher Nähe zu einem im Sondereigentum des Berechtigten stehenden Balkon befindet, darf zwischen diesem und der Gartenfläche keine direkte Verbindung durch **Anbringung einer Treppe** hergestellt werden.[453]
- Die Errichtung von **Mauern** und **Pflanztrögen** zur Einfassung von Beeten ist unzulässig.[454]
- Die Errichtung einer 2,30 m hohen **Holzwand,**[455] eines 1,80 m hohen **Lamellenzaunes**[456] oder einer **Glaswand** als seitlichem Abschluss eines offenen Sitzplatzes[457] ist in Ausübung eines Sondernutzungsrechts untersagt.
- Im Aufstellen einer **Wäschespinne** soll keine bauliche Veränderung zu sehen sein, solange sie nicht fest und dauerhaft installiert ist, sondern nur bei Bedarf in ein ebenerdig im Boden installiertes Führungsrohr geschoben wird.[458] Dies gilt jedoch nicht für fest einbetonierte **Wäschestangen.**[459]
- Nicht eindeutig verhält sich die Rechtsprechung zum Aufstellen einer **fest** einbetonierten **Wäschespinne.**[460]
- Uneinheitlich sind die Meinungen auch zum Aufstellen von **Gartenzwergen.**[461]
- Das Anlegen eines **Komposthaufens** im Rahmen eines Sondernutzungsrechts ist umstritten.[462]
- Zur **Einzäunung** einer Sondernutzungsfläche bestehen unterschiedliche Auffassungen.[463]
- Das Anbringen von **Markisen** stellt eine bauliche Veränderung dar.[464]
- Die Errichtung einer 1,90 m hohen **Sichtschutzwand** bedarf einer Vereinbarung.[465]
- Bei **Anpflanzungen** sind im Verhältnis der Wohnungseigentümer untereinander die Abstände nach den nachbarrechtlichen Regelungen einzuhalten.[466]

9. Änderung von Sondernutzungsrechten

a) Veränderungen im Nutzungsbereich. *aa) Grenzverschiebungen.* Grenzverschiebungen zwischen zwei Sondernutzungsrechten ohne Veränderung der äußeren Umfangsgrenzen berühren aufgrund des in den Grundbüchern eingetragenen Nutzungsausschlusses die übrigen Wohnungseigentümer und deren dinglich Berechtigte nicht mehr.[467] Lediglich der von der Veränderung durch Verlegung oder Verkleinerung der Sondernutzungsfläche betroffene Wohnungeigentümer hat die entsprechende Grundbucheintragung zu bewilligen. Soweit Einzelrechte an seinem Wohnungseigentum eingetragen sind, haben die dinglich Berechtigten nach den oben dargestellten Grundsätzen der Verkleinerung 409

[452] BayObLG NZM 2003, 242.
[453] OLG Karlsruhe NZM 1999, 36; vgl. auch BayObLG WuM 1998, 116.
[454] KG ZMR 1994, 274; a. A. OLG Hamm NZM 2000, 910.
[455] OLG Hamburg ZMR 2002, 621.
[456] KG NJW-RR 1997, 713.
[457] BayObLG WuM 1992, 392.
[458] BayObLG WE 1994, 151; OLG Zweibrücken NZM 2000, 293; krit. *Köhler/Bassenge/Hogenschurz* Anwaltshandbuch Teil 11 Rn. 248.
[459] BayObLG WuM 1988, 98.
[460] BayObLG ZMR 1987, 389; a. A. BayObLG WE 1994, 151 und OLG Zweibrücken NZM 2000, 293.
[461] OLG Hamburg, NJW 1988, 2052; *Schuschke* NZM 1998, 737, 740 m. w. N.
[462] *Schuschke* NZM 1998, 737, 740 m. w. N.
[463] Vgl. *Hogenschurz* MietRB 2003, 85, 88 m. w. N.
[464] KG ZMR 1994, 426.
[465] OLG Köln OLGReport 1998, 195.
[466] BGH ZMR 2007, 976 m. Anm. *Hogenschurz.*
[467] BayObLG NZM 2001, 1131 = Rpfleger 2001, 587; BayObLG DNotZ 1999, 672; *Bauer/v. Oefele* AT V Rn. 331.

ihres Sondernutzungsrechts in der Form des § 29 GBO zuzustimmen (§§ 876, 877 BGB, § 19 GBO). Bestehen dingliche Rechte am Wohnungseigentum des durch die Grenzverschiebung vergrößerten Sondernutzungsrechts, bedarf es keiner Zustimmung dinglich Berechtigter und im Hinblick auf § 6 Abs. 2 WEG insoweit auch keiner Nachverpfändung.

410 *bb) Erweiterungen des Ausübungsbereiches.* Erweiterungen des bisherigen Ausübungsbereiches eines Sondernutzungsrechts auf andere bisher noch von keiner Sondernutzungsregelung erfaßte Bereiche sind dagegen wie eine Neubestellung zu behandeln, weil sie erstmals den Ausschluss der übrigen Miteigentümer bzgl. des erweiterten Bereiches zur Folge haben.[468]

411 *cc) Verkleinerungen des Ausübungsbereiches.* Verkleinerungen des bisherigen Ausübungsbereiches eines Sondernutzungsrechts sind wegen der damit einher gehenden Reduzierung der Alleinnutzungsmöglichkeit für den davon betroffenen Wohnungseigentümer wie eine Aufhebung zu behandeln.[469]

412 *dd) Verlegung der Ausübungsstelle.* Die Verlegung der Ausübungsstelle eines Sondernutzungsrechts auf eine andere bisher gemeinschaftlich genutzte Fläche stellt dagegen eine Änderung der Gemeinschaftsordnung in zweifacher Hinsicht dar: zum Einen ist das bestehende Sondernutzungsrecht nach den dafür entwickelten Grundsätzen aufzuheben (s. Rn. 438 ff.), zum Anderen bedarf es eines neuerlichen Nutzungsausschlusses durch Eintragung in sämtliche Grundbücher der zukünftig erstmals von der Mitbenutzung ausgeschlossenen Wohnungseigentümer. Ein Vermerk über das bisherige Sondernutzungsrecht kann durch neuerliche Grundbucheintragung entsprechend angepasst werden.[470] Soweit nach den zuvor dargestellten Grundsätzen dafür die Zustimmungen betroffener dinglich Berechtigter in der Form des § 29 GBO erforderlich sein sollten und nicht gem. § 5 Abs. 4 S. 3 WEG entbehrlich sind, können diese nach der hier vertretenen Auffassung (vgl. Rn. 306) unverändert durch ein landesrechtliches Unschädlichkeitszeugnis ersetzt werden.[471]

413 **b) Inhaltliche Veränderungen.** *aa) Unterteilung.* Wohnungseigentümer und deren dinglich Berechtigte brauchen aufgrund eines im Grundbuch bereits eingetragenen Nutzungsausschlusses nicht mehr zuzustimmen, wenn an den betroffenen Bereichen nachträglich ohne Veränderung der äußeren Umfangsgrenzen weitere Sondernutzungsrechte eingeräumt werden. Durch die Vermehrung der Sondernutzungsberechtigten werden die übrigen Wohnungseigentümer *rechtlich* nicht betroffen. Die Nachteile *tatsächlicher* Art, die aus der Benutzung der Sondernutzungsflächen durch eine größere Personenzahl entstehen können, müssen sie hinnehmen.[472] Die **Unterteilung eines bestehenden Sondernutzungsrechts** betrifft deshalb lediglich den allein nutzenden Wohnungseigentümer, dessen Bewilligung gem. § 19 GBO hierfür in der Form des § 29 GBO erforderlich ist.[473] Dinglich Berechtigte müssen erst dann zustimmen, wenn durch Abveräußerung eine spätere Übertragung eines gebildeten Sondernutzungsteils erfolgen soll. Zuvor lastet das unterteilte Sondernutzungsrecht unverändert an demselben Miteigentumsanteil verbunden mit Sondereigentum.

414 *bb) Einräumung einer Mitbenutzungsbefugnis.* Denkbar ist auch die isolierte Einräumung einer Mitbenutzungsbefugnis für einen anderen Wohnungseigentümer ohne gleichzeitige reale Übertragung des Sondernutzungsrechts oder eines Teils hiervon. Im Verhältnis zu den bereits von der Nutzung ausgeschlossenen Miteigentümern und deren

---

[468] *Bauer/v. Oefele* AT V Rn. 331.
[469] *Bauer/v. Oefele* AT V Rn. 331.
[470] BayObLG NJW-RR 2001, 1164 = Rpfleger 2001, 404.
[471] OLG Hamm FGPrax 2004, 206.
[472] BayObLG Rpfleger 1991, 308.
[473] BayObLG WE 1992, 229; BayObLG WE 1992, 116; BayObLG DNotZ 1988, 30 = Rpfleger 1986, 257.

dinglich Berechtigten ändert sich an der zum Inhalt des Sondereigentums gemachten Regelung auch in diesem Fall nichts, so dass ihre Mitwirkung entbehrlich ist. Die Grundbucheintragung müsste lediglich von dem seine Alleinnutzungsbefugnis verlierenden Wohnungseigentümer und den an seiner Einheit dinglich Berechtigten in der Form des § 29 GBO bewilligt werden, da sie insoweit auch grundbuchmäßig betroffen sind (§ 19 GBO), soweit kein Gesamtrecht besteht. Für den zusätzlich Nutzungsberechtigten bedeutet die Einräumung der Mitbenutzungsbefugnis einen ausschließlich begünstigenden Rechtszuwachs, so dass dieser Wohnungseigentümer und an seinem Miteigentumsanteil evtl. eingetragene dinglich Berechtigte der Einräumung nicht zustimmen müssen. Zwischen den mehreren Sondernutzungsberechtigten entsteht ein Beteiligungsverhältnis gem. § 741 ff. BGB.[474]

Bei der Einräumung einer Mitnutzungsbefugnis sollte im Interesse einer ausgewogenen internen Regelung ggf. an eine entsprechende Einbeziehung des weiteren Berechtigten in eine bestehende Kosten- und Lastentragungsverpflichtung gedacht werden. 415

cc) Änderung der vereinbarten Nutzungsart. Soll die bisherige Nutzungsart bei einem Sondernutzungsrecht geändert werden (z. B. statt Gartenfläche jetzt Pkw-Stellplatz), so ist dies nur über eine Inhaltsänderung der vereinbarten Gemeinschaftsordnung möglich. Eine einseitige Veränderung durch den Sondernutzungsberechtigten ist ausgeschlossen. Auch die nachträgliche Änderung der vereinbarten Nutzungsart (etwa eines Speicherraumes jetzt zu Wohnzwecken) kann deshalb nur unter Mitwirkung sämtlicher Wohnungseigentümer erreicht werden.[475] Im Hinblick auf § 5 Abs. 4 S. 2 WEG ist die Zustimmung dinglich Berechtigter zur Änderung des Sondernutzungsrechts erforderlich, soweit ein rechtlicher Nachteil durch die Änderung nicht ausgeschlossen werden kann (§ 19 GBO, §§ 876, 877 BGB). In diesem Punkt war die Rechtsprechung schon bisher uneinheitlich.[476] 416

dd) Umwandlung in Sondereigentum. Trotz eines bereits bestehenden Sondernutzungsrechts an einer im gemeinschaftlichen Eigentum befindlichen Fläche wird die Umwandlung in Sondereigentum wie eine gewöhnliche Umwandlung von Gemeinschaftseigentum in Sondereigentum behandelt (dazu s. Teil A. II. Rn. 379 ff.).[477] Zustimmungen dinglich Berechtigter sollen nach h. M. hierfür trotz des schon bestehenden Nutzungsausschlusses erforderlich werden (z. B. Umwandlung eines sondergenutzten Speichers in Wohnungseigentum), weil die Betroffenheit in der Veränderung der Eigentumsverhältnisse liegen soll. Der Verlust des bisherigen Miteigentums soll danach für den Gläubiger schwerer wiegen als der schon bestehende Ausschluss vom Mitbenutzungsrecht.[478] 417

Auch besteht aufgrund eines Rechts zur Vornahme bestimmter baulicher Veränderungen (z. B. eines Dachausbaus) **kein Anspruch auf Umwandlung** von Gemeinschaftseigentum in Sondereigentum.[479] 418

---

[474] BayObLG WE 1994, 17.

[475] *Bauer/v. Oefele* AT V Rn. 331 i. V. m. Rn. 317 f.; BayObLG ZMR 1993, 476; OLG Frankfurt OLGZ 1991, 185; a. A. LG Darmstadt NZM 2000, 716, das im Zuge einer teilweisen Übertragung eines Sondernutzungsrechts eine Einschränkung der zuvor unbeschränkten Nutzungsart ohne Vereinbarung zulassen will.

[476] Einerseits OLG Hamm FGPrax 1998, 140: keine rechtliche Beeinträchtigung der dinglich Berechtigten durch Errichtung einer Garage oder eines Carports auf einem zur Sondernutzung zugewiesenen Pkw-Stellplatz wegen des schon bisher bestehenden Nutzungsausschlusses, andererseits BayObLG MittBayNot 1993, 292 m krit. Anm. *Röll* DNotZ 1994, 237, 238: Zustimmung dinglich Berechtigter für die nachträglich zur Eintragung beantragte Berechtigung, einen Wintergarten auf bereits im Grundbuch eingetragenen Sondernutzungsflächen zu errichten.

[477] OLG Celle OLGReport 2004, 79; *Bauer/v. Oefele* AT V Rn. 331.

[478] BayObLG NZM 2002, 70 = Rpfleger 2002, 140; BayObLG DNotZ 1993, 741 = Rpfleger 1993, 488; BayObLG NJW-RR 1992, 208 = Rpfleger 1992, 20; *Demharter* Anh. zu § 3 Rn. 91; a. A. *F. Schmidt* WE 1996, 157; *Schneider* Rpfleger 1998, 53, 59.

[479] KG NZM 1998, 581.

10. Belastung von Sondernutzungsrechten

419 Die Frage einer Belastbarkeit von Sondernutzungsrechten stellt sich überwiegend im Bereich der Dienstbarkeiten, weil dort ebenfalls Nutzungsbefugnisse tangiert werden. Für die Belastung eines mit Sondereigentum verbundenen Miteigentumsanteils am gemeinschaftlichen Grundstück mit einer **Grunddienstbarkeit** gem. § 1018 BGB (z.B. einem Wegerecht an dem Grundstück) oder einer **beschränkten persönlichen Dienstbarkeit** gem. § 1090 BGB (z.B. einem Leitungsrecht für ein örtliches Versorgungsunternehmen) fehlt allerdings dem einzelnen Wohnungseigentümer die erforderliche Verfügungsmacht, wenn die Ausübung eines solchen Rechts nur auf dem **Grundstück als Ganzem** erfolgen kann. Die Eintragung solcher Rechte muss daher an allen für das Grundstück gebildeten Wohnungs- und Teileigentumsrechten erfolgen.[480] Dazu bedarf es der Mitwirkung sämtlicher Wohnungseigentümer in grundbuchmäßiger Form (§ 29 GBO). Dazu vgl. Teil A. II. Rn. 321 f.

420 Möglich ist dagegen die **Belastung eines einzelnen Wohnungs- oder Teileigentums** mit einer Dienstbarkeit, solange sich die Ausübung lediglich auf den Bereich des zugehörigen Sondereigentums beschränkt.[481] Ein zugeordnetes Sondernutzungsrecht soll wegen der unverändert **am Ausübungsbereich bestehenden gemeinschaftlichen Eigentumsverhältnisse** allerdings nicht Gegenstand einer solchen dinglichen Grundstücksbelastung sein können, wenn die Eintragungsbewilligung vom sondernutzungsberechtigten Wohnungeigentümer allein abgegeben wird. Die Rechtsverhältnisse am Belastungsobjekt müssen nach dieser Auffassung[482] mit denen am Nutzungsobjekt übereinstimmen. Sondernutzungsrechte sind jedoch keine dinglichen Rechte.

421 Das formale Kriterium der Eigentumsverhältnisse am Ausübungsbereich wird neuerdings von einer im Vordringen befindlichen Auffassung in Zweifel gezogen, die in Anlehnung an eine Entscheidung des BGH[483] nur noch auf die dem jeweiligen Wohnungseigentumer zustehenden Befugnisse abstellen will. **Belastet werden soll** danach mit einer Dienstbarkeit nicht mehr das sondergenutzte gemeinschaftliche Eigentum, sondern **eine Nutzungsbefugnis,** die sich unmittelbar aus der verdinglichten Wirkung der zum Inhalt des Sondereigentums gemachten Vereinbarung ableitet. Durch eine solche Sichtweise erleiden die übrigen Wohnungseigentümer auch keine Beeinträchtigung, denn sie wären bei unveränderter alleiniger Nutzung des Sondernutzungsberechtigten auch von jeglicher Nutzung ausgeschlossen.[484] Dies führt in letzter Konsequenz dazu, dass die Zulässigkeit einer Dienstbarkeit am Wohnungseigentum auch dann nicht mehr fraglich sein kann, wenn Ausübungsbereich der Dienstbarkeit *ausschließlich* ein dem Wohnungseigentum zugeordnetes Sondernutzungsrecht sein soll.[485]

---

480 OLG Hamm DNotZ 2006, 623 = Rpfleger 2006, 462; OLG Hamm DNotZ 2001, 216; *Meikel/Morvilius* Einl. C Rn. 163; *Riecke/Schmid/Schneider* § 1 Rn. 107; *Weitnauer/Briesemeister* § 3 Rn. 108; im Erg. auch *Bärmann/Armbrüster* § 1 Rn. 178.

481 BayObLG DNotZ 1988, 313 = Rpfleger 1988, 62.

482 Noch h.M.: OLG Hamburg ZMR 2004, 616; OLG Hamburg ZMR 2001, 380; OLG Zweibrücken NZM 1999, 771; BayObLG DNotZ 1998, 384 = Rpfleger 1998, 68; BayObLG NJW-RR 1997, 1236 m. krit. Anm. *Ott* DNotZ 1998, 125 ff. = Rpfleger 1997, 431; BayObLG DNotZ 1990, 496; OLG Düsseldorf DNotZ 1988, 31 = Rpfleger 1986, 376; *Bärmann/Armbrüster* § 1 Rn. 151; *Bauer/v. Oefele/Bayer* AT III Rn. 260; *Böhringer* NotBZ 1999, 154, 161; Ertl DNotZ 1988, 4,13; MünchKomm/*Joost* § 1090 Rn. 26; Ott ZWE 2001, 18; *Palandt/Bassenge* § 13 Rn. 13; *Schöner/Stöber* Rn. 2952; *Weitnauer/Briesemeister* § 3 Rn. 116; *Zimmermann* Rpfleger 1981, 333, 335 f.

483 BGHZ 107, 289 = DNotZ 1990, 493 m. Anm. *Amann* = Rpfleger 1989, 452.

484 *Staudinger/Mayer* (2009) § 1018 Rn. 60.

485 OLG Hamm DNotZ 2001, 216 m. zust. Anm. *v. Oefele; Amann* DNotZ 1990, 498, 499 f.; *Bärmann/Wenzel* § 13 Rn. 76; *Bauer/v. Oefele* AT V Rn. 301 f.; *Merle* Das Wohnungseigentum im System des bürgerlichen Rechts, S. 195; *Röll* Rpfleger 1980, 90, 91; *Staudinger/Kreuzer* § 15 Rn. 14; *Staudinger/Mayer* (2009) § 1018 BGB Rn. 60; *Staudinger/Rapp* § 1 Rn. 51.

Für die in der Praxis häufiger anzutreffende Einräumung eines dinglichen **Wohnungsrechts gem. § 1093 BGB**, die neben dem belasteten Sondereigentum auch die zugeordneten Bereiche eines Sondernutzungsrechts (z. B. an Gartenflächen oder einem Tiefgaragenstellplatz) erfassen soll, bietet sich allerdings bereits eine Lösung über § 1093 Abs 3 BGB an. Danach erfasst schon die Bestellung eines Wohnungsrechts am Wohnungseigentum alle kraft Gesetzes oder einer rechtsgeschäftlichen Vereinbarung aus dem Sondereigentum fließenden Befugnisse des Wohnungseigentümers. Dazu gehören aber auch die zur Nutzung des gemeinschaftlichen Eigentums, so dass in der Einräumung des dinglichen Rechts zugleich die Mitübertragung der Berechtigung als gesetzliche Folge der Bestellung des dinglichen Rechts gesehen werden kann.[486] Einer besonderen Bewilligung oder Eintragung in das Wohnungseigentumsgrundbuch bedarf es in diesem Fall daher nicht mehr. 422

11. Zwangsvollstreckung und Sondernutzungsrechte

a) Notwendigkeit der Immobiliarvollstreckung. Sondernutzungsrechte unterliegen als *Inhalt des Sondereigentums* **ausschließlich** der **Immobiliarvollstreckung** gem. § 864 ZPO.[487] Dies entspricht der gesetzlichen Systematik gem. § 6 WEG, wonach Rechte am Miteigentumsanteil sich ohne weiteres auch auf das Sondereigentum erstrecken und das Sondereigentum für sich allein nicht belastet werden kann. Demzufolge erstrecken sich am Wohnungseigentum eingetragene Grundpfandrechte auch auf ein zugeordnetes Sondernutzungsrecht.[488] 423

Die durch § 6 WEG untersagte separate Verfügung über den Miteigentumsanteil oder das Sondereigentum verbietet damit auch eine Zwangsvollstreckung in die einzelnen Elemente des Wohnungseigentums. Eine Beschlagnahme in der Zwangsversteigerung oder der Zwangsverwaltung erfasst gem. § 865 Abs. 1 ZPO, §§ 20, 148 ZVG damit auch das Sondernutzungsrecht als für den Rechtsinhalt maßgebliche Nutzungsregelung der Wohnungseigentümer.[489] Folglich erwirbt ein Ersteher das Sondernutzungsrecht mit dem Zuschlag in der Zwangsversteigerung (§ 90 ZVG).[490] Der Übergang eines im Grundbuch vermerkten Sondernutzungsrechts vollzieht sich infolge des Zuschlags ebenso automatisch wie im Falle einer rechtsgeschäftlichen Übertragung (vgl. Rn. 368). Dies gilt nach den oben entwickelten Grundsätzen zur Verlautbarung von Sondernutzungsrechten im Grundbuch (vgl. Rn. 313 ff.) auch dann, wenn die ausdrückliche Eintragung eines Sondernutzungsrechts im Grundbuch bisher unterblieben sein sollte.[491] In jedem Fall ausgeschlossen ist aber der gutgläubige Erwerb eines Sondernutzungsrechts durch Zuschlag in der Zwangsversteigerung.[492] 424

b) Unzulässigkeit der Mobiliarvollstreckung. Nach der hier vertretenen Auffassung ist daher eine **isolierte Pfändung** von Sondernutzungsrechten nach den Grundsätzen der Mobiliarvollstreckung abzulehnen. Gleichwohl bejaht eine gewichtige Meinung für Sondernutzungsrechte – zusätzlich – die Möglichkeit einer Zwangsvollstreckung in das bewegliche Vermögen.[493] Die isolierte Pfändung und Überweisung eines Sondernutzungs- 425

---

486 OLG Nürnberg NotBZ 2002, 69; BayObLG DNotZ 1998, 384 = Rpfleger 1998, 68; *Ertl* FS Bärmann und Weitnauer (1990), S. 251, 265.

487 *Bärmann/Wenzel* § 13 Rn. 75; *Lüke/Becker* DNotZ 1996, 676, 679; *Riecke/Schmid/Schneider* § 6 Rn. 43; *Ott* ZWE 2001, 18; *Staudinger/Rapp* § 1 Rn. 54; *Stöber* Forderungspfändung Rn. 1792.

488 OLG Stuttgart NZM 2002, 884 = Rpfleger 2002, 576. Davon geht auch der Gesetzgeber aus, wie nunmehr ausdrücklich der Regelung des § 5 Abs. 4 S. 2 u. 3 WEG entnommen werden kann.

489 OLG Stuttgart NZM 2002, 884 = Rpfleger 2002, 576.

490 OLG Stuttgart OLGReport 2002, 407; BayObLG DNotZ 1994, 244 = Rpfleger 1994, 294; BayObLG NJW-RR 1988, 1163.

491 OLG Stuttgart OLGReport 2002, 407; BayObLG DNotZ 1994, 244 = Rpfleger 1994, 294.

492 BayObLG DNotZ 1994, = Rpfleger 1994, 294.

493 LG Stuttgart DWE 1989, 72; BeckOK/*Timme/Dötsch* § 15 Rn. 300; *Palandt/Bassenge* § 13

rechts soll sich nach dieser Auffassung gem. §§ 857, 829, 835 ZPO vollziehen können, aber lediglich eingeschränkt zugunsten anderer Mitglieder der Wohnungseigentümergemeinschaft zulässig sein, weil das durch Eintragung verdinglichte Sondernutzungsrecht auch nur innerhalb der Wohnungseigentümergemeinschaft übertragbar sei. Was jedoch rechtsgeschäftlich übertragen werden kann, ist insoweit auch der Pfändung unterworfen (§ 851 ZPO). Wie oben gezeigt handelt es sich aber bei einem Sondernutzungsrecht gerade nicht um ein selbständiges Vermögensrecht im Sinne des § 857 Abs. 1 ZPO; es kann deshalb nur Gegenstand der Zwangsvollstreckung in das unbewegliche Vermögen sein. Damit verbietet sich auch der mitunter angestellte Vergleich mit einer beschränkten persönlichen Dienstbarkeit, deren Ausübung ggf. einem anderen überlassen werden kann. Letztlich lassen die Befürworter einer Mobiliarvollstreckung unbeantwortet, wie das im Pfändungsfalle entstehende Konkurrenzverhältnis mit den dinglich bereits gesicherten Gläubigern aufgelöst werden sollte. Sollten im Wege der Mobiliarvollstreckung gepfändete Sondernutzungsrechte etwa dem „Haftungsverband" grundbuchlich gesicherter Gläubiger ohne deren Zustimmung entzogen werden können,[494] wo doch bereits für eine rechtsgeschäftliche Übertragung deren Zustimmung unerlässlich ist?

426 c) **Keine Mobiliarvollstreckung in Zuweisungsvorbehalt.** Auch das in der eingetragenen Teilungserklärung begründete Recht des aufteilenden Eigentümers, Sondernutzungsrechte an Kfz-Stellplätzen durch Zuweisung an einzelne Miteigentümer zu begründen, unterliegt nicht der Pfändung im Wege der Mobiliarvollstreckung.[495] Ein **Zuweisungsvorbehalt** gehört folglich nicht zu den nach § 857 ZPO pfändbaren „anderen Vermögensrechten".

427 Zu diesem Ergebnis muss man erst recht gelangen, wenn man in einem solchen **Vorbehalt** zutreffend ein **persönliches Sondernutzungsrecht** sieht (vgl. Rn. 321 ff.). Die Umwandelbarkeit und Übertragbarkeit einer solchen persönlichen Berechtigung des teilenden Eigentümers sind nach dem hier zugrundegelegten Verständnis von der Zustimmung der übrigen Eigentümer und der dinglich Berechtigten an den noch vorhandenen Resteinheiten abhängig[496] und können deshalb nicht dem uneingeschränkten Vollstreckungszugriff isoliert pfändender Gläubiger ausgesetzt sein (§ 851 ZPO).

428 d) **Zwangsvollstreckung in Mietzahlungen aufgrund der Sondernutzungsberechtigung.** Hat der zur Sondernutzung berechtigte Wohnungseigentümer den ihm zur Sondernutzung überlassenen Bereich (z. B. einen Pkw-Stellplatz) vermietet, so kann in die dadurch zu seinen Gunsten[497] begründete **Mietforderung** nach den allgemeinen Regeln durch Pfändung und Überweisung gem. §§ 829, 835 ZPO vollstreckt werden. Der Kreis der pfändungsberechtigten Gläubiger umfasst nicht nur Wohnungseigentümer und den „Verband Wohnungseigentümergemeinschaft", sondern auch außenstehende Dritte. Es handelt sich insoweit um einen **gewöhnlichen Zahlungsanspruch**, der einschränkungslos übertragen werden kann (vgl. § 851 ZPO).[498]

429 e) **Zwangsvollstreckung zur Einräumung, Änderung oder Aufhebung eines Sondernutzungsrechts.** *aa) Verurteilung zur Abgabe einer Willenserklärung.* Aufgrund des zwi-

---

Rn. 13; *Sauren* § 13 Rn. 17; *Schuschke* NZM 1999, 830; *Staudinger/Kreuzer* § 15 Rn. 14; *Weitnauer/Lüke* § 15 Rn. 36; dem zuneigend wohl auch *Hogenschurz* Das Sondernutzungsrecht nach WEG § 7 Rn. 8 ff.

494 Besonders weitgehend BeckOK/*Timme/Dötsch* § 15 Rn. 297, der ein nach seiner Ansicht mit dem Anordnungsbeschluss nicht beschlagnahmtes Sondernutzungsrecht allerdings im Widerspruch zu §§ 20 Abs. 2, 55 Abs. 1, 90 Abs. 2 ZVG letztlich doch dem Zuschlag in der Zwangsversteigerung unterstellen will.

495 OLG Stuttgart NZM 2002, 884 = Rpfleger 2002, 576.

496 In diese Richtung auch OLG Stuttgart NZM 2002, 884 = Rpfleger 2002, 576.

497 *Niedenführ/Kümmel/Vandenhouten* § 13 Rn. 35; *Riecke/Schmid/Abramenko* § 13 Rn. 27; *Schuschke* NZM 1999, 241, 245; offen gelassen von OLG Düsseldorf FGPrax 1996, 17.

498 *Hogenschurz* Das Sondernutzungsrecht nach WEG § 7 Rn. 12.

schen den Wohnungseigentümern bestehenden besonderen Treueverhältnisses kann sich unter besonderen Umständen die Verpflichtung ergeben, einer Änderung der Gemeinschaftsordnung zuzustimmen, wenn die Versagung der Zustimmung gegen Treu und Glauben verstoßen würde.[499] Dies gilt auch für einen Anspruch auf Einräumung, Änderung oder Aufhebung eines Sondernutzungsrechts.[500] Erfolgt in einem solchen Falle die **Verurteilung zur Abgabe der Zustimmungserklärung,** so gilt die Willenserklärung als abgegeben, sobald das Urteil die Rechtskraft erlangt hat (§ 894 Abs. 1 S. 1 ZPO).[501] Die Fiktion der Abgabe ist dabei nicht Inhalt des Urteils, sondern vielmehr seine rechtsgestaltende Wirkung. Ihr Eintritt ist Vollstreckungswirkung und damit Zwangsvollstreckung.[502]

Sonstige zur Vollendung des Rechtsgeschäfts erforderliche **Voraussetzungen** werden durch die Fiktion des § 894 ZPO jedoch nicht ersetzt.[503] Insbesondere werden notwendige Grundbucheintragungen ebenso wenig ersetzt wie erforderliche Erklärungen eines Gläubigers oder eines Dritten.[504] 430

bb) Grundbuchrechtliche Voraussetzungen. Zur Grundbucheintragung bedarf es neben der erforderlichen Antragstellung (§ 13 GBO) der Vorlage einer **Ausfertigung des Urteils**[505], das dem grundbuchrechtlichen Bestimmtheitsgrundsatz[506] und § 28 GBO genügen muss. Das Urteil stellt eine öffentliche Urkunde i.S.d. § 29 GBO dar.[507] Die Erteilung einer Vollstreckungsklausel und die Zustellung des Urteils sind regelmäßig nicht nachzuweisen, weil sie für den Eintritt der Fiktionswirkung ohne Bedeutung sind.[508] Lediglich wenn die Abgabe der **Erklärung von einer Gegenleistung abhängig** gemacht ist (§ 894 Abs. 1 S. 2 ZPO), ist der Nachweis der Zustellung einer vollstreckbaren Ausfertigung des Urteils erforderlich (§§ 726 Abs. 1, 750 Abs. 2 ZPO). 431

cc) Sicherung durch Vormerkung. Bereits vor Eintritt der Rechtskraft kann der Anspruch des Gläubigers zur Vermeidung beeinträchtigender Verfügungen im Grundbuch gesichert werden. So gilt die **Eintragung einer Vormerkung** (§ 883 BGB) oder eines Widerspruchs (§ 899 BGB) als bewilligt, wenn der Schuldner durch ein vorläufig vollstreckbares Urteil zur Abgabe einer Willenserklärung verurteilt worden ist, auf Grund deren eine Eintragung in das Grundbuch erfolgen soll (§ 895 ZPO). Die Eintragung erfolgt auf Antrag des Gläubigers, der dem Grundbuchgericht eine Urteilsausfertigung vorzulegen hat. Auch hier ist der Nachweis der Vollstreckungsklausel und der Zustellung entbehrlich.[509] Ist die Vollstreckung des Urteils nur gegen Sicherheitsleistung zulässig, so ist der **Nachweis der Sicherheitsleistung** auch Voraussetzung für die Eintragung der Vormerkung.[510] 432

12. Beendigung von Sondernutzungsrechten

a) Beendigung durch Eintritt einer auflösenden Bedingung oder einer Zeitbestimmung. Sondernutzungsrechte können auch unter einer (auflösenden) Bedingung oder einer Zeitbestimmung eingeräumt werden (vgl. Rn. 278 f.). Sie erlöschen dann gemäß § 163, 433

---

[499] Vgl. OLG Düsseldorf NJW 1985, 2837.

[500] Vgl. OLG Saarbrücken MittBayNot 2005, 43; BayObLG FGPrax 2001, 145 = Rpfleger 2001, 404.

[501] Vgl. *Hogenschurz* Das Sondernutzungsrecht nach WEG § 7 Rn. 13.

[502] *Musielak/Lackmann* § 894 Rn. 1.

[503] BGHZ 82, 292 = NJW 1982, 881.

[504] *Musielak/Lackmann* § 894 Rn. 12; *Schöner/Stöber* Rn. 750.

[505] *Meikel/Böttcher* § 19 Rn. 28.

[506] LG Rostock Rpfleger 2000, 496.

[507] ThürOLG Jena FGPrax 2001, 56.

[508] *Schöner/Stöber* Rn. 748; *Zöller/Stöber* § 894 Rn. 5.

[509] BGH Rpfleger 1969, 425; *Zöller/Stöber* § 895 ZPO Rn. 1.

[510] *Zöller/Stöber* § 895 ZPO Rn. 1.

§ 158 Abs. 2 BGB mit Eintritt der Bedingung bzw. mit Fristablauf. Anschließend gelten für das betreffende Objekt wieder die gesetzlichen Nutzungsbestimmungen (§ 13 Abs. 2 WEG). Da die **Erlöschenswirkungen** in beiden Fällen **kraft Gesetzes** eintreten, bedarf es nicht der Annahme eines Rückübertragungsanspruches.[511]

434 Die **grundbuchmäßige Löschung** der Vermerke über die noch ausdrücklich im Grundbuch verzeichneten Sondernutzungsrechte kann gemäß § 22 GBO aufgrund eines **Unrichtigkeitsnachweis** erfolgen. Wird die Löschung im Grundbuch nicht beantragt, kann sich an die im Grundbuch verlautbarte Eintragung des Vermerkes jedenfalls kein gutgläubiger Erwerb anschließen, da die Bedingung bzw. Befristung zumindest durch Bezugnahme auf die Eintragungsbewilligung zum Inhalt der Grundbucheintragung geworden ist.

435 **b) Beendigung persönlicher Sondernutzungsrechte.** Die Einräumung eines Sondernutzungsrechtes für einen Wohnungseigentümer **persönlich** ohne Bindung an ein bestimmtes Sondereigentum stellt sich insoweit als Unterfall dar (vgl. Rn. 321 ff.). Bei einer solchen Gestaltung würde ein eingeräumtes Sondernutzungsrecht erlöschen, sobald der persönlich begünstigte Wohnungseigentümer durch Tod[512] oder infolge Veräußerung[513] des Wohnungseigentums aus der Eigentümergemeinschaft ausscheidet[514], weil ein außenstehender Dritter nicht sondernutzungsberechtigt sein kann.[515] Das Erlöschen führt auch hier zur Unrichtigkeit des Grundbuchs (§ 22 GBO).

436 Ebenfalls kann ein teilender Bauträger im Falle seines Ausscheidens aus der Eigentümergemeinschaft eine **noch nicht verbrauchte Zuordnungsbefugnis** nicht mitnehmen. Da Sondernutzungsrechte nur innerhalb einer Eigentümergemeinschaft übertragbar sind, wird die Regelung über das dem aufteilenden Eigentümer eingeräumte Nutzungsrecht zu einer solchen mit einem Außenstehenden und damit wegen § 10 Abs. 3 WEG hinfällig, wenn der aufteilende Eigentümer durch Übertragung der letzten ihm verbliebenen Wohnungseinheit aus der Gemeinschaft ausscheidet.[516] Mangels Ausübung des Zuordnungsrechts noch nicht verteilte Nutzungsrechte fallen dann der Eigentümergemeinschaft zu,[517] weil es sich bei der Einräumung einer persönlichen Berechtigung um die auflösend, durch Übertragung oder Ausscheiden aus der Eigentümergemeinschaft bedingte Bestellung einer Nutzungsbefugnis handelt. Für die Wirksamkeit der Zuordnungserklärung wird maßgeblich auf den Zugang abzustellen sein.[518]

437 **c) Beendigung durch Übertragung des Wohnungseigentums.** Nach dem hier zugrunde gelegten Verständnis (vgl. Rn. 258) werden im Grundbuch nicht verlautbarte Sondernutzungsrechte hinfällig, sobald ein Sondernachfolger in die Gemeinschaft ohne eine ausdrückliche oder zumindest konkludente Übernahme der vereinbarten Regelung eintritt.[519]

---

[511] So aber noch *Zimmermann* Rpfleger 1981, 333, 337.

[512] BeckOK/*Timme/Dötsch* § 15 Rn. 232.

[513] Vgl. OLG Düsseldorf NZM 2000, 765; BayObLG NJW-RR 1997, 206.

[514] A. A. LG München II MittBayNot 2004, 366: kein Erlöschen der Zuweisungsbefugnis bei Ausscheiden aus der Gemeinschaft.

[515] *Ott* Das Sondernutzungsrecht im Wohnungseigentum, S. 171.

[516] Ebenso *Häublein,* Sondernutzungsrechte und ihre Begründung im Wohnungseigentumsrecht, S. 281.

[517] *Bärmann/Wenzel* § 13 Rn. 89; Beck'sches Notarhandbuch/ *Rapp* A III Rn. 60 (dort allerdings für einen vollständigen Nutzungsausschluss); *Ludwig* BWNotZ 1987, 164, 167; *Ott* Das Sondernutzungsrecht im Wohnungseigentum, S. 57; *Schmenger* BWNotZ 2003, 73, 89; *Schneider* Rpfleger 1998, 53, 61; *Streblow* MittRhNotK 1986, 141, 157; a. A. BeckOK/*Timme/Dötsch* § 15 Rn. 264: Erlöschen der Zuweisungsbefugnis.

[518] A. A. OLG Düsseldorf MittRhNotK 1993, 30, 31 a.E.: es sei maßgeblich auf den Zeitpunkt der *Abgabe* der Zuordnungserklärung abzustellen.

[519] *Bärmann/Wenzel* § 13 Rn. 84 und Rn. 122; *Kümmel* Die Bindung der Wohnungseigentümer und deren Sondernachfolger an Vereinbarungen, Beschlüsse und Rechtshandlungen nach § 10 WEG, 38 f.; *Ott* Das Sondernutzungsrecht im Wohnungseigentum, 47 ff.; a. A. die h. M., die zugunsten des

Der rechtsgeschäftliche Eintritt eines Sondernachfolgers in eine schuldrechtliche Vereinbarung der Wohnungseigentümer setzt dabei die positive Kenntnis des Erwerbers und die Feststellung seines rechtsgeschäftlichen Willens voraus, in diese Vereinbarung eintreten zu wollen. Der Fortbestand eines bisher nicht im Grundbuch vermerkten Sondernutzungsrechts kann nach diesem Verständnis wohl stets konkludent angenommen werden, wenn es sich um eine den Sondernachfolger rechtlich und wirtschaftlich *begünstigende* Sondernutzungsregelung handelt.[520] Mangels einer entsprechenden Übernahme erlöschen Sondernutzungsregelungen *zulasten* des eintretenden Sondernachfolgers;[521] im Verhältnis der Wohnungseigentümer kann die Sondernutzungsregelung nur einheitlich beurteilt werden. Zur Frage einer evtl. Genehmigung des Eintretenden gem. § 184 BGB s. Rn. 260.

d) Beendigung durch Aufhebung und Löschung. *aa) Keine Grundbucheintragung für beschlossene Sondernutzungsrechte.* Soweit man mit der h. M. die Begründung von Sondernutzungsrechten durch einen Mehrheitsbeschluss aufgrund einer Öffnungsklausel für zulässig hält (vgl. Rn. 335 ff.), kann die Aufhebung eines solchermaßen entstandenen Sondernutzungsrechts (§ 10 Abs. 4 S. 2 WEG) nach der hier vertretenen Auffassung ebensowenig im Grundbuch verlautbart werden wie seine Begründung.[522] 438

bb) Beendigung durch aufteilenden Eigentümer. Solange an den zwar schon begründeten, aber noch nicht abveräußerten Wohnungseigentumsrechten nach der Aufteilung gem. § 8 WEG die jeweilig entstandenen Einheiten noch nicht mit Einzelrechten und Erwerbsvormerkungen zugunsten der endfinanzierungen Erwerber belastet sind, kann der **teilende Alleineigentümer** die schon in den Grundbüchern vermerkten Sondernutzungsrechte durch einseitige Aufhebung und grundbuchmäßige Bewilligungserklärung in der Form des § 29 GBO zur Löschung bringen.[523] 439

cc) Beendigung bei bestehender Eigentümergemeinschaft. Bei bestehender Eigentümergemeinschaft kann ein im Grundbuch vermerktes Sondernutzungsrecht mangels einer anderslautenden Öffnungsklausel[524] nur durch formfreie[525] Vereinbarung aller Wohnungseigentümer gem. § 10 Abs. 2 S. 2 WEG wieder aufgehoben werden.[526] Die Aufhebung stellt sich damit als „actus contrarius" zu seiner Begründung dar.[527] 440

Soweit das Sondernutzungsrecht im Grundbuch eingetragen war, wird durch die Aufhebung des Sondernutzungsrechtes der **Inhalt des Sondereigentums** aller Wohnungseigentumsrechte entsprechend §§ 877, 873 BGB **verändert.**[528] Durch die Aufhebung erweitert sich das bisher insoweit ausgeschlossene Mitbenutzungsrecht der übrigen Wohnungseigentümer gemäß § 13 Abs. 2 WEG wieder auf den bislang der Sondernutzung unterliegenden Teil des Gemeinschaftseigentums. Neben dem Abschluß der Aufhebungsvereinbarung ist zusätzlich der Erstreckungsvermerk des § 10 Abs. 2 WEG in den Grundbüchern zu löschen. **Aufhebung** und **Löschung** beschreiben demnach zwei verschiedene Vorgänge mit unterschiedlichem Wirkungskreis. Erfolgt zwar die materiellrechtliche Aufhebungsvereinbarung durch alle Wohnungseigentümer, wird aber der im 441

---

eintretenden Sondernachfolgers § 746 BGB anwenden will; vgl. OLG Frankfurt ZWE 2006, 489; OLG Düsseldorf NZM 2001, 530; OLG Hamm NZM 1998, 873; BayObLG WuM 1997, 340.

520 *Riecke/Schmid/Elzer* § 10 Rn. 149.

521 BGH NJW 2002, 2863; BayObLG FGPrax 2005, 106; OLG Köln DNotZ 2002, 223 m. Anm. *Häublein; Hogenschurz* Das Sondernutzungsrecht nach WEG § 5 Rn. 29.

522 Ebenso *Schöner/Stöber* Rn. 2961 b.

523 BayObLG NJW-RR 2005, 886 = Rpfleger 2005, 420 auch zur Aufhebung durch letztwillige Verfügung.

524 Zu den Erfolgsaussichten einer mehrheitlichen Beschlussfassung über die Aufhebung eines Sondernutzungsrechts s. *Hogenschurz* Das Sondernutzungsrecht nach WEG § 5 Rn. 27.

525 *Böhringer* NotBZ 2003, 285, 293.

526 OLG Düsseldorf DNotZ 1996, 674 mit zust. Anm. *Lüke/Becker;* OLG Hamm ZMR 1997, 34.

527 BGHZ 145, 133 = NJW 2000, 3643 = Rpfleger 2001, 69.

528 BGHZ 145, 133 = NJW 2000, 3643 = Rpfleger 2001, 69.

Grundbuch eingetragene Vermerk mit seiner Erstreckungswirkung nicht durch Löschung beseitigt, dürfte nach der hier vertretenen Auffassung ein gutgläubiger Erwerb des zwar noch im Grundbuch verlautbarten, aber materiell nicht mehr existenten Sondernutzungsrechtes unter den Voraussetzungen des § 892 BGB in Betracht kommen.[529]

442 Der im Grundbuch gemäß § 10 Abs. 3 WEG eingetragene Erstreckungsvermerk kann bei Vorlage einer Bewilligung gem. § 19 GBO in grundbuchmäßiger Form (§ 29 GBO) gelöscht werden. Streitig ist nun, wer dabei als **Betroffener im Sinne des § 19 GBO** anzusehen ist. Aus verfahrensrechtlicher Sicht wird hier wohl zutreffend ausschließlich auf die *rechtliche* Verschlechterung in der Person des Sondernutzungsberechtigten abgestellt. Dessen alleinige Bewilligung ist demnach ausreichend, weil er zukünftig das Sondernutzungsrecht nicht mehr den Sondernachfolgern eines anderen Wohnungseigentümers entgegenhalten kann;[530] andere Wohnungseigentümer brauchen bei der verfahrensrechtlichen Löschung nicht mitzuwirken.[531] *Wirtschaftliche* Folgen der Löschung haben dabei außer Betracht zu bleiben.[532] Demgegenüber wird angeführt, dass für den Wegfall einer u. U. mit dem Sondernutzungsrecht verbundenen Kostentragungspflicht nicht nur eine wirtschaftliche Beeinträchtigung anzunehmen sei.[533] Wegen der Gefahr, dass sich der Sondernutzungsberechtigte etwaigen aus dem Sondernutzungsrecht resultierenden Pflichten zur Instandhaltung und Kostentragung durch seine alleinige Löschungsbewilligung und dem anschließenden Untergang des dann lediglich schuldrechtlichen Sondernutzungsrechts bei einem Eigentumswechsel entziehen könnte, sei auch grundbuchrechtlich die Mitwirkung der übrigen Wohnungseigentümer erforderlich. Sie erführen mit dem Zuwachs der Kosten- und Lastentragungsverpflichtung eine u. U. für sie nachteilige Belastung. Die Kritik an der rein verfahrensrechtlichen Sichtweise berücksichtigt jedoch nicht hinreichend, dass der Sondernutzungsberechtigte auch sogleich sein noch mit dem Sondernutzungsrecht verbundenes Wohnungseigentum veräußern könnte, sich dadurch aber ebensowenig der ihn treffenden vertraglichen Verpflichtungen aus der Bestellung eines Sondernutzungsrechtes entledigen könnte. Sondernutzungsrecht und Kostentragungsvereinbarung dürfen in der Gesamtschau nur als einheitliche Vereinbarung im Rechtssinne gesehen werden, die dem Berechtigten eine – insgesamt gesehen – rechtliche, bisher so nicht vorhandene Nutzungsmöglichkeit am gemeinschaftlichen Eigentum mit der Möglichkeit zur Durchsetzung gegenüber Sondernachfolgern anderer Wohnungeigentümer einräumt. Ein „Zerlegen" dieser Gesamtvereinbarung in einzelne, dann separat gewürdigte Segmente muss als unzulässig abgelehnt werden. Darüber hinaus dürfte für die Dauer der Zugehörigkeit zur Gemeinschaft wohl ein Anspruch der übrigen Wohnungseigentümer auf Wiedereintragung der materiell-rechtlich noch fortbestehenden Regelung gegeben sein, der seitens der von der Eintragung verfahrensrechtlich betroffenen übrigen Wohnungseigentümer auch durch erneute Grundbucheintragung des Vermerkes über das Sondernutzungsrecht ohne Mitwirkung des Sondernutzungsberechtigten (§ 19 GBO) verwirklicht werden könnte. Die Löschung im Grundbuch begründet nämlich – anders als die materielle Aufhebungsvereinbarung – noch nicht einen Rechtszuwachs bei den übrigen Wohnungseigentümern; sie beseitigt lediglich die „dingliche Wirkung" des Sondernutzungsrechtes, nicht aber das schuldrechtliche Sondernut-

---

[529] Vgl. Rn. 383 ff.; ebenso *H. Müller* ZMR 2000, 473, 475.

[530] *Demharter* FGPrax 1996, 6, 7.

[531] BGHZ 145, 133 = NJW 2000, 3643 = Rpfleger 2001, 69; *Böhringer* NotBZ 2003, 285, 294, *Demharter* Anh zu § 3 Rn. 82; *Hogenschurz* Das Sondernutzungsrecht nach WEG § 5 Rn. 2; *Schneider* Rpfleger 1998, 53 f., 56.

[532] BGHZ 91, 343 = NJW 1984, 2409 = Rpfleger 84, 408; BGHZ 66, 341 = DNotZ 1976, 490; *Böhringer* MDR 2000, 758; *Demharter* FGPrax 1996, 6; *Schneider* Rpfleger 1998, 53, 56; *Röll* ZWE 2000, 343; a. A. *Egerland* NotBZ 2000, 157 f. und *Häublein* ZMR 2001, 120, 122.

[533] *Bärmann/Wenzel* § 13 Rn. 132; *Häublein* ZMR 2001, 120; *Ott* ZMR 2002, 7; *Demharter* WM 2001, 103 f. unter Abweichung seiner noch in FGPrax 1996, 6 vertretenen Auffassung.

zungsrecht selbst. Bis zum Abschluss einer materiell-rechtlichen Aufhebungsvereinbarung ist weiterhin vom unveränderten Fortbestand des Gebrauchsentzuges auszugehen.

Zur Löschung des Vermerkes über ein Sondernutzungsrecht im Grundbuch ist materiell-rechtlich die **Zustimmung der dinglichen Einzelberechtigten** an der verlierenden Einheit entsprechend § 5 Abs. 4 S. 2 u. 3 WEG § 876, § 877 BGB und verfahrensrechtlich deren Bewilligung gem. § 19 GBO erforderlich, da sich die Löschung des Vermerkes nach h. M. als Inhaltsänderung der Sondereigentumsrechte darstellt. Die Zustimmung von Grundpfandrechtsgläubigern zur Löschung wird auch nicht deshalb gem. § 5 Abs. 4 S. 3 WEG entbehrlich, weil mit der Aufhebungsvereinbarung zugleich Sondernutzungsrechte neu begründet werden.[534] Die eng auszulegende Ausnahmeregelung des S. 3 bezieht sich nämlich ausschließlich auf Begründungsvorgänge.[535] Ggf. kann aber nach landesrechtlichen Bestimmungen eine Ersetzung der erforderlichen Zustimmung durch ein **Unschädlichkeitszeugnis** in Betracht kommen.[536] Dinglich Berechtigte an den von der Nutzung ausgeschlossenen Einheiten brauchen nicht zuzustimmen, da schon deren Eigentümer rechtlich nicht betroffen sind. Fordert man für die Eintragung der Löschung eines Sondernutzungsrechtes im Grundbuch wegen des Wegfalles einer vereinbarten Kostentragungpflicht die verfahrensrechtliche Mitwirkung aller anderen Wohnungseigentümer (s. o.), so müßten konsequenterweise auch deren dinglich Berechtigte einer Aufhebung zustimmen. 443

Die Löschungsbewilligung sowie etwaig erforderlich werdende Zustimmungserklärungen bedürfen der grundbuchmäßigen **Form** des § 29 GBO; Unterschriftsbeglaubigung ist dabei ausreichend. Die **Grundbucheintragung** hat in sämtlichen Grundbüchern der betreffenden Wohnungseigentumsserie zu erfolgen.[537] 444

e) **Keine Beendigungstatbestände.** *aa) Verzicht auf ein Sondernutzungsrecht.* Materiellrechtlich kann auf ein Sondernutzungsrecht nicht durch **Aufgabeerklärung** des Berechtigten gem. § 875 BGB verzichtet werden, weil dies ansonsten zu einer einseitigen Änderung der Gemeinschaftsverhältnisse führen würde.[538] 445

Auch ein **Ausübungsverzicht** des Sondernutzungsberechtigten[539] steht der Aufhebung eines Sondernutzungsrechts mit Löschung im Grundbuch nicht gleich. Wegen der nur schuldrechtlichen Wirkung bietet der Verzicht nämlich nicht die gleiche Gewähr für eine dauerhafte Regelung.[540] 446

bb) Entziehung eines Sondernutzungsrechts. Gegen den Willen des Sondernutzungsberechtigten ist eine Entziehung des Sondernutzungsrechts nicht möglich. Für einen Mehrheitsbeschluss fehlt der Eigentümergemeinschaft die Beschlusskompetenz.[541] Auch die faktische Entziehung der Ausübungsmöglichkeit durch einen Mehrheitsbeschluss entspricht deshalb nicht ordnungsgemäßer Verwaltung.[542] 447

---

[534] OLG München Beschl. v. 19. 5. 2009 – 34 Wx 36/09 – mit Anm. *Häublein* jurisPR 16/2009 Anm. 5.

[535] Ebenso *Hogenschurz* Das Sondernutzungsrecht nach WEG § 5 Rn. 16.

[536] OLG Hamm FGPrax 2004, 206; wegen der nach hier vertretener Ansicht fortbestehenden Anwendbarkeit auf inhaltliche Veränderungen des Wohnungseigentums s. Rn. 306.

[537] *Böhringer* NotBZ 2003, 285, 295; *Demharter* WuM 2001, 103; *Ertl* Rpfleger 1979, 81, 83 f.; *Schneider* Rpfleger 1998, 53, 56; insoweit bzgl. einer Löschung zumindest mißverständlich OLG Frankfurt NZM 2008, 214.

[538] BGHZ 145, 133 = NJW 2000, 3643 = Rpfleger 2001, 69; OLG Düsseldorf DNotZ 1996, 674 mit zust. Anm. *Lüke/Becker;* a. A. noch LG Augsburg MittBayNot 1990, 175; *Streblow* MittRhNotK 1987, 141, 157.

[539] OLG Schleswig ZWE 2002, 427.

[540] *Hogenschurz* Das Sondernutzungsrecht nach WEG § 5 Rn. 15.

[541] BGHZ 145, 158 = NJW 2000, 3500 = Rpfleger 2001, 19; OLG Düsseldorf WuM 2003, 584; *Hogenschurz* Das Sondernutzungsrecht nach WEG § 5 Rn. 26.

[542] BayObLG ZMR 2005, 383; OLG Köln NZM 2002, 612.

448 *cc) Verwirkung eines Sondernutzungsrechtes.* Als Inhalt des Sondereigentums im Grundbuch vermerkte Sondernutzungsrechte können nach überwiegender Auffassung nicht verwirkt werden, weil sie insoweit einem dinglichen Recht gleich stehen (vgl. § 902 BGB).[543] Allenfalls kann ein auf das Recht gestützter Anspruch, nicht aber dieses selbst verwirkt sein.[544] Dieser Grundsatz kann nur eingeschränkt sein, wenn die Rechtslage ansonsten „schlechthin unerträglich" wäre.[545] Geprüft werden muss dann allerdings, ob das verwirkte, aber im Grundbuch verlautbarte Sondernutzungsrecht nicht in der Zwischenzeit gutgläubig erworben wurde.[546]

449 Für nicht im Grundbuch verlautbarte Sondernutzungsrechte kann eine Verwirkung in Betracht kommen.[547]

450 **f) Anspruch auf Aufhebung eines Sondernutzungsrechts.** Ein Anspruch auf Aufhebung eines bestehenden Sondernutzungsrechts kann für alle übrigen oder auch nur einzelne Wohnungseigentümer aus §§ 10 Abs. 2 S. 3 WEG (Unbilligkeit einer Regelung aus schwerwiegenden Gründen im Einzelfall) oder aus § 242 BGB (Treu und Glauben) resultieren. Rechtlich handelt es sich dann um einen **Anspruch** gegen den Sondernutzungsberechtigten **auf Erteilung der Zustimmung zur Aufhebung des Sondernutzungsrechts.** Wie die Rechtsprechung zeigt, kann ein solcher Anspruch nur als **ultima ratio** in Betracht kommen[548] und besteht regelmäßig nur gegen Zahlung einer angemessenen finanziellen Entschädigung[549] („Aufopferungsanspruch").

451 **Beispiele** aus der Rechtsprechung:

452 • Keine Aufhebung, sondern lediglich leihweises Zurverfügungstellen einer Sondernutzungsfläche zwecks Herstellung eines bauordnungsmäßig erforderlichen **Kinderspielplatzes** gegen Entschädigungzahlung mangels auf Dauer ausgerichteter Vereinbarung[550]

453 • Keine Aufhebung, sondern lediglich Überlassung einer einzig in Frage kommenden Sondernutzungsfläche für baurechtlich vorgeschriebene **Besucherparkplätze** gegen Entschädigungszahlung.[551]

454 • Grundsatzlich nur eine Gebrauchsüberlassung von Sondernutzungsflächen gegen Zahlung eines Nutzungsentgelts, nicht aber die Aufgabe der Sondernutzungsrechte gegen eine einmalige Zahlung, wenn eine Überlassungsverpflichtung für öffentlich-rechtlich vorgeschriebene **Besucherparkplätze** besteht.[552]

455 • Keine Aufhebung, sondern lediglich vorübergehende Duldung der Nutzung von Pkw-Stellplätzen auf Sondernutzungsflächen durch andere Wohnungseigentümer gegen Zahlung eines finanziellen Ausgleichs bis zur Fertigstellung einer geplanten Tiefgarage.[553]

456 • Ein Beschluß der Wohnungseigentümer, das Sondernutzungsrecht an zwei oberirdischen Kfz-Stellplätzen gegen Bezahlung zu erwerben, um darauf zusätzlich erforderliche Müllbehälter abzustellen, kann den Grundsätzen einer ordnungsmäßigen Verwaltung entsprechen.[554]

457 • Keinen Eingriff in ein Sondernutzungsrecht, wenn den öffentlich-rechtlichen Vorgaben auch ohne einen derartigen Eingriff entsprochen werden kann.[555]

---

[543] OLG Hamburg ZMR 2003, 522; *Bärmann/Wenzel* § 13 Rn. 104; BeckOK/*Timme/Dötsch* § 15 Rn. 291; *Riecke/Schmid/Abramenko* § 13 Rn. 51.

[544] A. A. OLG Celle NZM 2007, 840; OLG Köln WuM 1996, 292 = NJW-RR 1996, 1419 Ls.; *v. Rechenberg/Hildebrand* WE 2004, 129.

[545] So BGH NJW 2007, 2183 für Grundstückseigentum.

[546] Von OLG Celle NZM 2007, 840 übersehen; *Bärmann/Wenzel* § 13 Rn. 107 Fn. 352; BeckOK/*Timme/Dötsch* § 15 Rn. 291.

[547] *Bärmann/Wenzel* § 13 Rn. 104.

[548] *Hogenschurz* Das Sondernutzungsrecht nach WEG § 5 Rn. 18.

[549] OLG Hamburg ZMR 2004, 933; KG ZWE 2000, 138; BayObLG NJW-RR 1998, 876.

[550] KG ZMR 1999, 356.

[551] BayObLG FGPrax 2002, 57.

[552] BayObLG NZM 2004, 713.

[553] OLG Hamburg ZMR 2004, 933.

[554] BayObLG NZM 1998, 978.

[555] BayObLG ZMR 2005, 383.

Besteht ein Anspruch auf Einschränkung oder Aufhebung eines Sondernutzungsrechts, ist die **Mitwirkung von Drittberechtigten** beim Vollzug entbehrlich. Die dinglich Berechtigten haben an der betreffenden Einheit ihre Rechtsstellung bereits von Anfang an mit dieser Anpassungsverpflichtung belastet erlangt; sie ist quasi im Inhalt des Sondereigentums mitenthalten.[556] Der **Nachweis** der Entbehrlichkeit von Zustimmungserklärungen kann für die dinglich Berechtigten demnach durch Vorlage der rechtskräftigen Entscheidung beim Grundbuchgericht geführt werden (vgl. § 894 ZPO). Hinsichtlich aller übrigen dinglich Berechtigten an Einheiten, für die eine Eigentümerzustimmung nicht ersetzt werden musste, muss es mangels Prüfungsmöglichkeit des Grundbuchgerichts bei den genannten Bewilligungserfordernissen verbleiben.[557] 458

13. Ansprüche bei Störung oder unzulässiger Nutzung des Sondernutzungsrechts

Die Ansprüche bei Störung oder einer unzulässigen Nutzung des Sondernutzungsrechts unterscheiden sich nicht wesentlich von den Ansprüchen bei Störung des Sondereigentums oder bei dessen unzulässiger Nutzung.[558] 459

a) Störung. Der Sondernutzungsberechtige kann bei Störungen seines Sondernutzungsrechts aus § 1004 BGB **Unterlassung** verlangen.[559] Richtet sich der Anspruch gegen Miteigentümer der Gemeinschaft, kann auch § 280 BGB in Betracht kommen. Bei bereits erfolgten Störungen steht ihm ein **Beseitigungsanspruch** zu.[560] 460

Weiterhin können besitzrechtliche Ansprüche aus verbotener Eigenmacht,[561] deliktische oder Ansprüche aus ungerechtfertigter Bereicherung etwa auf Herausgabe von Gebrauchsvorteilen bestehen.[562] 461

b) Unzulässige Nutzung. Überschreitet der Sondernutzungsberechtigte den Umfang des ihm eingeräumten Sondernutzungsrechts, bestehen zur Wiederherstellung des ordnungsgemäßen Zustandes Beseitigungs- und Unterlassungsansprüche aus § 1004 BGB sowie Schadensersatzansprüche nach Deliktsrecht.[563] Unterbleibt die Geltendmachung eines Anspruchs auf Beseitigung eines unzulässig errichteten Bauwerks (z.B einer Halle auf einer als Sondernutzungsrecht eingeräumten Hoffläche), so steht den übrigen Wohnungseigentümern trotz des eingeräumten Sondernutzungsrechts ein entsprechender Anteil am Erlös aus einer Vermietung des Bauwerks zu.[564] 462

c) Durchsetzung der Ansprüche. Wegen der gerichtlichen Durchsetzung der genannten Ansprüche s. Teil E. 463

---

[556] OLG Hamburg FGPrax 1995, 31; BayObLG NJW-RR 1987, 714.
[557] Ebenso *Staudinger/Kreuzer* § 10 Rn. 55 f.
[558] HandbuchWEG/*Götz* § 1 Rn. 197.
[559] BayObLG NJW-RR 1987, 1041.
[560] BayObLG NJW-RR 1990, 1106.
[561] OLG Düsseldorf ZMR 2001, 217; KG ZWE 2000, 138; *Riecke/Schmid/Abramenko* § 13 Rn. 45.
[562] BayObLG NJW-RR 1998, 876.
[563] BayObLG NZM 2001, 672; OLG Hamm FGPrax 1998, 140; *Riecke/Schmid/Abramenko* § 13 Rn. 46.
[564] OLG Düsseldorf NJW-RR 1987, 1163.

IV. Veräußerungsbeschränkung nach § 12 WEG

1. Gesetzliche Regelung

464 Das Sondereigentum ist grundsätzlich frei veräußerlich. Jedoch lässt § 12 WEG abweichend von der Grundnorm des § 137 BGB[1] zu, dass eine Veräußerung nur mit **Zustimmung** der Gemeinschaft oder eines Dritten wirksam ist. Ohne entsprechende Zustimmung sind dann sowohl der abgeschlossene schuldrechtliche Vertrag als auch die erklärte Auflassung gemäß § 12 Abs. 3 WEG schwebend **unwirksam.** Bleibt eine Veräußerungsbeschränkung unbeachtet, wird das Grundbuch durch die Eintragung des Erwerbers als Eigentümer unrichtig.[2]

465 Die Zustimmung darf nur aus **wichtigem Grund** verweigert werden. Diese Bestimmung des § 12 Abs. 2 WEG ist – auch mit Rücksicht auf Art. 14 GG[3] – zwingendes Recht.[4] Dies ist sowohl bei der näheren Gestaltung der Regelung über die Veräußerungsbeschränkung als auch bei der Erteilung bzw. Verweigerung einer erforderlichen Zustimmung zu beachten. Der Begriff des wichtigen Grundes ist ein unbestimmter Rechtsbegriff. Dessen Ausfüllung im Einzelfall ist eine Rechtsfrage und damit gerichtlich in jeder Instanz in vollem Umfang nachprüfbar.[5]

466 § 12 WEG vermittelt die Möglichkeit, bestimmte Personen von der Gemeinschaft fernzuhalten. Für die Verweigerung der Zustimmung kann es angesichts dieser Zielsetzung auf Gründe in der Person des Veräußerers (z. B. rückständige Wohngeldzahlungen) nicht ankommen. Es kommen nur Gründe in der Person des Erwerbers oder aus seinem Umfeld in Betracht, die erwarten lassen, dass die Rechte der übrigen Wohnungseigentümer künftig nicht beachtet werden,[6] insbesondere eine **persönliche** oder **finanzielle Unzuverlässigkeit** des Erwerbers.[7] Nur schwer wiegende und nachhaltige Gründe sind anzuerkennen; Unzuträglichkeiten, persönliche Spannungen und Vorkommnisse, wie sie in jedem Gemeinschafts- und Nachbarverhältnis immer wieder mal auftreten, sind nicht hinreichend. Die Anforderungen, die § 18 WEG für die Entziehung des Wohnungseigentums stellt, müssen im Rahmen des § 12 Abs. 2 WEG jedoch nicht erfüllt sein.[8]

467 § 12 Abs. 2 WEG hindert Wohnungseigentümer allerdings nicht daran, sich **schuldrechtlich** zu verpflichten, über ihr Wohnungseigentum nur mit Zustimmung der anderen Eigentümer oder eines Dritten zu verfügen, ohne dass für die Verweigerung der Zustimmung ein wichtiger Grund vorliegen muss.[9] Insofern gilt § 137 Satz 2 BGB. Die Beweislast für das Bestehen und den Inhalt einer entsprechenden schuldrechtlichen Verpflichtung trifft denjenigen, der sich auf sie beruft.[10] Zur Sicherung einer solchen schuldrechtlichen Verpflichtung kommt die Vereinbarung eines Anspruchs auf Übertragung des Sondereigentums in Betracht, der durch Vormerkung gemäß § 883 BGB gesichert werden kann. Ein solcher Anspruch kann über den Anwendungsbereich des § 12 WEG hinaus auf andere Fälle der Rechtsnachfolge, z. B. aufgrund Vererbung, erweitert werden. Denkbar ist auch eine Sicherung der Interessen der Miteigentümer durch ein dingliches

---

1 OLG München ZfIR 2006, 778.
2 Vgl. OLG Hamm DNotZ 1967, 686.
3 OLG Hamm NJW-RR 1989, 974.
4 OLG München 20. 9. 2006 ZfIR 2006, 778; hierzu auch *Wenzel* IMR 2007, 57.
5 OLG Zweibrücken ZfIR 2006, 115; BayObLG NJW-RR 2002, 659.
6 OLG Zweibrücken ZfIR 2006, 115; BayObLG NJW-RR 2002, 659.
7 BayObLG DNotZ 1992, 229.
8 BayObLG NJW-RR 2002, 659.
9 OLG München ZfIR 2006, 778.
10 OLG München ZfIR 2006, 778.

Vorkaufsrecht gemäß § 1094 Abs. 1 oder Abs. 2 BGB oder durch ein – durch Vormerkung gesichertes und evtl. auch preislimitiertes – schuldrechtliches Vorkaufsrecht gemäß §§ 463 ff. BGB; ein Vorkaufsrecht kann allerdings nur bei einem Verkauf ausgeübt werden und erfasst somit nicht alle denkbaren Veräußerungsfälle.

2. Regelung der Veräußerungsbeschränkung

Eine Veräußerungsbeschränkung im Sinne des § 12 WEG kann bei Begründung des Wohnungs- und Teileigentums oder nachträglich vereinbart werden. Es handelt sich um eine **Vereinbarung** nach § 10 Abs. 2, 3 WEG, die mit Eintragung im Grundbuch rechtswirksam wird. 468

Eine Erweiterung des Zustimmungsvorbehalts auf die Veräußerung eines **Sondernutzungsrechts** ist möglich,[11] in der Regel aber wohl wenig sinnvoll. Da die Übertragung eines Sondernutzungsrechts nur innerhalb der Gemeinschaft möglich ist, kann man den betreffenden Erwerber nicht mehr von der Gemeinschaft fernhalten kann. 469

Andere Zustimmungsvorbehalte, zum Beispiel zu einer **Vermietung** oder einer **Unterteilung** des Wohnungseigentums,[12] sind keine Fälle des § 12 WEG, sondern Vereinbarungen nach § 10 Abs. 3 WEG (deren Aufhebung durch Beschluss entsprechend § 10 Abs. 4 WEG ist demnach nicht möglich).[13] 470

a) **Zweckmäßigkeit.** Ob eine Veräußerungsbeschränkung im Sinne des § 12 WEG für die Miteigentümer und die Eigentümergemeinschaft viel Sinn macht, ist fraglich. Die Voraussetzungen dafür, einen Erwerber abzulehnen, werden in den seltensten Fällen vorliegen; und selbst da, wo sie vorliegen, wird man von ihnen meistens keine hinreichende Kenntnis haben. Der eigentliche Zweck der Regelung wird sich in der Praxis daher kaum realisieren lassen. Es bleiben eher sekundäre Zwecke; insbesondere kann aus Sicht der Verwaltung nur so sichergestellt werden, von einer Veräußerung und damit vom späteren Ansprechpartner **Kenntnis** zu erhalten. 471

Den – kaum nennenswerten – Vorteilen stehen greifbare **Nachteile** gegenüber. Dies gilt zunächst hinsichtlich der durch das Zustimmungserfordernis ausgelösten Kosten: 472

Die **Kosten** des abgeschlossenen Vertrags erhöhen sich in der Regel um eine 5/10-Gebühr gemäß § 146 KostO. 473

- Die **Verwalterzustimmung** selbst löst mindestens eine 1/4-Gebühr gemäß § 45 KostO aus dem Kaufpreis aus (höchstens € 130,–), höhere Kosten dann, wenn ein Notar hierzu auftragsgemäß einen Entwurf zu fertigen hat.
- Für den erforderlichen Nachweis der **Verwaltereigenschaft** fallen Beglaubigungskosten an (in der Regel 1/4-Gebühr gemäß § 45 KostO, höchstens € 130,–, für jede erforderliche Beglaubigung).
- Hinzu kommen regelmäßig laut Verwaltervertrag für die Zustimmung geschuldete **Honorare,** wobei bis zu € 150,– als angemessen angesehen werden.[14]

Ob die geringen Vorteile schon angesichts dieser Kosten (bei einem Kaufpreis/Wert der Wohnung von € 150 000 in der Regel mindestens ca. € 100 zuzüglich Auslagen, Umsatzsteuer und Verwalterhonorar) die Veräußerungsbeschränkung rechtfertigen, erscheint sehr zweifelhaft. 474

Weitere Nachteile der Veräußerungsbeschränkung sind darin zu erkennen, dass sich dadurch aus Sicht des veräußernden Eigentümers die Fälligkeit des Kaufpreises verzögern kann. In diesem Zusammenhang kann der zögerliche Verwalter und auch die Eigentümergemeinschaft, wenn sie nicht für die zügige Erteilung der Zustimmung in der er- 475

---

[11] BGH DNotZ 1979, 169, 171 mit Anm. *Ertl.*

[12] BGHZ 49, 250.

[13] *Bärmann/Wenzel,* WEG, § 12 Rn. 22.

[14] *Palandt/Bassenge* § 12 WEG Rn. 6.

forderlichen Form Sorge getragen hat, **schadensersatzpflichtig** sein. Dies gilt erst recht, wenn eine Zustimmung zu Unrecht verweigert wird.[15]

476 Tatsächlich wird die Veräußerungsbeschränkung in der Praxis – insbesondere wegen der Kosten und möglichen Verzögerungen – meistens eher als **Ärgernis** empfunden. Der Gesetzgeber hat dem mit der durch § 12 Abs. 4 WEG erleichterten Beseitigung des Zustimmungsvorbehalts Rechnung getragen und damit gleichzeitig zum Ausdruck gebracht, dass die Veräußerungsbeschränkung nur eine geringere Bedeutung hat.

477 Zuweilen werden Veräußerungsbeschränkungen mit dem **mittelbaren Zweck** vereinbart, darauf hinzuwirken zu können, dass Erwerber weitere Verpflichtungen, die gegenüber Dritten oder im Zusammenhang mit der Wohnanlage bestehen, übernehmen. Zu denken ist etwa an Fälle, in denen der Zustimmungsberechtigte darauf achten soll, dass
- neben dem Sondereigentum noch **weitere Grundstücke** (z. B. Wege) außerhalb der Anlage erworben werden sollten,
- ein Beitritt zu einem **Verein** oder einer **Gesellschaft,** denen die Bewirtschaftung der Anlage oder von Teilen der Anlage übertragen ist, geboten ist,
- dem Bauträger im Hinblick auf die abschnittsweise Errichtung der Wohnanlage zur späteren Verwirklichung der weiteren Unterteilung **Vollmachten** erteilt werden.

478 Ob in diesen Fällen ein wichtiger Grund für die Verweigerung der Zustimmung im Sinne des § 12 Abs. 2 Satz 1 anerkannt werden kann, ist fraglich.[16] Jedenfalls führen entsprechende Hinweise des Zustimmungsberechtigten – selbst wenn die Zustimmung sofort erteilt wird – oft zum angestrebten Erfolg.

479 **b) Zustimmungsberechtigter.** Nach § 12 Abs. 1 WEG kann bestimmt werden, dass es zu Veräußerung der Zustimmung anderer Wohnungseigentümer oder Dritter bedarf. Bei Kleinst- und Kleinanlagen kann die Zustimmung **jedes** anderen Wohnungseigentümers oder die **mehrheitliche** Zustimmung der anderen Wohnungseigentümer in Betracht gezogen werden. Die Regelung sollte insofern unmissverständlich formuliert werden.[17]

480 Als Dritter im Sinne des § 12 WEG wird jedenfalls bei größeren Anlagen meistens der Verwalter der Anlage bestimmt. In diesem Falle nimmt er kein eigenes Recht wahr sondern ein Recht der Wohnungseigentümer. Er handelt als deren **Treuhänder** in verdeckter (mittelbarer) Stellvertretung.[18]

481 **c) Wichtiger Grund.** Den Anforderungen des § 12 Abs. 2 Satz 1 WEG, wonach die Zustimmung nur aus wichtigem Grund versagt werden darf, ist Rechnung zu tragen. Ein weiter gehender Zustimmungsvorbehalt wäre gemäß § 134 BGB nichtig.[19] Eine entsprechende Bestimmung macht jedoch nicht die gesamte Regelung unwirksam (§ 139 BGB); vielmehr bleibt es auch dann bei dem Zustimmungserfordernis, beschränkt jedoch auf Fälle des wichtigen Grundes.[20] Wird vorgesehen, dass die Zustimmung auch aus nicht wichtigen Gründen verweigert werden darf oder dass eine Veräußerungsbeschränkung nur in nicht anzuerkennenden Fällen besteht, hat das Grundbuchamt die Eintragung abzulehnen.

482 Nicht anzuerkennen sind insofern beispielsweise Bestimmungen,
- nach denen eine Veräußerung an **Kinderreiche** oder an **Ausländer** ausgeschlossen oder eingeschränkt wird,[21]

---

[15] Vgl. OLG Düsseldorf ZMR 2003, 956.

[16] Vgl. zum zuletzt genannten Fall der Vollmachtserteilung bei der abschnittsweisen Errichtung der Wohnanlage *Bärmann/Wenzel* WEG § 12 Rn. 44 gegen *Hügel* DNotZ 2003, 517, 522 f.

[17] Zur Auslegung der Formulierung „Zustimmung der (anderen) Wohnungseigentümer" vgl. *Bärmann/Wenzel,* WEG, § 12 Rn. 23 (Mehrheit genügt) gegen *Palandt/Bassenge* § 12 Rn. 6 (Zustimmung aller).

[18] BGHZ 112, 240, 242; OLG Zweibrücken DNotZ 1989, 439.

[19] OLG München ZfIR 2006, 778.

[20] OLG München ZfIR 2006, 778.

[21] OLG Zweibrücken MittBayNot 1994, 44.

– mit denen die *Sicherung Dritter* erreicht werden soll wie etwa Sicherung eines **Belegungsrechts** („Beschränkung auf die Veräußerung an Personen, die nach den Bestimmungen des Bergarbeiterwohnungsbaugesetzes wohnungsberechtigt sind")[22] oder eines **Vorkaufsrechts,** z. B. eines anderen Wohnungseigentümers (insbesondere liegt ein Vorkaufsfall erst nach Rechtswirksamkeit des Vertrags vor, was die Erteilung der Zustimmung voraussetzt).[23]

d) **Privilegierte Veräußerungen.** In der Praxis werden Veräußerungsbeschränkungen häufig eingeschränkt. Entsprechende Einschränkungen müssen dem grundbuchrechtlichen Bestimmtheitsgrundsatz genügen.[24] Typische Privilegierungsfälle sind 483

- die **Erstveräußerung** durch den teilenden Eigentümer. Nach der Entscheidung des BGH vom 21. 2. 1991[25] bedarf es der Zustimmung auch für die Erstveräußerung durch denjenigen, der das Grundstück gem. § 8 WEG in Wohnungseigentum aufgeteilt hat, insbesondere auch für den Bauträger, wenn sich nicht aus Teilungserklärung oder Gemeinschaftsordnung ausdrücklich etwas anderes ergibt. Der BGH hat damit gegen die bis dahin herrschende Meinung entschieden; der Gesetzgeber hat Altfälle mit § 61 WEG geheilt. 484
- Veräußerungen an **Ehegatten** oder **Verwandte** in gerader Linie.[26] Damit werden auch Veräußerungen zwischen Ehegatten im Zusammenhang mit der Scheidung privilegiert, selbst wenn die Auflassung erst nach Scheidung vollzogen wird.[27] Hingegen bedarf es der Zustimmung auch im Falle der Veräußerung an eine Gesellschaft bürgerlichen Rechts, die ausschließlich aus Personen aus dem betreffenden Personenkreis besteht.[28] 485
- Veräußerungen im Wege der **Zwangsvollstreckung** oder durch den **Insolvenzverwalter**[29] (in Abweichung von § 12 Abs. 3 Satz 2 WEG). 486
- Veräußerungen in den Fällen des **§ 19 WEG.**[30] 487

e) **Zustimmung dinglich Berechtigter.** Jedenfalls seit dem 1. 7. 2007 bedarf es wegen § 5 Abs. 4 WEG zur Vereinbarung einer Veräußerungsbeschränkung nicht der Zustimmung dinglich Berechtigter, insbesondere von Grundpfandrechtsgläubigern. 488

Vorher war dies, auch wenn die Veräußerungsbeschränkung bei der Begründung des Wohnungs- und Teileigentums erfolgt, zweifelhaft. Denn in Folge des § 12 Abs. 3 Satz 2 WEG kann hierin eine Verschlechterung der Rechtsposition des Gläubigers erkannt werden.[31] Entbehrlich war die Zustimmung des **Grundpfandrechtsgläubigers** allerdings jedenfalls dann, wenn – wie üblich – Veräußerungen im Wege der Zwangsvollstreckung aus einem eingetragenen Grundpfandrecht vom Zustimmungserfordernis freigestellt werden. 489

f) **Eintragung des Vorbehalts im Grundbuch.** Eine Veräußerungsbeschränkung ergibt sich regelmäßig unmittelbar aus dem **Bestandsverzeichnis** des Grundbuchs. Sie muss dort gem. § 3 Abs. 2 der Verordnung über die Anlegung und Führung der Wohnungs- und Teileigentumsgrundbücher[32] eingetragen werden. Gegebenenfalls ist dort auch vermerkt, ob bestimmte Veräußerungen von der Beschränkung ausgenommen sind; sie werden 490

---

[22] ByObLG MittBayNot 1984, 88.
[23] OLG Hamm NJW-RR 1989, 974.
[24] LG Duisburg ZMR 2007, 145 m. Anm. *Schneider.*
[25] BGH DNotZ 1991, 888.
[26] Die Formulierung „Angehörige i. S. d. § 18 WoFG" würde dem Bestimmtheitserfordernis nicht genügen, LG Duisburg ZMR 2007, 145 mit Anm. *Schneider.*
[27] OLG Schleswig RPfleger 1994, 19; KG NJW-RR 1997, 78.
[28] OLG München DNotZ 2007, 950.
[29] Vgl. OLG München DNotZ 2007, 950.
[30] Vgl. OLG München DNotZ 2007, 950.
[31] *Bärmann/Wenzel,* WEG, § 12 Rn. 7.
[32] Verordnung i. d. F. v. 24. 1. 1995 (BGBl. I S. 134).

gegebenenfalls ausdrücklich aufgeführt. Es muss nicht ausdrücklich vermerkt sein, dass die Zustimmung nur aus wichtigem Grund verweigert werden darf.[33]

491 Die ausdrückliche Verlautbarung im Bestandsverzeichnis ist jedoch für die Wirksamkeit einer Veräußerungsbeschränkung nach herrschender Meinung **nicht konstitutiv.** Der Verstoß gegen eine grundbuchverfahrensrechtliche Ordnungsvorschrift könne nicht die Unwirksamkeit der betreffenden Bestimmung zur Folge haben. Es genüge (auch wenn dies die Rechtssicherheit erheblich beeinträchtigt), dass sie als Bestandteil der Gemeinschaftsordnung durch Bezugnahme auf die Eintragungsbewilligung in das Grundbuch eingetragen ist.

492 Fehlt es an einer entsprechenden Grundbucheintragung (auch mittels Bezugnahme), besteht zwar keine Veräußerungsbeschränkung im Sinne des § 12 WEG. In diesen Fällen ist jedoch denkbar, dass eine entsprechende **schuldrechtliche Beschränkung** zwischen den Beteiligten besteht (vgl. Rn. 467).

3. Veräußerung

493 **a) Tatbestand der Veräußerung.** Eine Veräußerung ist die rechtsgeschäftliche Übertragung des Wohnungs- oder Teileigentums unter Lebenden. Keiner Zustimmung bedarf es daher für einen Eigentumsübergang kraft Gesetzes, etwa durch **Erbfolge** (wohl aber die Übertragung im Rahmen einer Erbauseinandersetzung oder in Erfüllung eines Vermächtnisses), bei Vereinbarung des Güterstands der **Gütergemeinschaft,** durch Zuschlag in der **Zwangsversteigerung** oder für den Erwerb im Wege einer **Erbteilsabtretung.**

494 Ist eine **Gesellschaft** Eigentümerin, ist eine Änderung im Gesellschafterbestand nicht wegen eines Vorbehalts nach § 12 WEG zustimmungsbedürftig. Gegenstand entsprechender Verträge ist allein Beteiligung,[34] nicht der Grundbesitz der Gesellschaft.[35] Auch wenn das Gesellschaftsvermögen ausschließlich aus der betreffenden Wohnung besteht, bedarf es für die Übertragung der Beteiligung und die entsprechende Grundbuchberichtigung nicht der Zustimmung nach § 12 WEG.[36]

495 § 12 WEG setzt schon nach seinem Wortlaut eine **Wohnungseigentümergemeinschaft** voraus. Wird eine Wohnung zu einem Zeitpunkt verkauft, zu dem die Wohnungsgrundbücher noch nicht angelegt sind, bedarf es zu diesem Vertrag keiner Zustimmung, auch wenn in der Gemeinschaftsordnung eine Veräußerungsbeschränkung vorgesehen ist.[37] Für die – notwendig nach Anlegung der Grundbuchblätter und damit nach Wirksamwerden der Veräußerungsbeschränkung – erfolgende Eigentumsumschreibung ist allerdings auch in diesen Fällen die Zustimmung erforderlich. Maßgebend ist insofern der Zeitpunkt, zu dem das Grundbuchamt die entsprechende Eintragung vornimmt.

496 Sowohl für den schuldrechtlichen Vertrag als auch für die Auflassung bedarf es der Zustimmung, wenn die Veräußerung in einer **werdenden Eigentümergemeinschaft** (also mit Eintragung einer Auflassungsvormerkung am betreffenden Wohnungs- oder Teileigentum und vor Besitzübergabe auf einen Erwerber) erfolgt.[38]

497 Wird eine Veräußerungsbeschränkung nachträglich vereinbart und erfolgt die Veräußerung zwar zeitlich danach aber vor entsprechender Eintragung im Grundbuch, ist keine Zustimmung erforderlich. In solchen Fällen kann allenfalls eine schuldrechtlich wirkende Veräußerungsbeschränkung (vgl. Rn. 467) bestehen.

498 **b) Vertragsgestaltung.** Zur Eintragung der **Auflassungsvormerkung** bedarf es nicht der Zustimmung nach § 12 WEG. Eine Vormerkung zur Sicherung des Eigentumsverschaf-

---

[33] OLG München ZfIR 2006, 778.
[34] OLG München DNotZ 2007, 950.
[35] OLG Hamm MittBayNot 1999, 152, 153.
[36] OLG München DNotZ 2007, 950.
[37] *Bärmann/Wenzel,* WEG, § 12 Rn. 10.
[38] *Bärmann/Wenzel,* WEG, § 12 Rn. 10.

fungsanspruchs kann auch aufgrund eines schwebend unwirksamen Vertrags eingetragen werden.

Da die Zustimmung nach § 12 WEG Wirksamkeitsvoraussetzung für den Vertrag und dieser bis zu deren Erteilung schwebend unwirksam ist, sollte das Vorliegen der Zustimmung, soweit sie erforderlich ist, bei Kaufverträgen zur **Voraussetzung der Kaufpreisfälligkeit** gemacht werden. Dagegen mag sprechen, dass regelmäßig ein Rechtsanspruch auf die Zustimmung besteht und diese nur dann verweigert werden kann, wenn wichtige Gründe in der Person des Käufers vorliegen. Wer auf die Zustimmung als Fälligkeitsvoraussetzung verzichten will, hat den Zahlungsanspruch in der Weise als Vorauszahlungsvereinbarung zu gestalten, dass sie trotz der schwebenden Unwirksamkeit des Vertrags gilt.[39] **499**

Wird auf die „Zustimmung des Verwalters" abgestellt, genügt, sofern nichts anderes bestimmt ist, unabhängig davon, dass sie materiell-rechtlich ohne Einhaltung einer **Form** rechtswirksam ist, angesichts der Anforderungen des Grundbuchverfahrensrechts nur die in der Form des § 29 GBO erteilte Zustimmung.[40] **500**

Die Zustimmung nach § 12 WEG wird erst mit dem **Zugang** beim Veräußerer oder beim Erwerber wirksam (§ 183 Abs. 1 BGB). Der Vertrag sollte den Notar ausdrücklich ermächtigen, die Zustimmung für die Beteiligten einzuholen und entgegenzunehmen.[41] Andernfalls wäre der Zugang dem Grundbuchamt in der Form des § 29 GBO (durch Beglaubigung der Unterschrift unter eine entsprechende Erklärung des Veräußerers oder des Erwerbers) nachzuweisen. **501**

Sofern der Verwalter zustimmungsberechtigt ist, hat der Notar ggf. auch zu prüfen, dass der **wirkliche Verwalter** die Zustimmung erteilt. Insofern ist es hilfreich, wenn die Vertragsteile die Person des Verwalters in dem Veräußerungsvertrag ausdrücklich benennen. Damit ist der Notar in der Regel einer weiteren Prüfung enthoben. Wird der Beschluss der Wohneigentümer über die Bestellung des Verwalters aufgrund einer Anfechtungsklage für ungültig erklärt, verliert der Bestellte mit rückwirkender Kraft seine Verwalterstellung, so dass die von ihm erteilte Zustimmung unwirksam ist[42]. Sind dem Notar solche Umstände bekannt, wird er die Vertragsteile in der Beurkundung oder in der Fälligkeitsmitteilung auf die Unsicherheiten hinweisen. **502**

Zu beachten ist, dass neben der Zustimmung zum grundbuchmäßigen Vollzug der Auflassung auch der **Nachweis der Verwaltereigenschaft** in der Form des § 29 GBO erforderlich ist. Das spricht dafür, auch diesen Nachweis in der gehörigen Form als Fälligkeitsvoraussetzung vorzusehen. Dadurch würden in der Praxis allerdings nicht selten erhebliche Verzögerungen eintreten; gerade in kleineren Anlagen wird der entsprechende Nachweis oft nicht vorgehalten. Zudem verweisen Verwalter sehr häufig auf bereits bei dem Grundbuchamt liegende Nachweise ihrer Verwaltereigenschaft. Dies zeitnah zu verifizieren, wäre dem Notar oft kaum möglich, insbesondere wenn das betreffende Grundbuchamt nicht in der Nähe des Amtssitzes des Notars liegt und das Grundbuchamt nicht bereit ist, hierzu telefonisch Auskunft zu erteilen. Auf den Nachweis der Verwaltereigenschaft in der Form des § 29 GBO wird man daher in der Praxis eher verzichten. **503**

Im Rahmen der Vertragsgestaltung kaum lösbar ist das Problem, dass der Zustimmende, sei es ein anderer Wohnungseigentümer, sei es der Verwalter,[43] seine **Zustimmungsberechtigung** nach Erteilung der Zustimmung **verliert.** Hat etwa der richtige Verwalter die Zustimmung erteilt und verliert vor Eigentumsumschreibung das Amt, gilt **504**

---

[39] Vgl. BGH MittBayNot 1999, 278; BGH MittBayNot 1999, 558.

[40] Vgl. OLG Hamm NJW-RR 1989, 974.

[41] Der Auftrag zur Einholung der Zustimmung schließt die Bevollmächtigung zur Entgegennahme im Zweifelsfall ein, *Bärmann/Wenzel,* WEG, § 12 Rn. 32.

[42] KG JMR 2009, 274.

[43] *Bärmann*/Wenzel § 12 Rn. 38.

§ 185 BGB. Die Zustimmungsberechtigung muss auch noch bei Eigentumsumschreibung vorliegen.[44] Zum Vollzug der Auflassung bedarf somit der Zustimmung des neuen Verwalters. Weiß der Notar von einem anstehenden Verwalterwechsel, sollte er die Problematik mit den Beteiligten erörtern. Zur Vermeidung zusätzlichen Kostenaufwands kann erwogen werden, die Zustimmung erst einzuholen, wenn der neue Verwalter im Amt ist.

505 Stellt man nachträglich fest, dass eine erforderliche Zustimmung nicht wirksam erteilt war (z. B. weil die Veräußerungsbeschränkung – z.B. wegen fehlenden Vermerks im Grundbuch – übersehen wurde), stellt sich die Frage, ob dies nachgeholt werden kann. § 12 Abs. 3 WEG wird teilweise entnommen, die Zustimmung wirke nur ex nunc und könne daher nicht **rückwirkend** erteilt werden,[45] so dass die vollzogene Auflassung nicht geheilt werden könne. Nach der Gegenansicht, der zuzustimmen ist, gilt § 184 BGB.[46]

4. Die Zustimmung

506 **a) Form und Frist.** Zivilrechtlich ist die Zustimmungserklärung formfrei wirksam (vgl. § 182 Abs. 2 BGB). Für das Grundbuchverfahren ist sie aber nur hinreichend in der Form des § 29 GBO. Mit einer nur privatschriftlichen Zustimmungserklärung wird dieser Zweck nicht erreicht und die Verpflichtung zu deren Abgabe nicht erfüllt.[47]

507 Die Zustimmung ist **unverzüglich,** das heißt ohne schuldhaftes Zögern beizubringen. Im Hinblick auf die Zwecke der Zustimmung ist eine angemessene Frist anzuerkennen, um Erkundigungen über die Person des Erwerbers einholen zu können.

508 Ist die Zustimmung des Verwalters vorgesehen, bedarf es für das Grundbuchverfahren neben der Zustimmungserklärung auch des Nachweises der **Verwaltereigenschaft.** Daher sind bei Bedarf auch die entsprechenden Unterlagen beizubringen. Andernfalls haftet der Verwalter dem Veräußerer gegenüber.[48]

509 Die Zustimmung kann auch schon **vor der Veräußerung** erteilt werden (§ 183 BGB).[49] Dafür muss der Erwerber jedoch bereits bekannt sein.

510 Ist die Zustimmung durch den Verwalter vorgesehen, aber kein Verwalter bestellt, können gemäß § 27 Abs. 4 Satz 2 WEG **alle Wohnungseigentümer** die Zustimmung erteilen. Sie können auch gemäß § 27 Abs. 4 Satz 3 WEG durch Beschluss mit einfacher Mehrheit einen oder mehrere Wohnungseigentümer zur Vertretung ermächtigen.

511 Auch wenn ein Verwalter bestellt ist, können die **Eigentümer** weiterhin ihr Zustimmungsrecht wahrnehmen.[50] Grundsätzlich bedarf es dann der Zustimmung aller Wohnungseigentümer.[51] Jedenfalls dann aber, wenn sie dem Verwalter – ggf. nur für einen konkreten Einzelfall – die Vertretungsberechtigung entzogen haben, kann durch Beschluss die Vertretung durch einen oder mehrere Eigentümer mehrheitlich beschlossen werden.

512 Auch ein **gerichtlich bestellter Verwalter** kann die Zustimmung erteilen.[52]

513 Das Verbot des Selbstkontrahierens (**§ 181 BGB**) gilt für die Verwalterzustimmung nicht. Auch wenn der Verwalter selbst eine Wohnung veräußert, kann er rechtswirksam die Zustimmung hierzu erteilen.[53]

---

[44] OLG Celle NZM 2005, 260.
[45] *Bärmann/Wenzel* § 12 Rn. 40.
[46] *Hügel* DNotZ 2003, 517, 526.
[47] OLG Hamm NJW-RR 1989, 974.
[48] OLG Düsseldorf ZMR 2003, 956.
[49] BayObLG DNotZ 1992, 229.
[50] OLG Zweibrücken DNotZ 1989, 439.
[51] OLG Zweibrücken DNotZ 1989, 439; a. A. *Bärmann/Wenzel,* WEG, § 12 Rn. 23.
[52] KG JMR 2009, 274; OLG Hamm DNotZ 1967, 686 hat die Frage offen gelassen, die Vorinstanz hat sie verneint.
[53] OLG Düsseldorf NJW 1985, 390; *Sohn* NJW 1985, 3060; a. A. *Bärmann/Wenzel,* WEG, § 12 Rn. 27.

514 b) **Verweigerung der Zustimmung.** Eine erforderliche Zustimmung darf nur aus wichtigem Grund verweigert werden (vgl. Rn. 465, 481). Die **Darlegungs- und Beweislast** für das Vorliegen eines wichtigen Grundes im Sinne des § 12 Abs. 2 Satz 1 WEG trifft den Zustimmungsberechtigten.[54] Ihm steht insofern kein Ermessensspielraum zu. Ist dem Verwalter die Erteilung der Zustimmung übertragen, hat er bei der Entscheidung hierüber die Sorgfalt zu wahren, die der übernommene Pflichtenkreis erfordert (§ 276 BGB). Wenn nicht ganz besondere Gründe in Rede stehen, wird er die Erteilung der Zustimmung insbesondere nicht von einem Beschluss der Eigentümergemeinschaft abhängig machen können.[55] Wird eine Zustimmung zu Unrecht verweigert, kann der veräußerungswillige Eigentümer **Schadensersatz** verlangen[56] (nicht jedoch der Erwerber, weil dieser selbst keinen Anspruch auf Zustimmung hat).

515 Als **wichtige Gründe** sind anzuerkennen,

- dass zu erwarten ist, dass der Erwerber **Wohngeldzahlungen** nicht leisten wird. Indiz hierfür kann sein, dass er eine eidesstattliche Versicherung abgegeben hat;
- beim Erwerb einer Wohnung zum Zwecke der Ausübung der **Prostitution,**
- bei wiederholtem **gemeinschaftswidrigen Verhalten** des Erwerbers, so wenn dieser (im Fall der Lebensgefährte des Veräußerers) in der Vergangenheit durch provozierendes, beleidigendes und lärmendes Verhalten immer wieder Anlass zu Streitereien mit anderen Wohnungseigentümern bot.[57] Insofern kommt es nicht darauf an, ob der Erwerber bereits als Mieter oder Lebensgefährte eines Eigentümers in der Anlage lebt.

516 Es kann auch von Bedeutung sein, ob der **Erwerber bereits Eigentümer** einer anderen Wohnung in der Anlage ist. Der Grund des drohenden Wohngeldausfalls greift auch in diesem Fall durch, weil sich dadurch die Probleme der anderen Eigentümer vergrößern. Das Problem der sozialen Unverträglichkeit wird durch den Zuerwerb einer weiteren Wohnung hingegen in der Regel nicht größer.[58]

517 **Keine wichtigen Gründe** im Sinne des § 12 Abs. 2 WEG sind zum Beispiel

- der Ausgleich von **Wohngeldrückständen des Veräußerers,** da dies mit der Person des Erwerbers nicht zu tun hat,
- der Wunsch der **Vorauszahlung** von Wohngeld,
- die Einwilligung des Erwerbers in eine **Änderung** der Teilungserklärung oder der Gemeinschaftsordnung,
- die Übernahme der **Kosten der Zustimmung** durch den Veräußerer oder den Erwerber (soweit in der Gemeinschaftsordnung wirksam, vgl. Rn. 520, geregelt ist, dass diese Kosten vom Veräußerer zu tragen sind, kann hinsichtlich der Erklärung wohl ein Zurückbehaltungsrecht geltend gemacht werden).

518 c) **Verwaltereigenschaft.** Ist die Zustimmung vom Verwalter zu erteilen, ist die Verwaltereigenschaft ist in der Form des § 29 GBO nachzuweisen. Soweit sich diese nicht aus der Teilungserklärung/Gemeinschaftsordnung ergibt, ist der Nachweis durch Vorlage eines Protokolls über den Beschluss über die Bestellung zu führen (§§ 26 Abs. 4, 24 Abs. 6 WEG), das vom Vorsitzenden der Eigentümerversammlung und einem Wohnungseigentümer und, falls ein Verwaltungsrat bestellt ist, auch von dessen Vorsitzenden oder Vertreter unterschrieben ist, wobei deren Unterschriften notariell beglaubigt sein müssen.

519 Für die Zwecke des Grundbuchverfahrens muss der Nachweis der Verwaltereigenschaft nicht selbständig zu jedem einzelnen Vertrag geführt werden. Man kann auf einen dem Grundbuchamt bereits vorliegenden Nachweis verweisen. Einen Nachweis für die **Fortdauer** der Verwalterstellung kann das Grundbuchamt nur verlangen, wenn konkrete

[54] OLG Frankfurt NZM 2006, 380, 381.
[55] Vgl. BGHZ 131, 346, 352 ff.
[56] OLG Hamm NJW-RR 1993, 279.
[57] BayObLG NJW-RR 2002, 659.
[58] So wohl BayObLG NJW-RR 2002, 659.

Zweifel daran bestehen, ob die Verwaltereigenschaft zum maßgeblichen Zeitpunkt noch fortbestand.[59]

520 **d) Kosten.** Im Verhältnis zwischen veräußerungswilligem Eigentümer und Eigentümergemeinschaft hat die Kosten der Zustimmung die Gemeinschaft zu tragen.[60] Denn die Veräußerungsbeschränkung dient ausschließlich ihren Interessen. Abweichende Regelungen in der Gemeinschaftsordnung sind wohl unwirksam.[61]

521 Dem Notar gegenüber haftet jedenfalls nur der Unterschriftszeichner als **Veranlassungsschuldner**, nicht die Gemeinschaft oder der Käufer, der diese Kosten im Vertrag ggf. übernommen hat bzw. nach § 448 Abs. 2 BGB zu tragen hat, wenn keine abweichende Regelung getroffen wurde. In der diesbezüglichen Erklärung zur Kostenübernahme im Kaufvertrag ist in der Regel keine Übernahme der Beglaubigungskosten i. S. d. § 3 KostO zu sehen.[62] Denn der Käufer will den Verkäufer nur von solchen Kosten freistellen, die dieser andernfalls zu tragen hätte. Jedenfalls wird der Käufer nicht die Kosten des Verwalternachweises zu tragen haben (diese sind gemäß § 16 Abs. 2 WEG Sache der Gemeinschaft) oder ein dem Verwalter für die Zustimmung zugesagtes Honorar.[63]

522 **e) Zustimmung und Grundbuchverfahren.** Fehlt es an einer erforderlichen Zustimmung, hat das Grundbuchamt deren Beibringung im Wege einer **Zwischenverfügung** aufzugeben.

523 Die endgültige Verweigerung der Zustimmung wirkt wie eine **Grundbuchsperre.**[64] Dies gilt auch dann, wenn ersichtlich ein Anspruch auf Zustimmung besteht.[65] Das Grundbuchamt hat insofern keine Prüfungskompetenz. Erfolgt die Eigentumsumschreibung ohne eine erforderliche Zustimmung, wird das Grundbuch unrichtig.

524 **f) Klage auf Zustimmung.** Wird die Zustimmung verweigert, kann auf Erteilung der Zustimmung geklagt werden. Zuständig ist das Gericht, in dessen Bezirk das Grundstück liegt (§ 43 Nr. 1 oder Nr. 3 WEG). Der Klageantrag muss auf „Verpflichtung zur Erteilung der Zustimmung“ lauten.[66]

525 Mit **Rechtskraft** der Entscheidung gilt die Zustimmung dann gemäß § 45 Abs. 3 WEG i. V. m. § 894 ZPO als erteilt.[67]

526 **Klageberechtigt** ist nur der veräußerungswillige Eigentümer.[68] Passiv legitimiert ist derjenige, der die Zustimmung zu erteilen hat, also ggf. der Verwalter.[69]

527 Der **Geschäftswert** der Klage auf Zustimmung ist bei verhältnismäßig geringem Kaufpreis (bis ca. € 50 000) mit ca. 20% des Verkaufspreises der Einheit (bzw. des Verkehrswerts bei anderweitiger Veräußerung) anzusetzen, bei höherem Wert mit ca. 10%.[70]

5. Aufhebung einer Veräußerungsbeschränkung

528 Nach **§ 12 Abs. 4 WEG** können die Wohnungseigentümer durch Stimmenmehrheit beschließen,[71] dass eine Veräußerungsbeschränkung aufgehoben wird. Diese Befugnis kann

---

59 *Bärmann/Wenzel,* WEG, § 12 Rn. 34.

60 OLG Hamm NJW-RR 1989, 974.

61 *Weitnauer/Lüke* § 12 Rn. 9; *Wenzel* IMR 2007, 57.

62 OLG Brandenburg in „notar“ 2008, 32.

63 KG NJW-RR 1997, 1231.

64 OLG München DNotZ 2007, 950.

65 Vgl. OLG München DNotZ 2007, 950.

66 Vgl. OLG Hamm NJW-RR 1989, 974.

67 OLG Zweibrücken ZfIR 2006, 115; OLG Hamm NJW-RR 1989, 974.

68 BayObLG NJW-RR 2002, 659.

69 BayObLG NJW-RR 2002, 659.

70 OLG Frankfurt IMR 2008, 142 *(Elzer);* OLG Zweibrücken ZMR 2006, 219; BayObLG NJW-RR 2002, 659; KG ZMR 2007, 553; OLG Düsseldorf ZMR 2005, 971, 972.

71 Vgl. *Drasdo* RNotZ 2007, 264; *Hügel* DNotZ 2007, 326, 352; *Wenzel* ZWE 2008, 69.

durch Vereinbarung der Wohnungseigentümer nicht aufgehoben oder beschränkt werden.

Vor dem Inkrafttreten dieser Bestimmung am 1. 7. 2007 war die Aufhebung einer Veräußerungsbeschränkung, sofern nicht etwas anderes bestimmt war, nur durch **Vereinbarung** möglich, also mit Zustimmung jedes einzelnen Wohnungseigentümers. 529

a) **Sachlicher Grund.** Für die Aufhebung der Veräußerungsbeschränkung muss angesichts des Vertrauens, dass in die bisherige Regelung gesetzt werden darf, ein sachlicher Grund vorliegen. Einzelne Wohnungseigentümer dürfen in Folge der Aufhebung nicht unbillig benachteiligt werden. Jedenfalls bei größeren Anlagen dürfte es ausreichen, dass **Verwaltungsaufwand** und **Kosten** erspart werden können. 530

b) **Stimmenmehrheit.** Das Gesetz schreibt das Mehrheitsprinzip fest. Genügend ist damit jedenfalls die **einfache Mehrheit** nach Maßgabe der allgemeinen Bestimmungen zum Stimmrecht in der Gemeinschaft. Denn dies ist das Regime, dem sich die einzelnen Eigentümer unterstellt haben. Bestimmt sich z. B. das Stimmrecht nach den auf das Sondereigentum entfallenden Miteigentumsanteilen, genügt die so errechnete Mehrheit auch für den nach § 12 Abs. 4 WEG zu fassenden Beschluss. 531

Wird ein entsprechendes Abstimmungsergebnis nicht erreicht, stellt sich die Frage, ob nicht auch eine Mehrheit entsprechend der **gesetzlichen Regelung** des § 25 Abs. 1 WEG, wonach jeder Wohnungseigentümer eine Stimme hat, genügt. Hierfür spricht, dass nach § 12 Abs. 4 Satz 2 WEG die Befugnis zur Aufhebung einer Veräußerungsbeschränkung nicht eingeschränkt werden kann. Auch in einer von der gesetzlichen Regelung abweichenden Bestimmung zur Stimmrechtsgewichtung ist ggf. eine für Beschlüsse über die Aufhebung einer Veräußerungsbeschränkung nicht anzuerkennende Einschränkung zu erkennen. 532

Nach § 12 Abs. 4 WEG dürfte es demnach genügen, wenn entweder nach dem Kopfprinzip oder nach dem in der Gemeinschaftsordnung bestimmten Zählmodus eine Mehrheit erreicht wird.[72] Der Verwalter hat also ggf. sowohl die **Stimmen nach Miteigentumsanteilen** als auch die Stimmen nach dem **Kopfprinzip** zu zählen. Auch wenn sich nur nach einer dieser Berechnungsmethoden eine Mehrheit für die Aufhebung einer Veräußerungsbeschränkung entscheidet, ist der Beschluss angenommen und vom Verwalter zu verkünden. Wird der Beschluss über die Aufhebung des Zustimmungserfordernisses erfolgreich angefochten, wirkt dies ex tunc[73], so dass die Veräußerungsbeschränkung auch dann fortbesteht, wenn die Aufhebung im Grundbuch verlautbar wurde. Ein gutgläubiger Erwerb ohne Veräußerungsbeschränkung dürfte nicht in Betracht kommen.[74] 533

c) **Zustimmung dinglich Berechtigter.** Zu dem Aufhebungsbeschluss ist nicht die Zustimmung dinglich Berechtigter erforderlich, weil diese in ihren Rechten nicht nachteilig betroffen werden. 534

d) **Grundbuch.** Mit Verkündung des Aufhebungsbeschlusses ist die Veräußerungsbeschränkung hinfällig. Das **Grundbuch** wird **unrichtig.** 535

Die **Löschung** der Veräußerungsbeschränkung erfolgt gemäß § 12 Abs. 4 S. 3–5 WEG auf Antrag des Verwalters oder eines Wohnungseigentümers ohne Bewilligung; einzureichen ist lediglich das Protokoll der Eigentümerversammlung mit dem entsprechende Beschluss samt den beglaubigten Unterschriften des Vorsitzenden der Eigentümerversammlung (meistens der Verwalter), eines Wohnungseigentümers sowie, falls ein Verwaltungsbeirat bestellt ist, auch von dessen Vorsitzendem oder Vertreter. 536

---

72 *Bärmann/Wenzel,* WEG, § 12 Rn. 57.
73 Vgl. BGH ZfIR 1997, 284.
74 A. A. MünchKommBGB/*Commichau* § 12 WEG Rn. 57f.

V. Die Wohnungseigentümerversammlung

1. Vorbemerkung

537 Die Wohnungseigentümerversammlung ist neben dem Verwalter und dem Verwaltungsbeirat eines der drei Organe einer Wohnungseigentümergemeinschaft, das heißt des teilrechtsfähigen Verbandes.[1] Von diesen drei Organen ist die Wohnungseigentümerversammlung das **oberste und wichtigste Organ,** da ganz überwiegend ausschließlich in einer Versammlung die Willensbildung der Eigentümer stattfindet und die für eine Verwaltung der Wohnanlage erforderlichen Verwaltungs- und Gebrauchsregelungen beschlossen werden. Die Wohnungseigentümerversammlung ist die wichtigste Plattform für die Wohnungseigentümer, sich untereinander zu verständigen und auszutauschen, ihre Anliegen vorzubringen und sich zu artikulieren. Ferner stellt die Wohnungseigentümerversammlung für jeden einzelnen Eigentümer eine Möglichkeit dar, durch entsprechende Anträge zur Tagesordnung über für sie wichtige Angelegenheiten eine Befassung durch die Eigentümer zu erreichen und eine Beschlussfassung hierüber herbeizuführen. In wohnungseigentumsrechtlicher Sicht kann auf keinem anderen Feld derart viel bewegt, gestaltet und gelenkt werden wie auf einer Eigentümerversammlung, so dass eine Eigentümerversammlung für Eigentümer, Verwalter und gelegentlich auch Rechtsanwälte ein äußerst spannendes Betätigungsfeld darstellt.

538 Gemäß § 23 Abs. 1 WEG handelt es sich bei einer Wohnungseigentümerversammlung um eine **Versammlung der Wohnungseigentümer,** also nicht um eine Versammlung der teilrechtsfähigen Wohnungseigentümergemeinschaft. In der Wohnungseigentümerversammlung üben die Wohnungseigentümer im Rahmen der Verwaltung des gemeinschaftlichen Eigentums (§ 20 Abs. 1 WEG) ihr Stimmrecht aus. Dadurch wird die Wohnungseigentümerversammlung zum **Willensbildungsorgan** der teilrechtsfähigen Wohnungseigentümergemeinschaft. Der Verwalter als zweitwichtigstes Verwaltungsorgan hat sodann den gebildeten Willen durchzuführen und umzusetzen, § 27 Abs. 1 Nr. 1 WEG. Eine Wohnungseigentümerversammlung weist daher einige Parallelitäten zu der Gesellschafterversammlung einer GmbH oder einer AG auf; auch bei einer GmbH oder einer AG findet die Willensbildung der Gesellschafter in der Gesellschafterversammlung statt, indem Gesellschafterbeschlüsse gefasst werden; diese Gesellschafterbeschlüsse hat sodann der Geschäftsführer bzw. Vorstand durchzuführen und umzusetzen.

539 Da an einer Wohnungseigentümerversammlung in der Regel der Verwalter sowie der Verwaltungsbeirat oder zumindest einige Mitglieder hiervon teilnehmen, stellt die Wohnungseigentümerversammlung letztlich die einzige Zusammenkunft aller drei Organe dar. Auch unter diesem Gesichtspunkt wird die herausragende Bedeutung der Wohnungseigentümerversammlung deutlich.[2]

2. Die ordentliche Wohnungseigentümerversammlung im Sinne von § 24 Abs. 1 WEG

540 Die für die Einberufung einer Eigentümerversammlung maßgeblichen gesetzlichen Vorschriften sind in § 24 Abs. 1 bis 4 WEG geregelt. Diese sind jedoch überwiegend abdingbar, das heißt überwiegend können durch Vereinbarung vom Gesetz abweichende Regelungen getroffen werden. Hierauf wird bei den nachfolgenden einzelnen Punkten gesondert eingegangen.

541 Die gemäß § 24 Abs. 1 WEG **mindestens einmal pro Jahr** einzuberufende Wohnungseigentümerversammlung wird in der Praxis häufig „ordentliche Wohnungseigentümer-

---

[1] BGH NJW 2002, 3704; BGH NJW 2005, 2061.
[2] Vgl. *Bärmann/Merle* § 23 Rn. 4.

versammlung" genannt. In dieser ordentlichen Wohnungseigentümerversammlung werden in der Regel die Jahresabrechnung für das Vorjahr, der Wirtschaftsplan für das Folgejahr, bei baldigem Ablauf der Amtszeit des Verwalters die Verwalterbestellung, die Bestellung der Mitglieder des Verwaltungsbeirats, Instandhaltungs- und Instandsetzungsmaßnahmen etc. beschlossen, also die Angelegenheiten der laufenden und vorhersehbaren Verwaltung und des laufenden und künftigen Gebrauchs.

Die ordentliche Wohnungseigentümerversammlung hat gemäß § 24 Abs. 1 WEG 542 mindestens einmal pro Jahr stattzufinden, oder wenn dies nach den Grundsätzen der ordnungsgemäßen Verwaltung erforderlich erscheint oder in den in der Gemeinschaftsordnung vereinbarten Fällen. § 24 Abs. 1 WEG ist dahingehend **abdingbar,** dass beispielsweise nur alle zwei Jahre oder zwei Mal im Jahr eine Eigentümerversammlung stattzufinden hat.[3]

a) **Die Einberufung.** Gemäß § 23 Abs. 2 WEG ist es für die Gültigkeit eines Beschlus- 543 ses erforderlich, dass der Gegenstand bei der Einberufung bezeichnet worden ist. Daraus ergibt sich das grundsätzliche, aber nicht zwingende Erfordernis der Einberufung. Eine Wohnungseigentümerversammlung liegt demnach grundsätzlich nur dann vor, wenn diese zuvor als solche einberufen worden ist. Treffen sich spontan einige Eigentümer und entschließen sich diese ebenso spontan zur Abhaltung einer Eigentümerversammlung, liegt mangels Einberufung selbst dann keine Wohnungseigentümerversammlung vor, wenn die überwiegende Mehrheit der Eigentümer und sogar der Verwalter daran teilnehmen. Auf eine Einberufung kann unter Umständen nur dann verzichtet werden, wenn an der Zusammenkunft alle Wohnungseigentümer teilnehmen und das Treffen als Wohnungseigentümerversammlung bezeichnet wird, so genannte Vollversammlung.[4]

b) **Befugnis zur Einberufung.** Primär wird die ordentliche Eigentümerversammlung 544 gemäß **§ 24 Abs. 1 WEG** mindestens einmal im Jahr vom **Verwalter** einberufen. Da § 24 Abs. 1 WEG **abdingbar** ist, kann in der Teilungserklärung mit Gemeinschaftsordnung abweichend von § 24 Abs. 1 WEG vereinbart werden, dass diese Einberufungsbefugnis nicht dem Verwalter zustehen soll sondern bestimmten Wohnungseigentümern.[5] In einem derartigen Fall ist sodann lediglich der in der Teilungserklärung mit Gemeinschaftsordnung ernannte Wohnungseigentümer zur Einberufung im Sinne von § 24 Abs. 1 WEG berechtigt. Der Verwalter ist auch dann zur Einberufung der Eigentümerversammlung befugt, wenn dessen Bestellungsbeschluss zwar angefochten, aber noch nicht rechtskräftig für ungültig erklärt worden ist. Wird der Bestellungsbeschluss zu einem späteren Zeitpunkt rechtskräftig für ungültig erklärt, hat dies keine Auswirkungen auf die bis dahin vom Verwalter einberufenen Eigentümerversammlungen und die in diesen Eigentümerversammlungen gefassten Beschlüsse, da die rechtskräftige Ungültigerklärung insoweit ausnahmsweise keine Rückwirkung entfaltet sondern nur ex nunc wirkt.[6] Dadurch hat der Verwalter zum Beispiel in dem Fall, wenn in erster Instanz der Bestellungsbeschluss wegen formeller Fehler für ungültig erklärt werden sollte, die Möglichkeit, trotz erstinstanzlicher Ungültigerklärung des Bestellungsbeschlusses durch Einlegung der Berufung und zügiger Einberufung einer Eigentümerversammlung die formellen Fehler des Erstbeschlusses heilen zu lassen, indem er einen Zweitbeschluss über seine Bestellung fassen lässt.[7]

Fehlt ein Verwalter, ist gemäß **§ 24 Abs. 3 WEG** der **Vorsitzende des Verwaltungsbei-** 545 **rats** oder im Falle dessen Verhinderung sein **Stellvertreter** zur Einberufung der Eigentü-

---

[3] *Bärmann/Merle* § 24 Rn. 7.

[4] BayObLG ZMR 2001, 366 f.; *Bärmann/Merle* § 23 Rn. 5; *Staudinger/Bub* § 24 Rn. 12 m.w.N.

[5] BayObLG MDR 1982, 323; *Staudinger/Bub* § 24 Rn. 9.

[6] BayObLG NJW-RR 1991, 531; BayObLG NZM 2002, 743; HansOLG Hamburg ZMR 2000, 478; *Bärmann/Merle* § 23 Rn. 168 und § 24 Rn. 26.

[7] BayObLG vom 30. 6. 2004 – 2Z BR 084/02.

merversammlung berechtigt. § 24 Abs. 3 WEG ist **abdingbar,** das heißt in der Teilungserklärung mit Gemeinschaftsordnung können für die Fälle des § 24 Abs. 3 WEG anstelle des Beiratsvorsitzenden und dessen Stellvertreter auch andere Eigentümer ermächtigt werden, eine Eigentümerversammlung einzuberufen.[8] Ein Verwalter fehlt, wenn kein wirksam bestellter Verwalter existent ist, sei es, weil dessen Amtszeit abgelaufen ist, weil er wirksam sein Amt niedergelegt hat, weil er – unabhängig von der Bestandskraft – durch Beschluss abberufen worden ist oder weil der Beschluss über dessen Bestellung nichtig oder rechtskräftig für ungültig erklärt worden ist. Legen in einer Eigentümerversammlung der Verwalter, der Beiratsvorsitzende und ein weiteres Mitglied des Verwaltungsbeirats ihr Amt nieder und existiert für den Beiratsvorsitzenden kein Stellvertreter, so ist das einzig verbleibende Beiratsmitglied zur Einberufung einer Eigentümerversammlung befugt, weil er sich mit dieser Einberufung schlüssig selbst zum Vorsitzenden des Verwaltungsbeirats bestellt hat.[9] Wird ein Verwalter mit sofortiger Wirkung durch Eigentümerbeschluss abberufen und erhebt er gegen diesen Abberufungsbeschluss gemäß § 43 Nr. 4 WEG Anfechtungsklage, so dass der Abberufungsbeschluss einstweilen nicht bestandskräftig wird, ist der abberufene Verwalter dennoch nicht zur Einberufung einer Eigentümerversammlung befugt – beispielsweise um in dieser Eigentümerversammlung den Abberufungsbeschluss wieder aufheben zu lassen –, weil der Beschluss über seine Abberufung gemäß § 23 Abs. 4 Satz 2 WEG so lange gültig ist, bis er rechtskräftig für ungültig erklärt ist.

546 **Weigert sich der Verwalter pflichtwidrig,** die Eigentümerversammlung einzuberufen, ist ebenso gemäß **§ 24 Abs. 3 WEG** der Vorsitzende des Verwaltungsbeirats oder im Falle dessen Verhinderung sein Stellvertreter zur Einberufung der Eigentümerversammlung berechtigt. Voraussetzung für die Weigerung ist, dass der Verwalter vorab aufgefordert worden sein muss, eine solche einzuberufen; erst nach erfolgloser Aufforderung liegt eine Weigerung vor.[10] Pflichtwidrig ist die Weigerung des Verwalters, eine Eigentümerversammlung einzuberufen, dann, wenn er zur Einberufung verpflichtet wäre, sei es, weil die Durchführung der turnusmäßigen Eigentümerversammlung im Sinne von § 24 Abs. 1 WEG oder der in der Teilungserklärung mit Gemeinschaftsordnung vereinbarten Eigentümerversammlung anstünde, weil er einen Antrag des Minderheitenquorums im Sinne von § 24 Abs. 2 WEG auf Einberufung einer Eigentümerversammlung ignoriert oder weil er eine nach den Grundsätzen ordnungsgemäßer Verwaltung erforderliche Eigentümerversammlung nicht einberuft. Allein die Verlegung einer bereits einberufenen Eigentümerversammlung oder die Bestimmung eines etwas späteren Versammlungstermins führt noch nicht zu einer pflichtwidrigen Weigerung, es sei denn, die Abberufung des Verwalters steht auf der Tagesordnung.[11] Wird jedoch die Einberufung über Gebühr verzögert oder liegt der vom Verwalter bestimmte Termin in zu weiter Ferne, liegt eine pflichtwidrige Weigerung vor.[12] Die pflichtwidrige Weigerung des Verwalters zur Einberufung einer Eigentümerversammlung kann dessen Abberufung aus wichtigem Grund rechtfertigen.[13]

547 Existiert weder ein Verwalter noch ein Beiratsmitglied, ist ein **einzelner Wohnungseigentümer** mangels gesetzlicher Regelung nicht zur Einberufung einer Eigentümerversammlung befugt, es sei denn, die maßgebliche Teilungserklärung mit Gemeinschaftsordnung enthält eine entsprechende Regelung. Um dennoch wirksam eine Eigentümerversammlung einberufen zu können, bestehen folgende Möglichkeiten: Entweder wird

---

[8] *Müller* Rn. 703 m. w. N.

[9] OLG München NZM 2005, 750.

[10] OLG Hamm ZMR 1997, 49 f.; OLG Celle ZWE 2002, 276; *Drasdo* B. Rn. 63; *Bärmann/Merle* § 24 Rn. 21; *Spielbauer/Then* § 24 Rn. 19.

[11] *Drasdo* B. Rn. 80.

[12] OLG Düsseldorf NZM 2004, 110; BayObLG WuM 1991, 131; *Spielbauer/Then* § 24 Rn. 19.

[13] BGH NJW 2002, 3240 (3243); BayObLG NJW-RR 1999, 1390.

in analoger Anwendung von § 27 Abs. 3 Satz 2 WEG die Eigentümerversammlung von sämtlichen Eigentümern gemeinsam einberufen, was jedoch wohl nur bei kleineren Gemeinschaften gelingen dürfte, oder einer der Eigentümer beantragt bei Gericht gemäß § 21 Abs. 4 WEG, ggf. als Antrag auf Erlass einer einstweiligen Verfügung gemäß §§ 935 ff. ZPO, die Bestellung eines Verwalters, ggf. beschränkt auf den Aufgabenbereich „Einberufung und Durchführung einer Erst- und ggf. Zweitversammlung mit dem Tagesordnungspunkt Verwalterbestellung und Verwaltervertrag".[14] Dieses letztgenannte Vorgehen ersetzt in gewisser Weise die bis zur Novellierung des WEG bestehende Möglichkeit der Bestellung eines Notverwalters (§ 26 Abs. 3 WEG in der bis zum 1. 7. 2007 geltenden Fassung). Denkbar wäre zwar auch, dass ein Eigentümer diejenigen Miteigentümer, die ihre Zustimmung zur Einberufung einer Eigentümerversammlung verweigern, gerichtlich, sei es durch Klage oder einen Antrag auf Erlass einer einstweiligen Verfügung, auf Zustimmung zur Einberufung einer Eigentümerversammlung in Anspruch nimmt;[15] diese Vorgehensweise erscheint jedoch nicht praktikabel und erfolg versprechend, da insbesondere bei größeren Gemeinschaften bei einigen Eigentümern Zustellprobleme auftreten könnten (zum Beispiel wegen Auslandswohnsitz) und es ggf. auch einige Zeit in Anspruch nehmen könnte, bis die letzte Zustimmungserklärung tituliert ist.

c) **Empfänger der Einberufung.** Da es sich gemäß § 24 Abs. 1 WEG um eine Versamm- 548
lung der Wohnungseigentümer handelt, sind sämtliche **Wohnungs- und Teileigentümer** zur Eigentümerversammlung zu laden. Eigentümer sind die im Grundbuch als Wohnungs- oder Teileigentümer eingetragenen Personen. Besonderheiten bestehen insoweit nur bei einem Eigentumserwerb im Rahmen der Erbfolge oder durch Zwangsversteigerung. In diesen beiden Fällen findet der Eigentumsübergang außerhalb des Grundbuchs statt, nämlich durch Eintritt des Erbfalls (§ 1922 Abs. 1 BGB) bzw. Zuschlag (§ 90 Abs. 1 ZVG). In diesen beiden Fällen ist nicht die dingliche Rechtslage maßgeblich, sondern die materielle, das heißt zu laden ist der Erbe und der Ersteher, auch wenn das Grundbuch hinsichtlich des Eigentumsübergangs noch nicht berichtigt sein sollte.[16] Ausnahmsweise kann die Ladung eines außen stehenden Dritten erforderlich sein, wenn zum Beispiel eine Person zum Mitglied des Verwaltungsbeirats bestellt worden ist, die nicht Mitglied der Eigentümergemeinschaft ist.[17]

Bei **Minderjährigen** ist gemäß § 131 BGB der gesetzliche Vertreter (zum Beispiel El- 549
tern, § 1629 BGB) zu laden.[18]

Ist Eigentümerin eine **GmbH, AG oder GmbH & Co. KG,** ist die Einladung zu adres- 550
sieren an die GmbH, vertreten durch den Geschäftsführer, bzw. die AG, vertreten durch den Vorstand, bzw. die GmbH & Co. KG, vertreten durch den Geschäftsführer der Komplementärin.[19]

Steht ein Eigentümer unter **Betreuung,** ist der Betreuer jedenfalls dann zu laden, 551
wenn der Betreute geschäftsunfähig ist, § 1902 BGB; ist der Betreute (beschränkt) geschäftsfähig, sollten vorsorglich der betreute Eigentümer und der Betreuer geladen werden.

Bei einem **Ersterwerb** vom Bauträger oder Aufteiler sind sowohl der Veräußerer zu la- 552
den, sofern noch Einheiten in dessen Bestand sind, als auch die Ersterwerber, die Mitglied der **werdenden Wohnungseigentümergemeinschaft** geworden sind. Inzwischen hat

---

[14] *Müller/Hogenschurz* S. 964 ff.

[15] Vgl. *Spielbauer/Then* § 24 Rn. 22.

[16] BGHZ 95, 118; BayObLG NZM 2000, 41.

[17] OLG Hamm ZMR 2007, 133 (135); *Bärmann/Merle* § 24 Rn. 45.

[18] *Staudinger/Bub* § 24 Rn. 57; *Riecke/Schmid/Riecke* § 24 Rn. 44; nach *Jennißen/Elzer* (§ 24 Rn. 44) und *Spielbauer/Then* (§ 24 Rn. 6) sind der gesetzliche Vertreter und der Minderjährige zu laden.

[19] *Jennißen/Elzer* § 24 Rn. 44.

der BGH das Institut der werdenden Eigentümergemeinschaft anerkannt.[20] Bei einem Ersterwerb vom Bauträger bzw. Aufteiler wird ein Ersterwerber Mitglied der werdenden Eigentümergemeinschaft, wenn ein wirksamer Erwerbsvertrag vorliegt, zugunsten des Erwerbers die Auflassungsvormerkung eingetragen ist und dem Erwerber der Besitz an der von ihm erworbenen Wohnung übergeben worden ist. Erfüllt ein Ersterwerber diese Voraussetzungen zumindest bis zu dem Zeitpunkt, bis zugunsten eines anderen Erwerbers die Auflassung eingetragen wird, wird er Mitglied der werdenden Wohnungseigentümergemeinschaft und ist somit zur Eigentümerversammlung zu laden. Erfüllt ein Ersterwerber diese Voraussetzungen erst dann, wenn zugunsten eines anderen Erwerbers die Auflassung bereits eingetragen und die Wohnungseigentümergemeinschaft somit bereits in Vollzug gesetzt ist, kann dieser Ersterwerber nicht mehr Mitglied der werdenden Eigentümergemeinschaft werden, da diese endet, sobald die Eigentümergemeinschaft rechtlich in Vollzug gesetzt worden ist.[21] In diesem Stadium sind zwar nach wie vor die ursprünglichen Mitglieder der (inzwischen beendeten) werdenden Eigentümergemeinschaft zu der Eigentümerversammlung zu laden, da diese ihre bereits erworbenen wohnungseigentumsrechtlichen Rechte und Pflichten nicht dadurch wieder verlieren, dass die Gemeinschaft inzwischen rechtlich in Vollzug gesetzt worden ist.[22] Die übrigen Ersterwerber, die die Voraussetzungen für eine Mitgliedschaft in der werdenden Wohnungseigentümergemeinschaft erst zu einem Zeitpunkt erfüllen, wenn bereits zugunsten eines anderen Erwerbers die Auflassung eingetragen worden ist, wären jedoch grundsätzlich nicht zu der Eigentümerversammlung zu laden, da sie mangels eigener Auflassung noch nicht Mitglied der inzwischen in Vollzug gesetzten Gemeinschaft geworden sind und aber auch nicht mehr Mitglied der werdenden Wohnungseigentümergemeinschaft werden konnten, da diese inzwischen beendet ist. In der Entscheidung vom 5.6.2008 kündigt der BGH jedoch eine Tendenz dahingehend an, dass *„für einen gewissen Zeitraum"* auch diese späteren Ersterwerber wie Wohnungseigentümer behandelt werden sollten, damit so schnell wie möglich die Entscheidungsmacht vom Veräußerer auf den Ersterwerber übertragen wird, was dazu führen würde, dass *„für einen gewissen Zeitraum"* auch diese späteren Ersterwerber zu der Eigentümerversammlung zu laden wären.[23] Ob nunmehr also auch der Ersterwerber zu einer Eigentümerversammlung zu laden ist, bei dem die Voraussetzungen für eine Mitgliedschaft in der werdenden Eigentümergemeinschaft erst dann eingetreten sind, als die Gemeinschaft bereits in Vollzug gesetzt war, oder ob in diesen Fällen – wie bisher – der Veräußerer zu laden ist, wird künftig von den Instanzgerichten zu klären sein. Nach der hier vertretenen Auffassung sind ab dem Zeitpunkt, wenn die Wohnungseigentümergemeinschaft rechtlich in Vollzug gesetzt worden ist, nur die bereits in die Wohnungs- und Teileigentumsgrundbücher als Eigentümer eingetragenen Erwerber sowie die ursprünglichen Mitglieder der (inzwischen beendeten) werdenden Wohnungseigentümergemeinschaft zu der Eigentümerversammlung zu laden, nicht jedoch die späteren Ersterwerber, die die Voraussetzungen für eine Mitgliedschaft in der werdenden Wohnungseigentümergemeinschaft erst zu einem Zeitpunkt erfüllen, wenn bereits die Eigentümergemeinschaft rechtlich in Vollzug gesetzt worden ist. Dies ergibt sich mittelbar aus der Entscheidung des BGH vom 18. 5. 1989, wonach bei *„voll eingerichteter Gemeinschaft"* für eine entsprechende Anwendung der Vorschriften des WEG kein Bedürfnis bestehe.[24] Denkbar wäre zwar, dass mit *„voll eingerichteter Gemeinschaft"* im Sinne dieser Entscheidung eine Wohnungseigentümergemeinschaft gemeint ist, in welcher der Erstveräußerer nicht mehr Mitglied ist, was in dieser BGH-Entscheidung auch der Fall war. In streng rechtlicher Hinsicht besteht jedoch zwischen

---

[20] BGH NJW 2008, 2639.
[21] BGH NJW 2008, 2639.
[22] BGH NJW 2008, 2639.
[23] BGH NJW 2008, 2639.
[24] BGH NJW 1989, 2697.

solch einer *„voll eingerichteten Gemeinschaft“* und einer zumindest bereits in Vollzug gesetzten Gemeinschaft, in welcher der Erstveräußerer noch Mitglied ist, kein Unterschied. Daher erscheint vor dem Hintergrund der Entscheidung des BGH vom 18. 5. 1989 in diesem Stadium und für diese Fälle die Ladung des Veräußerers zur Eigentümerversammlung der sicherere Weg zu sein.

Im Falle der Weiterveräußerung eines Wohnungs- oder Teileigentums (so genannter **Zweiterwerb**) bleibt es dabei, dass der Erwerber erst mit Eintragung der Auflassung Mitglied der Wohnungseigentümergemeinschaft wird, so dass er erst ab diesem Zeitpunkt zur Eigentümerversammlung zu laden ist.[25] Findet der Eigentumsübergang zwischen dem Versand der Einberufung und dem Versammlungstermin statt, ist ebenfalls nur der zum Zeitpunkt der Einberufung im Grundbuch eingetragene Eigentümer zu laden, also der Veräußerer. Der Rechts- oder Sondernachfolger muss nicht nachträglich noch gesondert geladen werden, auch wenn er zum Zeitpunkt der Eigentümerversammlung bereits Eigentümer und Mitglied der Eigentümergemeinschaft ist. Hierdurch entsteht kein formeller Mangel der Eigentümerversammlung und der dort gefassten Eigentümerbeschlüsse.[26] 553

Steht ein Wohnungseigentum mehreren gemeinschaftlich zu, ist jeder von ihnen Wohnungseigentümer, so dass jeder Miteigentümer gesondert zu laden ist.[27] Als ausreichend wird insoweit jedoch angesehen, dass zum Beispiel bei zusammenlebenden Ehegatten oder Lebenspartnern ein Einladungsschreiben an beide gemeinsam adressiert wird. 554

Ist ein Eigentümer gemäß § 25 Abs. 5 WEG vom Stimmrecht ausgeschlossen, ist er dennoch zur Eigentümerversammlung zu laden, da ihm trotz Stimmrechtsverbot ein Teilnahme- und Rederecht zusteht.[28] 555

Hat ein Wohnungseigentümer einen empfangszuständigen Ladungsbevollmächtigten oder einen Generalbevollmächtigten benannt, ist (auch) der Bevollmächtigte zu laden.[29] 556

Ist über eine Wohn- oder Teileigentumseinheit die **Zwangsverwaltung** angeordnet oder ist über das Vermögen eines Eigentümers das **Insolvenzverfahren** eröffnet, sind (auch) der Zwangs- bzw. Insolvenzverwalter zu laden. Zusätzlich sollte vorsorglich der betroffene Eigentümer geladen werden, da bestimmte Beschlussgegenstände nicht vom Aufgabenkreis des Zwangsverwalters erfasst sein könnten bzw. die betroffene Wohnung aus der Insolvenzmasse inzwischen freigegeben worden sein könnte.[30] 557

Auch der **Nachlassverwalter** (vgl. § 1984 Abs. 1 BGB) und der **Testamentsvollstrecker** (vgl. § 2205 BGB) sind zur Eigentümerversammlung zu laden, da diese als Partei kraft Amtes im eigenen Namen und aus eigenem Recht das Stimmrecht für das zur Nachlassmasse gehörende Wohnungseigentum ausüben. Fraglich ist insoweit, ob zusätzlich auch der Erbe zu laden ist. Da die Folgen der in der Eigentümerversammlung zu fassenden Beschlüsse nach Beendigung der Nachlassverwaltung oder Testamentsvollstreckung früher oder später den Erben treffen, dürfte nach richtiger Ansicht auch der Erbe selbst zu laden sein.[31] 558

Nicht zu laden sind Personen, denen am Wohnungseigentum ein dingliches Recht zusteht, das heißt Inhaber **dinglicher Wohnungsrechte** im Sinne von § 1093 BGB, Inhaber von **Dauerwohnrechten** im Sinne von § 31 WEG oder der **Nießbraucher.**[32] Ferner sind Mieter, Pächter, Grundschuld- und Hypothekengläubiger nicht zu laden. Auch der ausgeschiedene Verwalter ist nicht zu laden, selbst wenn in der einzuberufenden Eigentümer- 559

---

[25] BGH NJW 1989, 1087.
[26] KG NJW-RR 1997, 1033.
[27] KG NJW-RR 1996, 844.
[28] *Drasdo* B. Rn. 114.
[29] *Riecke/Schmidt/Elzer* Rn. 472.
[30] KG NJW-RR 1987, 77; *Bärmann/Merle* § 24 Rn. 44; *Drasdo* B. Rn. 121, 122.
[31] So auch *Greiner* Rn. 695; *Riecke/Schmidt/Elzer* Rn. 475; *Riecke/Schmid* § 24 Rn. 46.
[32] *Bärmann/Merle* § 24 Rn. 43; *Staudinger/Bub* § 24 Rn. 57.

versammlung über das beendete Amts- und Vertragsverhältnis Beschlüsse gefasst werden sollen.[33]

560 **d) Inhalt der Einberufung.** Aus der Einberufung muss sich die Person des Einberufenden ergeben, so dass überprüft werden kann, ob die einberufende Person auch tatsächlich zur Einberufung berechtigt ist. Ferner muss sich aus der Einberufung der Versammlungstag, die Versammlungszeit und der Versammlungsort ergeben. Der wichtigste Inhalt der Einberufung ist die Tagesordnung im Sinne von § 23 Abs. 2 WEG.

561 Der Einberufung sollten als Entwurf die zu beschließenden Einzelwirtschaftspläne und Einzelabrechnungen für das jeweilige Wohnungseigentum beigefügt werden, da für einen wirksamen Abrechnungsgenehmigungsbeschluss in der Rechtsprechung teilweise die rechtzeitige Übersendung der Abrechnung vor der Eigentümerversammlung gefordert wird.[34]

562 Zu empfehlen ist ggf. noch die Bekanntgabe von etwaigen Stimmrechtsverboten und Vertretungsbeschränkungen.

563 **e) Form der Einberufung.** Gemäß § 24 Abs. 4 Satz 1 WEG hat die Einberufung zur Eigentümerversammlung in **Textform** zu erfolgen. Die Legaldefinition für Textform findet sich in § 126 b BGB, wonach die Erklärung in einer Urkunde oder auf andere zur dauerhaften Wiedergabe in Schriftzeichen geeignete Weise abgegeben, die Person des Erklärenden genannt und der Abschluss der Erklärung durch Nachbildung der Namensunterschrift oder anders erkennbar gemacht werden muss. Ein schriftliches Einberufungsschreiben samt eigenhändiger Unterschrift ist daher nicht mehr erforderlich. Vielmehr genügt inzwischen eine Einberufung per E-Mail, per SMS oder per (Computer)Fax, sofern aus der Einberufung die Person des Einberufenden hervorgeht und ein Abschluss der Einberufung in geeigneter Weise (zum Beispiel Grußformel oder Wiedergabe des Namens) erkennbar ist.[35] Natürlich ist nach wie vor die herkömmliche Art der Einberufung in **Schriftform** möglich, das heißt Übersendung eines vom Einberufenden unterzeichneten Einberufungsschreibens per Post. Infolge der Erleichterungen des § 126 b BGB reicht hierfür aber inzwischen die Übersendung von Kopien, das heißt auf den Einberufungsschreiben muss sich nicht mehr die Original-Unterschrift des Einberufenden befinden.

564 Möglich ist auch die Einberufung in **elektronischer Form** gemäß § 126 a BGB, wonach der Einberufende der Einberufung seinen Namen hinzufügen muss und das elektronische Dokument mit einer qualifizierten elektronischen Signatur nach dem Signaturgesetz versehen muss.

565 Ist in der Teilungserklärung mit Gemeinschaftsordnung eine bestimmte Form (zum Beispiel Schriftform) vereinbart, so ist diese Form nach teilweise vertretener Auffassung zu § 24 Abs. 4 Satz 1 WEG a. F. einzuhalten.[36] Nach Einführung des § 126 b BGB mit Wirkung zum 1.8.2001 und der damit einhergehenden Änderung von § 24 Abs. 4 Satz 1 WEG dürfte diese Auffassung inzwischen gegenstandslos und überholt sein.

566 **f) Frist der Einberufung.** Gemäß § 24 Abs. 4 Satz 2 WEG soll die Einberufungsfrist **zwei Wochen** betragen, sofern nicht ein Fall besonderer Dringlichkeit vorliegt. Nach der bis zum 1. 7. 2007 geltenden Fassung des § 24 Abs. 4 Satz 2 WEG betrug diese Frist noch eine Woche. Sowohl damals wie auch jetzt handelt es sich bei der gesetzlich geregelten Einberufungsfrist um eine **Soll-Vorschrift.**

567 Für die Einhaltung der Frist kommt es nicht auf den Tag der Versendung durch den Einberufenden an sondern in analoger Anwendung von § 130 Abs. 1 BGB auf den Tag des **Zugangs** beim Einzuladenden.[37] Für die Berechnung der Frist sind die §§ 186 ff.

---

[33] OLG Hamm NZM 1999, 229; *Bärmann/Merle* § 24 Rn. 46.

[34] OLG Köln NJW-RR 2007, 808; OLG Köln NJW-RR 2006, 19.

[35] *Bärmann/Merle* § 24 Rn. 30.

[36] BayObLG WE 1991, 297; OLG Schleswig WE 1997, 388.

[37] OLG Hamburg ZMR 2006, 704.

BGB anzuwenden, nicht jedoch § 193 BGB, da der Empfänger der Einberufung nach Erhalt der Einberufung weder eine Willenserklärung abzugeben noch eine Leistung zu bewirken hat. Die Ladungsfrist beginnt gemäß § 187 Abs. 1 BGB am Tag nach Erhalt der Einberufung und endet gemäß § 188 Abs. 2 BGB mit Ablauf desjenigen Tages der letzten Woche, an welchem die Frist zu laufen begann. Befindet sich zum Beispiel das Ladungsschreiben an einem Mittwoch im Briefkasten, beginnt die Ladungsfrist am darauf folgenden Donnerstag und endet – im Falle der zweiwöchigen Ladungsfrist – am übernächsten Donnerstag, so dass die Eigentümerversammlung ab dem darauf folgenden Freitag stattfinden kann/sollte.

§ 24 Abs. 4 Satz 2 WEG ist **abdingbar,** das heißt in der Teilungserklärung mit Gemeinschaftsordnung kann eine längere oder kürzere Frist vereinbart werden. Die Vereinbarung einer kürzeren Frist empfiehlt sich grundsätzlich jedoch nicht, weil dadurch nicht hinreichend gewährleistet wäre, dass jeder Eigentümer die Teilnahme an der Eigentümerversammlung ermöglichen kann.[38] Ferner kann vereinbart werden, dass die Ladungsfrist nicht erst mit Zugang der Ladung beginnt, sondern mit deren Versendung.[39] Ist in der Teilungserklärung mit Gemeinschaftsordnung eine von § 24 Abs. 4 Satz 2 WEG abweichende Regelung vereinbart, geht diese Vereinbarung der gesetzlichen Regelung vor.[40] Des weiteren kann in der Teilungserklärung mit Gemeinschaftsordnung eine **Ladungs- bzw. Zugangsfiktion** dergestalt vereinbart werden, dass zum Beispiel der Wohnungseigentümer als geladen gilt, wenn der Verwalter die Ladung an die ihm zuletzt mitgeteilte Anschrift versandt hat und die Ladung einem Wohnungseigentümer als zugegangen gilt, wenn der Verwalter sie ordnungsgemäß oder rechtzeitig versandt hat.[41] Derartige Vereinbarungen sind grundsätzlich zu empfehlen, da im Falle einer Beschlussanfechtung die übrigen Wohnungseigentümer zu beweisen haben, ob und wann der Kläger die Ladung erhalten hat.[42] 568

g) Die Tagesordnung. Der Einberufung ist eine Tagesordnung für die anstehende Eigentümerversammlung beizufügen. Dieses Erfordernis ergibt sich aus **§ 23 Abs. 2 WEG,** wonach es für die Gültigkeit eines Beschlusses erforderlich ist, dass der Gegenstand bei der Einberufung bezeichnet worden ist. Eine ordnungsgemäße Einberufung hat also zwingend eine Tagesordnung zu enthalten. In der Tagesordnung sind also insbesondere die Punkte anzugeben, über die in der einberufenen Eigentümerversammlung ggf. beschlossen werden soll. 569

Die Tagesordnung wird von demjenigen aufgestellt, der die Eigentümerversammlung einberuft, also in der Regel vom **Verwalter.** Welche Punkte dabei aufgenommen werden, entscheidet der Ersteller nach billigem Ermessen. 570

Beantragt ein Eigentümer rechtzeitig vor der Einberufung zur Eigentümerversammlung beim Verwalter die **Aufnahme eines bestimmten Punktes** in die Tagesordnung, ist der Verwalter grundsätzlich verpflichtet, diesen Punkt in die Tagesordnung aufzunehmen. Sein Ermessen ist insoweit also nahezu gegen „Null“ reduziert. Dies beruht darauf, dass – wie einleitend ausgeführt – für die Eigentümer die Eigentümerversammlung im Grunde die einzige Möglichkeit darstellt, ihre Anliegen vorzubringen und hierüber Entscheidungen herbeizuführen. Dieses wichtige Recht darf nicht bereits im Vorfeld einer Eigentümerversammlung durch den Verwalter unterlaufen werden können, indem dieser nach „Lust, Laune und Sympathie“ darüber befinden könnte, ob er einen von einem Eigentümer beantragten Punkt in die Tagesordnung aufnimmt oder nicht. Der Verwalter kann allenfalls nur dann dem Antrag eines Eigentümers auf Aufnahme eines bestimmten Punktes in die Tagesordnung nicht stattgeben, wenn in der Vergangenheit bereits mehr- 571

---

[38] *Spielbauer/Then* § 24 Rn. 26; *Bärmann/Merle* § 24 Rn. 34.
[39] *Spielbauer/Then* § 24 Rn. 26.
[40] BayObLG WuM 2005, 148.
[41] OLG Hamburg ZMR 2006, 704; OLG Hamm NZM 2008, 808.
[42] *Jennißen/Elzer* § 24 Rn. 87; *Spielbauer/Then* § 24 Rn. 26.

fach über diesen Antrag nicht im Sinne des Antragenden abgestimmt worden sein sollte, der beantragte Punkt nicht ordnungsmäßiger Verwaltung im Sinne von § 21 Abs. 4 WEG entsprechen sollte oder der Antrag gemäß § 242 BGB rechtsmissbräuchlich sein sollte. Ein Antrag auf Aufnahme eines bestimmten Punktes in die Tagesordnung entspricht in der Regel dann ordnungsmäßiger Verwaltung, wenn auch nur im Ansatz ein sachlicher Grund dafür besteht, sich mit diesem Antrag in der Eigentümerversammlung im Rahmen einer Diskussion und ggf. Beschlussfassung zu beschäftigen.[43]

572 Eine häufige Fehlvorstellung bei Verwaltern besteht darin, dass er nur dann verpflichtet sei, dem Antrag eines Eigentümers zur Aufnahme eines bestimmten Punktes in die Tagesordnung nachzukommen, wenn dieser Antrag analog § 24 Abs. 2 WEG von mindestens einem Viertel der Wohnungseigentümer (so genanntes **Minderheitenquorum**) gestellt werde. Dem ist nicht so. Das Minderheitenquorum gemäß § 24 Abs. 2 WEG muss nur für den Antrag auf Einberufung einer Eigentümerversammlung erfüllt sein, nicht hingegen für den Antrag auf Aufnahme eines bestimmten Punktes in die Tagesordnung, der von einem Eigentümer alleine gestellt werden kann. Wenn jedoch sogar von mindestens einem Viertel der Wohnungseigentümer der Antrag auf Aufnahme eines bestimmten Punktes in die Tagesordnung einer Eigentümerversammlung gestellt wird, dann besteht für den Verwalter überhaupt kein Beurteilungsspielraum, denn wenn ein Viertel der Wohnungseigentümer sogar die Einberufung einer Eigentümerversammlung verlangen kann, dann gilt dies erst Recht für die Aufnahme eines bestimmten Punktes in die Tagesordnung einer Eigentümerversammlung.[44]

573 Weigert sich der Verwalter, einen bestimmten Punkt in die Tagesordnung einer Eigentümerversammlung aufzunehmen, besteht für den beantragenden Eigentümer die Möglichkeit, den Verwalter gemäß § 43 Nr. 3 WEG gerichtlich auf Aufnahme dieses Punktes in die Tagesordnung einer Eigentümerversammlung in Anspruch zu nehmen. Sollte, wie es gewöhnlich der Fall sein wird, die Eigentümerversammlung in Kürze stattfinden, empfiehlt sich der Antrag auf Erlass einer einstweiligen Verfügung gemäß §§ 935 ff. ZPO. Allerdings soll dem Vorsitzenden des Verwaltungsbeirats in analoger Anwendung von § 24 Abs. 3 WEG die Befugnis zustehen, die Tagesordnung um den beantragten, aber nicht aufgenommenen Punkt zu ergänzen, sofern eine ordnungsgemäße Verwaltung die Aufnahme des Tagesordnungspunktes erfordert.[45]

574 Auch die Mitglieder des **Verwaltungsbeirats** oder der Beiratsvorsitzende haben – wie jeder andere Eigentümer – das Recht, die Aufnahme eines bestimmten Punktes in die Tagesordnung der Eigentümerversammlung zu beantragen. Insoweit bestehen jedoch keine Privilegien oder dergleichen, das heißt die Mitglieder des Verwaltungsbeirats sind in diesem Zusammenhang so zu behandeln wie jeder andere Eigentümer.[46]

575 Als **Inhalt** sind in die Tagesordnung sämtliche Punkte aufzunehmen, über die in der Eigentümerversammlung vorhersehbar und aller Voraussicht nach diskutiert und ggf. beschlossen werden soll. Bei der ordentlichen Eigentümerversammlung sind dies in der Regel jährlich wiederkehrend die Punkte „Gesamt- und Einzelabrechnung für das Vorjahr, Gesamt- und Einzelwirtschaftsplan für das Folgejahr, Entlastung Verwaltung, Entlastung Verwaltungsbeirat, Bestellung Verwaltungsbeirat" sowie turnusmäßig wiederkehrend rechtzeitig vor Ablauf der Amtszeit des amtierenden Verwalters die (Weiter-)Bestellung des Verwalters. Ferner werden bei entsprechendem Bedarf und entsprechender Notwendigkeit beabsichtigte bauliche Veränderungen, Instandhaltungs-, Instandsetzungs- oder Modernisierungsmaßnahmen zum Gegenstand der Tagesordnung einer ordentlichen Eigentümerversammlung gemacht. Auch die Änderung des Kosten-

---

[43] OLG Frankfurt NJW 2009, 300; BayObLG NZM 2004, 108; OLG Saarbrücken ZMR 2004, 533; OLG Frankfurt ZMR 2004, 288.

[44] So auch *Bärmann/Merle* § 24 Rn. 37.

[45] OLG Frankfurt NJW 2009, 300; OLG Düsseldorf NJW-RR 1986, 96; *Drasdo* B. Rn. 176.

[46] Ähnlich *Drasdo* B. Rn. 176; vgl. jedoch die Ausnahme gemäß Fn. 45.

verteilungsschlüssels ist seit Einführung von §§ 16 Abs. 3 und Abs. 4 WEG ein häufig zu findender Punkt auf der Tagesordnung einer ordentlichen Eigentümerversammlung.

Hinsichtlich der **Anforderungen** an die Ankündigung bzw. Bezeichnung der Tages- 576
ordnungspunkte gilt nach herrschender Rechtsprechung und Literaturmeinung folgendes: Es reicht eine stichwortartige Bezeichnung der Beschluss- und Diskussionspunkte. In der Tagesordnung müssen die beabsichtigten Beschlüsse nicht bereits vorformuliert werden.[47] Hiervon ist auch abzuraten. Je konkreter die beabsichtigten Beschlüsse bereits in der Tagesordnung mitgeteilt werden, um so schwieriger wird es, in der Versammlung hiervon abweichende Beschlüsse zu fassen, da ein Eigentümer infolge der Vorformulierung der beabsichtigten Beschlüsse möglicherweise davon ausgehen könnte, dass die Beschlüsse ausschließlich in der vorformulierten Form gefasst werden und nicht mit einem hiervon abweichenden Inhalt, so dass er im Vertrauen hierauf an der Eigentümerversammlung nicht teilgenommen hat. Auch der zur Abstimmung zu stellende Beschlussantrag muss nicht bereits ausformuliert angekündigt werden. Mit der schlagwortartigen Ankündigung müssen die Eigentümer lediglich in die Lage versetzt werden können, zu erkennen, über welche Punkte in der Eigentümerversammlung diskutiert und ggf. beschlossen werden soll, damit sie sich überlegen und entscheiden können, ob sie an der Eigentümerversammlung teilnehmen oder nicht und sich auf die Eigentümerversammlung ausreichend vorbereiten können.[48] Daher reicht bei einfachen Tagesordnungspunkten eine schlagwortartige Bezeichnung, während bei komplexeren, schwierigeren und bedeutsameren Themen im Einzelfall auch eine ausführlichere Ankündigung erforderlich sein kann, damit die Eigentümer bereits im voraus über die Sach- und ggf. sogar Rechtslage ausreichend informiert sind.[49] Das Beifügen von Unterlagen wird nicht als erforderlich gesehen, kann im Einzelfall aber sinnvoll und hilfreich sein und zu einer effektiveren und kürzeren Eigentümerversammlung führen. Soll zum Beispiel in der Eigentümerversammlung ein Vorgehen gegen den Bauträger wegen der vom Sachverständigen festgestellten Mängel beschlossen werden, muss dem Einladungsschreiben nicht das oft mehrere hundert Seiten fassende Sachverständigengutachten mitgeschickt werden. Allerdings wird es in der entsprechenden Eigentümerversammlung mit ziemlicher Sicherheit zu zahlreichen Fragen einzelner Eigentümer kommen, ob auch dieser und jener Mangel im Gutachten enthalten ist. In solchen Fällen muss der Verwalter abwägen, ob er dem Informationsinteresse der Eigentümer bereits weitestgehend mit dem Einladungsschreiben Rechnung trägt oder erst in der Eigentümerversammlung selbst.

Insbesondere für folgende in alphabetischer Reihenfolge beispielhaft aufgeführte 577
Eigentümerbeschlüsse **reicht** folgende Ankündigung in der Tagesordnung:

Beschluss über	Ankündigung in der Tagesordnung mit:	578
• Abberufung des Verwalters	Abwahl des Verwalters, sofern den Eigentümern bei einer sofortigen Abberufung die Gründe hierfür bekannt sind[50] Bestellung eines Verwalters[51] Außerordentliche Kündigung des Verwaltervertrags[52]	579
• Baumängel am Gemeinschaftseigentum	Außergerichtliche und gerichtliche Geltendmachung von Gewährleistungsansprü-	580

[47] OLG Celle ZWE 2002, 474.
[48] OLG München NZM 2007, 647; ZMR 2006, 954.
[49] Vgl. hierzu ergänzend *Bärmann/Merle* § 23 Rn. 77 und 78.
[50] OLG Zweibrücken DWE 2003, 32.
[51] BayObLG NZM 2003, 243; KG NJW-RR 1989, 460.
[52] BayObLG WuM 1996, 116.

		chen, technische Überprüfung und Finanzierung einzuleitender Maßnahmen[53]
581	• Bestellung des Verwalters	Verlängerung des Verwaltervertrags[54] Wahl oder Neuwahl eines Verwalters, ohne dass bereits konkrete Namen genannt werden müssen[55] unter „Vertragsschluss mit neuer Hausverwaltung" kann auch der bisherige Verwalter weiterbestellt werden[56]
582	• Bestellung des Verwaltungsbeirats	Wahl des Verwaltungsbeirats, ohne dass ereits konkrete Namen genannt werden müssen[57]
583	• Entlastung des Verwalters	Abrechnung oder Abrechnungsbericht[58]
584	• Entziehungsklage	Abmeierungsklage,[59] sofern der Name des betroffenen Eigentümers genannt wird
585	• Erhöhung der Rücklagenzuführung	Wirtschaftsplan[60]
586	• Erhöhung der Verwaltervergütung	Erneuerung des Verwaltervertrags[61]
587	• Finanzierung	Ankündigung bestimmter Instandhaltungs- und Instandsetzungsarbeiten[62]
588	• Geltendmachung von Gewährleistungsansprüchen zum Beispiel wegen Mängeln an der Rückseite der Hausfassade	Hausfassade/Rückseite, sofern vorab bereits über die Mangelhaftigkeit berichtet worden ist[63]
589	• Hausgeldklage	Wohngeld Wohnung Nr. ... .[64]
590	• Vergleich mit Bauträger	Kulanzzahlung Bauträger[65]
591	• Verlängerung des Verwaltervertrags	Verwaltervertrag[66]
592	• Verwaltervertrag	Wahl oder Neuwahl eines Verwalters, ohne dass bereits konkrete Namen genannt werden müssen[67]

593 Für folgende in alphabetischer Reihenfolge beispielhaft aufgeführte Eigentümerbeschlüsse **reicht** folgende Ankündigung in der Tagesordnung **nicht:**

594	Beschluss über	Ankündigung in der Tagesordnung mit:
595	• Abberufung des Verwalters	Verwaltung, Verwalter[68]
596	• Änderung der Hausordnung	Hausordnungsänderung, da zu unbestimmt[69]
597	• Änderung des Kostenverteilungsschlüssels	Hausgeldabrechnung[70]

---

53 *Müller* Rn. 730.
54 BayObLG WuM 1992, 331.
55 BayObLG NZM 1998, 668; OLG Celle ZWE 2002, 474; OLG Schleswig ZWE 2007, 51.
56 OLG Schleswig ZWE 2007, 51; BayObLG WuM 1987, 237.
57 BayObLG WuM 1992, 331.
58 BayObLG Rpfleger 1979, 66; 1979, 266; 1983, 14.
59 KG DWE 1996, 30.
60 BayObLG NZM 2000, 1239.
61 BayObLG MDR 1985, 412.
62 OLG Düsseldorf ZWE 2001, 499.
63 BayObLGZ 1973, 1086.
64 BayObLG NJW 1973, 1086.
65 BayObLG NZM 2000, 345.
66 BayObLG WE 1993, 276; OLG Hamm WE 1997, 179.
67 BayObLG NZM 1998, 668; OLG Celle ZWE 2002, 474; OLG Schleswig ZWE 2007, 51.
68 OLG Düsseldorf NJW-RR 1986, 96.
69 OLG Köln DWE 1988, 24.
70 OLG Düsseldorf ZMR 2005, 895.

• Bestellung des Verwalters	unter „Weiterbestellung des Verwalters" kann nach hier vertretener Auffassung nicht ein neuer Verwalter bestellt werden, da die Eigentümer bei dieser Ankündigung nicht damit rechnen müssen, dass sich andere Verwalter vorstellen und zur Wahl stellen[71]	598
• Entziehungsklage	Rechtsanwaltsbeauftragung[72]	599
• Erhöhung der Hausmeistervergütung	Wirtschaftsplan, selbst wenn sich das Hausmeisterentgelt aus dem beigefügten Wirtschaftsplan ergibt[73]	600
• Hausgeld als Jahresschuld	unter dem Tagesordnungspunkt „Festsetzung des Haus-/Wohngeldes/ siehe beiliegenden Wirtschaftsplan" kann nicht beschlossen werden, dass bei Zahlungsverzug entgegen der Vereinbarung in der Gemeinschaftsordnung das gesamte Jahressoll zur Zahlung fällig wird[74]	601
• Instandhaltung und Instandsetzung	die bloße Ankündigung „Instandsetzungsarbeiten" oder „Reparaturarbeiten" ist zu unbestimmt[75]	602
• Sanierung	die Ankündigung „Beschluss über ergänzende und weiterführende Beschlüsse zur Großsanierung" reicht aufgrund der Unbestimmtheit nicht für konkrete bauliche Einzelmaßnahmen[76]	603
• Sonderumlage	ohne Angabe von Höhe und Zweck reicht die bloße Ankündigung „Sonderumlage" nicht[77]	604

Unter dem Tagesordnungspunkt **„Sonstiges"**, **„Verschiedenes"** oder **„Diverses"** können keine Beschlüsse gefasst werden. Ausnahmsweise können Eigentümerbeschlüsse von völlig untergeordneter Bedeutung gefasst werden, mit denen jeder auch ohne vorherige Ankündigung jederzeit rechnen musste.[78] Da unter diesen Tagesordnungspunkten keine Eigentümerbeschlüsse gefasst werden dürfen, besteht für dennoch gefasste Eigentümerbeschlüsse die Vermutung, dass es sich nicht um eine untergeordnete Angelegenheit handelt. Unter dem Tagesordnungspunkt „Sonstiges", „Verschiedenes" oder „Diverses" können demnach folgende Eigentümerbeschlüsse nicht gefasst werden: 605

- Abberufung des Verwalters,[79] 606
- Änderung des Kostenverteilungsschlüssels,[80] 607
- Anschaffung von Arbeitsgeräten,[81] 608

---

[71] A. A. *Staudinger/Bub* § 23 Rn. 190.
[72] BayObLG WE !990, 61.
[73] BayObLG WE 1990, 27.
[74] OLG Köln NZM 2002, 169.
[75] *Staudinger/Bub* § 23 Rn. 195.
[76] OLG München ZMR 2006, 954.
[77] KG NZM 2000, 286.
[78] OLG München NZM 2005, 825; BayObLG NJW-RR 1990, 784; ZfIR 2002, 296 (300); WuM 2004, 366; OLG Hamm NJW-RR 1993, 468 (469); OLG Düsseldorf WE 1997, 145.
[79] KG OLGZ 1974, 399 (401).
[80] OLG Hamm NJW-RR 1993, 468 (469).
[81] BayObLG ZfIR 2002, 296 (300).

609 • Bauliche Veränderungen,[82]
610 • Benutzungsordnungen und Gebrauchsregelungen (zum Beispiel für den gemeinschaftlichen Waschkeller,[83] die Stellplätze[84] oder den Tischtennisraum),[85]
611 • Gartengestaltung,[86]
• Installation einer Satellitenanlage,[87]
612 • Mülltonnenabstellplatz sowie[88]
613 • Vergütung des Verwalters[89] oder des Hausmeisters.[90]

614 **Geschäftsordnungsbeschlüsse** (zum Beispiel Beschlüsse über die Teilnahme eines Dritten an der Eigentümerversammlung, Änderung der Reihenfolge der Tagesordnung, Wahl des Versammlungsleiters und Protokollführers etc.) müssen nicht in der Tagesordnung angekündigt werden. Solche Anträge zur Geschäftsordnung können spontan in der Eigentümerversammlung zur Abstimmung gestellt werden.

615 **h) Der Versammlungsort.** Der Versammlungsort wird vom Einladenden festgelegt, also in den häufigsten Fällen vom Verwalter. Dabei besteht ein – gerichtlich überprüfbares – **Ermessen.**[91] Es kann jedoch in der Teilungserklärung mit Gemeinschaftsordnung ein bestimmter Versammlungsort vereinbart werden, an welchen der Einladende gebunden ist.[92]

616 Grundsätzlich haben die Eigentümerversammlungen in **örtlicher Nähe** zur Wohnanlage stattzufinden, so dass es den in der Wohnanlage lebenden Eigentümern ohne größere Anfahrtswege ermöglicht wird, an der Eigentümerversammlung teilzunehmen.[93] Die Versammlung hat auch dann in örtlicher Nähe zur Wohnanlage stattzufinden, wenn der Sitz des Verwalters oder der Wohnsitz der Mehrheit der vermietenden Eigentümer nicht in der Nähe der Wohnanlage liegt.[94]

617 Der Versammlungsort muss mit den üblichen Verkehrsmitteln gut erreichbar und zumutbar sein,[95] das heißt es müssen genügend Sitzgelegenheiten vorhanden sein, der Raum muss ausreichend klimatisiert bzw. beheizt sein und der Raum muss barrierefrei zugänglich sein, sofern einer der Eigentümer bekanntermaßen gehbehindert sein sollte.[96]

618 Aufgrund des Grundsatzes der **Nichtöffentlichkeit einer Eigentümerversammlung** muss es sich um einen abgetrennten Versammlungsraum handeln, damit gewährleistet ist, dass die Eigentümerversammlung nicht durch Lärmeinwirkungen aus der näheren Umgebung (zum Beispiel Gaststube) gestört wird und die zu erörternden und zu beschließenden Punkte intern bleiben und nicht nach außen getragen werden.[97]

619 Als Versammlungsorte kommen beispielsweise in Betracht die Geschäftsräume des Verwalters, ein abgetrennter Raum in einer Gaststätte oder in einem Hotel, bei größeren Gemeinschaften ein Fest- oder Pfarrsaal, die Wohnung eines Sondereigentümers, ein Gemeinschaftsraum in der Wohnanlage oder das Besprechungszimmer in einer Anwaltskanzlei. Unzulässige Versammlungsorte sind hingegen zum Beispiel frei zugängliche

---

[82] KG ZMR 1997, 254; BayObLG WuM 1992, 90.
[83] BayObLG NJW-RR 1987, 1463.
[84] OLG Düsseldorf ZMR 1997, 91.
[85] BayObLG MDR 1985, 412.
[86] BayObLG ZfIR 2002, 296 (300).
[87] BayObLG WuM 2004, 366.
[88] BayObLG NJW-RR 1990, 784.
[89] OLG Düsseldorf ZMR 1997, 91.
[90] BayObLG ZfIR 2002, 296 (300).
[91] OLG Köln ZMR 2004, 299; OLG Hamm ZMR 2001, 383.
[92] OLG Celle NZM 1998, 822.
[93] BGH NZM 2002, 450; OLG Köln NZM 2006, 227.
[94] *Drasdo* Kap. B. Rn. 95; *Staudinger/Bub* § 24 Rn. 45.
[95] BGH NJW 2002, 1647 (1651).
[96] LG Bonn ZMR 2004, 218; OLG Köln ZMR 2004, 299.
[97] BGH NJW 1993, 1329; KG NJW-RR 1997, 1171; OLG Frankfurt ZMR 1995, 326.

Gasträume oder Biergärten.[98] Nicht zwingend ist jedoch, dass die Eigentümerversammlung in einem umschlossenen Raum stattfinden muss. Sofern gewährleistet ist, dass fremde Personen an der Versammlung nicht teilnehmen und mithören können, kann die Eigentümerversammlung auch im Freien abgehalten werden, zum Beispiel auf der Dachterrasse der Wohnung eines Miteigentümers.

i) **Die Versammlungszeit.** Auch die Versammlungszeit wird von dem Einladenden nach eigenem – gerichtlich überprüfbaren – **Ermessen** festgelegt. Auch hier gilt, dass die gewählte Zeit verkehrsüblich und zumutbar sein muss, so dass den Wohnungseigentümern eine Teilnahme an der Eigentümerversammlung ermöglicht wird. Die Versammlungszeit kann in der Teilungserklärung mit Gemeinschaftsordnung festgelegt werden. In der Regel findet sich dort jedoch allenfalls eine Regelung dahingehend, dass wegen der zu beschließenden Abrechnung des Vorjahres die Eigentümerversammlung innerhalb des ersten Quartals oder bis zum 30. 6. des Folgejahres stattzufinden hat.[99] 620

Bei der Versammlungszeit ist zu differenzieren zwischen Datum und Uhrzeit. Beim **Datum** sollte ein Werktag gewählt werden, da bei einer Eigentümerversammlung an Samstagen, Sonntagen und Feiertagen infolge diverser Freizeitgestaltungen die Teilnahme nicht allen Wohnungseigentümern ermöglicht werden könnte.[100] Auch eine Eigentümerversammlung zwischen Weihnachten und Neujahr sollte vermieden werden.[101] Ferner sollte der Einladende – wenn möglich – eine Eigentümerversammlung in den Schulferien vermeiden, da infolge Urlaubsabwesenheit nicht für alle Wohnungseigentümer die Teilnahme gewährleistet wird. Überwiegend handelt es sich insoweit nur um Empfehlungen. Eine Eigentümerversammlung zur Unzeit gibt es kaum, das heißt eine Eigentümerversammlung kann sehr wohl auch an Samstagen,[102] Sonn- und Feiertagen[103] oder während der Urlaubszeit[104] abgehalten werden, insbesondere wenn hierfür, zum Beispiel wegen Eilbedürftigkeit, ein sachlicher Grund besteht. Bei der Festlegung der **Uhrzeit** ist soweit wie möglich auf die Berufstätigen Rücksicht zu nehmen, so dass die Eigentümerversammlung im Anschluss an die üblichen Arbeitszeiten stattfinden sollte, das heißt ab ca. 18.00 Uhr. Auch dies ist jedoch nicht zu verallgemeinern. Vielmehr kann der Versammlungsbeginn im Einzelfall variieren. Im Rahmen des ihm zustehenden Ermessens hat der Verwalter bei der Festlegung des Versammlungsbeginns die Themen der Eigentümerversammlung, die voraussichtliche Dauer, die Anfahrtswege der Mehrheit der Eigentümer, die Anzahl der zu erwartenden Teilnehmer und die gewöhnlichen Arbeitszeiten zu berücksichtigen, so dass im Einzelfall ein Versammlungsbeginn um 15.00 Uhr ordnungsmäßiger Verwaltung entsprechen[105] und ein Versammlungsbeginn um 17.30 Uhr ordnungsmäßiger Verwaltung widersprechen kann.[106] 621

j) **Einberufungsmängel und Rechtsfolgen.** Von der Einberufung bis zur Versammlungszeit (siehe oben Rn. 543 bis 621) können dem Einladenden Fehler unterlaufen. Ganz überwiegend führen diese allenfalls zur Anfechtbarkeit, kaum aber zur Nichtigkeit. Hierbei ist wie folgt zu unterscheiden: 622

- Wird eine „Eigentümerversammlung" abgehalten, ohne dass eine **Einberufung** zur Eigentümerversammlung vorliegt (vgl. Rn. 543), liegt mangels Einberufung keine Eigentümerversammlung vor. Die auf solch einer Versammlung gefassten Beschlüsse sind als Nichtbeschlüsse zu behandeln, die nicht innerhalb der Monatsfrist des § 46 623

[98] KG ZMR 1997, 487; OLG Frankfurt ZMR 1995, 326.
[99] *Staudinger/Bub* § 24 Rn. 11.
[100] BayObLG NJW-RR 1987, 1362.
[101] OLG Hamm NZM 2001, 297.
[102] OLG Zweibrücken WE 1994, 146.
[103] OLG Stuttgart NJW-RR 1986, 315; OLG Schleswig NJW-RR 1987, 1362.
[104] BayObLG ZWE 2000, 526.
[105] OLG Köln WuM 2004, 686.
[106] LG München I NZM 2005, 591.

Abs. 1 Satz 2 WEG angefochten werden müssen, da sie keine Rechtswirkungen entfalten (vgl. ausführlicher hierzu Rn. 825 bis 826). Zur Beseitigung des dennoch von einem Nichtbeschluss ggf. ausgehenden Rechtsscheins kann Feststellungsklage erhoben werden mit dem Antrag, festzustellen, dass in der betroffenen Versammlung die gefassten Beschlüsse nicht zustande gekommen sind.[107]

624 Ausnahmsweise können bei einer spontanen Zusammenkunft trotz fehlender Einberufung wirksame Eigentümerbeschlüsse gefasst werden, wenn alle Eigentümer anwesend sind und gegen die Durchführung einer Eigentümerversammlung keine Einwände erheben, so genannte Voll- oder Universalversammlung.[108]

625 • Wird die Eigentümerversammlung von einem **Unbefugten** einberufen (vgl. Rn. 544 bis 547), liegt zwar aufgrund des Ladungsmangels ein formeller Fehler vor. Dieser formelle Fehler führt jedoch nicht zur Nichtigkeit der in dieser Eigentümerversammlung gefassten Beschlüsse, sondern allenfalls zu deren Anfechtbarkeit.[109] Erfolgreich können die auf solch einer Eigentümerversammlung gefassten Beschlüsse nur dann angefochten werden, wenn der Ladungsmangel für die auf dieser Eigentümerversammlung gefassten Beschlüsse kausal gewesen sein könnte, wenn sich der formelle Fehler also auf das Ergebnis der Beschlussfassung ausgewirkt haben könnte.[110] Hingegen ist die Anfechtungsklage dann erfolglos, wenn die auf dieser Eigentümerversammlung gefassten Beschlüsse auch ohne den Ladungsmangel entsprechend gefasst worden wären.[111]

626 Macht der Kläger im Rahmen einer Beschlussanfechtungsklage im Sinne von § 46 WEG einen formellen Fehler geltend, tragen die Beklagten die Beweislast dafür, dass sich der formelle Fehler nicht auf die angefochtenen Beschlüsse ausgewirkt hat. Um die Formvorschriften nicht ins Leere laufen zu lassen und zur Bedeutungslosigkeit zu degradieren, ist insoweit ein strenger Prüfungsmaßstab anzulegen, das heißt die unter Berufung auf einen formellen Fehler angefochtenen Beschlüsse dürfen wegen dieses Fehlers nur dann nicht für ungültig erklärt werden, wenn mit an Sicherheit grenzender Wahrscheinlichkeit feststeht, dass die angefochtenen Beschlüsse auch ohne den formellen Fehler in gleicher Weise gefasst worden wären.[112]

627 • Wird zum Beispiel ein Wohnungseigentümer versehentlich nicht zur Eigentümerversammlung geladen oder geht das Einladungsschreiben auf dem Postweg verloren (**fehlender Zugang,** vgl. Rn. 548 bis 560), liegt aufgrund dieses Ladungsmangels ebenfalls ein formeller Fehler vor. Dieser formelle Fehler führt jedoch grundsätzlich nicht zur Nichtigkeit der in dieser Eigentümerversammlung gefassten Beschlüsse, sondern allenfalls zu deren Anfechtbarkeit.[113] Auch hier gilt aber grundsätzlich: Erhält ein Wohnungseigentümer keine Einladung zur Eigentümerversammlung, kann er die dort gefassten Beschlüsse nur dann erfolgreich anfechten, wenn der Ladungsmangel für die auf dieser Eigentümerversammlung gefassten Beschlüsse kausal gewesen sein könnte, wenn sich der formelle Fehler also auf das Ergebnis der Beschlussfassung ausgewirkt haben könnte. Hierzu und zu der Beweislast gelten die Ausführungen zu der Einberufung einer Eigentümerversammlung durch einen Nichtberechtigten entsprechend (vgl. Rn. 625).

628 Ausnahmsweise kann dieser formelle Fehler zur Nichtigkeit der in dieser Eigentümerversammlung gefassten Beschlüsse führen, wenn ein Eigentümer absichtlich nicht gela-

---

[107] OLG München NZM 2005, 588; OLG München ZWE 2006, 456.

[108] BayObLG ZMR 2001, 366; *Bärmann/Merle* § 23 Rn. 5, 115, 169; *Staudinger/Bub* § 24 Rn. 12.

[109] BayObLG NZM 2005, 307.

[110] OLG Hamburg ZMR 2007, 550.

[111] OLG Köln WE 1996, 77.

[112] KG ZMR 1997, 487; KG NZM 1999, 850; OLG Köln ZMR 2004, 299; OLG Hamm WE 1996, 33.

[113] BGH NJW 1999, 3717; BayObLG WuM 2005, 145; a. A. *Bärmann/Merle* § 23 Rn. 172.

den worden ist.[114] Nach einer Entscheidung des OLG Köln[115] soll jedoch dann keine Nichtigkeit gegeben sein, wenn der vorsätzlich nicht geladene Wohnungseigentümer ohnehin von einem gesetzlichen Stimmrechtsverbot betroffen gewesen wäre. Dies überzeugt nicht, da bei einer absichtlich unterlassenen Ladung eines Eigentümers zur Eigentümerversammlung nicht nur in dessen Stimmrecht eingegriffen wird, sondern ebenso in das fundamentale Teilnahme- und Rederecht, welches selbst im Falle eines Stimmrechtsverbotes besteht. Von einer Nichtigkeit ist selbst dann auszugehen, wenn der nichtgeladene Wohnungseigentümer auf anderem Wege davon erfährt, dass eine Eigentümerversammlung einberufen worden ist.[116] Etwas anderes muss nach der hier vertretenen Auffassung aber dann gelten, wenn der absichtlich nicht geladene Wohnungseigentümer dennoch von der Einberufung zur Eigentümerversammlung Kenntnis erlangt hat und daraufhin an der Eigentümerversammlung teilgenommen hat, weil in diesem Fall der vorsätzlich verursachte formelle Fehler folgenlos geblieben ist, da der vorsätzlich nicht geladene Wohnungseigentümer dennoch von seinem Teilnahme-, Rede- und Stimmrecht Gebrauch machen konnte und somit das Abstimmungsergebnis mit den ihm zur Verfügung stehenden Mitteln mitgestalten konnte.

- Bei einem **unzureichenden Inhalt der Einberufung** handelt es sich ebenso „nur" um ei- 629
nen formellen Fehler, der nur zur Anfechtbarkeit, nicht aber zur Nichtigkeit der in dieser Eigentümerversammlung gefassten Beschlüsse führt. Ergibt sich aus der Einberufung beispielsweise nicht die Person des Einberufenden oder wird versehentlich vergessen, den Versammlungsort anzugeben, sind die in dieser Eigentümerversammlung dennoch gefassten Eigentümerbeschlüsse nicht nichtig, sondern nur anfechtbar, wobei auch hier die Anfechtung nur dann Erfolg haben wird, wenn der formelle Fehler bei wertender Betrachtung für den Inhalt des gefassten Beschlusses kausal war. Hierzu und zu der Beweislast gelten die Ausführungen zu der Einberufung einer Eigentümerversammlung durch einen Nichtberechtigten entsprechend (vgl. Rn. 625). Sollte in der Einberufung ein falscher oder kein Versammlungsort angegeben sein und sollte ein Eigentümer dies erst bemerken, als er sich auf den Weg zur Eigentümerversammlung machen will, so dass er nicht mehr die Möglichkeit hat, den Versammlungsort zu erfragen, sind nach hier vertretener Auffassung die Grundsätze der versehentlich unterlassenen Ladung anzuwenden (vgl. Rn. 626), denn so wie bei einer gänzlich fehlenden Ladung hat der Eigentümer auch bei einer falschen oder fehlenden Angabe des Versammlungsortes unter Umständen keine Möglichkeit, an der Eigentümerversammlung teilzunehmen.
- Kommt es bei der Einberufung zu einem **Formverstoß** (vgl. Rn. 563 bis 565), kann 630
auch dieser formelle Fehler allenfalls zur Anfechtbarkeit führen. § 125 BGB ist in diesem Fall nicht anwendbar, das heißt ein Formmangel führt weder zur Nichtigkeit der Einberufung noch zur Nichtigkeit der Eigentümerbeschlüsse, die in der nicht formgerecht einberufenen Eigentümerversammlung gefasst worden sind. Auch hier gilt, dass sich ein Kläger in seiner Beschlussanfechtungsklage nur dann mit Erfolg auf den Formmangel berufen kann, wenn der Formmangel ursächlich für das Zustandkommen der Eigentümerbeschlüsse gewesen sein könnte. Im Regelfall dürfte allein ein Formmangel nicht zur Ungültigerklärung der in der Eigentümerversammlung gefassten Beschlüsse führen.[117] Eine Ungültigerklärung soll demnach nur dann in Betracht kommen, wenn der Eigentümer der Eigentümerversammlung allein wegen des Formmangels ferngeblieben ist.[118] Hiergegen ist einzuwenden, dass es in einem derartigen Fall

---

[114] BayObLG WuM 2005, 145; OLG Köln ZMR 2004, 299; OLG Zweibrücken ZMR 2004, 60; OLG Celle NZM 2002, 458.

[115] OLG Köln ZMR 2004, 299.

[116] OLG Hamm NJW-RR 1993, 468.

[117] *Riecke/Schmid/Riecke* § 24 Rn. 33.

[118] *Staudinger/Bub* § 24 Rn. 159.

rechtsmissbräuchlich sein dürfte, sich im Rahmen des Anfechtungsprozesses auf den Formmangel zu berufen. Wer in Kenntnis des Formmangels nur deshalb nicht an der Eigentümerversammlung teilnimmt, um sich sodann im Rahmen des Beschlussanfechtungsprozesses auf den Formmangel berufen zu können, handelt rechtsmissbräuchlich.

631 • Wird bei der Einberufung die **Ladungsfrist** von zwei Wochen gemäß § 24 Abs. 4 Satz 2 WEG oder die in der Teilungserklärung mit Gemeinschaftsordnung vereinbarte Einberufungsfrist unterschritten (vgl. Rn. 566 bis 568), führt zumindest der Verstoß gegen die in § 24 Abs. 4 Satz 2 WEG normierte Einberufungsfrist nicht per se zur Anfechtbarkeit, da es sich insoweit lediglich um eine Soll-Vorschrift handelt.[119] Somit gilt auch hier, dass ein Verstoß gegen die Ladungsfrist nur dann erfolgreich im Rahmen einer Beschlussanfechtungsklage geltend gemacht werden kann, wenn dieser Mangel ursächlich für die Beschlussfassung geworden ist.[120]

632 • Auch die fehlende oder ungenügende Ankündigung eines Beschlussgegenstandes in der **Tagesordnung** (vgl. Rn. 569 bis 614) stellt als so genannter Einberufungsmangel einen formellen Fehler dar. Eine fehlende oder nicht ausreichende Ankündigung eines Beschlussgegenstandes in der Tagesordnung führt nicht zur Nichtigkeit des entsprechenden Beschlusses, sondern lediglich zu dessen Anfechtbarkeit, das heißt die ordnungsgemäße Ankündigung des Beschlussgegenstandes ist entgegen des insoweit nicht ganz eindeutigen Wortlautes von § 23 Abs. 2 WEG nicht Gültigkeitsvoraussetzung für den entsprechenden Eigentümerbeschluss. Vielmehr wird ein Eigentümerbeschluss, der trotz nicht ordnungsgemäßer Ankündigung in der Tagesordnung einstimmig oder mehrheitlich zustande kommt, bestandskräftig, wenn er nicht innerhalb der Monatsfrist des § 46 Abs. 1 Satz 2 WEG angefochten wird.[121]

633 Eine fehlende oder ungenügende Ankündigung des Beschlussgegenstandes kann dann mit Erfolg im Rahmen einer Anfechtungsklage geltend gemacht werden, wenn dieser formelle Fehler für den gefassten Beschluss ursächlich war. Mit anderen Worten: Der Kläger kann sich dann nicht mit Erfolg auf den Einberufungsmangel berufen, wenn der Beschluss mit an Sicherheit grenzender Wahrscheinlichkeit auch bei ordnungsgemäßer Ankündigung in der zustande gekommenen Form gefasst worden wäre. Insoweit besteht jedoch eine wohl kaum zu widerlegende Vermutung, dass der Einberufungsmangel auf dem dennoch zustande gekommenen Beschluss beruht, da sich nachträglich nicht mehr mit hinreichender Sicherheit aufklären lassen wird, ob die nicht zur Eigentümerversammlung erschienenen Eigentümer bei ordnungsgemäßer Ankündigung vielleicht doch erschienen wären oder ob die Eigentümer, die sich in der Eigentümerversammlung durch einen Bevollmächtigten haben vertreten lassen, dem Bevollmächtigten bei ordnungsgemäßer Ankündigung eine (andere) Weisung für dessen Abstimmverhalten erteilt hätten, so dass mehr oder weniger immer die Möglichkeit bleibt, dass sich der Einberufungsmangel auf den gefassten Beschluss ausgewirkt haben könnte.[122]

634 Der Einberufungsmangel kann somit allenfalls durch eine so genannte Voll- oder Universalversammlung geheilt werden. Nur wenn also sämtliche Eigentümer in der Eigentümerversammlung anwesend sind und sich an der Diskussion und Beschlussfassung über einen nicht ordnungsgemäß angekündigten Tagesordnungspunkt beteiligen, ohne den Einberufungsmangel zu rügen, wird der Einberufungsmangel geheilt.[123] Sollten neben den persönlich anwesenden Eigentümern die übrigen, nicht persönlich anwe-

---

[119] BGH NJW 2002, 1647; OLG Hamm ZMR 2007, 984; OLG Düsseldorf ZWE 2002, 590; BayObLG NZM 1999, 130.

[120] BGH NJW 2002, 1647; BayObLG NZM 1999, 130; BayObLG ZMR 2004, 766; KG ZWE 2005, 340; *Bärmann/Merle* § 24 Rn. 33.

[121] BayObLG NZM 2004, 386; KG NZM 2004, 913.

[122] KG ZMR 2006, 794; *Spielbauer/Then* § 23 Rn. 38.

[123] KG OLGZ 1974, 399; KG ZfIR 1999, 457; OLG Hamm OLGZ 1979, 296; BayObLG WE 1997, 268.

senden Eigentümer durch Vollmacht vertreten sein, handelt es sich zwar auch um eine Voll- oder Universalversammlung. Dennoch kann in solch einer Voll- oder Universalversammlung ein Einberufungsmangel nicht durch rügeloses Diskutieren und Abstimmen geheilt werden, da sich die Vollmacht des nicht persönlich anwesenden Eigentümers nur auf die in der Tagesordnung angekündigten Diskussions- und Beschlusspunkte bezieht, nicht jedoch auf dort nicht oder unzureichend angekündigte Tagesordnungspunkte.[124]

Wird unter dem Tagesordnungspunkt **„Sonstiges"**, **„Verschiedenes"** oder **„Diverses"** 635
ein Beschluss gefasst und handelt es sich dabei nicht um eine Angelegenheit von völlig untergeordneter Bedeutung, so ist der unter diesem Tagesordnungspunkt gefasste Eigentümerbeschluss bei einer Anfechtung ohne Kausalitätsprüfung für ungültig zu erklären, sofern nicht sämtliche Eigentümer in der Eigentümerversammlung anwesend sind und sich an der Diskussion und Beschlussfassung über den nicht ordnungsgemäß angekündigten Tagesordnungspunkt beteiligen, ohne den Einberufungsmangel zu rügen.

- Bei der Bestimmung des **Versammlungsortes** (vgl. Rn. 615 bis 619) kann es ebenfalls 636
zu formellen Fehlern kommen. So kann der Versammlungsort zu weit entfernt von der Wohnanlage sein. Gelegentlich kommt es auch immer wieder vor, dass gegen den Grundsatz der Nichtöffentlichkeit einer Eigentümerversammlung verstoßen wird, da zum Beispiel die Versammlung in einem auch für Dritte frei zugänglichen Raum stattfindet. Diese formellen Fehler führen nicht zur Nichtigkeit der in dieser Versammlung gefassten Beschlüsse, sondern allenfalls zur Anfechtbarkeit mit der bereits mehrfach erwähnten Kausalitätsproblematik.

Wird hingegen absichtlich ein zu kleiner Versammlungsraum bestimmt, um bewusst die 637
Anwesenheit gering zu halten, mit der Folge, dass nicht sämtliche erschienenen Eigentümer an der Eigentümerversammlung teilnehmen können, sind nach hier vertretener Auffassung dieselben Grundsätze anzuwenden wie bei einer absichtlich unterlassenen Einladung eines Eigentümers, mit der Folge, dass die in solch einer Eigentümerversammlung gefassten Eigentümerbeschlüsse nichtig sind. Hierzu passen auch die Entscheidungen des LG Bonn und OLG Köln, wonach von Nichtigkeit der Eigentümerbeschlüsse auszugehen ist, wenn die Eigentümerversammlung in einem nicht barrierefrei zugänglichen Raum stattgefunden hat, so dass es dem im Rollstuhl sitzenden Eigentümer erkennbar nicht möglich war, an der Eigentümerversammlung teilzunehmen.[125]

- Wird eine **Versammlungszeit** (vgl. Rn. 620 und 621) bestimmt, die es einigen Eigen- 638
tümern nicht ermöglicht, an der Versammlung teilzunehmen, liegt ein formeller Mangel vor, der zur Anfechtbarkeit und zur Ungültigerklärung der in dieser Eigentümerversammlung gefassten Beschlüsse führen kann, wenn der formelle Mangel ursächlich für die Beschlussfassung gewesen sein könnte. So ist zum Beispiel bei einer Wohnanlage mit nur vier Einheiten der auf 17.30 Uhr festgesetzte Versammlungsbeginn für unzulässig befunden worden, wenn es einem Eigentümer aus beruflichen Gründen bekanntermaßen nicht möglich ist, bereits um diese Uhrzeit an der Versammlung teilzunehmen.[126] Ferner soll es sich bei einer Eigentümerversammlung am Vormittag[127] oder Nachmittag[128] des Karfreitags um eine unzumutbare Versammlungszeit handeln, weil dadurch das Recht der Eigentümer auf freie Religionsausübung beeinträchtigt wird. Gleiches soll gelten, wenn die Versammlung an Sonn- und Feiertagen vor 11.00 Uhr stattfinden soll.[129]

---

[124] OLG Hamm NJW-RR 1993, 468; *Bärmann/Merle* § 23 Rn. 89.

[125] LG Bonn ZMR 2004, 218; OLG Köln ZMR 2004, 299.

[126] LG München I NZM 2005, 591.

[127] LG Lübeck NJW-RR 1986, 313; OLG Schleswig NJW-RR 1987, 1363, sofern dadurch die Teilnahme am Gottesdienst gestört wird.

[128] OLG Schleswig DWE 1989, 143.

[129] BayObLG WE 1988, 32; BayObLG NJW-RR 1987, 1362; OLG Stuttgart NJW-RR 1986, 315.

3. Die außerordentliche Wohnungseigentümerversammlung im Sinne von § 24 Abs. 2 WEG

639 Beruft der Verwalter gemäß § 24 Abs. 2 WEG eine Eigentümerversammlung ein, weil dies in der Teilungserklärung mit Gemeinschaftsordnung so vereinbart ist oder weil mehr als ein Viertel der Wohnungseigentümer die Einberufung schriftlich unter Angabe des Zwecks und der Gründe verlangt, wird diese Eigentümerversammlung in der Praxis häufig **„außerordentliche Eigentümerversammlung"** bezeichnet. Hält der Verwalter aus anderen Gründen (zum Beispiel dringender kurzfristiger Instandsetzungsbedarf oder Beschlussfassung über die Genehmigung bzw. den Widerruf eines gerichtlich geschlossenen widerruflichen Vergleichs) die Einberufung einer Eigentümerversammlung für erforderlich, handelt es sich dabei ebenfalls um eine außerordentliche Eigentümerversammlung. Für eine außerordentliche Eigentümerversammlung gelten die Ausführungen zur ordentlichen Eigentümerversammlung entsprechend. Lediglich bei der Einberufung und der Tagesordnung bestehen folgende Besonderheiten:

640 **a) Die Einberufung.** Primär muss der Verwalter unabhängig von den Voraussetzungen des § 24 Abs. 2 WEG im Rahmen ordnungsmäßiger Verwaltung gemäß § 21 Abs. 4 WEG dann eine außerordentliche Eigentümerversammlung einberufen, wenn hierfür ein dringender Anlass und Bedarf besteht, der ein längeres Zuwarten, insbesondere bis zur nächsten ordentlichen Eigentümerversammlung, nicht zulässt. Aus § 24 Abs. 2 WEG ergibt sich, in welchen weiteren Fällen der Verwalter eine außerordentliche Eigentümerversammlung einberufen muss, nämlich in den durch Vereinbarung der Wohnungseigentümer bestimmten Fällen oder wenn die Einberufung von mehr als ein Viertel der Wohnungseigentümer schriftlich unter Angabe des Zwecks und der Gründe verlangt wird.

641 Zum einen ist der Verwalter gemäß § 24 Abs. 2 WEG zur Einberufung einer außerordentlichen Eigentümerversammlung verpflichtet, wenn sich eine solche Pflicht aus der Teilungserklärung mit Gemeinschaftsordnung (= **Vereinbarung**) ergibt (= 1. Alternative des § 24 Abs. 2 WEG). Damit ist jedoch nicht die ohnehin einmal pro Jahr stattzufindende ordentliche Eigentümerversammlung im Sinne von § 24 Abs. 1 WEG gemeint, sondern eine Eigentümerversammlung, die auf weiteren, anderen Einberufungsgründen beruht. So kann beispielsweise in der Teilungserklärung mit Gemeinschaftsordnung vereinbart sein, dass zwei Eigentümerversammlungen pro Jahr stattzufinden haben. In diesem Fall würde es sich bei der ersten Eigentümerversammlung um die ordentliche Eigentümerversammlung im Sinne von § 24 Abs. 1 WEG handeln und bei der zweiten Eigentümerversammlung um eine außerordentliche Eigentümerversammlung im Sinne von § 24 Abs. 2 WEG.

642 Zum anderen muss der Verwalter gemäß § 24 Abs. 2 WEG eine außerordentliche Eigentümerversammlung einberufen, wenn dies mehr als ein Viertel der Wohnungseigentümer schriftlich unter Angabe des Zwecks und der Gründe verlangt, so genanntes **Minderheitenquorum** (= 2. Alternative des § 24 Abs. 2 WEG). Diese Voraussetzungen können in der Teilungserklärung mit Gemeinschaftsordnung zum Teil abweichend geregelt werden. So kann in der Teilungserklärung mit Gemeinschaftsordnung beispielsweise vereinbart werden, dass weniger als ein Viertel der Eigentümer die Einberufung einer Eigentümerversammlung verlangen kann, ohne dass hierfür der Zweck und die Gründe angegeben werden müssen. Zum Schutz des Minderheitenrechts und um zu vermeiden, dass aus einem Minderheitenrecht ein Mehrheitsrecht wird, ist es jedoch nicht möglich, in der Teilungserklärung mit Gemeinschaftsordnung zu vereinbaren, dass für das Zustandekommen des Minderheitenquorums mehr als ein Viertel der Wohnungseigentümer die Einberufung einer Eigentümerversammlung verlangen muss.[130]

---

[130] BayObLG NJW 1973, 151; *Bärmann/Merle* § 24 Rn. 10; a. A. *Staudinger/Bub* § 24 Rn. 31.

Bei der **Ermittlung des Minderheitenquorums** ist von den „Köpfen" im Sinne von § 25 Abs. 2 WEG auszugehen. Nicht maßgeblich und entscheidend ist also, wie viel Miteigentumsanteile die Eigentümer, die eine Einberufung der Eigentümerversammlung fordern, auf sich vereinigen (= Wertprinzip) und wie viel Wohnungen diese Eigentümer auf sich vereinigen (= Objektprinzip). Das Kopfprinzip gilt selbst dann, wenn hinsichtlich des Stimmrechts in der Teilungserklärung mit Gemeinschaftsordnung abweichend von § 25 Abs. 2 WEG das Wert- oder Objektprinzip vereinbart sein sollte.[131] Ob und inwieweit ein Eigentümer, der die Einberufung einer Eigentümerversammlung fordert, in der Versammlung selbst von einem Stimmrechtsverbot gemäß § 25 Abs. 5 WEG betroffen sein könnte, ist unbeachtlich. Auch der ggf. von einem Stimmrechtsrechtverbot betroffene Eigentümer kann gemäß § 24 Abs. 2 Alternative 2 WEG die Einberufung einer außerordentlichen Eigentümerversammlung fordern.[132] Steht eine Sondereigentumseinheit im Eigentum von mehreren Personen (zum Beispiel Ehegatten oder Erbengemeinschaft), so gelten diese Miteigentümer in entsprechender Anwendung von § 25 Abs. 2 Satz 2 WEG als ein Kopf, das heißt sämtliche Miteigentümer dieser Einheit müssen die Einberufung der Eigentümerversammlung fordern, damit bei der Ermittlung des Minderheitenquorums dieser eine Kopf berücksichtigt werden kann.[133] Von der Anzahl ist mehr als ein Viertel der Eigentümer erforderlich. Ein Viertel reicht nicht. Besteht beispielsweise eine Wohnungseigentümergemeinschaft aus 20 Köpfen, muss das Einberufungsverlangen von mindestens sechs Köpfen stammen. Nur fünf Köpfe (= ¼) wären nicht ausreichend. 643

Gemäß § 24 Abs. 2 Alternative 2 WEG muss die Einberufung **schriftlich** verlangt werden. Daher muss das Einberufungsverlangen gemäß § 126 BGB von den betroffenen Eigentümern eigenhändig unterzeichnet sein. Die Eigentümer, die eine Einberufung der Eigentümerversammlung fordern, müssen das Einberufungsverlangen jedoch nicht auf ein und demselben Dokument unterzeichen. Vielmehr ist es ebenso möglich, dass jeder betroffene Eigentümer ein Einberufungsverlangen an den Verwalter richtet, mit der Folge, dass dann die Eigentümerversammlung einzuberufen ist, wenn die eingehenden Einberufungsverlangen in der Summe von mehr als einem Viertel der Eigentümer stammen.[134] Gemäß § 126 a BGB kann das Einberufungsverlangen auch mit einer elektronischen Signatur der betroffenen Eigentümer versehen werden. Ein Einberufungsverlangen per Telefax reicht demnach nicht.[135] 644

In dem Einberufungsverlangen haben die betroffenen Eigentümer den **Grund** und den **Zweck** für die geforderte außerordentliche Eigentümerversammlung anzugeben, um den Verwalter darüber in Kenntnis zu setzen, über welche Tagesordnungspunkte (= Zweck) in der verlangten außerordentlichen Eigentümerversammlung diskutiert und ggf. beschlossen werden soll und dass ein (wichtiger) Grund für die Durchführung einer außerordentlichen Eigentümerversammlung besteht, der ein Zuwarten auf die nächste ordentliche Eigentümerversammlung nicht zulässt. Nachdem das Einberufungsverlangen von Eigentümern stammt, die in der Regel über keine vertieften wohnungseigentumsrechtlichen Fachkenntnisse verfügen, sind an die Form und Bestimmtheit dieser Angaben keine erhöhten Anforderungen zu stellen. Da jedoch die Eigentümer, die die Einberufung der Eigentümerversammlung verlangen, mit diesen Angaben letztlich die Tagesordnung für die außerordentliche Eigentümerversammlung vorgeben, auf deren Grundlage in der Eigentümerversammlung ggf. Beschlüsse gefasst werden sollen, so dass gemäß § 23 Abs. 2 WEG der Beschlussgegenstand ausreichend bezeichnet sein muss, ist wenigstens ein Mindestmaß an Bestimmtheit zu fordern. Ferner steht dem Verwalter zumindest ein Prüfungsrecht dahingehend zu, ob das Einberufungsverlangen rechtsmissbräuchlich ist 645

131 BayObLG WuM 1990, 464; OLG Hamm NJW 1973, 2300.
132 *Bärmann/Merle* § 24 Rn. 9; *Staudinger/Bub* § 24 Rn. 68.
133 *Bärmann/Merle* § 24 Rn. 9; *Staudinger/Bub* § 24 Rn. 68.
134 Vgl. BayObLG WE 1991, 358.
135 OLG Hamburg NJW 1990, 1613.

oder nicht. Von diesem Prüfungsrecht kann der Verwalter nur dann Gebrauch machen, wenn er zumindest in etwa erkennen kann, wegen welcher Tagesordnungspunkte das Minderheitenquorum die Einberufung einer Eigentümerversammlung verlangt.[136]

646 Ferner hat der Verwalter bei dem Einberufungsverlangen eines Minderheitenquorums noch zu prüfen, ob das Minderheitenquorum auch tatsächlich erreicht und die Schriftform eingehalten ist, das heißt der Verwalter hat insoweit lediglich ein **formelles Prüfungsrecht.** Darüber hinaus steht dem Verwalter **kein materielles Prüfungsrecht** zu, das heißt weder steht es ihm zu, die Angaben des Minderheitenquorums auf ihre Richtigkeit zu überprüfen noch darf er darüber befinden, ob die vom Minderheitenquorum verlangten Tagesordnungspunkte ordnungsmäßiger Verwaltung entsprechen und sinnvoll sind.[137] Der Verwalter hat auch nicht darüber zu entscheiden, ob die geforderte Eigentümerversammlung zweckmäßig ist und ob ein dringender Fall vorliegt oder ob die nächste ordentliche Eigentümerversammlung abgewartet werden kann.[138] Stünde dem Verwalter insoweit ein materielles Prüfungsrecht zu, hätte er es in der Hand, ob er eine außerordentliche Eigentümerversammlung einberuft oder nicht, was dem mit dem Minderheitenquorum bezweckten Minderheitenschutz zuwider laufen würde.[139]

647 Sind die formellen Voraussetzungen erfüllt, ist der Verwalter verpflichtet, die außerordentliche Eigentümerversammlung einzuberufen, da gemäß § 24 Abs. 2 Alternative 2 WEG in den dort genannten Fällen die Eigentümerversammlung einberufen werden muss. Diese Pflicht besteht trotz Vorliegens der formellen Voraussetzungen nur dann nicht, wenn das Einberufungsverlangen offensichtlich **rechtsmissbräuchlich** ist.[140] Rechtsmissbräuchlich ist ein Einberufungsverlangen beispielsweise dann, wenn sich die Eigentümer in der Vergangenheit bereits wiederholt mit dem beantragten Tagesordnungspunkt auseinandergesetzt haben und sich seitdem keine Änderungen im Sachverhalt ergeben haben, die nun ein anderes Abstimmungsverhalten erwarten lassen könnten.[141] Auch soll ein Einberufungsverlangen rechtsmissbräuchlich sein, wenn in der außerordentlichen Eigentümerversammlung über Angelegenheiten beschlossen werden soll, für die aber keine Beschlusskompetenz besteht.[142] Dies begegnet jedoch einigen Bedenken, da dies dem Verwalter letztlich doch ein materielles Prüfungsrecht zugestehen würde. Gerade infolge der neu geschaffenen Beschlusskompetenzen in dem seit dem 1. 7. 2007 geltenden Wohnungseigentumsgesetz und aufgrund der Möglichkeit, dass auf Grundlage einer in der Teilungserklärung mit Gemeinschaftsordnung vorhandenen Öffnungsklausel eine Beschlusskompetenz bestehen könnte, ist es häufig nicht einfach, zu klären und zu entscheiden, ob Beschlusskompetenz besteht oder nicht. Da der Verwalter im Falle einer pflichtwidrigen Weigerung der Einberufung einer außerordentlichen Eigentümerversammlung unter Umständen seine sofortige Abberufung riskiert und sich ggf. Schadensersatzansprüchen aussetzt,[143] ist es ihm im Regelfall nicht zu empfehlen, die von einem Minderheitenquorum geforderte außerordentliche Eigentümerversammlung aufgrund fehlender Beschlusskompetenz nicht einzuberufen.

648 Der Verwalter hat unter Berücksichtigung eines gewissen Ermessensspielraums die außerordentliche Eigentümerversammlung **innerhalb angemessener Frist** einzuberufen und durchzuführen.[144] Bei dringlichen Angelegenheiten ist ein Zeitraum von zweieinhalb Monaten zwischen Zugang des Einberufungsverlangens und Durchführung der Eigen-

---

[136] *Spielbauer/Then* § 24 Rn. 15.
[137] OLG München NZM 2006, 631; BayObLG WuM 1990, 464.
[138] BayObLG ZWE 2003, 387.
[139] BayObLG WE 1991, 358.
[140] OLG München NZM 2006, 631.
[141] *Staudinger/Bub* § 24 Rn. 68 a.
[142] *Spielbauer/Then* § 24 Rn. 12; *Staudinger/Bub* § 24 Rn. 68 a.
[143] BayObLG WE 1991, 358; OLG Düsseldorf NZM 1998, 517; OLG Hamm WuM 2001, 461.
[144] OLG München NZM 2006, 631; BayObLG WuM 2003, 349.

tümerversammlung nicht mehr angemessen.[145] Verlangt das Minderheitenquorum die Einberufung der außerordentlichen Eigentümerversammlung, um über die sofortige Abberufung des Verwalters und fristlose Kündigung des Verwaltervertrages abstimmen zu lassen, so ist es nicht angemessen, wenn der Verwalter erst einen Monat nach Erhalt des Einberufungsverlangens die Einberufung versendet und die Eigentümerversammlung erst in zwei weiteren Monaten stattfindet.[146] Bestimmt der Verwalter einen Versammlungstermin, der nicht mehr innerhalb angemessener Frist zwischen Zugang des Einberufungsverlangens und festgelegtem Versammlungstermin liegt, kommt dies einer pflichtwidrigen Weigerung des Verwalters zur Einberufung der außerordentlichen Eigentümerversammlung gleich, mit der Folge, dass gemäß § 24 Abs. 3 WEG der Vorsitzende des Verwaltungsbeirats oder dessen Vertreter die außerordentliche Eigentümerversammlung für einen früheren Zeitpunkt einberufen kann.[147] Ferner kann dieses Verhalten einen wichtigen Grund zur sofortigen Abberufung des Verwalters und fristlosen Kündigung des Verwaltervertrags begründen.[148]

Beruft der Verwalter die außerordentliche Eigentümerversammlung ein und führt diese durch, obwohl die formellen Voraussetzungen hierfür nicht erfüllt waren (zum Beispiel wegen Nichterreichens des Minderheitenquorums), können hinsichtlich der dadurch entstehenden Kosten (Kopie- und Portokosten, Saalmiete, Sondervergütung des Verwalters etc.) gegenüber dem Verwalter Schadensersatzansprüche entstehen.[149] 649

b) Die Tagesordnung. Für die Tagesordnung einer außerordentlichen Eigentümerversammlung gelten grundsätzlich die Ausführungen zu der Tagesordnung einer ordentlichen Eigentümerversammlung entsprechend (vgl. Rn. 569 bis 614). Für die Tagesordnung einer außerordentlichen Eigentümerversammlung gibt es nur dann eine Besonderheit, wenn es sich um eine außerordentliche Eigentümerversammlung aufgrund eines Minderheitenquorums im Sinne von § 24 Abs. 2 Alternative 2 WEG handelt. Da das Minderheitenquorum im Sinne von § 24 Abs. 2 Alternative 2 WEG bei dem Antrag auf Einberufung einer außerordentlichen Eigentümerversammlung den Zweck und den Grund für dieses Einberufungsverlangen angeben muss, ergibt sich daraus zugleich die Tagesordnung für die außerordentliche Eigentümerversammlung. Aus der Angabe des Zwecks der außerordentlichen Eigentümerversammlung ergeben sich die Gegenstände, über die in der außerordentlichen Eigentümerversammlung diskutiert und ggf. beschlossen werden soll. 650

Da dem Verwalter insoweit **kein materielles Prüfungsrecht** zusteht (vgl. Rn. 646 f.), ist er verpflichtet, die vom Minderheitenquorum vorgegebene Tagesordnung unverändert zu übernehmen. Insbesondere ist der Verwalter nicht befugt, einen vom Minderheitenquorum vorgegebenen Tagesordnungspunkt zu streichen, weil er der Meinung ist, dieser Tagesordnungspunkt entspreche nicht ordnungsmäßiger Verwaltung oder sei sinnlos. Nur im Falle der Rechtsmissbräuchlichkeit steht es dem Verwalter im Rahmen seines eingeschränkten Prüfungsrechts zu, einen vorgegebenen Tagesordnungspunkt nicht zu berücksichtigen. 651

Fraglich ist, ob und inwieweit der Verwalter berechtigt ist, die vom Minderheitenquorum vorgegebene **Tagesordnung** um weitere Tagesordnungspunkte zu **ergänzen.** Diese Befugnis besteht nach der hier vertretenen Auffassung nicht, weil der Verwalter damit die Möglichkeit hätte, die vom Minderheitenquorum vorgegebenen Tagesordnungspunkte zu „torpedieren", was dem mit § 24 Abs. 2 Alternative 2 WEG bezweckten Minderheitenschutz widerspräche. So kam es in der Praxis beispielsweise vor, dass ein Verwalter die Tagesordnung der außerordentlichen Eigentümerversammlung, auf welcher über 652

---

145 BayObLG WuM 2003, 349.

146 OLG Düsseldorf NZM 2004, 110.

147 OLG Celle MDR 2000, 1428; OLG Düsseldorf ZMR 2004, 692; BayObLG ZMR 2003, 521.

148 OLG Düsseldorf NZM 1998, 517; OLG Hamm WuM 2001, 461.

149 *Spielbauer/Then* § 24 Rn. 17.

seine sofortige Abberufung und die fristlose Kündigung des Verwaltervertrags beschlossen werden sollte, um den Tagesordnungspunkt „Weiterbestellung des Verwalters und Verlängerung des Verwaltervertrags" ergänzt hat und diesen Tagesordnungspunkt auf der Tagesordnung vor den Tagesordnungspunkt „Abberufung und Kündigung des Verwaltervetrags" gesetzt hat, um zu erreichen, dass es infolge der erhofften Weiterbestellung gar nicht erst zu der Diskussion über seine sofortige Abberufung und die dafür vorliegenden Gründe kommt. Ferner könnte der Verwalter mit einer Ergänzung der Tagesordnung die außerordentliche Eigentümerversammlung mit derart vielen Tagesordnungspunkten „überfrachten", dass die eigentlich wichtigen und vom Minderheitenquorum vorgegebenen Tagesordnungspunkte „untergehen". Der Verwalter ist daher außer im Falle der Rechtsmissbräuchlichkeit nicht berechtigt, die vom Minderheitenquorum vorgegebene Tagesordnung abzuändern, das heißt weder zu beschränken noch zu erweitern.

4. Beschlussfähigkeit

653 Bei der Beschlussfähigkeit ist zu unterscheiden zwischen der so genannten Erstversammlung, bei der es sich sowohl um eine ordentliche als auch um eine außerordentliche Eigentümerversammlung handeln kann, und der so genannten Zweitversammlung, die nur deshalb stattfindet, weil die Erstversammlung beschlussunfähig war. Die Beschlussfähigkeit der Erstversammlung ist in § 25 Abs. 3 WEG geregelt, die Beschlussfähigkeit der Zweitversammlung in § 25 Abs. 4 Satz 2 WEG.

654 Die für die Erstversammlung in § 25 Abs. 3 WEG geregelte Beschlussfähigkeit ist **abdingbar.** Durch Vereinbarung, das heißt regelmäßig in der Teilungserklärung mit Gemeinschaftsordnung, kann beispielsweise geregelt werden, dass jede Eigentümerversammlung unabhängig von der Anzahl der erschienenen und vertretenen Eigentümer und Miteigentumsanteile beschlussfähig ist.[150] In diesem Fall kann die Eigentümerversammlung bereits dann durchgeführt werden, wenn nur ein Eigentümer erscheint oder dem Verwalter zumindest eine Vollmacht vorliegt. Ferner kann vereinbart werden, dass die Erstversammlung bereits dann beschlussfähig ist, wenn mehr als die Hälfte der Miteigentumsanteile anwesend ist, so dass es also entgegen § 25 Abs. 3 WEG nicht darauf ankommt, ob und inwieweit die anwesenden Eigentümer auch tatsächlich stimmberechtigt sind.[151] Es kann auch vereinbart werden, dass sich die Beschlussfähigkeit nicht nach den erschienenen und vertretenen Miteigentumsanteilen richtet, sondern nach der Anzahl der erschienenen und vertretenen Eigentümer (Kopfprinzip) oder Einheiten (Objektprinzip).[152] Durch Mehrheitsbeschluss können die im Gesetz oder in der Teilungserklärung mit Gemeinschaftsordnung geregelten Anforderungen an die Beschlussfähigkeit nicht abgeändert werden. Ein entsprechender Eigentümerbeschluss wäre nichtig.[153]

655 a) **Erstversammlung.** Die Beschlussfähigkeit der Erstversammlung ist in § 25 Abs. 3 WEG geregelt. Zur Vermeidung von Minderheitsentscheidungen müssen bei den in einer Erstversammlung zu fassenden Beschlüssen gemäß § 25 Abs. 3 WEG die erschienenen und vertretenen stimmberechtigten Eigentümer jeweils **mehr als die Hälfte** der im Grundbuch eingetragenen **Miteigentumsanteile** auf sich vereinigen. Bei der Berechnung der anwesenden Miteigentumsanteile zählen sowohl die persönlich erschienenen als auch die wirksam vertretenen Eigentümer.[154] Ist in der Teilungserklärung mit Gemeinschaftsordnung eine Vertretungsbeschränkung oder eine bestimmte Form für die Vollmacht vereinbart und erfüllt der Vertreter bzw. die Vollmacht diese vereinbarten Anforderungen

[150] OLG München ZMR 2006, 231.
[151] OLG Frankfurt NZM 2007, 806; BayObLG ZMR 2005, 641.
[152] BayObLG WE 1989, 64; BayObLG WE 1994, 82; KG WuM 1994, 41.
[153] BGH NJW 2000, 3500.
[154] OLG Celle NJW 1988, 307; BayObLG WuM 1994, 105.

nicht, liegt keine wirksame Bevollmächtigung vor, so dass der „vertretene" Eigentümer grundsätzlich als nicht erschienen gilt, sofern der Versammlungsleiter den „Vertreter" nicht doch an der Eigentümerversammlung teilnehmen lässt.

§ 25 Abs. 3 WEG fordert, dass die erschienenen und vertretenen Eigentümer **stimmberechtigt** sein müssen. Die Stimmberechtigung richtet sich nach § 25 Abs. 5 WEG und ggf. nach entsprechenden Vereinbarungen in der Teilungserklärung mit Gemeinschaftsordnung, das heißt besteht für einen Eigentümer ein Stimmrechtsverbot gemäß § 25 Abs. 5 WEG, ist dieser Eigentümer nicht stimmberechtigt im Sinne des § 25 Abs. 3 WEG, so dass dieser Eigentümer bzw. die auf seine Einheit entfallenden Miteigentumsanteile bei der Ermittlung der Beschlussfähigkeit nicht berücksichtigt werden dürfen. Wenn das Stimmrecht eines Eigentümers aufgrund einer Regelung in der Teilungserklärung zum Beispiel wegen Verzugs mit der Zahlung der Hausgelder hingegen lediglich ruht, hat dies keine Auswirkungen auf die Feststellung der Beschlussfähigkeit; vielmehr sind die betreffenden Eigentümer bei der Feststellung der Beschlussfähigkeit zu berücksichtigen.[155] Die Beschlussfähigkeit muss bei jeder Beschlussfassung gegeben sein, das heißt der Verwalter muss vor jeder Abstimmung prüfen, wie viel von den ursprünglich erschienenen und vertretenen Eigentümern noch anwesend sind und ob für einen oder mehrere Eigentümer ein Stimmrechtsverbot im Sinne von § 25 Abs. 5 WEG besteht.[156] Solch eine Pflicht besteht jedoch nicht per se vor jeder Abstimmung, sondern nur dann, wenn aufgrund konkreter Umstände berechtigte Zweifel an der noch bestehenden Beschlussfähigkeit entstehen.[157] Sind bei einem Tagesordnungspunkt Eigentümer, die mehr als die Hälfte der Miteigentumsanteile auf sich vereinen, auf Dauer von einem Stimmrechtsverbot betroffen, besteht bei diesem Tagesordnungspunkt ausnahmsweise bereits in der Erstversammlung Beschlussfähigkeit, weil es bei dieser Konstellation von Beginn an unmöglich ist, eine beschlussfähige Erstversammlung zu erreichen, so dass es „sinnlose Förmelei" wäre, insoweit eine Zweitversammlung einzuberufen und durchzuführen.[158] 656

Zur Berechnung der Beschlussfähigkeit sind die in den Wohnungs- und Teileigentumsgrundbüchern eingetragenen Miteigentumsanteile maßgeblich. Grundsätzlich ergeben die in den Wohnungs- und Teileigentumsgrundbüchern eingetragenen Miteigentumsanteile in der Summe 1000/1000 oder 10 000/10 000. Demzufolge besteht bei den in einer Erstversammlung zu fassenden Beschlüssen dann Beschlussfähigkeit, wenn sich die Miteigentumsanteile der erschienenen und vertretenen stimmberechtigten Eigentümer jeweils auf mindestens 501/1000 bzw. 5001/10 000 belaufen. 657

Ist bei **Mehrhausanlagen** oder zum Beispiel bei Wohnanlagen mit mehreren Wohngebäuden und einer Tiefgarage in der Teilungserklärung mit Gemeinschaftsordnung vereinbart, dass die Eigentümer in den Eigentümerversammlungen nur insoweit stimmberechtigt sind, als die Beschlussfassung nur die Belange einer Wirtschaftseinheit betrifft, an der sie beteiligt sind, muss die Beschlussfähigkeit für jede Wirtschaftseinheit gesondert festgestellt werden und gegeben sein. Fallen zum Beispiel auf das Haus A 180/1000 Miteigentumsanteile, auf das Haus B 320/1000 Miteigentumsanteile, auf das Haus C 360/1000 Miteigentumsanteile und auf die Tiefgarage 140/1000 Miteigentumsanteile und handelt es sich bei den Häusern A, B und C und der Tiefgarage laut der Teilungserklärung mit Gemeinschaftsordnung jeweils um eine gesonderte Wirtschafts- und Abrechnungseinheit und ist in der Teilungserklärung mit Gemeinschaftsordnung ferner vereinbart, dass die Eigentümer in den Eigentümerversammlungen nur insoweit stimmberechtigt sind, als die Beschlussfassung nur die Belange einer Wirtschaftseinheit betrifft, an der sie beteiligt sind, dann müssen zum Erreichen der Beschlussfähigkeit für die aus- 658

155 *Drasdo* Kap. H. Rn. 32; a. A. *Bärmann/Merle* § 25 Rn. 95.
156 BayObLG WE 1990, 140; OLG Zweibrücken NJW-RR 2002, 735.
157 BayObLG WE 1990, 140; BayObLG WuM 1992, 283; BayObLG WE 1993, 169.
158 BayObLG NJW-RR 1993, 206; OLG Düsseldorf WE 1999, 69; KG NZM 2003, 901; *Spielbauer/Then* § 25 Rn. 16.

schließlichen Belange von Haus A in der Eigentümerversammlung Eigentümer aus dem Haus A anwesend sein, die mindestens 91/1000 Miteigentumsanteile auf sich vereinen, von Haus B 161/1000 Miteigentumsanteile, von Haus C 181/1000 Miteigentumsanteile und von der Tiefgarage 71/1000 Miteigentumsanteile.[159]

659 Liegt bei der Erstversammlung keine Beschlussfähigkeit vor, kann die Eigentümerversammlung nicht durchgeführt werden. Es kann zwar über die Tagesordnungspunkte diskutiert, nicht jedoch beschlossen werden.

660 b) **Zweitversammlung.** Ist die Erstversammlung beschlussunfähig, hat der Verwalter eine so genannte Zweitversammlung mit gleicher Tagesordnung einzuberufen, die gemäß § 25 Abs. 4 Satz 2 WEG ohne Rücksicht auf die Höhe der erschienenen und vertretenen Miteigentumsanteile beschlussfähig ist, sofern hierauf bereits bei der Einberufung hingewiesen worden ist.

661 Zunächst setzt die Einberufung zur Zweitversammlung eine **beschlussunfähige Erstversammlung** voraus. Insoweit wird auf die Ausführungen unter Rn. 655 bis 659 verwiesen.

662 Auch die Zweitversammlung ist vom **Verwalter** einzuberufen, § 25 Abs. 4 Satz 1 WEG. Weigert sich dieser pflichtwidrig, kann die Zweitversammlung gemäß § 24 Abs. 3 WEG vom Vorsitzenden des Verwaltungsbeirats oder dessen Vertreter einberufen werden.[160]

663 Grundsätzlich hat der Verwalter die Zweitversammlung mit der selben **Tagesordnung** einzuberufen wie bei der Erstversammlung. Nur soweit dabei Identität besteht, handelt es sich tatsächlich um eine Zweit- bzw. Wiederholungsversammlung. Es besteht jedoch keine zwingende Verpflichtung, die Tagesordnung für die Zweitversammlung unverändert zu lassen. Der Verwalter kann die Tagesordnung der Erstversammlung für die Zweitversammlung zum Beispiel erweitern. Für diese neuen Tagesordnungspunkte gelten dann jedoch die Grundsätze der Erstversammlung, da sich die Eigentümer mit diesen neuen Tagesordnungspunkten wenngleich auf einer Zweitversammlung dennoch erstmals zu befassen haben. Sollten also auch in der Zweitversammlung weniger als die Hälfte der Miteigentumsanteile anwesend und vertreten sein, so liegt gemäß § 25 Abs. 4 Satz 2 WEG nur hinsichtlich der identischen Tagesordnungspunkte Beschlussfähigkeit vor, während für die neuen Tagesordnungspunkte gemäß § 25 Abs. 3 WEG Beschlussunfähigkeit besteht. In diesem Fall hätte der Verwalter hinsichtlich der neuen Tagesordnungspunkte eine weitere Zweitversammlung einzuberufen.

664 Die Zweitversammlung ist gemäß § 25 Abs. 4 Satz 2 WEG unabhängig von der Anzahl der anwesenden und vertretenen Miteigentumsanteile **beschlussfähig.** Die Zweitversammlung kann beispielsweise also mit nur einem Eigentümer oder sogar nur durch den bevollmächtigten Verwalter durchgeführt werden. Diese Regelung in § 25 Abs. 4 Satz 2 WEG soll die ordnungsgemäße Verwaltung der Wohnanlage sicherstellen, um zu vermeiden, dass bei Wohnanlagen mit desinteressierten Eigentümern oder zahlreichen Kapitalanlegern, bei denen sich eine Beschlussfähigkeit im Sinne von § 25 Abs. 3 WEG möglicherweise so gut wie nie erreichen lässt, dennoch früher oder später die für die Verwaltung der Wohnanlage erforderlichen Eigentümerbeschlüsse gefasst werden können.

665 Die Einberufung zur Zweitversammlung muss gemäß § 25 Abs. 4 Satz 2 WEG jedoch den ausdrücklichen **Hinweis** enthalten, dass die Zweitversammlung unabhängig von der Höhe der vertretenen Anteile beschlussfähig ist. Die Eigentümer sollen damit darauf hingewiesen bzw. gewarnt werden, dass die Zweitversammlung in jedem Fall beschlussfähig sein wird, auch wenn nur einige wenige Eigentümer zur Zweitversammlung erscheinen sollten, so dass zum Beispiel kostspielige Instandsetzungsmaßnahmen im mehrstelligen

---

[159] Vgl. hierzu auch *Jennißen/Elzer* § 25 Rn. 75.
[160] *Bärmann/Merle* § 25 Rn. 102.

Euro-Bereich nur von einer „Handvoll" Eigentümer entschieden werden könnten. Daher muss dieser Hinweis auch eindeutig und ausdrücklich sein, so dass ein bloßer Hinweis auf den Gesetzeswortlaut nicht ausreicht.[161] Fehlt dieser Hinweis in der Einberufung, handelt es sich bei der einberufenen Eigentümerversammlung nicht um eine Zweitversammlung im Sinne von § 25 Abs. 4 WEG, sondern um eine Eigentümerversammlung im Sinne von § 25 Abs. 3 WEG, so dass diese erneut nur dann beschlussfähig ist, wenn gemäß § 25 Abs. 3 WEG die erschienenen stimmberechtigten Wohnungseigentümer mehr als die Hälfte der Miteigentumsanteile vertreten. Wird die bereits einberufene Zweitversammlung lediglich auf eine andere Versammlungszeit verlegt und ist bereits bei der ersten Einberufung der Zweitversammlung der Hinweis erteilt worden, ist es unschädlich, wenn die Mitteilung über die Verlegung der Versammlungszeit diesen Hinweis nicht nochmals enthält.[162] Ist die Tagesordnung der Zweitversammlung um Tagesordnungspunkte ergänzt worden, die nicht Gegenstand der vorangegangenen beschlussunfähigen Erstversammlung waren und für die daher die Grundsätze der Erstversammlung anzuwenden sind, ist hierauf ebenso gesondert hinzuweisen, das heißt in diesem Fall ist darauf hinzuweisen, für welche Tagesordnungspunkte sich die Beschlussfähigkeit nach § 25 Abs. 3 WEG (= Erstversammlung) richtet und für welche Tagesordnungspunkte sich die Beschlussfähigkeit nach § 25 Abs. 4 Satz 2 WEG (= Zweitversammlung) richtet.[163]

Von der Einberufung der Zweitversammlung im Sinne von § 25 Abs. 4 Satz 1 WEG ist **666** die **Eventualeinberufung** zu unterscheiden. Während es sich bei einer Einberufung der Zweitversammlung im Sinne von § 25 Abs. 4 Satz 1 WEG um eine Einberufung handelt, die erst im Anschluss an die beschlussunfähige Erstversammlung vorgenommen wird, wird die Eventualeinberufung zeitgleich mit der Einberufung der Erstversammlung ausgesprochen. In der Praxis geschieht dies dergestalt, dass in ein und demselben Einladungsschreiben die Erstversammlung einberufen wird und zugleich – für den Fall, dass die Erstversammlung nicht beschlussfähig sein sollte – für denselben Tag, zum Beispiel für eine halbe Stunde später, die Zweitversammlung einberufen wird. Diese in der Praxis häufig vorkommende Eventualeinberufung ist grundsätzlich **unzulässig**, da insoweit gegen den ausdrücklichen Wortlaut von § 25 Abs. 4 Satz 1 WEG verstoßen wird. Gemäß § 25 Abs. 4 Satz 1 WEG darf die Zweitversammlung erst dann einberufen werden, wenn die Erstversammlung beschlussunfähig ist, das heißt die Einberufung der Zweitversammlung muss zeitlich zwingend nach der beschlussunfähigen Erstversammlung liegen. Eine dennoch aufgrund einer unzulässigen Eventualeinberufung durchgeführte Zweitversammlung ist aber nicht beschlussunfähig, da gemäß § 25 Abs. 4 Satz 2 WEG jede Zweitversammlung beschlussfähig ist. Vielmehr stellt eine unzulässige Eventualeinberufung einen Einberufungs- bzw. Ladungsmangel dar, der zu den unter der Rn. 622ff. und 844 dargelegten Folgen führen kann. Da jedoch § 25 Abs. 4 Satz 1 WEG **abdingbar** ist, kann in der Teilungserklärung mit Gemeinschaftsordnung vereinbart werden, dass eine Eventualeinberufung zulässig ist, das heißt in der Teilungserklärung mit Gemeinschaftsordnung kann beispielsweise vereinbart werden, dass die Zweitversammlung eine halbe Stunde nach der beschlussunfähigen Erstversammlung durchgeführt werden kann. Nur wenn hierfür eine Vereinbarung besteht (zum Beispiel und in der Regel in der Teilungserklärung mit Gemeinschaftsordnung), ist die Eventualeinberufung zulässig. Auch in diesem Fall ist es jedoch analog § 25 Abs. 4 Satz 2 WEG erforderlich, bereits in der Einberufung darauf hinzuweisen, dass die Zweitversammlung, die zum Beispiel eine halbe Stunde nach der beschlussunfähigen Erstversammlung stattfindet, ohne Rücksicht auf die anwesenden und vertretenen Miteigentumsanteile auf jeden Fall beschlussfähig ist.[164] Im Beschlusswege kann die Zulässigkeit einer Eventualeinberufung nicht eingeführt

---

[161] *Jennißen/Elzer* § 25 Rn. 81; *Spielbauer/Then* § 25 Rn. 23.
[162] KG NZM 2003, 901.
[163] Vgl. auch *Bärmann/Merle* § 25 Rn. 101.
[164] *Jennißen/Elzer* § 25 Rn. 80.

werden. Dies gilt für die verschiedensten Spielarten von Beschlüssen. Ein Eigentümerbeschluss, mit dem die Eigentümer festlegen, dass künftig die Zweitversammlung immer zum Beispiel eine oder eine halbe Stunde nach der beschlussunfähigen Erstversammlung stattfinden wird, ist als gesetzesändernder Eigentümerbeschluss nichtig, da er auf Dauer das Gesetz, nämlich § 25 Abs. 4 Satz 1 WEG, abändert.[165] Aber auch der auf den ersten Blick trickreich wirkende (sich ggf. jährlich wiederholende) Eigentümerbeschluss, wonach nur für das nächste Jahr eine Eventualeinberufung zulässig sein soll, ist als gesetzeswidriger Beschluss nichtig, da die Beschlusskompetenz nicht nur für eine dauerhaft gesetzesabändernde Regelung fehlt, sondern auch für eine (einmalig oder mehrmalig) abweichende Regelung.[166] Somit wäre in dem genannten Beispielsbeschluss die Eventualeinberufung selbst dann nicht zulässig, wenn der Eigentümerbeschluss nicht angefochten werden würde, da er aufgrund der Nichtigkeit nicht bestandskräftig werden kann. Jeder von § 25 Abs. 4 Satz 1 WEG abweichende Beschluss verstößt gegen dessen Sinn und Zweck, nämlich den Eigentümern die Möglichkeit zu geben, an der Zweitversammlung teilzunehmen.

667 c) **Rechtsfolgen bei fehlender Beschlussfähigkeit.** Wird eine Erstversammlung durchgeführt, ohne dass gemäß § 25 Abs. 3 WEG die erschienenen stimmberechtigten Wohnungseigentümer mehr als die Hälfte der in den Wohnungs- und Teileigentumsgrundbüchern eingetragenen Miteigentumsanteile vertreten, ist die Eigentümerversammlung beschlussunfähig. Die in einer beschlussunfähigen Eigentümerversammlung gefassten Eigentümerbeschlüsse leiden an einem **formellen Mangel.** Dieser formelle Fehler führt – wie es bei formellen Fehlern üblicherweise der Fall ist (vgl. Rn. 622 ff. und 844) – nicht zur Nichtigkeit der in der beschlussunfähigen Eigentümerversammlung gefassten Eigentümerbeschlüsse, sondern nur zu deren Anfechtbarkeit.[167] Wird die Anfechtungsklage auf die fehlende Beschlussfähigkeit gestützt, greift dieser Einwand nur dann, wenn die fehlende Beschlussfähigkeit für das Zustandekommen der angefochtenen Beschlüsse kausal war. Hier gelten die unter der Rn. 633 dargelegten Grundsätze, das heißt grundsätzlich ist davon auszugehen, dass der formelle Fehler für die gefassten Beschlüsse kausal war, es sei denn, diejenigen, die sich auf die Gültigkeit der gefassten Beschlüsse berufen, können den Nachweis erbringen, dass die Beschlüsse mit Sicherheit auch ohne den formellen Fehler in gleicher Weise gefasst worden wären. Dieser Nachweis dürfte bei einer fehlenden Beschlussfähigkeit häufig nur schwer zu erbringen sein, da bei einer beschlussunfähigen Eigentümerversammlung naturgemäß nur eine geringe Anzahl von Eigentümern anwesend und vertreten gewesen sein dürfte, so dass sich kaum mit Sicherheit nachweisen und feststellen lassen wird, dass die gefassten Beschlüsse bei einer höheren Teilnehmerzahl in gleicher Weise gefasst worden wären.

668 Auch andere Verstöße gegen § 25 Abs. 4 WEG, wie zum Beispiel der unterlassene Hinweis gemäß § 25 Abs. 4 Satz 2 WEG, dass die Zweitversammlung in jedem Fall, das heißt unabhängig von der Anzahl der erschienenen und vertretenen Anteile, beschlussfähig ist, oder die Behandlung eines Tagesordnungspunktes in der Zweitversammlung, welcher jedoch nicht Gegenstand der Tagesordnung der Erstversammlung war, stellen formelle Fehler dar, die mit der dargelegten Kausalitätsproblematik nur zur Anfechtbarkeit der in der Versammlung gefassten Beschlüsse führen können. Eine Kausalität besteht jedoch dann nicht, wenn in der Zweitversammlung die erschienenen stimmberechtigten Wohnungseigentümer mehr als die Hälfte der in den Wohnungs- und Teileigentumsgrundbüchern eingetragenen Miteigentumsanteile vertreten, da in diesem Fall sogar die

[165] BGH NJW 2000, 3500; OLG Frankfurt NZM 2007, 806.

[166] A. A. *Spielbauer/Then* § 25 Rn. 25 unter Berufung auf eine Entscheidung des KG vom 17. 5. 2000 (NZM 2001, 105), die vor der „Zitterbeschlussentscheidung" des BGH vom 20. 9. 2000 (NJW 2000, 3500) ergangen ist.

[167] BayObLG WE 1994, 184; KG ZMR 1999, 426; OLG Düsseldorf NJW-RR 1995, 464; OLG Düsseldorf ZWE 2001, 557; OLG Köln ZMR 1996, 576.

Voraussetzungen des § 25 Abs. 3 WEG für die Durchführung einer Erstversammlung erfüllt wären.[168]

Problematisch und umstritten ist, ob ein Einberufungs- bzw. Ladungsmangel aus der Einberufung der Erstversammlung, die mangels Beschlussfähigkeit nicht durchgeführt wird, durch die gemäß § 24 Abs. 4 Satz 2 WEG grundsätzlich in jedem Fall beschlussfähige Zweitversammlung geheilt wird, oder ob der Einberufungs- bzw. Ladungsmangel aus der Einberufung der Erstversammlung auch die Zweitversammlung infiziert. Nach einer Entscheidung des OLG Hamm kann ein Einberufungs- bzw. Ladungsmangel aus der Einberufung der Erstversammlung dazu führen, dass auch die Zweitversammlung beschlussunfähig ist, *„wenn bei lebensnaher Betrachtung festgestellt werden kann, dass dieser Mangel sich ursächlich dafür ausgewirkt hat, dass der Erstversammlung Wohnungseigentümer in einem solchen Umfang ferngeblieben sind, dass die Beschlussfähigkeit nach Maßgabe des § 25 Abs. 3 WEG nicht erreicht worden ist"*.[169] In diesem Fall soll laut der Entscheidung des OLG Hamm der Einberufungs- bzw. Ladungsmangel aus der Einberufung der Erstversammlung also Fernwirkung für die Zweitversammlung entfalten. Anzumerken wäre hierzu ergänzend, dass dies nur dann gelten würde, wenn auch in der Zweitversammlung weniger als 50% der Miteigentumsanteile anwesend und vertreten wären, da nämlich bei einer Anwesenheit von mehr als 50% aller Miteigentumsanteile der Fehler durch das Vorliegen der Beschlussfähigkeit im Sinne von § 25 Abs. 3 WEG geheilt wäre. Hingegen soll nach einer Entscheidung des KG ein Einberufungs- bzw. Ladungsmangel aus der Einberufung der Erstversammlung (unterlassene Ladung eines Wohnungseigentümers zur Erstversammlung) keine Auswirkungen auf die Einberufung der Zweitversammlung haben.[170] Gegen die Entscheidung des OLG Hamm spricht der eindeutige Wortlaut von § 25 Abs. 4 Satz 2 WEG, wonach jede Zweitversammlung beschlussfähig ist. Das Ergebnis der Entscheidung des OLG Hamm, nämlich die Beschlussunfähigkeit auch der Zweitversammlung, könnte allenfalls auf den Fall übertragen werden, dass der Verwalter es bei der Einberufung der Erstversammlung absichtlich unterlässt, einen oder mehrere Wohnungseigentümer zu laden, um die Beschlussunfähigkeit der Erstversammlung bewusst zu provozieren, damit sodann die Zweitversammlung auf jeden Fall beschlussfähig ist, so dass in der Zweitversammlung die erschienene Minderheit Entscheidungen „durchdrücken" kann, die bei einer beschlussfähigen Erstversammlung wohl keine Mehrheit gefunden hätten. 669

5. Durchführung der Eigentümerversammlung

Die Durchführung der Eigentümerversammlung ist gesetzlich kaum geregelt. Lediglich in § 24 Abs. 5 WEG findet sich eine Regelung über den Ablauf der Eigentümerversammlung, wonach grundsätzlich der Verwalter den Vorsitz in der Wohnungseigentümerversammlung führt. Die Durchführung der Versammlung beschränkt sich jedoch nicht nur auf die Festlegung bzw. Bestimmung eines Versammlungsleiters (= Vorsitz in der Wohnungseigentümerversammlung). In diesem Zusammenhang gilt es beispielsweise zu klären, welche Aufgaben und Pflichten der Versammlungsleiter zu erfüllen hat und welche Rechte dem Versammlungsleiter zustehen. Des Weiteren ist für die Durchführung einer Wohnungseigentümerversammlung von besonderer Bedeutung, wer hieran teilnimmt bzw. teilnehmen darf. 670

a) **Versammlungsleiter.** Als Versammlungsleiter wird derjenige bezeichnet, der den Vorsitz in der Wohnungseigentümerversammlung führt. Gemäß § 24 Abs. 5 WEG führt den Vorsitz in der Wohnungseigentümerversammlung der **Verwalter**, sofern die Wohnungseigentümerversammlung insoweit nicht etwas anderes beschließt. § 24 Abs. 5 671

---

[168] KG NZM 2003, 901.
[169] OLG Hamm ZMR 2007, 984 (985).
[170] KG NZM 2003, 901.

WEG ist **abdingbar,** das heißt in der Teilungserklärung mit Gemeinschaftsordnung kann eine andere Person zum Versammlungsleiter bestimmt werden, zum Beispiel der jeweilige Vorsitzende des Verwaltungsbeirats. Wie § 24 Abs. 5 WEG zu entnehmen ist, können die Eigentümer auch durch einfachen Mehrheitsbeschluss eine von § 24 Abs. 5 WEG oder der Teilungserklärung mit Gemeinschaftsordnung abweichende Person zum Versammlungsleiter bestimmen. Dies gilt jedoch nur für die jeweils konkrete Eigentümerversammlung. Da § 24 Abs. 5 WEG in der Einzahl formuliert ist („... *in der Wohnungseigentümerversammlung*"), können die Wohnungseigentümer somit auch nur für den jeweiligen Einzelfall etwas anderes beschließen. Somit wäre ein Eigentümerbeschluss dahingehend, dass der Vorsitz in den künftigen Wohnungseigentümerversammlungen nicht vom Verwalter geführt wird, sondern zum Beispiel vom jeweiligen Vorsitzenden des Verwaltungsbeirats, nichtig, weil ein derartiger Eigentümerbeschluss auf Dauer zu einer Abänderung des Gesetzes (§ 24 Abs. 5 WEG) führen würde.[171]

672 Primär führt also der Verwalter den Vorsitz in der Wohnungseigentümerversammlung. Dabei handelt es sich um den nach § 26 Abs. 1 Satz 1 WEG oder den in der Teilungserklärung mit Gemeinschaftsordnung bestellten Verwalter. Der Versammlungsvorsitz stellt ein **höchst persönliches Amt** dar, das heißt der Verwalter hat grundsätzlich persönlich den Vorsitz zu führen. Ist eine juristische Person zum Verwalter bestellt, ist der Versammlungsvorsitz durch die vertretungsberechtigte Person zu führen.[172] Der Verwalter ist jedoch berechtigt, die Versammlungsleitung zum Beispiel auf einen seiner Mitarbeiter oder den sachbearbeitenden Objektbetreuer zu **delegieren,** da der Verwalter nicht verpflichtet ist, sämtliche Aufgaben und Pflichten aus dem Verwaltervertrag höchst persönlich zu erfüllen. Er kann sich dabei auch eines Erfüllungsgehilfen im Sinne des § 278 Satz 1 BGB bedienen.[173] Bedenken bestünden jedoch, wenn der Verwalter die Versammlungsleitung für die gesamte Eigentümerversammlung auf einen außen stehenden Dritten, zum Beispiel einen Rechtsanwalt, übertragen würde.[174] Allein schon aufgrund des Grundsatzes der Nichtöffentlichkeit der Wohnungseigentümerversammlung dürfte eine Delegation der Versammlungsleitung durch den Verwalter auf einen außen stehenden Dritten unzulässig sein, es sei denn, die Eigentümer genehmigen durch einen Geschäftsordnungsbeschluss entweder die Teilnahme des Dritten an der Eigentümerversammlung oder sogar die Versammlungsleitung durch den Dritten.

673 Umstritten ist, ob der Verwalter nur bei den von ihm selbst einberufenen Eigentümerversammlungen den Vorsitz zu führen hat, oder auch bei solchen Eigentümerversammlungen, die gemäß § 24 Abs. 3 WEG vom Vorsitzenden des Verwaltungsbeirats oder seinem Stellvertreter einberufen worden sind. Nach der hier vertretenen Auffassung ergibt sich dies klar und eindeutig aus dem Wortlaut von § 24 Abs. 5 WEG. Dort heißt es, dass der Verwalter den Vorsitz in der Wohnungseigentümerversammlung führt. § 24 Abs. 5 WEG stellt dabei nicht darauf ab, durch wen die Eigentümerversammlung einberufen worden ist.[175]

674 Wie in § 24 Abs. 5 WEG geregelt, können die Wohnungseigentümer im Rahmen ihres Gestaltungsrechts in der Eigentümerversammlung beschließen, dass nicht der Verwalter den Versammlungsvorsitz zu führen hat, sondern eine **andere Person.** Dabei kann es sich um einen Miteigentümer handeln, aber auch um einen außen stehenden Dritten. Soweit zum Teil vertreten wird, ein Nichteigentümer könne nicht durch Mehrheitsbeschluss zum Versammlungsleiter bestimmt werden,[176] kann dem nicht gefolgt werden, da schließlich

---

[171] BGH NJW 2000, 3500.

[172] OLG Schleswig MDR 1997, 821.

[173] KG ZMR 2001, 223; BayObLG ZMR 2001, 826; OLG München ZMR 2005, 728; OLG München NZM 2008, 92.

[174] Offen gelassen von OLG München NJW-RR 2005, 964.

[175] So auch *Staudinger/Bub* § 24 Rn. 84; a. A. *Bärmann/Merle* § 24 Rn. 56.

[176] Vgl. zum Beispiel *Drasdo* H. Rn. 9.

auch die Teilnahme eines außen stehenden Dritten an der Eigentümerversammlung durch Geschäftsordnungsbeschluss genehmigt werden kann. Der Grundsatz der Nichtöffentlichkeit einer Eigentümerversammlung steht dem nicht entgegen, da die Eigentümer mit der Bestimmung eines außen stehenden Dritten zum Versammlungsleiter zugleich auch dessen Teilnahme an der Eigentümerversammlung genehmigen. Letztendlich kommt diesem Problem ohnehin keine entscheidungserhebliche Bedeutung zu, da es sich bei der Bestimmung eines Versammlungsleiters um einen Geschäftsordnungsbeschluss handelt, der grundsätzlich nicht anfechtbar ist, das heißt selbst wenn ein außen stehender Dritter nicht zum Versammlungsleiter bestimmt werden könnte, wäre ein dennoch gefasster Mehrheitsbeschluss über die Bestimmung des außen stehenden Dritten zum Versammlungsleiter unschädlich (vgl. Rn. 680 und 712).

Der Mehrheitsbeschluss über die Bestimmung eines anderen Versammlungsleiters **675** muss nicht zu Beginn einer Eigentümerversammlung gefasst werden. Dieser Mehrheitsbeschluss kann **jederzeit** während der Durchführung der Eigentümerversammlung gefasst werden. Je nach Tagesordnungspunkt kann die Versammlungsleitung daher mehrmals wechseln.[177]

Dem Versammlungsleiter stehen in dieser Funktion bestimmte **Befugnisse** zu. Ferner **676** hat er jedoch auch **Aufgaben und Pflichten** zu erfüllen. Dabei spielt es keine Rolle, ob der Verwalter den Vorsitz in der Wohnungseigentümerversammlung führt oder eine andere Person. Bestimmen die Wohnungseigentümer durch Mehrheitsbeschluss eine andere Person zum Versammlungsleiter, hat diese Person sämtliche Aufgaben, Pflichten und Befugnisse, wie es bei einem Verwalter als Versammlungsleiter der Fall wäre. Dabei sind insbesondere folgende Pflichten, Aufgaben und Befugnisse von Bedeutung:

- Der Versammlungsleiter hat als erste Handlung die Eigentümerversammlung zu eröffnen. **677** Dies erfolgt in der Regel durch **Begrüßung** der anwesenden Eigentümer. Dabei ist insbesondere darauf zu achten, dass die Eigentümerversammlung nicht vor der bei der Einberufung festgelegten Zeit eröffnet wird, selbst wenn zu dieser Zeit bereits Beschlussfähigkeit gegeben sein sollte. Ein Eigentümer muss darauf vertrauen können, auf die Sekunde pünktlich sein zu dürfen, ohne etwas zu versäumen.
- Als nächstes hat der Versammlungsleiter die **ordnungsgemäße Einberufung** der Eigentümerversammlung **festzustellen** bzw. mitzuteilen. **678** Diese Feststellung bzw. Mitteilung hat jedoch keine konstitutive Wirkung, das heißt tatsächlich vorhandene formelle Fehler bei der Einberufung der Wohnungseigentümerversammlung werden nicht dadurch geheilt, indem der Versammlungsleiter unzutreffender Weise die ordnungsgemäße Einberufung der Wohnungseigentümerversammlung feststellt bzw. verkündet. Sollte der Versammlungsleiter jedoch spätestens zu diesem Zeitpunkt feststellen, dass die Eigentümerversammlung nicht ordnungsgemäß einberufen worden ist, müsste/sollte er streng genommen die Wohnungseigentümerversammlung beenden und eine neue Einberufung durchführen. In der Praxis steht der Versammlungsleiter jedoch in der Regel vor dem Problem, dass die anwesenden Wohnungseigentümer trotz der nicht ordnungsgemäß einberufenen Wohnungseigentümerversammlung die Fortsetzung der Eigentümerversammlung wünschen oder sogar verlangen. Grundsätzlich sollte der Versammlungsleiter dennoch standhaft bleiben und die Wohnungseigentümerversammlung beenden. Sollte er sich jedoch dem Wunsch und Willen der anwesenden Wohnungseigentümer beugen und die Wohnungseigentümerversammlung trotz des festgestellten Einberufungsfehlers fortsetzen, sollte der Versammlungsleiter, wenn er zugleich auch Verwalter ist, zumindest einen Geschäftsordnungsbeschluss über die Fortsetzung der Wohnungseigentümerversammlung herbeiführen, um sein Haftungspotential (vgl. § 49 Abs. 2 WEG) zu reduzieren.
- Eine der wesentlichsten und wichtigsten Aufgaben des Versammlungsleiters besteht in **679** der **Feststellung der Beschlussfähigkeit.** Handelt es sich um eine Zweitversammlung im

[177] BayObLG FGPrax 2001, 149; KG NZM 2003, 325.

Sinne von § 25 Abs. 4 WEG oder ist in der Teilungserklärung mit Gemeinschaftsordnung vereinbart, dass jede Wohnungseigentümerversammlung ohne Rücksicht auf die Höhe der anwesenden und vertretenen Miteigentumsanteile beschlussfähig ist, stellt die Feststellung der Beschlussfähigkeit kein Problem dar. Wenn hingegen entsprechend § 25 Abs. 3 WEG die Versammlung nur beschlussfähig ist, wenn die erschienenen stimmberechtigten Wohnungseigentümer mehr als die Hälfte der Miteigentumsanteile vertreten, berechnet nach der im Grundbuch eingetragenen Größe dieser Anteile, kann sich die Feststellung der Beschlussfähigkeit im Einzelfall als äußerst schwierig gestalten, zumal die Beschlussfähigkeit nicht nur zu Beginn der Wohnungseigentümerversammlung gegeben sein muss, sondern bei jeder Abstimmung bzw. Beschlussfassung.[178] Im Einzelfall kann auf den Versammlungsleiter dabei die Klärung schwieriger Rechtsfragen zukommen. So muss der Versammlungsleiter in der Lage sein, zu klären, ob die für einen nicht anwesenden Miteigentümer vorgelegte Vollmacht auch tatsächlich wirksam ist (zum Beispiel Vertretungsbeschränkung, Schriftformerfordernis, Vorlage eines Telefaxes, etc.). Bei einer werdenden Wohnungseigentümergemeinschaft muss der Versammlungsleiter klären, ob der erschienene Erwerber auch tatsächlich schon Mitglied der werdenden Wohnungseigentümergemeinschaft geworden ist. Auch bei einer in Vollzug gesetzten Wohnungseigentümergemeinschaft muss der Versammlungsleiter prüfen und klären, ob der erschienene Erst- oder Zweiterwerber bereits Mitglied der Wohnungseigentümergemeinschaft geworden ist. Des Weiteren muss der Versammlungsleiter bei jedem Tagesordnungspunkt prüfen und kontrollieren, ob bestimmte Eigentümer einem Stimmrechtsverbot im Sinne von § 25 Abs. 5 WEG unterliegen könnten, da die von einem Stimmrechtsverbot betroffenen Eigentümer bei der Feststellung der Beschlussfähigkeit nicht berücksichtigt werden dürfen, § 25 Abs. 3 WEG. Ferner muss dem Versammlungsleiter bekannt sein, dass sich ein in der Teilungserklärung mit Gemeinschaftsordnung vereinbartes Ruhen des Stimmrechts (zum Beispiel wegen Hausgeldrückstand) hingegen nicht auf die Beschlussfähigkeit der Wohnungseigentümerversammlung auswirkt, da ein ruhendes Stimmrecht aufgrund der Möglichkeit des jederzeitigen Wiederauflebens nicht mit einem ausgeschlossenen Stimmrecht gemäß § 25 Abs. 5 WEG zu vergleichen ist, so dass der betroffene Eigentümer bei der Feststellung der Beschlussfähigkeit mit zu berücksichtigen ist. Im Einzelfall können an den Versammlungsleiter bei der Überprüfung und Feststellung der Beschlussfähigkeit einer Wohnungseigentümerversammlung hohe juristische Anforderungen gestellt werden. Entsprechend groß kann das Haftungspotential sein.

680 • Vor Aufruf des ersten Tagesordnungspunktes hat der Versammlungsleiter gegebenenfalls **Geschäftsordnungsbeschlüsse** herbeizuführen. Für den Fall, dass beabsichtigt sein sollte, einen außen stehenden Dritten ganz oder teilweise an der Wohnungseigentümerversammlung teilnehmen zu lassen, ist aufgrund des Grundsatzes der Nichtöffentlichkeit der Eigentümerversammlung vorab durch Geschäftsordnungsbeschluss die Genehmigung der Eigentümer zur Teilnahme des außen stehenden Dritten an der Wohnungseigentümerversammlung einzuholen. Zu denken ist dabei insbesondere an den häufig vorkommenden Fall, dass Rechtsanwälte oder Sachverständige an einer Wohnungseigentümerversammlung teilnehmen sollen. Da jedoch Rechtsanwälte und Sachverständige häufig nur zu bestimmten Tagesordnungspunkten Stellung nehmen und gehört werden sollen, empfiehlt es sich ferner, durch einen Geschäftsordnungsbeschluss die Reihenfolge der Tagesordnung dahingehend abzuändern, dass mit den Tagesordnungspunkten begonnen werden soll, zu denen die anwesenden Dritten Stellung nehmen und gehört werden sollen, um beispielsweise zu vermeiden, dass ein Sachverständiger oder ein Rechtsanwalt einer stundenlangen Diskussion über die Jahresabrechnung beiwohnen muss.

---

[178] BayObLG WE 1990, 140; OLG Zweibrücken NJW-RR 2002, 735; OLG Köln NZM 2002, 458; OLG Karlsruhe ZMR 2003, 289.

Geschäftsordnungsbeschlüsse betreffen ausschließlich den Ablauf der konkreten Eigentümerversammlung. Somit erledigen sich diese Geschäftsordnungsbeschlüsse in der Regel mit Beendigung der Wohnungseigentümerversammlung. Aus diesem Grund kann ein Geschäftsordnungsbeschluss regelmäßig auch nicht mit Erfolg angefochten werden.[179] Nur für die Anfechtung von Geschäftsordnungsbeschlüssen, die in die Zukunft wirken, besteht ein Rechtsschutzbedürfnis.[180] **681**

Geschäftsordnungsbeschlüsse müssen jedoch nicht zwingend vor Aufruf des ersten Tagesordnungspunktes behandelt und gefasst werden. Vielmehr können Geschäftsordnungsbeschlüsse in jeder Lage der Wohnungseigentümerversammlung gefasst werden. Je nach Verlauf der Versammlung kann also beispielsweise der Antrag zur Geschäftsordnung gestellt werden, die Redezeit zu beschränken,[181] eine bereits lang anhaltende Diskussion zu beenden[182] oder den Versammlungsleiter auszuwechseln. Jeder Eigentümer, der an der Eigentümerversammlung teilnimmt, hat das Recht, während der Versammlung Anträge zur Geschäftsordnung zu stellen. **682**

- Der Versammlungsleiter hat die einzelnen **Tagesordnungspunkte aufzurufen**, sowie die Diskussionen hierüber zu leiten und zu organisieren. **683**

Sofern kein hiervon abweichender Geschäftsordnungsbeschluss gefasst worden ist, hat der Versammlungsleiter die Tagesordnungspunkte in der Reihenfolge der Tagesordnung aufzurufen. Sobald ein Tagesordnungspunkt zum Beispiel durch Beschlussfassung abgehandelt worden ist, ist der nächste Tagesordnungspunkt aufzurufen.[183] **684**

Zu einer der wichtigeren Aufgaben gehört auch die **Diskussionsleitung** durch den Versammlungsleiter. Oft entscheidet die Qualität der Diskussionsleitung darüber, ob eine Wohnungseigentümerversammlung straff, konzentriert und ordnungsgemäß vollzogen wird oder ob sie „im Chaos" endet. Zu einer ordnungsgemäßen Diskussionsleitung gehört es, dass der Versammlungsleiter jedem Eigentümer, der sich zu Wort meldet, auch tatsächlich das Wort erteilt. Dabei ist darauf zu achten, dass die Eigentümer, die zur Diskussion beitragen möchten, in etwa gleich behandelt werden. Es ist daher zu vermeiden, dass ein Eigentümer „monologisiert", so dass die übrigen interessierten Eigentümer nicht mehr zu Wort kommen. In diesem Zusammenhang stehen dem Versammlungsleiter diverse **Ordnungsrechte** zur Verfügung. So ist der Versammlungsleiter berechtigt, einem Eigentümer nach vorheriger Abmahnung das **Wort** zu **entziehen**, wenn dieser die ihm zugestandene Redezeit überschreitet oder völlig unsachlich wird.[184] Ferner ist der Versammlungsleiter berechtigt, die **Redezeit** für jeden Eigentümer zu **beschränken.** Als ultima ratio kommt auch der **Ausschluss** eines Eigentümers von der Wohnungseigentümerversammlung in Betracht, wenn ohne diesen Ausschluss der störungsfreie Ablauf der Wohnungseigentümerversammlung nicht mehr gewährleistet wäre. Aufgrund der Schwere des Eingriffs in die Mitgliedschaftsrechte eines Eigentümers kommt ein Ausschluss von der Wohnungseigentümerversammlung nur ausnahmsweise in Betracht. Der Versammlungsleiter hat den Ausschluss vorab anzudrohen. Des Weiteren muss der Versammlungsleiter vorab bereits erfolglos versucht haben, durch andere Ordnungsmittel eine ordnungsgemäße Durchführung der Wohnungseigentümerversammlung zu erreichen.[185] Der Versammlungsleiter hat ferner das Recht und im Hinblick auf eine ordnungsgemäße und zügige Durchführung der Wohnungseigentümerversammlung sogar die Pflicht, das Ende der Diskussion festzulegen **685**

---

[179] BayObLG NJW-RR 1987, 1363; KG WE 1989, 168.
[180] BayObLG ZMR 2002, 844; OLG Düsseldorf NJW-RR 1995, 1294.
[181] BayObLG NJW-RR 1987, 1363.
[182] BayObLG NJW-RR 1987, 1363.
[183] BayObLG ZMR 1999, 570.
[184] OLG Saarbrücken ZMR 2004, 67.
[185] OLG Saarbrücken ZMR 2004, 67; BGHZ 44, 245 zur Hauptversammlung der Aktiengesellschaft.

und den Beschlussantrag zur Abstimmung zu stellen. Ist über den Tagesordnungspunkt hinreichend und in ausführlicher Länge diskutiert worden, kann der Versammlungsleiter Wortmeldungen, die zum Beispiel noch während des Verlesens des Beschlussantrags erhoben werden, ignorieren und den Abstimmungsvorgang fortsetzen.

686 • Eine wichtige Aufgabe des Versammlungsleiters stellt auch das **Verlesen der Beschlussanträge** dar. Da der Beschlussantrag infolge der Abstimmung hierüber sodann dem gefassten Eigentümerbeschluss entspricht und der Eigentümerbeschluss im Falle einer Anfechtung einer gerichtlichen Überprüfung unterzogen wird, muss der Beschlussantrag inhaltlich hinreichend bestimmt, verständlich und nachvollziehbar sein, um zu vermeiden, dass der angefochtene Eigentümerbeschluss bereits aufgrund Unbestimmtheit oder Unverständlichkeit für ungültig oder gar nichtig erklärt wird. Daher ist auf eine saubere, verständliche, nachvollziehbare und bestimmte Formulierung des Beschlussantrags besonderer Wert zu legen.

687 • Da der Versammlungsleiter die Maßnahmen anzuordnen und durchzuführen hat, die nötig sind, um verlässlich das Abstimmungsergebnis festzustellen,[186] kann er vor einer jeden Abstimmung den **Abstimmungsmodus** festlegen. So kann der Versammlungsleiter bestimmen, ob namentlich[187] oder geheim[188] abgestimmt wird, oder zum Beispiel durch Zuruf, mit Stimmzetteln oder durch Handheben.[189]

688 • Der Versammlungsleiter hat das **Abstimmungsergebnis** zu **ermitteln,** indem er die abgegebenen Ja- und Nein-Stimmen sowie die Stimmenthaltungen auszählt.[190] Dabei darf sich der Versammlungsleiter der **Subtraktionsmethode** bedienen, sofern damit das Abstimmungsergebnis sicher festgestellt werden kann, das heißt wenn begleitende organisatorische Maßnahmen zur korrekten Feststellung der Anwesenheiten eingehalten werden, kann der Versammlungsleiter das Abstimmungsergebnis auch dadurch feststellen, dass er bereits nach der Abstimmung über zwei von drei – auf Zustimmung, Ablehnung oder Enthaltung gerichteten – Abstimmungsfragen die Zahl der noch nicht abgegebenen Stimmen als Ergebnis der dritten Abstimmungsfrage wertet.[191] Dies bedeutet im Umkehrschluss, dass der Versammlungsleiter die Subtraktionsmethode zur Ermittlung des Abstimmungsergebnisses dann nicht anwenden darf, wenn die Mehrheitsverhältnisse unklar sind oder wenn sich die Präsenz der anwesenden Eigentümer in der Wohnungseigentümerversammlung stets ändert.

689 Die Entscheidung, ob der Versammlungsleiter zunächst die Ja- oder Nein-Stimmen oder die Enthaltungen abfragt, steht in seinem freien Ermessen.[192]

690 • Ferner steht es im freien Ermessen des Versammlungsleiters, ob er vor der eigentlichen Abstimmung eine **Probeabstimmung** durchführen lässt. In den Fällen, bei denen beispielsweise eine qualifizierte Mehrheit erforderlich ist oder mehrere Alternativen (zum Beispiel Reparatur oder Austausch der Fenster) in Betracht kommen, kann eine Probeabstimmung sinnvoll sein, um über die Mehrheitsverhältnisse einen ersten Überblick und eine Tendenz zu erhalten.

691 • Nach der Feststellung des Abstimmungsergebnisses hat der Versammlungsleiter das **Beschlussergebnis festzustellen und zu verkünden.** Auch diese Aufgabe ist von besonderer Bedeutung, da für die Wirksamkeit eines Beschlusses die Verkündung des Beschlussergebnisses erforderlich ist. Die Verkündung des Beschlussergebnisses hat konstitutive Wirkung, das heißt der Beschluss gilt als so zustande gekommen, wie

---

[186] BGH NJW 2002, 3629; BGH NJW 2002, 3704.
[187] Vgl. OLG Köln ZMR 2002, 972.
[188] BayObLG NJW-RR 1987, 1363.
[189] BayObLG WuM 1990, 403.
[190] BGH NJW 2002, 3629.
[191] BGH NJW 2002, 3629; BayObLG WuM 1989, 459.
[192] BayObLG WuM 1989, 459; KG ZMR 1985, 105.

verkündet, sofern er nicht nichtig ist.[193] Verkündet der Versammlungsleiter daher einen positiv zustande gekommenen Eigentümerbeschluss, liegt ein solcher zunächst selbst dann vor, wenn ihm bei Ermittlung des Abstimmungsergebnisses ein Fehler unterlaufen ist und bei richtiger Auszählung die Nein-Stimmen die Ja-Stimmen überwiegen oder wenn für das Zustandekommen des Eigentümerbeschlusses eine qualifizierte Mehrheit erforderlich wäre, die jedoch nicht erreicht worden ist. Fehler bei der Beschlussverkündung begründen also ein hohes Anfechtungsrisiko und somit ein erhebliches Haftungspotential für den Versammlungsleiter (vgl. § 49 Abs. 2 WEG für den Verwalter). Zu den Einzelheiten hierzu wird auf die Rn. 804 bis 843c verwiesen.

Im Einzelfall kann der Versammlungsleiter auch verpflichtet sein, das Abstimmungsverhalten der Eigentümer namentlich festzuhalten. Dies kann dann erforderlich sein, wenn über eine bauliche Veränderung abgestimmt wird, weil infolge des Abstimmungsverhaltens der Eigentümer zugleich feststeht, welcher Eigentümer der baulichen Veränderung zugestimmt hat oder nicht (vgl. § 22 Abs. 1 Satz 1 WEG) und welcher Eigentümer gegebenenfalls nicht an den Kosten der baulichen Veränderung beteiligt werden darf (vgl. § 16 Abs. 6 Satz 1 WEG). 692

• Im Einzelfall kann es geboten sein, die Wohnungseigentümerversammlung für kurze Zeit zu **unterbrechen** und nach Abhaltung einer Pause fortzusetzen. Dies erscheint sinnvoll, wenn die Wohnungseigentümerversammlung bereits einige Stunden andauert oder wenn die Ermittlung des Abstimmungsergebnisses wegen der Auszählung der Stimmen eine gewisse Zeit in Anspruch nimmt. 693

Ferner hat der Versammlungsleiter die Möglichkeit, einen Geschäftsordnungsbeschluss über die **Vertagung** der Wohnungseigentümerversammlung herbeizuführen, wenn beispielsweise die Eigentümerversammlung bereits seit Stunden andauert oder es schon so spät geworden ist, dass die Konzentrationsfähigkeit der Teilnehmer nicht mehr gewährleistet ist. Eine Vertagung bietet sich auch an, wenn während der Diskussion über einen Tagesordnungspunkt die Erkenntnis gewonnen wird, dass der Tagesordnungspunkt noch weiterer Vorbereitung bedarf und zum Beispiel zunächst noch weitere Informationen, Angebote etc. eingeholt werden müssen, bevor hierüber ein Beschluss gefasst werden kann. 694

Während der Versammlungsleiter über die Unterbrechung der Eigentümerversammlung selbst und nach freiem Ermessen entscheiden kann, benötigt er für die Vertagung der Wohnungseigentümerversammlung die mehrheitliche Zustimmung der anwesenden Teilnehmer.[194] Stimmen die Teilnehmer der vom Versammlungsleiter vorgeschlagenen Vertagung nicht mehrheitlich zu, hat der Versammlungsleiter die Eigentümerversammlung fortzusetzen. Er ist also nicht berechtigt, die ordnungsgemäß einberufene und beschlussfähige Wohnungseigentümerversammlung aufzulösen. Löst er die Eigentümerversammlung dennoch eigenmächtig auf, können die Versammlungsteilnehmer gemäß § 24 Abs. 5 WEG einen neuen Versammlungsleiter bestimmen und die Wohnungseigentümerversammlung fortsetzen.[195] Verlassen jedoch einige Teilnehmer die Eigentümerversammlung, weil sie der Auffassung sind, der Versammlungsleiter habe die Eigentümerversammlung wirksam beendet, sind die unter dem neuen Versammlungsleiter in der fortgesetzten Versammlung gefassten Eigentümerbeschlüsse anfechtbar.[196] 695

Ist die Tagesordnung abgearbeitet und verlässt der Versammlungsleiter die Eigentümerversammlung, ohne die Eigentümerversammlung ausdrücklich für beendet zu erklären, liegt darin konkludent die Beendigung der Versammlung.[197] Im Anschluss daran können keine Eigentümerbeschlüsse mehr gefasst werden, weil infolge der Beendigung der 696

---

[193] BGH NZM 2001, 961.

[194] *Drasdo* H. Rn. 119, 121; *Staudinger/Bub* § 24 Rn. 103f.; *Spielbauer/Then* § 24 Rn. 29.

[195] BayObLG NZM 1998, 1010; OLG Celle ZWE 2002, 276.

[196] KG NJW-RR 1989, 16.

[197] BayObLG NZM 1998, 1010.

Versammlung keine Eigentümerversammlung mehr vorliegt. Nicht gefolgt werden kann der generellen Auffassung, die nach Beendigung der Versammlung gefassten Beschlüsse seien grundsätzlich immer nur anfechtbar, weil es ansonsten der Versammlungsleiter in der Hand hätte, allein durch seinen Weggang das Zustandekommen rechtmäßiger Beschlüsse der Wohnungseigentümer zu unterbinden.[198] Vielmehr ist insoweit zu differenzieren, ob die Tagesordnung bereits abgearbeitet ist oder nicht. Sind alle Tagesordnungspunkte abgehandelt, ist für eine Beschlussfassung nach Beendigung der Eigentümerversammlung kein Raum mehr. Werden danach dennoch weitere „Eigentümerbeschlüsse" gefasst, liegen – wie bei einer spontanen Zusammenkunft von Wohnungseigentümern – mangels Eigentümerversammlung keine Eigentümerbeschlüsse vor, so dass es grundsätzlich keiner Anfechtung bedarf, wenngleich sich höchst vorsorglich trotzdem die Erhebung einer Anfechtungsklage empfehlen dürfte. Beendet hingegen der Versammlungsleiter die Eigentümerversammlung, obwohl noch Tagesordnungspunkte offen sind, können die Versammlungsteilnehmer einen neuen Versammlungsleiter bestimmen (§ 24 Abs. 5 WEG) und die Versammlung fortsetzen. Nur in diesem Fall besteht ein Bedürfnis, es zu verhindern, dass der Versammlungsleiter durch ein Verlassen der Eigentümerversammlung eine Beschlussfassung verhindern könnte.[199]

697 • Der Versammlungsleiter kann für die Dauer der Eigentümerversammlung ein **Rauchverbot** anordnen, sofern ein solches aufgrund des in Gaststätten bestehenden vollständigen oder teilweisen Rauchverbots nicht ohnehin bereits existieren sollte.[200] Ordnet der Versammlungsleiter trotz eines entsprechenden Antrags eines Versammlungsteilnehmers kein Rauchverbot an und verlässt der Versammlungsteilnehmer daraufhin die Wohnungseigentümerversammlung, kommt dies einem rechtswidrigen Ausschluss des betroffenen Versammlungsteilnehmers von der Wohnungseigentümerversammlung gleich.[201]

698 • Auf **Tonband** darf der Versammlungsleiter grundsätzlich nur das von ihm selbst gesprochene Wort aufnehmen. Für die Aufnahme von Redebeiträgen der Versammlungsteilnehmer benötigt er hingegen deren Zustimmung, um zu gewährleisten, dass durch die Tonbandaufnahme nicht in unzulässiger Weise in das allgemeine Persönlichkeitsrecht der Versammlungsteilnehmer im Sinne von Art. 2 Abs. 1 i.V. m. Art. 1 Abs. 1 GG eingegriffen wird.[202] Die ohne Zustimmung aufgenommenen Redebeiträge von Versammlungsteilnehmern unterliegen einem prozessualen Verwertungsverbot, da insoweit gemäß § 201 Abs. 1 StGB eine strafbare Handlung vorliegt.[203]

699 • Sind alle Tagesordnungspunkte abgearbeitet und Diskussionen beendet und liegen keine Wortmeldungen mehr vor, hat der Versammlungsleiter die Wohnungseigentümerversammlung offiziell **für beendet zu erklären.**

700 • Fehlt ein Verwalter, hat der Versammlungsleiter unverzüglich, das heißt in weniger als einer Woche nach der Wohnungseigentümerversammlung[204] die gefassten Eigentümerbeschlüsse in die **Beschluss-Sammlung** einzutragen, sofern die Wohnungseigentümer durch Stimmenmehrheit keine andere Person für diese Aufgabe bestimmt haben, § 24 Abs. 8 Satz 2 WEG.

701 • Zeitnah nach der Wohnungseigentümerversammlung hat der Versammlungsleiter die **Versammlungsniederschrift zu unterzeichnen,** § 24 Abs. 6 Satz 2 WEG. Zu erstellen hat er die Versammlungsniederschrift zunächst nur dann, wenn er hierzu durch Ge-

---

[198] So *Bärmann/Merle* § 24 Rn. 103 a. E.
[199] So auch *Spielbauer/Then* § 24 Rn. 29.
[200] BayObLGZ 1993, 203; BayObLGZ 1999, 41.
[201] OLG Köln NZM 2000, 1017.
[202] BGH NJW 1994, 3094 zur Hauptversammlung einer Aktiengesellschaft.
[203] BayObLG MDR 1994, 407.
[204] LG München I NJW 2008, 1823.

schäftsordnungsbeschluss bestimmt worden ist. § 24 Abs. 6 Satz 1 WEG bestimmt lediglich, dass über die in der Versammlung gefassten Beschlüsse eine Niederschrift aufzunehmen ist. Gesetzlich nicht geregelt ist, wer diese Niederschrift zu erstellen hat. Daher ist es primär Sache der Versammlungsteilnehmer, festzulegen, wer die Versammlungsniederschrift anzufertigen hat. Ferner kann der Versammlungsleiter einen Protokollführer bestimmen.[205] Wird jedoch weder durch Geschäftsordnungsbeschluss noch durch den Versammlungsleiter ein Protokollführer bestimmt, hat letztlich dann doch der Versammlungsleiter das Versammlungsprotokoll zu erstellen, da es zu seiner Aufgabe gehört, dafür zu sorgen, dass die in der Versammlung gefassten Beschlüsse in eine Niederschrift aufgenommen werden.

b) Versammlungsteilnehmer. Für eine ordnungsgemäße und zielführende Durchfüh- 702
rung der Eigentümerversammlung sind anwesende oder zumindest wirksam vertretene Versammlungsteilnehmer erforderlich. Ohne anwesende oder wirksam vertretene Versammlungsteilnehmer kann keine ordnungsgemäße und zielführende Eigentümerversammlung durchgeführt werden. Ebenfalls zur Sicherstellung des ordnungsgemäßen Ablaufs einer Eigentümerversammlung ist es erforderlich, solche Versammlungsteilnehmer, die nicht zur Teilnahme an der Wohnungseigentümerversammlung berechtigt sind, von der Versammlung auszuschließen. Der Frage, welche Personen zur Teilnahme an der Wohnungseigentümerversammlung berechtigt sind, kommt also wesentliche Bedeutung zu.

Primär sind die **Wohnungseigentümer** zur Teilnahme an den Wohnungseigentümerver- 703
sammlungen berechtigt. Das Recht des Eigentümers auf Teilnahme an der Wohnungseigentümerversammlung gehört zum unantastbaren Kernbereich der Mitgliedschaft des Eigentümers in der Eigentümergemeinschaft und der Wohnungseigentümerversammlung. Daher kann das Teilnahmerecht nicht entzogen werden, auch nicht durch Vereinbarung (zum Beispiel in der Teilungserklärung mit Gemeinschaftsordnung). Das Recht des Eigentümers auf Teilnahme an der Wohnungseigentümerversammlung kann allenfalls durch Vereinbarung gestaltet werden. So kann beispielsweise in der Teilungserklärung mit Gemeinschaftsordnung vereinbart werden, dass bei Vorliegen bestimmter Voraussetzungen das Stimmrecht eines Wohnungseigentümers ruht (zum Beispiel im Falle des Bestehens von erheblichen Hausgeldrückständen). Das Ruhen des Stimmrechts führt jedoch ebenso wie ein Stimmrechtsverbot im Sinne von § 25 Abs. 5 WEG nicht zu einem Teilnahmeverbot. Vielmehr ist der Eigentümer trotz des ruhenden Stimmrechts oder eines bestehenden Stimmrechtsverbotes zur Teilnahme an der Wohnungseigentümerversammlung berechtigt.[206]

Zu den teilnahmeberechtigten Wohnungseigentümern zählt zunächst der im Woh- 704
nungsgrundbuch eingetragene Eigentümer.[207] Des Weiteren ist der werdende Wohnungseigentümer teilnahmeberechtigt. Zu den Einzelheiten hierzu wird auf die Ausführungen in der Rn. 552 verwiesen. Dem werdenden Wohnungseigentümer steht ein eigenes Teilnahmerecht zu, welches auch dann nicht verloren geht, wenn die Wohnungseigentümergemeinschaft rechtlich in Vollzug gesetzt wird.[208] Ergänzend wird zum Recht des Eigentümers auf Teilnahme an der Wohnungseigentümerversammlung auf die Ausführungen unter der Rn. 548 bis 558 zu den zu einer Wohnungseigentümerversammlung zu Ladenden verwiesen. Diejenigen Personen, die aufgrund ihrer Stellung als Wohnungseigentümer oder werdender Wohnungseigentümer zu einer Eigentümerversammlung zu laden sind, sind grundsätzlich auch teilnahmeberechtigt.

Ferner können außen stehende **Dritte** zur Teilnahme an der Wohnungseigentümerver- 705
sammlung berechtigt sein. Diese Teilnahmeberechtigung eines außen stehenden Dritten

[205] BayObLGZ 1972, 240; KG ZWE 2001, 75.
[206] BayObLG NJW 1993, 603; BayObLG NZM 2002, 616.
[207] OLG Brandenburg ZWE 2006, 447.
[208] BGH NJW 2008, 2639.

kann von Gesetzes wegen oder durch eine rechtsgeschäftliche Bevollmächtigung begründet sein. Teilnahmeberechtigt sind kraft Gesetzes der Insolvenzverwalter (§ 80 Abs. 1 InsO), der Zwangsverwalter (§ 152 Abs. 1 ZVG), der Nachlassverwalter (§ 1985 Abs. 1 BGB) sowie der Testamentsvollstrecker (§ 2165 BGB). Ferner sind gesetzliche Vertreter kraft Gesetzes zur Teilnahme an der Wohnungseigentümerversammlung berechtigt, wie zum Beispiel die Eltern für den minderjährigen Wohnungseigentümer (§ 1629 Abs. 1 Satz 2 BGB) oder der Betreuer des geschäftsunfähigen Wohnungseigentümers. „Lediglich" dinglich Berechtigten hingegen steht kein gesetzliches Teilnahmerecht zu, so dass Grundpfandgläubiger, Nießbraucher, Wohnberechtigte im Sinne von § 1093 BGB sowie Dauerwohnberechtigte im Sinne von § 31 WEG nicht berechtigt sind, an der Wohnungseigentümerversammlung teilzunehmen.

706 Von der gesetzlichen Teilnahmeberechtigung Dritter ist die rechtsgeschäftliche Teilnahmeberechtigung zu unterscheiden. Wohnungseigentümer haben grundsätzlich das Recht, ihr Teilnahme- und Stimmrecht auf einen Dritten zu übertragen. Dabei ist jedoch im Einzelfall zu berücksichtigen, ob hierzu besondere Vereinbarungen existieren (zum Beispiel in der Teilungserklärung mit Gemeinschaftsordnung). So können in der Teilungserklärung mit Gemeinschaftsordnung bestimmte Anforderungen an die Vollmacht vereinbart werden. Zulässig ist die Vereinbarung, dass eine Original-Vollmacht vorzulegen ist, die Vollmacht der Schriftform zu entsprechen hat oder sogar in notariell beglaubigter Form vorgelegt werden muss. Entspricht die Bevollmächtigung nicht den in der Vereinbarung festgelegten Kriterien, kann der Versammlungsleiter dem unwirksam Bevollmächtigten die Teilnahme an der Wohnungseigentümerversammlung verweigern oder ihn von der Wohnungseigentümerversammlung ausschließen. Ferner kann durch eine so genannte **Vertretungsbeschränkung** vereinbart werden, dass nur bestimmte Personen zur Vertretung des Wohnungseigentümers berechtigt sind. Häufig findet sich in Teilungserklärungen mit Gemeinschaftsordnung die Regelung, dass sich ein Wohnungseigentümer nur durch einen anderen Wohnungseigentümer, den Verwalter oder den Ehegatten vertreten lassen darf. Solche Vertretungsbeschränkungen können wirksam vereinbart werden. Sie können jedoch nicht durch einfachen Mehrheitsbeschluss nachträglich eingeführt werden, da solch ein gesetzes- und/oder vereinbarungsändernder Mehrheitsbeschluss nichtig wäre.[209] Unzulässig wäre es jedoch, wenn eine Vereinbarung die Möglichkeit der Vertretung gänzlich ausschließen würde oder als Vertreter ausschließlich der Verwalter in Betracht käme. Dies wäre ein unzulässiger Eingriff in die Gestaltungsfreiheit der Wohnungseigentümer.[210]

707 Teilnahmeberechtigt sind ferner die zwei übrigen Organe der teilrechtsfähigen Wohnungseigentümergemeinschaft, das heißt sowohl der **Verwalter** als auch die **Mitglieder des Verwaltungsbeirats.** Das Teilnahmerecht des Verwalters ergibt sich zusätzlich aus dessen Recht, Beschlüsse anfechten zu können, § 46 Abs. 1 Satz 1 WEG. Sind die Mitglieder des Verwaltungsbeirats ohnehin Wohnungseigentümer, ergibt sich deren Teilnahmerecht aus der eigentumsrechtlichen Stellung. Ist ein Mitglied des Verwaltungsbeirats nicht zugleich auch Wohnungseigentümer, steht ihm ein Recht zur Teilnahme an der Wohnungseigentümerversammlung zumindest insoweit zu, als hiervon sein Aufgabenbereich betroffen ist.[211]

708 Soweit ein persönliches, gesetzliches oder rechtsgeschäftliches Teilnahmerecht besteht, beschränkt sich dieses Recht nicht nur auf die reine Teilnahme (= Anwesenheit) an der Wohnungseigentümerversammlung. Vielmehr besteht in diesem Zusammenhang auch ein **Recht auf Gehör** sowie ein **Beschlussantragsrecht,** das heißt die Teilnahmebe-

---

[209] BGH NJW 2000, 3500; BGHZ 121, 236; BayObLG NZM 2001, 296; KG NZM 2004, 656; OLG Düsseldorf NZM 1999, 271; OLG Köln NJW-RR 2002, 519.

[210] OLG Düsseldorf NJW-RR 1995, 1294; OLG Köln NJW-RR 1989, 780; a. A. wohl BGH NJW 1993, 1329.

[211] OLG Hamm ZMR 2007, 133.

rechtigten sind ferner berechtigt, im Rahmen ihres Rederechts Wortbeiträge abzugeben und konkrete Anträge zur Beschlussfassung zu stellen, sofern es sich um Anträge zur Geschäftsordnung handelt oder um Anträge, die von der Tagesordnung gedeckt sind.

Von den rechtsgeschäftlich bevollmächtigten Versammlungsteilnehmern sind die **Begleiter** von Wohnungseigentümern zu unterscheiden. Ein Wohnungseigentümer ist nicht berechtigt, einen Begleiter (zum Beispiel einen Rechtsanwalt) zu einer Eigentümerversammlung mitzunehmen. Dies verstößt gegen den Grundsatz der Nichtöffentlichkeit einer Eigentümerversammlung. Der Wohnungseigentümer muss sich daher entscheiden, ob er selbst an der Eigentümerversammlung teilnimmt oder ob er seinen Begleiter bevollmächtigt, für ihn an der Eigentümerversammlung teilzunehmen, sofern eine vereinbarte Vertretungsbeschränkung dem nicht entgegensteht. Eine Ausnahme hiervon besteht nur, wenn der betroffene Wohnungseigentümer im Einzelfall ein berechtigtes Interesse an der Hinzuziehung eines Begleiters hat, welches gewichtiger ist als das Interesse der übrigen Wohnungseigentümer, die Eigentümerversammlung auf den Kreis der Wohnungseigentümer zu beschränken.[212] Solch ein berechtigtes Interesse kann beispielsweise dann gegeben sein, wenn der Wohnungseigentümer aufgrund seines hohen Alters oder einer Erkrankung nicht in der Lage ist, selbst seine Interessen in ausreichender Art und Weise zu vertreten oder wenn ein äußerst schwieriger und absehbar kontrovers zu diskutierender Tagesordnungspunkt ansteht.[213] Um den Grundsatz der Nichtöffentlichkeit einer Eigentümerversammlung nicht zu einfach umgehen zu können, bedarf es für die Begleitung eines Wohnungseigentümers zu einer Eigentümerversammlung stets eines beachtlichen Grundes, der in der Person des betreffenden Wohnungseigentümers liegen oder sich aus den besonderen rechtlichen Schwierigkeiten oder wirtschaftlichen Folgen der zu beschließenden Angelegenheit ergeben muss. Da jedoch ohnehin die Möglichkeit besteht, durch Geschäftsordnungsbeschluss zu genehmigen, dass ein Begleiter zusätzlich neben dem betroffenen Wohnungseigentümer an der Wohnungseigentümerversammlung teilnehmen darf, empfiehlt es sich, auch in diesen Fällen, in denen ohnehin ein berechtigtes Interesse für diese Teilnahme bestünde, hierüber einen genehmigenden Geschäftsordnungsbeschluss einzuholen.[214] Grundsätzlich gilt, dass es dem betroffenen Wohnungseigentümer zuzumuten ist, sich vor der Wohnungseigentümerversammlung umfassend und ausreichend beraten zu lassen, damit er für die Eigentümerversammlung selbst keinen Begleiter mehr benötigt. 709

Von dem Begleiter eines Wohnungseigentümers sind **technische oder rechtliche Berater** zu unterscheiden, die im Interesse der Wohnungseigentümergemeinschaft an der Wohnungseigentümerversammlung teilnehmen sollen. Über deren Teilnahme entscheiden die anwesenden Wohnungseigentümer durch Geschäftsordnungsbeschluss. Aus einer Genehmigung zur Teilnahme erwächst jedoch kein Teilnahme-, Rede- und Beschlussantragsrecht. Vielmehr wird deren Teilnahme lediglich geduldet. Wird über die Teilnahme eines Beraters kein Geschäftsordnungsbeschluss eingeholt, kann der Versammlungsleiter davon ausgehen, dass die anwesenden Eigentümer mit der Teilnahme einverstanden sind, solange hiergegen nicht widersprochen wird.[215] Die Teilnahme eines Beraters an der Wohnungseigentümerversammlung erfordert zumindest, dass konkreter Beratungsbedarf besteht, welcher allen anwesenden Eigentümern zu Gute kommt.[216] 710

c) Rechtsfolgen bei Verstößen. Bei der Durchführung der Wohnungseigentümerversammlung kann es in der Praxis insbesondere zu folgenden Verstößen kommen: 711

---

212 BGH NJW 1993, 1329; BayObLG WE 1997, 436; OLG Köln MietRB 2008, 178.

213 BGH NJW 1993, 1329; BayObLG WE 1997, 436; BayObLG NZM 2002, 616.

214 OLG Düsseldorf NJW-RR 1995, 1294.

215 BayObLG NZM 2004, 388; LG Dresden ZMR 2007, 492.

216 OLG Hamm ZMR 2004, 699; BayObLG NJW-RR 2004, 1312; OLG Köln vom 22. 6. 2009 – 16 Wx 266/08.

712 **Geschäftsordnungsbeschlüsse,** die die Durchführung und den Ablauf der Wohnungseigentümerversammlung regeln, wie zum Beispiel die Bestimmung eines Versammlungsleiters, die Festlegung eines Abstimmungsmoduses, die Beschränkung der Redezeit, der Wortentzug, die Vertagung der Eigentümerversammlung oder die Entscheidung, über einen Tagesordnungspunkt nicht abzustimmen, sind nicht isoliert anfechtbar, da sich diese Geschäftsordnungsbeschlüsse mit Beendigung der Eigentümerversammlung von selbst erledigen und gegenstandslos werden. Einer Anfechtungsklage hiergegen würde das Rechtsschutzbedürfnis fehlen.[217] Somit entfalten diese Geschäftsordnungsbeschlüsse selbst bei etwaigen Verstößen zumindest insoweit keine Rechtsfolgen. Lediglich Geschäftsordnungsbeschlüsse mit Dauerwirkung für die Zukunft sind nach den allgemein geltenden Regeln anfechtbar. Sollte also beispielsweise beschlossen werden, dass jedem Eigentümer künftig nur noch eine Redezeit von 5 Minuten zusteht oder dass künftig nur noch der Verwalter die Eigentümerversammlungen führen darf, sind solche Beschlüsse mit Erfolg anfechtbar bzw. wohl sogar nichtig. Auch wenn der Großteil der Geschäftsordnungsbeschlüsse mangels Rechtsschutzbedürfnis nicht angefochten werden kann, können sich fehlerhafte Geschäftsordnungsbeschlüsse auf die übrigen in der Eigentümerversammlung gefassten Eigentümerbeschlüsse auswirken, das heißt die materiellen Eigentümerbeschlüsse können im Einzelfall mit der Begründung angefochten werden, dass sie auf fehlerhaften Geschäftsordnungsbeschlüssen beruhen. Dies kommt beispielsweise in Betracht, wenn durch Geschäftsordnungsbeschluss ein unfähiger Versammlungsleiter bestimmt wird oder wenn die Eigentümer zwei Versammlungsleiter bestimmen, die gegeneinander arbeiten.[218] Auch Geschäftsordnungsbeschlüsse, die zu einer Verletzung des Grundsatzes der Nichtöffentlichkeit einer Eigentümerversammlung führen oder mit denen das rechtliche Gehör der Wohnungseigentümer unzulässigerweise eingeschränkt wird, können eine Anfechtbarkeit der im Anschluss daran gefassten Eigentümerbeschlüsse begründen. Die Eigentümerbeschlüsse leiden in diesem Fall an einem **formellen Fehler,** so dass im Rahmen der Anfechtung der Kausalitätsgrundsatz gilt, das heißt der formelle Fehler muss sich auf den Inhalt der zustande gekommenen Eigentümerbeschlüsse ausgewirkt haben.[219]

713 Werden **nach Beendigung der Eigentümerversammlung** noch weitere **Eigentümerbeschlüsse gefasst,** obwohl die Tagesordnungspunkte vollständig abgearbeitet sind, liegen mangels Eigentümerversammlung keine Eigentümerbeschlüsse vor. Diese „Eigentümerbeschlüsse" sind so zu behandeln, wie die „Eigentümerbeschlüsse", die bei einer spontanen Zusammenkunft gefasst worden sind (vgl. Rn. 543 und 622). Verlässt hingegen der Versammlungsleiter die Eigentümerversammlung, obwohl noch nicht sämtliche Tagesordnungspunkte abgearbeitet sind, und bestimmen die anwesenden Eigentümer zum Zwecke der Fortsetzung der Eigentümerversammlung einen neuen Versammlungsleiter, sind die sodann gefassten Eigentümerbeschlüsse anfechtbar, selbst wenn Wohnungseigentümer die Eigentümerversammlung in dem Glauben verlassen haben, die Eigentümerversammlung sei mit dem Weggang des ursprünglichen Versammlungsleiters beendet.[220]

714 Die in einer Eigentümerversammlung gefassten Beschlüsse leiden auch dann an einem formellen Fehler, wenn ein Wohnungseigentümer **zu Unrecht** von der Teilnahme an der Eigentümerversammlung **ausgeschlossen** worden ist. Gleiches gilt, wenn einem wirksam bevollmächtigten Dritten die Teilnahme an der Eigentümerversammlung verweigert wird, weil zum Beispiel der Versammlungsleiter fälschlicherweise von einer unwirksamen Bevollmächtigung ausgeht. Der rechtswidrige Ausschluss eines Eigentümers bzw. Vertre-

---

[217] BayObLG NZM 2001, 766; BayObLG NZM 2002, 616; KG ZWE 2003, 204; OLG Köln NJW-RR 2001, 87.

[218] BayObLG NZM 1998, 634; KG WE 1991, 133.

[219] BGHZ 106, 67; KG NJW-RR 1997, 1171; BayObLG NZM 2001, 766; OLG Düsseldorf NZM 1999, 271; OLG Köln NJW-RR 2001, 88.

[220] KG ZMR 1989, 27.

ters von der Eigentümerversammlung oder die rechtswidrige Weigerung des Versammlungsleiters, einen wirksam bevollmächtigten Dritten an der Eigentümerversammlung teilnehmen zu lassen, führt somit zur Ungültigerklärung der in dieser Eigentümerversammlung gefassten Beschlüsse, es sei denn, dass die angefochtenen Beschlüsse auch ohne den formellen Fehler in gleicher Weise gefasst worden wären.[221] Etwas anderes gilt nur, wenn ein Wohnungseigentümer vorsätzlich von der Wohnungseigentümerversammlung ausgeschlossen wird; in diesem Fall sind die in der Eigentümerversammlung gefassten Beschlüsse nichtig.

Ist jahrelang die in der Teilungserklärung mit Gemeinschaftsordnung vereinbarte **Vertretungsbeschränkung** nicht beachtet worden, so dass auch solche Vertreter an den Eigentümerversammlungen teilnehmen durften, die laut Teilungserklärung mit Gemeinschaftsordnung nicht zur Vertretung und somit auch nicht zur Teilnahme an den Eigentümerversammlungen berechtigt gewesen wären, muss bei einer künftigen Einberufung ausdrücklich darauf hingewiesen werden, wenn nunmehr beabsichtigt sein sollte, die in der Teilungserklärung mit Gemeinschaftsordnung vereinbarte Vertretungsbeschränkung zu berücksichtigen, damit gewährleistet ist, dass die hiervon betroffenen Wohnungseigentümer rechtzeitig für eine wirksame Vertretung sorgen können.[222] Fehlt dieser Hinweis, muss zumindest beim ersten Mal der zur Eigentümerversammlung erschienene Vertreter zugelassen werden. Wird ihm die Teilnahme an der Eigentümerversammlung verweigert, kann dies zur Anfechtbarkeit der in der Eigentümerversammlung gefassten Beschlüsse führen.[223] Grundsätzlich ist der Verwalter jedoch nicht verpflichtet, bei der Einberufung oder in dem beiliegenden Vollmachtsformular auf etwaige Vertretungsbeschränkungen hinzuweisen.[224] 715

Da es sich bei den genannten Verstößen um formelle Fehler handelt, wird hinsichtlich der Rechtsfolgen und insbesondere der Kausalitätsvermutung ergänzend auf die Ausführungen unter der Rn. 624 und 843 verwiesen. 716

6. Stimmrecht

Da das Stimmrecht im Einzelfall darüber entscheiden kann, ob ein positiver Mehrheitsbeschluss oder ein qualifizierter Mehrheitsbeschluss zustande kommt oder nicht, kommt dem Stimmrecht wesentliche Bedeutung zu. Das Stimmrecht gehört zum unabdingbaren Kernbereich des Wohnungseigentums. Das Stimmrecht kann daher nicht ausgeschlossen werden. Es können lediglich (beispielsweise in der Teilungserklärung mit Gemeinschaftsordnung) Einschränkungen vereinbart werden, wie zum Beispiel das Ruhen des Stimmrechts für bestimmte Fälle (zum Beispiel erhebliche Hausgeldrückstände).[225] Gerade weil dem Stimmrecht eine derart wichtige Bedeutung zukommt, muss der Versammlungsleiter bei jeder Eigentümerversammlung sorgfältig prüfen und verbindlich klären, wer Stimmrechtsinhaber ist, ob die erschienenen Personen auch tatsächlich Inhaber des Stimmrechts sind und welchen Wert eine jede Stimme hat (= Stimmkraft). Diese Prüfung und Klärung kann im Einzelfall darüber entscheiden, ob ein Beschlussantrag mehrheitlich angenommen oder mehrheitlich abgelehnt worden ist. 717

a) Stimmrechtsinhaber. Gemäß § 25 Abs. 2 Satz 1 WEG hat jeder Wohnungseigentümer eine Stimme, das heißt primär ist der **Wohnungseigentümer** Träger des Stimmrechts. Damit ist zunächst der im Wohnungsgrundbuch eingetragene Wohnungseigentümer gemeint. Hinzu kommen diejenigen Wohnungseigentümer, die außerhalb des Grundbuchs 718

221 BayObLG NZM 2002, 616; BayObLG FGPrax 2001, 149; OLG Hamm ZWE 2002, 486.
222 OLG Köln NZM 2005, 149.
223 OLG Hamm WE 1997, 352.
224 KG ZMR 2005, 567.
225 BGH NJW 2002, 1647; BGH NJW 2002, 3704; BayObLG ZMR 2004, 598; BayObLG NZM 1999, 77.

das Wohnungseigentum erworben haben, nämlich entweder durch Zuschlag in der Zwangsversteigerung (§ 90 Abs. 1 ZVG) oder durch Erbfolge (§ 1922 BGB).

719 Auch der Ersterwerber ist Inhaber des Stimmrechts, sobald er **Mitglied der werdenden Wohnungseigentümergemeinschaft** geworden ist. Bei einem Ersterwerb vom Bauträger bzw. Aufteiler wird ein Ersterwerber Mitglied der werdenden Eigentümergemeinschaft, wenn ein wirksamer Erwerbsvertrag vorliegt, zu Gunsten des Erwerbers die Auflassungsvormerkung eingetragen ist und dem Erwerber der Besitz an der von ihm erworbenen Wohnung übergeben worden ist. Erfüllt ein Ersterwerber diese Voraussetzungen zumindest bis zu dem Zeitpunkt, bis zu Gunsten eines anderen Erwerbers die Auflassung eingetragen wird, wird er Mitglied der werdenden Wohnungseigentümergemeinschaft und ist somit zur Eigentümerversammlung zu laden, in welcher er stimmberechtigt ist. Dieses Recht geht nicht verloren, wenn im Laufe der Zeit für einen anderen Erwerber die Auflassung eingetragen wird. Die Mitglieder der werdenden Wohnungseigentümergemeinschaft verlieren nicht ihre bereits erworbenen wohnungseigentumsrechtlichen Rechte und Pflichten dadurch, dass die Gemeinschaft inzwischen rechtlich in Vollzug gesetzt worden ist. Vielmehr besteht die Wohnungseigentümergemeinschaft in diesem Stadium aus den ursprünglichen Mitgliedern der (inzwischen beendeten) werdenden Eigentümergemeinschaft und den Volleigentümern.[226] Ergänzend wird auf die Ausführungen unter der Rn. 552 verwiesen.

720 Beim reinen **Zweiterwerb** bleibt es dabei, dass der Erwerber erst mit Eintragung der Auflassung Inhaber des Stimmrechts wird. Da beim Zweiterwerb der Veräußerer zumindest im Verhältnis zur Wohnungseigentümergemeinschaft bis zur Umschreibung des Eigentums auf den Erwerber verpflichtet ist, die Lasten und Kosten des Gemeinschaftseigentums zu tragen, muss er auch bis zur Eigentumsumschreibung (= Auflassung) Inhaber des Stimmrechts bleiben. In diesem Fall ist das Stimmrecht weder analog § 25 Abs. 2 Satz 2 WEG gemeinschaftlich durch den Veräußerer und den Erwerber auszuüben noch auf den Veräußerer und den Erwerber nach Beschlussgegenständen und persönlicher Betroffenheit aufzuteilen.[227] Stimmrechtsinhaber beim Zweiterwerb ist also bis zur Eigentumsumschreibung ausschließlich der Veräußerer und ab der Eigentumsumschreibung ausschließlich der Erwerber.

721 Ist ein Wohnungseigentümer **geschäftsunfähig,** wird dessen Stimmrecht durch den gesetzlichen Vertreter ausgeübt, zum Beispiel durch die Eltern für den minderjährigen Wohnungseigentümer (§ 1629 Abs. 1 Satz 2 BGB) oder durch den Betreuer für den geschäftsunfähigen Wohnungseigentümer (§ 1902 BGB).

722 In besonderen Fällen können **Dritte** kraft Gesetzes berechtigt sein, das Stimmrecht für den Eigentümer auszuüben. Dadurch wird das Recht des Wohnungseigentümers, sein Stimmrecht selbst auszuüben, verdrängt.

723 Bei der Anordnung der Zwangsverwaltung steht grundsätzlich dem **Zwangsverwalter** das Stimmrecht zu, da dem Eigentümer des beschlagnahmten Objekts gemäß § 148 Abs. 2 ZVG das Recht zur Verwaltung und Nutzung des Wohnungseigentums entzogen ist.[228] Soweit jedoch ein Beschlussgegenstand in keinem Zusammenhang zu dem zwangsverwalteten Objekt steht und keine Auswirkungen auf das zwangsverwaltete Objekt und die Zwangsverwaltung haben wird, soll nach Auffassung des KG das Stimmrecht beim Eigentümer der zwangsverwalteten Einheit verbleiben, soweit der Zweck der Zwangsverwaltung die Stimmabgabe des Zwangsverwalters nicht erfordert.[229] Dieser Auffassung ist grundsätzlich zu folgen, da es in der Tat sinnvoll und zweckmäßig erscheint, den Eigentümer der zwangsverwalteten Einheit über solche Angelegenheiten

[226] BGH NJW 2008, 2639.
[227] BGH NJW 1989, 1087.
[228] OLG Hamm DWE 1987, 54; OLG Karlsruhe WE 1990, 105; KG ZWE 2000, 40.
[229] KG NJW-RR 1987, 77; KG ZMR 1999, 509; KG ZMR 2006, 221; LG Berlin ZMR 2006, 393.

abstimmen zu lassen, die in keinem Zusammenhang zur Zwangsverwaltung stehen und keine nachteiligen Auswirkungen auf das zwangsverwaltete Objekt haben werden. Denkbar erscheint dies bei bestimmen Nutzungs- und Gebrauchsregelungen, mit denen nach Beendigung der Zwangsverwaltung schließlich der betroffene Eigentümer zu leben hat. Jedoch dürfte eine klare und eindeutige Abgrenzung zwischen den Angelegenheiten, die die Zwangsverwaltung entweder berühren oder sie nicht berühren, schwierig sein. Auch eine Nutzungs- und Gebrauchsregelung kann gegebenenfalls wirtschaftlich nachteilige Folgen für das zwangsverwaltete Objekt haben, so dass der Zweck der Zwangsverwaltung, die Gläubiger aus den Erträgen des zwangsverwalteten Wohnungseigentums zu befriedigen, beeinträchtigt werden könnte. Daher besteht eine Vermutung, dass sämtliche Beschlussgegenstände die Zwangsverwaltung berühren.[230] Ist der Eigentümer des zwangsverwalteten Objekts zusätzlich noch Eigentümer einer weiteren Einheit in derselben Wohnanlage, die nicht der Zwangsverwaltung unterliegt, so stellt sich die Frage, ob und inwieweit dem Zwangsverwalter und/oder dem betroffenen Eigentümer ein Stimmrecht zusteht. Ist das Objekt- oder Wertprinzip vereinbart, steht dem Zwangsverwalter das Stimmrecht für die beschlagnahmte Einheit zu und dem betroffenen Eigentümer das Stimmrecht für die nicht unter Zwangsverwaltung stehende Einheit. Gilt hingegen das Kopfprinzip, wird das Stimmrecht analog § 25 Abs. 2 Satz 2 WEG gemeinsam vom Zwangsverwalter und dem betroffenen Wohnungseigentümer ausgeübt.[231]

Ist über das Vermögen eines Eigentümers das Insolvenzverfahren eröffnet worden, ist der **Insolvenzverwalter** Stimmrechtsinhaber, da mit Eröffnung des Insolvenzverfahrens gemäß §§ 35, 80 InsO die Verfügungs- und Verwaltungsbefugnisse hinsichtlich des Wohnungseigentums auf den Insolvenzverwalter übergehen.[232] In der Phase von der Einreichung des Antrags auf Eröffnung des Insolvenzverfahrens bis zur gerichtlichen Entscheidung über die Eröffnung des Insolvenzverfahrens (vorläufige Insolvenzverwaltung) ist es für die Inhaberschaft des Stimmrechts des betroffenen Wohnungseigentümers entscheidend, ob das Gericht einen so genannten starken vorläufigen Insolvenzverwalter einsetzt oder einen so genannten schwachen vorläufigen Insolvenzverwalter. Wird neben der Bestellung eines vorläufigen Insolvenzverwalters gegenüber dem Schuldner zusätzlich auch ein allgemeines Verfügungsverbot verhängt, geht gemäß § 22 Abs. 1 Satz 1 InsO die Verwaltungs- und Verfügungsbefugnis auf den so genannten starken vorläufigen Insolvenzverwalter über, so dass in diesem Fall der vorläufige Insolvenzverwalter Stimmrechtsinhaber wird. Wird dieses allgemeine Verfügungsverbot hingegen nicht angeordnet, so bestimmt das Insolvenzgericht gemäß § 22 Abs. 2 InsO die Pflichten des so genannten schwachen vorläufigen Insolvenzverwalters, das heißt in diesem Fall ist der Inhalt der gerichtlichen Anordnung entscheidend, ob das Stimmrecht auf den vorläufigen Insolvenzverwalter übergeht oder nicht. 724

Ist die Nachlassverwaltung angeordnet, geht gemäß § 1984 BGB die Verwaltungs- und Verfügungsbefugnis des Erben auf den **Nachlassverwalter** über, so dass dieser das Stimmrecht für den Erben ausübt, sofern das betroffene Wohnungseigentum zur Erbmasse gehört. Gleiches gilt für den **Testamentsvollstrecker.** Dieser ist gemäß § 2205 Abs. 1 Satz 1 BGB berechtigt, den Nachlass zu verwalten, so dass er zugleich für ein zum Nachlass gehörendes Wohnungseigentum das Stimmrecht ausübt.[233] 725

Von den Dritten, die kraft Gesetzes das Stimmrecht eines Wohnungseigentümers ausüben, sind die außen stehenden Dritten zu unterscheiden, die das Stimmrecht eines Wohnungseigentümers aufgrund **rechtsgeschäftlicher Bevollmächtigung** ausüben. Jeder Wohnungseigentümer hat grundsätzlich das Recht, einen beliebigen Dritten mit der Ausübung seines Stimmrechts zu bevollmächtigen. In diesem Fall übt der bevollmächtig- 726

---

230 BayObLG NZM 1999, 77; KG WE 1990, 206.

231 KG WE 1989, 207; *Staudinger/Bub* § 25 Rn. 141; a. A. *Bärmann/Merle* § 25 Rn. 24.

232 KG WE 1989, 28.

233 AG Essen NJW-RR 1996, 79.

te Dritte das Stimmrecht des Wohnungseigentümers als dessen Vertreter aus.[234] Hierfür gelten die §§ 164 ff. BGB, das heißt auch wenn für die Vollmacht selbst keine bestimmte Form vereinbart sein sollte, kann der Versammlungsleiter gemäß § 174 Satz 1 BGB den vermeintlich Bevollmächtigten von der Wohnungseigentümerversammlung ausschließen, wenn dieser eine Vollmachtsurkunde nicht vorlegen kann.[235] Dies gilt erst Recht, wenn in der Teilungserklärung mit Gemeinschaftsordnung für die Vollmacht eine bestimmte Form (zum Beispiel Schriftform, notarielle Beglaubigung) vereinbart sein sollte.[236] In beiden Fällen kann der Versammlungsleiter den Bevollmächtigten von der Eigentümerversammlung ausschließen, er muss ihn aber nicht ausschließen. Wird der Bevollmächtigte nicht ausgeschlossen, ist seine Teilnahme und Stimmabgabe wirksam, wenn er tatsächlich bevollmächtigt war.[237] Verlangt jedoch der Versammlungsleiter oder ein Versammlungsteilnehmer die Vorlage der Originalvollmacht, so genügt es nicht, dass der Bevollmächtigte darauf verweist, die schriftliche Vollmacht sei dem Verwalter oder Versammlungsleiter bekannt oder gar bei diesem hinterlegt. Dies würde das Recht des einzelnen Versammlungsteilnehmers, das Original der Vollmacht selbst überprüfen zu können, unzulässig beeinträchtigen.[238] Jeder Eigentümer und jedes Mitglied des Verwaltungsbeirats hat in der Wohnungseigentümerversammlung das Recht, die vorgelegten oder behaupteten Vollmachten einzusehen. Wird auf Verlangen eines Versammlungsteilnehmers in der Wohnungseigentümerversammlung die Originalvollmacht nicht vorgelegt, ist vom Nichtbestand der Vollmacht auszugehen, so dass im Falle einer Anfechtung der in der Wohnungseigentümerversammlung gefassten Beschlüsse diese für ungültig zu erklären sind, sofern sich die auf den „Bevollmächtigten" übertragene Stimme auf das Beschlussergebnis ausgewirkt haben sollte.[239]

727 Bei der Bevollmächtigung außen stehender Dritter haben sowohl der Vollmachtgeber als auch der Versammlungsleiter etwaige **Vertretungsbeschränkungen** in der Teilungserklärung mit Gemeinschaftsordnung zu beachten. Die zulässigen Vertreter können auf einen bestimmten Personenkreis beschränkt werden, wie zum Beispiel andere Wohnungseigentümer, den Verwalter oder den Ehegatten. Würde jedoch die Vertretungsbeschränkung im Einzelfall dazu führen, dass es einem Wohnungseigentümer nicht möglich wäre, eine andere Person mit der Ausübung seines Stimmrechts zu bevollmächtigen, sind Ausnahmen von der Vertretungsbeschränkung geboten, wenn beispielsweise einem im Ausland lebenden Eigentümer das Erscheinen nicht möglich ist[240] oder ein der deutschen Sprache nicht mächtiger und im Ausland lebender Eigentümer einen Angehörigen bevollmächtigt.[241] Somit kann es im Einzelfall geboten sein, einen Bevollmächtigten zur Eigentümerversammlung zuzulassen, obwohl dieser nicht zu den in der Teilungserklärung mit Gemeinschaftsordnung vereinbarten Personen gehört.

728 Der **Zweiterwerber**, der mangels Eintragung der Auflassung noch nicht stimmberechtigt ist, kann nicht ohne Weiteres als vom Veräußerer ermächtigt angesehen werden, für ihn sein Stimmrecht auszuüben. Vielmehr ist auch hierfür eine ausdrückliche Bevollmächtigung erforderlich, die häufig in den notariellen Kaufverträgen enthalten ist. Der Erwerbsvertrag ist dahingehend aufgrund der bestehenden Interessenlage zwischen Veräußerer und Erwerber großzügig auszulegen, da der Erwerber aufgrund der Regelungen im Kaufvertrag bereits einige Zeit vor Eintragung der Auflassung zur Nutzung des erworbenen Wohnungseigentums berechtigt und zur Zahlung der laufenden Kosten und

[234] OLG München NZM 2006, 183.
[235] BGH NJW 1993, 1329.
[236] OLG München NZM 2006, 183.
[237] BayObLG WE 1991, 261.
[238] BayObLG WE 1995, 30; OLG München ZMR 2008, 657.
[239] OLG München NZM 2008, 92.
[240] OLG Karlsruhe ZMR 2006, 795.
[241] OLG Hamburg WE 2007, 201.

Lasten verpflichtet ist. Daher stellt die in einem Kaufvertrag enthaltene Ermächtigung des Veräußerers zu Gunsten des Käufers, bereits vor Eigentumsumschreibung in alle Rechte und Pflichten der Eigentümergemeinschaft einzutreten, im Zweifelsfall auch eine Übertragung des Stimmrechts dar.[242]

Den lediglich dinglich Berechtigten hingegen steht kein Stimmrecht zu. Ist ein Wohnungseigentum mit einem **Nießbrauch** belastet, ist dennoch ausschließlich der Wohnungseigentümer Stimmrechtsinhaber. Dem Nießbrauchsberechtigten steht kein Stimmrecht zu.[243] Gleiches gilt für den **Wohnungsberechtigten** im Sinne von § 1093 BGB[244] und den **Dauerwohnberechtigten** im Sinne von § 31 WEG. Auch **Grundpfandgläubiger** (zum Beispiel Grundschuld- und Hypothekengläubiger) haben kein eigenes Stimmrecht. Gleiches gilt für nur schuldrechtlich Berechtigte (zum Beispiel Mieter oder Pächter). 729

b) Stimmkraft. Bei knappen Abstimmungsergebnissen kann die Stimmkraft entscheidend sein, da dic Stimmkraft darüber entscheidet, wie „kräftig" die von einem Wohnungseigentümer abgegebene Stimme ist bzw. wie viel die von einem Wohnungseigentümer abgegebene Stimme wert ist. Daher kann es im Einzelfall durchaus zu unterschiedlichen Abstimmungsergebnissen kommen, je nachdem, ob das Kopf-, Wert- oder Objektprinzip zur Anwendung kommt. In diesem Zusammenhang stellt sich die Frage, ob ein in der Teilungserklärung mit Gemeinschaftsordnung vereinbartes Kopf- oder Wertprinzip bei Beschlüssen gemäß §§ 12 Abs. 4 Satz 1, 16 Abs. 3 und Abs. 4, 22 Abs. 2 Satz 1 und 26 Abs. 1 WEG auch dann uneingeschränkt anzuwenden ist, wenn sich bei Anwendung des in § 25 Abs. 2 Satz 1 WEG vereinbarten Kopfprinzips ein anderes Beschlussergebnis ergeben würde. Dieses im Zuge der Novellierung des Wohnungseigentumsgesetzes erneut zur Diskussion gestellte Problem wird nachfolgend unter der Rn. 750 ausführlich erörtert. 730

Bei der Stimmkraft ist wie folgt zu unterscheiden: 731

aa) Kopfprinzip. Ist nichts anderes vereinbart, gilt gemäß § 25 Abs. 2 Satz 1 WEG das **Kopfprinzip,** das heißt jeder „Kopf" hat eine Stimme.[245] Dabei spielen weder die Größe der Wohnung und die Höhe des Miteigentumsanteils noch die Anzahl der Wohnungen eines Wohnungseigentümers eine Rolle. Dadurch soll ein Stimmengleichgewicht gewährleistet sein. Der Eigentümer einer 100 m² großen Wohnung hat somit dieselbe Stimmkraft wie der Eigentümer einer 40 m² großen Wohnung. Gleiches gilt hinsichtlich der Miteigentumsanteile; der Eigentümer einer Wohnung mit einem Miteigentumsanteil von 80/1000 hat dieselbe Stimmkraft wie der Eigentümer eines Kfz-Stellplatzes mit einem Miteigentumsanteil von 2/1000. Auch der Eigentümer von vier Wohnungen in einer Wohnanlage hat dieselbe Stimmkraft wie der Eigentümer von nur einer Wohnung. 732

Gilt bei einer Wohnungseigentümergemeinschaft das Kopfprinzip und ist ein Mitglied der Wohnungseigentümergemeinschaft beispielsweise Eigentümer von vier Einheiten, mit der Folge, dass er gemäß § 25 Abs. 2 Satz 1 WEG dennoch nur eine Stimme hat, kommt es im Falle der Veräußerung einer Einheit an eine Person, die bisher nicht Mitglied der Wohnungseigentümergemeinschaft war, zu einer **Stimmrechtsvermehrung,** da dem Veräußerer als Eigentümer von immerhin noch drei Einheiten nach wie vor eine Stimme und dem Erwerber für die von ihm erworbene Einheit nun ebenfalls eine Stimme zusteht. Die übrigen Mitglieder der Wohnungseigentümergemeinschaft haben dies hinzunehmen.[246] Dies gilt auch, wenn an einen Angehörigen oder Ehegatten veräußert wird, um in den Eigentümerversammlungen eine größere Stimmkraft zu besitzen.[247] Auch die Untertei- 733

---

[242] KG NJW-RR 1995, 147; KG ZWE 2005, 107; BayObLG NZM 2002, 300.

[243] BGH NJW 2002, 1647; OLG Hamburg ZMR 2003, 701.

[244] BayObLG ZMR 1998, 708; offen gelassen von BGH ZMR 2002, 440; a. A. BGH MDR 1977, 299.

[245] BGHZ 49, 250; BayObLG NJW-RR 1986, 566; OLG Düsseldorf ZMR 2004, 696.

[246] OLG München NZM 2007, 45; BayObLG ZMR 2002, 527; KG NZM 2000, 671.

[247] OLG München NZM 2007, 45.

lung einer Sondereigentumseinheit in zwei gesonderte, rechtlich selbstständige Sondereigentumseinheiten führt grundsätzlich zu einer Stimmrechtsvermehrung, wenn sodann die zwei Sondereigentumseinheiten im Eigentum verschiedener Personen stehen.[248] Um jedoch die Stimmkraft der übrigen Mitglieder der Wohnungseigentümergemeinschaft nicht nachteilig zu beeinträchtigen, kommt es in diesem Fall nur dann zu einer Stimmrechtsvermehrung, wenn die übrigen Mitglieder der Wohnungseigentümergemeinschaft der Teilung der Sondereigentumseinheit und der anschließenden Weiterveräußerung einer der beiden neu gebildeten Sondereigentumseinheiten zugestimmt haben.[249] Werden hingegen zwei oder mehrere Sondereigentumseinheiten zu einer einzigen Sondereigentumseinheit vereinigt, kann es zu einer **Stimmrechtsverminderung** kommen. Da die übrigen Mitglieder der Wohnungseigentümergemeinschaft hierdurch nicht nachteilig beeinträchtigt werden, ist deren Zustimmung hierzu nicht erforderlich.

734 *bb) Wertprinzip.* § 25 Abs. 2 Satz 1 WEG ist **abdingbar,** das heißt es kann eine von § 25 Abs. 2 Satz 1 WEG abweichende Stimmkraft vereinbart werden. Dies ist nur durch eine Vereinbarung im Sinne von § 10 Abs. 3 WEG möglich. Durch einen Mehrheitsbeschluss hingegen kann das in § 25 Abs. 2 Satz 1 WEG gesetzlich geregelte Kopfprinzip nicht auf Dauer abgeändert werden, da solch ein gesetzesändernder Mehrheitsbeschluss nichtig wäre,[250] es sei denn, die Teilungserklärung mit Gemeinschaftsordnung enthält hierfür eine so genannte Öffnungsklausel.

735 So kann das **Wertprinzip** vereinbart werden. Beim Wertprinzip richtet sich die Stimmkraft nach der Größe der in den Wohnungs- und Teileigentumsgrundbüchern eingetragenen Miteigentumsanteile. Auch wenn dadurch die Gefahr besteht, dass ein Eigentümer von mehreren Wohnungen bei Geltung des Wertprinzips ein Stimmenübergewicht erhalten könnte, kann dieses wirksam vereinbart werden, da dieser Eigentümer gemäß § 16 Abs. 2 WEG schließlich auch entsprechend hohe Kosten und Lasten zu tragen hat.[251] Unterteilungen oder Zusammenlegungen von Sondereigentumseinheiten wirken sich beim Wertprinzip auf die Stimmkraft nicht aus, da sich hierdurch an der Summe der Miteigentumsanteile nichts ändert; vielmehr verteilt sich ein bestimmter Miteigentumsanteil lediglich anders als zuvor.

736 Ist das Wertprinzip vereinbart und wird das Abstimmungsergebnis dennoch nach dem Kopfprinzip ermittelt, bleibt dies folgenlos, wenn feststeht, dass bei Anwendung beider Prinzipien dasselbe Beschlussergebnis erreicht worden ist.[252]

737 *cc) Objektprinzip.* Ferner kann infolge der Abdingbarkeit von § 25 Abs. 2 Satz 1 WEG das **Objektprinzip** vereinbart werden. Beim Objektprinzip kommt jeder Einheit, sei es Sonder- oder Teileigentumseinheit, eine Stimme zu. Ist ein Mitglied der Wohnungseigentümergemeinschaft Eigentümer einer Wohnung und eines Kfz-Stellplatzes, so hat dieser Eigentümer zwei Stimmen.[253]

738 Auch hier kann es bei der Unterteilung einer Sondereigentumseinheit in zwei rechtlich eigen- und selbstständige Sondereigentumseinheiten zu einer **Stimmenvermehrung** kommen, da aus einer Einheit (= eine Stimme) zwei Einheiten (= zwei Stimmen) werden,[254] sofern dies bereits vorab vereinbart worden ist (zum Beispiel in der Teilungserklärung mit Gemeinschaftsordnung).

739 Fehlt es an einer entsprechenden Vereinbarung, bleibt es bei dieser einen Stimme für die ursprünglich ungeteilte Sondereigentumseinheit. Hat der teilende Eigentümer noch keine der beiden Einheiten veräußert, wird das zuvor auf die ungeteilte Einheit entfal-

---

[248] OLG Düsseldorf WuM 2004, 230.
[249] BGH NJW 1979, 870; OLG Stuttgart WuM 2004, 734.
[250] BGH NJW 2000, 3500.
[251] BayObLG NJW-RR 1986, 566; OLG Saarbrücken WE 1998, 69.
[252] BayObLG WE 1990, 140.
[253] BGH NJW 2002, 3704; BGH NJW 1989, 1087; BayObLG ZMR 2001, 366.
[254] OLG Düsseldorf WuM 2004, 230.

lende Stimmrecht entsprechend der Zahl der neu entstandenen Einheiten nach Bruchteilen aufgespalten und diesen zugewiesen.[255] Wird sodann eine der beiden Einheiten veräußert, haben Käufer und Verkäufer jeweils eine halbe Stimme.[256] Eine analoge Anwendung von § 25 Abs. 2 Satz 2 WEG dahingehend, dass der Käufer und der Verkäufer das Stimmrecht nur gemeinschaftlich ausüben können,[257] scheidet aus. Da der Käufer einerseits und der Verkäufer andererseits Eigentümer von rechtlich selbstständigen Sondereigentumseinheiten sind, bilden sie keine Rechtsgemeinschaft im Sinne von § 25 Abs. 2 Satz 2 WEG.[258] Für den Erwerber von einer der beiden Einheiten dürfte es nicht einzusehen und nachvollziehbar sein, warum er sich trotz des Erwerbs einer rechtlich eigen- und selbstständigen Sondereigentumseinheit bei der Abstimmung in den Wohnungseigentümerversammlungen mit dem Eigentümer der „zweiten Hälfte" der früher ungeteilten Einheit abstimmen muss, um das Stimmrecht gemeinschaftlich ausüben zu können.

c) Die Ausübung des Stimmrechts. Das Stimmrecht wird ausgeübt, indem sich der Ei- 740
gentümer hiermit an der Abstimmung beteiligt. Dies kann je nach beschlossenem oder vereinbartem Abstimmungsmodus durch Zuruf, Handheben oder durch Abgabe eines Stimmzettels erfolgen. Das Stimmrecht wird vom Stimmrechtsinhaber (= Eigentümer, werdender Eigentümer oder Dritter als Stimmrechtsinhaber kraft Gesetzes) oder dessen rechtsgeschäftlichen Vertreter ausgeübt. Bei Geschäftsunfähigen wird das Stimmrecht durch deren gesetzlichen Vertreter ausgeübt, das heißt bei minderjährigen Kindern durch die Eltern (§§ 1626, 1629 BGB) und bei betreuungsbedürftigen Personen durch den Betreuer (§ 1902 BGB). Ist eine juristische Person Eigentümerin einer Einheit, wird deren Stimmrecht durch den gesetzlichen Vertreter ausgeübt (siehe §§ 35 GmbHG, 78 AktG, 26 Abs. 2 BGB). Bei einer BGB-Gesellschaft oder Personenhandelsgesellschaft wird das Stimmrecht der Gesellschaft von den Gesellschaftern ausgeübt.

Besonderheiten sind zu beachten, wenn das Stimmrecht durch einen Vertreter auf- 741
grund **rechtsgeschäftlicher Bevollmächtigung** ausgeübt wird. In diesem Fall muss darauf geachtet werden, dass eine wirksame Bevollmächtigung vorliegt, die gegebenenfalls auch den in der Teilungserklärung mit Gemeinschaftsordnung vereinbarten Anforderungen entspricht (zum Beispiel Schriftformerfordernis oder notarielle Beglaubigung), ob es sich bei dem Bevollmächtigten um einen nach der Teilungserklärung mit Gemeinschaftsordnung zulässigen Vertreter handelt (so genannte Vertretungsbeschränkungen), ob die vorgelegte Vollmacht auch tatsächlich für die konkrete Eigentümerversammlung ausgestellt worden ist, ob der Vollmachtsgeber und/oder gegebenenfalls der Bevollmächtigte, sofern er ebenfalls Wohnungseigentümer ist, möglicherweise einem Stimmrechtsverbot unterliegen etc. Existiert eine Vereinbarung, wonach das Stimmrecht eines nicht anwesenden oder anderweitig vertretenen Wohnungseigentümers automatisch vom Verwalter ausgeübt wird, ist dies ebenfalls vom Versammlungsleiter zu berücksichtigen, da solch eine Vereinbarung zulässig ist.[259]

Des Weiteren kann bei so genannten **Mehrhausanlagen** die Besonderheit bestehen, 742
dass die Eigentümer ihr Stimmrecht nur bei solchen Beschlussgegenständen ausüben dürfen, die einen Zusammenhang zu dem Gebäude aufweisen, in welchem sich die in ihrem Eigentum stehende Einheit befindet. Hierzu bedarf es jedoch einer ausdrücklichen Vereinbarung, zum Beispiel in der Teilungserklärung mit Gemeinschaftsordnung. Allein die vereinbarte wirtschaftliche Trennung der einzelnen Gebäude wird hierfür als ausreichend erachtet. Ist also beispielsweise in der Teilungserklärung mit Gemeinschaftsord-

---

[255] BGH NJW 2004, 3413; KG NZM 2004, 549; OLG Hamm ZWE 2002, 489.

[256] KG NZM 1999, 850; OLG Hamm ZWE 2002, 489.

[257] So BayObLG NJW-RR 1991, 910; OLG Braunschweig MDR 1976, 1023; OLG Köln DWE 1992, 165.

[258] BGH NJW 2004, 3413; KG NZM 1999, 850.

[259] OLG Frankfurt OLGZ 1986, 45; OLG Düsseldorf ZWE 2000, 538; OLG Düsseldorf ZMR 2003, 766.

nung vereinbart, dass sämtliche Kosten und Lasten, die ausschließlich das Haus A betreffen, nur von den Eigentümern von Einheiten im Haus A zu tragen sind und die Kosten und Lasten, die ausschließlich das Haus B betreffen, nur von den Eigentümern von Einheiten im Haus B zu tragen sind, ist damit infolge der Gruppenbetroffenheit zugleich auch vereinbart, dass nur die Eigentümer von Einheiten im Haus A das Stimmrecht für die Angelegenheiten von Haus A ausüben und nur die Eigentümer von Einheiten im Haus B das Stimmrecht für die Angelegenheiten von Haus B ausüben (so genanntes **Blockstimmrecht**).[260] Erst Recht besteht solch ein Blockstimmrecht, wenn dies sogar ausdrücklich vereinbart ist, wenn also zum Beispiel in der Teilungserklärung mit Gemeinschaftsordnung vereinbart ist, dass über Angelegenheiten des Hauses A nur die Eigentümer von Einheiten im Haus A abstimmen dürfen und über Angelegenheiten des Hauses B nur die Eigentümer von Einheiten im Haus B. Fehlt es jedoch an einer ausdrücklichen oder zumindest konkludenten Vereinbarung, besteht kein Blockstimmrecht, das heißt in diesem Fall können auch die Eigentümer von Einheiten im Haus A über Angelegenheiten des Hauses B abstimmen und umgekehrt. Allein aus der Tatsache, dass es sich um eine Mehrhausanlage handelt, kann kein Blockstimmrecht begründet werden.[261]

743 Steht ein Wohnungseigentum mehreren **gemeinschaftlich** zu, können sie das Stimmrecht gemäß **§ 25 Abs. 2 Satz 2 WEG** nur einheitlich ausüben. Steht also beispielsweise eine Wohnung im gemeinschaftlichen Eigentum von Ehegatten oder Lebenspartnern, haben diese beiden Personen insgesamt nur eine Stimme. Diese eine Stimme kann nur einheitlich ausgeübt werden, das heißt die beiden Miteigentümer müssen sich bei Abgabe der Stimme darüber einig sein, ob mit „Ja" oder „Nein" gestimmt wird oder ob man sich der Stimme enthält. Sind sich die beiden Miteigentümer hingegen nicht einig und stimmt beispielsweise der Ehemann mit „Ja", während sich die Ehefrau der Stimme enthält oder gar mit „Nein" stimmt, liegt keine einheitliche Stimmrechtsausübung vor, so dass die abgegebene Stimme ungültig und vom Versammlungsleiter nicht zu berücksichtigen ist.[262] Soweit im Fall der uneinheitlichen Stimmabgabe die Auffassung vertreten wird, die uneinheitlich abgegebene Stimme sei als Enthaltung zu werten, kann dem nicht gefolgt werden. Eine Stimmenthaltung ist wie eine Ja- oder Nein-Stimme eine klare, ausdrückliche und unmissverständliche Willenserklärung. Eine uneinheitliche Stimmabgabe ist hingegen gerade nicht eine klare, eindeutige und unmissverständliche Willenserklärung, sondern eine uneinheitliche Willenserklärung. Es ist daher kein Grund ersichtlich, eine uneinheitlich abgegebene Stimme als Enthaltung zu werten.[263]

744 Ein Wohnungseigentum steht im Sinne von § 25 Abs. 2 Satz 2 WEG dann mehreren gemeinschaftlich zu, wenn am Wohnungseigentum mehrere nach Bruchteilen (vgl. § 741 BGB) berechtigt sind, sei es in Form einer **Erbengemeinschaft, ehelichen Gütergemeinschaft** oder **Bruchteilsgemeinschaft.** Bei diesen Rechtsgemeinschaften steht das Wohnungseigentum den jeweiligen Mitgliedern nur gemeinschaftlich zu, so dass das Stimmrecht nur einheitlich ausgeübt werden kann. Bei **Personenhandelsgesellschaften** (oHG, KG) greift § 25 Abs. 2 Satz 2 WEG hingegen nicht, da diese Gesellschaften gemäß § 124 Abs. 1 HGB selbstständig Eigentum erwerben können. Auf eine **Gesellschaft bürgerlichen Rechts,** die im Außenverhältnis rechtsfähig ist,[264] ist § 25 Abs. 2 Satz 2 WEG ebenfalls nicht anwendbar, sofern die Gesellschaft bürgerlichen Rechts tatsächlich als Eigentümerin der Sondereigentumseinheit eingetragen ist.[265] Gleiches gilt, wenn die teil-

[260] OLG Zweibrücken NZM 2005, 751; BayObLG ZfIR 2004, 397; OLG Köln WE 1998, 191.

[261] So auch *Jennißen/Elzer* § 25 Rn. 44.

[262] OLG Düsseldorf ZMR 2004, 53; OLG Rostock vom 12. 9. 2005 – 7 W 43/03 = juris-online.

[263] Vgl. auch *Spielbauer/Then* § 25 Rn. 13; a. A. OLG Köln NJW-RR 1986, 698; *Staudinger/Bub* § 25 Rn. 203.

[264] BGH NZM 2001, 299.

[265] Vgl. zur Eintragungsfähigkeit einer Gesellschaft bürgerlichen Rechts in das Grundbuch BGH NJW 2009, 594.

rechtsfähige Wohnungseigentümergemeinschaft als so genannter Verband Wohnungseigentum erwirbt.[266] Ist die Wohnungseigentümergemeinschaft als teilrechtsfähiger Verband im Wohnungsgrundbuch als Eigentümerin einer Wohnung eingetragen,[267] ist die Wohnungseigentümergemeinschaft als teilrechtsfähiger Verband Eigentümerin dieses Wohnungseigentums, so dass das Wohnungseigentum eben gerade nicht mehreren gemeinschaftlich zusteht. In diesem Fall wird das Stimmrecht der Wohnungseigentümergemeinschaft als Eigentümerin eines Wohnungseigentums durch den gesetzlichen Vertreter ausgeübt, das heißt in der Regel durch den Verwalter, § 27 Abs. 3 WEG.

Problematisch kann die Stimmrechtsausübung für eine **Bruchteilsgemeinschaft** werden. Dies soll an folgendem Beispiel verdeutlicht werden: Eine in Wohnungseigentum aufgeteilte Wohnanlage verfügt über eine Tiefgarage mit 50 Kfz-Stellplätzen. Jeder Stellplatz wird durch eine andere Person genutzt, das heißt es gibt insgesamt 50 Stellplatznutzer. Die gesamte Tiefgarage stellt laut Teilungserklärung eine gesonderte Teileigentumseinheit laut Aufteilungsplan dar. In diesem Fall bilden die 50 Stellplatznutzer die Bruchteilsgemeinschaft „Tiefgarage". Die Teileigentumseinheit „Tiefgarage" steht also mehreren gemeinschaftlich zu, nämlich den 50 Nutzern. Das auf die Teileigentumseinheit „Tiefgarage" entfallende Stimmrecht kann gemäß § 25 Abs. 2 Satz 2 WEG nur einheitlich ausgeübt werden, das heißt nur von den 50 Nutzern gemeinsam und einheitlich. Bei 50 Mitgliedern der Bruchteilsgemeinschaft „Tiefgarage" erscheint dies grundsätzlich unmöglich, da entweder nicht sämtliche Stellplatznutzer in der Eigentümerversammlung anwesend bzw. vertreten sind oder nicht alle 50 Stellplatznutzer einheitlicher Meinung sind. Um dieses Problem in den Griff zu bekommen und damit das Stimmrecht der Teileigentumseinheit „Tiefgarage" ausgeübt werden kann und nicht per se verloren ist, empfiehlt sich die Vereinbarung einer Miteigentümerordnung für die Bruchteilsgemeinschaft „Tiefgarage". In dieser Miteigentümerordnung wäre sinnvollerweise zu regeln, dass die Mitglieder der Bruchteilsgemeinschaft „Tiefgarage" in ihrer eigenen Bruchteilsversammlung durch einfachen Mehrheitsbeschluss darüber befinden, wie und durch wen das Stimmrecht der Teileigentumseinheit „Tiefgarage" in der Wohnungseigentümerversammlung ausgeübt wird. In dieser gesonderten Versammlung der Bruchteilsgemeinschaft „Tiefgarage", die sinnvollerweise zeitlich vor der Wohnungseigentümerversammlung stattfinden sollte, würden die Mitglieder der Bruchteilsgemeinschaft „Tiefgarage", das heißt die Stellplatznutzer mehrheitlich festlegen, wie in der Wohnungseigentümerversammlung bei den einzelnen Tagesordnungspunkten abgestimmt und durch wen das Stimmrecht der Teileigentumseinheit „Tiefgarage" ausgeübt werden soll. Leider existieren jedoch häufig keine derartigen Miteigentümerordnungen. In diesem Fall könnte das Stimmrecht der Teileigentumseinheit „Tiefgarage" gemäß § 25 Abs. 2 Satz 2 WEG grundsätzlich nur dann wirksam ausgeübt werden, wenn alle 50 Stellplatznutzer an der Wohnungseigentümerversammlung teilnehmen und einheitlich abstimmen würden. Da dies kaum gelingen dürfte und somit das Stimmrecht der Bruchteilsgemeinschaft überhaupt nicht ausgeübt werden könnte, soll es bereits ausreichen, wenn beispielsweise nur ein Mitglied der Bruchteilsgemeinschaft „Tiefgarage" an der Wohnungseigentümerversammlung teilnimmt und sich an der Abstimmung beteiligt. Sollte der Abstimmende dabei nicht ohnehin ausdrücklich erklären, dass er die Stimme sowohl im eigenen Namen als auch im Namen der übrigen Mitglieder der Bruchteilsgemeinschaft abgibt, so dass die Voraussetzungen von § 164 Abs. 1 Satz 1 BGB erfüllt wären, darf der Versammlungsleiter gemäß § 164 Abs. 1 Satz 2 BGB dennoch annehmen, dass der Abstimmende die Stimme nicht nur im eigenen Namen abgibt, sondern auch im Namen der übrigen Mitglieder der Bruchteilsgemeinschaft. Für alle Beteiligten einer Wohnungseigentümerversammlung ist hinreichend klar ersichtlich, dass ein anwesender Miteigentümer eines Wohnungs- oder Teileigentums, das mehreren gemeinschaftlich zusteht, in der Regel sei- 745

[266] OLG Celle NJW 2008, 1537.
[267] Vgl. BGH NJW 2005, 2061.

ne Stimme nicht nur für sich, sondern auch für die übrigen Miteigentümer dieses Wohnungs- oder Teileigentums ausübt. Anderenfalls wäre seine Stimmabgabe zwecklos, da unwirksam bezüglich eines in Rede stehenden Beschlusses bzw. wirkungslos bezüglich einer zu treffenden einstimmigen Vereinbarung. Davon, dass ein anwesender Miteigentümer eines Wohnungs- oder Teileigentums eine unwirksame bzw. wirkungslose Stimme abgeben will, können die übrigen Beteiligten schlechterdings nicht ausgehen. Deshalb kann der Versammlungsleiter eine schriftliche Vollmacht auch nur in Zweifelsfällen verlangen. In der Regel ist er nicht gehalten, bei der Abgabe der Stimme durch einen Mitberechtigten dessen Ermächtigung anzuzweifeln und zu prüfen.[268] Anderes erscheint auch wenig praktikabel.[269] Bestehen jedoch Zweifel an der Bevollmächtigung durch die übrigen Mitglieder der Bruchteilsgemeinschaft und kann eine Vollmacht nicht vorgelegt werden, ist die Stimmabgabe hingegen ungültig, da das Stimmrecht nicht einheitlich im Sinne von § 25 Abs. 2 Satz 2 WEG ausgeübt worden ist.[270] Hilfreich kann in diesem Zusammenhang auch eine Vereinbarung (zum Beispiel in der Teilungserklärung mit Gemeinschaftsordnung) sein, dass mehrere Mitberechtigte eines Wohnungseigentums gegenseitig als bevollmächtigt gelten. Auch ohne ausdrückliche Vereinbarung gelten zumindest Ehegatten stets als jeweils einzeln berechtigt, das gemeinschaftliche Stimmrecht auszuüben (**vermutete Bevollmächtigung**).[271] Ferner kann vereinbart werden, dass Mitberechtigte im Sinne von § 25 Abs. 2 Satz 2 WEG verpflichtet sind, einen gemeinsamen Vertreter zu benennen,[272] der von den Mitberechtigten durch Mehrheitsbeschluss im Sinne von § 745 Abs. 1 BGB zu bestimmen wäre.[273]

746 Steht das Stimmrecht gemäß § 25 Abs. 2 Satz 2 WEG mehreren gemeinschaftlich zu und gilt das Kopfprinzip im Sinne von § 25 Abs. 2 Satz 1 WEG, bilden die Mitberechtigten im Sinne von § 25 Abs. 2 Satz 2 WEG „einen Kopf". Ist ein Mitberechtigter eines Wohnungseigentums zugleich auch noch Alleineigentümer eines weiteren Wohnungseigentums in derselben Wohnanlage, bildet er insoweit einen „eigenen Kopf" im Sinne von § 25 Abs. 2 Satz 1 WEG. Beispiel: In einer Wohnanlage mit 20 Wohneinheiten steht die Wohnung Nr. 1 im Eigentum der Ehegatten A und B und die Wohnung Nr. 2 im Alleineigentum des Ehegatten B; in diesem Fall bilden die Ehegatten A und B hinsichtlich der Wohnung Nr. 1 „einen Kopf" im Sinne von § 25 Abs. 2 Satz 1 WEG und der Ehegatte B hinsichtlich der Wohnung Nr. 2 einen weiteren Kopf. Unerheblich ist dabei, in welchem Verhältnis Miteigentum an dem Wohnungseigentum Nr. 1 besteht. Grundsätzlich steht nach dem Kopfprinzip jeder Rechtsgemeinschaft, die nicht personenidentisch mit anderen Wohnungseigentümern ist, jeweils ein eigenes Stimmrecht zu, das intern gemäß § 25 Abs. 2 Satz 2 WEG nur einheitlich ausgeübt werden kann. Daher kommt auch zu dem Stimmrecht, das für einen Wohnungseigentümer durch eine Alleinberechtigung an einem Wohnungseigentum begründet wird, ein weiteres Stimmrecht hinzu, das an einem weiteren Wohnungseigentum besteht, welches im Eigentum einer Gesellschaft bürgerlichen Rechts steht und welcher auch der alleinberechtigte Wohnungseigentümer angehört. Von dieser generellen Regelung ist auch unter dem Aspekt rechtsmissbräuchlichen Verhaltens keine Ausnahme zu machen, wenn ein Wohnungseigentümer bezüglich einer weiteren Wohnung zu mehr als der Hälfte (zum Beispiel zu 90%) beteiligt ist und dort nach internem Gemeinschaftsrecht regelmäßig seinen Willen durchsetzen kann.[274]

---

[268] BayObLG NJW-RR 1994, 1236; OLG Düsseldorf ZMR 2004, 53; OLG Rostock vom 12. 9. 2005 – 7 W 43/03 = juris-online.

[269] BayObLG NJW-RR 1994, 1236; OLG Rostock vom 12. 9. 2005 – 7 W 43/03.

[270] Vgl. BayObLG NJW-RR 1994, 1236.

[271] BayObLG ZMR 2002, 61.

[272] BayObLG ZMR 2003, 519; OLG Köln NJW-RR 2002, 519.

[273] BayObLG NJW-RR 1994, 1236; BayObLG NZM 1999, 859; OLG Düsseldorf ZMR 2004, 53.

[274] OLG Dresden ZMR 2005, 894.

d) Rechtsfolgen bei Verstößen. Verstöße gegen § 25 Abs. 2 WEG führen „lediglich" zu einem **formellen Fehler,** das heißt die trotz des formellen Fehlers gefassten Eigentümerbeschlüsse sind nicht nichtig, sondern „nur" anfechtbar. Ferner muss der formelle Fehler für das Beschlussergebnis kausal geworden sein, das heißt die Anfechtung kann dann mit Erfolg auf den formellen Fehler gestützt werden, wenn sich der formelle Fehler auf das Ergebnis der Beschlussfassung zumindest ausgewirkt haben könnte. Insoweit gilt grundsätzlich die Vermutung der Kausalität (vgl. ausführlich hierzu Rn. 624 und 843). Hinsichtlich § 25 Abs. 2 WEG sind folgende Verstöße denkbar: 747

- Der Inhaber eines Stimmrechts wird versehentlich nicht zur Eigentümerversammlung zugelassen, weil der Versammlungsleiter fälschlicherweise annimmt, er sei nicht Stimmrechtsinhaber. Dieser Verstoß führt nur zur Anfechtbarkeit der in der Eigentümerversammlung gefassten Beschlüsse, jedoch mit hohen Erfolgsaussichten, da im Falle einer hierauf gestützten Beschlussanfechtungsklage die Beklagten wohl kaum den Nachweis erbringen dürften, dass selbst bei einer Teilnahme der zu Unrecht ausgeschlossenen Person die Eigentümerbeschlüsse mit den gleichen Inhalten gefasst worden wären.[275] Dieser formelle Fehler kann also allenfalls nur dann nicht mit Erfolg geltend gemacht werden, wenn mit absoluter Sicherheit feststeht, dass der angefochtene Eigentümerbeschluss auch ohne den formellen Fehler inhaltsgleich zustande gekommen wäre.[276] Im Falle eines vorsätzlichen Ausschlusses von der Wohnungseigentümerversammlung und der Stimmrechtsausübung kann dieser formelle Fehler sogar zur Nichtigkeit der in dieser Eigentümerversammlung gefassten Beschlüsse führen.[277] 748
- Beteiligt sich eine Person bei der Abstimmung, ohne Stimmrechtsinhaber zu sein, so kann dieser formelle Fehler nur dann mit Erfolg geltend gemacht werden, wenn sich die zu Unrecht abgegebene Stimme auf das Beschlussergebnis ausgewirkt hat. 749
- Wird bei der Ermittlung des Abstimmungsergebnisses abweichend von § 25 Abs. 2 Satz 1 WEG (= Kopfprinzip) oder dem in der Teilungserklärung mit Gemeinschaftsordnung vereinbarten Prinzip (= Wert- oder Objektprinzip) ein anderes Prinzip angewendet, kann dieser formelle Fehler nur dann mit Erfolg geltend gemacht werden, wenn sich bei Anwendung des zutreffenden Prinzips ein anderes Beschlussergebnis ergeben würde, als dies bei Anwendung des falschen Prinzips der Fall war. 750

  In diesem Zusammenhang stellt sich folgendes Problem: Da § 25 Abs. 2 Satz 1 WEG abdingbar ist und anstelle des Kopfprinzips das Wert- oder Objektprinzip vereinbart werden kann, stellt sich die Frage, ob eine von § 25 Abs. 2 Satz 1 WEG abweichende Vereinbarung einen Verstoß begründen kann, wenn sich bei Anwendung des gesetzlich geregelten Kopfprinzips ein anderes Beschlussergebnis ergeben würde als bei Anwendung des vereinbarten Wert- oder Objektprinzips und der Beschluss einen Gegenstand zum Inhalt hat, der gesetzlich unabdingbar ist. Mit anderen Worten: Gilt die vereinbarte Veränderung der Stimmkraft auch für solche Beschlussgegenstände, die aufgrund der gesetzlichen Regelung nicht eingeschränkt oder ausgeschlossen werden dürfen? In Betracht kommen hierbei die Aufhebung der Veräußerungsbeschränkung gemäß § 12 Abs. 4 Satz 1 WEG, die Änderung von Kostenverteilungsschlüsseln gemäß § 16 Abs. 3 und Abs. 4 WEG, die Beschlussfassung über Modernisierungsmaßnahmen gemäß § 22 Abs. 2 Satz 1 WEG und die Verwalterbestellung gemäß § 26 Abs. 1 WEG, da diese Gegenstände gemäß §§ 12 Abs. 4 Satz 2, 16 Abs. 5, 22 Abs. 2 Satz 2 und 26 Abs. 1 Satz 5 WEG nicht eingeschränkt oder ausgeschlossen werden dürfen. Da es im Einzelfall vorkommen kann, dass bei Anwendung des vereinbarten Objekt- oder Wertprinzips kein positives Beschlussergebnis zustande kommt, während bei Anwendung des gesetzlich in § 25 Abs. 2 Satz 1 WEG geregelten Kopfprinzips ein positives Beschlussergebnis vorlie- 751

---

[275] OLG Köln ZMR 2002, 466; OLG Köln NZM 2000, 1017; BayObLG ZMR 1999, 574.

[276] BayObLG ZWE 2002, 469; BayObLG NJW-RR 1990, 784.

[277] BayObLG WuM 2005, 145; OLG Köln ZMR 2004, 299; OLG Zweibrücken ZMR 2004, 60; OLG Celle NZM 2002, 458.

gen würde, stellt sich die Frage, ob in diesen Fällen das vereinbarte Wert- oder Objektprinzip eine unzulässige Einschränkung im Sinne von §§ 12 Abs. 4 Satz 2, 16 Abs. 5, 22 Abs. 2 Satz 2 und 26 Abs. 1 Satz 5 WEG darstellen könnte. *Merle* vertritt insoweit die Auffassung, bei Beschlüssen nach den §§ 12 Abs. 4, 16 Abs. 3 und Abs. 4, 22 Abs. 2 und 26 Abs. 1 WEG liege dann ein positives Beschlussergebnis vor, wenn entweder nach dem abweichend von § 25 Abs. 2 Satz 1 WEG vereinbarten Wert- oder Objektprinzip oder nach dem gesetzlichen Kopfprinzip des § 25 Abs. 2 Satz 1 WEG die erforderliche Mehrheit zustande gekommen ist. Laut *Merle* hat der Versammlungsleiter in solchen Fällen das Abstimmungsergebnis sowohl an dem Kopfprinzip als auch an dem vereinbarten Wert- oder Objektprinzip zu messen. Ist nach einem der Prinzipien ein positives Beschlussergebnis festzustellen, ist dies laut *Merle* als Beschluss zu verkünden.[278] Dem kann nicht zugestimmt werden. Für Modernisierungsbeschlüsse im Sinne von § 22 Abs. 2 Satz 1 WEG sowie Beschlüsse über die Änderung des Kostenverteilungsschlüssels für Einzelfallmaßnahmen der Instandhaltung, Instandsetzung, Modernisierung und baulichen Veränderungen im Sinne von § 16 Abs. 4 WEG dürfte sich diese Frage schon deshalb nicht stellen, da hierfür ohnehin jeweils die doppelte qualifizierte Mehrheit benötigt wird, das heißt hierfür ist ohnehin eine Mehrheit von ¾ aller stimmberechtigten Wohnungseigentümer im Sinne des § 25 Abs. 2 WEG und mehr als der Hälfte aller Miteigentumsanteile erforderlich. Da in den §§ 16 Abs. 4 Satz 2, 22 Abs. 2 Satz 1 WEG auf § 25 Abs. 2 WEG verwiesen wird, ist insoweit ohnehin das Kopfprinzip anzuwenden, unabhängig davon, welche Stimmrechtsregelung in der Teilungserklärung mit Gemeinschaftsordnung vereinbart ist.[279] Somit kommt bei Modernisierungsbeschlüssen im Sinne von § 22 Abs. 2 Satz 1 WEG und Beschlüssen über die Änderung des Kostenverteilungsschlüssels im Sinne von § 16 Abs. 4 Satz 1 WEG ohnehin das Kopfprinzip zur Anwendung, selbst wenn in der Teilungserklärung mit Gemeinschaftsordnung das Wert- oder Objektprinzip vereinbart sein sollte. Für die Bestellung oder Abberufung des Verwalters im Sinne von § 26 Abs. 1 WEG ist höchstrichterlich geklärt, dass es keine unzulässige Beschränkung der Bestellung oder Abberufung des Verwalters darstellt, wenn hierüber aufgrund wirksamer Vereinbarung nicht nach dem Kopf- sondern nach dem Wert- oder Objektprinzip abzustimmen ist.[280] Zwar sieht § 25 Abs. 2 Satz 1 WEG vor, dass jedem Wohnungseigentümer eine Stimme zusteht. Abweichungen von diesem Kopfprinzip können jedoch vereinbart werden, das heißt durch Vereinbarung kann das Wert- oder Objektprinzip eingeführt werden.[281] Die mit dem Wert- oder Objektprinzip zwar verbundene Gefahr einer Majorisierung der Mehrzahl durch einen Wohnungseigentümer oder eine kleine Gruppe von Wohnungseigentümern[282] macht diese von § 25 Abs. 2 Satz 1 WEG abweichende Vereinbarung jedoch nicht unzulässig, weil für die betroffenen Wohnungseigentümer durch Erhebung einer Anfechtungsklage ein ausreichender Schutz vor missbräuchlicher Stimmrechtsabgabe besteht.[283] Ist über die Bestellung oder Abberufung des Verwalters zu entscheiden, so stellt eine vereinbarte Abweichung vom Kopfprinzip keine nach § 26 Abs. 1 Satz 5 WEG unzulässige Beschränkung der Wohnungseigentümer dar.[284] Dies folgt aus dem Zweck der Vorschrift, eine Bevormundung der Wohnungseigentümer durch Außenstehende zu verhindern.[285] Der Regelung in § 26 Abs. 1 Satz 5 WEG kann daher nichts für die Beantwortung der Frage entnommen werden, mit welcher Stimmkraft die Wohnungseigentümer bei der

---

[278] *Merle* ZWE 2009, 15.
[279] *Jennißen/Jennißen* § 16 Rn. 52; *Spielbauer/Then* § 16 Rn. 66; *Bärmann/Becker* § 16 Rn. 128 f.
[280] BGH NZM 2002, 995.
[281] Vgl. BayObLG WuM 1989, 527; BayObLG ZMR 2001, 366.
[282] Vgl. OLG Zweibrücken OLGZ 1990, 186.
[283] KG OLGZ 1994, 389.
[284] BGH NZM 2002, 995; OLG Hamm OLGZ 1978, 184; OLG Frankfurt a. M. Rpfleger 1978, 415; OLG Zweibrücken OLGZ 1990, 186.
[285] BGH NZM 2002, 995; BGH NZM 2002, 788.

Bestellung oder Abberufung des Verwalters teilnehmen. § 26 Abs. 1 Satz 5 WEG steht daher einer vom Kopfprinzip abweichenden Abstimmung nach dem Wert- oder Objektprinzip nicht entgegen.[286] Auch den §§ 12 Abs. 4 Satz 2, 16 Abs. 5 WEG kann an keiner Stelle entnommen werden, mit welcher Stimmkraft die Wohnungseigentümer bei der Aufhebung der Veräußerungsbeschränkung gemäß § 12 Abs. 4 Satz 1 WEG und bei der Änderung des Kostenverteilungsschlüssels gemäß § 16 Abs. 3 WEG teilnehmen dürfen bzw. teilzunehmen haben. Entsprechend der Entscheidung des BGH zur Bestellung und Abberufung des Verwalters[287] stehen auch die §§ 12 Abs. 4 Satz 2, 16 Abs. 5 WEG einer vom Kopfprinzip abweichenden Abstimmung nach dem Wert- oder Objektprinzip nicht entgegen. Wäre vom Gesetzgeber insoweit eine von der Rechtsprechung des BGH zur Bestellung und Abberufung des Verwalters[288] abweichende Rechtslage beabsichtigt gewesen, hätte dies in §§ 12 Abs. 4 Satz 1, 16 Abs. 3 WEG klargestellt werden können/müssen, indem jeweils im Anschluss an den Begriff *„Stimmenmehrheit"* jeweils *„im Sinne von § 25 Abs. 2 WEG"* eingefügt worden wäre. Dies ist jedoch in Kenntnis der Rechtsprechung des BGH zur Bestellung und Abberufung des Verwalters eben gerade nicht geschehen, so dass die Entscheidung des BGH zur Bestellung und Abberufung des Verwalters auch auf Beschlüsse nach §§ 12 Abs. 4 Satz 1, 16 Abs. 3 WEG anzuwenden ist. Somit bleibt im Ergebnis festzuhalten, dass nach der hier vertretenen Auffassung bei Beschlüssen nach §§ 12 Abs. 4 Satz 1, 16 Abs. 3, 26 Abs. 1 WEG die Anwendung des in der Teilungserklärung mit Gemeinschaftsordnung vereinbarten Wert- oder Objektprinzips zu keinem Verstoß gegen das in § 25 Abs. 2 WEG gesetzlich geregelte Kopfprinzip führen kann.

- Üben Mitberechtigte eines Wohnungseigentums ihr Stimmrecht nicht gemäß § 25 Abs. 2 Satz 2 WEG einheitlich aus und wertet der Versammlungsleiter diese Stimmabgabe dennoch als Ja- oder Nein-Stimme, so kann dieser formelle Fehler im Rahmen einer Anfechtungsklage dann mit Erfolg geltend gemacht werden, wenn sich diese Stimme auf das Beschlussergebnis ausgewirkt haben sollte. Entsprechendes gilt, wenn der Versammlungsleiter eine von Mitberechtigten im Sinne von § 25 Abs. 2 Satz 2 WEG abgegebene Stimme nicht wertet, weil er die unzutreffende Auffassung vertritt, die Stimme sei nicht einheitlich abgegeben worden. 752

7. Stimmrechtsverbote gemäß § 25 Abs. 5 WEG

Um zu vermeiden, dass Wohnungseigentümer in bestimmten eigenen Angelegenheiten das Abstimmungs- und Beschlussergebnis zu ihren Gunsten beeinflussen könnten, besteht gemäß § 25 Abs. 5 WEG für bestimmte Fälle ein Stimmrechtsverbot für den betroffenen Eigentümer. § 25 Abs. 5 WEG regelt drei hierfür in Betracht kommende Fälle, nämlich die Vornahme eines auf die Verwaltung des gemeinschaftlichen Eigentums gerichteten Rechtsgeschäfts mit einem Wohnungseigentümer, die Einleitung oder Erledigung eines Rechtsstreits gegen einen Wohnungseigentümer oder die rechtskräftige Verurteilung des Wohnungseigentümers gemäß § 18 WEG. Das Stimmrechtsverbot gemäß § 25 Abs. 5 WEG verhindert also eine **Interessenkollision,** in welche der betroffene Wohnungseigentümer aufgrund seiner persönlichen Betroffenheit einerseits und seiner Mitgliedschaft in der Wohnungseigentümergemeinschaft andererseits ansonsten geraten könnte. Das Stimmrechtsverbot gemäß § 25 Abs. 5 WEG gilt grundsätzlich jedoch nur für die dort genannten Fälle, das heißt nicht bei jeder Interessenkollision besteht ein Stimmrechtsverbot gemäß § 25 Abs. 5 WEG. Soll beispielsweise über den Antrag eines Wohnungseigentümers zur Genehmigung einer von ihm beabsichtigten baulichen Verän- 753

---

[286] BGH NZM 2002, 995; KG OLGZ 1978, 142; KG OLGZ 1979, 29; KG NJW-RR 1986, 643; OLG Düsseldorf ZMR 1995, 604.

[287] BGH NZM 2002, 995.

[288] Vgl. BGH NZM 2002, 995.

derung abgestimmt werden, darf der betroffene Eigentümer an der Abstimmung teilnehmen, obwohl eine Interessenkollision gegeben ist und er durch seine Stimmabgabe das Abstimmungs- und Beschlussergebnis zu seinen Gunsten beeinflussen könnte.[289] Da die Zustimmung zu einer baulichen Veränderung nicht in § 25 Abs. 5 WEG erwähnt wird und auch nicht unter die dort geregelten Fälle zu subsumieren ist, besteht insoweit kein Stimmrechtsverbot für den betroffenen Eigentümer.

754 Die in § 25 Abs. 5 WEG geregelten Stimmrechtsverbote sind **abdingbar.**[290] Im Wege einer Vereinbarung (zum Beispiel in der Teilungserklärung mit Gemeinschaftsordnung) können also die in § 25 Abs. 5 WEG geregelten Stimmrechtsverbote eingeschränkt oder innerhalb der Grenzen der guten Sitten vollständig ausgeschlossen werden. Im Rahmen der rechtsgeschäftlichen Gestaltungsfreiheit sind auch Vereinbarungen denkbar, die die in § 25 Abs. 5 WEG geregelten Stimmrechtsverbote um zusätzliche Fälle erweitern. Dies ist jedoch nur in engen Grenzen möglich, da eine Erweiterung der Stimmrechtsverbote zu einem entsprechend erweiterten Stimmrechtsausschluss führt. Eine Erweiterung der Stimmrechtsverbote kommt daher also lediglich bei schwerwiegenden und schuldhaften Pflichtverletzungen in Betracht.[291] Durch Mehrheitsbeschluss können nachträglich keine Stimmrechtsverbote aufgehoben oder eingeführt werden. Ein hierauf gerichteter Mehrheitsbeschluss ist nichtig.[292]

755 a) **Vornahme eines Rechtsgeschäfts.** Gemäß § 25 Abs. 5 1. Fall WEG ist ein Wohnungseigentümer nicht stimmberechtigt, wenn die Beschlussfassung die Vornahme eines auf die Verwaltung des gemeinschaftlichen Eigentums bezüglichen Rechtsgeschäfts mit ihm betrifft. Darunter fallen einseitige, zweiseitige oder mehrseitige Rechtsgeschäfte. Erfasst sind beispielsweise also Kauf-, Werk- oder Mietverträge mit einem Wohnungseigentümer oder geschäftsähnliche Handlungen wie zum Beispiel Mahnungen oder Aufforderungen zur Zahlung von Schadensersatz statt der Leistung. Erforderlich ist jedoch stets, dass der betroffene Wohnungseigentümer an dem jeweiligen Rechtsgeschäft ein privates Sonderinteresse hat. Nimmt der Wohnungseigentümer hingegen ausschließlich mitgliedschaftliche Interessen wahr, besteht kein Stimmrechtsverbot.[293] Von Bedeutung sind dabei insbesondere folgende Beispiele aus der Rechtsprechung:

756 • Bewirbt sich ein Wohnungseigentümer für das Amt des Verwalters, ist er bei der Abstimmung über seine **Bestellung zum Verwalter** nicht gemäß § 25 Abs. 5 WEG vom Stimmrecht ausgeschlossen. Das Stimmrecht ruht nicht wegen einer Interessenkollision, weil es sich bei der Verwalterbestellung nicht um ein Rechtsgeschäft im Sinne von § 25 Abs. 5 WEG handelt. Dies gilt auch dann, wenn innerhalb eines Beschlussantrags sowohl über seine Bestellung zum Verwalter als auch über den Abschluss des Verwaltervertrags zwischen ihm und der Wohnungseigentümergemeinschaft abgestimmt wird. Zwar stellt der Abschluss eines Verwaltervertrags ein Rechtsgeschäft im Sinne von § 25 Abs. 5 WEG dar. Jedoch bildet die Verwalterbestellung den Schwerpunkt der Beschlussfassung, so dass insgesamt kein Stimmrechtsverbot besteht.[294]

757 Des Weiteren darf der Verwalter – selbst wenn er nicht Wohnungseigentümer ist – die auf ihn ausgestellten Vollmachten für seine (Weiter-)Bestellung verwenden. Die §§ 25 Abs. 5 WEG, 181 BGB stehen dem nicht entgegen. Dies gilt auch dann, wenn mit der Beschlussfassung über die erneute Bestellung zugleich über den Abschluss des Verwaltervertrags abgestimmt wird.[295]

---

[289] Vgl. BayObLG WE 1998, 75; BayObLG ZMR 2004, 209.

[290] OLG Düsseldorf NZM 1998, 523; *Bärmann/Merle* § 25 Rn. 160; *Spielbauer/Then* § 25 Rn. 26.

[291] BayObLGZ 1961, 322; KG OLGZ 1986, 179; KG WE 1994, 82.

[292] BGH NJW 2000, 3500; OLG Köln NZM 1999, 846.

[293] KG WE 1994, 335; KG FGPrax 2004, 218; KG ZMR 2005, 570; BayObLG WuM 1987, 101; *Bärmann/Merle* § 25 Rn. 116 f.

[294] BGH NJW 2002, 3704.

[295] OLG Schleswig NZM 2006, 822; OLG Hamm ZMR 2007, 63; OLG Köln NZM 2007, 334.

- Wird darüber abgestimmt, einen Wohnungseigentümer zum Mitglied des **Verwaltungsbeirats** zu bestellen, so hat der betroffene Wohnungseigentümer ein eigenes Stimmrecht. Die Bestellung der Beiratsmitglieder stellt kein Rechtsgeschäft im Sinne von § 25 Abs. 5 WEG dar.[296] 758
- Ist der Verwalter zugleich Wohnungseigentümer, unterliegt er bei der Abstimmung über seine **ordentliche Abberufung** grundsätzlich keinem Stimmrechtsverbot im Sinne von § 25 Abs. 5 WEG. So wie der Eigentümer bei seiner Bestellung zum Verwalter stimmberechtigt ist (vgl. Rn. 765), wird er folgerichtig auch bei der Beschlussfassung über seine ordentliche Abberufung aus dem Verwalteramt als stimmberechtigt angesehen, weil diese Entscheidung als Gegenstück zur Verwalterbestellung ebenfalls in Wahrnehmung mitgliedschaftlicher Interessen erfolgt und somit kein Rechtsgeschäft im Sinne von § 25 Abs. 5 WEG darstellt.[297] 759

  Da der Verwalter bei der Abstimmung über seine ordentliche Abberufung selbst dann nicht vom Stimmrecht ausgeschlossen ist, wenn er zugleich Wohnungseigentümer ist, besteht für ihn erst Recht kein Hinderungsgrund, bei der Abstimmung von Vollmachten Gebrauch zu machen.[298] Nur ein selbst von einem Stimmrechtsverbot betroffener Wohnungseigentümer ist gehindert, das Stimmrecht eines anderen Wohnungseigentümers als dessen gesetzlicher oder rechtsgeschäftlicher Vertreter auszuüben.[299] 760

  Es besteht auch dann kein Stimmrechtsverbot, wenn mit der ordentlichen Abberufung zugleich über die ordentliche Kündigung des Verwaltervertrags beschlossen wird.[300] 761
- Bei der Abstimmung über die **Abberufung** des Verwalters **aus wichtigem Grund** besteht für den Verwalter, der zugleich Wohnungseigentümer ist, ein Stimmrechtsverbot, unabhängig davon, ob zugleich auch über die fristlose Kündigung des Verwaltervertrags ebenfalls aus wichtigem Grund abgestimmt wird oder nicht. Dieses Stimmrechtsverbot ergibt sich allerdings nicht aus § 25 Abs. 5 WEG, weil die Abberufung des Verwalters ihren mitgliedschaftlichen Charakter auch dann nicht verliert, wenn sie aus wichtigem Grund erfolgt. Grund für das Stimmrechtsverbot ist vielmehr der in den §§ 712 Abs. 1, 737 BGB, 117, 127, 140 HGB zum Ausdruck kommende allgemeine Rechtsgedanke, dass das Mitglied einer Personenvereinigung nicht beteiligt sein soll, wenn über Maßnahmen zu entscheiden ist, die die Gemeinschaft ihm gegenüber aus wichtigem Grund vornehmen will.[301] 762

  Nachdem ein Stimmrechtsverbot für den Verwalter bestünde, wenn er zugleich auch Wohnungseigentümer wäre, besteht für ihn generell, also auch wenn er nicht zugleich Wohnungseigentümer ist, keine Möglichkeit, bei der Abstimmung über seine Abberufung aus wichtigem Grund von Vollmachten Gebrauch zu machen, die auf ihn ausgestellt worden sind. Ein selbst von einem Stimmrechtsverbot betroffener Wohnungseigentümer ist gehindert, das Stimmrecht eines anderen Eigentümers als dessen gesetzlicher oder rechtsgeschäftlicher Vertreter auszuüben.[302] Dies gilt für den Verwalter entsprechend, selbst wenn er nicht zugleich auch Wohnungseigentümer ist. Selbst wenn der Verwalter demnach von den auf ihn ausgestellten Vollmachten keinen Gebrauch machen darf, ist er dennoch nicht gehindert, **Untervollmachten** zu erteilen, sofern die Vollmacht dies hergibt,[303] das heißt er ist nicht gehindert, die Vollmachten auf einen Eigentümer zu übertragen, der mit ihm sympathisiert. 763

---

296 BayObLG WE 1991, 226.
297 BGH NJW 2002, 3704 (3706).
298 OLG Köln NZM 2007, 334.
299 BayObLG ZMR 2002, 527; OLG Düsseldorf NZM 2001, 992.
300 BGH NJW 2002, 3704 (3706).
301 BGH NJW 2002, 3704 (3707).
302 BayObLG ZMR 2002, 527; OLG Düsseldorf NZM 2001, 992.
303 PfälzOLG Zweibrücken WE 1998, 504; BayObLG WE 1999, 29.

764 • Ist der Verwalter zugleich Wohnungseigentümer, besteht für ihn bei der Abstimmung über die **Verwalterentlastung** ein Stimmrechtsverbot gemäß § 25 Abs. 5 WEG. Da die Entlastung ein negatives Schuldanerkenntnis im Sinne von § 397 Abs. 2 BGB darstellt,[304] handelt es sich dabei zugleich auch um ein Rechtsgeschäft im Sinne von § 25 Abs. 5 WEG.[305]

765 • Gleiches gilt für den Beschluss über die **Entlastung der Beiratsmitglieder.** Auch insoweit unterliegen die Beiratsmitglieder einem Stimmrechtsverbot im Sinne von § 25 Abs. 5 WEG.

766 • Ist der Verwalter zugleich Wohnungseigentümer und soll über die von ihm in seiner Funktion als Verwalter erstellte **Jahresabrechnung** abgestimmt werden, besteht für ihn als Wohnungseigentümer kein Stimmrechtsverbot im Sinne von § 25 Abs. 5 WEG. Die Genehmigung einer Jahresabrechnung stellt kein Rechtsgeschäft im Sinne von § 25 Abs. 5 WEG dar.[306] Nur wenn mit dem Beschluss über die Genehmigung einer Jahresabrechnung zugleich auch über die Verwalterentlastung abgestimmt wird, besteht gemäß den Ausführungen unter der Rn. 759 ein Stimmrechtsverbot für den Wohnungseigentümer, der zugleich auch Verwalter ist.

767 • Wird darüber abgestimmt, ob die Wohnungseigentümergemeinschaft gegenüber einem Wohnungseigentümer ein **Schuldanerkenntnis** wegen eines ihm entstandenen Wasserschadens abgibt, ist der vom Wasserschaden betroffene Wohnungseigentümer gemäß § 25 Abs. 5 WEG nicht stimmberechtigt, da der Beschluss ein Rechtsgeschäft mit ihm zum Gegenstand hat.[307]

768 • Wird über die **Beauftragung eines Rechtsanwalts** abgestimmt und ist dieser Rechtsanwalt zugleich auch Wohnungseigentümer, besteht für ihn als Wohnungseigentümer ein Stimmrechtsverbot gemäß § 25 Abs. 5 WEG, da der Anwaltsvertrag ein Rechtsgeschäft im Sinne von § 25 Abs. 5 WEG dargestellt. Dies gilt selbst dann, wenn der betroffene Wohnungseigentümer nicht selbst das Mandat bearbeiten wird, sondern ein anderer Rechtsanwalt aus seiner Anwaltskanzlei.[308]

769 • Wird darüber abgestimmt, einen Wohnungseigentümer als **Hausmeister** zu beschäftigen und zwischen ihm und der Wohnungseigentümergemeinschaft einen Hausmeistervertrag abzuschließen, ist der hiervon betroffene Wohnungseigentümer gemäß § 25 Abs. 5 WEG vom Stimmrecht ausgeschlossen.[309]

770 • Wird darüber abgestimmt, dass die Wohnungseigentümergemeinschaft einen **Werkvertrag** mit einem Wohnungseigentümer oder mit einer GmbH abschließt, deren Geschäftsführer und Mehrheitsgesellschafter ein Wohnungseigentümer ist, besteht für den betroffenen Wohnungseigentümer gemäß § 25 Abs. 5 WEG ein Stimmrechtsverbot.[310]

771 **b) Einleitung oder Erledigung eines Rechtsstreits.** Gemäß § 25 Abs. 5 2. Fall WEG ist ein Wohnungseigentümer nicht stimmberechtigt, wenn die Beschlussfassung die Einleitung oder Erledigung eines Rechtsstreits gegen ihn betrifft. Diesem Stimmrechtsverbot liegt der Grundsatz zugrunde, dass der hiervon betroffene Wohnungseigentümer nicht zugleich als „Richter in eigener Sache" tätig werden darf.[311]

772 Unter „Rechtsstreit" im Sinne von § 25 Abs. 5 2. Fall WEG fallen sämtliche gerichtlichen Verfahren wie beispielsweise Klageverfahren, Mahnverfahren, Vollstreckungsver-

---

304 BGH NJW 1997, 2106; BayObLG NZM 1999, 504; BayObLG ZWE 2000, 71; OLG Düsseldorf NJW-RR 2001, 950.

305 BayObLG Rpfleger 1979, 66; BayObLG NJW-RR 1987, 595; OLG Zweibrücken NJW-RR 2002, 735; OLG Karlsruhe ZMR 2008, 408.

306 BayObLG WE 1996, 234.

307 KG NZM 2005, 429.

308 BayObLG NJW-RR 1995, 395.

309 BayObLG ZfIR 2002, 296.

310 OLG Oldenburg ZMR 1998, 195.

311 So *Jennißen/Elzer* § 25 Rn. 90.

fahren,[312] einstweiliges Verfügungsverfahren und selbstständiges Beweisverfahren.[313] Voraussetzung ist jedoch stets, dass das Verfahren **gegen** den Wohnungseigentümer geführt wird, das heißt der betroffene Wohnungseigentümer muss Beklagter oder Antragsgegner sein.

Das Stimmrechtsverbot gemäß § 25 Abs. 5 2. Fall WEG besteht auch dann, wenn 773 darüber abgestimmt wird, den Verwalter, der zugleich Wohnungseigentümer ist, oder ein Beiratsmitglied gerichtlich in Anspruch zu nehmen. Es ist also nicht zwingend erforderlich, dass der Wohnungseigentümer in dieser Eigenschaft gerichtlich in Anspruch genommen werden soll. Vielmehr fällt auch dessen Inanspruchnahme aufgrund seiner Eigenschaft als Verwalter oder Beiratsmitglied unter § 25 Abs. 5 2. Fall WEG.[314] Soll der betroffene Wohnungseigentümer zusammen mit einem außen stehenden Dritten gerichtlich in Anspruch genommen werden, besteht für den betroffenen Wohnungseigentümer ebenfalls ein Stimmrechtsverbot gemäß § 25 Abs. 5 2. Fall WEG.[315]

Die **Einleitung** eines Rechtsstreits im Sinne von § 25 Abs. 5 2. Fall WEG liegt dann 774 vor, wenn beschlossen wird, gerichtlich gegen den betroffenen Wohnungseigentümer vorzugehen. Hierzu zählt nicht nur die unmittelbare Inanspruchnahme des betroffenen Wohnungseigentümers, sondern auch alle übrigen Prozesserklärungen gegenüber einem Wohnungseigentümer, wie zum Beispiel die Streitverkündung. Ferner fällt unter den Begriff „Einleitung eines Rechtsstreits" auch die Abstimmung über die Einlegung eines Rechtsmittels. Auch alle mit dem Rechtsstreit zusammenhängenden **vorprozessualen Maßnahmen,** wie zum Beispiel die Beauftragung eines Rechtsanwalts,[316] die Einholung eines Gutachtens oder die Erhebung einer Sonderumlage zur Finanzierung der Prozesskosten[317] sind von dem Begriff „Einleitung eines Rechtsstreits" erfasst.[318]

Auch der Eigentümerbeschluss über die Entziehung des Wohnungseigentums nach 775 § 18 WEG fällt unter die Einleitung eines Rechtsstreits im Sinne von § 25 Abs. 5 2. Fall WEG.

Die **Erledigung** eines Rechtsstreits im Sinne von § 25 Abs. 5 2. Fall WEG umfasst alle 776 Maßnahmen, die zu einem Ende des Prozesses bzw. Verfahrens führen, also zum Beispiel die Klagerücknahme, das Anerkenntnis, der Verzicht, die Erledigungserklärung oder der Abschluss eines Prozessvergleichs.[319]

c) Rechtskräftige Verurteilung nach § 18 WEG. Gemäß § 25 Abs. 5 3. Fall WEG ist 777 ein Wohnungseigentümer ferner dann nicht stimmberechtigt, wenn er nach § 18 WEG rechtskräftig zur Veräußerung seines Wohnungseigentums verurteilt worden ist. Nach dem ausdrücklichen Wortlaut von § 25 Abs. 5 WEG führt die rechtskräftige Verurteilung nach § 18 WEG zu einem Stimmrechtsverbot und nicht nur zu einem Ruhen des Stimmrechts.[320] Bei einer rechtskräftigen Verurteilung nach § 18 WEG ist der hiervon betroffene Wohnungseigentümer bei sämtlichen Abstimmungen nicht stimmberechtigt. Das Urteil gemäß § 19 WEG muss rechtskräftig sein (§ 705 ZPO), das heißt sämtliche Rechtsmittelfristen müssen verstrichen sein.

Beruht das Urteil gemäß § 19 WEG auf Hausgeldrückständen des betroffenen Woh- 778 nungseigentümers und werden diese Hausgeldrückstände trotz rechtskräftiger Verurtei-

---

312 BayObLG NZM 2001, 766.

313 BayObLG ZMR 1978, 248; BayObLG WE 1993, 27; BayObLG NZM 1998, 161; OLG Köln NJW-RR 1991, 850.

314 BGH NJW 1989, 1091.

315 BayObLG NJW-RR 1998, 231.

316 OLG Frankfurt a. M. vom 30. 6. 2003 – 20 W 138/01.

317 BayObLG NJW 1993, 603; BayObLG NZM 1998, 161.

318 OLG München NZM 2005, 668.

319 *Bärmann/Merle,* § 25 Rn. 134; *Spielbauer/Then* § 25 Rn. 30; *Staudinger/Bub* § 25 Rn. 307.

320 *Staudinger/Bub* § 25 Rn. 315; *Drasdo* G Rn. 57; a. A. *Bärmann/Merle* § 25 Rn. 163 ff.; *Riecke/Schmid/Riecke* § 25 Rn. 38.

lung nach § 18 WEG vollständig beglichen, hat der Wohnungseigentümer dadurch zugleich gemäß § 19 Abs. 2 WEG die Wirkung des Urteils abgewendet. Dadurch entfällt zwar nicht die Rechtskraft des Urteils nach § 18 WEG, jedoch die Wirkung der Rechtskraft, so dass mit vollständiger Begleichung der Hausgeldrückstände das Stimmrecht des betroffenen Eigentümers wieder besteht.[321]

779 Ist der rechtskräftig nach § 18 WEG verurteilte Wohnungseigentümer derzeit jedoch ohnehin gehindert, sein Stimmrecht auszuüben, weil beispielsweise über das betroffene Wohnungseigentum zusätzlich auch die **Zwangsverwaltung** angeordnet worden ist, oder über das Vermögen des betroffenen Wohnungseigentümers das **Insolvenzverfahren** eröffnet worden ist, so dass derzeit der Zwangsverwalter bzw. der Insolvenzverwalter kraft Gesetzes Stimmrechtsinhaber sind, besteht trotz der rechtskräftigen Verurteilung des Wohnungseigentümers nach § 18 WEG für den Zwangsverwalter bzw. Insolvenzverwalter kein Stimmrechtsverbot im Sinne von § 25 Abs. 5 3. Fall WEG, da von diesen das Stimmrecht als Organ der Rechtspflege selbstständig, im eigenen Namen und aus eigenem Recht ausgeübt wird.[322]

780 **d) Rechtsmissbrauch.** Trotz der abschließenden Regelung von § 25 Abs. 5 WEG und den dort genannten drei Fällen kann ein Stimmrechtsverbot auch bei einem Stimmrechtsmissbrauch bestehen. Dabei handelt es sich jedoch nicht um ein generelles Stimmrechtsverbot im Sinne von § 25 Abs. 5 WEG. Vielmehr muss konkret für jeden Einzelfall überprüft und geklärt werden, ob sich aus der konkreten Ausübung des Stimmrechts ein Stimmrechtsmissbrauch ergibt oder nicht.[323] Ein Stimmrechtsmissbrauch kann insbesondere bei einer **Majorisierung** gegeben sein. Eine Majorisierung kann dann vorliegen, wenn ein Wohnungseigentümer mehr als die Hälfte der Stimmen auf sich vereint (so genannter Mehrheitseigentümer) und sein Stimmenübergewicht in missbräuchlicher Weise dazu ausnutzt, einen ihm genehmen Beschluss herbeizuführen. Dabei ist jedoch stets zu berücksichtigen, dass ein Stimmenübergewicht nicht per se zu einem Stimmrechtsmissbrauch bzw. einer Majorisierung führt. Eine Majorisierung der anderen Wohnungseigentümer durch Verwendung des Stimmenübergewichts kann den Vorwurf rechtsmissbräuchlichen Verhaltens begründen, muss aber nicht. Allein die Tatsache, dass ein Wohnungseigentümer sein Stimmenübergewicht nutzt, stellt allein noch keinen Rechtsmissbrauch dar. Eine Majorisierung ist erst dann rechtsmissbräuchlich, wenn weitere Umstände hinzutreten, die sich als Verstoß gegen die Pflicht zur Rücksichtnahme auf die Interessen der Gemeinschaft und damit gegen die Grundsätze ordnungsmäßiger Verwaltung darstellen, wie etwa bei der Verschaffung unangemessener Vorteile oder der Bestellung eines persönlich ungeeigneten oder fachlich unfähigen Verwalters.[324]

781 Liegt unter Berücksichtigung dieser Kriterien ein Stimmrechtsmissbrauch vor, sind die unter Missbrauch des Stimmrechts abgegebenen Stimmen unwirksam und müssen bei der Feststellung des Abstimmungs- und Beschlussergebnisses unberücksichtigt bleiben.[325] Da also die unter Missbrauch des Stimmrechts abgegebenen Stimmen bei der Feststellung des Abstimmungs- und Beschlussergebnisses vom Versammlungsleiter nicht berücksichtigt werden dürfen, sind die mit einem Stimmrechtsmissbrauch behafteten Stimmen vom Ergebnis her so zu behandeln wie die mit einem Stimmrechtsverbot behafteten Stimmen, da auch die trotz eines Stimmrechtsverbots abgegebene Stimme unwirksam ist und vom Versammlungsleiter bei der Feststellung des Abstimmungs- und Beschlussergebnisses nicht berücksichtigt werden darf.[326] Daher darf der Eigentümer, der sein

---

[321] *Drasdo* G Rn. 57; *Bärmann/Merle* § 25 Rn. 166.

[322] BayObLG NZM 1999, 77.

[323] BayObLG WE 1999, 149; BayObLG NZM 1999, 77; OLG Celle ZWE 2002, 474.

[324] BGH NJW 2002, 3704; BayObLG ZfIR 2002, 296; KG OLGZ 1988, 432; OLG Hamm DWE 1989, 179; OLG Düsseldorf ZMR 1995, 604; OLG Celle OLGR 2002, 75.

[325] Vgl. BGH NJW 1988, 969; BGH NJW-RR 1993, 1253; BGH NJW 2002, 3704.

[326] *Bärmann/Merle* § 25 Rn. 157.

Stimmrecht rechtsmissbräuchlich ausüben will, bei der betreffenden Abstimmung nicht teilnehmen, als wenn ein Stimmrechtsverbot im Sinne von § 25 Abs. 5 WEG bestünde.

e) Ruhen des Stimmrechts. Während § 25 Abs. 5 WEG für bestimmte Fälle ein Stimmrechtsverbot anordnet, kann zum Beispiel in der Teilungserklärung mit Gemeinschaftsordnung für weitere Fälle das Ruhen des Stimmrechts vereinbart werden. Um jedoch das Stimmrecht, welches zum unabdingbaren Kernbereich des Wohnungseigentums gehört, nicht zu sehr zu beeinträchtigen und auszuhöhlen, muss das vereinbarte Ruhen des Stimmrechts auf einige wenige Ausnahmefälle beschränkt bleiben. Für die Vereinbarung zusätzlicher Ruhenstatbestände muss ein hinreichender Grund bestehen, wie etwa schuldhafte Pflichtverletzungen. Am häufigsten wird in der Teilungserklärung mit Gemeinschaftsordnung vereinbart, dass das Stimmrecht bei einem erheblichen **Hausgeldrückstand** ruht.[327] 782

Hingegen kann nicht vereinbart werden, dass das Stimmrecht für die Zeit ab einer Beschlussfassung gemäß § 18 Abs. 3 WEG über die **Entziehung des Wohnungseigentums** bis zur rechtskräftigen Verurteilung des betroffenen Wohnungseigentümers ruht. In diesem Fall wäre der betroffene Wohnungseigentümer während des gesamten Verfahrens nicht stimmberechtigt, was zu einer unangemessenen Benachteiligung führen würde.[328] 783

Ferner findet sich in Gemeinschaftsordnungen gelegentlich die Vereinbarung, dass das Stimmrecht eines Wohnungseigentümers ruht, wenn über dessen Vermögen das **Insolvenzverfahren** eröffnet worden ist. Unabhängig davon, ob solch eine Vereinbarung wirksam ist, ist sie auf jeden Fall wirkungslos, da im Falle der Eröffnung des Insolvenzverfahrens ohnehin das Stimmrecht auf den Insolvenzverwalter übergeht und sich das vereinbarte Ruhen des Stimmrechts nicht auf das Stimmrecht des Insolvenzverwalters auswirkt. 784

f) Rechtsfolgen bei einem Stimmrechtsverbot und bei Verstößen. Ist ein Wohnungseigentümer von einem Stimmrechtsverbot betroffen, darf er an der betreffenden Abstimmung nicht teilnehmen. Eine dennoch abgegebene Stimme darf der Versammlungsleiter bei der Ermittlung des Abstimmungs- und Beschlussergebnisses nicht berücksichtigen. Die dennoch abgegebene Stimme ist daher so zu behandeln, als wäre sie nicht abgegeben worden.[329] Wird hingegen vom Versammlungsleiter die abgegebene Stimme trotz des bestehenden Stimmrechtsverbots bei der Ermittlung des Abstimmungsergebnisses berücksichtigt, begründet dies einen **formellen Fehler.** Dieser formelle Fehler führt jedoch nicht zur Nichtigkeit des betreffenden Beschlusses, sondern nur zu dessen Anfechtbarkeit. Die Beschlussanfechtungsklage führt insoweit jedoch nur dann zum Erfolg, wenn sich dieser formelle Fehler auf das Beschlussergebnis ausgewirkt hat, das heißt es ist zu ermitteln, welches Beschlussergebnis erzielt worden wäre, wenn die mit einem Stimmrechtsverbot behaftete Stimme nicht mitgezählt worden wäre.[330] Wird hingegen ein Wohnungseigentümer von der Abstimmung ausgeschlossen, weil der Versammlungsleiter fälschlicherweise von einem Stimmrechtsverbot ausgeht, soll der betreffende Beschluss bei einer Anfechtung per se für ungültig zu erklären sein, ohne dass es darauf ankommen soll, ob sich der rechtswidrige Ausschluss auf das Beschlussergebnis ausgewirkt hat oder nicht.[331] Diese generelle und pauschalierende Auffassung überzeugt nicht. Im Einzelfall bedarf es fundierter Rechtskenntnisse, um verbindlich beurteilen zu können, ob ein Stimmrechtsverbot besteht oder nicht. Gleiches gilt übrigens für die Frage, ob ein Stimmrechtsmissbrauch vorliegt oder nicht. In diesen im Einzelfall oft schwierigen Abgrenzungsfällen besteht kein Anlass, die möglicherweise unzutreffende rechtliche Würdigung 785

[327] BayObLG NJW 1965, 821; BayObLG ZMR 2003, 519; KG ZMR 1994, 171.
[328] KG OLGZ 1986, 179; *Staudinger/Bub* § 25 Rn. 72; *Bärmann/Merle* § 25 Rn. 176.
[329] BGH NJW 2002, 3704.
[330] OLG Düsseldorf FGPrax 1998, 91; BayObLG ZMR 1986, 249; BayObLG NZM 1998, 442; BayObLG ZfIR 2002, 296; OLG Karlsruhe NZM 1998, 768.
[331] KG OLGZ 1989, 425; *Staudinger/Bub* § 25 Rn. 325.

des Versammlungsleiters zu sanktionieren.[332] In diesen Fällen muss es also nach zutreffender Auffassung bei einer Beschlussanfechtung auf die Kausalität, das heißt darauf ankommen, ob bei Teilnahme der ausgeschlossenen Stimme ein anderes Beschlussergebnis erzielt worden wäre. Nur wenn der Versammlungsleiter vorsätzlich oder grob fahrlässig einen Wohnungseigentümer unter Berufung auf ein Stimmrechtsverbot an der Abstimmung nicht teilnehmen lässt, obwohl kein Stimmrechtsverbot besteht, kann der Auffassung gefolgt werden, dass die mit diesem formellen Fehler behafteten Eigentümerbeschlüsse bei einer Anfechtung ohne Kausalitätsprüfung für ungültig zu erklären sind. Ohne Vornahme dieser Differenzierung bestünde die Gefahr, dass ein Versammlungsleiter nicht mehr den Mut hätte, einen Wohnungseigentümer wegen eines angenommenen Stimmrechtsverbots oder Stimmrechtsmissbrauchs von der Abstimmung auszuschließen, weil er ansonsten befürchten müsste, dass die Eigentümerbeschlüsse für ungültig erklärt werden könnten und er gemäß § 49 Abs. 2 WEG sogar mit sämtlichen Kosten belastet werden könnte, wenn das Gericht im Nachhinein die Rechtslage zum Stimmrechtsverbot oder Stimmrechtsmissbrauch anders beurteilen würde.

786 Ein Stimmrechtsverbot beschränkt sich ausschließlich hierauf, das heißt es führt **nicht** zusätzlich auch zu einem **Anwesenheits-, Teilnahme- oder Redeverbot.** Trotz eines Stimmrechtsverbots kann der hiervon betroffene Wohnungseigentümer also an der Wohnungseigentümerversammlung teilnehmen und Wortbeiträge abliefern und sogar Beschlussanträge stellen.

787 Zu berücksichtigen ist, dass sich ein Stimmrechtsverbot gemäß § 25 Abs. 3 WEG auf die **Beschlussfähigkeit** der Wohnungseigentümerversammlung auswirken kann, da § 25 Abs. 3 WEG ausdrücklich auf die Stimmberechtigung abstellt.

788 Der von einem Stimmrechtsverbot betroffene Wohnungseigentümer kann die ohne seine Mitwirkung gefassten Beschlüsse selbstverständlich anfechten.[333]

789 Erkennt der Versammlungsleiter nicht, dass der Mehrheitseigentümer sein Stimmenübergewicht in rechtsmissbräuchlicher und majorisierender Art und Weise ausnutzt und lässt er daher den Mehrheitseigentümer an der Abstimmung teilnehmen, müssen die überstimmten Wohnungseigentümer zur Wahrung ihrer Rechte Beschlussanfechtungsklage erheben und durch das Gericht das zutreffende Beschlussergebnis feststellen lassen. Der unter rechtsmissbräuchlicher und majorisierender Art und Weise zustande gekommene Mehrheitsbeschluss ist im Falle einer Anfechtung für ungültig zu erklären,[334] sofern er nicht sogar wegen einer sittenwidrigen Ausnutzung der Stimmenverhältnisse nichtig ist.[335]

8. Mehrheitsbeschluss

790 Der Mehrheitsbeschluss ist das Ergebnis der Abstimmung über einen Beschlussantrag und somit das Ergebnis der internen Willensbildung der in der Eigentümerversammlung anwesenden und vertretenen Wohnungseigentümer. Da mittels Eigentümerbeschlüssen sowohl das Innen- als auch das Außenverhältnis geregelt werden kann und durch Eigentümerbeschluss sowohl für das Innen- als auch Außenverhältnis die erforderlichen Anspruchs- und Rechtsgrundlagen geschaffen werden können, ist der Eigentümerbeschluss das wichtigste Entscheidungsinstrument der Wohnungseigentümer. Ohne Eigentümerbeschlüsse wären die Wohnungseigentümer und die Wohnungseigentümergemeinschaften mehr oder weniger handlungsunfähig.

791 **a) Die Beschlusskompetenz.** Damit überhaupt Eigentümerbeschlüsse gefasst werden können, ist zwingend vorauszusetzen, dass Beschlusskompetenz besteht. Gemäß § 23 Abs. 1 WEG ergibt sich die Beschlusskompetenz aus dem Wohnungseigentumsgesetz

332 So die Begründung in *Staudinger/Bub* § 25 Rn. 325.
333 KG NJW-RR 1986, 642; OLG Frankfurt OLGZ 1992, 439.
334 AG Hannover ZMR 2003, 962.
335 OLG Schleswig ZMR 2006, 315.

und/oder aus einer Vereinbarung der Wohnungseigentümer, das heißt in der Regel aus der Teilungserklärung mit Gemeinschaftsordnung. Dies hat der BGH in der so genannten „Jahrhundertentscheidung" bzw. „Zitterbeschlussentscheidung" vom 20. 9. 2000 ausdrücklich klargestellt und entschieden.[336] Demnach können *„durch Beschlussfassung ... nur solche Angelegenheiten geordnet werden, über die nach dem Wohnungseigentumsgesetz oder nach einer Vereinbarung die Wohnungseigentümer durch Beschluss entscheiden dürfen,"* das heißt ein Beschluss setzt voraus, *„dass die Wohnungseigentümer überhaupt durch Beschluss entscheiden durften. Ein trotz absoluter Beschlussunzuständigkeit gefasster Beschluss ist nichtig"*.[337] Aufgrund dieser „Jahrhundertentscheidung" des BGH vom 20. 9. 2000 und dem damit verbundenen Ende der „Zitterbeschlüsse" war es nicht mehr möglich, trotz absoluter Beschlussunzuständigkeit und fehlender Beschlusskompetenz Eigentümerbeschlüsse zu fassen, in der Hoffnung und dem damit verbundenen einmonatigen „Zittern", dass kein Eigentümer den Beschluss anfechten werde. Dies hat der Gesetzgeber im Zuge der Novellierung des Wohnungseigentumsgesetzes zum Anlass genommen, zusätzliche gesetzliche Beschlusskompetenzen zu schaffen, um die Willensbildung der Wohnungseigentümer zu erleichtern, zu stärken und zu erweitern. Nach dem Wohnungseigentumsgesetz besteht in folgenden Angelegenheiten eine gesetzliche Beschlusskompetenz:

- Gemäß § 12 Abs. 4 Satz 1 WEG können die Wohnungseigentümer durch einfache Stimmenmehrheit eine vereinbarte **Veräußerungsbeschränkung** aufheben.
- Gemäß § 15 Abs. 2 WEG können die Wohnungseigentümer für das Sonder- und Gemeinschaftseigentum durch einfache Stimmenmehrheit **Gebrauchsregelungen** treffen.
- Gemäß § 16 Abs. 3 WEG können die Wohnungseigentümer durch einfache Stimmenmehrheit den **Verteilerschlüssel für Betriebs- und Verwaltungskosten** abweichend von dem gesetzlichen oder vereinbarten Kostenverteilungsschlüssel regeln.
- Gemäß § 16 Abs. 4 Satz 1 WEG können die Wohnungseigentümer mit der so genannten doppelten qualifizierten Mehrheit im Einzelfall den **Verteilerschlüssel für Instandhaltungs- und Instandsetzungskosten** sowie für Kosten für **bauliche Veränderungen und Aufwendungen** im Sinne von § 22 Abs. 1 WEG und **Modernisierungen** im Sinne von § 22 Abs. 2 WEG abweichend von dem gesetzlichen oder vereinbarten Kostenverteilungsschlüssel regeln.
- Gemäß § 18 Abs. 3 WEG können die Wohnungseigentümer mit einer Mehrheit von mehr als der Hälfte der stimmberechtigten Wohnungseigentümer von einem Wohnungseigentümer bei Vorliegen der Voraussetzungen von § 18 Abs. 1 WEG die **Veräußerung** seiner Einheit **verlangen.**
- Gemäß § 21 Abs. 3 WEG können die Wohnungseigentümer eine der Beschaffenheit des gemeinschaftlichen Eigentums entsprechende **ordnungsmäßige Verwaltung** durch Stimmenmehrheit beschließen. Was zu einer ordnungsmäßigen Verwaltung gehört, wird beispielhaft in § 21 Abs. 5 WEG erwähnt.
- Gemäß § 21 Abs. 7 WEG können die Wohnungseigentümer mit einfacher Stimmenmehrheit **Beschlüsse für so genannte Geldangelegenheiten** fassen.
- Gemäß § 22 Abs. 1 Satz 1 WEG besteht Beschlusskompetenz für **bauliche Veränderungen und Aufwendungen,** die über die ordnungsmäßige Instandhaltung oder Instandsetzung des gemeinschaftlichen Eigentums hinausgehen. Zu beachten ist die Beschränkung in § 14 Nr. 1 WEG.
- Gemäß § 22 Abs. 2 Satz 1 WEG können die Wohnungseigentümer mit der doppelten qualifizierten Mehrheit **Modernisierungsmaßnahmen** beschließen.
- Gemäß § 22 Abs. 3 WEG in Verbindung mit § 21 Abs. 5 Nr. 2, Abs. 3 und 4 WEG können die Wohnungseigentümer mit einfacher Stimmenmehrheit Maßnahmen der **modernisierenden Instandsetzung** beschließen.

---

336 BGH NJW 2000, 3500.
337 BGH NJW 2000, 3500.

- Gemäß § 24 Abs. 5 WEG bestimmen die Wohnungseigentümer mit einfacher Stimmenmehrheit den **Vorsitz in der Eigentümerversammlung.**
- Gemäß § 24 Abs. 8 Satz 2 WEG kann mit einfacher Stimmenmehrheit beschlossen werden, wer die **Beschluss-Sammlung** zu führen hat.
- Gemäß § 26 Abs. 1 Satz 1 WEG können die Wohnungseigentümer mit einfacher Stimmenmehrheit einen **Verwalter bestellen** und **abberufen.**
- Gemäß § 27 Abs. 2 Nr. 3 WEG kann der Verwalter mit einfacher Stimmenmehrheit ermächtigt werden, **Ansprüche** gerichtlich und außergerichtlich **geltend zu machen.**
- Gemäß § 27 Abs. 3 Nr. 7 WEG kann der Verwalter mit einfacher Stimmenmehrheit ermächtigt werden, namens der Wohnungseigentümergemeinschaft **Rechtsgeschäfte und Rechtshandlungen** vorzunehemen
- Gemäß § 27 Abs. 3 Satz 3 WEG können die Wohnungseigentümer mit einfacher Stimmenmehrheit einen oder mehrere Wohnungseigentümer zur **Vertretung der teilrechtsfähigen Wohnungseigentümergemeinschaft** ermächtigen.
- Gemäß § 28 Abs. 4 WEG können die Wohnungseigentümer mit einfacher Stimmenmehrheit vom Verwalter die **Rechnungslegung** verlangen.
- Gemäß § 28 Abs. 5 WEG beschließen die Wohnungseigentümer mit einfacher Stimmenmehrheit über den **Wirtschaftsplan,** die **Abrechnung** und die **Rechnungslegung.**
- Gemäß § 29 Abs. 1 Satz 1 WEG können die Wohnungseigentümer durch einfache Stimmenmehrheit einen **Verwaltungsbeirat bestellen.**
- Gemäß § 45 Abs. 2 Satz 1 WEG haben die Wohnungseigentümer für den Fall, dass der Verwalter als **Zustellungsvertreter** ausscheidet, durch einfachen Mehrheitsbeschluss einen **Ersatzzustellungsvertreter** sowie dessen Vertreter zu bestellen.

792 Wie sich aus § 23 Abs. 1 WEG ergibt, kann sich die Beschlusskompetenz auch aus einer Vereinbarung der Wohnungseigentümer ergeben, das heißt in der Regel aus der Teilungserklärung mit Gemeinschaftsordnung. Sollte es sich dabei um eine Beschlusskompetenz handeln, die sich nicht bereits aus dem Wohnungseigentumsgesetz ergibt, spricht man von einer so genannten **Öffnungsklausel,** da eine derartige Regelung in der Teilungserklärung mit Gemeinschaftsordnung den Wohnungseigentümern die Möglichkeit eröffnet, über etwas zu beschließen, obwohl hierfür nach der gesetzlichen Regelung keine Beschlusskompetenz bestünde und demnach eigentlich eine Vereinbarung im Sinne von § 10 Abs. 3 WEG erforderlich wäre. Auch der BGH weist in der „Jahrhundertentscheidung" vom 20. 9. 2000 darauf hin, dass sich die Beschlusskompetenz entweder aus der gesetzlichen Kompetenzzuweisung oder aus einer dahingehenden Öffnungsklausel in der Teilungserklärung mit Gemeinschaftsordnung ergeben kann.[338] Nach der Rechtsprechung des BGH ist es zulässig, eine Vereinbarung im Sinne von § 10 Abs. 3 Satz 1 WEG in die Teilungserklärung mit Gemeinschaftsordnung aufzunehmen, wonach Regelungen auch mit (qualifizierter) Stimmenmehrheit getroffen werden können, die an sich einer Vereinbarung aller Wohnungseigentümer bedürfen.[339] Das Wohnungseigentumsgesetz räumt den Wohnungseigentümern für die Regelung ihrer Verhältnisse untereinander in weitem Umfang Vertragsfreiheit ein. Nachdem den Wohnungseigentümern in § 23 Abs. 1 WEG ausdrücklich die Befugnis eingeräumt wird, durch Vereinbarung zusätzliche Angelegenheiten von dem Einstimmigkeitsprinzip auszunehmen, begegnet es keinen Bedenken, wenn die Wohnungseigentümer vereinbaren, dass auch dort Mehrheitsbeschlüsse zulässig sein sollen, wo das Gesetz an sich eine Vereinbarung vorschreibt, denn mit Billigung einer Abänderungsklausel in der Teilungserklärung mit Gemeinschaftsordnung erklären sich die Wohnungseigentümer mit der Geltung des Mehrheitsgrundsatzes einverstanden.[340] Möglich sind dabei sowohl konkrete als auch allgemeine Öffnungsklauseln. Eine konkrete Öffnungsklausel gilt nur für den konkret geregelten Fall, während

[338] BGH NJW 2000, 3500.
[339] BGH NJW 1985, 2832.
[340] BGH NJW 1985, 2832.

mit einer allgemeinen Öffnungsklausel sämtliche Regelungen in der Gemeinschaftsordnung durch (qualifizierten) Mehrheitsbeschluss abgeändert werden können. Häufig ist in der Öffnungsklausel geregelt, welches Quorum erreicht werden muss, um eine Vereinbarung in der Gemeinschaftsordnung durch Mehrheitsbeschluss abändern zu können. So kann festgelegt werden, dass ein einfacher Mehrheitsbeschluss ausreicht. Häufig finden sich jedoch Regelungen, wonach ein qualifizierter Mehrheitsbeschluss (2/3 oder 3/4 der Stimmen aller Wohnungseigentümer) erforderlich ist, um Vereinbarungen in der Gemeinschaftsordnung abzuändern. Enthält die Teilungserklärung mit Gemeinschaftsordnung eine Öffnungsklausel, kann jedoch nicht jede beliebige Änderung der Gemeinschaftsordnung beschlossen werden. Vielmehr kann auf der Grundlage einer Öffnungsklausel eine Vereinbarung in der Gemeinschaftsordnung nur dann durch einen (qualifizierten) Mehrheitsbeschluss abgeändert werden, wenn ein sachlicher Grund zur Änderung vorliegt und einzelne Eigentümer gegenüber dem früheren Rechtszustand nicht unbillig benachteiligt werden. Ob eine Änderung der Gemeinschaftsordnung durch Mehrheitsbeschluss zulässig ist, hängt demnach von den Besonderheiten des Einzelfalles ab.[341] Enthält die Teilungserklärung mit Gemeinschaftsordnung hingegen keine Öffnungsklausel, kann eine solche nicht durch Mehrheitsbeschluss eingeführt werden; die nachträgliche Aufnahme einer Öffnungsklausel in die Teilungserklärung mit Gemeinschaftsordnung bedarf einer Vereinbarung im Sinne von § 10 Abs. 3 WEG sowie der Eintragung in sämtliche Wohnungs- und Teileigentumsgrundbücher, um eine Bindungswirkung gegenüber Sondernachfolgern zu erreichen.

Aufgrund der seit dem 1. 7. 2007 erweiterten gesetzlichen Beschlusskompetenzen hat 793
eine in der Teilungserklärung mit Gemeinschaftsordnung vereinbarte Öffnungsklausel nicht mehr die Bedeutung, die sie nach der Entscheidung des BGH vom 20. 9. 2000[342] hatte. Nach dieser BGH-Entscheidung war eine Änderung der Gemeinschaftsordnung durch Mehrheitsbeschluss in den überwiegenden Fällen nur noch dann möglich, wenn die Teilungserklärung mit Gemeinschaftsordnung eine Öffnungsklausel enthielt. Nachdem nun jedoch mit der Novellierung des Wohnungseigentumsgesetzes die gesetzlichen Beschlusskompetenzen erweitert worden sind, so dass bereits aufgrund der gesetzlichen Beschlusskompetenz beispielsweise die Kostenverteilungsschlüssel geändert werden können (§ 16 Abs. 3 und Abs. 4 WEG), Beschlüsse in Geldangelegenheiten gefasst werden können (§ 21 Abs. 7 WEG) und Modernisierungsmaßnahmen beschlossen werden können (§ 22 Abs. 2 WEG), ist der Anwendungsbereich einer in der Teilungserklärung mit Gemeinschaftsordnung vereinbarten Öffnungsklausel nicht mehr derart groß, wie es bis zur Novellierung des Wohnungseigentumsgesetzes der Fall war. Bedeutung dürfte eine in der Teilungserklärung mit Gemeinschaftsordnung vereinbarte Öffnungsklausel hauptsächlich noch für Sondernutzungsrechte und Gebrauchsregelungen haben. Ferner ist eine in der Teilungserklärung mit Gemeinschaftsordnung vereinbarte Öffnungsklausel dann zu beachten, wenn diese geringere Anforderungen enthält als eine gesetzliche Öffnungsklausel. Die **gesetzlichen Öffnungsklauseln** der §§ 16 Abs. 3, Abs. 4 und 22 Abs. 2 WEG dürfen gemäß §§ 16 Abs. 5 und 22 Abs. 2 Satz 2 WEG nur **nicht eingeschränkt oder ausgeschlossen** werden, jedoch **erleichtert** werden. Enthält also eine in der Teilungserklärung mit Gemeinschaftsordnung vereinbarte Öffnungsklausel die Regelung, dass Modernisierungsmaßnahmen (im Sinne von § 22 Abs. 2 WEG) mit einfacher Mehrheit beschlossen werden können oder der Verteilungsschlüssel für Instandhaltungs- und Instandsetzungskosten mit einfacher Mehrheit und/oder auf Dauer abgeändert werden kann, reicht für solche Beschlüsse auch tatsächlich die einfache Stimmenmehrheit, so dass die in §§ 16 Abs. 4 und 22 Abs. 2 WEG geregelte doppelte qualifizierte Mehrheit nicht erreicht werden muss. Enthält hingegen die in der Teilungserklärung mit Gemeinschaftsordnung vereinbarte Öffnungsklausel höhere Anforderungen als die gesetzliche

---

[341] BGH NJW 1985, 2832; BayObLGZ 1990, 107; BayObLG DWE 1987, 29.
[342] BGH NJW 2000, 3500.

Öffnungsklausel, gilt die gesetzliche Öffnungsklausel, sofern diese nicht eingeschränkt oder ausgeschlossen werden darf; kann beispielsweise der Verteilungsschlüssel für Betriebskosten im Sinne von § 16 Abs. 3 WEG laut der in der Teilungserklärung mit Gemeinschaftsordnung vereinbarten Öffnungsklausel nur mit einer qualifizierten Mehrheit von 2/3 aller Wohnungseigentümer abgeändert werden, würde dies eine nach § 16 Abs. 5 WEG unzulässige Einschränkung von § 16 Abs. 3 WEG darstellen, mit der Folge, dass für die Änderung des Verteilungsschlüssels für Betriebskosten die einfache Stimmenmehrheit gemäß § 16 Abs. 3 WEG ausreichend wäre. Ist also eine Änderung der Gemeinschaftsordnung durch Mehrheitsbeschluss sowohl aufgrund einer gesetzlichen als auch aufgrund einer in der Teilungserklärung mit Gemeinschaftsordnung vereinbarten Öffnungsklausel möglich, greift hierfür jeweils immer diejenige Öffnungsklausel, welche hierfür die leichteren bzw. geringeren Anforderungen stellt.[343]

794 **b) Rechtsnatur des Beschlusses.** Bei einem Eigentümerbeschluss handelt es sich um ein **mehrseitiges Rechtsgeschäft** eigener Art, einen so genannten **Gesamtakt,** der sich aus mehreren gleich gerichteten Willenserklärungen der Wohnungseigentümer zusammensetzt.[344] Die Stimmabgabe des Wohnungseigentümers gegenüber dem Versammlungsleiter ist eine empfangsbedürftige Willenserklärung, auf welche die Vorschriften des allgemeinen Teils des BGB anwendbar sind, also insbesondere die Regelungen zur Anfechtbarkeit von Willenserklärungen (§§ 119 ff. BGB) und die Auslegungsvorschrift des § 133 BGB.[345]

795 Aufgrund des geltenden Mehrheitsprinzips sind sämtliche Eigentümer gemäß § 10 Abs. 4 Satz 1 WEG an den Eigentümerbeschluss gebunden, auch wenn ein Eigentümer an der Versammlung nicht teilgenommen hat oder seine Stimmabgabe ungültig war oder er mit „Enthaltung" oder abweichend von der Mehrheit abgestimmt hat.[346] Diese Bindungswirkung besteht auch gegenüber Sondernachfolgern. Eine Eintragung der Eigentümerbeschlüsse in das Grundbuch ist hierfür nicht erforderlich, § 10 Abs. 4 Satz 1 WEG. Dies gilt selbst für solche Beschlüsse, die vom Gesetz abweichen oder eine Vereinbarung ändern, § 10 Abs. 4 Satz 2 WEG.

796 **c) Der Beschlussantrag.** Dem Beschlussantrag kommt erhebliche Bedeutung zu, da insbesondere im Falle der mehrheitlichen Annahme des Beschlussantrags der Eigentümerbeschluss inhaltlich so zustande kommt, wie beantragt. Inhaltliche Mängel des Eigentümerbeschlusses haben ihre Ursache also bereits in inhaltlichen Mängeln des zugrunde liegenden Beschlussantrags. Daher ist bereits beim Beschlussantrag darauf zu achten, dass dieser hinreichend bestimmt ist und alle für den Eigentümerbeschluss wesentlichen und erforderlichen Regelungen enthält.

797 Jeder Wohnungseigentümer ist berechtigt, einen Beschlussantrag zur Abstimmung zu stellen. Mit Ausnahme von Geschäftsordnungsbeschlüssen ist es jedoch erforderlich, dass der Gegenstand des Beschlussantrags bereits bei der Einberufung bezeichnet worden ist, § 23 Abs. 2 WEG. Ferner ist der Verwalter berechtigt, Beschlussanträge zur Abstimmung zu stellen, da dieser auch berechtigt ist, gegen einen Eigentümerbeschluss Anfechtungsklage zu erheben. Außen stehenden Dritten steht kein Antragsrecht zu, es sei denn, sie sind aufgrund gesetzlicher oder rechtsgeschäftlicher Vertretungsmacht bevollmächtigt, für einen Wohnungseigentümer das Teilnahme- und Stimmrecht auszuüben.

798 **d) Das Abstimmungsverfahren.** Nachdem der Beschlussantrag gestellt oder verlesen worden ist, ist hierüber abzustimmen. Für das Abstimmungsverfahren ist im Gesetz **keine** besondere **Form** vorgeschrieben, das heißt es kann geheim oder offen durch Zuruf,

---

[343] *Bärmann/Becker* § 16 Rn. 129; *Bärmann/Merle* § 22 Rn. 347; *Jennißen/Elzer* § 23 Rn. 19.

[344] BGH NZM 1998, 955; BGH NZM 1999, 1101; BGH NJW 2002, 3629; BGH NJW 2002, 3704.

[345] BGH NJW 2002, 3629.

[346] BGH NJW 1998, 3713.

Handheben oder durch Abgabe von Stimmzetteln abgestimmt werden. Ist jedoch in der Teilungserklärung mit Gemeinschaftsordnung ein bestimmtes Abstimmungsverfahren vereinbart, ist dieses einzuhalten. Verstöße hiergegen begründen jedoch nur einen formellen Fehler, der im Rahmen einer Anfechtungsklage nur dann mit Erfolg geltend gemacht werden kann, wenn dieser für das zustande gekommene Beschlussergebnis kausal war. Enthält die Teilungserklärung mit Gemeinschaftsordnung keine Vorgaben für das Abstimmungsverfahren, steht es im **Ermessen des Versammlungsleiters,** welches Abstimmungsverfahren zur Anwendung kommt. Dieses Ermessen ist lediglich dahingehend beschränkt, dass das Abstimmungs- und Beschlussergebnis nicht in eine bestimmte Richtung beeinflusst oder manipuliert werden darf (zum Beispiel durch vorgedruckte Stimmzettel, auf welchen für die Verwalterbestellung ausschließlich der Name des bisherigen Verwalters aufgeführt wird). Ebenso steht es im freien Ermessen des Versammlungsleiters, ob er zunächst positiv oder zunächst negativ abstimmen lässt, das heißt ob er zunächst die Nein-Stimmen ermittelt und erst danach die Ja-Stimmen oder umgekehrt.

Erkennt der Versammlungsleiter bereits während der Diskussion und Beratung, dass 799 der Beschlussantrag eines Wohnungseigentümers nicht die mehrheitliche Zustimmung finden werde und der antragstellende Wohnungseigentümer jedoch auch mit einem „Weniger" zufrieden wäre bzw. möglicherweise sogar etwas anderes erreichen möchte, als beantragt, hat er gegebenenfalls auf eine Antragsmodifizierung durch den antragstellenden Wohnungseigentümer hinzuwirken. Es ist aber nicht Aufgabe der Wohnungseigentümerversammlung, bei einem umfassend gestellten Beschlussantrag zu prüfen, ob der Antrag teilweise begründet sein könnte. Primär ist es Sache des antragstellenden Wohnungseigentümers, durch weitere Anträge oder durch Stellung von Hilfsanträgen einen Beschluss im geringeren Umfang zu erreichen, als es seinem ursprünglichen Antrag entspricht. Der Abstimmung der Wohnungseigentümerversammlung obliegt immer nur ein konkret gestellter Antrag. Die Wohnungseigentümer haben nur die Möglichkeit, mit „Ja" oder „Nein" zu stimmen oder sich der Stimme zu enthalten. Eine Modifizierung eines Antrags ist schon abstimmungstechnisch ausgeschlossen. Vielmehr müsste der antragstellende Wohnungseigentümer, der Versammlungsleiter oder ein anderer Versammlungsteilnehmer einen Antrag in modifizierter Form stellen, damit hierüber überhaupt abgestimmt werden kann.[347] Daher gilt für den Versammlungsleiter Folgendes: Er hat einen Beschlussantrag eines Wohnungseigentümers so zu stellen bzw. zu verlesen, wie er vom antragstellenden Wohnungseigentümer formuliert worden ist. Möchte der antragstellende Wohnungseigentümer, der Versammlungsleiter oder ein anderer Versammlungsteilnehmer eine Abweichung hiervon, muss der Beschlussantrag entsprechend modifiziert werden. Anderenfalls wird abgestimmt wie beantragt.

Vor der eigentlichen Abstimmung kann eine **Probeabstimmung** durchgeführt werden. 800 In bestimmten Fällen empfiehlt sich eine Probeabstimmung. Wird beispielsweise über einen bestimmten Beschlussantrag bereits seit geraumer Zeit diskutiert und beraten, ohne dass eine Abstimmung hierüber in Sicht ist, kann es sich empfehlen, durch eine kurze Probeabstimmung das Stimmungs- und Meinungsbild der Eigentümer zu erforschen, weil sich dadurch – je nach Ausgang – eine zeitraubende Fortsetzung der Diskussion und Beratung gegebenenfalls erübrigen könnte. Auch bei Beschlussanträgen, für deren Annahme eine qualifizierte Mehrheit benötigt wird, kann sich eine Probeabstimmung empfehlen, um besser und schneller abschätzen zu können, ob überhaupt begründete Aussichten bestehen, dass die qualifizierte Mehrheit erreicht werden könnte. Im Ergebnis dienen Probeabstimmungen also hauptsächlich der Beschleunigung einer Eigentümerversammlung und gegebenenfalls auch einer Entzerrung einer festgefahrenen Situation. Das Ergebnis einer Probeabstimmung stellt mangels verbindlicher Regelung und mangels Rechtsbindungswillen der abstimmenden Wohnungseigentümer keinen Eigen-

[347] OLG München NZM 2009, 33.

tümerbeschluss dar. Zum Zwecke der Rechtssicherheit und Rechtsklarheit sollte der Versammlungsleiter jedoch ausdrücklich darauf hinweisen und dies auch im Versammlungsprotokoll vermerken, dass es sich hierbei nur um eine Probeabstimmung handelt.[348]

801 Nach Durchführung des Abstimmungsverfahrens und nach Auszählung der abgegebenen Stimmen steht das **Abstimmungsergebnis** fest. Das Abstimmungsergebnis besagt zunächst lediglich, wie viele Ja-Stimmen, Nein-Stimmen und Enthaltungen abgegeben worden sind. Aus dem Abstimmungsergebnis ergibt sich zwar in den meisten Fällen auch das Beschlussergebnis. Dies ist jedoch nicht zwingend. Für die Feststellung des **Beschlussergebnisses** bedarf es noch der rechtlichen Überprüfung, Wertung und Klärung, ob infolge des erzielten Abstimmungsergebnisses im Ergebnis ein positiver oder ein negativer Eigentümerbeschluss zustande gekommen ist. Unterschiedliche Ergebnisse können sich dabei insbesondere dann ergeben, wenn beispielsweise für das Zustandekommen eines positiven Eigentümerbeschlusses eine qualifizierte Mehrheit benötigt wird. Wird beispielsweise laut der Teilungserklärung mit Gemeinschaftsordnung für eine bestimmte Angelegenheit die Zustimmung von ²⁄₃ aller Wohnungseigentümer benötigt und stimmen für diesen Beschlussantrag jedoch nur 60% aller Eigentümer mit „Ja", liegt zwar ein positives Abstimmungsergebnis vor, da die Ja-Stimmen die Nein-Stimmen übertreffen, jedoch kein positives Beschlussergebnis, da die in der Teilungserklärung mit Gemeinschaftsordnung vereinbarte qualifizierte Mehrheit von 66,67% nicht erreicht worden ist. Das Abstimmungsergebnis einerseits und das Beschlussergebnis andererseits können also divergieren.

802 Bei der Ermittlung des Abstimmungsergebnisses kann sich der Versammlungsleiter der **Subtraktionsmethode** bedienen. Grundsätzlich hat der Versammlungsleiter zwar sowohl die Ja- und Nein-Stimmen als auch die Enthaltungen zu ermitteln. Bei sich abzeichnendem eindeutigen Abstimmungsergebnis und bei Eigentümerversammlungen mit hoher Beteiligung kann es jedoch ausreichen, wenn der Versammlungsleiter das Abstimmungsergebnis durch zwei von drei Abstimmungsfragen ermittelt. Dies führt insbesondere dann zu einer Erleichterung und Beschleunigung der Eigentümerversammlung, wenn für die Stimmkraft nicht das Kopfprinzip gemäß § 25 Abs. 2 Satz 1 WEG gilt, sondern das Wertprinzip. Sind beispielsweise in einer Eigentümerversammlung 800/1000 Miteigentumsanteile anwesend und vertreten und stimmen bei einem bestimmten Tagesordnungspunkt 50/1000 Miteigentumsanteile mit „Nein", während sich 100/1000 Miteigentumsanteile der Stimme enthalten, kann der Versammlungsleiter die insgesamt 150/1000 Miteigentumsanteile von den anwesenden und vertretenen 800/1000 Miteigentumsanteile subtrahieren (= Subtraktionsmethode), so dass er dadurch zu dem Ergebnis gelangt, dass 650/1000 Miteigentumsanteile mit „Ja" gestimmt haben.[349] Die Subtraktionsmethode kann allerdings nur dann angewendet werden, wenn dadurch die Ermittlung des zutreffenden Abstimmungsergebnisses sichergestellt ist. Hierzu müssen besondere organisatorische Maßnahmen eingehalten und erfüllt werden, das heißt es muss bei jedem einzelnen Tagesordnungspunkt, bei welchem die Subtraktionsmethode angewendet werden soll, die exakte Präsenz in der Eigentümerversammlung feststehen, so dass dem Versammlungsleiter entweder durch erneutes Auszählen oder durch ein Notieren der die Eigentümerversammlung auch nur kurzzeitig verlassenden Eigentümer die jeweils vorhandene Gesamtstimmkraft bekannt sein muss. Wenn eindeutige Verhältnisse und klare Mehrheiten vorliegen, dürfte dies keine Probleme bereiten, so dass in solch einem Fall die besonderen organisatorischen Maßnahmen ausnahmsweise entbehrlich werden könnten.[350] Insbesondere bei knappen Mehrheitsverhältnissen sollte jedoch von der Anwendung der Subtraktionsmethode Abstand genommen werden, da die Überwachung der Einhaltung der organisatorischen Maßnahmen und die damit verbundene Ermittlung der jeweils vorhandenen Gesamtstimmkraft wohl einen höheren Aufwand

[348] LG Hamburg ZMR 2003, 531.
[349] BGH NJW 2002, 3629.
[350] BayObLG NZM 2005, 262.

verursachen würde, als wenn der Versammlungsleiter das Abstimmungsergebnis durch das Stellen aller drei Abstimmungsfragen (Ja, Nein, Enthaltung) ermitteln würde.[351]

Um sodann aus dem Abstimmungsergebnis das **Beschlussergebnis** herleiten zu können, 803 bedarf es einer rechtlichen Bewertung des Abstimmungsergebnisses, das heißt zunächst muss dem Versammlungsleiter bekannt sein, ob für den konkreten Beschlussgegenstand die einfache Mehrheit ausreicht oder ob hierfür eine qualifizierte Mehrheit oder sogar Einstimmigkeit erforderlich ist. An dieser rechtlichen Bewertung ist das Abstimmungsergebnis zu messen. Wird mit dem Abstimmungsergebnis die erforderliche Mehrheit erreicht, ist der Beschlussantrag angenommen. Wird die erforderliche Mehrheit hingegen nicht erreicht, ist der Beschlussantrag abgelehnt. Dies ist das jeweilige Beschlussergebnis. Bei Stimmengleichheit ist der Beschlussantrag ebenfalls abgelehnt.[352] Bei der Ermittlung des Beschlussergebnisses kommt es also entweder auf das Verhältnis der Ja- zu den Nein-Stimmen an, oder – wie zum Beispiel in den Fällen der §§ 16 Abs. 4, 22 Abs. 2 WEG oder bei entsprechenden Vereinbarungen in der Teilungserklärung mit Gemeinschaftsordnung – auf die Anzahl der Ja-Stimmen. **Enthaltungen** werden dabei nicht berücksichtigt, weil derjenige Eigentümer, der sich seiner Stimme enthält, nicht auf die Beschlussfassung einwirken will und die Entscheidung in die Hände der anderen Eigentümer legt.[353] Daher sind bei der Ermittlung des Beschlussergebnisses von den anwesenden und vertretenen Gesamtstimmen zunächst die Enthaltungen in Abzug zu bringen, weil es bei der Ermittlung der einfachen und auch der qualifizierten Mehrheit der abgegebenen Stimmen ausschließlich auf das Verhältnis der Ja- zu den Nein-Stimmen ankommt,[354] sofern nicht – wie zum Beispiel in den Fällen der §§ 16 Abs. 4, 22 Abs. 2 WEG oder bei entsprechenden Vereinbarungen in der Teilungserklärung mit Gemeinschaftsordnung – eine bestimmte Anzahl von Ja-Stimmen erreicht werden muss. Sind beispielsweise in einer Wohnungseigentümerversammlung insgesamt 32 Stimmen anwesend und vertreten und soll in dieser Eigentümerversammlung ein Verwalter bestellt werden, wofür die einfache Mehrheit der abgegebenen Stimmen erforderlich ist, müsste ein Bewerber von den insgesamt anwesenden und vertretenen 32 Stimmen mindestens 17 Stimmen auf sich vereinigen, um die einfache Mehrheit zu erreichen; enthalten sich bei der Abstimmung jedoch vier Stimmen, ist bei der Überprüfung, ob die einfache Mehrheit erreicht ist, nicht von insgesamt 32 Stimmen auszugehen, sondern nur von 28 Stimmen, das heißt bei vier Enthaltungen erreicht derjenige Bewerber die einfache Mehrheit, der mindestens 15 Stimmen auf sich vereinigt. Dabei ist jedoch zu beachten, dass in der Teilungserklärung mit Gemeinschaftsordnung abweichend vereinbart werden kann, dass Stimmenthaltungen wie Ja- oder Nein-Stimmen zu werten sind.[355]

e) **Die Beschlussverkündung.** Nach der Ermittlung des Abstimmungs- und Beschluss- 804 ergebnisses hat der Versammlungsleiter das Beschlussergebnis zu verkünden. Die Verkündung des Beschlussergebnisses ist für die Wirksamkeit eines Beschlusses erforderlich und hat **konstitutive Wirkung,** das heißt der Beschluss gilt als so zustande gekommen wie verkündet, sofern er nicht nichtig ist.[356] Die Verkündung des Beschlussergebnisses muss nicht zwingend in das Versammlungsprotokoll aufgenommen werden und kann auch mündlich[357] oder konkludent[358] erfolgen. Aufgrund der konstitutiven beziehungsweise **inhaltsfixierenden Wirkung** der Verkündung ist zunächst von dem Beschlusser-

---

351 OLG Düsseldorf NZM 2005, 708.
352 *Spielbauer/Then* § 23 Rn. 23; *Jennißen/Elzer* Vor §§ 23 bis 25 Rn. 122.
353 BGH NJW 1989, 1090.
354 *Bärmann/Merle* § 25 Rn. 109.
355 BayObLG NJW-RR 1992, 83.
356 BGH NZM 2001, 961.
357 BayObLG ZMR 2005, 462.
358 BGH NJW 2001, 3339; OLG München ZMR 2007, 221; OLG München ZMR 2007, 393; BayObLG NZM 2005, 262.

gebnis auszugehen, wie es der Versammlungsleiter verkündet hat. Verkündet der Versammlungsleiter das Zustandekommen eines positiven Mehrheitsbeschlusses, also die Annahme des Beschlussantrags, ist daher zunächst selbst dann von einem positiven Mehrheitsbeschluss auszugehen, wenn dem Versammlungsleiter bei Ermittlung des Abstimmungs- und Beschlussergebnisses ein Fehler unterlaufen sein sollte und eigentlich die Nein-Stimmen die Ja-Stimmen überwiegen. Zu den Rechtsfolgen einer unrichtigen Feststellung des Beschlussergebnisses wird auf die Rn. 843c f. verwiesen. Festzuhalten bleibt zunächst also, dass für den Beschlussinhalt vorläufig das vom Versammlungsleiter festgestellte und verkündete Beschlussergebnis maßgeblich ist, da im Interesse der Rechtssicherheit die Wohnungseigentümer auf das festgestellte und verkündete Beschlussergebnis vertrauen können müssen.

805 Zu beachten ist in diesem Zusammenhang noch, dass in der Teilungserklärung mit Gemeinschaftsordnung weitere oder andere Wirksamkeitsvoraussetzungen für das Zustandekommen eines Eigentümerbeschlusses vereinbart werden können. So kann beispielsweise in der Teilungserklärung mit Gemeinschaftsordnung vereinbart werden, dass für die Wirksamkeit eines Eigentümerbeschlusses dessen Protokollierung in der Versammlungsniederschrift erforderlich ist. Ob in diesem Fall die Protokollierung ebenfalls konstitutive und inhaltsfixierende Wirkung haben soll oder aber die fehlende Protokollierung lediglich im Rahmen einer Anfechtungsklage zu rügen wäre, muss durch Auslegung der jeweiligen Klausel in der Teilungserklärung mit Gemeinschaftsordnung ermittelt werden.[359]

806 *aa) Der einstimmig, mit einfacher oder qualifizierter Mehrheit angenommene Beschlussantrag.* Wird ein zur Abstimmung gestellter Beschlussantrag angenommen, spricht man von einem positiven Beschluss. Ob ein zur Abstimmung gestellter Beschlussantrag auch tatsächlich angenommen worden ist, hängt davon ab, ob die im Gesetz festgelegte oder die in der Teilungserklärung mit Gemeinschaftsordnung vereinbarte Mehrheit erreicht worden ist. Bei den zu erzielenden Mehrheiten ist wie folgt zu differenzieren:

807 • Stimmen alle in der Eigentümerversammlung anwesenden und vertretenen Eigentümer mit „Ja", hat der Versammlungsleiter den Beschlussantrag als „einstimmig angenommen" zu verkünden. In diesem Fall liegt ein **einstimmig** zustande gekommener Eigentümerbeschluss vor. Das gleiche Ergebnis liegt vor, wenn neben den Ja-Stimmen nur noch Enthaltungen vorliegen, jedoch keine Nein-Stimmen, da Enthaltungen bei der Ermittlung des Abstimmungsergebnisses nicht berücksichtigt werden. Stimmen also von 10 anwesenden und vertretenen Wohnungseigentümern 4 mit „Ja", während sich die übrigen 6 Eigentümer der Stimme enthalten, liegt ein einstimmig zustande gekommener Eigentümerbeschluss vor.[360]

808 Ist in der Teilungserklärung mit Gemeinschaftsordnung vereinbart, dass für das Zustandekommen eines Beschlusses die Zustimmung aller Wohnungseigentümer erforderlich ist, reicht es nicht aus, wenn alle in der Eigentümerversammlung anwesenden und vertretenen Wohnungseigentümer, die jedoch nicht alle in der konkreten Wohnungseigentümergemeinschaft existierenden Wohnungseigentümer darstellen, dem Beschlussantrag zustimmen. Auch kommt in diesem Fall bereits bei einer Enthaltung kein Beschluss zustande.[361] Beispielsweise kann in der Teilungserklärung mit Gemeinschaftsordnung wirksam vereinbart werden, dass für die Bestellung eines Verwaltungsbeirats die Zustimmung aller Wohnungseigentümer erforderlich ist.[362] Sind in der Wohnungseigentümerversammlung, in welcher der Verwaltungsbeirat bestellt werden soll, nicht alle Wohnungseigentümer anwesend und/oder vertreten, kann die erforderliche Einstimmigkeit schon nicht erzielt werden. Der Versammlungsleiter sollte in diesem Fall

---

359 Vgl. BGH NJW 1997, 2956; OLG München ZMR 2007, 883; *Bärmann/Merle* § 23 Rn. 183.
360 *Jennißen/Elzer* Vor §§ 23 bis 25 Rn. 81; *Bärmann/Merle* § 25 Rn. 109 ff.
361 OLG Celle NJW-RR 1992, 86.
362 BayObLG ZMR 1994, 69; BayObLG ZWE 2002, 405; BayObLG ZWE 2005, 90.

also den Beschlussantrag erst gar nicht zur Abstimmung stellen. Sind hingegen alle Wohnungseigentümer anwesend und vertreten und stimmt jedoch nur ein Eigentümer mit „Nein“ oder nur ein Eigentümer enthält sich der Stimme, fehlt es ebenfalls an der in der Teilungserklärung mit Gemeinschaftsordnung vereinbarten Zustimmung aller Wohnungseigentümer, so dass der Versammlungsleiter die Ablehnung des Beschlussantrags zu verkünden hat.

Von der Einstimmigkeit ist die so genannte **„Allstimmigkeit“** zu unterscheiden. Von **809**
der so genannten „Allstimmigkeit“ spricht man dann, wenn in einer Wohnungseigentümerversammlung sämtliche Wohnungseigentümer persönlich oder durch Vollmacht anwesend sind und die Stimme einheitlich abgeben, also beispielsweise einheitlich mit „Ja“ stimmen. Auch in diesem Fall liegt ein einstimmiger Beschluss vor. Strittig ist, ob in diesem Fall sogar eine schuldrechtliche Vereinbarung im Sinne von § 10 Abs. 2 WEG vorliegt. Hiergegen spricht jedoch, dass eine nur schuldrechtliche Vereinbarung im Sinne von § 10 Abs. 2 WEG zwischen den vereinbarungsschließenden Wohnungseigentümern mangels Eintragung in die Wohnungsgrundbücher nur so lange Bestand und Gültigkeit hat, bis ein Sondernachfolger in die Wohnungseigentümergemeinschaft eintritt. Mit Eintritt eines Sondernachfolgers entfällt die Wirkung einer nur schuldrechtlichen Vereinbarung gänzlich. Schuldrechtliche Vereinbarungen wirken, soweit sie nicht als Inhalt des Sondereigentums in das Grundbuch eingetragen sind, als schuldrechtliche Verträge über die Ausgestaltung des Gemeinschaftsverhältnisses nur inter partes, also zwischen den Wohnungseigentümern, die sie abgeschlossen haben. Gegenüber Sondernachfolgern entfaltet eine schuldrechtliche Vereinbarung mangels Eintragung in die Wohnungs- und Teileigentumsgrundbücher keine Bindungswirkung, es sei denn, die Sondernachfolger würden der schuldrechtlichen Vereinbarung zustimmen. Ein entsprechender Wille der Sondernachfolger müsste eindeutig feststellbar sein und darf nicht einfach fingiert werden. Es genügt nicht, dass der Sondernachfolger die Vereinbarung kannte oder hätte kennen können. Maßgebend ist bei einem rechtsgeschäftlichen Erwerb der Zeitpunkt der Eigentumsumschreibung, bei der Zwangsversteigerung der des Zuschlags. Liegt zu diesen Zeitpunkten keine Zustimmung vor, kann die schuldrechtliche Vereinbarung ihren Zweck, das Gemeinschaftsverhältnis zu regeln, nicht mehr erfüllen. Sie wird insgesamt unwirksam.[363] Ein Eigentümerbeschluss hingegen erzeugt auch gegen den Sondernachfolger eines Wohnungseigentümers Bindungswirkung, ohne dass es der Eintragung des Eigentümerbeschlusses in das Wohnungsgrundbuch bedarf. Diese Bindungswirkung rechtfertigt es daher, primär von einem Eigentümerbeschluss auszugehen. Von einer schuldrechtlichen Vereinbarung im Sinne von § 10 Abs. 2 WEG sollte allenfalls dann ausgegangen werden, wenn der „Beschlussantrag“ einen Gegenstand zum Inhalt hat, über den mangels Beschlusskompetenz kein Eigentümerbeschluss herbeigeführt werden kann. Wird beispielsweise in einer Eigentümerversammlung über die Begründung eines Sondernutzungsrechts zu Gunsten eines Wohnungseigentümers abgestimmt und stimmen alle in der Wohnungseigentümergemeinschaft existierenden Wohnungseigentümer dieser Begründung zu, ist nicht von einem einstimmigen Eigentümerbeschluss auszugehen, da ein Sondernutzungsrecht mangels Beschlusskompetenz nicht durch Eigentümerbeschluss begründet werden kann,[364] sondern von einer schuldrechtlichen Vereinbarung im Sinne von § 10 Abs. 2 WEG, die zumindest bis zum Eintritt eines Sondernachfolgers Wirkung und Bestand hat. Bei der Frage, ob ein „allstimmiger“ Beschluss „nur“ als Eigentümerbeschluss oder aber als schuldrechtliche Vereinbarung im Sinne von § 10 Abs. 2 WEG zu behandeln ist, kann es unter Umständen also auf den Inhalt und Gegenstand der mit der Willensbildung getroffenen Entscheidung ankommen.[365]

---

363 *Bärmann/Wenzel* § 10 Rn. 107 bis 109.
364 BGH NJW 2000, 3500.
365 OLG Hamburg ZMR 2008, 154.

810 Einen Sonderfall stellt der Beschluss über die Vornahme oder Genehmigung einer **baulichen Veränderung** im Sinne von § 22 Abs. 1 WEG dar. Ist die Vornahme oder Genehmigung einer baulichen Veränderung Gegenstand der Beschlussfassung, so müssen gemäß § 22 Abs. 1 WEG die Wohnungseigentümer dem Beschlussantrag zustimmen, deren Rechte durch die Maßnahme über das in § 14 Nr. 1 WEG bestimmte Maß hinaus beeinträchtigt werden. Sind von der baulichen Veränderung, die Gegenstand des Beschlussantrags ist, alle Wohnungseigentümer nachteilig beeinträchtigt, müssen gemäß § 22 Abs. 1 WEG alle Wohnungseigentümer dem Beschlussantrag zustimmen, so dass in diesem Fall das Zustandekommen eines „allstimmigen" Beschlusses erforderlich ist. Stimmt ein Wohnungseigentümer der Vornahme oder Genehmigung einer baulichen Veränderung nicht zu und ist dieser durch die bereits vorhandene oder beabsichtigte bauliche Veränderung nachteilig beeinträchtigt im Sinne von § 14 Nr. 1 WEG, hat der Versammlungsleiter den Beschlussantrag als nicht zustande gekommen und somit als abgelehnt zu verkünden, da mindestens die Zustimmung eines zustimmungspflichtigen Eigentümers fehlt. Dies gilt selbst dann, wenn die Mehrheit dem Beschlussantrag zustimmen sollte. Sollte der Versammlungsleiter allein deshalb das Zustandekommen eines Mehrheitsbeschlusses verkünden, obwohl die Zustimmung mindestens eines Wohnungseigentümers fehlt, dessen Zustimmung jedoch erforderlich ist, weil für ihn damit eine nachteilige Beeinträchtigung im Sinne von § 14 Nr. 1 WEG verbunden wäre, besteht im Falle der Erhebung einer Anfechtungsklage ein erhebliches Haftungsrisiko im Hinblick auf § 49 Abs. 2 WEG (Kostentragungspflicht des Verwalters). Bei der Abstimmung über die Vornahme oder Genehmigung einer baulichen Veränderung empfiehlt es sich für den Verwalter auf jeden Fall, das Abstimmungsverhalten der anwesenden und vertretenen Wohnungseigentümer namentlich festzuhalten, damit zumindest feststeht, welcher Wohnungseigentümer der bereits vorhandenen oder beabsichtigten baulichen Veränderung bereits zugestimmt hat und von welchem Wohnungseigentümer gegebenenfalls noch die Zustimmung eingeholt werden muss. Denkbar ist schließlich auch, dass ein Wohnungseigentümer zwar mit „Nein" stimmt, dessen Zustimmung jedoch gar nicht erforderlich ist, weil dieser Wohnungseigentümer nicht im Sinne von § 14 Nr. 1 WEG nachteilig beeinträchtigt wird.

811 • Bei der überwiegenden Anzahl der Beschlussgegenstände reicht die **einfache Stimmenmehrheit**, das heißt der einfache Mehrheitsbeschluss ist die Regelentscheidung im Wohnungseigentumsrecht. Ein einfacher Mehrheitsbeschluss kommt dann zustande, wenn von den in einer Wohnungseigentümerversammlung anwesenden und vertretenen Stimmen die Ja-Stimmen die Nein-Stimmen übertreffen. Übersteigen die Ja-Stimmen die Nein-Stimmen, hat der Versammlungsleiter die mehrheitliche Annahme des Beschlussantrags bzw. das Zustandekommen eines Mehrheitsbeschlusses zu verkünden, sofern der Beschlussantrag eine Angelegenheit zum Inhalt hat, über die mit einfacher Stimmenmehrheit beschlossen werden kann.

812 Besonderheiten sind bei der **Verwalterbestellung** zu beachten. Für die wirksame Bestellung eines Verwalters ist das Erreichen der einfachen Mehrheit der abgegebenen Stimmen erforderlich, das heißt die relative Mehrheit genügt nicht. Sind in einer Eigentümerversammlung 20 Stimmen anwesend und vertreten, benötigt ein Bewerber demnach mindestens 11 Stimmen, um zum Verwalter bestellt zu werden. Entfallen hingegen auf den Bewerber A nur 9 Ja-Stimmen, während auf den Bewerber B 7 Stimmen und auf den Bewerber C nur 4 Stimmen entfallen, ist der Bewerber A trotz des Erreichens der relativen Mehrheit im ersten Abstimmungsvorgang nicht wirksam zum Verwalter bestellt worden, weil er die einfache Mehrheit von mindestens 11 Stimmen nicht erreicht hat.[366] In diesem Fall wäre also ein Stichentscheid zwischen den Bewerbern A und B nötig. Bei der Verwalterbestellung muss also ein Bewerber für seine erfolgreiche Bestellung mehr Stimmen auf sich vereinigen, als die übrigen Bewerber in

[366] BayObLG NZM 2003, 444.

Summe. Gegebenenfalls sind die Abstimmungsvorgänge unter Ausscheidens des Bewerbers, der jeweils am wenigsten Stimmen erhält, so lange zu wiederholen, bis ein Bewerber erstmals die einfache Mehrheit der abgegebenen Stimmen auf sich vereinigt. Wird über mehrere Bewerber einzeln abgestimmt und erreicht bereits der erste Kandidat beim ersten Abstimmungsvorgang die erforderliche einfache Mehrheit, liegt darin zugleich auch eine (negative) Entscheidung gegen die anderen Bewerber, mit der Folge, dass der erste Bewerber zum Verwalter bestellt ist, auch wenn über die übrigen Bewerber gar nicht mehr abgestimmt worden ist.[367]

- Nach dem Wohnungseigentumsgesetz kommt in bestimmten Fällen nur dann ein positiver Eigentümerbeschluss zustande, wenn eine bestimmte Mehrheit (= **qualifizierte Mehrheit**) für den Beschlussantrag stimmt. Dies gilt für eine abweichende Verteilung der Kosten für Einzelfallmaßnahmen der Instandhaltung, Instandsetzung und Modernisierung sowie für konkrete, einzelfallbezogene bauliche Veränderungen (§ 16 Abs. 4 WEG) sowie für Beschlüsse über Maßnahmen der Modernisierung und der Anpassung an den Stand der Technik (§ 22 Abs. 2 WEG). Gemäß § 16 Abs. 4 WEG und § 22 Abs. 2 WEG kommt in diesen Fällen nur dann ein positiver Mehrheitsbeschluss zustande, wenn bei der Abstimmung die so genannte **doppelte qualifizierte Mehrheit** erreicht wird, das heißt eine Mehrheit von 3/4 aller stimmberechtigten Wohnungseigentümer im Sinne von § 25 Abs. 2 WEG, die zusätzlich mehr als die Hälfte aller Miteigentumsanteile auf sich vereinigen. Entscheidend ist im Falle von § 16 Abs. 4 WEG und § 22 Abs. 2 WEG allein, ob die erforderliche Anzahl an Ja-Stimmen erreicht worden ist oder nicht. Wohnungseigentümer, die dabei einem Stimmrechtsverbot unterliegen, dürfen bei der Ermittlung, ob die doppelte qualifizierte Mehrheit erreicht worden ist, nicht berücksichtigt werden. Da bei Beschlüssen nach §§ 16 Abs. 4 WEG und 22 Abs. 2 WEG eine doppelte qualifizierte Mehrheit erreicht werden muss, empfiehlt es sich für den Verwalter als Versammlungsleiter dringend, beide Abstimmungsergebnisse in der Versammlungsniederschrift festzuhalten, das heißt der Verwalter sollte sowohl das Abstimmungsergebnis nach „Köpfen" im Versammlungsprotokoll niederlegen, als auch das Abstimmungsergebnis nach Miteigentumsanteilen. Mit dieser Vorgehensweise kann im Rahmen einer späteren Anfechtungsklage erheblich einfacher der Beweis für das Zustandekommen der doppelten qualifizierten Mehrheit geführt werden. Ferner könnten fehlende Angaben hierzu im Versammlungsprotokoll sogar erst dazu führen, dass Beschlussanfechtungsklage erhoben wird, da mangels Angaben im Versammlungsprotokoll insbesondere für die nicht in der Eigentümerversammlung anwesenden Eigentümer das Erreichen der doppelten qualifizierten Mehrheit nicht erkennbar und überprüfbar ist.[368] 813

Ein Sonderfall der qualifizierten Mehrheit findet sich in § 18 Abs. 3 Satz 2 WEG. Über 814 das **Veräußerungsverlangen** nach § 18 Abs. 1 WEG zur Einleitung des Wohnungseigentumsentziehungsverfahrens muss gemäß § 18 Abs. 3 Satz 2 WEG ein Eigentümerbeschluss herbeigeführt werden, der einer Mehrheit von mehr als der Hälfte der stimmberechtigten Wohnungseigentümer bedarf. Bei dieser Mehrheit (= mehr als der Hälfte der Stimmen aller stimmberechtigten Wohnungseigentümer) spricht man nicht von einer einfachen Mehrheit, sondern von einer **absoluten Mehrheit.** Im Wohnungseigentumsgesetz ist das Erreichen der absoluten Mehrheit lediglich in § 18 Abs. 3 Satz 2 WEG normiert. Aus dieser gesetzlichen Regelung ist zu folgern, dass für die übrigen Beschlussgegenstände die einfache Mehrheit der in der Wohnungseigentümerversammlung anwesenden und vertretenen Wohnungseigentümer genügt, sofern nicht durch das Gesetz oder durch Vereinbarung das Erreichen einer qualifizierten Mehrheit vorgesehen ist. Auch in Gemeinschaftsordnungen finden sich gelegentlich Regelungen, wonach für bestimmte Beschlussgegenstände das Erreichen einer absoluten Mehrheit gefordert

---

[367] OLG Düsseldorf NJW-RR 1991, 594; OLG Köln NZM 2000, 675.

[368] *Spielbauer/Then* § 16 Rn. 67; *Müller/Becker* S. 577.

wird. In diesen Fällen – Wirksamkeit unterstellt – ist also beispielsweise bei der Geltung des Wertprinzips auf der Basis von 1000/1000 Miteigentumsanteilen das Erreichen von mindestens 501/1000 Miteigentumsanteile erforderlich, um vom Zustandekommen eines positiven Mehrheitsbeschlusses ausgehen zu können. Zu beachten ist jedoch, dass nicht für jeden Beschlussgegenstand in der Gemeinschaftsordnung das Erreichen einer absoluten Mehrheit wirksam vereinbart werden kann. Wäre beispielsweise in der Gemeinschaftsordnung vereinbart, dass für die Bestellung und Abberufung des Verwalters das Erreichen der absoluten Mehrheit erforderlich ist, wäre diese Regelung aufgrund der Unabdingbarkeit von § 26 Abs. 1 Satz 1 WEG unwirksam, § 26 Abs. 1 Satz 5 WEG.

815 Ergänzend kann in der Teilungserklärung mit Gemeinschaftsordnung vereinbart werden, dass noch für weitere Angelegenheiten das Erreichen einer qualifizierten Mehrheit erforderlich ist, soweit gesetzlich zulässig (vgl. §§ 12 Abs. 4 Satz 2, 16 Abs. 5, 22 Abs. 2 Satz 2 und 26 Abs. 1 Satz 5 WEG).

816 Ist laut Gesetz oder Vereinbarung das Erreichen einer qualifizierten Mehrheit erforderlich, darf der Versammlungsleiter nur dann das Zustandekommen eines Mehrheitsbeschlusses **verkünden,** wenn die erforderliche qualifizierte Mehrheit auch tatsächlich erreicht ist. Dabei wird nicht zwischen Erst- und Zweitversammlung unterschieden, das heißt die im Gesetz oder in der Gemeinschaftsordnung vereinbarten qualifizierten Mehrheiten müssen also sowohl in einer Erst- als auch in einer Zweitversammlung erreicht werden. Der Unterschied zwischen Erst- und Zweitversammlung besteht lediglich darin, dass die Zweitversammlung ohne Rücksicht auf die Höhe der vertretenen Anteile immer beschlussfähig ist; diese Erleichterung führt jedoch nicht dazu, dass an das Erreichen einer erforderlichen qualifizierten Mehrheit geringere Anforderungen zu stellen wären, als gesetzlich oder in der Teilungserklärung mit Gemeinschaftsordnung vereinbart. Bei der Ermittlung, ob die qualifizierte Mehrheit erreicht worden ist oder nicht, sind **Enthaltungen** nicht anders zu beurteilen und zu bewerten als bei jedem „gewöhnlichen" Mehrheitsbeschluss, das heißt Enthaltungen sind nicht mitzuzählen. Ist laut Teilungserklärung mit Gemeinschaftsordnung für eine bestimmte Angelegenheit beispielsweise eine qualifizierte Mehrheit von 2/3 der anwesenden Eigentümer erforderlich, ist bei Ermittlung des Abstimmungsergebnisses ausschließlich auf das Verhältnis der Ja- und Nein-Stimmen abzustellen, ohne dass die Enthaltungen einen Einfluss auf dieses Verhältnis oder die Anzahl der Ja- oder Nein-Stimmen haben.[369]

817 Bei so genannten **Mehrhausanlagen** kann die Besonderheit bestehen, dass die Eigentümer ihr Stimmrecht nur bei solchen Beschlussgegenständen ausüben dürfen, die einen Zusammenhang zu dem Gebäude aufweisen, in welchem sich die in ihrem Eigentum stehende Einheit befindet (= **Blockstimmrecht**). Sollte eine Mehrhausanlage laut Teilungserklärung mit Gemeinschaftsordnung aus mehreren rechtlich weitgehend selbstständigen Untergemeinschaften bestehen und sollte zusätzlich für jede Untergemeinschaft ein Blockstimmrecht vereinbart sein, ist es erforderlich aber auch ausreichend, wenn die gesetzliche oder vereinbarte qualifizierte Mehrheit innerhalb der jeweiligen Untergemeinschaft erreicht wird. Soll also beispielsweise bei einer Mehrhausanlage lediglich die Fassade des Gebäudes A im Rahmen einer reinen Modernisierung mit einem Wärmedämmverbundsystem versehen werden, müssen bei diesem Beschlussantrag eine Mehrheit von ¾ aller stimmberechtigten Wohnungseigentümer im Sinne von § 25 Abs. 2 WEG aus dem Haus A und mehr als die Hälfte aller Miteigentumsanteile ebenfalls nur aus dem Haus A zustimmen. Auf die übrigen Eigentümer der anderen Untergemeinschaften kommt es nicht an. Die übrigen Eigentümer aus den anderen Untergemeinschaften sind bei Angelegenheiten, die ausschließlich das Haus A betreffen, gar nicht stimmberechtigt.[370]

---

[369] *Staudinger/Bub* § 25 Rn. 96; *Bärmann/Merle* § 25 Rn. 111; a. A. OLG Celle NJW-RR 1992, 86.
[370] *Bärmann/Becker* § 16 Rn. 128; *Jennißen/Elzer* Vor §§ 23 bis 25 Rn. 89.

Wird die qualifizierte Mehrheit hingegen nicht erreicht, hat der Versammlungsleiter konsequenter Weise und zutreffend selbst dann die Ablehnung des Beschlussantrags zu verkünden, wenn die Ja-Stimmen die Nein-Stimmen übertreffen. In diesem Fall handelt es sich um einen **Negativbeschluss** (vgl. ausführlich hierzu Rn. 820 ff.). 818

Sollte der Versammlungsleiter die mehrheitliche Annahme des Beschlussantrags verkünden, obwohl die nach Gesetz oder Vereinbarung erforderliche qualifizierte Mehrheit nicht erreicht worden ist, liegt infolge der Verkündung und der damit verbundenen konstitutiven Wirkung zunächst dennoch ein positiver Mehrheitsbeschluss vor.[371] Beabsichtigt ein Wohnungseigentümer, gegen diesen Eigentümerbeschluss alleine schon deswegen vorzugehen, weil die erforderliche qualifizierte Mehrheit nicht erreicht worden ist, muss zwingend Anfechtungsklage innerhalb eines Monats ab Beschlussfassung (§ 46 Abs. 1 Satz 2 WEG) erhoben werden. Wird diese Klage nicht oder nicht fristgerecht erhoben, erwächst dieser Mehrheitsbeschluss in Bestandskraft, unabhängig davon, dass die qualifizierte Mehrheit nicht erreicht worden ist. Das Erreichen der qualifizierten Mehrheit stellt kein Wirksamkeitserfordernis dar.[372] Wird jedoch fristgerecht angefochten, ist dieser Eigentümerbeschluss bereits aufgrund der nicht erreichten qualifizierten Mehrheit für ungültig zu erklären. 819

bb) Der einstimmig oder mehrheitlich abgelehnte Beschlussantrag (Negativbeschluss). 820
Findet ein Beschlussantrag nicht die erforderliche Mehrheit, ist er abgelehnt. In diesen Fällen spricht man von einem so genannten **Negativbeschluss.** Der Negativbeschluss ist zu unterscheiden von dem so genannten „Nichtbeschluss" oder „Scheinbeschluss". Von einem „Nichtbeschluss" oder „Scheinbeschluss" spricht man dann, wenn im Rahmen des Abstimmungsverfahrens gegen fundamentale Grundsätze des Wohnungseigentumsrechts verstoßen wird und dieses unter erheblichen Mängeln leidet. Dies ist zum Beispiel dann der Fall, wenn im Rahmen einer spontanen Zusammenkunft einiger Eigentümer „Eigentümerbeschlüsse" gefasst werden. Da diese „Eigentümerbeschlüsse" nicht in einer Eigentümerversammlung gefasst worden sind, sondern im Rahmen der spontanen Zusammenkunft einiger Eigentümer, leiden diese unter derart erheblichen Mängeln, dass es sich dabei um „Nichtbeschlüsse" handelt. „Nichtbeschlüsse" entfalten keine Rechtswirkungen, sondern nur den Rechtsschein eines Eigentümerbeschlusses. Daher werden sie in der Praxis gelegentlich auch als „Scheinbeschlüsse" bezeichnet. Eine Anfechtungsklage hiergegen muss nicht erhoben werden. Besteht jedoch Streit über das Vorliegen eines Eigentümerbeschlusses, besteht für die Erhebung einer Feststellungsklage das erforderliche Feststellungsinteresse (vgl. ausführlicher hierzu Rn. 825 bis 825 f.).[373] Im Gegensatz hierzu haben Negativbeschlüsse eine wirksame Regelung zum Inhalt. In Negativbeschlüssen kommt der klare und eindeutige Mehrheitswille der Eigentümer zum Ausdruck, eine bestimmte Regelung (derzeit) nicht zu wollen.

Ein Negativbeschluss kommt dann zustande, wenn 821
- bei einer Abstimmung über einen Beschlussantrag mehr Nein- als Ja-Stimmen abgegeben werden;
- ein Beschlussantrag zwar mehrheitlich angenommen worden ist, jedoch die hierfür erforderliche qualifizierte Mehrheit nicht erreicht worden ist oder
- ein Beschlussantrag zwar mehrheitlich angenommen worden ist, jedoch die hierfür erforderliche Einstimmigkeit nicht erreicht worden ist.

Werden bei einem Beschlussantrag keine Ja-Stimmen abgegeben, so dass nur Nein-Stimmen und zusätzlich gegebenenfalls noch Enthaltungen vorliegen, ist der Beschlussantrag **einstimmig abgelehnt,** da etwaige Enthaltungen nicht mitzuzählen sind. In diesem Fall hat der Versammlungsleiter als Beschlussergebnis zu verkünden, dass der Beschluss- 822

---

[371] BGH NJW 2002, 3704; BGH NZM 2001, 961; OLG München ZMR 2007, 480; OLG Düsseldorf ZWE 2002, 418.

[372] Vgl. LG München I ZMR 2008, 915.

[373] BGH NJW 2001, 3339; OLG München ZWE 2006, 456; OLG München NZM 2005, 588.

antrag einstimmig abgelehnt worden ist. Überwiegen die Nein-Stimmen die Ja-Stimmen, hat der Versammlungsleiter als Beschlussergebnis zu verkünden, dass der Beschlussantrag **mehrheitlich abgelehnt** worden ist. Ist für das Zustandekommen eines Beschlusses das Erreichen einer qualifizierten Mehrheit oder gar Einstimmigkeit erforderlich und wird mit den abgegebenen Ja-Stimmen zwar eine Mehrheit erzielt, nicht jedoch die qualifizierte Mehrheit oder gar Einstimmigkeit, hat der Versammlungsleiter als Beschlussergebnis ebenfalls die mehrheitliche Ablehnung des Beschlussantrags zu verkünden; in diesen Fällen empfiehlt es sich, als Beschlussergebnis zu verkünden, dass ein qualifizierter Mehrheitsbeschluss mangels Erreichen der qualifizierten Mehrheit nicht zustande gekommen ist bzw. der Beschlussantrag wegen fehlender Einstimmigkeit abgelehnt worden ist.

823 Liegt ein Negativbeschluss vor, kann hiergegen **Anfechtungsklage** erhoben werden. Häufig besteht für die Anfechtung eines Negativbeschlusses jedoch nur dann ein **Rechtsschutzbedürfnis,** wenn zusätzlich ein entsprechend positiver Verpflichtungsantrag gestellt wird, da der klagende Eigentümer allein mit der Ungültigerklärung der ablehnenden Entscheidung in der Regel sein Ziel nicht erreicht, das heißt, die Ungültigerklärung des Negativbeschlusses führt also nicht zu dem umgekehrten, positiven Ergebnis. Um zusätzlich das entsprechende Pendant zum Negativbeschluss zu erhalten, also einen positiven Beschluss, ist in der Regel zusätzlich ein entsprechender Verpflichtungsantrag erforderlich.[374] Für die Frage, ob in diesen Fällen ein Rechtsschutzbedürfnis für die Erhebung einer Anfechtungsklage gegen den Negativbeschluss besteht oder nicht, ist nach der obergerichtlichen Rechtsprechung entscheidend, ob der Negativbeschluss eine **Bindungs- oder Sperrwirkung** entfaltet. Diese Frage ist umstritten. Zum Teil wird vertreten, ein Negativbeschluss entfalte keine Bindungs- oder Sperrwirkung, da er die Rechtslage unverändert lasse.[375] Nach einigen obergerichtlichen Entscheidungen entfaltet ein Negativbeschluss jedoch dann Bindungs- oder Sperrwirkung, wenn einem späteren Verpflichtungsantrag der bestandskräftige Negativbeschluss mit Erfolg entgegengehalten werden könnte.[376] Ergibt sich bei objektiver und normativer Auslegung des Negativbeschlusses, dass die Eigentümer mit der ablehnenden Entscheidung die Angelegenheit abschließend behandelt wissen möchten und sich mit dieser Angelegenheit künftig nicht mehr befassen wollen, würde dieser Negativbeschluss im Falle der Bestandskraft eine Bindungs- oder Sperrwirkung entfalten, so dass dieser bestandskräftige Negativbeschluss einem späteren Verpflichtungsantrag mit Erfolg entgegengehalten werden könnte und die Leistungsklage schon allein deswegen als unbegründet abzuweisen wäre.[377] Liegt solch ein Negativbeschluss vor, besteht für eine Anfechtungsklage selbst dann ein Rechtsschutzbedürfnis, wenn diese nicht mit einem entsprechenden Verpflichtungsantrag verbunden wird; in diesen Fällen ergibt sich das Rechtsschutzbedürfnis des Klägers bereits dadurch, dass der Negativbeschluss im Falle seiner Bestandskraft einem späteren Verpflichtungsantrag entgegengehalten werden könnte.[378] Wird beispielsweise der Beschlussantrag, einen Architekten mit der Vorbereitung und Durchführung der Sanierung zu beauftragen, mehrheitlich abgelehnt, erschöpft sich bei der gebotenen objektiven und normativen, im Zweifelsfall eher engen Auslegung der Beschlussinhalt auf die Frage der Beauftragung des Architekten, so dass diesem Negativbeschluss nicht darüber hinaus der Inhalt beigemessen werden kann, auch eine Sanierung abzulehnen. In diesem Fall könnte also einer späteren Klage auf Sanierung nicht der bestandskräftige Negativbeschluss entgegengehalten werden, da der bestandskräftige Negativbeschluss lediglich die Beauftragung des Architekten zum Inhalt hat, nicht jedoch die Sanierung selbst.[379] In diesem Zusammenhang ist

374 BGH NJW 2002, 3704.

375 *Jennißen/Elzer* Vor §§ 23 bis 25 Rn. 125.

376 OLG München ZMR 2006, 474; OLG Düsseldorf ZMR 2007, 379.

377 BayObLG ZMR 2004, 524; OLG Hamm NJW-RR 2004, 805.

378 OLG München ZMR 2006, 474.

379 OLG München NZM 2009, 132.

weiter zu berücksichtigen, dass bestandskräftige Negativbeschlüsse, mit denen eine Instandsetzung des Gemeinschaftseigentums abgelehnt wird, Schadensersatzansprüche wegen verzögerter oder unterlassener Instandsetzung nicht grundsätzlich ausschließen. Unabhängig davon, ob die Eigentümergemeinschaft überhaupt die Kompetenz hat, durch Mehrheitsbeschluss Schadensersatzansprüche eines Wohnungseigentümers zu vernichten,[380] kann dem bestandskräftigen Negativbeschluss, mit dem die Durchführung einer Sanierungsmaßnahme abgelehnt wird, kein über den Beschlussgegenstand hinausgehender rechtsvernichtender Inhalt beigemessen werden.[381] Liegt ein bestandskräftiger Negativbeschluss vor, der eine ablehnende Wirkung über den Beschlusszeitpunkt hinaus enthält, so dass einer späteren Leistungsklage der bestandskräftige Negativbeschluss entgegengehalten werden könnte, könnte das mit der Leistungsklage verfolgte Ziel allenfalls nur noch dann erreicht werden, wenn der Kläger einen **Anspruch auf Abänderung** des Negativbeschlusses hätte. Das Wohnungseigentumsgesetz enthält hierzu keine ausdrückliche Regelung. Gemäß entsprechender Anwendung von § 10 Abs. 2 Satz 3 WEG kann jeder Wohnungseigentümer eine abweichende oder anpassende Regelung verlangen, soweit ein Festhalten an dem Beschluss aus schwerwiegenden Gründen unter Berücksichtigung aller Umstände des Einzelfalles, insbesondere der Rechte und Interessen der übrigen Wohnungseigentümer, unbillig erscheint. Erkennbar unbillig und nicht sachgerecht könnte ein Festhalten an einem bestandskräftigen Negativbeschluss etwa dann sein, wenn die abgelehnte Sanierung als Maßnahme ordnungsmäßiger Verwaltung durchzuführen ist.[382]

Verkündet der Versammlungsleiter das Zustandekommen eines Negativbeschlusses, 824
obwohl aufgrund des erzielten Abstimmungsergebnisses richtigerweise das Zustandekommen eines positiven Mehrheitsbeschlusses hätte verkündet werden müssen, liegt aufgrund der **konstitutiven Wirkung** der Beschlussverkündung dennoch zunächst ein Negativbeschluss vor.[383] Um dieses falsche Beschlussergebnis zu korrigieren, ist die Erhebung einer Anfechtungsklage erforderlich. Wird diese nicht fristgerecht erhoben, erwächst der Negativbeschluss in Bestandskraft, unabhängig davon, dass eigentlich ein positiver Mehrheitsbeschluss vorliegen würde. Erhebt jedoch ein Wohnungseigentümer gegen den Negativbeschluss fristgerecht Anfechtungsklage, so muss er die Beschlussanfechtung mit einem Antrag verbinden, der auf gerichtliche Feststellung des zutreffenden, positiven Beschlussergebnisses gerichtet ist. Im Falle einer solchen Antragsverbindung fehlt es für die Anfechtung des Negativbeschlusses nicht an einem Rechtsschutzinteresse.[384]

cc) Der Nicht- oder Scheinbeschluss. Ein Nicht- oder Scheinbeschluss liegt vor, wenn 825
bei der Beschlussfassung fundamentale Grundsätze des Wohnungseigentumsrechts nicht beachtet worden sind und/oder das Abstimmungsverfahren unter erheblichen Mängeln leidet. In diesem Fall kommt von vornherein kein Beschluss zustande, sondern nur ein so genannter „Nichtbeschluss“. Zwar entfaltet ein Nichtbeschluss keine Rechtswirkungen. Er kann jedoch den Rechtsschein eines wirksamen Eigentümerbeschlusses erwecken. Daher wird ein Nichtbeschluss häufig auch als „Scheinbeschluss“ bezeichnet. Insbesondere in folgenden Fällen liegt ein Nicht- beziehungsweise Scheinbeschluss vor:

- „Eigentümerbeschlüsse“, die von einigen Eigentümern bei einer spontanen Zusammenkunft gefasst werden; 825a
- bei der Abstimmung über einen Beschlussantrag werden nur Enthaltungen abgegeben, jedoch keine Ja- oder Nein-Stimmen;[385] 825b

---

380 Ablehnend OLG Düsseldorf ZMR 2006, 459.
381 OLG München NZM 2009, 130.
382 OLG München NZM 2009, 132.
383 BGH NJW 2001, 3339.
384 BGH NJW 2002, 3704.
385 OLG München NZM 2007, 448.

825c – nach Durchführung und Beendigung einer Eigentümerversammlung werden von einigen Eigentümern weitere „Eigentümerbeschlüsse" gefasst;[386]

825d – „Eigentümerbeschlüsse" von Käufern, ohne dass eine werdende oder in Vollzug gesetzte Eigentümergemeinschaft vorliegt;[387]

825e – der Alleineigentümer trifft einen so genannten „Ein-Mann-Beschluss";[388]

825f – der Versammlungsleiter unterlässt die Verkündung des Beschlussergebnisses;

825g – einem Beschlussantrag im schriftlichen Umlaufverfahren gemäß § 23 Abs. 3 WEG stimmen die Eigentümer zwar mehrheitlich, aber nicht einstimmig zu (vgl. Rn. 882).

826 Nichtbeschlüsse entfalten keine Rechtswirkungen und haben keinen beschlussfähigen Inhalt. Eine Anfechtungsklage muss hingegen nicht erhoben werden. Besteht dennoch Streit über das Vorliegen eines Eigentümerbeschlusses, begründet dies für eine Feststellungsklage ein Feststellungsinteresse dahingehend, feststellen zu lassen, dass es sich bei dem strittigen Beschluss nicht um einen Eigentümerbeschluss handelt. Wird jedoch trotz Vorliegens eines Nichtbeschlusses das Zustandekommen eines positiven oder negativen Eigentümerbeschlusses verkündet, wird aufgrund der konstitutiven und inhaltsfixierenden Wirkung der **Beschlussverkündung** aus dem Nichtbeschluss je nach Verkündung ein positiver Eigentümerbeschluss oder ein Negativbeschluss. Mit der Feststellung, dass ein Beschlussantrag angenommen oder abgelehnt worden ist, liegt ein positiver Eigentümerbeschluss bzw. ein Negativbeschluss und somit kein Nichtbeschluss vor. Ob ein Nichtbeschluss oder ein fehlerhafter – nichtiger oder anfechtbarer – Beschluss vorliegt, bestimmt sich also allein nach der Verkündung des Beschlussergebnisses, das heißt danach, ob ein Beschlussergebnis verkündet worden ist, und wenn ja, welches.[389] Wird also trotz Vorliegens eines Nichtbeschlusses das Zustandekommen eines positiven oder negativen Eigentümerbeschlusses verkündet, muss hiergegen zur Wahrung der Rechte innerhalb eines Monats ab Verkündung gemäß §§ 43 Nr. 4, 46 Abs. 1 WEG **Anfechtungsklage** erhoben werden, es sei denn, der verkündete Eigenttümerbeschluss ist ohnehin nichtig.

827 **f) Fehlerhafte Beschlüsse und deren Rechtsfolgen.** Eigentümerbeschlüsse können unter formellen und/oder materiellen Fehlern leiden. Je nachdem, um welchen Fehler es sich dabei handelt, sind unterschiedliche Rechtsfolgen möglich. So kann trotz Vorliegens eines fehlerhaften Beschlusses der Eigentümerbeschluss bestandskräftig werden, wenn dieser Beschluss nicht nichtig ist und nicht innerhalb eines Monats ab Beschlussfassung angefochten wird (vgl. § 46 Abs. 1 Satz 2 WEG) oder wenn die Anfechtungsklage trotz des Fehlers rechtskräftig abgewiesen wird. Der Fehler kann jedoch auch dazu führen, dass einer gegen den Eigentümerbeschluss erhobenen Anfechtungsklage stattgegeben wird und der Beschluss daher durch das Gericht für ungültig erklärt wird. Je nach Art des Fehlers kann dieser sogar zur Nichtigkeit des Eigentümerbeschlusses führen, ohne dass es einer Klageerhebung bedarf. Liegt ein fehlerhafter Beschluss vor, können die Rechtsfolgen also unterschiedlichster Art sein. Welche Rechtsfolge eintritt, hängt im Einzelfall von der Art und der Schwere des Fehlers ab und/oder davon, ob hiergegen Anfechtungsklage erhoben wird und das Gericht den Eigentümerbeschluss rechtskräftig für ungültig erklärt. Dies ergibt sich aus § 23 Abs. 4 WEG.

828 Gemäß § 23 Abs. 4 Satz 1 WEG ist ein Beschluss, der gegen eine Rechtsvorschrift verstößt, auf deren Einhaltung rechtswirksam jedoch nicht verzichtet werden kann, **nichtig**. Im Übrigen ist gemäß § 23 Abs. 4 Satz 2 WEG ein Beschluss gültig, solange er nicht durch rechtskräftiges Urteil für **ungültig** erklärt ist. Mit der Novellierung des Wohnungseigentumsgesetzes zum 1. 7. 2007 ist § 23 Abs. 4 WEG neu formuliert worden. Damit hat der Gesetzgeber Unklarheiten beseitigt, die in der bis zum 1. 7. 2007 geltenden Fas-

---

[386] BayObLG NZM 1998, 1010.

[387] *Deckert* ZMR 2008, 585 (587); *Jennißen/Elzer* Vor §§ 23 bis 25 Rn. 127.

[388] BGH NJW 2002, 3240; BayObLG NJW-RR 2003, 874; OLG München NZM 2006, 347; OLG Düsseldorf ZMR 2006, 463.

[389] BGH NZM 2001, 961; OLG München NZM 2007, 448 (449); *Bärmann/Merle* § 23 Rn. 104.

sung bestanden. Mit der seit dem 1. 7. 2007 geltenden Fassung von § 23 Abs. 4 WEG ist nunmehr klar gestellt, dass ein nichtiger Beschluss stets nichtig ist, auch wenn hiergegen keine Klage erhoben wird. Ferner stellt § 23 Abs. 4 Satz 2 WEG nunmehr klar, dass ein Eigentümerbeschluss so lange gültig ist, bis er rechtskräftig für ungültig erklärt worden ist, das heißt durch die jetzt gewählte positive Formulierung wird klar gestellt, dass bis zur rechtskräftigen Ungültigerklärung eines Eigentümerbeschlusses dessen Gültigkeit angenommen und unterstellt wird. Des Weiteren hat der Gesetzgeber die Reihenfolge in § 23 Abs. 4 WEG geändert, indem nunmehr in Satz 1 die Nichtigkeit behandelt wird und in Satz 2 die Anfechtbarkeit. Nach hier vertretener Auffassung ist dies die richtige Reihenfolge, da die Nichtigkeit eines Eigentümerbeschlusses nur bei einem gravierenden Verstoß vorliegt und daher von sich aus gegeben ist, ohne dass es der Einleitung gerichtlicher Maßnahmen bedarf, während die Ungültigerklärung durch das Gericht nur bei Tätigwerden eines Eigentümers mittels Erhebung einer Anfechtungsklage erreicht werden kann, das heißt die Nichtigkeit ist die gewichtigere und auf Dauer vorliegende Rechtsfolge. Bestätigt wird dies durch § 46 Abs. 2 WEG, wonach das Gericht im Rahmen einer Anfechtungsklage darauf hinzuweisen hat, wenn der angefochtene Beschluss sogar nichtig sein könnte. Mit der seit dem 1. 7. 2007 geltenden Neuformulierung von § 23 Abs. 4 WEG wird der Sinn und Zweck dieser Vorschrift noch stärker hervorgehoben, nämlich **Rechtssicherheit** und **Rechtsklarheit** darüber zu schaffen, ob der gefasste Eigentümerbeschluss rechtsgültig ist oder nicht. Sofern keine Nichtigkeit vorliegen sollte, besteht innerhalb eines Monats ab Beschlussfassung (vgl. § 46 Abs. 1 Satz 2 WEG) immerhin Klarheit darüber, ob der Eigentümerbeschluss bestandskräftig ist oder nicht. Wenn der Beschluss jedoch nichtig ist, besteht kein schutzwürdiges Vertrauen in diesen Beschluss, selbst wenn er nicht oder nicht fristgerecht angefochten worden ist, § 23 Abs. 4 Satz 1 WEG. Zu unterscheiden ist also zwischen nichtigen Beschlüssen einerseits und „nur" anfechtbaren Beschlüssen andererseits.

aa) Nichtige Eigentümerbeschlüsse. Gemäß § 23 Abs. 4 Satz 1 WEG ist ein Beschluss **829** nichtig, wenn er gegen eine Rechtsvorschrift verstößt, auf deren Einhaltung rechtswirksam nicht verzichtet werden kann. Da § 23 Abs. 4 Satz 1 WEG keine beispielhafte Aufzählung enthält, in welchen Fällen von Nichtigkeit auszugehen ist, muss insoweit auf den Allgemeinen Teil des BGB und die einschlägige Rechtsprechung zurückgegriffen werden. Von **Nichtigkeit** ist somit insbesondere dann auszugehen, wenn

- der Beschluss gemäß **§ 134 BGB** gegen ein **gesetzliches Verbot** verstößt, sofern sich aus **830** dem Gesetz nicht etwas anderes ergibt. Ein Verbotsgesetz in diesem Sinne liegt vor, wenn damit das rechtliche „Dürfen" eingeschränkt wird, so zum Beispiel wenn die Durchführung des Beschlusses zu einer Straftat führen würde oder gegen öffentlich-rechtliche Vorschriften verstoßen würde;[390]
- der Beschluss **gegen die guten Sitten** gemäß **§ 138 BGB** verstößt. Ein Verstoß gegen die **831** guten Sitten wäre beispielsweise dann gegeben, wenn durch Eigentümerbeschluss festgelegt werden würde, dass Wohnungen nur an Personen bestimmter Nationalität oder bestimmter Religionszugehörigkeit vermietet werden dürfen. Ist ein Mitglied der Wohnungseigentümergemeinschaft gehbehindert und auf den Rollstuhl angewiesen, ist es sittenwidrig gemäß § 138 BGB, wenn ihm durch Eigentümerbeschluss das Abstellen des Rollstuhls im Treppenhaus untersagt wird.[391] Sittenwidrig sind insbesondere willkürliche oder sachlich völlig unbegründete Regelungen, die gegen das Anstandsgefühl aller billig und gerecht Denkenden verstoßen;
- der Eigentümerbeschluss in den **Kernbereich des Wohnungseigentums** eingreift. Nich- **832** tig wären demnach Beschlüsse, die in das Nutzungsrecht des Wohnungseigentümers eingreifen würden, indem zum Beispiel ein generelles Vermietungsverbot beschlossen wird oder festgelegt wird, mit welchem Oberbelag die Fußböden zu belegen sind oder

---

[390] *Bärmann/Merle* § 23 Rn. 135; *Staudinger/Bub* § 23 Rn. 231.
[391] OLG Düsseldorf ZMR 1984, 161.

mit welcher Farbe die Innenwände zu streichen sind. Auch ein Beschluss, der in den dinglichen Kernbereich eingreift, ist nichtig, so dass durch Beschluss nicht die Miteigentumsanteile geändert werden können oder Sondereigentum in Gemeinschaftseigentum oder Gemeinschaftseigentum in Sondereigentum umgewandelt werden kann;

833 • der Beschluss gegen **unabdingbare Vorschriften** des Wohnungseigentumsgesetzes verstößt. Vorschriften des Wohnungseigentumsgesetzes sind dann unabdingbar, wenn die Wohnungseigentümer hierauf nicht einmal im Wege einer Vereinbarung verzichten können.[392] Dies bedeutet im Umkehrschluss, dass ein Beschluss, der gegen abdingbare Rechtsnormen verstößt, nicht nichtig sondern „nur" anfechtbar ist. Folgende Vorschriften im Wohnungseigentumsgesetz sind unabdingbar und somit zwingend einzuhalten:
- § 11 Abs. 1 Satz 1 und Satz 2 WEG (Unauflöslichkeit der Gemeinschaft) wegen § 11 Abs. 1 Satz 3 WEG;
- § 12 Abs. 2 Satz 1 WEG (Verweigerung der Veräußerungszustimmung nur aus wichtigem Grund);
- § 12 Abs. 4 Satz 1 WEG (Aufhebung der Veräußerungsbeschränkung) wegen § 12 Abs. 4 Satz 2 WEG;
- § 16 Abs. 3 und Abs. 4 WEG (Möglichkeit der Änderung der Kostenverteilerschlüssel) wegen § 16 Abs. 5 WEG;
- § 18 Abs. 1 WEG (Anspruch auf Entziehung des Wohnungseigentums) wegen § 18 Abs. 4 WEG;
- § 20 Abs. 2 WEG (Anspruch auf Bestellung eines Verwalters);
- § 22 Abs. 2 Satz 1 WEG (Beschluss über Modernisierungsmaßnahmen) wegen § 22 Abs. 2 Satz 2 WEG;
- § 26 Abs. 1 Satz 1 bis 4 WEG (Bestellung und Abberufung des Verwalters) wegen § 26 Abs. 1 Satz 5 WEG;
- § 27 Abs. 1 bis 3 WEG (Aufgaben und Befugnisse des Verwalters) wegen § 27 Abs. 4 WEG.

834 Ferner werden als unabdingbar angesehen
- die §§ 1 bis 4 WEG und § 8 WEG;
- § 5 Abs. 2 und Abs. 3 WEG hinsichtlich im Gemeinschaftseigentum stehender Gebäudebestandteile;
- § 6 WEG hinsichtlich der Unselbstständigkeit des Sondereigentums;
- § 23 Abs. 3 WEG hinsichtlich der Abschaffung des schriftlichen Umlaufverfahrens;
- § 23 Abs. 4 WEG, soweit dadurch die Einleitung gerichtlicher Schritte gegen Eigentümerbeschlüsse unmöglich gemacht wird.

835 Wird dennoch ein Eigentümerbeschluss gefasst, der gegen diese unabdingbaren Vorschriften verstößt, ist dieser gemäß § 23 Abs. 4 Satz 1 WEG nichtig;

836 • die Eigentümer einen Beschluss fassen, obwohl für den konkreten Beschlussgegenstand eine **absolute Beschlussunzuständigkeit** besteht. Wegweisend hierfür ist die Entscheidung des BGH vom 20. 9. 2000, das heißt die so genannte „Zitterbeschlussentscheidung".[393] Nach dieser Entscheidung ist ein Eigentümerbeschluss nichtig, wenn der Wohnungseigentümerversammlung hierfür die Beschlusskompetenz nach § 23 Abs. 1 WEG fehlt. Gemäß § 23 Abs. 1 WEG können durch Beschlussfassung solche Angelegenheiten geordnet werden, über die nach dem Wohnungseigentumsgesetz oder nach einer Vereinbarung die Wohnungseigentümer durch Beschluss entscheiden können. Hierzu zählt auch eine Beschlusskompetenz kraft im Wohnungseigentumsgesetz oder in der Teilungserklärung mit Gemeinschaftsordnung vereinbarter Öffnungsklausel. Soweit eine Angelegenheit weder durch das Wohnungseigentumsgesetz noch durch eine Vereinbarung dem Mehrheitsprinzip unterworfen ist, kann eine Regelung nicht

---

[392] BGH NJW 1989, 2059; BayObLG NZM 1998, 1012.
[393] BGH NJW 2000, 3500.

durch Mehrheitsbeschluss getroffen werden. In diesen Angelegenheiten fehlt von vornherein jede Beschlusskompetenz. Die Wohnungseigentümerversammlung ist für die Fassung gesetzes- oder vereinbarungs**ändernder** und gesetzes- oder vereinbarungs**ergänzender** Beschlüsse absolut unzuständig. Ein dennoch gefasster Mehrheitsbeschluss ist von Anfang an nichtig. Für vereinbarungs**ersetzende** und vereinbarungs**widrige** Beschlüsse hat der BGH hingegen eine Beschlusskompetenz anerkannt.

- Vereinbarungs**ersetzende** Beschlüsse treffen Regelungen in Angelegenheiten des Gebrauchs (Gebrauchsregelungen im Sinne von § 15 Abs. 2 WEG), der Verwaltung (Verwaltungsregelungen im Sinne von § 21 Abs. 3 WEG) oder haben bauliche Veränderungen im Sinne von § 22 Abs. 1 WEG zum Inhalt. Hier räumt das Gesetz den Wohnungseigentümern ausdrücklich die Beschlusskompetenz ein. Die Eigentümerversammlung ist also nicht von vornherein für eine Beschlussfassung unzuständig. Prüfungsmaßstab für solche Beschlüsse ist die Ordnungsmäßigkeit der Verwaltung, das heißt solche Beschlüsse dürfen nicht über die Ordnungsgemäßheit des Gebrauchs, der Verwaltung und der Instandhaltung/Instandsetzung hinausgehen. Sollte dies jedoch der Fall sein, muss dies im Wege der Anfechtungsklage geltend gemacht werden. Ein Mehrheitsbeschluss, der nicht mehr einem ordnungsgemäßen Gebrauch oder einer ordnungsgemäßen Verwaltung entspricht, wird gemäß §§ 23 Abs. 4 Satz 2, 46 Abs. 1 Satz 2 WEG bestandskräftig, wenn er nicht innerhalb eines Monats ab Beschlussfassung angefochten wird. Nichtig ist er deswegen aber nicht.
- Gleiches gilt für vereinbarungs**widrige** Beschlüsse, die eine Vereinbarung nicht ändern, im Einzelfall aber gegen sie verstoßen, so zum Beispiel wenn die Wohnungseigentümer in einer konkreten Jahresabrechnung von einem vereinbarten Kostenverteilungsschlüssel mit Stimmenmehrheit abweichen.
- Gesetzes- oder vereinbarungs**ändernde** Beschlüsse liegen hingegen vor, wenn eine abstrakt-generelle Dauerregelung getroffen wird und nicht nur eine konkret-individuelle Einzelfallentscheidung. An die Stelle der bisherigen Vereinbarung oder des Gesetzes soll dauerhaft eine hiervon abweichende Regelung treten.

Vor diesem Hintergrund sind insbesondere **folgende Eigentümerbeschlüsse** wegen ab- **837**
soluter Beschlussunzuständigkeit **nichtig:**

- Beschlüsse über Begründung, Aufhebung oder Beschränkung eines vereinbarten Sondernutzungsrechts;[394]
- Änderung der Zweckbestimmung einer Einheit (zum Beispiel Änderung der Zweckbestimmung „Laden“ in „Gaststätte“) oder Umwandlung von Wohnungseigentum in Teileigentum oder umgekehrt;
- nachträgliche Einführung einer Öffnungsklausel durch Eigentümerbeschluss;
- Umwandlung von Gemeinschaftseigentum in Sondereigentum oder umgekehrt;
- Beschlüsse zu Lasten Dritter, wie zum Beispiel ein Beschluss, wonach der Ersteher einer Wohnung durch Zuschlagsbeschluss in der Zwangsversteigerung für die Hausgeldrückstände des Rechtsvorgängers haften soll;[395]
- Beschluss über eine dauerhafte Änderung des Verteilerschlüssels für Kosten der Instandhaltung oder Instandsetzung im Sinne von § 21 Abs. 5 Nr. 2 WEG oder für bauliche Veränderungen oder Aufwendungen im Sinne von § 22 Abs. 1 und Abs. 2 WEG, weil gemäß § 16 Abs. 4 WEG ein abweichender Kostenverteilungsschlüssel nur für jeden Einzelfall beschlossen werden kann;
- der Beschluss, dass abweichend von § 25 Abs. 3 WEG jede Versammlung beschlussfähig ist;
- der Beschluss, dass abweichend von § 25 Abs. 4 Satz 1 WEG die Zweitversammlung am selben Tag kurze Zeit nach der beschlussunfähigen Erstversammlung durchgeführt werden kann (zum Beispiel eine halbe Stunde später);

---

[394] BGH NJW 2000, 3500.
[395] BGH ZMR 1987, 273; BayObLG RPfleger 1984, 428.

- ein Beschluss über die Änderung der nach dem Gesetz (§ 25 Abs. 2 WEG) oder nach der Teilungserklärung mit Gemeinschaftsordnung geltenden Stimmkraft;
- Beschluss über die Änderung des Wirtschaftsjahres;[396]
- Verzicht auf die Mindestanforderungen an den Wirtschaftsplan;[397]
- nachträgliche Einführung der Ladungsfiktion durch Eigentümerbeschluss;[398]
- Verzicht auf die Genehmigungsbedürftigkeit von Einzelwirtschaftsplänen und Einzelabrechnung (wegen Verstoßes gegen § 28 Abs. 5, Abs. 1 Satz 2 Nr. 2 WEG);[399]
- Beschluss über eine generelle Fortgeltungsklausel für jeden Wirtschaftsplan;[400]
- ein Eigentümerbeschluss, der darauf gerichtet ist, den Entschädigungsanspruch eines Wohnungseigentümers gemäß § 14 Nr. 4 2. Halbsatz WEG zu vernichten;[401]
- Beschluss über den Entzug des Stimmrechts eines Eigentümers für die Dauer eines anhängigen Rechtsstreits.[402]

838 Diese Auflistung ist nicht abschließend, sondern zählt nur einige Einzelfälle aus der Rechtsprechung auf. In diesen Fällen besteht eine absolute Beschlussunzuständigkeit und somit eine fehlende Beschlusskompetenz, so dass entsprechende Eigentümerbeschlüsse von Anfang an nichtig sind.

839 • ein Beschluss zu **unbestimmt** ist. Lässt ein Beschluss mangels Bestimmtheit oder aufgrund inhaltlicher Widersprüchlichkeit eine durchführbare Regelung nicht erkennen, ist er ebenfalls nichtig.[403] In diesen Fällen fehlt es an einer vollziehbaren Regelung. Ob ein Eigentümerbeschluss noch hinreichend bestimmt ist oder aber zu unbestimmt ist, ist durch Auslegung zu ermitteln. Lässt der Eigentümerbeschluss noch eine durchführbare Regelung erkennen, ist er nicht nichtig, sondern im Falle der Erhebung einer Anfechtungsklage allenfalls für ungültig zu erklären.[404]

840 Von dem nichtigen Beschluss ist der **unwirksame Beschluss** zu unterscheiden. Ein unwirksamer Beschluss liegt beispielsweise vor, wenn der Versammlungsleiter die konstitutiv und inhaltsfixierend wirkende Verkündung des Beschlussergebnisses unterlässt.[405] In diesem Fall kann gemäß § 43 Nr. 4 WEG Klage auf eine gerichtliche Feststellung des Beschlussergebnisses erhoben werden. Erst mit Rechtskraft der gerichtlichen Entscheidung wird der Beschluss endgültig wirksam.[406] Ferner kann ein unwirksamer Beschluss vorliegen, wenn eine in der Teilungserklärung mit Gemeinschaftsordnung vereinbarte Wirksamkeitsvoraussetzung noch nicht erfüllt ist, wie etwa die Protokollierung eines Beschlusses. Ein unwirksamer Beschluss entfaltet – so wie ein nichtiger Beschluss – keine Rechtswirkungen, solange er auch tatsächlich unwirksam ist. Ist ein Eigentümerbeschluss hingegen nur „schwebend" unwirksam, entfaltet er ab Wirksamkeit die entsprechenden Rechtswirkungen.

841 Einen weiteren Sonderfall stellt die spontane Zusammenkunft einiger Eigentümer dar, bei welcher sodann „Eigentümerbeschlüsse" gefasst werden. Die auf solch einer Versammlung gefassten „Beschlüsse" sind als **Nichtbeschlüsse** zu behandeln, die nicht innerhalb der Monatsfrist des § 46 Abs. 1 Satz 2 WEG angefochten werden müssen (vgl. Rn. 543, 623 und 825 bis 825 f.).

842 *bb) Anfechtbare Eigentümerbeschlüsse.* Von den nichtigen Beschlüssen sind die „nur" anfechtbaren Eigentümerbeschlüsse zu unterscheiden. Ist ein fehlerhafter Eigentümerbe-

---

[396] *Wenzel* ZWE 2001, 226.
[397] *Wenzel* ZWE 2001, 226.
[398] *Wenzel* ZWE 2001, 226.
[399] BayObLG FGPrax 2005, 59.
[400] KG ZMR 2005, 221; BayObLG ZMR 2003, 279; OLG Düsseldorf NZM 2003, 810.
[401] OLG Düsseldorf ZMR 2006, 459.
[402] OLG Köln NZM 1999, 846.
[403] BGH NJW 1998, 3713; OLG Hamburg ZMR 2001, 725.
[404] BayObLG ZWE 2002, 583.
[405] BGH NJW 2002, 3704.
[406] BGH NJW 2001, 3339.

schluss gefasst worden und führt dieser Fehler nicht zur Nichtigkeit des Eigentümerbeschlusses, muss gegen den Eigentümerbeschluss im gerichtlichen Verfahren gemäß §§ 43 Nr. 4, 46 WEG Anfechtungsklage erhoben werden, wenn ein Eigentümer diesen Fehler bzw. den fehlerhaft zustande gekommenen Beschluss nicht akzeptieren möchte. Ein Eigentümerbeschluss ist dann fehlerhaft, wenn er unter formellen und/oder materiellen Mängeln leidet.

- Ein Eigentümerbeschluss kann unter folgenden **formellen Mängeln** leiden: 843
  - Häufig kommt es zu folgenden **Einberufungsmängeln:** 843a

    Die Eigentümerversammlung wird von einem hierzu **Unbefugten** einberufen (vgl. Rn. 544 bis 547 und Rn. 625);
    ein Wohnungseigentümer wird nicht zur Eigentümerversammlung geladen oder das Einladungsschreiben geht auf dem Postweg verloren (**fehlender Zugang,** vgl. Rn. 548 bis 558 und Rn. 626);
    der **Inhalt** des Einladungsschreibens ist **unzureichend,** weil zum Beispiel der Versammlungsort nicht zutreffend oder eine falsche Versammlungszeit angegeben worden ist (vgl. Rn. 629);
    die Einberufung genügt nicht den vereinbarten Formvorschriften, so dass ein Formverstoß vorliegt (vgl. Rn. 563 bis 565 und Rn. 630);
    es wird die **Ladungsfrist** von zwei Wochen gemäß § 24 Abs. 4 Satz 2 WEG oder die in der Teilungserklärung mit Gemeinschaftsordnung vereinbarte Einberufungsfrist unterschritten (vgl. Rn. 566 bis 568 und 631);
    ein Beschlussgegenstand wird in der **Tagesordnung** nicht oder nur ungenügend angekündigt (vgl. Rn. 566 bis 614 und 632 bis 635);
    im Einberufungsschreiben wird ein **Versammlungsort** bekannt gegeben, der für die durchzuführende Eigentümerversammlung ungeeignet ist (vgl. Rn. 615 bis 619 und Rn. 632);
    im Einberufungsschreiben wird eine **Versammlungszeit** festgelegt, die es einigen Eigentümern nicht ermöglicht, an der Versammlung teilzunehmen (vgl. Rn. 620 f. und Rn. 638).

    Hinsichtlich der **Rechtsfolgen** gilt folgendes: Einberufungsmängel führen ganz überwiegend nicht zur Nichtigkeit der in der Eigentümerversammlung gefassten Eigentümerbeschlüsse, sondern allenfalls zur Anfechtbarkeit. Sie führen bei Erhebung einer Anfechtungsklage nur dann zur Ungültigerklärung der gefassten Beschlüsse, wenn sich der Fehler auch tatsächlich auf den angegriffenen Beschluss ausgewirkt hat, wenn also der Fehler für den zustande gekommenen Beschluss ursächlich (= **kausal**) war. Macht der Kläger im Rahmen einer Beschlussanfechtungsklage einen formellen Fehler geltend, tragen die Beklagten die **Beweislast** dafür, dass sich der formelle Fehler nicht auf die angefochtenen Beschlüsse ausgewirkt hat. Um die Formvorschriften nicht ins Leere laufen zu lassen und zur Bedeutungslosigkeit zu degradieren, ist insoweit ein strenger Prüfungsmaßstab anzulegen, das heißt die unter Berufung auf einen formellen Fehler angefochtenen Beschlüsse dürfen wegen dieses Fehlers nur dann nicht für ungültig erklärt werden, wenn mit an Sicherheit grenzender Wahrscheinlichkeit feststeht, dass die angefochtenen Beschlüsse auch ohne den formellen Fehler in gleicher Weise gefasst worden wären.[407]
  - Bei Durchführung der Eigentümerversammlung kann es ebenfalls zu formellen Fehlern kommen. Beispielhaft sei an folgende **„Durchführungsmängel"** oder **„Durchführungsfehler"** zu denken: 843b

    Fehlerhafte **Geschäftsordnungsbeschlüsse** können zu einer Anfechtbarkeit der in der Eigentümerversammlung gefassten Eigentümerbeschlüsse führen, wenn etwa durch Geschäftsordnungsbeschluss die **Redezeit** unangemessen eingeschränkt werden

[407] OLG Hamm WE 1996, 33; KG ZMR 1997, 487; KG NZM 1999, 850; OLG Köln ZMR 2004, 299.

sollte, ein unfähiger **Versammlungsleiter** bestimmt werden sollte oder der Grundsatz der **Nichtöffentlichkeit einer Eigentümerversammlung** aufgehoben wird (vgl. Rn. 680 und 712);
wird eine Eigentümerversammlung durchgeführt, obwohl diese **beschlussunfähig** ist, leiden die in der beschlussunfähigen Eigentümerversammlung gefassten Eigentümerbeschlüsse ebenfalls an einem formellen Fehler (vgl. Rn. 711 ff.);
Verstöße gegen § 25 Abs. 2 WEG (= **Stimmrecht, Stimmkraft, gemeinschaftliche Ausübung des Stimmrechts**) begründen ebenfalls einen formellen Fehler (Rn. 747 bis 752);
die falsche Anwendung von § 25 Abs. 5 WEG (**Stimmrechtsverbot**) führt ebenfalls zu einem formellen Fehler (vgl. Rn. 785 bis 789).
Hinsichtlich der **Rechtsfolgen** bei Durchführungsmängeln gilt das selbe wie bei Einberufungsmängeln.

843c – **Verkündungsfehler** führen ebenfalls zur Anfechtbarkeit des entsprechenden Beschlusses. Wird das Zustandekommen eines positiven Mehrheitsbeschlusses verkündet, obwohl die hierfür erforderliche einfache oder gegebenenfalls (doppelte) qualifizierte Mehrheit nicht erreicht worden ist, ist dieser fehlerhaft verkündete Eigentümerbeschluss im Falle der Erhebung einer Anfechtungsklage **für ungültig zu erklären,** sofern der Kläger diesen Anfechtungsgrund innerhalb der zweimonatigen Begründungsfrist des § 46 Abs. 1 Satz 2 WEG auch tatsächlich rügt.[408] Gleiches gilt, wenn der Versammlungsleiter das Zustandekommen eines Negativbeschlusses verkündet, obwohl zum Beispiel weder Ja- noch Nein-Stimmen abgegeben worden sind, so dass eigentlich überhaupt kein Beschluss zustande gekommen ist.[409] Entspricht das festgestellte und verkündete Beschlussergebnis nicht den tatsächlichen und rechtlichen Verhältnissen, begründet dies selbst dann „nur" einen Anfechtungsgrund, wenn bei richtiger Auszählung und richtiger Würdigung des Beschlussergebnisses hätte festgestellt werden müssen, dass kein Beschluss gefasst worden ist.
Fraglich ist, welche **Klageanträge** bei der Geltendmachung eines Verkündungsfehlers zu stellen sind. Um zunächst die konstitutive und inhaltsfixierende Wirkung der fehlerhaften Beschlussverkündung zu beseitigen, muss gegen diesen fehlerhaft verkündeten Eigentümerbeschluss innerhalb eines Monats ab Beschlussfassung gemäß § 46 Abs. 1 Satz 2 WEG **Anfechtungsklage** erhoben werden, um zu erreichen, dass der fehlerhaft verkündete Eigentümerbeschluss für ungültig erklärt wird, vgl. § 23 Abs. 4 Satz 2 WEG. Diese Ungültigerklärung führt jedoch nicht automatisch dazu, dass das Gericht das fehlerhaft verkündete Beschlussergebnis durch das zutreffende Beschlussergebnis ersetzt. Vielmehr ist hierfür ein weiterer Klageantrag in Form eines **Feststellungsantrags** erforderlich, mit dem Ziel, durch das Gericht das aus Sicht des Klägers tatsächlich vorliegende Beschlussergebnis feststellen zu lassen.[410] Verkündet der Versammlungsleiter beispielsweise aufgrund eines Auszählungsfehlers die mehrheitliche Ablehnung eines Beschlussantrags, obwohl bei diesem Beschlussantrag mehr Ja-Stimmen abgegeben worden sind als Nein-Stimmen und der Beschlussantrag einen Gegenstand zum Inhalt hat, über den mit einfacher Stimmenmehrheit beschlossen werden kann, so muss gegen diesen Negativbeschluss innerhalb eines Monats ab Beschlussfassung Anfechtungsklage erhoben werden, um die konstitutive und inhaltsfixierende Wirkung dieser fehlerhaften Beschlussverkündung zu beseitigen. Gleichzeitig kann Feststellungsklage erhoben werden mit dem Antrag, festzustellen, dass ein positiver Eigentümerbeschluss zustande gekommen ist. Umstritten ist dabei der **Prüfungsumfang des Gerichts,** das heißt fraglich ist, ob das Gericht aufgrund des Feststellungsantrags bereits dann das Zustandekommen eines positiven Mehrheits-

[408] BGH NJW 2009, 999; BGH NJW 2009, 2132.
[409] OLG München NJW-RR 2007, 1096.
[410] BGH NJW 2002, 3704; BayObLG NZM 2003, 444; OLG München ZMR 2007, 480.

beschlusses feststellen kann, wenn feststeht, dass die Ja-Stimmen die Nein-Stimmen tatsächlich übertroffen haben oder ob das Gericht diese positive Feststellung erst dann treffen kann, wenn zusätzlich feststeht, dass der Eigentümerbeschluss auch in materiell-rechtlicher Hinsicht rechtmäßig ist. Zum Teil wird die Auffassung vertreten, das Gericht könne nur dann das Zustandekommen eines positiven Mehrheitsbeschlusses feststellen, wenn zum einen die erforderliche Mehrheit erreicht worden ist und zum anderen der Eigentümerbeschluss auch inhaltlich nicht zu beanstanden ist und somit materiell-rechtlich rechtmäßig ist.[411] Nach anderer Auffassung muss das Gericht bereits dann dem Feststellungsantrag stattgeben und das Zustandekommen eines positiven Eigentümerbeschlusses verkünden, wenn feststeht, dass die erforderliche Anzahl an Ja-Stimmen erreicht worden ist; mit Eintritt der Rechtskraft gilt der Eigentümerbeschluss als gefasst, so dass ab diesem Moment die einmonatige Beschlussanfechtungsfrist zu laufen beginnen soll.[412] Nach hier vertretener Auffassung kann das Gericht im Rahmen der Feststellungsklage nicht gleichzeitig über die materiell-rechtliche Rechtmäßigkeit des Beschlusses befinden und entscheiden. Klageziel des Klägers ist es, das fehlerhaft verkündete Beschlussergebnis gegen das aus seiner Sicht zutreffende Beschlussergebnis auszuwechseln. Wird beispielsweise das Zustandekommen eines Negativbeschlusses verkündet, obwohl bei zutreffender Auszählung und Auswertung das Zustandekommen eines positiven Mehrheitsbeschlusses hätte verkündet werden müssen, ist das Ziel des hiergegen klagenden Eigentümers die Beseitigung des fehlerhaft verkündeten Negativbeschlusses und die Ersetzung dieses fehlerhaft verkündeten Negativbeschlusses gegen den tatsächlich zustande gekommenen positiven Mehrheitsbeschluss. Mehr möchte der Kläger gar nicht erreichen. Insbesondere ist es nicht der Wunsch und das Ziel des Klägers, dass das Gericht den Eigentümerbeschluss, dessen Zustandekommen er festgestellt wissen möchte, auch inhaltlich auf die materiell-rechtliche Rechtmäßigkeit überprüft. Wäre das Gericht hierzu berechtigt oder gar verpflichtet, müsste der Kläger erheblich mehr Sach- und Rechtsvortrag liefern, um die von ihm beantragte Feststellung auch tatsächlich zu erhalten. Damit wird der Kläger jedoch in eine aktive Rolle mit Bringschuld gedrängt, die er nicht hätte, wenn der Versammlungsleiter bei der Verkündung des Beschlussergebnisses keinen Fehler begangen hätte. Ferner muss den Wohnungseigentümern nach erstmaliger Feststellung des positiven Beschlussergebnisses die Möglichkeit zustehen, selbst darüber zu entscheiden, ob der positiv zustande gekommene Mehrheitsbeschluss überhaupt angegriffen wird oder gegebenenfalls akzeptiert wird. Diese Möglichkeit würde das Gericht den Wohnungseigentümern nehmen, wenn es (ungefragt und unaufgefordert) zugleich auch über die materiell-rechtliche Rechtmäßigkeit des streitgegenständlichen Eigentümerbeschlusses befinden würde.

Wird das Zustandekommen eines positiven Mehrheitsbeschlusses verkündet, obwohl die hierfür erforderliche einfache oder gegebenenfalls (doppelte) qualifizierte Mehrheit nicht erreicht worden ist und wird dieser fehlerhaft verkündete Eigentümerbeschluss nicht angefochten, wird er bestandskräftig, sofern er nicht nichtig ist. Das Erreichen der erforderlichen einfachen oder gegebenenfalls (doppelt) qualifizierten Mehrheit stellt kein Wirksamkeitserfordernis dar.[413]

– Verkündungsfehler kommen häufig auch bei Beschlüssen über **bauliche Veränderungen** gemäß § 22 Abs. 1 WEG vor. Soll über die Vornahme oder Genehmigung einer baulichen Veränderung abgestimmt werden, ist vom Versammlungsleiter vorab zu prüfen, zu klären und festzustellen, welche Eigentümer durch die bauliche Veränderung gemäß § 14 Nr. 1 WEG nachteilig beeinträchtigt werden. Werden die Rechte eines Eigentümers durch die bauliche Veränderung über das in § 14 Nr. 1 WEG be- 843d

[411] OLG München ZMR 2007, 221; *Spielbauer/Then* § 23 Rn. 39.
[412] *Deckert* ZMR 2008, 594; *Müller*, FS Deckert, S. 255 ff.
[413] Vgl. LG München I ZMR 2008, 915.

stimmte Maß hinaus beeinträchtigt und liegt dessen Zustimmung nicht vor, weil er entweder an der Eigentümerversammlung nicht teilnimmt oder gegen die bauliche Veränderung stimmt, müsste der Versammlungsleiter konsequenter Weise den Beschlussantrag als nicht angenommen verkünden. Wird jedoch der Beschlussantrag als mehrheitlich angenommen verkündet, weil die Ja-Stimmen die Nein-Stimmen überwiegen, liegt trotz der fehlenden Zustimmung des betroffenen Wohnungseigentümers ein positiver Mehrheitsbeschluss über die Vornahme bzw. Genehmigung der baulichen Veränderung vor. Möchte sich ein Eigentümer, dessen erforderliche Zustimmung zu der baulichen Veränderung nicht vorliegt, gegen diesen Eigentümerbeschluss wehren, muss er hiergegen innerhalb eines Monats ab Beschlussfassung Klage erheben, § 46 Abs. 1 Satz 2 WEG.

Entsprechendes gilt für den umgekehrten Fall. Sollte der Versammlungsleiter den Antrag über die Vornahme oder Genehmigung einer baulichen Veränderung als nicht angenommen verkünden, weil eine aus seiner Sicht erforderliche Zustimmung eines Eigentümers fehlt, dessen Zustimmung jedoch gar nicht benötigt wird, da er durch die bauliche Veränderung nicht über das in § 14 Nr. 1 WEG bestimmte Maß hinaus beeinträchtigt wird, sollte der Eigentümer, der die bauliche Veränderung wünscht, gegen den Negativbeschluss Anfechtungsklage erheben und zugleich Feststellungsklage erheben mit dem Antrag, festzustellen, dass zu der baulichen Veränderung die Zustimmung von den Eigentümern, die ihre Zustimmung bisher nicht erteilt haben, nicht benötigt wird.

844 • Ein Eigentümerbeschluss kann auch unter **inhaltlichen Mängeln** leiden: Ein inhaltlicher Mangel, der nicht zur Nichtigkeit des Eigentümerbeschlusses führt, führt im Falle der Anfechtung des Eigentümerbeschlusses zu dessen **Ungültigerklärung.** Ein materiell-rechtlicher Fehler liegt dann vor, wenn der Beschlussinhalt nicht ordnungsgemäßer Verwaltung entspricht, § 21 Abs. 3 WEG. Ein Eigentümerbeschluss entspricht dann **nicht ordnungsmäßiger Verwaltung,** wenn er seinem Inhalt nach gegen eine abdingbare Rechtsvorschrift oder gegen die Gemeinschaftsordnung der Wohnungseigentümer verstößt. Aus der Rechtsprechung sind dabei folgende **Beispiele** zu nennen:

- Dem Verwalter oder den Mitgliedern des Verwaltungsbeirats wird durch Beschluss Entlastung erteilt, obwohl Schadensersatzansprüche bestehen könnten;[414]
- in der durch Beschluss genehmigten Einzelabrechnung werden falsche Kostenverteilungsschlüssel in Ansatz gebracht;
- ein Verwalter oder Mitglieder des Verwaltungsbeirats werden weiterbestellt, obwohl ein wichtiger Grund gegen die Weiterbestellung vorliegt;[415]
- es wird ein nicht ordnungsgemäßer Gebrauch des gemeinschaftlichen Eigentums im Sinne von § 15 Abs. 2 WEG beschlossen;[416]
- ein Beschluss lässt im Wege der Auslegung zwar noch eine durchführbare Regelung erkennen, der Inhalt des Beschlusses ist aber dennoch nicht hinreichend und klar bestimmt;[417]
- der Inhalt des Beschlusses verstößt gegen Treu und Glauben gemäß § 242 BGB;[418]
- es wird die gerichtliche Geltendmachung eines Anspruchs beschlossen, der offensichtlich nicht besteht;[419]

---

[414] BGH NJW 2003, 3124; BGH NJW 2003, 3554; OLG Hamburg ZMR 2003, 772.

[415] BayObLG NZM 2001, 754; BayObLG NZM 2001, 672; BayObLG ZWE 2002, 360; HansOLG Hamburg ZMR 2005, 71; OLG Düsseldorf ZMR 2006, 144; OLG München ZMR 2007, 807; OLG München DWE 2006, 71.

[416] BayObLG WE 1988, 143; KG WE 1991, 327.

[417] BayObLG ZWE 2002, 583.

[418] BayObLG ZMR 1980, 186; BayObLG ZMR 1997, 478; BayObLG NZM 1998, 442.

[419] OLG München ZMR 2005, 907.

- es wird der Verzicht auf einen Anspruch beschlossen, obwohl dieser offensichtlich besteht;[420]
- Beschluss über vorbehaltlose Auszahlung eines Werklohns, obwohl das Gewerk noch nicht abgenommen worden ist und der Werklohn nicht oder zumindest nicht in der verlangten Höhe geschuldet wird;[421]
- Beschluss über die Aufnahme eines Darlehens zur Finanzierung einer Instandsetzungsmaßnahme.[422]

cc) Rechtsfolgen nichtiger und für ungültig erklärter Eigentümerbeschlüsse. Auch bei den Rechtsfolgen fehlerhafter Eigentümerbeschlüsse ist zwischen nichtigen Beschlüssen einerseits und „nur" anfechtbaren Eigentümerbeschlüssen andererseits zu unterscheiden: 845

- Ein **nichtiger Beschluss** bindet nicht. Ein nichtiger Beschluss ist von Anfang an absolut unwirksam, ohne dass es hierüber einer gerichtlichen Entscheidung bedarf. Sollte jedoch Streit über die Wirksamkeit dieses Beschlusses bestehen, begründet dies ein Feststellungsinteresse für eine **Feststellungsklage**, das heißt mittels Feststellungsklage kann ein Eigentümer durch das Gericht feststellen lassen, dass der Eigentümerbeschluss nichtig ist. Da jedoch die Nichtigkeit von Anfang an besteht, hat ein entsprechendes Feststellungsurteil lediglich deklaratorische Bedeutung. 846

  Die Nichtigkeit kann von jedem Eigentümer jederzeit geltend gemacht werden. Die einmonatige Klagefrist des § 46 Abs. 1 Satz 2 WEG gilt nicht.[423] 847

  Nur im Ausnahmefall des **§ 48 Abs. 4 WEG** kommt eine **Heilung** der Nichtigkeit in Betracht. Erhebt ein Eigentümer gegen einen Eigentümerbeschluss Anfechtungsklage und wird die Anfechtungsklage durch Gerichtsurteil als unbegründet abgewiesen, kann gemäß § 48 Abs. 4 WEG später nicht mehr geltend gemacht werden, der Eigentümerbeschluss sei nichtig. Durch eine rechtskräftige Abweisung einer Anfechtungsklage wird ein nichtiger Beschluss also wirksam. Unter Umständen könnte damit die Heilung eines eigentlich nichtigen Beschlusses vorsätzlich herbeigeführt werden. Wird zum Beispiel gegen einen nichtigen Beschluss innerhalb der einmonatigen Anfechtungsfrist des § 46 Abs. 1 Satz 2 WEG Anfechtungsklage erhoben und wird „versehentlich" die materiell-rechtliche Ausschluss- und Begründungsfrist des § 46 Abs. 1 Satz 2 WEG versäumt, ist die Anfechtungsklage wegen Versäumung der Begründungsfrist als unbegründet abzuweisen. Dies hätte gemäß § 48 Abs. 4 WEG eine Heilung der Nichtigkeit zur Folge. Um dies zu vermeiden, bedarf es einer teleologischen Reduktion von § 48 Abs. 4 WEG, das heißt § 48 Abs. 4 WEG ist einschränkend dahingehend auszulegen, dass der Einwand der Nichtigkeit später nur dann nicht mehr erhoben werden kann, wenn der Eigentümerbeschluss einer inhaltlichen Überprüfung durch das Gericht unterzogen worden ist und das Gericht sodann die Anfechtungsklage als unbegründet abgewiesen hat. Hat hingegen durch das Gericht keine Überprüfung des angefochtenen Eigentümerbeschlusses stattgefunden, weil etwa die Klagefrist oder die Begründungsfrist versäumt worden ist, der Kläger im Verhandlungstermin säumig war oder der Kläger nicht gemäß § 46 Abs. 1 Satz 1 WEG die übrigen Wohnungseigentümer klageweise in Anspruch genommen hat, sondern die teilrechtsfähige Wohnungseigentümergemeinschaft, entfaltet das klageabweisende Urteil keine Präklusionswirkung hinsichtlich bestehender Nichtigkeitsgründe, das heißt, in diesen Fällen kann sich ein Eigentümer trotz der Abweisung einer Anfechtungsklage als unbegründet später auf die Nichtigkeit des Eigentümerbeschlusses berufen. 848

  Liegt ein einheitlicher, jedoch teilbarer Eigentümerbeschluss vor und ist nur ein Teil des Eigentümerbeschlusses nichtig, besteht gemäß **§ 139 BGB** die Vermutung, dass der ge- 849

---

[420] OLG Düsseldorf ZMR 2000, 243.
[421] KG NJW-RR 2008, 427.
[422] BayObLG NJW-RR 2006, 20.
[423] BGH NJW 1989, 2059; BayObLG NJW-RR 1989, 526.

samte Eigentümerbeschluss nichtig ist. Etwas anderes gilt gemäß § 139 BGB nur, wenn anzunehmen ist, dass der gültige Teil des Beschlusses auch ohne den nichtigen Teil des Beschlusses gefasst worden wäre (**Teilnichtigkeit**).[424] Zwingende Voraussetzung hierfür ist jedoch, dass der nicht nichtige Teil des Eigentümerbeschlusses als selbstständige und sinnvolle Regelung Bestand haben kann.

850 • Ein **anfechtbarer Beschluss** ist gemäß § 23 Abs. 4 Satz 2 WEG erst und nur dann ungültig, wenn er durch rechtskräftiges Urteil für ungültig erklärt worden ist. Bei einem anfechtbaren Beschluss gibt es also zwei denkbare Rechtsfolgen; entweder wird die Anfechtungsklage abgewiesen oder der Anfechtungsklage wird stattgegeben und der Eigentümerbeschluss wird für ungültig erklärt. Wird das Urteil, mit dem der Eigentümerbeschluss für ungültig erklärt worden ist, rechtskräftig, ist der angefochtene Eigentümerbeschluss gemäß entsprechender Anwendung von §§ 10 Abs. 4, 48 Abs. 3 WEG mit Wirkung für und gegen alle Eigentümer, deren Rechtsnachfolger sowie den beigeladenen Verwalter von Anfang an (**ex tunc**) als ungültig anzusehen.[425]

851 Die Erhebung einer Anfechtungsklage gemäß § 46 Abs. 1 WEG hat **keine aufschiebende Wirkung.** Bis zur rechtskräftigen Ungültigerklärung entfaltet der angefochtene Eigentümerbeschluss also Rechtswirkungen, das heißt der Verwalter hat den Eigentümerbeschluss trotz Anfechtung durchzuführen (§ 27 Abs. 1 Nr. 1 WEG), so dass er beispielsweise trotz Anfechtung des Abrechnungsgenehmigungsbeschlusses einen sich aus der Einzelabrechnung ergebenden Fehlbetrag beizutreiben hat. Diese aufschiebende Wirkung während der Dauer des Anfechtungsverfahrens könnte allenfalls mit einem entsprechenden **Antrag auf Erlass einer einstweiligen Verfügung** gemäß §§ 935 ff. ZPO herbeigeführt werden. Dies dürfte jedoch nur in Ausnahmefällen gelingen. Soll durch eine einstweilige Regelungsverfügung gemäß § 940 ZPO die Vollziehung des angefochtenen Eigentümerbeschlusses einstweilen gestoppt werden, hat ein entsprechender Verfügungsantrag nur dann Erfolg, wenn dies zur Abwendung wesentlicher Nachteile nötig erscheint. Erforderlich ist eine Abwägung der schutzwürdigen Interessen beider Seiten. Im Rahmen dieser Abwägung ist die Regelung des § 23 Abs. 4 Satz 2 WEG von entscheidender Bedeutung. Die Regelung ist nicht reiner Selbstzweck. Ihr liegt vielmehr die Grundwertung des Gesetzgebers zu Grunde, dass wirksame Mehrheitsbeschlüsse zunächst einmal von allen Miteigentümern zu beachten sind. Bis zu einer rechtskräftigen Ungültigerklärung ist der Beschluss für sämtliche Eigentümer, deren Sondernachfolger und den Verwalter gültig, das heißt die Gültigkeit des Beschlusses wird bis zu einer rechtskräftigen Entscheidung vermutet. Diese Regelung des § 23 Abs. 4 Satz 2 WEG geht den allgemeinen Regeln des BGB oder der ZPO als lex speciales vor. Dies ergibt sich aus allgemeinen Rechtsgrundsätzen (lex speciales derogat legi generali) sowie aus § 10 Abs. 2 WEG. Die spezialgesetzliche Regelung darf deshalb nicht durch eine zu weitgehende Anwendung der §§ 935 ff. ZPO in ihr Gegenteil verkehrt werden. Genau dies wäre aber der Fall, wenn man gemäß §§ 935 ff. ZPO einen angefochtenen Beschluss für die Dauer des schwebenden Anfechtungsverfahrens grundsätzlich außer Vollzug setzen würde. Die Regel des § 23 Abs. 4 Satz 2 WEG würde somit zur Ausnahme. Richtig ist daher die umgekehrte Herangehensweise. Eine Außervollzugsetzung gemäß §§ 935 ff. ZPO kann nur dann erfolgen, wenn glaubhaft gemacht werden kann, dass im konkreten Einzelfall ausnahmsweise die Interessen der Antragsteller überwiegen. Nur so wird der gesetzgeberischen Grundentscheidung in § 23 Abs. 4 Satz 2 WEG, die Gültigkeit des Eigentümerbeschlusses bis zu einer rechtskräftigen Ungültigerklärung zu vermuten, Rechnung getragen.[426]

852 Erhebt ein Eigentümer nur gegen einen Teil eines Beschlusses Anfechtungsklage (Teilanfechtung), indem er beispielsweise den Abrechnungsgenehmigungsbeschluss nur hin-

---

[424] OLG Köln ZMR 2007, 68.
[425] BGH NJW 1989, 1087; BayObLG ZWE 2002, 580; BayObLG NZM 2004, 711.
[426] LG München I ZMR 2009, 73; LG München I ZMR 2009, 146.

sichtlich einzelner Positionen aus den Einzelabrechnungen anficht, kann sich im Falle des Obsiegens die Ungültigerklärung wegen § 308 ZPO (Bindung an den Klageantrag) nur auf diesen Teil des Beschlusses beschränken (**Teilungültigerklärung**).[427]

Wie bereits dargelegt, hat die gerichtliche Ungültigerklärung ex tunc-Wirkung, das heißt der rechtskräftig für ungültig erklärte Eigentümerbeschluss ist von Anfang an als ungültig anzusehen. Dies gilt auch dann, wenn der Eigentümerbeschluss bereits vor rechtskräftiger Ungültigerklärung vollzogen worden ist. Im Falle des Vollzugs des Eigentümerbeschlusses kann nach rechtskräftiger Ungültigerklärung gegebenenfalls ein **Folgenbeseitigungsanspruch** gemäß § 21 Abs. 4 WEG bestehen. Die rückwirkende Ungültigerklärung führt jedoch nicht dazu, dass die im Rahmen des Vollzugs des Eigentümerbeschlusses geschlossenen Verträge nachträglich unwirksam werden. Wird beispielsweise die (Weiter)Bestellung des Verwalters für ungültig erklärt, berührt die Ungültigerklärung des Bestellungsbeschlusses nicht dic Wirksamkeit der vom Verwalter seit seiner Bestellung bis zur rechtskräftigen Ungültigerklärung vorgenommenen Rechtsgeschäfte, so dass die Ungültigerklärung insoweit nur ex nunc-Wirkung entfaltet (vgl. Rn. 544).[428] 853

- Wird ein Eigentümerbeschluss, der nicht nichtig ist, nicht angefochten, wird er **bestandskräftig.** Dies gilt selbst dann, wenn es sich um einen anfechtbaren Eigentümerbeschluss handelt. Infolge der Bestandskraft wird ein etwaig bestehender Anfechtungsgrund geheilt und kann nachträglich nicht mehr geltend gemacht werden. Wird eine Anfechtungsklage rechtskräftig abgewiesen oder zurückgenommen, wird der angefochtene Eigentümerbeschluss ebenfalls bestandskräftig. 854

Gemäß §§ 10 Abs. 4, 48 Abs. 3 WEG wirken bestandskräftige Eigentümerbeschlüsse für und gegen alle Eigentümer, deren Sonder- und Rechtsnachfolger sowie den beigeladenen Verwalter. 855

Ein bestandskräftiger Eigentümerbeschluss lässt sich nur dadurch beseitigen, indem er durch einen Zweitbeschluss aufgehoben oder abgeändert wird (vgl. Rn. 869). 856

9. Der Zweitbeschluss

Wird über einen Gegenstand ein Eigentümerbeschluss gefasst, über den bereits zuvor ein Eigentümerbeschluss gefasst worden ist, nennt man diesen später gefassten Eigentümerbeschluss **Zweitbeschluss.** Ein Zweitbeschluss ist grundsätzlich zulässig. Es existiert keine gesetzliche Regelung, wonach es den Eigentümern verboten sein soll, über etwas zu beschließen, was bereits zuvor Gegenstand einer Beschlussfassung war.[429] Zur Fassung eines Zweitbeschlusses besteht für die Eigentümer also **Beschlusskompetenz.** 857

Die bestehende Beschlusskompetenz führt jedoch nicht dazu, dass die Eigentümer beliebig Zweitbeschlüsse fassen können. Vielmehr muss auch der Zweitbeschluss ordnungsmäßiger Verwaltung entsprechen. Bei dieser Prüfung muss allerdings zusätzlich berücksichtigt werden, dass über diesen Beschlussgegenstand bereits ein Eigentümerbeschluss vorliegt. Ein **sachlicher Grund** ist für die Fassung eines Zweitbeschlusses aber nicht erforderlich.[430] 858

Es gibt drei Arten von Zweitbeschlüssen, nämlich den bestätigenden, ergänzenden und abändernden Zweitbeschluss: 859

a) Der bestätigende Zweitbeschluss. Ein **bestätigender** oder **inhaltsgleicher** Zweitbeschluss liegt vor, wenn er die identische Regelung zum Inhalt hat wie der Erstbeschluss. Dies ist nicht nur dann der Fall, wenn der Zweitbeschluss denselben Wortlaut hat wie der Erstbeschluss. Vielmehr reicht es auch aus, wenn der Beschluss gefasst wird, dass ein 860

[427] KG WE 1998, 225; BayObLG WuM 2001, 206.
[428] KG NJW-RR 1990, 153.
[429] OLG Düsseldorf ZMR 2007, 379.
[430] BGH NJW 1991, 979; a. A. KG WE 1995, 58; OLG Frankfurt/Main ZMR 2006, 358.

bestimmter Eigentümerbeschluss aus einer Eigentümerversammlung hiermit bestätigt wird.

861 Für den bestätigenden Zweitbeschluss gelten dieselben **Wirksamkeitsvoraussetzungen** wie für den Erstbeschluss. Der Erstbeschluss selbst ist hierfür nicht maßgeblich. Wird beispielsweise mit dem Erstbeschluss durch einfache Stimmenmehrheit die Vornahme einer baulichen Veränderung bestandskräftig genehmigt, obwohl hierfür eigentlich die Zustimmung aller Eigentümer erforderlich gewesen wäre, da jeder Eigentümer durch die bauliche Veränderung über das in § 14 Nr. 1 WEG geregelte Maß hinaus beeinträchtigt wird und soll durch einen Zweitbeschluss der Erstbeschluss nochmals bestätigt werden, reicht hierfür nicht die einfache Stimmenmehrheit, auch wenn der mit einfacher Stimmenmehrheit zustande gekommene Erstbeschluss bestandskräftig geworden ist. Vielmehr ist (auch) für den Zweitbeschluss die Zustimmung aller Eigentümer erforderlich. Gleiches gilt zum Beispiel für die Änderung des Kostenverteilungsschlüssels nach § 16 Abs. 4 WEG. Wird durch bestandskräftigen Eigentümerbeschluss für eine konkrete Einzelfallmaßnahme der Kostenverteilungsschlüssel für Instandsetzungskosten einmalig geändert, ohne dass jedoch die doppelte qualifizierte Mehrheit im Sinne von § 16 Abs. 4 WEG vorliegt und wird das Nichterreichen der doppelten qualifizierten Mehrheit durch Verkündung eines Mehrheitsbeschlusses und unterlassener Anfechtung „geheilt“, gelten für einen bestätigenden Zweitbeschluss dennoch die Voraussetzung des § 16 Abs. 4 WEG, das heißt für einen Zweitbeschluss reicht es nicht aus, wenn die mit dem Erstbeschluss erzielte Mehrheit wieder erreicht wird; vielmehr muss (auch) bei dem Zweitbeschluss die doppelte qualifizierte Mehrheit des § 16 Abs. 4 WEG erreicht werden.

862 Der bestätigende Zweitbeschluss wird hauptsächlich dann gefasst, wenn der Erstbeschluss angefochten worden ist und möglicherweise allein aufgrund formeller Mängel für ungültig erklärt werden könnte. Der Zweitbeschluss soll also hauptsächlich dazu dienen, formelle Mängel des Erstbeschlusses zu heilen.[431] Die **Heilungswirkung** kann folgende Auswirkungen haben:

863 • Sollte der Zweitbeschluss **bestandskräftig** werden, besteht für den Kläger, der den Erstbeschluss angefochten hat, kein Rechtsschutzbedürfnis mehr, das Anfechtungsverfahren über den Erstbeschluss fortzuführen. Der Kläger hätte in diesem Fall kein Interesse mehr daran, den angefochtenen Erstbeschluss durch das Gericht für ungültig erklären zu lassen, da er selbst im Falle des Obsiegens an den bestandskräftigen Zweitbeschluss gebunden ist, so dass er in dem Anfechtungsverfahren die Hauptsache für **erledigt** zu erklären hat.[432]

864 • Wird hingegen auch der **Zweitbeschluss angefochten,** tritt hinsichtlich des Erstbeschlusses (noch) keine Heilung ein.[433] In diesem Fall ist das Anfechtungsverfahren über die Gültigkeit des Erstbeschlusses bis zur rechtskräftigen Entscheidung über die Wirksamkeit des Zweitbeschlusses **auszusetzen.**[434] Wird sodann die Anfechtungsklage gegen den Zweitbeschluss rechtskräftig abgewiesen, so dass der Zweitbeschluss bestandskräftig wird, ist das Anfechtungsverfahren über die Gültigkeit des Erstbeschlusses wieder aufzunehmen. Aufgrund der Bestandskraft des bestätigenden Zweitbeschlusses hat der Kläger aus dem Anfechtungsverfahren über die Gültigkeit des Erstbeschlusses die Hauptsache für **erledigt** zu erklären. Gibt er diese Prozesserklärung nicht ab, ist die Anfechtungsklage über die Gültigkeit des Erstbeschlusses aufgrund fehlenden Rechtsschutzbedürfnisses abzuweisen.[435] Verhält sich der Kläger hingegen richtig und erklärt die Anfechtungsklage über die Gültigkeit des Erstbeschlusses aufgrund der Bestandskraft des Zweitbeschlusses für erledigt, wird der Erstbeschluss infolge der Erledigungs-

---

431 BGH NJW 1989, 435.
432 BGH NJW 1989, 1087; BayObLG ZWE 2002, 315.
433 BGH NJW 1989, 1087; OLG Hamm WE 1996, 33.
434 BayObLG WuM 2004, 744.
435 BGH NJW 2002, 3704; BayObLG ZWE 2002, 315; OLGR Frankfurt 2005, 80.

erklärung ebenfalls bestandskräftig. Daher entfaltet der bestandskräftige Zweitbeschluss **Heilungswirkung** zu Gunsten des Erstbeschlusses.

- Wird noch innerhalb der Anfechtungsfrist für den Erstbeschluss ein bestätigender Zweitbeschluss gefasst, um damit formelle Fehler des Erstbeschlusses zu heilen, fehlt der späteren Anfechtung des Erstbeschlusses ebenso das Rechtsschutzbedürfnis.[436] 865
- Nur in Ausnahmefällen kann trotz eines bestandskräftigen Zweibeschlusses für den Kläger aus dem Anfechtungsverfahren über die Gültigkeit des Erstbeschlusses noch ein Rechtsschutzbedürfnis an der Ungültigerklärung des Erstbeschlusses bestehen, so zum Beispiel wenn der Zweitbeschluss gegenüber dem Kläger keine Rechtswirkungen entfaltet, weil dieser inzwischen aus der Eigentümergemeinschaft ausgeschieden ist.[437] 866
- Wird durch den Zweitbeschluss zunächst der Erstbeschluss **aufgehoben** und wird sodann eine inhaltsgleiche Regelung erneut beschlossen, gilt der Erstbeschluss zunächst als aufgehoben, da der Zweitbeschluss ab Verkündung des Beschlussergebnisses gilt und wirkt. Solange der Zweitbeschluss jedoch noch nicht bestandskräftig ist, ist der Erstbeschluss schwebend unwirksam. Erst mit der Bestandskraft des Zweitbeschlusses ist der Erstbeschluss endgültig aufgehoben.[438] Wird hingegen auch der Zweitbeschluss angefochten und rechtskräftig für ungültig erklärt, entfällt damit grundsätzlich auch die in dem Zweitbeschluss geregelte Aufhebung des Erstbeschlusses, so dass aus dem schwebend unwirksamen Erstbeschluss wieder ein wirksamer Erstbeschluss wird. Nur wenn sich im Einzelfall feststellen lassen sollte, dass die Wohnungseigentümer nur die Aufhebung des Erstbeschlusses beschlossen hätten, wenn sie gewusst hätten, dass der inhaltsgleiche Zweitbeschluss für ungültig erklärt werden wird, kann gemäß § 139 BGB die Aufhebung des Erstbeschlusses gegebenenfalls aufrecht erhalten bleiben.[439] 867

b) Der ergänzende Zweitbeschluss. Mit dem ergänzenden Zweitbeschluss wird der Erstbeschluss um eine weitere Regelung ergänzt. Die Wirksamkeit des ergänzenden Zweitbeschlusses richtet sich nach seinem eigenen Regelungsinhalt und nicht nach dem Erstbeschluss. Haben beispielsweise die Wohnungseigentümer mit der doppelten qualifizierten Mehrheit bestandskräftig die Anbringung eines Vollwärmeschutzes als Modernisierungsmaßnahme im Sinne von § 22 Abs. 2 WEG beschlossen und soll nun beschlossen werden, den Vollwärmeschutz auf Grundlage eines der eingeholten Angebote anbringen zu lassen, so ist für diesen Zweitbeschluss, der lediglich den bestandskräftigen Erstbeschluss ergänzt, nicht die doppelte qualifizierte Mehrheit gemäß § 22 Abs. 2 WEG erforderlich, da die Modernisierungsmaßnahme an sich bereits bestandskräftig beschlossen worden ist und der Zweitbeschluss etwas anderes regelt, nämlich die Durchführung der Modernisierungsmaßnahme im Rahmen ordnungsmäßiger Verwaltung. Solch ein ergänzender Zweitbeschluss kann daher mit einfacher Stimmenmehrheit gefasst werden.[440] 868

c) Der abändernde Zweitbeschluss. Wird über dieselbe Angelegenheit, die bereits Gegenstand eines Erstbeschlusses ist, erneut beschlossen, jedoch dergestalt, dass der Erstbeschluss dadurch abgeändert oder sogar aufgehoben wird, liegt ein abändernder Zweitbeschluss vor. Bei einem abändernden Zweitbeschluss sind jedoch etwaige schutzwürdige Interessen und Belange von Wohnungseigentümern zu berücksichtigen, die auf die Wirksamkeit und Bestandskraft des Erstbeschlusses vertraut und auf Grundlage dieses Vertrauens möglicherweise bereits sogar Investitionen getroffen haben.[441] Eine Verletzung **schutzwürdiger Interessen** und Belange eines Wohnungseigentümers liegt beispielsweise 869

---

436 BayObLG ZMR 2005, 891.
437 BGH NJW 1988, 1910.
438 BayObLG WE 1997, 436.
439 BGH NJW 1994, 3230; BayObLG WE 1999, 149.
440 Vgl. BayObLG WE 1995, 286 für den beschlossenen Einbau eines Aufzugs; BayObLG ZWE 2002, 127.
441 BGH NJW 1991, 979; OLG München ZMR 2008, 560; OLG Schleswig ZWE 2007, 51; OLG Düsseldorf, WE 2000, 2.

dann vor, wenn einem Eigentümer bestandskräftig die Vornahme einer baulichen Veränderung genehmigt worden ist und der begünstigte Wohnungseigentümer bereits mit der Planung und/oder der Durchführung der baulichen Veränderung begonnen hat und dabei auch schon Kosten aufwenden musste. In diesem Fall widerspräche es ordnungsgemäßer Verwaltung im Sinne von § 21 Abs. 3 und Abs. 4 WEG, wenn die Miteigentümer in der nächsten Eigentümerversammlung durch einen abändernden Zweitbeschluss den Erstbeschluss abändern oder sogar aufheben würden, da der hiervon betroffene Eigentümer im Verhältnis zur Regelung aus dem Erstbeschluss einen rechtlichen Nachteil erleiden würde.[442]

870 Besteht jedoch ein konkreter Anlass für die Änderung oder Aufhebung des Erstbeschlusses und werden dadurch schutzwürdige Belange und Interessen eines Wohnungseigentümers nicht verletzt, kann die Änderung oder Aufhebung des Erstbeschlusses durch einen abändernden Zweitbeschluss durchaus ordnungsmäßiger Verwaltung entsprechen. Es besteht keine Pflicht dahingehend, an einem einmal gefassten Beschluss unbedingt festhalten zu müssen.[443] So kann beispielsweise der Erstbeschluss, wonach gegenüber dem Bauträger wegen vorhandener Mängel am Gemeinschaftseigentum ein selbstständiges Beweisverfahren durchgeführt werden soll, aus Gründen der Kostenersparnis durch einen Zweitbeschluss wieder aufgehoben werden.[444]

10. Der Umlaufbeschluss

871 Eigentümerbeschlüsse können/müssen nicht zwingend nur in einer Eigentümerversammlung gefasst werden. Auch ohne Eigentümerversammlung ist gemäß § 23 Abs. 3 WEG ein Beschluss gültig, wenn alle Wohnungseigentümer ihre Zustimmung zu diesem Beschluss schriftlich erklären. Solch einen Beschluss nennt man in der Praxis **„Umlaufbeschluss"** oder **„Beschluss im schriftlichen Umlaufverfahren"**.

872 Sowohl der Verwalter[445] als auch die Mitglieder des Verwaltungsbeirats sowie jeder andere Wohnungseigentümer sind berechtigt, ein schriftliches Beschlussverfahren einzuleiten.[446] Dabei muss jedoch erkennbar sein, dass eine Beschlussfassung im schriftlichen Umlaufverfahren gemäß § 23 Abs. 3 WEG durchgeführt werden soll und zum Beispiel nicht nur eine Meinungsumfrage stattfindet.

873 Bei einer Beschlussfassung im schriftlichen Verfahren gemäß § 23 Abs. 3 WEG sind folgende Besonderheiten zu berücksichtigen:

874 **a) Zustimmung aller Eigentümer.** Gemäß § 23 Abs. 3 WEG müssen alle Wohnungseigentümer ihre Zustimmung zu dem im schriftlichen Umlaufverfahren gestellten Beschlussantrag erklären. Diese Zustimmungserklärung hat zweifache Wirkung. Zum einen erklärt sich ein Wohnungseigentümer durch die Abgabe der Zustimmungserklärung mit der Durchführung des schriftlichen Umlaufverfahrens einverstanden. Zum anderen wird die Zustimmung zu dem gestellten Beschlussantrag erklärt. Erklärt ein Wohnungseigentümer seine Zustimmung „nur" zu dem im schriftlichen Umlaufverfahren gestellten Beschlussantrag, liegt darin zumindest konkludent auch die Zustimmung zur Durchführung des schriftlichen Umlaufverfahrens.[447]

875 Erklärt nur ein Wohnungseigentümer nicht die Zustimmung zu dem gestellten Beschlussantrag, weil er sich beispielsweise der Stimme enthält oder gar nicht reagiert oder mit „Nein" stimmt, fehlt es an dem Erfordernis der Zustimmung aller Wohnungseigen-

---

[442] Vgl. OLG Düsseldorf NJW-RR 2000, 1541; OLG Düsseldorf NZM 2001, 243.

[443] Vgl. BayObLG WuM 2004, 744; OLG Düsseldorf ZWE 2000, 368; OLG Düsseldorf ZMR 2000, 120; OLG Hamm ZMR 2003, 286.

[444] KG NZM 2000, 552.

[445] OLG München ZMR 2007, 304.

[446] *Bärmann/Merle* § 23 Rn. 95.

[447] *Bärmann/Merle* § 23 Rn. 98; *Staudinger/Bub* § 23 Rn. 211.

tümer, so dass der im schriftlichen Umlaufverfahren beabsichtigte Eigentümerbeschluss nicht zustande kommt.[448] Demnach kommt auch dann der im schriftlichen Umlaufverfahren beabsichtigte Eigentümerbeschluss nicht zustande, wenn ein Wohnungseigentümer an der Abstimmung gemäß § 23 Abs. 3 WEG nicht beteiligt wird.[449]

Da aufgrund des ausdrücklichen Wortlautes von § 23 Abs. 3 WEG ein Beschluss im 876
schriftlichen Umlaufverfahren nur dann zustande kommt, wenn alle Wohnungseigentümer ihre Zustimmung hierzu schriftlich erklären, spielen bei dieser Form der Beschlussfassung **Stimmrechtsverbote** gemäß § 25 Abs. 5 WEG keine Rolle, das heißt es ist auch die Zustimmung derjenigen Eigentümer erforderlich, die gemäß § 25 Abs. 5 WEG einem Stimmrechtsverbot unterliegen.[450]

§ 23 Abs. 3 WEG ist **abdingbar.** § 23 Abs. 3 WEG kann durch eine Vereinbarung in der 877
Teilungserklärung mit Gemeinschaftsordnung nicht gänzlich aufgehoben werden.[451] Umstritten ist jedoch, ob § 23 Abs. 3 WEG durch Vereinbarung nur ergänzt bzw. erweitert werden darf oder ob auch eine Einschränkung zulässig ist. Unstreitig kann § 23 Abs. 3 WEG durch eine Regelung in der Teilungserklärung mit Gemeinschaftsordnung ergänzt oder erweitert werden, zum Beispiel dahingehend, ob die schriftliche Beschlussfassung in Form des Zirkularverfahrens oder durch Einzelabstimmung zu erfolgen hat oder innerhalb welcher Frist Zustimmungserklärungen abzugeben sind.[452] Umstritten ist aber, ob § 23 Abs. 3 WEG durch eine Regelung in der Teilungserklärung mit Gemeinschaftsordnung dahingehend eingeschränkt werden darf, dass für das Zustandekommen eines Eigentümerbeschlusses im Wege des schriftlichen Umlaufverfahrens die mehrheitliche Zustimmung der Eigentümer ausreichend ist, so dass im Wege des Umlaufverfahrens auch ein **schriftlicher Mehrheitsbeschluss** gefasst werden könnte. Aus Gründen des Minderheitenschutzes wird die Zulässigkeit solch einer einschränkenden Vereinbarung zum Teil verneint.[453] Diese Auffassung überzeugt nicht. Gemäß § 10 Abs. 2 Satz 2 WEG können die Wohnungseigentümer von den Vorschriften dieses Gesetzes abweichende Vereinbarungen treffen, soweit nicht etwas anderes ausdrücklich bestimmt ist. In der Vorschrift des § 23 Abs. 3 WEG ist jedoch nicht *„etwas anderes ausdrücklich bestimmt"*, das heißt in § 23 Abs. 3 WEG ist nicht ausdrücklich bestimmt, dass die Wohnungseigentümer hiervon keine abweichende Vereinbarung treffen können. Somit kann nach hier vertretener Auffassung in der Teilungserklärung mit Gemeinschaftsordnung vereinbart werden, dass im schriftlichen Umlaufverfahren auch Mehrheitsbeschlüsse gefasst werden können.[454] Aufgrund der Abdingbarkeit von § 23 Abs. 3 WEG kann in der Teilungserklärung mit Gemeinschaftsordnung auch die Zulässigkeit eines so genannten **„Sukzessivbeschlusses"** vereinbart werden. Unter einem „Sukzessivbeschluss" ist ein Beschluss zu verstehen, der sukzessive zustande kommt, indem zunächst in der Eigentümerversammlung die Zustimmungserklärungen der Wohnungseigentümer eingeholt werden und im Anschluss daran versucht wird, die noch fehlenden Zustimmungserklärungen im schriftlichen Umlaufverfahren einzuholen (= kombinierte Beschlussfassung). Dieses Verfahren ist jedoch nur zulässig, wenn dies in der Teilungserklärung mit Gemeinschaftsordnung vereinbart ist.[455] Ohne eine entsprechende Vereinbarung in der Teilungserklärung mit Gemeinschaftsordnung kann und darf dieses Verfahren nicht angewendet werden.[456]

---

[448] BayObLG WuM 1995, 227.

[449] OLG Zweibrücken FGPrax 2003, 60.

[450] BayObLG ZMR 2002, 138.

[451] BayObLG MDR 1981, 320.

[452] BayObLG MDR 1981, 320; *Bärmann/Merle* § 23 Rn. 107.

[453] KG ZMR 1993, 532; OLG Hamm MDR 1978, 759; OLG Köln WEM 1977, 52; BayObLG MDR 1981, 320; *Kümmel* in Niedenführ/Kümmel/Vandenhauten § 23 Rn. 1.

[454] So auch OLG Schleswig ZMR 2006, 803; *Bärmann/Merle* § 23 Rn. 110; *Staudinger/Bub* § 23 Rn. 44 ff.; *Spielbauer/Then* § 23 Rn. 1.

[455] KG WE 1989, 69; *Bärmann/Merle* § 23 Rn. 101; *Staudinger/Bub* § 23 Rn. 208.

[456] BayObLG NZM 1999, 282; *Spielbauer/Then* § 23 Rn. 13.

878 Besonderheiten können bei einer **Mehrhausanlage** bestehen. Ist bei einer Mehrhausanlage in der Teilungserklärung mit Gemeinschaftsordnung vereinbart, dass die Eigentümer in den Eigentümerversammlungen nur insoweit stimmberechtigt sind, als die Beschlussfassung ausschließlich die Belange einer Wirtschaftseinheit betrifft, an der sie beteiligt sind, kann eine Beschlussfassung im schriftlichen Umlaufverfahren innerhalb der jeweiligen Untergemeinschaft erfolgen, sofern der Beschlussantrag einen Gegenstand zum Inhalt hat, der nur die jeweilige Untergemeinschaft betrifft. In diesem Fall ist nur die schriftliche Zustimmung all derjenigen Eigentümer erforderlich, die an der jeweiligen Untergemeinschaft mit einer Wohnungs- oder Teileigentumseinheit beteiligt sind.

879 **b) Form.** Gemäß § 23 Abs. 3 WEG haben die Wohnungseigentümer ihre Zustimmung zu dem Beschlussantrag in **schriftlicher Form** zu erklären. Damit ist Schriftform im Sinne von § 126 Abs. 1 BGB gemeint, das heißt die Zustimmungserklärung muss von jedem Wohnungseigentümer eigenhändig durch Namensunterschrift oder mittels notariell beglaubigten Handzeichens unterzeichnet werden. Allerdings kann gemäß § 126 Abs. 3 BGB die schriftliche Form auch durch die elektronische Form im Sinne von § 126 a BGB ersetzt werden, da sich aus dem Gesetz (= § 23 Abs. 3 WEG) insoweit nichts anderes ergibt. Nicht ausreichend ist jedoch, wenn die Zustimmungserklärung ausschließlich per Telefax übersendet wird.[457] Auch eine Erklärung in Textform im Sinne von § 126 b BGB ist unzulässig und damit ungültig.[458]

880 Die schriftlichen Zustimmungserklärungen können von jedem Wohnungseigentümer einzeln abgegeben werden. Es ist jedoch ebenso zulässig, wenn sich aufgrund Anwendung des Zirkularverfahrens sämtliche Zustimmungserklärungen auf einem Dokument befinden.[459]

881 Bei Erteilung der Zustimmungserklärung kann sich ein Wohnungseigentümer vertreten lassen. Hierfür gelten die §§ 164 ff. BGB. Um jedoch zu vermeiden, dass der Initiator des schriftlichen Umlaufverfahrens die Stimmabgabe gemäß § 174 BGB wegen der nicht beigefügten Vollmachtsurkunde zurückweist, sollte bereits bei Abgabe der Zustimmungserklärung die Vollmachtsurkunde beigefügt werden.

882 **c) Beschlussverkündung.** Auch hier gilt die Entscheidung des BGH vom 23. 8. 2001, das heißt auch für die Wirksamkeit eines Umlaufbeschlusses ist die Verkündung des Beschlussergebnisses erforderlich.[460] Demnach kommt ein Beschluss im schriftlichen Verfahren gemäß § 23 Abs. 3 WEG **konstitutiv** und **inhaltsfixierend** erst dann zustande, wenn den Wohnungseigentümern das festgestellte Beschlussergebnis mitgeteilt wird.[461] Unterbleibt diese Verkündung, liegt kein Beschluss vor. Dies gilt selbst dann, wenn sich in den Verwaltungsunterlagen sämtliche Zustimmungserklärungen aller Wohnungseigentümer befinden sollten und der Verwalter lediglich vergessen haben sollte, die Wohnungseigentümer über das Ergebnis des schriftlichen Umlaufverfahrens zu informieren.

883 Hat mindestens ein Wohnungseigentümer mit „Nein" gestimmt, sich der Stimme enthalten oder sich möglicherweise gar nicht geäußert, so dass nicht die Zustimmung aller Wohnungseigentümer vorliegt, liegt ein **Nichtbeschluss** vor.[462] Bei richtiger Wertung und Vorgehensweise hat der Initiator des Umlaufverfahrens dies als Ergebnis zu verkünden.

884 Wird durch den Initiator des Umlaufverfahrens nach Beendigung des Umlaufverfahrens mitgeteilt, dass nach Feststellung des Abstimmungs- und Beschlussergebnisses der im schriftlichen Umlaufverfahren gestellte Beschlussantrag angenommen worden und somit ein Umlaufbeschluss zustande gekommen ist, liegt aufgrund der konstitutiven

---

[457] *Bärmann/Merle* § 23 Rn. 96; *Drasdo* P. Rn. 16; *Staudinger/Bub* § 23 Rn. 207.
[458] *Jennißen/Elzer* § 23 Rn. 86; *Spielbauer/Then* § 23 Rn. 16.
[459] *Bärmann/Merle* § 23 Rn. 96; *Jennißen/Elzer* § 23 Rn. 86.
[460] BGH NZM 2001, 961.
[461] OLG Celle NZM 2006, 784.
[462] BayObLG NZM 2002, 300; BayObLG WuM 1995, 227.

Wirkung dieser Verkündung ein Eigentümerbeschluss vor. Dies gilt selbst dann, wenn nicht alle Wohnungseigentümer dem im schriftlichen Umlaufverfahren zur Abstimmung gestellten Beschlussantrag zugestimmt haben sollten.[463]

Es steht grundsätzlich im freien Ermessen des Initiators des schriftlichen Umlaufverfahrens, auf welche Art und Weise er die Eigentümer über das Zustandekommen eines Umlaufbeschlusses informiert. Er kann jeden Eigentümer hierüber gesondert informieren. Ausreichend ist jedoch auch ein Aushang oder Rundschreiben. Es muss jedoch sichergestellt sein, dass jedem Eigentümer diese Mitteilung zugeht. Erst mit Zugang dieser Mitteilung beginnt die einmonatige Beschlussanfechtungsfrist des § 46 Abs. 1 Satz 2 WEG. Zu Beweiszwecken und aus Gründen der Rechtssicherheit und Rechtsklarheit empfiehlt es sich daher, wenn die Mitteilung über das Zustandekommen eines Umlaufbeschlusses an jeden Eigentümer gesondert auf dem Postweg und mit Empfangsbestätigung, zum Beispiel durch **Einschreiben/Rückschein** versendet wird. 885

Demnach gilt ein Umlaufbeschluss erst dann als wirksam zustande gekommen, wenn gegenüber dem letzten Wohnungseigentümer das Beschlussergebnis verkündet worden ist. Bis zur Mitteilung des Beschlussergebnisses kann ein Wohnungseigentümer seine Zustimmungserklärung **widerrufen.**[464] 886

d) Fehlerhafte Umlaufbeschlüsse und deren Rechtsfolgen. Die **Formfehler,** unter denen die in einer Eigentümerversammlung gefassten Beschlüsse leiden können, können bei Umlaufbeschlüssen nicht vorliegen. Bei Umlaufbeschlüssen sind hingegen folgende Fehler denkbar: 887

- Nicht alle Wohnungseigentümer haben dem im schriftlichen Umlaufverfahren zur Abstimmung gestellten Beschlussantrag zugestimmt. Trotzdem hat der Initiator des Umlaufverfahrens das Zustandekommen eines Umlaufbeschlusses verkündet, obwohl die Teilungserklärung mit Gemeinschaftsordnung keine von § 23 Abs. 3 WEG abweichende Regelung enthält;
- ein Eigentümer hat die Zustimmungserklärung nicht in der in § 23 Abs. 3 WEG vorgesehenen Form abgegeben. Trotzdem verkündet der Initiator des Umlaufverfahrens das Zustandekommen eines Umlaufbeschlusses;
- ein Wohnungseigentümer ist an dem schriftlichen Umlaufverfahren nicht beteiligt worden. Trotzdem verkündet der Initiator des schriftlichen Umlaufverfahrens das Zustandekommen eines Umlaufbeschlusses;
- der Umlaufbeschluss selbst leidet unter materiell-rechtlichen Mängeln, da die beschlossene Regelung nicht ordnungsmäßiger Verwaltung entspricht (vgl. Rn. 844 f.).

In allen Fällen ist der Umlaufbeschluss durch das Gericht für **ungültig** zu erklären, sofern hiergegen fristgerecht gemäß §§ 43 Nr. 4, 46 Abs. 1 Satz 2 WEG Anfechtungsklage erhoben wird. In den drei erstgenannten Fällen liegt ein Verkündungsfehler vor, im letzten Fall entspricht der Beschluss nicht ordnungsmäßiger Verwaltung. Wird hingegen nicht oder nicht fristgerecht Anfechtungsklage erhoben, wird der Umlaufbeschluss in der Form bestandskräftig, wie er verkündet worden ist. Die einmonatige Klagefrist und zweimonatige Begründungsfrist im Sinne von § 46 Abs. 1 Satz 2 WEG beginnt für jeden Eigentümer mit Erhalt der Mitteilung über das Beschlussergebnis. Geht den Wohnungseigentümern diese Mitteilung zu unterschiedlichen Zeitpunkten zu, endet die Anfechtungs- und Begründungsfrist ebenfalls zu unterschiedlichen Zeitpunkten. 888

Liegt ein **Nichtigkeitsgrund** vor, ist der Umlaufbeschluss nichtig (vgl. Rn. 829 ff.). Hieran ändert sich nichts dadurch, dass alle Wohnungseigentümer dem Beschlussantrag zugestimmt haben. Aus dem Umstand, dass die Zustimmung aller Wohnungseigentümer vorliegt, könnte zwar der Schluss gezogen werden, dass zumindest eine schuldrechtliche Vereinbarung vorliegen könnte. Wie bei einem in der Eigentümerversammlung gefassten „allstimmigen Beschluss" kommt es jedoch auch bei einem Umlaufbeschluss auf den 889

---

463 BGH NZM 2001, 961.

464 OLG Celle NZM 2006, 784; *Bärmann/Merle* § 23 Rn. 106; *Jennißen/Elzer* § 23 Rn. 80.

Inhalt und Gegenstand der mit der Willensbildung getroffenen Entscheidung an, das heißt entscheidend ist darauf abzustellen, ob eine Angelegenheit einer Beschlussfassung überhaupt zugänglich ist.[465] Somit sollte von einer schuldrechtlichen Vereinbarung im Sinne von § 10 Abs. 2 WEG allenfalls dann ausgegangen werden, wenn der „Umlaufbeschluss" einen Gegenstand zum Inhalt hat, über den mangels Beschlusskompetenz kein Eigentümerbeschluss herbeigeführt werden kann (vgl. Rn. 806).

890 Kommt kein Umlaufbeschluss zustande, weil zum Beispiel ein Eigentümer mit „Nein" gestimmt hat und die Teilungserklärung mit Gemeinschaftsordnung keine von § 23 Abs. 3 WEG abweichende Regelung enthält und verkündet der Initiator des Umlaufverfahrens sodann zutreffend, dass ein Eigentümerbeschluss in Form eines Umlaufbeschlusses nicht zustande gekommen ist, handelt es sich um einen **Nichtbeschluss.** Gegen diesen Nichtbeschluss kann keine Anfechtungsklage erhoben werden.[466] Selbst wenn rechtliche Schritte gegen den Nichtbeschluss möglich wären, was jedoch nicht der Fall ist, hätte dies keine Aussicht auf Erfolg, da selbst bei einem sinnvollen und ordnungsmäßiger Verwaltung entsprechenden Beschlussantrag ein Wohnungseigentümer nicht verpflichtet werden kann, dem im schriftlichen Umlaufverfahren zur Abstimmung gestellten Beschlussantrag zuzustimmen, da für die Wohnungseigentümer nicht einmal eine gesetzliche Verpflichtung besteht, sich überhaupt am schriftlichen Umlaufverfahren im Sinne von § 23 Abs. 3 WEG zu beteiligen. Somit kann ein Wohnungseigentümer hierzu auch nicht durch das Gericht verpflichtet werden. Daher kann die Einleitung rechtlicher Schritte gegen den Nichtbeschluss nur dann zum Erfolg führen, wenn ein Verkündungsfehler vorliegen sollte. Sollte der Initiator des schriftlichen Umlaufverfahrens als Ergebnis verkünden, dass mangels Zustimmung aller Wohnungseigentümer kein Umlaufbeschluss zustande gekommen ist und sollten jedoch alle Wohnungseigentümer dem im schriftlichen Umlaufverfahren zur Abstimmung gestellten Beschlussantrag schriftlich zugestimmt haben, kann aufgrund dieses Verkündungsfehlers **Feststellungsklage** erhoben werden, um durch das Gericht das richtige Beschlussergebnis feststellen zu lassen.[467]

11. Versammlungsniederschrift

891 Maßgebliche und einzige Vorschrift für die Versammlungsniederschrift ist § 24 Abs. 6 WEG. § 24 Abs. 6 WEG ist gemäß § 10 Abs. 2 WEG durch Vereinbarung vollständig abdingbar, das heißt in der Teilungserklärung mit Gemeinschaftsordnung kann beispielsweise vereinbart werden, dass keine Versammlungsniederschrift anzufertigen ist.[468] Seitdem gemäß § 24 Abs. 7 WEG eine Beschluss-Sammlung zu führen ist, hat die Versammlungsniederschrift, die in der Praxis häufig auch **Versammlungsprotokoll** genannt wird, ohnehin nicht mehr eine ganz so erhebliche Bedeutung. Trotzdem sollten die an eine Versammlungsniederschrift zu stellenden Anforderungen dadurch nicht reduziert werden, da es sich hierbei schließlich um eine Privaturkunde im Sinne von § 416 ZPO handelt.[469] Zwar beschränkt sich daher die **Beweiskraft** lediglich darauf, dass die in der Versammlungsniederschrift enthaltenen Ausführungen von dem Aussteller stammen, so dass sich die Beweiskraft nicht auf den materiellen Inhalt der in der Versammlungsniederschrift wiedergegebenen Erklärungen bezieht.[470] Ferner hat die Versammlungsniederschrift keine gestaltende und konstitutive Wirkung, das heißt nicht aus der Versammlungsniederschrift ergibt sich, ob und mit welchem Inhalt ein Eigentümerbeschluss

465 OLG Hamburg ZMR 2008, 154.

466 BayObLG NZM 2002, 300; BayObLG DWE 1981, 55.

467 BGH NJW 2002, 3704.

468 BGH NJW 1997, 2956; BGH NJW 1998, 755; BayObLG NJW-RR 1989, 1168; BayObLG WuM 1990, 173.

469 BayObLG NZM 2002, 616; BayObLG ZWE 2002, 583; AG Kassel ZMR 2004, 711.

470 BGH NJW 2002, 2707; BayObLG ZWE 2002, 583.

zustande gekommen ist; hierfür ist und bleibt die Feststellung und Verkündung des Beschlussergebnisses durch den Versammlungsleiter maßgeblich und entscheidend.[471] Dennoch kommt der Versammlungsniederschrift entgegen einer vereinzelten Ansicht in der Rechtsprechung[472] ein gewisser **Beweiswert** zu, da infolge der Unterzeichnung der Versammlungsniederschrift durch bis zu 3 Personen (Versammlungsleiter, Beiratsvorsitzender, Wohnungseigentümer) eine gewisse Vermutung dafür besteht, dass die in der Versammlungsniederschrift wiedergegebenen Erklärungen auch inhaltlich richtig sind.[473] Daher wird die Versammlungsniederschrift zu Beweiszwecken über die gefassten Beschlüsse verwendet, wobei der Niederschrift eine umso stärkere Bedeutung zukommt, je weniger sich die teilnehmenden Eigentümer nach Ablauf einer oft langen Zeit an die tatsächlichen Vorgänge erinnern können.[474] Daher kann sich im Rahmen eines Gerichtsverfahrens jeder auf den Inhalt der Versammlungsniederschrift berufen.[475] Fehlt jedoch eine der erforderlichen Unterschriften, sinkt der Beweiswert hinsichtlich der Richtigkeit und Vollständigkeit der Versammlungsniederschrift.[476]

Da der Versammlungsniederschrift also allenfalls ein gewisser Beweiswert zukommt, 892
jedoch keine erhöhte Beweiskraft, widerspricht ein Beschluss, der die Versammlungsniederschrift einer Eigentümerversammlung genehmigt, ordnungsmäßiger Verwaltung, weil hierdurch der falsche Eindruck entstehen könnte, dieser Beschluss über die **Genehmigung der Versammlungsniederschrift** verstärke die Beweiskraft der Versammlungsniederschrift, so dass eine Protokollberichtigung nicht mehr geltend gemacht werden könne.[477]

Da § 24 Abs. 6 WEG die Versammlungsniederschrift nur sehr unvollständig und ober- 893
flächlich behandelt, wird nachfolgend auf folgende Besonderheiten hingewiesen:

a) **Protokollführer.** § 24 Abs. 6 WEG regelt nicht, wer die Versammlungsniederschrift 894
zu erstellen hat. Nicht zuständig sind die **Wohnungseigentümer.**[478] Jedoch kann durch Eigentümerbeschluss ein Wohnungseigentümer zum Protokollführer bestimmt werden.[479]

Bestimmen die Wohnungseigentümer keinen Protokollführer, hat der **Versammlungs-** 895
leiter das Protokoll zu erstellen, da der Versammlungsleiter dafür verantwortlich ist, dass die Eigentümerversammlung vorschrifts- und ordnungsgemäß verläuft. Zu einer vorschrifts- und ordnungsmäßigen Eigentümerversammlung gehört auch die Erstellung eines Protokolls. Somit ist es Aufgabe des Versammlungsleiters, sicherzustellen, dass ein Protokoll angefertigt wird. Wird von den Eigentümern kein Protokollführer bestimmt, hat der Versammlungsleiter diese Pflicht selbst zu erfüllen.[480] Wird die Eigentümerversammlung gemäß § 24 Abs. 5 WEG durch den Verwalter geleitet und bestimmen die Wohnungseigentümer keinen Protokollführer, so dass der Verwalter als Versammlungsleiter zugleich das Versammlungsprotokoll zu erstellen hat, kann er diese Aufgabe auf einen **Mitarbeiter** delegieren, das heißt der Verwalter als Versammlungsleiter ist nicht verpflichtet, das Versammlungsprotokoll persönlich zu erstellen.[481]

Da das Gesetz keine Regelung enthält, durch wen das Versammlungsprotokoll zu 896
erstellen ist, kann in der Teilungserklärung mit Gemeinschaftsordnung eine Regelung hierfür getroffen werden.

---

[471] KG WuM 1992, 282; BayObLG NZM 2001, 712; OLG München ZWE 2006, 456.
[472] OLG Köln OLGZ 1979, 282.
[473] BayObLGZ 1982, 445; BayObLG NJW-RR 1990, 210; BayObLG ZMR 2002, 848.
[474] BayObLG NZM 2004, 108.
[475] AG Landshut ZMR 2008, 496.
[476] BGH NJW 1997, 2956; BayObLG WE 1991, 81.
[477] BayObLG WE 1988, 18.
[478] BayObLG NJW-RR 2002, 1667.
[479] *Bärmann/Merle* § 24 Rn. 110; *Jennißen/Elzer* § 24 Rn. 127.
[480] BGH NJW 2001, 3339; AG Kassel ZMR 2004, 711.
[481] KG WuM 2001, 44.

897 **b) Form.** Gemäß § 24 Abs. 6 Satz 1 WEG ist eine **Niederschrift** zu erstellen. Aus der Verwendung des Begriffs „Schrift“ könnte gefolgert werden, dass das Versammlungsprotokoll in schriftlicher Form im Sinne von § 126 Abs. 1 BGB zu erstellen ist. Dies stünde jedoch im Widerspruch zu § 24 Abs. 6 Satz 2 WEG, wonach die Versammlungsniederschrift vom Versammlungsleiter, einem Wohnungseigentümer und vom Beiratsvorsitzenden oder dessen Vertreter zu unterzeichnen ist, während § 126 Abs. 1 BGB die Unterzeichnung durch den Aussteller fordert. Wäre also § 126 Abs. 1 BGB einschlägig, müsste in § 24 Abs. 6 Satz 2 WEG zusätzlich geregelt sein, dass die Versammlungsniederschrift zumindest auch vom Aussteller zu unterzeichen ist, was jedoch nicht der Fall ist. Daher ist § 126 Abs. 1 BGB nicht einschlägig.

898 Dennoch ergibt sich aus dem Begriff „Niederschrift“, dass das Versammlungsprotokoll schriftlich abzufassen ist. Bestätigt wird dies durch § 24 Abs. 6 Satz 2 WEG, wonach das Versammlungsprotokoll zu unterzeichnen ist. Nur ein schriftliches Dokument kann unterzeichnet werden. Über die in der Versammlung gefassten Beschlüsse ist demnach ein **schriftliches Protokoll** zu erstellen.

899 Um das schriftliche Protokoll im Anschluss an die Eigentümerversammlung gegebenenfalls besser, wahrheitsgetreuer und vollständiger erstellen zu können, kann der Versammlungsleiter insbesondere die in der Versammlung zur Abstimmung gestellten Beschlussanträge und gefassten Beschlüsse auf **Tonband** diktieren. Redebeiträge der Versammlungsteilnehmer dürfen ohne deren Genehmigung nicht aufgezeichnet werden.

900 § 24 Abs. 6 WEG ist auch insoweit **abdingbar,** das heißt in der Teilungserklärung mit Gemeinschaftsordnung können besondere Formerfordernisse vereinbart werden. So kann dort geregelt werden, dass das Versammlungsprotokoll von in der Eigentümerversammlung zu bestimmenden Wohnungseigentümern zu unterzeichen ist. Ferner kann vereinbart werden, dass die Einhaltung einer bestimmten Form Wirksamkeitsvoraussetzung für die in der Eigentümerversammlung gefassten Beschlüsse ist.[482]

901 **c) Frist.** Gesetzlich nicht geregelt ist, innerhalb welcher Frist das Versammlungsprotokoll erstellt werden muss. Nach herrschender Rechtsprechung ist im Hinblick auf die einmonatige Beschlussanfechtungsfrist des § 46 Abs. 1 Satz 2 WEG das Versammlungsprotokoll mindestens **eine Woche vor Ablauf der Anfechtungsfrist** zu erstellen.[483] Diese Rechtsprechung ist zwar für das Wohnungseigentumsgesetz in der bis zum 1. 7. 2007 geltenden Fassung ergangen. Nach hier vertretener Auffassung hat sich insoweit jedoch nichts geändert, so dass auch nach wie vor von dieser Frist auszugehen ist.

902 Durch die Novellierung des Wohnungseigentumsgesetzes mit Wirkung zum 1. 7. 2007 trat jedoch eine Änderung dahingehend ein, dass bei nicht rechtzeitiger Übersendung des Versammlungsprotokolls und einer dadurch eingetretenen Versäumung der einmonatigen Beschlussanfechtungsfrist nicht mehr ohne Weiteres **Wiedereinsetzung** in den vorigen Stand gemäß §§ 233 ff. ZPO zu gewähren ist. Ferner kann es mit einem erheblichen Kostenrisiko verbunden sein, wenn wegen nicht rechtzeitiger Übersendung des Versammlungsprotokolls vorsorglich aus Gründen der **Fristwahrung** sämtliche in der Eigentümerversammlung gefassten Beschlüsse angefochten werden. Aufgrund der Tatsache, dass seit dem 1. 7. 2007 gemäß § 24 Abs. 7 WEG eine **Beschluss-Sammlung** zu führen ist, kann sich ein Eigentümer, der an einer Eigentümerversammlung nicht teilgenommen hat, auch ohne rechtzeitige Übersendung des Versammlungsprotokolls Kenntnis von den in der Eigentümerversammlung gefassten Beschlüssen verschaffen, indem er in die Beschluss-Sammlung Einsicht nimmt. Der Versammlungsleiter, das heißt in der Regel der

---

[482] BGH NJW 1997, 2956.

[483] BayObLG NZM 2001, 754; BayObLG NJW-RR 1989, 656; OLG Frankfurt/Main WuM 1990, 461.

Verwalter, ist gemäß § 24 Abs. 7 und Abs. 8 WEG verpflichtet, die Beschluss-Sammlung zu führen. Gemäß § 24 Abs. 7 Satz 7 WEG sind die Eintragungen unverzüglich vorzunehmen und mit Datum zu versehen. Da die nicht ordnungsgemäße Führung der Beschluss-Sammlung gemäß § 26 Abs. 1 Satz 4 WEG einen wichtigen Grund zur sofortigen Abberufung des Verwalters begründet, ist er auch gehalten, seine Pflichten hinsichtlich der Beschluss-Sammlung sorgfältig wahrzunehmen. Jeder Eigentümer hat damit die verlässliche Möglichkeit, bereits wenige Tage nach der Eigentümerversammlung nachzuprüfen, welche Beschlüsse gefasst worden sind. Er muss nicht mehr auf das Versammlungsprotokoll warten. Damit besteht keine Grundlage mehr für eine vorsorgliche Anfechtung von Eigentümerbeschlüssen vor Erhalt des Versammlungsprotokolls.[484] Aus den gleichen Gründen dürfte inzwischen auch eine Wiedereinsetzung in den vorigen Stand gemäß §§ 233 ff. ZPO nur noch schwer möglich sein.[485]

d) Inhalt. Aus § 24 Abs. 6 WEG ergibt sich nur völlig unzureichend, welche Anforde- 903
rungen an den Inhalt einer Versammlungsniederschrift zu stellen sind. Nach dem Wortlaut von § 24 Abs. 6 Satz 1 WEG ist *„über die in der Versammlung gefassten Beschlüsse"* eine Niederschrift aufzunehmen, das heißt aus dem Versammlungsprotokoll müssen sich zumindest die in der Eigentümerversammlung gefassten **Eigentümerbeschlüsse** ergeben. Des Weiteren ergibt sich aus § 24 Abs. 6 Satz 2 WEG, durch welche Personen das Versammlungsprotokoll zu unterzeichnen ist. Weitere Anforderungen enthält § 24 Abs. 6 WEG nicht.

Hinzu kommen noch einige wenige Formalien, die einzuhalten sind. Für das Ver- 904
sammlungsprotokoll gilt somit folgender „Muss-Inhalt":

- In das Versammlungsprotokoll sind die in der Eigentümerversammlung gefassten **Be- 905
schlüsse** richtig und vollständig mit dem jeweiligen **Abstimmungsergebnis** aufzunehmen, § 24 Abs. 6 Satz 1 WEG. Die Feststellung des Beschlussergebnisses muss sich jedoch nicht zwingend aus dem Versammlungsprotokoll ergeben, weil die Erstellung eines Versammlungsprotokolls keine Wirksamkeitsvoraussetzung für die in der Eigentümerversammlung gefassten Beschlüsse ist und der Niederschrift bezüglich der in der Eigentümerversammlung gefassten Beschlüsse keine konstitutive Wirkung zukommt;[486]
- Aus dem Versammlungsprotokoll muss sich der **Name der Eigentümergemeinschaft** 906
sowie das **Datum** des Versammlungstages ergeben.[487]
- Zum Mindestinhalt eines Versammlungsprotokolls gehören ferner gemäß § 24 Abs. 6 907
Satz 2 WEG die **Unterschriften** vom Versammlungsleiter und einem Wohnungseigentümer und, falls ein Verwaltungsbeirat bestellt ist, auch von dessen Vorsitzenden oder seinem Vertreter. Dabei handelt es sich jedoch um eine reine Ordnungsvorschrift. Ohne entsprechende Vereinbarung in der Teilungserklärung mit Gemeinschaftsordnung stellt die in § 24 Abs. 6 Satz 2 WEG geregelte Unterzeichnung des Versammlungsprotokolls keine Wirksamkeitsvoraussetzung für die in der Eigentümerversammlung gefassten Beschlüsse dar.[488] Fehlende Unterschriften beeinträchtigen lediglich den Beweiswert hinsichtlich der Richtigkeit und Vollständigkeit des Versammlungsprotokolls.[489] Die in § 24 Abs. 6 Satz 2 WEG genannten Personen können das Versammlungsprotokoll jedoch nur dann unterzeichen, wenn sie in der Eigentümerversammlung persönlich anwesend waren.[490] Wird das Versammlungsprotokoll von einer in § 24 Abs. 6 Satz 2 WEG genannten Person unterzeichnet, die jedoch in der Eigentümerversammlung

[484] LG München I NJW 2008, 1823.
[485] So auch *Spielbauer/Then* § 24 Rn. 40.
[486] OLG Köln ZMR 2001, 387; BayObLG NJW-RR 2005, 456.
[487] *Spielbauer/Then* § 24 Rn. 34; *Jennißen/Elzer* § 24 Rn. 119.
[488] OLG Köln ZMR 2001, 387; BayObLG NJW-RR 2005, 456.
[489] BGH NJW 1997, 2956; BayObLG WE 1991, 81.
[490] OLG München ZMR 2007, 883.

selbst nicht persönlich anwesend war, begründet dies nicht die Anfechtbarkeit der in der Eigentümerversammlung gefassten Beschlüsse, sondern beeinträchtigt – wie eine fehlende Unterschrift – den Beweiswert des Versammlungsprotokolls.[491]

908 Gemäß § 24 Abs. 6 Satz 1 WEG ist also ein reines **Ergebnisprotokoll** zu führen.

909 Dem Protokollführer steht es jedoch frei, über die Mindestanforderungen hinaus weitere Erklärungen, Geschehnisse oder Feststellungen in das Versammlungsprotokoll aufzunehmen, das heißt es steht im Ermessen des Protokollführers, ob er über das Ergebnisprotokoll hinaus sogar ein **Ablaufprotokoll** erstellt. In solch ein Ablaufprotokoll kann beispielsweise folgender **„Kann-Inhalt"** aufgenommen werden:

- Versammlungsort;
- Versammlungszeit (Beginn und Ende);
- Anzahl der anwesenden und vertretenen Eigentümer und Miteigentumsanteile;
- Name des Versammlungsleiters;
- Erläuterungen zu den Beschlussanträgen;
- die Anzahl der Ja- und Nein-Stimmen sowie der Enthaltungen; bei Einhaltung gewisser organisatorischer Maßnahmen kann es unter Anwendung der Subtraktionsmethode auch ausreichen, wenn nur zwei der drei möglichen Abstimmungsvarianten wiedergegeben werden;[492]
- Feststellung und Verkündung des Beschlussergebnisses;
- bei Beschlussanträgen im Rahmen von §§ 16 Abs. 4, 22 Abs. 2 WEG, die nur bei Erreichen der doppelten qualifizierten Mehrheit als angenommen verkündet werden dürfen, empfiehlt sich ferner, im Versammlungsprotokoll anzugeben, wie viele „Köpfe" im Sinne von § 25 Abs. 2 WEG und wie viele Miteigentumsanteile für diesen Beschlussantrag gestimmt haben;
- bei Beschlussanträgen, die eine bauliche Veränderung im Sinne von § 22 Abs. 1 WEG zum Gegenstand haben, empfiehlt es sich ferner, die Eigentümer namentlich festzuhalten, die für den Beschlussantrag gestimmt haben, um später besser nachvollziehen zu können, welcher Eigentümer der baulichen Veränderung bereits zugestimmt hat und wessen Zustimmung gegebenenfalls noch benötigt wird.

910 § 24 Abs. 6 WEG ist auch hinsichtlich des Inhalts dahingehend **abdingbar**, dass über § 24 Abs. 6 WEG hinaus weitere Anforderungen an den Inhalt des Versammlungsprotokolls vereinbart werden können. Ist in einer Teilungserklärung mit Gemeinschaftsordnung die Regelung enthalten, dass eine Niederschrift über die Versammlung und die darin gefassten Beschlüsse zu fertigen ist, erweitert dies die gesetzliche Regelung in § 24 Abs. 6 Satz 1 WEG und erfordert zumindest die Wiedergabe der in der Eigentümerversammlung gestellten Beschlussanträge, auch wenn hierüber nicht abgestimmt wird. Diskussionsbeiträge oder Erklärungen einzelner Eigentümer müssen dadurch jedoch nicht in das Versammlungsprotokoll aufgenommen werden. Insoweit bleibt es bei dem **Ermessensspielraum** des Protokollführers.[493]

911 e) **Einsichtsrecht.** Gemäß § 24 Abs. 6 Satz 3 WEG ist jeder Wohnungseigentümer berechtigt, die Niederschriften einzusehen. Es besteht also nicht nur ein Einsichtsrecht hinsichtlich des Versammlungsprotokolls der zuletzt durchgeführten Eigentümerversammlung, sondern hinsichtlich aller Niederschriften. Aus dem Einsichtsrecht der Wohnungseigentümer erwächst zugleich die **Pflicht** des Verwalters, den Wohnungseigentümern **Einsicht zu gewähren.** Der Verwalter ist jedoch nicht verpflichtet, einem Eigentümer das Originalprotokoll zu übergeben.[494] Der Verwalter ist auch nicht verpflichtet, das Versammlungsprotokoll an die Eigentümer zu übersenden,[495] es sei denn,

---

[491] AG Hamburg ZMR 2007, 150.
[492] BGH NJW 2002, 3629; OLG Köln ZMR 2002, 972.
[493] BayObLG ZMR 2004, 443.
[494] BayObLG ZMR 2004, 443.
[495] BayObLG WuM 2003, 352.

er ist hierzu laut einer Regelung im Verwaltervertrag oder in der Teilungserklärung mit Gemeinschaftsordnung verpflichtet.[496]

Hat der Verwalter seine Betriebsräume am Ort der Wohnanlage, ist die Einsichtnahme in den **Geschäftsräumen** des Verwalters durchzuführen.[497] Hat der Verwalter seinen Geschäftssitz jedoch nicht am Ort der Wohnanlage, hat er dafür zu sorgen, dass die Eigentümer ihr Einsichtsrecht am Ort der **Wohnanlage** ausüben können.[498] 912

Die Eigentümer können vom Verwalter auch die **Herausgabe** einer **Kopie** von einem Versammlungsprotokoll fordern. In diesem Fall ist der Verwalter jedoch berechtigt, die ihm dadurch entstehenden **Kosten** erstattet zu verlangen.[499] Ein Betrag zwischen 0,25 EUR und 0,30 EUR kann dabei ohne Weiteres verlangt werden.[500] 913

Verweigert der Verwalter einem Eigentümer die beantragte Einsichtnahme, kann der Eigentümer sein Einsichtsrecht gemäß § 43 Nr. 1 und Nr. 3 WEG klageweise geltend machen. 914

f) Rechtsfolgen bei fehlerhafter Versammlungsniederschrift. Ist eine Versammlungsniederschrift fehlerhaft, kann unter Umständen ein **Anspruch auf Protokollberichtigung** bestehen. Wird durch den Inhalt des Versammlungsprotokolls das Persönlichkeitsrecht eines Eigentümers rechtswidrig beeinträchtigt, kann sich ein Berichtigungsanspruch aus §§ 823, 1004 BGB ergeben.[501] In der Regel ergibt sich ein Berichtigungsanspruch jedoch hauptsächlich aus § 21 Abs. 4 WEG im Rahmen des Anspruchs auf ordnungsmäßige Verwaltung.[502] Allerdings begründet nicht jeder Fehler in der Versammlungsniederschrift einen Anspruch auf Protokollberichtigung. Vielmehr muss für eine Protokollberichtigung ein **Rechtsschutzbedürfnis** bestehen.[503] Ein Rechtsschutzbedürfnis für eine Protokollberichtigung ist beispielsweise dann nicht gegeben, wenn in der Versammlungsniederschrift zwar die abgegebenen Ja-Stimmen nicht zutreffend wiedergegeben werden, sich aber die behauptete Unrichtigkeit auf das Beschlussergebnis nicht auswirkt.[504] Ein Berichtigungsanspruch besteht hingegen dann, wenn in der Versammlungsniederschrift der Wortlaut des Beschlusses überhaupt nicht, unvollständig oder falsch wiedergegeben wird, da dies nicht den Grundsätzen ordnungsmäßiger Verwaltung entspricht.[505] 915

Ist in der Teilungserklärung mit Gemeinschaftsordnung vereinbart, dass die Unterzeichnung des Protokolls **Wirksamkeitsvoraussetzung** für die in der Eigentümerversammlung gefassten Beschlüsse ist, führt das Fehlen der Unterschrift(en) zur Anfechtbarkeit und Ungültigerklärung der in dieser Eigentümerversammlung gefassten Beschlüsse.[506] Wird dieser Mangel jedoch während des laufenden Anfechtungsverfahrens durch nachträgliche Unterzeichnung des Versammlungsprotokolls geheilt, sind die angefochtenen Beschlüsse zumindest nicht mehr aufgrund dieses ursprünglichen Verstoßes für ungültig zu erklären.[507] 916

Der Berichtigungs- oder Ergänzungsanspruch ist ausschließlich gegenüber denjenigen Personen geltend zu machen, die das Protokoll unterzeichnet haben.[508] Diese Personen 917

---

496 BayObLG ZWE 2002, 220.

497 OLG Köln FGPrax 2006, 156.

498 OLG Köln ZMR 2001, 851.

499 BayObLG NZM 2000, 873.

500 OLG München WuM 2007, 215; OLG München ZMR 2007, 815.

501 BayObLG WuM 1990, 173; KG WuM 1989, 347.

502 KG WuM 1989, 347; OLG Hamm MDR 1989, 914; OLG Hamm MDR 1985, 502; BayObLG WE 1991, 81.

503 BayObLG ZWE 2005, 345.

504 BayObLG WE 1992, 87; OLG München vom 22. 11. 2005 – 32 Wx 88/05 (nicht veröffentlicht).

505 BayObLG WE 1992, 86.

506 BGH NJW 1997, 2956.

507 OLG München NJW 2008, 156.

508 BayObLG NJW-RR 2002, 1667.

sind sowohl außergerichtlich als auch gerichtlich **Anspruchsgegner.** Führt die außergerichtliche Aufforderung zur Berichtigung oder Ergänzung des Versammlungsprotokolls zu keinem Erfolg, kann der Berichtigungs- oder Ergänzungsanspruch nach § 43 Nr. 1 und Nr. 3 WEG gerichtlich geltend gemacht werden. Ist hingegen eine Person, die das Versammlungsprotokoll unterzeichnet hat, bereit, das Versammlungsprotokoll entsprechend der außergerichtlichen Aufforderung zu berichtigen und verweigern jedoch die übrigen Personen, die das Protokoll unterzeichnet haben, die beantragte Berichtigung, ist die Klage nur gegen die sich weigernden Personen zu erheben. Die übrigen Wohnungseigentümer, die das Protokoll nicht unterzeichnet haben, sind für eine Korrektur unzuständig.[509]

918 Umstritten ist, ob die Klage auf Berichtigung oder Ergänzung des Versammlungsprotokolls innerhalb der **einmonatigen Beschlussanfechtungsfrist** des § 46 Abs. 1 Satz 2 WEG erhoben werden muss. Wird Berichtigung deshalb verlangt, weil im Versammlungsprotokoll ein Eigentümerbeschluss inhaltlich unzutreffend wiedergegeben wird, soll hierfür unter analoger Anwendung von § 46 Abs. 1 Satz 2 WEG die einmonatige **Klagefrist** gelten.[510] Dem ist nicht zu folgen.[511] Nach dem ausdrücklichen Wortlaut von § 46 Abs. 1 Satz 2 WEG gilt die einmonatige Klagefrist ausschließlich für Beschlussanfechtungsklagen. Müsste diese Frist auch dann eingehalten werden, wenn „lediglich" auf Berichtigung eines in der Versammlungsniederschrift inhaltlich falsch wiedergegebenen Eigentümerbeschlusses geklagt wird, würde dem in der Versammlungsniederschrift wiedergegebenen Eigentümerbeschluss eine konstitutive und inhaltsfixierende Wirkung beigemessen werden, die jedoch unstreitig nicht besteht.[512] Solange jedoch in Rechtsprechung und Literatur Streit darüber besteht, ob in diesen Fällen auch bei Klagen auf Berichtigung oder Ergänzung des Versammlungsprotokolls in analoger Anwendung von § 46 Abs. 1 Satz 2 WEG die einmonatige Klagefrist einzuhalten ist oder nicht, sollte aus Gründen des „sichersten Weges" im Falle einer Klageerhebung die einmonatige Klagefrist berücksichtigt werden.

---

509 BayObLG NJW-RR 2002, 1667; AG Kassel ZMR 2004, 711.
510 OLG Hamm MDR 1985, 502; BayObLGZ 1982, 445; KG WuM 1990, 363.
511 So auch *Bärmann/Merle* § 24 Rn. 130; *Drasdo* M. Rn. 54; *Jennißen/Elzer* § 24 Rn. 142.
512 OLG Köln ZMR 2001, 387; BayObLG NJW-RR 2005, 456; BayObLG NJW-RR 1990, 210; offen gelassen von BayObLG NJW-RR 1996, 524 und OLG München ZWE 2006, 456.

VI. Selbstverwaltung der Wohnungseigentümer

Gemäß § 20 Abs. 1 WEG obliegt die Verwaltung des gemeinschaftlichen Eigentums den Wohnungseigentümern nach Maßgabe der §§ 21 bis 25 WEG, dem Verwalter nach Maßgabe der §§ 26 bis 28 WEG und fakultativ, das heißt im Falle der Bestellung, den Mitgliedern des Verwaltungsbeirats nach Maßgabe des § 29 WEG. Da § 20 Abs. 1 WEG die **Wohnungseigentümer** an erster Stelle nennt, sind diese in ihrer Gesamtheit das **oberste und zentrale Verwaltungsorgan.** Nachdem die Willensbildung der Wohnungseigentümer hauptsächlich in der Wohnungseigentümerversammlung stattfindet, ist die **Wohnungseigentümerversammlung** Bestandteil dieses obersten und zentralen Verwaltungsorgans. 919

Aus § 20 Abs. 1 WEG ergibt sich sowohl das Verwaltungsobjekt als auch das Verwaltungssubjekt. Ferner ist in § 20 Abs. 1 WEG durch Verweis auf die §§ 21 bis 29 WEG geregelt, auf welche Art und Weise die Verwaltung stattfinden kann/muss. 920

1. Verwaltungsobjekt

a) Gemeinschaftseigentum. Aus § 20 Abs. 1 WEG ergibt sich, dass ausschließlich die Verwaltung des Gemeinschaftseigentums den Verwaltungsorganen obliegt. Gemäß § 1 Abs. 5 WEG sind gemeinschaftliches Eigentum das Grundstück sowie die Teile, Anlagen und Einrichtungen des Gebäudes, die nicht im Sondereigentum oder im Eigentum eines Dritten stehen. Die Verwaltung des Sondereigentums fällt also nicht unter § 20 Abs. 1 WEG. Für die Verwaltung seines Sondereigentums ist gemäß § 13 Abs. 1 WEG jeder Wohnungseigentümer selbst verantwortlich. 921

Auf die ausführlichere Beschreibung des Gemeinschaftseigentums und die Abgrenzung zwischen Sonder- und Gemeinschaftseigentum unter den Rn. A 1 ff. und A 69 wird verwiesen. 922

b) Verwaltungsvermögen. Fraglich ist, ob auch das Verwaltungsvermögen Gegenstand des gemeinschaftlichen Eigentums im Sinne von § 20 Abs. 1 WEG ist. Gemäß § 10 Abs. 7 Satz 1 WEG gehört das Verwaltungsvermögen der Gemeinschaft der Wohnungseigentümer, das heißt dem **teilrechtsfähigen Verband.** Somit würde das Verwaltungsvermögen nicht unter § 20 Abs. 1 WEG fallen, da es nicht im gemeinschaftlichen Eigentum der Wohnungseigentümer steht, sondern im Eigentum des Verbands. Trotzdem obliegt den Wohnungseigentümern auch die Verwaltung des Verwaltungsvermögens, was sich insbesondere aus § 27 Abs. 1 Nr. 4 bis 6, Abs. 3 Nr. 5 WEG ergibt, auf den in § 20 Abs. 1 WEG verwiesen wird. Bestätigt wird dies ferner durch § 21 Abs. 5 Nr. 4 WEG, wonach die Ansammlung einer angemessenen Instandhaltungsrücklage zu einer ordnungsmäßigen Verwaltung durch die Wohnungseigentümer gehört; auch die angesammelte Instandhaltungsrücklage ist Bestandteil des Verwaltungsvermögens. Zum gemeinschaftlichen Eigentum im Sinne von § 20 Abs. 1 WEG zählt demnach auch das Verwaltungsvermögen im Sinne von § 10 Abs. 7 WEG.[1] 923

2. Verwaltungssubjekt

Aus § 20 Abs. 1 WEG ergeben sich ferner die Verwaltungssubjekte, nämlich die **drei Verwaltungsorgane** Wohnungseigentümer, Verwalter und Verwaltungsbeirat. 924

a) Wohnungseigentümer. Eigentümer sind die im Grundbuch als Wohnungs- oder Teileigentümer eingetragenen Personen.[2] Bei einem Ersterwerb vom Bauträger oder Aufteiler sind auch die Käufer als werdende Eigentümer „Wohnungseigentümer" im Sinne von 925

---

[1] So auch *Spielbauer/Then* § 20 Rn. 3; *Jennißen/Jennißen* § 20 Rn. 2.
[2] OLG Brandenburg ZWE 2006, 447.

§ 20 Abs. 1 WEG, sofern sie Mitglied der werdenden Wohnungseigentümergemeinschaft geworden sind. Ergänzend wird auf die Ausführungen unter der Rn. 552 verwiesen.

926 Auch die **Wohnungseigentümerversammlung** ist Gegenstand und Bestandteil dieses obersten und zentralen Verwaltungsorgans, da hauptsächlich in den Eigentümerversammlungen die Willensbildung der Wohnungseigentümer stattfindet.

927 Entsprechend des Verweises in § 20 Abs. 1 WEG obliegt den Wohnungseigentümern die Verwaltung des gemeinschaftlichen Eigentums nach Maßgabe der §§ 21 bis 25 WEG.

928 **b) Verwalter.** Bei dem Verwalter im Sinne von § 20 Abs. 1 WEG handelt es sich um den nach § 26 Abs. 1 Satz 1 WEG oder den in der Teilungserklärung mit Gemeinschaftsordnung bestellten Verwalter. Gemäß § 20 Abs. 2 WEG kann die Bestellung eines Verwalters nicht ausgeschlossen werden. Vertiefend wird auf die Ausführungen unter den Rn. 968 bis 1439 ff. verwiesen.

929 Entsprechend des Verweises in § 20 Abs. 1 WEG obliegt dem Verwalter die Verwaltung des gemeinschaftlichen Eigentums nach Maßgabe der §§ 26 bis 28 WEG.

930 **c) Verwaltungsbeirat.** Der Verwaltungsbeirat ist als **fakultatives Organ** das dritte Organ im Sinne von § 20 Abs. 1 WEG. Der Verwaltungsbeirat wird ausführlich behandelt unter den Rn. 1768 bis 2249.

931 Entsprechend des Verweises in § 20 Abs. 1 WEG obliegt dem Verwaltungsbeirat die Verwaltung des gemeinschaftlichen Eigentums nach Maßgabe des § 29 WEG.

3. Gemeinschaftliche Verwaltung des Gemeinschaftseigentums durch die Wohnungseigentümer gemäß § 21 Abs. 1 WEG

932 Gemäß § 21 Abs. 1 WEG steht die Verwaltung des gemeinschaftlichen Eigentums den Wohnungseigentümern gemeinschaftlich zu, soweit nicht im Wohnungseigentumsgesetz oder durch Vereinbarung der Wohnungseigentümer etwas anderes bestimmt ist. Unter **Verwaltung** im Sinne von § 21 Abs. 1 WEG fallen alle Maßnahmen, die im Interesse aller Wohnungseigentümer auf die Erhaltung, Verbesserung oder dem der Zweckbestimmung des gemeinschaftlichen Eigentums entsprechenden Gebrauch gerichtet sind. Zur Verwaltung gehören daher alle Maßnahmen, die in tatsächlicher oder rechtlicher Hinsicht auf eine Änderung des bestehenden Zustandes abzielen oder sich als Geschäftsführung zu Gunsten der Wohnungseigentümer in Bezug auf das gemeinschaftliche Eigentum darstellen.[3]

933 Zu einer Verwaltung des Gemeinschaftseigentums im Sinne von § 21 Abs. 1 WEG gehört auch die **Geltendmachung von Ansprüchen und Rechten.** Dazu gehören sowohl Ansprüche und Rechte, die gemäß § 10 Abs. 6 Satz 1 und 2 WEG unmittelbar der teilrechtsfähigen Wohnungseigentümergemeinschaft gegenüber Dritten und/oder Wohnungseigentümern zustehen, als auch gemeinschaftsbezogene Ansprüche und Rechte der Wohnungseigentümer, deren Geltendmachung die teilrechtsfähige Wohnungseigentümergemeinschaft gemäß § 10 Abs. 6 Satz 3 WEG an sich gezogen hat. Auch die Geltendmachung dieser Ansprüche stellt eine Verwaltungsmaßnahme im Sinne von § 21 Abs. 1 WEG dar, was sich insbesondere auch aus § 27 Abs. 2 Nr. 3 WEG ergibt.

934 Gemäß § 21 Abs. 1 WEG steht die Verwaltung des gemeinschaftlichen Eigentums den Wohnungseigentümern **gemeinschaftlich** zu. Zum einen ergibt sich hieraus der Grundsatz der **Selbstverwaltung.** Zum anderen ist aus dem Begriff „gemeinschaftlich" zu schließen, dass sich die Wohnungseigentümer bei der Verwaltung des gemeinschaftlichen Eigentums einig sein müssen, so dass vom Grundsatz der **Einstimmigkeit** ausgegangen wird.[4] Gleich zu Beginn des Wortlautes von § 21 Abs. 1 WEG findet sich jedoch eine wichtige Einschränkung dahingehend, dass im Wohnungseigentumsgesetz oder durch

---

[3] BGH NJW 1993, 727; OLG Hamm NJW-RR 1992, 403; BayObLG RPfleger 1975, 367.
[4] *Bärmann/Merle* § 21 Rn. 2; *Spielbauer/Then* § 21 Rn. 4.

Vereinbarung der Wohnungseigentümer insoweit nicht etwas anderes bestimmt sein darf. Eine der wichtigsten Ausnahmen befindet sich sogleich in § 21 Abs. 3 WEG, wonach die Wohnungseigentümer eine der Beschaffenheit des gemeinschaftlichen Eigentums entsprechende ordnungsmäßige Verwaltung durch **Stimmenmehrheit** beschließen können, soweit die Verwaltung des gemeinschaftlichen Eigentums nicht durch Vereinbarung der Wohnungseigentümer geregelt ist. Neben § 21 Abs. 3 WEG finden sich weitere Ausnahmen in §§ 21 Abs. 5 und 7, 16 Abs. 3 und 4, 22 Abs. 1 bis 3, 26 Abs. 1 und 2, 28 Abs. 4 und 5 WEG. Hinzu kommen die §§ 27 bis 29 WEG, wonach bestimmte Verwaltungsaufgaben auf den Verwalter oder die Mitglieder des Verwaltungsbeirats übertragen werden. Ferner können sich aus der jeweiligen Teilungserklärung mit Gemeinschaftsordnung weitere Ausnahmen vom Einstimmigkeitsprinzip ergeben. Daraus ergibt sich, dass das in § 21 Abs. 1 WEG normierte Einstimmigkeitsprinzip für Verwaltungsmaßnahmen der Ausnahmefall und die Mehrheitsentscheidung der Regelfall ist.

Eine weitere Ausnahme vom Einstimmigkeitsprinzip für Verwaltungsmaßahmen im 935
Sinne von § 21 Abs. 1 WEG findet sich in § 21 Abs. 2 WEG, wonach jeder Wohnungseigentümer berechtigt ist, ohne Zustimmung der anderen Wohnungseigentümer die Maßnahmen zu treffen, die zur Abwendung eines dem gemeinschaftlichen Eigentum unmittelbar drohenden Schadens notwendig sind (so genannte **Notmaßnahmen** oder **Maßnahmen der Notgeschäftsführung**). Auch aus dieser Formulierung wird das in § 21 Abs. 1 WEG normierte Einstimmigkeitsprinzip für Verwaltungsmaßnahmen deutlich. In den Notfällen des § 21 Abs. 2 WEG ist jeder Wohnungseigentümer berechtigt, eine Verwaltungsmaßnahme **ohne Zustimmung der anderen Wohnungseigentümer** zu treffen. Dies bedeutet im Umkehrschluss, dass in den übrigen Fällen für jede Verwaltungsmaßnahme die Zustimmung aller Wohnungseigentümer erforderlich ist, soweit sich aus dem Wohnungseigentumsgesetz oder einer Vereinbarung nicht ergibt, dass hierfür auch ein Mehrheitsbeschluss ausreichend ist.

4. Maßnahmen der Notgeschäftsführung gemäß § 21 Abs. 2 WEG

Gemäß § 21 Abs. 2 WEG ist jeder Wohnungseigentümer berechtigt, ohne Zustimmung 936
der anderen Wohnungseigentümer die Maßnahmen zu treffen, die zur Abwendung eines dem gemeinschaftlichen Eigentum unmittelbar drohenden Schadens notwendig sind. Als Ausnahme zu § 21 Abs. 1 WEG begründet § 21 Abs. 2 WEG also ein „**Individualrecht**" des einzelnen Eigentümers. Zu Maßnahmen der **Notgeschäftsführung** ist der einzelne Eigentümer berechtigt, ohne dass hierzu die Zustimmung der anderen Wohnungseigentümer eingeholt werden muss. Aus diesem Recht erwächst grundsätzlich keine Pflicht. Nur in Ausnahmefällen kann für einen Wohnungseigentümer eine **Pflicht** bestehen, Notmaßnahmen zu ergreifen bzw. zu veranlassen, nämlich beispielsweise dann, wenn es aufgrund des konkreten Einzelfalls und der konkreten Situation ausschließlich einem Wohnungseigentümer möglich ist, Notmaßnahmen zu ergreifen bzw. zu veranlassen, weil er zum Beispiel derzeit die einzige Person im Hause ist und der Verwalter nicht erreichbar ist.[5] Ergreift oder veranlasst ein Wohnungseigentümer Notmaßnahmen, handelt er im eigenen Namen, also nicht namens und im Auftrag aller Eigentümer, das heißt § 21 Abs. 2 WEG begründet für den handelnden Wohnungseigentümer **keine Vertretungsmacht.**

Gemäß § 21 Abs. 2 WEG muss dem Gemeinschaftseigentum das Entstehen eines 937
Schadens unmittelbar drohen. Es ist daher eine unmittelbare Gefahrensituation erforderlich. Somit liegt kein Fall des § 21 Abs. 2 WEG vor, wenn ein Schaden entweder bereits seit einiger Zeit besteht oder bis zum Eintritt des Schadens noch genügend Zeit besteht, den Verwalter über den drohenden Schaden zu informieren.[6] Ist der Schaden bereits ein-

[5] LG Aachen ZMR 1993, 233; *Bärmann/Merle* § 21 Rn. 4; *Spielbauer/Then* § 21 Rn. 6.
[6] OLG Hamburg ZMR 2007, 129; BayObLG ZWE 2001, 418; OLG Celle ZWE 2002, 369.

getreten, liegt ebenfalls kein Fall des § 21 Abs. 2 WEG vor, es sei denn, der bereits eingetretene Schaden droht sich zu vergrößern oder auszuweiten.[7]

938 Da gemäß § 21 Abs. 2 WEG der Eintritt eines Schadens **unmittelbar drohen** muss, setzt § 21 Abs. 2 WEG des Weiteren eine **Gefahrensituation** bzw. **Eilbedürftigkeit** voraus. Diese Eilbedürftigkeit besteht dann, wenn es dem Wohnungseigentümer, der den unmittelbar drohenden Eintritt eines Schadens entdeckt, aufgrund der nicht mehr zur Verfügung stehenden Zeit nicht möglich ist, ein Handeln der Gemeinschaft oder des Verwalters zu veranlassen.

939 Ferner muss gemäß § 21 Abs. 2 WEG von der konkreten Gefahrenlage das **Gemeinschaftseigentum** betroffen sein. Deswegen greift § 21 Abs. 2 WEG nicht, wenn nur am Sondereigentum der Eintritt eines Schadens unmittelbar droht; in diesen Fällen ist der Wohnungseigentümer bereits aufgrund seiner eigenen Verantwortlichkeit gemäß § 13 Abs. 1 WEG berechtigt und gemäß § 14 Nr. 1 WEG auch verpflichtet, Maßnahmen gegen den drohenden Schadenseintritt zu ergreifen.

940 Aus der Rechtsprechung seien folgende **Beispiele** von Maßnahmen der Notgeschäftsführung genannt:
- Beauftragung eines Handwerkers zur Behebung eines Wasserrohrbruchs;[8]
- Noteindeckung eines durch Sturm abgedeckten Dachs;[9]
- Maßnahmen zur Beseitigung einer akuten Brandgefahr;[10]
- Begleichung der Gas-, Wasser- oder Stromrechnung zur Abwendung einer Liefersperre;[11]
- Geltendmachung von Forderungen gegen den Verwalter, sofern bei einem weiteren Warten die Gefahr besteht, dass der Verwalter oder die Wohnungseigentümergemeinschaft zahlungsunfähig werden könnte und die Versorgungsbetriebe bereits mit einer Liefersperre drohen;[12]
- Geltendmachung von Nachbarrechten im Verwaltungsverfahren und Verwaltungsprozess.[13]

941 Folgende Maßnahmen begründen hingegen **keine Notgeschäftsführung** im Sinne von § 21 Abs. 2 WEG:
- Aufnahme eines Darlehens zur Finanzierung von Mängelbeseitigungsmaßnahmen;[14]
- Komplettaustausch eines Fensters, da in der Regel eine Reparatur möglich ist;[15]
- Einstellung eines Hausmeisters;[16]
- Einleitung eines selbstständigen Beweisverfahrens gemäß §§ 485 ff. ZPO;[17]
- Sanierung der Fassade;[18]
- Umbau der Hofeinfahrt;[19]
- Neueindeckung des Dachs.[20]

942 Ein Wohnungseigentümer, der gemäß § 21 Abs. 2 WEG berechtigter Weise Notmaßnahmen ergreift oder veranlasst, kann von der Wohnungseigentümergemeinschaft gemäß §§ 670, 683 BGB **Ersatz seiner Aufwendungen** in Geld verlangen. Bei Notmaßnahmen

---

[7] OLG Oldenburg WE 1988, 175.
[8] AG Hannover ZMR 2006, 483.
[9] AG Hamburg-Blankenese WuM 1994, 403.
[10] OLG Celle ZWE 2002, 369.
[11] OLG Hamm ZMR 2004, 855.
[12] OLG Düsseldorf WE 1989, 200.
[13] BayVGH NZM 2004, 235.
[14] OLG Hamm WE 1993, 28.
[15] KG WuM 2005, 271; BayObLG ZMR 2003, 951.
[16] OLG Stuttgart ZMR 1989, 191.
[17] BayObLG WuM 1995, 728.
[18] BayObLG ZMR 1997, 325.
[19] OLG München vom 19. 12. 2005 – 34 Wx 6/05 (nicht veröffentlicht).
[20] OLG Hamburg ZMR 2007, 129.

handelt es sich um eine berechtigte **Geschäftsführung ohne Auftrag,** so dass die erforderlichen Aufwendungen Kosten der Verwaltung im Sinne von § 16 Abs. 2 WEG sind.[21] Des Weiteren begründen Kosten, die einem Eigentümer im Rahmen der Notgeschäftsführung entstanden sind, einen der wenigen Ausnahmefälle, die zur **Aufrechnung** gegen fällige Hausgeldforderungen gemäß §§ 387, 389 BGB berechtigen.[22]

5. Gemeinschaftliche Verwaltung des Gemeinschaftseigentums durch Mehrheitsbeschluss gemäß § 21 Abs. 3 und Abs. 5 WEG

§ 21 Abs. 3 und Abs. 5 WEG stellt eine weitere wichtige Ausnahme zu dem in § 21 **943** Abs. 1 WEG normierten Einstimmigkeitsprinzips dar. Gemäß § 21 Abs. 3 WEG können die Wohnungseigentümer eine der Beschaffenheit des gemeinschaftlichen Eigentums entsprechende ordnungsmäßige Verwaltung durch Stimmenmehrheit beschließen, soweit die Verwaltung des gemeinschaftlichen Eigentums nicht durch Vereinbarung der Wohnungseigentümer geregelt ist. § 21 Abs. 5 WEG enthält sodann eine beispielhafte Aufzählung, was insbesondere zu einer ordnungsmäßigen, dem Interesse der Gesamtheit der Wohnungseigentümer entsprechenden Verwaltung gehört. § 21 Abs. 3 WEG begründet also **Beschlusskompetenz** für eine der Beschaffenheit des gemeinschaftlichen Eigentums entsprechende ordnungsmäßige Verwaltung, wobei hierfür die einfache Stimmenmehrheit ausreicht. Allerdings ist der in § 21 Abs. 3 WEG geregelte **Vereinbarungsvorbehalt** zu beachten, das heißt § 21 Abs. 3 WEG ist nur einschlägig, soweit die Verwaltung des gemeinschaftlichen Eigentums nicht durch Vereinbarung der Wohnungseigentümer geregelt ist. Soll über § 21 Abs. 3 WEG eine Verwaltungsmaßnahme beschlossen werden und existiert jedoch bereits in der Teilungserklärung mit Gemeinschaftsordnung eine Vereinbarung über diese Verwaltungsmaßnahme, greift der in § 21 Abs. 3 WEG geregelte **Vereinbarungsvorrang,** das heißt in diesen Fällen geht die in der Teilungserklärung mit Gemeinschaftsordnung vorhandene Vereinbarung vor, so dass hierfür keine Beschlusskompetenz besteht. In diesen Fällen ist jedoch vorab stets durch **Auslegung** zu prüfen und zu ermitteln, ob die in der Teilungserklärung mit Gemeinschaftsordnung enthaltene Vereinbarung tatsächlich „mehrheitsfest" sein soll. Ist beispielsweise eine Hausordnung oder ein Verwaltervertrag Bestandteil einer Teilungserklärung mit Gemeinschaftsordnung, haben diese Regelungen in der Regel nur schuldrechtlichen Charakter und keinen Vereinbarungscharakter, so dass in diesen Fällen durch Stimmenmehrheit eine andere Hausordnung oder ein anderer Verwaltervertrag beschlossen werden kann.

Der Ober- und Hauptbegriff von § 21 Abs. 3 und Abs. 5 WEG ist der unbestimmte **944** Rechtsbegriff der **„ordnungsmäßigen Verwaltung".** Insbesondere für die Frage, ob ein Eigentümerbeschluss in materiell-rechtlicher Hinsicht fehlerhaft ist oder nicht und somit im Falle der Erhebung einer Anfechtungsklage gegebenenfalls für ungültig zu erklären ist oder nicht, ist der Begriff der ordnungsmäßigen Verwaltung oft ein entscheidendes und maßgebliches Prüfungskriterium. Das Gesetz enthält keine Legaldefinition für den Begriff der ordnungsmäßigen Verwaltung. Zur näheren Konkretisierung, was unter ordnungsmäßiger Verwaltung zu verstehen ist, kann jedoch § 21 Abs. 4 WEG herangezogen werden, wonach eine Verwaltung dann ordnungsgemäß ist, wenn sie den Vereinbarungen und Beschlüssen und, soweit solche nicht bestehen, dem Interesse der Gesamtheit der Wohnungseigentümer nach billigem Ermessen entspricht. Da die Verwaltung billigem Ermessen zu entsprechen hat, besteht insoweit ein **Ermessensspielraum,** der durch das Gericht nur eingeschränkt überprüft werden kann.[23] Im Rahmen dieses Ermessensspielraums ist im Einzelfall eine **Abwägung** etwaiger unterschiedlicher Interessen der Wohnungseigen-

---

[21] OLG München ZMR 2008, 321.

[22] BayObLG WuM 1991, 413; BayObLG WE 1987, 17; KG NJW-RR 1996, 456.

[23] BayObLG ZMR 2003, 951; BayObLG NZM 2004, 746; OLG Frankfurt/Main NJW-RR 2007, 377.

tümer vorzunehmen, bei welcher das Interesse der Gesamtheit der Wohnungseigentümer höher zu bewerten ist als ein Einzelinteresse.[24] Eine Maßnahme erfolgt im Interesse der Gesamtheit der Wohnungseigentümer, wenn sie bei objektiv vernünftiger Betrachtungsweise unter Berücksichtigung der besonderen Umstände des Einzelfalles nützlich ist. Dies ist der Fall, wenn sich die Maßnahme bei einer an den konkreten Bedürfnissen und Möglichkeiten ausgerichtete Kosten-Nutzen-Analyse und unter Berücksichtigung der Verkehrsauffassung der finanziellen Leistungsfähigkeit der Wohnungseigentümergemeinschaft im Einzelfall als vertretbar erweist.[25]

945 Bei der Frage, welche Einzelfälle von der Rechtsprechung als ordnungsmäßiger Verwaltung entsprechend beurteilt worden sind, sei stichwortartig auf folgende **Beispielsfälle** verwiesen:

- Der Abschluss eines Vergleichs, sofern der Vergleich seinem Inhalt nach unter Berücksichtigung aller Umstände nach als angemessen, zumindest aber als vertretbar anzusehen ist;[26]
- Beschluss über die gerichtliche Geltendmachung von nicht offensichtlich unbegründeten Ansprüchen;[27]
- Beschluss über die Geltendmachung eines Schadensersatzanspruchs gegenüber einem Wohnungseigentümer wegen Beschädigung des Gemeinschaftseigentums;[28]
- Beschluss über die Durchführung eines selbstständigen Beweisverfahrens zur Ermittlung von Baumängeln;[29]
- Beauftragung eines Rechtsanwalts mit der Geltendmachung von Ansprüchen, sofern die geltend zu machende Forderung nicht offensichtlich unbegründet ist;[30]
- Beschluss über die Einholung eines Rechtsgutachtens zur Überprüfung der Wirksamkeit von Eigentümerbeschlüssen;[31]
- Erhebung einer Sonderumlage zur Finanzierung von Rechtsanwaltskosten, sofern die teilrechtsfähige Wohnungseigentümergemeinschaft Schuldnerin dieser Gebühren ist;[32]
- Die Anstellung eines Hausmeisters;[33]
- Maßnahmen zur Erfüllung der Verkehrssicherungspflicht;[34]
- Pflege des Baumbestands einschließlich des Auslichtens durch Entfernen einiger Bäume, gegebenenfalls unter Berücksichtigung örtlicher Baumschutzsatzungen;[35]
- Einbau von Geräten zur Erfassung des Kalt-[36] und Warmwasserverbrauchs;
- Verzicht auf den Einbau von Warmwasserzählern, wenn die Einbau- und Unterhaltungskosten höher sind als die zu erwartenden Einsparungen;[37]
- Beschluss über die Bestellung eines Verwalters;[38]
- Beschluss über die Abberufung des Verwalters[39] und im Falle des Vorliegens eines wichtigen Grundes über dessen sofortige Abberufung;[40]

---

[24] BayObLG NZM 2004, 391.
[25] KG WE 1989, 136; BayObLG ZMR 2003, 951; OLG Köln ZMR 2007, 389.
[26] OLG Hamburg ZMR 2008, 152.
[27] BayObLG ZMR 1998, 580.
[28] OLG Köln NZM 2003, 641.
[29] BayObLG NJW-RR 2002, 805.
[30] BayObLG WE 1999, 199; BayObLG WuM 2005, 145.
[31] OLG Köln WE 1997, 428.
[32] OLG München ZMR 2007, 140.
[33] BGH NJW 1989, 1090; BayObLG WuM 1991, 310.
[34] OLG München NZM 2006, 110.
[35] BayObLG NJW-RR 1996, 1166; OLG Hamburg ZMR 2004, 294.
[36] BGH NJW 2003, 3476.
[37] BayObLG WE 1990, 136.
[38] BayObLG NJW-RR 1989, 461.
[39] KG WE 1988, 168; OLG Düsseldorf WE 1991, 252.
[40] BayObLG NJW-RR 1989, 461.

- Beschluss über die Entlastung des Verwalters, sofern keine Ansprüche gegenüber dem Verwalter im Raum stehen sollten;[41]
- Erhebung einer Sonderumlage, um einen Hausgeldausfall zu kompensieren;[42]
- Aufnahme eines Kontokorrentkredites zur Deckung eines kurzfristigen Finanzbedarfs;[43]
- Beschluss über die Verhängung einer Versorgungssperre gegenüber einem säumigen Hausgeldschuldner;[44]
- Maßnahmen zur Erfüllung öffentlich-rechtlicher Vorschriften;[45]
- Beauftragung eines Sachverständigen mit der Vornahme weiterer Untersuchungen zur Vorbereitung einer Sanierung;[46]
- Beschluss über die Beseitigung einer baulichen Veränderung;[47]
- Beschluss über eine Protokollberichtigung;[48]
- Der Erwerb von Grundstücken sowie von Wohnungs- oder Teileigentumseinheiten durch die teilrechtsfähige Eigentümergemeinschaft kann im Einzelfall ordnungsmäßiger Verwaltung entsprechen;[49]
- Die Wohnungseigentümer können durch Mehrheitsbeschluss für bestimmte Maßnahmen **Sonderausschüsse** bilden, wie zum Beispiel bei Sanierungen einen Bauausschuss oder ein „Farbgremium". Den Mitgliedern eines Sonderausschusses dürfen jedoch keine Aufgaben zugewiesen werden, die in den Kompetenz- und Aufgabenbereich der Wohnungseigentümer, des Verwalters oder des Verwaltungsbeirats fallen. Den Mitgliedern eines Sonderausschusses kann daher nur beratende und unterstützende Funktion zukommen. Zum Entscheidungsträger können die Mitglieder eines Sonderausschusses hingegen nicht bestimmt werden, das heißt die Mitglieder eines Sonderausschusses können zum Beispiel nicht ermächtigt werden, Bauaufträge zu vergeben.[50]

Hinzu kommen die beispielhaft in **§ 21 Abs. 5 WEG** aufgelisteten Verwaltungsmaß- **946**
nahmen, das heißt:

- die Aufstellung einer **Hausordnung** gemäß § 21 Abs. 5 Nr. 1 WEG. Unter „Hausordnung" ist die Verkörperung sämtlicher hausbezogener Gebrauchs- und Verwaltungsregelungen für das gemeinschaftliche Eigentum und das Sondereigentum zu verstehen.[51] Durch eine Hausordnung sollen primär die sich aus § 14 WEG abstrakt ergebenden Rechte und Pflichten der Wohnungseigentümer im Hinblick auf die Instandhaltung des Sondereigentums und des Gemeinschaftseigentums sowie deren Nutzung und Verwaltung ausgearbeitet und veranschaulicht werden.[52] Gegenstand einer Hausordnung sind primär Gebrauchsregelungen im Sinne von § 15 Abs. 2 WEG. Dies können allgemeine **Sorgfalts-, Sicherheits- und Gefahrvorbeugungspflichten** sein, die zur Aufrechterhaltung von Sicherheit und Ordnung und des Hausfriedens führen sollen. Auch der konkrete Gebrauch eines in der Teilungserklärung mit Gemeinschaftsordnung bestellten Sondernutzungsrechts unterliegt der Regelungskompetenz durch eine Hausordnung.[53]

---

41 BGH NZM 2003, 764; BayObLG ZMR 2004, 211.
42 KG NJW-RR 1995, 397.
43 OLG Hamm NJW-RR 1992, 403; BayObLG WE 1991, 111; KG NJW-RR 1994, 1105; BayObLG NJW-RR 2004, 1602.
44 BGH NZM 2005, 626; KG NJW-RR 2006, 446.
45 OLG Hamburg ZMR 2004, 291.
46 OLG München ZMR 2006, 311.
47 OLG Köln ZMR 2004, 215.
48 KG WE 1989, 139; BayObLG WE 1991, 81.
49 OLG Celle NZM 2008, 370; LG Hannover ZMR 2007, 893.
50 OLG Frankfurt/Main WE 1988, 36 = OLGZ 1988, 188; *Bärmann/Merle* § 29 Rn. 48; *Staudinger/Bub* § 29 Rn. 84, 127 und 143.
51 BayObLG WuM 2005, 475; OLG Frankfurt/Main NJW-RR 2007, 377.
52 BayObLG ZMR 2005, 132.
53 OLG München ZMR 2007, 484.

Der Regelfall wird sein, dass die Hausordnung durch Mehrheitsbeschluss aufgestellt wird, §§ 15 Abs. 2, 21 Abs. 3, Abs. 5 Nr. 1 WEG. Eine durch Mehrheitsbeschluss aufgestellte Hausordnung kann ebenso durch Mehrheitsbeschluss aufgehoben oder abgeändert werden.[54] Neben einer Hausordnung[55] kann auch eine Garagenordnung,[56] Gartenordnung,[57] Spielplatzordnung[58] und Schwimmbadordnung[59] beschlossen werden.

- die ordnungsmäßige **Instandhaltung und Instandsetzung** des gemeinschaftlichen Eigentums gemäß § 21 Abs. 5 Nr. 2 WEG. Die Instandhaltung und Instandsetzung des gemeinschaftlichen Eigentums ist Gegenstand der technischen Verwaltung. Insoweit wird auf die dortige Ausführung unter den Rn. 92 bis 109 ff. verwiesen.
- die **Feuerversicherung** des gemeinschaftlichen Eigentums zum Neuwert sowie die angemessene Versicherung der Wohnungseigentümer gegen **Haus- und Grundbesitzerhaftpflicht** gemäß § 21 Abs. 5 Nr. 3 WEG. Dies ist Gegenstand des Kapitels „Versicherung des Wohnungseigentums" unter D., so dass auf die dortigen Ausführungen verwiesen wird.
- die Ansammlung einer angemessen **Instandhaltungsrückstellung** gemäß § 21 Abs. 5 Nr. 4 WEG. Dies ist Gegenstand der Wirtschafts- und Vermögensverwaltung, so dass auf die dortigen Ausführungen unter den Rn. 1460 und 1621 bis 1626 ff. verwiesen wird.
- die Aufstellung eines **Wirtschaftsplans** (§ 28 WEG) gemäß § 21 Abs. 5 Nr. 5 WEG. Dies ist Gegenstand der Wirtschafts- und Vermögensverwaltung, so dass auf die dortigen Ausführungen unter den Rn. 1440 bis 1538 verwiesen wird.
- gemäß § 21 Abs. 5 Nr. 6 WEG die Duldung aller Maßnahmen, die zur Herstellung einer **Fernsprechteilnehmereinrichtung**, einer **Rundfunkempfangsanlage** oder eines **Energieversorgungsanschlusses** zu Gunsten eines Wohnungseigentümers erforderlich sind.

947 Das Instrument, mit dem die ordnungsmäßige Verwaltung in die Wege geleitet, organisiert und realisiert wird, ist der **Mehrheitsbeschluss**, da die Verwaltungsmaßnahmen, die ordnungsmäßiger Verwaltung zu entsprechen haben, gemäß § 21 Abs. 3 WEG mit Stimmenmehrheit beschlossen werden. Zu dem Thema „Mehrheitsbeschluss" wird auf die ausführlichen Erläuterungen unter den Rn. 790 ff. verwiesen.

6. Der Anspruch auf ordnungsgemäße Verwaltung gemäß § 21 Abs. 4 WEG

948 Gemäß § 21 Abs. 4 WEG kann jeder Wohnungseigentümer eine Verwaltung verlangen, die den Vereinbarungen und Beschlüssen und, soweit solche nicht bestehen, dem Interesse der Gesamtheit der Wohnungseigentümer nach billigem Ermessen entspricht. Gemäß § 21 Abs. 4 WEG besteht also ein **Anspruch auf ordnungsgemäße Verwaltung.** Dabei handelt es sich um einen **Individualanspruch** eines jeden Eigentümers.[60]

949 Dieser Individualanspruch ist primär auf die Einhaltung und Durchführung von Beschlüssen und Vereinbarungen der Wohnungseigentümer gerichtet. Bestehen für eine bestimmte Verwaltungsmaßnahme, deren Durchführung von einem Eigentümer verlangt wird, noch keine Beschlüsse oder Vereinbarungen, besteht nach der zweiten Alternative des § 21 Abs. 4 WEG dann ein Anspruch auf Durchführung dieser Verwaltungsmaßnahme, wenn diese dem Interesse der Gesamtheit der Wohnungseigentümer nach billigem Ermessen entspricht. Im Ergebnis begründet § 21 Abs. 4 WEG also einen Anspruch

---

[54] BayObLG WuM 1992, 498; KG NJW-RR 1990, 1495; OLG Frankfurt/Main NZM 2004, 31.
[55] Musterformular samt Rechtsprechungsnachweise in *Müller/Rüscher* S. 291 bis 297.
[56] Musterformular samt Rechtsprechungsnachweise in *Müller/H. Müller* S. 298 bis 300.
[57] Musterformular samt Rechtsprechungsnachweise in *Müller/B. Müller* S. 301 f.
[58] Musterformular samt Rechtsprechungsnachweise in *Müller/Weber* S. 303 f.
[59] Musterformular samt Rechtsprechungsnachweise in *Müller/Becker* S. 305 bis 308.
[60] OLG München NZM 2007, 292; OLG Frankfurt/Main ZMR 2004, 290.

auf ordnungsmäßige Verwaltung. Da eine nach § 21 Abs. 4 WEG verlangte Verwaltung, die sich nicht bereits aus Vereinbarungen oder Beschlüssen ergibt, dem Interesse der Gesamtheit der Wohnungseigentümer nach billigem Ermessen entsprechen muss, ist auch hier der sich daraus ergebende **Ermessensspielraum** bzw. **Beurteilungsspielraum** der Wohnungseigentümer zu berücksichtigen.[61]

Für jeden Einzelfall ist gesondert zu klären, gegen wen der Anspruch auf ordnungs- 950
mäßige Verwaltung gemäß § 21 Abs. 4 WEG geltend zu machen ist, das heißt es ist stets zu klären, wer **Anspruchsgegner** ist. Dies hängt entscheidend davon ab, welche Verwaltungsmaßnahme verlangt wird. Je nach verlangter Verwaltungsmaßnahme kann sich der Anspruch gegen einen einzelnen Wohnungseigentümer richten, gegen eine bestimmte Gruppe von Eigentümern, gegen alle übrigen Wohnungseigentümer oder gegen den Verwalter. Wenn es sich um eine Verwaltungsmaßnahme handelt, die von den übrigen Wohnungseigentümern zu erbringen ist und die für und gegen die übrigen Wohnungseigentümer wirken soll, ist der Anspruch gegen die **übrigen Wohnungseigentümer** zu richten.[62] So sind zum Beispiel die übrigen Wohnungseigentümer Anspruchsgegner, wenn ein Wohnungseigentümer die Erstattung von zuviel bezahlten Hausgeldern fordert; zwar wird eine Zahlung aus dem Verwaltungsvermögen verlangt, welches im Eigentum der teilrechtsfähigen Wohnungseigentümergemeinschaft steht, so dass als Anspruchsgegner die teilrechtsfähige Wohnungseigentümergemeinschaft angesehen werden könnte.[63] Der Verwalter kann eine entsprechende Zahlung aus dem Verwaltungsvermögen jedoch erst und nur dann veranlassen, wenn hierfür ein ermächtigender Eigentümerbeschluss vorliegt, das heißt zunächst müssen die Wohnungseigentümer mehrheitlich die Erstattung genehmigen. Aus diesem Grund ist der Anspruch gegen die übrigen Wohnungseigentümer zu richten und nicht gegen die teilrechtsfähige Wohnungseigentümergemeinschaft.

Bestätigt wird dies durch Folgendes: Sollten die Eigentümer die verlangte Rückzah- 951
lung mehrheitlich ablehnen, müsste der betroffene Eigentümer zur Wahrung seiner Rechte den Negativbeschluss anfechten. Gemäß § 46 Abs. 1 Satz 1 WEG ist die Anfechtungsklage gegen die übrigen Wohnungseigentümer zu richten, das heißt auch in diesem Fall sind die übrigen Wohnungseigentümer auf der Gegenseite. Vor diesem Hintergrund wäre es widersprüchlich, wenn die Verwaltungsmaßnahme gegenüber der teilrechtsfähigen Wohnungseigentümergemeinschaft geltend gemacht werden müsste und dann jedoch die übrigen Wohnungseigentümer Beklagte wären, wenn die Verwaltungsmaßnahme abgelehnt werden würde. Aus diesen Gründen kommt die teilrechtsfähige Wohnungseigentümergemeinschaft als Anspruchsgegner nicht in Betracht. Selbst wenn eine Maßnahme verlangt wird, die im Ergebnis von der teilrechtsfähigen Wohnungseigentümergemeinschaft zu veranlassen ist, wie zum Beispiel die Rückzahlung zuviel bezahlter Hausgelder[64] oder Maßnahmen zur Erfüllung der Verkehrssicherungspflicht,[65] kann der Wohnungseigentümer, der die Durchführung dieser Verwaltungsmaßnahme verlangt, dennoch nicht unmittelbar die teilrechtsfähige Wohnungseigentümergemeinschaft in Anspruch nehmen, ohne vorab die Eigentümerversammlung angerufen zu haben. Für eine unmittelbare Inanspruchnahme der teilrechtsfähigen Wohnungseigentümergemeinschaft ohne vorherige Befassung der Wohnungseigentümerversammlung mit diesem Antrag fehlt das Rechtsschutzbedürfnis.[66] Daher kann die teilrechtsfähige Wohnungseigentümergemeinschaft nicht Gegner eines Anspruchs gemäß § 21 Abs. 4 WEG sein, da vor dem Vollzug der verlangten Verwaltungsmaßnahme eine Willensbildung der Wohnungs-

---

[61] BayObLG NZM 2004, 746; BayObLG ZMR 2003, 951; OLG Düsseldorf WuM 1999, 352.

[62] BGH NJW 2005, 2061; OLG München NZM 2008, 211.

[63] So OLG Hamm ZMR 2007, 296.

[64] OLG Hamm ZMR 2007, 296.

[65] OLG München NZM 2006, 110.

[66] OLG München ZMR 2006, 307; OLG München ZMR 2006, 474; OLG Frankfurt/Main ZMR 2006, 873; OLG Hamburg ZMR 2003, 128.

eigentümer in der Wohnungseigentümerversammlung stattzufinden hat, so dass in diesen Fällen immer die übrigen Wohnungseigentümer Anspruchsgegner sind und nicht der Verband.[67]

952 Ist der geltend gemachte Anspruch jedoch darauf gerichtet, dass zum Beispiel der Grenzverlauf zwischen zwei Sondernutzungsflächen durch Vermessung überprüft, ermittelt und festgestellt werden soll, ist der **Eigentümer**, zu dessen Gunsten das Sondernutzungsrecht an der benachbarten Fläche besteht, Anspruchsgegner.[68] Auch wenn ein Wohnungseigentümer beim Ausbau seines Sondereigentums unzulässigerweise in das Gemeinschaftseigentum eingreift oder wenn die von ihm veranlasste Bauausführung vom Aufteilungsplan abweicht, ist der „störende" Eigentümer Anspruchsgegner.[69]

953 Ist die verlangte Verwaltungsmaßnahme vom Verwalter (zum Beispiel Durchführung eines Eigentümerbeschlusses gemäß § 27 Abs. 1 Nr. 1 WEG oder Aufstellung eines Wirtschaftsplan gemäß § 28 WEG) oder von den Mitgliedern des Verwaltungsbeirats (zum Beispiel Belegprüfung gemäß § 29 Abs. 3 WEG) durchzuführen, sind der **Verwalter** bzw. die Mitglieder des **Verwaltungsbeirats** Anspruchsgegner.[70]

954 Der Anspruch auf ordnungsgemäße Verwaltung im Sinne von § 21 Abs. 4 WEG kann sich nicht nur aus den Vereinbarungen und Beschlüssen und dem nach billigem Ermessen zu beurteilenden Interesse der Gesamtheit der Wohnungseigentümer ergeben, sondern auch aus einer **Treuepflicht** zwischen den Wohnungseigentümern. Fassen die Wohnungseigentümer beispielsweise mehrheitlich den Beschluss, dass Eigentümern, die eigenmächtig und auf eigene Kosten die zu ihrer Wohnung gehörenden Fenster austauschen ließen, ein Teilbetrag von den aufgewendeten Kosten erstattet wird, obwohl ein etwaiger Erstattungsanspruch bereits verjährt sein könnte, entspricht dieser Beschluss trotzdem ordnungsmäßiger Verwaltung, da es im Belieben eines jeden Gläubigers steht, sich auf Verjährung zu berufen oder auch nicht. Auf dem Gebiet des Wohnungseigentumsrechts beurteilt sich dies nach den Grundsätzen ordnungsgemäßer Verwaltung, wobei für die Verhältnisse innerhalb der Gemeinschaft im Vergleich zu anderen Rechtsgebieten eine gesteigerte Treuepflicht gilt. Diese Treuepflicht kann es im Rahmen ordnungsgemäßer Verwaltung gebieten, gegenüber Wohnungseigentümern den Einwand der Verjährung nicht geltend zu machen.[71]

955 Von dieser bestehenden Treuepflicht zwischen den Wohnungseigentümern ist die weitere Treuepflicht zu unterscheiden, die im Verhältnis zwischen der teilrechtsfähigen Wohnungseigentümergemeinschaft und den Wohnungseigentümern besteht. Auch der teilrechtsfähigen Wohnungseigentümergemeinschaft kann gegenüber den Wohnungseigentümern ein Anspruch auf ordnungsmäßige Verwaltung zustehen. So sind beispielsweise die Wohnungseigentümer aufgrund der gegenüber der teilrechtsfähigen Wohnungseigentümergemeinschaft bestehenden Treuepflicht verpflichtet, der Wohnungseigentümergemeinschaft ausreichende Finanzmittel zur Verfügung zu stellen, damit die Wohnungseigentümergemeinschaft ihre Verbindlichkeiten erfüllen kann. Im Rahmen dieser Treuepflicht haben die Wohnungseigentümer daher dafür zu sorgen, dass Wirtschaftspläne, Abrechnungen und gegebenenfalls Sonderumlagen beschlossen werden, damit „Geld in die Kasse kommt".[72]

956 Unter Umständen kann im konkreten Einzelfall die Geltendmachung des Anspruchs auf ordnungsmäßige Verwaltung im Sinne von § 21 Abs. 4 WEG **rechtsmissbräuchlich**

---

[67] OLG München NZM 2008, 211.

[68] BayObLG NZM 2000, 1011.

[69] BayObLG ZWE 2002, 523; BayObLG WE 1997, 73.

[70] OLG Frankfurt/Main ZMR 2004, 290; BayObLG NJW-RR 2001, 1020; OLG Frankfurt/Main RPfleger 1981, 399; OLG Celle OLGZ 1979, 133.

[71] OLG Düsseldorf NZM 2009, 362.

[72] BGH NJW 2005, 2061.

sein, wenn beispielsweise die Durchführung der verlangten Verwaltungsmaßnahme unzumutbar sein sollte.[73]

Wird der geltend gemachte Anspruch auf ordnungsgemäße Verwaltung im Sinne von § 21 Abs. 4 WEG nicht erfüllt, können **Schadensersatzansprüche** entstehen. Dieser Schadensersatzanspruch ergibt sich aus § 280 Abs. 1 BGB und besteht gegenüber denjenigen Wohnungseigentümern, die ihre Pflicht zur ordnungsmäßigen Verwaltung schuldhaft verletzt haben, indem sie eine Beschlussfassung nicht, nicht rechtzeitig oder fehlerhaft herbeigeführt haben.[74] Sollte in diesem Zusammenhang der Verwalter die Pflicht zur ordnungsmäßigen Verwaltung schuldhaft verletzt haben, ist dies nicht den Wohnungseigentümern zuzurechnen, da der Verwalter im Verhältnis der Wohnungseigentümer untereinander nicht Erfüllungsgehilfe im Sinne von § 278 BGB ist.[75] 957

7. Beschlussfassung in Geldangelegenheiten gemäß § 21 Abs. 7 WEG

Gemäß § 21 Abs. 7 WEG können die Wohnungseigentümer die Regelung der Art und Weise von Zahlungen, der Fälligkeit und der Folgen des Verzugs sowie der Kosten für eine besondere Nutzung des gemeinschaftlichen Eigentums oder für einen besonderen Verwaltungsaufwand mit Stimmenmehrheit beschließen. § 21 Abs. 7 WEG ermöglicht also so genannte **Beschlüsse in Geldangelegenheiten.** Nachfolgend wird stichwortartig und **beispielhaft** aufgelistet, welche Regelungen nach § 21 Abs. 7 WEG beschlossen werden können: 958

a) Regelungen der Art und Weise von Zahlungen: 959
- Einführung des **Lastschriftverfahrens** und Teilnahme aller Wohnungseigentümer hieran;[76]
- Verpflichtung der Wohnungseigentümer zur Erteilung einer **Einzugsermächtigung;**[77]
- Beschluss über ein **Verbot von Sammelüberweisungen.**[78]

b) Regelungen über die Fälligkeit von Zahlungen: 960
- Festlegung einer **Verfallklausel,** das heißt der sich aus einem Einzelwirtschaftsplan ergebende Betrag ist in voller Höhe zu Beginn eines Wirtschaftsjahres fällig und den Wohnungseigentümern wird jedoch die Möglichkeit eingeräumt, den Betrag in 12 monatlichen Raten zu leisten, solange sie nicht mit der Zahlung von mindestens 2 Monatsraten in Verzug kommen;
- Festlegung einer **Vorfälligkeitsregelung,** das heißt ein Eigentümer hat die für das restliche Wirtschaftsjahr noch zu leistenden monatlichen Hausgeldraten sofort in einem Betrag zu bezahlen, wenn er sich mit der Zahlung eines konkret festzulegenden und bereits fälligen Betrages in Verzug befinden sollte.[79]

c) Regelungen über die Folgen des Zahlungsverzugs: 961
- Es können höhere **Verzugszinsen** festgelegt werden als in § 288 Abs. 1 BGB geregelt;
- Festlegung eines **pauschalierten Schadensersatzes;**
- Bestimmung einer **Vertragsstrafe.**

d) Regelungen der Kosten für eine besondere Nutzung des gemeinschaftlichen Eigentums: 962
- Festlegung einer **Umzugspauschale;**
- Festlegung einer Kostenpauschale für die Nutzung gemeinschaftlicher Flächen durch einen Eigentümer (Freischankfläche, Werbeschilder etc.).

---

73 BayObLG ZWE 2001, 366.
74 OLG München NZM 2008, 211; OLG Frankfurt/Main NZM 2006, 348.
75 OLG Hamm ZMR 2005, 808.
76 BayObLG NZM 2002, 743 schon für die bis zum 1. 7. 2007 geltende Rechtslage.
77 BGH NJW 2000, 2667; OLG Hamm FGPrax 2005, 255.
78 OLG Düsseldorf NZM 2001, 540 schon für die bis zum 1. 7. 2007 geltende Rechtslage.
79 BGH NJW 2003, 3550; BGH NJW 2005, 3146; KG ZWE 2005, 100.

963 e) **Regelungen über die Kosten für einen besonderen Verwaltungsaufwand:**
- **Mahngebühren** zu Gunsten des Verwalters für die Anmahnung säumiger Hausgeldschuldner;
- Sondervergütung des Verwalters für die Erteilung einer **Veräußerungszustimmung** gemäß § 12 WEG;
- Erstattung von **Kopiekosten** gegenüber dem Verwalter für die Anforderung zusätzlicher Kopien.

8. Ermessensentscheidung durch das Gericht gemäß § 21 Abs. 8 WEG

964 Gemäß § 21 Abs. 8 WEG kann das Gericht in einem Rechtsstreit gemäß § 43 WEG nach billigem Ermessen entscheiden, wenn die Wohnungseigentümer eine nach dem Gesetz erforderliche Maßnahme nicht treffen und soweit sich die Maßnahme nicht aus dem Gesetz, einer Vereinbarung oder einem Beschluss der Wohnungseigentümer ergibt. In der bis zum 1. 7. 2007 geltenden Fassung war dies in § 43 Abs. 2 WEG geregelt.

965 Die Anwendung von § 21 Abs. 8 WEG setzt zunächst voraus, dass eine Verwaltungsmaßnahme gegenständlich ist, die nicht bereits aufgrund einer gesetzlichen Regelung oder aufgrund einer Vereinbarung oder eines Beschlusses der Wohnungseigentümer durchgeführt werden kann. Im Vergleich zu einer gesetzlichen Regelung, einer Vereinbarung oder einem Beschluss der Wohnungseigentümer ist der Rechtsweg also **subsidiär.**

966 Weitere Voraussetzung für die Anwendung von § 21 Abs. 8 WEG ist eine **unterlassene Beschlussfassung** der Wohnungseigentümer. Sollte hinsichtlich der konkreten Verwaltungsmaßnahme bereits ein Eigentümerbeschluss vorliegen, ist für die Anwendung von § 21 Abs. 8 WEG kein Raum, selbst wenn der bereits vorliegende Eigentümerbeschluss nicht ordnungsmäßiger Verwaltung entsprechen sollte. Der sich aus dem **Selbstverwaltungsrecht der Wohnungseigentümer** ergebende Ermessensspielraum ist einer gerichtlichen Überprüfung weitestgehend entzogen.[80] Nur wenn außergewöhnliche und neu hinzugetretene Umstände ein Festhalten an dem bereits vorliegenden Eigentümerbeschluss als grob unbillig und damit als gegen Treu und Glauben verstoßend zu beurteilen sein könnte und somit ein Eigentümer einen Anspruch darauf haben könnte, dass im Rahmen eines **Zweitbeschlusses** der bereits vorliegende Eigentümerbeschluss aufgehoben oder abgeändert wird und dieser Zweitbeschluss jedoch nicht gefasst wird, könnte gemäß § 21 Abs. 8 WEG die Möglichkeit bestehen, anstelle der Wohnungseigentümer das Gericht nach billigem Ermessen entscheiden zu lassen.[81]

967 Im Falle des § 21 Abs. 8 WEG hat das Gericht in einem Verfahren nach § 43 Nr. 1 und Nr. 3 WEG eine eigene **Ermessensentscheidung** zu treffen. In Fällen der Eilbedürftigkeit könnte auch eine einstweilige Verfügung nach §§ 935, 940 ZPO denkbar sein. Die vom Gericht zu treffende Entscheidung stellt ein **Gestaltungsurteil** dar. Die gerichtliche Entscheidung ersetzt den von den Wohnungseigentümern nicht gefassten Eigentümerbeschluss, das heißt die gerichtliche Entscheidung ist als Eigentümerbeschluss zu betrachten.[82]

---

[80] BayObLG NZM 2004, 746; BayObLG ZMR 2003, 951.
[81] OLG Düsseldorf ZMR 2007, 379; OLG Frankfurt/Main NJW-RR 2007, 377.
[82] BGH WuM 1997, 294.

VII. Der Wohnungseigentumsverwalter und seine Pflichten

1. Die Person des Verwalters

Nach unbestrittener Rechtsauffassung kommt als Verwalter jede natürliche oder juristische Person in Betracht. Darüber hinaus sind wegen der besonderen rechtlichen Ausgestaltungen die Personenhandelsgesellschaften [1] und die Partnerschaftsgesellschaft als Verwalter anerkannt. 968

Besondere gewerberechtliche Zulassungsvoraussetzungen bestehen etwa anders als nach § 34c GewO in Verbindung mit der MaBV nicht. Wer ein Gewerbe zu führen berechtigt ist, darf auch die Tätigkeit des Wohnungseigentumsverwalters ausüben. Ob dies sinnvoll ist und einem sich immer weiter in der Gesetzgebung verbreitenden Verbraucherschutzgedanken gerecht wird, mag dahinstehen. Trotz zahlreicher Anregungen aus Wissenschaft und Praxis hat sich der Gesetzgeber bisher nicht entschlossen, besondere Tätigkeitsvoraussetzungen zu schaffen oder Zulassungsschranken einzuführen. 969

Trotz dieser weitestgehend großzügigen Betrachtungsweise hinsichtlich der Person des Verwalters sind dennoch einige Besonderheiten zu beachten: 970

a) **Die Gesellschaft bürgerlichen Rechts als Verwalter.** Nach zunächst herrschender Meinung lag eine nichtige Verwalterbestellung vor, wenn eine Gesellschaft bürgerlichen Rechts oder eine anderweitige Personenmehrheit ohne eigene oder verliehene Rechtspersönlichkeit[2] zur Verwalterin bestellt wurde. 971

Bezüglich der Gesellschaft bürgerlichen Rechts sind die Änderung des HGB[3] zu beachten. Die Literatur und Rechtsprechung vertraten übereinstimmend die Auffassung, dass der Verwalter im Sinne des § 26 WEG nur eine rechtsfähig – zumindest einer solchen ähnliche – Person sein könne. An dieser Rechtsfähigkeit sollte es zunächst der Gesellschaft bürgerlichen Rechtes oder sonstigen nicht näher definierten Personenvereinigung mangeln.[4] Soweit das OLG Frankfurt[5] seinerzeit die Bestellung einer Anwaltssozietät, die ebenfalls in der Form der Gesellschaft bürgerlichen Rechtes betrieben wurde, als Verwalterin zugelassen hatte, konnte dies spätestens seit der Entscheidung des BGH auch nicht mehr vertreten werden. 972

Es erschien jedoch bedenklich, diese von der Literatur und Rechtsprechung zu der Verwaltereignung der Gesellschaft bürgerlichen Rechtes vertretene strikte Auffassung weiterhin aufrecht zu halten. Nach der Neuregelung der §§ 1 ff. HGB hatten sich nämlich wesentliche Änderungen ergeben. Denn nach § 1 HGB wird die Ausübung einer kaufmännischen Tätigkeit durch einen Gewerbetreibenden vermutet. Erforderlich nach § 1 Abs. 2 HGB ist nur, dass ein kaufmännisch eingerichteter Betrieb für die Ausübung der Tätigkeit erforderlich ist. Auf die Eintragung in das Handelsregister kommt es nicht mehr an. Die Gesellschaft bürgerlichen Rechtes übt bei Vorlage der entsprechenden Voraussetzungen dann eine den kaufmännische Regelungen unterfallende Tätigkeit bereits mit der Aufnahme ihres Geschäftsbetriebes aus. Für die Gesellschaft bürgerlichen Rechtes bedeutet dies, dass sie nunmehr auch ohne Eintragung in das Handelsregister eine OHG bildet.[6] Nach § 29 HGB ist die Eintragung in das Handelsregister durch die Ge- 973

---

[1] *Drasdo* ZMR 1999, 303; *Drasdo* NZM 2001, 258.

[2] BGHZ 107, 268; BayObLG NJW-RR 1989, 526; KG WuM 1994, 499.

[3] Vgl. Gesetz zur Neuregelung des Kaufmanns- und Firmenrechts und zur Änderung handels- und gesellschaftsrechtlicher Vorschriften (Handelsrechtsreformgesetz – HRefG) v. 22. 6. 1998 (BGBl I S. 1474).

[4] BGHZ 107, 268; BayObLG NJW-RR 1989, 526; KG WuM 1994, 499.

[5] OLG Frankfurt Rpfleger 1988, 184.

[6] MünchKommHGB/*K. Schmidt* § 2 Rn. 121 zu den seinerzeit vorliegenden und nunmehr teilweise realisierten Gesetzesentwürfen; zu der Behandlung der Gesellschaft bürgerlichen Rechtes als

sellschafter zwar anzumelden, jedoch hat sie nunmehr nur noch deklaratorische und nicht mehr wie nach § 2 HGB a. F. konstitutive Bedeutung. Sie kann im Zweifel aber nach § 14 HGB erzwungen werden

974 Die Gesellschaft bürgerlichen Rechtes kann demnach – wenn ihre Tätigkeit nach Art und Umfang einen kaufmännisch eingerichteten Geschäftsbetrieb erfordert, weil sie nach der Neufassung des § 1 HGB im Rahmen der gesetzlichen Vermutung eine OHG ist – die, die von der Rechtsprechung zum WEG aufgestellten Anforderung an die Stellung eines Wohnungseigentumsverwalters erfüllen.[7]

975 Die zu der alten Rechtslage vertretende Rechtsauffassung, dass eine Gesellschaft bürgerlichen Rechtes nicht Verwalterin einer Wohnungseigentümergemeinschaft sein kann, ist darüber hinaus auf Grund der Entscheidung des BGH vom 29. 1. 2001[8] nicht mehr haltbar. Denn durch diese hat sich die Rechtslage entscheidend zu Gunsten der Gesellschaft bürgerlichen Rechts grundsätzlich geändert. In Abkehr von der bisher herrschenden Rechtsauffassung spricht der BGH der als Außengesellschaft im Rechtsverkehr auftretenden Gesellschaft bürgerlichen Rechts nunmehr eine eigene Rechtsfähigkeit zu. Begründet wird dies in umfassender Form mit der Konzeption der Gesellschaft bürgerlichen Rechts durch den historischen Gesetzgeber und unter Darstellung der sich aus der bisher angenommenen mangelnden Rechtsfähigkeit ergebenden Widersprüche und Unstimmigkeiten im Hinblick auf die prozessuale Situation der Gesellschafter im Rahmen der Streitgenossenschaft und der Vollstreckung. Mit der Anerkennung der eigenen Rechtsfähigkeit der Gesellschaft bürgerlichen Rechts setzt der BGH damit eine bereits eingeleitete Rechtsprechung zur Tragung von Rechten der Gesellschaft fort.[9]

976 Die Gesellschaft bürgerlichen Rechts als Außengesellschaft wird daher in Zukunft für die Wohnungseigentümergemeinschaften als Verwalterin wieder in Betracht gezogen werden müssen.[10] Soweit der BGH[11] und die Rechtsprechung der Landgerichte[12] dies unter Hinweis auf die mangelnde registermäßige Erfassung der Gesellschaft bürgerlichen Rechts und ihre Gesellschafter sowie die damit verbundenen Nachteile teilweise anderweitig beurteilen,[13] wird die Frage der Rechtsfähigkeit mit der der Publizität verwechselt.[14] Zudem wird nicht hinreichend berücksichtigt, dass die einen Geschäftsbetrieb unterhaltende Gesellschaft bürgerlichen Rechts tatsächlich nach § 1 Absatz 2 HGB eine oHG ist.[15] Deren Bestellung ist im Rahmen des § 26 WEG unstreitig zulässig. Da für ihre Entstehung die Eintragung im Handelregister nicht erforderlich ist, wirkt die Rechtsprechung des BGH und des LG Bochum nicht überzeugend. Zudem ist die Frage der Registerwahrheit auch nur ein unzureichendes Argument. Denn wenn ein Verwalter nicht vorhanden ist, wird die Gemeinschaft durch die Wohnungseigentümer vertreten. Auch wegen deren Personen muss das Grundbuch als Register nicht zutreffend sein, da durch Erbfälle,[16]

OHG auch ohne Eintragung im Handelsregister nach neuem Recht *Kögel* DB 1998, 1802; *Rohrbeck* NZG 1999, 104; *Häublein* MietRB 2006, 170.

[7] *Drasdo* ZMR 1999, 303.

[8] BGH NZM 2001, 299; BAG NJW 2005, 1004; vgl. dazu *Drasdo* NZM 2001, 258; *Habersack* BB 2001, 477; *Ulmer* ZIP 2001, 585.

[9] BGHZ 116, 88; BGHZ 136, 254; BGHZ 142, 315; vgl. auch bereits BGHZ 79, 374.

[10] OLG Frankfurt NZM 2003, 981; LG Frankfurt NZM 2001, 1152; *Armbrüster* BlnGE 2001; 821; *Drasdo* NZM 2001, 258; *Hügel* ZWE/PiG, 2003, 323; *Steinmann* BlnGE 2001, 1663; *Ulmer* ZIP 2001, 585; a. A. AG Hamburg ZMR 2001, 486; offen gelassen OLG Bremen ZWE 2002, 416; *Böttcher,* Rpfleger 2005, 648.

[11] BGH NZM 2006, 263; BGH NJW 2009, 2449.

[12] LG Bochum Rpfleger 2005, 83; LG Darmstadt, Rpfleger 2003, 178.

[13] Dem folgend OLG München NZM 2007, 45.

[14] *Schäfer* NJW 2006, 2160.

[15] *Drasdo* ZMR 1999, 303; *Drasdo* NZM 2001, 258; *Häublein* MietRB 2006, 170.

[16] BayObLG NZM 2000, 41.

Anteilsübertragungen[17] oder Zwangsversteigerungen[18] Unrichtigkeiten auftreten können. Eine Vertretung der Wohnungseigentümergemeinschaft wäre dann zumindest bei Kenntnis dieser Umstände nicht möglich. Der gute Glaube eines Registers vermag daher den vom BGH beabsichtigten vollständigen Schutz ehedem nicht zu gewährleisten. Zu Recht weist Schäfer[19] darauf hin, dass sich aus dem WEG nicht ergibt, dass der Verwalter in einem Register geführt werden müsse. Soweit die mangelnde Registerpublizität zu Defiziten über die Interna der Gesellschaft führen, können sich die Wohnungseigentümer vor der Bestellung über diese informieren.[20] Sind die Informationen nicht nachvollziehbar oder unzureichend, müssen sie dann aus Gründen einer ordnungsmäßigen Verwaltung, nicht aber wegen einer generellen Ungeeignetheit der Gesellschaft bürgerlichen Rechts, von der Bestellung zur Verwalterin absehen. Letztlich ist auch Armbrüster[21] zuzustimmen, der in seiner Kritik zu der Rechtsprechung des BGH darauf hinweist, dass die vorgebrachten Argumente der mangelnden Registerfähigkeit bei der Gesellschaft bürgerlichen Rechts nicht typisches für die Wohnungseigentumsverwalterbestellung ist, sondern bei der Teilnahme am Rechtsverkehr immer auftritt.

Die Frage, ob eine Gesellschaft bürgerlichen Rechts zur Verwalterin nach § 26 Abs. 1 WEG bestellt werden kann, ist daher nicht an dem Aspekt zu prüfen, ob dies wegen der fehlenden Publizität generell nicht in Betracht kommt, sondern muss daran gemessen werden, ob der Bestellungsakt im Einzelfall den Grundsätzen einer ordnungsmäßigen Verwaltung entspricht. Neben anderen, allgemeinen Gesichtspunkten kann in diese Beurteilung einfließen, ob die Vertretungsverhältnisse ordnungsgemäß mitgeteilt wurden order ermittelt werden konnten. **977**

Nicht als Außengesellschaft auftretende Personenvereinigung oder sonstige nicht rechtsfähige Personenverbindungen anderer Art kommen als Verwalter weiterhin nicht in Betracht.[22] **978**

b) Gesellschaften aus und in einem EU-Mitgliedsstaat als Wohnungseigentumsverwalter. Nach der ursprünglichen Rechtsprechung des BGH[23] wurden Gesellschaften aus anderen EU-Mitgliedsstaaten bei der Verlegung ihres Verwaltungssitzes nach Deutschland keine Rechtsfähigkeit zuerkannt. Dies galt auch, wenn diese nach dem Recht ihres Gründungsstaates als rechtsfähig anzusehen waren. Ausgegangen wurde davon, dass nach der so genannten Sitztheorie für die Beurteilung der Rechtsfähigkeit das Recht des Staates maßgeblich sei, in dem solche Gesellschaften tatsächlich ihren Verwaltungssitz unterhielten. Befand sich dieser in der Bundesrepublik, wurde angenommen, dass die Gesellschaft nicht rechtsfähig wäre, da es den Gesellschaftstypus des anderen EU-Mitgliedstaates in dieser nicht gebe. Da nur rechtsfähige Personen das Amt des Verwalters bekleiden können, war demnach die Bestellung einer Gesellschaft aus einem anderen EU-Mitgliedsstaat nicht möglich. **979**

---

[17] BGH NJW 1998, 1220; BayObLG Rpfleger 1983, 431; OLG Köln NZM 2001, 146; OLG München Rpfleger 2005, 530; OLG Stuttgart NJW-RR 2005, 812; AG Hamburg-Barmbek ZMR 2004, 781; *Ihlefeld* WE 2004, 259.

[18] BGH NJW 1994, 3352; BayObLG NZM 2002, 263; KG ZfIR 2001, 660; KG FGPrax 2003, 18; OLG Stuttgart ZMR 2005, 984; *Ihlefeld* WE 2004, 259; *Kühnemund* ZMR 2005, 747; a. A. AG Stralsund ZMR 2005, 745.

[19] *Schäfer* NJW 2006, 2160.

[20] *Schäfer* NJW 2006, 2160.

[21] *Armbrüster* ZWE 2006, 181.

[22] BGHZ 107, 268; BayObLG NJW-RR 1989, 526; KG WuM 1994, 499; OLG Bremen ZWE 2002, 416.

[23] BGHZ 51, 27; BGHZ 53, 181; BGHZ 78, 318; BGHZ 97, 269; BGH DNotZ 2000, 782; BGH NotBZ 2002, 373; MünchKommBGB/*Kindler* Int. GesR. Rn. 313; a. A. Österreichischer OGH NZG 2000, 36.

980 Bereits mit der „Daily Mail and General Trust“-Entscheidung des EuGH[24] war zweifelhaft, ob die Sitztheorie mit der in Art. 43 und 48 EU-Vertrag statuierten Niederlassungsfreiheit vereinbar war. Im Rahmen der so genannten „Centros“-Entscheidung hatte der EuGH[25] seine diesbezüglichen Bedenken bestätigt. Spätestens seit der „Überseering“-Entscheidung[26] und der „Inspire Art“-Entscheidung[27] des EuGH steht jedoch fest, dass jeder EU-Mitgliedsstaat, die nach dem Recht des Gründungsstaates bestehenden gesellschaftsrechtlichen Normen anzuerkennen hat, wenn nicht zwingende Gründe des Gemeinwohls dies ausschließen.[28] Das gilt auch für die Rechtsfähigkeit. Ist daher eine Gesellschaft nach dem Recht ihres Gründungsstaates mit einer Rechtsfähigkeit ausgestattet, so verliert sie diese nicht, wenn sie ihren Verwaltungssitz in die Bundesrepublik verlegt. Für sie gilt das Recht ihres Gründungsstaates fort.[29] Sie kann auch inländische Zweigniederlassungen gründen.[30] Demnach können Gesellschaften aus anderen EU-Mitgliedsstaaten, die nach dem Rechts ihres Gründungs- beziehungsweise Wegzugsstaates eine Rechtsfähigkeit besitzen, bei einer Verlegung des Verwaltungssitzes in die Bundesrepublik auch zum Verwalter im Sinne des § 26 Abs. 1 WEG bestellt werden.

981 Einer nach dem Recht eines EU-Mitgliedsstaates gegründete Gesellschaft, die nach ihrem Heimatrecht die entsprechende Rechtsfähigkeit besitzt, wird diese auch in Deutschland zuerkannt, wenn der Verwaltungssitz in diesem Staat verblieb. Sie kann daher ebenfalls Verwalterin einer Wohnungseigentümergemeinschaft werden. Wegen der vorläufigen Bestätigung der so genannten Gründungstheorie durch den EuGH[31] ist zudem davon auszugehen, dass eine nach deutschem Recht rechtsfähige Gesellschaft nunmehr ihren Verwaltungssitz in einen EU-Mitgliedsstaat verlegen kann, ohne dass sie dadurch ihre Rechtsfähigkeit verliert.[32] Denn die bisher diesbezüglich vorgenommene Einschränkung verstieße ebenfalls gegen die Niederlassungsfreiheit.[33] Auch diese Gesellschaften könnte daher zur Verwalterin nach § 26 Abs. 1 WEG bestellt werden.

982 Für Gesellschaften aus anderen, nicht der EU angehörenden Staaten kann dies grundsätzlich wegen der von der Rechtsprechung weiterhin diesbezüglich vertretenen so genannten Sitztheorie[34] nicht angenommen werden. Es mangelt an der Geltung der Niederlassungsfreiheit nach Art. 43, 48 EU-Vertrag. Sie können daher mangels Rechtsfähigkeit nicht zum Verwalter nach § 26 WEG bestellt werden. Jedoch sind auch hier Ausnahmen zu beachten. Die erforderliche Rechtsfähigkeit liegt vor, wenn nach Art. 3 Abs. 2 EGBGB zwischenstaatliche Vereinbarungen bestehen, die eine solche auch in Deutschland begründet. Dies ist etwa bei den U. S. A. der Fall.[35] Dort gegründete Gesellschaften besitzen in der Bundesrepublik eine Rechtsfähigkeit.[36] Dies gilt auch dann, wenn sich der Verwaltungssitz der Gesellschaft in Deutschland befindet. Eine us-amerikanische Gesellschaft

---

[24] EuGH NJW 1989, 2186.

[25] EuGH NJW 1999, 2027.

[26] EuGH NZG 2002, 1164.

[27] EuGH NJW 2003, 3331.

[28] LG Frankenthal NJW 2003, 762.

[29] BGH NJW 2005, 1648.

[30] EuGH NZG 2003, 1064; OLG Zweibrücken NZG 2003, 537.

[31] EuGH NJW 1989, 2186; EuGH NJW 1999, 2027; EuGH NZG 2002, 1164; vgl. dazu auch *Geyrhalter/Gänßler* NZG 2003, 409; *Horn* NJW 2004, 893; *Kersting* NZG 2003, 9; *Knapp* DNotZ 2003, 85.

[32] BGH NZG 2003, 431; BayObLG NZG 2003, 290; *Horn* NJW 2004, 893.

[33] *Horn* NJW 2004, 893.

[34] BGHZ 51, 27; BGHZ 53, 181; BGHZ 78, 318; BGHZ 97, 269; BGH DNotZ 2000, 782; BGH NotBZ 2002, 373; MünchKommBGB/*Kindler* Int. GesR. Rn. 313; a. A. Österreichischer OGH NZG 2000, 36.

[35] Vgl. Freundschafts-, Handels- und Schiffahrtsvertrag zwischen der Bundesrepublik Deutschland und den Vereinigten Staaten von Amerika vom 29. 10. 1954 (BGBl. II 487).

[36] BGH NZG 2003, 531; BGH NZG 2004, 1001; BGH NZG 2005, 44; *Horn* NJW 2004, 893.

kann demnach hier Verwalterin einer Wohnungseigentümergemeinschaft werden. Zudem kann sich eine Rechtsfähigkeit ausländischer Gesellschaften ergeben, wenn ihr Herkunftsstaat Mitglied der EFTA ist und dieser das Abkommen über den EWR unterzeichnet hat.[37]

c) **Die Rechtsnachfolge im Verwaltungsunternehmen.** Nach übereinstimmender Auffassung der Literatur[38] und Rechtsprechung[39] ist davon auszugehen, dass das Amt des Verwalters höchstpersönlicher Natur ist. Zurückgeführt wird dies auf den Inhalt der §§ 675, 613 BGB. Danach ist der zu einer Dienstleistung Verpflichtete im Zweifel nur zu einer höchstpersönlichen Erfüllung in der Lage. Die Aufgabe des Verwalters sei eine Vertrauensstellung, die jedwede Veränderung verbiete. Eine Übertragung der Aufgaben des Verwalters ist nach dieser zutreffenden Ansicht zwar im Einzelfall möglich.[40] Jedoch ist ausgeschlossen, dass die Stellung des Verwalters als solche und in Gänze auf andere Personen übertragen wird.[41] Dies gilt nicht nur für eine rechtsgeschäftliche, sondern auch für eine gesetzliche, etwa den Erbfall, eintretende Rechtsnachfolge.[42] 983

aa) Todesfälle in dem Verwaltungsunternehmen. aaa) Das einzelkaufmännische Unternehmen und der Gewerbebetrieb. Wie sich aus den §§ 22 Absatz 1, 27 HGB ergibt, ist ein Handelsgeschäft dem Grunde nach vererblich.[43] Übergehen muss dieses in seinen wesentlichen Bestandteilen, so dass eine Splittung unter verschiedenen Erben nicht zu einem Übergang führt.[44] Nicht von Bedeutung für diese Vererbbarkeit ist die Frage, ob eine Weiterführung des Unternehmens als Ganzes durch einen oder mehrere Miterben erfolgt.[45] Diese Prinzipien gelten ebenso für ein gewerbliches Unternehmen,[46] dem es an der Kaufmannseigenschaft im Sinne des § 2 HGB mangelt. 984

Diesen allgemeinen Grundsätzen kann für die Wohnungseigentumsverwaltung jedoch nicht gefolgt werden. Auf Grund der Stellung des Verwalter nach § 26 WEG in Verbindung mit den §§ 665 ff., 675 BGB und die daraus folgende Geltung des Höchstpersönlichkeitsprinzips ergeben sich insoweit Besonderheiten. Denn daraus ist zu folgern, dass die Stellung des Verwalters bei Einzelpersonen nicht auf deren Rechtsnachfolger übergehen kann. Sie endet mit dem Tode der Person die zum Verwalter bestellt wurde und geht nicht gemäß § 1922 BGB auf dessen Erben über.[47] 985

bbb) Die Personengesellschaften. Bei den Personengesellschaften tritt das Ende der Verwalterstellung ein, wenn diese die ihnen verliehene Rechtsfähigkeit verlieren. Dies ist in der Regel mit der Liquidation der Fall. Als mögliche Gründe für die Auflösung der Personengesellschaft kommen der Ablauf der Zeit, für welche sie eingegangen ist, ein Be- 986

---

[37] BGH, Urteil v. 27. 10. 2008 – II ZR 158/06, in der eine solche Rechtsfähigkeit für Gesellschaften nach schweizerischem Recht mangels Unterzeichnung des EWR-Abkommens abgelehnt wurde.

[38] *Drasdo* WE 1998, 429; *Drasdo,* Der Fachverwalter, Band 3, S. 64.

[39] BayObLGZ 1975, 327; BayObLGZ 1987, 54; BayObLGZ 1990, 28; BayObLGZ 1990, 173; BayObLG NJW-RR 1997, 1443; BayObLG NZM 2002, 346; BayObLG WE 1991, 196; BayObLG WE 1991, 287; OLG Düsseldorf OLGZ 1990, 428; OLG Düsseldorf WE 1996, 72; OLG Hamm ZMR 1996, 679; OLG Köln OLGReport 2006, 343; OLG Schleswig MDR 1997, 821.

[40] BayObLGZ 1975, 327; BayObLGZ 1987, 54; BayObLGZ 1990, 28; BayObLGZ 1990, 173; BayObLG NJW-RR 1997, 1443; BayObLG WE 1991, 196; BayObLG WE 1991, 287; OLG Düsseldorf WE 1996, 72; OLG Hamm ZMR 1996, 679; OLG Schleswig MDR 1997, 821.

[41] BayObLG WE 1991, 196; BayObLG WE 1991, 287; OLG Köln OLGReport 2006, 343; OLG Schleswig MDR 1997, 821.

[42] So auch wegen der besonderen persönlichen Bindung für künstlerische oder freiberufliche Unternehmen BGH LM Nummer 7 zu § 1922 BGB; MünchKommBGB/*Leipoldt* § 1922 Rn. 30.

[43] MünchKommBGB/*Leipoldt* § 1922 Rn. 30.

[44] *Baumbach/Hopt,* 30. Auflage, § 22 Rn. 6.

[45] BGH NJW 1963, 1541.

[46] BGH LM Nummern 1 zu § 1922 BGB; BGH LM Nummern 7 zu § 1922 BGB; MünchKommBGB/*Leipoldt* § 1922 Rn. 30.

[47] BayObLG NZM 2002, 346; *Drasdo* WE 1998, 429; *Drasdo* Der Fachverwalter, Band 3, S. 64.

schluss der Gesellschafter, die Eröffnung des Insolvenzverfahrens über das Vermögen der Gesellschaft oder bei der Tod eines Gesellschafters, sofern nicht aus dem Gesellschaftsvertrag sich ein anderes ergibt, in Betracht. Daneben kann die Eröffnung des Insolvenzverfahrens über das Vermögen eines Gesellschafters, die Kündigung eines Gesellschafters oder eines seiner Pfändungsgläubiger sowie eine auf die Auflösung der Gesellschaft gerichtete gerichtliche Entscheidung von Bedeutung sein. Da eine Personenhandelsgesellschaft mindestens aus zwei Personen bestehen muss, ergeben sich unterschiedlichen Auswirkungen bei Gesellschaften, die aus zwei oder mehr Personen bestehen. Bei der so genannten mehrgliedrigen Gesellschaft, die mindestens aus drei Personen besteht, ist sowohl der Wechsel wie das Ausscheiden eines Gesellschafters unerheblich. Die Gesellschaft wird in ihrem Bestand nicht verändert.[48] Bei dem Gesellschafterwechsel werden nur Beteiligungen abgetreten und der ausscheidende letztlich durch den eintretenden Gesellschafter ersetzt. Scheidet ein Gesellschafter bei der mehrgliedrigen Gesellschaft ohne Rechtsnachfolger aus, so wächst dessen Anteil nach §§ 105 Absatz 2, 138, 161 Absatz 2 HGB, 736 Absatz 1, 738 Absatz 1 Satz 1 BGB den anderen Gesellschaftern, ungeachtet der eventuell bestehenden Abfindungsansprüche, zu.[49] Probleme treten bei der so genannten zweigliedrigen Gesellschaft bei einem Gesellschafterwechsel ebenfalls nicht auf, da nur ein Austausch der Gesellschafter wie bei der mehrgliedrigen vorliegt. Scheidet jedoch bei der zweigliedrigen Gesellschaft ein Gesellschafter ohne Eintritt eines neuen aus, wächst dessen Anteil nach den Regelungen der §§ 738 BGB, 142 HGB dem verbleibenden zu.[50] Gleichzeitig führt dies jedoch auch zu einer Auflösung der Gesellschaft, weil nicht mehr die zwingend erforderlichen zwei Personen vorhanden sind.[51] Ein späterer, nach dem Ausscheiden erfolgter Austausch eines Gesellschafters ist nicht möglich, sondern stellt eine Neugründung dar.[52] Für diese besteht jedoch kein Bestellungsverhältnis.

987 Mit der Auflösung der Gesellschaft geht die Verwalterstellung verloren, weil der entsprechende Rechtsträger nicht mehr besteht.[53]

988 *ccc) Die juristischen Personen des Handelsrechtes (GmbH, Aktiengesellschaft und Genossenschaft).* Die juristischen Personen des Handelsrechts haben eine eigene Rechtsfähigkeit und sind in ihrem Bestand nicht von der Existenz oder der Anzahl der Gesellschafter abhängig. Bei einer GmbH sind der Wechsel und ein Ausscheiden der Gesellschafter daher vollkommen unbedeutend. Denn nach § 1 GmbHG kann die Gesellschaft aus nur einer Person bestehen, so dass erst mit dem Beschluss der Liquidation, Ablauf der Liquidationsphase und der Löschung der Gesellschaft ein Ende der Verwalterstellung eintreten kann. Der Wechsel der Gesellschafter bei der GmbH ist zwar, wie in der Rechtsprechung teilweise vertreten wird, möglicherweise im Hinblick auf die bestehende Vertrauensstellung für den Vertragspartner von Bedeutung. Wegen der gesetzlichen Möglichkeit in den oben genannten Grenzen ist ein Gesellschafterwechsel jedoch hinzunehmen.[54] Der Gesellschaftsanteil an der GmbH ist gemäß § 15 Abs. 1 GmbHG frei vererblich.[55] Ein Einfluss durch die Wohnungseigentümergemeinschaften kann nicht ausgeübt werden.

989 Die gleichen Grundsätze gelten auch für die Aktiengesellschaft,[56] da auch diese von dem Bestand der jeweiligen Aktionäre unabhängig ist. In gewissen Grenzen sind die vor-

---

[48] *Baumbach/Hopt* § 105 Rn. 67; § 138 Rn. 10.

[49] RGZ 136, 99; *Baumbach/Hopt* § 138 Rn. 11.

[50] BGHZ 50, 307; BGH BB 1973, 909.

[51] BGH BB 1957, 345; OLG Stuttgart NZG 2004, 766; *Baumbach/Hopt* § 131 Rn. 16; § 138 Rn. 6; § 142 Rn. 1; MünchKommBGB/*Ulmer* § 719 Rn. 19; *Palandt/Sprau* § 736 Rn. 36.

[52] OLG Stuttgart NZG 2004, 766.

[53] *Drasdo* WE 1998, 429; *Drasdo* Der Fachverwalter, Band 3, S. 64.

[54] BayObLGZ 1987, 54; BayObLG NZM 2002, 346; BayObLG WE 1988, 205; OLG Köln OLGReport 2006, 343.

[55] BGHZ 92, 386; *Palandt/Edenhofer* § 1922 Rn. 24.

[56] RGZ 65, 21; 97, 240; *Palandt/Edenhofer* § 1922 Rn. 23.

genannten Grundsätze auch auf die eingetragene Genossenschaft anzuwenden. Bei dieser ist jedoch zu beachten, dass zwar ein Eintritt des Erben in die Stellung des Genossen erfolgt, dieser aber nach § 77 Absatz 1 GenG zum Ende des jeweiligen Geschäftsjahres ausscheidet.[57] Jedoch besteht auch hier nach § 77 Absatz 2 GenG die Möglichkeit, durch Vereinbarungen von Nachfolgeklauseln in dem Statut den Eintritt des Erben in die Genossenstellung zu sichern.[58]

bb) Die Änderungen der Rechtsform des Unternehmens. Nach übereinstimmender Auffassung der Literatur[59] und Rechtsprechung[60] ist, wie ausgeführt, davon auszugehen, dass das Amt des Verwalters höchstpersönlicher Natur ist. Soll daher eine Änderung der Rechtsform des Unternehmens im Sinne der Vorschriften der UmwG oder anderer Bestimmungen durchgeführt werden, ist zu beachten, ob gegebenenfalls handels- oder gesellschaftsrechlich eine Identität bestehen bleibt oder eine dahingehende Rechtsänderung eintritt. Nur im ersten Fall kann auch die Verwalterstellung nach § 26 WEG übergehen.[61] 990

Andernfalls ist eine Mitwirkung der Wohnungseigentümer zwingend erforderlich.[62] 991 Diese müssen eine Verwalterbestellung auf die neu entstehende Gesellschaft vornehmen. Da nur rechtlich existierende Personen zu Verwaltern bestellt werden können,[63] muss das neue Unternehmen entstanden sein. Dies kann zu Problemen führen, wenn gleichzeitig das alte untergeht, so dass für eine so genannte „rechtliche" Sekunde kein Unternehmensträger mehr besteht. In solchen Fällen wäre dann kein Verwalter mehr vorhanden. Diese Grundsätze müssen beachtet werden, damit die Übergänge nahtlos erfolgen.

cc) Die Änderung des Firmennamens. Hingegen ist die Änderung des Firmennamens 992 für die Stellung des Verwalters vollkommen unbeachtlich. Der Firmenname ist nach § 17 HGB lediglich der Name, mit welchem der Kaufmann im Geschäftsverkehr auftritt. Auf die Rechtsform und -persönlichkeit des Unternehmens hat dieser keinen Einfluss.[64] Sein Wechsel verändert nicht dessen Identität.[65] Für die Fortführung des Unternehmens durch dritte Personen, die zu einer Rechts- oder Identitätsänderung führen kann, bestehen in den §§ 21 ff. HGB Sonderregelungen. Der Verwalter kann daher ohne Gefährdung seiner Stellung im Sinne des § 26 WEG den Namen seiner Firma ändern, wenn damit nicht zugleich Rechts- oder Identitätsänderungen des Unternehmens verbunden sind.[66]

2. Der Verwaltervertrag

Der Verwaltervertrag ist das maßgebliche Instrument um die Rechtsbeziehung des 993 Verwalters mit der Wohnungseigentümergemeinschaft und der Gemeinschaft der Wohnungseigentümer auszugestalten. Das Gesetz gibt keine Regelungen für den Verwaltervertrag vor. In § 27 WEG wird lediglich ein Aufgabenkatalog erstellt, nach dem sich der Verwalter bei Ausübung seiner Tätigkeit zu richten hat. Wenn ein Vertrag nicht besteht oder dieser aus welchen Gründen auch immer nicht wirksam ist, dann wird das Wesent-

---

[57] *Palandt/Edenhofer* § 1922 Rn. 25.

[58] LG Kassel Rpfleger 1976, 61; LG Kassel 1977, 62; MünchKommBGB/*Leipold* § 1922 Rn. 31.

[59] *Bärmann/Merle* § 26 Rn. 86.

[60] BayObLGZ 1975, 327; BayObLGZ 1987, 54; BayObLGZ 1990, 28; BayObLGZ 1990, 173; BayObLG WE 1991, 196; BayObLG WE 1991, 287; OLG Düsseldorf WE 1996, 72; OLG Hamm ZMR 1996, 679; OLG Köln MietRB 2004, 81; OLG Köln OLGReport 2006, 343.

[61] OLG Köln OLGReport 2006, 343; *Zajonz/Nachtwey* ZfIR 2008, 701.

[62] BayObLG NJW-RR 1995, 271; BayObLG NZM 2002, 346; BayObLG WE 1991, 196; OLG Bremen Rpfleger 1980, 68; OLG Köln OLGReport 2006, 343; *Drasdo* WE 1998, 429; *Drasdo* Der Fachverwalter, Band 3, S. 64.

[63] BGHZ 107, 268; BayObLGZ 1987, 54; BayObLG NJW-RR 1989, 526; KG NJW 1956, 1679; KG WuM 1994, 499; OLG Düsseldorf NJW-RR 1990, 1299.

[64] *Baumbach/Hopt* § 17 Rn. 2 und 6.

[65] *Baumbach/Hopt* § 17 Rn. 2.

[66] *Drasdo* WE 1998, 429; *Drasdo* Der Fachverwalter, Band 3, S. 64.

liche zwischen den Wohnungseigentümern durch die wenigen gesetzlichen Vorschriften oder die anerkannte Rechtsprechung geregelt. Hierbei werden jedoch nur die essentialia negotii, also die groben Eckpfeiler des Vertrages festgelegt. In keiner Weise wird auf die speziellen Bedürfnisse der Wohnungseigentümer, der Gemeinschaft oder des Verwalters eingegangen.

994 Der Verwaltervertrag ermöglicht es also beiden Parteien, die eigenen Interessen festzulegen und damit entsprechende Schwerpunkt in dem Vertragsverhältnis zu setzten. Insbesondere unter Berücksichtigung, dass das Vertragsverhältnis regelmäßig mehre Jahre eingegangen wird und eine „ordentliche Kündigung" in dieser Zeit ausgeschlossen werden kann, sollten die Vertragsparteien vor Abschluss des Vertrages eine gewisse Sorgfalt aufwenden, um Streitigkeiten während des laufenden Vertragsverhältnisses zu vermeiden.

995 Darüber hinaus gehört unstreitig auch zur ordnungsgemäßen Verwaltung der Liegenschaft der Abschluss eines Verwaltervertrages,[67] so dass der Abschluss eines Vertrages vom Verwalter vorbereitet und vorangetrieben werden muss.

996 **a) Vertragspartner.** Zunächst ist zu klären, wer überhaupt Vertragspartner wird. Problematisch ist dies erst seit dem Jahr 2005, in dem die Teilrechtsfähigkeit der Wohnungseigentümergemeinschaft durch den BGH erkannt wurde.

997 Zu beachten ist, dass die Problematik auch für Rechtsverhältnisse gilt, die vor der Entscheidung des BGH vom 2. 6. 2005 abgeschlossen wurde.

998 Denn die Teilrechtsfähigkeit wurde nicht von dem BGH „erfunden", vielmehr wurde ein Rechtszustand festgestellt, der immer vorhanden, jedoch nicht als solcher erkannt wurde.[68] Die aus der Entscheidung resultierenden Schussfolgerungen gelten also auch für „Altverträge", die vor dem 2. 6. 2005 geschlossen wurden.

999 Hierbei wird stets auf den damaligen Rechtbindungswillen[69] abzustellen sein, also ist zu prüfen, was die damaligen Parteien für einen Vertrag schließen wollten und wie sie ihn unter Kenntnis der Feststellungen zur Teilrechtsfähigkeit geschlossen hätten. Dies werden sicherlich in aller Regel die Wohnungseigentümer sein, denn es kann nicht angenommen werden, dass Verwalter und Wohnungseigentümer vor den Ausführungen des BGH von der Unterscheidung zwischen Gemeinschaft der Wohnungseigentümer und dem Verband Kenntnis hatten.

1000 Seit der Teilrechtsfähigkeit der Wohnungseigentümergemeinschaft[70] ist somit maßgeblich, dass sich der Verwalter zwei potentiellen Vertragspartnern gegenüber sieht.

1001 Hierbei handelt es sich zum einen um die Gemeinschaft als Verband um zum anderen um die nicht rechts-, partei- oder beteiligtenfähige Bruchteilsgemeinschaft gemäß §§ 1008, 741 BGB bezüglich des Gemeinschaftseigentums.[71] Beiden Bereichen sind verschieden Aufgaben, Pflichten und auch Rechte zugeordnet, so dass auch die jeweiligen Aufgaben des Verwalters je nach Vertragspartner variieren, jedoch auch einige Parallelen aufweisen.

1002 **b) Der Verwaltervertrag für den Verband.** Aus dem Gesetz ergibt sich klar die Stellung des Verwalters im Verhältnis zu dem Verband. Hier regelt § 27 WEG zunächst, dass der Verwalter Aufgaben für die Gemeinschaft ausübt.

1003 Der Abschluss des Verwaltervertrages zählt zu den Verwaltungsangelegenheiten.[72] Da die Wohnungseigentümergemeinschaft gegenüber dem Verwalter im Rechtsverkehr auftritt, handelt der Verband als Rechtssubjekt.[73]

---

[67] *Bärmann/Merle,* § 10 Rn. 221.
[68] BGH NJW 2005, 2061.
[69] *Jungjohann* BTR 2005, 233.
[70] BGH NJW 2005, 2061.
[71] *Sauren,* WEG, Vor § 1, Rn. 19.
[72] *Müller* in FS Seuß, PiG 77, S. 211.
[73] *Wenzel* in ZWE 2006, 462.

Daneben nimmt der Verwalter auch Aufgaben für die Gemeinschaft der Wohnungseigentümer wahr. Dies ergibt sich bereits aus dem Wortlaut des § 27 Abs. 3 WEG, wonach der Verwalter auch berechtigt ist, Handlungen für die Gemeinschaft der Wohnungseigentümer durchzuführen. **1004**

Es wird die Auffassung[74] vertreten, dass der Vertrag stets mit dem Verband zustande komme und lediglich Schutzwirkungen für die Wohnungseigentümer entfalte. **1005**

Die Annahme eines dreiseitigen Vertrages in Form eines Vertrages zugunsten Dritter[75] kommt nicht in Betracht. Nach den Grundsätzen des BGB käme nach § 328 BGB nur ein Vertrag zugunsten Dritter in Betracht, ein Vertrag zu Lasten Dritter ist mit den Grundsätzen der Privatautonomie unvereinbar und unzulässig.[76] **1006**

Bei einem Vertrag zugunsten Dritter muss dieser ausschließlich ein Recht erwerben. Der Katalog des § 27 Abs. 3 WEG führt aber auch Aufgaben und Verpflichtungen des Verwalter auf, die ihn verpflichten, Ansprüche gegen die Wohnungseigentümer geltend zu machen, wie zum Beispiel alle Zahlungen und Leistungen zu bewirken und entgegenzunehmen, die mit der laufenden Verwaltung des gemeinschaftlichen Eigentums zusammenhängen. **1007**

Es würde sich damit nicht um einen Vertrag ausschließlich zugunsten des Dritten handeln, so dass ein dreiseitiger Vertrag nicht in Betracht kommt. **1008**

Darüber hinaus machte man auch Vorteile der Teilrechtsfähigkeit zunichte. Im Fall der Sonderrechtsnachfolge eines Wohnungseigentümers wäre die Überleitung des Verwaltervertrages auf den neuen Wohnungseigentümer wieder ungeklärt beziehungsweise dogmatisch nur unbefriedigend zu lösen.[77] **1009**

Der Verwaltervertrag ist – ohne weitere Zusätze oder Besonderheiten – zunächst als Vertrag zwischen der Wohnungseigentümergemeinschaft und dem Verwalter anzusehen.[78] Die aus dem Vertrag erwachsenden Erfüllungs- und Gewährleitungsansprüche und die rechtsgeschäftlichen Verbindlichkeiten sind solche des Verbandes.[79] **1010**

Kommt der Vertrag mit dem Verband zustande,[80] dann haften die Wohnungseigentümer für die Vertragsvergütung nicht gesamtschuldnerisch, sondern übernehmen aufgrund § 10 Abs. 8 WEG eine quotale Haftung für die Verbindlichkeiten des Verbandes.[81] **1011**

Etwas anderes kann im Rahmen der Verwaltervergütung wie grundsätzlich im Bereich der Haftung der Gemeinschaft gegenüber Dritten nur ausnahmsweise dann gelten, wenn sich neben dem Verband auch alle Wohnungseigentümer zur Übernahme der Haftung ausdrücklich verpflichten. **1012**

Hiervon unabhängig mag es auch bei dem Vertragsabschluss mit dem Verband für den Verwalter einige Pflichten gegenüber der Gemeinschaft der Wohnungseigentümer geben, die aus dem Vertragsverhältnis mit dem Verband resultieren. Es kann zu einer Schutzwirkung kommen, die jedoch nicht automatisch zu einem Vertragsschluss mit den Wohnungseigentümern führt. Der Verwalter muss klar zwischen den Ansprüchen des Verbandes und der Gemeinschaft der Wohnungseigentümer unterscheiden. **1013**

Er kann folglich Ansprüche einzelner Wohnungseigentümer nicht mit seinem Vergütungsanspruch aus dem Verwaltervertrag aufrechnen, weil es unterschiedliche Personen sind.[82] **1014**

---

[74] OLG Düsseldorf NJW 2007, 161.
[75] *Abramenko* ZMR 2006, 6; *Niedenführ/Kümmel/Vandenhouten/Niedenführ* § 26 Rn. 28.
[76] BGHZ 54, 247, *Palandt/Heinrich,* Einf v § 328, Rn. 10.
[77] *Hügel/Elzer,* Das neue WEG-Recht, § 3, Rn. 48.
[78] OLG Düsseldorf NJW 2007, 161; *Wenzel* ZWE 2006, 462.
[79] OLG Düsseldorf, NJW 2007, 161.
[80] OLG München NZM 2007, 88; OLG Düsseldorf NJW 2007, 161; OLG Hamm FGPrax 2006, 153.
[81] *Jennißen,* Der WEG-Verwalter, Teil A, Rn. 93.
[82] OLG Hamm ZMR 2006, 633.

1015 *aa) Rechtsnatur des Vertragsverhältnisses.* Dem Gesetzestext selbst ist nichts über die Beziehung zwischen Verwalter und Verband hinsichtlich des Vertragsverhältnisses zu entnehmen.

1016 Zunächst gelten die allgemeinen Regeln über das Zustandekommen von Vertragsverhältnissen und somit auch das Erfordernis über Angebot und Annahme. Es muss zu zwei übereinstimmenden Willenerklärungen kommen.

1017 Wenn die Parteien die allgemeinen Grundsätze beachten, gilt der Grundsatz der Vertragsfreiheit. Hiernach sind die Parteien frei in der Gestaltung ihrer Aufgaben und Verpflichtungen. Einschränkungen erfolgen jedoch wieder über die allgemeinen Regelungen – wie die Vorschriften zu den Allgemeinen Geschäftsbedingungen – und über die speziellen wohnungseigentumsrechtlichen Normen.

1018 Zu den Besonderheiten des Wohnungseigentumsrechts gehört unter anderem, dass nach der Trennungstheorie zwischen Bestellung beziehungsweise Berufung zum Verwalter und Abschluss beziehungsweise Beendigung des schuldrechtlichen Verwaltervertrages zu unterscheiden ist, der Abschluss eines Verwaltervertrages ist nicht Voraussetzung für die Begründung der Amtsstellung des Verwalters.[83]

1019 • ***Gefälligkeitsverhältnis:*** Um die Rechtsnatur des Vertrages bestimmen zu können, sollte ein bloßes Gefälligkeitsverhältnis ausgeschlossen werden. Ein solches ist fremdnützig und unentgeltlich. Bei einer bloßen Gefälligkeit liegt kein Rechtsbindungswille vor. Dieser fehlt bei bloß gesellschaftlichen, konventionellen oder freundschaftlichen Zusagen und bei den Gefälligkeiten des täglichen Lebens.[84] Die Rechtsprechung geht jedoch regelmäßig dann von einem Rechtsbindungswillen aus, wenn für den Beauftragten erkennbar wirtschaftliche Interessen, wie zum Beispiel erhebliche Auftragswerte des Auftragsgebers auf dem Spiel stehen.[85]

1020 Da der Verwalter über das Vermögen eines Dritten, nämlich des Verbandes, verfügen soll und will, wird man bis auf Ausnahmen nicht von einem fehlenden Rechtsbindungswillen ausgehen können.

1021 Auch wenn man ein bloßes Gefälligkeitsverhältnis ausschließen kann, sagt dies noch nichts über die Rechtnatur des Vertrages.

1022 • ***Auftrag:*** In Betracht kommt weiterhin der Auftrag nach den §§ 662 ff BGB.

1023 Hiernach hätte der Verwalter jedoch keinen Anspruch auf eine Vergütung, da wesentliches Kriterium des Auftrages die Unentgeltlichkeit ist. Es entspricht nur in sehr kleinen Gemeinschaften und insbesondere nicht bei einer professionellen Verwaltung dem Interesse des Verwalters, seine Aufgaben unentgeltlich wahr zu nehmen. Zu denken wäre hier zum Beispiel an einen Pensionär, der freiwillig und in seiner Freizeit die Verwaltung beider Wohnungen einer Gemeinschaft übernimmt.

1024 • ***Gemischter Vertrag/Geschäftsbesorgungsvertrag:*** Regelmäßig wird sowohl der Verwalter als auch die Gemeinschaft von einem gemischten Vertrag bestehend aus Elementen eines Dienst- und Werkvertrag sowie eines Geschäftsbesorgungsvertrages[86] ausgehen.

1025 Hierbei hat der Verwalter zunächst die Rechte und Pflichten eines Beauftragten gemäß §§ 665 bis 670 BGB. Er ist den Wohnungseigentümer zum Beispiel zu Auskunft und Rechenschaft verpflichtet.

1026 *bb) Form des Vertrages.* Grundsätzlich ist der Vertrag nicht formbedürftig, wird aber in der Regel schriftlich abgeschlossen.[87] Ist vereinbart, dass der Vertrag schriftlich geschlossen wird, so kommt er erst mit der Errichtung der privatschriftlichen Vertragsurkunde zustande, §§ 126, 127, 154 Abs. 2 BGB.

---

[83] *Niedenführ/Kümmel/Vandenhouten/Niedenführ* § 26 Rn. 29.
[84] *Palandt/Sprau*, Einf v § 662, Rn. 4.
[85] *Palandt/Sprau*, Einf v § 662, Rn. 4.
[86] BGH ZMR 1997, 310, BayObLG NJW-RR 1987, 78, ZMR 2000, 852.
[87] *Becker/Kümmel/Ott,* Wohnungseigentum, § 7, Rn. 365.

cc) Zustandekommen des Vertrages. Die Wohnungseigentümer können nach § 21 Abs. 3 WEG über den Inhalt des abzuschließenden Verwaltervertrages mit Stimmenmehrheit beschließen oder einen von einem Vertreter ohne Vertretungsmacht geschlossenen Vertrag durch Beschluss gemäß § 177 BGB genehmigen.[88] 1027

Der Vertrag kommt nach allgemeinen Grundsätzen, also durch Angebot und Annahme zustande. Hierbei ist zu berücksichtigen, dass ein Verwaltervertrag noch nicht durch einen mehrheitlich gefassten Beschluss der Wohnungseigentümer zustande kommt. 1028

Da die Wohnungseigentümer nicht Partei des Verwaltervertrages sind, sondern die rechtsfähige Wohnungseigentümergemeinschaft Partei ist, muss diese bei Abschluss des Vertrages vertreten werden. Hier gilt § 27 Abs. 3 S. 2 WEG, so dass nur alle Wohnungseigentümer die Gemeinschaft vertreten können.[89] Dies setzt die Mitwirkung der Wohnungseigentümer voraus, was in der Praxis an der oft fehlenden Anwesenheit scheitert. 1029

Aus praktischen Gründen sollte daher ein Wohnungseigentümer, der Vorverwalter oder ein Dritter durch Beschluss ermächtigt werden, den Vertrag für die Gemeinschaft abzuschließen. Für einen solchen Beschluss ist eine Stimmenmehrheit ausreichend. Dies gilt in jedem Fall für die Unterzeichnung des bereits durch die Gemeinschaft ausgehandelten Vertrages. 1030

Möglich ist aber auch, dass der Verwaltervertrag durch einen allstimmigen Beschuss mit allen Wohnungseigentümern geschlossen wird, die die Wohnungseigentümergemeinschaft in dieser Angelegenheit vertreten. 1031

aaa) Angebot des Verwalters. Regelmäßig wird es der Verwalter sein, der den Wohnungseigentümer ein Angebot unterbreitet. Der Verwalter sollte hierzu im Vorfeld zu der Versammlung, in der über seine Bestellung beschlossen werden soll, ein Angebot in Form eines schriftlichen Vertragsentwurfes vorlegen. Hier kann der Vertragsschluss dadurch erfolgen, dass alle Wohnungseigentümer die Urkunde unterzeichnen, was insbesondere bei kleinen Gemeinschaften möglich ist, oder dass ein zuvor Bevollmächtigter Dritter den Vertrag schließt. Sofern es sich um eine harmonische Übernahme des Objektes handelt, bietet es sich an, dass der noch im Amt befindliche Verwalter namens der Wohnungseigentümergemeinschaft mit seinem Nachfolger den Vertrag abschließt. 1032

bbb) Angebot der Wohnungseigentümer. Die Bestellung des Verwalters durch Eigentümerbeschluss kann auch das Angebot auf Abschluss eines Verwaltervertrages enthalten, das durch Aufnahme der Verwaltertätigkeit stillschweigend angenommen wird.[90] Wenn gerade keine Schriftform zwischen den Parteien vereinbart wurde, erscheint diese Möglichkeit des konkludenten Vertragsschlusses, insbesondere wenn die Verwaltertätigkeit bereits länger ausgeübt wurde, sinnvoll.[91] Sofern die Wohnungseigentümer dem Verwalter als Teil des Bestellungsbeschlusses das Angebot zum Abschluss eines konkreten Verwaltervertrages unterbreiten, zeigt die Aufnahme der Tätigkeit durchaus den Willen, dieses Angebot anzunehmen und der Vertrag wird zu den entsprechenden Konditionen geschlossen. Nach höchstrichterlicher Rechtsprechung ist ein Vertrag schlüssig zustande kommen, wenn der Verwalter nach der Bestellung unter Entgegennahme des vorvertraglich begehrten Honorars aufnimmt.[92] 1033

ccc) Verwaltervertrag mit Schriftformerfordernis. Etwas anderes muss aber gelten, wenn die Parteien entgegen den gesetzlichen Vorschriften gerade die Schriftform in Angebot oder Annahme aufgenommen haben. Die Parteien bringen damit zum Ausdruck, dass sie – aus welchen Grund auch immer – den Vertragsschluss in schriftlicher Form wünschen. Dennoch wird die Auffassung vertreten, dass auch in einem solchen Fall der Verwaltervertrag konkludent durch die Tätigkeitsaufnahme des Verwalters zustande 1034

---

[88] *Bärmann/Merle,* § 26, Rn. 89.
[89] *Bärmann/Merle,* § 26, Rn. 89.
[90] *Staudinger/Bub,* § 26 Rn. 210.
[91] BGH NJW 1997, 2107; BayObLG NJW-RR 1987, 1040.
[92] BGH ZMR 1997, 310; BayObLG Wohnungseigentümer 1997, 398.

kommen kann. Der Verwaltervertrag käme dann entgegen der Auslegungsregel des § 154 Abs. 2 BGB auch dann zustande, wenn das Vertragsangebot bzw. der dem Vertragsschluss zugrunde liegende Eigentümerbeschluss den Abschluss eines schriftlichen Vertrages vorsieht.[93] Nach einer vermittelnden Auffassung ist § 154 Abs. 2 BGB nicht anwendbar, wenn die vereinbarte Schriftform nur Beweiszwecken dienen soll, was in der Regel anzunehmen sein dürfte.[94]

1035 Gegen die Annahme, der Vertrag käme konkludent zustande, spricht, dass ein Verwaltervertrag an sich nicht erforderlich ist und insbesondere nicht die Schriftform des Verwaltervertrages vorgegeben ist. Wenn die Parteien aber vereinbaren, dass eine bestimmte Form zum Vertragsschluss erforderlich ist, wäre eine solche Regelung überflüssig. Wenn beide Parteien eine bestimmte Form voraussetzen, so müssen sie zur Wirksamkeit auch diese Form einhalten. Andernfalls kommt der Verwaltervertrag nicht zustande, was für die Bestellung des Verwalters keinerlei Auswirkungen hat.

1036 *dd) Entgeltlichkeit und Vergütung.* Sofern eine wirksame Bestellung des Verwalters vorliegt, ergeben sich die Pflichten und Recht des Verwalters aus dem Gesetz, hier insbesondere § 27 WEG. Auch die Vergütung ergibt sich mangels einer vertraglichen Vereinbarung dem Grunde nach aus § 612 BGB. Danach ist eine Vergütung stillschweigend vereinbart, wenn die Dienstleistung den Umständen nach nur gegen eine Vergütung zu erwaten ist. Hiervon ist in jedem Fall bei einer professionellen Verwaltung und wohl auch in den meisten anderen Fällen auszugehen. Alleine die Tatsache, dass der Verwalter gegenüber der Gemeinschaft erhebliche Pflichten übernimmt und somit auch haftet, spricht für die Entgeltlichkeit.

1037 Wenn der Verwaltervertrag fehlt, ist die Höhe der Vergütung nicht geregelt, so dass auch hier § 612 Abs. 2 BGB gilt und von der üblichen Vergütung auszugehen ist. Üblich ist die nach einer Übung für gleiche oder ähnliche Dienstleistungen an dem betroffenen Ort mit Rücksicht auf die persönlichen Verhältnisse gewöhnlich gewährte Vergütung.[95] Hierbei sind immer die Umstände des Einzelfalls zu berücksichtigen.

1038 *ee) Auseinanderfallen von Verwaltervertrag und Bestellungsbeschluss.* Schließlich können der Beschluss über die Bestellung des Verwalters und der Abschluss des Verwaltervertrages zeitlich auseinander fallen, etwa wenn einzelnen Positionen des Vertrages noch ausgehandelt werden sollen. Hier ist der Verwalter immer in einer schlechten Verhandlungsposition. Da die Bestellung unabhängig von dem Verwaltervertrag wirksam ist, ist der Verwalter letztlich darauf angewiesen, dass die Gemeinschaft in einem nachträglichen Beschluss die Bedingungen akzeptiert und der Vertrag wiederum von den die Gemeinschaft vertretenden Wohnungseigentümern oder einen durch Beschluss Bevollmächtigen unterzeichnet wird. Dann kann auch nachträglich ein Verwaltervertrag zustande kommen. Sofern die Gemeinschaft nicht tätig wird und ein entsprechender Verwaltervertrag nicht zustande kommt, muss der Verwalter zu den gesetzlichen Bedingungen tätig werden.[96]

1039 *ff) Inhalt des Vertrages.* Durch den Vertrag wird das Verhältnis zwischen den Wohnungseigentümern und des Verbandes über die gesetzlichen Vorschriften hinaus konkretisiert. Sowohl den Wohnungseigentümern als auch dem Verwalter steht damit die Möglichkeit offen, die Regeln festzulegen. Jede Partei kann die Dinge regeln und festlegen, die ihr selbst wichtig sind. Die Grenzen bilden hier nur die generellen Schranken, wie die Grundsätze nach Treu und Glauben oder der Sittenwidrigkeit. Aber auch speziellere Vorschriften, wie §§ 307 ff BGB können das Verhältnis der Parteien beeinflussen.

---

[93] BayObLG, Beschluss vom 18. 3. 1997 – 2 Z BR 98/96, WuM 1997, 396; BGH ZMR 1997, 310; BayObLG NJW-RR 1987, 78, ZMR 2000, 852.

[94] *Bärmann/Merle,* § 26 Rn. 101.

[95] *Palandt/Weidenkaff,* § 612, Rn. 8.

[96] Siehe Rechtsfolgen bei Unwirksamkeit des Vertrages.

Zunächst aber sind die Parteien in dem, was sie vereinbaren frei. Es gilt der Grundsatz der Vertragsfreiheit. Somit sind auch die Wohnungseigentümer nicht grundsätzlich schutzwürdig. Es steht ihnen durchaus das Recht zu auch für sie negative Verträge abzuschließen. Es entspricht damit ordnungsgemäßer Verwaltung wenn die Gemeinschaft aus bestimmten Gründen beschließt einen Verwaltervertrag zu schließen, bei dem der Verwalter eine überdurchschnittliche Vergütung erhält. Dies mag sich durch eine langjährige positive Zusammenarbeit mit dem Verwalter rechtfertigen, durch ein umfassendes Angebot des Verwalters ohne weitere Zusatzvergütungen oder aber aufgrund bekannter Schwierigkeiten in der Gemeinschaft selbst. 1040

gg) Stimmrecht des Verwalters. Fraglich ist, ob ein Wohnungseigentümer, der sich zum Verwalter bestellen lassen möchte bei dem Bestellungsbeschluss und/oder dem Beschluss über den Abschluss des Verwaltervertrages stimmberechtigt ist. Probleme können sich hier aus § 25 Abs. 5 WEG ergeben, wonach ein Wohnungseigentümer nicht stimmberechtigt ist, wenn die Beschlussfassung die Vornahme eines auf die Verwaltung des gemeinschaftlichen Eigentums bezüglichen Rechtsgeschäftes mit ihm betrifft. Rechtspolitischer Grund für das Stimmverbot ist die Doppelrolle, in der sich der betreffende Wohnungseigentümer befindet. Er ist einerseits Mitglied der Eigentümergemeinschaft und in dieser Eigenschaft an einer ordnungsgemäßen Verwaltungsführung im Sinne aller Wohnungseigentümer interessiert. Anderseits strebt er den Abschluss eines - in der Regel entgeltlichen – Vertrages mit der Gemeinschaft an, der für ihn mit einem individuellen Vorteil verbunden ist.[97] 1041

Um diese Interessenkollision zu vermeiden, soll der Wohnungseigentümer in diesen Situationen kein Stimmrecht habe. 1042

Auch hier ist gemäß der Trennungstheorie zwischen der Verwalterbestellung und dem Abschluss des Verwaltervertrages zu unterscheiden. 1043

Die Bestellung an sich ist bereits kein Rechtsgeschäft im Sinne von § 25 Abs. 5 WEG, sondern die von dieser Vorschrift nicht eingeschränkte Wahrnehmung mitgliedschaftlicher Interessen.[98] Eine Ausnahme besteht hier nur bei der Abberufung des Verwalters aus wichtigem Grund.[99] 1044

Hingegen stellen nach der in der Rechtsprechung und Literatur überwiegenden Auffassung der Abschluss, die Abänderung und die Auflösung und somit auch die Kündigung des Verwaltervertrages ein Rechtsgeschäft im Sinne des § 25 Abs. 5 WEG dar. Es wurde hier also zunächst bei einem solchen Gegenstand der Beschlussfassung ein Stimmverbot für den Verwalter angenommen.[100] 1045

Die höchstrichterliche Rechtsprechung hat sich dieser Meinung nicht angeschlossen, auch als es noch durch Mehrheitsbeschluss möglich war, den Verwaltervertrag zu schließen. Vielmehr ist sie der Meinung gefolgt, wonach ein Stimmrecht des betroffenen Wohnungseigentümers bei einer einheitlichen Beschlussfassung über die Begründung des Verwalteramtes und des Vertragsverhältnisses insgesamt bejaht wird.[101] Danach ist der Wohnungseigentümer auch bei der Beschlussfassung über den mit ihm abzuschließenden Verwaltervertrag stimmberechtigt.[102] Der BGH hat zwar das private Sonderinteresse des einzelnen Wohnungseigentümers insbesondere hinsichtlich der Vergütung gesehen, dennoch ist nach Auffassung des Gerichts der Schwerpunkt der Beschlussfassung weiterhin bei der Ausübung mitgliedschaftlicher Interessen zu sehen. Die Beschlüsse über Bestellung und Abberufung des Verwalters sind Teil des zweistufigen Akts, mit dem der Verwalter sein Amt erhält beziehungsweise verliert; der Verwaltervertrag dient lediglich der 1046

---

[97] *Niedenführ/Kümmel/Vandenhouten/Kümmel*, § 25 Rn. 2.
[98] *Palandt/Bassenge*, § 25 WEG, Rn. 16.
[99] BGH NJW 2002, 3704.
[100] BGH NJW 2002, 3704 mit weiteren Nachweisen.
[101] BGH NJW 2002, 3704; *Bärmann/Merle*, § 25 Rn. 120.
[102] A. A. BayObLG WE 1987, 45.

Ausgestaltung dieser Rechtsposition im Verhältnis zu der Wohnungseigentümergemeinschaft. Zumindest bei einem Beschluss durch den der Verwalter bestellt wird und gleichzeitig der Verwaltervertrag abgeschlossen wird, muss dem Wohnungseigentümer somit ein Stimmrecht gewährt werden.[103] Dies muss erst recht gelten, wenn es sich nunmehr um einen Beschluss handelt, der einen Dritten zum Abschluss des Vertrages ermächtigt.

1047 In letzter Konsequenz wird auch bei einem späteren Beschluss über den Verwaltervertrag dem Verwalter ein Stimmrecht zuzusprechen sein. Es kann nicht sein, dass ein mit einer Interessenkollision begründeter Ausschluss des Stimmrechtes davon abhängig, ob zeitgleich über die Bestellung abgestimmt wird oder nicht.

1048 *hh) Abschluss des Vertrages durch Dritte.* Grundsätzlich sind zum Vertragsschluss alle Wohnungseigentümer berechtigt. Nach § 27 Abs. 3 Satz 3 WEG handeln alle Wohnungseigentümer für den Verband, wenn dieser nicht durch den Verwalter vertreten werden kann. Dies ist bei Abschluss des Vertrages mit dem Verwalter der Fall. Hier stellt sich das rein praktische Problem, wie bei großen Liegenschaften zu verfahren ist. Regelmäßig sind selbst bei der Eigentümerversammlung nicht alle Wohnungseigentümer zugegen und es scheint wenig sinnvoll und praktikabel auf die Unterschrift aller Wohnungseigentümer auf dem Vertragsdokument zu bestehen. Auch wenn Bestellung des Verwalters und Abschluss des Verwaltervertrages zeitlich auseinander fallen, wäre eine erneute Eigentümerversammlung erforderlich um einen Vertragsabschluss zu ermöglichen.

1049 Fraglich ist, ob der Vertrag auch durch die Unterschrift einzelner Wohnungseigentümer, der Mitglieder des Verwaltungsbeirates oder eines Dritten wirksam geschlossen werden kann.

1050 Zu unterscheiden ist hier zwischen dem kompletten Aushandeln des Vertrages, dem Aushandeln des Vertrages neben den bereits beschlossenen Eckdaten wie Vertragsdauer und Grundvergütung und schließlich dem nur noch formellen Abschluss des Vertrages durch Leistung der Unterschrift.

1051 Der Abschluss des Verwaltervertrages ist ebenso wie die Bestellung und Abberufung nach § 26 WEG Angelegenheit der Gemeinschaft. Das Aushandeln des Vertrages in seinen wesentlichen Punkten ist eine Kernkompetenz der Wohnungseigentümer. Diese ist nicht auf Dritte – auch nicht einige Wohnungseigentümer oder die Mitglieder des Verwaltungsbeirates - übertragbar.[104] Sind dagegen die wesentlichen Eckdaten des Vertrages, Vertragsdauer und Vergütung, durch den Bestellungsbeschluss bestimmt, kann die Festlegung der übrigen Einzelheiten durchaus delegiert werde.[105] Dies setzt regelmäßig voraus, dass der Verwaltervertrag in seinen wesentlichen Grundzügen den Wohnungseigentümer bereits vor Beschlussfassung vorgelegen hat, also in der Regel bereits mit der Einladung an die Wohnungseigentümer übersandt wurde. Andernfalls können die Wohnungseigentümer sich nicht ausreichend auf den Abschluss des Verwaltervertrages vorbereiten. In so einer Situation muss davon ausgegangen werden, dass die eigentlichen Vertragverhandlungen nach der Bestellung durch einzelne Wohnungseigentümer durchgeführt werden dürfen.

1052 Für eine weitergehende Bevollmächtigung auch zum Aushandeln des Vertrages in seinen wesentlichen Punkten soll eine Vereinbarung erforderlich sein und ein mehrheitlicher Beschluss nicht ausreichen.[106]

1053 Es wird aber auch die Meinung vertreten, dass ein Dritter zur Entgegennahme von Vertragsangeboten und zum Aushandeln der Vertragbedingungen im Einzelnen bevollmächtigt werden kann.[107] Diese Auffassung stützt sich insbesondere auf § 27 Abs. 3 Satz 3 WEG, wonach die Wohnungseigentümer durch Beschluss mit Stimmenmehrheit

---

[103] BGH NJW 2002, 3704.

[104] OLD Düsseldorf WuM 1998, 50 mit weiteren Nachweisen, *Staudinger/Bub* § 26 Rn. 219.

[105] OLG Düsseldorf WuM 1998, 50; OLG Hamburg ZMR 2003, 864; *Gottschlag* ZWE 2000, 50.

[106] OLD Düsseldorf WuM 1998, 50 mit weiteren Nachweisen, *Staudinger/Bub* § 26 Rn. 219.

[107] OLG Düsseldorf ZMR 1998, 105; ZMR 2006, 871; OLG Köln NJW-RR 2002, 84.

einen oder mehrere Wohnungseigentümer zur Vertretung des Verbandes ermächtigen können.

Die Rede ist aber hier nur von anderen Wohnungseigentümern und nicht von Außenstehenden. 1054

Dennoch muss es von der Kompetenz der Wohnungseigentümer gedeckt sein, einen Beschluss zu fassen, nach dem ein Dritter mit dem Vertragsabschluss insgesamt beauftragt wird. Wenn es Wille der Wohnungseigentümer ist, sich bei den Vertragsverhandlungen von einem Dritten vertreten zu lassen und eine verantwortungsbewusste Person bestimmt wird, widerspricht ein solcher Beschluss nicht ordnungsgemäßer Verwaltung.[108] Dies gilt aber nur dann, wenn die Wohnungseigentümer sich durch Beschlussfassung mit der Möglichkeit einer Vertretung durch einen Dritten vertraut machen können. Denn in diesem Fall kann sich die Gemeinschaft bewusst dafür entscheiden, die Kompetenz an einen Dritten zu übertragen. 1055

Diese Vollmacht kann hingegen nicht gelten, wenn die Mitglieder des Verwaltungsbeirates eigenmächtig die Vertragverhandlungen an sich reissen, gegebenenfalls die Gemeinschaft über den Abschuss des Verwaltervertrages gar nicht informieren. Dann konnten die Wohnungseigentümer gerade nicht darüber entscheiden, ob sie ihre Kompetenzen abgeben oder aber selbst den Vertrag aushandeln möchten. 1056

Nicht zu beanstanden ist schließlich, wenn die Vertragsparteien, also die Wohnungseigentümer und der Verwalter im Rahmen der Eigentümerversammlung sämtliche Punkte ausgehandelt haben und der bereits feststehende Vertrag lediglich von einzelnen Wohnungseigentümer oder aber dem Verwaltungsbeirat abgezeichnet wird. Es handelt sich hierbei um eine Formalität. Es soll damit lediglich vermieden werden, dass unter dem Vertrag im Falle einer großen Wohnungseigentümergemeinschaft dutzende von Unterschriften zum Vertragsschluss erforderlich sind. 1057

ii) Fortgeltung bei Eigentümerwechsel. Wenn ein Erwerber eines Wohnungseigentums in die Gemeinschaft eintritt, ist er an die bestehende Bestellung des Verwalters nach § 10 Abs. 4 WEG gebunden. Er tritt in entsprechender Anwendung des § 10 Abs. 4 WEG ohne weiteres, also ohne eine rechtsgeschäftliche Übernahme, in die Beschlüsse ein, haftet aber grundsätzlich zunächst nicht für Verwaltervergütungen, die vor seinem Erwerb entstanden und fällig geworden sind.[109] Der Wohnungseigentümer haftet also für die Verwaltervergütung nach seinen Eintritt gemäß § 10 Abs. 8 WEG in Höhe seines Miteigentumsanteils, soweit die Ansprüche während seiner Zughörigkeit zur Gemeinschaft entstanden oder während dieses Zeitraums fällig geworden sind. 1058

Diese Problematik ist ohnehin theoretischer Natur, da die Wohnungseigentümergemeinschaft als Vertragspartner unmittelbar haftet. 1059

Da der Verwaltervertrag zwischen der rechtsfähigen Wohnungseigentümergemeinschaft und dem Verwalter besteht, berührt ein Eigentümerwechsel deren Bestand nicht.[110] Der Verband ist – unabhängig von den aktuellen Wohnungseigentümern – Partei des Vertrages, so dass in diesem Verhältnis ein Eigentümerwechsel völlig unproblematisch ist. 1060

Etwas anderes kann sich aber in dem Vertragsverhältnis des Verwalters zu der Gemeinschaft der Wohnungseigentümer ergeben, so wenn der teilende Alleineigentümer den Verwaltervertrag zu einem Zeitpunkt abschließt, in dem noch keine Wohnungseigentümergemeinschaft besteht. Zwar entspricht die Bestellung des Erstverwalters durch den Alleineigentümer mit Bindung für und gegen die Wohnungseigentümer dem Willen des Gesetzgebers; diese Bestellungsform ist den Wohnungseigentümern gegenüber wirksam und ausreichend zur Begründung der organschaftlichen Stellung des Verwalters.[111] 1061

---

[108] *Niedenführ/Schulz,* § 26 WEG, Rn. 32; *Bärmann/Merle,* § 26, Rn. 100.
[109] *Weitnauer/Lüke* § 26 Rn. 29 mit weiteren Nachweisen.
[110] *Bärmann/Merle* § 26 Rn. 164.
[111] *Bärmann/Merle* § 26 Rn. 107.

1062 Bei der schuldrechtlichen Verbindung zwischen Verwalter und Gemeinschaft ist jedoch erforderlich, dass die Wohnungseigentümergemeinschaft Vertragspartner des von dem teilenden Wohnungseigentümer ausgehandelten und abgeschlossenen Vertrages wird. Durch bloßen Eintritt in die Gemeinschaft erfolgt dies – wie zuvor bei der Bestellung ausgeführt – nicht.[112]

1063 Geht man davon aus, dass der Alleineigentümer namens der künftigen Wohnungseigentümergemeinschaft den Verwaltervertrag als Vertreter ohne Vertretungsmacht abschließt, wird der Vertrag für und gegen die Wohnungseigentümergemeinschaft durch Genehmigung der Wohnungseigentümergemeinschaft wirksam.

1064 Unproblematisch ist, wenn durch die Gemeinschaft in einem nachfolgenden Beschluss ausdrücklich die Genehmigung erteilt wird.

1065 Wenn die Wohnungseigentümer nur die erste Eigentümerversammlung unter der Leitung des durch den Alleineigentümer bestimmten Verwalters „über sich ergehen lassen" kann hierin wohl noch keine Genehmigung des Verwaltervertrages gesehen werden. Der Wille der Wohnungseigentümergemeinschaft kann letztlich nur durch einen Beschluss ermittelt werden.[113]

1066 *jj) Verstoß gegen Grundsätze der ordnungsgemäßen Verwaltung bei Abschluss des Vertrages.* Wenn der Verwaltervertrag durch Beschuss zustande kommt, muss dieser ordnungsgemäßer Verwaltung entsprechen. Wenn ein Wohnungseigentümer meint, der Beschuss über den Verwaltervertrag entspreche nicht diesen Grundsätzen, kann er dies gerichtlich überprüfen lassen.[114] Über den Beschluss wird dann im Anfechtungsverfahren entschieden.

1067 Hierbei ist ein Beschluss für unwirksam zu erklären, wenn er nicht ordnungsgemäßer Verwaltung entspricht.

1068 Zu beachten ist hierbei, dass die spätere Aufhebung des Bestellungsbeschlusses nicht automatisch zur Folge hat, dass auch der Verwaltervertrag rückwirkend unwirksam wird. Eine Rückabwicklung des Vertrages wäre zunächst für keine der beiden Seiten sinnvoll; es bedarf gegebenenfalls auch der Anfechtung des Beschlusses, mit dem der Verwaltervertrag zustande gekommen ist.

1069 Eine klare Definition, was ordnungsgemäßer Verwaltung entspricht, ergibt sich nicht aus dem Gesetz. In § 21 Abs. 5 WEG nennt der Gesetzgeber lediglich eine Liste von Beispielen, die aber keinesfalls abschließend ist. Dies ergibt sich bereits aus dem Gesetzestext, nach dem die aufgelisteten Beispiele insbesondere zu einer ordnungsgemäßen Verwaltung gehören. Dem § 14 Nr. 1 WEG lässt sich entnehmen, dass ordnungsgemäße Verwaltung das ist, was dem geordneten Zusammenleben der Wohnungseigentümergemeinschaft dient; nach § 15 Abs. 3 WEG ist ordnungsgemäß, was den Interessen der Gesamtheit der Wohnungseigentümer nach billigen Ermessen entspricht.

1070 Die Ordnungsmäßigkeit der Verwaltung richtet sich bei objektiver Beurteilung nach den individuellen Interessen aller Wohnungseigentümer an der Erhaltung des Vermögens der Wohnungseigentümergemeinschaft und ihrem geordneten Zusammenleben.[115] Maßgeblich ist hierbei der Einzelfall. Dies kann bei einer Wohnungseigentümergemeinschaft der Fall sein, zum Beispiel wenn in einer großen und problematischen Gemeinschaft, in der auch mehrere gewerbliche Einheiten betreut werden müssen, ein professioneller Verwalter zu einer erhöhten Grundgebühr verpflichtet wird. Dieser wird durch viele Mitarbeiter und entsprechende Programme eine umfangreiche Betreuung der Gemeinschaft sicher stellen können. In einer Wohnungseigentümergemeinschaft, in der lediglich zwei Ehepaare auf gleichgroßen Wohnungen leben, kann ein solcher Beschluss bereits gegen

[112] *Becker/Kümmel/Ott* § 7 Rn. 368.
[113] *Bärmann/Merle* § 26 Rn. 107.
[114] OLG Düsseldorf ZWE 2001, 219.
[115] *Sauren* § 21 Rn. 11.

eine ordnungsgemäße Verwaltung verstoßen, da auch andere „einfach“ ausgestattete Verwalter die Betreuung der Liegenschaft übernehmen können. Allerdings ist hier ein erheblicher finanzieller Unterschied erforderlich und es dürfen keine weiteren Gründe für den teureren Verwalter sprechen.

Zu einem ordnungsgemäßen Beschluss gehört nicht immer, dass der preislich günstigste Verwalter bestellt wird. Es können auch durchaus Kriterien für eine kostenintensivere Verwaltung sprechen. So zum Beispiel, wenn in einer Wohnungseigentümergemeinschaft ein bestimmter, besonders fachkundiger Verwalter bestellt werden soll, oder aber in der Vergangenheit mit einem bestimmten Verwalter hinsichtlich der Tätigkeit und Verlässlichkeit gute Erfahrungen gemacht wurden und man an diesem – vielleicht im Vergleich mit anderen Anbietern – teureren Verwalter festhalten möchte. Eine Anfechtung alleine mit der Argumentation, der günstigste Verwalter mit der gleichen Leistung sei im Rahmen einer ordnungsgemäßen Verwaltung zu bestellen, wird keine Aussichten auf Erfolg haben. 1071

Sofern der Verwaltervertrag in einzelnen Punkten gegen die Vorschriften der Allgemeinen Geschäftsbedingungen verstößt kann dies ebenfalls dazu führen, dass der Beschluss über den Verwaltervertrag anfechtbar wird.[116] 1072

Darüber hinaus führen allgemeinen Mängel zur Anfechtbarkeit der Beschlüsse. Hierzu kann gehören, dass die Beschlussfähigkeit nicht gegeben ist und dies vom Verwalter irrtümlicherweise nicht festgestellt wurde, oder aber ein Einladungsmangel vorliegt, der als formeller Mangel bei entsprechend nachgewiesener Kausalität auf das Abstimmungsergebnis auch zur Anfechtbarkeit der Beschlüsse führt. 1073

Hierbei ist zu beachten, dass der Beschluss auch in diesem Fall bis zur Entscheidung des Gerichts schwebend wirksam ist, also der mehrheitlich durch Beschuss geschlossene Vertrag zunächst wirksam bleibt. Sowohl der Verwalter als auch der Verband sind an die vertraglichen Vereinbarungen gebunden. 1074

kk) Rückabwicklung des Vertragsverhältnisses. Problematisch kann sich die Rückabwicklung des Vertrages gestalten.[117] 1075

Bei der Kündigung des Vertrages wird das Vertragsverhältnis unproblematisch erst zu einem späteren Zeitpunkt beendet. 1076

Sollte nach entsprechender Anfechtung die rückwirkende Aufhebung des Bestellungsbeschlusses erfolgen, hat dies keinesfalls zur Folge, dass automatisch auch der Verwaltervertrag rückwirkend unwirksam wird. Dies stünde im Widerspruch zu der Interessenlage. Da Beschlüsse bis zu einer anders lautenden Entscheidung des Gerichts schwebend wirksam sind, muss der Verwalter auch im Fall einer Anfechtung in der Zeit bis zur gerichtlichen Entscheidung die in den §§ 27, 28 WEG niedergelegten gesetzlichen Aufgaben erfüllen. Andernfalls kann er sich – sollte das Gericht den Antrag abweisen und so die Verwalterbestellung bestärken – aufgrund seiner Untätigkeit schadensersatzpflichtig machen. 1077

Dem Verwalter kann hierbei billigerweise nicht zugemutet werden, seine Verwalterpflichten ohne gesicherte vertragliche Grundlage, insbesondere ohne gesicherten Anspruch auf Zahlung der vereinbarten Vergütung zu erfüllen.[118] Auch wenn der Beschluss über die Bestellung des Verwalters und über den Verwaltervertrag nicht unmittelbar voneinander abhängig sind, ist davon auszugehen, dass nach dem Willen des Vertragsschließenden der auf der Grundlage einer noch nicht bestandskräftigen Verwalterbestellung abgeschlossene Verwaltervertrag unabhängig vom Ausgang des gerichtlichen Verfahrens über die Gültigkeit der Bestellung für die Zwischenzeit rechtswirksam sein soll, die gerichtliche Ungültigkeiterklärung also nur – im Wege der stillschweigend vereinbarten auflösenden Bedingung – die vertragliche Bindung für die Zukunft entfallen 1078

---

[116] BayObLG WuM 1991, 312; LG Mönchengladbach ZMR 2007, 895.
[117] Siehe Rn. 1418 ff.
[118] BGH NJW 1007, 2106.

lässt.[119] Mit einer solchen Auslegung wird den Interessen der Vertragsparteien entsprochen.

1079 *ll) Unwirksamkeit des Vertrages.* Wenn das Gericht die Unwirksamkeit des Vertrages feststellt, bleibt insbesondere für den Verwalter zu überlegen, wie er weiter verfährt. Er befindet sich in der misslichen Situation, dass er durch den Beschluss über seine Bestellung, sofern dieser bestandskräftig geworden ist, wirksam als Verwalter berufen wurde. Hiermit hat die Gültigkeit des Vertrages nichts zu tun. Aufgrund der Trennungstheorie ist nunmehr der Verwalter zwar wirksam bestellt, aber ohne eine vertragliche Grundlage. Damit gelten für ihn die gesetzlichen Vorschriften und er kann sich nicht mehr auf die vertraglichen Vereinbarungen berufen. So muss er sich beispielsweise mit der üblichen und angemessenen Vergütung oder aber im schlechtesten Fall mit einem Aufwendungsersatz zufrieden geben und kann darüber hinaus seine vereinbarten Sondervergütungen nicht mehr geltend machen. In einem solchen Fall ist durch Auslegung zu ermitteln, ob es sich um einen unentgeltlichen Auftrag oder um einen Dienstvertrag handelt, der eine Geschäftsbesorgung zum Gegenstand hat. Im ersten Fall bleibt dem Verwalter nur ein Aufwendungsersatz nach § 670 BGB und dies auch nur für die Aufwendungen, die der Beauftragte nach den Umständen für erforderlich halten durfte.

1080 Im zweiten Fall steht dem Verwalter zwar nicht die vereinbarte Vergütung, aber die übliche Vergütung, entsprechend § 612 Abs. 2 BGB zu.

1081 Um dieser Situation zu entgehen steht es dem Verwalter natürlich frei, erneut einen Beschluss über den Vertrag herbeizuführen. Sofern ihm dies gelingt, kann er sich selbstverständlich wieder auf die einzelnen Vereinbarungen berufen. Dies ist auch rückwirkend möglich. Insbesondere wenn die Beschlussanfechtung wegen formeller Fehler erfolgt – die Wohnungseigentümer und der Verwalter also über den Vertrag an sich einig sind, der Beschluss nur nicht ordnungsgemäß zustande kam – sollte der Verwalter an die Wohnungseigentümer herantreten und einen erneuten Beschluss erwirken. Dies sollte zeitnah erfolgen. Sobald es den Wohnungseigentümern bewusst geworden ist, dass aufgrund der Trennungstheorie der Verwalter auch zu den wahrscheinlich geringeren gesetzlichen Vergütungen tätig werden muss, dürfte es dem Verwalter schwer fallen, die Wohnungseigentümer zu einer erneuten Beschussfassung zu bewegen – dies gilt erst recht für einen rückwirkenden Beschluss. Sollte ihm dies nicht gelingen, so ist er gezwungen nach den gesetzlichen Vorschriften tätig zu werden, bis die Bestellung durch Zeitablauf, Kündigung des *Vertrages* oder Abberufung endet.

1082 *mm) Nichtigkeit des Vertrages und einzelner Regelungen.* Anders ist es bei unwirksamen Regelungen des Vertrages. Diese können – je nach Fall – zu einer unwirksamen Einzelregelung oder aber auch zur Gesamtnichtigkeit des Vertrages führen:

1083 *aaa) Verstoß gegen ein gesetzliches Verbot.* Regelungen, die gegen ein gesetzliches Verbot verstoßen sind gemäß § 134 BGB unwirksam. Nichtig sind hiernach Regelungen in Verwalterverträge, die gegen unabdingbare Vorschriften des WEG verstoßen. Dies ist zum Beispiel der Fall, wenn gegen § 26 Abs. 1 Satz 4 WEG verstoßen wird, da somit die Kompetenz der Wohnungseigentümergemeinschaft zur Bestellung und freien Wahl des Verwalters eingeschränkt wird.

1084 Ebenfalls führt die Überschreitung der höchstzulässigen Bestelldauer gemäß § 26 Abs. 1 Satz 2 WEG zu einer Unwirksamkeit.[120]

1085 Ein Verstoß gegen § 27 Abs. 1 bis 3 WEG bedeutet die Nichtigkeit der entsprechenden Regelung, da diese enthaltenen Rechte und Pflichten gemäß § 27 Abs. 4 WEG für unabdingbar erklärt werden, damit der Verwalter nicht entmachtet werden kann. Hierdurch wird der Verwalter bei den laufenden Geschäften unabhängig von den einzelnen Wohnungseigentümern.[121]

---

[119] BGH NJW 1007, 2106.

[120] *Staudinger/Bub* § 26 Rn. 234.

[121] *Sauren,* § 27 Rn. 1.

Diese Vereinbarung gilt dem Wortlaut nach zwar nur für Vereinbarungen der Wohnungseigentümer, sie schränkt aber als zwingendes Recht die Vertragsfreiheit der Parteien auch im Hinblick auf den Verwaltervertrag ein.[122] 1086

Der Verwaltervertrag kann schließlich nicht in das Gemeinschaftsverhältnis eingreifen und Regeln des WEG oder der Gemeinschaftsordnung abändern. Dies wäre – wenn überhaupt – nur durch eine Vereinbarung möglich. Mit einer Vereinbarung im Sinne von § 10 Abs. 2 WEG wollen die Wohnungseigentümer Regelungen für das Verhalten in der Gemeinschaft im Innenverhältnis treffen. Demgegenüber stellt der Verwaltervertrag eine vertragliche Regelung mit einem Dritten dar. Es sind daher alle Klauseln in einem Verwaltervertrag nichtig, die zur Abänderung der Gemeinschaftsordnung oder der gesetzlichen Regelung führen.[123] 1087

Weiterhin sollen die folgenden Regelungen im Verwaltervertrag nichtig sein: 1088

- die Aufstellung des Hausordnung durch den Verwalter ohne vorherigen Beschluss der Wohnungseigentümer 1089
- Genehmigung von Nutzungsrechten bzw. die Festlegung von Art und Weise der Nutzung des gemeinschaftlichen Eigentums. 1090
- Das Recht des Verwalters, auch ohne Aufstellung eines Wirtschaftsplans Vorschüsse verlangen zu können. 1091
- Die Genehmigung der Einzelabrechnung, wenn nicht innerhalb von drei Wochen schriftlich Widerspruch erhoben wird. 1092
- Mehrere Wohnungseigentümer, denen ein Wohnungseigentum gemeinsam zusteht, müssen einen (Zustellungs-)bevollmächtigten zu bestellen und dem Verwalter zu benennen, damit eine Wahrnehmung der Eigentumsrechte erfolgen kann.[124] 1093

bbb) Verstoß gegen die guten Sitten und Wucher. Ein solcher Verstoß liegt vor, wenn ein besonders grobes Missverhältnis zwischen Leistung und Gegenleistung besteht. Ein solches Missverhältnis ist dann anzunehmen, wenn im Vertrag eine Vergütung vereinbart wurde, die die ortsübliche Vergütung um mehr als 100% übersteigt.[125] 1094

ccc) Folgen der Nichtigkeit. Die Nichtigkeit einzelner Vertragsklauseln hat grundsätzlich gemäß § 139 BGB die Nichtigkeit des gesamten Vertrages zur Folge, wenn nicht anzunehmen ist, dass die Parteien den Vertrag auch ohne die nichtige Klausel geschlossen hätten, was nach dem mutmaßlichen Parteiwillen festzustellen ist; dabei kommt es darauf an, wie sich die Vertragsparteien in Kenntnis der Teilnichtigkeit nach Treu und Glauben und unter Berücksichtigung der Verkehrssitte entschieden hätten.[126] 1095

Auch hier kommt es wieder auf eine Beurteilung im Einzelfall an, der Wille der Vertragsparteien ist durch Auslegung zu ermitteln. 1096

Falls hierbei das Ergebnis ist, dass die Nichtigkeit der einzelnen Klauseln die Unwirksamkeit des gesamten Vertrages nach sich zieht, ist der Vertrag ex tunc nichtig. Dass heißt, dass die Parteien so gestellt werden, als ob der Vertrag nie zustande gekommen ist. Sollten Leistungen ausgetauscht worden sein, hat eine Rückabwicklung zu erfolgen. Dies ergibt sich aus § 812 Abs. 1 Satz 1 BGB, wonach Leistungen die ohne Rechtsgrund erhalten wurden, zurückzuzahlen sind. Da wegen der Nichtigkeit der Vertrag rückwirkend aufgehoben wird, fehlt hier ein Rechtsgrund. Der Verwalter muss also die gegebenenfalls erhaltene Vergütung zurückzahlen und kann im Gegenzug nur auf die übliche und ortsangemessene Vergütung bestehen. Diese steht ihm in jeden Fall für seine erbrachten Leistungen zu. Sollte der Verband von dem Verwalter die geleistete Vergütung zurückverlangen kann der Verwalter mit diesem gesetzlichen Anspruch aufrechnen. Den überschießenden Betrag muss er zurückerstatten. 1097

---

[122] *Staudinger/Bub* § 26 Rn. 234.
[123] *Jennißen,* Der WEG-Verwalter, Teil A, Rn. 100.
[124] *Sauren* § 26 Rn. 20.
[125] *Palandt/Heinrichs* § 138 Rn. 34 a.
[126] BGH NJW 1996, 2088.

1098 Auch hier steht es dem Verwalter selbstverständlich zu eine erneute Beschlussfassung über einen geänderten – wirksamen – Verwaltervertrag herbeizuführen. Andernfalls ist auch hier der Verwalter auf die gesetzlichen Vorschriften zu verweisen.

1099 *nn) Deklaratorische Regelungen.* Zunächst ist es unstreitig, dass Regelungen in den Vertrag aufgenommen werden können, die anhand des gesetzlichen Aufgabenkataloges des § 27 WEG und der gefestigten Rechtsprechung ohnehin dem Verwalter obliegen. Hierzu gehört zum Beispiel die Regelung, dass der Verwalter zur Umsetzung der gefassten Beschlüsse verpflichtet ist und dies zeitnah zu erfolgen hat.

1100 Auch ist eine Vertragsbestimmung, die differenziert regelt, welche Instandsetzungsmaßnahmen der Verwalter eigenständig durchführen darf, für welche er der Zustimmung der Mitglieder des Verwaltungsbeirates bedarf und welche einen Mehrheitsbeschluss der Wohnungseigentümer erfordern, grundsätzlich überflüssig. Dennoch entsprechen solche Regelungen einer ordnungsgemäßen Verwaltung.[127]

1101 Die Aufnahme einer solchen deklaratorischen Regelung im Vertrag kann sinnvoll sein, da der Verwalter gegenüber den Wohnungseigentümern seine Leistungen dokumentiert. So hat auch der unkundige Wohnungseigentümer die Möglichkeit sich darüber zu informieren, welche Leistungen er von dem Verwalter zu erwarten hat.

1102 Die Aufnahme von deklaratorischen Regelungen ist daher grundsätzlich nicht schädlich, im Zweifel aber überflüssig.

1103 *oo) Allgemeine Geschäftsbedingungen.* Die Regelungen des Verwaltervertrages unterliegen in der Regel den §§ 305 ff. BGB.[128] Einzelne Klauseln können daher nach den §§ 305 ff. BGB auch dann unwirksam sein, wenn der Beschluss, auf dem der Verwaltervertrag beruht, nicht angefochten wurde. Die Voraussetzungen zur Anwendung der Regelung über Allgemeine Geschäftsbedingungen werden in den meisten Fällen, in denen Verwalterverträge geschlossen werden, vorliegen. Insbesondere der professionelle Verwalter, der mit vorgefertigten Verträgen arbeitet, muss die Vorschriften über die Allgemeinen Geschäftsbedingungen gegen sich gelten lassen

1104 Bei den Regelungen im Vertrag handelt es sich regelmäßig um Vertragbedingungen, die den Vertrag gestalten sollen. Auch wird der Verwalter diese Regelungen nicht nur einmalig verwenden, sondern gerade für eine Vielzahl von Wohnungseigentümergemeinschaften.

1105 Die §§ 305 ff. BGB sind somit anzuwenden.[129]

1106 Der Verwalter wird bis auf sehr wenige Ausnahmefälle nicht in der Lage sein, der Anwendung der Vorschriften zu entgehen. Dies wäre nur bei einer Individualvereinbarung möglich. Voraussetzung hierfür ist allerdings, dass neben der Einzelfallanwendung ein wirkliches Aushandeln stattfindet. Aushandeln bedeutet mehr als bloßes Verhandeln.[130] Der Verwender muss den gesetzlichen Kerninhalt seiner Allgemeinen Geschäftsbedingung inhaltlich ernstlich zur Disposition stellen und dem anderen Teil Gestaltungsfreiheit zur Wahrung eigener Interessen einräumen; der Kunde muss die reelle Möglichkeit erhalten, den Inhalt der Vertragsbedingungen zu beeinflussen.[131]

1107 Grundsätzlich möchte der Verwender von Allgemeinen Geschäftsbedingungen zu seinen Gunsten von den gesetzlichen Regelungen abweichen. Um jetzt eine solche Regelung individuell aushandeln zu können müsste der Verwalter die Gemeinschaft darauf hinweisen, dass er zu ihren Ungunsten und zu seinen Gunsten von den gesetzlichen Regelungen abweichen möchte. Nach einem solchen Hinweis müsste der Verwalter der Gemeinschaft Gestaltungsfreiheit einräumen. Es wäre sehr verwunderlich, wenn der

---

[127] *Niedenführ/Kümmel/Vandenhouten/Niedenführ,* § 26, Rn. 51.

[128] OLG München ZMR 2007, 220.

[129] *Furmans* in Graf von Westphalen, Vertragsrecht und AGB-Klauselwerk, Verwaltervertrag für Wohnungseigentum, Rn. 3.

[130] BGH NJW 1991, 1679.

[131] BGH NJW 1992, 1107; BGH NJW 2000, 1110.

Verwalter hiernach noch eine Gemeinschaft findet, die einer entsprechenden Klausel zustimmt.

Üblicherweise werden keine Verhandlungen stattfinden, insbesondere in größeren Gemeinschaften. Hier wird der Verwaltervertrag von dem Verwalter vorgelegt und in der Regel so wie er ist abgeschlossen. 1108

Zusammenfassend kann damit festgestellt werden, dass auf den Verwaltervertrag bei Wohnungseigentümergemeinschaften regelmäßig die Vorschriften über Allgemeinen Geschäftsbedingungen Anwendung finden. Dies könnte von den Verwaltern nur effektiv umgangen werden, wenn sie die Wohnungseigentümergemeinschaft auffordern, einen entsprechenden Vertrag zur Verfügung zu stellen. Ob damit aber den Interessen des Verwalters mehr gedient ist, mag dahinstehen. 1109

Liegen Verstöße nach den §§ 305 ff. BGB bei einer Vielzahl der Klauseln vor, entspricht der Beschluss durch den der Vertrag gebilligt wird, nicht ordnungsgemäßer Verwaltung.[132] Ist dagegen nur eine einzelne Klausel unwirksam widerspricht der Verwaltervertrag in der Regel nicht ordnungsgemäßer Verwaltung und an die Stelle der unwirksamen Klausel tritt das Gesetzesrecht.[133] 1110

Auch im Bereich der Allgemeinen Geschäftsbedingungen unterliegt jede einzelne Regelung einer individuellen Überprüfung. Es muss hier bei jeder einzelnen Klausel gefragt werden, ob sie für den die Gemeinschaft überraschend ist, diese unangemessen benachteiligt oder gegen ein anderes Verbot der §§ 307 ff. BGB verstößt. 1111

In der Rechtsprechung sind zu besonders häufig wiederkehrenden Klauseln folgende Entscheidungen getroffen worden: 1112

aaa) Ladung zur Versammlung. Ein Verstoß gegen § 308 Nr. 6 BGB liegt dann vor, wenn der Verwaltervertrag bestimmt, dass eine Ladung zur Eigentümerversammlung wirksam ist, wenn sie an die letzte dem Verwalter bekannte Adresse des Eigentümers gerichtet ist; die Einladung zur Eigentümerversammlung ist eine Erklärung von besonderer Bedeutung, deren Zugang in einem solchen Fall fingiert werden soll.[134] Hierdurch wäre der Verwalter auch hinsichtlich einer Kardinalspflicht nicht zu weiteren Nachforschungen verpflichtet, selbst wenn ihm beispielsweise durch rückläufige Post bekannt ist, dass die bei ihm vorhandene Adresse nicht korrekt ist. Der Eigentümer müsste im Zweifel beweisen, welche Anschrift er wann bei dem Verwalter bekannt gegeben hat. 1113

Eine solche Klausel könnte neben dem Verstoß gegen § 308 Nr. 6 BGB auch eine unangemessen Benachteiligung des Wohnungseigentümers darstellen. 1114

bbb) Vertragsdauer. Nach § 26 Abs. 1 Satz 2 WEG darf der Verwalter höchstens für fünf Jahre – im Falle der ersten Bestellung nach Begründung der Wohnungseigentümergemeinschaft höchstens für drei Jahre – bestellt werden. 1115

Die Aufnahme einer entsprechenden Klausel im Verwaltervertrag könnte in Widerspruch zu § 309 Nr. 9 a BGB stehen, wonach eine Regelung unwirksam ist, bei der eine Vertragspartei zur Erbringung von Dienstleistungen über einen längeren Zeitraum als zwei Jahre verpflichtet wird. 1116

Nach herrschender Auffassung stellt aber § 26 WEG eine § 309 Nr. 9 a BGB verdrängende Spezialnorm dar.[135] Die Norm erstreckt sich nicht auf Dauerschuldverhältnisse, für welche ein interessengerechte Sonderregelung besteht.[136] Eine über zwei Jahre hinausgehende Bindung an einen bestimmten Verwalter entspricht den Zielsetzungen des 1117

---

[132] BayObLG WuM 1991, 312; LG Mönchengladbach ZMR 2007, 895.

[133] LG Mönchengladbach ZMR 2007, 895.

[134] *Bärmann/Merle* § 26 Rn. 104; BayObLG WE 1991, 295.

[135] BGH NJW 2002, 3240; *Drasdo*, Verwaltervertrag, S. 40; *Staudinger/Bub* § 26 Rn. 290.

[136] *Furmans* in Graf von Westphalen, Vertragsrecht und AGB-Klauselwerk, Verwaltervertrag für Wohnungseigentum, Rn. 13.

Wohnungseigentumsrecht, da die Wohnungseigentümergemeinschaft ein sachliches Interesse an einer längerfristigen, kontinuierlichen Verwaltertätigkeit hat.[137]

1118 Anderseits ist eine längere Bestellung als in § 26 Abs. 1 S. 2 WEG vorgesehen nicht möglich. Insoweit ist § 26 WEG unabdingbar.[138] Es ist zu beachten, dass auch durch die Verschiebung des Anfangtermins eine Verlängerung nicht in Betracht kommt. Fraglich ist daher, was der maßgebliche Anfangstermin ist. In Betracht kommen letztlich zwei Termine, zum einen der Bestellungsakt[139] oder der Beginn der Verwaltertätigkeit.[140] Da mit Ablauf der Frist die Tätigkeit des Verwalters verboten ist, sollte der Vertrag um Auslegungsschwierigkeiten zu vermeiden einen festen Anfangstermin enthalten. Regelmäßig wird der Verwalter mit dem Bestellungsbeschluss auch seine Tätigkeit aufnehmen, die Aufnahme eines kalendermäßig bestimmten Termins vermeidet Streitigkeiten nach Zeitablauf, wann genau die Vertragslaufzeit begann.

1119 *ccc) Verlängerungsklauseln.* Eine formularvertragliche Verlängerungsklausel unterliegt der Inhaltskontrolle nach § 309 Nr. 9b BGB. Hiernach kommt eine Verlängerung von Dauerschuldverhältnissen durch eine stillschweigende Vereinbarung nur um jeweils ein Jahr in Betracht. Eine darüber hinausgehende Verlängerung ist unwirksam. Der gesetzgeberische Grundgedanke dieser Regelung ist, dass Formularklauseln vom Kunden häufig nicht gelesen oder aber wieder vergessen werden, sie daher nicht rechtzeitig von einer Kündigungsmöglichkeit Gebrauch machen und das Vertragsverhältnis sich automatisch verlängert.[141]

1120 Gleiches gilt, sofern die Verlängerung durch eine einseitige Erklärung des Verwenders herbeigeführt werden kann.[142]

1121 Auch bei der Verlängerungsklausel muss der Verwalter zwischen der Bestellung und dem schuldrechtlichen Verwaltervertrag unterscheiden. Eine schuldrechtliche Verlängerungsklausel vermag die Dauer des organschaftlichen Amtes nicht zu beeinflussen; über die Dauer der Bestellung haben allein die Wohnungseigentümer zu beschließen; auch die wiederholte Bestellung bedarf eines erneuten Beschlusses.[143]

1122 Dies ist unstreitig, sofern eine erneute Bestellung nach zunächst beschlossener Höchstdauer des Vertrages erfolgen soll, also nach Ablauf der fünf Jahre.

1123 Fraglich ist aber, ob § 309 Nr. 9b BGB auch Anwendung finden soll, wenn sich die stillschweigende Verlängerung innerhalb der Fünf-Jahres-Grenze bewegt.

1124 Nach einer Ansicht ist eine Verlängerung der Bestellung unter diesen Voraussetzungen möglich; es kann daher ein Verwalter auf drei Jahre bestellt werden mit der Maßgabe, dass sich seine Bestellung um zwei Jahre verlängert, wenn er nicht abberufen wird. Die Klausel könnte auch dahingehend lauten, dass der Verwalter für die Dauer von einem Jahr bestellt wird und sich seine Bestellung jeweils um ein Jahr verlängert, sofern er nicht abberufen wird.[144]

1125 Eine andere Ansicht bezieht sich auf § 84 Abs. 1 S. 4 AktG, der Vorbild für die Neufassung des § 26 WEG war. Hier wurde ausdrücklich aufgenommen, dass nur bei einer Bestellung von weniger als fünf Jahren eine Verlängerung der Amtszeit ohne neuen Aufsichtsratbeschluss vorgesehen werden kann, sofern dadurch die gesamte Amtszeit nicht mehr als fünf Jahre beträgt. Da eine solche ausdrückliche Regelung in § 26 WEG nicht aufgenommen wurde, soll hieraus geschlossen werden, dass auch innerhalb des Fünf-

---

[137] *Staudinger/Bub* § 26 Rn. 291.

[138] *Sauren* § 26 Rn. 12.

[139] *Furmans* in Graf von Westphalen, Vertragsrecht und AGB-Klauselwerk, Verwaltervertrag für Wohnungseigentum, Rn. 11.

[140] *Weitnauer/Lüdke* Rn. 15.

[141] BT-Drucks 7/3919

[142] *Staudinger/Bub* § 26 Rn. 294.

[143] *Bärmann/Merle* § 26 Rn. 60.

[144] *Bärmann/Merle* § 26 Rn. 60.

Jahres-Zeitraumes eine automatische Verlängerung nicht möglich ist, da nach dem gesetzgeberischen Willen jede Verlängerung der Bestellzeit einen Mehrheitsbeschluss der Wohnungseigentümer voraussetzt.[145]

Unter Berücksichtigung von Sinn und Zweck der Allgemeinen Geschäftsbedingungen kann die letztgenannte Ansicht nicht überzeugen. Die Vorschriften sollen verhindern, dass der Verwender, der die Vertragsfreiheit allein in Anspruch nimmt, dem anderen Teil unter Abbedingung des dispositiven Rechts unangemessen benachteiligt.[146] 1126

Bei einer automatischen Verlängerung innerhalb der Fünf-Jahres-Frist würde die Bestellung dann nach spätestens fünf Jahren auch ohne Abberufung der Wohnungseigentümer enden, weil nach § 26 WEG die maximale Bestelldauer fünf Jahre beträgt.[147] 1127

Eine unangemessene Benachteiligung der Wohnungseigentümer ist somit nicht zu sehen, da hier nicht das geltende Recht abbedungen wird. Die Wohnungseigentümer und der Verwalter könnten auch nach den gesetzlichen Vorgaben eine Dauer der Bestellung von fünf Jahren beschließen. Das geltende Recht wird hier also nur variiert; die maximale Dauer von fünf Jahren wird auf andere Art und Weise herbeigeführt. Darüber hinaus ist den Wohnungseigentümern auch eine Abberufung möglich, wenn die Voraussetzungen dafür vorliegen. Es ist daher nicht ersichtlich, dass die Wohnungseigentümer einen Nachteil erleiden, wenn sich innerhalb des Fünf-Jahres-Zeitraumes die Bestellung automatisch verlängert. 1128

Hiervon zu trennen ist die Verlängerung der Bestellung. Eine Verlängerungsklausel kann sich nur auf den schuldrechtlichen Vertrag beziehen, nicht auf eine Verlängerung der Dauer, in der ein Verwalter bestellt wurde. Hierzu wäre immer ein erneuter Beschluss erforderlich. Unstreitig ist daher, dass auch der Verwaltervertrag zunächst nur für eine maximale Dauer von fünf Jahren geschlossen werden kann bzw. nach fünf Jahren bei unbefristeten oder längerfristigen Verträgen automatisch ausläuft.[148] Darüber hinaus wirkt sich der Vorrang des Bestellungsrechtsverhältnisses auf die schuldrechtliche Verlängerungsklausel aus, die ihre Wirkung nur entfaltet, wenn die Wohnungseigentümer den Verwalter durch Mehrheitsbeschluss wiederbestellen, denn sonst läge ein Verstoß gegen § 26 Abs. 1 S. 3 WEG vor.[149] 1129

ddd) Beendigung des Verwaltervertrages. Aus Sicht der Allgemeinen Geschäftsbedingungen ist für den Verwalter interessant, ob und in welchem Umfang er Kündigungsfristen verlängern kann. Grundsätzlich gelten Fristen des § 621 Nr. 3 oder 4 BGB, so dass die Kündigung am fünfzehnten eines Monats oder zum Monatsende zu erfolgen hat, wenn die Vergütung nach Monaten bemessen ist. Ist die Vergütung nach Vierteljahren oder längeren Zeitabschnitten bemessen, beträgt die Kündigungsfrist sechs Wochen zum Quartalsende. Zu beachten ist hier bei einer Verlängerung der Kündigungsfristen § 309 Nr. 9c BGB, wonach Kündigungsfristen über drei Monaten nicht wirksam sind. 1130

Der Verwalter kann in seinem Verwaltervertrag also nicht wirksam vereinbaren, dass eine längere Kündigungsfrist für die Wohnungseigentümer gelten soll, eine solche Klausel wäre unwirksam. Dahingegen ist es für den Verwalter durchaus möglich, bereits in dem Verwaltervertrag die Abberufungsgründe einzuschränken. Ohne Maßgabe im Vertrag ist eine Abberufung des Verwalters jederzeit möglich,[150] gemäß dem ausdrücklichen Wortlaut des § 26 Abs. 1 S. 3 WEG kann die Abberufung des Verwalters auf das Vorliegen eines wichtigen Grundes beschränkt werden. Eine solche Beschränkung kann im Verwaltervertrag ohne entsprechende Grundlage in der Teilungserklärung begründet werden.[151] 1131

---

145 *Staudinger/Bub* § 26 Rn. 31.
146 BGHZ 126, 332.
147 *Bärmann/Merle* § 26 Rn. 60.
148 BGH NJW 1997, 3240; *Palandt/Bassenge* § 26 Rn. 16.
149 *Bärmann/Merle* § 26 Rn. 60.
150 OLG Hamm NZM 1999, 229.
151 *Drasdo* NZM 2001, 926.

1132 *eee) Vollmachtserteilung. Widerrufliche und unwiderrufliche Vollmachten.* Vollmachtserteilungen in vorformulierten Verträgen können überraschende Klauseln darstellen. Insbesondere wenn die Vollmacht verpflichtende oder belastenden Geschäfte erlaubt, ohne dass dafür ein überwiegendes Interesse besteht.[152]

1133 In § 27 WEG hat der Gesetzgeber die Bereiche aufgenommen, in denen eine Bevollmächtigung des Verwalters zur Erfüllung seiner Aufgaben erforderlich ist.

1134 Grundsätzlich sind erteilte Vollmachten widerruflich, der Widerruf kann aber durch Vertrag ausgeschlossen werden.[153] In den Allgemeinen Geschäftsbedingungen kann nur hinsichtlich des gesetzlichen Aufgabenkataloges die Unwiderruflichkeit der Vollmacht wirksam vereinbart werden. Hierdurch werden die Wohnungseigentümer nicht benachteiligt, da gemäß § 27 Abs. 4 WEG die Rechte des Verwalters aus den Absätzen 1 bis 3 ohnehin nicht durch die Wohnungseigentümer beschränkt werden können.

1135 Eine darüber hinaus gehende unwiderrufliche Vollmacht – gerade ohne inhaltliche Beschränkung – räumt dem Verwalter einen erheblich weiteren Spielraum ein, als es das Gesetz vorsieht. Eine solche Klausel ist nach § 307 BGB unwirksam.[154]

1136 Im Einzelfall können die Wohnungseigentümer aber dem Verwalter im Verwaltervertrag eine widerrufliche Vertretungsmacht einräumen, die über die sich aus § 27 Abs. 1 und 2 WEG ergebenden Rechte hinausgeht.[155] Dies kann im Einzelfall sinnvoll sein, wenn ansonsten in absehbaren Fällen die Wohnungseigentümer dem Verwalter durch Beschluss – und damit im Rahmen einer gegebenenfalls extra einberufenen Eigentümerversammlung – die Vollmacht erteilen müssten. Hierzu können der Abschluss und die Kündigung von Verträgen wie Versicherungs- und Wartungsverträgen gehören.[156]

1137 Hierbei sollte der Verwalter stets die Grenzen der ihm erteilten Vollmachten beachten und sich für den Fall, dass er nicht sicher ist, ob sein Handeln von der im Vertrag erteilten Vollmacht gedeckt ist, sicherheitshalber eine konkrete Ermächtigung durch einen Beschluss bestätigen lassen.

1138 Manchmal ist nur durch exakte Auslegung zu erkennen, zu welchen Handlungen der Verwalter im Einzelnen ermächtigt wurde.

1139 So beinhaltet die Befugnis, die Eigentümer gerichtlich und außergerichtlich in Abstimmung mit dem Beirat in allen Angelegenheiten der Verwaltung zu vertreten, nicht das Recht, den Anspruch auf Unterlassung der vereinbarungswidrigen Nutzung von Sondereigentum geltend zu machen.[157]

1140 *Untervollmachten.* Grundsätzlich trifft den Verwalter die Pflicht, seine Dienste höchstpersönlich zu erbringen, da die Verwalterstellung an die Person des Verwalters gebunden ist.[158] Aufgrund des besonderen Vertrauensverhältnisses, auf dem der Verwaltervertrag beruht, ist der Verwalter gehindert, die Verwalterstellung im Ganzen oder teilweise, auch nicht im Bezug auf die tatsächliche Verwaltertätigkeit ohne Einwilligung der Wohnungseigentümer auf einen Dritten zu übertragen,[159] auch wenn der Dritte weisungsgebunden und personell verflochten ist.[160]

1141 Selbstverständlich ist damit eine eigenständige Tätigkeit eines Dritten durch eine im Verwaltervertrag erteilte Untervollmacht nicht wirksam vereinbart.[161]

---

[152] *Graf von Westphalen/Furmans,* Vertragsrecht und AGB-Klauselwerk, Verwaltervertrag für Wohnungseigentum, Rn. 25.

[153] *Palandt/Heinrichs* § 168 Rn. 6.

[154] *Graf von Westphalen/Furmans* Vertragsrecht und AGB-Klauselwerk, Verwaltervertrag für Wohnungseigentum, Rn. 28.

[155] *Staudinger/Bub* § 26 Rn. 257.

[156] *Drasdo,* Verwaltervertrag und -vollmacht, S. 71.

[157] BayObLG, ZMR Spezial WEG: Verwaltung, S. 187.

[158] BGHZ 107, 268.

[159] OLG Hamm, ZMR Spezial WEG: Verwaltung, S. 129.

[160] BayObLG NJW-RR1997, 1443; *Staudiner/Bub* § 26 Rn. 364.

[161] BGH NJW 1993, 1704; *Drasdo* WE 1998, 429.

Eine wirksame Übertragung kann somit nur durch die ausdrückliche Zustimmung der Wohnungseigentümer erfolgen. 1142

Sollte der Verwalter dennoch seine Stellung ohne Zustimmung übertragen und wird dies trotz Kenntnis von den Wohnungseigentümer über einen längeren Zeitraum geduldet, kann hierin eine stillschweigende Genehmigung der Übertragung liegen.[162] Hierbei kann es sich nur für die tatsächlich übertragenen Aufgaben um eine Genehmigung im Einzelfall handeln; es kann nicht unterstellt werden, dass die Wohnungseigentümer mit der Übertragung weitere Aufgaben des Verwalters und somit der Verwalterstellung insgesamt einverstanden sind. Auch ist die Frage, wann eine Duldung über einen längeren Zeitraum vorliegt, schwer zu beurteilen. 1143

Eine entsprechende Klausel, die die generelle Übertragung der Verwalterstellung vorsieht, ist unwirksam. 1144

Dahingegen kann der Verwaltervertrag durchaus eine Regelung enthalten, wonach der Verwalter berechtigt ist, einzelne Aufgaben von Hilfspersonen ausführen und sich bei seiner Tätigkeit unterstützen zu lassen.[163] Insbesondere wenn es sich bei dem Verwalter nicht um eine natürliche Person, sondern um eine Gesellschaft handelt, ist offensichtlich, dass ein Mitarbeiter der Firma – egal ob Angestellter oder Geschäftsführer – die tatsächlichen Verwaltertätigkeiten ausübt. Der Verwalter kann also im Verwaltervertrag wirksam vereinbaren, dass er sich bei seiner Tätigkeit eines oder mehrerer Erfüllungsgehilfen im Sinne des § 278 BGB bedienen kann, die in seine Unternehmensorganisation eingebunden sind.[164] 1145

fff) Haftung des Verwalters und Verjährung. Gemäß § 309 Nr. 7a BGB ist bei Schäden aus der Verletzung von Leben, Körper oder Gesundheit der Ausschluss oder eine Beschränkung der Haftung für eigenes Verschulden und für Vorsatz und grobe Fahrlässigkeit unwirksam. Für sonstige Schäden ist gemäß § 307 Nr. 7b BGB nur eine Beschränkung der Haftung auf Vorsatz oder grobe Fahrlässigkeit des Verwalters oder seines Erfüllungsgehilfen wirksam.[165] 1146

Die Haftungsbegrenzung kann damit im Rahmen von Allgemeinen Geschäftsbedingungen nur wirksam für leichte Fahrlässigkeit vereinbart werden, wenn es sich nicht um Schäden aus der Verletzung von Leben, Körper oder Gesundheit handelt. Problematisch ist aber sogar dieser Ausschluss der Haftung, wenn es sich um die Hauptleistungspflichten aus dem Verwaltervertrag – die so genannten Kardinalspflichten – handelt.[166] 1147

Eine unzulässige Haftungsbegrenzung kann auch in der Verkürzung der Verjährungsfrist liegen.[167] Hier liegt dann eine unangemessene Benachteiligung vor, wenn der Kunde – also die Wohnungseigentümergemeinschaft– angesichts der Kürze der Frist gehindert ist, seine berechtigten Ansprüche durchzusetzen.[168] So wenn die Verjährung wechselseitiger Ansprüche der Parteien aus vertraglichem oder gesetzlichen Grunde auf Erfüllung oder auf Schadensersatz wegen Nichterfüllung entgegen § 195 BGB auf zwei Jahre festgelegt wird und der Beginn der Verjährungsfrist – entgegen § 199 Abs. 1 Nr. 2 BGB – nicht an die Kenntnis des Gläubigers geknüpft wird[169] oder wenn die Verjährung unabhängig von der Kenntnis des Geschädigten vom schädigenden Ereignis auch bei vorsätzlicher Vertragsverletzung auf drei Jahre beschränkt wird.[170] 1148

---

[162] OLG Hamm WE 1997, 24.

[163] OLG Düsseldorf ZWE 2001, 219; *Bielefeld* NZM 1999, 836.

[164] OLG Hamm WE 1997, 24.

[165] *Niedenführ/Kümmel/Vandenhouten/Niedenführ* § 26 Rn. 56.

[166] OLG Hamm ZMR 2001, 138; BGH NJW 1993, 335; *Gottschalg* DWE 2003, 41.

[167] *Niedenführ/Kümmel/Vandenhouten/Niedenführ*, § 26 Rn. 56.

[168] *Graf von Westphalen/Furmans*, Vertragsrecht und AGB-Klauselwerk, Verwaltervertrag für Wohnungseigentum, Rn. 94; *Furmans* NZM 2000, 985; *Furmans* NZM 2004, 201.

[169] OLG Düsseldorf NZM 2006, 936.

[170] OLG München NZM 2007, 92.

1149 *ggg) Verwaltervergütung/Anpassungsklausel.* Grundsätzlich gilt hinsichtlich der zu vereinbarenden Vergütung die Vertragsfreiheit, so dass die Parteien hier frei gestalten können. Bezüglich der AGB-rechtlichen Bewertung ist insbesondere das Gebot der Preisklarheit, dass heißt der Transparenz zu beachten, wenn der Verwalter preiserhöhende Klauseln verwenden möchte.

1150 Ob Wertsicherungsklauseln wirksam vereinbart werden können, ist umstritten. Nach einer Auffassung sind die zur Wertsicherung entwickelten Klauseltypen Leistungsvorbehalt und Spannungsklausel, nach denen sich die Verwaltergebühr automatisch unmittelbar bei Änderung einer bestimmten, nicht vertragsfremden Bezugsgröße ändert, und Kostenelementklauseln genehmigungsfrei und können vereinbart werden.[171] Ohne weiteres zulässig soll auch eine Staffelvereinbarung sein, nach der sich die Vergütung zu bestimmten Zeitpunkten in bestimmter oder zumindest bestimmbarer Höhe ändert.[172] Gleitklauseln, welche die Höhe der Verwaltervergütung an eine vertragsfremde Bezugsgröße binden, sind nicht genehmigungsfähig, da sie eine Mindestlaufzeit und damit Bindung von zehn Jahren voraussetzen. Solche Klauseln können nicht wirksam vereinbart werden, da eine solch lange Bindung an sich beim Verwaltervertrag nicht wirksam vereinbart werden kann. Genau aus diesem Grund wird auch die Auffassung vertreten, dass Wertsicherungsklauseln im Bereich der Verwaltervertrag nicht sinnvoll sind.[173]

1151 Wertsicherungsklauseln haben den Sinn, bei einer längerfristigen Vertragsbindung zu ermöglichen, dass im Rahmen des Geldwertes ein angemessenes Entgelt für die Gegenleistung entrichtet wird. Die Verwender wollen nicht Gefahr laufen, dass durch sich ändernde Marktverhältnisse Vermögensverluste eintreten. Es ist eindeutig, dass je kürzer die vertraglichen Bindungszeiten sind, diese Risiken minimiert werden, weil die Parteien dann in die Lage versetzt werden, aktuelle Anpassungen vorzunehmen.

1152 Eine wirtschaftliche Notwendigkeit ist somit für Wertsicherungsklauseln nicht gegeben, so dass solche Klauseln wohl überwiegend als unwirksam erachtet werden.[174]

1153 So wurde auch entschieden, dass eine Anpassungsklausel im Verwaltervertrag, die den Verwalter berechtigt, die Verwaltungsgebühren einmal jährlich an die Entwicklung der Verwaltungskosten anzupassen gemäß § 307 Abs. 1 BGB unwirksam ist.[175]

1154 Folgt man der Auffassung, wonach Wertsicherungsklauseln zulässig sind, muss der Verwalter immer und stets das Transparenzgebot beachten. Wenn die Wohnungseigentümergemeinschaft aufgrund der unklaren oder komplizierten Berechnung nicht mehr nachvollziehen kann, wann wie viel zu zahlen ist, führt dies ohnehin zur Unwirksamkeit der Klausel.

1155 *hhh) Sondervergütungen.* Zunächst gilt hier der Grundsatz, dass der Verwalter keine zusätzliche Vergütung verlangen kann, wenn er Aufgaben wahrnimmt, die ihm das Gesetz auferlegt.[176] Solange der Verwalter im Rahmen der §§ 27ff. WEG tätig ist, ist es unzulässig, Sondervergütungen zu vereinbaren. Dies erscheint auch einleuchtend, da es ein Wohnungseigentümer wohl nicht erwarten muss, dass neben der vertraglich vereinbarten Vergütung weitere Kosten für das Minimum an Verwaltertätigkeit anfallen. Der Verwalter kann grundsätzlich für Versäumnisse der gesetzlichen Aufgaben haftbar gemacht werden. Es wäre widersprüchlich, wenn er auf der anderen Seite für die ordnungsgemäße Erfüllung dieser Aufgaben eine zusätzliche Vergütung vereinbaren könnte.

1156 Den Vertragsparteien steht es aber frei, auch für die Erfüllung von gesetzlichen, aber nicht regelmäßig anfallenden Aufgaben eine Zusatzvergütung zu vereinbaren, etwa für Mahnungen oder Sanierungsmaßnahmen; hierdurch wird zum einen abgesichert, dass

[171] *Staudinger/Bub* § 26 Rn. 276.
[172] *Gottschlag* NZM 2000, 473.
[173] *Drasdo* ZMR 1995, 386.
[174] *Drasdo* ZMR 1995, 386, *Weitnauer/Lüke* § 26 Rn. 11.
[175] OLG Düsseldorf NZM 2005, 625.
[176] *Sauren* § 26 Rn. 26.

solche Leistungen nur zu vergüten sind, wenn sie tatsächlich erbracht werden, zum anderen, dass der Verwalter solche Leistungen nicht vorsorglich in eine Pauschalvergütung einkalkulieren muss, wenn er sie nicht unentgeltlich erbringen will.[177] Somit ist eine Benachteiligung der Wohnungseigentümer bei einer Sondervergütung bezogen auf gesetzliche, aber nicht regelmäßig anfallende Tätigkeiten nicht zu befürchten.

Eine Sondervergütung kann nicht vereinbart werden, wenn ein zusätzlicher Ar- 1157
beitsaufwand aufgrund eines Verschuldens des Verwalters anfällt. Denkbar wäre hier, dass der Verwalter es bei Beginn einer Eigentümerversammlung versäumt, die Beschlussfähigkeit richtig festzulegen. Angenommen, die Beschlussfähigkeit ist nicht gegeben, was jedoch von der Verwaltung verkannt wird und zahlreiche Beschlüsse werden gefasst, die jedoch im Folgenden von einem Wohnungseigentümer erfolgreich angefochten werden. Es muss eine neue Eigentümerversammlung einberufen werden, damit die Wohnungseigentümergemeinschaft die Beschlüsse fassen kann, die allesamt für unwirksam erklärt wurden. In diesem Fall wäre es unbillig, wenn der Verwalter für die Einberufung der zweiten Versammlung eine zusätzliche Vergütung verlangen könnte. Hier war es die Schuld des Verwalters, dass eine weitere Versammlung stattfinden musste; dies kann er sich nicht entlohnen lassen.[178]

Andernfalls steht es dem Verwalter offen für zusätzliche Aufgaben mit der Gemein- 1158
schaft zusätzliche Vergütungen zu vereinbaren. Hierbei muss die Vergütung nach zwei Kriterien der gesetzlichen Überprüfung standhalten. Zum einen muss die Vergütung an sich den §§ 307ff. BGB entsprechen, dass heißt, sie darf nicht überraschend oder unangemessen sein. Wann eine solche Vereinbarung zur Sondervergütung generell in Betracht kommt ist in der Rechtsprechung bereits für viele Fälle entschieden worden:

- Ingenieur oder Architektenleistung;[179]
- Weitere Eigentümerversammlung, soweit nicht im Verantwortungsbereich des Verwalters;[180]
- Klagegebühr/Geltendmachung von Wohngeldrückständen im gerichtlichen Verfahren;[181]
- Mahnkosten;[182]
- Fertigung von Steuererklärungen und damit verbundenen Arbeiten;[183]
- Kopierkosten;[184]
- Zustimmungserklärung zu Eigentumsübertragungen,[185] aber Zustimmung darf nicht von Zahlung der Sondervergütung abhängig sein, da weder Veräußerer noch Erwerber die Gebühr schulden sowie
- Nichtteilnahme am Lastschriftverfahren.[186]

Es muss berücksichtigt werden, dass es sich bei weiteren Kosten, wie Verzugszinsen, 1159
Mahngebühren und Kosten für die Nichtteilnahme an Lastschriftverfahren um Kosten handelt, die im Verwaltervertrag – also zwischen dem Verwalter und der Wohnungseigentümergemeinschaft – vereinbart werden, die letztlich aber den Wohnungseigentümer treffen sollen, der durch sein Verhalten die zusätzlichen Kosten verursacht hat.

Durch die vertragliche Vereinbarung schuldet zunächst die Gemeinschaft den entspre- 1160
chenden Betrag, die aufgeworfenen Fragen unpünktlicher Zahlung werden aber über die

177 *Staudinger/Bub* § 26 Rn. 261.
178 *Staudinger/Bub* § 26 Rn. 264a.
179 OLG Düsseldorf DWE 1989, 36; *Drasdo* NZM 2000, 468.
180 OLG Hamm ZMR 2001, 49.
181 BayObLGZ 1988, 54.
182 LG Düsseldorf WEZ 1988, 72.
183 *Staudinger/Bub* § 26 Rn. 271.
184 BayObLG ZWE 2000, 407; *Drasdo* NZM 2000, 468.
185 OLG Hamm NZM 2001, 49.
186 *Briesemann* ZMR 2003, 312.

Vorschriften des Verzugs und dessen Folgen nach §§ 286 ff. BGB geregelt.[187] Da sich der einzelne Wohnungseigentümer der Zahlung des Hausgeldes oder der Sonderumlage im Verzug befindet, handelt es sich um einen Verzugsschaden, den die Gemeinschaft dann gegenüber dem einzelnen Wohnungseigentümer geltend machen kann.

1161 Ist allerdings der Wohnungseigentümer insolvent wird die Gemeinschaft ohne Erstattungsmöglichkeit dem Verwalter die Kosten ersetzen müssen.

1162 Darüber hinaus muss die Sondervergütung mit den Grundsätzen ordnungsgemäßer Verwaltung im Einklang stehen.[188] Das bedeutet, dass eine derartige Sondervergütung sich der Höhe nach im angemessenen Rahmen halten und den voraussichtlichen zusätzlichen besonderen Zeit- und Arbeitsaufwand möglichst im Einzelfall berücksichtigen muss. Der Verwalter kann keine Sondervergütung für eine Veräußerungszustimmung nach einem Prozentsatz des Kaufpreises und nicht nach dem tatsächlichen Aufwand verlangen[189] oder für geringfügige Instandsetzungsmaßnahmen eine Zusatzvergütung von fünf Prozent der Baussumme geltend machen.[190]

1163 Solche Vereinbarungen sind unwirksam, da sie sich nicht im Rahmen der ordnungsgemäßen Verwaltung befinden.

1164 Nach Feststellung der Teilrechtsfähigkeit ist Vertragspartner nunmehr der Verband, dieser haftet mit seinem Verwaltungsvermögen. Daneben kommt eine akzessorische gesamtschuldnerische Haftung der Wohnungseigentümer nicht von Gesetzes wegen, sondern nur in Betracht, wenn sie sich neben dem Verband klar und eindeutig auch persönlich verpflichtet haben.[191] Dies kann zum Beispiel im Wege einer Schuldmitübernahme erfolgen. Für die wirksame Begründung reicht jedoch eine Regelung im Verwaltervertrag nicht aus, wonach die Wohnungseigentümer gesamtschuldnerisch für die Verwaltervergütung haften, wenn dieser Vertrag nicht von allen Wohnungseigentümer unterzeichnet ist. In einem solchen Fall ist der Vertrag lediglich auf der Grundlage der mehrheitlichen beschlossenen Verwalterbestellung von einzelnen Wohnungseigentümern unterzeichnet. Nach der Rechtsprechung des BGH zur Teilrechtsfähigkeit können Mehrheitsbeschlüsse jedoch lediglich die Vertretung der Gemeinschaft als rechtsfähiger Verband wirksam regeln, nicht jedoch eine Vertretungsmacht für die Begründung einer daneben tretenden persönlichen Haftung der einzelnen Wohnungseigentümer begründen.[192]

1165 Bei den vorstehenden Klauseln handelt es sich lediglich um eine Auswahl von den häufigsten Regelungen, die vom Verwalter in den Verwaltervertrag aufgenommen werden möchten. Selbstverständlich wurde durch die Rechtsprechung bereits über eine Vielzahl von weiteren Klauseln und deren Zulässigkeit im Rahmen von Allgemeinen Geschäftsbedingungen entschieden.[193]

1166 *pp) Vergütung des Verwalters.* Wie auch die übrigen Bestandteile des Verwaltervertrages ist auch die Vergütung frei verhandelbar, fällt also unter den Grundsatz der Vertragsfreiheit.

1167 Da sich der Anspruch des Verwalters auf das Entgelt nicht aus der Bestellung, sondern allein aus dem Verwaltervertrag ergibt,[194] sollte auf diesen Teil des Vertrages besonders Wert gelegt werden.

1168 Bei der Höhe der Verwaltergebühr sollte sich der Verwalter die wirtschaftliche Lage bewusst machen.

---

[187] *Briesemann* ZMR 2003, 312.

[188] *Merle* Wohnungseigentümer 1994, 3.

[189] KG WE 1998, 36.

[190] OLG Düsseldorf NZM 1999, 267.

[191] BGH NJW 1005, 2061.

[192] Vgl. OLG Hamm NZM 2007, 632.

[193] Eine umfassende Aufstellung zu den Allgemeinen Geschäftsbedingungen im Verwaltervertrag findet sich bei *Furmans* in Graf von Westphalen, Vertragsrecht und AGB-Klauselwerk, Verwaltervertrag für Wohnungseigentum, sowie in NZM 2000, 985 und 2004, 201.

[194] BayObLG WuM 1996, 650.

In den meisten Fällen legt der Verwalter eine Vergütung pro Liegenschaft und Monat fest, die bei allen Gemeinschaften gleich gehandhabt wird. Zwar ist die Abrechnung simpel und auch der Vertrag braucht grundsätzlich nicht geändert zu werden, oftmals wird der Verwalter hiermit aber nicht wirtschaftlich zufrieden stellend arbeiten können. Bei einer kleinen Gemeinschaft in der alle Wohnungseigentümer selbst leben kann es zu erheblichen Streitigkeiten und Unstimmigkeiten zwischen den Wohnungseigentümern kommen, die die Verwaltung sehr viel aufwendiger machen, indem weitere Eigentümerversammlung erforderlich sind, Beschlüsse aufwendiger vorbereitet werden müssen und es regelmäßig zu Anfechtungssituationen kommt. In diesem Fall bekommt der Verwalter wenig Gebühren und viel Arbeit. 1169

Um stets wirtschaftlich arbeiten zu können sollte der Verwalter überschlägig für sich selbst festhalten, wie viel er in dieser Liegenschaft einnehmen muss. Dieser Betrag muss dann auf die einzelnen Wohnungseinheiten verteilt werden. Hierdurch hat der Verwalter zwar in allen Verträgen und auch in allen Gemeinschaften eine andere Vergütung vereinbart, so dass es zu etwas mehr organisatorischen Aufwand kommen kann. Er kann sich jedoch sicher sein, dass der gewünschte Betrag durch die Liegenschaft erbracht wird und er rentabel arbeitet. 1170

Gleiches gilt für die grundsätzliche Entscheidung des Verwalters, ob er seine Grundvergütung erhöhen will oder aber bei einer geringen Grundgebühr für die einzelnen anfallenden weiteren Tätigkeiten Sondervergütungen vereinbaren will. Bei der letzten Variante ist stets zu befürchten, dass eine Vereinbarung nicht wirksam ist und dann eine entsprechende Tätigkeit ganz ohne Vergütung erbracht werden muss. 1171

In der Grundgebühr müssen sämtliche Kosten der Geschäftsführung enthalten sein.[195] 1172

Für die üblichen Pflichten des Verwalters kann eine Sondergebühr nicht wirksam vereinbart werden, so dass die Erhebung von gesonderten Gebühren für Kontoführung, Erstellung von Abrechnungen oder die Durchführung der jährlichen Eigentümerversammlung abzulehnen ist.[196] 1173

Welche Höhe der Kosten angemessen ist, richtet sich nach dem Einzelfall, so dass die Rechtssprechung und Meinung in der Literatur zu diesem Bereich[197] im Allgemeinen nur hinsichtlich der Höchstgrenzen zu erwähnen ist. Eine Gebühr von 0,34 €/qm zuzüglich Mehrwertsteuer für eine 99,81 qm große Wohnung (33, 94 €) wurde für unwirksam erklärt,[198] ebenso 130 € pro Stunde für das Jahr 2003[199] und 50 € pro Einheit und Monat.[200] 1174

Was mit entsprechender Begründung gerechtfertigt und angemessen ist, bestimmt sich nach dem Umfang der mit der Grundvergütung angebotenen Leistungen, sowie nach Beschaffenheit und auch Lage der Liegenschaft. 1175

Einen gewissen Anhalt für die Höhe der Gebühren kann die jeweilige Höhe der „Verwaltungskosten“ im Sinne des § 26 der zweiten Berechnungsverordnung geben,[201] diese ist jedoch nicht verbindlich. 1176

Grundsätzlich kann die Verwaltergebühr auch erhöht werden. Eine nachträgliche Erhöhung der Vergütung durch einen Beschluss während der Laufzeit des Verwaltervertrages kann aber dann nicht ordnungsgemäßer Verwaltung entsprechen, wenn wegen solcher Umstände eine Erhöhung erfolgen soll, die bereist bei der ursprünglichen Vergütungsvereinbarung hätten berücksichtigt werden können.[202] 1177

---

195 BGH NJW 1993, 1924.
196 *Sauren* § 26 Rn. 26.
197 Aufgeführt in *Sauren* § 26 Rn. 25.
198 OLG Köln vom 23. 8. 1991, 16 Wx 91/91.
199 BayObLG NZM 2004, 587.
200 BayObLG ZMR 2000, 846.
201 *Weitnauer/Lüke* WEG, § 26, Rn. 11.
202 BayObLG NZM 1004, 794.

1178 Aber auch die Ablehnung einer Erhöhung kann im Einzelfall ordnungsgemäßer Verwaltung widersprechen.[203] In diesem Fall hat der Verwalter eine Anspruch auf eine sachlich gerechtfertigte und angemessen Erhöhung seiner Vergütung.[204]

1179 Während der Laufzeit muss vielmehr ein Änderungsvertrag oder ein insgesamt neuer Verwaltervertrag geschlossen werden.

1180 Durch stillschweigendes Einstellen einer höheren Gebühr in den Wirtschaftsplan wird hierbei ein höheres Entgelt nicht genehmigt.[205]

1181 Anspruch auf Zahlung der Mehrwertsteuer zusätzlich zur Verwaltergebühr hat der Verwalter nur, wenn er dies ausdrücklich vereinbart.[206]

1182 Für das vereinbart Entgelt haften die Wohnungseigentümer nach der Reform 2007 anteilig nach § 10 Abs. 8 S. 1 WEG entsprechend § 16 Abs. 1 S. 2 WEG gegenüber dem Verwalter in Verhältnis ihres Miteigentumsanteils.

1183 Die Fälligkeit der Vergütung richtet sich in erster Linie nach dem Verwaltervertrag. Ist hierin keine besondere Bestimmung getroffen, wird gemäß § 614 Satz 2 BGB eine monatlich zu zahlende Vergütung mit Ablauf des Monats fällig.[207]

1184 Wurde eine monatliche Vergütung nicht vereinbart, ist die Vergütung nach Jahresablauf und Vorlage der Jahresrechnung fällig.[208]

1185 Ansprüche auf Auslagenersatz eines gewerbsmäßigen Verwalters verjähren in drei Jahren.[209]

1186 Eine Schlechterfüllung des Verwalters führt nicht zum Wegfall des Vergütungsanspruchs, sondern allenfalls zu Schadensersatzansprüchen der Wohnungseigentümergemeinschaft gegen den Verwalter, mit denen gegebenenfalls gegen den Vergütungsanspruch des Verwalters aufgerechnet werden kann.[210]

1187 Erbringt der Verwalter überhaupt keine Leistung, wird die geschuldete Dienstleistung, dadurch, dass sie für einen bestimmten Zeitraum nicht erbracht wurde, nur dann unmöglich, wenn sie nicht mehr nachgeholt werden kann.[211]

1188 Nicht mehr nachholbar ist die Durchführung einer Eigentümerversammlung oder die Aufstellung von Wirtschaftsplänen für eine in der Vergangenheit abgeschlossene Wirtschaftsperiode.[212]

1189 Soweit die geschuldete Leistung des Verwalters nicht mehr nachholbar ist, entfällt grundsätzlich der Vergütungsanspruch nach § 326 Abs. 1 BGB, andernfalls bleibt dieser bestehen.

1190 c) **Der Verwaltervertrag für die Gemeinschaft der Wohnungseigentümer.** *aa) Ansprüche der Wohnungseigentümer aus dem Vertrag zwischen Verwalter und Wohnungseigentümergemeinschaft.* Seit der Teilrechtsfähigkeit der Wohnungseigentümergemeinschaft und der Novellierung des Gesetzes gilt nach § 27 WEG, dass der Verwalter Aufgaben für die Gemeinschaft und auch für alle Wohnungseigentümer Aufgaben wahrnimmt. Hieraus ist zu folgern, dass sowohl der Verband als auch der Verwalter an dem Vertragsschluss mitwirken müssen, wenn eine doppelte Verpflichtung des Verwalters erfolgen soll.

1191 § 27 WEG gibt gesetzliche Pflichten des Verwalters vor. Diese müssen nicht gesondert in einem Vertrag zwischen den Wohnungseigentümern und dem Verwalter aufgenommen

---

203 *Bärmann/Merle* § 26 Rn. 136.
204 KG ZMR 1986, 94; *Gottschalg* ZWE 2002, 200.
205 OLG Düsseldorf NZM 2005, 628.
206 *Niedenführ/Kümme/Vandenhouten/Niedenführ* § 26 Rn. 64.
207 *Becker/Kümmel/Ott,* § 7, Rn. 373.
208 OLG Hamm NJW-RR 1993, 845.
209 *Bärmann/Pick* § 26 Rn. 32.
210 BayObLG Wohnungseigentümer 1997, 391.
211 *Bärmann/Merle* § 26 Rn. 135.
212 BayObLG Wohnungseigentümer 1997, 391.

werden. Die in § 27 WEG aufgeführten Pflichten obliegen den Verwalter bereits, wenn er nur einen Vertrag mit dem Verband geschlossen hat.[213] Dies ergibt sich weiterhin aus einer Schutzpflicht, die der Verwalter auch gegenüber der Gemeinschaft der Wohnungseigentümer übernommen hat. Teilweise wird auch vertreten, dass es sich hierbei um einen Vertrag zu Gunsten Dritter handelt.[214]

Diese Konstruktion erscheint aber nicht schlüssig und auch insgesamt überflüssig. **1192** Zum einen wird nicht berücksichtigt, dass durch § 27 WEG auch die Wohnungseigentümer verpflichtet werden können.[215] Hierbei könnte es sich in einem schlechten Fall um einen Vertrag zu Lasten Dritter handeln, den es nicht geben kann.

Darüber hinaus ist auch nicht ersichtlich, warum ein Vertrag zu Gunsten Dritter über- **1193** haupt angenommen werden sollte. Solange die vertraglichen Verpflichtungen bestehen, sind die Wohnungseigentümer in ihren Rechten ausreichend geschützt.

Darüber hinaus wird die Gemeinschaft der Wohnungseigentümer aus dem Vertrag **1194** zwischen dem Verband und dem Verwalter Rechte herleiten können, auch wenn sie nicht Vertragspartner geworden ist. Für die am Vertrag nicht unmittelbar beteiligten Wohnungseigentümer ergeben sich im Wege der ergänzenden Vertragsauslegung Schutzwirkungen, was zur Folge hat, dass der Anspruch auf die Hauptleistungspflicht zwar grundsätzlich dem Verband zusteht, die Wohnungseigentümer jedoch in der Weise in die vertraglichen Sorgfalts- und Obhutspflichten einbezogen sind, dass sie bei deren Verletzung vertragliche Schadensersatzansprüche geltend machen können.[216] Auch können diese Schutzwirkungen partielle gesetzliche oder vertragliche Erfüllungsansprüche begründen,[217] so unter anderem den Anspruch auf Einsicht in die Abrechnungsunterlagen[218]

Die Schutzpflichten gelten insbesondere für den Pflichten- und Aufgabenkatalog des **1195** § 27 WEG.

bb) Eigener Vertrag mit der Gemeinschaft. Darüber hinaus besteht für die Gemein- **1196** schaft der Wohnungseigentümer jederzeit die Möglichkeit, einen eigenen Vertrag mit dem Verwalter zu schließen. Ein solcher Vertrag wird jedoch in den meisten Fällen nicht sinnvoll sein und kann überhaupt nur in Ausnahmesituationen auftreten, wenn zum Beispiel die Mitglieder der Wohnungseigentümergemeinschaft nicht identisch mit den Mitgliedern der Gemeinschaft der Wohnungseigentümer sind. Denkbar ist ein solcher Fall, wenn bei der Übertragung des Sondereigentum und Miteigentumsanteils das Grundbuch nicht korrekt geändert wurde. Aufgrund des öffentlichen Glaubens an das Grundbuch sind Eigentümer des Grundstückes andere als die Mitglieder der Wohnungseigentümergemeinschaft.

Die Konstellation zeigt, wie selten eine solche Konstellation in der Praxis anzutreffen **1197** ist. Bei einem solchen Vertrag handelt es sich ebenfalls, sofern nicht ausdrücklich etwas anderes vereinbart ist, um einen gemischten Vertrag bestehend aus Elementen eines Dienst- und Werkvertrag sowie eines Geschäftsbesorgungsvertrages.

Fraglich ist, wie ein solcher Vertrag zustande kommen kann. Zu beachten ist hierbei, **1198** dass die Personen, die die Wohnungseigentümergemeinschaft bilden nicht identisch mit den Mitgliedern der Gemeinschaft der Wohnungseigentümer sein müssen.

Es müssten hier alle Mitglieder der Gemeinschaft der Wohnungseigentümer den Ver- **1199** trag unterzeichnen. Eine vereinfachte Form des Vertragsabschlusses ist nur denkbar, wenn sich die Mitglieder vor Vertragsunterzeichnung in einer Rechtsform zusammenschließen, die dann durch einen einzelnen oder mehrer wirksam vertreten werden kann.

---

[213] *Jennißen* Der WEG-Verwalter, Teil A, Rn. 94.
[214] *Abramenko* KK-WEG, § 26 Rn. 34 b.
[215] *Jennißen* Der WEG-Verwalter, Teil A, Rn. 94.
[216] OLG Düsseldorf NJW 2007, 161; Wenzel NZM 2006, 321.
[217] *Häublein* ZWE 2008, 1.
[218] OLG München NZM 2006, 512.

1200 Aus diesem Grund bestehen auch bei einem Wechsel der Vertragsparteien weitaus mehr Bedenken und Probleme als bei dem Vertrag mit dem Verband. Partei ist nicht der Verband, sondern die einzelnen Mitglieder der Gemeinschaft. Eine automatische Fortgeltung kann daher nicht angenommen werden, vielmehr besteht der Vertrag zwischen den Wohnungseigentümern und dem Verwalter.

1201 Damit der „neue" Wohnungseigentümer Vertragspartner wird, muss er dem Vertrag beitreten und durch seine nachträgliche Unterschrift oder auf sonstige Weise zu erkennen geben, dass er dem Vertragsverhältnis beitreten möchte.

1202 In dem Vertrag zwischen Verwalter und Gemeinschaft müssen sämtliche Pflichten und Rechte genau definiert werden, es gilt hier bis auf die vorgenannten Vorschriften wiederum die Vertragsfreiheit der Parteien, so dass der Vertrag nach ihren Vorstellungen gestaltet werden kann. Insbesondere gilt hier nicht § 27 Abs. 4 WEG, so dass auch dieser Aufgabenkatalog zur Disposition der Parteien steht. Dies gilt selbstverständlich abseits der Schutz- und Obhutspflichten, die sich für den Verwalter gegenüber der Gemeinschaft bereits aus dem mit dem Verband geschlossenen Vertrag ergeben.

1203 **d) Verwalter für weitere Gemeinschaften.** In Betracht kommt auch, dass in unmittelbarer Nähe zu der Wohnungseigentümergemeinschaft weitere Personengruppen entstehen. Auch hier kann es erforderlich werden, dass Maßnahmen ergriffen werden oder aber auch der einfache Ablauf organisiert wird. Wie immer bei Personenmehrheiten kann es hier zu Schwierigkeiten kommen, da festzustellen ist, wer vertretungsberechtigt ist, wer also gegenüber Dritten handeln kann.

1204 In keinem der nachfolgenden Fälle ist der Verwalter ohne entsprechenden – zumindest mündlich erteilten – Auftrag verpflichtet tätig zu werden. Da es sich oftmals um Tätigkeiten handelt, die unmittelbar mit der Liegenschaft zu tun haben, muss der Verwalter sich stets klar machen, welche Interessen er im Moment für wen vertritt. Nur dann kann der Verwalter auch wissen, dass er von den maßgeblichen Personen zur Vertretung ermächtigt wurde, dass er in der richtigen Art und Weise handelt und sich auch vergegenwärtigt, dass eine über seine Verwaltertätigkeit hinausgehende Aufgabe mit einer erweiterten Haftung und auch Bezahlung übernimmt.

1205 In Betracht kommen insbesondere

1206 *aa) Mietpoolgemeinschaften.* Mit diesen Gemeinschaften hat der Verwalter regelmäßig dann zu tun, wenn es sich um eine Anlage handelt, in der vom Bauträger die Wohnungen an Investoren veräußert werden, welche die Wohnungen vermieten. Da sich die Liegenschaften regelmäßig nicht in der Nähe der Investoren befinden, werden Mietpools eingerichtet. Hiernach ist der einzelne Wohnungseigentümer nicht für die Vermietung seiner Wohnung verantwortlich, sondern vielmehr werden sämtliche Mieteinahmen in einen Pool gesammelt, aus dem dann anteilig an alle Wohnungseigentümer verteilt wird. So hat kein Wohnungseigentümer bei einem Leerstand der Wohnung einen 100%igen Verlust, aber auch nur 100%igen Gewinn, wenn alle Wohnungen vermietet sind.

1207 Hier kann es zu einem Auseinanderfallen von Mietpoolgemeinschaft und Wohnungseigentümergemeinschaft kommen, wenn nicht der Wohnungseigentümer an den Mieteinahmen beteiligt ist, wie z. B. der Nießbrauchberechtigte.

1208 *bb) Heizungsgemeinschaft.* Ebenfalls kann der sich der Verwalter einer Heizungsgemeinschaft gegenüber sehen. In diesem Fall haben mehrere Wohnungseigentümergemeinschaften eine Heizungsanlage errichtet, von der sämtliche Gemeinschaften gespeist werden. Auch in diesem Fall sind die Wohnungseigentümer nicht mit den Mitgliedern der Heizungsgemeinschaft identisch.

1209 In all diesen Fällen kann zwischen den Mitgliedern der Gemeinschaften und dem Verwalter ein Vertrag über bestimmte Tätigkeiten geschlossen werden.

1210 Neben den allgemeinen Grundsätzen hinsichtlich eines wirksamen Vertrages muss der Verwalter die Möglichkeit einer Interessenkollision im Auge behalten und darf in einem solchen Fall die Tätigkeit für die Gemeinschaft nicht aufnehmen.

e) **Beendigung der Verwaltertätigkeit und des Verwaltervertrages.** Wie bei der Bestellung ist zwischen Abberufung und der Kündigung des Vertrages zu unterscheiden.[219] Die Abberufung des Verwalters als körperschaftlicher Akt ist ein abstrakter Rechtsakt, der von der Beendigung des Verwaltervertrages unabhängig und streng zu trennen ist.[220] 1211

Die so genannte Trennungstheorie bietet für die Gemeinschaft den Vorteil, sich jederzeit vom Verwalter durch Abberufung lösen zu können, ohne die Beschränkung des Verwaltervertrages berücksichtigen zu müssen, zum Beispiel derzeitige Unkündbarkeit.[221] Hiervon unabhängig ist die Verpflichtung der Gemeinschaft den vertraglichen Vereinbarungen nachzukommen. 1212

Kündigung des Vertrages und Abberufung sind daher voneinander unabhängig. 1213

Ein Auseinanderfallen von Kündigung des Vertrages und Abberufung ist denkbar, wenn nach dem Verwaltervertrag eine Abberufung nur aus wichtigen Grund möglich ist, ein solcher zwar nicht vorliegt, der fehlerhafte Abberufungsbeschluss jedoch mangels Anfechtung bestandskräftig geworden ist. 1214

In diesem Fall muss sich der Verwalter die ersparten Aufwendungen anrechen lassen, auch wenn er seine Ansprüche aus dem Vertrag grundsätzlich behält. Dadurch, dass er nicht mehr tatsächlich als Verwalter für die Wohnungseigentümergemeinschaft tätig ist, entstehen ihm weniger Kosten. Diese ersparten Aufwendungen können auf 20% des Honorars geschätzt werden,[222] wobei es jeder Vertragspartei unbenommen bleibt, einen höheren oder niedrigeren Betrag nachzuweisen. 1215

Umgekehrt ist es auch für die Kündigung des Verwaltervertrages unerheblich, ob die Abberufung wirksam beschlossen worden ist.[223] 1216

Entgegen diesem Grundsatz kann aber die Verwalterbestellung von vorneherein mit dem Verwaltervertrag in der Weise verbunden sein, dass mit einer wirksamen Beendigung der Verwalterstellung durch Abberufung oder Niederlegung auch der Verwaltervertrag enden soll. Hierbei handelt es sich um eine auflösende Bedingung, die zwischen den Parteien wirksam vereinbart werden kann.[224] 1217

Ohne eine ausdrückliche Vereinbarung ist im Zweifel aufgrund der Trennungstheorie davon auszugehen, dass eine solche Verbindung gerade nicht besteht; von Gesetzes wegen ist ein Gleichlauf von Bestellungsrechtsverhältnis und Verwaltervertrag nicht vorgesehen.[225] Der Verwaltervertrag kann jedoch durch entsprechende Auslegung ergeben, dass das Vertragsverhältnis nur für die Zeit bestehen soll, in der der Verwalter bestellt ist. Es bestände dann eine materiell-rechtliche Verbindung.[226] Hierzu müssen aber konkrete Anhaltspunkte vorhanden sein. Darüber hinaus haben es die Wohnungseigentümer selbstverständlich in der Hand, die Kündigung des Verwaltervertrages und die Abberufung des Verwalters miteinander zu verbinden und über beide Themen in einem Beschluss zu entscheiden. In diesen Fall spricht man von formeller Verknüpfung.[227] 1218

Ist eine Verbindung zwischen Verwaltervertrag und der Dauer der Verwalterbestellung nicht gegeben, so ist zwischen der ordentlichen Abberufung und der Abberufung aus wichtigem Grund zu unterscheiden. 1219

In jedem Fall beschließen gemäß § 26 Abs. 1 S. 1 WEG die Wohnungseigentümer über die Abberufung des Verwalters mit Stimmenmehrheit und zwar auch, wenn der Verwal- 1220

219 BayObLG NZM 1999, 844.
220 OLG Köln WE 1998, 142, *Bärmann/Merle* § 26 Rn. 165.
221 *Sauren* § 26 Rn. 31.
222 OLG Hamburg ZMR 2005, 974.
223 OLG Düsseldorf ZMR 2008, 392.
224 OLG Zweibrücken ZMR 07, 727.
225 *Lüke* WE 1997, 164.
226 *Bärmann/Merle* § 26 Rn. 168.
227 *Bärmann/Merle* § 26 Rn. 168.

ter auf Grund einer Vereinbarung oder einer Regelung in der Teilungserklärung bestellt worden ist.[228]

1221 *aa) Ordentliche Abberufung.* Eine ordentliche Abberufung ist immer dann möglich, wenn zwischen den Parteien nichts Spezielles geregelt ist; solange also die ordentliche Abberufung nicht ausgeschlossen ist, ist sie für die Wohnungseigentümer möglich. Die Abberufung kann dann grundsätzlich jederzeit erfolgen.[229]

1222 Fraglich ist aber, ob die ordentliche Abberufung auch dann möglich ist, wenn die Dauer der Verwalterbestellung nicht auf unbestimmte Zeit, sondern befristet läuft. Grundsätzlich enden befristete Verträge mit Ablauf der Zeit, für die sie eingegangen wurden. In dieser Zeit ist eine ordentliche Kündigung nicht möglich, sondern nur eine außerordentliche Kündigung des Vertrages.[230] Entscheidend dürfte sein, welchen Zweck die Wohnungseigentümer mit der Festelegung einer konkreten Bestellungszeit verfolgt haben. Im Zweifel wird die Auslegung zu dem Ergebnis führen, dass die Wohnungseigentümer eine jederzeit mögliche Abberufung ohne wichtigen Grund nicht ausschließen wollten.[231]

1223 Es ist also Sache des Verwalters hier entsprechend gegen zu wirken und bereits bei Abschluss des Verwaltervertrages im Rahmen der Allgemeinen Geschäftsbedingungen zu vereinbaren, dass eine Abberufung nur aus wichtigem Grund zulässig sein soll. Dies ist – wie oben ausgeführt – unproblematisch möglich.

1224 Die Abberufung regelt zunächst nur intern zwischen den Wohnungseigentümer, dass der zurzeit bestellte Verwalter abberufen werden soll. Hierbei gibt es für die Abberufung zwei Möglichkeiten.

1225 *bb) Abberufung durch die Wohnungseigentümergemeinschaft.* Zum einen kann die Wohnungseigentümergemeinschaft gemäß § 26 Abs. 1 WEG über die Abberufung mit Stimmenmehrheit beschließen. Bestimmungen in der Teilungserklärung oder Vereinbarungen, die eine qualifizierte Mehrheit vorsehen, sind gemäß § 21 Abs. 1 S. 5 WEG nicht zulässig.[232]

1226 Ist in der Teilungserklärung geregelt, dass alle Beschlüsse über die Verwaltung des gemeinschaftlichen Eigentums einstimmig zu fassen sind, dann gilt diese Regelung somit nicht für die Beschlüsse über die Abberufung des Verwalters.[233]

1227 Da die Abberufung eine empfangsbedürftige Willenerklärung ist, bedarf es zur tatsächlichen Beendigung der Verwalterstellung des Zugangs beim Verwalter.[234] Regelmäßig wird der Verwalter bei der Verkündung des Abberufungsbeschlusses zugegen sein, so dass der Zugang unmittelbar erfolgt und der Verwalter mit sofortiger Wirkung seine Amtsstellung verliert.

1228 Ansonsten wird die Willenserklärung gegenüber dem Verwalter erst dann wirksam, wenn diese ihm nach den allgemeinen Grundsätzen zugegangen ist.

1229 Wie bei allen Beschlüssen muss auch der Abberufungsbeschluss ordnungsgemäßer Verwaltung entsprechen. Dies ist insbesondere dann der Fall, wenn der Verwalter seine Aufgaben nicht mehr ordnungsgemäß erfüllt.[235]

1230 Bei der ordentlichen Abberufung ist der Verwalter stimmberechtigt, und zwar auch dann, wenn der Beschluss zugleich die Kündigung des Verwaltervertrages zum Gegenstand hat.[236] Denn hier bleibt das der Schwerpunkt der Beschlussfassung weiter die Ab-

---

[228] *Bärmann/*Merle § 26 Rn. 179.
[229] BayObLGE 1974, 275.
[230] *Palandt/Weidenkaff* § 620 Rn. 10.
[231] *Becker/Kümmel/Ott,* Wohnungseigentum, § 7 Rn. 328.
[232] *Niedenführ/Kümmel/Vanhouten/Niedenführ* § 26 Rn. 83.
[233] OLG Köln NZM 2003, 685.
[234] *Suilmann* ZWE 2000, 106.
[235] *Becker/Kümmer/Ott,* Wohnungseigentum, § 7 Rn. 379 f.
[236] BGH NJW 2002, 3704.

berufung als Akt der Mitverwaltung.[237] Etwas anderes gilt nur bei der Abberufung und oder der Kündigung aus wichtigen Grund, weil nach dem Rechtsgedanken der §§ 712 Abs. 1, 737 BGB, §§ 117, 127, 140 HGB das Mitglied einer Personenvereinigung nicht beteiligt sein soll, wenn über Maßnahmen zu entscheiden ist, welche die Gemeinschaft ihm gegenüber aus wichtigen Grund vornehmen will.[238]

Bei dem Stimmrechtsausschluss hinsichtlich der Abberufung aus wichtigem Grund darf der Verwalter auch nicht als Bevollmächtigter anderer Wohnungseigentümer an der Abstimmung teilnehmen.[239] Hierbei ist unerheblich, ob der Verwalter Wohnungseigentümer ist.[240] Der Verwalter, dem für die Abstimmung Vollmacht erteilt wurde, kann jedoch grundsätzlich wirksam anderen Wohnungseigentümern Untervollmacht erteilen, sofern er eine Weisung für das Abstimmungsverhalten unterlässt, denn der Unterbevollmächtigte vertritt nicht den Bevollmächtigten, sondern den Vollmachtgeber.[241] **1231**

bb) Gerichtliche Abberufung. Weiter ist die Abberufung nach § 21 Abs. 4, 8 WEG zu nennen. Hiernach kann jeder einzelne Wohnungseigentümer die Abberufung verlangen, wenn dies objektiv notwendig ist.[242] In besonderen Ausnahmefällen kann das Gericht die Abberufung des Verwalters auf Antrag eines einzelnen Wohnungseigentümers anordnen. Hierzu ist erforderlich, dass die Nichtabberufung durch die Wohnungseigentümer einer ordnungsgemäßen Verwaltung widerspricht. Dies ist insbesondere der Fall, wenn ein wichtiger Grund zur vorzeitigen Abberufung vorliegt.[243] **1232**

Voraussetzung für eine Abberufung durch das Gericht ist aber zunächst ein Rechtsschutzbedürfnis des Wohnungseigentümers. Hierbei muss die Versammlung das Begehren des Wohnungseigentümers – hier die Abberufung des Verwalters – abgelehnt haben; ein Mehrheitsbeschluss darf nicht zu erreichen sein.[244] **1233**

Etwas anderes kann nur gelten, wenn ohne weitere Aufklärung feststeht, dass der Kläger ohnehin keine Mehrheit in der Eigentümerversammlung finden wird.[245] **1234**

Zu berücksichtigen ist, dass der Wohnungseigentümergemeinschaft auch bei Vorliegen eines wichtigen Grundes für die Abberufung immer noch ein Beurteilungsspielraum zusteht. Deshalb lässt sich ein Anspruch des einzelnen Wohnungseigentümers gegen die Wohnungseigentümergemeinschaft auf Abberufung des Verwalters erst dann bejahen, wenn dessen Nichtabberufung nicht mehr den Grundsätzen ordnungsgemäßer Verwaltung entsprechen würde, dass heißt, nicht mehr vertretbar wäre.[246] Die Anforderungen für einen Abberufungsanspruch des einzelnen Wohnungseigentümers sind also höher als die Voraussetzungen für eine Abberufung des Verwalters aus wichtigem Grund durch einen Mehrheitsbeschluss der Gemeinschaft.[247] **1235**

Die ordentliche Abberufung kann von verschiedenen Beschränkungen abhängig gemacht werden, wie zum Beispiel die Zahlung einer Abfindung, wenn diese sich an der Restlaufzeit des Vertrages orientiert[248] oder die Festlegung einer Auslauffrist.[249] Weiter- **1236**

---

[237] BGH NZM 2002, 995.
[238] BGH NZM 2002, 995.
[239] OLG Düsseldorf WuM 1999, 59.
[240] OLG Düsseldorf NZM 2001, 992.
[241] BayObLG NZM 1998, 668.
[242] OLG Celle ZWE 2002, 474.
[243] OLG Oldenburg ZMR 2007, 206.
[244] *Bärmann/Pick* § 21 Rn. 37.
[245] OLG Düsseldorf ZMR Spezial WEG: Verwaltung, S. 164.
[246] OLG Schleswig WuM 2007, 216.
[247] *Niedenführ/Kümmel/Vanhouten/Niedenführ* § 26 Rn. 86.
[248] Vgl. in Bärmann, § 26, Rn. 221.
[248] BayObLGZ 1976, 154; *Staudinger/Bub* § 26 Rn. 37.
[249] *Bärmann/Merle* § 26 Rn. 221.

hin ist es möglich, für die ordentliche Abberufung eine qualifizierte Mehrheit bis hin zur Einstimmigkeit zu vereinbaren.[250]

1237 Alle diese Einschränkungsmöglichkeiten resultieren aus dem Gedanken, dass es zulässig ist, die ordentliche Abberufung insgesamt auszuschließen. Es muss daher erst recht möglich sein, die Voraussetzungen zu modifizieren, beziehungsweise zu beschränken.

1238 Aufgrund von längeren Gerichtsverfahren ist es durchaus denkbar, dass sich die Hauptsache durch Zeitablauf erledigt, sofern eine gerichtliche Entscheidung über die Abberufung erwirkt werden soll. Dies ist dann der Fall, wenn während des gerichtlichen Verfahrens nach §§ 21 Abs. 4, 43 Nr. 1 WEG der Bestellungszeitraum des Verwalters abläuft. In einem solchen Fall hat das Gericht auf Antrag nur noch über die Kosten zu entscheiden.

1239 Unbegründet wird ein Antrag auf gerichtliche Entscheidung, wenn nach Rechtshängigkeit der Verwalter durch bestandskräftigen Beschluss erneut zum Verwalter bestellt wird, nachdem seinen Amtszeit ablaufen war.[251]

1240 *dd) Kündigung des Verwaltervertrages.* Bei einer solchen Abberufung bleibt es – soweit keine Regelung im Verwaltervertrag enthalten ist oder sich hieraus durch Auslegung ermitteln lässt – bei der Trennung zwischen Abberufung und dem Bestand des schuldrechtlichen Vertrages.

1241 Eine Kündigung des Verwaltervertrages muss also gesondert unter Einhaltung der entsprechenden Fristen ausgesprochen werden.

1242 Grundsätzlich gelten Fristen des § 621 Nr. 3 oder 4 BGB, so dass die Kündigung am fünfzehnten eines Monats zum Monatsende zu erfolgen hat, wenn die Vergütung nach Monaten bemessen ist. Ist die Vergütung nach Vierteljahren oder längeren Zeitabschnitten bemessen, beträgt die Kündigungsfrist sechs Wochen zum Quartalsende.

1243 Sofern sich im Verwaltervertrag eine speziellere Regelung hinsichtlich der Kündigungsfristen findet, ist diese ausschlaggebend.

1244 Eine ordentliche Abberufung des Verwalters führt danach nicht zu einer wirksamen Kündigung des Verwaltervertrages, wenn dessen Kündigung nur bei Vorliegen eines wichtigen Grundes möglich ist. Fehlt ein wichtiger Grund, besteht der Verwaltervertrag auch dann fort, auch wenn der Beschluss über die Abberufung wirksam ist.[252]

1245 Die Kündigungserklärung stellt eine empfangsbedürftige Willenserklärung dar, deren Zugang für den Fall, dass der Verwalter nicht anwesend ist, sichergestellt und nachgewiesen werden muss. Der sicherste Weg hierfür ist die Zustellung durch den Gerichtsvollzieher, aber auch ein Bote, der sich selbst von dem Inhalt es Schreibens überzeugt und sodann die Kündigung persönlich übergibt oder in den Briefkasten wirft, kann den Zugang im Streitfall beweisen.

1246 *ee) Abberufung und/oder Kündigung aus wichtigem Grund.* Neben der ordentlichen Abberufung spielt insbesondere die Abberufung aus wichtigem Grund in der Praxis eine erhebliche Rolle.

1247 Regelmäßig wird der Verwalter bereits im Vertrag seine Abberufung vor Ablauf der vereinbarten Bestellungszeit auf das Vorliegen eines wichtigen Grundes beschränken.

1248 In diesem Fall kann der Verwalter darauf vertrauen, dass er nur bei Vorliegen eines wichtigen Grundes vor Ablauf der Bestelldauer seine Verwalterstellung verliert und hat so eine viel sicherere Position als der Verwalter, der jederzeit ohne Grund sein ordentliche Abberufung befürchten muss.

1249 Aus § 26 Abs. 1 S. 5 WEG ergibt sich, dass Beschränkungen der außerordentlichen Abberufung unzulässig sind, sei es im Verwaltervertrag, durch Beschluss oder Vereinbarung.[253]

---

250 *Bärmann/Merle* § 26 Rn. 221.
251 OLG Köln NZM 1998, 959.
252 *Bärmann/Merle* § 26 Rn. 171.
253 *Sauren* § 26 Rn. 36.

Nichtig ist daher zum Beispiel das Hinausschieben der Wirksamkeit des Abberufungsbeschlusses, die Abberufung also wirksam werden soll, wenn der Beschluss nicht innerhalb eines Monats angefochten wird[254] oder die Wirksamkeit der Abberufung von der Zustimmung eines Dritten abhängig gemacht werden soll.[255] 1250

Für das Vorliegen eines wichtigen Grundes ist entscheiden, ob das Vertrauensverhältnis zwischen Verwalter und Wohnungseigentümergemeinschaft unter Berücksichtigung aller Umstände – nicht notwendigerweise durch das Verhalten des Verwalters – zerstört ist und der Wohnungseigentümergemeinschaft deshalb nach Treu und Glauben ein Festhalten an der Zusammenarbeit mit dem Verwalter nicht mehr zugemutet werden kann.[256] 1251

Ein typischer Fall für die Zerstörung des erforderlichen Vertrauensverhältnisses liegt insbesondere bei schwerwiegenden Pflichtverstößen des Verwalters vor.[257] 1252

Es ist stets eine Einzelfallwertung vorzunehmen, wann eine Zusammenarbeit nicht mehr zugemutet werden kann. Auch hier gilt, dass bei der einen Gemeinschaft ein wichtiger Grund vorliegen kann, während bei einer anderen dies bei ähnlichen Umständen noch zu verneinen ist. 1253

Die Rechtsprechung hat über Jahre einige wichtige Gründe herausgearbeitet, bei denen regelmäßig anzunehmen ist, dass eine weitere vertrauensvolle Zusammenarbeit nicht mehr möglich ist. Gerade weil das erforderliche Vertrauensverhältnis erloschen ist, ist eine vorherige Abmahnung in der Regel bei den nachfolgenden Gründen nicht erforderlich. Im Umkehrschluss liegt gerade dann ein wichtiger Grund nicht vor, wenn durch eine Abmahnung der Missstand zwischen Verwalter und Wohnungseigentümergemeinschaft behoben werden kann. 1254

- **Abrechnung und Vorlage von Belegen:** 1255

  Ein wichtiger Grund ist gegeben, wenn der Verwalter einen durch Beschluss verlangten Bericht nicht erstattet und Belege nicht vorlegt[258] oder verspätet vorlegt.[259]
- **Jahresabrechnung und Eigentümerversammlung:** 1256

  Auch die Nichtvorlage der Jahresabrechnung nach dem 30. 6. eines Jahres[260] oder über einen Zeitraum von 15 Monaten,[261] sowie die Unterlassung von Eigentümerversammlungen[262] können einen wichtigen Grund zur Abberufung darstellen.

  Gleiches gilt, wenn der Verwalter dem Einberufungsverlangen der Wohnungseigentümer unberechtigt nicht folgt[263] oder er sich weigert, einen von vielen Wohnungseigentümern gewünschten Tagesordnungspunkt aufzunehmen.[264] 1257

  Ebenso ist er verpflichtet Einsicht in die Versammlungsniederschriften zu gewähren[265] und den Wohnungseigentümern Rederecht zu gewähren.[266] 1258
- **Abtretung von Ansprüchen:** 1259

  Zum einen liegt ein wichtiger Grund zur Abberufung vor, wenn sich der Verwalter Ansprüche Dritter gegen die Wohnungseigentümergemeinschaft abtreten lässt um diese dann selbst gegenüber der Gemeinschaft geltend zu machen.[267] Zum anderen liegt ein

---

254 KG OLGZ 1978, 179.
255 *Palandt/Bassenge* § 26 Rn. 9.
256 BGH NJW 2002, 3240.
257 OLG Zweibrücken ZMR 2007, 727.
258 LG Freiburg NJW 1968, 1973.
259 BayObLG Rpfleger 1965, 224.
260 BGH NJW 2002, 295.
261 OLG Karlsruhe WE 1998, 191.
262 AG Recklinghausen DWE 1990, 36.
263 OLG Düsseldorf ZMR 1998, 449.
264 OLG Frankfurt NJW-RR, 1988, 1169.
265 LG Freiburg NJW 1968, 1973.
266 *Niedenführ/Kümmel/Vanhouten/Niedenführ* § 26 Rn. 96.
267 BayObLG WE 1994, 274.

wichtiger Grund vor, wenn der Verwalter seine Honoraransprüche an einen Wohnungseigentümer abtritt, damit der Wohnungseigentümer dann mit den gegen ihn gerichteten Wohngeldforderungen aufrechnen kann.[268]

1260 • **Beschlüsse und Beschlusssammlung:**
Die Nichtbeachtung von Beschlüssen ist in der Regel ein wichtiger Grund, wenn zum Beispiel die Jahresabrechnung abweichend von dem Beschluss durchgeführt wird.[269]

1261 Aber auch wenn der Verwalter über seine Befugnisse hinaus ohne Beschluss tätig wird und zum Beispiel Aufträge zur Ausführung von nicht dringenden Instandsetzungsmaßnahmen erheblichen Umfanges vergibt, kann er aus wichtigen Grund abberufen werden.[270]

1262 Ebenso stellt die Herbeiführung der Beschlussunfähigkeit der Wohnungseigentümerversammlung einen wichtigen Grund dar.[271]

1263 Ein wichtiger Grund für die Abberufung liegt gemäß § 26 Abs. 1 S. 4 WEG regelmäßig vor, wenn der Verwalter entgegen seiner Pflicht aus § 24 Abs. 8 S. 1 WEG die Beschlusssammlung nicht ordnungsmäßig führt und insbesondere den Forderungen des § 24 Abs. 7 WEG nicht nachkommt.[272]

1264 • **Verwaltungsvermögen:**
Grundsätzlich ist immer das Vorliegen eines wichtigen Grundes anzunehmen, wenn die Gemeinschaft einen Vermögensschaden erleidet und dies auf ein Verschulden des Verwalter zurückzuführen ist, so auch bei der nicht ausreichenden Einlagensicherung für das Konto der Instandhaltungsrücklage[273] oder für den Fall, dass der Verwalter nicht für ordnungsgemäße finanzielle Verhältnisses der Wohnungseigentümer sorgt.[274] Auch die irrtümliche Überweisung hoher Geldbeträge auf das falsche Konto oder an eine falsche Person stellt einen wichtigen Grund zur Abberufung dar,[275] erst Recht die Entnahme für eigene Zwecke, da hierin auch eine Untreue nach § 266 StGB verwirklicht wird,[276] auch bei der eigenmächtigen Befriedigung angeblich eigener Ansprüche aus gemeinschaftlichen Geldern.[277]

1265 Auch die Gefahr, dass das Vermögen der Wohnungseigentümergemeinschaft nicht ordnungsgemäß verwaltet wird, ist für die Annahme eines wichtigen Grundes ausreichend, so wenn der Verwalter nicht für jede Wohnungseigentümergemeinschaft ein eigenes Konto unterhält[278] oder er die Grundsätze ordnungsgemäßer Buchhaltung nicht berücksichtigt. Gleiches gilt für den Fall, dass der Verwalter die Gelder der Wohnungseigentümer nicht von seinem Vermögen getrennt hält und es dadurch zu Unklarheiten und Verwicklungen kommt.[279]

1266 Ebenfalls ausreichend ist die Verurteilung des Verwalters wegen einer Vermögensstraftat, auch wenn diese Tat verbüßt ist, da hier die Gefahr einer Vermögensgefährdung besteht.[280]

1267 Werden in einer die Verwalterbestellung vorbereitenden Eigentümerversammlung gezielte Fragen von Wohnungseigentümern nach nicht getilgten Vorstrafen der mit dem Verwalteramt betrauten Person oder eines maßgeblichen Vertreters dieser Person aus-

---

[268] BayObLG ZMR 2004, 840.
[269] BayObLG WE 1986, 65.
[270] BayObLG ZMR 2004, 601.
[271] LG Freiburg NJW 1968, 1973.
[272] *Niedenführ/Kümmel/Vanhouten/Niedenführ* § 26 Rn. 99.
[273] OLG München NZM 2006, 593.
[274] OLG Köln WE 1998, 189.
[275] KG WE 1988, 168.
[276] BGH NJW 1996, 65.
[277] OLG Düsseldorf DWE 1981, 25.
[278] OLG Hamm vom 26. 11. 1984, zitiert nach *Sauren,* WEG, § 26, Rn. 38.
[279] BayObLG WuM 1996, 116.
[280] LG Mönchengladbach ZMR 2007, 565.

weichend oder bagatellisierend beantwortet und wird dadurch bei einem Teil der anwesenden Wohnungseigentümer ein Irrtum über den genauen Umfang der noch nicht getilgten Vorstrafen erregt, so kann auch dieses Verhandlungsverschulden des später zum Verwalter Bestellten eine wichtigen Grund für seine vorzeitige Abberufung und für eine fristlose Kündigung des Verwaltervertrages darstellen.[281]

Auch wenn der Verwalter die beschlossene Zweckbindung von Geldern der Gemeinschaft nicht respektiert, stellt dies einen wichtigen Grund zur Abberufung dar[282] und er generell nicht für geordnete finanzielle Verhältnisse der Gemeinschaft sorgt, so dass es wegen zu geringer oder nicht rechtzeitig beigetriebener Wohngelder zu Zahlungsschwierigkeiten kommt.[283] **1268**

- **Schlechtleistung des Verwalters:** **1269**
  Auch wenn viele Fehlleistungen des Verwalters vorliegen, die jede für sich die Zusammenarbeit nicht unzumutbar machen, kann in der Häufung solcher Fehler ein wichtiger Grund zur Abberufung liegen.[284]

  Bejaht wurde ein wichtiger Grund auch für die bewusst unrichtige und wahrheitswidrige, insbesondere gefälschte, Protokollierung der Eigentümerversammlung,[285] das Unterlassen der Protokollierung[286] oder bei einer mehr als dreimonatigen Verspätung bei der Übersendung des Protokolls.[287] **1270**

- **Interessenkollision des Verwalters:** **1271**
  Auch wenn die Tatsache, dass der Verwalter in der gleichen Liegenschaft einer Maklertätigkeit nachgeht an sich keinen Grund zur Abberufung darstellt, ist dies anders, wenn der Verwalter gemäß § 12 WEG seine Zustimmung zur Veräußerung erklären muss. Dann befindet er sich in einem Interessenkonflikt zwischen der Verwalterstellung und der Maklertätigkeit; dies stellt einen wichtigen Grund dar, der zur Abberufung des Verwalters und zur Anfechtung des Bestellungsbeschlusses berechtigt.[288] Das gleiche gilt bei der Entgegennahme von Provisionen für Vertragsabschlüsse der Wohnungseigentümer[289] oder bei einem Missbrauch der dem Verwalter erteilten Vollmachten.[290]

  Alleine der Umstand, dass der Geschäftsführer des Bauträgers der Liegenschaft der Verwalter ist, reicht für die Annahme eine Interessenkollision und damit für das Vorliegen eines wichtigen Grundes nicht aus.[291] **1272**

- **Versicherungsschutz der Wohnungseigentümergemeinschaft:** **1273**
  Der Abschluss einer verbundenen Gebäudeversicherung ohne die vorherige Einberufung einer von mehr als einem Viertel der Wohnungseigentümer beantragten Versammlung ist ein wichtiger Grund zur Abberufung,[292] ohne einen entsprechenden Antrag auf Versammlungseinberufung nicht.[293]

- **Zusammenarbeit mit dem Verwaltungsbeirat und den Wohnungseigentümern:** **1274**
  Insbesondere die erklärte Verweigerung des Verwalters mit dem Verwaltungsbeirat zusammenzuarbeiten ist ein wichtiger Grund, der die Abberufung rechtfertigt.[294] Auch

---

[281] KG ZMR Spezial WEG: Verwaltung , S. 197.
[282] OLG Düsseldorf ZMR 1997, 485.
[283] BayObLG NZM 1999, 283.
[284] OLG Hamm WuM 1991, 218.
[285] BayObLG WE 1980, 125.
[286] *Sauren* § 26 Rn. 38.
[287] BayObLG WE 1980, 125.
[288] BayObLG WE 1997, 439.
[289] OLG Düsseldorf ZMR 1998, 306.
[290] OLG Düsseldorf ZMR 1997, 485.
[291] OLG Köln WuM 1997, 696.
[292] BayObLG WE 1991, 358.
[293] OLG Köln NJW-RR 1998, 1623.
[294] OLG Frankfurt, DWE 1988, 36.

die Tatsache, dass zwischen Verwaltungsbeirat und Verwalter eine vertrauensvolle Zusammenarbeit nicht mehr möglich ist, kann zur Abberufung aus wichtigen Grund führen.[295]

1275 Etwas anderes muss hier natürlich gelten, wenn der Verwaltungsbeirat das Zerwürfnis mit dem Verwalter herbeigeführt oder verschuldet hat. In diesem Fall würde die Abberufung gegen Treu und Glauben verstoßen.[296]

1276 Auch die unbedachte Äußerung des Verwalters, er könne und wolle mit der Gemeinschaft nicht weiterarbeiten und man solle sich nach einem Nachfolger umsehen, kann eine Abberufung aus wichtigen Grund rechtfertigen.[297]

1277 Regelmäßig keinen wichtigen Grund sind Unmutsäußerungen über Wohnungseigentümer, Rechenfehler in der Abrechung, Verzögerungen bei der Durchführung von Reparaturen oder der Erledigung von Anfragen der Wohnungseigentümer.[298]

1278 Auch wenn den Verwalter für einen bestimmten Zeitraum Entlastung erteilt wurde, so können Verfehlungen aus dieser Zeit als wichtiger Grund nicht mehr geltend gemacht werden.[299]

1279 Hat die Wohnungseigentümergemeinschaft in einem Beschluss über die Abberufung des Verwalter – egal ob ordentlich oder außerordentlich – beschlossen und ist dieser der Auffassung ein wichtiger Grund läge gerade nicht vor, so muss er innerhalb der Anfechtungsfrist tätig werden, andernfalls wird der Beschluss über seine Abberufung bestandskräftig. Damit endet sodann seine Verwalterstellung. Wie der Verwalter hier vorzugehen hat, ist umstritten.

1280 Fraglich bleibt, ob auch bei der Abberufung aus wichtigem Grund der Verwaltervertrag gesondert gekündigt werden muss.

1281 Dies ist wohl nicht der Fall, denn auch wenn rechtlich zwischen der Abberufung des Verwalters aus seinem Amt und der Kündigung des Verwaltervertrages zu unterscheiden ist, kann doch bei Vorliegen eines wichtigen Grundes die wirksame Abberufung eine auflösende Bedingung des Verwaltervertrages darstellen.[300] Sofern die Wohnungseigentümer unter einem Unterpunkt ausdrücklich und einstimmig beschließen, dass der Verwaltervertrag außerordentlich gekündigt werden soll, aber keinerlei Gründe für die außerordentlichen Kündigung vorgebracht werden ist dies unschädlich, denn die Erwägungen zu der Abberufung als Verwalter aus wichtigem Grund gelten gleichermaßen auch für die Kündigung des Verwaltervertrages.[301] Ausschlaggebend ist nur, dass der Kündigungsgrund zum Zeitpunkt des Ausspruchs der Kündigung auch tatsächlich vorgelegen hat.[302]

1282 Im Umkehrschluss kann ein Beschluss über die fristlose Kündigung des Verwaltervertrages dahingehend ausgelegt werden, dass gleichzeitig der Verwalter abberufen wird. Auch ein Beschluss über die Bestellung eines neuen Verwalters enthält in der Regel die Abberufung des bisherigen Verwalters.[303]

1283 Zu beachten ist hierbei die Kündigungsfrist nach § 626 Abs. 2 BGB, wonach im Rahmen eines Dienstvertrages die Kündigung aus wichtigem Grund nur innerhalb von zwei Wochen seit dem Zeitpunkt erfolgen kann, zu welchen die Berechtigten über die für die Kündigung maßgeblichen Tatsachen Kenntnis erlangt haben. Diese Regelung ergibt sich aus dem allgemeinen Gedanken, dass eine fristlose Beendigung eines Dauerschuldverhältnisses nur dann möglich sein soll, wenn dies für eine der Parteien unzumutbar ist.

---

[295] BayObLG WuM 2002, 386.
[296] OLG Hamm ZMR 2007, 133.
[297] BayObLG ZWE 1001, 526.
[298] *Niedenführ/Kümmel/Vanhouten/Niedenführ* § 26 Rn. 97.
[299] BayObLG ZMR 1985, 390.
[300] OLG Zweibrücken ZMR 2007, 727.
[301] OLG Zweibrücken ZMR 2007, 727.
[302] *Niedenführ/Kümmel/Vanhouten/Niedenführ* § 26 Rn. 108.
[303] KG NZM 2004, 913.

Wenn jedoch die zur Kündigung berechtigte Partei den Verstoß über einen langen Zeitraum kennt, dies aber nicht dazu führt, dass sie handelt, heißt dies im Umkehrschluss, dass ein Abwarten der ordentlichen Kündigungsfrist zugemutet werden kann.

Diese Frist ist im Rahmen des WEG dahingehend anzuwenden, dass die Kündigung in angemessen kurzer Frist erfolgen muss. Dabei kommt es auf die Kenntnis derjenigen Person an, der das Recht zur Kündigung zusteht, also den Wohnungseigentümern insgesamt.[304] **1284**

Die Kenntnis aller Wohnungseigentümer wird regelmäßig in der Eigentümerversammlung erfolgen, so dass es sich noch um eine sofortige Kündigung handelt, wenn die Versammlung innerhalb angemessener Frist einberufen wird.[305] **1285**

ff) Niederlegung und Kündigung durch den Verwalter. Auch der Verwalter kann grundsätzlich ohne wichtigen Grund sein Verwalteramt jederzeit niederlegen. Geschieht dies aber zur Unzeit und mit sofortiger Wirkung oder aber unbegründet kann sich der Verwalter schadensersatzpflichtig machen.[306] Sofern kein wichtiger Grund zur Niederlegung vorliegt, ist es dem Verwalter sicherlich zuzumuten, die Geschäfte der Verwaltung zunächst weiter zu führen und im Rahmen einer Eigentümerversammlung den Wohnungseigentümer Gelegenheit zu geben, einen neuen Verwalter zu bestimmen. **1286**

Die wichtigen Gründe entsprechen denen, die der Wohnungseigentümergemeinschaft die Abberufung ermöglichen. **1287**

Sofern eine **Kündigung** ausdrücklich im Verwaltervertrag vereinbart ist, kann die Niederlegung auch als Beendigung des Verwaltervertrages vereinbart werden, dann ist automatisch mit der Bestandskraft der Niederlegung der Vertrag beendet.[307] **1288**

Sofern dies nicht vereinbart ist, muss von dem Verwalter eine Kündigung gesondert ausgesprochen werden, da auch hier zwischen Niederlegung des Amtes durch den Verwalter und Kündigung des Verwaltervertrages zu unterscheiden ist.[308] Diese wird als empfangsbedürftige Willenserklärung wirksam, wenn sie den Vertragspartnern zugeht.[309] Durch die Teilrechtsfähigkeit des Verbandes und der Tatsache, dass der Vertrag mit dem Verband geschlossen wurde, muss auch diesem die Amtsniederlegung des Verwalters zugegangen sein. **1289**

Der Verwalter selbst ist in dieser Situation wegen der Interessenkollision nicht berechtigt, den Zugang der Erklärung für den Verband sicherzustellen. Maßgeblich muss daher der Zugang bei den einzelnen Wohnungseigentümern nach § 27 Abs. 3 S. 2 WEG sein, wobei hier im Idealfall ein Gesamtvertreter bestellt ist. **1290**

Die „Niederlegung des Amtes“ des Verwalters aus wichtigem Grund enthält in diesem Fall spiegelbildlich zur Abberufung aus wichtigem Grund auch die außerordentliche Kündigung des Verwaltervertrages.[310] Will der Verwalter seine Rechte aus dem Verwaltervertrag, insbesondere seinen Vergütungsanspruch wahren, ist grundsätzlich ein ausdrücklicher Vorbehalt erforderlich.[311] **1291**

gg) Beendigung durch Zeitablauf. Wenn die Zeit der Bestellung von maximal drei oder fünf Jahren abgelaufen ist, bedarf es keiner weiteren Erklärung der Gemeinschaft oder des Verwalters. Die Verwalterstellung endet, da § 26 Abs. 1 S. 2 WEG die Laufzeit des Verwaltervertrages auf die Höchstdauer von drei oder fünf Jahren begrenzt.[312] Einer ausdrückliche Kündigung des Verwaltervertrages bedarf es weder durch die Gemein- **1292**

---

[304] OLG Hamm WuM 1991, 218; *Sauren,* WEG, § 26, Rn. 42.
[305] OLG Frankfurt ZMR 1988, 348.
[306] *Palandt/Bassenge* § 26 Rn. 16.
[307] BayObLG DWE 1994, 80; *Sauren,* WEG, § 26, Rn. 39.
[308] *Niedenführ/Kümmel/Vanhouten/Niedenführ* § 26 Rn. 113.
[309] OLG München ZMR 2005, 980.
[310] BayObLG NZM 2000, 48.
[311] BayObLG NZM 2000, 48.
[312] BGH NJW 2002, 3240.

schaft noch durch den Verwalter.[313] Vielmehr genügt es, wenn sich aus der formell oder materiell-rechtlichen Verknüpfung von Verwalterbestellung und -vertrag ergibt, dass die Vertragsparteien die Verwalterstellung und Vertrag in diesem Zusammenhang als Einheit behandelt wissen wollen.[314]

1293 Aus Sicht der Wohnungseigentümer sollte aus Gründen der Vorsicht daher stets darauf geachtet werden, dass auch über die Kündigung des Verwaltervertrages entschieden wird, andernfalls sieht sich die Gemeinschaft gegebenenfalls berechtigten Ansprüchen des Verwalters ausgesetzt, die dieser aus dem ungekündigten Vertragsverhältnis geltend machen kann.

1294 Wird das Vertragsverhältnis entgegen der durch Beschluss getroffenen Regelung zur Dauer der Verwalterbestellung beziehungsweise entgegen der durch Beschuss getroffenen Regelung zur Laufzeit des Verwaltervertrages beendet, ist ein derartiger Eigentümerbeschluss rechtswidrig, kann jedoch mangels gerichtlicher Anfechtung bestandskräftig werden, wodurch dem Verwalter seine Stellung und seine vertraglichen Ansprüche auf Dauer entzogen werden können,[315] sofern in dem bestandskräftigen Beschluss sowohl über Abberufung als auch Kündigung des Verwaltervertrages entschieden wurde.

1295 *hh) Einvernehmliche Beendigung des Verwaltervertrag und der Verwalterstellung.* Den Parteien steht es darüber hinaus selbstverständlich frei, sich über die Aufhebung der Verwalterbestellung und des Verwaltervertrages im gegenseitigen Einverständnis zu einigen. Hierzu ist seitens der Gemeinschaft ein Mehrheitsbeschluss erforderlich.[316] Oftmals ist es hierdurch möglich, Streitigkeiten zwischen den Parteien zu vermeiden, insbesondere da bereits in dem Aufhebungsvertrag die Abwicklung aller wechselseitigen Ansprüche geklärt werden können.

1296 Darüber hinaus haben oftmals beide Parteien ein Interesse die Verbindungen zu beenden, da bei mangelnder Zusammenarbeit, egal von welcher Seite, die Fortsetzung für die andere Seite erheblich erschwert ist.

1297 *ii) Anfechtung der Abberufung durch die Wohnungseigentümer oder den Verwalter.* Sofern ein Wohnungseigentümer die Auffassung vertritt ein Abberufungsbeschluss entspreche nicht ordnungsgemäßer Verwaltung steht es ihm frei innerhalb der Anfechtungsfrist von einem Monat gemäß § 21 Abs. 4 WEG in Verbindung mit § 43 Nr. 4 WEG die Anfechtungsklage bei dem zuständigen Gericht zu erheben.

1298 Auch der abberufene Verwalter muss sich gegen einen Abberufungsbeschluss zur Wehr setzen können. Denn fassen die Wohnungseigentümer einen Abberufungsbeschluss, obwohl ein wichtiger Grund nicht vorliegt, ist der Beschluss dennoch zunächst wirksam.[317]

1299 Hierbei ist zumindest in der Literatur streitig, in welcher Form dies zu geschehen hat. Nach höchstrichterlicher Rechtsprechung steht dem Verwalter gegen seinen Abberufungsbeschluss eine Anfechtungsbefugnis gemäß § 43 Nr. 4 BGB zu.[318] Das Recht zur Anfechtung des Abberufungsbeschlusses folgt aus dem durch die Bestellung begründeten Recht des Verwalters, das Amt bis zu einer rechtmäßigen vorzeitigen Abberufung auszuüben.[319] Es erschöpft sich nicht in der Wahrung seiner Vergütungsansprüche, sondern sein Interesse ist auch, die Aufgaben und Befugnisse des Verwalters gemäß § 27 WEG wahrzunehmen.[320]

---

[313] OLG Zweibrücken ZMR 2004, 66.
[314] BGH NJW 1997, 2106.
[315] *Fritsch,* Das neue Wohnungseigentumsrecht, § 2, Rn. 636.
[316] BayObLG DWE 1985, 60; *Müller,* Praktische Fragen des Wohnungseigentums, Rn. 959.
[317] *Becker/Kümmel/Ott,* Wohnungseigentum § 7 Rn. 388.
[318] BGH NJW 2002, 3240.
[319] *Wenzel* ZWE 2001, 520.
[320] BGH NJW 1998, 1087.

Nach anderer Auffassung ist dem Verwalter der Weg zur gerichtlichen Klärung nur im Rahmen einer Feststellungsklage eröffnet.[321] Ziel wäre hier die Feststellung, dass die Abberufung unwirksam ist. Hierbei wäre die Anfechtungsfrist von einem Monat nicht ausschlaggebend. 1300

Um das zulässige Rechtmittel rechtzeitig anhängig zu machen, sollte der Verwalter in jedem Fall innerhalb der Anfechtungsfrist tätig werden und die Anfechtung des Abberufungsbeschlusses erklären. 1301

Das Rechtsschutzinteresse des anfechtenden Verwalters kann durch Ablauf der Amtszeit entfallen und es tritt in der Hauptsache Erledigung ein. 1302

Ein Anfechtungsrecht des Verwalters gegen einen Beschluss, in dem die Wohnungseigentümer einen neuen Verwalter bestellen, steht ihm dagegen gerade nicht zu.[322] 1303

Sollte sich im Verfahren herausstellen, dass die Anfechtung des Verwalters begründet ist und der Abberufungsbeschluss für unwirksam erklärt werden, würde die Bestellung des neuen Verwalters nichtig, denn der Beschluss über einen zweiten Verwalter ist nicht möglich, da der Verwalter immer nur eine natürliche oder juristische Person sein kann.[323] 1304

Auch kann sich der Verwalter grundsätzlich darauf beschränken, nur die fristlose Kündigung des Vertrages anzugreifen und nicht gegen die Abberufung an sich vorzugehen.[324] Es muss entweder eine Feststellungsklage von dem Verwalter erhoben werden mit dem Antrag festzustellen, dass die ausgesprochene Kündigung unwirksam ist oder für den Fall, dass der Verwalter seine Vergütung nicht erhält, kann er diese im Rahmen einer Leistungsklage geltend machen. In diesem Fall würde inzident geprüft, ob das der Vergütung zugrunde liegende Schuldverhältnis, also der Verwaltervertrag, wirksam beendet wurde oder noch besteht. 1305

3. Beschluss-Sammlung

a) Allgemeines. Gem. § 24 Abs. 7 S. 1 WEG ist für nach dem 1. Juli 2007 ergangene Beschlüsse und gerichtliche Entscheidungen vom Verwalter der Wohnungseigentumsanlage eine **Beschluss-Sammlung** zu führen. Vor diesem Zeitpunkt ergangene Beschlüsse und gerichtliche Entscheidungen sind von Gesetzes wegen nicht zu sammeln. In manchen Anlagen wurden jedenfalls die Beschlüsse der Wohnungseigentümer allerdings schon vor dem 1. Juli 2007 in einem Art „Register" geführt (Beschlussbuch). Diesen Gemeinschaften ist es **unbenommen geblieben,** die bisherige Beschluss-Sammlung weiterhin zu nutzen.[325] Soweit eine Beschluss-Sammlung bislang nicht geführt wurde, mag die heutige gesetzliche Anordnung einer Beschluss-Sammlung außerdem dazu Anlass geben, jedenfalls die noch relevanten Beschlüsse und Entscheidungen zu sichten, zu ordnen und auch zu sammeln. Ist eine solche nachträgliche Sammlung aller vorhergehenden Beschlüsse möglich, dürfte sie auch ohne eine ausdrückliche gesetzliche Regelung ordnungsmäßiger Verwaltung entsprechen und gem. § 21 Abs. 4 WEG **erzwingbar** sein. Ob eine Sammlung früherer Entscheidungen und Beschlüsse möglich ist, kann nur im Einzelfall geklärt werden. Eine Sammlung erscheint wohl nur dann als nicht erzwingbar, wenn die Beschlusslage nicht mehr nachvollzogen werden kann. Dass es sich um viele Eintragungen handeln würde, ist hingegen unerheblich. In der praktischen Umsetzung sollte für die „Alteintragungen" ggf. ein gesondertes Buch angelegt werden, da ihre Vollständigkeit kaum jemals erzielbar sein wird und die Maßstäbe des § 24 Abs. 7 WEG i.V.m. § 26 Abs. 1 Satz 4 WEG hier nicht anwendbar sind. 1306

---

[321] U.a. *Drasdo* in NZM 2001, 923 und NZM 2002, 853; *Gottschalg* ZWE 2006, 332.
[322] OLG Hamm ZMR 1997, 49.
[323] OLG Hamm NZM 2003, 51.
[324] Vgl. OLG Köln NJW-RR, 2001, 159.
[325] *Bärmann/Merle* § 24 Rn. 147.

1307 Die Beschluss-Sammlung ist – wie andere Verwaltungsunterlagen auch – Eigentum des Verbandes Wohnungseigentümergemeinschaft.[326] Wird eine Beschluss-Sammlung elektronisch geführt, muss die Software allerdings nicht zwangsläufig vom Verband erworben werden. Es muss nur sichergestellt sein, dass der Verband jederzeit Zugriff auf seine Daten hat, etwa durch einen Ausdruck. Ferner muss sichergestellt sein, dass es im Falle eines Verwalterwechsels zu keinen Problemen mit einer Datenmigration kommt.[327]

1308 Für die Bindung eines Wohnungseigentümers an einen Beschluss oder eine gerichtliche Entscheidung i. S. v. § 43 WEG ist die Eintragung der jeweiligen Entscheidung in die Beschluss-Sammlung **bedeutungslos.**[328] Ein Wohnungseigentümer kann sich nicht darauf berufen, deshalb an einen Beschluss oder eine gerichtliche Entscheidung nicht gebunden zu sein, weil es an einer Eintragung (noch) fehlt. Auch für die „Existenz" eines Beschlusses ist seine Eintragung in die Beschluss-Sammlung ohne Bedeutung. Das Gesetz erhebt die Eintragung in die Sammlung nicht zu einer Tatbestandsvoraussetzung für die Entstehung eines Beschlusses.

1309 **b) Sinn und Zweck.** Eine Beschluss-Sammlung ermöglicht es Wohnungseigentümern, Verwaltern und Dritten sich über die in einer Wohnungseigentumsanlage geltenden Beschlüsse und die auf sie entfallenden gerichtlichen Entscheidungen zu informieren.[329] Die Beschluss-Sammlung erleichtert es vor allem einem **Erwerber von Wohnungseigentum,** einem Sondernachfolger i. S. d. Gesetzes, sich auf eine einfache Art und Weise vor einem möglichen Erwerb vom Bauträger oder einem anderen Voreigentümer umfassend über die aktuelle Beschlusslage einer Gemeinschaft von Wohnungseigentümern zu unterrichten.[330] Diese Aufklärung ist von besonderer Bedeutung, weil einen Erwerber auch die Beschlüsse, die vor seinem „Beitritt" zu einer Gemeinschaft gefasst wurden und die aus dem Grundbuch nicht ersichtlich sind, gem. § 10 Abs. 4 Satz 1 WEG binden. Eine entsprechende Bindung ordnet § 10 Abs. 4 Satz 1 WEG ferner für Entscheidungen des Wohnungseigentumsgerichts in einem Rechtsstreit gem. § 43 WEG an.

1310 Eine Beschluss-Sammlung ist aber auch fur die **Wohnungseigentümer** selbst sinnvoll.[331] Auch diese haben ein lebendiges Interesse daran, ergangene gerichtliche Entscheidungen und die von ihnen und ihren Voreigentümern gefassten Beschlüsse in ihrer **Gesamtheit** einsehen zu können. Zwar wird in der Regel jeder Wohnungseigentümer die Versammlungsniederschriften sammeln, soweit – wie meist – diese nach einer Eigentümerversammlung jedem Wohnungseigentümer zur Verfügung gestellt werden. Von Amts wegen ist der Verwalter – sofern etwas anderes nicht von den Wohnungseigentümern bestimmt oder nach § 242 BGB geboten ist – allerdings nicht verpflichtet, Niederschriften zu versenden.[332] Jedenfalls durch § 24 Abs. 7 WEG ist deshalb gewährleistet, dass eine ergangene Entscheidung oder ein einmal gefasster Beschluss später nicht übersehen werden müssen und damit unbeachtet bleiben. Im Übrigen ist eine Beschluss-Sammlung natürlich auch für **Verwalter** praktisch unentbehrlich, weil sie ohne Beschluss-Sammlung gegebenenfalls keine hinreichende Kenntnis von der Beschlusslage der Wohnungseigentümer haben.[333] Dieser Kenntnis bedürfen die Verwalter aber, weil sie gem. § 27 Abs. 1 Nr. 1 WEG die Beschlüsse der Wohnungseigentümer durchzuführen haben. Ferner muss die Verwaltung nach § 21 Abs. 4 WEG den Beschlüssen der Wohnungseigentümer entsprechen. Diesem Anspruch kann nur genügen, wer die Beschlusslage sicher und überprüfbar kennt.

---

[326] *Elzer* MietRB 2007, 329.
[327] *Elzer* WE 2007, 198; *Fritsch* Das neue Wohnungseigentumsrecht, Rn. 602.
[328] NK-*Schultzky* § 24 Rn. 27; *Bärmann/Merle* § 24 Rn. 131.
[329] *Bärmann/Merle* § 24 Rn. 131.
[330] Siehe auch *Niedenführ* NJW 2007, 1841.
[331] *Armbrüster* AnwBl 2005, 15, 18.
[332] *Jennißen/Elzer* § 24 Rn. 131.
[333] *Deckert* NZM 2005, 927, 928.

Die Einführung einer Beschluss-Sammlung durch § 24 Abs. 7 Satz 1 WEG im Jahre 2007 hatte im Übrigen jedenfalls aus **rechtspolitischer Sicht** zwei weitere, eher zweifelhafte Zwecke. Zum einen sollte und soll es die Beschluss-Sammlung letztlich dauerhaft rechtfertigen und absichern, dass der Gesetzgeber die überzeugende Idee eines **„Zentralgrundbuchs"** nicht aufgriff.[334] In einem solchen Zentralgrundbuch könnte nach seinen Befürwortern ein Vorteil darin liegen, ein Teil der Grundbucheintragungen der jeweiligen Eigentumswohnungen auf ein gemeinsames Grundbuchblatt für die Wohnanlage – ein Zentralblatt – zu buchen, insbesondere Gesamtbelastungen des Grundstücks und Angaben zu den Vereinbarungen der Wohnungseigentümer, der „Gemeinschaftsordnung".[335] Der Gesetzgeber hat dem Zentralgrundbuch indes keine genügenden Vorteile abgewinnen können, unter anderem deshalb, weil diese Lösung angeblich die Einheitlichkeit des geltenden Rechts aufgäbe. Zum anderen ermöglicht es die Beschluss-Sammlung mittelbar, Beschlüsse der Wohnungseigentümer, die auf einer **vereinbarten Öffnungsklausel** beruhen, von den Wohnungsgrundbüchern „fernzuhalten". Die Beschluss-Sammlung dient mithin dazu, die Regelung des § 10 Abs. 4 Satz 2 WEG zu rechtfertigen.[336] 1311

c) **Verhältnis zur Niederschrift und zum Grundbuch.** Lautet ein Beschluss in der Beschluss-Sammlung anders als in der Niederschrift i. S. v. § 24 Abs. 6 WEG, kann dieser Widerspruch zu Spannungen führen. So ein Widerspruch liegt nicht fern. Denn auch eine Niederschrift muss nach den an sie gerichteten gesetzlichen Anforderungen den Inhalt „gefasster" Beschlüsse enthalten und entspricht damit ungeachtet des abweichenden Wortlauts in § 24 Abs. 7 S. 2 WEG („verkündete" Beschlüsse) vollständig dem weitergehenden Inhalt der Beschluss-Sammlung. Werden in der Niederschrift und in der Beschluss-Sammlung unterschiedliche Beschlussfassungen beurkundet, fragt sich dann, ob einer dieser Rechtsscheinsträger einen Vorrang besitzt. Das ist zu verneinen.[337] Ein „Vorrang" der Niederschrift, etwa dass sie im Prozess ein „besseres" Beweismittel ist, ist nicht anzuerkennen, auch wenn die Niederschrift immerhin die Unterschriften mehrerer für ihren Inhalt zeichnender Personen trägt. Widersprechen sich Beschluss-Sammlung und Niederschrift, kann daher nach den allgemeinen Regelungen keines dieser Mittel Träger eines Erfahrungssatzes sein. Ihre Tauglichkeit als „Beweismittel" entfällt bei einem Widerspruch schlicht. Die Niederschrift kann stets nur insoweit einen Vorrang haben, soweit in ihr neben dem gesetzlichen Muss-Inhalt weitere Inhalte beurkundet werden, die sich naturgemäß in der Beschluss-Sammlung nicht finden können. 1312

Spannungen sind ferner möglich im Verhältnis der Beschluss-Sammlung zum Grundbuch. In bestimmten Fällen wird sich nämlich in der Praxis die Frage stellen, wie sich die durch die Beschluss-Sammlung **dokumentierte Beschlusslage** – wenn diese richtig beurkundet ist – zum Inhalt des **Grundbuchs** und den dort niedergelegten Bestimmungen verhält. Haben die Wohnungseigentümer etwa durch einen Beschluss nach § 16 Abs. 3 WEG[338] eine von einem vereinbarten und im Grundbuch eingetragenen Verteilungsschlüssel abweichende Regelung getroffen, ist das Grundbuch **nachträglich unrichtig** geworden. Ungeachtet dessen, dass für Verteilungsschlüssel eine dieses Problem besonders regelnde Norm fehlt,[339] ist vorstellbar, dass die Wohnungseigentümer eine Berichtigung des Grundbuchs nach § 22 GBO verlangen und ggf. nach § 894 BGB erzwingen können (in der Praxis eine Berichtigung der dort aufbewahrten Anlagen, nämlich der Gemeinschaftsordnung). Ob dies möglich ist und welche Anforderungen die Grund- 1313

---

[334] Siehe dazu etwa *Schneider* ZMR 2005, 15; *von Oefele/Schneider* DNotZ 2004, 740 ff.; siehe auch *Niedenführ* NJW 2007, 1841.

[335] Zum Begriff siehe *Riecke/Schmid/Elzer* § 8 Rn. 44 ff.

[336] *Hügel/Elzer* § 8 Rn. 18.

[337] *Hügel/Elzer* § 8 Rn. 23; a. A. *Sauren* ZfIR 2005, 152, 161 und *Deckert/Kappus*, NZM 2007, 745, 746, die der Beschluss-Sammlung einen Vorrang einräumen wollen.

[338] Entsprechendes gilt für Beschlüsse nach § 21 Abs. 7 WEG.

[339] Für die Beschlussmacht nach § 12 WEG siehe dessen Abs. 4 Satz 3 und Satz 4.

buchämter stellen, ist noch unbekannt. Kommt es – aus welchem Grunde auch immer – jedenfalls zu **keiner Berichtigung,** ist zu fragen, ob sich der in das Grundbuch Einsicht nehmende Käufer gem. § 892 Abs. 1 Satz 1 BGB auf dessen **Inhalt** und die „wahre" Beschlusslage und gegen den Stand der Beschluss-Sammlung **berufen** kann.[340] Diese Frage ist zu verneinen, wenn die Beschluss-Sammlung den Beschlussinhalt richtig beurkundet.[341] Bereits bislang ist mehr als **zweifelhaft,** ob eine zu Unrecht eingetragene Vereinbarung Grundlage eines guten Glaubens sein kann. Diese Möglichkeit wird von der h. M. zwar noch bejaht.[342] Da es aber keinen Zwang gibt, in Wegfall geratende dingliche Vereinbarungen im Grundbuch zu löschen, die Beschlussmacht, verdinglichte Vereinbarungen zu ändern, indes **gesetzlich garantiert** ist, muss ein durch § 892 Abs. 1 Satz 1 BGB vermittelter Glaube auf den Bestand einer Eintragung ins Leere gehen.[343] Erwerber von Wohnungseigentum können auf den Grundbuchinhalt, jedenfalls, soweit Bestimmungen des Grundverhältnisses durch Beschluss geändert werden können, mithin nicht vertrauen.

1314 d) **Inhalt der Beschluss-Sammlung.** Eine Beschluss-Sammlung muss nach § 24 Abs. 7 Satz 2 WEG zum einen den Wortlaut der Eigentümerbeschlüsse – seien sie in der Versammlung der Eigentümer oder gem. § 23 Abs. 3 WEG schriftlich gefasst worden – zum anderen Urteilsformeln gerichtlicher Entscheidungen in einem Rechtsstreit gem. § 43 WEG enthalten.

1315 *aa) Beschlüsse.* In eine Beschluss-Sammlung sind die in einer Versammlung der Wohnungseigentümer verkündeten positiven und negativen Beschlüsse mit Angabe von Ort und Datum der Versammlung aufzunehmen (§ 24 Abs. 7 Satz 2 Nr. 1 WEG).[344] Aufzunehmen ist dabei **nicht der Beschlussantrag,** sondern der vom Versammlungsleiter auf diesen hin verkündete Beschluss.[345] Dazu muss der Verwalter einen Beschlussantrag ggf. umformulieren.[346] Bei negativen Beschlüssen sollte zum besseren Verständnis auch der Beschlussantrag dokumentiert werden.[347] Dem Adjektiv „verkündet" kommt **keine Bedeutung** zu. Die Verkündung eines Beschlusses ist eine stets notwendige Voraussetzung für seine Entstehung.[348] Ohne Verkündung gibt es keinen „Beschluss" im Rechtssinne. Wenn in eine Beschluss-Sammlung also „Beschlüsse" aufzunehmen sind, müssen diese denklogisch stets vorher „verkündet" worden sein.

1316 Nicht aufzunehmen sind Nicht-Beschlüsse[349] (Scheinbeschlüsse) und nichtige Beschlüsse,[350] da diese zwischen den Wohnungseigentümern keinen Bindungen entfalten.[351] Noch

[340] Das Problem ist im Übrigen nicht neu. Es stellte sich immer, wenn es eine Öffnungsklausel gab. Und zum anderen stellt es sich im Geleitzug die Frage, was gilt, wenn durch eine schuldrechtliche Vereinbarung ein verdinglichte verändert wird.

[341] Wenn nicht, ist das Grundbuch ja richtig.

[342] Siehe dazu u. a. *Hogenschurz,* Das Sondernutzungsrecht nach WEG, S. 58 ff. m. w. N.

[343] Konsequent wäre es, an Stelle der Vereinbarung den Beschluss im Grundbuch einzutragen. Dem steht indes § 10 Abs. 4 Satz 2 WEG entgegen.

[344] *Deckert/Kappus* NZM 2007, 745, 747. Differenzierend *Bärmann/Merle* § 24 Rn. 154, der negative Beschlüsse ohne Bedeutung nicht eintragen lassen will. Da die Bedeutung unterschiedlich beurteilt werden kann, sollte dem nicht gefolgt werden.

[345] *Riecke* in: *Riecke/Schmid* § 24 Rn. 97.

[346] *Elzer* MietRB 2007, 329, 330; *Bärmann/Merle* § 24 Rn. 151/152; a. A. *Abramenko/Abramenko* § 5 Rn. 113.

[347] *Abramenko* Das neue WEG, § 2 Rn. 29.

[348] BGH BGHZ 148, 335 (341, 342) = ZMR 2001, 809 = NJW 2001, 3339; OLG Celle NZM 2005, 308, 310.

[349] *Deckert/Kappus* NZM 2007, 745, 748; *Reichert* ZWE 2007, 388, 389; *Fritsch,* Das neue Wohnungseigentumsrecht, Rn. 472. Zum Begriff *Jennißen/Elzer* vor §§ 23 bis 25 Rn. 127 ff.

[350] *Bärmann/Merle* § 24 Rn. 150.

[351] Ist streitig, ob ein Beschluss nichtig ist, kann gerichtlich auf Feststellung geklagt werden. Im Wege kumulativer Klagehäufung kann der Verwalter ferner auf Aufnahme des Beschlusses in die Beschluss-Sammlung in Anspruch genommen werden.

sehr streitig ist, ob **Geschäftsordnungsbeschlüsse** Beschlüsse im Sinne des Gesetzes und in die Beschluss-Sammlung aufzunehmen sind.[352] Näher liegt, diese **nicht einzutragen,** jedenfalls dann, wenn sie keine über die konkrete Eigentümerversammlung hinaus gehende Bedeutung besitzen;[353] jedenfalls könnten sie in der Regel sofort gelöscht werden. Ob ein einzutragender Beschluss angefochten wurde, ist für die Frage seiner Eintragung unerheblich. Seine Anfechtung ist aber anzumerken. Keine Rolle spielt auch, ob ein Beschluss nicht ordnungsmäßig i. S. v. § 21 Abs. 4 WEG ist.

Nach § 24 Abs. 7 Satz 2 Nr. 2 WEG sind ferner **schriftliche Beschlüsse** im Sinne des 1317
§ 23 Abs. 3 WEG mit Angabe von Ort und Datum ihrer Verkündung in die Beschlusssammlung aufzunehmen. Besonderheiten sind nicht zu beachten. Im Gegensatz zu Versammlungsbeschlüssen ist bei diesen in der Praxis allerdings zum Teil nur schwer aufzuklären, wann sie „entstanden" sind. Für die notwendige „Verkündung" genügt nach jedenfalls herrschender Meinung nämlich jede Form der Unterrichtung, die den internen Geschäftsbereich des Feststellenden verlassen hat, und bei der den gewöhnlichen Umständen nach mit einer Kenntnisnahme durch die Wohnungseigentümer gerechnet werden kann (etwa durch einen Aushang oder ein Rundschreiben).[354]

Das Gesetz fordert **nicht,** die einem Beschluss zu Grunde liegenden Unterlagen (**Be-** 1318
schluss-Anlagen), etwa die Jahresabrechnung oder einen Wirtschaftsplan, in die Sammlung aufzunehmen.[355] Die Aufnahme kann allerdings sinnvoll sein – wenn es auch die Sammlung aufbläht. Eine Aufnahme ist dringend anzuraten, wenn ein Beschluss ohne Anlagen zu **unbestimmt** und deshalb nichtig wäre.

bb) Gerichtsentscheidungen. Werden die Wohnungseigentümer durch eine gerichtliche 1319
Entscheidung in einem Rechtsstreit i. S. v. § 43 WEG gebunden, so ist gem. § 24 Abs. 7 Satz 2 Nr. 3 WEG die **Formel der gerichtlichen Entscheidung** i. S. v. § 313 Abs. 1 Nr. 4 ZPO mit Angabe ihres Datums zu beurkunden. Außerdem sind das erkennende Gericht und die Parteien zu verzeichnen. Ein gelegentlich behaupteter Verstoß gegen datenschutzrechtliche Bestimmungen kann hierin nicht erkannt werden. Denn für die Sammlung dieser Daten gibt es durch § 24 Abs. 7 Satz 1 WEG ein gesetzlich anerkanntes Bedürfnis nach Information. Dieses Interesse ist darin zu sehen, wer an einer Wohnungseigentumssache nach § 43 WEG in welcher Weise beteiligt war. Es ist zwar nicht zu verkennen, dass die namentliche Nennung es erleichtert zu erkennen, welche Wohnungseigentümer „querulatorisch" veranlagt sind. Auch dieses Wissen ist aber für eine Kaufentscheidung eine durchaus wesentliche Information.

Zur „Urteilsformel" gehören die Entscheidung zur Hauptsache, die zu den Kosten und 1320
die zur vorläufigen Vollstreckbarkeit. Eine Entscheidung in diesem Sinn ist auch eine **Klageabweisung.** Zum einen wird dadurch ggf. deutlich, welche Beschlüsse nunmehr bestandskräftig sind, § 48 Abs. 4 WEG.[356] Zum anderen hat die Kostenentscheidung allgemeines Interesse. Ebenso wie bei negativen Beschlüssen kann es sich bei Klageabweisungen zur Transparenz und Dokumentationszwecken anbieten, neben dem Tenor den Klageantrag in der Sammlung niederzulegen.[357]

Dass das Gesetz von „Urteils"formel spricht, ist aus rechtlicher Sicht **untechnisch** und 1321
also nicht wörtlich zu verstehen. Denn nach Sinn und Zweck der Beschluss-Sammlung

---

[352] Dagegen: *Deckert/Kappus* NZM 2007, 745, 748; *Drasdo* ZMR 2007, 501, 504; *Deckert* NZM 2005, 927; *Hügel* in: BeckOK WEG § 24 Rn. 19; *Kümmel* in: *Niedenführ/Kümmel/Vandenhouten* § 24 Rn. 74; dafür: *Merle* ZWE 2007, 272, 276; *Fritsch,* Das neue Wohnungseigentumsrecht, Rn. 476; *Abramenko,* Das neue WEG, § 2 Rn. 30; s. auch *Reichert* ZWE 2007, 388 (390).

[353] A. A. *Bärmann/Merle* § 24 Rn. 156; *Fritsch,* Das neue Wohnungseigentumsrecht, Rn. 476 ff.

[354] BGH ZMR 2001, 809, 811 = NJW 2001, 3339; *Merle* PiG 18, 125 (134).

[355] A. A. *Bärmann/Merle* § 24 Rn. 152.

[356] Allein durch den Tenor „Die Klage wird abgewiesen" freilich nicht; es bedarf dann noch des Wissens um den Inhalt der Klage.

[357] *Abramenko/Abramenko* § 5 Rn. 122; *Bärmann/Merle* § 24 Rn. 163.

müssen auch solche Entscheidungen beurkundet werden, die auch nach dem 1. 7. 2007 noch als Beschluss ergehen.[358] Notwendig, aber auch ausreichend für die Aufnahme einer Entscheidung in die Beschluss-Sammlung ist, dass sie eine Formel oder einen Beschlusstenor im Rechtssinne führt, mithin nach Sinn und Zweck der Regelung eine **Endentscheidung.** Als solche Endentscheidungen zu werten sind neben Beschlüssen in solchen Verfahren, die noch dem FGG unterliegen (Altverfahren), Beschlüsse nach §§ 91 a, 887, 888, 890 ZPO. Ferner gehören hierher Vollstreckungsbescheide oder Beschlussverfügungen nach §§ 935, 922 ZPO oder Beschlussarreste nach §§ 916, 922 ZPO. Keine gerichtliche Entscheidung ist hingegen die gerichtliche Feststellung nach § 278 Abs. 6 Satz 2 ZPO, mit der ein Gericht Zustandekommen und den Inhalt eines nach § 278 Abs. 6 Satz 1 ZPO geschlossenen Vergleichs durch Beschluss feststellt.

1322 Nach dem Wortlaut eindeutig, nach Sinn und Zweck aber unsicher ist, ob auch Verfahren **ohne Auswirkungen** auf andere Wohnungseigentümer in die Beschluss-Sammlung einzutragen sind. Etwa in einem Verfahren nach § 43 Nr. 1 WEG zwischen Wohnungseigentümern und ebenso in einem Verfahren eines Wohnungseigentümers gegen den Verwalter ist praktisch vorstellbar, dass die Interessen der anderen Wohnungseigentümer nicht berührt werden.[359] Auch, ob Entscheidungen nach § 43 Nr. 5 WEG in der Beschluss-Sammlung einen sinnvollen Platz haben, kann nach Sinn und Zweck des § 24 Abs. 7 WEG hinterfragt werden.[360] Weil es hier an einer höchstrichterlichen Klärung fehlt, sollten allerdings zurzeit noch sämtliche Entscheidungen eingetragen werden.[361]

1323 Das Gesetz bestimmt nicht, **wann eine Gerichtsentscheidung** einzutragen ist. Vorstellbar ist, eine Gerichtsentscheidungen erst dann einzutragen, wenn und soweit sie die Parteien binden – also mit Rechtskraft.[362] Eine andere Lösung bestünde darin – vor allem mit Blick auf § 708 ZPO –, eine Gerichtsentscheidung bereits mit ihrem Erlass einzutragen.[363] Überzeugender – wenn auch überraschend – ist die Eintragung einer Gerichtsentscheidung mit Rechtskraft. Denn anders als Beschlüsse, die sämtliche Unterworfenen **sofort** und auch ohne Bestandskraft binden, binden gerichtliche Entscheidungen die Wohnungseigentümer erst mit Eintritt der Rechtskraft. Stünde eine amtsgerichtliche Entscheidung in der Beschluss-Sammlung und würde diese später vom Bundesgerichtshof nicht bestätigt, könnte eine völlig überflüssige und niemanden bindende Entscheidung jahrelang die Beschluss-Sammlung aufblähen und zu Irritationen führen.[364] Für eine spätere Eintragung spricht auch ein Vergleich mit inperfekten (schwebenden) Beschlüssen. Auch diese sind erst einzutragen, wenn die Wirkungen entfallen.[365]

1324 *cc) Vergleiche.* Das Gesetz verlangt nicht, Prozessvergleiche – prozessuale und zugleich materielle Verträge der Wohnungseigentümer – in die Beschluss-Sammlung aufzunehmen. Gleichwohl ist die Frage einer Eintragung von Prozessvergleichen im Schrifttum umkämpft.[366] Gegen eine Eintragung spricht, dass Prozessvergleiche weder gerichtliche

---

[358] *Abramenko,* Das neue WEG, § 2 Rn. 32.

[359] Vgl. *Abramenko/Abramenko* § 5 Rn. 121.

[360] *Blankenstein,* WEG-Reform 2007, 7.2.6.3; *Merle* ZWE 2007, 272 (276).

[361] A. A. *Bärmann/Merle* § 24 Rn. 160.

[362] *Elzer* MietRB 2007, 329 (331); *Sauren* ZWG 2005, 147.

[363] Für Erlass wohl h. M., u. a. *Deckert/Kappus* NZM 2007, 745, 749; *Abramenko,* Das neue WEG, § 2 Rn. 35; *Bärmann/Merle* § 24 Rn. 161.

[364] Wer dem folgt, muss die eingenommen Haltung bei Löschungen und Anmerkungen beachten. Zur Löschung einer Gerichtsentscheidung wird es dann fast nie kommen. Und auch eine Anmerkung ist fast immer überflüssig.

[365] *Abramenko/Abramenko* § 5 Rn. 134.

[366] Gegen eine Eintragung: *Drasdo* ZMR 2007, 501 (503); *Hügel* in: BeckOK WEG § 24 Rn. 19; *Hügel/Elzer,* Das neue WEG-Recht, § 8 Rn. 29; *Riecke* in: *Riecke/Schmid* § 24 Rn. 111; dafür: *Abramenko/Abramenko* § 5 Rn. 116; *Bärmann/Merle* § 24 Rn. 164; *Bielefeld* DWE 2007, 20; *Kümmel* in: *Niedenführ/Kümmel/Vandenhouten* § 24 Rn. 72.

Entscheidungen i. S. d. § 10 Abs. 4 WEG[367] noch Beschluss sind. § 10 Abs. 4 WEG enthält **keine** § 19 Abs. 3 WEG **entsprechende Anordnung,** dass ein gerichtlicher Vergleich einem Urteil „gleich steht". Zu den gerichtlichen Entscheidungen i. S. d. § 10 Abs. 4 WEG gehören daher keine vor einem Gericht geschlossenen Prozessvergleiche.[368] Vergleiche der Wohnungseigentümer untereinander oder mit Dritten sind Verträge und allenfalls, aber nicht einmal stets, Vereinbarung i. S. v. § 10 Abs. 3 WEG. Jedenfalls ein Prozessvergleich steht zwar in manchen Beziehungen einer rechtskräftigen Entscheidung gleich. Er wird damit aber nicht zu einer gerichtlichen Entscheidung, sondern bleibt allein ein Vertrag und damit ein **Rechtsgeschäft der Beteiligten.**[369] Ein Prozessvergleich als Verfahrenshandlung kann daher etwaige Sondernachfolger der am Prozessvergleich Beteiligten **nicht** nach § 10 Abs. 4 WEG als „gerichtliche Entscheidung" **binden.** Er bindet nur die an seinem Abschluss Beteiligten.

Prozessvergleiche sollten auch nicht zu reinen „Informationszwecken" in die Beschluss-Sammlung aufgenommen werden. Ihre Eintragung würde gegenüber einem Einsichtnehmenden potenziellen Sondernachfolger jedenfalls den **Anschein** einer „Bindung" an den Vergleich wecken, der nicht den Tatsachen entspricht. Die Eintragung kann wegen des Anscheins einer Bindung den Eintragenden ggf. schadensersatzpflichtig machen, nämlich dann, wenn der Einsichtnehmende die Eintragung missversteht. Gegebenenfalls ist ein Vergleich allerdings als „Kann-Inhalt" der Beschluss-Sammlung im **Bereich der Anmerkungen** zu vermerken. An dieser Stelle liegt es allerdings nahe, über den Ausgang eines Gerichtsverfahren zu berichten, auch wenn dieser nicht streitig war. Vorstellbar ist ferner, dass ein Prozessvergleich ausnahmsweise **auch** (zugleich) als **Beschluss** zu verstehen ist oder **durch** einen **Beschluss** bestätigt wird.[370] Dann ist ein Prozessvergleich allerdings als „Beschluss" nach § 24 Abs. 7 Satz 2 Nr. 1 oder Nr. 2 WEG in die Beschluss-Sammlung aufzunehmen. 1325

e) **Anmerkungen und Löschungen.** Sind ein Beschluss oder eine gerichtliche Entscheidungen entweder **angefochten** oder sogar vollständig **aufgehoben** worden, so sind die Anfechtung oder Aufhebung gem. § 24 Abs. 7 Satz 4 WEG vom Führer der Beschluss-Sammlung in der Sammlung **anzumerken.** Als „Inhalt" der Anmerkung reicht der Eintrag in der Beschluss-Sammlung aus, dass ein Beschluss oder eine gerichtliche Entscheidung angefochten sind, weil sich bereits daraus der Stand der aktuellen Beschlusslage bei einer Einsichtnahme in die Sammlung ersehen lässt. Wer Anfechtender oder Rechtsmittelführer ist, muss nicht eingetragen werden. Die Anmerkung selbst – etwa „angefochten mit Klage vom …" oder „aufgehoben durch (Zweit-)Beschluss vom" – ist unmittelbar bei dem Beschluss oder (bei einem Rechtsmittel) der gerichtlichen Entscheidung anzubringen.[371] 1326

Anmerkungen dienen der **Aktualität der Sammlung** und haben den Zweck, von der Entwicklung einer Entscheidung zu berichten. Der Einsichtnehmende soll und muss sofort erkennen können, dass ein Beschluss oder eine gerichtliche Entscheidung ihn nicht mehr, nicht mehr so oder ggf. künftig nicht mehr bindet. Nur durch die Anmerkung ist der Einsichtnehmende in der Lage, seine Dispositionen auf die Beschlusslage sachgerecht einzustellen. Als „Inhalt" der Anmerkung reicht der Eintrag in der Beschluss-Sammlung aus, dass ein Beschluss oder eine gerichtliche Entscheidung angefochten ist, weil sich daraus der Stand der aktuellen Beschlusslage bei einer Einsichtnahme in die Sammlung 1327

---

[367] OLG Zweibrücken ZMR 2001, 734; BayObLG BayObLGZ 1990, 15 (18) = NJW-RR 1990, 594 (596).

[368] OLG Zweibrücken ZMR 2001, 734 (735); BayObLGZ 1990, 15, 18 = NJW-RR 1990, 594, (596); *Drasdo* Eigentümerversammlung, Rn. 845; a. A. LG Koblenz ZMR 2001, 230; AG Mayen ZMR 2001, 228; *Becker* ZWE 2002, 429.

[369] BGH BGHZ 86, 184 (186) = NJW 1983, 996.

[370] BayObLG BayObLGZ 1990, 15 = NJW-RR 1990, 594 = WuM 1990, 318.

[371] *Elzer* MietRB 2007, 329 (331).

ersehen lässt. Wer Anfechtender oder Rechtsmittelführer ist, muss und sollte nicht eingetragen werden.

1328 Werden ein Beschluss, etwa durch einen Zweitbeschluss, oder eine gerichtliche Entscheidung **aufgehoben**, kann nach dem Gesetz auch von einer **Anmerkung abgesehen** und die ursprüngliche **Eintragung** gem. § 24 Abs. 7 Satz 5 WEG vollständig **gelöscht** werden. Die Löschung anstelle der Anmerkung soll nach den Vorstellungen des Gesetzgebers einer Unübersichtlichkeit der Sammlung vorbeugen. Zur Löschung kann bei einer Sammlung in Papierform beispielsweise der Text der Eintragung durchgestrichen und die Löschung mit einem entsprechenden Hinweis – etwa „gelöscht am ...“ – vermerkt werden. Bei einer Sammlung in elektronischer Form kann der Text vollständig entfernt werden. Neben der laufenden Nummer, die natürlich bestehen bleiben muss, ist die Löschung zu vermerken. Da es sich um eine Kann-Vorschrift handelt, ist es freilich auch zulässig, von einer Löschung ganz abzusehen. Diese Handhabung liegt nahe. Denn in der Praxis empfiehlt es sich häufig nicht, von der Möglichkeit des § 24 Abs. 7 Satz 5 WEG Gebrauch zu machen. Bei einem Wohnungseigentümer oder einem potenziellen Käufer erregt eine Löschung eher einen – meist unzulässigen – Verdacht des Versuchs der Fälschung. Wird von einer Löschung abgesehen, darf aber die durch § 24 Abs. 7 Satz 3 WEG zwingend angeordnete „Anmerkung“ nicht vergessen werden.

1329 Eine Eintragung kann gem. § 24 Abs. 7 Satz 6 WEG ferner dann **gelöscht** werden, wenn sie aus einem anderen Grund für die Wohnungseigentümer **keine Bedeutung** mehr hat. Auch diese Möglichkeit soll einer Unübersichtlichkeit der Beschluss-Sammlung vorbeugen.[372] In diesem Sinne „keine Bedeutung“ hat eine Eintragung etwa, wenn der ihr zu Grunde liegende Beschluss durch eine spätere Regelung überholt ist oder wenn er sich durch Zeitablauf erledigt hat. Für die Beurteilung kommt es maßgeblich auf die **Umstände des Einzelfalles** nach billigem Ermessen des die Sammlung Führenden an.[373] Auch von der Löschung nach § 24 Abs. 7 Satz 6 WEG sollte indes möglichst kein Gebrauch gemacht werden. Es wird selten wirklich Klarheit herrschen, ob eine Eintragung noch „Bedeutung“ hat.

1330 Dem Führer der Beschluss-Sammlung ist es von Gesetzes wegen nicht untersagt, weitere als die gesetzlich angeordneten Anmerkungen anzubringen. Solange und soweit die Übersichtlichkeit der Sammlung darunter nicht leidet, kann z. B. vermerkt werden, dass ein Beschluss mittlerweile bestandskräftig ist. Ferner kann etwa über den konsesualen Ausgang eines Rechtsstreits berichtet werden (siehe bereits Rn. 1325).

1331 f) **Unverzüglichkeit der Eintragungen.** Alle Eintragungen, Vermerke und Löschungen i. S. v. § 24 Abs. 7 S. 3 bis S. 5 WEG sind nach § 24 Abs. 7 Satz 6 WEG unverzüglich (nach § 121 Abs. 1 Satz 1 BGB also ohne schuldhaftes Zögern) zu erledigen und mit einem **Datum** zu versehen. Verstößt der Verwalter gegen diese Anordnung oder trägt er einen entstandenen Beschluss oder eine Entscheidung gar nicht ein, liegt nach § 26 Abs. 1 Satz 4 WEG ein benannter **wichtiger Grund** für seine Abberufung vor. Welcher Zeitraum als „unverzüglich“ zu verstehen ist, lässt sich – ungeachtet der Versuche des Schrifttums – nicht allgemein beschreiben.[374] Welcher Zeitraum angemessen ist, muss sich vielmehr u. a. an folgenden Prüfsteinen messen lassen:

- am Ablauf einer Eigentümerversammlung;
- der Anzahl der zu beurkundenden Beschlüsse und ihrem Umfang;
- dem Wochentag;
- dem Schluss einer Eigentümerversammlung;

---

[372] BT-Drucksache 16/887 S. 34.

[373] BT-Drucksache 16/887 S. 34.

[374] *Fritsch*, Das neue Wohnungseigentumsrecht, Rn. 567; *Hügel/Elzer* § 8 Rn. 35; a. A. *Bärmann/Merle* § 24 Rn. 143: stets am nächsten Werktag; ähnlich *Drasdo* ZMR 2007, 501 (505) und *Bielefeld* DWE 2007, 45, 46.

- der Person des Verwalters (professionellen Verwaltern wird man kürzere Zeiträume als ehrenamtlichen Verwaltern zumuten können);
- dem Informationsbedürfnis der Wohnungseigentümer;
- dem Umfang einer gerichtlichen Entscheidung.

Nach diesen Prüfsteinen kann eine Eintragung am Tag nach einer Beschlussfassung, aber auch nach mehreren Tagen noch ordnungsmäßig i. S. v. § 26 Abs. 1 Satz 4 WEG sein.[375] Um einerseits die Anforderungen an den Verwalter, vor allem den professionellen, nicht zu überspannen, andererseits aber auch dem gesetzlich geschützten Informationsinteresse gerecht zu werden, sollten Eintragungen, Vermerke und Löschungen im Zweifel und im **Regelfall drei Werktage** nach ihrem Anlass in der Beschluss-Sammlung umgesetzt sein. 1332

Eine Anfechtungsklage nach § 46 WEG ist ebenso wie die fehlende oder streitige Beurkundung des Beschlusswortlauts in der Niederschrift kein Grund, eine Beurkundung in der Beschluss-Sammlung hinauszuzögern. Probleme bei er Unverzüglichkeit können entstehen, wenn der Verwalter ausnahmsweise nicht Vorsitzender der Eigentümerversammlung war und daher ggf. gar nichts über die verkündeten Beschlüsse weiß. Das Problem verschärft sich sogar, wenn die Wohnungseigentümer dem Verwalter zu Unrecht kein Teilnahmerecht an der Eigentümerversammlung eingeräumt haben. 1333

g) Form der Beschluss-Sammlung. § 24 Abs. 7 WEG sieht bis auf die fortlaufende Eintragung und Nummerierung (Rn. 1337) ganz überwiegend davon ab, das **äußere Erscheinungsbild** der Beschluss-Sammlung vorzuschreiben. Nach Ansicht des Gesetzgebers war der „Mehrwert" einer gesetzlichen Definition gering und wäre angeblich von vielen Wohnungseigentümern als übertriebener Formalismus angesehen worden.[376] Einzel- und Streitfragen sind aus diesem Grunde und der Zurückhaltung des Gesetzes unter Berücksichtigung von Sinn und Zweck der Vorschrift zu lösen. Bei der Auslegung ist der Weg zu wählen, der dem potenziellen Erwerber von Wohnungseigentum, den Wohnungseigentümern selbst und dem Verwalter in übersichtlicher Form Kenntnis von den aktuellen Bindungen nach § 10 Abs. 4 WEG gibt.[377] 1334

Die Beschluss-Sammlung kann danach in **schriftlicher Form,** etwa als Stehordner, aber auch in **elektronischer Form** angelegt werden.[378] Welcher dieser möglichen Wege in einer Anlage beschritten wird, welche Nachteile die Wohnungseigentümer tragen wollen und welche Vorteile sie auf welche Weise bewerten, ist eine Frage des **Eigentümerermessens.**[379] Aufgabe des Verwalters ist es dabei, die Grundlagen für diese Ermessensentscheidung schaffen. Notwendig, aber auch ausreichend ist nach beiden Wegen, dass eine ungehinderte Einsicht – etwa durch einen Ausdruck – ermöglicht wird.[380] 1335

Nach den Umständen des Einzelfalls kann es zur Übersichtlichkeit angezeigt sein, ein **Inhaltsverzeichnis** anzulegen, in dem auch der Gegenstand etwa eines Beschlusses in Kurzform bezeichnet werden kann. Auch wenn es gesetzlich nicht besonders angeordnet ist, sollten Beschlüsse, die auf einer so genannten Öffnungsklausel beruhen, **optisch** hervorgehoben werden, z. B. durch **Fettdruck** im Inhaltsverzeichnis. **Leitbild** in allen Fragen ist stets, dass die Beschluss-Sammlung zweckmäßig, übersichtlich und so geführt wird, dass sie ihrem Informationszweck gerecht wird. Anzustreben ist, dass die Eintragung in 1336

---

[375] *Kümmel* in: *Niedenführ/Kümmel/Vandenhouten* § 24 Rn. 70; offen für ein flexibles Verständnis auch *Briesemeister,* WEG-Reform, VI. 4. i.; siehe ferner *Deckert/Kappus* NZM 2007, 745 (750) und *Deckert* WE 2007, 174: bis zu drei Wochen; LG München I NJW 2008, 1823 = NZM 2008, 410 hält eine Woche nicht mehr für unverzüglich.

[376] BT-Drucksache 16/887 S. 33.

[377] BT-Drucksache 16/887 S. 33.

[378] Gegen einen Datenverlust und eine drohende Haftung kann ein regelmäßiger Ausdruck sichern.

[379] A. A. *Deckert/Kappus* NZM 2007, 745, 747.

[380] Vgl. Rn. 1086.

eine Beschluss-Sammlung weitgehend „fälschungssicher“, jedenfalls gegen spätere unerkennbare Änderungen gesichert ist. Eine gesetzliche Anforderung ist diese Forderung allerdings nicht.

1337 Beschlüsse und gerichtliche Entscheidungen sind gem. § 24 Abs. 7 S. 3 WEG historisch (zeitlich) **fortlaufend einzutragen** und zu **nummerieren.** Die fortlaufende Nummer dient dabei als Indiz für die Vollständigkeit der Sammlung. Die Vergabe der Nummerierung hat in der **Reihenfolge** der Verkündung der Beschlüsse und gerichtlichen Entscheidungen zu erfolgen. Die Nummerierung darf nicht jährlich neu beginnen. Zulässig ist zum Beispiel keine Nummerierung „2007/1; 2007/2 …; 2008/1“. Eine solche Nummerierung würde es erlauben, den oder die letzten Beschlüsse eines Jahres gefahrlos – und aus der Sammlung heraus nicht erkennbar – zu entfernen. Zulässig ist auch keine Nummerierung nach bestimmten Kreisen oder „Sachgebieten“. Um die Vollständigkeit einfach, sofort und übersichtlich klären zu können, ist allein eine fortlaufende Nummerierung zulässig. Diese begegnet auch keinen praktischen Schwierigkeiten. Eine Nummerierung nach **„Gruppen“, „Themen“** usw. ist keine fortlaufende Nummerierung und **unzulässig.**[381] Vorstellbar ist allerdings, die Eintragungen innerhalb der Sammlung – vor allem in großen Anlagen – nach bestimmten Prüfsteinen (Kriterien) zu trennen, sofern nur sichergestellt ist, dass alle Eintragungen ungeachtet einer Gruppierung eine fortlaufende Nummerierung erhalten.[382]

1338 **h) Guter Glaube.** Der „gute Glaube“ in einen ggf. unrichtig, unvollständig oder verfälscht in die Beschluss-Sammlung eingetragenen Beschluss ist ebenso wenig gesetzlich geschützt, wie der Glaube daran, dass die Beschluss-Sammlung vollständig ist. Weder ein Wohnungseigentümer noch ein Erwerber können auf Grundlage der Beschluss-Sammlung auf einen bestimmten Beschluss-Stand einer Gemeinschaft **vertrauen.** Die Beschluss-Sammlung besitzt **nicht den Charakter eines Grundbuches** und auch nicht die Wirkungen des § 891 Abs. 1 BGB. Sie ist kein öffentliches Register, an das besondere Wirkungen geknüpft werden könnten oder dürften.

1339 **i) Aufgabenkreis des Verwalters.** *aa) Allgemeines.* Die Beschluss-Sammlung ist gem. § 24 Abs. 8 Satz 1 WEG **vom Verwalter** zu führen. Eintragungen, Anmerkungen und ggf. Löschungen sind seine originäre Verwaltungsaufgabe. Alle diese „Notizen“ sind anders als bei der Niederschrift allein von ihm zu fertigen. Eine „Gegen-“ oder „Mitzeichnung“, etwa durch einen Beirat, sieht das Gesetz nicht vor. Im Falle eines Verwalterwechsels ist die Beschluss-Sammlung dem neuen Verwalter bei dessen Amtsantritt auszuhändigen.[383] Einer eigenen gesetzlichen Regelung bedurfte es insoweit nicht.[384] Für das Führen der Sammlung kann der Verwalter eine zusätzliche Vergütung beanspruchen, wenn der Verwaltervertrag vor dem 1. 7. 2007 geschlossen wurde. Etwas anderes gilt für Verträge nach diesem Datum,[385] sofern keine besondere Vereinbarung getroffen wurde.

1340 *bb) Ordnungsmäßige Führung.* Ein Verwalter muss nach § 24 Abs. 7 S. 1, Abs. 8 S. 1 WEG die Beschluss-Sammlung i. S. v. § 21 Abs. 4 WEG ordnungsmäßig führen. Das Merkmal „führen“ umfasst alle mit der Anlegung der Sammlung, den Eintragungen, der Aktualisierung, der Löschung und der Einsichtnahme verbundenen Maßnahmen. Der Verwalter muss dabei die nach § 24 Abs. 7 S. 2 bis Satz 6 WEG notwendigen Eintragungen, Vermerke und Löschungen **unverzüglich**[386] erledigen und mit einem Datum verse-

---

381 *Blankenstein,* WEG-Reform 2007, 7.2.8.1.

382 *Elzer* MietRB 2007, 329 (331).

383 *Elzer* MietRB 2007, 329 (333); *Armbrüster* DNotZ 2003, 493 (504).

384 *Armbrüster* DNotZ 2003, 493 (504).

385 AG Aachen ZMR 2008, 833 (835); Zu Vergütungsfragen im Zusammenhang mit der Beschluss-Sammlung vgl. ferner *Sauren* ZfIR 2005, 152, 154; *Reichert* ZWE 2007, 388 (391 ff.).

386 Siehe dazu Rn. 1587.

hen. Der Verwalter handelt fehlerhaft und nicht ordnungsmäßig, wenn er einen Beschluss zu spät, gar nicht, falsch oder verfälscht aufnimmt.

Eine Eintragung darf vom Verwalter nicht von der „Mitarbeit" Dritter – sofern das nicht vereinbart ist – abhängig gemacht werden. Auch dann, wenn über den Wortlaut eines Beschlusses Streit besteht, muss die Eintragung des Wortlauts, den der Verwalter für zutreffend hält, unverzüglich erfolgen. Dies rechtfertigt sich ohne weiteres aus dem Gedanken, dass es auch grundsätzlich – es sei denn, es gäbe einen anderen Versammlungsleiter – allein an dem Verwalter ist, den genauen Beschlusswortlaut festzustellen und durch seine Verkündung in der Eigentümerversammlung zu fixieren. 1341

cc) Abberufung. Kommt der Verwalter seinen Aufgaben nicht ordnungsmäßig nach, vermutet das Gesetz in § 26 Abs. 1 Satz 4 WEG, dass ein **wichtiger Grund für seine Abberufung** vorliegt. 1342

dd) Haftung. Ist ein Beschluss in der Beschluss-Sammlung nicht, unvollständig, falsch oder gar nicht eingetragen, verletzt der Verwalter ggf. seine vertraglichen, sicher aber – wie § 26 Abs. 1 Satz 4 WEG zeigt – seine gesetzlichen Pflichten. Der Verwalter macht sich mithin **schadenersatzpflichtig,** wenn er in Bezug auf die Beschluss-Sammlung nicht ordnungsmäßig arbeitet.[387] Eine Schadenersatzpflicht kann ihren Grund auch darin haben, dass der Verwalter grundlos eine Einsichtnahme in die Beschluss-Sammlung verweigert. Anspruchsberechtigt ist primär der Verband Wohnungseigentümergemeinschaft,[388] dem der Verwalter allein vertraglich verbunden ist.[389] Der Verband dürfte durch eine etwaige Pflichtwidrigkeit in der Regel – es sei denn, er wäre selber Erwerber oder Inhaber von Wohnungseigentum – allerdings keinen Schaden haben. Ein Anspruch kann im Einzelfall aber daraus herrühren, dass der neue Verwalter die Beschluss-Sammlung erstmalig ordnungsmäßig herstellt oder besondere Kosten für die Datenmigration in Rechnung stellt.[390] Neben vertraglichen Ansprüchen kommen als Haftungsgrundlage gesetzliche aus §§ 280 Abs. 1, 241 Abs. 2 oder §§ 280 Abs. 1, 241 Abs. 2, 311 Abs. 2 Nr. 3, Abs. 3 BGB in Betracht. Dass der Verwalter in besonderem Maße Vertrauen für sich in Anspruch nimmt und dadurch die Vertragsverhandlungen oder den Vertragsschluss erheblich beeinflusst, ist eher zweifelhaft. Dass der Verwalter seine gesetzlichen Pflichten verletzt, wenn der die Beschluss-Sammlung nicht ordnungsmäßig führt, erscheint indes offensichtlich und ausreichender Haftungsgrund gegenüber den Wohnungseigentümern und dem – wohl nicht geschädigten – Verband. 1343

Vorrangige Anspruchsgrundlage eines Wohnungseigentümers gegen den Verwalter ist jedenfalls ein Anspruch wegen **Verletzung** der **Pflichten aus dem Amtswalterrechtsverhältnis.**[391] Dieser Anspruch steht nach § 27 Abs. 1 WEG nicht nur dem Verband, sondern auch den einzelnen Wohnungseigentümern zu. Ob einem Wohnungseigentümer, etwa bei Verkauf seiner Wohnung oder bei einer Baumaßnahme, der ein nicht in die Sammlung aufgenommener Beschluss entgegensteht, gegen den Verwalter hingegen auch ein **vertraglicher Schadenersatzanspruch** zusteht, bemisst sich daran, ob der Verwaltervertrag drittschützend ist. Vorstellbar ist einerseits, den Verwaltervertrag als echten Vertrag zu Gunsten Dritter (nämlich der einzelnen Wohnungseigentümer) einzuordnen.[392] 1344

---

387 *Elzer* MietRB 2007, 329 (333); *Fritsch,* Das neue Wohnungseigentumsrecht, Rn. 587 ff.; *Bärmann/Merle* § 24 Rn. 146.

388 *Merle* GE 2007, 636; NK-*Schultzky* § 24 Rn. 28.

389 OLG Düsseldorf ZMR 2007, 56 = NJW 2007, 161 = MietRB 2007, 44; OLG Hamm ZMR 2006, 633 = WuM 2006, 582 = FGPrax 2006, 153; *Häublein* ZWE 2008, 1, 2; *Hügel/Elzer* § 3 Rn. 47.

390 Vgl. *Elzer* WE 2007, 198.

391 Siehe dazu *Häublein* ZWE 2008, 80 (81); *Hügel/Elzer* § 8 Rn. 45; allgemein *Jacoby,* Das private Amt, § 16 A.

392 OLG München NJW 2007, 227; OLG München NZM 2006, 934; *Riecke/Schmid/Abramenko* § 26 Rn. 37.

Durch einen solchen Vertrag erwirbt der Dritte gem. § 328 Abs. 1 BGB unmittelbar das Recht, Leistung zu fordern. Die Wohnungseigentümer hätten dann unmittelbare Leistungs-, selbstverständlich bei Pflichtverletzungen aber auch Sekundäransprüche gegen den Verwalter. Vorstellbar ist es auch, den Verwaltervertrag im Zweifel nur als Vertrag mit Schutzwirkung zu Gunsten Dritter zu verstehen.[393] Hierin liegt eine deutlich schwächere Stellung. Der Drittschutz erstreckt sich zwar nicht nur auf Körper-, sondern auch auf Sach- und Vermögensschäden. Allerdings ist bei der Prüfung, ob auch diese Schäden in den Schutz des Vertrags einzubeziehen sind, ein strenger Maßstab anzulegen. Außerdem ist der Drittschutz vom Hauptvertrag abhängig.

1345 Eine Haftung des Verwalters **gegenüber einem Dritten**, etwa einem Erwerber, der Einsicht in die Beschluss-Sammlung nimmt, scheidet nach herrschender Meinung in der Regel aus, weil der Verwalter zur Führung der Beschluss-Sammlung nur den Wohnungseigentümern, aber nicht Dritten gegenüber verpflichtet ist.[394] Gegebenenfalls kann aber der verkaufende Wohnungseigentümer vom Erwerber wegen eines Rechtsmangels in Anspruch genommen werden. Ob sich ein Verkäufer insoweit ein Fehlverhalten des Verwalters „anrechnen" lassen muss, ist allerdings zweifelhaft. Auf der Sekundärebene, zum Beispiel beim Rücktritt, mag dies anders sein. Hier wird der Erwerber unter Umständen auf den Inhalt der Sammlung vertrauen und diese als vereinbarte Beschaffenheit der Kaufsache begreifen dürfen.

1346 **j) Führung der Beschluss-Sammlung durch Dritte.** *aa) Gewillkürte Führer.* Soweit die Wohnungseigentümer es wünschen, dass ein **Dritter** die Beschluss-Sammlung führt – etwa ein Notar oder ein Rechtsanwalt, aber auch ein anderer Wohnungseigentümer, etwa der Beiratsvorsitzende – ist dies ohne Weiteres **vereinbar**. Ein entsprechender Beschluss wäre hingegen mangels Kompetenz nichtig.[395] Vereinbart werden kann auch, dass der Verwalter vor einer Eintragung mit dem Beirat oder anderen **Rücksprache** nehmen muss. Der andere i. S. v. § 24 Abs. 8 Satz 2 Halbsatz 2 WEG kann ein Wohnungseigentümer, aber auch jeder Dritte – zum Beispiel ein Rechtsanwalt – sein. Nicht geregelt ist, was gilt, wenn ein Unberechtigter die Beschluss-Sammlung führt – und gegebenenfalls manipuliert. Hier sind vor allem Ansprüche aus §§ 823 ff. BGB, ggf. aber auch wieder solche aus dem die Wohnungseigentümer verbindenden Gemeinschaftsverhältnis i. V. m. §§ 280 Abs. 1 Satz 1, 241 BGB vorstellbar.

1347 *bb) Vorsitzender der Wohnungseigentümerversammlung.* Sofern die Wohnungseigentümer keinen Verwalter bestellt haben oder wenn ein Verwalter aus anderen Gründen fehlt und auch ein Dritter nicht bestellt wurde, ist nach § 24 Abs. 8 Satz 2 Halbsatz 1 WEG grundsätzlich der **Vorsitzende der Wohnungseigentümerversammlung** i. S. v. § 24 Abs. 5 WEG verpflichtet, die Beschluss-Sammlung zu führen. Hat ein Dritter nur die Eigentümerversammlung geleitet, gibt es aber einen Verwalter, so muss dieser die Beschluss-Sammlung führen. Daraus, dass der Verwalter die Eigentümerversammlung nicht geleitet hat, lässt sich nicht ableiten, dass nunmehr auch der Vorsitzende der Eigentümerversammlung die Beschluss-Sammlung führen muss.

1348 Unklar ist, ob der Vorsitzende der Eigentümerversammlung **nur verpflichtet** ist, die Beschlüsse zu sammeln, die in der von ihm geleiteten Versammlung getroffen wurden, oder ob er darüber hinaus auch dafür zuständig ist, für schriftliche Beschlüsse sämtliche gerichtliche Entscheidungen und Beschlüsse, die in anderen Eigentümerversammlungen gefasst worden sind, zu sammeln. Da sich die Funktion des gekorenen Versammlungslei-

[393] OLG Düsseldorf ZMR 2007, 56 (57) = MietRB 2007, 44 (45); siehe auch *Häublein* ZWE 2008, 1 (6).

[394] *Abramenko,* Das neue WEG, § 2 Rn. 87; *Merle* GE 2007, 636; *Merle* ZWE 2007, 272, 274; NK-*Schultzky* § 24 Rn. 28; a. A. *Reichert* ZWE 2007, 388 (393); *Fritsch,* Das neue Wohnungseigentumsrecht, Rn. 588. Siehe auch *Bärmann/Merle* § 24 Rn. 146, der erwägt, dem Verwaltervertrag eine Schutzwirkung für Dritte beizumessen.

[395] A. A. *Merk* JWE 2007, 273; *Abramenko/Abramenko* § 5 Rn. 137.

ters grundsätzlich auf eine einzige Versammlung beschränkt, liegt es nahe anzunehmen, dass er auch nur die Beschlüsse dieser Versammlung sammeln muss. Wer die anderen Beschlüsse und gerichtlichen Entscheidungen in diesem Falle sammeln muss, ist daher unsicher.

Welche Rechte und Möglichkeiten der Vorsitzende besitzt, eine gegebenenfalls bereits **1349** geführte Sammlung zu erhalten und dann zu vervollständigen, ist ungeregelt geblieben. Nahe liegt es, ihm insoweit einen Herausgabeanspruch einzuräumen. Gesetzlich ungeregelt geblieben ist ferner, was gilt, wenn der Vorsitzende seine Pflichten vernachlässigt. Hier liegen – jedenfalls gegenüber den Wohnungseigentümern – Schadensersatzansprüche nach §§ 280, 241 BGB i.V.m. dem die Wohnungseigentümer verbindenden Gemeinschaftsverhältnis nahe – sofern der Vorsitzende der Wohnungseigentümerversammlung selbst Wohnungseigentümer ist.

k) Einsichtnahme in die Beschluss-Sammlung. *aa) Wohnungseigentümer.* Einem Woh- **1350** nungseigentümer ist nach § 24 Abs. 7 S. 8 WEG auf sein mündliches, schriftliches oder auf andere Weise vorgetragenes Verlangen **Einsicht** in die Beschluss-Sammlung zu geben. Ein Recht auf Herausgabe der Beschluss-Sammlung besteht – wie auch für andere Verwaltungsunterlagen[396] – hingegen nicht.[397] Ein besonderes berechtigtes Interesse an der Einsicht braucht der Wohnungseigentümer nicht nachzuweisen. Die Gelegenheit einer vom Verwalter zu ermöglichenden Einsichtnahme in die Verwaltungsunterlagen entspricht bereits der bisher herrschenden Meinung wegen einer Einsichtnahme in andere Verwaltungsunterlagen und würde auch ohne ausdrückliche gesetzliche Regelung aus §§ 675, 666 BGB folgen.[398] Der Verband und den Verwalter bei entgeltlicher Verwaltertätigkeit verbindende Verwaltervertrag ist nämlich als ein auf eine Geschäftsbesorgung gerichteter Dienstvertrag zu verstehen.[399] Bei unentgeltlicher Tätigkeit ist von einem Auftragsverhältnis gem. §§ 662ff. BGB auszugehen. Auch dann ist § 666 BGB anwendbar.

Im Rahmen der Einsichtnahme hat der Wohnungseigentümer Anspruch auf Fertigung **1351** und Aushändigung von Fotokopien,[400] da es ihm in der Regel nicht zugemutet werden kann, handschriftlich Abschriften zu fertigen.[401] Die Kosten der Ablichtungen sind dem Verwalter zu erstatten; hierüber sollte nach § 21 Abs. 7 WEG beschlossen werden. Der Fertigung und Aushändigung von Fotokopien steht nicht entgegen, dass ein Mieter grundsätzlich keinen Anspruch auf Überlassung von Fotokopien hat, auch nicht gegen eine Kostenerstattung.[402] Jedenfalls ein Eigentümer muss die Möglichkeit besitzen, unproblematisch auch ortsfern sich über die Verwaltung seines Eigentums zu informieren. Die Rechtslage ist für einen Wohnungseigentümer insbesondere anders, wenn das Wohnungseigentum vermietet ist und er selbst einem Mieter Rechenschaft schuldet. Für die Frage, ob und wie viele Kopien verlangt werden können, können im Einzelfall die räumliche Entfernung des Berechtigten vom Ort der möglichen Einsichtnahme und die Zumutbarkeit einer Anreise wichtig sein. Außerdem ist auf die Anzahl der geforderten Kopien sowie der mit einem Kopieren verbundene Zeitaufwand zu berücksichtigen. Wird die Beschluss-Sammlung elektronisch geführt, besteht ein Anspruch auf einen Ausdruck. Seine Grenze findet das Recht auf Kopien (Ausdruck) im Schikane- und Missbrauchsverbot nach §§ 226, 242 BGB.[403]

---

[396] BayObLG ZMR 2004, 443 (445) = MietRB 2004, 171.

[397] *Abramenko,* Das neue WEG, § 2 Rn. 91.

[398] Siehe dazu BayObLG ZMR 2000, 687 (688) m.w.N.

[399] BGH ZMR 1997, 308 (310); BGH NJW-RR 1993, 1227 (1228).

[400] *Fritsch,* Das neue Wohnungseigentumsrecht, Rn. 572; *Riecke* in: *Riecke/Schmid* § 24 Rn. 138.

[401] Vgl. allgemein OLG München MDR 2007, 769 = MietRB 2007, 233; BayObLG NJW-RR 2000, 1466f.; OLG Hamm NZM 1998, 724 = ZMR 1998, 586; *Merle* GE 2007, 636 (638).

[402] Dazu BGH ZMR 2006, 358 (361).

[403] OLG München MDR 2007, 769 = MietRB 2007, 233; BayObLG ZMR 2004, 839; OLG Hamm NZM 1998, 724 = ZMR 1998, 586.

1352 Das Gesetz bestimmt nicht, wo die Einsichtnahme in die Beschluss-Sammlung ermöglicht werden muss. Im Grundsatz gilt gem. § 269 BGB, dass Verwaltungsunterlagen in den Räumen der Verwaltung vorgelegt werden müssen.[404] Hat der Verwalter seinen **Sitz weit entfernt** von der Wohnungseigentumsanlage, so haben die Eigentümer ausnahmsweise auch Anspruch darauf, in die Verwaltungsunterlagen am Sitz der Wohnungseigentumsanlage Einsicht zu nehmen. Wird die Beschluss-Sammlung elektronisch geführt, ist in diesem Falle ein Ausdruck vorzulegen. Wird die Beschluss-Sammlung elektronisch geführt, ist vorstellbar, eine Einsichtnahme wie beim elektronischen Grundbuch „online" zu ermöglichen. In größeren Anlagen ist dies sogar anzustreben, um den Aufwand für alle Beteiligen klein zu halten.

1353 Die Einsichtnahme hat, um die Kosten der Verwaltung gering zu halten, grundsätzlich im Zusammenhang mit einer Wohnungseigentümerversammlung zu erfolgen. Wird die Einsichtnahme unabhängig von einer Versammlung verlangt, muss der die Einsichtnahme fordernde Wohnungseigentümer ein besonderes rechtliches Interesse für das außerordentliche Einsichtsverlangen darlegen, z. B. seinen Willen, sein Wohnungseigentum zu veräußern oder sich wegen einer Baumaßnahme über den aktuellen Beschluss-Stand zu versichern.

1354 *bb) Dritte.* Einem Dritten, den ein Wohnungseigentümer zur Einsichtnahme in die Beschluss-Sammlung „ermächtigt" hat, ist nach § 24 Abs. 7 Satz 8 WEG auf sein Verlangen Einsicht zu geben. Der ermächtigte „Dritte" wird in der Regel ein **Erwerbsinteressent** sein. Vorstellbar ist aber auch ein Rechtsanwalt, der einen Wohnungseigentümer berät oder einfach ein Freund eines Wohnungseigentümers. Der Begriff „Ermächtigung" ist i. S. einer Vollmacht gem. § 167 Abs. 1 BGB zu verstehen. Bestehen an der Ermächtigung Zweifel, kann der Führer der Beschluss-Sammlung – grundsätzlich der Verwalter – eine Vollmachtsurkunde verlangen.

1355 Will ein Dritter Wohnungseigentum ersteigern, ist noch streitig, ob dieser in die Sammlung ausnahmsweise auch **ohne Ermächtigung** Einblick nehmen kann.[405] Einige Autoren vertreten die Ansicht, dass mit Blick auf § 10 Abs. 4 WEG auch dieser in die Beschluss-Sammlung Einsicht nehmen können muss. Einer „Ermächtigung" des Wohnungseigentümers, dessen Wohnungseigentum versteigert wird, bedürfe es in diesem Falle nach Sinn und Zweck des § 24 Abs. 7 WEG nicht.[406] Zur Begründung wird ferner geltend gemacht, dass dieser Fall vom Gesetzgeber übersehen wurde und § 24 Abs. 7 Satz 8 WEG teleologisch zu reduzieren sei. Andere machen demgegenüber geltend, dass der Fall bewusst ungeregelt geblieben sei und der Dritte daher kein originäres,[407] allenfalls ein abgeleitetes Einsichtsrecht besäße.[408] Hinweise auf eine bewusste Lücke finden sich in den Materialien indes nicht.

1356 *cc) Durchsetzung.* Weigert sich der Führer der Beschluss-Sammlung, eine zu Recht verlangte Einsichtnahme zu gewähren, kann er vor dem Wohnungseigentumsgericht nach § 43 Nr. 1 oder Nr. 3 WEG bzw. – wenn ein Dritter die Sammlung zulässiger Weise führt – analog dieser Vorschriften auf Gewährung der Einsichtnahme verklagt werden. Im Einzelfall ist auch eine einstweilige Verfügung (Regelungsverfügung) nach §§ 935, 940 ZPO möglich. Die Vollstreckung findet nach § 888 ZPO statt.[409]

---

404 OLG München NZM 2006, 512; OLG Köln OLGReport Köln 2001, 220 (221); OLG Hamm NZM 1998, 723 = ZMR 1998, 586; BayObLG WE 1989, 146; OLG Karlsruhe MDR 1976, 758.

405 Siehe dazu z. B. *Riecke* in: *Riecke/Schmid* § 24 Rn. 137.

406 *Hügel/Elzer* § 8 Rn. 53.

407 *Drasdo* ZMR 2007, 501 (507); *Merle* GE 2007, 636 (639); *Kümmel* in: *Niedenführ/Kümmel/Vandenhouten* § 24 Rn. 79; *Abramenko*, Das neue WEG, § 2 Rn. 90; *Abramenko/Abramenko* § 5 Rn. 176.

408 *Abramenko,* Das neue WEG, § 2 Rn. 90; *Bärmann/Merle* § 24 Rn. 178.

409 *Abramenko,* Das neue WEG, § 2 Rn. 94; *Fritsch,* Das neue Wohnungseigentumsrecht, Rn. 596.

l) Die Beschluss-Sammlung als Beweismittel. Ist zwischen den Wohnungseigentümern in einem gerichtlichen Verfahren streitig, ob und/oder mit welchem Inhalt in einer Eigentümerversammlung ein Beschluss gefasst worden ist, lässt sich fragen, welcher **Beweiswert** der Beschluss-Sammlung für streitige Tatsachen beizumessen ist. Nach dem Kanon der möglichen Beweismittel kann die Beschluss-Sammlung allenfalls Urkunde, gegebenenfalls – sofern sie nicht elektronisch geführt wird – eine Privaturkunde i. S. v. § 416 ZPO sein. 1357

Diese Einordnung rechtfertigt es indes nicht, die Beweisregel des § 416 ZPO[410] oder eine andere „gesetzliche" Beweisregel anzuwenden. Die Beschlüsse werden nicht vom Verwalter i. S. d. § 416 ZPO „abgegeben". Auf die Beschluss-Sammlung kann als Beweiserleichterung ggf. aber der **Erfahrungssatz der Vollständigkeit und Richtigkeit einer Urkunde** angewandt werden. Zwar werden von diesem Erfahrungssatz vor allem solche Urkundenbestandteile erfasst, die vorher zwischen den Parteien des Rechtsstreits „ausgehandelt" wurden, das „Vereinbarte" sind und also die übereinstimmenden Willenserklärungen repräsentieren. Der Erfahrungssatz erfasst möglicher Weise aber auch „tatsächliche" Bestandteile einer Vertragsurkunde, die Wissenserklärungen.[411] Insoweit genießt die Beschluss-Sammlung auch eine „negative Publizität" i. S. v. § 314 ZPO. Wird in ihr mithin ein Beschluss nicht beurkundet, ist dies jedenfalls ein Hinweis darauf, dass es diesen Beschluss auch nicht gibt. 1358

Der Erfahrungssatz der Vollständigkeit und Richtigkeit einer Urkunde ist etwa erschüttert, wenn in der Niederschrift ein anderer Beschlussinhalt fixiert ist als in der Beschluss-Sammlung. 1359

m) Korrektur unrichtiger Beurkundungen. *aa) Allgemeines.* Jedenfalls der Verwalter oder ein anderer Verfasser der Sammlung hat ohne Bindung an Fristen, aber ggf. nach Anhörung der Wohnungseigentümer,[412] das Recht, Beurkundungsfehler selbstständig zu korrigieren; auch eine Löschung unter Beibehaltung der laufenden Nummer kommt in Betracht. Streitig ist hingegen, ob auch die Wohnungseigentümer – jedenfalls in ihrer Gesamtheit – für eine Korrektur zuständig sind. Während einige eine Zuständigkeit mit Blick auf die Rechtslage bei der Niederschrift verneinen,[413] halten andere auch die Wohnungseigentümer für zuständig.[414] 1360

bb) Anspruch auf Berichtigung. Ist eine Eintragung in der Beschluss-Sammlung falsch – als Fehler kommen neben Schreibfehlern etwa auch die Löschung unzulässiger oder die Ergänzung unvollständiger oder unzutreffender Einträge in Betracht –, besitzt jeder Wohnungseigentümer einen aus § 21 Abs. 4 WEG folgenden Anspruch auf Berichtigung.[415] Erfüllt der Verpflichtete einen Berichtigungsanspruch nicht freiwillig, kann jeder Berechtigte den jeweiligen Führer der Beschluss-Sammlung gerichtlich in einem Verfahren nach § 43 Nr. 1 oder Nr. 3 WEG auf „Berichtigung" in Anspruch nehmen.[416] Im 1361

---

[410] Nach § 416 ZPO begründet eine vom „Aussteller" unterschriebene Privaturkunde vollen Beweis dafür, dass die in ihr enthaltene Erklärungen von den Ausstellern abgegeben sind.

[411] Dazu ausführlich *Elzer* JR 2006, 447 (448 f.).

[412] *Abramenko,* Das neue WEG, § 2 Rn. 68; a. A. *Bärmann/Merle* § 24 Rn. 172.

[413] Dazu *Jennißen/Elzer* § 24 Rn. 124. Den Eigentümern fehlt es an einer Zuständigkeit für die Abfassung und damit auch für die Berichtigung einer Niederschrift, vgl. BayObLG ZMR 2002, 951 = NJW-RR 2002, 1667.

[414] *Abramenko,* Das neue WEG, § 2 Rn. 75; *Kümmel* in: *Niedenführ/Kümmel/Vandenhouten* § 24 Rn. 77; *Bärmann/Merle* § 24 Rn. 174.

[415] *Fritsch,* Das neue Wohnungseigentumsrecht, Rn. 592; *Abramenko,* Das neue WEG, § 2 Rn. 72 ff.

Zur Niederschrift vgl. KG MDR 1989, 742 = WuM 1989, 347; *Becker* ZMR 2006, 489; *Abramenko* ZMR 2003, 245 (247); *Kümmel* MietRB 2003, 58 (58 f.).

[416] *Bärmann/Merle* § 24 Rn. 175; zur Niederschrift siehe BayObLG ZMR 2002, 951 (951 f.) = NJW-RR 2002, 1667; OLG Hamm MDR 1985, 502 = OLGZ 1985, 147; *Becker* ZMR 2006, 489; *Abramenko* ZMR 2003, 245 (247).

Berichtigungsverfahren hat das Gericht zu klären, ob eine Tatsache unrichtig oder zu Unrecht beurkundet worden ist. Es hat dazu etwa als Vorfrage einen richtigen Beschlussinhalt festzustellen. Ggf. ist – vor allem durch eine Zeugeneinvernahme – Beweis zu erheben. Der Grundsatz, dass Eigentümerbeschlüsse „aus sich heraus", objektiv und normativ, auszulegen sind,[417] steht einer solchen Beweiserhebung über den Beschlussinhalt nicht entgegen, wenn unter den Beteiligten strittig ist, ob das in der Niederschrift Verlautbarte mit dem tatsächlich Beschlossenen übereinstimmt.[418] Die Feststellungslast für einen anderen als den protokollierten abweichenden Beschlussinhalt trägt nach den allgemeinen Regelungen derjenige, der eine abweichende Beschlussfassung behauptet. Der Berichtigungsvermerk der Unterzeichnenden kann entsprechend § 894 Abs. 1 Satz 1 ZPO durch eine rechtskräftige gerichtliche Entscheidung ersetzt werden, die die Unterzeichner zur Protokollberichtigung verpflichtet.

1362 *cc) Berichtigung der Berichtigung.* Im Einzelfall vorstellbar ist, dass eine Berichtigung unrichtig ist. In diesem Falle kann die Berichtigung wieder berichtigt werden. Ferner besteht ein Anspruch aus § 21 Abs. 4 WEG auf Berichtigung.

1363 n) **Kostentragung nach § 49 Abs. 2 WEG.** Beurkundet der Verwalter einen Beschluss in der Beschluss-Sammlung falsch, verfälscht oder unvollständig und kommt es aus diesem Grunde zu einer Anfechtungsklage, können dem Verwalter als Veranlasser des Rechtsstreits die Kosten nach § 49 Abs. 2 WEG auferlegt werden.

1364 o) **Abdingbarkeit.** Die Wohnungseigentümer können – und sollten – zu den gesetzlichen Bestimmungen durch Vereinbarung **ergänzende Anordnungen** zur Beschluss-Sammlung treffen. Auch ein Beschluss ist möglich, sofern nicht vom gesetzlichen Inhalt abgewichen wird, vgl. auch § 24 Abs. 8 S. 2 WEG. Nach Sinn und Zweck einer Beschluss-Sammlung ist hingegen davon auszugehen, dass ihre Führung **nicht** völlig **disponibel** ist und weder durch einen Beschluss noch durch eine Vereinbarung abdingbar ist.[419]

4. Technische Verwaltung

1365 a) **Aufgaben des Verwalters.** Der Wohnungseigentumsverwalter hat im Rahmen der ordnungsmäßigen Verwaltung den technisch einwandfreien Zustand es von ihm zu verwalteten Gebäudes sicher zu stellen. Hierbei obliegt es ihm, unter Zuhilfenahme geeigneter Fachleute, die erforderlichen Instandhaltungs- und -setzungsmaßnahmen zur Erhaltung des gemeinschaftlichen Eigentums zu eruieren. Eine eigene technische Planungs- und/oder Ausführungskompetenz muss der Verwalter nicht besitzen.

1366 Vielmehr beschränkt sich seine eigentliche Kernaufgabe auf die Erfassung von sichtbaren oder gemeldeten Mängeln. Anschließend hat der Verwalter eine Katalogisierung der Mängel nach Dringlichkeit vorzunehmen und der Gemeinschaft Vorschläge für deren Beseitigung zu machen. Ob und inwieweit hierfür die Einberufung einer Eigentümerversammlung erforderlich ist, hängt letztlich von den zu erwartenden Gesamtkosten ab. Enthält der **Verwaltervertrag** keine entsprechende Ermächtigung des Verwalters, ggf. mit Genehmigung der Mitglieder des Verwaltungsbeirats, bis zu einer bestimmten Höhe, Aufträge für das Gemeinschaftseigentum zu erteilen, so ist zwingend ein hierüber zu befindender Beschluss herbei zu führen. Etwas anderes gilt nur für dringende Fälle, die der Verwalter nach dem § 27 Abs. 1 Nr. 3 WEG unverzüglich und eigenständig zu beauftragen hat.

---

[417] Vgl. z. B. OLG Frankfurt vom 17. 4. 2008 – 20 W 13/07.

[418] BayObLG BayObLGReport 2004, 97.

[419] *Reichert* ZWE 2007, 388 (389); *Hügel* in: BeckOK WEG § 24 Rn. 1; *Fritsch,* Das neue Wohnungseigentumsrecht, Rn. 559; *Jennißen*/Elzer § 24 Rn. 205; a. A. *Deckert/Kappus* NZM 2007, 745 (746); *Saurer* ZfIR 2009, 152 f.; *Bärmann/Merle* § 24 Rn. 135.

Besondere Dringlichkeit ist jedoch nur dann gegeben, wenn die Einberufung bzw. Abhaltung einer Eigentümerversammlung nicht mehr zu vertreten ist. Auch gilt diese so genannte Notkompetenz des Verwalters nur für diese Maßnahmen, die der reinen Schadensminderung dienen. Weitgehende Sanierungen ohne vorherige Beschlussfassung der Eigentümer sind von der Bestimmung des § 27 Abs. 1 Nr. 3 WEG nicht gedeckt. Dringt beispielsweise Wasser durch eine defekte Flachdacheindichtung in die oberste Wohnung, so muss der Verwalter unverzüglich die Reparatur beauftragen. Die komplette Erneuerung der Dacheindichtung, auch wenn diese technisch sinnvoll erscheint, muss jedoch zunächst in einer Eigentümerversammlung genehmigt werden. 1367

Jeder Eigentümer ist verpflichtet etwaige Gefahren oder erkannte Mängel sofort der Verwaltung zu melden. Ferner besteht im konkreten Notfall für den Eigentümer ein eigener sofortiger Handlungszwang im Zuge der **Notgeschäftsführung** gemäß § 21 Abs. 2 WEG. 1368

b) Technische Bestandsaufnahme. Da sich der Verwalter aber nicht darauf verlassen kann, dass mögliche Gefahrenquellen schon eigentümerseits erkannt bzw. im Notfall beseitigt werden, ist es für den Verwalter ratsam, sein eigenes Checksystem für die **Gebäudesicherheit** abgestimmt auf die individuellen Begebenheiten einer jeden Liegenschaft aufzubauen. 1369

Es empfiehlt sich daher in unmittelbarer zeitlicher Nähe zu dem Bestellungszeitpunkt, eine umfassende Objektbegehung durchzuführen. Für diese Erstbegehung, in deren Verlauf sich der Verwalter einen groben Überblick über das äußerer Erscheinungsbild der einzelnen Bauteile verschafft, sollte sich nicht länger als **eine Woche** Zeit gelassen werden. 1370

Gleichzeitig erfährt der Verwalter auf diesem Wege, über welche technischen Einrichtungen die Gemeinschaft augenscheinlich verfügt. Hierzu können im Einzelnen zählen: 1371
- Aufzug,
- Rauchabzugsanlage,
- Feuerlöscher,
- Beleuchtung,
- Doppelparker,
- Elektr. Rolltor,
- Pumpen,
- Öltank/Gasbrenner sowie
- Schwimmbad.

Ebenfalls von großer Bedeutung sind vorhandene Wartungsbücher. Es ist daher streng darauf zuachten, dass diese mit den übrigen Verwaltungsunterlagen übergeben und zudem auch vollständig, d. h. fortlaufend, lückenlos geführt wurden. Fehlen Wartungsbücher oder sind diese nur unvollständig geführt, muss der Vorverwalter unverzüglich aufgefordert werden, die fehlenden Unterlagen/Daten zu liefern. Parallel empfiehlt es sich, das jeweilige Wartungsunternehmen anzuschreiben, um ggf. direkt von dort die ausstehenden Informationen zu erhalten. 1372

Besonders wichtig ist die Einordnung der festgestellten Mängel in die zwei Hauptkriterien: 1373
- unverzüglich zu veranlassen sowie
- zunächst Beschluss der Eigentümer abwarten.

Es ist durchaus nachvollziehbar, warum gerade ein neuer Verwalter dazu geneigt sein kann, bestimmte Arbeiten eben nicht sofort zu veranlassen. Schließlich sind mit einer Auftragsvergabe grundsätzlich Kosten verbunden, die einem bei den Eigentümern ein negatives Image einbringen können. Hier sollte aber im eigenen Interesse keine kurzsichtigen Entscheidungen getroffen werden. 1374

Vielmehr muss der Verwalter mit dem oft zitierten „Fingerspitzengefühl“ und unter Einbindung des Verwaltungsbeirates sensibel vorgehen. Letztendlich ist es nach 1375

h. R. M die unmittelbare Pflicht des Verwalters, für die Beseitigung zumindest alle offenkundigen Gefahrenherde eines von ihm verwalteten Grundstücks oder Gebäudes zu sorgen.

1376 In folgenden Bereichen können u. a. Gefahren auftreten:
- Fehlende Beleuchtung der Gemeinschaftsanlage,
- Unebenheiten des Grundstücksbodens,
- Nicht ausreichende Absicherung des Gemeinschaftsspielplatzes,
- Defekte Spielgeräte,
- Offene Lichtschächte, Gruben etc.,
- Giftige Grundstücksbepflanzung,
- Fehlende Dachlawinenabsicherung,
- Lose Dachziegel/Treppenstufen,
- Unbefestigte Handläufe,
- Nicht standsichere Geländer.

1377 c) **Mängelbeseitigung.** Bei derart offensichtlich festgestellten Mängeln, muss der Verwalter deren Beseitigung selbstverständlich unverzüglich veranlassen.

1378 Bei anderen Mängelpunkten, die kein unmittelbares Gefahrenpotential darstellen, ist es Aufgabe des Verwalters diesen Sachverhalt für die nächste Eigentümerversammlung entsprechend aufzubereiten. (§ 23 Abs. 2 WEG). Dabei sind die im Verwaltervertrag oder anderweitig beschlossenen Höchstgrenzen ebenfalls zu beachten. Erkennt der Verwalter einen erhöhten Kostenaufwand für die reinen Planungs- und Ausschreibungsmaßnahmen, so ist hierüber zunächst genehmigend von der Eigentümergemeinschaft zu entscheiden.

1379 Von einem Verwalter ist auch die technische Detailprüfung der Einrichtungen eines Gebäudes nicht zu erwarten. Neben einer einfachen optischen Überprüfung verbleibt in der Regel nur eine Funktionsprüfung (z. B. TG-Rolltor).

1380 Daher ist für den Verwalter um so wichtiger sich Kenntnis darüber zu verschaffen, welche Wartungsverträge für die technischen Einrichtungen des Gebäudes tatsächlich existieren.

1381 Hierbei ist besonders darauf zu achten, ob
- die Verträge noch Gültigkeit besitzen,
- alle Einrichtungen im aktuellen Zustand abgedeckt sind,
- die letzte Wartung turnusgemäß erfolgte und
- evtl. im Prüfbericht genannte Mängel behoben wurden.

1382 d) **Kostenanalyse.** Die Auswertung der Wartungsverträge eignet sich ideal, um einen Überblick über die Kostenstruktur des Objektes im technischen Bereich zu erlangen. Anhand von Vergleichszahlen und Erfahrungswerten aus anderen Objekten des eigenen Bestandes, können so enorme Einsparungspotentiale entdeckt werden.

1383 Es ist für jeden Verwalter jedoch allein schon aus **haftungstechnischen Gründen** zwingend erforderlich, **eine** umfangreiche Bestandsaufnahme der übernommen Liegenschaft durchzuführen und auch fortlaufend gewissenhaft zu protokollieren. Nur so kann der Verwalter im Schadensfall gegen ihn gerichteten Haftungsansprüchen wirksam entgegentreten.

1384 e) **Sanierungsverweigerung.** Lehnen Eigentümergemeinschaften, meist aus Gründen mangelnder Liquidität, die Ausführung technisch notwendiger Sanierungsarbeiten ab, so können Schadensersatzansprüche entstehen. Diese erwachsen denjenigen Eigentümern gegen die Sondereigentümer, die die erforderlichen Sanierungsmaßnahmen verhindert haben. Jeder Wohnungseigentümer ist verpflichtet, an einer ordnungsmäßigen Verwaltung mitzuwirken. Hierzu gehört letztlich auch die Pflicht zur Instandhaltung oder Instandsetzung des Gemeinschaftseigentums. Stimmen Wohnungseigentümer gegen die objektiv notwendige Sanierung des Gemeinschaftseigentums und wird die Maßnahme deshalb mehrheitlich abgelehnt, kommen Schadensersatzansprüche der anderen Eigentümer in Betracht.[420]

Darüber hinaus schuldet jeder Wohnungseigentümer die Durchführung erforderlicher Maßnahmen am gemeinschaftlichen Eigentum. Notfalls ist es die Pflicht eines jeden Eigentümers die benötigten Finanzmittel im Rahmen einer Sonderumlage beizusteuern. Kommt ein Sonderumlagenbeschluss nicht zu Stande oder wird die Zahlungsanforderung weitgehend verweigert, mangelt es an der tatsächlichen Liquidität der Gemeinschaft. Werden dann aus Gründen **finanzieller Knappheit** falsche oder nur ungeeignete Sanierungsmaßnahmen durchgeführt, kann auch dies zu einer Schadensersatzpflicht derjenigen führen, die eine fachgerechte Sanierung abgelehnt oder die Finanzierung der eigentlich technisch notwendigen Maßnahmen verhindert haben.[421] 1385

Ferner ist die der Wohnungseigentümergemeinschaft obliegenden **Verkehrssicherungspflicht** zu berücksichtigen. Das bedeutet, die Eigentümergemeinschaft muss dafür sorgen, dass von dem Objekt keine Gefahren für andere ausgehen. Diese Verkehrssicherungspflicht ist beispielsweise dann verletzt, wenn ein Passant von herabfallenden Fassadenteilen getroffen wird. In diesen Fällen muss die Eigentümergemeinschaft dem verletzten Schadensersatz zahlen.[422] 1386

Der Verwalter hat gegenüber der Eigentümergemeinschaft **Aufklärungs- und Hinweispflichten**. Zu eigenen Absicherung sollten diese Hinweise umfassend und ausdrücklich in die Niederschrift der jeweiligen Eigentümerversammlung aufgenommen werden. Lehnen die Eigentümer trotz entsprechender Hinweise des Verwalters dringend und objektiv notwendige Sanierungen ab, verbleibt es dem Verwalter zu entscheiden, ob er, je nach den Begebenheiten des Einzelfalls, weiterhin im Amt bleibt oder er aus wichtigem Grund sein Mandat niederlegt. 1387

f) Laufende Aufträge. Sofern Arbeiten an dem Gemeinschaftseigentum noch von der Vorverwaltung beauftragt, jedoch noch nicht abgeschlossen sind, so ist erhöhte Sorgfalt angezeigt. Zum einen ist dem ausführenden Unternehmen unverzüglich der Verwalterwechsel bekannt zu machen und andererseits die Auftragslage/Baufortschritt zu prüfen. Liegen hier erkennbare Fehler in der Auftragserteilung, offensichtliche Überzahlungen oder Bauwerksmängel vor, liegt die Verantwortung für die weitere Vorgehensweise allein bei dem neuen Verwalter. Er muss demnach entscheiden, ob die Einschaltung eines Sonderfachmanns notwendig ist, um dies den Eigentümern, notfalls in einer a.o. Eigentümerversammlung vorzuschlagen. In dringenden Fällen muss der Verwalter im Rahmen seiner Notkompetenz durch die sofortige Einschaltung von Sachverständigen Beweissicherung betreiben, um die Ansprüche der Gemeinschaft zunächst zu sichern. 1388

Der neue Verwalter haftet zwar nicht für ursprünglich noch vom Vorverwalter fehlerhaft erteilte Aufträge. Für sämtliche Schäden die der Gemeinschaft jedoch dadurch entstehen, weil Korrektur- und/oder Sicherungsmaßnahmen schuldhaft unterlassen wurden, begibt sich der neue Verwalter in die Haftung. 1389

5. Maklertätigkeit als Nebentätigkeit des Verwalters

Hauptaufgabe des Verwalters ist die Verwaltung der Liegenschaft, seine Aufgaben und Befugnisse ergeben sich vorrangig aus § 27 WEG. Daneben steht es dem Verwalter jedoch auch frei, weitere (Neben-)Tätigkeiten, die im Zusammenhang mit der Liegenschaft stehen, zu übernehmen. Bei Nebentätigkeiten – gleich welcher Art – ist stets die Gefahr für den Verwalter, dass er in einen Interessenkonflikt geraten kann. Der Verwalter sollte daher bedenken, dass er in erster Linie nach § 20 Abs. 2 WEG ein unabdingbar notwen- 1390

---

[420] *Bärmann/Merle* § 21 Rn. 169; OLG Köln NZM 2000, 1019.

[421] BGH NJW 1999, 2108.

[422] *Bärmann/Wenzel* § 10 Rn. 313.

diges Organ der Gemeinschaft der Wohnungseigentümer ist.[423] Der Verwalter muss nach seiner Person und seinen Kenntnissen in der Lage sein, das Gemeinschaftsvermögen ordnungsgemäß zu verwalten und somit den wirtschaftlichen Bestand für die Wohnungseigentümergemeinschaft sicher zu stellen. Für den Verwalter müssen stets die Interessen der Gemeinschaft vorrangig sein. Da oftmals bei einer Nebentätigkeit auch die Interessen von Dritten zu beachten sind, hat der Verwalter Vorteile mehrerer Seiten im Auge zu behalten. Sofern dies mit der angestrebten Nebentätigkeit nicht in Einklang zu bringen ist, darf der Verwalter die Nebentätigkeit nicht ausüben.

1391 Durchaus mit den Wünschen und Interessen der Wohnungseigentümer vereinbar ist aber die Ausübung der Maklertätigkeit, sofern nicht bestimmte Sonderkonstellationen vorliegen und das Wohnungsvermittlungsgesetz Anwendung findet.

1392 **a) Anwendbarkeit des Wohnungsvermittlungsgesetzes.** Das Wohnungsvermittlungsgesetz regelt die Maklertätigkeit bezogen auf Mietverträge über Wohnräume.

1393 Grundsätzlich kann bei der Vermittlung von Wohnraum ein Provisionsanspruch geltend gemacht werden.

1394 Gemäß § 2 Abs. 2 Nr. 2 WoVermG steht dem Wohnungsvermittler ein Provisionsanspruch für seine Maklertätigkeit jedoch dann nicht zu, wenn der betreffende Mietvertrag über Wohnräume abgeschlossen wird, deren Verwalter er ist. Wenn also das WohnVermG bei dem Verwalter zur Anwendung kommt, kann er eine Provision für seine Vermittlertätigkeit nicht geltend machen.

1395 Zunächst einmal hat der Verwalter der Gemeinschaft mit der Vermietung und Vermittlung von Wohnungseigentum nichts zu tun. Dies fällt nicht in seinen Aufgabenbereich nach § 27 WEG, da nicht die Belange des Verbandes betroffen sind.

1396 Grundsätzlich ist hier die Gemeinschaft der Wohnungseigentümer betroffen, denn es muss eine Unterscheidung zwischen dem Verwaltungsvermögen und dem weiteren Vermögen vorgenommen werden. Der Verband, dessen Organ der Verwalter durch Bestellung geworden ist, ist gerade nicht Eigentümer des Grundstücks.[424] Ohne weiteres ist der Verwalter bei der Vermittlung von Eigentum nicht zu irgendeiner Tätigkeit gegenüber dem Wohnungseigentümer verpflichtet, er ist daher nach herrschender Meinung[425] auch nicht Verwalter im Sinne des § 2 Abs. 2 Nr. 2 WohnVermG. Die herrschende Meinung stützt sich auf den Wortlaut des 2 Abs. 2 WohnVermG, sowie den Sinn und Zweck der Vorschrift.

1397 In § 2 heißt es ausdrücklich, dass ein Anspruch auf Entgelt für die Vermittlung oder den Nachweis der Gelegenheit zum Abschluss von Mietverträgen über Wohnräume dem Wohnungsvermittler nicht zusteht, wenn der Mietvertrag über Wohnräume abgeschlossen wird, deren Eigentümer, Verwalter oder Vermieter der Wohnungsvermittler ist. Offensichtlich ist hier eine gewisse Verbundenheit mit dem Sondereigentum erforderlich, wenn in der Aufzählung neben dem Eigentümer und Vermieter auch der Verwalter genannt wird. Hier kann nicht der Wohnungseigentumsverwalter gemeint sein, der mit dem Sondereigentum und auch zunächst mit dem Sondereigentümer als Mitglied der Wohnungseigentümer keine Verbindung hat.

1398 Die Gegenmeinung[426] wendet die Vorschrift auf den „einfachen" WEG-Verwalter dennoch an und begründet dies mit einer vorzunehmenden weiten Auslegung der Vorschrift und der Tatsache, dass es nur der „Verwalter" heißt und gerade nicht der Verwalter des Sondereigentums. Nach dieser Auffassung soll der Verwalter einer Eigentumsanlage wie der Verwalter einer regulären Mietwohnung im Sinne des Wohnungsvermittlungsgesetzes zu behandeln sein. Er könne daher von dem Wohnungssuchenden keine Maklerprovision

---

[423] BGHZ 106, 222.

[424] BGH NZM 2007, 164.

[425] OLG München MDR 1975, 931; AG Köln BB 1974, 1095; OLG Hamburg DB 1976, 577, *Breitholt* MDR 1986, 284.

[426] LG München I NZM 2001, 487; *Hoyningen-Huene* BB 1974, 1006.

verlangen, es stände ihm aber frei, von seinem Auftraggeber, dem Wohnungseigentümer, eine entsprechende Bezahlung zu verlangen.[427]

Die höchstrichterlicher Rechtsprechung hat sich der Auffassung angeschlossen, wonach der „gewöhnliche" WEG-Verwalter nach Sinn und Zweck des § 2 Abs. 2 Nr. 2 WoVermG nicht als Vermittler über Wohnraum anzusehen ist.[428] 1399

Der BGH geht zwar davon aus, dass sich die Aufgabenbereiche des WEG-Verwalters und des Wohnungsverwalters überschneiden können, da der Verwalter aber gerade nicht Verwalter des Sondereigentums ist, sondern vielmehr das Gemeinschaftseigentum verwaltet und ihm keine weiteren Aufgaben hinsichtlich des Sondereigentum über die §§ 27, 28 WEG hinaus übertragen wurden, konnte er eine Vergütung verlangen.[429] Er erhält seine Vergütung als Verwalter nicht für die Tätigkeit im Interesse des einzelnen Wohnungseigentümers, sondern für die Verwaltung des Gemeinschaftseigentums.[430] Der Verwalter nach den §§ 20ff. WEG steht nicht in einer solchen Nähe zu dem Wohnungseigentümer, dass der Provisionsausschluss nach der vorgeschriebenen gesetzgeberischen Zielrichtung gerechtfertigt wäre.[431] 1400

Etwas anderes gilt, wenn der Verwalter neben seiner gewöhnlichen Tätigkeit als Verwalter auch für den einzelnen Wohnungseigentümer tätig wird. Denkbar ist hier, dass der Verwalter auch die Sondereigentumsverwaltung durch einen zusätzlichen Vertrag übernommen hat oder auch nur eine über die gesetzliche Aufgabe hinaus eine bestimmte Wohnung übertragen ist, wie zum Beispiel hinsichtlich des Mietinkassos.[432] 1401

In diesem Fall finden die Vorschriften des Wohnungsvermittlungsgesetzes aufgrund der Doppelfunktion Anwendung. Probleme kann hier die Abgrenzung zwischen „gewöhnlicher" Verwaltungstätigkeit und der Übertragung weiterer Aufgaben im Bereich des Sondereigentums bereiten. Zu klären ist daher stets, ob der Verwalter für einen einzelnen Wohnungseigentümer tätig wird oder seine Tätigkeit für die Wohnungseigentümergemeinschaft auf den Bereich des Sondereigentums ausstrahlt. 1402

Unstreitig hat der Verwalter neben seiner Verantwortlichkeit für die Gemeinschaft auch Pflichten gegenüber den Wohnungseigentümer. 1403

Hier soll das Eingreifen des § 2 Abs. 2 Nr. 2 WohnVermG davon abhängig sein, ob es sich bei der erbrachten Tätigkeit für das Sondereigentum um eine einmalige Service- bzw. Gefälligkeitshandlung oder um die ständige Übernahme wesentlicher Verwalteraufgaben handelt.[433] Denn umgekehrt kann nicht jede Handlung des Maklers, die Zweifel an seiner Neutralität aufkommen lässt, dazu führen, dass ein Anspruch auf Provision nicht entsteht. Die Doppelfunktion muss zum einen bei dem Verwalter, aber auch bei dem Makler vorliegen. 1404

Hierbei begründet die Vertretung bei Abschluss eines Mietvertrages noch keine Verwaltereigenschaft[434] für das Sondereigentum, auch nicht wenn der Makler die Wohnung übergibt.[435] Die Rechtsprechung hat verschiedene Fallgruppen gebildet, die zwischen den verschiedenen Verwaltungshandlungen unterscheiden, wobei nicht provisionsschädlich solche Handlungen sind, welche der Wohnungseigentumsverwalter in dieser Funktion vornimmt und welche sich bloß auf das Sondereigentum auswirken.[436] 1405

---

[427] *Hoyningen-Huene* BB 1974, 1007.
[428] BGH NJW 2003, 1393.
[429] *Bärmann/Merle* § 26 Rn. 19.
[430] *Breitholt* WE 1995, 52.
[431] BGH NJW 1993, 1393.
[432] *Bärmann/Merle* § 26 Rn. 20.
[433] *Bärmann/Merle* § 26 Rn. 20; *Breitholt* MDR 1986, 284.
[434] LG Köln WuM 1992.
[435] *Schreiber,* Handbuch Immobilienrecht, S. 606.
[436] LG Hildesheim, AIZ A 142 Bl. 6; Münstermann-Schlichtmann in „Der Fachverwalter", S. 102.

1406 **b) Unschädliche Tätigkeiten.** Unschädlich sind somit die Tätigkeiten, die üblicherweise ein Verwalter im Rahmen der Wohnungseigentumsverwaltung des Gemeinschaftseigentums erbringt, zum Beispiel das unentgeltliche Weiterleiten einer Mängelrüge des Mieters an den Vermieter,[437] die Veranlassung von Reparaturen oder die Beseitigung der Folgen eines Wasserrohrbruchs[438] oder Maßnahmen, die zur Erhaltung oder Verbesserung der Vermietbarkeit beitragen, wie das Öffnen und Schließen der Rollläden und das Beheizen der Räume.[439]

1407 **c) Provisionsschädliche Tätigkeiten.** Eindeutig provisionsschädlich sind so genannte echte Verwaltungshandlungen für das Sondereigentum.[440] Hierzu gehören:
- Die definitive Auswahl des Mieters und der Abschluss des Mietvertrages ohne Rücksprache mit dem Vermieter[441] und
- der Einzug von Mieten und der Ausspruch von Mieterhöhungen.[442]

1408 Im Zweifel wird der Verwalter und auch der Makler nachweisen müssen, um was für einen Art von Tätigkeit es sich handelt, wenn er die Provision für die Vermittlung von Wohnraum geltend machen will.

1409 Hierbei kommt es letztlich auf die Gesamtumstände des Einzelfalls an, ob die Tätigkeiten des makelnden Verwalters als Sonderverwaltung zu beurteilen sind.[443]

1410 Von den eindeutigen Verwaltungshandlungen im Rahmen des Sondereigentum sind die so genannten Service- und Gefälligkeitsarbeiten abzugrenzen, die bei dem Verwalter regelmäßig in der Verwaltung des Gemeinschaftseigentums anfallen, jedoch auch im entfernten Zusammenhang mit dem Sondereigentum stehen.

1411 Hierunter fällt insbesondere der Abschluss eines Mietvertrages durch den Makler als Vertreter des Eigentümers, der aber selbst die Auswahl des Mieters getroffen hat oder bloße Übergabe der Wohnung an den Mieter.[444]

1412 Der bloße Anschein einer Verwaltertätigkeit reicht eben nicht aus.[445]

Im Zweifel wird der makelnde Verwalter nachweisen müssen, um was für eine Art von Tätigkeit es sich handelt, wenn er die Provision für die Vermittlung von Wohnraum geltend machen will.

1413 Hierbei kommt es auf die Gesamtumstände des Einzelfalls an; ob der Verwalter für seine Nebentätigkeiten eine Vergütung erhalten hat, hat hierbei nur eine indizielle, aber keine ausschlaggebende Bedeutung.[446]

1414 Abschließend ist zu beachten, dass die Vermietung zu gewerblichen Zwecken nicht unter das WoVermG fällt. Hier kann der Verwalter tätig werden, sofern nicht Probleme hinsichtlich des Zustimmungserfordernisses entstehen.

1415 **d) Zustimmungserfordernis des Verwalters nach § 12 WEG.** Für den Fall, dass der Verwalter in der Liegenschaft nach § 12 WEG verpflichtet ist, seine Zustimmung zur Veräußerung zu erteilen, ist eine Interessenkollision programmiert. Zum einen ist der Verwalter nach § 12 WEG gehalten die Interessen der Wohnungseigentümer zu wahren und dafür Sorge zu tragen, dass als neuer Eigentümer nur ein solventer und passender Käufer in die Gemeinschaft eintritt. Auf der anderen Seite hat der Verwalter als Makler

---

437 LG Konstanz MDR 1986, 235.

438 LG Hamburg NJW 1997, 2827.

439 LG Mainz NZM 2000, 310.

440 AG Oldenburg, WM 1989, 33.

441 LG Düsseldorf, NJW RR 1993, 401; Münstermann-Schlichtmann in „Der Fachverwalter", S. 102.

442 AG Charlottenburg vom 27. 2. 1989, Az.: 21 b C 184/88; Münstermann-Schlichtmann in „Der Fachverwalter", S. 102.

443 *Staudinger/Bub* § 26 Rn. 86.

444 LG Köln, WM 1992, 141.

445 *Breitholdt* NJW 1988, 398.

446 LG Braunschweig ZMR 1998, 289.

natürlich ein Interesse daran, die Wohnung schnellstmöglich zu veräußern, denn dann entsteht sein Anspruch auf die Kaution. Aus dieser Sicht ist die Person des Käufers nicht erheblich, für die Entstehung des Provisionsanspruches kann der Verwalter an „irgendwen" veräußern. Obwohl er gehalten ist, die Entscheidung über die Veräußerung treuhänderisch im Interesse der Wohnungseigentümer zu treffen, ist bei der Maklertätigkeit des Verwalters zu befürchten, dass er sich von seinen eigenen Interessen leiten lässt. Eine derartige Interessenkollision ist mit einer dem gesetzlichen Leitbild entsprechenden Maklertätigkeit nicht zu vereinbaren. Daher kann derjenige Verwalter, von dessen Zustimmung gemäß § 12 WEG die Gültigkeit eines Wohnungsverkaufs abhängig ist, wegen des dadurch entstehenden Konflikts mit den Interessen des Käufers nicht dessen Makler sein.[447] Einem solchen Wohnungseigentumsverwalter kann ein Provisionsanspruch nur nach den Grundsätzen des von einer Maklerleistung unabhängigen Provisionsversprechens zustehen.[448]

Daneben stellt dieser Interessenkonflikt zwischen der Verwalterbestellung und der Maklertätigkeit einen wichtigen Grund dar, der zur Abberufung des Verwalters und zur Anfechtung des Bestellungsbeschlusses berechtigt,[449] wenn der Verwalter dennoch die Maklertätigkeit aufgenommen hat. In einem solchen Fall hat der Verwalter den Interessen der Wohnungseigentümergemeinschaft den Vorrang zu geben.[450] **1416**

Im Übrigen gelten die für den Makler verbindlichen Vorschriften der §§ 652 ff. BGB, so dass insbesondere auch die Einschränkungen hinsichtlich des Maklerlohns zu beachten sind. **1417**

6. Abwicklung der Verwaltungstätigkeit

a) Herausgabe der Verwaltungsunterlagen. Während seiner Amtszeit hat der Verwalter grundsätzlich keine Zurückbehaltungsrechte hinsichtlich der Verwaltungsunterlagen. Fraglich ist jedoch, ob nicht nach Beendigung der Verwalterstellung ein Zurückbehaltungsrecht bestehen kann. Denn mit der Abberufung bzw. Kündigung oder Amtsniederlegung des Verwalters und der Beendigung seines Amts, enden nicht automatisch die Rechtsbeziehungen zur Eigentümergemeinschaft. Den Verwalter treffen einerseits umfangreiche Abwicklungsverpflichtungen, andererseits kann er einen Anspruch gegen die Wohnungseigentümer auf Ersatz der Verwendungen, die er vor seinem Ausscheiden für die Eigentümergemeinschaft getätigt hat, haben. **1418**

aa) Zurückbehaltungsrecht. Einigkeit besteht in diesem Zusammenhang jedenfalls insoweit, dass der Verwalter kein Zurückbehaltungsrecht an den Verwaltungsunterlagen am Ende seiner Amtszeit hat.[451] **1419**

Steht insbesondere fest, dass der frühere Wohnungseigentumsverwalter bestimmte Unterlagen in Besitz hatte, so kann er das Herausgabeverlangen der Wohnungseigentümer nicht dadurch abwehren, den fortbestehenden Besitz pauschal in Abrede zu stellen in Verbindung mit der Erklärung, weitere Angaben über den Verbleib der Unterlagen nicht machen zu können. Gleiches dürfte für Auskunfts- und Rechenschaftspflichten gelten. **1420**

Der frühere Verwalter ist beim Verwalterwechsel verpflichtet, sämtliche Verwaltungsunterlagen an die Eigentümergemeinschaft vertreten durch den neuen Verwalter herauszugeben. Ihm steht keinerlei Zurückbehaltungsrecht an diesen Unterlagen zu.[452] **1421**

Der ausscheidende Verwalter darf die Verwaltungsunterlagen auch dann nicht zurückbehalten, wenn er die Unterlagen für seine eigene Rechtsverteidigung benötigt. Hier **1422**

---

[447] BGH NJW 1991, 168.

[448] LG Hamburg NZM 2001, 486.

[449] BayObLG Wohnungseigentümer 1997, 439.

[450] *Staudinger/Bub* § 26 Rn. 84.

[451] OLG Hamm v. 22. 2. 2007 – 15 W 181/06.

[452] OLG Hamm v. 22. 2. 2007 – 15 W 181/06; OLG Frankfurt a. M. v. 19. 5. 1994 – 20 W 488/93.

steht ihm ein eigenes Einsichtsrecht in die Verwaltungsunterlagen bei dem neuen Verwalter zu. Darüber hinaus besteht vor Übergabe der Unterlagen an die Eigentümergemeinschaft bzw. den neuen Verwalter die Möglichkeit, wichtige Dokumente zu kopieren.

1423 *bb) Übergabeort.* Der neu bestellte Verwalter hat die Verwaltungsunterlagen bei dem früheren Verwalter abzuholen. Dieser ist nicht verpflichtet, die Unterlagen der Gemeinschaft zuzusenden, da man von einer **Holschuld** auszugehen hat.

1424 **b) Dokumentation der Übergabe.** Der ausscheidende Verwalter sollte sich die Übergabe der Verwaltungsunterlagen quittieren lassen.

1425 *aa) Wichtige Verwaltungsunterlagen.* Der übernehmende Verwalter sollte im Rahmen der Übergabe darauf achten, dass ihm insbesondere die folgenden Unterlagen seitens des ausscheidenden Verwalters übergeben werden:

- Gemeinschaftsordnung bzw. Teilungserklärung mit Aufteilungsplänen, ggf. Hausordnung;
- Vollständige Auflistung aller Eigentümer mit Namen und Anschriften;
- Vollständige Übersicht über offene Forderungen und Verbindlichkeiten der Gemeinschaft gegenüber dritten Personen;
- Aufstellung über Hausgeldrückstände einzelner Wohnungseigentümer;
- Sämtliche Buchführungsunterlagen insbesondere Debitoren- und Kreditorenkonten (sowohl alte wie auch das laufende Wirtschaftsjahr betreffend);
- Bankauszüge und Buchungsbelege sowie Rechnungen und ggf. Mahnungen (Kontounterlagen hat der frühere Verwalter auch dann herauszugeben, wenn das Konto auf seinen Namen geführt wurde!);
- Jahresabrechnungen einschließlich der Einzelabrechnungen sowie alte Wirtschaftspläne und denjenigen für das laufende Jahr;
- Unterlagen zu Betriebskostenabrechnungen (insbesondere Heiz- und Warmwasserkostenabrechnung);
- Verwaltervollmacht des bisherigen Verwalters, um missbräuchliches Verhalten zu vermeiden;
- Originalversammlungsprotokolle mit Anwesenheitslisten und ggf. Vollmachten;
- Beschluss-Sammlungen bzw. Beschlussverzeichnisse oder -bücher;
- Verwalterkorrespondenz mit Wohnungseigentümern und Dritten (insbesondere Warenlieferanten und Dienstleistern);
- Bauunterlagen, Bauverträge, Grundrisspläne, Statikpläne, ggf. Baumängellisten und Unterlagen im Zusammenhang mit der Mängelgewährleistung. Eine Übergabeverpflichtung hinsichtlich der Bauunterlagen ist freilich umstritten. Ist jedoch der Verwalter als Erstverwalter mit dem Bauträger identisch, dürfte eine Herausgabeverpflichtung zu bejahen sein;[453]
- Verträge hinsichtlich der Wartung gemeinschaftlicher Anlagen und Einrichtungen;
- Betriebs- und Bedienungsanleitungen;
- Generalschlüssel, sonstige Schlüssel, Schließplan;
- Lohnsteuerkarte(n), Sozialversicherungsunterlagen etwa des Hausmeisters und/oder der Reinigungskräfte bzw. sonstiger Beschäftigter;
- Versicherungspolicen der gemeinschaftlichen Versicherungen;
- Verfahrensunterlagen anhängiger bzw. rechtshängiger gerichtlicher Verfahren sowie
- Steuerunterlagen bei MwSt. – Optionen.

1426 Selbstverständlich sollte der übernehmende Verwalter dafür Sorge tragen, dass ihm sämtliche Verwaltungsunterlagen vom Amtsvorgänger ausgehändigt werden. Letztlich jedoch hat er keine Handhabe bei Unregelmäßigkeiten und zudem keine Kontrollmöglichkeiten, ob ihm wirklich alle Unterlagen übergeben wurden.

---

[453] OLG Hamburg ZMR 2008, 148.

bb) Herausgabeverweigerung. Häufig gestaltet es sich schwierig, den Herausgabeanspruch gegenüber dem alten Verwalter durchzusetzen. Ist es in diesem Zusammenhang und im Verzugsfall des ausgeschiedenen Verwalters erforderlich, den Rechtsweg zu beschreiten, so ist der übernehmende Verwalter berechtigt, den Herausgabeanspruch im Hinblick auf seine Organstellung für die teilrechtsfähige Eigentümergemeinschaft geltend zu machen. Dieser Anspruch steht ihm unabhängig einer Bevollmächtigung oder Ermächtigung gemäß § 27 Abs. 2 Nr. 3 WEG durch die Eigentümergemeinschaft aus dem Gesichtspunkt der Notgeschäftsführung zu (§ 27 Abs. 1 Nr. 3 WEG und § 27 Abs. 3 Nr. 2 WEG). 1427

Trotz der Berechtigung des Verwalters, den Herausgabeanspruch im Verzugsfall geltend zu machen, sollte die Eigentümergemeinschaft bereits bei Bestellung des neuen Verwalters einen generellen Beschluss über die Ermächtigung des neuen Verwalters zur Durchsetzung des Herausgabeanspruchs fassen. Hierbei handelt es sich grundsätzlich um einen gemeinschaftsbezogenen Anspruch. Sofern alle Verwaltungsunterlagen angefordert werden, ist eine Konkretisierung der einzelnen Dokumente nicht zwingend notwendig, da der diesbezügliche erwirkte Titel gemäß § 888 ZPO vollstreckt wird. Eine genaue Bezeichnung ist nur unerlässlich, wenn anstatt **alle Verwaltungsunterlagen** die Herausgabe **aller zur Verwaltung erforderlicher Unterlagen** verlangt wird.[454] 1428

Angesichts der Tatsache, dass der übernehmende Verwalter sein Amt nur mit Hilfe zumindest der elementarsten Unterlagen vertragsgerecht und gesetzeskonform ausfüllen kann, empfiehlt es sich, im Ernst- bzw. Streitfall einen Antrag auf Erlass einer einstweiligen Verfügung gemäß §§ 935 ff. ZPO zu stellen, wonach der frühere Verwalter zur sofortigen Aushändigung bzw. Übergabe verpflichtet ist. 1429

Im Rahmen der einstweiligen Verfügung ist zu beachten, dass durch deren Entscheidung nicht die Hauptsache, also das Herausgabeverfahren vorweggenommen wird. Aus diesem Grund kann im Rahmen der einstweiligen Verfügung nicht die Herausgabe sämtlicher Verwaltungsunterlagen im Original begehrt werden. 1430

Der Anspruch beschränkt sich hier auf wichtige und grundlegende Unterlagen und/oder eine Berechtigung des übernehmenden Verwalters, Fotokopien der Verwaltungsunterlagen bei dem ausgeschiedenen Verwalter zu fertigen bzw. von diesem überlassen zu bekommen. 1431

Bei erfolgreicher Hauptsacheentscheidung können diese Kopierkosten als Schadensersatz vom früheren Verwalter gefordert werden. Selbstverständlich sind dann auch die Originalunterlagen seitens des ausgeschiedenen Verwalters herauszugeben. 1432

c) **Auflösung der Konten.** Der frühere Verwalter hat die gemeinschaftseigenen Gelder unverzüglich herauszugeben. Der neue Verwalter ist verpflichtet, die Kontostände sämtlicher Konten zu prüfen – die Übernahme eines zu Zeiten des früheren Verwalters entstandenen negativen Saldos ist zu verweigern. 1433

Problematisch stellt sich ein Verwalterwechsel regelmäßig im Zusammenhang mit den kontoführenden Bankinstituten dar. Zunächst und grundsätzlich erlischt mit Amtsende des früheren Verwalters umgehend dessen Verfügungsberechtigung über die Konten der Gemeinschaft. 1434

Um hier vollmachtloses Vertreterhandeln zu verhindern, sollte der kontoführenden Bank der Verwalterwechsel unverzüglich mitgeteilt werden. In der Praxis wird bereits kurz vor der Beendigung der Verwalterstellung des alten Verwalters, meist der 31. 12. eines Jahres, rund 90% des gemeinschaftlichen Vermögens auf das neue Fremdkonto der Eigentümergemeinschaft übertragen 1435

Nach Beginn seiner Amtszeit ist dann nur der neue Verwalter berechtigt, die verbliebenen Restbestände des noch von dem alten Verwalter auf den Namen der WEG eröffneten Kontos zu transferieren. 1436

[454] BayObLG, Beschluss v. 23. 3. 2001, 2 Z BR 6/01.

1437 Eine Auflösung des alten Kontos durch den ehemaligen Verwalter ist nicht möglich, da dieses der Gemeinschaft gehört. Der neue Verwalter muss demnach entscheiden, ob er den Zahlungsverkehr weiterhin über das bisherige Fremdkonto der Gemeinschaft führt oder ein neues Konto eröffnet. In der Regel wird bei einem Verwalterwechsel jedoch nie das alte Treuhandkonto beibehalten, da es sich hier meistens um geschlossene Kontenkreise handelt.

1438 **d) Information an Vertragspartner und sonstige Dritte.** Der Verwalter hat gegenüber den Wohnungseigentümern Obhuts-, Sorgfalts- und Schutzpflichten zu erfüllen. In Kenntnis der Beendigung seiner Verwalterstellung hat er dafür zu sorgen, dass die ihm anvertrauten Vermögenswerte der Eigentümer nicht schuldhaft gefährdet werden. Daher empfiehlt es sich, alle Vertragspartner der Eigentümergemeinschaft etwa zwei Monate vor der Beendigung der Verwalterstellung über den anstehenden Verwalterwechsel zu informieren und gleichzeitig darauf hinzuweisen, dass mit dem Tag der Beendigung des Verwalteramtes, meist ist es der 31. 12., keinerlei Zahlungen mehr erfolgen können.

1439 Es ist dann die Aufgabe des neuen Verwalters und/oder der informierten Vertragspartner, die Bewirtschaftung der Liegenschaft durch die Einrichtung von Daueraufträgen oder Erteilung von Einzugsermächtigungen von dem neuen Treuhandkonto sicher zu stellen.

VIII. Wirtschafts- und Vermögensverwaltung

Jeder Wohnungseigentümer ist verpflichtet, die Lasten und Kosten der Gemeinschaft anteilig zu tragen (§ 16 Abs. 2 WEG). Das Finanzsystem einer Wohnungseigentümergemeinschaft besteht aus Wirtschaftsplan, Sonderumlage und Jahresabrechnung (§ 28 WEG). Der **Wirtschaftsplan** verpflichtet die Wohnungseigentümer zu – i. d. R. monatlichen – Vorauszahlungen an die Gemeinschaft. Etwaige Deckungslücken (z. B. aufgrund eines unerwarteten Wohngeldausfalles) oder besondere Ausgaben (z. B. aufgrund einer größeren Sanierungsmaßnahme) können über eine zusätzliche **Sonderumlage** aufgefangen werden. Nach Ablauf der Bewirtschaftungsperiode stehen die Ausgaben endgültig fest und sind in Form einer **Jahresabrechnung** abschließend unter Berücksichtigung der Einnahmen auf die Wohnungseigentumseinheiten zu verteilen. Hierbei hebt der Beschluss über die Jahresabrechnung den Wirtschaftsplan derselben Wirtschaftsperiode nicht auf, sondern hat nach der Rechtsprechung des BGH **schuldverstärkenden** Charakter.[1] Der Wirtschaftsplan bleibt daher auch nach Genehmigung der Jahresabrechnung in Kraft. 1440

Abschnitt 1. Der Wirtschaftsplan

1. Funktion des Wirtschaftsplans

Bei der Verwaltung des gemeinschaftlichen Eigentums fallen ständig Zahlungsverpflichtungen der Eigentümergemeinschaft an (z. B. für die Energie- und Wasserversorgung, für Straßenreinigung, Hausmeisterdienste, Reparaturen am Gebäude, Schornsteinfegerarbeiten). Die mit der laufenden Verwaltung verbundenen Zahlungen bewirkt der Verwalter (§ 27 Abs. 1 Nr. 5 WEG). Dies kann er jedoch nur, wenn die Gemeinschaft über ausreichend Geldmittel verfügt. Der Beschluss über den Wirtschaftsplan verpflichtet die Wohnungseigentümer zu regelmäßigen Vorschusszahlungen (sog. **Wohngeld**) in die Gemeinschaftskasse. Unterbleibt die notwendige Ausstattung der Gemeinschaft der Wohnungseigentümer mit den erforderlichen Finanzmitteln (weil z. B. die notwendigen Beschlüsse nicht gefasst werden), können die einzelnen Eigentümer sich – begrenzt auf die Höhe ihres Miteigentumsanteils, § 10 Abs. 7 Satz 4 WEG – schadensersatzpflichtig gegenüber der Gemeinschaft machen.[2] Die Aufstellung eines Wirtschaftsplans gehört daher zu den Grundsätzen ordnungsmäßigen Verwaltungshandelns (§ 21 Abs. 3 und 4 WEG). 1441

2. Wirtschaftsjahr

Der Wirtschaftsplan wird jeweils für **ein Kalenderjahr** aufgestellt (§ 28 Abs. 1 WEG). Die Regelung eines vom Kalenderjahr abweichenden Wirtschaftsjahres bedarf einer Vereinbarung der Wohnungseigentümer (§ 10 Abs. 2 Satz 2 WEG).[3] Änderungen durch **Beschluss** wären – soweit dieser nicht auf einer vereinbarten **Öffnungsklausel** beruht[4] – in Ansehung der Entscheidung des BGH vom 20. 9. 2000[5] nichtig. 1442

---

[1] BGH NJW 1996, 725; NJW 1999, 3713.
[2] BGH NJW 2005, 2061; *Armbrüster* GE 2007, 420.
[3] *Niedenführ/Kümmel/Vandenhouten* § 28 Rn. 6.
[4] *Niedenführ/Kümmel/Vandenhouten* § 28 Rn. 6.
[5] BGH NJW 2000, 3500.

3. Anspruch auf Erstellung und Beschlussfassung

1443 Durch Vereinbarung können die Wohnungseigentümer auch auf die Aufstellung eines Wirtschaftsplans verzichten.[6] Gibt es keine Verzichtsvereinbarung, kann jeder Wohnungseigentümer vom Verwalter die **Erstellung eines Wirtschaftsplans** und von den Wohnungseigentümern die beschlussweise Genehmigung des Wirtschaftsplans als Maßnahme ordnungsmäßiger Verwaltung gemäß § 21 Abs. 4 i. V. m. § 21 Abs. 5 Nr. 5 WEG **verlangen.**[7]

1444 Zuständig für die Erstellung des Wirtschaftsplans ist gemäß § 28 Abs. 1 Satz 1 WEG der **Verwalter,** der diesen den Wohnungseigentümern in einer Eigentümerversammlung zur Genehmigung durch Beschluss vorzulegen hat. Unterbleibt die Vorlage eines Wirtschaftsplans, kann der Verwalter von jedem Miteigentümer durch Mahnung in Verzug gesetzt und nötigenfalls auch gerichtlich auf Erstellung eines Wirtschaftsplans in Anspruch genommen werden.[8] Gerät der Verwalter mit der Erstellung des Wirtschaftsplans in Verzug, können jeder Wohnungseigentümer und die Gemeinschaft auch einen Dritten mit der Erstellung des Wirtschaftsplans beauftragen und die dadurch entstehenden Kosten vom Verwalter ersetzt verlangen (§ 281 BGB). Lehnen die Wohnungseigentümer in der Versammlung den Beschlussantrag auf Genehmigung des Wirtschaftsplans ab (sog. Negativbeschluss), kann jeder Wohnungseigentümer diesen Negativbeschluss innerhalb der Monatsfrist des § 46 Abs. 1 WEG gerichtlich anfechten und zugleich beantragen, dass das Gericht den Genehmigungsbeschluss durch Urteil ersetzen möge.

4. Zeitpunkt der Erstellung

1445 Der **erste Wirtschaftsplan** ist unmittelbar nach Entstehung der (werdenden) Wohnungseigentümergemeinschaft in der ersten Eigentümerversammlung zu beschließen. Das Gesetz trifft keine ausdrückliche Regelung darüber, wann ein Wirtschaftsplan aufzustellen ist. Aus dem Sinn und Zweck eines Wirtschaftsplans, nämlich Sicherstellung der Liquidität der Eigentümergemeinschaft für das betreffende Wirtschaftsjahr, leitet sich die Verpflichtung des Verwalters ab, den Wirtschaftsplan möglichst **mit Beginn des Wirtschaftsjahres** vorzulegen, so dass hierüber durch die Eigentümer beschlossen werden kann. Zwar soll keine Verpflichtung bestehen, den Wirtschaftsplan schon vor Beginn des betreffenden Wirtschaftsjahres vorzulegen,[9] jedoch wird man – je nach Liquiditätslage der Gemeinschaft – eine Vorlagefälligkeit in den ersten drei Monaten des neuen Wirtschaftsjahres annehmen müssen. Die Rechtsprechung ist teilweise großzügiger und lässt eine Vorlage des Wirtschaftsplans binnen drei bis sechs Monaten nach Beginn des neuen Wirtschaftsjahres genügen.[10]

1446 Nach **Ablauf des Wirtschaftsjahres** kann grundsätzlich nur noch die Erstellung einer Jahresabrechnung vom Verwalter verlangt werden.[11] Beschließen die Wohnungseigentümer einen **Wirtschaftsplan rückwirkend** für ein bereits abgelaufenes Wirtschaftsjahr, soll dieser Beschluss nach Auffassung des OLG Schleswig nicht nur anfechtbar sondern nichtig sein.[12] Ein solcher Beschluss verstoße gegen die zwingende Rechtsvorschrift des § 28 Abs. 3 WEG, wonach der Verwalter nach Ablauf des Kalenderjahres eine Abrechnung aufzustellen habe. Hiervon könnten die Wohnungseigentümer den Verwalter nicht dadurch entbinden, dass sie rückwirkend einen längst überholten Wirtschaftsplan in Kraft

---

[6] *Staudinger/Bub* § 28 WEG Rn. 37.
[7] BGH NJW 1985, 912.
[8] BayObLG NJW-RR 1990, 660.
[9] OLG Hamburg OLGZ 1988, 299.
[10] BayObLG WE 1991, 223; OLG Hamm WE 1990, 25.
[11] OLG Schleswig ZMR 2001, 855.
[12] OLG Schleswig ZMR 2001, 855.

setzten. Darüber hinaus sei eine Vorausplanung mittels Wirtschaftsplans sinnlos, wenn die tatsächlichen Einnahmen und Ausgaben feststünden und das zu planende Wirtschaftsjahr bereits abgeschlossen sei. Diese Auffassung überzeugt jedoch nicht. Die Beschlusskompetenz der Eigentümerversammlung folgt aus § 28 Abs. 1 und 5 WEG. Entgegen der Auffassung des OLG Schleswig stellt § 28 Abs. 3 WEG auch keine zwingende Rechtsvorschrift i. S. d. § 23 Abs. 4 WEG dar, auf deren Einhaltung rechtswirksam nicht verzichtet werden könne. § 28 WEG ist nach h. M. vollständig abdingbar.[13] Die Wohnungseigentümer können, sofern sie dies für sinnvoll halten, auf die Aufstellung von Wirtschaftsplänen und Jahresabrechnungen vollständig verzichten.[14] Der Beschluss über einen Wirtschaftsplan für ein bereits abgelaufenes Wirtschaftsjahr ist daher allenfalls anfechtbar, nicht aber nichtig. Der Verwalter wird im Übrigen durch einen nachbeschlossenen Wirtschaftsplan nicht von der Verpflichtung zur Erstellung der Jahresabrechnung befreit, soweit dies nicht ausdrücklich mit beschlossen wird, da der Wirtschaftsplan seiner Funktion nach der Jahresabrechnung vorausgeht und diese nicht ersetzt. Im Übrigen kann es durchaus sinnvoll sein und den Grundsätzen ordnungsmäßigen Verwaltungshandelns entsprechen, eine Zahlungsgrundlage für ein abgelaufenes Wirtschaftsjahr über einen Wirtschaftsplan herbeizuführen, wenn die kurzfristige Vorlage der Jahresabrechnung, z. B. aufgrund eines Verwalterwechsels und der verweigerten Herausgabe der Verwaltungsunterlagen, nicht bewerkstelligt werden kann. Letztlich hätte die Eigentümergemeinschaft auch die Möglichkeit, eine Sonderumlage quasi als Ersatzwirtschaftsplan zu beschließen.

5. Inhalt des Wirtschaftsplans

Der Wirtschaftsplan besteht aus einem **Gesamtwirtschaftsplan** für die gesamte Woh- 1447
nungseigentümergemeinschaft und **Einzelwirtschaftsplänen** für die einzelnen Wohnungseigentumseinheiten, wobei die gesetzlichen Vorschriften über die Aufstellung des Wirtschaftsplans grundsätzlich **abdingbar** sind (s. o. Rn. 1446).[15]

a) Gesamtwirtschaftsplan. *aa) Voraussichtliche Einnahmen und Ausgaben.* In den Ge- 1448
samtwirtschaftsplan werden die **voraussichtlichen Einnahmen und Ausgaben** bei der Verwaltung des gemeinschaftlichen Eigentums eingestellt (§ 28 Abs. 1 Satz 2 Nr. 1 WEG). Zu den gemeinschaftsbezogenen **Ausgaben** gehören:

- Betriebskosten, z. B. Allgemeinwasserversorgung für Gartenbewässerung, Aufzug; 1449
  Straßenreinigung, Gebäudereinigung, Ungezieferbekämpfung, Allgemeinstrom für Haus- und Wegebeleuchtung, Sach- und Haftpflichtversicherung, Hauswart, Müllbeseitigung,
- Verwaltungskosten, z. B. Verwalterhonorar, Kontoführungsgebühren, Kosten des Ver- 1450
  waltungsbeirates für Aufwandsentschädigung oder Haftpflichtversicherung, Kosten eines Entzugsrechtstreits gemäß § 18 WEG i. V. m. § 16 Abs. 7 WEG, u. U. auch Kosten für Rechtsstreitigkeiten nach § 43 WEG, wenn die Mehrkosten aufgrund einer Gebührenvereinbarung i. S. d. § 16 Abs. 8 WEG entstehen, Kosten für Ersatzansprüche gemäß § 14 Abs. 4 i. V. m. § 16 Abs. 7 WEG, Kosten für Raummiete für Eigentümerversammlungen, Rechtsberatungskosten für Verwaltungsangelegenheiten,
- Kosten der Instandhaltung und Instandsetzung, z. B. Pflege- und Wartungsarbeiten, 1451
  laufende Reparaturen, beschlossene Großreparaturen, beschlossene Modernisierungsmaßnahmen i. S. d. § 22 Abs. 2 WEG

Die Ausgabenpositionen sind übersichtlich und in nachprüfbarer Weise dem Grund 1452
und der Höhe nach aufzugliedern. Hierbei haben der Verwalter und die Wohnungseigen-

[13] BayObLG WM 1979, 128; OLG Hamm OLGZ 1982, 20; BayObLGZ 1988, 287; OLG Frankfurt OLGZ 1986, 45; KG OLGZ 1990, 437.

[14] *Bärmann/Merle* § 28 Rn. 5.

[15] BayObLG FGPrax 2005, 59.

tümer eine erhebliche Gestaltungsfreiheit, da das Gesetz keine Einzelvorgaben macht. Es ist aus Gründen der Übersichtlichkeit sinnvoll, die einzelnen Ausgaben in Kostenpositionen zusammenzufassen, die zweckmäßigerweise denen in der späteren Jahresabrechnung entsprechen sollten, um eine Vergleichbarkeit und Überprüfung zu vereinfachen. Eine Aufgliederung ist insbesondere dort erforderlich, wo die Wohnungseigentümer die Kosten in unterschiedlichem Umfang und nach unterschiedlichen Kostenverteilungsschlüsseln zu tragen haben. Maßgeblich ist letztlich, dass der Wirtschaftsplan für einen durchschnittlichen Wohnungseigentümer aus sich heraus und ohne Hinzuziehung eines Buchprüfers verständlich und nachvollziehbar ist.[16]

1453 Soweit in der Jahresabrechnung die **Umsatzsteuer** getrennt ausgewiesen werden muss (s. u. Rn. 1610 ff.), ist sie auch im Wirtschaftsplan entsprechend auszuweisen.[17]

1454 Der Verwalter bzw. die Wohnungseigentümer müssen die voraussichtlich entstehenden **Ausgaben schätzen.** Dabei haben sie sich an den Ausgaben, die im letzten Wirtschaftsjahr angefallen sind, zu orientieren und diese eventuell um einen absehbaren Teuerungsbetrag zu erhöhen. Da es sich bei einem Wirtschaftsplan nur um eine vorläufige Zahlungsgrundlage handelt und nach Ablauf des Wirtschaftsjahres alle Ausgaben und Einnahmen zur Feststellung der endgültigen Zahlungsverpflichtung der Wohnungseigentümer abzurechnen sind, besteht bei der Schätzung der voraussichtlichen Ausgaben ein weiter **Ermessensspielraum,** schon um Nachforderungen zu vermeiden.[18] Maßgeblich ist letztlich, dass die konkret gewählten Kostenansätze weder zu wesentlich überhöhten Vorschüssen noch zu erheblichen Nachzahlungen führen.[19]

1455 Ist bereits von vornherein absehbar bzw. zu befürchten, dass einzelne Wohnungseigentümer ihrer Wohngeldzahlungspflicht nicht nachkommen werden, ist der Wirtschaftsplanansatz vorsorglich um den zu befürchtenden Wohngeldausfall zu erhöhen. Dies geschieht in der Weise, dass der **voraussichtliche Wohngeldausfall** als fiktive Ausgabenposition in den Wirtschaftsplan eingestellt wird, sodass sich die Vorschussleistungen aller Miteigentümer erhöhen. Möglich ist es auch, die einzelnen Ausgabenansätze um den voraussichtlichen Zahlungsausfall anteilig zu erhöhen.[20]

1456 Sind größere **außergewöhnliche Ausgaben** bereits vorhersehbar (z. B. eine Reparatur am Gemeinschaftseigentum), müssen diese Kosten in den Wirtschaftsplan eingestellt werden, soweit die Finanzierung nicht über die Instandhaltungsrücklage erfolgen soll. Außergewöhnliche Ausgaben, die noch nicht konkret absehbar sind, müssen jedoch keine Berücksichtigung finden und können zur gegeben Zeit über eine Sonderumlage oder Auflösung der Instandhaltungsrücklage finanziert werden.[21] Hat ein Wohnungseigentümer für die Gemeinschaft Aufwendungen getätigt und verlangt er seine Auslagen erstattet, sind diese Beträge als voraussichtliche Ausgaben der Gemeinschaft in den Wirtschaftsplan einzustellen. Gleiches gilt, wenn **Forderungen eines Dritten** gegenüber der Gemeinschaft **strittig** sind und die Gemeinschaft ernsthaft damit rechnen muss, von dem Dritten berechtigt in Anspruch genommen zu werden.[22] Sollte sich die Forderung des Dritten später als unbegründet erweisen, sind die eingezahlten Vorschüsse über die Jahresabrechnung wieder auszuschütten. Ist im Zeitpunkt der Beschlussfassung über die Jahresabrechnung noch nicht geklärt, ob die Gemeinschaft zur Zahlung verpflichtet ist, ist im Rahmen der Abrechnung eine Sonderrücklage zu bilden, in die die angesammelten Gelder eingestellt werden. Soweit besondere **Kosten** aufgrund bestandskräftig beschlossener **baulicher Veränderungen** oder sonstiger Maßnahmen, die über die ordnungsge-

---

[16] *Niedenführ/Kümmel/Vandenhouten* § 28 Rn. 18–19.
[17] *Staudinger/Bub* § 28 WEG Rn. 125 a.
[18] BayObLG WE 1989, 64; KG ZMR 1991, 188; *Niedenführ/Kümmel/Vandenhouten* § 28 Rn. 21.
[19] BayObLG NZM 1998, 334.
[20] Vgl. BGH WE 1989, 197.
[21] OLG Hamm Rpfleger 1970, 400.
[22] BGH NJW 2005, 2061.

mäße Instandhaltung oder Instandsetzung hinausgehen, entstehen, sind auch diese in den Wirtschaftsplan einzustellen.[23]

Den Gesamtausgaben sind – gegebenenfalls ebenso untergliedert – die zu erwartenden **Gesamteinnahmen** gegenüberzustellen, etwa 1457

- Wohngelder,
- Zinseinnahmen,
- Einnahmen aus der Vermietung gemeinschaftlichen Eigentums,
- zu erwartende Einnahmen aus Forderungen sowie
- Eingang von Darlehensbeträgen.

Die **Zinseinnahmen aus der Instandhaltungsrücklage** sind jedenfalls dann als Einnahme aufzunehmen, wenn die Zinsen nicht der Instandhaltungsrücklage zugeführt werden sollen, sondern der (Mit)-Finanzierung der laufenden Ausgaben dienen.[24] Maßgeblich hierfür ist die Beschlusslage in der Gemeinschaft. Allerdings ist der Status über den Stand der Instandhaltungsrücklagen und deren voraussichtliche Fortschreibung kein zwingender Bestandteil des Wirtschaftsplans.[25] 1458

Soweit die Eigentümergemeinschaft **Einnahmen aus Forderungen** gegen Dritte (z.B. Versicherungsleistungen) erwarten kann, sind diese im Wirtschaftsplan nur dann zu berücksichtigen, wenn mit ihrer Erfüllung im betreffenden Wirtschaftsjahr konkret gerechnet werden kann.[26] Ansonsten könnte deren kalkulatorische Berücksichtigung zu einer absehbaren Unterdeckung führen. Wird die Wohnungseigentümergemeinschaft – etwa zur Überbrückung eines Liquiditätsengpasses – ein Darlehen aufnehmen, ist der zu erwartende Eingang der **Darlehensgelder** als Einnahme zu berücksichtigen.[27] 1459

bb) Zuführung zur Instandhaltungsrücklage. Neben den voraussichtlichen Einnahmen und Ausgaben muss der Wirtschaftsplan auch die Beiträge aller Wohnungseigentümer zu der in § 21 Abs. 5 Nr. 4 WEG vorgesehenen **Instandhaltungsrückstellung** enthalten (§ 28 Abs. 1 Satz 2 Nr. 3 WEG). **Sinn und Zweck** der Instandhaltungsrücklage ist es, eine ausreichende Liquidität für **künftig** erforderlich werdende Instandhaltungs- bzw. Instandsetzungsmaßnahmen am Gemeinschaftseigentum sicherzustellen.[28] Die Höhe des jährlichen Zuflusses zur Instandhaltungsrückstellung ist nach objektiven Maßstäben zu ermitteln, wobei auf die tatsächlichen Verhältnisse, insbesondere den baulichen Zustand der Wohnanlage abzustellen ist. Maßgeblich sind dabei Alter und Erhaltungszustand des jeweiligen Gebäudes,[29] darüber hinaus die Anzahl der technischen Einrichtungen (z.B. Aufzug, Heizung) und deren Zustand sowie die zu erwartende Lebensdauer und technische Betreuung. Auch wenn der II. BV kein verbindlicher Charakter für den wohnungseigentumsrechtlichen Bereich zukommt, sollen sich hieraus zumindest Anhaltspunkte für die Angemessenheit der zu bildenden Instandhaltungsrücklage herleiten lassen.[30] Weitere Anhaltspunkte mögen sich aus der sog. Peters'schen Formel ergeben.[31] Maßgeblich ist, was ein verständiger und vorausschauender Eigentümer zur Erhaltung seines Eigentums zurücklegen würde. Die Wohnungseigentümer haben auch hier einen relativ weiten Ermessensspielraum, so dass wesentlich überhöhte oder zu niedrige Ansätze ordnungsmäßiger Verwaltung widersprechen.[32] Hierbei ist die Höhe der im Wirt- 1460

---

[23] *Staudinger/Bub* § 28 WEG Rn. 104.
[24] OLG Köln NZM 2008, 652; *Jennißen* § 28 Rn. 39.
[25] KG ZMR 2005, 221.
[26] BayObLG NZM 1999, 868.
[27] OLG Hamm NJW-RR 1992, 403; KG NJW-RR 1994, 1105 (1107); BayObLG NJW-RR 2004, 1602 (1603).
[28] OLG Hamm OLGZ 1971, 96; OLG Frankfurt MDR 1974, 848.
[29] OLG Saarbrücken NJW-RR 2000, 87.
[30] *Bärmann/Merle* § 21 Rn. 124.
[31] Vgl. hierzu *Bärmann/Merle* § 21 Rn. 125.
[32] OLG Düsseldorf NZM 2002, 959.

schaftsplan eingestellten Instandhaltungsrücklage nicht vorgreiflich für die spätere Jahresabrechnung.[33]

1461 *cc) Summe der Wohngeldvorschüsse.* Die voraussichtlichen Gesamteinnahmen, Gesamtausgaben und die Zuführung zur Instandhaltungsrücklage sind zu saldieren. Da die voraussichtlichen Ausgaben in der Regel höher sind als die voraussichtlichen Einnahmen, ist dieser Saldo negativ. Der Saldo entspricht dem Betrag, den die Wohnungseigentümer gemeinsam durch Vorschusszahlungen aufbringen müssen, um die Bewirtschaftung der Wohnanlage sicherzustellen. Die Angabe der von den Wohnungseigentümern im Wirtschaftsjahr insgesamt an die Gemeinschaft zu zahlenden Wohngeldbeiträge gehört zu den wesentlichen Bestandteilen eines Wirtschaftsplans. Denn nur anhand dieser Angabe können die Wohnungseigentümer eine **Plausibilitätsprüfung** dahingehend vornehmen, ob die voraussichtlichen Gesamtausgaben von den zu erwartenden Gesamteinnahmen (inklusive Wohngeldvorauszahlungen) gedeckt sind.[34] Dies ist für die Ordnungsgemäßheit des Wirtschaftsplans, der die Liquidität der Eigentümergemeinschaft sicherstellen soll,[35] von zentraler Bedeutung. Die immer wieder anzutreffende Praxis, wonach sich nur aus der Addition der aus den jeweiligen Einzelwirtschaftsplänen herzuleitenden Einzelwohngeldbeiträge die zu erwartende Wohngeldgesamteinnahme ergibt, ist unzureichend, jedenfalls dann, wenn nicht alle Einzelwirtschaftspläne an sämtliche Wohnungseigentümer versandt werden, was regelmäßig unterbleibt.

1462 *dd) Mehrhausanlagen und Untergemeinschaften.* Grundsätzlich ist auch bei einer Mehrhausanlage eine gemeinschaftliche Jahresabrechnung und daher auch ein gemeinschaftlicher Wirtschaftsplan für die gesamte Anlage zu erstellen.[36] Sieht die Gemeinschaftsordnung die Bildung von **Untergemeinschaften** mit getrennten Abrechnungskreisen vor, ist zu differenzieren. Je nach konkreter Ausgestaltung der Gemeinschaftsordnung sind

- nach Gesamt- und Untergemeinschaften getrennte Instandhaltungsrücklagen zu bilden und abrechnungstechnisch zu erfassen,
- die Ausgaben, die allein auf die Untergemeinschaften entfallen, getrennt zu erfassen und aufzuteilen sowie
- die Einnahmen, die allein auf die Untergemeinschaften entfallen, getrennt zu erfassen und zuzuordnen.[37]

1463 **b) Einzelwirtschaftsplan.** *aa) Erstellung für jede Sondereigentumseinheit.* Während der Gesamtswirtschaftsplan nur die zu erwartenden Ausgaben- und Einnahmen der Gemeinschaft auflistet, werden in den Einzelwirtschaftsplänen die Einnahmen und Ausgaben nach dem geltenden Verteilungsschlüssel auf die einzelnen Wohnungseigentumseinheiten umgelegt, woraus sich das für jede Wohnungseigentumseinheit zu leistende Wohngeld ergibt. Es entspricht daher **ordnungsmäßiger Verwaltung,** Einzelwirtschaftspläne aufzustellen und hierüber zu beschließen.[38] Hierauf hat jeder Eigentümer einen – notfalls auch klagbaren – Anspruch gemäß § 21 Abs. 4 WEG (s. o. Rn. 1444).

1464 Hiermit nicht zu verwechseln ist die Frage, inwieweit ausnahmsweise auch ohne beschlossene Einzelwirtschaftspläne eine **Wohngeldfälligkeit** durch Abruf der Einzelwohngelder durch den Verwalter gemäß § 28 Abs. 2 WEG herbeigeführt werden kann. Dies soll dann möglich sein, wenn sich die konkrete Einzelbelastung für jeden Eigentümer selbst leicht aus dem beschlossenen Gesamtwirtschaftsplan ermitteln lässt.[39] Dies dürfte allerdings nur dann anzunehmen sein, wenn ein im Wesentlichen einheitlicher und ein-

---

[33] KG ZMR 2005, 221.
[34] *Niedenführ/Kümmel/Vandenhouten* § 28 Rn. 16.
[35] OLG Celle NJW-RR 1998, 1706.
[36] KG ZMR 2008, 67.
[37] KG ZMR 2008, 67 in Bezug auf die Jahresabrechnung.
[38] *Staudinger/Bub* § 28 WEG Rn. 132.
[39] BayObLG NJW-RR 1988, 272; *Niedenführ/Kümmel/Vandenhouten* § 28 Rn. 27.

fach zu handhabender Verteilungsschlüssel besteht und es nicht zu Änderungen etwa aufgrund der neu eröffneten Beschlusskompetenzen gekommen ist.[40]

Ein Eigentümerbeschluss, der den Verwalter von der Erstellung der Einzelwirtschafts- 1465
pläne zukünftig freistellt, ist nichtig. Enthält ein Wirtschaftsplan lediglich die Gesamtbeträge der zu erwartenden Einnahmen und Ausgaben, ohne den Verteilungsschlüssel und die auf jede Wohnungseigentumseinheit entfallenden Wohngeldbeiträge anzugeben, so entspricht er nicht ordnungsmäßiger Verwaltung. Ein Eigentümerbeschluss, der einen solchen unvollständigen Wirtschaftsplan billigt, ist für ungültig zu erklären.[41] Eine entsprechende Vereinbarung wäre zwar möglich,[42] aber mit Blick auf die Folgen für die Frage der Fälligkeit der Wohngeldvorschüsse (s. o. Rn. 1461) keinesfalls zu empfehlen.

bb) Verteilungsschlüssel. Die Gesamtbeträge aus den einzelnen Einnahmen- und Aus- 1466
gabenpositionen sind auf die einzelnen Wohnungseigentumseinheiten anhand des geltenden Verteilungsschlüssels aufzuteilen. Gleiches gilt für die Zuführung zur Instandhaltungsrückstellung. Um den Wohnungseigentümern eine bessere **Nachvollziehbarkeit des Rechenwerks** zu ermöglichen, muss der für jede Position geltende Verteilungsschlüssel angegeben werden.[43] Ohne Angabe des Verteilungsschlüssels lässt sich für die Wohnungseigentümer allein aus dem Wirtschaftsplan heraus der dort ausgewiesene Einzelbetrag nicht ohne weiteres nachvollziehen, insbesondere wenn unterschiedliche Verteilungsschlüssel für einzelne Einnahmen- und Ausgabenpositionen zur Anwendung gelangen. Ein solcher unvollständiger Wirtschaftsplan entspricht daher nicht den Grundsätzen ordnungsmäßigen Verwaltungshandelns und wäre aufgrund einer Anfechtung für ungültig zu erklären.[44]

Für den Wirtschaftsplan gelten die gleichen Verteilungsschlüssel wie für die Jahresab- 1467
rechnung. Maßgeblich sind daher die entsprechenden Regelungen in der Gemeinschaftsordnung bzw. spätere **Vereinbarungen** der Wohnungseigentümer über die Einnahmen- und Ausgabenverteilung. Vereinbarungen der Wohnungseigentümer über den Verteilungsschlüssel wirken nur gegenüber Sondernachfolgern, wenn die Vereinbarung im Grundbuch eingetragen ist (§ 10 Abs. 3 WEG). Ohne Grundbucheintragung wird die Vereinbarung mit dem Eigentümerwechsel hinfällig. wenn die Rechtsnachfolger einer belastenden Vereinbarung nicht beitreten.[45]

Eine **langjährig praktizierte Abweichung** von dem gesetzlichen oder vereinbarten Ver- 1468
teilungsschlüssel führt grundsätzlich nicht zu einer „gewohnheitsrechtlichen" Änderung des Verteilungsschlüssels für die Zukunft,[46] es sei denn, dass in der dauerhaften Abweichung ausnahmsweise eine den Verteilungsschlüssel ändernde Vereinbarung zu sehen ist.[47] Eine konkludente Vereinbarung kann nur angenommen werden, wenn **allen** Eigentümern bei der Beschlussfassung über Wirtschaftsplan und Jahresabrechnung bewusst war, von dem geltenden Verteilungsschlüssel abzuweichen, und wenn **alle** Eigentümer den Willen hatten, nicht nur für den jeweiligen Einzelfall einen anderen Verteilungsschlüssel anzuwenden, sondern den Verteilungsschlüssel dauerhaft für die Zukunft zu ändern.[48] Eine solche Vereinbarung bindet mangels Eintragung im Grundbuch aber keine künftigen Eigentümer.

---

40 *Riecke/Schmid/Abramenko* § 28 Rn. 18.

41 BGH NJW 2005, 2061; BayObLG FGPrax 2005, 59.

42 BayObLG NZM 1999, 1058.

43 *Jennißen* § 28 Rn. 39.

44 *Staudinger/Bub* § 28 WEG Rn. 127.

45 OLG Hamm WE 1997, 32; Hans. OLG Hamburg WE 2002, 52; OLG Köln NZM 2001, 1135.

46 KG WE 1996, 390.

47 BayObLG WE 1989, 178.

48 OLG Zweibrücken ZMR 1999, 853; BayObLG ZWE 2001, 432; OLG Düsseldorf MietRB 2004, 141; BayObLG ZMR 2005, 379; OLG München ZMR 2006, 955.

1469 Seit der Novellierung des Wohnungseigentumsgesetzes zum 1. 7. 2007 ist zu beachten, dass infolge der in §§ 16 Abs. 3 und Abs. 4, 21 Abs. 7 WEG eröffneten Beschlusskompetenzen wirksame **Änderungen des Kostenverteilungsschlüssels** auch durch Beschlüsse herbeigeführt werden können, die Rechtsnachfolger gemäß § 10 Abs. 4 WEG auch ohne Grundbucheintragung binden. Insoweit soll nach der Intension des Gesetzgebers die gemäß § 24 Abs. 7 WEG zu führende Beschluss-Sammlung Auskunft über die aktuelle Beschlusslage geben. Im Übrigen hat nach der Neuregelung des § 10 Abs. 2 Satz 3 WEG jeder Wohnungseigentümer die Möglichkeit, unbillige Verteilungsschlüssel durch Gerichtsurteil ändern zu lassen. Allerdings sind derartige Änderungen im Wirtschaftsplan erst zu berücksichtigen, wenn sie wirksam zustande gekommen sind. Änderungsansprüche können der Ordnungsgemäßheit eines Wirtschaftsplans nicht einredeweise entgegengehalten werden.[49]

1470 Soweit einzelne Wohnungseigentumseinheiten an bestimmten Kosten – noch – nicht zu beteiligen sind (z. B. **Kostenfreistellung** in der Gemeinschaftsordnung bis zur Herstellung der Bezugsfähigkeit) oder einzelne Wohnungseigentümer von Kosten befreit sind (z. B. wegen unterbliebener Zustimmung zu einer baulichen Veränderung i. S. d. § 22 Abs. 1 WEG über § 16 Abs. 6 WEG), ist dieses bei der Verteilung diesbezüglicher Kosten im Wirtschaftsplan zu berücksichtigen.[50] Sieht die Gemeinschaftsordnung vor, dass ein ausbauberechtigter Wohnungseigentümer sich an den Kosten und Lasten ab „Herstellung" der Wohnung zu beteiligen hat, kann und muss der Einzelwirtschaftsplan für diese Einheit monatliche Wohngeldvorschüsse vorsehen, wenn der Ausbauberechtigte die Wohnung im Wesentlichen hergestellt hat und der endgültige Anschluss an die Versorgungseinrichtungen nur deshalb noch nicht vorgenommen wurde, weil der Ausbauberechtigte noch keinen Mieter oder Erwerber für die Wohnung gefunden hat.[51]

1471 Fraglich ist, wie in den Einzelwirtschaftsplänen die **verbrauchsabhängig** zu ermittelnden Kosten (z. B. Heizkosten) anzusetzen sind. In Betracht kommt einerseits die Anforderung auf Grundlage des allgemein geltenden Kostenverteilungsschlüssels oder andererseits die Anforderung nach Maßgabe des Verbrauchs im abgelaufenen Wirtschaftsjahr oder auch eines Durchschnittsverbrauchs der letzten Wirtschaftsjahre. Da es sich bei den Angaben im Wirtschaftsplan nur um Schätzungen handelt und der Eigentümergemeinschaft bei der Beschlussfassung über die Ansätze im Wirtschaftsplan ein weites Ermessen zusteht (vgl. oben Rn. 1454), kann neben den Verbrauchswerten des Vorjahres grundsätzlich auch der allgemeine Kostenverteilungsschlüssel in Ansatz gebracht werden,[52] zumal der Kostenverteilungsschlüssel im Wirtschaftsplan die spätere Kostenverteilung in der Jahresabrechnung nicht präjudiziert.[53] Sollte dies aufgrund besonderer Umstände (z. B. Leerstand) zu wesentlich überhöhten Vorauszahlungen führen, wäre die Vorauszahlung anhand des Verbrauchs im abgelaufenen Jahr zu schätzen, da der Eigentümer nicht verpflichtet ist, die Ausgaben anderer Eigentümer einseitig vorzufinanzieren.

1472 Soweit im Wirtschaftsplan ein **unzutreffender Verteilungsschlüssel** angesetzt ist, führt dies nur zur Anfechtbarkeit des Beschlusses über den Wirtschaftsplan. Unterbleibt eine fristgemäße Anfechtung nach § 46 WEG, erwächst der Beschluss in **Bestandkraft.**[54] In der Jahresabrechnung sind die Einnahmen und Ausgaben jedoch nach dem geltenden Verteilungsschlüssel umzulegen.

1473 *cc) Höhe der Wohngeldbeiträge.* Die **Einzelpositionen** der voraussichtlichen Einnahmen und Ausgaben sind in den Einzelwirtschaftsplänen zu **saldieren**. Dadurch ergibt sich der Betrag, um den die voraussichtlichen Ausgaben die voraussichtlichen Einnahmen

---

[49] BayObLG NJW-RR 1987, 714 (716); KG NJW-RR 1992, 1433.
[50] BGH ZMR 1992, 167.
[51] KG ZWE 2002, 81.
[52] KG ZMR 2005, 221.
[53] KG NJW-RR 1990, 1298.
[54] BGH NJW 2000, 3500.

übersteigen. Dieser Saldo entspricht dem Betrag, den jeder Wohnungseigentümer als jährliche Wohngeldvorauszahlungen aufzubringen hat, um seinen Anteil an der Bewirtschaftung der Wohnanlage zu leisten. Diesen Betrag kann der Verwalter gemäß § 28 Abs. 2 WEG vom Wohnungseigentümer im Bedarfsfall abrufen. In der Regel beschließen die Wohnungseigentümer eine Zahlung des jährlichen Wohngeldbeitrages in zwölf gleichen Raten, weshalb der Einzelwirtschaftsplan regelmäßig neben dem jährlichen Wohngeldbeitrag auch den monatlich zu leistenden Wohngeldbeitrag ausweist.

Anhang: Raster eines Wirtschaftsplans 1474

Der Gesamtwirtschaftsplan umfasst

- alle voraussichtlichen Ausgaben, aufgegliedert in übersichtliche Positionen, insbesondere: 1475
  - Betriebskosten,
  - Verwaltungskosten,
  - Kosten der Instandhaltung und Instandsetzung,
  - besondere Kosten aufgrund beschlossener baulicher Veränderungen oder sonstiger Maßnahmen, die über die ordnungsgemäße Instandhaltung oder Instandsetzung hinausgehen,
  - u. U. getrennte Ausweisung der Umsatzsteuer,
- zusätzlich die gemäß § 21 Abs. 5 Nr. 4 WEG zu bildende Instandhaltungsrücklage, 1476
- alle zu erwartenden Einnahmen untergliedert in aussagekräftige Positionen, z. B.: 1477
  - Wohngelder,
  - Bankzinsen,
  - Einnahmen aus der Vermietung gemeinschaftlichen Eigentums,
  - Versicherungsleistungen.

Die Einzelwirtschaftspläne beinhalten

- die Umlage der im Gesamtwirtschaftsplan enthaltenen Ausgaben unter Anwendung des für die einzelnen Kostenpositionen geltenden Verteilungsschlüssels objektbezogen auf die einzelnen Wohnungseigentumseinheiten, 1478
- den Anteil der jeweiligen Wohnungseigentumseinheit an der Zuführung zur Instandhaltungsrückstellung, 1479
- die Umlage der im Gesamtwirtschaftsplan enthaltenen Einnahmen unter Anwendung des für die einzelnen Einnahmenpositionen geltenden Verteilungsschlüssels objektbezogen auf die einzelnen Wohnungseigentumseinheiten, 1480
- das für die jeweilige Wohnungseigentumseinheit zu zahlende Jahreswohngeld und die monatlich zahlenden Einzelbeträge. 1481

6. Prüfung des Wirtschaftsplans durch Beirat

Der Wirtschaftsplan soll, bevor er den Wohnungseigentümern zur Beschlussfassung vorgelegt wird, vom **Verwaltungsbeirat geprüft** und mit dessen Stellungnahme versehen werden (§ 29 Abs. 3 WEG). Gültigkeitsvoraussetzung ist dies allerdings nicht. Auch wird deren Fehlen in der Regel keine Anfechtung des Genehmigungsbeschlusses begründen können, was sich schon daraus ergibt, dass diese Verpflichtung des Verwaltungsbeirats nicht gerichtlich eingefordert werden kann,[55] sondern nur Schadensersatzansprüche begründen könnte.[56] 1482

7. Beschluss über den Wirtschaftsplan

Solange über den vorgelegten Wirtschaftsplan nicht beschlossen wird, handelt es sich um eine unverbindliche Empfehlung des Verwalters. Um den Wirtschaftsplan in Kraft zu setzen, bedarf es eines **Beschlusses** der Wohnungseigentümer, wobei – von der Beschlussfassung im schriftlichen Umlaufverfahren gemäß § 23 Abs. 3 WEG abgesehen – einfache Stimmenmehrheit genügt (§ 28 Abs. 5 WEG). Erst durch Beschluss der Wohnungseigen- 1483

[55] KG ZMR 1997, 544 (545).
[56] KG ZMR 2004, 458.

tümer über **Gesamt- und Einzelwirtschaftspläne** wird die **Verpflichtung** zur Zahlung von Wohngeldvorschüssen begründet.[57]

1484 Ein Beschluss **nur** über den **Gesamtwirtschaftsplan** begründet grundsätzlich keine Zahlungsverpflichtung der Wohnungseigentümer, da sich aus dem Gesamtwirtschaftsplan nicht die Beitragspflicht der einzelnen Wohnungseigentümers ergibt. Eine Ausnahme hiervon soll jedoch dann gegeben sein, wenn jeder Wohnungseigentümer anhand des Gesamtwirtschaftsplans das von ihm zu leistende Wohngeld leicht errechnen kann.[58] Dies dürfte allerdings nur anzunehmen sein, wenn ein im Wesentlichen einheitlicher und einfach zu handhabender Verteilungsschlüssel gilt, dieser nicht im Streit steht und auch nicht geändert wurde, z. B. aufgrund der neu eröffneten Beschlusskompetenzen.[59]

1485 Von Bedeutung für einen ordnungsgemäßen Beschluss über einen Wirtschaftsplan ist, dass der Beschluss inhaltlich **ausreichend bestimmt** ist. Da Beschlüsse wegen ihrer Wirkung gegenüber Rechtsnachfolgern wie Grundbucherklärungen aus sich heraus objektiv und normativ auszulegen sind,[60] dürfen Umstände außerhalb des Protokolls nur herangezogen werden, wenn sie für jedermann erkennbar sind. Der Beschluss sollte daher den zu beschließenden Wirtschaftsplan genau bezeichnen (wenn mehrere Alternativpläne zur Diskussion stehen, möglichst mit genauen Angaben zur Individualisierung wie etwa Ausdruckdatum, Ausgabenvolumen etc.).[61] Unterbleibt dies und ist aus objektiver Sicht zweifelhaft, welcher Wirtschaftsplan beschlossen wurde, ist der Beschluss zumindest anfechtbar.[62]

1486 Zwar müssen die Einzelwirtschaftspläne nicht allen Miteigentümer vor der beschlussfassenden Eigentümerversammlung zugesandt werden, zumindest nach der Auffassung des OLG Köln müssen sie aber allgemein zugänglich sein und so rechtzeitig vor der Versammlung zur Einsichtnahme ausliegen, dass eine Prüfung für die Wohnungseigentümer möglich ist.[63] Dieser Auffassung ist zu folgen, da nur so eine sachgerechte Willensbildung auf der Eigentümerversammlung ermöglicht wird. Die Eigentümer können nur über etwas abstimmen, was sie zumindest hätten prüfen können.

8. Fälligkeit der Wohngeldvorschüsse

1487 Das Jahreswohngeld wird üblicherweise in **gleiche monatliche Raten** aufgeteilt, sodass der Wirtschaftsplan den Betrag ausweist, den jeder Wohnungseigentümer als monatliches Wohngeld zu zahlen hat. Der Zeitpunkt der Fälligkeit des (monatlichen) Wohngeldes ergibt sich aus der Gemeinschaftsordnung oder aus dem Beschluss über den Wirtschaftsplan. Weist der Wirtschaftsplan monatlich zu leistende Vorauszahlungen aus und enthalten weder die Gemeinschaftsordnung noch der Beschluss über den Wirtschaftsplan eine Fälligkeitsregelung, tritt Fälligkeit mit Ablauf des jeweiligen Kalendermonats ein. Weist der Wirtschaftsplan lediglich das Jahreswohngeld aus und ist keine Fälligkeitsregelung vorhanden, greift § 28 Abs. 2 WEG, wonach die Vorschüsse nach Abruf durch den Verwalter zu zahlen sind. Der Verwalter hat nach billigem Ermessen zu entscheiden, wie er die Zahlungsfälligkeit ausgestaltet. In der Regel wird es den Grundsätzen ordnungsmäßigen Verwaltungshandelns entsprechen, monatlich gleiche Vorschüsse von den Wohnungseigentümern abzufordern.

1488 Seit dem 1. 7. 2007 bietet § 21 Abs. 7 WEG den Wohnungseigentümern weitreichende **Gestaltungsmöglichkeiten** für die Regelung der Wohngeldfälligkeit. Die Beschlusskompe-

---

[57] BGH ZMR 2005, 547; BayObLG ZMR 2005, 64 (65).

[58] BayObLG NJW-RR 1988, 272; NJW-RR 1991, 1360; *Niedenführ/Kümmel/Vandenhouten* § 28 Rn. 27.

[59] *Riecke/Schmid/Abramenko* § 28 Rn. 18.

[60] BGH NJW 1998, 3713 (3714).

[61] BayObLG NZM 2000, 683.

[62] OLG Köln WE 1999, 114.

[63] OLG Köln WuM 1999, 297.

tenz erfasst alle Entscheidungen der Wohnungseigentümer zur Art und Weise von Zahlungen sowie zur Fälligkeit von Forderungen und der Verzugsfolgen auch über den Einzelfall hinaus, wie z.B. die Teilnahme am Lastschriftverfahren einschließlich Erhebung von Bearbeitungsgebühren im Weigerungsfall, zur Höhe von Verzugszinsen, zur Fälligkeit von Hausgeldzahlungen einschließlich Vorfälligkeits- und Verfallklauseln. Die Wohnungseigentümer können die Fälligkeit durch Mehrheitsbeschluss auch abweichend von der Gemeinschaftsordnung regeln.[64]

Bereits nach der bis zum 30. 6. 2007 geltenden Fassung des WEG hatte der BGH die **Fälligstellung des Gesamtjahreswohngeldes** bei nachgelassener monatlicher Ratenzahlung von je 1/12 des Jahreswohngeldes und Verfall dieser Stundung bei Ratenzahlungsverzug per Beschluss für zulässig erachtet.[65] Dies gilt nach neuem Recht fort, wobei nunmehr auch die bislang aufgrund ihres Strafcharakters für unzulässig gehaltenen Vorfälligkeitsregelungen[66] wirksam sind. Ob es in Ansehung möglicher Eigentümerwechsel insbesondere im Rahmen einer Zwangsversteigerung oder der Anordnung von Zwangs- oder Insolvenzverwaltungen während eines laufenden Wirtschaftsjahres sinnvoll ist, das Gesamtjahreswohngeld oder wesentliche Teile hiervon auf einmal fällig zu stellen, ist jedoch zweifelhaft. Nach der herrschenden Fälligkeitstheorie hat der **Erwerber** einer Wohnungseigentumseinheit oder der **Zwangs-** oder **Insolvenzverwalter** nur jene Wohngeldbeiträge zu leisten, die nach dem Eigentümerwechsel bzw. nach Beschlagnahme der Wohnung im Rahmen der Zwangs- oder Insolvenzverwaltung fällig werden.[67] Dies kann im Extremfall dazu führen, dass ein Erwerber oder ein Zwangs-/Insolvenzverwalter für ein laufendes Wirtschaftsjahr keine Zahlungen auf den Wirtschaftsplan leisten muss, weil zum Zeitpunkt des Eigentümerwechsels bzw. der Beschlagnahme der Wohnung bereits eine Gesamtfälligkeit eingetreten war. 1489

9. Geltungsdauer des Wirtschaftsplans

Ein Wirtschaftsplan soll Vorschusszahlungen der Wohnungseigentümer für eine bestimmte Wirtschaftsperiode sicherstellen; er gilt daher grundsätzlich nur für die jeweilige Wirtschaftsperiode.[68] In der Regel ist dies **ein Wirtschaftsjahr,** welches gemäß § 28 Abs. 1 Satz 1 WEG dem Kalenderjahr entspricht. Die Wohnungseigentümer können jedoch mit einfacher Stimmenmehrheit beschließen, dass der **konkrete** Wirtschaftsplan über das betreffende Wirtschaftsjahr hinaus so lange **fortgilt,** bis ein neuer Wirtschaftsplan beschlossen wird.[69] Die **generelle** Anordnung der Fortgeltung eines **jeden** Wirtschaftsplanes bis zur Beschlussfassung über einen aktuellen Wirtschaftsplan dürfte hingegen ohne Öffnungsklausel nicht durch Beschluss, sondern nur durch eine Vereinbarung möglich sein.[70] Haben sich die Vorauszahlungen der Wohnungseigentümer aufgrund des letzten Wirtschaftsplans als ausreichend erwiesen, können die Wohnungseigentümer mit einfacher Stimmenmehrheit die Fortgeltung des alten Wirtschaftsplanes im neuen Wirtschaftsjahr beschließen, statt einen neuen Wirtschaftsplan aufzustellen.[71] Dies sollte aber nicht dazu verleiten, trotz absehbarer veränderter Kostensituation keine aktuelle Wirtschaftsplanung unter Berücksichtigung des konkreten Finanzbedarfs mehr aufzustellen, da hierin ein Verstoß gegen die Grundsätze ordnungsmäßigen Verwaltungshandelns liegen 1490

---

[64] BT-Drs. 16/887, S. 27; *Bärmann/Merle* § 21 Rn. 142.
[65] BGH NZM 2003, 946.
[66] OLG Zweibrücken ZMR 2003, 135.
[67] OLG Düsseldorf NZM 2001, 1039; OLG Karlsruhe ZMR 2005, 310.
[68] KG WuM 1988, 330; OLG Düsseldorf NZM 2008, 251.
[69] KG ZMR 2005, 221 (222); OLG Düsseldorf NZM 2003, 810.
[70] KG ZMR 2005, 221; *Niedenführ/Kümmel/Vandenhouten* § 28 Rn. 13; a. A. *Bärmann/Merle* § 28 Rn. 49 (Beschlusskompetenz folge aus § 21 Abs. 7 WEG).
[71] KG NZM 2002, 294.

würde und jeder Wohnungseigentümer einen klagbaren Anspruch (**Individualanspruch**) auf Vorlage eines ordnungsgemäßen Wirtschaftsplanes hat.[72]

1491 Wenn der Wirtschaftsplan erst nach Beginn des betreffenden Wirtschaftsjahres beschlossen wird, empfiehlt es sich, ausdrücklich eine **rückwirkende Geltung** auf den Beginn der laufenden Wirtschaftsperiode in den Beschlusstext aufzunehmen, da eine automatische Rückwirkung nicht unbedingt anzunehmen ist.[73] In diesem Zusammenhang ist es sinnvoll, durch Beschluss auch festzulegen, bis wann die auf die Vormonate nachzuzahlenden Beträge auszugleichen sind.

1492 Ein Wirtschaftsplan bleibt nach **Ablauf seiner Geltungsperiode** Anspruchsgrundlage für etwaige noch nicht gezahlte Wohngelder (Vorschüsse), Zinsen und Verzugsschäden. Dies gilt auch dann, wenn bereits die Jahresabrechnung desselben Wirtschaftsjahres beschlossen worden ist,[74] da der Beschluss über die Jahresabrechnung den vorgängigen Wirtschaftsplan nicht aufhebt, sondern nach der Rechtsprechung des BGH (Stichwort: **„Abrechnungsspitze"**) insoweit nur **schuldverstärkenden** Charakter hat.[75] Ein ausgeschiedener Wohnungseigentümer bleibt daher auf Grundlage des zu Zeiten seiner Eigentümerstellung geltenden Wirtschaftsplans und der sich hieraus ergebenden Wohngelder für die Dauer seiner Eigentümerstellung gegenüber der Gemeinschaft in der Haftung, soweit sich die beschlossene Vorschusszahlung nicht auf Grund einer nach seinem Ausscheiden beschlossenen Jahresabrechnung als überhöht erweist.[76] Zwar nimmt der ausgeschiedene Eigentümer an der Beschlussfassung über die schuldbegrenzende Jahresabrechnung nicht teil, so dass das Abrechnungsergebnis nicht unmittelbar für ihn wirkt; indes ergibt sich diese Begrenzung auf die Höhe der Abrechnungsschuld aus dem Sinn und Zweck und dem hieraus basierenden Zusammenwirken zwischen Wirtschaftsplan und Jahresabrechnung (s. o. Rn. 1440). Hiernach legt die Jahresabrechnung die vorläufig im Wirtschaftsplan geschätzte Kostenbeteilung der Eigentümer **abschließend** fest. Die schuldverstärkende Wirkung des Beschlusses über die Jahresabrechnung hinsichtlich des Wirtschaftsplanes ist auf die endgültige Schuld aus der Jahresabrechnung begrenzt, weil die Jahresabrechnung keine Wirkung über das Abrechnungsergebnis hinaus entfalten kann. Somit gilt aufgrund des inneren Zusammenhanges zwischen Wirtschaftsplan und Jahresabrechnung, dass die beschlossene Jahresabrechnung **generell** die Schuld aus dem Wirtschaftsplan deckelt, da der Anspruch aus dem Wirtschaftsplan einen vorläufigen Charakter trägt, der von vornherein unter dem Vorbehalt einer endgültigen Festlegung durch die Jahresabrechnung steht.[77] Hierauf kann sich somit auch ein ausgeschiedener Eigentümer berufen. Im Übrigen dürfte es treuwidrig sein, einen ausgeschiedenen Eigentümer auf Vorauszahlungen aus einem Wirtschaftsplan in Anspruch zu nehmen, obwohl eine geringere Höhe der Schuld mit der Genehmigung der Jahresabrechnung bereits festgestellt ist, und diesem die Berufung hierauf nur mit dem formalen Argument zu versagen, dass er aufgrund des Ausscheidens aus der Eigentümerstellung an der Beschlussfassung nicht mehr teilnehmen konnte.

10. Gerichtliche Erzwingung des Wirtschaftsplans

1493 Jeder Wohnungseigentümer kann die Erstellung eines Wirtschaftsplans als Maßnahme ordnungsmäßiger Verwaltung gemäß § 21 Abs. 4 i. V. m. § 21 Abs. 5 Nr. 5 WEG verlangen (s. o. Rn. 1444).[78] Zuständig für die Erstellung des Wirtschaftsplans ist gemäß § 28 Abs. 1 Satz 1 WEG der Verwalter, der diesen den Wohnungseigentümern auf einer Eigen-

---

72 KG NJW-RR 1986, 644.
73 OLG Köln WuM 1995, 733; OLG Düsseldorf NZM 2008, 251.
74 BGH NJW 1996, 725; KG WuM 1988, 330.
75 BGH NJW 1996, 725; NJW 1999, 3713.
76 BayObLG WuM 1990, 362.
77 *Wenzel*, FS Seuß (1997), S. 313 (320), WE 1997, 124; a. A. *Bärmann/Merle* § 28 Rn. 153.
78 BGH NJW 1985, 912.

tümerversammlung zur Genehmigung durch Beschluss vorzulegen hat, was nötigenfalls gerichtlich erzwungen werden kann (s. o. Rn. 1444).[79]

Soweit die Wohnungseigentümerversammlung einem vorgelegten Wirtschaftsplan die Zustimmung verweigert, kann jeder Eigentümer als Ausdruck seines Anspruchs auf Einhaltung der Grundsätze ordnungsmäßigen Verwaltungshandelns eine gerichtliche Ersetzung des Beschlusses über den Wirtschaftsplan durch Gestaltungsurteil erzwingen.[80] In erster Linie wird es sich anbieten, den ablehnenden Beschluss (**Negativbeschluss**)[81] binnen der Einmonatsfrist des § 46 Abs. 1 WEG anzufechten[82] und den Anfechtungsantrag mit einem Antrag auf **gerichtliche Ersetzung** des abgelehnten Beschlusses zu verbinden.[83] 1494

Soweit das Gericht die Ansätze in dem in Kraft zu setzenden Wirtschaftsplan für fehlerhaft hält, ist es nach § 21 Abs. 8 WEG befugt, die Ansätze nach billigem **Ermessen** zu korrigieren.[84] Zu beachten ist allerdings, dass auch die gerichtliche Entscheidung auf Grundlage des § 21 Abs. 8 WEG nach zivilprozessualen Regeln erfolgen muss, so dass das Gericht nicht von Amts wegen die tatsächlichen Grundlagen für seine Ermessensentscheidung ermitteln darf. Vielmehr muss die klagende Partei darlegen und beweisen, dass die Ansätze mit Blick auf die zu erwartenden Ausgaben gerechtfertigt sind.[85] Dies kann etwa durch Auflistung der Ausgaben im abgelaufenen Wirtschaftsjahr oder Überreichung der Jahresabrechnung des abgelaufenen Wirtschaftsjahres geschehen. Wenn außergewöhnliche Ausgaben zu erwarten sind, muss genauer vorgetragen werden (z. B. durch Einreichung kostenauslösender Beschlüsse). Es reicht allerdings aus, wenn das Gericht in die Lage versetzt wird, eine **grobe Schätzung** der zu erwartenden Ausgaben vorzunehmen, da das Gericht nicht verpflichtet ist, einen genau ausdifferenzierten Wirtschaftsplan aufzustellen. Soweit kein detaillierter Wirtschaftsplan zur gerichtlichen Ersetzung vorgelegt wird, muss das Gericht nicht wie ein Verwalter einen solchen erstellen, sondern kann sich damit begnügen, nach Grobschätzung der voraussichtlichen Ausgaben und Einnahmen die Einzelwohngeldvorschüsse festzusetzen.[86] Dies findet seine Rechtfertigung letztlich darin, dass der Wirtschaftsplan ohnehin nur eine vorläufige Finanzierungsgrundlage darstellt und nach Ablauf des Wirtschaftsjahres eine genaue Abrechnung stattzufinden hat. Abgesehen davon sind die Wohnungseigentümer auch während des Gerichtsverfahrens nicht gehindert, einen Wirtschaftsplan durch Beschluss in Kraft zu setzen. Das gerichtliche Beschlussersetzungsverfahren würde sich dadurch erledigen. 1495

Um das **Rechtsschutzbedürfnis** für die Anrufung des Gerichts zwecks Festsetzung eines Wirtschaftsplans zu schaffen, wird es grundsätzlich erforderlich sein, zunächst eine Eigentümerversammlung mit dem Ziel der Beschlussbefassung über einen Wirtschaftsplan durchzuführen und notfalls gerichtlich zu erzwingen, da § 21 Abs. 8 WEG die gerichtliche Gestaltung erst eröffnet, wenn die Eigentümer selbst vergeblich versucht haben, von dem ihnen vorrangig eingeräumten Selbstverwaltungsrecht Gebrauch zu machen.[87] Nur ausnahmsweise kann hiervon abgesehen werden, wenn von vornherein feststeht, dass ein Positivbeschluss über die Genehmigung des Wirtschaftsplans nicht zustande kommen wird (etwa im Falle eines feststehenden Fraktionsverhaltens zweier sich gegenüberstehender Blöcke der Wohnungseigentümer) und eine **vorherige Eigentümerversammlung** als reine Förmelei anzusehen wäre.[88] 1496

---

[79] BayObLG NJW-RR 1990, 660.

[80] KG NJW-RR 1986, 644; NJW-RR 1991, 463.

[81] Vgl. zur Beschlussqualität eines Negativbeschlusses: BGH Grundeigentum 2001, 1405.

[82] Vgl. zur Bindungswirkung bestandskräftiger Negativbeschlüsse: BayObLG ZWE 2004, 93; ZMR 2004, 524; OLG München Info M 2007, 360.

[83] BGH NJW 2002, 3704.

[84] *Riecke/Schmid/Abramenko* § 28 Rn. 8.

[85] *Riecke/Schmid/Abramenko* § 28 Rn. 8.

[86] KG NJW-RR 1991, 463.

[87] *Riecke/Schmid/Drabek* § 21 Rn. 312.

[88] OLG München ZMR 2006, 962.

1497 Nach **Ablauf des Wirtschaftsjahres** kann eine Ersetzung des Beschlusses über den Wirtschaftsplan nicht mehr verlangt werden. Es besteht nur noch ein Anspruch auf Erstellung einer Jahresabrechnung.[89] Ein noch im laufenden Wirtschaftsjahr eingeleitetes Beschlussersetzungsverfahren wäre für erledigt zu erklären. Soweit der Finanzbedarf der Gemeinschaft es weiterhin erfordert, kann der Antrag dahingehend umgestellt werden, dass die Ersetzung einer Sonderumlage mit dem benötigten Finanzvolumen begehrt wird.

11. Fehlerhafter Wirtschaftsplan

1498 Ein Mehrheitsbeschluss über einen fehlerhaften Wirtschaftsplan kann gemäß § 46 Abs. 1 WEG innerhalb eines Monats durch die Wohnungseigentümer erfolgreich angefochten werden. Unterbleibt die **Anfechtung,** sind die Wohnungseigentümer auch an einen fehlerhaften Wirtschaftsplan gebunden. Die Anhängigkeit der Anfechtungsklage hat **keine aufschiebende Wirkung** (§ 23 Abs. 4 WEG), so dass das beschlossene Wohngeld gleichwohl zunächst gezahlt werden muss.[90] Im Übrigen ist nach Art der Fehlerhaftigkeit des Wirtschaftsplans zu differenzieren:

1499 **a) Fehlende Einzelwirtschaftspläne.** Beschließen die Wohnungseigentümer nur einen Gesamtwirtschaftsplan ohne zugehörige Einzelwirtschaftspläne, ist der Beschluss nach Auffassung des BGH im Anfechtungsverfahren für ungültig zu erklären.[91]

1500 **b) Keine Prüfbarkeit des Wirtschaftsplans. Fehlen** einem Wirtschaftsplan **Bestandteile,** die für dessen Verständnis und Prüfbarkeit aus sich heraus für einen fachlich nicht vorgebildeten Eigentümer erforderlich sind, ist der Wirtschaftsplanbeschluss vollständig für ungültig zu erklären. Dies betrifft etwa die **fehlende Angabe der Verteilungsschlüssel** und die fehlende Angabe der von allen Wohnungseigentümern **insgesamt zu leistenden Wohngeldvorauszahlungen.** Ohne Angaben zu den nach Maßgabe der Einzelwirtschaftspläne zu leistenden Vorschusszahlungen (die in der Regel den Eigentümer nicht zusammen mit ihrem Einzelwirtschaftsplan mitgeteilt werden), lässt der Gesamtwirtschaftsplan aus sich heraus keine Überprüfung zu, ob er ordnungsgemäß nach dem Kostendeckungsprinzip aufgestellt wurde. Erst aufgrund solcher aus dem Wirtschaftsplan herzuleitender Informationen können sich weitere Erkenntnisse darüber ergeben, ob andere Fehler vorhanden sind (z. B. zu geringe Einnahmen), die jedoch dann wegen des Eintritts der Bestandskraft des Genehmigungsbeschlusses hingenommen werden müssten, wenn nur ein Ergänzungsanspruch bestünde.

1501 **c) Fehlende Ausgabenpositionen.** Soweit ein Wirtschaftsplan fehlerhaft ist, weil **einzelne Ausgabenpositionen** oder sonstige notwendige Bestandteile vollständig **fehlen,** ohne dass sich dies auf die anderen Positionen und auf die Prüfbarkeit des Wirtschaftsplans auswirkt, besteht nur ein **Ergänzungsanspruch.**[92] Beispielhaft sei die fehlende Zuführung zur Instandhaltungsrücklage oder ein fehlender Ausgabenansatz für den Heizöleinkauf genannt. Auf die Höhe der anderen Positionen und die Vollständigkeit und Prüfbarkeit des Wirtschaftsplans im Übrigen hätte dies keinen Einfluss. Auch diese Besonderheit ist bei der Formulierung des Klageantrags zur Vermeidung einer Klageabweisung zu beachten. Insoweit entscheidet das Gericht im Rahmen seines Gestaltungsermessens gemäß § 21 Abs. 8 WEG, kann also hinsichtlich der zu ergänzenden Positionen deren Höhe bestimmen. Der Kläger muss allerdings schlüssig vortragen, welche Positionen der Wirtschaftsplan richtigerweise noch enthalten müsste.[93]

---

[89] OLG Schleswig ZMR 2001, 855; KG WE 1991, 104; a. A. *Jennißen,* § 28 Rn. 49.

[90] BayObLG WE 1995, 93; ZMR 2004, 840.

[91] BGH NJW 2005, 2061.

[92] KG NJW-RR 1991, 725; BayObLG NJW-RR 1989, 310; BayObLG Wohnungseigentümer 1991, 164.

[93] *Bärmann/Merle* § 28 Rn. 54.

d) Zu geringe Ausgabenansätze. Soweit ein Wirtschaftsplan wegen zu geringer Ausgabenansätze bei einzelnen Positionen angefochten wird, geht das Klageziel nicht dahin, den Wirtschaftsplan insgesamt oder hinsichtlich der zu gering bemessenen Positionen für ungültig erklären zu lassen; denn dann bestünde überhaupt keine – ausreichende – Grundlage mehr für Vorschusszahlungen der Wohnungseigentümer an die Gemeinschaft.[94] Für eine vollständige Ungültigerklärung des Wirtschaftsplanbeschlusses bestünde kein Rechtsschutzbedürfnis.[95] Vielmehr hat das Gericht den Wirtschaftsplan in diesen Fällen auf Antrag gemäß § 21 Abs. 8 WEG so umzugestalten, dass es ihn mit den notwendigen höheren Ansätzen festsetzt, so dass den Wohnungseigentümern eine Zahlungsgrundlage erhalten bleibt.[96] Um einer – teilweisen – Klageabweisung mit entsprechend negativer Kostenfolge zu entgehen, empfiehlt es sich, die Anfechtung auf die zu gering bemessenen Kostenpositionen im Wirtschaftsplan zu beschränken[97] und zu beantragen, dass das Gericht einen Wirtschaftsplan mit entsprechend höheren Ansetzen in Kraft setzen möge.[98] Der Kläger hat schlüssig vorzutragen, welche Ausgabenansätze ordnungsmäßiger Verwaltung entsprechen. 1502

e) Zu hohe Ausgabenansätze. Wird ein Wirtschaftsplan wegen **zu hoher** oder **unnötiger** Ausgabenansätze angefochten, besteht ebenfalls kein Rechtsschutzbedürfnis für eine vollständige Ungültigerklärung des Beschlusses. Auf einen entsprechenden Klageantrag hin wird das Gericht auf Grundlage des in § 21 Abs. 8 WEG eingeräumten Gestaltungsermessens die überhöhten oder unnötigen Ansätze nach unten korrigieren und den Wirtschaftsplan mit dieser Maßgabe in Kraft halten. Auch in diesen Fällen sollte die Beschlussanfechtung also auf die einzelnen Positionen beschränkt und mit einen Beschlussersetzungsantrag verbunden werden. 1503

f) Falscher Verteilungsschlüssel. Wurden die Einzelwirtschaftspläne auf Basis eines falschen Verteilungsschlüssels erstellt mit der Folge, dass der anfechtende Eigentümer zu hohe Vorauszahlungen zu leisten hat, sind sämtliche **Einzelwirtschaftspläne** vom Gericht für ungültig zu erklären und anschließend von den Wohnungseigentümern unverzüglich mit dem richtigen Verteilungsschlüssel neu zu beschließen. Der **Gesamtwirtschaftsplan** ist von dem falschen Verteilungsschlüssel nicht betroffen. Er ist daher weder anzufechten noch für ungültig zu erklären. Eine (auch) gegen den Gesamtwirtschaftsplan gerichtete Anfechtungsklage ist kostenpflichtig abzuweisen. Um den durch Aufhebung der Einzelwirtschaftspläne sonst eintretenden Zustand der fehlenden Bewirtschaftungsgrundlage mit drohender Illiquidität der Eigentümergemeinschaft zu vermeiden, kann die klagende Partei den Anfechtungsantrag mit einem Antrag auf gerichtliche Festsetzung des „richtigen" Wirtschaftsplans verbinden, worüber das Gericht zusammen mit der Anfechtung im Rahmen des nach § 21 Abs. 8 WEG eröffneten Ermessens zu entscheiden hat. Den Beklagten wäre insoweit der Weg einer Hilfswiderklage mit entsprechendem Gestaltungsantrag eröffnet.[99] 1504

Die Anwendung eines falschen Verteilungsschlüssels führt stets auch dazu, dass einzelne Wohnungseigentümer geringere Wohngeldbeiträge leisten müssen, als sie auf Basis des richtigen Verteilungsschlüssels leisten müssten. Fraglich ist, ob diese **bevorteilten Eigentümer** ein **Rechtsschutzbedürfnis** für eine Ungültigerklärung der Einzelwirtschaftspläne haben, ob ihnen somit ein altruistisches Anfechtungsrecht zusteht. Stellt man darauf ab, dass jeder Eigentümer einen Anspruch auf ordnungsgemäße Verwaltung im Sinne des § 21 Abs. 4 WEG hat, kann auch von dem Eigentümer ein „richtiger" Wirtschaftsplan verlangt werden, für denn dies wirtschaftlich nachteilig ist. 1505

---

[94] *Bärmann/Merle* § 28 Rn. 54.
[95] A. A. offenbar BGH NJW 2005, 2061.
[96] KG WuM 1991, 224.
[97] *Riecke/Schmid/Abramenko* § 28 Rn. 29.
[98] *Bärmann/Merle* § 28 Rn. 52.
[99] *Riecke/Schmid/Abramenko* § 28 Rn. 28.

1506 Führt die Anwendung des falschen Verteilungsschlüssels zu keinen oder nur zu **geringen nachteiligen Abweichungen** auf die vom betroffenen Wohnungseigentümer zu leistenden Wohngeldvorauszahlungen, soll dies nach der Rechtsprechung für eine Anfechtbarkeit der Einzelwirtschaftspläne ebenfalls nicht genügen.[100] Dies wird damit begründet, dass der Wirtschaftsplan nur zu (vorläufigen) Vorauszahlungen verpflichtet, die Ausgabenansätze im Wirtschaftsplan nur auf Schätzungen beruhen und nach Ablauf des Wirtschaftsjahres auf Basis der tatsächlich angefallenen Einnahmen und Ausgaben und unter Anwendung des richtigen Verteilungsschlüssel endgültig abgerechnet wird. Etwaige Überzahlungen erhält der Eigentümer nach beschlossener Abrechnung zurück.

1507 **g) Keine Frist für Ergänzungsantrag.** Noch weitgehend ungeklärt ist, ob der Antrag auf **Ergänzung** des Wirtschaftsplans binnen der **Anfechtungsfrist** des § 46 Abs. 1 WEG auszubringen ist und ob der Ergänzungsantrag zwecks Meidung des Eintritts einer der Ergänzung des Wirtschaftsplans entgegenstehenden Bestandskraft des Genehmigungsbeschlusses mit dessen Anfechtung zu verbinden ist. Beides ist zu verneinen. Da die Ergänzung nur in den Fällen in Betracht kommt, in denen der Wirtschaftsplan im Übrigen von diesen Fehlern unbeeinflusst und durchführbar ist, hindert dessen Bestandskraft die Ergänzung nicht. Der Wirtschaftsplan hat ohnehin nur eine vorläufige Natur und kann jederzeit durch Beschluss über einen anderen Wirtschaftsplan oder eine Liquiditätssonderumlage überholt werden.[101] Der Ergänzungsantrag ist daher auch nicht fristgebunden.[102]

1508 **h) Anfechtungsverfahren nach Ablauf des Wirtschaftsjahres.** Das **Rechtsschutzbedürfnis** für die Anfechtung des Beschlusses über die Genehmigung des Wirtschaftsplans entfällt nicht mit **Ablauf des Wirtschaftsjahres,** da der Wirtschaftsplan auch weiterhin seine rechtlichen Wirkungen für das betreffende Wirtschaftsjahr entfaltet, sodass Wohnungseigentümer – auch nach Ausscheiden aus der Eigentümergemeinschaft – aus dem Wirtschaftsplan auf Zahlung des Wohngeldes in Anspruch genommen werden können.[103] Dies gilt ebenfalls für den Fall der – auch bestandskräftigen – Genehmigung der Jahresabrechnung für dieses Wirtschaftsjahr.[104] Der Beschluss über die entsprechende Jahresabrechnung hebt den vorgängigen Wirtschaftsplan nicht auf, sondern hat nach der Rechtsprechung des BGH (Stichwort: **„Abrechnungsspitze"**) **rechtsverstärkenden** Charakter.[105] Ein ausgeschiedener Wohnungseigentümer bleibt daher auf Grundlage des zu Zeiten seiner Eigentümerstellung beschlossenen Wirtschaftsplans und der sich hieraus ergebenden Beitragsverpflichtung für die Dauer seiner Eigentümerstellung der Eigentümergemeinschaft in der Haftung, soweit sich die beschlossene Vorschusszahlung nicht auf Grund einer nach seinem Ausscheiden beschlossenen Jahresabrechnung als überhöht erweist (s. o. Rn. 1492).[106]

1509 **i) Folgen der Ungültigkeit des Wirtschaftsplans.** Wird der Beschluss über den Wirtschaftsplan vom Gericht gemäß §§ 23 Abs. 4, 46 Abs. 1 WEG für ungültig erklärt, entfällt der Rechtsgrund für die von den Wohnungseigentümern bereits geleisteten Vorauszahlungen. Der Beschluss wird mit Wirkung ex tunc aufgehoben. Dies bedeutet aber nicht, dass die Wohnungseigentümer die geleisteten Vorauszahlungen gemäß § 812 BGB zurückverlangen könnten. Nach der Rechtsprechung werden die bereicherungsrechtlichen Grundsätze des BGB vom Finanzsystem des WEG verdrängt. Hiernach wird ein möglicher Bereicherungsanspruch wegen der rechtsgrundlosen Zahlung von Wohngeld-

---

100 KG WE 1990, 210.

101 *Riecke/Schmid/Abramenko* § 28 Rn. 33.

102 KG WE 1998, 64 für den Fall der Ergänzung einer Jahresabrechnung.

103 KG WuM 1988, 330.

104 BayObLG WE 1991, 295; NJW-RR 1998, 1624.

105 BGH NJW 1996, 725; NJW 1999, 3713.

106 BayObLG WuM 1990, 362.

vorschüssen, ebenso wie umgekehrt der Ausgleichsanspruch solcher Miteigentümer, die über das Gemeinschaftsvermögen für andere in Vorlage getreten sind, durch das Wirtschaftswesen der Gemeinschaft in Form von Wirtschaftsplan und Jahresabrechnung überlagert und auf evtl. aus der Jahresabrechnung folgende Guthaben beschränkt. Ein **Rückzahlungsanspruch** gegen die Gemeinschaft kann nur auf Basis einer Jahresabrechnung begründet werden, in die die (rechtsgrundlos) geleisteten Beträge als Vorauszahlungen einzustellen sind.[107]

Auch der Umstand, dass ein Eigentümer vor der Beschlussfassung über die Jahresab- **1510**
rechnung aus der Gemeinschaft ausgeschieden ist, soll nach Auffassung des OLG Hamm[108] keine andere Bewertung rechtfertigen, da es sich um zweckgebundene Zahlungen handelt, die in den Innenausgleich der Gemeinschaft nach Maßgabe der Jahresabrechnungen fallen.

Ist im Zeitpunkt der rechtskräftigen Ungültigerklärung des Wirtschaftsplanbeschlusses **1511**
noch ein gerichtliches Wohngeldverfahren anhängig, **erledigt** sich dieses in der **Hauptsache.**

12. Schadensersatzhaftung bei fehlendem Wirtschaftsplan

Nach der Rechtsprechung des BGH hat jeder Wohnungseigentümer im Rahmen ord- **1512**
nungsmäßigen Verwaltungshandelns dafür zu sorgen, dass der Gemeinschaft der Wohnungseigentümer die für die Bewirtschaftung der Wohnanlage erforderlichen Geldmittel zu Verfügung stehen.[109] Diese Verpflichtung erfüllt der Wohnungseigentümer durch die Beschlussfassung über einen Wirtschaftsplan und die Zahlung der sich für ihn aus dem Wirtschaftsplan ergebenden Wohngeldbeiträge. Kommt ein positiver Beschluss über den Wirtschaftsplan nicht zustande und kann die Wohnungseigentümergemeinschaft dadurch nicht mehr ihren Zahlungsverpflichtungen nachkommen, macht sich jeder Wohnungseigentümer gegenüber der Gemeinschaft als rechtsfähigem Verband gemäß § 280 Abs. 1 BGB schadensersatzpflichtig. Um der **Schadensersatzhaftung** zu entgehen, muss der Wohnungseigentümer alles Erforderliche tun, um der Wohnungseigentümergemeinschaft die rechtlichen Grundlagen für Beitragsansprüche gegen die Wohnungseigentümer zu verschaffen. Der Wohnungseigentümer muss etwa im Falle eines von der Wohnungseigentümerversammlung verweigerten positiven Beschlusses über den Wirtschaftsplan ein Beschlussersetzungsverfahren – wie oben beschrieben[110] – durchführen.

Die **Schadenshöhe** entspricht dem Betrag, der der Wohnungseigentümergemeinschaft **1513**
zur Begleichung ihrer Verbindlichkeiten bzw. zur ordnungsmäßigen Bewirtschaftung der Wohnanlage fehlt. Jeder Wohnungseigentümer haftet für den Schaden gemäß § 10 Abs. 8 Satz 4 WEG in Höhe seines Miteigentumsanteils.

13. Sonderumlage (der Nachtragshaushalt)

a) **Rechtsnatur.** Die Vorschüsse aufgrund des Wirtschaftsplans können sich im Laufe **1514**
des Jahres als zu niedrig erweisen. Der Gemeinschaft können etwa unvorhergesehene Ausgaben erwachsen, einzelne Wohnungseigentümer können mit ihren Vorschusszahlungen in Rückstand geraten oder gar ausfallen. Die Sicherstellung der Liquidität der Eigentümergemeinschaft hat jedoch herausragende Bedeutung und entspricht den Grundsätzen ordnungsmäßigen Verwaltungshandelns. Um dem Verwalter in diesen Situationen dennoch die erforderlichen Geldmittel zur Verfügung zu stellen, können die Wohnungseigentümer gleichsam als Nachtragshaushalt[111] eine **Änderung oder Ergänzung des Wirt-**

[107] OLG Hamm ZMR 2005, 398; OLG Köln ZMR 2007, 642.
[108] OLG Hamm ZMR 2005, 398.
[109] BGH NJW 2005, 2061.
[110] Siehe Rn. 1494.
[111] BGHZ 108, 44 (47) = NJW 1989, 3018.

schaftsplans beschließen. Eine solche Maßnahme wird als Sonderumlage bezeichnet. Da der Wirtschaftsplan seiner Natur nach nur die zunächst angenommenen Ausgaben aufgrund einer Schätzung abdeckt (s. o. Rn. 1454) und jeder Wohnungseigentümer damit rechnen muss, dass spätestens mit Abrechnung des Wirtschaftsjahres über die Jahresabrechnung weitere Kosten auf ihn zukommen, kann er auch während des Laufes eines Wirtschaftsjahres kein Vertrauen dahingehend entwickeln, keine weitergehenden Wohngeldbeiträge leisten zu müssen.[112] Die Sonderumlage stellt rechtstechnisch eine Ergänzung des Wirtschaftsplans dar. Auf die Sonderumlage finden daher die für den Wirtschaftsplan geltenden Grundsätze entsprechende Anwendung.

1515 **b) Inhalt.** *aa) Gesamt- und Einzelumlagen.* Ebenso wie beim Wirtschaftsplan wird bei der Sonderumlage zwischen der **Gesamtsonderumlage** und den hierauf basierenden **Einzelsonderumlagen** unterschieden. Während die Gesamtsonderumlage den von den Wohnungseigentümern insgesamt zur Deckung einer Finanzierungslücke oder zur Finanzierung einer beschlossenen gemeinschaftlichen Maßnahme aufzubringenden Bedarf festlegt, werden im Rahmen der Einzelsonderumlagen die auf jedes Sondereigentum entfallenden Beträge unter Anwendung des geltenden Kostenverteilungsschlüssels dargestellt. Der Umlagebeschluss hat daher sowohl den Gesamtumlagebetrag als auch den auf jede Wohnungseigentumseinheit entfallenden Einzelumlagebetrag festzulegen.[113]

1516 In der Praxis wird allerdings häufig **nur der Gesamtumlagebetrag beschlossen,** ohne zugleich die Einzelumlagebeträge festzulegen. Ausnahmsweise soll dies ausreichend sein, wenn die auf die Sondereigentumseinheiten entfallenden Einzelumlagebeträge von den Wohnungseigentümern durch einfache Rechenoperationen ermittelt werden können.[114] Dies setzt wiederum voraus, dass der Sonderumlagebeschluss den Umlageschlüssel bezeichnet oder der anzuwendende (aber nicht genannte) Verteilungsschlüssel den Wohnungseigentümern bekannt und zwischen ihnen unstreitig ist.[115] Fehlt es hieran, begründet der Sonderumlagebeschluss keine Zahlungsverpflichtung der Wohnungseigentümer.

1517 *bb) Höhe der Sonderumlage.* Die Höhe einer Sonderumlage hat sich am **geschätzten Finanzbedarf** auszurichten. Es ist eine Prognose der erforderlichen Geldbeträge zu erstellen, wobei ähnlich wie bei einem Wirtschaftsplan ein **weiter Ermessensspielraum** besteht, der nur eingeschränkt gerichtlich überprüfbar ist.[116] Die Wohnungseigentümer entscheiden nach billigem Ermessen, ob sie einen größeren Finanzbedarf für eine Sanierungsmaßnahme durch eine **Auflösung der Instandhaltungsrücklage** oder durch die Bildung einer Sonderumlage deckt oder beides kombiniert.[117] Es gibt grundsätzlich keinen Anspruch des einzelnen Miteigentümers, zunächst die Instandhaltungsrücklage ganz oder teilweise auszuschöpfen.[118] Etwas anderes gilt nur dann, wenn die Instandhaltungsrücklage eine solche Höhe erreicht oder überschritten hat, dass trotz einer Auflösung eine ausreichende Liquiditätsreserve i. S. d. § 21 Abs. 5 Ziff. 4 WEG für künftige Sanierungsmaßnahmen verbliebe.[119] In derartigen Fällen kann sich das Ermessen der Eigentümergemeinschaft darauf reduzieren, zunächst die Instandhaltungsrücklage teilweise aufzulösen, um den Miteigentümer eine weitere Kostenbelastung zu ersparen.[120] Der Sonderumlagenbeschluss wäre dann anfechtbar.

1518 *cc) Kostenverteilungsschlüssel.* Die Verteilung der Kosten muss – soweit nichts anderes beschlossen oder vereinbart ist – nach dem für die jeweilige Kostenart **geltenden Vertei-**

---

[112] *Riecke/Schmid/Abramenko* § 28 Rn. 33.
[113] BayObLG ZMR 2005, 140 (141); ZMR 2003, 365 (366).
[114] BayObLG ZfIR 2003, 64.
[115] OLG Düsseldorf ZMR 2002, 144.
[116] OLG Düsseldorf ZMR 2002, 144; KG ZMR 1997, 154; BayObLG NZM 1998, 337.
[117] BayObLG NZM 2004, 745.
[118] BayObLG ZMR 2003, 694; OLG Köln NZM 1998, 878.
[119] OLG Saarbrücken NJW-RR 2000, 87.
[120] *Bärmann/Merle* § 28 Rn. 37; *Staudinger/Bub* § 28 WEG Rn. 489.

lungsschlüssels erfolgen. Ein Verstoß hiergegen macht den Beschluss zwar nicht nichtig, jedoch anfechtbar.[121] Soweit eine Sonderumlage erforderlich wird, um gegen einen Bauträger, der zugleich Miteigentümer ist, wegen Baumängeln am Gemeinschaftseigentum gerichtlich vorzugehen, ist er nach dem geltenden Kostenverteilungsschlüssel an den Kosten ebenfalls zu beteiligen.[122]

Die Wohnungseigentümer können gemäß **§ 16 Abs. 4 WEG** durch Beschluss mit doppelt qualifizierter Mehrheit einen vom Gesetz oder der Gemeinschaftsordnung abweichenden Verteilungsschlüssel für die der Sonderumlage zugrunde liegende Verwaltungsmaßnahme für eine Instandsetzung festlegen. Es empfiehlt sich, die Sonderumlage nicht sogleich auf Basis des neuen Verteilungsschlüssels zu beschließen sondern zunächst einen sog. Umschaltbeschluss zu fassen, der den abweichenden Verteilungsschlüssel für die konkret bezeichnete Verwaltungsmaßnahme festlegt. Ist dieser Beschluss zustande gekommen, bedarf der Beschluss über die Sonderumlage (auf Basis des geänderten Verteilungsschlüssels) nur noch der einfachen Mehrheit. **1519**

c) **Fälligkeit.** Durch den Beschluss über die Sonderumlage entsteht die **Zahlungspflicht** der Wohnungseigentümer. Der Verwalter wird in der Lage versetzt, die Einzelbeträge von den Eigentümern i. S. d. § 28 Abs. 2 WEG abzurufen,[123] wodurch die **Fälligkeit** der Einzelsonderumlage eintritt. Die Wohnungseigentümer können durch Beschluss mit einfacher Stimmenmehrheit einen konkreten Fälligkeitstermin festlegen, was stets zu empfehlen ist. **1520**

Im Übrigen führt ein **Sanierungsbeschluss,** mit dem bestimmte Baumaßnahmen am Gemeinschaftseigentum festgelegt werden, mangels ausdrücklicher Finanzierungsregelung regelmäßig nicht zu einer anteiligen Zahlungsverpflichtung der Wohnungseigentümer aus einer Sonderumlage. Es bedarf vielmehr eines ausdrücklichen Beschlusses der **Finanzierung** dieser Maßnahmen durch eine Sonderumlage.[124] **1521**

d) **Zweckbindung.** Sonderumlagen unterliegen regelmäßig einer Zweckbindung. Die Eigentümerversammlung kann die Sonderumlage **ausdrücklich** oder **mittelbar** mit einer bestimmten Zweckbindung versehen, indem etwa in den Beschlusswortlaut einfließt, wofür die Sonderumlage benötigt wird (konkrete Sanierungsmaßnahme, Kosten für die Durchführung eines Rechtsstreites etc.).[125] Der Verwalter darf die Sonderumlage dann grundsätzlich nur gemäß ihrer Zweckbestimmung verwenden. Insoweit gelten ähnliche Grundsätze, wie bei der zweckgebundenen Instandhaltungsrücklage. Soweit jedoch allgemein eine Liquiditätssonderumlage beschlossen wird, tritt allein dadurch, dass die Wohnungseigentümer die Auflistung offener Verbindlichkeiten zur Grundlage eines Sonderumlagebeschlusses machen, **keine Zweckbindung** der Umlage in dem Sinne ein, dass die Zahlungen nur auf die genannten Verbindlichkeiten geleistet werden dürften.[126] **1522**

Anhang: Raster einer Sonderumlage **1523**

Die Gesamtsonderumlage umfasst:

- den zu finanzierenden Gesamtaufwand, **1524**
  - u. U. aufgegliedert in mehrere Positionen, wenn unterschiedliche Anlässe gegeben sind,
  - Angaben zu dessen/deren Zweckbestimmung,
- den anzulegenden Kostenverteilungsschlüssel, wenn keine Einzelumlagenbeträge beschlossen werden können. **1525**

---

121 BayObLG NZM 2004, 659.
122 BayObLG NZM 2001, 766.
123 OLG Braunschweig ZMR 2006, 787.
124 OLG Köln NZM 1998, 877.
125 *Staudinger/Bub* § 28 WEG Rn. 488.
126 KG WuM 2005, 145.

Die Einzelsonderumlagen beinhalten:

1526 • die Umlage des Gesamtaufwandes unter Anlegung des geltenden Kostenverteilungsschlüssels objektbezogen auf die einzelnen Sondereigentumseinheiten,
1527 • die Ermittlung des konkret für jedes Sondereigentum zu zahlenden Einzelbetrages,
1528 • konkrete Fälligkeitsdaten (soweit nicht besonders geregelt).

1529 e) **Sonderumlage wegen Wohngeldausfällen.** Bisweilen ist eine Liquiditätssonderumlage erforderlich, wenn die Bewirtschaftungssituation der Eigentümergemeinschaft aufgrund größerer und dauerhafter Wohngeldausfälle in eine Schieflage geraten ist, was insbesondere dann eintreten kann, wenn ein Großeigentümer zahlungsunfähig wird. Wird eine Sonderumlage beschlossen, um den **Ausfall von Beitragsvorschüssen** zu decken, ist auch derjenige Wohnungseigentümer einzubeziehen, der den Ausfall verursacht hat.[127] Ist dieser Eigentümer offensichtlich zahlungsunfähig, kann bei Festlegung der Umlagenhöhe der wiederum zu erwartende Zahlungsausfall berücksichtigt werden, in dem die Sonderumlage betragsmäßig entsprechend angehoben wird.[128]

1530 f) **Eigentümerwechsel.** Im Fall des Eigentümerwechsels haftet nach der so genannten **Fälligkeitstheorie** für Sonderumlagen der zum Zeitpunkt der jeweiligen Fälligkeit im Grundbuch eingetragene Eigentümer.[129] Eine Sonderumlage kann daher dazu führen, dass sich ein Erwerber mittelbar auch an solchen Ausgaben beteiligen muss, die im Verhältnis der Gemeinschaft zu Dritten schon vor seiner Eigentümerstellung angefallen sind.[130] Dies gilt auch für den Erwerb in der **Zwangsversteigerung.** Steht nach der Zwangsversteigerung einer Wohnung fest, dass die aufgelaufenen **Wohngeldrückstände** dieser Wohnung endgültig uneinbringlich sind, können die Wohnungseigentümer nach der Zwangsversteigerung beschließen, dass die fehlenden Gelder nach dem allgemeinen Kostenverteilungsschlüssel auf die im Zeitpunkt der Beschlussfassung vorhandenen Mitglieder der Wohnungseigentümergemeinschaft umgelegt werden und damit ein Ausgleich für die fehlenden Gelder geschaffen wird. Die damit einhergehende faktische anteilige Haftung des Ersteigerers für Wohngeldrückstände des Voreigentümers verstößt nicht gegen die Wertung des § 56 Satz 2 ZVG.[131] Diese Norm schützt den Ersteigerer nicht vor Sonderumlagen, die nach der Versteigerung beschlossen werden. Wenn die Wohnungseigentümer bis zum Feststehen des endgültigen finanziellen Wohngeldausfalls aus Rechtsgründen gehalten sind, Wirtschaftspläne, Jahresabrechnungen und Sonderumlagen nur unter Einbeziehung des zahlungsunfähigen Wohnungseigentümers zu erstellen, müssen sie umgekehrt die rechtliche Möglichkeit haben, nach Feststehen des endgültigen Zahlungsausfalls die ihnen vorher verwehrte Aufteilung der Fehlbeträge im Beschlusswege nach den Grundsätzen ordnungsmäßiger Verwaltung vorzunehmen. Der Ersteigerer wird damit erstmalig mit Beitragsanteilen belastet, die bisher nur unter Vorbehalt gegen den zahlungsunfähigen Wohnungseigentümer festgelegt worden sind. Erst wenn der endgültige Ausfall (ganz oder teilweise) feststeht, kann die Verteilung der Wohngeldrückstände auf die Wohnungseigentümer vorgenommen werden. Frühester Zeitpunkt für eine Ausfallumlage wird das Ausscheiden des zahlungsunfähigen Wohnungseigentümers aus der Eigentümergemeinschaft sein. Ein sicheres Zeichen für den endgültigen Zahlungsausfall ist die Ausschüttung einer eventuellen Insolvenzquote. Unschädlich dürfte es regelmäßig sein, wenn noch ungewisse Vollstreckungsversuche laufen, die aber nur geringen Erfolg versprechen.[132]

1531 g) **Insolvenzverwaltung.** Besondere Beachtung verdient die Haftung des Insolvenzverwalters für Sonderumlagen. Grundsätzlich sind Zahlungsverpflichtungen aus beschlosse-

---

[127] BGH NJW 1989, 3018.
[128] KG NZM 2003, 484.
[129] BGH NJW 1988, 1910.
[130] OLG Düsseldorf NZM 2001, 1039.
[131] OLG Celle ZMR 2004, 525 (526).
[132] Zum Gesamten siehe KG NZM 2003, 116.

nen Sonderumlagen nicht anders zu behandeln, als die sonstigen Wohngeldzahlungsverpflichtungen. Bei dem Insolvenzverwalter sind die in der Zeit vor Verfahrenseröffnung fällig gewordenen Sonderumlagenrückstände als gewöhnliche Forderungen zur Tabelle anzumelden. Bei den nach Verfahrenseröffnung fällig werdenden Sonderumlagen handelt es sich um vorrangig vom Insolvenzverwalter zu bedienende Masseverbindlichkeiten (§ 55 Abs. 1 Nr. 1 InsO), da mit dem Beschluss über die Sonderumlage neue Verbindlichkeiten der Wohnungseigentümer begründet werden.[133]

Allerdings wird im Zusammenhang mit der Erhebung einer Sonderumlage wegen **Wohngeldausfällen** die uneingeschränkte Haftung des Insolvenzverwalters für alle nachzubildenden Beträge in Zweifel gezogen.[134] Hiernach soll es nicht allein darauf ankommen, wann die Sonderumlagenforderung fällig gestellt wurde, sondern weiterhin von Bedeutung sein, wann der anspruchsbegründende materiell-rechtliche Tatbestand der uneinbringlichen Wohngeldbeiträge, die durch die Sonderumlage aufgefangen werden soll, abgeschlossen war. Der Insolvenzverwalter soll aus der Ausfallsonderumlage nur dann haften, wenn die aufzufangenden Wohngeldausfälle **nach** Verfahrenseröffnung entstanden sind. Könnte die Wohnungseigentümergemeinschaft eine Haftung des Insolvenzverwalters auch für solche uneinbringlichen Wohngeldbeiträge begründen, die vor Insolvenzeröffnung bzw. Beschlagnahme entstanden sind, würde dies zu einer unangemessenen Benachteiligung der übrigen Insolvenzgläubiger führen.[135] 1532

h) Zwangsverwaltung. Zur ähnlich gelagerten Haftungssituation des Zwangsverwalters sei auf die ausführliche Darstellung von Drasdo (s. u. Rn. 1059 ff.) verwiesen. 1533

i) Abrechnung. Da eine Sonderumlage als nachträgliche Erhöhung des Wohngeldes zur Begleichung der Schulden der Gemeinschaft die Liquidität wiederherstellen soll, müssen die geleisteten Sonderumlagebeträge wie das gezahlte Wohngeld in die nachfolgende Jahresabrechnung eingestellt werden.[136] Es besteht kein Anspruch des einzelnen Wohnungseigentümers gegen den Verwalter auf gesonderte Abrechnung der Sonderumlage.[137] 1534

Wird jedoch eine durch Sonderumlage finanzierte größere Sanierungsmaßnahme jahresübergreifend durchgeführt, können die Kosten dieser Maßnahme nach Beendigung der Arbeiten ausnahmsweise auch jahresübergreifend abgerechnet werden.[138] Dies gilt zumindest dann, wenn die im Jahr 1 angefallenen Baukosten nicht in der Abrechnung des Jahres 1 erfasst wurden. In dieser Konstellation dürfen in der Abrechnung des Jahres 2 nicht nur die im Jahr 2 angefallenen Kosten abgerechnet werden, sondern zugleich auch die noch nicht abgerechneten Baukosten des Vorjahres, um einen Abrechnungsergänzungsanspruch für das Vorjahr zu vermeiden. Ob es generell zulässig ist, periodenübergreifende Maßnahmen erst nach deren Abschluss einheitlich abzurechnen, ist allerdings wegen der Haftung der Erwerber nur für die Abrechnungsspitze umstritten,[139] letztlich aber abzulehnen. 1535

Zur Behandlung der Sonderumlage im Rahmen der Jahresabrechnung wird auf die entsprechenden Ausführungen zur Jahresabrechnung (s. u. Rn. 1617) verwiesen. 1536

j) Anfechtung. Wie jeder andere Beschluss, kann auch der Sonderumlagenbeschluss **binnen der Monatsfrist** des § 46 Abs. 1 WEG gerichtlich angefochten werden. Insoweit gelten die zur Anfechtung eines Wirtschaftsplans dargestellten Grundsätze entsprechend (s. o. Rn. 1790). 1537

---

[133] BGH NJW 1989, 3018.
[134] *Wenzel* ZWE 2005, 277.
[135] *Bärmann/Merle* § 28 Rn. 40.
[136] KG WuM 2005, 145.
[137] KG WuM 2005, 145.
[138] KG ZMR 2004, 376.
[139] Vgl. hierzu: *Staudinger/Bub* § 28 WEG Rn. 338.

1538 Im Fall einer bestandskräftigen gerichtlichen Aufhebung des Sonderumlagebeschlusses nach Einzahlung der Beträge stellt sich die Frage nach der Rückzahlung. Haben die auf die Sonderumlage geleisteten Zahlungen bereits Eingang eine Jahresabrechnung gefunden, kann grundsätzlich keine Rückzahlung der Sonderumlagebeträge nach bereicherungsrechtlichen Grundsätzen verlangt werden. Dem steht die beschlossene Jahresabrechnung entgegen.[140] Jedoch ist die Eigentümergemeinschaft gehalten, einen **Folgenbeseitigungsbeschluss** zu der Frage zu fassen, ob und inwieweit die eingezahlten Sonderumlagebeträge zurückzuzahlen bzw. zu verwenden sind. Auf einen solchen Beschluss hat jeder Wohnungseigentümer einen – notfalls gerichtlich durchsetzbaren – Anspruch.[141]

Abschnitt 2. Die Jahresabrechnung

1. Erstellung durch Verwalter

1539 Nach Ablauf des Wirtschaftsjahres hat **der Verwalter** die Jahresabrechnung aufzustellen (§ 28 Abs. 3 WEG). Hierbei handelt sich um eine originäre Verpflichtung des Verwalters, die er zu erfüllen hat, ohne dass es einer besonderen Regelung im Verwaltervertrag oder eines Eigentümerbeschlusses bedarf. Die Erstellung der Abrechnung gehört allerdings nicht zu den unentziehbaren Aufgaben des Verwalters i. S. d. § 27 Abs. 4 WEG. Die Wohnungseigentümerversammlung kann daher die Erstellung der Jahresabrechnung einem Wohnungseigentümer oder **einem Dritten übertragen,**[142] sofern es dafür einen sachlichen Grund gibt und der Beauftragte zur Erfüllung dieser Aufgabe bereit ist. Ein sachlicher Grund für die Erstellung der Jahresabrechnung durch einen Dritten wäre etwa gegeben, wenn der Verwalter die Erstellung der Abrechnung trotz Fristsetzung verweigert oder sich nicht in der Lage sieht, eine ordnungsgemäße Jahresabrechnung zu erstellen.[143]

1540 Die Erstellung der Abrechnung ist **keine höchstpersönliche Leistung** des Verwalters, die nur von ihm selber erbracht werden könnte. Der Verwalter kann sich bei der Erstellung der Abrechnung einer Hilfsperson bedienen. Eine Jahresabrechnung ist daher nicht bereits deshalb rechtswidrig, weil sie nicht vom Verwalter selbst erstellt wurde. Entscheidend ist stets die inhaltliche Ordnungsmäßigkeit der Abrechnung.

1541 Die Wohnungseigentümer können durch Vereinbarung auf die Erstellung einer **Abrechnung verzichten.**[144] Ein Mehrheitsbeschluss, mit dem auf die Erstellung einer Abrechnung dauerhaft verzichtet werden soll, wäre hingegen mangels Beschlusskompetenz nichtig.[145] Wirksam, aber anfechtbar, wäre ein Beschluss, mit dem die Wohnungseigentümer bezogen auf ein konkretes Wirtschaftsjahr auf die Erstellung der Jahresabrechnung verzichten.

1542 Hat die Wohnungseigentümergemeinschaft **keinen Verwalter,** kann gleichwohl jeder Wohnungseigentümer die Aufstellung einer Jahresabrechnung und die Genehmigung der Abrechnung durch Beschluss der Wohnungseigentümerversammlung verlangen.[146] Sofern der verwalterlose Zustand nicht durch Bestellung eines Verwalters beendet wird,[147] müssen die Wohnungseigentümer einen Dritten – gegebenenfalls gegen ein angemessenes Honorar – mit der Erstellung der Abrechnung beauftragen. Darauf hat jeder Wohnungseigentümer einen gerichtlich durchsetzbaren Anspruch.

---

[140] KG NZM 1998, 579.

[141] KG NZM 1998, 579.

[142] OLG Düsseldorf ZWE 2007, 308 (309).

[143] KG NJW-RR 1993, 529.

[144] *Bärmann/Merle* § 28 Rn. 57.

[145] BGH NJW 2000, 3500.

[146] Siehe Rn. 1553.

[147] Zu der Frage, ob der neu bestellte Verwalter die Abrechnung für das zurückliegende Wirtschaftsjahr erstellen muss, siehe Rn. 1551.

2. Abrechnungszeitraum

Abzurechnen ist das Wirtschaftsjahr. Das Wirtschaftsjahr entspricht dem **Kalenderjahr** (§ 28 Abs. 3 WEG), wenn die Wohnungseigentümer nicht durch Vereinbarung etwas anderes bestimmt haben.[148] Ein Mehrheitsbeschluss, der das Wirtschaftsjahr abweichend vom Gesetz oder der Gemeinschaftsordnung festlegt, ist nichtig.[149] Wird die Jahresabrechnung über viele Jahre hinweg nach einem falschen Zyklus erstellt, führt dies grundsätzlich nicht zu einer **konkludenten Vereinbarung** über die Änderung des Abrechnungszeitraums.[150] I. d. R. fehlt es an der Zustimmung **sämtlicher** Wohnungseigentümer und an dem Erklärungsbewusstsein, den Abrechnungszeitraum für die Zukunft umstellen zu wollen. Selbst wenn eine konkludente Vereinbarung vorliegt, wird diese mangels Eintragung im Grundbuch (§ 10 Abs. 3 WEG) beim nächsten Eigentümerwechsel hinfällig. 1543

Stellen die Wohnungseigentümer das Wirtschaftsjahr **durch Vereinbarung um,** ergibt sich in der Übergangsphase zwangsläufig ein Rumpfwirtschaftsjahr. Für dieses ist ebenfalls eine Abrechnung zu erstellen. Gleiches gilt, wenn die Wohnungseigentümer bislang nach einem falschen Zyklus abrechnet haben und künftig nach dem durch Vereinbarung oder § 28 Abs. 3 WEG vorgegebenen Wirtschaftszyklus abrechnen wollen. Auch in diesem Fall ist für das Jahr der Umstellung eine Rumpfabrechnung zu erstellen. 1544

3. Erstmalige Erstellung

Die erste Jahresabrechnung ist nach Beendigung des Wirtschaftsjahres zu erstellen, in dem die (werdende) **Wohnungseigentümergemeinschaft entstanden** ist. Die Eigentümergemeinschaft entsteht, wenn mindestens zwei verschiedene Personen in den Wohnungsgrundbüchern als Eigentümer eingetragen sind. Eine Vorstufe der Wohnungseigentümergemeinschaft stellt die sog. **werdende Wohnungseigentümergemeinschaft** dar. Sie entsteht bei einer Teilung des Objektes durch einen teilenden Alleineigentümer gemäß § 8 WEG (i. d. R. der Bauträger), sobald folgende Voraussetzungen in der Person eines Erwerbers erfüllt sind: 1545

- Zwischen Aufteiler und einem Erwerber besteht ein wirksamer auf Erwerb von Sondereigentum gerichteter Erwerbsvertrag,
- zugunsten des Erwerbers ist im Grundbuch (des aufzuteilenden Grundstücks oder im bereits angelegten Wohnungsgrundbuch) eine Auflassungsvormerkung für den Erwerb von Sondereigentum eingetragen und
- Besitz, Nutzungen, Lasten und Kosten sind auf den Erwerber übergegangen.[151]

Da auf die werdende Wohnungseigentümergemeinschaft die Vorschriften der §§ 10 ff. WEG entsprechende Anwendung finden, ist die erste Abrechnung bereits nach Entstehung der werdenden Wohnungseigentümergemeinschaft zu erstellen. 1546

Der erste Verwalter sollte darauf achten, dass unmittelbar mit Entstehung der (werdenden) Wohnungseigentümergemeinschaft ein **Konto für die gemeinschaftlichen Gelder** angelegt wird, damit über dieses Konto sämtliche Geldbewegungen abgewickelt werden können. Es ist unbedingt zu vermeiden, dass nach Entstehung der (werdenden) Wohnungseigentümergemeinschaft noch Lasten und Kosten des gemeinschaftlichen Eigentums vom Aufteiler verauslagt werden. Lasten und Kosten der Wohnanlage, die **vor Entstehung** der (werdenden) Wohnungseigentümergemeinschaft angefallen sind, muss ausschließlich der Aufteiler tragen, vorbehaltlich etwaiger interner Ausgleichsansprüche zwischen Aufteiler und Erwerber aufgrund der Erwerbsverträge. 1547

---

[148] *Jennißen*, Verwalterabrechnung, VI. Rn. 15; *Wenzel* ZWE 2001, 226.
[149] Vgl. BGH NJW 2000, 3500.
[150] OLG Düsseldorf NZM 2001, 546.
[151] BGH NZM 2008, 649.

4. Zeitpunkt der Erstellung

1548 Der Verwalter hat die Jahresabrechnung innerhalb einer angemessenen Frist nach Ablauf des Wirtschaftsjahres zu stellen. Angemessen ist eine Frist von **3 bis ca. 6 Monaten nach Ablauf des Wirtschaftsjahres.**[152] Eine Abweichung kann in der Gemeinschaftsordnung oder im Verwaltervertrag vereinbart werden, was zu empfehlen ist, da es über die Fälligkeit der Abrechnungsverpflichtung des Verwalters dann keinen Zweifel geben kann. Für die Dauer der Frist sind sonst u. a. der Umfang und der Schwierigkeitsgrad der jeweiligen Abrechnung und die Zeit, die zur Beschaffung der notwendigen Daten erforderlich ist, maßgebend.[153] Eine einheitliche Frist zur Aufstellung der Jahresabrechnung lässt sich nicht bestimmen; maßgeblich sind die **Umstände des Einzelfalls.** Die Frist kann sich unter Umständen dadurch verlängern, dass die Abrechnungsunterlagen unvollständig sind, weil z. B. die Einzelheizkostenabrechnungen von dem Ableseunternehmen nicht zeitnah geliefert werden.[154] Das bloße Fehlen von Rechnungsbelegen kann eine Verzögerung i. d. R. nicht rechtfertigen, da die Jahresabrechnung eine Einnahmen- und Ausgabenrechnung ist, in der nur die tatsächlichen Einnahmen und Ausgaben gegenüberzustellen sind.[155] Die angefallenen Ausgaben und Einnahmen sind den Bankkontoauszügen zu entnehmen.

1549 Nach Eintritt der Fälligkeit kann der Verwalter durch Mahnung mit der Erstellung der Abrechnung in **Verzug** gesetzt werden, sodass sodann **Schadensersatzansprüche** gemäß § 286 BGB in Betracht kommen. Ein **Zurückbehaltungsrecht** wegen seines Vergütungsanspruchs steht ihm nicht zu.[156] So kann dem vermietenden Wohnungseigentümer ein Schadensersatzanspruch gegenüber dem Verwalter aufgrund der verspäteten Vorlage des Entwurfs einer Jahresabrechnung zustehen, wenn die mietrechtliche Frist des § 556 Abs. 3 Satz 2 BGB bei Vorlage der Jahresabrechnung abgelaufen war.[157] Auch können die Wohnungseigentümer die Jahresabrechnung nach Verzugseintritt von einem Dritten erstellen lassen und die hierdurch entstehenden Kosten als Schadensersatz vom Verwalter ersetzt verlangen (§ 281 Abs. 1 BGB).[158] Um die Notwendigkeit der Kostenhöhe belegen zu können, sollte der Dritte seinen Arbeitsaufwand dokumentieren (z. B. durch einen Stundennachweis). Da im Übrigen die rechtzeitige Aufstellung einer Jahresabrechnung zu den wichtigsten Aufgaben des Verwalters gehört, kann die wiederholte, nicht rechtzeitige Aufstellung der Jahresabrechnung einen **wichtigen Grund für die Abberufung** des Verwalters ergeben.[159]

5. Erstellung bei Verwalterwechsel

1550 Bei einem Wechsel des Verwalters ist derjenige zur Abrechnung verpflichtet, der im Zeitpunkt des **Entstehens der Abrechnungspflicht** das Verwalteramt innehat.[160] Die Pflicht zur Abrechnung entsteht mit dem Ablauf des Wirtschaftsjahres. Dies folgt aus § 28 Abs. 3 WEG, wonach der Verwalter „nach Ablauf des Kalenderjahres“ die Jahresabrechnung zu erstellen hat. Entspricht das Wirtschaftsjahr beispielsweise dem Kalenderjahr, hat der am 1. Januar des Folgejahres amtierende Verwalter die Abrechnung zu erstellen.

---

[152] Vgl. BayObLG WE 1991, 223.
[153] OLG Zweibrücken ZMR 2007, 887; *Bub* S. 45 (Rn. 11).
[154] *Riecke/Schmid/Abramenko* § 28 Rn. 61.
[155] *Bärmann/Merle* § 28 Rn. 59.
[156] *Bärmann/Merle* § 28 Rn. 59.
[157] OLG Düsseldorf ZMR 2007, 287.
[158] KG NJW-RR 1993, 529.
[159] BayObLG NJW-RR 2000, 462.
[160] OLG Hamm NJW-RR 1993, 847; OLG Celle ZMR 2005, 718; OLG Zweibrücken ZMR 2007, 887; *Reichert* ZWE 2001, 92; *Bärmann/Merle* § 28 Rn. 65.

Sofern die **Rechtsprechung** teilweise auf die **Fälligkeit** der Abrechnungspflicht abstellt,[161] führt dies zu keinem anderen Ergebnis. Die Abrechnungspflicht kann nur gegenüber der Person fällig werden, gegenüber der die Verpflichtung entstanden ist. Der Verwalter, der während oder **zum Ende eines Wirtschaftsjahres** aus dem Amt scheidet, ist nicht zur Abrechnung dieses Wirtschaftsjahres verpflichtet, sofern nicht etwas anderes in der Gemeinschaftsordnung oder im Verwaltervertrag geregelt ist oder eine solche Verpflichtung nachträglich vom Verwalter übernommen wurde.[162] Die Abrechnungsverpflichtung trifft den neuen Verwalter, der – soweit keine Honorarregelung getroffen wurde – hierfür kein Sonderhonorar gelten machen kann, da die Fertigung einer Jahresabrechnung bei Eintritt der Fälligkeit während seiner Amtsperiode zu seinen originären Pflichten gehört, die regelmäßig von dem festgelegten Grundhonorar abgedeckt sind. Allerdings trifft den ausgeschiedenen Verwalter die Pflicht, für das laufende Geschäftsjahr bis zu seinem Ausscheiden eine **Rechnungslegung** vorzunehmen, d. h. eine geordnete Zusammenstellung der Einnahmen und Ausgaben i. S. d. § 259 Abs. 1 BGB (s. u. Rn. 1744).[163] 1551

Scheidet der Verwalter nach Entstehung der Abrechnungspflicht **aus** dem Verwalteramt, bleibt er zur Abrechnung verpflichtet.[164] Dies gilt unabhängig davon, ob er die Abrechnung im Zeitpunkt seines Ausscheidens überhaupt erstellen konnte, etwa weil die Heizkosten-Abrechnung für das Wirtschaftsjahr noch nicht vorliegt. Die Verpflichtung geht nicht auf den Nachfolgeverwalter über.[165] Soweit die Verwaltungsunterlagen bereits übergeben wurden, steht dem Vorverwalter – soweit zur Aufstellung der Jahresabrechnung erforderlich – ein **Recht zur Einsicht** in die Belege zu.[166] Herausgabe der Unterlagen kann er nicht mehr verlangen.[167] Kopien kann er sich zur eigenen Kostenlast erstellen oder vom amtierenden Verwalter erstellen lassen. I. d. R. ist dies aber nicht erforderlich, da der Verwalter die Einnahmen und Ausgaben buchhalterisch erfasst hat und die Jahresabrechnung anhand der Buchhaltungsdokumentation erstellt werden kann. 1552

Hat die Wohnungseigentümergemeinschaft in dem Zeitpunkt, in dem der Anspruch auf Erstellung der Abrechnung grundsätzlich entstehen würde, **keinen Verwalter**, stellt sich die Frage, ob ein später bestellter Verwalter die noch fehlenden Abrechnungen zu erstellen hat. *Reichert*[168] sieht den neuen Verwalter in der Pflicht. Dagegen spricht, dass der neue Verwalter grundsätzlich nicht damit rechnen muss, eine Abrechnung erstellen zu müssen, für die an sich ein früherer Verwalter zuständig sein müsste (wenn es ihn gegeben hätte). Hat die Wohnungseigentümergemeinschaft im Zeitpunkt des Entstehens des Abrechnungsanspruchs keinen Verwalter, muss sie – unabhängig von dem Umstand, ob später (wieder) ein Verwalter bestellt wird – einen Dritten mit der Erstellung der Abrechnung beauftragen.[169] Dies kann auch der neue Verwalter sein; allerdings bedarf es dazu einer ausdrücklichen Absprache mit dem Verwalter, sodass dieser für die zusätzlich zu erbringende Leistung ein angemessenes Honorar verlangen kann. 1553

Der Anspruch der Wohnungseigentümer gegen den Verwalter auf Erstellung der Abrechnung unterliegt der **Verjährung.** Die Verjährungsfrist beträgt **drei Jahre** (§ 195 BGB) und beginnt mit Ablauf des Kalenderjahres, in dem der Abrechnungsanspruch entstanden ist (§ 199 BGB).[170] 1554

---

[161] BayObLG NJW-RR 1995, 530; OLG Düsseldorf NZM 2001, 546; OLG Zweibrücken ZMR 2007, 887.

[162] OLG Hamm NJW-RR 1993, 847; BayObLG NJW-RR 1995, 530 m. w. N.

[163] KG WuM 1988, 189.

[164] OLG Celle ZMR 2005, 718.

[165] KG NJW-RR 1993, 529.

[166] OLG Hamm NJW-RR 1993, 847.

[167] *Köhler/Bassenge/Reichert* Teil 6 Rn. 332; a. A. *Riecke/Schmid/Abramenko* § 28 Rn. 62.

[168] *Köhler/Bassenge/Reichert* Teil 6 Rn. 317 Fn. 2.

[169] Siehe oben Rn. 1542.

[170] *Köhler/Bassenge/Reichert* Teil 6 Rn. 290; *Spielbauer/Then* § 28 Rn. 30.

6. Anspruch auf Abrechnung

1555 a) **Anspruch gegen den Verwalter.** Da die Erstellung einer Jahresabrechnung zu den Grundsätzen ordnungsmäßiger Verwaltung gehört, kann jeder Wohnungseigentümer gemäß § 21 Abs. 4 WEG vom Verwalter die Erstellung der Jahresabrechnung verlangen. Es handelt sich um einen **individuellen Anspruch**, der ohne vorherige Beschlussfassung der Wohnungseigentümerversammlung gerichtlich geltend gemacht werden kann.[171] Nach Eintritt der Fälligkeit (s. o. Rn. 1548) kann jeder Wohnungseigentümer den Verwalter mahnen und in Verzug setzen.[172] Da auch die Gemeinschaft der Wohnungseigentümer i. S. d. § 10 Abs. 6 WEG einen Anspruch auf ordnungsmäßige Verwaltung gegen den Verwalter haben dürfte, können die Wohnungseigentümer mit einfacher Stimmenmehrheit beschließen, den Anspruch auf Erstellung der Abrechnung **durch die Gemeinschaft** gegen den Verwalter **gerichtlich geltend** zu machen.[173] Der einzelne Wohnungseigentümer verliert seinen individuellen Anspruch dadurch nicht.

1556 Der **Anspruch ist erfüllt,** wenn der Verwalter eine Abrechnung vorlegt, die die formalen Mindestanforderungen erfüllt, das heißt

- die Einnahmen und Ausgaben der Gemeinschaft im Abrechnungszeitraum nachvollziehbar gegenüberstellt,
- diese Rechnungspositionen unter Angabe des jeweils geltenden Verteilungsschlüssels auf die einzelnen Wohnungseigentumseinheiten umlegt und
- Angaben zu den Bankkontoständen der Eigentümergemeinschaft zu Beginn und zum Ende des Abrechnungszeitraums enthält.[174]

1557 Erfüllt das vom Verwalter vorgelegte Rechenwerk diese Anforderungen nicht (etwa weil erforderliche Angaben fehlen), kann jeder Eigentümer weiterhin Erstellung einer den gesetzlichen Vorgaben entsprechenden Abrechnung verlangen.

1558 In der **Rechtsprechung** wird teilweise die Auffassung vertreten, der Anspruch des einzelnen Wohnungseigentümer gegen den Verwalter auf Erstellung einer Jahresabrechnung sei (vorläufig) erfüllt, wenn der Verwalter eine *„den formellen Anforderungen im Wesentlichen genügende Jahresabrechnung"*[175] bzw. eine Abrechnung vorgelegt habe, die *„jedenfalls auf den ersten Blick den formellen Anforderungen"*[176] entspreche. Den formellen Anforderungen werde Genüge getan, wenn die Abrechnung geordnet und übersichtlich Angaben über Einnahmen und Ausgaben in dem betreffenden Wirtschaftsjahr enthalte.[177] Auf etwaige inhaltliche Fehler in der Abrechnung soll es für den Eintritt der Erfüllungswirkung nicht ankommen. Gegen diese Auffassung spricht folgender Gedanke: Die Erstellung der Jahresabrechnung hat werkvertraglichen Charakter. Der werkvertragliche **Erfüllungsanspruch erlischt** erst mit mangelfreier Herstellung des Werks oder mit der Erklärung der Abnahme. Die „Abnahme" einer Jahresabrechnung erfolgt durch Beschluss der Wohnungseigentümerversammlung. Solange die Jahresabrechnung aber weder ordnungsgemäß erstellt noch durch Eigentümerbeschluss genehmigt ist, besteht der Erfüllungsanspruch jedes einzelnen Wohnungseigentümers fort. Sieht der Verwalter sich unberechtigten Ergänzungs- oder Korrekturwünschen einzelner Eigentümer ausgesetzt, kann er unverzüglich eine Beschlussfassung der Wohnungseigentümerversammlung über die Abrechnung herbeiführen. Genehmigt die Wohnungseigentümerversammlung das vorlegte Rechenwerk, ist der Anspruch auf Abrechnung (vorläufig) erfüllt, und zwar unabhängig davon, ob das Rechenwerk fehlerhaft ist oder nicht. Widerspricht die Abrech-

---

[171] BayObLG WE 1997, 274.

[172] Zum Schadensersatzanspruch siehe oben Rn. 1549.

[173] *Riecke/Schmid/Abramenko* § 28 Rn. 64.

[174] *Bärmann/Merle* § 28 Rn. 61.

[175] So OLG München NZM 2007, 292.

[176] So BayObLGZ 1987, 381.

[177] OLG Hamm NZM 1998, 875.

nung ordnungsmäßiger Verwaltung, kann jeder Wohnungseigentümer den Beschluss erfolgreich gerichtlichen anfechten. Erst wenn das Gericht den Beschluss rechtskräftig für ungültig erklärt hat, kann jeder Wohnungseigentümer vom Verwalter Ergänzung bzw. Korrektur der vorgelegten Abrechnung nach Maßgabe der Gerichtsentscheidung verlangen.

Lehnen die Wohnungseigentümer in der Versammlung die Genehmigung der **Abrechnung ab,** ist hinsichtlich der Rechte der Wohnungseigentümer und des Verwalters danach zu differenzieren, ob die Abrechnung ordnungsmäßiger Verwaltung entspricht oder mangelhaft ist. Ist die Abrechnung fehlerfrei erstellt, ist der Verwalter zu einer Änderung der Abrechnung nicht mehr verpflichtet (jedenfalls nicht ohne ein angemessenes Honorar). Der Verwalter hat seine Abrechnungsverpflichtung ordnungsgemäß erfüllt. Der einzelne Wohnungseigentümer kann den von der Versammlung gefassten Negativbeschluss anfechten und die Genehmigung der Abrechnung durch gerichtliche Entscheidung ersetzen lassen.[178] Weist die Abrechnung hingegen Mängel auf und wird der Beschlussantrag deshalb abgelehnt, muss der Verwalter die Abrechnung korrigieren. Darauf hat jeder Wohnungseigentümer erneut einen individuellen Anspruch. Nach Korrektur der Abrechnung ist erneut eine Abstimmung in der Eigentümerversammlung durchzuführen. 1559

Da die Jahresabrechnung auch von einem Dritten erstellt werden kann, ist der titulierte Anspruch gegen den Verwalter im Wege der **Ersatzvornahme** nach § 887 ZPO zu vollstrecken, indem ein Dritter anstelle des Verwalters die Jahresabrechnung erstellt und dem Verwalter die dadurch entstehenden Kosten auferlegt werden (§ 887 ZPO).[179] 1560

b) Anspruch gegen die Wohnungseigentümer. Lehnen die Wohnungseigentümer die **Genehmigung der Abrechnung** ab, obwohl die Abrechnung ordnungsmäßiger Verwaltung entspricht, kann jeder Wohnungseigentümer den Negativbeschluss gemäß § 46 Abs. 1 WEG gerichtlich anfechten und zugleich beantragen, dass das Gericht gemäß § 21 Abs. 8 WEG den positiven Genehmigungsbeschluss durch Urteil ersetzen möge.[180] 1561

Um das **Rechtsschutzbedürfnis** für die Anrufung des Gerichts zwecks Ersetzung eines Genehmigungsbeschlusses zu schaffen, ist es regelmäßig erforderlich, zunächst eine Eigentümerversammlung mit dem Ziel der Beschlussbefassung über die Jahresabrechnung durchzuführen und notfalls gerichtlich zu erzwingen, da § 21 Abs. 8 WEG die gerichtliche Gestaltung erst eröffnet, wenn die Eigentümer selbst vergeblich versucht haben, von dem ihnen vorrangig eingeräumten Selbstverwaltungsrecht Gebrauch zu machen.[181] Ausnahmsweise mag hiervon abgesehen werden können, wenn eine vorgängige Eigentümerversammlung als reine Förmelei anzusehen wäre, weil bereits mit hinreichender Sicherheit absehbar ist, dass die Eigentümermehrheit den Beschlussantrag ablehnen oder eine Beschlussfassung verweigern wird. 1562

Scheidet ein Wohnungseigentümer vor Erstellung der Abrechnung **aus der Wohnungseigentümergemeinschaft aus,** verliert er dadurch seinen Anspruch auf Abrechnung.[182] Der Anspruch geht auf den Sondernachfolger über. Ein etwaiges Abrechnungsguthaben steht dem im Zeitpunkt der Beschlussfassung und Fälligkeit des Guthabens eingetragenen Eigentümer zu.[183] Allerdings hat der ausgeschiedene Eigentümer das Recht auf Akteneinsicht, um etwaige Ausgleichsansprüche gegen seinen Rechtsnachfolger geltend machen zu können. Dieser Anspruch richtet sich sowohl gegen den Verwalter wie auch 1563

---

[178] Siehe unten Rn. 1561.

[179] BayObLG WE 1989, 220; OLG Düsseldorf ZMR 1999, 425; *Bärmann/Merle* § 28 Rn. 60; a. A. KG NJW 1972, 2093.

[180] Sog. Beschlussersetzungsantrag.

[181] *Riecke/Schmid/Drabek* § 21 Rn. 312.

[182] KG NZM 2000, 830; OLG Hamm ZMR 2008, 228.

[183] KG NZM 2000, 830.

gegen die Eigentümergemeinschaft und umfasst auch das Recht auf Fertigung von Fotokopien.[184]

1564 Noch ungeklärt ist die Frage, ob der Anspruch gegen die übrigen Mitglieder der Wohnungseigentümergemeinschaft auf genehmigende Beschlussfassung über die vom Verwalter erstellte Abrechnung der **Verjährung** unterliegt. Der Wortlaut des § 194 BGB spricht dafür. Mitgliedschaftsrechtliche Schutzgesichtspunkte sprechen nicht gegen eine Verjährung, denn der Anspruch auf Abrechnungsgenehmigung gehört nicht zu den unabdingbaren Rechten eines Wohnungseigentümers, denn nach allgemeiner Ansicht können die Wohnungseigentümer durch Vereinbarung auf die Erstellung einer Abrechnung verzichten. Wenn ein Verzicht aber möglich ist, ist auch nicht erkennbar, warum der Anspruch nicht der Verjährung unterliegen soll. Der Anspruch auf Abrechnungsgenehmigung entsteht auch nicht jeden Tag neu, sodass aus diesem Grunde keine Verjährung eintreten könnte. Der Anspruch entsteht mit dem Ablauf des Kalenderjahres, in dem eine genehmigungsfähige Abrechnung vorliegt (§ 199 Abs. 1 BGB). Die Verjährungsfrist beträgt drei Jahre (§ 195 BGB).

7. Funktion der Abrechnung

1565 Während der Wirtschaftsplan dazu dient, die Finanzmittel für ein Wirtschaftsjahr im Voraus zu planen und bereitzustellen, werden in der Jahresabrechnung nach Ablauf des Wirtschaftsjahres die **tatsächlichen Einnahmen und Ausgaben** rechtsverbindlich festgestellt und anteilig auf die Wohnungseigentumseinheiten verteilt.[185] An die Stelle der im Wirtschaftsplan geschätzten Beträge treten in der Jahresabrechnung die tatsächlichen Einnahmen und Ausgaben. Der Wirtschaftsplan ist für die Jahresabrechnung nicht vorgreiflich, eventuelle unrichtige Verteilungsschlüssel oder unrichtige Kostenansätze im Wirtschaftsplan sind in der Jahresabrechnung richtig zu stellen.[186] Die Jahresabrechnung soll hierbei so ausgestaltet werden, dass sie auch für einen fachlich nicht vorgebildeten Wohnungseigentümer ohne Hinzuziehung eines Buchprüfers oder Sachverstandigen verständlich und nachprüfbar ist.[187] Die Jahresabrechnung muss daher so **selbsterklärend** sein, dass sie eine Schlüssigkeitsprüfung zulässt.[188] Nur so kann der Wohnungseigentümer auf einfachem und zumutbarem Wege entscheiden, ob Anlass für eine genauere Prüfung der Verwaltungsunterlagen besteht.

1566 Aus dem Gesagten ergibt sich zugleich, dass die Jahresabrechnung **keine Bewertung des Verwaltungshandelns** des Verwalters und der Gemeinschaft im Wirtschaftsjahr darstellt.[189] Eine vom Verwalter ohne Rechtsgrund getätigte Überweisung an einen Dritten wird nicht nachträglich dadurch von der Wohnungseigentümergemeinschaft gegenüber dem Verwalter genehmigt, dass die Ausgabe in der Jahresabrechnung erscheint und die Wohnungseigentümer die Abrechnung genehmigen. Der Überweisungsbetrag muss schon deshalb in der Abrechnung erscheinen, weil er vom Konto der Eigentümergemeinschaft geflossen ist und damit eine Ausgabe darstellt. Die Wohnungseigentümer genehmigen mit dem Beschluss über die Abrechnung lediglich die **Vollständigkeit** und **rechnerische Richtigkeit** der Abrechnung. Die Wirtschaftsführung des Verwalters wird durch die Abrechnung nicht genehmigt. Aus den gleichen Gründen kann ein Dritter die Rückzahlung eines zu Unrecht von der Gemeinschaft erhaltenen Geldbetrages nicht mit dem Argu-

---

184 KG NZM 2000, 828.

185 BGH WM 1997, 1058.

186 KG NJW-RR 1990, 1298.

187 *Bärmann/Merle* § 28 Rn. 67 m. w. N.

188 *Jennißen,* WEG, § 28 Rn. 67.

189 BGH WM 1997, 1058 für die Durchsetzung eines Herausgabeanspruches der Eigentümergemeinschaft gegen einen ausgeschiedenen Verwalter; BayObLG WuM 1996, 663 für die Geltendmachung eines Aufwendungsersatzanspruches des ausgeschiedenen Verwalters gegen die Eigentümergemeinschaft.

ment verweigern, die Ausgabenposition sei in der Abrechnung enthalten und von den Wohnungseigentümern genehmigt worden.

Die Jahresabrechnung erfüllt im Wesentlichen drei Funktionen:[190] 1567

1. Sie legt abschließend fest, welche Beiträge zu den Lasten und Kosten von den einzelnen Wohnungseigentümern für das abgelaufene Wirtschaftsjahr zu zahlen sind. 1568
2. Sie dient der Kontrolle des Verwalters für dessen Tätigkeit im abgelaufenen Wirtschaftsjahr. 1569
3. Sie gibt Aufschluss über die allgemeine Vermögenssituation der Gemeinschaft zu Beginn und zum Ende des Wirtschaftsjahres. 1570

Die Jahresabrechnung informiert daher die Wohnungseigentümer darüber, welche **Einnahmen und Ausgaben** insgesamt in der Wohnungseigentümergemeinschaft im abgerechneten Wirtschaftsjahr angefallen und welche Beträge hiervon unter Beachtung der notwendigen Abgrenzungen auf die Wohnungseigentümer umzulegen sind (**Gesamtabrechnung**). Sie **verteilt** die Einnahmen und Ausgaben gemäß dem geltenden Verteilungsschlüssel auf die einzelnen Wohnungseigentumseinheiten und saldiert den Einnahmen- und Ausgabenanteil je Eigentumseinheit mit den je Eigentümer geleisteten Wohngeldvorauszahlungen, sodass sich je Einheit entweder ein Guthaben oder eine Nachzahlung ergibt (**Einzelabrechnung**), welche durch Beschluss über die Genehmigung der Jahresabrechnung in Verbindlichkeit erwachsen. 1571

Da die Jahresabrechnung zugleich der Kontrolle des Verwalters dient, wofür die sog. **Plausibilitätskontrolle** den einfachsten Einstieg darstellt (s. u. Rn. 1630 a), hat sie Auskunft über den **Stand aller Bankkonten** und über etwaiges **Barvermögen** der Gemeinschaft zu Beginn und zum Ende des Wirtschaftsjahres (Kontenabgleich) zu geben. Aus denselben Gründen hat die Jahresabrechnung die **tatsächliche** Entwicklung der **Instandhaltungsrücklage** darzustellen. Dadurch werden die Wohnungseigentümer über die Vermögenssituation der Gemeinschaft informiert. 1572

Um den Wohnungseigentümern darüber hinaus einen Einblick in die erweiterte Vermögenssituation der Gemeinschaft zu geben, erscheint es sinnvoll, der Jahresabrechnung einen **Finanzstatus** anzufügen, der u. a. die offenen Forderungen und Verbindlichkeiten auflistet (s. u. Rn. 1632). 1573

8. Inhalt und Aufbau der Abrechnung

a) Allgemeine Grundsätze. Das Gesetz regelt nicht, welchen formalen und inhaltlichen Anforderungen eine Jahresabrechnung genügen muss. Bestimmt ist in § 28 Abs. 3 WEG lediglich, dass eine Abrechnung aufzustellen ist. Soweit die Gemeinschaftsordnung keine Vorgaben macht, sind die Erfordernisse an Form und Inhalt einer Jahresabrechnung aus deren Funktion herzuleiten,[191] nämlich 1574

- abschließende Festlegung der Beiträge zu den Lasten und Kosten der einzelnen Wohnungseigentümer für das betreffende Wirtschaftsjahr,
- Kontrolle des Verwalters für dessen Tätigkeit im Wirtschaftsjahr,
- Aufschluss über die allgemeine Vermögenssituation der Gemeinschaft zum Abrechnungsstichtag

(vgl. hierzu oben Rn. 1572). 1575

Nach ständiger Rechtsprechung muss die Jahresabrechnung eine geordnete und übersichtliche, inhaltlich zutreffende Aufstellung sämtlicher tatsächlicher Einnahmen und Ausgaben (**Zufluss-/Abflussprinzip**) für das betreffende Wirtschaftsjahr enthalten. Sie muss für einen Wohnungseigentümer auch ohne Zuziehung eines Buchprüfers oder sonstigen Sachverständigen aus sich heraus verständlich sein (s. o. Rn. 1565).[192] Die Jahres- 1576

---

[190] BayObLG WuM 1994, 498; *Bärmann/Merle* § 28 Rn. 56.

[191] Vgl. *Drasdo* NZM 2005, 721 ff.

[192] Siehe BayObLG NZM 2000, 280.

abrechnung ist von ihrer Grundstruktur her eine **einfache Einnahmen- und Ausgabenrechnung,** die alle tatsächlichen Geldbewegungen zu erfassen hat, unabhängig von der Ordnungsgemäßheit der zugrunde liegenden Verwaltungsvorgänge. Über letztere wird allein im Rahmen der **Entlastung** des Verwalters eine Aussage getroffen (s. u. Rn. 1730).[193] Hieraus leitet sich ab, dass eine Jahresabrechnung **keine Bilanz** darstellt und darstellen darf. Eine Bilanz ist Bestandteil des (Jahres-)Abschlusses eines Unternehmens und stellt die gesamte Vermögenslage zu einem bestimmten Stichtag untergliedert in Aktiva (Mittelverwendung) und Passiva (Mittelherkunft) dar. Sie erfasst und bewertet zu diesem Zweck nicht nur die Einnahmen und Ausgaben eines Wirtschaftsjahres, sondern sämtliche Vermögenswerte, somit auch das Anlagevermögen, Umlaufvermögen, Eigenkapital, Rückstellungen oder Rechnungsabgrenzungsposten. Die Jahresabrechnung nach dem WEG stellt auch **keine Gewinn- und Verlustrechnung** dar, die als Teil eines Jahresabschlusses eines Unternehmens Erträge und Aufwendungen eines bestimmten Zeitraumes abbildet, um einen unternehmerischen Erfolg oder Misserfolg für diese Periode bestimmen zu können. Hierzu ist es insbesondere erforderlich, Rechnungsabgrenzungen vorzunehmen. Die Rechnungsabgrenzung ist in der kaufmännischen Buchführung ein Schritt im Periodenabschluss (i. d. R. Jahresabschluss), mit dem Werte in der Gewinn- und Verlustrechnung und der Bilanz der richtigen Rechnungsperiode (z. B. Geschäftsjahr, Quartal) zugeordnet werden. Eine Abgrenzung ist dort notwendig, um den Erfolg eines Unternehmens selbst dann periodengerecht ermitteln zu können, wenn ein Geschäftsvorfall unterschiedliche Rechnungsperioden betrifft. Zur weiteren Übersicht sei auf die Bilanzgliederung in § 266 HGB bzw. auf die Gliederung der Gewinn- und Verlustrechnung gemäß §§ 265, 275 HGB verwiesen. Eine Jahresabrechnung nach dem WEG hat jedoch weder die Funktion, die gesamte Vermögenslage einer Eigentümergemeinschaft zu einem Stichtag darzustellen, noch einen unternehmerischen Erfolg einer Abrechnungsperiode zu ermitteln. Soweit in einer Jahresabrechnung somit Elemente oder Begrifflichkeiten enthalten sind, die nicht für die Aufstellung einer Einnahmen- und Ausgabenabrechnung erforderlich sind, ist jeweils kritisch zu hinterfragen, ob sie von der Funktion einer Jahresabrechnung und etwaigen spezialgesetzlichen Vorgaben (z. B. der Heizkostenverordnung) gedeckt sind oder jedenfalls deren Verständlichkeit und Prüfbarkeit nicht beeinträchtigen.

1577 Üblicherweise untergliedert eine Jahresabrechnung in eine **Gesamtabrechnung,** die die gesamten Einnahmen und Ausgaben der Gemeinschaft innerhalb eines Wirtschaftsjahres auflistet, und die hierauf basierenden **Einzelabrechnungen,** die die Einnahmen und Ausgaben auf die Wohnungseigentumseinheiten gemäß dem geltenden Verteilungsschlüssel umlegen, den jeweiligen Einnahmen- und Ausgabenanteil mit den Vorauszahlungen je Einheit saldieren und das konkrete Einzelergebnis je Einheit auswerfen. Hinzu können zusätzliche, informatorische Angaben in Form eines Status über die allgemeine Vermögenssituation der Eigentümergemeinschaft kommen (s. o. Rn. 1632). Damit die Jahresabrechnung aus sich heraus verständlich und prüfbar ist, müssen die in der Gesamtabrechnung und in den Einzelabrechnungen angesetzten Beträge miteinander harmonisieren, d. h. schlüssig aufeinander aufbauen bzw. aus der Abrechnung selber herleitbar sein. Es gilt das **Transparenzgebot.** Es genügt nicht, dass sich das maßgebende Zahlenwerk und die Schlüssigkeit der Rechnung für den Eigentümer erst aufgrund einer erläuternden Darstellung des Verwalters und einer Vielzahl von Zu- und Abrechnungen erschließt.[194] Wenn nicht alle Ausgaben eines Wirtschaftsjahres in diesem Jahr umgelegt werden können, da aufgrund einer verbrauchsabhängigen Abrechnung Abgrenzungen vorzunehmen sind, muss die Jahresabrechnung diesen Vorgang so darstellen, dass sich für den Wohnungseigentümer ohne weiteres erschließt, wie sich die Differenz zwischen tatsächlicher Ausgabe gemäß Gesamtabrechnung und umgelegtem Betrag in der Einzelabrechnung errechnet. Wenn aufgrund

---

193 *Niedenführ/Kümmel/Vandenhouten* § 28 Rn. 48 m. w. N.
194 OLG Hamm ZMR 2001, 1001.

von Umbuchungen aus der Instandhaltungsrücklage auf das Girokonto (zwecks Bezahlung offener Rechnungen für Instandhaltungsmaßnahmen) eine Veränderung der Kontenstände verursacht wird, muss dieser Vorgang in der Jahresabrechnung abgebildet werden,[195] da dies für das Verständnis der Zahlungsflüsse von Bedeutung ist.

b) Gesamtabrechnung (Einnahmen- /Ausgabenrechnung). *aa) Darstellung.* Da die Jahresabrechnung nach h. M. auf Grundlage der **Einnahmen und Ausgaben** nach dem Flussprinzip, also der tatsächlich erfolgten Einzahlungen und Auszahlungen in einem Wirtschaftsjahr, aufzustellen ist (s. o. Rn. 1576), hat sie **sämtliche Veränderungen** im Bestand der gemeinschaftlichen Gelder so auszuweisen, wie sie im Abrechnungszeitraum (Wirtschaftsjahr) tatsächlich erfolgt sind. 1578

Die Einnahmen und Ausgaben sind so weit aufzuschlüsseln, dass sich ihre Berechtigung durch die Wohnungseigentümer ohne besondere Fachkenntnisse überprüfen lässt.[196] Grundsätzlich genügt zur Straffung der Abrechnung eine **Aufgliederung nach Kostenarten,** wobei eine schlagwortartige Bezeichnung der Kostengruppen genügt. Eine Bezugnahme auf bestimmte Belege oder gar eine Aufgliederung nach Buchungsdaten, Gegenstand, Belegnummer und Betrag ist nicht erforderlich. Inwieweit Einzelpositionen zusammengefasst werden können, ist eine Frage des Einzelfalls, wobei kein kleinlicher Maßstab angelegt werden darf. Entscheidend ist, dass sämtliche Einnahmen und Ausgaben rechnerisch erfasst sind. Im Übrigen ist strikt zwischen Ausgaben und Einnahmen zu trennen, schon um die Gesamtausgaben und Gesamteinnahmen getrennt erfassen zu können. Keinesfalls dürfen daher Einnahmen und Ausgaben **saldiert** werden,[197] etwa Sollzinsen und Habenzinsen. Dem Grundsatz der Übersichtlichkeit und einfachen Prüfbarkeit widerspricht es auch, wenn schon bei der Darstellung der Gesamtausgaben bzw. Gesamteinnahmen jeweils zu einem besonderen Vorgang ausgaben- bzw. einnahmenmindernde Positionen systemwidrig mit einbezogen werden (z. B. eine Versicherungszahlung in der betreffenden Ausgabenposition darzustellen). Eine Versicherungsleistung ist keine Ausgabe, sondern eine Einnahme und in diesem Rahmen entsprechend zu erfassen. Positionen, für die unterschiedliche Verteilungsschlüssel gelten, dürfen nicht in derselben Kostengruppe zusammengefasst werden sondern sind gesondert auszuweisen. Positionen, an denen die Eigentümer unterschiedlich beteiligt sind, sollten ebenfalls gesondert ausgewiesen werden.[198] Auch sollten außergewöhnliche Ausgaben in einer besonderen Position erfasst oder besonders erläutert werden, etwa solche aufgrund **größerer Instandhaltungsmaßnahmen** oder **Sonderumlagen.**[199] **Beschäftigt** die Wohnungseigentümergemeinschaft mehrere **Personen,** sind die diesbezüglichen Ausgaben getrennt nach den einzelnen Beschäftigten unter Angabe der Namen bzw. Firmen aufzugliedern, denn erst eine solche Aufgliederung vermittelt den Wohnungseigentümern die Information, wer für welche Leistung welches Entgelt erhält.[200] 1579

Der **vermietende Wohnungseigentümer** kann verlangen, dass die Einnahmen und Ausgaben so aufgegliedert werden, dass er imstande ist, die Mietnebenkostenabrechnung für seinen Mieter zu erstellen.[201] Ohne eine entsprechende Bestimmung in der Gemeinschaftsordnung ist der Verwalter jedoch nicht verpflichtet, die abrechnungstechnischen Vorschriften der Betriebskostenverordnung einzuhalten oder eine Untergliederung nach umlegbaren und nicht umlegbaren Kostenpositionen vorzunehmen.[202] Es sollte jedoch vermieden werden, umlegbare und nicht umlegbare Kosten in einer Position zu vermi- 1580

[195] A. A. *Riecke/Schmid/Abramenko* § 28 Rn. 67.
[196] *Bärmann/Merle* § 28 Rn. 76.
[197] OLG Hamm ZMR 2001, 1001.
[198] *Staudinger/Bub* § 28 WEG Rn. 381.
[199] *Staudinger/Bub* § 28 WEG Rn. 381.
[200] OLG Karlsruhe WuM 2003, 46.
[201] BGH ZMR 1982, 108.
[202] *Bärmann/Merle* § 28 Rn. 90.

schen. Enthält die Abrechnung eine Untergliederung nach umlegbaren und nicht umlegbaren Ausgaben, führen etwaige Fehler bei der Bewertung der Umlegbarkeit nicht zu einer Anfechtbarkeit des Abrechnungsbeschlusses. Denn der Eigentümerbeschluss über die Abrechnung trifft keine verbindliche Aussage über die mietrechtliche Umlegbarkeit der dargestellten Ausgaben.

1581 *bb) Gesamtausgaben.* Die geflossenen Beträge sind ausnahmslos und ungeachtet ihrer Zweckbestimmung oder der Ordnungsgemäßheit der zugrunde liegenden Verwaltungsvorgänge in vollem Umfange in die Gesamtabrechnung einzustellen. Auch **unberechtigte Ausgaben** sind daher zu erfassen und einzustellen, selbst wenn es sich um veruntreute Gelder handelt.[203] Resultiert aus einem rechtswidrigen Verwaltungshandeln des Verwalters ein Schadensersatzanspruch der Gemeinschaft, ist der Schadensersatzbetrag erst dann als Einnahme in eine Jahresabrechnung einzustellen, wenn die Schadensersatzzahlung durch den Verwalter erfolgt ist. Entsprechendes gilt für Ausgaben, die sich auf das Sondereigentum eines Miteigentümers beziehen.[204]

1582 Auch **Irrläufer und Fehlbuchungen** sind grundsätzlich als Einnahmen oder Ausgaben in der Abrechnung auszuweisen, auch wenn sie sachlich mit der Eigentümergemeinschaft nichts zu tun haben.[205] Dies gilt insbesondere, wenn der Fehler nicht im zugrunde liegenden Abrechnungszeitraum durch eine Rückzahlung korrigiert wurde. Ist etwa auf dem Gemeinschaftskonto eine Gutschrift von einer Versicherung eingegangen, die eine andere Eigentümergemeinschaft betrifft, so muss die Gutschrift als Einnahme ausgewiesen und nach dem allgemeinen Verteilungsschlüssel auf die Wohnungseigentümer umgelegt werden. Erfolgt noch im **gleichen Abrechnungszeitraum** die Gegenbuchung, etwa weil der Versicherungsbeitrag weitergeleitet oder zurücküberwiesen wird, sind die Beträge wegen des grundsätzlichen Saldierungsverbots dennoch als Einnahmen- und Ausgabenpositionen gesondert auszuweisen. Davon mag man nur bei geringen Beträgen eine Ausnahme zulassen, wobei die Grenze bei ca. 100 € zu ziehen sein dürfte.

1583 Hat cin Wohnungseigentümer im Abrechnungsjahr Auslagen für die Gemeinschaft aus seinem Privatvermögen getätigt (z. B. indem er die Wasserrechnung begleicht, um eine Versorgungssperre abzuwenden), entsteht ihm ein **Aufwendungsersatzanspruch** gegen die Gemeinschaft. Eine in der Abrechnung zu berücksichtigende reale Ausgabe aus dem Gemeinschaftsvermögen liegt aber erst dann vor, wenn die Gemeinschaft dem Eigentümer die verauslagten Gelder erstattet.[206]

1584 Wird der Erstattungsanspruch des Eigentümers mit Wohngeldansprüchen der Gemeinschaft verrechnet, ist dieser Vorgang in der Abrechnung so darzustellen, wie wenn die gegeneinander aufgerechneten Beträge tatsächlich geflossen wären. Da eine Abrechnung nur tatsächliche Zahlungsflüsse darstellen kann, ist eine etwaige Rückwirkung der Erfüllungswirkung nach § 389 BGB in der Abrechnung nicht zu berücksichtigen. Der **Aufrechnungsvorgang** ist also nicht in der Abrechnung jenes Wirtschaftsjahres zu berücksichtigen, in dem die Forderungen sich zur Aufrechnung geeignet gegenüber standen, sondern in der Abrechnung des Wirtschaftsjahres, in dem die Aufrechnung erklärt wird.

1585 Im Rahmen der Gesamtausgaben sind auch die aus der Gemeinschaftskasse getätigten **Rechtsverfolgungskosten** (Gerichtskosten und Rechtsanwaltskosten) zu erfassen.[207] Dies gilt zunächst unabhängig von der streitigen Frage, ob der Verwalter auch Kosten für andere Rechtsstreitigkeiten, als die in § 16 Abs. 6 und 7 WEG genannten, aus dem Gemeinschaftsvermögen bestreiten darf.[208] Wenn Rechtsverfolgungskosten aus dem Ver-

---

203 *Bärmann/Merle* § 28 Rn. 79.

204 *Bärmann/Merle* § 28 Rn. 79.

205 BayObLG NZM 2001, 1040.

206 Siehe *Köhler/Bassenge/Köhler* Teil 7 Rn. 61.

207 Besonderheiten bei der Verteilung sind erst im Rahmen der Einzelabrechnungen zu berücksichtigen, *Niedenführ/Kümmel/Vandenhouten* § 28 Rn. 56.

208 Vgl. hierzu: *Bärmann/Merle* § 28 Rn. 80 m. w. N.; offen gelassen vom BGH NZM 2007, 358.

waltungsvermögen bestritten wurden, müssen sie auch in die Gesamtabrechnung eingestellt werden.[209] Im Übrigen ist der Verwalter aufgrund seiner Verpflichtungen und Befugnisse aus § 27 Abs. 2 Nr. 2 WEG befugt, entstehende Kosten eines Anfechtungsverfahrens aus der Gemeinschaftskasse zu bezahlen.[210] Hiernach ist der Verwalter wie nach der bis zum 30. 6. 2007 geltenden Fassung des WEG befugt, in einem Rechtsstreit eines oder mehrer Wohnungseigentümer gemäß § 43 Nr. 1 oder Nr. 4 WEG, also insbesondere in Anfechtungsstreitigkeiten, alle übrigen Wohnungseigentümer zu vertreten, sowie einen Rechtsanwalt zu beauftragen, soweit diese von den Möglichkeiten keinen Gebrauch machen, den Prozess selber zu führen.[211] Er ist in diesem Rahmen als Vollzugsorgan der Mehrheitsbeschlüsse aufgerufen, den Mehrheitswillen gegen die Anfechtungsklage zu verteidigen,[212] woraus sich eine gewisse Gemeinschaftsbezogenheit dieses Rechtstreites herleitet, die es rechtfertigt, das letztlich der Verwaltungshoheit der Mehrheit der Wohnungseigentümer unterliegende Verwaltungsvermögen heranzuziehen. Auch wenn der Verband, dem das Verwaltungsvermögen in § 10 Abs. 7 WEG formal zugeordnet ist, nicht Beteiligter des Anfechtungsverfahrens ist, hindert dieses die Inanspruchnahme des Verwaltungsvermögens nicht, da das Verwaltungsvermögen insbesondere dazu dient, die Umsetzung der Verwaltungsbeschlüsse der Wohnungseigentümer zu finanzieren, die Gegenstand eines Anfechtungsrechtstreites sein können. Dieser innere Zusammenhang kommt auch in der Regelung des § 27 Abs. 2 Nr. 2 WEG zum Ausdruck. Im Übrigen gebietet es eine pragmatische Sicht der Dinge, dem Verwalter den Zugriff auf das Verwaltungsvermögen zu eröffnen, da er seine Aufgaben aus § 27 Abs. 2 Nr. 2 WEG kaum wahrnehmen könnte, wenn er vor Auslösung von Kosten erst eine Umlage unter den beklagten Wohnungseigentümern einsammeln müsste. Ebenso wenig verbietet § 16 Abs. 8 WEG die Entnahme der Rechtsverfolgungskosten aus dem Gemeinschaftsvermögen, da diese Vorschrift nur sicherstellen will, dass die gerichtliche Kostenentscheidung durch Anwendung des allgemeinen Kostenverteilungsschlüssels nicht umgangen wird bzw. dass vor Erlass einer gerichtlichen Kostenentscheidung die Parteistellung der Wohnungseigentümer in dem gerichtlichen Verfahren nicht unberücksichtigt bleibt.[213] Dies betrifft jedoch nur die Ebene der Kostenverteilung in den Einzelabrechnungen (vgl. hierzu unten Rn. 1674ff.).

Eine Ausnahme von dem Prinzip der reinen Einnahmen- und Ausgabenrechnung gilt **1586** bei Kostenpositionen, die kraft Gesetzes (z.B. nach der Heizkostenverordnung) oder aufgrund einer Vereinbarung oder eines Beschlusses der Wohnungseigentümer **innerhalb der Gemeinschaft** verbrauchsabhängig abgerechnet werden.[214] Dies betrifft vornehmlich Heiz- und Wasserkosten.[215] Bei diesen Kosten sind nicht die tatsächlich aufgewandten Gelder, sondern die **Kosten des tatsächlichen Verbrauchs** umzulegen.[216] Denn wenn sich ein Wohnungseigentümer im Verhältnis zu den übrigen Wohnungseigentümern nur insoweit an den Ausgaben beteiligen muss, wie er den Gesamtverbrauch der Gemeinschaft mitverursacht hat, dann sind auch nur die Kosten des tatsächlichen Verbrauchs der Wohnanlage einzustellen. **Beispiel:** Die Wohnungseigentümergemeinschaft zahlt an das örtliche Wasserversorgungsunternehmen monatliche Abschläge in Höhe von 1000 €. Am Ende der Abrechnungsperiode ermittelt der Versorger anhand des zentralen Wasserzählers im Haus den Gesamtverbrauch der Gemeinschaft. Dieser Gesamtsverbrauch ist Grundlage der Endabrechnung des Versorgers, in der der Gesamtverbrauch mit den Abschlagszah-

---

[209] BGH NZM 2007, 358; *Riecke/Schmid/Abramenko* § 28 Rn. 69.

[210] *Bärmann/Becker* § 16 Rn. 154; a.A. OLG München NJW-RR 2007, 593; offen gelassen BGH NZM 2007, 358.

[211] BGH MietRB 2009, 231.

[212] *Niedenführ/Kümmel/Vandenhouten* § 28 Rn. 58.

[213] BGH NZM 2007, 358.

[214] Vgl. *Drasdo* NZM 2005, 721ff.

[215] Zu den Heizkosten siehe Rn. 1586.

[216] Vgl. *Jennißen,* WEG, § 28 Rn. 71ff.

lungen der Gemeinschaft verrechnet wird. Betragen die Kosten des gemessenen Gesamtsverbrauchs beispielsweise nur 10 500 €, ergibt sich für die Gemeinschaft im Verhältnis zum Versorger ein Guthaben in Höhe von 1500 €. Nur der Betrag von 10 500 € ist in den Einzelabrechnungen im Verhältnis der in den Wohnungen gemessenen Einzelverbräuche auf die Wohnungseigentumseinheiten umzulegen.

1587 Die regelmäßig auftretende **Differenz** zwischen den tatsächlichen Ausgaben der Gemeinschaft und den umzulegenden Kosten des tatsächlichen Verbrauchs im Abrechnungszeitraum ist in der Jahresabrechnung durch **Rechnungsabgrenzungsposten** darzustellen. Die Rechnungsabgrenzungsposten geben – soweit im Einzelfall einschlägig – an,

- welche Beträge bereits in der Jahresabrechnung des Vorjahres 1 enthalten sind, aber erst im folgenden (jetzt abzurechnenden) Wirtschaftsjahr 2 von der Gemeinschaft gezahlt wurden,
- welche Beträge bereits im vorherigen Wirtschaftsjahr 1 von der Gemeinschaft gezahlt wurden, aber aufgrund des Leistungsprinzips in der (jetzt zu erstellenden) Gesamtabrechnung 2 enthalten sind,
- welche Beträge aufgrund des Leistungsprinzips bereits in der Gesamtabrechnung 2 enthalten sind, aber erst im folgenden Wirtschaftsjahr 3 von der Gemeinschaft gezahlt wurden,
- welche Beträge im Wirtschaftsjahr 2 von der Gemeinschaft gezahlt wurden, aber aufgrund des Leistungsprinzips erst in der Gesamtabrechnung 3 abzurechnen sein werden.

1588 Diese Aufstellung ist bei jeder Ausgabenposition erforderlich, die nicht nach dem Flussprinzip abgerechnet wird. Ohne Abgrenzungsposten wäre die Gesamtabrechnung rechnerisch unschlüssig. Der Saldo der dargestellten Einnahmen und Ausgaben entspräche nicht der Differenz der Bankkontostände zu Beginn und zum Ende des Wirtschaftsjahres.[217] Es stellt letztlich eine Frage der Darstellung dar, ob im Rahmen der Gesamtabrechnung zunächst auch für die verbrauchsabhängig umzulegenden Positionen alle Ausgaben nach dem Abflussprinzip erfasst werden, um die notwendigen Abgrenzungen im Rahmen einer gesonderten Rubrik der Gesamtabrechnung im Anschluss an die Gesamtausgabenaufstellung vorzunehmen, oder diese Abgrenzungen bereits in die Ermittlung der Gesamtausgaben einfließen zu lassen.

1589 Eine Ausnahme vom Prinzip der reinen Einnahmen- und Ausgabenrechnung gilt insbesondere bei der Abrechnung der Heiz- und Warmwasserkosten, wenn diese nach der Heizkostenverordnung (HeizKV) zu verteilen sind. Voraussetzung dafür ist, dass die Wohnanlage mit einer zentralen Heizungs- und/oder Warmwasserversorgungsanlage ausgestattet ist. Gemäß § 3 HeizKV gilt die Heizkostenverordnung auch für Wohneigentumsanlagen.

1590 Gemäß §§ 4, 6 HeizKV kann jeder Wohnungseigentümer von der Gemeinschaft verlangen, dass der Verbrauch an Wärme und Warmwasser in den Sondereigentumseinheiten erfasst und die Kosten nach Maßgabe der §§ 7 bis 9 HeizKV verbrauchsabhängig auf die angeschlossenen Wohnungseigentumseinheiten umgelegt werden. Über die **Installation der Verbrauchserfassungsgeräte** beschließen die Wohnungseigentümer mit einfacher Stimmenmehrheit. Die Kosten für die Anbringung der Verbrauchserfassungsgeräte und Thermostatventile sind Kosten der Verwaltung; sie sind nach dem in der Wohnungseigentümergemeinschaft geltenden Verteilungsschlüssel für Verwaltungskosten umzulegen (§ 3 Satz 3 HeizKV).

1591 Eine **Ausnahme** von der Pflicht zur Verbrauchserfassung und verbrauchsabhängigen Abrechnung regelt

1592 § 11 HeizKV:

1593 (1) Soweit sich die §§ 3 bis 7 auf die Versorgung mit Wärme beziehen, sind sie nicht anzuwenden

[217] OLG Hamm ZWE 2001, 446.

1. auf Räume, 1594
   a) bei denen das Anbringen der Ausstattung zur Verbrauchserfassung, die Erfassung des Wärmeverbrauchs oder die Verteilung der Kosten des Wärmeverbrauchs nicht oder nur mit unverhältnismäßig hohen Kosten möglich ist oder
   b) die vor dem 1. Juli 1981 bezugsfertig geworden sind und in denen der Nutzer den Wärmeverbrauch nicht beeinflussen kann;
2. a) auf Alters- und Pflegeheime, Studenten- und Lehrlingsheime, 1595
   b) auf vergleichbare Gebäude oder Gebäudeteile, deren Nutzung Personengruppen vorbehalten ist, mit denen wegen ihrer besonderen persönlichen Verhältnisse regelmäßig keine üblichen Mietverträge abgeschlossen werden;
3. auf Räume in Gebäuden, die überwiegend versorgt werden 1596
   a) mit Wärme aus Anlagen zur Rückgewinnung von Wärme oder aus Wärmepumpen- oder Solaranlagen oder
   b) mit Wärme aus Anlagen der Kraft-Wärme-Kopplung oder aus Anlagen zur Verwertung von Abwärme, sofern der Wärmeverbrauch des Gebäudes nicht erfasst wird,

   wenn die nach Landesrecht zuständige Stelle im Interesse der Energieeinsparung und der Nutzer eine Ausnahme zugelassen hat;
4. auf die Kosten des Betriebs der zugehörigen Hausanlagen, soweit diese Kosten in den Fällen des § 1 Abs. 3 nicht in den Kosten der Wärmelieferung enthalten sind, sondern vom Gebäudeeigentümer gesondert abgerechnet werden; 1597
5. in sonstigen Einzelfällen, in denen die nach Landesrecht zuständige Stelle wegen besonderer Umstände von den Anforderungen dieser Verordnung befreit hat, um einen unangemessenen Aufwand oder sonstige unbillige Härten zu vermeiden. 1598

(2) Soweit sich die §§ 3 bis 6 und § 8 auf die Versorgung mit Warmwasser beziehen, gilt Absatz 1 entsprechend. 1599

Zur Beantwortung der Frage, ob die Kosten der Ausstattung zur Verbrauchserfassung unverhältnismäßig hoch im Sinne des § 11 Nr. 1 a) HeizKV sind, ist ein Vergleich der Installations-, Mess- und Abrechnungskosten mit den möglichen Einsparungen von Energiekosten vorzunehmen.[218] Auszugehen ist dabei von einem Vergleichszeitraum von zehn Jahren. **Unverhältnismäßigkeit** ist zu bejahen, wenn in einem 10-Jahres-Vergleich die Kosten für die Installation der Messgeräte sowie für deren Wartung und Ablesung die voraussichtliche Einsparung von Energiekosten übersteigen.[219] Dabei kann die zu erwartende Kostenersparnis mit 15 Prozent des Abrechnungsbetrages angesetzt werden.[220] Liegt ein Ausnahmefall nach § 11 HeizKV vor, können die Wohnungseigentümer gemäß § 16 Abs. 3 WEG einen Verteilungsschlüssel mit einfacher Stimmenmehrheit bestimmen. 1600

In **Wohneigentumsanlagen mit** lediglich **zwei Sondereigentumseinheiten** können die Wohnungseigentümer durch Vereinbarung auf eine verbrauchsabhängige Abrechnung der Heiz- und Warmwasserkosten verzichten, wenn beide Sondereigentumseinheiten vom jeweiligen Eigentümer genutzt werden (§ 2 HeizKV). Wird eine Einheit vermietet, gehen die Bestimmungen der HeizkV einer solchen Vereinbarung vor.[221] 1601

Bei der Erstellung der Gesamtabrechnung ist zu unterscheiden zwischen den tatsächlich angefallenen Ausgaben für die Beheizung und Warmwasserversorgung einerseits und den Kosten des Betriebs der zentralen Heizungsanlage andererseits. Der Unterschied zwischen beiden Beträgen sei am Beispiel einer Ölzentralheizung erläutert: Nach der Heizkostenverordnung dürfen nur die Kosten des *verbrauchten* Heizöls verbrauchsabhängig auf die Wohnungen umgelegt werden, nicht aber die Kosten des *eingekauften* Heizöls. Beispiel: Hat die Wohnungseigentümergemeinschaft im Wirtschaftsjahr 20000 Liter 1602

---

218 BGH NJW-RR 1991, 647.
219 KG ZMR 1993, 182; OLG Köln WuM 1998, 621.
220 BayObLG ZMR 2005, 135.
221 OLG Düsseldorf ZMR 2004, 694.

Heizöl eingekauft, aber nur 18000 Liter verbraucht, fließen nur die Kosten des *verbrauchten* Heizöls in die Einzelabrechnungen ein. Wegen des Differenzbetrages zwischen den Kosten des verbrauchten Heizöls und den Kosten des eingekauften Heizöls ist eine **Abgrenzungsposition** zu bilden.[222] Ohne die Abgrenzungsposition wäre die Kontenabstimmung (Kontoanfangsbestand + Einnahmen – Ausgaben = Kontoendbestand) nicht möglich.[223] Die abgegrenzten Kosten sind in dem Kalenderjahr umzulegen, in dem das Heizöl verbraucht wird. Das Prinzip der Abgrenzung gilt grundsätzlich bei allen in §§ 7 Abs. 2 und 8 Abs. 2 HeizKV genannten Kosten.

1603 Zu den umzulegenden **Kosten des Betriebs der zentralen Heizungsanlage** einschließlich der Abgasanlage gehören gemäß § 7 Abs. 2 HeizKV
- die Kosten der *verbrauchten* Brennstoffe einschließlich ihrer Lieferung,
- die Kosten des Betriebsstromes,
- die Kosten der Bedienung, Überwachung und Pflege der Anlage, der regelmäßigen Prüfung ihrer Betriebsbereitschaft und Betriebssicherheit einschließlich der Einstellung durch einen Fachmann, der Reinigung der Anlage und des Betriebsraumes,
- die Kosten der Messungen nach dem Bundes-Immissionsschutzgesetz,
- die Kosten der Anmietung oder anderer Arten der Gebrauchsüberlassung einer Ausstattung zur Verbrauchserfassung sowie
- die Kosten der Verwendung einer Ausstattung zur Verbrauchserfassung einschließlich der Kosten der Berechnung und Aufteilung.

1604 **Nicht** zu den **Betriebskosten** gehören u.a. die Kosten einer Reparatur der Anlage und die Kosten einer Tankhaftpflichtversicherung.[224] Diese Kosten sind gemäß den allgemeinen Grundsätzen nach dem Einnahmen-/Ausgabenprinzip abzurechnen und nach § 16 Abs. 2 WEG oder dem vereinbarten Verteilungsschlüssel auf die Wohnungseigentumseinheiten umzulegen.

1605 Wird die Wohnanlage mit **Fernwärme** versorgt, gehören zu den Kosten der Wärmelieferung das Entgelt für die Wärmelieferung und die Kosten des Betriebs der zugehörigen Hausanlagen entsprechend § 7 Abs. 2, 4 HeizKVO.

1606 Zu den Kosten des Betriebs einer zentralen **Warmwasserversorgungsanlage** gehören gemäß § 8 Abs. 2 Satz 1 HeizKV
- die Kosten der Wasserversorgung, soweit sie nicht gesondert abgerechnet werden und
- die Kosten der Wassererwärmung entsprechend § 7 Abs. 2 HeizKVO.

1607 Zu den o.g. **Kosten der Wasserversorgung** gehören gemäß § 8 Abs. 2 Satz 2 HeizKVO
- die Kosten des Wasserverbrauchs, die Grundgebühren und die Zählermiete,
- die Kosten der Verwendung von Zwischenzählern,
- die Kosten des Betriebs einer hauseigenen Wasserversorgungsanlage und einer Wasseraufbereitungsanlage einschließlich Aufbereitungsstoffe.

1608 Um die Kosten des Betriebs der zentralen Heizungsanlage und die Kosten der Wassererwärmung ermitteln zu können, muss der Verwalter die **Menge des** im Abrechnungszeitraum **verbrauchten Brennstoffs ermitteln.** Bei Ölheizungen ist der Heizölbestand zu Beginn und zum Ende des Wirtschaftsjahres zu messen. Ist die Messung des Brennstoffbestandes unterblieben, muss gleichwohl abgerechnet werden. Es kann dann ordnungsmäßiger Verwaltung entsprechen, den durchschnittlichen Brennstoffverbrauch der vorangegangenen Abrechnungsperioden der Jahresabrechnung zugrunde zu legen.[225] Die Abrechnung wird dadurch nicht anfechtbar, denn die Messung kann nicht mehr nachgeholt werden und eine Abrechnung muss gleichwohl erfolgen.

1609 Ist eine Wohneigentumsanlage nicht mit Verbrauchserfassungsgeräten ausgestattet oder können die Kosten der Beheizung und Warmwasserversorgung aus sonstigen Gründen

---

[222] BayObLG NZM 2003, 900.
[223] Siehe dazu Rn. 1630a; *Drasdo* NZM 2005, 721ff.
[224] BayObLG WuM 1997, 234.
[225] BayObLG ZMR 2001, 815.

nicht verbrauchsabhängig abgerechnet werden, sind in die Gesamtabrechnung die tatsächlich angefallenen Kosten einzustellen. Denn wenn es für die Verteilung der Kosten im Verhältnis der Wohnungseigentümer untereinander nicht auf den individuellen Verbrauch ankommt, dürfen bzw. müssen in die Gesamtabrechnung auch die tatsächlich angefallenen Kosten eingestellt und in den Einzelabrechnungen auf die Wohnungseigentümer umgelegt werden. Eine Abgrenzungsposition ist dann weder erforderlich noch zulässig.

Hinsichtlich der abrechnungstechnischen Behandlung der **Umsatzsteuer** ist zu differenzieren: Grundsätzlich sind die Ausgaben und Einnahmen als **Bruttobeträge** anzugeben, sodass die Umsatzsteuer nicht auszuweisen ist.[226] Die Wohnungseigentümergemeinschaft ist zwar aufgrund der an die Wohnungs- und Teileigentümer erbrachten Leistungen Unternehmer i. S. d. § 2 Abs. 1 Satz 1 UStG. Nach § 4 Nr. 13 UStG sind die steuerbaren Leistungen der Gemeinschaft an die Wohnungs- und Teileigentümer aber steuerfrei, soweit sie in der Überlassung des gemeinschaftlichen Eigentums zum Gebrauch, seiner Instandhaltung, Instandsetzung und sonstigen Verwaltung sowie der Lieferung von Wärme und ähnlicher Gegenstände bestehen. Durch diese Regelung soll eine Gleichbehandlung der Wohnungseigentümer mit den Grundstückseigentümern bzw. Mietern erreicht werden.[227] Umsatzsteuerpflichtig ist allerdings gemäß § 4 Nr. 12 Satz 2 UStG die Vermietung der gemeinschaftlichen Stellplätzen und Garagen, es sei denn, dass die Eigentümergemeinschaft als Kleinunternehmer i. S. d. § 19 UStG anzusehen ist (weil der Umsatz zuzüglich der darauf entfallenden Steuer im vorangegangenen Kalenderjahr 17 500 € nicht überstiegen hat und im laufenden Kalenderjahr 50 000 € voraussichtlich nicht übersteigen wird). 1610

Die Wohnungseigentümer können aber auf diese Steuerbefreiung ganz oder teilweise verzichten, indem sie gemäß § 9 Abs. 1 UStG durch Mitteilung gegenüber dem Finanzamt zur Umsatzsteuer **optieren.** Dies gilt jedoch nur für steuerbare Umsätze, die an einen Unternehmer für dessen Unternehmen ausgeführt werden. Der Verzicht auf die Umsatzsteuerbefreiung ist also nur für Eigentümer von Interesse, die ihr Teileigentum selbst für gewerbliche oder berufliche Zwecke nutzen oder es zu diesen Zwecken an Dritte vermietet haben und somit vorsteuerabzugsberechtigt sind.[228] Folge der Option ist, dass die Eigentümergemeinschaft und für sie der Verwalter gemäß § 14 Abs. 1 UStG die Nettobeträge und die auf die einzelnen Ausgabenpositionen entfallende Umsatzsteuer gesondert in der Gesamtabrechnung und in den Einzelabrechnungen ausweisen muss.[229] Zu den Aufgaben des Verwalters gehört es dann auch, die Umsatzsteuererklärungen und die Umsatzsteuervoranmeldungen (erforderlichenfalls unter Einschaltung eines Steuerberaters) beim Finanzamt einzureichen und die Steuer fristgerecht abzuführen, wobei umstritten ist, ob diese Zusatztätigkeit dem Verwalter gesondert zu honorieren ist.[230] 1611

Der offene Ausweis von Umsatzsteueranteilen in der Jahresabrechnung setzt somit voraus, dass die Eigentümergemeinschaft insgesamt auf die Umsatzsteuerbefreiung verzichtet. Diese Ausübung der Option gemäß § 9 Abs. 1 UStG erfordert einen **Beschluss** der Wohnungseigentümer,[231] der sinnvollerweise auch gleich die Beauftragung eines Steuerberaters umfassen sollte. Ein solcher Beschluss soll allerdings nur dann ordnungsmäßiger Verwaltung entsprechen und im Falle einer Ablehnung von den vorsteuerabzugsberechtigten Miteigentümern erzwungen werden können, wenn diese Eigentümer die anderen Eigentümer von sämtlichen mit der Option zusammenhängenden Kosten und Nachteilen freistellen.[232] 1612

---

[226] *Bärmann/Merle* § 28 Rn. 81.
[227] Vgl. *Sauren* BB 1986, 436.
[228] *Bärmann/Merle* § 28 Rn. 81.
[229] BayObLG ZMR 1996, 574.
[230] *Bärmann/Merle* § 28 Rn. 81.
[231] OLG Hamm NJW-RR 1992, 1232; BayObLG ZMR 1996, 574.
[232] OLG Hamm NJW-RR 1992, 1232; BayObLG ZMR 1996, 574.

1613 *cc) Gesamteinnahmen. (1) Allgemeines.* Auch auf Einnahmenseite sind nach Maßgabe des **Zufluss-/Abflussprinzips** zunächst **alle** Einnahmen zu berücksichtigen, die in dem abzurechnenden Wirtschaftsjahr **tatsächlich** angefallen sind (also keine Berücksichtigung offener Forderungen). Als Einnahmen kommen Nutzungsentgelte aus der Überlassung des gemeinschaftlichen Eigentums (PKW-Stellplätze, Waschmaschinen), Versicherungsleistungen, Darlehensauszahlungen, Zinsen sowie Wohngeldbeiträge in Betracht. Um die **Plausibilitätsprüfung** durchführen zu können (s. o. Rn. 1630 a), muss die Gesamtabrechnung zweifelsfrei erkennen lassen, welche Gesamteinnahmen zu verzeichnen sind.

1614 Zu den Einnahmen der Wohnungseigentümer gehören i. d. R. **Zinseinkünfte** aus den gemeinschaftlichen Geldern (insbesondere der Rücklage) und Zinszahlungen einzelner Wohnungseigentümer wegen verspäteter Leistung von Wohngeldbeiträgen. Etwaige Zinszahlungen der Bank sind als Einnahmen in die Gesamtabrechnung einzustellen (und in den Einzelabrechnungen auf die Wohnungseigentumseinheiten zu verteilen), wenn sie auf das allgemeine Geschäftskonto der Gemeinschaft geflossen sind und zur Tragung der Lasten und Kosten der Gemeinschaft zur Verfügung stehen.[233] Verbleiben die Guthabenzinsen aus der Instandhaltungsrücklage hingegen auf dem Rücklagenkonto, wird der Zinsbetrag lediglich bei der Entwicklung der Instandhaltungsrücklage dargestellt.[234]

1615 Fraglich ist jedoch, wie mit dem von den Banken einbehaltenen **Steuer**abschlag auf die Zinseinkünfte umzugehen ist. Einen sog. Freistellungsauftrag können Wohnungseigentümergemeinschaften nicht stellen. Für die Darstellung in der Jahresabrechnung bieten sich zwei Vorgehensweisen an: **Netto-Methode:** Bei der Netto-Methode werden nur die tatsächlich zugeflossenen Zinsen als Einnahmen festgehalten. Der Zinsabschlag wird bei dieser Methode weder als Einnahme noch als Ausgabe aufgeführt, da er bereits von den Banken einbehalten wird und der Gemeinschaft nicht als tatsächliche Einnahmen zufließt. Der Nachteil dieser Methode besteht darin, dass der einzelne Wohnungseigentümer aus der Abrechnung nicht ersehen kann, wie hoch sein Anteil am Zinsabschlag ist. Es ist allerdings auch nicht Aufgabe der Jahresabrechnung, dies erkennen zu lassen. Der einzelne Wohnungseigentümer kann bei dieser Methode verlangen, dass der Verwalter ihm seinen Anteil an der Zinsabschlagsteuer bescheinigt und eine Kopie der Steuerbescheinigung des Kreditinstituts beifügt, damit er den Zinsabschlag über seine Steuererklärung vom Finanzamt erstattet bekommt. **Brutto-Methode:** Bei der Brutto-Methode werden die Zinsen ohne vorherigen Abzug des Zinsabschlags zunächst in die Jahresabrechnung als Einnahmen eingestellt; zugleich wird der Zinsabschlag als Ausgabe ausgewiesen. Bei diesem Verfahren kann der einzelne Wohnungseigentümer den auf ihn entfallenden Zinsabschlag aus der Jahresabrechnung entnehmen.[235]

1616 Hauptsächlich resultieren die Einnahmen der Gemeinschaft aus den **Wohngeldzahlungen** der Wohnungseigentümer.[236] Die Wohngeldeinnahmen sind so zu erfassen, wie sie tatsächlich im Abrechnungszeitraum auf dem Gemeinschaftskonto eingegangen sind, unabhängig davon, ob sie zum Ausgleich der aktuellen Wohngeldvorschüsse gezahlt wurden oder ob sie nach ihrer Zweckbestimmung der Begleichung von Rückständen aus Vorjahren dienten oder als Vorauszahlungen für nachfolgende Wirtschaftsjahr zu verrechnen sind (zu den notwendigen Abgrenzungen s. u. Rn. 1628). Auch die aufgrund einer Sonderumlage gezahlten Beträge sind bei den Gesamteinnahmen zu erfassen.[237] Soweit die Wohngeldeinnahmen nur in einer gesonderten Kontenübersicht ausgewiesen sind, muss darauf geachtet werden, dass diese als Bestandteil der Gesamtabrechnung Gegenstand der Beschlussfassung über die Jahresabrechnung ist.[238] Ob auch eine sog.

---

233 BayObLG NJW-RR 2004, 1602 (1603).
234 Siehe dazu *Drasdo* DWE 1997, 140.
235 *Niedenführ/Kümmel/Vandenhouten* § 28 Rn. 58.
236 *Bärmann/Merle* § 28 Rn. 77.
237 *Riecke/Schmid/Abramenko* § 28 Rn. 77.
238 BayObLG WE 1990, 133.

Saldenliste, aus der sich alle Einzelabrechnungsergebnisse ablesen lassen,[239] zwingend zum Bestandteil einer Jahresabrechnung gehört, ist zweifelhaft und wohl eher zu verneinen.[240] Jeder Wohnungseigentümer kann die Einzelabrechnungen der anderen Einheiten einsehen, wenn er die Abrechnungsergebnisse der anderen Eigentümer in Erfahrung bringen will.

1617 *dd) Darstellung von Sonderumlagen.* Sonderumlagen unterliegen als Nachtragshaushalt zum Wirtschaftsplan (s. o. Rn. 1514) ebenso der Abrechnung **wie das sonstige Wohngeld;** sie müssen daher grundsätzlich in der Jahresabrechnung berücksichtigt werden (s. o. Rn. 1534).[241]

1618 Unproblematisch ist die Abrechnung, wenn die Sonderumlage im Abrechnungsjahr von den Eigentümern gezahlt wurde und im gleichen Jahr auch die Rechnungen, für die die Sonderumlage bestimmt war, beglichen wurden. In diesem Fall stehen den eingegangenen Sonderumlagebeträgen entsprechende Ausgaben aus dem Verwaltungsvermögen gegenüber und sind nach dem Zufluss-/Abflussprinzip im Rahmen der Ausgaben und Einnahmen zu erfassen.

1619 Werden jedoch die Sonderumlagebeiträge von den Eigentümern im Abrechnungsjahr gezahlt während die Kosten, für die die Umlage beschlossen wurde, erst im Folgejahr entstehen, führt die Sonderumlage i. d. R. rechnerisch zu Wohngeldüberzahlungen.[242] Dies hat zur Folge, dass die Sonderumlagebeiträge an die Eigentümer ausgekehrt werden müssten, bevor die Gelder von der Gemeinschaft zweckentsprechend verwendet werden können. Denn hat ein Wohnungseigentümer höhere Wohngeldvorauszahlungen geleistet als im Wirtschaftsjahr Kosten angefallen sind, weist die Jahresabrechnung ein Guthaben aus. Eine vorzeitige Auskehrung der Gelder widerspräche aber Sinn und Zweck der Sonderumlage, die für eine konkrete Maßnahme eingezogen wurde. Dieses Problem lässt sich lösen, indem das als Sonderumlage gezahlte Wohngeld zwar im Rahmen der **Gesamteinnahmen** erfasst, in den **Einzelabrechnungen** jedoch nicht als Wohngeldzahlung für das abgerechnete Wirtschaftsjahr berücksichtigt wird, sondern in eine zweckgebundene Sonderrückstellung in Soll-Höhe gemäß Umlagebeschluss eingestellt werden. Dadurch werden die Sonderumlagebeiträge nicht ausgezahlt und stehen auch weiterhin bestimmungsgemäß zur Verfügung. Eine weitere Lösungsmöglichkeit besteht darin, die Sonderumlagebeiträge am Ende des Wirtschaftsjahres auf ein separates Konto (z. B. das Instandhaltungskonto oder ein Bausonderkonto) zu transferieren und dort entsprechend auszuweisen. Die Überweisung auf das Rücklagenkonto ist in der Jahresabrechnung als Ausgabe zu verbuchen. Dadurch werden die Sonderumlagebeiträge quasi „verbraucht", sodass sie nicht zu einem Abrechnungsguthaben führen können. Werden die Sonderumlagebeiträge später benötigt, können sie dem Rücklagenkonto entnommen werden.

1620 Wird eine durch Sonderumlage finanzierte größere Sanierungsmaßnahme **jahresübergreifend** durchgeführt und diese Maßnahme nach Beendigung der Arbeiten jahresübergreifend abgerechnet (zur Zulässigkeit s. o. Rn. 1535),[243] müssen auch diese Einnahmen und Ausgaben in die jeweiligen **Gesamtjahresabrechnungen** eingestellt werden, um insoweit dem Flussprinzip zu genügen. Um der besonderen Zweckbindung zu genügen, empfiehlt es sich, die jeweils in einem Wirtschaftsjahr getätigten Einnahmen und Ausgaben in einer extra Rubrik gesondert darzustellen, um dann nach Abschluss der Arbeiten in dem betreffenden Jahr die Abrechnung gegenüber allen Miteigentümern gesondert – auch als Teil dieser Jahresabrechnung – vorzunehmen.

1621 *ee) Gelder der Instandhaltungsrücklage.* Bei der Darstellung der Instandhaltungsrücklage (insbesondere des Zuflusses und des Abflusses aus dieser) sind zwei Aspekte zu be-

---

[239] OLG Köln NZM 2007, 366; AG Köln MietRB 2008, 211.
[240] *Jennißen*, WEG, § 28 Rn. 116.
[241] KG WuM 2005, 145.
[242] Vgl. *Drasdo* ZWE 2000, 248 ff.
[243] KG ZMR 2004, 376.

rücksichtigen. Zum einen soll die Jahresabrechnung sicherstellen, dass die nach dem Wirtschaftsplan vorgesehene Zuführung zur Instandhaltungsrücklage tatsächlich gebildet wird. Zum anderen müssen die Geldbewegungen auf dem Girokonto der Gemeinschaft und auf einem etwaigen Rücklagenkonto nach dem Einnahmen-/Ausgabenprinzip wiedergegeben werden, um die rechnerische Schlüssigkeit der Abrechnung zu gewährleisten. Folgende monetären Vorgänge sind zu unterscheiden:

1622 Die **Beträge für die Bildung der Instandhaltungsrücklage** (§ 28 Abs. 1 Satz 2 Nr. 3 WEG), die die Wohnungseigentümer im Rahmen ihrer monatlichen Wohngeldzahlungen an die Gemeinschaft leisten, werden als Wohngeldeinnahmen dargestellt, hier allerdings nicht gesondert ausgewiesen.

1623 **Überweist** der Verwalter innerhalb des Wirtschaftsjahres Gelder **vom Girokonto** der Gemeinschaft **auf** ein (höherverzinsliches) gesondertes **Rücklagenkonto,** handelt es sich um einen Zahlungsabgang vom Girokonto. Der Zahlungsabgang ist zwar nicht als „Ausgabe“ in den Einzelabrechnungen auf die Wohnungseigentumseinheiten umzulegen, da es sich nicht um einen Abfluss aus dem Gemeinschaftsvermögen handelt, sondern nur um eine gemeinschaftsinterne Umbuchung. Der Zahlungsabgang ist aber zumindest bei der Darstellung des sog. Kontenabgleichs[244] zu erwähnen, da andernfalls die Plausibilitätsrechnung (Kontoabgangsbestand – Ausgaben + Einnahmen = Kontoendbestand)[245] nicht aufgeht.

1624 Die Überweisung vom Girokonto auf das Rücklagenkonto ist bei der Darstellung der Entwicklung des **Rücklagenkontos** als **Zahlungseingang** wiederzugeben.[246] Die Wohnungseigentümer müssen der Abrechnung entnehmen können, welche Beträge dem Rücklagenkonto im Wirtschaftsjahr zugeflossen sind.[247]

1625 In die **Einzelabrechnungen** müssen die im Wirtschaftsplan desselben Jahres beschlossenen Soll-Ansätze zur Bildung der Rücklage (§ 28 Abs. 1 Satz 2 Nr. 3 WEG) als fiktive Ausgabe eingestellt werden.[248] Dadurch wird sichergestellt, dass die Rücklagenzuführung tatsächlich gebildet und über die Abrechnung nicht wieder ausgeschüttet wird. Die Einzelabrechnung folgt insoweit nicht dem strengen Einnahmen-/Ausgabenprinzip. Der Grundsatz, dass nur solche Einnahmen und Ausgaben in den Einzelabrechnungen auf die Wohnungseigentumseinheiten umgelegt werden dürfen, die auch in der Gesamtabrechnung enthalten sind, findet hier eine Durchbrechung.

1626 **Entnahmen** vom Rücklagenkonto, die zur Erfüllung von Verbindlichkeiten der Wohnungseigentümergemeinschaft benötigt werden, müssen i. d. R. zunächst auf das allgemeine Geschäftskonto der Gemeinschaft transferiert werden, um von dort an das mit der Instandhaltungsmaßnahme beauftragte Handwerksunternehmen überwiesen werden zu können. Die Entnahme **aus der Instandhaltungsrücklage** stellt einen Abgang vom Rücklagenkonto dar und ist bei der Darstellung der Entwicklung des Rücklagenkontos entsprechend auszuweisen. Der Eingang des Geldes auf dem Girokonto stellt einen Zahlungseingang dar,[249] der auch in den Einzelabrechnungen Ausdruck findet. Die Überweisung an den Gläubiger der Gemeinschaft stellt wiederum eine Ausgabe dar, die in den Einzelabrechnungen auf alle Wohnungseigentumseinheiten umzulegen ist.[250] Werden Gelder einer Sonderumlage kurzzeitig vom allgemeinen Verwaltungskonto auf dem Rücklagenkonto verbucht und in demselben Wirtschaftsjahr wieder dem allgemeinen Verwaltungskonto zugeführt, so ist der ergebnisneutrale Geldfluss (Umbuchung) in der Einnahmen- und Ausgabenrechnung darzustellen, damit die Abrechnung, insbesondere

---

244 Siehe Rn. 1630.
245 Siehe Rn. 1630 a.
246 LG München ZMR 2007, 567.
247 Siehe Rn. 1621.
248 *Drasdo* NZM 2005, 721 ff.
249 OLG München ZMR 2007, 723; LG München ZMR 2007, 567.
250 OLG München ZMR 2007, 723; *Jennißen,* WEG, § 28 Rn. 103.

die Entwicklung des Rücklagenkontos nachvollziehbar ist.[251] Die Darstellung ergebnisneutraler Geldflüsse verstößt nicht gegen das Prinzip der Einnahmen- und Ausgabenrechnung.

ff) Bildung von Abgrenzungspositionen. Der Grundsatz, wonach eine Jahresabrechnung streng nach dem Abfluss-/Zuflussprinzip als **Einahmen- und Ausgabenabrechnung** aufzustellen ist, erfährt jedenfalls dann **einzelabrechnungswirksame** Ausnahmen, wenn aufgrund gesetzlich zwingender Vorschriften bzw. nach Maßgabe der Kostenverteilung in der Gemeinschaftsordnung oder aufgrund von Beschlüssen einzelne Positionen **verbrauchsabhängig** abzurechnen sind.[252] Dies betrifft in erster Linie die Heiz- und Warmwasserkosten, hinsichtlich derer die HeizkV eine verbrauchsbezogene Abrechnung vorschreibt (s. o. Rn. 1586), wird jedoch häufig in der Praxis insbesondere auch für die Kaltwasserkosten aufgrund entsprechender Regelungen in der Gemeinschaftsordnung oder per Beschluss so gehandhabt.[253] In diesen Fällen bietet es sich an, dass sämtliche Kosten ohne abzugrenzen zunächst in der **Gesamtabrechnung** erfasst werden, schon um Schwierigkeiten beim Kontenabgleich (s. u. Rn. 1630) zu vermeiden. Zur Ermittelung der im Rahmen der **Einzelabrechnungen** umlagefähigen Beträge, muss jedoch eine **Abgrenzung der Ausgaben** danach erfolgen, welche Beträge sich auf die in der Wirtschaftsperiode verbrauchten Medien beziehen. Nur diese Kosten sind in den Einzelabrechnungen umzulegen, wirken sich somit auf die Höhe des Wohngeldes für das abzurechnende Wirtschaftsjahr aus. 1627

Entsprechendes gilt auf **Einnahmenseite.** Wenn im abzurechnenden Wirtschaftsjahr Wohngelder gezahlt wurden, die sich auf Rückstände aus früheren Wirtschaftsjahren oder als Vorauszahlung auf künftige Wirtschaftsjahre beziehen, müssen diese Einnahmen zwingend im Rahmen der Gesamteinnahmen erfasst werden. Insoweit gilt das „Flussprinzip". Im Rahmen der Einzelabrechnungen sind jedoch nur die Zahlungen ergebniswirksam zu berücksichtigen, die sich auf das abzurechnende Wirtschaftsjahr beziehen, sodass eine Abgrenzung vorzunehmen ist.[254] 1628

Da die Jahresabrechnung für einen Wohnungseigentümer auch ohne Zuziehung eines Buchprüfers oder sonstigen Sachverständigen verständlich sein muss (s. o. Rn. 1565), ist für die Frage der Ordnungsgemäßheit der Jahresabrechnung auch von Bedeutung, dass die Rechnungsabgrenzungsposten **offen und in nachvollziehbarer Weise** ausgewiesen werden.[255] Zwar ist eine bestimmte Darstellungsform in diesem Zusammenhang nicht zwingend vorgegeben, sodass es letztlich dem Verfasser der Jahresabrechnung vorbehalten bleibt, wie und an welcher Stelle in der Jahresabrechnung die Rechnungsabgrenzungsposten ausgewiesen werden (z. B. im Finanzstatus oder im Rahmen einer gesonderten Abrechnungsrubrik.[256] Jedoch ist sicherzustellen, dass der einzelne Wohnungseigentümer die Kontenabstimmung, also den rechnerischen Bezug zwischen der Gesamtabrechnung und der Vermögensentwicklung und der durch die Abgrenzungspositionen bedingten Abweichungen der Gesamtbeträge von den zur Umlage gelangenden Beträgen ohne weiteres nachvollziehen kann. Dies bedingt, dass die Jahresabrechnung ausweist und erklärt, in Bezug auf welche Positionen die Beträge in der Gesamtabrechnung von den in den Einzelabrechnungen umgelegten Beträgen abweichen und wie sich diese Abweichungen errechnen. 1629

gg) Kontenabgleich. Eine vollständige Jahresabrechnung muss neben den Einnahmen und Ausgaben den **Stand und die Entwicklung der Bankkonten** der Gemeinschaft aus- 1630

---

[251] Vgl. OLG München ZMR 2007, 723; *Becker* IMR 2007, 259; a. A. *Bärmann/Merle* § 28 Rn. 72; *Ott* ZWE 2007, 508 f.

[252] BayObLG WuM 1994, 230; OLG Hamm ZWE 2001, 446.

[253] LG Köln ZMR 2007, 652.

[254] LG Köln ZMR 2007, 652; *Jennißen,* WEG, § 28 Rn. 76.

[255] OLG Hamm ZWE 2001, 446; LG Köln ZMR 2007, 652.

[256] OLG Hamm ZWE 2001, 446.

weisen.[257] Hat die Gemeinschaft mehrere Bankkonten, so muss für jedes Bankkonto gesondert ausgewiesen sein, aufgrund welcher Einnahmen und Ausgaben sich die Kontostände vom Jahresanfang bis zum Jahresende verändert haben. Werden die tatsächlichen Einnahmen und Ausgaben in der Abrechnungsperiode vollständig in die Abrechnung aufgenommen, so stimmt deren Differenz mit der Differenz der Anfangs- und Endbestände der Bankkonten (und gegebenenfalls der Barkasse) überein, über die diese Umsätze getätigt wurden. Die Angaben zu den Konten sind daher erforderlich, um die rechnerische Schlüssigkeit der Gesamtabrechnung darzulegen. Diese sog. Kontenabstimmung indiziert die rechnerische Richtigkeit der Gesamtabrechnung.[258] Die Plausibilitätsrechnung lautet:

1630a **Kontoanfangsbestand + Einnahmen – Ausgaben = Kontoendbestand**

1631 Geht diese Rechnung nicht auf, sind entweder die Kontostände nicht richtig angegeben oder die Jahresabrechnung enthält Einnahmen oder Ausgaben, die im Abrechnungszeitraum nicht angefallen sind. Um die Plausibilität der Jahresabrechnung nicht zu gefährden oder keinen zusätzlichen Erklärungsbedarf zu schaffen, empfiehlt es sich, die Gesamteinnahmen und Gesamtausgaben zunächst ohne etwa notwendige Abgrenzungen (hierzu s. o. Rn. 1627) zu erfassen, um die Abgrenzungspositionen sodann gesondert darzustellen (s. o. Rn. 1627). Werden in der Gesamtabrechnung nur die abgegrenzten und für dieses Wirtschaftsjahr umlagefähigen Positionen aufgenommen, bedarf es der Darstellung der aus der Abgrenzung herzuleitenden Korrektursummen, um die Plausibilitätskontrolle zu ermöglichen. Da die Jahresabrechnung für einen Wohnungseigentümer auch ohne Zuziehung eines Buchprüfers oder sonstigen Sachverständigen verständlich sein muss (s. o. Rn. 1565), die Rechnungsabgrenzungsposten offen und in nachvollziehbarer Weise ausgewiesen werden müssen (s. o. Rn. 1629) und es nicht ausreicht, wenn sich das maßgebende Zahlenwerk für den Eigentümer erst aufgrund einer erläuternden Darstellung des Verwalters und einer Vielzahl von Zu- und Abrechnungen erschließt (s. o. Rn. 1577), wird man für die Ordnungsmäßigkeit der Jahresabrechnung in diesem Falle fordern müssen, dass sie diese rechnerische Schlüssigkeit zusätzlich selber darlegt.

1632 *hh) Finanzstatus.* Da die Jahresabrechnung nicht nur die Funktion der Festlegung der Kosten- und Lastenbeiträge der Wohnungseigentümer hat, sondern auch Auskunft über die allgemeine Vermögenssituation der Eigentümergemeinschaft zum Abrechnungsstichtag geben soll (s. o. Rn. 1571), ist es zumindest sinnvoll, **informatorische Angaben** insbesondere zu den zu diesem Zeitpunkt bestehenden Forderungen und Verbindlichkeiten im Rahmen einer Jahresabrechnung darzustellen.[259] Dadurch wird es den Wohnungseigentümern ermöglicht, ohne zusätzliche Akteneinsicht zu ermessen, ob sich die Gemeinschaft in **geordneten Vermögensverhältnissen** bewegt und/oder ob etwa kurzfristig mit größeren Ausgaben zu rechnen ist, die besonderer Berücksichtigung im Wirtschaftsplan des darauffolgenden Wirtschaftsjahres oder im Rahmen einer Sonderumlage bedürfen. Da der Verwalter die offenen Forderungen und Verbindlichkeiten im Rahmen einer ordnungsgemäßen Buchführung ohnehin erfassen und hierüber auf Wunsch gemäß § 666 BGB auch Auskunft erteilen muss, entsteht für ihn hierdurch kein wesentlicher und eine gesonderte Regelung erheischender Mehraufwand. Neben den Forderungen und Verbindlichkeiten können nochmals die Bankbestände und weitere Vermögensgegenstände (wie z. B. Heizölbestand) aufgenommen werden.

1633 Allerdings soll der Verwalter ohne verwaltervertragliche Regelung oder Beschluss nicht verpflichtet sein, diese Zusatzinformationen in die Jahresabrechnung einzustellen, da der Finanzstatus nicht zwingend Bestandteil der Jahresabrechnung sei.[260] Jedenfalls

---

[257] OLG Hamm ZWE 2001, 446; *Niedenführ/Kümmel/Vandenhouten* § 28 Rn. 60.
[258] OLG Hamm ZWE 2001, 446 (448).
[259] *Jennißen,* WEG, § 28 Rn. 113.
[260] *Bärmann/Merle* § 28 Rn. 75.

steht es dem Verwalter frei, solche zusätzlichen Informationen über eine Jahresabrechnung zu erteilen, die dadurch nicht fehlerhaft wird.[261] Der Finanzstatus hat jedoch nur **informatorischen** Charakter, nimmt somit **nicht** am Abrechnungsergebnis teil, andernfalls wäre die Jahresabrechnung anfechtbar.[262] Wünschen die Wohnungseigentümer allerdings eine Jahresabrechnung, die durch die Berücksichtigung offener Forderungen und Verbindlichkeiten, die Vornahme von Rechnungsabgrenzungen und die Angabe eines Vermögensstatus einer Bestands- und Erfolgsrechnung im Sinne des Handelsgesetzbuchs entspricht, müssen sie dies gemäß § 10 Abs. 2 Satz 1 WEG vereinbaren. Ein Mehrheitsbeschluss genügt dafür nicht.[263]

c) **Einzelabrechnung.** In der Einzelabrechnung wird der auf die einzelne Sondereigen- 1634
tumseinheit entfallende Anteil an den Gesamtausgaben ermittelt. Dieser Betrag wird den vom Sondereigentümer für diese Wirtschaftsperiode gezahlten Wohngeldern und dem Anteil an den Gesamteinnahmen gegenübergestellt, um so den endgültigen auf das Sondereigentum für das abgerechnete Wirtschaftsjahr entfallenden Betrag zu ermitteln.[264] Auch wenn aufgrund der in zulässiger Weise vorzunehmender Abgrenzungen (s. o. Rn. 1627) die einzelabrechnungswirksamen Beträge nicht immer der Höhe nach mit den in der Gesamtabrechnung erfassten tatsächlichen Einnahmen und Ausgaben identisch sein müssen, leiten sich die Einzelabrechnungen aus der Gesamtabrechnung her.

Aufgrund dieses Zusammenhanges zwischen Gesamtabrechnung und Einzelabrech- 1635
nungen, ist es unzulässig, die Einzelabrechnungen ohne gleichzeitigen oder vorangegangenen Beschluss über die Gesamtabrechnung zu beschließen.[265] Aufgrund dieses Zusammenhangs müssen die Kostenpositionen in der Gesamtabrechnung und den Einzelabrechnungen übereinstimmen.[266] Die Einzelabrechnungen dürfen demzufolge keine Positionen ausweisen, die nicht in der Gesamtabrechnung enthalten sind.[267] In den Einzelabrechnungen werden anhand des/der geltenden Verteilungsschlüssel(s) die einzelnen Einnahmen- und Ausgabenpositionen auf die einzelnen Wohnungseigentumseinheiten umgelegt, wobei für jede Position der geltende Verteilungsschlüssel aufzuführen und anzuwenden ist. Jede Wohnungs- und Teileigentumseinheit erhält eine gesonderte Abrechnung, wobei es aufgrund des Grundsatzes der **Einheitlichkeit** und **Objektbezogenheit** der Jahresabrechnung unschädlich ist, wenn in Unkenntnis eines Eigentümerwechsels noch der Voreigentümer in der Einzelabrechnung als deren Adressat genannt ist.[268] Abhängig vom Verhältnis zwischen anteiliger Kostenlast und Höhe der Wohngeldvorauszahlungen weist die Einzelabrechnung für das Sondereigentum ein Guthaben oder einen Nachzahlbetrag aus.

aa) Verteilungsschlüssel. (1) Gesetzlicher Kostenverteilungsschlüssel. Der gesetzliche 1636
Kostenverteilungsschlüssel ergibt sich aus § 16 Abs. 2 WEG und aus den Sonderregelungen der Verordnung über die verbrauchsabhängige Abrechnung der Heiz- und Warmwasserkosten (**Heizkostenverordnung**). Nach § 16 Abs. 2 WEG ist jeder Wohnungseigentümer den anderen Wohnungseigentümern gegenüber verpflichtet, die Lasten des gemeinschaftlichen Eigentums sowie die Kosten der Instandhaltung, Instandsetzung, sonstigen Verwaltung und eines gemeinschaftlichen Gebrauchs des gemeinschaftlichen Eigentums nach der **Größe** seines **Miteigentumsanteils** am Gemeinschaftseigentum zu tragen. Diese Regelung ist dispositiv. Andere Kostenverteilungsschlüssel können vereinbart oder auf

[261] BayObLG ZWE 2002, 577.
[262] BayObLG NJW-RR 2002, 881.
[263] BayObLG NJW-RR 2000, 1466 (1467); *Niedenführ/Kümmel/Vandenhouten* § 28 Rn. 49.
[264] OLG Düsseldorf NZM 2007, 811.
[265] BayObLG NJW-RR 1990, 1107; OLG Düsseldorf NZM 2007, 811.
[266] OLG Düsseldorf ZMR 2007, 128 (129).
[267] BayObLG NJW-RR 1992, 1169.
[268] BGH NJW 1994, 2950; KG NJW-RR 1999, 665.

Grundlage der Kompetenzen in §§ 16 Abs. 3 und 4, 21 Abs. 7 WEG oder einer vereinbarten Öffnungsklausel beschlossen werden.[269]

1637 Da die Miteigentumsanteile bei Begründung der Wohneigentumsanlage frei festlegbar sind, müssen sie nicht in einem bestimmten Wertverhältnis zu dem verbundenen Sondereigentum stehen. Es gibt daher auch keine Gewähr dafür, dass die Kostenverteilung der Größe der Sondereigentumsflächen oder der Kostenverursachung folgt. Gleichwohl muss die Kostenverteilung nach dem Verhältnis der Miteigentumsanteile erfolgen, solange keine wirksame Änderung des Verteilungsschlüssels durch Gerichtsurteil oder durch eine Vereinbarung oder einen Beschluss der Wohnungseigentümer im Rahmen einer eröffneten Beschlusskompetenz erfolgt ist. Ein bloßer **Anspruch auf Änderung des Kostenverteilungsschlüssels** nach § 10 Abs. 2 Satz 3 WEG rechtfertigt noch keine Berücksichtigung eines anderen Kostenverteilungsschlüssels in der Jahresabrechnung. Ein solcher Anspruch kann auch im Verfahren der Anfechtung des Beschlusses über eine Jahresabrechnung nicht – auch nicht einredeweise – geltend gemacht werden.[270] Auch durch eine dauerhafte Anwendung eines unzutreffenden Kostenverteilungsschlüssels kann regelmäßig keine Änderung mit Bindungswirkung für die Zukunft herbeigeführt werden.[271]

1638 Fraglich ist, ob ein nach Maßgabe der Regelungen in § 16 Abs. 3 und Abs. 4 WEG durch Beschluss einzuführender neuer Kostenverteilungsschlüssel in der Jahresabrechnung auch **ohne gesonderten Umschaltbeschluss** berücksichtigt und im Rahmen des Beschlusses über die Jahresabrechnung mittelbar mit genehmigt werden kann. Soweit die Jahresabrechnung angefochten wird, dürfte sie für unwirksam erklärt werden, da in einen an sich bereits abgeschlossenen Zeitraum eingegriffen wird (Vertrauensschutzgedanke).[272] Hinsichtlich der Regelungsgegenstände des § 16 Abs. 3 WEG stellt sich die Frage der Auslegung des Genehmigungsbeschlusses dahingehend, ob eine Änderung der Kostenverteilung für die Zukunft gewollt ist, ob sich somit das Rechtsfolgebewusstsein der beschließenden Miteigentümer hierauf bezog, was im Zweifel zu verneinen sein wird. Im Übrigen ist zu beachten, dass über eine Einzelfallregelung in Form der Genehmigung der Jahresabrechnung keine dauerhafte Änderung der Kostenverteilung für die Zukunft erfolgen kann.[273]

1639 Wenn eine Kostenverteilungsregelung **nichtig** ist, würde sie allerdings auch ohne gerichtlichen Ausspruch der Nichtigkeit keinerlei Wirkung entfalten und daher bei Fertigung der Jahresabrechnung nicht zu berücksichtigen sein. Dies betrifft in der Praxis namentlich die Fälle, in denen durch „Zitter"-Beschluss nach vor dem 1. 7. 2007 geltendem Recht ohne eine vereinbarte Öffnungsklausel dauerhaft Kostenverteilungsregelungen abgeändert wurden.[274] Nach neuem Recht ist eine Nichtigkeit derartiger Beschlüsse bei fehlender Öffnungsklausel daran zu messen, ob sie von den in §§ 16 Abs. 3 und 4, 21 Abs. 7 WEG eröffneten Kompetenzen gedeckt sind, was z. B. dann zu verneinen wäre, wenn eine nicht auf den in § 16 Abs. 4 WEG normierten Einzelfall bezogene Regelung über die Verteilung von Instandsetzungskosten beschlossen wird. Nichtig und daher bei Fertigung einer Jahresabrechnung unbeachtlich sind jedoch darüber hinaus auch solche Regelungen, die keinen auch im Wege der Auslegung ermittelbaren eindeutigen Inhalt in Bezug auf die neue Kostenverteilung haben, z. B. weil die Umstellung rechnerisch nicht nachvollzogen werden kann.[275]

---

[269] *Niedenführ/Kümmel/Vandenhouten* § 28 Rn. 7–8.
[270] OLG Celle NdsRpfl 1998, 271.
[271] OLG Schleswig WuM 1996, 296; BayObLG NZM 2001, 754.
[272] OLG Hamm DWE 2007, 131 für eine Änderung aufgrund einer Öffnungsklausel in der GO; AG Hannover ZMR 2008, 845; a. A. *Bärmann/Merle* § 28 Rn. 86 für den Regelungsgegenstand des § 16 Abs. 4 WEG, wenn die erforderliche doppelt qualifizierte Mehrheit erreicht ist.
[273] OLG München ZMR 2007, 811.
[274] BGH NJW 2000, 3500.
[275] KG WuM 1996, 364.

Wenn in einer Teilungserklärung Bestandteile des Gemeinschaftseigentums, die gemäß § 5 Abs. 1 und 2 WEG zwingend Gemeinschaftseigentum sind (z.B. Außenfenster), dem Sondereigentum zugeordnet werden, ist eine solche Bestimmung zwar **nichtig.** Sie kann jedoch im Einzelfall dahingehend in eine **Kostensonderzuständigkeit** umgedeutet werden, dass der jeweilige Sondereigentümer die betreffenden Gebäudebestandteile auf eigene Kosten instand zu halten hat.[276] 1640

Die Heizkosten: Waren im Abrechnungsjahr die technischen Voraussetzungen für eine verbrauchsabhängige Abrechnung nach der Heizkostenverordnung gegeben, sind in den Einzelabrechnungen die **Kosten des Betriebs der zentralen Heizungsanlage** mindestens zu 50% und höchstens zu 70% nach dem erfassten Wärmeverbrauch zu verteilen. 1641

Der übrige Kostenanteil kann nach 1642
- der Wohn- und Nutzfläche oder
- dem umbauten Raum oder
- der Wohn- und Nutzfläche der beheizbaren Räume oder
- dem umbauten Raum der beheizbaren Räume

umgelegt werden (§ 7 Abs. 1 HeizKV). Die Wohnungseigentümer entscheiden nach **billigem Ermessen** durch Mehrheitsbeschluss, welcher **Flächenschlüssel** in Ansatz zu bringen ist. Eine Ermessensreduzierung tritt ein, wenn einzelne Sondereigentumseinheiten über nicht beheizbare Räume erheblicher Größe verfügen (z.B. Balkone, Lager, Keller), während bei anderen Sondereigentumseinheiten solche Räume nicht vorhanden sind.[277] In diesen Fällen ist auf die beheizbare Fläche abzustellen, um die Sondereigentumseinheiten mit den großen unbeheizten Flächen nicht unbillig zu benachteiligen. Haben die Wohnungseigentümer noch keinen Beschluss über den anzuwendenden Flächenschlüssel gefasst, können sie im Rahmen der Jahresabrechnung den Flächenschlüssel festlegen. 1643

Entscheidend sind jeweils die **tatsächlichen Flächengrößen.** Auf Flächenangaben in der Teilungserklärung kann nicht zurückgegriffen werden, wenn diese nicht den tatsächlichen baulichen Gegebenheiten entsprechen,[278] denn darin läge eine unzulässige Abweichung von den nach § 2 HeizKV zwingenden Verteilungsvorgaben der HeizKV. 1644

Das Gesetz regelt nicht, wie die **Flächen** oder der umbaute Raum zu **berechnen** sind. Den Wohnungseigentümern steht daher auch bei der Bestimmung des Berechnungsschlüssels ein durch Mehrheitsbeschluss auszuübendes Ermessen zu. Entscheidend ist, dass die Flächenberechnung bei allen Sondereigentumseinheiten nach der gleichen Methode erfolgt (z.B. nach §§ 2 bis 4 Wohnflächenverordnung oder DIN 283).[279] 1645

Die Warmwasserkosten: Von den Kosten des Betriebs der zentralen Warmwasserversorgungsanlage sind mindestens 50% und höchstens 70% nach dem erfassten Warmwasserverbrauch, die übrigen Kosten nach der Wohn- und Nutzfläche zu verteilen (§ 8 HeizKV). Entscheidend sind auch hier die tatsächlichen Flächengrößen.[280] 1646

Über den **Prozentsatz** der verbrauchsabhängig umzulegenden Heiz- und Warmwasserkosten entscheiden die Wohnungseigentümer durch Beschluss mit einfacher Stimmenmehrheit. Wollen die Wohnungseigentümer mehr als 70% der Kosten verbrauchsabhängig verteilen, bedarf es dazu einer Vereinbarung. Ein Mehrheitsbeschluss wäre insoweit nichtig. Die Wohnungseigentümer können weder durch Vereinbarung noch durch Beschluss regeln, dass weniger als 50% der Kosten verbrauchsabhängig umgelegt werden. Nichtig wäre auch ein Beschluss, wonach der verbrauchs**un**abhängige Anteil nach Miteigentumsanteilen umzulegen ist. 1647

---

276 OLG Karlsruhe NZM 2002, 220; *Niedenführ/Kümmel/Vandenhouten* § 16 Rn. 13.

277 Vgl. KG WuM 2006, 35.

278 *Riecke/Schmid/Schmid* § 7 HeizkostenV Rn. 8.

279 *Lammel,* Wohnraummietrecht, § 7 Rn. 20.

280 Vgl. Rn. 1644.

1648 Die seit dem 1. 1. 2009 geltende Novellierung der Heizkostenverordnung[281] bringt im wesentlichen zwei in diesem Zusammenhang bedeutsame Neuerungen: Zum Einen sind in Gebäuden, die das Anforderungsniveau der Wärmeschutzverordnung vom 16. 8. 1994[282] nicht erfüllen, die mit einer Öl- oder Gasheizung versorgt werden und in denen die freiliegenden Leitungen der Wärmeverteilung überwiegend gedämmt sind, von den Kosten des Betriebs der zentralen Heizungsanlage 70 v.H. nach dem erfassten Wärmeverbrauch der Nutzer zu verteilen, § 7 Abs. 1 Satz 2 HeizKV. Diese Regelung ist **zwingend,** so dass nach unten auch durch eine Vereinbarung nicht abgewichen werden kann. Allerdings kann ein höherer verbrauchsabhängiger Anteil vereinbart werden.[283] Zum Anderen ermöglicht § 6 Abs. 4 Satz 1 HeizKV nunmehr eine wiederholte Änderung der Verteilungsmaßstäbe, wobei eine Änderung nur noch das Vorliegen sachgerechter Gründe bedarf, § 6 Abs. 4 Nr. 3 HeizKV. Die bisherige zeitliche Begrenzung auf drei Abrechnungszeiträume nach der erstmaligen Bestimmung entfällt. Die Wohnungseigentümer können daher im Rahmen der neu eröffneten Kompetenz des § 16 Abs. 3 WEG zur Änderung des Verteilungsschlüssels der Betriebs- und/oder Verwaltungskosten mit einfacher Mehrheit über eine Änderung der Verteilungsmaßstäbe beschließen.[284] Ein Änderungsanspruch einzelner Wohnungseigentümer lässt sich aus § 10 Abs. 2 Satz 3 WEG herleiten, wenn ein Festhalten an der geltenden Regelung aus schwerwiegenden Gründen unter Berücksichtigung aller Umstände des Einzelfalls, insbesondere der Rechte und Interessen anderer Wohnungseigentümer, unbillig erscheint.

1649 Streitigkeiten entstehen bisweilen, wenn Wohnungseigentümer **Heizkörper stillgelegt** haben. Eigentümer wollen dann entweder gar keine Heizkosten tragen oder zumindest nur den prozentualen Anteil übernehmen, der nach der HeizKV oder der Gemeinschaftsordnung entsprechend der Wohnfläche auf die Einheiten verteilt werden darf. In der Praxis zeigt sich häufig das Phänomen, dass die Verbrauchserfassungsgeräte auch bei nachweislich abgestellten Heizkörpern einen Verbrauch anzeigen (sog. Kaltverdunstung). Nach Ansicht des BayObLG[285] kann ein Eigentümer in einem solchen Fall von den Kosten des Heizungsbetriebs nicht völlig freigestellt werden. Er kann nach § 242 BGB allenfalls verlangen, so gestellt zu werden, wie der Eigentümer einer Wohnung gleicher Größe, bei dem die niedrigsten Verbrauchswerte gemessen wurden.

1650 Kann der anteilige Wärme- oder Warmwasserverbrauch in einzelnen Räumen oder Einheiten für einen Abrechnungszeitraum wegen **Geräteausfalls** oder aus anderen zwingenden Gründen nicht ordnungsgemäß erfasst werden, ist er von der Gemeinschaft auf der Grundlage

- des Verbrauchs der betroffenen Räume in vergleichbaren früheren Abrechnungszeiträumen oder
- des Verbrauchs vergleichbarer anderer Räume im jeweiligen Abrechnungszeitraum

1651 zu ermitteln. Die Auswahl zwischen beiden Schätzwerten treffen die Wohnungseigentümer im Rahmen der Jahresabrechnung durch Mehrheitsbeschluss. Der so ermittelte anteilige Verbrauch ist bei der Kostenverteilung anstelle des erfassten Verbrauchs in Ansatz zu bringen (§ 9a Abs. 1 HeizKV). Eine Schätzung ist auch in mehreren aufeinander folgenden Abrechnungsperioden zulässig. Allerdings darf bei einer Wiederholungsschätzung nur auf den Verbrauch vergleichbarer anderer Räume im jeweiligen Abrechnungszeitraum zurückgegriffen werden.[286] Ist allerdings in **mehr als 25%** der maßgeblichen Gesamtfläche eine Verbrauchserfassung nicht möglich, sind die Kosten ausschließlich nach den nach §§ 7 Abs. 1 Satz 2, 8 Abs. 1 HeizKV für die Verteilung der verbrauchs**un**-

---

[281] BGBl. I, S. 2375.
[282] BGBl. I, S. 2121.
[283] *Schmid,* NZM 2009, 104 (106).
[284] *Schmid,* NZM 2009, 104 (106).
[285] BayObLG WuM 1988, 334.
[286] HansOLG Hamburg ZMR 2004, 769; a. A. *Lammel,* Heizkostenverordnung, § 9a Rn. 15.

abhängigen Kosten zugrunde zu legenden Flächenmaßstäben zu verteilen (§ 9a Abs. 2 HeizKV).

Gemeinschaftlich genutzte Räume (z. B. Treppenhäuser, Trockenräume) sind grundsätzlich von der Pflicht zur Verbrauchserfassung ausgenommen. Eine Rückausnahme gilt für Gemeinschaftsräume mit nutzungsbedingt hohem Wärme- oder Warmwasserverbrauch, etwa Schwimmbäder oder Saunen (§ 4 Abs. 3 HeizKV). Bei solchen Räumen ist der Wärme- bzw. Warmwasserbrauch wie in einer Sondereigentumseinheit zu ermitteln. Der gemessene Verbrauch ist nach dem Verhältnis der erfassten Anteile am Gesamtverbrauch auf die Gemeinschaftsräume einerseits und die Sondereigentumsräume andererseits aufzuteilen. Die Verteilung der auf die Gemeinschaftsräume entfallenden anteiligen Kosten richtet sich nach der Gemeinschaftsordnung und, soweit dort keine Regelung vorhanden ist, gemäß § 16 Abs. 2 WEG nach dem Verhältnis der Miteigentumsanteile (§ 6 Abs. 3 HeizKV). 1652

Solange **Verbrauchserfassungsgeräte noch nicht vorhanden** sind, kann eine verbrauchsabhängige Abrechnung nicht erfolgen. Da die Heizkostenverordnung gleichwohl gilt, kann jeder Wohnungseigentümer verlangen, dass die Heiz- und Warmwasserkosten bis zur Installation der Messgeräte nach dem Flächenschlüssel der §§ 7 Abs. 1, 8 Abs. 1 HeizKV auf die Wohnungseigentumseinheiten verteilt werden. Die Heizkostenverordnung verdrängt § 16 Abs. 2 WEG bzw. den in der Gemeinschaftsordnung für die Kosten des Gemeinschaftseigentums enthaltenen allgemeinen Verteilungsschlüssel. Sieht die Gemeinschaftsordnung vor, dass die Heizkosten und die Kosten der Warmwasserversorgung zu 50% nach Wohnfläche und zu 50% anhand des festgestellten Verbrauchs umgelegt werden und fehlt es an entsprechenden Messeinrichtungen, sind die Heiz- und Warmwasserkosten allein nach der Wohnfläche umzulegen.[287] Ein **Kürzungsrecht** nach § 12 Abs. 1 Satz 1 HeizKV steht dem Wohnungseigentümer im Verhältnis zur Gemeinschaft nicht zu (§ 12 Abs. 1 Satz 2 HeizKV). 1653

Im Falle eines **Nutzerwechsels** (Mieterwechsel oder Eigentümerwechsel) während des Wirtschaftsjahres ist gemäß § 12 HeizKV eine Zwischenablesung vorzunehmen. Die Werte der Zwischenablesung fließen jedoch in die Einzelabrechung der betroffenen Wohnung nicht ein. Der Nutzerwechsel betrifft nur das Rechtsverhältnis zwischen Sondereigentümer und Mieter bzw. zwischen Veräußerer und Erwerber. Im Verhältnis zwischen Sondereigentümer und Gemeinschaft ist es ohne Bedeutung, welcher Nutzer der Wohnung innerhalb des Wirtschaftsjahres welchen Verbrauch verursacht hat. Die Jahresabrechnung nach § 28 Abs. 3 WEG wird objektbezogen erstellt,[288] weshalb weder Eigentümerwechsel noch Nutzerwechsel zu berücksichtigen sind. § 12 HeizKV gibt aber dem Mieter einen Anspruch gegen den Vermieter auf Erstellung einer zeitanteiligen Abrechnung, bei der der verbrauchsabhängige Kostenanteil auf Basis des bei der Zwischenablesung ermittelten Verbrauchs abgerechnet wird. Bei einem Besitzwechsel zwischen zwei selbstnutzenden Eigentümern haben Veräußerer und Erwerber gegeneinander einen Anspruch auf Ausgleich der anteiligen Heizkosten auf Basis der Zwischenablesung. 1654

Die Kosten der Kaltwasserversorgung in den Sondereigentumseinheiten sind nach dem **Verhältnis der Miteigentumsanteile** zu verteilen, wenn die Wohnungseigentümer keine andere Kostenverteilung vereinbart oder beschlossen haben. 1655

Die Wohnungseigentümer können gemäß § 16 Abs. 3 WEG mit einfacher Stimmenmehrheit den Einbau von Kaltwasserzählern in den Sondereigentumseinheiten und eine **Verteilung** der Kosten der Kaltwasserbelieferung **nach Verbrauch beschließen.** Ein solcher Beschluss entspricht allerdings nur dann ordnungsmäßiger Verwaltung, wenn die voraussichtlichen Einsparungen, die sich über zehn Jahre hinweg durch den Übergang zur Verbrauchserfassung erzielen lassen, die wirtschaftlichen Aufwendungen für die Nach- 1656

---

[287] BayObLG NZM 2001, 296.

[288] Vgl. Rn. 1635.

rüstung, Wartung und Ablesung der Kaltwasserzähler übersteigen.[289] Fällt die Kosten-/Nutzenanalyse positiv aus, kann jeder Wohnungseigentümer gemäß § 21 Abs. 4 WEG den Übergang zu einer **verbrauchsgerechten Abrechnung verlangen**, sofern nicht im Einzelfall besondere Gründe dagegen sprechen.[290] Die **Kosten für den Einbau** der Verbrauchserfassungsgeräte gehören zu den Kosten der Verwaltung und sind nach dem für die Verwaltungskosten geltenden Verteilungsschlüssel auf alle Wohnungseigentümer umzulegen. Die Wohnungseigentümer können allerdings gemäß § 16 Abs. 3 WEG für die Einbaukosten einen speziellen Verteilungsschlüssel mit einfacher Stimmenmehrheit bestimmen. Nichtig ist ein Beschluss, wonach jeder Wohnungseigentümer verpflichtet wird, selbst für den Einbau der erforderlichen Wasserzähler in seiner Sondereigentumseinheit zu sorgen, denn § 16 Abs. 3 WEG eröffnet lediglich eine Beschlusskompetenz für die Verteilung der Kosten nicht für die Verteilung der Handlungszuständigkeit. Die Verbrauchserfassungsgeräte sind zwingend gemeinschaftliches Eigentum.[291] Für ihre Eichung und den Austausch hat die Gemeinschaft zu sorgen.

1657 Eine Kostenverteilung nach Verbrauch bedeutet, dass die in den Sondereigentumseinheiten gemessenen **Verbräuche ins Verhältnis zueinander gesetzt** werden. Dadurch wird gewährleistet, dass von den Wasserzählern nicht erfassten Verbräuche im Gemeinschaftseigentum und der sog. Schlupf in die Kostenverteilung einfließen. Gibt es in der Wohnanlage einen starken **Wasserverbrauch im Gemeinschaftseigentum** (z. B. Sauna, Schwimmbad), kann es ordnungsmäßiger Verwaltung entsprechen, für diese Abnahmestelle einen separaten Unterzähler zu installieren, dessen Verbrauch ebenfalls in die Verhältnismäßigkeitsrechnung einfließt. Der Kostenanteil für den gemessenen gemeinschaftlichen Verbrauch ist in den Einzelabrechnungen nach dem Verhältnis der Miteigentumsanteile oder nach einem gemäß § 16 Abs. 3 WEG zu beschließenden Verteilungsschlüssel umzulegen.

1658 Eine Abrechnung der Wasserkosten nach Verbrauch ist nur zulässig, wenn **sämtliche Sondereigentumseinheiten mit Wasserzählern ausgestattet** wurden. Sind nur einige Einheiten mit Wasserzählern ausgestattet, können diese Einheiten nicht gemäß ihrem tatsächlichen Verbrauch mit Wasserkosten belastet werden, denn es kann nicht davon ausgegangen werden, dass der übrige Anteil am Gesamtverbrauch der Wohnanlage, der nicht durch Zähler in den Sondereigentumseinheiten erfasst wird, vollständig in den übrigen Sondereigentumseinheiten ohne Wasserzähler verursacht wurde. Die allgemeine Lebenserfahrung zeigt, dass die Summe der gemessenen Einzelverbräuche niemals dem vom Versorger gemessenen Gesamtverbrauch der Wohnanlage gemäß dem Hauswasserzähler entspricht. Daraus folgt im Umkehrschluss, dass einzelne Sondereigentumseinheiten nicht nur mit dem bei ihnen gemessenen Einzelverbräuchen belastet werden können. Das Problem ließe sich nur durch die Installation von Zwischenzählern analog § 5 Abs. 2 HeizKV lösen.

1659 Die im Zusammenhang mit einer **Veräußerungszustimmung** nach § 12 WEG anfallenden Kosten sind Kosten der Verwaltung und mangels anderweitiger Regelung der Wohnungseigentümer gemäß § 16 Abs. 2 WEG auf sämtliche Wohnungseigentümer nach dem Verhältnis der Miteigentumsanteile umzulegen. Dies gilt sowohl für die Kosten der Beglaubigung der Veräußerungszustimmung bei einem Notar als auch für das dem Verwalter ggf. im Verwaltervertrag eingeräumte Sonderhonorar.

1660 Die Wohnungseigentümer können allerdings gemäß § 16 Abs. 3 WEG einen anderen Kostenverteilungsschlüssel beschließen. Eine Regelung im Verwaltervertrag, wonach das für die Veräußerungszustimmung anfallende Sonderhonorar der jeweilige Veräußerer oder Erwerber zu tragen hat, ist als vertragliche Regelung zu Lasten Dritter unwirksam. Die Wohnungseigentümer sind nicht Partei des Verwaltervertrages. Der Verwaltervertrag kann lediglich regeln, welches Honorar der Verwalter gegenüber der Wohnungseigentü-

[289] BGH NZM 2003, 952.
[290] BGH NZM 2003, 952.
[291] HansOLG Hamburg ZMR 2004, 291.

mergemeinschaft als rechtsfähiger Verband zu beanspruchen hat. Das Verhältnis der Wohnungseigentümer untereinander regelt der Verwaltervertrag nicht.

In Verwalterverträgen ist häufig die Regelung zu finden, dass der Verwalter für jede **Mahnung** gegenüber den Wohnungseigentümern wegen nicht gezahlten Wohngeldes eine **Sondergebühr** in einer bestimmten Höhe erhält. Schuldner dieser Mahngebühr gegenüber dem Verwalter ist die Wohnungseigentümergemeinschaft als rechtsfähiger Verband. Der Verwalter darf die Mahngebühr aus dem Verwaltungsvermögen entnehmen. Im Verhältnis der Wohnungseigentümer untereinander handelt es sich um Kosten der Verwaltung. Mangels anderweitiger Regelung in der Gemeinschaftsordnung sind diese Kosten im Verhältnis der Miteigentumsanteile auf sämtliche Eigentümer zu verteilen. Die Wohnungseigentümer können allerdings gemäß §§ 16 Abs. 3, 21 Abs. 7 WEG bestimmen, dass der jeweils säumige Wohnungseigentümer der Gemeinschaft die angefallenen Mahnkosten zu erstatten bzw. im Verhältnis der Wohnungseigentümer untereinander die Mahnkosten allein zu tragen hat. **1661**

Die **Kosten** der **Müllentsorgung** sind gemäß § 16 Abs. 2 WEG von sämtlichen Wohnungseigentümern im Verhältnis der Miteigentumsanteile zu tragen, wenn die Wohnungseigentümer keinen anderen Verteilungsschlüssel vereinbart oder gemäß § 16 Abs. 3 WEG beschlossen haben. An den Kosten der Müllentsorgung sind somit auch diejenigen Wohnungen zu beteiligen, die im Abrechnungszeitraum nachweislich leer standen. Selbst ein Eigentümer, der seinen Müll über eine separate Mülltonne auf eigene Kosten entsorgt hat, hat sich an den bei der Eigentümergemeinschaft entstandenen Müllentsorgungskosten zu beteiligen. Im Einzelfall kann dieser Eigentümer aber einen Anspruch gegen die übrigen Wohnungseigentümer auf Freistellung von den gemeinschaftlichen Müllentsorgungskosten haben. **1662**

Die Kosten aufgrund eines Vertrages zwischen der Eigentümergemeinschaft und dem **Betreiber** des **Kabelnetzes** sind Betriebskosten und mangels eines anderweitig vereinbarten oder beschlossenen Verteilungsschlüssels nach dem Verhältnis der Miteigentumsanteile auf sämtliche Wohnungseigentumseinheiten umzulegen.[292] Dies gilt auch dann, wenn einzelne Wohnungseigentumseinheiten an das Kabelnetz nicht angeschlossen sind. Die Wohnungseigentümer können allerdings gemäß § 16 Abs. 3 WEG einen anderen Verteilungsschlüssel beschließen. Ordnungsmäßiger Verwaltung dürfte es entsprechen, durch Beschluss diejenigen Wohnungseigentümer von den Kabelanschlussgebühren freizustellen, die an das Kabelnetz nicht angeschlossen sind. **1663**

Die **Grundsteuer** ist eine öffentliche Last des Sondereigentums. Gleichwohl herrscht bisweilen die Praxis, dass die Grundsteuer vom Verwalter aus dem Verwaltungsvermögen beglichen wird. Die Kostenverteilung in den Einzelabrechnungen hat dann gemäß den Grundsteuerbescheiden der einzelnen Wohnungen zu erfolgen. Jeder Wohnungseigentümer kann verlangen, dass die Grundsteuer unmittelbar von den Eigentümern an das Finanzamt bezahlt wird und eine Verauslagung aus dem Verwaltungsvermögen nicht erfolgt. **1664**

Eine Sonderregelung zur Kostenverteilung enthält § 16 Abs. 6 WEG für die **Kosten baulicher Veränderungen.** Hiernach ist ein Wohnungseigentümer, der einer Maßnahme nach § 22 Abs. 1 WEG nicht zugestimmt hat, zwar nicht berechtigt, einen Anteil an den Nutzungen, die auf einer solchen Maßnahme beruhen, zu beanspruchen; er ist jedoch auch nicht verpflichtet, Kosten, die durch eine solche Maßnahme verursacht sind, zu tragen. Das bedeutet, dass die Kosten baulicher Veränderungen grundsätzlich nur diejenigen Wohnungseigentümer zu tragen haben, die der baulichen Veränderung zustimmen und sich nicht zugleich gegen die Kostentragung verwahren.[293] **1665**

In Rechtsprechung und Literatur wird teilweise die Auffassung vertreten, diese Kostenfreistellung gelte nur für diejenigen Wohnungseigentümer, deren **Zustimmung** zu der **1666**

---

[292] BGH NJW 2007, 3492.
[293] *Bärmann/Merle* § 22 Rn. 289.

baulichen Veränderung nach den §§ 22 Abs. 1, 14 Nr. 1 WEG **nicht erforderlich** sei, weil sie durch die Maßnahme nicht über das bei einem geordneten Zusammenleben unvermeidliche Maß hinaus beeinträchtigt werden. Daraus wird umgekehrt der Schluss gezogen, ein Wohnungseigentümer, dessen nach § 22 Abs. 1 WEG erforderliche Zustimmung zu der baulichen Veränderung durch einen bestandskräftigen Eigentümerbeschluss ersetzt werde, müsse auch die Kosten der baulichen Veränderung entsprechend dem allgemeinen Verteilungsschlüssel mittragen.[294] Jedoch lässt sich diese Differenzierung dem Wortlaut des § 16 Abs. 6 Satz 1, 2. Halbsatz WEG nicht entnehmen, sodass auch die beeinträchtigten Eigentümer, die dem Beschlussantrag nicht zugestimmt haben, von den Kosten einer bestandskräftig beschlossenen baulichen Veränderung freigestellt sind.[295] Etwas anderes gilt nur, wenn mit dem Genehmigungsbeschluss zugleich eine **Regelung über die Finanzierung** getroffen wird, nach der sich auch die überstimmten Wohnungseigentümer an den Kosten der baulichen Veränderung zu beteiligen haben. In solchen Fällen müssen die überstimmten Wohnungseigentümer rechtzeitig anfechten, um sich die in § 16 Abs. 6 WEG vorgesehene Kostenbefreiung zu erhalten. Die Anfechtung hat allerdings nur Erfolg, wenn die getroffene Kostenverteilungsregelung nicht den Vorgaben des § 16 Abs. 4 WEG entspricht (siehe dazu Rn. 1669).

1667 § 16 Abs. 6 Satz 1, 1. Halbsatz WEG schließt die nicht zustimmenden Wohnungseigentümer zwar von den Nutzungen einer baulichen Veränderung aus (z. B. Mieteinnahmen), nicht jedoch vom Mitgebrauch des durch die bauliche Veränderung geschaffenen Gemeinschaftseigentums. Der nicht zustimmende Wohnungseigentümer kann daher aus dem Gesichtspunkt der **ungerechtfertigten Bereicherung** verpflichtet sein, sich in einem bestimmten Umfang an den Kosten zu beteiligen (z. B. Einsparung von Heizkosten).[296] Allerdings stellt dies keine Frage des in einer Jahresabrechnung anzulegenden Kostenverteilungsschlüssels dar. Ein solcher Anspruch ist außerhalb der Abrechnung durchzusetzen.[297]

1668 Die Kostenbefreiung nach § 16 Abs. 6 WEG gilt auch für etwaige **Folgekosten** der baulichen Veränderung, insbesondere die Kosten einer später erforderlich werdenden Instandhaltung oder Instandsetzung.[298] Auch der **Rechtsnachfolger** eines hiernach von den Kosten befreiten Eigentümers kann die Kostenfreistellung für sich beanspruchen.[299] Bei Entscheidungen über bauliche Veränderungen sollte daher stets schriftlich festgehalten werden, welche Eigentümer zugestimmt haben und welche sich gegen die Kosten verwahrten.

1669 **Gemäß § 16 Abs. 4 WEG** können die Wohnungseigentümer eine von § 16 Abs. 6 WEG abweichende Kostentragungsregelung treffen. Ebenso vorrangig zu berücksichtigen wären **Vereinbarungen** der Wohnungseigentümer, mit denen das Zustimmungserfordernis zu baulichen Veränderungen vorweggenommen wurde. Auch für die Frage der Kostenverteilung für hierauf basierende Maßnahmen wäre die Verteilungsregelung in der Vereinbarung maßgeblich, deren diesbezüglicher Inhalt notfalls im Wege der Auslegung zu ermitteln ist.[300] Haben die Wohnungseigentümer in der Gemeinschaftsordnung bestimmt, dass in Abweichung von § 22 Abs. 1 WEG über bauliche Veränderungen durch (qualifizierte) **Stimmenmehrheit** beschlossen werden kann und ist zur Kostentragung nichts Ausdrückliches geregelt, so ist durch Auslegung der Gemeinschaftsordnung zu ermitteln, ob die Geltung des § 16 Abs. 6 WEG abbedungen sein soll.[301]

---

[294] So *Niedenführ/Kümmel/Vandenhouten* § 16 Rn. 78; BayObLG WuM 1996, 787; OLG Hamm ZWE 2002, 600.

[295] OLG Hamm ZMR 1997, 371; OLG Schleswig NZM 2007, 650; OLG München ZMR 2008, 905; *Bärmann/Becker* § 16 Rn. 141.

[296] BayObLG NJW 1981, 690; OLG Hamm ZMR 2002, 965.

[297] OLG Hamm ZMR 2002, 965.

[298] BGH NJW 1992, 978; KG ZMR 2005, 402; OLG Hamm ZMR 2006, 630.

[299] *Bärmann/Becker* § 16 Rn. 143.

[300] *Bärmann/Becker* § 16 Rn. 140.

[301] BayObLG WuM 1996, 787; ZWE 2001, 424.

Die über die Gemeinschaftskasse finanzierten **Rechtsverfolgungskosten** (Anwalts- und Gerichtskosten) müssen nach dem Abfluss-/Zuflussprinzip in die Gesamtabrechnung eingestellt werden. Bei der Erstellung der Einzelabrechnungen sind zwei Fragen zu unterscheiden: 1670

1. Welche Eigentümer dürfen mit den Kosten belastet werden und welche nicht? 1671
2. Welcher Verteilungsschlüssel gilt im Verhältnis der zu belastenden Wohnungseigentümer untereinander? 1672

Kosten einer Entziehungsklage: Die Kosten einer Entziehungsklage nach § 18 WEG gehören gemäß § 16 Abs. 7 WEG zu den Kosten der Verwaltung i.S.d. § 16 Abs. 2 WEG. Diese Kosten sind daher anteilig auf alle Wohnungseigentümer einschließlich des Beklagten umzulegen. Soweit nichts anderes vereinbart ist, erfolgt die Kostenverteilung nach dem Verhältnis der Miteigentumsanteile. Dies gilt unabhängig vom Ausgang des Prozesses. Wird die Klage abgewiesen, hat sich daher der obsiegende beklagte Wohnungseigentümer im Rahmen der Jahresabrechnung auch an den Gerichtskosten und den Anwaltskosten der Gemeinschaft zu beteiligen.[302] Weiterhin muss er einen Anteil an den Kosten mittragen, die die Gemeinschaft ihm zu erstatten hat.[303] 1673

Kosten eines Rechtsstreites gemäß § 43 WEG: Nach der Regelung des § 16 Abs. 8 WEG sollen die Kosten eines Rechtsstreites gemäß § 43 WEG grundsätzlich keine Kosten der sonstigen Verwaltung i.S.d. § 16 Abs. 2 WEG sein. Hiervon macht die Vorschrift eine Ausnahme für die infolge einer nach § 27 Abs. 2 Nr. 4, Abs. 3 Nr. 6 WEG zulässigen **Streitwertvereinbarung** entstehenden **Mehrkosten** gegenüber der gesetzlichen Vergütung eines Rechtsanwaltes. Vereinbart ein Verwalter mit dem Rechtsanwalt der Gemeinschaft bzw. der Wohnungseigentümer, dass sich das Anwaltshonorar nach dem gesetzlich zulässigen Streitwert von maximal 50 Prozent des Gesamtinteresses i.S.d. § 49a Abs. 1 Satz 1 GKG richten soll, so sind die Mehrkosten, die gegenüber den Kosten nach dem gesetzlichen Streitwert entstehen, unabhängig vom Ausgang des Rechtsstreits von allen Eigentümern als Teil der Verwaltungskosten zu tragen.[304] Die Verteilung der Kosten erfolgt nach dem Verhältnis der Miteigentumsanteile, soweit nichts anderes vereinbart ist. 1674

Die Regelung des § 16 Abs. 8 WEG zielt auf die Kosten von **Binnenstreitigkeiten der Wohnungseigentümer** untereinander ab. Die Norm soll verhindern, dass Konflikte innerhalb der Eigentümergemeinschaft auf Kosten aller Wohnungseigentümer ohne Rücksicht auf die jeweilige Parteistellung und die gerichtliche Kostenentscheidung ausgetragen werden.[305] Die Kosten von Streitigkeiten nach § 43 Nr. 1 und 4 WEG sind daher wie folgt zu verteilen: Der Gerichtskostenvorschuss, der von einzelnen Wohnungseigentümern an die Justizkasse zu leisten war und aus dem Verwaltungsvermögen der Gemeinschaft entnommen wurde, wird in der Jahresabrechnung nur auf die gegenüber der Justizkasse vorschusspflichtigen Wohnungseigentümer verteilt. Rechtsanwaltskosten, die aus dem Verwaltungsvermögen entnommen wurden, sind in der Jahresabrechnung nur auf die Wohnungseigentümer zu verteilen, die Mandanten des entlohnten Rechtsanwalts sind bzw. waren. Im Verhältnis der mit den Gerichts- und Anwaltskosten belasteten Wohnungseigentümer untereinander erfolgt die Kostenverteilung nach dem Verhältnis der Miteigentumsanteile, soweit kein anderer Umlageschlüssel vereinbart ist.[306] Bei dieser Kostenverteilung kann es auch verbleiben, wenn im Zeitpunkt der Genehmigung der Abrechnung die Kostengrundentscheidung des Gerichts bereits vorliegt. Eine ggf. angeordnete Kostenerstattung erfolgt regelmäßig außerhalb der Abrechnung auf Basis des Kostenfestsetzungsbeschlusses. Erstattet der unterlegene Eigentümer aufgrund des Kos- 1675

---

[302] OLG Düsseldorf ZMR 1996, 571; *Niedenführ/Kümmel/Vandenhouten* § 16 Rn. 70.

[303] OLG Düsseldorf ZMR 1996, 571; *Niedenführ/Kümmel/Vandenhouten* § 16 Rn. 70; a.A. *Becker* in: *Bärmann* § 16 Rn. 151.

[304] *Jennißen,* WEG, § 16 Rn. 131.

[305] BGH ZMR 2007, 623.

[306] BGH ZMR 2007, 623.

tenfestsetzungsbeschlusses Prozesskosten an die Gemeinschaft, wird der Zahlungseingang nur denjenigen Eigentümern in den Einzelabrechnungen zugute gebracht, die mit den Vorschusskosten belastet waren. Werden umgekehrt einem Wohnungseigentümer Prozesskosten aus dem Verwaltungsvermögen erstattet, wird der Erstattungsbetrag in der Jahresabrechnung nur denjenigen Wohnungseigentümern angelastet, die aufgrund des Kostenfestsetzungsbeschlusses zur Erstattung verpflichtet waren. Alternativ zur Kostenerstattung auf Basis des Kostenfestsetzungsbeschluss haben die Wohnungseigentümer auch die Möglichkeit, die Kostengrundentscheidung des Urteils bei der Kostenverteilung in den Einzelabrechnungen zu berücksichtigen. Ordnet das Gericht etwa an, dass der unterlegene Anfechtungskläger die Kosten des Verfahrens zu tragen hat, können die Ausgaben der beklagten Wohnungseigentümer für deren Anwalt direkt dem Kläger in dessen Einzelabrechnung angelastet werden.[307]

1676 Die Kosten für **Streitigkeiten mit Dritten,** an denen die Eigentümergemeinschaft selbst oder sämtliche Miteigentümer gemeinsam und gleichgerichtet beteiligt sind (z.B. Klagen von oder gegen Werkunternehmer, die von der Eigentümergemeinschaft beauftragt wurden; Streitigkeiten gegen den Verwalter wegen Verletzung der Verwalterpflichten), haben alle Wohnungseigentümer gemeinschaftlich zu tragen und sind im Rahmen der Jahresabrechnung auf alle Eigentümer nach dem Verhältnis der Miteigentumsanteile bzw. nach dem vereinbarten Verteilungsschlüssel umzulegen.[308] Soweit es um die Verfolgung von **Gewährleistungsansprüchen** wegen Mängeln am Gemeinschaftseigentum geht, wird mit den Prozesskosten auch der Bauträger belastet, der zugleich Wohnungseigentümer ist und gegen den sich die Ansprüche der Wohnungseigentümer und das zu ihrer Durchsetzung eingeleitete Verfahren richten.[309]

1677 Noch ungeklärt ist, wie die Prozesskosten in den Fällen zu verteilen sind, in denen die Gemeinschaft der Wohnungseigentümer (also der teilrechtsfähige Verband) **Beitrags- oder Schadensersatzansprüche gegen** einzelne **Miteigentümer** geltend macht. Nach bislang h.M. soll der Prozessgegner der Gemeinschaft nicht mit den von der Gemeinschaft zu tragenden Kosten belastet werden. Vielmehr sollen die Kosten des Rechtsstreits, soweit diese von der Gemeinschaft zu tragen sind, nur von den übrigen Wohnungseigentümern nach dem Verhältnis der Miteigentumsanteile zu tragen sein.[310] Dies überzeugt jedoch seit Anerkennung der Rechtsfähigkeit der Gemeinschaft nicht mehr. Da die Einforderung gemeinschaftlicher Forderungen gemäß § 10 Abs. 6 Satz 3, 1. Halbsatz WEG in die originäre Verwaltungszuständigkeit des Verbandes fällt und für dessen finanzielle Ausstattung alle Eigentümer die Verantwortung tragen, sind auch die Kosten der Rechtsverfolgung des Verbandes im Innenverhältnis von **allen** Wohnungseigentümern zu tragen.[311] Dies gilt auch für die Kosten, die die Gemeinschaft im Falle des Unterliegens dem Prozessgegner zu erstatten hat. Die Kostengrundentscheidung des Gerichts steht dem nicht entgegen,[312] da das Gericht nur über die Kostenverteilung zwischen dem Verband einerseits und dem Prozessgegner andererseits entscheidet. Zu der Frage, wie die vom Verband zu tragenden Kosten im Verhältnis der Mitglieder des Verbandes untereinander zu verteilen sind, trifft das Gericht in der Kostengrundentscheidung keine Aussage.

1678 Fraglich ist wiederum, wie sich ein **Eigentümerwechsel** auswirkt, der zwischen Einreichung der Beschlussanfechtungsklage und Genehmigung der Jahresabrechnung stattfin-

---

[307] Zur Einzelanlastung siehe Rn. 1681.

[308] BGH ZMR 2007, 623; *Bärmann/Becker* § 16 Rn. 157.

[309] BayObLG NZM 2001, 766.

[310] KG ZMR 2006, 224; *Niedenführ/Kümmel/Vandenhouten* § 28 Rn. 56; *Jennißen,* WEG, § 16 Rn. 135.

[311] So *Becker* in: *Bärmann* § 16 Rn. 158–159; a.A. *Jennißen,* WEG, § 16 Rn. 136; *Riecke/Schmid/Elzer* § 16 Rn. 318.

[312] *Bärmann/Becker* § 16 Rn. 160.

det, in der die Kosten verteilt werden. Nach Auffassung des OLG Frankfurt sollen die Kosten nicht dem Erwerber auferlegt werden dürfen, wenn das Gericht sie seinem Rechtsvorgänger als Partei des Anfechtungsrechtstreites auferlegt hat; die gerichtliche Kostenentscheidung dürfe nicht umgangen werden.[313] Das OLG Frankfurt verkennt jedoch den Schutzzweck der Regelung des § 16 Abs. 8 WEG. Die Regelung will nur erreichen, dass eine gerichtliche Kostenentscheidung nicht durch Anwendung des allgemeinen Kostenverteilungsschlüssels umgangen wird (s. o. Rn. 1675). Sie regelt demgegenüber jedoch nicht, wie die Kosten im Innenverhältnis der mit den Kosten belasteten Eigentümern zu verteilen sind. Deshalb kommt in diesem Innenverhältnis der „natürliche Ausgleichsmaßstab" des § 16 Abs. 2 WEG zur Anwendung, soweit nichts anderes vereinbart ist.[314] Es verbleibt bei der Kostenverteilung nach allgemeinen wohnungseigentumsrechtlichen Kriterien, soweit die nach der Parteistellung und/oder der gerichtlichen Kostenentscheidung von Kosten befreite Partei hierdurch nicht wieder in die Kostenverteilung einbezogen wird. Gegen diesen Sinn und Zweck des § 16 Abs. 8 WEG wird nicht verstoßen, wenn die angefallenen Rechtsverfolgungskosten im Innenverhältnis der belasteten Wohnungseigentümer nach allgemeinen Kriterien in die Jahresabrechnung eingestellt und objektbezogen[315] auf die Sondereigentumseinheiten umgelegt werden unabhängig davon, ob ein Eigentumswechsel erfolgt ist. Die Interessen des zu schützenden Kostengläubigers bleiben hiervon unberührt. Dem Erwerber, den aufgrund seiner Eigentümerstellung zum Zeitpunkt der Abrechnungsgenehmigung bzw. Fälligkeit des Saldos im Innenverhältnis der Eigentümergemeinschaft die Haftung trifft,[316] bleibt es unbenommen, gegenüber seinem Verkäufer etwaige Ausgleichsansprüche geltend zu machen.

Soweit in einer Jahresabrechnung ein **unzutreffender Kostenverteilungsschlüssel** angesetzt wird, führt dies (nur) zur **Anfechtbarkeit** der Jahresabrechnung (s. u. Rn. 1719 ff.), nicht jedoch zu deren Nichtigkeit.[317] Mangels Anfechtung erwächst ein Beschluss über eine Jahresabrechnung mit einer fehlerhaften Kostenverteilung in Bestandskraft.[318] 1679

Da die Gesamtabrechnung nach dem Abfluss-/Zuflussprinzip zu erstellen ist, sind alle tatsächlichen Ausgaben unabhängig von ihrer materiellen Berechtigung in die Gesamtabrechnung einzustellen und grundsätzlich nach dem geltenden Kostenverteilungsschlüssel umzulegen (s. o. Rn. 1581 f.). Zweifelhaft kann dies hinsichtlich derjenigen Ausgaben sein, bei denen die Gemeinschaft einen **materiellrechtlich Anspruch** auf Erstattung dieser Ausgaben gegen einen oder mehrere Wohnungseigentümer hat. Dies sind etwa solche Fälle, in denen die Ausgaben für das Sondereigentum eines Eigentümers getätigt wurden[319] oder in denen gegen einen Wohnungseigentümer – etwa wegen Beschädigung des Gemeinschaftseigentums – Schadensersatzansprüche bestehen.[320] 1680

Nach h. M. ist es grundsätzlich zulässig, derartige materiellrechtliche Ansprüche in den Einzelabrechnungen zu berücksichtigen und Einzelanlastungen vorzunehmen.[321] Solche Einzelanlastungen sind von der Beschlusskompetenz der Eigentümergemeinschaft umfasst, sodass die Anlastungen mangels Anfechtung bestandskräftig werden können[322] und zwar auch dann, wenn die Forderung nach materiellem Recht nicht entstanden, später untergegangen oder verjährt ist.[323] Im Verfahren wegen der Anfechtung 1681

---

313 OLG Frankfurt NZM 2006, 302.
314 BGH ZMR 2007, 623.
315 KG NJW-RR 1999, 665.
316 BGH NJW 1988, 1910.
317 BGH NJW 2000, 3500; BayObLG NZM 2004, 659.
318 OLG Düsseldorf ZMR 2007, 379.
319 OLG Düsseldorf ZMR 2006, 217.
320 OLG Hamm ZMR 2008, 60.
321 KG NZM 2006, 108; OLG Düsseldorf ZMR 2006, 217; OLG Hamm ZMR 2008, 60.
322 KG NZM 2001, 294.
323 *Niedenführ/Kümmel/Vandenhouten* § 28 Rn. 66.

des Beschlusses über die Jahresabrechnung hat das Gericht auf die entsprechende konkrete Rüge des anfechtenden Eigentümers zu prüfen, ob die Einzelanlastung materiellrechtlich begründet oder die aufgeteilten Kosten – bei unterlassener Einzelanlastung – materiellrechtlich einem (oder mehreren) einzelnen Wohnungseigentümer(n) anzulasten gewesen wären. Sowohl im Fall einer sich als ungerechtfertigt erweisenden Sonderbelastung als auch im Fall einer zu Unrecht unterlassenen Einzelanlastung sind auf Anfechtung jeweils sämtliche Einzelabrechnungen in der betroffenen Ausgabenposition für ungültig zu erklären. Die Gesamtabrechnung ist nicht für ungültig zu erklären, da die innergemeinschaftliche Kostenverteilung die Einnahmen-/Ausgabenrechnung nicht berührt.[324]

1682 Problematisch sind die Fälle, in denen das Bestehen eines materiellen Erstattungs- oder Schadensersatz**anspruchs zweifelhaft** ist. Die Gemeinschaft hat grundsätzlich ein Ermessen, ob sie zweifelhafte Ansprüche gerichtlich durchsetzt oder darauf verzichtet. Die Gemeinschaft verstößt daher auch nicht gegen das ihr im Rahmen ordnungsmäßiger Verwaltung zustehende Ermessen, wenn sie (zur Vermeidung einer Anfechtung der Abrechnung) die tatsächlichen Ausgaben in den Einzelabrechnungen zunächst nach dem allgemeinen Kostenverteilungsschlüssel verteilt und einen gegebenenfalls bestehenden Erstattungs- oder Schadensersatzanspruch außerhalb der Abrechnung gegen einen Eigentümer geltend macht.[325] Die Einzelabrechnung ist nach ihren Rechtswirkungen und ihrer Funktion für die Gemeinschaft nicht geeignet, das Bestehen von zweifelhaften Erstattungs- oder Schadensersatzansprüchen gegen einzelne Wohnungseigentümer zu regeln. Hierdurch würden nur Anfechtungsstreitigkeiten provoziert. Es bleibt der Eigentümergemeinschaft unbenommen, außerhalb des Abrechnungswesens den betreffenden Sondereigentümer auf Zahlung in Anspruch zu nehmen.[326] Nur bei **offensichtlichen** Zahlungsansprüchen gegen einen Eigentümer sind die Wohnungseigentümer verpflichtet, diese in der Abrechnung zu berücksichtigen.

1683 *bb) Einnahmenverteilungsschlüssel.* Jedem Wohnungseigentümer gebührt ein seinem Anteil entsprechender Bruchteil der Nutzungen des gemeinschaftlichen Eigentums. Der Anteil bestimmt sich, soweit nichts Abweichendes vereinbart ist, nach dem gemäß § 47 Grundbuchordnung im Grundbuch eingetragenen Verhältnis der Miteigentumsanteile (§ 16 Abs. 1 WEG). Unter Nutzungen i. S. d. § 16 Abs. 1 WEG sind nur die **unmittelbaren und mittelbaren Sach- und Rechtsfrüchte** i. S. d. § 99 BGB zu verstehen.[327] Nicht erfasst sind Gebrauchsvorteile nach § 100 BGB, die in § 13 Abs. 2 Satz 1 und § 15 WEG geregelt sind und an denen keine Bruchteile möglich sind. Erzielen die Wohnungseigentümer Einnahmen (z. B. Zinsen aus der Anlage der Instandhaltungsrückstellung, Mietzahlungen aus der Vermietung einer Dachflächen an einen Mobilfunkbetreiber, Entgelte aus der Benutzung von im gemeinschaftlichen Eigentum stehenden Saunen oder Schwimmbädern oder aus dem Verkauf von Waschmünzen), sind diese folglich nach dem Verhältnis der Miteigentumsanteile oder einem anderen vereinbarten Verteilungsschlüssel auf die Wohnungseigentümer zu verteilen.

1684 Eine Sondervorschrift zur Nutzungsverteilung enthält § 16 Abs. 6 Satz 1, 1. Halbsatz WEG. Danach sind jene Wohnungseigentümer, die einer **baulichen Veränderung** gemäß § 22 Abs. 1 WEG nicht zugestimmt haben, auch nicht berechtigt, einen Anteil der Nutzungen zu beanspruchen, die auf einer solchen Maßnahme beruhen. § 16 Abs. 6 WEG schließt die nicht zustimmenden Wohnungseigentümer aber nicht vom tatsächlichen Mitgebrauch des neu geschaffenen Gemeinschaftseigentums aus, denn die Vorschrift erfasst ebenso wie Absatz 1 nicht Gebrauchsvorteile, sondern nur Früchte i. S. d. § 99 BGB.[328]

---

[324] KG NZM 2006, 108.
[325] OLG Hamm ZMR 2008, 60.
[326] OLG Hamm ZMR 2008, 60.
[327] *Niedenführ/Kümmel/Vandenhouten* § 16 Rn. 31.
[328] *Bärmann/Merle* § 22 Rn. 297.

cc) Einzelabrechnungssaldo. Der Saldo der Einzelbeträge aus Einnahmen und Ausgaben ergibt das auf die Wohnungseigentumseinheit entfallende vorläufige Einzelabrechnungsergebnis. Dies ist ein positiver Saldo, wenn die Einnahmen die Ausgaben übersteigen, oder ein negativer Saldo, wenn die Ausgaben die Einnahmen übersteigen. Der Einnahmen-Ausgaben-Saldo ist mit den vom Eigentümer während des Wirtschaftsjahres geleisteten Wohngeldzahlungen, die in einer **gesonderten Einnahmenposition** auszuweisen sind, zu verrechnen. Anzugeben ist der Betrag, der vom Wohnungseigentümer auf die betreffende Wohnungseigentumseinheit im Abrechnungsjahr **tatsächlich** gezahlt wurde. Dies bedeutet, dass verspätete Wohngeldzahlungen, die erst im Folgejahr mit Tilgungsbestimmung für das Vorjahr geleistet werden, nicht in die Gesamt- und Einzelabrechnungen des Vorjahres, sondern in die Abrechnung des Folgejahres aufzunehmen[329] und dort abzugrenzen sind (s. o. Rn. 1628).[330] 1685

Die Differenz zwischen der tatsächlichen Vorauszahlung und dem Einnahmen-/Ausgabenanteil führt zu dem **endgültigen Einzelabrechnungsergebnis,** welches wesentlicher Bestandteil der Einzelabrechnung ist.[331] Dies ergibt entweder eine Nachzahlungsverpflichtung oder einen Rückerstattungsanspruch. 1686

Wird eine Jahreseinzelabrechnung, die **Zahlungen** eines Wohnungseigentümers während des Abrechnungszeitraums **nicht oder fehlerhaft aufführt,** mangels Anfechtung des Eigentümerbeschlusses bestandskräftig, ist es dem in Anspruch genommenen Wohnungseigentümer verwehrt, eine Tilgung der Wohngeldschuldschuld durch Zahlungen im Abrechnungszeitraum einzuwenden.[332] 1687

dd) Salden aus Vorjahren. Abrechnungssalden oder Guthaben des Wohnungseigentümers aus den Vorjahren gehören **nicht in die Jahresabrechnung.**[333] Es handelt sich nicht um Einnahmen und Ausgaben des abzurechnenden Wirtschaftsjahres.[334] Sie können zwar zur **Information** und Erinnerung an die Abrechnung angefügt werden.[335] Dabei ist aber deutlich zu machen, dass diese Mitteilungen nicht der Beschlussfassung unterliegen; etwaige fehlerhafte Angaben führen dann nicht zur Anfechtbarkeit der Abrechnung. 1688

Der Vorjahressaldo darf nicht mit dem Saldo der aktuellen Abrechnung saldiert werden, um den Eindruck zu vermeiden, der sich ergebende Gesamtsaldo sei das Ergebnis der aktuellen Jahresabrechnung. Im Streitfall bedarf es der Auslegung, ob die Saldenmitteilung Gegenstand der Beschlussfassung war oder nicht.[336] Wird der Vorjahressaldo erst nach Feststellung des sich aus der Gegenüberstellung der Einnahmen und Ausgaben ergebenden Endergebnisses der aktuellen Jahresabrechnung als ausstehende Zahlungsverpflichtung mitgeteilt, so ist objektiv erkennbar, dass sich die Beschlussfassung nicht auf diese Mitteilung erstreckt.[337] 1689

Werden die Vorjahressalden bzw. Altschulden zum **Gegenstand der Beschlussfassung** gemacht, ist der Abrechnungsbeschluss für ungültig zu erklären. Die Ungültigerklärung des Gerichts bezieht sich allerdings nur auf die Vorjahressalden, nicht auf die gesamte Jahresabrechnung. Bleibt die Beschlussanfechtung aus und wird der Beschluss trotz fehlerhafter Saldenangaben bestandskräftig, ist durch Auslegung des Rechenwerkes und des Beschlusswortlauts zu klären, welche Beträge der betreffende Wohnungseigentümer nun- 1690

[329] BayObLG ZMR 2002, 946.
[330] A. A. *Niedenführ/Kümmel/Vandenhouten* § 28 Rn. 69 in Bezug auf die Berücksichtigung in der Einzelabrechnung.
[331] *Niedenführ/Kümmel/Vandenhouten* § 28 Rn. 71.
[332] BayObLG WuM 2004, 367.
[333] OLG Köln NZM 2000, 909; BayObLG ZMR 2004, 355.
[334] BayObLG WuM 1992, 395.
[335] BayObLG ZWE 2002, 577.
[336] BayObLG ZMR 1999, 721; OLG Köln NJW-RR 2001, 87.
[337] BayObLG WuM 1990, 616.

mehr schuldet. Die Auslegung kann im Einzelfall ergeben, dass der Beschluss die Vorjahressalden bzw. die Altschulden neu festlegt.[338] Der Eigentümer schuldet dann den zuletzt beschlossenen Betrag.

1691 *ee) Eigentümerwechsel.* Ein Eigentümerwechsel hat auf die Erstellung der Gesamt- und Einzelabrechnungen grundsätzlich keinen Einfluss. Die Einzelabrechnungen werden **objektbezogen** erstellt. Adressat der Einzelabrechnung ist die Person, die im Zeitpunkt der Beschlussfassung Eigentümer der Einheit ist. Dies gilt auch dann, wenn der Eigentümerwechsel nach Ablauf des abzurechnenden Wirtschaftsjahres erfolgt ist. Wird in der Einzelabrechnung versehentlich die falsche Person als Eigentümer genannt, führt dies nicht zur Unrichtigkeit der Abrechnung.[339]

1692 Zur Erstellung **zeitanteiliger Abrechnungen** für Veräußerer und Erwerber ist der Verwalter nicht verpflichtet. Diese in der Praxis häufig zu beobachtende Vorgehensweise ist grob fehlerhaft,[340] da der Beschluss über die Abrechnung nur die Personen binden kann, die im Zeitpunkt der Beschlussfassung Mitglieder der Gemeinschaft sind.[341] Eine Teilabrechnung für den Veräußerer wäre nutzlos, denn sie kann den aus der Gemeinschaft ausgeschiedenen Veräußerer nicht mehr zur Zahlung verpflichten.[342]

1693 Allerdings gilt beim Eigentümerwechsel während oder nach Ablauf eines Wirtschaftsjahres eine **haftungstechnische** Besonderheit. Nach der Rechtsprechung des BGH hat der Beschluss über die Jahresabrechnung hinsichtlich etwaiger Zahlungsrückstände aus dem Wirtschaftsplan regelmäßig nur eine diesen Plan bestätigende oder verstärkende Wirkung. Eine Schuldumschaffung im Sinne einer Novation, d.h. eine Aufhebung des Beschlusses über den Wirtschaftsplan und vollständige Ersetzung durch den Beschluss über die Jahresabrechnung, ist damit grundsätzlich nicht verbunden. Nur für den nach der Einzelabrechnung auf den jeweiligen Wohnungseigentümer entfallenden Betrag, der die nach dem Wirtschaftsplan beschlossenen Vorschüsse übersteigt, wird originär eine Schuld begründet.[343] Der Abrechnungsbeschluss begründet daher eine originär neue Forderung nur in der Höhe der sog. **Abrechnungsspitze.** Dies ist der Betrag, um den der Anteil des Eigentümers an den Einnahmen und Ausgaben die nach dem Wirtschaftsplan geschuldeten Vorschüsse übersteigt. Durch die Beschlussfassung über die Jahresabrechnung wird deshalb der aufgrund des Wirtschaftsplans gegen einen Rechtsvorgänger bestehende Anspruch auf Vorschusszahlungen gegen dessen Sonderrechtsnachfolger nicht neu begründet.[344] Der Erwerber haftet nur für die sog. Abrechnungsspitze.[345] Die Abrechnungsspitze ist ein rechnerischer Betrag, der in der Einzelabrechnung nicht ausdrücklich ausgewiesen sein muss. Weist die Jahresabrechnung nur oder zum Teil deshalb einen Nachzahlungsbetrag aus, weil der Veräußerer Vorschüsse aufgrund des Wirtschaftsplans schuldig geblieben ist, so haftet der Erwerber insoweit nicht aus der Jahresabrechnung. Die Gemeinschaft muss sich wegen der rückständigen Vorschüsse an den Veräußerer halten, der weiterhin aus dem Wirtschaftsplan haftet. Die Haftung wird aber durch die Abrechnung auf die Höhe der tatsächlichen Kosten begrenzt.[346]

1694 Die vorstehend dargelegten Grundsätze gelten für die Haftung des **Zwangs- oder Insolvenzverwalters** entsprechend,[347] d.h. auch bei Anordnung der Zwangsverwaltung oder Eröffnung des Insolvenzverfahrens über das Vermögen des Eigentümers wird keine

---

338 BayObLG NZM 2000, 52; ZMR 2004, 355.
339 BGH NJW 1999, 3713 = Grundeigentum 1999, 1500.
340 Vgl. OLG Hamm NZM 2000, 139.
341 OLG Hamm NZM 2000, 139; *Niedenführ/Kümmel/Vandenhouten* § 28 Rn. 80.
342 BGH NJW 1994, 2950.
343 BGH NJW 1994, 1866; NJW 1996, 725; NJW 1999, 3713.
344 OLG Hamm ZMR 2004, 54 (55).
345 BGH NJW 1999, 3713.
346 BayObLG ZMR 2000, 780.
347 BGH NJW 1999, 3713; BayObLG WE 1999, 155.

zeitanteilige Abrechnung für die Zeiträume vor und nach Verfahrenseröffnung erstellt. Der Zwangs- oder Insolvenzverwalter haftet aus der Abrechnung nur in Höhe der Abrechnungsspitze. Weiterhin gelten die vorstehenden Grundsätze für die Haftung des Erstehers in der **Zwangsversteigerung.**[348]

Ergibt die Einzeljahresabrechnung ein **Guthaben,** weil die Wohngeldvorschüsse zu hoch bemessen waren, so steht das Guthaben allein dem jetzigen (neuen) Eigentümer zu.[349] Dass der Veräußerer zu hohe Wohngeldvorschüsse geleistet hat, begründet für ihn keinen Auszahlungsanspruch gegen die Gemeinschaft, da er nicht mehr Wohnungseigentümer ist. Ein Ausgleich kann nur im Innenverhältnis zwischen Erwerber und Veräußerer stattfinden. Gleiches gilt, wenn im umgekehrten Fall der Erwerber gegenüber der Eigentümergemeinschaft die gesamte Abrechnungsspitze zu zahlen hat; auch hier kann der Erwerber eventuell Rückgriff beim Veräußerer nehmen, wenn die Abrechnungsspitze wirtschaftlich aus der Zeit vor dem Eigentümerwechsel stammt. 1695

9. Prüfung der Jahresabrechnung/Einsichtsrecht

a) Prüfung der Abrechnung durch Verwaltungsbeirat. Der Verwalter hat die von ihm erstellte Jahresabrechnung zunächst dem **Verwaltungsbeirat** vorzulegen. Die Beiratsmitglieder sollen die sachliche Richtigkeit der Jahresabrechnung – zumindest stichprobenartig – anhand der vorhandenen Rechnungen und Belege prüfen und eine **Stellungnahme verfassen** (§ 29 Abs. 3 WEG). Die Stellungnahme endet üblicherweise mit einer Empfehlung an die Wohnungseigentümer, die Jahresabrechnung zu genehmigen oder den Verwalter zu einer Neuerstellung oder Berichtigung der Jahresabrechnung aufzufordern. 1696

Hat der **Verwaltungsbeirat** die Jahresabrechnung **nicht geprüft,** so ist der Beschluss über die Jahresabrechnung nicht allein aus diesem Grund anfechtbar. § 29 Abs. 3 WEG ist eine bloße Formvorschrift. Den anfechtenden Wohnungseigentümern ist es zuzumuten, die ohne Beiratsbefassung beschlossene Jahresabrechnung inhaltlich anzugreifen und die konkreten Unrichtigkeiten – ggf. nach Einsicht in die Verwaltungsunterlagen – vorzutragen.[350] 1697

b) Prüfung der Abrechnung durch Wohnungseigentümer. Jedem Wohnungseigentümer sind angemessene Zeit vor der Beschlussfassung die Gesamtabrechnung und (zumindest) die seine eigene Einheit betreffende Einzelabrechnung zur Kenntnis und Überprüfung zu geben. Der Eigentümer kann auch Einsicht in die Stellungnahme des Verwaltungsbeirats verlangen.[351] Die Zusendung **sämtlicher Einzelabrechnungen** an jeden Eigentümer ist dagegen nach überwiegender Auffassung nicht erforderlich.[352] Um jedem Wohnungseigentümer eine hinreichende Grundlage für die Beschlussfassung und damit genügende Kontrollmöglichkeiten zu geben, ist es notwendig, aber auch ausreichend, dass jedem Wohnungseigentümer das Recht gewährt wird, sämtliche Einzelabrechnung beim Verwalter einzusehen.[353] Bis zur Beschlussfassung muss ausreichend Zeit zur Überprüfung von ca. zwei Wochen bleiben. Ein Anspruch auf Herausgabe der Originalabrechnungsunterlagen besteht nicht.[354] 1698

Nach Auffassung des OLG Köln ist der Verwalter verpflichtet, neben der Gesamtabrechnung und den Einzelabrechnungen auch eine sog. **Saldenliste** für sämtliche Einheiten 1699

---

348 BGH NJW 1999, 3713; OLG Zweibrücken ZMR 1996, 340; KG NJW-RR 1999, 665.

349 *Bärmann/Merle* § 28 Rn. 118.

350 KG NZM 2003, 901.

351 OLG Oldenburg ZMR 2006, 72.

352 OLG Köln WuM 1997, 62; *Niedenführ/Kümmel/Vandenhouten* § 28 Rn. 124 m. w. N. zum Streitstand.

353 OLG Köln WuM 1997, 62.

354 *Bärmann/Merle* § 28 Rn. 91.

zu fertigen, aus der sich die Gesamtbelastung für jede Einheit der Anlage, die für jede Einheit gezahlten Wohngeldvorschüsse und die sich aus der Saldierung von Gesamtbelastung und Wohngeldvorschüssen ergebenden Abrechnungsbeträge (Guthaben oder Nachzahlung) ergeben.[355] Einer Versendung bedarf es jedoch nicht. Es genügt, wenn diese Liste den Eigentümern im Rahmen der Akteneinsicht zur Prüfung der Jahresabrechnung mit vorgelegt wird.[356] Jedenfalls ist die Erstellung und Übersendung einer Saldenliste durchaus sinnvoll, da die Wohnungseigentümer in der Versammlung nicht nur über die Gesamtabrechnung und ihre eigene Einzelabrechnung beschließen, sondern auch über die Einzelabrechnungen sämtlicher anderen Einheiten. Für diese Entscheidung sind die in der Saldenliste enthaltenen Informationen von erheblicher Bedeutung. Das Fehlen einer Saldenliste wird jedoch nicht zur Rechtswidrigkeit des Abrechnungsbeschlusses führen, wenn die Gesamt- und Einzelabrechnungen inhaltlich richtig sind und jeder Eigentümer die Möglichkeit zur Einsichtnahme in die Abrechnungsunterlagen gehabt hat.

1700 c) **Recht zur Einsicht in Verwaltungsunterlagen.** Der Verwalter ist gemäß § 28 Abs. 3 WEG, §§ 675, 666, 259 Abs. 1 BGB gegenüber jedem einzelnen Wohnungseigentümer zur Gewährung von **Einsicht** in die der Jahresabrechnung zugrunde liegenden Belege verpflichtet.[357] Die Einsichtnahme dient auch der Überprüfung der Verwaltertätigkeit, daher steht ihr weder ein bestandskräftiger Eigentümerbeschluss über die Jahresabrechnung noch ein Beschluss über die Entlastung des Verwalters entgegen.[358] Das Einsichtsrecht erstreckt sich auf sämtliche Verwaltungsunterlagen und somit auch auf die Einzelabrechnungen der anderen Eigentümer. **Datenschutzrechtliche Bedenken** stehen dem nicht entgegen, da die Wohnungseigentümer keine anonyme Gemeinschaft bilden und die Einsichtnahme der Zweckbestimmung des Gemeinschaftsverhältnisses entspricht.[359] Die Einsichtnahme hat grundsätzlich in den **Räumen der Verwaltung** zu erfolgen,[360] soweit nicht etwas anderes geregelt ist. Wird die Einsicht in die Unterlagen verweigert, kann dies einen wichtigen Grund für die Abberufung des Verwalters darstellen.[361]

1701 Ein besonderes **Interesse an der Einsichtnahme** muss der einzelne Wohnungseigentümer nicht nachweisen,[362] als Grenze sind lediglich die Grundsätze von Treu und Glauben sowie das Schikaneverbot (§ 226 BGB) anzusehen.[363] **Dritten,** etwa einem Mieter oder einem Kaufinteressenten, ist die Einsichtnahme ausnahmsweise zu gestatten, wenn ein berechtigtes Interesse besteht und er vom betreffenden Eigentümer hierzu ermächtigt wurde.[364]

1702 d) **Erstellung von Kopien.** Im Rahmen der Einsichtnahme hat der Wohnungseigentümer einen Anspruch gegen den Verwalter auf Fertigung und Aushändigung von Fotokopien, da es ihm i. d. R. nicht zugemutet werden kann, handschriftlich Abschriften zu fertigen.[365] Die Kosten der Ablichtungen sind dem Verwalter zu erstatten.[366] Für den **Material- und Arbeitsaufwand** erhält der Verwalter eine Vergütung von bis zu 0,50 € je Kopie (für die ersten 50 Kopien; danach entsprechend GKG KV Nr. 9000 0,15 € je Ko-

[355] OLG Köln ZMR 1995, 324.
[356] OLG Köln NZM 2007, 366.
[357] BayObLG ZWE 2000, 407.
[358] BayObLG ZWE 2002, 577.
[359] OLG Frankfurt OLGZ 1984, 258; OLG München ZMR 2007, 720.
[360] OLG Köln NZM 2006, 702; OLG Hamm ZMR 1998, 587 zur Ausnahme bei Gefahr für die körperliche Unversehrtheit.
[361] BayObLG WuM 1990, 464.
[362] BayObLG ZMR 2002, 577.
[363] BayObLG ZMR 2000, 687.
[364] *Bärmann/Merle* § 28 Rn. 99.
[365] BayObLG ZMR 2000, 687.
[366] BayObLG ZWE 2000, 407.

pie),[367] soweit im Verwaltervertrag oder in einer Vereinbarung nichts anderes bestimmt ist. Sind die Verwaltungsunterlagen umfangreich, darf der Einsichtnehmende Ablichtungen mittels eines **eigenen Kopiergerätes** anfertigen.[368]

e) Auskünfte des Verwalters. Der Verwalter ist den Wohnungseigentümern auch zur Erteilung von Auskünften verpflichtet, wenn und soweit dies zur Prüfung der Abrechnung erforderlich ist. Durch die Auskunft gibt der Verwalter den Wohnungseigentümern **Kenntnis über Sachverhalte,** über die sich die Eigentümer durch bloße Einsicht in die Verwaltungsunterlagen nicht informieren können. Der Verwalter ist allerdings nicht zu Rechtausführungen und sonstigen fachlichen Erläuterungen verpflichtet. Solche Informationen müssen sich die Wohnungseigentümer über andere Quellen verschaffen. 1703

Die Auskunftsansprüche betreffen die Vollständigkeit und die rechnerische Richtigkeit der Gesamtabrechnung sowie die Richtigkeit die Einnahmen- und Ausgabenverteilung in den Einzelabrechnungen. Der Anspruch kann von jedem Wohnungseigentümer **ohne vorherigen Eigentümerbeschluss** geltend gemacht werden, denn jeder Wohnungseigentümer muss sich in die Lage versetzen können, die Richtigkeit der Abrechnung zu prüfen und eine rechtswidrige Abrechnung erfolgreich anzufechten. Der Auskunftsanspruch ist vom Verwalter in der Wohnungseigentümerversammlung zu erfüllen. Die Wohnungseigentümer können den Verwalter auch durch **Mehrheitsbeschluss** zur Erteilung bestimmter Auskünfte auffordern, die dann mündlich, schriftlich oder in Textform zu erteilen sind. 1704

10. Genehmigung der Jahresabrechnung

a) Beschluss der Wohnungseigentümer. Gemäß § 28 Abs. 5 WEG beschließen die Eigentümer über die Jahresabrechnung durch **einfache Stimmenmehrheit.** Erst mit einem Beschluss über die Jahresabrechnung erlangt diese **Verbindlichkeit.** Eine entsprechende Beschlussfassung kann daher von jedem Miteigentümer im Sinne der Einhaltung der Grundsätze ordnungsgemäßer Verwaltung verlangt und notfalls auch gerichtlich durchgesetzt werden (s. o. Rn. 1555). Da § 28 Abs. 5 WEG **nicht zwingend** ist,[369] kann insoweit jedoch eine andere Regelung **vereinbart** werden. Wirksam wäre etwa eine Vereinbarung, wonach die Jahresabrechnung unmittelbar nach Versendung durch den Verwalter wirksam wird, was aber zur Folge hätte, dass Abrechnungsfehler mangels eines bestandskraftfähigen Beschlusses jederzeit – also auch noch im Rahmen einer Wohngeldklage – eingewandt werden könnten.[370] 1705

b) Fiktion der Genehmigung. Häufig ist in der Teilungserklärung bzw. der Gemeinschaftsordnung eine so genannte **Genehmigungsfiktion** enthalten, wonach eine Jahresabrechnung als gebilligt gilt, wenn ihr nicht binnen einer bestimmten Frist nach Zugang bei den Eigentümern widersprochen wird. Nach überwiegender Auffassung sollen derartige Regelungen einer Inhaltskontrolle gemäß § 242 BGB nicht standhalten und damit **unwirksam** sein, da die Mitverwaltungsrechte der Miteigentümer zu weit ausgehöhlt würden.[371] Selbst wenn man eine solche Klausel als wirksam erachtet, behalten die Wohnungseigentümer die Kompetenz und Befugnis, die Jahresabrechnung durch Beschluss in der Versammlung zu genehmigen oder die Genehmigung zu versagen.[372] 1706

c) Delegation der Genehmigung sowie Genehmigung unter Bedingung. Zweifelhaft ist, ob die Genehmigung der Jahresabrechnung auf den **Verwaltungsbeirat delegiert** werden 1707

367 *Briesemeister* ZMR 2003, 312 (313).
368 KG ZMR 2000, 401.
369 OLG Hamm OLGZ 82, 20.
370 *Niedenführ/Kümmel/Vandenhouten* § 28 Rn. 91.
371 BayObLG DNotZ 1989, 428; KG WuM 1990, 407; *Jennißen,* Verwalterabrechnung, Rn. 536; offen gelassen vom BGH NJW 1991, 979.
372 Vgl. KG NJW-RR 1991, 1042.

kann. Während dies im **Vereinbarungswege** überwiegend für zulässig erachtet wird,[373] wäre ein hierauf gerichteter **Beschluss,** der nicht von einer Öffnungsklausel gedeckt ist, nichtig.[374] Hiermit nicht zu verwechseln sind solche Beschlüsse, mit denen eine Jahresabrechnung **unter** bestimmten **Bedingungen** genehmigt wird, z. B. der Zustimmung durch den Verwaltungsbeirat oder einen Wirtschaftsprüfer. Da in diesen Fällen eine Entscheidung durch die Wohnungseigentümerversammlung stattfindet, liegt keine unzulässige generelle Verlagerung der Entscheidungskompetenz auf Dritte vor, sodass solche Beschlüsse wirksam sind.[375] Ob der Beschluss erfolgreich anfechtbar ist, hängt von der inhaltlichen Richtigkeit der Abrechnung ab.

1708 d) **Mehrhausanlagen und Untergemeinschaften.** Grundsätzlich ist auch bei Mehrhausanlagen und bei Wohnanlagen mit vereinbarten Untergemeinschaften und **getrennten Abrechnungskreisen eine** Gesamtabrechnung für die gesamte Anlage zu erstellen, denn die **Gesamtabrechnung** beinhaltet regelmäßig auch Kosten, die sich nicht einem Haus oder einer Untergemeinschaft zuordnen lassen.[376] Dies gilt etwa für die Kosten der Reinigung des öffentlichen Straßenlandes. Innerhalb der Gesamtabrechnung ist sodann eine Kennzeichnung vorzunehmen, welche Kostenpositionen von welchem Haus bzw. welcher Untergemeinschaft getragen werden.[377] In den **Einzelabrechnungen** genügt es, wenn dort nur jene Kostenpositionen aufgeführt sind, die auf die jeweilige Untergemeinschaft umgelegt werden.

1709 Sind nach der Gemeinschaftsordnung für die Untergemeinschaften **gesonderte Instandhaltungsrücklagen** zu bilden, muss die Jahresabrechnung den Bestand und die Entwicklung der Rücklage jeder Untergemeinschaft getrennt ausweisen.

1710 Bestimmt die Gemeinschaftsordnung, dass jede Untergemeinschaft wirtschaftlich wie eine eigene echte Eigentümergemeinschaft zu behandeln ist, ist auch auf der **Einnahmenseite** bei der Ausweisung der gezahlten Wohngelder eine Zuordnung zu den einzelnen Untergemeinschaften vorzunehmen, sodass die Eigentümer aus der Jahresabrechnung ersehen können, ob und in welcher Höhe (auch) die für ihre jeweilige Untergemeinschaft aufzubringenden Kosten und Lasten einschließlich der Sollbeträge der Instandhaltungsrücklage durch darauf bezogene Einnahmen gedeckt sind.[378]

1711 e) **Gegenstand der Genehmigung.** Soweit die Eigentümerversammlung über die Gesamt- und die hierauf basierenden Einzelabrechnungen beschließt, werden damit die in der abgerechneten Wirtschaftsperiode umzulegenden Einnahmen und Ausgaben sowie deren Verteilung auf die Sondereigentumseinheiten im Innenverhältnis der Miteigentümer **verbindlich** festgelegt. Wenn die **Heizkostenabrechnung** mit vorgelegt wurde, bezieht sich der Beschluss auch hierauf, da die Heizkostenabrechnung unselbstständiger Bestandteil der Jahresabrechnung ist.[379]

1712 Da die Jahresabrechnung in erster Linie die Funktion hat, die Beiträge zu den Lasten und Kosten der einzelnen Miteigentümern für das abgelaufene Wirtschaftsjahr abschließend festzulegen (s. o. Rn. 1568), erfordern es die Grundsätze ordnungsgemäßer Verwaltung, dass über die **Gesamt- und die Einzelabrechnungen** beschlossen wird,[380] da sich letztlich nur aus den Einzelabrechnungen ergibt, welche Beträge von den Wohnungseigentümern noch nachzuzahlen sind oder in welcher Höhe Guthaben bestehen. Soweit

---

[373] OLG Hamburg ZMR 2003, 773; *Riecke/Schmid/Abramenko* § 28 Rn. 94; *Niedenführ/Kümmel/Vandenhouten* § 28 Rn. 112; a. A. *Jennißen,* Verwalterabrechnung, Rn. 536.

[374] *Niedenführ/Kümmel/Vandenhouten* § 28 Rn. 112.

[375] BayObLG WuM 1996, 722; OLG Köln NZM 2005, 23; a. A. *Jennißen,* Verwalterabrechnung, Rn. 542.

[376] OLG Zweibrücken ZMR 2005, 908 (909); KG ZMR 2008, 67.

[377] KG ZMR 2008, 67.

[378] KG ZMR 2008, 67; OLG Schleswig ZMR 2008, 664.

[379] BayObLG WuM 1985, 303.

[380] KG ZMR 2008, 67; *Bärmann/Merle* § 28 Rn. 106.

nur über die Gesamtabrechnung beschlossen wird, ist diese Verfahrensweise grundsätzlich ordnungswidrig und daher anfechtbar.[381] Auch wenn im Falle der Vorlage der Gesamt- und der Einzelabrechnungen im Zweifel davon ausgegangen werden kann, dass sich der Genehmigungsbeschluss auf alle vorgelegten Abrechnungsteile bezieht,[382] empfiehlt es sich, ausdrücklich sowohl die Genehmigung der Gesamtabrechnung als auch die Genehmigung der Einzelabrechnungen in die Beschlussformulierung aufzunehmen, um keine Zweifel über den Beschlussgegenstand und an der Fälligkeit der Nachzahlbeträge (s. u. Rn. 1713 f.) aufkommen zu lassen.

f) Wirkung der Genehmigung. Der Beschluss über die Jahresabrechnung ist – ebenso wie beim Wirtschaftsplan (s. o. Rn. 1483) – Voraussetzung für das Entstehen einer Zahlungsverpflichtung oder eines Abrechnungsguthabens. Voraussetzung für die **Fälligkeit der Nachzahlungen** oder Guthaben ist regelmäßig, dass über die Einzelabrechnungen mit den daraus ersichtlichen **Einzelergebnissen** beschlossen wird.[383] **1713**

Die hieraus herzuleitenden **Nachzahlungsansprüche** werden grundsätzlich sofort mit der Beschlussfassung fällig, § 271 Abs. 1 BGB.[384] Allerdings steht es der Eigentümergemeinschaft frei, eine andere Fälligkeit durch Beschluss – auch dauerhaft – durch Ausübung der Befugnisse nach § 21 Abs. 7 WEG festzulegen. Wird eine Jahreseinzelabrechnung, die Zahlungen eines Wohnungseigentümers während des Abrechnungszeitraums **nicht** aufführt, bestandskräftig, ist es dem in Anspruch genommenen Wohnungseigentümer verwehrt, eine Tilgung der Wohngeldschuld durch Zahlungen im Abrechnungszeitraum einzuwenden.[385] Allerdings hat der Beschluss über die Jahresabrechnung hinsichtlich der dort eingegangenen Wohngeldrückstände aus dem vorgängigen Wirtschaftsplan lediglich eine rechtsverstärkende Wirkung (s. o. Rn. 1440).[386] Eine originäre, neue Forderung begründet der Abrechnungsbeschluss nur in Höhe des Betrages, um den der Abrechnungssaldo die nach dem Wirtschaftsplan geschuldeten Vorschüsse übersteigt (**Abrechnungsspitze**).[387] **1714**

Übersteigen dagegen die **Soll-Vorauszahlungen** den später nach der Genehmigung der Jahresabrechnung geschuldeten Einnahmen-/Ausgabensaldo, wird der Wirtschaftsplan durch das Ergebnis der Jahresabrechnung **begrenzt.**[388] Auf diese Weise wird die Gefahr einer Überzahlung durch den Schuldner einerseits und die Gefahr der doppelten Geltendmachung der betreffenden Beitragsleistung andererseits vermieden. **1715**

Weist die genehmigte Einzelabrechnung ein **Guthaben** aus, können die Wohnungseigentümer gemäß § 21 Abs. 7 WEG beschließen, ob und wann dieses ausgezahlt wird oder ob eine Verrechnung mit laufenden Vorauszahlungen erfolgt. Der Rückzahlungsanspruch ist gegen die **Gemeinschaft der Wohnungseigentümer,** vertreten durch die Verwaltung, auf Auszahlung aus der Gemeinschaftskasse zu richten.[389] Eine besondere Problematik entsteht, wenn nach beschlossener Jahresabrechnung einzelnen Eigentümern ein Anspruch auf Auskehrung eines Abrechnungsguthabens zusteht, dieser Anspruch aus der Gemeinschaftskasse aber nicht erfüllt werden kann, weil der Gemeinschaft gegen andere Eigentümer noch erhebliche Nachzahlungsforderungen zustehen. Nach Auffassung des KG soll der Gläubiger des Abrechnungsguthabens lediglich einen Anspruch gegen die Gemeinschaft auf **Auskehrung** des Abrechnungsguthabens aus den **aus der** konkret abgerechneten **Wirtschaftsperiode vorhandenen Geldmittel** oder auf Mitwirkung an der Durchset- **1716**

---

[381] BayObLG NJW-RR 1989, 1163; WuM 1994, 568.
[382] BayObLG ZMR 1995, 41; OLG Stuttgart WE 1998, 383.
[383] BGH Grundeigentum 1984, 1121; BayObLG ZMR 2003, 51.
[384] *Bärmann/Merle* § 28 Rn. 116.
[385] BayObLG ZMR 2005, 65; a. A. AG Kerpen ZMR 2008, 84.
[386] BGH NJW 1996, 725.
[387] BGH NJW 1996, 725.
[388] BayObLG ZMR 2000, 780.
[389] *Bärmann/Merle* § 28 Rn. 117.

zung der in der Jahresabrechnung ausgewiesenen Nachzahlungsforderungen gegen andere Wohnungseigentümer haben.[390] Hat die Gemeinschaft eine **Verrechnung der Guthaben** mit laufenden Vorauszahlungen **nicht beschlossen,** so ist hiernach auch eine eigenmächtige Verrechnung durch den Eigentümer mit laufenden Wohngeldzahlungsverpflichtungen oder Sonderumlagen unzulässig, weil die Vorschüsse für jede Wirtschaftsperiode zweckbestimmt sind und für den betreffenden Zeitraum zur Verfügung stehen müssen.[391] Der Anspruch auf Auszahlung des Guthabens aus der Gemeinschaftskasse könnte also nur durchgesetzt werden, wenn zuvor die Nachzahlungsansprüche gegen die anderen Wohnungseigentümer erfolgreich realisiert wurden oder die Gemeinschaft nachträglich eine Sonderumlage erhebt. Ob diese Grundsätze nach Anerkennung der Teilrechtsfähigkeit der Eigentümergemeinschaft und Zuordnung des Verwaltungsvermögens an die Gemeinschaft der Wohnungseigentümer noch Bestand haben, ist zweifelhaft. Da die Gemeinschaft der Wohnungseigentümer Inhaber der Wohngeldforderungen auch aus beschlossenen Jahresabrechnungen ist, wird man auch deren Zuständigkeit für die Auszahlung von Abrechnungsguthaben bejahen müssen. Wenn die Abrechnungsguthaben durch Beschluss fällig gestellt wurden, spricht daher nichts dagegen, dass dieser Anspruch gegen den Verband tituliert werden kann, um sodann erforderlichenfalls in das Gemeinschaftsvermögen zu vollstrecken, da die Eigentümergemeinschaft im Falle nicht vorhandener Mittel gemäß § 21 Abs. 7 WEG eine andere Fälligkeit hätte festlegen können.[392]

1717 g) **Korrektur der Abrechnung durch Zweitbeschluss.** Erweist sich die Abrechnung nach Ablauf der Beschlussanfechtungsfrist als fehlerhaft, stellt sich die Frage, ob die Wohnungseigentümer durch sog. **Zweitbeschluss** die **Abrechnung korrigieren** können. Abändernde Zweitbeschlüsse sind allgemein nur zulässig, wenn sie schutzwürdige Belange einzelner Wohnungseigentümer aus Inhalt und Wirkung des Erstbeschlusses berücksichtigen.[393] Wurde ein Eigentümer durch eine fehlerhafte Abrechnung rechtswidrig begünstigt, kann er sich nicht auf einen Vertrauensschutz berufen. Zwar entzieht ihm die Korrektur einen durch den ersten Abrechnungsbeschluss begründeten tatsächlichen Vorteil, jedoch hatte er auf diesen Vorteil rechtlich keinen Anspruch, sodass der abändernde Zweitbeschluss keine schutzwürdigen Belange des betroffenen Wohnungseigentümers verletzt.[394]

1718 Allerdings hat der einzelne Wohnungseigentümer **keinen Anspruch auf Korrektur.** Er muss sich darauf verweisen lassen, dass er den fehlerhaften Abrechnungsbeschluss hätte anfechten können. Lediglich wenn die Fehlerhaftigkeit der Abrechnung auf Tatsachen beruht, die innerhalb der Anfechtungsfrist nicht erkennbar waren, mag der einzelne Eigentümer gemäß § 21 Abs. 4 WEG eine Korrektur der Abrechnung durch die Eigentümerversammlung verlangen können, so etwa wenn sich nachträglich herausstellt, dass Verbrauchserfassungsgeräte nicht ordnungsgemäß funktionierten.

11. Anfechtung der fehlerhaften Jahresabrechnung

1719 Ist die Jahresabrechnung inhaltlich fehlerhaft oder leidet der Beschluss an formellen Mängeln, weil z.B. die Eigentümerversammlung nicht ordnungsgemäß einberufen oder durchgeführt wurde, kann jeder Wohnungseigentümer den Genehmigungsbeschluss nach §§ 23 Abs. 4, 46 Abs. 1 WEG **anfechten,** um den Eintritt der Bestandskraft und damit die endgültige Bindungswirkung eines Beschlusses trotz derartiger Mängel zu verhindern.[395] Die Anfechtungsklage ist binnen **eines Monats** nach Beschlussfassung bei dem Amtsgericht einzureichen. Sie hat gemäß § 23 Abs. 4 WEG **keine aufschiebende Wir-**

[390] KG ZMR 2001, 846.
[391] KG ZWE 2002, 413.
[392] *Bärmann/Merle* § 28 Rn. 117; *Riecke/Schmid/Abramenko* § 28 Rn. 93.
[393] BGH NJW 1991, 979.
[394] OLG Düsseldorf ZMR 2000, 475.
[395] BayObLG NZM 1999, 281.

kung, sodass die Jahresabrechnung trotz einer Anfechtung zunächst wirksam ist. Der aus der Abrechnung auf Zahlung in Anspruch genommene Wohngeldschuldner kann sich daher nicht mit Erfolg auf etwaige Fehler der Jahresabrechnung berufen, solange der Genehmigungsbeschluss nicht rechtskräftig für ungültig oder dessen Wirksamkeit durch einstweilige Verfügung vorläufig außer Kraft gesetzt wurde.

Ausgehend von der Schwere des Abrechnungsmangels und seiner Auswirkungen auf die Restabrechnung ist zu entscheiden, ob die Jahresabrechnung **insgesamt** oder nur **in Teilen** anzufechten und für ungültig zu erklären ist. Dies ist wiederum von Bedeutung für den **Umfang der Bestandskraft** der die Jahresabrechnung überprüfenden gerichtlichen Entscheidung. Soweit der Beschluss über die Billigung einer Jahresabrechnung insgesamt für ungültig erklärt wird, muss über die Jahresabrechnung insgesamt neu beschlossen werden, sodass im Rahmen einer neuerlichen Anfechtungsklage die gesamte Jahresabrechnung angegriffen werden kann, auch soweit es um Abrechnungsbestandteile geht, die unverändert übernommen und im Vorverfahren nicht als fehlerhaft gerügt worden sind.[396] Wird hingegen eine Jahresabrechnung nur in Teilen für ungültig erklärt, weil sie im Übrigen nicht angefochten oder vom Gericht nicht als fehlerhaft erkannt wurde, so erwächst sie hinsichtlich des nicht für ungültig erklärten Teils in Bestandskraft.[397] Bei einer erneuten Anfechtung der nach Maßgabe der gerichtlichen Entscheidung korrigierten Jahresabrechnung wäre die gerichtliche Überprüfung auf diese neu erstellten und ergänzend beschlossenen Bereiche der Jahresabrechnung beschränkt.[398] 1720

Fraglich ist allerdings, wann im Einzelfall ein Abrechnungsmangel zu einer **Gesamt- oder** nur einer **Teilungültigkeitserklärung** oder sogar nur zu einem **Ergänzungsanspruch** führt: Nach überwiegender Auffassung ist der Beschluss über die Jahresabrechnung dann **insgesamt für ungültig zu erklären,** wenn die Abrechnungsmängel so schwerwiegend sind, dass die Jahresabrechnung aus sich heraus für einen fachlich nicht vorgebildeten Wohnungseigentümer nicht prüfbar ist (s. o. Rn. 1565), die Jahresabrechnung insgesamt so große Fehler und Lücken aufweist, dass sie zur Gänze als solche unbrauchbar ist[399] oder im Falle einer Teilungültigerklärung die verbleibende Rumpfabrechnung unverständlich wäre.[400] Dies betrifft z. B. Fälle 1721

- in denen eine Jahresabrechnung nicht als reine Einnahmen-/Ausgabenabrechnung, sondern als Bilanz oder Gewinn- und Verlustrechnung aufgebaut und daher für einen Wohnungseigentümer ohne besondere Kenntnisse nicht verständlich und nachprüfbar ist,[401]
- in denen eine Gesamtjahresabrechnung infolge mangelnder Transparenz als grundlegend fehlerhaft zu qualifizieren ist, da die rechnerische Schlüssigkeit nicht nachvollzogen werden kann, sich somit die Kontoanfangs- und Endbestände mit den ausgewiesenen Einnahmen und Ausgaben nicht in Übereinklang bringen lassen,[402]
- in denen eine Jahresabrechnung an mehreren Fehlern leidet, die jeweils für sich genommen nur eine Teilungültigerklärung rechtfertigen würden (s. u. Rn. 1727), sich jedoch wegen der Schwere oder der Vielzahl erheblich auf das Endergebnis auswirken. Hierbei soll es im Ermessen des Gerichts liegen, ob es die Jahresabrechnung insgesamt oder nur teilweise für ungültig erklärt.[403] Eine bloße Teilungültigerklärung sei nur dann zwingend geboten, wenn ein die Festlegung der Gesamtkosten beeinflussender Mangel nicht vorliege (z. B. unzutreffender Kostenverteilungsschlüssel).[404]

---

[396] BayObLG NJW-RR 1989, 1163 (1164).

[397] BGH NZM 2007, 358.

[398] BayObLG NJW-RR 1989, 1163 (1164); BGH NZM 2007, 358.

[399] BayObLG ZMR 2005, 969.

[400] OLG München ZMR 2008, 660.

[401] BayObLG NJW-RR 1993, 1166 (1168); NJW-RR 2000, 1467.

[402] OLG Düsseldorf ZMR 2006, 144 (145); HansOLG Hamburg ZMR 2007, 550 (552).

[403] OLG Frankfurt ZMR 2003, 769; ZWE 2006, 194; OLG München ZMR 2008, 660; a. A. *Jennißen*, Verwalterabrechnung, Rn. 733.

[404] KG WuM 2001, 357.

1722 Soweit nur – isolierte – Fehler vorliegen, die sich auf **rechnerisch selbstständige und abgrenzbare Teile der Jahresabrechnung** beschränken, kann eine hierauf beschränkte **Teilungültigerklärung** durch das Gericht erfolgen.[405] Dies betrifft z. B.

- die Aufnahme bzw. die Nichtaufnahme von Ausgaben und Einnahmen, die in der Jahresabrechnung hätten erfasst oder nicht erfasst werden dürfen, da hiervon die anderen Positionen nicht berührt werden;[406] insbesondere dürfen in den Einzelabrechnungen keine Beträge umgelegt werden, die nicht auch Gegenstand der Gesamtabrechnung sind,[407]
- die Aufnahme an sich unzulässiger Abrechnungsbestandteile, wie etwa Salden von Vorjahren,[408] Abgrenzungspositionen außerhalb des Zulässigen (hierzu s. o. Rn. 1627 ff.)[409] oder Forderungen,[410] soweit diese Bestandteile nicht nur zu Informationszwecken aufgenommen wurden und daher am Abrechnungsergebnis nicht teilhaben und die Prüfbarkeit der Jahresabrechnung im Übrigen nicht beeinträchtigen,
- der Ansatz eines falschen Kostenverteilungsschlüssels in den Einzelabrechnungen, da dieser die Gesamtabrechnung nicht berührt, sondern nur die Einzelabrechnungen und auch nur in dem Umfang der betroffenen Positionen.[411]

1723 Im Übrigen soll eine Anfechtung dann unbegründet sein, wenn nur **marginale Fehler** vorliegen, da eine solche Korrektur solcher Fehler gegen die Grundsätze von Treu und Glauben verstieße,[412] wobei es nach Auffassung des KG nicht ermessensfehlerhaft ist, wenn die Eigentümergemeinschaft geringe Fehler der Jahresabrechnung hinnimmt.[413] Mangels **Rechtsschutzbedürfnis** unzulässig ist auch eine Anfechtungsklage, die eine Änderung der Abrechnung anstrebt, bei der der Kläger im Ergebnis wirtschaftlich schlechter stünde.[414]

1724 Soweit nur eine Teilungültigerklärung erfolgt, müssen allerdings **alle Bestandteile** der Jahresabrechnung in die gerichtliche Entscheidung aufgenommen werden, die von dem Fehler betroffen sind.[415] Es ist daher klarzustellen, inwieweit sich eine Teilungültigerklärung auf die Gesamtabrechnung und/oder die Einzelabrechnungen auswirkt, da die gerichtliche Entscheidung sonst zu ungenau ist.[416]

1725 Fehlen Bestandteile der Jahresabrechnung, die nicht nur der Information dienen (etwa eine Aufstellung der Forderungen und Verbindlichkeiten), die für deren Prüfbarkeit oder ihrem Verständnis erforderlich sind, soll nur ein **Ergänzungsanspruch** bestehen. Dies betrifft etwa

- fehlende Einzelabrechnungen,[417]
- fehlende Kontenstände,[418]
- fehlende Einnahme- oder Ausgabepositionen.[419]

1726 Dieser Auffassung ist allerdings nicht uneingeschränkt zu folgen. Jedenfalls soweit es um **fehlende Abrechnungsbestandteile** geht, die für die rechnerische Schlüssigkeit der

---

[405] BGH NZM 2007, 358.
[406] KG NJW-RR 1986, 1274; 1992, 1168; BayObLG NJW-RR 1990, 1107; OLG München ZMR 2008, 660.
[407] BayObLG WuM 1992, 395.
[408] BayObLG NJW-RR 1992, 1169.
[409] BayObLG NJW-RR 1990, 1107 (1108).
[410] BayObLG NJW-RR 2002, 1093 (1094).
[411] BGH NZM 2007, 358.
[412] BayObLG NJW-RR 1997, 715 (716).
[413] KG NJW-RR 1987, 1160 (1161).
[414] *Riecke/Schmid/Abramenko* § 28 Rn. 106.
[415] BayObLG ZMR 2005, 969.
[416] BayObLG ZMR 2005, 969: bei der Tenorierung einer Ungültigerklärung „nur hinsichtlich der Heizkosten“.
[417] BayObLG NJW-RR 1989, 1163 (1164); NJW-RR 1992, 1169.
[418] BayObLG ZMR 1999, 185 (186).
[419] BayObLG NJW-RR 1989, 1163 (1164); NJW-RR 1992, 1169; KG ZMR 1997, 541 (542).

Jahresabrechnung von Bedeutung sind („Plausibilitätsrechnung“ anhand der Kontenstände und des Saldos zwischen Gesamteinnahmen und Gesamtausgaben, s. o. Rn. 1630 f.), ist die Jahresabrechnung mit einem so schwerwiegenden Fehler behaftet, dass sie bzw. der billigende Beschluss keinen Bestand haben kann.[420] Ohne derartige Angaben ist die Jahresabrechnung für die Wohnungseigentümer auf einfachem Weg nicht prüfbar. Erst wenn die Plausibilitätsrechnung möglich ist und sich dabei Anhaltspunkte für Abrechnungsfehler ergeben, haben die Wohnungseigentümer Anlass, die Verwaltungsunterlagen näher zu prüfen. Den Eigentümern ist mit einem bloßen Ergänzungsanspruch daher nicht gedient, da dessen Umsetzung für die fristgebundene Beantwortung der Frage, ob die Jahresabrechnung in den vorliegenden Teilen anzufechten ist, zu spät käme.

Soweit nur solche – isolierte – Fehler vorliegen, die sich auf rechnerisch selbstständige und abgrenzbare Teile der Jahresabrechnung beschränken, kann die **Anfechtung** von vornherein **auf einzelne Abrechnungspositionen beschränkt** werden.[421] Dies ist allerdings im Klageantrag zum Ausdruck zu bringen. Das Gericht hat sich dann nur mit diesem eingeschränkten Streitgegenstand zu beschäftigen und die Jahresabrechnung ggf. auch nur insoweit für ungültig zu erklären.[422] Da mit Ablauf der Anfechtungsfrist die Anfechtungsklage nicht mehr auf andere Positionen oder eine Gesamtanfechtung der Jahresabrechnung erweitert werden kann, ist eine solche Einschränkung mit Risiken behaftet, führt allerdings auch zu einer Reduzierung des Streitwertes und des Kostenrisikos.[423] 1727

Eine **Beschränkung** des Klageantrags ergibt sich allerdings nicht allein daraus, dass in der **Anfechtungsbegründung** nur einzelne Positionen der Abrechnung gerügt werden, wenn im Übrigen deutlich wird, dass die gesamte Jahresabrechnung für ungültig erklärt werden soll.[424] Jedoch bleibt die Prüfung des Gerichts auf die Anfechtungsgründe beschränkt, die innerhalb der Anfechtungsbegründungsfrist des § 46 Abs. 1 Satz 2 WEG wenigstens ihrem Kern nach vorgetragen wurden. Nach Ablauf dieser Frist darf zwar der Sachvortrag zu den vorgetragenen Gründen noch „verdichtet“ werden; neue Anfechtungsgründe können jedoch nicht nachgeschoben werden.[425] Eine Verlängerung der Anfechtungsbegründungsfrist durch das Gericht kommt nicht in Betracht.[426] 1728

12. Entlastung des Verwalters

Mit der Entlastung bringen die Wohnungseigentümer die **Billigung der Verwaltungstätigkeit** in der entlasteten Wirtschaftsperiode zum Ausdruck. Die Eigentümer verzichten mit der Entlastung auf etwaige Schadensersatzansprüche gegen den Verwalter. Obwohl die Entlastung im WEG nicht vorgesehen ist, wird sie überwiegend anerkannt. Sie bildet im Rahmen des Bestellungsrechtsverhältnisses zwischen Gemeinschaft und Verwalter eine Grundlage für eine weitere vertrauensvolle Zusammenarbeit.[427] 1729

a) Verhältnis zwischen Jahresabrechnung und Entlastung. Die Jahresabrechnung hat die Einnahmen und Ausgaben der Gemeinschaft ausgehend vom Abfluss-/Zuflussprinzip zu erfassen (s. o. Rn. 1565). Als reines Rechenwerk trifft die Abrechnung keine Aussage darüber, weshalb die Einnahmen und Ausgaben angefallen sind und ob der Verwalter die Zahlungsflüsse veranlassen durfte (s. o. Rn. 1566). Auch Ausgaben, die der Verwalter 1730

---

420 *Jennißen,* Verwalterabrechnung, Rn. 734; *Niedenführ/Kümmel/Vandenhouten* § 28 Rn. 99.
421 OLG München ZMR 2008, 660; BGH NZM 2007, 358.
422 BayObLG WuM 1993, 481.
423 *Riecke/Schmid/Abramenko* § 28 Rn. 105.
424 BayObLG ZMR 2003, 692.
425 *Jennißen,* WEG, § 46 Rn. 108; verneinend unter Hinweis auf eine analoge Anwendung des § 246 Abs. 1 AktG: AG Konstanz ZMR 2008, 494; vgl. auch *Briesemeister* ZMR 2008, 253.
426 LG Dessau-Roßlau ZMR 2008, 324.
427 BGH NJW 2003, 3124 m. w. N. zum Streitstand.

nicht tätigen durfte, sind in die Abrechnung einzustellen (siehe Rn. 1581). Mit der Entlastung hingegen entscheiden die Wohnungseigentümer über die Frage, ob die Wirtschaftsführung des Verwalters, insbesondere die Verwaltung der gemeinschaftlichen Gelder, im betroffenen Zeitraum ordnungsmäßigem Verwaltungshandeln entsprach. Im Rahmen der Entlastung des Verwalters treffen die Wohnungseigentümer somit eine Aussage über die **sachliche und rechtliche Richtigkeit** der den Einnahmen und Ausgaben zu Grunde liegenden Verwaltungsvorgänge. Eine Jahresabrechnung kann folglich auch dann ordnungsgemäß sein, wenn eine an sich nicht berechtigte Ausgabe (z. B. zu hohes Verwalterhonorar) eingestellt wurde. Eine Verwalterentlastung ist in einem solchen Fall jedoch nicht zu erteilen; ein Entlastungsbeschluss wäre auf rechtzeitige Anfechtung hin für ungültig zu erklären.[428]

1731 Die Abrechnungsgenehmigung und die Entlastung haben somit **unterschiedliche Regelungsgegenstände,** die nur teilweise in Verbindung stehen. Dem Verwalter darf nur Entlastung erteilt werden, wenn er (u. a.) die Jahresabrechnung ordnungsgemäß erstellt hat. Umgekehrt bedeutet die Erstellung einer ordnungsgemäßen Jahresabrechnung nicht, dass der Verwalter sämtliche ihm übertragenen Aufgaben ordnungsgemäß erfüllt hat. Daher kann die Jahresabrechnung genehmigt werden, ohne dem Verwalter für das entsprechende Wirtschaftsjahr die Entlastung zu erteilen.[429] Es ist zulässig und wegen der unterschiedlichen Regelungsgegenstände auch zu empfehlen, getrennt über Abrechnung und Entlastung abzustimmen.

1732 Fraglich ist, ob ein Abrechnungsbeschluss automatisch die Entlastung des Verwalters enthält und ob im umgekehrten Fall die erteilte Entlastung zugleich die Genehmigung der Abrechnung bedeutet, wenn **keine getrennten Abstimmungen** erfolgen. Da Abrechnungsgenehmigung und Entlastung in einem inneren Zusammenhang stehen, soll der Beschluss über die Billigung der Jahresabrechnung nach überwiegender Rechtsprechung zugleich die Entlastung umfassen, wenn die Wohnungseigentümer keinen anderen Willen äußern.[430] Solle eine derartige Verknüpfung verhindert werden, müsse die Eigentümergemeinschaft bei der Genehmigung der Jahresabrechnung ausdrücklich klarstellen, dass mit der Abrechnungsgenehmigung keine Entlastung einhergehen soll.[431] Dieser Auffassung kann jedoch nicht gefolgt werden. Eben weil es sich bei Entlastung und Abrechnungsgenehmigung um unterschiedliche Regelungsgegenstände handelt und dem fachlich nicht vorgebildeten Wohnungseigentümer ohne weiteres nicht klar ist, dass er mit der Abrechnungsgenehmigung auch auf mögliche Ansprüche gegen den Verwalter verzichtet, kann in einen Beschluss über die Genehmigung der Jahresabrechnung regelmäßig **nicht zugleich** eine konkludente **Entlastung** hineingelesen werden.[432] Etwas anderes ist nur dann anzunehmen, wenn das Thema Entlastung und deren Folgen ausdrücklich Gegenstand der Erörterungen über die Jahresabrechnung und daher von der Willensbildung der Eigentümer umfasst war.

1733 Soweit **lediglich** die **Verwalterentlastung beschlossen** wurde, soll hiermit aufgrund des inneren Zusammenhanges zwischen der Billigung der Verwaltungstätigkeit und der Abrechnungsgenehmigung regelmäßig die Genehmigung der Jahresabrechnung einhergehen, wenn die Abrechnungsunterlagen vorlagen und Gegenstand der Erörterungen in der Eigentümerversammlung waren.[433] Auch diese Ansicht ist jedoch umstritten[434] und dürfte aus den eben dargelegten Gründen nicht zutreffend sein.

---

[428] OLG Düsseldorf WuM 1991, 619.

[429] BayObLG WuM 1990, 175.

[430] BayObLG Grundeigentum 1989, 523; OLG Düsseldorf ZMR 1999, 655; OLG München NJW-RR 2007, 1094 (1095).

[431] OLG München NJW-RR 2007, 1094 (1095).

[432] *Jennißen,* Verwalterabrechnung, Rn. 564.

[433] BayObLGZ 1988, 287 (290); OLG Düsseldorf ZMR 1999, 655; OLG München ZMR 2007, 988.

[434] KG NJW-RR 1987, 79; WuM 1986, 356; *Jennißen,* Verwalterabrechnung, Rn. 565.

b) Entlastungsbeschluss. Wie über die Genehmigung der Jahresabrechnung entscheiden die Miteigentümer über die Entlastung durch **Beschluss mit einfacher Stimmenmehrheit.**[435] Soweit nicht anderes vereinbart ist, hat der Verwalter allerdings **keinen Anspruch** auf eine Entlastung.[436] Es unterfällt dem Ermessen der Wohnungseigentümer, ob sie den Verwalter für eine abgelaufene Wirtschaftsperiode entlasten, sodass es auch keinen Verstoß gegen die Grundsätze ordnungsmäßigen Verwaltungshandelns darstellt, wenn die Eigentümergemeinschaft eine Entlastung verweigert.[437] Inhaltlich widerspricht eine Verwalterentlastung allerdings nicht grundsätzlich ordnungsmäßiger Verwaltung, obwohl mit der Entlastung weitreichende Folgen verbunden sind (s. u. Rn. 1738 ff.) und die Eigentümergemeinschaft hierfür an sich keine Gegenleistung erhält. Für die Vereinbarkeit eines Entlastungsbeschlusses mit den Grundsätzen ordnungsmäßiger Verwaltung ist letztlich maßgebend, **ob Ansprüche** gegen den Verwalter erkennbar in Betracht kommen.[438] Ist das der Fall, so ist eine Entlastung nur ausnahmsweise gerechtfertigt, wenn aus besonderen Gründen Anlass besteht, auf die Durchsetzung der Ansprüche zu verzichten.[439] 1734

Ein Beschluss über die Entlastung der Verwaltung **widerspricht** dann **den Grundsätzen ordnungsmäßigen Verwaltungshandelns,** wenn der Verwalter seinen Verpflichtungen nach dem WEG, der Teilungserklärung/Gemeinschaftsordnung, der Beschlusslage und seinem Verwaltervertrag nicht genügt hat, sodass die Wohnungseigentümer durch Erteilung der Entlastung in der Durchsetzung ihrer Ansprüche gegen den Verwalter eingeschränkt wären. Aufgrund des inneren Zusammenhanges zwischen Jahresabrechnung und zugrunde liegender Verwaltungstätigkeit würde eine Verwalterentlastung immer schon dann den Grundsätzen ordnungsmäßigen Verwaltungshandelns widersprechen, wenn die Jahresabrechnung formal oder inhaltlich nicht den erforderlichen Voraussetzungen genügen würde und auf rechtzeitige Anfechtung hin zu ergänzen oder für unwirksam zu erklären wäre.[440] Im Falle der Notwendigkeit einer Abrechnungsanfechtung sollte daher auch immer eine etwa erteilte Entlastung mit angefochten werden, wobei der Anfechtung des Beschlusses über die Billigung der Jahresabrechnung häufig im Wege der Auslegung auch die Anfechtung des Entlastungsbeschlusses beizumessen sein wird.[441] 1735

Auch wenn die Jahresabrechnung jedoch rechnerisch zutreffend sein sollte, kann die Entlastung zu verweigern sein, wenn über einzelne Verwaltungsvorgänge Unklarheit besteht. Erteilt die Eigentümergemeinschaft mehrheitlich gleichwohl die Entlastung, bleibt der überstimmten Minderheit nur die **rechtzeitige Beschlussanfechtung,** wenn sie sich die Möglichkeit der Geltendmachung von Ersatzansprüchen offen halten will. In einem solchen Anfechtungsverfahren prüft das Gericht allerdings nicht abschließend, ob tatsächlich ein zum Schadensersatz verpflichtendes Verwalterfehlverhalten vorliegt, sondern nimmt lediglich eine **summarische Prüfung** vor. Das Gericht prüft, ob **Schadensersatzansprüche** gegen den Verwalter **erkennbar in Betracht kommen.**[442] Ist dies der Fall, ist die Entlastung bereits für ungültig zu erklären. Eine präjudizierende Wirkung für das hiermit eröffnete – gesonderte – Schadensersatzverfahren hat diese Entscheidung jedoch nicht.[443] 1736

Dem Verwalter ist es aufgrund der unterschiedlichen Regelungsgegenstände zwar gestattet, auch selbst (Eigentümerverwalter) bzw. mit ihm erteilten Vollmachten über die 1737

---

435 *Bärmann/Merle* § 28 Rn. 129.

436 BGH NJW 2003, 3124; OLG Düsseldorf Wohnungseigentümer 1981, 25; WuM 1996, 723; *Niedenführ/Kümmel/Vandenhouten* § 28 Rn. 213.

437 KG WuM 1993, 303.

438 BGH NJW 2003, 3124.

439 BGH NJW 2003, 3124.

440 *Bärmann/Merle* § 28 Rn. 130 m. w. N.

441 OLG Düsseldorf WuM 1991, 619.

442 BGH NJW 2003, 3124.

443 *Niedenführ/Kümmel/Vandenhouten* § 28 Rn. 208.

Genehmigung der eigenen Jahresabrechnung abzustimmen. Bei dem **Beschluss über seine Entlastung**[444] ist der Verwalter allerdings gemäß § 25 Abs. 5 WEG von der **Abstimmung ausgeschlossen,** auch wenn die Entlastung mit der Abrechnungsgenehmigung verbunden ist. Will der Verwalter diese Problematik vermeiden, muss er auf getrennte Abstimmungen drängen[445] bzw. die ihm erteilten Vollmachten per Untervollmacht weiterreichen.[446]

1738 c) **Wirkung der Entlastung.** Die Entlastung hat die Wirkung eines **negativen Schuldanerkenntnisses** i. S. d. § 397 Abs. 2 BGB.[447] Soweit die Entlastung zusammen mit der Erörterung und Billigung der Jahresabrechnung erteilt wird, beschränkt sich die Entlastung auf das Verwalterhandeln, das sich in der Jahresabrechnung niedergeschlagen hat.[448] Mit erteilter Entlastung ist der Verwalter i. d. R. von der Verpflichtung gegenüber den Wohnungseigentümern befreit, weitere Erklärungen über Vorgänge abzugeben, die den Eigentümern bei der Beschlussfassung über die Entlastung bekannt waren oder – bei zumutbarer Sorgfalt – hätten bekannt sein können.[449] Maßgeblich ist die Kenntnis oder das Kennenmüssen aller Wohnungseigentümer[450] oder des Verwaltungsbeirates bzw. eines seiner mit der Prüfung beauftragten Mitglieder.[451]

1739 In diesem Rahmen schließt die Entlastung jegliche **Schadensersatzansprüche** oder konkurrierende Ansprüche aus.[452] Auch für die Frage der **Abwahl einer Verwaltung aus wichtigem Grund** kann es maßgeblich auf die Verwalterentlastung ankommen, denn Abwahlgründe, die aus bereits entlasteten Zeiträumen resultieren, können für eine vorzeitige Beendigung des Verwalteramtes grundsätzlich nicht mehr herangezogen werden.[453]

1740 Allerdings ist der Verwalter nach erteilter Entlastung nicht unbesehen und immer von Schadensersatzansprüchen befreit. Soweit der Verwalter eine Pflichtverletzung begangen hat, die für einen durchschnittlich vorgebildeten Wohnungseigentümer auch **bei sorgfältiger Prüfung** der Verwaltungsunterlagen **nicht erkennbar** war (z. B. rechtsgrundlos abgebuchte Verwaltergebühren „versteckt" unter der Abrechnungsposition „sonstige Betriebskosten")[454] oder die einen Straftatbestand zum Nachteil der Eigentümergemeinschaft erfüllt,[455] bleibt der Verwalter in der Haftung. Solche Fallkonstellationen bleiben daher auch für die Frage der vorzeitigen Abberufung aus wichtigem Grund relevant.[456]

1741 Von der Entlastung unberührt bleiben auch die Schadensersatzansprüche des einzelnen Wohnungseigentümers (z. B. Nichtvermietbarkeit seiner Wohnung), da die Entlastung nur Angelegenheiten des Gemeinschaftseigentums betrifft und die Eigentümergemeinschaft nicht die Beschlusskompetenz hat, **individuelle Ansprüche eines Eigentümers** zu vernichten.[457]

---

[444] BayObLG WE 1987, 158; OLG Zweibrücken ZMR 1992, 206; OLG Köln ZMR 2007, 715.
[445] *Bärmann/Merle* § 28 Rn. 153.
[446] OLG Zweibrücken NZM 1998, 671, wonach es allerdings unzulässig ist, die Untervollmacht mit einer Abstimmungsweisung zugunsten des Verwalters zu verbinden.
[447] BGH NJW 1997, 2106; OLG Karlsruhe AIZ 2000, 40; BayObLG WuM 2000, 381.
[448] BayObLG NZM 2001, 388; NZM 2003, 31.
[449] BGH NJW 1997, 2106; BayObLG ZMR 1976, 88; ZMR 2001, 558.
[450] BayObLG NJW-RR 2003, 78 (79).
[451] OLG Düsseldorf ZWE 2001, 270.
[452] BGH NJW 1997, 2106; BayObLG ZMR 1976, 88; ZMR 2001, 558.
[453] BayObLG WE 1998, 114.
[454] LG Hamburg MDR 1988, 410.
[455] OLG Stuttgart WE 1990, 106; OLG Celle NJW-RR 1991, 979.
[456] BayObLG WE 1998, 114.
[457] BayObLG WE 1990, 145; OLG Hamm NJW-RR 1997, 908.

13. Rechnungslegung

Gemäß § 28 Abs. 4 WEG können die Wohnungseigentümer vom amtierenden Verwalter jederzeit – in den Grenzen des Rechtsmissbrauchs[458] – eine Rechnungslegung **für das laufende Wirtschaftsjahr** verlangen. Nach Ablauf des Wirtschaftsjahres wandelt sich der Anspruch auf Rechnungslegung in einen Anspruch auf Abrechnung nach § 28 Abs. 3 WEG. Die Rechnungslegung dient der **Kontrolle des amtierenden Verwalters** und der Überprüfung der Vermögensverhältnisse der Gemeinschaft während des Wirtschaftsjahres. Die Geltendmachung des Anspruchs auf Rechnungslegung ist geboten, wenn sich Anhaltspunkte ergeben, dass der Verwalter von den Vorgaben des Wirtschaftsplans abweicht oder wenn sonstige Unregelmäßigkeiten bei der Verwaltung der gemeinschaftlichen Gelder auftreten. Da der Rechnungslegungsanspruch grundsätzlich ein gemeinschaftsbezogener Anspruch ist, ist für dessen Wahrnehmung ein vorheriger **Mehrheitsbeschluss** der Wohnungseigentümer erforderlich. Erstellt der Verwalter trotz des Beschlusses die Rechnungslegung nicht, kann jedoch jeder Wohnungseigentümer vom Verwalter die Durchführung des Beschlusses gemäß § 27 Abs. 1 Nr. 1 WEG verlangen (ebenso wie jeder Wohnungseigentümer nach Ablauf des Wirtschaftsjahres die Erstellung der Jahresabrechnung gerichtlich erzwingen könnte).[459] Unabhängig davon können die Wohnungseigentümer beschließen, dass der Rechnungslegungsanspruch gemäß § 10 Abs. 6 Satz 3 WEG von der rechtsfähigen Gemeinschaft gerichtlich durchgesetzt wird. Soll die Gemeinschaft in diesem Fall nicht durch alle Wohnungseigentümer vertreten werden (§ 27 Abs. 3 Satz 3 WEG), so muss der Beschluss regeln, welcher Eigentümer die Gemeinschaft vertreten soll (§ 27 Abs. 3 Satz 3 WEG). 1742

Von einem **früheren Verwalter** kann eine Rechnungslegung für solche Zeiträume verlangt werden, in denen dieser Verwalter im Amt war und die er nicht abzurechnen hatte, weil er vor Fälligkeit der Abrechnungserstellung aus dem Verwalteramt ausgeschieden ist.[460] Die Verpflichtung zur Rechnungslegung entsteht mit dem Ausscheidung des Verwalters aus dem Amt. Eines gesonderten Eigentümerbeschlusses bedarf es nicht mehr, da der ausgeschiedene Verwalter durch den Beschluss nicht mehr gebunden werden könnte. Der Anspruch wird gemäß § 10 Abs. 6 Satz 3, 1. Halbsatz WEG von der rechtsfähigen Gemeinschaft, vertreten durch den amtierenden Verwalter, gerichtlich durchgesetzt. Der amtierende Verwalter bedarf allerdings einer Ermächtigung zur Prozessvertretung nach § 27 Abs. 3 Nr. 4 i. V. m. Abs. 2 Nr. 3 WEG. 1743

Der Umfang der Rechnungslegung bestimmt sich nach § 259 BGB. Rechnungslegung in diesem Sinne bedeutet eine **geordnete Gegenüberstellung aller Einnahmen und Ausgaben** der Gemeinschaft ähnlich einer Gesamtjahresabrechnung, ohne eine Aufteilung auf die einzelnen Sondereigentumseinheiten in Form von Einzelabrechnungen.[461] Die Rechnungslegung hat die Einnahmen und Ausgaben für den maßgeblichen Zeitraum unter **Beifügung von Belegen** aufzugliedern und die Kontenstände zum Beginn und zum Ende des Rechnungslegungszeitraums sowie die offenen Forderungen und Verbindlichkeiten der Gemeinschaft anzugeben.[462] Maßgeblich für die Prüfbarkeit ist auch hier die Erkenntnisfähigkeit eines durchschnittlichen Wohnungseigentümers.[463] Die Rechnungslegung ist vollständig und schlüssig, wenn folgende Plausibilitätsrechnung aufgeht: Kontoanfangsbestand + Einnahmen – Ausgaben = Kontoendbestand. 1744

---

[458] *Riecke/Schmid/Abramenko* § 28 Rn. 128.

[459] A. A. *Bärmann/Merle* in: § 28 Rn. 136.

[460] KG ZMR 1988, 70; BayObLG WE 1994, 280; zur Fälligkeit der Abrechnungserstellung beim Verwalterwechsel siehe Rn. 1474 ff.

[461] BayObLG WE 1994, 280; OLG Frankfurt WuM 1999, 61.

[462] KG OLGZ 1981, 304; OLG München ZMR 2007, 814; OLG Oldenburg ZMR 2008, 238.

[463] KG WE 1988, 17.

1745 Die Wohnungseigentümer können gemäß § 28 Abs. 5 WEG durch **Beschluss** mit einfacher Stimmenmehrheit entscheiden, ob sie die Rechnungslegung des Verwalters anerkennen oder eine Korrektur bzw. Nachbesserung verlangen. Ein gesondertes **Honorar** erhält der Verwalter mangels gesonderter Regelung für die Rechnungslegung nicht.[464]

1746 **Anhang: Raster einer Jahresabrechnung**

1747 Die **Gesamtjahresabrechnung** umfasst idealerweise:

1748 • Allgemeine Angaben, wie:
- Abrechnungszeitraum,
- Bezeichnung der Wohnanlage,
- Grunddaten der Wohnanlage (z. B. Gesamtfläche, Heizfläche, MEA, Einheiten),

1749 • Alle **tatsächlichen Gesamtausgaben**, aufgegliedert in übersichtliche Positionen (analog Wirtschaftsplan), insbesondere:
- Betriebskosten,
- Verwaltungskosten,
- Kosten der Instandhaltung und Instandsetzung,
- besondere Kosten aufgrund bestandskräftig beschlossener baulicher Veränderungen oder sonstiger Maßnahmen, die über die ordnungsgemäße Instandhaltung oder Instandsetzung hinausgehen,
- u. U. getrennte Ausweisung der Umsatzsteuer,

1750 • Kontenwirksame interne **Umbuchungen**, insbesondere:
- Umbuchungen aus der Instandhaltungsrücklage,
- Umbuchungen in die Instandhaltungsrücklage,

1751 • Alle **Gesamteinnahmen**, untergliedert in aussagekräftige Positionen, z. B.:
- Wohngelder,
- Bankzinsen,
- Einnahmen aus der Vermietung gemeinschaftlichen Eigentums,
- Versicherungsleistungen,

1752 • Die tatsächlichen **Kontenstände** aller WEG-Konten zu Beginn und Ende des Wirtschaftsjahres, insbesondere:
- Girokonto,
- Instandhaltungsrücklagenkonto,

1753 • Die Darstellung der **Ist**-Entwicklung der **Instandhaltungsrücklage:**
- tatsächlicher Anfangsbestand,
- Zugänge,
- Abgänge,
- tatsächlicher Endbestand,

1754 • (informatorisch) die Darstellung der **Soll**-Entwicklung der **Instandhaltungsrücklage:**
- Anfangsbestand,
- Zugänge,
- Abgänge,
- Endbestand,

1755 • Die Darstellung der Abgrenzungspositionen Ausgaben, insbesondere:

– Heizkosten:	bez. Abrechnungsjahr,	umgelegt Abrechnungsjahr,
	bez. Abrechnungsjahr,	umgelegt im Vorjahr,
	bez. Abrechnungsjahr,	umgelegt im Folgejahr,
	bez. im Folgejahr	umgelegt im Abrechnungsjahr,
	bez. im Vorjahr,	umgelegt im Abrechnungsjahr,
	umlagefähiger Betrag	… €,

1756 Die **Einzeljahresabrechnungen** beinhalten:

1757 • Die (positionsgerechte) Umlage der **tatsächlichen** Gesamtausgaben unter Anlegung des für die einzelnen Kostenpositionen geltenden **Kostenverteilungsschlüssels** objektbezogen auf die einzelne Sondereigentumseinheit,
- Fest umzulegende Ausgaben,
- verbrauchsabhängig umzulegende Ausgabe,

---

[464] *Bärmann/Merle* § 28 Rn. 139; a. A. OLG Köln NJW 1986, 328.

- u. U. getrennte Ausweisung der Umsatzsteuer,
- Einzelanlastungen,

• Die Umlage wohngeldwirksamer interne **Umbuchungen,** insbesondere: 1758
- Umbuchungen aus der Instandhaltungsrücklage,
- Umbuchungen in die Instandhaltungsrücklage,

• Die Umlage **fiktiver Ausgaben,** insbesondere: 1759
die Differenz zwischen der Umbuchung in die Instandhaltungsrücklage und der gemäß Wirtschaftsplan oder Beschluss zu bildenden **Soll-Instandhaltungsrücklage,**

• Eine **Saldierung** der Einzelpositionen und Ausweis des auf das Sondereigentum entfallenden Anteils an den Gesamtausgaben und der Instandhaltungsrücklage, 1760

• Die entsprechende Aufteilung der ausgabenmindernden Gesamteinnahmen, 1761

• Die Darstellung der Abgrenzungsposition Einnahmen: 1762

– Wohngeld:	bez. Abrechnungsjahr,	zweckbestimmt für Abrechnungsjahr,
	bez. Abrechnungsjahr,	zweckbestimmt für Vorjahr,
	bez. Abrechnungsjahr,	zweckbestimmt für Folgejahr,
	ansatzfähiger Betrag in der Einzelabrechnung … €,	

• Die Ermittlung des konkret auf das Sondereigentum entfallende Einzeljahresergebnisses, 1763

Zusätzliche **informatorische** Angaben in der Jahresabrechnung: 1764

• Der Saldenausgleich: 1765
- Auflistung der Salden aus früheren Jahresabrechnungen,
- Auflistung hierauf zu verrechnender Wohngeldeingänge im abgerechneten Wirtschaftsjahr,

• Der Status: insbesondere Angaben zu 1766
- den Einnahmen/Ausgaben,
- den offenen Forderungen und Verbindlichkeiten,
- den Bankbeständen,
- den Darlehenskonten,
- dem Ölbestand,

• Angaben für die Steuererklärung: 1767
- Abgeltungssteuer
- anteilige Aufwendungen für begünstigte haushaltsnahe Beschäftigungsverhältnisse und Dienstleistungen.

IX. Verwaltung durch den Verwaltungsbeirat

1768 Der Verwaltungsbeirat ist eine der drei in § 20 Abs. 1 WEG genannten Verwaltungsorgane von Eigentümergemeinschaften. Die Verwaltung des gemeinschaftlichen Eigentums obliegt in erster Linie den Wohnungseigentümern selbst als dem obersten Entscheidungsgremium in Wohnungseigentümergemeinschaften. Die Verwaltungstätigkeit findet ihre Ausgestaltung in Beschlüssen, die in Eigentümerversammlungen gefasst werden.

1769 Umgesetzt werden diese Beschlüsse vom Verwalter als dem zweiten Verwaltungsorgan.

1770 Der Verwaltungsbeirat schließlich als drittes Glied der organschaftlichen Verwaltung hat die Aufgabe, die Tätigkeit des Verwalters mit wachem Auge zu begleiten und ihn bei der Ausführung der Verwaltungsaufgaben zu unterstützen.

1771 Dabei ist der Verwaltungsbeirat das am meisten überschätzte Organ im WEG, da Mitglieder des Verwaltungsbeirates in vielen Fällen ihre Kompetenzen verkennen. Sie sind keine Aufsichtsräte und gegenüber niemandem – insbesondere nicht gegenüber dem Verwalter – weisungsbefugt,[1] noch gar Vorgesetzte des Verwalters.[2] Zu einer Überwachung der Verwaltertätigkeit sind die Mitglieder des Veraltungsbeirates zwar befugt, aber nur dann verpflichtet, wenn sie hierzu besonders beauftragt worden sind.[3] Hat der Verwaltungsbeirat Mängel bei der Tätigkeit des Verwalters festgestellt, muss er diese den Wohnungseigentümern als seinen Auftraggebern bekannt geben.[4] Die Mitglieder des Verwaltungsbeirates sollten sich auch nicht als „Polizisten vor Ort“ gerieren, sondern ihre Legitimationsgrenzen kennen.[5] Bei der Ausübung des Amtes eines Verwaltungsbeirates ist es allerdings legitim, Eigeninteressen zu verfolgen, was aber nicht bedeutet, sich Sondervorteile verschaffen zu dürfen.[6]

1772 Aufklärung und Weiterbildung der Mitglieder von Verwaltungsbeiräten ist daher notwendig, um Reibungsverluste insbesondere im Verhältnis zwischen Verwaltungsbeirat und Verwalter zu vermeiden.

1773 Macht in Kleinstgemeinschaften die Bestellung eines Verwaltungsbeirates keinen Sinn, da der Beirat oftmals aus der Mehrheit aller Eigentümer bestehen würde, kann eine Beiratstätigkeit in Großgemeinschaften höchst hilfreich sein und eine effektive Verwaltung im Interesse des Gemeinschaftswohles fördern.

1. Die gesetzlichen Regelungen

1774 Das Wohnungseigentumsgesetz enthält nur wenige Bestimmungen, die die Mitglieder des Verwaltungsbeirates und ihre Tätigkeit betreffen. Hieran hat auch die am 1. 7. 2007 in Kraft getretene WEG-Novelle nichts geändert, die die bisherigen, den Verwaltungsbeirat betreffenden gesetzlichen Bestimmungen mit identischem Wortlaut übernommen hat. Man mag bedauern, dass dabei die Chance vertan wurde, Streitfragen zu klären und Unzulänglichkeiten in der Praxis zu beheben. So wäre es etwa wünschenswert gewesen, die Vorgaben zur Zahl der Mitglieder eines Verwaltungsbeirates (§ 29 Abs. 1: drei Wohnungseigentümer) aufzuheben. Dies hätte es einerseits kleineren Eigentümergemeinschaften erleichtert, wenigstens einen aus ein oder zwei Personen bestehenden Beirat zu wählen, anstelle vor die Alternative gestellt zu werden, entweder ganz auf eine Verwaltungsbeiratswahl zu verzichten oder aber eine Wahl durchzuführen, die wegen Unterschreitung der vorgegebenen Mitgliederzahl anfechtbar ist. Andererseits hätte dem Be-

[1] OLG Frankfurt a. M. WE 1986, 141.
[2] *Drasdo* DWE 2005, 77 (78).
[3] BayObLG WE 1996, 234 (235).
[4] BayObLG WuM 1995, 678 (LS).
[5] *Deckert,* Der Verwaltungsbeirat, DWE 2005, 12.
[6] *Deckert* a. a. O.

dürfnis größerer Wohnungseigentümergemeinschaften Rechnung getragen werden können, bei hoher Arbeitsbelastung der Verwaltungsbeiratsmitglieder die Beiratsarbeit auf mehr als drei Personen zu verteilen.

Im WEG finden sich nur wenige Bestimmungen, die den Verwaltungsbreirat und seine Tätigkeit betreffen: 1775

- Die gesetzliche Grundlage für die Wahl der Mitglieder eines Verwaltungsbeirates und deren Tätigwerden findet sich in § 29 WEG.
- Die organschaftliche Stellung des Verwaltungsbeirates findet ihren Ausdruck in § 20 Abs. 1 WEG.
- Eine besondere Aufgabenstellung des Verwaltungsbeirates ergibt sich aus § 24 WEG, der die Modalitäten der Durchführung von Eigentümerversammlungen regelt.
- Schließlich wird der Verwaltungsbeirat ein weiteres und letztes Mal im Zusammenhang mit der Unterzeichnung von Protokollen von Eigentümerversammlungen § 24 Abs. 6 WEG erwähnt.

2. Regelungen zur Wahl des Verwaltungsbeirats in der Teilungserklärung

Im Gegensatz zur Verwalterbestellung, die auch in einer Teilungserklärung nicht ausgeschlossen werden kann (§ 20 Abs. 2 WEG), hat der Gesetzgeber eine vergleichbare Regelung für den Verwaltungsbeirat nicht für erforderlich gehalten. Auch wenn der Verwaltungsbeirat nur mit bescheidenen rechtlichen Möglichkeiten ausgestattet ist, kommt der Einrichtung eines Verwaltungsbeirats in der Praxis häufig eine weitreichende Vermittlungsfunktion zwischen Eigentümergemeinschaft und Verwalter zu, die bisweilen für ein reibungsloses Miteinander zwischen Eigentümergemeinschaft und Verwaltung entscheidend sein kann. 1776

a) **Ausschluss der Beiratswahl.** Trotz des besonderen Stellenwertes eines Verwaltungsbeirates hat der Gesetzgeber mit der WEG-Novelle nichts daran geändert, dass die Vorschriften über den Verwaltungsbeirat dispositiv sind. Die Bestellung eines Verwaltungsbeirates kann daher in der Gemeinschaftsordnung oder im Rahmen einer Vereinbarung zwischen den Wohnungseigentümern ausgeschlossen werden.[7] 1777

Der vereinbarte Ausschluss einer Bestellung des Verwaltungsbeirates muss allerdings eindeutig zum Ausdruck gebracht werden. Findet sich z. B. die Formulierung, dass die Wahl des Verwaltungsbeirates „nicht vorgesehen" ist, so handelt es sich nicht um einen definitiven Ausschluss der Möglichkeit, einen Verwaltungsbeirat zu wählen. Eine solche Bestimmung hindert nur die Durchsetzung einer Verwaltungsbeiratswahl des Einzelnen gegen den Mehrheitswillen, schließt den mehrheitlichen Willensbildungsprozess jedoch nicht aus, sich doch für die Wahl eines Verwaltungsbeirats zu entschließen. 1778

Durch **Mehrheitsbeschluss** kann die Bestellung eines Verwaltungsbeirates jedoch nicht ausgeschlossen werden. Eigentümergemeinschaften fehlt die Beschlusskompetenz, gesetzliche Regelungen durch Mehrheitsbeschluss abzuändern. Ein solcher Mehrheitsbeschluss, der die Bestellung eines Verwaltungsbeirates ausschließen würde, wäre daher **nichtig.**[8] 1779

b) **Erzwingen der Beiratswahl.** Ist in der Gemeinschaftsordnung unzweideutig die Formulierung enthalten, dass die Bestellung eines Verwaltungsbeirates ausgeschlossen ist, existiert für die Mitglieder dieser Eigentümergemeinschaft keine Möglichkeit, etwa unter Verweis auf § 29 WEG und die Wichtigkeit der Existenz eines Verwaltungsbeiratstätigkeit für eine geordnete Zusammenarbeit mit dem Verwalter die Wahl eines Verwaltungsbeirates gerichtlich zu erzwingen. 1780

c) **Mehrheitsbeschluss contra Teilungserklärung.** Auch wenn der einzelne Eigentümer in solchen Fällen gegen den Willen der Mehrheit die Installation eines Verwaltungsbei- 1781

[7] BayObLG WuM 1194, 45.
[8] BGH ZMR 2000, 772.

rates nicht erzwingen kann, sind Eigentümergemeinschaften selbst trotz einer solchen Formulierung in der Teilungserklärung nicht gehindert, mehrheitlich einen Verwaltungsbeirat im Wege eines so genannten **Zitterbeschlusses** zu wählen. Zwar würde ein solcher Beschluss gegen die Teilungserklärung verstoßen, er würde jedoch mangels Anfechtung in Bestandskraft erwachsen. Denn ein solcher Beschluss ändert die Teilungserklärung inhaltlich nicht ab, wozu Eigentümergemeinschaften die Beschlusskompetenz fehlen würde, sondern die Wirkungen des teilungserklärungswidrigen Beschlusses würden sich auf den Einzelfall der jeweiligen Beiratswahl beschränken. Die Wahl eines Verwaltungsbeirates ist damit auch bei entgegenstehender Teilungserklärung um den Preis des **Anfechtungsrisikos** möglich.

1782 Deswegen ist auch ein Mehrheitsbeschluss der Wohnungseigentümer, durch den ein Verwaltungsbeirat bestellt wird, nicht nichtig, sondern nur anfechtbar, wenn die Gemeinschaftsordnung zwar die Bestellung eines Verwaltungsbeirates nicht ausschließt, für seine Wahl jedoch ein bestimmtes Abstimmungsquorum fordert.[9]

1783 In der Teilungserklärung kann auch die Wahl von Nichteigentümern in den Verwaltungsbeirat vorgesehen werden, genauso, wie die zahlenmäßige Zusammensetzung abgeändert oder sogar völlig aufgehoben werden kann, so dass es sodann zulässig ist, einen Verwaltungsbeirat mit einer von § 29 Abs. 1 S. 2 WEG nach oben oder nach unten abweichenden Mitgliederzahl zu bestellen.

1784 Das Gesetz sieht allerdings nicht ohne Grund einen dreiköpfigen Beirat vor, da im Falle von notwendigen Abstimmungen innerhalb des Verwaltungsbeirates nur durch eine ungrade Mitgliederzahl eine Pattsituation vermieden werden kann.

1785 **d) Vertrauensmann.** Insbesondere in älteren Teilungserklärungen findet sich bisweilen die Bestimmung, dass ein „Vertrauensmann" gewählt werden kann. Der Begriff des Vertrauensmannes ist im Gesetz nicht vorgesehen. Gemeint ist damit regelmäßig ein Miteigentümer bzw. eine Miteigentümerin, die die Funktion eines Verwaltungsbeirates bekleiden soll. Den Vertrauensmann könnte man daher auch als **„Ein-Personen-Beirat"** apostrophieren.

1786 Mangels einer offiziellen Definition dieses Begriffes und seiner Funktion muss eine Teilungserklärung, die die Wahl eines Vertrauensmannes vorsieht, dahingehend verstanden werden, dass § 29 Abs. 1 Satz 2 WEG insoweit abgedungen worden ist, als sich der Verwaltungsbeirat aus 3 Wohnungseigentümern zusammen setzen soll. Enthält die Teilungserklärung keine weitergehenden Regelungen, wonach z. B. die Wahl eines Verwaltungsbeirates zusätzlich oder neben dem Vertrauensmann ausdrücklich ausgeschlossen wird, dann ist einer Eigentümergemeinschaft die Möglichkeit eröffnet, einen Vertrauensmann oder aber anstelle dessen auch einen **Verwaltungsbeirat mit weniger als 3 Mitgliedern** zu wählen. Gerade für kleinere Eigentümergemeinschaften kann dies hilfreich sein, wenn sich mit Mühe ein Eigentümer bereit erklärt, Beiratsaufgaben zu übernehmen, die Eigentümergemeinschaft ansonsten auf einen Verwaltungsbeirat verzichten müsste, weil sich 3 Kandidaten zur Beiratswahl nicht finden lassen.

1787 Für die Person des „Vertrauensmannes" gelten im Übrigen die selben Voraussetzungen, wie für jedes andere Mitglied eines Verwaltungsbeirates auch. Der Vertrauensmann muss Mitglied der Wohnungseigentümergemeinschaft sein, er muss volljährig und geschäftsfähig sein und es dürfen keine schwerwiegenden Gründe vorliegen, die gegen seine Eignung sprechen. Ein besonderer beruflicher Hintergrund oder eine sonstige fachliche Qualifikation sind nicht erforderlich. Die Wahl zum „Vertrauensmann" ist vom **Geschlecht unabhängig,** so dass selbstverständlich auch eine **„Vertrauensfrau"** gewählt werden kann.

1788 Ebenso wenig ist für die Eignung eines Miteigentümers zur Wahl des „Vertrauensmannes" erforderlich, dass zwischen der zu wählenden Person und der Eigentümerge-

[9] BayObLG NZM 2002, 529 (530); BayObLG ZMR 2005, 379 (380).

meinschaft oder dem Verwalter ein besonderes Vertrauensverhältnis bestehen müsste. Mit der Verwendung des Begriffes „Vertrauen" ist vielmehr die Tätigkeit im Sinne vertrauensbildender Maßnahmen zwischen Verwaltung und Eigentümergemeinschaft gemeint.

Dass ein Vertrauensmann genauso wie Verwaltungsbeiräte aus Sicht der Eigentümergemeinschaft eine Vertrauensstellung inne hat, weil die Eigentümergemeinschaft mit der Wahl von Beiräten oder Vertrauensleuten darauf vertrauen und mit deren Wahl die Hoffnung verbinden, dass ihre wohlverstandenen Interessen gewahrt werden, ergibt sich aus der übertragenen Funktion und versteht sich daher von selbst. **1789**

3. Zusammensetzung des Verwaltungsbeirates

Jedes Mitglied einer Eigentümergemeinschaft kann zum Verwaltungsbeirat gewählt werden. Zwar soll der Verwaltungsbeirat gem. § 29 Abs. 1 Satz 2 WEG aus Wohnungseigentümern bestehen. Auch wenn im § 29 Abs. 1 Satz 2 WEG nur von Wohnungseigentümern als Mitgliedern des Verwaltungsbeirats die Rede ist, können selbstverständlich auch **Teileigentümer** (Eigentümer von nicht zu Wohnzwecken bestimmtes Sondereigentum, z.B. Eigentümer von Gewerbeeinheiten oder Garagen) in den **Verwaltungsbeirat** gewählt werden. § 1 Abs. 6 WEG bestimmt, dass die Vorschriften für das Wohnungseigentum für Teileigentum entsprechend gelten. Damit kann jedes Mitglied einer Wohnungseigentümergemeinschaft, unabhängig von der Zweckbestimmung seines Sondereigentums, zum Verwaltungsbeirat gewählt werden. **1790**

Wer also z.B. Eigentümer eines grundbuchlich selbständigen Sondereigentums an einem Tiefgaragenplatz ist, ist damit genauso Mitglied der Eigentümergemeinschaft und kann die Tätigkeit eines Verwaltungsbeirates ausüben. Voraussetzung in allen Fällen ist nur, dass das Eigentum im Grundbuch eingetragen ist. **1791**

Eine **Quotenregelung** im Sinne der Forderung, dass ein Verwaltungsbeirat aus männlichen und weiblichen Mitgliedern bestehen müsse, existiert nicht. **1792**

a) **Werdender Eigentümer.** Noch nicht im Grundbuch eingetragene Erwerber von Wohnungs- oder Teileigentum können ausnahmsweise in den Verwaltungsbeirat gewählt werden, wenn es sich um sogenannte **faktische oder werdende Eigentümer, bzw. Mitglieder einer werdenden WEG** handelt. **1793**

Unter **echten werdenden Eigentümern** sind solche Erwerber von Sondereigentum zu verstehen, an die der teilende Bauträger einzelne **Sondereigentumseinheiten verkauft** hat, für die sodann im Grundbuch eine **Auflassungsvormerkung** eingetragen worden ist und denen bereits der **Besitz** am Sondereigentum übertragen wurde. **1794**

Echte werdende Eigentümer sind nicht zu verwechseln mit den werdenden Eigentümern, die sich nach einem Weiterverkauf eines Sondereigentums im Stadium zwischen eingetragener Auflassungsvormerkung und Eigentumsumschreibung befinden oder bei denen eine der vorstehenden drei Bedingungen erst nach Invollzugsetzung einer Eigentümergemeinschaft eintreten. Echte werdende Eigentümer kann es damit nur bei **neu entstehenden Eigentümergemeinschaften** geben. **1795**

Solche **echten werdenden Eigentümer** sind bereits Inhaber aller Rechte und Träger aller Pflichten eines späteren Volleigentümers und können daher auch vor dem Entstehen einer Eigentümergemeinschaft zum Verwaltungsbeirat gewählt werden, obwohl das Eigentum im Grundbuch noch nicht auf sie umgeschrieben ist. **1796**

Da ein **echter werdender Eigentümer** seine einmal erworbene Rechtsstellung auch dann nicht verliert, wenn eine Eigentümergemeinschaft durch Umschreibung des Eigentums auf den ersten Erwerber in Vollzug gesetzt wird,[10] gelten echte werdende Eigentümer auch nach dem Entstehen einer Wohnungseigentümergemeinschaft als Wohnungseigentümer im Sinne von § 29 Abs. 1 Satz 2 WEG und können auch nach dem **1797**

[10] BGH WuM 2008, 511.

rechtlichen Entstehen der Eigentümergemeinschaft als noch nicht eingetragene Eigentümer weiterhin zu Verwaltungsbeiräten gewählt werden.

1798 b) **Nichteigentümer.** In der Teilungserklärung kann der Kreis der wählbaren Personen erweitert werden. So kann die Gemeinschaftsordnung bestimmen, dass auch **Nichteigentümer** zum Verwaltungsbeirat bestellt werden können. Dies kann insbesondere bei **Großgemeinschaften** Sinn machen, wenn kompliziertere rechtliche, technische oder steuerliche Zusammenhänge die Wahl eines **Juristen**, eines **Steuerberaters** oder **Technikers** in den Verwaltungsbeirat hilfreich erscheinen lassen, die Eigentümergemeinschaft aber selbst über Miteigentümer mit entsprechender Qualifikation nicht verfügt.

1799 In jedem Falle aber kann auch hier, bezogen auf den Einzelfall einer Beiratswahl, gegen das Gesetz im Rahmen eines **Zitterbeschlusses** verstoßen werden. Wird ein Nichteigentümer in den Verwaltungsbeirat gewählt, so kann dessen Wahl mangels Anfechtung bestandskräftig werden. Da sich ein solcher **gesetzeswidriger Beschluss** auf den Einzelfall beschränkt und nicht darauf abzielt, dass zukünftig grundsätzlich Nichteigentümer zu Verwaltungsbeiräten gewählt werden können, mangelt es Eigentümergemeinschaften für einen solchen gesetzeswidrigen Beschluss nicht an der **Beschlusskompetenz,** der Beschluss wäre nur anfechtbar, aber nicht nichtig.[11]

1800 Möglich ist es auch, in der **Teilungserklärung** die Wahl außenstehender Dritter zuzulassen, dies jedoch auf einen bestimmten Personenkreis zu beschränken, so z. B. auf Ehegatten, Lebensgefährten oder sonstige Familienmitglieder, die mit einem Wohnungseigentümer in besonderer persönlicher Beziehung stehen.

1801 Denkbar wäre auch die Erweiterung der Wahlmöglichkeit auf Mieter, die als Bewohner einer Wohnungseigentumsanlage eine besondere Sachnähe zu den Verwaltungsproblemen des täglichen Lebens innerhalb einer Eigentümergemeinschaft haben können.

1802 *aa) Teilnahme an Eigentümerversammlungen.* Wird ein **Nichteigentümer** zum Verwaltungsbeirat gewählt, sei es im Wege eines Zitterbeschlusses, sei es aufgrund entsprechender Vereinbarung in der Teilungserklärung, darf ein solcher Nichteigentümer auch an Eigentümerversammlungen teilnehmen, obwohl diese nicht öffentlich sind.[12] Insoweit handelt es sich um ein generelles **Teilnahmerecht,** das nicht etwa nur auf bestimmte Aufgabenbereiche beschränkt ist.[13] Jedes Mitglied des Verwaltungsbeirates muss umfassend über die Verhältnisse in der Eigentümergemeinschaft informiert sein, sonst besteht die Gefahr, dass ihm Informationen vorenthalten bleiben, die für eine ordnungsgemäße Beiratstätigkeit erforderlich sind.

1803 Schon die Abgrenzung, welche Tagesordnungspunkte die Beiratstätigkeit betreffen und welche nicht, erscheint kaum möglich, da sich Themen und Aufgabenbereiche oft überschneiden. Abgesehen davon, dass das Gesetz keine Veraltungsbeiräte mit nur eingeschränkter Kompetenz kennt, besteht auch kein erkennbares praktisches Bedürfnis, einen als Beiratsmitglied tätigen Nichteigentümer ständig zwischen Warteraum und Versammlungsraum hin und her pendeln zu lassen, nur um bei einigen wenigen Gesprächs- oder Beschlusspunkten dem Gebot der Nichtöffentlichkeit von Eigentümerversammlungen Rechnung zu tragen.

1804 *bb) Rede- und Stimmrecht.* Soweit eingewandt wird, außenstehende Dritten, und damit auch Nichteigentümer im Verwaltungsbeirat könnten an den Rechtspositionen von Eigentümern nicht teilhaben, sie seien nicht Mitglieder der Eigentümerversammlung, hätten weder ein **Teilnahme-** noch ein **Rede-** und auch kein **Stimmrecht,** sie seien daher zu Eigentümerversammlungen gar nicht einzuladen,[14] so überzeugt dies in Bezug auf Nicht-

---

[11] BayObLG, BayObLGZ 1991, 356 f.; LG Karlsruhe, ZMR 2009, 550.

[12] OLG Hamm ZMR 2007, 133 (135).

[13] *Staudinger/Bub* § 29 Rn. 112; a. A. OLG Hamm a. a. O. für aufgabenbezogenes Teilnahmerecht.

[14] *Schmidt* ZWE 2004, 18 (23).

eigentümer, die aufgrund bestandskräftigen Mehrheitsbeschlusses oder aufgrund Vereinbarung zu Mitgliedern des Verwaltungsbeirates gewählt wurden nicht.

Zwar trifft es zu, dass Nichteigentümern, die als Verwaltungsbeiräte amtieren, solche Rechte nicht zustehen können, die sich unmittelbar aus der Eigentümerstellung ableiten, wie z. B. das Stimmrecht. Dies gilt jedoch nicht für das Teilnahme- und Rederecht, die sich als Nebenpflichten und Nebenrechte aus dem Auftragsverhältnis ableiten, das zwischen der Eigentümergemeinschaft und dem Nichteigentümer durch dessen Wahl in den Verwaltungsbeirat begründet worden ist. 1805

cc) Vertraulichkeit. Das Gebot der Vertraulichkeit von Eigentümerversammlungen, welches als Begründung dafür herangezogen wird, dass Eigentümerversammlungen nicht öffentlich sind, rechtfertigt sich aufgrund der **Sensibilität personenbezogener Daten** der einzelnen Miteigentümer, insbesondere im Zusammenhang mit dem Abrechnungswesen. Gerade diese Informationen können und dürfen Verwaltungsbeiräten aufgrund ihrer Prüfungstätigkeit aber ohnehin nicht verborgen bleiben, so dass kein Grund erkennbar ist, Nichteigentümer-Beiräte zeitweise von Eigentümerversammlungen auszuschließen. Dass ein Nichteigentümer-Beirat deswegen zur Eigentümerversammlung zu laden und ihm alle erforderlichen Informationen zur Verfügung zu stellen sind, ergibt sich aus der ihm gegenüber bestehenden Treuepflicht der Eigentümergemeinschaft, der es versagt ist, sich mit ihrem eigenen Verhalten in Widerspruch zu setzen, indem sie einen Nichteigentümer in den Verwaltungsbeirat wählt, von diesem mindestens die Wahrnehmung der ihm gesetzlich zugewiesenen Aufgaben verlangt und auch verlangen darf, ihm dann aber nicht gleichzeitig die vertraulichen Daten als die erforderlichen Informationsgrundlagen verweigern und damit die notwendigen Handlungsvoraussetzungen vorenthalten darf. 1806

c) Natürliche Personen. Zum Verwaltungsbeirat können nur natürliche Personen gewählt werden. Die Fähigkeit, das Amt eines Verwaltungsbeirates bekleiden zu können, ergibt sich aus der Eigentümerstellung und ist **höchst persönlicher Natur.**[15] Dadurch unterscheidet sich die Stellung eines Mitgliedes des Verwaltungsbeirates von der des Verwalters, der unabhängig von den Eigentumsverhältnissen bestellt und zu einer Tätigkeit verpflichtet wird, die er nach Belieben auf jeden geeigneten Mitarbeiter delegieren, und, soweit es Einzelaufgaben betrifft, sogar auf einen außenstehenden Dritten übertragen kann, solange er nur selbst die Verantwortung für die Tätigkeit behält. 1807

Solange eine natürliche Person im Grundbuch als Eigentümer eingetragen ist, kann sie zum Verwaltungsbeirat unabhängig davon gewählt werden, in welcher Weise oder in welchem Umfang sie am Eigentum beteiligt ist. Ob als Mitglied einer Gemeinschaft nach Bruchteilen oder als Berechtigter einer Gesamthandgemeinschaft, so z. B. bei ungeteilten Erbengemeinschaften oder bei im gesetzlichen Güterstand lebenden Eheleute, jeder einzelne im Grundbuch eingetragene Erbe und jeder eingetragene Ehegatte kann in den Verwaltungsbeirat gewählt werden. 1808

d) Juristische Personen. Die Ansicht, dass bei der Wahl von juristischen Personen in den Verwaltungsbeirat deren Geschäftsführer die maßgebliche natürliche Person wäre, die die Verwaltungsbeiratstätigkeit auszuüben habe,[16] überzeugt nicht, weil nicht der Geschäftsführer sondern die juristische Person als Eigentümer im Grundbuch eingetragen und deshalb nur die juristische Person und nicht die Person des Geschäftsführers oder eines Gesellschafters zum Verwaltungsbeirat gewählt werden kann. 1809

Genauso wenig, wie ein zum Beirat gewählter Miteigentümer einen Vertreter zur Beiratssitzung schicken oder ein zur Personensorge bestellter Dritter an Stelle der zum Beirat gewählten Person die Beiratstätigkeit ausüben kann, weil es sich um eine höchst persönliche Aufgabe und Tätigkeit handelt, genauso wenig kann eine juristische Person den 1810

[15] *Armbrüster* ZWE 2001, 355 (356); *Schmidt* a. a. O., ZWE 2004, 18 (26); a. A. *Häublein* ZMR 2003, 233 (238); *Kümmel* NZM 2003, 303.

[16] *Kümmel* a. a. O.

Geschäftsführer oder ein **Gesellschafter** als ihren Vertreter mit der Beiratstätigkeit beauftragen. In allen Fällen würde die Beiratstätigkeit dann von einem **fremden Dritten** wahrgenommen, der nicht zur Gemeinschaft gehört, nicht Wohnungseigentümer i. S. von § 29 Abs. 1 WEG ist, und der dem entsprechend auch nicht in den Verwaltungsbeirat gewählt werden kann.

1811 Da überdies Geschäftsführer nach Belieben von den Gesellschaftern ausgewechselt werden können, würde die Entscheidungshoheit von Eigentümergemeinschaften, nur solche Personen in den Verwaltungsbeirat zu wählen, die ihr besonderes Vertrauen genießen, praktisch unterlaufen.

1812 Ist allerdings ein Mitglied des Vertretungsorgans einer juristischen Person oder ein Gesellschafter selbst als Eigentümer im Grundbuch eingetragen, so können diese selbstverständlich zum Verwaltungsbeirat gewählt werden, den Umweg über die Wahl einer juristischen Person bedarf es dabei nicht.

1813 e) **Mitglieder von Personengesellschaften.** Etwas anderes kann für **Mitglieder von Personengesellschaften** gelten, je nachdem, wie die Grundbucheintragung erfolgt ist.

1814 Nach der neuesten Rechtsprechung des BGH gelten Gesellschaften bürgerlichen Rechts (GbR) als teilrechts- und damit als Grundbuch fähig.[17] Eine GbR kann unter der Bezeichnung in das Grundbuch eingetragen werden, die ihre Gesellschafter im Gesellschaftsvertrag für sie vorgesehen haben. Sieht der Gesellschaftsvertrag keine Bezeichnung der GbR vor, wird die GbR als „Gesellschaft bürgerlichen Rechts bestehend aus …" und den Namen ihrer Gesellschafter eingetragen.[18]

1815 Nach hier vertretener Auffassung scheidet im ersten Fall die Wahl der GbR in den Verwaltungsbeirat aus, weil es sich mangels Konkretisierung, welche Person denn nun die Verwaltungsbeiratstätigkeit ausüben soll, um einen Vorgang handeln würde, bei dem sich alle Eigentümer und insbesondere die übrigen Mitglieder des Verwaltungsbeirates überraschen lassen müssten, wer denn nun als Verwaltungsbeirat in Erscheinung tritt. Hinzu käme die Unwägbarkeit, aufgrund eines nicht zu kontrollierenden Gesellschafterwechsels ständig mit neuen Personen konfrontiert zu werden, die das Amt des Verwaltungsbeirates wahrnehmen wollen.

1816 Anders verhält es sich bei einer GbR, die mit den Namen ihrer Gesellschafter in das Grundbuch eingetragen ist. Hier kann die Wahlentscheidung für einen der eingetragenen Gesellschafter als natürliche Person fallen, so dass die Eigentümergemeinschaft nicht Gefahr läuft, keinen Einfluss darauf nehmen zu können, wer denn nun tatsächlich das Amt des Verwaltungsbeirates ausübt.

1817 Ob Gesellschaften bürgerlichen Rechts als teilrechtsfähige Träger von Rechten und Pflichten zu Mitgliedern des Verwaltungsbeirates gewählt werden können, ist bisher gerichtlich nicht entschieden.

1818 Auch **Mitglieder eines nichtrechtsfähigen Vereines** können in den Verwaltungsbeirat gewählt werden, denn im Grundbuch ist nicht der Verein, sondern es sind alle seine Mitglieder persönlich als Eigentümer eingetragen. Auch wenn die Eigentümerstellung alle einzelnen Vereinsmitglieder gesamthänderisch innehalten, steht dies einer Wahl zum Verwaltungsbeirat nicht entgegen, da es keines Alleineigentums bedarf, um in das Amt eines Verwaltungsbeirates gewählt werden zu können.

1819 f) **Sonstige Berechtigte.** Wird ein Wohnungseigentum treuhänderisch gehalten, ist der **Treuhänder** im Grundbuch als Eigentümer eingetragen und kann zum Verwaltungsbeirat gewählt werden. Es kommt insoweit nur auf die formale Grundbucheintragung an und nicht auf das Innenverhältnis zwischen Treuhänder und dem wirtschaftlich Berechtigten.

1820 Sofern nicht in der Teilungserklärung vorgesehen, können nicht zum Verwaltungsbeirat gewählt werden:

---

[17] BGH GuT 2008, 489 ff.

[18] BGH a. a. O.

- Nießbrauchsberechtigte,
- Dauerwohnberechtigte,
- Testamentsvollstrecker sowie
- Insolvenz- und Zwangsverwalter,

da allen Amtsinhabern die **Eigentümerstellung fehlt,** an die das Gesetz die Mitgliedschaft im Verwaltungsbeirat geknüpft hat.

Ist über ein Wohnungseigentum die **Zwangsverwaltung** angeordnet, so ist der betroffene Eigentümer nicht an einer Mitwirkung im Veraltungsbeirat gehindert, da seine Stellung als Miteigentümer von Zwangsverwaltungsverfahren nicht betroffen ist. 1821

Ist ein **Zwangsversteigerungsverfahren** angeordnet, so gilt dies bis zum Tage des Zuschlages, dem Zeitpunkt, zu dem der betroffene Eigentümer seine Eigentümerstellung verliert und damit automatisch aus dem Verwaltungsbeirat ausscheidet. 1822

g) Verwalter. Der Verwalter kann nicht Mitglied des Verwaltungsbeirates sein. Dies gilt auch denn, wenn Eigentümergemeinschaften im Wege der Selbstverwaltung einen Verwalter aus der Mitte der Eigentümer wählen. Da ein Verwaltungsbeirat u.a. die Aufgabe hat, die Tätigkeit des Verwalters kritisch und kontrollierend zu begleiten, der Kontrollierende jedoch nicht mit der Person des Kontrollierten identisch sein kann, würde ein unauflösliche Interessenkollision bestehen, so dass sich die Funktionen gegenseitig ausschließen. 1823

Ein Beschluss, mit dem der amtierende Verwalter zum Verwaltungsbeirat gewählt wird, ist daher nichtig,[19] und zwar auch dann, wenn der Verwalter selbst Eigentümer ist. 1824

Ebenso wenig kann der Geschäftsführer einen Verwaltungs-GmbH oder deren persönlich haftender Gesellschafter Mitglied des Verwaltungsbeirates werden,[20] da auch diese Konstellation zur Unvereinbarkeit beider Ämter in einer Hand führt. 1825

4. Persönliche Eignung und Anforderungen

Für die Wahl zum Verwaltungsbeirat bedarf es außer einer uneingeschränkten **Geschäftsfähigkeit** keinerlei persönlicher Voraussetzungen des zu wählenden Eigentümers. Es sind **weder** eine besondere **Vorbildung** noch irgendeine **sonstige Qualifikation** oder **einschlägige Fachkenntnisse** Voraussetzung, um die Aufgabe eines Verwaltungsbeirates ausüben zu können. Ungeachtet dessen ist es selbstverständlich hilfreich, wenn ein Verwaltungsbeirat in der Lage ist, sei es aufgrund seines beruflichen Hintergrundes oder eigenständiger Schulung und Fortbildung, gerade bei Großgemeinschaften komplizierte Verwaltungszusammenhänge leichter durchschauen und beurteilen zu können. 1826

a) Datenschutz. Da es innerhalb von Eigentümergemeinschaften jedenfalls insoweit keinen **Datenschutz** gibt, als es Verwaltungsangelegenheiten und Gemeinschaftsinteressen anbelangt, ist jeder Miteigentümer, der Einwände gegen die Integrität eines zur Wahl stehenden Miteigentümers hat, berechtigt, dies in der Eigentümerversammlung auch mitzuteilen. Sachlich gehaltene Bedenken, die auch der Wahrheit entsprechen, sind vom **Recht auf freie Meinungsäußerung** gedeckt. **Herabwürdigende Schmähkritik** und Offenbarungen über die **persönlichen Verhältnisse** der zur Wahl stehenden Person, die mit der Verwaltungsbeiratstätigkeit in keinerlei Zusammenhang gebracht werden können, sind dagegen nicht nur fehl am Platze, sie sind schlicht unzulässig. 1827

b) Strafrechtliche Auffälligkeit. Vorstrafen hindern grundsätzlich nicht, dass ein Miteigentümer zum Verwaltungsbeirat gewählt werden kann. Anders jedoch, wenn die Vorstrafen ihrer Art nach geeignet sind, Zweifel an der Integrität des zu wählenden Miteigentümers zu wecken.[21] Wer wegen eines **Verkehrsdeliktes** verurteilt worden ist, ist 1828

---

[19] OLG Zweibrücken OLGZ 1983, 438 (439).
[20] *Bärmann/Pick* WEG, 17. Aufl., § 29 Rn. 4.
[21] BayObLG WuM 1990, 322.

zweifellos für das Amt des Verwaltungsbeirates geeignet. Wer jedoch wegen Betrugs oder wegen des Verstoßes gegen Vermögensinteressen auffällig geworden ist (z.B. **Veruntreuung, Bestechlichkeit, Betrug** usw.), dessen Wahl dürfte gegen das Gebot ordnungsgemäßer Verwaltung verstoßen und daher anfechtbar sein. Vor diesem Hintergrund ist jeder Miteigentümer berechtigt, anlässlich der Diskussion über die Eignung eines Kandidaten auch solche strafrechtlichen Aspekte zur Sprache zu bringen, die für die Wahlentscheidung der übrigen Miteigentümer von Relevanz sein können.

1829 c) **Vermögensrechtliche Probleme.** Hat ein Miteigentümer die **eidesstattliche Versicherung** abgegeben, so hindert dies nicht, ihn zum Verwaltungsbeirat zu wählen. Die persönlichen Vermögensverhältnisse eines Miteigentümers spielen für die Frage der Eignung für die Verwaltungsbeiratstätigkeit keine Rolle, solange der Miteigentümer zumindest seine **Hausgeldverpflichtungen** gegenüber dem Verband erfüllt.

1830 Wer jedoch bereits die eigenen Zahlungsverpflichtungen nicht einhält, erscheint wenig glaubwürdig, wenn er gleichzeitig den Verwalter bei der Durchführung seiner Aufgaben überwachen und bei der Verwaltung der Gemeinschaftsfinanzen kontrollierend begleiten soll. Da dazu auch gehört, den Verwalter dazu anzuhalten, rückständige Hausgelder gegenüber säumigen Miteigentümern geltend zu machen, müsste ein mit den Wohngeldzahlungen säumiges Beiratsmitglied die Einleitung eines Beitreibungsverfahrens gegen sich selbst initiieren. Die Gefahr einer solchen **Interessenkollision** macht einen Eigentümer regelmäßig für das Amt eines Verwaltungsbeirates ungeeignet. Der Auffassung, dass ein Wohnungseigentümer selbst dann noch für die Bestellung zum Verwaltungsbeirat geeignet sei, wenn er mit seinen Wohngeldverpflichtungen derart in Rückstand ist, dass sogar ein Verfahren auf Entziehung des Wohnungseigentums gem. § 18 Abs. 2 Nr. 2 WEG in Frage kommt (länger als drei Monate ein Wohngeldrückstand in Höhe von 3% des Einheitswertes), ist nicht zu folgen.[22] Wenn das Zahlungsverhalten eines Miteigentümers nach Wertung des Gesetzgebers das Verbleiben in der Eigentümergemeinschaft als unzumutbar einstuft und deshalb gem. § 18 Abs. 2 WEG die Möglichkeit eröffnet wird, diesen Eigentümer aus der Eigentümergemeinschaft zu entfernen, dann stellt es einen nicht auflösbaren Widerspruch dar, einen Miteigentümer, dessen bloße Mitgliedschaft in der Eigentümergemeinschaft bereits als unzumutbar gilt, dennoch für das Amt eines Verwaltungsbeirates als geeignet anzusehen. Die Wahl eines solchen Miteigentümers zum Verwaltungsbeirat widerspricht vielmehr ordnungsgemäßer Verwaltung.[23]

1831 d) **Gerichtliche Auseinandersetzungen.** Ebenfalls kein Hinderungsgrund für die Wahl zum Verwaltungsbeirat ist ein **laufender Rechtsstreit** zwischen der zu wählenden Person und anderen Miteigentümern bzw. dem Verband. Da es das legitime Recht eines jeden Miteigentümers ist, Unregelmäßigkeiten bei der Verwaltung oder Verstöße gegen das Gebot ordnungsgemäßer Verwaltung jederzeit gerichtlich überprüfen zu lassen, führt es nicht zu Ungeeignetheit des betreffenden Miteigentümers, wenn von diesem Recht auch Gebrauch gemacht wird.

1832 Auch **häufiger Streit** eines Miteigentümers mit dem Verband oder einzelnen Miteigentümern steht seiner Eignung zur Wahl als Verwaltungsbeirat grundsätzlich nicht entgegen.[24] Handelt es sich um einen **Querulanten,** der mit allem und jedem im Streit liegt, ist dessen Eignung für das Amt des Verwaltungsbeirates nicht eine Frage des Könnens, sondern eine solche der Akzeptanz, da ein solcher Miteigentümer nur schwerlich mehrheitlich gewählt werden dürfte.

1833 Ebenso unschädlich für die Eignung zum Verwaltungsbeirat ist es, wenn ein Miteigentümer in seiner beruflichen Funktion als Rechtsanwalt die Interessen des teilrechtsfähi-

[22] So aber LG Baden-Baden, ZMR 2009, 473.
[23] So zutreffend *Abramenko,* Anm. zu LG Baden-Baden, ZMR 2009, 474.
[24] OLG Köln NZM 1999, 1155 = ZMR 2000, 564.

gen Verbandes gegen einzelne Miteigentümer vertritt oder aber als Vertreter eines Miteigentümers gegen einen anderen auftritt.[25]

e) **Deutsche Sprachkenntnisse.** Ein in der Person eines Miteigentümers liegender Hin- 1834
derungsgrund für die Wahl zum Verwaltungsbeirat kann darin liegen, wenn der Miteigentümer die **deutsche Sprache** nicht beherrscht, da er in diesem Falle nicht in der Lage ist, seine Aufgaben als Verwaltungsbeirat auszuüben. Eine Eigentümergemeinschaft ist nicht verpflichtet, für einen solchen Eigentümer einen **Dolmetscher** bereitzustellen.

Ausnahmen können bestehen in Eigentümergemeinschaften, deren Zusammensetzung 1835
von einer bestimmten Sprachzugehörigkeit geprägt ist. Wenn die ganze überwiegende Mehrzahl der Miteigentümer und vielleicht sogar der Verwalter selbst dem ausländischen Sprachkreis zuzuordnen sind, dann bestehen selbstverständlich auch keine Einwendungen gegen einen Verwaltungsbeirat, der zwar die deutsche Sprache nicht beherrscht, aber im Innenverhältnis der Gemeinschaft seine Aufgabe als Verwaltungsbeirat möglicherweise besser erfüllen kann, als ein deutschsprachiger Miteigentümer.

f) **Verfolgung von Eigeninteressen.** Begegnen Eigentümer einer Person, die zum Ver- 1836
waltungsbeirat gewählt werden soll, mit Misstrauen, weil sie diesem Miteigentümer die **Verfolgung eigener Interessen** oder Parteinahme für die Interessen einer Mehrheitsgruppe unterstellen, so reicht dies nicht aus, die Person für das Beiratsamt als ungeeignet erscheinen zu lassen.[26]

g) **Verkaufsabsicht.** Die Absicht eines Wohnungseigentümers, seine Wohnung zu ver- 1837
kaufen, steht einer Wahl zum Verwaltungsbeirat nicht entgegen,[27] ebenfalls nicht die Unterzeichnung eines schuldrechtlichen Kaufvertrages, mit dem das Wohnungseigentum veräußert wird, da es ausschließlich auf die Eigentumsumschreibung im Grundbuch ankommt, die bisweilen lange auf sich warten lassen kann.

h) **Mangelhafte frühere Beiratsarbeit.** Da die Anforderungen an die Eignung eines 1838
Wohnungseigentümers für das Amt des Verwaltungsbeirates geringer sind als diejenige für das Amt des Verwalters, steht es der Eignung eines Miteigentümers für eine Wiederwahl in den Verwaltungsbeirat nicht entgegen, wenn bei der bisherigen Beiratsarbeit Fehler des Verwalters übersehen wurden. Dies gilt sogar dann, wenn die vom Beirat nicht erkannten Verwaltungsfehler später zur gerichtlichen Beanstandung eines Eigentümerbeschlusses führen.[28]

5. Die Wahl des Verwaltungsbeirates

Sind in der Teilungserklärung nicht besondere Modalitäten vorgesehen, erfolgt die 1839
Verwaltungsbeiratswahl durch einfachen Mehrheitsbeschluss. Ein **einfacher Mehrheitsbeschluss** ist dann zustande gekommen, wenn mehr Ja-Stimmen als Nein-Stimmen abgegeben worden sind. **Enthaltungen** zählen nicht. Sind genauso viele Ja-Stimmen wie Nein-Stimmen abgegeben worden, ist eine **Pattsituation** entstanden, eine Mehrheit wurde nicht erreicht, der Beschluss ist nicht zustande gekommen.

a) **Stimmrecht.** Bei der Abstimmung gilt das sogenannte **Kopfprinzip,** d. h. jeder Woh- 1840
nungseigentümer hat eine Stimme (§ 25 Abs. 2 Satz 1 WEG). Beim Kopfprinzip bleibt es auch dann bei einer Stimme, wenn ein Eigentümer für mehrere Einheiten im Grundbuch als Eigentümer eingetragen ist.

Steht ein Wohnungseigentum mehreren gemeinschaftlich zu (z. B. Eheleuten oder Er- 1841
bengemeinschaften usw.), so können sie das Stimmrecht nur einheitlich ausüben (§ 25 Abs. 2 Satz 2 WEG).

---

[25] OLG Frankfurt a. M. NZM 2001, 627.
[26] KG ZMR 2004, 458 (459).
[27] BayObLG NZM 2001, 990 (LS).
[28] OLG Köln WuM 2006, 537 (LS).

1842 In der Teilungserklärung kann das Kopfprinzip abgedungen und ein anderer Abstimmungsmodus vereinbart werden. Häufig ist in der Teilungserklärung eine Abstimmung nach Miteigentumsanteilen vorgesehen, dann gilt das sogen. **„Wertprinzip"**. Auch das **„Objektprinzip"** kann vereinbart werden, wonach für jedes Wohnungs- oder Teileigentum eine Stimme abgegeben werden kann.

1843 Bei der Wahl ist der **Kandidat** selbst nicht vom **Stimmrecht** ausgeschlossen, sondern er kann selbst mitstimmen und sich auch selbst wählen.[29] Zwar ist oft zu beobachten, dass sich Beiratskandidaten der **Stimme enthalten,** wenn es um ihre eigene Wahl geht. Hierbei handelt es sich nur um eine vermeintlich gebotene vornehme Zurückhaltung, für die es jedoch keine rechtliche Grundlage gibt. Gem. § 25 Abs. 5 WEG ist ein Miteigentümer nämlich nur dann vom Stimmrecht ausgeschlossen, wenn die Beschlussfassung auf die Vornahme eines auf die Verwaltung des gemeinschaftlichen Eigentums gerichteten Rechtsgeschäftes mit ihm betrifft. Die Wahl zum Verwaltungsbeirat betrifft jedoch weder die Verwaltung des gemeinschaftlichen Eigentums, noch handelt es sich bei der Beiratswahl um ein zwischen der Eigentümergemeinschaft und dem Beiratsmitglied abzuschließendes Rechtsgeschäft.

1844 Soll außerhalb einer Eigentümerversammlung abgestimmt werden, kann dies nur in schriftlicher Form geschehen. Es handelt sich dann um einen sogen. **Umlaufbeschluss,** der allerdings der **Allstimmigkeit** bedarf. Allstimmigkeit bedeutet, dass jeder im Grundbuch eingetragene Eigentümer zustimmen muss. Umlaufbeschlüsse sind daher nur in kleinen Eigentümergemeinschaften praktikabel, da eine Allstimmigkeit in Großgemeinschaften regelmäßig nicht erreichbar ist.

1845 Ist in der **Teilungserklärung** vorgesehen, dass die Bestellung eines Verwaltungsbeirates nicht vorgesehen ist, eine dennoch erfolgende Wahl eines Verwaltungsbeirates dann aber der **Zustimmung aller Wohnungseigentümer** bedarf (Allstimmigkeit), so ist eine dennoch nur mehrheitlich erfolgte Wahl nicht nichtig, sondern als „Zitterbeschluss" nur anfechtbar.[30]

1846 **b) Abstimmung.** Für die Form der Abstimmung sind im Gesetz keine Besonderheiten vorgesehen. Im Rahmen eines Beschlusses zur Geschäftsordnung kann jedoch jeder auf der Eigentümerversammlung anwesende Miteigentümer den Antrag stellen, die Wahl des Verwaltungsbeirates z. B. **geheim** durchzuführen. Über diesen **Antrag zur Geschäftsordnung** muss vor Abstimmung über die Verwaltungsbeiratswahl entschieden werden. Zur Annahme des Geschäftsordnungsantrages reicht ebenfalls die einfache Mehrheit. Da sich der Beschluss über einen Geschäftsordnungsantrag mit der Durchführung der nachfolgenden Beiratswahl erledigt, ist er als solcher nicht anfechtbar.

1847 Hat sich eine Eigentümerversammlung für eine schriftliche und/oder geheime Wahl entschieden, steht es ihr frei, ebenfalls durch Mehrheitsbeschluss einen **Wahlausschuss** zu bestimmen, der mit der Auszählung der Stimmung beauftragt wird. Auch hierbei handelt es sich um einen Antrag zur Geschäftsordnung, der sich nach Durchführung der Wahl erledigt und nicht mehr angefochten werden kann.

1848 Ein Eigentümer kann sich auch in **Abwesenheit zur Wahl** stellen und wählen lassen.

1849 Der **Verwalter** der Eigentümergemeinschaft kann nur dann bei der Verwaltungsbeiratswahl **mitstimmen,** wenn er gleichzeitig auch eingetragener Eigentümer ist.

1850 Hat eine Eigentümerversammlung keinen besonderen Wahlmodus beschlossen, so sind die Verwaltungsbeiräte einzeln und bei **Abstimmungen per Handzeichen** nacheinander zu wählen. Für jeden einzelnen Kandidaten ist vom Versammlungsleiter gesondert festzustellen, ob ein Mehrheitsbeschluss zustande gekommen ist oder nicht.

1851 *aa) Mehrheitswahl.* Es muss solange abgestimmt werden, bis eine ausreichende Zahl von Kandidaten die erforderliche **einfache Mehrheit** erhalten hat, d. h. von den abgege-

---

[29] BayObLG WE 1991, 226 (227).
[30] BayObLG NJW-RR 2002, 1092 (1093).

benen Stimmen auf einen Kandidaten mehr Ja- als Nein-Stimmen entfallen, wobei Enthaltungen nicht gewertet werden.

Eine **Verhältniswahl** ist **unzulässig,** wonach von verschiedenen Bewerbern diejenigen als gewählt gelten, die die meisten Stimmen auf sich vereinigt haben, unabhängig davon, ob diese Stimmen auch der Mehrheit der abgegeben Stimmen entsprechen. Die Verkündung eines Beschlussergebnisses, dass die Kandidaten, die jeweils die meisten Stimmen auf sich vereinigt haben, gewählt sind, wäre fehlerhaft und anfechtbar, weil Abstimmungen nach dem WEG nicht mit relativer Mehrheit erfolgen dürfen. Relative Mehrheit bedeutet, zwar mehr Stimmen auf sich zu vereinigen als andere Kandidaten, ohne dabei gleichzeitig die einfache Mehrheit, d. h. mehr Ja-Stimmen als Nein-Stimmen zu erhalten. 1852

Haben sich mehr als 3 Kandidaten zur Wahl gestellt, ist solange über die einzelnen Kandidaten abzustimmen, bis 3 Kandidaten die einfache Mehrheit erhalten haben. Sodann ist die Wahl abzubrechen, da das Gesetz nur 3 Beiratsmitglieder vorsieht. In welcher **Reihenfolge** mit **der Abstimmung** begonnen wird, bleibt wiederum einem Geschäftsordnungsbeschluss vorbehalten (z. B. in alphabetischer Reihenfolge). 1853

bb) Fehlerhafte Wahl. Wird auf Wunsch der Eigentümerversammlung die Wahl fortgesetzt, weil ausdrücklich **mehr als 3 Beiratsmitglieder** bestimmt werden sollen, so trifft den Versammlungsleiter nur die Pflicht darauf hinzuweisen, dass die über die Anzahl von drei Beiräten hinausgehende Wahl dann wegen eines Verstoßes gegen § 29 Abs. 1 Satz 2 WEG (3 Wohnungseigentümer) anfechtbar ist. Findet die Wahl weiterer Beiratsmitglieder dennoch statt, so erwächst sie in Bestandskraft, wenn sie nicht angefochten wird (**Zitterbeschluss**). Der Verwaltungsbeirat besteht dann aus mehr als 3 Mitgliedern, alle Mitglieder sind gleichermaßen zur Ausübung der Verwaltungsbeiratstätigkeit befugt. 1854

cc) Anfechtbarkeit. Werden einzeln und hintereinander **mehr als 3 Beiräte** gewählt, so ist nur die Wahl der Kandidaten **anfechtbar,** die nach stattgefundener Bestellung der ersten drei Mitglieder erfolgt ist. Wenn über die Wahl eines jeden Beiratsmitglied einzeln abgestimmt wird, dann handelt es sich um selbständige Wahlvorgänge, die solange mit der Personenzahlbeschränkung des § 29 Abs. 1 Satz 2 WEG in Einklang stehen, solange die Zahl von drei Wohnungseigentümern nicht überschritten wird. 1855

Die ersten drei Verwaltungsbeiräte sind deshalb auch dann wirksam gewählt, wenn insgesamt mehr als drei Kandidaten bestellt werden. Werden vier, fünf oder mehr Verwaltungsbeiräte gewählt, obliegt es der Entscheidung eines anfechtenden Eigentümers, ob er die Wahl aller oder nur einzelner der überzähligen Kandidaten anfechten will. Wird nur die Wahl eines der überzähligen Kandidaten angefochten, erwächst die Wahl der anderen überzähligen Bewerber in Bestandskraft. In welchem Umfang die Zahl der Mitglieder des Verwaltungsbeirates überschritten wird, ist ohne Belang, auch bei der Wahl von 21 Eigentümern zu Mitgliedern des Verwaltungsbeirates ist ein Beschluss nicht etwa nichtig sondern nur anfechtbar,[31] so dass bei jeweils einzelner Wahl der Beiratsmitglieder jeder Wahlvorgang getrennt angefochten werden kann mit dem Ziel, bestimmte Eigentümer aus dem Amt zu entfernen, es aber im Übrigen bei einem überzähligen Verwaltungsbeirat zu belassen. 1856

Dabei wird nicht verkannt, dass dies für Miteigentümer die Möglichkeit eröffnet, mit dem formalen Sachargument eines Verstoßes gegen § 29 Abs. 1 Satz 2 WEG persönliche Animositäten gegen einen der überzählig zum Beirat gewählten Miteigentümer umzusetzen. Mit diesem Risiko muss eine Eigentümergemeinschaft jedoch leben, wenn sie bewusst einen Zitterbeschluss in Kauf nimmt. 1857

Auch wenn der Versammlungsleiter ein **falsches Abstimmungsergebnis verkündet,** ist dies erst einmal verbindlich. Ist ein Miteigentümer damit nicht einverstanden, muss er den Beschluss anfechten.[32] 1858

---

[31] BayObLG ZMR 2003, 760 (761).
[32] BGH ZMR 2001, 809 (811).

1859 Werden **weniger als 3 Miteigentümer** gewählt, so ist ein solcher Beschluss zwar nicht nichtig,[33] nach herrschender Meinung aber wegen eines Verstoßes gegen § 29 Abs. 1 WEG anfechtbar.[34] Ob damit jedoch gerade kleineren Eigentümergemeinschaften gedient ist, bei denen sich z. B. keine ausreichende Zahl von Kandidaten finden lässt, darf bezweifelt werden. So besteht Einigkeit darüber, dass sich die Zahl der Verwaltungsbeiratsmitglieder nach den jeweiligen Anforderungen einer Eigentümergemeinschaft richten sollte.[35] Es entspricht dem Interesse einer Eigentümergemeinschaft, die Arbeit des Verwalters wenigsten von zwei oder auch nur von einem Verwaltungsbeirat kontrollierend begleiten zu lassen, als notgedrungen vollständig auf die Tätigkeit von Verwaltungsbeiräten verzichten zu müssen.[36] Dieser **Interessenlage** nur durch eine Vereinbarung Rechnung tragen zu können, erscheint als eine unangemessene Beschneidung der Gestaltungsbedürfnisse von Eigentümergemeinschaften. Die **Anfechtung** eines Mehrheitsbeschluss nur mit dem formalen Argument der zahlenmäßigen Abweichung von § 29 Abs. 1 Satz 2 WEG sollte als **rechtsmissbräuchlich** angesehen und einer Anfechtung ohne das Hinzutreten weiterer Umstände, die die Wahl im Einzelfall als bedenklich erscheinen lassen, deshalb der Erfolg versagt bleiben.

1860 Selbst wenn in einer Eigentümergemeinschaft eine **30-jährige Übung** bestanden hat, mehr (oder ggf. auch weniger) als drei Eigentümer zu Mitgliedern des Verwaltungsbeirates zu wählen, soll dies nicht dazu führen, dass auch zukünftig von § 29 Abs. 1 WEG abgewichen werden dürfte, Beschlüsse, mit denen mehr oder weniger als drei Beiratsmitglieder gewählt würden, blieben anfechtbar.[37] Nach hier vertretener Auffassung wird dies den individuellen Bedürfnissen von Eigentümergemeinschaften nicht gerecht.

1861 c) **Blockwahl.** Gegen eine Blockwahl, d. h. die gleichzeitige Wahl mehrerer Kandidaten oder des Beirates insgesamt in seiner bisherigen Zusammensetzung sollen dann keine Bedenken bestehen, wenn die Einzelabstimmung von keinem Wohnungseigentümer verlangt wird.[38] Eine Blockwahl widerspricht angeblich nicht dem Verständnis demokratischen Wahlverhaltens, so dass eine solche nur dann nicht zulässig sei, wenn ihr aus der Mitte der Eigentümerversammlung heraus widersprochen wird.[39] Eine Blockwahl ist auch ohne jede Einschränkung grundsätzlich für zulässig gehalten worden.[40]

1862 Dem kann nach hiesiger Auffassung nicht gefolgt werden.

1863 Es ist keinesfalls sichergestellt, dass alle in einer Eigentümerversammlung anwesende Miteigentümer mit einer Blockwahl einverstanden sind, nur weil sich niemand dagegen ausspricht. Fehlende Einwände gegen eine Blockwahl können genauso gut darauf zurückgeführt werden, dass Eigentümer nicht über genug Selbstbewusstsein verfügen, um ihre Bedenken laut auszusprechen, oder befürchten, die Äußerung ihrer Einwendungen könnte in eine Abneigung gegen einen oder mehrer Kandidaten uminterpretiert werden oder gar Anfeindungen oder Pöbeleien zur Folge haben. Nicht selten wird in der Praxis der Anregung, man möge die Beiräte einzeln wählen, entgegengehalten, man solle sich doch nicht so anstellen, die Zeit dränge, die Eigentümerversammlung dauere doch ohnehin schon viel zu lange, man habe Besseres zu tun und wolle jetzt nach Hause gehen. Derartige Konfrontationen lassen sich vermeiden, wenn von Anfang an die getrennte Einzelwahl vorgesehen wird.

---

[33] LG Konstanz NZM 2003, 812.

[34] *Bärmann/Merle* § 29 Rn. 16; *Jennißen/Hogenschurz* § 29 Rn. 17. AG Hannover ZMR 2009, 150 (151).

[35] *Bärmann/Merle* § 29 Rn. 16; *Jennißen/Hogenschurz* § 29 Rn. 17.

[36] *Jennißen/Hogenschurz* § 29 Rn. 17.

[37] BayObLG ZMR 2003, 760 (761).

[38] KG ZMR 2004, 775 (776).

[39] OLG Hamburg ZMR 2005, 395.

[40] LG Schweinfurt WuM 1997, 641 mit ablehnender Anmerkung v. *Drasdo*.

Auch für die Kandidaten selbst kann eine Blockwahl misslich sein. So kommt es in der Praxis nicht selten vor, dass ein Kandidat seine Bereitschaft, sich wählen zu lassen, von der Zusammensetzung des Gremiums abhängig machen will, weil er mit bestimmten Eigentümern nicht zusammen arbeiten möchte. Bei einer Einzelwahl würde er diesem Miteigentümer seine Stimme verweigern, müsste ihn aber bei einer Blockwahl akzeptieren, wollte er nicht insgesamt gegen alle Kandidaten und damit auch gegen sich selbst stimmen. 1864

Letztlich besteht bei einer Blockwahl das Risiko, dass die gesamte Wahl unwirksam würde, wenn die Wahl eines Kandidaten angefochten und gerichtlich dessen Nichteignung für das Amt des Verwaltungsbeirates festgestellt wird, so dass die Wahl dieses Kandidaten als Verstoß gegen das Gebot ordnungsgemäßer Verwaltung für unwirksam erklärt wird. Da nicht nur ein Teil der Blockwahl als einheitlicher Wahlvorgang für unwirksam erklärt werden kann, würde sich die Unwirksamkeit auf die Wahl aller Kandidaten erstrecken. 1865

d) Bestätigungsbeschluss. Aus Gründen der Vereinfachung und der Zeitersparnis wird in Eigentümerversammlungen oft vorgeschlagen, den bisherigen Verwaltungsbeirat, mit dessen Arbeit man im Übrigen sehr zufrieden sei, doch schlicht in seinem Amt zu bestätigen und auf eine Neuwahl zu verzichten. Eine solche Bestätigung ist grundsätzlich per Mehrheitsbeschluss möglich, denn auch hierbei handelt es sich um einen Willensbildungsprozess der Eigentümer, der darauf gerichtet ist, einen Miteigentümer für die Tätigkeit des Verwaltungsbeirates zu legitimieren. Es darf jedoch nicht verkannt werden, dass es sich auch hierbei um eine Blockwahl handelt, denn der Beirat wird als Gremium mit einem einheitlichen Beschluss in seiner Funktion bestätigt.[41] Daher gilt wie bei der Blockwahl, dass ein Bestätigungsbeschluss dann nicht zulässig ist, wenn sich auch nur ein Miteigentümer gegen diese Form der Abstimmung ausspricht. 1866

e) Annahme der Wahl. Ist zugunsten eines Miteigentümers ein Mehrheitsbeschluss zustande gekommen, ist dieser Miteigentümer zum Verwaltungsbeirat gewählt. Damit aber hat noch keine Bestellung stattgefunden. Erforderlich ist dazu, dass der gewählte Miteigentümer die Wahl auch annimmt.[42] Mit der Annahme der Wahl ist die Erklärung verbunden, dass der Kandidat bereit ist, die Tätigkeit eines Verwaltungsbeirates im Rahmen eines Auftragsverhältnisses mit der Eigentümergemeinschaft zu übernehmen. Da niemand zur Übernahme eines Ehrenamtes gezwungen werden kann, das nicht nur mit einer Tätigkeitsverpflichtung sondern überdies mit einem Haftungsrisiko verbunden ist, bedarf es dazu einer ausdrücklichen rechtsgeschäftlichen Erklärung des gewählten Miteigentümers. 1867

f) Bestimmung durch den Verwalter. Die Wahl von Verwaltungsbeiräten ist ausschließlich Sache der Eigentümergemeinschaft. Diese originäre Aufgabe kann weder durch die Teilungserklärung noch durch Mehrheitsbeschluss auf Dritte übertragen werden. Eine Bestimmung von Verwaltungsbeiräten durch den Verwalter ist daher nichtig. 1868

Nichtig ist auch die Vereinbarung in der Teilungserklärung, dass für den Fall, dass eine Eigentümergemeinschaft keinen Vertrauensmann und dessen Stellvertreter wählt, sodann der Verwalter den Vertrauensmann und seinen Stellvertreter aus den Reihen der Eigentümer nach freiem Ermessen bestellen kann. 1869

6. Interne Beiratsorganisation

Wer **Vorsitzender** und wer **stellvertretender Vorsitzender** des Verwaltungsbeirates wird, entscheidet der Veraltungsbeirat auf seiner ersten, der **konstituierenden Sitzung** 1870

[41] *Drasdo* ZMR 2005, 596 (598).
[42] *Drasdo* a. a. O.

selbst.[43] Hierzu ist ein Mehrheitsbeschluss der Beiratsmitglieder erforderlich aber auch ausreichend. Auch hier kann jedes Beiratsmitglied für sich selbst stimmen.

1871 Die Wahl eines Vorsitzenden bzw. dessen Stellvertreters ist allerdings nicht zwingend, da der Beirat auf eine entsprechende Geschäftsverteilung auch verzichten kann. Dies wird sich aber in aller Regel als unpraktikabel erweisen, da immer dann, wenn der Verwaltungsbeiratsvorsitzende oder sein Stellvertreter aufgrund gesetzlicher oder sonstiger Ermächtigung zu besonderem Handeln aufgefordert sind, der gesamte Beirat tätig werden müsste.

1872 Die **Eigentümergemeinschaft** kann sich aber die **Aufgabenverteilung innerhalb des Beirates** vorbehalten und zusammen mit der Beiratswahl festlegen, wer der Vorsitzende und wer dessen Stellvertreter werden soll. Die Annahme der Wahl zum Verwaltungsbeirat beinhaltet sodann gleichzeitig die Bereitschaft, auch die besondere Funktion zu übernehmen.

1873 Da ein Verwaltungsbeirat nicht die Kompetenz besitzt, Eigentümerbeschlüsse zu ändern, kann in solchen Fällen die Geschäftsverteilung auch nicht durch internen Beiratsbeschluss abgeändert werden. Soll eine von der Eigentümerversammlung festgelegte Beiratsfunktion abgeändert werden, muss dies für die nächste Eigentümerversammlung als Beschlusspunkt beantragt werden.

1874 Ist ein Funktionsträger im Beirat nicht bereit, dies abzuwarten, kann er seine Funktion niederlegen, ohne gleichzeitig aus dem Beirat auszuscheiden. Handelt es sich hierbei um den Vorsitzenden, werden dessen Aufgaben von seinem Stellvertreter wahrgenommen, der bisherige Vorsitzende bleibt sodann einfaches Mitglied des Verwaltungsbeirates.

1875 Ist nur ein Wohnungseigentümer zum Beirat gewählt worden oder verbleibt nur noch ein Beiratsmitglied nach dem Ausscheiden der übrigen aus einem mehrköpfigen Beirat und übt das verbliebene Beiratsmitglied Befugnisse des Vorsitzenden aus, so ist darin eine konkludente schlüssige Bestellung zum Vorsitzenden zu sehen.[44]

1876 Je nach Größe einer Eigentümergemeinschaft und einem damit verbundenen Arbeitsanfall können Verwaltungsbeiräte intern gesonderte Aufgabenzuweisungen vornehmen. So kann ein **Schriftführer** gewählt werden, der für die Abfassung der Protokolle von Beiratssitzungen zuständig ist.

1877 Sind Beiratsmitglieder gewählt worden, die aufgrund ihres beruflichen Hintergrundes als „Sonderfachleute" gelten können, ist es auch zulässig, beiratsintern eine **Dezernatsverteilung** vorzunehmen. Wird etwa ein Rechtsanwalt in den Beirat gewählt, kann ihm ein Dezernat **„Recht und Personal"** zur Betreuung übertragen werden. Wurde ein technisch ausgebildeter Miteigentümer gewählt, kann ihm beiratsintern das Dezernat **„Technik"** übertragen werden. Wird ein Steuerberater oder Wirtschaftsprüfer zum Beirat bestellt, kann dieser mit dem Aufgabenbereich **„Rechnungswesen"** betraut werden.

1878 Eine solche interne Aufgabenzuweisung führt jedoch nicht dazu, dass die betroffenen Beiratsmitglieder weitergehende Kompetenzen erhalten würden oder damit für die entsprechenden Sachbereiche eine Einzelverantwortung der Beiratsmitglieder begründet werden könnte. Es handelt sich vielmehr um eine Aufgabenteilung, um eine in Großgemeinschaften mögliche Arbeitsüberlastung einzelner Beiratsmitgliedes zu vermeiden und die Aufgabenwahrnehmung gleichmäßig auf alle zu verteilen.

1879 An der **Verantwortlichkeit des Gesamtbeirates** ändert dies jedoch nichts. Prüft zum Beispiel das für das Dezernat „Technik" zuständige Beiratsmitglied Kostenanschläge für Sanierungs- oder Reparaturarbeiten, so ist seine Tätigkeit im Sinne eines „Berichterstatters" zu verstehen, der den Beirat vom Ergebnis seiner Prüfung im Detail zu informieren hat, so dass auch die übrigen Mitglieder beurteilen können, ob eine Maßnahmen der Beschlusslage der Eigentümergemeinschaft und ordnungsgemäßer Verwaltung entspricht.

---

[43] OLG München ZMR 2005, 980 (981).

[44] OLG München, Beschl. v. 6. 9. 2005 – 32 Wx 60/05 – ZWE 2006, 31, 32.

Ist ein Mitglied mit dem Dezernat „Rechnungsprüfung“ betraut, bedeutet dies nicht, dass die Verwaltungsbeiratsmitglieder im Übrigen von der Verantwortung für eine ordnungsgemäße Belegprüfung frei würde. Der Gesamtbeirat muss vielmehr im Einzelnen über die Rechnungsprüfung unterrichtet werden, so dass er in der Lage ist, ggf. nachzufragen, weitere Nachforschungen zu betreiben, um schließlich seiner gesetzlichen Aufgabe gerecht werden zu können, eine fundierte gemeinsame Stellungnahme zu Wirtschaftsplan und Jahresabrechnung abzugeben (§ 29 Abs. 3 WEG). 1880

Sind Ämter und Funktionen innerhalb des Beirates nicht bereits durch Eigentümerbeschluss festgelegt worden, steht es den Verwaltungsbeiratsmitgliedern auch frei, während einer Amtsperiode ein **Rotationssystem** umzusetzen, wonach die Funktionen oder auch nur einzelne Aufgabenbereiche in bestimmter Zeitabfolge jeweils einem anderen Beiratsmitglied übertragen werden. Dies gilt sowohl für die Vorsitzendenfunktion, als auch für den Stellvertreter, einen Schriftführer oder auch alle sonstigen Aufgaben- oder Dezernatszuweisungen. 1881

a) **Stellvertreter.** Eine Stellvertretung bei der Ausübung der Beiratstätigkeit ist im WEG nicht geregelt. Vorbehaltlich einer ausdrücklichen Bestimmung in der Gemeinschaftsordnung, wonach eine Stellvertretung zulässig sein soll, scheidet die Wahl von Stellvertretern aus. Die Tätigkeit eines Verwaltungsbeirates ist eine höchstpersönliche Aufgabe, die grundsätzlich nicht auf Dritte übertragen werden kann. Damit ist auch ausgeschlossen, dass etwa ein Beiratsmitglied einen anderen Wohnungseigentümer bevollmächtigen könnte, im Einzelfall eine bestimmte Beiratsaufgabe auszuführen.[45] Das Wesen der Stellvertretung ist aber gerade, dass ein eigenverantwortliches, unmittelbares Handeln in fremdem Namen mit entsprechender Vertretungsmacht erfolgt. Dies ist mit der höchstpersönlichen Natur des Beiratsamtes nicht vereinbar. 1882

Die Wahl von Stellvertretern würde auch mit § 29 Abs. 1 WEG kollidieren, wonach der Verwaltungsbeirat aus 3 Wohnungseigentümern besteht. Würden Stellvertreter gewählt, würden diese ebenfalls zum Verwaltungsbeirat gehören und dadurch dessen Mitgliederzahl unzulässigerweise erhöhen. 1883

b) **Ersatzmitglieder.** Anders verhält es sich mit der Wahl von Ersatzmitgliedern. Zwar ebenfalls nicht im WEG geregelt, begegnet sie jedoch keinen Bedenken, weil Ersatzmitglieder nicht etwa gleichzeitig neben den hauptamtlich gewählten Beiräten tätig werden, sondern ihre Aufgabe erst dann übernehmen, wenn ein Beiratsmitglied aus seinem Amt ausgeschieden ist. Rückt das Ersatzmitglied sodann in den Beirat nach, bleibt die gemäß § 29 Abs. 1 WEG vorgesehene Zusammensetzung aus 3 Wohnungseigentümern erhalten. 1884

Ersatzmitglieder können ihre Tätigkeit nicht schon dann aufnehmen, wenn ein Beiratsmitglied vorübergehend oder ggf. auch auf Dauer an der Ausübung seiner Tätigkeit gehindert ist, ohne aus dem Amt ausgeschieden zu sein. Der Verwaltungsbeirat würde nämlich dann durch Hinzutreten des Ersatzmitgliedes unzulässigerweise auf 4 Personen oder mehr erweitert. Sieht sich ein Mitglied des Verwaltungsbeirates zu einer weiteren Tätigkeit nicht mehr in der Lage, sei es vorübergehend oder auf Dauer, so ist es gehalten, sein **Amt niederzulegen,** um einem gewählten Ersatzmitglied den Weg freizumachen. Um Unsicherheiten zu vermeiden, wann ein Ersatzmitglied nachrückt, sollte dies zusammen mit der Wahl von Ersatzmitgliedern genau festgelegt werden. 1885

Werden mehrere Ersatzmitglieder gewählt, so hat die Eigentümergemeinschaft darauf zu achten, auch die **Reihenfolge eines Nachrückens** im Einzelnen zu regeln, um Ungewissheit oder gar einen Streit über die Person dessen zu vermeiden, der als erster zum Nachrücken in den Beirat berufen ist. Dies kann durch Zuordnung laufender Nummern geschehen (z. B. Ersatzmitglied Nr. 1, Ersatzmitglied Nr. 2 usw.), verbunden mit der Maßgabe, dass ein Nachrücken in entsprechender Abfolge stattzufinden hat. 1886

---

[45] *Bärmann/Merle* § 29 Rn. 44.

1887 Es besteht aber auch die Möglichkeit, **personenbezogene Ersatzmitglieder** zu wählen. Die Wahl personenbezogener Ersatzmitglieder empfiehlt sich immer dann, wenn die Mitglieder des Verwaltungsbeirates aufgrund eines besonderen beruflichen Hintergrundes oder einer **persönlichen Qualifikation** und damit im Hinblick auf eine besondere Befähigung zur Ausübung des Amtes des Verwaltungsbeirates oder eine seiner Aufgaben gewählt worden sind.

1888 Ersatzmitglieder können daher auch mit der Maßgabe gewählt werden, dass das Ersatzmitglied, das über einen beruflichen juristischen Hintergrund verfügt, für das Mitglied des Verwaltungsbeirats nachrückt, das wegen einer entsprechenden Qualifikation in sein Amt gewählt worden ist. Das Gleiche gilt für kaufmännische, technische oder sonstige Qualifikationen, wenn solche Besonderheiten Orientierung bei der Verwaltungsbeiratswahl gewesen sind.

1889 c) **Ausschüsse.** Insbesondere Großgemeinschaften neigen dazu, zur **Behandlung von Einzelproblemen** Ausschüsse oder **Arbeitsgruppen** zu bilden, die einen später von der Eigentümergemeinschaft zu treffenden Entscheidungsprozess inhaltlich vorbereiten sollen. Gegen die Wahl solcher Ausschüsse bestehen keine Bedenken.[46] Da Sonderausschüsse mit der Bearbeitung von Einzelaufgaben beauftragt werden, handelt es sich um selbstständige Gremien, die nicht in Konkurrenz zu einem gewählten Verwaltungsbeirat stehen. Sie haben in aller Regel mit dem Verwaltungsbeirat nichts zu tun, ihnen stehen die einem Verwaltungsbeirat zugewiesenen gesetzlichen Befugnisse nicht zu. Auf Sonderausschüsse sind daher die gesetzlichen Vorschriften über den Verwaltungsbeirat auch nicht entsprechend anwendbar.[47]

1890 d) **Kassenprüfer.** Unzulässig erscheint die Wahl eines gesonderten Kassenprüfers zusätzlich zu einem amtierenden Verwaltungsbeirat. Da § 29 Abs. 3 WEG dem Verwaltungsbeirat ausdrücklich die Aufgabe zur Prüfung von Wirtschaftsplan, Jahresabrechnung, Rechnungslegung und Kostenanschlägen überträgt, würde die Wahl eines Kassenprüfers den Verwaltungsbeirat entweder in seiner Aufgabenstellung einschränken oder der Kassenprüfer müsste als **Konkurrenz für den Verwaltungsbeirat** verstanden werden. Beides kann nicht in Frage kommen, weil einer Eigentümergemeinschaft die Beschlusskompetenz fehlt, einem gewählten Verwaltungsbeirat die gesetzlich zugewiesenen Aufgaben zu entziehen. Überdies wäre die Begründung einer Doppelzuständigkeit bzw. das Entstehen einer Konkurrenzsituation schädlich. Bei **Doppelzuständigkeit** besteht die Gefahr, dass sich der eine auf den anderen verlässt und in Wirklichkeit niemand tätig wird.

1891 Die mehrheitliche Wahl eines Kassenprüfers neben einem bestehenden Verwaltungsbeirat wäre daher nichtig. Die Auffassung, ein solcher Beschluss sei nur anfechtbar, weil die Vorschriften über den Verwaltungsbeirat in vollem Umfange dispositiv seien, überzeugt nicht.[48] Genauso wenig wie durch Mehrheitsbeschluss die Wahl eines Verwaltungsbeirates ausgeschlossen werden kann, können die Aufgaben eines Verwaltungsbeirates durch Mehrheitsbeschluss eingeschränkt werden. Die Vorschriften des § 29 WEG, deren Abänderung mit Dauerwirkung nur im Rahmen von Vereinbarungen zur Disposition stehen, sind aber auch dann nicht etwa einem Mehrheitsbeschluss zugänglich, wenn zwar nur ein Einzelfall geregelt werden soll, dieser aber eine unzulässige Kompetenzbeschneidung beinhalten würde. Genau das wäre aber die Folge der Wahl eines Kassenprüfers per Mehrheitsbeschluss, der dem Verwaltungsbeirat die vom Gesetz zugewiesene Aufgabe der Belegprüfung entziehen würde, mindestens aber eine Zuständigkeitskollision zur Folge hätte.

---

[46] OLG Frankfurt OLGZ 1988, 188.

[47] A. A. wohl *Deckert/Drasdo*, ETW, Gruppe 4, Rn. 1292.

[48] So aber *Drasdo* a. a. O.

7. Anfechtung der Beiratswahl

Ist auf der Tagesordnung der Eigentümerversammlung die Verwaltungsbeiratswahl nicht als Beschlusspunkt angekündigt worden, kann die Wahl angefochten werden. Es reicht aber aus, den **Tagesordnungspunkt** pauschal anzukündigen, so beispielsweise mit der Angabe **„Wahl des Verwaltungsbeirats"**. Der Angabe von Namensvorschlägen, Hinweisen auf die Amtsdauer oder sonstiger Erläuterungen zur anstehenden Wahl bedarf es in der Einladung nicht. Soll nur eine Ergänzungswahl für ein ausgeschiedenes Beiratsmitglied erfolgen, muss dies in der Einladung entsprechend deutlich gemacht werden. 1892

Ist die Zusammenarbeit mit einem gewählten Beiratsmitglied aus objektiven Gründen unzumutbar, kann dessen Bestellung ebenfalls angefochten werden.[49] Eine Unzumutbarkeit kann etwa dann angenommen werden, wenn von vorneherein nicht zu erwarten ist, dass das für die Beiratsarbeit notwendige Vertrauensverhältnis besteht. Dazu reicht es allerdings weder aus, dass vereinzelt persönliche Aversionen gegen ein Beiratsmitglied bestehen, noch dass ein Miteigentümer oder dessen Angehöriger mit einem Verwaltungsbeiratsmitglied zerstritten ist. Zum einen besteht für Verwaltungsbeiräte **keine Neutralitätspflicht,**[50] zum anderen wäre es kaum mehr möglich, einen geeigneten Kandidaten für das Beiratsamt zu finden, wollte man dafür voraussetzen, dass es zwischen dem zu wählenden Miteigentümer und allen übrigen Eigentümern keine Differenzen oder Streitigkeiten geben dürfte. 1893

Nach dem Grundsatz, dass ein Beschluss solange wirksam ist, solange er nicht durch ein Gericht rechtswirksam für ungültig erklärt worden ist, ist nach Anfechtung des Beschlusses über die Wahl eines Verwaltungsbeirates dieser solange im Amt, bis die Ungültigkeit der Wahl gerichtlich rechtskräftig festgestellt worden ist. 1894

Rechtshandlungen, die der Verwaltungsbeirat während der Dauer des über seine Wahl laufenden Anfechtungsprozesses vornimmt, sind rechtsgültig, da der Beirat ungeachtet der Anfechtung erst einmal wirksam bestellt ist. Wird die Wahl für ungültig erklärt, führt dies aber nicht zur rückwirkenden Unwirksamkeit der vom Beirat vorgenommenen Rechtshandlung, da diese zum Zeitpunkt ihrer Vornahme von einem wirksam bestellten Beirat veranlasst worden sind. 1895

8. Dauer der Bestellungszeit

Anders als beim Verwalter, der höchstens auf die Dauer von 5 Jahren bestellt werden darf (§ 26 Abs. 1 Satz 2 WEG), bzw. im Falle einer ersten Verwalterbestellung nach Begründung des Wohnungseigentums sogar nur höchstens auf 3 Jahre (§ 26 Abs. 1 Satz 2, 2. Halbsatz WEG), sieht das Gesetz für Verwaltungsbeiräte keine Höchstdauer der Bestellung vor. Verwaltungsbeiräte können daher sowohl auf **unbestimmte Dauer** als auch für einen beliebigen bestimmten Zeitraum gewählt werden. Möglich ist es auch, Miteigentümer für unterschiedliche Zeitdauer in den Beirat zu wählen. Ist voraussehbar, dass ein Kandidat nach einem bestimmten Zeitraum an der Ausübung der Beiratstätigkeit verhindert sein wird, z. B. durch einen längeren Auslandsaufenthalt, legt die Eigentümergemeinschaft jedoch Wert darauf, diesen Miteigentümer bis dahin als Verwaltungsbeirat zu gewinnen, dann kann der betreffende Miteigentümer für einen kürzeren Zeitraum, die übrigen Beiratsmitglieder für einen längeren gewählt werden. Nach Ablauf der Amtszeit des auf kürzere Dauer bestellten Beiratsmitgliedes ist sodann eine Ergänzungswahl erforderlich oder es wird von Anfang an ein Ersatzmitglied gewählt. 1896

a) Beendigung der Verwaltungsbeiratstätigkeit. Wird ein Verwaltungsbeirat auf unbestimmte Dauer gewählt, endet die Tätigkeit automatisch dadurch, dass von der Gemein- 1897

[49] BayObLG ZMR 2003, 438 (439).
[50] OLG Frankfurt a. M. NJW-RR 2001, 1696.

schaft ein neuer Verwaltungsbeirat gewählt wird.[51] Einer ausdrücklichen Abwahl bedarf es in diesem Falle nicht, denn in der Bestellung eines neuen Verwaltungsbeirates ist schlüssig die Abberufung des alten enthalten.[52]

1898 b) **Abberufung durch Eigentümerbeschluss.** Ein einzelnes Verwaltungsbeiratsmitglied, aber auch der Beirat insgesamt können durch Mehrheitsbeschluss der Eigentümerversammlung abberufen werden. Wie bei ihrer Wahl, so sind die Beiratsmitglieder auch bei einem Antrag auf Abberufung selbst stimmberechtigt. Ist die Bestellung auf unbestimmte Dauer erfolgt, so ist eine Abberufung jederzeit möglich, ohne das es hierfür besondere Gründe bedürfte.

1899 Wurde der Verwaltungsbeirat für eine **bestimmte Amtszeit** gewählt, ist eine vorzeitige Abberufung nur aus wichtigem Grunde möglich. Nicht jede Fehlleistung des Beirates stellt einen **wichtigen Grund zur Abberufung** dar. Verstößt ein Verwaltungsbeirat jedoch vorsätzlich gegen die ihm obliegenden Pflichten, wird z. B. über die Korrektheit von Jahresabrechnungen getäuscht, werden unkorrekte Handlungen des Verwalters gedeckt oder billigen Beiratsmitglieder vorsätzliche Pflichtverstöße eines anderen Mitglieds, so kann dies einen wichtigen Grund zur sofortigen Abbestellung darstellen.[53]

1900 Die in einem Abberufungsbeschluss liegende Willenserklärung der Eigentümergemeinschaft muss den betreffenden Verwaltungsbeiratsmitgliedern zugehen. Sind die Verwaltungsbeiräte in der Eigentümerversammlung anwesend, in der der entsprechende Entschluss gefasst wurde, gilt die Abberufung mit Verkündung des Beschlussergebnisses durch den Versammlungsleiter als zugegangen. Ist ein Verwaltungsbeiratsmitglied nicht anwesend, so muss ihm die Abberufung mitgeteilt werden. Hierfür ist der Verwalter zuständig.[54] Erst mit dem Zugang der entsprechenden Mitteilung wird die Abberufung wirksam.

1901 c) **Anfechtung des Abberufungsbeschlusses.** Genauso wie der Beschluss über die Bestellung eines Verwaltungsbeirats kann auch der Beschluss über dessen **Abwahl** gerichtlich angefochten werden. Auch hier gilt, dass der Beschluss **bis zu** seiner **gerichtlichen Ungültigerklärung wirksam** ist. Der Verwaltungsbeirat darf also sein Amt solange nicht ausüben, solange nicht über die Wirksamkeit der Anfechtung des Abberufungsbeschlusses rechtskräftig entschieden ist.

1902 Wird der Beschluss über die Abberufung für unwirksam erklärt, tritt das betreffende Beiratsmitglied ohne Weiteres wieder in seine Amtsstellung ein. Da der Abwahlbeschluss im Falle seiner Ungültigkeit ersatzlos beseitigt wird, hat die Beiratsstellung aufgrund des Abwahlbeschlusses nicht geendet, so dass es nicht etwa einer Neuwahl des betreffenden Beiratsmitgliedes bedarf.

1903 Hat die Eigentümergemeinschaft während des Anfechtungsverfahrens einen oder mehrere neue Beiräte bestellt, so tritt das Verwaltungsbeiratsmitglied, das nicht erfolgreich abberufen worden ist, zu dem aktuell amtierenden Verwaltungsbeirat als weiteres Mitglied hinzu.

1904 Die Situation ist nicht mit der Anfechtung des Beschlusses über die Abberufung eines Verwalters vergleichbar. Wird ein Verwalter abberufen und der Beschluss für unwirksam erklärt, ist die Wahl eines zwischenzeitlich bestellten neuen Verwalters nichtig, da Verwalter immer nur **eine** natürliche oder juristische Person sein kann.[55] Dies ergibt sich aus dem Grundsatz der Einheitlichkeit der Verwaltung,[56] wonach es eine gleichzeitige rechtsgeschäftliche Vertretung von Eigentümergemeinschaften durch unterschiedliche Verwalter nicht geben kann. Eigentümergemeinschaften fehlt daher die Kompetenz, gleichzeitig

---

[51] LG Nürnberg – Fürth ZMR 2001, 746.
[52] *Staudinger/Bub* § 29 Rn. 43.
[53] OLG München ZMR 2006, 962.
[54] *Staudinger/Bub* § 29 Rn. 42.
[55] OLG Hamm ZMR 2003, 51, 53.
[56] OLG Zweibrücken ZMR 2004, 63, 64.

verschiedene Verwalter zu wählen, so dass entgegenstehende Beschlüsse nicht nur anfechtbar, sondern nichtig wären.

Anders verhält es sich beim Verwaltungsbeirat. Auch wenn das Gesetz die Wahl von nur drei Wohnungseigentümern vorsieht, verfügen Eigentümergemeinschaften dennoch über die Kompetenz, im Rahmen eines Zitterbeschlusses mehr oder auch weniger als drei Eigentümer zu Mitgliedern des Verwaltungsbeirates zu wählen. Bleibt ein solcher Beschluss unangefochten, erwächst er in Bestandskraft, alle gewählten Eigentümer können das Amt des Veraltungsbeirates ausüben. Dies ist im Ergebnis auch unschädlich, da eine Über- oder Unterschreitung der vom Gesetz vorgesehenen Mitgliederzahl mangels irgendwelcher, mit der Beiratstätigkeit verbundenen Außenwirkung nicht zu Irritationen bei der Vertretung der Gemeinschaft im Außenverhältnis führen kann. 1905

Wird die Abwahl eines gesamten Verwaltungsbeirates für ungültig erklärt, dann wird ein bereits anderweitig gewählter Beirat um alle ehemals abberufenen Mitglieder erweitert. Es existieren dann aber nicht etwa zwei Verwaltungsbeiräte nebeneinander, sondern nur ein Beirat mit entsprechend mehr Mitgliedern. 1906

Wer in einem solchen doppelt besetzten Beirat Vorsitzender und stellvertretender Vorsitzender ist, muss in der nächsten Sitzung des Verwaltungsbeirates durch interne Abstimmung entschieden werden. Sind Vorsitzender und dessen Stellvertreter durch Beschluss der Eigentümerversammlung bestimmt worden, ist es Sache der Eigentümergemeinschaft, insoweit einen klarstellenden Beschluss zu fassen. Will die Eigentümergemeinschaft eine verringerte Zahl von Beiratsmitgliedern, muss sie eine Neuwahl vornehmen. Der Verwaltungsbeirat selbst kann Eigentümerbeschlüsse nicht abändern. 1907

d) **Amtsniederlegung.** Jedes Verwaltungsbeiratsmitglied ist grundsätzlich jederzeit berechtigt, sein Amt niederzulegen. Eine entsprechende Erklärung ist von dem Verwaltungsbeiratsmitglied gegenüber der Eigentümergemeinschaft abzugeben. Dies kann entweder in einer Eigentümerversammlung durch **Erklärung zu Protokoll** geschehen, es ist aber auch ausreichend, wenn der Verwalter als der Vertreter sowohl des teilrechtsfähigen Verbandes als auch der einzelnen Miteigentümer hierüber mündlich oder schriftlich unterrichtet wird. 1908

Die Amtsniederlegung kann in jeder möglichen Form, mit der Willenserklärung übermittelt werden können, abgegeben werden, sei es per **Telefon, Telefax, Email** oder per **Brief.** Eine schriftliche Erklärung ist allerdings regelmäßig anzuraten, um Zweifel am Inhalt der abgegebenen Erklärung und Unklarheiten bezüglich des Zeitpunkts des Zugangs der Erklärung zu vermeiden. Eine Amtsniederlegung ist jederzeit möglich.[57] 1909

aa) Niederlegung zur Unzeit. Entgegen der in der Literatur vertretenen Auffassung kann es eine **Amtsniederlegung zur Unzeit** nicht geben.[58] Eine Amtsniederlegung soll dann zur Unzeit erfolgen, wenn der Auftraggeber, hier die Eigentümergemeinschaft, die dem Verwaltungsbeirat obliegenden Aufgaben nicht selbst oder durch einen anderen Beauftragten, d. h. durch ein Ersatzmitglied erledigen lassen kann. Sei die in der Niederlegung des Amtes enthaltene Kündigung zu Unzeit zwar wirksam, so könne sie aber zum Schadensersatz verpflichten.[59] 1910

Dem kann nach hier vertretener Auffassung nicht gefolgt werden, da sich der Begriff „zur Unzeit“ im Zusammenhang mit der Tätigkeit eines Verwaltungsbeirates nicht allein im Verhältnis zur Eigentümergemeinschaft und deren Bedürfnisse definiert, sondern es angesichts der ehrenamtlichen Tätigkeit in erster Linie auf die **Person des Beiratsmitgliedes** selbst und dessen besondere Lebenssituation ankommt. Wird ein Beiratsmitglied z. B. von einem persönlichen Schicksalsschlag betroffen, dann kann es keinen falschen oder richtigen Zeitpunkt geben, das Beiratsamt aufzugeben, wenn der persönliche Schicksals- 1911

---

[57] KG ZMR 1997, 544 (545).

[58] *Ermann/Ehmann,* BGB, 11. Aufl., § 671 Rn. 11.

[59] *Ermann/Ehmann* a. a. O.

schlag anderweitige Aktivitäten oder eine Ortsveränderung notwendig machen, die eine ordnungsgemäße Amtsausübung hindern.

1912 Dasselbe gilt für eine schwere Erkrankung, aufgrund der das Beiratsmitglied zur Ausübung seiner Tätigkeit gar nicht mehr in der Lage ist. In Frage kommt z. B. auch die vollständige Zerrüttung des Vertrauensverhältnisses zwischen den Beiratsmitgliedern untereinander, so dass eine sinnvolle Zusammenarbeit nicht mehr gewährleistet ist.

1913 Wann immer also ein Beiratsmitglied sein Mandat nieder legt, weil ihm dessen Fortführung aus persönlichen Gründen unzumutbar ist, kann der Vorwurf, dies sei zur Unzeit geschehen, nicht erhoben werden.

1914 *bb) Begründung.* Die Amtsniederlegung bedarf **keiner Begründung.** Da niemandem eine ehrenamtliche Tätigkeit aufgezwungen und auch niemand gegen seinen Willen an einem Amt festgehalten werden kann, obliegt es der freien Entscheidung eines jeden Miteigentümers, ob und wie lange er sich dafür entscheidet, die Tätigkeit eines Verwaltungsbeirates auszuüben.

1915 Dessen ungeachtet ist es dennoch anzuraten, die Amtsniederlegung zu begründen. Dies gebietet allein die Vorsicht, sich vor dem Vorwurf der Niederlegung zu Unzeit zu schützen, der allenfalls dann erhoben werden könnte, wenn die Amtsniederlegung mutwillig oder gar vorsätzlich zu einem Zeitpunkt erfolgt, in dem der Ausfall der Beiratstätigkeit unmittelbare Folgen für die Eigentümergemeinschaft hat. Würde z. B. die Beiratstätigkeit unmittelbar vor einer Eigentümerversammlung niedergelegt, um damit die Belegprüfung zu verhindern, mit dem Ziel, die Eigentümerversammlung und die vorgesehene Beschlussfassung über die Jahresabrechnung zu boykottieren, und entstünde der Eigentümergemeinschaft hieraus ein Schaden (z. B. doppelte Saalmiete oder eine zusätzliche Verwaltervergütung für die Durchführung einer weiteren Eigentümerversammlung), so kann eine Haftung eines ehemaligen Beiratsmitgliedes für die durch sein mutwilliges Verhalten verursachten Folgen in Frage kommen.

1916 e) **Verlust der Eigentümerstellung.** Scheidet ein Beiratsmitglied aus der Eigentümergemeinschaft aus, indem es sein Wohnungs-/Teileigentum verkauft, dann endet die Mitgliedschaft im Verwaltungsbeirat automatisch am Tage der **Eigentumsumschreibung** auf den Erwerber. Dies gilt jedoch nur, wenn das Beiratsmitglied über ein einziges Sondereigentum verfügt. Bleibt es Mitglied der Eigentümergemeinschaft, weil in seinem Eigentum noch andere Einheiten stehen, dann wird die Beiratsstellung durch den Verkauf nur einer Wohnung nicht tangiert.

1917 Verstirbt ein Beiratsmitglied, so endet das Beiratsamt automatisch mit dem Todestage.[60] Da das Amt des Verwaltungsbeiratsamtes eine höchstpersönliche Tätigkeit darstellt, ist diese Position nicht vererbbar.[61] Beim **Tode eines Beiratsmitgliedes** entfällt dessen Mandat mithin ersatzlos, die Position bleibt vakant und kann nur durch eine Nachwahl wieder ersetzt werden.

1918 f) **„Rumpfbeirat".** Scheidet ein Verwaltungsbeiratsmitglied durch Amtsniederlegung, Tod oder aus sonstigen Gründen aus dem Beirat oder der Eigentümergemeinschaft insgesamt aus, so besteht der Verwaltungsbeirat aus den verbleibenden Mitgliedern als so genannter „Rumpfbeirat" bis zur Bestellung eines Ersatzmitgliedes oder bis zur kompletten Neuwahl eines Gesamtbeirates.[62]

1919 Scheidet ein Mitglied des Verwaltungsbeirates aufgrund der Veräußerung seines Wohnungs-/Teileigentums aus der Eigentümergemeinschaft und damit auch gleichzeitig aus dem Amt des Verwaltungsbeirates aus, so wird er beim späteren Neuerwerb einer Eigentumswohnung und der damit verbundenen neuen Mitgliedschaft in der Eigentümerge-

---

[60] BayObLG BayObLGZ 1988, 212 (214).

[61] *Bub* ZWE 2002, 7 (13).

[62] BayObLG BayObLGZ 1988, 212 (214); *Dippel/Wolicki* NZM 1999, 603; *Bärmann/Merle* § 29 Rn. 28.

meinschaft nicht wieder automatisch zum Verwaltungsbeirat. Dazu ist eine Neubestellung notwendig.[63]

g) Ausschluss durch Beiratsbeschluss. Die Mitgliedschaft im Verwaltungsbeirat kann nicht dadurch beendet werden, dass die Mehrheit des Verwaltungsbeirats eines seiner Mitglieder per Mehrheitsbeschluss aus dem Verwaltungsbeirat ausschließt. Da die Mitglieder des Verwaltungsbeirates von der Eigentümergemeinschaft gewählt werden, unterliegt es nicht der Kompetenz des Verwaltungsbeirates, die Entscheidung der Eigentümergemeinschaft zu korrigieren oder abzuändern. Sollte eine Zusammenarbeit zwischen den Beiratsmitgliedern wegen tiefer Zerstrittenheit oder unüberbrückbarer Meinungsverschiedenheiten nicht mehr möglich sein, bleibt nur die kollektive Amtsniederlegung bzw. der Antrag, auf der nächsten Eigentümerversammlung über die Zusammensetzung des Verwaltungsbeirates neu zu entscheiden. 1920

h) Gerichtliche Abberufung. Die Beiratstätigkeit kann auch durch gerichtliche Abberufung enden. So steht es jedem Miteigentümer frei, beim Wohnungseigentumsgericht den Antrag zu stellen, eines oder mehrere Mitglieder des Verwaltungsbeirates oder aber den Verwaltungsbeirat insgesamt aus wichtigem Grunde abzuberufen. Da insoweit jedoch in die grundsätzlich der Eigentümergemeinschaft zustehende Entscheidungskompetenz eingegriffen werden soll, muss erst beantragt werden, die Abberufung als **Beschlusspunkt auf einer Eigentümerversammlung** zu behandeln. Erst wenn der Abberufungsantrag keine Mehrheit findet und abgelehnt wird, kann ein solcher **Negativbeschluss** angefochten werden. Die Anfechtung muss allerdings mit dem **Verpflichtungsantrag** verbunden werden, das oder die Mitglieder des Verwaltungsbeirates abzuberufen. 1921

Die Anrufung der Wohnungseigentümerversammlung vor Einleitung eines gerichtlichen Abberufungsverfahrens ist allerdings nur dann erforderlich, wenn nicht bereits von vorneherein feststeht, dass ein entsprechender Antrag jedenfalls abgelehnt werden wird. Kann mit an Sicherheit grenzender Wahrscheinlichkeit davon ausgegangen werden, dass ein Abberufungsantrag nicht die erforderliche Mehrheit findet, würde die Verweisung des Antragstellers auf eine Eigentümerversammlung eine unnötige **Förmelei** darstellen, so dass in solchen Fällen die Anrufung des Gerichts auch ohne vorherige Verfassung der Eigentümerversammlung möglich ist.[64] 1922

Ein gerichtlicher Abberufungsantrag kann allerdings nur Erfolg haben, wenn derart **gravierende Pflichtverstöße** des oder der abzuberufenden Verwaltungsbeiratsmitglieder vorliegen, dass es außer der Abberufung kein rechtmäßiges Alternativverhalten der Eigentümergemeinschaft hätte geben können. Eigentümergemeinschaften haben bei der Wahl von Verwaltungsbeiräten ein **weites Ermessen** und können sich großzügig über Bedenken gegen die Eignung eines Miteigentümers für die Position des Verwaltungsbeirates hinwegsetzen, was ausdrücklich nicht für den Verwalter und der Beurteilung dessen Eignung gilt.[65] So stellt nicht jedes Verhalten eines Beirates, das in den Augen eines oder mehrerer Miteigentümer ein Ärgernis sein mag, auch tatsächlich einen so zwingenden und gewichtigen Grund dar, dass nur die Abberufung des betreffenden Beiratsmitgliedes ordnungsgemäßer Verwaltung entsprechen kann. 1923

Ordnungsgemäß ist in diesem Zusammenhang, was im Interesse der Gesamtheit der Wohnungseigentümer billigem Ermessen entspricht. Gerade bei personellen Entscheidungen lässt sich aber nur selten erreichen, dass alle Miteigentümer einverstanden sind. Die Bestellung eines Wohnungseigentümers zum Mitglied des Verwaltungsbeirates widerspricht deshalb nur dann ordnungsgemäßer Verwaltung, wenn schwerwiegende Gründe gegen diese Person sprechen.[66] 1924

---

[63] BayObLG ZMR 1993, 127 (129).
[64] OLG München ZMR 2006, 962 = NZM 2007, 132.
[65] OLG Köln ZMR 2000, 563 (564).
[66] OLG Köln a. a. O.

9. Gesetzliche Aufgaben des Verwaltungsbeirates

1925 Zwischen dem **rechtlichen Handlungsspielraum** einerseits, den das Gesetz für den Verwaltungsbeirat eröffnet, und der eigenen Einschätzung vieler Eigentümer, welche Befugnisse und welche Vertretungs- und Handlungsmacht ihnen als Verwaltungsbeiräten vermeintlich zustünde, liegen bisweilen Welten.

1926 Obwohl das Gesetz nur einige wenige Aufgaben für den Verwaltungsbeirat vorsieht, gerieren sich Verwaltungsbeiräte bisweilen als „Schattenverwalter", erteilen im Namen der Eigentümergemeinschaft Aufträge, verteilen an Hausmeister oder Reinigungsdienste Abmahnungen, fordern den Verwalter unter Fristsetzung zu bestimmtem Tätigwerden auf usw. und überschreiten damit regelmäßig ihre rechtlichen Kompetenzen.

1927 Grundsätzlich sind Verwaltungsbeiräte nicht befugt, die Eigentümergemeinschaft zu vertreten, für diese Erklärung abzugeben oder in sonstiger Weise rechtsgeschäftlich für den teilrechtsfähigen Verband oder dessen einzelne Mitglieder aufzutreten.

1928 Wenn einem Verwaltungsbeirat nicht durch Vereinbarung oder Mehrheitsbeschluss **Sonderervollmachten** übertragen worden sind, beschränkt sich deren Aufgabenkreis auf die im Gesetz vorgesehenen Befugnisse und Maßnahmen.

1929 **a) Unterstützung des Verwalters.** Gemäß **§ 29 Abs. 2 WEG** unterstützt der Verwaltungsbeirat den Verwalter bei der Durchführung seiner Aufgaben. Dies heißt nicht mehr und nicht weniger, als die Ermächtigung des Verwaltungsbeirates, die Verwaltertätigkeit mit wachem Auge kontrollierend zu begleiten und, sofern gewünscht, den Verwalter bei Meinungsbildungsprozessen beratend zu unterstützen. Eine Pflicht, den Verwalter bei seiner Tätigkeit zu kontrollieren, besteht für den Verwaltungsbeirat allerdings nicht.[67]

1930 § 29 Abs. 2 WEG begründet kein Recht des Verwaltungsbeirates, einem Verwalter Weisungen zu erteilen. Genauso wenig ist ein Verwaltungsbeirat befugt, dem Verwalter ein bestimmtes Vorgehen zu gestatten, so zum Beispiel von einem Eigentümerbeschluss abzuweichen und anstelle einer beschlossenen Sanierung einen anderen Sanierungsweg ohne neue Beschlussfassung einzuschlagen.[68] Ein Verwaltungsbeirat kann weder dem Verwalter noch irgendwelchen angestellten Mitarbeitern der Eigentümergemeinschaft kündigen, eine solche Kündigung wäre schlicht wirkungslos. Der Verwaltungsbeirat vertritt die Eigentümergemeinschaft auch nicht gegenüber dem Verwalter,[69] genauso wenig, wie der Verwaltungsbeirat befugt ist, die Eigentümergemeinschaft Dritten gegenüber zu vertreten.

1931 Soweit der Verwalter sachlich berechtigte Tagesordnungswünsche des Verwaltungsbeirates bei der Einberufung einer Eigentümerversammlung berücksichtigen muss,[70] handelt es sich insoweit um kein Privileg des Verwaltungsbeirates. Denn jeder Verwalter ist verpflichtet, das sachlich begründete Anliegen auch eines jeden anderen Miteigentümers auf die Tagesordnung einer Eigentümerversammlung zu setzen.

1932 **b) Überwachung des Rechnungswesens.** Die wichtigste Aufgabe von Verwaltungsbeiräten ergibt sich aus **§ 29 Abs. 3 WEG,** wonach der Wirtschaftsplan, die Abrechnung über den Wirtschaftsplan, Rechungslegungen und Kostenanschläge vom Beirat geprüft und mit dessen Stellungnahme versehen werden sollen, bevor über sie von der Wohnungseigentümerversammlung beschlossen wird.

1933 **c) Prüfung des Wirtschaftsplanes.** In Bezug auf den Wirtschaftsplan hat der Beirat insbesondere zu prüfen, ob die für eine Eigentümergemeinschaft notwendigen Sachkostenpositionen vollständig erfasst sind, ob der Kostenbedarf in Ansehung der Ausgabensituation des Vorjahres und unter Berücksichtigung von zu erwartenden Preissteigerung

[67] BayObLG BayObLGZ 1972, 161.
[68] OLG Celle ZMR 2001, 642 (643).
[69] OLG Hamm ZMR 1997, 433 (434).
[70] BayObLG ZWE 2001, 538 (541).

überschlägig zutreffend ermittelt ist, und ob die für die Gemeinschaft geltenden Umlageschlüssel richtig angewendet werden.

Genauso, wie Eigentümergemeinschaften beim Beschluss des Wirtschaftsplanes ein Ermessensspielraum zusteht und diese nicht gehalten sind, die zu erwartenden Kosten auf Cent und Euro genau zu ermitteln, genügt es, wenn auch der Beirat nur eine überschlägige Schätzung des zu erwartenden Kostenrahmens vornimmt. Aufgabe des Verwaltungsbeirates ist es nur zu vermeiden, dass Kostenansätze vom Verwalter zu niedrig gewählt werden, damit es nicht zu **Liquiditätsengpässen** kommt, die dann mit Sonderumlagen überbrückt werden müssten. 1934

Der Verwaltungsbeirat hat ebenso darauf zu achten, dass die **Kostenansätze nicht überhöht** sind, so dass die Wohnungseigentümer nicht auf unangemessen hohe Wohngeldvorauszahlungen in Anspruch genommen werden. Auch wenn eine spätere Abrechnung dann zu Rückzahlungen führen würde, widerspräche dies doch dem Gebot ordnungsgemäßer Verwaltung, weil Wirtschaftspläne nicht dazu da sind, dem Verband über seinen tatsächlichen Kostenbedarf hinaus zinslose Darlehen zu gewähren. 1935

Unterlässt der Verwaltungsbeirat die Prüfung des Wirtschaftsplanes, so ist eine Eigentümergemeinschaft nicht gehindert, den gesamten Wirtschaftsplan nebst Einzelwirtschaftsplänen dennoch zu beschließen. Allein aufgrund fehlender Prüfung kann ein Wirtschaftsplan nicht für ungültig erklärt werden.[71] Bei § 29 Abs. 3 WEG handelt es sich um eine Sollvorschrift, deren Nichtbeachtung den Beschluss über den Wirtschaftsplan nicht notwendigerweise ungültig macht. 1936

d) Sonderumlagen. Ist die Erhebung von Sonderumlagen erforderlich, so gelten die selben Grundsätze wie bei der Vorprüfung über die Beschlussfassung eines Wirtschaftsplanes. Sonderumlagen ergänzen den Wirtschaftsplan und sollen solche Kosten der Verwaltung decken, die vorher in dieser Höhe nicht voraussehbar waren. 1937

Hinzu kommt die Überprüfung, ob die Sonderumlage in der veranschlagten Höhe tatsächlich erforderlich ist, oder ob der anstehende Finanzbedarf teilweise auch aus Mitteln der Instandhaltungsrücklage gedeckt werden könnte. Umgekehrt ist auch darauf zu achten, dass die Instandhaltungsrücklage für die Finanzierung einer Sondermaßnahme nicht vollständig abgeräumt wird, sondern mindestens eine eiserne Reserve erhalten bleibt. In allen Fällen gilt die Überlegung, dass **Nachteile für die Eigentümer vermieden werden** solle, indem sie entweder mit unnötig hohen Geldforderungen belastet werden oder Nachteile dadurch drohen könnten, dass dem Verband keine Finanzmittel mehr zur Verfügung stehen, wenn es etwa gilt, Notreparaturen durchführen zu müssen. 1938

Der Verwaltungsbeirat kann auch darauf hinwirken, dass Sonderumlagen sozial verträglich in Raten erhoben werden, wenn dies etwa ein zeitlich gestreckter Sanierungsverlauf mit zeitlich gestaffelten Abschlagszahlungen an die Handwerksfirmen zulässt. 1939

e) Jahresabrechung. Die Hauptprüfungslast ergibt sich für Verwaltungsbeiräte aus der Vorbereitung der Jahresabrechnung. Auch wenn gerade bei Großgemeinschaften nicht Hunderte oder Tausende von Zahlungspositionen einzeln durchgesehen werden können, so ist dennoch eine stichprobenartige Überprüfung mit **hoher Prüfungsdichte** erforderlich. 1940

Die Verwaltungsbeiräte haben sich dazu sämtliche Auszüge aller vom Verband geführter Konten vorlegen zu lassen. Insbesondere bei größeren Ausgaben sind die dazu gehörigen Rechnungen einzusehen. Es ist ein Abgleich zwischen Beschlusslage und Geldverwendung vorzunehmen. 1941

aa) Sachwidrige Geldausgaben. Dabei haben Verwaltungsbeiräte zu beachten, dass eine Jahresabrechnung nicht dadurch unrichtig wird, weil der Verwalter z. B. einen Handwerker bezahlt hat, ohne dass die Auftragsvergabe durch die Eigentümergemeinschaft beschlossen worden wäre. Eine Jahresabrechnung als Einnahmen- und Ausgabenrechnung ist 1942

---

[71] BayObLG, ZMR 2004, 358 = NZM 2004, 623.

immer dann richtig und muss dementsprechend von einer Eigentümergemeinschaft auch beschlossen werden, wenn alle **Kontobewegungen** des Abrechnungszeitraums vollständig und richtig erfasst worden sind, unabhängig davon, ob sie inhaltlich und ihrer Veranlassung nach gerechtfertigt waren.[72] Selbst veruntreuende Ausgaben des Verwalters müssten in der Jahresabrechnung erfasst werden, da sie Geldabflüsse darstellen, die notwendigerweise zu verbuchen sind. Eine Korrektur erfährt diese Betrachtung durch die Verweigerung der Verwalterentlastung, die den Weg zu entsprechenden Schadensersatzansprüchen eröffnet.

1943 Der Verwaltungsbeirat muss also selbst bei **grob sachwidriger Geldverwendung** den Beschluss der Jahresabrechnung empfehlen und seiner Kontrollpflicht dadurch Genüge tun, dass er die Eigentümergemeinschaft über die festgestellten Beanstandungen informiert und empfiehlt, den Verwalter nicht zu entlasten. Nur auf diese Weise kann sicher gestellt werden, dass eine Eigentümergemeinschaft einerseits die für die Finanzierung der Verwaltung des Gemeinschaftseigentums erforderlichen Finanzmittel von ihren Mitgliedern fordern kann, denn ohne Beschluss der Jahresgesamt- und Einzelabrechnungen entsteht für den Verband gegenüber seinen Mitgliedern kein Anspruch auf Hausgeldnachzahlung. Andererseits kann die Eigentümergemeinschaft den Verwalter sodann für die, sich aus der Abrechnung ergebende, ja gerade durch sie dokumentierte fehlerhafte Sachbehandlungen in Regress nehmen.

1944 *bb) Kontostände.* Der Verwaltungsbeirat muss die Kontenstände überprüfen und eine Schlüssigkeitsprüfung zwischen Kontostand zum Beginn des Abrechnungszeitraumes und dem zum Ende des Abrechnungszeitraumes vornehmen. Dazu sind zum Anfangsstand alle Einnahmen hinzu zu addieren, die Ausgaben sind zu subtrahieren und sodann ist zu überprüfen, ob das Rechenergebnis mit dem Kontostand zum Jahresende übereinstimmt.[73]

1945 Werden vom Verband Festgeld- oder Sparkonten unterhalten, sind Kontostände und Zinszuflüsse sowie die Abbuchung von Kapitalertragssteuer und Solidaritätszuschlag zu überprüfen.

1946 *cc) Instandhaltungsrücklage.* Weiterhin sind Zu- und Abflüsse vom Instandhaltungsrücklagenkonto nachzuvollziehen. Es ist zu überprüfen, ob die anteiligen Instandhaltungsrücklagen, die von den einzelnen Wohnungseigentümern zusammen mit ihren monatlichen Hausgeldvorauszahlungen an den Verband entrichtet werden, ordnungsgemäß dem Instandhaltungsrücklagenkonto zugewiesen wurden. Es ist zu überprüfen, ob das Rücklagenkonto auch tatsächlich nur mit solchen Ausgaben belastet wurden, die der Beschlusslage der Eigentümergemeinschaft entsprechen.

1947 Sind aus der Instandhaltungsrücklage Kosten finanziert worden, die mit der Zweckbestimmung einer Instandhaltungsrücklage nichts zu tun haben (so z. B. die Bezahlung von Rechtskosten), dann macht dies zwar die Abrechnung über das Instandhaltungsrücklagenkonto bzw. die Jahresabrechnung insgesamt nicht unrichtig, der Verwaltungsbeirat ist jedoch gehalten, in seinem Bericht auf derartige Fehler hinzuweisen um so der Eigentümergemeinschaft durch gesonderte Beschlussfassung Gelegenheit zur Korrektur zu geben.

1948 Es ist darauf zu achten, dass der Verwalter als Bestandteil der Jahresabrechnung die aus der Instandhaltungsrücklage entnommenen Gelder gesondert aus- und den einzelnen Sondereigentumseinheiten zuweist. Denn nicht die Zahlungen in die Instandhaltungsrücklage, sondern nur die Abflüsse aus der Instandhaltungsrücklage an außenstehende Dritte stellen für Eigentümer steuerlich berücksichtigungsfähige Ausgaben dar. Zahlungen auf **Kapitalertragssteuer** sind ebenfalls objektbezogen auszuweisen, desgleichen die Lohnkosten aus haushaltsnahen Dienstleistungen, die Miteigentümer unmittelbar von ihrer Steuerlast abziehen können.

---

[72] BayObLG ZWE 2001, 487 (488).
[73] OLG Hamm ZWE 2001, 446 (448).

dd) Einzelabrechnungen. Nicht zuletzt haben Verwaltungsbeiräte darauf zu achten, dass keine Jahresabrechnung ohne Einzelabrechnungen vorgelegt wird, wobei es allerdings zulässig ist, in einer Eigentümerversammlung erst die Jahresgesamtabrechnung als Grundlage für die Erstellung der Einzelabrechnungen zu beschließen, um sodann in einer nachfolgenden Eigentümerversammlung die auf der vorher beschlossenen Gesamtabrechnung basierenden Einzelabrechnungen zu verabschieden. 1949

Geprüft werden muss auch, ob bei der **Kostenverteilung** der richtige Umlageschlüssel verwandt worden ist. Wird mit unterschiedlichen Verteilerschlüsseln gearbeitet, kann es erforderlich sein, Teilungserklärung und Beschlusssammlung nach dem aktuellen Stand der Kostenverteilung in der Eigentümergemeinschaft zu überprüfen. 1950

Der Verwaltungsbeirat muss die Einzelabrechnungen nicht überprüfen. Es ist ausreichend, die Art und Weise der Kostendarstellung an einer Einzelabrechnung beispielhaft zu überprüfen. 1951

Vom Verwaltungsbeirat ebenfalls nicht gefordert werden kann eine durchgängige **rechnerische Überprüfung** von Jahres- und Einzelabrechnungen. Nicht überprüft werden muss, ob Namen und Anschrift der betroffenen Eigentümer in den Einzelabrechnungen richtig angegeben sind oder ob möglicherweise ein **falscher Abrechnungsadressat** betroffen ist, weil ein Sondereigentum zwischenzeitlich verkauft wurde. 1952

ee) Reparaturen und Instandsetzungen. Bei größeren Reparatur- und Instandsetzungsmaßnahmen ist ein Vergleich vorzunehmen zwischen dem von der Eigentümergemeinschaft beschlossenen Angebot zur Auftragsvergabe und der hierauf basierenden Endabrechnung des Handwerkers und deren Bezahlung. Sollten sich auffällige Abweichungen ergeben, machen diese zwar die Jahresabrechnung nicht unrichtig, der Beirat ist jedoch gehalten, in der Eigentümerversammlung im Rahmen seiner Stellungnahme hierauf hinzuweisen. 1953

ff) Rechtzeitige Verwalterkritik. Wann immer der Verwaltungsbeirat Anlass zu Beanstandung hat, sollte er den Verwalter im Vorfeld einer Eigentümerversammlung so rechtzeitig darauf hinweisen, dass dem Verwalter Gelegenheit geboten wird, Fehler zu korrigieren. Es wäre nicht mit dem Grundgedanken vereinbar, dass der Verwaltungsbeirat mit dem Verwalter vertrauensvoll zusammen arbeiten und als vermittelndes Bindeglied zwischen Verwalter und Eigentümer fungieren soll, wenn der Verwaltungsbeirat seine Beanstandungen in Heckenschützenmanier erstmals in seiner Stellungnahme bei der Eigentümerversammlung bekannt macht. 1954

Dies wäre nicht nur für den Verwalter überraschend, der ohne Vorbereitung zu erhobenen Vorwürfen nicht wird ausreichend Stellung beziehen können, es wäre auch für die Eigentümer frustrierend, die im Ungewissen belassen würden, ob überhaupt eine ordnungsgemäße Abrechnung vorliegt. 1955

Der Verwaltungsbeirat würde damit in aller Regel provozieren, dass die Jahresabrechnung und die Einzelabrechnungen nicht beschlossen werden. Damit aber hätte der Verwaltungsbeirat der Eigentümergemeinschaft einen Bärendienst erwiesen, denn der Eigentümergemeinschaft würde sodann die Beschlussgrundlage fehlen, sich über Nachzahlungen aus den Jahreseinzelabrechnungen die notwendige finanzielle Liquidität zu besorgen. 1956

Der Verwaltungsbeirat würde sich damit nicht zu Unrecht dem Vorwurf aussetzen, dies durch seinen verspäteten Überraschungscoup verursacht zu haben. Der Unmut der Eigentümergemeinschaft würde sich aber letztlich gegen den Verwalter richten, dem die Schuld an all dem gegeben wird. Nur der Verwaltungsbeirat, der in Wirklichkeit die Absicht verfolgt, den Weg für die Wahl eines anderen Verwalters zu bereiten, wird einen solchen auf Konfrontation angelegten Weg einschlagen. 1957

f) Rechnungslegung. Neben der jährlich zu erstellenden Abrechnung können Wohnungseigentümer vom Verwalter Rechnungslegung verlangen, wenn es dafür einen sachlichen Grund gibt. Da eine Rechnungslegung der Kontrolle der vom Verwalters veranlassten Zah- 1958 lungsvorgänge dient und damit eine Zusammenstellung aller Zahlungseingänge und -abflüsse auf und von allen Verbandskonten beinhaltet,[74] kann eine unterjährige Rechnungslegung z. B. dann gefordert werden, wenn der Verdacht einer sachwidrigen Geldverwendung besteht. Dem einzelnen Eigentümer gegenüber ist der Verwalter zur Rechnungslegung nicht verpflichtet, nur der Eigentümergemeinschaft insgesamt, was durch Mehrheitsbeschluss verlangt werden kann. Machen sämtliche Wohnungseigentümer den Anspruch auf Rechnungslegung geltend, bedarf es eines Beschlusses nicht.[75]

1959 g) **Verwalterwechsel.** Unabhängig von der Erstellung der Jahresabrechnung besteht gem. § 28 Abs. 4 WEG eine Verpflichtung des Verwalters zur **Rechnungslegung,** wenn er aus seinem Amt ausscheidet. Auch wenn nach Ablauf eines Abrechnungsjahres der Abrechnungsanspruch grundsätzlich an die Stelle des Rechnungslegungsanspruches tritt,[76] gilt dies nicht für einen ausscheidenden Verwalter, da hier die Rechnungslegung dazu dient, die Ordnungsmäßigkeit des Verwaltungshandelns bis zum Stichtag der Beendigung der Verwaltungstätigkeit zu überprüfen,[77] und es einem neuen Verwalter zu ermöglichen, auch unterjährig an eine geordnete Buchhaltung des Vorgängers anschließen zu können.

1960 Inhaltlich bedeutet Rechnungslegung die **Erstellung eines Finanzstatus** der Eigentümergemeinschaft, der den neuen Verwalter in die Lage versetzen soll, auf dieser Grundlage die Verwaltung fortzusetzen. Rechnungslegung bedeutet daher die Darstellung der Stände aller vom Verband geführter Bankkonten unter Beifügung aller Einnahme- und Ausgabenbelege des Zeitraums seit der letzten Jahresabrechnung. Eine Aufteilung der Einnahmen oder Ausgaben auf die einzelnen Wohnungseigentümer ist bei einer Rechnungslegung nicht geschuldet.[78] Scheidet ein Verwalter zum Ende eines Kalenderjahres aus und ist für die Gemeinschaft kalenderjährlich abzurechnen, so muss ein Verwalter ebenfalls nur Rechnungslegen, weil die Abrechnungsverpflichtung für das abgelaufene Kalenderjahr erst nach seinem Ausscheiden fällig würde.

1961 Auch bei Rechnungslegungen gilt, dass der Verwaltungsbeirat stichprobenartig Einnahmen und Ausgaben auf ihre Schlüssigkeit hin überprüfen, Zu- und Abflüsse von dem Gemeinschaftskonto entsprechenden Rechnungsbelegen zuordnen und schließlich überprüfen soll, ob die Kontostände zu Beginn und zum Ende des Rechnungslegungszeitraumes unter Berücksichtigung der Einnahmen und Ausgaben rechnerisch nachvollziehbar sind.

1962 h) **Kostenanschläge.** Unter Kostenanschlägen, für die in der Praxis üblicherweise der Begriff „Kostenvoranschlag“ verwandt wird, sind **Angebote von Handwerkern** im Sinne von § 650 BGB zu verstehen, aus denen ersichtlich wird, was die Herstellung eines Gewerkes voraussichtlich kosten wird.[79] Kostenanschläge haben nichts mit dem Wirtschaftsplan zu tun. Abgesehen davon, dass Wirtschaftspläne in § 29 Abs. 3 WEG als einer der Rechenwerke gesondert erwähnt sind, die vom Verwaltungsbeirat zu prüfen sind, enthält der **Wirtschaftsplan Kostenansätze** und **nicht Kostenanschläge.**

1963 Selbst wenn bereits vorliegende Angebote von Handwerksfirmen Grundlage für die Gestaltung des Wirtschaftsplanes der Höhe nach sein sollten, dann handelt es sich bei den in einen Wirtschaftsplan eingestellten Finanzbedarf um einen pauschalierten Kostenansatz. Da Kostenvoranschläge mit ihrer Leistungsbeschreibung im Einzelnen und der dazu gehörigen Kostenaufstellung regelmäßig nicht Gegenstand des Wirtschaftsplanes sind, werden solche Kostenvoranschläge inhaltlich auch nicht zusammen mit dem Wirtschaftsplan überprüft.

---

[74] *Jennißen* § 28 Rn 10.
[75] BayObLG NZM 2004, 621.
[76] KG ZMR 1988, 70 (72).
[77] BayObLG NZM 2004, 621.
[78] BayObLG BayObLGZ 1979, 30 (32).
[79] *Prütting/Wegen/Weinreich/Leupertz,* BGB, 2. Aufl., § 650 Rn. 2.

Aufgabe des Verwaltungsbeirates ist es, Kostenvoranschläge daraufhin durchzusehen, ob sie der Beschlusslage der Eigentümergemeinschaft entsprechen und ob Vergleichsangebote auch inhaltlich vergleichbar sind. 1964

Eine Beurteilung, ob die zu erwartenden Ausgaben für die in Aussicht genommene Beauftragung eines Handwerkers der Höhe und der Sache nach gerechtfertigt und ob die Angebote vollständig sind, kann von einem durchschnittlich befähigten Verwaltungsbeirat nicht verlangt werden. 1965

i) **Stellungnahme zum Prüfungsergebnis.** Für die Stellungnahme des Verwaltungsbeirats ist keine besondere Form vorgesehen, sie kann schriftlich oder auch mündlich erfolgen. Empfehlenswert ist in jedem Fall eine mindestens stichpunktartige schriftliche Ausarbeitung, die in der Eigentümerversammlung verlesen und dem Protokoll beigeheftet werden sollte. Dies kann auch in der Weise geschehen, dass der Text der Stellungnahme unter dem Tagesordnungspunkt „Bericht des Verwaltungsbeirates“ in die Versammlungsniederschrift aufgenommen und zu deren Bestandteil gemacht wird. 1966

Erfolgt nur eine mündliche Stellungnahme, so ist diese vom Versammlungsleiter bzw. dem Protokollführer in ihren wesentlichen Punkten in das Versammlungsprotokoll aufzunehmen, wobei es dann Aufgabe des Protokollführers ist, die Formulierung selbst zu wählen. Da es der Verwaltungsbeirat jederzeit in der Hand hat, durch eine schriftliche Stellungnahme bestimmte Inhalte in einer ihm genehmen Form mitzuteilen, besteht kein Anspruch, auf die Protokollgestaltung oder deren Formulierung Einfluss zu nehmen. Ein Protokollberichtigungsanspruch beschränkt sich, wie für jeden anderen Eigentümer auch, auf eine sachlich falsche oder entstellende Wiedergabe des Beiratsberichtes. 1967

aa) Fehlende Stellungnahme. Gibt der Verwaltungsbeirat keine Stellungnahme ab, so kann diese nicht erzwungen werden. Zwar kann eine unterbliebene Stellungnahme zu Schadenersatzansprüchen des Verbandes oder der einzelnen Miteigentümer gegen den Verwaltungsbeirat führen, wenn einer Eigentümergemeinschaft mangels Prüfbericht buchhalterische Fehler unbekannt bleiben, die zu finanziellen Schädigungen oder Hausgeldausfällen führen. Weigert sich ein Verwaltungsbeirat, eine Stellungnahme abzugeben, dann bleibt der Eigentümergemeinschaft letztlich nur dessen Abberufung und die Wahl eines neuen Beirates.[80] 1968

Das Fehlen der Stellungnahme des Verwaltungsbeirates hindert eine Eigentümergemeinschaft aber nicht, die Jahresabrechnung nebst Einzelabrechnungen zu beschließen. Weder eine fehlende Prüfung noch eine fehlende Stellungnahme durch den Beirat stellen einen Anfechtungsgrund dar.[81] Wurde die Prüfung durch einen Verwaltungsbeirat vorgenommen, dessen Bestellung nichtig gewesen ist, so stellt auch dies keinen Grund dar, Jahresabrechnung oder Wirtschaftsplan anzufechten.[82] 1969

bb) Abweichendes Votum. Sind sich die einzelnen Mitglieder eines Verwaltungsbeirates über die inhaltliche Gestaltung ihrer Stellungnahme nicht einig, kann ein einzelner Beirat auch ein abweichendes Votum abgeben. Sind sich alle Mitglieder des Verwaltungsbeirates in ihrer Bewertung uneinig, so kann jedes Mitglied des Verwaltungsbeirates einen eigenständigen Prüfbericht vorlegen, oder einzelne Zusatzpunkte zu ansonsten übereinstimmenden Stellungnahmen des Verwaltungsbeirates vortragen. Es obliegt dann der Entscheidung der Eigentümerversammlung, ob und welche Konsequenzen für die Jahresabrechnung und die Einzelabrechnungen hieraus gezogen werden sollen. 1970

j) **Durchführung der Prüfungstätigkeit.** Die Abrechnungsbelege, Kontoauszüge, Rechnungen und sonstige Dokumente können dem Verwaltungsbeirat im **Büro des Verwalters** oder, sofern vorhanden, an einem in der Anlage selbst befindlichen geeigneten Ort zur Einsichtnahme zur Verfügung gestellt werden. 1971

---

80 KG WE 1997, 421.
81 KG NZM 2003, 901 (902).
82 BayObLG NZM 2004, 261 (262); BayObLG NZM 2004, 623.

1972 *aa) Originalunterlagen.* Zu Prüfen sind die Originalunterlagen. Ein Verwalter ist jedoch nicht zur Herausgabe der Originalunterlagen an den Verwaltungsbeirat verpflichtet. Der Verwaltungsbeirat hat in jedem Falle Anspruch auf Sichtung der Originalbelege, weil nur dadurch Manipulationen ausgeschlossen werden können. Sollte der Verwaltungsbeirat weitergehenden Prüfungsbedarf haben, für den eine beim Verwalter zeitlich beschränkte Einsichtnahme nicht ausreicht, kann er vom Verwalter auch die **Anfertigung von Kopien** bestimmter Belege verlangen.

1973 Je nachdem, was im Leistungsverzeichnis zum Verwaltervertrag bestimmt ist, kann der Verwalter für die Anfertigung von Kopien eine gesonderte Vergütung und Kopierkosten verlangen. Ist insoweit nichts vereinbart, können Kopierkosten nicht berechnet werden. Der Anspruch des Verwaltungsbeirates auf Herausgabe von Fotokopien beschränkt sich allerdings auf Einzelbelege oder umfangreichere Einzelvorgänge mit schwierigem Prüfungsinhalt. Er stößt dort an seine Grenzen, wo das Kopierverlangen eine schlichte Arbeitsbeschaffungsmaßnahme darstellen würde und im Ergebnis schikanös wäre. Die kostenfreie Erstellung einer kompletten Zweitschrift der gesamten Abrechnungsunterlagen mit Tausenden von Buchungspositionen und Hunderten von Seiten kann nicht verlangt werden.

1974 Anfallende **Kopierkosten** gehen zu **Lasten des Verbandes** und sind von diesem an den Verwalter zu erstatten. Es obliegt sodann die Entscheidung der Eigentümergemeinschaft, ob die Beleganforderung durch die Verwaltungsbeiräte im stattgefundenem Umfang ordnungsgemäßer Verwaltungsbeiratstätigkeit entsprochen hat oder nicht. Bei **schikanösem Kopierverlangen** sind **Schadenersatzansprüche** des Verbandes gegen die Beiratsmitglieder denkbar.

1975 Alle vom Verwalter gefertigten **Belegkopien,** die an die Verwaltungsbeiräte herausgegeben worden sind, bleiben **Eigentum des Verbandes.** Scheidet ein Verwaltungsbeirat aus dem Amt, müssen die in seinem Besitz befindlichen Belege entweder an den Verwalter zurückgegeben oder aber an die nachfolgenden Beiratsmitglieder weitergereicht werden.

1976 *bb) Zeitpunkt der Belegprüfung.* Wann ein Verwaltungsbeirat die Belegprüfung durchführt, steht in seinem freien Belieben. Bei Großgemeinschaften kann es sich empfehlen, dies in unterjährigen Zeitabschnitten, so z. B. quartalsweise vorzunehmen, um den Prüfungsaufwand zeitlich zu verteilen.

1977 In jedem Falle hat die Belegprüfung so rechtzeitig zu erfolgen, dass das Prüfungsergebnis vor Versendung der Einladung zur Eigentümerversammlung, in der die Jahresabrechnung beschlossen werden soll, beim Verwalter vorliegt. Der Verwalter hat daher die Belegprüfung ebenfalls so rechtzeitig vor einer geplanten Eigentümerversammlung zu ermöglichen, dass Verwaltungsbeiräte auch im Falle von Terminskollisionen noch ausreichend Zeit haben, ihrer Aufgabe nachzukommen.

1978 Umgekehrt sind Verwaltungsbeiräte gehalten, rechtzeitige Terminsangebote des Verwalters zur Belegprüfung auch wahrzunehmen, um nicht die geplante Terminierung der Eigentümerversammlung zu gefährden.

1979 *cc) Aufgabenübertragung innerhalb des Beirats.* Ein mehrköpfiger Verwaltungsbeirat kann z. B. die Aufgabe zur **Belegprüfung** auch auf eines seiner Mitglieder **delegieren.** Dies bietet sich in den Fällen an, in denen ein Beiratsmitglied aufgrund seines beruflichen Hintergrundes für diese Aufgabe besonders prädestiniert ist (z. B. Buchhalter, Revisor, Steuerberater, Wirtschaftsprüfer usw.). Dies ändert jedoch nichts an der **Gesamtverantwortung des Verwaltungsbeirates** für eine sachgerechte Belegprüfung, da diese Pflicht dem Verwaltungsbeirat gemäß § 29 Abs. 3 WEG als Gremium übertragen ist und der Verwaltungsbeirat intern die Verantwortung nicht delegieren kann.[83]

1980 Der Einwand, die Jahresabrechnung sei nur von einzelnen und nicht von sämtlichen Verwaltungsbeiratsmitgliedern überprüft worden, berührt die Wirksamkeit einer von der Eigentümergemeinschaft beschlossenen Jahresabrechnung nicht.[84]

---

[83] *Bärmann/Merle* § 29 Rn. 48; BayObLG ZWE 2002, 405 (407).

[84] BayObLG NZM 2003, 900.

Sieht sich ein Miteigentümer aus fachlichen oder persönlichen Gründen nicht in der Lage, eine ordnungsgemäße Belegprüfung durchzuführen, so sollte er sich erst gar nicht zur Wahl zum Verwaltungsbeirat stellen. Lassen sich Miteigentümer dennoch wählen und bleibt die Jahresabrechnung sodann ungeprüft, so kann sich ein Verwaltungsbeirat im Falle unentdeckt gebliebener Abrechnungsfehler, die zu einer finanziellen Schädigung der Eigentümergemeinschaft führen, schadenersatzpflichtig machen. 1981

dd) Prüfungstätigkeit durch Dritte. Der Verwaltungsbeirat ist nicht berechtigt, ohne genehmigenden Beschluss der Eigentümergemeinschaft die Belegprüfung dritten Personen, wie z.B. einem Steuerberater oder einem Wirtschaftsprüfer zu übertragen. Abgesehen davon, dass die Ausübung des **Beiratsamtes höchstpersönlicher Natur** ist, kann der Verwaltungsbeirat die Eigentümergemeinschaft nicht eigenmächtig zur Kostenübernahme für Sonderfachleute verpflichten. 1982

Dem steht nicht die fachkundige Unterstützung durch Dritte entgegen. Verfügt etwa ein Familienangehöriger eines Beiratsmitgliedes über einschlägige berufliche Kenntnisse, oder ist ein Steuerberater bereit, einem befreundeten Beiratsmitglied kostenlos bei der Belegprüfung zu helfen, kann eine solche Hilfe selbstverständlich angenommen werden. Dessen ungeachtet bleibt der Verwaltungsbeirat für die später von ihm abzugebende Stellungnahme selbst verantwortlich und kann sich nicht darauf berufen, falsch beraten worden zu sein. 1983

Wenn ein Verwaltungsbeirat die Belegprüfung in den Räumlichkeiten des Verwalters durchführt, so besteht kein Anspruch darauf, zu dieser Belegprüfung eine dritte, dem Verwaltungsbeirat nicht angehörende Person, mitzubringen. Dies gilt sowohl für andere Wohnungseigentümer als auch für Sonderfachleute, wie Steuerberater oder Rechtsanwälte sowie für sonstige außenstehende Dritte. Der Verwalter kann die Anwesenheit von Nichtbeiräten bei der Belegprüfung gestatten, er muss es aber nicht. Da die bei einer Belegprüfung bekannt werdenden Informationen Vertraulichkeit genießen, wäre eine Teilnahme außenstehender Dritter nur dann mit dem Gebot ordnungsgemäßer Verwaltung zu vereinbaren, wenn der Nichteigentümer bereits von Berufs wegen der Pflicht zur Verschwiegenheit unterliegt und er in seiner beruflichen Funktion zur Prüfung herangezogen wird. Ermöglicht ein Beiratsmitglied im eigenen häuslichen Rahmen einem Familienmitglied oder einem außenstehenden Dritten die Kenntnisnahme von vertraulichen Informationen, so hat es den betreffenden Nichteigentümer über die Vertraulichkeit der erhaltenen Informationen zu belehren und einen etwaigen Verstoß selbst zu verantworten. 1984

k) Unterzeichnung von Versammlungsprotokollen. Gemäß § 24 Abs. 6 WEG sind Protokolle von Eigentümerversammlungen von dem Versammlungsleiter, einem Wohnungseigentümer und, falls ein Verwaltungsbeirat bestellt ist, auch von dessen Vorsitzenden oder seinem Stellvertreter zu unterschreiben. 1985

Sinn dieser Regelung ist, den eingeschränkten Beweiswert eines Versammlungsprotokolls dadurch zu erhöhen, dass drei Teilnehmer einer Eigentümerversammlung die inhaltliche Richtigkeit des Protokolls bestätigen. 1986

Hat der Verwaltungsbeiratsvorsitzende an der Eigentümerversammlung nicht teilgenommen, kann er auch nicht beurteilen, ob das Protokoll inhaltlich richtig ist. Seine Unterschrift wäre daher für die Erhöhung der Beweisfunktion des Protokolls wertlos, so dass die Unterschrift entbehrlich ist. 1987

Hat der Stellvertreter an der Eigentümerversammlung teilgenommen, kann er anstelle des Verwaltungsbeiratsvorsitzenden das Protokoll unterzeichnen. 1988

Waren weder Vorsitzender noch Stellvertreter auf der Eigentümerversammlung anwesend, entfallen ihre Unterschriften ersatzlos. 1989

aa) Personenidentität: Versammlungsleiter und Beiratsvorsitzender. War der Verwaltungsbeiratsvorsitzende **Versammlungsleiter,** so hat er das Protokoll bereits in der Funktion des Versammlungsvorsitzenden zu unterschreiben. Ein zweites Mal als **Vorsitzender** 1990 des **Verwaltungsbeirates** zu unterzeichnen, ist nicht erforderlich.[85] Es würde eine reine **Förmelei** darstellen, wenn man aufgrund einer Funktionsüberschneidung die Unterschrift ein und derselben Person zwei Mal fordern wollte, da dadurch eine Erhöhung des Beweiswertes der Niederschrift nicht erreicht werden könnte.

1991 War der Verwaltungsbeiratsvorsitzende Versammlungsleiter, kann allerdings sein Stellvertreter das Protokoll für den Verwaltungsbeirat unterzeichnen, wenn er ebenfalls an der Eigentümerversammlung teil genommen hat.

1992 Soweit die Niederschrift von einem Wohnungseigentümer zu unterzeichnen ist, kann dieser Wohnungseigentümer auch ein weiteres Beiratsmitglied sein, solange dieses Beiratsmitglied selbst Wohnungseigentümer ist.

1993 *bb) Verweigerte Unterschrift.* Der Verwaltungsbeiratsvorsitzende bzw. sein Stellvertreter können die Unterzeichnung eines Versammlungsprotokolls auch verweigern, wenn sie der Auffassung sind, dass die vorgelegte Protokollformulierung nicht dem Versammlungsverlauf entspricht oder z. B. ein Beschluss inhaltlich falsch protokolliert ist.

1994 Auch wenn ein Versammlungsprotokoll als Privaturkunde im Sinne von § 416 ZPO hinsichtlich der Richtigkeit und Vollständigkeit keine gesetzliche Beweiskraft hat, kommt ihr dennoch die, wenn auch widerlegliche Vermutung der inhaltlichen Richtigkeit und damit ein nicht unerheblicher Beweiswert zu.[86] Fehlt eine der erforderlichen Unterschriften, so wird damit der Beweiswert hinsichtlich der Richtigkeit und Vollständigkeit eines Versammlungsprotokolls beeinträchtigt.[87]

1995 **l) Öffentliche Unterschriftsbeglaubigung.** Dem Protokoll einer Eigentümerversammlung kann auch die Funktion zukommen, als Beweismittel für die Legitimation des Verwalters zu dienen, im Rechtsverkehr für die Eigentümergemeinschaft auftreten zu dürfen. Um dies zu erleichtern, sieht § 26 Abs. 3 WEG vor, dass die Vorlage einer Niederschrift über den Bestellungsbeschluss, bei der die Unterschriften der in § 24 Abs. 6 WEG bezeichneten Personen (Versammlungsleiter, Vorsitzender des Verwaltungsbeirates und Wohnungseigentümer) öffentlich beglaubigt sind, zum Nachweis der Verwaltereigenschaft durch eine öffentlich beglaubigte Urkunde (§ 29 GBO) ausreicht. Ein solcher Nachweis wird z. B. vom Grundbuchamt gefordert, wenn aufgrund der Teilungserklärung für die Veräußerung eines Sondereigentums die Verwalterzustimmung notwendig ist.

1996 Enthält das Protokoll einer Eigentümerversammlung also den Beschluss über eine **Verwalterneuwahl** bzw. der Wiederwahl des bereits amtierenden Verwalters, dann hat der Vorsitzende des Verwaltungsbeirates, wenn er die Funktion des Versammlungsleiters ausgeübt hat und für die Protokollerstellung verantwortlich ist, darauf zu achten, dass die Unterschriften öffentlich beglaubigt werden müssen.

1997 Die Unterschriftsbeglaubigung kann vor jedem **Notar** oder bei den **Ortsgerichten** erfolgen. Der Verwaltungsbeiratsvorsitzende muss dazu dem Miteigentümer, der die Unterschrift leisten soll, das Original des Versammlungsprotokolls aushändigen. Dieses ist sodann bei der Beglaubigung vorzulegen und die Unterschrift in Anwesenheit des Notars oder des Ortsgerichtvorstehers auf dem Original zu vollziehen. Der Beglaubigungsvermerk wird dann ebenfalls auf dem Original angebracht. Bei den Kosten der Unterschriftsbeglaubigung handelt es sich um **Gemeinschaftskosten,** die vom Verband zu erstatten sind.

1998 Die Originalniederschrift ist sodann mit den Beglaubigungsvermerken dem Verwalter auszuhändigen, der das Protokoll für die Eigentümergemeinschaft verwahrt und jederzeit zu Legitimationszwecken verwenden darf.

1999 **m) Einberufung einer Eigentümerversammlung.** Gemäß § 24 Abs. 3 WEG sind der Verwaltungsbeiratsvorsitzende oder sein Vertreter berechtigt, dann eine Eigentümerversammlung einzuberufen, wenn ein Verwalter fehlt oder dieser eine Einberufung pflicht-

---

[85] LG Lübeck Rpfleger 1991, 309.
[86] BayObLG NJW-RR 1990, 210.
[87] BGH NJW 1997, 2956.

widrig verweigert. Dieses Einberufungsrecht besteht auch dann, wenn der Verwaltungsbeiratsvorsitzende bzw. sein Stellvertreter kein Eigentümer sein sollte,[88] wenn z. B. entweder ein Nichteigentümer zwar fehlerhaft, aber bestandskräftig in den Beirat gewählt wurde, oder die Teilungserklärung auch die Wahl von Nichteigentümern zulässt. Selbstverständlich sind Verwaltungsbeiräte auch als Nichteigentümer zur Teilnahme an einer von ihnen selbst einberufenen Eigentümerversammlung berechtigt.

aa) Einberufung durch den Vorsitzenden. Nur der Vorsitzende, und im Falle seiner Verhinderung dessen Stellvertreter, sind zur Einberufung einer Eigentümerversammlung befugt, nicht jedoch die übrigen Beiratsmitglieder.[89] Der Verwaltungsbeiratsvorsitzende kann des Recht zur Einberufung einer Eigentümerversammlung nicht auf andere Mitglieder des Beirates oder sonstige Miteigentümer delegieren oder sein Einverständnis zur Einberufung durch einen Dritten erklären. Beschlüsse, die auf einer von einem Nichtberechtigten einberufenen Versammlung gefasst werden, wären wegen eines Einberufungsmangels anfechtbar.[90] 2000

bb) Einberufung durch den Gesamtbeirat. Existiert ein Verwaltungsbeirat, ohne dass ein Vorsitzender bzw. dessen Stellvertreter bestimmt wurden, so können die dem Verwaltungsbeiratsvorsitzenden zugewiesenen Befugnisse nur vom Verwaltungsbeirat als Gremium insgesamt wahrgenommen werden.[91] Die Einladung zu einer Eigentümerversammlung muss in solchen Fällen von allen Mitgliedern des Verwaltungsbeirates ausgesprochen werden,[92] d. h. das Einladungsschreiben muss im Namen aller Beiratsmitglieder verfasst und von allen unterzeichnet werden. Dadurch ist gewährleistet, dass die Einladung auch die Unterschrift des Beiratsmitgliedes trägt, das, hätte eine Wahl des Verwaltungsbeiratsvorsitzenden stattgefunden, zum Vorsitzenden gewählt worden wäre. Die Unterzeichnung der Einladung zur Eigentümerversammlung durch alle Mitglieder des Verwaltungsbeirates stellt dabei ein „Mehr" gegenüber den Anforderungen des § 24 Abs. 3 WEG dar.[93] 2001

Es würde nicht ausreichen, dass sich ein Beiratsmitglied in der Einladung darauf beruft, in Vollmacht oder mit Zustimmung der anderen Beiratskollegen zu handeln. 2002

Das Recht zur Einberufung einer Eigentümerversammlung durch den Verwaltungsbeiratsvorsitzenden kann in der Teilungserklärung abbedungen werden.[94] 2003

cc) Eigentümerliste. Ohne im Besitz einer aktuellen Eigentümerliste zu sein, würde jedoch jeder Verwaltungsbeiratsvorsitzende bereits von vornherein an dieser Aufgabe scheitern, weil eine Eigentümerversammlung ohne Kenntnis der Namen und Adressen der einzuladenden Miteigentümer nicht einberufen werden kann. 2004

Jeder Verwaltungsbeiratsvorsitzende kann daher vom Verwalter die Übergabe einer kompletten Eigentümerliste verlangen. Überdies besteht ein Anspruch auf regelmäßige Aktualisierung der Eigentümerliste, wobei es sich anbietet, sich vom Verwalter jeweils die Liste aushändigen zu lassen, nach der der Verwalter selbst die letzte Eigentümerversammlung einberufen hat. Der Verwaltungsbeiratsvorsitzende sollte sich die Eigentümerliste routinemäßig übergeben lassen und nicht erst den Bedarfsfall abwarten. Fehlt ein Verwalter oder weigert sich dieser pflichtwidrig, eine Eigentümerversammlung einzuberufen, dürfte es oft mit erheblichen Schwierigkeiten verbunden sein, entweder überhaupt noch einen Ansprechpartner zu finden oder den Verwalter zur Kooperation zu bewegen und eine Eigentümerliste herauszugeben. 2005

dd) Fehlender Verwalter. Die Prüfung der Frage, ob ein Verwalter fehlt, kann an den Verwaltungsbeiratsvorsitzenden bisweilen hohe Anforderungen stellen. So ist zwi- 2006

[88] *Bärmann/Merle* § 29 Rn. 71.
[89] AG Siegburg ZMR 2007, 736 (737).
[90] *Bärmann/Merle* § 29 Rn. 73.
[91] OLG Köln ZWE 2000, 488; OLG Zweibrücken NZM 1999, 858 f.
[92] *Niedenführ/Kümmel/Vandenhouten/Kümmel,* WEG, 8. Aufl., § 24 Rn. 2.
[93] OLG Köln NZM 2000, 675 (676).
[94] OLG Köln WuM 1996, 246.

schen dem rechtlichen und dem tatsächlichen Fehlen eines Verwalters zu unterscheiden.

2007 Folgende Fallgestaltungen können beispielsweise vorliegen, bei denen vom **rechtlichen Fehlen** eines Verwalters ausgegangen werden muss:

2008 • Sollten Anhaltspunkte dafür ersichtlich sein, ob der aktuell amtierende Verwalter überhaupt wirksam gewählt worden ist, hat der Verwaltungsbeiratsvorsitzende dem nachzugehen. Dazu muss z. B. überprüft werden, ob nach Ablauf einer zeitlich begrenzten Amtsperiode eine Neuwahl erfolgt ist, oder ob die Wiederbestellung schlicht vergessen wurde, so dass der Verwalter automatisch mit Ablauf der Amtsperiode seine Verwalterstellung verloren hat und die Eigentümergemeinschaft damit verwalterlos wäre.

2009 • Handelt es sich um eine in der Teilungserklärung ausbedungene Erstbestellung durch den Bauträger, so kann übersehen worden sein, dass die erste Amtszeit des Verwalters gem. § 26 Abs. 1 Satz 2 Halbsatz 2 WEG auf die Dauer von 3 Jahren befristet ist, der Verwalter jedoch unter Hinweis auf § 26 Abs. 1 Satz 2 Halbsatz 1 WEG für 5 Jahre berufen wurde. Befindet sich der Verwalter sodann bereits im vierten oder fünften Tätigkeitsjahr, ohne dass über seine Wiederwahl durch die Eigentümergemeinschaft neu beschlossen worden wäre, hätte er mit Ablauf des dritten Amtsjahres automatisch seine Verwalterstellung verloren, ein Verwalter würde fehlen.

2010 • Ist ein Verwalter vor vielen Jahren einmal ohne zeitliche Beschränkung, d. h. auf unbestimmte Dauer gewählt worden und niemand hat nach Ablauf der Höchstbestellungsdauer von 5 Jahren an die Notwendigkeit einer neuen Bestellung gedacht, so dass der Verwalter seine Tätigkeit ohne Neuwahl fortgesetzt hat, so würde dieser Eigentümergemeinschaft ein rechtlich wirksam bestellter Verwalter fehlen.

2011 • Hat ein Verwalter seine Amtsgeschäfte – vielleicht sogar mit Zustimmung der Eigentümergemeinschaft, aber ohne entsprechenden Beschluss über eine Neuwahl – an einen Mitarbeiter oder Rechtsnachfolger übergeben, dann würde der betreffenden Person mangels Beschluss über eine Neuwahl die rechtliche Legitimation für die Ausübung des Verwalteramtes fehlen; der Eigentümergemeinschaft würde mithin der Verwalter fehlen.

2012 • Gründet ein Verwalter eine Verwalter GmbH und überträgt die ihm als natürlicher Person verliehene Verwalterstellung ohne Beschluss der Eigentümergemeinschaft auf die juristische Person und scheidet selbst aus dem Amt aus, wäre die so erfolgte Übertragung des Verwalteramtes unwirksam, der Eigentümergemeinschaft würde ein Verwalter fehlen.

2013 Aus **tatsächlichen Gründen fehlt ein Verwalter,** wenn die zum Verwalter gewählte Person durch Erkrankung dauerhaft berufsunfähig geworden oder gar verstorben ist, durch eingetretene Geschäftsunfähigkeit an der Ausübung seiner Funktion gehindert ist[95] oder eine zum Verwalter gewählte juristische Person (z. B. Verwalter-GmbH) aufgelöst worden ist.

2014 *ee) Vorübergehende Verhinderung*. Vom Fehlen eines Verwalters kann hingegen nicht schon dann ausgegangen werden, wenn ein Verwalter lediglich **vorübergehend an** seiner **Amtsausübung** gehindert ist,[96] so z. B. während eines mehrwöchigen Erholungsurlaubs oder einer längeren Erkrankung. Erst dann, wenn nicht absehbar ist, ob und wann der Verwalter wieder in der Lage ist, seine Tätigkeit aufzunehmen, kann der Verwaltungsbeiratsvorsitzende vom Fehlen eines Verwalters ausgehen.

2015 Nach hier vertretener **Mindermeinung** kann aber auch ganz **ausnahmsweise** eine nur **vorübergehende Verhinderung des Verwalters** zur Berechtigung des Verwaltungsbeiratsvorsitzenden führen, eine Eigentümerversammlung einzuberufen. Je dringender und unaufschiebbarer nämlich die Notwendigkeit ist, die Eigentümergemeinschaft in die Lage zu versetzen, nach außen rechtsgeschäftlich wirksam handeln zu können, umso kürzer

---

[95] *Bärmann/Merle* § 26 Rn. 254.

[96] *Jennißen/Elzer* § 24 Rn. 28.

kann die Zeitspanne sein, nach deren Ablauf vom Fehlen eines Verwalters ausgegangen werden darf.

Nach hiesiger Auffassung ist nämlich der Begriff „Fehlen eines Verwalters" je nach Bedürfnislage einer Eigentümergemeinschaft zu definieren und dabei gleichzusetzen mit „Verhinderung eines Verwalters". Besteht ein unaufschiebbares Bedürfnis für die Einberufung und Durchführung einer Eigentümerversammlung, ist der Verwalter jedoch in einem zeitlich nicht mehr hinnehmbaren Umfang gehindert, eine solche einzuberufen, wäre es nicht gerechtfertigt, dem Verwaltungsbeiratsvorsitzenden ein Einberufungsrecht abzusprechen und ihn stattdessen auf den zeitintensiveren und insbesondere kostenträchtigen Weg zu verweisen, sich durch Gerichtsbeschluss zur Einberufung ermächtigen zu lassen, eine Ersatzlösung, die jedem anderen Eigentümer auch offen stehen würde. Auch wenn vermieden werden soll, dass die Gerichte aus Gründen der Prozessökonomie unangemessen häufig angerufen werden, und überdies nicht unnötig in die Privatautonomie von Eigentümergemeinschaften eingegriffen werden soll,[97] kann die Entscheidung, ob der Verwaltungsbeiratsvorsitzende zur Einberufung einer Eigentümerversammlung berechtigt sein soll, nicht von dem bloßen zeitlichen Umfang einer Verhinderung des Verwalters abhängen, sondern muss sich an der Unaufschiebbarkeit des Handelns der Eigentümergemeinschaft orientieren. 2016

Befindet sich ein Verwalter in einem vierwöchigen Erholungsurlaub, kann angesichts einer solchen überschaubaren Abwesenheit sicherlich nicht vom Fehlen eines Verwalters ausgegangen werden. Ist innerhalb dieser vier Wochen jedoch zwingend die Entscheidung der Eigentümergemeinschaft herbeizuführen, um für die Eigentümer oder den Verband schwere Nachteile zu vermeiden, dann erscheint es sachwidrig, dem Verwaltungsbeiratsvorsitzenden das Recht zur Einberufung einer Eigentümerversammlung mit dem bloßen Hinweis auf die zeitlich beschränkte Verhinderung des Verwalters zu verwehren. 2017

Ein solch besonderes Bedürfnis, auch bei nur vorübergehender Verhinderung des Verwalters den Beiratsvorsitzenden als berechtigt anzusehen, eine Eigentümerversammlung einzuberufen, kann zum Beispiel in Fällen einer **Notgeschäftsführung** angenommen werden. Auch wenn in solch einer Situation jeder Eigentümer ohne Beschluss tätig werden dürfte, kein doch Eigentümer kann dazu gezwungen werden. Denn auch in Fällen einer Notgeschäftsführung ist ein Eigentümer für den Verband oder die übrigen Miteigentümer nicht vertretungsberechtigt. Er muss deshalb entweder in eigenem Namen oder als vollmachtsloser Vertreter auftreten und alle damit möglichen Nachteile und Schwierigkeiten in Kauf nehmen, so z. B. die Verfolgung seiner Aufwendungsersatzansprüche im Innenverhältnis, die Rechtfertigung einer Auftragsvergabe, die vielleicht nicht in vollem Umfang unverzüglich notwendig gewesen wäre usw. 2018

Wenn Eigentümer unter solchen Vorzeichen nicht bereit sind, eine Notgeschäftsführung zu übernehmen, muss der Verwaltungsbeiratsvorsitzende bei entsprechender Dringlichkeit in der Lage sein, eine außerordentliche Eigentümerversammlung einzuberufen, um die Handlungsfähigkeit der Eigentümergemeinschaft herzustellen, um damit Schaden von der Gemeinschaft abwenden zu können, auch wenn der Verwalter z. B. nur unerreichbar verreist ist, und zwar unabhängig von der Dauer seiner Abwesenheit. Bedarf es des sofortigen Verwaltereinsatzes, um Schäden oder Rechtsnachteile zu verhindern, und ist der Verwalter nicht kurzfristig in der Lage, selbst zu einer Versammlung einzuladen, dann ist auch in solchen Fällen vom Fehlen eines Verwalters im Sinne des Gesetzes auszugehen. 2019

Irrt der Verwaltungsbeiratsvorsitzende und lädt unberechtigterweise zu einer Eigentümerversammlung ein, dann wären die auf dieser Eigentümerversammlung gefassten Beschlüsse wegen eines **Einladungsmangels** nur anfechtbar, nicht jedoch nichtig. 2020

ff) Verweigerte Einberufung. Zur Einberufung einer Eigentümerversammlung befugt ist der Verwaltungsbeiratsvorsitzende auch dann, wenn sich ein Verwalter pflichtwidrig 2021

[97] *Elzer* a. a. O.

weigert, eine Eigentümerversammlung abzuhalten. Die Beurteilung, wann eine solche **pflichtwidrige Weigerung** vorliegt, ist gleichermaßen schwierig, denn der Verwaltungsbeiratsvorsitzende muss sauber unterscheiden zwischen einer rechtmäßigen und einer unrechtmäßigen **Weigerung** des Verwalters.

2022 Verweigert ein Verwalter zu Recht die Einberufung einer Eigentümerversammlung, wären Beschlüsse, die auf einer vom Verwaltungsbeiratsvorsitzenden abgehaltenen Eigentümerversammlung gefasst werden, ebenfalls anfechtbar.

2023 Die pflichtwidrige Weigerung kann in einem Tun oder Unterlassen bestehen. Sieht die Gemeinschaftsordnung oder der Verwaltervertrag oder eine bestandskräftige Beschlusslage der Eigentümergemeinschaft vor, dass zu einem bestimmten Zeitpunkt oder zu bestimmten Anlässen eine Eigentümerversammlung einzuberufen ist, dann liegt bereits dann eine pflichtwidrige Weigerung des Verwalters vor, wenn er trotz des Eintritts der Voraussetzung und ggf. nach Erinnerung durch den Verwaltungsbeirat nicht zur Eigentümerversammlung einlädt, dies also unterlässt. In solchen Fällen objektivierbarer Umstände muss sich ein Verwaltungsbeiratsvorsitzender auch nicht auf lange Diskussionen mit dem Verwalter einlassen, ob eine pflichtwidrige Weigerung vorliegt oder nicht, er kann vielmehr ohne Weiteres von seinem Einberufungsrecht Gebrauch machen.

2024 *gg) Einberufungsquorum des § 24 Abs. 2 WEG.* Das Gleiche gilt, wenn mehr als ein Viertel aller Wohnungseigentümer unter Angabe des Zweckes und der Gründe die Einberufung einer Versammlung verlangt (§ 24 Abs. 2 Halbsatz 2 WEG). Entspricht der Verwalter dem schriftlichen Verlangen der Eigentümer nicht unverzüglich und zeigt auch eine entsprechende Erinnerung des Verwaltungsbeirates keine Wirkung, handelt er pflichtwidrig, so dass der Verwaltungsbeiratsvorsitzende die von dem Eigentümerquorum gewünschte Eigentümerversammlung selbst einberufen kann.

2025 *hh) Jährliche Einberufung.* Gemäß § 24 Abs. 1 WEG ist mindesten 1 Mal innerhalb eines Wirtschaftsjahres eine Eigentümerversammlung vom Verwalter einzuberufen. Tut er dies nicht, obwohl sich das Wirtschaftsjahr seinem Ende zuneigt und besteht z. B. die Gefahr, dass der Verband mit Beginn des neuen Kalenderjahres über keine Anspruchsgrundlage mehr verfügen könnte, von seinen Mitgliedern Wohngeldvorschüsse beizutreiben, weil der aktuelle Wirtschaftsplan mit Ablauf des Kalenderjahres seine Gültigkeit verlieren würde, und lädt der Verwalter trotz eines entsprechenden Hinweises dennoch nicht zu einer Versammlung ein, kann dies vom Verwaltungsbeiratsvorsitzenden übernommen werden. Legt der Verwalter zu dieser Versammlung keinen neuen Wirtschaftsplan vor, so kann die Eigentümerversammlung auch ohne die Mitwirkung des Verwalters zumindest die Fortgeltung des alten bis zur Verabschiedung eines neuen Wirtschaftsplanes beschließen.

2026 *ii) Drohende Nachteile.* Schließlich ist ein Verwaltungsbeiratsvorsitzender auch dann zum Handeln berechtigt, wenn der Verwalter untätig bleibt, obwohl der Eigentümergemeinschaft ohne die Abhaltung einer Eigentümerversammlung **gravierende Nachteile drohen.** Läuft z. B. die gegen den Bauträger bestehende Gewährleistungsfrist aus und sind von der Eigentümergemeinschaft wegen bestehender Mängel **verjährungsunterbrechende Maßnahmen** zu beschließen, dann kann der Verwaltungsbeiratsvorsitzende nach Aufforderung und fortdauernder Untätigkeit des Verwalters die für die Beschlussfassung notwendige Eigentümerversammlung selbst einberufen.

2027 Das Gleiche gilt bei schnell und zwingend gebotenen **Sanierungsmaßnahmen,** genauso wie beim bevorstehenden **Ablauf der Verwalterbestellung** und der damit drohenden Gefahr, dass die Eigentümergemeinschaft nicht mehr rechtsgeschäftlich vertreten werden kann.

2028 *jj) Kann-Bestimmung.* § 24 Abs. 3 WEG stellt allerdings eine **„Kann-Vorschrift"** dar, so dass der Vorsitzende bzw. sein Stellvertreter zur Einberufung einer Eigentümerversammlung zwar ermächtigt, sie zur Einberufung aber nicht verpflichtet sind.[98]

[98] *Niedenführ/Kümmel/Vandenhouten/Kümmel* § 24 Rn. 2.

Sieht ein Verwaltungsbeirat keinen Anlass, von der Ermächtigung zur Einladung Gebrauch zu machen, so gilt nichts anderes, als wenn überhaupt kein Beirat bestünde. Denn jeder Wohnungseigentümer kann sich selbst oder einen anderen Miteigentümer gerichtlich zur Einberufung einer Eigentümerversammlung mit bestimmten Tagesordnungspunkten ermächtigen lassen, wenn dies zur Abwehr von Nachteilen von der Gemeinschaft erforderlich ist. 2029

Bleibt der Vorsitzende des Verwaltungsbeirates untätig, so sind die übrigen Beiratsmitglieder dennoch nicht berechtigt, anstelle des Vorsitzenden zu einer Eigentümerversammlung einzuberufen.[99] Weigert sich ein Beiratsvorsitzender, eine Eigentümerversammlung einzuberufen, kann dies von seinem Stellvertreter nicht übernommen werden. Denn ein Stellvertreter kann die einem Vorsitzenden per Gesetz verliehene Befugnisse nur dann ausüben, wenn der Vorsitzende an seiner Amtsausübung gehindert ist oder es einen Vorsitzenden nicht mehr gibt, weil dieser z. B. nach Ausscheiden aus der Eigentümergemeinschaft sein Beiratsamt verloren hat. 2030

Bleibt ein Verwaltungsbeiratsvorsitzender untätig oder weigert er sich, eine Eigentümerversammlung einzuberufen, kann dies auch nicht durch die Beiratsmitglieder im Übrigen, also durch den stellvertretenden Vorsitzenden und den weiteren Miteigentümer gemeinsam geschehen, die übrigen Mitglieder des Verwaltungsbeirates können dem Vorsitzenden auch nicht etwa durch Mehrheitsbeschluss aufgeben, gegen seinen Willen eine Eigentümerversammlung einzuberufen. 2031

n) Aufstellung der Tagesordnung. Wer berechtigt ist, zu einer Eigentümerversammlung einzuladen, der kann auch den **Inhalt der Tagesordnung** bestimmen,[100] die allerdings den einzuladenden Miteigentümern rechtzeitig mitzuteilen ist.[101] Der Verwaltungsbeiratsvorsitzende kann dabei alle Themen, die aus seiner oder der Sicht der Mitglieder des Verwaltungsbeirates unter sachlichen Gesichtspunkten einer Behandlung durch die Eigentümergemeinschaft bedürfen, als Beschlusspunkte auf der Tagesordnung berücksichtigen. 2032

Der Verwaltungsbeiratsvorsitzende ist auch befugt, selbständig die **Tagesordnung zu ergänzen,** wenn sich der Verwalter weigert, anlässlich einer von ihm selbst ohnehin einberufenen Eigentümerversammlung einen für eine ordnungsgemäße Verwaltung notwendigen Beschlusspunkt mit auf die Tagesordnung zu setzen. 2033

Da jeder Wohnungseigentümer vom Verwalter verlangen kann, dass ein bestimmter Sachantrag zur Diskussion und Beschlussfassung auf die Tagesordnung gesetzt wird, wenn eine Behandlung dieses Antrages im Sinne ordnungsgemäßer Verwaltung notwendig ist,[102] und dieses Recht nach inzwischen herrschender Meinung unabhängig von dem Quorum nach § 24 Abs. 2 besteht (Einberufungsverlangen von mehr als einem Viertel der Eigentümer), kann der abgewiesene Eigentümer den Verwalter nicht nur zur Aufnahme des Tagesordnungspunktes gerichtlich verpflichten lassen, sondern der Verwaltungsbeiratsvorsitzende ist in analoger Anwendung von § 24 Abs. 3 WEG auch berechtigt, angesichts der Weigerung des Verwalters die Tagesordnung selbständig zu ergänzen.[103] Dies geschieht durch ein vom Vorsitzenden des Verwaltungsbeirates abzufassendes und an alle Miteigentümer zu versendendes Schreiben, von dem auch der Verwalter eine Abschrift erhalten muss. 2034

o) Einladungsfrist. Bei der **Einberufung** einer Eigentümerversammlung sollte, genauso wie beim **Nachschieben von Tagesordnungspunkten,** die **Zweiwochenfrist** des § 24 Abs. 4 Satz 2 WEG beachtet werden. Da es sich jedoch um eine Sollvorschrift handelt, 2035

[99] AG Siegburg ZMR 2007, 736.

[100] *Bärmann/Merle* § 29 Rn. 72; OLG Düsseldorf NJW-RR 1986, 96 (97).

[101] OLG Düsseldorf a. a. O.

[102] *Bärmann/Merle* § 24 Rn. 37.

[103] OLG Frankfurt a. M. ZWE 2009, 43, 47.

kann die Anfechtung eines Beschlusses nicht allein damit begründet werden, die Zweiwochenfrist sei unterschritten worden. Die Verletzung der Einberufungsfrist bzw. das zu kurzfristige Nachschieben von Tagesordnungspunkten kann nur dann einen Anfechtungsgrund darstellen, wenn die Beschlussfassung darauf beruht,[104] so z. B. dass Eigentümer nur deswegen der Eigentümerversammlung fern geblieben sind, weil die Einladung zu kurzfristig erfolgte und der Termin nicht mehr rechtzeitig eingeplant werden konnte, oder aber Eigentümer an der Eigentümerversammlung teilgenommen hätten, wenn sie rechtzeitig gewusst hätten, dass der verspätet nachgeschobene Tagesordnungspunkt behandelt und zur Abstimmung gestellt wird. Steht jedoch fest, dass der Einladungsmangel keine Auswirkungen auf die Beschlussfassung hatte und ebenso gefasst worden wäre, dann sind solche Beschlüsse auf Anfechtung nicht für ungültig zu erklären.[105]

2036 **p) Durchführung der Eigentümerversammlung.** Übernimmt der Verwaltungsbeirat bzw. dessen Vorsitzender die Einladung zu einer Eigentümerversammlung, sind dabei die selben Voraussetzungen zu beachten, die auch für einen Verwalter gelten würden.

2037 Lädt der Verwaltungsbeiratsvorsitzende zu einer Eigentümerversammlung ein, kann er auch **Ort und Zeitpunkt** festlegen.

2038 Wer zur Eigentümerversammlung eingeladen hat, ist gem. § 24 Abs. 5 WEG analog berechtigt, die **Versammlungsleitung** zu übernehmen,[106] die Versammlung zu eröffnen und deren Beschlussfähigkeit festzustellen. Auch wenn die Versammlungsleitung unter normalen Umständen gem. § 24 Abs. 5 WEG zu den Aufgaben des Verwalters gehört, gebietet es die Sicherstellung eines geordneten Beginns der von einem Dritten einberufenen Eigentümerversammlung, dass dem Einladenden jedenfalls bis zur **Feststellung der Beschlussfähigkeit** die Befugnis zur Versammlungsleitung zusteht. Es bestünde sonst die naheliegende Gefahr, dass ein Verwalter, der bereits die Einladung zur Eigentümerversammlung verweigert hat, auch die Position des Versammlungsleiters nicht ordnungsgemäß ausüben könnte.

2039 Die anfängliche Befugnis zur Versammlungsleitung steht auch dann dem einladenden Vorsitzenden des Verwaltungsbeirates zu, wenn in der Teilungserklärung eine Versammlungsleitung durch den Verwalter vorgesehen ist. Es kann grundsätzlich vereinbart werden, dass der Verwalter stets Versammlungsleiter sein soll.[107]

2040 Auch in solchen Fällen ist der Vorsitzende des Verwaltungsbeirates, der die Eigentümerversammlung einberufen hat, erst einmal ausschließlich zur Eröffnung der Versammlung und der Feststellung der Beschlussfähigkeit berechtigt.[108] Ist vom Verwaltungsbeiratsvorsitzenden eingeladen worden, weil ein Verwalter fehlt oder verhindert ist, dann kann dieser ohnehin nicht den Vorsitz führen. Hat ein Verwalter die Einberufung einer Eigentümerversammlung pflichtwidrig verweigert, wird er an einer Versammlung, deren Zustandekommen er bereits verhindern wollte, im Regelfall nicht teilnehmen. Nimmt der Verwalter dennoch teil, liegt die Gefahr nahe, dass er auch die Position des Versammlungsleiters nicht pflichtgemäß ausüben[109] und das Mögliche versuchen wird, die ihm unliebsame Versammlung zu boykottieren. Damit die ordnungsgemäße Eröffnungder Eigentümerversammlung und eine korrekte Feststellung ihrer Beschlussfähigkeit gewährleistet ist, kann dies nicht dem Verwalter überlassen werden, der zwar anwesend ist, die Versammlung aber ursprünglich verhindern wollte.

2041 Um jedes Kompetenzgerangel auszuschließen, muss die Aufgabenzuweisung klar sein. So kann dem einladenden Beiratsvorsitzenden oder einem ansonsten zur Einladung ermächtigten Dritten nicht zugemutet werden, sich etwa mit dem Verwalter darüber strei-

[104] OLG Hamm ZMR 2007, 984, 986.
[105] OLG Hamm ZWE 2001, 560. 561.
[106] *Bärmann/Merle* § 24 Rn. 56.
[107] BayObLG, Beschl. v. 3. 12. 2003 – 2 Z BR 188/03, ZMR 2004, 443, 444.
[108] A. A. *Jennißen/Elzer* § 24 Rn. 96.
[109] *Bärmann/Merle* § 24 Rn. 56.

ten zu müssen, ob z. B. vorgelegte Vollmachten korrekt ausgefüllt sind, oder darüber zu diskutieren, wie die Feststellung der Beschlussfähigkeit organisiert wird. Ein Verwalter, der die Durchführung einer Eigentümerversammlung verhindern will, wird die Beschlussfähigkeit minutengenau zum angegeben Versammlungszeitpunkt feststellen wollen, in der Hoffnung, dass die Eigentümer noch nicht in ausreichender Zahl erschienen sind, um die Versammlung dann mangels Beschlussfähigkeit abbrechen zu können, wohingegen ein Verwaltungsbeiratsvorsitzender, der am Zustandekommen der Versammlung interessiert ist, mit der Feststellung der Beschlussfähigkeit noch etwas abwarten wird, wenn z. B. das Eintreffen weiterer Eigentümer abzusehen ist, wodurch die Beschlussfähigkeit sodann erreicht würde.

Ist einmal die Beschlussfähigkeit festgestellt, hat es die Eigentümerversammlung ohnehin in der Hand, im Rahmen eines **Beschlusses zur Geschäftsordnung** zu bestimmen, wer die weitere Versammlungsleitung übernehmen soll. Zum Vorsitzenden der Eigentümerversammlung kann die Eigentümerversammlung jeden bestimmen, der berechtigterweise an der Eigentümerversammlung teilnimmt, und damit auch einen Verwalter, der die Einberufung verweigert hat. Wird kein Versammlungsleiter gewählt, bleibt die Versammlungsleitung Aufgabe des Verwaltungsbeiratsvorsitzenden bzw. desjenigen, der zur Eigentümerversammlung eingeladen hat. 2042

Die Übertragung der Versammlungsleitung muss dabei nicht zwingend einheitlich für die ganze Versammlung erfolgen. Die Eigentümerversammlung kann den Vorsitz für die Abhandlung einzelner Tagesordnungspunkte unterschiedlichen Personen übergeben[110] oder für verschiedene Versammlungsabschnitte den Vorsitzenden wechseln. 2043

aa) Protokollführung. Dem Versammlungsleiter obliegt in der Regel auch die Aufgabe der Protokollführung. Fühlt sich ein Beiratsvorsitzender der Doppelbelastung von Versammlungsleitung und Protokollführung nicht gewachsen, kann durch Geschäftsordnungsbeschluss mehrheitlich ein Protokollführer aus der Mitte der erschienen Eigentümer gewählt werden. Wird von der Eigentümerversammlung kein Protokollführer gewählt, ist der **Versammlungsleiter** zur Anfertigung der Niederschrift verpflichtet. 2044

Dem Protokollführer obliegt die Formulierung der Niederschrift in eigener Verantwortung. Weicht die Person des Protokollführers von der des Versammlungsleiters ab, kann der Versammlungsleiter dem Protokollführer inhaltliche Vorgaben für die Niederschrift machen, denn der Versammlungsleiter bleibt dennoch für die Vollständigkeit und inhaltliche Richtigkeit der Niederschrift verantwortlich (z. B. Darstellung von Abstimmungsergebnissen, Formulierung von Beschlussanträgen usw.). 2045

Weder Versammlungsleiter noch Protokollführer sind verpflichtet, Wünsche einzelner Eigentümer bei der Protokollgestaltung zu berücksichtigen. Etwas anderes gilt jedoch, wenn Versammlungsleiter oder Protokollführer per Geschäftsordnungsbeschluss zu einer bestimmten Protokollgestaltung (z. B. **Beschluss- oder Verlaufsprotokoll**) oder zur Aufnahme bestimmter Angaben und Inhalte oder Formulierungen verpflichtet werden. 2046

Hat die Versammlungsleitung während einer Eigentümerversammlung gewechselt, dann ist die Protokollerstellung eine Gemeinschaftsaufgabe der Versammlungsleiter, die für die Formulierung der Niederschrift insoweit zuständig sind, als ihnen der Vorsitz übertragen war. Ein Versammlungsleiter ist nicht berechtigt, den von einem anderen Vorsitzenden angefertigten Teil des Versammlungsprotokolls zu korrigieren. Jeder ist für seinen Teil der Niederschrift alleine verantwortlich. Treten bei der Abfassung eines gemeinsamen Protokolls Schwierigkeiten auf, dann kann jeder Versammlungsleiter für den Teil der Eigentümerversammlung, für den er den Vorsitz innehatte, eine eigene **Teilniederschrift** erstellen, muss dabei aber kenntlich machen, dass es sich um die Teile des Protokolls einer einheitlichen Eigentümerversammlung handelt.[111] Das Versammlungspro- 2047

---

[110] *Kolbeck/Ziegelmayer,* Die Eigentümerversammlung, S. 106.

[111] *Staudinger/Bub* § 24 Rn. 130.

tokoll ist von allen, die den Vorsitz ausgeübt haben, zu unterschreiben,[112] wobei durch einen Zusatz kenntlich gemacht werden kann, für welchen Teil der Niederschrift man jeweils verantwortlich zeichnen will, wenn es sich nicht bereits ohnehin um Teilprotokolle in unterschiedlichen Urkunden handelt.

2048 *bb) Hausrecht.* Wer berechtigterweise eine Versammlung leitet, hält die **Ordnungsfunktion** inne und kann das Hausrecht ausüben. Dies reicht von der Erteilung oder der Entziehung einer **Redeerlaubnis** bis hin zur **Verweisung** eines Miteigentümers **aus dem Versammlungsraum** wegen grober Störung des Versammlungsverlaufes. Das Gleiche gilt für das Recht, eine Eigentümerversammlung abzubrechen, wenn eine geordnete Fortsetzung zum Beispiel wegen tumultartiger Begleitumstände nicht mehr möglich ist.

2049 *cc) Vollmachtsüberprüfung anlässlich von Eigentümerversammlungen.* Hat nicht der Verwaltungsbeirat, sondern der Verwalter die Eigentümerversammlung einberufen, so steht dem Verwaltungsbeirat das Recht zu, Einsicht in die dem Verwalter erteilten Stimmrechtsvollmachten zu nehmen, um z. B. die Beschlussfähigkeit einer Eigentümerversammlung überprüfen zu können. Dieses Recht besteht vor und während einer Eigentümerversammlung.[113] Auch wenn dieses Einsichtsrecht jedem anderen Mieteigentümer zusteht und kein Privileg des Verwaltungsbeirates ist, sind es in der Praxis überwiegend die Beiräte, die im Zuge ihrer Prüfungs- und Überwachungstätigkeit-, meist aus gegebenem Anlass, die dem Verwalter erteilten Vollmachten problematisieren.

2050 Kann der Verwalter ihm erteilte Vollmachten nicht vorlegen, weil er sie z. B. in seinem Büro vergessen hat, kann die Stimmabgabe des Verwalters für den von ihm Vertretenen zurückgewiesen werden.[114] Dieses Recht steht den Mitgliedern des Verwaltungsbeirates wie auch jedem einzelnen Miteigentümer zu.

10. Einschränkung und Erweiterung der Beiratsaufgaben

2051 Da es möglich ist, die Wahl eines Verwaltungsbeirates komplett auszuschließen, können auch die dem Verwaltungsbeirat gesetzlich zugewiesenen Kompetenzen durch Vereinbarung nach Belieben eingeschränkt werden.

2052 Sie können allerdings auch erweitert werden, solange nicht in unzulässiger Weise in die, ausschließlich der Eigentümergemeinschaft zustehenden Beschlusszuständigkeiten oder dem Verwalter durch das Gesetz zugewiesenen und nicht abdingbaren Aufgaben eingegriffen wird

2053 Durch Vereinbarung in der **Teilungserklärung** oder durch **Mehrheitsbeschluss** können dem Verwaltungsbeirat von der Eigentümergemeinschaft besondere Aufgaben übertragen werden. Grundsätzlich gilt dabei, dass diese Möglichkeit ihre Grenzen dort findet, wo es sich um solche Aufgaben handelt, die elementare Bestandteile der organschaftlichen Selbstverwaltung einer Eigentümergemeinschaft sind.

2054 Jede Übertragung von Aufgaben, die eigentlich in die Beschlusszuständigkeit von Eigentümerversammlungen fallen, birgt jedoch nicht unerhebliche Probleme. Die Verlagerung von Kompetenzen darf nämlich nicht dazu führen, dass dadurch Kontrollrechte der Miteigentümer eingeschränkt oder gar ausgeschlossen werden.

2055 **a) Zusatzaufgaben in der Gemeinschaftsordnung.** Diese **Grenzen** sind auch dann zu beachten, wenn die Befugnisse und Aufgaben des Verwaltungsbeirates durch Vereinbarung in der Teilungserklärung erweitert worden sind. So kann etwa die Ermächtigung, einen Verwalter zu bestellen oder abzuberufen, einer Eigentümergemeinschaft nicht entzogen werden, eine solche Bestimmung in der Teilungserklärung wäre unwirksam.

---

[112] *Bub* a. a. O.
[113] OLG München WuM 2008, 619 (620).
[114] OLG München NZM 2008, 92.

Das Gleiche gilt für die Ermächtigung des Verwaltungsbeirates, Eigentümerbeschlüsse eigenmächtig aufzuheben oder abzuändern.[115] Unwirksam wäre auch eine Vereinbarung, wonach der Verwaltungsbeirat unter Ausschluss der Eigentümergemeinschaft über seine eigene Nachfolge beschließt. 2056

Zulässig ist dagegen, den Verwaltungsbeirat in der Gemeinschaftsordnung oder durch sonstige **Vereinbarungen** sowohl mit der Erstellung von Wirtschaftsplan und Jahresabrechnung als auch mit deren Genehmigung zu beauftragen.[116] Um die Kontrolle solcher Beschlüsse zu ermöglichen, müssen diese entgegen der herrschenden Meinung allerdings anfechtbar sein.[117] 2057

Durch Vereinbarung soll dem Verwaltungsbeirat auch die Aufgabe des Entwurfs oder der Aufstellung einer Hausordnung übertragen werden können.[118] Dies erscheint bedenklich, da Hausordnungen Einschränkungen im Gebrauch des Sondereigentums enthalten oder persönliche Tätigkeitsverpflichtungen der Miteigentümer begründen können, bei denen es problematisch erscheint, diese zur Disposition eines Verwaltungsbeirates zu stellen. 2058

Ein Verwaltungsbeirat kann durch Vereinbarung, nicht aber durch Mehrheitsbeschluss ermächtigt werden, darüber zu entscheiden, ob und wann mit säumigen Miteigentümern Zahlungsvergleiche im Sinne eines teilweisen Forderungsverzichtes abgeschlossen werden.[119] Geht es jedoch nur um einen Einzelfall, so kann der Verwaltungsbeirat durch Mehrheitsbeschluss bevollmächtigt werden, sich in einem allerdings von der Eigentümergemeinschaft vorzugebenden Rahmen oder unter Einhaltung von der Eigentümergemeinschaft beschlossenen Bedingungen mit dem säumigen Wohnungseigentümer vergleichsweise zu einigen. 2059

In der Gemeinschaftsordnung kann auch geregelt werden, dass Streitigkeiten zwischen Wohnungseigentümern zunächst vor der Einleitung gerichtlicher Schritte dem Verwaltungsbeirat vorzutragen sind und dieser verpflichtet ist, im Einvernehmen mit dem Verwalter auf eine gütliche Einigung hinzuwirken. Durch eine derartige Regelung wird für Streitigkeiten zwischen den Wohnungseigentümern im Sinne von § 43 Abs. 1 Nr. 1 WEG das Verfahrenshindernis eines Vorschalt- oder Güteverfahrens geschaffen; die Anrufung des Wohnungseigentumsgerichts ist in diesem Falle so lange unzulässig, als das Güteverfahren nicht durchgeführt oder erfolglos geblieben ist.[120] 2060

b) Aufgabenerweiterung durch Mehrheitsbeschluss. Der Unterschied zwischen Übertragung von Zusatzaufgaben in der Teilungserklärung bzw. durch Vereinbarung oder allstimmigen Beschluss einerseits bzw. durch Mehrheitsbeschluss andererseits liegt also immer darin, dass durch **Vereinbarung** eine Entscheidungs- oder Handlungskompetenz **mit Dauerwirkung** übertragen werden kann, wohingegen einem **Mehrheitsbeschluss nur** die Übertragung von **Einzelaufgaben** oder Einzelermächtigungen nach vorheriger Ausübung der Entscheidungskompetenz durch die Eigentümergemeinschaft selbst zugänglich ist. 2061

Dabei ist allerdings darauf zu achten, dass **Grundsatzentscheidungen,** soweit sie der **Beschlusskompetenz der Eigentümergemeinschaft** unterfallen, regelmäßig von der Eigentümergemeinschaft selbst getroffen werden müssen. Der Verwaltungsbeirat kann sodann per **Mehrheitsbeschluss** für den **Einzelfall** ermächtigt werden, das, was die Gemeinschaft bereits grundsätzlich beschlossen hat, umzusetzen und auszuführen. 2062

Eine dem Verwaltungsbeirat zulässiger Weise[121] häufig per Beschluss übertragene Aufgabe ist die Vorauswahl eines geeigneten Verwalters im Vorfeld einer Verwalterneuwahl. 2063

---

[115] BayObLG Rpfleger 1980, 23.
[116] BayObLG WuM 1988, 331 (332).
[117] Vgl. dazu i. e. Abschnitt 13: Anfechtung von Beiratsbeschlüssen.
[118] *Jennißen/Hogenschurz* § 29 Rn. 23.
[119] OLG Hamburg ZMR 2008, 152.
[120] OLG Frankfurt a. M., Beschl. v. 11. 6. 2007 – 20 W 108/07, NZM 2008, 290, 291.
[121] OLG Düsseldorf ZWE 2002, 185.

Der Verwaltungsbeirat hat dazu Angebote einzuholen, er kann Referenzen überprüfen. Welche Prüfungskriterien dabei abgearbeitet werden, bleibt dem Verwaltungsbeirat überlassen. Er sollte jedoch zur Nachvollziehbarkeit seiner Auswahlkriterien eine Ranking-Liste erstellen und seine Wahlvorschläge nachvollziehbar begründen. Dabei sollten nicht mehr als drei Empfehlungen abgegeben werden, da sonst der Zweck eine Vorauswahl, nämlich die Entscheidungsfindung durch die Eigentümerversammlung mit überschaubarer Informationsfülle vorzubereiten, in Frage gestellt würde. Da jedem vorgeschlagenen Kandidaten die Gelegenheit eröffnet werden sollte, sich in der Wahlversammlung persönlich vorzustellen, kann der Verwaltungsbeirat die von ihm vorgeschlagenen Kandidaten auch zur Eigentümerversammlung einladen. Dies geschieht am besten zeitlich jeweils versetzt, um den Eigentümern einerseits ausreichend Gelegenheit zu geben, den Bewerbern Fragen zu stellen und sich über die Verwaltungsangebote genau zu informieren, den Bewerbern andererseits dadurch gleichzeitig lange Wartezeiten zu ersparen.

2064 Der amtierende Verwalter ist verpflichtet, auf Wunsch des Verwaltungsbeirates die von ihm ausgewählten Kandidaten in der Einladung zur Eigentümerversammlung namentlich zu benennen und gegebenenfalls auch deren Bewerbungen oder Angebote der Einladung beizufügen. Nur so kann der mit einer Vorauswahl angestrebte Zweck erreicht werden, die Eigentümerversammlung, in der ein neuer Verwalter gewählt werden soll, von einem langwierigen Meinungsbildungsprozess zu entlasten.

2065 Ein Beschluss der Eigentümergemeinschaft, den Verwaltungsbeiratsvorsitzenden mit dem selbständigen **Abschluss des Verwaltervertrages** zu beauftragen, wäre nichtig, da einer Wohnungseigentümergemeinschaft die Beschlusskompetenz fehlt, eine solche ureigenste Aufgabe der Eigentümerversammlung zu delegieren.[122] Ein solcher, durch den nichtberechtigten Verwaltungsbeiratsvorsitzenden abgeschlossener Verwaltervertrag wäre daher unwirksam. Nach anderer Auffassung kann ein Beschluss, den Veraltungsbeirat mit dem Abschluss des Verwaltervertrages zu beauftragen, mangels Anfechtung in Bestandskraft erwachsen und bietet sodann eine Rechtsgrundlage für den Verwaltungsbeirat, einen Verwaltervertrag wirksam abschließen zu können.[123] Aber auch in derartigen Fällen ist ein Verwaltungsbeirat aufgrund der ihm erteilten, jedoch inhaltlich nicht näher beschriebenen Vollmacht nur zum Abschluss eines Verwaltervertrages ermächtigt, der ordnungsgemäßer Verwaltung entspricht. Sollen im Verwaltervertrag z.B. Haftungsbeschränkungen zugunsten des Verwalters vereinbart werden, so bedarf eine solche Befugnis, gesetzliche Regelungen abzuändern, der ausdrücklichen Ermächtigung durch die Eigentümergemeinschaft.[124]

2066 Hat aber die Eigentümergemeinschaft selbst per Mehrheitsbeschluss einen neuen Verwalter bestellt und die Rahmenbedingungen für seine Tätigkeit und den Inhalt des Verwaltervertrages festgelegt (z.B. die Bestellungsdauer und die Vergütung), dann kann der Verwaltungsbeirat unbedenklich durch Mehrheitsbeschluss beauftragt werden, unter Beachtung der Vorgaben der Eigentümergemeinschaft einen Verwaltervertrag in seinen einzelnen Bestandteilen unter Verwendung üblicherweise in Verwalterverträgen enthaltener Bestimmungen auszuhandeln und mit Wirkung für und gegen die Eigentümergemeinschaft auch zu unterzeichnen.[125]

2067 Eigentümergemeinschaften haben dabei zu beachten, dass sie den Veraltungsbeirat nicht mit dem Abschluss eines vom Verwalter vorgegebenen Verwaltervertrages beauftragen dürfen, dessen Klauseln in erheblichem Umfang einer **Inhaltskontrolle** nicht standhalten würden (z.B. Befreiung vom Selbstkontrahierungsverbot, Verjährungsverkürzung für Haftungsansprüche der Gemeinschaft gegen den Verwalter, uneingeschränkte Ermächtigung des Verwalters zur Beauftragung von Sonderfachleuten, Zusatzvergütung für die

---

[122] OLG Düsseldorf NZM 1998, 36 (37).
[123] OLG Frankfurt a.M. ZWE 2008, 470 (473) = ZMR 2008, 985.
[124] OLG Frankfurt a.M., Beschl. v. 19. 5. 2008 – 20 W 169/07 – ZMR 2008, 985, 986.
[125] OLG Düsseldorf ZMR 2006, 870 (871); HansOLG Hamburg ZMR 2003, 864.

Abhaltung weiterer Eigentümerversammlungen, auch wenn zusätzlicher Versammlungsbedarf vom Verwalter verursacht). Ein solcher Beschluss widerspräche ordnungsgemäßer Verwaltung.[126]

Überschreitet der Verwaltungsbeirat die ihm erteilte Ermächtigung und nimmt in den Verwaltervertrag Sonderregelungen auf, wie zum Beispiel die Erteilung einer **Lastschriftermächtigung** oder die Vereinbarung einer **Mahngebühr,** so wären solche Besonderheiten nicht von der Ermächtigung gedeckt, einen Verwaltervertrag auszuhandeln und abzuschließen. Geschieht dies dennoch, so besteht hierfür keine Vertretungsmacht des Verwaltungsbeirates, so dass solche Abweichungen nicht Inhalt des Verwaltervertrages würden.[127] 2068

Da dies jedoch im Interesse einer klaren Bestimmbarkeit der wechselseitigen Rechte und Pflichten aus dem Verwaltervertrag höchst misslich wäre, ist einem Verwaltungsbeirat zu empfehlen, den Verwaltervertrag in der von ihm ausgehandelten und unterschriebenen Form in der nächsten Eigentümerversammlung zur Genehmigung vorzulegen. Der Genehmigungsbeschluss der Eigentümergemeinschaft erfasst sodann alle Bestandteile des Verwaltervertrages,[128] so dass dadurch die Rechtssicherheit geschaffen wird, dass der Verwaltervertrag in seiner Gesamtheit Wirkung entfalten kann. 2069

Auch auf der Basis eines bestandskräftigen Eigentümerbeschlusses ist ein Verwaltungsbeirat jedoch nicht bevollmächtigt, einen Verwaltervertrag mit Klauseln abzuschließen, die einer Inhaltskontrolle nicht standhalten würden.[129] Die bloße Vollmacht, einen Verwaltervertrag zu unterzeichnen, ermächtigt den Verwaltungsbeirat nämlich lediglich zu einem Vertragsabschluss, der ordnungsgemäßer Verwaltung entspricht. 2070

Der Verwaltungsbeirat kann auch beauftragt werden, ein bestehendes Vertragsverhältnis inhaltlich neu zu ordnen oder zu gestalten. Auch eine solche Ermächtigung darf allerdings nur Einzelfall bezogen erfolgen und die Eigentümergemeinschaft muss dem Verwaltungsbeirat durch vorhergehenden Beschluss vorgeben, welche Änderungen oder Ergänzungen vorzunehmen sind.[130] 2071

Vergleichbares gilt im Zusammenhang mit der **Durchführung von Reparaturen.** Von der Eigentümergemeinschaft ist grundsätzlich durch Mehrheitsbeschluss darüber zu entscheiden, ob eine Reparatur ausgeführt wird und welcher Handwerker welchen Auftrag zu welchem Preis erhalten soll. Gibt es vergleichbare Angebote oder solche, in denen einzelne Ausschreibungs- oder Preisangaben unklar sind, kann der Verwaltungsbeirat per Mehrheitsbeschluss ermächtigt werden, mit von der Eigentümerversammlung vorgegebenen Firmen nach zu verhandeln, und sodann in einem vorgegebenen Rahmen oder bei Erreichen vorgegebener Ergebnisse selbst die Entscheidung zu treffen, welche Firma den Auftrag erhalten soll und diesen Auftrag auch mit Wirkung für und gegen die Eigentümergemeinschaft zu erteilen.[131] 2072

c) Zustimmung des Verwaltungsbeirates zu Verwaltungsmaßnahmen. Häufig entschließen sich Eigentümergemeinschaften dazu, die Prüfungskompetenz des Verwaltungsbeirates zu erweitern und diesen damit mehr in die Verwaltungsarbeit einzubinden. So besteht bei Eigentümergemeinschaften immer wieder das Bedürfnis, eine Verwaltungsmaßnahme noch einmal ausdrücklich vom Verwaltungsbeirat überprüfen zu lassen, bevor der Verwalter tätig wird und z. B. einen Beschluss ausführt. 2073

So kann z. B. der Verwaltervertrag vorsehen, dass die Einleitung eines Wohngeldbeitreibungsverfahrens gegen einen säumigen Miteigentümer erst dann zulässig sein soll, wenn der Beirat dem vorher zugestimmt hat. Eine solche **Zustimmung** muss vom Ver- 2074

126 OLG Düsseldorf NZM 2006, 936.
127 *Bärmann/Merle* § 29 Rn. 95.
128 *Bärmann/Merle* a. a. O.
129 OLG Frankfurt a. M. ZWE 2008, 470 (473) = ZMR 2008, 985 (986).
130 LG Frankfurt a. M., Beschl. v. 1. 11. 2007 – 2-09 T 442/07, n. v.
131 KG ZMR 2004, 622; a. A. *Elzer,* Ermessen im Wohnungseigentumsrecht, ZMR 2006, 85 (93).

waltungsbeirat insgesamt **als Gremium** erteilt werden. Es reicht nicht aus, wenn nur der Vorsitzende des Beirates seine Zustimmung erklärt, da die Zustimmung des Beirats eine Willensbildung aller seiner Mitglieder erfordert und nicht nur seines Vorsitzenden.[132]

2075 Ist die Zustimmung des Verwaltungsbeirats für eine bestimmte Maßnahme erforderlich, so muss der gesamt Beirat zustimmen, ein mehrheitliches Einverständnis reicht nicht. Liegt die Zustimmung des Gesamtbeirates nicht vor, darf der Verwalter insoweit nicht tätig werden.

2076 Die Zustimmung kann dabei von jedem Beiratsmitglied einzeln und selbständig erteilt werden.[133] und ist vor der Durchführung der Verwaltungsmaßnahme einzuholen.

2077 Soll der Verwaltungsbeirat eine Verwaltungsmaßnahme genehmigen, ist sowohl eine vorherige, aber auch eine nachträgliche Genehmigung möglich.[134]

2078 Die Durchführung einer Verwaltungsmaßnahme hängt also in allen Fällen einer erforderlichen Zustimmung oder Genehmigung des Verwaltungsbeirates von dessen Mitwirkung und seiner positiven Stellungnahme ab.

2079 Anders verhält es sich, wenn als Voraussetzung zur Durchführung einer Verwaltungsmaßnahme eine **Abstimmung** des Verwalters **mit dem Verwaltungsbeirat** vorgegeben wird. Dies begründet für den Beirat nur eine Beratungs- und Überprüfungskompetenz. Eine eigenständige Entscheidungskompetenz, ob eine Verwaltungsmaßnahme durchgeführt werden oder diese wie auch immer inhaltlich modifiziert werden soll, ist damit nicht verbunden.[135] Abstimmung mit dem Verwaltungsbeirat bedeutet nur, die Meinung des Beirates einzuholen. Hat dies der Verwalter getan, so kann er die Verwaltungsmaßnahme auch dann durchführen, wenn der Beirat nur mehrheitlich zugestimmt oder sogar abgeraten hat.

2080 **d) Grenzen der Aufgabenerweiterung.** Weder durch Vereinbarung noch durch Mehrheitsbeschluss können dem Verwaltungsbeirat solche Aufgaben übertragen werden, die ausschließlich der Entscheidungskompetenz einer Eigentümergemeinschaft und einer Beschlussfassung nur durch die Eigentümergemeinschaft vorbehalten sind. Dies gilt z. B. sowohl für die Bestellung eines Verwalters als auch für dessen Abberufung. Insoweit ist § 26 Abs. 1 S. 1 WEG verbindlich, wonach eine ausschließliche Zuständigkeit der Eigentümergemeinschaft begründet ist. Ebenfalls weder durch Vereinbarung noch durch Mehrheitsbeschluss können die Aufgaben auf den Beirat übertragen werden, die einem Verwalter gem. § 27 Abs. 1–3 WEG zugeordnet worden sind. Eine Einschränkung dieser Verwalteraufgaben und damit eine Zuweisung an den Verwaltungsbeirat ist gem. § 27 Abs. 4 WEG ausdrücklich ausgeschlossen.

11. Ersatzzustellungsvertretung

2081 Eine zwar nicht verwaltungsbeiratsspezifische, jedoch seit der WEG-Novelle einem Verwaltungsbeiratsvorsitzenden immer häufiger angetragene Aufgabe ist die des Ersatzzustellungsvertreters. Gem. § 45 Abs. 1 WEG ist normalerweise der Verwalter der Zustellungsvertreter der Wohnungseigentümer, wenn die Wohnungseigentümer oder der teilrechtsfähige Verband in einem Rechtsstreit beklagte Partei sind. Der Verwalter hat mithin alle an den teilrechtsfähigen Eigentümerverband oder die Gesamtheit der Miteigentümer gerichteten Zustellungen mit Wirkung für und gegen die betroffenen Parteien entgegenzunehmen.

2082 Dies gilt dann nicht, wenn der Verwalter aufgrund eines **Interessenkonfliktes** als Zustellungsvertreter ungeeignet erscheint. Das ist der Fall, wenn der Verwalter selbst Beklagter ist oder aufgrund des Streitinhaltes die Gefahr besteht, dass der Verwalter die Wohnungs-

---

[132] BayObLG NJW-RR 2002, 1092 (1093) .
[133] BayObLG BayObLGZ 1988, 212 (214).
[134] BayObLG a. a. O.
[135] AG Hannover ZMR 2006, 487.

eigentümer möglicherweise nicht sachgerecht unterrichten könnte, so z. B. wenn es um Angriffe gegen seine Verwaltertätigkeit oder seine Verwalterstellung geht. Gelangt ein Gericht zu der Auffassung, dass eine Interessenkollision vorliegen könnte, scheidet der Verwalter als Zustellungsvertreter der Wohnungseigentümer aus. Für diesen Fall hat der Gesetzgeber mit der Neuformulierung von § 45 Abs. 2 WEG die Funktion des Ersatzzustellungsvertreters definiert, wonach die Zustellung gem. § 45 Abs. 2 Satz 1 WEG an einen Ersatzzustellungsvertreter erfolgen muss.

Insoweit wurde mit § 45 Abs. 2 Satz 1 WEG für die Eigentümergemeinschaft die Ver- 2083
pflichtung begründet, einen Ersatzzustellungsvertreter sowie dessen Vertreter als entsprechende Vorsorgemaßnahme und damit auch dann zu bestellen, wenn ein Rechtsstreit noch gar nicht anhängig ist.

In der Praxis hat sich erwiesen, dass in vielen Fällen kein Eigentümer bereit ist, sich 2084
zum Ersatzzustellungsvertreter wählen zu lassen. Auch wenn ein Ersatzstellungsvertreter nicht unbedingt aus den Reihen der Wohnungseigentümer kommen muss, sondern jede beliebige andere geeignete Person in Frage kommt, wird im Zweifel der Vorsitzende des Verwaltungsbeirates angesprochen, wenn es im Einzelfall um die Übernahme dieser Aufgabe geht.

Ist ein Verwaltungsbeiratsvorsitzenden einmal vom Gericht zum Ersatzzustellungsver- 2085
treter bestellt, ist hiergegen allerdings **kein Rechtsmittel** mehr möglich, da das Gesetz hierfür keinen Rechtsbehelf vorsieht.[136]

Wurde der Verwaltungsbeiratsvorsitzende zum Ersatzzustellungsvertreter bestellt, sind 2086
alle vom Gericht zu veranlassenden Zustellungen an ihn vorzunehmen. Ihm obliegt sodann die Aufgabe, die übrigen **Wohnungseigentümer in geeigneter Form** zu **informieren.** Einen Ersatzzustellungsvertreter treffen dabei die selben Pflichten, wie sie auch für den Verwalter bestehen würden. So hat die **Unterrichtung** über die stattgefundene Zustellung **unverzüglich** zu erfolgen, d. h. innerhalb weniger Tage.

Es bleibt dem Verwaltungsbeiratsvorsitzenden überlassen, wie er seine Miteigentümer 2087
informieren will. Er kann die ihm zugestellten **Schriftsätze** schlicht **kopieren** und mit einem kurzen schriftlichen Vermerk, dass er vom Gericht zum Ersatzzustellungsvertreter bestellt worden ist, im Übrigen aber kommentarlos an alle Eigentümer versenden.

Keinesfalls ist es einem Ersatzzustellungsbevollmächtigtem gestattet, eine eigene Stel- 2088
lungnahme zu dem laufenden Rechtstreit abzugeben, die Erfolgsaussichten zu bewerten oder gar ein Unwerturteil über den prozessführenden Miteigentümer abzugeben.

Will ein Ersatzzustellungsvertreter den Kopieraufwand vermeiden, Klageschrift und 2089
sonstige Schriftsätze zu vervielfältigen und an die Miteigentümer zu versenden, so kann er **Rundschreiben** formulieren, in dem er auf den laufenden Prozess hinweist und in eigenen kurzen Worten den Streitgegenstand bezeichnet, sich im Übrigen aber auf den Hinweis beschränkt, dass die Miteigentümer bei weitergehendem Interesse bei ihm Abschriften aller Prozessunterlagen anfordern können[137]

Bei den in der Wohnungseigentumsanlage wohnenden Miteigentümern können Zustel- 2090
lungen in den **Briefkasten eingeworfen** werden, an außerhalb wohnende Miteigentümer reicht eine **Versendung mit normaler Post.** Die Versendungsform als Einwurf-Einschreiben oder gar als Einschreiben-Rückschein ist nicht geboten. Die Information kann aber auch **mündlich auf einer Eigentümerversammlung** erfolgen,[138] aber nur dann, wenn eine solche unmittelbar bevorsteht, weil nur dann dem Erfordernis einer unverzüglichen Unterrichtung Rechnung getragen wird.

Ein **Aushang am „Schwarzen Brett"** kann zusätzlich erfolgen, reicht jedoch für eine 2091
ordnungsgemäße Unterrichtung aller Miteigentümer nicht aus. Selbst wenn es sich bei dem „Schwarzen Brett" um einen verschlossenen Glaskasten handeln sollte, der nur vom

---

[136] LG Berlin, Beschl. vom 15. 8. 2008 – 85 T 103/08, BeckRS 2008, 20964.
[137] BGH NJW 1981, 282 (283 rechte Spalte c).
[138] BGH a. a. O.

Verwalter oder dem Hausmeister geöffnet werden kann, so dass das Risiko eines unbefugten Entfernens des Aushangs minimiert ist, kann dadurch dennoch nicht gewährleistet werden, dass alle Miteigentümer von dem Ausgang Kenntnis nehmen. Außerhalb einer Wohnungseigentumsanlage wohnende Miteigentümer werden den Aushang nur höchst zufällig wahrnehmen können, ob alle in einer Anlage lebenden Eigentümer regelmäßig Aushänge lesen, die am „Schwarzen Brett" angebracht worden sind, ist ebenso ungewiss.

2092 Alle **Auslagen,** die dem Verwaltungsbeiratsvorsitzenden als **Ersatzzustellungsvertreter** entstehen, sind von der Eigentümergemeinschaft zu erstatten, so z. B. Fotokopier- und Portokosten sowie den Kaufpreis für Papier zur Anfertigung eines Informationsschreibens sowie für Briefumschläge zur Versendung der Unterlagen. Erstattungsfähig kann im Einzelfall auch eine neue Tintenpatrone für den Drucker sein, mit dem das an die Eigentümer gerichtete Informationsschreiben ausgedruckt wird. Insoweit handelt es sich um Verwaltungskosten gemäß § 16 Abs. 2 WEG.

2093 Der Ersatzzustellungsvertreter hat die Eigentümer über alle Vorgänge zu unterrichten, die ihm vom Gericht offiziell zugestellt werden. Dazu gehören Terminladungen zu mündlichen Verhandlungen, die Bekanntgabe von Sachverständigen- oder sonstigen Ortsterminen, Instanz beendende Beschlüsse oder Urteile und alle sonstigen Unterlagen, die vom Gericht mit Zustellungsurkunde versandt werden. Zwischen den Prozessparteien gewechselte Schriftsätze müssen an die Eigentümer nicht gesondert versandt oder über deren Inhalt informiert werden. Insoweit empfiehlt es sich, bei der ersten Information über den anhängigen Prozess darauf hinzuweisen, dass nur solchen Miteigentümern Schriftsatzkopien übermittelt werden, die ihr entsprechendes Interesse dem Ersatzzustellungsbevollmächtigten ausdrücklich mitteilen. Der Ersatzzustellungsvertreter kann sämtliche Kosten, die für das Erstellen von Kopien und deren Versand entstehen, dem Verband zur Erstattung weiterberechnen.

2094 Erstattungsfähig sind jedoch nur die Auslagen, die als erforderlich angesehen werden dürfen. Dazu gehören nicht die Kosten einer vom Verwaltungsbeiratsvorsitzenden einberufenen Informationsveranstaltung, um die Miteigentümer persönlich und möglichst umfangreich über den laufenden Rechtsstreit unterrichten zu können. Nicht erstattungsfähig sind auch Fahrtkosten, die dadurch entstehen, dass der Verwaltungsbeiratsvorsitzende im Interesse einer schnellstmöglichen Information von nicht in der Wohnlage lebenden Miteigentümern die Zustellungen mit dem eigenen PKW vornimmt und dadurch hohe Fahrtkosten verursacht. In allen Fällen ausreichend ist Zusendung mit normaler Post. Eine Versendung per Eilboten, Einschreiben oder gar Einschreiben/Rückschein ist nicht erforderlich.

2095 Wenn die Information der Eigentümer auf dem Postwege erfolgt ist, bedarf es keiner zusätzlichen Unterrichtung etwa per Telefon. Es ist nicht Aufgabe eines Ersatzzustellungsbevollmächtigten, über die schriftlich erteilte Information hinaus den Vorgang noch mündlich zu erläutern oder zu kommentieren.

2096 Auch Kosten der Reparatur eines Computers oder Druckers, die anlässlich ihres Einsatzes zum Ausdruck der an die Miteigentümer gerichteten Informationsschreiben eine Betriebsstörung aufweisen, sind nicht erstattungsfähig, da ein eingetretener Defekt nicht kausal auf die Tätigkeit des Ersatzzustellungsbevollmächtigten zurückgeführt werden kann.

2097 Da ein Verwaltungsbeiratsvorsitzender die Aufgabe eines Ersatzzustellungsbevollmächtigten nicht zusätzlich zu seiner Beiratstätigkeit ehrenamtlich übernehmen muss, entspricht es ordnungsgemäßer Verwaltung, wenn Eigentümergemeinschaften dem Verwaltungsbeiratsvorsitzenden eine über den eigentlichen Auslagenersatz hinausgehende **zusätzliche Aufwandspauschale** gewähren, was einem einfachen Mehrheitsbeschluss zugänglich ist. Je nach Umfang der vom Verwaltungsbeiratsvorsitzenden im Laufe eines Rechtsstreits als Ersatzzustellungsvertreter zu leistenden Tätigkeit kann die Aufwandspauschale im Einzelfall höher oder niedriger ausfallen. Ist eine solche nicht bereits von vornherein festgelegt, kann der Verwaltungsbeiratsvorsitzende, wie im Übrigen jeder andere zum Ersatzzustellungsvertreter bestellte Miteigentümer auch, für die nächste Eigentümerversammlung den Antrag stellten, dass die Eigentümergemeinschaft nachträglich eine Aufwandsentschädigung für die erbrachte oder noch zu erbringende Tätigkeit als Ersatzzustellungsvertreter genehmigt.

12. Praktische Ausgestaltung der Verwaltungsbeiratstätigkeit

Wie der Verwaltungsbeirat seine Tätigkeit bei der Wahrnehmung der ihm gesetzlich obliegenden oder im Einzelfall von der Eigentümergemeinschaft übertragenen Aufgaben auszuüben hat, kann dem Gesetz nicht entnommen werden. Soweit § 29 Abs. 4 WEG vorsieht, dass der Verwaltungsbeirat von dem Vorsitzenden nach Bedarf einberufen wird, gibt es dafür keine Formvorschriften oder besondere **Fristen,** die beachtet oder eingehalten werden müssten. Eigentümergemeinschaften steht es allerdings frei, für die Tätigkeit der Verwaltungsbeiräte eine **Geschäftsordnung** zu beschließen. Darin kann von inneren Organisationsabläufen über Aufwendungsersatz- und Vergütungsansprüchen bis hin zur Haftung und Entlastung alles geregelt sein, was die Tätigkeit eines Verwaltungsbeirates anbelangt.[139] 2098

a) **Sitzungen des Verwaltungsbeirates.** Soweit der Verwaltungsbeirat nach Bedarf vom Vorsitzenden einzuberufen ist, ergibt sich daraus als Mindestnotwendigkeit die Abhaltung eines Treffens der Beiratsmitglieder pro Verwaltungsjahr, um wenigstens die Belegprüfung gem. § 29 Abs. 3 WEG durchführen zu können. 2099

Im Übrigen steht es dem Verwaltungsbeirat frei, **wie oft** er sich treffen möchte, an welchem **Ort,** zu welchem **Zeitpunkt** und mit welchem **Handlungsbedarf** dies geschehen soll. Solange zwischen den Beiratsmitgliedern Einigkeit besteht, kann es keine **Einberufung zu Unzeit** oder an einem unzumutbaren Ort geben. Eine „Beiratssitzung" kann deshalb auch spontan einberufen werden, so zum Beispiel beim zufälligen Treffen aller Beiratsmitglieder auf dem Tennisplatz für den Abend des selben Tages. 2100

Eine Sitzung des Verwaltungsbeirates muss auch nicht zwangsläufig den Vorstellungen entsprechen, die man mit dem Begriff „Sitzung" verbindet. So ist es keineswegs erforderlich, dass sich die Beiräte um einen Tisch versammeln. Beiratssitzungen müssen auch nicht zwangläufig in irgend einem Versammlungsraum statt finden, sie können an jedem anderen beliebigen Ort durchgeführt werden. Sind sich die Mitglieder eincs Verwaltungsbeirates darüber einig, am Sonntag morgen bei einem gemeinsamen Spaziergang die anstehenden Probleme zu erörtern, so kann auch ein Waldspaziergang die Funktion einer Beiratssitzung erfüllen, genauso wie dies bei einer Besprechung auf der Liegewiese im Schwimmbad möglich wäre. 2101

Zu achten ist dabei nur auf die **Vertraulichkeit** der Themen, die anlässlich von Beiratssitzungen behandelt werden. Genauso wenig, wie außenstehende Dritte an Eigentümerversammlungen teilnehmen dürfen, weil die internen Angelegenheiten einer Eigentümergemeinschaft nur deren Mitglieder angehen, dürfen vertrauliche Themen einer Beiratssitzung nicht in die Öffentlichkeit getragen werden. Eine Diskussion von Internas einer Eigentümergemeinschaft anlässlich der morgendlichen Fahrt mit der überfüllten Straßenbahn zum Arbeitsplatz, bei der die umstehenden Fahrgäste jedes Wort mitverfolgen können, verbietet sich daher. Befinden sich die Mitglieder eines Verwaltungsbeirates dagegen in einem leeren Zugabteil, so kann die gemeinsame Fahrt sehr wohl zu einer Beiratssitzung umfunktioniert werden. 2102

Lädt der Verwaltungsbeiratsvorsitzende zur Beiratssitzung ein, kann er gleichzeitig die Beratungs- und Beschlusspunkte mitteilen, die auf der Sitzung behandelt werden sollen. Anders als bei Eigentümerversammlungen, bei denen Beschlüsse nur über solche Tages- 2103

[139] Vgl. zum Muster einer Verwaltungsbeiratsordnung: *Wolicki,* Der Verwaltungsbeirat im WEG, S. 252 ff.

ordnungspunkte gefasst werden können, die auch in der Einladung ordnungsgemäß und inhaltlich nachvollziehbar angekündigt wurden, sind Verwaltungsbeiräte **an** solche **Formalien nicht gebunden.** Jedem Beiratsmitglied steht es frei, während einer Beiratssitzung weitere Diskussionsthemen, die aus dem Augenblick heraus wichtig erscheinen, und ohne dass diese auf der Tagesordnung gestanden hätte, nach Gutdünken einzubringen. Der Verwaltungsbeirat kann über derart unangekündigte Themen auch Beschlüsse fassen. Die interne Koordination von Diskussions- und Beschlusspunkten wie auch die **Leitung einer Verwaltungsbeiratssitzung** steht dabei dem Vorsitzenden zu.[140] Eine abweichende Aufgabenverteilung kann jedoch jederzeit beiratsintern beschlossen werden.

2104 Die **Dauer** einer **Beiratssitzung** steht im freien Belieben der Beiratsmitglieder. So kann sich der Beirat nur für wenige Minuten zusammen finden, wenn es z. B. ohne längere Diskussion nur einer kurzen Abstimmung der Verwaltungsbeiratsmitglieder untereinander zu einer bestimmten Fragestellung bedarf. Bei entsprechend umfangreichem Beratungs- und Beschlussbedarf kann eine Beiratssitzung auch viele Stunden bis tief in die Nacht hinein andauern. Der Beiratsvorsitzende hat dabei aber auf die persönlichen Befindlichkeiten der Beiratsmitglieder zu achten. Muss ein Verwaltungsbeirat morgens in aller Frühe zur Arbeit, wäre es unangemessen, die Beiratssitzung bis in den späten Abend auszudehnen. Wird die weitere **Teilnahme** an der Sitzung für ein Beiratsmitglied **unzumutbar,** hat der Vorsitzende die Pflicht, das Beiratstreffen zu vertagen.

2105 Ein Beiratsmitglied kann sich aber auch ohne Einvernehmen mit den übrigen Beiratskollegen von der Sitzung entfernen, wenn es sich, aus welchen Gründen auch immer, an der weiteren Teilnahme gehindert sieht. Eines wichtigen Grundes dazu bedarf es nicht. Da ein Beiratsmitglied nicht gezwungen werden kann, überhaupt erst zu einer Sitzung zu erscheinen, ist es erst Recht nicht zur weiteren Teilnahme verpflichtet, wenn dem persönliche Gründe entgegenstehen.

2106 Sollte die Sitzung bei unverändert bestehender Beschlussfähigkeit dennoch fortgesetzt werden, muss im Sitzungsprotokoll vermerkt werden, welches Beiratsmitglied sich entfernt hat.

2107 Treten zwischen Beiratsmitgliedern Spannungen auf, die ein einvernehmliches Arbeiten zumindest erschweren, empfiehlt es sich, die **Abläufe** zu **formalisieren,** um im Zweifel Schwierigkeiten oder Versäumnisse bei der Verwaltungsbeiratsarbeit dokumentieren zu können.

2108 Ist eine Zusammenarbeit „auf Zuruf" nicht mehr möglich, kann sich der Verwaltungsbeiratsvorsitzende an den Vorschriften **orientieren,** die ein Verwalter für die **Einberufung und Durchführung von Eigentümerversammlungen** einzuhalten hat. Auch wenn dies keine Verpflichtung darstellt, so kann die Tätigkeit des Vorsitzenden jedenfalls dann nicht beanstandet werden, wenn er zu einer Beiratssitzung schriftlich einlädt (entsprechend für die Eigentümerversammlung § 24 Abs. 4 Satz 1 WEG), eine Einladungsfrist von mindestens 2 Wochen beachtet (§ 24 Abs. 4 Satz 2 WEG) und in der Einladung alle Tagesordnungspunkte angibt, mit dem sich der Verwaltungsbeirat befassen soll (§ 23 Abs. 2 WEG).

2109 In Fällen der Uneinigkeit zwischen Verwaltungsbeiräten sollte weiter darauf geachtet werden, dass die Beiratssitzung zu zumutbaren Zeiten statt findet, so z. B. möglichst nach der Arbeitszeit und nicht an **Sonn- oder Feiertagen.** Kein Verwaltungsbeiratsmitglied ist verpflichtet, Urlaub zu nehmen, um an einem Verwaltungsbeiratstreffen teilnehmen zu können. Im Gegensatz zu Eigentümerversammlungen, die auch während der Ferienzeit statt finden können, sollte auf die **Urlaubsplanung** der einzelnen Beiratsmitglieder Rücksicht genommen werden.

2110 Weigert sich ein Vorsitzender pflichtwidrig, zur Beiratssitzung einzuladen, steht das Recht hierzu seinem Stellvertreter in analoger Anwendung von § 24 Abs. 3 WEG zu.[141]

---

[140] *Bärmann/Merle* § 29 Rn. 41.

[141] *Riecke/Schmid/Abramenko,* Fachanwaltskommentar WEG, 2. Aufl., § 29 Rn. 33.

aa) Teilnahmerecht Dritter. Bei der Durchführung einer **Verwaltungsbeiratssitzung** handelt es sich um eine **interne Veranstaltung.** Die Mitglieder des Verwaltungsbeirates müssen es nicht hinnehmen, von Dritten bei ihren Beratungen beobachtet, kontrolliert, oder kritisiert zu werden. Beiratssitzungen dienen dem ungezwungenen Gedankenaustausch und einem, von außen unbeeinflussten Willensbildungsprozess seiner Mitglieder. Dies wäre nicht gewährleistet, müssten die Mitglieder des Verwaltungsbeirates befürchten, sich für eigene kritische Äußerungen rechtfertigen oder gegen unsachliche Einwendungen von außenstehenden Teilnehmern verteidigen zu müssen. Beiratssitzungen sind auch nicht als Plattform für Eigentümer gedacht, ihre Unzufriedenheit mit aus ihrer Sicht mangelhafter Verwalter- oder Beiratstätigkeit zu artikulieren oder gar aus einer Beiratssitzung ein Tribunal gegen irgendwelche vermeintlichen Missstände zu machen. Genauso wenig müssen sich Beiräte bei ihrer Arbeit gutgemeinte Ratschläge oder Empfehlungen anhören, was alles anders oder besser gemacht werden könnte. Weder Verwalter noch Miteigentümer haben einen Anspruch auf Teilnahme an Beiratssitzungen,[142] eine Teilnahme kann weder vom Verwalter noch von einem Miteigentümer erzwungen werden, es sei denn, in der Teilungserklärung ist ein Teilnahmerecht vereinbart. 2111

Der Verwaltungsbeirat kann jedoch jederzeit **Gäste** zulassen und so z. B. den Verwalter, einzelne Miteigentümer, den Hausmeister oder Sonderfachleute zu seinen Sitzungen einladen und ihnen ganz oder teilweise die **Anwesenheit gestatten,**[143] wann immer dies für die Beiratsarbeit als sinnvoll angesehen wird. Über die Teilnahme Dritter entscheidet der Verwaltungsbeirat durch Mehrheitsbeschluss.[144] 2112

Die Teilnahme des Verwalters kann zweckmäßig sein,[145] um den Verwaltungsbeirat bei seiner Tätigkeit aus erster Hand mit notwendigen Informationen zu versorgen. 2113

Auch einzelne Eigentümer mit besonderer Sachkunde können als Gäste bei Beiratssitzungen hilfreich sein. Die Teilnahme von Eigentümern an Sitzungen des Verwaltungsbeirates sollte aber nicht dazu führen, dass daraus bei kleinen Gemeinschaften Wohnungseigentümerversammlungen werden.[146] 2114

bb) Beschlussfassung. Sollen auf einer Beiratssitzung Beschlüsse gefasst werden, bedarf es in analoger Anwendung von § 25 Abs. 3 WEG der Anwesenheit mehr als der Hälfte der Beiratsmitglieder. 2115

Ob Verwaltungsbeiratsbeschlüsse mehrheitlich gefasst werden können oder allstimmig erfolgen müssen, können Eigentümergemeinschaften durch Vereinbarung oder Mehrheitsbeschluss regeln.[147] 2116

Soll ein Beiratsbeschluss allstimmig erfolgen, bedarf dies einer Vereinbarung, sofern davon für die Zukunft alle gleichgelagerten Beschlüsse erfasst werden sollen. Wird Allstimmigkeit nur für eine einzelne Beschlussfassung gefordert, kann dies auch per Mehrheitsbeschluss festgelegt werden. 2117

Fehlt eine ausdrückliche Regelung, so kommen Beiratsbeschlüsse zustande, wenn sie mit der Mehrheit der Stimmen der Beiratsmitglieder gefasst werden.[148] Die Stimme von Beiratsmitgliedern haben alle gleiches Gewicht. Setzt sich ein Verwaltungsbeirat aus einer geraden Zahl von Mitgliedern zusammen, so kommt der Stimme des Verwaltungsbeiratsvorsitzenden oder seines Stellvertreters im Falle einer **Pattsituation** keine Ausschlag gebende Wirkung zu. Besteht ein Verwaltungsbeirat nur aus 2 Mitgliedern, kann es deshalb nur einstimmige Beschlüsse oder gar keinen Beschluss geben. Existiert nur ein Ein-Personen-Beirat, scheidet eine Beschlussfassung aus. 2118

---

[142] *Bärmann/Merle* § 29 Rn. 45.
[143] *Drasdo,* Der Verwaltungsbeirat, S. 72.
[144] *Staudinger/Bub* § 29 Rn. 140.
[145] *Drasdo* a. a. O.
[146] *Drasdo* a. a. O.
[147] OLG Zweibrücken ZMR 1988, 24 (25).
[148] OLG Zweibrücken a. a. O.

2119 Eine analoge Anwendung von § 25 Abs. 4 WEG, wonach der Verwaltungsbeirat bei einer Wiederholungsversammlung unabhängig von der Zahl der erschienen Mitglieder beschlussfähig wäre, ist jedoch abzulehnen, da im Gegensatz zu der Notwendigkeit, dass Eigentümerversammlungen irgendwann einmal zu einem Ergebnis gelangen können, für die Beiratstätigkeit keine Notwendigkeit zu erkennen ist, dass es hier unbedingt zu einer Beschlussfassung kommen müsste.

2120 Da Verwaltungsbeiräte das Ergebnis ihrer Willensbildung auch durch einen schriftlichen Vermerk bekannt geben können, ist eine Beschlussfassung grundsätzlich nicht erforderlich. Da eine solche vom Gesetz nicht vorgesehen ist, bedarf es auch keiner Lösung für den Fall, dass ein Verwaltungsbeirat auf Dauer nicht beschlussfähig ist.

2121 *cc) Sitzungsprotokoll.* Wann immer und unter welchen Umständen auch immer Verwaltungsbeiräte ihren Aufgaben nachkommen, sollten sie dies durch die Abfassung eines (Sitzungs-)Protokolls dokumentieren.

2122 Finden innerhalb des Verwaltungsbeirates Willensbildungsprozesse statt, die zu bestimmten Ergebnissen führen, sollten solche Beiratsbeschlüsse dokumentiert werden.

2123 Auch hier erscheint eine Orientierung an den Formerfordernissen für eine Niederschrift von Eigentümerversammlungen empfehlenswert. So sollten die Beratungsthemen aufgeführt und Beschlüsse des Verwaltungsbeirates ihrem Wortlaut nach formuliert und festgehalten werden. Das **Abstimmungsergebnis** kann pauschal oder auch namentlich angegeben werden. Bei abweichendem Stimmverhalten sind die Voten getrennt nach Ja-, Neinstimmen und Enthaltungen aufzuführen, ggf. auch mit einer Zuordnung zum Namen des abstimmenden Beiratsmitgliedes. Sofern mit einer Abstimmung innerhalb der Verwaltungsbeirates weitergehende Folgewirkungen verbunden sein könnten, insbesondere ein bestimmtes Abstimmungsverhalten später Grundlage für die Überprüfung von Regressforderungen gegen das betreffende Beiratsmitglied darstellen könnte, sollte jedes Mitglied des Verwaltungsbeirates bei abweichenden Voten unbedingten Wert darauf legen, dass das Abstimmungsergebnis namentlich in das Sitzungsprotokoll aufgenommen wird. Jedes Beiratsmitglied hat hierauf Anspruch. Sollte sich ein Verwaltungsbeiratsvorsitzender dennoch weigern, trotz entsprechender Forderung das Abstimmungsergebnis namentlich in das Sitzungsprotokoll aufzunehmen, ist dem Beiratsmitglied anzuraten, den Sachverhalt durch ein Schreiben an den Verwalter zu dokumentieren. Eine Kopie dieses Schreibens ist den übrigen Beiratsmitgliedern auszuhändigen.

2124 Bei nur mehrheitlicher Beschlussfassung ist das überstimmte Beiratsmitglied berechtigt, sein abweichendes Votum namentlich im Beiratsprotokoll festzuhalten und dies ggf. auch inhaltlich zu begründen. Die Dokumentation der Tätigkeit des **Ein-Personen-Beirates** beschränkt sich auf die Formulierung einer Protokollnotiz und deren Unterzeichnung.

2125 Wird über ein Beiratstreffen Protokoll geführt, so sollte dies von allen Beiratsmitgliedern unterzeichnet werden.

2126 Dem Verwalter ist eine **Abschrift des Beiratsprotokolls** zu übergeben. Denn würde die Tätigkeit des Verwaltungsbeirats im Geheimen statt finden, könnte der Beirat seine Aufgaben gemäß § 29 Abs. 2 WEG nicht erfüllen, nämlich den Verwalter bei der Durchführung seiner Aufgaben zu unterstützen und ihn kontrollierend zu begleiten.

13. Anfechtung von Beiratsbeschlüssen

2127 Da Verwaltungsbeiräte nicht über eine eigenständige Entscheidungsbefugnis verfügen, mit der unmittelbaren Einfluss auf die Verwaltungstätigkeit genommen werden kann, sich mithin die Wirkung von Beiratsbeschlüssen auf das Innenverhältnis der Mitglieder des Verwaltungsbeirates untereinander beschränkt, besteht wegen der fehlenden Außenwirkung kein Bedürfnis, Verwaltungsbeiratsbeschlüsse anfechten zu können. Das Gesetz sieht daher eine Anfechtungsmöglichkeit nicht vor, Beiratsbeschlüsse sind weder in direkter noch analoger Anwendung von § 46 WEG anfechtbar.[149] Sollte ein fehlerhafter Beiratsbeschluss dennoch einmal Grundlage für einen ebenso fehlerhaften Eigentümerbeschluss sein, dann kann der Eigentümerbeschluss unmittelbar angefochten werden, der der im Außenverhältnis einzig maßgebliche Willensbildungsprozess ist.[150]

Das Gleiche soll nach bisher einheitlich vertretener Auffassung auch dann gelten, wenn den Beschlüssen der Mitglieder des Verwaltungsbeirates dennoch **ausnahmsweise Außenwirkung** zukommen sollte. Dies kann der Fall sein, wenn dem Verwaltungsbeirat aufgrund Teilungserklärung oder sonstiger Vereinbarung Entscheidungsbefugnisse übertragen worden sind, die ursprünglich den Mitgliedern der Eigentümergemeinschaft zustehen. Ist der Verwaltungsbeirat z. B. ermächtigt, Wirtschaftspläne aufzustellen oder Jahresabrechnungen nebst Einzelabrechnungen zu beschließen, dann wird insoweit die Entscheidungsbefugnis der Eigentümer durch die der Mitglieder des Verwaltungsbeirates ersetzt. Solche Beschlüsse des Verwaltungsbeirates entfalten unmittelbar Wirkung gegenüber allen Mitgliedern der Eigentümergemeinschaft und gestalten gerade bei Beschlüssen, die Zahlungsverpflichtungen der Eigentümer zum Inhalt haben, das Verhältnis zwischen dem teilrechtsfähigen Verband als Inhaber aller Wohngeldforderungen und seiner Mitglieder als Schuldner dieser Forderungen. Auch in diesen Fällen soll es angeblich keiner Anfechtung bedürfen, weil andernfalls bei unterlassener Anfechtung von der Bestandskraft rechtlich nicht zulässiger Beschlüsse ausgegangen werden müsste.[151] 2128

Beschlüsse, die gegen zwingende Normen des Gesetzes oder gegen Vereinbarungen bzw. Eigentümerbeschlüsse verstoßen, seien nichtig, was jederzeit in einem Verfahren nach § 43 WEG geltend gemacht werden könne.[152] 2129

Da Beschlüsse des Verwaltungsbeirates nicht angefochten werden könnten, könne ihnen auch nicht dieselbe Wirkung zukommen, die das Gesetz Eigentümerbeschlüssen beimesse. Verstoßen Beschlüsse des Beirates gegen das Gesetz, die Gemeinschaftsordnung oder Eigentümerbeschlüsse, seien sie mithin nichtig.[153] Die vorstehend dargestellte bisher einhellige Meinung überzeugt nach hier vertretener Ansicht nicht. 2130

a) Gewillkürte Beschlussstandschaft. Da die entsprechende Beschlusskompetenz durch Rechtsgeschäft begründet worden ist (die Teilungserklärung ist ein Vertrag zwischen allen Miteigentümern), handelt es sich um eine gewillkürte Beschlussstandschaft, d. h., den Mitgliedern des Verwaltungsbeirats wird vertraglich eine **fremde Beschlusskompetenz** (nämlich die der übrigen Miteigentümer) übertragen, die sie sodann in eigenem Namen ausüben können. 2131

Da solche Beschlüsse im Verhältnis zu den übrigen Miteigentümern **unmittelbare Außenwirkung** haben, weil sie für den Verband und seine Mitglieder Rechte und Pflichten begründen, müssen sie auch einer Kontrolle zugänglich sein. Solche Beiratsbeschlüsse mit Außenwirkung sind im Hinblick auf Fehlerhaftigkeit und Nichtigkeit an denselben Kriterien zu messen, wie Beschlüsse, die von den Eigentümern selbst gefasst werden. Denn die Mitglieder des Verwaltungsbeirates tun nichts anderes, als die ihnen übertragene Entscheidungskompetenzen der übrigen Miteigentümer in deren Auftrag und für diese wahrzunehmen. Sie üben damit keine originäre eigene, sondern eine ihnen übertragene fremde Beschlusskompetenz aus, gleich des Vertreters, der in einer Eigentümerversammlung mit Vollmacht eines Eigentümers für diesen abstimmt. 2132

Daraus resultierende Beschlüsse entsprechen in ihrer Wirkung solchen einer Eigentümerversammlung im Sinne von § 23 Abs. 4 WEG, so dass nach hier vertretener Einzelmeinung eine Gleichbehandlung sowohl hinsichtlich der Bestandskraft als auch der An- 2133

[149] *Bärmann/Merle* § 29 Rn. 47.
[150] *Riecke/Schmid/Abramenko* § 30 Rn. 35.
[151] *Bärmann/Merle* § 29 Rn. 47.
[152] *Merle* a. a. O.
[153] OLG Hamm ZMR 2008, 63, 64.

fechtungsmöglichkeit geboten ist,[154] und von den Mitgliedern des Verwaltungsbeirates in gewillkürter Beschlussstandschaft gefasste Beschlüsse **im Verfahren nach § 43 Nr. 1, 2 WEG anfechtbar** sind.[155] Geschieht dies nicht innerhalb der Monatsfrist des § 46 Abs. 1 WEG, können auch diese Verwaltungsbeiratsbeschlüsse in Bestandskraft erwachsen.

2134 Die Auffassung, dass derartige Beiratsbeschlüsse ohne zeitliche Einschränkung gerichtlich überprüft werden können,[156] weil mangels gesetzlich vorgesehener Anfechtungsmöglichkeit im Sinne von § 23 Abs. 4 WEG sogar von der **Nichtigkeit eines Beiratsbeschlusses** auszugehen sei,[157] wenn etwa bei der Verteilung von Kostenpositionen in der Jahresabrechnung gegen den in der Teilungserklärung bestimmten Umlageschlüssel verstoßen wird, widerspricht den zur Anfechtbarkeit und Nichtigkeit von Beschlüssen entwickelten Grundsätzen.

2135 Es entspricht herrschender Meinung, dass **teilungserklärungswidrige,** in Ihrer Auswirkung auf den Einzelfall beschränkte Beschlüsse als **Zitterbeschlüsse** nur **anfechtbar,** aber nicht nichtig sind. Nur dort, wo Bestimmungen der Teilungserklärung oder das Gesetz mit **Dauerwirkung** abgeändert würden, führt dies mangels entsprechender Beschlusskompetenz von Eigentümergemeinschaften zur **Nichtigkeit** solcher **teilungserklärungsändernder Mehrheitsbeschlüsse.**

2136 Würden die Mitglieder des Verwaltungsbeirates also zum Beispiel durch einen Abrechnungsbeschluss im Einzelfall gegen einen in der Teilungserklärung vorgesehenen Verteilungsmaßstab verstoßen, dann handelt es sich um einen teilungserklärungswidrigen, nicht aber um einen teilungserklärungsändernden Beschluss. Der teilungserklärungswidrige Beschluss ist anfechtbar, der teilungserklärungsändernde wäre nichtig. Die mithin für eine ganz andere Fallkonstellation vorgesehene Beschlussnichtigkeit auf einen teilungserklärungswidrigen Beschluss auszudehnen, weil es vermeintlich keine andere Korrekturmöglichkeit gibt, überzeugt daher nicht.

2137 Die Möglichkeit der Anfechtung der Beiratsbeschlüsse scheitert auch nicht daran, dass sie nicht in einer Eigentümerversammlung gefasst werden. Insoweit könnten die Regeln der Anfechtung eines schriftlichen Umlaufbeschlusses analog Anwendung finden. Jeder Beschluss des Verwaltungsbeirates mit Außenwirkung muss den Wohnungseigentümern bekannt gemacht werden. Ein Umlaufbeschluss wird zu dem Zeitpunkt existent, in dem mit seiner Kenntnisnahme durch die Wohnungseigentümer den Umständen nach gerechnet werden kann.[158] Dasselbe kann für Beschlüsse des Verwaltungsbeirates gelten, die vom Verwalter ohnehin allen Miteigentümern zur Kenntnis gegeben werden müssen.

14. Vermittlung von Fachkenntnissen

2138 Da jeder Miteigentümer ohne besondere Voraussetzungen und Fachkenntnisse zum Beirat gewählt werden kann, verfügen Verwaltungsbeiräte im Regelfall über keinerlei Kenntnisse im Wohnungseigentumsrecht, insbesondere aber sind sie über Art und Umfang ihrer eigenen Aufgabe meist nur sehr unzureichend informiert. Jedes Beiratsmitglied hat deshalb einen Anspruch darauf, ein Mindestmaß an **Schulung** zu erhalten:

2139 a) **Besuch von Schulungsveranstaltungen.** Wer erstmals zum Verwaltungsbeirat gewählt wird, kann auf Kosten der Eigentümergemeinschaft eine Schulungs- oder Informa-

---

[154] Achtung: es handelt sich insoweit um die Einzelmeinung des Autors, die bisher von Literatur und Rechtsprechung nicht geteilt wird!

[155] A. A. die herrschende Meinung, die eine Anfechtungsmöglichkeit verneint: *Riecke/Schmid/Abramenko,* a. a. O.; *Jennißen/Hogenschurz* § 29 Rn. 34; *Bärmann/Merle* § 29 Rn. 47.

[156] *Riecke/Schmid/Abramenko* a. a. O.

[157] OLG Hamm ZMR 2008, 63, 64.

[158] *Niedenführ/Kümmel/Vandenhauten/Niedenführ* § 46 Rn. 36; BGH ZWE 2001, 530 (535 Ziff. 5, linke Spalte, ee).

tionsveranstaltung besuchen, um sich die für seine Tätigkeit notwendigen **Grundkenntnisse** anzueignen. Über derartige Grundkenntnisse sollte jedes Beiratsmitglied verfügen, so dass der Schulungsanspruch unabhängig von der Größe der Eigentümergemeinschaft besteht.[159] Denn die sich aus dem Gesetz ergebenden Pflichten und Aufgaben eines Beiratsmitgliedes werden nicht etwa deswegen geringer oder unbedeutender, weil es sich um eine kleine Eigentümergemeinschaft handelt. Je größer eine Eigentümergemeinschaften, umso umfangreicher und komplizierter können allerdings die vom Verwaltungsbeirat zu bewältigenden Aufgaben werden, so dass die Notwendigkeit und der damit korrespondierende Anspruch von Verwaltungsbeiratsmitgliedern auf weitergehende Schulung und vertiefende Fortbildung vom Einzelfall abhängt.

In Großgemeinschaften, bei denen Verwaltungsbeiräte mit vielfältigen rechtlichen, 2140
technischen und wirtschaftlichen Fragen befasst werden, hängt eine effektive Verwaltungsbeiratstätigkeit oftmals davon ab, dass die Beiräte über **weitergehende Fachkenntnisse** verfügen müssen und solche auch verlangt werden können.[160] Dann aber müssen Beiräte auch Anspruch auf vertiefende Fortbildung und weiterführende Schulungen haben, um diesem Anspruch gerecht werden zu können.

Neugewählte Verwaltungsbeiratsmitglieder müssen sich nicht darauf verweisen lassen, 2141
dass z. B. ein langjähriger Vorsitzender schon eine Schulung besucht habe und deshalb in der Lage sei, die bei Beiratstätigkeit anfallenden schwierigeren Aufgaben zu bewältigen. Da jedes einzelne Beiratsmitglied die Verantwortung für die Tätigkeit des Verwaltungsbeirates insgesamt trägt, muss auch jeder einzelne Beirat für sich die persönlichen Voraussetzungen schaffen dürfen, dieser Verantwortung gerecht zu werden. Da jedes Verwaltungsbeiratsmitglied einzeln in der Lage sein muss, die ihm und dem Verwaltungsbeirat gestellten Aufgaben zu bewältigen, hat auch jedes einzelne Verwaltungsbeiratsmitglied Anspruch auf eigene Schulung, unabhängig von einer bereits erlangten Befähigung der anderen Beiratsmitglieder.[161]

Hält der Verwaltungsbeirat im Einzelfall den Besuch von umfangreicheren und damit 2142
kostenintensiven Schulungsveranstaltungen für erforderlich, die möglicherweise gar mit Reise- und Übernachtungskosten verbunden sind, so sollte der Besuch einer solchen Veranstaltung möglichst vorher von der Eigentümergemeinschaft genehmigt werden, tunlichst aber ist er mit dem Verwalter abzustimmen und nachträglich eine Genehmigung einzuholen.

Bei der Schulung von Verwaltungsbeiräten ist regelmäßig **Großzügigkeit geboten,** da 2143
dass Bestreben von Beiratsmitgliedern, sich zu informieren und fortzubilden, im unmittelbaren Interesse der Eigentümergemeinschaft liegt und im Wesentlichen dieser selbst zugute kommt.

b) Fachliteratur. Auch eine solide Grundausstattung mit Fachliteratur erscheint als ge- 2144
boten. Verwaltungsbeiräte haben jedenfalls Anspruch auf eine Mindestausstattung mit einschlägiger Fachliteratur.[162]

Allerdings kann nicht jedes einzelne Verwaltungsbeiratsmitglied beanspruchen, selbst 2145
im Besitz eines jedes einzelnen Fachbuches zu sein. Hier reicht jeweils die Anschaffung eines Exemplars für den gesamten Beirat, der sich intern darüber abstimmen muss, wem das einzelne Fachbuch ausgehändigt wird.

Bei entsprechendem Bedarf in einer Großgemeinschaft kann es auch gerechtfertigt 2146
sein, dem Verwaltungsbeirat eine **Rechtsprechungsdatei** zur Verfügung zu stellen, die regelmäßig aktualisiert werden kann.

---

159 A. A. *Drasdo,* Der Verwaltungsbeirat, S. 64.

160 BayObLG DWE 1983, 123 (124).

161 Anders wohl *Weitnauer/Lüke,* WEG, 9. Aufl., § 29 Rn. 6, der von „einem Mitglied des Verwaltungsbeirates" spricht.

162 BayObLG DWE 1983, 123, 124; *Bärmann/Merle,* 9. Aufl., § 29 Rn. 115; *Bielefeld,* Der Wohnungseigentümer, S. 629.

2147 Endet die Verwaltungsbeiratstätigkeit, sind alle von der Eigentümergemeinschaft zur Verfügung gestellten Schulungsmittel an den Verwalter zurückzugeben oder aber an nachfolgende Beiratsmitglieder weiterzureichen.

15. Aufwendungsersatz

2148 Zwischen dem in aller Regel unentgeltlichen tätigwerdenden Verwaltungsbeirat und der Eigentümergemeinschaft besteht ein **Auftragsverhältnis.** Dem Verwaltungsbeirat sind deshalb diejenigen Aufwendungen gemäß § 670 BGB zu ersetzen, die für die Ausübung der Tätigkeit notwendig sind. Grundsätzlich gilt dabei, dass sich Verwaltungsbeiräte solche Ausgaben, die sie den Umständen nach für erforderlich und angemessen halten durften, nicht erst in jedem Einzelfall vom Verwalter oder gar der Eigentümergemeinschaft genehmigen lassen müssen, derartige Aufwendungen sind von der Eigentümergemeinschaft ohne Weiteres auf Nachweis zu ersetzen.[163] Der Verwalter ist also ohne Beschlusses der Wohnungseigentümerversammlung berechtigt,[164] die Aufwendungsersatzansprüche von Verwaltungsbeiräten aus dem laufenden Konto des Verbandes zu befriedigen. Auch hier empfiehlt sich aber ein Blick in die Gemeinschaftsordnung, durch die Aufwendungsersatzansprüche des Verwaltungsbeirates ausgeschlossen werden können.[165] Eine solche, in ihren Auswirkungen unglückliche Regelung der Gemeinschaftsordnung kann allerdings im Einzelfall durch einen teilungserklärungswidrigen und damit nur anfechtbaren Zitterbeschluss abgemildert werden, um Verwaltungsbeiräten nicht zuzumuten, die für ihre Arbeit notwendigen Hilfsmittel privat bezahlen zu müssen.

2149 a) **Auslagen für Kommunikationsmaßnahmen.** Insbesondere gilt dies für **Telefon-, Porto-, Kopierkosten.**[166] Sind Briefe zu verschicken, sind die Kosten für den Einkauf von dafür notwendigem **Schreibpapier** sowie die **Briefumschläge** zur postalischen Versendung zu erstatten.

2150 b) **Bewirtungsaufwand.** Je nach Dauer der Beiratssitzung, die in Großgemeinschaften bei umfangreichen Tagesordnungen über Stunden dauern und einen ganzen Abend in Anspruch nehmen kann, ist auch ein **Bewirtungsaufwand** für die teilnehmenden Beiratsmitglieder angemessen, so etwa der Kauf von Gebäck und Getränken.[167] Wenn es der zeitliche Umfang einer Beiratssitzung rechtfertigt, kann der Verwaltungsbeirat auch ein gemeinsames Mittag- oder Abendessen auf Kosten der Gemeinschaft einnehmen.

2151 c) **Mieten.** Ob für eine Beiratssitzung ein **Sitzungsraum** angemietet werden darf, hängt vom Einzelfall ab. Da kein Verwaltungsbeirat verpflichtet ist, eigene Räumlichkeiten unentgeltlich für die Durchführung von Beiratssitzungen zur Verfügung zu stellen und wenn auch die Eigentümergemeinschaft nicht über eine Räumlichkeit verfügt, in der eine Sitzung abgehalten werden könnte, es überdies in zumutbarer Entfernung zur Anlage kein Restaurant oder eine sonstige Einrichtung gibt, die zumindest bei Abnahme von Verzehr einen Nebenraum kostenlos zur Verfügung stellt, dann kann es notwendig werden, für Beiratssitzungen eine Räumlichkeit anzumieten.

2152 Beiratssitzungen können auch im **Büro des Verwalters** abgehalten werden, wenn dort in einem abgetrennten Raum eine vertrauliche Beratung möglich ist. Dies bietet sich insbesondere dann an, wenn der Verwalter ohnehin als Gast an der Verwaltungsbeiratssitzung teilnehmen soll oder während einer Beiratssitzung umfangreiche Verwaltungsunterlagen eingesehen werden müssen.

---

[163] *Bärmann/Merle* § 29 Rn. 115: *Weitnauer/Lüke* § 29 Rn. 6.
[164] *Drasdo,* Der Verwaltungsbeirat, 3. Auflage S. 64.
[165] *Drasdo* a. a. O.
[166] *Bärmann/Merle* a. a. O.
[167] *Bärmann/Merle* a. a. O.; BayObLG DWE 1983, 123.

d) Fahrt- und Reisekosten. Fahrtkosten für die Teilnahme an Beiratssitzungen sind immer dann zu erstatten, wenn die Beiratssitzung nicht in unmittelbarer Nähe des Wohnortes eines Beiratsmitgliedes statt findet. Fahrtkosten mit dem **Auto** sind grundsätzlich genauso zu erstatten, wie die von **öffentlichen Verkehrsmitteln.** 2153

Muss ein Beiratsmitglied größere Entfernungen zurücklegen – die Wohnungseigentumsanlage befindet sich in Frankfurt, das Beiratsmitglied wohnt in Hamburg –, dann kann ein Beiratsmitglied auch per **Flugzeug** anreisen und gegebenenfalls die Kosten für die Übernachtung in einem Hotel berechnen. 2154

In allen Fällen, in denen Verwaltungsbeiratsmitglieder Aufwendungsersatz verlangen wollen, sind sie gehalten, vernünftig zu wirtschaften, das heißt die Reisekosten müssen unter Berücksichtigung der Besonderheiten des Einzelfalles angemessen sein. 2155

Einen Anspruch auf die Erstattung von Fahrt-, Bewirtungs- und Übernachtungskosten besteht für Verwaltungsbeiratsmitglieder dann nicht, wenn sie zu Eigentümerversammlungen anreisen müssen. An **Eigentümerversammlungen** nehmen Verwaltungsbeiratsmitglieder in ihrer Eigenschaft als Eigentümer teil, die regelmäßig gegenüber dem teilrechtsfähigen Verband keinen Anspruch auf Aufwendungsersatz haben, wenn sie ihre Eigentümerrechte wahrnehmen. 2156

e) Sekretariatskosten und Schreibauslagen. Ein Anspruch auf Ersatz von Sekretariatskosten oder Aufwendungen für ein Schreibbüro besteht nur in Ausnahmefällen. Kurze Protokollnotizen über vereinzelte Beiratssitzungen sind von den Verwaltungsbeiräten selbst zu erstellen. Da heute die weit überwiegende Zahl aller Privathaushalte über einen Computer oder Laptop mit angeschlossenem Drucker verfügt, kann verlangt werden, dass die Beiratsprotokolle in Druckform erstellt werden, so das sich Eigentümer oder der Verwalter nicht durch unleserliche Handschriften quälen müssen. 2157

Anders kann es sich bei Großgemeinschaften verhalten, wo es bisweilen erforderlich ist, wegen einer Vielzahl von Tagesordnungspunkten Beiratssitzungen abzuhalten, die sich über Stunden hinziehen und für die ein seitenlanger Protokollierungsbedarf entstehen kann. Sind solch umfangreiche Beiratssitzungen gar die Regel, so dass Verwaltungsbeiräte aus ihrer Mitte wechselnde Schriftführer wählen, um die Einzelbelastung des Vorsitzenden als Protokollführer abzumildern, kann es von den Verwaltungsbeiratsmitgliedern nicht auch noch verlangt werden, die Protokolle in gedruckter Endfassung vorzulegen. 2158

Da während einer Beiratssitzung vom Protokoll- oder Schriftführer in der Regel nur handschriftliche Stichpunkte notiert werden und die Ausformulierung des Protokolltextes erst im Nachhinein erfolgt, kann die Protokollendfassung bei großem Umfang vom Verwaltungsbeirat auch als **Diktat** vorgelegt werden, das sodann **in Schriftform zu übertragen** ist. Will sich der Verwaltungsbeirat hierzu z. B. des Sekretariats des Verwalters oder eines Schreibbüros bedienen und dadurch Kosten auslösen, ist die vorherige Genehmigung der Eigentümergemeinschaft und die Abstimmung mit dem Verwalter erforderlich. Denn der Verwalter muss sein Büro weder für die Wahrnehmung von Aufgaben des Verwaltungsbeirates, schon gar nicht ungefragt und im Besonderen nicht ohne Vergütung zur Verfügung stellen. 2159

Ist der Verwalter hierzu nicht bereit, ist von der Eigentümergemeinschaft die Inanspruchnahme eines **Schreibbüros** zu genehmigen. 2160

Werden dem Verwaltungsbeirat im Einzelfall **Spezialaufgaben** übertragen, wie z. B. die Durchführung von **Bewerbungsgesprächen** mit Bewerbern um die Hausmeisterstelle oder die Vorauswahl für die Verwalterneubestellung, dann kann die inhaltliche Dokumentation der geführten Gespräche und die Wiedergabe der vom Beirat diskutierten Überlegungen und Auswahlkriterien einen Umfang annehmen, dessen Darstellung in Schreibmaschinen schriftlicher Form den Beiräten nicht mehr zugemutet werden kann. Der Verwaltungsbeirat kann auch in solchen Fällen die Inanspruchnahme eines Schreibbüros als angemessen erachten und die dadurch entstehenden Kosten als Aufwendungsersatz von der Eigentümergemeinschaft verlangen. 2161

2162 Ist dazu der Einsatz eines **Diktiergerätes** erforderlich, kann die Eigentümergemeinschaft eine solche Anschaffung für den Verwaltungsbeirat beschließen.

2163 f) **Aushänge und Rundschreiben.** Besteht ein aktueller Anlass, Miteigentümer über die Tätigkeit des Verwaltungsbeirates im Allgemeinen oder über besondere Vorkommnisse anlässlich der Prüfungstätigkeit außerhalb von Eigentümerversammlungen zu unterrichten, so kann sich der Verwaltungsbeirat dazu, sofern in der Eigentümergemeinschaft vorhanden, eines **„schwarzen Brettes"** oder eines **„Schaukasten"** bedienen und dort den Aushang anbringen. Dazu bedarf es weder einer Genehmigung des Verwalters noch wäre dieser berechtigt, zeitliche Vorgaben über die Dauer des Aushanges zu machen. Ein Bedürfnis, Aushänge länger als bis zur nächsten Eigentümerversammlung anzubringen, auf der die Informationen ohnehin allen Miteigentümern zugänglich gemacht werden kann, besteht allerdings nicht.

2164 Ist es aus sachlichen Gründen erforderlich, die Eigentümer per **Rundschreiben** über besondere Vorkommnisse im Zusammenhang mit der Beiratstätigkeit zu informieren, und ist der Verwalter nicht bereit, **Vervielfältigung und Versand** zu übernehmen, – im Übrigen Kosten, deren gesonderten Ersatz auch der Verwalter von einer Eigentümergemeinschaft verlangen kann, da sie nicht vom normalen Verwalterhonorar abgedeckt sind –, so ist der Verwaltungsbeirat berechtigt, dies extern auf Kosten der Gemeinschaft zu veranlassen. Zu ersetzen sind die übliche Kopierkosten sowie der Kauf von Briefumschlägen und Portie.

2165 Für den Versand privater Mitteilungen oder persönlicher Stellungnahmen, die mit der Tätigkeit des Verwaltungsbeirates nichts zu tun haben, kann kein Ersatz der entstehenden Aufwendungen verlangt werden.[168]

2166 g) **Kosten für Sonderfachleute.** Insbesondere bei großen Eigentümergemeinschaften können bisweilen die an die Verwaltungsbeiräte gestellten Anforderungen das eigene Wissen um besondere technische, buchhalterische oder auch rechtliche Zusammenhänge übersteigen. Ergibt sich in solchen Fällen für den Verwaltungsbeirat Beratungsbedarf, so besteht keine Ermächtigung, ohne weiteres zum Zweck eigener Beratung und Aufklärung die Tätigkeit von Steuerberatern oder Wirtschaftsprüfern, Technikern oder Rechtsanwälten in Anspruch zu nehmen und dadurch Kosten zu verursachen, die dann von der Eigentümergemeinschaft übernommen werden sollen.

2167 Zuerst einmal ist der Verwaltungsbeirat gehalten, die aus seiner Sicht erforderlichen Informationen vom Verwalter anzufordern. Ein versierter professioneller Verwalter wird oft in der Lage sein, Unklarheiten zu beseitigen oder dem Verwaltungsbeirat zumindest weitergehende Informationen zur Verfügung zu stellen (z.B. technische Beschreibungen, Kopien einschlägiger Literatur aus Recht oder Technik, Urteilsabschriften usw.) die den Beirat in die Lage versetzen, sich die notwendigen Informationen selbst zu erarbeiten.

2168 Nur in den Fällen, wo dies nicht ausreicht und der Verwaltungsbeirat einen weitergehenden Beratungsbedarf als sachlich notwendig begründen kann, kommt auch die Einschaltung von Sonderfachleuten in Frage. Dies allerdings erst nach Ermächtigung durch die Eigentümergemeinschaft. Sollte der Beratungsbedarf so dringend und unaufschiebbar sein, dass die nächste Eigentümerversammlung nicht abgewartet werden kann, ist es nach hier vertretener Auffassung auch zulässig, nach Ab- und Zustimmung mit und durch den Verwalter die Hilfe eines Sonderfachmannes in Anspruch zu nehmen.

2169 Eine Genehmigung dieser Maßnahme ist sodann für die nächste Eigentümerversammlung als Beschlusspunkt auf die Tagesordnung zu setzen. Hat tatsächlich ein achtenswerter und dringlicher Beratungsbedarf bestanden, wäre es mit der Mitgliedern des Verwaltungsbeirat gegenüber bestehenden Treuepflicht nicht vereinbar, wenn die Eigentümergemeinschaft eine Genehmigung der bereits stattgefunden Einschaltung von Sonderfachleuten und die Übernahme der damit verbundenen Kosten verweigern würde.

---

[168] KG WuM 2004, 623.

Dies macht aber deutlich, dass Verwaltungsbeiräte unbedingt darauf achten müssen, die Eigentümergemeinschaft nicht leichtfertig mit derartigen Kosten zu belasten, da sie sonst Gefahr laufen könnten, unbedacht oder unnötiger Weise veranlasste Honorare von Sonderfachleuten selbst tragen zu müssen. 2170

16. Abrechnung der Auslagen

Wird Auslagenersatz beansprucht, so sind die Ausgaben durch Vorlage entsprechender **Belege** nachzuweisen.[169] Die Erstattung ist nicht von einer gesonderten Beschlussfassung durch die Eigentümergemeinschaft abhängig, der Verwalter kann die Kosten ohne weiteres aus dem laufenden Konto entnehmen.[170] In allen Fällen sind allerdings auch nachweisbare Auslagen nur insoweit von der Eigentümergemeinschaft zu ersetzen, als der verursachte Aufwand vom Verwaltungsbeirat im Sinne ordnungsgemäßer Verwaltung für erforderlich gehalten werden durfte.[171] 2171

a) **Budget für Ausgaben des Verwaltungsbeirates.** Um den Mitgliedern des Verwaltungsbeirates den Aufwand einer ständigen Abrechnung ihrer Ausgaben gegenüber dem Verwalter zu ersparen, ihnen andererseits aber auch nicht zuzumuten, über längere Zeiträume die von ihnen aufgewendeten Auslagen vorfinanzieren zu müssen, entspricht es dem Gebot ordnungsgemäßer Verwaltung, wenn eine Eigentümergemeinschaft durch Mehrheitsbeschluss ein **Beiratsbudget** beschließt und diese Kosten in den **Wirtschaftsplan** einstellt. 2172

Der Budgetbetrag kann dem Vorsitzenden des Verwaltungsbeirates, oder, sofern der Beitrat intern einen „Kassenwart" bestellt hat, auch diesem mit der Maßgabe zur Verfügung gestellt werden, dass die Mitglieder des Verwaltungsbeirates ihre tätigkeitsbedingten Aufwendungen unmittelbar aus den bereit gestellten Geldmitteln entnehmen dürfen, jedoch zum Ende eines Wirtschaftsjahres, spätestens aber rechtzeitig vor Beschluss der Jahresabrechnung, unter Vorlage von Einzelnachweisen dem Verwalter gegenüber über die Verwendung des **Budgets abzurechnen** haben. 2173

Der Höhe nach kann sich dieses Budget an den Beiratsaufwendungen des vergangenen Wirtschaftsjahres orientieren. Gibt es keine Vergleichswerte, dann kann der Aufwand geschätzt werden. Eine Budget im mittleren dreistelligen Eurobereich von etwa 400 bis 500 EUR bei einem aus drei Mitgliedern bestehenden Verwaltungsbeirat dürfte in aller Regel angemessen sein. 2174

b) **Aufwandspauschale.** Um den Aufwand der Einzelabrechnung auf Nachweis zu ersparen, kann die Eigentümergemeinschaft durch Mehrheitsbeschluss für jedes Beiratsmitglied eine angemessene **Auslagenpauschale** festlegen.[172] Dies allerdings begründet für die Beirate das Risiko, dass im Einzelfall mehr an Aufwand entsteht, als durch die Pauschale abgedeckt wird. In solchen Fällen sind die Verwaltungsbeiräte darauf angewiesen, sich von der Eigentümergemeinschaft nachträglich eine Erhöhung der Aufwandspauschale genehmigen zu lassen oder zusätzlich entstandene Auslagen zur Einzelerstattung anzumelden. 2175

Ein **Mischfall zwischen Aufwendungsersatz und Vergütung** kann die Gewährung von Auslagenpauschalen sein. Wird Verwaltungsbeiräten unter dem Gesichtspunkt der Verwaltungsvereinfachung eine Auslagenpauschale zugesagt, um die aufwendige Abrechnung nach Einzelbelegen zu vermeiden, dann handelt es sich so lange um einen Aufwendungsersatz, solange dementsprechende, wenn auch großzügig zu schätzende Auslagen gegenüberstehen. 2176

---

[169] *Bielefeld*, Der Wohnungseigentümer, S. 629.
[170] *Bärmann/Merle* § 29 Rn. 115; BayObLG DWE 1983, 123.
[171] *Bärmann/Merle* § 29 Rn. 115.
[172] BayObLG NZM 1999, 862 (865).

2177 Aufwendungspauschalen können beispielsweise je Beiratssitzung gewährt werden.[173]

2178 Möglich wäre auch die Zahlung einer pauschalen Aufwandsentschädigung gemessen nach Zeitabschnitten (z. B. nach Quartalen oder eine jährliche Pauschale). In jedem Falle sollte ein pauschaler Aufwendungsersatz im Rahmen des für die Verhältnisse der Eigentümergemeinschaft Vertretbaren liegen, weil nur ein angemessener Verwaltungskostensaufwand dem Gebot ordnungsgemäßer Verwaltung entspricht. So wurde eine Jahrespauschale von DM 300,00 für einen Verwaltungsbeiratsvorsitzenden, der überdies mit der Abnahme des gemeinschaftlichen Eigentums beauftragt war, als angemessen angesehen.[174]

2179 Werden von Eigentümergemeinschaften höhere Aufwandspauschalen beschlossen, insbesondere solche im vierstelligen Euro-Bereich, dürften solche Pauschalen in aller Regel neben dem Aufwendungsersatz auch einen Vergütungsanteil enthalten, sofern für ein Mitglied des Verwaltungsbeirates im Einzelfall nicht besonders hohe Reise- und Übernachtungskosten entstehen.[175]

2180 Jede Eigentümergemeinschaft ist insofern gehalten, Aufwendungspauschalen mit Augenmaß zu beschließen, wobei für einzelne Beiratsmitglieder unterschiedliche Pauschalen angebracht sein können, je nachdem, unter welchen persönlichen Umständen die Beiratstätigkeit wahrzunehmen ist. Steht eine Aufwendungspauschale in keinem Verhältnis mehr zu den für die Verwaltungsbeiratstätigkeit erforderlichen Auslagen, so ist jedenfalls ein anteiliger Betrag der Aufwendungspauschale als Vergütung zu betrachten.

17. Vergütung des Verwaltungsbeirates

2181 In aller Regel werden Verwaltungsbeiratsmitglieder ehrenamtlich tätig, so dass sie keinen Vergütungsanspruch haben.[176]

2182 Die Auffassung, dass eine pauschale Jahresvergütung für den Vorsitzenden des Verwaltungsbeirates in Höhe von EUR 500,00 mit den Grundsätzen einer ehrenamtlichen Tätigkeit nicht mehr vereinbar und ein entsprechender Beschluss daher anfechtbar sein soll,[177] erscheint in dieser Allgemeinheit jedoch bedenklich. Abhängig von der Größe einer Eigentümergemeinschaft, dem Arbeitsaufwand der Beiratsmitglieder, der Häufigkeit von Beiratssitzungen und dem Umfang einer sonstigen zeitlichen Inanspruchnahme der Verwaltungsbeiräte kann ein Betrag von einigen hundert Euro sehr wohl eine angemessene finanzielle Entschädigung auch für eine ehrenamtliche Tätigkeit darstellen, ohne dass dies eine leistungsbezogene Vergütung bedeuten würde.

2183 **a) Bezahlung des Zeitaufwandes.** Nicht mit dem Gebot ordnungsgemäßer Verwaltung zu vereinbaren wäre jedoch ein Mehrheitsbeschluss, Verwaltungsbeiräten eine regelmäßiges monatliches Gehalt zur Abgeltung ihres Zeitaufwandes zu gewähren. Eine solche finanzielle Zuwendung hätte Vergütungsfunktion und wäre mit dem Charakter eines Auftragsverhältnisses nicht vereinbar.

2184 **b) Beiräte als Sonderfachleute.** Wollen Eigentümergemeinschaften besondere berufliche Qualifikationen ihrer Beiratsmitglieder in Anspruch nehmen und wählen deshalb erklärtermaßen einen Rechtsanwalt oder Steuerberater in den Verwaltungsbeirat, verbunden mit dem Auftrag, rechtliche oder technische Sachverhalte oder Steuerfragen zu

---

[173] OLG Schleswig NZM 588 (590): EUR 20,00 je Beiratssitzung zzgl. Fahrtkostenerstattung.

[174] BayObLG NZM 1999, 862 (865).

[175] LG Hannover ZMR 2006, 398 (399), wonach eine Aufwandsentschädigung für einen 3-köpfigen Verwaltungsbeirat in Höhe von EUR 3579,04 pro Jahr ordnungsgemäßer Verwaltung entspricht.

[176] BayObLG DWE 1983, 123.

[177] KG ZMR 2004, 775 (776).

prüfen, zu bewerten und gar schriftliche Stellungnahmen dazu abzugeben, um damit die Beauftragung externer Sonderfachleute zu ersparen, dann handelt es sich um ein Dienstvertragsverhältnis gemäß § 611 BGB oder um einen Geschäftsbesorgungsvertrag gemäß § 675 BGB.

In beiden Fällen erwächst für die so beauftragten Verwaltungsbeiratsmitglieder für 2185 ihre Tätigkeit ein Vergütungsanspruch, dessen Höhe von der Eigentümergemeinschaft mehrheitlich beschlossen werden kann. So kann die Zahlung einer Vergütung bei einer aus 340 Einheiten bestehenden Eigentümergemeinschaft ordnungsgemäßer Verwaltung entsprechen, wenn die Eigentümergemeinschaft dadurch einen Miteigentümer als Mitglied des Veraltungsbeirates gewinnen kann, der von Beruf Steuerberater ist.[178]

Wird die Vergütung von der Eigentümergemeinschaft nicht festgelegt, dann gilt eine 2186 ortsübliche Vergütung als vereinbart (§§ 675, 611, 612 Abs. 2 BGB).[179]

c) Incentive-Zuwendungen. Sofern Eigentümergemeinschaften ihren Verwaltungsbei- 2187 räten im Rahmen eines bestehenden Auftragsverhältnisses für ihre ehrenamtliche Tätigkeit eine von Leistung und Aufwand unabhängige, geldwerte Anerkennung zuteil lassen wollen, muss dies mit Mehrheit beschlossen werden. Ein solcher Mehrheitsbeschluss entspricht jedoch nur dann ordnungsgemäßer Verwaltung, wenn diese Zuwendung ihrer Höhe nach als Ausdruck des Dankes der Eigentümergemeinschaft für die Bemühungen der Verwaltungsbeiratsmitglieder verstanden werden kann und nicht etwa in Wirklichkeit eine versteckte Vergütung darstellen soll.

Die Übernahme der Kosten eines Weihnachtsessens für die Beiräte und deren Partner 2188 dürfte dabei genauso im Rahmen liegen, wie pro Wirtschaftsjahr ein einmaliges Geschenk von Theaterkarten oder die Einladung zu einer Kultur- oder Musikveranstaltung. Auch hier ist allerdings Augenmaß geboten, um nicht gegen die Grundsätze ordnungsgemäßer Verwaltung zu verstoßen. Der Kostenaufwand für eine Anerkennung in Form einer derartigen **„Incentive-Veranstaltung"** sollte den Betrag von EUR 150,00 pro Verwaltungsbeiratsmitglied und Wirtschaftsjahr nicht überschreiten.

d) Sachleistungen. Auch ein **Wein- oder Buchpräsent** zu Weihnachten für jedes einzel- 2189 ne Beiratsmitglied ist genauso wenig zu beanstanden. Kleine Geschenke, die den zweistelligen Eurobereich nicht überschreiten sollten, sind als wirtschaftsjährlich einmaliger **Motivationsanreiz** für amtierende Beiratsmitglieder nicht zu beanstanden.

Kleinlichkeit ist insoweit nicht angebracht, da Eigentümergemeinschaften darauf be- 2190 dacht sein sollten, auch die Motivation ihrer Beiratsmitglieder zu fördern und zu erhalten, die im Interesse der Gemeinschaft ihre Freizeit opfern und dafür nicht selten Undank, Vorwürfe und manchmal sogar Anfeindungen durch einzelne Miteigentümer ernten.

Eigentümergemeinschaften, die das Engagement ihrer Beiratsmitglieder nicht nur als 2191 selbstverständlich hinnehmen, sondern vielleicht sogar auch noch besonderes Anspruchsdenken an den Tag legen, dabei aber die Mühen der Beiratstätigkeit in keiner Weise würdigen, werden über kurz oder lang keine Miteigentümer mehr finden, die bereit sind, die Aufgabe eines Verwaltungsbeirates zu übernehmen.

e) Steuerpflicht. Inwieweit Geld- oder Sachleistungen im Einzelfall einer Steuerpflicht 2192 unterliegt und deshalb von den Verwaltungsbeiräten im Rahmen ihrer Lohn- oder Einkommensteuererklärungen angegebene werden müssen, sollte jedes Verwaltungsbeiratsmitglied für sich selbst von seinem Steuerberater überprüfen lassen.

f) Stimmrechtsauschluss bei Beschlüssen zur Kostenerstattung. Wird über die Erstat- 2193 tung von Aufwandsentschädigung auf Einzelnachweis, über eine pauschale Aufwandsentschädigung oder über eine Vergütung des Verwaltungsbeirates beschlossen, sind die Mitglieder des Verwaltungsbeirates vom Stimmrecht gem. § 25 Abs. 5 WEG ausgeschlos-

---

178 LG Hannover ZMR 2006, 398 (399).
179 *Bärmann/Merle* § 29 Rn. 118.

sen.[180] Der Willensbildungsprozess über Zahlungen, die an den Verwaltungsbeirat geleistet werden sollen, hat rechtsgeschäftlichen Charakter und führt daher zum Stimmrechtsausschluss.

18. Die Haftung des Verwaltungsbeirates

2194 Wann Mitglieder des Verwaltungsbeirates für Fehler anlässlich ihrer ehrenamtlichen Tätigkeit haften, ist umstritten. Beauftragte haften bei Pflichtverletzungen für einen Schaden, soweit sie die Pflichtverletzung zu vertreten haben (§ 280 Abs. 1 BGB). Da der Verwaltungsbeirat als Gremium keine eigene Rechtspersönlichkeit hat, gibt es keine Haftung des Beirates insgesamt, sondern nur eine solche seiner einzelnen Mitglieder, die ggf. als Gesamtschuldner haften.[181]

2195 Jegliche Haftung setzt jedoch voraus, dass die Eigentümergemeinschaft als teilrechtsfähiger Verband überhaupt einen Schaden erlitten hat. Dieser Schaden muss kausal auf die Tätigkeit des Verwaltungsbeirates bzw. auf eine unterlassene Tätigkeit seiner Mitglieder zurückzuführen sein.

2196 Schließlich bedarf es eines **Verschuldens,** wobei zwischen einem vorsätzlichen, grob fahrlässigen oder leicht fahrlässigen Verhalten zu unterscheiden ist.

2197 Wer vorsätzlich einen Schaden herbeiführt, der haftet regelmäßig. Insoweit gilt für den Verwaltungsbeirat nichts anderes. Fraglich ist, inwieweit eine Haftung der Verwaltungsbeiratsmitglieder bei grob oder leicht fahrlässigem Verhalten angenommen werden kann.

2198 Nicht zu folgen ist der Auffassung, dass für die Haftung eines Verwaltungsbeirates die Grundsätze eines ordentlichen Kaufmanns anzuwenden seien.[182] So ist es nicht ersichtlich, warum z. B. von einer zur Verwaltungsbeirätin gewählten Hausfrau verlangt werden könnte, sie habe bei ihrer Tätigkeit die Grundsätze eines ordentlichen Kaufmanns zu beachten, wenn ihr diese Grundsätze womöglich noch nicht einmal bekannt sind und auch nicht bekannt sein müssen.

2199 Von einem ehrenamtlich tätigen Beiratsmitglied ist zu erwarten, dass es bei Ausübung seines Amtes mindestens die **Sorgfalt** an den Tag legt, die es auch aufwenden würde, wenn es sich um eine **eigene Angelegenheit** handeln würde (diligentiam quam in suis). Zwar findet diese Ansicht im Gesetz keine Stütze, trotzdem wäre es unangemessen, ehrenamtliche Mitglieder, die über keinerlei Fachkenntnisse verfügen müssen, stärker in die Verantwortung zu nehmen.[183] Jeder Miteigentümer, der in den Verwaltungsbeirat gewählt wird, hat die personenspezifischen Möglichkeiten und Fähigkeiten einzusetzen, über die er ohnehin und ohne weitergehenden Aufwand verfügt.

2200 Problematisch erscheint die Auffassung, dass für ein Beiratsmitglied mit besonderem berufsspezifischem Hintergrund regelmäßig ein strengerer Haftungsmaßstab gelten würde.[184]

2201 Hier wird man unterscheiden müssen: Wer über eine einschlägige **berufliche Qualifikation** verfügt, muss sie bei der Ausübung der Tätigkeit als Mitglied des Verwaltungsbeirates anwenden, denn vorhandene Fähigkeiten würden auch in eigenen Angelegenheiten eingesetzt werden. Bei entsprechender beruflicher Vorbelastung führt also die Forderung nach **Einhaltung der eigenüblichen Sorgfalt** zu einem **strengeren Haftungsmaßstab.** Ein Eigentümer, der jedoch nicht über einschlägiges Fachwissen verfügt, muss solches auch nicht erwerben, nur weil er einer bestimmten Berufsgruppe angehört. So erscheint es

---

180 *Kümmel,* Beraterhinweis zu OLG Köln, Beschl. vom 12. 5. 2006 – 16 Wx 93/06, MietRB 2006, 322.

181 OLG Düsseldorf NZM 1998, 36 ff.

182 OLG Zweibrücken DWE 1987, 137 (138).

183 *Röll/Sauren,* Handbuch für Wohnungseigentümer und Verwalter, 9. Auflage, Teil B, Rn. 589.

184 *Müller,* Praktische Fragen des Wohnungseigentums Rn. 1139 auf S. 532 oben; *Jennißen/Hogenschurz* § 29 Rn. 28.

zum Beispiel nicht gerechtfertigt, von einem im Strafrecht spezialisierten Rechtsanwalt, der beruflich zum Wohnungseigentumsrecht keinerlei Berührungspunkte hat, eine Einarbeitung in das ihm fremde Rechtsgebiet zu verlangen. In einem solchen Fall ist der Rechtsanwalt genauso zu behandeln wie jedes andere beruflich nicht vorbelastete Mitglied des Verwaltungsbeirates auch.

Die gegenteilige Ansicht würde zum einen dazu führen, dass Eigentümergemeinschaften die berufliche Leistung eines Sonderfachmannes beanspruchen könnten, ohne diese vergüten zu müssen, nur weil ein Miteigentümer sich zur ehrenamtlichen Mitarbeit im Veraltungsbeirat bereit erklärt hat. 2202

Zum anderen müsste jeder beruflich vorbelasteter Miteigentümer, der keine für die Tätigkeit im Verwaltungsbeirat verwertbare berufliche Qualifikation mitbringt, seine Fachkenntnisse in Eigeninitiative und auf eigene Kosten vervollkommnen, um sich nicht dem Vorwurf auszusetzen, er habe den fachspezifischen Ansprüchen nicht genügt, die von einem Angehörigen dieser Berufsgruppe zu erwarten sind. 2203

Die einheitliche Anwendung strengerer Haftungsmaßstäbe für Berufsträger würde zu einer Einteilung von Mitgliedern des Verwaltungsbeirates in zwei Klassen führen, die es für jeden Eigentümer, der einer bestimmten Berufgruppe angehört, ohne über einschlägiges Fachwissen zu verfügen, angeraten erscheinen ließe, sich tunlichst nicht in den Verwaltungsbeirat wählen zu lassen. Da es in der Praxis ohnehin schwierig genug ist, in ausreichender Zahl Miteigentümer zu finden, die sich zu Verwaltungsbeiräten wählen lassen, um sodann ihre Freizeit bisweilen in ganz erheblichem Maße für die Belange und die Interessen der Eigentümergemeinschaft einsetzen zu dürfen, sollte dieses Problem nicht auch noch durch überzogene Haftungsmaßstäbe verschärft werden. 2204

Wer ehrenamtlich und damit kostenlos tätig wird, der erwartet für sein Engagement Anerkennung und den Dank derjenigen, um deren Interessen er sich bemüht hat. Eine Eigentümergemeinschaft, die an ihre Verwaltungsbeiräte unangemessen hohe Anforderungen mit einem sich daraus ergebenden erhöhten Regressrisiko stellt, wird über kurz oder lang keine Miteigentümer mehr finden, die bereit sind, sich all dem auszusetzen. 2205

Dies bedeutet jedoch nicht, dass Mitgliedern des Verwaltungsbeirates Untätigkeit oder grobe Schlampereien nachzusehen sind. Wer etwa einem Verwalter entgegen der ausdrücklichen Weisung einer Eigentümerversammlung die uneingeschränkte Verfügungsmacht über ein vom Verband geführtes Rücklagenkonto einräumt, der handelt als Verwaltungsbeirat grob fahrlässig und haftet der Eigentümergemeinschaft für einen daraus entstehenden Schaden.[185] 2206

Desgleichen ist es als **grob fahrlässige Pflichtverletzung** anzusehen, wenn bei der Prüfung der Jahresabrechnung auf die Kontrolle der Kontenbelege verzichtet wird, so dass eine veruntreuende Verfügung des Verwalters über Gemeinschaftsgelder unentdeckt bleibt.[186] 2207

Ein zumindest grob fahrlässig haftungsbegründendes Verhalten stellt es auch dar, wenn ein Mitglied des Verwaltungsbeirates den Verwalter wiederholt schriftlich beleidigt und diesem durch völlig unangemessene **herabsetzende Äußerungen** die weitere Zusammenarbeit mit der Eigentümergemeinschaft unzumutbar macht, so dass der Verwalter sein Amt niederlegt und bis zum Ablauf der regulären Amtszeit den entgangenen Verdienstausfall als Schadensersatz verlangt.[187] 2208

Ein Verwaltungsbeirat kann sich auch dadurch schadensersatzpflichtig machen, dass es ihm aufgrund einer nur **oberflächlichen** und **unzureichenden Belegprüfung** entgeht, dass der Verwalter der Eigentümergemeinschaft für Leistungen Zusatzhonorare in Rechnung gestellt hat, auf die er keinen Anspruch hat. Empfiehlt der Verwaltungsbeirat dennoch sowohl den Beschluss der Jahresabrechnung als auch die Entlastung des Verwal- 2209

---

[185] OLG Düsseldorf NZM 1998, 36.

[186] OLG Düsseldorf a. a. O.

[187] BayObLG NZM 2000, 48.

ters, dann muss sich die Eigentümergemeinschaft so behandeln lassen, als hätte sie die Entlastung in Kenntnis des zu beanstandenden Verwalterhandelns beschlossen, weil sie sich das zurechnen lassen muss, was der Verwaltungsbeirat bei einer sorgfältigen Belegprüfung erkannt hätte oder hätte erkennen müssen.[188]

2210 a) **Haftungsbeschränkung.** Um für Verwaltungsbeiräte das Haftungsrisiko überschaubarer zu machen, ist es zulässig, die Haftung auf **Vorsatz** und **grobe Fahrlässigkeit** zu beschränken. Die Haftung für leichte Fahrlässigkeit kann für den Einzelfall durch **Mehrheitsbeschluss** ausgeschlossen werden, wenn dies anlässlich der Bestellung und für die Person eines jeweils bestimmten Verwaltungsbeirates geschieht.[189]

2211 Ein Mehrheitsbeschluss, der für alle zukünftigen Beiräte einer Eigentümergemeinschaft die Haftung wegen einfacher Fahrlässigkeit mit **Dauerwirkung** ausschließen würde, wäre jedoch nichtig. Dies würde eine Änderung von § 276 Abs. 1 BGB darstellen. Eigentümergemeinschaften fehlt jedoch die Beschlusskompetenz, gesetzliche Vorschriften durch Mehrheitsbeschluss mit Dauerwirkung abzuändern. Eine derartige generelle, für die Zukunft wirkende **Haftungsbeschränkung** wäre nur in der **Gemeinschaftsordnung** oder durch eine spätere allstimmige Vereinbarung möglich.[190]

2212 Ein allgemeiner Haftungsausschluss für grobe Fahrlässigkeit in **Formularverträgen,** der gem. § 307 Nr. 7 b BGB unwirksam wäre, dürfte in der Praxis keine Rolle spielen, da kaum Fälle denkbar sind, in denen Mitglieder eines Verwaltungsbeirates als Verwender Allgemeiner Geschäftsbedingungen auftreten könnten und einen Haftungsausschluss für grobe Fahrlässigkeit vereinbaren wollten.

2213 Ist ein Haftungsfall eingetreten, kann im Einzelfall nachträglich die Haftung eines Mitliedes des Verwaltungsbeirates auch für grobe Fahrlässigkeit und sogar für Vorsatz ausgeschlossen werden. Nach § 276 Abs. 3 BGB wäre es nur unzulässig, einem Schuldner die Haftung wegen Vorsatzes im Voraus zu erlassen. Da jedoch jeder Eigentümer verlangen kann, dass die Gemeinschaft Forderungen, die ihr zustehen, auch geltend macht, kann ein nachtraglicher Haftungsverzicht gegen das Gebot ordnungsgemäßer Verwaltung verstoßen. Ein entsprechender Mehrheitsbeschluss wäre anfechtbar, wenn im Einzelfall nicht besondere Gründe für einen Haftungsverzicht vorliegen. Der Abschluss einer Vermögensschadens-Haftpflichtversicherung für die Mitglieder des Verwaltungsbeirates lässt einen solchen Konflikt erst gar nicht entstehen.

2214 b) **Entlastung.** Eigentümergemeinschaften ist anzuraten, am Ende eines Geschäftsjahres die Entlastung eines Verwaltungsbeirates zu beschließen.

2215 In der Entlastung liegt ein **negatives Schuldanerkenntnis,** d. h. eine Eigentümergemeinschaft bringt damit zum Ausdruck, dass sie die Verwaltungsbeiratsmitglieder für die zurückliegende Amtsperiode für etwaige Versäumnisse nicht mehr haftbar machen will. Dieser Haftungsverzicht bezieht sich allerdings nur auf **erkennbare Schadensersatzansprüche.**

2216 Der Entlastungsbeschluss kann sich sowohl auf die gesamte Verwaltungsbeiratstätigkeit während des vergangenen Wirtschaftsjahres beziehen, als auch nur auf einzelne Tätigkeitsfelder. Aus einer Entlastung des Verwaltungsbeirates lässt sich jedoch regelmäßig keine konkludente Genehmigung der Jahresabrechnung herleiten.[191]

2217 Der Beschluss über die Entlastung des Verwaltungsbeirates ist eine Angelegenheit der gesamten Eigentümergemeinschaft. Daher haben auch in einer Mehrhaus-Wohnanlage grundsätzlich alle Wohnungs- und Teileigentümer über die Entlastung abzustimmen.[192]

2218 Dies gilt nur dann nicht, wenn in der Teilungserklärung oder durch Vereinbarung eine von der gesetzlichen Regelung abweichende Bestimmung getroffen worden ist, wonach

[188] OLG Düsseldorf ZMR 2002, 294 (297).
[189] *Bärmann/Merle* § 29 Rn. 112; *Riecke/Schmid/Abramenko* § 29 Rn. 26.
[190] OLG Frankfurt a. M. OLGZ 1988, 188; *Riecke/Schmid/Abramenko* a. a. O.
[191] OLG München NZM 2007, 488 (489).
[192] OLG Zweibrücken ZMR 2005, 908 (909).

die jeweiligen Wohnungseigentümer einzelner Hausgemeinschaften über die Entlastung des Verwaltungsbeirates gesondert abstimmen.[193]

Ist ein Entlastungsbeschluss nicht angefochten worden, obwohl Pflichtversäumnisse des Beirats vorgelegen haben und bekannt waren, dann erwächst der Beschluss in Bestandskraft, der Verwaltungsbeirat kann für bekannte oder erkennbare Schäden nicht mehr in Regress genommen werden. 2219

Gegen das Gebot ordnungsgemäßer Verwaltung verstoßen würde allerdings ein Entlastungsbeschluss, wenn der Verwaltungsbeirat den Wohnungseigentümern die Annahme einer bekanntermaßen nicht ordnungsgemäßen und unvollständigen Abrechnung empfiehlt.[194] 2220

Ein Entlastungsbeschluss würde auch dann nicht ordnungsgemäßer Verwaltung entsprechen, wenn ein Ersatzanspruch gegen die Mitglieder des Verwaltungsbeirates aufgrund einer erkennbaren Pflichtverletzung möglich erscheint, es sei denn, die Eigentümergemeinschaft will im Hinblick auf eine allenfalls vorliegende leichte Fahrlässigkeit ganz bewusst auf die Geltendmachung von Haftungsansprüchen verzichten. 2221

aa) Anspruch auf Entlastung. Ein Anspruch gegenüber der Eigentümergemeinschaft auf Entlastung **besteht** für die Mitglieder des Verwaltungsbeirates **nicht,** es sei denn, dies wäre in der Gemeinschaftsordnung vereinbart. 2222

Anspruch auf Entlastung haben Beiratsmitglieder allerdings auch dann, wenn sie die Annahme ihrer Wahl davon abhängig gemacht haben, dass ihnen die Eigentümergemeinschaft jeweils nach Ablauf eines Wirtschaftsjahres bei, soweit erkennbar, ordnungsgemäßer Amtsführung Entlastung erteilt und damit das Vertrauen ausspricht und die Eigentümergemeinschaft die Verwaltungsbeiräte dann auch mit dieser Maßgabe gewählt hat. 2223

Auch wenn Verwaltungsbeiräten kein Anspruch auf Entlastung zusteht, ist in jeder verweigerten Entlastung eine Misstrauenskundgebung zu sehen, die kein Verwaltungsbeirat folgenlos hinnehmen müsste. Regelmäßige Konsequenz wird daher sein, dass ein Verwaltungsbeirat, dem die Entlastung verweigert wurde, für eine weitere Amtszeit nicht mehr zur Verfügung stehen wird. 2224

bb) Stimmrechtsausschluss. Ein Entlastungsbeschluss beinhaltet die Entscheidung der Eigentümergemeinschaft, ob sie den Mitgliedern des Verwaltungsbeirates ihr Vertrauen aussprechen will oder nicht. Bei der Abstimmung über ihre Entlastung sind die Mitglieder des Verwaltungsbeirates deshalb gemäß § 25 Abs. 5 WEG vom **Stimmrecht ausgeschlossen.** Denn einerseits kann sich niemand selbst das Vertrauen aussprechen, zum Anderen kommt dem in einer Entlastung liegenden negativen Schuldanerkenntnis im Sinne von § 397 Abs. 2 BGB rechtsgeschäftliche Wirkung zu, so dass ein Fall des § 25 Abs. 5, 1. Alternative WEG vorliegt.[195] Aufgrund des Stimmrechtsausschlusses dürfen Verwaltungsbeiräte daher auch nicht in Vertretung oder Vollmacht anderer Miteigentümer für ihre Entlastung mitstimmen.[196] 2225

c) **Verjährung.** Schadensersatzansprüche gegen Verwaltungsbeiräte verjähren innerhalb der **3-jährigen Regelfrist** des § 195 BGB.[197] 2226

Die 3-jährige Verjährungsfrist beginnt aber nur dann mit dem Schluss des Jahres zu laufen, in dem der Anspruch entstanden ist, wenn der Anspruch überhaupt bekannt war oder ohne grobe Fahrlässigkeit hätte erkannt werden müssen (§ 199 Abs. 1 Ziffer 2 BGB). Ohne zumutbare Kenntnis oder eine nichtverschuldete **Unkenntnis** verjähren die Schadensersatzansprüche nach Ablauf von 10 Jahren, nachdem sie entstanden sind (§ 199 Abs. 3 Ziffer 1 BGB). 2227

---

193 OLG Zweibrücken a. a. O.

194 OLG Düsseldorf WE 1991, 251.

195 *Bärmann/Merle* § 25 Rn. 124.

196 OLG Zweibrücken NZM 1998, 671.

197 *Weitnauer/Lüke* § 29 Rn. 5.

2228 Dabei ist ein strenger Maßstab an das **„Kennenmüssen“** eines Schadensersatzanspruches zu stellen. Eigentümer neigen dazu, sich „verwalten zu lassen“, d.h., aus Bequemlichkeit Verwalter und Verwaltungsbeirat agieren zu lassen, in der Hoffnung, es werde schon alles seine Richtigkeit haben. Wer ihm überlassene Verwaltungsunterlagen inhaltlich nicht zur Kenntnis nimmt, sondern diese schlicht abheftet, an Eigentümerversammlungen nicht teilnimmt oder Versammlungsprotokolle nicht liest, der kann sich später nicht darauf berufen, von haftungsbegründeten Umständen keine Kenntnis erhalten zu haben, obwohl diese erkennbar gewesen wären, hätte der Eigentümer nur ein Minimum an aktiver Teilnahme am Verwaltungsgeschehen seiner Eigentümergemeinschaft gezeigt. Bleiben Fehler und Versäumnisse aufgrund von Passivität oder Desinteresse unerkannt, führt dies nicht zur verlängerten 10-jährigen Verjährungsfrist.

2229 **d) Vermögensschadens-Haftpflichtversicherung.** Um die Bereitschaft bei Miteigentümern zu steigern, sich als Beiräte dem mit ihrer Tätigkeit verbundenen Haftungsrisiko auszusetzen, empfiehlt sich der Abschluss einer Vermögensschadens-Haftpflichtversicherung. Mit Ausnahme von Schadensersatzansprüchen, die aus einer vorsätzlichen und widerrechtlichen Herbeiführung des Versicherungsfalles entstehen (§ 152 VVG) und deshalb gar nicht versicherbar sind, deckt eine solche Vermögensschaden-Haftpflichtversicherung in aller Regel das mit der Beiratstätigkeit verbundene Haftungsrisiko ab.[198]

2230 **Versicherungsnehmer** ist in der Regel die Eigentümergemeinschaft, vertreten durch den Verwalter, die den Versicherungsvertrag zugunsten des Verwaltungsbeirates als dem Versicherten abschließt und als Vertragspartner der Versicherungsgesellschaft auch zur Prämienzahlung verpflichtet ist.

2231 Da es sich beim Abschluss einer solchen Versicherung um eine **Risikovorsorge** handelt, die nicht nur der Gemeinschaft für den Schadensfall einen solventen Schuldner (nämlich den Versicherer) verschafft, sondern auch dazu beiträgt, dass sich leichter Miteigentümer finden lassen, die bereit sind, Verwaltungsbeiratstätigkeit zu übernehmen, entspricht der Abschluss einer solchen Vermögensschadenshaftpflichtversicherung **ordnungsgemäßer Verwaltung.**[199]

2232 Das Vorhandensein einer Vermögensschadens-Haftpflichtversicherung fördert aber auch die Tätigkeit des Verwaltungsbeirates, da erforderliche Entscheidungen nicht wegen eines möglichen Haftungsrisikos hinausgeschoben oder gar unterlassen werden.[200]

2233 Die **Prämie** für die Vermögensschadens-Haftpflichtversicherung des Verwaltungsbeirates ist als laufende Sachkostenposition in den Wirtschaftsplan bzw. die Jahresabrechnung einzustellen. Aus der Instandhaltungsrücklage darf die Prämie nicht bezahlt werden, da die Rücklage zweckbestimmt für Reparaturen und Instandsetzungen angesammelt wird und nicht der Deckung von allgemeinen Verwaltungskosten dient.[201]

2234 Zu beachten ist, dass beim Vorhandensein einer Vermögensschadens-Haftpflichtversicherung für den Verwaltungsbeirat von dessen Entlastung abgesehen werden sollte. Könnte der Verwaltungsbeirat aufgrund eines Entlastungsbeschlusses nicht mehr in die Haftung genommen werden, würde infolgedessen auch eine Inanspruchnahme der Haftpflichtversicherung ausscheiden, weil ein Versicherer nur so lange für seinen Versicherungsnehmer eintrittspflichtig ist, als dieser selbst in Anspruch genommen werden kann.

2235 Ein Entlastungsbeschluss würde sich damit unmittelbar zugunsten der Haftpflichtversicherung auswirken und würde bereits dadurch dem Gebot ordnungsgemäßer Verwaltung widersprechen, weil die Eigentümergemeinschaft die Versicherungsprämie für einen Versicherungsfall aufwenden würde, dessen Eintritt sie durch den Entlastungsbeschluss selbst verhindert.

---

198 *Gottschalg* NZM 2004, 81 (83 zu Ziffer V).

199 KG NZM 2004, 743.

200 *Gottschalg* NZM 2004, 81 (84 zu Ziffer V. 2.).

201 *Häublein,* Verwaltungsbeirat: Abschluss einer Vermögensschadens-Haftpflichtversicherung, Mietrechtsberater 2004, 359, „Konsequenzen für die Praxis“.

19. Auskunftserteilung

Jedes einzelne Mitglied des Verwaltungsbeirates ist der Wohnungseigentümergemeinschaft, d.h. dem teilrechtsfähigen Verband gegenüber als seinem Auftraggeber, zur Auskunft über die Beiratstätigkeit verpflichtet. Dieser Auskunftsanspruch wird in der Regel bereits dadurch befriedigt, dass der Verwaltungsbeirat eine **Stellungnahme über** seine **Prüfungstätigkeit** gem. § 29 Abs. 3 WEG abgibt. 2236

Ein Auskunftsanspruch kann in der Sache nur insoweit bestehen, als dem Verwaltungsbeirat entweder bereits durch das Gesetz Aufgaben zugewiesen sind oder aber per Vereinbarung oder Mehrheitsbeschluss von der Eigentümergemeinschaft einzelne Aufgaben und Befugnisse übertragen wurden. 2237

Einzelnen Miteigentümern gegenüber ist die Auskunftspflicht eingeschränkt und setzt voraus, dass im Einzelfall ein besonderes berechtigtes und akutes Bedürfnis dafür besteht, den Verwaltungsbeirat bzw. eines seiner Mitglieder außerhalb von Eigentümerversammlungen direkt anzusprechen und zu befragen. 2238

Es kann nur als Unsitte bezeichnet werden, wenn Verwaltungsbeiräte insbesondere in Großgemeinschaften auf Schritt und Tritt angesprochen und von den einzelnen Miteigentümern mit Sorgen und Anregungen und Nachfragen jedweder Art überschüttet werden. 2239

Keine Auskünfte muss der Verwaltungsbeirat über die Art und Weise der Durchführung seiner Tätigkeit erteilen. Wann er sich zu Beiratssitzungen trifft, wo dies geschieht, wie lange Beiratssitzungen andauern, wie das beiratsinterne Miteinander funktioniert, ob beiratsinterne Beschlussfassungen einstimmig oder nach streitiger Diskussion mit abweichenden Einzelvoten gefasst werden, all dies entzieht sich dem Auskunftsanspruch sowohl der Gemeinschaft als auch seiner einzelnen Mitglieder. 2240

a) Sprechstunden. Ergibt sich bei Großgemeinschaften im Einzelfall ein Bedürfnis, mit dem Verwaltungsbeirat außerhalb von Eigentümerversammlungen ins Gespräch zu kommen und auch mal ein Thema zu erörtern, ohne dass der Verwalter anwesend ist, so steht es dem Verwaltungsbeirat frei, zu von ihm vorgegebener Zeit an vorgegebenem Ort in einer vom Verwaltungsbeirat selbst zu beschließenden Häufigkeit **„Beiratssprechstunden"** abzuhalten. Solche Zusammenkünfte der Verwaltungsbeiräte stellen keine Beiratssitzungen dar, können aber als solche gestaltet werden. 2241

Führen Verwaltungsbeiräte in einem Jahr mehrere Sitzungen durch, können sie auch eine Sitzung ganz oder teilweise in eine Sprechstunde umgestalten, bei der Eigentümer, die normalerweise keinen Zutritt zu den nicht öffentlichen Verwaltungsbeiratssitzungen haben, die Gelegenheit erhalten, Anregungen und Kritik jedweder Art vorzubringen. 2242

b) Klage auf Auskunftserteilung. Ist der Verband oder ein Miteigentümer der Auffassung, der Verwaltungsbeirat oder eines seiner Mitglieder sei zur Erteilung einer verweigerten Auskunft jedoch verpflichtet, dann kann ein solcher Auskunftsanspruch auch gerichtlich geltend gemacht werden. Voraussetzung ist allerdings, dass das Auskunftsverlangen erst einmal als Tagesordnungspunkt auf einer Eigentümerversammlung behandelt worden ist. 2243

Die Einleitung eines **Gerichtsverfahrens auf Auskunftserteilung,** sei es durch den Verband selbst, sei es durch den einzelnen Eigentümer, erfordert sodann noch einen entsprechenden Eigentümerbeschluss bzw. die Ermächtigung des einzelnen Miteigentümers, seinen individuellen Auskunftsanspruch gerichtlich geltend zu machen. Dies wird als erforderlich angesehen, um die Mitglieder des Verwaltungsbeirates im Interesse des Gemeinschaftsfriedens davor zu schützen, wegen unberechtigter Ansprüche mit gerichtlichen Verfahren überzogen zu werden.[202] 2244

---

[202] BayObLG WE 1995, 191 (192, mittlere Spalte).

2245 c) **Einsichtnahme in Verwaltungsbeiratsunterlagen.** Auch wenn sich aus dem Auftragsverhältnis zwischen Verwaltungsbeirat und Eigentümergemeinschaft neben der Rechenschaftspflicht grundsätzlich ein Recht zur Einsichtnahme in Unterlagen und Belege ergibt, wird erfahrungsgemäß in der Praxis außerhalb von Wohnungseigentümerversammlungen nur in untergeordnetem Umfang Einsicht in Unterlagen des Verwaltungsbeirates verlangt. **Beiratsprotokolle** und **Stellungnahmen** zu Abrechnungen können in der Eigentümerversammlung eingesehen werden, was dem Informationsinteresse der meisten Eigentümer genügt. Ein Anspruch auf Einsichtnahme in die jährliche Stellungnahme des Verwaltungsbeirates oder gar auf Herausgabe einer Kopie vor der Eigentümerversammlung besteht nicht. **Persönliche Notizen** oder Vermerke der Beiratsmitglieder sind davon nicht erfasst, diese müssen weder zugänglich gemacht noch herausgegeben werden.

2246 d) **Herausgabe von Verwaltungsbeiratsunterlagen.** Endet die Verwaltungsbeiratstätigkeit, sind alle Unterlagen, die inhaltlich Bezug zur Eigentümergemeinschaft und deren Interessen haben, an den Verwalter oder aber an den Nachfolgebeirat herauszugeben.

2247 War der Verwaltungsbeirat etwa beauftragt, im Vorfeld einer Verwalterneuwahl Angebote von Verwaltungsbewerbern einzuholen und eine Vorauswahl zu treffen, so sind diese Unterlagen herauszugeben. Das Gleiche gilt für Handwerkerangebote, die im Auftrage der Eigentümergemeinschaft durch den Verwaltungsbeirat eingeholt werden sollten. Ebenfalls sind **Urkunden aller Art** herauszugeben, die der Verwaltungsbeirat im Zuge seiner Tätigkeit angefordert und erhalten hat. So zum Beispiel Katasterauszüge, Abschriften aus der Grundakte, Kopien von Planunterlagen, Schließpläne, Verträge mit von der Eigentümergemeinschaft beschäftigtem Personal, Liefer- und Versorgungsverträge aller Art, Bankunterlagen, Kreditverträge, Zinsabrechnungen, Bescheide aller Art, Abschriften aus Gerichtsakten, vollstreckbare Titel usw.[203]

2248 Alle Schulungs- und Weiterbildungsunterlagen wie Fachbücher, Rechtsprechungsdateien, Gesetzestexte, technische Vorschriften usw. sind entweder an den Verwalter oder den nachfolgenden Verwaltungsbeirat auszuhändigen.

2249 Um sich vor nachträglichen ungerechtfertigten Herausgabeansprüchen abzusichern, ist Verwaltungsbeiräten, die aus dem Amt scheiden, zu empfehlen, sich eine **Liste** der an den Verwalter oder den Nachfolgebeirat ausgehändigten Gegenstände und Unterlagen **abzeichnen** zu lassen.

---

[203] OLG Hamm WE 1997, 385 (387), zur Herausgabe notarieller Urkunden.

D. Versicherung des Wohnungseigentums

I. Grundlagen

1 Eine Wohnungsanlage stellt stets eine Gefahrenquelle dar, aus der Hausbewohnern, Besuchern und sogar Passanten ein Schaden entstehen kann. Der Gemeinschaft obliegen unter anderem Verkehrssicherungs- und Instandhaltungspflichten, deren Vernachlässigung schnell zu erheblichen Schäden führen kann. Lose Fliesen oder Fassadenteile, unbeleuchtete Kellerabgänge oder auch liegengebliebenes nasses Laub sind für jeden erkennbare Gefahrenquellen, die es zu vermeiden gilt.

2 Für den Fall, dass dies – aus welchen Gründen auch immer – nicht gelingt, sollte die Liegenschaft über einen ausreichenden Versicherungsschutz verfügen.

3 Es gehört daher der Abschluss einer (Feuer)Versicherung für das Gemeinschaftseigentum zu den Pflichten, die im Interesse der Wohnungseigentümer und des geschützten Personenkreises gemeinschaftlich wahrgenommen werden müssen.[1]

4 Hierdurch soll das finanzielle Risiko der Wohnungseigentümergemeinschaft und der Wohnungseigentümer abdeckt werden. Eintretende Schäden am Gemeinschaftseigentum aber auch am Sondereigentum können so finanziell abgedeckt werden.

5 Ein ausreichender Versicherungsschutz ist im Interesse aller Wohnungseigentümer, denn nur so kann für jeden einzelnen sichergestellt werden, dass im Falle des Schadenseintritts Gemeinschafts- und Sondereigentum wiederhergestellt werden und somit der einzelnen Miteigentumsanteil nicht an Wert verliert. Denn auch, wenn ein Miteigentümer nicht unmittelbar von einem Schadensfall in seinem Sondereigentum betroffen ist, so hat er doch über seinen Miteigentumsanteil ein Interesse daran, dass die Anlage insgesamt in einem ordnungsgemäßen Zustand ist. Dies kann – um die Wiederherstellung nicht von der finanziellen Situation des Wohnungseigentümers abhängig zu machen – durch den Abschluss entsprechender Versicherungsverträge erreicht werden.

6 Bei dem Abschluss des Versicherungsvertrages hinsichtlich eventueller Gebäudeschäden ist besonders darauf zu achten, dass die Versicherungssumme bei der Sachversicherung in ausreichender Höhe bestimmt wird, um eine Unterdeckung zu vermeiden.[2] Die Versicherungssumme ist in regelmäßigen Abständen anzupassen, um der Gefahr einer Unterversicherung zu vermeiden, wenn nicht mit dem Versicherer ein Unterversicherungsverzicht vereinbart wurde.[3]

1. Erforderlicher Versicherungsschutz

7 Der Verwalter muss zunächst feststellen, welcher Versicherungsschutz bei der Liegenschaft vorhanden ist und ob hierdurch die gesetzlichen Mindestvoraussetzungen erfüllt werden. Hierbei ist zu beachten, dass die in § 21 Abs. 5 Nr. 3 WEG genannten Versicherungen nicht abschließend den Versicherungsschutz einer ordnungsgemäßen Verwaltung darstellen. Es heißt „insbesondere" gehöre dies zu einer ordnungsgemäßen Verwaltung. Je nach Art und Beschaffenheit der Liegenschaft gehört ein erweiterter Versicherungsschutz zu einer ordnungsgemäßen Verwaltung.[4]

8 Sofern der Verwalter über Monate hinweg versäumt für einen ausreichenden Versicherungsschutz zu sorgen, kann dies die Wohnungseigentümer berechtigen, die Abberufung des Verwalters aus wichtigem Grund zu beschließen.[5]

---

[1] *Bärmann/Wenzel* § 10 Rn. 259.
[2] *Weitnauer/Lüke* § 21 Rn. 41.
[3] *Staudinger/Bub* § 21 Rn. 191.
[4] *Armbrüster* ZMR 2003, 1.
[5] OLG Düsseldorf NZM 2005, 828.

2. Gesetzlicher Versicherungsschutz

9 Hierzu gehört nach § 21 Abs. 5 Nr. 3 WEG zunächst als Bestandteil einer ordnungsgemäßen Verwaltung die Feuerversicherung des Gemeinschaftseigentums zum Neuwert sowie die angemessene Versicherung der Wohnungseigentümer gegen Haus- und Grundbesitzerhaftpflicht. Dies sind die Mindestvoraussetzungen, die an einen ausreichenden Versicherungsschutz zu stellen sind.[6]

10 Die Versicherungspflicht besteht nur hinsichtlich des Gemeinschaftseigentums im Sinnen von § 1 Abs. 5 WEG, zur Versicherung des Sondereigentums sind die Wohnungseigentümer nicht verpflichtet.

11 Die Wohnungseigentümer entscheiden hinsichtlich der Art und Weise des Versicherungsschutzes durch Mehrheitsbeschlüsse, die selbstverständlich ordnungsgemäßer Verwaltung entsprechen müssen. Hierzu kann gehören, dass die Wohnungseigentümer geringere Versicherungsprämien zahlen und dafür einen Selbstbehalt mit der Versicherung vereinbaren, oder den Versicherungsschutz einzuschränken, wenn die Wohnungseigentümergemeinschaft über einen langen Zeitraum in finanziellen Problemen steckt und nur durch die Zahlung geringerer Prämien überhaupt ein Versicherungsschutz (wenn auch in eingeschränktem Rahmen) aufrechterhalten werden kann.[7]

12 Hierbei ist zu klären, wer im Schadensfall mit dem vereinbarten Selbstbehalt zu belasten ist. Denkbar ist hier, die Wohnungseigentümergemeinschaft insgesamt zu belasten oder nur den oder die einzelnen Wohnungseigentümer, die von dem Schaden betroffen sind.

13 Ein entsprechender Beschuss der Wohnungseigentümergemeinschaft, der betroffene Wohnungseigentümer müsse den jeweils entstehenden Selbstbehalt bei einem Schadenfall tragen, ist nicht bestimmt genug und bereits aus diesem Grunde nicht wirksam.[8]

14 Darüber hinaus würden die Wohnungseigentümer in zweifacher Hinsicht bestraft. Zum einen hätten sie bereits den Schaden in der Wohnung, zum anderen sollen sie auch den Selbstbehalt aufbringen. Im Ergebnis kann daher ein Sicherheitseinbehalt nicht auf die einzelnen betroffenen Wohnungseigentümer umgelegt werden, sondern muss von der Wohnungseigentümergemeinschaft insgesamt getragen werden, so als handele es sich um ganz normale Instandhaltungskosten.[9]

3. Freiwilliger Versicherungsschutz

15 Daneben steht es der Wohnungseigentümergemeinschaft frei, sich gegen weitere Risiken zu versichern. Hierzu können die Wohnungseigentümer den Abschluss weiterer Versicherungen vereinbaren, aber – je nach den Umständen des konkreten Einzelfalls – auch als Maßnahme ordnungsgemäßer Verwaltung im Sinne von § 21 Abs. 3 WEG mehrheitlich beschließen.[10]

16 Hierbei sollte eine Abwägung zwischen tatsächlichen Risiko und den Kosten der weiteren Versicherung vorgenommen werden. Ein Beschluss, in dem der Abschluss einer objektiv überflüssigen Versicherung mehrheitlich bejaht wird, entspricht nicht ordnungsgemäßer Verwaltung und ist anfechtbar. Denkbar wäre dies zum Beispiel für den Fall, dass die Wohnungseigentümer über den Umfang einer Versicherung nicht hinreichend informiert sind und das gleiche Risiko nochmals versichert wird. Der Verwalter ist hier im Rahmen seiner Tätigkeit verpflichtet, die Wohnungseigentümer entsprechend zu informieren und hinsichtlich eines angemessenen Versicherungsschutzes zu beraten, damit die Wohnungseigentümer ordnungsgemäße Beschlüsse fassen können.

---

[6] *Bärmann/Merle* § 21 Rn. 111.
[7] *Bärmann/Merle* § 21 Rn. 113, a. A. *Köhler,* Der Fachverwalter, Band 1, S. 39.
[8] *Köhler* ZMR 2002, 891.
[9] AG Saarbrücken ZMR 2002, 980; *Köhler* ZMR 2002, 891.
[10] *Staudinger/Bub* § 21 Rn. 192.

Wollen die Wohnungseigentümer allerdings entgegen den Informationen des Verwalters einen (überflüssigen) Versicherungsvertrag beschließen, ist dies – am besten nach Aufnahme eines entsprechenden Hinweises im Protokoll – nicht mehr Angelegenheit des Verwalters, da hier den Wohnungseigentümer die alleinige Beschlusskompetenz zusteht. 17

Ob der Abschluss einer Vermögensschaden-Haftpflicht für den Verwaltungsbeirat ordnungsgemäßer Verwaltung entspricht, ist streitig. Zum einen wird dahingehend argumentiert, dass die Erfüllung von Beiratsaufgaben im Interesse der Gemeinschaft liegt und die Gemeinschaft darauf angewiesen ist, Wohnungseigentümer für die Aufgaben eines Beirates zu gewinnen.[11] Dies kann nur gelingen, wenn man durch eine von der Gemeinschaft finanzierten Versicherung den Verwaltungsbeirat von Regressansprüchen freistellt. 18

Nicht von der Hand zu weisen ist aber, dass hiermit der potentielle Gegner von der Gemeinschaft finanziert wird. Denn die Regressansprüche wegen eines fehlerhaften Verhaltens des Verwaltungsbeirates, zum Beispiel fehlerhafte Rechnungsprüfung bei der Jahresabrechnung, führen unmittelbar zu einem Schaden bei der Wohnungseigentümergemeinschaft. Insofern kann es nicht in ihrem Interesse sein, die Kosten der Versicherung für den Beirat zu übernehmen. Im Falle eines Schadens wäre es nach dieser Konstellation sogar alleiniges Problem der Gemeinschaft, wenn der Versicherungsschutz – aus welchen Gründen auch immer – nicht besteht. Der Verwaltungsbeirat könnte sich schlicht darauf berufen, dass der Abschluss und die Überwachung der Versicherung nicht seine Angelegenheit seien und könnte nicht persönlich in Anspruch genommen werden. 19

Daher scheint der Lösungsansatz von Köhler als vorzugswürdig.[12] Die Gemeinschaft kann, sofern sie dies wünscht, von Jahr zu Jahr eine Aufwandsentschädigung für die Beiräte beschließen. Hieraus mögen die Beiräte dann eine Vermögensschaden-Haftpflichtversicherung selbst finanzieren, das ist dann aber nicht mehr die Angelegenheit der Gemeinschaft. Maßgeblich ist, dass Abschluss und Zahlung der Versicherung in diesem Fall allein Sache der Beiräte ist, auch wenn die Gelder von der Gemeinschaft nach einem entsprechenden Beschluss zur Verfügung gestellt werden. 20

4. Verantwortlichkeit des Verwalters

Zunächst ist der Verwalter als Wohnungseigentumsverwalter aus § 21 Abs. 5 Nr. 3 WEG nur zur Versicherung des Gemeinschaftseigentums verpflichtet. 21

Die Versicherung des Sondereigentums ist nicht Gegenstand der Verwaltung des Gemeinschaftseigentums. Da jedoch insgesamt ein Interesse der Wohnungseigentümer besteht, die Wohnungsanlage instand zu halten und im Schadensfalle wiederherzustellen, wird zweckmäßigerweise die Verpflichtung zur Versicherung des Sondereigentums in die Gemeinschaftsordnung aufgenommen.[13] Erstreckt sich die Versicherung danach sowohl auf das Gemeinschaftseigentum als auch das Sondereigentum, so fällt sie insgesamt in die gemeinschaftliche Verwaltung.[14] Von den Versicherern werden oftmals nur einheitliche Gebäudeversicherungen angeboten, die sowohl das Gemeinschafts- als auch das Sondereigentum abdecken. 22

Weitere Verpflichtungen des Verwalters resultieren aber hieraus nicht hinsichtlich des Sondereigentums, wie zum Beispiel die Instandhaltung. 23

Die Versicherungspflicht des Verwalters ist nicht in den Katalog der Aufgaben und Befugnisse nach § 27 WEG aufgenommen worden. Hiermit ist klar, dass der Verwalter weder berechtigt noch verpflichtet ist, selbständig eine Versicherung abzuschließen.[15] Bei 24

---

[11] *Gottschalg,* Die Haftung von Verwalter und Beirat in der Wohnungseigentümergemeinschaft, Rn. 402.

[12] *Köhler* ZMR 2002, 891.

[13] *Bärmann/Merle* § 21 Rn. 112.

[14] KG MDR 1984, 584.

[15] *Bärmann/Merle* § 27 Rn. 56; a. A: *Köhler* DWE 1991, 16.

einer vorausschauenden Verwaltung wird der Abschluss eines Versicherungsvertrages seitens des Verwalters ohne einen vorherigen Beschluss der Wohnungseigentümer in der Regel auch nicht erforderlich sein.

25 Vielmehr bedarf der Verwalter einer besonderen Ermächtigung, wenn er die Wohnungseigentümer beim Abschluss oder nach dem Eintritt des Versicherungsfalls bei der Kündigung eines Versicherungsvertrages vertreten soll, es sei denn eine entsprechende Bevollmächtigung ist bereits im Verwaltervertrag oder der Teilungserklärung enthalten.[16] So stellt auch der Abschluss einer verbundenen Gebäudeversicherung ohne die vorherige Einberufung einer von mehr als einem Viertel der Wohnungseigentümer beantragten Versammlung einen wichtigen Grund zur Abberufung des Verwalters dar,[17] ohne einen entsprechenden Antrag auf Versammlungseinberufung jedoch nicht.[18]

26 Auch die Kündigung des Versicherungsvertrages kann ordnungsgemäßer Verwaltung entsprechen, wenn begründeter Anlass besteht, den Versicherer zu wechseln.[19]

27 Sofern eine Versicherung fehlt oder aber diese eine Unterdeckung aufweist kann der Verwalter, falls ihm ein Verschulden nachgewiesen werden kann, für den entstandenen Schaden in Anspruch genommen werden.

28 Denkbar ist dies zum Beispiel, wenn der Verwalter einen entsprechenden Beschluss der Wohnungseigentümer nach Kündigung des alten Versicherungsvertrages rechtzeitig den neuen Versicherungsvertrag bei einer bestimmten Versicherung zu bereits festgelegten Konditionen abzuschießen, über Wochen oder Monate nicht umsetzt und somit eine Lücke im Versicherungsschutz entsteht.

29 Ein Verstoß gegen § 21 Abs. 5 Nr. 3 WEG begründet dahingehen keine Rechte für Dritte.[20]

30 Auch hinsichtlich der Auswahl des Versicherers muss der Verwalter die Grundsätze ordnungsgemäßer Verwaltung berücksichtigen. Für die Pflicht des Verwalters bei der Auswahl des Versicherers lassen sich die Grundsätze sinngemäß heranziehen, die für die Auftragsvergabe bei Instandhaltungsmaßnahmen entwickelt wurde; demnach muss der Verwalter verschiedene Angebote einholen und einen Prämienvergleich anstellen.[21] Hierbei gilt wieder, dass nicht automatisch das günstigste Angebot genommen werden muss, wenn sachliche Kriterien eine andere Wahl rechtfertigen.

31 Bei Vertragsschluss hat der Verwalter als Vertreter der Versicherungsnehmer alle ihm bekannten Umstände, die für die Übernahme des Risikos durch den Versicherer erheblich sind, diesem anzuzeigen. Hierzu gehören unter anderen Angaben zur Nutzung (Wohnzwecke oder Gewerbebetrieb) oder bekannte Vorschäden an der Liegenschaft.

---

16 *Armbrüster* ZMR 2003,1.
17 BayObLG WE 1991, 358.
18 OLG Köln NJW-RR 1998, 1623.
19 *Weitnauer/Lüke* § 21 Rn. 41.
20 BayObLG DWE 1990, 74.
21 *Armbrüster* ZMR 2003, 1.

II. Versicherungspartner für das Wohnungseigentum

1. Feuerversicherung

Als wichtigste Versicherung der Sachversicherungen ist in § 21 Abs. 5 Nr. 3 WEG ausdrücklich die **Feuerversicherung** genannt. Diese hervorgehobene Bedeutung ist wohl mit dem öffentlichen Interesse an der Erhaltung und erforderlichenfalls an einer Wiederherstellung von Wohnraum zu erklären.[1] 32

Um diesen Wiederaufbau sicher zustellen ist die Versicherung zum Neuwert erforderlich. Obwohl das Gesetz hier keine eindeutige Regelung enthält, sollte eine Versicherung zum gleitenden Neuwert abgeschlossen werden, bei der die Versicherungssumme automatisch der Preisentwicklung durch Multiplikation des Wertes von 1914 mit dem jeweiligen Baukostenindex angepasst wird,[2] damit tatsächlich ein Wiederaufbau sichergestellt werden kann. 33

Für die Einstandspflicht des Versicherers ist weiterhin erforderlich, dass der Versicherer nicht durch einen Pflicht- oder Obliegenheitsverletzung des einzelnen Wohnungseigentümers von seiner Verpflichtung frei wird. Grundsätzlich ist der Versicherer von seiner Leistungspflicht befreit, wenn sich der Versicherungsnehmer eine Pflicht- oder Obliegenheitsverletzung – wie zum Beispiel wahrheitswidrige Angaben beim Vertragsschluss – zuschulden kommen lässt. Dieser Grundsatz findet bei der Versicherung der Wohnungseigentümergemeinschaft keine Anwendung. 34

Dies gilt zum einen hinsichtlich der Leistungspflicht bezüglich des Sondereigentums und Gemeinschaftseigentums der übrigen Wohnungseigentümer (§ 24 Abs. 4 a VGB 88). Der Versicherungsschutz geht – da im Schadensfalle die Wiederherstellung der Anlage und des Wohnraumes angestrebt ist – aber noch weiter. Gemäß § 25 Abs. 4b VGB 88 können die übrigen Wohnungseigentümer von dem Versicherer verlangen, dass auch hinsichtlich des Miteigentumsanteils des Wohnungseigentümers, der den Entschädigungsanspruch verwirkt hat, Entschädigung geleistet wird. Dadurch soll verhindert werden, dass der Wiederaufbau des versicherten Gebäudes unterbleibt, weil die Wiederherstellung des gemeinschaftlichen Eigentums nicht finanziert werden kann.[3] 35

Voraussetzung ist hierbei allerdings, dass die Versicherungssumme auch tatsächlich zur Wiederherstellung des Gemeinschaftseigentums verwendet wird. Also nur, wenn tatsächlich die Wohnanlage wieder hergestellt wird, können die Wohnungseigentümer hinsichtlich des gesamten Gemeinschaftseigentums Versicherungsschutz verlangen. 36

Die Versicherungen sollte der Verwalter im Namen der Wohnungseigentümergemeinschaft abschließen, nur dann behält nämlich diese gemäß § 25 Abs. 4 VGB 88 den Versicherungsschutz trotz Fehlverhaltens oder einer Obliegenheitsverletzung eines einzelnen Wohnungseigentümers. Möglich ist aber auch der Abschluss durch den Verwalter im eigenen Namen für fremde Rechnung. 37

Durch die Feuerversicherung an sich ist die Liegenschaft gegen Brand, Blitzschlag, Explosion, und Schäden durch Löschen, Niederreißen oder Aufräumen, ferner gegen Beschädigungen durch den Absturz von Luftfahrzeugen und deren Teile versichert. 38

Hierbei steht es der Wohnungseigentümergemeinschaft frei, den Versicherungsschutz auf Zubehör, wie Mobiliar der Gemeinschaftsräume oder Antennen zu erweitern, so dass tatsächlich im Bedarfsfall die Liegenschaft komplett wiederhergestellt werden kann. 39

---

[1] *Bärmann/Merle* § 21 Rn. 115.
[2] *Staudinger/Bub* § 21 Rn. 194.
[3] *Dietz,* Wohngebäudeversicherung § 25 Rn. 5.2.

2. Verbundene Gebäudeversicherung

40 Eine Versicherung, die alleine dieses Risiko abschließt, wird von einigen Versicherungen nicht mehr angeboten, vielmehr werden Verträge für eine **verbundene Gebäudeversicherungen** abgeschlossen. Hierin ist ein weiteres zu versicherndes Risiko im Rahmen einer **Hagel-, Sturm- und Leitungswasserschadenversicherung** abgedeckt. Es besteht auch die Möglichkeit, Elementarschäden wie Hochwasser- Erdbeben oder Lawinenschäden mit einzubeziehen.[4]

41 Da der Abschluss einer solchen Versicherung regelmäßig ordnungsgemäßer Verwaltung entspricht, sollte sich eine Ermächtigung des Verwalters auch auf diese Versicherungsarten beziehen.[5]

42 Bei dem Leitungswasserschaden handelt es sich um den häufigsten eintretenden Schaden, wobei der Rohbruch wiederum das häufigste Ereignis sein dürfte. Hier fallen regelmäßig eine Vielzahl von kostenintensiven Reparaturmaßnahmen an, da sich der Schaden üblicherweise nicht auf einen Teilbereich beschränkt, sondern oftmals mehrere Etagen betroffen sind. Um die Rohre freizulegen müssen Wände aufgebrochen werde, so dass auch die Aufräumarbeiten umfangreich und langwierig, damit kostenintensiv sind. Das gilt erst recht, wenn Wände getrocknet werden müssen, weil der Schaden spät entdeckt wurde und bereits viel Wasser im Mauerwerk versickert ist.

43 Bei der Gebäudeversicherung wird in der Regel nicht zwischen Gemeinschaftseigentum und Sondereigentum unterschieden.[6] Das Gebäude wird versicherungstechnisch so behandelt, als stünde es im Alleineigentum eines Versicherungsnehmers.[7] Dies erscheint sinnvoll, wenn man das Ziel der Versicherung, die Wiederherstellung der Anlage berücksichtigt. Es macht hier keinen Sinn zwischen Sondereigentum und Gemeinschaftseigentum zu unterscheiden, zumal dann bei fehlendem Versicherungsschutz des Sondereigentums die gesamte Anlage gerade nicht neu errichtet werden könnte.

44 Die Schadensregulierung zu betreiben, ist als Verwaltungsangelegenheit Sache des Verwalters.[8] Tritt jedoch der Schaden auch im Sondereigentum ein, ist der Verwalter nur zu Notmaßnahmen und der Unterrichtung des Versicherers verpflichtet.[9] Auch ist er verpflichtet, den Sondereigentümer bei der Geltendmachung dessen Versicherungsanspruch zu unterstützen, zum Beispiel durch die Nennung der Versicherungsnummer.[10] Die übrige Abwicklung des Schadens im Gemeinschaftseigentum ist dann aber Angelegenheit des Wohnungseigentümers, nicht die des Verwalters.[11]

45 Falls eine einzelne Eigentumswohnung besonders aufwendig ausgestattet ist und sich dies auf die einheitliche Prämie auswirkt, entspricht es ordnungsgemäßer Verwaltung, die eingetretene Erhöhung auf den Sondereigentümer abzuwälzen.[12]

3. Gebäudeglasversicherung

46 Enthält das Gebäude kostspielige Isolierglaskonstruktionen, ist auch der Abschuss einer Gebäudeglasversicherung ratsam, sofern dieses Risiko nicht bereits von der Hausratversicherung abgedeckt ist.[13]

---

[4] *Armbrüster* ZMR 2003, 1.
[5] *Jansen/Köhler* WE 1993, 132.
[6] *Bärmann/Wenzel* § 14 Rn. 32.
[7] *Armbrüster* ZMR 2003, 1
[8] OLG Köln NJW-RR 2003, 1612.
[9] BayObLG WE 1997, 39.
[10] KG OLGE 1992, 318.
[11] BayObLG WE 1997, 39; *Armbrüster* ZMR 2003, 1.
[12] *Weitnauer/Lüke* § 21 Rn. 37.
[13] *Bärmann/Merle* § 21 Rn. 116.

4. Haftpflichtversicherung

Schließlich muss eine Haftpflichtversicherung abgeschlossen werden. Diese umfasst, dass begründete Schadensersatzansprüche gegen den Versicherungsnehmer befriedigt werden. Hierbei stellt die in § 21 Abs. 5 Nr. 3 WEG vorgeschriebene Versicherung gegen **Haus- und Grundbesitzerhaftpflicht** einen besonderen Fall der Haftpflichtversicherung dar. Hierdurch werden Schäden abgedeckt, die ihre Grundlage in vom Gemeinschaftseigentum ausgehenden Gefahren haben, wie die Verletzung von Verkehrssicherungspflichten. Die Haftung erstreckt sich auf die Wohnungseigentümergemeinschaft, die Wohnungseigentümer und den Verwalter. 47

Weitere Versicherungen sind im Regelfall nicht erforderlich. Diese können aber sinnvoll werden, wenn besondere Umstände vorliegen, so wie ein (älterer) Ölkessel im Keller einer Wohnungseigentümergemeinschaft. Hier kann der Abschluss einer Gewässerschadenhaftpflichtversicherung den Maßstäben einer ordnungsgemäßen Verwaltung entsprechen. 48

5. Versicherung des Verwalters

Zunächst kann der Verwalter eine **Vermögensschaden- Haftpflichtversicherung** abschließen. Hierdurch lassen sich Schäden des Verwalters abdecken, die weder Personen- noch Sachschäden sind. Vielmehr geht es um die Entlastung des Verwalters von gesetzlichen Haftpflichtansprüchen, die aufgrund der Verwaltungstätigkeit entstanden sind, beispielsweise Verzugsschäden wegen schuldhaft verzögerter Begleichung von Schulden der Gemeinschaft.[14] Veruntreuungen von eigenen Mitarbeitern des Verwalters werden nicht von der Deckungssumme erfasst, hierfür wäre der Abschluss einer **Vertrauensschadenversicherung** erforderlich. Daneben kann sich der Verwalter durch eine **Bürobetriebs-Haftpflichtversicherung** hinsichtlich der Haftungsrisiken, die sich aus dem Bürobetrieb ergeben und durch eine **Sachversicherung** absichern. Durch die letztgenannte wird im Wesentlichen das Büroinventar des Verwalters entsprechend einer Hausratversicherung geschützt. 49

6. Versicherung des Sondereigentums

Bei selbstgenutzten Sondereigentum kann der Wohnungseigentümer eine **Hausratversicherung** abschließen, die ihm Versicherungsschutz gegen Feuer, Leitungswasser, Einbruch-Diebstahl und Sturm- und Hagelschäden bietet. Bei der privaten Hausratversicherung sind darüber hinaus auch die Einrichtungsgegenstände und der gesamte Besitz in der Wohnung mitversichert. 50

Darüber hinaus kann der Sondereigentümer einen Vertrag über eine **Privathaftpflichtversicherung** abschließen. Diese biete Versicherungsschutz bei verursachten Schäden am Gemeinschaft- und Sondereigentum.[15] 51

Bedingung ist hierbei selbstverständlich, dass die entsprechenden Voraussetzungen nach dem Versicherungsvertrag erfüllt sind – zum Beispiel keine vorsätzliche Beschädigung des Gemeinschaftseigentums – und der Versicherungsschutz ungemindert besteht. 52

Insbesondere wenn das Sondereigentum als Gewerbeeinheit genutzt wird, sind die vorstehenden Versicherungen lediglich die Mindestvoraussetzung. Je nach Art des Gewerbes sollte der Sondereigentümer hier einen erweiterten Versicherungsschutz anstreben. 53

Problematisch ist die Konstellation des vermieteten Sondereigentums. Hier stellt sich für den Sondereigentümer die Frage, inwieweit er Einfluss auf die Versicherung seines Eigentums nehmen kann, zumal der Mieter nicht gezwungen werden kann, eine Hausrat-, Haftpflicht oder Glasversicherung abzuschließen.[16] 54

---

[14] *Armbrüster* ZMR 2003, 1.
[15] *Staudinger/Bub* § 21 Rn. 197.
[16] AG Düsseldorf NJW-RR 1990, 1429.

55 Auch wäre eine entsprechende Verpflichtung für den Wohnungseigentümer überhaupt nicht nachvollziehbar, da er vom Mieter nicht in regelmäßigen Abständen einen Nachweis über den bestehenden Versicherungsschutz verlangen kann. Bei einer unmöbliert vermieteten Wohnung reduzieren sich die Beschädigungsmöglichkeiten des Mieters ohnehin auf die Bodenbeläge, Heizkörper und Wände. Ein Teil dieser Schäden dürfte im Regelfall über die Wohngebäudeversicherung der Gemeinschaft abgedeckt sein.

III. Versicherungsschutz für die Grundpfandrechtsgläubiger – Versicherungshypothekenrecht

Wenn ein Eigentümer sein bebautes Grundstück mit einem Grundpfandrecht belastet, kann dies im Hinblick auf bestehende Versicherungen des Grundstücks, insbesondere die Forderungen gegen die Versicherung im Schadensfall, weitreichende Folgen habe. In diesem Fall finden die Vorschriften der §§ 1127ff BGB in Verbindung mit den §§ 81ff VVG, das sogenannte Versicherungshypothekenrecht, Anwendung. Hierbei werden die allgemeinen Grundsätze des BGB, nach denen sich die Hypothek auch auf die Versicherungsforderung erstreckt, durch die §§ 97 bis 107c VVG ergänzt. Diese Vorschriften beinhalten speziell für die Feuerversicherung von Gebäuden einen weitergehenden Schutz der Realgläubiger. 56

1. Versicherungshypothekenrecht

Nach den §§ 1127ff BGB werden Forderungen, die aus einer Versicherung des Grundstücks oder der mithaftenden Gegenstände entstehen, bei Untergang des Haftungsgegenstandes – jedenfalls der Verkehrsauffassung nach – als dessen Surrogate betrachtet.[1] Die Besonderheiten des Versicherungshypothekenrechts bestehen vor allem darin, dass neben dem Grundeigentümer als Vertragspartner des Versicherers, die Realgläubiger als dritte, außerhalb des Vertrages stehende Person an dem Versicherungsanspruch als Surrogat Beteiligung finden. Damit wird dem Realgläubiger ein eigenständiger Anspruch gegen einen Dritten gewährt. 57

Voraussetzung für die Haftungserstreckung nach § 1127 BGB ist, dass ein Versicherungsvertrag geschlossen wurde und ein von einem Grundpfandrecht belastetes Grundstück betroffen ist. 58

Sein Verwertungsrecht kann der Gläubiger im Wege der Zwangsvollstreckung in das unbewegliche Vermögen, also insbesondere durch Zwangsversteigerung und/oder Zwangsverwaltung ausüben.[2] Darüber hinaus kann die Auszahlung der Versicherungssumme gem. § 1281 BGB immer nur an den Grundpfandrechtsgläubiger und den Versicherten gemeinsam erfolgen, da dieser grundsätzlich wie ein Pfandgläubiger behandelt wird.[3] 59

Voraussetzung für den erweiterten Schutz der Realgläubiger ist, dass dieser sein Recht gegenüber dem Versicherer angezeigt hat. Dieses Erfordernis ergibt sich aus § 100 VVG und genügt insbesondere praktischen Anforderungen. Es soll dem Versicherer nicht zugemutet werden kann, jedes mal, wenn ein Versicherungsvertrag endet, Hypothekengläubiger von deren Dasein er keine Kenntnis hat, durch Einsicht des Grundbuches oder Beschaffung eines Auszuges aus dem Grundbuch zu ermitteln.[4] Erfolgt diese Anzeige, so erweitert sich der Schutz der Realgläubiger gemäß § 100 Abs. 2 VVG. Danach ist sowohl bei der Versicherung mit als auch ohne Wiederherstellungsklausel statt des Widerspruchs die schriftliche Zustimmung des Gläubigers für die Zahlung der Entschädigungssumme an den Versicherungsnehmer erforderlich.[5] 60

2. Schutz der Realgläubiger nach dem VVG bei der Kündigung des Versicherungsvertrages

Darüber hinausgehenden Schutz für den Grundpfandrechtsgläubiger gewährt § 106 VVG im Hinblick auf die Beendigung des Versicherungsvertrages. Es ist für den Eigen- 61

---

[1] MünchKommBGB/*Eickmann* § 1127 Rn. 1.

[2] *Bruck-Möller,* Kommentar zum Versicherungssvertragsgesetz, Dritter Band, Feuerversicherung Anm. J 5 Ziffer aa.

[3] MünchKommBGB/*Eickmann* § 1128 Rn. 6.

[4] *Erich Gürtler,* Die Rechtstellung des Realgläubigers in der Feuerversicherung, 1937, S. 28.

[5] *Prölls/Martin* § 100 Rn. 1.

tümer als Versicherungsnehmer nicht möglich, eigenständig das Versicherungsverhältnis zu beenden. Er ist vielmehr auf die Mitwirkung des Hypothekengläubigers angewiesen. Dies stellt bei einem einzigen Realgläubiger noch kein erwähnenswertes Problem dar. Zu bedenken ist jedoch, dass das Gebäude in eine Vielzahl von Eigentumswohnungen aufteilbar ist und jeder einzelne Eigentümer seinen Anteil am Grundstück und Gebäude nach seinen Vorstellungen – auch mehrfach – belasten kann. Weitere Probleme ergeben sich aus der Tatsache, dass häufig in zahlreichen Grundbuchblättern Grundpfandrechte verzeichnet sind, auch wenn sie nicht mehr valutieren, der Wohnungseigentümer sie aber zur Rangwahrung und gegebenenfalls Neuvalutierung nicht löschen lassen möchte.[6]

62 Unter diesen Voraussetzungen stellt die Kündigung des Versicherungsvertrages für den Verwalter oder die Eigentümer als Versicherungsnehmer eine zeit- und ggf. kostenintensive Prozedur dar. Nach § 106 Abs. 1 VVG ist die Kündigungserklärung durch den Versicherungsnehmer wenn ein Realgläubiger seine Rechte bei dem Versicherer angemeldet hat, nur wirksam, wenn der Versicherungsnehmer mindestens einen Monat vor Ablauf des Versicherungsvertrages nachgewiesen hat, dass in dem Zeitpunkt, in dem die Kündigung spätestens zulässig war, das Grundstück nicht mit einem Grundpfandrecht belastet war oder der Hypothekengläubiger der Kündigung der Versicherung zugestimmt hat.[7] Es ist darauf zu achten, dass die Wirksamkeitsvoraussetzungen vorliegen, denn die fehlende Zustimmung führt nicht nur relativ gegenüber dem Realgläubiger, sondern gänzlich zur Unwirksamkeit der Kündigungserklärung, und zwar für alle versicherten Positionen und Sachen ohne Rücksicht auf den Umfang des Zugriffs der Realgläubiger.[8]

3. Problem Teilrechtsfähigkeit

63 Durch die Rechsprechung des Bundesgerichtshof zu der Teilrechtsfähigkeit der Wohnungseigentümergemeinschaft[9] tritt ein weiteres Problem auf. Nach der Entscheidung ist nunmehr neben die einzelnen Wohnungseigentümer als (weiteres) Rechtssubjekt der rechtskräftige Verband getreten. Für diesen ist der Verwalter das Vertretungsorgan.

64 Unstreitig ist, dass zwei Vermögenskreise existieren, wobei es sich einmal um das Verwaltungsvermögen des Verbandes handelt und zum anderen um das Vermögen der Wohnungseigentümer. Zu dem letzten gehört unstreitig das Grundstück, so dass grundstücksbezogene Ansprüche daher von oder gegen die Gemeinschaft der Wohnungseigentümer geltend gemacht werden müssen.[10]

65 Das Verhältnis zwischen Realgläubiger, Versicherungsnehmer und Grundstückseigentümer ist somit eigentlich nicht mehr auf zwei Personen beschränkt.

66 Vertragspartner und Versicherungsnehmer ist der Verband. Es handelt sich bei dem Abschluss von Versicherungen um Angelegenheiten der Verwaltung und damit die Teilnahme des Verbandes am Rechtsverkehr mit Dritten. Würde der Versichungsfall eintreten wäre die Versicherungssumme auch an den Verband zu zahlen.

67 Dahingehen können sich die Realgläubiger nur an das Grundstück halten und sind gerade nicht befugt, auf das Verwaltungsvermögen des Verbandes zuzugreifen. Der Schuldner des Realgläubigers ist damit der einzelne Wohnungseigentümer und nicht der Verband.

68 Es fällt somit die Person, die im Versicherungsfall die Versicherungssumme erhalten würde – der Verband –, nicht mit der Person zusammen, die von dem Realgläubiger in Anspruch genommen werden könnte – der einzelne Wohnungseigentümer als Grundstückseigentümer –.

69 Insbesondere für jetzt abzuschließende Versicherungen erscheint daher das Modell des VVG, welches dem Schutz der Realgläubiger dient – zumindest für das Wohnungseigen-

---

[6] *Armbrüster* GE 2004, 1504.
[7] *Armbrüster* GE 2004, 1504.
[8] *Prölss/Martin* § 106 Rn. 1.
[9] BGH Beschluss vom 2. 5. 2006, NJW 2005, 2061.
[10] BGH NJW 2006, 2187.

tum nicht mehr sinnvoll, da es den Gläubigerschutz gerade nicht mehr erreichen kann. Die Versicherungssumme wird im Zweifel an den Verband ausgekehrt, auf den der Realgläubiger keinen Zugriff hat.

Bei den „Altfällen“, dass heißt für die Fälle, bei denen der Versicherungsvertrag zu einem Zeitpunkt abgeschlossen wurde, der vor der Erkenntnis über die Teilrechtsfähigkeit liegt, kann man gegebenenfalls auf den damaligen Rechtsbindungswillen abstellen. Obwohl der BGH die Teilrechtsfähigkeit des Verbandes nicht „erfunden“ hat, sondern vielmehr einen schon vorher existierenden Rechtszustand festgestellt hat, wird maßgeblich sein, mit wem die Versicherung zu dem damaligen Zeitpunkt den Vertrag abschließen wollte.[11] Dies werden sicherlich die Wohnungseigentümer gewesen sein. 70

Fraglich ist aber, ob hieraus folgt, dass nunmehr im Versicherungsfall die Summe an die Wohnungseigentümer erstattet werden würde. Denn nur dann könnte die Realgläubiger hierauf zugreifen. 71

Aus heutiger Sicht ist nicht mehr nachvollziehbar, warum und zu welchen Zweck der Gesetzgeber die Realgläubiger in dieser Form privilegiert. Erklärlich ist dies nur aus der langen Tradition einer im allgemeinen Interesse eingeführten öffentlich-rechtlichen Feuerversicherung und aufgrund der großen wirtschaftlichen Bedeutung des Realkredits.[12] 72

4. Beginn der erweiterten Haftung

Fraglich ist in diesem Zusammenhang der Beginn der Haftung. Denn nur, wenn sich das Grundpfandrecht auch auf die Forderung aus dem Versicherungsverhältnis erstreckt, kann es auf die Zustimmung des Gläubigers ankommen. Würde das Grundpfandrecht erst im Zeitpunkt des konkreten Versicherungsfalles die dann erst entstehende Forderung umfassen, wäre es durchaus denkbar, dass eine Kündigung vor dem Eintritt des Versicherungsfalles auch ohne die Zustimmung des Gläubigers möglich sein kann. Nach dem Wortlaut des § 1127 BGB kommen zunächst beide Alternativen in Betracht. Möglich ist hiernach, dass sich die Vorschrift sowohl auf die Entschädigungsforderung aus einem bestimmten Versicherungsfall bezieht als auch auf den generellen Anspruch des Versicherungsnehmers gegen den Versicherer auf Gefahrtragung, der sich erst im Versicherungsfall in einen Geldleistungsanspruch umwandelt.[13] 73

Maßgeblich für die Beantwortung der Frage ist somit die Intention des Gesetzgebers. Dieser wollte einen umfassenden Schutz der Realgläubiger erreichen. Er soll, sobald er einmal seine Ansprüche gegenüber dem Versicherer angemeldet hat, auf den Bestand und auch den Umfang der Versicherungsansprüche vertrauen können. Es wird daher ganz überwiegend die Auffassung vertreten, das Grundpfandrecht erstrecke sich schon vor Eintritt des Versicherungsfalles, d. h. vom Zeitpunkt ihres Entstehens an auf die Versicherungsforderung.[14] Gestützt wird dies auf die Rechtsprechung des BGH zur Erstreckung des Grundpfandrechts auf Anwartschaftsrechte bei Zubehör.[15] Nach der Auffassung des BGH ist daher der Meinung Vorzug zu geben, nach der sich das Grundpfandrecht auch auf das Anwartschaftsrecht hinsichtlich des Zubehörs erstreckt, das der Grundstückseigentümer unter Eigentumsvorbehalt des Verkäufers erworben hat. Die Haftung beginnt somit, bevor überhaupt ein zur Verwertung geeignetes Objekt zur Verfügung steht. 74

Wendet man diese Grundsätze auf das Versicherungshypothekenrecht an, so erstreckt sich die Haftung bereits vom Zeitpunkt ihres Entstehens auf die Versicherungsforderung. 75

---

[11] Vgl. *Jungjohann,* Teilrechtsfähigkeit der Wohnungseigentümergemeinschaft nach dem Beschluss vom 2. 6. 2005, BTR 2005, 233.

[12] *Bruck-Möller,* Komm. zum Versicherungsvertragsrecht, Dritter Band, Feuerversicherung, Anm. J 2 Ziffer 1 Bst. a.

[13] So auch *Bruck-Möller,* Komm. zum Versicherungsvertragsgesetz, Dritter Band, Feuerversicherung, Anm. J 7, Ziffer 1 cc.

[14] MünchKommBGB/*Eickmann* § 1127 Rn. 10.

[15] BGH NJW 1961, S. 1349.

Die Zustimmung eines Realgläubigers ist daher schon ab dem Zeitpunkt des Entstehens des Grundpfandrechtes für die Wirksamkeit der Kündigung des Versicherungsvertrages zwingend erforderlich. Damit wird im Interesse der Hypotheken- und anderer Realgläubiger sichergestellt, dass der Versicherungsnehmer den Haftungsumfang des Grundpfandrechts nicht eigenmächtig verringern kann.[16] Die ohne Zustimmung ausgesprochene Kündigungserklärung ist nicht nichtig, sondern bis zum Ablauf der Nachweisfrist schwebend unwirksam.[17]

76 Ein fristgerechtes Nachreichen der Wirksamkeitsvoraussetzungen führt damit zur Wirksamkeit der Kündigung. Fristgerecht bedeutet für den Versicherungsnehmer hierbei, dass der Realgläubiger die Kündigung bis einen Monat vor Ablauf des Versicherungsvertrages gem. § 184 BGB genehmigen kann.[18]

5. Umfang der Forderungen

77 Weiterhin ist der Umfang der Forderung des Realgläubigers gegen den Versicherer festzulegen. Die Höhe des Anspruchs bestimmt sich nach der Höhe des Verwertungsinteresses der Realgläubiger, d. h. bei der Hypothek nach der ihr zugrunde liegenden Forderung nebst Zinsen und Kosten und bei der Grundschuld nach deren Nominalbetrag zuzüglich Zinsen und Kosten. Der Realgläubiger soll durch den Gebäudeschaden und den Anspruchsverlust des Eigentümers keinen Vorteil erfahren und keinen Nachteil erleiden.[19] Wenn der Grundpfandrechtsgläubiger eine Versicherungssumme, die seinem Sicherungsinteresse entspricht, erhalten hat, gilt er gem. § 1288 Absatz 2 BGB als befriedigt. Zu beachten ist hierbei § 104 Satz 2 VVG. Diese Rangvorschrift regelt, dass das auf den Versicherer übergegangene Grundpfandrecht im Rang gegenüber den begünstigten Rechten zurücktritt.[20] Die Inhaber der begünstigten Rechte können von dem Versicherer seine Zustimmung zur Berichtigung des Grundbuches verlangen.[21]

6. Besonderheiten bei der Grundschuld

78 Noch weitreichender ist der Schutz der §§ 81 ff VVG bei einer Grundschuld. Er erstreckt sich nicht nur die Haftung vom Zeitpunkt des Entstehens auf die gesamte Versicherungsforderung in Höhe des Verwertungsinteresses. Die Zustimmung des Realgläubigers ist bei Vorliegen einer Grundschuld auch erforderlich, wenn die zugrunde liegende Forderung getilgt oder nach Tilgung durch eine andere Forderung ersetzt wurde.[22] Denn die Tilgung der ursprünglichen, durch die Grundschuld gesicherten Forderung berührt den Bestand dieses Grundpfandrechtes nicht. Die Grundschuld wandelt sich trotz Tilgung der allenfalls ihrer Zweckbestimmung zugrunde liegenden Forderung nicht in eine Eigentümergrundschuld nach § 1163 BGB um. Die Vorschrift ist auf die akzessorische Hypothek zugeschnitten und kann auf eine Grundschuld nicht angewendet werden. Ein Erlöschen der Grundschuld kommt nur in Betracht, wenn ausdrücklich auf die Grundschuld selbst gezahlt wurde und die Grundschuld selbst gem. §§ 1142, 1143 BGB durch Zahlung erlischt.[23]

79 Die vom Gesetzgeber bezweckte Rechtssicherheit für den Realgläubiger wird nur erreicht, wenn das klar feststellbare Bestehen des dinglichen Rechts maßgebend bleibt und nicht die leicht veränderliche, interne Sicherungsvereinbarung zwischen Versicherer und

---

[16] Berliner Kommentar zum VVG § 106 Rn. 1.

[17] *Prölss/Martin* § 106 Rn. 4.

[18] Berliner Kommentar zum VVG § 106 Rn. 10.

[19] *Erich Gürtler,* Die Rechtsstellung der Realgläubiger in der Feuerversicherung, 1937, Seite 52.

[20] *Bruck-Möller,* Komm. zum Versicherungsvertragsgesetz, Dritter Band, Feuerversicherung, Anm. J 73 dd.

[21] Siehe hierzu mit weiteren Nachweisen *Bruck-Möller,* aaO.

[22] OLG Hamm NJW-RR 1988, 217.

[23] OLG Hamm NJW-RR 1988, 217.

Versicherungsnehmer.[24] Daher erklärt sich auch, dass die Vorschriften des VVG als Schutzvorschriften der Realgläubiger nur zu deren Gunsten abgeändert werden können.[25]

7. Rechte des Versicherungsnehmers

80 Trotz dieses umfangreichen Schutzes der Realgläubiger durch die Vorschriften des VVG bleiben die Rechte der Eigentümer als Versicherungsnehmer nicht völlig unberücksichtigt. § 106 Abs. 2 VVG bietet ihnen die Möglichkeit, den Grundpfandrechtsgläubiger zur Zustimmung zu verpflichtet. Die Zustimmung darf nämlich nicht willkürlich vorenthalten werden. Entscheidend ist, ob ein Grund zur Verweigerung der Zustimmung vorliegt.

81 Ein solcher ist gegeben, wenn der Versicherungsnehmer für keinen Versicherungsschutz mehr sorgen will oder der ins Auge gefasste neue Vertrag zum Nachteil des Grundpfandrechtsgläubigers von dem bislang bestehenden Vertrag abweicht.[26] Ein Grund zur Verweigerung der Zustimmung liegt auch dann vor, wenn Bedenken gegen die Bonität des neuen nachfolgenden Versicherers bestehen.[27] Hingegen kann der Realgläubiger seine Zustimmung zur Kündigung des Versicherungsvertrages nicht verweigern, wenn die neue Versicherung den gleichen Versicherungsschutz wie die alte Versicherung bietet. Liegt eine Gleichwertigkeit zwischen dem zukünftigen und dem bisherigen Versicherungsschutz vor, setzt sich die Vertragsfreiheit des Versicherungsnehmers durch.[28]

8. Fiktion der Zustimmung

82 Falls der Nachweis erfolgen kann, dass ein gleichwertiger Versicherungsschutz durch die neue Versicherung erreicht wird und die Zustimmung weiterhin verweigert werden sollte, kann, wenn die Verweigerung als Verstoß gegen den Grundsatz von Treu und Glauben anzusehen ist, ihre Erteilung aufgrund des allgemeinen Rechtsgedankens des § 162 BGB fingiert werden.[29] Dadurch wird dem Versicherungsnehmer erspart, den Realgläubiger zunächst auf die Abgabe der Willenserklärung in Form der Zustimmung zu verklagen. Er kann sich so verhalten, als wäre die Bedingung eingetreten,[30] d. h., die Zustimmung tatsächlich erteilt. Da diese Fiktion auch gegenüber Dritten wirkt, kann der Versicherungsvertrag wirksam gekündigt werden, soweit die übrigen Wirksamkeitsvoraussetzungen vorliegen.

83 Wird die Zustimmung grundlos von dem Realgläubiger verweigert, ist auch die Entstehung eines Schadensersatzanspruch denkbar, so z. B., wenn der neuen Vertrag trotz Gleichwertigkeit im Versicherungsfall für den Versicherungsnehmer mit geringeren Versicherungsprämien verbunden gewesen wäre.[31]

84 Insoweit sind zwei Konstellationen denkbar:

Durch die Beendigung oder den Wechsel der Versicherung wird ein geringerer Schutz des Pfandgläubigers herbeigeführt, da der Versicherungsschutz weniger weitgehend ist bzw. Zweifel an der Bonität des neuen Versicherers bestehen. In diesem Fall bedarf es immer der Zustimmung des Realgläubigers. Es liegt dann ein Grund zur Verweigerung

---

[24] So auch *Prölss/Martin* § 106 Rn. 3, siehe auch OLG Hamm, Urteil vom 15. 7. 1987 aaO.

[25] Berliner Kommentar zum VVG § 106 Rn. 15.

[26] Berliner Kommentar zum VVG § 106 Rn. 13.

[27] *Bruck-Möller,* Kommentar zum Vertragsversicherungsgesetz, 3. Band, Feuerversicherung, Anm. J 87 cc.

[28] Berliner Kommentar zum VVG § 106 Rn. 13.

[29] *Brock-Möller,* Kommentar zum Versicherungsvertragsgesetz, Dritter Band, Feuerversicherung, Anm. J 87 Cc; siehe auch BGH vom 25. 9. 1996 in NJW 1996 S. 3338.

[30] *Palandt/Heinrichs* § 162 Rn. 5.

[31] *Prölss/Martin* § 106 Rn. 3, *Bruck-Möller,* Komm. zum Versicherungsvertragsgesetz, Dritter Band, Feuerversicherung, Anm. J 87 cc.

der Zustimmung vor. Falls die neue Versicherung einen gleichwertigen Versicherungsschutz zur bisherigen Versicherung bietet, ist ebenfalls die Zustimmung des Realgläubigers zur Kündigung erforderlich. Jedoch wird den Rechten des Versicherungsnehmers in diesem Fall dadurch entsprochen, dass der Gläubiger seine Zustimmung nicht verweigern darf. Falls er sie dennoch verweigert, wird die Zustimmung fingiert und der Realgläubiger macht sich ggf. schadensersatzpflichtig.

85 Die Tatsache, dass der Grundrechtsgläubiger durch die Vorschriften des VVG privilegiert wird und der Versicherungsnehmer in der Praxis, wo er im Zweifel auf die Zustimmung einer Vielzahl von Grundpfandrechtsgläubigern angewiesen ist, erheblich benachteiligt wird, wurde zwischenzeitlich erkannt.

86 Die Frage, ob die Neufassung des Versicherungsrechte ebenfalls einen besonderen Schutz der Realgläubiger enthalten soll, wird insgesamt verneint. Nach Ansicht der Kommission geht die bisheriger gesetzliche Regelung im Ergebnis über eine vertretbare Privilegierung der Grundpfandgläubiger weit hinaus. § 102 VVG verpflichtet den Versicherer zur Leistung an den nicht vertragsbeteiligten Gläubiger auch dann, wenn der Versicherer gegenüber dem Versicherungsnehmer vielleicht sogar wegen Brandstiftung leistungsfrei ist.[32]

87 Dennoch wurde eine Änderung in diesem Bereich im neuen VVG nicht realisiert oder umgesetzt, es steht zu befürchten, dass die gesamte Problematik – insbesondere auch im Bereich der erkannten Teilrechtsfähigkeit – nicht gesehen wurde. Es bleibt daher eine entsprechende Entscheidung abzuwarten. Denkbar ist dies zum einen in einer Wohnungseigentümergemeinschaft, die im Rahmen einer Feststellungsklage die Kündigung eines Versicherungsvertrages ohne die Zustimmung der Realgläubiger begehrt oder aber im Rahmen einer Zahlungsklage, wenn der Abschluss eines günstigen Versicherungsvertrages an der Zustimmung scheiterte.

---

[32] Siehe Abschlussbericht der Kommission zur Reform des Versicherungsvertragsrechts vom 19. April 2004, S. 76.

E. Das Wohnungseigentum im Steuerrecht

I. Wohnungseigentum als ertragsteuerliches Betriebs- oder Privatvermögen

Im Hinblick auf die unterschiedlichen steuerlichen Konsequenzen gilt es die Zugehörigkeit des Wohnungseigentums zum Betriebs- oder Privatvermögen abzugrenzen. Man unterscheidet dabei zwischen Privatvermögen, notwendigem und gewillkürtem Betriebsvermögen. 1

Während Wertsteigerungen im steuerlichen Privatvermögen mit Ausnahme privater (spekulativer) Veräußerungsgeschäfte nach §§ 17, 23 EStG steuerlich regelmäßig nicht erfasst werden, werden Wertsteigerungen im Betriebsvermögen in steuerlicher Hinsicht früher oder später als Gewinn erfasst, nämlich dann, wenn es wie im Fall einer Entnahme, einer Betriebsaufgabe oder Veräußerung des Wirtschaftsgutes zur Aufdeckung der stillen Reserven kommt. 2

Nach dem sog. Einheitlichkeitsgrundsatz ist ein selbständiges Wirtschaftsgut hinsichtlich seiner Zugehörigkeit zum Betriebs- oder Privatvermögen nach h. M. grundsätzlich stets einheitlich zu behandeln.[1] Dies gestaltet sich jedoch in seiner rechtlichen und praktischen Handhabung insbesondere dann schwierig, wenn die so verstandene Einheit gemischt genutzt wird. 3

Steuerrechtlich kann ein „einheitliches" Wirtschaftsgut angesichts unterschiedlicher Nutzungs- und Funktionszusammenhänge aus bis zu vier selbständigen Wirtschaftsgütern bestehen. Angesichts dieser Regelung ist im Hinblick auf gemischt genutztes Wohnungseigentum danach zu differenzieren, ob es zu eigenen Wohnzwecken oder zu fremden Wohnzwecken, im übrigen ob es eigenbetrieblich oder fremdbetrieblich genutzt wird. Für jeden selbständigen Gebäudeteil ist gesondert zu prüfen, ob er zum Betriebsvermögen oder zum Privatvermögen gehört. Dasselbe gilt für den dazugehörenden Grund und Boden, der im Verhältnis der einzelnen Gebäudeteile ebenfalls in einzelne selbständige Wirtschaftsgüter aufgeteilt wird. 4

1. Betriebsvermögen

Der BFH konkretisiert das Zurechnungskriterium der betrieblichen Veranlassung weiterhin dadurch, dass er innerhalb des betrieblichen Vermögensbereichs zwischen notwendigem und gewillkürtem Betriebsvermögen unterscheidet und diesen Kategorien das notwendige Privatvermögen gegenüberstellt.[2] Eine ausführliche Darstellung bieten in diesem Zusammenhang die Einkommensteuerrichtlinien.[3] 5

a) Notwendiges Betriebsvermögen. Zum notwendigen Betriebsvermögen gehören alle Wirtschaftsgüter, die ausschließlich und unmittelbar für eigenbetriebliche Zwecke des Steuerpflichtigen genutzt werden.[4] Der BFH verlangt, dass die Wirtschaftsgüter objektiv erkennbar zum unmittelbaren Einsatz im Betrieb selbst bestimmt sind, wobei auf die tatsächliche, letztendliche Zweckbestimmung und konkrete Funktion des Wirtschaftsguts im Betrieb abzustellen ist.[5] Für die Qualifizierung als notwendiges Betriebsvermögen wird dabei nicht verlangt, dass die Wirtschaftsgüter im Betrieb wesentlich oder un- 6

---

[1] BFH BStBl. II 2004, 985.
[2] BFH BStBl. II 2004, 985; BFH BStBl. II 2005, 431.
[3] R 4.2 ff. EStR.
[4] R 4.2 Abs. 7 Satz 2 EStR.
[5] BFH BStBl. II 1991, 829; BFH BStBl. II 1997, 248.

entbehrlich sind. Eine private Nutzung in geringem Umfang ist ebenfalls unschädlich. Die konkrete Art der Gewinnermittlung ist dabei irrelevant. Notwendiges Betriebsvermögen wird nicht dadurch ausgeschlossen, dass es zu Unrecht nicht bilanziert und somit im Privatvermögen gehalten wird.

7 Das eigenbetrieblich genutzte Wohnungseigentum des Steuerpflichtigen gehört mit dem nach der Nutzfläche verhältnismäßig zugehörigen Grund und Boden stets zum notwendigen Betriebsvermögen.

8 Da ein zu Vermietungszwecken genutztes Wohnungseigentum dem notwendigen Betriebsvermögen nur zugeordnet werden kann, sofern ein enger funktioneller Zusammenhang mit dem Betrieb des Steuerpflichtigen gegeben ist, reicht eine mit der Vermietung des Wohnungseigentums bezweckte bloße Absicherungsfunktion, beispielsweise die Sicherung eines betrieblichen Kredits, für die Annahme notwendigen Betriebsvermögens nicht aus.[6]

9 **b) Grundstücksteile von untergeordnetem Wert.** Beträgt der Wert eines eigenbetrieblich genutzten Wohnungseigentumsanteils nicht mehr als ¹/₅ des gemeinen Werts des gesamten Wohnungseigentums und dabei nicht mehr als 20 500,00 Euro, besteht ein Wahlrecht des Steuerpflichtigen, es entweder (weiterhin) als notwendiges Betriebsvermögen zu behandeln oder es, sofern bislang bilanziert, zum Teilwert zu entnehmen.[7]

10 **c) Gewillkürtes Betriebsvermögen.** Gewillkürtes Betriebsvermögen umfasst Wirtschaftsgüter, die weder notwendiges Betriebsvermögen noch notwendiges Privatvermögen sind, sofern sie buchmäßig als Betriebsvermögen behandelt werden.[8] Die Wirtschaftsgüter müssen danach in einem gewissen objektiven Zusammenhang mit dem Betrieb stehen und ihn zu fördern bestimmt sowie geeignet sein.[9]

11 Der auch hier geforderte betriebliche Förderungszusammenhang erfordert im Unterschied zum Bereich des notwendigen Betriebvermögens jedoch keine endgültige Entscheidung des Steuerpflichtigen über den unmittelbaren Einsatz im Betrieb und somit keine endgültige Funktionszuweisung. In Betracht kommen insoweit sämtliche Wirtschaftsgüter, deren betriebliche Verwendung zumindest möglich ist.

12 Die Bildung gewillkürten Betriebsvermögens bedarf nicht nur eines Willensentschlusses des Steuerpflichtigen, das Wirtschaftsgut diesem Vermögenskreis zuzuordnen, sondern darüber hinaus auch einer unmissverständlichen Bekundung dieser Zuordnungsentscheidung.[10] Für den Akt der erstmaligen Zuordnung eines bisher im Privatvermögen gehaltenen oder neu erworbenen Wirtschaftsgutes zum Betriebsvermögen bedarf es regelmäßig einer Dokumentation (i. d. R. dessen bilanzieller Ausweis), die es einem sachverständigen Dritten (Betriebsprüfer) ermöglicht, die Zugehörigkeit des Wirtschaftsgutes ohne weitere Erklärung des Steuerpflichtigen zu erkennen.[11]

13 Seit der Änderung der Rechtsprechung des BFH ist die Bildung gewillkürten Betriebvermögens nunmehr auch bei einer Gewinnermittlung nach § 4 Abs. 3 EStG möglich, vorausgesetzt es liegt eine mindestens 10%ige eigenbetriebliche Nutzung und eine zeitnahe eindeutige Zuordnungsentscheidung vor.[12]

14 Die Einlage von Wirtschaftsgütern als gewillkürtes Betriebsvermögen ist nicht zulässig, wenn erkennbar ist, dass die betreffenden Wirtschaftsgüter dem Betrieb keinen Nutzen, sondern nur Verluste bringen werden.[13]

---

[6] BFH vom 8. 12. 1993 – XI R 16/93.
[7] § 8 EStDV; R 4.2 Abs. 8 EStR.
[8] R 4.2 Abs. 1 Satz 3 EStR.
[9] BFH BStBl. II 2004, 985.
[10] BFH BStBl. II 1994, 172; BFH vom 27. 10. 1993 – XI R 5/93; BFH vom 23. 9. 1999 – IV R 12/98.
[11] BFH BStBl. II 1981, 618.
[12] BFH BStBl. II 2004, 985.
[13] BFH BStBl. II 1997, 399.

Gehört ein Grundstück nur teilweise dem Betriebsinhaber, kann es nur insoweit Betriebsvermögen sein, als es dem Betriebsinhaber gehört. Das gilt auch dann, wenn ein Grundstück Ehegatten gemeinsam gehört.[14] 15

Grundstücke oder Grundstücksteile, die nicht eigenbetrieblich genutzt werden und weder eigenen Wohnzwecken dienen, noch Dritten zu Wohnzwecken unentgeltlich überlassen sind, sondern z. B. zu Wohnzwecken oder zur gewerblichen Nutzung an Dritte vermietet sind, können als gewillkürtes Betriebsvermögen behandelt werden, wenn die Grundstücke oder die Grundstücksteile in einem gewissen objektiven Zusammenhang mit dem Betrieb stehen und ihn zu fördern bestimmt und geeignet sind. 16

In folgenden Fällen hat der BFH einen für die Bildung gewillkürten Betriebsvermögens erforderlichen betrieblichen Funktionszusammenhang anerkannt: 17

- Erwerb eines Nachbargrundstücks als vorbereitende Maßnahme zu einer möglichen Betriebserweiterung[15] 18
- Steigerung der Ertragsfähigkeit im Hinblick auf eine Kreditgewährung.[16]

2. Privatvermögen

Da der Begriff des Privatvermögens im Einkommensteuergesetz nicht explizit genannt ist, lässt er sich in Abgrenzung und als Gegenstück zum Betriebsvermögen definieren und umfasst daher alle Wirtschaftsgüter, die ihrem Wesen nach nicht geeignet sein können, dem Betrieb zu dienen. Notwendiges Privatvermögen sind daher in erster Linie solche Wirtschaftsgüter, die der privaten Lebensführung des Steuerpflichtigen und seiner Angehörigen dienen. Hierzu zählt insbesondere auch das Einfamilienhausgrundstück oder Wohnungseigentum, das der Steuerpflichtige mit seiner Familie bewohnt,[17] wie die zu eigenen Wohnzwecken genutzte Wohnung des Betriebsinhabers. 19

3. Verlust der Betriebsvermögenseigenschaft

Ein Steuerpflichtiger kann Betriebsvermögen durch folgende Maßnahmen begründen: 20

- Betriebseröffnung und -erwerb, 21
- entgeltlicher und unentgeltlicher[18] Erwerb einzelner Wirtschaftsgüter aus betrieblicher Veranlassung,
- Herstellung im betrieblichen Bereich sowie
- Einlage aus dem Privatvermögen in den betrieblichen Bereich.

Ein Wirtschaftsgut verliert seine Eigenschaft als Betriebsvermögen entsprechend durch Betriebsveräußerung, Betriebsaufgabe, Einzelveräußerung oder Entnahme ins Privatvermögen. 22

---

[14] BFH BStBl. II 1996, 193.
[15] BFH BStBl. II 1981, 618; BFH BStBl. II 1981, 731.
[16] BFH BStBl. II 1998, 461.
[17] BFH BStBl. II 1980, 740.
[18] BFH BStBl. II 1974, 210.

II. Einheitliche steuerliche Bewertung

23 Die Einheitsbewertung ist ein anlassunabhängiges, förmliches Verfahren zur Ermittlung und Feststellung von Besteuerungswerten für Grundbesitz. Die Bedeutung der Einheitsbewertung hat mit dem Wegfall der Vermögensteuer zum 31. 12. 1996 und der im Zuge der Erbschaftsteuerreform neu eingeführten Bewertung aller Vermögensarten anhand ihres Verkehrswertes für Zwecke der Erbschaft- und Schenkungsteuer erheblich abgenommen. Das Bundesverfassungsgericht hatte in seinem Beschluss vom 7. 11. 2006[1] alle bisherigen erb- und schenkungsteuerrechtlichen Bewertungsregeln für verfassungswidrig erklärt und eine am gemeinen Wert orientierte Neuregelung gefordert. Aktuell werden die Einheitswerte steuerrechtlich nur noch für Zwecke der Grundsteuer benötigt.

1. Begriff des Einheitswerts

24 Der Einheitswert ist der Wert, mit dem Grundstücke im Rahmen der sog. Einheitsbewertung bewertet werden. Um eine einheitliche Besteuerung für Fälle zu gewährleisten, in denen steuerliche Vorschriften an den Wert von Wirtschaftsgütern anknüpfen, gibt das Bewertungsgesetz einheitliche Regelungen zur Festsetzung der Vermögenswerte vor.

2. Gegenstand des Einheitswertes

25 Das Bewertungsgesetz (BewG) teilt einer Besteuerung zugängliche Wirtschaftsgüter in verschiedene Vermögensarten ein. Wohnungseigentum, Teileigentum, Wohnungserbbaurechte und Teilerbbaurechte gehören gem. § 68 Abs. 1 Nr. 3 BewG zum Grundvermögen. Grundvermögen wiederum werden unterschieden in unbebaute und bebaute Grundstücke.

26 • Unbebaute Grundstücke werden mit dem gemeinen Wert bewertet. Gemeiner Wert ist der Einzelveräußerungspreis unter Fremden.

27 • Bebaute Grundstücke werden nach § 75 Abs. 1 BewG wiederum unterschieden in
- Mietwohngrundstücke,
- Geschäftsgrundstücke,
- gemischt genutzte Grundstücke,
- Einfamilienhäuser,
- Zweifamilienhäuser und
- sonstige bebaute Grundstücke.

28 **a) Wirtschaftliche Einheit.** Das steuerliche Bewertungsrecht stellt gemäß § 2 Abs. 1 Satz 1 BewG auf die einzelne wirtschaftliche Einheit ab. Für diese ist der Einheitswert festzustellen.

29 **b) Wohnungseigentum.** Der Begriff der Eigentumswohnung ist dem Bewertungsgesetz fremd; es spricht zutreffenderweise von Wohnungseigentum. Das Wohnungseigentum umfasst das Sondereigentum an einer Wohnung und den Miteigentumsanteil an dem gemeinschaftlichen Eigentum. Jedes Wohnungseigentum bildet eine wirtschaftliche Einheit und gilt für bewertungsrechtliche Zwecke als selbständiges Grundstück (§ 93 Abs. 1 Satz 1 BewG). In einem dazu ergangenen gleichlautenden Erlass der alten Bundesländer vom 16. 11. 1992[2] heißt es:

30 „Die Bedeutung des § 93 Abs. 1 Satz 1 BewG besteht zum einen darin, den Besonderheiten der Rechtsfigur des Wohnungseigentums bewertungsrechtlich Rechnung zu tragen, indem das Wohnungseigentum aus der Einheit des bebauten Grundstücks herausgenommen und diesem gegenüber

[1] BVerfG BStBl. II 2007, 192 = BVerfGE 117, 1.
[2] BStBl. I 1993, 104.

verselbständigt wird. Zum anderen wird klargestellt, dass das Sondereigentum an der Wohnung und der Miteigentumsanteil nicht getrennt, sondern als Einheit zu bewerten sind. Im übrigen gelten jedoch die allgemeinen Abgrenzungsregeln, wie sie sich aus § 2 Abs. 1 BewG und § 70 Abs. 2 BewG ergeben. Für die Abgrenzung der wirtschaftlichen Einheit ist daher in erster Linie die Verkehrsauffassung maßgebend."

aa) Grundstücksart. Die Grundstücksart, der das Wohnungseigentum zuzuordnen ist, richtet sich nach der Nutzung des auf das Wohnungseigentum entfallenden Gebäudeteils, § 93 Abs. 1 Satz 2 BewG. 31

Gehört dazu nur eine Wohnung, ist das Wohnungseigentum der Grundstücksart „Einfamilienhaus" zuzuordnen, § 75 Abs. 5 Satz 1 BewG. Enthält die das Sondereigentum bildende abgeschlossene Wohneinheit zwei Teile, bei der jeder Teil den bewertungsrechtlichen Begriff der Wohnung erfüllt, wird das Wohnungseigentum als „Zweifamilienhaus" bewertet. 32

Der Grundstücksart „Mietwohngrundstück" ist es zuzuordnen, wenn zu dem Wohnungseigentum ein Anteil an einer anderen oder mehreren im gemeinschaftlichen Eigentum stehenden sonstigen Wohnungen gehört, § 75 Abs. 2 BewG. 33

Gehört zum Wohnungseigentum ein Anteil an in gemeinschaftlichem Eigentum stehenden Räumen, die gewerblichen Zwecken dienen und dadurch die Eigenheit des Wohnungseigentums als Einfamilienhaus wesentlich beeinträchtigten, liegt in Höhe des gewerblichen Anteils der Miete ein gemischt genutztes Grundstück i.S.d. § 75 Abs. 4 BewG oder ein Geschäftsgrundstück i.S.d. § 75 Abs. 3 BewG vor. 34

bb) Wirtschaftliche Einheit. Was beim Wohnungseigentum als wirtschaftliche Einheit zu gelten hat, entscheidet sich nach der Verkehrsanschauung (§ 2 Abs. 2 Satz 3, 4 BewG), die von der subjektiven Zweckbestimmung durch den Eigentümer geprägt wird. Für die Bestimmung des Bewertungsgegenstandes beim Wohnungseigentum ist das selbständige Wohneigentumsrecht maßgebend. Hiernach sind zwei Wohnungen, die mit nur einem Miteigentumsanteil verbunden sind, grundsätzlich zu einer wirtschaftlichen Einheit i.S.d. Bewertungsrechts zusammenzufassen. 35

Ist ein Miteigentumsanteil mit dem Sondereigentum an mehr als einer abgeschlossenen Raumeinheit verbunden, so bildet das Wohnungseigentum grundsätzlich eine wirtschaftliche Einheit und somit ein Grundstück i.S.d. Bewertungsgesetzes, wenn diese Wohnungen in dem selben Haus unmittelbar unter- oder nebeneinander angeordnet und derart baulich miteinander verbunden sind, dass sie sich als ein Raumkörper darstellen.[3] Besteht keine derartige Verbindung, weil sich die Wohnungen getrennt von anderen im Sondereigentum stehenden Wohnungen im Gebäude befinden und somit keine geschlossene Einheit bilden, verbietet die Verkehrsanschauung die Annahme einer wirtschaftlichen Einheit. 36

Die Führung mehrerer selbständiger Wohnungseigentumsrechte auf einem gemeinsamen Wohnungsgrundbuch bzw. das tatsächliche Aneinandergrenzen mehrerer Wohnungen, die jeweils mit einem Miteigentumsanteil am Grundstück verbunden sind, führt allein nicht dazu, diese Wohnungseigentumsrechte als eine wirtschaftliche Einheit zu behandeln.[4] 37

Zubehörräume wie Kellerräume, Abstellräume und Garagen sind mangels eigenständiger Zweckbestimmung ohne Rücksicht auf die zivilrechtliche Gestaltung in die wirtschaftliche Einheit miteinzubeziehen, § 70 Abs. 1 und 2 BewG.[5] 38

b) Dauerwohnrecht. Gegenstand der Einheitsbewertung kann auch das eigentumsähnliche Dauerwohnrecht i.S.d. § 31 WEG sein, wenn es nach seiner vertraglichen Ausgestaltung und tatsächlichen Handhabung zu wirtschaftlichem Eigentum führt. Die 39

---

[3] BFH vom 1. 4. 1987 – II R 79/86.

[4] BFH BStBl. II 1990, 1016; einschränkend BFH BStBl. II 1987, 840.

[5] 4 Abs. 1 und 2 BewRGr.

Einheitsbewertung erstreckt sich auf die vom eigentumsähnlichen Dauerwohnrecht erfassten Räume.

3. Bewertungsverfahren

40 Für die Bewertung bebauter Grundstücke sind zwei Verfahren vorgesehen. Grundsätzlich werden die bebauten Grundstücke nach dem Ertragswertverfahren bewertet. In Ausnahmefällen wird das Sachwertverfahren angewendet. Das Sachwertverfahren kann in Betracht kommen bei Eigentumswohnungen, die besonders luxuriös gestaltet, ausgestattet oder besonders groß sind.

41 Die Ermittlung des Grundstückswerts auf der Grundlage des Ertragswertverfahrens ist in den §§ 78 bis 82 BewG geregelt. Der Grundstückswert ergibt sich nach diesem Verfahren durch Anwendung eines gesetzlich vorgeschriebenen Vervielfältigers auf die Jahresrohmiete. Jahresrohmiete ist das Gesamtentgelt, das die Mieter (Pächter) für die Benutzung des Grundstücks auf Grund vertraglicher Vereinbarungen nach dem Stand im Feststellungszeitpunkt für ein Jahr zu entrichten haben. Wertmindernde Umstände, wie beispielsweise eine starke Beeinträchtigung durch Lärm, Rauch, Geruch oder etwa behebbare Baumängel sind vom Grundstückswert abzuziehen, werterhöhende Umstände, wie u. a. beispielsweise die nachhaltige Ausnutzung des Grundstücks für Reklamezwecke gegen Entgelt sind dem Grundstückswert hinzuzurechnen. Der danach ermittelte Grundstückswert (= Einheitswert) umfasst den Bodenwert, den Gebäudewert und den Wert der Außenanlagen (§ 78 BewG).

42 Das Sachwertverfahren kommt bei Eigentumswohnungen nur in Betracht, wenn sie sich durch besondere Gestaltung oder Ausstattung wesentlich von den übrigen vergleichbaren Eigentumswohnungen unterscheiden (§ 76 Abs. 3 BewG). Hiermit sollen besonders aufwendige Bauweisen, die in der Jahresrohmiete nicht zum Ausdruck kommen, besser erfasst werden. Für Eigentumswohnungen mit einer Wohnfläche von etwa 220 m^2 hat die Rechtsprechung eine die Anwendung des Sachwertverfahrens rechtfertigende besondere Gestaltung angenommen.[6]

43 Bei dem in den §§ 83 bis 90 BewG geregelten Sachwertverfahren wird zunächst ein Ausgangswert ermittelt. Der Ausgangswert setzt sich aus dem Bodenwert, dem Gebäudewert und dem Wert der Außenanlagen zusammen (§ 83 BewG). Bei der Ermittlung des Grundstückswerts ist der Ausgangswert durch Anwendung einer durch Rechtsverordnung festgesetzten Wertzahl an den gemeinen Wert anzugleichen.

44 Grund und Boden ist mit dem gemeinen Wert anzusetzen, der sich ergeben würde, wäre das Grundstück unbebaut, sog. Bodenwert.

45 Neben dem nach den §§ 85 bis 88 BewG festzulegendem Gebäudewert wird der Wert der Außenanlagen gesondert ermittelt (§ 83 BewG). In der Regel wird für Außenanlagen bei Ein- und Zweifamilienhäusern ein Pauschalwert von 2 bis 8 % des Gebäudewerts angesetzt werden.[7]

46 Der Bodenwert, der Gebäudewert und der Wert der Außenanlagen ergeben zusammen den Ausgangswert, auf den die besondere Wertzahl anzuwenden (§ 90 BewG) ist, die je nach Grundstücksart und -gruppe zwischen 85 % und 50 % des errechneten Ausgangswerts beträgt.[8]

---

[6] BFH BStBl. II 1986, 320.

[7] 45 Abs. 2 BewRGr.

[8] § 2 DV zu § 90 BewG.

III. Die einkommensteuerrechtliche Behandlung

1. Gegenstand der Besteuerung

Da der Einkommensteuer grundsätzlich nur das wirtschaftliche Ergebnis unterworfen wird, das man aus der Nutzung der Eigentumswohnung erzielt, wird bei privatem Grundbesitz zunächst danach unterschieden, ob es zur Erzielung von Einkünften oder zur Selbstnutzung bestimmt ist. Die daraus erzielten Einkünfte oder – bei betrieblicher Tätigkeit – der daraus resultierende Gewinn/Verlust wird demjenigen zugerechnet, der den Tatbestand verwirklicht, an den das Einkommensteuergesetz (EStG) die Entstehung der Steuer knüpft (vgl. § 38 AO). Unbeschränkt einkommensteuerpflichtig sind nach § 1 EStG natürliche Personen, die im Inland einen Wohnsitz oder ihren gewöhnlichen Aufenthaltsort haben. 47

Die Eigentumswohnung bewirkt also nur dann einkommensteuerrechtliche Folgen, wenn sie einem Steuerpflichtigen zur Erzielung von Einkünften dient. 48

Das zu eigenen Wohnzwecken genutzte und unentgeltlich überlassene Wohnungseigentum wird seit 1987 nicht mehr als Einkunftsquelle behandelt, dennoch unter bestimmten Voraussetzungen und in begrenztem Umfang weiterhin einkommensteuerrechtlich gefördert. 49

2. Vermietung an Dritte

a) Ermittlung der Einkünfte. Einkünfte aus Vermietung und Verpachtung sind die Überschüsse aus der entgeltlichen Nutzungsüberlassung bestimmter Vermögensgegenstände an andere Personen zur Nutzung. Es handelt sich dem Wesen nach um private Vermögensverwaltung, die hinsichtlich der Nutzungsentgelte steuerbar ist, jedoch hinsichtlich der Wertsteigerungen oder Veräußerungsgewinne des Vermögensgegenstandes nicht in den steuerlichen Nexus fällt. Die zivilrechtlichen Unterschiede zwischen Miete (§§ 535 ff. BGB) und Pacht (§§ 581 ff. BGB) spielen einkommensteuerlich keine Rolle. Die Tatbestände, aus denen sich Einkünfte aus Vermietung und Verpachtung ergeben können, werden in § 21 Abs. 1 EStG abschließend aufgezählt. Diese Einkünfte werden durch Gegenüberstellen der erzielten Einnahmen und der Werbungskosten ermittelt. Das Ergebnis der Überschussermittlung führt entweder zu positiven oder zu negativen Einkünften. Die Einkünfte aus Vermietung und Verpachtung sind mit den übrigen Einkünften des Steuerpflichtigen, die enumerativ in § 2 Abs. 1 EStG aufgezählt sind, zusammenzurechnen. Zu den übrigen Einkünften gehören z.B. solche aus Gewerbebetrieb, nichtselbständiger Arbeit oder aus Kapitalvermögen. Negative Einkünfte aus Vermietung und Verpachtung, die bei vermieteten Eigentumswohnungen insbesondere in den ersten Jahren wegen meist hoher Schuldzinsen und Abschreibungen oder auch später beim Anfall größerer Erhaltungsaufwendungen zu erwarten sind, vermindern demnach die positiven Einkünfte aus den übrigen Einkunftsarten. Sie können hierdurch zu einer beachtlichen einkommensteuerlichen Entlastung führen. 50

b) Einnahmen. Der Begriff der Einnahmen erfasst nach § 8 EStG alle Güter, die in Geld oder Geldeswert bestehen. Zu den Einnahmen aus Vermietung und Verpachtung rechnen in erster Linie die Erträge, die aus der entgeltlichen Gebrauchsüberlassung von Grundstücken, Gebäuden und Gebäudeteilen erwirtschaftet werden. Die Einkünfte aus Vermietung und Verpachtung stehen anderen Einkunftsarten, insbesondere den Gewinneinkünften im Wege der Subsidiarität zurück, so dass sie nur dann nach § 21 EStG zu erfassen sind, wenn sie nicht vorrangig zu einer anderen Einkunftsart gehören, z. B. die Vermietung von Betriebsgrundstücken im Rahmen der unternehmerischen Nutzung, der Hotelbetrieb etc. Dies sind Einkünfte aus Gewerbebetrieb, gemäß § 15 EStG. 51

52 Zu den Einnahmen aus Vermietung und Verpachtung gehören neben den vereinbarten Mietzinsen alle sonstigen Vergütungen, die als Entgelte für die Gebrauchsüberlassung geleistet werden, unabhängig davon, wie sie bezeichnet werden oder ob sie einmalig oder laufend zufließen. Entscheidend ist, dass die Einnahmen durch die Vermietungstätigkeit veranlasst sind. Zu den Einnahmen zählen deshalb auch sämtliche Nebenleistungen des Mieters, die der Vermieter oder Verpächter im Rahmen des Vertragsverhältnisses durch entsprechende Umlage seiner Betriebskosten einnimmt, wie z.B. Strom-, Wasser- und Heizungskosten bzw. öffentliche Abgaben und Gebühren. Gleiches gilt für entsprechende Nachzahlungen der Mieterpartei aufgrund einer jährlichen Nebenkostenabrechnung. Macht der Vermieter oder Verpächter von der Option zur umsatzsteuerrechtlichen Regelungsbesteuerung nach § 9 UStG Gebrauch, ist auch die vereinnahmte Umsatzsteuer als Einnahme zu erfassen.

53 Wie der BFH erneut bestätigte, gehört der Erbbauzins für ein Erbbaurecht an einem privaten Grundstück zu den Einnahmen aus Vermietung und Verpachtung. Dabei steht der bewertungsrechtliche Ansatz des Erbbauzinsanspruchs als sonstiges Vermögen dieser Beurteilung nicht entgegen.[1] Das BVerfG hat mit Beschluss vom 17. 7. 1995[2] unterstrichen, dass der Grundstückseigentümer durch den Erbbauzins eine laufende Rendite erwirtschafte und der maßgebliche wirtschaftliche Gehalt sowohl eines langfristigen Miet- oder Pachtvertrages bzw. dinglichen Nießbrauchs- als auch Erbbaurechts darin liege, dass der Eigentümer des Grundstücks die damit einhergehende Nutzungsmöglichkeit einem Dritten gegen Entgelt überträgt. Allein dies sei für die Einkommensbesteuerung maßgebend und erfordere es in allen diesen Fällen, das Nutzungsentgelt als Einnahme gemäß § 21 Abs. 1 Satz 1 Nr. 1 EStG zu erfassen und damit die durch das Nutzungsentgelt gesteigerte Leistungsfähigkeit zu berücksichtigen. Im Hinblick auf Art. 3 Abs. 1 GG ist eine Privilegierung des Erbbauzinses im Vergleich zu anderen Nutzungsentgelten nicht zu rechtfertigen.

54 Kautionszahlungen auf ein neutrales Konto bleiben dem Mieter zugerechnet, es findet also weder ein Ab- noch Zufluss statt, so dass darauf eventuell anfallende Zinsen durch den Mieters zu versteuern sind. Tritt der Kautionsfall ein, führt der Zufluss der Kautionssumme beim Vermieter zu Einnahmen. Die tatsächlich angefallenen Reparaturkosten kann er dagegen als Werbungskosten absetzen, so dass dieser Vorgang letztlich einkommensteuerlich neutral bleibt.

55 Auch Zuschüsse, die der Grundstückseigentümer aus öffentlichen oder privaten Mitteln erhält, sei es als Gegenleistung für eine Mietpreisbindung oder aber unter der Auflage, das Eigentum an einen bestimmten Personenkreis zu vermieten (z.B. öffentlich Wohnberechtigte), sind im Kalenderjahr des Zuflusses den Einnahmen aus Vermietung und Verpachtung zuzurechnen. Denn auch diese sind durch die Überlassung der Wohnung zu Wohnzwecken veranlasst.

56 Fallen Schönheitsreparaturen an und werden diese auf Kosten des Vermieters durchgeführt, kann dieser sie einkommensteuerlich als sofort abziehbarer Erhaltungsaufwand geltend machen. Eine anschließende Erstattung seitens des Mieters führt zu Einnahmen beim Vermieter.

57 Sämtliche Einnahmen sind in dem Jahr zu erfassen, in dem sie tatsächlich zufließen, sog. Zu- und Abflussprinzip des § 11 Abs. 1 EStG. Das Steuerrecht versteht unter Zufluss die Erlangung der wirtschaftlichen Verfügungsmacht über die Einnahmen. Der typische Fall ist die Gutschrift auf dem Bankkonto des Vermieters. Daraus wird ersichtlich, dass gestundete Mietzinsen erst im Jahr der tatsächlichen Zahlung als Einnahmen zu erfassen sind. Als Ausnahme von diesem Grundsatz sieht das Gesetz für bestimmte Fälle eine periodengerechte Berücksichtigung von Einnahmen vor. Nach § 11 Abs. 1 Satz 2 EStG gelten regelmäßig wiederkehrende Einnahmen, die dem Vermieter kurze Zeit vor

[1] BFH vom 20. 9. 2006 – IX R 17/04.
[2] BVerfG BStBl. II 1995, 810.

Beginn oder kurze Zeit nach Beendigung des Kalenderjahres, zu dem sie wirtschaftlich gehören, zugeflossen sind, als in diesem Kalenderjahr bezogen. Kurze Zeit ist in der Regel ein Zeitraum von bis zu zehn Tagen.[3]

Steuerpflichtige, die ihren Gewinn nach § 4 Abs. 3 EStG ermitteln, können eine für das vorangegangene Kalenderjahr geschuldete und zu Beginn des Folgejahres entrichtete Umsatzsteuer-Vorauszahlung als regelmäßig wiederkehrende Ausgabe im vorangegangenen Veranlagungszeitraum abziehen.[4] Der die regelmäßige Wiederkehr bestimmende Zahlungs- und Fälligkeitstermin ist insofern gesetzlich geregelt, als der Unternehmer nach § 18 Abs. 1 Satz 1 UStG bis zum 10. Tag nach Ablauf jedes Voranmeldungszeitraums eine Voranmeldung abzugeben bzw. auf elektronischem Weg zu übermitteln hat und die angemeldete Vorauszahlung am 10. Tag nach Ablauf des Voranmeldungszeitraums fällig ist, § 18 Abs. 1 Satz 3 UStG. Zu Beginn des Folgejahres entrichtete Umsatzsteuer-Vorauszahlungen für das vergangene Jahr gehören wirtschaftlich zum abgelaufenen Kalenderjahr, da sie auf Leistungen beruhen, die der Unternehmer im Vorjahr erbracht hat, bzw. auf Zahlungen, die er im Vorjahr erhalten hat. 58

Bei Mietvorauszahlungen, die der Mieter erbringt, lässt es die Finanzverwaltung zu, diese auf die Laufzeit des Mietvertrags zu verteilen und jährlich zu einem Teil entsprechend der vereinbarten Laufzeit des Mietvertrags zu versteuern, § 11 Abs. 1 Satz 3 EStG. 59

c) **Werbungskosten.** Die mit der Vermietung zusammenhängenden Ausgaben werden als Werbungskosten bezeichnet. § 9 Abs. 1 Satz 1 EStG definiert sie als Aufwendungen zur Erwerbung, Sicherung und Erhaltung der Einnahmen. Abweichend von dem final formulierten Wortlaut dieser Vorschrift i. S. v. zweckgerichteten Ausgaben stellt die Rechtsprechung entscheidend auf die Veranlassung der Aufwendungen durch die steuerpflichtigen Einnahmen ab, sog. Veranlassungsprinzip.[5] Danach müssen die Aufwendungen objektiv mit der Vermietung und Verpachtung in Zusammenhang stehen und die Einnahmeerzielung subjektiv fördern. Der objektive Zusammenhang ist nicht nur bei unmittelbarem, sondern auch bei mittelbarem Zusammenhang mit der auf Einnahmeerzielung gerichteten Tätigkeit gegeben, wobei letzterer nur bei wirtschaftlichem Zusammenhang zu bejahen ist.[6] 60

Bei den Einkünften aus Vermietung und Verpachtung gehören hierzu alle Aufwendungen, die durch die mit dieser Einkunftsart verbundenen wirtschaftlichen Betätigung veranlasst sind. Ein rechtlicher Zusammenhang reicht nicht aus.[7] Diese Unterscheidung hat insbesondere Bedeutung bei der dinglichen Belastung einer Eigentumswohnung zur Absicherung einer Verbindlichkeit (z. B. Grundschuld oder Hypothek). Die aus dieser Verbindlichkeit zu zahlenden Schuldzinsen sind nur dann als Werbungskosten abziehbar, wenn die Verbindlichkeit zum Zwecke der belasteten Eigentumswohnung begründet worden ist.[8] Belastet beispielsweise ein Steuerpflichtiger ein Mietshaus mit einer Grundschuld, um die Darlehensmittel zum Erwerb einer privaten Limousine zu verwenden, stellen die damit einhergehenden Schuldzinsen keine abziehbaren Werbungskosten in Verbindung mit den Einkünften aus Vermietung und Verpachtung des Mietshauses dar. 61

Als subjektives Merkmal muss der Steuerpflichtige zusätzlich die Absicht haben, mit den Aufwendungen Einnahmen zu erzielen, wobei es unbeachtlich ist, ob diese Absicht objektiv erreicht wird oder erreicht werden kann. Bei unfreiwilligen Aufwendungen kann das subjektive Moment völlig hinter den wirtschaftlichen Zusammenhang zurücktreten. 62

---

[3] H 11 EStR.

[4] BFH BStBl. II 2008, 282.

[5] BFH BStBl. II 1989, 16; BFH BStBl. II 1981, 510.

[6] BFH BStBl. II 1981, 368; BFH BStBl. II 1981, 510.

[7] BFH BStBl. II 1980, 348.

[8] Z. B. Zinsen für Darlehen zur Abfindung von Miterben, BFH BStBl. II 1985, 722; Geschwister-Gleichstellungsgelder, BFH BStBl. II 1986, 161.

63 Für die steuerrechtliche Behandlung von Ausgaben als Werbungskosten ist es grundsätzlich unerheblich, ob sie bei objektiver Betrachtung üblich, notwendig und zweckmäßig sind. Der Eigentümer der Eigentumswohnung ist also frei in seiner Entscheidung, in welcher Höhe er Aufwendungen zur Erzielung von Mieteinnahmen für erforderlich hält.

64 Dem Grunde nach unterteilen sich die Werbungskosten der Einkünfte aus Vermietung und Verpachtung in
- Kosten der Finanzierung der Immobilie,
- Kosten der Abnutzung der Immobilie,
- Kosten der Erhaltung der Immobilie und
- laufende Nebenkosten.

65 *aa) Vorweggenommene und nachträgliche Werbungskosten.* Die Berücksichtigung von Werbungskosten ist nicht davon abhängig, dass bereits zuvor oder zeitgleich entsprechende Einnahmen fließen. Voraussetzung für die Annahme und Berücksichtigung sog. vorweggenommener und sog. nachträglicher Werbungskosten ist, dass die Aufwendungen bereits oder noch in einem hinreichend klaren wirtschaftlichen Zusammenhang mit der Erzielung von Einkünften stehen.[9]

66 Dies ist bei vorweggenommenen Werbungskosten nur der Fall, wenn der Entschluss zur Einkunftserzielung endgültig gefasst und auch später nicht wieder weggefallen ist. Als typische vorweggenommene Werbungskosten können angenommen werden:
- Reisekosten, die durch die Suche nach einer geeigneten Eigentumswohnung entstehen, auch soweit sie auf die Besichtigung letztlich nicht erworbener Wohnungen entfallen,
- Grundsteuer auf das für die Bebauung vorgesehene Grundstück,
- Abschlussgebühren eines Bausparvertrags,
- Schuldzinsen für ein Darlehen, das zur Finanzierung des Erwerbs oder der Herstellung der Eigentumswohnung aufgenommen wird.

67 Keine vorweggenommenen Werbungskosten sind hingegen Vertragsstrafen wegen Rücktritts vom Kaufvertrag, und zwar auch dann nicht, wenn nach dem Rücktritt eine andere Eigentumswohnung erworben wird, denn die Vertragsstrafe steht mit den erstrebten Einnahmen nicht in wirtschaftlichem Zusammenhang. Sie wird gezahlt, weil der Gegenstand der Einkunftserzielung nicht angeschafft wird.

68 Bei erst nach Beendigung der Fremdvermietung und somit nachträglich angefallenen Aufwendungen fehlt es dann notwendig an einem wirtschaftlichen Zusammenhang mit den Vermietungseinkünften, wenn sie allein durch die Veräußerung der bisher vermieteten Eigentumswohnung oder durch die private Lebensführung des Eigentümers veranlasst sind. Hierunter fallen insbesondere Kosten eines Räumungsprozesses gegen einen Mieter, um die Eigentumswohnung veräußern zu können, Vorfälligkeitsentschädigungen zur Ablösung eines Darlehens sowie Modernisierungs- und sonstiger Erhaltungsaufwand, der erkennbar für eine nachfolgende Selbstbenutzung bestimmt ist, selbst dann, wenn sie rein taktisch in die Vermietungsphase vorverlagert werden.

69 Schuldzinsen, die auf die Zeit nach der Veräußerung einer Eigentumswohnung entfallen, sollen ebenfalls nicht als nachträgliche Werbungskosten abziehbar sein. Das gilt selbst dann, wenn der Erlös aus der Veräußerung der Wohnung nicht zur Tilgung des hypothekarisch gesicherten Darlehns ausgereicht hat.[10] Der nachträgliche Schuldzinsenabzug als Werbungskosten könnte aber damit begründet werden, dass der wirtschaftliche Zusammenhang zwischen Fremdkapital, das weiter zu verzinsen ist, und der ursprünglichen Einkunftserzielung trotz Veräußerung der Eigentumswohnung bestehen geblieben ist.

70 *bb) Zu- und Abflussprinzip.* Im Hinblick auf das in § 11 EStG niedergelegte und auf Vermietungseinkünfte anwendbare Zu- bzw. Abflussprinzip sind Werbungskosten grundsätzlich in dem Jahr zu berücksichtigen, in dem sie abgeflossen sind. Für den Abfluss von

---

[9] BFH BStBl. II 1984, 307.
[10] BFH BStBl. II 1984, 29; BFH BStBl. II 1992, 289.

regelmäßig wiederkehrenden Ausgaben gilt gem. § 11 Abs. 2 Satz 2 EStG das zu regelmäßig wiederkehrenden Einnahmen Gesagte. Demnach gelten regelmäßig wiederkehrende Ausgaben, die dem Vermieter kurze Zeit vor Beginn oder kurze Zeit nach Beendigung des Kalenderjahres, zu dem sie wirtschaftlich gehören, abgeflossen sind, als in diesem Kalenderjahr abgeflossen. Ausnahmen des Abflussprinzips gelten jedoch für folgende Fälle:

- Anschaffungs- und Herstellungskosten sind nur nach Maßgabe der Abschreibung für Abnutzung berücksichtigungsfähig. 71
- Werden Ausgaben für eine Nutzungsüberlassung von mehr als fünf Jahren im Voraus geleistet, sind sie insgesamt auf den Zeitraum gleichmäßig zu verteilen, für den die Vorauszahlung geleistet wird, § 11 Abs. 2 Satz 3 EStG. 72
- Größere Erhaltungsaufwendungen können auf zwei bis fünf Jahre verteilt werden. Die Entscheidung sollte im Hinblick auf die Optimierung der Steuerprogression getroffen werden.[11] Hierfür ist es notwendig, die in der Zukunft möglicherweise zu erzielenden Einkünfte zu kennen. 73
- Nach § 21 Abs. 5 Nr. 4 WEG sind die Mitglieder einer Wohnungseigentümergemeinschaft nach den Grundsätzen ordnungsgemäßer Verwaltung verpflichtet, Beiträge zur Instandhaltungsrücklage zahlen. Daran hat sich auch im Zuge der WEG-Novelle[12] nichts geändert. Da der Verband nach bisherigem WEG Recht keine eigene Rechtspersönlichkeit besaß und daher alle Wohnungseigentümer als Träger des Vermögens an der Instandhaltungsrücklage ideell beteiligt waren, waren Beiträge zur Instandhaltungsrücklage nach dem Abflussprinzip bisher nicht bereits mit Abführung an den Verwalter, sondern erst mit deren konkreter Verwendung für Erhaltungsaufwendungen als Werbungskosten abziehbar.[13] Dem einzelnen Wohnungseigentümer waren sie für das Jahr der Verausgabung entsprechend seinem Eigentumsanteil als Werbungskosten zuzuordnen. Diese Rechtsprechung hat der BFH und diesem folgend die Finanzverwaltung[14] auch nach der Entscheidung zur Teilrechtsfähigkeit der Wohnungseigentümergemeinschaft[15] fortgesetzt. Dies ist in der Praxis insbesondere im Hinblick auf die in § 10 Abs. 7 Satz 1 WEG erfolgte neue Vermögenszuordnung an den Verband auf Kritik und Zweifel gestoßen. Denn, so beispielsweise *Drasdo,*[16] wenn die Instandhaltungsrücklage dem Vermögen der Wohnungseigentümergemeinschaft zuzuordnen ist, kann in dem Abfluss bei dem Wohnungseigentümer keine Vermögensverschiebung, sondern ausschließlich die Zuweisung zu einem fremden Vermögen liegen. Gleiches muss für Erträge aus der Instandhaltungsrücklage gelten. Wurden die Zinsen aus der Anlage der Instandhaltungsrücklage bisher bei den einzelnen Wohnungseigentümern zu den Einnahmen aus Kapitalvermögen gezählt, die nicht erst bei deren tatsächlichen Auszahlung zugeflossen sind, appelliert die Literatur dafür, die Erträge steuerlich der Gemeinschaft als Verband anzulasten und den Wohnungseigentümern anteilig über eine einheitliche und gesonderte Feststellung der Besteuerungsgrundlagen nach § 180 Abs. 1 Nr. 2 lit. a AO zuzurechnen.[17] Inwieweit sich die Rechtsprechung dieser Problematik annehmen und eine klärende Entscheidung treffen wird, bleibt vorerst noch abzuwarten. 74

cc) Finanzierungskosten. Zu den einzelnen Werbungskosten gehören insbesondere die Finanzierungskosten, die sich in Schuldzinsen und Finanzierungsnebenkosten aufteilen. 75

---

[11] § 82 b EStDV.

[12] Gesetz zur Änderung des Wohnungseigentumsgesetzes und anderer Gesetze vom 23. 3. 2007 (BGBl. I S. 370).

[13] BFH BStBl. II 1988, 577.

[14] LfSt Bayern vom 23. 11. 2007 – S 2211–14 St32/St33.

[15] NJW 2005, 2061; NMZ 2005, 543.

[16] *Drasdo* NJW Spezial 2008, 705.

[17] *Drasdo* NJW Spezial 2008, 705.

Schuldzinsen gemäß § 9 Abs. 1 Satz 3 Nr. 1 EStG sind keine Aufwendungen auf das Gebäude, sondern auf die Finanzierungsverbindlichkeit, gehören daher nicht zu den Anschaffungs- und Herstellungskosten und somit nicht zur Abschreibungsbemessungsgrundlage. Statt dessen sind sie – sofern sie im wirtschaftlichen Zusammenhang mit der Vermietertätigkeit stehen – sofort abziehbare Werbungskosten.

76 Finanzierungsnebenkosten sind Kosten, die mit der Beschaffung von Darlehen zur Finanzierung der Herstellungs- oder Anschaffungskosten der Eigentumswohnung zusammenhängen (Kreditvermittlungskosten, Notar- und Grundbuchkosten für die seitens der Bank geforderten Sicherheiten, Bereitstellungszinsen etc.).

77 Schuldzinsen sind alle einmaligen oder laufenden Zahlungen, die für die Überlassung des Kapitals an den Kreditgeber zu entrichten sind und nicht der Tilgung des Kapitals dienen.[18] Ein bei Auszahlung eines Tilgungsdarlehens einbehaltenes Damnum (Disagio), das als vorausgezahlter Zins in der Regel seitens der Bank finanziert und somit Teil des Kredits darstellt, kann der Schuldner im Zeitpunkt der Auszahlung des Kapitals als Werbungskosten abziehen.[19] Unabhängig davon, dass das Damnum nach der zivilrechtlichen Rechtsprechung regelmäßig als laufzeitabhängiger Ausgleich für einen niedrigen Nominalzins und den Aufwand der Kapitalbeschaffung eingeordnet wird und bei vorzeitiger Darlehensrückzahlung anteilig zu erstatten ist,[20] ist es steuerrechtlich im Zeitpunkt der Entrichtung in vollem Umfang als Werbungskosten abziehbar.

78 Ein Steuerpflichtiger, der ein teilweise vermietetes und teilweise selbst genutztes Wohnungseigentum gleichzeitig mit Eigen- und Fremdmitteln finanziert, kann die Schuldzinsen nur insoweit als Werbungskosten geltend machen, als die Darlehensmittel tatsächlich zur Finanzierung der Anschaffungs- oder Herstellungskosten des vermieten Teils verwendet werden.

79 Werden über den Zeitpunkt der Aufgabe der Vermietungstätigkeit hinaus Schuldzinsen für Kreditmittel gezahlt, die während der Vermietungsphase zur Finanzierung von sofort abziehbaren Werbungskosten verwendet wurden, können diese als nachträgliche Werbungskosten berücksichtigt werden.[21] Die Finanzverwaltung hält an ihrer ursprünglichen Auffassung, dass die Berücksichtigung entsprechender Schuldzinsen nur insoweit zugelassen werde, als der bei der Veräußerung des Grundstücks erzielte Erlös nicht zur Schuldentilgung ausreicht oder – im Fall einer anderweitigen Nutzung des Grundstücks nach Aufgabe der Vermietungstätigkeit – der bei einer Veräußerung des Grundstücks erzielbare Erlös nicht zur Schuldentilgung ausgereicht hätte,[22] endgültig nicht mehr fest.[23] Der BFH hat eindeutig klargestellt, dass es in diesen Fällen nicht darauf ankomme, ob ein bei einer Veräußerung des Objekts erzielbarer Erlös zur Tilgung des Darlehens ausgereicht hätte. Vielmehr bleibe der durch die tatsächliche Verwendung des Darlehens zur Finanzierung sofort abziehbarer Werbungskosten geschaffene Zusammenhang mit der Einkunftsart Vermietung und Verpachtung auch nach Aufgabe der Vermietungstätigkeit bestehen.

80 *dd) Absetzungen für Abnutzung.* Die Absetzungen für Abnutzung (AfA) der Herstellungs- und Anschaffungskosten der Eigentumswohnung gehören kraft ausdrücklicher gesetzlicher Anordnung (§ 9 Abs. 1 Satz 3 Nr. 7 EStG) zu den Werbungskosten.

81 Der Regelung, die Anschaffungs- bzw. Herstellungskosten selbst nicht als Werbungskosten abzuziehen, sondern entsprechend den Vorgaben der §§ 7 Abs. 4 und 5 EStG auf die Nutzungsdauer des Wirtschaftsguts zu verteilen, liegen die Überlegungen zugrunde, dass der Steuerpflichtige für seine Aufwendungen ein gleichwertiges Wirtschaftsgut er-

---

18 BFH BStBl. II 1973, 868.

19 BFH BStBl. II 1980, 353.

20 *Palandt/Weidenkaff* § 488 BGB Rn. 34; BGH NJW 1996, 3337.

21 BFH vom 16. 9. 1999 – IX R 42/97; BFH BStBl. II 2006, 407.

22 BMF-Schreiben vom 18. 7. 2001 (BStBl. I S. 513).

23 BMF-Schreiben vom 3. 5. 2006 (BStBl. I S. 363).

hält, er also nach Anschaffung oder Herstellung eines Wirtschaftsguts nicht weniger leistungsfähig ist als vorher. Das bedeutet, dass die im Zuge des Erwerbsvorgangs oder der Bauphase hierfür aufgewendeten Kosten nicht sofort, sondern nur verteilt auf die bei Gebäuden in der Regel auf 50 Jahre vorgesehene Nutzungsdauer des Objekts berücksichtigt werden können. Von den im Steuerrecht typisierten Abschreibungsdauern darf der Steuerpflichtige nur bei Vorliegen besonderer tatsächlicher Verhältnisse abweichen.

Anschaffungskosten sind entgeltliche Aufwendungen, die geleistet werden, um ein Wohnungseigentum zu erwerben und um es ggf. in einen der bestimmungsgemäßen Nutzung entsprechenden Zustand zu versetzen. Unter Anschaffungskosten fallen gemäß § 255 Abs. 1 HGB die Erwerbskosten zzgl. Erwerbsnebenkosten, aber nur soweit sie auf den abnutzbaren Teil der Eigentumswohnung entfallen, so dass die Anschaffungskosten des zugehörigen Grund und Bodens nicht in die Bemessungsgrundlage für Abschreibungen und erhöhte Abschreibungen einbezogen werden dürfen. Im Gegensatz zum Gebäude bzw. Gebäudeteil unterliegt das Grundstück nämlich selbst keinem Wertverzehr im Sinne einer Abnutzung durch das fortschreitende Alter. Wurde für ein Wohnungseigentum mit Gartenanteil ein Gesamtkaufpreis vereinbart, ist dieser im Verhältnis der jeweiligen Verkehrswerte aufzuteilen. 82

Zu den Anschaffungskosten gehören insbesondere der Kaufpreis, die Grunderwerbsteuer, Maklerkosten, Notarkosten für die Beurkundung des Kaufvertrages sowie Gebühren des Grundbuchamtes für die Eintragung einer eventuellen Auflassungsvormerkung und des Eigentumsübergangs. 83

Werden im nahen zeitlichen Zusammenhang mit der Anschaffung oder Herstellung eines Wohnungseigentums zur Herstellung des nutzungsgemäßen Gebrauchs Instandsetzungsarbeiten durchgeführt, sind die dabei angefallenen sog. „anschaffungsnahen" Aufwendungen unter bestimmten Umständen als Anschaffungs- oder Herstellungskosten zu behandeln und somit Teil der Bemessungsgrundlage für die Abschreibung. 84

Wird die Wohnung im Rahmen eines Tauschvertrages erworben, sind als Anschaffungskosten der erhaltenen Wohnung der Verkehrswert der hingegebenen Wohnung zuzüglich etwaiger Barzuzahlungen anzusetzen. Der Verkehrswert entspricht in der Regel dem Wert, der bei einer Veräußerung auf dem Markt zu erzielen wäre. 85

Findet hingegen wie im Falle einer Schenkung oder eines Erbfalls eine unentgeltliche Übertragung einer abschreibungsfähigen Eigentumswohnung statt, tritt der Rechtsnachfolger in die Anschaffungs- bzw. Herstellungskosten des Vorgängers ein und führt dessen Abschreibung fort.[24] Allein die Tatsache, dass der Erwerber Nebenkosten wie Notarkosten und Grundbuchgebühren zu tragen hat, führt nicht zu einer Anschaffung. Da ihm insoweit keine eigenen Anschaffungs- bzw. Herstellungskosten entstehen, das Wohnungseigentum vielmehr bereits schon (teilweise) abgeschrieben war, steht dem Rechtsnachfolger keine neue Abschreibungsmöglichkeit zur Verfügung.[25] 86

Herstellungskosten sind alle Aufwendungen, die dem Steuerpflichtigen in seiner Stellung als Bauherr bzw. Auftraggeber bei der Errichtung der Eigentumswohnung durch den Verbrauch von Gütern und der Inanspruchnahme von Dienstleistungen entstehen. Herstellungskosten sind prinzipiell alle Kosten der Gebäudeerrichtung sowie sämtliche Baunebenkosten.[26] Es sind insbesondere zu erwähnen: 87

- Planungskosten (Architektenhonorare, etc.),
- Gebühren zum Erhalt der Baugenehmigung,
- Kosten der Baubetreuung,
- im Zusammenhang mit der Herstellung anfallende Material- und Lohnkosten,
- sämtliche Baukosten inkl. der erstmaligen Anbindung an bestehende Versorgungs- und Entsorgungsnetze sowie

[24] § 11 d EStDV.
[25] § 11 d Abs. 1 Satz 2 EStDV.
[26] § 9 a EStDV und § 255 Abs. 2 HGB.

– die Kosten für die Durchführung nachträglicher Baumaßnahmen an bestehenden Gebäuden, soweit diese nicht zu den Erhaltungsaufwendungen gehören.

88 Bei zu Wohnzwecken genutzten Wohnungen gehören Aufwendungen für Einbauten und sonstige Ausstattungen dazu, soweit sie nach vernünftiger Auffassung zeitgemäßen Wohnansprüchen genügen und weder zur Wohnungseinrichtung noch zum Hausrat gehören. Solche Ausstattungen sind z. B. Küchenspülen, eingebauter Herd, Warmwasserbereiter, Entlüftungsanlagen, Elektro-Speichergeräte und Gaseinzelheizungen.

89 Darüber hinaus werden von der Abschreibungs-Bemessungsgrundlage auch die anschaffungsnahen und nachträglichen Herstellungskosten, wie sämtliche zur Herstellung der Funktionstüchtigkeit des Vermietungsobjekts angefallenen und somit als Anschaffungskosten zu qualifizierenden Aufwendungen erfasst. Näheres unter Rn. 132ff.

90 Die Abschreibung beginnt mit der Anschaffung oder Herstellung des Wirtschaftsgutes, wobei die Anschaffung mit der Lieferung im Wege der Verschaffung der Verfügungsmacht und die Herstellung mit der Fertigstellung bewirkt wird.[27] Ohne Bedeutung ist, ob die Anschaffungs- bzw. Herstellungskosten im Jahr der Anschaffung oder Herstellung oder zu einem späteren Zeitpunkt und ob sie mit eigenen oder fremden Mitteln bezahlt werden. Die Abschreibung endet, abgesehen vom Fall der vorzeitigen Aufgabe der Vermietungstätigkeit, spätestens mit Verbrauch der Abschreibungs-Bemessungsgrundlage, die sich ihrer Höhe nach aus den aufgewendeten Anschaffungs- bzw. Herstellungskosten zusammensetzt.

91 Da bei Einkünften aus Vermietung und Verpachtung regelmäßig Gebäude vermietet werden, hat der Gesetzgeber für diese in § 7 Abs. 4 und 5 EStG Sondervorschriften geschaffen, die andere Abschreibungsarten ausschließen.

92 Im Grundfall der **linearen AfA** nach § 7 Abs. 4 EStG sind die die Herstellungs- oder Anschaffungskosten einer Eigentumswohnung grundsätzlich gleichmäßig auf eine Nutzungsdauer von 50 Jahren zu verteilen. Bei der Abschreibungshöhe wird primär danach unterschieden, ob es sich bei dem Wohnungseigentum um Betriebsvermögen, das keinen Wohnzwecken dient und für das Bauantrag nach dem 31.3.1985 gestellt wurde (sog. „Wirtschaftsgebäude") oder um Privatvermögen oder sonstiges Betriebsvermögen handelt.

93 „Wirtschaftsgebäude" werden gemäß § 7 Abs. 4 Nr. 1 EStG jährlich zu 3% abgeschrieben. Bei Gebäuden des Privatvermögens und solchen Gebäuden des Betriebsvermögens, die nicht unter die Voraussetzungen des § 7 Abs. 4 Nr. 1 EStG fallen, errechnet sich die Abschreibung für Abnutzung gemäß § 7 Abs. 4 Nr. 2 EStG bei Wohnungseigentum, das vor dem 1. 1. 1925 fertig gestellt worden ist, mit jährlich 2,5% und bei Wohnungseigentum, das nach dem 31. 12. 1924 fertig gestellt worden ist, mit jährlich 2,0%.

94 Im Jahr der Anschaffung/Herstellung bzw. Veräußerung ist die Absetzung für Abnutzung nur zeitanteilig vorzunehmen.

95 Bei Wohnungseigentum, das zur Erzielung von Einkünften genutzt wurde und Wohnzwecken diente, konnte bisher anstelle der linearen Abschreibung in Höhe von 2,0% die **degressive Abschreibung** nach § 7 Abs. 5 Nr. 3 EStG in Anspruch genommen werden. Voraussetzung für die degressive AfA war, dass die Eigentumswohnung entweder in bautechnischer Hinsicht neu war[28] oder bis zum Ende des Jahres der Fertigstellung durch Übergang von Besitz, Nutzen und Lasten angeschafft wurde. Von der Fertigstellung der Wohnung kann ausgegangen werden, wenn die Eigentumswohnung ihrer Zweckbestimmung entsprechend in Benutzung genommen werden kann. Bei Wohnungseigentum ist das der Fall, sobald die Eigentumswohnung bezugsfertig, d. h. nach Abschluss der wesentlichen Arbeiten bewohnbar ist.[29] Eine Eigentumswohnung ist auch dann i. S. v. § 7 Abs. 5 und 5 a EStG bereits mit der Bezugsfertigkeit fertiggestellt, wenn zu diesem Zeit-

[27] § 9 a EStDV.
[28] BFH DStRE 1998, 741.
[29] BFH BFHE 150, 16 = BStBl. II 1987, 567 = DStR 1987, 465.

punkt bürgerlich-rechtlich noch kein Wohnungseigentum begründet (vgl. § 2 WEG) worden ist. Dies gilt selbst dann, wenn die Teilungserklärung noch nicht abgegeben ist. Die Regelung des § 7 Abs. 5 i.V.m. Abs. 5 a EStG setzt – gemäß ihrem Zweck, die Erneuerung des Gebäudebestands zu fördern – lediglich die bautechnische Fertigstellung voraus.[30]

Die degressive AfA betrug bei zu Wohnzwecken dienendem Wohnungseigentum gemäß § 7 Abs. 5 Nr. 3 EStG, das vom Steuerpflichtigen 96

- aufgrund eines nach dem 28. 2. 1989 und vor dem 1. 1. 1996 gestellten Bauantrags hergestellt oder nach dem 28. 2. 1989 aufgrund eines nach dem 28. 2. 1989 und vor dem 1. 1. 1996 rechtswirksam abgeschlossenen obligatorischen Vertrags angeschafft worden ist, im Jahr der Fertigstellung und in den folgenden 3 Jahren jeweils 7,0%, in den darauf folgenden 6 Jahren jeweils 5,0%, in den darauf folgenden 6 Jahren jeweils 2,0%, in den darauf folgenden 24 Jahren jeweils 1,25%, 97
- aufgrund eines nach dem 31. 12. 1995 und vor dem 1. 1. 2004 gestellten Bauantrags hergestellt oder aufgrund eines nach dem 31. 12. 1995 und vor dem 1. 1. 2004 rechtswirksam abgeschlossenen obligatorischen Vertrags angeschafft worden ist, im Jahr der Fertigstellung und in den folgenden 7 Jahren jeweils 5,0%, in den darauf folgenden 6 Jahren jeweils 2,5%, in den darauf folgenden 36 Jahren jeweils 1,25% und 98
- aufgrund eines nach dem 31. 12. 2003 [und vor dem 1. 1. 2006] gestellten Bauantrags hergestellt oder aufgrund eines nach dem 31. 12. 2003 [und vor dem 1.1.2006] rechtswirksam abgeschlossenen obligatorischen Vertrags angeschafft worden ist, im Jahr der Fertigstellung und in den folgenden 9 Jahren jeweils 4,0%, in den darauf folgenden 8 Jahren jeweils 2,5%, in den darauf folgenden 32 Jahren jeweils 1,25% der Anschaffungs- oder Herstellungskosten. 99

Wird ganz grundsätzlich ein Gebäude grundlegend umgebaut (z.B. ein Bürogebäude in Eigentumswohnungen) und dadurch in seinen Zustand wesentlich verändert, liegt zwar ein Herstellungsvorgang, nicht aber die Herstellung eines neuen Gebäudes vor. Die rechtliche Umwandlung eines Gebäudes in Eigentumswohnungen ist keine Neuherstellung i.S.d. § 7 Abs. 5 EStG, so dass eine Inanspruchnahme der degressiven AfA ausgeschlossen war. 100

Die degressive Abschreibung ist für Neufälle als nicht mehr zeitgemäße Steuersubvention abgeschafft worden. Die bisherige Regelung zur degressiven Abschreibung bei Mietwohnungseigentum kann allerdings noch weiterhin beansprucht werden, wenn in Herstellungsfällen der Bauantrag vor dem 1. 1. 2006 gestellt wurde oder in Anschaffungsfällen der notarielle Vertrag rechtswirksam vor dem 1. 1. 2006 abgeschlossen wurde. 101

Dabei ist sowohl in den Fällen der Herstellung als auch der Anschaffung des Gebäudes für die Inanspruchnahme der degressiven Abschreibung nach der alten Rechtslage ein späterer tatsächlicher Fertigstellungszeitpunkt des Gebäudes unbeachtlich. 102

ee) Erhöhte Absetzungen. Erhöhte Absetzungen sind solche Abschreibungen, die an die Stelle der normalen AfA treten. In jedem Jahr des Begünstigungszeitraums müssen nach § 7a Abs. 3 EStG jedoch mindestens Absetzungen in Höhe der AfA § 7 Abs. 4 EStG berücksichtigt werden. Als Beispiele für erhöhte Absetzungen sind zu nennen: 103

- § 7c EStG: Baumaßnahmen an Gebäuden zur Schaffung neuer Mietwohnungen, wenn der Bauantrag nach dem 2. 10. 1989 gestellt oder die Baumaßnahme nach diesem Zeitpunkt begonnen und wenn die Wohnung vor dem 1. 1. 1996 fertig gestellt worden ist. 104
- § 7d EStG: Wirtschaftsgüter, die dem Umweltschutz dienen (Anschaffung bzw. Herstellung vor dem 1. 1. 1991). 105
- § 7h EStG: Gebäude in Sanierungsgebieten und städtebaulichen Entwicklungsgebieten; nach bisheriger Rechtslage im Jahr der Herstellung und in den folgenden 9 Jahren jeweils bis zu 10%, nach neuer Rechtslage im Jahr der Herstellung und in den folgenden 106

[30] BFH vom 26. 1. 1999 – IX R 53-96893.

7 Jahren jeweils bis zu 9% und in den folgenden 4 Jahren jeweils bis zu 7%, § 7h Abs. 1 Satz 1 EStG i.d.F. des HBeglG 2004 erstmals für Modernisierungs- und Instandsetzungsmaßnahmen, mit denen nach dem 31. 12. 2003 begonnen worden ist.

107 • § 7i EStG: Baudenkmale; nach bisheriger Rechtslage im Jahr der Herstellung und in den folgenden 9 Jahren jeweils bis zu 10%, nach neuer Rechtslage im Jahr der Herstellung und in den folgenden 7 Jahren jeweils bis zu 9% und in den folgenden 4 Jahren jeweils bis zu 7%, § 7i Abs. 1 Satz 1 EStG i.d.F. des HBeglG 2004 erstmals für Modernisierungs- und Instandsetzungsmaßnahmen, mit denen nach dem 31. 12. 2003 begonnen worden ist.

108 • § 7k EStG: Wohnungen mit Sozialbindung (Anschaffung/Herstellung nach dem 28. 2. 1989 und Fertigstellung vor 1996).

109 • Ferner §§ 82a, 82g, 82i EStDV; §§ 14, 15 BerlinFG; §§ 7, 12 Abs. 3 SchutzbauG.

110 Die insbesondere für das Wohnungseigentum häufig relevanten Sonderabschreibungen der §§ 7i und 7h EStG werden unter 5) a) und b) umfassend erläutert.

111 *ff) Absetzungen für außergewöhnliche Abnutzung.* Neben der linearen bzw. degressiven Abschreibung besteht die Möglichkeit einer Absetzungen für außergewöhnliche technische oder wirtschaftliche Abnutzung (AfaA) nach § 7 Abs. 1 Satz 1 EStG, wenn ein außergewöhnliches Ereignis die Nutzungsfähigkeit der Eigentumswohnung beeinträchtigt und/oder deren Nutzungsdauer verkürzt hat. Unter einer außergewöhnlichen technischen Abnutzung ist eine Substanzbeeinträchtigung, z.B. durch Beschädigung, Zerstörung, Abbruch oder Unterlassen von Wartungsarbeiten zu verstehen. Bei der Beschädigung der Eigentumswohnung, beispielsweise durch Brand,[31] ist eine gleichzeitige Geltendmachung von AafA und Erhaltungsaufwand nur möglich, wenn die Instandsetzungsmaßnahme den Schaden nur teilweise behebt und eine auf technischen Mängeln beruhende erhebliche Wertminderung fortbesteht.

112 AfaA sind grundsätzlich im Jahr des Schadenseintritts, spätestens im Jahr der Entdeckung des Schadens vorzunehmen.

113 *gg) Sonderabschreibungen.* Sonderabschreibungen sind solche Abschreibungen, die neben der normalen AfA vorgenommen werden können. Bei Wirtschaftsgütern, bei denen Sonderabschreibungen in Anspruch genommen werden, ist die lineare Abschreibung nach § 7 Abs. 4 EStG vorzunehmen, § 7a Abs. 4 EStG.

114 Für Wohnungseigentum war insbesondere die Sonderabschreibung des § 4 FördGG von Relevanz. Durch Art. 6 des StÄndG 1991[32] wurde einst das zunächst bis 31. 12. 1996 befristet anwendbare Gesetz über Sonderabschreibungen und Abzugsbeträge im Fördergebiet (Fördergebietsgesetz – FördGG) eingeführt. Durch die befristete Einführung von Sonderabschreibungen auf bewegliche und unbewegliche Wirtschaftsgüter und durch Abzugsbeträge sollte der wirtschaftliche Anpassungsprozess in den neuen Bundesländern erleichtert und beschleunigt werden. Mit dem Fördergebietsgesetz war eine finanziellen Erleichterung und Beschleunigung der Modernisierung des Gebäudebestands und der Schaffung neuer Wohnungen in den neuen Bundesländern (einschl. Berlin) bezweckt. Die Höhe der Sonderabschreibungen wurde für bewegliche und unbewegliche Wirtschaftsgüter einheitlich in § 4 FördGG geregelt. Diese betrug bei Investitionen bis 31. 12. 1996 bis zu 50% der Anschaffungs- bzw. Herstellungskosten oder der Aufwendungen für nachträgliche Herstellungsarbeiten. Sie konnten im Jahr der Anschaffung oder Herstellung oder Beendigung der nachträglichen Herstellungsarbeiten und in den folgenden vier Jahren in Anspruch genommen werden. Die Sonderabschreibungen wurden durch das Jahressteuergesetz (JStG) 1996 um 2 Jahre bis einschließlich 1998 verlängert. Die Höhe der Abschreibung wurde für Investitionen ab 1997 aber stufenweise abgesenkt auf 40%, 25% oder 20%. Für aktuelle Investitionen hat diese Sonderabschreibung keine Bedeutung mehr.

---

[31] BFH BStBl. II 1994, 12; BFH BFH/NV 1993, 472; BFH BFH/NV 1993, 478.

[32] BGBl. I 1991 S. 1322.

hh) Abschreibungsberechtigung. Die AfA einer zur Einkunftserzielung genutzten Eigentumswohnung darf grundsätzlich derjenige vornehmen, der die Anschaffungs- oder Herstellungskosten getragen hat und dem deshalb wirtschaftlich die Abnutzung der Eigentumswohnung zur Last fällt. Dies braucht nicht immer der rechtliche Eigentümer zu sein. Entscheidend hierfür ist das wirtschaftliche Eigentum an der Eigentumswohnung. Ein Auseinanderfallen von zivilrechtlichem und wirtschaftlichem Eigentum an einem einheitlichen Gegenstand (z. B. einem bebauten Grundstück) ist durchaus denkbar. Die Voraussetzungen zur Annahme wirtschaftlichen Eigentums ergeben sich aus § 39 Abs. 2 Nr. 1 S. 1 AO. Wirtschaftlicher Eigentümer ist derjenige, der im Regelfall den rechtlichen Eigentümer für die gewöhnliche Nutzungsdauer von der Einwirkung auf das Wirtschaftsgut in einer Weise ausschließen kann, dass ein Herausgabeanspruch des zivilrechtlichen Eigentümers keine wirtschaftliche Bedeutung mehr hat oder dieser selbst seinerseits zur Herausgabe des Wirtschaftsguts verpflichtet ist.[33] Wirtschaftliches Eigentum wird beispielsweise dadurch begründet, dass an einen Wohnungseigentumserwerber Besitz, Nutzen und Lasten der Wohnung übergehen, ohne dass die Eintragung ins Grundbuch schon stattgefunden hat. 115

Bei Eigentumswohnungen im Privatvermögen, die der Eigentümer im Wege einer Einzel- oder Gesamtrechtsnachfolge unentgeltlich erworben hat, führt der Erwerber die AfA des Übertragenden fort.[34] 116

Besteht an der vermieteten Eigentumswohnung ein Nießbrauchsrecht, ist angesichts der Abschreibungsberechtigung des Eigentümers bzw. Nießbrauchers zunächst danach zu differenzieren, ob es sich um einen entgeltlichen oder unentgeltlichen Zuwendungs- oder einen Vorbehaltsnießbrauch handelt. Während bei einem unentgeltlichen Zuwendungsnießbrauch weder der Eigentümer – mangels Einkunftserzielung –, noch der Nießbraucher,[35] da dieser die Anschaffungs- oder Herstellungskosten nie getragen hat – zur Abschreibung berechtigt ist,[36] ist im Falle eines entgeltlichen Zuwendungsnießbrauchs jedenfalls der Eigentümer zur Vornahme einer Abschreibung berechtigt. Dies, weil das für die Bestellung des Nießbrauchs gezahlte Entgelt im Jahr des Zuflusses beim Eigentümer als Einnahmen aus Vermietung und Verpachtung zu erfassen ist.[37] In den Fällen des Vorbehaltsnießbrauchs ist nicht der Eigentümer, sondern der Vorbehaltsnießbraucher abschreibungsberechtigt.[38] Diese Grundsätze gelten entsprechend für entgeltlich oder unentgeltlich bestellte bzw. vorbehaltene dingliche Wohnrechte an einer Eigentumswohnung. 117

Da die Befugnis zur Inanspruchnahme der AfA unabdingbar voraussetzt, dass der (wirtschaftliche) Eigentümer die Eigentumswohnung zur Erzielung von Einkünften nutzt, steht ihm das Recht nicht zu, wenn er die Eigentumswohnung einem anderen unentgeltlich überlässt. Dabei ist es unbeachtlich, ob die unentgeltliche Überlassung dinglich durch Eintragung im Grundbuch gesichert ist oder auf einem obligatorischem Recht beruht und ob der überlassende Eigentümer die AfA vereinbarungsgemäß oder aus anderen rechtlichen oder tatsächlichen Gründen unmittelbar wirtschaftlich zu tragen hat. Unentgeltlich ist eine Wohnungsüberlassung, wenn für die Nutzungsüberlassung keine Gegenleistung zu erbringen ist. Die Übernahme der Heizungs- und Beleuchtungskosten, der Müllabfuhr-, Straßenreinigungsgebühren u. ä. durch den Nutzenden, berührt die Unentgeltlichkeit nicht. Im Hinblick auf die Besonderheiten im Zusammenhang mit einer verbilligten Vermietung (siehe unter 2) d) bb)) sind die mit einer Vermietung zu einem Mietzins von weniger als 56% der ortsüblichen Marktmiete zusammenhängenden Wer- 118

[33] BFH BStBl. II 1985, 451; BFH vom 23. 2. 2005 – IX B 198/03.

[34] § 11 d Abs. 1 EStDV.

[35] BFH vom 24. 4. 1990 – IX R 9/86.

[36] BMF-Schreiben vom 24. 7. 1998, BStBl. I 1998, 914 Rn. 19, 24; BMF-Schreiben vom 9. 2. 2001, BStBl. I 2001, 171; BMF-Schreiben vom 29. 5. 2006, BStBl. I 2006, 392.

[37] BMF-Schreiben vom 24. 7. 1998, BStBl. I 1998, 914 Rn. 28, 30.

[38] BFH BStBl. II 1982, 380; BMF-Schreiben vom 24. 7. 1998, BStBl. I 1998, 914 Rn. 42.

bungskosten nach § 21 Abs. 2 EStG nur insoweit abziehbar, als sie anteilig auf den entgeltlichen Teil der Vermietung entfallen.[39]

119 *ii) Erhaltungsaufwand.* Kosten für Baumaßnahmen in Form der laufenden Instandhaltung und Instandsetzung einer bestehenden Eigentumswohnung führen in der Regel zu sofort und in voller Höhe absetzbarem Erhaltungsaufwand, da sie durch die gewöhnliche Nutzung veranlasst sind und der zeitgemäßen Substanzerhaltung dienen. Abgesehen von der laufenden Instandhaltung und Instandsetzung führt auch die Erneuerung von bereits in den Herstellungskosten des Gebäudes enthaltenen Teilen, Einrichtungen oder Anlagen regelmäßig zu Erhaltungsaufwand, wobei Zustand und Brauchbarkeit der ersetzten Bestandteile unbeachtlich sind.[40] Als sofort abziehbare Erhaltungsaufwendungen sind beispielsweise zu nennen:

- Neuanstrich von Fassade, Wohnung, Fenster und Türen,
- Austausch der Fenster,
- Umstellung der Heizung,
- Kosten des erstmaligen Anschlusses an allgemeine Entsorgungs- oder Versorgungsanlagen, aber nur insofern, als die Entsorgung einst über ursprünglich vorhandene grundstückseigene Einrichtungen wie etwa eine Sickergrube erfolgte.

120 Die Einordnung einer Maßnahme als Erhaltungsaufwand erfolgt in der Regel dann, wenn sie der ordnungsgemäßen Erhaltung des Wohnungseigentumszustands dienen soll, regelmäßig wiederkehrt und dabei die Wesensart des Eigentums nicht verändert.

121 Im Hinblick auf die Steuerprogression kann es beim Anfall von umfangreichen Erhaltungsaufwendungen für den Eigentümer sinnvoll sein, die Kosten anstelle eines einmaligen Sofortabzugs auf mehrere Jahre zu verteilen. So kann auf Antrag hin eine gleichmäßige Verteilung der Erhaltungsaufwendungen auf 2 bis 5 Jahre erfolgen.[41]

122 *jj) Abgrenzung Erhaltungs- und Herstellungsaufwand.* Wegen ihrer unterschiedlichen Rechtsfolgen bedarf es insbesondere im Bereich der nachträglichen Anschaffungs- und Herstellungskosten einer konkreten Abgrenzung zwischen dem die Abschreibungsbemessungsgrundlage erhöhenden nachträglichen Herstellungsaufwand und dem sofort abziehbaren Erhaltungsaufwand. Während Erhaltungsaufwendungen in dem Jahr, in dem sie abgeflossen sind, als Werbungskosten abgezogen werden können, ist ein nachträglicher Herstellungsaufwand im Wege der Abschreibung auf die gesamte Nutzungsdauer zu verteilen.

123 Aufwand auf ein Gebäude nach Fertigstellung ist dann sofort abziehbarer Erhaltungsaufwand, wenn er dazu führt, die bisherige Verwendungs- und Nutzungsmöglichkeit des Gebäudes aufrecht zu erhalten, wie es bei einer zeitgemäßen substanzerhaltenden (Bestandteil) Erneuerung durch regelmäßig wiederkehrende Aufwendungen der Fall ist, wobei deren Höhe keine Rolle spielt.

124 Aufwand auf ein Gebäude nach Fertigstellung ist Herstellungsaufwand, wenn der Aufwand einer Erweiterung, das heißt Aufstockung, Anbau, Vergrößerung der nutzbaren Fläche, Vermehrung der Substanz oder einer über den ursprünglichen Zustand hinaus gehenden wesentlichen Verbesserung dient bzw. wenn der Aufwand wie im Falle einer grundlegenden Umgestaltung oder Erweiterung die Herstellung eines anderen neuen Wirtschaftsgutes bezweckt.

125 Die Höhe der Aufwendungen und ihre zeitliche Nähe zum Erwerb bilden in Anlehnung an die BFH-Rechtsprechung für sich kein Abgrenzungskriterium mehr, so dass die Abgrenzung stets und ausschließlich nach den in § 255 HGB verankernden Grundsätzen vorzunehmen ist.

126 In Anlehnung an die bisherige Rechtsprechung sind folgende Einordnungen festzuhalten:

---

[39] BFH BStBl. II 2003, 646.
[40] R 21.1 EStR.
[41] § 82 b EStDV.

- **Nachträgliche Anschaffungskosten:** Baumaßnahmen nach Erwerb und vor erstmaliger Nutzung einer Immobilie führen zu Anschaffungskosten i. S. d. § 255 Abs. 1 HGB, wenn sie geleistet werden, um das Gebäude zu erwerben und es in einen betriebsbereiten Zustand zu versetzen. Nach der Rechtsprechung des BFH ist ein Gebäude nicht betriebsbereit, wenn es nicht seiner Zweckbestimmung entsprechend genutzt werden kann. Man unterscheidet dabei zwischen objektiver und subjektiver Funktionsuntüchtigkeit. **127**

  Baumaßnahmen zur Wiederherstellung für den Gebrauch eines Gebäudes wesentlicher aber objektiv funktionsuntüchtiger Teile, Anlagen oder Einrichtungen werden stets als Anschaffungskosten qualifiziert. **128**

  Subjektive Funktionstüchtigkeit liegt vor, wenn das Gebäude für die konkrete Zweckbestimmung des Erwerbers nicht nutzbar ist. Werden auf eine Wohnung vor ihrer erstmaligen Nutzung im Hinblick auf die Herstellung der Betriebsbereitschaft Aufwendungen getätigt, werden Anschaffungskosten angenommen, wenn sie dadurch im Rahmen der Abgrenzung zwischen einem sehr einfachen, mittleren und sehr anspruchsvollen Standard auf einen jeweils höheren Standard gebracht wird. **129**

  So wird gefordert, dass der Aufwand zu einer deutlichen Erhöhung und Erweiterung des Gebrauchswerts führt. **130**

  Die Rechtsprechung zieht zur Bestimmung des Standards folgende 4 zentrale Ausstattungsmerkmale heran: **131**
  – Heizungsinstallation,
  – Sanitärinstallation,
  – Elektroinstallation und
  – Fenster.

  Der BFH sieht eine Anhebung des Wohnungsstandards nur, wenn in mindestens 3 der genannten Kriterien Baumaßnahmen durchgeführt werden.[42] Eine deutliche Nutzungserweiterung bei nur zwei der genannten Bereiche führt noch nicht zu Herstellungsaufwand.[43] **132**

- **Nachträgliche Herstellungskosten**: Baumaßnahmen an einer bestehenden Eigentumswohnung führen grundsätzlich dann zu Herstellungskosten, wenn etwas Neues, bisher nicht Vorhandenes in die Wohnung eingefügt oder mit der selben verbunden wird. Man denke hierbei insbesondere an einen nachträglichen erstmaligen Einbau eines Kachelofens oder das nachträgliche Einsetzen von Trennwänden zur Aufteilung von Räumen. **133**

  Nachträgliche Herstellungskosten und somit Herstellungsaufwand liegt auch dann vor, wenn eine bestehende Eigentumswohnung erweitert wird, sei es durch Errichtung eines Anbaus, durch Aufstockung, durch Vergrößerung der nutzbaren Fläche (z. B. Dachgeschossausbau), sei es durch Vermehrung der Gebäudesubstanz oder aber durch eine wesentlichen Verbesserung über den bisherigen Zustand hinaus. Ob eine wesentliche Verbesserung i. S. d. § 255 Abs. 2 HGB des Wirtschaftsguts erreicht wird, richtet sich danach, ob die durch die Baumaßnahme bewirkten Veränderungen vor dem Hintergrund der Zielsetzung zu einer höherwertigeren bzw. verbesserten Nutzbarkeit des Vermögensgegenstands führen.[44] **134**

  Demnach liegt eine wesentliche Verbesserung in diesem Sinne vor, wenn die Maßnahmen über eine zeitgemäße substanzerhaltende Erneuerung hinausgehen und den Gebrauchswert des Gebäudes insgesamt deutlich erhöhen. Dabei wird erneut das Kriterium des Versetzens in einen höheren Standard herangezogen. **135**

  Die Herstellung eines neuen Wirtschaftsguts nimmt der BFH dann an, wenn ein vorhandenes Wirtschaftsgut aufgrund von Umbaumaßnahmen in seiner Funktion bzw. seinem Wesen verändert wird, sog. Funktions- bzw. Wesensänderung. Dabei spricht beispielsweise die gleich bleibende Miete als Indiz gegen einen deutlich gesteigerten **136**

---

[42] BFH BFHE 198, 74 = BFH/NV 2002, 968 = DStR 2002, 1035; BFH vom 22. 1. 2003 – X R 9/99.
[43] BFH BFH/NV 2003, 34.
[44] BFH vom 25. 9. 2007 – IX R 28/07.

Gebrauchswert. Allerdings kann dieser Aspekt nicht während des laufenden Mietverhältnisses zum Tragen kommen. Eine Erhöhung des Mietzinses und somit an den gesteigerten Gebrauchswert kann nur für die Maßnahmen vorgenommen werden, die eine Mieterhöhung wegen baulicher Veränderung möglich machen. Hierzu gibt es nur die Vorschrift des § 559 BGB. Danach kann die Mieterhöhung wegen baulicher Maßnahmen vorgenommen und die Kosten dieser Maßnahme auf den Mieter umgelegt werden, wenn es sich um eine Modernisierungsmaßnahme handelt. Modernisierungsmaßnahmen liegen dann vor, wenn es sich um eine Verbesserung der Räume handelt, wenn energetische Maßnahmen getroffen werden, wenn zusätzlich neuer Wohnraum geschaffen wird.

137 • **Anschaffungsnahe Herstellungskosten:** Die Vorschrift des § 6 Abs. 1 Nr. 1a EStG über sog. anschaffungsnahe Herstellungskosten gilt gemäß ausdrücklicher Verweisung in § 9 Abs. 5 Satz 2 EStG auch bei Einkünften aus Vermietung und Verpachtung. Von § 6 Abs. 1 Nr. 1a EStG werden solche Instandsetzungsmaßnahmen als anschaffungsnahe Herstellungskosten erfasst, die ihrer Höhe nach 15% der Anschaffungskosten des Gebäudes übersteigen und innerhalb von 3 Jahren ab Anschaffung getätigt werden, wobei maßgebend die Nettoaufwendungen ohne Umsatzsteuer sind. Diese Einordnung erfolgt, weil die Eigentumswohnung durch die Aufwendungen im Vergleich zu ihrem Zustand im Anschaffungszeitpunkt in ihrem Nutzungswert erheblich erhöht und/oder ihre Nutzungsdauer erheblich verlängert wird.[45] Betragen die Aufwendungen nach der Fertigstellung des Objektes für die einzelne Maßnahme für jedes Objekt nicht mehr als 4000,00 Euro netto, kann dieser Aufwand auf entsprechenden Antrag hin als Erhaltungsaufwand gewertet werden.[46]

138 *kk) Sonstige Werbungskosten.* Neben den vorgenannten Abzugsmöglichkeiten können noch weitere Werbungskosten geltend gemacht werden, zum Beispiel:

- Steuern vom Grundbesitz, etwa Grundsteuer, nicht jedoch die Grunderwerbsteuer, diese zählt zu den Anschaffungskosten
- Öffentliche Abgaben, wie eine Zweitwohnungsteuer für Vermietungsobjekte
- Sämtliche Versicherungsbeiträge, sei es für Gebäudehaftpflicht oder Gebäudebrandversicherung
- Beiträge zu Grund und Hausbesitzerverein
- Steuerberatungskosten, soweit sie auf die Vermietungstätigkeit entfallen
- Kosten für Fahrten zu vermieteten Objekten angesichts deren Verwaltung beziehungsweise Kosten für den Besuch einer Eigentümerversammlung
- Laufende Betriebs- und Bewirtschaftungskosten, wie Abwasser, Reinigung, Müllabfuhr, Schneeräumung, Verwaltung etc.

139 **d) Einkunftserzielungsabsicht.** Den objektiven Tatbestand der Einkunftsart Vermietung und Verpachtung verwirklicht, wer eine Vermieter- oder Verpächterstellung innehat und Träger der Rechte und Pflichten aus einem Miet- oder Pachtvertrag ist. Eine steuerwirksame Berücksichtigung von Werbungskostenüberschüssen in Form von Verlusten aus Vermietung und Verpachtung erfordert über den objektiven Tatbestand hinaus als subjektives Merkmal zusätzlich die Absicht, über die Dauer der voraussichtlichen Vermögensnutzung nachhaltig positive Überschüsse zu erzielen. Stehen bei der Vermögensnutzung private Motive im Vordergrund und wird über die Dauer der voraussichtlichen Vermögensnutzung kein „Totalüberschuss" der Einnahmen über die Werbungskosten angestrebt, spricht man aufgrund einer fehlenden Einkunftserzielungsabsicht von sog. „Liebhaberei". Im Falle einer fehlenden Einkunftserzielungsabsicht bleiben negative Einkünfte ganz oder zum Teil unberücksichtigt und können somit auch nicht mit anderen positiven Einkünften ausgeglichen werden.

---

[45] BFH BStBl. II 1990, 53.

[46] R 21.1 Abs. 2 Satz 2 EStR.

Sofern nicht ausnahmsweise besondere Umstände gegen das Vorliegen einer Einkunftserzielungsabsicht sprechen – wie es zum Beispiel. bei der Vermietung von Ferienwohnungen, bei nicht auf Dauer angelegter Vermietung, bei Mietkaufmodellen, bei gegenüber der Marktmiete verbilligter Vermietung oder bei Bauherrenmodellen mit Rückkaufangebot etc. der Fall ist – geht der BFH bei einer auf Dauer angelegten Vermietungstätigkeit grundsätzlich, das heißt im Wege eines Anscheinsbeweises ohne weitere Prüfung, vom Vorliegen einer Einkunftserzielungsabsicht aus.[47] Eine auf Dauer angelegte Vermietungstätigkeit liegt vor, wenn sie nach den Verhältnissen zu Mietbeginn nicht befristet ist. Hat der Steuerpflichtige den Entschluss, auf Dauer zu vermieten, einst endgültig gefasst, gelten die oben genannten Grundsätze für die Dauer seiner Vermietungstätigkeit auch dann, wenn er das bebaute Grundstück später aufgrund eines neu gefassten Entschlusses veräußert.[48] 140

Sprechen besondere Umstände oder Beweisanzeichen gegen das Vorliegen einer Einkunftserzielungsabsicht, gilt es eine Überschussprognose zur Ermittlung des Totalüberschusses vorzunehmen. Die dazu vom Bundesministerium für Finanzen aufgestellten Grundsätze lassen sich in Kürze wie folgt zusammenfassen:[49] 141

Im Rahmen einer Totalüberschussprognose sind die für die voraussichtliche Dauer der Vermögensnutzung voraussichtlich erzielbaren steuerpflichtigen Einnahmen den voraussichtlich anfallenden Werbungskosten gegenüber zu stellen. Die im Prognosezeitraum zu erwartenden Einnahmen wie Werbungskosten sind anhand der Erfahrungen der letzten fünf Veranlagungszeiträume zu schätzen.[50] Für die Prognose ist nicht auf die Dauer der Nutzungsmöglichkeit des Gebäudes, sondern auf die voraussichtliche Dauer der Nutzung durch den Nutzenden und ggf. seiner unentgeltlichen Rechtsnachfolger abzustellen. Der Prognosezeitraum umfasst dabei einen Zeitraum von 30 Jahren, sofern nicht von einer zeitlich befristeten Vermietung auszugehen ist. Der Prognosezeitraum beginnt i. d. R. mit der Anschaffung oder der Herstellung des Gebäudes. Ist die Einkunftserzielungsabsicht aufgrund nachträglicher Änderungen in den Verhältnissen erst zu einem späteren Zeitpunkt zu prüfen, beginnt der Prognosezeitraum neu. Dabei ist zwischen folgenden Fallgruppen zu unterscheiden: 142

aa) Nicht auf Dauer angelegte Vermietungstätigkeit. Hat sich der Steuerpflichtige für eine nur vorübergehende Vermietung entschieden, wie es insbesondere bei der Beteiligung an einem Mietkaufmodell[51] oder einem Bauherrenmodell mit Rückkaufsrecht[52] der Fall ist, bildet dies ein gegen die Einkunftserzielungsabsicht sprechendes Beweisanzeichen, wenn voraussichtlich Werbungskostenüberschüsse erzielt werden. 143

Ist eine nur vorübergehende Vermietung angestrebt oder liegen Umstände vor, die den Rückschluss erlauben, dass sich der Steuerpflichtige die Möglichkeit offen gehalten hat, das Mietobjekt innerhalb einer bestimmten Frist, die ihm die Erzielung positiver Einkünfte zeitlich nicht ermöglicht, freiwillig zu verkaufen oder nicht mehr zur Einkunftserzielung, sondern selbst zu nutzen, ist die Einkunftserzielungsabsicht zu verneinen. 144

Beweisanzeichen hierfür können etwa der Abschluss eines entsprechenden Zeitmietvertrages, einer entsprechenden kurzen Fremdfinanzierung oder die Suche nach einem Käufer schon kurze Zeit nach Anschaffung oder Herstellung des Gebäudes sein. 145

Als nicht auf Dauer angelegt gilt die Vermietung auch bei Veräußerung oder dem Selbstbezug einer Wohnimmobilie innerhalb von 5 Jahren nach Anschaffung oder Herstellung. Je kürzer der Abstand zwischen der Anschaffung oder Errichtung des Objektes 146

---

47 BFH vom 30. 9. 1997 – IX R 80/94.

48 BFH BStBl. II 2003, 580; BFH BFH/NV 2002, 1565; BFH BStBl. II 2003, 695; ebenso BMF-Schreiben vom 8. 10. 2004, BStBl. I 2004, 933 Rn. 4.

49 BMF-Schreiben vom 8. 10. 2004, BStBl. I 2004, 933.

50 BMF-Schreiben vom 8. 10. 2004, BStBl. I 2004, 933 Rn. 34.

51 BFH BStBl. II 1993, 658.

52 BFH BStBl. II 1997, 650.

und der nachfolgenden Veräußerung oder Selbstnutzung ist, umso mehr spricht dies gegen eine auf Dauer angelegte Vermietungstätigkeit und für eine von vornherein bestehende Veräußerungs- oder Selbstnutzungsabsicht.[53]

147 Selbstnutzung erfasst nicht nur den Fall, dass der Steuerpflichtige die Wohnung selbst nutzt, sondern auch wenn er diese unentgeltlich Dritten zur Nutzung überlässt. Da die objektive Beweislast für das Vorliegen der Einkunftserzielungsabsicht der Steuerpflichtige trägt, obliegt es diesem nachzuweisen, dass er den Entschluss zur Veräußerung oder zur Selbstnutzung erst nachträglich gefasst hat.

148 Werden erst nachträglich Beweisanzeichen bekannt, die gegen eine Einkunftserzielungsabsicht sprechen, sind im Einklang mit der Rechtsprechung des BFH bereits bestandskräftige Steuerbescheide nach § 173 Abs. 1 Nr. 1 AO für zurückliegende Jahre zu ändern.[54]

149 Problematisch ist, wenn der Vermieter bei der Erstvermietung nach dem Kauf einer Eigentumswohnung einen zeitlich befristeten Mietvertrag abschließt und die Befristung mit einer beabsichtigten Selbstnutzung oder Nutzung durch einen nahen Angehörigen begründet. In solchen Fällen werden die sich in dieser Mietzeit ergebenden einkommensteuerliche Verluste aufgrund der fehlenden Einkunftserzielungsabsicht nicht absetzbar sein. Die in diesen Jahren erlassenen Einkommensteuerbescheide werden unter dem Vorbehalt der Nachprüfung ergehen, gemäß § 164 AO. Soweit die Befristung dem Finanzamt bei der Verbescheidung nicht bekannt war, muss auch damit gerechnet werden, dass bereits bestandskräftige Einkommensteuerbescheide nachträglich noch geändert werden. Gemäß § 173 Abs. 1 Nr. 1 AO sind Steuerbescheide aufzuheben oder zu ändern, wenn Tatsachen oder Beweismittel nachträglich bekannt werden, die zu einer höheren Steuer führen. Ein solches Beweismittel wäre der Mietvertrag.

150 *bb) Verbilligte Überlassung einer Wohnung.* Nach § 21 Abs. 2 EStG ist die Nutzungsüberlassung in einen entgeltlichen und in einen unentgeltlichen Teil aufzuteilen, wenn das Entgelt für die Überlassung einer Wohnung zu Wohnzwecken weniger als 56% der ortsüblichen Marktmiete beträgt. Dabei ist von der ortsüblichen Marktmiete für Wohnungen vergleichbarer Art, Lage und Ausstattung auszugehen. Maßgebend für die erforderliche Abgrenzung ist jeweils das Verhältnis der tatsächlichen Kaltmiete zuzüglich der gezahlten Umlagen zur ortsüblichen Kaltmiete zuzüglich der umlagefähigen Nebenkosten.

151 Nach der BFH Rechtsprechung ist die ortsübliche Miete, die vom Finanzgericht als Tatsacheninstanz festzustellen ist, generell auf der Grundlage des örtlichen Mietspiegels zu bestimmen. Dabei ist jeder der Mietwerte als ortsüblich anzusehen, den der Mietspiegel im Rahmen einer Spanne zwischen mehreren Mietwerten für vergleichbare Wohnungen ausweist.[55]

152 Beträgt die vereinbarte Miete mindestens 75% der ortsüblichen Marktmiete, wird ein vollentgeltliches Geschäft und damit eine bestehende Einkunftserzielungsabsicht unterstellt, ohne dass diese anhand einer Totalüberschussprognose überprüft wird.[56]

153 *cc) Vermietung von Ferienwohnungen.* Bei einer ausschließlich an wechselnde Feriengäste vermieteten und der übrigen Zeit hierfür bereit gehaltenen Ferienwohnung ist ohne weitere Prüfung von der Einkunftserzielungsabsicht des Steuerpflichtigen auszugehen. Dies betrifft nach einem Urteil des IX. Senats des BFH allein Einkünfte aus Vermietung und Verpachtung, nicht aber die gewerbliche Vermietung.[57] Bei einer ausschließlichen an wechselnde Feriengäste vermieten und in der übrigen Zeit hierfür bereit gehaltenen Ferienwohnung, ist die Einkunftserzielungsabsicht des Steuerpflichtigen ausnahmsweise

[53] BMF-Schreiben vom 8. 10. 2004, BStBl. I 2004, 933 Rn. 7.
[54] BFH BStBl. II 1995, 192; BMF-Schreiben vom 8. 10. 2004, BStBl. I 2004, 933 Rn. 10.
[55] BFH vom 11. 9. 2007 – IX B 4/07.
[56] BFH vom 5. 11. 2002 – IX R 32/02 (NV).
[57] BFH vom 29. 3. 2007 – IV R 6/05.

anhand einer Prognose zu überprüfen, wenn das Vermieten die ortsübliche Vermietungszeit von Ferienwohnungen erheblich unterschreitet, ohne dass Vermietungshindernisse gegeben sind.[58] Von einer erheblichen Unterschreitung ist nach Ansicht des BFH bei einer Abweichung von mindestens 25% auszugehen.

Können die ortsüblichen Vermietungszeiten für Ferienwohnungen in einem Ferienort **154** nicht zuverlässig ermittelt werden, geht dies zu Lasten des Finanzamtes. Ihm obliegt die Feststellungslast, dass der Steuerpflichtige die ortsüblichen Vermietungszeiten für Ferienwohnungen um mehr als 25% unterschreitet.

Da dem Steuerpflichtigen die Feststellungslast angesichts einer ausschließlichen Ver- **155** mietung der Ferienwohnung obliegt, hat er das Fehlen einer Selbstnutzung schlüssig darzulegen und ggf. nachzuweisen.

Nicht unter den Tatbestand der Selbstnutzung fallen kurzfristige Aufenthalte des **156** Steuerpflichtigen in der Ferienwohnung zu Wartungsarbeiten, einer allgemeinen Kontrolle oder Teilnahme an Eigentümerversammlungen.

Wird eine Ferienwohnung zeitweise vermietet und zeitweise selbst genutzt, wobei die **157** Selbstnutzung wiederum den Tatbestand der unentgeltlichen Überlassung an Dritte beinhaltet oder behält sich der Steuerpflichtige eine zeitweise Selbstnutzung vor, ist diese Art der Nutzung Indiz für eine zumindest teilweise privat motivierte Veranlassung der Aufwendungen, so dass in diesen Fällen die Einkunftserzielungsabsicht stets zu prüfen ist.

In die Prognose sind als Werbungskosten nur die Aufwendungen einzubeziehen, die **158** auf die Zeiträume der tatsächlichen Fremdvermietung oder deren Bereithaltung entfallen.

Aufwendungen, die sowohl in der Selbstnutzung als auch in der Vermietung begründet **159** sind, sind im Verhältnis der jeweiligen Nutzungszeiträume zueinander aufzuteilen. Hier sind insbesondere zu nennen:
- Schuldzinsen,
- Grundbesitzabgaben,
- Erhaltungsaufwendungen und
- Abschreibungen.

e) Steuerliche Anerkennung von Mietverhältnissen zwischen Angehörigen. Da inner- **160** halb der Familie regelmäßig keine wirtschaftlichen Interessensgegensätze bestehen, haben deren Rechtsbeziehungen - anders als unter Fremden – nicht notwendig die Vermutung der steuerlichen Anerkennung für sich. Bei der Beurteilung von Rechtsbeziehungen, die zwischen Angehörigen bestehen, gilt es besondere Voraussetzungen zu beachten, da sie häufig steuerliche Gestaltungen verdecken, die auf einer Umgehung des Abzugsverbots privater Ausgaben i. S. d. § 12 EStG oder die Verlagerung von Einkünften gerichtet sind.

Angehörige in diesem Sinne sind nach § 15 AO Verlobte, Ehegatte, Verwandte und **161** Verschwägerte gerader Linie, Geschwister und deren Kinder, Geschwister der Eltern, Pflegekinder etc. Angehörige einer nichtehelichen Lebensgemeinschaft werden miteinbezogen.[59]

Im Zuge der sog. „Angehörigenrechtsprechung" werden Mietverträge unter Angehö- **162** rigen einkommensteuerlich wie Mietverhältnisse unter fremden Dritten behandelt, wenn die Rechtsbeziehung
- ernsthaft vereinbart ist, wobei als unwiderlegliches Indiz verlangt wird, dass sie zivilrechtlich rechtswirksam zustande gekommen ist,
- tatsächlich wie vereinbart vollzogen wird und
- nach Art und Weise ihrer Gestaltung und Durchführung einem Fremdvergleich standhält.

Dabei führt nicht jede unbeachtliche Abweichung von dem zwischen Fremden Üb- **163** lichen zur Aberkennung der steuerlichen Anerkennung.[60] Zur Anerkennung unabdingbar

---

[58] BFH BStBl. II 2005, 388; BMF-Schreiben vom 8. 10. 2004 Rn. 16, 17.
[59] R 21.4 EStR; BFH BStBl. II 1996, 359.
[60] BFH BStBl. II 1997, 196; BFH DB 1997, 1644.

ist aber stets, dass die aus dem Mietverhältnis rührenden Hauptpflichten der Vertragsparteien, namentlich die Bestimmung der überlassenen Mietsache wie die Festlegung des zu entrichtenden Mietzinses der Höhe und Fälligkeit nach klar und eindeutig vereinbart und entsprechend dem Vereinbarten vollzogen werden.[61]

164 Für den Fremdvergleich und somit für die steuerliche Anerkennung von Mietverhältnissen zwischen Angehörigen ist es unerheblich, ob die vereinbarte Miete die Marktmiete unterschreitet. Ist dies der Fall, finden die im Rahmen einer verbilligten Überlassung einer Wohnung dargestellten Grundsätze Beachtung.

165 Die Anerkennung von Mietverhältnissen wird nach neuer Rechtsprechung nicht mehr grundsätzlich dadurch ausgeschlossen, dass beim Abschluss des Mietvertrages Formverstöße unterlaufen,[62] Ungenauigkeiten bei der Nebenkostenabrechnung auftreten[63] oder dass der Mietzins aus Mitteln entrichtet wird, die der Vermieter vom Mieter zuvor als Unterhalt erhalten hat.[64] Diese Konstellationen treten oftmals im Rahmen eines Mietverhältnisses zwischen Eltern und ihren Kindern auf.

166 Nach der Rechtsprechung des BFH[65] können Wohnräume im Eigentum der Kinder, die keine abgeschlossene Wohnung bilden, nicht mit steuerrechtlicher Wirkung an einen pflegebedürftigen Elternteil vermietet werden. Damit folgt der BFH seiner bisherigen Rechtsprechung zum umgekehrten Fall, namentlich der Vermietung einzelner Wohnräume von Eltern an Kinder.

167 f) **Zurechnung von Einkünften.** Es entspricht gesicherter Rechtsprechung, dass die Einkünfte aus Vermietung und Verpachtung nur demjenigen zugerechnet werden können, der den Tatbestand der Einkunftserzielung erfüllt.[66] Die mit der Vermietung der Wohnung verbundenen Rechte und Pflichten müssen demnach in der Person des Steuerpflichtigen entstehen. Grundsätzlich ist zu verlangen, dass der Steuerpflichtige im eigenen Namen den Miet- oder Pachtvertrag abschließt und die Erträge ausschließlich für seine Rechnung vereinnahmt.

168 *aa) Nießbrauch.* Als unvererbliche und unübertragbare persönliche Dienstbarkeit berechtigt der Nießbrauch einer bestimmten natürlichen oder juristischen Person, grundsätzlich alle Nutzungen aus einer nießbrauchsbelasteten Sache zu ziehen, § 1030 BGB. Zweck der Bestellung ist in der Regel die Versorgung des Nießbrauchers.

169 Die Erträge aus der Vermietung einer nießbrauchsbelasteten Eigentumswohnung sind dem Nießbraucher steuerlich zuzurechnen, wenn er in seiner Person den Tatbestand des § 21 EStG erfüllt. Maßgeblich ist dabei eine tatsächliche wirtschaftliche Dispositionsbefugnis des Nießbrauchers über den belasteten Gegenstand. Nur wenn er diejenigen wirtschaftlichen Aktivitäten entfaltet, die mit der Überlassung einer Wohnung zur Nutzung an einen Dritten verbunden sind und wenn er das wirtschaftliche Risiko, das sich aus jeder Vermietung ergibt, trägt, kann er auch die Stellung eines Vermieters einnehmen.

170 Wird der Nießbrauch an einer bereits vermieteten Eigentumswohnung eingeräumt, tritt der Nießbraucher kraft Gesetzes die Rechtstellung des Eigentümervermieters ein, §§ 567, 566 BGB.

171 Bei Nießbrauchsbestellung zwischen Angehörigen wird als weitere Voraussetzung verlangt, dass der Vertrag bürgerlich-rechtlich wirksam ist.[67] Fehlt es hieran, verwalten die Eltern in Wirklichkeit ihr eigenes Vermögen. Die dingliche Sicherung kann allerdings

---

[61] H 21.4 EStR.
[62] BFH BStBl. II 1998, 108.
[63] BFH BStBl. II 2002, 699.
[64] BFH BStBl. II 1994, 694; BFH BStBl. II 2000, 224.
[65] BFH vom 4. 7. 2007 – IX B 50/07.
[66] BFH BStBl. II 1981, 295; BFH BStBl. II 1994, 615.
[67] BMF-Schreiben vom 24. 7. 1998, BStBl. I 1998, 914 Rn. 2, 3.

nachfolgen.[68] Die Einräumung eines Nießbrauchs zugunsten eines minderjährigen Kindes bedarf grundsätzlich der Bestellung eines Pflegers, es sei denn, das Vormundschaftsgericht hält dies für nicht erforderlich.[69]

Zur einkommensteuerrechtlichen Behandlung des Nießbrauches und anderer Nutzungsrechte hat das Bundesfinanzministerium in einem Verwaltungserlass[70] wie folgt Stellung genommen: 172

bb) Obligatorisches Nutzungsrecht. Die steuerliche Beurteilung obligatorischer Nutzungsrechte richtet sich grundsätzlich nach den für dingliche Nutzungsrechte geltenden Grundsätzen, wenn das obligatorische Nutzungsrecht eine gesicherte Rechtsposition gewährt.[71] Eine gesicherte Rechtsposition liegt vor, wenn sie dem Berechtigten für einen gewissen Zeitraum nicht ohne Weiteres entzogen werden kann.[72] 173

cc) Sicherungsnießbrauch. Ein lediglich zu Sicherungszwecken eingeräumter Nießbrauch, der dazu bestimmt ist, die dem Berechtigten versprochenen Leistungen dinglich abzusichern, ohne dass dieser auf Art und Umfang Einfluss nehmen kann, ist, solange er nicht ausgeübt wird, einkommensteuerrechtlich unbeachtlich.[73] 174

dd) Entgeltlicher Zuwendungsnießbrauch. Ein Zuwendungsnießbrauch ist als entgeltlich bestellt anzusehen, wenn der Wert des Nießbrauchs und der Wert der Gegenleistung nach wirtschaftlichen Gesichtspunkten gegeneinander abgewogen sind. Entgeltlich ist anzunehmen, wenn der Wert des Entgelts mehr als die Hälfte des nach dem BewG zu ermittelnden Werts des Nießbrauchs beträgt. 175

Bei einer Nießbrauchsbestellung zwischen Eltern und Kindern wird eine entgeltliche Nießbrauchsbestellung nur anerkannt, wenn die Beteiligten von der wirtschaftlichen Gleichwertigkeit der jeweiligen Leistungen überzeugt sind und dies durch eindeutige und klare Vereinbarungen festlegen.[74] 176

Wird ein Zuwendungsnießbrauch an einer Eigentumswohnung gegen Entgelt eingeräumt, d.h. hat der Nießbraucher für die Einräumung des Nutzungsrechts ein Einmalentgelt oder laufende Zahlungen geleistet, gehört das Entgelt beim Eigentümer zu den Einkünften aus Vermietung und Verpachtung.[75] Das in einem Einmalbetrag entrichtete Entgelt ist nach § 11 Abs. 1 Satz 1 EStG im Veranlagungsjahr der Vereinnahmung zu versteuern. Das Wahlrecht des § 11 Abs. 1 Satz 3 EStG lässt es zu, Einnahmen im Zusammenhang mit einer Nutzungsüberlassung von mehr als fünf Jahren entweder im Kalenderjahr des Zuflusses voll oder aber verteilt auf den Gesamtzeitraum, für den das Nießbrauchsrecht eingeräumt wurde, zu versteuern. 177

Auf der Ausgabenseite gilt nunmehr[76] zwingend § 11 Abs. 2 Satz 3 i.V.m. § 11 Abs. 1 Satz 3 EStG. Demnach sind Ausgaben, die für eine Nutzungsüberlassung von mehr als fünf Jahren im Voraus geleistet werden, gleichmäßig auf den Zeitraum zu verteilen, für den die Vorauszahlungen geleistet werden. 178

Bei vollentgeltlich bestelltem Nießbrauch kann der Eigentümer der Eigentumswohnung die AfA und die von ihm getragenen, wirtschaftlich mit der Eigentumswohnung zusammenhängenden Aufwendungen in vollem Umfang als Werbungskosten abziehen. Zu den abziehbaren Werbungskosten gehören alle Kosten, die von dem Eigentümer auf Grund vertraglicher Vereinbarung, oder bei fehlender Vereinbarung, auf Grund der gesetzlichen Lastenverteilung (§§ 1041ff. BGB) zu tragen sind. Nach der gesetzlichen Las- 179

[68] BFH BStBl. II 1986, 605.
[69] BFH DStRE 1999, 937 unter Aufgabe von BFH vom 31. 10. 1989 – IX R 216/84.
[70] BMF-Schreiben vom 24. 7. 1998 BStBl. I 1998, 914.
[71] BFH BStBl. II 1984, 366, 371; BFH BStBl. II 1989, 872.
[72] BFH BStBl. II 1984, 366.
[73] BMF-Schreiben vom 24. 7. 1998, BStBl. I 1998, 914 Rn. 9.
[74] BFH BStBl. II 1992, 75.
[75] BMF-Schreiben vom 24. 7. 1998, BStBl. I 1998, 914 Rn. 28.
[76] Seit 1. 1. 2004.

tenverteilung hat der Nießbraucher die gewöhnlichen Erhaltungsaufwendungen nach § 1041 BGB, Versicherungskosten nach § 1045 BGB, öffentliche und private Lasten i.S.d. § 1047 BGB (insbesondere Schuldzinsen) zu tragen.

180 Bezieht der Nießbraucher aus der Vermietung der nießbrauchsbelasteten Wohnung Einkünfte aus Vermietung und Verpachtung nach § 21 EStG, kann er sämtliche von ihm getragenen Aufwendungen der Eigentumswohnung als Werbungskosten abziehen, auch wenn ihre Übernahme über die gesetzliche Lastenverteilung der §§ 1041, 1045, 1047 BGB hinausgeht.

181 Die AfA auf die Herstellungs- oder Anschaffungskosten der Eigentumswohnung kann der Nießbraucher nicht beanspruchen, weil er nicht deren wirtschaftlicher Eigentümer ist und zudem nicht die Herstellungs- oder Anschaffungskosten getragen hat.

182 Anders ist es nur, wenn der Nießbraucher in Ausübung seines Nießbrauchsrechts an einem unbebauten Grundstück Eigentumswohnungen errichtet: Hier steht ihm, und nicht dem Grundstückseigentümer, die AfA zu (§ 95 Abs. 1 Satz 2 BGB). Die AfA bestimmt sich in diesem Fall nach der Nutzungsdauer der Eigentumswohnung oder nach der kürzeren Laufzeit des Nießbrauchs, wenn bei Beendigung des Nießbrauchs keine Wertausgleichszahlung des Eigentümers an den Nießbraucher für die Bebauung vorgesehen ist.

183 Für das entgeltlich erworbene Nießbrauchsrecht selbst kann der Nießbraucher AfA nach § 7 Abs. 1 EStG in Anspruch nehmen, weil er aus der Eigentumswohnung Einkünfte erzielt.[77] Die Höhe der AfA bemisst sich nach der Dauer des Nießbrauchs. Grundlage der AfA ist das Entgelt für die Einräumung des Nießbrauchs zuzüglich etwaiger Anschaffungsnebenkosten wie Notar- und Gerichtskosten.

184 *ee) Teilentgeltlicher Zuwendungsnießbrauch.* Wird der Wert des Nießbrauchs und der Wert der Gegenleistung nicht nach wirtschaftlichen Gesichtspunkten ausgewogen, ist von einem teilentgeltlichen Nießbrauch auszugehen. Der Unterschied zum vollentgeltlich bestellten Nießbrauch ergibt sich daraus, dass der Eigentümer die Aufwendungen der Gebäude-AfA und die übrigen Werbungskosten nur im Verhältnis des entgeltlichen zum unentgeltlichen Teil des Nießbrauchs abziehen kann. Bei der Aufspaltung in einen entgeltlichen und unentgeltlichen Teil ist das Verhältnis des Entgelts zum Kapitalwert des Nießbrauchs maßgebend.

185 *ff) Unentgeltlicher Zuwendungsnießbrauch.* Steuerlich ungünstig steht der Eigentümer, der unentgeltlich einem anderen ein dingliches oder schuldrechtliches Nutzungsrecht an einer vermieteten Eigentumswohnung einräumt. Da ihm keine Einnahmen aus Vermietung und Verpachtung mehr zuzurechnen sind, kann er die AfA der Herstellungs- oder Anschaffungskosten der Eigentumswohnung nicht in Anspruch nehmen und auch sonstige Werbungskosten nicht abziehen.

186 Im Falle einer Vermietung der Eigentumswohnung sind dem Nießbraucher die Vermietungseinkünfte zuzurechnen. Die damit einhergehenden Aufwendungen, die der Nießbraucher kraft Gesetzes oder im Zuge einer vertraglichen Vereinbarung zu tragen hat, kann er als Werbungskosten gelten machen. Die AfA der Eigentumswohnung kann er nicht beanspruchen, weil er deren Herstellungs- oder Anschaffungskosten nicht getragen hat. Die bisherige AfA des Eigentümers kann er nicht fortführen, weil er nicht dessen Rechtsnachfolger i.S.d. § 11d EStDV ist. Auch für das erworbene Nutzungsrecht steht ihm keine AfA zu, weil er dieses ohne Gegenleistung erhalten hat.

187 *gg) Vorbehaltsnießbrauch.* Der Vorbehaltsnießbrauch kommt im Zusammenhang mit der Veräußerung einer Eigentumswohnung vor, wenn der Erwerber wirtschaftlich gesehen das Eigentum an der Eigentumswohnung von vornherein nicht in vollem Umfang, sondern belastet mit einem Nießbrauchsrecht des Veräußerers erhalten soll. Behält sich demnach der Veräußerer die wirtschaftliche Nutzung der Eigentumswohnung in der bis-

[77] BFH BStBl. II 1979, 38.

herigen Form vor, stellt die im Zuge der Wohnungsübertragung erfolgte Nießbrauchseinräumung keine Gegenleistung des Erwerbers dar.[78] Beim Vorbehaltsnießbrauch ist eine Abgrenzung zwischen entgeltlicher und unentgeltlicher Nießbrauchsbestellung ohne Bedeutung.

Dem Vorbehaltsnießbraucher sind die Einkünfte aus der Vermietung der Wohnung zuzurechnen. Dies auch dann, wenn er das Grundstück an den (neuen) Eigentümer vermietet. Denn er tritt nach außen weiterhin als Vermieter auf und verkörpert die Rechte und Pflichten des Vermieters in seiner Person. Die über die gesetzliche Lastenverteilung hinausgehenden Aufwendungen, die im Zusammenhang mit der Vermietung der Eigentumswohnung entstehen, kann er als Werbungskosten nur abziehen, wenn er sie vertraglich übernommen hat.[79] Auch Kosten, die durch außergewöhnliche Reparaturen veranlasst sind, kann der Vorbehaltsnießbraucher abziehen, wenn vereinbart worden ist, dass er solche Reparaturen zu tragen hat. Anders als beim Zuwendungsnießbraucher wird dem Vorbehaltsnießbraucher die AfA-Berechtigung bei der Eigentumswohnung zugebilligt, mit der Begründung, dass er einmal die Herstellungs- oder Anschaffungskosten der Eigentumswohnung getragen hat, wie bisher Einkünfte aus ihr erzielt und der Zusammenhang zwischen Einkunftserzielung und getätigten Aufwendungen durch die Übertragung des Eigentums nicht unterbrochen ist.[80] 188

Der Eigentümer erzielt bei einem wirksam bestellten und tatsächlich durchgeführten Vorbehaltsnießbrauch keine Einnahmen aus Vermietung und Verpachtung. Aus diesem Grunde kann er weder die AfA, noch sonstige von ihm getragene Werbungskosten (z. B. Grundsteuern, Versicherungsbeiträge) abziehen. Auch unter dem Gesichtspunkt vorweggenommener Werbungskosten können die Aufwendungen nicht abgezogen werden. Es fehlt an dem notwendigen wirtschaftlichen Zusammenhang mit der künftigen Erzielung von Einnahmen. Der Eigentümer hat bewusst durch die Nießbrauchbestellung auf Einnahmen aus der Vermietung der Eigentumswohnung verzichtet. Erst nach Erlöschen des Nießbrauches kann der Eigentümer Vermietungseinkünfte beziehen und Abschreibungen auf die Eigentumswohnung geltend machen. Dann ist wie folgt zu differenzieren: 189

- Ist die Eigentumswohnung entgeltlich erworben worden, richtet sich die AfA nach den Anschaffungskosten des Eigentümers zuzüglich nachträglicher Herstellungskosten. Der Kapitalwert des Nießbrauchs gehört nicht zu den Anschaffungskosten. 190
- Wird die Eigentumswohnung unentgeltlich unter Vorbehalt des Nießbrauchs übertragen, führt der Eigentümer die AfA des ursprünglichen Eigentümers/Vorbehaltsnießbrauchers fort.[81] 191

hh) Wohnrecht. Ist die Eigentumswohnung in der Weise belastet, dass daran ein im Grundbuch eingetragenes dingliches Wohnrecht zugunsten eines anderen begründet worden ist, finden die für einen Zuwendungsnießbrauch geltenden Grundsätze entsprechende Anwendung. Der Eigentümer darf die AfA auf den, mit dem Wohnrecht belasteten Teil nur in Anspruch nehmen, soweit das Wohnrecht entgeltlich zugewendet worden ist. Entsprechendes gilt für den Abzug anderer Aufwendungen.[82] 192

Ist die Wohnung gegen Einräumung eines vorbehaltenen dinglichen Wohnrechts übertragen worden, sind die für den Vorbehaltsnießbrauch geltenden Grundsätze entsprechend anzuwenden. Der Eigentümer darf die AfA auf das entgeltlich erworbene Eigentum nur in Anspruch nehmen, soweit sie auf den unbelasteten Teil entfallen.[83] 193

---

[78] BFH BStBl. II 1986, 327; BFH BStBl. II 1991, 791.
[79] BMF-Schreiben vom 24. 7. 1998, BStBl. I 1998, 914 Rn. 43.
[80] BFH BStBl. II 1982, 380; BFH BStBl. II 1983, 6.
[81] § 11 d EStDV.
[82] BMF-Schreiben vom 24. 7. 1998, BStBl. I 1998, 914 Rn. 33, 34.
[83] BFH BStBl. II 1994, 927.

3. Vermietung gemeinschaftlichen Eigentums

194 a) **Ermittlung und Zurechnung der Einkünfte.** Sind mehrere Rechtssubjekte Miteigentümer einer oder mehrerer vermieteter Eigentumswohnungen, wirkt sich dies auf die Ermittlung der Einkünfte aus.

195 Erzielt eine natürliche Person allein Einnahmen aus der Vermietung einer Eigentumswohnung, hat sie die Einkünfte zu ermitteln und zu versteuern.

196 Erzielen mehrere Personen gemeinsam als Miteigentümer die Einkünfte, bedarf es einer genauen Betrachtung, wer steuerrechtlich gesehen Vermieter ist und wie die Einkünfte ermittelt und zugerechnet werden. Erst wenn feststeht, dass die Miteigentümer gemeinschaftlich in objektiver und subjektiver Hinsicht den Tatbestand der Einkunftsart Vermietung und Verpachtung verwirklicht und mithin gemeinschaftlich Einkünfte gemäß § 21 Abs. 1 EStG erzielt haben, findet die Einkunftsermittlung auf der Ebene der Gemeinschaft der Miteigentümer statt. So auch eine Entscheidung des BFH in Bezug auf die Vermietung gemeinschaftlichen Eigentums durch eine Wohnungseigentümergemeinschaft.[84]

197 Diese Rechtslage ergibt sich aus der inzwischen unbestrittenen steuerrechtlichen Betrachtungsweise, dass die Einkünfte nur demjenigen zugerechnet werden können, der den Tatbestand der jeweiligen Einkunftsart erfüllt. Schließen sich mehrere Personen zu einer Gesellschaft nach §§ 705 ff. BGB oder zu einer Bruchteilsgemeinschaft nach §§ 741 ff. BGB zusammen, um Einkünfte aus Vermietung und Verpachtung zu erzielen, verwirklichen die Gesellschafter beziehungsweise Gemeinschafter die Merkmale des Besteuerungstatbestandes in der Einheit der Gesellschaft beziehungsweise Gemeinschaft. Die Gesellschaft oder die Gemeinschaft besitzt in ihrer Einheit eine eigene Rechtszuständigkeit bei der Einkunftserzielung und Einkunftsermittlung. In umsatz-, einkommen- und gewerbesteuerlicher Hinsicht ist sie nicht nur steuerrechts- und beteiligungsfähig, sondern sogar ein eigenständiges Steuersubjekt.[85] Erst kürzlich wurde im Rahmen einer Entscheidung des BGH die Rechtsfähigkeit der Wohnungseigentümergemeinschaft erneut bestätigt.[86] Diese gewährt der Wohnungseigentümergemeinschaft auch in steuerrechtlicher Hinsicht die Fähigkeit, Träger von Rechten und Pflichten zu sein.

198 Die Anteile an den auf der Ebene der Wohnungseigentümergemeinschaft ermittelten Einkünften werden einkommensteuerlich bei den einzelnen Wohnungseigentümern erfasst. Der Überschuss der Einnahmen über die Werbungskosten ist nach den vertraglichen Vereinbarungen unter Berücksichtigung von Regelungen des Gebrauchs des gemeinschaftlichen Eigentums nach § 16 Abs. 1 WEG auf die Wohnungseigentümer zu verteilen. Abweichende Verteilungsregelungen zwischen den Miteigentümern sind steuerrechtlich zu beachten, soweit sie ihren Grund im Gemeinschaftsverhältnis haben. Eine Vereinbarung über die Kostentragung ist grundsätzlich anzuerkennen.

199 Werden zur Finanzierung der Herstellungs- oder Anschaffungskosten der Eigentumswohnung Darlehen aufgenommen, sind die gezahlten Schuldzinsen nur dann bei der Einkunftsermittlung auf der Ebene der Gesellschaft oder Gemeinschaft anzusetzen, wenn die Miteigentümer in ihrer gesamthänderischen Verbundenheit das Darlehen aufgenommen haben.

200 Hat jeder einzelne Miteigentümer seinen Anteil individuell finanziert, sind die Schuldzinsen im Rahmen seiner Einkommensteuererklärung als Sonderwerbungskosten geltend zu machen.

201 Die gemeinschaftlich erzielten Einkünfte werden dabei vom Finanzamt nach § 180 Abs. 1 Nr. 2 a AO gesondert und einheitlich festgestellt; die festgestellten Einkünfte bilden die Grundlage für die individuelle Einkommensbesteuerung der Miteigentümer.

---

84 BFH BStBl. II 1988, 577.
85 BFH BStBl. II 1995, 617.
86 BGH ZMR 2005, 547 ff.

b) Gewerbliche Vermietung von Gemeinschaftseigentum an Hotel- und Ferienanlagen. Es ist keine Seltenheit mehr, dass sich insbesondere in Urlaubs- und Erholungsgebieten Wohnungseigentümergemeinschaften gründen, in denen Hotelanlagen betrieben werden. Die bloße Vermietung von Wohnungseigentum an ein Hotelgewerbe stellt in der Regel zwar Vermögensverwaltung und daher keine gewerbliche Betätigung dar. Etwas anders gilt jedoch, wenn die Vermietungsobjekte zu einer der wesentlichen Betriebsgrundlagen des Hotelbetriebes gehören (sachliche Verflechtung) und dabei eine derart enge personelle Verflechtung zwischen dem Besitz- und Betriebsunternehmen besteht, dass die hinter beiden Betrieben stehenden Personen einen einheitlichen Betätigungswillen haben, sog. Betriebsaufspaltung. 202

Bestimmen Wohnungseigentümer durch einstimmige Vereinbarung gemäß § 10 Abs. 1 Satz 2 WEG oder im Rahmen einer ihr gleichstehenden Teilungserklärung eine Gebrauchsregelung nach § 15 WEG mit dem Inhalt, dass an Stelle individueller Vermietungen nur noch eine einheitliche Vermietung bzw. Verpachtung an einen bestimmten Mieter (z. B. eben an eine Ferienparkanlage) zulässig[87] und eine Eigennutzung unzulässig ist,[88] liegt eine Gewerbsteuer auslösende gewerbliche Tätigkeit vor, wenn die an der Wohnungseigentümergemeinschaft (Besitzunternehmen) beteiligten Personen zugleich auch beherrschende Gesellschafter der Hotelbetriebsgesellschaft sind.[89] 203

Die einer Hotelanlage zur Nutzung überlassen Wohnungen sind zweifelsohne zu den wesentlichen Betriebsgrundlage zu zählen, da sie, so der BFH, nach dem Gesamtbild der Verhältnisse zur Erreichung der Betriebszwecke erforderlich sind und besonderes Gewicht für die Betriebsführung besitzen. Das gelte nicht nur für die Grundstücksteile des gemeinschaftlichen Eigentums, wie etwa Hotelrezeption, Büro- und Wirtschaftsräume, Tiefgarage, Liegewiese etc., sondern auch und gerade für die einzelnen Hotelappartements. 204

Sind an der Wohnungseigentümergemeinschaft *„Personen beteiligt, die nicht zugleich Gesellschafter der Betriebsgesellschaft sind, ist eine personelle Verflechtung gegeben, sofern die Personen, die an beiden Unternehmen zusammen mehrheitlich beteiligt sind und damit die Betriebs-GmbH beherrschen, auch im Besitzunternehmen über die Mehrheit der Stimmen verfügen und im Besitzunternehmen kraft Gesetzes oder vertraglich wenigstens für die Geschäfte des täglichen Lebens das Mehrheitsprinzip maßgeblich ist.“*[90] 205

Da die steuerrechtliche Konsequenz einer Betriebsaufspaltung in der notwendigen Zuordnung der Einkünfte des Besitzunternehmens zu solchen aus Gewerbebetrieb liegt, unterliegen sämtliche Einkünfte der Gewerbesteuerpflicht. 206

c) Steuererklärungspflicht. Stehen einkommensteuerpflichtige Einkünfte mehreren Wohnungseigentümern zu, ist die Wohnungseigentümergemeinschaft nach § 181 Abs. 1 Satz 2 AO grundsätzlich zur Abgabe einer Erklärung zur einheitlichen und gesonderten Feststellung verpflichtet. Dabei bedient sie sich nach § 27 Abs. 1 Nr. 1 WEG des Verwalters. 207

Nach § 180 Abs. 3 Satz 1 Nr. 2 AO ist im Einzelfall von der Verpflichtung zur Abgabe einer einheitlichen und gesonderten Feststellungserklärung abzusehen, wenn es sich um einen Fall geringer Bedeutung handelt, der insbesondere gegeben ist, wenn sowohl die Höhe des festgestellten Betrages, als auch die genaue Aufteilung eindeutig feststeht. Da im Hinblick auf die bei der Vermietung von gemeinschaftlichem Eigentum einschlägigen Regelungen der §§ 13 Abs. 2 Satz 2 und 16 WEG beide Kriterien, namentlich der Gesamtbetrag der Einkünfte sowie die maßgebliche Aufteilung, feststehen, ist eine einheitliche Feststellung zur Erleichterung des Verfahrens regelmäßig nicht durchzuführen.[91] 208

---

[87] BayOLG vom 9. 10. 1981 – 2 Z 72/81; BayOLG NJW-RR 1988, 1163.
[88] BayOLG vom 23. 10. 1991 – BReg 2 Z 91/91.
[89] BFH vom 10. 4. 1997 – IV R 73/94.
[90] BFH vom 10. 4. 1997 – IV R 73/94.
[91] BFH BStBl. II 1976, 305; BFH BFH/NV 2004, 1211.

4. Selbstgenutztes Wohnungseigentum

209 **a) Zu eigenen privaten Zwecken genutzte Eigentumswohnung.** Im deutschen Einkommensteuerrecht wurde ursprünglich der Nutzungswert der eigenen Wohnung im eigenen Haus als Einnahme steuerlich erfasst. Mit Wirkung ab 1987 ist die Nutzung der eigenen Wohnung aus der Besteuerung herausgenommen worden.[92] Diese Rechtslage führt dazu, dass die mit der Nutzung der Wohnung wirtschaftlich zusammenhängenden Aufwendungen, einschließlich der AfA der auf die Wohnung entfallenden Herstellungs- oder Anschaffungskosten, nicht mehr als Werbungskosten abgezogen werden können. Denn der Werbungskostenabzug ist nach § 9 Abs. 1 Satz 2 EStG nur möglich, wenn die Kosten im Zusammenhang mit einer Einkunftsart stehen. Die Aufwendungen sind deshalb wie andere privat veranlasste Kosten dem Bereich der Lebenshaltung zuzuordnen, der steuerrechtlich grundsätzlich irrelevant ist (§ 12 EStG).

210 Dennoch bestehen für bestimmte Maßnahmen an eigengenutzten Wohnungen in Baudenkmälern sowie in Gebäuden, die in Sanierungsgebieten und städtebaulichen Entwicklungsbereichen gelegen sind, weiterhin steuerliche Begünstigungen. Da steuerrechtliche Förderungsmaßnahmen rechtssystematisch nicht bei der Ermittlung der Einkünfte aus Vermietung und Verpachtung als Werbungskosten angesetzt werden können, sind sie dem Bereich der Sonderausgaben in den §§ 10 ff. EStG, dort speziell in § 10 f EStG, angesiedelt und gewähren insoweit einen Abzug vom Gesamtbetrag der Einkünfte erst nach der Ermittlung der Einkünfte, § 2 Abs. 4 EStG.

211 **b) Zu eigenen beruflichen oder betrieblichen Zwecken genutzte Eigentumswohnungen.** Wird eine Eigentumswohnung vom Eigentümer als freiberufliche Praxis oder zu gewerblichen Zwecken genutzt, ist die Nutzung der Eigentumswohnung nicht als Einnahme aus der ausgeübten Tätigkeit zu erfassen. Der steuerrechtliche Begriff der Einnahme setzt grundsätzlich einen Wertzufluss von dritter Seite voraus. Hieran fehlt es bei der Nutzung einer eigenen Eigentumswohnung zu eigenen beruflichen oder gewerblichen Zwecken. Der Umstand, dass der Eigentümer Mietausgaben erspart, die er bei Nutzung von fremden Räumen zu tragen hätte, führt nicht zu einem steuerrechtlich zu erfassenden Wertzufluss. Die durch die berufliche oder gewerbliche Tätigkeit veranlassten Aufwendungen können dagegen als Betriebsausgaben abgezogen werden (§ 4 Abs. 4 EStG). Betriebsausgaben sind alle Aufwendungen, die in einem tatsächlichen oder wirtschaftlichen Zusammenhang mit der ausgeübten Tätigkeit stehen. Der Begriff der Aufwendungen erfasst wie bei dem der Werbungskosten nicht nur die Ausgaben, die in Geld oder Geldeswert bestehen, sondern auch die nicht mit einer Zahlung verbundenen Gebäudeabschreibungen. Es können demnach alle Aufwendungen, die bei Vermietung der Eigentumswohnung abziehbar wären, als Betriebsausgaben abgezogen werden.

5. Steuerliche Förderungen[93]

212 **a) Steuerliche Förderung vermieteter und selbstgenutzter Eigentumswohnungen in Baudenkmälern nach §§ 7 i und 10 f EStG.** Aufwendungen für Baumaßnahmen an Wohnungen in Baudenkmälern, die zu Anschaffungs- oder Herstellungskosten führen, werden

213 • im Falle der Vermietung der Eigentumswohnung durch die Inanspruchnahme erhöhter Abschreibungen nach § 7 i EStG und

214 • im Falle der Nutzung zu eigenen Wohnzwecken über einen Sonderausgabenabzug nach § 10 f EStG steuerlich begünstigt. Abgesehen vom Kriterium der Eigennutzung, knüpft § 10 f EStG an die Tatbestandsmerkmale des § 7 i EStG an, so dass insoweit hierauf verwiesen werden kann. Eine Nutzung zu eigenen Wohnzwecken liegt nach § 10 f

[92] *Stuhrmann* DStZ 1986, 263 ff.

[93] Einführung durch „Gesetz zur steuerlichen Förderung des Wohnungsbaus und zur Ergänzung des Steuerreformgesetzes 1990" vom 7. 12. 1989.

Abs. 1 Satz 4 EStG auch vor, wenn Teile einer zu eigenen Wohnzwecken genutzten Wohnung Dritten unentgeltlich zu Wohnzwecken überlassen werden.

215 *aa) Sinn und Zweck.* Die Inanspruchnahme der Steuervergünstigung für Herstellungs- und Anschaffungskosten bei Baudenkmalen nach §§ 7i, 10f Abs. 1 EStG sowie die Regelungen über den Abzug von Erhaltungsaufwand bei Baudenkmälern nach § 10f Abs. 2 und § 11b EStG haben die Erhaltung und Bewahrung schutzwürdiger Denkmäler zum Ziel. Die Steuererleichterungen sind Ausgleich für die erheblichen Kosten, die das Denkmalschutzrecht den Eigentümern auferlegt und unterstützen mit stetig zunehmender Bedeutung die staatlichen Bemühungen, Kulturgüter durch Subventionen zu erhalten. Diese Privilegierung setzt jedoch voraus, dass der Steuerpflichtige durch eine Bescheinigung der zuständigen Denkmalbehörde nachweist, dass die vorgenommene Baumaßnahme nach Art und Umfang zur Erhaltung des Gebäudes als Baudenkmal oder zu seiner sinnvollen Nutzung erforderlich und in vor Maßnahmenbeginn erfolgter Abstimmung mit der Bescheinigungsbehörde durchgeführt worden ist. Nach Wortlaut und Zielsetzung dieser Vorschriften sind nur Herstellungskosten an als Baudenkmal geschützten, bestehenden Gebäuden begünstigt, nicht hingegen der Neubau oder Wiederaufbau von Gebäuden.[94] Von einem Neubau ist nach ständiger Rechtsprechung des BFH auch auszugehen, wenn Baumaßnahmen an einem bestehenden Gebäude einem Neubau gleichkommen. Das ist der Fall, wenn das Gebäude auf Grund der Umbauarbeiten in bautechnischer Hinsicht neu ist.[95]

216 *bb) Bescheinigung der Denkmalbehörde.* Das Gebäude oder der Gebäudeteil muss nach den Vorschriften des Denkmalschutzgesetztes ein Baudenkmal[96] oder Teil einer Mehrheit von baulichen Anlagen i. S. d. § 1 Abs. 1 und 3 DSchG sein.

217 Denkmäler sind von Menschen geschaffene Sachen oder Teile davon aus vergangener Zeit, deren Erhaltung wegen ihrer geschichtlichen, künstlerischen, städtebaulichen, wissenschaftlichen oder volkskundlichen Bedeutung im Interesse der Allgemeinheit liegt, § 1 Abs. 1 DSchG. Das Landesamt für Denkmalpflege hat diese von Amts wegen in ein Verzeichnis (sog. Denkmalliste) aufzunehmen.

218 Die Aufwendungen müssen nach Art und Umfang dazu erforderlich sein, das Gebäude oder den Gebäudeteil als Baudenkmal zu erhalten oder sinnvoll zu nutzen.

219 Das Merkmal „zur Erhaltung des Baudenkmals erforderlich" bedeutet, dass es sich um Aufwendungen für die Substanz des Baudenkmals handeln muss, die nach Art und Umfang erforderlich sind, um die Merkmale zu erhalten, die die Eigenschaft des Gebäudes ausmachen. Da ein strenger Maßstab an die Aufwendungen zu legen ist, reicht es nicht aus, dass die Aufwendungen aus denkmalpflegerischen Gesichtspunkten angemessen oder vertretbar sind; vielmehr müssen sie notwendig sein, um das begünstigte Objekt für die Nachwelt zu erhalten. Die Erforderlichkeit muss sich aus dem Zustand des Baudenkmals vor Beginn der Baumaßnahmen und dem denkmalpflegerisch erstrebenswerten Zustand ergeben. Aufwendungen für Anlagen, die nicht der Eigenart des Denkmals entsprechen und deren Vorhandensein in Gebäuden mit gleicher Nutzungsart unüblich ist, sind nicht bescheinigungsfähig.

220 Das Merkmal „zu seiner sinnvollen Nutzung erforderlich" ist erfüllt, wenn die Aufwendungen die Denkmaleigenschaft nicht oder nicht wesentlich beeinträchtigen und erforderlich sind, um eine sinnvolle Nutzung des Baudenkmals zu erhalten, wieder herzustellen oder zu ermöglichen, und die geeignet erscheinen, die Erhaltung des Baudenkmals auf Dauer sicherzustellen. Zur sinnvollen Nutzung gehören deshalb Maßnahmen zur Anpassung eines Baudenkmals an zeitgemäße Nutzungsverhältnisse. Aufwendungen, die ausschließlich auf Wirtschaftlichkeitsüberlegungen des Eigentümers beruhen, können regelmäßig nicht in die Bescheinigung aufgenommen werden.

---

[94] BFH BFHE 201, 250 = BStBl. II 2003, 916.
[95] BFH vom 31. 3. 1992 – IX R 175/87.
[96] BVerwG vom 18. 7. 2001 – 4 B 45/01.

221 Da nur denkmalschutznotwendige Aufwendungen eine Steuervergünstigung rechtfertigen, müssen die Baumaßnahmen in Abstimmung mit der Denkmalbehörde durchgeführt werden, um die fachkundige Begleitung der Arbeiten sicherzustellen. Fehlt es an der Zuziehung der zuständigen Denkmalbehörde vor und bei Beginn der Baumaßnahme, entfällt die Steuerbegünstigung, da eine wesentliche Voraussetzung hierfür nicht vorliegt und auch nicht nachgeholt werden kann.

222 Die Bescheinigung der Denkmalbehörde ist als Grundlagenbescheid bindend[97] hinsichtlich der Voraussetzungen der Eigenschaft des Gebäudes als Denkmal i. S. d. DSchG als auch hinsichtlich der vorherigen Abstimmung mit der Denkmalbehörde.

223 *cc) Herstellungsaufwand.* Begünstigt sind die Herstellungs- oder Anschaffungskosten, die durch Baumaßnahmen an einem Baudenkmal entstehen, wenn sie nach Art und Umfang zur Erhaltung der Eigentumswohnung als Baudenkmal oder zu seiner sinnvollen Nutzung erforderlich sind. Anschaffungskosten sind nur insoweit steuerlich begünstigt, als die Maßnahmen nach dem rechtswirksamem Abschluss des Kaufvertrages durchgeführt werden.

224 Bei einer Eigentumswohnung in einem Gebäude, das selbst kein Baudenkmal ist, aber als Teil einer Gebäudegruppe oder Gesamtanlage (Ensemble) denkmalrechtlich geschützt ist, sind nur Aufwendungen für Baumaßnahmen begünstigt, die zur Erhaltung des äußeren Erscheinungsbildes des Ensembles erforderlich sind, § 7i Abs. 1 Satz 4 EStG. Die Höhe der begünstigten Aufwendungen hat die Bescheinigungsbehörde ebenfalls mit bindender Wirkung anzugeben.

225 Fällt die Eigenschaft als Baudenkmal innerhalb des Begünstigungszeitraumes weg, können die erhöhten Abschreibungen bzw. die Sonderausgaben nicht weiter in Anspruch genommen werden.

226 *dd) Abzugsbetrag bei Vermietung, § 7i EStG.* Die bescheinigten Aufwendungen können mittels erhöhter AfA als Werbungskosten abgezogen werden. Bei einem im Inland gelegenen Denkmalgebäude, kann der Steuerpflichtige abweichend von § 7 Abs. 4 und 5 EStG im Jahr der Herstellung und in den folgenden sieben Jahren jeweils bis zu 9% und in den folgenden vier Jahren jeweils bis zu 7% der Herstellungskosten für Baumaßnahmen absetzen.

227 Hat der Eigentümer öffentliche Zuschüsse erhalten, begrenzt § 7i Abs. 1 Satz 7 EStG die erhöhte AfA auf die Aufwendungen, die nicht durch die Zuschüsse gedeckt sind.[98] Die Zuschüsse müssen in der Bescheinigung der Denkmalbehörde angegeben werden; bei nachträglichen Zuschüssen ist die Bescheinigung fortzuschreiben.

228 *ee) Abzugsbetrag bei Eigennutzung, § 10 f EStG.* Im Rahmen des § 10f EStG kann der steuerbegünstigte Aufwand im Kalenderjahr des Abschlusses der Baumaßnahme und in den folgenden neun Jahren bis zu 9% wie Sonderausgaben abgezogen werden. Soweit begünstigte Baumaßnahmen steuerlich zu Erhaltungsaufwand führen, können diese nach § 10f Abs. 2 EStG wie Herstellungsaufwand behandelt und als Sonderausgaben abgezogen werden. Dadurch ist ein steuerlicher Abzug möglich, der sonst beim selbstgenutzten Wohnungseigentum entfallen würde. Die Vorschrift verweist jedoch auf § 11 b EStG, so dass die in dieser Regelung festgelegten Voraussetzungen für den Abzug von Erhaltungsaufwand bei vermieteten Gebäuden auch zur Anwendung des § 10f Abs. 2 EStG erfüllt sein müssen. Voraussetzung ist stets, dass die Aufwendungen einst nicht bereits in die Bemessungsgrundlage der Eigenheimzulage einbezogen wurden, da eine Doppelförderung ein und desselben Aufwands ausgeschlossen ist.

229 Die Abzugsmöglichkeiten für Bau- und Erhaltungsmaßnahmen können grundsätzlich nur für eine Eigentumswohnung in Anspruch genommen werden. Ein anderes gilt nach

---

[97] BFH vom 22. 9. 2005 – IX R 13/04; BMF-Schreiben vom 16. 5. 2007 – IV C 3 – S 2198-a/07/000.

[98] *Blümich/Erhard* § 7i EStG Rn. 26.

§ 10f Abs. 3 Satz 2 EStG für nicht dauernd getrennt lebende Ehegatten, denen der Abzug bei insgesamt zwei Objekten zusteht.

Miteigentümer brauchen § 10f EStG nicht einheitlich in Anspruch zu nehmen. § 7a Abs. 7 EStG gilt nur für erhöhte Absetzungen und Sonderabschreibungen, nicht für den Sonderausgabenabzug. Die Förderung ist beim jeweiligen Miteigentümer aber nur möglich, wenn dieser die Wohnung zu eigenen Wohnzwecken nutzt. Hinsichtlich der Bemessungsgrundlage und des Objektverbrauchs steht bei Miteigentümern der Miteigentumsanteil an einem Gebäude dem ganzen Gebäude gleich, sofern es sich nicht um zusammen veranlagte Ehegatten handelt. Wenn ein Miteigentümer, der für seinen Teil bereits Abzugsbeträge nach § 10f EStG abgezogen hat, einen Anteil an demselben Gebäude hinzu erwirbt, kann er für danach von ihm selbst durchgeführte Baumaßnahmen auch die Abzugsbeträge nach § 10f Abs. 1 oder 2 EStG in Anspruch nehmen, die auf den hinzu erworbenen Anteil entfallen, § 10f Abs. 4 Satz 2 EStG. 230

ff) Besonderheiten bei Erhaltungsaufwand nach § 11b EStG. Erhaltungsaufwand betrifft Aufwendungen, die zur ordnungsgemäßen Instandhaltung erforderlich sind und normalerweise regelmäßig wiederkehrend anfallen, so z.B. Anstreicharbeiten, Dach-, Fenster-, Heizungs- oder sonstige Arbeiten. Diese Aufwendungen werden im Allgemeinen durch die gewöhnliche Nutzung des Grundstücks veranlasst. 231

Erhaltungsaufwand, der ansonsten nur im Jahr der tatsächlichen Leistungen abgesetzt wird, kann durch die gleichmäßige Verteilung auf bis zu fünf Jahre die der Steuerprogression unterliegenden Einkommensteile so mindern, dass hieraus eine erhebliche Steuerersparnis resultieren kann. 232

b) Steuerliche Förderung vermieteter und selbstgenutzter Eigentumswohnungen in Sanierungsgebieten, §§ 7h und 10f EStG. Werden Modernisierungs- und Instandsetzungsmaßnahmen an Eigentumswohnungen in einem förmlich festgelegten Sanierungsgebiet oder städtebaulichen Entwicklungsbereich durchgeführt, können die unbezuschussten Herstellungskosten 233

- im Falle der Vermietung nach § 7h EStG und 234
- im Falle der Selbstnutzung nach § 10f EStG steuerlich gefördert. Abgesehen vom Kriterium der Eigennutzung, knüpft § 10f EStG an die Tatbestandsmerkmale des § 7h EStG an, so dass auch insoweit hierauf verwiesen werden kann. Eine Nutzung zu eigenen Wohnzwecken liegt nach § 10f Abs. 1 Satz 4 EStG auch vor, wenn Teile einer zu eigenen Wohnzwecken genutzten Wohnung Dritten unentgeltlich zu Wohnzwecken überlassen werden. 235

aa) Begünstigte Modernisierungs- und Instandsetzungsmaßnahmen. Abschreibungsgegenstand ist in diesem Fall nicht die Eigentumswohnung selbst, sondern die gesondert begünstigte Maßnahme. Anschaffungskosten für derartige Baumaßnahmen sind nur insoweit begünstigt, als sie nach Abschluss eines rechtswirksamen Kaufvertrages angefallen sind, § 7h Abs. 1 Satz 3 EStG. 236

Eine Baumaßnahme ist nach § 7h EStG begünstigt, wenn es sich dabei um eine Modernisierungs- oder Instandhaltungsmaßnahme i.S.d. § 177 BauGB[99] oder um eine Maßnahme handelt, die der Erhaltung, Erneuerung und funktionsgerechten Verwendung der Eigentumswohnung dient, die wegen ihrer geschichtlichen, künstlerischen und städtebaulichen Bedeutung erhalten bleiben soll und zu deren Durchführung sich der Eigentümer verpflichtet hat. Weist eine bauliche Anlage nach ihrer inneren oder äußeren Beschaffenheit Missstände oder Mängel auf, deren Beseitigung oder Behebung durch Modernisierung oder Instandsetzung möglich ist, kann die Gemeinde nach § 177 BauGB die Beseitigung der Missstände durch ein Modernisierungsgebot und die Behebung der Mängel durch ein Instandsetzungsgebot anordnen. Zur Beseitigung der Missstände und zur Behebung der Mängel ist der Eigentümer der baulichen Anlage verpflichtet. Miss- 237

[99] LfSt Bayern vom 13. 12. 2006 – S 2198 a – 5 St32/St33.

stände liegen insbesondere vor, wenn die bauliche Anlage nicht den allgemeinen Anforderungen an gesunde Wohn- und Arbeitsverhältnisse entspricht.

238 *bb) Bescheinigungsverfahren.* Ähnlich dem § 7i EStG setzt die Inanspruchnahme erhöhter Abschreibungen für Modernisierungs- und Instandsetzungsmaßnahmen nach § 7 h EStG deren vorherige Abstimmung mit den Kommunen und deren Durchführung im Einklang mit der jeweiligen Sanierungssatzung voraus.

239 Als Nachweis der Abschreibungsberechtigung ist auch diesbezüglich dem Finanzamt eine Bescheinigung der zuständigen Gemeindebehörde vorzulegen, die bestätigt, dass begünstigte Baumaßnahmen durchgeführt wurden und ausweist, in welcher Höhe sie angefallen sind und ob Zuschüsse aus Sanierungs- und Entwicklungsfördermitteln gewährt wurden. Die im Bescheinigungsverfahren enthaltenen Feststellungen sind für die Einkommensbesteuerung im Sinne eines Grundlagenbescheides bindend.

240 *cc) Abzugsbetrag bei Vermietung, § 7h EStG.* Abweichend von § 7 Abs. 4 und 5 EStG können begünstigte und unbezuschusste Herstellungskosten für Modernisierungs- und Instandsetzungskosten im Jahr der Herstellung und in den folgenden sieben Jahren jeweils bis zu 9% und in den folgenden vier Jahren bis zu 7% abgeschrieben werden.

241 *dd) Abzugsbetrag bei Eigennutzung, § 10f EStG.* Im Rahmen des § 10f EStG kann der steuerbegünstigte Aufwand im Kalenderjahr des Abschlusses der Baumaßnahme und in den folgenden neun Jahren bis zu 9% wie Sonderausgaben abgezogen werden. Soweit begünstigte Baumaßnahmen steuerlich zu Erhaltungsaufwand führen, können diese nach § 10f Abs. 2 EStG wie Herstellungsaufwand behandelt und als Sonderausgaben abgezogen werden. Die Vorschrift verweist insoweit auf § 11a EStG, so dass die in dieser Regelung festgelegten Voraussetzungen für den Abzug von Erhaltungsaufwand bei vermieteten Gebäuden auch zur Anwendung des § 10f Abs. 2 EStG erfüllt sein müssen. Der Abzug wie Sonderausgaben hängt allerdings ebenfalls davon ab, dass der Eigentümer in dem jeweiligen Jahr des Abzugszeitraums die Wohnung zu eigenen Wohnzwecken nutzt. Der Abzug des Erhaltungsaufwands macht die häufig schwierige steuerliche Abgrenzung zwischen Herstellungs- und Erhaltungsaufwand entbehrlich. Eine Doppelförderung eines identischen Aufwands ist auch hier ausgeschlossen.

242 Auch insoweit gilt es die Objektbeschränkung des § 10f Abs. 3 EStG und die Besonderheiten für Miteigentümer nach § 10f Abs. 4 EStG zu beachten. Siehe unter 5) a) ee).

243 *ee) Besonderheiten bei Erhaltungsaufwand nach § 11a EStG.* Sind unbezuschusste Baumaßnahmen als Erhaltungsaufwand zu qualifizieren, können diese im Jahr der Zahlung vollumfänglich oder auf Antrag hin auf zwei bis fünf Jahre verteilt abgezogen werden, § 11a EStG.

244 **c) Steuerliche Förderung weder zur Einkunftserzielung noch zu eigenen Wohnzwecken genutzter schutzwürdiger Kulturgüter nach § 10g EStG.** Aufwendungen für Herstellungs- oder Erhaltungsmaßnahmen an eigenen schutzwürdigen Kulturgütern sind nach § 10g EStG über einen Abzug wie Sonderausgaben begünstigt, sofern die schutzwürdigen Kulturgüter weder zur Erzielung von Einkünften noch zu eigenen Wohnzwecken genutzt werden.

245 Begünstigte Kulturgüter nach § 10g EStG sind jene in § 10g Abs. 1 Satz 2 Nr. 2 bis 4 EStG enumerativ aufgezählten Güter, sofern diese der wissenschaftliche Forschung oder der Öffentlichkeit zugänglich gemacht und die Maßnahmen im Sinne der Denkmal- oder Archivpflege durchgeführt werden. Inwieweit dies im Einzelfall gegeben ist, hat das nach Abs. 3 zuständige Landesamt für Denkmalpflege zu bescheinigen.

246 Aufwendungen unterliegen nur dann einer Abzugsmöglichkeit wie Sonderausgaben in Höhe von bis zu 9% im Jahr des Abschlusses der Maßnahme und in den folgenden neun Jahren, wenn sie im Zusammenhang mit der Durchführung von Herstellungs- und Erhaltungsmaßnahmen am Kulturgut entstehen. Nicht erfasst werden daher laufende Aufwendungen, seien es Versicherungs-, Strom- oder Raumkosten, noch Anschaffungs- bzw.

anschaffungsnahe Herstellungskosten. Öffentliche oder private Zuschüsse sowie aus den Kulturgütern erzielte Einnahmen sind von den tatsächlichen Aufwendungen abzuziehen.

Angesichts des auch in diesem Fall erforderlichen Bescheinigungsverfahrens vor Beginn der Maßnahme gilt das zu § 7i EStG Gesagte entsprechend. Demnach sind Maßnahmen nur dann begünstigt, wenn sie nach Maßgabe der geltenden Bestimmungen der Denkmal- und Archivpflege erforderlich und mit der zuständigen Behörde abgestimmt sind. 247

6. Instandhaltungsrücklagen

Gem. § 21 Abs. 5 Nr. 2 WEG gehört zur ordnungsgemäßen Verwaltung einer Wohnungsanlage auch die ordnungsgemäße Instandhaltung und Instandsetzung des Gemeinschaftseigentums. Instandsetzung i. S. d. WEG wird definiert als Maßnahme zur Erhaltung des bestehenden Zustandes des gemeinschaftlichen Eigentums oder zur Wiederherstellung eines ordnungsgemäßen Zustandes des gemeinschaftlichen Eigentums, der bereits vorhanden gewesen war.[100] Die Wohnungseigentümer sind gem. §§ 21 Abs. 5 Nr. 4, 28 Abs. 1 Nr. 3 WEG zur Ansammlung einer Instandhaltungsrückstellung verpflichtet. Die Beiträge zur Instandhaltungsrücklage sind Teil der Vorschüsse auf das Wohngeld bzw. Hausgeld, die der einzelne Wohnungseigentümer entsprechend dem beschlossenen Wirtschaftsplan an den Verwalter zu leisten hat, § 28 Abs. 1 Nr. 3 i. V. m. Abs. 2 WEG. Die Beiträge wie auch die Instandhaltungsrücklage selbst gehören zu den gemeinschaftlichen Geldern, die der Verwalter zu verwalten hat, § 27 Abs. 1 Nr. 4 WEG. Sie sind Teil des Verwaltungsvermögens der Wohnungseigentümergemeinschaft. Der einzelne Wohnungseigentümer ist in Höhe seiner Zahlungen als Eigentümer am Verwaltungsvermögen beteiligt. 248

a) Einnahmen aus der Anlage der Instandhaltungsrücklage. Zinsen im Zusammenhang mit den vom Verwalter zur Bildung einer Instandhaltungsrücklage von den Wohnungseigentümern entgegengenommenen und entsprechend angelegten Geldern, gehören zu den steuerpflichtigen Einkünften aus Kapitalvermögen i. S. d. § 20 EStG und stehen der Gemeinschaft zu. Als private Kapitalerträge unterliegen diese, sofern nach dem 1. 1. 2009 bezogen, gem. §§ 20 Abs. 1 Nr. 7, 32d, 43 Abs. 5 EStG der im Wege der Unternehmenssteuerreform eingeführten Abgeltungsteuer von 25%. Der Kapitalertragsteuerabzug hat insoweit grundsätzlich abgeltende Wirkung gem. § 43 Abs. 5 EStG, die Kapitalerträge und Gewinne aus der Veräußerung der Kapitalanlage sind also nicht in die Veranlagung des Steuerpflichtigen einzubeziehen. 249

b) Werbungskostenabzug. Da nur derjenige, der Einkünfte aus Vermietung und Verpachtung erzielt, auch die dahingehenden Aufwendungen steuermindernd als Werbungskosten i. S. d. § 9 EStG geltend machen kann, scheidet ein Werbungskostenabzug bei Selbstnutzung stets aus. 250

Die Beiträge zur Instandhaltungsrücklage gehen mit ihrer Zahlung von der Rechtszuständigkeit des einzelnen Wohnungseigentümers in die Rechtszuständigkeit der Wohnungseigentümergemeinschaft über. Aufgrund ihrer Bindung im Verwaltungsvermögen ist zwar ein Abfluss der Beträge aus dem frei verfügbaren Vermögen des einzelnen Wohnungseigentümers erfolgt, gleichwohl sind diese Beträge entsprechend der bisherigen und obgleich der WEG-Reform zum 1. 7. 2007 aufrechterhaltener Rechtsprechung im Zeitpunkt der Zuführung zur Instandhaltungsrücklage noch nicht als Werbungskosten abzugsfähig.[101] Obwohl die Zuführungen in die Instandhaltungsrücklage letztlich Vorauszahlungen für künftigen Reparaturaufwand darstellen, lässt die Finanzverwaltung den Abzug der geleisteten Beiträge zur Instandhaltungsrücklage beim einzelnen Wohnungseigentümer als Werbungskosten weiterhin erst dann zu, wenn der Verwalter sie für die Wohnungseigentümergemeinschaft tatsächlich zur Erhaltung des gemeinschaftlichen 251

[100] BayObLG DWE 1982, 29.
[101] LfSt Bayern vom 23. 11. 2007 – S 2211–14 St32/St33.

Eigentums oder für andere Maßnahmen, die die Erzielung von Einnahmen aus Vermietung und Verpachtung bezwecken oder durch sie veranlasst sind, verausgabt hat.[102] Daher sind Wohngeld-Zahlungen bei vermieteten Eigentumswohnungen um die Zuführungsbeträge zur Instandhaltungsrücklage zu kürzen. Im Hinblick auf die in § 10 Abs. 7 WEG getroffene neue Vermögenszuordnung an den Verband ist die unbesehene Übernahme der zum alten Recht entwickelten Auffassungen in das neue Recht in der Praxis auf mehrfache Kritik[103] gestoßen. Ist das Vermögen nach dem Gesetzeswortlaut nunmehr ausdrücklich dem teilrechtsfähigen Verband zugewiesen, vermag es die Kritiker nicht zu überzeugen, in der Zahlung der Beiträge zur Instandhaltungsrücklage und somit der Zuweisung zu fremdem Vermögen keinen Abfluss zu sehen. Die kurzerhand übernommene bisherige Begründung des BFH im Hinblick auf § 11 Ans. 2 Satz 1 EStG erscheint wenig überzeugend.

252 Wird die Instandhaltungsrücklage für Maßnahmen verwendet, die zu Herstellungskosten führen, so sind nur die entsprechenden Absetzungen für Abnutzung als Werbungskosten abziehbar, § 9 Abs. 1 Satz 3 Nr. 7 EStG.

7. Haushaltsnahe Dienstleistungen, § 35 a EStG

253 Die Finanzverwaltung hat die steuerlichen Vergünstigungen der haushaltsnahen Dienstleistungen nach § 35a EStG nunmehr auch für Wohnungseigentümer anerkannt.[104] Die bisher beschränkte Anwendung auf Einfamilienhausbesitzer und Miteigentümer von Mehrfamilienhäusern ist dadurch beseitigt.

254 Seit dem 1. 1. 2003 werden bestimmte Dienstleistungen in privaten Haushalten steuerlich gefördert. War die steuerliche Förderung ursprünglich neben Pflege- und Betreuungsleistungen für besonders pflegebedürftige Personen auf die Inanspruchnahme von haushaltsnahen Dienstleistungen für Renovierungs-, Erhaltungs- und Modernisierungsmaßnahmen, die gerade keine Handerwerkerleistungen darstellten, begrenzt, wurde deren Geltungsbereich durch die rückwirkende Schaffung eines neuen § 35a Abs. 2 Satz 2 EStG zum 1.1.2006 auch auf die Inanspruchnahme von Handwerkerleistungen für Renovierungs-, Erhaltungs- und Modernisierungsmaßnahmen ausgedehnt.

255 In Anlehnung an die Finanzverwaltung gilt für die Anwendung des § 35a EStG Folgendes:[105]

256 a) **Haushaltsnähe.** Zum Haushalt des Steuerpflichtigen gehört auch eine Wohnung, die der Steuerpflichtige einem bei ihm zu berücksichtigenden Kind (§ 32 EStG) zur unentgeltlichen Nutzung überlässt. Das gleiche gilt für eine vom Steuerpflichtigen tatsächlich eigengenutzte Zweit-, Wochenend- oder Ferienwohnung. Der Steuerpflichtige kann deshalb für Leistungen, die in diesen Wohnungen durchgeführt werden, bei Vorliegen der sonstigen Voraussetzungen die Steuerermäßigung nach § 35a EStG in Anspruch nehmen. Die Steuerermäßigung wird jedoch auch bei Vorhandensein mehrerer Wohnungen insgesamt nur einmal bis zu den jeweiligen Höchstbeträgen gewährt. Durch das Steuerjahresgesetz 2008 vom 20. 12. 2007 sind auch Haushalte in der EU begünstigt.

257 b) **Haushaltsnahe Leistung nach § 35a Abs. 1, Abs. 2 Satz 1 EStG.** Haushaltsnahe Leistungen, und zwar in der Form von Beschäftigungsverhältnissen (§ 35a Abs. 1 EStG) und in Anspruch genommenen Dienstleistungen (§ 35a Abs. 2 Satz 1 EStG), sind unter bestimmten Voraussetzungen im Steuerrecht begünstigt.

258 aa) *Haushaltsnahes Beschäftigungsverhältnis, § 35a Abs. 1 EStG.* Ein Beschäftigungsverhältnis i.S.d. § 35a Abs. 1 EStG ist haushaltsnah, wenn es einen engen Bezug zum Haushalt hat, d.h. durch die Haushaltung bzw. die Haushaltsangehörigen begründet ist

---

[102] BFH vom 21. 10. 2005 – IX B 144/05.
[103] Siehe Rn. 70.
[104] BMF-Schreiben vom 3. 11. 2006 – IV C 4 – S 2296 b-60/06.
[105] BFM-Schreiben vom 26. 10. 2007 – IV C 4 – S 2296 – b/07/0003.

und von einem Nichtselbständigen auch im inländischen Haushalt ausgeübt wird. Zu haushaltsnahen Tätigkeiten gehören demnach unter anderem auch die Reinigung der Wohnung des Steuerpflichtigen, die Gartenpflege oder die Versorgung und Betreuung von Kindern oder pflegebedürftigen Personen.

Wie sich aus dem Regelungszusammenhang des § 35a Abs. 1 Satz 1 Nr. 1 und 2 EStG ergibt, können die Beschäftigungsverhältnisse sowohl normal sozialversicherungspflichtig als auch geringfügig i. S. d. § 8a SBG IV oder des § 8 Abs. 1 Nr. 2 SGB IV (zeitlich geringfügig) sein, ausdrücklich aber nicht solche des § 8 Abs. 1 Nr. 1 SGB IV. 259

Von einem geringfügigen Beschäftigungsverhältnis i. S. d. § 8a SGB IV wird gesprochen, wenn es durch einen privaten Haushalt begründet ist, die Tätigkeit sonst gewöhnlich durch Mitglieder des privaten Haushalts ausgeübt wird und der Steuerpflichtige daher am Haushaltsscheckverfahren teilnimmt. 260

Das sog. Haushaltsscheckverfahren (§§ 28a ff. SBG IV) hat die Förderung des Abschlusses von Beschäftigungsverhältnissen in Privathaushalten zum Ziel und gibt den privaten Arbeitgebern im Bereich der Anmeldung zur Sozialversicherung jener Beschäftigten die Möglichkeit eines vereinfachten Melde- und Beitragsverfahren. 261

§ 35a Abs. 1 Satz 1 Nr. 2 EStG erfasst hingegen all diejenigen haushaltsnahen Beschäftigungsverhältnisse, die Pflichtbeiträge zur gesetzlichen Sozialversicherung begründen und dabei keine geringfügigen Beschäftigungen nach § 8 Abs. 1 Nr. 1 SBG IV darstellen. 262

bb) Haushaltsnahe Dienstleistungen § 35a Abs. 2 Satz 1 EStG. Zu den haushaltsnahen Dienstleistungen i. S. d. § 35a Abs. 2 Satz 1 EStG gehören nur Tätigkeiten, die nicht zu den handwerklichen Leistungen des § 35a Abs. 2 Satz 2 EStG gehören, gewöhnlich durch Mitglieder des privaten Haushalts erledigt werden und für die eine Dienstleistungsagentur bzw. ein selbständiger Dienstleister in Anspruch genommen wird. Dies umfasst auch hier u. a. die bereits zuvor erwähnten Tätigkeiten der Reinigung, Gartenpflege, Pflege von Angehörigen und auch Umzugsdienstleistungen, nur dass sie in diesem Bereich auf der Grundlage eines Auftrages an einen Selbständigen erfolgen. 263

c) Inanspruchnahme von Handwerkerleistungen. § 35a Abs. 2 Satz 2 EStG erfasst alle handwerklichen Tätigkeiten, seien es Renovierungs-, Erhaltungs- oder Modernisierungsmaßnahmen, die in einem inländischen bereits bestehenden Haushalt des Steuerpflichtigen erbracht werden, unabhängig davon, ob sie entsprechend ihres Ausmaßes gewöhnlich von einem Haushaltsmitglied oder von Fachkräften durchgeführt werden. Zu den handwerklichen Tätigkeiten zählen z. B. Arbeiten an Innen- und Außenwänden, jede Art der Reparatur, Wartung oder des Austausches von mobilen oder immobilen Gegenständen sowie sämtliche Lackier- und Streicharbeiten. Handwerkliche Tätigkeiten im Rahmen einer Neubaumaßnahme werden jedoch nicht erfasst. Aufwendungen im Zusammenhang mit der Inanspruchnahme eines Schornsteinfegers oder der nachträglichen Zuleitung von Hausanschlüssen in Form von Kabeln für Strom oder Fernsehen sind auch begünstigt. 264

d) Anspruchsberechtigung. Steuerpflichtige können die Steuerermäßigung nach § 35a EStG grundsätzlich nur geltend machen, wenn sie in Fällen des § 35a Abs. 1 EStG Arbeitgeber und in den Fällen des § 35a Abs. 2 EStG Auftraggeber sind. Sie können die Ermäßigung auch nur insoweit in Anspruch nehmen, als sich die Tätigkeit bzw. Dienstleistung auf ihren eigenen und nicht auf einen fremden Haushalt bezieht. Die Aufwendungen dürfen weder Betriebsausgaben noch Werbungskosten darstellen und auch nicht als außergewöhnliche Belastungen berücksichtigt worden sein. 265

Umstritten war bisher die Gewährung der Steuerermäßigung, wenn eine Wohnungseigentümergemeinschaft oder deren Verwalter die Leistungen beauftragt hat oder Arbeitgeber des begünstigten Beschäftigungsverhältnisses ist.[106] 266

---

[106] Ablehnend: BMF-Schreiben vom 1. 11. 2004, BStBl. I 2004, 958 = DStR 2004, 2056 Rn. 8; vgl. zur Darstellung des Meinungsstreites auch *Drasdo* ZMR 2006, 669.

267 Maßgeblicher Auslöser einer nunmehr währenden Änderung dieser Rechtsauffassung der Finanzverwaltung war ein Urteil des FG Baden-Württemberg vom 17. 5. 2006,[107] nach dessen Entscheidung dem Gesetzeswortlaut des § 35a EStG nicht entnommen werden könne, dass der Gesetzgeber für die von den Wohnungseigentümern oder deren Hausverwaltern für die Wohneigentümergemeinschaft in Auftrag gegebenen Tätigkeiten keine Steuerermäßigung gewähren wollte und das in dem Ausschluss der Wohnungseigentümer eine nicht gerechtfertigte Benachteiligung gesehen hatte. Eine andere Auslegung sei auch unter Beachtung des verfassungsrechtlichen Gleichheitsgebots des Art. 3 Abs. 1 GG nicht zu rechtfertigen, da dies Wohnungseigentümer gleichheitswidrig benachteilige.

268 Kritischen Äußerungen gegen das Urteil[108] dahingehend, dass die Anwendbarkeit des § 35a EStG auf Wohnungseigentümer in Wohnungseigentümergemeinschaften daran scheitern muss, dass die Arbeiten am Gemeinschaftseigentum gerade nicht im Haushalt des Wohnungseigentümers stattfinden und die Zahlungen im Hinblick auf die partielle Rechtsfähigkeit der Wohnungseigentümergemeinschaf und die damit einhergehende Trennung des Vermögens des Steuerpflichtigen von demjenigen des Verbandes gerade nicht vom Konto des Steuerpflichtigen fließen, wurde mit Überarbeitung des Anwendungserlasses zu § 35a EStG endgültig der Rücken gekehrt.

269 Die geänderte Auffassung der Finanzverwaltung wurde im BMF-Schreiben vom 3. 11. 2006[109] niedergelegt, demnach die einzelnen Wohnungseigentümer bei Wohnungseigentümergemeinschaften ebenfalls für die von ihnen getragenen Aufwendungen anspruchsberechtigt sind, auch wenn das Beschäftigungsverhältnis zur Gemeinschaft besteht oder diese Auftraggeber der haushaltsnahen Dienstleistungen bzw. handwerklichen Tätigkeiten ist. Diesem gewandelten Normverständnis liegt die Ansicht zugrunde, dass für die Inanspruchnahme der Steuerermäßigung kein direktes Auftrags- bzw. Arbeitsverhältnis zwischen Leistungserbringer und Anspruchsberechtigtem bestehen muss, sondern es hierfür ausreichend ist, dass der Begünstigte wirtschaftlich die Aufwendungen für die letztlich in seinem Haushalt erbrachte Leistung getragen hat.[110]

270 Besteht folglich ein Beschäftigungsverhältnis zu einer Wohnungseigentümergemeinschaft oder ist eine Wohnungseigentümergemeinschaft Auftraggeber der haushaltsnahen Dienstleistungen bzw. der handwerklichen Leistung, kommt für den einzelnen Wohnungseigentümer eine Steuerermäßigung jedoch nur in Betracht, wenn

- in der Jahresabrechung die im Kalenderjahr unbar gezahlte Beträge nach den begünstigten haushaltsnahen Beschäftigungsverhältnissen und Dienstleistungen jeweils gesondert aufgeführt sind,
- der Anteil der steuerbegünstigten Kosten, namentlich nur Arbeits- und Fahrtkosten ausgewiesen ist und
- der Anteil des jeweiligen Wohnungseigentümers anhand seiner Beteiligungsverhältnisses individuell errechnet wurde.

271 Dies gilt auch, wenn die Wohnungseigentümergemeinschaft zur Wahrnehmung ihrer Aufgaben einen Verwalter bestellt hat.

272 So kann auch der Mieter einer Wohnung die Steuerermäßigung nach § 35a EStG beanspruchen, wenn die von ihm zu zahlenden Nebenkosten Beträge umfassen, die für ein haushaltsnahes Beschäftigungsverhältnis, für haushaltsnahe Dienstleistungen oder handwerkliche Tätigkeiten geschuldet werden und sein Anteil an den vom Vermieter unbar gezahlten Aufwendungen entweder aus der Jahresabrechnung hervorgeht oder durch eine Bescheinigung des Vermieters oder seines Verwalters nachgewiesen wird. Bei wiederkehrenden Dienstleistungen (z.B. Reinigung Treppenhaus, Gartenpflege etc.) sind

---

[107] FG Baden-Württemberg DStR 2006, 1383.
[108] *Drasdo* NJW-Spezial 2006, 292.
[109] BMF-Schreiben vom 3. 11. 2006 Rn. 15, 16, 32 – IV C 4 – S 2296b – 60/06.
[110] *Heß/Görn* DStR 2007, 1804.

die in der Jahresabrechnung ausgewiesenen, für den Veranlagungszeitraum geleisteten Vorauszahlungen maßgebend. Der unbare Zahlungsverkehr zielt als unerlässliche Voraussetzung auf die Bekämpfung der Schwarzarbeit ab.

Den notwendigen Inhalt der Bescheinigung legt das BMF mit Schreiben vom 26. 10. 2007 in einem Muster dar: 273

--	--
--	--
--	--
(Name und Anschrift des Verwalters/Vermieters)	(Name und Anschrift des Eigentümers/Mieters)

Anlage zur Jahresabrechnung das Jahr ……
In der Jahresabrechnung für das nachfolgende Objekt

(Ort, Straße, Hausnummer und ggf. genaue Lagebezeichnung der Wohnung)

sind Ausgaben im Sinne des § 35 a Einkommensteuergesetz (EStG) enthalten, die wie folgt zu verteilen sind:

A) Aufwendungen für sozialversicherungspflichtige Beschäftigungen (§ 35 a Abs. 1 Satz 1 Nr. 2 EStG)		
Bezeichnung	**Gesamtbetrag (in Euro)**	**Anteil des Miteigentümers/ des Mieters**

B) Aufwendungen für die Inanspruchnahme von haushaltsnahen Dienstleistungen (§ 35 a Abs. 2 Satz 1, 1. Halbsatz EStG)				
Bezeichnung	**Gesamtbetrag (in Euro)**	**nicht zu berücksichtigende Materialkosten (in Euro)**	**Aufwendungen bzw. Arbeitskosten (Rn. 29/30) (in Euro)**	**Anteil des Miteigentümers/ des Mieters**

C) Aufwendungen für die Inanspruchnahme von Handwerkerleistungen für Renovierungs-, Erhaltungs- und Modernisierungsmaßnahmen (§ 35 a Abs. 2 Satz 2 EStG)				
Bezeichnung	**Gesamtbetrag (in Euro)**	**nicht zu berücksichtigende Materialkosten (in Euro)**	**Aufwendungen bzw. Arbeitskosten (Rn. 29/30) (in Euro)**	**Anteil des Miteigentümers/ des Mieters**

…………………………………………	…………………………………………
(Ort und Datum)	(Unterschrift des Verwalters oder Vermieters)

Hinweis: Die Entscheidung darüber, welche Positionen im Rahmen der Einkommensteuererklärung berücksichtigt werden können, obliegt ausschließlich der zuständigen Finanzbehörde.

Handelt es sich um Modernisierungs- und Erhaltungsaufwand, den ein Wohnungseigentümer im Rahmen seiner Vermietereigenschaft trägt, ohne dabei die Kosten im Rahmen der Nebenkostenabrechnung auf die jeweiligen Mieter umzulegen, können die Mieter mangels Kostentragungspflicht keine Steuerermäßigung nach § 35 a EStG in Anspruch nehmen. Der Vermieter hingegen kann die angefallenen Kosten, soweit sie nicht seinen eigenen Haushalt betreffen, denn dann gilt wiederum § 35 a EStG, im Rahmen der Einkünfte aus Vermietung und Verpachtung als Werbungskosten geltend ma- 274 chen. Für die anteilige Zuordnung des Aufwands in den Bereich des eigenen Haushalts bzw. in den Bereich der Werbungskosten ist die jeweilige Quadratmeterfläche maßgebend.

275 e) **Begünstigung und Nachweis.** Zu den begünstigten Aufwendungen des Steuerpflichtigen nach § 35 a EStG gehört der Bruttoarbeitslohn bzw. bei der Anwendung des Haushaltsscheckverfahrens und geringfügiger Beschäftigung nach § 8 a SGB IV das Arbeitsentgelt sowie die vom Steuerpflichtigen getragenen Sozialversicherungsbeiträge.

276 Als Nachweis dient bei geringfügigen Beschäftigungsverhältnissen nach § 35 a Abs. 1 Satz 1 Nr. 1 EStG, für die das Haushaltsscheckverfahren Anwendung findet, die dem Arbeitgeber von der Einzugstelle (Mini-Job-Zentrale) zum Jahresende erteilte Bescheinigung nach § 28 h Abs. 4 SGB IV. Diese weißt die entsprechenden Zeiträume als auch die Höhe der angefallenen Umlagen aus. Die Ermäßigung beträgt auf Antrag hin 10% des Entgelts, höchstens jedoch 510 Euro.

277 Für sozialversicherungspflichtige Beschäftigungsverhältnisse nach § 35 a Abs. 1 Satz 1 Nr. 2 EStG, für die das allgemeine Beitrags- und Meldeverfahren zur Sozialversicherung gilt und pauschale Steuern erhoben werden, gelten die allgemeinen Nachweisregeln für die Steuerermäßigung. Die Ermäßigung beträgt auf Antrag hin 12% des Entgelts, höchstens jedoch 2400 Euro.

278 Nach § 35 a Abs. 2 EStG sind nur die Aufwendungen für die Inanspruchnahme der haushaltsnahen Tätigkeit selbst, für Handwerkerleistungen einschließlich der in Rechnung gestellten Maschinen- und Fahrtkosten, begünstigt. Materialkosten oder sonstige im Zusammenhang mit der Dienstleistung bzw. Handwerkerleistungen gelieferten Waren bleiben außer Ansatz. Der Anteil der Arbeitskosten muss grundsätzlich in der Rechnung gesondert ausgewiesen sein. Die Ermäßigung erfolgt auf Antrag hin um 20% der Aufwendungen des Steuerpflichtigen und ist dabei der Höhe nach jedoch auf einen Betrag von 600 Euro beschränkt.

279 Handwerkliche Tätigkeiten im Rahmen einer Neubaumaßnahme sind nicht begünstigt. Als Neubaumaßnahme gelten alle Maßnahmen, die im Zusammenhang mit einer Nutz- und Wohnflächenschaffung bzw. -erweiterung anfallen. Somit sind Kosten für den Ausbau des Dachbodens oder eines Wintergartens nicht begünstigt, weil eine neue Wohnfläche entsteht. Dies gilt auch für den Fall der Errichtung einer Fertiggarage, weil dadurch die Wohnfläche erweitert wird.

280 Maßnahmen, die bereits nach dem CO_2-Gebäudesanierungsprogramm der KfW Förderbank subventioniert werden, können nicht zusätzlich die steuerliche Begünstigung des § 35 a EStG beanspruchen. Der Ausschluss der steuerlichen Förderung greift ungeachtet dessen, ob es sich dabei um eine Inanspruchnahme eines zinsverbilligten Darlehens oder den Erhalt eines Zuschusses handelt.

8. Bauabzugssteuer, §§ 48 ff. EStG

281 Zur Eindämmung der illegalen Betätigung im Baugewerbe und zur Sicherung von Steueransprüchen wurde zum 1. 1. 2002 bei Bauleistungen ein Steuerabzug eingeführt.[111] Die Regelungen hierzu sind in den §§ 48 bis 48 d EStG enthalten. Das Bundesfinanzministerium hat dazu in einem Schreiben vom 27. 12. 2002 ausführlich Stellung genommen.[112] Wenn nicht eine gültige, vom zuständigen Finanzamt des Leistenden ausgestellte Freistellungsbescheinigung vorliegt oder bestimmte Freigrenzen unterschritten werden, haben unternehmerisch tätige Auftraggeber (empfangender Bauherr) von im Inland getätigten Bauleistungen für Rechnung des die Bauleistung erbringenden Unternehmens (leistender Bauunternehmer) von der Gegenleistung einen Steuerabzug von 15% vorzunehmen und diesen Betrag an das Finanzamt des Bauunternehmers abzufüh-

[111] Arbeitnehmer-Zuständigkeitsverordnung-Bau v. 30. 8. 2001 (BGBl. I S. 2267).
[112] BFM-Schreiben vom 27. 12. 2002, BStBl. I 2002, 1399.

ren. Die Zahlung des Bauherrn wird seitens des Finanzamtes auf die Steuerschuld des Bauunternehmers angerechnet.

a) Bauleistungen. Unter Bauleistungen sind gem. § 48 Abs. 1 Satz 3 EStG alle Leistungen zu verstehen, die der Herstellung, Instandsetzung oder Instandhaltung, Änderung oder Beseitigung von Bauwerken dienen. Ausschließlich planerische Leistungen (z. B. von Statikern, Architekten etc.) oder reine Leistungen zur Bauüberwachung, zur Prüfung von Bauabrechnungen und zur Durchführung von Ausschreibungen und Vergaben sind keine Bauleistungen in diesem Sinne. Gleiches gilt für bloße Reinigungsarbeiten von Räumlichkeiten oder Flächen und bloße Wartungsarbeiten an Bauwerken, ohne dass dabei Teile verändert, bearbeitet oder ausgetauscht werden. 282

b) Abzugsverpflichteter. Leistungsempfänger einer Bauleistung sind zum Steuerabzug verpflichtet, wenn es sich dabei um Unternehmer i. S. d. § 2 UStG oder um juristische Personen des öffentlichen Rechts handelt. 283

Unternehmer nach dem Umsatzsteuergesetz ist, wer eine gewerbliche oder berufliche Tätigkeit selbstständig nachhaltig ausübt. Maßgeblich ist, dass die Tätigkeit auf die Erzielung von Einnahmen gerichtet ist. Da eine Gewinnerzielungsabsicht nicht gefordert wird, werden auch Tätigkeiten erfasst, die einkommensteuerlich eine Liebhaberei darstellen. Die Abzugsverpflichtung besteht demzufolge auch für Kleinunternehmer i. S. d. § 19 UStG und Unternehmer, die ausschließlich steuerfreie Umsätze tätigen. Dazu gehört auch die Vermietung und Verpachtung von Grundstücken, von Gebäuden und Gebäudeteilen. 284

Bei Wohnungseigentümergemeinschaften ist für Frage der Leistungsempfängereigenschaft danach zu differenzieren, ob die Bauleistungen Sondereigentum oder Gemeinschaftseigentum betreffen. Bei Bauleistungen für das Sondereigentum ist der jeweilige Sondereigentümer, bei Bauleistungen für das Gemeinschaftseigentum die Wohnungseigentümergemeinschaft als Leistungsempfänger zur Durchführung des Steuerabzugs verpflichtet. Die Wohnungseigentümergemeinschaft ist Unternehmerin i. S. d. § 2 UStG, denn sie erbringt – und dazu gehört auch die Instandhaltung des Bauwerkes – Leistungen gegenüber den Eigentümern. 285

c) Freistellung vom Steuerabzug. Der Leistungsempfänger ist vom Steuerabzug befreit, sofern die Gegenleistung im laufenden Kalenderjahr insgesamt die Freigrenze von 5 000 Euro bzw. die erhöhte Freigrenze für Bauherren mit weniger als drei Mietobjekten von 15 000 Euro nicht übersteigt oder der Leistende dem Leistungsempfänger eine im Zeitpunkt der Gegenleistung gültige Freistellungsbescheinigung nach § 48 Abs. 2 Satz 1 EStG vorlegt. 286

Die Freistellungsbescheinigung kann nach § 48 b EStG bei dem für den Leistenden zuständigen Finanzamt beantragt werden. Stellt der Leistenden schlüssig dar, dass er – wie beispielsweise bei Existenzgründern – mit großer Wahrscheinlichkeit keine Gewinne erzielen wird oder aber aufgrund eines nur kurzzeitigen Tätigwerdens im Inland keine zu sichernden Steueransprüche bestehen, ist nach § 48 b Abs. 2 EStG eine – evtl. auch befristete – Freistellung zu erteilen. 287

Die Erteilung einer Freistellungsbescheinigung wird hingegen regelmäßig versagt, wenn sich der Steueranspruch dadurch als gefährdet erweist, dass der Leistende seinen steuerlichen Anzeige- und Mitwirkungspflichten nach den §§ 138, 90 AO nicht nachkommt. So nimmt die Verwaltung eine Gefährdung des zu sichernden Steueranspruchs darüber hinaus auch in Fällen an, in denen nachhaltige Steuerrückstände bestehen oder unzutreffende Angaben in Steueranmeldungen bzw. Steuererklärungen festgestellt werden und/oder der Leistende diese wiederholt nicht oder nicht rechtzeitig abgibt. 288

d) Steuerabzugsverfahren. Liegt keine Freistellungsbescheinigung des Leistenden vor und/oder wird die entsprechende Freigrenze überschritten, hat der Leistungsempfänger von seiner zu erbringenden Gegenleistung einen Betrag von 15% einzubehalten und die- 289 sen bis zum 10. des Monats, der auf die Einbehaltung folgt, nach entsprechender Anmeldung dem zuständigen Finanzamt des Bauunternehmers abzuführen. Gegenleistung ist das Entgelt für die Bauleistung zuzüglich Umsatzsteuer. Das gilt auch im Falle des § 13b UStG, obwohl der Leistungsempfänger Schuldner der Umsatzsteuer ist. Für nicht oder zu niedrig abgeführte Steuerabzugsbeträge haftet gem. § 48a Abs. 3 Satz 1 EStG der Leistungsempfänger.

290 Der Steuerabzug nach §§ 48ff. EStG hat keine Auswirkungen auf die umsatzsteuerrechtliche Behandlung. Da zum umsatzsteuerlichen Entgelt gemäß § 10 Abs. 1 Satz 2 UStG auch Zahlungen des Leistungsempfängers an Dritte gehören,[113] ist bei der Ermittlung des Entgelts auch der vom Leistungsempfänger einzubehaltende und an das für den leistenden Unternehmer zuständige Finanzamt abzuführende Betrag zu berücksichtigen.

9. Veräußerung von Eigentumswohnungen

291 **a) Privates Veräußerungsgeschäft, § 23 EStG.** Eine Ausnahme von dem Grundsatz, dass der Verkauf von zum Privatvermögen gehörenden Eigentumswohnungen einkommensteuerrechtlich regelmäßig ohne Bedeutung ist und allenfalls grunderwerbsteuerliche Folgen haben kann, sieht § 22 Nr. 2 i.V.m. § 23 EStG im Falle eines privaten Veräußerungsgeschäftes vor.

292 Ein privates Veräußerungsgeschäft liegt nach § 23 Abs. 1 Satz 1 Nr. 1 Satz 1 EStG vor, wenn zwischen Erwerb und Veräußerung von Grundstücken und grundstücksgleichen Rechten nicht mehr als zehn Jahre liegen, wobei sich die Fristen anhand der Zeitpunkte der obligatorischen Anschaffungs- und Veräußerungsgeschäfte berechnen. Bei Grundstücksgeschäften ist das der Zeitpunkt des Abschlusses des notariell beurkundeten Kaufvertrags. Nach § 23 Abs. 1 Satz 1 Nr. 1 Satz 2 EStG sind bei privaten Veräußerungsgeschäften mit Grundstücken Gebäude und Außenanlagen einzubeziehen, soweit sie innerhalb dieses Zeitraums errichtet, ausgebaut oder erweitert werden. Ebenfalls mit einzubeziehen sind Gebäudeteile, die selbständige unbewegliche Wirtschaftsgüter sind, sowie Eigentumswohnungen und im Teileigentum stehende Räume. Nicht betroffen sind Eigentumswohnungen, die im Zeitraum zwischen Erwerb bzw. Fertigstellung und Veräußerung ausschließlich zu eigenen Wohnzwecken oder im Jahr der Veräußerung und den beiden vorangegangenen Jahren zu eigenen Wohnzwecken genutzt wurden, § 23 Abs. 1 Satz 1 Nr. 1 Satz 3 EStG.

293 Soweit das Veräußerungsgeschäft speziell bei einer Einkunftsart i.S.v. § 2 Abs. 1 Nr. 1 bis 6 EStG zu erfassen ist, findet § 23 EStG gemäß § 23 Abs. 2 EStG aus Gründen der Subsidiarität keine Anwendung. Dabei spielt insbesondere die Thematik eines gewerblichen Grundstückshandels eine Rolle.

294 Da es für die Einkunftserzielung aus § 22 Nr. 2 EStG i.V.m. § 23 EStG auf die Art und Motive der Veräußerung nicht ankommt,[114] wird auch eine unfreiwillige Veräußerung einer Eigentumswohnung, beispielsweise im Wege der Zwangsvollstreckung, vom Tatbestand des § 23 Abs. 1 Satz 1 Nr. 1 EStG erfasst. Ausnahmsweise verneint die Rechtsprechung ein steuerpflichtiges Veräußerungsgeschäft mit Hinweis auf die fehlende Gewinnrealisierung, wenn im Rahmen einer zwangsweisen Veräußerung ein funktionsähnliches Ersatzwirtschaftsgut angeschafft wird.[115]

295 Wird eine Eigentumswohnung aus dem Betriebsvermögen durch Entnahme oder Betriebsaufgabe in das Privatvermögen überführt, gilt diese Überführung nach § 23 Abs. 1 Satz 2 EStG als Anschaffungsvorgang.

296 Wurde die veräußerte Wohnung ursprünglich durch Erbschaft oder Schenkung unentgeltlich erworben, liegt eine Anschaffung nicht vor. Das gilt auch, wenn ein Miterbe die Eigentumswohnung im Wege der Erbauseinandersetzung erhält und diese durch Realtei-

[113] A 149 Abs. 7 Satz 1 UStR.
[114] BVerfG BStBl. II 1970, 156 = BVerfGE 26, 302.
[115] BFH BStBl. III 1962, 387.

lung verwirklicht wird.[116] In diesen Fällen wird dem Veräußerer als Rechtsnachfolger die Anschaffung bzw. Überführung in das Privatvermögen des Rechtsvorgängers zugerechnet, § 23 Abs. 1 Satz 3 EStG, heißt die Besitzzeit des Rechtsvorgängers wird auf die Zehnjahresfrist angerechnet. Setzen sich Miterben in der Weise auseinander, dass ein Miterbe von den anderen gegen Zahlung eines Ausgleichs eine zum Nachlass gehörende Eigentumswohnung erwirbt, liegt insoweit ein entgeltliches als Anschaffung zu wertendes Rechtsgeschäft vor.[117]

Als Veräußerung i. S. d. § 23 Abs. 1 Satz 1 Nr. 1 EStG gelten die Einlage der Immobilie 297 in das Betriebsvermögen, wenn die Veräußerung aus dem Betriebsvermögen innerhalb eines Zeitraums von zehn Jahren seit Anschaffung der Immobilie erfolgt, wie die verdeckte Einlage in eine Kapitalgesellschaft, § 23 Abs. 1 Satz 5 EStG.

Die Einkünfte aus Veräußerungsgeschäften werden als Überschuss der Einnahmen 298 über die Werbungskosten ermittelt, § 23 Abs. 3 EStG. Der Veräußerungsgewinn bzw. -verlust ermittelt sich dabei nach dem Unterschiedsbetrag zwischen dem Veräußerungspreis und den um die AfA gekürzten Anschaffungs- oder Herstellungskosten, vermindert um die sich bei der Veräußerung ergebenden Werbungskosten wie Maklergebühren, Vermittlungsprovision, Notarkosten.[118]

Gewinne aus privaten Veräußerungsgeschäften bleiben nach § 23 Abs. 3 Satz 5 EStG 299 steuerfrei, wenn der aus den privaten Veräußerungsgeschäften erzielte Gesamtgewinn bis 31. 12. 2007 512 Euro und ab 1. 1. 2008 im Kalenderjahr 600 Euro nicht überschreiten, so genannte Freigrenze.

Sind die Anschaffungskosten des Grundstücks höher gewesen als der Veräußerungs- 300 preis abzüglich der Werbungskosten, entsteht ein Veräußerungsverlust. Verluste aus privaten Veräußerungsgeschäften durften ursprünglich nur mit Gewinnen aus anderen privaten Veräußerungsgeschäften im gleichen Kalenderjahr verrechnet und nicht nach § 10 d EStG abgezogen werden. Abweichend davon dürfen die Verluste aus privaten Veräußerungsgeschäften i. S. d. § 23 EStG in der bis zum 31. 12. 2008 anzuwendenden Fassung nunmehr auch mit Einkünften aus Kapitalvermögen i. S. d. § 20 Abs. 2 EStG in der Fassung der Unternehmensteuerreform ausgeglichen werden. Sie mindern nach Maßgabe des § 10 d EStG auch die Einkünfte, die der Steuerpflichtige in den folgenden Veranlagungszeiträumen aus § 20 Abs. 2 EStG in der Fassung der Unternehmensteuerreform erzielt.

b) Gewerblicher Grundstückshandel, § 15 EStG. Sofern ein Grundstück ertragsteuer- 301 lich dem Betriebsvermögen zuzuordnen ist und bei der Veräußerung der Immobilie ein Veräußerungsgewinn entsteht, unterliegt dieser der Einkommensteuer und grundsätzlich auch der Gewerbesteuer. Wird das Grundstück hingegen im Privatvermögen gehalten, ist ein im Zuge des Verkaufs erzielter Überschuss nur dann einkommensteuerpflichtig, wenn es sich dabei um ein privates Veräußerungsgeschäft i. S. v. § 23 EStG handelt.

Diese Unterscheidung ist hinfällig, wenn sich der Verkauf eines im Privatvermögen ge- 302 haltenen Grundstücks als eine gewerbliche Betätigung des Steuerpflichtigen i. S. d. § 15 Abs. 2 EStG darstellt. Im Fall eines sog. gewerblichen Grundstückshandels wird auch auf den Veräußerungsgewinn von im Privatvermögen gehaltenen Grundstücken Einkommen- und Gewerbesteuer erhoben.

aa) Gewerbliche Tätigkeit. Diese wirtschaftlich gesehen regelmäßig nachteilige Rechts- 303 folge setzt in Abgrenzung zu einer privaten Vermögensverwaltung nach § 15 Abs. 2 EStG voraus, dass die maßgebliche Betätigung unter Teilnahme am allgemeinen wirtschaftlichen Verkehr selbständig, nachhaltig und mit Gewinnerzielungsabsicht ausgeführt wird.[119]

---

116 BFH BStBl. II 1990, 837.

117 BFH BStBl. II 1988, 250; BFH BStBl. II 1990, 837.

118 H 23 EStH.

119 BFH vom 14. 1. 2004 – IX R 88/00; BFH vom 15. 3. 2005 – X R 51/03.

304 Entfaltet der Steuerpflichtige im Rahmen der Betätigung eigene Unternehmerinitiative, trägt dabei Unternehmerrisiko und wird in Wiederholungsabsicht tätig, ist für die Annahme eines gewerblichen Grundstückshandels i. S. v. § 15 Abs. 2 Satz 1 EStG weiter erforderlich, dass er das Grundstück bzw. Gebäude gegen Entgelt, am allgemeinen Markt und für Dritte erkennbar anbietet. Die Finanzverwaltung nimmt eine Beteiligung am allgemeinen wirtschaftlichen Verkehr bereits dann an, wenn ein Makler oder ein sonstiger Dritter ein- oder zwischengeschaltet wird[120] oder sogar der Makler oder ein Kaufinteressent an den Steuerpflichtigen herantritt, um ihm das Grundstück abzukaufen, und er dieses erwerben kann.[121] Auch Rechtsgeschäfte des Steuerpflichtigen mit einem Unternehmen eines nahen Angehörigen stellen eine Beteiligung am allgemeinen wirtschaftlichen Verkehr dar.[122]

305 Das Kriterium der Gewinnerzielungsabsicht dient zur Abgrenzung einer gewerblichen Tätigkeit von einer steuerlich unbeachtlichen Tätigkeit, der sog. Liebhaberei.

306 *bb) Abgrenzung zur privaten Vermögensverwaltung.* Als weiteres negatives Tatbestandsmerkmal muss die Tätigkeit des Steuerpflichtigen den Umfang einer privaten Vermögensverwaltung überschreiten.[123]

307 Maßgeblich für die auch im Hinblick auf § 14 Satz 3 AO erforderliche Abgrenzung einer Vermögensverwaltung von einer gewerblichen Tätigkeit ist das Gesamtbild der Verhältnisse und die Verkehrsanschauung.[124] Während die private Vermögensverwaltung durch den Erhalt der Substanz und durch die Nutzung von Vermögen zur Fruchtziehung gekennzeichnet ist,[125] zielt die gewerbliche Betätigung durch die Verwertung der Substanz auf eine Vermögensumschichtung ab.

308 Für die Abgrenzung und Beurteilung, ob ein Verkauf von Grundstücken bzw. Gebäuden bereits eine Tätigkeit i. S. d. § 15 EStG darstellt oder noch einer privaten Vermögensverwaltung zugeordnet werden kann, ist nach der Rechtsprechung das äußere Erscheinungsbild der Tätigkeit maßgeblich. Ob der Bereich einer privaten Vermögensverwaltung überschritten wird, bemisst sich grundsätzlich nach der Anzahl der Verkäufe („Drei-Objekt-Grenze") innerhalb eines Fünfjahreszeitraums und dem Umfang des Zeitraums zwischen Ankauf bzw. Herstellung und Verkauf.[126] Anhand dieser Kriterien kann erkannt werden, ob der Wille des Steuerpflichtigen zum Zeitpunkt des Ankaufs oder der Errichtung bereits auf die Verwertung der Substanz oder lediglich die Nutzung von Vermögen gerichtet war.

309 Sind bebaute Grundstücke und somit auch Eigentumswohnungen bis zur Veräußerung während eines mindestens zehnjährigen Zeitraums vermietet worden, gehört die Veräußerung der bebauten Grundstücke grundsätzlich zur privaten Vermögensverwaltung.[127] Dies ist unabhängig vom Umfang des veräußerten Grundbesitzes. Bei Grundstücken, die im Wege der vorweggenommenen Erbfolge oder durch Schenkung auf den Grundstücksveräußerer übergegangen sind, ist für die Berechnung der Nutzungsdauer die Besitzdauer des Rechtsvorgängers wie eine eigene Besitzzeit des Veräußerers zu werten.

310 Die Aufteilung eines Gebäudes in Eigentumswohnungen ist – für sich betrachtet – allein kein Umstand, der die Veräußerung der so entstandenen Eigentumswohnungen zu einer gewerblichen Tätigkeit macht. Auch hier ist maßgeblich auf die Dauer der Nutzung vor Veräußerung abzustellen.[128] Die Veräußerung von in Eigentumswohnungen umge-

---

120 BMF-Schreiben vom 26. 3. 2004, BStBl. I 2004, 434.

121 BFH BStBl. II 2003, 510.

122 BFH vom 10. 3. 2005 – X B 182/03.

123 BFH BStBl. II 2004, 738; BFH vom 15. 3. 2005 – X R 51/03; R 15.7 Abs. 1, 2 EStR; H 15.7 Abs. 1, 2 EStR.

124 BFH BStBl. II 2002, 291.

125 BFH BStBl. II 2005, 606.

126 BFH BStBl. II 2002, 291.

127 BFH BStBl. II 1990, 1057.

128 BMF-Schreiben vom 26. 3. 2004, BStBl. I 2004, 434.

wandeltem Hauseigentum, das der Verkäufer[129] mindestens zehn Jahre zur Fruchtziehung, z. B. durch Eigennutzung, Vermietung oder Verpachtung, genutzt hat, ist als Beendigung der vermögensverwaltenden Tätigkeit anzusehen.[130]

cc) „Drei-Objekt-Grenze“. Als wesentliches Abgrenzungskriterium des gewerblichen Grundstückhandels von der privaten Vermögensverwaltung dient die von der Rechtsprechung in diesem Zusammenhang geschaffene „Drei-Objekt-Grenze“,[131] deren Überschreiten als Indiz für eine bei dem Steuerpflichtigen zum Zeitpunkt der Anschaffung/Herstellung bestehende bedingte Veräußerungsabsicht gewertet wird. 311

Ganz grundsätzlich unterscheidet die Rechtsprechung beim gewerblichen Grundstückshandel zwischen der unbedingten und bedingten Veräußerungsabsicht. 312

Eine unbedingte Veräußerungsabsicht wird in Fällen angenommen, in denen aufgrund besonderer Umstände erkennbar ist, dass der Steuerpflichtige die Immobilie bereits zum Zeitpunkt des Erwerbs bzw. der Bebauung des Grundstücks wieder veräußern wollte. Besondere Umstände stellen dabei etwa der Verkauf einer noch zu bebauenden Immobilie bereits vor Errichtung des Gebäudes, die Errichtung eines Gebäudes nach Wünschen und auf Rechnung des Erwerbers oder die Einschaltung eines Maklers bereits während der Errichtung der zu veräußernden Immobilie dar. Der Verkauf oder die Herstellung stellt dann per se eine gewerbliche Betätigung dar, so dass es auf die Abgrenzungsformel der Drei-Objekt-Grenze nicht mehr ankommt.[132] 313

Kann nicht auf eine unbedingte Veräußerungsabsicht geschlossen werden, ist eine Abgrenzung anhand der Drei-Objekt-Grenze vorzunehmen, deren ausschließliche Indizwirkung Folgendes suggeriert: Veräußert der Steuerpflichtige mehr als drei Objekte bzw. Eigentumswohnungen und besteht zwischen deren Kauf bzw. deren Errichtung und deren Veräußerung ein enger zeitlicher Zusammenhang, ist von einer gewerblichen Betätigung auszugehen.[133] 314

dd) Zeitlicher Zusammenhang. Ein enger zeitlicher Zusammenhang zwischen Erwerb, Errichtung und Veräußerung der Objekte ist gegeben, wenn die Zeitspanne zwischen Fertigstellung und der Veräußerung der Objekte nicht mehr als fünf Jahre beträgt, wobei ein Überschreiten von wenigen Tagen die Indizwirkung nicht zu beeinträchtigen vermag.[134] Der zeitliche Zusammenhang von fünf Jahren muss sowohl zwischen der Anschaffung bzw. der Errichtung und der Veräußerung des jeweiligen Objekts als auch zwischen den Veräußerungen aller Objekte bestehen. Nur dann ist anzunehmen, dass das oder die Objekte zumindest in bedingter Veräußerungsabsicht erworben oder errichtet wurden.[135] Entscheidend für die Berechnung der Frist ist der Abschluss der schuldrechtlichen Geschäfte.[136] 315

Die Veräußerung von mehr als drei in bedingter Verkaufsabsicht erworbener oder errichteter Objekte innerhalb dieses Zeitraums führt unter den übrigen Voraussetzungen des § 15 Abs. 2 EStG grundsätzlich zur Gewerblichkeit aller – d. h. auch der ersten drei – Objektveräußerungen. 316

Ein gewerblicher Grundstückshandel liegt in diesem Fall auch dann vor, wenn die Objekte zwischenzeitlich vermietet wurden.[137] Unerheblich ist auch, ob die veräußerten Wohneinheiten in der rechtlichen Gestalt von Eigentumswohnungen entstanden sind 317

---

[129] BFH vom 2. 3. 1990 – III R 75/85.
[130] BFH vom 8. 8. 1979 – I R 186/78.
[131] BFH BStBl. II 2002, 291.
[132] BFH BStBl. II 1992, 135.
[133] BMF-Schreiben vom 26. 3. 2004, BStBl. I 2004, 434, Rn. 5.
[134] BFH BStBl. II 1988, 293; BFH BStBl. II 1990, 637; BFH BStBl. II 2003, 250.
[135] BFH BStBl. II 2004, 738; BFH vom 15. 3. 2005 – X R 51/03; BMF-Schreiben vom 26. 3. 2004, BStBl. I 2004, 434 Rn. 6, 20.
[136] BFH vom 20. 7. 2005 – X R 74/01.
[137] BFH BStBl. II 1989, 621.

oder ob sie zunächst rechtlich unselbständige, zur Vermietung an verschiedene Interessenten bestimmte, Teile eines Gesamtobjekts (z. B. Mehrfamilienhaus) waren.

318 Besteht kein enger, zeitlicher Zusammenhang zwischen der Errichtung oder dem Erwerb und der Veräußerung der Objekte, kann ein gewerblicher Grundstückshandel vorliegen, wenn der Steuerpflichtige die Objekte vor der Veräußerung in nicht unerheblichem Maße modernisiert und hierdurch ein Wirtschaftsgut anderer Marktgängigkeit entstanden ist. Für die Veräußerungsabsicht kommt es dann auf den engen zeitlichen Zusammenhang mit der Modernisierung an. In Sanierungsfällen beginnt die Fünf-Jahres-Frist mit Abschluss der Sanierungsarbeiten.[138]

319 Die zeitliche Grenze von fünf Jahren hat allerdings keine starre Bedeutung. Erfolgen im Anschluss an den Fünfjahreszeitraum weitere planmäßige Veräußerungen, liegt trotzdem eine gewerbliche Betätigung vor, obwohl der Steuerpflichtige mit einschlägigen Handlungen eine Zeitspanne von fünf Jahren überschritten hat.[139] Gleiches gilt für Immobilienveräußerungen, die zwar nach Ablauf dieses Zeitraums, aber seitens eines im Baubereich hauptberuflich tätigen Steuerpflichtigen durchgeführt wurden.[140]

320 Eine Überschreitung des Fünfjahreszeitraums hat lediglich den Verlust der Indizwirkung zur Folge, die gleichwohl durch andere Indizien ersetzt werden kann.

321 *ee) Objekt i. S. d. Drei-Objekt-Grenze.* Unter Objekt ist jedes einzelne Immobilienobjekt zu verstehen, das selbständig veräußert und genutzt werden kann.[141] Da es auf die Größe, den Wert oder die Nutzungsart des jeweiligen Objektes nicht ankommt,[142] ist es unbedeutend, ob es sich um bebaute oder unbebaute Grundstücke handelt oder ob der Steuerpflichtige die Objekte selbst errichtet oder in bebautem Zustand erworben hat. Erfasst werden demnach u. a. Einfamilienhäuser, Doppelhaushälften, Reihenhäuser, Garagen, Stellplätze und auch das Wohnungseigentum. Da Objekt auch ein Miteigentumsanteil sein kann,[143] ist insoweit nicht auf die grundbuch- oder katastermäßigen Einheiten abzustellen.

322 Der Verkauf mehrerer Eigentumswohnungen eines Mehrfamilienhauses zum gleichen Zeitpunkt in einem einzigen Veräußerungsgeschäft an einen Erwerber bedeutet daher im Rahmen der „Drei-Objekt-Grenze" die Veräußerung mehrerer Objekte;[144] denn eine Teilung nach dem WEG schafft die zivilrechtliche Voraussetzung für das Entstehen selbständiger Wirtschaftsgüter.[145] Es handelt sich selbst dann um drei Objekte, wenn der Steuerpflichtige die Wohnungen an einem Tag an drei verschiedene Erwerber verkauft.[146]

323 Verpflichtet sich der Inhaber von zwei Wohnungseigentumsrechten, eine einheitliche Wohnung zu errichten und an den Erwerber zu übertragen, so ist von einem Objekt auszugehen.[147]

324 Objekte, die mindestens zehn Jahre durch Vermietung oder zu eigenen Wohnzwecken genutzt worden sind,[148] sind nicht miteinzubeziehen.

325 Unentgeltlich erworbenes Wohnungseigentum wird bei der Bestimmung der Drei-Objekt-Grenze mitgezählt; dabei gilt es lediglich im Hinblick auf den zeitlichen Zusammenhang Besonderheiten zu beachten.

---

[138] BFH BStBl. II 2003, 291.

[139] BFH vom 4. 4. 2005 – IV B 104/03.

[140] BMF-Schreiben vom 26. 3. 2004, BStBl. I 2004, 434.

[141] BFH vom 16. 10. 2002 – X B 67/02.

[142] BFH BStBl. II 2005, 41.

[143] BFH vom 16. 4. 1991 – VIII R 74/87.

[144] BFH vom 30. 6. 1993 – XI R 38,39/91.

[145] BFH vom 16. 4. 1991 – VIII R 74/87; BFH vom 10. 10. 1991 – XI R 22/90; BFH vom 21. 5. 1993 – VIII R 10/92.

[146] BFH vom 10. 10. 1991 – XI R 22/90; BFH vom 30. 6. 1993 – XI R 38, 39/91, BFH vom 7. 12. 1995 – IV R 112/92.

[147] BFH vom 21. 5. 1993 – VIII R 10/92; BFH vom 11. 3. 1992 – XI R 17/90, BStBl. II 1992, 1007; BFH vom 26. 3. 1999 – X B 155/98.

[148] BFH vom 15. 3. 2005 – X R 36/04.

ff) Veräußerung. Unter den Begriff der Veräußerung fällt nicht nur der Verkauf zu fremdüblichen Konditionen, sondern u. a. auch die Einbringung des Objekts in eine Kapital- oder Personengesellschaft gegen Gewährung von Gesellschaftsrechten.[149] Voraussetzung ist jedoch grundsätzlich, dass der steuerpflichtige Veräußerer das Objekt im Vorfeld des Verkaufs entweder selbst gekauft oder errichtet hat. Unentgeltliche Übertragungen fallen nicht unter den Handlungsbegriff der Drei-Objekt-Grenze. **326**

In die Prüfung der Drei-Objekt-Grenze sind auch Übertragungen einzubeziehen, bei welchen ein Objekt im Wege der vorweggenommenen Erbfolge oder durch eine Schenkung übertragen und – dieser Vorgang ist maßgeblich – vom Rechtsnachfolger in einem zeitlichen Zusammenhang stehend veräußert wurde.[150] Dies gilt aber nicht bei ererbtem Grundbesitz. **327**

Werden Mehrfamilienhäuser erworben, diese in Eigentumswohnungen aufgeteilt und innerhalb eines Zeitraums von fünf Jahren mehr als drei Wohnungen veräußert, ist dies, unabhängig davon, ob irgendwelche Modernisierungsmaßnahmen durchgeführt wurden, in der Regel ein gewerblicher Grundstückshandel.[151] Hat der Eigentümer eines Mehrfamilienhauses nach Durchführung umfangreicher Modernisierungsmaßnahmen das Haus in Eigentumswohnungen aufgeteilt und mehr als drei Wohnungen in zeitlichem Zusammenhang veräußert, liegt ein gewerblicher Grundstückshandel vor.[152] **328**

gg) Widerlegung. Da ein Überschreiten der Drei-Objekt-Grenze lediglich ein Indiz zur Annahme eines gewerblichen Grundstückshandels darstellt, besteht die Möglichkeit einer substantiierten Widerlegung. Dabei sind an eine Widerlegung umso strengere Anforderungen zu stellen, je geringer der zu beurteilende Zeitraum zwischen Kauf, Errichtung oder Teilung und Verkauf oberhalb von fünf Jahren liegt.[153] **329**

Als Indiz gegen eine bedingte Veräußerungsabsicht kann beispielsweise der Abschluss von langfristigen und daher mindestens fünfjährigen Mietverträgen oder eine langfristige Finanzierung der Immobile sprechen.[154] **330**

---

149 BFH BStBl. II 2003, 394; BMF-Schreiben vom 26. 3. 2004, BStBl. I 2004, 434 Rn. 7.
150 BMF-Schreiben vom 26. 3. 2004, BStBl. I 2004, 434 Rn. 9.
151 BFH BStBl. II 2005, 41.
152 BFH BStBl. II 1994, 463.
153 BFH BStBl. II 2004, 950.
154 BFH vom 14. 1. 2004 – IX R 88/00.

IV. Die Eigenheimzulage

331 Nachdem die Eigenheimzulage bereits durch das Haushaltsbegleitgesetz 2004[1] umfangreiche Einbußen erfahren hat, wurde diese mit dem „Gesetz zur Abschaffung der Eigenheimzulage“ vom 22. 12. 2005 für Neufälle ab dem 1. 1. 2006 gänzlich abgeschafft. Bis dahin war die Herstellung oder Anschaffung einer eigengenutzten Wohnung in einem im Inland belegenen Haus oder einer im Inland belegenen zu eigenen Wohnzwecken genutzten Eigentumswohnung unter bestimmten Voraussetzungen gefördert. Im Hinblick auf den in § 3 EigZulG geregelten Förderungszeitraum von insgesamt 8 Jahren, ist die Eigenheimzulage bei letztmalig möglicher Beanspruchung im Falle einer Anschaffung bzw. bei Herstellung noch im Jahre 2005 weiterhin bis einschließlich 2013 auszuzahlen.

332 Nachdem die Förderung bereits abgeschafft worden war, äußerte sich der EuGH im Hinblick auf das Erfordernis der Inlandseigenschaft des begünstigten Objektes zum Anwendungsbereich der Eigenheimzulage.[2] Deutschland hat insoweit gegen den EG-Vertrag verstoßen, als das EigZulG die Gewährung der Förderung an unbeschränkt Einkommensteuerpflichtige für in einem anderen Mitgliedsstaat belegene Wohnungen ausgeschlossen hat. Im Zuge dieser Entscheidung können unbeschränkt Steuerpflichtige, denen bisher die Zulage für im EU-Ausland belegene Objekte verwehrt wurde, die Einsprüche gegen bisherige Ablehnungsbescheide fortführen oder aber die Voraussetzungen für eine Neufestsetzung nach § 11 Abs. 5 EigZulG überprüfen lassen.

333 Erstmalige Anträge auf Eigenheimzulage können noch bis zur Festsetzungsverjährung gestellt werden. Die Festsetzungsfrist beträgt nach § 15 EigZulG i. V. m. § 169 Abs. 2 Nr. 2 AO 4 Jahre und beginnt mit Ablauf des Kalenderjahrs, in dem der Anspruch entstanden ist. Der Anspruch auf Eigenheimzulage entsteht mit Beginn der Nutzung der Wohnung zu eigenen Wohnzwecken, für jedes weitere Jahr mit Beginn des Kalenderjahrs, für das eine Eigenheimzulage festzusetzen ist. Die Festsetzungsfrist endet nicht vor Ablauf der Festsetzungsfrist für die Einkommensteuer der nach § 5 EigZulG maßgebenden Jahre. Ist der Ablauf der Frist für das Erstjahr hinausgeschoben, verlängert sich die Festsetzungsfrist für die folgenden Jahre des Förderzeitraums um die gleiche Zeit.

334 Das die Anwendung des Eigenheimzulagengesetzes i. d. F. d. Haushaltsbeleitgesetzes 2004 betreffende BMF-Schreiben vom 21. 12. 2004[3] nimmt zu den Voraussetzung der Eigenheimzulage zusammenfassend wie folgt Stellung:

1. Anspruchsvoraussetzungen

335 **a) Anspruchsberechtigter.** Der Anspruch auf Eigenheimzulage knüpft an die unbeschränkte Einkommensteuerpflicht an, wobei anspruchsberechtigt auch eine Person ist, die nach § 1 Abs. 3 EStG auf Antrag hin als unbeschränkt einkommensteuerpflichtig behandelt wird.

336 **b) Begünstigtes Objekt.** Die Zulage wird für die Anschaffung oder Herstellung einer eigengenutzten Wohnung im eigenen Haus oder einer eigenen eigengenutzten Eigentumswohnung gewährt. Das Objekt muss dabei den bewertungsrechtlichen Wohnungsbegriff und dabei insbesondere die Eigenschaften der Abgeschlossenheit und eigenen Zugangsmöglichkeit erfüllen.[4] Nicht begünstigt sind Ferien- und Wochenendwohnungen, die baurechtlich nicht ganzjährig bewohnt werden dürfen oder sich aufgrund Ihrer Bauweise nicht zum dauernden Bewohnen eignen.[5]

---

[1] BGBl. I 2003, 3076.
[2] EuGH vom 17. 1. 2008 – Rs. C-152/05.
[3] BMF-Schreiben vom 21. 12. 2004 – IV C 3 – EZ 1010 – 43/04.
[4] BMF-Schreiben vom 28. 5. 1997, BStBl. I 1997, 592; BFH BStBl. II 1999, 91.
[5] BFH BStBl. II 1990, 815.

Ein neuer Anspruch auf Eigenheimzulage wird nicht begründet, wenn der Anspruchsberechtigte eine Wohnung oder einen Anteil daran von seinem Ehegatten anschafft und die Ehegatten im Zeitpunkt der Anschaffung unbeschränkt einkommensteuerpflichtig und nicht dauernd getrennt lebend sind. Geht eine Wohnung im Wege der Gesamtrechtsnachfolge auf einen Erben über, kann der Erbe den Förderungsbetrag bis zum Ende des Förderungszeitraums in Anspruch nehmen, sofern der Erblasser ein begünstigtes Objekt i. S. d. § 2 EigZulG angeschafft oder hergestellt hat und der Erbe die persönlichen Voraussetzungen der §§ 1 und 4 bis 6 EigZulG erfüllt. 337

c) **Förderzeitraum.** Der Förderzeitraum umfasst das Jahr der Fertigstellung oder Anschaffung und die folgenden sieben Jahre. 338

Der Förderzeitraum beginnt mit dem Jahr der Fertigstellung oder Anschaffung auch dann, wenn die Wohnung erst in dem darauf folgenden Jahr zu eigenen Wohnzwecken genutzt wird.[6] In diesem Fall entsteht der Anspruch auf Zahlung der Eigenheimzulage erst mit dem Jahr der erstmaligen Eigennutzung. In zeitlicher Hinsicht ist eine Wohnung hergestellt, wenn sie nach Abschluss der wesentlichen Bauarbeiten bewohnbar ist und angeschafft, wenn der Erwerber das wirtschaftliche Eigentum durch Übergang von Besitz, Nutzen und Lasten am Objekt erworben hat. 339

d) **Nutzung zu eigenen Wohnzwecken.** Eine Wohnung wird zu Wohnzwecken genutzt, wenn sie tatsächlich bewohnt wird,[7] sei es auch in der Form des Betreuten Wohnens.[8] Da im Bereithalten einer leer stehenden oder möblierten Wohnung keine Nutzung zu Wohnzwecken liegt, wird eine zur vorübergehenden Beherbergung bestimmte Wohnung auch dann nicht zu eigenen Wohnzwecken genutzt, wenn der Wohnungseigentümer von seinem zeitlich begrenzten Eigennutzungsrecht Gebrauch macht.[9] 340

Nach § 4 Satz 2 EigZulG wird eine Wohnung auch dann als zu eigenen Wohnzwecken genutzt angesehen, soweit sie unentgeltlich an einen Angehörigen i. S. d. § 15 AO überlassen wird. Dabei ist die Überlassung auch unentgeltlich, wenn der Nutzende die verbrauchsabhängigen und umlagefähigen Betriebskosten, wie Strom, Abwasser und Heizung übernimmt. 341

e) **Einkunftsgrenzen.** § 5 EigZulG beschränkt den Anspruch auf eine Eigenheimzulage auf Anspruchsberechtigte, deren Gesamtbetrag der positiven Einkünfte nach § 2 Abs. 2 EStG in dem Jahr der erstmaligen Inanspruchnahme der Zulage (Erstjahr) und dem vorangegangenen Jahr (Vorjahr) insgesamt 70 000 Euro nicht übersteigt. Ehegatten, die im Erstjahr die Voraussetzungen des § 26 Abs. 1 EStG erfüllen, können die Eigenheimzulage ab dem Jahr in Anspruch nehmen, in dem die Summe der positiven Einkünfte der Eheleute des Erstjahrs zuzüglich der Summe der positiven Einkünfte der Eheleute des vorangegangenen Jahrs 140 000 Euro nicht übersteigt. 342

Da die Einkommensverhältnisse nur zu Beginn der Förderung zu prüfen sind, steht dem Anspruchsberechtigten die Zulage für ein Objekt weiterhin zu, wenn er im Laufe des Förderungszeitraums die Einkunftsgrenze überschreitet. 343

Überschreitet der Anspruchsberechtigte zunächst die Einkunftsgrenze, ist er nicht endgültig von der Inanspruchnahme der Eigenheimzulage ausgeschlossen. Bleibt die Summe der positiven Einkünfte in einem späteren Zweijahreszeitraum innerhalb der Einkunftsgrenze, kann der Anspruchsberechtigte die Zulage für den Rest des Förderzeitraums erhalten. Der Beginn des Förderzeitraums mit dem Jahr der Fertigstellung oder Anschaffung bleibt allerdings unberührt. Für die Jahre des verbleibenden Förderzeitraums bleibt der Zulagenanspruch auch bestehen, wenn in einem der folgenden Jahre die Einkunftsgrenze wieder überschritten wird. 344

[6] BFH BStBl. II 1990, 977.
[7] BFH BStBl. II 1987, 565; BFH BStBl. II 1999, 587.
[8] BFH BStBl. II 2004, 225; BFH BStBl. II 2004, 837.
[9] R 7.2 Abs. 1 Satz 3 EStR; BFH BStBl. II 2002, 145.

345 **f) Objektbeschränkung.** Die Eigenheimzulage kann nach § 6 Abs. 1 Satz 1 EigZulG von einem Anspruchsberechtigten nur einmal im Leben für nur eine Wohnung, einen Ausbau oder eine Erweiterung in Anspruch genommen werden.

346 Ehegatten, die beide unbeschränkt sind und nicht dauernd getrennt leben und bei denen diese Voraussetzungen zu Beginn des Veranlagungszeitraums vorgelegen haben oder im Laufe des Veranlagungszeitraums eingetreten sind, können die Eigenheimzulage für insgesamt zwei Objekte beanspruchen, jedoch nicht gleichzeitig für zwei in räumlichem Zusammenhang belegene Objekte. Von einem räumlichen Zusammenhang ist auszugehen, wenn die beiden Objekte durch geringfügige Baumaßnahmen zu einer Einheit verbunden werden können. Ein räumlicher Zusammenhang ist nur dann unschädlich, wenn die andere Wohnung unentgeltlich an eine Angehörigen überlassen wird.[10]

347 Sind mehrere Anspruchsberechtigte Eigentümer einer Wohnung, ist jeder Anteil an dieser Wohnung ein Objekt, § 6 Abs. 2 Satz 1 EigZulG. Erwirbt ein Miteigentümer bis zum Ende des Kalenderjahrs, in dem der Förderzeitraum für den ursprünglichen Anteil beginnt, einen oder mehrere Miteigentumsanteile hinzu, stellen ursprünglicher und hinzu erworbener Miteigentumsanteil ein einheitliches Objekt dar.

348 **g) Folgeobjektregelung.** Der Anspruchsberechtigte kann die durch die Förderung des Erstobjekts noch nicht verbrauchten Jahre auf ein Folgeobjekt übertragen, § 7 EigZulG. Folgeobjekte sind solche, die entweder während des achtjährigen Förderzeitraums anstelle des Erstobjekts angeschafft bzw. hergestellt worden sind oder solche, die zusätzlich angeschafft bzw. hergestellt worden sind, wobei die Eigenheimzulage für das Erstobjekt mangels Eigennutzung bis zum Ende des Förderzeitraums nicht ausgenutzt wurde. Ausbauten oder Erweiterungen kommen als Folgeobjekte nicht mehr in Betracht.

349 **h) Bemessungsgrundlage.** Die in § 8 EigZulG niedergelegte Bemessungsgrundlage knüpft an die Anschaffungs- bzw. Herstellungskosten der eigengenutzten Wohnung zuzüglich der Anschaffungskosten des zugehörigen Grund und Bodens an. Befindet sich die zu eigenen Wohnzwecken genutzte Wohnung in einem Mehrfamilienhaus, sind die Anschaffungs- bzw. Herstellungskosten auf die einzelnen Wohnungen aufzuteilen. Aufwendungen für Instandsetzungs- und Modernisierungsarbeiten, die innerhalb von zwei Jahren nach Anschaffung der Wohnung durchgeführt werden, sind Teil der Bemessungsgrundlage. Unberücksichtigt bleiben hingegen jährlich üblicherweise anfallende Erhaltungsaufwendungen, wie Wartungsarbeiten und Schönheitsreparaturen. Im Förderungszeitraum entstandene nachträgliche Anschaffungs- oder Herstellungskosten erhöhen die Bemessungsgrundlage ab dem Jahr ihrer Entstehung.

350 **i) Höhe der Eigenheimzulage.** Die Eigenheimzulage steht dem Anspruchsberechtigten auch dann in vollem Umfang zu, wenn er die Wohnung nur während eines Teils des Jahres zu eigenen Wohnzwecken genutzt hat. Die Zulage setzt sich aus einem Fördergrundbetrag nach § 9 Abs. 2 bis 4 EigZulG und einer Kinderzulage nach § 9 Abs. 5 EigZulG zusammen.

351 *aa) Fördergrundbetrag.* Beim Fördergrundbetrag nach § 9 Abs. 2 EigZulG wurde bis zum 31. 12. 2003 zwischen Neubauten und Altbauten unterschieden, wobei der Fördergrundbetrag für Neubauten 5% der Bemessungsgrundlage, maximal 2556 Euro und für Altbauten 2,5%, maximal 1278 Euro betrug. Mit dem Haushaltsbegleitgesetz wurde der Fördergrundbetrag auf 1% der Bemessungsgrundlage, maximal 1250 Euro gesenkt.

352 Der Fördergrundbetrag erhöht sich gem. § 9 Abs. 3 EigZulG um jährlich 2% der Aufwendungen, die für den Einbau einer Wärmepumpenanlage, Solaranlage oder Anlage zur Wärmerückgewinnung getätigt wurden, höchstens jedoch um 256 Euro, wenn die Maßnahme vor Beginn der Nutzung der Wohnung zu eigenen Wohnzwecken und vor dem 1. 1. 2003 abgeschlossen worden ist.

---

[10] BFH BStBl. II 2003, 119.

Der Fördergrundbetrag erhöht sich um jährlich 205 Euro, wenn der Jahresheizwärmebedarf der vor dem 1. 1. 2003 fertig gestellten oder als Neubau angeschafften Wohnung die Werte der Wärmeschutz-VO vom 16. 8. 1994 um mindestens 25% unterschreitet, § 9 Abs. 4 EigZulG. 353

bb) Kinderzulage. Die Kinderzulage beträgt jährlich für jedes Kind, für das der Anspruchsberechtigte oder sein Ehegatte im jeweiligen Kalenderjahr des Förderzeitraums einen Freibetrag für Kinder nach § 32 Abs. 6 EstG oder Kindergeld erhält, seit dem 1. 1. 2004 jährlich 800 Euro. Bis zum 31. 12. 2003 betrug sie 767 Euro. Voraussetzung ist, dass das Kind im Förderzeitraum zum inländischen Haushalt des Anspruchsberechtigten gehört oder gehört hat. 354

Zur Vermeidung einer Überförderung beschränkt § 9 Abs. 6 EigZulG die Grundförderung einschließlich Kinderzulage auf 100% der Herstellungs- oder Anschaffungskosten. 355

2. Entstehung des Anspruchs auf Eigenheimzulage

Der Anspruch auf Eigenheimzulage entsteht nach § 10 EigZulG mit Beginn der Nutzung der hergestellten oder angeschafften Wohnung zu eigenen Wohnzwecken, für jedes weitere Jahr mit Beginn des Kalenderjahres, für das eine Eigenheimzulage festzusetzen ist. 356

3. Festsetzung der Zulage

Das für die Einkommensbesteuerung des Anspruchsberechtigten zuständige Finanzamt setzt die Eigenheimzulage auf einmaligen Antrag hin für alle Jahre des Förderzeitraums, für den ein Anspruch auf Eigenheimzulage besteht, fest. Bei der erstmaligen Festsetzung sind für die Höhe der Bemessungsgrundlage und die Zahl der Kinder regelmäßig die Verhältnisse im Zeitpunkt des Bezugs der Wohnung maßgebend. Liegen die Voraussetzungen für die Inanspruchnahme der Eigenheimzulage ausnahmsweise erst zu einem späteren Zeitpunkt vor, z. B. unterschreitet der Anspruchsberechtigte erstmals in zwei Jahren nach Bezug der Wohnung die Einkommensgrenze, sind die Verhältnisse dieses Jahres maßgebend. 357

Treten nach der erstmaligen Festsetzung Änderungen der Verhältnisse (z. B. Anzahl der Kinder, Wegfall Kindergeldanspruch etc.) ein, die zu einer Erhöhung oder Minderung der Eigenheimzulage führen, ist eine Neufestsetzung nach § 11 Abs. 2 EigZulG durchzuführen. 358

Entfallen die Voraussetzungen für die Inanspruchnahme der Eigenheimzulage, z. B. durch Verkauf oder Vermietung der Wohnung, ist die Festsetzung nach § 11 Abs. 3 EigZulG mit Wirkung ab dem folgenden Kalenderjahr aufzuheben. 359

4. Zeitlicher Anwendungsbereich

Inwieweit im konkreten Fall altes oder neues Recht Anwendung findet bzw. überhaupt noch eine Eigenheimzulage gewährt wird, ist Frage des zeitlichen Anwendungsbereichs des § 19 EigZulG. 360

Während in Herstellungsfällen, die einer Baugenehmigung bedürfen, der Zeitpunkt der Stellung des Bauantrags maßgeblich ist, ist es bei baugenehmigungsfreien Objekten, für die Bauunterlagen einzureichen sind, der Zeitpunkt, in dem die Bauunterlagen eingereicht werden. 361

In Anschaffungsfällen ist der Tag des Abschlusses des rechtswirksamen obligatorischen Kaufvertrags maßgebend. 362

Das Gesetz ist letztmals anzuwenden, wenn der Anspruchsberechtigte im Fall der Herstellung vor dem 1. 1. 2006 mit der Herstellung des Objekts begonnen oder im Fall der Anschaffung die Wohnung auf Grund eines vor diesem Zeitpunkt rechtswirksam abgeschlossenen obligatorischen Vertrags oder gleichstehenden Rechtsakts angeschafft hat oder vor diesem Zeitpunkt einer Genossenschaft beigetreten ist. 363

V. Umsatzsteuer

1. Vermietung und Verpachtung einer Eigentumswohnung

364 **a) Steuerbarer Umsatz.** Anknüpfungspunkt für die Besteuerung ist nach § 1 Abs. 1 Nr. 1 UStG der Umsatz eines Unternehmers. Hierzu gehören die Lieferungen und sonstigen Leistungen, die ein Unternehmer im Inland gegen Entgelt im Rahmen seines Unternehmens ausführt. Die Vermietung und Verpachtung von inländischen Grundstücken und Grundstücksteilen führt zu sonstigen Leistungen i. S. d. § 3 Abs. 9 UStG. Leistungsort ist nach § 3 a Abs. 2 Nr. 1 UStG der Belegenheitsort des Grundstücks. Der Vermieter bzw. Verpächter einer Eigentumswohnung wird durch deren entgeltliche Überlassung an Dritte zum Unternehmer i. S. d. § 2 Abs. 1 UStG, weil Miet- und Pachtverhältnisse als Dauerschuldverhältnisse nachhaltiges Tätigwerden begründen. Vermietungs- und Verpachtungsumsätze sind nach § 1 Abs. 1 Nr. 1 UStG steuerbar.[1]

365 **b) Steuerbefreiung nach § 4 Nr. 12 lit. a UStG.** Die umsatzsteuerbare Vermietung und Verpachtung von Grundstücken oder Grundstücksteilen wird jedoch nach § 4 Nr. 12 lit. a UStG von einer Steuerpflicht befreit. Die Steuerbefreiungsvorschrift, die nur für Miet- oder Pachtverhältnisse i. S. d. §§ 535 ff., 581 ff. BGB und nicht (mehr) für eine Eigennutzung und einer damit verbundenen unentgeltlichen Wertabgabe aus außerunternehmerischen Gründen nach § 3 Abs. 9 a Nr. 1 UStG gilt,[2] dient dem sozialpolitischen Ziel, die Wohnungsmieten niedrig zu halten. Die Frage, ob eine Vermietung oder Verpachtung eines Grundstücks i. S. d. § 4 Nr. 12 lit. a UStG vorliegt, ist grundsätzlich nach bürgerlichem Recht zu beurteilen.[3]

366 Die Grundstücksvermietung unterscheidet sich von der Grundstücksverpachtung vor allem dadurch, dass sie lediglich auf die entgeltliche und zeitweise Gewährung des vermieteten Grundstücks zum Gebrauch durch den Mieter abzielt, während dem Pächter auch die aus dem Grundstück gezogenen Früchte zustehen, § 581 Abs. 1 Satz 1 BGB, z. B. die Miet- oder Pachteinnahmen aus einer Untervermietung bzw. -verpachtung.

367 Da zum Grundstück neben dem Grund und Boden auch dessen wesentliche Bestandteile gehören, erfasst die Steuerbefreiung auch die Vermietung und Verpachtung von Grundstücksteilen, insbesondere Gebäude und Gebäudeteile wie Stockwerke, Wohnungen und einzelne Räume.[4] Der Vermieter braucht nicht Eigentümer des Grundstücks zu sein. Daher bewirkt auch der Zwischen- oder Untervermieter Umsätze i. S. d. § 4 Nr. 12 lit. a UStG.

368 Eine sonstige Leistung ist nur dann nach § 4 Nr. 12 lit. a UStG steuerfrei, wenn das zugrunde liegende Verpflichtungsgeschäft zumindest teilweise dem Typus des Miet- oder Pachtvertrags zuzuordnen ist. Nach den von der Rechtsprechung entwickelten Kriterien ist der reine Miet- und Pachtvertrag von dem sog. gemischten Vertrag und Verträgen besonderer Art abzugrenzen.

369 *aa) Reiner Miet- oder Pachtvertrag.* Da bei einem reinen Grundstücksmiet- oder -pachtvertrag die gesamte erbrachte Leistung nach § 4 Nr. 12 lit. a UStG steuerfrei ist, werden neben den eigentlichen Vermietungsumsätzen auch die üblichen Nebenleistungen davon erfasst. Der BFH definiert die Nebenleistung danach, ob sie in einem engen Zusammenhang mit der Hauptleistung steht, im Verhältnis zu dieser nebensächlich ist und in deren Gefolge üblicherweise vorkommt.[5] Hierzu gehören beispielsweise die Lieferung

---

[1] BFH BStBl. II 1992, 269 zur Ausführung des Unternehmers im Rahmen seines Unternehmens.

[2] EuGH BStBl. II 2004, 378, sog. *Seeling*-Urteil; BFH BStBl. II 2004, 371; BMF-Schreiben vom 13. 4. 2004, BStBl. I 2004, 469.

[3] BFH BStBl. II 1971, 473; BFH BStBl. II 1981, 231.

[4] A 76 Abs. 3 UStR; BFH BStBl. II 1992, 108.

[5] A 76 Abs. 5 Satz 2 UStR.

von Wärme, Wasserversorgung, Lieferung von Warmwasser, Nutzungsüberlassung von einfachem Mobiliar, von Waschmaschinen und Trocknern, Flur- und Treppenreinigung wie deren Beleuchtung, Balkonbepflanzung, Überlassung von Aufzügen zur Benutzung etc. Keine Nebenleistung in diesem Sinne ist die Lieferung von elektrischem Strom, Heizöl oder Heizgas, die Überlassung von Büromobiliar oder die Berechtigung zur Benutzung einer zentralen Fernsprech- oder Fernschreibanlage im Rahmen einer Vermietung von Büroräumen. Die auf diese Leistungen entfallenden Teile des Mietentgelts sind daher der Umsatzsteuer zu unterwerfen.

Wird ein Mietvertrag im gegenseitigen Einvernehmen aufgelöst und zahlt der Vermieter eine Rückvergütung für die Einwilligung des Mieters in die vorzeitige Auflösung des Mietverhältnisses, so erfolgt dies grundsätzlich zwar im Rahmen eines umsatzsteuerlichen Leistungsaustausches.[6] Mit der vorzeitigen Aufgabe der Rechte aus dem Mietvertrag erbringt der Mieter jedoch eine sonstige Leistung, die nach Entscheidung des EuGH und Auffassung der Finanzverwaltung unter den Begriff der Vermietung von Grundstücken fällt und die nach § 4 Nr. 12 lit. a UStG demnach Steuerfreiheit genießt.[7] Gleiches soll auch für den entgeltlichen Verzicht des Mieters auf seine Rechte aus dem Vertrag gelten.[8] 370

Bei verspäteter Rückgabe der Miet- oder Pachtsache nach Beendigung des Miet- oder Pachtverhältnisses differenziert der BGH insofern, als den Schadensersatzleistungen wegen entgangenen Gewinns des Vermieters oder Verpächters kein umsatzsteuerbarer Leistungsaustausch zu Grunde liegt, wohl aber den Entschädigungszahlungen wegen verspäteter Rückgabe der Miet- oder Pachtsache nach § 557 Abs. 1 Satz 1 BGB, § 584 b BGB.[9] 371

bb) Gemischter Vertrag. Liegen einheitliche Vertragsverhältnisse vor, die sowohl Elemente von Miet- und Pachtverträgen als auch Merkmale anderer Vertragsarten enthalten, spricht man von gemischten Grundstücksmiet- und -pachtverträgen. Diesem Typus sind insbesondere die Altenheim- und Altenheimpflegeverträge zuzuordnen. Auch erfasst werden Verträge, bei denen der Steuerpflichtige zwei verschiedene Gegenstände vermietet, nämlich einerseits ein Grundstück, andererseits Vorrichtungen, die mit dem Grundstück fest verbunden sind, bewertungsrechtlich aber nicht zum Grundstück zählen. Bei einem gemischten Vertrag ist das Entgelt – notfalls auch im Wege der Schätzung – in einen auf die steuerfreie Grundstücksvermietung und einen auf die steuerpflichtige Leistung anderer Art entfallenden Teil aufzuteilen.[10] 372

cc) Verträge besonderer Art. Von einem solchen spricht man, wenn die Gebrauchsüberlassung des Grundstücks gegenüber anderen wesentlicheren Leistungen zurücktritt und das Vertragsverhältnis ein einheitliches, unteilbares Ganzes darstellt. Bei Verträgen dieser Art kommt die Steuerbefreiung nach § 4 Nr. 12 lit. a UStG weder für die gesamte Leistung, noch für einen Teil der Leistung in Betracht.[11] Verträge besonderer Art liegen unter anderem in folgenden Fällen vor:[12] 373

- Ein Hausbesitzer überlässt Prostituierten Zimmer und schafft beziehungsweise unterhält gleichzeitig durch Maßnahmen oder Einrichtungen eine Organisation, die die gewerbsmäßige Tätigkeit der Bewohnerinnen fördert.[13] 374
- Ein Unternehmer übernimmt neben der Raumüberlassung die Lagerung und Aufbewahrung von Gütern, sog. Lagergeschäft i. S. d. §§ 416 ff. HGB.[14] In diesen Fällen liegt 375

---

6 A 3 Abs. 5 UStR.
7 EuGH BStBl. II 1995, 480; A 76 Abs. 1 Satz 5 UStR.
8 BFH BHF/NV 1998, 1381.
9 BFH vom 6. 12. 1995 – XII Z R 228/93.
10 A 80 Abs. 1 Satz 2 UStR.
11 A 81 Abs. 1 Satz 2 UStR.
12 A 81 Abs. 1 UStR.
13 BFH BStBl. III 1961, 525.
14 BFH BStBl. II 1969, 120.

ein Vertrag besonderer Art vor, weil die Gebrauchsüberlassung des Grundstücks gegenüber der Verwahrung zurücktritt und das Vertragsverhältnis ein einheitliches, unteilbares Ganzes darstellt.

376 • Ein Hausbesitzer überlässt die Außenwandflächen oder Dachflächen des Gebäudes zu Reklamezwecken.[15] Dabei macht es keinen Unterschied, ob Außen- oder Dachflächen an Mieter von Räumen des Gebäudes oder an sonstige Personen gegen Entgelt überlassen werden. Auch die Überlassung von Schaufenstern oder Innenflächen für Werbezwecke muss dem Grundgedanken entsprechend von der Steuerbefreiung ausgenommen sein.[16] Anderes gilt hingegen für Standortmietverträge über Funkstationen, die nach Auffassung der obersten Finanzbehörden des Bundes und der Länder stets als steuerfreie Grundstücksvermietung i. S. d. § 4 Nr. 12 lit. a UStG anzusehen sind.[17] In einem Standortmietvertrag wird einer Telefongesellschaft für eine bestimmte Zeit das Recht eingeräumt, auf der angemieteten Grundstücks- bzw. Gebäudefläche eine Funkstation mit Anschluss in das öffentliche Versorgungsnetz für den Betrieb eines Funknetzes zu errichten und zu betreiben. Im Hinblick auf die vernachlässigbare geringe überlassene Grundstücksfläche kann die Gestattung zur Errichtung einer Sirene auf einem Grundstück aber weiterhin als Vertrag besonderer Art eingestuft werden, auf den die Befreiungsvorschrift des § 4 Nr. 12 lit. a UStG nicht anzuwenden ist.[18]

377 **c) Verwendung eines Betriebsgrundstückes für außerunternehmerische Zwecke.** Die Nutzung eines dem Unternehmen zugeordneten Grundstücks bzw. Grundstückteils für außerunternehmerische Zwecke ist gem. § 3 Abs. 9 a Nr. 1 UStG steuerbar, wenn der Unternehmer für das Grundstück ganz oder teilweise vorsteuerabzugsberechtigt war. Ein Vorsteuerabzug ist ausgeschlossen, wenn das Grundstück bzw. der Grundstücksteil von einem Nichtunternehmer gekauft wurde und somit mangels Ausweis einer Umsatzsteuer keine Vorsteuer angefallen ist. In Anlehnung an die *Seeling*-Entscheidung des EuGH wird nunmehr auch auf nationaler Ebene die Auffassung vertreten, dass die steuerbare Verwendung nach § 3 Abs. 9 a Nr. 1 UStG keine Grundstücksvermietung i. S. d. § 4 Nr. 12 lit. a UStG darstellt und die Steuerbefreiungsvorschrift daher nicht greift.[19]

378 **d) Steuerbefreiung nach § 4 Nr. 12 lit. b und lit. c UStG.** Umsatzsteuerfrei ist nach § 4 Nr. 12 lit. b UStG auch die Nutzungsüberlassung von Grundstücken oder Grundstücksteilen aufgrund eines auf Übertragung des Eigentums gerichteten Vertrages oder Vorvertrages. Zwischen dem Abschluss des Kaufvertrages und der Eigentumsübertragung liegt häufig ein langer Zeitraum, in dem der Kaufanwärter die Wohnung bereits nutzt und dafür Nutzungsentgelt zahlt. Die Nutzungsüberlassung ist auch dann umsatzsteuerfrei, wenn die Zahlungen später auf den Kaufpreis angerechnet werden.[20]

379 Die Steuerbefreiung nach § 4 Nr. 12 lit. c UStG erstreckt sich auf:

380 • das Dauerwohn- und Dauernutzungsrecht nach §§ 31 ff. WEG. Darunter ist das Recht zu verstehen, durch Ausschluss des Eigentümers eine bestimmte Wohnung in einem auf dem Grundstück zu errichtenden Gebäude zu bewohnen oder nicht zu Wohnzwecken dienende Räume zu nutzen.

381 • den Nießbrauch nach den §§ 1030 ff. BGB, also das Recht sämtliche Nutzungen des belasteten Grundstücks zu ziehen.

382 • die Grunddienstbarkeiten nach den §§ 1018 ff. BGB. Dies sind Belastungen eines Grundstücks zugunsten des jeweiligen Eigentümers eines anderen Grundstücks in der Weise, dass dieser das Grundstück in einzelnen Beziehungen benutzen darf oder ge-

---

[15] BFH BStBl. III 1957, 457.

[16] *Reiß/Kraeusel/Langer* § 4 Nr. 12 UStG Rn. 185.

[17] OFD Erfurt DStR 2004, 1129.

[18] BMF-Schreiben vom 4. 8. 1980, UR 1980, 211.

[19] EuGH BStBl. II 2004, 378, sog. *Seeling*-Urteil; BFH BStBl. II 2004, 371; BMF-Schreiben vom 13. 4. 2004, BStBl. I 2004, 469.

[20] A 82 UStR.

wisse Handlungen nicht vorgenommen werden dürfen oder die Ausübung eines Rechts ausgeschlossen ist.

- die beschränkte persönliche Dienstbarkeit nach den §§ 1090 ff. BGB. Dies ist das Recht zur Benutzung des dienenden Grundstücks in einzelnen Beziehungen, aber nur zugunsten einer bestimmten Person. Das Recht zur Benutzung kann ähnlich oder gleich der Miete oder Pacht sein. 383

e) Ausnahmen. Ausgenommen von der Befreiung des § 4 Nr. 12 lit. a, lit. b und lit. c UStG und deshalb steuerpflichtig sind nach § 4 Nr. 12 Satz 2 UStG: 384

- Vermietung und Verpachtung von Maschinen und sonstigen Vorrichtungen aller Art, die zu einer Betriebsanlage gehören, sog. Betriebsvorrichtungen, auch wenn sie wesentliche Bestandteile einer Immobilie sind,
- Vermietung von Wohn- und Schlafräumen zur kurzfristigen Beherbergung von Fremden, sei es in Gaststätten, Hotels oder privaten Räumlichkeiten, wobei eine kurzfristige Vermietung i. S. d. § 4 Nr. 12 Satz 2 UStG bei einer tatsächlichen Gebrauchsüberlassung von weniger als sechs Monaten gegeben ist,
- kurzfristige Vermietung vom Campingflächen und
- Überlassung von Plätzen für das Abstellen von Fahrzeugen.

Die Vermietung einer Abstellfläche für Fahrzeuge bleibt jedoch weiterhin steuerfrei, wenn sie als unselbständige Nebenleistung zu einer steuerfreien Grundstücksvermietung gehört, z. B. die zu einer Wohnungsvermietung gehörende Überlassung eines Parkplatzes auf dem Grundstück oder in der Tiefgarage.[21] 385

f) Verzicht auf Steuerbefreiung. Das Ziel der Steuerbefreiung von Mietumsätzen, Wohnungsmieten durch Freistellung von der Umsatzsteuer niedrig zu halten, wird zumindest bei Neubauten und Investitionen verfehlt, weil die Steuerbefreiung den i. d. R. wirtschaftlich nachteiligen Verlust des Vorsteuerabzugs nach § 15 Abs. 2 Satz 1 Nr. 1 UStG zur Folge hat. Das Gesetz räumt dem Unternehmer deshalb in den Grenzen des § 9 UStG das Recht ein, u. a. auf die Steuerbefreiung des § 4 Nr. 12 UStG zu verzichten, wenn die Vermietung an einen Unternehmer für dessen Unternehmen erfolgt und die Option nicht nach § 9 Abs. 2 UStG ausgeschlossen ist. Bei Wohnungsvermietungen an Nichtunternehmer oder Unternehmer mit steuerfreien Ausgangsumsätzen kann daher dem Verlust der Vorsteuerabzugsberechtigung auch nicht durch Verzicht auf die Steuerbefreiung begegnet werden. 386

aa) Steuerbarer Umsatz an einen anderen Unternehmer für dessen Unternehmen, § 9 Abs. 1 UStG. Da die Vermietung nach § 9 Abs. 1 UStG an einen anderen Unternehmer erfolgen muss, ist die Option bei der Vermietung an Privatpersonen oder an die öffentliche Hand außerhalb ihrer Betriebe gewerblicher Art ausgeschlossen. Aus diesem Grund ist darauf zu achten, dass nur der Unternehmer als Mieter in den Mietvertrag aufgenommen wird und nicht zusätzliche Personen wie Ehegatten oder GmbH-Geschäftsführer, die an sich nur haften sollen. 387

Die Option setzt weiterhin voraus, dass die Vermietungsleistung an den anderen Unternehmer für dessen Unternehmen erfolgt. Der Verzicht ist damit von der Zuordnung des Leistungsbezugs beim Leistungsempfänger abhängig. Wird bei einer Grundstücksvermietung nur ein Teil der Vermietungsleistung an den Mieter für Zwecke seines Unternehmens erbracht, kann gem. § 9 Abs. 1 UStG nur bezüglich dieses Teils auf die Steuerbefreiung verzichtet werden. Dabei ist es zulässig, eine einheitliche Vermietungsleistung für die Zuordnung zum Unternehmen des Mieters sowohl nach Räumen als auch nach der zeitlichen Nutzung aufzuteilen.[22] Kann die Vermietungsleistung weder räumlich 388

---

[21] A 77 Abs. 3 Satz. 4 bis 9 UStR; vgl. auch BFH vom 24. 1. 2008 – V R 12/05 und 13/05 zur Entscheidung einer Überlassung von Standplätzen an Wochenendmärkten als einheitliche Vermietungsleistung.

[22] BFH BStBl. II 1997, 98.

noch zeitlich dem unternehmerischen bzw. privaten Bereich des Mieters zugeordnet werden, hat dieser nach Auffassung der Verwaltung ein Wahlrecht, den Bezug der Vermietungsleistung insgesamt seinem unternehmerischen bzw. insgesamt seinem außenunternehmerischen Bereich zuzuordnen.[23] Sie dazu unter V. 2.

389 Unter den Begriff des Grundstücks i. S. d. § 4 Nr. 12 lit. a UStG fallen nicht nur Grundstücke insgesamt, sondern auch selbständig nutzbare Grundstücksteile. Werden mehrere Grundstücksteile – räumlich oder zeitlich getrennt – unterschiedlich genutzt, ist die Frage des Verzichts auf die Steuerfreiheit bei jedem Grundstücksteil gesondert zu beurteilen. Somit kann sich ein Vermieter mehrerer Eigentumswohnungen für jede Wohnung gesondert für oder gegen eine Option zur Steuerpflicht entscheiden.

390 *bb) Einschränkungen des § 9 Abs. 2 UStG.* Der Verzicht auf die Steuerbefreiung bei Vermietung und Verpachtung eines Gebäudes an einen anderen Unternehmer eröffnet dem Vermieter die Möglichkeit, die bei der Errichtung oder dem Erwerb des Gebäudes angefallenen Vorsteuern abzuziehen. Eine Option ist jedoch im Hinblick auf § 9 Abs. 2 UStG ausgeschlossen, wenn das Grundstück zu Wohnzwecken oder anderen nichtunternehmerischen Zwecken vermietet wird. Bei Gebäuden, mit deren Errichtung nach dem 10. 11. 1993 begonnen oder die nach dem 31. 12. 1997 fertig gestellt wurden, ist ein Verzicht auf die Steuerfreiheit des § 4 Nr. 12 UStG nur noch möglich, wenn der Leistungsempfänger (Mieter) das Grundstück ausschließlich für Umsätze verwendet oder zu verwenden beabsichtigt, die den Vorsteuerabzug nicht ausschließen. Damit ist die Option ausgeschlossen bei der Vermietung an Unternehmer, die steuerfreie Umsätze tätigen und daher vom Vorsteuerabzug ausgeschlossen sind. Darunter fallen sämtliche in § 4 UStG erfassten Umsätze, beispielsweise von Banken, Versicherungen, Ärzten, Zahnärzten, Heilpraktikern, Krankengymnasten und anderen Heilberufen, von gesetzlichen Trägern der Sozialversicherung, Alten- und Pflegeheimen etc. Der Gesetzgeber wollte mit der Regelung des § 9 Abs. 2 UStG in der seit dem 1. 1. 1994 geltenden Fassung sog. Vorschaltmodelle verhindern, bei denen Unternehmer mit steuerfreien Umsätzen zur Anschaffung oder Herstellung eines Gebäudes Dritte vorschalten, die das Gebäude errichten oder erwerben und unter Ausübung der Option steuerpflichtig an den Unternehmer vermieten. Die geltende Gesetzesfassung stellt jedoch nicht darauf ab, ob es sich um ein derartiges Vorschaltmodell handelt, sondern schließt jede Vermietung an Unternehmer aus, die nicht zum Vorsteuerabzug zugelassen sind.

391 Getreu dem Wortlaut des § 9 Abs. 2 UStG und der darin niedergelegten Forderung des Gesetzgebers nach einer „ausschließlichen" vorsteuerunschädlichen Verwendung des Vermietungsobjektes würden selbst Ausschlussumsätze des Mieters in nur sehr geringem Umfang bereits zum Ausschluss einer Option führen. In diesem Zusammenhang sei auf die von der Finanzverwaltung zur Vermeidung von Härten geschaffene Bagatellgrenze[24] hingewiesen, im Zuge derer ein Verzicht auf die Steuerbefreiung auch im Falle geringfügiger Verwendung für Ausschlussumsätze zugelassen wird. Geringfügigkeit wird bei einer vorsteuerausschließenden Verwendung des Grundstücks von maximal 5% im Kalenderjahr angenommen.

392 *cc) Verzichtserklärung.* Der Unternehmer verzichtet, indem er den optionsfähigen Umsatz als steuerpflichtig behandelt. Zur Ausübung des Besteuerungswahlrechts bedarf es nicht zwingend einer wörtlichen Erklärung gegenüber dem Finanzamt; vielmehr genügt jedes schlüssige Handeln des Unternehmers, das insbesondere in der Erteilung einer Rechnung mit gesondertem Umsatzsteuerausweis, dem Abzug von Vorsteuern, der Durchführung von Umsatzsteuervoranmeldungen, aber auch in sonstigen Kundgebungen bestehen kann.[25] Bei Miteigentümergemeinschaften wie Wohnungs- oder Teileigentumsgemeinschaften muss jeder Eigentümer die Verzichtserklärung betreffend die Vermietung

---

[23] OFD Stuttgart DStR 2004, 1705.
[24] A 148 a Abs. 3 UStR.
[25] BFH BStBl. II 1997, 670.

seines Sondereigentums gesondert abgeben. Die Entscheidung kann für jeden einzelnen Umsatz so lange getroffen werden, wie die betreffende Steuerfestsetzung noch nicht bestandskräftig geworden ist. Über die Frage, ob die Option zur Umsatzsteuer betreffend die Vermietung von Gemeinschaftseigentum im Hinblick auf die anerkannte Teilrechtsfähigkeit der Wohnungseigentümergemeinschaft dem Kompetenzbereich des Verbandes zuzuordnen ist und/oder ob es eines Beschlusses der Wohnungseigentümer bedarf, besteht Meinungsstreit.

dd) Rechtsfolgen. Durch die Option werden die steuerfreien Vermietungsleistungen umsatzsteuerpflichtig. Die Umsatzsteuer bemisst sich gem. § 10 Abs. 1 Satz 1 UStG nach der Miete als Entgelt. Die Steuerschuld entsteht, da die Vermietung eine Teilleistung ist, nach § 13 Abs. 1 Nr. 1 lit. a Satz 1 bis 3 UStG mit Ablauf des Voranmeldezeitraums, in dem die Leistungen ausgeführt worden sind. **393**

ee) Übergangsregelung. Sog. Altgebäude, die bis zu einem bestimmten Zeitpunkt fertig gestellt wurden, werden nach § 27 Abs. 2 UStG von der Beschränkung des § 9 Abs. 2 UStG nicht erfasst. Von einem Altgebäude spricht man, wenn **394**

- das Gebäude Wohnzwecken dient oder zu dienen bestimmt ist, mit der Errichtung vor dem 1. 6. 1984 begonnen und es vor dem 1. 4. 1985 fertig gestellt wurde,
- das Gebäude anderen nichtunternehmerischen Zwecken dient, mit der Errichtung vor dem 1. 6. 1984 begonnen und es vor dem 1. 1. 1986 fertig gestellt worden ist oder
- das Gebäude anderen als den in den beiden vorgenannten Ziffern bezeichneten Zwecken dient oder zu dienen bestimmt ist, vor dem 11. 11. 1993 mit der Errichtung begonnen und es vor dem 1. 1. 1998 fertig gestellt worden ist.

Will der Unternehmer bei einem gemischt genutzten Gebäude von der Möglichkeit der teilweisen oder vollständigen Zuordnung des nichtunternehmerisch genutzten Teils zum Unternehmen Gebrauch machen und ergibt sich die Zuordnungsentscheidung nicht bereits konkludent aus der Geltendmachung des entsprechenden Vorsteuerabzugs, kann eine teilweise oder vollständige Zuordnung zum Unternehmensvermögen nur dann angenommen werden, wenn der Unternehmer gegenüber dem Finanzamt durch eine schriftliche Erklärung spätestens bis zur Abgabe der jeweiligen Umsatzsteuererklärung mitteilt, dass und in welchem Umfang er das Gebäude dem Unternehmen zugeordnet hat.[26] **395**

2. Veräußerung von Grundstücken

Die Veräußerung eines Grundstücks bzw. eines Grundstücksteils (Eigentumswohnung) ist als Lieferung nach § 3 Abs. 1 UStG dann umsatzsteuerbar, wenn sie im Rahmen eines Unternehmens erfolgt. Das ist dann der Fall, wenn das gelieferte Grundstück zum Unternehmensvermögen des Lieferers gehörte. Die Zugehörigkeit zum Unternehmensvermögen ist unproblematisch, wenn das Grundstück bzw. der Grundstückteil in vollem Umfang für Zwecke des Unternehmens genutzt wird. Anderes gilt jedoch bei gemischt genutzten Grundstücken und Grundstücksteilen, die teilweise unternehmerischen und teilweise nichtunternehmerischen Zwecken dienen. **396**

Seit der Rechtsprechung des EuGH mit Urteil vom 4. 10. 1995,[27] der sich die Finanzverwaltung mit BMF-Schreiben vom 27. 6. 1996[28] angeschlossen hat, steht dem Unternehmer grundsätzlich ein Wahlrecht zu, einheitliche Gegenstände, die sowohl unternehmerisch als auch nichtunternehmerisch verwendet werden, ganz oder teilweise seinem Unternehmen zuzuordnen. Da der EuGH nicht zwischen beweglichen und unbeweglichen Gegenständen unterschieden hat, hat der Unternehmer auch beim Erwerb eines gemischt genutzten Gebäudeteils die Wahlmöglichkeit,[29] **397**

---

[26] A 192 Abs. 21 Nr. 2 Satz 4 b Satz 1 UStR.
[27] EuGH BStBl. II 1996, 390.
[28] BMF-Schreiben vom 27. 6. 1996, BStBl. I 1996, 702 = DStR 1996, 1947.
[29] A 192 Abs. 21 UStR.

398 • diesen ganz seinem Unternehmen zuzuordnen, wenn die unternehmerische Nutzung i. S. d. § 15 Abs. 1 Satz 1 Nr. 1 und Satz 2 UStG mindestens 10% beträgt, was zur Folge hat, dass die ihm berechneten Vorsteuern in vollem Umfang abziehbar sind und die nichtunternehmerische Nutzung gem. § 3 Abs. 9 a Nr. 1 UStG als sonstige Leistung gegen Entgelt erfasst wird;

399 • diesen ganz seinem nichtunternehmerischen Privatbereich zuzuordnen, was zur Folge hat, dass sämtliche damit zusammenhängende Vorsteuern vom Abzug ausgeschlossen sind, da es an einem Leistungsbezug für das Unternehmen fehlt. Eine spätere Veräußerung des Gegenstandes ist nicht steuerbar, weil die Lieferung nicht im Rahmen des Unternehmens stattfindet. Die Erfassung als unentgeltliche Wertabgabe gem. § 3 Abs. 1 b Satz 1 Nr. 1 und Abs. 9 a Nr. 1 UStG entfällt.

400 • diesen nur insoweit seinem Unternehmen zuzuordnen, als er ihn für Zwecke seines Unternehmens nutzt und den übrigen, nichtunternehmerisch genutzten Teil in seinem Privatvermögen zu belassen. Die Aufteilung erfolgt nach Räumen und/oder zeitlicher Nutzungsdauer. Es ist dann nur der Teil für das Unternehmen bezogen, der diesem auch zugeordnet wurde. Eine unentgeltliche Wertabgabe nach den § 3 Abs. 1 b Satz 1 Nr. 1 und Abs. 9 a Nr. 1 UStG kann nur bezüglich des dem Unternehmen zugeordneten Teils verwirklicht werden.

401 **a) Steuerbefreiung des § 4 Nr. 9 lit. a UStG.** Nach § 4 Nr. 9 lit. a UStG sind steuerbare Umsätze, die unter das Grunderwerbsteuergesetz fallen, steuerfrei. Bei der Veräußerung von Grundstücken bezweckt die Steuerbefreiung grundsätzlich die Vermeidung einer Doppelbelastung mit zwei Verkehrssteuern, namentlich der Umsatz- und der Grunderwerbsteuer. Dieses Prinzip gilt jedoch nur mit folgenden Einschränkungen: Die Steuerbefreiung des § 4 Nr. 9 lit. a UStG erfordert zum einen nur, dass der Umsatz nach § 1 GrEStG grunderwerbsteuerbar und nicht notwendig auch grunderwerbsteuerpflichtig ist.[30] Zu anderen ergibt sich aus der Norm aber auch kein striktes verfassungsrechtlich gebotenes Verbot, einen wirtschaftlichen Vorgang sowohl mit Umsatzsteuer als auch mit Grunderwerbsteuer zu belasten.[31]

402 *aa) Unter das Grunderwerbsteuergesetz fallende Umsätze.* Steuerfrei nach § 4 Nr. 9 lit. a UStG kann grundsätzlich nur ein unter § 1 Abs. 1 Nr. 1 UStG fallender Umsatz in Form einer Lieferung oder Leistung sein. Während die Verschaffung von Verfügungsmacht an einem Grundstück als Lieferung i. S. d. Umsatzsteuerrechts verstanden wird, handelt es sich bei der Übertragung eines Miteigentumsanteils an einem Grundstück um eine sonstige Leistung,[32] die ebenfalls unter die Befreiung des § 4 Nr. 9 lit. a UStG fällt.

403 Unter das Grunderwerbsteuergesetz (GrEStG) fallen dabei die umsatzsteuerbaren Rechtsvorgänge, die in Form eines Verpflichtungsgeschäftes auf die Übertragung inländischer Grundstücke gerichtet sind bzw. durch Leistung den Eigentumsübergang herbeiführen. Keinen grunderwerbsteuerbaren Vorgang stellt es dar, wenn i. S. eines Optionsvertrages ein Kaufangebot gegen Entgelt abgegeben wird. Die Leistung des Grundstückeigentümers ist in dieser Konstellation steuerpflichtig.[33]

404 Wenngleich sich einige der Steuertatbestände des GrEStG auf das Verpflichtungsgeschäft beziehen, entsteht die Umsatzsteuer grundsätzlich erst mit der Verschaffung der Verfügungsmacht, i. d. R. also mit dem Erfüllungsgeschäft. § 4 Nr. 9 lit. a UStG stellt daher die Erfüllungsgeschäfte von der Umsatzsteuer frei, die regelmäßig den grunderwerbsteuerbaren Vorgängen nachfolgen. Eine Ausnahme bilden jedoch die Fälle der Istbesteuerung nach § 13 Abs. 1 Satz 1 Nr. 1 lit. a Satz 4 UStG.

405 Der Grundstücksbegriff des Grunderwerbsteuerrechts geht nach § 2 Abs. 1 Satz 1 GrEStG von dem bürgerlich-rechtlichen Grundstücksbegriff aus und schließt daher alle

[30] BFH BStBl. II 1992, 986; A 71 Abs. 1 Satz 1 UStR.
[31] BVerfG DStR 1992, 106.
[32] BFH BStBl. II 1995, 30.
[33] BFH BStBl. II 1997, 707.

wesentlichen Bestandteile i. S. d. §§ 93, 94 BGB – insbesondere also die Gebäude mit allen ihren Bestandteilen – ein. Nicht zu den Bestandteilen des Grundstücks gehören hingegen Sachen, die nur zu einem vorübergehenden Zweck mit dem Grund und Boden verbunden oder in das Gebäude eingefügt worden sind, sog. Scheinbestandteile nach § 95 Abs. 1 und 2 BGB. In Abweichung vom bürgerlichen Recht sind vom Grundstücksbegriff des GrEStG ausdrücklich ausgenommen: Maschinen und sonstige Vorrichtungen aller Art, die zu einer Betriebsanlage gehören (sog. Betriebsvorrichtungen),[34] Mineralgewinnungsrechte sowie sonstige Gewerbeberechtigungen. Die Veräußerung von Betriebsvorrichtungen fällt daher nicht unter die Befreiungsvorschrift des § 4 Nr. 9 lit. a UStG.

bb) Grundstücksentnahme. Die Entnahme eines dem Unternehmen zugeordneten Gebäudeteils für außerunternehmerische Zwecke, wie es insbesondere bei der privaten Nutzung zu Wohnzwecken der Fall ist, erfüllt den Tatbestand einer unentgeltlichen Wertabgabe i. S. d. § 3 Abs. 1 b Satz 1 Nr. 1 UStG, wenn die Anschaffung oder Errichtung des Gebäudeteils oder seiner Bestandteile ganz oder teilweise zum Vorsteuerabzug berechtigt haben. Obwohl die nach § 3 Abs. 1 b Satz 1 Nr. 1 UStG steuerbare Entnahme von Grundstücken für außerunternehmerische Zwecke seit jeher zweifellos unter die Steuerbefreiung des § 4 Nr. 9 lit. a UStG gefasst wurde, hat sich die Finanzverwaltung zeitweise von diesem Verständnis abgewendet; auf Mahnung der EG-Kommission hin, revidierte sie ihre vielfach kritisierte Rechtsauffassung[35] mit Schreiben vom 22. 9. 2008[36] und stellte die Grundstücksentnahme erneut umsatzsteuerfrei. 406

So war die Finanzverwaltung als Reaktion des EuGH-Urteils[37] *Seeling* vom 8. 5. 2003 vorübergehend der Meinung, dass die Steuerbefreiung des § 4 Nr. 9 lit. a UStG keine Anwendung mehr auf die Entnahme von Grundstücken i. S. d. § 3 Abs. 1 b Satz 1 Nr. 1 UStG fände. Diese neuen Grundsätze sollten für Grundstücke bzw. Gebäude gelten, die nach dem 30. 6. 2004 angeschafft oder hergestellt wurden. Sofern sich ein Unternehmer aus Gründen eines begehrten Vorsteuerabzugs dabei jedoch auf die Rechtsprechung des EuGH berufen hätte, sollten die neuen Grundsätze auch für einen Zeitraum vor dem 1. 7. 2004 anzuwenden sein. Da die Auslegung der Finanzverwaltung nach überwiegender Auffassung in der steuerlichen Literatur als mit den Vorgaben der 6. EG-Richtlinie/MwStSystRL unvereinbar erschien und die im Wege einer Beschwerde wegen Nichtbeachtung des Gemeinschaftsrechts am 25. 8. 2005 angerufene EG-Kommission diese Bedenken teilte und daher ein Vertragsverletzungsverfahren einleitete,[38] kehrte die Finanzverwaltung zu ihrer ursprünglichen Auffassung zurück: 407

„Zur Anwendung des § 4 Nr. 9 lit. a UStG im Fall der Entnahme eines Grundstücks aus dem Unternehmen (§ 3 Abs. 1 b Satz 1 Nr. 1 UStG) gilt unter Bezugnahme auf das Ergebnis der Erörterungen mit den obersten Finanzbehörden der Länder Folgendes: 408

Nach § 3 Abs. 1 b Satz 1 Nr. 1 und Satz 2 UStG ist die Entnahme eines Gegenstands aus dem Unternehmen steuerbar, wenn er oder seine Bestandteile zum vollen oder teilweisen Vorsteuerabzug berechtigt haben. § 3 Abs. 1 b UStG setzt Artikel 16 MwStSystRL um. Artikel 16 MwStSystRL stellt u. a. die Entnahme eines Gegenstands durch einen Steuerpflichtigen aus seinem Unternehmen für seinen privaten Bedarf einer Lieferung gegen Entgelt gleich. 409

Über die Gleichstellungsfiktion des Artikels 16 MwStSystRL sind grundsätzlich auch die Steuerbefreiungsvorschriften auf Entnahmen anwendbar, sofern im Einzelfall die tatbestandlichen Voraussetzungen erfüllt sind, an die das Gesetz die Anwendung der Steuerbefreiung knüpft. Für den Fall einer nach § 3 Abs. 1 b Satz 1 Nr. 1 und Satz 2 UStG steuerbaren Entnahme eines Grundstücks aus dem Unternehmen bedeutet dies, dass die Steuerbefreiung des § 4 Nr. 9 lit. a UStG unabhängig davon Anwendung findet, ob mit der Entnahme ein Rechtsträgerwechsel am Grundstück verbunden ist. 410

---

[34] Zur Abgrenzung von Gebäuden siehe BMF-Schreiben vom 15. 3. 2006, BStBl. I 2006, 314.
[35] BMF-Schreiben vom 13. 4. 2004, BStBl. I 2004, 469.
[36] BMF-Schreiben vom 22. 9. 2008 DStR 2008, 1965.
[37] EuGH vom 8. 5. 2003, BStBl. II 2004, 378, sog. *Seeling*-Urteil.
[38] BFH DStR 2008, 350 f.

411 Die vorstehenden Grundsätze sind in allen noch offenen Fällen anzuwenden. Die diesem Schreiben entgegenstehenden Aussagen des Abschnitts 71 Abs. 1 Satz 1 UStR und des BMF-Schreibens vom 13. April 2004 IV A 5 – S 7300 – 26/04[39] sind nicht mehr anzuwenden. Für vor dem 1. Oktober 2008 bewirkte Entnahmen von Grundstücken aus dem Unternehmen wird es nicht beanstandet, wenn sich ein Unternehmer auf die entgegenstehenden Aussagen des Abschnitts 71 Abs. 1 Satz 1 UStR 2008 und des BMF-Schreibens vom 13. April 2004 beruft."[40]

412 *cc) Grundstücksveräußerung als Geschäftsveräußerung im Ganzen.* Die – entgeltliche oder auch unentgeltliche – Veräußerung eines Mietwohngrundstücks oder eines Geschäftsgrundstücks kann eine Geschäftsveräußerung im Ganzen i. S. d. § 1 Abs. 1 a UStG darstellen, wenn die Vermietung des Grundstücks die einzige gewerbliche oder berufliche Betätigung des Veräußerers darstellt. Die Veräußerung eines solchen Grundstücks wird als Veräußerung eines in der Gliederung des Unternehmens gesondert geführten Betriebs anzusehen sein, wenn der Veräußerer neben der Vermietung noch weitere gewerbliche oder berufliche Tätigkeiten ausübt. Das Mietwohngrundstück oder das Geschäftsgrundstück wird regelmäßig „einen für sich lebensfähigen Organismus gebildet" haben, der „unabhängig von den anderen Tätigkeiten des Unternehmers nach Art eines selbständigen Unternehmens betrieben worden und nach außen hin ein selbständiges, in sich abgeschlossenes Wirtschaftsgebilde gewesen ist".[41]

413 Nach Auffassung der OFD München[42] ist wie folgt zu differenzieren:

414 • Bildet das verkaufte Grundstück das gesamte Unternehmen, liegt bei Erfüllung der weiteren Voraussetzungen des § 1 Abs. 1 a UStG eine nicht steuerbare Geschäftsveräußerung im Ganzen vor, es sei denn, das Grundstück zählt zum Vorratsvermögen.

415 • Umfasst das verkaufte Grundstück nur einen Teil des Unternehmens, ist zu prüfen,[43] ob ein gesondert geführter Betrieb vorliegt:

416 • Bei einem vermieteten Grundstück kann i. d. R. davon ausgegangen werden, dass es ein innerhalb des Unternehmens gesondert geführter Betrieb ist.

417 • Ein Grundstück ist kein gesondert geführter Betrieb, wenn ein Unternehmen ein unbebautes Grundstück mit dem Ziel erwirbt, ein Gebäude zu errichten, Mieter zu beschaffen und anschließend das bebaute Grundstück zu veräußern. Das Grundstück wird also zum Zwecke der alsbaldigen Veräußerung erworben und hat somit den Charakter von Vorratsvermögen.

418 Da eine Geschäftsveräußerung im Ganzen i. S. d. § 1 Abs. 1 a UStG bereits nicht umsatzsteuerbar ist, stellt sich die Frage der Steuerbefreiung des § 4 Nr. 9 lit. a UStG nicht mehr.

419 **b) Verzicht auf die Steuerbefreiung nach §§ 9 Abs. 1 und 2 UStG.** Nach § 9 Abs. 1 UStG kann der Unternehmer auf die Steuerbefreiung nach § 4 Nr. 9 lit. a UStG verzichten, wenn der Umsatz an einen anderen Unternehmer für dessen Unternehmen erbracht wird. Angesichts der Einschränkungen des § 9 Abs. 2 UStG gilt das unter V. 1. f) bb) Gesagte entsprechend.

420 Auch bei der Zwangsversteigerung eines Grundstücks ist eine Option nach § 9 UStG grundsätzlich möglich. Nach § 9 Abs. 3 S. 1 UStG ist der Verzicht auf die Steuerbefreiung bei Grundstückslieferungen im Zwangsversteigerungsverfahren durch den Vollstreckungsschuldner an den Ersteher bis zur Aufforderung zur Abgabe von Geboten im Versteigerungstermin zulässig.

421 Nach § 9 Abs. 3 S. 2 UStG muss bei nach § 4 Nr. 9 lit. a UStG steuerfreien Grundstücksumsätzen die Option zur Umsatzsteuerpflicht im notariellen Kaufvertrag erklärt werden. Die Regelung ist im Zusammenhang mit dem Übergang der Steuerschuldner-

[39] BStBl. I 2004, 469.
[40] BMF-Schreiben vom 22. 9. 2008 – IV B 8-S 7109/07/10 002.
[41] A 5 Abs. 3 Satz 2 UStR.
[42] OFD München vom 1. 8. 2000, § 1/13.
[43] A 5 Abs. 3 UStR.

schaft auf den Leistungsempfänger nach § 13 b Abs. 1 Satz 1 Nr. 3, Abs. 2 Satz 1 UStG zu sehen und dient dem Schutz des Leistungsempfängers.

Wird ein Grundstück an den Erwerber für dessen Unternehmen geliefert und dabei wirksam auf die Steuerbefreiung des § 4 Nr. 9 lit. a UStG verzichtet, wird die Grundstückslieferung steuerpflichtig. Bei Grundstücksveräußerungen vereinbaren die Vertragsparteien regelmäßig, dass der Erwerber die anfallende Grunderwerbsteuer alleine zu tragen hat. Die Grunderwerbsteuer wird von den am Erwerbsvorgang Beteiligten als Gesamtschuldner geschuldet, § 13 Nr. 1 GrEStG. Im Verhältnis zueinander schulden die Beteiligten die Grunderwerbsteuer demnach je zur Hälfte, § 426 BGB. Während es die bisherige Auffassung[44] war, dass eine vom Erwerber in vollem Umfang übernommene Grunderwerbsteuer zur Hälfte zum umsatzsteuerlichen Entgelt rechnete,[45] erhöht die Grunderwerbsteuer, die der Käufer eines Grundstücks vereinbarungsgemäß zahlt, nach aktueller Rechtsprechung des BFH das Entgelt für die Grundstückslieferung nicht mehr.[46] 422

3. Leistungen der Wohnungseigentümergemeinschaft

Nach heutiger Rechtsprechung ist die steuerliche Unternehmereigenschaft einer Wohnungseigentümergemeinschaft nunmehr unumstritten. Mit Beschluss des BGH vom 2. 6. 2005 wurde erneuet bestätigt, dass es im Steuerrecht außer Frage stehe, dass die Wohnungseigentümergemeinschaft selbst und nicht die einzelnen Wohnungseigentümer als Unternehmerin zu behandeln und als solche steuerpflichtig sei.[47] In den Umsatzsteuerrichtlinien[48] hat sich die Finanzverwaltung der mittlerweile kongruenten Rechtsauffassung von BGH und BFH angeschlossen. Der Gesetzgeber geht hingegen bereits in der Regelung des § 4 Nr. 13 UStG – demnach ungeachtet der Rechtsprechung – davon aus, dass die Wohnungseigentümergemeinschaft als Unternehmer steuerbare und nach Maßgabe des § 4 Nr. 13 UStG steuerfreie Leistungen erbringt. 423

Unternehmer ist die Wohnungseigentümergemeinschaft gemäß § 2 Abs. 1 UStG, wenn sie eine nachhaltige Tätigkeit gegen Entgelt ausführt, ohne dass eine Gewinnerzielungsabsicht gegeben sein muss. Dies ist jedenfalls dann der Fall, wenn die Gemeinschaft an Dritte leistet, z. B. indem sie Gemeinschaftsräume gegen Entgelt an Dritte überlasst (Vermietung eines gemeinschaftlichen Garagenplatzes oder eines gemeinschaftlichen Partyraumes, Vermietung einer Werbefläche an der Hauswand. Empfänger der von § 4 Nr. 13 UStG erfassten Leistungen müssen jedoch Wohnungs- oder Teileigentümer sein. 424

a) Steuerbare Leistungen der Wohnungseigentümergemeinschaft. Wohnungseigentümergemeinschaften verwalten nicht nur die Angelegenheiten der Gemeinschaft, sondern erbringen im Rahmen ihrer Aufgaben mitunter auch steuerbare Sonderleistungen an die einzelnen Wohnungseigentümer oder Teileigentümer. Zur Deckung ihrer Kosten und damit als Entgelt für ihre Leistungen erheben die Wohnungseigentümergemeinschaften von den Wohnungs- und Teileigentümern sog. Umlagen. Die Miteigentümer müssen die bei der Verwaltung und dem Gebrauch des gemeinschaftlichen Eigentums anfallenden Kosten nach Maßgabe ihrer Anteile (§ 16 Abs. 2 WEG) und nach Maßgabe des verpflichtenden Wirtschaftsplans (§ 28 Abs. 1 Nr. 2 WEG) tragen. Die Finanzverwaltung sieht die Umlagen als Entgelte für die Leistungen der Gemeinschaft an ihre Mitglieder an.[49] Hierzu gehören insbesondere Entgelte für 425

– Lieferung von Wärme und Wasser,
– Waschküchen- und Waschmaschinenbenutzung,

[44] BFH BStBl. II 1980, 620.
[45] BFH BStBl. II 1980, 620; A 149 Abs. 7 Satz 5, 6 UStR.
[46] BFH DStR 2005, 754; A 149 Abs. 7 Satz 5, 6 UStR.
[47] BGH ZMR 2005, 547 ff.
[48] A 87 Abs. 2 UStR.
[49] A 87 Abs. 2 UStR.

- Verwaltungsgebühren,
- Hausmeisterlohn,
- Instandhaltung und Instandsetzung des gemeinschaftlichen Eigentums,
- Schornsteinreinigung, Feuer- und Haftpflichtversicherung,
- Müllabfuhr,
- Straßenreinigung und
- Entwässerung.

426 Die Wohnungseigentümergemeinschaft kann dabei auch durch dritte Personen handeln. Haben die Wohnungs- bzw. Teileigentümer für die Verwaltung des gemeinschaftlichen Eigentums etwa einen Verwalter bestellt, werden dieser und sämtliche wiederum von diesem eingeschaltete Dritte als weisungsgebundene Beauftragte für die Wohnungseigentümergemeinschaft tätig, so dass gegenüber den Wohnungseigentümern auch insoweit die Wohnungseigentümergemeinschaft leistender Unternehmer ist. Die Leistungen des Verwalters der Wohnungseigentümergemeinschaft werden nicht von der Steuerbefreiung nach § 4 Nr. 13 UStG erfasst. Leistungen Dritter für das gemeinschaftliche Eigentum (Handwerker, Kaminkehrer etc.) werden an die Wohnungseigentümergemeinschaft und nicht unmittelbar an die einzelnen Wohnungs- und Teileigentümer erbracht, wenn diese durch die Hausverwaltung beauftragt wurden und die Wohnungseigentümergemeinschaft aufgrund der Vertragsbeziehungen Leistungsempfänger dieser Leistungen ist. Dies ist regelmäßig der Fall, da die Verwaltung des Gemeinschaftseigentums Sache der Wohnungseigentümergemeinschaft ist. Mit dem Leistungsbezug durch die Wohnungseigentümergemeinschaft wird auch eine steuerbare Leistung der Wohnungseigentümergemeinschaft an die einzelnen Wohnungs- und Teileigentümer gegen Entgelt bewirkt, wenn diese – wie regelmäßig – auf dem Wege der Kostenumlage weiter berechnet bzw. aus der Instandhaltungsrücklage beglichen wird.

427 **b) Steuerbefreiung nach § 4 Nr. 13 UStG.** Bestimmte Leistungen an die Wohnungs- und Teileigentümer werden insoweit von der Umsatzsteuer befreit, als sie das gemeinschaftliche Eigentum betreffen. Dies sind Leistungen, die in der Überlassung des gemeinschaftlichen Eigentums zum Gebrauch, seiner Instandhaltung, Instandsetzung und sonstigen Verwaltung sowie der Lieferung von Wärme und ähnlichen Gegenständen bestehen. Soweit Leistungen für das Sondereigentum der Wohnungs- und Teileigentümer erbracht werden, bleibt die Steuerpflicht bestehen. Die Steuerbefreiung nach § 4 Nr. 13 UStG greift nur ein, wenn es sich bei dem leistenden Unternehmer um eine Gemeinschaft der Wohnungseigentümer i. S. d. §§ 10 bis 19 WEG handelt. Empfänger der für die Steuerbefreiung in Betracht kommenden Leistungen müssen die einzelnen Wohnungs- oder Teileigentümer sein. Diese müssen im Grundbuch eingetragen sein bzw. muss bei künftigen Eigentümern der schuldrechtliche Anspruch auf Verschaffung des Eigentums gesichert und das Eigentum tatsächlich bezogen sein. Leistungen an Mieter sind nicht begünstigt, da sie nicht selbst Wohnungs- oder Teileigentümer sind. Leistungen der Wohnungs- bzw. Teileigentümer untereinander sind mangels Leistung einer Wohnungseigentümergemeinschaft grundsätzlich nicht nach § 4 Nr. 13 UStG steuerbefreit. Leistungen der Wohnungseigentümergemeinschaft an andere Gemeinschaften oder sonstige fremde Dritte sind vom Anwendungsbereich des § 4 Nr. 13 UStG ebenso ausgenommen wie Leistungen Dritter an die Gemeinschaft oder deren Gemeinschafter.

428 Zwar begünstigt die Vorschrift dabei unter u. a. auch die Lieferung von Wärme und Strom; diese Regelung hat jedoch insoweit an Bedeutung verloren, als die Lieferung von Wärme und ähnlichen Gegenständen durch die Wohnungseigentümergemeinschaft an den einzelnen Eigentümer heutzutage nur noch im Ausnahmefall erfolgt.

429 *aa) Steuerfreie Leistungen.* Steuerfrei sind die Leistungen der Wohnungseigentümergemeinschaft, die in der Überlassung des gemeinschaftlichen Eigentums zum Gebrauch (z. B. Antennenanlage, Fahrstuhl, Wäschetrockner, gemeinsame Abstellräume etc.), der Instandhaltung und Instandsetzung (z. B. Reinigung und Pflege der Gemeinschaftsanla-

gen sowie die am Gemeinschaftseigentum vorgenommenen Wartungs-, Reparatur- und Sanierungsarbeiten etc.) und der sonstigen Verwaltung (z.B. Verwaltung der gemeinschaftlichen Gelder, Aufstellung des Wirtschaftsplans, Rechnungslegung, Beauftragung von Fremdunternehmen mit Instandhaltungs- und Instandsetzungsarbeiten, Hausmeistertätigkeit und sonstige, von dritten Unternehmern der Wohnungseigentümergemeinschaft in Rechnung gestellten Leistungen, z.B. für Straßenreinigung, Müllabfuhr, Entwässerung etc.) bestehen. Darüber hinaus ist auch die Lieferung von Wärme, Wasser und Strom an die Wohnungs- und Teileigentümer befreit. Begünstigt sind dabei nicht nur die Lieferungen von Wärme, Wasser und Strom für die Gemeinschaftsanlagen, wie z.B. Treppenhaus und gemeinschaftliche Waschküche, sondern auch deren Lieferungen für das Sondereigentum.

Wärme wird z.B. dann von einer Wohnungseigentümergemeinschaft steuerfrei geliefert, wenn die Wärme in einer gemeinschaftlichen Heizungsanlage erzeugt wird. Bezieht die Wohnungseigentümergemeinschaft daher Heizöl, Gas etc. und liefert sie nicht die Brennstoffe an die jeweiligen Wohnungs- und Teileigentümer, sondern das damit hergestellte Wärmeprodukt, ist diese Leistung steuerbefreit. **430**

Da die Lieferung von Kohle, Koks, Heizöl und Gas hingegen nicht steuerbegünstigt ist,[50] greift die Befreiungsvorschrift nicht, wenn die Wohnungseigentümergemeinschaft den Wohnungs- und Teileigentümern Gas und Heizöl über Gemeinschaftsleitungen liefert und die Wohnungs- und Teileigentümer dann die Wärme in einer eigenen Heizungsanlage selbst erzeugen. **431**

Da der einzelne Wohnungsinhaber sowohl bei Gas- als auch bei Stromlieferungen seine Lieferungen heutzutage regelmäßig direkt vom Versorgungsunternehmen und somit steuerpflichtig bezieht, verbleibt als Anwendungsbereich für die Vorschrift nur noch die Lieferung von heißem Wasser für die Heizkörper oder die Fußbodenheizung bzw. die Lieferung von heißer Luft bei Konvektorheizungen. Die angesprochene Unterscheidung zwischen eigener oder gemeinschaftlicher Heizungsanlage hat für Gas an Bedeutung verloren. Sämtliche seitens der Wohnungs- und Teileigentümer unmittelbar vom Versorgungsunternehmen bezogenen Lieferungen fallen aus dem Anwendungsbereich des § 4 Nr. 13 UStG heraus, da es an einer Lieferung der Wohnungseigentümergemeinschaft mangelt. **432**

bb) Ausnahmen. Nicht unter die Befreiung des § 4 Nr. 13 UStG fallen diejenigen Leistungen der Wohnungseigentümergemeinschaft, die sich auf das Sondereigentum eines Wohnungs- bzw. Teileigentümers beziehen oder an Dritte erbracht werden. Die Tätigkeit eines Verwalters gegenüber der Wohnungseigentümergemeinschaft ist ebenso wenig von der Umsatzsteuerpflicht befreit,[51] wie die Lieferung von Kohle, Koks, Heizöl und Gas.[52] Eine Steuerbefreiung für die Brennstoffe selbst als ähnlicher gelieferter Gegenstand kommt nicht in Betracht.[53] **433**

cc) Heizungsanlagen – Sonder- oder Gemeinschaftseigentum?[54] Anlagen und Einrichtungen sind zwingend Gemeinschaftseigentum, selbst wenn sie sich im Bereich der im Sondereigentum stehenden Räume befinden. Weitere Voraussetzung ist jedoch, dass sie dem gemeinschaftlichen Gebrauch der Wohnungseigentümer zu dienen bestimmt sind. Diese Frage hat vor allem bei Heizungsanlagen und dabei insbesondere im Hinblick auf die umsatzsteuerliche Beurteilung, wer Unternehmer der Lieferungen ist, Bedeutung erlangt. Dabei muss zuerst geklärt werden, ob die Heizungsanlage, bestehend aus dem technische Teil wie Kessel, Brenner, Tankanlage mit technischem Zubehör wesentlicher Bestandteil des Gebäudes i.S. der §§ 93, 94 BGB geworden ist. Dies ist auszuschließen, **434**

[50] A 87 Abs. 2 Satz 6 UStR.
[51] BayLfSt vom 30. 8. 2005, UR 2005, 571.
[52] A 87 Abs. 2 Satz 6 UStR.
[53] *Sölch/Ringleb* § 4 Nr. 13 UStG Rn. 13.
[54] Zur Thematik ausführlich *Staudinge/Rapp* § 5 WEG Rn. 33ff.

wenn keine feste Verbindung gemäß §§ 93, 94 Abs. 1 BGB besteht. Besteht nur eine lose Verbindung, dann liegt ein wesentlicher Bestandteil gemäß § 94 Abs. 2 BGB vor, wenn die Heizungsanlage zur Herstellung des Gebäudes eingefügt worden ist. Dies ist der Fall, wenn von der Heizungsanlage aus nur die Einheiten der Wohnungseigentumsanlage versorgt werden. Werden dagegen weitere, nicht zur Wohnungseigentumsanlage gehörende außenstehende Dritte mit Heizenergie bzw. Warmwasser versorgt, so fehlt es an dem Merkmal der Einfügung zur Herstellung des Gebäudes, weil neben diesem Zweck auch ein anderer Zweck mitverfolgt wurde.[55] Da nur wesentliche Bestandteile sondereigentumsfähig sind, stellt sich in allen Fällen, in denen die Heizungsanlage gerade nicht wesentlicher Bestandteil des Grundstücks oder des Gebäudes geworden ist, die Frage der Sondereigentumsfähigkeit i. S. des WEG nicht. Ist dagegen die Heizanlage wesentlicher Bestandteil des Gebäudes, und werden von ihr aus nur Wohnungseigentümer der entsprechenden Anlage versorgt, so liegt zwingend Gemeinschaftseigentum vor.[56] Bei einer Mehrhausanlage gilt dies auch dann, wenn die Heizung nur ein Gebäude mit mehreren Wohnungen versorgt. Diese Heizanlage dient dem gemeinschaftlichen Gebrauch der Wohnungseigentümer gemäß § 5 Abs. 2 WEG. Dieser Zwang zum gemeinschaftlichen Eigentum darf auch nicht durch eine Benutzungsregelung gemäß § 15 Abs. 1 WEG umgangen werden. Ein Sondernutzungsrecht ist insoweit unzulässig.[57] Ist die Heizanlage dagegen in einer Weise gestaltet, dass sie von ihrer Zweckbestimmung her sowohl zur Versorgung der Wohnungseigentümer als auch außenstehender Dritter bestimmt ist, dann ist die Heizanlage und auch der sie umschließende Raum sondereigentumsfähig.[58]

435 Besteht eine Zentralheizungsanlage in einer Eigentumswohnanlage und werden mit dieser außenstehende Einheiten mitversorgt, erfolgt die rechtliche Absicherung in der Weise, dass bei dem Wohnungseigentumsgrundstück eine Reallast auf Lieferung von Heizenergie und Warmwasser zu Gunsten des jeweiligen Eigentümers des zu versorgenden Grundstücks eingetragen wird. Weiter ist eine Grunddienstbarkeit zu Gunsten desselben Berechtigten notwendig, damit die Vor- und Rücklaufleitungen im dienenden Grundstück verlegt und belassen werden dürfen. Beim herrschenden Grundstück dieser Rechte ist als Gegenstück ebenfalls eine Reallast des Inhalts einzutragen, dass eine Abnahmeverpflichtung und eine Vergütungsverpflichtung besteht. Bei der Vergütungspflicht ist darauf zu achten, dass nicht nur die laufenden Betriebskosten, wie sie nach der Heizkostenverordnung ermittelt werden können, vergütet werden, sondern auch Kosten der Instandhaltung, Instandsetzung sowie die Umsatzsteuer und schließlich kalkulatorische Kosten wie Verzinsung des Anlagekapitals und Abschreibungen zu Gunsten der Eigentümer der Eigentumswohnungsanlage.[59]

436 **c) Verzicht auf die Steuerbefreiung.** Die Wohnungseigentümergemeinschaft kann hinsichtlich der in § 4 Nr. 13 UStG aufgeführten Leistungen gegenüber den einzelnen Wohnungs- und Teileigentümern nach § 9 Abs. 1 UStG zur Steuerpflicht optieren, soweit die Wohnungs- und Teileigentümer die einzelnen Leistungen für ihr Unternehmen empfangen haben, heißt also die Räume unternehmerisch nutzen. Hierbei kann die Wohnungseigentümergemeinschaft das Optionsrecht für jede optionsfähige Leistung gesondert ausüben. Dies ermöglicht es ihr, nur für diejenigen Umsätze zur Steuerpflicht zu optieren und damit in den Genuss des Vorsteuerabzugs zu kommen, für die ihr Umsatzsteuer gesondert in Rechnung gestellt worden ist. Nicht mit Umsatzsteuer belastete Eingangsleistungen, wie beispielsweise Versicherungsbeiträge, Müllabfuhrgebühren, Straßenreinigung etc. braucht sie deshalb nicht der Umsatzsteuer zu unterwerfen.

---

[55] *Hurst* DNotZ 1984, 81.
[56] BGHZ 109, 179; 73, 302.
[57] BayObLG MittBayNot 2004, 193; DNotZ 1992, 492.
[58] BGH NJW 1975, 688; BayObLG DNotZ 1992, 492.
[59] *Staudinge/Rapp* § 5 WEG Rn. 33 ff.

aa) Verfahren. Ob über die Frage der Option ein Beschluss der Wohnungseigentümerversammlung herbeigeführt werden muss, besteht Uneinigkeit.[60] 437

Der Verwalter kann jedenfalls von sich aus eine solche Option für die Wohnungseigentümer nicht abgeben, da dies nicht zu den in §§ 27 und 28 WEG genannten Aufgaben und Befugnissen gehört. 438

Es ist umstritten, inwieweit dem Standpunkt des BayOLG und OLG Hamm, dass es, gerade weil der Wohnungseigentümergemeinschaft aus der Option steuerliche Verpflichtungen und Nachteile entstehen können, sie Umsatzsteuererklärungen und Umsatzsteuervoranmeldungen nach § 18 UStG abzugeben und Aufzeichnungen gemäß § 22 UStG zu machen hat und somit auch eine zusätzliche Vergütung für die Mehrarbeit des Verwalters realistisch ist,[61] notwendig eines Beschlusses der Wohnungseigentümer zur Option bedarf, durch Beschluss des BGH vom 20. 9. 2000 die Grundlage entzogen worden ist. 439

Das OLG Hamm[62] rechtfertigt das Erfordernis eines Eigentümerbeschlusses für die Option des § 9 Abs. 1 UStG mit folgender Begründung: 440

„Die der Gemeinschaft in Rechnung gestellten unterschiedlichen Mehrwertsteuersätze müssen erfasst und die Beträge präzise auf den seinerseits zur Umsatzsteuer optierenden Wohnungseigentümer aufgeteilt werden. Die der Gemeinschaft ausgestellten Rechnungen Dritter müssen fortlaufend darauf kontrolliert werden, ob sie zum Vorsteuerabzug geeignet sind, damit keine Zahllast der Gemeinschaft entsteht. Ferner muss entschieden werden, in welchem Umfang von der Option Gebrauch gemacht wird. Dies gilt sowohl hinsichtlich der Frage, ob die Option für alle Wohnungs- und Teileigentümer oder nur für den Umsatz der Gemeinschaft mit demjenigen Miteigentümer ausgeübt werden soll, der seinerseits zur Mehrwertsteuer optiert hat. Dies gilt ferner für die sachliche Eingrenzung der steuerbaren Leistungen, für die die Option ausgeübt werden kann. Dies spielt eine erhebliche Rolle im Hinblick darauf, dass der Umfang der steuerbaren und damit optionsfähigen Leistungen im Verhältnis zwischen der Gemeinschaft und dem einzelnen Miteigentümer, größer ist als derjenige der steuerpflichtigen Lieferungen und Leistungen Dritter an die Gemeinschaft, für die ein Vorsteuerabzug in Betracht. Aus alledem ergibt sich, dass der Umfang der Verwalterpflichten gegenüber dem gesetzlichen Normalfall bei Steuerbefreiung nach § 4 Nr. 13 UStG erheblich erweitert und mit zusätzlichen Haftungsrisiken verbunden ist. Dies erfordert eine Abänderung des Verwaltervertrages, die, sofern der Verwalter überhaupt eine solche steuerrechtliche Geschäftsbesorgung übernehmen will, nicht ohne die Vereinbarung einer zusätzlichen Vergütung möglich sein wird. Im übrigen muss bei der inhaltlichen Ausübung der Option gewährleistet werden, dass die nicht betroffenen Wohnungseigentümer nicht mit zusätzlichen Zahlungspflichten belastet werden. Die entsprechende Regelung kann deshalb nur durch einen Beschluss der Eigentümerversammlung getroffen werden.“[63] 441

Die Haltbarkeit der so begründeten Beschlusskompetenz kann mit Blick auf den Beschluss des BFH vom 20. 9. 2000[64] angezweifelt werden, in dem sich der BFH dafür ausgesprochen, dass gemäß § 23 Abs. 1 WEG nur solche Angelegenheiten durch Beschlussfassung geordnet werden können, über die die Wohnungseigentümer nach dem Wohnungseigentumsgesetz oder nach einer Vereinbarung durch Beschluss entscheiden dürfen und es anderenfalls einer Vereinbarung nach § 10 Abs. 2 Satz 2 WEG bedarf. Die Kompetenz der Wohnungseigentümer, ihre Angelegenheiten in der Versammlung durch Beschluss zu regeln, kann sich dabei ausschließlich aus einer gesetzlichen oder aus einer vereinbarten Beschlusskompetenz ergeben. Fehlt es an einer gesetzlichen oder vereinbarten Beschlussermächtigung, so ist ein Beschluss von vornherein wegen absoluter Beschlussunzuständigkeit nichtig.[65] 442

---

[60] BayObLG NJW-RR 1997, 79; *Bärmann/Merle* § 28 WEG Rn. 81 ff.; strittig, inwieweit mit BGH NJW 2000, 3500 vereinbar.

[61] BayObLG NJW-RR 1997, 79.

[62] OLG Hamm BB 1992, 1308; *Bärmann/Merle* § 28 WEG Rn. 81 ff.

[63] Vgl. auch *Soergel/Stürner* Vor § 1 WEG; *Spiegelberger* WE 1988, 83; so auch weiterhin *Bärmann/Merle* § 28 WEG Rn. 81 ff.

[64] BGH NJW 2000, 3500.

[65] *Bärmann/Merle* § 23 WEG Rn. 9.

443 Aus dem Bündel der Leistungen der Eigentümergemeinschaft können einzelne Leistungen der Umsatzsteuerpflicht unterworfen, andere davon ausgeschlossen werden und jedem Wohnungseigentümer gegenüber getrennt gem. §§ 9 und 4 Nr. 13 UStG optiert werden. Zwar liegt die Entscheidung über die Option grundsätzlich allein beim leistenden Unternehmer und ist auch ein – unter Umständen notwendiger[66] – Beschluss der Miteigentümergemeinschaft auch ein Organisationsakt, auf den der einzelne Wohnungs- oder Teileigentümer keinen Rechtsanspruch hat. Im Hinblick auf § 21 Abs. 4 WEG kann sich jedoch für die Wohnungseigentümergemeinschaft eine Pflicht zur Option ergeben, sofern die Interessen der übrigen Wohnungseigentümer beispielsweise durch Freistellung von steuerlichen Zahllasten- und Haftungsrisiken hinreichend gewahrt bleiben.[67] Denn § 21 Abs. 4 WEG verlangt für eine ordnungsgemäße Verwaltung, dass sie dem Interesse der Gesamtheit der Wohnungs- und Teileigentümer dient.

444 Bei der Option für die Umsatzsteuerpflicht muss sich die Eigentümergemeinschaft darüber im Klaren sein, dass die Option eine erhebliche Komplizierung der Buchführung mit sich bringt.[68] Dies resultiert zum einen daraus, dass die Eigentümergemeinschaft Umsätze mit unterschiedlichen Steuersätzen ausführt und ihrerseits Leistungen und Lieferungen erhält, die unterschiedliche Vorsteuerbelastungen beinhalten. Zum anderen ist über zusätzliche Steuerkonten die Kostenverteilung zu regeln, da häufig nur einzelne Wohnungseigentümer an der Umsatzsteueroption interessiert sein werden, also die Nutzfläche der Eigentumswohnanlage in umsatzsteuerpflichtige und umsatzsteuerfreie Mietflächen und Kostenpositionen aufgeteilt werden muss.

445 *bb) Aufzeichnungspflichten.* Die Eigentümergemeinschaft, die insoweit von dem Verwalter vertreten wird, hat ab Ausübung der Option alle umsatzsteuerlichen Aufzeichnungspflichten gem. § 22 UStG zu erfüllen, so dass eine umfangreiche Tätigkeit auf den Hausverwalter zukommt. Als Vertreter der Eigentümergemeinschaft erklärt der Verwalter die Umsatzsteueroption gegenüber dem Finanzamt, sobald ein entsprechender Mehrheitsbeschluss gefasst wurde. Danach ist es auch Aufgabe des Verwalters, die Umsatzsteuererklärungen beim Finanzamt einzureichen und die Umsatzsteuer fristgerecht abzuführen.

446 Soweit wegen nicht ordnungsgemäßer Rechnungsstellung ein Schaden entsteht, soll der Verwalter schadensersatzpflichtig sein.[69] Es ist darauf hinzuweisen, dass die Eigentümergemeinschaft für die Abführung der in der Jahresabrechnung enthaltenen Umsatzsteuer haftet. Gleiches gilt bei unrichtigem Vorsteuerausweis gemäß § 14 Abs. 2 und 3 UStG.

447 *cc) Rechnungslegung mit Umsatzsteuerausweis.* Inwieweit die Wohnungseigentümergemeinschaft, vertreten durch ihren Verwalter, zivilrechtlich verpflichtet ist, auf Verlangen der Wohnungs- und Teileigentümer, denen gegenüber Leistungen steuerpflichtig erbracht wurden, die Umsatzsteuer gesondert auszuweisen, ist nicht eindeutig geklärt. So vertritt beispielsweise das OLG Hamm die Auffassung, dass der offene Ausweis von Umsatzsteueranteilen zu den Abrechnungspositionen der Einzelabrechnungen eines Wohnungs- oder Teileigentümers voraussetzt, dass die Gemeinschaft insgesamt auf die Steuerbefreiung ihrer Leistungen an die einzelnen Wohnungs- bzw. Teileigentümer ganz oder teilweise verzichtet.[70] Letztlich sollte der Verwalter im Hinblick auf die Notwendigkeit für eine Vorsteuerabzugsberechtigung den Eigentümern, in deren Interesse optiert wurde, eine Rechnung gem. § 14 UStG erteilen. Dabei vermag es die bloße Übersendung der Abrechnung nicht, dem Empfänger eine Vorsteuerabzugsberechtigung zu vermitteln, da der jeweilige Dritte nicht anteilig an den betroffenen Wohnungs- und Teileigentümer

---

[66] Vgl. Fußnote 46.

[67] OLG Hamm NJW-RR 1992, 1232; BayObLG NJW-RR 1997, 79; *Bärmann/Merle* § 28 WEG Rn. 83.

[68] *Spielberger* WE 1988, 92.

[69] Vgl. *Sauren* BB 1986, 439.

[70] OLG Hamm NJW-RR 1992, 1232; siehe auch BayObLG NJW-RR 1997, 79.

liefert, sondern an die Eigentümergemeinschaft, die ihrerseits wiederum einen Umsatz dem einzelnen Wohnungs- und Teileigentümer gegenüber durchführt und hierfür eine Rechnung zu erstellen hat.

d) Vorsteuerabzug der Wohnungseigentümergemeinschaft. Die Wohnungseigentümergemeinschaft kann keine Vorsteuer abziehen, wenn die Leistung im Zusammenhang mit nach § 4 Nr. 13 UStG steuerfreien Umsätzen entsteht, da diese den Vorsteuerabzug ausschließen, § 15 Abs. 2 Nr. 1 UStG. Zum Vorsteuerabzug ist sie nur insoweit berechtigt, als die Leistungsbezüge mit zum Vorsteuerabzug berechtigten Ausgangsumsätzen im Zusammenhang stehen. Die Eigentümergemeinschaft ist aber auch für an sich nach § 4 Nr. 13 UStG steuerbefreite Umsätze zum Vorsteuerabzug berechtigt, wenn für diese wirksam auf die Steuerbefreiung verzichtet wurde. Wird nicht allen Eigentümern gegenüber zur Umsatzsteuer optiert, ist die Vorsteuer entsprechend aufzuteilen, § 15 Abs. 4 UStG. 448

e) Wohnungseigentümergemeinschaft als Steuerschuldnerin für Eingangsleistungen. 449
Für an Unternehmer erbrachte Werklieferungen und sonstige Leistungen, die mit Ausnahme von Planungs- und Überwachungsleistungen der Herstellung, Instandsetzung, Instandhaltung, Änderung oder Beseitigung von Bauwerken dienen, regelt § 13 b Abs. 2 Satz 2 i. V. m. Abs. 1 Satz 1 Nr. 4 Satz 1 UStG, dass der leistungsempfangende Unternehmer Schuldner der Umsatzsteuer ist, wenn er selbst derartige steuerpflichtige Bauleistungen erbringt und nicht Kleinunternehmer i. S. d. § 19 Abs. 1 UStG ist. Die Finanzverwaltung schließt den Übergang der Steuerschuldnerschaft für leistungsempfangende Wohnungseigentümergemeinschaften aus, wenn die bezogenen Leistungen nach § 4 Nr. 13 UStG steuerfrei an die einzelnen Wohnungs- und Teileigentümer weiter gegeben werden.[71] Von einer Steuerschuldnerschaft wird beispielsweise dann ausgegangen, wenn eine Bauleistung für das Sondereigentum der Wohnungs- und Teileigentümer bezogen und entsprechend steuerpflichtig weitergegeben wird oder wenn die Wohnungseigentümergemeinschaft für ihren Umsatz nach § 9 UStG zur Steuerpflicht optiert hat. Aus praktischen Erwägungen heraus dürfte die Verwaltungsregelung dahingehend zu verstehen sein, dass die Steuerschuldnerschaft nur in den Fällen auf die Wohnungseigentümergemeinschaft übergehen soll, wenn diese die Leistung an die Wohnungs- und Teileigentümer insgesamt steuerpflichtig weitergibt. Andernfalls würde eine Wohnungseigentümergemeinschaft, die für die einzelnen Wohnungs- und Teileigentümer eine Bauleistung bezieht, denen gegenüber sie aber nur teilweise zur Umsatzsteuerpflicht optiert hat, für den Eingangsumsatz nur insoweit Steuerschuldnerin sein, als sie für die Ausgangsleistungen optiert hat.[72] Für bezogene Bauleistungen geht die Steuerschuldnerschaft jedenfalls dann nicht auf die Wohnungseigentümergemeinschaft über, wenn diese ausschließlich nach § 4 Nr. 13 UStG steuerfreie Umsätze an die einzelnen Wohnungs- und Teileigentümer erbringt.

---

[71] A 182 a Abs. 14 UStR.
[72] *Reiß/Kraeusel/Langer/Kulmsee* § 4 Nr. 13 UStG Rn. 55.

VI. Gewerbesteuer

1. Allgemeines

450 § 1 GewStG berechtigt[1] die Gemeinden zur Erhebung der Gewerbesteuer als Gemeindesteuer. Üblicherweise wird die Notwendigkeit einer Gewerbesteuer mit der Begründung gerechtfertigt, dass den Gemeinden ein Äquivalent dafür zusteht, dass die im Inland befindlichen Gewerbebetriebe für die Gemeinden Lasten verursachen.

451 Unter Gewerbetrieb wird dabei ein gewerbliches Unternehmen i. S. d. § 15 Abs. 2 EStG verstanden, § 2 Abs. 1 Satz 2 GewStG. Außerdem darf die Tätigkeit nach ständiger BFH-Rechtsprechung keine bloße Vermögensverwaltung darstellen. Besondere Bedeutung hat die Abgrenzung der Vermögensverwaltung vom gewerblichen Grundstückshandel.[2]

452 Im Zuge des Unternehmensteuerreformgesetz 2008 wurde die Abzugsfähigkeit der Gewerbesteuer als Betriebsausgabe durch § 4 Abs. 5b EStG abgeschafft, die Gewerbsteuermesszahl von maximal 5% auf einheitlich 3,5% gesenkt, die Hinzurechnungen nach § 8 GewStG auf alle Entgelte für betriebliche Schulden und sonstige Finanzierungsanteile bei gleichzeitiger Senkung des Hinzurechnungsanteils von 50% auf 25% ausgeweitet und eine Hinzurechnung von 25% aller Finanzierungsanteile in Mieten, Pachten, Leasingraten und entgeltlich überlassenen Rechten eingeführt.

453 Besteuerungsgrundlage für die Gewerbesteuer ist der jeweilige Gewerbeertrag, der zur konkreten Steuerfestsetzung und -erhebung mit einem einheitlichen Gewerbesteuermessbetrag von 3,5% und einem von der jeweiligen Gemeinde bestimmten Hebesatz zu multiplizieren ist. Der Hebesatz beträgt dabei mindestens 200%. Gewerbeertrag ist der für den Erhebungs- bzw. Veranlagungszeitraum zu berücksichtigende und nach den Vorschriften des Einkommensteuergesetzes oder des Körperschaftssteuergesetzes zu ermittelnde Gewinn aus dem Gewerbebetrieb, vermehrt und vermindert um die in §§ 8 und 9 GewStG bezeichneten Beträge.

454 Bei Personenunternehmen wird seit 2002 nach § 35 EStG die tarifliche Einkommensteuer um das 1,8-fache des Gewerbesteuer-Messbetrages, maximal um die auf die gewerblichen Einkünfte anteilig entfallende Einkommensteuer, ermäßigt. Dies wurde mit dem erklärten Ziel, Einzelunternehmen und Personengesellschaften von der Gewerbesteuer zu entlasten, eingeführt. Ab 2008 erhöht sich der Anrechnungsfaktor auf das 3,8-fache des Gewerbesteuer-Messbetrages. Dies dient dem Ausgleich des Ausschlusses des Betriebsausgabenabzugs der Gewerbesteuer. Damit entfällt für Personenunternehmen im Wesentlichen eine Doppelbelastung der gewerblichen Einkünfte mit Einkommen- und Gewerbesteuer.

2. Besonderheiten der Betriebsaufspaltung

455 Die Vermietung und Verpachtung von im Eigentum eines Unternehmers stehenden Wirtschaftsgütern an ein anderes Unternehmen ist – von der gewerblichen Vermietung und Verpachtung abgesehen – grundsätzlich reine Vermögensverwaltung und damit kein Gewerbebetrieb. Eine Ausnahme besteht jedoch bei der Betriebsaufspaltung. Sie ist nach richterlicher Definition gegeben, wenn der von einer Einzelperson, einer Gemeinschaft oder einer Personengesellschaft (sog. Besitzunternehmen) ausgeführte Tätigkeitsbereich die Nutzungsüberlassung einer wesentlichen Betriebsgrundlage an eine gewerblich tätige Personengesellschaft oder Kapitalgesellschaft (sog. Betriebsgesellschaft) zum Gegenstand hat – sog. sachliche Verflechtung – und eine Person oder mehrere Personen zusammen

[1] Ab VZ 2004 Pflicht der Gemeinden zur Erhebung der Gewerbesteuer zur Vermeidung von Gewerbesteueroasen.

[2] Vgl. Rn. 306.

(Personengruppe) sowohl das Besitzunternehmen als auch die Betriebsgesellschaft in dem Sinne beherrschen, dass sie in der Lage sind, in beiden Unternehmen einen einheitlichen geschäftlichen Betätigungswillen durchzusetzen, sog. personelle Verflechtung. In diesem Zusammenhang sei auf das Urteil des BFH zur gewerblichen Vermietung von Gemeinschaftseigentum an Hotel- und Ferienanlagen hingewiesen,[3] in dem entschieden wurde, dass eine Wohnungseigentümergemeinschaft regelmäßig gewerbliche und somit grundsätzlich gewerbesteuerpflichtige Einkünfte aus Besitzunternehmen erzielt, wenn die einzelnen Wohnungen aufgrund einer Gebrauchsregelung nach § 15 WEG an eine personenidentische Betriebs-GmbH vermietet werden.

3. Steuerbefreiungen

Die auf staatspolitischen, sozialpolitischen oder volkswirtschaftlichen Gründen basierenden Steuerbefreiungen des § 3 GewStG erfassen den gesamten Gewerbeertrag nur insoweit, als es sich um eine persönliche Steuerbefreiung handelt.[4] Sachliche Steuerbefreiungen werden hingegen nur insoweit gewährt, als die jeweiligen Tatbestandsvoraussetzungen erfüllt sind. Nach § 3 Nr. 20 GewStG sind beispielsweise unter den dort näher bezeichneten Voraussetzungen Krankenhäuser, Altenheime, Altenwohnheime, Pflegeheime sowie nunmehr auch Einrichtungen zur vorübergehenden Aufnahme pflegebedürftiger Personen und Einrichtungen zur ambulanten Pflege kranker und pflegebedürftiger Personen von der Gewerbesteuer befreit. In Abkehr von seiner bisherigen Rechtsprechung hat der BFH mit Urteil vom 29. 3. 2006[5] entschieden, dass sich die Befreiung der Betriebskapitalgesellschaft von der Gewerbesteuer nach § 3 Nr. 20 lit. c GewStG bei einer Betriebsaufspaltung auch auf die Vermietungs- und Verpachtungstätigkeit des Besitzunternehmens erstreckt. Die bisherige Rechtsprechung des BFH hatte in den Fällen der Betriebsaufspaltung eine Erstreckung der Befreiungstatbestände des § 3 Nr. 20 GewStG und vergleichbarer gewerbesteuerrechtlicher Regelungen auf Besitzunternehmen abgelehnt. Der BFH hat damit die sog. Merkmalsübertragung vom Betriebs- auf das Besitzunternehmen befürwortet und der isolierten Betrachtungsweise der beiden Unternehmen eine Absage erteilt. Denn der Hinweis auf die zivil- und steuerrechtliche Selbstständigkeit von Besitz- und Betriebsunternehmen ist zwar zutreffend, rechtfertigt aber für sich genommen nicht die Versagung der Steuerbefreiung nach § 3 Nr. 20 lit. c GewStG. Die Klägerin in dem der Entscheidung zugrunde liegenden Fall hatte nach Versterben ihres Mannes dessen Pachtverhältnis über von ihm zu Lebzeiten erworbene Grundstücke zu einer von diesem als alleiniger Gesellschafter gegründeten und darauf psychiatrische Wohn- und Pflegeheime betreibenden GmbH fortgesetzt und zugleich dessen GmbH-Anteile übernommen. 456

---

[3] BFH vom 10. 4. 1997 – IV R 73/94; vgl. zur Problematik III.3.b).

[4] Z. B. § 3 Nr. 2 GewStG.

[5] BFH DStR 2006, 1129.

VII. Grunderwerbsteuer

1. Gegenstand der Grunderwerbsteuer

457 Die aus Sondereigentum und Miteigentum bestehenden rechtlichen Einheiten i. S. d. § 6 WEG sind Grundstücke i. S. d. § 2 Abs. 1 Satz 1 GrEStG.[1] Sich auf sie beziehende Erwerbsvorgänge, die einen Rechtsträgerwechsel mit sich bringen, unterliegen der Grunderwerbsteuer auch dann, wenn die Teilungserklärung noch nicht vollzogen ist, das Wohnungsgrundbuch noch nicht angelegt und das Wohnungs- bzw. Teileigentum mangels Gebäudeerrichtung noch nicht entstanden ist.[2]

458 Dingliche oder schuldrechtliche Dauerwohn- oder Dauernutzungsrechte können nicht mit Wohnungs- bzw. Teileigentum verglichen werden; sie stellen keine Grundstücke in diesem Sinne dar. Allenfalls in Ausnahmefällen kann die Einräumung eines derartigen Rechts zur Annahme einer Verwertungsbefugnis am Gebäude i. S. v. § 1 Abs. 2 GrEStG bzw. eines Gestaltungsmissbrauchs führen.[3]

2. Steuerbefreiung

459 **a) Begründung von Sondereigentum.** Während die Begründung von Wohnungs- und Teileigentum durch den Eigentümer nach § 8 WEG mangels Rechtsträgerwechsel keinen Erwerbsvorgang i. S. d. § 1 GrEStG darstellt, unterliegt die Begründung von Sondereigentum im Wege der Teilung nach § 3 WEG aufgrund des dadurch eintretenden Rechtsträgerwechsels der Steuerpflicht nach § 1 Abs. 1 Nr. 1 GrEStG.

460 Bei der vertraglichen Einräumung von Sondereigentum gemäß § 3 Abs. 1 WEG wird das Miteigentum an einem Grundstück durch Vertrag der Miteigentümer in der Weise beschränkt, dass jedem der Miteigentümer abweichend von § 93 BGB das Sondereigentum an einer bestimmten Wohnung in einem auf dem Grundstück errichteten oder zu errichtenden Gebäude eingeräumt wird. Hierbei werden Miteigentumsanteile aufgegeben und Alleineigentum erworben. Der der Grunderwerbsteuer unterliegende Tatbestand ist der Erwerb des restlichen Miteigentums hinsichtlich der Sondereigentumseinheit aus der Hand der anderen Miteigentümer.

461 Solange das Beteiligungsverhältnis der einzelnen Eigentumsrechte zueinander nicht verändert wird, ist dies jedoch unbeachtlich, da diese Vorgänge in Anwendung des § 7 GrEStG steuerfrei sind. Nach § 7 Abs. 1 GrEStG wird bei einer flächenweisen Teilung eines mehreren Miteigentümern gehörenden Grundstück insoweit keine Steuer erhoben, als der Wert des Teilgrundstückes, das der einzelne Erwerber erhält, dem Bruchteil entspricht, zu dem er am gesamten zu verteilenden Grundstück beteiligt ist. Da sich das Sondereigentum ebenso auf reale Teile des Grundstücks bezieht wie das Flächeneigentum, ist § 7 Abs. 1 GrEStG nach der Rechtsprechung auch bei der Umwandlung von gemeinschaftlichem Eigentum in Wohnungseigentum nach § 3 Abs. 1 WEG anwendbar, somit auch für den Fall, dass das Miteigentum an einem Grundstück in der Weise beschränkt wird, dass jedem Miteigentümer Sondereigentum nach WEG eingeräumt wird.[4] Wird das Anteilsverhältnis dagegen verändert, fällt in Höhe des Mehrwerterwerbs Grunderwerbsteuer an. Dieser Rechtsprechung liegt folgende Argumentation zugrunde:[5]

462 „Die Begründung des Wohnungseigentums führt zwar dazu, dass ein besonderes, zusammengesetztes dingliches Recht entsteht, für das besondere Grundbuchblätter angelegt werden. Die Rechts-

---

[1] BFH BStBl. III 1955, 53.

[2] BFH BStBl. II 1980, 667.

[3] *Boruttau/Egly/Sigloch/Viskorf* § 2 GrEStG Rn. 222 ff.

[4] BFH BStBl. II 1980, 667.

[5] BFH BStBl. II 1977, 780.

stellung des Miteigentümers wurde durch den Hinzutritt des Sondereigentums um einen Bereich des Alleineigentums bereichert. Deshalb scheint es sich anzubieten, die Begründung des Wohnungseigentums gemäß § 3 WEG mit der flächenweisen Aufteilung gemeinschaftlichen Eigentums zu vergleichen und auf diesen Rechtsvorgang § 7 Abs. 1, 2 GrEStG analog anzuwenden. Da das Sondereigentum nicht unabhängig vom Miteigentum bestehen kann und da bei der Begründung des Wohnungseigentums durch eine Miteigentümergemeinschaft des Grundstücks gemäß § 3 WEG sich die Rechtsträgereigenschaft des einzelnen Miteigentümers in Bezug auf das Miteigentum nicht ändert, ist es gerechtfertigt, diesem Umstand ausschlaggebende Bedeutung beizumessen und demzufolge die Begründung des Wohnungseigentums durch eine Miteigentümergemeinschaft gemäß § 3 WEG nicht als schädlichen Erwerbsvorgang zu werten, soweit die Beteiligungsverhältnisse zwischen den Bruchteilseigentümern wertmäßig nicht verändert werden".

Ist die Aufteilung in bestimmte Wohnungs- und Teileigentumseinheiten unter den Miteigentümern verbindlich vereinbart, so greift bei einem späteren Tausch der jeweils zugeordneten Einheiten unter den einzelnen Miteigentümern § 7 Abs. 1 GrEStG selbst dann nicht ein, wenn der Austausch vor dem Entstehen des Sondereigentums nach bürgerlichem Recht erfolgt.[6] Der nach § 7 Abs. 1 GrEStG begünstigte Erwerbsvorgang wird durch die Begründung der jeweiligen Ansprüche auf bestimmte, noch einzutragende Sondereigentumseinheiten verwirklicht, so dass nachfolgende Tauschverträge nicht mehr der Teilung des Grundstücks dienen.[7] 463

Wird Wohnungs- oder Teileigentum an einem Gebäude durch eine Gesamthandsgemeinschaft nach § 8 WEG und somit durch eine mangels Rechtsträgerwechsels nicht grunderwerbsteuerbare Teilungserklärung des Eigentümers begründet, so sind die Voraussetzungen der Steuerbefreiung des § 7 Abs. 2 GrEStG nur dann erfüllt, wenn die Teilungserklärung und die Übertragung der dabei begründeten Sondereigentumseinheiten aufgrund planmäßiger Durchführung in engem zeitlichen und sachlichen Zusammenhang erfolgen.[8] Denn die Aufteilung eines aus mehreren selbständigen wirtschaftlichen Einheiten bestehenden Grundbesitzes einer Gesamthand durch die Zuweisung von Grundstücken an die einzelnen Gesamthänder selbst, rechtfertigt grundsätzlich keine Anwendung des § 7 Abs. 2 GrEStG. 464

b) Aufhebung der der Gemeinschaft. Im Fall der Aufhebung der Gemeinschaft bestimmt sich der Anteil der Miteigentümer nach dem Verhältnis der Werte ihrer Wohnungs- bzw. Teileigentumsrechte zurzeit der Aufhebung der Gemeinschaft, § 17 WEG. Solange die Bruchteile unverändert bleiben, tritt hinsichtlich des gemeinschaftlichen Eigentums keine Rechtsänderung ein. Der Erwerb des Miteigentums der übrigen Beteiligten an den Sonderrechtseinheiten der Einzelnen ist jedoch grunderwerbsteuerbar. In Umkehrung des Rechtsgedankens aus § 7 GrEStG i. V. m. § 5 GrEStG sind jedoch nur Wertverschiebungen im Sinne eines Mehrerwerbs zu besteuern.[9] 465

c) Erwerb der Instandhaltungsrücklage. Nach h. M. stellt die Instandhaltungsrücklage nach § 21 Abs. 5 Nr. 4 WEG eine mit einer Geldforderung vergleichbare Vermögensposition dar, deren gleichzeitiger Erwerb mit einer Eigentumswohnung nicht in die grunderwerbsteuerrechtliche Gegenleistung einzubeziehen ist.[10] Da das rechtliche Schicksal des Verwaltungsvermögens vor Anerkennung der Teilrechtsfähigkeit der Wohnungseigentümergemeinschaft[11] nicht abschließend geklärt war, entsprach es gängiger Praxis, in den Kaufvertrag eine gesonderte Übertragung des Anteils des Veräußerers am Verwaltungsvermögen aufzunehmen, um in jedem Fall den Übergang dieser Vermögensbeteiligung 466

[6] BFH BStBl. II 1989, 54.

[7] *Hofmann* § 2 GrEStG Rn. 39.

[8] BFH BFH/NV 1995, 156.

[9] Nunmehr auch die Finanzverwaltung, vgl. Erlass FinMin Baden-Württemberg vom 27. 9. 2005, DStR 2005, 1774.

[10] BFH BStBl. II 1992, 152.

[11] BGH vom 2. 6. 2005 – V ZB 32/05.

zivilrechtlich abzusichern. Nach der neuen BGH-Rechtsprechung bedarf es in Zukunft aus zivilrechtlichen und auch steuerlichen Gründen einer solchen Regelung nicht mehr, da dem Veräußerer kein Anteil am Verwaltungsvermögen zusteht, den er übertragen könnte. Eigentümer des Verwaltungsvermögens ist vielmehr der Verband, an dem der jeweilige Wohnungseigentümer nur über seine Mitgliedschaft beteiligt ist.[12] Die Finanzverwaltung hat sich bislang noch nicht dazu geäußert, ob sich diese zivilrechtliche Änderung der Sichtweise auf die Bemessung der Grunderwerbsteuer auswirkt. Nach h.M. dürften sich jedoch keine Änderungen ergeben, da die Instandhaltungsrücklage nicht einen wesentlichen Bestandteil des Wohnungs- oder Teileigentums darstellt; vielmehr wird der jeweilige Erwerber nur über seine Mitgliedschaft in der Eigentümergemeinschaft an dem Verbandsvermögen beteiligt. Deshalb sollte die Instandhaltungsrücklage weiterhin als Teil des Gesamtkaufpreises getrennt ausgewiesen werden, um die grunderwerbsteuerliche Bemessungsgrundlage zu reduzieren.[13]

467 **d) Persönliche Steuerbefreiungen.** Bei den Steuervergünstigungen des § 3 GrEStG handelt es sich grundsätzlich um personenbezogene Vergünstigungen, die durch ein persönliches Verhältnis zwischen demjenigen, der sein Recht am Grundstück aufgibt, und dem, der es erhält, geprägt werden. Von der Besteuerung sind demnach ausgenommen:

468 • Erwerb eines Grundstücks, wenn der für die Steuerberechnung maßgebende Wert 2500 Euro nicht übersteigt.

469 • Grundstückserwerbe durch Erbfolge oder Schenkung unter Lebenden i.S.d. ErbStG. Dies dient der Vermeidung der Doppelbelastung mit Grunderwerb- und Erbschaftsteuer. Schenkungen unter Auflage unterliegen jedoch insoweit der GrESt, als der Wert der Auflagen bei der Schenkungsteuer abgezogen werden kann.

470 • Erwerb eines zum Nachlass gehörenden Grundstücks durch Miterben zur Teilung des Nachlasses. Den Miterben steht der überlebende Ehegatte gleich, wenn er mit den Erben des verstorbenen Ehegatten gütergemeinschaftliches Vermögen zu teilen hat oder wenn ihm in Anrechnung auf eine Ausgleichsforderung am Zugewinn des verstorbenen Ehegatten ein zum Nachlass gehöriges Grundstück übertragen wird.

471 • Grundstückserwerbe durch den Ehegatten des Veräußerers bzw. durch den früheren Ehegatten des Veräußerers im Rahmen der Vermögensauseinandersetzung nach der Scheidung.

472 • Erwerb eines Grundstücks durch Personen, die mit dem Veräußerer in gerader Linie verwandt sind; Stiefkinder und deren Ehegatten stehen ihnen gleich.

473 • Erwerb eines zum Gesamtgut gehörigen Grundstücks durch Teilnehmer an einer fortgesetzten Gütergemeinschaft zur Teilung des Gesamtgutes.

474 • Rückerwerb eines Grundstücks durch den Treugeber bei Auflösung des Treuhandverhältnisses, soweit die GrESt bei Erwerb durch den Treuhänder entrichtet wurde.

3. Bemessungsgrundlage, Steuersatz und Steuerschuldner

475 Art. 105 Abs. 2a Satz 2 GG, der im Rahmen der Föderalismusreform 2006[14] neu eingefügt worden ist, weist den Ländern die ausschließliche Gesetzgebungskompetenz zur Bestimmung des Steuersatzes bei der Grunderwerbsteuer zu, deren Ertrag nach Art. 106 Abs. 2 Nr. 4 GG den Ländern zufließt. Die Kompetenz hatte zuvor auf Grundlage von Art. 105 Abs. 2 GG i.V.m. Art. 72 Abs. 2 GG beim Bund gelegen. Die Änderung eröffnet den Ländern einen Gestaltungsraum, der den Wettbewerbsföderalismus befördert. Gemäß Art. 125a Abs. 1 GG gilt das entsprechende Bundesrecht, dort § 11 GrEStG fort, kann aber durch Landesrecht ersetzt werden, ohne dass es einer Ermächtigung durch

---

[12] *Gottwald* DNotZ 2006, 807.
[13] *Gottwald* DNotZ 2006, 807.
[14] BGBl. I 2006, 2034 (2037).

den Bundesgesetzgeber bedarf.[15] Als erstes Bundesland hat Berlin die Grunderwerbsteuer mit Wirkung zum 1. 1. 2007 von bisher bundesrechtlich festgelegten 3,5% auf 4,5% erhöht.[16] Der neue Steuersatz ist auf Rechtsvorgänge anzuwenden, die ab dem Tag des Inkrafttretens des Gesetzes (1. 1. 2007) verwirklicht werden.

Nach weiterhin geltendem Bundesrecht, dort § 11 GrEStG, beträgt die Steuer 3,5% der Bemessungsgrundlage und ist auf volle Euro nach unten abzurunden. Steuerschuldner der Grunderwerbsteuer sind nach § 13 Nr. 1 GrEStG regelmäßig die an einem Erwerbsvorgang als Vertragsteile beteiligten Personen. 476

Bemessungsgrundlage für die Grunderwerbsteuer ist grundsätzlich der Wert der Gegenleistung, die sich aus allen Aufwendungen zusammensetzt, die der Veräußerer als Entgelt für die Veräußerung des Grundstücks empfängt oder der Erwerber als Entgelt für das Grundstück gewährt.[17] Maßgeblich ist allein die kausale Verknüpfung der Gewährung der Leistung auf Seiten des Erwerbers mit dem Empfang der Leistung auf Seiten des Veräußerers.[18] 477

Als Gegenleistung für den Kauf eines Grundstücks gelten nach § 9 Abs. 1 Nr. 1 GrEStG der Kaufpreis, die vom Käufer übernommenen Leistungen und die vom Verkäufer vorbehaltenen Nutzungen. Nicht entscheidend ist, was die Vertragsschließenden als Gegenleistung für das Grundstück bezeichnen, sondern zu welchen Leistungen der Erwerber sich angesichts des Erwerbs des Grundstücks verpflichtet hat.[19] Der Kaufpreis ist auch dann seinem Wert nach Bemessungsgrundlage, wenn er ungewöhnlich niedrig ist und dadurch hinter dem Wert des Grundstücks zurückbleibt.[20] 478

Entscheidend für die Besteuerung und damit für die Findung der zutreffenden Bemessungsgrundlage ist grundsätzlich nicht, in welchem Zustand sich das Grundstück im Zeitpunkt der Verwirklichung des Erwerbsvorgangs befindet, sondern in welchem tatsächlichen Zustand das Grundstück Gegenstand des Erwerbsvorgangs ist.[21] 479

Ergibt sich die Verpflichtung zur Übereignung des Grundstücks und zur Errichtung eines Gebäudes darauf aus mehreren selbständigen Verträgen, ist Gegenstand des Erwerbsvorgangs das Grundstück in bebautem Zustand, sofern die Verträge aufgrund ihres rechtlichen Zusammenhangs als einheitlicher Vertrag anzusehen sind. Dies ist etwa der Fall, wenn ihre Gültigkeit ausdrücklich oder kraft Parteiwillens voneinander abhängig gemacht wird.[22] Abgesehen davon, ist Gegenstand des Erwerbsvorgangs auch dann das Grundstück in bebautem Zustand, wenn zwischen mehreren Verträgen ein so enger sachlicher Zusammenhang besteht, dass der Erwerber bei objektiver Betrachtungsweise als einheitlichen Leistungsgegenstand das bebaute Grundstück erhält. 480

Die Spaltung der Erwerbsvereinbarungen in einen Grundstückskaufvertrag und weitere Werk- und Dienstleistungsverträge kann die Grunderwerbsteuer demnach nicht verringern. Selbst Leistungen, die aufgrund eines Vertragsbündels von anderen Personen als dem Grundstückseigentümer erbracht werden, sind in der Regel Teil des einheitlichen Leistungsgegenstandes, so dass in die grunderwerbsteuerliche Bemessungsgrundlage neben dem Kaufpreis für den Miteigentumsanteil und den anteiligen Herstellungs- und Baunebenkosten auch die Finanzierungs- und Geldbeschaffungskosten sowie die Gebühren für Garantien und verdeckte Beschaffungskosten einbezogen werden.[23] 481

Ist eine Gegenleistung wie beispielsweise im Falle einer Sicherungsübereignung nicht vorhanden oder als solche nicht zu ermitteln, wird die Steuer für nach dem 31. 12. 1996 482

---

[15] *Maunz/Dürig* GG Art. 105 Rn. 52.
[16] § 3 RealStHFVO Berlin.
[17] BFH BStBl. II 1990, 186; BFH BStBl. II 1993, 308.
[18] BFH BStBl. II 1990, 186.
[19] BFH BFH/NV 1995, 65.
[20] BFH BStBl. II 1969, 668; BFH BStBl. II 2003, 483.
[21] BFH BStBl. II 1990, 590; BFH BStBl. II 1993, 308; BFH BStBl. II 1994, 409.
[22] BFH BStBl. II 1990, 590; BFH BStBl. II 1982, 741.
[23] BFH BStBl. II 1983, 55; BFH BStBl. II 1985, 593.

verwirklichte Erwerbsvorgänge gemäß § 8 Abs. 2 GrEStG entsprechend den Regelungen der §§ 138, 139 und 145 bis 150 BewG zu bewerten sein. Dieser Verweis wird sich auch nach der Einführung des reformierten Bewertungsgesetzes nicht ändern.

483 Die Grunderwerbsteuer, die für den zu besteuernden Erwerbsvorgang zu entrichten ist, wird der Gegenleistung weder hinzugerechnet noch von ihr abgezogen, § 9 Abs. 3 GrEStG.

VIII. Grundsteuer

1. Steuergegenstand

Da die Grundsteuer nach Art. 106 Abs. 6 GG den Gemeinden zustehen soll, ist Steuergegenstand der im Gemeindegebiet belegene Grundbesitz. Dazu zählen nach § 2 Abs. 2 GrStG Grundstücke des Grundvermögens i. S. d. Bewertungsgesetzes, dem u. a. gem. § 68 Abs. 1 Nr. 3 BewG auch das Wohnungseigentum, Teileigentum sowie Wohnungs- und Teilerbbaurecht angehört. Nach Auffassung des Bundesverfassungsgerichts ist selbst die Besteuerung eigengenutzten Wohnungseigentums verfassungskonform.[1] 484

2. Steuersubjekt

Steuerschuldner ist nach § 10 Abs. 1 GrStG die Person, der die im Gemeindegebiet belegene Eigentumswohnung bei der Feststellung des Einheitswertes nach § 39 AO zuzurechnen ist. Die Zurechnung richtet sich dabei nach den Kriterien des wirtschaftlichen Eigentums. Wird das Steuerobjekt mehreren Personen zugerechnet, so sind sie Gesamtschuldner, § 10 Abs. 3 GrStG. Dabei ist es gleichgültig, ob sie Miteigentümer nach Bruchteilen sind oder ihnen das Eigentum gemeinschaftlich zur gesamten Hand zusteht, § 39 Abs. 2 Nr. 2 AO. 485

Anders als im Fall des Erbbaurechts bleibt der Grundstückseigentümer auch dann Schuldner der gesamten Grundsteuer, wenn die Eigentumswohnung mit einem Nießbrauchsrecht belastet ist. Im Innenverhältnis zum Eigentümer hat der Nießbraucher die Grundsteuer nach § 1047 BGB allerdings zu tragen und haftet dementsprechend nach § 11 Abs. 1 Alt. 1 GrStG im Außenverhältnis persönlich für die Grundsteuer. Ebenso haftet der mit dem Nießbrauch vergleichbare Inhaber eines Wohnungsrechtes nach § 11 Abs. 1 Alt. 2 GrStG. 486

3. Besteuerungsgrundlage

Die Bemessungsgrundlage bildet nach § 13 Abs. 1 Satz 2 GrStG der vom Lagefinanzamt, § 18 Abs. 1 Nr. 1 AO, gesondert festgestellte Einheitswert des Grundbesitzes, auf den durch Multiplikation mit der Steuermesszahl der jeweilige Hebesatz der Gemeinde angewendet wird. 487

Da der Beschluss des Bundesverfassungsgericht vom 7. 11. 2006 nur Grunderwerbsteuer, Erbschaft- und Schenkungsteuer betroffen und nur insoweit zur Neuregelung der Bewertungsregeln aufgerufen hat, bleibt für die Grundsteuer weiterhin der bisherige Einheitswert die maßgebliche Bemessungsgrundlage. Eine Verfassungswidrigkeit lässt sich insoweit nicht feststellen, da das bisherige Bewertungssystem bei der Grundsteuer nicht zu gleichheitswidrigen Auswirkungen geführt hat und zudem die Gemeinden durch die Steigerung der Hebesätze ohnehin die niedrigen Grundstückseinheitswerte faktisch auf Verkehrswertniveau angehoben haben. 488

a) **Steuermesszahl.** Die Lagefinanzämter haben nach § 13 Abs. 1 Satz 1 GrStG i. V. m. § 184 Abs. 1 AO einen Grundsteuermessbetrag festzusetzen. Dieser ist durch Anwendung der Steuermesszahl auf den Einheitswert zu ermitteln, der nach dem Bewertungsgesetz im Veranlagungszeitpunkt für das Steuerobjekt maßgeblich ist. Die auf die Einheitswerte von Wohnungs- und Teileigentum anzuwendende Steuermesszahl beträgt nach § 15 Abs. 1 GrStG 3,5%. Die für Einfamilienhäuser gängige Steuermesszahl von 2,6% kommt gem. § 15 Abs. 2 Nr. 1 GrStG bei Wohnungseigentum nicht zur Anwendung. 489

[1] BVerfG vom 21. 6. 2006 – 1 BvR 1644/05; BVerfG vom 3. 3. 2006 – 1 BvR 311/06.

490 **b) Hebesatz.** Durch Festsetzung eines Hebesatzes bestimmt die Gemeinde, mit welchem Hundertsatz des Steuermessbetrags die Grundsteuer zu erheben ist, § 25 Abs. 1 GrStG. Dabei wird der für ein oder mehrere Kalenderjahre geltende Hebesatz durch Satzung und darin jeweils einheitlich für die in der Gemeinde liegenden Grundstücke bzw. forst- und landwirtschaftlichen Betriebe festgesetzt.

491 **c) Verfahren.** Die Grundsteuer ist eine periodische Steuer, die durch die Gemeinde zu Beginn des Kalenderjahres festgesetzt wird, § 9 GrStG. Die Steuer entsteht bereits mit Beginn des Kalenderjahres, für das sie festzusetzen ist und wird grundsätzlich jährlich erhoben, §§ 9 Abs. 2, 27 Abs. 1 GrStG.

4. Grundsteuervergünstigungen

492 Obwohl das Bundesverwaltungsgericht noch im Jahr 2001[2] entschieden hatte, dass ein Grundsteuererlass nach § 33 Abs. 1 GrStG nur in Fällen atypischer und vorübergehender Ertragsminderung für Mietobjekte zu gewähren sei und daher nicht in Betracht komme, wenn diese auf die allgemeine Wirtschaftslage, d.h. auf einen sog. strukturellen Leerstand zurückzuführen sei, hat es sich nunmehr mit Beschluss vom 24. 4. 2007 der Auffassung des BFH angeschlossen. Demnach kommt ein Grundsteuererlass gem. § 33 Abs. 1 GrStG nicht nur bei atypischen und vorübergehenden Ertragsminderungen, sondern auch bei strukturell bedingten Ertragsminderungen von nicht nur vorübergehender Natur in Betracht.[3] Die Ertragsminderung ist seither lediglich an der tatsächlich vereinbarten oder an der üblichen Miete zu messen; Differenzierungen nach typischen oder atypischen, nach strukturell bedingten oder nicht strukturell bedingten, nach vorübergehenden oder nicht vorübergehenden Ertragsminderungen sind nunmehr hinfällig.

[2] BVerwG BStBl. II 2002, 889.

[3] BFH BStBl. II 2006, 921; BFH BStBl. II 2007, 469; BFH BStBl. II 2008, 384.

IX. Zweitwohnungsteuer

1. Zweck

Die Zweitwohnungsteuer wird primär in Gemeinden erhoben, in denen aus Gründen der gebotenen Freizeitmöglichkeiten und des Fremdenverkehrs konzentriert Zweitwohnungen oder Ferienwohnhäuser entstanden und die deswegen zusätzlichen infrastrukturellen und finanziellen Belastungen ausgesetzt sind. Die Mehraufwendungen der Gemeinden in Anbetracht der Mehrinvestitionen u. a. für Versorgungs- und Erholungseinrichtungen werden durch die kommunalen Gebühren und Beiträge nur unzureichend gedeckt. Dies insbesondere deshalb, weil die Inhaber von Zweitwohnungen weder bei den Finanzausgleichszuwendungen an die Gemeinden nach Art. 106 Abs. 7 GG noch beim Gemeindeanteil an der Lohn- und Einkommensteuer nach Art. 106 Abs. 5 GG berücksichtigt werden. Die Zweitwohnungsteuer soll die in der Einkommensverwendung für den persönlichen Lebensbedarf zum Ausdruck kommende wirtschaftliche Leistungsfähigkeit des Steuerpflichtigen erfassen.[1] 493

2. Rechtsgrundlagen

Die Zweitwohnungsteuer ist als örtliche Aufwandsteuer i. S. d. Art. 105 Abs. 2a GG verfassungsrechtlich zulässig.[2] Die in Art. 28 Abs. 2 GG gewährleistete Selbstverwaltungsgarantie der Gemeinden ermächtigt diese zum Erlass örtlicher Zweitwohnungsteuersatzungen, die die Rechtsgrundlagen und das Verfahren zur Erhebung der Steuer festlegen. 494

3. Steuergegenstand

Besteuerungsgrundlage ist das Innehaben einer Zweitwohnung, deren Abgrenzung von der Erstwohnung regelmäßig anhand des melderechtlichen Wohnungsbegriffs und somit anhand der tatsächlichen Nutzungsverhältnisse erfolgt.[3] Gemeindesatzungen definieren den Begriff der Zweitwohnung häufig als Nebenwohnung, über die jemand neben seiner Hauptwohnung verfügen kann und unter der er nicht nur vorübergehend gemeldet ist.[4] 495

Hauptwohnsitz ist die vorwiegend benutzte Wohnung. Während der Hauptwohnsitz eines verheirateten und nicht dauernd getrennt lebenden Einwohners die vorwiegend benutzte Wohnung der Familie ist, ist dieser bei Benutzung mehrerer Wohnungen anhand eines Vergleichs der Aufenthaltszeiten am Ort der jeweiligen Wohnungen in typisierender Weise zu bestimmen. 496

Eine Zweitwohnung im Gemeindegebiet liegt dann vor, wenn der Raum oder die Räume von ihrer Ausstattung her zumindest zum zeitweisen Wohnen geeignet sind. Räume werden aber im Allgemeinen nur dann als Wohnung angesehen, wenn sie die Führung eines selbständigen Haushalts ermöglichen, d. h. über eine Wasserversorgung, Abwasserbeseitigung, Strom oder vergleichbare Energieversorgung, Heizungsmöglichkeit, ausreichende Isolierung und ganzjährige Bewohnbarkeit sowie eine Mindestwohnfläche verfügen.[5] Eine konkrete Mindestausstattung der Räume ist im Einzelfall nicht notwendig, wenn diese Einrichtungen in vertretbarer Nähe zur Verfügung stehen oder die Räume bestimmungsgemäß nur in bestimmten Jahreszeiten genutzt werden. Eine 497

---

[1] BVerfG BStBl. II 1984, 72.
[2] BVerfG BStBl. II 1984, 72.
[3] BFH DStR 1997, 611.
[4] BFH vom 15. 3. 2005 – II B 23/04.
[5] Vgl. etwa FinMin. Brandenburg vom 24. 7. 1992, ABl. 57/92, 1004.

strikte Bindung des zweitwohnungsteuerlichen Bindungsbegriffs an bauordnungsrechtliche Vorgaben wie etwa eine ausreichende Durchlüftbarkeit ist nicht geboten.[6]

498 Der Begriff Innehaben ist dabei definiert als der Besitz der tatsächlichen und rechtlichen Verfügungsmacht über die Räume der Zweitwohnung. Auf die Dauer des Innehabens kommt es grundsätzlich nicht an. Da beispielsweise die Anmietung einer Ferienwohnung für einen zeitlich festgelegten Urlaub noch nicht den Begriff des Innehabens erfüllt, geben die Satzungen der Gemeinden regelmäßig den genauen Zeitraum vor, ab dem ein nicht nur vorübergehendes Innehaben der Wohnung vorliegt.

499 Dient die Zweitwohnung unter Ausschluss einer Eigennutzung als reine Kapitalanlage in der Form, dass dem Eigentümer daran gelegen ist, durch eine Vermietung der Wohnung Erträge aus dem Grundeigentum zu erwirtschaften, fällt im Hinblick auf ihren Aufwandsteuercharakter keine Zweitwohnungsteuer an. Dies ist vor allem bei einer gemischten Nutzung durch Fremdvermietung und Eigennutzung zu beachten und erfordert eine umfassende Würdigung aller objektiven Umstände des Einzelfalls.[7] An einer reinen Kapitalanlage fehlt es nicht nur, wenn der Steuerpflichtige oder seine Angehörigen die Zweitwohnung – wenn auch nur gelegentlich – für den persönlichen Lebensbedarf nutzen,[8] sondern bereits auch dann, wenn sich der Wohnungsinhaber bei einer vertraglich vereinbarten ganzjährigen Vermietung eine Eigennutzung vertraglich ausbedungen hat.[9]

500 Die Satzungen der Gemeinden können auch Wochenendhäuser und Jagdhütten erfassen. Auch ist die Zweitwohnungsbesteuerung bei mobilen Wohngelegenheiten, also Mobilheimen, Wohnwagen, Campingwagen und Wohnmobilen, wie zahlreiche Kommunen sie praktizieren, verfassungsrechtlich und steuersystematisch nicht zu beanstanden. Allerdings muss der Tatbestand hinreichend klar formuliert sein, um der Bestimmtheit zu genügen.[10]

501 Da der Steuerpflichtige Verfügungsbefugnis über seine Zweitunterkunft haben muss, sind von der Zweitwohnungsteuerpflicht Räume in Frauenhäusern oder Gefängniszellen ausgenommen. Aus eben diesem Grunde gelten auch Wohnungen, die von öffentlichen oder gemeinnützigen Trägern zu therapeutischen Zwecken oder für Erziehungszwecke zur Verfügung gestellt werden und Wohnungen in Alten-, Altenwohn- und Pflegeheimen, Einrichtungen zur vorübergehenden Aufnahme pflegebedürftiger Personen und ähnliche Einrichtungen nicht als Zweitwohnungen in diesem Sinne.

502 Die Rechtsprechung der oberen Verwaltungsgerichte kommt in der Frage, ob das eigene (Kinder-)Zimmer in der elterlichen Wohnung eine eigene Wohnung des Studenten darstellt, zu unterschiedlichen Ergebnissen. Das OVG Greifswald[11] sowie des OVG Koblenz[12] sprechen dem Studenten eine Wohnung bei den Eltern, der gegenüber eine Zweitwohnung vorliegen könne, ab. Der BayVGH,[13] das OVG Münster[14] sowie das OVG Sachsen-Anhalt[15] nehmen dagegen an, dass das Zimmer eines auswärts studierenden Kindes in der elterlichen Wohnung durchaus als Wohnung im Sinne einer zweitwohnungsteuerrechtlichen „Erstwohnung" anzusehen sei.

503 So spricht sich der BayVGH in genanntem Urteil zugleich aber auch dafür aus, dass „man eine Zweitwohnung bewohnen und dort gemeldet sein kann, ohne sie jedoch

---

[6] BFH vom 27. 8. 2003 – II R 53/01.

[7] BVerwG BVerwGE 115, 165.

[8] BVerwGE 58, 230.

[9] VGH Mannheim vom 28. 1. 1991, VBlBW. 1991, 344.

[10] *Pfab* DStR 2008, 595.

[11] OVG Greifswald NordÖR 2007, 216 = BeckRS 2007, 24480; OVG Greifswald DStR 2008, Heft 28, VIII.

[12] OVG Koblenz NVwZ-RR 2007, 556 = BeckRS 2007, 21242; OVG Koblenz NWB 24/2008, 189 = BeckRS 2008, 35499.

[13] BayVGH BayVBl. 2007, 530 = BeckRS 2007, 04197.

[14] OVG Münster NVwZ-RR 2007, 271 = BeckRS 2006, 25471.

[15] OVG Sachsen-Anhalt vom 11. 8. 2006 – 4 M 319/06.

zugleich „innezuhaben" und damit steuerpflichtig zu sein". Als Beispiel hierfür nennt er die in der elterlichen Wohnung zeitweise wohnenden und dort – zu Recht – mit Nebenwohnung gemeldeten Kinder, die auswärts studieren und sich überwiegend in ihrer Unterkunft am Studienort aufhalten, wo sie dementsprechend mit der Hauptwohnung gemeldet sind. „Sie bewohnen (auch) die elterliche Wohnung, haben diese aber im Regelfall mangels rechtlicher Verfügungsbefugnis nicht inne. Zwar wird die Gemeinde im Regelfall aufgrund der Eintragung im Melderegister davon ausgehen dürfen, dass der mit Nebenwohnung gemeldete Einwohner diese Wohnung auch innehat, zumal sie die konkreten Umstände nicht kennt und auch nicht ohne größeren Aufwand ermitteln kann. Diese Vermutung ist jedoch vom Betroffenen widerlegbar".

Das BVerwG führt mit Urteil vom 17. 9. 2008[16] aus: 504

„Bundesrechtlich kommt es nur darauf an, dass mit der Erstwohnung das Grundbedürfnis Wohnen als Teil des persönlichen Lebensbedarfs abgedeckt wird. Das ist regelmäßig der Fall, wenn ein Steuerpflichtiger die Erstwohnung als Hauptwohnung angemeldet hat. Damit erklärt der Steuerpflichtige, dass er die Erstwohnung vorwiegend benutzt. Dies indiziert wiederum, dass dort auch typischerweise das allgemeine Wohnbedürfnis abgedeckt wird. Denn es ist im Allgemeinen nicht davon auszugehen, dass jemand eine Wohnung vorwiegend benutzt, die das allgemeine Wohnbedürfnis nicht befriedigt, und nicht eine ihm zur Verfügung stehende weitere Wohnung, welche die Voraussetzungen dafür bietet. Wird somit das menschliche Grundbedürfnis „Wohnen" bereits in der als Hauptwohnung angemeldeten Erstwohnung gedeckt, stellt das Innehaben einer weiteren Wohnung einen zusätzlichen Aufwand dar, der typischerweise eine besondere wirtschaftliche Leistungsfähigkeit indiziert. Daher ist für die Erfüllung des Aufwandbegriffs bundesrechtlich unerheblich, ob das Grundbedürfnis Wohnen in einer als Hauptwohnung angemeldeten Erstwohnung dadurch erfüllt wird, dass der Steuerpflichtige über den entsprechenden Wohnraum in rechtlich abgesicherter Weise verfügen darf, oder diesen etwa nur als Besitzdiener nutzt, ob es sich um eine abgeschlossene Wohnung, nur ein Zimmer – wie hier ein ehemaliges Kinderzimmer im elterlichen Haus – oder gar nur eine „Mitwohnmöglichkeit" handelt oder ob Wohnraum in der elterlichen Wohnung lediglich als Teil der Unterhaltsleistungen seitens der Eltern genutzt wird. Entscheidend ist, dass das menschliche Grundbedürfnis Wohnen bereits in der „Erstwohnung" abgedeckt wird. Der Satzungsgeber kann die Zweitwohnungssteuerpflicht somit auch ohne Rücksicht auf die einzelnen Umstände der Benutzung der Hauptwohnung von den melderechtlichen Erklärungen des Steuerpflichtigen abhängig machen. Bundesrecht ist nur dann verletzt, wenn selbst nachweislich unrichtige melderechtliche Verhältnisse für die Steuerpflicht maßgebend sind. So darf mangels eines tatsächlichen Aufwands etwa der Einwand nicht irrelevant sein, die als Nebenwohnung gemeldete Wohnung werde tatsächlich nicht genutzt. Umgekehrt kann mit Blick auf den aus Art. 3 I GG folgenden Grundsatz der Besteuerungsgleichheit die Steuerpflicht nicht allein wegen fehlender Anmeldung eines Nebenwohnsitzes verneint werden, wenn eine solche Nutzung nachweislich stattfindet." 505

Letztlich entscheidend für oder gegen eine Steuerpflicht eines konkret zu beurteilenden Studenten ist demnach der im jeweiligen Bundesland maßgebliche Zweitwohnungssteuerbegriff, der regelmäßig dem melderechtlichen Wohnungsbegriff entspricht. So hat der BFH mit Urteil vom 1. 10. 2008 unlängst erneut entschieden, dass die Einbeziehung von Studenten mit einer Zweitwohnung in Berlin in die Zweitwohnungsteuer nicht zu beanstanden ist.[17] 506

4. Steuerpflichtiger

Steuerschuldner ist in der Regel derjenige, der im Gemeindegebiet eine Zweitwohnung innehat, sei es zu Zwecken der Erholung, der Berufsausübung oder der Ausbildung oder zu Zwecken des sonstigen persönlichen Lebensbedarfs. Inhaber einer Wohnung kann grundsätzlich sowohl der Eigentümer als auch der Mieter sein. Bei unentgeltlicher Überlassung der Zweitwohnung an einen Angehörigen ist der Überlassende steuerpflichtig; mehrere Steuerpflichtige sind Gesamtschuldner i. S. d. § 44 AO. 507

---

[16] BVerwG vom 17. 9. 2008 – 9 C 17/07.
[17] BFH vom 1. 10. 2008 – II B 16/08.

508 Ehegatten, die eine Zweitwohnung erwerbsbedingt nutzen, sind von der Steuerpflicht ausgenommen. Nach der Grundsatzentscheidung des Bundesverfassungsgerichts diskriminiert die Erhebung einer Zweitwohnungsteuer auf die Innehabung einer aus beruflichen Gründen gehaltenen Wohnung eines nicht dauernd getrennt lebenden Verheirateten, dessen eheliche Wohnung sich in einer anderen Gemeinde befindet, die Ehe und verstößt gegen den Schutz von Ehe und Familie nach Art. 6 Abs. 1 GG. Das Bundesverfassungsgericht bezieht sich in seiner Entscheidung auf die verfassungsrechtlich gebotene Unterscheidung zwischen freier oder beliebiger Einkommensverwendung einerseits und zwangsläufigem, pflichtbestimmten Aufwand andererseits.[18] Die auf das Ehegrundrecht des Art. 6 Abs. 1 GG gestützte Entscheidung hat keine Auswirkung auf die eheähnliche Gemeinschaft oder gleichgeschlechtliche Partnerschaft. Durch die Einführung des LPartG sind die eingetragene Lebenspartnerschaften den Verheirateten zwar zivilrechtlich auf den Gebieten des Familienrechts und des Erbrechts gleichstellt;[19] die verfassungsrechtliche Gewährleistung des Art. 6 GG wurde jedoch nicht auf Lebenspartnerschaften erweitert.

5. Steuermaßstab und Steuersatz

509 Steuermaßstab und somit Bemessungsgrundlage der Zweitwohnungsteuer ist der jährliche Mietaufwand, der sich an der tatsächlichen Jahreswohnmiete i. S. d. § 79 BewG oder der zu schätzenden ortsüblichen Miete orientiert. Jahreswohnmiete ist das Gesamtentgelt, das der Steuerschuldner für die Benutzung der Wohnung aufgrund vertraglicher Vereinbarungen nach dem Stand im Zeitpunkt der Entstehung der Steuerschuld für ein Jahr zu entrichten hat. Eine Indexierung der steuerlichen Bemessungsgrundlage entsprechend der Steigerung der Wohnungsmieten nach dem Lebenserhaltungsindex ist zulässig.[20]

510 Über die Höhe der Steuer, die sich bundesweit zwischen 5% (Berlin) und 16% (Erfurt) bewegt und regelmäßig entsprechend dem Mietaufwand gestaffelt ist,[21] können die jeweiligen Gemeinden entscheiden.

6. Steuerbefreiungen und -ermäßigungen

511 Neben einer Steuerbefreiung für Kur- und Feriengäste ist im Übrigen für jedermann ein Erlass aus persönlichen Billigkeitsgründen nach den Vorschriften der §§ 163, 227 AO denkbar; dies erfordert zum einen Antrag bei der Gemeinde und zum anderen, dass die Erhebung der Steuer nach der konkreten Lage des Einzelfalles aus sachlichen oder persönlichen Gründen unbillig ist.

512 Der Kreis der Steuerpflichtigen der Zweitwohnungssteuer wurde in Bayern erneut eingeschränkt. Durch Gesetz vom 22. 7. 2008 hat der Bayerische Landtag in Art. 3 Abs. 3 des Bayerischen Kommunalen Abgabengesetzes neue Sätze 2 bis 8 eingefügt, durch die Steuerpflichtige, deren Einkommen bestimmte Grenzen nicht übersteigt, mit Wirkung ab 1. 1. 2009 von der Zweitwohnungssteuer ausgenommen werden. Ungeachtet der Diskussion, ob es sich dabei um ein Steuerverbot oder eine Erlassvorschrift handelt, ist jedenfalls ein Antrag des Steuerpflichtigen von Nöten. Die Steuer auf das Innehaben einer Wohnung wird demnach nicht mehr erhoben, wenn die Summe der positiven Einkünfte des Steuerpflichtigen im vorletzten Jahr vor dem Entstehen der (Zweitwohnungs-)Steuerpflicht 25 000 Euro, bei nicht dauernd getrennt lebenden Ehegatten oder Lebenspartnern 33 000 Euro, nicht überschritten hat. Allerdings sind bei Rentenempfängern die

---

[18] BVerfG BStBl. II 2003, 534; BVerfG NJW 2005, 3556.
[19] BVerfG NJW 2005, 1413.
[20] BVerfG NVwZ 1990, 356.
[21] BVerwG vom 1. 8. 2000 – 11 B 53/00; BVerwG vom 27. 10. 2004 – 10 C 2/04; BVerwG vom 29. 1. 2003 – 9 C 3/02.

nicht steuerpflichtigen Anteile der Leistungen hinzuzurechnen. Der Berechnung der positiven Einkünfte sind die Vorschriften des Einkommensteuerrechts zu Grunde zu legen.[22]

7. Verhältnis der Zweitwohnungsteuer zur Einkommensteuer

Zweitwohnungsteuer und Einkommensteuer unterscheiden sich bereits darin, dass sie verschiedene Quellen der wirtschaftlichen Leistungsfähigkeit ausschöpfen: Während die Einkommensteuer die Einkommenserzielung erfasst, zielt die Zweitwohnungsteuer auf die Einkommensverwendung ab.[23] 513

Nach der Rechtsprechung des BFH sind die vom Inhaber einer Ferienwohnung gezahlten Zweitwohnungsteuern insoweit als Werbungskosten bei den Einkünften aus Vermietung und Verpachtung abziehbar, als sie ihrer Höhe nach anteilig auf den Zeitraum der Fremdvermietung an Feriengäste entfallen sind.[24] 514

Soweit die Zweitwohnungsteuer auch auf sog. Leerstandszeiten entfällt, ist sie wie andere Aufwendungen entsprechend dem zeitlichen Verhältnis der tatsächlichen Selbstnutzung zur tatsächlichen Vermietung aufzuteilen.[25] 515

---

[22] *Engelbrecht* KommJur 2009 2, 41.
[23] BVerfG BStBl. II 1984, 72; BFH BStBl. II 1997, 469.
[24] BFH BStBl. II 2003, 287; BFH vom 30. 10. 2002 – IX R 103/00.
[25] BFH BStBl. II 2002, 726.

X. Erbschaft- und Schenkungsteuer

1. Entstehung

516 **a) Steuerpflicht.** Die Steuer entsteht gem. § 9 ErbStG im Falle des Erwerbs von Todes wegen mit dem Tode des Erblassers, bei Schenkungen unter Lebenden im Zeitpunkt der Ausführung der Zuwendung. Für diesen Zeitpunkt, dem sog. Bewertungsstichtag, hat die Bewertung der übertragenen Vermögensgegenstände gem. § 12 ErbStG zu erfolgen. Grundbesitz ist nach § 12 Abs. 3 ErbStG mit dem nach § 151 Abs. 1 Satz 1 Nr. 1 BewG auf den Bewertungsstichtag festgestellten Wert anzusetzen.

517 In den für die Erbschaft- und Schenkungsteuer maßgeblichen Vorschriften ist die Bewertung des Grundvermögens im Rahmen des 6. Abschnittes der Besonderen Bewertungsvorschriften als §§ 176 ff. BewG eingefügt worden.

518 Gem. § 14 ErbStG werden alle Erwerbe hinzugerechnet, die innerhalb der vorangegangenen zehn Jahre dem Erwerber von derselben Person zugefallen sind. Je nach dem persönlichen Verhältnis des Erwerbers zum Erblasser oder Schenker erfolgt die Besteuerung gem. § 15 ErbStG in drei Steuerklassen, wobei § 16 ErbStG Freibeträge von minimal 2000 Euro für beschränkt Steuerpflichtige bis hin zu maximal 500 000 Euro für Ehegatten enthält.

519 **b) Bemessungsgrundlage.** Wohnungs- und Teileigentum war – als den bebauten Grundstücken zugehörig – bisher nach § 146 BewG a.F. im sog. Ertragswertverfahren nach dem 12,5-fachen der im Besteuerungszeitpunkt vereinbarten Jahresmiete, vermindert um Wertminderungen wegen des Alters des Gebäudes, zu bewerten. Wurde das Wohnungseigentum eigengenutzt, gar nicht genutzt, unentgeltlich oder zu einer um mehr als 20% von der üblichen Miete abweichenden tatsächlichen Miete überlassen, trat an die Stelle der Jahresmiete eine entsprechend Art, Maß, Größe, Ausstattung und Alter übliche Miete. § 146 Abs. 5 BewG a.F. sah für bebaute und ausschließlich zu Wohnzecken dienenden Grundstücke mit weniger als zwei Wohnungen einen pauschalen Wertaufschlag von 20% vor.

520 Das Bundesverfassungsgericht hat mit Urteil vom 7. 11. 2006[1] entschieden, dass die durch § 19 Abs. 1 ErbStG angeordnete Erhebung der Erbschaftsteuer mit einheitlichen Steuersätzen auf den Wert des Erwerbs als mit dem Grundgesetz unvereinbar ist. Die Bewertungsvorschriften knüpfen bisher an Werte an, deren Ermittlung bei wesentlichen Gruppen von Vermögensgegenständen (Betriebsvermögen, Grundvermögen, Anteilen an Kapitalgesellschaften sowie land- und forstwirtschaftlichen Betrieben) den Anforderungen des Gleichheitssatzes nicht genügen. In Konsequenz dieser Entscheidung wurde der Gesetzgeber verpflichtet, bis zum 31. 12. 2008 eine Neuregelung zu treffen und die Besteuerung im Hinblick auf Art. 3 Abs. 1 GG an der aus dem Erwerb folgenden Steigerung der Leistungsfähigkeit auszurichten und eine Belastungsgleichheit herzustellen.

521 Nunmehr gibt das Bewertungsgesetz folgende Bewertungsverfahren vor:[2]

522 Gemäß § 177 d BewG ist nunmehr der Wertansatz der gemeine Wert.

523 Dieser Wertansatz ist die Umsetzung des Beschlusses des BVerfG. Zunächst sollte die Bewertung nur als Richtlinie gefasst werden. Sie ist nunmehr als Teil des Gesetzes aufgenommen worden, nämlich in den Regelungen der §§ 179 und 182 bis 196 BewG, auf die § 177 BewG verweist.

524 *aa) Unbebaute Grundstücke.* Die Bewertung der unbebauten Grundstücke erfolgt – wie bisher – nach der Multiplikation aus der Grundstücksgröße mit dem aktuellen Boden-

---

[1] BVerfGE 117, 1.

[2] *Fischl/Roth,* Die Reform des Erbschaftsteuer- und Bewertungsrechts zum 1. 1. 2009, NJW 2009, 177.

richtwert (§ 179 BewG). Ein Abschlag von 20% ist nicht mehr vorgesehen. Gem. § 179 Satz 3 BewG ist bei der Wertermittlung stets der Bodenrichtwert anzusetzen, der vom Gutachterausschuss zuletzt zu ermitteln war. Die Bodenrichtwerte werden von den Gutachterausschüssen aus den von ihnen zu führenden Kaufpreissammlungen abgeleitet (§§ 193 Abs. 3 i.V.m. 196 Abs. 1 BauGB). Die Gutachterausschüsse berücksichtigen die Verkäufe und die hierbei erzielten Preise. Soweit es sich um einen Verkauf eines bebauten Grundstücks handelt, wird der Preis für das unbebaute Grundstück ermittelt.

bb) Bebaute Grundstücke. Für die bebauten Grundstücke gibt es unterschiedliche Wertverfahren. Diese sind den §§ 182ff. BewG i.V.m. mit den Anlagen 21 bis 26 zum BewG zu entnehmen. 525

Ein- und Zweifamilienhäuser/Eigentumswohnungen: Grundsätzlich ist für die Bewertung von Ein- und Zweifamilienhäusern das so genannte Vergleichswertverfahren (§ 183 BewG) anzusetzen. In Abs. 1 heißt es hierzu *„Bei Anwendung des Vergleichswertverfahrens sind Kaufpreise von Grundstücken heranzuziehen, die hinsichtlich der ihren Wert beeinflussenden Merkmale mit dem zu bewertenden Grundstück hinreichend übereinstimmen (Vergleichsgrundstücke). Grundlage sind vorrangig die von den Gutachterausschüssen i.S.d. §§ 182ff. des Baugesetzbuches mitgeteilten Vergleichspreise."* Für die Feststellung der Vergleichswerte sollen grundsätzlich die bei den entsprechenden Gutachterausschüssen hinterlegten Vergleichspreise zur Anwendung kommen. Soweit solche Vergleichspreise nicht vorliegen, erfolgt die Bewertung gem. § 182 Abs. 4 Nr. 1 BewG im so genannten Sachwertverfahren. Beim Sachwertverfahren werden Bodenwert und Gebäudesachwert zunächst getrennt voneinander ermittelt. Danach erfolgt die Multiplikation mit einer Wertzahl. Daraus ergibt sich der Grundstückswert. 526

Berechnungsgrundlage: 527

Ermittlung des Bodenwerts:
Bodenrichtwert × Grundstücksfläche = Bodenwert
Ermittlung des Gebäudesachwerts

Regelherstellungskosten (gemäß Anlage 24)	dafür maßgeblich: – Baujahr – Ausstattungsstandard – mit/ohne Keller – mit/ohne Dachgeschoßausbau ×
Brutto-Grundfläche = Gebäuderegelherstellungswert	
./. Alterswertminderung	dafür maßgeblich – Alter des Gebäudes – wirtsch. Gesamtnutzungsdauer (gemäß Anlage 22)

Bodenwert + Gebäudesachwert = vorläufiger Sachwert × Wertzahl (gemäß Anlage 25) = Grundstückswert.

Mietshäuser, Geschäftsgrundstücke: Im Ertragswertverfahren werden gemäß § 182 Abs. 3 BewG die Mietwohngrundstücke sowie die Geschäftsgrundstücke und gemischt genutzten Grundstücke, für die sich auf dem örtlichen Grundstücksmarkt eine übliche Miete ermitteln lässt, bewertet. 528

Berechnungsgrundlage: 529

Jahresnettokaltmiete bzw. übliche Miete
./. Bewirtschaftungskosten (pauschaliert gemäß Anlage 23) =
Reinertrag des Grundstücks ./. Bodenwertverzinsung = Gebäudereinertrag
× Vervielfältiger (Kapitalisierung gemäß Anlage 21) = Gebäudeertragswert
+ Bodenwert = Grundstückswert

Sonderfälle: Sonderfälle sind die Fälle des Erbbaurechts (§§ 192 bis 194 BewG), die Gebäude auf fremden Grund und Boden (§ 195 BewG) sowie die Grundstücke im Zu- 530 stand der Bebauung (§ 196 BewG). Hierzu gehören auch die Gebäude und Gebäudeteile für den Zivilschutz (§ 197 BewG).

531 **Erbbaurecht:** Liegen Vergleichskaufpreise oder Vergleichswertfaktoren nicht vor, so sind die Werte Erbbaurecht und erbbaurechtsbelastetem Grundstück im sog. finanzmathematischen Verfahren zu berechnen:

532 Angemessene Verzinsung Bodenwert
./. jährlicher vereinbarter Erbbauzins =
Unterschiedsbetrag + Vervielfältiger = Bodenwertanteil
Gebäudeertrags- oder Geäudesachwert
./. Gebäudewertanteil des Erbbaugrundstücks = Gebäudewertanteil
\+ Bodenwert = Grundstückswert

533 Soweit ein niedrigerer Verkehrswert nachgewiesen werden kann, ist dieser anzusetzen.

2. Übertragungsvorgänge

534 a) **Ehebedingte Zuwendung.** Ehebedingte Zuwendungen wie z. B. die Übertragung einer selbstbewohnten Eigentumswohnung auf den Ehegatten, dienen der Verwirklichung der ehelichen Lebensgemeinschaft und stellen keine Schenkung, auch nicht im schenkungsteuerlichen Sinn dar. Allerdings hat die Finanzverwaltung[3] diese Betrachtung für den Bereich der eigengenutzten Wohnungen gebilligt, allerdings nicht für sonstige Zuwendungen unter Ehegatten. Aufgrund mehrerer Entscheidungen des II. BFH-Senats[4] sollen ehebedingte Zuwendungen wie andere unentgeltliche Zuwendungen der Erbschaft- und Schenkungsteuer unterliegen.

535 Das Jahressteuergesetz 1996 hat die bisherige Verwaltungspraxis zur gesetzlichen Regelung übernommen und rückwirkend durch Einfügung des § 13 Abs. 1 Nr. 4 a ErbStG die Übertragung von selbstbewohnten Familienwohnheimen und Eigentumswohnungen unter Ehegatten für nicht steuerbar erklärt. Dasselbe gilt für die Freistellung von Verpflichtungen im Zusammenhang mit der Anschaffung oder Herstellung von Familienwohnheimen. Entsprechendes gilt, wenn ein Ehegatte nachträglichen Herstellungs- oder Aufstellungsaufwand für ein Familienwohnheim trägt, das ganz oder teilweise im Eigentum des Ehegatten steht. Voraussetzung hierfür ist, dass sich in dem Haus oder in der Eigentumswohnung der Mittelpunkt des familiären Lebens befindet. Eine Nutzung zu anderen als Wohnzwecken ist unschädlich, wenn sie von untergeordneter Bedeutung ist (z. B. durch Nutzung eines Arbeitszimmers). Eine auch nur teilweise Vermietung des Hauses oder der Eigentumswohnung ist befreiungsschädlich.[5] Diese Vorschrift wurde nunmehr ausgeweitet auf die Zuwendungen zwischen Lebenspartner einer eingetragenen Lebensgemeinschaft.

536 Die Erbschaftsteuerreform, die am 1. 1. 2009 in Kraft getreten ist, hat den Bereich der sachlichen Steuerbefreiung noch ausgedehnt auf die Fälle des Erwerbs eines Familienheims von Todes wegen.

537 Gem. § 13 Abs. 1 Nr. 4 b ErbStG wurde nunmehr der Erwerb des Familienheims durch den überlebenden Ehepartner oder Lebenspartner einer eingetragenen Lebensgemeinschaft von Todes wegen gleich gestellt. Der Erblasser muss die Wohnung bis zum Erbfall selbst zu Wohnzwecken genutzt haben. Größe und Ausstattung spielen dabei keine Rolle. War der Erblasser an der eigenen Wohnnutzung aus zwingenden Gründen gehindert, so ist dies unschädlich.

538 Gleichzeitig muss der Erwerber die Wohnung unverzüglich zur Selbstnutzung übernehmen. Die Steuerbefreiung entfällt, wenn der Erwerber diese Selbstnutzung innerhalb von 10 Jahren aufgibt, es sei denn, es liegen auch bei ihm zwingende Gründe vor, die

---

[3] Bereits mit BMF-Schreiben, BStBl. I 1988, 513.
[4] Beginnend mit dem Urteil vom 2. 3. 1994, BStBl. II 1994, 366.
[5] R 42 ErbStR.

eine Selbstnutzung verhindern. Gemäß Begründung des Finanzausschusses liegt ein zwingender Grund vor, wenn eine entsprechende Pflegebedürftigkeit oder der Tod des Erwerbers eintritt.

Unter den vorgenannten Voraussetzungen steht auch nunmehr den Kindern und Enkelkindern soweit die Kinder schon vorverstorben sind, eine Steuerfreistellung zu. Als weitere Voraussetzung ist hier noch die Steuerbefreiung auf eine Wohnfläche von 200 m² beschränkt. Bei dieser Voraussetzung handelt es sich um einen Freibetrag. Wird die Fläche also überschritten, tritt nur hinsichtlich dieses Anteils die Steuerpflicht ein. 539

b) **Mittelbare Grundstücksschenkung.** Da nach den neuen Bewertungsvorschriften das Grundvermögen mit dem gemeinen Wert anzusetzen ist, hat die Gestaltung der mittelbaren Grundstücksschenkung an Bedeutung verloren. 540

c) **Neuregelung des Nießbrauchrechts.** Die Stundungsregelung des früheren § 25 ErbStG ist weggefallen. Dies bedeutet, dass die Nießbrauchsrechte von dem Wert des Grundbesitzes in voller Höhe in Abzug gebracht werden. Dies führt zu einer erheblichen Steuerersparnis. 541

Die Bewertung des Nießbrauchsrechts erfolgt auch weiterhin nach der Vorschrift des § 14 BewG, allerdings mit der Verbesserung, dass nunmehr auch für diese Bewertung die aktuellen Sterbetafeln anzuwenden sind. 542

Wie bisher ist allerdings bei der Feststellung des für den Nießbrauchswert notwendigen Jahreswerts die Beschränkung auf das 18,6-fache des für das genutzte Wirtschaftsgut nach den Vorschriften des Bewertungsgesetzes vorzunehmen. 543

XI. Vermögenssteuer

544 Auf der Basis des Bundesverfassungsgerichtsurteils vom 22. 6. 1995[1] führten die vielfach geäußerte Kritik an der Vermögensteuer und das Bestreben nach einem Abbau der Steuerbelastung und einer Vereinfachung des Steuersystems im Gesetzgebungsverfahren dazu, dass auf eine Erhebung der Vermögensteuer ab dem 1. 1. 1997 verzichtet wird, ohne dabei das Vermögensteuergesetz selbst aufzuheben. Statt Immobilien, wie vom Urteil gefordert, höher zu bewerten und damit stärker zu besteuern, entschied sich die damalige Bundesregierung, die Vermögensteuer gar nicht mehr zu erheben.

545 Der Tenor der maßgeblichen Entscheidung des BVerfG lautet wie folgt:

546 „§ 10 Nr. 1 des Vermögensteuergesetzes vom ... ist jedenfalls seit dem Veranlagungszeitraum 1983 in allen seinen seitherigen Fassungen mit Art. 3 Abs. 1 des Grundgesetzes insofern unvereinbar, als er den einheitswertgebundenen Grundbesitz, dessen Bewertung der Wertentwicklung seit 1964/74 nicht mehr angepasst worden ist, und das zu Gegenwartswerten erfasste Vermögen mit demselben Steuersatz belastet. Der Gesetzgeber ist verpflichtet, eine Neuregelung spätestens bis zum 31. Dezember 1996 zu treffen. Längstens bis zu diesem Zeitpunkt ist das bisherige Recht weiterhin anwendbar."

547 Die im Tenor des Beschlusses des BVerfG angeordnete Weiteranwendung des bisherigen VStG bis zum 31. 12. 1996 ist nach Auffassung des BFH dahingehend zu verstehen, dass das VStG trotz seiner vom BVerfG erklärten Unvereinbarkeit mit dem GG auf alle bis zu diesem Zeitpunkt verwirklichten Tatbestände weiterhin anzuwenden ist und nicht nach diesem Zeitpunkt eine Anwendung des Gesetzes auf vor diesem Zeitpunkt verwirklichte Tatbestände ausgeschlossen werden sollte.[2]

548 Obwohl vereinzelte Stimmen im Hinblick auf eine Stärkung der Binnennachfrage, eine Erhöhung der Verteilungsgerechtigkeit und ein Steueraufkommen von rund 16 Milliarden Euro für die Vermögenssteuer plädieren, blieben sämtliche Diskussionen über deren Wiedereinführung bis dato noch erfolglos.

---

[1] BVerfG BStBl. II 1995, 655.
[2] BFH BStBl. II 1997, 515.

XII. Steuerliche Verpflichtungen der Wohnungseigentümergemeinschaft und des Verwalters

1. Allgemeines

Nachdem der Wohnungseigentümergemeinschaft erst erneut durch Beschluss des BGH vom 2. 6. 2005 partielle[1] Teilsrechts- und Steuerrechtsfähigkeit zuerkannt wurde, zeigen sich die damit einhergehenden Auswirkungen insbesondere in Fällen, in denen die Miteigentümer eines Wohn- und Geschäftshauses auf der Ebene der Gemeinschaft aus der entgeltlichen Nutzungsüberlassung gemeinschaftlichen Eigentums (Kfz-Stellplätze,[2] Hauswände zu Werbezwecken, Kellerräume,[3] Dachflächen zu Mobilfunkzwecken etc.) gemeinschaftliche Einkünfte aus Vermietung und Verpachtung bzw. durch die Zinsen aus der Anlage der Instandhaltungsrücklage gemeinschaftliche Einnahmen aus Kapitalvermögen erzielen. Ist also die Wohnungseigentumsgemeinschaft bei der Vermietung und Verpachtung von Gemeinschaftseigentum nunmehr selbst eine Steuerpflichtige i. S. d. EStG und – vorausgesetzt es wurde nach § 9 UStG optiert – eine Unternehmerin i. S. d § 2 Abs. 1 UStG, hat sie auch sämtliche damit einhergehende steuerliche Verpflichtungen wahrzunehmen. Diesen Verpflichtungen kommt sie dabei regelmäßig durch Inanspruchnahme ihres Verwalters nach, den sie gesondert mit der Wahrnehmung der steuerlichen Verpflichtungen beauftragt. Sind insofern Beschlüsse durchzuführen, Zahlungen zu bewirken oder Fristen zu wahren, findet sich die wohnungseigentumsrechtliche Grundlage für ein Tätigwerden des Verwalters jeweils in den gesetzlich geregelten Befugnissen des § 27 Abs. 1 und 2 WEG. 549

2. Verwaltung gemeinschaftlichen Eigentums

Die Verwaltung des gemeinschaftlichen Eigentums einer Wohnanlage steht grundsätzlich allen Wohnungs- und Teileigentümern gemeinsam zu, die dabei jedoch von einem Verwalter unterstützt werden. Der Aufgabenbereich des Verwalters bezieht sich nicht auf die gesamte Wohnanlage, sondern betrifft nur das gemeinschaftliche Eigentum; das Sondereigentum wird vom jeweiligen Eigentümer selbst verwaltet. Der Verwalter ist ein Organ der Wohnungseigentümergemeinschaft; er ist mit den in § 27 Abs. 1 bis 3 WEG geregelten Aufgaben und Befugnissen ausgestattet. Dabei obliegt dem Verwalter unter anderem die Verwaltung und Instandhaltung des gemeinschaftlichen Eigentums sowie die Verwaltung der gemeinschaftlichen Gelder. Die Tätigkeit des Verwalters wird dabei vom Grundsatz ordnungsgemäßer Verwaltung beherrscht, § 21 Abs. 4 WEG. 550

Gem. § 27 Abs. 1 Nr. 4 WEG hat der Verwalter u. a. gemeinschaftliche Gelder zu verwalten. Die Aufgabe der Vermögensverwaltung umfasst auch die Berechtigung, alle Leistungen zu bewirken und entgegenzunehmen, die mit der laufenden Verwaltung des gemeinschaftlichen Eigentums zusammenhängen und Ansprüche gerichtlich und außergerichtlich geltend zu machen. Vermögensverwalter stehen in einem besonderen Pflichtverhältnis zur Finanzverwaltung. Gemäß § 35 AO hat derjenige, der als Verfügungsberechtigter in eigenen oder fremden Namen auftritt, die gesetzlichen Pflichten eines gesetzlichen Vertreters, soweit er sie rechtlich und tatsächlich erfüllen kann. Gemäß § 34 Abs. 3 AO haben Vermögensverwalter die steuerlichen Pflichten zu erfüllen, denen natürliche oder juristische Personen unterliegen. Hierzu gehört es u. a., Bücher und Auf- 551

[1] Partiell i. S. v. soweit die Gemeinschaft im Rahmen der Verwaltung des gemeinschaftlichen Eigentums am Rechtsverkehr teilnimmt.

[2] KG NJW 1991, 434.

[3] BayObLG vom 14. 10. 1999 – 2 Z BR 108/99.

zeichnungen zu führen,[4] Auskünfte zu erteilen und Nachweise zu erbringen, Steuererklärungen abzugeben und gegebenenfalls zu berichtigen, Steuerschulden des Vertretenen aus dessen Vermögen fristgerecht zu erfüllen, die Vollstreckung in das verwaltete Vermögen zu dulden, bei einer Außenprüfung mitzuwirken[5] und Abzugssteuern für Rechnungen eines Dritten einzubehalten und abzuführen.[6] Nach Maßgabe des Finanzministeriums ist der Verwalter aufgrund der Verpflichtungen, die ihm das Wohnungseigentumsgesetz auferlegt, als Vermögensverwalter im Sinne des § 34 AO anzusehen.[7]

552 Nach § 69 Satz 1 AO haftet der Verwalter als Vermögensverwalter i. S. d. § 34 Abs. 3 AO, soweit Ansprüche aus dem Steuerschuldverhältnis (§ 37 AO) infolge von ihm eigenverschuldeter vorsätzlicher oder grob fahrlässiger Verletzung der ihm auferlegten Pflichten nicht oder nicht rechtzeitig festgesetzt oder erfüllt oder soweit infolgedessen Steuervergütungen oder Steuererstattungen ohne rechtlichen Grund gezahlt werden. Die steuerlichen Pflichten lassen sich einteilen in Mitwirkungspflichten, dort u. a. die Steuererklärungspflicht nach § 149 AO und Zahlungspflichten, dort u. a. die rechtszeitige Tilgung des Steueranspruchs. Schuldhaft handelt der Vertreter bei Vorsatz oder grober Fahrlässigkeit, wobei sich Vorsatz in diesem Zusammenhang definiert als die willentliche Verletzung der dem Verwalter bekannten Verwalterpflichten, wobei es ausreicht wenn dieser die Pflichtverletzung billigend in Kauf nimmt. Das Verschulden einer Hilfsperson ist dem Vertreter grundsätzlich nicht wie eigenes Verschulden zuzurechnen; ein eigenes Verschulden liegt freilich vor, wenn der Vertreter das Personal nicht hinreichend überwacht.[8]

553 Wer kraft Gesetzes für eine Steuer haftet, kann durch Haftungsbescheid in Anspruch genommen werden, § 191 Abs. 1 AO. § 69 löst eine unbeschränkte persönliche Haftung mit dem eigenen Vermögen des Haftenden aus. Die Verantwortlichkeit eines Verwalters nach § 69 AO endet grundsätzlich mit der Beendigung der Verwaltertätigkeit. Diese kann der Geschäftsführer selbst dadurch herbeiführen, dass er sein Amt niederlegt. Auch eine Abberufung durch die Gesellschafter führt zur Beendigung der Verwaltertätigkeit und grundsätzlich auch zur Beendigung der damit verbundenen Verantwortlichkeit für die Erfüllung steuerlicher Pflichten. Die Amtsniederlegung befreit ihn, aber nur solange der Anspruch nach § 69 AO noch nicht entstanden ist, von der Verpflichtung zur Erfüllung der steuerlichen Pflichten. Die Festsetzungsverjährung bei einer Haftungsschuld, die sich aus den Steuergesetzen ergibt richtet sich nach § 191 Abs. 3 AO. Die Festsetzungsfrist beträgt 4 Jahre, bei leichtfertiger Steuerverkürzung 5 Jahre und bei Steuerhinterziehung 10 Jahre; diese verlängerten Fristen gelten nicht bei einer Inanspruchnahme nach § 69 AO nach leichtfertiger Steuerverkürzung.[9] Sie beginnt mit Ablauf des Kalenderjahres, in dem der Tatbestand verwirklicht worden ist, an den das Gesetz die Haftungsfolge knüpft, § 191 Abs. 3 Satz 3 AO. Eine Anlaufhemmung nach § 170 Abs. 2 Nr. 1 AO kommt selbst dann nicht in Betracht, wenn der Haftende persönlich verpflichtet war, steuerrelevante Rechtsvorgänge dem Finanzamt anzuzeigen, und er diese Pflicht verletzt hat.

554 **a) Aufzeichnungs- und Buchführungspflichten, §§ 140 ff. AO.** Die Abrechnungspflicht des Verwalters beinhaltet seine zivilrechtliche Pflicht zur ordnungsgemäßen Führung der Bücher, aus denen die Abrechnung, die Rechnungslegung und mittelbar auch der Wirtschaftsplan entwickelt, nachvollzogen und geprüft werden kann.[10] Verletzungen der Buchführungspflicht können Schadensersatzansprüche der Wohnungseigentümer gegen

[4] BFH BStBl. II 1972, 784.
[5] BFH BFH/NV 1988, 415.
[6] BFH BStBl. II 1993, 471.
[7] BMF-Schreiben vom 26. 10. 1992, BStBl. I 1992, 693.
[8] BFH BFH/NV 2005, 1487.
[9] BFH DStR 2008, 1533.
[10] BayObLG WE 1997, 117; OLG Hamm OLGZ 1975, 157 f.; OLG Hamm NJW-RR 1993, 845 f.

den Verwalter begründen.[11] Der Wohnungseigentümergemeinschaft selbst obliegt handelsrechtlich keine Buchführungspflicht, da sie nicht Kaufmann i. S. v. § 238 Abs. 1 Satz 1 HGB ist. Aus dieser zivilrechtlichen Verpflichtung folgt gem. § 140 AO auch eine steuerrechtliche Buchführungspflicht des Verwalters, die u. a. zu seiner persönlichen Haftung gegenüber dem Finanzamt gem. § 80 i. V. m. §§ 191 Abs. 2, 69 AO führt, wenn infolge vorsätzlicher oder grob fahrlässiger Verletzung von Buchführungspflichten Steueransprüche verkürzt oder bezahlte Steuern zu Unrecht rückerstattet wurden.

b) Zahlungs- und Aufbewahrungspflicht nach §§ 224 ff. AO und § 14 b UStG. Sofern die Eigentümergemeinschaft für alle oder einzelne Wohnungseigentümer zur Umsatzsteuer optiert, treffen den Verwalter alle umsatzsteuerlichen Aufzeichnungs- und Zahlungsverpflichtungen. Den Wohnungseigentümern, zu deren Gunsten optiert wurde, ist eine den Anforderungen des § 14 UStG entsprechende, gesonderte (Ab-)Rechnung zu erteilen. 555

Der Verwalter hat alle Rechnungen, die die Wohnungseigentümergemeinschaft erhalten hat, zehn Jahre lang aufzubewahren, § 14 b UStG. Die Aufbewahrungsfrist beginnt mit dem Schluss des Kalenderjahres, in dem die Rechnung ausgestellt worden ist; § 147 Abs. 3 der Abgabenordnung bleibt dabei unberührt. 556

3. Gesonderte Feststellung gem. § 180 AO

Erzielen die Beteiligten einer Wohnungseigentümergemeinschaft gemeinschaftliche Einnahmen, sind diese grundsätzlich nach § 180 Abs. 1 Nr. 2 a AO einheitlich und gesondert festzustellen. 557

a) Gemeinschaftliche Einkünfte. Erzielen Miteigentümer Einkünfte aus der Vermietung und Verpachtung gemeinschaftlichen Eigentums, so sind diese unabhängig davon, ob und in welchem Umfang die Miteigentümer die übrigen Räumlichkeiten des Hauses jeweils selbst nutzen, den Miteigentümern grundsätzlich entsprechend ihren Miteigentumsanteilen zuzurechnen und gesondert und einheitlich festzustellen.[12] Gleiches gilt für die aus der Anlage der Instandhaltungsrücklage gezogenen gemeinschaftlichen Zinserträge. 558

b) Ausnahme von der Feststellungspflicht nach § 180 Abs. 3 Nr. 2 AO. Die obersten Finanzbehörden halten es – zumindest die Verwirklichung gemeinschaftlicher Zinseinkünfte betreffend[13] – im Allgemeinen für vertretbar, aus Gründen der geringfügigen Bedeutung des Falles gem. § 180 Abs. 3 Satz 1 Nr. 2 AO von einer gesonderten Feststellung der von der Wohnungseigentümergesellschaft erzielten gemeinschaftlichen Einkünfte abzusehen. Eine ausdrückliche Stellungnahme des Finanzministeriums zur Handhabung der Erzielung gemeinschaftlicher Einkünfte aus Vermietung und Verpachtung gemeinschaftlichen Eigentums liegt nicht vor. 559

Ein „Fall von geringer Bedeutung" ist dann anzunehmen, wenn es sich um einen leicht überschaubaren Sachverhalt handelt, die Ermittlung der Einkünfte hinsichtlich Höhe und Zurechnung einfach und die Gefahr widersprüchlicher Entscheidungen nahezu ausgeschlossen ist.[14] 560

Im Hinblick auf die vermögensverwaltende Tätigkeit des Verwalters besteht für die laufende Verwaltung daher kein Bedürfnis für die Erstellung eines einheitlichen und gesonderten Feststellungsbescheides, so dass alle Wohnungseigentümer, gestützt auf die Angaben des Verwalters in seiner Abrechnung, ihren Anteil an den Erträgen der Eigentümergemeinschaft selbst zu ermitteln und in ihrer Steuererklärung anzugeben haben. Es 561

[11] BayObLGZ 1985, 63, 66.
[12] BFH vom 26. 1. 1999 – IX R 17/95.
[13] BMF-Schreiben vom 26. 10. 1992, BStBl. I 1992, 693 Rn. 7.
[14] BFH BStBl. II 1986, 239 (241).

reicht aus, wenn der Verwalter die anteiligen Einnahmen aus Kapitalvermögen nach dem Verhältnis der Miteigentumsanteile aufteilt und dem einzelnen Wohnungseigentümer mitteilt. Die Anrechnung eines abgeführten Zinsabschlags bei dem einzelnen Beteiligten ist nur möglich, wenn neben der Mitteilung des Verwalters über die Aufteilung der Einnahmen und des Zinsabschlags eine Ablichtung der Steuerbescheinigung des Kreditinstituts vorgelegt wird.

562 Bedeutet dieses Verfahren allerdings für die Wohnungseigentümer und den Verwalter keine beachtliche Erleichterung, so muss im Einzelfall in Erwägung gezogen werden, die Kapitalerträge nach § 180 Abs. 1 Nr. 2 a AO einheitlich und gesondert festzustellen. Die Eigentümergemeinschaft kann ein Feststellungsverfahren jederzeit beantragen. Dabei wird das für die gesonderte Feststellung zuständige Finanzamt auch den entrichteten und anzurechnenden Zinsabschlag ermitteln und den Wohnsitz-Finanzämtern die auf den einzelnen Wohnungseigentümer entfallenden Steuerbeträge mitteilen. In diesem Fall sind die Original-Steuerbescheinigungen dem Feststellungs-Finanzamt einzureichen; Ablichtungen der Steuerbescheinigungen für die Wohnungseigentümer sind nicht erforderlich.

563 Zwar fehlt es angesichts der Handhabung im Falle der Erwirtschaftung gemeinschaftlicher Einkünfte aus Vermietung und Verpachtung an ausdrücklichen Anweisungen; im Ergebnis sollte man jedoch keine Differenzierung anstreben, sondern vielmehr davon ausgehen, dass im Einzelfall keine Steuererklärungspflicht besteht, wenn Einkünfte aus der Vermietung gemeinschaftlichen Eigentums erzielt werden, wohl aber wenn es sich dabei um Einkünfte aus Gewerbebetrieb handelt.[15]

[15] *Kahlen* ZMR 2006, 838.

XIII. Steuerrechtliche Qualifizierung der Verwaltertätigkeit

Abgesehen von seltenen Fällen, in denen der Verwalter aus Gründen dienstvertraglicher Elemente des Verwaltervertrages Einkünfte aus nichtselbständiger Tätigkeit i. S. d. § 19 EStG bezieht, ist der Verwalter steuerrechtlich i. d. R. Gewerbetreibender i. S. v. § 15 EStG, wenn er wegen des Umfangs der von ihm übernommenen Tätigkeit Mitarbeiter ständig beschäftigt und eine kaufmännische Organisation benötigt.[1] 564

Die Berufsausübung des Verwalters kann jedoch u. U. als sonstige selbständige Tätigkeit i. S. d. § 18 Abs. 1 Nr. 3 EStG beurteilt werden, sofern kein Gewerbebetrieb ausgeübt wird.[2] § 18 Abs. 1 Nr. 3 EStG erfasst alle Arten verwaltender Tätigkeit, insbesondere auch die Vermögensverwaltung, die darin beispielhaft genannt ist.[3] Da die sonstige selbständige Tätigkeit ganz überwiegend durch die eigene Arbeitsleistung des Steuerpflichtigen gekennzeichnet ist,[4] wird die Verwaltertätigkeit bereits durch die Mitarbeit von mehr als einer qualifizierten Fachkraft gewerblich.[5] Selbst wenn nur Hilfskräfte beschäftigt sind, die ausschließlich untergeordnete Arbeiten erledigen, kann im Einzelfall durch den Umfang der übertragenen Arbeiten die Tätigkeit des Geschäftsherrn als gewerblich einzustufen sein. 565

---

[1] BFHE 86, 305 f.; BFHE 101, 215, 217.
[2] BFH BStBl. II 1971, 239.
[3] BFH BStBl. II 1988, 266.
[4] BFHE 123, 507 = BStBl. II 1978, 137.
[5] BFHE 175, 284 = BStBl. II 1994, 936.

F. Gerichtsverfahren

Abschnitt 1. Allgemeiner Teil des Wohnungseigentumsprozesses

I. Grundsätze des Wohnungseigentumsprozesses

1. Der Wohnungseigentumsprozess als Zivilprozess

Wie grundsätzlich jedes materielle Recht können Rechte in Bezug auf das Wohnungseigentum gerichtlich durchgesetzt werden. Dann entsteht zwischen den beteiligten Parteien ein Prozess. Rechtsstreitigkeiten, die das Wohnungseigentum betreffen, wurden früher im Verfahren der freiwilligen Gerichtsbarkeit entschieden. Durch das Reformgesetz vom 26. 3. 2007[1] ist diese Sonderbehandlung mit Wirkung zum 1. 7. 2007 aufgegeben worden. Der Wohnungseigentumsprozess ist seitdem ein **allgemeiner Zivilprozess,** für den das Gesetz in den §§ 43 ff. WEG lediglich einige spezielle Regeln bereithält. Die grundsätzliche Anwendbarkeit der Zivilprozessordnung (ZPO) auf Wohnungseigentumsstreitigkeiten folgt aus § 3 Abs. 1 EGZPO. Danach findet die ZPO Anwendung auf alle bürgerlichen Rechtsstreitigkeiten, welche vor die ordentlichen Gerichte gehören; hierzu zählt auch der Wohnungseigentumsprozess. Der Gesetzgeber sah keinen Grund mehr für ein von den allgemeinen Vorschriften der ZPO abweichendes Wohnungseigentumsverfahren.[2] Diese gesetzgeberische Absicht ist bei allen prozessualen Fragen zu beachten: Die Wohnungseigentümer sollen im Prozess so behandelt werden wie jede andere Partei eines Zivilprozesses. Sonderregelungen sind daher nur insoweit geboten, als das Gesetz sie vorgibt oder die Natur der Sache sie verlangt. Insbesondere ist für eine Anwendung alter Verfahrensregeln aus der freiwilligen Gerichtsbarkeit, gleich ob direkt oder nur entsprechend, kein Raum mehr. Aus diesem Grund müssen sämtliche prozessualen Fragestellungen vor dem Hintergrund der Geltung der ZPO gegenüber dem alten Verfahrensrecht einer neuen Bewertung unterzogen werden. 1

---

[1] BGBl. I S. 370.

[2] Im Rechtsausschuss des Bundestages vertrat die SPD-Fraktion die Auffassung, „das ZPO-Verfahren gewährleiste eine stringentere und effektivere Verfahrensführung". Die FDP-Fraktion stimmte der Verfahrensumstellung auf die ZPO zu, „da hierdurch querulatorische Wohnungseigentümer von Klagen eher abgehalten würden und auch in diesem Verfahren eine Erörterung der Sach- und Rechtslage mit den Parteien stattfinde." Nach Meinung der CDU/CSU-Fraktion sei „aufgrund der Hinweispflicht der Richter nach dem ZPO-Verfahren keine ernsthafte Benachteiligung von Wohnungseigentümern zu erwarten." Die Fraktionen Bündnis90/Die Grünen und Die Linke waren gegen die Verfahrensumstellung auf die ZPO; vgl. Beschlussempfehlung und Bericht des Rechtsausschusses BT-Drucks. 16/3843 vom 13. 12. 2006. Der ursprüngliche Gesetzentwurf der Bundesregierung vom 8. 3. 2006 – BT-Drucks. 16/887 – bezweckte eine „Harmonisierung der Gerichtsverfahren in Wohnungseigentumssachen mit anderen bürgerlich-rechtlichen Streitigkeiten" (S. 12). Des weiteren wurden dort als Gründe für die Verfahrensumstellung genannt: eine abzulehnende aufwendige Amtsermittlung nach dem FGG, die Gesetzessystematik, die ohnehin schon bestehende Annäherung des WEG-Verfahrens an den Zivilprozess, die Möglichkeit effizienterer und stringenterer Verfahrensführung durch das Gericht, die Möglichkeit von Versäumnisurteilen und vorläufiger Vollstreckbarkeit, ein gesetzlich normiertes Verfahren des einstweiligen Rechtsschutzes und schließlich die besondere Eignung der ZPO für Wohnungseigentumssachen in Gestalt des am 1. 1. 2002 reformierten Gesetzes.

2. Grundsätze des Zivilprozesses

2 a) **Klageeinreichung.** Der Zivilprozess setzt eine Klage voraus. Von Amts wegen findet kein Prozess statt.[3] Der Wohnungseigentümer, der Klage erheben will, muss daher eine **Klageschrift** einreichen (§ 253 Abs. 1 ZPO).[4] Sie wird dem Beklagten zugestellt, wodurch der Prozess rechtshängig wird (§ 261 Abs. 1 ZPO). Erst die Zustellung der Klageschrift bewirkt also die **Rechtshängigkeit** des Prozesses. Im Stadium zwischen Einreichung der Klageschrift bei Gericht und Zustellung an den Beklagten spricht man lediglich von Anhängigkeit des Prozesses. Da die Zustellung den Zeitpunkt der Rechtshängigkeit fixiert, ist sie von großer Bedeutung: für alle materiell-rechtlichen Wirkungen der Rechtshängigkeit (§ 262 ZPO) und für verschiedene wichtige prozessuale Folgen (vgl. i.E. § 261 Abs. 3 ZPO). Nur unter den besonderen Voraussetzungen des § 167 ZPO können diese Wirkungen ausnahmsweise schon auf den Zeitpunkt der Anhängigkeit vorwirken. Aus all dem folgt, dass der Kläger im eigenen Interesse für eine möglichst reibungslose Zustellung sorgen sollte, indem er – aktuelle – Namen und Anschriften der Beklagten genau mitteilt; dazu ist er auch gemäß § 253 Abs. 2 Nr. 1 ZPO verpflichtet. Die Erfahrung lehrt, dass gegen dieses Erfordernis immer wieder verstoßen wird. Vermeidbare prozessuale Probleme sind dann die Folge.

3 b) **Weiterer Prozessgang im Überblick.** Nach Einreichung der Klage hat das Gericht zwei Möglichkeiten: Entweder bestimmt es einen **frühen ersten Verhandlungstermin** oder veranlasst ein **schriftliches Vorverfahren** (§ 272 Abs. 2 ZPO). Sofern der Streitwert 600,– € nicht übersteigt, kann das (Amts-)Gericht als zusätzliche Möglichkeit sein weiteres Verfahren auch gemäß **§ 495 a ZPO** nach billigem Ermessen bestimmen. Dieses Verfahren muss jedoch rechtsstaatlichen Grundsätzen genügen und insbesondere Prozessgrundrechte wahren (Art. 101 Abs. 1, 103 Abs. 1 GG); auf Antrag muss mündlich verhandelt werden. Im Fall des schriftlichen Vorverfahrens trifft den Beklagten die Obliegenheit, binnen zwei Wochen nach Zustellung dem Gericht schriftlich anzuzeigen, dass er sich gegen die Klage verteidigen will (§ 276 Abs. 1 ZPO). Unterlässt er dies, so kann auf Antrag des Klägers gegen den Beklagten im schriftlichen Verfahren ein **Versäumnisurteil** ergehen, sofern die Klage schlüssig ist (§ 331 Abs. 3 ZPO). Die **Verteidigungsanzeige** zur Verhinderung eines Versäumnisurteils kann in bestimmten Fällen auch der Verwalter abgeben. Er ist nach § 27 Abs. 2 Nr. 2 WEG gegenüber den Wohnungseigentümern berechtigt, fristwahrende Maßnahmen zu ergreifen, insbesondere einen gegen einen Wohnungseigentümer gemäß § 43 Nr. 1, 4 und 5 WEG gerichteten Rechtsstreit zu führen. Eine entsprechende Befugnis hat der Verwalter nach § 27 Abs. 3 Satz 1 Nr. 2 WEG auch gegenüber dem Verband.[5] Soweit daher nach diesen Vorschriften der Verwalter für die Wohnungseigentümer oder den Verband vertretungsberechtigt ist, ist er ebenfalls zu Prozesshandlungen befugt, also auch zur Abgabe der Verteidigungsanzeige. Wenn das Gericht einen frühen ersten Termin bestimmt, kann ein Versäumnisurteil gegen den Beklagten ergehen, falls er nicht erscheint oder nicht verhandelt (§§ 331 Abs. 1, 333 ZPO). Umgekehrt gilt entsprechendes für den Kläger (§ 330 ZPO). Im übrigen können Versäumnisurteile auch in jedem späteren Termin ergehen, soweit die Voraussetzungen für ihren Erlass vorliegen. Erscheinen beide Parteien zum Termin, findet im Regelfall zunächst eine **Güteverhandlung** statt (§ 278 Abs. 2 ZPO). Hier können die Parteien den Rechtsstreit unter Vermittlung des Gerichts vergleichsweise beenden, was aber auch später noch in jeder Lage des Verfahrens möglich ist (§ 278 Abs. 1 ZPO). Kommt es nicht

---

[3] Anderes gilt nur in Sonderfällen, z.B. in bestimmten familienrechtlichen Verfahren. Im Wohnungseigentumsprozess hat dies keine Bedeutung.

[4] Zu den Einzelheiten siehe unten Rn. 16ff.

[5] Zur Terminologie: Mit Verband ist hier und im folgenden die teilrechtsfähige Wohnungseigentümergemeinschaft (§ 10 Abs. 6 WEG) gemeint. Dieser Begriff dient der Abgrenzung zur nicht rechtsfähigen Gemeinschaft gemäß §§ 741ff. BGB.

zu einer Einigung, so stellen die Parteien in der darauf folgenden mündlichen Verhandlung gegenteilige Sachanträge (§ 137 Abs. 1 ZPO). Nach Maßgabe des § 139 ZPO hat das Gericht mit den Parteien die Streitfragen zu erörtern und Unklarheiten im Parteivortrag zu beseitigen. Haben die Parteien ihre Argumente ausgetauscht und ist der Rechtsstreit danach zur Endentscheidung reif, so fällt das Gericht sein **Urteil** (§ 300 Abs. 1 ZPO), das neben der Hauptsacheentscheidung von Amts wegen auch eine Entscheidung über die Kosten (§ 308 Abs. 2 ZPO) und die vorläufige Vollstreckbarkeit (§§ 708ff. ZPO) enthält; andernfalls findet eine **Beweisaufnahme** über die entscheidungserheblichen streitigen Tatsachen statt (vgl. § 284 ZPO).[6] Nach der Beweisaufnahme ist erneut mündlich zu verhandeln (§ 285 ZPO). Im Regelfall ist spätestens nach der Beweisaufnahme das Endurteil zu erlassen. Das geschilderte Prozedere kann in einem einzigen Termin erfolgen, wenn zu diesem Zeitpunkt schon alle Beweismittel vorliegen. Es kann aber auch zu einem späteren Haupttermin kommen (§ 279 Abs. 2 ZPO) und – sofern sich der Rechtsstreit länger hinzieht – zu verschiedenen weiteren Terminen. Das Gericht bestimmt je nach Lage des Sach- und Streitstandes nach pflichtgemäßem Ermessen die weiteren Verfahrensschritte.

c) Der Dispositionsgrundsatz. Der Verfügungs- oder Dispositionsgrundsatz ist ein wichtiges Prinzip des Zivilprozesses. Er besagt, dass die Parteien kraft ihrer Privatautonomie über Einleitung und Ende des Prozesses verfügen können. So steht es dem Kläger frei, ob er überhaupt Klage erheben will. Von Amts wegen wird kein Zivilkläger gezwungen, seine Rechte gerichtlich durchzusetzen. Ein Prozess muss – und wird in vielen Fällen – zudem nicht nur durch das Urteil des Gerichts enden. Die Parteien können den Rechtsstreit jederzeit einvernehmlich beenden, entweder durch Vergleich (§ 794 Abs. 1 Nr. 1 ZPO) oder dadurch, dass sie ihn schlicht für erledigt erklären (§ 91a ZPO). In beiden Fällen endet der Prozess, ohne dass dazu noch eine Maßnahme des Gerichts erforderlich ist. Umgekehrt ist das Gericht nicht befugt, gegen den Willen der Parteien den Prozess anders als durch Urteil zu beenden; ein Zivilprozess kann also nicht „eingestellt" werden. Der Kläger kann hingegen sein mit der Klage verfolgtes Rechtsschutzbegehren einseitig wieder zurückziehen: er kann die Klage zurücknehmen (§ 269 ZPO) oder auf den Klageanspruch verzichten (§ 306 ZPO). Umgekehrt kann der Beklagte dem Kläger den Prozesssieg ohne weiteres zugestehen und die Klage anerkennen (§ 307 ZPO). In den beiden letzteren Fällen erlässt das Gericht ein sog. Verzichts- bzw. Anerkenntnisurteil. Auch die Möglichkeit des Versäumnisurteils (§§ 330ff. ZPO) geht u.a. auf den Dispositionsgrundsatz zurück. **Anerkenntnis-, Verzichts- und Versäumnisurteile** ergehen zum Teil ohne Sachprüfung durch das Gericht; nur beim Versäumnisurteil gegen den Beklagten prüft das Gericht die Schlüssigkeit der Klage (§ 331 Abs. 2 ZPO). Diese Urteile enthalten im Regelfall weder Tatbestand noch Entscheidungsgründe (§ 313b Abs. 1 ZPO). Gleichwohl sind sie echte Sachurteile und ihnen kommt volle materielle Rechtskraft zu.[7] Die Parteien haben es also insoweit durch ihr Prozessverhalten in der Hand, den Inhalt eines Urteils zu bestimmen; ob dieses Urteil mit der materiellen Rechtslage übereinstimmt, ist ohne Bedeutung. Hieraus können sich für die Parteien taktische Möglichkeiten eröffnen, die im alten Verfahren der freiwilligen Gerichtsbarkeit ausgeschlossen waren. 4

d) Der Verhandlungsgrundsatz. Ein weiterer essentieller Grundsatz des Zivilprozesses ist der Verhandlungsgrundsatz, manchmal auch Beibringungsgrundsatz genannt. Er besagt, dass das Gericht seiner Entscheidung nur diejenigen Tatsachen zugrunde legen darf und muss, die von den Parteien vorgetragen werden. Der Sachverhalt ist also **von den** 5

[6] Das Beweisverfahren kann hier wegen seiner Komplexität nicht näher dargestellt werden. Im Wohnungseigentumsprozess gelten hier die allgemeinen Vorschriften ohne Besonderheiten.

[7] Vgl. den wichtigen Fall zur Rechtskraft eines klageabweisenden Versäumnisurteils in BGH NJW 2003, 1044.

Parteien vorzubringen; zu Rechtsausführungen sind die Parteien hingegen nicht verpflichtet. Eine Amtsermittlung über Tatsachen – wie noch im früheren Wohnungseigentumsverfahren der freiwilligen Gerichtsbarkeit (§ 12 FGG) – findet nicht statt. Daher obliegt den Parteien die entscheidende Verantwortung dafür, dass der Sachverhalt umfassend dem Gericht unterbreitet wird. Das Gericht kann gemäß § 139 ZPO nur auf Lücken im Vortrag aufmerksam machen, diesen Vortrag aber nicht selbst ersetzen. Es stellt einen schweren Verfahrensfehler dar, wenn ein Zivilgericht ohne besondere gesetzliche Grundlage von Amts wegen Tatsachen ermittelt. Ein weiterer Ausfluss des Verhandlungsgrundsatzes liegt darin, dass **unstreitige Tatsachen** keines Beweises bedürfen. Das Gericht legt seiner Entscheidung also alle zwischen den Parteien unstreitigen Tatsachen zugrunde, ohne die Wahrheit dieser Tatsachen von Amts wegen zu überprüfen. Im Gegensatz dazu ist das Gericht bei der Rechtsanwendung von den Ansichten der Parteien unabhängig: Das Gericht kann rechtliche Positionen vertreten, die von keiner Partei geteilt werden, muss aber in einem solchen Fall die Parteien darauf zuvor hinweisen (§ 139 Abs. 2 Satz 2 ZPO).

6 **Fallbeispiel:** Der klagende Wohnungseigentümer verlangt vom beklagten Wohnungseigentümer es zu unterlassen, die Gartenfläche, an der ein Sondernutzungsrecht des Klägers besteht, zu betreten. Unstreitig ist zwischen den Parteien, dass das Sondernutzungsrecht des Klägers existiert und dass der Beklagte die Sondernutzungsfläche nutzt, er beruft sich aber auf eine angebliche Gestattung durch den Kläger. – Ob ein Sondernutzungsrecht entstanden ist, ist eine Rechtsfrage, die das Gericht – sofern sich dies aus den vorgetragenen Tatsachen ergibt – abweichend von der Meinung beider Parteien auch verneinen kann. Das Gericht prüft aber nicht weiter den unstreitigen Vortrag der Parteien, dass der Beklagte die Gartenfläche benutzt; an diesen Vortrag ist das Gericht gebunden.

7 Unstreitig im hier genannten Sinn ist ein Vortrag nicht nur, wenn die Tatsachen vom Gegner ausdrücklich zugestanden werden (§ 288 ZPO), sondern schon dann, wenn der Gegner sich zu ihnen nicht erklärt, also schweigt (§ 138 Abs. 3 ZPO). Es gilt daher der Grundsatz, dass alle nicht ausdrucklich bestrittenen Tatsachen als unstreitig anzusehen sind. Diese Rechtslage kann nicht durch gelegentlich in Schriftsätzen zu findende Formulierungen wie „nicht berührter Vortrag wird bestritten" o. ä. geändert werden. Zum Verhandlungsgrundsatz gehört auch die Obliegenheit der Parteien, die erforderlichen **Beweismittel** selbst zu **benennen** und herbeizuschaffen. Zwar kann das Gericht – abgesehen vom Zeugenbeweis – auch von Amts wegen Beweise erheben (vgl. §§ 142–144, 448 ZPO). Das geschieht praktisch jedoch selten, so dass sich keine Partei auf diese Möglichkeit verlassen sollte. Wenn also der Kläger sich zum Beweis einer ihm günstigen Tatsache beispielsweise auf die Teilungserklärung beruft, so hat er sie dem Gericht zugleich auch vorzulegen (§ 420 ZPO), was in der Praxis manchmal vergessen wird. Auch hier hat das Gericht aber in den Grenzen seiner Neutralitätspflicht helfend einzugreifen (§ 139 Abs. 1 Satz 2 ZPO). Im Gegensatz zur alten Rechtslage in der freiwilligen Gerichtsbarkeit trifft die Wohnungseigentümer somit eine deutlich höhere Verantwortung für den Ausgang des Prozesses.

8 e) **Der Mündlichkeitsgrundsatz.** Im Zivilprozess muss mündlich verhandelt werden (§ 128 Abs. 1 ZPO). Davon kann nur mit Zustimmung der Parteien (§§ 128 Abs. 2, 495 a Satz 2 ZPO) oder bei Entscheidungen minderer Bedeutung (§ 128 Abs. 3 und 4 ZPO) abgesehen werden. Die mündliche Verhandlung dient der Erörterung des Rechtsstreits, des Austauschs der Argumente und der Klarstellung des bisherigen schriftlichen Vortrages sowie der Gewährung rechtlichen Gehörs. Der mündlichen Verhandlung kommt darüber hinaus noch eine besondere Bedeutung zu: sie ist **alleinige Entscheidungsgrundlage** für das Urteil (vgl. §§ 286 Abs. 1 Satz 1, 309, 310 Abs. 1 ZPO). Nur Prozessstoff, der Gegenstand der mündlichen Verhandlung war, kann im Urteil verwertet werden. Alles was außerhalb oder auch nur nach (§ 296 a ZPO) der mündlichen Verhandlung vorgebracht wird, ist unbeachtlich. Jedoch wird die mündliche Verhandlung durch Schriftsätze vorbereitet (§ 129 ZPO), auf die in der Verhandlung Bezug genom-

men wird (§§ 137 Abs. 3, 297 ZPO). Der Schluss der mündlichen Verhandlung fixiert zudem die zeitlichen Grenzen der Rechtskraft des Urteils und ist deshalb dort aufzuführen (§ 313 Abs. 1 Nr. 3 ZPO). Das bedeutet, dass spätestens in der mündlichen Verhandlung die Partei ihren Vortrag vervollständigt haben muss. Manchmal erscheinen in der Praxis Parteien völlig unvorbereitet zur mündlichen Verhandlung in der Meinung, Unterlagen oder sonstigen Vortrag später noch nachreichen zu können. Dieses Verhalten ist verfehlt und kann den Prozessverlust nach sich ziehen.

f) Die Prozessförderungspflicht der Parteien. Aus dem Verhandlungsgrundsatz und der 9
Bedeutung der mündlichen Verhandlung ergibt sich schon die Obliegenheit der Parteien zu einem vollständigen und sachgerechten Vortrag. Gleichwohl ist dies in § 282 ZPO ausdrücklich nochmals als echte prozessuale Pflicht normiert. Insbesondere soll einer Prozessverschleppung durch **verspätetes Vorbringen** begegnet werden. Solcher Vortrag kann unter den Voraussetzungen des § 296 ZPO[8] als verspätet zurückgewiesen werden. Es gibt also kein Recht auf zeitlich unbegrenzten Vortrag; spätester Zeitpunkt für Vortrag ist zudem der Schluss der mündlichen Verhandlung gemäß § 296 a ZPO, eine in der Praxis äußert wichtige und von den Parteien manchmal übersehene Vorschrift. Vortrag nach Schluss der mündlichen Verhandlung ist in aller Regel unbeachtlich.[9] Dagegen stellt die Zurückweisung verspäteten Vorbringens gemäß § 296 ZPO (Präklusion) in der Praxis die Ausnahme dar. Weil das Gericht durch ein solches Vorgehen den Schutzbereich des rechtlichen Gehörs (Art. 103 Abs. 1 GG) tangiert, bestehen hierfür strenge Voraussetzungen[10] und ein nicht unerheblicher Begründungsaufwand für das Gericht. Die Präklusionsvorschrift wirkt mehr durch ihre Existenz als durch ihre Anwendung, da allein die Möglichkeit der Zurückweisung verspäteten Vorbringens die Parteien meist zu zeitnahem Vortrag diszipliniert.

g) Anwaltsprozess und Parteiprozess. Im gewöhnlichen Zivilprozess herrscht Anwalts- 10
zwang gemäß § 78 Abs. 1 ZPO nur vor dem Landgericht und den höheren Instanzen (sog. Anwaltsprozess). Vor dem Amtsgericht können Wohnungseigentümer und Verwalter daher im sog. Parteiprozess gemäß § 79 Abs. 1 Satz 1 ZPO selbst auftreten. Zu beachten sind allerdings die Beschränkungen des § 79 Abs. 1 Satz 2 und Abs. 2 ZPO.[11] Soweit eine Partei danach nicht selbst auftreten kann, fehlt ihr die sog. **Postulationsfähigkeit,** d. h. sie kann wirksam keine eigenen Prozesshandlungen vornehmen. Obwohl damit der Wohnungseigentumsprozess in erster Instanz[12] einen Parteiprozess darstellt, ist davon abzuraten, ihn ohne professionelle Hilfe zu führen: Schon das materielle Wohnungseigentumsrecht ist komplex. Dies gilt umso mehr für das dem durchschnittlichen Wohnungseigentümer fremde und oft nur schwer verständliche Prozessrecht. Jeder Prozess kann unvorhergesehene Wendungen nehmen und in Situationen führen, die einen Wohnungseigentümer ohne anwaltliche Hilfe überfordern. Der Zivilprozess basiert im Gegensatz zum Amtsverfahren auf einer erhöhten Verantwortung der Parteien. Diese kann in der Regel nur von einem Rechtsanwalt sachgerecht wahrgenommen werden. Das Gericht ist nicht Berater der Parteien, muss neutral sein und kann nur in Grenzen korrigierend eingreifen. Grundsätzlich ist es nicht befugt, die Zweckmäßigkeit der Prozesshandlungen der Parteien zu überprüfen. Zwar ist auch das Gericht im Regelfall an

---

[8] Es ist zu vermuten, dass der Gesetzgeber mit der von ihm angenommenen „effizienteren und stringenteren" Möglichkeit der Verfahrensführung durch das Gericht insbesondere diese Vorschrift meinte.

[9] Ausnahmen ergeben sich aus § 296 a Satz 2 ZPO.

[10] Die umfangreichen Probleme und die Kasuistik zu § 296 ZPO können hier nicht dargestellt werden.

[11] Zu den Auswirkungen des § 79 ZPO auf die Vertretungsmacht des Verwalters siehe unten Rn. 211.

[12] Die zweite Instanz ist das Landgericht, bei dem gemäß § 78 Abs. 1 ZPO Anwaltszwang herrscht.

einem vernünftigen und sachgerechten Ausgang des Prozesses interessiert. Es kann aber nicht die Arbeit eines Rechtsanwalts leisten. Ferner gilt es zu bedenken, dass Rechtsanwaltskosten nunmehr im Falle des Obsiegens vom Gegner zu erstatten sind (§ 91 Abs. 2 ZPO). Im Gegensatz zum alten Recht (§ 47 WEG a.F.) hat der Prozesssieger jetzt die Möglichkeit, die Rechtsanwaltskosten erstattet zu bekommen.

11 h) **Prozesskostenhilfe.** Wer die Prozesskosten nicht aufbringen kann, erhält auf Antrag unter den Voraussetzungen der §§ 114ff. ZPO Prozesskostenhilfe (PKH).[13] Der Antragsteller hat ein amtliches Formular vollständig auszufüllen (§ 117 Abs. 4 ZPO), die entsprechenden Belege sind beizufügen. Das Gericht kann dem Antragsteller bei unvollständigen Angaben oder Belegen eine Frist zur Nachbesserung setzen und den PKH-Antrag bei fruchtlosem Fristablauf gemäß § 118 Abs. 2 Satz 4 ZPO insoweit zurückweisen. Das Gericht bewertet sodann das Vermögen des Antragstellers und berechnet sein monatliches Nettoeinkommen, wovon es weitere anrechenbare Belastungen und Freibeträge abzieht. Daraus ergibt sich, ob der Antragsteller PKH erhält, gegebenenfalls auch nur gegen Ratenzahlung. Auf Antrag wird dem PKH-Antragsteller gemäß § 121 ZPO ein Rechtsanwalt zur Vertretung beigeordnet. Bewilligte Prozesskostenhilfe schützt nicht vor den Kosten des Gegners im Fall des Unterliegens (§ 123 ZPO). Wichtig für den Wohnungseigentümer ist die Frage, ob die **Eigentumswohnung** für die Prozesskosten **als einzusetzendes Vermögen** gilt. Wenn das zu bejahen ist, wird die Bewilligung von Prozesskostenhilfe ausscheiden. Ein eigenes angemessenes Hausgrundstück, wozu auch eine Eigentumswohnung gehört, muss nach Maßgabe der § 115 Abs. 3 ZPO, § 90 Abs. 2 Nr. 8 SGB XII nicht zum Einsatz für die Prozesskosten verwertet werden, bleibt also als einzusetzendes Vermögen unberücksichtigt.[14] Voraussetzung ist, dass die Eigentumswohnung selbst genutzt wird.[15] Im Übrigen kommt es für die Frage der Angemessenheit auf die Umstände des Einzelfalls an. § 90 Abs. 2 Nr. 8 SGB XII nennt als Entscheidungskriterien die Zahl der Bewohner, den Wohnbedarf, die Grundstücks- und Hausgröße, Zuschnitt und Ausstattung des Wohngebäudes sowie den Grundstückswert.[16] **PKH für den Verband** Wohnungseigentümergemeinschaft ist zwar grundsätzlich unter den Voraussetzungen des § 116 Nr. 2 ZPO möglich. Sie kommt aber nur in Betracht, wenn die Kosten weder von dem Verband noch von den am Rechtsstreit wirtschaftlich beteiligten Wohnungseigentümern aufgebracht werden können.[17] Neben dem Verband müssen also auch die Wohnungseigentümer arm i.S.d. Gesetzes sein. Zudem ist Voraussetzung, dass die Unterlassung der beabsichtigten Rechtsverfolgung oder -verteidigung Interessen der Allgemeinheit zuwiderlaufen würde. Ein solcher Fall wird nur ausnahmsweise vorliegen. Stets setzt die Gewährung von PKH eine **hinreichende Erfolgsaussicht** der beabsichtigten Rechtsverfolgung oder -verteidigung voraus, da die Allgemeinheit nicht aussichtlose Prozesse finanzieren soll. Sie ist gegeben, wenn der Vortrag der Partei schlüssig und ihr Rechtsstandpunkt vertretbar erscheint und in tatsächlicher Hinsicht die Möglichkeit einer Beweisführung besteht; insoweit ist in begrenztem Rahmen auch eine vorweggenommene Beweiswürdigung durch das Gericht zulässig.[18] Schließlich darf die beabsichtigte Prozessführung auch nicht **mutwillig** sein. Mutwilligkeit liegt vor, wenn eine ver-

[13] Die Einzelheiten der Prozesskostenhilfe können hier nicht dargestellt werden.

[14] Dies gilt nicht für Geldvermögen, mit dem eine Eigentumswohnung erst noch erworben werden soll, BGH MDR 2007, 1388 (1389); OLG Frankfurt a.M. MDR 2009, 409; zum Fall des § 120 Abs. 4 ZPO vgl. BGH MDR 2008, 167.

[15] Die Eigentumswohnung darf also nicht vermietet werden, vgl. OLG Koblenz MDR 2002, 904.

[16] Zu weiteren Einzelheiten vgl. etwa *Zöller/Philippi* § 115 Rn. 53. Im Übrigen ist die Vorschrift in der Praxis nur wenig handhabbar: Alle genannten Faktoren müssten vom Gericht noch im PKH-Stadium, also bevor der Prozess beginnen kann, gemäß § 118 Abs. 2 ZPO gesammelt und bewertet werden.

[17] LG Berlin NZM 2007, 493.

[18] BGH NJW 1994, 1160 (1161).

ständige Partei, die die Prozesskosten selbst aufzubringen hätte, ihre Rechte nicht in gleicher Weise verfolgen würde. Damit sind Fälle erfasst, in denen der Partei das Rechtsschutzbedürfnis fehlt[19] oder ohne besonderen Grund unnötig hohe Kosten verursacht werden. In der Praxis des Wohnungseigentumsrechts spielen derartige Fälle bislang keine herausgehobene Rolle.

II. Allgemeine Prozessvoraussetzungen

1. Die Bedeutung der Prozessvoraussetzungen

Prozessvoraussetzungen sind diejenigen Voraussetzungen, die vorliegen müssen, damit die **Klage zulässig** ist und ein Sachurteil ergehen kann. Aus diesem Grund werden sie manchmal auch Sachurteilsvoraussetzungen genannt. Das Fehlen einer Prozessvoraussetzung führt im allgemeinen zur Unzulässigkeit der Klage. Das Gericht prüft zunächst die Prozessvoraussetzungen bevor es sich mit der Sache befasst. Die Prozessvoraussetzungen werden von Amts wegen geprüft, eine Rüge des Beklagten ist in der Regel nicht erforderlich.[20] Sie müssen grundsätzlich spätestens zum Schluss der letzten mündlichen Verhandlung vorliegen, auch hier gibt es Ausnahmen. Beweisbelastet für das Vorliegen der Prozessvoraussetzungen ist grundsätzlich der Kläger, da er ein für sich günstiges Sachurteil erstrebt und daher nachweisen muss, dass dieses Urteil zulässig ist. Bei den Prozessvoraussetzungen ist manches umstritten, schon die Frage, in welcher Reihenfolge sie zu prüfen sind. Im folgenden sollen daher nur die wichtigsten Prozessvoraussetzungen im Hinblick auf den Wohnungseigentumsprozess dargestellt werden. 12

2. Parteien und Parteifähigkeit

a) Begriff der Partei. Im Zivilprozess gilt der sogenannte **formelle Parteibegriff:** Parteien sind Kläger und Beklagter gemäß Bezeichnung in der Klageschrift – ob sie zu Recht klagen oder verklagt werden ist keine prozessuale, sondern eine materiell-rechtliche Frage und für ihre Stellung als Partei im Prozess ohne Bedeutung. Der Kläger muss daher besonderes Augenmerk darauf richten, denjenigen zu verklagen, gegen den auch der geltend gemachte materiell-rechtliche Anspruch besteht. Diese Selbstverständlichkeit ist hier deshalb besonders zu betonen, weil dies nach altem Recht der freiwilligen Gerichtsbarkeit nicht erforderlich war: Dort achtete das Gericht von Amts wegen auf die Verfahrensbeteiligung der Betroffenen, der Antragsteller musste nicht bindend in seinem Antrag festlegen, wer Antragsgegner sein sollte. Im Zivilprozess gilt dies nicht. Der Kläger hat vielmehr genau zu prüfen, wen er mit seiner Klage überziehen will, das Gericht darf hier nicht korrigierend eingreifen.[21] 13

b) Parteifähigkeit. Darunter versteht man die Fähigkeit, Subjekt eines prozessualen Rechtsverhältnisses sein zu können. Die Parteifähigkeit zählt zu den Prozessvoraussetzungen, da ihr Fehlen zur Unzulässigkeit der Klage führt. **Partei** in einem Prozess kann jeder sein, der **rechtsfähig** ist (§ 50 Abs. 1 ZPO). Dies sind unproblematisch die Wohnungseigentümer und der Verwalter. Verstorbene können nicht Partei sein. Zu solchen Fallgestaltungen kann es kommen, wenn zu einer Eigentümergemeinschaft eine Vielzahl von Personen gehören und der Kläger, der alle Wohnungseigentümer verklagen will oder muss, aufgrund einer veralteten Eigentümerliste einen zwischenzeitlich verstorbenen Wohnungseigentümer verklagt. Die Klage ist insoweit unzulässig. Die Rechts- und Parteifähigkeit einer **juristischen Person** oder sonstigen rechtsfähigen Personengesellschaft beurteilt sich nach den für sie geltenden Normen (vgl. § 13 Abs. 1 GmbHG, § 1 Abs. 1 14

---

[19] Näher dazu Rn. 50.

[20] Ausnahmen: §§ 269 Abs. 6, 110, 1032 Abs. 1 ZPO.

[21] Zur Auslegung der Parteibezeichnung in der Klageschrift siehe unten Rn. 19.

AktG, § 17 Abs. 1 GenG, § 124 Abs. 1 HGB). Nach der Rspr. kann auch einer Gesellschaft bürgerlichen Rechts (GbR) Rechtsfähigkeit zukommen.[22] Der (teil-)rechtsfähige **Verband Wohnungseigentümergemeinschaft** kann gemäß § 10 Abs. 6 Satz 5 WEG vor Gericht klagen und verklagt werden, also selbst als solcher Partei sein. Auf den Gegenstand des Rechtsstreits kommt es dabei nicht an. Der Verband ist daher auch parteifähig in Rechtsstreitigkeiten, in denen nicht die Verwaltung des Gemeinschaftseigentums betroffen ist. Der Teilrechtsfähigkeit des Verbandes gemäß § 10 Abs. 6 Satz 1 WEG korrespondiert also keine „Teilparteifähigkeit" gemäß § 10 Abs. 6 Satz 5 WEG. Der Prozess verträgt keine Unsicherheit, ob der Verband im speziellen Fall Partei sein kann oder nicht. Ist der Verband Partei in einem Prozess, dessen Streitgegenstand außerhalb der Teilrechtsfähigkeit des Verbandes liegt, so ist die Klage nicht unzulässig, sondern in der Regel unbegründet.

3. Prozessfähigkeit

15 Unter Prozessfähigkeit versteht man die Fähigkeit, Prozesshandlungen selbst oder durch einen selbst gewählten Vertreter vornehmen zu können (vgl. §§ 51 Abs. 1, 52 ZPO). Volljährige geschäftsfähige Wohnungseigentümer sind prozessfähig, gleiches gilt für den Verwalter. Prozessunfähige handeln durch ihren gesetzlichen Vertreter. **Juristische Personen** und rechtsfähige Personengesellschaften sind nicht selbst prozessfähig, sie handeln durch ihre Organe oder sonstigen bestellten Vertreter. Für den **Verband** gilt folgendes: Ist der Verband Beklagter (sog. Passivprozess), so wird er vom Verwalter gemäß § 27 Abs. 3 Satz 1 Nr. 2 WEG vertreten. Der Verwalter kann den Verband jedoch von Gesetzes wegen nicht als Kläger (sog. Aktivprozess) vertreten, es sei denn, die Klageerhebung stellt zugleich eine fristwahrende Maßnahme gemäß § 27 Abs. 3 Satz 1 Nr. 2 WEG dar. Hierzu bedarf er einer besonderen Ermächtigung (Vereinbarung oder Beschluss), die ihm gemäß § 27 Abs. 3 Satz 1 Nr. 7 WEG erteilt werden kann. Fehlt ein Verwalter oder ist er zur Vertretung nicht berechtigt, so vertreten gemäß § 27 Abs. 3 Satz 2 WEG alle Wohnungseigentümer den Verband; in diesem Fall kann auch gemäß § 27 Abs. 3 Satz 3 WEG durch Beschluss ein bestimmter Wohnungseigentümer zur Vertretung ermächtigt werden. Diese Regelung gilt für Aktiv- und Passivprozesse. Wenn mehrere Wohnungseigentümer den Verband vertreten, genügt gemäß § 170 Abs. 3 ZPO die Zustellung an einen von ihnen zu ihrer Wirksamkeit. Die Klage gegen einen **Prozessunfähigen,** beispielsweise gegen einen geisteskranken Wohnungseigentümer, ist unzulässig, wenn er nicht durch seinen gesetzlichen Vertreter, im Beispielsfall durch einen Betreuer (vgl. § 53 ZPO), vertreten wird. Nur in Notfällen darf dass Gericht gemäß § 57 Abs. 1 ZPO einem Prozessunfähigen, der keinen gesetzlichen Vertreter hat, einen Prozesspfleger bestellen.

4. Ordnungsgemäße Klageerhebung

16 Die Klageschrift muss den Anforderungen des § 253 Abs. 2 bis 5 ZPO genügen. Hier liegt ein wesentlicher Unterschied zum alten Verfahren der freiwilligen Gerichtsbarkeit. Dort unterlag der Antrag keinen Formerfordernissen. Nunmehr führen Mängel am notwendigen Inhalt der Klageschrift – sofern sie nicht noch zulässigerweise nachgebessert werden – zur Unzulässigkeit der Klage.

17 **a) Formalien.** Eine Klage kann grundsätzlich nur **schriftlich** erhoben werden. Ausnahmen bestehen für elektronische Dokumente nach näherer Maßgabe des § 130 a ZPO. Da die Klage in erster Instanz in Wohnungseigentumssachen beim Amtsgericht zu erheben ist,[23] kann sie gemäß § 496 ZPO auch mündlich zu Protokoll der Geschäftsstelle eines – beliebigen (vgl. § 129 a Abs. 1 ZPO) – Amtsgerichts angebracht werden. Der

---

[22] BGH NJW 2001, 1056.
[23] Näher dazu unten Rn 44.

schriftlichen Klage sind gemäß § 253 Abs. 5 ZPO die für die Zustellung erforderlichen **Abschriften** beizufügen. Fehlen sie, so wird das Gericht im Regelfall entweder die fehlenden Abschriften nachfordern oder sie gemäß Nr. 9000 der Anlage zum GKG auf Kosten des Klägers selbst herstellen. In jedem Fall ergibt sich eine Verzögerung der Zustellung, die für den Kläger dann problematisch werden kann, wenn er mit der Klagezustellung eine Frist wahren will. Gemäß § 253 Abs. 4 ZPO soll der Inhalt der Klageschrift auch dem § 130 ZPO genügen. Es handelt sich um eine Sollvorschrift, deren Verletzung nicht zur Unzulässigkeit der Klage führt. Besonderheiten bestehen jedoch für die in § 130 Nr. 6 ZPO vorgesehene **Unterschrift.** Die Rechtsprechung verlangt für sog. bestimmende Schriftsätze, wozu auch die Klageschrift gehört, zwingend die Unterschrift der Person, die den Schriftsatz verantwortet.[24] Andernfalls liegt keine zulässige Klage vor. Ein unterschriebenes Telefax genügt allerdings,[25] ausreichend ist auch der Ausdruck einer elektronisch übermittelten Bilddatei, die eine Unterschrift enthält,[26] nicht aber eine bloße E-Mail.[27]

b) Bezeichnung der Parteien und des Gerichts. Die Klageschrift muss zwingend gemäß § 253 Abs. 2 Nr. 1 ZPO die Parteien und das Gericht bezeichnen. Letzteres ergibt sich im Regelfall unproblematisch aus der Adressierung an das entsprechende Gericht. Die Bezeichnung der Parteien muss den allgemeinen sich aus § 253 Abs. 2 Nr. 1 ZPO ergebenden Anforderungen entsprechen; Besonderheiten für den Wohnungseigentumsprozess folgen aus § 44 WEG. 18

aa) Allgemeine Anforderungen an die Parteibezeichnung. Die Bezeichnung der Parteien in der Klageschrift legt ihre Rollen als Kläger und Beklagter fest und ist daher von überragender prozessualer Bedeutung. Hier gemachte Fehler können schlimmstenfalls zum Prozessverlust oder zu einem wertlosen Urteil führen, wenn sich z. B. später herausstellt, dass die beklagte Partei gar nicht existiert oder dass materiell-rechtlich der Falsche verklagt worden ist. Die Parteien sollten so **exakt wie möglich** bezeichnet werden um spätere Unklarheiten oder Verwechslungen auszuschließen. So ist etwa bei gleichem Vor- und Nachnamen von Vater und Sohn zwingend das Geburtsdatum der Partei mit anzugeben. Grundsätzlich sind auch die vollständigen Anschriften der Parteien mitzuteilen;[28] auf Beklagtenseite ist dies schon deshalb notwendig, damit überhaupt eine Zustellung erfolgen kann. Wenn aber die Zustellung der Klage an der Verwalter oder den Ersatzzustellungsvertreter gemäß § 45 Abs. 2 und 3 WEG möglich ist und auch keine sonstigen wichtigen prozessualen Gründe entgegenstehen, ist die Angabe der vollständigen Anschriften der beklagten Wohnungseigentümer ausnahmsweise nicht erforderlich, sofern ihre Identität zweifelsfrei ist.[29] Wie jede Prozesshandlung so ist auch die Parteibezeichnung in der Klageschrift der **Auslegung** zugänglich. Bei unrichtiger äußerer Bezeichnung ist grundsätzlich die Person als Partei angesprochen, die erkennbar durch die Parteibezeichnung betroffen werden soll.[30] Bei der Auslegung der Parteibezeichnung ist der gesamte Inhalt der Klageschrift einschließlich der Anlagen zu berücksichtigen.[31] Besonders in Fällen, in denen als Beklagter sowohl der **Verband** als auch alle Wohnungseigentümer in Betracht kommen, ist bei der Auslegung der Klageschrift sorgfältig zu prüfen, wen der Kläger verklagen will. Richtigerweise ist der Verband gemäß § 10 Abs. 6 Satz 4 WEG zu bezeichnen als „Wohnungseigentümergemeinschaft X-Str. Nr. Y, vertreten durch den 19

---

[24] BGH NJW 2005, 2086 (2087); vgl. auch BGH NJW-RR 2004, 755.

[25] Zu weiteren Ausnahmen vgl. *Zöller/Greger* § 130 Rn. 18.

[26] BGH NJW 2008, 2649.

[27] BGH MDR 2009, 401.

[28] BGH NJW 1988, 2114. In besonderen Einzelfällen kann anderes gelten, vgl. BVerfG NJW 1996, 1272.

[29] § 130 Nr. 1 ZPO, auf den § 253 Abs. 4 ZPO verweist, ist nämlich nur eine Sollvorschrift.

[30] BGH NJW 2002, 3110 (3111).

[31] BGH NJW-RR 2008, 582.

Verwalter Z (gefolgt von seiner Anschrift)". Zulässig ist auch die volle grundbuchrechtliche Bezeichnung des gemeinschaftlichen Grundstücks. In der Praxis ist dagegen gelegentlich zu beobachten, dass alle Mitglieder des Verbandes namentlich aufgeführt werden, auch wenn der Verband selbst klagt oder verklagt wird. Hier wird man in der Regel davon ausgehen können, dass die Auflistung der Wohnungseigentümer nur informatorisch gemeint ist und die Parteistellung des Verbandes davon unberührt bleiben soll; anderes gilt, wenn die Wohnungseigentümer als Gesamtschuldner in Anspruch genommen werden.[32] Umgekehrt ist eine **Anfechtungsklage** gemäß § 46 Abs. 1 Satz 1 WEG im Regelfall **gegen alle Wohnungseigentümer** erhoben, auch wenn die Beklagtenbezeichnung etwa wie folgt lautet: „Wohnungseigentümergemeinschaft X-Straße Nr. Y, bestehend aus den Wohnungseigentümern ... (werden einzeln aufgelistet)".[33] Denn üblicherweise will der Kläger denjenigen verklagen, gegen den die Klage von Gesetzes wegen zu richten ist. Ergibt sich aus den weiteren Ausführungen in der Klageschrift jedoch, dass der Kläger tatsächlich den Verband verklagen will, so wird der Verband Partei, auch wenn dies materiell-rechtlich falsch sein sollte.[34] Die Klage gegen die „Wohnungseigentümergemeinschaft X-Straße", insbesondere ohne Auflistung der Wohnungseigentümer, ist als Klage gegen den Verband zu verstehen,[35] es sei denn aus der Begründung der Klageschrift geht hervor, dass tatsächlich die übrigen Wohnungseigentümer gemeint sind.[36]

20 *bb) Besonderheiten gemäß § 44 WEG.* Abweichend von diesen allgemeinen Regeln enthält § 44 WEG einige besondere Vorschriften: Wenn auf Kläger- oder Beklagtenseite alle Wohnungseigentümer oder die übrigen mit Ausnahme des Gegners stehen, können sie in der Klageschrift vorläufig als „die Wohnungseigentümer der Wohnungseigentümergemeinschaft X-Str. Nr. Y in 12345 Musterstadt" bezeichnet werden, so genannte **Sammelbezeichnung.** Die Klageerhebung kann also zunächst nicht daran scheitern, dass der Kläger keine vollständige und aktuelle Liste aller Wohnungseigentümer besitzt. Damit ist auch ein Hauptzweck des § 44 WEG umrissen: Dem Kläger wird nachgelassen, die eigentlich durch § 253 Abs. 2 Nr. 1 ZPO geforderte exakte Parteibezeichnung nicht schon in der Klageschrift, sondern erst wesentlich später zum Schluss der mündlichen Verhandlung, also bei Urteilsreife des Prozesses (§ 310 Abs. 1 Satz 1 ZPO), zu erbringen. Ein weiterer Zweck des § 44 Abs. 2 WEG besteht darin, dem Gericht die Beiladung[37] der nicht am Prozess beteiligten Wohnungseigentümer zu ermöglichen. Die Regelung des § 44 WEG mit ihrem Bezug zum Schluss der mündlichen Verhandlung wirft verschiedene Probleme auf: So kann der Kläger u. U. keine oder eine falsche Liste besitzen. Ferner ergeben sich Fragen bei der Bezeichnung des Verwalters und des Ersatzzustellungsvertreters. Schließlich gilt § 44 WEG auch für am Prozess Nichtbeteiligte und in besonderen Verfahren.

21 Spätestens bis zum **Schluss der mündlichen Verhandlung** sind die Wohnungseigentümer vollständig namentlich zu bezeichnen (§ 44 Abs. 1 Satz 2 WEG). Geschlossen wird die mündliche Verhandlung gemäß § 136 Abs. 4 ZPO durch Anordnung des Vorsitzenden. Wenn ein Prozess ohne mündliche Verhandlung endet, etwa in den Fällen des schriftlichen Verfahrens nach § 128 Abs. 2 ZPO oder § 495 a ZPO, so tritt anstelle des Verhandlungs-

---

[32] OLG Düsseldorf ZMR 2009, 546.

[33] OLG Karlsruhe NJW 2008, 2857; LG Nürnberg-Fürth NJW 2009, 2142; LG München I WuM 2009, 189; LG Düsseldorf NZM 2008, 813 (814); a. A. – und unnötig streng – aber AG Hamburg-St. Georg ZMR 2008, 742.

[34] Zu weitgehend daher AG Ahrensburg ZMR 2009, 78, wonach der Begriff „Wohnungseigentümergemeinschaft" als Kurzbezeichnung für die richtigen Beklagten, nämlich die Wohnungseigentümer, im Regelfall ausreichend sein soll.

[35] LG Düsseldorf ZMR 2009, 67; LG Berlin ZMR 2009, 390 (392); LG Darmstadt ZMR 2008, 736; AG Schwarzenbeck ZMR 2009, 159; AG Dresden ZMR 2008, 248; AG Bochum ZMR 2008, 740; ähnlich LG Stuttgart ZMR 2009, 229 (230).

[36] AG Konstanz ZMR 2008, 495 (496); NJW 2007, 3728.

[37] Zur Beiladung siehe ausführlich unten Rn. 68 ff.

schlusses der vom Gericht bestimmte Zeitpunkt, bis zu dem Schriftsätze eingereicht werden können. Ein Versäumnisurteil im schriftlichen Verfahren gemäß § 331 Abs. 3 ZPO oder ein Anerkenntnisurteil ohne mündliche Verhandlung gemäß § 307 Satz 2 ZPO können ebenfalls erst dann ergehen, wenn die vollständige namentliche Bezeichnung der Wohnungseigentümer vorliegt. Die Vertagung der Verhandlung nach § 227 Abs. 1 Satz 1 ZPO bedeutet nicht ihren Schluss. Die mündliche Verhandlung ist erst am letzten Verhandlungstermin geschlossen; kommt es also zu mehreren Terminen, reicht es aus, wenn die Eigentümerliste im letzten Termin vorgelegt wird. Das Gericht ist aber nicht zur Vertagung verpflichtet, nur um dem Kläger die namentliche Bezeichnung noch in einem späteren Termin zu ermöglichen. Wird die namentliche Bezeichnung nicht rechtzeitig nachgeholt, so ist die **Klage unzulässig.** Denn § 44 Abs. 1 WEG gestattet dem Kläger lediglich, die Vorgaben des § 253 Abs. 2 Nr. 1 ZPO nachträglich zu erfüllen; unterbleibt dies, so liegt im Ergebnis ein zur Unzulässigkeit der Klage führender Verstoß gegen diese Vorschrift vor. Kommt es zum **Berufungsverfahren,** setzt sich die mündliche Verhandlung in der nächsten Instanz fort, da auch das Berufungsgericht grundsätzlich[38] aufgrund mündlicher Verhandlung zu entscheiden hat. Der Kläger kann dann noch in der Berufungsinstanz die namentliche Bezeichnung nachholen.

Fallbeispiel: Der Kläger unterlässt bis zum Schluss der mündlichen Verhandlung in erster Instanz entgegen § 44 Abs. 1 WEG die namentliche Bezeichnung der Wohnungseigentümer. Die Klage wird als unzulässig abgewiesen. Der Kläger legt Berufung ein und holt mit der Berufungsschrift die vollständige namentliche Bezeichnung nach. Wie hat das Berufungsgericht zu entscheiden? 22

Kommt es im Fallbeispiel zur mündlichen Verhandlung vor dem Berufungsgericht, so ist dem § 44 Abs. 1 Satz 2 WEG Genüge getan. Die Abweisung der Klage als unzulässig kann keinen Bestand haben, auch wenn sie in erster Instanz zu Recht erfolgte. Das Berufungsgericht muss in der Sache selbst entscheiden, wenn es nicht auf Antrag den Prozess gemäß § 538 Abs. 2 Satz 1 Nr. 3 ZPO an die erste Instanz zurückverweist. Einer Zurückweisung der Berufung durch Beschluss nach § 522 Abs. 2 ZPO steht Nr. 1 dieser Vorschrift entgegen, denn bei mündlicher Verhandlung hat die Berufung Aussicht auf Erfolg. Die nachträgliche namentliche Benennung der Wohnungseigentümer kann nicht durch das Berufungsgericht zurückgewiesen werden. Sie ist keine neue Tatsache i. S. d. § 529 Abs. 1 Nr. 2 ZPO, sondern nur eine Klarstellung dessen, welche Personen ohnehin bereits Beklagte sind, siehe dazu noch nachfolgend. Erst recht handelt es sich nicht um ein Angriffs- oder Verteidigungsmittel i. S. d. §§ 531, 282 Abs. 1 ZPO. 23

Ein praktisches Problem für einen Kläger, der alle Wohnungseigentümer verklagt, ist es oft, die **Wohnungseigentümerliste vorzulegen.** Er hat einen materiell-rechtlichen Anspruch gegen den Verwalter auf Aushändigung einer solchen Liste.[39] Wenn vorprozessual die Liste nicht mehr rechtzeitig eingeholt werden konnte, stellt sich die Frage, ob der Kläger anregen kann, dem Verwalter gemäß **§ 142 ZPO** die Vorlage der Liste aufzugeben.[40] Eine Anordnung nach § 142 ZPO steht im pflichtgemäßen Ermessen des Gerichts. Sie ist ein Mittel, einem Beweisnotstand des Klägers zu begegnen.[41] § 142 ZPO befreit den Kläger nicht von seiner Darlegungslast, so dass die Anordnung nicht zum bloßen Zweck der Informationsgewinnung, sondern nur bei Vorliegen eines schlüssigen, auf konkrete Tatsachen bezogenen Vortrages des Klägers ergehen darf.[42] Bei diesem Ver- 24

---

[38] Ausnahmen gelten für die Verwerfung der Berufung als unzulässig gemäß § 522 Abs. 1 Satz 2 und 3 ZPO und für ihre Zurückweisung durch Beschluss gemäß § 522 Abs. 2 ZPO.

[39] BayObLG WuM 1984, 304 bejaht „jedenfalls“ vor einer Eigentümerversammlung eine entsprechende Pflicht des Verwalters. Diese Einschränkung dürfte heute nicht weiter aufrechtzuerhalten sein. Siehe ebenfalls OLG Saarbrücken ZMR 2007, 141.

[40] LG Stuttgart ZMR 2009, 77 (78) scheint eine solche Anordnung für zulässig zu halten, jedoch ohne dies näher zu problematisieren.

[41] BGH NJW-RR 2007, 106 (107).

[42] BGH NJW 2007, 2989 (2992).

ständnis der Vorschrift kommt ihre Anwendung zur Vorlage einer Eigentümerliste grundsätzlich **nicht** in Betracht. Der Kläger befindet sich weder in Beweisnot, da er Namen und Anschriften der Miteigentümer auch durch das Grundbuch- und Einwohnermeldeamt erfragen kann, noch geht es um bestimmte „Unterlagen" i. S. d. § 142 Abs. 1 ZPO, sondern lediglich um die allgemeine Information, wer Miteigentümer ist. Diese Information ist nicht an bestimmte Unterlagen geknüpft, über die nur der Verwalter, nicht aber der Kläger verfügen kann. Mithin bleibt der Kläger für die Vollständigkeit und Richtigkeit seiner Parteibezeichnung prozessual allein verantwortlich.[43]

25 Dies führt unmittelbar zu der Frage, welche Folgen eine **unrichtige Liste** nach sich zieht.[44] So können in der Liste bereits ausgeschiedene Wohnungseigentümer noch aufgeführt, neu hinzugekommene nicht enthalten sein. Insbesondere kann die **Richtigkeit der Liste streitig** sein. Richtiger Ansicht nach sind Fehler der Liste bedeutungslos und können jederzeit entsprechend § 319 ZPO berichtigt werden. Die Liste hat keinen konstitutiven, sondern nur **deklaratorischen und klarstellenden Charakter.** Die Parteistellung wird bereits durch die Klageschrift festgelegt. Werden alle Wohnungseigentümer per Sammelbezeichnung verklagt, so sind Beklagte alle, die zum Zeitpunkt der Rechtshängigkeit – also der Zustellung – Wohnungseigentümer sind; gerade dies entspricht auch dem Willen des Klägers, der durch die Sammelbezeichnung alle Wohnungseigentümer verklagen will. An diesem einmal durch Zustellung entstandenen Prozessrechtsverhältnis[45] kann sich durch Vorlage der Liste zum späteren Zeitpunkt der mündlichen Verhandlung nichts mehr ändern. Insbesondere darf die Parteistellung zwischen dem u. U. erheblichen Zeitraum zwischen Rechtshängigkeit und Schluss der mündlichen Verhandlung (vgl. § 44 Abs. 1 Satz 2 WEG) nicht in der Schwebe bleiben. Aus diesen Erwägungen folgt zudem, dass in die Liste folglich alle Personen gehören, die zum **Zeitpunkt der Rechtshängigkeit** Wohnungseigentümer sind.

26 Aus § 44 Abs. 1 WEG ergeben sich darüber hinaus noch weitere Besonderheiten für die Parteibezeichnung in der Klageschrift: Sind alle Wohnungseigentümer Beklagte, so müssen außerdem der **Verwalter** und der **Ersatzzustellungsvertreter** (vgl. zu diesem § 45 Abs. 2 Satz 1 WEG) **bezeichnet werden** (§ 44 Abs. 1 Satz 1 Halbsatz 2 WEG). Die Rechtsfolgen eines Verstoßes gegen diese Vorschrift sind dem Gesetz nicht klar zu entnehmen. Er führt nicht ohne weiteres zur Unzulässigkeit der Klage. Da durch diese Regelung vorrangig nur die Zustellung der Klage gemäß § 45 WEG an den Verwalter oder den Ersatzzustellungsvertreter zum Zweck der Verfahrensvereinfachung erreicht werden soll,[46] handelt es sich um eine bloße Zweckmäßigkeitsvorschrift. Wird sie vom Kläger nicht beachtet, so muss die Klage – eine genügende Anzahl von Abschriften vorausgesetzt – statt dessen an alle beklagten Wohnungseigentümer zugestellt werden (vgl. auch § 271 Abs. 1 ZPO), sofern der Kläger nicht auf Nachfrage des Gerichts den Verwalter noch benennt; das sollte er schon aus eigenem Interesse an einer möglichst schnellen und reibungslosen Zustellung tun. Eine Zustellung an alle Wohnungseigentümer ist nur möglich, wenn alle Wohnungseigentümer schon in der Klageschrift namentlich vollständig bezeichnet werden. Eine Klageschrift, die weder den Verwalter oder den Ersatzzustellungsvertreter noch die Wohnungseigentümer namentlich bezeichnet, kann nicht zugestellt werden. Anderes gilt, wenn der Verwalter im Fall des § 48 Abs. 1 Satz 2 WEG, also insbesondere bei der Anfechtungsklage, beigeladen werden soll. Hier ist er nicht lediglich Zustellungsvertreter der Wohnungseigentümer, sondern kann in eigenen Rechten betroffen sein, so dass er zwingend am Prozess zu beteiligen ist. Folglich muss in diesem Fall

---

[43] Davon geht auch die Gegenäußerung der Bundesregierung aus, BT-Drucks. 16/887, S. 75.

[44] Zum Sonderfall der Anfechtungsklage vgl. auch unten Rn. 516.

[45] Das Prozessrechtsverhältnis entsteht durch Zustellung der Klageschrift und hängt nicht vom Vorliegen der Prozessvoraussetzungen ab, BGH NJW 1992, 2575.

[46] Die Vorschrift des § 44 Abs. 1 Satz 1 Halbsatz 2 WEG gilt nämlich nicht, wenn die Wohnungseigentümer Kläger sind.

der Kläger den Verwalter namentlich bezeichnen und seine vollständige Anschrift mitteilen, damit die Klage an ihn zugestellt werden kann.

Den Fall, dass nicht alle Wohnungseigentümer am Prozess beteiligt sind, regelt § 44 Abs. 2 WEG: Die **Nichtbeteiligten** müssen ebenfalls bezeichnet werden, wobei zunächst auch hier bis zum Schluss der mündlichen Verhandlung die Sammelbezeichnung genügt. Sofern das Gericht ihre Beiladung anordnet (§ 48 Abs. 1 WEG), ist ihre vollständige namentliche Bezeichnung bis zum Schluss der mündlichen Verhandlung nachzuholen; werden die Nichtbeteiligten nicht beigeladen, bleibt die Sammelbezeichnung hingegen ausreichend. Wenn das Gericht die übrigen Wohnungseigentümer beiladen will und ihre Bezeichnung in der Klageschrift fehlt und bis zur mündlichen Verhandlung auch nicht nachgeholt wird, ist die Klage unzulässig. 27

Die Regelungen des § 44 WEG über die Parteibezeichnung in der Klageschrift gelten entsprechend auch für **besondere Verfahren** wie das selbständige Beweisverfahren oder den einstweiligen Rechtsschutz.[47] Es gibt keinen Grund in jenen Verfahren strengere Anforderungen an den verfahrenseinleitenden Schriftsatz zu fordern als an eine Klageschrift; daher ist auch dort die Sammelbezeichnung nach Maßgabe des § 44 WEG zulässig. 28

c) **Klageantrag.** Unverzichtbare Voraussetzung der Klageschrift ist gemäß § 253 Abs. 2 Nr. 2 ZPO ein bestimmter Antrag. Die Bedeutung des Klageantrages kann nicht hoch genug veranschlagt werden: Er ist die prozessuale Ausformulierung dessen, was der Kläger vom Beklagten eigentlich will; er legt zusammen mit der Klagebegründung den Streitgegenstand der Klage fest, also das, worüber im Prozess überhaupt gestritten werden soll. Zudem bindet der Klageantrag das Gericht: Es darf dem Kläger nicht mehr oder etwas anderes zusprechen als beantragt (§ 308 Abs. 1 ZPO). Das ist eine wichtige Grundregel des Zivilprozesses. 29

aa) Allgemeine Anforderungen an den Klageantrag. Der Klageantrag muss so **bestimmt gefasst** sein, dass kein Zweifel daran besteht, was vom Beklagten verlangt wird;[48] andernfalls kann das Urteil nicht vollstreckt werden. Ein Urteil mit nicht vollstreckungsfähigem, weil unbestimmten Tenor, ist praktisch wertlos. Aus der Bindung des Gerichts an den Antrag folgt, dass der Klageantrag möglichst dem Tenor des erstrebten Urteils entsprechen sollte. Wird beispielsweise die Abgabe einer Willenserklärung eingeklagt, so gehört die vollständige Erklärung schon in den Klageantrag. Angefochtene Beschlüsse müssen genau bezeichnet, Zahlungsklagen genau beziffert werden. Werden Zinsen geltend gemacht, müssen auch diese in den Klageantrag aufgenommen werden. Betroffene Grundstücke, Wohneinheiten oder sonstige Örtlichkeiten müssen genau bezeichnet oder beschrieben werden; notfalls kann auf einen Plan Bezug genommen werden. Andererseits sollte der Klageantrag nicht mit überflüssigem Ballast überfrachtet werden, da sonst die Gefahr der Unübersichtlichkeit oder Teilabweisung droht. Erläuterungen und Begründungen gehören nicht in den Antrag. Sie bleiben der neben dem Antrag erforderlichen Klagebegründung vorbehalten. Wegen der überragenden Bedeutung des Klageantrages werden nachfolgend einige typische Anträge beispielhaft aufgeführt: 30

Anfechtungsklage: „Der Beschluss der Versammlung der Wohnungseigentümer der Wohnungseigentümergemeinschaft X-Str. Nr. Y in 12345 Musterstadt vom 1. 8. 2008 zu TOP 3 (Balkonsanierung) wird für ungültig erklärt."[49] 31

---

[47] Siehe dazu auch unten Rn. 368.

[48] Soweit Ausnahmen von diesem Grundsatz zugelassen werden, haben sie für den Wohnungseigentumsprozess keine Relevanz.

[49] Dringend abzuraten ist von allen anderen Formulierungen wie „der Beschluss wird angefochten, soll aufgehoben oder für unwirksam oder nichtig erklärt werden" oder – noch unklarer – „das Protokoll soll aufgehoben werden" oder es werde „Widerspruch gegen den Beschluss, das Protokoll oder die Versammlung eingelegt" bis hin zu „das Gericht soll den Beschluss, die Versammlung o. ä.

32 **Nichtigkeitsfeststellungsklage:** „Es wird festgestellt, dass der Beschluss der Versammlung der Wohnungseigentümer der Wohnungseigentümergemeinschaft X-Str. Nr. Y in 12345 Musterstadt vom 1. 8. 2008 zu TOP 3 (Balkonsanierung) nichtig ist."

33 **Klage auf Feststellung eines bestimmten Beschlusses:** „Es wird festgestellt, dass auf der Wohnungseigentümerversammlung der Wohnungseigentümergemeinschaft X-Str. Nr. Y in 12345 Musterstadt vom 1. 8. 2008 zu TOP 1 folgender Beschluss gefasst worden ist: ‚Die Jahresabrechnung für das Wirtschaftsjahr 2007 wird mehrheitlich mit 4 Ja-Stimmen und einer Gegenstimme beschlossen.'"

34 **Hausgeldklage:** „Die Beklagten werden als Gesamtschuldner verurteilt, an die Klägerin (= der Verband), 2300,– € nebst Zinsen in Höhe von 5 Prozentpunkten über dem jeweiligen Basiszinssatz seit Rechtshängigkeit zu zahlen."

35 **Beseitigung baulicher Veränderungen:** „Der Beklagte wird verurteilt, den von ihm in der Garageneinfahrt des Grundstückes der Wohnungseigentümergemeinschaft X-Str. Nr. Y in 12345 Musterstadt errichteten Carport, in der Anlage K1 zur Klageschrift (Auszug aus dem Liegenschaftskataster) grün umrandet, vollständig zu entfernen."

36 **Unterlassen von Störungen:** „Der Beklagte wird verurteilt, das Betreten der Sondernutzungsfläche der Klägerin an der gesamten Gartenfläche des Grundstücks der Wohnungseigentümergemeinschaft X-Str. Nr. Y in 12345 Musterstadt zu unterlassen. Für jede Zuwiderhandlung wird gegen ihn ein Ordnungsgeld von bis zu 250 000,– € und für den Fall, dass dieses nicht beigetrieben werden kann, Ordnungshaft von bis zu 6 Monaten verhängt."[50]

37 **Abgabe einer Willenserklärung:** „Der Beklagte wird verurteilt, einer Änderung der Nr. 12.3 der Teilungserklärung der Wohnungseigentümergemeinschaft X-Str. Nr. Y in 12345 Musterstadt vom 1. 8. 1993 dahingehend zuzustimmen, dass beginnend zum 1. 1. 2009 das Wirtschaftsjahr auf das Kalenderjahr umgestellt wir."

38 **Einberufung einer Wohnungseigentümerversammlung:** „Der Beklagte (= Verwalter) wird verurteilt, eine Wohnungseigentümerversammlung für die Wohnungseigentümergemeinschaft X-Str. Nr. Y in 12 345 Musterstadt mit dem Tagesordnungspunkt ‚Abwahl des Verwalters' einzuberufen."

39 *bb) Besonderheiten gemäß § 21 Abs. 8 WEG.* Der Gesetzgeber hat erkannt, dass Wohnungseigentümer die strengen Anforderungen an den Klageantrag nicht immer einhalten können. Dies ist dann der Fall, wenn der Kläger einen Anspruch auf ordnungsgemäße Verwaltung hat und es mehrere gleichwertige Möglichkeiten gibt, diesen Anspruch zu erfüllen. Es geht also um Fälle, in denen der Anspruch von einer **Ermessensentscheidung der Gemeinschaft** abhängt. Dem Kläger soll dann nicht die Last aufgebürdet werden, diese Ermessensentscheidung in seinem Klageantrag vorwegzunehmen und auszuformulieren. Daher soll statt dessen das Gericht die erforderliche Entscheidung für die untätigen oder unwilligen Wohnungseigentümer nach billigem Ermessen treffen können.[51] Dieses Ziel verfolgt § 21 Abs. 8 WEG. Nach Maßgabe dieser Vorschrift kann der Kläger einen **unbestimmten Klageantrag** stellen. Die Norm ist für ihren Zweck allerdings zu eng formuliert: Sie setzt nach ihrem Wortlaut voraus, dass die Wohnungseigentümer eine nach dem „Gesetz erforderliche Maßnahme" nicht treffen. Nach der Vorstellung des Gesetzgebers fallen darunter etwa Beschlüsse über Wirtschaftspläne und Jahresabrechnungen.[52] Da diese Beschlüsse aber nach dem Gesetz nicht zwingend,[53] sondern nur im Rahmen einer ordnungsgemäßen Verwaltung erforderlich sind, ist die Vorschrift so zu verstehen, dass sie – schon – dann eingreift, wenn die Wohnungseigentümer eine zur ordnungsgemäßen Verwaltung erforderliche Maßnahme nicht treffen. Ist das der Fall, so kann an ihrer Stelle in einem Prozess nach § 43 WEG das Gericht nach billigem Ermessen entscheiden. Voraussetzung ist selbstverständlich, dass sich die Maßnahme nicht

---

überprüfen". All diese Formulierungen sind falsch und können nur noch durch Auslegung im Einzelfall als Anfechtungsantrag verstanden werden.

[50] Zu den angedrohten Ordnungsmitteln vgl. § 890 ZPO.

[51] Vgl. dazu die Begründung zum Referentenentwurf BT-Drucks. 16/887, S. 28.

[52] BT-Drucks. 16/887, a. a. O.

[53] Der Gemeinschaft steht es frei, in allseitigem Einvernehmen keine Wirtschaftspläne und Jahresabrechnungen zu beschließen, mag dies auch wenig sinnvoll sein. In der Praxis kommt dies in Zweier-Gemeinschaften gelegentlich vor.

schon aus dem Gesetz, einer Vereinbarung oder einem Beschluss ergibt. Für die Fassung des Klageantrages folgt daraus, dass sich der Kläger bei Vorliegen der Voraussetzungen des § 21 Abs. 8 WEG darauf beschränken kann, eine Entscheidung nach billigem Ermessen zu beantragen. Noch unklar ist dagegen, ob diese Vorschrift das Gericht nicht nur zu einer Entscheidung, sondern auch selbst zur Vornahme der Maßnahme ermächtigt. Verneint man insoweit eine echte Gestaltungswirkung des gerichtlichen Urteils,[54] so kann das Gericht etwa nicht aus eigener Kompetenz im Urteilstenor einen Wirtschaftsplan beschließen, sondern die Beklagten lediglich verpflichten, einem bestimmten Wirtschaftsplan – den das Gericht allerdings nach billigem Ermessen aufstellen kann – zuzustimmen. Dieser Umstand ist bei der Abfassung des Klageantrages zu berücksichtigen.

Beispiel für einen **Klageantrag gemäß § 21 Abs. 8 WEG** falls die Gemeinschaft keinen Wirtschaftsplan aufstellt: „Die Beklagten werden verurteilt, dem Wirtschaftsplan der Wohnungseigentümergemeinschaft X-Str. Nr. Y in 12345 Musterstadt für das Jahr 2008, dessen Inhalt in das Ermessen des Gerichts gestellt wird, zuzustimmen." 40

Zu beachten ist, dass § 21 Abs. 8 WEG den Kläger nicht davon entbindet, in der Klagebegründung hinreichende Tatsachen vorzutragen, die dem Gericht die Ausübung seines Ermessens überhaupt erst ermöglichen. Im Beispielsfall muss der Kläger also zu den wirtschaftlichen Verhältnissen in der Gemeinschaft vortragen, damit das Gericht in die Lage versetzt wird, einen sachgerechten Wirtschaftsplan auszuarbeiten. Dazu kann auf einen vorausgegangenen Plan des letzten Jahres Bezug genommen werden. 41

d) **Klagebegründung.** Die Klageschrift muss gemäß § 253 Abs. 2 Nr. 2 ZPO Gegenstand und Grund des erhobenen Antrages enthalten. Damit ist eine Klagebegründung gemeint. In ihr hat der Kläger den prozessual relevanten **Sachverhalt vorzutragen.** Dies muss so konkret geschehen, dass die vorgetragenen Tatsachen rechtlich unter den Tatbestand einer Rechtsvorschrift subsumiert werden können, welche die mit der Klage begehrte Rechtsfolge trägt. Ist dies der Fall, so ist die Klage **schlüssig,** andernfalls unschlüssig. Unschlüssig ist eine Klage also dann, wenn die vom Kläger vorgetragenen Tatsachen den geltend gemachten Klageantrag nicht rechtfertigen. Auf die Wahrheit der Behauptungen kommt es in diesem Zusammenhang nicht an. Die unschlüssige Klage ist ohne Rücksicht auf das Vorbringen des Beklagten – gegebenenfalls nach Hinweis des Gerichts gemäß § 139 ZPO – abzuweisen. Die Klage wird in einem solchen Fall als unbegründet, nicht als unzulässig abgewiesen. Dem Kläger wird also der Klageanspruch endgültig aberkannt, er kann gegen den Beklagten nicht erneut eine nachgebesserte Klage aus gleichem Rechtsgrund erheben; dies zeigt die erhebliche Bedeutung einer hinreichenden Klagebegründung. Nur wenn die Klagebegründung so rudimentär ist, dass nicht einmal mehr die Individualität des geltend gemachten prozessualen Anspruchs bestimmt werden kann, ist die Klage unzulässig. Wie detailliert, d. h. **substanziiert,** der Vortrag des Klägers sein muss, hängt von den Umständen des Einzelfalls, insbesondere vom Gegenvortrag des Beklagten ab. Erwidert der Beklagte detailliert, ist auch der Kläger zu entsprechendem detaillierten Vortrag verpflichtet. Andernfalls besteht die Gefahr, dass seine Klage mangels Substanziierung ohne Beweisaufnahme wegen Unschlüssigkeit abgewiesen wird. Die Frage des hinreichend substanziierten Vortrages ist äußerst praxisrelevant; anwaltlich nicht vertretenen Wohnungseigentümern fehlt hierfür manchmal das Problembewusstsein. Die Klagebegründung darf sich auch nicht in der bloßen Vorlage außergerichtlichen Schriftverkehrs erschöpfen. Außergerichtlicher Vortrag wird nur durch ausdrückliche und bestimmte **Bezugnahme** Prozessvortrag. Die eigene Sachverhaltsdarstellung in der Klagebegründung 42

[54] Dafür spricht, dass § 21 Abs. 8 WEG andernfalls positive Gestaltungsklagen in nicht überschbarem Ausmaß zulassen würde. Ferner soll § 21 Abs. 8 WEG in erster Linie den Kläger lediglich in geeigneten Fällen vom Erfordernis eines bestimmten Antrages gem. § 253 Abs. 2 Nr. 2 ZPO befreien; damit geht nicht ohne weiteres eine Kompetenz des Gerichts zu gestaltenden Rechtsakten einher.

darf durch solche Bezugnahmen nur ergänzt, nicht vollständig ersetzt werden. Gelegentlich überreichen anwaltlich nicht vertretene Wohnungseigentümer dem Gericht lediglich die gesamte außergerichtliche Vorkorrespondenz mit der Bitte antragsgemäß zu entscheiden; eine solche Klage ist unzulässig. Schon in der Klagebegründung sind zudem die entsprechenden Beweismittel zu bezeichnen und gegebenenfalls bereits vorzulegen.[55]

5. Zulässigkeit des Rechtsweges

43 Das deutsche Rechtssystem kennt fünf gleichwertige Gerichtsbarkeiten: Die ordentliche Gerichtsbarkeit als Straf- und Zivilgerichtsbarkeit, die Arbeitsgerichtsbarkeit, die Verwaltungsgerichtsbarkeit, die Sozialgerichtsbarkeit und die Finanzgerichtsbarkeit. Prozesse in Wohnungseigentumssachen sind **bürgerliche Rechtsstreitigkeiten** und gehören damit gemäß § 13 GVG vor die ordentliche Zivilgerichtsbarkeit. Wird eine Klage im falschen Rechtsweg erhoben, so führt dies nicht zu ihrer Unzulässigkeit, vielmehr kommt ihre Verweisung in den richtigen Rechtsweg nach § 17a GVG in Betracht; der Kläger muss aber mit Zeitverlust und Mehrkosten rechnen (vgl. § 17b Abs. 2 Satz 2 GVG).

6. Zuständigkeit des Gerichts erster Instanz

44 Eine Klage muss beim zuständigen Gericht eingelegt werden. Die Klage vor einem unzuständigen Gericht ist unzulässig. Der Kläger kann einer Abweisung seiner Klage als unzulässig aber dadurch entgehen, dass er die Verweisung an das zuständige Gericht gemäß § 281 ZPO beantragt. Das weitere Verfahren bestimmt sich dann nach Maßgabe dieser Vorschrift. Man unterscheidet die örtliche und die sachliche sowie die internationale Zuständigkeit. Die sachliche Zuständigkeit bestimmt, ob Eingangsgericht das Amts- oder das Landgericht ist; die örtliche Zuständigkeit legt das jeweils spezielle örtliche Gericht fest; die internationale Zuständigkeit gibt an, ob überhaupt deutsche Gericht zuständig sind.

45 a) **Örtliche Zuständigkeit.** Sie ist in § 43 WEG geregelt: Zuständig ist das Gericht, in dessen Bezirk das Grundstück liegt. Diese Zuständigkeit ist ausschließlich, kann also durch Vereinbarung der Parteien oder durch rügeloses Verhandeln zur Hauptsache nicht abgeändert werden (§ 40 Abs. 2 Satz 1 Nr. 2 und Satz 2 ZPO).

46 b) **Sachliche Zuständigkeit.** Sie wird in § 23 Nr. 2 c) GVG und § 71 Abs. 1 GVG geregelt: Das Amtsgericht ist zuständig für alle Streitigkeiten innerhalb der Wohnungseigentümergemeinschaft gemäß § 43 Nr. 1 bis 4 und Nr. 6 WEG (sog. **Binnenstreitigkeiten**); auf den Streitwert kommt es nicht an. Auch diese Zuständigkeit ist ausschließlich. Anderes gilt für die in § 43 Nr. 5 WEG geregelten wohnungseigentumsbezogenen **Drittklagen.** Hier ist das Amtsgericht nur bis zu einem Streitwert von 5000,– € zuständig (§ 23 Nr. 1 GVG), andernfalls das Landgericht (§ 71 Abs. 1 GVG); diese Zuständigkeiten sind nicht ausschließlich. Für diese Klagen hat der Gesetzgeber also in § 43 Nr. 5 WEG nur eine spezielle örtliche ausschließliche Zuständigkeit geschaffen, im Übrigen bleibt es bei den allgemeinen Vorschriften. Aus diesen Regelungen folgt, dass es ein besonderes „Wohnungseigentumsgericht" nicht gibt.[56] Klagen in Wohnungseigentumssachen sind vielmehr gewöhnliche Zivilprozesse, für die der Gesetzgeber lediglich die örtliche und sachliche Zuständigkeit[57] besonders geregelt hat. Sie finden vor einer Zivilabteilung des Amtsgerichts oder einer Zivilkammer des Landgerichts statt. Welche Abteilung oder Kammer dies ist, bestimmt der entsprechende vom Präsidium des Gerichts aufgestellte **Geschäftsvertei-**

[55] Von Urkunden werden in der Regel Kopien eingereicht. Ihre Echtheit bleibt im folgenden Prozess meist unstreitig.

[56] Ebenso OLG München NZM 2008, 777.

[57] Und teilweise den Instanzenzug, vgl. dazu noch unten Rn. 359.

lungsplan (§ 21 e Abs. 1 GVG).[58] Dieser kann vorsehen, dass alle Wohnungseigentumssachen nur einer bestimmten Abteilung oder Kammer zugewiesen werden.[59] Aus Gründen der Spezialisierung der Richter und der Einheitlichkeit der Rechtsprechung wird dies oft zweckmäßig sein.[60] Einen Zwang dazu gibt es aber nicht. Wohnungseigentumsprozesse können wie jeder allgemeine Zivilprozess auf alle Zivilabteilungen oder -kammern des Gerichts verteilt werden. Zuständigkeitsstreitigkeiten zwischen einzelnen Zivilabteilungen oder -kammern desselben Gerichts entscheidet verbindlich das Präsidium,[61] ein Rechtsmittel an das übergeordnete Gericht ist nicht gegeben. Eine Verweisung zwischen einzelnen Zivilabteilungen oder -kammern desselben Gerichts findet nicht statt; § 281 ZPO, § 36 Abs. 1 Nr. 6 ZPO und § 17 a Abs. 2 GVG gelten insoweit nicht. Sofern ein Prozess gegen **mehrere Streitgenossen** geführt wird und nur bei einigen von ihnen die besondere Zuständigkeitsnorm des § 43 WEG eingreift, bei anderen aber nicht, so kann das zuständige Gericht gemäß § 36 Abs. 1 Nr. 3 ZPO bestimmt werden.[62] Wohnungseigentumssachen sind **keine Familiensachen,** selbst wenn der streitgegenständliche Anspruch mit Trennung oder Scheidung einer Ehe im Zusammenhang steht oder aus einem familienrechtlichen Verhältnis herrührt, vgl. § 266 Abs. 1 des zum 1. 9. 2009 in Kraft tretenden Gesetzes über das Verfahren in Familiensachen und in den Angelegenheiten der freiwilligen Gerichtsbarkeit (FamFG).[63]

c) **Internationale Zuständigkeit.** Deutsche Gerichte sind grundsätzlich zuständig, wenn 47
im Inland ein Gerichtsstand eröffnet ist. Insoweit enthält die Regelung der örtlichen Zuständigkeit zugleich eine Bestimmung über die internationale Zuständigkeit. Außerhalb vorgehender besonderer Vorschriften oder völkerrechtlicher Verträge eröffnet § 43 WEG in seinem Anwendungsbereich damit grundsätzlich auch die deutsche internationale Zuständigkeit. Als Sonderbestimmung kommt im EU-Raum vor allem die Verordnung über die Anerkennung und Vollstreckung von Zivil- und Handelssachen vom 22. 12. 2000 Nr. 44/2001 (EuGVVO) in Betracht. Wohnungseigentumsprozesse sind keine Klagen, die dingliche Rechte an unbeweglichen Sachen gemäß Art. 22 Nr. 1 EuGVVO zum Gegenstand haben;[64] daher greift nicht die in dieser Vorschrift normierte ausschließliche Zuständigkeit des Gerichts der belegenen Sache. Eine Zuständigkeit deutscher Gerichte ist gemäß Art. 5 Nr. 1 a EuGVVO für Hausgeldansprüche gegen einen im EU-Ausland wohnenden Wohnungseigentümer gegeben.[65]

7. Kostenvorschuss

Gemäß § 12 Abs. 1 GKG „soll“[66] die Klage erst nach Zahlung des erforderlichen Kos- 48
tenvorschusses durch den Kläger zugestellt werden. Das sind **drei Gebühren** für das Verfahren im allgemeinen gemäß Nr. 1210 des Kostenverzeichnisses zum GKG. Ohne Kostenvorschuss kommt das Verfahren also nicht in Gang. Diese Regelung gilt einschränkungslos auch im Wohnungseigentumsprozess. Mit Umstellung des Verfahrens von der freiwilligen Gerichtsbarkeit auf den Zivilprozess sah der Gesetzgeber keinen Grund mehr für eine Sonderbehandlung von Wohnungseigentümern gegenüber sonstigen Zivilparteien. Auch für die Anfechtungsklage nach § 46 WEG gilt mangels besonderer

[58] OLG München NZM 2008, 528 (529).

[59] Ist nach dem Geschäftsverteilungsplan ein einziger Richter für alle WEG-Sachen zuständig, so kann darauf allein keine Richterablehnung gestützt werden, AG Landshut ZMR 2007, 1002.

[60] Dies entspricht auch der Erwartung des Gesetzgebers, vgl. BT-Drucks. 16/887, S. 13.

[61] BGH NJW 2000, 80 (81).

[62] OLG München NZM 2008, 528; NZM 2008, 777.

[63] BGBl. I 2008 S. 2586.

[64] BayObLG FGPrax 2003, 159.

[65] OLG Stuttgart NJW-RR 2005, 814.

[66] Die Praxis macht von dieser Vorschrift normalerweise keine Ausnahme.

Vorschriften nichts anderes.[67] Die **Ausnahmen** vom Kostenvorschuss regelt abschließend § 14 GKG. Danach ist ein Kostenvorschuss insbesondere dann nicht zu erheben, wenn dem Kläger PKH bewilligt worden ist (§ 14 Nr. 1 GKG) oder wenn der Kläger nach näherer Maßgabe des § 14 Nr. 3 GKG Schwierigkeiten hat, den Vorschuss zu zahlen oder ihm durch die mit der Vorschussanforderung verbundene Verzögerung ein schwer zu ersetzender Schaden entstünde. Nur wenige Kläger berufen sich in der Praxis auf diese Vorschrift.

8. Außergerichtlicher Güteversuch

49 Gemäß § 15 a EGZPO kann das Landesrecht vorsehen, dass die Klageerhebung erst zulässig ist, nachdem – erfolglos – versucht wurde, die Streitigkeit vor einer Gütestelle beizulegen. Wird dieses Erfordernis nicht beachtet, so ist die Klage unheilbar unzulässig,[68] d.h. das Güteverfahren kann während des Prozesses nicht mehr nachgeholt werden. Aus diesem Grund muss der Kläger besonderes Augenmerk darauf legen, ob der Klage eine obligatorische außergerichtliche Güteverhandlung vorauszugehen hat. Die Einzelheiten ergeben sich aus dem jeweils einschlägigen Landesrecht;[69] § 15 a EGZPO ist lediglich eine Ermächtigungsnorm für den Landesgesetzgeber. In Wohnungseigentumssachen können insoweit insbesondere Hausgeldklagen mit einem **Streitwert von bis zu 750,– €** betroffen sein (§ 15 a Abs. 1 Satz 1 Nr. 1 EGZPO). Aber auch alle anderen vermögensrechtlichen Ansprüche, die diese Wertgrenze nicht überschreiten, fallen hierunter. Bei der Berechnung des Wertes ist die streitwertbegrenzende Norm des § 49 a GKG nicht anzuwenden, denn sie regelt nur den Gebührenstreitwert, es gelten vielmehr die §§ 2–9 ZPO. Sinn und Zweck des § 49 a GKG ist es ausschließlich, die Parteien vor zu hohen Gebühren zu bewahren, nicht aber Prozesse mit hohen Streitwerten durch die künstliche Kappung auf 50% ihres Wertes gütepflichtig zu machen. Gemäß § 15 a Abs. 1 Satz 1 Nr. 2 EGZPO können ferner bestimmte **nachbarrechtliche Ansprüche** gütepflichtig sein. Hier ist die Anwendbarkeit auf wohnungseigentumsrechtliche Streitigkeiten unsicher. Wohnungseigentumsprozesse sind zwar grundsätzlich keine Nachbarrechtsstreitigkeiten. Nach der Rechtsprechung liegt jedoch zwischen Wohnungseigentümern ein sog. intensiviertes Nachbarschaftsverhältnis vor, das zur Folge haben soll, dass im Einzelfall Vorschriften des Nachbarrechts entsprechend – oder ihrem Rechtsgedanken nach – anwendbar sein können. Dies ist insbesondere für Streitigkeiten wegen Immissionen gemäß § 906 BGB[70] oder für Grenzabstände von Pflanzen bei Sondernutzungsrechten[71] angenommen worden. Es stellt sich somit die Frage, ob die entsprechende Anwendung nachbarrechtlicher Vorschriften den Rechtsstreit bereits gütepflichtig i.S.d. § 15 a Abs. 1 Satz 1 Nr. 2 EGZPO macht. Dafür könnte sprechen, dass das Nachbarschaftsverhältnis nach der Vorstellung des Gesetzgebers sich ganz besonders für ein Schlichtungsverfahren eignen soll.[72] Diese Überlegung trifft auch auf das Verhältnis zwischen Wohnungseigentümern zu. Andererseits kann die prozessuale Frage der Zulässigkeit einer Klage nicht von derart vagen Kriterien wie der möglichen analogen Anwendung materiell-rechtlicher Normen abhängen, denn der Prozess verträgt solche Rechtsunsicherheiten nicht. Daher sprechen die besseren Gründe dafür, § 15 a Abs. 1 Satz 1 Nr. 2 EGZPO auf Wohnungseigentumsprozesse nicht anzuwenden. Allerdings liegt hierzu noch keine Rechtsprechung

---

67 LG Nürnberg-Fürth NZM 2008, 897; AG Bonn ZMR 2008, 245; AG Wiesbaden ZMR 2008, 581.

68 BGH NJW 2005, 437.

69 Entsprechende Schlichtungsgesetze gibt es in Baden-Württemberg, Bayern, Brandenburg, Hessen, Nordrhein-Westfalen, Saarland, Sachsen-Anhalt und Schleswig-Holstein. Die Texte finden sich beispielsweise im Schönfelder Ergänzungsband Nr. 104 ff.

70 BayObLG NZM 2005, 69.

71 BGH NJW 2007, 3636.

72 Vgl. auch BT-Drucks. 16/11 553, S. 9.

vor. Ein Schlichtungsverfahren ist auch dann nicht durchzuführen, wenn die Klage binnen gesetzlicher Frist erhoben werden muss (§ 15a Abs. 2 Nr. 1 EGZPO). Das trifft auf die **Anfechtungsklage** gemäß § 46 WEG zu, hingegen nicht auf die gesetzlich nicht besonders geregelte **Nichtigkeitsfeststellungsklage,** also die Klage auf Feststellung der Nichtigkeit eines Beschlusses. Sie kann bei entsprechend niedrigem Streitwert gütepflichtig sein. Das Güteverfahren wird wegen des damit verbunden Zeitverlustes und der zusätzlichen Kosten von vielen Klägern oft als lästig empfunden. Bei Hausgeldklagen ist seine Zweckmäßigkeit ohnehin fraglich. Zu seiner **Umgehung** bietet sich bei Zahlungsklagen die vorherige Durchführung eines Mahnverfahrens an, weil dann die Gütepflicht entfällt (§ 15a Abs. 2 Satz 1 Nr. 5 EGZPO); gleichwohl kann auch das Mahnverfahren zu Zeitverlust führen. Ein außergerichtliches Schlichtungsverfahren kann schließlich auch durch eine **Vereinbarung,** insbesondere **in der Gemeinschaftsordnung,** vorgesehen sein. Sie kann vorgeben, dass Streitigkeiten **zunächst dem Verwaltungsbeirat** zur gütlichen Einigung vorzulegen sind;[73] wird die Klage gleichwohl ohne Durchführung dieses Verfahrens erhoben, so ist sie als derzeit unzulässig abzuweisen. Diese Regelung stellt keine Schiedsvereinbarung i. S. d. §§ 1029ff. ZPO dar, weil durch sie der Rechtsweg zu den Gerichten nicht völlig ausgeschlossen, sondern nur einer besonderen Zulässigkeitsvoraussetzung unterworfen wird.

9. Das Rechtsschutzbedürfnis

a) **Grundsätzliches.** In besonderen Fällen kann eine Klage zwar begründet sein; gleich- 50
wohl kann ihr das Rechtsschutzbedürfnis fehlen, so dass sie unzulässig ist. Das ist einerseits der Fall, wenn eine **Klage sinnlos** ist, wenn also selbst ein Prozesssieg dem Kläger keinen sachlichen Vorteil einbringen würde. Es handelt sich zumeist um Fälle, in denen der Ausgang des Prozesses für die materielle Rechtslage oder die tatsächlichen Gegebenheiten ohne Bedeutung ist. In anderen Fällen fehlt das Rechtsschutzbedürfnis, wenn das vom Kläger erstrebte Rechtsschutzziel auf anderem Wege als durch Klage **einfacher, billiger und schneller** erreicht werden könnte. Die Gerichte sollen nämlich nicht nutzlos oder voreilig in Anspruch genommen werden. Im Regelfall muss das Rechtsschutzbedürfnis weder vom Kläger besonders dargetan noch vom Gericht problematisiert werden. Eine Ausnahme gilt jedoch für die Feststellungsklage gemäß § 256 Abs. 1 ZPO: Das dort vorausgesetzte Feststellungsinteresse ist Ausfluss des allgemeinen Rechtsschutzbedürfnisses und muss vom Kläger in jedem Fall besonders dargelegt werden.[74] Einer Anfechtungsklage fehlt nicht schon deshalb das Rechtsschutzbedürfnis, weil der angefochtene Beschluss bereits ausgeführt worden ist, da die Anfechtung rückwirkend (ex tunc) wirkt; anderes kann gelten, wenn die Rückgängigmachung der Beschlussfolgen tatsächlich oder aus Gründen von Treu und Glauben ausgeschlossen ist.[75] Die Klage auf Protokollberichtigung hat dann kein Rechtsschutzbedürfnis, wenn die behauptete Unrichtigkeit einer Abstimmungsauszählung auf das Ergebnis keinen Einfluss hat.[76] Das Rechtsschutzbedürfnis kann entfallen, wenn der klagende Wohnungseigentümer seine Wohnung veräußert und sein Rechtsnachfolger kein Interesse an der Klage hat.[77] Der bloßen Anfechtung eines sog. Negativbeschlusses, der auch keine Sperrwirkung für eine erneute Beschlussfassung entfaltet, fehlt das Rechtsschutzinteresse;[78] verschiedentlich wird anderes vertreten, wenn die Anfechtungsklage verbunden wird mit dem Antrag auf Feststellung, dass zu diesem Tagesordnungspunkt überhaupt kein Beschluss gefasst wurde[79]

---

[73] OLG Frankfurt a. M. NJW-RR 2008, 535; BayObLG NJW-RR 1996, 910.

[74] Die Einzelheiten zum allgemeinen Feststellungsinteresse können hier nicht erörtert werden.

[75] OLG Düsseldorf ZWE 2000, 589; BayObLG OLGReport 2002, 280.

[76] BayObLG WuM 1991, 310.

[77] BayObLG NZM 2000, 830; KG FGPrax 2000, 94 (95).

[78] OLG Düsseldorf WuM 2008, 570 (571); BayObLG FGPrax 2005, 106 (107).

[79] OLG München NZM 2007, 448.

oder einem sonstigen Leistungs- oder Feststellungsantrag.[80] Denn in diesen Fällen würde die Ungültigerklärung des negativen Beschlusses dem Kläger keinerlei rechtlichen Vorteil einbringen. Weitere besondere Fälle zum Rechtsschutzbedürfnis bei der Anfechtungsklage werden dort erörtert.[81] Abgesehen von diesen Fällen, die sich aus den oben dargestellten Grundsätzen herleiten lassen, gelten im Wohnungseigentumsprozess noch nachfolgende Besonderheiten.

51 **b) Subsidiarität einer gerichtlichen Regelung.** Die Verwaltung des gemeinschaftlichen Eigentums ist gemäß § 21 Abs. 1 WEG grundsätzlich eine gemeinschaftliche Aufgabe. Das bedeutet, dass Fragen der Verwaltung im Einzelfall zumeist von der Gemeinschaft auf einer Wohnungseigentümerversammlung geregelt werden. Wenn also ein einzelner Wohnungseigentümer eine bestimmte Verwaltungsmaßnahme erstrebt, so hat er zunächst auf eine **Regelung durch die Gemeinschaft** hinzuwirken. Er muss versuchen, sein Begehren auf einer Wohnungseigentümerversammlung abhandeln und entscheiden zu lassen.[82] Wendet er sich hingegen sofort an das Gericht, so kann seiner Klage das Rechtsschutzbedürfnis fehlen, da er sein Ziel u. U. einfacher, billiger und schneller durch eine positive Entscheidung der Gemeinschaft erreichen könnte. Das gleiche Ergebnis folgt auch aus dem Gesichtspunkt des der Gemeinschaft in Fragen der Verwaltung vielfach zustehenden Ermessens. Oft gibt es mehrere Möglichkeiten, eine Angelegenheit der Verwaltung zu regeln. In diesen Fällen kommt der Gemeinschaft ein **vom Gericht zu respektierender Gestaltungsspielraum** zu. Das Gericht ist nicht befugt, sein Ermessen an die Stelle der Gemeinschaft zu setzen, es kann nicht eine vertretbare Lösung durch eine andere ersetzen. Das Gericht würde die Rechte der Gemeinschaft verletzen, wenn es sogleich eine Regelung träfe, ohne dass die Gemeinschaft zuvor die Möglichkeit hatte, selbst zu entscheiden. Auch aus diesem Grund ist es in der Regel unabdingbar, zunächst die Wohnungseigentümergemeinschaft und erst nach Erfolglosigkeit dieses Bemühens das Gericht mit einer begehrten Verwaltungsmaßnahme zu befassen.[83] Auch hier sind aber Ausnahmen möglich. Dies gilt zum einen für Eilfälle, in denen eine Entscheidung der Gemeinschaft zu spät käme. Zum anderen muss ein Wohnungseigentümer sein Begehren dann nicht zunächst auf einer Wohnungseigentümerversammlung zur Abstimmung stellen, wenn dies erkennbar eine nutzlose Förmelei wäre.[84] Dies kommt in Zweier-Gemeinschaften in Betracht, in denen der Kläger in der Stimmenminderheit ist und in allen anderen Fällen, in denen aufgrund der speziellen Mehrheitsverhältnisse in der Gemeinschaft mit einer positiven Entscheidung für den Kläger von vornherein nicht zu rechnen ist. Diese besonderen Voraussetzungen hat der Kläger jedoch darzulegen.

---

[80] OLG Düsseldorf NJW-RR 2007, 960 (961). Siehe dazu auch unten Rn. 508.

[81] Siehe unten Rn. 498 ff.

[82] OLG Hamburg NJW-RR 1994, 783.

[83] Die Subsidiarität der Entscheidung des Gerichts betont z. B. KG NZM 2000, 286. Weitere Beispiele aus der Rechtsprechung: Mit der Abberufung des Verwalters aus wichtigem Grund muss sich zunächst die Wohnungseigentümerversammlung befassen, bevor Klage erhoben wird, BayObLG NJW-RR 1997, 1443; NZM 2004, 110. Gleiches gilt für eine erstrebte Regelung, welche Personen einen Generalschlüssel für das Objekt erhalten sollen, OLG Hamm NZM 2005, 185 (187), oder für den Abschluss eines schriftlichen Hausmeistervertrages, OLG Hamburg OLGReport 2003, 241 (243). Bevor das Gericht einen Verwalter bestellt, muss der Kläger zunächst versucht haben, auf einer Versammlung einen Verwalter wählen zu lassen, OLG Köln NZM 2003, 810. Mit der begehrten Abänderung des Kostenverteilungsschlüssels gemäß § 10 Abs. 2 Satz 3 WEG muss zunächst die Gemeinschaft befasst werden, OLG Hamm ZMR 2008, 156 (159). Die Beispiele ließen sich beliebig um weitere Fälle ordnungsgemäßer Verwaltung vermehren.

[84] OLG München NZM 2007, 132; OLG Düsseldorf NJW-RR 1999, 163.

III. Prozessstandschaft

1. Wesen und Arten der Prozessstandschaft

Unter Prozessstandschaft versteht man die Prozessführung im eigenen Namen über ein fremdes Recht. Der Prozessstandschafter führt den Prozess selbst, er wird **selbst Partei,** ihn treffen alle prozessualen Rechte und Pflichten. Das materielle Recht, um das er streitet, steht jedoch einem anderen zu. Abzugrenzen ist er vom Vertreter. Dieser führt den Prozess nicht in eigenem, sondern in fremdem Namen. Daher wird der Vertreter nicht selbst Partei. Das prozessuale Recht des Prozessstandschafters, ein fremdes Recht geltend machen zu dürfen, wird als Prozessführungsbefugnis bezeichnet. Es ist Zulässigkeitsvoraussetzung der Prozessstandschaft. Fehlt es, so ist die Klage unzulässig. Die Voraussetzungen der Prozessstandschaft hat das Gericht stets von Amts wegen zu überprüfen.[85] Der Prozessstandschafter muss zudem im Prozess offen legen, dass er ein fremdes Recht geltend macht. Wer dagegen ein fremdes Recht als eigenes einklagt, ist nicht Prozessstandschafter, sondern hat eine unbegründete Klage erhoben. Im Wohnungseigentumsprozess hat die Prozessstandschaft erhebliche Bedeutung. Zum einen trat jedenfalls bis zur WEG-Novelle der Verwalter häufig als Prozessstandschafter für die Gemeinschaft auf. Zum anderen sieht das Gesetz in § 10 Abs. 6 Satz 3 WEG in zahlreichen Fällen eine Prozessstandschaft des Verbandes für die Wohnungseigentümer vor. Man unterscheidet grundsätzlich gesetzliche und gewillkürte Prozessstandschaft. 52

a) **Gesetzliche Prozessstandschaft.** Sie liegt vor, wenn eine gesetzliche Vorschrift die Prozessführung über ein fremdes Recht in eigenem Namen vorsieht oder erlaubt. Die wichtigsten Fälle sind die Prozessführung der so genannte **Parteien kraft Amtes:** Insolvenzverwalter (§ 80 InsO), Zwangsverwalter (§ 152 ZVG), Nachlassverwalter (§§ 1984, 1985 BGB) und Testamentsvollstrecker (§ 2212 BGB). Ferner ist die **Veräußerung** oder Abtretung der Streitsache nach § 265 ZPO zu nennen. Sie bleibt auf den Prozess ohne Einfluss, d. h. veräußert eine Partei das streitbefangene Recht, so führt sie den Prozess als Prozessstandschafter für den Erwerber fort.[86] Gesetzliche Prozessstandschaft sieht auch das materielle Recht in einigen Fällen vor; sie können hier jedoch unberücksichtigt bleiben, da sie für den Wohnungseigentumsprozess keine Bedeutung haben. 53

b) **Gewillkürte Prozessstandschaft.** Sie beruht auf einer Absprache zwischen dem Rechtsinhaber und dem Prozessstandschafter und ist nur unter den nachfolgenden Voraussetzungen zulässig: Gewillkürte Prozessstandschaft ist nur für den Aktivprozess möglich; die herrschende Meinung verneint die Zulässigkeit der gewillkürten passiven Prozessstandschaft.[87] Des weiteren muss der Rechtsinhaber den Prozessstandschafter **zur Prozessführung ermächtigt** haben. Dies ist aber nur möglich, wenn das streitgegenständliche Recht übertragbar, also abtretbar ist. Das ist z. B. bei höchstpersönlichen Rechten nicht der Fall.[88] Eine echte Abtretung (§ 398 BGB) ist jedoch kein Fall der Prozessstandschaft, denn dadurch wird der Erwerber der Forderung Vollrechtsinhaber und macht gerade nicht mehr ein fremdes Recht geltend. Damit die Frage der Parteirolle im Prozess nicht dem freien Belieben der Beteiligten untersteht, fordert die h. M. zum Schutz des Prozessgegners zu Recht, dass der Prozessstandschafter ein **eigenes schutzwürdiges Interesse** an der Prozessführung besitzen muss.[89] 54

---

[85] BGH NJW-RR 2006, 138.
[86] Siehe dazu unten Rn. 63.
[87] BGH NJW 1981, 282: Keine Prozessstandschaft für Passivprozesse der Gemeinschaft.
[88] Zu den weiteren Einzelheiten vgl. *Zöller/Vollkommer* vor § 50 Rn. 46.
[89] Vgl. BGH NJW 2003, 2231 (2232).

2. Der Verband als Prozessstandschafter

55 Eine wichtige gesetzliche Prozessstandschaft des Verbandes legt § 10 Abs. 6 Satz 3 WEG fest: Danach übt der Verband die **gemeinschaftsbezogenen Rechte** der Wohnungseigentümer aus und nimmt ihre **gemeinschaftsbezogenen Pflichten** wahr, ebenso **sonstige Rechte und Pflichten** der Wohnungseigentümer, soweit diese gemeinschaftlich geltend gemacht werden können oder zu erfüllen sind. Das Gesetz spricht ausdrücklich davon, dass der Verband die für ihn fremden Rechte der Wohnungseigentümer – lediglich – ausübt. Da das Gesetz diese Ausübungsbefugnis nicht nur materiell-rechtlich gewährt, fällt hierunter auch die prozessuale Ausübungsbefugnis, also die Prozessführungsbefugnis. § 10 Abs. 6 Satz 3 WEG normiert daher u. a. eine gesetzliche Prozessstandschaft des Verbandes. Sie bezieht sich auf Rechte und Pflichten der Wohnungseigentümer und gilt daher für Aktiv- und Passivprozesse. Der Verband ist also zu verklagen, wenn gegen die Wohnungseigentümer gemeinschaftsbezogene Pflichten geltend gemacht werden.[90] Eine fälschlich gegen die Wohnungseigentümer erhobene Klage ist in einem solchen Fall als unzulässig abzuweisen, da den Wohnungseigentümern die Prozessführungsbefugnis fehlt. Das Gesetz unterscheidet zwischen gemeinschaftsbezogenen und sonstigen Rechten.

56 **a) Originäre gemeinschaftsbezogene Rechte und Pflichten.** Kraft Gesetzes liegt die Ausübungsbefugnis und damit prozessual das Prozessführungsrecht gemeinschaftsbezogener Rechte bei dem Verband. Hier kann man von einer originären Ausübungsbefugnis des Verbandes anstelle der Wohnungseigentümer sprechen. Schon vor der WEG-Reform war für diese Rechte die **alleinige Ausübungsbefugnis** des Verbandes unter Ausschluss der übrigen Wohnungseigentümer anerkannt.[91] Soweit die Prozessstandschaft und das originäre Ausübungsrecht des Verbandes reichen, ist der einzelne Wohnungseigentümer von der eigenständigen Verfolgung seiner Rechte ausgeschlossen. Die gesetzliche Prozessstandschaft des Verbandes verdrängt also das eigene Prozessführungsrecht der Wohnungseigentümer. Das ist dann problematisch, wenn der Verband pflichtwidrig und gegen den Willen eines einzelnen Wohnungseigentümers von seinem Ausübungsrecht keinen Gebrauch macht. Hier muss der Wohnungseigentümer ein Tätigwerden des Verbandes notfalls gerichtlich erzwingen; das Gesetz sieht nicht vor, dass die Prozessführungsbefugnis vom dafür zuständigen Verband ohne dessen Mitwirkung auf einen Wohnungseigentümer übergeht. Unter dem Begriff **„gemeinschaftsbezogen"** in § 10 Abs. 6 Satz 3 WEG sind die Angelegenheiten zu verstehen, für die zum einen gemäß § 21 Abs. 1 WEG eine ausschließliche Verwaltungszuständigkeit der Gesamtheit der Wohnungseigentümer besteht und bei deren Geltendmachung sich die Gemeinschaft und ein Wohnungseigentümer wie Dritte gegenüberstehen.[92] Hierzu zählen als wichtigster Fall etwa **Schadensersatzansprüche** wegen der Verletzung des gemeinschaftlichen Eigentums,[93] auch Schadensersatzansprüche gegen den Verwalter.[94] Die Ansprüche auf Rechnungslegung gegen den Verwalter gemäß § 28 Abs. 4 WEG und auf Herausgabe der Verwaltungsunterlagen[95] stehen dem Verband bereits gemäß § 10 Abs. 6 Satz 2 WEG selbst zu,

---

[90] Eine Diskussion darüber, ob gesetzliche Prozessstandschaft auf der Passivseite grundsätzlich möglich ist, erübrigt sich – in § 10 Abs. 6 Satz 3 WEG ist sie jedenfalls jetzt vorgesehen.

[91] BGH NZM 2007, 403 (405).

[92] So die Gegenäußerung der Bundesregierung zur Stellungnahme des Bundesrates, BT-Drucks. 16/887, S. 61 ff. unter ausdrücklicher Bezugnahme auf die bisherige Rspr. des BGH.

[93] BGH NJW 1993, 727, entschieden noch vor der Anerkennung des teilrechtsfähigen Verbandes.

[94] Vgl. KG NJW-RR 1991, 273; AG Dortmund NZM 2009, 324. Das gilt aber nicht für Schadensersatzansprüche, die einem Wohnungseigentümer als Einzelgläubiger zustehen: BGH NJW 1992, 182.

[95] OLG München NZM 2006, 349. Anders wohl OLG Hamburg ZMR 2008, 148: Die gerichtliche Geltendmachung des Herausgabeanspruchs setze wegen seiner Gemeinschaftsbezogenheit einen Beschluss der Wohnungseigentümer voraus.

so dass eine Prozessstandschaft hier nicht erforderlich ist. Gleiches gilt für Ansprüche auf Hausgeldzahlung. Sie fallen in das Verwaltungsvermögen und stehen daher gemäß § 10 Abs. 6 Satz 1 und 2, Abs. 7 Satz 1 bis 3 WEG materiell-rechtlich dem Verband zu,[96] so dass auch hier kein Fall der Prozessstandschaft vorliegt. Ansprüche aus Notgeschäftsführung gemäß § 21 Abs. 2 WEG richten sich materiell-rechtlich gegen den Verband[97] und sind daher schon aus diesem Grund gegen den Verband einzuklagen. Anderes gilt aber für den individuellen Anspruch eines Wohnungseigentümers auf Auskunft gegen den Verwalter und auf Einsicht in die Abrechnungsunterlagen:[98] diesen Anspruch übt der einzelne Wohnungseigentümer selbst aus. Dies gilt generell für den individuellen Anspruch auf ordnungsgemäße Verwaltung aus § 21 Abs. 4 WEG, wozu auch der Anspruch auf Vorlage der Jahresabrechnung und des Wirtschaftsplanes gegen den Verwalter zählt,[99] gleichfalls ein Anspruch gegen den Verwalter auf Beseitigung einer individuellen Störung des Sondereigentums[100] und schließlich ein individueller Schadensersatzanspruch gegen den Verwalter wegen fehlerhaft verweigerter Zustimmung zu einer baulichen Veränderung.[101] All diese Ansprüche sind nicht gemeinschaftsbezogen i. S. d. § 10 Abs. 6 Satz 3 WEG. Ansprüche aus dem Verwaltervertrag sind hingegen keine individuellen Ansprüche, schon weil Vertragpartei zumindest auch der Verband ist.[102] Im Gewährleistungsprozess gegen den Bauunternehmer wegen Mängel des gemeinschaftlichen Eigentums gehören zu den gemeinschaftsbezogenen Rechten die Ansprüche auf **Minderung** und auf **kleinen Schadensersatz.**[103] Gemeinschaftsbezogen sind ferner Ansprüche aus der **Vermietung des Gemeinschaftseigentums** oder auf **Einräumung eines Notwegrechts.**[104] Umstritten ist die Einordnung der **Verkehrssicherungspflicht** für das gemeinschaftliche Eigentum. Wenn man sie als eigene Pflicht des Verbandes begreift,[105] so liegt ein Fall der Prozessstandschaft nicht vor; andernfalls handelt es sich um eine gemeinschaftsbezogene Pflicht, die der Verband ausübt. Prozessual ist eine Schadensersatzklage wegen Verletzung der Verkehrssicherheitspflicht für das gemeinschaftliche Eigentum daher auf jeden Fall gegen den Verband zu richten. Eine besondere gesetzliche Prozessstandschaft des Verbandes sehen schließlich § 18 Abs. 1 Satz 2 WEG und § 19 Abs. 1 Satz 2 WEG vor: Das materielle Recht, von einem anderen Wohnungseigentümer die **Veräußerung** seines **Wohnungseigentums** zu verlangen sowie die **Zwangsvollstreckung** aus einem insoweit erstrittenen Urteil übt der Verband aus.

b) Okkupierte sonstige Rechte und Pflichten. Der Verband kann ferner im Rahmen 57
ordnungsgemäßer Verwaltung durch Mehrheitsbeschluss die Ausübungsbefugnis **sonstiger Rechte** i. S. d. § 10 Abs. 6 Satz 3 WEG **an sich ziehen.**[106] Man kann insoweit von okkupierter Ausübungsbefugnis sprechen, weil sie nicht schon kraft Gesetzes beim Verband liegt, sondern erst durch Mehrheitsbeschluss zustande kommt. Der Gesetzgeber ist von dieser Möglichkeit ausgegangen,[107] wenn auch nicht zu übersehen ist, dass die Unterscheidung zwischen originärer und okkupierter Ausübungsbefugnis dem Gesetz in

---

[96] Anders aber unzutreffend: Gegenäußerung der Bundesregierung, a. a. O. Richtig dagegen die Beschlussempfehlung des Rechtsausschusses, BT-Drucks. 16/3843, S. 24.

[97] OLG München NJW-RR 2008, 534.

[98] BayObLG NZM 2003, 905.

[99] KG NZM 2000, 677; BayObLG NJW-RR 1990, 659.

[100] KG ZMR 2002, 546.

[101] BGH NJW 1996, 1216 (1217); BGH NJW 1992, 182.

[102] Deshalb dürfte der Entscheidung des OLG Hamm NJW-RR 2001, 226, wonach auch ein einzelner Wohnungseigentümer ohne ermächtigenden Beschluss der Eigentümerversammlung befugt sein soll, die gerichtliche Feststellung des Verwaltervertrages zu betreiben, nicht mehr zu folgen sein.

[103] BGH NZM 2007, 403 (405); OLG Frankfurt a. M. ZMR 2009, 215.

[104] Siehe BGH NJW 2006, 3426.

[105] So OLG München NZM 2006, 110.

[106] OLG Jena ZMR 2007, 65 für Gewährleistungsansprüche aus einem Bauvertrag.

[107] Vgl. Gegenäußerung der Bundesregierung, a. a. O.

§ 10 Abs. 6 Satz 3 WEG nicht deutlich zu entnehmen ist. Der Gesetzeswortlaut selbst enthält keinen Anhaltspunkt dafür, dass der Verband die Angelegenheit zur Begründung seiner Ausübungsbefugnis erst an sich ziehen muss. Jedoch entspricht diese Sichtweise der bisherigen auch vom BGH geteilten Auffassung und soll daher hier weiterhin zugrunde gelegt werden. Grundsätzlich zählen zu den sonstigen Rechten gemäß § 10 Abs. 6 Satz 3 WEG solche, deren Ausübung durch den Verband zwar nicht zwingend notwendig – dann sind es „gemeinschaftsbezogene" Rechte – aber doch zweckmäßig oder förderlich ist. Zu den sonstigen Rechten, die gemeinschaftlich geltend gemacht oder erfüllt werden können, gehören etwa Beseitigungs- und Unterlassungsansprüche wegen **Störung des gemeinschaftlichen Eigentums** gemäß § 1004 BGB,[108] auch der Duldungsanspruch gegen den Zustandsstörer,[109] ferner im Baumängelprozess die Ansprüche auf **Vorschussanforderung** sowie **Nacherfüllung.**[110] Nicht abschließend geklärt ist, ob das okkupierte Ausübungsrecht des Verbandes das **Prozessführungsrecht des einzelnen** Wohnungseigentümers **ausschließt.** Der BGH hat das jedenfalls für den soeben erwähnten Baumängelprozess bejaht;[111] die Gesetzesbegründung spricht dagegen für die Unterlassungsklage nach § 1004 BGB von einer „Konkurrenz" der Verfolgung von Individual- und gemeinschaftlichen Ansprüchen.[112] In der obergerichtlichen Rechtsprechung ist in letzterem Fall die Zuständigkeit des Verbandes sogar ganz verneint worden.[113] Die Argumentation des BGH für den Baumängelprozess geht über den Einzelfall hinaus und lässt sich auf alle Fälle der okkupierten Ausübungsbefugnis übertragen.[114] Zudem ist ein neben dieser Befugnis noch bestehendes Prozessführungsrecht des einzelnen Wohnungseigentümers mit dem Wortlaut des § 10 Abs. 6 Satz 3 WEG und seinem Zweck der Verwaltungsvereinfachung und -vereinheitlichung nur schwer vereinbar. Daher wird man davon ausgehen müssen, dass die okkupierte, also durch Mehrheitsbeschluss an sich gezogene Ausübungsbefugnis des Verbandes grundsätzlich das **Prozessführungsrecht** des einzelnen Wohnungseigentümers **verdrängt.** Für den Passivprozess des Verbandes hat das folgende Konsequenzen: Während im Fall der originären Prozessstandschaft der Kläger von vornherein seine Klage gegen den Verband zu richten hat, ist dies im Fall der okkupierten Prozessstandschaft erst dann erforderlich, wenn die Gemeinschaft durch entsprechenden Mehrheitsbeschluss von ihrem Ausübungsrecht Gebrauch gemacht hat. Dem Kläger kann sich daher bei Klageerhebung u. U. das schwierige Abgrenzungsproblem zwischen gemeinschaftsbezogenen und sonstigen Rechten i. S. d. § 10 Abs. 6 Satz 3 WEG stellen. Wenn der Kläger im Fall der okkupierten Prozessstandschaft die Wohnungseigentümer verklagt und die Gemeinschaft erst während des Prozesses die Angelegenheit durch Mehrheitsbeschluss an sich zieht, entfällt die Prozessführungsbefugnis der beklagten Wohnungseigentümer. Der Kläger sollte dann entweder die Klage für erledigt erklären oder eine Klageänderung (§ 263 ZPO) auf den Verband vornehmen, die hierfür erforderliche Sachdienlich-

---

[108] BGH NJW 2006, 2187 (2188). Nach dieser Entscheidung kann der Verband nur aufgrund eines entsprechenden Beschlusses Unterlassungsansprüche gerichtlich geltend machen. Dem folgend OLG Köln WuM 2008, 744 (745) für die Beseitigung einer baulichen Veränderung.

[109] KG NJW-RR 2007, 1604. Es bleibt offen, ob das Gericht den Verband als materiell Berechtigten oder nur als ausübungsberechtigt ansieht.

[110] BGH NZM 2007, 403 (405); OLG Düsseldorf NJW-RR 2008, 1467 (1469).

[111] BGH a. a. O.; ebenso OLG Düsseldorf NJW-RR 2008, 1467 (1468).

[112] Gegenäußerung der Bundesregierung, a. a. O.

[113] OLG München NZM 2005, 672. Diese Entscheidung erging allerdings vor der WEG-Reform und berücksichtigt noch nicht § 10 Abs. 6 Satz 3 WEG; sie dürfte daher heute nicht mehr aufrechtzuerhalten sein.

[114] A. A. aber OLG München NZM 2008, 87. Danach sollen neben dem Verband auch einzelne Wohnungseigentümer Ansprüche auf Beseitigung, Duldung oder Herausgabe verfolgen. Die Entscheidung ist wenig überzeugend. Ebenso OLG Hamburg ZMR 2009, 306 (307) ohne Begründung

keit wird im Regelfall vorliegen.[115] Die Problematik soll folgender Beispielsfall verdeutlichen.

Fallbeispiel: Durch die schadhafte Außenfassade dringt Wasser in die Wohnung des Klägers ein, dort entstehen Feuchtigkeitsschäden. Trotz Aufforderung durch den Kläger unternimmt die Gemeinschaft nichts. Wen kann der Kläger auf Instandsetzung der Fassade verklagen, den Verband oder die einzelnen Wohnungseigentümer? Wen auf Schadensersatz? 58

Die Entscheidung der aufgeworfenen Fragen hängt davon ab, ob eine gemeinschafts- 59
bezogene Pflicht oder nur eine sonstige Pflicht Streitgegenstand ist. Wenn man richtigerweise annimmt, dass die Instandsetzung der Außenfassade in die ausschließliche Verwaltungszuständigkeit der Gesamtheit der Wohnungseigentümer fällt (§ 21 Abs. 1 und Abs. 5 Nr. 2 WEG), so liegt eine gemeinschaftsbezogene Pflicht vor, so dass der Kläger den Verband verklagen muss. Bei anderer, jedoch abzulehnender Auffassung müsste der Kläger die Wohnungseigentümer verklagen, so lange nicht der Verband die Angelegenheit an sich gezogen hat. Für die Sekundärpflicht des Schadensersatzes kann hier nichts anderes gelten wie für die primäre Erfüllungspflicht; eine Differenzierung der Prozessführungsbefugnis je nachdem ob Erfüllung oder Schadensersatz begehrt wird, ist daher nicht angebracht. Das Beispiel zeigt, dass der Kläger vor Klageerhebung Passivlegitimation und Prozessführungsbefugnis des Beklagten genau prüfen muss.

c) **Der Verband als gewillkürter Prozessstandschafter.** Nach den oben[116] dargestellten 60
allgemeinen Grundsätzen kann der Verband über § 10 Abs. 6 Satz 3 WEG hinaus auch als gewillkürter Prozessstandschafter auftreten. Der BGH hat anerkannt, dass der Verband in gewillkürter Prozessstandschaft Ansprüche verfolgen kann, die in einem engen rechtlichen und wirtschaftlichen **Zusammenhang mit der Verwaltung** des gemeinschaftlichen Eigentums stehen und an deren Durchsetzung er ein eigenes schutzwürdiges Interesse hat.[117] So kann er insbesondere von den einzelnen Wohnungseigentümern ermächtigt werden, neben den Ansprüchen wegen Mängeln des Gemeinschaftseigentums Ansprüche wegen **Mängeln des Sondereigentums** geltend zu machen.[118] Wegen der in weitem Umfang bereits bestehenden gesetzlichen Prozessstandschaft gemäß § 10 Abs. 6 Satz 3 WEG bleibt allerdings für weitere Fälle gewillkürter Prozessstandschaft in der Praxis nur noch wenig Bedarf. Ungeklärt ist etwa, ob der Verband in gewillkürter Prozessstandschaft für einen Wohnungseigentümer **Anfechtungsklage** gemäß § 46 WEG erheben kann.[119] Soweit der angefochtene Beschluss Rückwirkung auf die Rechtsstellung des Verbandes haben kann, lässt sich ein eigenes schutzwürdiges Interesse des Verbandes kaum verneinen. Die zukünftige Entwicklung der Rspr. muss zeigen, ob diese Konstruktion zugelassen wird. Dagegen dürfte es unzulässig sein, den Verband im Wege der gewillkürten Prozessstandschaft anstelle der Wohnungseigentümer als Beklagten der Anfechtungsklage auftreten zu lassen. Zum einen wird bislang eine gewillkürte Prozessstandschaft auf Beklagtenseite grundsätzlich für unzulässig gehalten. Zum anderen steht dieser Konstruktion § 46 Abs. 1 Satz 1 WEG entgegen, der ausdrücklich bestimmt, dass die Anfechtungsklage gegen die übrigen Wohnungseigentümer „zu richten" ist. Eine Auswechslung der Beklagten durch den Verband ist damit unvereinbar. Auch ist im Regelfall nicht erkennbar, welches schutzwürdige Eigeninteresse der Verband an einem Rechtsstreit über die verbandsinterne Willensbildung haben könnte.

---

[115] BGH NJW 1993, 3072 hat bei Tod des gewillkürten Prozessstandschafters einen Parteiwechsel nach § 263 ZPO auf den Rechtsinhaber für möglich gehalten. Diese Erwägungen können entsprechend auf den hier in Rede stehenden Fall angewendet werden.

[116] Siehe Rn. 54.

[117] BGH NZM 2007, 407 (409), bejaht für Bürgschaftsansprüche von Erwerbern gegen eine Bank.

[118] BGH NZM 2007, 403.

[119] Der Wortlaut des § 46 WEG dürfte dem jedoch entgegenstehen.

3. Der Verwalter als Prozessstandschafter

61 Eine gesetzliche Prozessstandschaft des Verwalters ist weder für die Wohnungseigentümer noch für den Verband als Rechtsinhaber vorgesehen. Sie folgt insbesondere nicht aus § 27 Abs. 2 und 3 WEG. Dort ist ausdrücklich bestimmt, dass der Verwalter im Namen der Wohnungseigentümer bzw. des Verbandes handeln kann. Damit ist eine Vertretung normiert und gerade nicht das Handeln in eigenem Namen als Prozessstandschafter. Folglich kann der Verwalter **nur** nach den allgemeinen Grundsätzen der **gewillkürten Prozessstandschaft** für einen anderen prozessieren. Vor der WEG-Reform wurde von dieser Möglichkeit vielfach Gebrauch gemacht. Anwendungsfälle ergaben sich insbesondere in **Hausgeldverfahren** vor der Anerkennung der Teilrechtsfähigkeit des Verbandes. Nach damaliger Rechtsauffassung mussten alle Wohnungseigentümer Antragsteller sein. Um die damit verbundenen praktischen Schwierigkeiten vor allem in großen Gemeinschaften zu umgehen, trat der Verwalter für die Wohnungseigentümer als gewillkürter Prozessstandschafter auf,[120] wobei seine hierzu erforderliche Ermächtigung entweder aus einem besonderen Beschluss der Gemeinschaft folgte oder sich schon aus dem Verwaltervertrag ergab.[121] Da der Verwalter gemäß § 27 Abs. 1 Nr. 4 und 5 WEG zur Einziehung des Hausgeldes berechtigt und verpflichtet ist, lässt sich unproblematisch auch sein eigenes Interesse an der Prozessstandschaft bejahen.[122] Darüber hinaus konnte durch die Prozessstandschaft des Verwalters die Mehrvertretungsgebühr für einen Rechtsanwalt gemäß RVG VV Nr. 1008 eingespart werden, denn Auftraggeber des Anwaltes und Partei im Prozess wurde nur der Verwalter anstelle aller Wohnungseigentümer. Diese Verfahrensweise hatte aber auch Nachteile, die in Kauf genommen wurden: Der im Prozess erwirkte Titel lautete auf den Verwalter und musste bei einem Ausscheiden des Verwalters aus seinem Amt umgeschrieben werden. Nach jetzt geltender Rechtslage bestehen die geschilderten Vorteile nicht mehr. Inhaber der Hausgeldansprüche ist der Verband (§ 10 Abs. 6 Satz 2, Abs. 7 Satz 1 bis 3 WEG), so dass weder besondere Schwierigkeiten bei der Klägerbezeichnung in der Klageschrift auftreten noch die anwaltliche Mehrvertretungsgebühr anfällt. Ein praktisches Bedürfnis für eine Prozessstandschaft des Verwalters wird daher in aller Regel nicht mehr vorliegen. Demgegenüber besteht der aufgezeigte Nachteil fort. Damit entspricht die gewillkürte Prozessstandschaft des Verwalters für den Verband **nicht mehr ordnungsgemäßer Verwaltung.** Ein entsprechender Ermächtigungsbeschluss der Gemeinschaft ist anfechtbar. Davon unabhängig ist aber im Prozess die dem Verwalter gleich aus welchem Rechtsgrund erteilte Ermächtigung zur Prozessführung wirksam und vom Gericht zu beachten; auch das eigene Interesse des Verwalters an der Prozessführung ist nach wie vor zu bejahen. Daher bleibt die Prozessstandschaft des Verwalters **prozessual zulässig,** mag sie auch materiell-rechtlich ordnungsgemäßer Verwaltung widersprechen. **Endet** während des Prozesses **das Amt** des Verwalters, so kann der neue Verwalter anstelle des alten Prozessstandschafter werden; übernimmt der neue Verwalter den Prozess nicht, bleibt die Prozessstandschaft des alten bestehen, bis sie ausdrücklich widerrufen wird.[123]

---

120 Vgl. z. B. OLG Hamburg ZMR 2007, 59 (60).

121 Eine entsprechende Ermächtigung kann sich aus dem Verwaltervertrag auch im Wege einer Gesamtschau ergeben, vgl. OLG München NZM 2006, 512.

122 BGH NJW 2004, 937 stellt auf die Pflicht des Verwalters ab, Beschlüsse durchzuführen (§ 27 Abs. 1 Nr. 1 WEG). Anderes gilt für den Verwalter, der nicht Hausgeld, sondern Mietzins einzieht: KG ZMR 2007, 111. Nach BGHZ 104, 197 (199) folgt das schutzwürdige Interesse des Verwalters aus seiner Pflicht, die ihm obliegenden Aufgaben ordnungsgemäß und reibungslos zu erfüllen; ebenso OLG Hamm ZMR 2009, 61 (62).

123 OLG Köln NZM 2005, 460; KG NJW-RR 1991, 1363 (1364).

4. Der Wohnungseigentümer als Prozessstandschafter

a) Gewillkürte Prozessstandschaft. Ebensowenig wie für den Verwalter ist für den einzelnen Wohnungseigentümer eine besondere gesetzliche Prozessstandschaft vorgesehen. Eine Ausnahme kann allenfalls für den Fall der Notgeschäftsführung gemäß § 21 Abs. 2 WEG vorliegen: In – wirklichen – Eilfällen ist eine gesetzliche Prozessführungsbefugnis eines Wohnungseigentümers für den Verband denkbar, wenn keine vorherige Entscheidung der Gemeinschaft mehr möglich ist. Wenn ein Verwalter fehlt, so können die Wohnungseigentümer nach Maßgabe des § 27 Abs. 3 Satz 2 und 3 WEG als Vertreter des Verbandes auftreten, nicht aber als Prozessstandschafter. In Betracht kommt dagegen stets eine gewillkürte Prozessstandschaft eines Wohnungseigentümers für den Verband. Nach Anerkennung der Teilrechtsfähigkeit des Verbandes – jedoch vor der WEG-Reform – hat der BGH ausgesprochen, dass die Wohnungseigentümerversammlung einen oder mehrere Wohnungseigentümer durch Beschluss ermächtigen kann, Ansprüche des Verbandes im eigenen Namen durchzusetzen.[124] Es ist allerdings nach der WEG-Reform nicht mehr ohne weiteres zu erkennen, welche Vorteile ein solches Vorgehen gegenüber einem eigenen Prozess des Verbandes bieten könnte. Denkbar ist im Einzelfall, dass sich der Verband dadurch einen für ihn lästigen Prozess erspart und die Prozessführung einem einzelnen, vielleicht besonders betroffenen Wohnungseigentümer überlässt. Unklar ist ferner, ob dies auch für eine passive gewillkürte Prozessstandschaft gelten soll; das ist richtigerweise zu verneinen, da die überwiegende Auffassung die gewillkürte Prozessstandschaft auf der Passivseite für unzulässig hält und im hier in Rede stehenden Fall keine Gründe für eine abweichende Bewertung erkennbar sind. Trotz dieser Fragen hat der BGH seine Auffassung später – allerdings ohne nähere Erläuterungen – bestätigt.[125] In dieser Entscheidung erkennt der BGH zudem, dass der Verband in den Fällen seiner gesetzlichen Prozessstandschaft einen Wohnungseigentümer zur gewillkürten Prozessstandschaft ermächtigen könne: Zwar sei der Verband zur Durchsetzung der Rechte der Wohnungseigentümer ausübungsbefugt; unberührt bleibe jedoch die Befugnis des Verbandes, einzelne oder mehrere Wohnungseigentümer durch Beschluss zur Durchsetzung der Rechte zu ermächtigen, so dass diese im Prozess in gewillkürter Prozessstandschaft auftreten.[126] In der Sache bejaht der BGH damit eine **Rückübertragung der Prozessführungsbefugnis** vom Verband auf die Wohnungseigentümer. Es erscheint immerhin fraglich, ob das mit dem Zweck des § 10 Abs. 6 Satz 3 WEG, im Wege der Verwaltungsvereinfachung die Ausübung gemeinschaftsbezogener Rechte auf den Verband zu konzentrieren, vereinbar ist. Zudem ist nicht zu erkennen, warum der Verband im Fall der okkupierten Prozessstandschaft das Prozessführungsrecht erst an sich ziehen und dann wieder auf die Wohnungseigentümer zurückübertragen sollte. Es bleibt abzuwarten, ob der BGH diese Rechtsprechung nach Inkrafttreten des § 10 Abs. 6 Satz 3 WEG uneingeschränkt aufrechterhält. Wenn der Verband nach den Grundsätzen der genannten Rechtsprechung die Wohnungseigentümer zur gewillkürten Prozessstandschaft ermächtigen will, so reicht hierfür ein Mehrheitsbeschluss aus. Der Beschluss muss inhaltlich hinreichend bestimmt sein.[127] Das rechtliche Interesse der Wohnungseigentümer, den Prozess in eigenem Na- 62

---

[124] BGH NZM 2005, 747. Die Entscheidung des BGH betraf einen Übergangsfall: Vor Anerkennung der Teilrechtsfähigkeit des Verbandes hatten alle Wohnungseigentümer eine Hausgeldklage erhoben. Nach neuerer Auffassung in BGH NJW 2005, 2061 hätte jedoch der Verband klagen müssen. Die Anerkennung einer – im entschiedenen Fall allenfalls konkludent erteilen – Prozessstandschaft der Wohnungseigentümer für den Verband vermied, dass sich die Klage in letzter Instanz als unzulässig herausstellte.

[125] BGH NZM 2007, 403 (405).

[126] BGH a. a. O.

[127] Vgl. dazu KG WuM 1990, 180 (181) mit überspannten Anforderungen an einen Ermächtigungsbeschluss zugunsten eines Wohnungseigentümers gegen einen nicht mehr amtierenden Verwalter Ansprüche geltend zu machen.

men zu führen, ergibt sich in der Regel schon daraus, dass sie selbst die materiell (Mit-) Berechtigten des streitgegenständlichen Anspruchs sind. Ihnen kann daher ein rechtliches Interesse an der Prozessführung nicht abgesprochen werden. Abgesehen von den Fällen der aufgezeigten Art, in denen ein Wohnungseigentümer als Prozessstandschafter für den Verband auftritt, kann ein Wohnungseigentümer auch für einen anderen Wohnungseigentümer als gewillkürter Prozessstandschafter handeln. Das ist etwa in dem Fall anerkannt, dass der Wohnungsverkäufer den Käufer bereits vor Umschreibung im Grundbuch zur Ausübung des Stimmrechts in der Eigentümerversammlung ermächtigt; dadurch erhält der Käufer für ein Beschlussanfechtungsverfahren die Prozessführungsbefugnis.[128]

63 **b) Veräußerung des Wohnungseigentums im Prozess.** Eine besondere gesetzliche Prozessstandschaft sieht § 265 ZPO für den Fall vor, dass ein Wohnungseigentümer, gleich ob er Partei oder Beigeladener (§ 48 Abs. 2 Satz 3 WEG) ist, sein Eigentum während des Prozesses veräußert. Die Parteistellung ändert sich dadurch nicht. Der Veräußerer führt den Prozess als Prozessstandschafter für den Erwerber fort. Dieser kann in den Prozess nur mit Zustimmung des Gegners als Partei eintreten, er kann aber Nebenintervenient (Streithelfer) werden. Diese Regelung dient dem Schutz des Gegners, dem gegen seinen Willen nicht eine neue Partei aufgezwungen werden soll. Für den Erwerber besteht in einem solchen Fall das Risiko, dass er als Rechtsnachfolger des Veräußerers gemäß § 325 Abs. 1 ZPO die Rechtskraft eines Urteils im Prozess zwischen Veräußerer und Gegner gegen sich gelten lassen muss. Das Gesetz macht hiervon jedoch für einen Sonderfall eine komplizierte Ausnahme: Wenn der Erwerber gutgläubig von einem Nichtberechtigten nach den jeweils einschlägigen materiell-rechtlichen Vorschriften das Eigentum erwirbt und zudem gutgläubig hinsichtlich der Rechtshängigkeit des Prozesses ist, so trifft ihn die Rechtskraftwirkung nicht. Auf Klägerseite kommt dann nach Maßgabe des § 265 Abs. 3 ZPO eine Prozessstandschaft nicht mehr in Betracht.

5. Postulationsfähigkeit des Prozessstandschafters im Parteiprozess

64 **a) Postulationsfähigkeit des gewillkürten Prozessstandschafters.** Den Parteiprozess können die Parteien ohne Rechtsanwälte selbst führen. Dieser Grundsatz wird in **§ 79 Abs. 1 Satz 2 ZPO**[129] eingeschränkt für Parteien, die eine fremde Geldforderung[130] geltend machen, also für Prozessstandschafter. Sie müssen sich durch einen Rechtsanwalt vertreten lassen. Insoweit fehlt dem Prozessstandschafter die Postulationsfähigkeit.[131] Dies gilt aber dann nicht, wenn der Prozessstandschafter gemäß § 79 Abs. 2 ZPO zur Vertretung des Gläubigers berechtigt wäre. Diese Vorschrift betrifft im hier interessierenden Zusammenhang bestimmte Familienangehörige der Partei (§ 79 Abs. 2 Satz 2 Nr. 2 ZPO i. V. m. § 15 AO) und ihre Beschäftigten (§ 79 Abs. 2 Satz 2 Nr. 1 ZPO). Für den praktisch wichtigsten Fall der gewillkürten Prozessstandschaft des Verwalters stellt sich damit die Frage, ob er als „Beschäftigter" der Wohnungseigentümergemeinschaft angesehen werden kann. Das Gesetz definiert diesen Begriff nicht. Jedenfalls soll er weit auszulegen sein und alle öffentlich-rechtlichen und privaten Beschäftigungsverhältnisse umfassen.[132] Dennoch fällt der Verwalter nicht hierunter: Das Gesetz versteht unter Beschäftigungsverhältnis i. d. R. echte Arbeitsverhältnisse (vgl. etwa § 6 Abs. 1 AGG). Der Verwalter ist aber nicht Arbeitnehmer der Gemeinschaft. Der bloße Abschluss eines

---

[128] KG NZM 2004, 511. Das Gericht hat zudem entschieden, dass die Prozessstandschaft noch innerhalb der Anfechtungsfrist offengelegt werden muss. Vgl. näher hierzu unten Rn. 486.

[129] Zu § 79 ZPO siehe auch unten Rn. 211 ff.

[130] Eine Forderung ist stets ein auf Geld gerichteter Anspruch. Daher ist der gesetzlich verwendete Begriff „Geldforderung" überflüssig.

[131] Siehe zur Postulationsfähigkeit auch oben Rn. 10.

[132] BT-Drucks. 16/3655, S. 87.

Dienst- oder Geschäftsbesorgungsvertrages führt ebenfalls noch nicht dazu, den Dienstverpflichteten als Beschäftigten anzusehen. Da jeder Prozessvollmacht als Schuldverhältnis ein Dienstvertrag zugrunde liegt, wäre bei einer derartigen Sichtweise jeder Prozessbevollmächtigte zugleich Beschäftigter – ein Ergebnis, das dem Gesetzeszweck offensichtlich widerspricht. Für den Hauptanwendungsfall der gewillkürten Prozessstandschaft im Wohnungseigentumsrecht, nämlich der Hausgeldklage durch den Verwalter im eigenen Namen, gilt also, dass sich der Verwalter hier durch einen Rechtsanwalt vertreten lassen muss. Denn da der Verwalter insoweit über seine gesetzlich in § 27 Abs. 3 Satz 1 WEG vorgesehenen Befugnisse hinaus tätig wird, handelt er nicht mehr als Organ der Wohnungseigentümergemeinschaft und unterfällt damit den Beschränkungen des § 79 Abs. 1 Satz 2 ZPO. Fraglich ist, ob der gewillkürte Prozessstandschafter, dem die Postulationsfähigkeit fehlt, sich **zwingend durch einen Rechtsanwalt** vertreten lassen muss oder ob auch die in § 79 Abs. 2 Satz 2 Nr. 1–4 ZPO Genannten zulässige Vertreter sind. Das ist zu verneinen: Ausdrückliche Rechtsfolge des § 79 Abs. 1 Satz 2 ZPO ist die Notwendigkeit der Vertretung durch einen Rechtsanwalt. Demgegenüber bestimmt § 79 Abs. 2 ZPO nur, wer im gewöhnlichen Parteiprozess Prozessbevollmächtigter sein kann. Diese Vorschrift knüpft nicht an den vorhergehenden Fall der Prozessstandschaft in § 79 Abs. 1 Satz 2 ZPO an. Es wäre auch nicht einzusehen, warum etwa der Prozessstandschafter zwar den Prozess nicht selbst führen dürfte, wohl hingegen einen Familienangehörigen oder einen seiner Beschäftigten zur Prozessführung bevollmächtigen könnte. Diese Personen leiten ihre Stellung allein vom Prozessstandschafter ab und können nicht mehr Rechte innehaben als er selbst. Daher ist eine Vertretung des Prozessstandschafters nur durch einen Rechtsanwalt zulässig.

b) Postulationsfähigkeit des gesetzlichen Prozessstandschafters. Die soeben geschilder- 65
te Rechtslage kann für den gesetzlichen Prozessstandschafter nicht gelten. Es wäre ungereimt, wenn das Gesetz die Befugnis zur Prozessführung einem anderen einräumte, ihn gleichwohl den Prozess – abgesehen von den Ausnahmefällen des § 79 Abs. 2 Satz 2 Nr. 1–4 ZPO – allein aus diesem Grund nicht selbst führen ließe. Dafür wäre kein sachlicher Grund zu erkennen. Vielmehr sollen die Beschränkungen der Prozessführung gemäß § 79 ZPO, die im Zuge der Neuregelung des Rechtsdienstleistungsgesetzes vom 12. 12. 2007[133] eingefügt wurden, allein vor unqualifizierter Prozessführung durch Dritte, die in keinem besonderen Näheverhältnis zur Partei stehen, schützen. Demzufolge hat der Gesetzgeber auch lediglich die gewillkürte Prozessstandschaft solcher Personen im Blick gehabt und an gesetzliche Prozesstandschafter offensichtlich überhaupt nicht gedacht.[134] Aus diesem Grund wird man § 79 Abs. 1 Satz 2 ZPO dahin **einschränkend** zu verstehen haben, dass gesetzliche Prozessstandschafter **keine fremde Forderung** geltend machen, sondern vielmehr kraft Gesetzes zur Einziehung befugt sind. Für den wichtigen Fall der gesetzlichen Prozessstandschaft des Verbandes in § 10 Abs. 6 Satz 3 WEG bedeutet dies also, dass der Verband sich nicht zwingend durch einen Rechtsanwalt vertreten lassen muss.

6. Weitere Wirkungen der Prozessstandschaft

a) Materielles Recht und Zwangsvollstreckung. Der Prozessstandschafter wird zwar 66
selbst Partei, so dass ihm und nicht dem Rechtsinhaber alle prozessualen Rechte und Pflichten zukommen. Bei der Prozessführung darf dennoch nicht außer Acht gelassen werden, dass der Prozessstandschafter nicht der materiell Berechtigte ist. Die überwiegende Auffassung verlangt daher, dass der Prozessstandschafter bei einer Leistungsklage die **Leistung** nicht an sich, sondern **an den Rechtsinhaber beantragt.** Tritt der Verwalter in einer Hausgeldklage als Prozessstandschafter für den Verband auf, kann er dennoch

---

[133] BGBl. I S. 2840.

[134] BT-Drucks. 16/3655, S. 87 erwähnt nur die gewillkürte Prozessstandschaft.

Zahlung an sich beantragen, da er gemäß § 27 Abs. 3 Satz 1 Nr. 4, Abs. 1 Nr. 4 WEG Hausgeldbeiträge in Empfang nehmen darf.[135] Im Prozess hat der Beklagte zu beachten, dass er **Gegenrechte** wie z. B. die Aufrechnung oder das Zurückbehaltungsrecht nur dann gegen den Prozessstandschafter geltend machen kann, wenn ihm diese Rechte gegen den Rechtsinhaber zustehen. Der prozessuale Rollentausch zwischen Rechtsinhaber und Prozessstandschafter führt nämlich nicht zu einer Änderung der materiellen Rechtslage. Dies wird in der Praxis manchmal in den Fällen verkannt, in denen der Verwalter als Prozessstandschafter für den Verband auftritt und der Beklagte sich mit – vermeintlichen – Schadensersatzansprüchen gegen den Verwalter wegen Verletzung von Verwalterpflichten verteidigt; selbst wenn diese Gegenrechte bestehen, so richten sie sich materiell-rechtlich gegen den Verwalter, nicht gegen den Verband, dessen Rechte jedoch streitgegenständlich sind. Macht der Beklagte Gegenrechte in Form einer Widerklage geltend, so hat er zu beachten, dass die Klage unabhängig von der materiell-rechtlichen Rechtslage gegen den Kläger, also den Prozessstandschafter zu richten ist.[136] Die echte eigene Parteistellung des Prozessstandschafters setzt sich auch in der **Zwangsvollstreckung** fort. Die Zwangsvollstreckung findet zwischen den im Titel als Partei aufgeführten Personen statt. Erwirkt etwa der Verwalter als Prozessstandschafter für den Verband einen Titel, so betreibt er aus diesem auch die Zwangsvollstreckung in eigenem Namen. Scheidet er zuvor aus seinem Amt aus, soll die Gemeinschaft den Titel entsprechend § 727 ZPO auf sich umschreiben lassen können;[137] diese Auffassung ist jedoch nicht unumstritten. Eine direkte Umschreibung auf den neuen Verwalter scheidet aus, da dieser nicht Rechtsnachfolger des alten Verwalters ist.[138] Die materiell Berechtigten können aber den titulierten Anspruch an den neuen Verwalter abtreten und sodann eine Umschreibung beantragen. Ist der **Verband** als Prozesstandschafter für die Wohnungseigentümer Beklagter und **wird gegen ihn vollstreckt,** so ist zu beachten, dass eine Vollstreckung in das Vermögen der Wohnungseigentümer, etwa das gemeinschaftliche Grundstück, nicht möglich ist. Denn Schuldner des Titels bleibt der Verband, nur in sein Vermögen darf also vollstreckt werden. Gegen eine Vollstreckung in verbandsfremdes Vermögen müssen sich die Wohnungseigentümer regelmäßig mit der Drittwiderspruchsklage gemäß § 771 ZPO wehren; im Verhältnis zum Verband sind die Wohnungseigentümer „Dritter" im Sinne der Vorschrift.

67 **b) Rechtskrafterstreckung auf den Rechtsinhaber.** Eine weitere Folge der Prozessstandschaft ist grundsätzlich die Rechtskraftwirkung eines im Prozess ergangenen Urteils für und gegen den Rechtsinhaber. Das ist bei der gewillkürten Prozessstandschaft anerkannt.[139] Nicht unumstritten ist diese Frage jedoch in den Fällen der gesetzlichen Prozessstandschaft, da sie nur in § 265 Abs. 3 ZPO ausdrücklich geregelt ist. Im wichtigen Fall der gesetzlichen Prozessstandschaft des Verbandes gemäß § 10 Abs. 6 Satz 3 WEG wirkt jedenfalls ein **Urteil** zwischen Verband und Prozessgegner **auch für und gegen die Wohnungseigentümer.** Das ergibt sich daraus, dass die gesetzliche Prozessstandschaft des Verbandes das Prozessführungsrecht der Wohnungseigentümer verdrängt. Sie könnten in einem hypothetischen Zweitprozess gegen den Prozessgegner mangels aktiver und passiver Prozessführungsbefugnis weder zulässig Kläger noch Beklagter sein. Weil es damit keinen zulässigen Zweitprozess geben kann, bedeutet dies nichts anderes als eine Rechtskrafterstreckung auf die Wohnungseigentümer. Es bleibt der Fall zu betrachten, dass der Verband im Fall der okkupierten Prozessstandschaft gerade nicht die Prozess-

---

[135] Ebenso OLG München NJW-RR 2008, 321.

[136] Das LG Hannover ZMR 2004, 709 entschied noch zur alten Rechtslage in der freiwilligen Gerichtsbarkeit: Klagt der Verwalter in Prozessstandschaft für die Gemeinschaft, so ist ein Gegenantrag wegen Ansprüche gegen die Gemeinschaft unzulässig, wenn dieser Gegenantrag gegen die Gemeinschaft gerichtet ist.

[137] BGH NZM 2001, 1078 (1080).

[138] LG Darmstadt NJW-RR 1996, 398.

[139] So bereits BGH NJW 1980, 2461 (2463).

führung an sich zieht, sondern den einzelnen Wohnungseigentümern überlässt. Beispiel: Eine Unterlassungsklage gemäß § 1004 BGB wegen Störung des gemeinschaftlichen Eigentums wird von einem einzelnen Wohnungseigentümer erhoben, der Verband bleibt untätig. Hier liegt kein Fall der Prozessstandschaft vor: Der Rechtsinhaber klagt selbst, so dass sich Fragen der Rechtskrafterstreckung nicht stellen. Im Beispielsfall findet daher eine Rechtskrafterstreckung weder auf die anderen Wohnungseigentümer noch auf den Verband von Gesetzes wegen statt. Das ist konsequent, wenn man bedenkt, dass die Fälle der okkupierten Prozessstandschaft nur sonstige Rechte i. S. d. § 10 Abs. 6 Satz 3 WEG betreffen, die gemeinschaftlich geltend gemacht werden können – nicht müssen. Vermeiden lässt sich dieses Ergebnis allerdings durch Beiladung der übrigen Wohnungseigentümer, da diese dann gemäß § 48 Abs. 3 WEG an der Rechtskraft des Urteils teilhaben.[140]

IV. Beiladung und Streitgenossenschaft

1. Der Zweck der Beiladung

68 Da der Zivilprozess ein Zwei-Parteien-Rechtsstreit mit Kläger und Beklagtem ist, eignet er sich in dieser Form nur bedingt zur Klärung von Rechtsfragen innerhalb oft gegenläufiger Interessen einer Wohnungseigentümergemeinschaft. Es ist daher in vielen Fällen erforderlich, die nicht als Partei beteiligten Wohnungseigentümer und den Verwalter in den Prozess und seinen Ausgang einzubinden. Zu diesem Zweck regelt § 48 Abs. 1 bis 3 WEG ihre Beiladung. Die Einrichtung der Beiladung ist vor dem Hintergrund der alten Rechtslage im Verfahren der freiwilligen Gerichtsbarkeit zu sehen. § 45 Abs. 2 Satz 2 WEG a. F. ordnete die bindende Wirkung gerichtlicher Entscheidungen für alle Beteiligten an, das waren in der Regel alle Wohnungseigentümer und der Verwalter. Im Zivilprozess wirkt die Rechtskraft eines Urteil grundsätzlich jedoch nur zwischen den Parteien (§ 325 Abs. 1 ZPO). Der Gesetzgeber wollte entsprechend der alten Rechtslage die Rechtskraft auch auf die nicht als Partei am Prozess Beteiligten erstrecken, um dauerhaften Rechtsfrieden in der Gemeinschaft zu gewährleisten.[141] Mithin wirkt das Urteil gemäß § 48 Abs. 3 WEG auch für und gegen die beigeladenen Wohnungseigentümer und den beigeladenen Verwalter. Diese Wirkung ist nur damit zu rechtfertigen, dass ihnen die Möglichkeit eingeräumt wird **den Prozess zu beeinflussen.** Das soll durch die Beiladung erreicht werden, ein besonderes Regelungsinstrument des Wohnungseigentumsprozesses gegenüber dem gewöhnlichen Zivilprozess. Das Institut der Beiladung ist bisher in der ZPO nur in gewissen Kindschaftssachen des § 640e ZPO und in Drittschuldnerprozessen bei mehrfacher Pfändung gemäß § 856 Abs. 3 ZPO vorgesehen. In diesen Fällen ist mit Beiladung tatsächlich eine Ladung zum Verhandlungstermin gemeint, während dies in § 48 WEG nicht der Fall sein muss. Eine Beiladung ist auch dem Kapitalanleger-Musterverfahrensgesetz (KapMuG) bekannt; dort werden die Parteien gewisser Parallelprozesse im Musterverfahren Beigeladene, vgl. § 8 KapMuG. Die Beiladung gemäß § 48 WEG setzt die bisher nicht beteiligten Wohnungseigentümer oder den Verwalter **durch Zustellung der Klageschrift** von dem Prozess in Kenntnis. Sodann haben sie die Möglichkeit, dem Rechtsstreit auf Seiten einer Partei **beizutreten** und so seinen Verlauf zu beeinflussen.

2. Voraussetzungen der Beiladung

69 **a) Beiladung des Verwalters.** Zu unterscheiden ist die Beiladung der übrigen, nicht als Partei am Prozess beteiligten Wohnungseigentümer und die Beiladung des Verwalters.

[140] Siehe dazu unten Rn. 83.

[141] Gegenäußerung der Bundesregierung zur Stellungnahme des Bundesrates, BT-Drucks. 16/887, S. 74.

Der Verwalter ist in den verwalterbezogenen Prozessen gemäß § 43 Nr. 3 WEG und in Prozessen über die Gültigkeit von Beschlüssen gemäß § 43 Nr. 4 WEG **stets beizuladen,** wenn er **nicht bereits Partei** ist (§ 48 Abs. 1 Satz 2 WEG), das kann auch für den ausgeschiedenen Verwalter gelten, wenn es um seine Rechtsstellung geht;[142] diese Rechtsstellung ist nicht mehr betroffen, wenn Beschlüsse angefochten werden, die nach seiner Abberufung gefasst wurden, selbst bei angefochtenem Abberufungsbeschluss.[143] Eine besondere Prüfung, ob die Interessen des Verwalters im Einzelfall betroffen sind, ist nicht erforderlich. Fraglich ist, ob die Beiladung auch dann erfolgen muss, wenn **dem Verwalter,** der nicht Partei ist, gemäß § 49 Abs. 2 WEG die **Prozesskosten auferlegt** werden sollen. Dies kann nämlich auch in den Fällen des § 43 Nr. 1, 2 und 5 WEG, in denen eine Beiladung des Verwalters nicht vorgesehen ist, vorkommen. Der Grundsatz rechtlichen Gehörs (Art. 103 Abs. 1 GG) verlangt, dass der Verwalter, der nicht Partei ist, vor dieser ihm nachteiligen Entscheidung angehört wird.[144] Das setzt jedoch nicht zwingend seine Beiladung voraus, da die Anhörung auch auf andere Weise durchgeführt werden kann. Soll daher zu Lasten des Verwalters eine Kostenentscheidung in diesen Fällen ergehen, ist er zwar anzuhören, aber nicht beizuladen. Dies ist weder erforderlich noch in § 48 Abs. 1 WEG vorgesehen. Umgekehrt reicht eine bloße Beiladung des Verwalters nicht aus, um ihn nach Maßgabe des § 49 Abs. 2 WEG mit Kosten zu belasten. Der Verwalter kann zum Zeitpunkt der Beiladung – der Zustellung der Klageschrift – eine Kostenentscheidung im Endurteil zu seinem Nachteil noch nicht absehen. Es kann auch nicht gefordert werden, dass der Verwalter in den Hauptsacheprozess eintritt, um lediglich eine Nebenentscheidung über die Kosten zu beeinflussen.

70 **b) Beiladung der übrigen Wohnungseigentümer.** Die Beiladung der übrigen Wohnungseigentümer kann in gemeinschaftsbezogenen Prozessen gemäß § 43 Nr. 1 WEG oder in verwalterbezogenen Prozessen gemäß § 43 Nr. 3 WEG in Betracht kommen. Dafür müssen folgende Voraussetzungen vorliegen: Der klagende Wohnungseigentümer muss einen **ihm allein zustehenden Anspruch** geltend machen und die übrigen, nicht beklagten Wohnungseigentümer müssen in ihren **rechtlichen Interessen betroffen** sein (§ 48 Abs. 1 Satz 1 WEG). Die negative Formulierung der letzten Voraussetzung im Gesetzestext zeigt, dass im Regelfall von einer Betroffenheit der rechtlichen Interessen der übrigen Wohnungseigentümer auszugehen ist. Nur wenn ihre Interessen ausnahmsweise erkennbar nicht betroffen sind, kann ihre Beiladung unterbleiben. Im Zweifel sind sie daher beizuladen. Schließlich kommt eine Beiladung nur dann in Betracht, wenn sich die Klage nur gegen einen oder einzelne Wohnungseigentümer oder nur gegen den Verwalter richtet; richtet sich die Klage nämlich gegen alle, so sind diese Personen bereits Prozessparteien und ihre Beiladung ist dann überflüssig.

71 *aa) Individualanspruch.* Der Kläger muss einen Individualanspruch geltend machen. Die Gesetzesbegründung nennt an dieser Stelle den **Anspruch auf ordnungsgemäße Verwaltung** gemäß § 21 Abs. 4 WEG und den Anspruch auf **Beseitigung baulicher Veränderungen** am Gemeinschaftseigentum nach § 1004 Abs. 1 BGB.[145] Ein Fall der zuerst genannten Gruppe ist etwa der **individuelle Auskunftsanspruch** eines Wohnungseigentümers gegen den Verwalter. Eine Beiladung im Fall der Klage aufgrund § 1004 BGB kommt hingegen nur in Betracht, wenn der Verband die ihm insoweit eingeräumte Ausübungsbefugnis gemäß § 10 Abs. 6 Satz 3 WEG nicht an sich gezogen hat. Macht der Verband nämlich von seiner okkupierten Prozessstandschaft[146] Gebrauch, so klagt er selbst; in diesem Fall gilt § 48 Abs. 1 WEG nicht, denn dort wird ausdrücklich die Klage

---

142 BayObLG NZM 2003, 815 für die angefochtene Entlastung des ausgeschiedenen Verwalters.

143 BayObLG WuM 1990, 183.

144 LG Frankfurt a. M. NJW 2009, 924.

145 Gegenäußerung der Bundesregierung, a. a. O., S. 74. Für den Fall des § 1004 BGB schon vor der WEG-Reform: OLG München NZM 2006, 378.

146 Siehe dazu oben Rn. 57.

eines Wohnungseigentümers vorausgesetzt. Eine Beiladung ist hier entbehrlich, weil der Verband die Rechte der übrigen Wohnungseigentümer wahrnimmt.[147] Aus gleichem Grund zählen zu den Individualansprüchen auch nicht Schadensersatzansprüche wegen der Verletzung des Gemeinschaftseigentums. Diese Ansprüche hat der Verband als Prozessstandschafter geltend zu machen,[148] so dass hier ebenfalls eine Beiladung ausscheidet. Individualansprüche sind dagegen Schadensersatzansprüche wegen **Verletzung des Sondereigentums,** sonstige **Schadensersatzansprüche gegen den Verwalter,**[149] Ansprüche auf **Herausgabe eines Raumes**[150] oder Streitigkeiten zweier Wohnungseigentümer um die Grenze ihrer jeweiligen **Sondernutzungsrechte,** wenn die anderen Wohnungseigentümer am Mitgebrauch der umstrittenen Fläche ausgeschlossen sind.

bb) Rechtliches Interesse. Es müssen rechtliche Interessen der beizuladenden Wohnungseigentümer betroffen sein. Rein wirtschaftliche oder ideelle Interessen genügen nicht. Es reicht auch nicht ein allgemeines Informationsbedürfnis über die Vorgänge in der Wohnungseigentümergemeinschaft; dieses wird schon durch den Verwalter gemäß § 27 Abs. 1 Nr. 7 WEG erfüllt. Geht es im verwalterbezogenen Prozess gemäß § 43 Nr. 3 WEG um **Rechte und Pflichten des Verwalters,** so sind in der Regel die übrigen Wohnungseigentümer rechtlich betroffen.[151] Denn etwaige Pflichtverletzungen des Verwalters können Grund zu seiner Abberufung sein; auch haben die Wohnungseigentümer gegen den Verwalter einen Anspruch auf ordnungsgemäße Geschäftsführung, ihre rechtlichen Interessen sind betroffen, sollte sich eine Verletzung dieses Anspruchs herausstellen. Die Rspr. hat hingegen in der Vergangenheit unter Geltung des § 43 Abs. 4 WEG a. F. den jetzt maßgeblichen Begriff der rechtlichen Interessen teilweise enger verstanden. Nach Meinung des BGH sollen die übrigen Wohnungseigentümer nicht zu beteiligen sein, wenn ein einzelner Wohnungseigentümer Schadensersatzansprüche gegen den Verwalter verfolgt.[152] Das BayObLG hat dies anders gesehen für den Fall, dass eine fehlerhafte Beschlussdurchführung des Verwalters im Streit steht.[153] Nach hier vertretener Auffassung kann von einer Beiladung der übrigen Wohnungseigentümer nur dann abgesehen werden, wenn sie aufgrund des streitgegenständlichen Verhaltens des Verwalters keine Ansprüche gleich welcher Art gegen ihn erheben könnten. Für den Fall des Rechtsstreits einzelner Wohnungseigentümer gegeneinander gemäß § 43 Nr. 1 WEG ist dagegen denkbar, dass die rechtlichen Interessen der übrigen Wohnungseigentümer **im Einzelfall nicht betroffen** sind. Dies gilt für Schadensersatzansprüche wegen Beschädigung des Sondereigentums, wenn der Schädiger ein anderer Wohnungseigentümer ist und der Sachverhalt keinen Bezug zur Gemeinschaft aufweist oder wenn es in einer Mehrhausanlage mit Untergemeinschaften um Fragen geht, die nur eine Untergemeinschaft betreffen[154] oder wenn es um die Verwaltung des Sondereigentums geht.[155] Allgemein gehören hierher schließlich typische Nachbarstreitigkeiten zwischen Wohnungseigentümern, von denen 72

---

[147] So Gegenäußerung der Bundesregierung, a. a. O.

[148] Siehe oben Rn. 56.

[149] BGH NJW 1992, 182.

[150] BayObLG NJW-RR 1990, 660.

[151] Nach OLG Hamm NJW-RR 2001, 226 (227) sind alle Wohnungseigentümer am Verfahren zu beteiligen, wenn es um die Feststellung der Unwirksamkeit des Verwaltervertrages geht. BayObLG NJW-RR 1997, 1307 für die Beteiligung der übrigen Wohnungseigentümer, wenn der Verwalter verpflichtet werden soll, der Veräußerung eines Wohnungseigentums zuzustimmen. OLG Köln NJW-RR 2007, 87 für die Beteiligung der übrigen Wohnungseigentümer, wenn der Verwalter der Ausübung eines gewerblichen Betriebs in einer Eigentumswohnung zustimmen soll.

[152] BGHZ 115, 253.

[153] BayObLG WuM 1991, 711. Jedoch keine Beteiligung der übrigen Wohnungseigentümer, wenn vom Verwalter die Übersendung von Kopien aus den Verwalterunterlagen verlangt wird: BayObLG NZM 2003, 246.

[154] Vgl. BayObLG NZM 2000, 678 (688).

[155] BayObLG WuM 1995, 672.

die übrigen nicht betroffen sind.[156] Rechtliche Interessen werden von vornherein nicht berührt, wenn keine Sachentscheidung ergeht. Wenn demnach eine **unzulässige Klage** durch Prozessurteil abgewiesen wird, ist eine Beiladung der übrigen Wohnungseigentümer nicht erforderlich.[157] Da sich jedoch viele Zulässigkeitsmängel einer Klage noch bis zum Schluss der mündlichen Verhandlung nachbessern lassen, scheidet eine Beiladung nur bei unheilbaren Mängeln von Anfang an aus.

3. Beiladung in Sonderfällen

73 Die vorgenannten Abgrenzungsfragen, wann ein Individualanspruch vorliegt, zeigen bereits, dass die **gesetzliche Regelung problembehaftet** ist. Sie ist zudem unvollständig, da sie einige wichtige Fälle, in denen eine Beiladung notwendig und sachgerecht ist, nicht erfasst. Zu denken ist an die Beiladung der Wohnungseigentümer über die in § 48 Abs. 1 WEG explizit genannten Fälle hinaus, an die Beiladung weiterer Personen und an die Beiladung in besonderen Verfahren.

74 **a) Beiladung der Wohnungseigentümer bei Gemeinschaftsansprüchen?** Die ausdrückliche Beschränkung der Beiladung auf Individualansprüche in § 48 Abs. 1 Satz 1 WEG führt zu Zweifelsfragen, wenn der Kläger – berechtigt oder unberechtigt – gemeinschaftsbezogene Rechte geltend macht. Folgender Beispielsfall mag dies verdeutlichen.

75 **Fallbeispiel:** Der Verwalter beschädigt gemeinschaftliches Eigentum. Er soll auf Schadensersatz in Anspruch genommen werden. Ein Wohnungseigentümer verklagt ihn auf Zahlung an die Gemeinschaft und behauptet in der Klageschrift, er sei von der Gemeinschaft zur Prozessführung ermächtigt worden. Sind die übrigen Wohnungseigentümer beizuladen?

76 Im Ergebnis ist dies aus folgenden Gründen zu verneinen: Der Kläger macht ein gemeinschaftsbezogenes Recht gemäß § 10 Abs. 6 Satz 3 WEG geltend, für das die Prozessführungsbefugnis dem Verband zusteht.[158] Da der Kläger keinen Individualanspruch einklagt, ist nach dem Wortlaut des § 48 Abs. 1 Satz 1 WEG eine Beiladung der übrigen Wohnungseigentümer in diesem Fall ausgeschlossen, auch wenn es um Rechte der Gemeinschaft geht. Eine Beiladung ist gleichwohl nicht erforderlich. Sofern die Prozessführungsbefugnis besteht, haben sich die Wohnungseigentümer durch die Ermächtigung des Klägers zur Prozessführung bewusst aller Einflussnahmemöglichkeiten auf den Prozess begeben. Insbesondere müssen sie die Rechtskraft des Urteils gegen sich gelten lassen.[159] Ihre Beiladung ist also nicht geboten. Wenn dagegen die behauptete Prozessführungsbefugnis nicht besteht, so ist die Klage als unzulässig abzuweisen, wodurch die Wohnungseigentümer keinen Nachteil erleiden. Ob die Prozessführungsbefugnis besteht, hat das Gericht von Amts wegen zu prüfen.[160] Diese Erwägungen gelten für alle Fälle, in denen der Kläger gemeinschaftsbezogene Rechte geltend macht.

77 **b) Beiladung Dritter.** Nach dem Wortlaut des Gesetzes sind nur Wohnungseigentümer und Verwalter beiladungsfähig. Das Gesetz muss insoweit aber erweiternd ausgelegt werden. Zum einen muss eine Beiladung auch **ausgeschiedener Wohnungseigentümer** und des **ehemaligen Verwalters**[161] möglich sein. Soweit es im Prozess um Fragen geht, welche die Rechtsstellung dieser Personen noch betreffen, ist ihnen die Möglichkeit einzuräumen, sich am Prozess zu beteiligen. Für den **Scheinverwalter** kann das aber nicht gelten. Wer sich lediglich als Verwalter aufführt, ohne das Amt innezuhaben, gilt recht-

---

[156] Vgl. BayObLG NJW-RR 1990, 660 (661). Zu Grenzfragen eines Sondernutzungsrechts, von dem die anderen Wohnungseigentümer nicht betroffen sind: BayObLG WuM 1992, 80.

[157] So auch die Gegenäußerung der Bundesregierung, BT-Drucks. 16/887, S. 75.

[158] Siehe oben Rn. 56

[159] Siehe oben Rn. 67.

[160] Siehe oben Rn. 52.

[161] BGH NJW 1998, 755 (756): Der ausgeschiedene Verwalter war nach § 43 Abs. 1 Nr. 4 WEG a. F. am Verfahren zu beteiligen.

lich nicht als Verwalter und kann daher nicht die mit dieser Rechtsstellung verbundenen Prozessrechte genießen. Ist jedoch umstritten, ob der Verwalter wirksam im Amt ist, muss er bis zur Klärung dieser Frage beigeladen werden. Nach allgemeinen Grundsätzen können streitige Prozessrechte solange ausgeübt werden, wie es gerade um die Frage ihrer Berechtigung geht. In Fällen der **gesetzlichen Prozessstandschaft** ist nicht der Wohnungseigentümer als Rechtsinhaber, sondern der Prozessstandschafter beizuladen. Dies gilt für die Fälle der **Parteien kraft Amtes.**[162] Eine Beiladung des Rechtsinhabers wäre in diesen Fällen sinnlos, da er mangels Prozessführungsrechts dem Rechtsstreit nicht beitreten könnte. In Betracht kommt auch eine Beiladung des **Verwaltungsbeirates,** wenn es in einem Rechtsstreit gemäß § 43 Nr. 1 WEG um seine Rechte oder Pflichten geht. Eine Beiladung des **Verbandes** ist dagegen **ausgeschlossen.** In verbandsbezogenen Prozessen gemäß § 43 Nr. 2 WEG ist eine Beiladung der Wohnungseigentümer von vornherein ausgeschlossen, weil der Verband hier die Rechte der Wohnungseigentümer wahrnimmt. Dies muss auch umgekehrt gelten: Wenn alle übrigen Wohnungseigentümer beigeladen werden, repräsentieren sie zugleich den Verband, dessen zusätzliche Beiladung eine nutzlose Förmelei wäre.

c) **Beiladung in besonderen Verfahren.** Die Beiladung ist in § 48 Abs. 1 WEG nur für 78
die Klage eines Wohnungseigentümers vorgesehen. Statt durch Klageerhebung kann der Prozess aber auch mit einem **Mahnverfahren** beginnen. Das steht einer Beiladung im nachfolgenden Prozess nicht entgegen. Anstelle der Klageschrift gemäß § 48 Abs. 2 Satz 1 WEG ist dem Beizuladenden dann die Anspruchsbegründung zuzustellen (§ 697 Abs. 2 Satz 1 ZPO). Unklar und vom Gesetzgeber nicht bedacht ist dagegen, ob schon im Mahnverfahren selbst die Beiladung – etwa durch Zustellung des Mahnantrages an die Beizuladenden – möglich ist. Wenn man das verneint, so entfaltete ein nachfolgender Vollstreckungsbescheid gemäß § 48 Abs. 3 WEG keine Rechtskraft für und gegen die Personen, die im normalen Klageverfahren beizuladen gewesen wären. Das ist wenig überzeugend und mit der gesetzlich beabsichtigten Gleichstellung von Vollstreckungsbescheid und Versäumnisurteil gemäß § 700 Abs. 1 ZPO schwerlich zu vereinbaren. Daher sollte schon im Mahnverfahren die Beiladung vorgenommen werden. Eine Beiladung ist ferner im Verfahren des **einstweiligen Rechtsschutzes** möglich. Es ist kein Grund erkennbar, die Wirkungen der Beiladung nur auf das reguläre Erkenntnisverfahren zu beschränken. Die Beiladung ist vom Gericht durchzuführen, wenn es eine Zustellung der Antragsschrift verfügt. Wenn der Antragsteller ausnahmsweise ohne mündliche Verhandlung und ohne Anhörung des Gegners eine Entscheidung des Gerichts erwirkt, muss er im Parteibetrieb die Entscheidung des Gerichts dem Gegner selbst zustellen. Dann hat er zugleich die Antragsschrift nebst gerichtlicher Entscheidung den Beizuladenden zuzustellen – § 48 Abs. 2 Satz 1 WEG setzt nicht ausdrücklich voraus, dass die Zustellung vom Gericht zu leisten ist. Ein weiteres besonderes Verfahren ist das **selbständige Beweisverfahren** (§§ 485 ff. ZPO). Nach dem Wortlaut des § 48 Abs. 1 Satz 1 WEG wird für die Beiladung eine Klage vorausgesetzt; darunter fällt jedenfalls nicht ein Antrag auf Durchführung des selbständigen Beweisverfahrens. Dennoch sollten hier die Vorschriften über die Beiladung entsprechend anwendbar sein. Die Wirkung dieses Verfahrens besteht darin, dass gemäß § 493 Abs. 1 ZPO der erhobene Beweis einer Beweiserhebung im Prozess gleichsteht. Diese Wirkung würde nicht erreicht, wenn das Beweisergebnis im Prozess gegen die im selbständigen Beweisverfahren nicht beteiligten und nicht beigeladenen Wohnungseigentümer unverwertbar wäre. Der Antragsteller könnte diese Wirkung dann nur erreichen, wenn er den Beweisantrag gegen alle Wohnungseigentümer und ggfls. den Verwalter richtet; das ist für ihn aber mit einem sachlich nicht zu begründenden Kostenrisiko verbunden. Daher ist hier die Beiladung zulässig. Entsprechend § 48 Abs. 3 WEG, § 493 Abs. 1 ZPO wirkt das Beweisergebnis dann auch für und gegen die Beigeladenen.

---

[162] Siehe oben Rn. 53.

4. Durchführung und Wirksamkeit der Beiladung

79 a) **Durchführung der Beiladung.** Die Beiladung erfolgt durch **Zustellung der Klageschrift** nebst Verfügungen des Vorsitzenden (§ 48 Abs. 2 Satz 1 WEG), also der Bestimmung des frühen ersten Termins oder der Entscheidung über die Einleitung des schriftlichen Vorverfahrens. Eine Ladung zu einem etwaig anberaumten frühen ersten Termin erhält der Beigeladene nicht.[163] Die Zustellung an die übrigen Wohnungseigentümer kann gemäß § 45 Abs. 1 WEG an den Verwalter, gegebenenfalls an den Ersatzzustellungsvertreter nach § 45 Abs. 2 WEG bewirkt werden; in diesem Fall reicht die Zustellung eines Exemplars der Klageschrift aus. Die Beiladung des Verwalters geschieht durch Zustellung an ihn selbst. Die Zustellung der Klageschrift an den Verwalter kann damit insgesamt drei unterschiedliche Rechtswirkungen nach sich ziehen: erstens die Rechtshängigkeit der Klage durch Zustellung der Klageschrift für die beklagten Wohnungseigentümer an den Verwalter als Zustellungsvertreter, zweitens die Beiladung der übrigen Wohnungseigentümer und drittens die Beiladung des Verwalters selbst. Obwohl daher die **Zustellung** einer Klageschrift an den Verwalter **mehrdeutig** ist, verlangt das Gesetz nicht ausdrücklich, dass die Zustellung zum Zweck der Beiladung offengelegt wird. Weder der Verwalter noch ein sonstiger Dritter können jedoch durch bloße Zustellung der Klageschrift erkennen, ob eine Beiladung vom Gericht gewollt ist und wer beigeladen werden soll. Mit Blick auf die Rechtskraftwirkung der Beiladung ist daher aus Gründen der Rechtssicherheit zu verlangen, dass das Gericht bei der Zustellung die Beiladung und ihre Adressaten **offenlegt.**[164] Dies kann durch einen kurzen Vermerk oder einen Verweis auf § 48 WEG geschehen.

80 b) **Rechtswirksamkeit der Beiladung.** Mit rechtlich wirksamer Zustellung (§§ 160 ff. ZPO) ist auch die Beiladung wirksam. Stellt sich später die Unwirksamkeit der Zustellung heraus und trat auch keine Heilung gemäß § 189 ZPO ein, so war die Beiladung nicht wirksam. Da § 48 Abs. 2 Satz 1 WEG keine Zeitschranke enthält, kann die Beiladung noch im späteren Verlauf des Prozesses nachgeholt werden, sollte das Gericht sie zunächst bei Klagezustellung übersehen haben. Aus § 44 Abs. 2 WEG folgt, dass die beizuladenden Wohnungseigentümer zwar in der Klageschrift zunächst unter der **Sammelbezeichnung** benannt werden können.[165] Sie sind aber spätestens bis zum Schluss der mündlichen Verhandlung **namhaft zu machen.** Hier ergibt sich ein Problem, wenn der Kläger eine falsche oder unvollständige Eigentümerliste vorlegt und der Fehler zunächst unentdeckt bleibt, wie im folgenden Fall.

81 **Fallbeispiel:** Die Gemeinschaft besteht aus den Wohnungseigentümern WE1 bis WE20. WE1 erhebt Klage gegen den WE2. Da die übrigen Wohnungseigentümer beizuladen sind, bezeichnet sie der Kläger in der Klageschrift zunächst mit der zulässigen Sammelbezeichnung. Die Klageschrift wird dem Verwalter zum Zweck der Beiladung der übrigen Wohnungseigentümer zugestellt. Im Verhandlungstermin legt der Kläger eine veraltete Eigentümerliste vor, die den WE20 nicht aufführt. Der Fehler bleibt unentdeckt. WE2 erkennt den Klageanspruch an, worauf ein Anerkenntnisurteil ergeht, das rechtskräftig wird. WE20 fühlt sich an die Rechtskraft des Urteils nicht gebunden. Zu Recht?

82 Im Beispielsfall wäre WE20 gemäß § 48 Abs. 3 WEG an das Urteil gebunden, wenn er wirksam beigeladen war. Das ist zu bejahen. Die Beiladung ist bereits mit Zustellung der Klageschrift bewirkt und die Zustellung war fehlerfrei: Zulässig war die – bloße – Sammelbezeichnung und die Zustellung an den Verwalter. Die wirksame Beiladung wird

---

[163] Aus diesem Grund ist die gesetzliche Begriffsbezeichnung „Beiladung" in der Sache verfehlt.

[164] Vgl. BayObLG NJW-RR 1992, 150 (151): Die Zustellung an den Verwalter, der zugleich Antragsgegner ist, muss an ihn in seiner Eigenschaft als Vertreter der Wohnungseigentümer gerichtet sein; ebenso BayObLG NJW-RR 1997, 1307.

[165] Siehe dazu oben Rn. 20 ff.

nicht deshalb wieder unwirksam, weil der Kläger entgegen § 44 Abs. 2 Satz 1 i.V.m. Abs. 1 Satz 2 WEG die namentliche Bezeichnung der Wohnungseigentümer nicht ordnungsgemäß nachholt. Für eine solche Sichtweise gibt es keine gesetzliche Grundlage. WE20 hat daher Unrecht. Im Beispielsfall wird man auch dem Verwalter einen Vorwurf machen müssen: Er ist gemäß § 27 Abs. 1 Nr. 7 WEG verpflichtet, alle Wohnungseigentümer, also auch den WE20, über die Anhängigkeit des Rechtsstreits zu informieren. Von ihm ist zu verlangen, dass er eine aktuelle und vollständige Eigentümerliste besitzt. Handelt der Verwalter pflichtgemäß, ist eine Unterrichtung sämtlicher Wohnungseigentümer über den Rechtsstreit gewährleistet. Anders ist jedoch der Fall zu beurteilen, in dem der Kläger in der Klageschrift die beizuladenden Wohnungseigentümer nicht per Sammelbezeichnung, sondern **sofort namentlich benennt** und ihm hierbei ein Fehler unterläuft. Wird hier ein **Wohnungseigentümer versehentlich vergessen** und fällt der Fehler auch später nicht mehr auf, so ist eine wirksame Beiladung des vergessenen Wohnungseigentümers nicht erfolgt und die Rechtskraft des Urteils erstreckt sich nicht auf ihn.

5. Rechtsfolgen der Beiladung

a) **Rechtskrafterstreckung auf den Beigeladenen.** Die wichtigste Wirkung der Beiladung besteht gemäß § 48 Abs. 3 WEG darin, dass das rechtskräftige Urteil auch für und gegen den Beigeladenen und seine Rechtsnachfolger wirkt. Insoweit steht der Beigeladene einer Partei gleich; die Grenzen der Rechtskraft ergeben sich wie für die Partei aus § 325 Abs. 1 ZPO. Im Umkehrschluss folgt aus diesen Regelungen, dass der **Nichtbeigeladene** an der Rechtskraft des Urteils nicht teilhat, selbst wenn er gemäß § 48 Abs. 1 WEG hätte beigeladen werden müssen. Umgekehrt tritt die Erstreckung der Rechtskraft auf die Beigeladenen auch dann ein, wenn ihre Beiladung entgegen § 48 Abs. 1 WEG nicht erforderlich war. § 48 Abs. 3 WEG knüpft die Rechtskraftwirkung allein an die erfolgte Beiladung, gleichgültig ist, ob ihre Voraussetzungen vorlagen. Hier unterscheidet sich die Beiladung von der Streitverkündung: Diese erfolgt allein aufgrund einer Parteihandlung, ohne dass das Gericht zuvor ihre Zulässigkeit zu prüfen hat, dies geschieht erst im Regressprozess gegen den Streitverkündeten. Die Beiladung gemäß § 48 WEG erfolgt dagegen von Amts wegen aufgrund einer Entscheidung des Gerichts und ist damit unmittelbar wirksam. § 48 Abs. 3 WEG bewirkt dabei eine **Erweiterung der subjektiven Grenzen der Rechtskraft.** Um den Zweck des Gesetzes zu erreichen, mehrfache Prozesse über denselben Sachverhalt innerhalb der Gemeinschaft zu vermeiden, ist es erforderlich, den Beigeladenen in gleicher Weise wie die Partei an das Urteil zu binden. 83

Fallbeispiel: In einer Wohnungseigentümergemeinschaft mit 20 Wohnungseigentümern nimmt der Kläger WE1 den Beklagten WE2 auf Beseitigung einer baulichen Veränderung in Anspruch. Die Wohnungseigentümer WE3 bis WE20 werden beigeladen. Die Klage wird rechtskräftig abgewiesen. Können die WE3 bis WE20 den Beklagten erneut auf Beseitigung verklagen? 84

Dies wollte der Gesetzgeber offensichtlich vermeiden.[166] Es wäre daher unzureichend, im Beispielsfall die Beigeladenen nur daran zu binden, dass – lediglich – die Klage des WE1 unbegründet war.[167] Vielmehr wird man dem Sinn und Zweck des Gesetzes nur gerecht, wenn die Beigeladenen ohne weiteres die Grenzen der Rechtskraft so gegen sich gelten lassen müssen, als wenn sie selbst geklagt hätten. Im Beispielsfall ist damit für und 85

---

[166] Vgl. Gegenäußerung der Bundesregierung zur Stellungnahme des Bundesrates, BT-Drucks. 16/887, S. 74.

[167] So aber *Suilmann* MietRB 2008, 219 (223). Folglich sind nach seiner Auffassung zahlreiche Folgeprozesse denkbar. Soweit *Suilmann* hier § 68 ZPO anwenden will, bedenkt er nicht hinreichend, dass diese Vorschrift nur gilt, wenn die Beigeladenen dem Prozess beitreten, siehe sogleich Rn. 86. Sofern sie nicht beitreten, greift § 68 ZPO aber nicht und dann träte gegenüber den Beigeladenen überhaupt keine Bindungswirkung ein – dann entpuppte sich das Institut der Beiladung jedoch als weitgehend wirkungslos.

gegen alle Beigeladenen entschieden, dass die bauliche Veränderung nicht zu beseitigen ist. Diese Bindung der Beigeladenen ist deshalb gerechtfertigt, weil sie dem Prozess beitreten und ihn so durch eigene Prozesshandlungen beeinflussen können.[168]

86 b) **Prozessuale Rechtsstellung des Beigeladenen.** Der Beigeladene kann gemäß § 48 Abs. 2 Satz 2 WEG einer Partei zu ihrer Unterstützung **beitreten,** ein Zwang dazu besteht nicht. Derselbe Gesetzeswortlaut findet sich bei der Nebenintervention (Streithilfe) in § 66 Abs. 1 ZPO; nach Wortlaut sowie Sinn und Zweck des Gesetzes kann der Beigeladene daher durch den Beitritt die Rechtsstellung eines Nebenintervenienten erlangen.[169] Daraus folgt zunächst: **Tritt** der Beigeladene **nicht bei,** so wird entsprechend § 74 Abs. 2 ZPO der Rechtsstreit **ohne Rücksicht** auf ihn **fortgesetzt.** Er wird also von dem weiteren Prozessverlauf nicht mehr informiert, muss aber gleichwohl das Urteil gemäß § 48 Abs. 3 WEG gegen sich gelten lassen. Darin liegt keine Beschränkung seines rechtlichen Gehörs, denn dieses ist durch die Möglichkeit zum Beitritt gewahrt. Tritt er bei, so hat dies in der Form des § 70 ZPO durch einen Schriftsatz zu geschehen. Der Beitretende muss erklären, welcher Partei er beitritt; er kann entweder der Kläger- oder der Beklagtenseite beitreten. Fehlt diese Erklärung, so ist der Beitritt unbeachtlich. Der Beitritt kann gemäß § 66 Abs. 2 ZPO in jeder Lage des Rechtsstreits, auch in Verbindung mit der Einlegung eines Rechtsmittels, erfolgen. Nach Beitritt trifft den Beigeladenen nicht nur die Rechtskraftwirkung des § 48 Abs. 3 WEG, sondern zusätzlich die **Interventionswirkung** des § 68 ZPO. Der Beigetretene ist daher im Rahmen der – komplexen[170] – Interventionswirkung auch in Teilen an die festgestellten Tatsachen im Prozess gebunden; das geht über die Rechtskraftwirkung hinaus. Der Beigetretene erlangt jedoch nicht nur die Stellung eines einfachen Streitgenossen, vielmehr wird er **streitgenössischer Nebenintervenient** (§ 69 ZPO). Streitgenössische Nebenintervention liegt vor, wenn die Rechtskraft der im Hauptprozess erlassenen Entscheidung auch zwischen Nebenintervenient und Gegner wirkt; das ist hier wegen § 48 Abs. 3 WEG der Fall. Zwar ist das keine Vorschrift des „bürgerlichen Rechts", also keine materiell-rechtliche Vorschrift, wie § 69 ZPO seinem missverständlichen Wortlaut nach voraussetzt. Es ist aber anerkannt, dass § 69 ZPO eine prozessrechtlich angeordnete Rechtskrafterstreckung erfasst.[171] Der Beigetretene erlangt so eine Doppelstellung: Er wird einerseits Streithelfer der von ihm unterstützten Partei, andererseits gilt er als ihr notwendiger Streitgenosse. Aus seiner Stellung als Streithelfer, der lediglich einen fremden Prozess führt, folgt, dass er **nicht über den Streitgegenstand verfügen** kann. Der Beigetretene kann also keine Widerklage erheben, die Klage nicht zurücknehmen, den Streitgegenstand nicht ändern und auch nicht gegen den Widerspruch der unterstützten Partei die Klage anerkennen. Er kann nicht selbst verurteilt werden. Aus seiner Stellung als Streitgenosse folgt über die Rechtsstellung des einfachen Streithelfers (§ 67 ZPO) hinausgehend jedoch seine Befugnis, Prozesshandlungen **gegen den Willen der unterstützten Partei** vorzunehmen. Er kann selbständig Angriffs- und Verteidigungsmittel vorbringen und durch seinen Widerspruch ein Anerkenntnis der unterstützten Partei verhindern.[172] Klagerücknahme und Erledigungserklärung der Hauptpartei bedürfen jedoch zur ihrer Wirksamkeit nicht seiner Zustimmung.[173] Er wird als Partei und nicht als Zeuge vernommen. Ihm ist das Urteil zuzustellen und er kann selbständig Rechtsmittel einlegen.[174] Sofern er in eigenem Namen ein

[168] Dazu sogleich unten Rn. 86.

[169] So schon der Referentenentwurf, BT-Drucks. 16/887, S. 40.

[170] Die Rechtsfolgen der Vorschrift des § 68 ZPO können hier nicht vertieft werden.

[171] BGHZ 92, 275 (277). Die Formulierung des § 69 ZPO stammt aus einer Zeit, in der man die Rechtskraftwirkung noch zum materiellen Recht zählte.

[172] BGH NJW-RR 1993, 1253 (1254); OLG Schleswig NJW-RR 1993, 930.

[173] OLG München MDR 2000, 1152.

[174] Zu weiteren Einzelheiten der Rechtsstellung des streitgenössischen Nebenintervenienten vgl. etwa *Zöller/Vollkommer* § 69 Rn. 5 ff.

Rechtsmittel einlegt, ist allerdings besonders zu prüfen, ob er durch das Urteil beschwert ist, da er ja nicht selbst verurteilt werden kann. Der Grund für die weitergehenden Befugnisse des streitgenössischen Nebenintervenienten gegenüber dem einfachen Streithelfer ist in seiner Bindung an das Urteil zu sehen: Wer an der Rechtskraft des Urteils teilhat, soll auch dessen Inhalt selbständig beeinflussen können. Die Folge dieser Rechtslage ist etwa für die Anfechtungsklage (§ 46 WEG) bedeutsam. Ist der Verwalter nicht Anfechtungskläger, so ist er gemäß § 48 Abs. 1 Satz 2 WEG stets beizuladen. Sofern er dem Rechtsstreit beitritt, wird er streitgenössischer Nebenintervenient und kann daher beispielsweise ein Anerkenntnis der von ihm unterstützten Hauptpartei verhindern. Auf diese Weise hat er die Rechtsmacht, die prozessuale Dispositionsbefugnis der Wohnungseigentümer einzuschränken; das erscheint nicht unbedenklich, ist aber Folge der gesetzlichen Anordnungen.

c) **Bezeichnung des Beigeladenen im Urteil.** Wenn der Beigeladene dem Rechtsstreit beitritt, so ist er im Urteilsrubrum bei der unterstützten Partei aufzuführen (§ 313 Abs. 1 Nr. 1 ZPO). Es ist anerkannt, dass Streithelfer mit **in den Urteilskopf aufzunehmen** sind; für den streitgenössischen Nebenintervenienten gilt dies erst recht. Unklar ist dagegen, ob auch der Beigeladene, der nicht beitritt, im Urteilskopf anzugeben ist. Dagegen spricht § 74 Abs. 2 ZPO: Tritt ein Streitverkündeter dem Rechtsstreit nicht bei, so wird der Prozess ohne Rücksicht auf ihn fortgesetzt. Ebenso sieht § 14 Abs. 1 Satz 2 KapMuG ausdrücklich vor, dass die Beigeladenen nicht im Rubrum des Musterbescheides bezeichnet werden. Es ist kein zwingendes Argument erkennbar, den gemäß § 48 WEG Beigeladenen anders zu behandeln. Schließlich sind gemäß § 313 ZPO – nur – die Parteien im Urteil zu bezeichnen und der Beigeladene ist nicht Partei. Weil die Beiladung allerdings gemäß § 48 Abs. 3 WEG die Rechtskraftwirkung nach sich zieht, sollte sie im Tatbestand des Urteils zur Klarstellung erwähnt werden. 87

d) **Kosten der Beiladung.** Für die Kostenentscheidung ist erneut zu differenzieren, ob der Beigeladene beitritt oder nicht. Tritt der Beigeladene dem Prozess nicht bei, so wird der Rechtsstreit ohne Rücksicht auf ihn fortgesetzt (vgl. § 74 Abs. 2 ZPO); eine besondere Kostenentscheidung ist dann nicht veranlasst. Anders ist es, wenn der Beigeladene beitritt. Da er streitgenössischer Nebenintervenient der von ihm unterstützten Hauptpartei wird, gilt § 101 Abs. 2 ZPO, der auf § 100 ZPO verweist. Über die Kosten des streitgenössischen Nebenintervenienten ist eigenständig und unabhängig von der für ihn unterstützten Hauptpartei getroffenen Kostenentscheidung auf der Grundlage der für ihn maßgebenden Umstände zu befinden.[175] Es ist daher eine **Kostenentscheidung wie bei Streitgenossen** zu treffen, lediglich § 100 Abs. 4 ZPO gilt nicht, da der Beigetretene nicht selbst verurteilt werden kann. Wenn demnach die Hauptpartei des Beigetretenen unterliegt, so haften die Hauptpartei und der Beigetretene gemäß § 100 Abs. 1 ZPO nach Kopfteilen. Unterliegt der Gegner der Hauptpartei, sind ihm die Kosten der Hauptpartei und des Beigetretenen aufzuerlegen.[176] Ein Kostenerstattungsanspruch zwischen Hauptpartei und Beigetretenem ist ausgeschlossen.[177] Bei der Kostenerstattung ist die Beschränkung des § 50 WEG zu beachten.[178] 88

6. Rechtsmittel gegen Entscheidungen zur Beiladung

Die Beiladung hat wegen der Rechtskrafterstreckung auf die Beigeladenen gemäß § 48 Abs. 3 WEG erhebliche Bedeutung. Daher kann der Kläger ein Interesse an ihrer Durch- 89

---

[175] BGH NZG 2007, 789. Im vom BGH entschiedenen Fall einer aktienrechtlichen Anfechtungsklage hatte die Hauptpartei die Klage zurückgenommen, der Nebenintervenient musste gemäß § 269 Abs. 3 Satz 2 ZPO seine außergerichtlichen Kosten selbst tragen.

[176] Vgl. auch unten Rn. 237.

[177] Vgl. OLG Köln MDR 1995, 313.

[178] Siehe dazu unten Rn. 290 ff.

führung haben. Dennoch steht ihm insoweit kein förmliches Antragsrecht zu; das Gericht entscheidet über die Beiladung anhand der Voraussetzungen des § 48 Abs. 1 WEG von Amts wegen. Anträge der Parteien zur Beiladung haben daher den Charakter von bloßen Anregungen an das Gericht. Daher stellen sie kein ein das Verfahren betreffendes Gesuch gemäß § 567 Abs. 1 ZPO dar, so dass gegen die **unterlassene Beiladung keine Beschwerde** eröffnet ist.[179] Vielmehr wird die Entscheidung des Gerichts gemäß § 512 ZPO im Rahmen einer Berufung mitüberprüft. Zu beachten ist, dass eine gesetzeswidrig unterlassene Beiladung einen absoluten Revisionsgrund entsprechend § 547 Nr. 4 ZPO darstellen kann.[180] Gegen die **erfolgte Beiladung** ist ebenfalls **keine Beschwerde** eröffnet: Weder sieht das Gesetz sie ausdrücklich vor, noch wird dadurch ein Verfahrensgesuch zurückgewiesen. Die Beiladung kann gleichwohl für den Beigeladenen wegen der Rechtskraftwirkung des § 48 Abs. 3 WEG belastende Folgen haben, so dass für ihn Anlass bestehen könnte, Rechtsmittel gegen das Endurteil einzulegen. Eine Berufung kann aber nicht allein auf eine als verfahrensfehlerhaft gerügte Beiladung gestützt werden, denn es gibt keinen Grund, ein materiell-rechtlich richtiges Urteil aufzuheben (vgl. auch § 561 ZPO für die Revision). Zudem kann der Beigeladene Berufung nur einlegen, wenn er dem Rechtsstreit beitritt, denn andernfalls ist er am Prozess nicht beteiligt. Eine erfolgreiche Berufung setzt also den Beitritt des Beigeladenen und ein inhaltlich falsches Urteil voraus. Ebensowenig kann der Kläger Beschwerde gegen die Anordnung des Gerichts erheben, die übrigen Wohnungseigentümer zwecks Beiladung zu bezeichnen (§ 48 Abs. 2 WEG). Ist ihm dies nicht möglich und wird daraufhin die Klage als unzulässig abgewiesen, kann er hiergegen Berufung einlegen; gemäß § 512 ZPO überprüft das Berufungsgericht, ob die Beiladung zu Recht verlangt wurde. Gesetzlich geregelt ist schließlich der Streit darüber, **ob der Beitritt** des Beigeladenen **zulässig** ist. Hierüber ist auf Antrag eines Beteiligten gemäß § 71 ZPO durch Zwischenurteil zu entscheiden. Der Beitretende muss aber kein rechtliches Interesse am Beitritt geltend machen, seine Beitrittsbefugnis folgt unmittelbar aus § 48 Abs. 2 Satz 2 WEG. Das ist aufgrund der Rechtskrafterstreckung auf den Beigeladenen gemäß § 48 Abs. 3 WEG gerechtfertigt: Wer die Rechtskraft des Urteils gegen sich gelten lassen muss, dem muss auch die Möglichkeit zustehen, durch Prozesshandlungen den Ausgang des Rechtsstreit zu beeinflussen, ohne dass er ein darüber noch hinausgehendes Interesse nachzuweisen hat. Wird der Beitritt durch Zwischenurteil zurückgewiesen, behält der Beitrittswillige seine Rechtsstellung als Beigeladener; die Rechtskrafterstreckung auf ihn gemäß § 48 Abs. 3 WEG bleibt also bestehen.

7. Streitgenossenschaft

90 **a) Arten der Streitgenossenschaft.** In einem Prozess können auf jeder Seite mehrere Personen stehen. Gesetzlich ist dies in weitem Umfang zulässig (§§ 59, 60 ZPO). Man spricht in diesem Fall von Streitgenossenschaft. Das Gesetz unterscheidet zwischen **einfacher** (§§ 59–61 ZPO) und **notwendiger** (§ 62 ZPO) Streitgenossenschaft; letztere liegt nur in bestimmten Fällen vor und zeigt gegenüber der einfachen Streitgenossenschaft einige Besonderheiten. Aus § 61 ZPO folgt, dass jeder **einfache Streitgenosse** grundsätzlich seinen eigenen Prozess führt, lediglich äußerlich sind diese unterschiedlichen Prozessrechtsverhältnisse zu einem einzigen Prozess verbunden. Da Wohnungseigentümer stets i. S. d. § 59 ZPO „in Rechtsgemeinschaft" stehen, können sie zu jeder Zeit unproblematisch einfache Streitgenossen sein.

91 **b) Notwendige Streitgenossenschaft.** Da im Wohnungseigentumsprozess oftmals eine Vielzahl von Parteien beteiligt sind, stellt sich in vielen Fällen die Frage, ob sie in notwendiger Streitgenossenschaft zueinander stehen. Die **Wirkung** der notwendigen Streit-

---

[179] OLG München MDR 2008, 1298 zum vergleichbaren Fall der Zustellung der Klageschrift.
[180] Siehe zur unterlassenen Beiladung nach § 640 e Abs. 1 ZPO: BGH NJW 2003, 585.

genossenschaft besteht nämlich darin, dass der gesamte Prozess gegenüber allen notwendigen Streitgenossen einheitlich entschieden werden muss, es darf also nicht zu sachlich widersprechenden Entscheidungen kommen. Folglich sind Teilversäumnis- oder Teilanerkenntnisurteile gegen einzelne notwendige Streitgenossen unzulässig.

aa) Arten der notwendigen Streitgenossenschaft. Allgemeiner Auffassung nach ist die unvollständige Regelung des § 62 ZPO dahin zu verstehen, dass zwischen den Fällen der **prozessualen** (§ 62 Alt. 1 ZPO) und der **materiell-rechtlichen** (§ 62 Alt. 2 ZPO) notwendigen Streitgenossenschaft zu unterscheiden ist. Der erste Fall liegt vor, wenn sich die Rechtskraft einer Entscheidung hinsichtlich eines Streitgenossen auch auf die übrigen erstrecken würde. Wenn daher bei einem zeitlichen Nacheinander der Prozesse der einzelnen Streitgenossen eine Rechtskrafterstreckung auf die jeweils anderen Streitgenossen einträte, so muss dies auch bei einem gleichzeitigen Prozess der Streitgenossen gelten. Der zweite Fall liegt vor, wenn nach materiellem Recht die Prozessführungsbefugnis nur bei allen gemeinschaftlich liegt, insbesondere wenn nur alle gemeinschaftlich über ein Recht verfügen können. 92

bb) Gestaltungsklagen. Anerkannt ist, dass Gestaltungsklagen eine prozessual notwendige Streitgenossenschaft nach sich ziehen, weil die Gestaltungskraft der gerichtlichen Entscheidung für und gegen alle wirkt. Ein solcher Fall liegt bei der **Anfechtungsklage** gemäß § 46 WEG vor.[181] Denn sie muss gegen alle (übrigen) Wohnungseigentümer erhoben werden, so dass die Rechtskraft des Urteils gemäß § 325 Abs. 1 ZPO für und gegen alle wirkt. Gleiches gilt im Ergebnis auch für die gesetzlich nicht näher geregelte **Nichtigkeitsfeststellungsklage,** da Anfechtungs- und Nichtigkeitsfeststellungsklage denselben Streitgegenstand aufweisen.[182] Auch bei anderen Gestaltungsklagen liegt notwendige Streitgenossenschaft vor. In diesem Zusammenhang ist insbesondere fraglich, ob Klagen auf Maßnahmen nach billigem Ermessen des Gerichts gemäß **§ 21 Abs. 8 WEG** echte Gestaltungsklagen darstellen.[183] Wenn man das bejaht, so wird in all den von dieser Vorschrift erfassten Fällen eine notwendige Streitgenossenschaft bestehen. Fraglich ist hier zudem, ob in diesem Fall zwingend **alle Wohnungseigentümer zu verklagen** sind. Das ist immer dann problematisch, wenn einzelne Wohnungseigentümer außergerichtlich dem Klageanspruch nicht entgegentraten oder ihn sogar anerkannten, so dass sachlich kein Grund bestünde, sie mit einer Klage zu überziehen. Der BGH lässt in ständiger Rechtsprechung eine Klageerhebung nur gegen einzelne notwendige Streitgenossen zu, wenn die übrigen vor Klageerhebung erklärt hatten, zu der mit der Klage begehrten Leistung verpflichtet und bereit zu sein.[184] Dieser Gedanke lässt sich jedoch nicht ohne weiteres auf § 21 Abs. 8 WEG übertragen, weil die nach dieser Vorschrift geschuldete Leistung unter einem Ermessenvorbehalt steht und daher unbestimmt ist. Denkbar ist nämlich, dass mehrere Wohnungseigentümer außergerichtlich die Leistung in unterschiedlich konkretisierter Form anbieten,[185] was dem Kläger nicht weiterhilft und damit zur Klage zwingt. Hier müssen alle Wohnungseigentümer verklagt werden, obwohl sich u. U. alle rechtmäßig innerhalb des Ermessensspielraumes verhalten haben. Diese prozessualen Schwierigkeiten lassen sich jedenfalls dann vermeiden, wenn man Klagen aus § 21 Abs. 8 WEG als gewöhnliche Leistungsklagen ansieht. Denn in diesem Fall erstreckt sich die Rechtskraft eines Urteils gegen einen Streitgenossen nicht auch auf die übrigen Streitgenossen, so dass keine notwendige Streitgenossenschaft vorliegt. 93

---

[181] Für die aktienrechtliche Anfechtungsklage ist dies vom BGH anerkannt: BGH NJW 1999, 1638 (1639). Siehe auch unten Rn. 608.

[182] Siehe unten Rn. 580.

[183] Siehe dazu oben Rn. 39.

[184] BGH NJW 1998, 146; NJW 1992, 1101 (1102); NJW 1984, 2210; NJW 1982, 441 (442).

[185] Beispiel: Die Wohnungseigentümer befürworten grundsätzlich den Beschluss eines Wirtschaftsplanes, jeder macht aber bei diversen Positionen unterschiedliche Kostenansätze geltend mit der Folge, dass ein mehrheitlicher Wirtschaftsplan nicht zustande kommt.

94 **Fallbeispiel:** Der Kläger begehrt die Zustimmung der übrigen beklagten Wohnungseigentümer zu einem Wirtschaftsplan, nachdem in der Wohnungseigentümerversammlung ein Wirtschaftsplan durch Mehrheitsentscheidung nicht zustande kam. Weil der Kläger nicht alle Einzelheiten des Wirtschaftsplanes ausgearbeitet hat und dies auch nicht kann, beantragt er gemäß § 21 Abs. 8 WEG einen Wirtschaftsplan nach billigem Ermessen aufzustellen. Sind die Beklagten notwendige Streitgenossen?

95 Wenn man der Meinung ist, das Gericht könne mit Wirkung für und gegen alle Wohnungseigentümer aufgrund des § 21 Abs. 8 WEG unmittelbar selbst einen Wirtschaftsplan aufstellen, so liegt notwendige Streitgenossenschaft vor. Denn in diesem Fall wird das Gericht gestaltend tätig, weil der Wirtschaftsplan nur für und gegen alle Wohnungseigentümer gelten kann. Wenn man dagegen vorzugswürdig annimmt, das Gericht könne auch aufgrund des § 21 Abs. 8 WEG die beklagten Wohnungseigentümer nur zur Zustimmung zu einem Wirtschaftsplan verpflichten, so liegt keine notwendige Streitgenossenschaft vor. Denn hier ist die Zustimmung eines jeden Wohnungseigentümers von der Zustimmung der anderen Wohnungseigentümer unabhängig. Hat der Kläger in diesem Fall die Mehrheit der Wohnungseigentümer verklagt und obsiegt er, so ist ein Mehrheitsbeschluss zustande gekommen, der nach § 894 ZPO vollstreckt wird. Diese Lösung lässt zudem Raum für die Überlegung des Klägers, wen er verklagen will, da kein Zwang besteht, alle zu verklagen. Es bleibt jedoch abzuwarten, in welche Richtung sich hier die Rspr. entwickelt.

96 *cc) Allgemeine Leistungs- und Feststellungsklagen.* Abgesehen vom Sonderfall des § 46 Abs. 1 Satz 1 WEG schreiben die §§ 43ff. WEG nicht zwingend vor, dass in bestimmten Fällen alle Wohnungseigentümer verklagt werden müssen oder die Klage durch alle zu erheben ist. Es besteht grundsätzlich auch keine notwendige Streitgenossenschaft. Zum einen zeigt dies das Rechtsinstitut der Beiladung: Sie bewirkt gemäß § 48 Abs. 3 WEG eine Rechtskrafterstreckung auf die Beigeladenen.[186] Diese Vorschrift wäre überflüssig, wenn in ihrem Anwendungsbereich prozessual notwendige Streitgenossenschaft vorläge. Denn dann würde ohnehin eine Rechtskrafterstreckung eintreten. Das Gesetz setzt an dieser Stelle also selbst voraus, dass keine notwendige Streitgenossenschaft vorliegt. Zum anderen ist im Wohnungseigentumsprozess grundsätzlich auch keine materiellrechtlich notwendige Streitgenossenschaft gegeben. Die Wohnungseigentümer unterliegen keiner einer GbR vergleichbaren gesamthänderischen Bindung. Sofern das Prozessführungsrecht über den Streitgegenstand nur allen gemeinschaftlich zustehen sollte, dürfte zudem stets der Fall des § 10 Abs. 6 Satz 3 WEG gegeben sein, das Prozessführungsrecht also bei dem Verband liegen – ein Prozess aller Wohnungseigentümer oder gegen alle Wohnungseigentümer wäre hier unzulässig.[187]

V. Zustellung, Ersatzzustellungsvertreter und Prozessvertretungsmacht

97 Die Erhebung einer Klage erfolgt gemäß § 253 Abs. 1 ZPO durch die Zustellung der Klageschrift. Richtet sich die Klageschrift an alle oder mehrere Wohnungseigentümer, kann die separate Zustellung bei Wohnanlagen mit zahlreichen Eigentümern zu einem erheblichen Zustellungsaufwand führen. Dieser gerichtliche Zeitaufwand führt auch zu erhöhten Kosten für die Parteien, da ab der elften gerichtlichen Zustellung nach Nr. 9002 der Anlage 1 zu § 3 Abs. 2 GKG zusätzliche Gerichtskosten anfallen. Hinzu kommen praktische Umsetzungsprobleme, weil der Gesetzgeber bei bestimmten Klagearten (etwa bei der Anfechtungsklage) auf eine genaue Bezeichnung der Beklagten bereits in

---

[186] Siehe oben Rn. 83.

[187] Aus diesem Grund ist jedenfalls die Rspr. zur notwendigen Streitgenossenschaft bei einfachen Miteigentümern, vgl. etwa BGH NJW 1992, 1101 (1102), auf die Wohnungseigentümergemeinschaft nicht übertragbar.

der Klageschrift verzichtet hat und es zulässt, dass die Beklagten erst zum Schluss der mündlichen Verhandlung namhaft gemacht werden, vgl. § 44 Abs. 1 Satz 2 WEG. Eine unmittelbare Zustellung an die Beklagten scheidet in diesen Fällen bis zur Benennung der Beklagten aus. Die gleichen Zustellungsprobleme treten auf, sofern im weiteren gerichtlichen Verfahren Zustellungen vorzunehmen (etwa Ladungen, Urteile und Beschlüsse) oder die übrigen nach § 44 Abs. 2 WEG noch nicht benannten Eigentümer beizuladen sind.

Mit den Bestimmungen der §§ 27 Abs. 2 Nr. 1, Abs. 3 Nr. 1, 45 WEG hat der Gesetzgeber Möglichkeiten zur ersatzweisen Zustellung an den Verwalter oder einen Ersatzzustellungsvertreter als Vertreter der Wohnungseigentümer bzw. des Verbands Wohnungseigentümergemeinschaft geschaffen. Diese Vorschriften begründen für den Verwalter und für den Ersatzzustellungsvertreter eine gesetzliche Zustellungsvertretereigenschaft. Dementsprechend bedarf es für die Zustellung an diese keines schriftlichen Nachweises der Bevollmächtigung nach § 171 Satz 2 ZPO. 98

Der Verwalter ist aber nicht nur regelmäßiger Zustellungsvertreter der Eigentümer bzw. des Verbands Wohnungseigentümergemeinschaft. Vielmehr hat der Gesetzgeber dem Verwalter die Möglichkeit eingeräumt, in bestimmten Fällen die Eigentümer bzw. den Verband vor Gericht zu vertreten, §§ 27 Abs. 2 Nr. 2 beziehungsweise Nr. 3 und §§ 27 Abs. 3 Satz 1 Nr. 2 bzw. Nr. 7 WEG. 99

Die Zustellungsvertretereigenschaft bzw. die Vertretungsbefugnis gilt auch für die **werdende Gemeinschaft** und deren Mitglieder bzw. solche **werdenden Eigentümer,** die als Ersterwerber mit Wohnbesitz ausnahmsweise – trotz noch fehlender Eigentümerstellung – nach Umwandlung der werdenden Gemeinschaft in eine Wohnungseigentümergemeinschaft als Mitglieder des Verbandes anzusehen sind.[188] 100

1. Der Verwalter als Zustellungsvertreter

An den Verwalter können in seiner Eigenschaft als Zustellungsvertreter mit Wirkung für den Empfänger, also den oder die Wohnungseigentümer beziehungsweise den Verband Wohnungseigentümergemeinschaft, Zustellungen bewirkt werden. 101

a) **Anwendungsbereich.** Der Gesetzgeber hat in §§ 27 Abs. 2 Nr. 1, Abs. 3 Nr. 1, 45 Abs. 1 WEG versucht, umfassend die Eigenschaft des Verwalters als Zustellungsvertreter zu regeln. Trotz der gesetzlichen Normierung verbleiben jedoch in Einzelfällen für die Praxis Auslegungsschwierigkeiten im Hinblick auf die undeutlichen Gesetzesformulierungen. 102

aa) Die Regelung des § 27 Abs. 2 Nr. 1 WEG. Nach § 27 Abs. 2 Nr. 1 WEG ist der Verwalter berechtigt, im Namen aller Wohnungseigentümer Zustellungen entgegenzunehmen, soweit sie an alle Wohnungseigentümer in dieser Eigenschaft gerichtet sind. Nach dem Wortlaut der Regelung handelt es sich um eine „Berechtigung" des Verwalters zur Entgegennahme von Zustellungen. Mit der Formulierung „Berechtigung" wird aber die Zustellungsvertretereigenschaft des Verwalters nicht in das Verwalterermessen gestellt. Vielmehr handelt es sich bei § 27 Abs. 2 Nr. 1 WEG um die Regelung einer nach § 27 Abs. 4 WEG **nicht beschränkbaren Eigenschaft** des Verwalters.[189] Für diese Annahme spricht auch, dass sämtliche Tatbestände des § 27 Abs. 2 WEG nicht ausschließlich das Innenverhältnis des Verwalters zu den Wohnungseigentümern und dem Verband Wohnungseigentümergemeinschaft betreffen. 103

Die Eigenschaft des Verwalters als Zustellungsvertreter nach § 27 Abs. 2 Nr. 1 WEG erfasst nicht nur Zustellungen nach den Vorschriften der Zivilprozessordnung, sondern gilt für sämtliche andere Verfahrensarten, die eine **förmliche Zustellung** vorsehen. Ent- 104

---

[188] Vgl. dazu BGH NJW 2008, 2639. Ausführlich zur „werdenden Gemeinschaft": Teil A, Rn. 416ff.

[189] So bereits für die bisherige Gesetzesfassung BGH NJW 1981, 282 (283).

sprechend stellt auch die Zustellung im außergerichtlichen Verwaltungsverfahren oder die Zustellung einer Willenserklärung über einen Gerichtsvollzieher nach § 132 BGB eine entsprechende Zustellung im Sinne dieser Vorschrift dar.

105 Die Regelung erfasst auch die Zustellung in einem gerichtlichen Verfahren. Als zuzustellende Schriftstücke kommen insoweit die Zustellung von Klagen, Schriftsätzen, Urteilen, Beschlüssen oder Terminladungen in Betracht. Zwar sieht § 45 Abs. 1 WEG eine Sonderregelung vor, sofern die Wohnungseigentümer Beklagte oder Beizuladende sind. Bei der Regelung des § 45 Abs. 1 WEG handelt es sich aber lediglich um eine gesetzliche Klarstellung der ohnehin nach § 27 Abs. 2 Nr. 1 WEG bestehenden Zustellungsvertretereigenschaft.[190]

106 Auch wenn es sich bei § 27 Abs. 2 Nr. 1 WEG um die generellere Regelung handelt, hat das Gericht bei Zustellungen nach dieser Vorschrift die in der speziellen Regelung des § 45 Abs. 1 WEG enthaltenen Einschränkungen der Zustellungsvertretereigenschaft des Verwalters zu beachten. Das Gericht kann deshalb nicht, wenn der Verwalter in dem Rechtsstreits Gegner der Wohnungseigentümer ist oder die **Gefahr der nicht sachgerechten Unterrichtung** besteht und damit die Zustellung über § 45 Abs. 1 WEG ausgeschlossen ist, eine Zustellung nach § 27 Abs. 2 Nr. 1 WEG vornehmen. Insoweit schränkt § 45 Abs. 1 WEG auch die Regelung des § 27 Abs. 2 Nr. 1 WEG ein.

107 Nach dem Wortlaut des § 27 Abs. 2 Nr. 1 WEG ist der Verwalter nur Zustellungsvertreter, wenn die Zustellung an **alle Wohnungseigentümer** in dieser Eigenschaft gerichtet ist. Über den Wortlaut hinausgehend wurde bereits bislang angenommen, dass der Verwalter auch dann Zustellungsvertreter ist, wenn die Zustellung nicht an alle, sondern nur an **einzelne Wohnungseigentümer** gerichtet ist.[191] Die Neufassung des Gesetzes wollte an dieser Auslegungsmöglichkeit nichts ändern,[192] so dass hieran festzuhalten ist. Andernfalls wäre § 27 Abs. 2 Nr. 1 WEG ohne konkreten Anwendungsfall, da nach § 10 Abs. 6 Satz 3 WEG regelmäßig der Verband Wohnungseigentümergemeinschaft passivlegitimiert ist, wenn gemeinschaftliche Rechte der Wohnungseigentümer geltend gemacht werden.

108 Vom Anwendungsbereich der Regelung werden aber nicht sämtliche Zustellungen an nur einzelne Wohnungseigentümer erfasst. Voraussetzung ist vielmehr, dass die Zustellung an alle Wohnungseigentümer gerichtet sein könnte, weil sie eine **Gemeinschaftsangelegenheit** betrifft.[193] In diesem Fall wirkt die Zustellungsvertretereigenschaft auch für **ausgeschiedene Eigentümer** fort, wenn es sich um eine gemeinschaftliche Verpflichtung gerade aus der Zeit der Zugehörigkeit zur Wohnungseigentümergemeinschaft handelt.[194]

109 Mit dem Erfordernis einer Gemeinschaftsangelegenheit, bei der fiktiv alle Eigentümer in Anspruch genommen werden könnten, scheidet der Verwalter als Zustellungsvertreter aus, sofern Zustellungen an Wohnungseigentümer in ihrer individuellen Stellung als Sondereigentümer erfolgen sollen. Die Zustellung von Schriftstücken über den Verwalter in Rechtsstreitigkeiten gegen einen Sondereigentümer auf Zahlung von Wohngeld oder Zahlung von Werklohn für den seitens eines Sondereigentümers beauftragten Ausbau seiner Wohnung sind damit nicht möglich. Eine Zustellung über den Verwalter ist aber möglich, soweit einzelne oder alle Wohnungseigentümer im Hinblick auf § 10 Abs. 6 WEG auf anteilige Zahlung von Schulden der Gemeinschaft in Anspruch genommen werden. Denn dann handelt es sich um eine Gemeinschaftsangelegenheit.

110 Die Zustellung wirkt bei einer Gemeinschaftsangelegenheit auch für gegebenenfalls vorhandene **Parteien kraft Amtes.** Dementsprechend muss in einer Gemeinschaftsangelegenheit nicht gesondert an den **Insolvenzverwalter** oder den **Zwangsverwalter** eines

[190] So die Begründung zum Gesetzesentwurf BT-Drucks. 16/887, S. 36 f.
[191] BGH NJW 2003, 3476 (3477).
[192] Vgl. auch die Beschlussempfehlung des Rechtsausschusses BT-Drucks. 16/3843, S. 27.
[193] BGH NJW 1981, 282 (283).
[194] BGH NJW 1981, 282 (283).

Wohnungseigentums zugestellt werden. Der Insolvenz- oder Zwangsverwalter tritt in diesem Fall kraft Gesetz für den „Wohnungseigentümer“ im Sinne von § 27 Abs. 2 Nr. 1 WEG auf und muss sich damit auch die Zustellung an den gesetzlichen Zustellungsvertreter entgegenhalten lassen.

bb) Die Regelung des § 27 Abs. 3 Satz 1 Nr. 1 WEG. Nach § 27 Abs. 3 Satz 1 Nr. 1 WEG ist der Verwalter berechtigt, im Namen der Gemeinschaft der Wohnungseigentümer Zustellungen entgegenzunehmen. Zustellungen, die an den Verband Wohnungseigentümergemeinschaft gerichtet sind, können damit über den Verwalter wirksam zugestellt werden. Auch in diesem Fall handelt es sich – wie auch bei § 27 Abs. 2 Nr. 1 WEG – nicht um eine in das Ermessen des Verwalters gestellte Berechtigung, sondern um eine **unbeschränkbare Eigenschaft** des Verwalters als Zustellungsvertreter des Verbandes. Die Norm gilt insbesondere für das gerichtliche Verfahren und ermöglicht die Zustellung von an den Verband gerichteten Klagen, Schriftsätzen, Urteilen, Beschlüssen oder Terminladungen. Auch § 27 Abs. 3 Satz Nr. 1 WEG berechtigt zur Zustellung an den Verwalter als Zustellungsvertreter des Verbandes der Wohnungseigentümer in allen anderen förmlichen Zustellungsverfahren, wie etwa der Zustellung im außergerichtlichen Verwaltungsverfahren oder der Zustellung einer Willenserklärung über einen Gerichtsvollzieher nach § 132 BGB. 111

cc) § 45 Abs. 1 WEG. Die Regelung des § 45 Abs. 1 WEG bestimmt, dass der Verwalter Zustellungsvertreter der Wohnungseigentümer ist, sofern diese verklagt werden oder nach § 48 Abs. 1 Satz 1 WEG beizuladen sind. Die Regelung stellt eine vom Gesetzgeber beabsichtigte Klarstellung der ohnehin nach § 27 Abs. 2 Nr. 1 WEG bestehenden Zustellungsvertretereigenschaft des Verwalters auch für Rechtsstreitigkeiten der Wohnungseigentümer untereinander dar.[195] Entsprechend werden auch hier ausgeschiedene Wohnungseigentümer oder Parteien kraft Amtes als „Wohnungseigentümer“ i. S. dieser Regelung erfasst.[196] 112

Anders als § 27 Abs. 2 Nr. 1 WEG umfasst der Anwendungsbereich des § 45 Abs. 1 WEG nur die Zustellung im Klageverfahren an verklagte oder beizuladende Wohnungseigentümer und nicht die Zustellung im außergerichtlichen Verwaltungsverfahren oder die Zustellung einer Willenserklärung über einen Gerichtsvollzieher nach § 132 BGB. 113

Nach dem Wortlaut der Norm ist der Verwalter der Zustellungsvertreter in sämtlichen Fällen, in denen Wohnungseigentümer auf der Beklagtenseite stehen. Nach dem Wortlaut der Norm könnten damit etwa in Mahnverfahren nach § 43 Nr. 6 WEG oder bei Klagen Dritter gegen einen Wohnungseigentümer auf Zahlung von Sanierungskosten für die Wohnung nach § 43 Nr. 5 WEG die Zustellungen auch an den Verwalter erfolgen. Diese nach dem Wortlaut des Gesetzes naheliegende Auslegung ist indes unzutreffend. Eine derartige Auslegung würde dem erklärten Willen des Gesetzgebers widersprechen, der die Regelung des § 45 Abs. 1 WEG im Hinblick auf die Erfassung von Rechtsstreitigkeiten einzelner Wohnungseigentümer gegen die übrigen Wohnungseigentümer in das Gesetz aufgenommen hat.[197] Nicht anders als bei § 27 Abs. 2 Nr. 1 WEG sind damit im Ergebnis nur Zustellungen in Rechtsstreitigkeiten erfasst, die eine **Gemeinschaftsangelegenheit** betreffen. Diese Auslegung wird im Hinblick auf die in § 45 Abs. 1 WEG ebenfalls geregelte Zustellungsvertretereigenschaft des Verwalters für die nach § 48 Abs. 1 Satz 1 WEG beizuladenden Eigentümer bestätigt. Denn eine Beiladung von Eigentümern kommt nur bei Rechtsstreitigkeiten nach § 43 Nr. 1 oder Nr. 3 WEG in Betracht, die im Regelfall eine Gemeinschaftsangelegenheit betreffen. 114

b) Die Voraussetzungen einer Zustellung an den Zustellungsvertreter. Mit der rechtmäßigen Zustellung an den Verwalter als Zustellungsvertreter wird die Zustellung an 115

---

[195] Gesetzesentwurf BT-Drucks. 16/887, S. 36 f.
[196] Vgl. dazu Rn. 108 und 109.
[197] So die Begründung des Gesetzesentwurfes BT-Drucks. 16/887, S. 36 f.

den oder die von ihm im Einzelfall vertretene Person (Wohnungseigentümer oder Verband Wohnungseigentümergemeinschaft) bewirkt. Es handelt sich insoweit um eine gesetzlich eingeräumte Empfangsvertretungsmacht des Verwalters.

116 Diese Wirkung der Zustellung an den Verwalter als Zustellungsempfänger tritt **unabhängig** davon ein, ob die Wohnungseigentümer von der erfolgten Zustellung **Kenntnis** erlangen. Zwar obliegt dem Verwalter nach § 27 Abs. 1 Nr. 7 WEG die Pflicht zur Information der Wohnungseigentümer über einen Rechtsstreit nach § 43 WEG.[198] Ein Verstoß gegen diese Unterrichtungspflicht hat aber keinerlei Auswirkungen auf die Wirksamkeit der Zustellung. Der Wohnungseigentümer muss sich die Zustellung auch bei fehlender Unterrichtung zurechnen lassen. Bei Verstoß gegen die Unterrichtungspflicht stehen ihm allenfalls Schadensersatzansprüche gegen den Verwalter zu.

117 Die Zustellung an den Verwalter als Zustellungsvertreter ist nur dann wirksam, sofern **eindeutig erkennbar** ist, dass die Zustellung an ihn (auch) in seiner Eigenschaft als Zustellungsvertreter erfolgt.[199] Insbesondere wenn der Verwalter selbst nach § 48 Abs. 1 Satz 2 WEG beizuladen ist, muss sich für den Verwalter eindeutig ergeben, dass die Zustellung einerseits seine Beiladung sicherstellt und andererseits an ihn als Zustellungsvertreter erfolgt. Für die gerichtliche Praxis sollte insoweit neben dem üblichen Zusatz im Falle der Beiladung[200] ein weiterer Zusatz – etwa wie folgt – aufgenommen werden:

118 „Die Zustellung erfolgt an Sie nicht nur wegen Ihrer eigenen Beiladung, sondern zugleich als Zustellungsvertreter der beklagten Wohnungseigentümer."

119 Aber auch ohne einen entsprechenden Zusatz kann sich aus den Umständen ergeben, dass die Zustellung an den Verwalter als Zustellungsvertreter der beklagten Wohnungseigentümer oder des verklagten Verbands Wohnungseigentümergemeinschaft erfolgt. Dies ist etwa dann der Fall, wenn der Verwalter bereits in der Klageschrift oder in nachgereichten und gleichzeitig zugestellten Schriftsätzen erkennbar als Zustellungsvertreter benannt ist und eine Zustellung aus anderen Gründen (mangels Beiladungsnotwendigkeit des Verwalters oder dessen fehlender eigener Parteistellung) ausscheidet.

120 Auf die Einhaltung der entsprechenden Förmlichkeiten sollte insbesondere im Fall der gleichzeitig notwendigen Beiladung des Verwalters äußersten Wert gelegt werden. Hintergrund hierfür ist, dass wenn die Doppelwirkung der Zustellung nicht erkennbar ist, nur ausnahmsweise die Zustellung in doppelter Hinsicht bewirkt ist. Die insoweit allein in Betracht kommende Heilung nach § 189 ZPO würde nämlich voraussetzen, dass die mit der Zustellung verbundene Rechtsfolge seitens des zuständigen Organs gewollt war.[201] Nur wenn sich also aus der Gerichtsakte der Zustellungswille des Gerichtes gerade auch an den Verwalter in seiner Eigenschaft als Zustellungsvertreter ergibt, kommt in einem solchen Fall eine Heilung und eine Fiktion der Zustellung auch für die von dem Verwalter vertretenen Parteien in Betracht. Bei einer bloßen Verfügung der Zustellung an den Verwalter als Beigeladenen fehlt es aber regelmäßig an der Erkennbarkeit des Gerichtswillens.

121 Soll an den Verwalter in seiner Funktion als Zustellungsvertreter für eine Mehrzahl von Wohnungseigentümern zugestellt werden, genügt die Zustellung einer **Ausfertigung** des zuzustellenden Schriftstückes.[202] Im Hinblick auf die Zustellungsvertretereigenschaft ist mit der Zustellung einer Ausfertigung die Zustellung an alle Vertretenen bewirkt.

122 Auch bei einer Zustellung an den Verwalter einerseits in eigener Person (etwa bei einer Beiladung des Verwalters) und andererseits als Zustellungsvertreter der Wohnungseigentümer genügt die Zustellung nur einer Ausfertigung. Die Zustellung nur einer Ausfertigung gilt für beide Zustellarten (Zustellung aufgrund eigener Beiladung und als Zustel-

---

[198] Zulässig kann auch eine Information per E-Mail sein, vgl. BGH NJW 2009, 2135 (2136).
[199] Vgl. BayObLG NJW-RR 1992, 150 (151).
[200] Vgl. dazu Rn. 79.
[201] BGH NJW 2003, 1192 (1193).
[202] Vgl. BGH NJW 1981, 281.

lungsvertreter). Tritt nämlich jemand in einem Verfahren in doppelter Eigenschaft auf, genügt die einmalige Zustellung.[203] Gleichwohl ist anzuraten, im Hinblick auf die Doppelstellung zwei Ausfertigungen zuzustellen. Eine solche Zustellung kann jedoch in einer einzigen Zustellungsurkunde erfolgen, sofern die unterschiedlichen Zweckrichtungen erkennbar werden.

c) **Der Ausschluss des Verwalters als Zustellungsvertreter.** § 45 Abs. 1 Halbs. 2 WEG bestimmt, dass eine Zustellung an den Verwalter nach § 45 Abs. 1 Halbs. 1 WEG ausgeschlossen ist, wenn der Verwalter als Gegner der Wohnungseigentümer an dem Verfahren beteiligt ist oder aufgrund des Streitgegenstandes die Gefahr besteht, dieser werde die Wohnungseigentümer nicht sachgerecht unterrichten. Der **Anwendungsbereich** der Norm umfasst nach seinem Wortlaut nur die Zustellung nach Maßgabe des § 45 Abs. 1 Halbs. 1 WEG. Gleichwohl ist der Rechtsgedanke des § 45 Abs. 1 Halbs. 2 WEG auch auf Zustellungen nach § 27 Abs. 2 Nr. 1 oder § 27 Abs. 3 Satz 1 Nr. 1 WEG zu übertragen, da der Gesetzgeber die aus einer Interessenkollision resultierenden Gefahren für den Vertretenen ausschließen will. Diese Auffassung wird auch durch den Rechtsgedanken des § 178 Abs. 2 ZPO gestützt, der nach überwiegender Ansicht ebenfalls über den eigentlichen Parteiprozess hinausgehend Anwendung findet.[204] Demzufolge kann an den Verwalter als reinen Zustellungsvertreter – unabhängig davon, auf welche Normen des WEG die Zustellungsvertretereigenschaft gestützt wird – niemals eine Zustellung erfolgen, wenn dieser als Gegner an dem Verfahren beteiligt ist oder aufgrund des Streitgegenstandes die Gefahr besteht, er werde die Wohnungseigentümer nicht sachgerecht unterrichten. Ist die Zustellungsvertretereigenschaft des Verwalters ausgeschlossen, kann an ihn auch dann nicht zugestellt werden, wenn er als **Vertreter der Wohnungseigentümer** nach § 27 Abs. 2 Nr. 2 WEG auftritt. Letzteres gilt auch deshalb, weil in einem solchen Fall die Vertretung der Wohnungseigentümer ebenfalls unstatthaft ist.[205] 123

Stellt das Gericht trotz des Ausschlusses des Verwalters als Zustellungsvertreter an ihn für die Wohnungseigentümer zu, ist die Zustellung unwirksam und entfaltet keine Wirkung für die Eigentümer.[206] 124

aa) Die Beteiligung des Verwalters als Gegner. Im **gerichtlichen Verfahren** darf das Gericht an den Verwalter keine Zustellungen als gesetzlichen Zustellungsvertreter vornehmen, sofern dieser als Gegner beteiligt ist. Diese Beteiligung liegt immer dann vor, wenn er entweder selbst Partei ist, oder aber dem Gegner nach § 48 Abs. 2 Satz 2 WEG bzw. als Nebenintervenient gemäß § 66 Abs. 1 ZPO beigetreten ist. Der Verwalter stellt sich auch dann als Gegner dar, wenn er aufgrund seiner eigenen Rechtsstellung als Verwalter eine gerichtliche Entscheidung anficht.[207] Bei Klagen von einzelnen Wohnungseigentümern gegen den Verwalter, die sich auf die Rechte und Pflichten des Verwalters bei der Verwaltung des gemeinschaftlichen Eigentums im Sinne von § 43 Nr. 3 WEG beziehen, ist der Verwalter deshalb kein tauglicher Zustellungsvertreter der nach § 48 Abs. 1 Satz 1 WEG beizuladenden übrigen Eigentümer. Auch bei Anfechtungsklagen scheidet eine Zustellung an den Verwalter als Zustellungsvertreter der übrigen Eigentümer von vornherein aus, wenn der Verwalter selbst klagt oder der klagenden Partei zur Unterstützung beigetreten ist. 125

Unerheblich ist dabei, ob der Verwalter in seiner Rechtsstellung als Verwalter klagt, oder ob er – sofern er zugleich Wohnungseigentümer ist – als Wohnungseigentümer auf Klägerseite steht. 126

Klagt der Verwalter etwa gegen den Verband Wohnungseigentümergemeinschaft auf Zahlung seiner Vergütung, so scheidet eine Zustellung an ihn für den Verband aus, da 127

---

[203] OLG Frankfurt a. M. vom 13. 5. 1998 – 20 W 208/95 = NJWE-FER 1998, 259 (260).
[204] OLG Düsseldorf NJW-RR 1993, 1222.
[205] Vgl. dazu Rn. 204.
[206] BGH NJW 2007, 2776 (2777).
[207] BGH NJW 2007, 2776 (2777).

der Rechtsgedanke des § 45 Abs. 1 WEG auch auf Zustellungen nach § 27 Abs. 3 Satz 1 Nr. 1 WEG anzuwenden ist.

128 **Außerhalb** eines **gerichtlichen Verfahrens** scheidet immer dann eine Zustellung aus, wenn der Verwalter Veranlasser der Zustellung ist. So kann der Verwalter etwa nicht eine von ihm stammende Willenserklärung über einen Gerichtsvollzieher nach § 132 BGB den Wohnungseigentümern oder dem Verband Wohnungseigentümergemeinschaft zustellen.

129 *bb) Die Gefahr nicht sachgerechter Unterrichtung.* Der Verwalter ist auch dann kein tauglicher Zustellungsvertreter, wenn aufgrund des Streitgegenstandes die Gefahr besteht, dass er die Wohnungseigentümer über den Rechtsstreit nicht sachgerecht unterrichten wird. Bereits bislang war umstritten, wann der Verwalter als Zustellungsvertreter ausgeschlossen ist. Teilweise wurde insoweit auf eine abstrakte, aus dem Streitgegenstand abgeleitete Gefahr der Interessenkollision,[208] teilweise auf eine konkrete aus dem Streitgegenstand abgeleitete Interessenkollision mit einer damit verbundenen Gefahr der Nichtunterrichtung abgestellt.[209]

130 Der Gesetzgeber hat nunmehr zumindest klargestellt, dass die aus dem Streitgegenstand abgeleitete bloße Interessenkollision nicht für den Ausschluss der Zustellungsvertretereigenschaft genügt. Vielmehr muss zusätzlich immer die **Gefahr einer nicht sachgerechten Unterrichtung** bestehen. Zwar hat der Gesetzgeber damit nicht geklärt, ob diese Gefahr nur theoretisch oder auch konkret bestehen muss. Ausgangspunkt kann aber immer nur der **konkrete Streitgegenstand** sein, so dass vor diesem Hintergrund auch die Gefahr im Einzelfall und konkret bestehen muss. Insoweit muss der Streitgegenstand konkrete Anhaltspunkte liefern, aus denen auf eine konkrete Gefahr der mangelnden Unterrichtung geschlossen werden kann. Jede andere Entscheidung würde auch dem Willen des Gesetzgebers zuwiderlaufen, der den mit der Zustellung verbundenen Aufwand für das Gericht gering und für die Eigentümer kostengünstig halten wollte.[210] Würde man eine abstrakte Gefahr genügen lassen, wäre der Verwalter regelmäßig als Zustellungsvertreter ausgeschlossen. Das Gericht müsste dann entweder über den Ersatzzustellungsvertreter zustellen, was erhebliche Kosten für die Eigentümer verursacht, oder eine unmittelbare Zustellung vornehmen, welche bei großen Wohnanlagen zu einem erheblichen Arbeitsaufwand führen würde. Eine abstrakte Gefahr würde ohnehin bei nahezu jedem Beschluss und jedem Streitgegenstand bestehen. Denn der Verwalter bereitet im Regelfall die Beschlussfassung vor, so dass allein im Hinblick auf mögliche Schadensersatzansprüche eine abstrakte Gefahr der vorsorglichen Nichtunterrichtung bestünde. Davon kann der Gesetzgeber nicht ausgegangen sein. Für das Erfordernis einer konkreten Gefahr spricht auch die Annahme des BGH, dass eine Gefahr der nicht sachgerechten Unterrichtung jedenfalls dann **rückblickend** zu verneinen und die Zustellungsvertretereigenschaft des Verwalters nach § 45 Abs. 1 WEG damit von Anfang an zu bejahen ist, wenn der Verwalter seiner Pflicht zur sachgerechten Unterrichtung der Beklagten über die Klage tatsächlich nachgekommen ist.[211]

131 Stellt man auf die Notwendigkeit einer konkreten Gefahr ab, kommt es damit entscheidend auf eine Betrachtung des tatsächlichen Einzelfalles an. Für die wichtigsten Fallgruppen sollte dabei die bisherige Rechtsprechung als Ausgangspunkt jeder Auslegung herangezogen werden:

132 • Der Streit über die Gültigkeit von Beschlüssen, die unmittelbar die **Rechtsstellung des Verwalters** betreffen, also insbesondere Bestellungs- und Abberufungsbeschlüsse, schließen nur bei konkreten Anhaltspunkten für die Nichtunterrichtung die Zustellungsvertretereigenschaft aus.[212] Ein solcher Anhaltspunkt kann etwa vorliegen, wenn ein taug-

[208] So etwa OLG Hamm NZM 2001, 49 (50).
[209] So etwa BayObLG NZM 2002, 346 (347).
[210] Vgl. Gesetzesentwurf BT-Drucks. 16/887, S. 36 f.
[211] BGH NJW 2009, 2135 (2136).
[212] BayObLG NZM 2002, 346 (347); wohl auch AG Hamburg-Blankenese ZMR 2008, 575.

licher **wichtiger Grund** gegen die Bestellung des Verwalters vorgetragen wird. Nichts anderes gilt, wenn etwa unmittelbar die Abberufung des Verwalters im gerichtlichen Verfahren aus einem erheblichen Grund begehrt wird.[213] Ein schlüssig vorgetragener erheblicher Grund für eine Abberufung kann eine konkrete Gefahr der Nichtunterrichtung begründen.

- Die Anfechtung des **Entlastungsbeschlusses** des Verwalters – selbst unter Vorwurf von Pflichtverstößen – rechtfertigt nicht bereits als solches den Ausschluss des Verwalters als Zustellungsvertreter.[214] Nichts anderes gilt für die Anfechtung der **Jahresabrechnung,** es sei denn, der Streitgegenstand liefert jeweils tatsächliche konkrete Anhaltspunkte für die Gefahr der Nichtunterrichtung. 133
- Ficht der Verwalter aufgrund seiner eigenen Rechtsstellung eine gerichtliche Entscheidung an, ohne schon unmittelbarer Gegner zu sein, ist er hingegen grundsätzlich als Zustellungsvertreter der Wohnungseigentümer ausgeschlossen.[215] In einem solchen Fall stellt er sich ab diesem Zeitpunkt als Gegner der Wohnungseigentümer dar. 134

Eine Zustellung scheidet ferner dann jedenfalls für die Zukunft aus, wenn im Laufe des Verfahrens deutlich wird, dass der Verwalter seiner Informationspflicht nicht nachgekommen ist oder nicht mehr nachkommen wird, sofern dies zusätzlich – so bereits der Gesetzeswortlaut – in dem **Streitgegenstand** seinen Grund hat. Allein die fehlende Unterrichtung (etwa aus Nachlässigkeit) ohne Bezug zum Streitgegenstand genügt nicht. Gleichwohl sollte das Gericht aus Gründen des fairen Verfahrens ab sicherer Kenntniserlangung von der Nichtunterrichtung von einer Zustellungen über den Verwalter absehen, sofern dieser nicht wirksam für die Wohnungseigentümer als Prozessvertreter auftritt und damit Zustellungen zwingend an ihn vorzunehmen sind.[216] 135

Ferner ist ab dem Zeitpunkt, ab dem das Gericht beabsichtigt, dem Verwalter die **Prozesskosten** nach § 49 Abs. 2 WEG **aufzuerlegen,** eine Zustellung an ihn in seiner Eigenschaft als Zustellungsvertreter nicht mehr vorzunehmen. Ab diesem Zeitpunkt besteht aufgrund des Streitgegenstandes nicht nur die Gefahr mangelnder Unterrichtung, sondern der Verwalter stellt sich auch faktisch als Gegner der Wohnungseigentümer dar. 136

d) Das Zustellungsempfängerwahlrecht. Bei der Zustellung an Wohnungseigentümer kann das Gericht in Einzelfällen ein Wahlrecht haben, ob es unmittelbar an die Eigentümer zustellt oder den Weg der Zustellung über den Verwalter wählt. Jedenfalls wenn zwingende gesetzliche Vorschriften eine Zustellung an den Verwalter notwendig machen, muss das Gericht an diesen zustellen. 137

aa) Das Vorliegen eines Wahlrechts. Ist der Verwalter **bloßer gesetzlicher Zustellungsvertreter** der Wohnungseigentümer, kann das Gericht unter den tauglichen Zustellungsempfängern auswählen. Ein solcher Fall, in denen der Verwalter ausschließlich gesetzlicher Zustellungsvertreter (und gerade **nicht zugleich Prozessvertreter**) ist, liegt regelmäßig bei der Beiladung der Wohnungseigentümer nach § 48 WEG vor. Denn hier ist der Verwalter zumindest kein gesetzlicher Prozessvertreter der Beizuladenden i. S. v. § 27 Abs. 2 Nr. 2 WEG. 138

Hat das Gericht ein Wahlrecht, kann es an den Verwalter – sofern dieser nicht als Zustellungsvertreter ausgeschlossen ist – für die Wohnungseigentümer zustellen; muss dieses aber nicht. Insbesondere bei kleineren Eigentümergemeinschaften bietet sich in solchen Fällen eine unmittelbare Zustellung an die beklagten Eigentümer an, sofern diese bekannt sind. Das Gericht ist dabei nicht gehalten, an der einmal gewählten Art der Zustellung festzuhalten. Vielmehr kann das Gericht auch innerhalb des Verfahrens grundsätzlich von der unmittelbaren Zustellung an die Eigentümer auf eine Zustellung an den Verwalter als gesetzlichen Zustellungsempfänger übergehen und umgekehrt. 139

---

213 Vgl. dazu OLG Düsseldorf ZMR 1994, 520; KG NZM 2003, 604.
214 BayObLG ZMR 1997, 613 (614); a. A. AG Konstanz ZWE 2008, 350.
215 BGH NJW 2007, 2776 (2777).
216 Vgl. dazu Rn. 141.

140 Insbesondere ist das Gericht nicht verpflichtet, an einen sich **aktiv** am Verfahren **beteiligenden** beklagten **Wohnungseigentümer** unmittelbare Zustellungen vorzunehmen. Auch wenn eine derartige unmittelbare Zustellung an einen einzelnen beklagten Eigentümer sachgerecht ist, ist diese nicht zwingend. Die Zustellung an den Verwalter nach § 45 Abs. 1 WEG genügt vielmehr. Eine fehlende Zustellung an den sich aktiv beteiligenden Eigentümer hat keine Auswirkungen. Zwar wurde für das FGG-Verfahren hiervon abweichend vertreten, dass eine unmittelbare Zustellung an sich aktiv am Verfahren beteiligende Eigentümer notwendig sei.[217] Mit der gesetzlichen Normierung der Eigenschaft des Verwalters als Zustellungsvertreter im Prozess in § 45 Abs. 1 WEG und im Hinblick auf die Unterrichtungspflicht des Verwalters kann daran jedoch nicht festgehalten werden, zumal diese Ausnahme im Gesetzeswortlaut keinerlei Stütze fand und findet. Nur wenn der sich aktiv am Rechtsstreit beteiligende Eigentümer einen Prozessbevollmächtigten hat, muss ausnahmsweise gemäß § 172 ZPO zwingend an diesen zugestellt werden (dazu sogleich).

141 *bb) Der zwingende Zustellungsempfänger.* Macht der Verwalter in einem Rechtsstreit von seiner **gesetzlichen Prozessvertretungsmacht**[218] (etwa aus **§ 27 Abs. 2 Nr. 2 WEG**) wirksam Gebrauch, so ist ab diesem Zeitpunkt zwingend an ihn zuzustellen. Der Verwalter ist dann einem Prozessbevollmächtigten der von ihm vertretenen Wohnungseigentümer i. S. v. § 172 ZPO gleichgestellt.[219] Zustellungen, die gleichwohl nicht an den Verwalter, sondern etwa unmittelbar an die Beklagten vorgenommen werden, sind dann unwirksam. Der Verwalter ist allerdings nur dann als Prozessbevollmächtigter i. S. v. § 172 ZPO einzustufen und die Zustellungen für die Eigentümer sind nur dann ausschließlich über ihn vorzunehmen, wenn der Verwalter im Prozess von seiner gesetzlichen Vertretungsmacht auch tatsächlich Gebrauch macht und seine **Vertretungsbereitschaft anzeigt.** Zum einen steht die Frage, ob der Verwalter tatsächlich den Rechtsstreit unter Berufung auf § 27 Abs. 2 Nr. 2 WEG führt, in seinem pflichtgemäßen Ermessen (§ 27 Abs. 2 WEG: „... ist berechtigt ..."). Er muss die Beklagten nicht zwingend vor Gericht vertreten, sondern kann etwa auch nur für diese einen Rechtsanwalt beauftragen.[220] Zum anderen ist § 172 ZPO nicht unmittelbar, sondern nur entsprechend anwendbar, da die Regelung unmittelbar nur für die rechtsgeschäftlich „bestellten" Prozessbevollmächtigten gilt. Vor diesem Hintergrund ist eine zwingende Zustellung an den Verwalter nur dann vorzunehmen, wenn der Verwalter von seiner gesetzlichen Prozessvertretungsmacht auch Gebrauch machen will. Erforderlich ist damit – wie sonst auch bei § 172 Abs. 1 Satz 1 ZPO – eine „Bestellung" seitens des Verwalters und damit eine Mitteilung gegenüber dem Gericht.[221] Fehlt es an einer solchen Vertretungsanzeige, bleibt es deshalb bei dem Zustellungswahlrecht des Gerichtes. Machen hingegen einzelne beklagte **Eigentümer** von ihrem Recht Gebrauch, den **Prozess selbst zu führen,** erlischt für diese Eigentümer die gesetzliche Prozessvertretungsmacht des Verwalters aus § 27 Abs. 2 Nr. 2 WEG.[222] Es ist dann nicht mehr zwingend an den Verwalter zuzustellen. Vielmehr lebt in diesem Fall wieder das Wahlrecht auf.

142 Haben allerdings einzelne oder alle beklagten Wohnungseigentümer **rechtsgeschäftlich** einen **Prozessbevollmächtigten** nach §§ 80 ff. ZPO bestellt, ist das Wahlrecht des Gerichts wieder eingegrenzt. Da mit der Selbstführung des Prozesses durch die Eigentümer die Prozessvollmacht des Verwalters erlischt,[223] muss ab dem Zeitpunkt der rechtsgeschäftlichen Bestellung eines Prozessbevollmächtigten zwingend an diesen nach § 172

---

[217] KG NZM 2001, 105 (106).
[218] Vgl. dazu Rn. 192 ff.
[219] Vgl. zur früheren Gesetzesfassung BGH NJW 1981, 282 (283).
[220] Vgl. zu dieser Berechtigung BGH NJW 1993, 1924 (1925); NJW 2009, 2135 (2136).
[221] Vgl. BGH NJW-RR 2000, 444 (445).
[222] Vgl. dazu Rn. 201 und 205.
[223] Vgl. dazu Rn. 201 und 205.

ZPO zugestellt werden. Sofern sich für ein- und denselben beklagten Wohnungseigentümer mehrere Prozessbevollmächtigte bestellen, genügt die Zustellung an einen von ihnen.[224]

Ist die Zustellungsvertretereigenschaft des Verwalters im Hinblick auf seine Beteiligung als Gegner an dem Verfahren oder aufgrund der Gefahr der nicht sachgerechten Unterrichtung hingegen **ausgeschlossen,** kann an ihn auch dann nicht zugestellt werden, wenn er (unstatthaft)[225] **als Vertreter der Wohnungseigentümer** nach § 27 Abs. 2 Nr. 2 WEG auftritt. **143**

cc) Die Niederlegung des Amtes durch den Verwalter. Mit einer **Niederlegung des Amtes** durch den Verwalter oder mit einer wirksamen Beschlussfassung der Eigentümer über die **Abberufung** des Verwalters erlischt dessen Zustellungsvertreterstellung. Auch wenn die Regelung des § 87 Abs. 1 ZPO nicht unmittelbar den Fall des Erlöschens einer organschaftlichen (Zustellungs-)Vollmacht erfasst, muss die Vorschrift im Hinblick auf die Rechtssicherheit entsprechend angewandt werden. Damit sind gerichtliche **Zustellungen** an den sich nicht mehr im Amt befindlichen, ursprünglichen Verwalter solange **wirksam, bis** dem Gericht[226] die **Beendigung** des **Verwalteramtes angezeigt** wurde. **144**

2. Der Ersatzzustellungsvertreter der Wohnungseigentümer

Scheidet der Verwalter als Zustellungsvertreter der Wohnungseigentümer aus, muss die Zustellung sichergestellt sein. **145**

a) **Der von den Wohnungseigentümern bestellte (Ersatz-)Zustellungsvertreter.** Nach § 45 Abs. 2 WEG haben die Wohnungseigentümer für den Fall, dass der Verwalter als Zustellungsvertreter ausgeschlossen ist, durch einen Mehrheitsbeschluss einen **Ersatzzustellungsvertreter** und **zusätzlich** einen **Vertreter des Ersatzzustellungsvertreters** zu bestellen. **146**

aa) Die Pflicht zur Bestellung. Die Regelung des § 45 Abs. 2 WEG sieht für die Wohnungseigentümer eine **zwingende Verpflichtung** zur Bestellung eines Ersatzzustellungsvertreters und seines Vertreters vor. Sie unterliegt als Verfahrensvorschrift nicht der Disposition der Wohnungseigentümer. Die Wohnungseigentümer können diese Verpflichtung damit nicht durch Beschluss oder Vereinbarung aufheben. Haben die Wohnungseigentümer keinen Ersatzzustellungsvertreter und keinen Vertreter des Ersatzzustellungsvertreters bestellt, steht jedem Wohnungseigentümer ein **klagbarer Anspruch** gegen die übrigen Eigentümer auf Mitwirkung an der Bestellung zu; wobei das Gericht im entsprechenden Klageverfahren ggf. auch nach § 21 Abs. 8 WEG unmittelbar eine Entscheidung treffen kann. **147**

bb) Der Anwendungsbereich. Aufgrund der systematischen Stellung des § 45 Abs. 2 WEG im Bereich der Verfahrensvorschriften gilt die Regelung nur für Zustellungen an Wohnungseigentümer, wenn diese Beklagte oder gemäß § 48 Abs. 1 Satz WEG beizuladen sind. Sie gilt damit nur für Zustellungen, die sich grundsätzlich nach § 45 Abs. 1 WEG richten und bei denen der Verwalter als Zustellungsvertreter ausgeschlossen ist. Der Ersatzzustellungsvertreter nach § 45 Abs. 2 WEG ist ein **gesetzlicher Zustellungsvertreter.** **148**

Den Wohnungseigentümern bleibt es unbenommen, einen **allgemeinen Zustellungsvertreter** im Sinne von § 171 ZPO neben dem Verwalter und dem Ersatzzustellungsvertreter zu bestellen, an den auch Zustellungen, die sich grundsätzlich nach § 27 Abs. 2 Nr. 1 WEG oder § 27 Abs. 3 Satz 1 Nr. 1 WEG richten, unabhängig von dem Verwalter und **149**

---

[224] BGH FamRZ 2004, 865; NJW 1992, 3096 (3099).

[225] Vgl. dazu Rn. 204.

[226] Entgegen dem missverständlichen Wortlaut kann sich auch das Gericht auf § 87 Abs. 1 ZPO berufen (BGH NJW 1980, 999).

unabhängig vom Vorliegen der Voraussetzungen des § 45 Abs. 2 WEG bewirkt werden können. Der allgemeine Ersatzzustellungsvertreter kann dabei auch identisch mit dem Ersatzzustellungsvertreter im Sinne von § 45 Abs. 2 WEG sein.

150 Ordnet das Gericht die Zustellung an den Ersatzzustellungsvertreter an, ohne dass der Verwalter als Zustellungsvertreter ausgeschlossen ist, hindert dieser **gerichtliche Fehler** nicht die Wirksamkeit der Zustellung an den Ersatzzustellungsvertreter als Zustellungsempfänger der Wohnungseigentümer. Dies gilt selbst dann, wenn der Verwalter aufgrund seiner gesetzlichen Prozessvertretungsmacht Zustellungsempfänger ist. Denn nach § 45 Abs. 2 Satz 2 WEG tritt der bestellte Ersatzzustellungsvertreter immer dann in die Aufgaben und Befugnisse des Verwalters als Zustellungsempfänger ein, sofern das Gericht eine Zustellung an ihn nur anordnet. Ob die Anordnung rechtmäßig war, ist für die Wirksamkeit der Zustellung unerheblich.

151 Eine Zustellung an den Ersatzzustellungsvertreter oder dessen Vertreter ist nach §§ 45 Abs. 2 Satz 2 Halbs. 1, 45 Abs. 1 WEG ausgeschlossen, wenn dieser in dem Verfahren selbst Gegner der Wohnungseigentümer ist oder aufgrund des Streitgegenstandes – und nicht etwa anderer Umstände – die Gefahr besteht, dass er die Wohnungseigentümer nicht sachgerecht unterrichtet. Insoweit gelten die Ausführungen zum Ausschluss des Verwalters als Zustellungsvertreter entsprechend.[227] Gleichwohl vorgenommene Zustellungen sind auch hier unwirksam.

152 Ergibt sich aus anderen Umständen als dem „Streitgegenstand“, dass der Ersatzzustellungsvertreter seinen Aufgaben nicht nachkommt, sollte das Gericht an diesen nicht mehr zustellen. Gleichwohl vorgenommene Zustellungen sind allerdings wirksam.

153 *cc) Die Person des Ersatzzustellungsvertreters.* Als ein Ersatzzustellungsvertreter kommt grundsätzlich jede **natürliche oder juristische Person** mit Ausnahme des Verwalters in Betracht. Zwar heißt es in der Gesetzesbegründung, dass nur jede natürliche Person ein Ersatzzustellungsvertreter sein kann.[228] Ein Hinweis darauf, dass juristische Personen von diesem Amt von vornherein ausgeschlossen sein sollen, lässt sich aber den Gesetzesmaterialien und insbesondere auch dem Gesetzeswortlaut nicht entnehmen. Grundsätzlich können deshalb auch juristische Personen als Ersatzzustellungsvertreter bestellt werden. Eine Ausnahme gilt nur für die Gesellschaft bürgerlichen Rechts. Da die Zustellung an juristische Personen über deren gesetzlichen Vertreter nach § 170 Abs. 1 Satz 1 ZPO zu erfolgen hat, scheidet die Gesellschaft bürgerlichen Rechts mangels Eintragung in ein Register und mangels ausreichender Feststellungsmöglichkeit des Vertreters der Gesellschaft als Zustellungsvertreter aus.[229] Als natürliche Personen kommen nicht nur Wohnungseigentümer, sondern es kommt grundsätzlich jeder beliebige Dritte in Betracht.

154 Die Wohnungseigentümer sollten bei der Beschlussfassung über die Bestellung darauf achten, dass sich die Beschlussfassung im Rahmen einer **ordnungsgemäßen Verwaltung** hält. Sofern gravierende Bedenken gegen den bestellten Ersatzzustellungsvertreter bestehen, etwa weil in seiner Person ein wichtiger Grund gegen seine Bestellung vorliegt, kann der Beschluss erfolgreich angefochten werden. Ein derartiger wichtiger Grund, der gegen eine Bestellung spricht, liegt vor, wenn die ausgewählte Person nicht in der Lage ist, die ihm zugewiesene Aufgabe vertrauenswürdig auszuführen. Bis zur rechtskräftigen Ungültigerklärung können gleichwohl wirksam Zustellungen an den Ersatzzustellungsvertreter vorgenommen werden, da die Ersatzzustellungsvertretereigenschaft im Zeitpunkt der Zustellung trotz Anfechtung besteht, vgl. § 23 Abs. 4 Satz 2 WEG.[230]

---

[227] Vgl. dazu Rn. 123 ff.

[228] BT-Drucks. 16/887, S. 37.

[229] Aus diesen Gründen kann nach der Rechtsprechung des BGH (NJW 2006, 2189) eine Gesellschaft bürgerlichen Rechts auch nicht als Verwalter bestellt werden.

[230] Vgl. zum Parallelproblem bei der Vertreterstellung des Verwalters Rn. 210.

dd) Der Bestellungsakt. Die **Bestellung** des Ersatzzustellungsvertreters bzw. die Bestellung von dessen Vertreter erfolgt durch einen Mehrheitsbeschluss. Zulässig und sinnvoll ist es, die Ersatzzustellungsvertretereigenschaft auf einen genau bestimmten Zeitraum zu befristen. Da der Ersatzzustellungsvertreter nach dem Gesetz nicht nur die Rechte, sondern auch die Pflichten des Verwalters als Zustellungsvertreter erwirbt, wird eine Ersatzzustellungsvertretereigenschaft nur begründet, sofern der vorgesehene Ersatzzustellungsvertreter der Übernahme des Amtes zustimmt.[231] Die Zustimmung kann vor oder nach der Beschlussfassung gegenüber den Eigentümern bzw. deren Vertretern oder aber in einem anhängigen Verfahren gegenüber dem Gericht durch formlose Erklärung erfolgen. Hat der Ersatzzustellungsvertreter der Übernahme des Amtes zugestimmt, rückt er bei einer entsprechenden Beschlussfassung in die Organstellung als Ersatzzustellungsvertreter auf. 155

Die Eigentümer können jederzeit einen Beschluss über die **Abberufung** des Ersatzzustellungsvertreters fassen. Mit der nach § 23 Abs. 4 WEG wirksamen Beschlussfassung scheidet der Ersatzzustellungsvertreter aus dem Amt aus. Der Ersatzzustellungsvertreter kann seine Organstellung auch durch **Amtsniederlegung** beenden. Die Amtsniederlegung erfolgt durch einseitige Erklärung gegenüber sämtlichen Eigentümern[232] oder durch Erklärung gegenüber dem Verwalter als Zustellungsvertreter der Wohnungseigentümer nach § 27 Abs. 2 Nr. 1 WEG. Mit einer Niederlegung des Amtes durch den Ersatzzustellungsvertreter oder mit einer wirksamen Beschlussfassung der Eigentümer über die Abberufung erlischt die Ersatzzustellungsvertreterstellung. Im Hinblick auf die Rechtssicherheit ist auch für den Ersatzzustellungsvertreter die Regelung des § 87 Abs. 1 ZPO anzuwenden. Damit sind gerichtliche Zustellungen an den nicht mehr im Amt befindlichen ursprünglichen Ersatzzustellungsvertreter solange wirksam, bis dem **Gericht** die **Beendigung** der Ersatzzustellungsvertreterstellung **angezeigt** wurde. 156

In dem vom Bestellungsakt zu trennenden Vertrag, der das Innenverhältnis – wie etwa die Vergütung – regelt, kann ebenfalls eine entsprechende Befristungsregelung vorgesehen werden. Diese Befristungsregelung betrifft, sofern die Bestellung hiervon unabhängig auf unbestimmte Zeit erfolgte, aber nur das Innenverhältnis und gewährt dem Ersatzzustellungsvertreter nur einen Anspruch auf Aufhebung der Ersatzzustellungsvertretereigenschaft. 157

ee) Die Wirkungen der Zustellung und die Aufgaben des Ersatzzustellungsvertreters. 158
Durch die gerichtliche **Anordnung** der Zustellung nach § 45 Abs. 2 Satz 1 WEG tritt der Ersatzzustellungsvertreter in die dem Verwalter zustehenden Aufgaben und Befugnisse als Zustellungsvertreter ein. Mit der Zustellung an den Ersatzzustellungsvertreter ist damit die Zustellung an die verklagten oder beizuladenden Wohnungseigentümer bewirkt. Auch für den Ersatzzustellungsvertreter gilt, dass diese Wirkung der Zustellung **unabhängig** davon eintritt, ob die **Wohnungseigentümer** von der erfolgten Zustellung **Kenntnis** erlangen. Für die Zustellung an den Ersatzzustellungsvertreter als Vertreter der Eigentümer genügt ebenfalls die Zustellung von einer **Ausfertigung** des zuzustellenden Schriftstückes,[233] auch wenn mehrere Eigentümer betroffen sind.

Wie bereits eben erwähnt, rückt der Ersatzzustellungsvertreter nach dem Gesetzeswortlaut in die dem Verwalter „als Zustellungsvertreter" obliegenden Aufgaben ein. Allerdings hat der Gesetzgeber in § 27 WEG die Aufgaben des Verwalters lediglich pauschal geregelt, ohne danach abzugrenzen, welche Aufgaben ihn allein aufgrund seiner Position als Zustellungsempfänger der Wohnungseigentümer treffen. Dementsprechend sind die dem Verwalter nach § 27 WEG eingeräumten Aufgaben und Befugnisse danach 159

---

[231] Auch der Gesetzgeber fordert die Bereitschaft der als Ersatzzustellungsvertreter vorgesehenen Person mit der Begründung, dass ein Beschluss zu Lasten Dritter unzulässig ist, vgl. BT-Drucks. 16/887, S. 37.

[232] OLG München NZM 2005, 750 (für Amtsniederlegung durch Verwalter).

[233] Vgl. BGH NJW 1981, 281.

abzugrenzen, ob diese dem Verwalter nur im Hinblick auf seine Zustellungsvertretereigenschaft zustehen:

160 • In erster Linie hat der Ersatzzustellungsvertreter die Wohnungseigentümer unverzüglich über den anhängigen Rechtsstreit nach § 43 WEG zu **unterrichten.** Diese Verpflichtung des Verwalters beruht allein darauf, dass an ihn Zustellungen für die Wohnungseigentümer erfolgen. Nichts anderes gilt dann aber für den Ersatzzustellungsvertreter, der entsprechend nach § 27 Abs. 1 Nr. 7 WEG in diese Verpflichtung des Verwalters eintritt.[234] Der Ersatzzustellungsvertreter muss sich insoweit unmittelbar nach einer an ihn erfolgten Zustellung mit den Eigentümern in Verbindung setzen. Desweiteren hat er sich an den Verwalter zu wenden, um eine Eigentümerliste zu erlangen. Gegebenenfalls hat er die Grundbücher einzusehen oder alle weiteren zur Ermittlung der Eigentümer in Betracht kommenden Maßnahmen zu ergreifen. Sofern der Kläger die beklagten Wohnungseigentümer nicht bereits in der Klageschrift benennt, darf der Ersatzzustellungsvertreter keinesfalls abwarten, bis die beklagten Wohnungseigentümer seitens des Klägers benannt sind. Zum einen normiert § 27 Abs. 1 Nr. 7 WEG eine Verpflichtung zur „unverzüglichen" Unterrichtung der Wohnungseigentümer, ohne darauf abzustellen, dass diese bereits individualisiert wurden. Zum anderen würde jede andere Auslegung gegen die Grundsätze der Gewährung rechtlichen Gehörs verstoßen, da eine Nachbenennung der Beklagten nach § 44 Abs. 1 Satz 2 WEG bis zum Schluss der mündlichen Verhandlung erfolgen kann. Eine Information nach dem Schluss der mündlichen Verhandlung wäre aber sinnentleert.

Die Wohnungseigentümer können in dem Bestellungsbeschluss Regelungen treffen, wie der Ersatzzustellungsvertreter sie über den Rechtsstreit zu informieren hat. Zulässig ist etwa auch die Regelung, dass eine Information per **E-Mail** genügt.[235] Verstößt der Ersatzzustellungsvertreter gegen eine solche Regelung, wird dadurch aber nicht die Wirksamkeit der gerichtlichen Zustellung an ihn als Ersatzzustellungsvertreter für die Wohnungseigentümer berührt.

161 • Ob der Ersatzzustellungsvertreter auch in die Befugnisse des Verwalters nach § 27 Abs. 2 Nr. 2 WEG eintritt und damit berechtigt ist, die Maßnahmen zu treffen, die zur Wahrung einer Frist oder zur Abwendung eines sonstigen Rechtsnachteils erforderlich sind, ist zweifelhaft. Dafür spricht, dass diese originäre Verpflichtung des Verwalters auch vor dem Hintergrund besteht, dass gerichtliche Zustellungen für die Wohnungseigentümer unmittelbar über den Verwalter bewirkt werden können und damit – auch ohne Kenntnis der Beklagten – unmittelbar Fristen zu laufen beginnen. Im Fall der Zustellung an einen Ersatzzustellungsvertreter besteht auch eine deutlich höhere Gefahr als bei der Zustellung über den Verwalter, dass Rechtsnachteile durch Verstreichen von Fristen entstehen. In der Regel hat der Ersatzzustellungsvertreter, anders als der Verwalter, keine Information über sämtliche beklagten Eigentümer, die nach § 44 Abs. 1 WEG gerade noch nicht in der Klageschrift benannt werden müssen. Für eine derartige Annahme spricht auch, dass in § 45 Abs. 2 WEG gerade nicht nur ein Eintritt des Zustellungsvertreters in die Aufgaben (Unterrichtungspflicht), sondern auch in „Befugnisse" des Verwalters angeordnet ist. Unter einer derartigen „Befugnis" könnte aber die Berechtigung zur Führung eines Rechtsstreits nach § 27 Abs. 2 Nr. 2 WEG verstanden werden. Andererseits kann den Gesetzesmaterialien nicht entnommen werden, dass dem Ersatzzustellungsvertreter eine derartige weitreichende Befugnis zugestanden werden sollte. Auch ist § 45 Abs. 2 WEG zu entnehmen, dass ein Eintritt des Ersatzzustellungsvertreters lediglich in die Aufgaben des Verwalters gerade „als Zustellungsvertreter" und damit **nicht** in die Stellung als **Prozessvertreter** der Wohnungseigentümer erfolgt, so dass wohl im Ergebnis eine derartige Befugnis abzulehnen ist. In welche Richtung sich hinsichtlich dieser Frage die Rechtsprechung entwickeln wird, bleibt ab-

---

[234] Von dieser Verpflichtung geht auch der Gesetzgeber aus, vgl. BT-Drucks. 16/887, S. 37.

[235] Vgl. dazu BGH NJW 2009, 2135, 2136.

zuwarten. Im Hinblick darauf, dass die Zustellung an einen Ersatzzustellungsvertreter – mit unmittelbarer Wirkung für namentlich noch nicht benannte Beklagte – eine erhebliche Gefahr der Fristversäumnis mit sich bringt, sollte allerdings jedenfalls der Gesetzgeber regulierend tätig werden.

Zumindest sollten die Wohnungseigentümer den Ersatzzustellungsvertreter bereits im Rahmen seiner Bestellung **ermächtigen,** dass dieser befugt ist, für sie einen **Rechtsanwalt** mit der Wahrnehmung ihrer Interessen **zu beauftragen.** Eine derartige Ermächtigung entspricht im Hinblick auf die im Prozess zu wahrenden Fristen einer ordnungsgemäßen Verwaltung.

ff) Die Vergütungsansprüche des Ersatzzustellungsvertreters. Hat der Ersatzzustellungsvertreter mit dem Verband Wohnungseigentümergemeinschaft im Innenverhältnis einen Vertrag über die Zahlung einer gesonderten Vergütung geschlossen, ergibt sich ein Erstattungsanspruch aus dieser Vereinbarung gemäß §§ 675, 612 BGB. Der Abschluss einer gesonderten **Vergütungsvereinbarung** kommt dabei immer in Betracht, wenn sich ein geeigneter unentgeltlich tätiger Ersatzzustellungsvertreter nicht finden lässt und insbesondere dann, wenn nur ein Dritter zur Wahrnehmung einer solchen Aufgabe bereit ist. In diesem Fall entspricht ein Beschluss über den Abschluss eines Vertrages mit einer angemessenen Vergütung einer ordnungsgemäßen Verwaltung. Dabei kann in Einzelfällen auch die Vereinbarung einer jährlichen angemessenen Pauschale in Betracht kommen.[236] 162

Wurde im Zuge der Bestellung hingegen kein Vertrag geschlossen, der die Vergütung regelt, richtet sich der Erstattungsanspruch des Ersatzzustellungsvertreters ausschließlich nach §§ 662, 670 BGB. In diesem Fall ist der Ersatzzustellungsvertreter hinsichtlich des Vergütungsanspruchs mit dem Verwaltungsbeirat zu vergleichen. Für den Verwaltungsbeirat gilt jedoch bei einer fehlenden Vergütungsvereinbarung der Grundsatz, dass dieser unentgeltlich tätig wird und lediglich einen Aufwendungsersatzanspruch hat.[237] Damit kann der Ersatzzustellungsvertreter nur bei Bestehen einer Vergütungsvereinbarung ein Entgelt für seine Arbeitsleistung verlangen. Andernfalls hat er nach § 670 BGB lediglich einen **Anspruch auf die Erstattung von Auslagen,** wie Porto- oder Kopierkosten. Hat die Gemeinschaft einen Rechtsanwalt als Ersatzzustellungsvertreter bestellt, kann dieser für die reine Entgegennahme und Information der Eigentümer auch keine Gebühren nach dem RVG berechnen. Die bloße Tätigkeit als Zustellungsvertreter steht nicht im Zusammenhang mit der Gewährung eines rechtlichen Beistands, so dass dem Anwalt keine Gebühren nach dem RVG zustehen.[238] Insoweit handelt es sich nur um eine „ähnliche Tätigkeit" im Sinne von § 1 Abs. 2 RVG. Etwas anderes gilt nur dann, wenn ein Rechtsanwalt als Ersatzzustellungsvertreter zugleich den Rechtsstreit führt. Diese reine anwaltliche Tätigkeit bemisst sich gemäß § 1 Abs. 1 RVG nach den allgemeinen Gebühren des RVG. 163

Der Erstattungsanspruch richtete sich gegen den **Verband Wohnungseigentümergemeinschaft,** da die Bestellung durch die Wohnungseigentümer abstrakt und losgelöst von einem konkreten Fall erfolgt, so dass es sich bei der Zahlungspflicht um eine gemeinschaftsbezogene Pflicht i. S. v. § 10 Abs. 6 Satz 3 WEG handelt, die in keinem Zusammenhang mit einem konkreten Rechtsstreit von Wohnungseigentümern untereinander steht. 164

Die **Kosten** des Ersatzzustellungsvertreters können im Prozess auf Antrag der Wohnungseigentümer, für die er konkret tätig geworden ist und auf die Kosten umgelegt worden sind, bei einer entsprechenden Kostengrundentscheidung über §§ 103 ff. ZPO als zur zweckentsprechenden Rechtsverfolgung bzw. -verteidigung notwendige Kosten im Sinne von § 91 Abs. 1 ZPO **festgesetzt** werden.[239] Erstattungsfähig sind dabei nur die 165

---

[236] OLG Schleswig NZM 2005, 588 (für Verwaltungsbeirat).
[237] OLG Schleswig NZM 2005, 588; KG NZM 2005, 107; BayObLG NZM 1999, 862 (865).
[238] OLG Frankfurt vom 15. 8. 1956 – 8 W 25/56 = RzW 1956, 370 (für BRAGO).
[239] Vgl. dazu Rn. 316.

tatsächlich entstandenen Auslagen für den konkreten Rechtsstreit. Vereinbarte generelle Pauschalen, die unabhängig von einem Rechtsstreit anfallen, sind hingegen nicht erstattungsfähig.[240]

166 Für die **Verteilung** der Kosten im **Innenverhältnis** gilt folgende Regelung: Wenn der Verwalter die Kosten des Ersatzzustellungsvertreters aus dem Gemeinschaftsvermögen zahlt, müssen die Kosten in der Jahresabrechnung auf die Wohnungseigentümer verteilt werden. Für die konkrete Verteilung gilt: Wurde für die Vergütung des Ersatzzustellungsvertreters eine allgemeine Abgeltungspauschale vereinbart, die unabhängig von seiner Tätigkeit in einem konkreten Rechtsstreit gezahlt wird, sind die Kosten auf alle Eigentümer nach dem gewählten Maßstab bzw. bei fehlender Vereinbarung nach § 16 Abs. 2 WEG umzulegen. Nur wenn der Ersatzzustellungsvertreter die Vergütung gerade für seine Tätigkeit im konkreten Prozess erhält, sind dessen Kosten ausschließlich unter den im Prozess unterlegenen Wohnungseigentümern aufzuteilen.[241] In letzterem Fall, also bei einer Vergütung für den konkreten Prozess, gehören die Ersatzzustellungsvertreterkosten gemäß § 16 Abs. 8 WEG zwar nicht zu den Kosten der Verwaltung. Sind diese Kosten aber gleichwohl vom Gemeinschaftsvermögen beglichen worden, sind sie auch in der Jahresabrechnung zu berücksichtigen.[242]

167 Entsteht zwischen dem Ersatzzustellungsvertreter und dem Verband Wohnungseigentümergemeinschaft oder den Wohnungseigentümern **Streit über** dessen Vergütung, **Aufwendungen** oder etwa des Bestehens von Schadensersatzansprüchen gegen ihn, richtet sich die **gerichtliche Zuständigkeit** ausschließlich nach § 43 Nr. 3 WEG. Denn der Ersatzzustellungsvertreter tritt nach § 45 Abs. 2 WEG teilweise in die Stellung des Verwalters ein, für den § 43 Nr. 3 WEG gilt. Diese gerichtliche Zuständigkeit gilt unabhängig davon, ob der Ersatzzustellungsvertreter ein Wohnungseigentümer ist oder nicht.

168 **b) Der gerichtlich bestellte Ersatzzustellungsvertreter.** § 45 Abs. 3 WEG regelt die Problematik, dass die Wohnungseigentümer keinen Ersatzzustellungsvertreter bestellt haben. Diese Bestimmung gibt dem Gericht die Möglichkeit, selbst einen Ersatzzustellungsvertreter zu bestellen. An diesen gerichtlich bestellten Ersatzzustellungsvertreter können Zustellungen mit gleicher Wirkung wie an einen von den Wohnungseigentümern selbst bestellten Ersatzzustellungsvertreter bewirkt werden.

169 *aa) Die Voraussetzungen für eine gerichtliche Bestellung.* Das Gericht ist nach § 45 Abs. 3 WEG nur dann berechtigt einen Ersatzzustellungsvertreter zu bestellen, wenn die Eigentümer entweder keinen Ersatzzustellungsvertreter bestellt haben oder die Zustellung nach § 45 Abs. 1 und Abs. 2 WEG aus sonstigen Gründen nicht ausführbar ist.

170 Entgegen dem missverständlichen Wortlaut des § 45 Abs. 3 Var. 1 WEG berechtigt allein die **fehlende Bestellung** des Ersatzzustellungsvertreters seitens der Eigentümer das Gericht nicht, einen Ersatzzustellungsvertreter zu bestellen. Im Hinblick auf den mit einer Zustellung an einen Dritten verbundenen Eingriff in das Grundrecht auf rechtliches Gehör kommt eine derartige Bestellung nur dann in Betracht, wenn im konkreten Verfahren ein **Bedürfnis für** eine **Zustellung** an einen Ersatzzustellungsvertreter besteht. Diese einschränkende Auslegung ergibt sich auch aus § 45 Abs. 3 Var. 2 WEG, der gerade auf die Nichtdurchführbarkeit einer Zustellung nach § 45 Abs. 1 bzw. Abs. 2 WEG als „sonstigen Grund" abstellt. Entsprechend kommt die gerichtliche Bestellung eines Ersatzzustellungsvertreters bei einer fehlenden Bestellung durch die Eigentümer nur in Betracht, wenn eine Zustellung an einen Ersatzzustellungsvertreter – etwa bei einem Ausschluss des Verwalters als Zustellungsvertreter – notwendig wird.

171 Nach § 45 Abs. 3 Var. 2 WEG kann das Gericht einen Ersatzzustellungsvertreter ferner bestellen, wenn die Zustellung nach den Absätzen 1 oder 2 des § 45 WEG **nicht aus-**

---

240 KG NJW 1991, 1304 (1305).
241 Zur Verteilung der Verfahrenskosten vgl. BGH NJW 2007, 1869.
242 BayObLG NJW-RR 1992, 1431.

führbar ist, obwohl die Eigentümer einen Ersatzzustellungsvertreter bestellt haben. Hierunter fällt etwa der Fall, dass sowohl der Verwalter, als auch der Ersatzzustellungsvertreter als Zustellungsvertreter ausgeschlossen sind. Ein solcher Fall kann etwa vorkommen, wenn sowohl der Verwalter, als auch der Ersatzzustellungsvertreter Gegner der Wohnungseigentümer sind oder die Gefahr einer nicht sachgerechten Unterrichtung besteht.

Die gerichtliche Bestellung eines Ersatzzustellungsvertreters steht im Ermessen des 172
Gerichts, soweit eine Zustellung auch unmittelbar an die Eigentümer möglich ist. Im Hinblick darauf, dass bei einer Zustellung an einen gerichtlich bestellten Ersatzzustellungsvertreter die Wirkung der Zustellung unmittelbar zu Lasten der betroffenen Wohnungseigentümer wirkt, hat das Gericht deshalb zur Wahrung der Effektivität des Rechtsschutzes von der Bestellung eines Ersatzzustellungsvertreters nur **zurückhaltend** Gebrauch zu machen. Insbesondere bei kleineren Eigentümergemeinschaften sollte das Gericht eher unmittelbar an die Eigentümer selbst zustellen, als einen Ersatzzustellungsvertreter zu bestellen. Eine derartige Zustellmöglichkeit ist natürlich nur dann gegeben, wenn die betroffenen Eigentümer bereits in der Klageschrift namhaft gemacht worden sind und der Kläger keinen Gebrauch von der Möglichkeit des § 44 Abs. 1 Satz 2 WEG macht. Andererseits wird bei der Notwendigkeit einer Zustellung im Ausland im Hinblick auf die dadurch verursachte Verzögerung regelmäßig die Zustellung über einen Ersatzzustellungsvertreter sinnvoll sein.

bb) Der Bestellungsakt. Das Gericht bestellt den Ersatzzustellungsvertreter durch eine 173
prozessleitende Verfügung.[243] Gleichfalls ist die Bestellung in Form eines Beschlusses möglich.

Als Ersatzzustellungsvertreter kommt **jede geeignete Person** in Betracht, die sich weder 174
als Gegner der Wohnungseigentümer – an die zuzustellen ist – darstellt, noch aus anderen Gründen ungeeignet ist. Auch ein Wohnungseigentümer kann seitens des Gerichtes als Ersatzzustellungsvertreter bestellt werden, sofern er die dargestellten Voraussetzungen erfüllt.

Für den gerichtlich bestellten Ersatzzustellungsvertreter gilt ebenfalls, dass die Eigen- 175
schaft der zu bestellenden Person als Ersatzzustellungsvertreter nur begründet wird, wenn dieser neben dem Bestellungsakt der Übernahme des Amtes zustimmt.[244] Nach seiner entsprechenden **Zustimmung** bleibt der Ersatzzustellungsvertreter solange im Amt, bis seine Bestellung (auch auf Antrag) durch das Gericht aufgehoben wird. Anders als bei dem seitens der Wohnungseigentümer gewählten Ersatzzustellungsvertreter ist eine einseitige Aufgabe des Amtes durch den gerichtlich bestellten Ersatzzustellungsvertreter nicht möglich. Das Gericht hat jedoch einem Antrag des gerichtlich bestellten Ersatzzustellungsvertreters auf Aufhebung im Regelfall zu entsprechen.

Einer vorherigen **Gewährung rechtlichen Gehörs** gegenüber den Eigentümern bedarf 176
es bei der Bestellung grundsätzlich nicht. Durch die (verpflichtende) eigene Bestellung eines Ersatzzustellungsvertreters und die Bestellung von dessen Vertreter haben es die Eigentümer zunächst selbst in der Hand, die Notwendigkeit einer gerichtlichen Bestellung auf äußerste Ausnahmefälle zu reduzieren. Hinzu kommt, dass eine Anhörung ohnehin praktisch nicht möglich ist, wenn die Eigentümer, an welche die Zustellung bewirkt werden soll, noch nicht namhaft gemacht worden sind. In diesen Fällen soll die gerichtliche Bestellung eines Ersatzzustellungsvertreters die Beteiligung gerade sicherstellen. Allenfalls in kleineren Eigentümergemeinschaften kommt deshalb eine Anhörung in Betracht, sofern die Beklagten bereits bekannt sind. In diesem Fall wäre aber statt der Anhörung auch eine unmittelbare Zustellung möglich und allein sachgerecht.

In **zeitlicher Hinsicht** wirkt die gerichtliche Bestellung als Ersatzzustellungsvertreter 177
nur bezogen auf den konkreten Prozess und zwar bis zu dessen rechtskräftigen Ab-

---

[243] Vgl. BFH vom 9. 2. 1994 – IV B 73/93 = juris (für § 57 ZPO).
[244] LG Nürnberg-Fürth NZM 2009, 365 (366).

schluss. Für einen neuen Rechtsstreit muss deshalb gegebenenfalls ein neuer oder weiterer Ersatzzustellungsvertreter bestellt werden.

178 *cc) Die Bestellungswirkung.* Für die Wirkungen der Bestellung gelten die Ausführungen hinsichtlich eines von den Eigentümern bestellten Ersatzzustellungsvertreters entsprechend.[245] Auch der gerichtlich bestellte Ersatzzustellungsvertreter tritt infolge einer gerichtlichen Anordnung der Zustellung an ihn in die dem Verwalter als Zustellungsvertreter zustehenden **Aufgaben und Befugnisse** ein. Zustellungen an den gerichtlich bestellten Ersatzzustellungsvertreter wirken deshalb unabhängig von der Kenntnis der betroffenen Eigentümer von der Zustellung für und gegen diese. Der gerichtlich bestellte Ersatzzustellungsvertreter hat die Wohnungseigentümer unverzüglich über den Rechtsstreit nach § 43 WEG **zu unterrichten.** Auch wenn ihm die Namen der betroffenen Eigentümer im Hinblick auf § 44 Abs. 1 Satz 2 WEG noch nicht bekannt sind, hat er ohne schuldhaftes Zögern entsprechende Erkundigungen – etwa beim Grundbuchamt oder dem Verwalter – einzuholen und die so ermittelten Eigentümer zu informieren.

179 *dd) Die Vergütung des gerichtlichen Ersatzzustellungsvertreters.* Das Gericht muss in dem Bestellungsakt grundsätzlich nur die Person des Ersatzzustellungsvertreters benennen. Die Regelung einer Vergütung ist nicht erforderlich. **Fehlt** es an einer **Vergütungsregelung** und war der Ersatzzustellungsvertreter gleichwohl zur Übernahme des Amtes bereit, so richtet sich sein Erstattungsanspruch ausschließlich nach § 670 BGB.[246] Wegen des Umfangs eines solchen Erstattungsanspruchs wird auf die entsprechenden Ausführungen für den durch die Wohnungseigentümer bestellten Ersatzzustellungsvertreter verwiesen.

180 Häufig wird das Gericht keinen Ersatzzustellungsvertreter finden, der bereits ist, ohne Entgelt und lediglich gegen Erstattung seiner Aufwendungen das entsprechende Amt zu übernehmen. Wie auch die Wohnungseigentümer muss das Gericht deshalb als berechtigt angesehen werden, in dem Bestellungsakt nach einer entsprechenden Vereinbarung mit dem Ersatzzustellungsvertreter zugleich eine für die Wohnungseigentümer **bindende Vergütungsvereinbarung** zu treffen.[247]

181 Trotz der gerichtlichen Bestellung haftet nicht (zugleich) der Staat für die Kosten des gerichtlich bestellten Ersatzzustellungsvertreters.[248] Anders als bei dem seitens der Wohnungseigentümer durch Beschluss bestellten Ersatzzustellungsvertreters richtet sich der Erstattungsanspruch aber auch nicht **grundsätzlich** gegen den Verband Wohnungseigentümergemeinschaft, sondern allein gegen diejenigen **Eigentümer als Gesamtschuldner,** für die er als Ersatzzustellungsvertreter bestellt wird. Dieses ist darin begründet, dass nur bei einer Bestellung durch die Wohnungseigentümer die Bestellung abstrakt und losgelöst von einem konkreten Fall erfolgt, so dass es ausnahmsweise gerechtfertigt ist, den Erstattungsanspruch als gemeinschaftsbezogene Pflicht i. S. v. § 10 Abs. 6 Satz 3 WEG einzuordnen. Das Gericht bestellt den Ersatzzustellungsvertreter hingegen nach § 45 Abs. 3 WEG konkret nur für einzelne beklagte Eigentümer und nur für den jeweiligen Rechtsstreit. Bei einer Anfechtungsklage gegen die übrigen Eigentümer bestellt das Gericht den Ersatzzustellungsvertreter etwa nur für diese und nicht für die gesamte Gemeinschaft. Entsprechend sind auch nur die übrigen Eigentümer Schuldner der Prozesskosten und die Kosten des Rechtsstreits gehören nicht zu den Kosten der Verwaltung (vgl. § 16 Abs. 8 WEG).[249] Etwas anderes gilt nur dann, wenn die Bestellung ausnahmsweise für

---

[245] Vgl. dazu Rn. 158.

[246] Für Vergütung des Verwaltungsbeirats OLG Schleswig NZM 2005, 588; KG NZM 2005, 107; BayObLG NZM 1999, 862 (865).

[247] Für Verwalterbestellung BGH NJW 1980, 2466 (2468).

[248] Vgl. dazu KG JW 1939, 566 (567).

[249] A. A. AG Dortmund NJW 2009, 85 (86), welches die Kosten des gerichtlich bestellten Ersatzzustellungsvertreters als Kosten der Verwaltung einordnet und zudem eine Vorschusspflicht des Verwalters aus dem Gemeinschaftsvermögen annimmt.

sämtliche Wohnungseigentümer als Beklagte erfolgt. Ein solcher Ausnahmefall liegt etwa bei einer Anfechtungsklage des Verwalters vor, die nach § 46 Abs. 1 Satz 1 WEG gegen alle Eigentümer zu richten ist. In diesem Fall greift auch § 16 Abs. 8 WEG nicht ein, der Kosten von Rechtsstreitigkeiten nicht als Verwaltungskosten ansieht, da diese Regelung nach dem Normzweck nur Binnenstreitigkeiten der Wohnungseigentümer untereinander erfasst, an denen auf einer Seite nicht alle Eigentümer beteiligt sind.

Die **Kosten** des gerichtlich bestellten Ersatzzustellungsvertreters können im Prozess auf Antrag der Wohnungseigentümer, für die er bestellt war, über §§ 103 ff. ZPO als zur zweckentsprechenden Rechtsverfolgung bzw. -verteidigung notwendige Kosten im Sinne von § 91 Abs. 1 ZPO **festgesetzt** werden.[250] 182

Bei einem Streit über die Vergütung oder bei Streitigkeiten über durch den gerichtlich bestellten Ersatzzustellungsvertreter verursachte Schäden richtet sich die **gerichtliche Zuständigkeit** ausschließlich nach § 43 Nr. 3 WEG. Denn auch der gerichtlich bestellte Ersatzzustellungsvertreter tritt als Zustellungsempfänger in die Stellung des Verwalters ein. Bei einem Streit mit dem Verwalter würde aber § 43 Nr. 3 WEG ohne weiteres gelten. 183

ee) Der Rechtschutz. Der Bestellungsbeschluss ist als solcher **nicht anfechtbar,** da eine sofortige Beschwerde gesetzlich nicht vorgesehen ist, vgl. § 567 Abs. 1 Nr. 1 ZPO.[251] Die Gehörsrüge nach § 321 a ZPO ist ebenfalls nicht statthaft (vgl. § 321 a Abs. 1 Satz 2 ZPO),[252] zumal die Wirksamkeit der Zustellung und damit der Bestellungsbeschluss im Rahmen der Endentscheidung zu überprüfen ist.[253] Das Nichtbestehen des Beschwerderechtes in diesem Fall ist sachgerecht, zumal die Eigentümer durch die Bestellung eines Ersatzzustellungsvertreters nach § 45 Abs. 2 WEG die gerichtliche Bestellung verhindern können. Allenfalls wenn ein Gesuch auf Bestellung eines Ersatzzustellungsvertreters zurückgewiesen wird, kann der entsprechende Beschluss mit der sofortigen Beschwerde angreifbar sein, vgl. § 567 Abs. 1 Nr. 2 ZPO. 184

Lässt man – wie hier – die Festsetzung einer Vergütung für den gerichtlich bestellten Ersatzzustellungsvertreter durch das Gericht zu, ist jedoch gegen die **Festsetzung der Vergütungshöhe** (und nur dagegen) die **sofortige Beschwerde** zulässig. Dabei rechtfertigt die Schwere des Eingriffs durch die Vereinbarung einer Vergütung zu Lasten einer Partei im Hinblick auf den Grundsatz des effektiven Rechtschutzes in Verbindung mit Art. 103 Abs. 1 GG die ausnahmsweise Zulassung einer sofortigen Beschwerde (Rechtsgedanke aus § 68 Abs. 1 Satz 1 GKG). Diese Annahme ist auch vor dem Hintergrund berechtigt, dass, solange durch gerichtlichen Beschluss die Vergütungshöhe festgesetzt ist, der Einwand, die Vergütung sei unangemessen hoch, nicht erhoben werden kann.[254] 185

3. Die Zustellung bei einem fehlenden oder als Zustellungsvertreter ausgeschlossenen Verwalter

Fehlt ein Verwalter oder ist dieser als Zustellungsvertreter ausgeschlossen, stellt sich die Frage, wie Zustellungen an die einzelnen Wohnungseigentümer und/oder den Verband Wohnungseigentümergemeinschaft zu erfolgen haben. 186

a) Die Zustellung an Wohnungseigentümer. *aa) Die Zustellung im gerichtlichen Verfahren.* Eine Zustellung im Klageverfahren an beklagte oder beizuladende Wohnungsei- 187

[250] Vgl. dazu Rn. 316.

[251] LG Berlin NZM 2008, 896; LG Nürnberg-Fürth NZM 2009, 365. Vgl. auch BFH vom 9. 2. 1994 – IV B 73/93 = juris (für § 57 ZPO).

[252] A. A. wohl LG Berlin NZM 2008, 896.

[253] Nur wenn die Gehörsverletzung im Rahmen des weiteren fachgerichtlichen Verfahrens nicht überprüfbar wäre, kommt ausnahmsweise auch bei Zwischenentscheidungen eine Anhörungsrüge in Betracht, vgl. BVerfG NJW 2009, 833; BGH NJW-RR 2009, 642 (643).

[254] BGH NJW 1980, 2466 (2468).

gentümer richtet sich nach § 45 WEG. Ist der Verwalter als Zustellungsvertreter ausgeschlossen, worunter auch der Fall des fehlenden Verwalters fällt, erfolgt die Zustellung an den seitens der Wohnungseigentümer (§ 45 Abs. 2 WEG) oder durch das Gericht (§ 45 Abs. 3 WEG) bestellten Ersatzzustellungsvertreter.[255]

188 *bb) Die Zustellungen außerhalb des gerichtlichen Verfahrens.* Der Gesetzgeber hat den Fall nicht geregelt, dass im verbleibenden Anwendungsbereich des § 27 Abs. 2 Nr. 1 WEG – also etwa bei Zustellung an Wohnungseigentümer in einer Gemeinschaftsangelegenheit im außergerichtlichen Verwaltungsverfahren – Zustellungen zu erfolgen haben und ein Verwalter fehlt, oder dieser als Zustellungsvertreter ausgeschlossen ist. Es gilt dabei weder der auf das gerichtliche Verfahren beschränkte § 45 Abs. 2 oder Abs. 3 WEG, noch der auf die Vertretung des Verbandes beschränkte § 27 Abs. 3 Satz 2, Satz 3 WEG. Hat die Gemeinschaft einen **allgemeinen Zustellungsvertreter** (und nicht lediglich einen Ersatzzustellungsvertreter nach § 45 Abs. 2 WEG) im Sinne von § 171 ZPO bestellt, kann an diesen zugestellt werden. Andernfalls muss an **alle** betroffenen **Eigentümer** zugestellt werden. Eine entsprechende Anwendung von § 45 Abs. 3 WEG durch die Zustellung an einen Dritten scheidet mangels einer gesetzlichen Regelung im Hinblick auf die Wesentlichkeit eines Eingriffs in die Rechtssphäre der Eigentümer aus.

189 **b) Die Zustellung an den Verband Wohnungseigentümergemeinschaft.** Fehlt ein Verwalter oder ist dieser von einer Vertretung ausgeschlossen, richtet sich die **Zustellung** an den **Verband** Wohnungseigentümergemeinschaft ausschließlich nach § 27 Abs. 3 Satz 2 und Satz 3 WEG. Nicht anwendbar sind hingegen die Bestimmungen der § 45 Abs. 2 bzw. § 45 Abs. 3 WEG, die zwar auch den Fall erfassen, dass kein Verwalter existiert. Diese Regelungen gelten aber aufgrund der systematischen Stellung nur für Zustellungen an Wohnungseigentümer, wenn diese Beklagte oder gemäß § 48 Abs. 1 Satz WEG beizuladen sind (vgl. § 45 Abs. 1 WEG); nicht aber für Zustellungen an den Verband.

190 Voraussetzung für eine Zustellung an den Verband außerhalb des Verwalters ist zunächst, dass entweder ein **Verwalter fehlt,** oder aber dieser von der Vertretung – konkret als **Zustellungsvertreter** – ausgeschlossen ist. Letzteres ist dann der Fall, wenn der Verwalter als Gegner an dem Verfahren beteiligt ist oder aufgrund des Streitgegenstandes die Gefahr besteht, er werde die Wohnungseigentümer nicht sachgerecht unterrichten. Liegen diese Voraussetzungen vor, so erfolgt die Zustellung an den Verband Wohnungseigentümergemeinschaft durch eine Zustellung an einen der Wohnungseigentümer. Zwar sieht § 27 Abs. 3 Satz 2 WEG vor, dass alle Wohnungseigentümer den Verband vertreten. Bei einer Gesamtvertretungsbefugnis genügt für eine Zustellung aber gemäß § 170 Abs. 3 ZPO die **Zustellung** an einen der Vertreter[256] und damit **an einen Wohnungseigentümer.**

191 Haben die Wohnungseigentümer aufgrund ihrer Befugnis aus § 27 Abs. 3 Satz 3 WEG einen oder mehrere Wohnungseigentümer zur Vertretung ermächtigt, kann auch eine Zustellung an den **Bevollmächtigten** erfolgen. Da es sich insoweit um einen rechtsgeschäftlich bestellten Vertreter handelt, **kann**[257] die Zustellung über § 171 ZPO auch an diesen erfolgen. Die Möglichkeit zur Zustellung an einen anderen Wohnungseigentümer als einen weiteren gesetzlichen Vertreter nach § 27 Abs. 3 Satz 2 WEG wird hiervon nicht berührt, da die Ermächtigung nach § 27 Abs. 3 Satz 3 WEG die gesetzliche Vertretungsmacht der übrigen Eigentümer nicht ausschließt.

4. Die gesetzliche Prozessvertretungsmacht des Verwalters

192 Der Verwalter ist in bestimmten Fällen kraft Gesetz berechtigt, sowohl für den Verband Wohnungseigentümergemeinschaft (§ 27 Abs. 3 Satz 1 Nr. 2 WEG), als auch für

---

[255] Vgl. dazu Rn. 145.
[256] BGH NJW 1984, 57.
[257] Nur wenn dem Bevollmächtigten zugleich eine Prozessvollmacht im Sinne von § 172 ZPO erteilt wurde, muss an diesen zugestellt werden.

„alle Wohnungseigentümer" (§ 27 Abs. 2 Nr. 2 WEG) einen **Rechtsstreit „zu führen"**. Eine solche Befugnis kann sich ferner aus einer entsprechenden Ermächtigung durch Beschluss oder Vereinbarung der Wohnungseigentümer gemäß §§ 27 Abs. 3 Satz 1 Nr. 7, 27 Abs. 2 Nr. 3 WEG ergeben.

Die Regelung des § 79 ZPO verhindert das Auftreten des Verwalters aufgrund einer solchen Befugnis vor dem Amtsgericht nicht.[258] Vor dem Landgericht und höheren Instanzen darf der Verwalter hingegen nicht als Prozessvertreter auftreten. In Anwaltsprozessen müssen sich die Parteien nach § 78 ZPO von einem zugelassenen Rechtsanwalt vertreten lassen. 193

a) **Passivprozesse.** Nach § 27 Abs. 2 Nr. 2 WEG bzw. § 27 Abs. 3 Satz 1 Nr. 2 WEG ist der Verwalter **kraft Gesetz** zur Führung eines gegen die Wohnungseigentümer bzw. gegen den Verband Wohnungseigentümergemeinschaft gerichteten Rechtsstreits berechtigt, jedoch nicht dazu verpflichtet. 194

aa) Erfasste Rechtsstreitigkeiten. Nach **§ 27 Abs. 3 Satz 1 Nr. 2 WEG** ist der Verwalter befugt, einen gegen den **Verband** Wohnungseigentümergemeinschaft gerichteten Rechtsstreit i. S. v. § 43 Nr. 2 oder Nr. 5 WEG zu führen. 195

Ein entsprechendes Recht für die Vertretung der **Wohnungseigentümer** ist in **§ 27 Abs. 2 Nr. 2 WEG** geregelt. Danach kann der Verwalter einen gegen „die Wohnungseigentümer" gerichteten Rechtsstreit nach § 43 Nr. 1, Nr. 4 und Nr. 5 WEG führen. Diese Formulierung des Gesetzgebers in § 27 Abs. 2 Nr. 2 WEG ist jedoch undeutlich und insoweit auszulegen: 196

- Entgegen dem missverständlichen Wortlaut des § 27 Abs. 2 (Nr. 2) WEG sind nicht nur solche Rechtsstreitigkeiten erfasst, die sich gegen „alle" oder „die" Wohnungseigentümer richten. Der Verwalter vertritt vielmehr auch nur **einzelne** beklagte **Wohnungseigentümer.**[259] Andernfalls würde die ausdrückliche Aufzählung des § 43 Nr. 1 WEG keinen Sinn machen, der Rechtsstreitigkeiten zwischen Wohnungseigentümern betrifft, bei denen gerade nicht alle Eigentümer auf der Beklagtenseite stehen. Nichts anderes gilt für die Aufzählung von Rechtsstreitigkeiten nach § 43 Nr. 4 WEG, bei denen die Klage auch regelmäßig nur gegen einen Teil der Eigentümer (die übrigen Eigentümer) gerichtet ist. 197
- Ebenfalls entgegen dem Wortlaut der Norm sind nicht prinzipiell alle Rechtsstreitigkeiten nach § 43 Nr. 1, Nr. 4 oder Nr. 5 WEG von der Vertretungsbefugnis umfasst. Vielmehr ist unter verfassungskonformer Auslegung einschränkend zu fordern, dass die Streitigkeit eine **Gemeinschaftsangelegenheit** betrifft.[260] Entsprechend ist der Verwalter zwar ohne weiteres bei Rechtsstreitigkeiten im Sinne der § 43 Nr. 4 WEG (etwa bei einer Anfechtungsklage) befugt, die beklagten Eigentümer zu vertreten. **Nicht** befugt ist dieser aber, beklagte Eigentümer in einem Rechtsstreit zu vertreten, der sich **ausschließlich auf** das **Sondereigentum bezieht.** Jede andere Auslegung würde eine durch keinen sachlichen Grund gerechtfertigte, unverhältnismäßige Inhalts- und Schrankenbestimmung des Eigentumsrechtes nach Art. 14 Abs. 1 Satz 2 GG darstellen. Hinzu kommt, dass sich den Gesetzesmaterialien nicht entnehmen lässt, dass der Gesetzgeber von dem Grundsatz der Eigenverwaltung des Sondereigentums[261] abweichen wollte. 198

Mit dem Erfordernis einer Gemeinschaftsangelegenheit scheidet der Verwalter als Beklagtenvertreter aus, sofern Wohnungseigentümer ausschließlich in ihrer individuellen Stellung als Sondereigentümer betroffen sind. Die gesetzliche Vertretungsmacht des Verwalters umfasst deshalb beispielsweise nicht, einen auf Zahlung von Werklohn für Arbeiten am Sondereigentum verklagten Eigentümer zu vertreten. Zwar fällt ein derartiger Rechtsstreit unter den Anwendungsbereich des § 43 Nr. 5 WEG (Klagen Dritter),

---

[258] Vgl. dazu ausführlich unter Rn. 211; vgl. dazu auch *Elzer* ZMR 2008, 772 ff.
[259] OLG Düsseldorf ZMR 1994, 520 (522).
[260] BGH NJW 1981, 282 (283) – für die Zustellungsvertretereigenschaft.
[261] BGH NJW 2003, 1393 (1394).

ein solcher Rechtsstreit betrifft aber den Eigentümer ausschließlich in seiner Stellung als Sondereigentümer.

199 • Liegt eine entsprechende Gemeinschaftsangelegenheit vor, ist der Verwalter über den Wortlaut des § 27 Abs. 2 Nr. 2 WEG hinausgehend befugt, einen **ausgeschiedenen Eigentümer** zu vertreten, sofern es sich um eine gemeinschaftliche Verpflichtung gerade aus der Zeit der Zugehörigkeit zur Wohnungseigentümergemeinschaft handelt.[262]

200 *bb) Statthafte Maßnahmen.* Bei Vorliegen eines unter §§ 27 Abs. 2 Nr. 2, 27 Abs. 3 Satz 1 Nr. 2 WEG fallenden Passivrechtsstreits ist der Verwalter gegenüber den Prozessbeteiligten und dem Gericht zur Vertretung der verklagten Eigentümer bzw. des Verbandes im Prozess und zwar sowohl im Erkenntnis- als auch im Vollstreckungsverfahren berechtigt.[263] Der Verwalter muss insoweit (bei einem Auftreten vor dem Amtsgericht) auch nicht zugleich Rechtsanwalt sein, da die Regelung des § 79 ZPO den Fall einer gesetzlichen Vertretungsmacht nicht erfasst.[264] Nur in Anwaltsprozessen i. S. v. § 78 ZPO bedarf es zwingend der Einschaltung eines Rechtsanwalts.

201 Aus Gründen der Rechtsklarheit ist die Befugnis des Verwalters zur Führung des Prozesses in Passivprozessen **umfassend.** Das Gericht hat nicht zu überprüfen, ob die jeweiligen Prozesshandlungen („Maßnahmen") des Verwalters zur Wahrung einer Frist oder zur Abwendung eines sonstigen Nachteils tatsächlich „erforderlich" sind. Der Gesetzgeber **vermutet** durch den Zusatz „insbesondere" **unwiderleglich,** dass die Führung eines in § 27 Abs. 2 Nr. 2 WEG bzw. § 27 Abs. 3 Satz 1 Nr. 2 WEG benannten Rechtsstreits prinzipiell eine derartige Maßnahme darstellt.[265] Jedes andere Ergebnis würde die Rechtssicherheit in Frage stellen. Denn andernfalls könnte im Nachhinein jede Handlung des Verwalters und jedes Prozessergebnis in Frage gestellt werden. Die gesetzliche Prozessvertretungsmacht des Verwalters ist insoweit die notwendige Folge dessen, dass an den Verwalter mit unmittelbarer Wirkung für die Eigentümer bzw. den Verband im Prozess nach §§ 27 Abs. 2 Nr. 1, 27 Abs. 3 Satz 1 Nr. 1, 45 Abs. 1 WEG Zustellungen erfolgen können und gerade bei Anfechtungsklagen die konkreten Beklagten erst zum Schluss der mündlichen Verhandlung nach § 44 Abs. 1 Satz 2 WEG überhaupt mitgeteilt werden müssen. Die **Vertretungsmacht** des Verwalters nach § 27 Abs. 2 Nr. 2 WEG ist allerdings dann teilweise **aufgehoben,** wenn sich einzelne beklagte Wohnungseigentümer selbst aktiv am Prozess, etwa **durch eigenen Sachvortrag,** beteiligen. In diesem Fall ist eine Vertretung dieser sich aktiv beteiligenden Eigentümer durch den Verwalter für alle erkennbar nicht mehr im Sinne von § 27 Abs. 2 Nr. 2 WEG „erforderlich",[266] so dass auch die Rechtssicherheit nicht gefährdet ist. Für die weiteren (passiven) beklagten Eigentümer bleibt es hingegen bei der Vermutung der „Erforderlichkeit" der Vertretung. Der Verwalter kann diese weiter unter Berufung auf § 27 Abs. 2 Nr. 2 WEG vertreten. Nur für den sich aktiv am Prozess beteiligenden Beklagten hat der Verwalter ab diesem Zeitpunkt keine Prozessvertretungsmacht mehr.

202 Der Umfang der Berechtigung des Verwalters zur Führung des Rechtsstreits ist unter entsprechender Anwendung des **§ 81 ZPO** zu bestimmen. Der Verwalter ist damit auch berechtigt, den Klageantrag **anzuerkennen** (selbst gegen den Widerspruch einzelner Eigentümer) oder einen **Vergleich** (allerdings nur über den Streitgegenstand) zu schließen. Lediglich für die Erhebung einer **Widerklage** bedarf er grundsätzlich einer gesonder-

---

[262] BGH NJW 1981, 282 (283) – für die Zustellungsvertretereigenschaft.

[263] Vgl. dazu BGH NJW 2009, 2135, 2136.

[264] Vgl. dazu Rn. 213 und 218.

[265] So auch OLG Hamm vom 8. 10. 2007 – 15 W 385/06 = BeckRS 2007 17893 = ZMR 2008, 228 (allerdings in ZMR nicht mit der entscheidenden Stelle abgedruckt). Auch der BGH (NJW 2007, 3492) geht von einer unbeschränkten Vertretungsmacht aus. Vgl. dazu ausführlich auch *Bergerhoff* GE 2008, 653; *Müller* ZWE 2008, 226; *Hügel/Elzer* NZM 2009, 457 (468) (dagegen *Merle* ZWE 2008, 109).

[266] Die diesbezüglich bislang vom Verfasser (in NZM 2007, 425, 428 ff.) vertretene gegenteilige Auffassung wird aufgegeben.

ten Ermächtigung nach den insoweit spezielleren Regelungen der §§ 27 Abs. 2 Nr. 3, Abs. 3 Satz 1 Nr. 7 WEG. Wie weit der Verwalter im Rahmen seines rechtlichen „Könnens" gehen sollte, hängt von der jeweiligen Sachlage ab. Für den Verwalter ist dabei immer zu bedenken, dass er sich bei einer Überschreitung des „Dürfens" im Innenverhältnis schadensersatzpflichtig machen kann. Selbst wenn der Vergleichsschluss im Außenverhältnis wirksam ist, kann eine derartige Maßnahme ohne Einschaltung der Eigentümer im Innenverhältnis unverhältnismäßig und nicht erforderlich sein. Ist die Klage nicht offensichtlich aussichtslos oder offensichtlich erfolgreich, dürfte es daher für den Verwalter zur Vermeidung von Regressansprüchen regelmäßig sinnvoll sein, für die beklagten Eigentümer einen Rechtsanwalt zu beauftragen. Denn die **Erteilung** der **Prozessvollmacht an** einen **Rechtsanwalt** ist von der Berechtigung zur „Führung" des Rechtsstreits gedeckt.[267]

Tritt der Verwalter ohne Beauftragung eines Unterbevollmächtigten als Vertreter der 203
beklagten Wohnungseigentümer im Prozess auf, braucht er keine besondere Prozessvollmacht nach § 80 ZPO vorzulegen. Auf gesetzliche Vertreter, zu denen der Verwalter zumindest insoweit zählt, ist die Regelung des § 80 ZPO nicht anzuwenden. Wird die Vollmacht eines vom Verwalter für die beklagten Wohnungseigentümer beauftragten Rechtsanwalts gerügt, genügt damit eine Unterschrift des Verwalters als gesetzlichen Vertreter auf der Vollmacht den Anforderungen des § 80 ZPO.

cc) Die Einschränkung der gesetzlichen Prozessvertretungsmacht. Bei Passivprozessen 204
darf der Verwalter von seiner gesetzlichen Prozessvertretungsmacht nach § 27 Abs. 2 Nr. 2 WEG bzw. § 27 Abs. 3 Satz 1 Nr. 2 WEG keinen Gebrauch machen, wenn ein **Interessenkonflikt** besteht. Die Vertretungsmacht in Passivprozessen stellt sich als eine Fortsetzung der Zustellungsvertretereigenschaft des Verwalters dar. Sofern an ihn Zustellungen mit unmittelbarer Wirkung für die Eigentümer bzw. den Verband erfolgen können, muss er auch in der Lage sein, für die Eigentümer bzw. den Verband zu reagieren. Ist er hingegen als Zustellungsvertreter ausgeschlossen, besteht auch kein Bedürfnis für die Zuweisung einer entsprechenden Vertretungsmacht. Der Verwalter ist deshalb immer dann von einer gesetzlichen Vertretung in Passivprozessen ausgeschlossen, wenn er auch als Zustellungsvertreter ausgeschlossen ist. Ein Ausschluss als gesetzlicher Vertreter erfolgt damit immer dann, wenn er selbst als Gegner beteiligt ist oder ein sonstiger Interessenkonflikt vorliegt.[268] Für den Fall eines solchen Interessenkonfliktes können die Eigentümer einen **Vorratsbeschluss** fassen und etwa den **Verwaltungsbeirat** zu ihrer Vertretung im Prozess oder zur Beauftragung eines Rechtsanwaltes **ermächtigen.**[269]

dd) Das prozessuale Verhältnis der Parteien zum Verwalter. Einzelne beklagte Woh- 205
nungseigentümer können sich gegen die im Prozess bestehenden gesetzlichen Rechte des Verwalters nicht im Vorfeld zur Wehr setzen. Sie können dem Verwalter insbesondere nicht von vornherein die ihm nach §§ 27 Abs. 2 Nr. 2, Abs. 3 Satz 1 Nr. 2 WEG eingeräumte Befugnis zur Prozessführung entziehen. Die gesetzlichen Rechte des Verwalters sind nach § 27 Abs. 4 WEG nicht beschränkbar. Der Gesetzgeber hat allerdings mit der Regelung des § 27 Abs. 2 Nr. 2 WEG lediglich eine Vertretungsmacht für und keine Entmündigung der Wohnungseigentümer angeordnet. Sofern einzelne oder alle Beklagten sich aktiv am Prozess beteiligen und damit eine **Selbstführung des Prozesses** durch diese vorliegt,[270] fehlt es an dem Tatbestandsmerkmal der „Erforderlichkeit" der Vertretung dieser Eigentümer durch den Verwalter im Sinne von § 27 Abs. 2 Nr. 2 WEG[271] – ohne

---

[267] BGH NJW 1993, 1924 (1925); NJW 2009, 2135 (2136); OLG Düsseldorf ZMR 1994, 520 (521).

[268] Vgl. zu letzterem KG NZM 2003, 604; AG Konstanz ZWE 2008, 350.

[269] OLG Hamm ZMR 2009, 310.

[270] Vgl. dazu BGH NJW 2009, 2135 (2136).

[271] Vgl. dazu Rn. 201.

das damit diese Befugnis i. S. v. § 27 Abs. 4 WEG eingeschränkt wird. Zu beachten ist allerdings Folgendes: Wurde vor der aktiven Beteiligung eines Beklagten am Prozess **seitens des Verwalters** ein **Rechtsanwalt beauftragt,**[272] muss der sich am Prozess aktiv beteiligende Eigentümer dem Rechtsanwalt das auch für ihn fortwirkende Mandat entziehen. Andernfalls wird er weiter von dem Rechtsanwalt vertreten, da die ursprüngliche Erteilung der Prozessvollmacht auch für ihn rechtmäßig erfolgt ist. Ob die aktive Beteiligung am Prozess oder ein dem Vortrag der weiteren Beklagten widersprechender Vortrag im Prozess bereits als ein Widerruf der Prozessvollmacht des Rechtsanwalts im Sinne von § 87 Abs. 1 ZPO anzusehen ist, ist dabei Tatfrage.

206 Machen Eigentümer von der damit bestehenden Möglichkeit der Selbstführung des Prozesses Gebrauch, vertritt der Verwalter diese Eigentümer mangels Vorliegen der Voraussetzung der „Erforderlichkeit" im Sinne von § 27 Abs. 2 Nr. 2 WEG nicht mehr. Ein vom Verwalter abgegebenes Anerkenntnis wirkt damit nur für die verbliebenen von ihm vertretenen (passiven) beklagten Eigentümer, nicht aber für den sich aktiv am Prozess beteiligenden Beklagten.[273] Bei notwendiger Streitgenossenschaft, wie etwa bei der Anfechtungsklage, kann insoweit auch kein Anerkenntnisurteil ergehen, wenn sich der aktiv am Prozess beteiligende Eigentümer einem **Anerkenntnis des Verwalters** als Vertreter der weiteren Beklagten nicht anschließt,[274] Nichts anderes gilt, wenn der sich aktiv beteiligende Eigentümer dem seitens des Verwalters beauftragten Rechtsanwalt die Prozessvollmacht entzogen hat und der Rechtsanwalt damit faktisch nur für die verbleibenden Eigentümer anerkennt. Der sich aktiv am Prozess beteiligende Eigentümer kann zudem auch **Angriffs- bzw. Verteidigungsmittel** oder Behauptungen und Bestreiten im Widerspruch zu den anderen Streitgenossen (bzw. dem Verwalter als Vertreter) geltend machen. Die notwendige Streitgenossenschaft der Beklagten schließt einen derartigen Vortrag nicht aus, wobei die Würdigung eines (ggf. den anderen Streitgenossen widersprechenden) Vortrags unter Berücksichtigung des Zwecks der notwendigen Streitgenossenschaft und des Grundsatzes der Selbständigkeit jeder Prozesspartei zu erfolgen hat.[275] Sofern sich einzelne Beklagte auf gesonderte Angriffs- und Verteidigungsmittel berufen, sind die zusätzlichen Kosten hierfür nach § 100 Abs. 3 ZPO auch diesen Streitgenossen aufzuerlegen.[276]

207 **b) Aktivprozesse.** Der Verwalter ist nach §§ 27 Abs. 2 Nr. 2, 27 Abs. 3 Satz 1 Nr. 2 WEG berechtigt, im Namen aller Wohnungseigentümer bzw. des Verbands Wohnungseigentümergemeinschaft Maßnahmen zu treffen, die zur Wahrung einer Frist oder zur Abwendung eines Rechtsnachteils erforderlich sind. Dementsprechend kann der Verwalter unter bestimmten Voraussetzungen für die Gemeinschaft oder alle Wohnungseigentümer in einer **Gemeinschaftsangelegenheit** einen Aktivprozess führen, ohne hierzu gesondert ermächtigt worden zu sein. Der Verwalter kann in einem solchen Fall im Namen der Wohnungseigentümer oder des Verbandes tätig werden und etwa Klage erheben oder einen Rechtsanwalt beauftragen.[277] Letzteres ist in Anwaltsprozessen nach § 78 ZPO zwingend erforderlich. Unabdingbare Voraussetzung ist insoweit, dass die Maßnahme zur Wahrung einer Frist oder zur Abwendung eines Rechtsnachteils (objektiv) „erforderlich" war. Ein derartiger Fall liegt zunächst nur dann vor, wenn eine vorherige Beschlussfassung durch die Eigentümer nicht möglich war.[278] Zusätzlich muss eine Frist – etwa

---

[272] Zur Zulässigkeit vgl. nur BGH NJW 2009, 2135 (2136); NJW 1993, 1924 (1925); OLG Düsseldorf ZMR 1994, 520 (521).

[273] Die diesbezüglich bislang vom Verfasser (in NZM 2007, 425, 430) vertretene gegenteilige Auffassung wird aufgegeben.

[274] Vgl. aber für den Fall der Säumnis Rn. 614.

[275] Vgl. hierzu BGH NJW 1996, 1060 (1061).

[276] Vgl. dazu Rn. 632.

[277] BGH NJW 1981, 282 (283).

[278] OLG Düsseldorf ZMR 1994, 520 (522).

eine Verjährungs-, Beschwerde- oder Berufungsfrist – ablaufen oder ein sonstiger Rechtsnachteil drohen. Diese Voraussetzungen sind in Aktivprozessen, anders als bei Passivprozessen, ohne weiteres und damit ohne Gefahr für die Rechtssicherheit nachprüfbar. Grund dafür ist, dass die Parteien in Aktivprozessen von Anfang an feststehen und entsprechend befragt werden können. Hierin liegt der Unterschied zu Passivprozessen, bei welchen die namentliche Bezeichnung der Beklagten nach § 44 Abs. 1 WEG bis zum Schluss der mündlichen Verhandlung verzögert werden kann. Hinzu kommt, dass ein derartiger gesetzlich seitens des Verwalters eingeleiteter Aktivprozess ohnehin auf äußerste Ausnahmefälle beschränkt bleiben wird, da im Regelfall immer eine vorherige Beschlussfassung möglich ist.

In Aktivprozessen ist die Berechtigung des Verwalters zu derartigen Maßnahmen auch dann nicht ausgeschlossen, wenn im Einzelfall ein **Interessenkonflikt** besteht. Jede andere Auslegung würde dem Zweck dieser Vorschrift widersprechen, wonach die Eigentümer in Fällen, in denen eine Willensbildung durch eine Eigentümerversammlung nicht rechtzeitig herbeigeführt werden kann, vor Rechtsnachteilen oder sonstigen Schäden geschützt werden sollen.[279] 208

Die Wohnungseigentümer können den Verwalter ferner durch einen **Beschluss** oder durch eine **Vereinbarung ermächtigen,** für alle Wohnungseigentümer (§ 27 Abs. 2 Nr. 3 WEG) bzw. für den Verband Wohnungseigentümergemeinschaft (§ 27 Abs. 3 Satz 1 Nr. 7 WEG) Ansprüche gerichtlich geltend zu machen. Die Ermächtigung nach § 27 Abs. 2 Nr. 3 WEG wird allerdings wenig praktische Anwendungsfälle haben, da Ansprüche „aller" Wohnungseigentümer gemeinschaftliche Ansprüche darstellen. Gemeinschaftliche Ansprüche sind aber gemäß § 10 Abs. 6 Satz 3 WEG ohnehin durch den Verband Wohnungseigentümergemeinschaft geltend zu machen. Demgegenüber besteht für die Norm des § 27 Abs. 3 Satz 1 Nr. 7 WEG ein großer Anwendungsbereich. So kann der Verwalter etwa Wohngeldklagen für den Verband nur bei einer entsprechenden Ermächtigung im Sinne dieser Regelung einreichen. 209

Ein Beschluss nach § 27 Abs. 2 Nr. 3 WEG bzw. § 27 Abs. 3 Satz 1 Nr. 7 WEG kann mit der Stimmenmehrheit der Wohnungseigentümer gefasst werden. Wird ein solcher Beschluss durch das Gericht im **Nachhinein** rechtskräftig **für ungültig erklärt, bleiben** die bis dahin vorgenommenen **Prozesshandlungen** seitens des Verwalters **gültig.** Letzteres folgt daraus, dass zum entscheidenden Zeitpunkt der Vornahme der Prozesshandlung der Beschluss trotz Anfechtung seine Wirkung entfaltet hat („ist … gültig, solange", vgl. § 23 Abs. 4 WEG). Die Aufhebung des Ermächtigungsbeschlusses durch das Gericht kann damit bereits eingetretene prozessuale Wirkungen auch nicht mehr beseitigen.[280] 210

c) Das Verhältnis von § 27 WEG zu § 78 ZPO und insbesondere zu § 79 ZPO. Macht der Verwalter vor Gericht Ansprüche für den Verband Wohnungseigentümergemeinschaft bzw. einzelne Wohnungseigentümer geltend, oder wehrt er solche ab, erbringt er zwar eine nach § 5 Abs. 2 Nr. 2 RDG erlaubte Rechtsdienstleistung. Unabhängig von der Zulässigkeit des Verwalterhandelns gemäß dem Rechtsdienstleistungsgesetz sind jedoch die für das gerichtliche Auftreten geltenden Regelungen der §§ 78, 79 ZPO zu beachten. 211

Die Regelung des § 78 ZPO schreibt in **Anwaltsprozessen,** also in Prozessen, die vor dem Landgericht oder höherer Instanz geführt werden, zwingend eine Vertretung durch einen Rechtsanwalt vor. Diese Regelung geht einer aus § 27 WEG folgenden Prozessvertretungsmacht des Verwalters vor. Ab dem Landgericht muss deshalb der Verwalter für die von ihm aufgrund der §§ 27 Abs. 2 Nr. 2, Nr. 3 WEG bzw. §§ 27 Abs. 3 Satz 1 Nr. 2, Nr. 7 WEG vertretenen Wohnungseigentümer bzw. für den Verband einen Rechtsanwalt zur (weiteren) Führung des Rechtsstreits beauftragen. Die Erteilung der Prozessvoll- 212

---

279 OLG Düsseldorf ZMR 1994, 520 (522).

280 Dieses Ergebnis lässt sich auch unter Rückgriff auf den Rechtsgedanken des § 32 FGG begründen (vgl. etwa BGH NJW 2007, 2776 (2777)).

macht an einen Rechtsanwalt ist von der Berechtigung zur „Führung“ des Rechtsstreits gedeckt.[281]

213 Etwas anderes gilt für das Verhältnis von § 27 WEG zu § 79 ZPO. Nach § 79 Abs. 1 Satz 1 ZPO können die Parteien den Prozess (vor dem Amtsgericht) zwar „selbst führen“. Als „Bevollmächtigte“ sind aber – von den Ausnahmen des § 79 Abs. 2 Satz 2 ZPO abgesehen – grundsätzlich nur Rechtsanwälte zugelassen (§ 79 Abs. 2 Satz 1 ZPO). Tritt gleichwohl ein nicht vertretungsbefugter Bevollmächtigter auf, muss er durch einen unanfechtbaren Beschluss nach § 79 Abs. 3 Satz 1 ZPO zurückgewiesen werden, ohne dass dadurch die Wirksamkeit der vor der Zurückweisung vorgenommenen Prozesshandlungen berührt wird (§ 79 Abs. 3 Satz 2 ZPO). Es stellt sich die Frage, ob auch der **WEG-Verwalter,** der **nicht** zugleich **Rechtsanwalt** ist, durch Gerichtsbeschluss zurückzuweisen ist.

214 *aa) Die Prozessführung für den Verband Wohnungseigentümergemeinschaft.* Der Verband kann als rechtsfähige juristische Person nur durch seine Organe handeln. Als ein solches Handlungsorgan stellt sich der Verwalter dar.[282] Diese Organstellung bewirkt, dass der Verwalter nicht den Beschränkungen des § 79 Abs. 2 ZPO unterliegt, sofern er im Rahmen seiner gesetzlichen Organvertretungsbefugnis handelt. Diese Schlussfolgerung ergibt sich bereits daraus, dass wenn ein Organ einer juristischen Person für diese auftritt, die juristische Person weiterhin den Rechtsstreit i. S. v. § 79 Abs. 1 Satz 1 ZPO „selbst führt“. Dementsprechend waren aus diesem Grund auch bereits bislang organschaftliche gesetzliche Vertreter nicht verpflichtet, eine Prozessvollmacht vorzulegen.[283] Der **Verwalter** darf deshalb im Rahmen seiner **gesetzlichen Organvertretungsbefugnis** immer für den Verband vor Gericht auftreten, **ohne** dass er eine **Zurückweisung** nach **§ 79 Abs. 3 ZPO** zu befürchten hat.

215 Unter die gesetzliche Organvertretungsbefugnis des Verwalters fallen in erster Linie sämtliche Rechtsstreitigkeiten, in denen der Verwalter nach § 27 Abs. 3 Satz 1 Nr. 2 WEG zur Vertretung des Verbandes befugt ist. In zweiter Linie sind aber auch Rechtsstreitigkeiten erfasst, bei denen die Wohnungseigentümer erst durch eine Vereinbarung oder einen Beschluss den Verwalter zur Prozessführung für den Verband nach § 27 Abs. 3 Satz 1 Nr. 7 WEG ermächtigt haben. Auch insoweit handelt der Verwalter bei der Vertretung vor Gericht noch im Rahmen seiner gesetzlichen Organvertretungsbefugnis, nicht aber als „Bevollmächtigter“. Der Verwalter kann deshalb nicht nach § 79 Abs. 3 ZPO zurückgewiesen werden. Letzteres ergibt sich bereits daraus, dass die Ermächtigung letztlich nur die Ausübungsvoraussetzung für die auch nach § 27 Abs. 3 Satz 1 Nr. 7 WEG bestehende gesetzliche Organstellung darstellt.[284]

216 Der Verwalter handelt auch dann als Organ des Verbandes und darf in dessen Namen vor Gericht auftreten, wenn er für den Verband Wohnungseigentümergemeinschaft Rechte geltend macht, die dem Verband lediglich als **Ausübungsbefugter** im Rahmen der **gesetzlichen Prozessstandschaft** nach § 10 Abs. 6 Satz 3 WEG zugewiesen sind. Diese Schlussfolgerung gilt selbst dann, wenn der Verwalter im Namen des Verbands Wohnungseigentümergemeinschaft als dessen Organ eine Geldforderung geltend macht. Ein solcher Anspruch stellt für den Verband keine „fremde“ Forderung i. S. v. § 79 Abs. 1 Satz 2 ZPO dar, die eine Vertretung vor Gericht ausschließen würde. Denn § 10 Abs. 6 Satz 3 WEG weist die Ausübung der Rechte allein dem Verband als originäres Recht (§ 10 Abs. 6 Satz 3 Var. 1 WEG) bzw. nach einer entsprechenden Beschlussfassung (§ 10 Abs. 6

---

281 BGH NJW 1993, 1924 (1925); NJW 2009, 2135 (2136); OLG Düsseldorf ZMR 1994, 520 (521).

282 Vgl. dazu die Begründung zum Gesetzesentwurf BT-Drucks. 16/887, S. 71; vgl. auch BGH NJW 2005, 2061.

283 Vgl. *Zöller/Vollkommer* § 80 Rn. 9; *Musielak/Weth* § 80 Rn. 2.

284 Auch der BGH (NJW 1993, 1924 [1924 f.]) geht davon aus, dass der Verwalter selbst bei einer Ermächtigung durch Beschluss in seinem gesetzlich vorgesehenen Aufgabenbereich, also als Organ, tätig wird.

Satz 3 Var. 2 WEG) zu. Wenn aber die Ausübung der Rechte kraft Gesetzes dem Verband Wohnungseigentümergemeinschaft obliegt, stellt die gerichtliche Durchsetzung als Teil der Ausübung keine Geltendmachung einer fremden Forderung dar.[285] Entsprechend ist auch das gerichtliche Auftreten durch das Verbandsorgan, den Verwalter, statthaft.

Klarstellend ist allerdings Folgendes anzumerken: Tritt der Verwalter im eigenen Na- 217 men im Rahmen einer **gewillkürten Prozessstandschaft für den Verband** ohne eine Vertretung durch einen Rechtsanwalt auf, ist er nach § 79 Abs. 3 ZPO zurückzuweisen, da er nicht mehr im Rahmen seiner gesetzlichen Befugnisse („im Namen der Gemeinschaft") nach § 27 Abs. 3 Satz 1 WEG handelt. Der Verwalter ist insoweit auch nicht als „Beschäftigter" des Verbands Wohnungseigentümergemeinschaft i. S. v. § 79 Abs. 2 Satz 2 Nr. 2 ZPO einzuordnen, da unter diesen Begriff nur Arbeitnehmer, nicht aber bloße Beschäftigte aufgrund eines reinen Dienstverhältnisses fallen.[286]

bb) Die Prozessführung für Wohnungseigentümer. Macht der Verwalter von seiner ge- 218 setzlichen Befugnis zur Führung eines Rechtsstreits für die („übrigen") Wohnungseigentümer nach **§ 27 Abs. 2 Nr. 2 WEG** Gebrauch, scheint es zumindest an einer unmittelbaren Stellung des Verwalters als ein Handlungsorgan der Wohnungseigentümer als Voraussetzung für ein „selbst führen" i. S. v. § 79 Abs. 1 Satz 1 ZPO zu fehlen. Denn die Wohnungseigentümer stehen insoweit als einzelne Rechtspersönlichkeiten auf Kläger- oder Beklagtenseite. Eine solche Argumentation würde jedoch übersehen, dass die Vertretungsbefugnis nach § 27 Abs. 2 Nr. 2 WEG ihre Berechtigung daraus herleitet, dass die Wohnungseigentümer im Anwendungsbereich der Norm in einer Gemeinschaftsangelegenheit betroffen sind. Insbesondere bei einer Anfechtungsklage stehen sie als notwendige Streitgenossen in **gemeinschaftlicher Verbundenheit** als („übrige") Eigentümer zwingend gemeinsam auf der Beklagtenseite. Die Wohnungseigentümer sind in dieser Form ein Zusammenschluss eigener Art[287] und der Verwalter kann deshalb für sie als eine Art Handlungsorgan den Rechtsstreit führen. Das Handeln des Verwalters stellt sich für die vertretenen Eigentümer entsprechend als zurechenbare „Selbstführung" des Rechtsstreits nach § 79 Abs. 1 Satz 1 ZPO dar, so dass es auch in diesem Fall bereits an einer Vertretung durch einen rechtsgeschäftlichen Bevollmächtigten i. S. v. § 79 Abs. 2 ZPO fehlt. Selbst wenn man dieser Auslegung nicht folgen wollte, stellt sich § 27 Abs. 2 Nr. 2 WEG jedenfalls als Spezialvorschrift gegenüber § 79 ZPO dar. Denn der Gesetzgeber gestattet dem Verwalter in dieser Vorschrift ausdrücklich und unabhängig davon, ob er Rechtsanwalt ist, die Führung des Rechtsstreits und damit die gerichtliche Tätigkeit.

Vor diesem Hintergrund ist der Verwalter auch dann zum gerichtlichen Auftreten 219 ohne die Möglichkeit der Zurückweisung durch das Gericht nach § 79 Abs. 3 ZPO berechtigt, wenn er durch einen Beschluss der Wohnungseigentümer zur gerichtlichen Geltendmachung von Ansprüchen nach § 27 Abs. 2 Nr. 3 WEG ermächtigt wurde. Insoweit handelt es sich auch bei der Regelung des **§ 27 Abs. 2 Nr. 3 WEG** um eine bestehende gesetzliche Organstellung (eigener Art) des Verwalters für die Wohnungseigentümer, die letztlich nur durch einen Beschluss konkretisiert wird. Der entsprechende Gemeinschaftsbezug des Tätigwerdens des Verwalters wird auch hier durch die Möglichkeit der Beschlussfassung deutlich. Jedenfalls stellt § 27 Abs. 2 Nr. 3 WEG eine verdrängende Spezialvorschrift gegenüber § 79 ZPO dar.

Klarstellend ist auf Folgendes hinzuweisen: Wenn der Verwalter für einen oder mehre- 220 re einzelne Wohnungseigentümer **außerhalb** der Regelung des **§ 27 WEG** aufgrund einer Bevollmächtigung tätig wird, unterfällt der Verwalter ohne weiteres den Beschränkungen des § 79 ZPO. Insbesondere wenn der Verwalter als Sondereigentumsverwalter tätig wird, fehlt es an einer gesetzlichen Organstellung. Die Zulässigkeit seines Handelns ist dann nach § 79 Abs. 2 ZPO zu beurteilen.

---

[285] Vgl. dazu auch Rn. 65.

[286] Vgl. auch Rn. 64.

[287] Auch der BGH (NJW 2009, 2135 (2136)) spricht von einem „verbandsähnlichen" Prozess.

VI. Die Kostenentscheidung (§ 49 WEG) und die Kostenerstattung (§ 50 WEG)

221 Ein Rechtsstreit endet nicht nur mit einer Sachentscheidung, sondern auch mit einer Entscheidung über die Kosten des Rechtsstreits, § 308 Abs. 2 ZPO. In einer Kostengrundentscheidung wird dabei generell die Frage geklärt, wer die Kosten des Rechtsstreits zu tragen hat. Über die konkret angefallenen Kosten wird im sich anschließenden Kostenfestsetzungsverfahren entschieden. Sowohl bei der zu treffenden Kostengrundentscheidung, als auch bei der Kostenfestsetzung bestehen Besonderheiten für den wohnungseigentumsrechtlichen Rechtsstreit.

1. Die Kostengrundentscheidung

222 Die Entscheidung über die Kosten des Rechtsstreits richtet sich in erster Linie nach Maßgabe der §§ 91 ff. ZPO und in zweiter Linie nach § 49 WEG. Dabei gilt zunächst der Grundsatz, dass soweit eine Partei im Rechtsstreit unterliegt, von ihr auch die Kosten des Rechtsstreits zu tragen sind (**Unterliegensprinzip**). In bestimmten Ausnahmefällen knüpft der Gesetzgeber für die Kostenentscheidung aber auch an die Frage an, wer die gerichtliche Tätigkeit veranlasst hat (**Veranlasserprinzip**).

223 Die Entscheidung über die Kosten des Rechtsstreits im Rahmen der Kostengrundentscheidung umfasst sowohl die **Gerichtskosten,** als auch die **außergerichtlichen Kosten** der obsiegenden Partei. Ob die außergerichtlichen Kosten zur zweckentsprechenden Rechtsverfolgung oder Rechtsverteidigung notwendig waren, wird allein im Kostenfestsetzungsverfahren geklärt.

224 **a) Allgemeine zivilprozessuale Kostentragungsgrundsätze.** Auch für wohnungseigentumsrechtliche Rechtsstreitigkeiten kommen in erster Linie die in jedem Rechtsstreit geltenden Regelungen der §§ 91 ff. ZPO zur Anwendung.

225 *aa) Die Kostenentscheidung bei einer Beendigung des Rechtsstreits durch ein Urteil.* Grundsätzlich werden die Prozesskosten danach verteilt, in welchem Umfang die Parteien jeweils im Prozess unterlegen sind. Unterliegt eine Partei des Rechtsstreits insgesamt, hat sie nach § 91 Abs. 1 Satz 1 ZPO die Kosten des Rechtsstreits zu tragen. Obsiegen und Unterliegen die Parteien unterschiedlich, werden die Kosten nach § 92 Abs. 1 Satz 1 ZPO entweder verhältnismäßig geteilt oder es wird eine Aufhebung der Kosten angeordnet. Bei einer Aufhebung der Kosten trägt jede Partei ihre eigenen Kosten und die Gerichtskosten werden geteilt, § 92 Abs. 1 Satz 2 ZPO. Unterliegt eine Partei mit ihren Klageanträgen nur verhältnismäßig geringfügig und wurden hierdurch keine oder nur geringfügig höhere Kosten veranlasst, so kann das Gericht der anderen Partei nach § 92 Abs. 2 Nr. 1 ZPO auch insgesamt die Kosten des Rechtsstreits auferlegen. Als Maßstab für ein geringfügiges Unterliegen wird dabei ein Unterliegen von 5 bis 10 Prozent, bezogen auf den Streitwert der Klageanträge, angenommen.

226 Aber auch wenn der Kläger in der Hauptsache obsiegt, können ihm ausnahmsweise und in Abweichung von dem Unterliegensprinzip unter den Voraussetzungen des § 93 ZPO die Kosten des Rechtsstreits auferlegt werden. Eine Auferlegung nach dieser Vorschrift kommt nur in Betracht, wenn der Beklagte durch sein Verhalten zur Klageerhebung keine **Veranlassung** gegeben hat und der Beklagte den Anspruch sofort anerkennt. Bei der **Anfechtungsklage** wird ein **sofortiges Anerkenntnis** regelmäßig ausscheiden, da die Wohnungseigentümer grundsätzlich bereits durch die Beschlussfassung selbst Anlass zu einer Klageerhebung gegeben haben.[288]

---

[288] Vgl. dazu Rn. 634. Vgl. auch OLG Stuttgart NZG 2003, 1170 (1172); OLG Frankfurt AG 1993, 185 (186).

Die Kosten der Säumnis oder der Verweisung des Rechtsstreits verbleiben immer bei der säumigen bzw. – im Falle der Verweisung – bei der klagenden Partei, vgl. §§ 281 Abs. 2 Satz 2, 344 ZPO. 227

bb) Die Kostenentscheidung bei einer Beendigung des Rechtsstreits durch eine ***Klagerücknahme***. Nimmt der Kläger die Klage **insgesamt** zurück, erfolgt auf **Antrag** eine Entscheidung über die Kosten des Rechtsstreits. Grundsätzlich sind dabei dem Kläger nach § 269 Abs. 3 Satz 2 Halbs. 1 ZPO die Kosten des Rechtsstreits aufzuerlegen, da er unterliegt. Die Entscheidung erfolgt durch einen Beschluss, gegen den nach Maßgabe des § 269 Abs. 4 ZPO die sofortige Beschwerde statthaft ist. Von der Auferlegung der Kosten auf den Kläger sind die Kosten einer etwaigen Säumnis des Beklagten nach § 344 ZPO ausgenommen.[289] 228

Ausnahmsweise können bei einer Klagerücknahme die Kosten des Rechtsstreits auch insgesamt der Beklagtenseite aufzuerlegen sein. Insbesondere, wenn der **Anlass** zur Klageeinreichung bereits **vor Rechtshängigkeit** (also vor Zustellung an den Beklagten, vgl. §§ 253 Abs. 1 i. V. m. 261 Abs. 1 ZPO) weggefallen ist und der Kläger die Klage daraufhin zurücknimmt, kommt unter Umständen eine Auferlegung der Kosten auf den Beklagten in Betracht. Dies gilt selbst dann, wenn der Anlass zur Einreichung der Klage noch vor Anhängigkeit, also vor Einreichung der Klageschrift, weggefallen war.[290] Die insoweit zu treffende gerichtliche Entscheidung bemisst sich dabei nach billigem Ermessen unter Berücksichtigung des bisherigen Sach- und Streitstandes, vgl. § 269 Abs. 3 Satz 3 ZPO. War die Klage gegen die noch nicht namentlich benannten übrigen Wohnungseigentümer gerichtet, setzt der Erlass eines entsprechenden Kostengrundbeschlusses voraus, dass die Beklagten namhaft gemacht worden sind. Auf den sonst geltenden Zeitpunkt des Schlusses der mündlichen Verhandlung im Sinne von § 44 Abs. 1 Satz 2 WEG kommt es hingegen nicht mehr an, da die Entscheidung über die Kosten in der Praxis nach § 128 Abs. 3, Abs. 4 ZPO ohne eine mündliche Verhandlung ergeht. An dessen Stelle tritt der Zeitpunkt der gerichtlichen Entscheidung, wobei das Gericht dem Kläger eine Frist zur Namhaftmachung zu setzen hat. Unterlässt der Kläger grundlos die Benennung trotz entsprechender Fristsetzung, hat das Gericht eine Kostenentscheidung zu Lasten der klagenden Partei zu treffen, da die Klage mangels Benennung der beklagten Partei gemäß § 253 Abs. 2 Nr. 1 ZPO unzulässig gewesen wäre.[291] 229

Bei einer **teilweisen Rücknahme** der Klage findet keine gesonderte Kostenentscheidung über den zurückgenommenen Teil statt. Die Entscheidung hat vielmehr unter anteiliger Quotierung und ohne Antrag im Endurteil zu erfolgen. 230

cc) Die Kostenentscheidung bei einer Beendigung des Rechtsstreits durch eine ***Erledigung***. Haben beide Parteien den Rechtsstreit in der Hauptsache für erledigt erklärt, entscheidet das Gericht ohne einen gesonderten Kostenantrag nach § 91 a Abs. 1 Satz 1 ZPO über die Kosten des Rechtsstreits. Die Entscheidung erfolgt durch Beschluss, gegen den nach Maßgabe des § 91 a Abs. 2 ZPO die sofortige Beschwerde statthaft ist. 231

Gleiches gilt gemäß § 91 a Abs. 1 Satz 2 ZPO bei einer einseitigen Erledigungserklärung des Klägers, sofern der Beklagte trotz gerichtlicher Belehrung dieser nicht binnen einer Notfrist von zwei Wochen nach Zustellung des Erledigungsschriftsatzes widersprochen hat. Die Frage, wer die Kosten des Rechtsstreits zu tragen hat, trifft der Richter nach billigem Ermessen unter Berücksichtigung des bisherigen Sach- und Streitstandes. Eine Entscheidung über die Kosten des Rechtsstreits kann auch in diesem Fall erst ergehen, wenn die Parteien des Rechtsstreits feststehen. Insoweit liegt es an dem Kläger diese namhaft zu machen, sofern er eine Entscheidung zu Lasten der Beklagten begehrt. Da auch diese Entscheidung gemäß § 128 Abs. 3, Abs. 4 ZPO im Regelfall ohne mündliche 232

---

[289] BGH NJW 2004, 2309.

[290] OLG München vom 12. 3. 2004 – 29 W 2840/03 = OLGR München 2004, 218 = juris.

[291] Zur Möglichkeit der Durchführung des Kostenfestsetzungsverfahrens in diesem Fall vgl. Rn. 314.

Verhandlung ergeht, hat der Kläger keine Möglichkeit, die Beklagten erst zum Schluss der mündlichen Verhandlung gemäß § 44 Abs. 1 Satz 2 WEG zu benennen. Teilt der Kläger deshalb nach einer gerichtlichen Fristsetzung die Beklagten grundlos nicht mit, sind ihm auch hier die Kosten aufzuerlegen, da die Klage nach § 253 Abs. 2 Nr. 1 ZPO unzulässig gewesen wäre.[292]

233 *dd) Die Kostenentscheidung bei einer Mehrheit von Klägern und Beklagten.* Die Kostenhaftung bei einer Personenmehrheit auf Seiten der unterlegenen Partei richtet sich nach § 100 ZPO. Diese Bestimmung regelt nur die Haftung für die Kosten im **Außenverhältnis,** hat aber keinen Einfluss auf das Verhältnis der unterliegenden Personen untereinander.

234 Besteht die unterlegene Partei aus mehreren Personen, haften diese für die Kostenerstattung grundsätzlich nach **Kopfteilen,** § 100 Abs. 1 ZPO. Nur für den Ausnahmefall, dass in der Hauptsache eine gesamtschuldnerische Verurteilung erfolgt, haften sie nach § 100 Abs. 4 Satz 1 ZPO auch für die Kostenerstattung als **Gesamtschuldner.** Bei der **Anfechtungsklage** stellen sich die beklagten übrigen Eigentümer zwar als notwendige Streitgenossen dar. Sie werden aber nicht als Gesamtschuldner verurteilt, da das Urteil rechtsgestaltende Wirkung aufweist. Entsprechend haften unterlegene Beklagte bei der Anfechtungsklage im Außenverhältnis über § 100 Abs. 1 ZPO auch nur nach Kopfteilen.[293]

235 Obsiegen im Fall der subjektiven Klagehäufung die jeweiligen Streitgenossen unterschiedlich, so sind die Gerichtskosten und die außergerichtlichen Kosten anteilig im Umfang der Beteiligung am Rechtsstreit zu verteilen.[294]

236 Macht bei einer Personenmehrheit nur einer der unterlegenen Streitgenossen ein **besonderes Angriffs- oder Verteidigungsmittel** geltend, können diesem gemäß § 100 Abs. 3 ZPO die dafür entstandenen Kosten allein und unabhängig von seinen Streitgenossen entsprechend seiner **Veranlassung** auferlegt werden. Über diese Regelung können etwa die Kosten für ein eingeholtes Sachverständigengutachten oder für eine sonstige Beweisaufnahme nur einem Kläger oder Beklagten auferlegt werden, sofern sich dieser allein auf die dadurch zu beweisende Tatsache berufen hat. Diese Regelung gilt auch im Fall der notwendigen Streitgenossenschaft[295] und eröffnet damit insbesondere bei der **Anfechtungsklage** eine Möglichkeit, die unterschiedliche Prozessbeteiligung in der Kostenentscheidung zu berücksichtigen.[296]

237 *ee) Die Kostenentscheidung bei einer Beiladung.* Lädt das Gericht Wohnungseigentümer oder Verwalter, die nicht Partei des Rechtsstreits sind, nach § 48 Abs. 1 WEG bei, können diese entscheiden, ob sie und auf welcher Parteiseite sie dem Prozess beitreten wollen. Erfolgt kein Beitritt, ergeben sich keine kostenrechtlichen Besonderheiten. Tritt einer der Beigeladenen hingegen einer der Parteien bei, richtet sich dessen Rechtsstellung nach § 69 ZPO. Grund dafür ist, dass sich der beigetretene Beigeladene (der im Folgenden als **Streithelfer** bezeichnet wird) als streitgenössischer Nebenintervenient darstellt, da sich die Rechtskraft des Urteils nach § 48 Abs. 3 WEG auf ihn erstreckt.[297] Der Kostenerstattungsanspruch des Streithelfers bestimmt sich deshalb nach der Verweisungsnorm des § 101 Abs. 2 ZPO entsprechend den in § 100 Abs. 1 bis § 100 Abs. 3 ZPO veranker-

---

[292] Zur Möglichkeit der Durchführung des Kostenfestsetzungsverfahrens in diesem Fall vgl. Rn. 314.

[293] A. A. mit rechtspolitischer Begründung AG Dortmund NJW 2008, 1089. Das Amtsgericht Dortmund übersieht, dass auch bei notwendigen Streitgenossen eine gesamtschuldnerische Kostenhaftung nur bei einer gesamtschuldnerischen Verurteilung in Betracht kommt (BGH NJW-RR 1998, 334). Zur Verteilung der Verfahrenskosten im Innenverhältnis vgl. BGH NJW 2007, 1869.

[294] Vgl. etwa OLG Frankfurt NZG 2007, 553 (558).

[295] Vgl. BGH NJW-RR 1998, 334.

[296] Vgl. dazu Teil F, Rn. 634.

[297] Vgl. dazu ausführlich Rn. 83.

ten Grundsätzen.[298] Damit ist seine Kostenbeteiligung unabhängig von der von ihm unterstützen Hauptpartei (allein) nach seinem **persönlichen Obsiegen und Unterliegen** im Verhältnis zu seinem Gegner zu bemessen.[299]

Bei einer streitigen Entscheidung wird jedoch regelmäßig das Obsiegen und Unterliegen mit der von ihm unterstützten Partei identisch sein. Als Anwendungsbeispiele für die zu treffenden Kostenentscheidungen sollen der Beitritt des Verwalters auf der Beklagtenseite im Rahmen der Anfechtungsklage dienen: 238

- Bei einem Unterliegen der Beklagten: „Die Beklagten und der Streithelfer haben die Kosten des Rechtsstreits zu tragen."
- Bei einem Obsiegen der Beklagten: „Der Kläger hat die Kosten des Rechtsstreits einschließlich der Kosten des Streithelfers zu tragen."
- Bei einem teilweisen Obsiegen und Unterliegen der Beklagten: „Von den Kosten des Rechtsstreits einschließlich der Kosten des Streithelfers haben der Kläger XX Prozent und die Beklagten sowie der Streithelfer YY zu tragen."

Erfolgte der Beitritt des Streithelfers auf der Klägerseite und nehmen diese die Klage zurück, so unterliegt auch der Streithelfer mit der entsprechenden Kostenfolge.[300] 239

Ein Auseinanderfallen der Kostenentscheidung kommt insbesondere in Betracht, sofern der unterlegene Streithelfer erfolglos besondere Angriffs- oder Verteidigungsmittel geltend gemacht hat. Diese Kosten sind ihm gesondert nach § 100 Abs. 3 ZPO aufzuerlegen; es sei denn, seine Streitgenossen machen sich die Angriffs- oder Verteidigungsmittel ebenfalls zu Eigen. Relevant wird ein derartiger Ausspruch etwa für Kosten einer erfolglosen Beweisaufnahme. Bei einer erfolglosen und nur durch die Verteidigung des (auf Beklagtenseite beigetretenen) Streithelfers verursachten Beweisaufnahme sowie bei einem gleichzeitigen Unterliegen der Beklagten würde der Kostenausspruch wie folgt lauten: 240

„Die durch die Beweisaufnahme vom … veranlassten Kosten werden dem Streithelfer auferlegt. Die übrigen Kosten des Rechtsstreits haben die Beklagten und der Streithelfer zu tragen." 241

Vergleichen sich die Parteien ohne Beteiligung des Streithelfers, ist eine gesonderte Kostenentscheidung zu treffen, die unabhängig von dem Vergleichsinhalt ist. Maßgebend ist auch insoweit die Erfolgsaussicht der Klage (bei Beitritt auf Klägerseite) bzw. der Rechtsverteidigung (bei Beitritt auf Beklagtenseite). Auch im Falle der übereinstimmenden Erledigungserklärung kommt es für die Kosten des Streithelfers nur hierauf an.[301] War der Streithelfer auf der Klägerseite beigetreten und vergleichen sich die Parteien auf eine Klagerücknahme, die dann auch erfolgt, hat der Beigeladene nach § 269 Abs. 3 Satz 2 ZPO seine Kosten zu tragen,[302] da durch die Klagerücknahme seine Rechtsverfolgung keinen Erfolg hatte. 242

b) Die Billigkeitsentscheidung nach § 49 Abs. 1 WEG. Entscheidet das Gericht gemäß § 21 Abs. 8 WEG nach billigem Ermessen, kann es auch die Prozesskosten über § 49 Abs. 1 WEG nach billigem Ermessen verteilen. 243

Der Anwendungsbereich der Vorschrift erstreckt sich nur auf **Entscheidungen,** die das Gericht **im Anwendungsbereich** der Regelung des **§ 21 Abs. 8 WEG** trifft **und** bei der die Entscheidung **nach billigem Ermessen** erfolgt. Nicht erfasst sind Billigkeitsentscheidungen, die nicht auf einer Anwendung von § 21 Abs. 8 WEG, sondern auf anderen Normen – etwa § 938 Abs. 1 ZPO oder § 315 BGB – beruhen. Eine Billigkeitsentscheidung nach § 21 Abs. 8 WEG liegt nur vor, wenn das Gericht einen Regelungsbedarf im Sinne von § 21 Abs. 4 WEG anerkennt und entsprechend im Rahmen des billigen Ermessens eine konkrete Sachentscheidung trifft. Weist das Gericht hingegen die Klage ab, liegt in kei- 244

[298] Zur Nichtanwendbarkeit von § 100 Abs. 4 ZPO vgl. Rn. 88.
[299] Vgl. BGH NZG 2007, 789.
[300] Vgl. BGH NZG 2007, 789 (790).
[301] BGH MDR 1985, 914 (915).
[302] BGH NZG 2007, 789.

nem Fall eine Billigkeitsentscheidung vor. Vielmehr richtet sich die Kostenfolge dann allein nach § 91 Abs. 1 ZPO. Denn § 21 Abs. 8 WEG setzt voraus, dass das Gericht „an Stelle" der Wohnungseigentümer eine konkrete „Maßnahme" trifft. Die Klageabweisung stellt aber keine derartige Maßnahme dar. Auch wenn die Beklagten einen bereits konkret gestellten Antrag anerkennen, fehlt es an einer Billigkeitsentscheidung. Vielmehr ergeht die Entscheidung in diesem Fall allein aufgrund der zwingenden Regelung des § 307 Satz 1 ZPO.

245 Die **Kostenentscheidung** kann das Gericht im Fall einer Entscheidung gemäß § 21 Abs. 8 WEG zwar nach billigem Ermessen bestimmen. Bei der Ermessensentscheidung sind aber ebenfalls zunächst die allgemeinen kostenrechtlichen Regelungen der §§ 91 ff., 100 f. ZPO und ferner die Bestimmungen der §§ 281 Abs. 3 Satz 2, 344 ZPO heranzuziehen. Die zu treffende Entscheidung hat sich zunächst nach dem **Unterliegensprinzip** daran zu orientieren, inwieweit das Rechtschutzziel des Klägers Erfolg hat oder nicht. Verlangt der Kläger etwa eine in keiner Weise mehr erforderliche Maßnahme und spricht das Gericht deshalb lediglich eine deutlich weniger eingreifende, aber gerade noch erforderliche Maßnahme zu, bietet die Regelung des § 92 ZPO Anhaltspunkte für den Inhalt der Kostenentscheidung. Folgt das Gericht hingegen insgesamt dem Klageantrag, liegt im Regelfall die Kostenlast bei den Beklagten. Das Gericht kann aber im Rahmen der Billigkeitsentscheidung auch berücksichtigen, inwieweit die Beklagten eine **Veranlassung** zur **Klage** gegeben haben. Dadurch ist es dem Gericht etwa möglich, abweichend von § 100 ZPO auch nur einzelnen Beklagten, die bspw. gegen einen erforderlichen Beschlussantrag gestimmt haben, die Kosten aufzuerlegen.

246 **c) Die Kostenentscheidung zu Lasten des Verwalters nach § 49 Abs. 2 WEG.** Wurde die Tätigkeit des Gerichts durch den Verwalter veranlasst und trifft diesen ein grobes Verschulden, können dem Verwalter unabhängig vom Unterliegen der Parteien nach § 49 Abs. 2 WEG Prozesskosten auferlegt werden.

247 *aa) Der Anwendungsbereich.* Die Regelung des § 49 Abs. 2 WEG ist in sämtlichen gerichtlichen Streitigkeiten i. S. v. § 43 WEG anwendbar.[303] Eine formale Beteiligung des Verwalters als Partei oder Beigeladener ist nicht erforderlich. Ist der Verwalter ohnehin Partei des Rechtsstreits oder ein beigetretener Beigeladener (Streithelfer) und unterliegt er, sind ihm die Kosten des Rechtsstreits unabhängig von der Regelung des § 49 Abs. 2 WEG nach den allgemeinen zivilprozessualen Kostengrundsätzen aufzuerlegen. Die Bestimmung des § 49 Abs. 2 WEG **erweitert** insoweit lediglich die Möglichkeit des Gerichtes, dem Verwalter unabhängig von §§ 91 ff. ZPO die Prozesskosten aufzuerlegen.

248 Da die Regelung des § 49 Abs. 2 WEG die allgemeinen kostenrechtlichen Vorschriften nur ergänzt und nicht verdrängt, kann das Gericht dem Verwalter über § 49 Abs. 2 WEG zusätzlich auch die Kosten des Rechtsstreits auferlegen, die er nicht tragen würde, wenn das Gericht nur nach den allgemeinen Kostengrundsätzen entscheiden würde. Unterliegt etwa der Verwalter teilweise in einem von ihm geführten Anfechtungsrechtsstreit, trägt er einen Teil der Kosten des Rechtsstreits nach § 92 Abs. 1 ZPO und gegebenenfalls den restlichen Teil der Kosten des Rechtsstreits nach § 49 Abs. 2 WEG, soweit auch dessen Voraussetzungen vorliegen. Andererseits kann das Gericht dem Verwalter unter den Bedingungen des § 49 Abs. 2 WEG auch dann die Kosten des Rechtsstreits auferlegen, wenn dieser formal obsiegt und sonst eigentlich keine Kosten nach § 91 Abs. 1 ZPO tragen würde.

249 Über § 49 Abs. 2 WEG können nicht nur dem aktuellen Verwalter, sondern auch dem **ausgeschiedenen**[304] oder dem **faktischen Verwalter** Kosten auferlegt werden, wenn die weiteren Voraussetzungen des § 49 Abs. 2 WEG vorliegen. Grund dafür ist, dass die Re-

---

303 A. A. *Niedenführ* ZWE 2009, 69 (71), der die Regelung des § 49 Abs. 2 WEG nur auf Streitigkeiten nach § 43 Nr. 1 bis Nr. 4 WEG bezieht.

304 So bereits im FGG-Verfahren BGH NJW 1998, 755; vgl. nunmehr LG Hamburg ZMR 2009, 477 (478).

gelung des § 49 Abs. 2 WEG auf die Verwalterstellung zum Zeitpunkt der schuldhaften Veranlassung der gerichtlichen Tätigkeit abstellt.

Eine Entscheidung nach § 49 Abs. 2 WEG ist auch noch in der **Rechtsmittelinstanz** 250 möglich.

bb) Die Veranlassung der gerichtlichen Tätigkeit. Voraussetzung für eine Auferlegung 251 der Kosten auf den Verwalter ist zunächst, dass der Verwalter die Tätigkeit des Gerichtes „veranlasst" hat. Für eine derartige **Veranlassung** genügt nicht jedes kausale Handeln oder Unterlassen. Vielmehr muss sich das Handeln oder Unterlassen gerade als **Verletzung** der **Verwalterpflichten** darstellen. Dabei kommt nur die Verletzung solcher Verwalterpflichten in Betracht, die sich auf die Verwaltung des **gemeinschaftlichen Eigentums** beziehen. Denn die Verwaltung des Sondereigentums liegt bei dem jeweiligen Wohnungseigentümer und gehört nicht zum gesetzlichen Pflichtenkreis des WEG-Verwalters.[305] Dementsprechend fällt eine Verletzung etwaiger durch den Verwalter außerhalb des WEG zusätzlich übernommener Pflichten – bspw. im Bereich der Verwaltung des Sondereigentums – nicht unter den Anwendungsbereich des § 49 Abs. 2 WEG.

Die **Anwendungsfälle** für eine Verletzung der Verwalterpflichten im Bereich der Ver- 252 waltung des gemeinschaftlichen Eigentums sind denkbar weitgehend.[306] Im speziellen kommt die Verletzung der in § 27 WEG normierten Pflichten in Betracht. Aber auch alle sonstigen Pflichtverletzungen im Bereich der Verwaltung des gemeinschaftlichen Eigentums fallen hierunter, wie etwa die fehlerhafte Erstellung einer Jahresabrechnung oder eines Wirtschaftsplanes, die fehlerhafte Einberufung oder Leitung der Versammlung, die unbestimmte Formulierung von Beschlussanträgen, die Fassung von Beschlüssen unter dem Top „Sonstiges", die unterlassene bzw. fehlerhafte Verkündung und/oder Protokollierung von Beschlüssen, Fehler bei der Stimmenauszählung und schriftlichen Fixierung des Abstimmungsverhaltens, die unberechtigte Zurückweisung einer Vollmacht in der Versammlung[307] oder aber auch Fehler als Prozessvertreter, wie z.B. die Einreichung einer Klage ohne besondere Ermächtigung nach § 27 Abs. 3 Satz 1 Nr. 7 WEG[308] oder die nicht weisungsgebundene Einreichung einer offensichtlich unbegründeten Klage im Namen des Verbandes.

Es genügt nicht, dass die **Pflichtverletzung** für die gerichtliche Tätigkeit kausal ist. 253 Vielmehr muss sie dem Verwalter auch **objektiv zurechenbar** sein. Die Pflichtverletzung des Verwalters muss dementsprechend nicht nur eine Gefahr der Einschaltung der Gerichte beinhalten, sondern die Gefahr muss sich auch realisieren. Hierzu zwei **Beispielsfälle:**

- Der Verwalter nimmt die in einer Versammlung gefassten Beschlüsse entgegen seiner 254 Verpflichtung nach § 24 Abs. 7, Abs. 8 WEG nicht in die Beschlusssammlung auf und erstellt als Versammlungsleiter auch kein Protokoll der Versammlung gemäß § 24 Abs. 6 WEG. Ein Eigentümer, der an der Versammlung teilgenommen und Kenntnis von den gefassten Beschlüssen hat, erhebt ausschließlich mit der Begründung, ihm sei das Protokoll nicht zugegangen, eine Anfechtungsklage gegen sämtliche Beschlüsse der Versammlung. Hier liegt zwar eine Pflichtverletzung des Verwalters vor. Die Pflichtverletzung ist auch ursächlich für die Einschaltung der Gerichte. Gleichwohl fehlt es an einer Zurechenbarkeit der Pflichtverletzung und damit einer Veranlassung im Sinne von § 49 Abs. 2 WEG. In diesem Fall realisiert sich gerade wegen Kenntnis des Klägers vom Beschlussinhalt nicht die von dem Verwalter durch sein Unterlassen geschaffene Gefahr der Notwendigkeit der Anfechtung aller Beschlüsse. Vielmehr ist die Einschaltung der Gerichte allein dem Kläger zuzurechnen, da er Kenntnis vom Beschlussinhalt hatte und im Übrigen die gewählte Klagebegründung keinen tauglichen Anfechtungsgrund darstellt.

---

[305] Vgl. BGH NJW 2003, 1393.
[306] Vgl. auch die Aufführung von Beispielen bei *Drasdo* NZM 2009, 257 (261).
[307] LG Lüneburg NZM 2009, 285.
[308] OLG Düsseldorf NZM 2007, 46 (bereits zum FGG-Verfahren).

255 • Anders wäre hingegen der Fall zu beurteilen, wenn der anfechtende Eigentümer weder auf der Versammlung anwesend war, noch anderweitige sichere Kenntnis vom Beschlussinhalt erlangen konnte.[309] In diesem Fall realisiert sich ausschließlich die vom Verwalter geschaffene Gefahr.

Ab dem Zeitpunkt der nachträglichen Kenntniserlangung vom Inhalt der gefassten Beschlüsse durch den anfechtenden Kläger ist der weitere Prozessverlauf in diesem Fall allerdings keinesfalls mehr dem Verwalter zuzurechnen. Hält der Kläger gleichwohl an seinem Anfechtungsantrag fest, beruht die weitere Tätigkeit des Gerichtes nicht mehr auf der seitens des Verwalters geschaffenen Gefahr, sondern allein auf dem freien Willen des Klägers. Dementsprechend sollte der Kläger nach der Kenntniserlangung vom Beschlussinhalt die Klage insgesamt oder teilweise unter Anregung einer Entscheidung nach § 49 Abs. 2 WEG zurücknehmen, sofern sich alle oder einzelne der angefochtenen Beschlüsse als rechtmäßig erweisen.

256 *cc) Das grobe Verschulden des Verwalters.* Die Auferlegung von Prozesskosten setzt weiter voraus, dass die Veranlassung der gerichtlichen Tätigkeit durch den Verwalter **grob schuldhaft** herbeigeführt wurde. Dabei hat der Verwalter für das Verschulden seiner **Erfüllungsgehilfen,** etwa seiner Angestellten, nach Maßgabe des § 278 BGB einzustehen. Die Regelung des § 278 BGB ist entsprechend anwendbar, auch wenn § 49 Abs. 2 WEG eine prozessuale Vorschrift darstellt. § 49 Abs. 2 WEG ermöglicht es, die Verletzung der Vertragspflichten des Verwalters bei der Kostenentscheidung zu berücksichtigen.[310] Dieser Anknüpfungspunkt des Gesetzgebers gerade an eine Vertragspflichtverletzung rechtfertigt die entsprechende Anwendbarkeit von § 278 BGB.

257 Wann ein derartiges grobes Verschulden vorliegt, hängt von den Umständen des Einzelfalles ab. Erforderlich ist, dass der Verwalter bzw. seine Erfüllungsgehilfen grob fahrlässig gehandelt und damit die im Verkehr erforderliche Sorgfalt in besonders schwerem Maße verletzt haben. Der Verwalter muss danach schon einfachste, naheliegende Überlegungen nicht angestellt und nicht das beachtet haben, was im gegebenen Falle jedem einleuchten musste. Dabei sind sämtliche Umstände des Einzelfalles und auch subjektive, in der Person des Verwalters begründete, Umstände zu berücksichtigen.[311] Entsprechend sind an eine professionelle, größere Hausverwaltung höhere Anforderungen als an einen unentgeltlich oder nur in beschränktem Maße nebenberuflich tätigen Verwalter zu stellen.[312] So wird etwa die fehlerhafte Verkündung eines positiven Beschlussergebnisses (wenn bei einer zutreffender Stimmenauszählung die Beschlussfassung als abgelehnt hätte gewertet werden müssen) für einen „Berufsverwalter" im Regelfall auf grober Fahrlässigkeit beruhen. Einem unentgeltlich tätigen, nebenberuflichen Verwalter wird bei einer Verkennung der Feinheiten der Wertung der Stimmverhältnisse des § 16 Abs. 4 Satz 2 WEG hingegen eine besonders schwere Verletzung der Sorgfaltspflichten im Regelfall nicht vorgeworfen werden können.

258 *dd) Die Notwendigkeit der Gewährung rechtlichen Gehörs.* Ist der Verwalter **nicht Partei** des Rechtsstreits, so hat das Gericht dem Verwalter vor einer Entscheidung nach § 49 Abs. 2 WEG **rechtliches Gehör** zu gewähren.[313] Das Gericht hat dabei dem Verwalter den Sachverhalt mitzuteilen, aus welchem die Voraussetzungen des § 49 Abs. 2 WEG abgeleitet werden. Zusätzlich sollte das Gericht dem Verwalter hierzu die maßgeblichen Schriftsätze der Parteien übersenden oder ihm die Möglichkeit der Akteneinsicht eröff-

[309] Die fehlende Übersendung einer Protokollabschrift reicht hierfür nicht, sofern die Beschlüsse in einer geführten Beschlusssammlung enthalten sind und eine Einsichtnahme in die Beschlusssammlung möglich war (vgl. auch LG München NJW 2008, 1823).

[310] Vgl. dazu die Begründung zum Gesetzesentwurf BT-Drucks. 16/887, S. 41.

[311] Vgl. dazu BGH NJW 2005, 981 (982).

[312] LG Berlin ZMR 2009, 393 (395).

[313] LG Frankfurt/Main NJW 2009, 924.

nen, sofern dieser nicht bereits auf andere Weise Kenntnis hiervon erlangt hat, etwa als Zustellungsvertreter.

Dem Verwalter ist grundsätzlich auch dann rechtliches Gehör zu gewähren, wenn er nach § 48 Abs. 1 WEG **beigeladen** war, ohne dem Rechtsstreit auf Seiten einer Partei beigetreten zu sein. Etwas anderes gilt nur dann, wenn bereits in der im Rahmen der Beiladung zugestellten Klageschrift ein schlüssig begründeter Antrag auf Auferlegung der Kosten auf den Verwalter vorhanden ist. Denn in diesem Fall muss der Verwalter mit der Auferlegung der Kosten rechnen. 259

Keine weitere **Gewährung** rechtlichen Gehörs ist erforderlich, sofern der Verwalter ohnehin Partei des Rechtsstreits ist oder dem Rechtsstreit nach § 48 Abs. 2 Satz 2 WEG beigetreten ist. In diesem Fall ist der Verwalter umfassend über den Rechtsstreit informiert und muss auch aus anderen Gründen mit einer Auferlegung der Kosten rechnen. Nur wenn für den Verwalter die Auferlegung der Kosten des Rechtsstreits nach § 49 Abs. 2 WEG völlig überraschend wäre, muss dem Verwalter erneut die Gelegenheit zur Stellungnahme gewährt werden. 260

ee) Die Ermessensentscheidung. Das Gericht kann von Amts wegen eine Entscheidung nach § 49 Abs. 2 WEG treffen. Eines gesonderten Antrages hierfür bedarf es nicht. Andererseits ist das Gericht aber auch bei Vorliegen der Voraussetzungen des § 49 Abs. 2 WEG nicht verpflichtet, von der Möglichkeit der Auferlegung von Prozesskosten auf den Verwalter nach § 49 Abs. 2 WEG Gebrauch zu machen. Vielmehr steht die Entscheidung, ob und gegebenenfalls in welchem Umfang eine Auferlegung von Prozesskosten erfolgt, im gerichtlichen **Ermessen.** 261

Ist etwa die Frage, ob den Verwalter ein grobes Verschulden trifft, unzureichend aufgeklärt oder bedarf sie gegebenenfalls der Erhebung von Beweisen, kann das Gericht von einer Entscheidung nach § 49 Abs. 2 WEG absehen. Etwaige Schadensersatzansprüche gegen den Verwalter werden dadurch nicht berührt.[314] Würde der Rechtsstreit durch die Notwendigkeit der Anhörung des Verwalters nicht unerheblich verzögert, sollte das Gericht ebenfalls von einer Auferlegung der Prozesskosten nach § 49 Abs. 2 WEG absehen. 262

Bei der Frage, ob von der Regelung des § 49 Abs. 2 WEG Gebrauch gemacht werden soll, hat das Gericht auch zu berücksichtigen, ob diejenige Partei, die ohne § 49 Abs. 2 WEG die Prozesskosten zu tragen hätte, tatsächlich durch eine Abwälzung der Prozesskosten **zu entlasten** ist. Hat der Verwalter die Einschaltung des Gerichtes zwar grob schuldhaft veranlasst, war aber die **Klage** von vornherein **aussichtslos,** kommt eine Auferlegung der Prozesskosten auf den Verwalter regelmäßig nicht in Betracht. Der Kläger muss unabhängig von einem Pflichtenverstoß des Verwalters prüfen, ob seine Klage Aussicht auf Erfolg hat. Anders liegt der Fall, wenn der Pflichtenverstoß den Wohnungseigentümer gerade in die Erhebung einer möglicherweise unbegründeten Klage zwingt. Ein solcher Fall kann etwa vorliegen, wenn der Kläger mangels Kenntnis von gefassten Beschlüssen, mangels Übersendung einer Protokollabschrift und mangels Einsichtgewährung in die Beschlusssammlung in die Erhebung einer Anfechtungsklage getrieben wurde.[315] 263

Das Gericht sollte ferner von einer Auferlegung der Prozesskosten auf den Verwalter absehen, wenn der obsiegenden Partei ein solventer Schuldner genommen und ein zahlungsunfähiger Schuldner zur Seite gestellt werden würde. Macht etwa ein Dritter gegen den Verband Wohnungseigentümergemeinschaft Schadensersatzansprüche geltend, die auf einem Verwalterverschulden beruhen, kann es unter Umständen nicht sachgerecht 264

---

314 Vgl. dazu ausführlich Rn. 266 ff.

315 Allerdings genügt die fehlende Übersendung einer Protokollabschrift nicht für eine Auferlegung der Kosten, sofern die Beschlüsse in einer geführten Beschlusssammlung enthalten sind und eine Einsichtnahme in die Beschlusssammlung möglich war (vgl. auch LG München NJW 2008, 1823).

sein, dem Verwalter die Prozesskosten aufzuerlegen, sofern dieser mittellos ist. Keine Lösung stellt es dar, in diesen Fällen den Verwalter über § 49 Abs. 2 WEG zusätzlich und neben dem unterlegenen Verband Wohnungseigentümergemeinschaft als einen weiteren Schuldner der Prozesskosten zu bestimmen. Eine derartige Lösung würde dem Regelungszweck des § 49 Abs. 2 WEG widersprechen, der gerade aus prozessökonomischen Gründen einen weiteren Prozess, gestützt auf einen materiell-rechtlichen Schadensersatzanspruch, vermeiden soll.[316] Denn in diesem Fall bliebe ein weiterer Prozess im Innenverhältnis zwischen der Wohnungseigentümergemeinschaft und dem Verwalter über die Verteilung der Prozesskosten unvermeidbar. Dem Gesetz ist auch **nicht** zu entnehmen, dass bei einer Anwendung von § 49 Abs. 2 WEG **zusätzlich** auch noch einer **Partei Kosten** auferlegt werden könnten.[317]

265 Über die Regelung des § 49 Abs. 2 WEG kann das Gericht auch eine nur **teilweise Auferlegung** der Prozesskosten auf den Verwalter anordnen. Ein Maßstab für die Bestimmung des Umfangs kann dabei einerseits der Grad des Verschuldens des Verwalters und andererseits ein etwaiges Mitverschulden der Prozessparteien sein. Ferner ist auch zu berücksichtigen, in welchen Umfang die Tätigkeit des Gerichtes durch den Verwalter tatsächlich veranlasst wurde.

266 *ff) Verhältnis zu materiell-rechtlichen Schadensersatzansprüchen.* Eine prozessuale Kostenentscheidung ist grundsätzlich nicht erschöpfend, sondern lässt Raum für die Durchsetzung **materiell-rechtlicher Ansprüche** auf eine Kostenerstattung.[318] Etwas anderes gilt nur dann, wenn materiell-rechtliche Ausgleichsansprüche bereits im Rahmen der Kostenentscheidung umfassend berücksichtigt worden sind.[319]

267 Die Regelung des § 49 Abs. 2 WEG stellt nicht auf das Unterliegen der Parteien, sondern auf die Veranlassung der gerichtlichen Tätigkeit ab. Zwar hat das Gericht im Rahmen der Veranlassung der Klage auch die materiell-rechtliche Frage zu klären, ob eine Verletzung der Verwalterpflichten vorliegt. Das Gericht nimmt aber gerade keine umfassende Prüfung materiell-rechtlicher Ansprüche vor. Vielmehr kommt eine prozessuale Auferlegung der Kosten nur dann in Betracht, wenn ein grobes Verschulden vorliegt. Zudem steht die Auferlegung von Kosten aus prozessökonomischen Gründen im Ermessen des Gerichts. Selbst wenn ein grobes Verschulden vorliegt, muss das Gericht dem Verwalter bei Vorliegen besonderer Gründe die Prozesskosten nicht auferlegen. Insoweit ist anerkannt, dass keine Ausschlusswirkung für die Geltendmachung eines materiell-rechtlichen Erstattungsanspruchs begründet wird, sofern das Gericht trotz der Möglichkeit einer Berücksichtigung materiell-rechtlicher Ansprüche von einer Einbeziehung selbiger in seine Entscheidung absieht.[320] Vor diesem Hintergrund sind materiell-rechtliche Ansprüche nur insoweit ausgeschlossen, als das Gericht auch über sie umfassend entschieden hat:

268 • Hat das Gericht bereits keine Prüfung der Voraussetzungen des § 49 Abs. 2 WEG vorgenommen, fehlt es an einer Entscheidung über materiell-rechtliche Ansprüche. Derartige Ansprüche können in einem Folgeprozess mithin geltend gemacht werden.

269 • Auch wenn das Gericht das Vorliegen der Voraussetzungen des § 49 Abs. 2 WEG, eine grob schuldhafte materiell-rechtliche Pflichtverletzung des Verwalters, annimmt und im Rahmen seines Ermessens allein aus prozessökonomischen Gründen (etwa Gefahr der Insolvenz des Verwalters) von einer Auferlegung der Prozesskosten absieht, fehlt es an einer bindenden Entscheidung.

270 • Legt das Gericht hingegen dem Verwalter die Prozesskosten unter den Voraussetzungen des § 49 Abs. 2 WEG auf, ist es dem Verwalter verwehrt, in einem Folgeprozess

---

316 Vgl. dazu die Begründung zum Gesetzesentwurf BT-Drucks. 16/887, S. 41.
317 *Niedenführ* ZWE 2009, 69 (70).
318 BGH NJW-RR 2005, 1662 (1663).
319 BGH NJW 2002, 680.
320 BGH NJW 2002, 680 (681).

geltend zu machen, es habe kein Schadensersatzanspruch bestanden. Sofern ein materiell-rechtlicher Anspruch im Rahmen einer Prozesskostenentscheidung zugesprochen wurde, darf dieser nicht in einem Folgeprozess in seinen kostenrechtlichen Auswirkungen materiell-rechtlich entgegengesetzt beurteilt werden.[321]

- Hat das Gericht hingegen eine grob schuldhafte Veranlassung verneint und aus diesem 271
Grund von einer Auferlegung der Kosten nach § 49 Abs. 2 WEG abgesehen, kann gegen den Verwalter in einem Folgeprozess ein auf lediglich einfacher Fahrlässigkeit beruhender Schadensersatzanspruch wegen der angefallenen Prozesskosten geltend gemacht werden. Lediglich die Geltendmachung eines Schadensersatzanspruches wegen grober Fahrlässigkeit ist ausgeschlossen. Die Regelung des § 49 Abs. 2 WEG hat hinsichtlich etwa bestehender materiell-rechtlicher Ansprüche, die bereits bei **einfacher Fahrlässigkeit** greifen, keine **Ausschlusswirkung.**[322] Denn bei einer Prüfung von materiell-rechtlichen Fragen im Rahmen eines prozessualen Kostenerstattungsanspruchs besteht gerade keine Ausschlusswirkung für solche selbständigen Umstände, die nicht Gegenstand der prozessualen Prüfung waren.[323] Auch die objektiven Grenzen der materiellen Rechtskraft erfassen solche Gesichtspunkte nicht, die das Gericht bewusst außer Betracht gelassen und nicht geprüft hat.[324] So liegt der Fall auch bei einer Entscheidung nach § 49 Abs. 2 WEG. Im Rahmen des § 49 Abs. 2 WEG darf das Gericht nicht über die Frage eine Entscheidung treffen, ob auch bei einfacher Fahrlässigkeit ein Schadensersatzanspruch besteht.
Auch die Gesetzesmaterialien gebieten nicht die Annahme einer Ausschlusswirkung. Die insoweit knapp gehaltenen Gesetzesmaterialien treffen keine Aussage zu der Frage einer Ausschlusswirkung.[325] Jeder anderen Auslegung würden auch verfassungsrechtliche Bedenken entgegenstehen. Andernfalls würde der Gesetzgeber ohne einen ersichtlichen Grund und in unverhältnismäßiger Weise anderslautende bestehende Verwalterverträge in diesem Punkt abändern und die Vertragsfreiheit für die Zukunft einschränken.

d) Die Rechtsbehelfe gegen Kostenentscheidungen. Kostenentscheidungen können ge- 272
mäß § 99 Abs. 1 ZPO grundsätzlich nicht selbständig außerhalb eines Rechtsmittels gegen die Hauptsache angefochten werden. Damit muss grundsätzlich nicht nur die Partei, sondern auch der nach § 48 Abs. 2 WEG beigetretene Streithelfer (etwa der Verwalter) ein **Rechtsmittel** in der **Hauptsache** einlegen, um eine Überprüfung der Kostenentscheidung zu erreichen. Etwas anderes gilt nur dann, wenn das Gesetz eine selbständige Anfechtung zulässt oder eine Zulassung aus anderen Gründen erforderlich ist. So ist etwa bei einer Entscheidung über die Kosten nach der Erledigung der Hauptsache (vgl. § 91 a Abs. 2 ZPO), nach einer Klagerücknahme (vgl. § 269 Abs. 5 ZPO) und nach einer Entscheidung durch ein Anerkenntnisurteil (vgl. § 99 Abs. 2 ZPO) eine isolierte Anfechtung der Kostenentscheidung durch eine fristgebundene sofortige Beschwerde nach §§ 567 ff. ZPO gesetzlich vorgesehen.

aa) Grundsätzlicher isolierter Anfechtungsausschluss im Rahmen des § 49 WEG. Der 273
grundsätzliche **Ausschluss** der Möglichkeit der **selbständigen Anfechtung** einer Kostenentscheidung gemäß § 99 Abs. 1 ZPO gilt auch für die Entscheidungen nach § 49 WEG. Eine gesetzliche Zulassung der isolierten Überprüfung der Kostenentscheidung nach § 49 WEG hat der Gesetzgeber nicht vorgesehen, so dass es grundsätzlich bei dem Ausschluss der selbstständigen Anfechtung nach § 99 Abs. 1 ZPO zu verbleiben hat.

Zwar wird teilweise die generelle, entsprechende Anwendung der in §§ 91 a Abs. 2, 99 274
Abs. 2, 269 Abs. 5 ZPO geregelten sofortigen Beschwerdemöglichkeit auch auf Ent-

---

321 BGH NJW 2002, 680.
322 A. A. LG Berlin ZMR 2009, 393 (395).
323 BGH NJW-RR 1995, 495.
324 BGH NJW 2003, 585 (586); NJW-RR 2001, 310; NJW 1998, 2976 (2977).
325 Vgl. BT-Drucks. 16/887, S. 41.

scheidungen nach § 49 WEG erörtert.[326] Eine unbesehene und generelle entsprechende Anwendung verbietet sich aber; zumindest grundsätzlich. Es besteht gerade kein Grundsatz, dass immer dann, wenn die Kostengrundentscheidung nicht nach dem Obsiegen oder dem Unterliegen, sondern nach anderen Gesichtspunkten erfolgt, eine isolierte Anfechtung zulässig sein soll. So ist etwa auch die im Ermessen stehende Entscheidung, die Kosten eines erfolglosen Angriffs- oder Verteidigungsmittels der obsiegenden Partei aufzuerlegen (§ 96 ZPO), grundsätzlich nicht isoliert anfechtbar. Entsprechend muss die Partei, die meint, dass das Gericht ihr im Rahmen des billigen Ermessens keine Kosten nach **§ 49 Abs. 1 WEG** hätte auferlegen dürfen, über ein Rechtsmittel in der Hauptsache eine Überprüfung der Kostenentscheidung anstrengen.[327] Ist dies nicht möglich, kann bei einer Verletzung des rechtlichen Gehörs nur die Anhörungsrüge nach § 321 a ZPO gegen die Entscheidung erhoben werden.

275 *bb) Ausnahmsweise sofortige Beschwerde gegen Entscheidung nach § 49 Abs. 2 WEG.* Nichts anderes gilt grundsätzlich bei einer Kostenentscheidung nach § 49 Abs. 2 WEG. Auch insoweit muss es zunächst bei dem Grundsatz des Verbotes der isolierten Anfechtung der Kostengrundentscheidung verbleiben. Eine Partei des Rechtsstreits kann grundsätzlich eine Kostenentscheidung nach **§ 49 Abs. 2 WEG** nicht isoliert anfechten, sofern ihr die Möglichkeit der Einlegung eines Rechtsmittels in der Hauptsache eröffnet ist. Auch der Verwalter, der selbst Partei des Rechtsstreits ist oder dem Rechtsstreit nach § 48 Abs. 2 Satz 2 WEG beigetreten ist und ein Rechtsmittel in der Hauptsache einlegen kann, kann nur im Rahmen der Anfechtung der Hauptsache eine Überprüfung der Entscheidung nach § 49 Abs. 2 WEG erreichen.[328]

276 *aaa) Isoliertes Anfechtungsrecht des Verwalters.* Etwas anderes gilt jedoch, sofern der Verwalter **weder Partei des Rechtsstreits** ist, **noch** dem Rechtsstreit **beigetreten** ist. In diesem Fall kann der Verwalter gegen die Auferlegung der Kosten auf ihn nach § 49 Abs. 2 WEG eine **sofortige Beschwerde** einlegen.[329] Der Hintergrund für diese Annahme ist, dass bei einer Kostenentscheidung gegenüber einem Dritten (hier Verwalter) die Regelung des § 99 Abs. 1 ZPO keine (entsprechende) Anwendung findet. Die Schwere des Eingriffs durch den seitens einer Kostenentscheidung belasteten Dritten rechtfertigt in diesem Fall die ausnahmsweise Zulassung des Rechtsmittels der sofortigen Beschwerde.[330]

277 Diese Erwägungen müssen auch dann gelten, wenn der Verwalter die Sachentscheidung **mangels Beschwer in** der **Hauptsache** nicht mittels Berufung anfechten kann, obwohl er selbst Partei des Rechtsstreits ist, bzw. dem Rechtsstreit nach § 48 Abs. 2 Satz 2 WEG beigetreten war. Werden dem Verwalter in diesem Fall unter Berufung auf § 49 Abs. 2 WEG Kosten auferlegt, obwohl er in der Sache obsiegte, muss ihm ebenfalls dem Grunde nach die Möglichkeit der Erhebung der sofortigen Beschwerde zugestanden werden. Hintergrund für die Zulassung der sofortigen Beschwerde ist insoweit, dass die Kostenentscheidung nach § 49 Abs. 2 WEG in der Sache keine reine Kostenentscheidung darstellt, sondern vielmehr zugleich über den materiell-rechtlichen Ausgleichsanspruch gegenüber dem Verwalter befindet.[331] Die Kostenentscheidung trifft den Verwalter in diesem Fall also ebenfalls nicht unmittelbar auf Grund seiner Stellung als Partei des Rechtsstreits, sondern aus anderen Gründen. Sofern dem Verwalter als Partei oder Streithelfer allerdings die Möglichkeit der Anfechtung der Sachentscheidung durch Einlegung der Berufung zusteht, muss er diese auch ausschöpfen und im Rahmen der Berufung eine Überprüfung der Kostenentscheidung erreichen. In diesem Fall besteht

[326] Vgl. etwa *Hügel/Elzer* § 13 Rn. 244.
[327] *Bärmann/Wenzel* § 49 Rn. 12.
[328] Vgl. auch LG Frankfurt/Main NJW 2009, 924.
[329] Vgl. auch LG Frankfurt/Main NJW 2009, 924; LG Berlin ZMR 2009, 393 (394).
[330] BGH NJW 1988, 49 (50); BAG NJW 2006, 461.
[331] Vgl. dazu Rn. 270.

keine Notwendigkeit, eine Ausnahme von der Grundregel des § 99 Abs. 1 ZPO zu machen.[332]

bbb) Isoliertes Anfechtungsrecht der Partei. Wenn das Gericht bei der Kostenentscheidung die Voraussetzungen des § 49 Abs. 2 WEG prüft, aber eine **grob schuldhafte Veranlassung** des Verwalter **verneint** und aus diesem Grund von einer Auferlegung der Kosten nach § 49 Abs. 2 WEG absieht, steht den insoweit betroffenen Parteien des Rechtsstreits ebenfalls ausnahmsweise die grundsätzliche Möglichkeit der Einlegung der sofortigen Beschwerde offen.[333] Die Versagung des Kostenerstattungsanspruchs schließt in diesem Fall bindend einen materiell-rechtlichen Anspruch wegen eines grob fahrlässigen Verwalterverschuldens aus,[334] so dass nicht unmittelbar die für § 99 Abs. 1 ZPO maßgebende Stellung als Partei des Rechtsstreits betroffen ist und die Schwere des Eingriffs die ausnahmsweise Zulassung des Rechtsmittels rechtfertigt. Kann die betroffene Partei die Überprüfung der Entscheidung allerdings auch wegen ausreichender Beschwer in der Hauptsache durch Einlegung eines Rechtsmittels gegen die Hauptsacheentscheidung erreichen, besteht kein Bedürfnis für eine Ausnahme von § 99 Abs. 1 ZPO und der Weg der sofortigen Beschwerde ist nicht eröffnet. 278

ccc) Das Beschwerdeverfahren. Die eben erörterte sofortige Beschwerdemöglichkeit ist nur bei einer Entscheidung des **erstinstanzlichen Gerichtes** (Amtsgericht) eröffnet. Sie ist gemäß § 567 Abs. 2 ZPO nur zulässig, sofern der Wert des Beschwerdegegenstandes (Kostenbelastung) einen Betrag von 200 EUR übersteigt. Ferner ist entsprechend §§ 91 a Abs. 2 Satz 2, 99 Abs. 2 Satz 2, 269 Abs. 5 Satz 1 ZPO erforderlich, dass der Streitwert der Hauptsache den in § 511 Abs. 2 Nr. 1 ZPO genannten Betrag (600 EUR) erreicht.[335] Entsprechend kann eine Partei oder der Verwalter auch nicht erreichen, dass eine mit der Berufung generell nicht anfechtbare Entscheidung nur im Kostenpunkt überprüft wird. Ist die sofortige Beschwerde mangels Erreichens dieser Wertgrenzen nicht statthaft, kann bei einer Verletzung des rechtlichen Gehörs gegen die Entscheidung nur die Anhörungsrüge nach § 321 a ZPO erhoben werden. 279

Die sofortige Beschwerde ist binnen einer **Notfrist** von **zwei Wochen** bei dem Ausgangsgericht (Amtsgericht) oder dem Beschwerdegericht (das nach § 72 Abs. 2 Satz 1 GVG zu bestimmende Landgericht) durch Einreichung einer Beschwerdeschrift oder zu Protokoll der Geschäftsstelle einzulegen (vgl. § 569 ZPO). Bei der Überprüfung der Kostenentscheidung darf das Beschwerdegericht, wie sonst auch,[336] die angefochtene gerichtliche Kostenentscheidung nur darauf überprüfen, ob **Ermessensfehler** vorliegen. 280

Werden dem Verwalter nach § 49 Abs. 2 WEG erst in der **Berufungsinstanz** die Kosten des Rechtsstreits auferlegt, ist die sofortige Beschwerde unzulässig, da diese nur gegen erstinstanzliche Entscheidungen statthaft ist (vgl. § 567 Abs. 1 ZPO). Zulässig ist in einem solchen Fall allenfalls eine **Rechtsbeschwerde,** die dann aber auch gemäß § 574 Abs. 1 Nr. 2 ZPO zugelassen sein muss. Bei einer fehlenden Zulassung und einer Verletzung des rechtlichen Gehörs kann gegen die Entscheidung nur die Anhörungsrüge gemäß § 321 a ZPO erhoben werden. Die Rüge kann sich dabei auch gegen die Nichtzulassungsentscheidung als solche richten.[337] 281

ddd) Zusammentreffen von sofortiger Beschwerde und Berufung. Wird von einer Partei des Rechtsstreits eine Berufung gegen das Urteil eingelegt und ficht zugleich der Ver- 282

---

332 Vgl. auch LG Frankfurt/Main NJW 2009, 924

333 *Niedenführ* ZWE 2009, 69 (73); *Bärmann/Wenzel* § 49 Rn. 22.

334 Vgl. dazu Rn. 271.

335 Für die entsprechende Anwendung dieser Regelungen spricht, dass die sofortige Beschwerde in diesem Fall nur ganz ausnahmsweise eröffnet ist und der Verwalter – wie auch sonst bei der isolierten Anfechtung einer Kostenentscheidung – nicht besser stehen darf, als wenn er Partei des Rechtsstreits wäre, wie hier *Lehmann-Richter* ZWE 2009, 74; a. A. *Niedenführ* ZWE 2009, 69 (73).

336 Vgl. BGH NJW-RR 2007, 1586 (1588); OLG Hamburg ZMR 2007, 61.

337 Vgl. BGH NJW 2004, 2529.

walter mit der sofortigen Beschwerde die Entscheidung über die Auferlegung der Kosten auf ihn nach § 49 Abs. 2 WEG an (**Doppelanfechtung**), hat das Berufungs-/Beschwerdegericht verschiedene Reaktionsmöglichkeiten: Zum einen kann das Gericht etwa das Beschwerdeverfahren bis zur Entscheidung über die Berufung entsprechend § 148 ZPO aussetzen,[338] da auch im Rahmen des Berufungsverfahrens die Kostenentscheidung überprüft wird.

283 Sachgerechter ist es aber, entsprechend § 147 ZPO zu verfahren und die **Verbindung des Beschwerde- zum Berufungsverfahren** anzuordnen.[339] Durch eine solche Verbindung wird sowohl der Grundsatz der Einheit der Kostenentscheidung gewahrt, als auch beiden Rechtsmittelführern die Beteiligungsmöglichkeit an einem einheitlichen Verfahren mit einer abschließenden Entscheidung gewährt.

2. Kostenfestsetzung

284 Nach dem Erlass der Kostengrundentscheidung kann der Anspruch auf Erstattung der Prozesskosten im Rahmen des Kostenfestsetzungsverfahrens gegen die zur Tragung von Prozesskosten verpflichtete Partei geltend gemacht werden. Das einzuhaltende Verfahren richtet sich nach §§ 103 ff. ZPO, wobei für die Entscheidung über den Antrag nach § 21 Nr. 1 RPflG funktionell der **Rechtspfleger** zuständig ist.

285 a) **Das Verfahren im Allgemeinen.** Der Antrag auf Erstattung von Prozesskosten kann nach § 103 Abs. 1 ZPO nur aufgrund eines zur Zwangsvollstreckung geeigneten **Titels** geltend gemacht werden. Hierunter fallen insbesondere alle rechtskräftigen oder für vorläufig vollstreckbar erklärten Urteile sowie alle Beschlüsse des Gerichtes, aus denen eine Pflicht zur Tragung von Kosten des Rechtsstreits folgt. Auch Vollstreckungsbescheide oder gerichtliche Vergleiche stellen bei einer entsprechenden Regelung über die Kostenverpflichtung zur Zwangsvollstreckung geeignete Titel dar.

286 **Antragsberechtigt** ist der Kostengläubiger, also jeder, der nach dem Vollstreckungstitel einen Erstattungsanspruch hat. Dies kann die Partei sein, ein einzelner Streitgenosse, der Streithelfer oder ein Dritter, der dem Rechtsstreit etwa zum Abschluss eines Vergleichs beigetreten ist. Der Antrag ist für die Prozesskosten aller Rechtszüge gemäß § 103 Abs. 2 Satz 1 ZPO beim Gericht des **ersten Rechtszuges** zu stellen, welches nach § 104 Abs. 1 Satz 1 ZPO dann auch zur Entscheidung über den Antrag berufen ist. Dem Antrag sind nach § 103 Abs. 2 Satz 2 ZPO die Kostenberechnung mit Abschrift für den Gegner einschließlich aller Belege zum Nachweis der angesetzten Kosten beizufügen. Für den Nachweis der entstandenen Kosten genügt dabei gemäß § 104 Abs. 2 ZPO die Glaubhaftmachung.

287 Sieht die Kostengrundentscheidung eine Verteilung der Prozesskosten nach **Quoten** vor, fordert das Gericht den Gegner auf, die Berechnung seiner Kosten binnen einer Woche bei Gericht einzureichen, § 106 Abs. 1 Satz 1 ZPO. Reicht der Gegner seine Berechnung ein, werden die Erstattungsansprüche einander gegenübergestellt und miteinander verrechnet. In diesem Fall kommt es statt wechselseitiger Zwangsvollstreckungen allenfalls zur Zwangsvollstreckung durch eine Partei. Unterlässt der Gegner die Einreichung seiner Kostenberechnung, ergeht die Entscheidung unabhängig von seinen Kosten, ohne dass jedoch die Geltendmachung des Erstattungsanspruchs durch den Gegner für die Zukunft ausgeschlossen wird, vgl. § 106 Abs. 2 Satz 1 ZPO.

288 Der Rechtspfleger darf nur solche Kosten festsetzen, die zur **zweckentsprechenden Rechtsverfolgung oder Rechtsverteidigung** notwendig waren. Die Kostenerstattung umfasst dabei auch die Entschädigung für die durch notwendige Reisen oder durch die

---

[338] Vgl. BGH NJW-RR 2007, 1586 (1587).

[339] Für Zulässigkeit einer derartigen Verbindung vgl. OLG Hamburg WuM 1998, 181; OLG Zweibrücken NJW 1973, 1935 (1936); OLG München NJW 1970, 761. Auch der BGH (NJW 1964, 660 (661)) gestattet eine derartige gleichzeitige Entscheidung.

notwendige Wahrnehmung von Terminen entstandene Zeitversäumnis sowie – abgesehen von der Spezialvorschrift des § 50 WEG – die gesetzlichen Gebühren und Auslagen des Rechtsanwalts[340] (vgl. insgesamt § 91 ZPO).

Sofern der Beschwerdewert nach § 567 Abs. 2 ZPO von 200 EUR erreicht ist, findet gegen die Entscheidung des Rechtspflegers über die Kostenfestsetzung die **sofortige Beschwerde** statt, vgl. § 11 Abs. 1 RPflG, §§ 104 Abs. 3 Satz 1, 567 Abs. 1 Nr. 1 ZPO. Bei einer Unterschreitung des Beschwerdewertes ist nur die befristete **Erinnerung** nach § 11 Abs. 2 Satz 1 RPflG statthaft, die, wie die sofortige Beschwerde, binnen einer Notfrist von zwei Wochen nach der Maßgabe des § 569 ZPO zu erheben ist. 289

b) Die Sonderregelung des § 50 WEG. Gerade bei Streitigkeiten über die Gültigkeit von Beschlüssen, aber auch bei anderen Streitigkeiten, an denen eine Vielzahl von Wohnungseigentümern beteiligt sind, entsteht durch die Vielzahl der Parteien die Gefahr eines erheblichen Kostenrisikos für die unterlegene Partei. Müsste diese jeder der obsiegenden Parteien gemäß § 91 Abs. 2 Satz 1 ZPO die Kosten eines eigenen Rechtsanwalts erstatten, könnten im Einzelfall erhebliche Beträge auflaufen. Dieser Gefahr beugt die Bestimmung des § 50 WEG vor. Nach dieser Regelung sind den Wohnungseigentümern zur zweckentsprechenden Rechtsverfolgung oder Rechtsverteidigung nur die Kosten eines Rechtsanwalts als notwendige Kosten zu erstatten, wenn nicht aus Gründen, die mit dem Gegenstand des Rechtsstreits zusammenhängen, eine Vertretung durch mehrere Rechtsanwälte geboten war. 290

Die Regelung des § 50 WEG stellt eine ausdrückliche Normierung und Sonderregelung des bereits aus § 91 Abs. 2 Satz 2 ZPO abgeleiteten Grundsatzes dar, wonach eine Erstattungspflicht für unterschiedliche Anwälte einzelner Streitgenossen dann nicht besteht, wenn kein besonderer sachlicher Grund für die Einschaltung von mehreren Anwälten durch die einzelnen Streitgenossen bestand.[341] Bereits unabhängig von der Regelung des § 50 WEG hat jede Partei die Pflicht, die Kosten ihrer Prozessführung, die sie im Falle ihres Obsiegens vom Gegner erstattet verlangen will, so niedrig zu halten, wie sich dies mit der Wahrung ihrer berechtigten Belange vereinbaren lässt. Bei einem Verstoß hiergegen wird der Kostenerstattungsanspruch auf den Betrag beschränkt, der sich ergeben hätte, wenn etwa ein gemeinsamer Prozessbevollmächtigter beauftragt worden wäre.[342] 291

Gleichwohl wird durch § 50 WEG das Recht zur Wahl eines zusätzlichen Rechtsanwalts nicht angetastet. Es steht allen Parteien frei, für sich gesondert oder zusätzlich Rechtsanwälte zu beauftragen. Die Parteien, die von diesem Recht Gebrauch machen, haben dann allerdings keinen Erstattungsanspruch und müssen die Kosten selbst tragen. Die Regelung des § 50 WEG betrifft damit ausschließlich die Frage, in welchem Umfang Kosten von mehreren Rechtsanwälten erstattungsfähig sind. 292

Die Entscheidung, ob eine Vertretung durch mehrere Rechtsanwälte geboten war, ist allein im Kostenfestsetzungsverfahren durch den **Rechtspfleger** gemäß § 21 Nr. 1 RPflG und nicht in der Kostengrundentscheidung durch den Richter zu treffen. § 50 WEG stellt nach seinem Wortlaut allein auf die Frage der „Erstattung" von Kosten ab. Die Erstattung von Kosten ist aber nach § 103 Abs. 1 ZPO im Kostenfestsetzungsverfahren zu klären. Nur im PKH-Verfahren muss bereits durch den Richter entschieden werden, ob bei der Gewährung von **Prozesskostenhilfe** ein Rechtsanwalt beizuordnen ist. In diesem Fall hat der Richter die Regelung des § 50 WEG bei seiner Entscheidung über die Beiordnung zu berücksichtigen und im Regelfall eine Beiordnung abzulehnen, sofern auf 293

---

[340] Zur ausnahmsweisen und beschränkten Erstattungsfähigkeit des Verdienstausfalls des Verwalters in seiner Eigenschaft als gesetzlicher Vertreter des Verbands bei zwingender Terminteilnahme vgl. LG Stuttgart vom 25. 11. 2008 – 2 T 184/08 = BeckRS 2009 08644 mit Anm. v. *Greiner* in ZMR 2009, 403 ff. Zur Erstattungsfähigkeit von Kosten für die *interne* Unterrichtung und die Kosten des Ersatzzustellungsvertreters vgl. Rn. 316.

[341] BGH NJW-RR 2004, 536.

[342] BGH NJW 2007, 2257.

Kläger- oder Beklagtenseite bereits ein Rechtsanwalt von anderen Wohnungseigentümern eingeschaltet ist und keiner der unten dargestellten Ausnahmefälle vorliegt.

294 *aa) Der Anwendungsbereich.* Die Regelung des § 50 WEG erfasst entsprechend ihrer systematischen Stellung ausschließlich, dafür jedoch auch sämtliche, **Streitigkeiten nach § 43 WEG.** Die Regelung gilt auch für entsprechende Anträge im selbständigen Beweissicherungsverfahren, im Arrest- und einstweiligen Verfügungsverfahren oder im vorgeschalteten PKH-Verfahren. Streitigkeiten außerhalb des Anwendungsbereiches von § 43 WEG, wenn etwa mehrere Wohnungseigentümer Ansprüche gegen Dritte geltend machen, werden hingegen nicht erfasst. Vielmehr greift in derartigen Fällen der eben dargestellte und aus § 91 Abs. 2 Satz 2 ZPO abgeleitete allgemeine Grundsatz ein, wonach eine Erstattungspflicht für unterschiedliche Anwälte einzelner Streitgenossen nur bei Vorliegen eines besonderen sachlichen Grundes besteht.

295 In **persönlicher Hinsicht** ist die Regelung des § 50 WEG auf **Wohnungseigentümer** anwendbar, sofern diese in **Personenmehrheit** auf Kläger- oder Beklagtenseite stehen. Hierbei ist nicht erforderlich, dass alle Wohnungseigentümer oder gerade die übrigen Wohnungseigentümer als Personenmehrheit Parteien des Rechtsstreits sind. Es genügt vielmehr eine Mehrheit (also mindestens zwei Wohnungseigentümer) auf einer Parteiseite. Zwar ist der Wortlaut des § 50 WEG insoweit nicht eindeutig („den Wohnungseigentümern") und in jede Richtung interpretierbar. In der bisherigen Rechtsprechung ist aber im Hinblick auf die schon immer uneinheitliche Verwendung von derartigen Begriffen im WEG anerkannt, dass selbst der Begriff „alle Wohnungseigentümer" (etwa in § 27 Abs. 2 WEG) nicht dahingehend zu verstehen ist, dass alle Eigentümer betroffen sein müssen.[343] Hinzu kommt, dass der Wortlaut des § 50 WEG keine Beschränkung auf einen bestimmten Rechtsstreit enthält und ferner ohnehin lediglich den bereits aus § 91 Abs. 2 Satz 2 ZPO abgeleiteten Grundsatz einer beschränkten Kostenerstattung bei Streitgenossen konkretisiert.

296 Die Regelung des § 50 WEG greift auch dann ein, wenn nach § 48 Abs. 1 WEG beigeladene Wohnungseigentümer auf einer Parteiseite als **Streithelfer** beigetreten sind und ihnen dem Grunde nach ein Kostenerstattungsanspruch zusteht. Da sich die beigeladenen Wohnungseigentümer nach ihrem Beitritt als Streitgenossen der Hauptpartei darstellen (vgl. § 48 Abs. 3 WEG i.V.m. § 69 ZPO), können diese und die Hauptpartei dem Grunde nach gemäß § 50 Halbs. 1 WEG zusammen grundsätzlich nur die Kosten für einen Rechtsanwalts beanspruchen. Keine Anwendung findet die Regelung des § 50 WEG hingegen, wenn etwa der als Streithelfer dem Prozess nach § 48 Abs. 2 Satz 2 WEG beigetretene **Verwalter** neben einem oder mehreren Wohnungseigentümer(n) einen eigenen Rechtsanwalt beauftragt hat und einen Kostenerstattungsanspruch geltend macht. Der eigene Anspruch des Verwalters auf Erstattung von Rechtsanwaltskosten wird nach dem ausdrücklichen Wortlaut des § 50 WEG nicht begrenzt. Sofern der Verwalter gleichzeitig Wohnungseigentümer ist, ist darauf abzustellen, in welcher Eigenschaft die Vertretung durch den Rechtsanwalt erfolgt ist. Nur wenn der eigene Rechtsanwalt den Verwalter gerade in seiner Stellung als Wohnungseigentümer vertreten hat, greift die Regelung des § 50 WEG ein.

297 § 50 WEG erfasst in **sachlicher Hinsicht** lediglich die Frage der Erstattungsfähigkeit von **Rechtsanwaltskosten.** Nicht erfasst werden andere, im Rahmen der Kostenfestsetzung erstattungsfähige Kosten jedes einzelnen Wohnungseigentümers, wie etwa **eigene Fahrt- oder Reisekosten.** Diese Kosten kann jeder einzelne Wohnungseigentümer geltend machen. Reisekosten eines Rechtsanwalts stellen hingegen Rechtsanwaltskosten dar und unterfallen damit der Regelung des § 50 WEG.

298 *bb) Die* ***ausnahmsweise Erstattung*** *von Kosten mehrerer Rechtsanwälte.* War eine Vertretung durch mehrere Rechtsanwälte aus Gründen erforderlich, die mit dem Gegen-

---

343 BGH NJW 1981, 282 (283).

stand des Rechtsstreits zusammenhängen, ist nach § 50 Halbs. 2 WEG von dem Grundsatz, dass den Wohnungseigentümern nur die Kosten eines Rechtsanwalts zu erstatten sind, abzuweichen. Diese **Beurteilung** ist dabei für jeden **Prozessabschnitt gesondert** vorzunehmen. So kann etwa für die Einreichung von Klagen gleichen Inhalts die Vertretung durch mehrere Rechtsanwälte zulässig sein, aber die Vertretung im Termin nur noch durch einen Rechtsanwalt genügen. Gleiches gilt für die Vertretung in der Rechtsmittelinstanz.

Die Regelung des § 50 Halbs. 2 WEG gestattet eine Erstattung von Kosten mehrerer 299
Rechtsanwälte nur, sofern der Grund hierfür im Zusammenhang mit dem **Gegenstand des Rechtsstreits** steht. Ein solcher Zusammenhang wird dabei zunächst immer dann vorliegen, wenn einzelne Eigentümer unterschiedliche Klageziele verfolgen oder sich gesondert gegen jeweils **unterschiedliche Streitgegenstände** in einer Klage verteidigen müssen. Wann im Übrigen der Gegenstand des Rechtsstreits eine Mehrfachvertretung rechtfertigt, lässt sich hingegen nicht generell, sondern nur anhand der konkreten Umstände des Einzelfalles bestimmen.

Umstände, die auf **persönlichen Befindlichkeiten** beruhen, stehen nicht im Zusam- 300
menhang mit dem Gegenstand des Rechtsstreits. Dementsprechend kann die Unzufriedenheit mit einem, seitens des Verwalters nach § 27 Abs. 2 Nr. 2 WEG beauftragten Rechtsanwalts nicht die Kostenerstattung für einen weiteren Rechtsanwalt einzelner oder aller beklagten Wohnungseigentümer rechtfertigen. Gleiches gilt, wenn in einem Aktivprozess Wohnungseigentümer mit einem eingeschalteten Rechtsanwalt unzufrieden sind. Derartige Umstände sind allein in der Person der Partei oder des Rechtsanwalts, nicht aber im Gegenstand des Rechtsstreits begründet.

Allenfalls, wenn zusätzlich ein **Interessengegensatz** auftritt, kann ausnahmsweise die 301
Einschaltung eines weiteren Rechtsanwalts geboten sein. Aber auch ein derartiger Interessengegensatz muss im Hinblick auf den Wortlaut des § 50 Halbs. 2 WEG seinen Grund gerade im Gegenstand des Rechtsstreits haben. Weitergehend als der aus § 91 ZPO abgeleitete Grundsatz, der bereits jeden sachlichen Grund und damit jeden Interessenkonflikt genügen lässt, um eine Erstattungsfähigkeit der Kosten mehrerer Anwälte zu bejahen,[344] setzt § 50 WEG zusätzlich für die ausnahmsweise Erstattung einen ursächlichen Zusammenhang mit dem Gegenstand des Rechtsstreits voraus.

Bei einer **Anfechtungsklage** ist dementsprechend ein Interessengegensatz auf der **Be-** 302
klagtenseite nicht allein dadurch begründet, dass einzelne Beklagte das klägerische Begehren im Gegensatz zu einem für die Beklagten eingeschalteten Rechtsanwalt unterstützen.[345] Denn bei einer Anfechtungsklage muss die Entscheidung gegenüber den Beklagten, die sich als notwendige Streitgenossen im Sinne von § 62 Abs. 1 Var. 1 ZPO darstellen, einheitlich ergehen. Ein Anerkenntnis einzelner entfaltet keine prozessuale Wirkung. Der Streitgegenstand gebietet damit gerade nicht die Vertretung durch mehrere Rechtsanwälte, sondern vielmehr ein einheitliches Auftreten. Beklagte, die den Beschluss nicht angefochten haben, gleichwohl aber als Beklagte dessen Aufhebung begehren, müssen sich damit einer Mehrheit, die den Beschluss auf der Beklagtenseite verteidigt, unterordnen[346] oder aber auf eigene Kosten einen Rechtsanwalt mit ihrer Vertretung beauftragen.

Anders ist hingegen der Fall zu beurteilen, wenn **unterschiedliche Beschlüsse** von un- 303
terschiedlichen Klägern angefochten und die Klagen in einem Rechtsstreit **verbunden** sind (also eine unterschiedliche Beteiligung an den Streitgegenständen besteht). Ficht etwa Wohnungseigentümer A den Beschluss 1 und 2 und ficht Wohnungseigentümer B ausschließlich den Beschluss 2 in einem Rechtsstreit an, so steht Wohnungseigentümer B einerseits auf Klägerseite, für die Anfechtung des Beschlusses 1 aber auch auf Beklagten-

---

[344] BGH NJW 2007, 2257 (2258), m. w. N.
[345] BGH NJW 2009, 3168.
[346] BGH NJW 2009, 3168.

seite. In diesem Fall liegt ein Fall der Interessenkollision vor,[347] der in dem Gegenstand des Rechtsstreits seinen Grund hat. Entsprechend kann B in seiner Stellung als (gleichzeitiger) Beklagter einen Rechtsanwalt mit seiner Vertretung beauftragen. Derartigen Zwitterstellungen von Parteien sollte allerdings das Gericht durch eine Trennung von Prozessen nach § 145 ZPO entgegenwirken.[348]

304 Fechten auf der Klägerseite mehrere Eigentümer denselben Beschluss unter Vertretung durch unterschiedliche Rechtsanwälte an, kommt eine Erstattung der Kosten mehrerer Anwälte ebenfalls nur begrenzt in Betracht. Die **Anfechtung durch unterschiedliche Kläger** hat zwar ihre Ursache in dem Streitgegenstand, da zumindest die Ausübung des Anfechtungsrechts jedem Eigentümer persönlich zusteht und gerade nicht einheitlich ausgeübt werden muss. Eine Erstattung der Kosten mehrerer Rechtsanwälte nach § 50 Halbs. 2 WEG kommt aber auch in diesem Fall nur in Betracht, sofern die Vertretung durch mehrere Rechtsanwälte **„geboten"** war. Sie scheidet damit aus, sofern eine vorherige Einigung auf einen Rechtsanwalt möglich und zumutbar war. Nicht erwartet werden kann dabei, dass sich sämtliche Eigentümer vor der Erhebung einer Anfechtungsklage absprechen. Nur sofern Anhaltspunkte dafür bestehen, dass andere Eigentümer ebenfalls eine Anfechtungsklage hinsichtlich des konkreten Beschlusses erheben wollen und eine Einigungsmöglichkeit auf einen gemeinsamen Rechtsanwalt besteht, muss der Versuch einer gemeinsamen Beauftragung ausgeschöpft werden. Gleiches gilt, wenn die Einreichung der Klageschrift bereits bekannt ist.

305 Ab dem Zeitpunkt, ab dem die auf eine Aufhebung **desselben Beschlusses** gerichteten Klagen nach § 47 WEG **verbunden** sind, stehen sich aber auch die Kläger einer Anfechtungsklage als notwendige Streitgenossen mit dem Erfordernis einer einheitlichen Entscheidung gegenüber. Dementsprechend ist jedenfalls ab diesem Zeitpunkt die Vertretung durch mehrere Rechtsanwälte weder geboten, noch durch den Streitgegenstand bedingt. Nur wenn sich einzelne Kläger mit gegensätzlichen, sich **widersprechenden Angriffsrichtungen** gegen einen Beschluss wenden, liegt ein Interessengegensatz vor, der die Notwendigkeit der Einschaltung eines zusätzlichen Rechtsanwalts begründet.[349] Hintergrund für diese Annahme ist, dass das Gericht den Beschluss jeweils nur auf die innerhalb der Klagebegründungsfrist vorgetragenen Mängel untersuchen darf.[350]

306 Kein alleiniger Grund für eine Erstattung von Kosten eines weiteren Rechtsanwalts ist, dass Wohnungseigentümer auf einer Parteiseite an **unterschiedlichen Orten** wohnen. Denn weder hat dies ihre Ursache in dem Gegenstand des Rechtsstreits, noch wäre eine derartige Vertretung „geboten", zumal ausreichend Kommunikationsmittel zur Verfügung stehen.

307 Die Regelung des § 50 WEG geht zwar als eine Spezialvorschrift anderen Regelungen vor. Gleichwohl beschränkt § 50 WEG nach seinem Sinn und Zweck nicht die ausnahmsweise Möglichkeit einer Erstattung von Kosten mehreren Rechtsanwälten gemäß **§ 91 Abs. 2 Satz 2 ZPO.** Nach dieser Vorschrift sind die Kosten mehrerer Rechtsanwälte auch dann erstattungsfähig, wenn sie die Kosten eines Rechtsanwalts nicht übersteigen oder wenn in der Person des Rechtsanwalts ein Wechsel eintreten musste. Hintergrund für die Zulassung der Anwendung des § 91 Abs. 2 Satz 2 ZPO neben § 50 WEG ist der Sinn und Zweck der Regelung des § 50 WEG. Dieser liegt darin, die Erstattungsfähigkeit von Kosten wegen der Vielzahl von Personen auf einer Parteiseite zu begrenzen. Ausnahmeregelungen wie § 91 Abs. 2 Satz 2 ZPO, die nicht in der Vielzahl von Parteien ihre Grundlage haben, müssen deshalb neben § 50 WEG anwendbar bleiben. Entsprechend kann etwa über § 91 Abs. 2 Satz 2 ZPO beim Tod eines Einzelanwaltes ein Kostenerstattungsanspruch für einen weiteren Rechtsanwalt bestehen.

---

[347] Vgl. auch LG Berlin GE 2009, 390.
[348] Vgl. dazu Rn. 594.
[349] LG Berlin GE 2009, 390.
[350] Vgl. dazu BGH NJW 2009, 999.

cc) Die Entscheidung über die Kostenfestsetzung im Rahmen des § 50 WEG. Wird die Erstattung von Kosten mehrerer Rechtsanwälte beantragt und liegt kein Ausnahmefall im Sinne von § 50 Halbs. 2 WEG vor, stellt sich für den **Rechtspfleger** die Frage, wie zu verfahren ist. Die Regelung des § 50 Halbs. 1 WEG stellt lediglich lapidar fest, dass den Wohnungseigentümern nur die Kosten eines Rechtsanwalts zu erstatten sind. Eine ausdrückliche Regelung, welcher der Streitgenossen auf der obsiegenden Seite die Kosten „seines" Rechtsanwalts erstattet verlangen kann und welche Partei nicht, fehlt hingegen. Gleichwohl muss der Rechtspfleger klar Stellung beziehen, insbesondere wenn mehrere Kostenfestsetzungsanträge von den obsiegenden Wohnungseigentümern vorliegen. Stellen mehrere der obsiegenden Eigentümer einen eigenen Kostenfestsetzungsantrag für die Kosten „ihres" Anwalts, ist jeder Antrag nach § 104 ZPO konkret zu bescheiden. Hintergrund hierfür ist, dass bei getrennt entstandenen Kosten der Erstattungsanspruch nur dem Streitgenossen zusteht, in dessen Person die Kosten entstanden sind.[351] Dabei hat der Rechtspfleger als funktionell zuständiger Entscheidungsträger auch dazu Stellung zu nehmen, wessen konkrete Rechtsanwaltskosten Vorrang genießen und erstattungsfähig sind. Die Frage, wessen Rechtsanwaltskosten zur zweckentsprechenden Rechtsverfolgung oder Rechtsverteidigung notwendig und erstattungsfähig waren, ist allein im Rahmen der Kostenfestsetzung zu entscheiden.[352] 308

Grundsätzlich genießt der Erstattungsantrag für die Kosten eines Rechtsanwalts **Vorrang,** der seitens des Verwalters für die übrigen Eigentümer nach § 27 Abs. 2 Nr. 2 WEG beauftragt wurde.[353] Auch die Kosten für einen Rechtsanwalt, der gemeinsam durch eine Vereinbarung der obsiegenden Wohnungseigentümer oder durch einen Beschluss bevollmächtigt wurde, ist entsprechend vorrangig.[354] Haben einzelne Wohnungseigentümer zusätzlich einen eigenen Rechtsanwalt beauftragt, ist damit deren Antrag auf Erstattung dieser Kosten abzulehnen. Gleiches gilt, sofern ein nach § 48 Abs. 1, Abs. 2 WEG beigeladener Wohnungseigentümer unter Einschaltung eines eigenen Rechtsanwalts dem Rechtsstreit beigetreten ist. Auch dessen Kostenerstattungsantrag ist gegenüber demjenigen der Hauptpartei nachrangig, da der Gegenstand des Rechtsstreits eine Beauftragung des Rechtsanwalts der von ihm unterstützten Hauptpartei nicht entgegengestanden hätte. 309

Lässt sich ein konkreter Vorrang des Kostenerstattungsantrages für einen bestimmten Rechtsanwalt nicht feststellen, etwa wenn bei einer Anfechtungsklage jeder Beklagte einen eigenen Rechtsanwalt eingeschaltet hat, ist wie folgt vorzugehen: Zunächst ist der nach § 50 WEG erstattungsfähige Höchstbetrag zu ermitteln. Dabei ist eine fiktive Erhöhungsgebühr entsprechend Anlage 1 zu § 2 Abs. 2 RVG, Nr. 1008 VV-RVG zugrundezulegen, die angefallen wäre, wenn alle obsiegenden und anwaltlich vertretenen Streitgenossen einen einzigen Rechtsanwalt beauftragt hätten. Dieser ermittelte Betrag ist grundsätzlich entsprechend dem jeweiligen **Beteiligungsverhältnis** am Prozess auf die anwaltlich vertretenen Kostengläubiger zu verteilen und entsprechend festzusetzen.[355] Bei gleicher prozessualer Beteiligung (also wenn es sich um einen einheitlich angegriffenen oder einheitlich verteidigten Streitgegenstand handelt) erfolgt die Verteilung nach **Kopfteilen.** Jeder der Streitgenossen kann bzw. konnte sich unabhängig von der Höhe seines Miteigentumsanteils in gleicher Weise am Prozess beteiligen, so dass zumindest der prozessrechtliche Kostenerstattungsanspruch unabhängig vom Umfang der Nutzung des gemeinschaftlichen Eigentums im Sinne von § 16 Abs. 1 WEG ist.[356] Im Hinblick auf 310

[351] BGH RPfleger 1985, 321 (322).

[352] Vgl. nur BGH NJW-RR 2004, 536.

[353] BGH NJW 2009, 3168.

[354] BGH NJW 2009, 3168; vgl. auch die Beschlussempfehlung des Rechtsausschusses BT-Drucks. 16/3843, S. 28.

[355] BGH NJW-RR 2003, 1217; NJW-RR 2006, 1508.

[356] Die Entscheidung des BGH (NJW 2007, 1869), wonach die Kosten der Rechtsverfolgung in der Jahresabrechnung auf unterliegende Eigentümer regelmäßig nach Miteigentumsanteilen umzu-

den Rechtsgedanken aus § 420 BGB ist deshalb in einem solchen Fall die Verteilung nach Kopfteilen allein sachgerecht. Ergeht ein einheitlicher Kostenfestsetzungsbeschluss für alle Streitgenossen und vergisst der Rechtspfleger den Betrag nach den dargestellten Grundsätzen zu verteilen, so sind die rechtsanwaltlich vertretenen Streitgenossen Gesamtgläubiger.[357]

311 Werden für einen oder mehrere Rechtsanwälte gemäß § 91 Abs. 2 Satz 1 ZPO erstattungsfähige Reisekosten geltend gemacht, ist unabhängig hiervon zusätzlich folgende Verteilung vorzunehmen: Zunächst sind sämtliche angefallenen und grundsätzlich unabhängig von § 50 WEG erstattungsfähigen Rechtsanwaltsreisekosten festzustellen. Da nach § 50 WEG nur die Kosten für einen Rechtsanwalt erstattungsfähig sind, ist für die Verteilung allein der höchste Betrag zugrundezulegen, der für die Reisekosten eines der bevollmächtigten Rechtsanwälte angefallen ist. Dieser Betrag ist **nur** zwischen den **Kostengläubigern** nach ihrem Beteiligungsverhältnis (also i. d. R. nach Kopfteilen) aufzuteilen, die erstattungsfähige **Rechtsanwaltsreisekosten** geltend gemacht haben. Jeder zur Geltendmachung von Rechtsanwaltsreisekosten berechtigte Kostengläubiger darf bei dieser Verteilung aber nicht mehr erlangen, als er selbst an Rechtsanwaltsreisekosten zur Erstattung angemeldet hat. Bleiben die eigenen geltend gemachten Rechtsanwaltsreisekosten unterhalb des auf ihn rechnerisch anteilig entfallenden Betrages, ist deshalb der Differenzbetrag wiederum unter den übrigen zur Geltendmachung von Reisekosten berechtigten Kostengläubigern nach dem jeweiligen Beteiligungsverhältnis zu verteilen. Auch bei dieser Verteilung gilt erneut, dass keinesfalls der jeweils von den einzelnen Kostengläubigern geltend gemachte Betrag überschritten werden darf. Ein etwaiger Überschuss wäre aus diesem Grund erneut unter den dann noch verbleibenden berechtigten Kostengläubigern zu verteilen. Ferner werden nur die überhaupt dem Grunde nach ansetzbaren und **erforderlichen Reisekosten** von Rechtsanwälten berücksichtigt. Entsprechend bleiben die Reisekosten von solchen Rechtsanwälten, die generell (etwa gegenüber dem seitens des Verwalters nach § 27 Abs. 2 Nr. 2 WEG beauftragten Rechtsanwalt) **nachrangig** sind, außen vor. Auch solche Reisekosten von Rechtsanwälten sind generell nicht zu berücksichtigen, die nach einer Verbindung gemäß § 47 WEG angefallen waren, wenn ein seitens eines anderen Streitgenossen im Gerichtsbezirk des § 43 WEG bereits beauftragter Rechtsanwalt den Termin auch für die durch einen nicht ortsansässigen Rechtsanwalt vertretene Partei hätte wahrnehmen können. In diesem Fall fehlt es bereits an der „Erforderlichkeit" i. S. v. § 91 Abs. 1 ZPO.[358]

312 Im Anwendungsbereich des § 50 WEG muss der Rechtspfleger auch dann über die Erstattungsfähigkeit und ggf. den Vorrang der Rechtsanwaltskosten entscheiden, wenn bislang nur ein – als Streitgenosse dem Grunde nach kostenerstattungsberechtigter – Eigentümer einen eigenen Antrag gestellt hat. Auch wenn die anderen Streitgenossen mit eigenem Anwalt bislang keinen Kostenfestsetzungsantrag gestellt haben, muss der Rechtspfleger entscheiden, ob dem Antragsteller nach § 50 WEG überhaupt ein Anspruch auf (anteilige) Erstattung seiner Rechtsanwaltskosten zusteht.[359] Wenn etwa die Rechtsanwaltskosten des bzw. der anderen Streitgenossen vorrangig sind (also insbesondere wenn es sich um den seitens des Verwalters beauftragten Rechtsanwalt handelt) und die Vertretung durch mehrere Rechtsanwälte nicht geboten war, muss deshalb der Antrag abgelehnt werden. Verstößt der Rechtspfleger gegen diese Verfahrensweise und setzt gleichwohl die Kosten fest, hat die Rechtskraft des Kostenfestsetzungsbeschlusses (wobei diese auch gegenüber den anderen Streitgenossen eingetreten sein muss) zur Folge, dass

---

legen sind, kann nicht entsprechend herangezogen werden. Diese Entscheidung betrifft allein die Frage der Verteilung von bereits festgesetzten Kosten im Innenverhältnis und nicht die Frage der Verteilung von Erstattungsansprüchen im gerichtlichen Verfahren.

[357] BGH RPfleger 1985, 321.

[358] Vgl. zur „Erforderlichkeit" auch BGH NJW-RR 2004, 536.

[359] Zur Prüfungspflicht bei Streitgenossen vgl. BGH NJW-RR 2006, 1508.

diese einen Anspruch auf Erstattung ihrer eigenen Rechtsanwaltskosten nur noch geltend machen können, sofern die Einschaltung mehrerer Rechtsanwälte i. S. v. § 50 WEG geboten war. Eine **fehlerhafte Entscheidung** und Festsetzung von Rechtsanwaltskosten fingiert damit, dass es sich um die vorrangigen Kosten des „einen" Rechtsanwalts i. S. v. § 50 WEG handelt. Solange der Kostenfestsetzungsbeschluss aber nicht in Rechtskraft erwachsen ist, können die anderen Streitgenossen gegen den Kostenfestsetzungsbeschluss der begünstigten Partei eine sofortige Beschwerde nach § 11 Abs. 1 RPflG, §§ 104 Abs. 3 Satz 1, 567 Abs. 1 Nr. 1 ZPO oder eine befristete Erinnerung nach § 11 Abs. 2 Satz 1 RPflG einlegen, um auf diesem Weg unter Einreichung eines eigenen Antrages eine Abänderung zu ihren Gunsten zu erreichen.

dd) Die weiteren Besonderheiten der Kostenfestsetzung in Wohnungseigentumssachen. 313
Klagen Wohnungseigentümer gegen denselben Beschluss in zunächst unterschiedlichen Verfahren und zeigt ein Rechtsanwalt in sämtlichen Rechtsstreitigkeiten vor einer Verbindung die Vertretung der verklagten Wohnungseigentümer an, steht ihm **nach der Verbindung** gemäß § 47 WEG nicht für jedes ursprüngliche gerichtliche Verfahren („Aktenzeichen") eine gesonderte Verfahrensgebühr nach Anlage 1 zu § 2 Abs. 2 RVG, Nr. 3100 RVG-VV zu. § 15 Abs. 2 Satz 1 RVG verbietet insoweit eine mehrfache Berechnung, da es sich trotz unterschiedlicher Aktenzeichen um **eine Angelegenheit** im Sinne von **§ 15 Abs. 1 RVG** gehandelt hat. Da die Eigentümer notwendige Streitgenossen sind und ein Verbindungszwang nach § 47 WEG besteht, ist wegen des von Anfang an bestehenden, unauflösbaren Sachzusammenhangs die Annahme nur einer Angelegenheit für den Prozessbevollmächtigten der verklagten Eigentümer gerechtfertigt.[360]

Eine Kostenfestsetzung ist auch dann möglich, wenn die Klage mangels Namhaftmachung der Beklagten als unzulässig abgewiesen wurde. Der Gesetzgeber regelt in § 44 Abs. 1 Satz 1 WEG, dass bei einer Klage gegen alle Eigentümer – worunter auch die übrigen Eigentümer zu fassen sind – für deren Bezeichnung zunächst die Angabe des gemeinschaftlichen Grundstücks genügt. Die namentliche Bezeichnung kann nach § 44 Abs. 1 Satz 2 WEG bis zum Schluss der mündlichen Verhandlung nachgeholt werden. Beauftragt der Verwalter für die beklagten Eigentümer nach § 27 Abs. 2 Nr. 2 WEG einen Rechtsanwalt, so tritt dieser für die namentlich noch nicht benannten Eigentümer auf. Unterlässt der Kläger die namentliche Bezeichnung der Beklagten, wird die Klage als unzulässig abgewiesen.[361] Die Folge ist, dass die Kostengrundentscheidung ohne die entsprechend namentlich benannte Beklagte ergeht, obwohl für diese ein Rechtsanwalt tätig war. Trotz der **fehlenden namentlichen Benennung** können die übrigen Eigentümer das Kostenfestsetzungsverfahren betreiben. Der Gesetzgeber lässt mit der Regelung der §§ 44 Abs. 1 Satz 2, 46 Abs. 1 Satz 1 WEG bis zum Schluss der mündlichen Verhandlung ein Prozessrechtsverhältnis zu, bei welchem die Beklagten nicht hinreichend bestimmt sind, aber gleichwohl der Kreis der Beklagten abgegrenzt ist. Gleichzeitig gestattet der Gesetzgeber eine Vertretung der noch nicht benannten Beklagten über den Verwalter. Dementsprechend muss die Beklagtenseite durch eine nachträgliche Benennung der übrigen Eigentümer im Kostenfestsetzungsverfahren auch einen Vollstreckungstitel gegen die Klägerseite erlangen können. Diese Auffassung liegt in der Linie der Rechtsprechung des Bundesgerichtshofs, wonach im Kostenfestsetzungsverfahren die Aufwendungen desjenigen geltend gemacht werden können, der für eine nicht existente Partei einen Rechtsanwalt beauftragt hat, um die fehlende Parteifähigkeit geltend zu machen.[362] Haben die durch den Kläger nicht individualisierten übrigen Eigentümer über den Verwalter einen Rechtsanwalt beauftragt, müssen sie erst recht ihre Kosten geltend machen können. 314

Hat der Verwalter gemäß § 27 Abs. 2 Nr. 4 WEG oder § 27 Abs. 3 Satz 1 Nr. 6 WEG eine **Streitwertvereinbarung** mit dem Rechtsanwalt getroffen, die Gebühren nach einem 315

[360] KG NJOZ 2008, 2063 = KGR Berlin 2008, 486 (für aktienrechtliche Anfechtungsklage).
[361] Vgl. dazu Rn. 525.
[362] BGH NJW 2008, 527; NJW 2008, 528.

höheren als nach dem gesetzlichen Streitwert zulässt, sind diese über die gesetzlichen Kosten hinausgehenden Beträge nicht erstattungsfähig. Mit §§ 27 Abs. 2 Nr. 4, 27 Abs. 3 Satz 1 Nr. 6 WEG wird lediglich die Zulässigkeit der Vereinbarung eines höheren Streitwerts durch den Verwalter geregelt, nicht aber die Erstattungspflicht durch den Gegner berührt. Insoweit gilt die Regelung des § 91 Abs. 2 Satz 1 ZPO, die nur die gesetzlichen und damit gerade nicht die auf einer Streitwertvereinbarung basierenden Gebühren als erstattungsfähig ansieht. Gleiches gilt für sonstige über die gesetzlichen Gebühren hinausgehende Honorarvereinbarungen.

316 Die **Kosten für** die **interne Unterrichtung** ihrer Mitglieder **über** den **Prozess** sowohl bei Prozessen des Verbandes Wohnungseigentümergemeinschaft, als auch bei Beschlussanfechtungsrechtsstreitigkeiten, grundsätzlich nicht erstattungsfähig.[363] Hintergrund für diese Annahme ist, dass die Unterrichtung der Eigentümer zumindest bei Prozessen des Verbandes eine bloße interne Angelegenheit des Verbandes Wohnungseigentümergemeinschaft darstellt. Auch bei Beschlussanfechtungsrechtsstreiten, in denen sich die die beklagten Wohnungseigentümer von dem Verwalter oder dem von diesem beauftragten Prozessbevollmächtigten vertreten lassen, wird der Rechtsstreit „verbandsähnlich" geführt, so dass die Unterrichtung eine bloß interne Angelegenheit darstellt. Eine Ausnahme gilt nur bei Beschlussanfechtungen, bei denen die Rechtsstellung des Verwalters betroffen ist. In diesem Fall sind die Kosten der Unterrichtung der Wohnungseigentümer über die Anfechtungsklage und ihre Begründung ausnahmsweise erstattungsfähig, weil sich ein solcher Beschlussanfechtungsprozess nur bei Sicherstellung der Unterrichtung überhaupt ähnlich einem Verbandsprozess führen lässt.[364] Nicht erstattungsfähig sind dabei aber die Erstellung von Kopien der Anlagen zur Klageschrift oder der Klagebegründung und deren Übersendung. Anlagen zur Klageschrift oder Klagebegründung sind für eine Information der Beklagten über die Klage grundsätzlich nicht erforderlich.[365] Die **Kosten** des **Ersatzzustellungsvertreters** für die Unterrichtung der übrigen Wohnungseigentümer sind bei Beschlussanfechtungsstreitigkeiten hingegen generell erstattungsfähig. Denn bei einer notwendigen Zustellung über den Ersatzzustellungsvertreter kann nur über die Zustellung an diesen erreicht werden, dass der Beschlussanfechtungsprozess ähnlich einem Verbandsprozess durch einheitliche Verteidigung geführt werden kann.[366] Dabei können allerdings nur die tatsächlich entstandenen und zur zweckentsprechenden Rechtsverfolgung oder Rechtsverteidigung notwendigen Auslagen geltend gemacht werden. Im Vorfeld seitens der Gemeinschaft mit dem Ersatzzustellungsvertreter vereinbarte Pauschalen im Sinne eines einen Gewinn enthaltenden Entgelts sind grundsätzlich nicht erstattungsfähig.[367] Auch die Kosten für die Erstellung von Kopien der Anlagen zur Klageschrift oder der Klagebegründung und deren Übersendung sind grundsätzlich nicht erstattungsfähig.[368]

VII. Gebührenstreitwert (§ 49 a GKG)

1. Anwendungsbereich

317 § 49 a GKG regelt nach der amtlichen Überschrift den Gebührenstreitwert für „Wohnungseigentumssachen". Hierunter sind sämtliche Streitigkeiten im Sinne des § 43 WEG zu verstehen. Auch Streitigkeiten gemäß § 43 Nr. 5 WEG (wohnungseigentumsbezogene Klagen von Dritten) fallen unter diese Bestimmung. Andernfalls hätte für den Gesetzge-

---

363 BGH NJW 2009, 2135 (2136).
364 BGH NJW 2009, 2135 (2136).
365 BGH NJW 2009, 2135 (2137).
366 Vgl. zu diesem Erfordernis bei Zustellung an Verwalter BGH NJW 2009, 2135 (2136).
367 KG NJW 1991, 1304 (1305).
368 Vgl. BGH NJW 2009, 2135 (2137).

ber kein Bedürfnis bestanden, dem Verwalter nach §§ 27 Abs. 2 Nr. 4, Abs. 3 Satz 1 Nr. 6 WEG auch in Streitigkeiten gemäß § 43 Nr. 5 WEG die Befugnis zur Vereinbarung eines höheren Streitwerts als den gesetzlichen Streitwert einzuräumen.

Die Regelung des § 49a GKG betrifft ausschließlich den **Gebührenstreitwert** und ist damit nur für die Berechnung der Gerichtskosten und Rechtsanwaltsgebühren maßgebend. Der unter anderem für die sofortige Beschwerde und Berufung maßgebliche Wert des Beschwerdegegenstandes i.S.v. §§ 511 Abs. 2 Nr. 1, 567 Abs. 1 Nr. 2 ZPO wird hingegen nicht von § 49a GKG geregelt. Dieser richtet sich vielmehr gemäß § 2 ZPO nach den Bestimmungen der §§ 3ff. ZPO. 318

Schon in der Klageschrift hat der Kläger Angaben zur Höhe des Streitwerts zu machen, vgl. §§ 253 Abs. 3 ZPO, 61 GKG. Unterlässt der Kläger derartige Angaben bei fristgebundenen Klagen – wie etwa der Anfechtungsklage – hat er auf eine gerichtliche Nachfrage die Angaben unverzüglich nachzuholen, weil er sonst in Gefahr läuft, dass die Zustellung der Klage nicht mehr „demnächst" i.S.v. § 167 ZPO erfolgt und allein deshalb die Klage abgewiesen wird. 319

2. Der Regelungsgehalt von § 49a GKG

Entsprechend der Gesetzessystematik ist der Gebührenstreitwert für alle Wohnungseigentumssachen zunächst nach Maßgabe des in § 49a Abs. 1 GKG geregelten Verfahrens zu ermitteln. Anschließend ist er gegebenenfalls anhand der Bestimmung des § 49a Abs. 2 GKG zu überprüfen. 320

§ 49a Abs. 2 GKG kommt aber immer nur dann zusätzlich zur Anwendung, sofern sich die Klage gegen **„einzelne Wohnungseigentümer"** richtet. Einzelne Wohnungseigentümer stehen nur dann auf Beklagtenseite, wenn nicht sämtliche Wohnungseigentümer Partei des Rechtsstreits sind. Erforderlich ist damit, dass von mehreren nicht auf Klägerseite stehenden Wohnungseigentümern „Einzelne" verklagt werden. Damit scheiden Klagen nach § 43 Nr. 4 WEG, wie etwa Anfechtungsklagen, aus dem Anwendungsbereich des § 49a Abs. 2 GKG aus. Als Anwendungsfälle für die Regelung des § 49a Abs. 2 GKG verbleiben damit letztlich lediglich Streitigkeiten nach § 43 Nr. 1 bis Nr. 3 und Nr. 5 WEG, sofern bei diesen einzelne Wohnungseigentümer auf Beklagtenseite stehen. Hauptanwendungsfall des § 49a Abs. 2 GKG ist dabei insbesondere die Klage des Verbands Wohnungseigentümergemeinschaft gegen einen oder mehrere einzelne Wohnungseigentümer. 321

a) Die Begriffsbestimmung. Von zentraler Bedeutung bei der Ermittlung des Gebührenstreitwerts nach § 49a GKG ist das jeweilige **„Interesse"** der Beteiligten an der Entscheidung. Dieses Interesse einzelner Parteien oder Beigeladenen ist anhand des **Streitgegenstandes** zu bestimmen. Das Interesse einer Partei ist dabei unter Zugrundelegung des persönlichen Vorteils (subjektiv), der aus einer Entscheidung abgeleitet wird, nach objektiven Maßstäben zu ermitteln. Insoweit ist zwar etwa im Rahmen einer Anfechtungsklage gegen einen Sonderumlagenbeschluss zu berücksichtigen, in welcher Höhe der einzelne Eigentümer an der Sonderumlage beteiligt ist. Diese Ermittlung richtet sich aber nach objektiven Kriterien. Nicht maßgebend ist deshalb, welchen Betrag die Parteien selbst als vermeintliches Eigeninteresse angegeben. Bei **Zahlungsklagen** etwa, entspricht das Interesse des Klägers dem Nennbetrag der Forderung, selbst wenn dieser meint, dass der wirtschaftliche Wert der Forderung aufgrund von Zahlungsschwierigkeiten des Beklagten geringer ist. Auch das Interesse eines Beklagten bestimmt sich danach, in welcher Höhe er konkret in Anspruch genommen wird. Bei **Anfechtungsklagen** richtet sich das Interesse des Klägers daran aus, welchen objektiven Vorteil er durch die Ungültigerklärung hat. Das Interesse der Beklagten bestimmt sich danach, welchen Vorteil die Aufrechterhaltung des Beschlusses mit sich bringt. Fehlen hinreichende Anhaltspunkte für die Bestimmung des Interesses, muss das Gericht selbiges nach § 3 ZPO schätzen. Da § 49a GKG keine hinreichende Bestimmung der Berechnung des Interesses vornimmt, 322 kommen insoweit – da eine anderweitige Bestimmung fehlt – über § 48 Abs. 1 GKG die allgemeinen Regelungen der §§ 3 ff. ZPO zur Anwendung.

323 Der für die Obergrenze des Gebührenstreitwerts nach § 49 a GKG maßgebliche **Verkehrswert** ist derjenige Wert, der sich im allgemeinen Geschäftsverkehr bei Veräußerung des Wohnungseigentums am wahrscheinlichsten erzielen lässt. Das Gericht wird diesen Wert im Regelfall nicht kennen. Hat das Gericht Bedenken, dass dieser Wert überschritten sein könnte, muss es den Parteien Gelegenheit zur Stellungnahme und Mitteilung des Verkehrswertes geben. Nur wenn daraufhin keine ausreichenden Tatsachen für eine Schätzung mitgeteilt werden und auch sonst keine weiteren Anhaltspunkte zur Schätzung bekannt sind, kann das Gericht – allerdings begrenzt auf äußerste **Ausnahmefälle** – ein Sachverständigengutachten nach § 64 GKG einholen.

324 **b) Die Bestimmung des Streitwerts.** Nach § 49 a Abs. 1 GKG ist der Streitwert auf 50 Prozent des Interesses der Parteien und aller Beigeladenen (also nicht nur der beigetretenen Beigeladenen = Beigetretenen) an der Entscheidung festzusetzen. Der Streitwert darf allerdings das Interesse der Kläger und der auf ihrer Seite Beigetretenen an der Entscheidung nicht unterschreiten und das Fünffache des Wertes ihres Interesses nicht überschreiten. Richtet sich die Klage gegen einzelne Wohnungseigentümer, darf nach § 49 a Abs. 2 GKG der Streitwert zusätzlich das Fünffache des Wertes ihres Interesses sowie des Interesses der auf ihrer Seite Beigetretenen nicht übersteigen. In keinem Fall darf der Streitwert den Verkehrswert des Wohnungseigentums des Klägers bzw. der Beklagten und der auf ihrer Seite Beigetretenen übersteigen.

325 Um die jeweiligen Anforderungen und Einschränkungen dieses kompliziert formulierten § 49 a GKG zu beachten, ist zu empfehlen, zur Bestimmung des Gebührenstreitwerts nach § 49 a GKG folgende Schritte einzuhalten:

326 *aa) Die Interessenermittlung.* Zunächst ist das Interesse aller Beteiligten zu ermitteln. Von maßgeblicher Bedeutung ist dabei sowohl das Klägerinteresse, das Beklagteninteresse, als auch das Gesamtinteresse:

327 • Zur Ermittlung des Interesses der Kläger und der auf der Klägerseite beigetretenen Beigeladenen (§ 48 Abs. 2 Satz 2 WEG) an der Entscheidung (= **Klägerinteresse**) ist wie folgt vorzugehen: In einem ersten Schritt ist das Einzelinteresse sämtlicher Kläger und der auf der Klägerseite Beigetretenen zu ermitteln. In einem weiteren Schritt ist anschließend zu überprüfen, ob die so ermittelten Interessen der einzelnen Kläger und der einzelnen auf der Klägerseite Beigetretenen **wirtschaftlich identisch** sind. Sind die Interessen der einzelnen Kläger und der auf der Klägerseite Beigetretenen wirtschaftlich identisch, hat eine Zusammenrechnung dieser Interessen zu unterbleiben.[369] Maßgebend ist in diesem Fall vielmehr das höchste ermittelte Interesse von einem der Kläger oder von einem der auf der Klägerseite Beigetretetenen.[370] Ein Fall von wirtschaftlicher Identität liegt etwa vor, wenn – was praktisch selten vorkommt – mehrere Kläger als Gesamtgläubiger einen wirtschaftlich identischen Anspruch geltend machen.[371] Liegt hingegen kein Fall einer wirtschaftlichen Identität der Interessen vor, müssen die einzelnen ermittelten Interessen der Kläger und der auf der Klägerseite Beigetretenen addiert werden.[372] Ein solcher Fall ist etwa anzunehmen, wenn mehrere Kläger im Rahmen einer **subjektiven Klagehäufung** zwar einen einheitlichen Beschluss anfechten, der Beschluss aber unterschiedliche wirtschaftliche Interessen der Kläger begründet. So ist das wirtschaftliche Interesse jedes einzelnen Wohnungseigentümers, der einen Beschluss über die Gesamt- und Einzeljahresabrechnung anficht, regelmäßig am Nennbetrag der konkret auf ihn umgelegten Kosten seiner Einzelabrechnung aus-

---

369 Vgl. BGH NJW-RR 2004, 638 (639).
370 Vgl. BGH NJW-RR 1998, 1421 (1422).
371 Vgl. OLG München MDR 1993, 286.
372 Vgl. zu diesem allgemeinen Grundsatz nur OLG München MDR 1993, 286. Vgl. für das parallele Problem der Berechnung der Beschwer BGH NJW-RR 1989, 1206.

zurichten, wohingegen das wirtschaftliche Interesse der anderen Kläger den Betrag aus ihrer eigenen Einzelabrechnung betrifft.
Das unterschiedliche Interesse mehrerer Kläger bei einer subjektiven Klagehäufung muss bereits im Rahmen eines einheitlichen Klägerinteresses berücksichtigt werden, auch wenn § 49 a Abs. 1 Satz 2 und Satz 3 GKG lediglich den Singular (Interesse „des Klägers") und der auf seiner Seite Beigetretenen verwendet. Es ist kein Grund dafür erkennbar, dass bei beigetretenen Beigeladenen eine Zusammenrechnung der Interessen nach dem Gesetzeswortlaut stattzufinden hat, jedoch bei einer Personenmehrheit auf Klägerseite (etwa infolge einer Verbindung nach § 47 Satz 2 WEG) eine Addition zu unterbleiben hätte. Gegen die Berücksichtigung des Interesses nur eines Klägers spricht auch die Gesetzesbegründung, wonach für die „auf der Seite des Klägers Beteiligten" ein einheitliches Gesamtklägerinteresse zu bilden ist, um diese nicht durch ein Unterlassen der Addition gegenüber anderen ZPO-Verfahren zu privilegieren.[373]

- Liegt ein Anwendungsfall des § 49 a Abs. 2 GKG vor – ist also eine Klage nur gegen einzelne Wohnungseigentümer gerichtet – ist zusätzlich das Interesse der Beklagten und der auf der Beklagtenseite Beigetretenen an der Entscheidung zu ermitteln (= **Beklagteninteresse**). Auch hier sind die Interessen der Beklagten und deren Streithelfer an der Entscheidung zu addieren, sofern diese nicht wirtschaftlich identisch sind. Ein solcher Fall fehlender wirtschaftlicher Identität liegt etwa vor, wenn mehrere Beklagte auf Unterlassung in Anspruch genommen werden, da sie keine Gesamtschuldner sind.[374] Eine Addition der Interessen der einzelnen Beklagten hat hingegen zu unterbleiben, sofern diese wirtschaftlich identisch sind. Werden mehrere Beklagte als Gesamtschuldner in Anspruch genommen, liegt ein solcher Fall von einer wirtschaftlichen Identität vor.[375] Letzteres ist etwa vorstellbar, wenn mehrere Eigentümer, die gemeinsam einen Schaden verursacht haben, auf Zahlung in Anspruch genommen werden. 328
- Anschließend ist das Interesse sämtlicher Parteien und aller (nicht nur der beigetretenen) Beigeladenen (also das gemeinsame Interesse aller) an der Entscheidung zu bestimmen (= **Gesamtinteresse**). Dieses Interesse setzt sich grundsätzlich aus der Summe des Kläger- und Beklagteninteresses zusammen. Liegt eine wirtschaftliche Interessenidentität vor, läuft auch insoweit das Gesamtinteresse mit dem Kläger- und Beklagteninteresse gleich und eine Addition hat zu unterbleiben. Da nach § 49 a Abs. 1 Satz 1 GKG das Gesamtinteresse auch das Interesse der nicht beigetretenen Beigeladenen umfasst, muss aber gegebenenfalls zusätzlich das Interesse der nicht beigetretenen Beigeladenen bei der Bestimmung des Gesamtinteresses berücksichtigt werden. Im Regelfall wird deren Interesse jedoch mit dem Kläger- oder Beklagteninteresse wirtschaftlich identisch sein, so dass in diesem Fall eine weitere Addition zu unterbleiben hat. Dieser Grundsatz gilt aber nicht für die Anfechtung des Jahresabrechnungs- oder des Wirtschaftsplanbeschlusses. Die Verwaltung als Beigeladene hat ein eigenständiges wirtschaftliches Interesse an der Aufrechterhaltung des Beschlusses, da für sie nicht die Höhe der einzelnen Abrechnungspositionen, sondern der Aufwand für die Erstellung einer neuen Abrechnung bzw. eines neuen Wirtschaftsplans maßgebend ist. Entsprechend muss dieses zu schätzende Interesse bei der Ermittlung des Gesamtinteresses berücksichtigt werden. Da das Gesamtinteresse aber ohnehin nur mit einem prozentualen Ansatz der ausgewiesenen Kosten zu schätzen ist, geht dieses Interesse in dem Schätzungsbetrag regelmäßig auf.[376] 329

bb) Der Grundsatzstreitwert: 50 Prozent des Gesamtinteresses. Der Streitwert ist grundsätzlich gemäß § 49 a Abs. 1 Satz 1 GKG auf 50 Prozent des so ermittelten Gesamtinteresses zugrundezulegen. Hiervon bestehen nur zwei Ausnahmen: 330

[373] Begründung zum Gesetzesentwurf BT-Drucks. 16/887, S. 41.
[374] OLG Koblenz JurBüro 1985, 257.
[375] OLG München MDR 1993, 286.
[376] Vgl. zu den Einzelheiten Rn. 345.

– **Überschreitet** das entsprechend ermittelte **Klägerinteresse** die Hälfte des **Gesamtinteresses,** kommt es allein auf den Wert des Klägerinteresses an (§ 49 a Abs. 1 Satz 2 Var. 1 GKG).
– **Unterschreitet** das nach den vorgenannten Grundsätzen ermittelte **fünffache Klägerinteresse** hingegen die Hälfte des **Gesamtinteresses,** ist nur das fünffache Klägerinteresse maßgebend (§ 49 a Abs. 1 Satz 2 Var. 2 GKG).

331 *cc) Die Abgrenzung zum Beklagteninteresse.* Der nach den eben dargestellten Grundsätzen ermittelte Streitwert ist im Anwendungsbereich des § 49 a Abs. 2 GKG, sofern also einzelne Wohnungseigentümer auf der Beklagtenseite stehen, mit dem Beklagteninteresse abzugleichen. Wenn das fünffache Beklagteninteresse bei dem bislang maßgeblich ermittelten Wert überschritten würde, ist ausschließlich das fünffache Beklagteninteresse zugrunde zu legen.

332 *dd) Die Absolute Grenze: Der Verkehrswert.* Keinesfalls darf der Streitwert den **Verkehrswert** des Wohnungseigentums der **Kläger** und deren Streithelfer überschreiten. Bei einer Mehrheit von Klägern oder einem Beitritt ist der Wert aller Wohnungen zu addieren, zumal diese insoweit gemeinsam bzw. anteilig nach § 100 ZPO an den Kosten des Rechtsstreits beteiligt werden.

333 Eine zusätzliche Begrenzung findet auch hier im Anwendungsbereich des § 49 a Abs. 2 GKG statt. In diesem Fall darf zusätzlich nicht der **Verkehrswert** des Wohnungseigentums der **Beklagten** und deren Streithelfer überschritten werden. Auch insoweit ist eine Addition der einzelnen Werte der Wohnungen der Beklagten vorzunehmen.

3. Einzelfälle

334 Die Hauptanwendungsfälle der Praxis des Wohnungseigentumsprozesses betreffen die Leistungsklagen und die Beschlussanfechtungsklagen. Der mehrstufige Aufbau des § 49 a GKG setzt für beide Klagearten eine hinreichende Abgrenzung der Interessen an der Entscheidung voraus.

335 a) **Die Leistungsklagen.** Der Hauptanwendungsfall der Leistungsklagen sind die klassischen Zahlungsklagen, aber auch Unterlassungs- oder Zustimmungsklagen. Im Folgenden sollen dabei für praxisrelevante Fallgruppen Grundsätze dargestellt werden, anhand derer sich das jeweilige Interesse an der Entscheidung regelmäßig ermitteln lässt:

336 • Bei einer **Zahlungsklage** entspricht der **Nennwert** der Forderung dem Klägerinteresse, dem Beklagteninteresse und auch dem Gesamtinteresse an einer Entscheidung. Nicht geklärt ist dabei die Frage, ob bei einer Zahlungsklage eine Begrenzung auf den Verkehrswert des Wohnungseigentums zu erfolgen hat. Der Gesetzgeber hat bewusst eine derartige Klarstellung in das Gesetz nicht aufgenommen, da er der Meinung war, eine solche Einschränkung ergebe sich bereits aus § 48 Abs. 1 GKG und zudem aus § 49 a Abs. 1 Satz 2 GKG, wonach das Interesse des Klägers nicht unterschritten werden darf.[377] Dem kann zumindest von der Begründung nicht gefolgt werden. Denn § 48 Abs. 1 GKG ist ausdrücklich nur anwendbar, wenn keine Sonderregelung besteht („soweit nichts anderes bestimmt ist"). Eine solche Sonderregelung stellen aber die §§ 49 a Abs. 1 Satz 3, 49 a Abs. 2 Satz 2 GKG dar, die ausdrücklich und ohne Ausnahme („in keinem Fall") – und damit auch wenn das Klägerinteresse höher ist – eine Überschreitung der Höhe des Verkehrswertes der Wohnung verbieten. Zwar ist die Anwendung von § 48 Abs. 1 GKG und damit auch von §§ 3 ff. ZPO in Wohnungseigentumssachen nicht prinzipiell ausgeschlossen. Die §§ 48 Abs. 1 GKG, 3 ff. ZPO dürfen aber nur insoweit herangezogen werden, als § 49 a Abs. 1 GKG keine abschließende Regelung enthält. Ein Rückgriff auf §§ 48 Abs. 1 GKG, 3 ff. ZPO ist damit im Regelfall nur bei der konkreten Bemessung des „Interesses" möglich. Allenfalls in Be-

---

[377] Begründung zum Gesetzesentwurf BT-Drucks. 16/887, S. 76.

tracht kommt deshalb eine teleologische Reduktion von §§ 49a Abs. 1 Satz 3, 49a Abs. 2 Satz 2 GKG dahingehend, dass diese Regelung bei Zahlungsklagen nicht eingreift. Im Hinblick auf den eindeutigen Gesetzeswortlaut bleibt abzuwarten, ob die Rechtsprechung tatsächlich eine derartige Ausnahme annehmen wird.

- Wird eine Klage auf **Unterlassung einer störenden Nutzung** durch einen Wohnungsei- 337
gentümer erhoben, ist das allein am jeweiligen Einzelfall orientierte einfache Interesse der Kläger anhand der individuellen Beeinträchtigung und dem Nutzen einer zukünftigen Unterlassung zu bestimmen. Das ebenfalls am Einzelfall zu bestimmende Beklagteninteresse nach § 49a Abs. 2 Satz 1 GKG bestimmt sich hingegen an den Vorteilen, die aus der Nutzung gezogen werden. Die konkrete Bestimmung kann bei fehlenden Anhaltspunkten für die Höhe des Interesses anhand einer Schätzung nach den insoweit anwendbaren §§ 48 Abs. 1 GKG, 3 ZPO vorgenommen werden. Wegen der Besonderheiten bei der Interessenermittlung bei einer subjektiven Klagehäufung wird auf die diesbezüglichen Ausführungen verwiesen.[378]
- Das Gesamtinteresse ohne Berücksichtigung des klägerischen Interesses an einer **Besei-** 338
tigung baulicher Veränderungen entspricht grundsätzlich dem Wert der Kosten, die für eine Wiederherstellung des früheren Zustands aufzuwenden sind.[379] Auch das Beklagteninteresse entspricht diesem Wert, da die Beklagtenseite die entsprechenden Kosten vermeiden will. Etwas anderes gilt für das Klägerinteresse. Das Interesse des Klägers an einer Beseitigung bemisst sich bei der Störung von Grundeigentum grundsätzlich nach dem Wertverlust, den die Sache durch die Störung erleidet.[380] Heranzuziehen ist dabei bei einem einzelnen Kläger die Minderung des Wertes des konkreten Sondereigentums sowie seines Anteils am Gemeinschaftseigentum und bei der Klage des Verbandes die Minderung des Wertes des gesamten Gebäudes. Bei erheblichen Störungen, die nur einen geringen Wertverlust nach sich ziehen, wird der Streitwert deshalb deutlich unterhalb der Hälfte des Gesamtinteresses zurückbleiben, sofern der fünffache Betrag des Klägerinteresses geringer ist.

Berechnungsbeispiel: Der Verband Wohnungseigentümergemeinschaft klagt gegen einen Eigen- 339
tümer auf die Beseitigung einer Parabolantenne. Die voraussichtlichen Beseitigungskosten betragen – hier unterstellt – 5000 EUR.
Das hälftige **Gesamtinteresse** beträgt 2500 EUR. Das einfache Klägerinteresse ist bei dem Begehren auf Beseitigung einer **Parabolantenne** hingegen mit allenfalls 300 bis höchstens 600 EUR zu bewerten.[381] Nimmt man ein Klägerinteresse von 300 EUR an, beträgt der Streitwert deshalb nach § 49a Abs. 1 Satz 2 Var. 2 GKG nur 1500 EUR (fünffache Klägerinteresse).

- Das einfache Klägerinteresse hinsichtlich des Anspruchs der Gemeinschaft auf **He-** 340
rausgabe von Verwalterunterlagen ist anhand der konkreten Umstände des Einzelfalles zu schätzen. Maßstab ist dabei auch, welcher wirtschaftliche Schaden im Fall der Nichtherausgabe droht. Ohne nähere Anhaltspunkte wird das Klägerinteresse je nach dem Umfang der herausverlangten Unterlagen bei etwa 500 bis 2000 EUR liegen.[382] Das hälftige Gesamtinteresse wird dabei regelmäßig – wenn auch nicht immer – den Betrag dieses einfachen Klägerinteresses unterschreiten, so dass in diesem Fall das Klägerinteresse maßgebend ist.
- Auch das einfache Klägerinteresse hinsichtlich des Anspruchs eines Wohnungseigen- 341
tümers gegen den Verwalter auf **Einsichtnahme in die Beschlussammlung** oder in Ab-

---

[378] Vgl. dazu ausführlich Rn. 327.
[379] BayObLG WuM 1994, 565 (566).
[380] So ausdrücklich BGH vom 10. 4. 2008 – V ZR 154/07 = BeckRS 2008 08608; BGH NJW 2006, 2639 (2640).
[381] BGH NJW 2006, 2639 (2640).
[382] Vgl. AG Hamburg ZMR 2009, 232 (233), welches für die Herausgabe von Verwalterunterlagen im Hauptsacheverfahren einen Streitwert von 2000 EUR und im einstweiligen Verfügungsverfahren von 1000 EUR annimmt.

rechnungsunterlagen unterliegt nach diesen Maßstäben der Schätzung und wird sich regelmäßig im Bereich von 200 bis 1000 EUR bewegen. Das hälftige Gesamtinteresse wird auch in diesem Fall regelmäßig geringer als das einfache Klägerinteresse sein, so dass das Klägerinteresse maßgebend ist.

342 • Das einfache Klägerinteresse für eine Klage gegen den Verwalter auf **Zustimmung zur Veräußerung** nach § 12 WEG beträgt im Regelfall zwischen 10 und 20 Prozent des vereinbarten Kaufpreises.[383] Die Höhe des konkreten Prozentsatzes bemisst sich dabei nach dem Wert der Wohnung. Die Obergrenze von 20 Prozent ist nur bei einem verhältnismäßig geringen Wert einer Wohnung zu wählen; bei einem hohen Wert hingegen sind 10 Prozent des Verkaufspreises anzusetzen.[384] Das hälftige Gesamtinteresse wird auch hier regelmäßig unterhalb dieses Klägerinteresses liegen.

343 • Bei der **Entziehungsklage nach §§ 18 f. WEG** richtet sich das Kläger-, Beklagten und Gesamtinteresse an dem Verkehrswert der Wohnung aus. Gegenstand der Eigentumsentziehungsklage ist die Frage, ob der Sondereigentümer sein Eigentum veräußern muss. Dass der Verlust durch eine Zahlung kompensiert wird, ist dabei unerheblich, da streitgegenständlich allein die Frage des Eigentumsverlustes ist.[385] Da das Klägerinteresse nach § 49 a Abs. 1 Satz 2 GKG nicht unterschritten werden darf, hat insoweit auch keine Halbierung stattzufinden.

344 **b) Die Beschlussanfechtungsklagen.** Die Beteiligung aller Eigentümer als Parteien an den beschlussbezogenen Klagen, wie der Anfechtungsklage, bereitet für die Bemessung des Streitwerts ebenfalls Schwierigkeiten. Auch insoweit soll im Folgenden für besonders praxisrelevante Fallgruppen die Bestimmung des jeweiligen Interesses an der Entscheidung dargestellt werden:

345 • Bei der umfassenden Anfechtung des Beschlusses über eine **Jahresabrechnung** oder einen **Wirtschaftsplan** ist das einfache **Gesamtinteresse** entsprechend der bisherigen Rechtsprechung[386] mit 20 Prozent des Nennbetrages (und das hälftige Gesamtinteresse damit mit 10 Prozent) der in der Abrechnung bzw. dem Wirtschaftsplan ausgewiesenen Kosten anzusetzen.[387] In diesem Betrag ist regelmäßig bereits das eigenständige und gesondert zu berücksichtigende[388] Interesse des beigeladenen Verwalters enthalten, da es sich bei dem prozentualen Ansatz um einen entsprechenden Schätzwert handelt. Nur bei sehr kleinen Wohnanlagen kommt deshalb die Hinzurechnung eines entsprechenden Zuschlags für das Interesse des Verwalters in Betracht. Das **Klägerinteresse** ist bei der Anfechtung der gesamten Abrechnung bzw. des Wirtschaftsplans mit der Summe sämtlicher in der Einzeljahresabrechnung bzw. dem Einzelwirtschaftsplan konkret auf den Kläger umgelegten Kosten zu bewerten.[389] Auch wenn der Kläger bei einem **umfassenden Klageantrag** auf eine Aufhebung des gesamten Beschlusses nur die Rechtswidrigkeit einzelner Posten der Abrechnung bzw. des Wirtschaftsplanes in der Klagebegründung rügt, verbleibt es bei dieser umfassenden Berechnung des Klägerinteresses. Das objektiv zunächst am Klageantrag gemäß § 253 Abs. 2 Nr. 2 ZPO ausgerichtete Interesse des Klägers ist die Aufhebung der gesamten Abrechnung. Derjenige,

---

[383] Vgl. OLG Frankfurt vom 12. 11. 2007 – 20 W 395/07 = BeckRS 2008 02036.

[384] KG NZM 2008, 47 (48).

[385] So ausdrücklich BGH NJW 2006, 3428.

[386] KG NZM 2004, 511.

[387] LG Nürnberg-Fürth ZMR 2008, 737 (738).

[388] Vgl. Rn. 329.

[389] *Einsiedler,* ZMR 2008, 765 (769); *Jennißen/Suilmann,* WEG § 49 a GKG, Rn. 17. A. A. für Jahresabrechnung: LG Nürnberg-Fürth ZMR 2009, 555 (556), welches nur einen Bruchteil von 20 Prozent der umgelegten Kosten als Einzelinteresse annimmt. Das LG Nürnberg-Fürth übersieht insoweit aber, dass der Kläger den konkreten Beschluss insgesamt aufgehoben wissen will. Der konkrete Beschluss legt aber die gesamten Kosten um. Dass eine erneute Beschlussfassung über die darin enthaltenen Kosten denkbar ist, ändert hieran nichts. Ein solcher Beschluss würde vielmehr einen neuen Streitgegenstand darstellen.

der einen Eigentümerbeschluss in vollem Umfang und nicht beschränkt auf einzelne Positionen anficht, hat ein Interesse an der Aufhebung des gesamten Beschlusses.[390] Nur wenn sich mit aller Deutlichkeit aus der – dann aber notwendigerweise zugleich mit dem Antrag eingereichten – Klagebegründung[391] ergibt, dass der Kläger entgegen dem Klageantrag nur die Aufhebung der als fehlerhaft begründeten Positionen der Abrechnung begehrt, ist sein Interesse abweichend zu beurteilen[392] (vgl. hierzu nächster Punkt). Für eine derartige Annahme ist nicht ausreichend, dass lediglich einzelne Positionen der Abrechnung als fehlerhaft begründet werden,[393] da die bloße Teilaufhebung eines Beschlusses gerade die Ausnahme darstellt. In der Klagebegründung muss vielmehr zusätzlich deutlich gemacht werden, dass im Hinblick auf die, auf einzelne rechtswidrige Positionen beschränkte, Begründung auch nur eine beschränkte Aufhebung des Beschlusses verlangt wird. Fechten mehrere Kläger die Jahresabrechnung oder den Wirtschaftsplan an, sind die jeweiligen Interessen zu addieren, da diese Interessen wirtschaftlich nicht identisch sind.[394]

Berechnungsbeispiel: In der Jahresabrechnung werden 150 000 EUR umgelegt. Hiervon werden auf den Eigentümer A insgesamt 1000 EUR und auf den Eigentümer B insgesamt 1500 EUR umgelegt. Beide fechten den Beschluss an. 346

Das einfache Gesamtinteresse beträgt 20 Prozent der Gesamtkosten, also 30 000 EUR. Nach § 49 a Abs. 1 Satz 1 GKG ist für den Streitwert grundsätzlich die Hälfte des Gesamtinteresses, also 15 000 EUR, maßgebend. Das aus der Summe der Interessen beider Kläger addierte einfache Klägerinteresse beträgt 2500 EUR. Da das fünffache Interesse der Kläger von 12 500 EUR (5 × 2500 EUR) unterhalb des hälftigen Gesamtinteresses von 15 000 EUR liegt, ist der Betrag von 12 500 EUR nach § 49 a Abs. 1 Satz 2 Var. 2 WEG als Streitwert festzusetzen.

- Etwas anderes gilt, wenn der Kläger sein Klagebegehren entsprechend den vorgenannten Grundsätzen auf die Aufhebung einzelner Positionen der Abrechnung beschränkt hat (**Teilanfechtung**).[395] Bei einer auf einzelne Positionen beschränkten Teilanfechtung der **Jahresabrechnung** ist das Gesamtinteresse mit dem Betrag zu bemessen, der in den angegriffenen Positionen auf alle Eigentümer verteilt wird.[396] Das einfache Klägerinteresse entspricht dem Betrag, der auf den Kläger in der angefochtenen Position der Abrechnung entfällt. Gleiches gilt für die Teilanfechtung eines Wirtschaftsplanes. 347
- Bei der Anfechtung des Beschlusses über die **Entlastung** des Verwalters oder Verwaltungsbeirates ist die Grundlage für das Gesamtinteresse die Höhe des vermeintlichen Schadensersatzanspruchs. Das einfache Klägerinteresse bemisst sich danach, welcher Anteil dem Kläger hieran nach dem Kostenverteilungsschlüssel zustehen würde. Lässt sich die Höhe des erwarteten Schadensersatzes und damit das Interesse nicht ermitteln, kommt eine Schätzung nach §§ 48 Abs. 1 GKG, 3 ZPO in Betracht, wobei je nach Sachverhalt Beträge zwischen 250 und 500 EUR angemessen sind. 348
- Wird ein Beschluss über die Vornahme von **Instandhaltungs**- oder sonstigen **kostenauslösenden Verwaltungsmaßnahmen** angefochten, richtet sich das Gesamtinteresse nach dem Gesamtwert der Kosten. Bei der Anfechtung eines Beschlusses über die Erhebung einer **Sonderumlage** richtet sich das Gesamtinteresse ebenfalls nach der Höhe der Sonderumlage. Für das einfache Klägerinteresse ist jeweils wiederum maßgebend, in welcher Höhe der Kläger nach dem Kostenverteilungsschlüssel an den kostenauslösenden Maßnahmen beteiligt ist. 349

---

[390] OLG Köln ZMR 2005, 649.

[391] Die Klagebegründung ist ergänzend zur Auslegung des Klageantrages heranzuziehen, vgl. BGH NJW-RR 2006, 1146 (1147).

[392] Vgl. dazu LG Saarbrücken NZM 2009, 323; LG Nürnberg-Fürth ZMR 2009, 555 (556).

[393] LG Nürnberg-Fürth ZMR 2009, 555 (556).

[394] Vgl. dazu ausführlich Rn. 327.

[395] Zur Zulässigkeit und Notwendigkeit einer derartigen Beschränkung vgl. Rn. 536 ff. sowie BGH NJW 2007, 1869 (1870 f.).

[396] BGH NJW 2005, 2061 (2069).

350 • Beschließt die Gemeinschaft, gegen einen Wohnungseigentümer Ansprüche unter Fristsetzung und Klageandrohung geltend zu machen, liegt regelmäßig lediglich ein **Vorbereitungsbeschluss** vor. Ein derartiger Beschluss soll den gerichtlichen Rechtsstreit nur vorbereiten und nicht eine gesonderte materiell-rechtliche Anspruchsgrundlage schaffen.[397] Bei einem bloßen Vorbereitungsbeschluss bemisst sich das Gesamtinteresse an der Höhe der voraussichtlich von allen aufzuwendenden Rechtsverfolgungs- und Rechtsverteidigungskosten für die gerichtliche Durchsetzung bzw. Abwehr der beschlossenen Maßnahme. Das Klägerinteresse hängt hingegen davon ab, wer auf Klägerseite steht. Klagt der durch den Vorbereitungsbeschluss aufgeforderte Eigentümer, bemisst sich sein einfaches Interesse an den ihn im Falle eines Rechtsstreits treffenden Kosten für die Rechtsverteidigung. Klagt ein sonstiger Eigentümer, bemisst sich das einfache Klägerinteresse hingegen daran, in welcher Höhe der Kläger nach dem Kostenverteilungsschlüssel an den Rechtsverfolgungskosten beteiligt wird. Diesen Voraussetzungen folgt auch die Überprüfung eines nach § 18 Abs. 3 WEG erforderlichen Beschlusses über ein **Veräußerungsverlangen** zur Vorbereitung der Entziehungsklage. Denn auch dieser Beschluss bereitet lediglich das gerichtliche Verfahren vor, wobei keine materielle Prüfung des Veräußerungsverlangens erfolgt.[398]

351 • Bei der Anfechtung des Beschlusses über die **Bestellung eines Verwalters** ist der dem Verwalter für die vorgesehene Laufzeit des Vertrages zustehende Vergütungsanspruch für die Interessenabgrenzung im Rahmen der Streitwertbestimmung maßgebend.[399] Bei der Anfechtung eines vorzeitigen **Abberufungsbeschlusses** ist die Vergütung des Verwalters für die Restvertragslaufzeit bei der Streitwertbestimmung zugrundezulegen.[400] Das Gesamtinteresse bemisst sich dabei nach dem Gesamtvergütungsanspruch und das einfache Klägerinteresse nach dem entsprechend dem Kostenverteilungsschlüssel auf ihn entfallenden Betrag,[400a] wobei bei einer Klage des Verwalters das Klägerinteresse mit dem Gesamtinteresse übereinstimmt.[401]

4. Streitwertbeschwerde

352 Zu unterscheiden ist zwischen der vorläufigen und endgültigen Festsetzung des Streitwerts.

353 Hat das Gericht – zur Bemessung des Gerichtskostenvorschusses – den Streitwert nach § 63 Abs. 1 Satz 1 GKG lediglich **vorläufig festgesetzt**, kann gegen diesen Beschluss selbst grundsätzlich keine Beschwerde eingelegt werden. Einwendungen gegen die Höhe des festgesetzten Werts können vielmehr gemäß § 63 Abs. 1 Satz 2 GKG nur im Verfahren über die Beschwerde gegen den Beschluss geltend gemacht werden, durch den die Tätigkeit des Gerichts von der vorherigen Zahlung von Kosten abhängig gemacht wird. Mit anderen Worten: In diesen Fällen kann lediglich gegen die Anordnung, dass überhaupt ein Vorschuss erhoben wird und/oder dass ein Vorschuss in der geforderten Höhe verlangt wird, gemäß § 67 Abs. 1 GKG vorgegangen werden. Für diese Beschwerde gilt weder eine Beschwerdefrist, noch muss ein bestimmter Beschwerdewert erreicht werden.

354 Setzt das Gericht den Streitwert **endgültig** fest, ist gegen diesen Beschluss durch die beschwerte Partei nach Maßgabe von § 68 GKG der Beschwerdeweg eröffnet. Die Beschwerde ist dabei zwingend bei dem Gericht einzulegen, welches die angefochtene Entscheidung erlassen hat, §§ 68 Abs. 1 Satz 5, 66 Abs. 5 Satz 5 GKG. Sie muss nach § 68

---

[397] Vgl. dazu OLG Düsseldorf DWE 2009, 23 (25); KG NJW-RR 1997, 1033 (1034 f.).

[398] OLG Braunschweig ZMR 2006, 700; BayObLG NZM 1999, 578 (579). Vgl. dazu ausführlich Teil F, Rn. 413.

[399] LG Köln NZM 2009, 364.

[400] LG Köln NZM 2009, 364.

[400a] Vgl. OLG München NZM 2009, 788, wonach im Einzelfall ein darüber hinaus gehendes Interesse bestehen kann; a. A. LG München NZM 2009, 625: regelmäßig 50% des Verwalterhonorars.

[401] LG Köln NZM 2009, 364 (365).

Abs. 1 Satz 3 Var. 1 GKG i. V. m. § 63 Abs. 3 Satz 2 GKG innerhalb von sechs Monaten, nachdem die Entscheidung in der Hauptsache Rechtskraft erlangt oder sich das Verfahren anderweitig erledigt hat, eingelegt werden. Liegt zu diesem Zeitpunkt noch kein Streitwertbeschluss vor, ist die Streitwertbeschwerde gemäß § 68 Abs. 1 Satz 3 Var. 2 GKG innerhalb eines Monats nach Zustellung oder formloser Mitteilung des Festsetzungsbeschlusses einzulegen. Weitere Voraussetzung ist, dass der Wert des Beschwerdegegenstandes 200 EUR übersteigt. Letzteres ist nicht der Fall, wenn eine zu niedrige Bemessung des Streitwerts vorgenommen worden ist.[402] In diesem Fall kann nur der Rechtsanwalt aus seinem eigenen Recht eine Beschwerde nach Maßgabe von § 33 Abs. 3 RVG einlegen. Eine Beschwerde des Rechtsanwalts ist aber – anders als die Streitwertbeschwerde der Partei – binnen einer Frist von zwei Wochen nach Zustellung der Entscheidung zu erheben.

VIII. Rechtsmittel

1. Rechtsmittel im Überblick

a) **Wesen der Rechtmittel.** Mit einem Rechtsmittel kann eine gerichtliche Entscheidung 355
durch eine übergeordnete Instanz überprüft und gegebenenfalls abgeändert werden. Echte Rechmittel hemmen die Rechtskraft des Urteils (Suspensiveffekt) und führen den Rechtsstreit in eine höhere Instanz (Devolutiveffekt). Berufung, Revision,[403] Beschwerde und Rechtsbeschwerde sind die Rechtsmittel im Zivilprozess. Alle anderen Möglichkeiten, sich gegen eine Entscheidung des Gerichts zu wenden, werden lediglich als Rechtbehelfe bezeichnet; zu ihnen zählen insbesondere der Einspruch (§ 338 ZPO), die Gehörsrüge (§ 321 a ZPO) und die Wiederaufnahmeklagen (§§ 578 ff. ZPO). Allen Rechtsmitteln gemeinsam ist das Erfordernis, dass der Rechtsmittelführer die Abänderung einer ihn belastenden Entscheidung zu seinen Gunsten erstreben muss. Nur wer durch den rechtskraftfähigen Inhalt der angefochtenen Entscheidung **beschwert** ist, kann zulässigerweise ein Rechtsmittel einlegen.

b) **Die einzelnen Rechtsmittel.** Im folgenden können die einzelnen Rechtsmittel nur 356
kurz dargestellt werden. Die Rechtsmittel Beschwerde, Berufung und Revision unterscheiden sich voneinander erheblich. Mit der **Beschwerde,** im Gesetz „sofortige Beschwerde" genannt, können grundsätzlich keine Urteile, sondern nur andere Entscheidungen des Gerichts erster Instanz, insbesondere Beschlüsse, angefochten werden (§ 567 ZPO). Die Beschwerde ist in der Regel binnen einer Frist von zwei Wochen einzulegen (§ 569 Abs. 1 ZPO). Die geringen Formvorschriften der Beschwerde (§§ 569 Abs. 2, 571 Abs. 1 ZPO) werden in der Praxis großzügig gehandhabt. Das Beschwerdegericht ist eine volle Tatsacheninstanz, neuer Vortrag ist zulässig (§ 571 Abs. 2 Satz 1 ZPO). Die Besonderheit der Beschwerde besteht darin, dass ihr das Ausgangsgericht abhelfen, also die angefochtene Entscheidung selbst abändern kann (§ 572 Abs. 1 ZPO). Das ist bei Urteilen nicht möglich (§ 318 ZPO), daher ist es unstatthaft, Beschwerde oder Gegenvorstellung gegen ein Urteil zu erheben.[404] Gegen Urteile der ersten Instanz ist vielmehr die **Berufung** statthaft (§ 511 ZPO). Sofern eine Partei mit nicht **mehr als 600,– €** durch das Urteil **beschwert** ist,[405] ist die Berufung nur zulässig, wenn das Gericht erster Instanz sie

---

[402] OLG Brandenburg NJW-RR 2005, 80.

[403] Sowie die in der Praxis fast bedeutungslose Sprungrevision (§ 566 ZPO).

[404] In Sonderfällen (z. B. § 387 Abs. 3 ZPO) ist auch die Beschwerde gegen ein Urteil eröffnet; das ist hier jedoch nicht zu vertiefen.

[405] Der Wert des Beschwerdegegenstandes ist nach § 2 ZPO anhand der §§ 3 bis 9 ZPO zu berechnen. Die streitwertbegrenzende Norm des § 49 a GKG gilt hier nicht, sie regelt vielmehr den Gebührenstreitwert, das hat mit dem Wert des Beschwerdegegenstandes i. S. d. § 511 Abs. 2 Nr. 1 ZPO nichts zu tun.

zugelassen hat (§ 511 Abs. 2 und 4 ZPO); die Nichtzulassung ist unanfechtbar. Die Berufung ist durch eine Berufungsschrift innerhalb der Berufungsfrist von einem Monat **bei dem Berufungsgericht einzulegen** (§§ 517, 519 ZPO). Sie ist zudem binnen einer Frist von zwei Monaten zu begründen (§ 520 Abs. 1 und 2 ZPO).[406] Die Berufung eröffnet keine vollständig neue Tatsacheninstanz, sondern beschränkt sich auf eine Fehlerkontrolle des angefochtenen Urteils (vgl. § 513 Abs. 1 ZPO). Die in erster Instanz festgestellten Tatsachen bleiben maßgeblich, sofern der Berufungsführer nicht „konkrete" Zweifel an ihrer Richtigkeit oder Vollständigkeit aufzeigt (§ 529 Abs. 1 Nr. 1 ZPO). Neue Tatsachen können nur unter einschränkenden Bedingungen vorgetragen werden (§§ 529 Abs. 1 Nr. 2, 531 Abs. 2 ZPO). Das Berufungsgericht kann unbegründete Berufungen durch unanfechtbaren Beschluss zurückweisen (§ 522 Abs. 2 und 3 ZPO). Wird über die Berufung durch Urteil entschieden, so ist hiergegen die **Revision** (§ 542 ZPO) statthaft. Sie ist ähnlich wie die Berufung innerhalb eines Monats beim Revisionsgericht einzulegen und innerhalb von zwei Monaten zu begründen (§§ 548, 549, 551 ZPO). Die Revision ist nur zulässig, wenn das Berufungsgericht sie im Berufungsurteil oder das Revisionsgericht sie auf Nichtzulassungsbeschwerde zugelassen hat (§ 543 Abs. 1 ZPO). Die Nichtzulassungsbeschwerde (§ 544 ZPO) ist aufgrund derzeit noch immer geltenden Übergangsrechts gemäß § 26 Nr. 8 EGZPO[407] nur zulässig, wenn die Beschwer des Rechtsmittelführers 20 000,– € übersteigt. Mit der Revision können nur Rechtsverletzungen geltend gemacht werden (§ 545 Abs. 1 ZPO). Neue Tatsachen sind grundsätzlich unzulässig. Ein der Revision ähnliches Rechtsmittel ist die **Rechtsbeschwerde** (§§ 574 ff. ZPO). Sie ist nur statthaft, wenn dies im Gesetz ausdrücklich vorgesehen ist oder das Beschwerde- oder Berufungsgericht bzw. das Oberlandesgericht im ersten Rechtszug sie zugelassen hat. Wie mit der Revision können nur Rechtsverletzungen geltend gemacht werden (§ 576 Abs. 1 ZPO). Die weiteren formellen Voraussetzungen der Rechtsbeschwerde ergeben sich im wesentlichen aus § 575 ZPO.

357 c) **Anwaltszwang.** In allen höheren Rechtszügen herrscht Anwaltszwang (§ 78 Abs. 1 ZPO). Vor dem BGH kann sogar nur ein dort speziell zugelassener Rechtsanwalt auftreten (§ 78 Abs. 1 Satz 3 ZPO). Daher müssen Rechtsmittel, die in höhere Instanzen führen, von einem bei dem Rechtsmittelgericht zugelassenen Rechtsanwalt eingelegt werden. Eine Ausnahme besteht nur für die Beschwerde, sie kann im Parteiprozess auch von der Partei selbst eingelegt werden (§§ 78 Abs. 5, 569 Abs. 3 ZPO). Herrscht Anwaltszwang, so sind eigene Prozesshandlungen der Parteien unwirksam. Wenn eine anwaltlich nicht vertretene Partei selbst Berufung einlegt, so wird diese als unzulässig verworfen (§ 522 Abs. 1 ZPO).

2. Besonderheiten der Rechtmittel im Wohnungseigentumsprozess

358 a) **Keine Rechtsmittelbelehrung.** Der Wohnungseigentümer hat in eigener Verantwortung das statthafte Rechtsmittel zu ermitteln und ordnungsgemäß einzulegen, da eine Rechtsmittelbelehrung – wie noch nach altem Recht[408] – in der ZPO nicht vorgesehen ist. Zwar sah auch das FGG keine ausdrückliche Rechtmittelbelehrung vor, sie sollte nach Meinung des BGH vielmehr „unmittelbar" aus der Verfassung folgen. Dennoch entspricht es nahezu einhelliger Meinung und absolut gängiger Gerichtspraxis, dass Entscheidungen nach der ZPO keine Rechtsmittelbelehrung enthalten.[409] Eine Sonderbe-

[406] Berufungs- und Berufungsbegründungsfrist sind auf die Sekunde genau einzuhalten, vgl. BGH MDR 2007, 1093.

[407] Diese Vorschrift gilt bis zum 31. 12. 2011.

[408] BGH NJW 2002, 2171.

[409] Vgl. auch BGH NJW 1997, 1989. In der Entscheidung zur Rechtsmittelbelehrung in der freiwilligen Gerichtsbarkeit stellt der BGH darauf ab, dass anders als im Klageverfahren des Zivilprozesses dem Rechtssuchenden nicht zuzumuten sei, sich über die deutlich komplizierteren Rechts-

handlung von Wohnungseigentümern lässt sich insoweit nicht rechtfertigen. Sie werden damit jedoch nicht überfordert, da für alle Rechtsmittel – abgesehen von der Beschwerde – Anwaltszwang herrscht und von einem Rechtsanwalt erwartet werden kann, dass er den Instanzenzug und das zulässige Rechtsmittel gegen eine gerichtliche Entscheidung kennt.

b) Der Instanzenzug im Wohnungseigentumsprozess. Es ist zu unterscheiden zwischen wohnungseigentumsbezogenen Drittklagen gemäß § 43 Nr. 5 WEG und den eigentlichen Wohnungseigentumsprozessen (Binnenstreitigkeiten) gemäß § 43 Nr. 1 bis 4 WEG.[410] Für die **Drittklagen** gelten im Instanzenzug **keinerlei Besonderheiten** gegenüber sonstigen Zivilprozessen. Eingangsinstanz ist also bei einem Streitwert bis 5000,– € das Amtsgericht, andernfalls das Landgericht.[411] Die Berufung oder Beschwerde geht dann entweder zum Landgericht oder Oberlandesgericht (§§ 72 Abs. 1, 119 Abs. 1 Nr. 1 b), c) und Nr. 2 GVG), Revisions- und Rechtsbeschwerdeinstanz ist stets der BGH (§ 133 GVG). Anderes gilt für die **Binnenstreitigkeiten:** Der Instanzenzug ist hier immer: Amtsgericht – Landgericht – BGH, das Landgericht entscheidet über Berufungen und Beschwerden, der BGH ist Revisions- und Rechtsbeschwerdeinstanz. 359

c) Zuständigkeit des Berufungs- und Beschwerdegerichts. Im Gegensatz zur allgemeinen Regelung hat der Gesetzgeber in § 72 Abs. 2 GVG für die **Binnenstreitigkeiten** – also nicht für die Drittklagen gemäß § 43 Nr. 5 WEG – eine **Zuständigkeitskonzentration** zu Gunsten eines einzigen Landgerichts für den gesamten Bezirk des Oberlandesgerichts geschaffen. Das Landgericht, das für den Sitz des Oberlandesgerichts zuständig ist, ist Berufungs- und Beschwerdegericht für alle Amtsgerichte des Oberlandesgerichtsbezirks. Dies gilt auch für Zwangsvollstreckungsverfahren[412] und Vollstreckungsgegenklagen.[413] Der Gesetzgeber verspricht sich durch die häufigere und intensivere Befassung der zuständigen Berufungsspruchkörper mit der komplexen Materie des Wohnungseigentumsrechts eine Qualitätssteigerung der Berufungsentscheidungen.[414] Allerdings hat der Gesetzgeber nicht – ebenso wenig wie in erster Instanz – die Bildung besonderer Spruchkörper für Wohnungseigentumssachen vorgeschrieben, so dass diese Rechtsstreitigkeiten auch auf die allgemeinen Berufungszivilkammern verteilt werden können; die gesetzliche Regelung erweist sich damit als wenig konsequent. Die Zuständigkeitskonzentration ist gemäß § 72 Abs. 2 Satz 2 GVG gegenüber der speziellen Zuständigkeit der Oberlandesgerichte für Fälle mit Auslandsberührung nach § 119 Abs. 1 Nr. 1 b) und c) GVG vorrangig. Die Oberlandesgerichte werden daher in keinem Fall mehr mit den Binnenstreitigkeiten in Wohnungseigentumssachen befasst. Die Landesregierungen können schließlich durch Verordnung die Zuständigkeit auf ein anderes Landgericht des Oberlandesgerichtsbezirks übertragen.[415] Die Regelung zur Zuständigkeitskonzentration ist für die Berufung in der getroffenen Form verfehlt und kann für den Berufungsführer schwere Probleme nach 360

---

mittelmöglichkeiten und -erfordernisse zu erkundigen, BGH NJW 2002, 2171 (2172). Im Umkehrschluss folgt daraus, dass eine Rechtsmittelbelehrung im Zivilprozess nicht erforderlich ist.

[410] Die Vorschrift über die Zuständigkeit des Berufungsgerichts (§ 72 Abs. 2 Satz 1 GVG) nennt auch noch § 43 Nr. 6 WEG. Das ist jedoch überflüssig, da dort nur Mahnverfahren genannt sind. Kommt es zum Klageverfahren, handelt es sich dann um eine der Streitigkeiten nach § 43 Nr. 1 bis 3 WEG.

[411] Siehe dazu oben Rn. 46.

[412] OLG Oldenburg MDR 2008, 1422. Nach OLG Karlsruhe NZM 2009, 246, jedenfalls soweit das Prozessgericht Vollstreckungsgericht ist.

[413] BGH NJW 2009, 1282.

[414] Beschlussempfehlung des Rechtsausschusses, BT-Drucks. 16/3843, S. 29.

[415] Entgegen der Parallelvorschrift des § 119 Abs. 4 GVG ist auch für diesen Fall keine Rechtsmittelbelehrung über das zuständige Berufungsgericht vorgesehen. Eine tabellarische Übersicht über die danach zuständigen Landgerichte findet sich in NJW 2008, 1790 = NZM 2008, 399 sowie in ZMR 2007, 1004 und BT-Drucks. 16/11 553, S. 5.

sich ziehen, da sie **materiell-rechtlich bezogen** ist. Anders als etwa in Familiensachen, in denen das Oberlandesgericht stets Berufungsgericht ist, wenn das Familiengericht – gleich aus welchem Rechtsgrund – entschieden hat, greift hier die Zuständigkeitskonzentration nur dann, wenn materiell-rechtlich eine Streitigkeit im Sinne des § 43 Nr. 1 bis 4 WEG vorliegt. Der Berufungsführer muss daher diese materiell-rechtliche Frage lösen, um das zuständige Berufungsgericht zu ermitteln. Er muss entscheiden, ob er die Berufung an das besondere Berufungsgericht des § 72 Abs. 2 GVG oder das dem Amtsgericht allgemein übergeordnete Berufungsgericht richtet; beide Gericht werden vielfach nicht identisch sein. Diese Entscheidung ist von wesentlicher Bedeutung, da die Berufungsfrist nur durch Einlegung der Berufung bei dem zuständigen Gericht gewahrt werden kann.[416] Das ist vor allem dann unbefriedigend, wenn dieser Gesichtspunkt in erster Instanz keine Rolle spielte. Da es kein spezielles „Wohnungseigentumsgericht" gibt,[417] ist denkbar, dass sich die Frage der erstinstanzlichen Zuständigkeit nach § 43 WEG nicht stellte, weil die Zivilabteilung des Amtsgerichts ohnehin nach den allgemeinen Vorschriften zuständig war. Hier wird der Berufungsführer unter Umständen mit einer komplizierten materiell-rechtlichen Vorfrage belastet, von der die Zulässigkeit seiner Berufung abhängt. Er kann sich auch nicht danach richten, wie das Gericht erster Instanz diesen Punkt gewürdigt hat, da das Berufungsgericht hieran – natürlich – nicht gebunden ist.[418] In Zweifelsfällen kann der Berufungsführer allerdings seine Berufung bei **beiden** in Betracht kommenden **Rechtsmittelgerichten einreichen;** in einem solchen Fall handelt es sich nicht um mehrere Berufungsverfahren, sondern um ein einheitliches Rechtmittel, wenn durch Verweisung schließlich das Rechtsmittel ein und demselben Gericht zur Entscheidung vorliegt.[419] Bei der Beschwerde lassen sich diese Schwierigkeiten vermeiden, weil sie gemäß § 569 Abs. 1 Satz 1 ZPO auch bei dem Ausgangsgericht eingelegt werden kann und der Beschwerdeführer damit nicht die Zuständigkeit des Rechtsmittelgerichts selbst ermitteln muss. Anknüpfungspunkt der gesamten Zuständigkeitsprüfung nach § 72 Abs. 2 GVG ist immer das **Amtsgericht,** das **tatsächlich entschieden hat,** nicht dasjenige, das eigentlich zuständig gewesen wäre. Es entscheidet das Landgericht, das dem Amtsgericht i. S. d. § 72 Abs. 2 GVG übergeordnet ist, also nicht das Landgericht, das dem eigentlich zuständigen Amtsgericht übergeordnet wäre. Hat ein örtlich unzuständiges Amtsgericht entschieden, so spielt dies zum einen für die Frage der Bestimmung der Zuständigkeit des Berufungsgerichts nach § 72 Abs. 2 GVG keine Rolle und zum anderen kann auf diesen Umstand nicht einmal die Berufung gestützt werden (§ 513 Abs. 2 ZPO). Schwierig ist dagegen der umgekehrte Fall, in dem das Amtsgericht sich für örtlich unzuständig hält und keine Sachentscheidung trifft.

Fallbeispiel: In einem Prozess nach § 43 Nr. 1 WEG liegt das Grundstück in Essen. Der Kläger erhebt gegen den Beklagten, der seinen allgemeinen Gerichtsstand in Duisburg hat, vor dem AG Duisburg Klage, da er meint, der Fall des § 43 Nr. 1 WEG liege nicht vor. Das AG Duisburg weist die Klage als unzulässig ab, da es sich für örtlich unzuständig hält. Der Kläger will hiergegen Berufung einlegen.[420] Allgemeines Berufungsgericht für das AG Duisburg ist das LG Duisburg, besonderes Berufungsgericht gemäß § 72 Abs. 2 GVG ist das LG Düsseldorf. Für das AG Essen ist allgemeines Berufungsgericht das LG Essen und besonderes Berufungsgericht das LG Dortmund. Bei welchem Gericht soll der Kläger Berufung einlegen?

---

[416] Vgl. BGH NJW 2000, 1574 für das spezielle Berufungsgericht einer Baulandsache.

[417] Siehe oben Rn. 46.

[418] Nicht einmal ein rechtskräftiges Zwischenurteil gemäß § 280 ZPO, das die Zulässigkeit der Klage – und damit auch die örtliche Zuständigkeit des Gerichts – bejaht, ist nach hier vertretener Auffassung für das Berufungsgericht bindend: Rechtskräftig wird in diesem Zwischenurteil lediglich die Zulässigkeit der Klage festgestellt, einzelne Begründungselemente zu § 43 WEG erwachsen nicht in Rechtskraft. Ferner entscheidet das Berufungsgericht über die Zulässigkeit einer Berufung, das ist ein anderer Streitgegenstand als die Frage der Zulässigkeit der Klage in erster Instanz.

[419] BGH NJW-RR 2005, 780.

[420] Dies ist kein Fall des § 513 Abs. 2 ZPO.

Die Antwort hängt davon ab, ob materiell-rechtlich eine Streitigkeit gemäß § 43 Nr. 1 WEG vorliegt, dann ist das LG Düsseldorf zuständig, andernfalls das LG Duisburg. Der Kläger muss daher bei dem LG Duisburg Berufung einlegen: Ist seine Auffassung, dass § 43 Nr. 1 WEG nicht einschlägig ist, richtig, so ist das LG Duisburg zuständig und seine Berufung begründet, da die Entscheidung des AG Duisburg falsch ist. Ist hingegen die Meinung des Klägers falsch, so ist nicht nur die Entscheidung des AG Duisburg zutreffend, sondern die Berufung ist auch unzulässig, weil das LG Duisburg dann nicht zuständig ist; dem Kläger geschieht in diesem Fall kein Unrecht. Verfehlt wäre es für den Kläger, bei dem LG Düsseldorf Berufung einzulegen: Ist die Rechtsauffassung des Klägers richtig, so ist seine Berufung unzulässig und das falsche Urteil wird rechtskräftig. Ist seine Meinung falsch, so ist die Berufung zwar zulässig, jedoch unbegründet, da die Entscheidung des AG Duisburg in diesem Fall korrekt war. Ebenso verfehlt wäre es, die Berufung bei dem LG Essen oder dem LG Dortmund einzulegen, weil das – an sich örtlich zuständige – AG Essen gerade nicht entschieden hat. Der Kläger kann mit seiner Berufung daher allenfalls vor dem LG Duisburg Erfolg haben.[421] Dieser Fall zeigt anschaulich, welche Schwierigkeiten mit der materiell-rechtlichen Anknüpfung in § 72 Abs. 2 GVG verbunden sein können. Der Gesetzgeber hätte sie vermeiden können, hätte er ein echtes erstinstanzliches Wohnungseigentumsgericht geschaffen und ähnlich wie bei den Familiengerichten die Zuständigkeit des Berufungsgerichts rein formell geregelt. 361

d) **Befristeter Ausschluss der Nichtzulassungsbeschwerde.** Die Nichtzulassungsbeschwerde gemäß § 544 ZPO ist das Rechtsmittel zum BGH, mit dem nachträglich noch die Zulassung der Revision erreicht werden soll. Wenn das Berufungsgericht die Revision nicht zulässt, so kann der Rechtsmittelführer hiergegen Nichtzulassungsbeschwerde einlegen. In den wohnungseigentumsbezogenen Drittklagen gemäß § 43 Nr. 5 WEG ist die Nichtzulassungsbeschwerde nach den allgemeinen Vorschriften zulässig. Anderes gilt gemäß § 62 Abs. 2 WEG für die **Binnenstreitigkeiten** nach § 43 Nr. 1 bis 4 WEG: Hier ist die Nichtzulassungsbeschwerde unstatthaft, soweit das Berufungsurteil vor dem 1. 7. 2012 verkündet worden ist. Dadurch will der Gesetzgeber einer Überlastung des BGH vorbeugen.[422] In vielen Fällen wird daher für den Rechtssuchenden bis zu diesem Zeitpunkt der Instanzenzug beim Landgericht beendet sein. 362

IX. Einstweiliger Rechtsschutz

1. Überblick

Weil ein Prozess manchmal lange dauert, kann die Entscheidung des Gerichts für den Prozesssieger zu spät kommen, da kein erfolgreicher Zugriff auf das Vermögen des Schuldners mehr möglich ist oder bereits vollendete Tatsachen geschaffen wurden. Um auch in dringenden Fällen dem Gläubiger schnell zu einem vollstreckungsfähigen Titel zu verhelfen und damit **die Zwangsvollstreckung zu sichern,** sieht die ZPO als einstweiligen Rechtsschutz Arrest und einstweilige Verfügung vor.[423] In diesen Verfahren wird der Sachverhalt nicht umfassend geprüft, sondern **summarisch** das Bestehen des Klage- 363

---

[421] Nebenbei zeigt dieser Fall die Fragwürdigkeit einer – derzeit gesetzlich nicht erforderlichen – Rechtsmittelbelehrung auf: Wenn das AG Duisburg sein Urteil mit einer Rechtsmittelbelehrung versehen müsste, so würde es natürlich dahingehend belehren, dass bei dem LG Düsseldorf Berufung einzulegen ist. Das AG meint ja gerade, der Fall des § 43 Nr. 1 WEG sei gegeben. Diese – aus Sicht des AG konsequente – Rechtsmittelbelehrung würde also den Berufungskläger unvermeidlich in den Prozessverlust führen.

[422] So die Beschlussempfehlung des Rechtsausschusses, BT-Drucks. 16/3843, S. 28.

[423] Eilverfahren sind außerdem die mit der Zwangsvollstreckung zusammenhängenden einstweiligen Anordnungen (z. B. §§ 765 a, 769, 719 ZPO). Sie sind hier nicht näher zu erörtern, da sie keine wohnungseigentumsrechtlichen Besonderheiten aufweisen.

anspruchs und die Eilbedürftigkeit seiner Sicherung festgestellt. Daher sind hier langwierige Beweisaufnahmen, die sich über längere Zeiträume hinziehen, grundsätzlich ausgeschlossen. Im Gegensatz zu den einstweiligen Anordnungen in der freiwilligen Gerichtsbarkeit nach früherem Recht setzen Arrest und einstweilige Verfügung kein Hauptsacheverfahren voraus, sie sind vielmehr prozessual selbständig. Da ihr Streitgegenstand nicht das Bestehen des Hauptanspruches, sondern nur seine einstweilige Sicherung ist, entspricht es allgemeiner Auffassung, dass die Entscheidung in der **Hauptsache** im einstweiligen Rechtsschutz **nicht vorweggenommen werden** darf;[424] der Gläubiger kann daher grundsätzlich nur Sicherung, nicht Befriedigung erlangen. Wie im Zivilprozess üblich, ergehen Entscheidungen des Gerichts im einstweiligen Rechtsschutz **nur auf Antrag.** Der Antrag hat die Formerfordernisse einer Klageschrift einzuhalten.[425] Der **Arrest** findet statt zur Sicherung der Zwangsvollstreckung wegen einer Geldforderung oder eines Anspruchs, der in eine Geldforderung übergehen kann (§ 916 Abs. 1 ZPO). Für alle anderen Ansprüche gelten die Regelungen der **einstweiligen Verfügung** (§§ 935 ff. ZPO). Arrest und einstweilige Verfügung schließen sich somit gegenseitig aus. In der Praxis kommt der Arrest nur selten vor, die einstweilige Verfügung ist ungleich bedeutsamer.

2. Arrest

364 **Hausgeldansprüche** sind diejenigen Geldforderungen, die am häufigsten innerhalb einer Wohnungseigentümergemeinschaft entstehen. Da die eingenommenen Gelder zur Deckung laufender Kosten bestimmt sind, kann die Wohnungseigentümergemeinschaft nicht lange auf den Eingang der Zahlungen warten, ohne selbst gegenüber ihren Gläubigern in Verzug zu geraten. Diese Situation verschärft sich, wenn mehrere Wohnungseigentümer mit den Hausgeldzahlungen rückständig sind. Deshalb hat die Wohnungseigentümergemeinschaft ein Interesse an der zeitnahen Begleichung der Hausgeldschulden. Dieses Interesse reicht jedoch für einen zulässigen **Arrestgrund** gemäß § 917 ZPO[426] bei weitem nicht aus. Es muss vielmehr die Besorgnis bestehen, dass ohne den Arrest die Zwangsvollstreckung – aufgrund eines im ordentlichen Verfahren zu erwirkenden Titels – vereitelt oder wesentlich erschwert werden würde. Diese Voraussetzungen werden in der Praxis eher streng gehandhabt. Eine strafbare Handlung des Schuldners reicht hierfür noch nicht aus, solange keine Wiederholungsgefahr besteht.[427] Überhaupt kommt es nicht darauf an, ob die Handlungen des Schuldners rechtswidrig sind, sondern ob der Schuldner durch Veräußerung, Verschleuderung oder Beiseiteschaffen von Vermögenswerten die künftige Zwangsvollstreckung gefährdet.[428] Besonders hervorzuheben ist, dass die schlechte Vermögenslage des Schuldners für sich allein noch keinen Arrestgrund darstellt; es muss mindestens eine weitere Verschlechterung der Vermögensverhältnisse drohen.[429] Kein Arrestgrund ist auch die drohende Konkurrenz anderer Gläubiger.[430] Da sich der Arrestgrund auf die Verschlechterung der Vermögenslage des Schuldners bezieht, ist die Vermögenslage des Gläubigers in diesem Zusammenhang von vornherein unbeachtlich. Ihm wird zugemutet, auf die Bezahlung seiner Forderung bis zum Ausgang des ordentlichen Verfahrens zu warten; eine gewisse Kompensation bieten

---

[424] Vgl. etwa OLG Dresden NJW 2001, 1433 (1434).

[425] Siehe dazu oben Rn. 16 ff.

[426] Der Arrestgrund bei persönlichem Arrest gemäß § 918 ZPO, also die Festnahme des Schuldners, beschränkt sich in der Praxis auf seltene Ausnahmefälle und soll hier nicht weiter erörtert werden.

[427] OLG Köln MDR 2008, 232; OLG Düsseldorf NJW-RR 1986, 1192.

[428] OLG Karlsruhe NJW 1997, 1017 (1018). Zu einem Beispielsfall der Vermögensveräußerung siehe OLG Düsseldorf NJW-RR 1994, 453 (454).

[429] BGH NJW 1996, 321 (324).

[430] BGH a. a. O.

hierfür die Prozesszinsen (§ 291 BGB). Vor diesem Hintergrund werden sich Hausgeldansprüche nur selten durch Arrest sichern lassen.[431] Immerhin sind im Gegensatz zur früheren Rechtslage der freiwilligen Gerichtsbarkeit Urteile nach Maßgabe der §§ 708 ff. ZPO für vorläufig vollstreckbar zu erklären. Der Gläubiger muss daher nicht bis zur letzten Instanz mit der Zwangsvollstreckung warten. Ist ein Arrest erwirkt, so ist er **durch Zwangsvollstreckung zu vollziehen** (§ 928 ZPO), in das bewegliche Vermögen des Schuldners im Wege der Pfändung (§ 930 ZPO). Das Arrestgericht kann auf Antrag mit dem Arrest zugleich einen Pfändungs- und Überweisungsbeschluss verbinden (§ 930 Abs. 1 Satz 3 ZPO).

3. Einstweilige Verfügung

a) **Verfügungsgrund.** Durch einstweilige Verfügung kann einerseits der bestehende Zustand gesichert werden, wenn zu besorgen ist, dass durch seine Veränderung die Verwirklichung eines Rechts vereitelt oder wesentlich erschwert werden könnte (**Sicherungsverfügung,** § 935 ZPO), andererseits kann ein Zustand einstweilig geregelt werden, um wesentliche Nachteile oder drohende Gewalt abzuwenden (**Regelungsverfügung,** § 940 ZPO). Die erstinstanzliche Praxis unterscheidet nicht zwischen diesen Arten der einstweiligen Verfügung, sondern stellt für einen hinreichenden Verfügungsgrund darauf ab, ob eine gerichtliche Entscheidung derart **eilbedürftig** erscheint, dass dem Verfügungskläger ein Abwarten bis zum Abschluss des ordentlichen Verfahrens nicht mehr zugemutet werden kann. Den Inhalt der einstweiligen Verfügung bestimmt das Gericht dabei gemäß § 938 Abs. 1 ZPO nach freiem Ermessen. Daraus folgt, dass das Gericht hier nicht streng gemäß § 308 Abs. 1 ZPO an den gestellten Antrag gebunden ist. Vielmehr muss der Verfügungskläger durch seinen Antrag lediglich das von ihm verfolgte Rechtsschutzziel verdeutlichen; das Gericht bestimmt dann im Rahmen des Antrages, welche Maßnahmen zur Erreichung dieses Zieles anzuordnen sind. 365

b) **Verfügungsanspruch.** Neben der Eilbedürftigkeit ist ein Verfügungsanspruch erforderlich (§§ 920 Abs. 2, 936 ZPO). Damit ist der materiell-rechtliche Anspruch des Verfügungsklägers gemeint. Eine einstweilige Verfügung kann also nicht schon dann ergehen, wenn dies lediglich zweckmäßig erscheint, vielmehr muss der Verfügungskläger gegen den Beklagten nach materiellem Recht einen Anspruch haben, der durch die einstweilige Verfügung gesichert oder geregelt werden soll. 366

c) **Anwendungsfälle.** Immer dann, wenn eine Partei droht, vollendete Tatsachen zu schaffen, die nicht oder nur sehr schwer wieder rückgängig zu machen sind, kommt der Erlass einer einstweiligen Verfügung in Betracht. Häufiges Beispiel im Bereich des Wohnungseigentumsrechts ist die eigenmächtige und unzulässige Durchführung **baulicher Veränderungen.** Im Wege der einstweiligen Verfügung kann das Gericht einen **Baustopp** verhängen.[432] Der Rückbau kann dagegen nicht aufgegeben werden, dies würde die Hauptsacheentscheidung vorwegnehmen. Das Fällen von Bäumen kann eine bauliche Veränderung darstellen und ist nicht wieder rückgängig zu machen; hier kann auf Antrag eine einstweilige Verfügung ergehen. Die **Duldungsverpflichtung** zum Betreten des Sondereigentums gemäß § 14 Nr. 4 WEG kann ebenfalls Gegenstand einer einstweiligen Verfügung sein. Eilbedürftigkeit ist hier gegeben, wenn das Sondereigentum eines Wohnungseigentümers betreten werden muss, um Schaden vom Gemeinschaftseigentum abzuwenden (Beispiel: Wasserrohrbruch etc.). Denkbar ist, dass die **Bestellung eines Verwalters** eilbedürftig ist, weil keine Wohnungseigentümerversamm- 367

---

[431] Dies kommt etwa in Betracht, wenn eine Vollstreckung im Nicht-EU-Ausland erforderlich wäre, vgl. § 917 Abs. 2 ZPO. Gegenseitigkeit i. d. S. ist durch die Verordnung des Rates über die gerichtliche Zuständigkeit und die Anerkennung und Vollstreckung von Entscheidungen in Zivil- und Handelssachen Nr. 44/2001 vom 22. 12. 2000 verbürgt. Siehe auch §§ 1079 ff. ZPO.

[432] LG München I ZMR 2009, 146, im entschiedenen Fall allerdings verneint.

lung einberufen werden kann und dringende Verwaltungsangelegenheiten zu regeln sind;[433] dies setzt selbstverständlich voraus, dass derzeit kein Verwalter im Amt ist.[434] Das Gericht kann hier aber einen Verwalter nur vorläufig oder nur zu einem bestimmten Zweck, etwa der Einberufung einer Versammlung bestellen, denn die uneingeschränkte Verwalterbestellung würde die Hauptsache unzulässig vorwegnehmen. Dem Verwalter können durch einstweilige Verfügung einzelne **Maßnahmen ordnungsgemäßer Verwaltung** vorgegeben werden, etwa einen bestimmten Tagesordnungspunkt auf einer bevorstehenden Versammlung zur Abstimmung zu stellen. Dem ausgeschiedenen Verwalter kann durch einstweilige Verfügung aufgegeben werden, herauszugebende Verwaltungsunterlagen vorläufig dem neuen Verwalter zur **Einsichtnahme** und zur Erstellung von Kopien auszuhändigen.[435] Ferner kommt in dringenden Fällen die Regelung einzelner Fragen der ordnungsgemäßen Verwaltung oder des Gebrauchs des gemeinschaftlichen Eigentums durch das Gericht in Betracht. Ein weiterer Anwendungsfall der einstweiligen Verfügung ist die vorläufige **Außervollzugsetzung eines Eigentümerbeschlusses.**[436] Da ein Beschluss noch nicht durch bloße Anfechtung, sondern gemäß § 23 Abs. 4 Satz 2 WEG erst dann ungültig wird, wenn er rechtskräftig für ungültig erklärt worden ist, kann ein Bedürfnis bestehen, die Wirksamkeit oder den Vollzug des Beschlusses bis zur rechtskräftigen Entscheidung auszusetzen, wenn seine Durchführung nur schwer wieder rückgängig zu machende Folgen nach sich zöge. Hier ist eine Abwägung der widerstreitenden Interessen vorzunehmen.[437] Das Gericht kann gemäß § 938 ZPO den Beschluss je nach Einzelfall auf unterschiedliche Art suspendieren: es kann ihn einstweilen außer Kraft setzen oder seine Durchführung durch den Verwalter untersagen. Eine solche einstweilige Verfügung ist in jedem Fall zeitlich höchstens bis zur Bestandskraft des Beschlusses zu befristen. Ergibt sich nämlich, dass der Beschluss bestandskräftig wird, so besteht ein Verfügungsanspruch des Klägers nicht mehr. Ficht der Kläger den Beschluss überhaupt nicht an, gilt nach Ablauf der Anfechtungsfrist von einem Monat (§ 46 Abs. 1 Satz 2 WEG) dasselbe. Das Gericht kann die Wirksamkeit bestandskräftiger Beschlüsse nicht außer Kraft setzen oder ihre Vollziehung dauerhaft verhindern.[438] Daher muss der Gegner den Kläger nicht unbedingt durch einen Antrag gemäß § 926 ZPO zur Erhebung der Hauptsacheklage zwingen. Der Erfolg einer solchen Verfügungsklage setzt voraus, dass der Kläger einen Verfügungsanspruch und -grund glaubhaft macht. Ein Verfügungsanspruch ist gegeben, wenn der Beschluss auf Anfechtung hin für ungültig zu erklären, ein Verfügungsgrund, wenn seine Durchführung nicht oder nur schwer rückgängig zu machen wäre. Hierbei ist jedoch zu berücksichtigen, dass nach dem Gesetz einer Beschlussanfechtung keine aufschiebende Wirkung zukommt. Daher reicht es als Verfügungsgrund nicht aus, dass der Beschluss nicht ordnungsgemäßer Verwaltung entspricht oder dem Verfügungskläger rein wirtschaftliche Nachteile drohen.[439] Im Rahmen der Anfechtungsklage kann nicht auf bloßen Antrag des Anfechtungsklägers die Wirksamkeit des Beschlusses ausgesetzt werden; hierzu ist ein eigenständiger Antrag auf Erlass einer einstweiligen Verfügung erforderlich. Das präventive **Verbot einer Wohnungseigentümerversammlung** als weiterer Anwendungsfall einer einstweiligen Verfügung kann nur in besonderen Fällen ausgesprochen werden. Es kommt in Betracht, wenn ein Unbefugter

[433] Bereits nach altem Recht der freiwilligen Gerichtsbarkeit konnte durch einstweilige Anordnung ein Notverwalter bestellt werden, vgl. KG Report 1993, 170; MDR 1989, 998.

[434] Siehe dazu AG Hamburg-Blankenese ZMR 2008, 918.

[435] AG Kelheim ZMR 2008, 83.

[436] Beschlüsse über Beitragszahlungen auf Hausgeld konnten im Verfahren der freiwilligen Gerichtsbarkeit durch einstweilige Anordnung ausgesetzt werden, vgl. OLG Düsseldorf ZWE 1999, 475 (477); BayObLG Report 1994, 67. Dies ist auch weiterhin durch einstweilige Verfügung möglich. Siehe zum früheren Rechtszustand ferner BayObLG WuM 1990, 324.

[437] LG München I ZMR 2009, 73.

[438] AG Wernigerode ZMR 2008, 88.

[439] LG München I ZMR 2009, 146 (147).

zu einer Versammlung einberuft und der Verfügungskläger eine solche erkennbar fehlerhafte Versammlung verhindern will.[440] Ansonsten können Versammlungen aber nicht schon im Vorfeld durch das Gericht verboten werden. Denn einerseits lässt sich das Ergebnis einer Versammlung nicht im voraus abschätzen, andererseits ist nach der Konzeption des Gesetzes ein Wohnungseigentümer gehalten, nachträglich gegen fehlerhafte Beschlüsse Anfechtungsklage zu erheben; diese Wertung darf nicht leichtfertig unterlaufen werden.

4. Verfahrensgang und Rechtsmittel

Zuständig ist in der Regel das Gericht der Hauptsache (§§ 919, 937, 943 ZPO), im Wohnungseigentumsprozess also das gemäß § 43 WEG zuständige Amtsgericht; bei wohnungseigentumsbezogenen Drittklagen gemäß § 43 Nr. 5 WEG kann dies auch das Landgericht sein, wenn der Streitwert 5000,– € übersteigt. Die besondere Zuständigkeit des Amtsgericht der belegenen Sache nach § 942 ZPO dürfte im Wohnungseigentumsprozess keine Rolle spielen, da sie mit der Zuständigkeit des Hauptsachegerichts vielfach zusammenfällt.[441] Grundsätzlich ist auch im Eilverfahren eine **Beiladung** gemäß § 48 WEG möglich.[442] Der Kläger hat seinen materiell-rechtlichen Anspruch und den Grund für die Eilbedürftigkeit seines Antrages **glaubhaft zu machen** (§§ 920, 936 ZPO i. V. m. § 294 ZPO). Das bedeutet: der volle Beweis gemäß § 286 Abs. 1 ZPO wird nicht gefordert, es genügt eine überwiegende Wahrscheinlichkeit. Die Versicherung an Eides Statt ist zulässiges – und in der Praxis wichtiges – Beweismittel. Sämtliche anderen Beweismittel muss die Partei präsent haben: Urkunden müssen vorgelegt, Zeugen zum Termin gestellt werden, das Gericht trifft keine Beweisanordnungen. Es kann **ohne mündliche Verhandlung** entschieden werden, im Fall der einstweiligen Verfügung jedoch nur bei besonderer Dringlichkeit (§§ 922 Abs. 1, 937 Abs. 2 ZPO). Diese Entscheidung ergeht durch **Beschluss.** Praktisch wichtig ist, dass die Zustellung dieses Beschlusses innerhalb eines Monats im Parteibetrieb erfolgen muss (§§ 922 Abs. 2, 929 Abs. 2, 936 ZPO). Versäumt die Partei diese Frist, ist die Entscheidung des Gerichts nicht mehr vollziehbar. Fraglich ist in diesem Verfahren, bis wann der Kläger die **namentliche Bezeichnung** der Beklagten gemäß § 44 Abs. 1 Satz 2 WEG und der Beizuladenden gemäß § 44 Abs. 2 WEG nachzuholen hat.[443] Richtigerweise muss der Kläger hier sofort alle Beklagten namentlich bezeichnen. Der Gesetzgeber ging davon aus, dass im Erkenntnisverfahren – wozu auch der einstweilige Rechtsschutz gehört – auf eine namentliche Bezeichnung nicht verzichtet werden kann; sie ist auch für eine spätere Zwangsvollstreckung erforderlich.[444] Die vorläufige Sammelbezeichnung gestattet dem Kläger lediglich, die Voraussetzungen des § 253 Abs. 2 Nr. 1 ZPO nachträglich zu erfüllen, bis zum Verfahrensende muss die Bezeichnung der Beklagten jedoch den allgemeinen Anforderungen genügen. Wird daher unmittelbar auf den Antrag entschieden, bleibt kein Raum für eine später nachzuholende namentliche Bezeichnung. Es gibt keine gesetzliche Grundlage dafür, die Bezeichnung erst in der Zwangsvollstreckung nachzuholen. Fehlt die erforderliche Bezeichnung, ist der Antrag also zurückzuweisen oder im Fall der Sammelbezeichnung zunächst mündliche Verhandlung anzusetzen. Im letzteren Fall verbietet sich eine sofortige Zurückweisung des Antrages, weil der Kläger die namentliche Benennung noch bis zum Schluss der mündlichen Verhandlung nachholen kann. Gegen den Beschluss, der den Arrest- oder Verfügungsantrag zurückweist, ist die sofortige Beschwerde statthaft (§ 793 ZPO), gegen den stattgebenden Beschluss kann der Gegner Widerspruch einlegen (§§ 924, 936 ZPO). **368**

[440] KG NJW 1987, 386 (387); AG Niebüll ZMR 2009, 82; AG Wangen ZMR 2008, 580.

[441] Von einer Darstellung des in diesem Fall durchzuführenden Rechtfertigungsverfahrens gemäß § 942 ZPO wird daher abgesehen.

[442] Siehe dazu oben Rn. 78.

[443] Zu § 44 WEG siehe oben Rn. 20 ff.

[444] Referentenentwurf, BT-Drucks. 16/887, S. 36.

Über den Widerspruch wird mündlich verhandelt und durch Urteil entschieden (§ 925 ZPO). Statt durch Beschluss kann das Gericht über den Arrest- oder Verfügungsantrag nach mündlicher Verhandlung auch durch **Urteil** entscheiden. Das Urteil wird im Gegensatz zum Beschluss von Amts wegen zugestellt. Gegen das Urteil ist die Berufung nach den sonst geltenden Vorschriften statthaft. Eine Revision ist im Verfahren des einstweiligen Rechtsschutzes nicht vorgesehen (§ 542 Abs. 2 Satz 1 ZPO), ebenso wenig eine Rechtsbeschwerde.[445] Wer ungerechtfertig eine einstweilige Verfügung oder einen Arrest erwirkt, ist nach Maßgabe des § 945 ZPO zum **Schadensersatz** verpflichtet.

---

[445] BGH NJW 2003, 1531.

Abschnitt 2. Besonderer Teil des Wohnungseigentumsprozesses

I. Gemeinschaftsbezogene Prozesse (§ 43 Nr. 1 WEG)

1. Bedeutung der Zuständigkeitsregelung des § 43 WEG

§ 43 Nr. 1 WEG ist – ebenso wie die anderen Ziffern dieser Vorschrift – eine Regelung über die **örtliche Zuständigkeit.**[1] Weder wird durch diese Norm eine besondere Prozessart vorgeschrieben noch ein spezielles „Wohnungseigentumsgericht" geschaffen. Es kann vorkommen, dass die Frage, ob ein Prozess i.S.d. § 43 WEG vorliegt, in erster Instanz keine Rolle spielt, da die Zuständigkeit des Amtsgerichts auch nach den allgemeinen Vorschriften gegeben wäre. In diesem Fall stellt sich die Frage der Anwendbarkeit des § 43 WEG erst bei der Bestimmung des zuständigen Berufungsgerichts.[2] Zumindest unter diesem Gesichtspunkt ergibt sich somit die Notwendigkeit, Prozesse mit wohnungseigentumsrechtlichen Bezug den einzelnen Ziffern des § 43 WEG zuzuordnen. Eine Abgrenzung der einzelnen Ziffern Nr. 1–4 und 6 des § 43 WEG untereinander ist grundsätzlich nicht zwingend erforderlich, weil damit keine unterschiedlichen Rechtsfolgen verbunden sind;[3] es darf allerdings nicht versäumt werden, im Entscheidungsfall alle Ziffern des § 43 WEG zu prüfen, bevor die Anwendbarkeit dieser Vorschrift ausgeschlossen wird. § 43 WEG begrenzt nicht die **Entscheidungskompetenz des Gerichts** auf bestimmte Anspruchsgrundlagen. Die Auffassung, eine örtliche Zuständigkeit des Gerichts sei nur für die von dieser Vorschrift erfassten materiell-rechtlichen Anspruchsgrundlagen gegeben, kann nicht durchgreifen, seitdem der BGH für die Parallelvorschrift des § 32 ZPO entschieden hat, das Gericht am Gerichtsstand der unerlaubten Handlung habe sämtliche Anspruchsgrundlagen zu prüfen.[4] Daraus muss geschlossen werden, dass auch das gemäß § 43 WEG zuständige Gericht den Rechtsstreit unter allen in Betracht kommenden rechtlichen Gesichtspunkten zu entscheiden hat, so wie es auch § 17 Abs. 2 Satz 1 GVG bestimmt. 369

2. Streitigkeiten über gemeinschaftliche Angelegenheiten

a) Begriff der gemeinschaftlichen Angelegenheiten. Zum Wohnungseigentumsprozess nach § 43 Nr. 1 WEG zählen Streitigkeiten über die sich aus der Gemeinschaft der Wohnungseigentümer und aus der Verwaltung des gemeinschaftlichen Eigentums ergebenden Rechte und Pflichten der Wohnungseigentümer untereinander (gemeinschaftsbezogene Prozesse). Unter diese wichtige Norm fallen alle Streitigkeiten, die einen Bezug zum Gemeinschaftseigentum aufweisen. Es kommt darauf an, ob die spezifischen wohnungseigentumsrechtlichen Rechte und Pflichten des Gemeinschaftsverhältnisses Streitgegenstand sind; unerheblich ist, aus welcher Vorschrift sich die Anspruchsgrundlage der Klage ergibt.[5] Bereits unter dem alten Recht der freiwilligen Gerichtsbarkeit bestand Einigkeit, dass diese Zuständigkeitsnorm weit auszulegen ist, um eine Streitentscheidung durch das spezielle Gericht der Wohnungseigentumssache zu erreichen. Ausschlaggebend war nach der Rspr. des BGH allein der Umstand, ob das von einem Wohnungseigentü- 370

---

[1] Siehe näher dazu oben Rn. 45.

[2] Siehe dazu oben Rn. 360.

[3] Allerdings bezieht sich § 48 Abs. 1 WEG nur auf bestimmte Ziffern des § 43 WEG; insoweit ist also ein Abgrenzung nötig.

[4] BGH NJW 2003, 828. Ob diese Entscheidung tatsächlich überzeugend ist, soll hier dahinstehen – die Praxis dürfte sich nach ihr richten.

[5] Vgl. BayObLG ZMR 2002, 213.

mer in Anspruch genommene Recht oder die ihn treffende Pflicht in einem **inneren Zusammenhang mit einer gemeinschaftlichen Angelegenheit** stand.[6] Später hat der BGH diese weite Auslegung mit der besseren Geeignetheit des Verfahrens der freiwilligen Gerichtsbarkeit in Wohnungseigentumssachen gegenüber dem Zivilprozess begründet.[7] Dieses Argument trägt heute zwar nicht mehr. Dennoch ist an der weiten Auslegung des § 43 Nr. 1 WEG festzuhalten. Es ist nicht ersichtlich, dass der Gesetzgeber den Anwendungsbereich der Norm durch die WEG-Novelle einschränken wollte.[8] Vielmehr erscheint es auch weiterhin sachgerecht, Streitigkeiten mit spezifischem wohnungseigentumsrechtlichen Bezug bei dem örtlichen zuständigen Gericht nach § 43 Nr. 1 WEG zu bündeln. Daher werden von § 43 Nr. 1 WEG nahezu alle wohnungseigentumsrechtlichen Streitigkeiten erfasst, soweit nicht die anderen Ziffern des § 43 WEG einschlägig sind. Die gemeinschaftliche Angelegenheit muss dabei selbst **Streitgegenstand** sein. Unerheblich ist, ob Vorfragen zu klären sind, die in die Zuständigkeit der allgemeinen Zivilgerichte fallen.[9]

371 **b) Sachbezogener Anwendungsbereich.** Der Anwendungsbereich des § 43 Nr. 1 WEG ist gegenüber der Vorgängervorschrift weiter formuliert: War nach § 43 Abs. 1 Nr. 1 WEG a. F. noch der „Antrag eines Wohnungseigentümers" erforderlich, so setzt der jetzt geltende Wortlaut des § 43 Nr. 1 WEG die Klage eines Wohnungseigentümers nicht mehr ausdrücklich voraus.[10] Es genügt, dass Streitgegenstand der Klage gemeinschaftliche Rechte oder Pflichten der Wohnungseigentümer untereinander sind; auf die Person des Klägers oder des Beklagten kommt es nicht entscheidend an. Daher erfasst die Vorschrift nunmehr ohne weiteres sämtliche **Klagen Dritter,** in denen es um gemeinschaftliche Rechte oder Pflichten geht. So können Parteien sowohl **ausgeschiedene Wohnungseigentümer** als auch **Parteien kraft Amtes**[11] oder sonstige beliebige Dritte sein, wenn ihnen Ansprüche aus dem Gemeinschaftsverhältnis **abgetreten** und somit zum Streitgegenstand gemacht worden sind.[12] Gleiches gilt für Dritte, die in **gewillkürter Prozessstandschaft** auftreten.[13] Umgekehrt ist ein Prozess zwischen Wohnungseigentümern nur dann ein Wohnungseigentumsprozess, wenn Rechte oder Pflichten gerade aus dem Gemeinschaftsverhältnis, nicht aus sonstigen Rechtsverhältnissen, streitgegenständlich sind. Das ist nicht der Fall, wenn der klagende Wohnungseigentümer eine ihm abgetretene Forderung eines Dritten geltend macht.[14] Schließlich ist § 43 Nr. 1 WEG auch von den Drittklagen gegen Wohnungseigentümer gemäß § 45 Nr. 5 WEG abzugrenzen: Während für § 43 Nr. 5 WEG ein bloßer Bezug auf das gemeinschaftliche Eigentum oder seine Verwaltung genügt,[15] muss es bei § 43 Nr. 1 WEG inhaltlich um Rechte und Pflichten der Wohnungseigentümer untereinander gehen.

372 **c) Zeitlicher Anwendungsbereich.** Streitigkeiten aus der Zeit vor Beginn oder nach Beendigung der Wohnungseigentümergemeinschaft sind keine gemeinschaftlichen Angelegenheiten. Eine Ausnahme gilt für die sog. **werdende Wohnungseigentümergemeinschaft.**

---

[6] BGH NJW 1995, 2851 (2852).

[7] BGH NZM 2002, 1003 (1005).

[8] BGH NZM 2009, 322. In der Begründung zum Referentenentwurf BT-Drucks. 16/887, S. 35, heißt es, der Entwurf übernehme „den Regelungsgehalt des § 43 Abs. 1 Nr. 1, 2 und 4 WEG" Das zeigt, dass eine Änderung des Anwendungsbereichs des § 43 Abs. 1 Nr. 1 WEG a. F. nicht beabsichtigt war.

[9] Vgl. OLG Düsseldorf NJW-RR 1995, 206.

[10] Anders z. B. die Formulierungen in §§ 43 Nr. 5, 46 Abs. 1 WEG.

[11] So schon früher zu beiden Fällen BGH NJW 2002, 3709. Für den Testamentsvollstrecker auch OLG Hamburg ZMR 2003, 134.

[12] Insoweit noch zum alten Recht OLG München NZM 2006, 61 (62); vgl. auch bereits KG MDR 1984, 584.

[13] BayObLG WuM 2001, 202 (203) für den Mieter.

[14] LG Nürnberg-Fürth NZM 2008, 494.

[15] Siehe unten Rn. 678.

Diese von der h. M. anerkannte Rechtsfigur entsteht, wenn in den Fällen der Teilung des Grundstücks nach § 8 WEG[16] mindestens ein Erwerber von seiner Wohnung Besitz ergriffen hat und sein Auflassungsanspruch durch eine Vormerkung gesichert ist;[17] teilweise wird auch die Anlegung der Wohnungsgrundbücher verlangt.[18] Auf die werdende Wohnungseigentümergemeinschaft sind die Vorschriften des WEG entsprechend anzuwenden, dies gilt auch für die §§ 43 ff. WEG.[19]

3. Beispiele für gemeinschaftsbezogene Prozesse

Nachfolgend sollen die wichtigsten Fälle gemeinschaftsbezogener Prozesse beispielhaft verdeutlicht werden; aufgrund des weiten Anwendungsbereichs des § 43 Nr. 1 WEG ist die Abgrenzung zu den von dieser Vorschrift nicht mehr erfassten Fällen bedeutsamer.[20] Zu den gemeinschaftsbezogenen Prozessen zählen etwa folgende Fälle: 373

- Klagen gemäß § 1004 BGB auf **Abwehr von Störungen** des Sondereigentums oder des Gemeinschaftseigentums. Das gilt auch dann, wenn der Verband das Prozessführungsrecht an sich gezogen hat,[21] denn die Prozessstandschaft des Verbandes ändert nichts am Streitgegenstand des materiell-rechtlichen Anspruchs. Unter diese Klagen fallen Prozesse auf **Unterlassung ungebührlicher Beeinträchtigungen** gemäß § 14 Nr. 1 WEG, wozu auch psychische Beeinträchtigungen zählen können,[22] und Streitigkeiten um die Zulässigkeit oder Beseitigung **baulicher Veränderungen.**[23] 374
- Streitigkeiten um Fragen des **Gebrauchsrechts** des gemeinschaftlichen Eigentums[24] sowie aus der **Verwaltung des Gemeinschaftseigentums.** Dazu gehören auch Streitigkeiten aus **Vereinbarungen** gemäß § 10 Abs. 2 Satz 2 WEG, sofern sie nicht allgemein schuldrechtlicher Art sind. 375
- Streitigkeiten über den Geltungsbereich eines eingetragenen **Sondernutzungsrechts**[25] oder um dessen Umfang.[26] Da das Sondernutzungsrecht unabhängig von seinen dinglichen Rechtswirkungen auf einer Vereinbarung der Wohnungseigentümer beruht, sind auf dieses Recht bezogene Streitigkeiten gemeinschaftlich i. S. d. § 43 Nr. 1 WEG. Vereinzelt, jedoch unzutreffend, wird dagegen der Streit, wem ein Sondernutzungsrecht zusteht, dem allgemeinen Prozessgericht zugewiesen.[27] Dieses ist aber zuständig, wenn im Streit um die Aufhebung eines Sondernutzungsrechts der geltend gemachte Anspruch aus einer schuldrechtlichen Vereinbarung folgt und zudem außenstehende Dritte mitbetroffen sind.[28] 376
- Streitigkeiten um Rechte und Pflichten des **Verwaltungsbeirates,** selbst wenn die Beiratsmitglieder nicht zugleich Wohnungseigentümer sind.[29] 377

---

16 Nicht im Fall des § 3 WEG: BayObLG ZWE 2001, 74.

17 BGH NJW 2008, 2639; BayObLG NJW-RR 1986, 178; OLG Düsseldorf NZM 1998, 517; OLG Karlsruhe ZMR 2003, 374.

18 OLG Hamm FGPrax 2000, 11; dagegen aber BGH NJW 2008, 2639 (2641).

19 BayObLG NJW-RR 1997, 1443, OLG Frankfurt a. M. BeckRS 2005 09118.

20 Siehe dazu unten Rn. 390 ff.

21 Siehe dazu oben Rn. 57.

22 KG NJW-RR 1988, 586.

23 BGH NJW 1992, 978 (979).

24 Vgl. etwa OLG Frankfurt a. M. MDR 1982, 151.

25 BGHZ 109, 396; OLG Hamm NJW-RR 1993, 1295 (1296).

26 OLG Köln NJW-RR 1989, 1040.

27 So OLG Saarbrücken NJW-RR 1998, 1165. Die Entscheidung ist abzulehnen: Einzelne Komponenten des Sondernutzungsrechts – hier die Frage, wer Berechtigter ist – lassen sich weder sinnvoll noch dogmatisch schlüssig unterschiedlichen gerichtlichen Zuständigkeiten zuweisen. Die gleichfalls abzulehnende Entscheidung OLG Stuttgart NJW-RR 1986, 318 ist durch BGHZ 109, 396 überholt.

28 OLG Zweibrücken ZMR 2002, 470.

29 BayObLG NJW 1972, 1377.

378 • Klagen gemäß § 10 Abs. 2 Satz 3 WEG gegen die übrigen Wohnungseigentümer auf **Abänderung** einer gesetzlichen oder vereinbarten Regel; davon wird auch eine Klage auf Abänderung der Gemeinschaftsordnung umfasst.[30]

379 • Streitigkeiten über die Verteilung von Nutzungen, Lasten und Kosten gemäß **§ 16 WEG**[31] und damit auch Streitigkeiten um den Bestand oder die Abänderung des **Kostenverteilungsschlüssels.**

380 • Klagen auf **Teilschuldnerausgleich** wegen **im Außenverhältnis verauslagter Beiträge** gemäß § 16 Abs. 2 WEG. Bezahlt ein Wohnungseigentümer über seinen Anteil gemäß § 10 Abs. 8 Satz 1 WEG hinaus Schulden des Verbandes gegenüber einem außenstehenden Gläubiger und wäre der überzahlte Teil intern auf andere Wohnungseigentümer nach § 16 Abs. 2 WEG umzulegen, so hatte nach der Rspr. vor der WEG-Reform der zahlende Wohnungseigentümer gegen die anderen insoweit einen Ausgleichsanspruch, der aus § 426 Abs. 2 BGB folgte.[32] Nunmehr sind jedoch die Wohnungseigentümer im Außenverhältnis wegen § 10 Abs. 8 WEG nicht mehr Gesamt-, sondern Teilschuldner i. S. d. § 420 BGB, so dass § 426 BGB keine Anwendung mehr findet. Es kommt aber ein Ausgleichsanspruch nach den Regeln der Geschäftsführung ohne Auftrag (§§ 683 Satz 1, 670 BGB) in Betracht. Doch nimmt hier die neuere Rspr. insoweit zu Recht an, dass sich entsprechende Aufwendungsersatzansprüche gegen den Verband richten, weil es sich um Kosten handelt, welche die Verwaltung des gemeinschaftlichen Eigentums betreffen.[33] In diesem Fall gilt für den Rückgriffsanspruch nicht § 43 Nr. 1 WEG, sondern § 43 Nr. 2 WEG. Dabei kann es jedoch nicht sein Bewenden haben, denn der verauslagende Wohnungseigentümer wäre gegenüber der bisherigen Rechtslage erheblich schlechter gestellt, wenn er sich nur an den Verband halten könnte: Gerade in Fällen, in denen einzelne Wohnungseigentümer Verbindlichkeiten des Verbandes tilgen, ist der Verband häufig finanziell nicht hinreichend ausgestattet. Vor allem in Zweier-Gemeinschaften, in denen die hier in Rede stehenden Fälle oft praktisch werden, gibt es häufig keinen Wirtschaftsplan und kein Gemeinschaftskonto. Der Verband existiert hier nur rechtlich, nicht tatsächlich. Für den verauslagenden Wohnungseigentümer einer Zweier-Gemeinschaft wäre es unverständlich, wenn er sich nicht an seinen Miteigentümer, sondern nur an den faktisch nicht existierenden Verband wenden könnte. Er müsste dann Ansprüche des Verbandes gegen den anderen Miteigentümer pfänden und verwerten; damit wäre genau der Fall eingetreten, den der Gesetzgeber als misslich empfand und durch die Außenhaftung der Wohnungseigentümer gemäß § 10 Abs. 8 WEG ändern wollte. Mithin greift diese Vorschrift ihrem Zweck gemäß auch im hier vorliegenden Fall ein: Für den Rückgriffsanspruch des verauslagenden Wohnungseigentümers gegen den Verband haften die anderen Wohnungseigentümer gemäß § 10 Abs. 8 WEG als Teilschuldner, so dass sie direkt von ihm in Anspruch genommen werden können. Es besteht keine Veranlassung, den verauslagenden Wohnungseigentümer nicht als „Gläubiger" i. S. d. § 10 Abs. 8 Satz 1 WEG anzusehen.[34] Weder gebietet dies der Wortlaut der Vorschrift noch besteht ein sachlicher Grund, Wohnungseigentümer gegenüber sonstigen Drittgläubigern insoweit schlechter zu stellen. Richtig ist allerdings, dass § 10 Abs. 8 Satz 1 WEG keinen Ausgleich anhand des geltenden Kostenverteilungsschlüssels, sondern nur anhand des Miteigentumsanteils ermöglicht; eine spätere interne Verrechnung gemäß § 16 Abs. 2 WEG im Rahmen der Jahresabrechnung ist daher noch erforderlich.

---

[30] So schon OLG Karlsruhe NJW-RR 1987, 975.

[31] BayObLG NZM 2003, 520 (521).

[32] OLG Karlsruhe ZMR 2007, 138; BayObLG NZM 2002, 609; LG Berlin ZMR 2005, 479.

[33] OLG Hamm MDR 2008, 558; OLG München NZM 2008, 215; AG Berlin-Charlottenburg BeckRS 2009, 13409.

[34] So aber OLG München NZM 2008, 215 (216).

- Klagen auf **Schadensersatz** zwischen Wohnungseigentümern, wenn ein Zusammenhang mit dem Gemeinschaftsverhältnis besteht,[35] z. B. wenn tragende Gebäudeteile beschädigt werden,[36] auf die spezielle Anspruchsgrundlage kommt es dann nicht an. Gleiches gilt für Schadensersatzansprüche wegen Verletzung der Pflichten aus § 14 WEG.[37] 381
- Der **Schadensersatzanspruch gegen den Insolvenzverwalter** aus § 61 InsO ist gemeinschaftsbezogen, wenn Hausgeldforderungen als Masseverbindlichkeiten vom Insolvenzverwalter nicht voll erfüllt werden.[38] 382
- Ein Anspruch auf Zustimmung zur **Aufhebung der Wohnungseigentümergemeinschaft.**[39] Dies gilt jedoch nicht für die Ansprüche nach erfolgter Aufhebung aus §§ 755 ff. BGB, denn in diesem Fall besteht keine Wohnungseigentümergemeinschaft mehr und folglich kein innerer Zusammenhang zur gemeinschaftlichen Verwaltung. 383
- Streitigkeiten zwischen dem Inhaber eines **isolierten Miteigentumsanteils** und den übrigen Wohnungseigentümern.[40] Der Inhaber dieses Miteigentumsanteils unterliegt den Regeln des WEG,[41] weshalb auch § 43 WEG Anwendung findet. Der Anspruch gegen die übrigen Wohnungseigentümer, den Aufteilungsplan so zu ändern, dass zu Gunsten des Inhabers des isolierten Miteigentumsanteils Sondereigentum entsteht, folgt aus Treu und Glauben aus dem Gemeinschaftsverhältnis[42] und stellt damit ebenfalls eine gemeinschaftsbezogene Streitigkeit dar. 384
- Klagen auf Erteilung einer **Zustimmung zur Veräußerung** gemäß § 12 WEG. Dies gilt nicht, wenn sich die Klage gegen einen Dritten richtet. Richtet sie sich gegen den Verwalter, so gilt § 43 Nr. 3 WEG. 385
- Streitigkeiten zwischen den Berechtigten eines **Wohnungserbbaurechts** untereinander. § 30 Abs. 3 Satz 2 WEG verweist auf die Vorschriften für das Wohnungseigentum und damit auch auf die §§ 43 ff. WEG. Dies gilt nicht für Streitigkeiten zwischen dem Wohnungserbbauberechtigten und dem Eigentümer. 386
- Streitigkeiten zwischen den Wohnungseigentümern um die Bestellung eines **Ersatzzustellungsvertreters** (§ 45 Abs. 2 und 3 WEG). Streitigkeiten mit diesem fallen jedoch unter § 43 Nr. 3 WEG.[43] 387

4. Keine gemeinschaftsbezogenen Prozesse

Folgende Fälle gehören nicht zu den gemeinschaftsbezogenen Prozessen i. S. d. § 43 Nr. 1 WEG: 388

- Streitigkeiten um die **sachenrechtlichen Grundlagen** der Gemeinschaft, insbesondere über Gegenstand, Inhalt und Umfang des Sondereigentums[44] sowie dessen Abgrenzung zum Gemeinschaftseigentum. Gleichgültig ist dabei, ob es um Herausgabe oder Feststellung von Sondereigentum, um sonstige daraus abzuleitende Rechtsfolgen oder um Grundbuchberichtigung geht. Auch Feststellungen, ob Einrichtungen zum Gemeinschaftseigentum oder zum Sondereigentum zählen, sind keine Wohnungseigentumsprozesse.[45] Ein solcher Fall liegt aber nicht vor, wenn Streitgegenstand ein aus dem 389

---

35 BGH NJW-RR 1991, 907.

36 OLG Köln WuM 1995, 452.

37 OLG Saarbrücken NJW 2008, 80.

38 OLG Düsseldorf NZM 2007, 47 (49).

39 BayObLG WuM 1999, 231.

40 A. A. aber OLG Köln OLGReport 1995, 236.

41 OLG Hamm NZM 2007, 448. Für ein Stimmrecht des Inhabers des isolierten Miteigentums: OLG Frankfurt a. M. NZM 2007, 806 (808).

42 BGH NJW-RR 2005, 10 (12). Nunmehr dürfte zudem § 10 Abs. 2 Satz 3 WEG einschlägig sein.

43 Siehe unten Rn. 458.

44 BGH NJW 1995, 2851.

45 OLG Bremen WuM 1989, 650 (651) für Außenfenster.

Gemeinschaftsverhältnis hergeleiteter Anspruch auf Änderung der dinglichen Rechtsverhältnisse an einem streitigen Raum ist;[46] dies gilt nicht, wenn dieser Anspruch nicht aus dem Gemeinschaftsverhältnis, sondern aus einem besonderen Vertrag abgeleitet wird.

390 • Klagen wegen **schuldrechtlicher Ansprüche** aus den Erwerbsverträgen zum Wohnungseigentum[47] oder wegen eines **Konkurrenzverbots** aus einer Sonderverbindung zweier Wohnungseigentümer[48] oder wegen Mängel gegen den **Bauträger,** der (noch) Wohnungseigentümer ist;[49] wird der Bauträger aber in seiner Eigenschaft als Wohnungseigentümer in Anspruch genommen, so liegt ein Wohnungseigentumsprozess vor.[50]

391 • Interne Streitigkeiten von **Teilhabern einer Bruchteilsgemeinschaft** an einem Teil- oder Wohnungseigentum.[51] Für die interne Rechtslage zwischen Miteigentümern eines Teil- oder Wohnungseigentumsrechts gelten nicht die Bestimmungen des WEG, sondern die Regeln der Gemeinschaft nach §§ 741 ff. BGB. Entsprechendes gilt, wenn eine GbR Miteigentümerin ist; **Streitigkeiten zwischen** den **Gesellschaftern** sind allgemeine Zivilprozesse.[52] Dies gilt auch, wenn eine **GbR** Inhaberin sämtlicher Wohnungseigentumsrechte ist, dann liegt schon begrifflich keine Wohnungseigentümergemeinschaft mehr vor.[53] Abweichendes kann aber gelten, wenn eine GbR im Aufbaustadium des Objekts später in einer (werdenden) Wohnungseigentümergemeinschaft aufgegangen ist; in diesem Fall können auch ursprünglich gesellschaftsrechtliche Ansprüche zwischen den Gesellschaftern und späteren Wohnungseigentümern wohnungseigentumsrechtlichen Charakter angenommen haben, mit der Folge, dass dann insgesamt ein innerer Zusammenhang zu Angelegenheiten der gemeinschaftlichen Verwaltung anzunehmen ist.[54]

392 • Ansprüche, die von einem Wohnungseigentümer gegen einen anderen Wohnungseigentümer aufgrund von dessen **anwaltlicher Tätigkeit** als Bevollmächtigter der Wohnungseigentümer geltend gemacht werden;[55] es kann aber § 43 Nr. 5 WEG einschlägig sein.

393 • Schließen zwei Wohnungseigentümer einen **Mietvertrag** über die Vermietung gemeinschaftlichen Eigentums, so gilt für Streitigkeiten aus diesem Verhältnis das Miet-, nicht das Wohnungseigentumsrecht. Selbst wenn es darum geht, das Betreten der Eigentumswohnung zu dulden, handelt es sich nicht um einen Wohnungseigentumsprozess, sofern der Duldungsanspruch aus dem Mietvertrag folgt.[56] Auch Prozesse der Gemeinschaft gegen Mieter, etwa auf Unterlassung zweckbestimmungswidriger Nutzung,[57] sind keine gemeinschaftsbezogenen Prozesse gemäß § 43 Nr. 1 WEG, denn der Mieter tritt hier als Störer des Gemeinschaftseigentums wie ein außenstehender Dritter in Erscheinung; anderes kann aber gelten, wenn der Mieter zugleich Eigentümer einer anderen Einheit in der Gemeinschaft ist: hier ist er zugleich in seiner Eigenschaft als Eigentümer an die Gemeinschaftsordnung gebunden.[58]

394 • Klagen wegen **Verletzung der persönlichen Ehre** wurzeln grundsätzlich nicht im Gemeinschaftsverhältnis, es sei denn, zwischen der Verletzungshandlung und einer Gemeinschaftsangelegenheit besteht ein innerer Zusammenhang. Ein solcher Zusammen-

---

[46] KG NZM 2008, 47; OLG Schleswig ZMR 2006, 73; OLG München MDR 2006, 563; BayObLG NZM 1999, 272; a. A. KG NZM 1998, 581.

[47] OLG Düsseldorf MDR 1983, 320.

[48] BGH NJW-RR 1986, 1335; BayObLG WuM 1996, 359.

[49] BGH NJW 1974, 1552.

[50] BayObLG NJW-RR 2002, 882.

[51] BayObLG NJW-RR 1995, 588 (589).

[52] Vgl. OLG Karlsruhe ZMR 2000, 56 für Ansprüche wegen „steckengebliebenen Baus".

[53] OLG Köln NJW-RR 1997, 1443.

[54] KG NZM 2009, 487.

[55] BayObLG NZM 1998, 515.

[56] BayObLG WuM 1991, 300 (301).

[57] Siehe dazu OLG Karlsruhe NJW-RR 1994, 146.

[58] KG NZM 2005, 382.

hang ist etwa gegeben, wenn Beleidigungen, Beschimpfungen etc. vom räumlich-gegenständlichen Bereich des einen Sondereigentums in das andere Sondereigentum objektbezogen einwirken. Diese Objektbezogenheit liegt vor, wenn die Verletzungen so lang andauernd und intensiv sind, dass sie zu einer Beeinträchtigung des körperlichen Wohlbehagens der davon betroffenen Personen führen.[59]

- Alle Klagen, in denen sich Wohnungseigentümer wie **sonstige Dritte** gegenüberstehen, in denen also ein innerer Zusammenhang mit einer gemeinschaftlichen Angelegenheit nicht besteht. Das gilt auch für Fälle, in denen die Streitigkeit einer **Sonderverbindung** entstammt, die ihren Ursprung nicht im Gemeinschaftsverhältnis findet,[60] ebenso für **gesetzliche Ansprüche,** etwa aus § 985 BGB.[61] 395
- Schadensersatzansprüche gegen den **Haftpflichtversicherer** eines Wohnungseigentümers oder des Verwalters.[62] 396
- Klagen auf Zahlung von **Hausgeld** fallen nicht unter § 43 Nr. 1 WEG, sondern unter § 43 Nr. 2 WEG, weil Gläubiger gemäß § 10 Abs. 6 und 7 WEG der Verband ist. 397
- Streitigkeiten aus oder um ein **Dauerwohnrecht** gemäß § 31 WEG. Dieses Recht ähnelt einer beschränkten persönlichen Dienstbarkeit. Die Anwendung der Vorschriften über das Wohnungseigentum ist hier gesetzlich nicht vorgesehen. 398

5. Prozesse bei fehlendem Verwalter

a) **Bestellung eines Verwalters.** Findet sich in einer verwalterlosen Gemeinschaft keine Mehrheit für die Wahl eines bestimmten Verwalters gemäß § 26 Abs. 1 WEG, so kann er mithilfe des Gerichts bestellt werden. Nach h. M. kann jeder Wohnungseigentümer aus seinem **Recht auf ordnungsgemäße Verwaltung** gemäß § 21 Abs. 4 WEG die Bestellung eines Verwalters verlangen.[63] Daher handelt es sich bei einer solchen Streitigkeit um einen gemeinschaftsbezogenen Prozess gemäß § 43 Nr. 1 WEG.[64] Der Anspruch richtet sich gegen die übrigen Wohnungseigentümer; allerdings besteht keine Verpflichtung alle zu verklagen.[65] Die nicht beklagten Wohnungseigentümer sind gemäß § 48 Abs. 1 Satz 1 WEG beizuladen und werden auf diese Weise am Prozess beteiligt und an sein Ergebnis gebunden.[66] Problematisch ist, ob der Kläger den zu bestellenden Verwalter bereits selbst in seinem Klageantrag bezeichnen muss oder die Auswahl dem Gericht überlassen kann. Gemäß § 253 Abs. 2 Nr. 2 ZPO wäre der Kläger gehalten, die Bestellung eines bestimmten Verwalters zu beantragen. Von dieser Verpflichtung kann ihn nur § 21 Abs. 8 WEG entbinden. Wenn man diese Vorschrift richtigerweise schon dann für anwendbar hält, wenn die Wohnungseigentümer eine zur ordnungsgemäßen Verwaltung erforderliche Maßnahme nicht treffen,[67] so kann danach das Gericht nach **billigem Ermessen** einen Verwalter bestellen. Der Kläger muss sich also nicht auf einen Verwalter festlegen, Hilfsanträge zu verschiedenen Verwaltern sind ebenfalls überflüssig. Zudem kann das Gericht in gleicher Weise alle weiteren Modalitäten der Bestellung regeln. Darüber hinaus ist fraglich, ob das Gericht unmittelbar selbst den Verwalter einsetzen[68] oder ob es die Be- 399

---

[59] OLG Saarbrücken NJW 2008, 80 (81); KG NJW-RR 1988, 586.

[60] OLG Zweibrücken ZMR 2002, 470 (471): Schuldrechtliche Ansprüche können generell keine Wohnungseigentumsverfahren sein.

[61] So wohl OLG Düsseldorf NZM 2002, 74.

[62] BayObLG NJW-RR 1987, 1099.

[63] KG FGPrax 2003, 156; BayObLG NJW-RR 1999, 1171 f.; OLG Frankfurt a. M. NJW-RR 1993, 845.

[64] Vgl. OLG Köln ZMR 2003, 960.

[65] Zur Frage einer etwaigen notwendigen Streitgenossenschaft siehe oben Rn. 93.

[66] Zur Beiladung siehe oben Rn. 68 ff.

[67] Siehe dazu näher oben Rn. 39.

[68] So wohl OLG Düsseldorf ZMR 2007, 878 (880) in einem obiter dictum ohne nähere Begründung. Zum früheren Recht in der freiwilligen Gerichtsbarkeit vgl. BayObLG NJW-RR 1989, 461.

klagten lediglich verurteilen kann, der Bestellung eines bestimmten Verwalters zu bestimmten Bedingungen zuzustimmen. Die Antwort auf diese Frage hängt ebenfalls vom Verständnis des § 21 Abs. 8 WEG ab.[69] Sieht man in dieser Vorschrift eine echte Gestaltungsmöglichkeit für das Gericht – mithin eine Art Relikt aus dem früheren Verfahren der freiwilligen Gerichtsbarkeit – so kann der Kläger seinen Klageantrag darauf beschränken, die Bestellung eines Verwalters zu beantragen; andernfalls lautet der Klageantrag darauf, die Beklagten zu verurteilen, der Bestellung eines Verwalters nach billigem Ermessen zuzustimmen. Im Eilverfahren der **einstweiligen Verfügung** ist jedenfalls wegen § 938 ZPO die Befugnis des Gerichts, unmittelbar selbst einen Verwalter zu bestellen, gegeben.[70]

400 b) **Einberufung einer Wohnungseigentümerversammlung.** Wenn sich der Verwalter oder Mitglieder des Verwaltungsbeirats weigern, eine Versammlung einzuberufen, so können sie auf Durchführung der Einberufung verklagt werden, in Eilfällen auch durch einstweilige Verfügung. Problematischer liegt der Fall, wenn weder ein Verwalter im Amt ist noch ein Verwaltungsbeirat existiert. Hier können bei der Einberufung Schwierigkeiten auftreten. Der einzelne Wohnungseigentümer besitzt nämlich kein Einberufungsrecht.[71] In einem solchen Fall sind gemäß § 21 Abs. 1 WEG alle Wohnungseigentümer **gemeinschaftlich zur Einberufung** der Versammlung **berechtigt.** Eine gemeinschaftliche Einberufung wird insbesondere in großen Gemeinschaften jedoch nur schwierig zustande kommen. Dann können im Wege der Klage gemäß § 43 Nr. 1 WEG die passiven oder obstruierenden Wohnungseigentümer auf **Mitwirkung zur Einberufung** verklagt werden. Auch dieses Verfahren kann aber in großen Gemeinschaften zu langwierig sein. Früher hielt die überwiegende Auffassung das Gericht entsprechend § 37 Abs. 2 BGB für befugt, **einen Wohnungseigentümer zur Einberufung** einer Versammlung zu **ermächtigen.**[72] Dieser Meinung ist auch heute noch zu folgen, die Verfahrensumstellung auf die ZPO hat hieran nichts geändert. Der Anspruch auf Einberufung nach § 37 Abs. 2 BGB kann nämlich ohnehin nicht im Wege der Klage, sondern nur im FGG-Verfahren durchgesetzt werden.[73] Daher spielt es keine Rolle, dass die Klageverfahren im Wohnungseigentumsrecht nunmehr im Zivilprozess stattfinden. Es bleibt Raum für eine analoge Anwendung der Parallelvorschriften der § 37 Abs. 2 BGB, § 122 Abs. 3 Satz 1 AktG, § 45 Abs. 3 GenG auf das Wohnungseigentumsrecht. Dieses Verfahren ist entsprechend § 3 Nr. 1 a) RPflG vor dem Rechtspfleger in der freiwilligen Gerichtsbarkeit durchzuführen. Alternativ kommt in eilbedürftigen Fällen in Betracht, dass sich ein Wohnungseigentümer durch **einstweilige Verfügung** gemäß §§ 935, 940 ZPO zum vorläufigen (Not-)Verwalter gerichtlich bestellen lässt und in dieser Funktion (vgl. § 24 Abs. 1 WEG) eine Versammlung einberuft. Eine Kompetenz des Gerichts durch einstweilige Verfügung selbst eine Wohnungseigentümerversammlung einzuberufen, dürfte sich jedoch nicht begründen lassen.

6. Die Entziehung des Wohnungseigentums

401 Die Wohnungseigentümergemeinschaft ist gemäß § 11 Abs. 1 WEG unauflöslich und stellt damit in diesem Sinne eine Zwangsgemeinschaft dar. Um dennoch im Bedarfsfall störende Miteigentümer aus der Gemeinschaft ausschließen zu können, sieht § 18 WEG die Entziehung ihres Wohnungseigentums vor. Sie wird dadurch erreicht, dass der Störer verpflichtet und notfalls gezwungen wird, sein Wohnungseigentum zu veräußern. Die

[69] Vgl. oben Rn. 39.
[70] Siehe auch oben Rn. 369.
[71] OLG Celle MDR 2000, 1428 (1429); BayObLG WuM 1990, 320; MDR 1970, 507; KG NJW 1987, 386.
[72] Siehe Vornote.
[73] Vgl. *Palandt/Heinrichs* § 37 Rn. 4.

Gesetzesüberschrift „Entziehung“ ist daher ungenau, es handelt sich vielmehr um eine Zwangsveräußerung.

a) **Überblick.** § 18 Abs. 1 Satz 1 WEG gibt den Wohnungseigentümern einen – unabdingbaren (§ 18 Abs. 4 WEG) – materiell-rechtlichen **Anspruch** gegen den Störer auf Veräußerung seines Wohnungseigentums, wenn er sich einer so schweren Verletzung der ihm den anderen Wohnungseigentümern obliegenden Verpflichtungen schuldig gemacht hat, dass diesen die Fortsetzung der Gemeinschaft mit ihm nicht mehr zugemutet werden kann. Diese Vorschrift stellt eine **Generalklausel** dar, die in Absatz 2 durch zwei **Sondertatbestände** konkretisiert wird: Der Anspruch ist in diesen Fällen gegeben, wenn der Störer trotz Abmahnung wiederholt gröblich gegen die Pflichten des § 14 WEG verstößt (§ 18 Abs. 2 Nr. 1 WEG) oder wenn er mit Beiträgen gemäß § 16 Abs. 2 WEG in Höhe von mehr als 3% des Einheitswertes seines Wohnungseigentums länger als drei Monate in Verzug ist (§ 18 Abs. 2 Nr. 2 WEG). Anspruchsinhaber ist jeder Wohnungseigentümer, so dass der Veräußerungsprozess gegen den Störer eine gemeinschaftliche Angelegenheit gemäß § 43 Nr. 1 WEG darstellt. Dieses Recht wird jedoch gemäß § 18 Abs. 1 Satz 2 WEG vom Verband ausgeübt, dem damit zugleich eine **gesetzliche Prozessstandschaft** eingeräumt ist;[74] anderes gilt nur in einer Zweier-Gemeinschaft, hier ist der Störer von dem anderen Wohnungseigentümer zu verklagen. Ferner erfordert das Veräußerungsverlangen einen **Beschluss** der Wohnungseigentümer, den mehr als die Hälfte der stimmberechtigten Eigentümer fassen müssen (§ 18 Abs. 3 WEG). Kommt der Störer diesem Beschluss nicht freiwillig nach, so muss gegen ihn ein **Titel** auf Veräußerung erwirkt werden, entweder ein Vergleich (§ 19 Abs. 3 WEG) oder ein Veräußerungsurteil (§ 19 Abs. 1 WEG). Erfüllt der Schuldner diesen Titel nicht, kann gegen ihn die **Zwangsvollstreckung** eingeleitet werden. Sie findet entsprechend §§ 1–161 ZVG statt; auch hier – ausgenommen bei der Zweier-Gemeinschaft – tritt der Verband als Prozessstandschafter auf (§ 19 Abs. 1 Satz 2 WEG). Schließlich regelt § 19 Abs. 2 WEG eine Abwendungsbefugnis zu Gunsten des säumigen Hausgeldschuldners, der nachträglich seine Zahlungsverpflichtungen vollständig erfüllt. 402

b) **Der Veräußerungsanspruch.** Der Anspruch ist bei einer schweren Pflichtverletzung, die eine Fortsetzung der Gemeinschaft mit dem Störer unzumutbar macht, gegeben. Die Pflichtverletzung muss sich nicht gegen alle anderen Wohnungseigentümer zugleich richten, es genügt eine Verletzung gegenüber einzelnen oder einem. In Betracht kommt jede den anderen Wohnungseigentümern gegenüber obliegende Pflicht. Die Generalklausel ist nicht auf einen Pflichtverstoß gegen § 14 WEG beschränkt. Die **Beweislast** für das Vorliegen des Veräußerungsanspruchs trifft nach allgemeinen Grundsätzen den Kläger.[75] 403

aa) Entziehung als ultima ratio. Bei der Konkretisierung der Generalklausel ist zu beachten, dass die Veräußerungsverpflichtung zu den schwersten aller möglichen Eingriffe in das Eigentumsrecht gehört und damit nur unter engen Voraussetzungen zulässig ist.[76] Diese engen Voraussetzungen ergeben sich allerdings bereits aus dem restriktiv formulierten § 18 Abs. 1 und 2 WEG selbst, weitere Einschränkungen sind nicht geboten. Demgegenüber soll die Entziehung des Wohnungseigentums nach verbreiteter Meinung nur das **letzte Mittel** darstellen, wenn weniger schwere rechtliche Maßnahmen ausgeschöpft sind oder nicht in Frage kommen.[77] Diese Meinung ist **abzulehnen.** Sie ist weder mit dem Gesetzeswortlaut in Einklang zu bringen noch hat das BVerfG sie in seiner 404

---

[74] Vgl. auch oben Rn. 56.

[75] AG Dachau ZMR 2006, 319.

[76] BVerfG NJW 1994, 241 (242).

[77] BGH NJW 2007, 1353 (1354); LG Köln ZMR 2002, 227; LG Stuttgart NJW-RR 1997, 589; LG Tübingen NJW-RR 1995, 650; LG Aachen ZMR 1993, 233; LG Landau WuM 1986, 151; LG Passau Rpfleger 1984, 412.

maßgeblichen Entscheidung[78] zur Entziehung des Wohnungseigentums von Verfassungs wegen gefordert. Sie ist auch unklar: Wenn man in jedem Fall verlangen würde, dass die Wohnungseigentümer den Störer zunächst auf Unterlassung seiner Handlungen bzw. auf Zahlung des rückständigen Hausgeldes verklagen und auch insoweit die Zwangsvollstreckung betreiben müssten, so würde der Anwendungsbereich des § 18 WEG vielfach leer laufen. Es ist auch nicht auszumachen, in welchem Ausmaß weniger einschneidende Maßnahmen von den Wohnungseigentümern zuvor verfolgt werden müssen, etwa ob sie einen oder möglicherweise dutzende Prozesse gegen den Störer wegen seiner inkriminierten Handlungen führen müssen. Zudem lässt sich nicht voraussagen, welche Maßnahmen letztlich schonender sind: Urteile, die den Störer zu einer Unterlassung verpflichten, sind gemäß § 890 ZPO notfalls bis zur Haft vollstreckbar, Zahlungstitel können bis zur Zwangsversteigerung weiterer Immobilien des Schuldners führen. Es ist nicht einzusehen, dass Haft oder der Verlust anderer Immobilien gegenüber der Zwangsveräußerung des Wohnungseigentums in jedem Fall die weniger einschneidende Maßnahme darstellen. Die zitierte Auffassung schränkt somit den Anspruch aus § 18 WEG über Gebühr und ohne klare Konturen ein und erweist sich damit im Ergebnis als nicht haltbar.

405 *bb) Pflichtverletzungen.* Für die Beurteilung der Schwere der Pflichtverletzung kommt es immer auf die besonderen Umstände des Einzelfalls an. Die Fortsetzung der Gemeinschaft mit dem Störer muss für die anderen Wohnungseigentümer unzumutbar sein. Im Regelfall ist daher auch eine **Zukunftsprognose** erforderlich, da die Entziehung des Wohnungseigentums weniger Sanktion für vergangene Verletzungen, sondern für künftige Störungen ist.[79] Dennoch ist es nicht zu beanstanden, den Entziehungsanspruch auch auf eine einmalige Pflichtverletzung zu stützen, wenn diese besonders schwer war.[80] Allgemein ist zu beachten, dass die Wohnungseigentümer untereinander lediglich durch den Erwerb eines Miteigentumsanteils in einer Zwangsgemeinschaft miteinander verbunden sind – besondere (vertragliche) Beziehungen oder ein Vertrauensverhältnis zwischen ihnen bestehen oft nicht und werden rechtlich nicht gefordert. Unerheblich ist daher, ob der Störer sich nicht in das Gemeinschaftsverhältnis einfügt oder mit den anderen Wohnungseigentümern zerstritten ist. Vielmehr müssen echte Rechtspflichten verletzt und zukünftige Verletzungen im Regelfall auch weiterhin zu besorgen sein. Danach kommen als Pflichtverletzungen i. S. d. § 18 Abs. 1 WEG in Betracht: **Beleidigungen** und **Körperverletzungen** des Störers gegenüber anderen Wohnungseigentümer,[81] einfache, nicht wiederholte Beleidigungen reichen aber nicht;[82] **Lärm** und **belästigende Telefonanrufe;**[83] ständig andauernde **stechend-beißende Fäkalgerüche** aus der Wohnung des Störers.[84] Eine weitere hinreichende Pflichtverletzung ist die **fortdauernd unpünktliche Erfüllung von Hausgeldschulden** und anderen Zahlungsansprüchen der Gemeinschaft;[85] das gilt auch dann, wenn der Tatbestand des § 18 Abs. 2 Nr. 2 WEG nicht erfüllt ist, da dieser nur einen speziellen Anwendungsfall des § 18 Abs. 1 WEG beispielhaft hervorhebt und der Anwendung auf andere Fälle der Verletzung von Zahlungspflichten nicht entgegensteht. **Nicht** ausreichende Pflichtverletzungen sind dagegen ein ungewöhnlich **hoher Umfang von** – größtenteils erfolglos geführten – **Prozessen** des Störers gegen die übrigen Wohnungseigentümer.[86] Es ist nicht Aufgabe des § 18 WEG, Prozesse innerhalb der Gemeinschaft zu verhindern und grundsätzlich bestehende Rechtsschutzmöglichkeiten zu

---

[78] Siehe BVerfG NJW 1994, 241.
[79] LG Augsburg ZMR 2005, 230.
[80] BVerfG NJW 1994, 241 (242).
[81] LG Köln ZMR 2002, 227.
[82] AG Dachau ZMR 2006, 319.
[83] BGH NJW 2007, 241.
[84] LG Tübingen NJW-RR 1995, 650.
[85] BGH NJW 2007, 1353 (1354).
[86] LG Stuttgart NJW-RR 1997, 589; vgl. auch OLG Köln NZM 2004, 260.

beschneiden. Das allgemeine Lebensrisiko verklagt zu werden, ist auch einem Wohnungseigentümer zuzumuten. Gehört ein Wohnungseigentum **mehreren Miteigentümern,** so genügt bereits die Störung eines einzelnen. Die anderen Miteigentümer sind gemäß § 14 Nr. 2 WEG verpflichtet, das Verhalten des Störers zu unterbinden; unterlassen sie dies, stellt das eine eigene Pflichtverletzung dar.[87]

cc) Verschulden. Entgegen dem Wortlaut des § 18 Abs. 1 Satz 1 WEG wird ein schuldhaftes Handeln des Störers nicht zwingend gefordert.[88] Das ist verfassungsrechtlich unbedenklich, sofern die Schuldunfähigkeit des Störers bei der Schwere der Pflichtverletzung berücksichtigt wird.[89] Diese Meinung erweist sich trotz des Gesetzeswortlauts als zutreffend. Zum einen gäbe es sonst keine Möglichkeit schuldunfähige Störer auszuschließen, selbst wenn sie schwerste Pflichtverletzungen begehen. Zum anderen setzt das Gesetz im Regelbeispiel des § 18 Abs. 2 Nr. 2 WEG selbst kein Verschulden voraus. In den dort genannten Zahlungsverzug kann insbesondere auch der Schuldner geraten, der schuldlos zahlungsunfähig geworden ist – dennoch sieht er sich dem Veräußerungsanspruch ausgesetzt. **406**

dd) Abmahnung. Nach Auffassung des BGH ist eine Abmahnung auch für den Anspruch aus § 18 Abs. 1 WEG erforderlich, obwohl dies nur im Fall des § 18 Abs. 2 Nr. 1 WEG vorgesehen ist.[90] Der BGH begründet dies u. a. und im Ergebnis überzeugend mit den eine Abmahnung erfordernden Parallelvorschriften der §§ 543 Abs. 3, 314 Abs. 2 Satz 1, 723 Abs. 1 Satz 3 Nr. 1, 626 Abs. 1 BGB. Es ist kein Grund erkennbar, von dieser einheitlichen Wertung in den genannten Tatbeständen bei der vergleichbaren Entziehungsklage abzuweichen. Eine Abmahnung ist nach Meinung des BGH aber entbehrlich, wenn sie der Gemeinschaft unzumutbar ist oder offenkundig keine Aussicht auf Erfolg bietet. Daher müssen einmalige Pflichtverletzungen, die wegen ihrer besonderen Schwere bereits ohne Wiederholungsgefahr die Entziehung rechtfertigen, nicht abgemahnt werden.[91] **Abmahnung** ist die an den Störer gerichtete Rüge einer bestimmten Pflichtverletzung verbunden mit der Willensäußerung des Abmahnenden, diese Verletzungen in Zukunft nicht mehr hinzunehmen. Sie bedarf keiner besonderen Form und ist eine rechtsgeschäftsähnliche Handlung, auf die die Vorschriften über Willenserklärungen, insbesondere über den Zugang (§§ 130 ff. BGB), entsprechend anwendbar sind. Daraus folgt, dass die Rechtswirksamkeit einer Abmahnung nicht Streitgegenstand einer Feststellungsklage sein kann, eine entsprechende Klage ist unzulässig.[92] Gesetzlich nicht ausdrücklich geregelt und folglich umstritten ist, wer **abmahnberechtigt** ist. Richtigerweise ist dies der materiell Anspruchsberechtigte, also gemäß § 18 Abs. 1 Satz 1 WEG **jeder Wohnungseigentümer.**[93] Denn dem Anspruchsinhaber kann nicht verwehrt sein, eine rechtsgeschäftsähnliche Handlung, die Tatbestandsvoraussetzung des Anspruchs ist, selbst vorzunehmen. Dies gilt umso mehr, als die Abmahnung gerade die Reaktion auf Pflichtverletzungen gegen die anderen Wohnungseigentümer darstellt. Daher müssen diese auch berechtigt sein, den Störer abzumahnen. Daran ändert § 18 Abs. 1 Satz 2 WEG nichts: Dort wird nur die Ausübung des bereits entstandenen Entziehungsrechts dem Verband zugewiesen, nicht aber die Entstehung selbst. Abmahnungen werden in der Praxis häufig durch **Beschluss** der Wohnungseigentümergemeinschaft ausgesprochen. Nach Auffassung des BGH ist dies zwar nicht erforderlich, aber zulässig.[94] Die Beschlusskompetenz der Gemeinschaft für die Abmahnung folgt unmittelbar aus § 18 Abs. 3 **407**

[87] LG Köln ZMR 2002, 227.
[88] LG Tübingen NJW-RR 1995, 650 (651).
[89] BVerfG NJW 1994, 241 (242).
[90] BGH NJW 2007, 1353 (1354).
[91] So auch AG Dachau ZMR 2006, 319.
[92] BayObLG NJW-RR 2004, 1020. Für das Mietrecht siehe auch BGH NJW 2008, 1303.
[93] So auch BGH NJW 2007, 1353 (1355), jedoch ohne nähere Erörterungen.
[94] BGH NJW 2007, 1353 (1356).

WEG: die Abmahnung ist nur ein rechtliches „minus" zum dort geregelten Veräußerungsbeschluss.[95] Der Abmahnbeschluss bedarf nicht der besonderen Mehrheit des § 18 Abs. 3 Satz 1 WEG.[96] Er ist nach den allgemeinen Regeln (§ 46 WEG) anfechtbar, wird jedoch nur auf formelle Mängel überprüft und nicht daraufhin, ob die Abmahnung materiell berechtigt ist.[97] Eine Abmahnbefugnis des **Verwalters** lässt sich **gesetzlich nicht** begründen,[98] insbesondere folgt sie nicht aus § 27 WEG; hierzu bedarf er einer besonderen Vollmacht.

408 *ee) Sondertatbestand Verstoß gegen Pflichten nach § 14 WEG.* Gemäß § 18 Abs. 2 Nr. 1 WEG ist der Veräußerungsanspruch insbesondere dann gegeben, wenn der Störer trotz Abmahnung, die hier zwingend vorgeschrieben ist, wiederholt gröblich gegen die Pflichten des § 14 WEG verstößt. Es müssen also mindestens **drei Pflichtverletzungen** vorliegen: eine vor der Abmahnung und zwei danach.[99] Es kommen hier nur die sich aus § 14 WEG ergebenden Pflichten in Betracht. Eine wiederholte Pflichtverletzung liegt nur vor, wenn nach Abmahnung in Folge gleichartige Pflichten verletzt werden. Die Pflichtverletzungen müssen „gröblich" sein. Gröblich meint jedenfalls weniger als schwer i. S. d. § 18 Abs. 1 Satz 1 WEG, da erst mindestens drei gröbliche Verletzungen die Voraussetzungen einer schweren Pflichtverletzung i. S. d. Generalklausel ergeben. Einfache oder wenig erhebliche Verstöße gegen § 14 WEG reichen nicht. Liegen die Voraussetzungen des § 18 Abs. 2 Nr. 1 WEG vor, so ist nach dem Gesetzeswortlaut zugleich der Tatbestand der Generalklausel erfüllt. Daher ist nicht weiter zu prüfen, ob noch die sonstigen Voraussetzungen des § 18 Abs. 1 Satz 1 WEG vorliegen. Es handelt sich in § 18 Abs. 2 WEG daher **nicht** lediglich um **Regelbeispiele** der Generalklausel,[100] sondern um gesetzlich fixierte Sondertatbestände des Veräußerungsanspruchs.

409 *ff) Sondertatbestand Hausgeldverzug.* Gemäß § 18 Abs. 2 Nr. 2 WEG bildet der Verzug mit **Beiträgen nach § 16 Abs. 2 WEG** über mehr als drei Monate den zweiten Sondertatbestand des Veräußerungsanspruchs. Erfasst werden Hausgeldzahlungen, Sonderumlagen und alle sonstigen Zahlungen, die ihre Rechtsgrundlage in § 16 Abs. 2 WEG haben, nicht jedoch sonstige Zahlungsrückstände.[101] Der rückständige Betrag muss **3% des Einheitswertes** (vgl. §§ 19, 93 BewG) des Wohnungseigentums übersteigen. Dieser Rückstand ist aufgrund des geringen Einheitswertes schnell erreicht. Der Gesetzgeber hat in der WEG-Novelle die Bezugnahme auf den Einheitswert nicht geändert, so dass für eine korrigierende Auslegung des Gesetzes hier kein Raum ist. Einer Nachfrage des Einheitswertes beim zuständigen Finanzamt steht das Steuergeheimnis aus § 30 AO gem. § 18 Abs. 2 Nr. 2 Halbs. 2 WEG nicht entgegen.[102] Eine Pflicht des säumigen Hausgeldschuldners, den Einheitswertbescheid auszuhändigen, ist von Gesetzes wegen aber nicht ersichtlich.[103] Der Kläger kann sich auch damit behelfen, zum Verkehrswert und zur Beschaffenheit des zu veräußernden Wohnungseigentums vorzutragen, so dass das Gericht in die Lage versetzt wird, den Einheitswert gemäß § 287 Abs. 2 ZPO zu schätzen. Dies reicht zur Schlüssigkeit der Klage aus. Wenn der Beklagte den Klagevortrag insoweit bestreiten will, mag er den Einheitswertbescheid vorlegen. § 18 Abs. 2 Nr. 2 WEG

---

95 OLG Hamburg ZMR 2003, 596.

96 OLG Hamburg ZMR 2003, 596.

97 OLG Hamburg ZMR 2003, 596; BayObLG NJW-RR 1996, 12; LG Hannover ZMR 2006, 723.

98 BGH NJW 2007, 1353 (1355) scheint hingegen auch den Verwalter für abmahnberechtigt zu halten.

99 Vgl. BGH NJW 2007, 1353 (1355).

100 So aber wohl BGH NJW 2007, 1352 (1354).

101 OLG München ZMR 2008, 412 (414).

102 FG Düsseldorf ZMR 2009, 213 ist durch die Neufassung des § 18 Abs. 2 Nr. 2 Halbs. 2 WEG durch Gesetz vom 7. 7. 2009 (BGBl. I 2009, S. 1707) überholt.

103 AG Mannheim FD-MietR 2009, 273 967.

regelt den Fall des **Hausgeldverzuges nicht abschließend:** Auch wenn seine Voraussetzungen im speziellen Fall nicht vorliegen, kann die fortlaufend unpünktliche Zahlung von Hausgeld noch unter die Generalklausel des § 18 Abs. 1 Satz 1 WEG fallen.[104] Der säumige Wohnungseigentümer darf gemäß § 19 Abs. 2 WEG die Zwangsversteigerung seines Wohnungseigentums aufgrund § 18 Abs. 2 Nr. 2 WEG selbst nach rechtskräftigem Veräußerungsurteil noch **abwenden,** wenn er bis zur Zuschlagserteilung im Zwangsvollstreckungsverfahren (§ 90 ZVG) den rückständigen Betrag samt Prozess- und Versteigerungskosten sowie die zwischenzeitlich fällig gewordenen weiteren Beitragsforderungen vollständig bezahlt.[105] Eine **Abmahnung** ist im Fall des § 18 Abs. 2 Nr. 2 WEG **nicht erforderlich.** Ein der Abmahnung entsprechender Effekt wird nämlich durch die Abwendungsbefugnis des § 19 Abs. 2 WEG erreicht, so dass die Entziehungsklage damit selbst lediglich die Wirkung einer Abmahnung hat.[106]

gg) Unabdingbarkeit des Veräußerungsanspruchs. Gemäß § 18 Abs. 4 WEG kann der Veräußerungsanspruch auch durch Vereinbarung der Wohnungseigentümer nicht eingeschränkt oder ausgeschlossen werden. **Zulässig** sind dagegen Vereinbarungen, die den Anspruch **erleichtern,** auch hinsichtlich des Mehrheitserfordernisses für den Veräußerungsbeschluss nach § 18 Abs. 3 WEG.[107] Entsprechende Vereinbarungen müssen allerdings hinreichend bestimmt sein.[108] Unabdingbar sind auch die **Sondertatbestände** in § 18 Abs. 2 WEG, die nach dem Gesetzeswortlaut nur einen Fall des – eben unabdingbaren – § 18 Abs. 1 WEG darstellen. Trotz des insoweit unvollständigen Gesetzeswortlauts wird man auch die Regelungen über den **Veräußerungsbeschluss** nach § 18 Abs. 3 WEG für unabdingbar halten müssen. Andernfalls könnte durch entsprechende Gestaltung die erforderliche Mehrheit für diesen Beschluss so hoch angesetzt werden, dass der Anspruch faktisch leerliefe; dies erscheint mit dem Gesetzeszweck nicht vereinbar. 410

c) **Der Veräußerungsbeschluss.** Ob der Veräußerungsanspruch gegen den Störer geltend gemacht werden soll, entscheidet die Gemeinschaft gemäß § 18 Abs. 3 WEG durch mehrheitlichen Beschluss. Der Beschluss ist für den späteren Veräußerungsprozess eine **Prozessvoraussetzung,**[109] eine Klage ohne Veräußerungsbeschluss ist mithin unzulässig. Der Beschluss bedarf der **Mehrheit der Hälfte der stimmberechtigten Wohnungseigentümer,** also nicht lediglich der Anwesenden.[110] Die Mehrheit ist nach Köpfen zu berechnen.[111] Die Regelungen über die Beschlussfähigkeit in § 25 Abs. 3 und 4 WEG finden keine Anwendung. Der Störer ist gemäß § 25 Abs. 5 WEG nicht stimmberechtigt, weil die Beschlussfassung die Einleitung eines Rechtsstreits – des Veräußerungsprozesses – der anderen Wohnungseigentümer gegen ihn betrifft. Der Veräußerungsbeschluss kann nach allgemeinen Vorschriften (§ 46 WEG) **angefochten** werden; es entspricht jedoch ganz h. M., dass er im Anfechtungsprozess nur auf **formelle Fehler** und auf seinen zustandegekommenen Inhalt überprüft wird, nicht jedoch, ob das Veräußerungsverlangen materiell gerechtfertigt ist.[112] Das ist zutreffend, da Beschlussgegenstand nach dem ausdrücklichen Wortlaut des § 18 Abs. 3 WEG lediglich das „Verlangen" nach Veräußerung ist – davon zu trennen ist die im Veräußerungsprozess vom Gericht zu prüfende Frage, ob dieses Verlangen begründet ist. Die Gemeinschaft hat auch nicht die Kompetenz, den Entzie- 411

---

[104] BGH NJW 2007, 1353 (1354).

[105] Näher dazu unten Rn. 428.

[106] BGH NJW 2007, 1352 (1355).

[107] OLG Hamm NJW-RR 2004, 1380.

[108] OLG Düsseldorf NJW-RR 2001, 231 verneint dies für den Tatbestand „schwere persönliche Misshelligkeiten" zwischen den Wohnungseigentümern.

[109] BayObLG NJW-RR 1999, 887 (888).

[110] BayObLG ZMR 1999, 724.

[111] OLG Rostock ZMR 2009, 470; BayObLG NZM 1999, 868 (869).

[112] OLG Braunschweig ZMR 2006, 700; OLG Hamburg ZMR 2003, 596; BayObLG NJW-RR 1999, 887 (888); OLG Köln ZMR 1998, 376.

hungsanspruch durch Beschluss konstitutiv zu begründen. Die Anfechtung des Veräußerungsbeschlusses hat nach allgemeinen Regeln auf seine Wirksamkeit zunächst keinen Einfluss (§ 23 Abs. 4 Satz 2 WEG), deshalb muss das Gericht den **Veräußerungsprozess nicht aussetzen,** bis über die Anfechtungsklage rechtskräftig entschieden worden ist.[113] Eine Verbindung beider Prozesse gemäß § 147 ZPO ist aber möglich. Zulässig dürfte eine jeweilige **Widerklage** sein: Der beklagte Störer im Veräußerungsprozess erhebt Anfechtungswiderklage oder sieht sich im Anfechtungsprozess einer Veräußerungswiderklage ausgesetzt. Unschädlich dürfte sein, dass im Veräußerungsprozess der Verband, in der Anfechtungsklage die anderen Wohnungseigentümer Gegner des Störers sind. Nach der Rspr. des BGH dürfte hier ein Ausnahmefall der zulässigen Drittwiderklage vorliegen;[114] allerdings ist diese Frage noch offen. Wegen der beschränkten Überprüfung auf formelle Fehler ist die Anfechtung des Veräußerungsbeschlusses in der Regel wenig erfolgversprechend. Sie macht nur dann Sinn, wenn die erforderliche Mehrheit nicht vorlag oder der Beschluss inhaltlich unklar oder zu unbestimmt ist.[115] Gelegentlich ist der **Beschluss** auch **nicht ordnungsgemäß** nach § 23 Abs. 2 WEG **angekündigt.** Die beabsichtigte Entziehung muss so klar in der Einladung beschrieben sein, dass für jeden Wohnungseigentümer erkennbar ist, dass eine Beschlussfassung gemäß § 18 Abs. 3 WEG gegen einen Wohnungseigentümer herbeigeführt werden soll.[116] Die Bezeichnung „Abmeierungsklage" soll ausreichend sein,[117] obwohl dieser Ausdruck antiquiert und für viele Wohnungseigentümer kaum verständlich ist. Besser ist die Bezeichnung „Zwangsveräußerungsbeschluss gemäß § 18 Abs. 3 WEG gegen den Wohnungseigentümer XY". Der Veräußerungsbeschluss enthält im Regelfall zugleich die Ermächtigung, einen Rechtsanwalt für den Veräußerungsprozess zu mandatieren.[118] Der **Streitwert** einer Anfechtungsklage gegen den Veräußerungsbeschluss ist mit einem Bruchteil des Verkehrswertes des zu veräußernden Wohnungseigentums festzusetzen. Die Rspr. nahm in der Vergangenheit Quoten von 20%[119] bis 15%[120] an. Unter der Geltung des § 49a Abs. 1 Satz 1 GKG ist diese Ansicht dahingehend zu modifizieren, dass nur noch die Hälfte dieser Quote anzusetzen ist. Daher beträgt der Streitwert heute maximal 10% des Verkehrswertes. Streitig ist, ob der einzelne Wohnungseigentümer bei Vorliegen der Anspruchsvoraussetzungen des § 18 Abs. 1 oder 2 WEG gegen die anderen Wohnungseigentümer einen **Anspruch auf den Veräußerungsbeschluss** hat. Teilweise wird dies bejaht,[121] teilweise dagegen angenommen, die Gemeinschaft habe bei der Beurteilung, ob sie den Veräußerungsprozess einleiten wolle, einen weiten **Beurteilungsspielraum.**[122] Die zuletzt genannte Auffassung ist zutreffend. Wäre es anders, so hätte der in § 18 Abs. 3 WEG vorgesehene Veräußerungsbeschluss keinen eigenständigen Sinn, sondern wäre eine bloße Förmelei, ein (überflüssiges) technisches Durchgangsstadium zum Veräußerungsprozess. Im übrigen wäre dann auch nicht zu begründen, warum der Beschluss im Anfechtungsprozess nur auf formelle Mängel überprüft wird. Der Beschluss bringt vielmehr den Willen der Gemeinschaft zum Ausdruck, vom Störer die Veräußerung seines Eigentums zu verlangen. Das beinhaltet zum einen keine verbindliche Aussage darüber, ob der Veräußerungsanspruch

---

[113] BVerfG WuM 1998, 45.

[114] Vgl. BGH NJW 2001, 2094.

[115] OLG Hamm MDR 1990, 343: Nicht ausreichend für einen inhaltlich hinreichenden Veräußerungsbeschluss ist die bloße Ermächtigung des Verwalters, den Entziehungsprozess im eigenen Namen zu führen.

[116] OLG Düsseldorf ZMR 1998, 244 (245).

[117] So KG NJW-RR 1996, 526 (527).

[118] KG NJW-RR 1992, 1298.

[119] LG Bremen WuM 1999, 598 (599).

[120] BayObLG WuM 1990, 95. Diese Quote ergibt sich aus den vom Gericht zugrunde gelegten Werten.

[121] OLG Köln ZMR 1998, 48.

[122] KG WuM 1996, 299.

rechtlich gegeben ist, da die Gemeinschaft ohnehin nicht die Kompetenz hat, den Veräußerungsanspruch durch Beschluss selbstständig zu begründen; zum anderen soll die Mehrheit der Wohnungseigentümer selbst in eigener Einschätzung darüber befinden, ob sie die Fortsetzung der Gemeinschaft mit dem Störer für unzumutbar hält. Wegen der Schwere des Eingriffs in das Eigentum durch die Zwangsveräußerung ist es nicht zu beanstanden, dass diese nur zustande kommt, wenn die Mehrheit der Eigentümer sie für erforderlich hält. Konsequent ist es dann auch, diese Einschätzung der Gemeinschaft gerichtlich nicht zu überprüfen; das Gericht hat die Voraussetzungen des Veräußerungsanspruchs im Veräußerungsprozess ohnehin selbstständig festzustellen. Der einzelne Wohnungseigentümer als Anspruchsinhaber hat damit zwar keinen Anspruch auf die Beschlussfassung, wohl aber darauf, dass die Gemeinschaft über das Verlangen entscheidet, so dass auf seinen Antrag die Entziehung auf die Tagesordnung einer Wohnungseigentümerversammlung zu setzen ist.

d) **Die Veräußerungsklage.** Wenn der Störer dem Verlangen der Gemeinschaft aufgrund des Veräußerungsbeschlusses nicht freiwillig nachkommt, so muss er auf Veräußerung seines Wohnungseigentums verklagt werden. Die Notwendigkeit eines entsprechenden Veräußerungstitels ergibt sich aus § 19 Abs. 1 und 3 WEG. Die Veräußerungsklage ist ein Zivilprozess gemäß § 43 Nr. 1 WEG. Der Verband führt gemäß § 18 Abs. 1 Satz 2 WEG den Prozess für die Wohnungseigentümer als gesetzlicher Prozessstandschafter gegen den Störer, es sei denn, es liegt eine Zweier-Gemeinschaft vor. Der **Klageantrag** lautet gemäß § 19 Abs. 1 Satz 1 WEG auf Veräußerung des Wohnungseigentums, also etwa wie folgt: 412

„Der Beklagte wird verurteilt, sein Wohnungseigentum, Musterstr. 13 in 12345 Musterstadt, 500 ./. 1000 Miteigentumsanteil, verbunden mit dem Sondereigentum an der Wohnung Nr. 13 des Aufteilungsplanes, eingetragen im Grundbuch von Musterstadt, Bl. 4713, zu veräußern." 413

Für diese Klage ist der **Veräußerungsbeschluss** gemäß § 18 Abs. 3 WEG **Prozessvoraussetzung.** Das Gericht ist an die Gültigkeit des Beschlusses gemäß § 23 Abs. 4 Satz 2 WEG gebunden; wurde der Beschluss nicht angefochten, so können allerdings immer noch Nichtigkeitsgründe gegen ihn geltend gemacht werden. Im übrigen gelten für den Veräußerungsprozess die **allgemeinen zivilprozessualen Vorschriften** mit den Besonderheiten der §§ 43–50 WEG. Der Kläger, im Regelfall also der Verband, hat die Tatbestandsvoraussetzungen des Veräußerungsanspruchs aus § 18 Abs. 1 oder 2 WEG schlüssig darzulegen und im Streitfall zu beweisen. Das Gericht prüft, ob der Veräußerungsanspruch rechtlich besteht. Anerkenntnis- und Versäumnisurteile sind nach den allgemeinen Regeln zulässig. Kommt der Beklagte während des Prozesses dem Veräußerungsverlangen freiwillig nach,[123] so kann der Kläger den Rechtsstreit für erledigt erklären. Im abschließenden Veräußerungsurteil ist für eine **Räumungsfrist** gemäß § 721 ZPO **kein Raum.** Zum einen handelt es sich nicht um ein Räumungsurteil im Sinne dieser Vorschrift. Zum anderen besteht der Zweck des Veräußerungsurteils gerade darin, den Störer aus der Gemeinschaft auszuschließen; mit dieser Zweckbestimmung ist eine Räumungsfrist nicht vereinbar. Nicht eindeutig geklärt ist, ob der **Verwalter** für den Verband ohne besondere **Vollmacht** den Prozess führen darf. § 27 Abs. 3 Satz 1 Nr. 2 WEG gibt dem Verwalter lediglich eine Vollmacht für Passivprozesse gegen den Verband. Da allerdings einerseits angenommen wird, der Veräußerungsbeschluss gemäß § 18 Abs. 3 WEG enthalte bereits eine Mandatserteilung für die Entziehungsklage[124] und andererseits der Verwalter gemäß § 27 Abs. 1 Nr. 1 WEG ohnehin verpflichtet ist, den Veräußerungsbeschluss durchzuführen, so wird man im Regelfall annehmen können, dass dieser Beschluss zugleich eine konkludente Prozessvollmacht für den Verwalter zur Klageerhe- 414

[123] Hierfür reicht nicht schon der Abschluss eines Kaufvertrages, sondern erst die Eigentumsumschreibung gemäß § 873 Abs. 1 BGB.

[124] So KG NJW-RR 1992, 1298.

bung enthält. Sicherer ist es für den Verwalter jedoch, sich im Veräußerungsbeschluss ausdrücklich eine Prozessvollmacht für die Veräußerungsklage erteilen zu lassen; das ist nach § 27 Abs. 3 Satz 1 Nr. 7 WEG unproblematisch zulässig.[125] Die dem Verwalter erteilte Prozessvollmacht gilt gemäß § 81 ZPO auch für die Zwangsvollstreckung. Über die **Kosten** des Rechtsstreits wird nach den allgemeinen Vorschriften der §§ 91 ff. ZPO entschieden. Zu beachten ist für das Innenverhältnis der Gemeinschaft allerdings § 16 Abs. 7 WEG: Danach gehören die Kosten des Veräußerungsprozesses zu den allgemeinen Verwaltungskosten i. S. d. § 16 Abs. 2 WEG. Wenn demnach der Verband den Veräußerungsprozess verliert und nach § 91 ZPO die Kosten zu tragen hat, so sind diese im Innenverhältnis von allen Wohnungseigentümern einschließlich des im Entziehungsprozess obsiegenden Wohnungseigentümers anteilig zu tragen.[126] Dieses für den Prozesssieger vielleicht überraschende Ergebnis ist ausdrücklich gesetzlich angeordnet, es kann nur in besonderen Fällen über § 242 BGB korrigiert werden.[127] **Streitwert** des Veräußerungsprozesses war nach Meinung des BGH der Verkehrswert des betroffenen Wohnungseigentums.[128] Seit der WEG-Reform ist indessen § 49 a GKG zu beachten, da auch die Veräußerungsklage eine Wohnungseigentumssache i. S. d. Vorschrift ist. Wenn man mit dem BGH davon ausgeht, dass es um den Wert des Eigentumsverlustes geht, so ist gemäß § 49 a Abs. 1 Satz 1 GKG der Streitwert mit 50 Prozent des Verkehrswertes festzusetzen. Die Streitwertbegrenzungen in § 49 a Abs. 1 Satz 2 und 3 und Abs. 2 GKG greifen nicht. Eine weitere materiell-rechtliche Wirkung des rechtskräftigen Veräußerungsurteils liegt gemäß § 25 Abs. 5 WEG im **Verlust des Stimmrechts.**

415 e) **Zwangsvollstreckung.** Kommt der Störer dem Veräußerungsurteil – oder einem entsprechenden Vergleich gemäß § 19 Abs. 3 WEG – freiwillig nicht nach, so kann gegen ihn vollstreckt werden. Das Veräußerungsurteil ist kein Gestaltungsurteil, bewirkt also nicht schon selbst die Veräußerung des Wohnungseigentums, sondern ist gemäß § 19 Abs. 1 Satz 1 WEG entsprechend den §§ 1–161 ZVG zu vollstrecken. Wie im Veräußerungsprozess führt der Verband – außer in einer Zweier-Gemeinschaft – auch die Zwangsvollstreckung als gesetzlicher Prozessstandschafter für die Wohnungseigentümer durch (§ 19 Abs. 1 Satz 2 WEG). Die Vorschriften des Zwangsvollstreckungsrechts sind **öffentliches Recht** und damit abweichenden Vereinbarungen der Parteien grundsätzlich nicht zugänglich.[129] Daher kann § 19 WEG nicht durch Vereinbarung abbedungen oder geändert werden.

416 *aa) Allgemeine Voraussetzungen der Zwangsvollstreckung.* Wie bei jeder Zwangsvollstreckung müssen die allgemeinen Zulässigkeitsvoraussetzungen vorliegen. Zunächst ist dies ein vollstreckbarer Titel (§ 704 Abs. 1 ZPO), vorläufige Vollstreckbarkeit nach Maßgabe der §§ 708 ff. ZPO genügt. Des weiteren ist die Vollstreckungsklausel erforderlich (§§ 724 ff. ZPO). Sie ist der im Titel genannten Partei zu erteilen, im Regelfall also dem Verband. Schließlich muss der Titel zugestellt sein (§ 750 ZPO). Im Übrigen gelten die allgemeinen Vorschriften.

417 *bb) Entsprechende Anwendung des ZVG.* Die in § 19 Abs. 1 Satz 1 WEG angeordnete entsprechende Anwendung der §§ 1–161 ZVG besagt im wesentlich zweierlei: Die nicht in Bezug genommenen §§ 162–185 ZVG sind unanwendbar, mögen sie auch passende Vorschriften enthalten. Des weiteren ist zu betonen, dass die Vorschriften des ZVG nur entsprechend anwendbar sind. Dies ist deshalb besonders im Blick zu behalten, weil das ZVG für die Vollstreckung eines Veräußerungsurteils unmittelbar nicht passt: Systema-

[125] Zur Prozessvertretungsmacht des Verwalters siehe allgemein auch oben Rn. 192 ff.
[126] OLG Düsseldorf ZMR 2008, 219 (221); NJW-RR 1997, 13 zu der sachlich identischen Vorgängervorschrift des § 16 Abs. 4 WEG a. F.
[127] OLG Düsseldorf a. a. O.
[128] BGH NJW 2006, 3428.
[129] Vgl. *Zöller/Stöber* Vor § 704 Rn. 24.

tisch ist das ZVG nämlich gemäß § 869 ZPO in der Zwangsvollstreckung wegen Geldforderungen im 2. Abschnitt des 8. Buches der ZPO verortet. Es beschäftigt sich also damit, wie eine Geldforderung in das unbewegliche Vermögen vollstreckt wird. Das Veräußerungsurteil ist aber keine titulierte Geldforderung, auch stehen der Gemeinschaft an dem Veräußerungserlös keinerlei Rechte zu. Daher sind alle Vorschriften des ZVG, die eine titulierte Geldforderung des die Zwangsvollstreckung betreibenden Gläubigers voraussetzen, von vornherein nicht anwendbar. Im übrigen führt die pauschale Verweisung des Gesetzes auf das ZVG zu zahlreichen Folgeproblemen. Die Normen des ZVG müssen dabei so ausgelegt werden, dass sie dem Sinn und Zweck der durch das Veräußerungsurteil ausgesprochenen Zwangsveräußerung gerecht werden. Eine schematische Übernahme der Vorschriften des ZVG wäre daher verfehlt. Demgemäß gilt zu einzelnen Vorschriften folgendes:

- Ausdrücklich werden in § 19 Abs. 1 Satz 1 WEG die Regelungen der §§ 146–161 ZVG über die **Zwangsverwaltung** für entsprechend anwendbar erklärt.[130] Auf den ersten Blick passen diese Vorschriften nicht, da der Vollstreckungstitel auf Veräußerung des Wohnungseigentums lautet. Eine dauerhafte Zwangsverwaltung wäre mit diesem Vollstreckungsziel unvereinbar. Daher ist eine isolierte Zwangsverwaltung unzulässig. Eine differenzierte Betrachtung ist jedoch für eine neben der Zwangsveräußerung beantragte Zwangsverwaltung geboten. Beide Zwangsmittel sind gemäß § 866 Abs. 2 ZPO nebeneinander zulässig. Sofern sich – wie im Regelfall – das Zwangsversteigerungsverfahren längere Zeit hinzieht, kann ein Bedürfnis für eine gleichzeitig angeordnete Zwangsverwaltung bestehen. Im Gegensatz zur Zwangsversteigerung[131] verliert der Schuldner durch die Zwangsverwaltung gemäß § 148 Abs. 2 ZVG vollständig die Verwaltungsbefugnis über das Wohnungseigentum; auf Antrag kann ihm gemäß § 149 Abs. 2 ZVG auch die Räumung der Wohnung aufgegeben werden.[132] Diese Möglichkeiten erscheinen dann sinnvoll, wenn das störende, zur Zwangsveräußerung führende Verhalten des Schuldners gerade in einer missbräuchlichen Verwaltung seines Wohnungseigentums liegt und dies durch die genannten Maßnahmen abgestellt werden kann. Daher besteht Raum für eine neben der Zwangsversteigerung zugleich angeordnete Zwangsverwaltung. 418
- Der Beschluss, der die Zwangsversteigerung anordnet, gilt gemäß § 20 ZVG als **Beschlagnahme** des Grundstücks und hat gemäß § 23 Abs. 1 Satz 1 ZVG die Wirkung eines relativen **Veräußerungsverbots** (§§ 135, 136 BGB). Grundsätzlich gilt das auch für die Vollstreckung gemäß § 19 Abs. 1 WEG.[133] Die paradoxe Wirkung eines Veräußerungsverbots wäre aber, dass eine Veräußerung der Eigentumswohnung durch den Schuldner gegenüber den Gläubigern unwirksam ist, obwohl durch die Zwangsvollstreckung gerade diese Veräußerung erreicht werden soll. Der Gesetzgeber glaubt, durch diese Konstruktion lasse sich eine – als Manipulation anzusehende – zwischenzeitliche Veräußerung an nahe Verwandte des Störers ausschließen.[134] Sofern der Schuldner „ernsthaft eine freihändige Veräußerung durchführen möchte", bestehe die Möglichkeit, dass die Gläubiger der Veräußerung zustimmten und das Zwangsversteigerungsverfahren aufheben lassen. Diese Auffassung verkennt, dass das ZVG generell keine Handhabe bietet, „unliebsamen" Personen den Zuschlag zu verweigern, vielmehr erhält gemäß § 81 Abs. 1 ZVG der Meistbietende den Zuschlag, mag er auch mit dem Schuldner nah verwandt sein. Wenn daher nicht einmal am Ende des Zwangs- 419

[130] Den Gesetzesmaterialien lässt sich allerdings nicht entnehmen, ob der Gesetzgeber die Zwangsverwaltung aufgrund des Veräußerungsurteils für möglich hält.

[131] Hier gilt § 24 ZVG.

[132] Hierfür reicht als Grund allerdings nicht fehlende Hausgeldzahlung, so BGH NJW-RR 2008, 679.

[133] So ausdrücklich Referentenentwurf BT-Drucks. 16/887, S. 26.

[134] Siehe Vornote.

versteigerungsverfahrens der Zuschlag an bestimmte Personen verhindert werden kann, so ist nicht einzusehen, warum dies während des Verfahrens anders sein soll. Das Veräußerungsverbot soll den Gläubigern in erster Linie den Zugriff auf das Vollstreckungsobjekt sichern – das spielt für die Vollstreckung nach § 19 Abs. 1 WEG keine Rolle, da die Gläubiger hier eben keine Geldforderung vollstrecken. Zudem lautet der Vollstreckungstitel schlicht auf Veräußerung des Wohnungseigentums – an wen veräußert wird, ist dabei gleichgültig. Die Wohnungseigentümer können auf die Person des Erwerbers nur bei Bestehen entsprechender Vereinbarungen gemäß § 12 WEG Einfluss nehmen. Daher wird durch jede Veräußerung des Wohnungseigentums das Vollstreckungsziel erreicht. Aus diesen Gründen spricht alles dafür, dass die Beschlagnahme kein Veräußerungsverbot entfaltet. Anderes gilt jedoch, soweit der Schuldner sein Wohnungseigentum nicht veräußert, sondern **belastet.** Solche Belastungen verringern die Chancen einer erfolgreichen Versteigerung, da der Ersteher in diesem Fall die Belastungen entweder übernehmen oder ablösen muss. Daher sind sie vom Veräußerungsverbot umfasst; im Ergebnis stellt sich das Veräußerungsverbot also lediglich als ein Belastungsverbot dar.

420 • Ist das Wohnungseigentum vermietet, so finden die Vorschriften der **§§ 57ff. ZVG** über die Vertragsübernahme und Kündigung Anwendung. Der dies ausschließende § 183 ZVG gilt nicht. Das ist vom Gesetzgeber ausdrücklich gewollt.[135] Daher hat der Ersteher gegenüber den Mietern das außerordentliche Kündigungsrecht aus § 57a ZVG. Den Mietern steht nach § 471 BGB auch kein Vorkaufsrecht – etwa aus § 577 BGB – zu. Dadurch sollen die Chancen einer erfolgreichen Versteigerung erhöht werden. Zwar ist diese Regelung für den Mieter nachteilig. Doch kann ein Mieter auch sonst nicht darauf vertrauen, dass das gemietete Grundstück nicht der Zwangsversteigerung unterfällt. Daher ist die Wertentscheidung des Gesetzgebers hinzunehmen.

421 • Nach Meinung des Gesetzgebers soll das Veräußerungsurteil im **Rang** des § 10 Abs. 1 Nr. 5 ZVG vollstreckt werden.[136] Diese Auffassung ist unhaltbar. § 10 ZVG stellt eine Rangordnung für Ansprüche auf Befriedigung aus dem Grundstück, also für Zahlungsanspruche, auf. Das Veräußerungsurteil gemäß § 19 Abs. 1 WEG ist aber weder ein Zahlungstitel noch gewährt er den Gläubigern ein Recht auf Befriedigung aus dem Grundstück. Die gesamte Vorschrift passt daher nicht ansatzweise auf die Vollstreckung des Veräußerungsurteils, für ihre „entsprechende" Anwendung besteht weder Bedarf noch Raum. Die Folge ist, dass das Veräußerungsurteil als **rangloses Recht** vollstreckt wird. Im geringsten Gebot gemäß § 44 Abs. 1 ZVG müssen somit alle Rechte aus § 10 ZVG berücksichtigt werden. Es wäre sachlich nicht zu rechtfertigen, wenn die Rechte aus § 10 Abs. 1 Nr. 6 bis 8 ZVG bei der Versteigerung aufgrund des Veräußerungsurteils gemäß § 52 Abs. 1 Satz 2 ZVG untergingen.

422 • Anwendbar ist ohne weiteres **§ 27 ZVG.** Nach der Anordnung der Zwangsversteigerung können weitere Gläubiger, insbesondere Inhaber von Forderungen gegen den Schuldner, dem Verfahren beitreten. Sie werden durch Beschluss zugelassen.

423 • Mit dem ZVG ist das in diesem Gesetz vorgesehene System der **Rechtsbehelfe** anwendbar. Nach Maßgabe der §§ 95ff. ZVG ist die sofortige Beschwerde gegen bestimmte in § 95 ZVG genannte Entscheidungen möglich. Im übrigen ist gegen Maßnahmen der Zwangsvollstreckung die Erinnerung gemäß § 766 ZPO oder die Erinnerung gegen andernfalls unanfechtbare Entscheidungen des Rechtspflegers gemäß § 11 Abs. 2 RPflG gegeben. Anwendbar ist der **Vollstreckungsschutz gemäß § 765a ZPO.** Da diese Vorschrift für jede Art der Zwangsvollstreckung gilt, greift sie auch hier ein. Abs. 3 dieser Vorschrift gilt für das Veräußerungsurteil nicht, da es kein Räumungstitel ist. Erst der Zuschlag stellt gemäß § 93 Abs. 1 ZVG einen Räumungstitel dar. **Unanwendbar** ist hingegen die einstweilige Einstellung des Verfahrens gemäß

---

[135] Referentenentwurf BT-Drucks. 16/887, S. 27.

[136] Referentenentwurf BT-Drucks. 16/887, S. 26.

§ 30a ZVG. Diese Vorschrift hebt darauf ab, dass Aussicht besteht, die Versteigerung zu vermeiden. Das Veräußerungsurteil zielt jedoch gerade auf die Durchführung der Versteigerung ab, so dass für eine Erwägung, die Versteigerung unter Umständen zu vermeiden, von vornherein kein Raum ist. Zudem sieht § 30a Abs. 1 und 2 ZVG eine Billigkeitsprüfung anhand der persönlichen und wirtschaftlichen Verhältnisse der Parteien vor; eine solche Billigkeitsprüfung ist jedoch schon grundsätzlich im Veräußerungsurteil enthalten, dort ist bereits ausgesprochen, dass der Schuldner gerade das betroffene Wohnungseigentum zu veräußern hat, für eine weitere Abwägung ist auch hier kein Raum mehr. Hat der Schuldner keine Pflichtverletzungen begangen, sondern wurde wegen Hausgeldrückständen gemäß § 18 Abs. 2 Nr. 2 WEG zur Veräußerung verurteilt, so ist er durch die Abwendungsmöglichkeit des § 19 Abs. 2 WEG geschützt; auch insoweit ist daher kein Platz für die Anwendung des § 30a ZVG.

- Anwendbar ist **§ 30d ZVG.** Danach kann das Verfahren auf Antrag des Insolvenzverwalters eingestellt werden. Die Vorschrift soll eine angemessene Verwertung der Insolvenzmasse des Schuldners erreichen. Dieser Schutzzweck greift auch im Fall einer Zwangsveräußerung des Grundstücks aus dem Vermögen des Schuldners aufgrund § 19 WEG. **424**
- Unanwendbar ist **§ 75 ZVG.** Die dort geregelte Einstellung des Verfahrens setzt voraus, dass der Schuldner eine Geldforderung des Gläubigers befriedigt und passt daher schon im Ansatz nicht auf die Veräußerungsvollstreckung gemäß § 19 WEG. **425**

426 *cc) Der Verfahrensgang im Überblick.*[137] Das Verfahren beginnt durch Antrag des Gläubigers gemäß §§ 15, 16 ZVG. Örtlich zuständig ist das Amtsgericht als Vollstreckungsgericht, in dessen Bezirk das Grundstück liegt (§ 1 Abs. 1 ZVG), gegebenenfalls ist die Zuständigkeitskonzentration nach § 1 Abs. 2 ZVG zu beachten. Auf zulässigen Antrag ordnet das Vollstreckungsgericht durch den Rechtspfleger (§ 3 Nr. 1 i) RPflG) die Zwangsversteigerung per Beschluss an. Der Versteigerungsvermerk wird auf Ersuchen des Vollstreckungsgerichts in das Grundbuch eingetragen (§ 19 Abs. 1 ZVG). Gemäß § 20 ZVG wirkt der Beschluss als Beschlagnahme des Wohnungseigentums. Sie wird gemäß § 22 Abs. 1 ZVG wirksam, sobald der Beschluss entweder dem Schuldner zugestellt worden ist (vgl. § 8 ZVG) oder das Ersuchen um Eintragung des Versteigerungsvermerks dem Grundbuchamt zugeht, sofern die Eintragung demnächst erfolgt. Der weitere Ablauf des Verfahrens liegt in den Händen des Vollstreckungsgerichts (§ 35 ZVG). Zunächst ist der **Grundstückwert** zu ermitteln. Das Vollstreckungsgericht setzt den Verkehrswert des Wohnungseigentums durch Beschluss fest, im Regelfall nach Einholung eines schriftlichen **Sachverständigengutachtens** (§ 74a Abs. 5 ZVG). Wegen seiner hohen Bedeutung für das Verfahren ist dieser Beschluss mit der sofortigen Beschwerde gesondert anfechtbar. Sodann bestimmt das Vollstreckungsgericht nach Maßgabe der §§ 36ff. ZVG den Versteigerungstermin. Die Terminsbestimmung ist öffentlich bekannt zu machen (§§ 39, 40 ZVG) und den Beteiligten zuzustellen (§ 41 ZVG). Sie soll Angaben des Grundbuchblattes, der Größe und des Verkehrswertes des Grundstücks enthalten (§ 38 Abs. 1 ZVG). Der Ablauf des Versteigerungstermins ist in den §§ 66ff. ZVG im einzelnen geregelt. Dem Meistbietenden ist der Zuschlag zu erteilen (§ 81 Abs. 1 ZVG). Es gibt verschiedene Mechanismen, die einerseits eine Veräußerung des Grundstücks weit unter Wert verhindern und andererseits die Befriedigung der dem Anspruch des Gläubigers vorgehenden Rechte sichern sollen. Letzteres wird durch das **geringste Gebot** erreicht: Zulässig sind nur solche Gebote, welche die rangmäßig vorgehenden Rechte und die Verfahrenskosten decken. Das geringste Gebot muss aber nicht bar erbracht werden; der Ersteher kann vielmehr gemäß § 52 Abs. 1 Satz 1 ZVG die im geringsten Gebot enthaltenen Rechte übernehmen und ist nur verpflichtet, den übersteigenden Betrag sowie die Verfahrenskosten und die in §§ 10 Nr. 1–3, 12 Nr. 1 und 2 ZVG bezeichneten Ansprüche zu zahlen (§ 49 Abs. 1 ZVG). Eine **unwirtschaftliche Veräußerung** soll dadurch **verhin-**

---

[137] Vgl. zur Zwangsversteigerung i. e. unten Rn. 691ff.

dert werden, dass gemäß § 85 a ZVG das Meistgebot die Hälfte des Grundstückswerts erreichen muss. Nach näherer Maßgabe des § 74 a ZVG kann zudem der Zuschlag auf Antrag versagt werden, wenn das Meistgebot unter 7/10 des Grundstückswertes bleibt. Diese Vorschriften gelten aber nur im ersten Versteigerungstermin (§ 74 a Abs. 4 ZVG),[138] danach ist ein Erwerb des Wohnungseigentums weit unter Wert möglich; in Ausnahmefällen kann aber § 765 a ZPO greifen. Nach Ende der Versteigerung entscheidet das Vollstreckungsgericht über den Zuschlag durch Beschluss (§§ 87, 88 ZVG). Nach der Erteilung des Zuschlages findet ein Termin zur Verteilung des Versteigerungserlöses statt (§ 105 ZVG). Sofern der Verband nicht zusätzlich Hausgeldansprüche angemeldet hat,[139] ist dies für ihn ohne Bedeutung, da der Gläubiger des Veräußerungstitels aus § 19 Abs. 1 oder 3 WEG als solcher keinen Anteil am Erlös hat.

427 *dd) Zuschlag und Person des Erstehers.* Ziel der Zwangsvollstreckung ist die Veräußerung des Wohnungseigentums des Schuldners. Dieses Ziel ist rechtlich durch Erteilung des **Zuschlages gemäß § 90 ZVG** an den Ersteher erreicht. Durch den Zuschlag erwirbt der Ersteher unmittelbar kraft konstitutiven Hoheitsaktes das Eigentum, er wird nicht Rechtsnachfolger des Schuldners.[140] Der Eigentumserwerb ist bereits mit dem Zuschlag vollzogen, die darauf folgende Eintragung des Erstehers in das Grundbuch gemäß § 130 ZVG hat lediglich berichtigenden, keinen konstitutiven Charakter. Daher spielt es für die Wirksamkeit der Veräußerung keine Rolle, ob und wann das Grundbuch berichtigt wird und ob insbesondere der Ersteher die Grunderwerbssteuer bezahlt. Der Erwerber hat keine Gewährleistungsrechte, da seinem Erwerb kein Kaufvertrag zugrunde liegt. Er erwirbt gemäß §§ 90 Abs. 2, 55 Abs. 1 und 2, 20 Abs. 2 ZVG i. V. m. § 1120 BGB sämtliches Zubehör der Wohnung sowie die Bestandteile des Hypothekenhaftungsverbandes. Zugleich tritt er als Miteigentümer in die Wohnungseigentümergemeinschaft ein. Der Zuschlag ist gemäß § 93 Abs. 1 ZVG für den Erwerber zugleich Räumungstitel gegen den Besitzer des Wohnungseigentums; die weitere Vollstreckung richtet sich nach § 885 ZPO. Den Zuschlag erhält gemäß § 81 Abs. 1 ZVG der Meistbietende. Weitere Vorschriften, bestimmte **unerwünschte Personen** vom Erwerb auszuschließen, kennt das ZVG nicht. Grund dafür ist, dass die Zwangsversteigerung nach dem ZVG eine Geldforderung realisieren soll. Daher kommt es nur darauf an, das Grundstück möglichst werthaltig zu veräußern, die Person des Erstehers ist bedeutungslos. Folglich bietet das ZVG keine Handhabe, den Erwerb des Grundstücks durch Verwandte oder Vertrauenspersonen des Schuldners auszuschließen. Hier kann nur eine Vereinbarung nach **§ 12 WEG** Abhilfe schaffen.[141] Wenn eine entsprechende Veräußerungsbeschränkung existiert und in der Person des Erstehers ein wichtiger Grund gegen seinen Erwerb vorliegt, so kann der Zustimmungsberechtigte auch im Zwangsversteigerungsverfahren seine Zustimmung zum Eigentumserwerb des Erstehers verweigern (§ 12 Abs. 3 Satz 2 WEG). Ein wichtiger Grund liegt auch vor, wenn dem Erwerber als Eigentümer ebenfalls gemäß § 18 WEG das Eigentum entzogen werden könnte.[142] Erst der Zuschlag als Erwerbsakt bedarf der Zustimmung.[143] Bis zur Zustimmung ist er gemäß § 12 Abs. 3 Satz 1 WEG schwebend unwirksam. Ob eine unberechtigt verweigerte Zustimmung treuwidrig ist, hängt vom Einzelfall ab. Hier ist aber zu berücksichtigen, dass in der Regel der Verband die Zwangsvollstreckung betreibt – er wird in den seltensten Fällen Zustimmungsberechtigter gemäß § 12 WEG sein. Geradezu paradox für die Vollstreckung des Veräußerungsurteils ist, dass nach dem ZVG der **Schuldner** sogar **selbst** das Grundstück erstei-

---

138 Eine ergebnislose Versteigerung wird von diesen Regeln aber nicht erfasst. Einzelheiten können hier nicht vertieft werden, vgl. etwa BGH MDR 2008, 105.

139 Siehe dazu unten Rn. 430.

140 BGH NJW-RR 1986, 1115 (1116).

141 Allgemein zu § 12 WEG in der Zwangsversteigerung siehe unten Rn. 713.

142 BayObLG NJW-RR 1999, 452 (453).

143 LG Berlin Rpfleger 1976, 149.

gern kann. Es gibt keine Vorschrift, die ein Gebot des Schuldners für unzulässig erklärt. Der Schuldner, der ja im Fall des § 19 WEG nicht unbedingt in Zahlungsschwierigkeiten sein muss, könnte daher ein nahezu beliebiges Meistgebot abgeben, sämtliche bestehenden Rechte übernehmen und den übersteigenden Betrag des geringsten Gebots letztlich an sich selbst zahlen. Dass auf diese Weise der Sinn und Zweck des gesamten Verfahrens in Frage gestellt wird, liegt auf der Hand. Überhaupt ist ein Selbsterwerb des Schuldners mit dem Titel, der auf Veräußerung lautet, in keiner Weise vereinbar. Demgemäß verhinderte § 56 Abs. 2 WEG a. F. konsequent, dass der Schuldner bei der Versteigerung Gebote abgeben konnte. Der Gesetzgeber der WEG-Novelle dürfte diesen Punkt schlicht übersehen haben.[144] Auch unter Geltung des neuen Rechts wird man aber den Selbsterwerb des Schuldners für unzulässig halten müssen. Daran hindert die Anwendung des ZVG nicht, denn dessen Vorschriften sind gemäß § 19 Abs. 1 Satz 1 WEG nur entsprechend und nicht schematisch anzuwenden. Schon begrifflich stellt der Eigenerwerb des Schuldners im Vollstreckungsverfahren keine nach dem Vollstreckungstitel geschuldete Veräußerung dar. Entscheidend ist jedoch der Grundgedanke, dass die Zwangsvollstreckung das titulierte materielle Recht verwirklichen und nicht vereiteln soll. Das Prozessrecht, wozu auch das Zwangsvollstreckungsrecht zählt, hat gegenüber dem materiellen Recht eine dienende Funktion.[145] Die Vorschriften des Zwangsvollstreckungsrechts dürfen daher nicht so ausgelegt werden, dass das materielle Recht zwangsläufig nicht realisiert werden kann. Da der Vollstreckungstitel dem Schuldner die Veräußerung gebietet, darf die Zwangsvollstreckung nicht dazu führen, Sinn und Zweck dieses Titels zu untergraben. Bedauerlich ist indessen, dass aufgrund gesetzgeberischer Nachlässigkeit dieses Ergebnis erst durch Argumentation mit den Grundlagen des Vollstreckungsrechts gefunden werden muss. Gerade in einem stark formalisierten Verfahren wie der Zwangsversteigerung wäre hier eine gesetzliche Klarstellung dringend zu begrüßen.

ee) Abwendung der Zwangsvollstreckung gemäß § 19 Abs. 2 WEG. Wurde der **428**
Schuldner wegen Hausgeldverzuges gemäß § 18 Abs. 2 Nr. 2 WEG zur Veräußerung verurteilt, so kann er nach § 19 Abs. 2 WEG die „Wirkung des Urteils" dadurch abwenden, dass er bis zum Zuschlag sämtliche Rückstände, auch die neu entstandenen, und alle Kosten bezahlt. Die Zahlung lässt entgegen dem Wortlaut dieser Vorschrift das Veräußerungsurteil nicht von selbst wirkungslos werden. Der Schuldner muss vielmehr die dafür im Zwangsvollstreckungsrecht vorgesehenen **Rechtsbehelfe** ergreifen. Er kann Vollstreckungsgegenklage nach § 767 ZPO erheben – gegebenenfalls in Verbindung mit einer einstweiligen Anordnung nach § 769 ZPO – oder die Einstellung der Zwangsvollstreckung nach § 775 Nr. 5 ZPO beantragen. In beiden Fällen muss der Schuldner auch darlegen, dass er wegen Hausgeldrückständen verurteilt wurde, da andernfalls § 19 Abs. 2 WEG nicht gilt. Ist das Veräußerungsurteil ein Versäumnis- oder Anerkenntnisurteil ohne Gründe, so ist zur Beurteilung dieser Frage die Klageschrift als Grundlage des Urteils heranzuziehen. Da § 18 Abs. 2 Nr. 2 WEG die Entziehungstatbestände wegen rückständiger Hausgelder nicht abschließend regelt,[146] ist fraglich, ob § 19 Abs. 2 WEG für **alle Fälle des Hausgeldverzuges entsprechend** gilt. Das ist nur dann zu bejahen, wenn die Pflichtverletzung sich in einem in der Vergangenheit aufgelaufenen Rückstand erschöpft.

---

[144] In den Gesetzesmaterialien wird das Problem nirgends erläutert.

[145] BGH NJW 1992, 438 (439) führt in anderem Zusammenhang aus: „Denn der Zivilprozess hat die Verwirklichung des materiellen Rechts zum Ziel; die für ihn geltenden Vorschriften sind nicht Selbstzweck, sondern Zweckmäßigkeitsnormen, die auf eine sachliche Entscheidung des Rechtsstreits im Wege eines zweckmäßigen und schnellen Verfahrens gerichtet sind. Wenn irgend vertretbar, müssen die Verfahrensvorschriften daher so verstanden und angewendet werden, dass sie eine Entscheidung über die materielle Rechtslage nicht verhindern, sondern ermöglichen …" Auch das Zwangsvollstreckungsrecht gehört zum Zivilprozess, so dass die Erwägungen des BGH sinngemäß für die Zwangsvollstreckung gelten.

[146] Siehe oben Rn. 409.

Liegt sie jedoch darin, dass der Gemeinschaft generell die fortlaufende unpünktliche Hausgeldzahlung nicht mehr zugemutet werden kann und ist auch für die Zukunft keine Besserung zu erwarten, so reicht die Zahlung des Rückstandes nicht aus, um die Pflichtverletzung insgesamt zu beseitigen.

429 *ff) Erfolgloses Ende der Zwangsversteigerung.* Es kann vorkommen, dass sich für das zu versteigernde Wohnungseigentum kein Bieter findet, etwa weil die Belastungen zu hoch sind. Bleibt die Versteigerung auch im zweiten Termin – in dem die Schranken der §§ 74a, 85a ZVG nicht mehr gelten – ergebnislos, so wird das **Verfahren** gemäß § 77 Abs. 2 Satz 1 ZVG **aufgehoben.** Das Verfahren kann nicht nach § 77 Abs. 2 Satz 2 ZVG als Zwangsverwaltung fortgesetzt werden, da eine isolierte Zwangsverwaltung unzulässig ist.[147] In der Praxis kann der Gläubiger der Verfahrensaufhebung dadurch entgehen, dass er gemäß § 30 ZVG die einstweilige Einstellung des Verfahrens beantragt, wenn sich im Versteigerungstermin kein Ergebnis abzeichnet. Dies kann gemäß § 30 Abs. 1 Satz 3 ZVG jedoch nur zweimal geschehen, beim dritten Mal gilt der Antrag des Gläubigers als zurückgenommen. Selbst nach Aufhebung des Verfahrens oder Rücknahme des Antrages bleibt es dem Gläubiger aber unbenommen, erneut einen Versteigerungsantrag zu stellen, wenn er sich davon Erfolg verspricht; der Titel ist nicht etwa „verbraucht".

430 *gg) Veräußerungsvollstreckung und Hausgeldvollstreckung.* Die Vollstreckung des Veräußerungsurteils ist von der Hausgeldzwangsvollstreckung zu unterscheiden. Der Titel aus § 19 Abs. 1 oder 3 WEG lautet auf Veräußerung des Wohnungseigentums, während es bei Hausgeldansprüchen um die Vollstreckung von Geldforderungen geht. Die Gemeinschaft ist allerdings nicht gehindert, im Zwangsversteigerungsverfahren wegen des Veräußerungsurteils **zugleich rückständige Hausgeldansprüche** gegen den Schuldner zu vollstrecken.[148] Im Rahmen der Zwangsversteigerung sind diese Ansprüche gemäß § 45 Abs. 3 ZVG anzumelden und durch einen entsprechenden Titel oder – sofern ein solcher noch nicht existiert – durch die Niederschrift (§ 24 Abs. 6 WEG) der Beschlüsse der Wohnungseigentümer einschließlich ihrer Anlagen oder in sonst geeigneter Weise glaubhaft zu machen. Die angemeldeten Hausgeldansprüche fallen in den Rang des § 10 Abs. 1 Nr. 2 WEG, sofern die dort genannten näheren Voraussetzungen vorliegen.[149] Die Anmeldung der Hausgeldansprüche führt dazu, dass sie in das geringste Gebot aufgenommen werden. Allerdings bewirkt bereits § 49 Abs. 1 ZVG, dass diese Ansprüche von Gesetzes wegen im Mindestbargebot enthalten sind. Generell gilt, dass auch die Zwangsvollstreckung eines bloßen Zahlungstitels über rückständiges Hausgeld nach dem ZVG vollstreckt werden kann und so u. U. zur Veräußerung des Wohnungseigentums des Schuldners führt. Gegenüber dem mehrstufigen Entziehungsverfahren nach §§ 18, 19 WEG stellt die Titulierung und Vollstreckung eines Hausgeldanspruchs oft den einfacheren Weg dar, der zu demselben Ergebnis wie die Entziehung führen kann. Daher ist bei säumigen Hausgeldschuldnern stets zu überlegen, zunächst Hausgeldansprüche zu titulieren und notfalls zu vollstrecken, bevor das Entziehungsverfahren eingeleitet wird, zumal in diesem Verfahren der Rangvorteil des § 10 Abs. 1 Nr. 2 ZVG nicht besteht.

II. Verbandsbezogene Prozesse (§ 43 Nr. 2 WEG)

1. Streitigkeiten über Rechte und Pflichten des Verbandes

431 Unter die Zuständigkeitsnorm[150] des § 43 Nr. 2 WEG fallen Streitigkeiten über die Rechte und Pflichten zwischen Verband und Wohnungseigentümern. Es geht also um Rechtsbeziehungen, bei denen auf der einen Seite der Verband, auf der anderen ein oder

---

[147] Siehe oben Rn. 418.

[148] Davon geht auch der Referentenentwurf BT-Drucks. 16/887, S. 26 aus.

[149] Näher zum Ganzen siehe unten Rn. 731 ff.

[150] Zur generellen Bedeutung des § 43 WEG siehe oben Rn. 369.

mehrere oder auch alle Wohnungseigentümer stehen. Die Vorschrift ist eine Konsequenz der materiell-rechtlichen Regelung des § 10 Abs. 6 WEG. Danach ist der Verband im Rahmen der gesamten Verwaltung rechtsfähig und kann insbesondere selbst vor Gericht klagen und verklagt werden. Es kann daher Prozesse geben, die die Rechtsstellung zwischen dem Verband und den Wohnungseigentümern betreffen, sie werden von § 43 Nr. 2 WEG erfasst. Wie bei den gemeinschaftsbezogenen Prozessen[151] setzt auch § 43 Nr. 2 WEG nicht eine bestimmte Partei als Kläger oder Beklagten voraus, sondern ist **sachbezogen** zu verstehen. Entscheidend ist allein, dass es um Rechtsbeziehungen zwischen dem Verband und den Wohnungseigentümern geht. Daher können Parteien sowohl ausgeschiedene Wohnungseigentümer oder ihre Erben[152] als auch Parteien kraft Amtes sein. Wie bei § 43 Nr. 1 WEG muss ein innerer Zusammenhang zur gemeinschaftlichen Verwaltung bestehen, es reicht nicht aus, wenn sich Verband und Wohnungseigentümer wie Dritte gegenüberstehen. Weiterhin unterfällt nicht jeder Prozess, in dem der Verband auftritt, dem § 43 Nr. 2 WEG. Wenn der Verband etwa als Prozessstandschafter[153] klagt, so macht er nicht eigene, sondern fremde Rechte geltend. § 43 Nr. 2 WEG setzt nämlich voraus, dass Streitgegenstand eigene Rechte oder Pflichten des Verbandes im Verhältnis zu Wohnungseigentümern ist. Prozesse des Verbandes gegen Dritte gehören nicht zu den Fällen des § 43 Nr. 2 WEG; Prozesse Dritter gegen den Verband können dagegen unter § 43 Nr. 5 WEG fallen.[154] Verbandsprozesse um Rechte und Pflichten des Verwalters werden von § 43 Nr. 3 WEG erfasst. Kein Fall des § 43 Nr. 2 WEG liegt vor, wenn eine Wohnungseigentümergemeinschaft gegen eine andere Wohnungseigentümergemeinschaft klagt, denn sie stehen sich wie sonstige Dritte gegenüber, für beide handelt es sich jeweils um eine Außenstreitigkeit.

2. Beispiele für verbandsbezogene Prozesse

Nachfolgend sollen die wichtigsten Fälle verbandsbezogener Prozesse beispielhaft verdeutlicht werden. 432

- Klagen gegen Wohnungseigentümer auf Zahlung von Beiträgen nach § 16 Abs. 2 WEG (**Hausgeld**).[155] Darunter fallen aber nicht Klagen um Verteilung des Zwangsversteigerungserlöses aus Hausgeldansprüchen gemäß § 115 ZVG, §§ 878, 879 ZPO, denn Streitgegenstand solcher Klagen ist die bessere materielle Berechtigung des behaupteten Rechts und nicht die Rechtsbeziehung des Verbandes zu den Wohnungseigentümern. 433
- Klagen gegen den Verband auf Auszahlung von **Guthaben** aus Jahresabrechnungen oder sonstigen Abrechnungen über Sonderumlagen. 434
- Die Klage auf **Feststellung** einer **Hausgeldforderung zur Insolvenztabelle** fällt sowohl unter den ausschließlichen Gerichtsstand des § 180 Abs. 1 Satz 2 und 3 InsO als auch unter § 43 Nr. 2 WEG. Gegenstand der zu beantragenden Feststellung ist nämlich das bestrittene Insolvenzgläubigerrecht, also materiell-rechtlich die Hausgeldforderung. Demnach geht es in der Sache um verbandsbezogene Rechte, auf die Parteien des Rechtsstreits kommt es nicht an. Die Konkurrenz zweier ausschließlicher Gerichtsstände ist gemäß § 35 ZPO zu lösen:[156] Der Kläger hat somit die Wahl, bei welchem dieser Gerichte er Klage erhebt. Wegen der größeren Sachnähe zum Streitstoff sollte er i. d. R. dem gemäß § 43 Nr. 2 WEG zuständigen Gericht den Vorzug geben; taktische Gesichtspunkte können im Einzelfall jedoch eine andere Lösung verlangen. 435

---

[151] Siehe oben Rn. 371.
[152] Dazu BayObLG WuM 1993, 487.
[153] Näher dazu oben Rn. 55 ff.
[154] Siehe unten Rn. 669 ff.
[155] Näher dazu unten Rn. 439 ff.
[156] Diese Vorschrift gilt auch bei mehreren ausschließlichen Gerichtsständen, siehe *Zöller/Vollkommer* § 35 Rn. 1.

436 • Klagen gegen den Verband wegen Aufwendungsersatz aus **Notgeschäftsführung** oder berechtigter **Geschäftsführung ohne Auftrag.**[157]

437 • Klagen des Verbandes auf **Schadensersatz** gegen Wohnungseigentümer. Hierzu zählt allerdings nicht die Klage wegen Verletzung gemeinschaftlichen Eigentums: Hier sind materiell die Wohnungseigentümer Anspruchsinhaber, der Verband tritt für sie lediglich in gesetzlicher Prozessstandschaft auf,[158] insoweit greift also die Zuständigkeitsnorm des § 43 Nr. 1 WEG. Für § 43 Nr. 2 WEG muss der Schadensersatzanspruch vielmehr materiell-rechtlich aus einer Verletzung des Verwaltungsvermögens des Verbandes gemäß § 10 Abs. 7 WEG folgen. Ferner kann der Schadensersatzanspruch darauf beruhen, dass ein Wohnungseigentümer sonstige ihm gegenüber dem Verband obliegende Pflichten nicht erfüllt. So ist anerkannt, dass die Wohnungseigentümer aus dem Treueverhältnis zum Verband verpflichtet sind, ihm die finanzielle Grundlage zur Begleichung der laufenden Verpflichtungen durch Beschlussfassung über einen entsprechenden Wirtschaftsplan zu verschaffen; verletzen sie diese Pflicht, so hat der Verband gegen sie aus § 280 BGB einen Schadensersatzanspruch.[159] Eine solche Haftung gegenüber dem Verband wegen nicht ordnungsgemäßer Verwaltung wird in § 10 Abs. 8 Satz 4 WEG vorausgesetzt und der Höhe nach auf das Verhältnis des Miteigentumsanteils begrenzt. Prozesse hierüber sind verbandsbezogen i. S. d. § 43 Nr. 2 WEG. Umgekehrt sind Schadensersatzansprüche eines Wohnungseigentümers gegen den Verband ebenfalls verbandsbezogen. Hierunter fällt etwa der Schadensersatzanspruch wegen Betreten oder Benutzung des Sondereigentums aus § 14 Nr. 4 Halbs. 2 WEG. Dieser Anspruch richtet sich gegen den Verband, da er gemäß § 16 Abs. 7 WEG zu den Verwaltungskosten gehört und damit zu den Verbindlichkeiten des Verwaltungsvermögens gemäß § 10 Abs. 7 Satz 2 WEG.

438 • Streitigkeiten um die Rechte und Pflichten des Verbandes bei der **Verwaltung des Gemeinschaftseigentums,** z. B. wenn es um die Frage geht, ob für eine Verwaltungsmaßnahme der Verband oder die Wohnungseigentümer zuständig sind.

3. Die Hausgeldklage

439 Der in der Praxis wichtigste und häufigste Verbandsprozess ist die Hausgeldklage. Unter **Hausgeld** werden hier Beiträge gemäß § 16 Abs. 2 WEG verstanden. Darunter fallen Zahlungsansprüche aus beschlossenen Wirtschaftsplänen, Sonderumlagen und Jahresabrechnungen (vgl. § 28 Abs. 5 WEG). Um Hausgeld i. d. S. handelt es sich nur dann, wenn der Anspruch in dem Gemeinschaftsverhältnis wurzelt und – im Regelfall – durch Beschluss der Wohnungseigentümer begründet wurde. Die vertragliche Verpflichtung zur Hausgeldzahlung, sei es durch einen „Hausgeldgaranten", sei es durch den Erwerber einer Eigentumswohnung oder sonstige Dritte, gehört nicht hierher.[160] Verpflichtet sich der Erwerber einer Eigentumswohnung vertraglich gegenüber dem Veräußerer zur Hausgeldzahlung schon vor der Eigentumsumschreibung, so sind Streitigkeiten aus diesem Vertrag keine Wohnungseigentumsprozesse, und zwar weder nach § 43 Nr. 2 WEG noch nach § 43 Nr. 1 WEG.[161]

440 a) **Die Parteirollen.** Anspruchsinhaber ist gemäß § 10 Abs. 6 Satz 2, Abs. 7 WEG der **Verband.** Daher muss er selbst klagen; das gilt entsprechend bereits für die sog. **werdende Wohnungseigentümergemeinschaft.**[162] Die Klage aller Wohnungseigentümer wäre un-

---

[157] OLG Hamm MDR 2008, 558; OLG München NZM 2008, 215. Zu Aufwendungsersatzansprüchen wegen verauslagter Beiträge siehe auch oben Rn. 380.

[158] Vgl. oben Rn. 56. Verkannt von AG Lichtenberg ZMR 2008, 576, das § 43 Nr. 2 WEG bejaht.

[159] BGH NJW 2005, 2061 (2067).

[160] Vgl. OLG München NZM 2006, 61.

[161] Vgl. auch oben Rn. 390.

[162] Zur werdenden Wohnungseigentümergemeinschaft siehe oben Rn. 372.

begründet. Insoweit sind aber unklare Parteibezeichnungen in der Klageschrift der Auslegung zugänglich.[163] In der Praxis klagt häufig der **Verwalter** in eigenem Namen. Dies kann nach den Grundsätzen der gewillkürten Prozessstandschaft zulässig sein.[164] Eine praktische Notwendigkeit für ein solches Vorgehen gibt es mit der Anerkennung der Rechtsfähigkeit des Verbandes allerdings nicht mehr. Vorzugswürdig ist, dass der Verband als Anspruchsinhaber selbst klagt. In der Regel wird er dabei vom Verwalter vertreten. Die gesetzliche **Vollmacht des Verwalters** aus § 27 Abs. 3 Satz 1 Nr. 2 WEG betrifft jedoch nur Passivprozesse gegen den Verband.[165] Will der Verwalter für den Verband aktiv klagen, benötigt er eine besondere Vollmacht, die ihm gemäß § 27 Abs. 3 Satz 1 Nr. 7 WEG durch Vereinbarung oder Beschluss erteilt werden kann. Bisher wurde es zudem als ausreichend angesehen, wenn sich die Vollmacht aus dem Verwaltervertrag ergab.[166] Daran dürfte sich nichts geändert haben, weil eine Änderungsabsicht des WEG-Reformgesetzgebers insoweit nicht ersichtlich ist. Klagt der Verband, so ist eine **Eigentümerliste entbehrlich,** denn die Wohnungseigentümer sind weder Partei noch sind sie beizuladen.[167] Im Normalfall lautet die Klägerbezeichnung also etwa wie folgt:

„Wohnungseigentümergemeinschaft[168] Hauptstraße 1 in 12345 Musterstadt, vertreten durch den Verwalter Peter Mustermann, Bahnhofstraße 10, 67890 Niederstadt." 441

Die Klage ist gegen den säumigen Hausgeldschuldner zu richten. Das ist in der Regel der **Wohnungseigentümer.** Unerheblich ist, ob er zwischenzeitlich aus der Gemeinschaft ausgeschieden ist – es muss lediglich um Beiträge gehen, die während seiner Eigentümerstellung fällig geworden sind.[169] Umstritten ist, ob Hausgeldklagen gemäß §§ 128, 161 HGB gegen **persönlich haftende Gesellschafter** einer OHG oder KG, die selbst Wohnungseigentümerin ist, Wohnungseigentumsprozesse darstellen.[170] Richtigerweise ist dies zu bejahen: Wie oben[171] ausgeführt, ist die Zuständigkeitsnorm des § 43 Nr. 2 WEG sachbezogen zu verstehen, auf die Person der Partei kommt es nicht an, solange nur verbandsbezogene Rechte und Pflichten den Streitgegenstand bilden. Unerheblich ist, ob das Gericht handelsrechtliche Vorfragen klären muss, da ein Zivilgericht dazu auf jeden Fall die Entscheidungskompetenz besitzt. 442

b) Die Hausgeldklage in der Zwangsverwaltung. In Betracht kommt neben einer Klage gegen den materiell-rechtlich verpflichteten Hausgeldschuldner auch ein Prozess gegen den Zwangsverwalter. Die Anordnung der Zwangsverwaltung eines Wohnungseigentums gemäß § 146 ZVG hat auf die Haftung des Eigentümers für Hausgeldschulden keinen Einfluss.[172] Denn für Hausgeld haftet der Wohnungseigentümer unbeschränkt mit seinem gesamten Vermögen und nicht nur mit der Eigentumswohnung. Daher kann er ohne Einschränkungen auf Zahlung von Hausgeld gerichtlich in Anspruch genommen werden.[173] Folglich ist die Anordnung der Zwangsverwaltung **auf die Hausgeldklage** gegen den Eigentümer **ohne Wirkung.** Der Zwangsverwalter erlangt jedoch gemäß § 148 Abs. 2 ZVG die Verwaltungsbefugnis über die Eigentumswohnung. Er hat gemäß § 156 Abs. 1 Satz 1 und 2 ZVG die laufenden Hausgeldschulden ohne weiteres Verfahren zu berichtigen. Daher kann neben dem eigentlichen Hausgeldschuldner für die nach Anord- 443

---

163 Siehe dazu oben Rn. 19.

164 Näher dazu oben Rn. 61.

165 Zur Prozessvertretungsmacht des Verwalters siehe allgemein auch oben Rn. 192 ff.

166 BGH NJW 2008, 2639; BayObLG NZM 2000, 291 (292).

167 Vgl. oben Rn. 77.

168 Vgl. § 10 Abs. 6 Satz 4 WEG.

169 Zu beachten ist, dass das Hausgeld frühestens mit der Beschlussfassung gemäß § 28 Abs. 5 WEG fällig werden kann.

170 Dafür: BayObLG WuM 1989, 99 (100); dagegen: LG Hamburg ZMR 2002, 870.

171 Rn. 431.

172 BGH WuM 2008, 171; OLG Köln FGPrax 2008, 55 (56).

173 OLG München FGPrax 2007, 20; OLG Zweibrücken NZM 2005, 949.

nung der Zwangsverwaltung fällig gewordenen Hausgelder **auch der Zwangsverwalter** in Anspruch genommen werden. Wird der Zwangsverwalter verklagt, so ist er Partei kraft Amtes und daher selbst als Beklagter zu bezeichnen, nicht als Vertreter des Wohnungseigentümers. Werden Rückstände aus nach Anordnung der Zwangsverwaltung beschlossenen Jahresabrechnungen geltend gemacht, ist zu beachten, dass der Zwangsverwalter nur für die sog. Abrechnungsspitze haftet.[174] Rückstände aus der Zeit vor der Zwangsverwaltung fallen dagegen nach Maßgabe des § 10 Abs. 1 Nr. 2 ZVG in den Verteilungsplan. Durch die **WEG-Reform** vom 1. 7. 2007 ist allerdings streitig geworden, ob der Zwangsverwalter überhaupt noch Sonderumlagen und Abrechnungsspitzen erfüllen muss. Dafür wird vorgebracht, insoweit handele es sich nicht mehr um laufende Beträge gemäß § 156 Abs. 1 Satz 2 ZVG, die der Verwalter ohne weiteres Verfahren berücksichtigen müsse, zumal diese Hausgeldbeiträge schon in der Rangklasse des § 10 Abs. 1 Nr. 2 ZVG bevorzugt werden.[175] Vorzugswürdig ist jedoch die Auffassung, dass das WEG-Reformgesetz insoweit keine Änderung gebracht hat.[176] Dafür spricht, dass Sonderumlagen, Wirtschaftspläne und Jahresabrechnungen denselben Rechtscharakter als Beiträge i. S. d. § 16 Abs. 2 WEG teilen und alle diese Beitragsformen ausdrücklich von § 156 Abs. 1 Satz 2 ZVG mit seinem Verweis auf § 28 Abs. 2 und 5 WEG in Bezug genommen werden. Eine Differenzierung ist daher nicht angebracht, es handelt sich in allen Fällen um „laufende Beiträge" i. S. d. § 156 Abs. 1 Satz 1 ZVG; zu beachten ist hier allerdings die zeitliche Einschränkung für die Bestimmung der laufenden Beiträge in § 13 Abs. 1 ZVG. Schließlich ist zu bedenken, dass der Gesetzgeber zwar die Rangstellung der Hausgeldbeiträge in der Zwangsversteigerung verbessern, nicht aber ihre Rechtsstellung in der Zwangsverwaltung verschlechtern wollte.[177] Jedoch ist diese Streitfrage noch nicht abschließend geklärt.

444 c) **Die Hausgeldklage in der Insolvenz im Überblick.** Der Prozess über das Hausgeld wird gemäß § 240 ZPO **unterbrochen,** wenn über das Vermögen des Hausgeldschuldners das Insolvenzverfahren[178] eröffnet wird. Die weiteren Wirkungen der Unterbrechung ergeben sich aus § 249 ZPO. Im übrigen ist zu unterscheiden, ob die Ansprüche vor oder nach Eröffnung des Insolvenzverfahrens fällig wurden; unerheblich ist dagegen, welche Zeiträume inhaltlich betroffen sind. Die **vor Insolvenzeröffnung fällig** gewordenen Hausgeldansprüche werden einfache Insolvenzforderungen gemäß § 38 InsO und müssen daher zur Tabelle angemeldet werden (§ 87 InsO i. V. m. §§ 174 ff. InsO). Die **nach Insolvenzeröffnung fällig** werdenden Ansprüche stellen dagegen Masseverbindlichkeiten gemäß § 55 Abs. 1 Nr. 1 InsO dar.[179] Massegläubiger können ihre Ansprüche ohne die für Insolvenzgläubiger geltenden Einschränkungen verfolgen, lediglich die Zwangsvollstreckung von Masseverbindlichkeiten unterliegt gemäß § 90 Abs. 1 InsO Einschränkungen. Daher können Hausgeldansprüche, die Masseverbindlichkeiten darstellen, eingeklagt werden, jedoch nicht gegen den Wohnungseigentümer, sondern gegen den Insolvenzverwalter, denn der Wohnungseigentümer verliert nach § 80 Abs. 1 InsO

---

[174] OLG München NZM 2007, 452; BayObLG NZM 1999, 715. Zur Abrechnungsspitze vgl. auch BGH NZM 1999, 1101; NJW 1994, 1866 (1867).

[175] Siehe zum Ganzen *W. Schneider* NZM 2008, 919.

[176] So auch LG Köln NJW 2009, 599.

[177] So ausdrücklich LG Köln a. a. O.

[178] Siehe ausführlich zur Behandlung der Hausgeldansprüche in der Insolvenz des Wohnungseigentümers unten Rn. 884 ff.

[179] OLG Köln FGPrax 2008, 55; BayObLG NZI 1999, 27 noch zur KO mit der Entscheidung, dass – nur – die Abrechnungsspitze einer nach Verfahrenseröffnung beschlossenen Jahresabrechnung Masseverbindlichkeit ist; ähnlich BGH NJW 1994, 1866; OLG Düsseldorf, NJWE-MietR 1996, 89. Ebenfalls noch zur Rechtslage nach der KO vgl. OLG Stuttgart ZMR 2003, 57. Zu nach Verfahrenseröffnung beschlossenen Sonderumlagen vgl. BGH NJW 1989, 3018; AG Moers NZM 2007, 51.

die Verwaltungsbefugnis über die Masse. Wird Klage gegen den Insolvenzverwalter erhoben, ist das nach § 43 Nr. 2 WEG berufene Amtsgericht örtlich zuständig, § 19a ZPO gilt nicht. Der Insolvenzverwalter kann schließlich Vermögensgegenstände aus der Masse freigeben mit der Folge, dass dadurch der Insolvenzbeschlag aufgehoben wird und die Verfahrensunterbrechung endet.[180] Daher ist auch eine **Freigabe der Eigentumswohnung** möglich, der Eigentümer erhält in diesem Fall die Verwaltungs- und Verfügungsbefugnis über die Wohnung zurück. Streitig ist hier jedoch, ob die Hausgeldforderung für die Zeit nach Freigabe[181] dann noch gegen den Insolvenzverwalter geltend zu machen ist oder gegen den Wohnungseigentümer eingeklagt werden kann. Nach einer Auffassung bezieht sich die Freigabe nur auf einen einzelnen Gegenstand, der Hausgeldschuldner hafte jedoch mit seinem gesamten Vermögen und nicht lediglich dinglich beschränkt mit der Eigentumswohnung. Es handele sich bei Hausgeldschulden um eine persönliche Verpflichtung, derentwegen in das gesamte Vermögen des Hausgeldschuldners vollstreckt werden könne. Dieses Vermögen bleibe vom Insolvenzbeschlag umfasst, ein hierüber geführter Rechtsstreit bleibe also unterbrochen.[182] Die Gegenansicht[183] stellt darauf ab, dass nach Freigabe die Masse nicht Beiträge für einen Gegenstand leisten müsse, aus dem kein Vorteil zu ziehen sei. Zudem wird darauf verwiesen, der Hausgeldanspruch knüpfe an das – eben freigegebene – Miteigentum an. Eine höchstrichterliche Entscheidung dieser Streitfrage steht noch aus. Die **Unterbrechung** des Prozesses kann dadurch **enden,** dass der Prozess nach Bestreiten der Forderung im Prüfungstermin aufgenommen wird (vgl. §§ 179 Abs. 1, 180 Abs. 2, 184 Abs. 1 Satz 2 InsO). Im übrigen richtet sich das Ende der Unterbrechung nach den allgemeinen Vorschriften der InsO über die Beendigung des Insolvenzverfahrens.[184]

d) Schlüssigkeit der Klage. Wie in jeder Klage, so ist auch in der Hausgeldklage der 445
Klageanspruch schlüssig darzulegen. Es müssen Tatsachen vorgetragen werden, die den Schluss darauf ermöglichen, dass der Beklagte den eingeklagten Hausgeldbetrag schuldet. Daher ist zunächst vorzutragen, dass der Beklagte überhaupt **Hausgeldschuldner** ist, entweder als Wohnungseigentümer, gegebenenfalls seit oder bis wann, oder als sein Erbe oder in welcher Funktion er sonst in Anspruch genommen wird. Sodann ist in der Klageschrift deutlich zu machen, **welche Hausgeldbeiträge** überhaupt eingeklagt werden. So ist vorzutragen, welche rückständigen Jahresabrechnungen und für welchen Zeitraum rückständiges Hausgeld in jeweils welcher Höhe verlangt wird. Dieser Vortrag ist schon deshalb unverzichtbar, um den Streitgegenstand der Klage zu bestimmen. Eine Klage ohne hinreichend erkennbaren Streitgegenstand ist unzulässig. Dabei reicht es nicht aus, wenn sich dieser Vortrag lediglich aus eingereichten Unterlagen, etwa Versammlungsniederschriften und Wirtschaftsplänen, ergibt. Der eigene Sachvortrag in der Klageschrift darf dadurch nur ergänzt, nicht vollständig ersetzt werden.[185] Im übrigen müssen alle Tatbestandsvoraussetzungen des Hausgeldanspruchs vorgetragen werden. Hausgeldansprüche entstehen verbindlich erst durch den entsprechenden **Beschluss** der Wohnungseigentümer über den Wirtschaftsplan oder die Jahresabrechnung gemäß § 28 Abs. 5 WEG.[186] Daher muss vorgetragen werden, dass über die geltend gemachten Wirtschaftspläne, Jahresabrechnungen oder Sonderumlagen ein Beschluss der Wohnungseigentümergemeinschaft gefasst worden ist. Ob der Beschluss bestandskräftig wurde, ist belanglos, da er gemäß

---

[180] Zur Freigabe siehe BGH NJW 2005, 2015.

[181] Zum Streit um die Wirksamkeit der Freigabeerklärung siehe KG NZM 2004, 383.

[182] So AG Mannheim NZM 2004, 800; ähnlich AG Magdeburg ZMR 2006, 324 (325). Nach BGH WuM 2009, 324; LG Heilbronn Rpfleger 2006, 430 sind auch Zwangsvollstreckungsmaßnahmen in das freigegebene Vermögen gemäß § 89 InsO unzulässig.

[183] LG Berlin ZMR 2008, 244 m.w.N.

[184] Siehe näher dazu *Zöller/Greger* § 240 Rn 13–15.

[185] Vgl. oben Rn. 42.

[186] BGH NJW 1988, 1910 (1911).

§ 23 Abs. 4 Satz 2 WEG gültig ist, bis er rechtkräftig für ungültig erklärt wurde. Zur Schlüssigkeit gehört daher nicht der Vortrag über die Bestandskraft des Beschlusses. Zur Schlüssigkeit gehört ebenfalls nicht die Vorlage der Wirtschaftspläne, Jahresabrechnungen und Versammlungsniederschriften. Diese Urkunden dienen vielmehr erst Beweiszwecken, wenn die Existenz oder die Wirksamkeit der Beschlüsse durch den Beklagten in Zweifel gezogen werden. Weiterhin ist es im Rahmen der Klageschrift nach hier vertretener Auffassung nicht einmal erforderlich, im einzelnen vorzutragen, durch welche bestimmten Beschlüsse das streitgegenständliche Hausgeld begründet wurde. Ausreichend ist vielmehr der bloße Vortrag, dass die Gemeinschaft darüber überhaupt einen gültigen Beschluss gefasst hat. Die weitergehende Substanziierung ist erst dann zu fordern, wenn der Beklagte die Beschlussfassung bestreitet. Es ist anerkannt, dass die Substanziierungslast einer Partei auch vom gegnerischen Vortrag abhängt.[187] Bleibt der Beschluss unstreitig, so kann vom Kläger nicht verlangt werden, näher vorzutragen, wann und mit welchem Abstimmungsergebnis er gefasst wurde. Für den Streitstand des Prozesses wäre dieser Vortrag bedeutungslos. Wenn der Beklagte den Beschluss aber bestreitet, so muss der Kläger vortragen, wann und mit welchem Inhalt er gefasst worden sein soll, damit hierüber gegebenenfalls Beweis erhoben werden kann. Allerdings ist zu erwarten, dass gelegentlich in der Praxis an die Substanziierung des Vortrages des Klägers (zu) strenge Anforderungen gestellt werden. Daher ist vorsorglich zu empfehlen, gleichwohl in der Klageschrift im einzelnen auszuführen, durch welche bestimmten Beschlüsse das streitgegenständliche Hausgeld begründet wurde, um überspannten Anforderungen mancher Gerichte an die Substanziierungslast zuvorzukommen. Eine Hausgeldklage kann nicht durch Vorlage eines **vom Verwalter erstellten Kontoauszuges,** der mit einem Saldo zu Lasten des beklagten Wohnungseigentümers endet, schlüssig begründet werden. Dies ersetzt nicht den Vortrag über die notwendigen Beschlussfassungen der Wohnungseigentümer. Zudem besitzt ein solcher – im Regelfall auch nicht unterschriebener – Auszug keinerlei Beweiswert. Als bloß internes Arbeitspapier des Verwalters entfaltet es dem Gericht gegenüber keine Bindungswirkungen – das Gericht muss vielmehr den behaupteten Saldo selbst durch schlüssigen Sachvortrag ermitteln können. Wenn – wie im Regelfall – der Verwalter den Verband im Prozess vertritt, so ist zur **Vollmacht des Verwalters** vorzutragen, denn für Aktivprozesse – vorbehaltlich in Eilfällen – folgt diese gemäß § 27 Abs. 3 Satz 1 Nr. 2 WEG nicht schon aus dem Gesetz. Die Prozessvollmacht eines Rechtsanwalts ist dagegen nicht eigens zu erwähnen, sie wird gemäß § 88 Abs. 2 ZPO nur auf Rüge des Gegners und nicht von Amts wegen geprüft. Werden **Nebenansprüche** geltend gemacht, so darf auch ihre Darlegung nicht vergessen werden. Gesetzliche **Zinsen** ab Rechtshängigkeit müssen nicht begründet werden, da sie sich unmittelbar aus §§ 288, 291 BGB ergeben. Für weitergehende Verzugszinsen ist der Tatbestand des Verzuges gemäß § 286 BGB vorzutragen, in der Regel also eine Mahnung oder der Vortrag, dass sich die Fälligkeit des rückständigen Hausgeldes kraft Beschlusses oder einer sonstigen Vereinbarung aus dem Kalender ergibt. Dies ist eine Frage des Einzelfalles und hängt davon ab, wie die Gemeinschaft per Beschlussfassung (vgl. § 21 Abs. 7 WEG) die Fälligkeit des Hausgeldes oder gegebenenfalls besondere Verzugsfolgen ausgestaltet hat. **Außergerichtliche Rechtsanwaltskosten** können als Verzugsschadensersatz geltend gemacht werden. Auch insoweit sind die Voraussetzungen des § 286 BGB darzulegen. Ferner ist gemäß § 10 Abs. 1 und 2 RVG eine Vergütungsberechnung vorzulegen oder in der Klageschrift darzustellen sowie vorzutragen, dass diese Kosten bezahlt wurden, weil andernfalls nur ein Freistellungsanspruch besteht. Zu beachten ist, dass nach der Rspr. des BGH die Geschäftsgebühr gemäß Nr. 2300 bis 2303 RVG-VV in voller Höhe eingeklagt werden kann und auch muss, da sie im Kostenfestsetzungsverfahren nur durch Anrechnung auf die Verfahrensgebühr zu berücksichtigen ist.[188] § 15 a RVG hat an der Notwendig-

---

[187] Siehe BGH NJW 1999, 1404 (1405).
[188] BGH NJW 2007, 3500.

keit der Klageerhebung insoweit nichts geändert. Nach den gleichen Grundsätzen des Verzugsschadens können zudem **Sondervergütungen des Verwalters** für die Hausgeldbeitreibung geltend gemacht werden, sofern der Verwalter darauf einen materiell-rechtlichen Anspruch hat. Dies gilt aber nicht, sofern sie bereits als Rechtsverfolgungskosten gemäß § 91 ZPO in das Kostenfestsetzungsverfahren gehören. Die dem Verwalter von der Wohnungseigentümergemeinschaft durch Beschluss zugebilligte Pauschale für die Einleitung gerichtlicher Verfahren kann gegen den säumigen Wohnungseigentümer nur im anschließenden Kostenfestsetzungsverfahren geltend gemacht werden, nicht aber durch besonderen Zahlungsantrag;[189] dies gilt nicht, wenn die Vergütung streitig ist und sich nicht aus einem bestandskräftigen Beschluss ergibt.[190]

e) Einwendungen des Beklagten. Im Gegensatz zum gewöhnlichen Zivilkläger befindet sich der Hausgeldkläger in der komfortablen Situation, dass dem Beklagten viele Einwendungen von vornherein abgeschnitten sind. Einwendungen gegen die zugrunde liegenden Beitragsbeschlüsse, Aufrechnungen und der Erfüllungseinwand sind nur eingeschränkt möglich. 446

aa) Einwendungen gegen Beitragsbeschlüsse. Die Einwendungsmöglichkeiten des Beklagten werden durch die gesetzlich angeordnete **Gültigkeit der Beschlüsse** über Jahresabrechnungen und Wirtschaftspläne gemäß § 23 Abs. 4 Satz 2 WEG beschränkt. Solange diese Beschlüsse nicht rechtskräftig für ungültig erklärt sind, hat das Gericht sie als gültig zu behandeln, insbesondere also nicht weiter auf ihre inhaltliche Richtigkeit zu überprüfen. In der Praxis kommt es hingegen immer wieder vor, dass Beklagte die Richtigkeit der Jahresabrechnung oder des Wirtschaftsplanes aus den verschiedensten Gründen in Abrede stellen. All diese Einwendungen sind unerheblich, sie müssen ihm Rahmen der **Anfechtungsklage** (§ 46 WEG) gegen den entsprechenden Beschluss vorgebracht werden und können gegen den Hausgeldanspruch auch nicht einredeweise erhoben werden.[191] Es spielt daher keine Rolle, ob der Beitragsbeschluss fehlerhaft ist. Insbesondere der Einwand, der dem Beitragsbeschluss zugrunde liegende Kostenverteilungsschlüssel sei gemäß § 10 Abs. 2 Satz 3 WEG wegen Unbilligkeit zu ändern, ist unerheblich. Zum einen wirkt der Änderungsanspruch nur für die Zukunft und zum anderen hat die Gemeinschaft das Recht, zunächst selbst über eine Abänderung zu befinden.[192] Wird Anfechtungsklage erhoben, so ist in der Regel der Hausgeldprozess nicht gemäß § 148 ZPO auszusetzen.[193] Trotz Anfechtung muss also der Wohnungseigentümer das Hausgeld zahlen. Die **Anfechtungsklage** kann **nicht** als **Widerklage** im Hausgeldprozess erhoben werden, weil sie nicht gegen den Kläger, also den Verband, sondern gegen die übrigen Wohnungseigentümer zu richten ist (§ 46 Abs. 1 WEG); in der Praxis taucht dieses Problem jedoch nicht auf, da im Normalfall die Klagefrist von einem Monat bei Rechtshängigkeit der Widerklage verstrichen ist. Hat die Anfechtungsklage Erfolg, so kann gegen den Zahlungstitel über Hausgeld Vollstreckungsgegenklage gemäß § 767 ZPO erhoben werden. Ohne Einschränkungen kann sich der Beklagte dagegen auf die **Nichtigkeit eines Beitragsbeschlusses** berufen (§ 23 Abs. 4 Satz 1 WEG). Nichtig sind insbesondere Beschlüsse, für die der Gemeinschaft die Beschlusskompetenz fehlt. Dies ist bei einem Beitragsbeschluss nach § 16 Abs. 2 WEG jedoch allenfalls in Ausnahmefällen denkbar. Nichtigkeit liegt nämlich noch nicht vor, wenn die Wohnungseigentümer in die Jahresabrechnung eine Forderung gegen einen Wohnungseigentümer einstellen, die nach materiel- 447

---

[189] KG NJW-RR 1989, 329; LG Stuttgart NJW-RR 2003, 1169 für Passivprozesse.

[190] OLG Köln NJW 1991, 1302.

[191] OLG München NJW-RR 2008, 321; BayObLG NJW-RR 1993, 788; LG Hannover ZMR 2004, 709 für einen angeblich falschen Kostenverteilungsschlüssel.

[192] OLG Hamm ZMR 2008, 156 (159). OLG Celle NZM 1998, 577 betrifft nur scheinbar einen Ausnahmefall: Dort wurde die Einrede der Unbilligkeit wegen besonderer Umstände im Anfechtungsprozess, nicht im Zahlungsprozess, der einen gültigen Beschluss voraussetzt, zugelassen.

[193] BayObLG NJWE-MietR 1996, 256.

lem Recht nicht besteht.[194] Die **Beweislast** für die Gültigkeit des Beitragsbeschlusses trägt nach allgemeinen Regeln der Kläger, da er auf diesen Beschluss den streitgegenständlichen Hausgeldanspruch stützt. Wendet der Beklagte also einen schlüssig dargelegten Nichtigkeitsgrund ein, so hat der Kläger diesen Einwand auszuräumen und die Gültigkeit des Beschlusses nachzuweisen. Dabei geht es nur um Tatsachen – ob sich aus ihnen die Folge der Nichtigkeit ableiten lässt, ist eine vom Gericht von Amts wegen zu beantwortende Rechtsfrage.

448 *bb) Aufrechnung und Widerklage gegen Hausgeldansprüche.* Nach ganz h.M. kann gegen Hausgeldansprüche nur aufgerechnet werden mit Ansprüchen aus Notgeschäftsführung gemäß § 21 Abs. 2 WEG oder mit sonstigen anerkannten oder rechtskräftig festgestellten Forderungen.[195] Ansonsten ist die **Aufrechnung unzulässig.** Dies gilt entsprechend für geltend gemachte Zurückbehaltungsrechte.[196] Grund dafür ist, die Zahlungsfähigkeit der Gemeinschaft zu sichern. Die Ausnahme wegen Notgeschäftsführung besteht vor allem deshalb, weil hier der Notgeschäftsführer für den Verband in Vorleistung getreten ist, woraus ihm kein Nachteil erwachsen soll. Die Gemeinschaftsordnung kann aber die Aufrechnung für die Ansprüche aus Notgeschäftsführung ausschließen.[197] Ob festgestellte Guthaben aus Jahresabrechnungen als anerkannte aufrechenbare Forderungen gelten, wird nicht einheitlich beurteilt.[198] Anerkannte Forderungen müssen aber in jedem Fall unstreitig und fällig sein, schon der Streit darum, ob eine Forderung in der Vergangenheit von den Wohnungseigentümern anerkannt worden sei, schließt die Aufrechnung aus.[199] Gleiches gilt für den Streit, ob eine Gegenforderung substanziiert bestritten ist.[200] Wenn im Normalfall der Verband klagt und durch den Verwalter vertreten wird, so kann auch der Verwalter die Gegenforderung anerkennen, wenn ihm eine Prozessvollmacht – die ohnehin zur Führung eines Aktivprozesses erforderlich ist – erteilt worden ist. Denn § 81 ZPO deckt ausdrücklich die Anerkennung des vom Gegner geltend gemachten Anspruchs; auf die – fehlende – materiell-rechtliche Berechtigung des Verwalters kommt es dann nicht an. Für den Beklagten folgt aus der beschränkten Aufrechnungsmöglichkeit, dass er seine vermeintlichen Gegenansprüche selbstständig einklagen muss. Ihm ist allerdings nicht verwehrt, dies in Form einer **Widerklage** gemäß § 33 ZPO zu tun. Insoweit ergibt sich keine Gefahr der Prozessverzögerung oder Illiquidität der Gemeinschaft, da das Gericht gemäß § 301 ZPO über die Klage vorab durch Teilurteil entscheiden und so der Gemeinschaft einen vollstreckungsfähigen Titel verschaffen kann, bevor die Widerklage entscheidungsreif ist. Zu beachten ist aber, dass die Gegenansprüche gegenüber dem Verband bestehen müssen. Vermeintliche Ansprüche des Beklagten gegen den Verwalter oder einzelne Wohnungseigentümer können Hausgeldansprüchen von vornherein nicht entgegengesetzt werden.[201]

449 *cc) Erfüllungseinwand.* Der Einwand der Erfüllung gemäß § 362 BGB unterliegt wegen der Gültigkeitsanordnung für Beschlüsse in § 23 Abs. 4 Satz 2 WEG ebenfalls Einschränkungen. Weist eine beschlossene Jahresabrechnung einen Saldo zu Lasten des Beklagten aus und sind Zahlungen während des Abrechnungszeitraumes nicht aufgeführt,

---

[194] BayObLG NJW-RR 2005, 664.

[195] Vgl. beispielhaft OLG Düsseldorf ZMR 2008, 56; OLG München NZM 2007, 335; OLG Frankfurt a. M. NJW-RR 2006, 1603; OLG Stuttgart NJW-RR 1989, 841. Nach Meinung des KG NZM 2003, 686, sei der Fall der Notgeschäftsführung vergleichbar dem Fall, dass ein für eine Verwaltungsschuld gesamtschuldnerisch (jetzt aber Teilschuldner gemäß § 10 Abs. 8 WEG!) haftender Wohnungseigentümer Verwaltungsschulden der Eigentümergemeinschaft begleicht.

[196] OLG Brandenburg MietRB 2008, 174; OLG München NZM 2005, 673 (674).

[197] OLG Frankfurt a. M. NJW-RR 2006, 1603 (1604).

[198] Einschränkend KG NJW-RR 2002, 1379.

[199] OLG Frankfurt a. M. NJW-RR 2006, 1603.

[200] BayObLG NZM 1999, 1058 (1059).

[201] Zum Fall der Prozessstandschaft des Verwalters siehe auch Rn. 66.

so kann der Beklagte nach h.M. im Zahlungsprozess **nicht** mehr die **Tilgung der Hausgeldschuld im Abrechnungszeitraum** einwenden.[202] Ebensowenig kann der Beklagte noch mit dem Einwand gehört werden, von ihm geleistete Zahlungen seien zu Unrecht nicht als Vorschüsse auf den abgerechneten Zeitraum verbucht worden.[203] Die Jahresabrechung hat die vom Wohnungseigentümer geleisteten Zahlungen aufzuführen und eine etwaige Nachzahlungsverpflichtung verbindlich mit konstitutiver Wirkung festzulegen. Das bedingt eine Feststellung der geleisteten Zahlungen, andernfalls ist ein Saldo nicht errechenbar. Wenn dieser Saldo unrichtig ist, so muss sich der Wohnungseigentümer dagegen mit der Anfechtungsklage wehren, andernfalls ist der Beschluss gültig. Daraus folgt, dass auch eine nachträglich abgegebene Tilgungsbestimmung gemäß § 366 BGB jedenfalls nicht mehr auf einen bestandskräftig abgerechneten Zeitraum bezogen werden kann. Dem Beklagten bleibt aber der Einwand der Erfüllung unbenommen, soweit er Erfüllungshandlungen nach dem Abrechnungszeitraum geltend macht. Hierfür gelten die allgemeinen Regeln. Dies gilt auch für **Teilzahlungen während des Prozesses.** Sie stellen einen Erledigungsgrund gemäß § 91a ZPO dar. Der Kläger muss in Höhe der Zahlung den Rechtsstreit für erledigt erklären. Das weitere Verfahren richtet sich danach, ob der Beklagte der Erledigung widerspricht – dann einseitige Erledigungserklärung – oder nicht – dann übereinstimmende Erledigungserklärung. Für die Hausgeldklage gelten hier keine Besonderheiten. Dies gilt auch für die Möglichkeit der kostenrechtlich privilegierten Klagerücknahme gemäß § 269 Abs. 3 Satz 3 ZPO.

f) Verhältnis von Wirtschaftsplan und Jahresabrechnung. Werden Beiträge für ein lau- 450
fendes Wirtschaftsjahr eingeklagt, so kommt es gelegentlich vor, dass während des Prozesses das Wirtschaftsjahr abgerechnet wird. Grundsätzlich hat jedoch der Beschluss über die Jahresabrechnung auf den Prozess über Hausgelder aus dem Wirtschaftsplan keinen Einfluss. Hinsichtlich der Rückstände aus dem Wirtschaftsplan kommt dem Beschluss über die Jahresabrechnung nach gefestigter Rspr. **lediglich eine bestätigende Wirkung** zu, nur die **Abrechnungsspitze** wird als neuer Anspruchsgrund originär begründet.[204] Das bedeutet, dass der Zahlungsanspruch auf Grund eines beschlossenen Wirtschaftsplanes nicht hinfällig, sondern lediglich der Höhe nach auf **den Saldo der Jahresabrechnung begrenzt** wird.[205] Ergibt sich aus der Jahresabrechnung eine geringere Hausgeldschuld als aus dem Wirtschaftsplan, so erledigt sich insoweit der Prozess.[206] Für den Kläger bedeutet das folgendes: Im zuletzt genannten Fall hat er in Höhe der Zuvielforderung aus dem Wirtschaftsplan den Rechtsstreit für erledigt zu erklären. Ergibt sich dagegen eine Abrechnungsspitze, besteht kein unmittelbarer Handlungsbedarf. Die Klage kann weiterhin auf den Wirtschaftsplan gestützt werden; in diesem Fall muss jedoch gegebenenfalls die Abrechnungsspitze noch gesondert geltend gemacht werden. Möglich ist aber auch, die Klage auf den Saldo der Jahresabrechung, also inklusive der Abrechnungsspitze, zu ändern.[207] Dadurch kann ein Folgeprozess vermieden, der anhängige Prozess jedoch durch die Notwendigkeit einer Stellungnahmemöglichkeit durch den Beklagten u.U. verzögert werden.

g) Klage auf zukünftige Zahlung. Der Verband kann in Liquiditätsengpässe schon 451
dann geraten, wenn er notorisch säumige Hausgeldschuldner immer wieder wegen neuer Abrechnungszeiträume verklagen und die Zahlungen beitreiben muss. Sofern der Bei-

[202] BayObLG NZM 2004, 711; LG Köln ZMR 2008, 830; a.A. aber LG Hamburg ZMR 2006, 77; AG Kerpen ZMR 2008, 84.

[203] BayObLG ZMR 2003, 587 = NJOZ 2003, 812.

[204] BGH NJW 1999, 3713 (3714); NJW 1996, 725 (726); BayObLG NZM 2002, 743 (744); OLG Zweibrücken NZM 1999, 322 (323).

[205] BayObLG NJW-RR 2001, 659 (660); NZM 2000, 298.

[206] BayObLG NZM 1999, 853.

[207] Die Klage wegen der Nachzahlungsbeträge und der Abrechnungsspitze kann einheitlich auf die Abrechnung gestützt werden: BayObLG NZM 2004, 711.

tragsbeschluss nicht ohnehin eine Verfallklausel bei Rückstand mit Hausgeldraten vorsieht, bietet es sich an, diese Schuldner schon für zukünftige Zahlungen in Anspruch zu nehmen. Die Möglichkeiten dazu schaffen **§§ 257–259 ZPO.** Die §§ 257, 258 ZPO gelten für Geldforderungen, die nicht von einer Gegenleistung abhängen. Das ist bei Hausgeldschulden der Fall: Der Beitragspflicht des Wohnungseigentümers gemäß § 16 Abs. 2 WEG steht keine Gegenleistung des Verbandes gegenüber. Die Pflicht des Wohnungseigentümers, den Verband zahlungsfähig zu erhalten, ist einseitig. Weitere Voraussetzung des § 257 ZPO ist lediglich, dass die Fälligkeit des Hausgeldes an einen bestimmten **Kalendertag** geknüpft ist. Ob das der Fall ist, hängt davon ab, wie die Wohnungseigentümer die Fälligkeit der Beiträge im Beschluss geregelt haben (vgl. § 21 Abs. 7 WEG). Haben sie keinerlei Regelung zur Fälligkeit getroffen, greift § 257 ZPO nicht, denn dann werden die Hausgelder gemäß § 28 Abs. 2 WEG erst nach Abruf durch den Verwalter fällig – das ist nicht an einen Kalendertag geknüpft. Klage auf zukünftige Zahlung kommt gemäß § 258 ZPO auch bei **wiederkehrenden Leistungen** in Betracht. Wird Hausgeld als monatliche Zahlung geschuldet, so handelt es sich um eine wiederkehrende Leistung. Dem dürfte nicht entgegenstehen, dass der zugrunde liegende Wirtschaftsplan grundsätzlich nur für ein Jahr gilt, denn der Beschluss eines neuen Wirtschaftsplanes für das Folgejahr ist nach dem gewöhnlichen Verlauf der Dinge zu erwarten. Daher kann nach Maßgabe dieser Vorschrift auch zukünftiges laufendes Hausgeld eingeklagt werden. Schließlich eröffnet § 259 ZPO die Möglichkeit zukünftige Zahlungen einzuklagen, wenn die Besorgnis besteht, dass der Schuldner sich **der rechtzeitigen Leistung entziehen werde.** Ob diese Voraussetzungen vorliegen, ist Tatfrage; sie sind vom Kläger notfalls vollständig zu beweisen. Da Hausgeld im Normalfall bereits unter die Regeln der §§ 257, 258 ZPO fällt, kommt § 259 ZPO darüber hinaus keine praktische Bedeutung zu. Jedenfalls begründet eine bereits eingetretene Zahlungsunfähigkeit den Tatbestand des § 259 ZPO.[208] In allen Fällen der Klage auf zukünftige Zahlungen ist auf einen **korrekten Klageantrag** zu achten. Die Zahlung darf erst für den Fälligkeitstermin beantragt werden, denn der Beklagte soll durch die Klage auf zukünftige Zahlung nicht schlechter gestellt werden. Wird gemäß der beschlossenen Fälligkeitsregelung das Hausgeld etwa an jedem dritten Werktag des Monats fällig, so lautet der Klageantrag beispielsweise:

452 „Der Beklagte wird verurteilt, bis zum Beschluss eines neuen Wirtschaftsplanes[209] an die Klägerin ab August 2009 monatlich im voraus zum jeweils 3. Werktag eines Monats 250,– € zu zahlen."

453 Vorsicht geboten ist auch wegen **§ 93 ZPO.** Hat der Beklagte keinen Anlass zur Klageerhebung gegeben und erkennt er den Klageanspruch sofort an, trägt der Kläger die Kosten des Rechtsstreits. Die wohl h.M. nimmt im Fall der §§ 257, 258 ZPO zudem an, dass entgegen der sonstigen Regel die Beweislast für die Klageveranlassung den Kläger trifft.[210] Man wird hier die Rspr. aus dem Unterhaltsrecht entsprechend heranziehen können: Zahlt der Schuldner verspätet oder erbringt er nur Teilleistungen, gibt er Veranlassung zur Klage.[211]

454 **h) Klage im Urkundenprozess.** Wenn sämtliche Anspruchsvoraussetzungen für das Hausgeld durch Urkunden bewiesen werden können, so kommt eine Klage im Urkundenprozess gemäß §§ 592ff. ZPO in Betracht. Der Urkundenprozess ist gegenüber dem Normalprozess eine besondere Prozessart, dessen Eigentümlichkeit darin besteht, dass

---

[208] BGH NJW 2003, 1395 zum Mietzins.

[209] Im Beispiel wird vorausgesetzt, dass der Wirtschaftsplan – wie üblich und empfehlenswert – eine Fortgeltungsklausel besitzt. Ist das nicht der Fall, so muss das Ende der Zahlungspflicht mit Auslaufen des Wirtschaftsplanes in den Antrag mit aufgenommen werden.

[210] Vgl. *Zöller/Greger* § 257 Rn. 7.

[211] OLG Düsseldorf FamRZ 1991, 1207.

als Beweismittel nur Urkunden und die praktisch wenig bedeutsame Parteivernehmung zulässig sind (§ 595 Abs. 2 ZPO). Da die Urkunden vorgelegt werden müssen (§ 595 Abs. 3 ZPO), ist damit im Ergebnis nur eine Beweisaufnahme über präsente Beweismittel (vorgelegte Urkunden und Parteivernehmung) möglich. Mit dem gleichzeitigen Ausschluss der Widerklage gemäß § 595 Abs. 1 ZPO wird der Prozess so erheblich beschleunigt. Sinn und Zweck des Urkundenprozesses ist es nämlich, dem Gläubiger, dessen Anspruch durch Urkunden belegt ist, schnell einen Vollstreckungstitel zu schaffen; allerdings ergibt sich daraus keine Pflicht des Gerichts zu beschleunigter Terminierung.[212] Ferner erfordert der Urkundenprozess kein vorgerichtliches Güteverfahren (§ 15 a Abs. 2 Nr. 4 EGZPO)[213] und bietet eine Vollstreckungsmöglichkeit ohne Sicherheitsleistung (§§ 708 Nr. 4, 711 ZPO).[214] Auch Hausgeldansprüche können im Urkundenprozess eingeklagt werden. Zum Nachweis der Hausgeldschuld sind als Urkunden vorzulegen: die geltend gemachten **Wirtschaftspläne** und **Jahresabrechnungen** sowie die **Versammlungsniederschrift** über die entsprechenden Beschlüsse, alternativ zur Niederschrift kommt auch ein Auszug aus der **Beschlusssammlung** in Betracht. Dass Wirtschaftsplan, Jahresabrechnung und Beschlusssammlung keine Unterschrift tragen, ist unschädlich, da Urkunde i. S. d. § 592 ZPO jedes Schriftstück ist.[215] Die Unterschrift hat gemäß § 416 ZPO allein für die Beweiskraft der Urkunde Bedeutung. Bei Sonderumlagen muss sich auch der auf den Beklagten entfallende Anteil aus Urkunden ergeben. Darüber hinaus muss der Kläger durch Urkunden nachweisen, dass der Beklagte überhaupt Wohnungseigentümer ist. Das ist in der Regel nur durch einen **Grundbuchauszug** möglich, bei Gesamtrechtsnachfolgern eines verstorbenen Wohnungseigentümers zudem durch **Erbschein.** Zu beachten ist, dass grundsätzlich auch alle **Nebenforderungen** durch Urkunden bewiesen werden müssen, wie der Gegenschluss aus der Spezialvorschrift zum Wechselprozess des § 605 Abs. 2 ZPO ergibt. Kann der Kläger die besonderen Prozessvoraussetzungen des Urkundenprozesses nicht erfüllen, so kann er gemäß § 596 ZPO jederzeit vom Urkundenprozess Abstand nehmen, der Prozess bleibt dann im ordentlichen Verfahren anhängig; andernfalls wird die Klage als im Urkundenprozess unstatthaft abgewiesen (§ 597 Abs. 2 ZPO). Widerspricht der Beklagte dem erhobenen Anspruch, so erlässt das Gericht ein Vorbehaltsurteil gemäß § 599 ZPO, der Prozess bleibt dann im Nachverfahren gemäß § 600 ZPO anhängig. Dort wird über die Bestandskraft des Vorbehaltsurteils endgültig entschieden. Entgegen dem ersten Anschein ist der Urkundenprozess für die Hausgeldklage **nicht immer sinnvoll:** Schon nach materiellem Recht ist der Hausgeldschuldner mit den meisten Einwendungen ausgeschlossen.[216] Insbesondere die nur selten zulässige Aufrechnung beschränkt die Verteidigungsmöglichkeiten des Beklagten erheblich. Eine weitergehende Beschleunigung des Verfahrens durch den Urkundenprozess ist daher kaum zu erwarten; kommt es zum Nachverfahren, kann der gesamte Prozess sogar länger dauern als das ordentliche Verfahren. Zudem muss der Kläger die besonderen Prozesssituationen des Urkundenprozesses[217] beherrschen. Wenn keine Verteidigung des Beklagten zu erwarten ist, lässt sich im gewöhnlichen Verfahren ein Versäumnisurteil einfacher erreichen, weil der Kläger hier nicht sämtliche zur Anspruchsbegründung erforderlichen Urkunden vorlegen muss. Der Urkundenprozess ist daher insbesondere dann empfehlenswert, wenn mit Einwendungen des Beklagten zu rechnen ist, die den ordentlichen Prozess zu verzögern drohen und die wegen der Beschränkung der Beweismittel im Urkundenprozess ausgeschlossen sind.

---

[212] KG MDR 2008, 226.

[213] Das Güteverfahren kann allerdings auch durch ein vorgeschaltetes Mahnverfahren umgangen werden, siehe oben Rn. 49.

[214] Dieser Vorteil entfällt, wenn der Schuldner seinerseits gemäß § 711 ZPO Sicherheit leistet.

[215] Vgl. BGH NJW 1976, 294.

[216] Siehe oben Rn. 446 ff.

[217] Im Rahmen dieser Darstellung können nicht alle Einzelheiten des Urkundenprozesses erläutert werden, da sich für die Hausgeldklage keine Besonderheiten gegenüber einer sonstigen Zahlungsklage ergeben.

Denkbar ist dies etwa, wenn der Beklagte die Anfechtung (§ 142 Abs. 1 BGB) einer Stimmabgabe bei der Beschlussfassung über einen Beitragsbeschluss geltend macht und dies ergebnisrelevant wäre oder wenn Fragen der Verjährung außerhalb urkundlich belegter Vorgänge erheblich sind. Es handelt es also um Sonderfälle.

455 i) **Prozessuale Taktik.** Vor und im Prozess dürfen Zweckmäßigkeitserwägungen niemals außer Acht gelassen werden. Nur wer die Spielräume des Prozessrechts zu seinen Gunsten nutzt, hat letztlich Erfolg. Für die Hausgeldklage gilt nichts anderes. Das beginnt bereits bei der Erwägung, ob **überhaupt geklagt** werden soll. Wenn absehbar ist, dass der säumige Wohnungseigentümer zahlungsunfähig ist und keinerlei Aussichten einer Vollstreckung titulierter Hausgeldansprüche bestehen, werden im Ergebnis mit einer Klage nur Kosten produziert. Dabei handelt es sich aber um Ausnahmefälle. In der Regel ist die jedenfalls erstmalige Titulierung rückständiger Hausgelder angezeigt und auch die Eigentumswohnung steht – wenn sie nicht hoffnungslos belastet ist – als Vollstreckungsobjekt zur Verfügung. Für den Verwalter stellt sich als nächstes die Frage, **wie lange** er bei einem eingetretenen Rückstand **mit der Klage warten** soll. Bleibt er zu lange untätig, so kann unter Umständen ein Pflichtverstoß gegen § 27 Abs. 1 Nr. 4 WEG vorliegen, der ihn zum Schadensersatz verpflichtet.[218] Andererseits ist es schon aus Kostengründen wenig sinnvoll und praktisch auch kaum handhabbar, jeden monatlich entstandenen Rückstand sofort einzuklagen. Der Verwalter hat hier unter Beachtung der Umstände des Einzelfalls[219] einen Mittelweg zu finden. Im Regelfall muss er besondere Gründe haben, wenn er mit einer Beitreibung der Hausgelder länger als drei Monate wartet. Vor Klageerhebung ist jedenfalls eine einmalige Mahnung anzuraten, schon um dem Beklagten den Einwand aus § 93 ZPO abzuschneiden. In der Klagebegründung ist darauf zu achten, den Anspruch **schlüssig** darzulegen.[220] Darauf sollte sich die Klagebegründung allerdings auch beschränken. Es ist grundsätzlich nicht angezeigt, auf Einwendungen, die der Beklagte vorgerichtlich geltend gemacht hat, schon in der Klagebegründung einzugehen. Abgesehen davon, dass man nie sicher weiß, welche außergerichtlichen Einwendungen im Prozess tatsächlich erhoben oder aufrechterhalten werden, sollte man es stets dem Gegner überlassen, die Umstände, für die er darlegungspflichtig ist, selbst vorzutragen. Zum einen besteht immer die Möglichkeit, dass der Gegner daran schon aus formellen Gründen scheitert (Formfehler, Fristüberschreitung etc.), zum anderen können sich diese Einwendungen aus Sicht des Gerichts im Ergebnis als stichhaltig erweisen und die vermeintliche Widerlegung dieser Einwendungen in der Klageschrift führt zur Unschlüssigkeit der Klage. Es reicht vielmehr aus, auf Einwendungen des Beklagten separat in einer Replik einzugehen. Im Prozess ist der Verwalter verpflichtet, alle prozessual zulässigen Maßnahme zu ergreifen, um der Gemeinschaft zum Prozesssieg zu verhelfen. Dazu gehört auch der Erlass eines **Versäumnisurteils,** weshalb der entsprechende Antrag schon in der Klageschrift gestellt werden sollte (vgl. § 331 Abs. 3 Satz 2 ZPO). Ebenso schon in der Klageschrift sollte der Verwalter zwecks Verfahrensbeschleunigung darauf hinweisen, dass eine **Güteverhandlung aussichtslos** ist (§ 278 Abs. 2 Satz 1 ZPO): Der Hausgeldanspruch ist zumeist durch Urkunden belegt und selbst nicht streitig, Gegenansprüche des Beklagten sind nur selten erheblich. Der Verwalter ist im Verhältnis zur Gemeinschaft auch nicht befugt, auf Hausgeldansprüche gegen einen Wohnungseigentümer zu verzichten. Kaum jemals wird ein Verwalter daher Anlass dazu haben, dem Beklagten in einer Güteverhandlung Zugeständnisse zu machen; zur Raten-

---

[218] AG Idstein NZM 2003, 983.

[219] Hierbei können von Bedeutung sein: Die Vermögenslage des Schuldners, die Dringlichkeit der baldigen Erfüllung der Zahlungsansprüche für die Gemeinschaft, besondere Weisungen der Gemeinschaft, die bereits laufende Zwangsvollstreckung gegen den Schuldner wegen anderweitig titulierter Ansprüche, die Vorgreiflichkeit anderer (Anfechtungs-)Klagen, die Höhe des Rückstandes u. v. m.

[220] Dazu oben Rn. 445.

zahlung siehe aber noch unten. Auch wenn der Prozess unstreitig verläuft, so nimmt er doch einige Zeit in Anspruch und der Beklagte kann währenddessen mit **weiteren Hausgeldraten in Verzug** geraten. In diesem Fall empfiehlt sich in der Regel eine Klageerweiterung wegen des neuen Rückstandes nicht. Denn insoweit ist vor Zustellung der Klageerweiterung u. U. ein zusätzlicher Kostenvorschuss einzuzahlen und dem Beklagten ist erneut rechtliches Gehör zu gewähren; das führt fast immer zu einer Verzögerung des Prozesses. Sinnvoller ist es meist – trotz der damit verbundenen Mehrkosten – den Prozess wegen der bisherigen Rückstände zügig zu Ende zu bringen und die neuerlichen Rückstände separat einzuklagen. Dadurch erhält die Gemeinschaft zum einen schneller einen Vollstreckungstitel und zum anderen nach Abschluss des Folgeprozesses einen weiteren Titel, woraus sich wiederum in der Zwangsvollstreckung mehrere taktische Möglichkeiten eröffnen. Zudem kommt es vor, dass im Erstprozess der Beklagte noch versucht, gegen den Hausgeldanspruch – zumeist unbegründete – Einwendungen zu erheben. Hat er damit keinen Erfolg und wird kurz darauf mit neuen Klagen überzogen, so bleiben diese Folgeprozesse oft einseitig und enden damit schneller. In vielen Fällen zahlt der Wohnungseigentümer das Hausgeld nur deshalb nicht, weil er in Zahlungsschwierigkeiten ist. Er ist dann oft an einer **Ratenzahlungsvereinbarung** interessiert. Sofern der Verwalter keine ausdrücklichen gegenteiligen Anweisungen der Gemeinschaft erhalten hat, kann er sich darauf einlassen. Denn im Ergebnis ist es meist besser, den Schuldner freiwillig Raten zahlen zu lassen, als die Zwangsvollstreckung gegen einen uneinsichtigen Schuldner zu betreiben. Ferner ist anerkannt, dass ein solches Vorgehen ordnungsgemäßer Verwaltung entspricht, wenn erkennbar ist, dass Zwangsvollstreckungsmaßnahmen in absehbarer Zeit nicht zum Erfolg führen werden, durch Ratenzahlung aber zumindest Teilbeträge erlangt werden können.[221] Es kommt hier aber immer auf die Umstände des Einzelfalles an: auf die Höhe des Rückstandes und die Höhe der angebotenen Raten, auf die bisherige Zahlungsmoral und Vertrauenswürdigkeit des Schuldners sowie auf einen im Vorfeld geäußerten Willen der Gemeinschaft. Eine Ratenzahlungsvereinbarung muss nicht durch gerichtlichen Vergleich zustande kommen. Der Verwalter kann sich auch den Anspruch zunächst titulieren lassen und dann außergerichtlich mit dem Schuldner auf eine Ratenzahlung verständigen. So behält er ein Druckmittel in der Hinterhand.

III. Verwalterbezogene Prozesse (§ 43 Nr. 3 WEG)

1. Sachbezogener Anwendungsbereich

Die Zuständigkeitsnorm[222] des § 43 Nr. 3 WEG erfasst Streitigkeiten über die Rechte **456**
und Pflichten des Verwalters bei der Verwaltung des gemeinschaftlichen Eigentums (verwalterbezogene Prozesse). Betroffen sind davon zum einen alle Klagen, die Rechte und Pflichten des Verwalters aus dem Gesetz, insbesondere § 27 WEG, zum Streitgegenstand haben. Ferner gehören hierher alle sonstigen Streitgegenstände über Rechte und Pflichten des Verwalters aus dem Verwaltervertrag. Im Gegensatz zur Vorgängerbestimmung des § 43 Abs. 1 Nr. 2 WEG a. F. setzt der jetzt geltende Wortlaut des § 43 Nr. 3 WEG nicht mehr ausdrücklich die Klage eines Wohnungseigentümers oder des Verwalters voraus. Es kommt allein darauf an, ob Streitgegenstand der Klage Rechte oder Pflichten des Verwalters im soeben genannten Sinne sind. Daher ist diese Norm – ebenso wie § 43 Nr. 1 und 2 WEG – **sachbezogen** zu verstehen. Insoweit handelt es sich allerdings lediglich um eine sprachliche Verbesserung des Gesetzestextes, da auch schon das alte Recht im wesentlichen sachbezogen ausgelegt wurde. Daraus folgt, dass ohne weiteres Klagen Dritter unter § 43 Nr. 3 WEG fallen, also u. a. Klagen von Parteien kraft Am-

[221] BayObLG NZM 2004, 509 (510).
[222] Zur generellen Bedeutung des § 43 WEG siehe oben Rn. 369.

tes, Zessionaren und Rechtsnachfolgern von Wohnungseigentümern. Der Verwalter hat als solcher jedoch keinen Rechtsnachfolger. Auch der Verband kann hier Partei sein; § 43 Nr. 2 WEG gilt nicht, weil es dort um Rechte zwischen Verband und den Wohnungseigentümern geht.[223] Ebenso gilt die Vorschrift für den bereits **ausgeschiedenen Verwalter**, sofern es um Rechte und Pflichten aus seiner Verwaltertätigkeit geht;[224] nicht jedoch für Streitigkeiten über Aufwendungen, die der Verwalter erst nach Ablauf seiner Amtszeit tätigt.[225] Streitigkeiten zwischen ausgeschiedenem und amtierendem Verwalter sind nur dann verwalterbezogene Prozesse, wenn es um die Verwaltung des gemeinschaftlichen Eigentums geht, sofern nur die Tätigkeit des Verwalters aus seiner früheren Amtszeit Streitgegenstand ist.[226] Das ist nicht der Fall für Ansprüche auf Widerruf und Unterlassung von Behauptungen.[227] Entsprechend gilt § 43 Nr. 3 WEG auch für **ausgeschiedene Wohnungseigentümer.**[228]

2. Streitigkeiten aus der Verwaltung gemeinschaftlichen Eigentums

457 Rechte und Pflichten des Verwalters sind stets betroffen, wenn Streit darüber entbrennt, ob der Verwalter bei der Verwaltung des gemeinschaftlichen Eigentums rechtmäßig handelte oder ob ihm daraus Ansprüche zustehen. Entscheidend für die Zuständigkeit gemäß § 43 Nr. 3 WEG ist mithin, ob es im Prozess um Fragen der Verwaltung des gemeinschaftlichen Eigentums geht. Wie bei § 43 Nr. 1 WEG ist erforderlich aber auch ausreichend, dass der Streitgegenstand in einem **inneren Zusammenhang mit der Verwaltung gemeinschaftlichen Eigentums** steht.[229] Das ist insbesondere der Fall, wenn der Aufgabenkatalog des § 27 WEG oder der Verwaltervertrag betroffen sind. Es kommt aber nicht auf die im Einzelfall einschlägige materiell-rechtliche Anspruchsgrundlage an, sie kann sich aus dem WEG, dem Verwaltervertrag oder auch aus den §§ 823 ff. BGB ergeben.[230] Hingegen sind Ansprüche aus unerlaubten Handlungen, bei denen sich die Parteien wie Dritte gegenüberstehen, keine verwalterbezogenen Prozesse. Abzugrenzen ist die Verwaltung des gemeinschaftlichen Eigentums in der Praxis vor allem von der Verwaltung des Sondereigentums und von sonstigen Tätigkeiten, die der Verwalter in anderer Eigenschaft ausübt. Wenn der Verwalter für einen Wohnungseigentümer durch gesonderten Vertrag die **Verwaltung des Sondereigentums** übernimmt, so sind Streitigkeiten aus diesem Vertragsverhältnis keine gemeinschaftlichen Angelegenheiten.[231] Dazu gehören auch Streitigkeiten über die Auszahlung von Mieteinnahmen des Verwalters aus der Vermietung von Sondereigentum.[232] Nicht selten ist der Verwalter zugleich Bauträger oder -betreuer, Energielieferer oder **sonstiger Vertragspartner** der Gemeinschaft. Geht der Streit um Rechte und Pflichten, die den Verwalter in dieser Eigenschaft treffen, so liegt kein verwalterbezogener Prozess vor, so etwa für den Verwalter als Energielieferanten[233] oder Baubetreuer, der gemeinschaftliche Gelder vor Invollzugsetzung der Gemeinschaft verwendet.[234] In diesen Fällen ist der Verwalter insoweit wie jeder Dritte zu behandeln. Der Anspruch auf Herausgabe von Unterlagen über die Errichtung der Anlage

223 Zur Parteifähigkeit des Verbandes im allgemeinen siehe oben Rn. 14 und 431.

224 Vgl. noch zum früheren Recht: BayObLG NJWE-MietR 1996, 276; ZMR 1990, 65; ZMR 1989, 386; NJW-RR 1988, 18 (19); ZMR 1982, 223; OLG Saarbrücken BeckRS 2003 30328 572.

225 OLG Köln NZM 2002, 749.

226 A. A. OLG Köln OLGReport 1996, 80. Diese abzulehnende Entscheidung dürfte überholt sein.

227 OLG München NZM 2006, 25.

228 KG NZM 2000, 828; BayObLG NJW-RR 1994, 856.

229 OLG Stuttgart NJW-RR 1986, 1277.

230 Zum Fall der unerlaubten Handlung vgl. BGH NJW 1972, 1318.

231 BayObLG NJW-RR 1996, 1037.

232 BayObLG NJW-RR 1989, 1167; OLG Braunschweig MDR 1976, 669.

233 OLG Hamm Rpfleger 1979, 318.

234 BGH NJW 1976, 239.

gegen den Verwalter als Bauträger soll dagegen eine verwalterbezogene Streitigkeit sein.[235] Es gilt also stets zu beachten, in welcher seiner vielfältigen Eigenschaften der Verwalter handelt oder in Anspruch genommen wird.

3. Streitigkeiten mit verwalternahen Personen

§ 43 Nr. 3 WEG verlangt nicht zwingend, dass Rechte oder Pflichten des gerade amtierenden Verwalters im Streit stehen.[236] Es ist auch nicht erforderlich, dass der Verwalter überhaupt rechtmäßig im Amt war. So ist anerkannt, dass ein Wohnungseigentumsprozess auch dann vorliegt, wenn Ansprüche gegen einen **faktischen Verwalter** geltend gemacht werden, also gegen jemanden, der nicht oder nicht wirksam zum Verwalter gewählt wurde, sondern nur tatsächlich mit Wissen und Billigung der Wohnungseigentümer die Verwaltung des Gemeinschaftseigentums übernommen hat.[237] Dadurch wird vermieden, dass die Frage der wirksamen Verwalterstellung schon bei der Prüfung der örtlichen Zuständigkeit des Gerichts relevant wird. Auch die **Feststellung,** ob jemand **wirksam zum Verwalter bestellt** ist, ist ein Wohnungseigentumsprozess.[238] Gleiches gilt für Streitigkeiten mit **persönlich haftenden Gesellschaftern** der Verwaltungsgesellschaft. Ist Verwalterin eine OHG, so kann im Prozess nach § 43 Nr. 3 WEG auch ihr Gesellschafter in Anspruch genommen werden.[239] Die Haftungsnorm des § 128 HGB ändert nämlich nichts am Streitgegenstand des verwalterbezogenen Prozesses. Nicht abschließend geklärt ist dagegen, ob unter § 43 Nr. 3 WEG auch Prozesse gegen **Geschäftsführer** einer Verwaltungs-GmbH fallen. In der Rspr. ist einerseits für den Fall der sog. „Durchgriffshaftung" gegen den Geschäftsführer ein Wohnungseigentumsprozess mit der Begründung verneint worden, der Geschäftsführer sei insoweit wie jeder Dritte zu behandeln.[240] Andererseits wurde angenommen, ein Wohnungseigentumsprozess sei gegeben, wenn ein Wohnungskäufer die vom Bauträger eingesetzte Verwaltungs-GmbH und ihren Geschäftsführer wegen unzutreffender Abnahme des Gemeinschaftseigentums in Anspruch nimmt.[241] Diese Auffassung mag zwar praktisch zweckmäßig sein, lässt sich rechtsdogmatisch jedoch kaum begründen, und zwar auch dann nicht, wenn man insoweit auf ein kollusives Verhalten der Beteiligten abstellt.[242] Klar ist dagegen, dass Prozesse gegen Personen, die selbst mit dem Verwalter nur durch schuldrechtliche Verträge verbunden sind, nicht mehr von § 43 Nr. 3 WEG erfasst werden; dies gilt etwa für Schadensersatzansprüche gegen den **Haftpflichtversicherer des Verwalters.**[243] § 43 Nr. 3 WEG greift dagegen bei Streitigkeiten mit dem **Ersatzzustellungsvertreter.** Der Grund dafür ist, dass der Ersatzzustellungsvertreter gemäß § 45 Abs. 2 Satz 2 WEG in die dem Verwalter als Zustellungsvertreter der Wohnungseigentümer zustehenden Aufgaben und Befugnisse eintritt, also selbst Verwalterrechte und -pflichten wahrnimmt. Damit fällt auch ein Prozess um die Vergütung des Ersatzzustellungsvertreters unter § 43 Nr. 3 WEG.[244] 458

[235] OLG Hamm NJW-RR 1988, 268.

[236] Siehe dazu schon oben Rn. 456.

[237] OLG Köln NJW-RR 2005, 1096; OLG Saarbrücken BeckRS 2003 30328 572; KG NJW-RR 1991, 1363; MDR 1981, 407.

[238] KG ZMR 1977, 347.

[239] BayObLG NJW-RR 1987, 1368.

[240] LG Mainz ZMR 2000, 405.

[241] KG NZM 2006, 61. Ähnlich für Verletzung der Vermögensbetreuungspflicht AG Hannover ZMR 2007, 75, jedoch insoweit ohne abgedruckte Begründung. Ebenfalls ohne abgedruckte Begründung LG Krefeld ZMR 2007, 72.

[242] So aber KG NZM 2006, 61.

[243] BayObLG NJW-RR 1987, 1099.

[244] Zur Frage der Vergütung siehe auch Rn. 162 ff.

4. Beispiele für verwalterbezogene Prozesse

459 Nachfolgend sollen einige wichtige Fälle aus dem Zuständigkeitsbereich des § 43 Nr. 3 WEG beispielhaft verdeutlicht werden.

460 • Der **Vergütungsanspruch des Verwalters** ist eine verwalterbezogene Streitigkeit,[245] gleiches gilt für **Aufwendungsersatzansprüche** des Verwalters gegen einen Wohnungseigentümer.[246]

461 • **Schadensersatzansprüche gegen den Verwalter** sind Wohnungseigentumsprozesse.[247]

462 • Ansprüche gegen den Verwalter auf **ordnungsgemäße Verwaltung** sind verwalterbezogen, dazu gehören insbesondere die Ansprüche auf **Vorlage** der **Jahresabrechnung** und des **Wirtschaftsplanes.**[248]

463 • Der Anspruch auf **Einsicht in die Verwaltungsunterlagen** ist im Wohnungseigentumsprozess gegen den Verwalter geltend zu machen,[249] gleiches gilt für den Anspruch auf **Rechenschaftslegung**[250] sowie der Anspruch auf **Herausgabe von Verwaltungsunterlagen,** gleich aus welchem Rechtsgrund er folgt.[251]

464 • Streitigkeiten um die **Wirksamkeit des Verwaltervertrages** fallen unter § 43 Nr. 3 WEG,[252] dazu rechnet auch die Frage der Berechtigung einer Kündigung des Vertrages.[253] Allgemein gehören hierher auch alle Streitigkeiten aus dem Verwaltervertrag.

465 • Der Verwalter kann u. U. durch seine Tätigkeit zum **Störer** des Gemeinschaftseigentums werden. Die Klage gegen den Verwalter auf **Beseitigung** der Störung ist ein verwalterbezogener Prozess.[254] Eine Störung liegt auch vor, wenn der Verwalter nach seiner Abberufung unberechtigt seine Tätigkeit weiterführt; die gegen ihn deswegen erhobene Klage auf **Unterlassung der Verwaltertätigkeit** fällt ebenfalls unter § 43 Nr. 3 WEG.[255]

466 • Ist gemäß **§ 12 WEG** zur Veräußerung eines Wohnungseigentums die **Zustimmung des Verwalters** erforderlich, so muss sie im Wohnungseigentumsprozess gemäß § 43 Nr. 3 WEG eingeklagt werden, wenn der Verwalter die Zustimmung verweigert; dies gilt auch dann, wenn die Wohnungseigentümer es ablehnen, die verweigerte Zustimmung des Verwalters durch eine eigene Entschließung zu ersetzen.[256] Entsprechendes gilt, wenn der Verwalter kraft einer Vereinbarung zwischen den Wohnungseigentümern einer **baulichen Veränderung** zustimmen muss.[257]

467 • Eine Verwalterpflicht ist die **Aufnahme von Tagesordnungspunkten** für die nächste Wohnungseigentümerversammlung. Der Anspruch eines Wohnungseigentümers auf Aufnahme eines bestimmten Punktes in die Tagesordnung ist daher gegen den Verwalter gemäß § 43 Nr. 3 WEG geltend zu machen.[258] Der Verwalter kann nämlich nicht abstrakt irgendeine Versammlung einberufen, vielmehr bezieht sich die Einberufung zugleich stets auf die Behandlung bestimmter Tagesordnungspunkte. Eine Verwalter-

---

245 BGH NJW 1980, 2466; OLG Hamm MDR 1974, 229.
246 BayObLG NJWE-MietR 1996, 276.
247 BGH NJW 1972, 1318; OLG Düsseldorf NJW 2007, 161; BayObLG ZMR 1990, 65; NJW-RR 1988, 18 (19).
248 BayObLG NJW-RR 1990, 659.
249 BayObLG NZM 2003, 905; KG NZM 2000, 828.
250 BayObLG ZMR 1982, 223.
251 OLG Hamm NJW-RR 1988, 268.
252 OLG Hamm NJW-RR 2001, 226.
253 BGH NJW 2002, 3240.
254 KG ZMR 2002, 546.
255 BayObLG ZMR 1982, 223.
256 OLG Zweibrücken NJW-RR 1994, 1103.
257 OLG Saarbrücken NZM 1999, 621 (622); BayObLG Rpfleger 1974, 316.
258 OLG Frankfurt/Main ZMR 2009, 133; BayObLG ZWE 2001, 538, dort auch zum Missbrauch dieses Anspruchs; WuM 1992, 448 (450).

pflicht i. S. d. § 43 Nr. 3 WEG ist erst recht die Frage, ob der Verwalter überhaupt eine **Versammlung einberufen** muss.[259]

- Um verwalterbezogene Pflichten ähnlich § 27 Abs. 1 Nr. 4 WEG soll es sich handeln, wenn der Verwalter aufgrund einer Vereinbarung das **Inkasso über Zins- und Tilgungsleistungen** für in Ansehung auf den Kaufpreis übernommene Belastungen des einzelnen Wohnungseigentümer betreibt.[260] Dies erscheint allerdings fraglich, da sich ein derartiges Inkasso auf das Sondereigentum bezieht. 468
- Klagen wegen **Verletzung der persönlichen Ehre** sind ebenso wie im Verhältnis der Wohnungseigentümer untereinander[261] nur in besonderen Fällen Wohnungseigentumsprozesse.[262] Die beanstandeten Äußerungen oder Behauptungen müssen sich auf die Tätigkeit des Verwalters für die Wohnungseigentümergemeinschaft beziehen. Das kann der Fall sein, wenn der Verwalter im Rahmen einer Wohnungseigentümerversammlung wegen seiner Prozessvertretung für die Gemeinschaft kritisiert wird.[263] 469
- Werden dem Verwalter in dieser Eigenschaft Räume zur Durchführung seiner Verwaltungsaufgaben überlassen, so ist der Anspruch auf **Herausgabe** dieser **Räume** ein Wohnungseigentumsprozess. Entscheidend ist, dass ein innerer Zusammenhang mit der Verwaltung besteht, auch wenn der Überlassung der Räume ein Mietvertrag zugrunde liegt.[264] 470

5. Besondere Einzelfälle

a) **Beendigung des Verwalteramtes.** Die Abberufung des Verwalters ist gemäß § 26 Abs. 1 Satz 3 WEG aus wichtigem Grund stets möglich. Sie erfolgt nach § 26 Abs. 1 Satz 1 WEG durch Mehrheitsbeschluss. Wer sich gegen einen solchen Beschluss zur Wehr setzen möchte, insbesondere der Verwalter, muss dagegen Anfechtungsklage gemäß §§ 43 Nr. 4, 46 WEG erheben; dann liegt kein Fall des § 43 Nr. 3 WEG vor. Das ist im Zusammenhang mit der Beendigung des Verwalteramtes vielmehr nur in zwei Fällen möglich: Wenn der Kläger die Abwahl des Verwalters durch das Gericht betreiben will, weil ein Mehrheitsbeschluss nicht erreichbar ist, oder wenn es um die Frage der Wirksamkeit der Kündigung des Verwaltervertrages geht. 471

aa) Abberufung des Verwalters durch das Gericht. Kommt ein Mehrheitsbeschluss über die Abberufung des Verwalters nicht zustande, so kann gerichtlich die Abberufung betrieben werden; das gilt auch schon für die sog. werdende Wohnungseigentümergemeinschaft.[265] Das **Rechtsschutzbedürfnis** für einen solchen Antrag ist aber erst dann gegeben, wenn der Kläger zunächst erfolglos versucht hat, die Abberufung durch Mehrheitsbeschluss zu erreichen oder wenn von vornherein feststeht, dass eine solche Mehrheit nicht zustande kommt.[266] Das Rechtsschutzbedürfnis soll entfallen, wenn der Verwalter während des Prozesses durch unangefochtenen Beschluss erneut in sein Amt berufen wurde, da das Abberufungsverlangen sich nur auf die bereits abgelaufene Amtszeit des Verwalters beziehe.[267] Im Fall der Wiederwahl können sich die Wohnungseigentümer für den wichtigen Grund zur Abwahl auch nicht mehr auf ein Fehlverhalten des Verwalters berufen, das ihnen bei der Wiederwahl bereits bekannt 472

---

[259] Vgl. auch OLG Hamm NJW 1973, 2300.

[260] BayObLG Rpfleger 1978, 257.

[261] Siehe dazu oben Rn. 394.

[262] Nach BayObLG Rpfleger 1989, 399 sind Ansprüche des Verwalters auf Widerruf ehrverletzender Äußerungen eines Wohnungseigentümer keine Wohnungseigentumsverfahren.

[263] OLG München NZM 2008, 576 (577).

[264] BayObLG ZMR 1988, 187.

[265] OLG Düsseldorf NZM 1998, 517.

[266] BayObLG NZM 2004, 110; NZM 2003, 905; OLG Düsseldorf NZM 2002, 487 (488); ZMR 1994, 520 (523).

[267] So OLG Köln NZM 1998, 959.

war.[268] Das Rechtsschutzbedürfnis für die Abberufung des Verwalters entfällt, wenn während des Prozesses seine Amtszeit ohnehin endet.[269] Der Prozess auf Abberufung des Verwalters fällt unter **§ 43 Nr. 3 WEG,** nicht unter § 43 Nr. 1 WEG. Unabhängig von der Frage, gegen wen die Klage zu richten ist, geht es nämlich um Pflichtverletzungen des Verwalters, die zur Abberufung führen sollen, also um Pflichten gemäß § 43 Nr. 3 WEG. Das bedeutet jedoch nicht, dass der Verwalter richtiger Beklagter ist: Anspruchsgrundlage für die Abberufung ist das Recht auf ordnungsgemäße Verwaltung aus § 21 Abs. 4 WEG.[270] Da die Verwaltung gemäß § 21 Abs. 1 WEG allen Wohnungseigentümern gemeinschaftlich zusteht, folgt daraus, dass sich der Anspruch gegen die übrigen Wohnungseigentümer richtet. Das zeigt sich auch daran, dass diese den Anspruch durch Mehrheitsbeschluss gemäß § 26 Abs. 1 Satz 1 WEG erfüllen können. Daher sind **richtige Beklagte** des Abberufungsverlangen **die Wohnungseigentümer,** und nicht etwa der Verwalter, auch wenn er durch Amtsniederlegung die Klage erledigen kann. Der **Verwalter** ist nach § 48 Abs. 1 Satz 2 WEG **beizuladen.** Auch nicht verklagte Wohnungseigentümer,[271] etwa solche, die die Abberufung befürworten, sind gemäß § 48 Abs. 1 Satz 1 WEG beizuladen, weil die Abberufung des Verwalters auch ihre rechtlichen Interessen betrifft. Fraglich ist, ob das Gericht den Verwalter unmittelbar selbst abberufen oder nur **die Beklagten zu Abberufung verpflichten** darf. Bisher wurde unter der Geltung des § 43 Abs. 2 WEG a. F. überwiegend die erstere Auffassung vertreten[272] und zwar im wesentlichen allein mit dem pragmatischen Argument, die andere Auffassung stelle nur eine unnötige Verzögerung und Erschwerung dar. Mit dem Wegfall des § 43 Abs. 2 WEG a. F. ist die bislang h. M. jedoch unhaltbar geworden, da es keine Norm mehr gibt, die dem Gericht anstelle der Wohnungseigentümer die Abberufung des Verwalters erlauben würde. Insbesondere greift auch nicht § 21 Abs. 8 WEG.[273] Diese Vorschrift setzt voraus, dass eine Ermessensentscheidung zu treffen ist. Der Inhalt der ermessensgerechten Maßnahme darf sich dabei nicht schon aus dem Gesetz ergeben. Das Ermessen muss also auf der Rechtsfolgenseite eröffnet sein. Im Abberufungsprozess besteht aber weder Ermessen noch irgendein Zweifel über den Inhalt der vom Kläger begehrten Maßnahme: stets ist die Abberufung des Verwalters das Klageziel. Für eine Ermessensausübung des Gerichts auf der Rechtsfolgenseite ist hier kein Raum. Daher kann das Gericht lediglich die beklagten Wohnungseigentümer zur Abberufung des Verwalters verpflichten. Diese prozessuale Rechtslage kann nicht durch vermeintliche Zweckmäßigkeitserwägungen überspielt werden. Umstritten ist, ob der Abberufungsanspruch aus § 21 Abs. 4 WEG schon dann besteht, wenn ein wichtiger Grund zur Abberufung i. S. d. § 26 Abs. 1 Satz 3 WEG vorliegt[274] oder ob der Gemeinschaft auch bei Vorliegen eines wichtigen Grundes noch ein **Beurteilungsspielraum** zusteht.[275] Überzeugender ist die letztere Auffassung. Die Abberufung erfordert einen Mehrheitsbeschluss und damit eine Willensbildung der Gemeinschaft. Das Gesetz nimmt hier in Kauf, dass einzelne Wohnungseigentümer mit ihrem Standpunkt nicht durchdringen. Diese Wertung würde umgangen, wenn gleichwohl jeder Wohnungseigentümer die Abberufung nach § 21 Abs. 4 WEG verlangen könnte. Dennoch dürfte der Ermessenspielraum der Gemeinschaft nur begrenzt sein, weil das Vorliegen eines wichtigen Grundes für die Abberufung in der Regel die Unzumutbarkeit

---

[268] Vgl. BayObLG NZM 2004, 659.

[269] OLG Düsseldorf ZMR 2006, 544; OLG München ZMR 2006, 475.

[270] OLG Düsseldorf NZM 2002, 487 (488); OLG Köln NZM 1998, 959; BayObLG NJW-RR 1986, 445 (446).

[271] Die Frage, ob alle Wohnungseigentümer zu verklagen sind, stellt sich ähnlich wie im Fall der Bestellung eines Verwalters, siehe dazu oben Rn. 399 sowie allgemein Rn. 93.

[272] OLG Köln NZM 1998, 959; KG ZMR 1988, 347; BayObLG NJW-RR 1986, 445 (446).

[273] Zu dieser Vorschrift im allgemeinen siehe oben Rn. 39.

[274] So OLG Düsseldorf NZM 2002, 487 (488).

[275] So OLG Schleswig ZMR 2007, 485; OLG Celle NZM 1999, 841.

der weiteren Zusammenarbeit mit dem Verwalter indiziert.[276] Ob ein wichtiger Grund zur Abberufung vorliegt, ist jedenfalls vom Gericht vollständig überprüfbar.[277] Begründet ist die Klage, wenn die Gemeinschaft ihren Ermessensspielraum überschritten hat, die Nichtabberufung des Verwalters also nicht mehr vertretbar ist. Das Urteil wird gemäß **§ 894 ZPO vollstreckt,** da die Abberufung des Verwalters gemäß § 26 Abs. 1 WEG durch Mehrheitsbeschluss geschieht und sich dieser Beschluss als Gesamtakt aus einzelnen Willenserklärungen zusammensetzt. Wird der beklagte Wohnungseigentümer verurteilt, der Abberufung des Verwalters zuzustimmen, so gilt seine entsprechende Stimme mit Rechtskraft des Urteils als abgegeben. Das Urteil ersetzt jedes Formerfordernis. Daher kommt es nicht weiter darauf an, dass die Stimmabgabe förmlich auf einer Wohnungseigentümerversammlung erfolgen muss. Hat der Kläger die Mehrheit der Wohnungseigentümer verklagt und obsiegt er, so ist mit Rechtskraft des Urteils ein Mehrheitsbeschluss zustande gekommen. Andernfalls muss sich der Kläger die übrigen notwendigen Stimmen noch gemäß § 26 Abs. 1 Satz 1 WEG oder § 23 Abs. 3 WEG besorgen.

bb) Kündigung des Verwaltervertrages. Streitigkeiten um die Wirksamkeit der Kündigung des Verwaltervertrages unterfallen § 43 Nr. 3 WEG, denn es geht um Rechte und Pflichten des Verwalters aus diesem Vertrag. Die Kündigung des Verwaltervertrages ist von der Abberufung des Verwalters zu unterscheiden.[278] Zwar kann im Abberufungsbeschluss zugleich konkludent die fristlose Kündigung des Verwaltervertrages liegen.[279] Dennoch entfaltet der Abberufungsbeschluss für die Frage der Wirksamkeit der Kündigung keine vorgreifliche Wirkung,[280] es sei denn, der Verwaltervertrag sieht seine Beendigung bei Abberufung des Verwalters aus wichtigem Grund selbst vor.[281] Im Regelfall ist also trotz Abberufungsbeschluss der Verwalter nicht gehindert, seine vertraglichen Rechte geltend zumachen. Im Gegensatz zum Abberufungsbeschluss entfaltet der Beschluss über die Kündigung des Verwaltervertrages nur interne Wirkung unter den Wohnungseigentümern,[282] der Verwalter muss daher diesen Beschluss nicht anfechten. Vielmehr ist die Frage der Wirksamkeit der Kündigung durch eine **Feststellungsklage** gemäß § 256 Abs. 1 ZPO zu klären.[283] Klagt – wie meist – der Verwalter, so stellt sich auch hier die Frage, gegen wen der Verwalter seine Klage auf Feststellung, dass der Verwaltervertrag durch die Kündigung nicht beendet wurde, richten muss. Da der Beschluss der Wohnungseigentümer über die Kündigung insoweit rechtlich bedeutungslos ist, geht es nicht um eine Frage der internen Willensbildung der Gemeinschaft. Vielmehr hat der Verwalter die Klage gegen seinen Vertragspartner zu richten. Zwar ist noch nicht abschließend geklärt, wer dies ist. Die obergerichtliche Rspr. hat jedoch angenommen, dass der Verwaltervertrag mit dem Verband zustande kommt[284] und die Wohnungseigentümer nicht Vertragspartner, sondern lediglich in den Schutzbereich des Vertrages einbezogen sind.[285] Damit ist die Feststellungsklage **gegen den Verband** zu erheben; eine Beiladung der Wohnungseigentümer ist in diesem Fall gemäß § 48 Abs. 1 WEG nicht vorgesehen und auch nicht erforderlich.[286] Mit der Feststellungsklage kann der Verwalter die Klage auf Zahlung seiner ausstehenden Vergütung verbinden (§ 260 ZPO). 473

---

276 So zutreffend OLG Hamm NZM 2004, 504 (506).
277 OLG Hamm a. a. O.
278 Grundlegend BGH NJW 2002, 3240. Ebenso OLG Hamm ZMR 2008, 64 (66); NJW-RR 1997, 523; OLG Köln NJW-RR 2001, 159; BayObLG NJW-RR 1987, 78.
279 OLG Düsseldorf ZMR 2004, 691.
280 BGH NJW 2002, 3240 (3243); OLG Düsseldorf ZMR 2008, 392 (393).
281 BayObLG WuM 1993, 306.
282 So BGH NJW 2002, 3240 (3242).
283 BGH a. a. O.
284 OLG Hamburg ZMR 2008, 899 (901).
285 OLG Düsseldorf NJW 2007, 161.
286 Siehe auch oben Rn. 77.

474 **b) Berichtigung der Versammlungsniederschrift und der Beschlusssammlung.** Die Versammlungsniederschrift (§ 24 Abs. 6 WEG) und die Beschlusssammlung (§ 24 Abs. 7 WEG) sind Instrumente der Information über rechtserhebliche Vorgänge in der Wohnungseigentümergemeinschaft, zumeist über Beschlüsse. Ihr Inhalt kann falsch sein, so dass sich die Frage der Berichtigung stellt. Streitigkeiten hierüber sind Wohnungseigentumsprozesse, und zwar in der Regel gemäß § 43 Nr. 3 WEG, weil im Normalfall der Verwalter als Führer der Beschlusssammlung und der Niederschrift auf Berichtigung in Anspruch genommen wird. Werden darüber hinaus oder zugleich auch Wohnungseigentümer in Anspruch genommen, beispielsweise solche, die die Niederschrift unterschrieben oder die Beschlusssammlung geführt haben, liegt insoweit ein Prozess gemäß § 43 Nr. 1 WEG vor.

475 *aa) Berichtigung der Niederschrift.* Sofern sich die Berichtigung der Niederschrift auf Beschlüsse der Wohnungseigentümer bezieht, ist sie von allen Fällen der Anfechtung eines Beschlusses zu unterscheiden. Eine **Berichtigung** liegt nur dann vor, wenn geltend gemacht wird, die Niederschrift sei unrichtig, gebe also den eigentlich verkündeten oder sonst festgestellten Beschluss nicht richtig wieder. Behauptet der Kläger dagegen, schon die Verkündung oder Feststellung des Beschlusses sei falsch, so geht dieser Streitgegenstand über eine bloße Berichtigung der Niederschrift hinaus.[287] Ein Berichtigungsverlangen muss sich jedoch nicht stets auf Beschlüsse beziehen, sondern kann jeden Teil der Niederschrift zum Gegenstand haben. Die Rspr. bejaht jedoch nur in bestimmten Fällen einen **Anspruch auf Berichtigung** und ein Rechtsschutzbedürfnis für eine Klage. So ist anerkannt, dass gegen den Verfasser der Niederschrift Ansprüche aus §§ 1004, 823 BGB bestehen können, wenn der Inhalt der Niederschrift den Kläger rechtswidrig beeinträchtigt,[288] insbesondere in seinem Persönlichkeitsrecht.[289] Richtigerweise handelt es sich hierbei jedoch nicht um einen Berichtigungsanspruch,[290] sondern um einen Unterlassungsanspruch aus unerlaubter Handlung, bei dem es auf die tatsächliche Richtigkeit der Niederschrift gar nicht mehr ankommt. Meinungsäußerungen unterliegen keiner gerichtlichen Kontrolle, wenn die beanstandete Passage in der Niederschrift zutreffend wiedergegeben ist und der Kläger dadurch nicht rechtswidrig in seinem Persönlichkeitsrecht verletzte ist.[291] Der Berichtigungsanspruch folgt dagegen gemäß § 21 Abs. 4 WEG aus dem Recht auf ordnungsgemäße Verwaltung.[292] Er ist jedoch nicht bei jeder Unrichtigkeit gegeben, sondern nur, wenn rechtsgeschäftlich erhebliche Willenserklärungen falsch protokolliert worden sind.[293] Bei einem Ablaufprotokoll, das über den gesetzlichen Mindestinhalt nach § 24 Abs. 6 Satz 1 WEG hinausgeht, kommt dem Verwalter als Protokollführer ein weiter Ermessensspielraum über den Inhalt zu. Ein Berichtigungsanspruch besteht hier nur bei einem eindeutigen Ermessensfehlgebrauch des Verwalters.[294] Wird die Berichtigung von den dazu Berufenen nicht freiwillig vorgenommen, ist eine Klage erforderlich; die Gemeinschaft kann die Niederschrift nicht durch Beschluss berichtigen, ein solcher Beschluss wäre mangels Kompetenz nichtig.[295] Das **Rechtsschutzbedürfnis** für die Berichtigungsklage kann fehlen, wenn die erstrebte Berichtigung keine rechtliche Bedeutung hätte, wenn sich etwa die behauptete Unrichtigkeit der Zahl der Ja-Stimmen eines Beschlusses auf das Beschlussergebnis nicht auswirkt.[296] **Richtige Beklagte** sind

---

[287] Zu sonstigen beschlussbezogenen Klagen vgl. unten Rn. 650 ff.
[288] KG MDR 1989, 742.
[289] BayObLG WuM 1990, 173 (174).
[290] So aber BayObLG WuM 1990, 173 (174).
[291] OLG Köln WuM 1986, 230.
[292] KG MDR 1989, 742.
[293] BayObLG WuM 1990, 173 (175); KG MDR 1989, 742; AG Langenfeld BeckRS 2009 06028.
[294] BayObLG WuM 1990, 173 (175); OLG Hamm MDR 1989, 914.
[295] BayObLG NJW-RR 2002, 1667; AG Kassel ZMR 2004, 711.
[296] BayObLG WuM 1991, 310.

diejenigen, die die Niederschrift unterschrieben haben und sich außergerichtlich der Berichtigung verweigern. Grundsätzlich ist gemäß § 48 Abs. 1 Satz 1 WEG eine **Beiladung** der übrigen Wohnungseigentümer erforderlich, da zumeist die Berichtigung ihre rechtlichen Interessen berühren wird. Entgegen einer früher in der Rspr. gelegentlich vertretenen Meinung,[297] ist die Berichtigungsklage **nicht fristgebunden** i. S. d. § 46 Abs. 1 Satz 2 WEG, sofern ein Beschluss Gegenstand der Berichtigung ist. Mit der Berichtigungsklage wird nämlich nicht der Beschluss selbst oder seine Verkündung, sondern lediglich seine falsche Protokollierung angegriffen. Der Niederschrift kommt aber weder rechtsgestaltende Wirkung für den Beschlussinhalt zu noch ist sie Wirksamkeitsvoraussetzung für die Existenz eines Beschlusses.[298] Daher gibt es keinen Grund, über den Wortlaut des § 46 Abs. 1 WEG hinaus die Berichtigungsklage zu befristen. Dies gilt auch in dem Fall, dass mit einem Feststellungsantrag geltend gemacht wird, entgegen dem Inhalt der Versammlungsniederschrift sei richtigerweise ein inhaltlich anderer Beschluss gefasst worden,[299] denn auch in diesem Fall wird in der Sache lediglich die Richtigkeit der Niederschrift gerügt. Entsprechend ist das Gericht bei der Prüfung, ob die beantragte Berichtigung begründet ist, nicht an die Niederschrift gebunden, sondern hat gemäß § 286 Abs. 1 ZPO den Sachverhalt selbst festzustellen, gegebenenfalls nach Beweisaufnahme. Das Urteil, das eine Berichtigungsverpflichtung ausspricht, wird nach **§ 888 ZPO vollstreckt,** da die Berichtigung nur von den Unterzeichnern vorgenommen werden kann und allein von ihrem Willen abhängt. § 894 ZPO ist nicht anwendbar, diese Vorschrift gilt nur für Willenserklärungen, nicht für tatsächliche Angaben und Unterschriftsleistungen.[300] Mit der Unterschrift bestätigen die Unterzeichner der Niederschrift nur, dass der Inhalt ihrer Auffassung nach dem tatsächlichen Geschehen entspricht, sie geben keine Willenserklärung ab, die Unterschrift stellt auch kein Rechtsgeschäft dar. Daher ist für eine Anwendung des § 894 ZPO kein Raum.

bb) Berichtigung der Beschlusssammlung. Die dargestellten Grundsätze der Berichtigung der Niederschrift müssen auch für die Beschlusssammlung gelten. **Richtiger Beklagter** ist der Führer der Beschlusssammlung (§ 24 Abs. 8 WEG), i. d. R. also der Verwalter. Noch ungeklärt ist, ob und unter welchen Voraussetzungen ein materiell-rechtlicher Anspruch auf Berichtigung der Beschlusssammlung gegeben ist. Ordnungsgemäße Verwaltung gemäß **§ 21 Abs. 4 WEG** gebietet aber jedenfalls die korrekte Führung der Beschlusssammlung, zumal sie nach den Vorstellungen des Gesetzgebers so wichtig ist, dass ein Verstoß hiergegen regelmäßig einen wichtigen Grund zur Abwahl des Verwalters darstellt (§ 26 Abs. 1 Satz 4 WEG). Daraus folgt, dass ein Anspruch auf Berichtigung falscher Eintragungen in der Beschlusssammlung bestehen muss. Im übrigen gelten für die Berichtigungsklage dieselben Erwägungen wie im Fall der Berichtigung der Niederschrift. Das Urteil, das zur Berichtigung verpflichtet, wird ebenfalls grundsätzlich nach **§ 888 ZPO vollstreckt.** Da die Beschlusssammlung keine Willenserklärungen enthält, gilt § 894 ZPO nicht. Im Einzelfall kann aber **§ 887 ZPO** anwendbar sein, nämlich wenn jeder beliebige Dritte die Berichtigung durchführen könnte. Das ist der Fall, wenn es auf eigene Kenntnis des Verlaufs der Wohnungseigentümerversammlung nicht ankommt, z. B. wenn es um die Berichtigung von Eintragungen über Urteile gemäß § 24 Abs. 7 Satz 2 Nr. 3 WEG geht. Die entsprechende Korrektur kann jeder erbringen, zumal die Beschlusssammlung auch keine Unterschrift erfordert. In solchen Fällen kann sich daher der Kläger und Gläubiger vom Gericht ermächtigen lassen, die Berichtigung auf Kosten des Schuldners selbst durchzuführen. 476

[297] OLG Hamm MDR 1985, 502. Überholt und nur obita dicta enthaltend auch KG NJW-RR 1991, 213.

[298] BayObLG NZM 2005, 631; NJW-RR 1990, 210 (211); OLG Düsseldorf FGPrax 2000, 140.

[299] A. A. AG Wiesbaden ZMR 2008, 165 ohne eigene Begründung.

[300] *Zöller/Stöber* § 894 Rn. 2 a. E.

IV. Prozesse über die Gültigkeit von Beschlüssen (§ 43 Nr. 4 WEG)

1. Die Anfechtungsklage

477 Ohne eine bestandskräftige, gerichtliche Ungültigerklärung sind die von den Wohnungseigentümern gefassten Beschlüsse verbindlich. Dieser Grundsatz gilt unabhängig davon, ob der Beschluss rechtswidrig ist, § 23 Abs. 4 Satz 2 WEG. Eine Ausnahme gilt nur für solche Beschlüsse, die nicht nur rechtswidrig, sondern nichtig sind. Beschlüsse, die gegen eine Rechtsvorschrift verstoßen, auf deren Einhaltung rechtwirksam nicht verzichtet werden kann, sind nichtig[301] und damit unbeachtlich, § 23 Abs. 4 Satz 1 WEG.

478 Mit der in § 46 Abs. 1 WEG geregelten Anfechtungsklage wird die Gültigkeit eines Beschlusses der gerichtlichen Kontrolle unterworfen. Die Anfechtungsklage ist als Gestaltungsklage auf eine gerichtliche Erklärung der Ungültigkeit eines Beschlusses gerichtet. Für die Anfechtungsklage ist das Amtsgericht, in dessen Bezirk das Grundstück liegt, ausschließlich nach § 43 Nr. 4 WEG **örtlich** und nach § 23 Nr. 2c) GVG **sachlich zuständig.**

479 Zu beachten ist, dass durch die Erhebung einer Anfechtungsklage die Wirkungskraft eines „nur“ rechtswidrigen Beschlusses nicht beseitigt wird. Die Erhebung einer Anfechtungsklage hat – anders als etwa im Verwaltungsprozess – **keine aufschiebende Wirkung.** Erst wenn die Ungültigkeit des Beschlusses durch das Gericht **rechtskräftig** festgestellt wurde, ist der Beschluss nicht mehr zu beachten. Hat der Anfechtungskläger ein Interesse daran, dass der Beschluss vorläufig außer Kraft gesetzt wird, muss er – in einem gesonderten Verfahren – vorläufigen Rechtschutz durch Antrag auf Erlass einer **einstweiligen Verfügung** gemäß §§ 935 ff. ZPO suchen.

480 a) **Die Klagebefugnis.** Die Anfechtungsklage kann ausweislich des Wortlautes des § 46 Abs. 1 Satz 1 WEG durch Wohnungseigentümer und den Verwalter erhoben werden.

481 *aa) Die Wohnungseigentümer.* Der zum Zeitpunkt der Beschlussfassung im Grundbuch als Alleineigentümer eingetragene Wohnungseigentümer ist grundsätzlich anfechtungsberechtigt, sofern das Grundbuch nicht unrichtig ist. Ist das Grundbuch bei einem Eigentumsübergang kraft Gesetz unrichtig, steht nur dem tatsächlichen Eigentümer das Anfechtungsrecht zu. Hierzu zählt der Eigentumserwerb durch eine gesetzliche Rechtsnachfolge wie etwa durch den Erbanfall nach § 1922 Abs. 1 BGB oder aber durch einen Erwerb in der Zwangsversteigerung nach § 90 Abs. 1 ZVG.

482 Ein Wohnungseigentümer, der **vor** der **Beschlussfassung** nicht mehr als Eigentümer im Grundbuch eingetragen und aus der Gemeinschaft **ausgeschieden** ist, ist nicht mehr anfechtungsberechtigt. Denn ein ausgeschiedener Wohnungseigentümer kann durch einen Beschluss der Gemeinschaft nicht mehr gebunden werden.[302]

483 Ein Wohnungseigentümer, der erst **nach** der **Beschlussfassung** aus der Wohnungseigentümergemeinschaft **ausscheidet,** kann hingegen grundsätzlich einen Beschluss anfechten.[303] § 46 Abs. 1 WEG ist dahingehend auszulegen, dass die Eigentümerstellung zum Zeitpunkt der Beschlussfassung für die Anfechtungsbefugnis genügt. Nur wenn die Rechtsstellung des nach der Beschlussfassung ausgeschiedenen Eigentümers in keiner Weise durch den Beschluss betroffen wird, kann ihm das Rechtschutzbedürfnis für die Anfechtungsklage fehlen.[304]

---

[301] Zu einzelnen Nichtigkeitsgründen vgl. auch BGH NJW 2009, 2132 (2134).
[302] BGH NJW 1989, 714 (715); OLG Zweibrücken NZM 2007, 416.
[303] BGH NJW 2002, 3709 (3711).
[304] Vgl. dazu Rn. 498.

Der **Erwerber,** der zum Zeitpunkt der Beschlussfassung noch nicht Eigentümer war, die Eigentümerstellung aber innerhalb der Anfechtungsfrist erwirbt, kann ebenfalls einen gefassten Beschluss anfechten.[305] Dass der Kläger die Eigentümerstellung bereits zum Zeitpunkt der Beschlussfassung innehatte, ist nicht notwendig, zumal § 10 Abs. 4 WEG die Bindung des Erwerbers an gefasste Beschlüsse anordnet. 484

Die Mitglieder einer **„werdenden Gemeinschaft"** sind klagebefugt. Auch wenn sich die werdende Gemeinschaft durch Eintragung eines Erwerbers als Volleigentümer in eine Wohnungseigentümergemeinschaft umgewandelt hat, sind diejenigen dinglich gesicherten **Ersterwerber** mit Wohnbesitz (**werdende Eigentümer**) klagebefugt, die trotz der noch fehlenden Eigentümerstellung (weiterhin) die Mitgliedschaftsstellung in der dann bestehenden Wohnungseigentümergemeinschaft innehaben.[306] Die Klagebefugnis des werdenden Eigentümers verdrängt die Klagebefugnis des (noch) eingetragenen Eigentümers, da nur der werdende Eigentümer das Mitglied der werdenden Gemeinschaft bzw. später auch der Wohnungseigentümergemeinschaft ist. Nur der werdende Eigentümer kann in einem solchen Fall grundsätzlich als Wohnungseigentümer i. S. v. § 46 Abs. 1 Satz 1 WEG angesehen werden.[307] Allenfalls wenn man davon ausgehen würde, dass weiterhin durch Beschluss eine Haftung des noch eingetragenen Eigentümers begründet werden könnte, wäre ausnahmsweise und im Einzelfall eine Klagebefugnis auch des eingetragenen Eigentümers anzunehmen. Ob allerdings der BGH im Hinblick auf seine neue Rechtsprechung an einer älteren Entscheidung festhält, wonach der eingetragene Eigentümer weiterhin für entstandene Lasten und Kosten i. S. v. § 16 Abs. 2 WEG gesamtschuldnerisch neben dem werdenden Eigentümer haftet,[308] bleibt abzuwarten. Nur dann würde überhaupt ein Bedürfnis für die ausnahmsweise Aufrechterhaltung der Klagebefugnis des eingetragenen Eigentümers im Einzelfall bestehen. Bei einem Rücktritt vom Kaufvertrag endet die Rechtsstellung des werdenden Eigentümers[309] und der eingetragene Eigentümer erhält seine Anfechtungsbefugnis zurück; auch wenn im Grundbuch noch die Auflassungsvormerkung eingetragen ist. 485

Liegt kein Ersterwerb, sondern ein **Zweiterwerb** vor, genügt auch die Stellung als **Wohnungseigentumsanwärter** kraft Auflassungsvormerkung nicht um eine Klagebefugnis zu begründen; selbst wenn Besitz, Nutzungen, Lasten und Gefahr übergegangen sind.[310] Es genügt in diesem Fall auch nicht, dass der Wohnungseigentumsanwärter die Eigentümerstellung nach dem Ablauf der Klagefrist und vor dem Schluss der mündlichen Verhandlung erwirbt. Zwar ist es nach den allgemeinen zivilprozessualen Grundsätzen ausreichend, dass die für § 46 Abs. 1 WEG erforderliche Eigentümerstellung des Klägers am Schluss der mündlichen Verhandlung gemäß § 296a ZPO vorliegt. Die Anfechtungsfrist ist aber nur dann eingehalten, wenn die Klage bereits von einem Eigentümer oder einem sonstigen Anfechtungsberechtigten innerhalb der Frist erhoben wurde. Der erst nach Ablauf der Anfechtungsfrist zum Anfechtungsberechtigten erstarkte Anfechtungskläger kann deshalb die Frist nicht wahren. Ein Erwerber, der aufgrund einer von dem Veräußerer erteilten **Prozessstandschaft** klagt, muss deshalb auch vor dem Ablauf der Anfechtungsfrist vom Erwerber hierzu ermächtigt worden sein. Eine erst nachträglich nach dem Ablauf der Anfechtungsfrist erteilte Prozessstandschaftsermächtigung wirkt nicht auf den Zeitpunkt der Klageerhebung zurück.[311] Um einen Prozessverlust zu vermeiden, muss der Kläger diese Ermächtigung ferner innerhalb der Klagebegründungsfrist 486

---

[305] OLG Frankfurt NJW-RR 1992, 1170.
[306] Vgl. dazu BGH NJW 2008, 2639.
[307] Vgl. OLG Hamm ZMR 2007, 712; BayObLG ZMR 1981, 249 (250); *Wenzel* NZM 2008, 625 (628). Auch der BGH (NJW 2008, 2639) spricht nunmehr von einem „Übergang der Entscheidungsmacht".
[308] BGH NJW 1983, 1615.
[309] BayObLG NJW-RR 1996, 334.
[310] BayObLG NZM 2002, 300, m. w. N.
[311] OLG Hamm FGPrax 2004, 106.

des § 46 Abs. 1 Satz 2 Halbs. 2 WEG offen legen.[312] Nach der Rechtsprechung des Kammergerichtes soll der Erwerber auch ohne ausdrückliche Regelung zwischen dem Veräußerer und dem Erwerber zu der Anfechtung in Prozessstandschaft ermächtigt sein, wenn der Erwerber durch eine Auflassungsvormerkung eine gesicherte Position erworben hat.[313] Dem kann nicht gefolgt werden, da eine schlüssige Ermächtigung voraussetzen würde, dass der Veräußerer selbst keinerlei Interesse an einer eigenen Anfechtung haben kann. Davon kann aber nicht ausgegangen werden, da der Veräußerer bis zum Verlust der Eigentümerstellung zumindest im Verhältnis zur Eigentümergemeinschaft weiterhin für die Lasten und Kosten verantwortlich ist. Bei einer Veräußerung ist daher zu empfehlen, den Erwerber ausdrücklich zur Geltendmachung zu ermächtigen.

487 Der **Nießbraucher** an Wohnungseigentum ist generell nicht zur Anfechtung eines Beschlusses befugt.[314]

488 Gehört das Wohnungseigentum einer Gesellschaft bürgerlichen Rechts (**BGB-Gesellschaft**), ist der einzelne Gesellschafter im Regelfall nicht berechtigt, einen Eigentümerbeschluss im eigenen Namen anzufechten.[315] Nicht der einzelne Gesellschafter, sondern allein die Gesellschaft bürgerlichen Rechts als solche ist „Wohnungseigentümer" i. S. d. § 46 Abs. 1 WEG.[316] Nur die Gesellschaft ist damit klagebefugt i. S. v. § 46 Abs. 1 WEG. Da § 709 Abs. 1 BGB die Führung der Geschäfte der Gesellschaft grundsätzlich allen Gesellschaftern gemeinschaftlich zuweist, müssen die Gesellschafter deshalb gemeinschaftlich im Namen der Gesellschaft die Anfechtungsklage erheben. Von diesem Grundsatz bestehen allerdings Ausnahmen:

489 • Ist im Gesellschaftsvertrag abweichend von § 709 Abs. 1 BGB die **Geschäftsführungsbefugnis** einem einzelnen Gesellschafter zugewiesen, kann dieser auch ohne eine Zustimmung der übrigen Gesellschafter nach § 714 BGB für die Gesellschaft tätig werden und einen Beschluss anfechten. Zu beachten ist dabei aber, dass der Gesellschafter in diesem Fall nicht im eigenen Namen handeln darf. Der Gesellschafter muss vielmehr **im Namen der Gesellschaft** klagen. Die Klage im eigenen Namen wahrt nicht die Anfechtungsfrist, sofern dem Gesellschafter nicht zusätzlich eine – innerhalb der Klagebegründungsfrist offen zu legende[317] – Prozessstandschaftsbefugnis zugewiesen ist und auch deren Voraussetzungen vorliegen (u. a. berechtigtes Eigeninteresse des Klägers).[318]

490 • Handelt der Gesellschafter unter den Voraussetzungen der **Notgeschäftsführung** entsprechend § 744 Abs. 2 BGB oder verweigern die anderen Mitgesellschafter aus gesellschaftswidrigen Gründen im Zusammenwirken mit den übrigen Wohnungseigentümern die Zustimmung zu der Klage und hat der klagende Gesellschafter zudem ein berechtigtes Interesse an der Anfechtung,[319] kann auch der einzelne Gesellschafter einen Beschluss anfechten. Nicht ausreichend für eine Notgeschäftsführung ist dabei aber allein der drohende Ablauf der Anfechtungsfrist.[320]
Bei der Einreichung der Klageschrift aufgrund einer Notgeschäftsführung nach § 744 Abs. 2 BGB ist zu beachten, dass die Klage durch den Gesellschafter **im eigenen Namen** zu erheben ist. Die Regelung des § 744 Abs. 2 BGB berechtigt nach der ganz h. M.

---

312 Durch die Einführung der Klagebegründungsfrist verlagert sich der Zeitpunkt der Offenlegung der Prozessstandschaft. Die bisherige Rechtsprechung, wonach eine Offenlegung bis zum Ablauf der Klagefrist erfolgen muss (OLG Celle ZWE 2001, 34; KG NJW-RR 1995, 147; vgl. auch BGH NJW 1972, 1580), ist insoweit überholt.

313 KG NJW-RR 1995, 147.

314 BGH NJW 2002, 1647.

315 BayObLG NJW-RR 1991, 215 (216).

316 BGH NJW 2009, 594 (596); NJW 2006, 3716 (zur alleinigen Eigentümerstellung der GbR).

317 Vgl. dazu Fn. 312.

318 Vgl. zu den Voraussetzungen einer gewillkürten Prozessstandschaft BGH NJW 2008, 1218.

319 BayObLG NJW-RR 1991, 215 (216); vgl. allgemein BGH NJW 1988, 558 (559).

320 BayObLG NJW-RR 1991, 215 (216).

nicht zu einer Vertretung der Gesellschaft, sondern gewährt nur eine Prozessführungsbefugnis im eigenen Namen.[321] Zwar lässt sich gegen dieses Ergebnis einwenden, dass kein hinreichender Grund besteht, weshalb der einzelne Gesellschafter bei einer Notgeschäftsführung auf die Klage im eigenen Namen verwiesen wird und nicht unmittelbar im Namen der Gesellschaft klagen darf. Es ist aber nicht zu erwarten, dass die Anerkennung der Rechtsfähigkeit der Gesellschaft bürgerlichen Rechts[322] zu einer Änderung der diesbezüglichen Rechtsprechung des BGH führen wird. Der BGH hat nicht nur für die bis 2001 als nicht rechtsfähig angesehene Gesellschaft bürgerlichen Rechts bei einer Notgeschäftsführung entsprechend § 744 Abs. 2 BGB ausschließlich eine Klage im eigenen Namen zugelassen.[323] Vielmehr hat die Rechtsprechung bei einer Notgeschäftsführung entsprechend § 744 Abs. 2 BGB auch in Fällen bereits anerkannter Rechtsfähigkeit der Gesellschaft lediglich die Klage im eigenen Namen gestattet und eine Klage im Namen der Gesellschaft ausdrücklich ausgeschlossen.[324]
Will der einzelne Gesellschafter von seiner Notgeschäftsführungsbefugnis Gebrauch machen und die Klage im eigenen Namen erheben, muss er – wie bei der gewillkürten Prozessstandschaft – die Tatsachen, die seine Prozessführungsbefugnis begründen, innerhalb der Klagebegründungsfrist des § 46 Abs. 1 Satz 2 Halbs. 2 WEG offen legen.[325] Hintergrund für diese Annahme ist, dass grundsätzlich kein Recht eines einzelnen Gesellschafters zur Beschlussanfechtung besteht und eine ausnahmsweise Befugnis dargelegt werden muss.

Bei einer ungeteilten **Erbengemeinschaft** kann jeder einzelne Erbe das Anfechtungsrecht gerichtlich im eigenen Namen durchsetzen.[326] Die Regelung des § 2038 Abs. 1 Satz 2 Halbs. 2 BGB begründet eine gesetzliche Prozessstandschaft zur Geltendmachung eines Rechts der Erbengemeinschaft, da nur durch eine rechtzeitige Klageerhebung die Wirksamkeit eines rechtswidrigen Beschlusses beseitigt werden kann.[327] Das klagende Mitglied der Erbengemeinschaft muss, nicht anders als der sich auf eine Notgeschäftsführung berufende Gesellschafter einer BGB-Gesellschaft, innerhalb der Klagebegründungsfrist seine gesetzliche Prozessstandschaft offen legen. **491**

Steht die Wohnung im Eigentum einer **Bruchteilsgemeinschaft,** ist gemäß § 1011 BGB jeder einzelne Bruchteilseigentümer befugt, einen Eigentümerbeschluss anzufechten.[328] Auch insoweit handelt es sich um einen Fall der gesetzlich angeordneten Prozessstandschaft.[329] Der Offenlegung der bloßen Miteigentümerstellung im Prozess bedarf es hier nicht zwingend, da der Kläger selbst Eigentümer ist – wenn auch nur ein Bruchteilseigentümer. Zudem gewährt § 1011 BGB die Anfechtungsbefugnis originär und nicht nur ausnahmsweise und unter bestimmten Voraussetzungen. **492**

Befindet sich das Wohnungseigentum im Eigentum von Ehegatten, die durch Ehevertrag **Gütergemeinschaft** vereinbart haben, kann der einzelne Ehegatte nur dann im eigenen Namen allein die Beschlussanfechtungsklage erheben, wenn ihm entweder die alleinige Verwaltungsbefugnis nach § 1422 BGB zugewiesen ist oder wenn er aufgrund einer Notgeschäftsführung nach §§ 1429, 1454 f. BGB handelt. Nur bei einem Handeln aufgrund der Notgeschäftsführung sind die entsprechenden Voraussetzungen, die die gesetz- **493**

---

321 BGH NJW 2000, 3272; NJW 1963, 641 (644); NJW 1955, 1027 (1028); BayObLG ZIP 1980, 904; MünchKommBGB/*K. Schmidt* §§ 744, 745 Rn. 46 f.; *Palandt/Sprau* § 744 Rn. 3; nur *Staudinger/Langhein* § 744 Rn. 43; a. A. *Jennißen/Suilmann* § 46 Rn. 27.

322 Vgl. dazu BGH NJW 2001, 1056 ff.

323 BGH NJW 2000, 3272.

324 Vgl etwa BGH NJW 1955, 1027 (1028) (für OHG); BayObLG ZIP 1980, 904 (905) (für KG).

325 Vgl. dazu Fn. 312.

326 BayObLG NZM 1999, 286.

327 BGH NJW 1989, 2694, (2696 f.).

328 OLG Frankfurt NZM 2007, 490; KG NJW-RR 1994, 278 (279); BayObLG NJW-RR 1991, 215 (216).

329 BGH NJW 1997, 2115 (2116).

liche Prozessstandschaft begründen, innerhalb der Klagebegründungsfrist offenzulegen. Bei einem Handeln aufgrund einer bereits im Ehevertrag zugewiesenen Alleinverwaltungsbefugnis bedarf es hingegen nicht der Offenlegung innerhalb der Klagebegründungsfrist, da diese Befugnis generell und nicht nur ausnahmsweise und unter bestimmten Voraussetzungen besteht.

494 Der **Zwangsverwalter** einer Wohnung ist grundsätzlich im Rahmen seiner Verwaltungsbefugnis anfechtungsberechtigt,[330] da sich die Beschlagnahme des Wohnungseigentums im Zuge der Zwangsverwaltung insoweit auch auf die Mitgliedschaftsrechte des Wohnungseigentümers erstreckt. Das Anfechtungsrecht ist allerdings auf solche Beschlüsse beschränkt, die den Zwangsverwalter in seiner Rechtsstellung betreffen,[331] also auf Beschlüsse, die entweder in seine Rechtsstellung eingreifen oder die Masse belasten.[332] Im Zweifelsfall besteht jedoch eine Vermutungswirkung, dass der Zwangsverwalter durch einen Beschluss in seiner Rechtsstellung betroffen wird.[333] Ob neben dem Zwangsverwalter auch weiterhin der Eigentümer anfechtungsberechtigt ist, bzw. bleibt, ist höchstrichterlich nicht abschließend geklärt. Jedenfalls für solche Beschlüsse bleibt der Eigentümer anfechtungsberechtigt, für welche dem Wohnungseigentümer weiterhin das Stimmrecht zusteht.[334] Im Hinblick auf die fortbestehende persönliche Haftung des Wohnungseigentümers[335] für durch einen Beschluss begründete Verpflichtungen – wie etwa Wohngeldschulden – muss dem Wohnungseigentümer jedoch auch in darüber hinausgehendem Maße ein Anfechtungsrecht zugestanden werden.[336] Wegen der diesbezüglichen Einzelheiten[337] und wegen der Frage des Fortbestandes der Aktivlegitimation des Zwangsverwalters nach Aufhebung der Zwangsverwaltung wird auf die Ausführungen von *Drasdo* im Rahmen der Zwangsverwaltung verwiesen.[338]

495 Der **Insolvenzverwalter** kann ebenfalls einen Beschluss anfechten, sofern das Wohnungseigentum in die Insolvenzmasse fällt. Der insolvente Wohnungseigentümer bleibt nur dann ausschließlich zur Anfechtung befugt, wenn der Beschluss weder den Bestand, noch die Verwertbarkeit der Insolvenzmasse auch nur mittelbar betrifft oder eine Freigabe der Wohnung erfolgte.[339]

496 Nicht anfechtungsberechtigt ist der **Verband Wohnungseigentümergemeinschaft** als solcher. Ein derartiges Anfechtungsrecht sieht § 46 Abs. 1 WEG nicht vor. Ein praktisches Bedürfnis für die Gewährung einer Anfechtungsmöglichkeit ist auch nicht ersichtlich, zumal allen Wohnungseigentümern und dem Verwalter bereits ein Anfechtungsrecht mit dem damit verbundenen Kostenrisiko zusteht. Im Übrigen betrifft die Anfechtung nach der Rechtsprechung des Bundesgerichtshofes allein die Willensbildung innerhalb der Gemeinschaft und nicht den Rechtsverkehr des Verbandes.[340] Der Verband Wohnungseigentümergemeinschaft ist jedoch dann anfechtungsberechtigt, wenn er selbst (in einer fremden Wohnanlage) Wohnungseigentümer ist und als Wohnungseigentümer klagt.[341] Hat der Verband hingegen in der eigenen Wohnanlage Sondereigentum erworben, ist dieser auch nicht in seiner Stellung als Sondereigentümer zur Anfechtung von Beschlüssen berechtigt.

---

330 KG FGPrax 2006, 57 (58); OLG Köln NZM 2006, 25 (27); BayObLG NJW-RR 1991, 723, 724.

331 KG NJW-RR 1987, 77 (78).

332 Wegen der Einzelheiten vgl. Rn. 814 f.

333 BayObLG NZM 1999, 77 (78); KG WE 1990, 206.

334 Vgl. dazu Rn. 815.

335 Vgl. OLG Zweibrücken NZM 2005, 949.

336 A. A. LG Berlin ZMR 2009, 474 (475).

337 Vgl. dazu Rn. 812.

338 Vgl. dazu Rn. 816 f.

339 Vgl. zum Anfechtungsrecht bei Insolvenz ausführlich Teil F, Rn. 935 ff.

340 BGH NJW 2005, 2061 (2068).

341 Zur Grundbuchfähigkeit des Verbands Wohnungseigentümergemeinschaft vgl. OLG Celle NJW 2008, 1537.

In diesem Fall ruhen die Mitgliedschaftsrechte des Verbandes und damit ruht auch die entsprechende Anfechtungsbefugnis.[342]

bb) Der Verwalter. Der **WEG-Verwalter** ist nach dem eindeutigen Wortlaut des § 46 Abs. 1 WEG zur Anfechtung von Beschlüssen der Wohnungseigentümer berechtigt. Eine Einschränkung auf bestimmte Beschlussgegenstände sieht der Gesetzeswortlaut nicht vor. Auch der **abberufene Verwalter,** der durch einen (auch rechtswidrigen) Abberufungsbeschluss eigentlich seine Stellung als Verwalter verloren hat, ist zur Anfechtung jedenfalls des Abberufungsbeschlusses berechtigt.[343] Eine andere Frage ist, ob dem Verwalter für die Anfechtung bestimmter Beschlüsse das Rechtschutzbedürfnis fehlt.[344] 497

b) Das Rechtschutzbedürfnis. Bei der Beschlussanfechtungsklage ist **grundsätzlich zu unterstellen,** dass die klagebefugten Kläger über das (bereits für die Zulässigkeit der Klage) erforderliche Rechtschutzbedürfnis verfügen. Die persönliche Betroffenheit oder das Erleiden von Nachteilen seitens des Anfechtenden ist, jedenfalls für anfechtende Eigentümer, regelmäßig nicht erforderlich. Ausreichend ist, dass der Wohnungseigentümer das Interesse an einer ordnungsgemäßen Verwaltung durchsetzen will, da das Anfechtungsrecht nicht nur dem persönlichen Interesse des Anfechtenden, sondern dem Interesse der Gemeinschaft an einer ordnungsmäßigen Verwaltung dient.[345] Nur **ausnahmsweise** kann das Rechtschutzbedürfnis fehlen oder bis zum Schluss der mündlichen Verhandlung entfallen. Für alle Anfechtungsbefugten gilt zusätzlich, dass ein **Rechtsmissbrauch** zum Ausschluss des Anfechtungsrechtes führen kann. 498

aa) Grundsätzlicher Fortbestand. Hat der anfechtende Wohnungseigentümer dem von ihm angefochtenen Beschlussantrag **zugestimmt,** bleibt er grundsätzlich zur Anfechtung berechtigt.[346] Nur wenn der Kläger in Kenntnis des allein zur Anfechtungsbegründung herangezogenen Verfahrensmangels, etwa der Einberufung der Versammlung durch einen ausgeschiedenen Verwalter, dem Beschluss zugestimmt hat, handelt er rechtsmissbräuchlich, was zum Ausschluss des Rechtschutzbedürfnisses führt.[347] 499

Haben **andere Kläger** einen Beschluss bereits **angefochten,** ist dieser Umstand unerheblich. § 47 WEG ordnet für diesen Fall die Verbindung der Anfechtungsklagen an.[348] 500

Das **Ausscheiden aus der Eigentümergemeinschaft,** etwa durch Veräußerung, lässt ebenfalls das Rechtschutzbedürfnis regelmäßig nicht entfallen. Generell gilt, dass die Veräußerung nach § 265 Abs. 2 Satz 1 ZPO keinen Einfluss auf den Prozess hat. Soweit der ausgeschiedene Eigentümer weiter durch den Beschluss betroffen ist, etwa wenn der Beschluss zu seiner Zeit als Eigentümer Belastungen begründet hat, erschließt sich dies ohne weiteres. Nur wenn der Kläger in keiner Weise mehr von dem Beschluss betroffen ist und auch der Erwerber kein Interesse an der Anfechtung hat, entfällt das Rechtschutzbedürfnis.[349] Die Aufrechterhaltung der Klage ist dann rechtsmissbräuchlich, da der Erwerber, dessen Recht der Kläger im Wege der durch § 265 Abs. 2 Satz 1 ZPO normierten gesetzlichen Prozessstandschaft geltend macht, an dem Rechtsstreit kein Interesse hat. 501

Ist der angefochtene **Beschluss bereits vollzogen,** entfällt grundsätzlich nicht das Rechtschutzbedürfnis. Nur wenn die Rückgängigmachung der beschlossenen und durchgeführten Maßnahme ausgeschlossen ist (etwa bei erfolgter Dacheindeckung) und die 502

---

[342] Vgl. für GmbH: BGH NJW 1995, 1027 (1028).
[343] BGH NJW 2002, 3240 (3242); NJW 2007, 2776.
[344] Vgl. dazu unter Rn. 515.
[345] BGH NJW 2003, 3124 (3125).
[346] BayObLG ZMR 2004, 688; OLG Karlsruhe ZMR 2003, 291; OLG Hamm NJW-RR 1997, 970.
[347] BayObLG NJW-RR 1992, 910 (911).
[348] Vgl. dazu Rn. 588 ff.
[349] BayObLG NZM 1998, 527.

Ungültigerklärung des Eigentümerbeschlusses auch sonst keine Auswirkungen mehr haben könnte, gerät das Rechtschutzbedürfnis in Fortfall.[350] Bleibt die Frage der Gültigkeit des Beschlusses in solchen Fällen aber für die Beteiligung an den Kosten der Maßnahme oder für Beseitigungs- bzw. Schadensersatzansprüche erheblich, besteht das Rechtschutzbedürfnis fort.[351] Dementsprechend entfällt das Rechtschutzbedürfnis für die Anfechtung eines Wirtschaftsplanes bei einem bestandskräftigen Beschluss der Jahresabrechnung über denselben Zeitraum nur dann, wenn kein Wechsel bei den Eigentümern stattgefunden hat und weder ein Insolvenzverfahren noch eine Zwangsverwaltung angeordnet wurde.[352] Nur unter diesen Umständen bedarf es nicht mehr der Überprüfung des Rechtsgrundes des Wirtschaftsplans, da der Jahresabrechnung gegenüber dem Wirtschaftsplan eine bestätigende bzw. rechtsverstärkende Wirkung zukommt.[353] Bei einem Eigentümerwechsel besteht in diesem Fall aber ein Bedürfnis für die Aufrechterhaltung der Klage, da für ausgeschiedene Eigentümer ein Beschluss über die Jahresabrechnung keine Wirkung entfaltet.

503 *bb) Regelmäßiger Fortfall.* Fassen die Wohnungseigentümer einen **Zweitbeschluss,**[354] der inhaltlich einem bereits **bestandskräftigen älteren Erstbeschluss** entspricht, fehlt dem Kläger für die Anfechtung des Zweitbeschlusses regelmäßig von vornherein das Rechtschutzbedürfnis.[355] Die Aufhebung des Zweitbeschlusses würde die Rechtsposition des Klägers nicht verändern. Er wäre trotz Aufhebung des Zweitbeschlusses weiterhin an den bestandskräftigen ersten Beschluss gebunden.[356] Etwas anderes kann allenfalls dann gelten, wenn der Erstbeschluss zwar nichtig, aber versehentlich von einem Gericht bestandskräftig nicht für ungültig erklärt worden ist. In diesem Fall kann die Nichtigkeit des Erstbeschlusses nicht mehr geltend gemacht werden, § 48 Abs. 4 WEG. Würde dann ein Zweitbeschluss gefasst werdem, der den ersten Beschluss aufhebt und gleichzeitig wortgleich erneuert (insoweit nichtig), muss ein Rechtschutzbedürfnis für die Anfechtung des Zweitbeschlusses bestehen. Andernfalls würde möglicherweise die Aufhebung des ersten Beschlusses durch den Zweitbeschluss bestandskräftig. Ein Rechtschutzbedürfnis liegt bei dieser Konstellation aber nur dann vor, wenn die Aufhebung des Erstbeschlusses unabhängig von der nichtigen Wiederholungsregelung bestehen bleibt. Es muss sich also feststellen lassen, dass die Aufhebung des Erstbeschlusses auch bei Kenntnis der erneuten Nichtigkeit der ersetzenden Regelung beschlossen worden wäre, wovon regelmäßig nicht ausgegangen werden kann.[357] Nur wenn eine derartige novatorische Ersetzung beabsichtigt war, sollte derjenige, der einen Vorteil aus dem Erstbeschluss zieht, die in dem Zweitbeschluss enthaltene Aufhebung des Erstbeschlusses anfechten, um einen Rechtsverlust zu vermeiden.

504 Fasst die Gemeinschaft einen **wiederholenden Zweitbeschluss** über einen **angefochtenen Erstbeschluss,** gerät das Rechtschutzbedürfnis für die Anfechtung des Erstbeschlusses nicht bereits mit der Beschlussfassung über den Zweitbeschluss in Fortfall.[358] Nur wenn der Zweitbeschluss in Bestandskraft erwächst, entfällt grundsätzlich das Rechtschutzbedürfnis für die Anfechtung des Erstbeschlusses.[359] Fasst die Eigentümergemeinschaft allerdings einen in Bestandskraft erwachsenden **Bestätigungsbeschluss,** entfällt nicht das Rechtschutzbedürfnis, sondern nur die Begründetheit der Anfechtungsklage für

---

[350] BayObLG NZM 1999, 286.

[351] OLG Düsseldorf NZM 2001, 146; BayObLG WE 1995, 92.

[352] OLG Köln ZMR 2005, 649; OLG Hamburg ZMR 2003, 128; BayObLG NJW-RR 1997, 715 (717).

[353] Vgl. BGH NJW 1999, 3713 (3714); NJW 1996, 725 (726).

[354] Vgl. dazu auch Rn. C 857ff.

[355] BGH NJW 2001, 3339 (3341, 3344); vgl. auch LG Wiesbaden ZMR 2008, 331 (332).

[356] BGH NJW 2001, 3339 (3344); NJW 1994, 3230.

[357] BGH NJW 1994, 1866 (1867).

[358] BGH NJW 1989, 1087.

[359] BGH NJW 2002, 3704 (3705).

den Erstbeschluss.[360] Denn durch einen Bestätigungsbeschluss wird der erste Beschluss trotz möglicher Mängel als für die Zukunft rechtsbeständige Regelung anerkannt,[361] was im Rahmen der inhaltlichen Prüfung des Erstbeschlusses zu beachten ist. Sowohl bei einem bestandskräftigen Zweitbeschluss, als auch bei einem bestandskräftigen Bestätigungsbeschluss ist der Kläger gehalten, den Rechtsstreit hinsichtlich der Anfechtung des Erstbeschlusses für erledigt zu erklären, sofern die Anfechtungsklage ursprünglich zulässig und begründet war. Andernfalls sollte er die Anfechtungsklage zurücknehmen, um jedenfalls die Gerichtskosten zu minimieren.

Das Rechtschutzbedürfnis entfällt, wenn die Gemeinschaft einen angefochtenen Be- 505
schluss selbst aufhebt.[362] Durch die **Aufhebung eines Beschlusses** ist die Grundlage für die Entscheidung des Gerichtes genommen. Der angefochtene Beschluss ist bereits aufgehoben. Selbst wenn der Aufhebungsbeschluss seinerseits angefochten wird, bleibt es mangels einer aufschiebenden Wirkung bei der Aufhebung, solange keine rechtskräftige Ungültigerklärung vorliegt, § 23 Abs. 4 Satz 2 WEG. Das Gericht kann dann allenfalls den Rechtsstreit über die Anfechtung des ersten Beschlusses nach § 148 ZPO aussetzen, solange der Aufhebungsbeschluss nicht bestandskräftig ist.

Für die Anfechtung eines **Negativbeschlusses,**[363] also der Ablehnung eines Beschluss- 506
antrages, fehlt grundsätzlich das Rechtschutzbedürfnis.[364] Zwar kommt auch der Ablehnung einer Beschlussfassung eine Beschlussqualität zu, da das Abstimmungsergebnis ebenfalls das Resultat einer verbindlichen Willensbildung der Gemeinschaft aus mehreren Einzelwillen darstellt.[365] Die mit einem Negativbeschluss beschlossene Ablehnung eines entsprechenden Antrages bindet die Eigentümergemeinschaft aber regelmäßig nicht für die Zukunft. Denn eine ablehnende Beschließung entfaltet keine Sperrwirkung für eine erneute Beschlussfassung der Wohnungseigentümer über denselben Gegenstand.[366] Insbesondere kann aus der Ablehnung nicht auf den Willen der Wohnungseigentümer geschlossen werden, das Gegenteil des Beschlussantrags zu wollen.[367] Selbst wenn nur die Zustimmung zu dem Antrag einer positiven Verwaltung entsprochen hätte, kann grundsätzlich kein Rechtschutzbedürfnis für eine Anfechtung des Negativbeschlusses anerkannt werden. Die Aufhebung der Ablehnung würde nicht zur Herstellung einer ordnungsgemäßen Verwaltung führen. Eine ordnungsgemäße Verwaltung würde in einem solchen Fall nur bei einer entsprechenden positiven Beschlussfassung vorliegen. Ohne eine Bindungs- oder Sperrwirkung erledigt sich ein Negativbeschluss deshalb grundsätzlich mit Ablauf der Versammlung. Ein Rechtschutzbedürfnis für die Erhebung einer Anfechtungsklage ist aber in folgenden Fällen anzunehmen:

- Kann der negative Beschluss ausnahmsweise einem späteren **Verpflichtungsantrag** ent- 507
gegengehalten werden, besteht auch für die isolierte Anfechtung des Negativbeschlusses ein Rechtschutzbedürfnis.[368] Maßgebend ist insoweit, ob der Beschluss eine **generelle Festlegung** des Gemeinschaftswillens enthält, die beantragten Änderungen oder Ergänzungen des Gemeinschaftsverhältnisses nicht eintreten zu lassen, oder sich in der bloßen Ablehnung einer **derzeitigen Regelung** zum Zeitpunkt der Versammlung erschöpft.[369] Nur wenn bei der gebotenen objektiven und normativen Auslegung des Negativbeschlusses eine generelle Ablehnung beschlossen wurde, kann der Negativbeschluss für eine Klage nach § 21 Abs. 4 WEG und ggf. eine Ermessensentscheidung des

---

360 BGH NJW 2004, 1164.
361 Vgl. BGH NJW 2001, 3339 (3344); OLG Karlsruhe NZG 1999, 604 (605).
362 BayObLG vom 29. 4. 2004 – 2Z BR 22/04 = NJOZ 2004, 3921.
363 Vgl. dazu auch Rn. C 820 ff.
364 Vgl. auch BGH NJW 2002, 3704 (3705).
365 BGH NJW 2001, 3339 (3341 ff.).
366 BGH NJW 2002, 3704 (3705).
367 BGH NJW 2001, 3339 (3343).
368 BayObLG WuM 2004, 736.
369 OLG München NZM 2007, 522 (523).

Gerichtes nach § 21 Abs. 8 WEG eine Sperrwirkung entfalten.[370] Da sich ein solcher, auf eine generelle Regelung bezogener, Negativbeschluss nicht durch Ablauf der Versammlung erledigt, hat der Kläger das für eine Anfechtung notwendige Rechtschutzbedürfnis. Dabei ist der Kläger nicht gezwungen, die Anfechtungsklage mit einer auf § 21 Abs. 4 WEG gestützten Klage zu verbinden.[371] Umgekehrt führt aber auch nicht die zusätzliche Erhebung eines Klageantrages nach § 21 Abs. 4 WEG dazu, dass die Anfechtung eines Negativbeschlusses ohne weiteres zulässig wird. Vielmehr ist für die Zulässigkeit der Anfechtungsklage immer und unabhängig von der zusätzlichen Erhebung einer Leistungsklage erforderlich, dass der Negativbeschluss eine generelle Regelung trifft und damit der Leistungsklage entgegengehalten werden könnte.[372]

508 • Verkündet der Verwalter hingegen ein negatives Beschlussergebnis unrichtig und meint der Kläger, bei der gebotenen Stimmenauszählung sei die Verkündung dieses Ergebnisses falsch gewesen, besteht ein Rechtschutzbedürfnis für die Anfechtung des verkündeten Negativbeschlusses, sofern diese Klage mit einem Feststellungsantrag auf die Feststellung eines positiven Beschlussergebnisses verbunden wird[373] (verbundene Anfechtungs- und positive Beschlussfeststellungsklage).[374]

509 Kein Fall des Negativbeschlusses liegt vor, wenn die Eigentümergemeinschaft (positiv) beschließt, eine Maßnahme nicht durchzuführen. Bei einem derartigen Beschluss wird kein Beschlussantrag abgelehnt, sondern ein **Beschlussantrag** auf **Nichtdurchführung** einer Maßnahme **angenommen.** Der Anfechtung eines solchen Beschlusses fehlt (wie bei einem Negativbeschluss) bei einer generellen Festlegung des Gemeinschaftswillens und einer damit verbundenen Bindungs- oder **Sperrwirkung** gegenüber einem Verpflichtungsantrag nicht das Rechtschutzbedürfnis. Auch für die Anfechtung eines **fehlerhaft verkündeten Positivbeschlusses** besteht grundsätzlich ein Rechtschutzbedürfnis.[375]

510 Für die Anfechtung eines **Nichtbeschlusses**[376] fehlt generell das Rechtschutzbedürfnis. Denn wenn ein für die Beschlussfassung konstitutives Element fehlt, kommt eine gerichtliche Ungültigerklärung nicht in Betracht. Beruft sich ein anderer Wohnungseigentümer jedoch auf die Gültigkeit eines derartigen „Beschlusses", kann ein Feststellungsinteresse für die Erhebung einer Feststellungsklage bestehen.[377]

511 Hat die Versammlung einen bloßen **Geschäftsordnungsbeschluss** gefasst, fehlt für die Anfechtung eines solchen Beschlusses das Rechtschutzbedürfnis,[378] da mit Ablauf der Versammlung eine Erledigung eintritt und auch eine Rückabwicklung nicht in Betracht kommt. Dementsprechend kann auch ein Beschluss mit dem Inhalt, dass über bestimmte Tagesordnungspunkte in der konkreten Versammlung nicht mehr beschlossen werden soll, mangels Rechtschutzbedürfnis nicht angefochten werden.[379] Nur wenn ein solcher Beschluss über die konkrete Versammlung hinaus Gültigkeit besitzen soll, kann im Einzelfall ein Rechtschutzbedürfnis vorliegen.[380] Auch wenn ein Geschäftsordnungsbeschluss nicht anfechtbar ist, kann ein dadurch begründeter Formmangel zumindest Auswirkung auf die Rechtmäßigkeit eines späteren Sachbeschlusses haben. Ein solcher Fall liegt etwa

---

[370] Vgl. OLG München NZM 2006, 703.

[371] BayObLG WuM 2004, 736.

[372] A. A. wohl OLG Düsseldorf (NZM 2006, 525), welches sich zu Unrecht in diesem Fall auf die für die positive Beschlussfeststellungsklage entwickelten Grundsätze beruft (dazu sogleich).

[373] BGH NJW 2002, 3704 (3705)

[374] Vgl. dazu Rn. 651 ff.

[375] Vgl. dazu Rn. 663 ff.

[376] Vgl. dazu Rn. C 825 ff.

[377] Vgl. dazu Rn. 664 ff. Zur Möglichkeit des deklaratorischen Ausspruchs des Nichtbestehens im Rahmen des Anfechtungsantrages: OLG München NZM 2007, 365; OLG München vom 26. 6. 2006 – 34 Wx 3/06 = ZWE 2006, 456 (nur Ls.); BayObLG NZM 2002, 300 (301 f.).

[378] OLG München NZM 2007, 522.

[379] BayObLG FGPrax 2004, 17 (18).

[380] BayObLG NZM 2002, 616 (617).

vor, wenn durch einen Geschäftsordnungsbeschluss Dritte unrechtmäßig zu der Wohnungseigentümerversammlung zugelassen worden sind.[381]

Für Wohnungseigentümer entfällt das Rechtschutzbedürfnis für die Anfechtung der **Verwalterbestellung,** wenn die Bestellungszeit abgelaufen ist.[382] Bei einer Anfechtung der **Verwalterabwahl** besteht ebenfalls ab dem Zeitpunkt des Ablaufs der eigentlichen Bestellungszeit[383] und zusätzlich bei einer Wiederwahl des gleichen Verwalters kein Rechtschutzbedürfnis mehr.[384] 512

Wird hingegen nach der Abberufung ein **anderer Verwalter** gewählt, **entfällt** das **Rechtschutzbedürfnis** für die Anfechtung des Abberufungsbeschlusses mit der Bestandskraft des Beschlusses über die Wahl des neuen Verwalters.[385] Zwar steht diese Auffassung im Gegensatz zur wohl herrschenden Ansicht, die annimmt, dass ein solcher Zusammenhang mit der Berufung eines neuen Verwalters nicht bestehe. Zur Begründung wird von der herrschenden Ansicht dabei ausgeführt, dass bei einer rechtskräftigen Ungültigerklärung des Abberufungsbeschlusses die Neubestellung des anderen Verwalters automatisch „unwirksam" bzw. „ungültig" werde.[386] Der herrschenden Ansicht ist insoweit zuzugeben, dass die Bestellung eines zweiten Verwalters, neben einem bereits amtierenden Verwalter, nicht möglich ist und grundsätzlich die Nichtigkeit des Beschlusses über die Bestellung des zweiten Verwalters nach sich zieht.[387] Gegen die herrschende Ansicht spricht aber, dass im Zeitpunkt der Beschlussfassung über die Bestellung des neuen Verwalters kein Nichtigkeitsgrund vorlag. Es existierte im Zeitpunkt der Beschlussfassung wegen der zuvor erfolgten Abberufung kein Verwalter. Die Wohnungseigentümergemeinschaft war verwalterlos. Selbst wenn der Abberufungsbeschluss rechtswidrig war, war der Beschluss doch nach § 23 Abs. 4 Satz 2 WEG im Zeitpunkt der Beschlussfassung über die Neubestellung zunächst gültig und hat zunächst die Amtsstellung des abberufenen Verwalters beendet. Der neu bestellte Verwalter war damit im Zeitpunkt der Beschlussfassung über die Neubestellung der einzige Verwalter. Eine spätere, auch rückwirkende[388] gerichtliche Aufhebung des Beschlusses über die Abberufung kann daran nichts ändern und kann damit auch nicht zu einer erst später eintretenden, rückwirkenden Nichtigkeit des Neubestellungsbeschusses führen. Spätere Änderungen der Rechtslage haben keinen Einfluss auf die Bewertung der Gültigkeit von Beschlüssen, da die Gültigkeit von Beschlüssen nur anhand der im Zeitpunkt der Beschlussfassung geltenden Rechtslage zu beurteilen ist.[389] Mit der Bestandskraft des Beschlusses über die Wahl des anderen, neuen Verwalters muss deshalb das Rechtschutzbedürfnis für die Anfechtung des Abberufungsbeschlusses entfallen, da ab diesem Zeitpunkt die Aufhebung des Beschlusses nicht mehr die Verwalterstellung für die Zukunft begründen könnte. Etwas anderes gilt nur dann, wenn der Beschluss über die Bestellung des neuen Verwalters ausnahmsweise unter der auflösenden Bedingung der Ungültigerklärung des Abberufungsbeschlusses stand,[390] sofern man mit der hier vertretenen Ansicht eine solche Bedingung zulässt.[391] In diesem 513

[381] OLG Hamm NJWE-MietR 1997, 62.

[382] OLG Düsseldorf NJOZ 2006, 2573 (2575) = ZMR 2006, 544 (545); OLG Köln NZM 2004, 625.

[383] OLG München ZMR 2006, 475; OLG Hamm NZM 2003, 486.

[384] OLG Düsseldorf NJOZ 2006, 2573 (2575) = ZMR 2006, 544 (545).

[385] *Bärmann/Wenzel* § 46 Rn. 19.

[386] OLG Zweibrücken ZMR 2004, 63 (64); OLG Hamm NZM 2003, 486; BayObLG NJW-RR 2000, 676 (678).

[387] So wohl auch BGH NJW 1989, 2059 (2060).

[388] Vgl. dazu BGH NJW 2007, 2776.

[389] Vgl. BGH NJW 2009, 999 (1000).

[390] Das Bestehen einer solchen Bedingung kann aber nicht ohne weiteres angenommen werden. Die Bedingung muss sich vielmehr aus dem Beschluss ergeben, wobei Beschlüsse allein „aus sich heraus" – objektiv und normativ – auszulegen sind, vgl. BGH NJW 1998, 3713 (3714).

[391] Vgl. zum Meinungsstand *Bärmann/Merle* § 26 Rn. 62 ff.

Fall besteht, trotz eingetretener Bestandskraft des Neubestellungsbeschlusses, das Rechtschutzbedürfnis für die Anfechtung des Abberufungsbeschlusses fort. Generell ist deshalb zu empfehlen, dass – sofern eine solche auflösende Bedingung bei der Bestellung des neuen Verwalters nicht beschlossen wurde – der Kläger auch den Neubestellungsbeschluss anfechten sollte, um seine Rechte gegen den Abberufungsbeschluss nicht zu verlieren. In der Klagebegründung für die Anfechtung des Neubestellungsbeschlusses sollte der Kläger dabei zumindest angeben, weshalb die Aufhebung des Beschlusses über die Abberufung zu erwarten ist und dass deshalb die Neubestellung ohne auflösende Bedingung gegen die Grundsätze einer ordnungsgemäßer Verwaltung verstoßen hat.[392]

514 Die vorgenannten Grundsätze gelten entsprechend auch für die Anfechtung der Wahl und Abwahl des **Verwaltungsbeirats- oder Ersatzzustellungsvertreters.**

515 Dem **Verwalter fehlt** das **Rechtschutzbedürfnis** für eine Anfechtung, wenn es sich um einen Beschluss handelt, der ausschließlich das Verhältnis der Wohnungseigentümer untereinander betrifft und der von ihm auch nicht nach § 27 Abs. 1 Nr. 1 WEG auszuführen ist. In diesem Fall ist die Rechtsstellung des Verwalters als Organ in keiner Weise berührt und das zunächst vermutete Rechtschutzbedürfnis[393] widerlegt. Jedenfalls entfällt für ihn das Rechtschutzbedürfnis, wenn er aus dem Amt ausscheidet. Etwas anderes gilt für die **Anfechtung** eines **Abberufungsbeschluss durch den Verwalter**[394] und im Zusammenhang damit auch der Anfechtung des Neubestellungsbeschlusses,[395] oder für Beschlüsse, die trotz des Ausscheidens aus dem Amt weiterhin in die Rechtspositionen des Verwalters eingreifen. Derartige Beschlussanfechtungsrechtsstreite kann der Verwalter auch nach seinem Ausscheiden führen. Endet allerdings während des Anfechtungsrechtsstreits über den Abberufungsbeschluss die ordentliche Bestellungszeit des Verwalters, gerät jedenfalls ab diesem Zeitpunkt sein Rechtschutzbedürfnis in Fortfall, sofern nicht der Vergütungsanspruch des Verwalters mit der Organstellung als Verwalter verknüpft ist.[396] Einen Beschluss über die Kündigung des Verwaltervertrages kann der Verwalter aber keinesfalls anfechten. Hierfür fehlt ihm das Rechtschutzbedürfnis. Die Berechtigung zur Kündigung des mit ihm geschlossenen Verwaltervertrags kann der Verwalter nur im Wege der Feststellungsklage überprüfen lassen.[397]

516 c) **Der Klagegegner.** Die Anfechtungsklage von einem oder mehreren Wohnungseigentümern ist gemäß § 46 Abs. 1 Satz 1 WEG gegen die **„übrigen Wohnungseigentümer"** und die Anfechtungsklage des Verwalters ist gegen „die Wohnungseigentümer" zu richten. Für die „nähere Bezeichnung" der beklagten Wohnungseigentümer genügt nach § 44 Abs. 1 Satz 1 Halbs. 2 WEG zunächst die bestimmte Angabe des gemeinschaftlichen Grundstücks. Erst zum Schluss der mündlichen Verhandlung müssen die Beklagten namentlich bezeichnet sein, § 44 Abs. 1 Satz 2 WEG.

517 Spätestens zum Schluss der mündlichen Verhandlung[398] müssen daher diejenigen Wohnungseigentümer als Beklagte benannt sein, die sich zum **Zeitpunkt der Rechtshängigkeit** der Anfechtungsklage als die (übrigen) Eigentümer darstellen bzw. darstellten. Nicht maßgebend ist hingegen, ob die insoweit zu verklagenden Eigentümer auch zum Zeitpunkt der Beschlussfassung bereits Eigentümer waren. Durch die Anfechtungsklage soll

---

[392] Vgl. dazu KG WE 1986, 140.

[393] BGH NJW 2002, 3240 (3242).

[394] BGH NJW 2007, 2776; NJW 2002, 3240 (3242).

[395] Wenn man mit der hier vertretenen Ansicht annimmt, dass das Rechtschutzbedürfnis für die Anfechtung des Abberufungsbeschlusses mit der Bestandskraft des Beschlusses über die Wahl des anderen, neuen Verwalters entfällt, muss auch entgegen der bisher h. M. (vgl. etwa OLG Hamm NJW-RR 1997, 523 [524]) dem ausgeschiedenen Verwalter unter den oben dargelegten Voraussetzungen die Anfechtung der Neuwahl des Verwalters zusammen mit der Anfechtung seiner eigenen Abberufung gestattet werden.

[396] OLG Hamm NZM 2003, 486; KG ZMR 1997, 610 (611).

[397] BGH NJW 2002, 3240 (3241).

[398] Zum Begriff des Schlusses der mündlichen Verhandlung vgl. Rn. 21.

gerade nicht die Willenserklärung jedes einzelnen Eigentümers, sondern das Ergebnis der Willensbildung innerhalb der Gemeinschaft als solches beseitigt werden.[399] Damit ist unerheblich, wer – und ggf. mit welchem Abstimmungsverhalten – an der Beschlussfassung teilgenommen hat.[400] Maßgebend für die Beklagtenstellung ist auch nicht, ob die Eigentümerstellung bis zum Zeitpunkt des Schlusses der mündlichen Verhandlung fortdauert. Aus § 265 Abs. 2 Satz 1 ZPO folgt, dass grundsätzlich der Zeitpunkt der Rechtshängigkeit (also der Zustellung der Klage, vgl. § 253 Abs. 1 i. V. m. § 261 Abs. 1 ZPO) maßgebend ist. Ab diesem Zeitpunkt ist der spätere Verlust der Eigentümerstellung für den Prozess unerheblich.[401] Auch derjenige Eigentümer, der nach der Rechtshängigkeit seine Eigentümerstellung verliert, muss damit weiter auf der Beklagtenseite stehen bzw. als einer der (übrigen) Eigentümer bis zum Schluss der mündlichen Verhandlung namhaft gemacht sein. Erfolgt die Zustellung der Klage an die Beklagten über den Verwalter oder Ersatzzustellungsvertreter sind damit diejenigen Personen als Beklagte zu benennen, die zum Zeitpunkt der Zustellung an den Verwalter oder den Ersatzzustellungsvertreter die Eigentümer waren oder deren Rechtsposition wahrgenommen haben. Das auf den Zeitpunkt der Zustellung an den Verwalter oder Ersatzzustellungsvertreter abzustellen ist, beruht dabei darauf, dass diese Zustellung unmittelbar für alle (übrigen) Eigentümer rechtshängigkeitsbegründend wirkt. Erfolgt die Zustellung allerdings direkt an die bereits benannten Beklagten, müssen diese auch zum Zeitpunkt der Zustellung die Rechtsposition des Eigentümers innehaben.

In Ausnahmefällen kann auf der Beklagtenseite auch eine **Partei kraft Amtes** stehen: 518

- Wurde über das Vermögen eines Wohnungseigentümers das **Insolvenzverfahren** eröffnet oder ist die Verwaltungs- und Verfügungsbefugnis über das Vermögen des Schuldners auf einen vorläufigen Insolvenzverwalter übergegangen, steht allein dem („starken“ vorläufigen) Insolvenzverwalter die Befugnis zur Verwaltung des Vermögens zu (vgl. § 80 Abs. 1 InsO bzw. § 22 Abs. 1 InsO). Unabhängig davon, wann der Beschluss gefasst wurde, ist deshalb die Klage regelmäßig nicht gegen den insolventen Eigentümer, sondern gegen den („starken“ vorläufigen) **Insolvenzverwalter** als Partei kraft Amtes zu richten. Der insolvente Wohnungseigentümer bleibt nur dann richtiger Klagegegner, wenn der Beschluss weder den Bestand, noch die Verwertbarkeit der Insolvenzmasse auch nur mittelbar betrifft oder eine Freigabe der Wohnung erfolgte. Wegen der diesbezüglich geltenden Besonderheiten wird auf die Ausführungen im Rahmen der Insolvenz verwiesen.[402] 519
- Ist die Beschlagnahme der Eigentumswohnung angeordnet und ein **Zwangsverwalter** bestellt, steht dem Zwangsverwalter nach §§ 148 Abs. 2, 152 Abs. 1 ZVG die Verfügungs- und Verwaltungsbefugnis für das Wohnungseigentum zu. Dementsprechend ist der Zwangsverwalter zu verklagen bzw. bis zum Schluss der mündlichen Verhandlung nachzubenennen, sofern der angefochtene Beschlussgegenstand in den Aufgabenbereich des Zwangsverwalters fiel. Letzteres ist danach abzugrenzen, wem für den konkreten Beschlussgegenstand das Stimmrecht zustand.[403] Sofern das Stimmrecht für den angefochtenen Beschluss dem Eigentümer und nicht dem Zwangsverwalter zugestanden hätte, bleibt es bei der Beklagtenstellung des Eigentümers. Andernfalls muss der Zwangsverwalter auf Beklagtenseite benannt werden. 520
- Statt des Eigentümers sind auch etwaige andere **Parteien kraft Amtes,** denen die ausschließliche Verwaltungs- und Verfügungsbefugnis zusteht (insbesondere der Nach- 521

---

[399] Vgl. BGH NJW 2005, 2061 (2068).
[400] Vgl. auch BGH NJW 2009, 2135 (2136).
[401] Die Rechtsnachfolger werden auch ohne Stellung als Partei nach § 10 Abs. 4 WEG an die gerichtliche Entscheidung gebunden.
[402] Rn. 936 ff.
[403] Vgl. dazu Rn. 812.

lasspfleger gemäß §§ 1985 Abs. 1, 1984 Abs. 1 Satz 3 BGB), zu verklagen bzw. bis zum Schluss der mündlichen Verhandlung nachzubenennen.

522 Die Mitglieder einer **Bruchteilsgemeinschaft** oder einer **Erbengemeinschaft** sind jeweils als übrige Eigentümer vollständig zu verklagen beziehungsweise bis zum Schluss der mündlichen Verhandlung zu benennen. Klagt allerdings ein Mitglied einer Erben- oder Bruchteilsgemeinschaft isoliert und ohne die weiteren Erben- oder Bruchteilsgemeinschaftsmitglieder, müssen die weiteren Mitglieder der Erben- oder Bruchteilsgemeinschaft nicht von diesem als (weitere) Beklagte benannt werden. Diese stehen im Hinblick auf die gesetzliche Prozessstandschaft[404] des klagenden Bruchteilseigentümers bzw. des klagenden Mitgliedes einer Erbengemeinschaft faktisch auf der Klägerseite und stellen deshalb keine „übrigen" Wohnungseigentümer im Sinne von § 46 Abs. 1 Satz 1 WEG dar. Zwar bedingt die Zulassung dieser isolierten Beschlussanfechtungsklage ohne Beteiligung der weiteren Mitglieder der Erben- oder Bruchteilsgemeinschaft, dass diesen gegenüber keine Rechtskraft des Urteils eintreten kann.[405] Dieser Reibungsverlust ist indes hinzunehmen, da die Erben- und Bruchteilsgemeinschaft ihr Stimmrecht auf einer Eigentümerversammlung nach § 25 Abs. 2 Satz 2 WEG einheitlich ausüben muss und deshalb in einem Anfechtungsprozess nicht aufgeteilt auf der Kläger- und Beklagtenseite stehen kann. Im Übrigen sind auch die nicht unmittelbar am Prozess beteiligten Parteien durch die Erstreckung der materiell-rechtlichen Gestaltungswirkungen eines Urteils nach § 23 Abs. 4 Satz 2 WEG zumindest an die gerichtliche Aufhebung eines Eigentümerbeschlusses gebunden.[406]

523 Bei einer „werdenden Gemeinschaft" sind die **werdenden Eigentümer** zu verklagen. Auch wenn sich die werdende Gemeinschaft durch eine Eintragung eines Erwerbers als Volleigentümer in eine Wohnungseigentümergemeinschaft umgewandelt hat, sind diejenigen dinglich gesicherten **Ersterwerber** mit Wohnbesitz, die – trotz einer noch fehlenden Eigentümerstellung – als werdende Eigentümer die Mitgliedschaftsstellung in der Wohnungseigentümergemeinschaft innehaben,[407] als ein Teil der übrigen Eigentümer zu verklagen. Der für deren Wohnungseigentum eingetragene Eigentümer ist hingegen nicht zu verklagen, da er nicht die Mitgliedschaftsstellung wahrnimmt. Die Mitgliedschaftsstellung ist auf den werdenden Eigentümer übergegangen, der allein Teil der Wohnungseigentümergemeinschaft ist[408] und sich damit als „Eigentümer" i. S. v. § 46 Abs. 1 Satz 1 WEG darstellt. Tritt eine der Vertragsparteien von dem Kaufvertrag zurück, endet hingegen die Rechtsstellung als werdender Eigentümer[409] und der noch eingetragene Eigentümer ist wieder der richtige Klagegegner.

524 *aa) Die Anforderungen an die Benennung der übrigen Wohnungseigentümer.* Spätestens bis zum Schluss der mündlichen Verhandlung hat der klagende Wohnungseigentümer sämtliche **Wohnungseigentümer** (bzw. die entsprechenden Parteien kraft Amtes oder die werdenden Eigentümer) **identifizierbar** anzugeben. Grundsätzlich ist für eine derartige Identifizierung auch die Mitteilung der Anschrift der Beklagten zu fordern, soweit dem Kläger die Angabe ohne weiteres möglich ist.[410] Macht der Kläger glaubhaft, dass er trotz aller Anstrengungen bei einzelnen Eigentümern nur in der Lage ist, die Namen anzugeben, reicht diese Angabe ausnahmsweise aus, sofern er zusätzlich zur Identifizierung die konkrete Wohnungsnummer angibt. Dann besteht im Hinblick auf die Stellung

---

[404] Vgl. dazu Rn. 491 f.

[405] Vgl. dazu BGH NJW 2006, 1969 (1970); vgl. auch Rn. 636 f. Für Rechtskrafterstreckung tritt hingegen mit guten Argumenten *Becker* (ZWE 2008, 405, 408 ff.) ein.

[406] Vgl. dazu Rn. 637.

[407] Vgl. dazu BGH NJW 2008, 2639.

[408] Vgl. BGH NJW 2008, 2639, der von einem „Übergang der Entscheidungsmacht" spricht. Vgl. auch OLG Hamm ZMR 2007, 712; BayObLG ZMR 1981, 249; *Wenzel* NZM 2008, 625 (628).

[409] BayObLG NJW-RR 1996, 334.

[410] BGH NJW-RR 2004, 1503.

als Wohnungseigentümer der konkret benannten Wohnanlage und der konkret bezeichneten Wohnung über die Identität kein wesentlicher Zweifel.

525 *bb) Die fehlende Benennung der übrigen Wohnungseigentümer.* Unterlässt der Kläger bis zum Schluss der mündlichen Verhandlung (§ 44 Abs. 1 Satz 2 WEG) die konkrete Namhaftmachung der beklagten (übrigen) Wohnungseigentümer, ist die Klage mangels Bestimmtheit der Beklagtenpartei im Sinne von § 253 Abs. 2 Nr. 1 ZPO unzulässig.[411] Das Gericht ist dabei nicht gehalten, dem Verwalter die Einreichung einer Eigentümerliste aufzugeben,[412] da die Benennung der Beklagten allein Sache der klagenden Partei ist. Die nähere Bezeichnung ist der klagenden Partei auch durch die Einsichtnahme in die Wohnungsgrundbücher möglich. Das notwendige berechtigte Interesse an einer solchen Einsichtnahme gemäß § 12 Abs. 1 Satz 1 GBO liegt jedenfalls nach Einreichung der Klage vor. Nur wenn die klagende Partei im Termin zur mündlichen Verhandlung glaubhaft macht, dass alle Anstrengungen zur Namhaftmachung und Identifizierung erfolglos waren, kann das Gericht unter Umständen die Verhandlung nach § 227 Abs. 1 Satz 1 ZPO vertagen. Vertagt das Gericht nicht, kann sich der Kläger auch nicht durch Nichtverhandeln **„in die Säumnis flüchten"**, um durch die Eröffnung der Einspruchsmöglichkeit einer instanzabschließenden Abweisung der Klage als unzulässig zu entgehen. Selbst wenn der Verwalter oder ein beauftragter Rechtsanwalt in diesem Fall einen Antrag auf Erlass eines Versäumnisurteils stellt, muss das Gericht die Klage durch ein „unechtes" kontradiktorisches Versäumnisurteil (also ein „echtes" Endurteil) für die Instanz abschließend abweisen. Grund hierfür ist, dass das Gericht bei einer Unzulässigkeit der Klage kein Versäumnisurteil erlassen darf, sondern den Rechtsstreit durch ein Endurteil abschließend entscheiden muss.[413] Möglich ist aber die **„Flucht in die Berufung"**, da die Benennung der verklagten Eigentümer bis zum Schluss der mündlichen Verhandlung, und damit auch bis zum Schluss der mündlichen Verhandlung in der Berufungsinstanz, möglich ist.[414]

526 Hiervon zu unterscheiden ist der Fall, dass der Kläger eine **Klage** einreicht, **ohne** überhaupt ausdrücklich **anzugeben, gegen wen sich** die **Klage richten soll.** Insoweit gilt, dass wenn sich innerhalb der Anfechtungsfrist aus der bereits eingereichten Klagebegründung oder aus sonstigen Umständen Anhaltspunkte dafür ergeben, dass gerade die „übrigen Eigentümer" die Beklagten sein sollen, diese auch die Beklagtenstellung erlangen. Um den Zugang zu den Gerichten nicht unzumutbar zu erschweren, dürfen keine zu hohen formellen Anforderungen an die Klageschrift gestellt werden, sofern an der Person der Beklagten keine vernünftigen Zweifel verbleiben.[415]

527 Nach der Rechtsprechung des BGH[416] soll aus § 44 Abs. 1 Satz 1 Halbs. 1 WEG sogar folgen, dass ein Beklagter für eine wirksame Klageerhebung überhaupt nicht zu benennen sei. Es genüge vielmehr für eine Klageerhebung – und auch zur Wahrung der Klagefrist des § 46 Abs. 1 Satz 2 Halbs. 1 WEG – zunächst die Angabe des gemeinschaftlichen Grundstücks, wenn zusätzlich der Verwalter benannt und die prozessual gebotene Bezeichnung der beklagten Wohnungseigentümer bis zum Schluss der mündlichen Verhandlung nachgeholt wird.[417] Ob dieser Ansicht zu folgen ist, erscheint allerdings zweifelhaft. Aus § 44 Abs. 1 Satz 1 Halbs. 1 WEG kann diese Schlussfolgerung jedenfalls nicht entnommen werden. Diese Norm setzt nach ihrem eindeutigen Wortlaut vielmehr die ausdrückliche „Erhebung" gegen die übrigen Wohnungseigentümer voraus („wird die *Klage* ... gegen alle Wohnungseigentümer mit Ausnahme des Gegners *erhoben*"). Nur wenn eine derartige Bestimmung der Beklagtenpartei („übrige Wohnungseigen-

---

411 So die Begründung zum Gesetzesentwurf BT-Drucks. 16/887, S. 36.
412 Vgl. dazu Teil F, Rn. 24; vgl. auch *Bärmann/Wenzel,* § 44, Rn. 11.
413 BGH GRUR-RR 2001, 48.
414 Vgl. dazu Teil F, Rn. 21 ff.
415 Für Berufungsschriften BVerfG NJW 1991, 3140; BGH NJW 2002, 1430 (1431).
416 BGH vom 6. 11. 2009 – V ZR 73/09 = BeckRS 2009 87766.
417 BGH vom 6. 11. 2009 – V ZR 73/09 = BeckRS 2009 87766.

tümer") vorliegt, genügt für deren „*nähere* Bezeichnung – zunächst – die bestimmte Angabe des gemeinschaftlichen Grundstücks. Auch der Gesetzgeber hatte die Vorstellung, dass der Anfechtungskläger für die bei einer Beschlussanfechtungsklage zu verklagenden übrigen Wohnungseigentümer eine Kurzbezeichnung zu verwenden hat, die erkennen lässt, dass es sich um die übrigen Wohnungseigentümer handelt.[418] Eine gesetzlich normierte Vermutung zugunsten des Klägers, dass seine Klage in jedem Fall gegen den richtigen Gegner gerichtet ist, besteht (auch vor dem Hintergrund der Dispositionsmaxime) nicht.[419]

528 Weist das Gericht die Klage wegen der (zum Schluss der mündlichen Verhandlung) fehlenden Benennung der Beklagtenpartei als unzulässig ab, können die übrigen Eigentümer trotz ihrer fehlenden Benennung das **Kostenfestsetzungsverfahren** betreiben, sofern sie im Prozess etwa durch einen seitens des Verwalters für sie beauftragten Rechtsanwalt vertreten waren.[420]

529 *cc) Die mangelhafte Benennung der übrigen Wohnungseigentümer.* Benennt der Kläger bis zum Schluss der mündlichen Verhandlung nicht sämtliche nach § 46 Abs. 1 Satz 1 WEG zu verklagenden (übrigen) Wohnungseigentümer, ist die Klage grundsätzlich unzulässig. Diese Folge gilt selbst bei der fehlenden Benennung auch nur eines übrigen Eigentümers. Aufgrund der Notwendigkeit einer einheitlichen Entscheidung gegenüber allen Wohnungseigentümern stehen sich die Kläger und die Beklagten im Beschlussanfechtungsrechtsstreit als notwendige Streitgenossen im Sinne von § 62 Abs. 1 Var. 1 ZPO gegenüber.[421] Werden aber nicht sämtliche Mitglieder einer notwendigen Streitgenossenschaft verklagt, ist die Klage unzulässig.[422]

530 Richtet der Kläger die Anfechtungsklage **bewusst** von Anfang an **nur gegen** ganz **bestimmte** der übrigen **Wohnungseigentümer,** ist die Klage ebenfalls (zunächst) unzulässig. Allein vom objektiv erkennbaren Sinn der prozessbegründenden Erklärung des Klägers hängt es ab, wer die Stellung der beklagten Partei erlangt.[423] Über den seitens des Klägers erkennbar abschließend bestimmten Beklagten darf sich das Gericht nicht durch eine Rubrumsberichtigung hinwegsetzen.[424]

531 Ergibt hingegen die objektive Auslegung der Klageschrift, dass der Kläger nicht die von ihm im Einzelnen in der Klageschrift bereits benannten Eigentümer abschließend verklagen wollte, sondern tatsächlich **„die übrigen Eigentümer, namentlich ..."** verklagt hat, können die fehlenden Eigentümer ohne eine „förmliche" Klageerweiterung bis zum Schluss der mündlichen Verhandlung gemäß § 44 Abs. 1 Satz 2 WEG nachbenannt oder berichtigt werden. Insoweit konkretisiert dann der Kläger in zulässiger Weise die tatsächlich verklagten „übrigen Eigentümer".

532 Die bis zum Schluss der mündlichen Verhandlung zu erfolgende Benennung der übrigen Eigentümer hat insoweit in einem gewissen Grade einen **deklaratorischen Charakter.** Der Kläger kann bis zum Schluss der mündlichen Verhandlung Berichtigungen oder Ergänzungen der bereits im Vorfeld der mündlichen Verhandlung benannten und auch verklagten übrigen Eigentümer vornehmen, ohne erneut Klage erheben zu müssen oder dem Einwand der Versäumung der Klagefrist ausgesetzt zu sein.[425] Dies gilt jedenfalls dann, wenn die Klage gegen die übrigen Eigentümer gerichtet war. Hinsichtlich der Frage, ob diese

[418] BT-Drucks. 16/887, S. 35 f.

[419] Vgl. für Urteilsbezeichnung bei Rechtsmittel BFH vom 19. 1. 2005 – VII B 217/04 = BeckRS 2005 25007670. Vgl. auch LG Düsseldorf ZMR 2009, 67 (69).

[420] Vgl. dazu Rn. 314.

[421] BGH NJW 2009, 2132 (2133); AG Wiesbaden ZMR 2008, 340. So auch die Begründung zum Gesetzesentwurf BT-Drucks. 16/887, S. 73; für AktG: BGH NJW 1999, 1368 (1369).

[422] BGH NJW 1996, 1060 (1062); OLG Naumburg NJW-RR 1998, 308 (309).

[423] BGH NJW 1994, 3232 (3233).

[424] BGH NJW 1994, 3232 (3233); vgl. auch für Rechtsmitteleinlegung BGH MDR 2008, 1352 (1353).

[425] Vgl. dazu auch AG Schöneberg GE 2008, 1637 (1638).

Schlussfolgerung auch dann gilt, wenn die Klage nicht gegen die übrigen Eigentümer, sondern gegen abschließend benannte andere Beklagte oder gar den Verband Wohnungseigentümergemeinschaft gerichtet ist, wird auf die Ausführungen in Rn. 544 ff. verwiesen.

Eine Berichtigung der Beklagten im Hinblick auf den deklaratorischen Charakter der Benennung der Beklagten nach § 44 Abs. 1 Satz 2 WEG kann ebenfalls in Betracht kommen, sofern der Kläger bei vorzeitiger Namhaftmachung der beklagten übrigen Eigentümer übersehen hat, dass bereits das Insolvenzverfahren über das Vermögen eines Eigentümers eröffnet oder ein mit einer entsprechenden Verwaltungs- und Verfügungsbefugnis ausgestatteter vorläufiger Insolvenzverwalter bestellt war. In diesem Fall wäre die Klage von Anfang an gegen den **Insolvenzverwalter** als Teil der übrigen Eigentümer zu richten gewesen. Insoweit kommt es aber für die Beurteilung der Zulässigkeit einer Berichtigung darauf an, ob bereits eine Unterbrechung des Rechtsstreits nach § 240 ZPO eingetreten ist, was regelmäßig vom Zeitpunkt der Insolvenzeröffnung abhängt. Wegen der insoweit für das Insolvenzverfahren geltenden Einzelheiten wird auf die diesbezüglichen speziellen Ausführungen verwiesen.[426] 533

Entsteht **im laufenden Rechtsstreit** ein Streit über die Vollständigkeit und Richtigkeit der seitens des Klägers benannten beklagten übrigen Wohnungseigentümer, kommt es auf die jeweilige Sachverhaltskonstellation an: 534

- Hat der Kläger im Vorfeld keine ausreichenden Erkundigungen eingeholt und benennt dieser deshalb zum Schluss der mündlichen Verhandlung nur ganz vereinzelte Eigentümer, offensichtlich nur um die Unzulässigkeit der Klage zu vermeiden, hat es bei der Unzulässigkeit der Klage zu verbleiben. In diesem Fall hat der Kläger die Klage zum Schluss der mündlichen Verhandlung bewusst nur gegen diese einzelnen Eigentümer gerichtet. 535
- Vergisst der Kläger hingegen einzelne Eigentümer, und rügen der Beklagtenvertreter oder die benannten Beklagten diesen Umstand, muss der Kläger die fehlenden Eigentümer ergänzen. Dabei genügt es allerdings nicht, dass die Beklagten die Richtigkeit der „Eigentümerliste" oder die Vollständigkeit der benannten Beklagten bestreiten. Ein derartiges Bestreiten wäre unsubstantiiert und gemäß § 138 Abs. 3, Abs. 4 ZPO unbeachtlich. Insoweit gelten auch bei den Zulässigkeitsfragen die entsprechenden Darlegungs- und Beweislastverteilungen.[427] Dementsprechend muss die Passivseite konkret die weiteren, fehlenden Eigentümer benennen.[428] Erst dann muss der Kläger darlegen und gegebenenfalls beweisen, dass die von ihm benannten beklagten Eigentümer zutreffend und vollständig sind. Bestreitet die Passivseite hingegen nicht substantiiert, muss das Gericht dem Bestreiten nicht weiter nachgehen. Das Gericht kann dann die Vollständigkeit und Richtigkeit und damit die Zulässigkeit der Klage unterstellen; zumal, worauf sogleich eingegangen wird, auch nach Erlass des Urteils – jedenfalls bei vorheriger Begründung eines Prozessrechtsverhältnisses – eine Rubrumsberichtigung möglich ist. 536

Nach dem **Erlass des Urteils** kommt eine Berichtigung des Urteilsrubrums um vergessene Mitglieder der „übrigen Eigentümer" nach § 319 ZPO in Betracht. Für Klagen gegen notwendige Streitgenossen ist anerkannt, dass, sofern die Parteien versehentlich einzelne Mitglieder der notwendigen Streitgenossen nicht im Rubrum berücksichtigt haben, dieser Mangel auch nachträglich durch eine Berichtigung des Urteils beseitigt werden kann.[429] Dieser Grundsatz gilt aber nur dann, wenn zu dem seitens des Klägers vergessenen Wohnungseigentümer überhaupt ein Prozessrechtsverhältnis begründet worden ist. Denn ohne ein Prozessrechtsverhältnis kommt keine Berichtigung des Rubrums mit der damit verbundenen Erstreckung der Rechtskraft in Betracht.[430] Eine entsprechende Be- 537

---

[426] Vgl. dazu Rn. 944 ff.
[427] BGH NZM 2006, 312 (313).
[428] Vgl. auch BGH NJW-RR 1990, 867.
[429] BGH NJW 2000, 291 (292); NJW 1997, 1236; NJW-RR 1990, 867.
[430] OLG Zweibrücken NJW-RR 2002, 212 (213).

richtigung wird deshalb regelmäßig die Zustellung der Klage über den Verwalter oder den Ersatzzustellungsvertreter voraussetzen.

538 Wird (zusätzlich) ein nicht (mehr) zur Wohnungseigentümergemeinschaft gehöriger **Dritter** irrtümlich verklagt, ist die Klage ihm gegenüber unzulässig. Einem verklagten Dritten fehlt dabei nicht erst die Passivlegitimation, sondern die für die Zulässigkeit der Gestaltungsklage erforderliche Stellung als Wohnungseigentümer.[431] Die Unzulässigkeit der Anfechtungsklage gegenüber einem Dritten berührt jedoch nicht die Zulässigkeit der Klage gegenüber den tatsächlichen übrigen Wohnungseigentümern. Wurde der Dritte (wozu etwa auch der Wohnungseigentümer zählt, dem die Verwaltungs- und Verfügungsbefugnis wegen Anordnung der Zwangsverwaltung fehlt) irrtümlich zunächst benannt, stellt sich die „Berichtigung“ ihm gegenüber als Klagerücknahme mit der entsprechenden Kostenfolge nach § 269 Abs. 3 ZPO dar.

539 *dd) Der falsche Beklagte (Die Klage gegen die Wohnungseigentümergesellschaft).* Richtet sich die Anfechtungsklage ausdrücklich nur gegen einen **falschen Beklagten,** kann dies entweder zunächst zur Unzulässigkeit der Klage mangels einer Wohnungseigentümerstellung führen[432] oder im Wege der Auslegung einen Anlass zu einer Berichtigung des Passivrubrums von Amts wegen geben. Ferner stellt sich die Frage, ob eine zur Vermeidung der Unzulässigkeit vorgenomme spätere Klageänderung auf die übrigen Eigentümer, die zeitlich nach dem Ablauf der Klagefrist des § 46 Abs. 1 Satz 2 Halbs. 1 WEG erfolgt, die Klagefrist rückwirkend wahrt.

540 Am häufigsten wird – auch in der anwaltlichen Praxis – im Widerspruch zu § 46 Abs. 1 Satz 1 WEG die **Klage** nicht **gegen** die übrigen Wohnungseigentümer, sondern gegen den Verband **„Wohnungseigentümergemeinschaft“** gerichtet. Regelmäßig, wenn auch nicht immer, wird in diesem Fall die bloße Berichtigung des Passivrubrums der richtige Weg sein.[433] Die Klagefrist wird dann jedenfalls nicht aufgrund der falschen Beklagtenbezeichnung versäumt. Ob eine unschädliche Falschbezeichnung vorliegt, hängt davon ab, welcher Sinn der von der klagenden Partei in der Klageschrift gewählten Parteibezeichnung bei einer objektiven Würdigung des Erklärungsinhalts beizulegen ist.[434] Selbst bei einer unrichtigen äußeren Bezeichnung ist grundsätzlich die Person als Partei anzusprechen, die erkennbar betroffen werden soll.[435] Eine erkennbar falsche Parteibezeichnung ist somit unschädlich und kann jederzeit von Amts wegen richtig gestellt werden.[436] Diese Berichtigung ist auch dann möglich, wenn statt der richtigen Bezeichnung irrtümlich die Bezeichnung einer tatsächlich existierenden (juristischen oder natürlichen) Person gewählt wird, sofern im Hinblick auf den Inhalt der Klageschrift und etwaige Anlagen unzweifelhaft deutlich wird, welche Partei tatsächlich betroffen sein soll.[437] Voraussetzung für eine Berichtigung ist damit aber immer, dass sich gerade aus den gesamten erkennbaren Umständen (insbesondere der Klagebegründung) unzweifelhaft ergibt, dass tatsächlich ein anderer, als im Rubrum angegeben, auf Beklagtenseite stehen soll.[438] Es besteht keine gesetzlich normierte Vermutung zugunsten des Klägers, dass seine Klage in jedem Fall gegen den richtigen Gegner gerichtet ist.[439] Im Zivilprozess bestimmt allein der Kläger, gegen wen er Rechtschutz begehrt.[440]

---

[431] LG Düsseldorf ZMR 2009, 67 (69).
[432] Vgl. dazu eben unter Rn. 538.
[433] Vgl. etwa OLG Karlsruhe NZM 2008, 651.
[434] BGH NJW-RR 2004, 501.
[435] BGH NJW-RR 2006, 42; LG Düsseldorf NZM 2008, 813 (814).
[436] BAG NJW 2007, 2877.
[437] BGH NJW-RR 2008, 582; BAG NJW 2007, 2877 (2878).
[438] BAG NJW 2007, 2877 (2878); AG Konstanz ZMR 2008, 495 (496).
[439] Vgl. für die Urteilsbezeichnung bei Rechtsmittel BFH vom 19. 1. 2005 – VII B 217/04 = BeckRS 2005 25007 670.
[440] LG Köln ZMR 2009, 632; LG Itzehoe ZMR 2009, 479.

Diese Grundsätze lassen sich auch auf die wohnungseigentumsrechtliche Anfechtungsklage übertragen. Richtet der Kläger die Anfechtungsklage gegen den Verband, die „Wohnungseigentümergemeinschaft", anstelle gegen die übrigen Wohnungseigentümer, so ist sorgfältig zu prüfen, ob der Verband Wohnungseigentümergemeinschaft tatsächlich betroffen werden sollte: 541

- Wird die Klage in zulässiger Weise zunächst **ohne Begründung** gegen den Verband Wohnungseigentümergemeinschaft eingereicht, existieren regelmäßig keine Umstände, die darauf schließen lassen, dass bei einer objektiven Würdigung des Erklärungsinhalts entgegen der ausdrücklichen Angabe des Klägers die übrigen Eigentümer auf der Beklagtenseite stehen sollen. Lediglich wenn der Klage eine Eigentümerliste beigefügt ist, kann dies dafür sprechen, dass tatsächlich die (übrigen) Eigentümer auf der Beklagtenseite stehen sollen. Ist der Klageschrift nicht zu entnehmen, dass die Klage gegen die (übrigen) Eigentümer und nicht – wie angegeben – gegen den Verband Wohnungseigentümergemeinschaft gerichtet ist, kommt deshalb lediglich ein späterer Parteiwechsel auf Beklagtenseite in Betracht.[441] Anlass für das Gericht nachzufragen, ob eine solche Klageänderung beabsichtigt ist, kann etwa dann bestehen, wenn in der später eingereichten Klagebegründung Formulierungen wie etwa „die Parteien bilden die Wohnungseigentümergemeinschaft" verwendet werden.[442] 542
- Wenn sich aber sowohl aus der Klageschrift, als auch der Klagebegründung ergibt, dass der Kläger bewusst die Klage gegen den Verband Wohnungseigentümergemeinschaft oder sonstige Dritte richten will, ist die Klage (jedenfalls zunächst) unzulässig. Von der fehlerhaften Parteibezeichnung ist insofern die **bewusst irrtümliche Benennung** der falschen Person als Partei zu unterscheiden, die dann auch Partei des Rechtsstreits wird.[443] Ein solcher Fall kann insbesondere vorliegen, wenn der Kläger auch in der Klagebegründung nicht die Wohnungseigentümer anspricht, sondern von „der Beklagten" spricht und damit den Verband Wohnungseigentümergemeinschaft meint.[444] Insoweit kommt lediglich eine spätere Klageänderung auf die übrigen Eigentümer in Betracht. 543

Hat der Kläger die Anfechtungsklage zunächst gegen den Verband Wohnungseigentümergemeinschaft oder gar gegen abschließend benannte andere Beklagte und nicht gegen alle übrigen Eigentümer gerichtet, stellt sich die Frage, ob ein **nachträglicher Parteiwechsel** auf Beklagtenseite **rückwirkend** die **Klagefrist** des § 46 Abs. 1 Satz 2 Halbs. 1 WEG **wahrt.** Der BGH meint, dass die Klagefrist jedenfalls bei einer Klage gegen den Verband Wohnungseigentümergemeinschaft auch dann gewahrt werde, wenn bis zum Schluss der mündlichen Verhandlung nachträglich ein Parteiwechsel auf die übrigen Mitglieder des Verbandes erfolge.[444a] Zur Begründung führt der BGH an, dass § 44 Abs. 1 Satz 2 Halbs. 1 WEG zu entnehmen sei, dass ein Beklagter für eine wirksame Klageerhebung überhaupt nicht zu benennen sei und damit erst Recht eine Klage gegen den Verband Wohnungseigentümergemeinschaft ausreiche. Im Übrigen erfolge auch bei der Klage gegen den Verband die Zustellung über den Verwalter, der die übrigen Eigentümer zu unterrichten habe.[444b] Gegen diese Auffassung spricht zum einen, dass § 44 Abs. 1 Satz 1 Halbs. 1 WEG die ausdrückliche „Erhebung" gegen die übrigen Wohnungseigentümer (und nicht den Verband) voraussetzt („wird die *Klage* … gegen alle Wohnungseigentümer mit Ausnahme des Gegners *erhoben*") und nur für deren *„nähere* Bezeichnung" – zunächst – die bestimmte Angabe des gemeinschaftlichen Grundstücks genügen lässt. Zum anderen ist die Klagefrist nur dann gewahrt, wenn die Klage auch innerhalb 544

[441] BGH vom 6. 11. 2009 – V ZR 73/09 = BeckRS 2009 87766.
[442] Vgl. LG Berlin ZMR 2009, 390 (392); vgl. auch LG Nürnberg-Fürth ZMR 2009, 75.
[443] BGH NJW-RR 2008, 582 (583); NJW 1987, 1946 (1947); OLG Düsseldorf ZMR 2009, 546 (547); LG Düsseldorf NZM 2008, 813 (814).
[444] LG Düsseldorf ZMR 2009, 67 (68).
[444a] BGH vom 6. 11. 2009 – V ZR 73/09 = BeckRS 2009 87766.
[444b] BGH vom 6. 11. 2009 – V ZR 73/09 = BeckRS 2009 87766.

der Frist des § 46 Abs. 1 Satz 1 Halbs. 1 WEG den richtigen Beklagten zugestellt worden ist oder diese Zustellung „demnächst" i. S. v. § 167 ZPO erfolgt.[444c] Eine demnächst erfolgte Zustellung an die übrigen Eigentümer ist aber nicht dadurch bewirkt, dass die ausdrücklich gegen den Verband Wohnungseigentümergemeinschaft gerichtete Klage dem Verwalter in seiner Eigenschaft als Zustellungsvertreter des Verbandes zugestellt wird. Die Zustellung an den Verwalter wirkt nur für diejenigen Personen, die erkennbar zum Zeitpunkt der Zustellung die Stellung als Beklagte erlangen sollen.[444d] Nur diesen gegenüber wird ein Prozessrechtsverhältnis begründet.[444e] Sind aber nicht die „übrigen Eigentümer" verklagt, sondern der Verband, fehlt es zum Zeitpunkt der Zustellung an einer solchen Parteistellung der „übrigen Eigentümer" und einem ihn gegenüber begründeten Prozessrechtsverhältnis. Das Prozessrechtsverhältnis ist vielmehr gegenüber dem Verband begründet worden. Aus diesem Grund sieht der BGH insoweit auch zutreffend die Notwendigkeit eines Parteiwechsels auf Beklagtenseite.[444f] Liegt der Parteiwechsel aber zeitlich nach dem Ablauf der Klagefrist, kann dieser die Klagefrist nicht mehr wahren. Ob die Eigentümer vom Verwalter über die Klage gegen den Verband unterrichtet worden sind, ist dabei unerheblich, da die Zustellungswirkungen nicht von der Unterrichtung abhängig sind. Auch hatte das Gericht bei der Zustellung der gegen den Verband gerichteten Klage gegenüber den übrigen Eigentümern keinen Zustellungswillen[444g] (zumal auch der Kläger nicht die übrigen Eigentümer verklagten wollte), sondern nur einen Zustellungswillen gegenüber dem allein verklagen Verband Wohnungseigentümergemeinschaft. Vor diesem Hintergrund kann auch bei einer erkennbar abschließenden Benennung von falschen Beklagten eine nachträgliche Berichtigung nicht zur rückwirkenden Wahrung der Klagefrist führen.[444h]

545 *ee) Der **fehlende Beklagte**.* Erheben mehrere Wohnungseigentümer eine Anfechtungsklage gegen denselben Beschluss, sind die Klagen nach § 47 WEG zur gleichzeitigen Entscheidung zu verbinden. Nicht geregelt wurde der Fall, wie zu verfahren ist, wenn sämtliche Wohnungseigentümer einen Beschluss anfechten. Werden diese Klagen gemäß § 47 WEG verbunden, fehlt es mit der Verbindung des letzten Verfahrens an einem Beklagten. Die zwingende Verbindung bewirkt, dass sämtliche Eigentümer auf der Klägerseite stehen.[445] Nicht statthaft ist es, etwa den zuletzt anfechtenden Kläger zusätzlich auf der Beklagtenseite zu belassen. Denn aus dem zivilprozessualen Parteiengegensatz folgt die zwingende Notwendigkeit einer Personenverschiedenheit von Kläger und Beklagtem.[446] Dementsprechend ist in der Rechtsprechung anerkannt, dass bei einer nachträglichen Vereinigung der Beklagten- und Klägerseite das Verfahren in der Hauptsache wegen des Verbots des Insichprozesses von selbst und ohne eine Erledigung in der Hauptsache endet.[447] Diese Rechtsprechung bezieht sich zwar unmittelbar nur auf die Frage einer Vereinigung von Kläger- und Beklagtenstellung in einer Person. Die Übertragung dieser Rechtsprechung auf den Fall, dass aufgrund zwingender Verbindung die Beklagten ebenfalls auf die Klägerseite treten und auch kein tauglicher Beklagter mehr vorhanden ist, erscheint aber ebenfalls angezeigt.[448] Hierdurch wird zwar bewirkt, dass das Gericht den angefochtenen

---

[444c] Die in § 46 Abs. 1 WEG genannte „Erhebung" der Klage stellt gerade auf die Rechtshängigkeit – und damit auf die Zustellung der Klage – ab, vgl. § 253 Abs. 1 i. V. m. § 261 Abs. 1 ZPO (BGH NJW 2009, 999 (1000)).

[444d] Vgl. dazu BGH NJW 1994, 3232 (3233).

[444e] Vgl. dazu OLG Zweibrücken NJW-RR 2002, 212 (213).

[444f] BGH vom 6. 11. 2009 – V ZR 73/09 = BeckRS 2009 87766.

[444g] Vgl. zu diesem Erfordernis BGH NJW 2003, 1192 (1193).

[444h] Vgl. dazu auch zutreffend LG Düsseldorf ZMR 2009, 67 (68); LG Berlin NZM 2009, 442 (443 f.); LAG Berlin vom 26. 6. 2003 – 16 Sa 399/03 = juris = BeckRS 2003 41582.

[445] Vgl. dazu Rn. 588.

[446] BGH DStR 2007, 1970 (1975).

[447] BGH NJW-RR 1999, 1152.

[448] Vgl. auch AG Bingen NZM 2009, 167.

Beschluss – obwohl alle Eigentümer dies beantragt haben – nicht für ungültig erklären kann. Aber auch wenn das Gericht keine Sachentscheidung treffen kann, ist der angegriffene Beschluss für die Eigentümer nicht mehr verbindlich. Insofern bringen sämtliche Eigentümer durch die allseitige Anfechtung übereinstimmend zum Ausdruck, nicht mehr an dem Beschluss festhalten zu wollen. Ein derartiges Verhalten ist mit einer Aufhebung des Beschlusses durch sämtliche Eigentümer auf einer Versammlung gleichzusetzen.

d) Die Klagefrist. Nach § 46 Abs. 1 Satz 2 Halbs. 1 WEG muss der Kläger die Klage innerhalb von **einem Monat** nach der Beschlussfassung erheben. Die Berechnung der Frist folgt den allgemeinen Vorschriften der **§§ 186 ff. BGB.** Eine Klagebegründung ist für die Wahrung der Anfechtungsfrist nicht erforderlich. Hierfür hat der Gesetzgeber eine eigene Frist normiert. Wie bereits nach bisherigem Recht (und entsprechend der Rechtsprechung zur Anfechtungsfrist bei der aktienrechtlichen Anfechtungsklage) handelt es sich um eine **materiell-rechtliche Ausschlussfrist,** deren Versäumung zur Unbegründetheit der Klage führt.[449] Ob die Frist gewahrt ist, hat das Gericht dabei immer und unabhängig von der Rüge einer Partei **von Amts wegen** zu überprüfen.[450] Entsteht ein Streit über die Frage der Wahrung der Klagefrist, trägt der Kläger hierfür die Darlegungslast.[451] 546

Die Einstufung der Klagefrist als materiell-rechtliche Frist führt dazu, dass die Regelung des § 224 ZPO nicht anwendbar ist. Das Gericht kann damit auch auf Antrag **keine Fristverlängerung** gewähren. Im Interesse der Rechtssicherheit gilt ferner, dass die Frist selbst durch eine Vereinbarung der Wohnungseigentümer nicht abgeändert werden kann. Soweit für die bisher in § 23 Abs. 4 Satz 2 WEG a. F. geregelte Anfechtungsfrist vereinzelt angenommen wurde, dass diese Frist durch eine Vereinbarung der Wohnungseigentümer abänderbar sei, lässt sich dieser Ansatz nicht auf die Frist des § 46 Abs. 1 Satz 2 Halbs. 1 WEG übertragen. Denn nur bezüglich des Verhältnisses der Wohnungseigentümer untereinander kann nach § 10 Abs. 2 Satz 2 WEG eine abweichende Vereinbarung getroffen werden. Bereits die systematische Stellung des § 46 WEG im Bereich der „Verfahrensvorschriften" zeigt aber, dass nicht lediglich das Verhältnis der Wohnungseigentümer untereinander betroffen sein kann. Diese Annahme wird durch das in § 46 Abs. 1 Satz 1 WEG normierte Anfechtungsrecht des Verwalters bestätigt. Wenn der Verwalter ein eigenes Anfechtungsrecht haben kann, berührt die Anfechtungsfrist jedenfalls auch dessen Rechtsposition. 547

aa) Fristbeginn. Das für die Berechnung des Beginns der einmonatigen Anfechtungsfrist entscheidende Ereignis im Sinne von § 187 Abs. 1 BGB stellt die Fassung des Eigentümerbeschlusses dar. Entscheidend ist insoweit nicht die Abstimmung, sondern die konstitutive[452] Verkündung des Beschlussergebnisses durch den Versammlungsleiter; was gerade bei Beschlussfassungen um die Mitternachtsstunde im Hinblick auf die Fristberechnung praktische Auswirkungen haben kann. Für den Beginn der Frist kommt es nicht darauf an, ob der Anfechtende Kenntnis von der Versammlung hatte, an dieser teilnahm oder ihm anschließend das Versammlungsprotokoll übersandt wurde.[453] 548

Wird ein **schriftlicher Beschluss** nach § 23 Abs. 3 WEG gefasst, stellt die Feststellung des Beschlussergebnisses und einer an alle Wohnungseigentümer gerichteten Mitteilung das entscheidende Ereignis im Sinne von § 187 Abs. 1 BGB dar. Auf einen Zugang der Mitteilung bei den Wohnungseigentümern kommt es nicht an. Vielmehr ist der Beschluss dann vollendet, wenn die Unterrichtung (wofür auch ein Aushang genügt) den internen Geschäftsbereich des Feststellenden verlassen hat und wenn unter gewöhnlichen Umständen mit einer Kenntnisnahme durch die Wohnungseigentümer gerechnet werden kann.[454] 549

---

[449] BGH NJW 2009, 2132. Vgl. auch die Begründung zum Gesetzesentwurf BT-Drucks. 16/887, S. 38.

[450] Vgl. BGH NJW 1998, 3344 (3345).

[451] BGH NJW 2009, 999 (1001).

[452] BGH NJW 2002, 3704 (3705).

[453] BayObLG NJW-RR 1989, 656.

[454] BGH NJW 2001, 3339 (3343).

550 *bb) Fristende.* Die einmonatige Anfechtungsfrist endet gemäß § 188 Abs. 2 BGB mit dem Ablauf des Monatstages des folgenden Monats, der dem Tag der Beschlussfassung entspricht. Beispielsweise endet bei einem Beschluss vom 25. April die Anfechtungsfrist grundsätzlich am 25. Mai. Fällt das Fristende auf einen Samstag, Sonntag oder einen staatlich anerkannten Feiertag, ist nach § 193 BGB der darauf folgende Werktag maßgeblich. Fehlt im darauf folgenden Monat der maßgebende Monatstag, so endet die Frist gemäß § 188 Abs. 3 BGB mit dem Ablauf des Monats. Findet beispielsweise am 31. Januar eine Eigentümerversammlung statt, so endet die Frist am letzten Tag des Monats Februar (28. oder 29. Februar).

551 *cc) Das Erfordernis der Rechtshängigkeit zur Fristwahrung.* Die einmonatige Anfechtungsfrist wird gemäß § 46 Abs. 1 Satz 2 Halbs. 1 WEG durch die **„Erhebung"** der **Klage** gewahrt. Hierfür muss die Klage zunächst bei einem Gericht eingereicht werden. Grundsätzlich unschädlich ist dabei die Einreichung bei einem örtlich oder sachlich **unzuständigen Gericht,** sofern der Antrag ausreichend bestimmt ist und die Zustellung demnächst erfolgt.[455] Für die Fristwahrung ist allerdings nicht die bloße Einreichung bei Gericht ausreichend. Vielmehr muss die Klage innerhalb der Frist an die beklagten Wohnungseigentümer bzw. den zustellungsbevollmächtigten Verwalter oder Ersatzzustellungsbevollmächtigten im Sinne von § 46 Abs. 1 Satz 2 WEG zugestellt sein. Die in § 46 Abs. 1 WEG genannte „Erhebung" der Klage stellt gerade auf die **Rechtshängigkeit** – und damit auf die **Zustellung** der Klage – ab, vgl. § 253 Abs. 1 i.V.m. § 261 Abs. 1 ZPO.

552 Wird die Klage allerdings „demnächst" im Sinne des § 167 ZPO zugestellt, wirkt die Zustellung der Klage auf den Zeitpunkt der Einreichung der Klage zurück. Mit anderen Worten genügt nur im Fall der „demnächst" zugestellten Klage für die Fristwahrung bereits die Einreichung der Klageschrift bei Gericht. Die Frage, ob eine Klage noch „demnächst" zugestellt ist, kann dabei nicht über eine isolierte zeitliche Betrachtungsweise geklärt werden. Auch mehrmonatige Verzögerungen schließen nicht zwingend die Annahme einer „demnächst" erfolgten Zustellung aus. Denn die Parteien müssen vor Nachteilen durch die Verzögerungen innerhalb des gerichtlichen Geschäftsbetriebes bewahrt werden, da sie diese Verzögerungen nicht beeinflussen können.[456] Die Verzögerungen, die dadurch entstehen, dass einzelne der „übrigen Beklagten" erst zum Schluss der mündlichen Verhandlung namhaft gemacht werden, sind im Hinblick auf diese in § 44 Abs. 1 Satz 2 WEG gesetzlich eingeräumte Möglichkeit ebenfalls unbeachtlich.[457]

553 Zurechnen lassen muss sich eine Partei aber nicht lediglich geringfügige Verzögerungen von i.d.R. etwas mehr als 14 Tagen, die sie oder ihr Prozessbevollmächtigter bei einer sachgerechten Prozessführung hätten vermeiden können. Insbesondere können derartige Verzögerungen durch Mängel der Klageschrift herbeigeführt werden.[458] Dementsprechend müssen gemäß § 44 Abs. 1 Satz 1 WEG in der **Anfechtungsklageschrift** der **Verwalter** oder der **Ersatzzustellungsvertreter angegeben** werden. Auch muss auf die richtige Angabe der Anschrift geachtet werden, da derartige Fehler ebenfalls eine die Fristwahrung ggf. ausschließende Verzögerung darstellen können. Ferner hat der Kläger der Klageschrift gemäß § 253 Abs. 5 ZPO die erforderlichen Abschriften beizufügen. Hierzu gehören auch die Abschriften für den nach § 48 Abs. 1 Satz 2 WEG beizuladenden Verwalter. Da das Gericht gemäß § 12 Abs. 1 Satz 1 GKG die Anfechtungsklage erst nach der Einzahlung der Gerichtskosten zustellen wird,[459] ist ferner zu raten, dass bereits in der Klageschrift **Angaben zum Streitwert** gemacht werden (vgl. §§ 253 Abs. 3 ZPO, 61 GKG). Zwar ist die Verzögerung, die durch eine gerichtliche Streitwertanfrage entsteht, nicht dem Kläger zuzurechnen; dieser kann grundsätzlich eine gewisse Zeit auf die Anfrage des Gerichtes zur

---

455 BGH NJW 1998, 3648.
456 BGH NJW 2006, 3206 (3207).
457 *Nicht belegt.*
458 BGH NJW 2001, 885 (887).
459 BGH NJW 2009, 999 (1001). Vgl. dazu ausführlich auch *Bergerhoff* NZM 2007, 425 (426 f.).

Bemessung des Streitwerts warten. Geht die Streitwertanfrage aber ein, muss der Kläger unverzüglich reagieren. Denn eine erhebliche Verzögerung liegt vor, wenn eine Partei die für eine zügige Beantwortung der Streitwertanfrage notwendige Zeit um mehr als 14 Tage überschreitet.[460] Anzulasten ist dabei aber nur die Verzögerung selbst. Die zugestandene Bearbeitungszeit für die Beantwortung der Streitwertanfrage ist hingegen nicht als Verzögerung anzurechnen, so dass auch eine erst nach 18 Tagen bei Gericht eingehende Antwort auf die Streitwertanfrage eine nur geringfügige Verzögerung darstellen kann.[461] Die Notwendigkeit der Streitwertangabe ist dabei unabhängig von der Klagebegründungsfrist gemäß § 46 Abs. 1 Satz 2 Halbs. 2 WEG. Streitwertangaben stehen in keinem Zusammenhang mit der Begründung einer Klage, sondern beziehen sich lediglich auf den konkreten Klageantrag, der ebenfalls binnen der Anfechtungsfrist zu stellen ist.[462] Bleibt die gerichtliche **Kostenanforderung** aus, darf der Kläger nicht unbegrenzt lange untätig bleiben, sondern muss bei Gericht nachfragen und so auf eine größtmögliche Beschleunigung der Zustellung hinwirken.[463] Geht die **Vorschussanforderung** ein, müssen die Kosten **unverzüglich** eingezahlt werden. Auch insoweit führen Verzögerungen, die einen Zeitraum von „um zwei Wochen" oder nur geringfügig darüber liegend überschreiten, dazu, dass die Klage nicht mehr „demnächst" zugestellt wird.[464] Bei der Einschaltung einer Rechtschutzversicherung darf sich der Kläger nicht auf die erwartete rechtzeitige Einzahlung eines Vorschusses durch die Versicherung verlassen.[465]

Die Klagefrist kann auch im Rahmen eines vorgeschalteten **Prozesskostenhilfeverfahrens** gewahrt werden: 554

- Reicht der Kläger eine **unbedingte Anfechtungsklage** ein und stellt lediglich **zusätzlich** einen Antrag auf **Prozesskostenhilfe**, wird die Anfechtungsfrist bei einer „demnächst" erfolgten Zustellung gewahrt. Von einer derartigen unbedingten Klageerhebung ist bei einer Verbindung mit einem Prozesskostenhilfeantrag regelmäßig auszugehen. Nur dann darf nicht von einer unbedingten Klageerhebung ausgegangen werden, wenn sich etwas anderes aus den Begleitumständen mit einer jeden vernünftigen Zweifel ausschließenden Deutlichkeit ergibt.[466] Derartige Umstände liegen etwa vor, wenn in dem Schriftsatz gebeten wird, „vorab" über die Gewährung von Prozesskostenhilfe zu entscheiden, oder wenn die Klagebegründung in anderer Weise klarstellt, dass eine Klageerhebung noch nicht beabsichtigt ist.[467] 555
  Im Fall einer unbedingten Klageerhebung gehen Verzögerungen im Gerichtsbetrieb und die Verzögerungen durch die Bescheidung des Prozesskostenhilfeantrages nicht zu Lasten des Klägers. Verzögert der Kläger aber bereits im Prozesskostenhilfeverfahren, indem er seine persönlichen und wirtschaftlichen Voraussetzungen nicht unter Verwendung des vorgeschriebenen Vordrucks und unter Beifügung der erforderlichen Belege darlegt, kommt eine Rückwirkung der späteren Zustellung der Klage auf den Eingang des Prozesskostenhilfeantrages nicht in Betracht.[468] Im Hinblick auf die Besonderheit, wonach die Klage gemäß § 46 Abs. 1 Satz 2 Halbs. 2 WEG erst zwei Monate nach der Beschlussfassung zu begründen ist, kann dem Kläger jedoch – zumindest nach der hier vertretenen Auffassung – nicht vorgeworfen werden, dass er diese Frist auch zur Begründung seines

---

460 BGH NJW 1994, 1073 (1074).

461 BGH NJW 1994, 1073 (1074).

462 A. A. wohl LG Nürnberg-Fürth ZMR 2008, 737 (738), welches die Vorschrift des § 61 GKG übersieht. Allerdings waren im dort entschiedenen Fall – wenn auch unzureichende – Angaben zum Streitwert vorhanden.

463 BGH NJW 2006, 3206 (3207).

464 BGH NJW 2009, 999 (1001); vgl. auch BGH NJW 1986, 1347 (1348). Auch eine Verzögerung von 17 Tagen kann im Einzelfall noch geringfügig sein, vgl. LG München ZWE 2009, 35.

465 BGH vom 4. 7. 1968 – III ZR 17/68 = VersR 1968, 1062.

466 Für die Berufungsschrift BGH NJW 2006, 693 (694).

467 BGH NJW-RR 2005, 1015.

468 BGH NJW 2007, 441 (442).

Prozesskostenhilfeverlangens ausschöpft. Allerdings ist darauf hinzuweisen, dass eine Rechtsprechung zu dieser Problematik noch nicht vorhanden ist.
Wird Prozesskostenhilfe verweigert, muss der Kläger entweder unverzüglich die Gerichtskosten einzahlen oder eine sofortige Beschwerde gegen die Verweigerung einlegen. Dabei ist anzuraten, für die sofortige Beschwerde nicht die Monatsfrist des § 127 Abs. 2 Satz 3 ZPO auszuschöpfen, sondern die Beschwerde innerhalb von 14 Tagen zu erheben. Denn zumindest nach der bisherigen Rechtsprechung des Bundesgerichtshofes kommt eine Rückwirkung der späteren Zustellung der Klage nach § 167 ZPO nicht in Betracht, wenn die Beschwerde gegen die Versagung der Prozesskostenhilfe erst nach mehr als 14 Tagen erhoben wurde.[469] Ob der Bundesgerichtshof an dieser Rechtsprechung im Hinblick auf die nunmehr eingeführte Frist des § 127 Abs. 2 Satz 3 ZPO von einem Monat zur Einlegung der Beschwerde gegen die Versagung der Prozesskostenhilfe festhält, ist allerdings zweifelhaft.[470] Bis zur ausdrücklichen Aufgabe dieser Rechtsprechung sollte die sofortige Beschwerde deshalb unverzüglich eingereicht werden.

556 • Stellt der Kläger zunächst innerhalb der Anfechtungsfrist einen **bloßen Prozesskostenhilfeantrag,** bestehen Besonderheiten:
Die Einreichung eines Prozesskostenhilfeantrages verbunden mit einem Klageentwurf und deren Zustellung stellt noch keine „Erhebung" einer Klage im Sinne von § 46 Abs. 1 Satz 2 WEG dar. Sofern für eine materielle Ausschlussfrist keine gesetzliche Wiedereinsetzungsmöglichkeit vorgesehen ist, nimmt die Rechtsprechung im Hinblick auf das Rechtsstaatsprinzip an, dass die Frist gewahrt wird, sofern die unbemittelte Partei alsbald die Klage einreicht, sobald über das Prozesskostenhilfegesuch entschieden worden ist.[471] Einer derartigen Konstruktion bedarf es im Hinblick auf die in § 46 Abs. 1 Satz 3 WEG normierte Möglichkeit der Wiedereinsetzung in den vorigen Stand nicht. Insoweit entspricht es vielmehr der gefestigten Rechtsprechung des Bundesgerichtshofes, dass eine Wiedereinsetzung in den vorigen Stand zu gewähren ist, wenn der Kläger innerhalb der einzuhaltenden Frist ein vollständiges Prozesskostenhilfegesuch eingebracht hat und vernünftigerweise nicht damit rechnen musste, dass der Antrag wegen fehlender Bedürftigkeit abgelehnt werde.[472] Der Lauf der Zwei-Wochen-Frist des § 234 Abs. 1 Satz 1 ZPO zur Beantragung der Wiedereinsetzung in den vorigen Stand beginnt dabei mit der Bekanntgabe des Beschlusses über die Bewilligung der Prozesskostenhilfe zu laufen.[473]
Zu beachten ist, dass der Kläger in diesem Fall zugleich zwingend nach der Bewilligung oder Versagung der Prozesskostenhilfe innerhalb der Wiedereinsetzungsfrist die unbedingte Klageschrift einzureichen und die Tatsachen, die eine Wiedereinsetzung begründen, vorzutragen hat.
Selbst wenn die Klage ursprünglich **bedingt** für den Fall der Bewilligung von Prozesskostenhilfe **erhoben** wurde, genügt ein solcher bedingter Antrag nicht den Anforderungen an eine wirksame Klageeinreichung und Klageschrift im Sinne des § 253 Abs. 2 ZPO. Denn Prozesshandlungen wie die Klageerhebung, die unmittelbare Rechtswirkungen auslösen, können nach der Rechtsprechung des Bundesgerichtshofes nicht unter eine Bedingung gestellt werden. Eine unter der Bedingung der Bewilligung von Prozesskostenhilfe „erhobene" Klage oder Rechtsmitteleinlegung ist unzulässig.[474] Auch wenn man entgegen der Rechtsprechung des Bundesgerichtshofes eine unter der Be-

---

469 BGH NJW 1991, 1745 (1746).

470 Für eine längere Frist im Hinblick auf die Neuregelung des § 127 Abs. 2 Satz 3 ZPO etwa OLG München vom 6. 9. 2004 – 1 W 1660/04 = BeckRS 2004 30344 332.

471 BGH NJW 2007, 439 (441).

472 BGH NJW-RR 2006, 140.

473 BGH NJW 2007, 3354 (3355).

474 Für die Klage vgl. BGH NJW-RR 2003, 1558; NJW 1972, 1373 (1374). Für die Rechtsmitteleinlegung vgl. BGH vom 14. 3. 2007 – XII ZB 235/05 = FamRZ 2007, 895; BGH NJW 1952, 102.

dingung der Bewilligung von Prozesskostenhilfe bedingte Klageerhebung zulassen wollte,[475] müsste – zumindest sofern die Klagefrist abgelaufen ist – nach der Bewilligung der Prozesskostenhilfe fristgerecht eine Wiedereinsetzung in den vorigen Stand beantragt werden oder die Klage „erneut" zur Nachholung der Prozesshandlung eingereicht werden. Wenn überhaupt würde nämlich die Prozesskostenhilfebewilligung zur Anhängigkeit des bedingten Antrages lediglich ab dem Zeitpunkt der Bewilligung führen[476] und würde damit die Klagefrist ebenfalls nicht wahren.

dd) Das Erfordernis eines ausreichend bestimmten Klageantrages. Der Kläger muss zur Wahrung der Anfechtungsfrist innerhalb der Monatsfrist den Klagegegenstand entsprechend den Anforderungen des § 253 Abs. 2 Nr. 2 ZPO bestimmen. Hiervon macht die 2-monatige Begründungsfrist des § 46 Abs. 1 Satz 2 Halbs. 2 WEG keine Ausnahme. Denn nur die Klagebegründung, nicht aber die Bestimmung des Klagegegenstandes und die Stellung eines entsprechend bestimmten Antrages kann im Zeitraum von bis zu zwei Monaten nachgeschoben werden. 557

Der Kläger hat innerhalb der Anfechtungsfrist einen konkreten **Klageantrag** zu stellen. Insbesondere sofern die Wohnungseigentümer mehrere Beschlüsse gefasst haben, ist die Fassung eines Antrages notwendig, der den Gegenstand der Anfechtung so bezeichnet, dass kein Zweifel mehr besteht, welcher Beschluss oder welche Beschlüsse angefochten sein sollen. Hierbei bietet sich folgende Formulierung an: 558

„Den Beschluss der Eigentümerversammlung der Wohnanlage XY vom ... zu dem Tagesordnungspunkt XY (Kurzbeschreibung) für ungültig zu erklären". 559

Ausreichend ist aber auch, wenn der Kläger einen Antrag auf Aufhebung von **sämtlichen** auf einer konkreten Versammlung gefassten **Beschlüsse** stellt. Ein derartiges Vorgehen bietet sich insbesondere an, wenn der Kläger auf keinem Weg Kenntnis von den gefassten Beschlüssen erlangen konnte. Im Hinblick auf die Kostenentscheidung[477] sollte der Kläger jedoch mit derartigen Formulierungen „sparsam" umgehen. Sofern der Kläger mit seinem Antrag sämtliche Beschlüsse „vorsorglich" anficht, darf er sich nicht in einer gleichzeitig eingereichten Klagebegründung die nachträgliche Konkretisierung der angefochtenen Beschlüsse vorbehalten. Dadurch macht der Kläger deutlich, dass er sich nicht auf bestimmte Beschlüsse festlegen will, was für eine ausreichende Bestimmung des Anfechtungsgegenstandes und die Fristwahrung nicht genügt.[478] 560

Fehlt es an einem hinreichend konkreten Sachantrag, ist die Klage unzulässig. Die Nachholung erst nach Ablauf der Klagefrist ist jedenfalls für die Fristwahrung nicht ausreichend, da die Heilung in derartigen Fällen nur für die Zukunft eintritt. 561

Der **Klageantrag** des Klägers ist, wie jede Prozesshandlung, der **Auslegung** zugänglich. Erforderlich, aber auch ausreichend zur Fristwahrung ist insoweit, dass dem Antrag entnommen werden kann, welcher konkrete Beschluss der gerichtlichen Aufhebung unterworfen werden soll. Zur Fristwahrung genügen deshalb auch Formulierungen, wonach die Ungültigkeit eines konkret bezeichneten Beschlusses „festgestellt" werden soll. Auch die fehlende Angabe der Wohnanlage im Antrag ist unbeachtlich, sofern sich aus dem übrigen Sachvortrag[479] noch innerhalb der Klagefrist entsprechende Rückschlüsse mit der erforderlichen Sicherheit ziehen lassen. Nicht ausreichend ist aber, wenn der Kläger nur einen „Einspruch" gegen eine stattgefundene Versammlung einlegt. Diesem Vorbringen lässt sich nicht entnehmen, dass der Kläger die Aufhebung der gefassten Beschlüsse begehrt. Denkbar ist auch die Annahme, dem Kläger gehe es um die Feststellung der Rechtmäßigkeit der Versammlung an sich. Nichts anderes gilt für eine Klage 562

---

[475] So etwa OLG München vom 18. 7. 1988 – 11 WF 887/88 = MDR 1988, 972.

[476] Der Eintritt einer aufschiebenden Bedingung wirkt lediglich „ex nunc" (BGH NJW 1998, 2360 [2362]) und führt damit nur für die Zukunft eine Anhängigkeit des Anfechtungsantrages herbei.

[477] Vgl. dazu Rn. 633.

[478] So bereits für das FGG-Verfahren OLG Köln NJW-RR 1996, 1481.

[479] Vgl. zur Antragsauslegung durch den Sachvortrag BGH NJW 2001, 445 (447).

„wegen sämtlicher Tagesordnungspunkte" oder „sämtlicher Beschlüsse". Auch insoweit fehlt es an einem eindeutigen Klageantrag, da etwa auch die Auslegung des Antrages dahingehend in Betracht kommt, es gehe dem Kläger um die Durchführung der gefassten Beschlüsse entsprechend § 21 Abs. 4 WEG. Bei der Antragsauslegung ist immer zu beachten, dass Klarstellungen nach Ablauf der Klagefrist nicht auf den Zeitpunkt der Einreichung der Klage zurückwirken. Klarstellungen wirken nur für die Zukunft.

563 *ee) Die Möglichkeit und das Erfordernis der* ***Teilanfechtung.*** Zulässig und häufig auch geboten ist die Beschränkung der Anfechtungsklage auf abtrennbare Teile eines Beschlusses. Gerade bei der Anfechtung von Jahresabrechnungen, aber auch bei allen anderen Beschlüssen, sollte der Kläger seinen Antrag auf Ungültigerklärung des Beschlusses auf diejenigen selbständigen und abgrenzbaren Teile beschränken, die an einem zur Aufhebung führenden Mangel leiden. Im Übrigen sollte der Beschluss nicht angefochten werden.

564 Unterlässt der Kläger eine derartige Beschränkung, setzt er sich einem erheblichen Kostenrisiko aus. Das Gericht hat in solchen Fällen trotz der Anfechtung des Beschlusses insgesamt die Ungültigerklärung nur auf die **(rechnerisch) selbstständigen und abgrenzbaren Teile** des angefochtenen Beschlusses zu beschränken.[480] Im Übrigen würde die Anfechtungsklage der Klageabweisung unterliegen und der Kläger wäre nach Maßgabe der Regelung des § 92 ZPO an den Kosten des Rechtsstreits zu beteiligen.[481]

565 Andererseits setzt sich der Kläger einem Risiko des Prozessverlustes aus, wenn er lediglich einen vom Rest des Beschlusses **untrennbaren Beschlussteil** anficht und nur dessen teilweise Aufhebung begehrt. In diesem Fällen darf das Gericht mangels Teilbarkeit des Beschlusses nicht lediglich den angefochtenen Beschlussteil aufheben. Das Gericht darf aber auch den Beschluss nicht insgesamt aufheben, da es insoweit an den Klageantrag nach § 308 ZPO gebunden ist.[482] Die Klage würde vielmehr der Abweisung unterliegen, auch wenn der Beschluss an einem Mangel leidet. Etwas anderes gilt nur dann, wenn sich mit der erforderlichen Sicherheit aus der Auslegung des klägerischen Begehrens ergibt, dass der Beschluss tatsächlich insgesamt angefochten ist.

566 Ein Prüfungsmaßstab dafür, ob der Mangel eines Beschlusses insgesamt zur Aufhebung des Beschlusses führt, ist der Rechtsgedanke des § 139 BGB. Dabei ist durch eine Auslegung zu ermitteln, ob die Eigentümer in der Versammlung, hätten sie die Ungültigkeit der betreffenden Teile erkannt, am Beschluss im Übrigen festgehalten hätten.[483] Die Beantwortung dieser Frage ist Tatfrage, wobei im Zweifelsfall von einer Ungültigkeit insgesamt ausgegangen werden muss.[484] Die Teilbarkeit wird allerdings insbesondere bei der Beschlussfassung über eine **Jahresabrechnung,**[485] aber auch bei der Beschlussfassung über einen **Wirtschaftsplan**[486] angenommen. Leidet bei einer Jahresabrechnung etwa nur eine Einzelposition an einem Mangel, ist die Abrechnung nur hinsichtlich dieser Position für ungültig zu erklären. Ist für eine einzelne Kostenposition lediglich ein fehlerhafter Kostenverteilungsschlüssel in Ansatz gebracht worden, sind nur die betroffenen Einzeljahresabrechnungen, beschränkt auf die jeweiligen Anteile an diesen gesondert ausgewiesenen Kosten, und die unter ihrem Einschluss errechneten Salden für ungültig zu erklären.[487] Die Gesamtabrechnung darf in einem solchen Fall nicht für ungültig er-

---

[480] BGH NJW 2007, 1869 (1870); NJW 2005, 2061 (2069).

[481] Vgl. zum Kostenrisiko: Rn. 627.

[482] Dies wurde im FGG-Verfahren, bei welchem die strengen Anforderungen des § 308 ZPO noch nicht galten, anders gesehen (OLG Hamburg ZMR 2008, 152 (153); BayObLG NZM 2000, 679 (680)).

[483] Vgl. BGH NJW 1998, 3713, 3716.

[484] BayObLG vom 29. 4. 2004 – 2 Z BR 245/03 = BeckRS 2004 06290 = MietRB 2004, 329.

[485] BGH NJW 2007, 1869 (1870 f.).

[486] BGH NJW 2005, 2061 (2069).

[487] BGH NJW 2007, 1869 (1870 f.), m. w. N.

klärt werden, da eine falsche Verteilung von Ausgaben und Einnahmen auf einzelne Wohnungseigentümer keine Auswirkungen auf die Richtigkeit der Gesamtabrechnung hat.[488] Nur wenn das Rechenwerk für den durchschnittlichen Wohnungseigentümer nicht mehr nachvollziehbar ist, ist die Jahresabrechnung insgesamt aufzuheben. Allein dass quantitativ ein erhöhter Prozentsatz der Gesamtjahreskosten fehlerbehaftet ist, stellt dabei allerdings noch kein hinreichendes Indiz für die mangelnde Nachvollziehbarkeit der Abrechnung insgesamt dar.[489] Wegen weiterer Einzelheiten der Teilanfechtung von Jahresabrechnungs- und Wirtschaftsplanbeschlüssen wird auch auf die Ausführungen von *Wanderer* (Teil C, Rn. 1240ff. und Rn. 1475ff.) hingewiesen.

e) **Die Klagebegründungsfrist.** Der Kläger muss die Klage nicht bereits bei ihrer Einreichung begründen, sondern kann die Klagebegründung nachreichen. Will der Kläger die Klage dementsprechend erst später begründen, muss er die Klagebegründung gemäß § 46 Abs. 1 Satz 2 Halbs. 2 WEG innerhalb von **zwei Monaten** nach der Beschlussfassung einreichen. Die Berechnung der Klagebegründungsfrist folgt auch hier den allgemeinen Vorschriften der **§§ 186ff. BGB.** Die Ausführungen zur Fristberechnung bei der Klagefrist gelten entsprechend.[490] 567

aa) Die Rechtsnatur der Klagebegründungsfrist. Bei der Klagebegründungsfrist handelt es sich um eine zwingende und nicht der Disposition des Gerichtes oder der Parteien unterliegende, nicht verlängerbare,[491] **materiell-rechtliche Ausschlussfrist,**[492] was sich bereits aus der systematischen Stellung und dem Vergleich zur Klagefrist ergibt. Das Gericht hat – wie bei der Klagefrist – von Amts wegen zu prüfen, ob die Klagebegründung fristgerecht erfolgt ist. Versäumt der Kläger die fristgerechte Begründung, ist die Klage unbegründet. Die bloße Anwendung der Verspätungsvorschriften bei einer Fristversäumnis ist ausgeschlossen, da der Gesetzgeber in § 46 Abs. 1 Satz 3 WEG die entsprechende Anwendung der Regelungen über die Wiedereinsetzung in den vorigen Stand vorgesehen hat. Die zwingende Anwendung der kein Ermessen eröffnenden Vorschriften der §§ 233ff. ZPO macht deutlich, dass die Zulassung einer verspäteten Klagebegründung, anders als bei § 296 ZPO, nicht in das, in einer freien Überzeugung stehende Ermessen des Gerichtes gestellt ist. 568

bb) Die Anforderungen an die Klagebegründung. Der Kläger muss nach der Rechtsprechung des BGH innerhalb der Klagebegründungsfrist den wesentlichen tatsächlichen Kern der Gründe darlegen, auf die er seine Anfechtungsklage stützt.[493] Nach dem Ablauf der Klagebegründungsfrist ist ein **Nachschieben** neuer Anfechtungsgründe **nicht möglich.**[494] Gleichwohl nachgeschobene neue Anfechtungsgründe sind bei der Entscheidung nicht zu berücksichtigen.[495] Nach dem Fristablauf ist dem Kläger nur eine vertiefende Substantiierung der innerhalb der Begründungsfrist vorgetragenem Gründe möglich; wobei dann jedoch – sofern etwa das Gericht dem Kläger Fristen zur Erläuterung seines Vorbringens nach § 273 Abs. 2 Nr. 1 ZPO gesetzt hat – der Anwendungsbereich des § 296 ZPO eröffnet ist. Zwar war diese Annahme zumindest bis zur Entscheidung des BGH nicht unumstritten.[496] Für die Auffassung des BGH sprechen aber 569

---

488 OLG München NZM 2008, 492 (493).

489 OLG München NZM 2008, 492 (493).

490 Vgl. dazu Rn. E 536ff.

491 BGH v. 2. 10. 2009 – V ZR 235/08 = BeckRS 2009 28935; LG Hamburg ZMR 2008, 415; LG Dessau-Roßlau ZMR 2008, 324.

492 BGH NJW 2009, 999; NJW 2009, 2132.

493 BGH NJW 2009, 999; NJW 2009, 2132 (2133); BGH v. 2. 10. 2009 – V ZR 235/08 = BeckRS 2009 28935.

494 BGH NJW 2009, 999; NJW 2009, 2132 (2134); vgl. auch etwa LG Nürnberg-Fürth ZMR 2009, 317 (319).

495 BGH NJW 2009, 999.

496 Dagegen etwa *Briesemeister* ZMR 2008, 253ff.; *Dötsch* ZMR 2008, 433ff.

gewichtige Gründe. Der Gesetzgeber hat zwar nicht ausdrücklich angeordnet, dass der Kläger mit nach der Klagebegründungsfrist vorgetragenen neuen Anfechtungsgründen ausgeschlossen ist. Aber selbst für die aktienrechtliche Anfechtungsklage, die lediglich eine Klagefrist kennt, sind derartige Anforderungen anerkannt,[497] um einen Leerlauf der gesetzlichen Fristenregelung zu verhindern. Nichts anderes kann dann aber für die wohnungseigentumsrechtliche Anfechtungsklage gelten, zumal hier zusätzlich eine ausdrückliche Frist für die Begründung der Klage durch den Gesetzgeber eingeführt wurde. Dass unter Geltung des früheren FGG-Verfahrensrechtes kein Ausschluss von nach Ablauf der Anfechtungsfrist vorgetragenen Anfechtungsgründen angenommen wurde, ist dabei kein taugliches Gegenargument. Denn im damaligen Verfahrensrecht galt der Grundsatz der Amtsermittlung nach § 12 FGG, so dass ein Ausschluss ohnehin nicht denkbar war.

570 Für die Darlegung des **„wesentlichen tatsächlichen Kerns“** der Anfechtungsgründe muss der Kläger entsprechende **Tatsachen** und damit den maßgeblichen Lebenssachverhalt vortragen, aus dem er die Anfechtbarkeit des Beschlusses herleiten will.[498] Nicht erforderlich ist zwar insoweit eine Substantiierung im Einzelnen. Der Lebenssachverhalt muss aber wenigstens in Umrissen vorgetragen werden.[499] Eine bloß schlagwortartige Beschreibung des Anfechtungsgrundes genügt dabei nur ausnahmsweise und zwar nur dann, wenn das Schlagwort den maßgeblichen Lebenssachverhalt bereits hinreichend deutlich eingrenzt.[500] Zudem muss sich der Lebenssachverhalt unmittelbar **aus** den innerhalb der Klagebegründungsfrist eingereichten **Schriftsätzen selbst** ergeben. Nicht ausreichend ist hingegen, dass er sich nur aus den Anlagen ergibt. So ersetzt etwa die bloße Einreichung der Teilungserklärung oder des Protokolls der Wohnungseigentümerversammlung nicht das für die Klagebegründung erforderliche schriftsätzliche Vorbringen.[501] Nicht ausreichend ist ferner, dass der Kläger vorträgt, der Beschluss sei rechtswidrig oder widerspreche ordnungsmäßiger Verwaltung.[502] Insoweit handelt es sich um eine bloße Rechtsansicht ohne jedwede Anknüpfung an einen konkreten Lebenssachverhalt. Nichts anderes gilt für die bloße Erhebung einer Rüge der „Beschlussfähigkeit nach § 25 Abs. 3 WEG“, da auch aus dieser Angabe weder der Lebenssachverhalt, noch der konkrete Mangel der zahlreichen in Betracht kommenden Beschlussfähigkeitsmängel deutlich wird.[503] Will der Kläger den Verstoß gegen die Grundsätze einer ordnungsgemäßen Verwaltung rügen, muss er vielmehr die Tatsachen vortragen, die den Verstoß begründen (Bspw.: „Die beschlossene Sanierung der Fassade ist nicht erforderlich, da sie erst vor sieben Monaten gestrichen wurde und zwischenzeitlich keine Schäden aufgetreten sind.“).

571 Zu beachten ist, dass **Nichtigkeitsgründe** nicht der Frist für die Begründung der Anfechtungsklage unterliegen.[504] Da der Kläger die Nichtigkeitsfeststellungsklage fristungebunden erheben kann und das Gericht jederzeit nach § 46 Abs. 2 WEG auf das Vorliegen derartiger Gründe hinweisen muss, ist die Einführung von Nichtigkeitsgründen nicht an die Klagebegründungsfrist gebunden.

572 **f) Die Wiedereinsetzung in den vorigen Stand.** Versäumt der Kläger die Klage- oder Klagebegründungsfrist, ist ihm bei Vorliegen der Voraussetzungen auf Antrag eine Wiedereinsetzung in den vorigen Stand zu gewähren. Nach § 46 Abs. 1 Satz 3 WEG sind insoweit die Regelungen der §§ 233 bis 238 ZPO entsprechend anzuwenden. Nach § 233 ZPO ist dem Kläger eine Wiedereinsetzung in die Klage- oder Klagebegründungs-

[497] BGH NZG 2005, 479 (480 f.); NJW 1993, 400 (404); NJW 1966, 2055.
[498] BGH NJW 2009, 999 (1000); BGH NJW 2009, 2132 (2133).
[499] BGH NJW 2009, 2132 (2133).
[500] BGH NJW 2009, 2132 (2133).
[501] BGH NJW 2009, 999 (1001).
[502] AG Hamburg ZMR 2009, 231 (232).
[503] BGH NJW 2009, 2132 (2133).
[504] BGH NJW 2009, 999 (1001); NJW 2009, 2132 (2134).

frist zu gewähren, wenn er ohne sein Verschulden gehindert war, die Klage- und/oder Klagebegründungsfrist einzuhalten.

Ob über § 46 Abs. 1 Satz 3 WEG, §§ 233 ff. ZPO zusätzlich auch eine Wiedereinsetzung hinsichtlich eines nicht innerhalb der Klagebegründungsfrist vorgetragenen neuen Anfechtungsgrundes bei vorliegender fristgerechter Begründung und dadurch ein **Nachschieben von Anfechtungsgründen bei fehlendem Verschulden** ermöglicht wird,[505] ist für § 46 Abs. 1 Satz 3 WEG noch nicht höchstrichterlich entschieden. Gegen diese Auffassung spricht jedenfalls die höchstrichterliche Rechtsprechung der Bundesgerichte zu §§ 233 ff. ZPO. Danach dient das Institut der Wiedereinsetzung in den vorigen Stand auch aus Gründen der Rechtssicherheit und Rechtsklarheit nicht dazu, inhaltliche Unvollständigkeiten einer an sich fristgerecht eingereichten Begründung zu heilen.[506] Das gilt auch für den Fall, dass die Begründung aus der Sicht des Klägers inhaltlich unvollständig ist, weil Unterlagen bis zum Ende des Ablaufs der Frist nicht vorlagen.[507] 573

aa) Das Wiedereinsetzungsverfahren. Der Kläger muss gemäß § 233 Abs. 1 ZPO innerhalb von zwei Wochen nach der Behebung des Hindernisses, das ihn von der Erhebung der Anfechtungsklage oder einer Begründung der Anfechtungsklage abgehalten hat, einen Antrag auf eine Wiedereinsetzung in die versäumte Frist stellen. Als absolute Frist für den Wiedereinsetzungsantrag gilt dabei ein Jahr nach Ablauf der versäumten Frist, § 234 Abs. 3 ZPO. Danach ist der Antrag unzulässig. Innerhalb dieser Frist muss der Kläger die versäumte Klage einreichen bzw. die versäumte Klagebegründung nachholen und die Gründe für die Wiedereinsetzung darlegen, § 236 Abs. 2 ZPO. Grundsätzlich ist ein gesonderter Wiedereinsetzungsantrag nach § 236 Abs. 1 ZPO notwendig. Hat der Kläger aber die versäumte Klage eingereicht oder die versäumte Klagebegründung nachgeholt, kann ihm – sofern er die Gründe für die Versäumung darlegt – auch ohne einen Antrag die Wiedereinsetzung gewährt werden, vgl. § 236 Abs. 1 Satz 2 Halbs. 2 ZPO. Über die Wiedereinsetzung entscheidet das Gericht, dem die Entscheidung über die nachgeholte Prozesshandlung zusteht. Das Verfahren über den Antrag auf eine Wiedereinsetzung ist grundsätzlich mit dem Verfahren über die Anfechtungsklage zu verbinden, § 238 Abs. 1 Satz 1 ZPO. Dem Gericht ist es gleichwohl unbenommen, zunächst lediglich über den Wiedereinsetzungsantrag zu entscheiden, § 238 Abs. 1 Satz 2 ZPO. 574

bb) Die Wiedereinsetzungsgründe. Eine Wiedereinsetzung kommt nur in Betracht, sofern der Kläger ohne ein Verschulden an der Einhaltung der Frist(en) gehindert war. Das Verschulden eines gesetzlichen Vertreters steht nach § 51 Abs. 2 ZPO und das Verschulden eines Prozessbevollmächtigten nach § 85 Abs. 2 ZPO dem Verschulden der Partei gleich. Ob die Versäumung der Frist verschuldet ist, hängt von den Umständen des Einzelfalles ab. Für die einzelnen Fallgruppen kann zunächst auf die allgemeinen für § 233 ZPO anerkannten **tatsächlichen Gründe**, etwa den Verlust der Klage- oder Klagebegründung auf dem Postweg, verwiesen werden. Hinzu kommen spezifisch wohnungseigentumsrechtliche Wiedereinsetzungsgründe. 575

Ein Fall der unverschuldeten Fristversäumung kann insbesondere vorliegen, wenn der Eigentümer von der Versammlung und der Beschlussfassung **keine Kenntnis** hatte. Den Eigentümer trifft aber die Pflicht, dafür Sorge zu tragen, dass er für den Versammlungsleiter erreichbar ist. Hat er weder einen Nachsendeauftrag erteilt, noch dem Verwalter seine neue Anschrift mitgeteilt, kann er sich später nicht ohne weiteres auf die fehlende Kenntnis berufen. 576

---

[505] Dafür *Elzer* ZMR 2009, 256 (257).

[506] Vgl. nur BGH NJW 1997, 1309 (1310); NJW 2000, 364 (365); BSG vom 16. 2. 2001 – B 2 U 52/01 B = BeckRS 2001 30410 735; BFH vom 25. 5. 1977 – II R 127/70 = BeckRS 1977 22004 066; BFH vom 22. 2. 1989 – X R 102/88 = juris; BAG NJW 1962, 2030; vgl. auch OLG Koblenz vom 28. 12. 2004 – 11 UF 825/03 = OLGR Koblenz 2005, 870 (871) = juris.

[507] BSG vom 16. 2. 2001 – B 2 U 52/01 B = BeckRS 2001 30410 735.

577 Wurde der Eigentümer ordnungsgemäß zur Versammlung geladen und nimmt er gleichwohl an dieser nicht teil, darf er nicht bis zum Ablauf der Anfechtungsfrist auf das **Versammlungsprotokoll** warten, sondern hat sich über die gefassten Beschlüsse zu informieren.[508] Eine Berufung darauf, ihm sei das Versammlungsprotokoll verspätet zugegangen, ist insoweit unbeachtlich, zumal eine Einsichtnahme in die Beschlusssammlung möglich ist.[509] Etwas anderes gilt lediglich, sofern ein Beschluss gefasst wurde, dessen Gegenstand in der Einladung nicht hinreichend bezeichnet war. In diesem Fall durfte der Kläger, sofern anderweitige Anhaltspunkte fehlen, darauf vertrauen, dass nur über die in der Einladung bezeichneten Gegenstände Beschlüsse gefasst worden sind.[510]

578 Ferner kann ein Verschulden ausgeschlossen sein, wenn der Verwalter die Einsichtnahme in die Beschlusssammlung nach § 24 Abs. 7 WEG ohne einen Grund verweigert oder der Eigentümer aus sonstigen Gründen keine Informationen zu gefassten Beschlüssen erhält.[511] Hierzu zählt auch, dass gefasste Beschlüsse noch nicht in die Beschlusssammlung aufgenommen worden sind.[512]

579 Auch ein **Rechtsirrtum** kann in besonderen Einzelfällen einen unverschuldeten Fall der Fristversäumnis darstellen. Einer Partei ist es aber zuzumuten, sich über geltende Fristen und Formerfordernisse ausreichend zu informieren.[513] Dementsprechend kann sich der Kläger nicht darauf berufen, ihm seien die Klagefrist, die neu in das Gesetz aufgenommene Klagebegründungsfrist oder sonstige formale Anforderungen an die Anfechtungsklage unbekannt gewesen. Nach der Rechtsprechung des BayObLG soll jedoch ein unverschuldeter Rechtsirrtum vorliegen, wenn sich ein Wohnungseigentümer auf die Angabe des Verwalters verlasse, dass ein gefasster Beschluss nichtig sei und nicht der Anfechtung bedürfe.[514] Gegen diese Annahme des BayObLG ist jedoch einzuwenden, dass es nicht zu den wohnungseigentumsrechtlichen Aufgaben eines Verwalters gehört, Wohnungseigentümer über die Nichtigkeit von Beschlüssen zu beraten. Bereits vor diesem Hintergrund handelt ein Wohnungseigentümer schuldhaft, wenn er sich auf derartige Angaben verlässt.

580 **g) Das Verhältnis zur Nichtigkeitsfeststellungsklage und die Hinweispflicht.** Die Anfechtungsklage ist auf die gerichtliche Ungültigerklärung eines Beschlusses, die Nichtigkeitsfeststellungsklage ist auf eine (deklaratorische) gerichtliche Feststellung der Nichtigkeit eines Beschlusses gerichtet. Beide Klagearten haben damit gemeinsam, dass sie die Gültigkeit eines Beschlusses betreffen.

581 *aa) Der einheitliche Streitgegenstand und seine Folgen.* Die Anfechtungs- und die Nichtigkeitsfeststellungsklage betreffen denselben Streitgegenstand, nämlich den Streit um die Gültigkeit eines Beschlusses.[514a] Diese **Einheitlichkeit des Streitgegenstandes** war bereits bislang im Verfahren der freiwilligen Gerichtsbarkeit anerkannt[515] und entspricht auch der vergleichbaren Rechtsprechung zum Verhältnis von Beschlussanfechtungs- und Nichtigkeitsfeststellungsklage im Aktienrecht.[516] Dementsprechend ordnet § 47 Satz 1 WEG nunmehr die zwingende Verbindung von Anfechtungs- und Nichtigkeitsfeststellungsklagen in Bezug auf denselben Beschluss an.

---

[508] OLG Hamm NZM 1998, 971 (972); OLG Düsseldorf NJW-RR 1995, 464; BayObLG NJW-RR 1991, 976 (977).
[509] Vgl. LG München NJW 2008, 1823.
[510] KG NJW-RR 1997, 776 (777); BayObLG NJW-RR 1989, 656.
[511] BayObLG ZMR 2003, 435 = NZM 2003, 520 (nur Ls.).
[512] Bei fehlender Protokollerstellung KG FGPrax 2002, 61 (62) = NZM 2002, 168 (nur Ls).
[513] BGH NJW 1997, 1989.
[514] BayObLG NZM 2001, 133 (135).
[514a] BGH v. 2. 10. 2009 – V ZR 235/08 = BeckRS 2009 28935.
[515] BGH NJW 2003, 3550 (3554).
[516] BGH NJW 2002, 3465.

Die Einheitlichkeit des Streitgegenstandes verbietet es, über bestimmte Anfechtungspunkte oder die Nichtigkeit eines Beschlusses ein **Teilurteil** gemäß § 301 ZPO zu erlassen.[517] Ebenso muss deshalb grundsätzlich gegenüber allen Klägern einheitlich entschieden werden, da sich diese als notwendige Streitgenossen darstellen.[518] 582

Die Einheitlichkeit des Streitgegenstandes bewirkt, dass der Anfechtungskläger innerhalb der eingereichten Klage jederzeit **vom Anfechtungs- zum Nichtigkeitsfeststellungsantrag wechseln** kann und umgekehrt. Im Hinblick auf die besonderen Bestimmungen der Anfechtungs- und Klagebegründungsfrist kommt jedoch die Aufhebung eines Beschlusses wegen eines nicht zur Nichtigkeit führenden Mangels nur in Betracht, wenn die Fristen des § 46 Abs. 1 Satz 2 WEG eingehalten sind. 583

Ein Klageantragswechsel ist aber nicht zwingend notwendig. Ihm kommt vielmehr nur eine deklaratorische Bedeutung zu, da im Rahmen der Anfechtungsklage auch Nichtigkeitsgründe zu prüfen sind und im Rahmen der Nichtigkeitsfeststellungsklage bei einer entsprechenden Rüge auch Anfechtungsgründe zu prüfen sind, sofern die Fristen des § 46 Abs. 1 Satz 2 WEG eingehalten sind. Dementsprechend hat das Gericht im Rahmen der Anfechtungsklage auch ohne eine Antragsumstellung die **deklaratorische Feststellung der Nichtigkeit** als eine bloße „sprachliche" Abweichung zum Aufhebungsklageantrag auszusprechen, sofern der Beschluss an einem Nichtigkeitsgrund leidet. Denn ein Beschlussanfechtungsantrag ist immer auch auf die Feststellung der Nichtigkeit des angefochtenen Eigentümerbeschlusses gerichtet, falls dieser an einem als Nichtigkeitsgrund einzuordnenden Mangel leiden sollte.[519] Sind die Fristen des § 46 Abs. 1 Satz 2 WEG gewahrt, muss sich das Gericht aber nicht einmal zwingend festlegen, ob der Beschluss an einem Nichtigkeitsmangel oder einem bloßen Anfechtungsgrund leidet. Das Gericht muss in diesem Fall lediglich prüfen, ob ein Rechtsfehler vorliegt, der den Bestand des angegriffenen Beschlusses berührt. Sofern dies der Fall ist, kann das Gericht den Beschluss auch für ungültig erklären; zwischen Anfechtungs- und Nichtigkeitsgründen braucht insoweit nicht zwingend unterschieden zu werden.[520] 584

Im Hinblick auf die Einheitlichkeit des Streitgegenstandes ist es deshalb nicht notwendig, bei der Erhebung einer Anfechtungsklage **hilfsweise** die Feststellung der Nichtigkeit zu begehren. Vielmehr würde sogar, wenn das Gericht zur Entscheidung über den Hilfsantrag kommt, ein Fall der doppelten Rechtshängigkeit gemäß § 261 Abs. 3 Nr. 1 ZPO vorliegen, da die Frage, ob der Beschluss nichtig ist, bereits innerhalb des Anfechtungsantrages zu prüfen war. Andererseits ist ein derartiger Antrag zumindest kostenrechtlich unbedenklich, da insoweit derselbe Gegenstand im Sinne von § 45 Abs. 1 Satz 3 GKG vorliegt. 585

Durch die Identität des Streitgegenstandes ist auch die Frage entschieden, ob bei der Abweisung einer Anfechtungsklage als unbegründet in einem weiteren Rechtsstreit die Nichtigkeit des Beschlusses geltend gemacht werden kann. Einer derartigen Klage steht in der Regel[521] die **Rechtskraft** des ersten Urteils entgegen, was der Gesetzgeber in § 48 Abs. 4 WEG klargestellt hat. 586

bb) Die Hinweispflicht. Hat der Kläger Tatsachen übersehen, aus denen sich die Nichtigkeit des Beschlusses ergibt, hat das Gericht nach § 46 Abs. 2 WEG darauf hinzuweisen. Diese Hinweispflicht erfasst insbesondere die Fallgruppe, dass der Beklagte Tatsachen vorträgt, aus denen sich die Nichtigkeit des Beschlusses ergibt, ohne dass sich der Kläger diese Tatsachen zu Eigen macht. Macht der Kläger sich die von dem Beklagten vorgetragenen Tatsachen nicht wenigstens **hilfsweise zu Eigen,** darf das Gericht seine 587

---

[517] Für aktienrechtliche Anfechtungsklage BGH NJW 1999, 1638.

[518] BGH NJW 2009, 2132 (2133). Zum gerichtlichen Vorgehen bei Versäumung der Anfechtungs- oder Klagebegründungsfrist, vgl. aber Rn. 596 ff.

[519] BGH NJW 2003, 3550 (3554); OLG Hamburg ZMR 2008, 152 (154).

[520] BGH vom 2. 10. 2009 – V ZR 235/08 = BeckRS 2009 28935 unter ausdrücklicher Aufgabe der bisherigen Rechtsprechung in BGH NJW 2003, 3550 (3554).

[521] Vgl. zu den Ausnahmen: Rn. 638 ff.

Entscheidung hierauf nicht stützen.[522] Dem Kläger ist deshalb zu raten, sich die seitens des Gerichts in Bezug genommenen Tatsachen zu Eigen zu machen, wenn das Gericht entsprechende Hinweise erteilt. Sofern sich diese Nichtigkeitsgründe unmittelbar aus dem Tatsachenvortrag des Klägers oder etwa bei einer vollständigen Unbestimmtheit des angefochtenen Beschlusses aus einer rechtlichen Würdigung des Beschlussinhaltes ergeben, ohne dass die Nichtigkeit von den Parteien erkannt wird, ergibt sich diese Hinweispflicht bereits aus §§ 139 Abs. 1, Abs. 2 ZPO. Die Vorschrift des § 46 Abs. 2 WEG dient deshalb insbesondere der Vermeidung von Befangenheitsanträgen, da hierdurch ein einseitiger, die Interessen der Klägerseite betreffender Hinweis zur Ergänzung des Tatsachenvortrages ermöglicht wird.[523]

588 **h) Das Verbindungserfordernis.** Nach § 47 Satz 1 WEG müssen mehrere Prozesse, in denen es um die Erklärung oder die Feststellung der Ungültigkeit desselben Beschlusses geht, zur gleichzeitigen Verhandlung und Entscheidung verbunden werden. Die Vorschrift des § 47 Satz 1 WEG eröffnet dem Gericht kein Ermessen. Die Verbindung ist vielmehr zwingend vorzunehmen. Da die Kläger vor der Verbindung jeweils auch Beklagte des hinzu verbundenen Rechtsstreits waren, stehen diese nach der Verbindung kraft Gesetzes gemäß § 47 Satz 2 WEG als Streitgenossen insgesamt auf der Klägerseite. Die Streitgenossenschaft der Kläger ist eine notwendige Streitgenossenschaft im Sinne von § 62 Abs. 1 Var. 1 ZPO.[524]

589 *aa) Die Voraussetzungen der Verbindung.* Sämtliche Klagen, die sich auf die Gültigkeit eines Beschlusses beziehen und damit einen identischen Streitgegenstand haben, sind nach § 47 Satz 1 WEG zu verbinden. Hierzu zählen nicht nur die Anfechtungs- und die Nichtigkeitsfeststellungsklage, sondern auch die sonstigen beschlussbezogenen Klagen (mit der Ausnahme der Klage auf die Feststellung eines bestimmten Beschlussinhalts),[525] da auch insoweit ein einheitlicher Streitgegenstand vorliegt.

590 Nach dem Wortlaut des § 47 Satz 1 WEG sind nur „erhobene" und damit nach §§ 253 Abs. 1 i. V. m. § 261 Abs. 1 ZPO durch eine Zustellung an die Beklagten **rechtshängige Klagen** zu verbinden. Dementsprechend muss auch eine vor einer Verbindung zurückgenommene Klage nicht verbunden werden, da der Rechtsstreit mit der Rücknahme nach § 269 Abs. 3 Satz 1 ZPO als nicht anhängig geworden anzusehen ist. Gleichwohl kann auch eine nur anhängige Klage aus prozessökonomischen Gründen verbunden werden, was allerdings nicht von der **Verpflichtung zur Zahlung** des **Gerichtskostenvorschusses** entbindet. Insoweit bleiben die bis zur Verbindung in jedem einzelnen Verfahren nach dem jeweiligen Streitwert angefallenen allgemeinen Gerichtsgebühren trotz einer Verbindung geschuldet.[526]

591 Im Hinblick auf den Zweck des § 47 Satz 1 WEG besteht keine Verbindungspflicht für Klagen, die unheilbar **unzulässig** sind. So ist etwa die Klage eines nicht anfechtungsbefugten Dritten nicht zu verbinden. In diesem Fall besteht nicht die Gefahr von sich inhaltlich widersprechenden Entscheidungen, zumal in persönlicher Hinsicht kein identischer Streitgegenstand vorliegt.

592 Zu verbinden sind aber solche Anfechtungsklagen, die offensichtlich nach dem **Ablauf der Klagefrist** gemäß § 46 Abs. 1 Satz 1 Halbs. 1 WEG erhoben worden sind, oder bei denen die Klagebegründungsfrist nach § 46 Abs. 1 Satz 2 Halbs. 2 WEG verstrichen ist, zumal der Kläger jederzeit und ohne eine Einhaltung von Fristen seine Klage auf Nichtigkeitsgründe stützen kann. Auch vor diesem Hintergrund sollte sich das Gericht in einem solchen Fall nicht über den Wortlaut des § 47 Satz 1 WEG hinwegsetzen.

---

[522] BGH NJW 2000, 1641 (1642).

[523] So auch die Begründung zum Gesetzesentwurf BT-Drucks. 16/887, S. 38.

[524] BGH NJW 2009, 2132 (2133).

[525] Vgl. dazu Rn. 650 ff.

[526] OLG Koblenz NZG 2005, 817; OLG Frankfurt vom 13. 11. 2006 – 5 W 40/06 = BeckRS 2007 14829.

Eine Verbindungspflicht besteht nur für Klagen, die sich auf **denselben Beschluss** beziehen. Auch wenn jeweils nur **Teilanfechtungen** bezogen auf unterschiedliche Teile eines einheitlichen Beschlusses vorliegen, hat eine Verbindung der Klagen zu erfolgen. Andernfalls bestünde die Möglichkeit, dass bei einer getrennten Aufhebung von unterschiedlichen Teilen eines Beschlusses der Regelungscharakter des verbleibenden Beschlussteils nicht mehr erkennbar wäre. Hinzu kommt, dass auch bei Teilanfechtungen „derselbe Beschluss" i. S. v. § 47 Satz 1 WEG betroffen ist. 593

Keine Verbindungspflicht besteht hingegen für Anfechtungsklagen, die sich gegen **unterschiedliche Beschlüsse** richten. Dies gilt auch dann, wenn die unterschiedlichen Beschlüsse auf derselben Versammlung gefasst wurden. Die Verbindung derartiger unterschiedlicher Anfechtungsklagen richtet sich vielmehr ausschließlich nach § 147 ZPO. Eine Verbindung von Klagen unterschiedlicher Kläger auf eine Ungültigerklärung unterschiedlicher Beschlüsse sollte ohnehin tunlichst unterlassen werden. Würde man die Klagen verschiedener Wohnungseigentümer auf Ungültigerklärung unterschiedlicher Beschlüsse verbinden, hätte dies zur Folge, dass der Kläger des einen verbundenen Verfahrens in Bezug auf den seitens des anderen Klägers angefochtenen Beschluss nach § 46 Abs. 1 Satz 1 WEG zusätzlich Beklagter ist und umgekehrt. Dies würde nicht nur zu einem nicht mehr nachvollziehbaren Rubrum mit einer entsprechenden Kostenentscheidung führen, sondern auch den Rechtsanwalt der Beklagten in eine missliche Lage bringen, da er in ein- und demselben Prozess für beide Seiten tätig werden müsste. Hierfür sei folgendes Beispiel angeführt: Wohnungseigentümer A ficht den Beschluss 1 und Wohnungseigentümer B den Beschluss 2 an. In beiden Prozessen werden die beklagten übrigen Wohnungseigentümer von Rechtsanwalt R vertreten. Unterstellt, man, dass das Gericht beide Rechtsstreitigkeiten verbinden würde, würde Rechtsanwalt R in demselben Prozess zum einen den Wohnungseigentümer A vertreten, da dieser in Bezug auf den Beschluss 2 zusätzlich auf der Beklagtenseite steht. Zum anderen würde er in Bezug auf den Beschluss 1 die übrigen Eigentümer gegen A vertreten. Entsprechendes würde für den Wohnungseigentümer B gelten. Allein im Hinblick auf die **Gefahr** des **Verdachtes** eines **Parteiverrates** nach § 356 StGB für den Rechtsanwalt sollte darauf hingewirkt werden, dass das Gericht eine solche Verbindung unterlässt. Für den umgekehrten Fall, wenn mehrere Kläger teilweise unterschiedliche, aber auch teilweise identische Beschlüsse anfechten, gilt hingegen, dass auf eine **Trennung** von Prozessen **nach § 145 ZPO** hingewirkt werden sollte. Sofern etwa der Wohnungseigentümer A den Beschluss 1 und 2, der Wohnungseigentümer B den Beschluss 2 und 3 anficht, sollte aus den Rechtsstreiten jeweils nur der Beschluss 2 herausgetrennt und anschließend zur gemeinsamen Entscheidung nach § 47 Satz 1 WEG verbunden werden. Eine Verbindung insgesamt würde auch hier die eben dargestellten und nicht hinnehmbaren Konsequenzen nach sich ziehen. 594

Ist die Prozessverbindung vom Amtsgericht unzutreffend unterlassen worden, so ist sie von dem **Berufungsgericht** nachzuholen, sofern der andere Prozess noch nicht rechtskräftig abgeschlossen ist.[527] Einer Einwilligung der Parteien für eine derartige Verbindung von Prozessen unterschiedlicher Instanzen bedarf es nicht,[528] da der Kläger des einen Prozesses als Beklagter des anderen Prozesses die Parteistellung innehat, so dass den Parteien in keinem Fall eine Instanz „verloren" geht. 595

bb) Sämtliche Kläger müssen die Klage- und Klagebegründungsfrist wahren. Die Verbindung nach § 47 WEG bewirkt nicht, dass die Klage- und Klagebegründungsfrist nach § 46 Abs. 1 Satz 2 WEG bei einer Klägermehrheit nur von einem einzelnen Kläger gewahrt werden müsste. Vielmehr muss jeder Kläger die Klage- und Klagebegründungsfrist selbst einhalten. Eine Zurechnung der Einhaltung der Klagefrist oder der Einhaltung der Klagebegründungsfrist zwischen den Streitgenossen findet nicht 596

[527] Für die aktienrechtliche Nichtigkeitsklage OLG Hamburg AG 1971, 403 (404).
[528] Vgl. aber für das FGG-Verfahren OLG Schleswig NZM 2005, 588 (590).

statt.[529] Das Gericht entscheidet zwar über einen einheitlichen Streitgegenstand und dieser sowie die Stellung der Kläger als notwendige Streitgenossen verbieten es grundsätzlich, widersprechende gerichtliche Entscheidungen zu treffen. Dies hindert das Gericht aber nicht, sofern keine Nichtigkeitsgründe vorliegen, die Klage eines einzelnen Wohnungseigentümers mangels Einhaltung der Klage- oder Klagebegründungsfrist **abzuweisen und** im Übrigen den angefochtenen Beschluss auf die Klage der anderen Eigentümer – die die Fristen gewahrt haben – für **ungültig** zu **erklären.**[530] Wird dementsprechend die Klage nur eines Klägers von mehreren abgewiesen, ist dieser gemäß § 92 Abs. 1 ZPO an den Kosten des Rechtsstreits zu beteiligen.

597 Bei einem solchen gerichtlichen Vorgehen liegt gerade keine sich widersprechende Entscheidung vor. Denn bei der Abweisung der Klage eines einzelnen Klägers wegen der Fristversäumnis wird gerade nicht über die Gültigkeit des Beschlusses entschieden, sondern lediglich die Fristüberschreitung beschieden. In Rechtskraft erwächst damit nur die Abweisung der Klage „wegen Fristversäumnis", ohne dass jedoch eine Entscheidung über den Beschlussgegenstand ergeht. Insoweit sind die objektiven Grenzen der materiellen Rechtskraft eines klageabweisenden Urteils eingeschränkt, wenn sich aus den Gründen ergibt, dass das Gericht seine Entscheidung bewusst nur auf einen bestimmten Gesichtspunkt gestützt und einen anderen rechtlichen Gesichtspunkt bewusst außer Acht gelassen und nicht geprüft hat.[531] Damit kann in der Entscheidung zugleich dem Klageantrag eines anderen Eigentümers, der die Fristen nicht versäumt hat, stattgegeben und ein Eigentümerbeschluss aufgehoben werden. Dass die Kläger insgesamt notwendige Streitgenossen darstellen, rechtfertigt kein anderes Ergebnis. Denn eine einheitliche Entscheidung im Sinne von § 62 Abs. 1 ZPO hat nur über die Frage des Bestandes des Eigentümerbeschlusses zu ergehen. Die Frage, ob die Klage- oder Klagebegründungsfrist eingehalten ist, muss nicht einheitlich entschieden werden, da die **Einhaltung** der **Klage- und Klagebegründungsfristen** eine individuelle Angelegenheit jedes einzelnen Eigentümers ist, die auch individuell beurteilt werden muss. Es existiert gerade keine „einheitliche Streitpartei". Vielmehr bleiben auch die notwendigen Streitgenossen selbständige Streitparteien in jeweils besonderen Prozessrechtsverhältnissen zum gemeinsamen Gegner.[532] Die Einhaltung der Klage- oder Klagebegründungsfrist durch einen Kläger kann auch nicht über § 62 Abs. 1 ZPO den Klägern zugerechnet werden, die die Frist versäumt haben. Zwar wird über § 62 Abs. 1 ZPO die Einhaltung von bestimmten Fristen dahingehend fingiert, dass diejenigen notwendigen Streitgenossen, die Fristen versäumt haben, durch die anderen Streitgenossen vertreten werden. Die Bestimmung des § 62 Abs. 1 ZPO ist aber gerade nicht auf materiell-rechtliche Ausschlussfristen anzuwenden.[533] Des Weiteren kommt auch deshalb keine Zurechnung der fristeinhaltenden Maßnahmen eines einzelnen Klägers auf die anderen, die Klagefrist versäumenden, Kläger in Betracht, da durch die Verbindung überhaupt erst die notwendige Streitgenossenschaft auf der Klägerseite entsteht.

598 Die Auffassung, wonach die Klage eines einzelnen die Fristen versäumenden Klägers abzuweisen und gleichzeitig der Klage eines anderen klagenden Eigentümers auf Aufhebung des Beschlusses stattgegeben werden kann, entspricht im Übrigen nicht nur der Rechtsprechung des BGH in Bezug auf wohnungseigentumsrechtliche Beschlussanfechtungsklagen,[534] sondern auch der bisherigen Rechtsprechung im FGG-Ver-

---

529 BGH NJW 2009, 2132 (2134).
530 BGH NJW 2009, 2132 (2134).
531 BGH NJW 2003, 585 (586); NJW-RR 2001, 310; NJW 1998, 2976 (2977).
532 BGH NJW 1996, 1060 (1061).
533 BGH NJW 2009, 2132 (2134). LG Bonn AG 2001, 367 (370); vgl. auch für die Verjährung BGH NJW 1996, 1060 (1061).
534 BGH NJW 2009, 2132 (2134).

fahren[535] sowie der entsprechenden Auffassung bei der aktienrechtlichen Anfechtungsklage.[536]

Das Gericht darf aber nicht die Klageanträge von solchen Klägern zurückweisen, deren fristgerecht mit einer dem Grunde nach ausreichenden **Klagebegründung** vorgetragene Anfechtungsgründe eine Ungültigerklärung des Beschlusses nicht rechtfertigen, und gleichzeitig den Beschluss auf die Klage eines anderen Eigentümers aufheben. Bei einem derartigen Vorgehen würden tatsächlich sich widersprechende Entscheidungen vorliegen. Denn die Entscheidung, ob die vorgetragene Klagebegründung die Aufhebung des Beschlusses rechtfertigt, beinhaltet eine Entscheidung über den Beschlussgegenstand als solches und nicht lediglich eine Entscheidung über die Einhaltung individueller Fristen.[537] Ausreichend ist damit, dass innerhalb der Klagebegründungsfrist von den Klägern jeweils überhaupt eine Klagebegründung eingereicht wird und die Fristen damit von jedem Einzelnen gewahrt sind. Ob die innerhalb der Klagebegründungsfrist des § 46 Abs. 1 Satz 2 Halbs. 2 WEG vorgetragene Begründung eines einzelnen Klägers die Aufhebung des Beschlusses selbst rechtfertigt, ist dann unerheblich und auch seiner Klage ist stattzugeben, sofern jedenfalls ein anderer Kläger einen zur Aufhebung führenden Beschlussmangel innerhalb der Frist vorgetragen hat. Nehmen allerdings die anderen Streitgenossen die Klage wieder zurück und rechtfertigt die Klagebegründung des verbliebenen Klägers selbst nicht die Aufhebung des Beschlusses, unterliegt dessen Klage der Abweisung. Nach der **Klagerücknahme** anderer Streitgenossen verbleibt es bei dem Grundsatz, dass die Klagebegründung des allein noch verbleibenden Klägers selbst die Aufhebung des Beschlusses rechtfertigen muss. Der allein verbleibende Kläger kann sich nicht die Klagebegründung der früheren Streitgenossen zu Eigen machen, die die Klage zurückgenommen haben.[538] 599

cc) Die Rechtsfolgen einer unterlassenen Verbindung. Erwächst ein in Bezug auf die Gültigkeit eines Beschlusses ergangenes bloßes **Prozessurteil** in **Rechtskraft,** bleibt eine ggf. noch anhängige und versehentlich nicht verbundene Klage eines anderen Eigentümers zulässig. Ein lediglich über die Zulässigkeit befindendes Urteil trifft keine Entscheidung in der Sache. 600

Erwächst hingegen ein in Bezug auf die Gültigkeit eines Beschlusses ergangenes **Sachurteil** in **Rechtskraft,** hat ein derartiges Urteil regelmäßig die Unzulässigkeit von noch anhängigen und versehentlich nicht verbundenen Klagen anderer Eigentümer zur Folge. Etwas anderes gilt nur, wenn die Klage nicht gegen sämtliche übrigen Wohnungseigentümer gerichtet war oder der Verwalter nicht nach § 48 Abs. 1 Satz 2 WEG beteiligt wurde und gleichwohl eine Sachentscheidung erging. In diesem Fall ist die Klage desjenigen, dem gegenüber das Urteil nicht in Rechtskraft erwächst,[539] zwar weiterhin zulässig. Eine solche Klage ist dann aber zumindest bei einer Aufhebung des Beschlusses durch das Urteil unbegründet, da § 23 Abs. 4 Satz 2 WEG eine materiellrechtliche Bindungswirkung auch außerhalb des Prozessrechtsverhältnisses herbeiführt.[540] 601

Ist die Klage durch das erste Urteil unzulässig oder unbegründet geworden, liegt es an dem Kläger der nicht verbundenen Klage, den Rechtsstreit für erledigt zu erklären. Die 602

---

[535] KG vom 27. 5. 2004 – 24 W 88/04 = unveröffentlicht; OLG Frankfurt WE 1989, 70; vgl. auch für die Beschwerdeberechtigung bei Versäumung der Klagefrist BGH NJW 1993, 662.

[536] Vgl. nur OLG Frankfurt NZG 2007, 553 (554), m. w. N.; OLG Frankfurt ZIP 2008, 2286 (2287).

[537] In diesem Sinne dürfte auch die Rechtsprechung des BGH (BGH NJW 2009, 2132 (2134) liegen, der inhaltlich unterschiedliche Entscheidungen nur dann zulässt, wenn Gegenstand des Urteils lediglich die Frage bleibt, ob die Fristen des § 46 Abs. 1 Satz 2 WEG dem Grunde nach eingehalten sind.

[538] BGH NJW 2009, 2132 (2134).

[539] Vgl. dazu unten Rn. 637.

[540] Vgl. dazu unten Rn. 637.

Rechtskraft des ersten Urteils stellt grundsätzlich ein erledigendes Ereignis dar.[541] Ist das nicht verbundene Verfahren noch nicht rechtshängig, muss die Klage zurückgenommen werden, damit nach § 269 Abs. 3 Satz 3 ZPO über die Kosten des Rechtsstreits entschieden werden kann.

603 Sind **zwei divergierende Entscheidungen** über denselben Beschluss rechtskräftig geworden, kommt eine Restitutionsklage nach § 580 Nr. 7a ZPO im Hinblick auf das später ergangene Urteil in Betracht. Eine solche Klage ist aber nur dann zulässig, wenn die Partei, die die Restitutionsklage betreibt, nicht ohne ihr Verschulden den Restitutionsgrund in dem früheren Verfahren durch die Einlegung von Rechtsmitteln geltend machen konnte, § 582 ZPO.

604 **i) (Keine) Beitrittsmöglichkeit.** Ob ein beklagter Wohnungseigentümer dem Kläger zu dessen Unterstützung als Streithelfer nach § 66 ZPO beitreten kann, ist höchstrichterlich noch nicht abschließend entschieden. Der BGH hat in einer neueren Entscheidung lediglich in einem Nebensatz angedeutet, dass ein solcher Beitritt des Beklagten auf Klägerseite möglich sein könnte und der Beklagte dann als streitgenössischer Nebenintervenient gemäß § 69 ZPO zu behandeln wäre.[542] Ob dem zu folgen ist, erscheint zweifelhaft. Ein Beitritt des Aktionärs zum Prozess eines anderen Aktionärs ist zwar im Rahmen der aktienrechtlichen Anfechtungsklage anerkannt.[543] Bei der aktienrechtlichen Anfechtungsklage hat die Gewährung einer Beitrittsmöglichkeit aber auch ihre Berechtigung, da die übrigen Aktionäre nur auf diesem Weg auf den nach § 246 Abs. 2 Satz 1 AktG ausschließlich gegen die Aktiengesellschaft und nicht gegen die übrigen Aktionäre zu richtenden Prozess Einfluss nehmen können. Bei der wohnungseigentumsrechtlichen Anfechtungsklage steht diese Möglichkeit aber ohnehin allen Eigentümer offen, da nach § 46 Abs. 1 Satz 1 WEG alle übrigen Wohnungseigentümer mit Ausnahme des Klägers als notwendige Streitgenossen bereits auf Beklagtenseite stehen. Zwar ist nach der Rechtsprechung des Bundesgerichtshofes anerkannt, dass unter bestimmten Voraussetzungen auch ein Beklagter auf Seiten des Klägers beitreten kann. Diese Möglichkeit wird aber bislang ausdrücklich nur bei einer **einfachen** und gerade **nicht bei** einer **notwendigen Streitgenossenschaft** anerkannt.[544] Bei einer notwendigen Streitgenossenschaft besteht hierfür auch kein Bedürfnis und damit auch kein rechtliches Interesse i.S.v. § 66 ZPO. Zum einen kann der Beklagte als notwendiger Streitgenosse ohnehin Angriffs- und Verteidigungsmittel selbständig geltend machen oder auch nicht geltend machen und sich damit durchaus auch in Widerspruch zu seinen notwendigen Streitgenossen setzen.[545] Eines Beitritts auf Klägerseite bedarf es hierfür nicht. Zum anderen würde die Zulassung eines Beitritts auf Klägerseite bei einer bestehenden notwendigen Streitgenossenschaft auf Beklagtenseite (anders als bei einer einfachen Streitgenossenschaft) dazu führen, dass der Beklagte den Kläger immer auch bei der Prozessführung gegen sich selbst unterstützt.[546] Wollte man eine Beitrittsmöglichkeit zulassen, wäre der Beklagte zudem nicht nur (notwendiger) Streitgenosse der übrigen Beklagten, sondern wäre als streitgenössischer Nebenintervenient auch notwendiger Streitgenosse der Kläger.[547] Eine Zulassung des Beitritts würde deshalb eine nicht mehr nachvollziehbare Doppelstellung des Beklagten bewirken. So würde beispielsweise bei Säumnis des Klägers und zusätzlich der weite-

[541] Für FGG-Verfahren OLG München OLGR München 2007, 375 (376) = NZM 2007, 412 (nur Ls); OLG Köln NJW-RR 2007, 1311.

[542] BGH NJW 2009, 2132 (2134).

[543] BGH NJW-RR 2007, 1634.

[544] BGH LM ZPO § 66 Nr. 1; NJW 1953, 420; VersR 1985, 80 (81); OLG Neustadt MDR 1958, 342; *Stein/Jonas/Bork* § 66 Rn. 9; *Wieczorek/Schütze/Mansel* § 66 Rn. 28, S. 1433; *Zöller/Vollkommer* § 66 Rn. 6.

[545] BGH NJW 1996, 1060 (1061).

[546] Hierauf weisen zutreffend auch *Bork* (in *Stein/Jonas* § 66 Rn. 9, Fn. 25) und *Mansel* (*Wieczorek/Schütze* § 66 Rn. 28, S. 1433) hin.

[547] Vgl. zu dieser Stellung des streitgenössischen Nebenintervenienten BGH NJW 2008, 1889.

ren Beklagten im Termin sein Verhalten theoretisch für beide Parteien Wirkung entfalten (§ 62 Abs. 1 ZPO). Hieran würde auch die Bestimmung des § 67 Halbs. 2 ZPO nichts ändern. Denn es ist allgemein anerkannt, dass sich ein streitgenössischer Nebenintervenient auch in Widerspruch zu der Hauptpartei setzen darf und nicht der Beschränkung des § 67 Halbs. 2 ZPO unterliegt.[548] Auch aus diesem Grund ist die Möglichkeit eines Beitritts abzulehnen.

Das Gericht hat nach der hier vertretenen Meinung den Beitritt des Beklagten deshalb 605
von Amts wegen durch Beschluss als unzulässig zurückzuweisen, wogegen sich der Zurückgewiesene mit der sofortigen Beschwerde (§§ 128 Abs. 4, 567 Abs. 1 Nr. 2 ZPO) wehren kann. Dagegen spricht nicht, dass die besonderen Voraussetzungen der Nebenintervention grundsätzlich lediglich auf Antrag einer Hauptpartei und nur im Verfahren nach § 71 ZPO zu prüfen sind.[549] Denn bei einem beabsichtigten Beitritt eines notwendigen Streitgenossen auf Klägerseite muss eine solche Prüfung von Amts wegen erfolgen.[550]

j) Der Dispositionsgrundsatz und die prozessuale Stellung der Parteien. Zwischen den 606
Parteien gilt das allgemeine Verfahrensrecht und damit auch der Dispositionsgrundsatz. Den Klägern ist es dadurch grundsätzlich möglich, die Klage zurückzunehmen, einen Klageverzicht nach § 306 ZPO auszusprechen oder ein Versäumnisurteil gegen sich ergehen zu lassen. Die beklagten Wohnungseigentümer können hingegen wiederum die Klageforderung mit der Folge des § 307 ZPO anerkennen[551] oder ebenfalls ein Versäumnisurteil gegen sich ergehen lassen. Der Dispositionsgrundsatz bedingt, dass unter Umständen auch ein **nichtiger Beschluss** etwa durch die Erklärung eines Klageverzichts gemäß § 48 Abs. 4 WEG **geheilt** werden kann. Wegen der insoweit geltenden Einzelheiten wird auf die Ausführungen im Kapitel zur Rechtskraft verwiesen.[552]

Da sich Kläger und Beklagte aufgrund der Notwendigkeit der einheitlichen Feststel- 607
lung der Gültigkeit oder Ungültigkeit des angefochtenen Beschlusses jeweils als notwendige Streitgenossen im Sinne von § 62 Abs. 1 Var. 1 ZPO gegenüberstehen,[553] ergeben sich insoweit im prozessualen Verlauf zusätzliche Besonderheiten. Diese Besonderheiten wirken sich sowohl auf der Kläger- als auch auf der Beklagtenseite aus.

aa) Die Mehrheit von Klägern. Richtet sich die Anfechtungsklage mehrerer Kläger 608
gegen denselben Beschluss, so sind diese **notwendige Streitgenossen** i. S. v. § 62 Abs. 1 Var. 1 ZPO, soweit sie in einem identischen Umfang die Aufhebung betreiben. Trotz der notwendigen Streitgenossenschaft kann ausnahmsweise eine unterschiedliche Entscheidung ergehen, wenn einer der Kläger die Klage- oder Klagebegründungsfrist versäumt. Gegenüber demjenigen Kläger, der die Klage- oder Klagebegründungsfrist versäumt hat, kann die Klage abgewiesen werden. Auf die Klage der anderen Kläger kann hingegen gleichzeitig der Beschluss aufgehoben werden.[554] Eine solche Abweisung des Klageantrages nur eines der Kläger führt dazu, dass der unterlegene Kläger nach den Grundsätzen der Baumbach'schen Formel die Gerichtskosten und die außergerichtlichen Kosten der Beklagten im Umfang seiner Beteiligung am Rechtsstreit tragen muss.[555]

Jeder einzelne Kläger kann seine Anfechtungsklage auch unabhängig von den an- 609
deren **zurücknehmen,**[556] da sich die Streitgenossenschaft allein aus prozessualen Grün-

---

[548] BGH NJW 1985, 386; NJW-RR 1999, 285.
[549] BGH NJW 2006, 773.
[550] Vgl. zu dieser Einschränkung auch BGH LM ZPO § 66 Nr. 1.
[551] Für gesellschaftsrechtliche Beschlussanfechtungsklagen OLG Stuttgart NZG 2003, 1170 (1172); KG NZG 2005, 720.
[552] Vgl. dazu unten Rn. 640.
[553] BGH NJW 2009, 2132 (2134).
[554] Vgl. dazu oben Rn. 596.
[555] Vgl. dazu OLG Frankfurt NZG 2007, 553 (558).
[556] BGH NJW 2009, 2132 (2134).

den als eine Notwendige darstellt. Der nach einer Rücknahme verbleibende Kläger muss in diesem Fall den auf der Klägerseite ausscheidenden Eigentümer als einen nach § 46 Abs. 1 Satz 1 WEG zu verklagenden Wohnungseigentümer zur Vermeidung eines Prozessverlustes bis zum Schluss der mündlichen Verhandlung gemäß § 44 Abs. 1 Satz 2 WEG (nach-)benennen. Hat der zurücknehmende Kläger gemäß § 269 Abs. 3 Satz 2 ZPO Kosten zu tragen, haftet dieser im Umfang seiner Beteiligung am Rechtsstreit (zusätzlich) nach den Grundsätzen der sog. „Baumbach'schen-Formel" sowohl für die Gerichtskosten, als auch für die außergerichtlichen Kosten der übrigen Beklagten.

610 Die notwendige Streitgenossenschaft der Kläger schließt es nicht aus, **Angriffs- oder Verteidigungsmittel** sowie Behauptungen und Bestreiten im Widerspruch zu den anderen Streitgenossen geltend zu machen.[557] Andere **prozessuale Handlungen,** wie die Erklärung eines Verzichtes nach § 306 ZPO oder der Abschluss eines Vergleiches zur Erledigung des Rechtsstreits, können hingegen aufgrund der notwendigen Streitgenossenschaft nur einheitlich durch alle klagenden Wohnungseigentümer vorgenommen werden.

611 Nur im Falle der Säumnis eines einzelnen Klägers im Termin gilt etwas anderes. Ist einer der **Kläger** im Termin zur mündlichen Verhandlung **säumig,** wird dieser durch die übrigen gegen den gleichen Beschluss klagenden Kläger nach § 62 Abs. 1 ZPO vertreten. Der Erlass eines Versäumnisurteils gegen einen einzelnen säumigen Kläger aus einer Klägermehrheit ist deshalb in diesem Fall nicht möglich. Ein entsprechender Antrag auf Erlass eines Versäumnisurteils ist durch das Gericht nach § 335 Abs. 1 Nr. 1 ZPO zurückzuweisen.

612 Die im Termin nicht säumigen Kläger bewahren den säumigen Kläger nicht nur vor dem Erlass eines Versäumnisurteils. Vielmehr bewirkt die prozessuale Vertreterstellung nach § 62 Abs. 1 ZPO auch, dass diese nach – wenn auch nicht unbestrittener – überwiegender Auffassung mit Wirkung für den säumigen Kläger einen **Verzicht** nach § 306 ZPO erklären oder die Klage zurücknehmen können. Einen **Vergleich** können sie hingegen nur schließen, wenn sie für den säumigen Kläger die dafür erforderliche materiell-rechtliche Vertretungsmacht besitzen, die über § 62 Abs. 1 ZPO nicht begründet wird.

613 Jeder der Anfechtungskläger kann gesondert **Rechtsmittel** gegen eine Entscheidung einlegen. Selbst wenn einzelne Kläger kein Rechtsmittel einlegen, werden sie nach § 62 Abs. 2 ZPO Partei des Rechtsstreits. Nimmt in diesem Fall der Kläger sein Rechtsmittel wieder zurück, verlieren die weiteren Streitgenossen ihre Stellung als Partei, wenn nur der das Rechtsmittel zurücknehmende Streitgenosse die Berufung eingelegt hat und die Einlegung nach dem Ablauf der für die weiteren Streitgenossen laufenden Frist erfolgt ist.[558]

614 *bb) Die Mehrheit von Beklagten.* Da sich auch die Beklagten als notwendige Streitgenossen gegenüberstehen, können diese nur einheitlich den Klageantrag anerkennen. Auf das **Anerkenntnis** nur eines beklagten Wohnungseigentümers darf kein Anerkenntnis- oder Anerkenntnisteilurteil ergehen. Etwas anderes gilt nur in der mündlichen Verhandlung. Hier genügt das Anerkenntnis nur der anwesenden beklagten Wohnungseigentümer, da über § 62 Abs. 1 ZPO die nicht anwesenden säumigen Beklagten vertreten werden. Gegen die in der mündlichen Verhandlung nicht erschienenen oder nicht verhandelnden beklagten Wohnungseigentümer kann entsprechend auch kein Versäumnisurteil ergehen, sofern nur ein anwesender Beklagter zur Sache verhandelt. Der Antrag auf den Erlass eines Versäumnisurteils gegen die nicht verhandelnden, beklagten Eigentümer ist deshalb ebenfalls durch einen Beschluss nach § 335 Abs. 1 Nr. 1 ZPO zurückzuweisen. Im schriftlichen Vorverfahren reicht die Verteidigungsanzeige nur eines beklagten Eigentümers aus, um den Erlass eines Versäumnisurteils zu verhindern.

---

[557] BGH NJW 1996, 1060 (1061).
[558] BGH NJW-RR 1999, 285 (286).

k) Die Unterbrechung des Verfahrens. Wie bei jedem Rechtsstreit können auch bei der wohnungseigentumsrechtlichen Anfechtungsklage dem Verfahrensfortgang Hindernisse entgegenstehen. Zu denken ist dabei nur an die Aussetzung des Rechtsstreits bei einer Vorgreiflichkeit gemäß § 148 ZPO oder bei dem Verdacht einer entscheidungserheblichen Straftat nach § 149 ZPO. Bedeutend für den Beschlussanfechtungsrechtsstreit ist aber insbesondere die Unterbrechung des Rechtsstreits wegen Tod oder Insolvenz einer Partei. 615

aa) Die Unterbrechung durch den Tod einer Partei. Beim **Tod einer Partei** tritt nach § 239 Abs. 1 ZPO grundsätzlich eine Unterbrechung des Rechtsstreits insgesamt bis zu dessen Aufnahme durch die Rechtsnachfolger ein. Diese Rechtsfolge gilt, sofern auch nur eine der Parteien auf der Kläger- oder Beklagtenseite verstirbt. Denn wenn bei einer notwendigen Streitgenossenschaft das Verfahren hinsichtlich eines Streitgenossen unterbrochen ist, darf wegen des Zwangs zur einheitlichen Entscheidung auch gegenüber den anderen notwendigen Streitgenossen keine Entscheidung in der Sache ergehen.[559] 616

Hat die verstorbene Partei jedoch einen Prozessbevollmächtigten, so tritt die Unterbrechungswirkung gemäß § 246 Abs. 1 ZPO ausschließlich auf Antrag des Bevollmächtigten des Verstorbenen ein. Für die beklagten Wohnungseigentümer stellt der Verwalter einen derartigen Bevollmächtigten dar, da dieser nach § 27 Abs. 2 Nr. 2 WEG zur Führung des Rechtsstreits berechtigt ist. Dementsprechend tritt bei einem **Todesfall auf** der **Beklagtenseite** nur dann eine Unterbrechung ein, wenn der Verwalter dies beantragt oder kein Verwalter bzw. sonstiger Vertreter vorhanden ist. Bei einem **Todesfall auf** der **Klägerseite** tritt – da der Verwalter die Kläger im Rechtsstreit nicht vertritt – eine Unterbrechung dann ein, wenn der verstorbene Kläger nicht vertreten war oder dessen Bevollmächtigter oder die Beklagten dies beantragen. Unter Zugrundelegung der Rechtsprechung des Bundesarbeitsgerichtes soll bei einem Todesfall auf der Klägerseite eine Unterbrechung ferner dann nicht eintreten, wenn weitere Personen auf der Klägerseite vorhanden sind. In diesem Fall wendet das Bundesarbeitsgericht bei notwendigen Streitgenossen auf der Klägerseite die Regelung des § 62 Abs. 1 ZPO analog dahingehend an, dass beim Tod eines notwendigen Streitgenossen eine Vertretung des Verstorbenen bzw. von dessen Erben durch die übrigen Streitgenossen stattfinden soll.[560] Auf diese Rechtsprechung sollte sich der Praktiker bei Beschlussanfechtungsklagen allerdings nicht verlassen, da es sich um eine ältere Einzelfallentscheidung handelt, die zudem zu Recht auf vehemente Kritik gestoßen ist. 617

bb) Die Unterbrechung durch die Insolvenz einer Partei. Im Falle der Eröffnung des **Insolvenzverfahrens** über das Vermögen einer Partei tritt grundsätzlich eine Unterbrechung des Rechtsstreits nach § 240 Satz 1 ZPO ein, sofern das Verfahren die Insolvenzmasse betrifft.[561] Entsprechendes gilt beim Übergang der Verwaltungs- und Verfügungsbefugnis über das Vermögen des Schuldners auf einen vorläufigen Insolvenzverwalter, § 240 Satz 2 ZPO. Die Unterbrechung gibt dem (vorläufigen „starken") Insolvenzverwalter die notwendige Gelegenheit zur Prüfung, ob und wie er das Verfahren weiterbetreibt,[562] so dass der Eintritt der Unterbrechungswirkung **unabhängig** von der **Parteistellung** des Insolvenzschuldners ist. Die Unterbrechung tritt damit auch dann ein, wenn der Insolvenzschuldner Beklagter ist. 618

Wie beim Tod einer Partei tritt auch im Fall der Insolvenz im Hinblick auf die vorliegende notwendige Streitgenossenschaft die Verfahrensunterbrechung ein, sofern die Voraussetzungen des § 240 ZPO nur bei einer Partei vorliegen.[563] Bei der Unterbrechung im Fall der Insolvenz kann, anders als beim Tod einer Partei, eine Vertretung durch einen 619

---

559 OLG Köln vom 17. 12. 2003 – 2 U 98/03 = OLGR Köln 2004, 245 (246) = juris.
560 BAG NJW 1972, 1388.
561 Vgl. dazu die ausführliche Darstellung unter Rn. 940 ff.
562 BGH NZI 2008, 683 (684).
563 Vgl. BGH vom 24. 7. 2003 – VII ZR 209/01 = BauR 2003, 1758 = BeckRS 2003 07456.

Prozessbevollmächtigten die Unterbrechungswirkung nicht verhindern. Die Regelung des § 246 Abs. 1 ZPO, die im Einzelfall bei einer Vertretung eine Unterbrechung verhindern kann, gilt nicht für den Fall der Insolvenz. Dementsprechend scheidet auch eine Konstruktion der Vertretung des insolventen Wohnungseigentümers durch seine notwendigen Streitgenossen über § 62 Abs. 1 ZPO aus.

620 Eine Verfahrensunterbrechung tritt allerdings zunächst nur dann ein, sofern sich der angefochtene Beschluss, wenn auch nur mittelbar, auf die Insolvenzmasse bezieht.[564] Ferner wird die Unterbrechung im Regelfall nur dann eintreten, sofern das Insolvenzverfahren erst **nach der Rechtshängigkeit** eröffnet oder nach der Rechtshängigkeit ein entsprechend befugter vorläufiger Insolvenzverwalter bestellt wird. Bei einer Insolvenzeröffnung vor Zustellung der Klage und damit vor der Rechtshängigkeit ist die Regelung des § 240 ZPO nicht anwendbar.[565] Wegen der diesbezüglich geltenden Einzelheiten und der Möglichkeit der Nachbenennung des Insolvenzverwalters als Teil der übrigen Eigentümer wird auf die entsprechenden Ausführungen im Rahmen der Insolvenz verwiesen.[566]

621 Jedenfalls endet die Unterbrechung des Verfahrens durch die **Aufnahme** des Rechtsstreits nach Maßgabe des § 85 InsO. Bei dem Streit um die Gültigkeit eines Beschlusses handelt es sich um einen **Aktivprozess,** der nach § 85 InsO zunächst vom Insolvenzverwalter und bei einer Verzögerung der Aufnahme auch durch den Gegner aufgenommen werden kann. Hierdurch wird insbesondere bei größeren Wohnanlagen der jahrelange Stillstand des Prozesses wegen der Insolvenz auch nur eines Eigentümers ausgeschlossen. Wegen der Einzelheiten hinsichtlich der Frage der Aufnahme des Rechtsstreits und der Beendigung der Unterbrechungswirkungen wird auf die diesbezüglichen Ausführungen im Rahmen des Kapitels zur Insolvenz verwiesen.[567]

622 l) **Die Sachentscheidung.** Ist der Rechtsstreit zur Entscheidung reif (§ 300 Abs. 1 ZPO) hat das Gericht durch Urteil zu entscheiden. Die Entscheidung erfolgt dabei entweder am Schluss der mündlichen Verhandlung oder in einem gesondert anberaumten Verkündungstermin (§ 310 ZPO). Die gerichtliche Kontrolle der Rechtmäßigkeit des Beschlusses darf dabei ausschließlich auf das zum Zeitpunkt der Beschlussfassung geltende Recht abstellen. Spätere Änderungen der Sach- oder Rechtslage haben keinen Einfluss auf die Rechtmäßigkeit des Beschlusses.[568] Entsprechend können durch Änderungen des WEG rechtswidrige Beschlüsse nicht rückwirkend geheilt werden.

623 Sind Tatsachen streitig, gelten grundsätzlich die allgemeinen Regeln über die Verteilung der **Darlegungs- und Beweislast.** Jede Partei muss damit die Tatsachen im Streitfall beweisen, die von den ihr günstigen Vorschriften vorausgesetzt werden. Ob die Klagefrist und die Klagebegründungsfrist des § 46 Abs. 1 Satz 2 WEG gewahrt sind, hat das Gericht zwar unabhängig von der Rüge einer Partei von Amts wegen zu überprüfen.[569] Bei einem Streit hierüber trägt der Kläger aber für deren Wahrung die Darlegungs- und damit auch Beweislast.[570] Auch für Beschlussmängel gilt, dass die Beweislast grundsätzlich den Kläger trifft, da dieser insoweit sein subjektives Recht auf Abwehr der Übergriffe auf seine Mitgliedschaftsrechte in der Form eines Gestaltungsklagerechts geltend macht.[571] Dementsprechend muss der Anfechtungskläger grundsätzlich die von ihm als Beschluss-

---

[564] Wegen der Einzelheiten vgl. Rn. 942.

[565] BGH NZI 2009, 169.

[566] Rn. 944 ff.

[567] Rn. 948 ff.

[568] BGH NJW 2009, 999 (1000). OLG Hamm vom 10. 9. 2007 – 15 W 358/06 = BeckRS 2007 17892; OLG Köln NZM 2007, 603.

[569] Vgl. BGH NJW 1998, 3344 (3345).

[570] Vgl. BGH NJW 2009, 999 (1001).

[571] LG München GE 2009, 989; vgl. auch *Hüffer*, AktG § 243, Rn. 60 (für aktienrechtliche Anfechtungsklage). Zur Beweislast vgl. auch AG Regensburg ZMR 2009, 412 (413).

mangel geltend gemachte Unangemessenheit einer Vergütung für den Verwalter, die Unangemessenheit der Höhe einer Sonderumlage oder allgemein die Tatsachen, die einen Verstoß gegen die Grundsätze einer ordnungsgemäßen Verwaltung begründen, beweisen.[572] Diese Verteilung der Beweislast wird allerdings verschoben, wenn eine nach der Gemeinschaftsordnung oder dem WEG nur durch einen Eigentümerbeschluss zu rechtfertigende Zahlung erst nach der erfolgten Zahlung durch einen Beschluss legitimiert wird. Dann trifft die Beklagten die Beweislast für die Rechtmäßigkeit der Zahlung.[573] Liegen Mängel des Beschlussfassungsverfahrens vor, trifft ebenfalls eine Umkehr der Beweislast ein und die Beklagten müssen beweisen, dass diese Mängel nicht für das Beschlussergebnis relevant waren.[574] Weiterhin gilt, dass die Beklagten hinsichtlich solcher Umstände eine erhöhte Darlegungslast trifft, die sie im Gegensatz zum Beweispflichtigen ohne Schwierigkeit offenlegen können.[575]

aa) Die Klagestattgabe. Gibt das Gericht der Anfechtungsklage statt, hebt es den angefochtenen Beschluss auf. Das Gericht ist nach § 308 Abs. 1 ZPO zwar nicht befugt, über den Klageantrag hinauszugehen oder etwas anderes als begehrt zuzusprechen. Gleichwohl ist es nicht an die konkrete Formulierung des Klageantrages durch den Kläger gebunden. Entsprechend sollte das Gericht – auch im Hinblick auf die Aufnahme des bloßen Urteilstenors in die Beschlusssammlung gemäß § 24 Abs. 7 Nr. 3 WEG – den aufzuhebenden Beschluss im Tenor ausreichend umschreiben. Insoweit bietet sich folgende Formulierung an: 624

„Der Beschluss der Eigentümerversammlung der Wohnanlage XY vom … zu dem Tagesordnungspunkt XY (Kurzbeschreibung) wird für ungültig erklärt.“ 625

Die Ungültigerklärung eines Beschlusses kommt nach der Rechtsprechung des Bundesgerichtshofes auch in Betracht, sofern der Beschluss **nichtig** ist. Das Gericht muss sich bei Wahrung der Fristen des § 46 Abs. 1 Satz 2 WEG nicht zwingend festlegen, ob der Beschlussmangel als Nichtigkeitsmangel oder bloßer Anfechtungsgrund einzuordnen ist. Legt sich das Gericht aber fest, so ist es auch befugt, entgegen dem anders lautenden Parteiantrag auf ausdrückliche „Aufhebung des Beschlusses“ auszusprechen, dass „festgestellt wird, dass der Beschluss nichtig ist“.[576] Zu einer Teilabweisung (mit einer gegebenenfalls damit verbundenen Beteiligung an den Kosten des Rechtsstreits nach § 92 ZPO) kommt es im Hinblick auf die Einheitlichkeit des Streitgegenstandes in diesem Fall nicht. Auch schließt die Einheitlichkeit des Streitgegenstandes einen Verstoß gegen § 308 Abs. 1 ZPO aus. Insoweit ist zu berücksichtigen, dass ein Beschlussanfechtungsantrag immer auch auf die Feststellung der Nichtigkeit des angefochtenen Eigentümerbeschlusses gerichtet ist, falls dieser an einem als Nichtigkeitsgrund einzuordnenden Mangel leiden sollte.[577] Dem entspricht § 47 WEG, der eine Verbindungspflicht zwischen der Anfechtungsklage und der Nichtigkeitsfeststellungsklage anordnet und damit ebenfalls – trotz unterschiedlicher Sachanträge – einen einheitlichen Entscheidungstenor bedingt. 626

bb) Die Teilabweisung der Klage. Besteht der angefochtene Beschluss aus **teilbaren Regelungsgegenständen** und leidet nur der abgrenzbare Beschlussbereich an einem zur Aufhebung führenden Mangel, kann und muss das Gericht die Ungültigerklärung des Beschlusses nur auf die selbstständigen und abgrenzbaren Teile des angefochtenen Be- 627

---

[572] Vgl. BGH NZG 2008, 783 (785); OLG München AG 2003, 453 – zur Beweislastverteilung bei der Anfechtung von Gesellschafterbeschlüssen.

[573] BGH NZG 2008, 783 (785) – zur Parallelproblematik bei der Anfechtung eines GmbH-Gesellschafterbeschlusses.

[574] Vgl. BGH NJW 1973, 235 (für Vereinsrecht).

[575] BGH NJW 1990, 2625 (2626).

[576] BGH vom 2. 10. 2009 – V ZR 235/08 = BeckRS 2009 28935 unter ausdrücklicher Aufgabe der bisherigen Rechtsprechung in BGH NJW 2003, 3550 (3554) und Rn. 584.

[577] BGH NJW 2003, 3550 (3554); OLG Hamburg ZMR 2008, 152 (154).

schlusses beschränken.[578] Im Übrigen unterliegt ein auf die Aufhebung des Beschlusses insgesamt gerichteter Klageantrag der Abweisung mit der damit verbundenen Kostenfolge. Insbesondere wenn sich etwa bei der Anfechtung einer Jahresabrechnung herausstellt, dass nur eine geringfügige Einzelposition fehlerhaft beschlossen wurde, kann dies unter Umständen im Hinblick auf § 92 Abs. 2 Nr. 1 ZPO dazu führen, dass der Kläger insgesamt die Kosten trägt. Hinzu kommt, dass auch der Streitwert bei einer Anfechtung der gesamten Abrechnung regelmäßig deutlich höher anzusetzen ist.[579]

628 Wird die Anfechtungsklage von mehreren Klägern betrieben, kommt im Falle der Versäumung der Klage- oder Klagebegründungsfrist durch nur einzelne Kläger auch die Abweisung der Klage nur gegenüber den Klägern in Betracht, die die Frist versäumt haben. In diesem Fall wird nur den Anträgen derjenigen Kläger stattgegeben, die selbst die Fristen gewahrt haben.[580]

629 *cc) Die Klageabweisung.* Hat der Kläger die Klage- oder Klagebegründungsfrist versäumt, weist das Gericht die Klage als unbegründet ab. Gleiches gilt, sofern der angefochtene Beschluss nicht an einem zur Aufhebung (oder zur Feststellung der Nichtigkeit) führenden Mangel leidet. Das Gericht hat die Klage ebenfalls abzuweisen, sofern der Kläger nur einen beschränkten Teil eines unteilbaren Beschlusses anficht. Dies gilt auch dann, wenn der Beschluss an einem Mangel leidet.[581] Wird eine Abweisung der Anfechtungsklage als unbegründet rechtskräftig, kann nicht mehr geltend gemacht werden, dass der angefochtene Beschluss nichtig war, § 48 Abs. 4 WEG.[582]

630 **m) Die Besonderheiten der Kostenentscheidung.** Die Kostenentscheidung[583] richtet sich grundsätzlich nach den Bestimmungen der §§ 91 ff. ZPO. Mangels einer gesamtschuldnerischen Verurteilung im Sinne von § 100 Abs. 4 Satz 1 ZPO haften weder die Kläger, noch die Beklagten bei einer Personenmehrheit als Gesamtschuldner für die Kosten des Rechtsstreits. Bei der Anfechtungsklage handelt es sich um eine Gestaltungsklage, die eine gesamtschuldnerische Verurteilung zur Kostentragung ausschließt.[584] Trotz der vorliegenden notwendigen Streitgenossenschaft haftet deshalb die unterlegene Seite – im Außenverhältnis – nur nach Kopfteilen für die Kosten (§ 100 Abs. 1 ZPO).

631 Hat bei einer Personenmehrheit auf der Klägerseite nur ein einzelner Kläger seine Klage zurückgenommen oder unterliegt nur einer der Kläger, so hat der unterlegene Kläger nach den Grundsätzen der Baumbach'schen Formel die Gerichtskosten und die außergerichtlichen Kosten der Beklagten anteilig im Umfang seiner Beteiligung am Rechtsstreit zu tragen.[585]

632 Hat nur einer von mehreren unterlegenen Klägern oder Beklagten ein **besonderes Angriffs- oder Verteidigungsmittel** geltend gemacht, können diesem nach § 100 Abs. 3 ZPO die dafür entstandenen Kosten allein auferlegt werden. Die Regelung bietet dabei insbesondere die Möglichkeit, die Kosten für ein eingeholtes Sachverständigengutachten oder eine sonstige Beweisaufnahme nur einem der unterlegenen Kläger oder Beklagten aufzuerlegen, sofern sich dieser allein auf die dadurch zu beweisende Tatsache berufen hat. Bedeutung erlangt die Regelung aber auch, sofern die beklagten Wohnungseigentümer nicht einheitlich durch einen Verwalter oder einen Rechtsanwalt vertreten werden und

---

578 Zur Teilanfechtung und Teilbarkeit Rn. 563 ff.

579 Vgl. dazu Rn. 345.

580 Vgl. dazu ausführlich Rn. 596.

581 Vgl. dazu Rn. 597.

582 Wegen der Ausnahmen Rn. 640 f.

583 Zur Kostenentscheidung vgl. Rn. 221 ff.

584 A. A. AG Dortmund NJW 2008, 1089, welches übersieht, dass auch bei notwendigen Streitgenossen eine gesamtschuldnerische Kostenhaftung nur bei einer gesamtschuldnerischen Verurteilung in Betracht kommt (BGH NJW-RR 1998, 334).

585 Vgl. dazu OLG Frankfurt NZG 2007, 553.

widersprüchlich vortragen.[586] Als Beispiel sei nur angeführt, dass etwa ein beklagter Wohnungseigentümer mitteilt, er erkenne den Anspruch an; die anderen Wohnungseigentümer hingegen konkrete Verteidigungsmittel vortragen und den Klageantrag nicht anerkennen. Aufgrund der notwendigen Streitgenossenschaft können die beklagten Wohnungseigentümer das Anerkenntnis nur einheitlich abgeben. Das Anerkenntnis eines einzelnen Eigentümers entfaltet keine Wirkung.[587] Da die Möglichkeit einer gesonderten Auferlegung der Kosten für Angriffs- oder Verteidigungsmittel nach § 100 Abs. 3 ZPO aber auch zwischen notwendigen Streitgenossen besteht,[588] kann einem derartigen Umstand widersprüchlicher Verteidigungsabsicht in der Kostenentscheidung Rechnung getragen werden. Über diese Regelung können diejenigen Kosten, die nur deshalb angefallen sind, weil kein einheitliches Anerkenntnis vorliegt, nur denjenigen unterlegenen Beklagten auferlegt werden, die sich gegen die Klage verteidigen wollten. Denn die Verteidigung gegen die Klage stellt ein besonderes Verteidigungsmittel im Sinne von § 100 Abs. 3 ZPO dar.[589]

Sofern der Kläger **sämtliche Beschlüsse** einer konkreten Versammlung **anficht,** trägt er 633
grundsätzlich das Kostenrisiko für ein Unterliegen. Diese Schlussfolgerung gilt grundsätzlich auch dann, wenn der Kläger bei Anfechtung keine Kenntnis von den gefassten Beschlüssen hatte. Da die Kenntniserlangung vom Beschlussinhalt kein Fall der Erledigung des Rechtsstreits darstellt, kann der Kläger allenfalls über die Rücknahme der Klage der Kostenlast entgehen. In diesem Fall können dem Verwalter unter Umständen nach § 49 Abs. 2 WEG die Kosten des Rechtsstreits auferlegt[590] und damit von der Kostentragungspflicht des zurücknehmenden Klägers nach § 269 Abs. 3 Satz 2 ZPO eine Ausnahme gemacht werden. Eine Veranlassung der Tätigkeit des Gerichtes und ein grobes Verschulden des Verwalters als Voraussetzung für die Auferlegung der Kosten nach dieser Vorschrift können dabei etwa vorliegen, wenn der Verwalter dem Eigentümer die Einsichtnahme in die Beschlusssammlung verweigert hat oder keine Beschlusssammlung geführt wird, bzw. eine Aufnahme der gefassten Beschlüsse nicht unverzüglich erfolgte und der Verwalter nicht rechtzeitig eine Abschrift des Versammlungsprotokolls übersandt hat.[591] Nimmt der Kläger in solchen Fällen nach der Kenntniserlangung die Klage nicht zurück, kommt eine Auferlegung der Kosten auf den Verwalter nach § 49 Abs. 2 WEG nicht mehr in Betracht. Dann wird die Tätigkeit des Gerichtes im Sinne dieser Vorschrift nicht mehr durch den Verwalter „veranlasst".

Erkennen die Beklagten einheitlich den Klageantrag sofort an (**sofortiges Anerkenntnis**), kommt im Regelfall eine Auferlegung der Kosten auf die Klägerseite nach § 93 ZPO 634
nicht in Betracht, da die Wohnungseigentümer bereits durch die Beschlussfassung selbst einen Anlass zur Klageerhebung geben.[592] Die Klageveranlassung durch die Beklagten kann nur dann ausgeschlossen sein, wenn der Kläger redlicherweise damit rechnen musste, dass auf seine Aufforderung vor dem Ablauf der Klagefrist eine Eigentümerversammlung einberufen und der Beschluss aufgehoben wird.[593] Hat etwa der Kläger selbst den Antrag auf der Eigentümerversammlung gestellt, so kann dies ein Indiz dafür sein, dass

[586] Vgl. dazu Rn. 205.

[587] Vgl. dazu oben Rn. 616.

[588] Vgl. BGH NJW-RR 1998, 334.

[589] Vgl. KG MDR 2002, 722, m. w. N.

[590] Vgl. dazu Rn. 246 ff.

[591] Die fehlende Übersendung einer Protokollabschrift reicht für sich gesehen für eine Auferlegung der Kosten nicht aus, sofern die Beschlüsse in einer geführten Beschlusssammlung enthalten sind und eine Einsichtnahme in die Beschlusssammlung möglich war (vgl. auch LG München NJW 2008, 1823).

[592] Für gesellschaftsrechtliche Beschlussanfechtungsklagen OLG Stuttgart NZG 2003, 1170 (1172); OLG Frankfurt AG 1993, 185 (186).

[593] Für gesellschaftsrechtliche Beschlussanfechtungsklage OLG Naumburg NJW-RR 1998, 1195 (1196).

er vor einer Erhebung der Klage die übrigen Eigentümer um Abhaltung einer Versammlung und Aufhebung des Beschlusses ersuchen muss, um der Kostenlast bei einem sofortigen Anerkenntnis zu entgehen.

635 n) **Eintritt der Wirkungen des Urteils, Rechtskraft und Bindungswirkung.** Ein (nur) rechtswidriger Beschluss ist nach § 23 Abs. 4 Satz 2 WEG gültig, solange er nicht durch ein rechtskräftiges gerichtliches Urteil für ungültig erklärt worden ist. Liegt keine rechtskräftige gerichtliche Entscheidung vor, muss der Wohnungseigentümer gegebenenfalls im Wege der einstweiligen Verfügung nach §§ 935 ff. ZPO die Aussetzung der Beschlusswirkungen herbeiführen.[594] Selbst eine erstinstanzliche positive Entscheidung über die Beschlussanfechtungsklage entfaltet keine Wirkung, solange das Urteil nicht in Rechtskraft erwachsen ist. Damit können die Beklagten trotz einer amtsgerichtlichen Ungültigerklärung die Gültigkeit des angefochtenen Eigentümerbeschlusses weiterhin in Anspruch nehmen, wenn sie den Eintritt der Rechtskraft durch die Einlegung der Berufung gegen das Urteil zunächst verhindern. Dass das Amtsgericht das Urteil für **vorläufig vollstreckbar** erklärt, ändert hieran nichts. Die vorläufige Vollstreckbarkeitserklärung bezieht sich nur auf die **Entscheidung über die Kosten,** auch wenn dieser Umstand im Urteilstenor nicht ausdrücklich hervorgehoben wird. Hintergrund hierfür ist, dass Gestaltungsurteile keinen vollstreckungsfähigen Inhalt haben. Die Gestaltungswirkung des Urteils tritt von selbst (erst) mit der **formellen Rechtskraft** ein.

636 Die **materielle Rechtskraft** des Anfechtungsurteils tritt zunächst gemäß § 325 Abs. 1 ZPO, AO Abs. 4 WEG gegenüber den unmittelbaren Parteien des Rechtsstreits und deren Rechtsnachfolgern ein. Darüber hinaus erwächst das Urteil nach § 48 Abs. 3 WEG aber auch gegenüber dem Verwalter in materielle Rechtskraft, sofern dieser entsprechend § 48 Abs. 1 Satz 2 WEG beigeladen worden ist.

637 Hat das Gericht die Beiladung des Verwalters übersehen oder wurden irrtümlich nicht sämtliche übrigen Eigentümer verklagt, entfaltet das Gestaltungsurteil gegenüber diesen Personen keine Rechtskraftwirkung. Gleichwohl können sich „vergessene" Wohnungseigentümer oder nicht beigeladene Verwalter nicht auf die Gültigkeit des Beschlusses berufen, da die materiell-rechtliche Wirkung des § 23 Abs. 4 Satz 2 WEG, wonach ein Beschluss bei einer gerichtlichen rechtskräftigen Ungültigerklärung nicht mehr gültig ist, gegenüber jedermann eintritt. Die **materiell-rechtliche Bindungswirkung** eines derartigen Gestaltungsurteils ist nicht auf die Parteien des Rechtsstreits beschränkt.[595]

638 Wird die Anfechtungsklage als **unbegründet abgewiesen,** kann **nicht mehr** geltend gemacht werden, dass Beschluss **nichtig** sei (**§ 48 Abs. 4 WEG**). Diese Wirkung ergibt sich bereits aus dem Umstand, dass die Nichtigkeitsfeststellungsklage mit der Anfechtungsklage einen einheitlichen Streitgegenstand bildet. Die Regelung des § 48 Abs. 4 WEG unterliegt aber nach ihrem Sinn und Zweck **Einschränkungen** und greift nicht bei jeder Abweisung einer Anfechtungsklage als unbegründet ein. Vielmehr ist Voraussetzung, dass sich die **Rechtskraft** der klageabweisenden Entscheidung gerade **auf den Beschluss und dessen Mängel** als Streitgegenstand **erstreckt.** Nur wenn also durch die Entscheidung tatsächlich eine der Rechtskraft fähige klageabweisende Sachentscheidung über den Streitgegenstand (den Beschluss) ergangen ist, scheidet eine spätere Berufung auf die Nichtigkeit gemäß § 48 Abs. 4 WEG aus:

639
- Weist das Gericht die Klage gegen einen (unerkannt) nichtigen Beschluss allein mit der Begründung ab, die **Klagefrist oder** die **Klagebegründungsfrist** sei **versäumt,** erwächst nur die Abweisung „wegen Fristversäumnis" in Rechtskraft.[596] Mangels einer der Rechtskraft fähigen Entscheidung über den Beschlussinhalt ist deshalb auch in einem weiteren Verfahren die Berufung auf die Nichtigkeit möglich.

---

594 Vgl. dazu Rn. 367.

595 So die Begründung zum Gesetzesentwurf BT-Drucks. 16/887, S. 75.

596 Vgl. dazu ausführlich Rn. 597.

- Etwas anderes gilt bei einem **Klageverzicht nach § 306 ZPO** oder einem klageabweisenden **Versäumnisurteil nach § 330 ZPO.** Bei einem Versäumnisurteil ist der Kläger mit seiner Klage schlechthin abgewiesen, ohne dass es auf die Gründe des Klägers, das Versäumnisurteil gegen sich ergehen zu lassen, oder darauf, wie bei dem gegebenen Sachstand und Streitstand im Falle eines kontradiktorischen Urteils die Entscheidung hätte lauten können oder müssen, ankommt.[597] Damit erstreckt sich die Rechtskraft der Entscheidung auch auf die Mängel des Beschlusses als Streitgegenstand. Nichts anderes gilt bei einem Klageverzicht. Dementsprechend ist es theoretisch denkbar, dass durch einen Klageverzicht des Klägers ein **nichtiger Beschluss „geheilt“** werden kann. In der Praxis liegt es aber an den anderen Beklagten, den Erlass eines Verzichtsurteils durch die Erhebung einer Nichtigkeitsfeststellungsklage noch vor dem Erlass des Urteils zu verhindern. Eine derartige Erhebung ist auch noch im Termin zur mündlichen Verhandlung möglich, sofern nicht bereits nach dem Verzicht eine Klageabweisung beantragt wurde und ein Verzichtsurteil ergangen ist (vgl. § 306 ZPO: „wenn der Beklagte die Abweisung beantragt“). Die neu erhobene Nichtigkeitsfeststellungsklage ist dann mit der Klage des verzichtenden Klägers zur gemeinsamen Entscheidung nach § 47 WEG zu verbinden. Der ursprünglich erklärte Verzicht des einen Klägers würde dann keine Wirkung mehr entfalten, da nunmehr eine Personenmehrheit auf der Klägerseite steht, die aufgrund der notwendigen Streitgenossenschaft nach § 62 Abs. 1 Var. 1 ZPO den Klageverzicht nur einheitlich erklären kann.[598] Entsprechendes gilt, um eine Säumnis des Klägers im Termin zur mündlichen Verhandlung zu verhindern. 640

2. Die Nichtigkeitsfeststellungsklage

Ist die Anfechtungsfrist abgelaufen, erwachsen die auf der Eigentümerversammlung gefassten Beschlüsse der Wohnungseigentümer grundsätzlich in Bestandskraft. Die bloße Rechtswidrigkeit eines Beschlusses hindert die Bestandskraft des Beschlusses nicht. Nur bei einer Nichtigkeit[599] ist der Beschluss auch ohne gerichtliche Ungültigerklärung unverbindlich. Sofern etwa aufgrund eines nichtigen Beschlusses Zahlungsansprüche gerichtlich durchgesetzt werden sollen, hat das Gericht deshalb die Nichtigkeit ohnehin als inzidente Rechtsfrage zu prüfen und gegebenenfalls die Zahlungsklage abzuweisen. Nur wenn über den eigentlich nichtigen Beschluss bereits ein Anfechtungsrechtsstreit erfolglos geführt wurde und das Gericht die Klage – gegebenenfalls unzutreffend – als unbegründet abgewiesen hat, scheidet eine Berufung auf die Nichtigkeit aus, vgl. § 48 Abs. 4 WEG. Liegt nicht bereits ein derartiges Urteil vor, kann zur Begründung von Rechtssicherheit unter den Eigentümern die Erhebung einer Klage auf Feststellung der Nichtigkeit des Beschlusses angezeigt sein. 641

a) **Die Zulässigkeit.** Bei der Nichtigkeitsfeststellungsklage handelt es sich – wie bei der Anfechtungsklage – um eine kassatorische Klage. Die Klage ist auf die deklaratorische[600] Feststellung der Nichtigkeit eines Beschlusses gerichtet. Die Nichtigkeitsfeststellungsklage kann von all denjenigen Klägern erhoben werden, die auch im Rahmen einer Anfechtungsklage klagebefugt sind. 642

Das **Feststellungsinteresse** ist, wie das Rechtschutzbedürfnis bei der Anfechtungsklage, grundsätzlich indiziert. Andererseits kann das Feststellungsinteresse auch aus den bereits bei der Anfechtungsklage zum Rechtschutzbedürfnis erörterten Gründen fehlen.[601] Zusätzlich gilt, dass wenn seit der Beschlussfassung bereits ein längerer Zeitraum vergangen 643

---

[597] Std. Rspr., vgl. nur BGH NJW 1961, 1969.
[598] Vgl. Rn. 610.
[599] Zu einzelnen Nichtigkeitsgründen vgl. BGH NJW 2009, 2132 (2134).
[600] BGH NJW 1989, 2059.
[601] Vgl. dazu Rn. 498 ff.

ist und keiner die Gültigkeit des Beschlusses reklamiert, das Feststellungsinteresse fehlen wird. Denn ein nichtiger Beschluss muss nicht aufgehoben werden, sondern ist unwirksam.

644 Auf der **Beklagtenseite** müssen bei der Nichtigkeitsfeststellungsklage die übrigen Wohnungseigentümer bzw., wenn die Klage vom Verwalter erhoben wurde, die Wohnungseigentümer stehen. Auch wenn § 46 Abs. 1 Satz 1 WEG die Notwendigkeit einer Klageerhebung gegen die übrigen bzw. gegen die Wohnungseigentümer ausdrücklich nur für die Anfechtungsklage anordnet, gelten dessen Voraussetzungen auch für die Nichtigkeitsfeststellungsklage. Zwar könnte argumentiert werden, dass nur gegenüber denjenigen Eigentümern, die sich auf die Wirksamkeit des vermeintlich nichtigen Beschlusses stützen, ein Feststellungsinteresse besteht. Zu bedenken ist aber, dass die Nichtigkeitsfeststellungsklage mit der Anfechtungsklage einen einheitlichen Streitgegenstand bildet.[602] Aufgrund des einheitlichen Streitgegenstandes muss deshalb die Beklagtenstellung bei einer Nichtigkeitsfeststellungsklage derjenigen der Anfechtungsklage entsprechen, was auch in der vergleichbaren gesellschaftsrechtlichen Rechtsprechung anerkannt ist.[603] Andernfalls wären bei einer fehlenden Einbeziehung sämtlicher Eigentümer in den Prozess unterschiedliche Prozessergebnisse bei einer unterschiedlichen Prozessbeteiligung möglich. Auch eine Beiladung von nicht in eine Beschlussfeststellungsklage einbezogenen Wohnungseigentümern ist in § 48 Abs. 1 WEG nicht vorgesehen. Nur der Verwalter ist bei einem Rechtsstreit im Sinne von § 43 Nr. 4 WEG nach § 48 Abs. 1 Satz 2 WEG beizuladen, wenn er nicht bereits Partei ist. Auf die Normierung einer Beiladungsmöglichkeit anderer Personen hat der Gesetzgeber bei der Nichtigkeitsfestellungsklage auch deshalb bewusst verzichtet, weil er ebenfalls davon ausging, dass die Klage ohnehin gegen alle übrigen Wohnungseigentümer zu richten ist.[604] Hinzu kommt, dass bei einer Feststellungsklage, die auf den Bestand eines Rechtsverhältnisses bezogenen ist, generell all diejenigen zu beteiligen sind, die durch das Rechtsverhältnis gebunden werden.[605] Deshalb liegt auch bei der Nichtigkeitsfeststellungsklage ein Fall notwendiger Streitgenossenschaft i. S. v. § 62 Abs. 1 Var. 1 ZPO vor.

645 Einzelne der übrigen Eigentümer können nicht im Vorhinein mit verpflichtender Wirkung ihr Einverständnis mit dem Vorliegen eines unwirksamen Beschlusses erklären, um eine auch gegen sie gerichtete Klage auszuschließen. Zwar ist im Gesellschaftsrecht anerkannt, dass aus Gründen der Prozessökonomie bei einer Auflösungsklage nach § 133 HGB oder einer Ausschließungsklage nach § 140 HGB eine derartige Unterwerfung die zwingende Beklagtenstellung aufheben kann.[606] Diese Grundsätze können aber nicht auf eine Nichtigkeitsfeststellungsklage übertragen werden, zumal bei einer fehlenden Beteiligung an dem Rechtsstreit keine Bindungswirkung für Sonderrechtsnachfolger gemäß § 10 Abs. 4 WEG eintreten würde.

646 Hinsichtlich des **Klageantrages** bietet sich folgende Formulierung an:

647 „Festzustellen, dass der Beschluss der Eigentümerversammlung der Wohnanlage XY vom ... zu dem Tagesordnungspunkt XY (Kurzbeschreibung) nichtig ist.“

648 **b) Der gerichtliche Prüfungsumfang.** Bei der Nichtigkeitsfeststellungsklage hat der Kläger weder die Klagefrist, noch die Klagebegründungsfrist des § 46 Abs. 1 Satz 2 WEG einzuhalten.[607] Der Kläger kann deshalb, solange ihm ein Feststellungsinteresse zur Seite steht, jederzeit eine Klage auf Feststellung der Nichtigkeit erheben und während des Prozesses in den Grenzen von § 296 ZPO Tatsachen vortragen, die zu einer Nichtigkeit des zu überprüfenden Beschlusses führen.

---

[602] Vgl. dazu Rn. 581 ff.
[603] OLG Rostock NZG 2004, 191 (192).
[604] So die Begründung zum Gesetzesentwurf BT-Drucks. 16/887, S. 74.
[605] OLG Celle NJW-RR 1994, 854; LAG Berlin NZA-RR 1998, 279.
[606] BGH NJW 1998, 146; NJW 1958, 418.
[607] BGH NJW 2009, 999 (1001); BGH NJW 2009, 2132 (2134).

Das Gericht hat bei einer isolierten Nichtigkeitsfeststellungsklage den Beschluss ausschließlich auf Nichtigkeitsgründe zu überprüfen. Zwar bilden die Anfechtungs- und die Nichtigkeitsfeststellungsklage einen einheitlichen Streitgegenstand. Tatsachen, die lediglich die Anfechtbarkeit eines Beschlusses begründen, sind aber ausschließlich bei der Wahrung der Fristen des § 46 Abs. 1 Satz 2 WEG Prüfungsgegenstand. Auch wenn der Kläger wegen der Identität der Streitgegenstände grundsätzlich von der Nichtigkeitsfeststellungs- auf die Anfechtungsklage übergehen kann, verbleibt es bei der Prüfung von Nichtigkeitsgründen. Etwas anders gilt nur dann, wenn die Erhebung der Nichtigkeitsfeststellungsklage die Frist des § 46 Abs. 1 Satz 2 Halbs. 1 WEG gewahrt hat und die die Anfechtbarkeit begründenden Gründe innerhalb der Begründungsfrist des § 46 Abs. 1 Satz 2 Halbs. 2 WEG vorgetragen wurden. Fehlt es daran, hat die zum Anfechtungsantrag geänderte Klage nur dann Erfolg, sofern Nichtigkeitsgründe vorliegen.[608] Wegen des weiteren Verhältnisses der Nichtigeitsfeststellungs- zur Anfechtungsklage und wegen der Notwendigkeit und den Folgen der Verbindung derartiger Klagen nach § 47 WEG wird auf die diesbezüglichen Ausführungen im Rahmen der Anfechtungsklage verwiesen.[609] 649

3. Sonstige beschlussbezogene Klagen

Probleme bereitet die Konstellation, dass der Versammlungsleiter in der Eigentümerversammlung die Stimmen auszählt und sich dabei entweder verzählt oder bei zutreffender Stimmenauszählung rechtsirrig annimmt, ein Beschlussantrag sei bei der Wertung der abgegebenen Stimmen abgelehnt worden. Hiervon zu unterscheiden ist der umgekehrte Fall der fehlerhaften Verkündung eines positiven Beschlussergebnisses, wenn bei einer zutreffenden Stimmenauszählung die Beschlussfassung als abgelehnt hätte gewertet werden müssen. Auch der Streit um den konkreten Inhalt eines Beschlusses kann in Einzelfällen das Gericht beschäftigen. 650

a) Verbundene Anfechtungs- und positive Beschlussfeststellungsklage. Verkündet der Versammlungsleiter nach einer Beschlussfassung auf einer Eigentümerversammlung ein den Beschlussantrag ablehnendes Ergebnis, so ist mit der Verkündung ein entsprechender Negativbeschluss in der Welt, auch wenn die Verkündung des negativen Beschlussergebnisses unrichtig war. Hintergrund für diese Annahme ist, dass die Verkündung des Beschlussergebnisses konstitutiven Charakter aufweist.[610] Da die falsche Verkündung nicht zur Nichtigkeit des Beschlusses führt, wird bei fehlender Anfechtung die Ablehnung des Beschlusses bestandskräftig. 651

aa) Der Anfechtungs- und Feststellungsantrag. Um die Bestandskraft des Negativbeschlusses zu vermeiden, muss eine Anfechtungsklage gegen den Negativbeschluss erhoben werden. Da hierdurch aber nur der Negativbeschluss beseitigt, nicht aber das positive Beschlussergebnis festgestellt wird, hat der Kläger gleichzeitig die Anfechtungsklage mit der Klage auf Feststellung des positiven Beschlussergebnisses zu verbinden. Nur dann hat der Kläger das für die Anfechtung des Negativbeschlusses erforderliche Rechtschutzbedürfnis.[611] Letztere, im Aktienrecht als „positive Beschlussfeststellungsklage" bezeichnete Klageart kann von all denjenigen Klägern erhoben werden, die auch für die „normale" Anfechtungsklage **klagebefugt** sind. Das Feststellungsinteresse im Sinne des § 256 Abs. 1 ZPO für den Feststellungsantrag ist durch die materiell unzutreffende Verkündung des Beschlussergebnisses indiziert. Auch der Verwalter als nach § 46 Abs. 1 WEG anfechtungsberechtigter Kläger kann im Einzelfall ein entsprechendes Feststellungsinteresse haben, da nur durch eine derartige Klage im Verhältnis zu den Beklagten der Fehler bei der Beschlussverkündung beseitigt werden kann. Er setzt sich aber der 652

---

608 *Nicht belegt.*
609 Vgl. dazu Rn. 580 ff. und Rn. 588 ff.
610 BGH NJW 2001, 3339 (3341).
611 BGH NJW 2002, 3704 (3705).

Gefahr aus, dass ihm trotz etwaigen Obsiegens in der Hauptsache die Kosten entgegen § 91 Abs. 1 ZPO nach § 49 Abs. 2 WEG auferlegt werden.

653 **Gegner** des mit der Klage geltend gemachten Anfechtungsantrags sind nach § 46 Abs. 1 Satz 1 WEG entweder die „übrigen Wohnungseigentümer" oder bei einer Anfechtung durch den Verwalter alle Wohnungseigentümer. Nichts anderes gilt für den damit verbundenen Klageantrag auf Feststellung des positiven Beschlussergebnisses, da durch den Feststellungsantrag die Ersetzung[612] der fehlerhaften Beschlussverkündung durch den Versammlungsleiter als umgekehrter Fall der in § 46 Abs. 1 Satz 1 WEG geregelten Beschlussaufhebung beabsichtigt ist.

654 Dabei bietet sich an, den **Klageantrag** wie folgt zu formulieren:

655 „Den Beschluss der Eigentümerversammlung der Wohnanlage XY vom ... zu dem Tagesordnungspunkt XY für ungültig zu erklären und die Verkündung des Beschlussergebnisses durch die Feststellung zu ersetzen, dass ein Beschluss mit folgendem Inhalt ... zustande gekommen ist."

656 Der bloße auf die Feststellung eines anderen Beschlussergebnisses gerichtete Klageantrag kann jedoch unter der entsprechend §§ 133, 157 BGB gebotenen Antragsauslegung in Einzelfällen als ein derartiger kombinierter Antrag auszulegen sein.[613]

657 *bb) Der gerichtliche Prüfungsumfang.* Für die Begründetheit des Anfechtungsantrags sind sämtliche Voraussetzungen der Anfechtungsklage zu erfüllen, so dass auch die **Klage- und** die **Klagebegründungsfrist** nach § 46 Abs. 1 Satz 2 WEG zu wahren ist. Die mit dem Anfechtungsantrag verbundene Feststellungsklage ist ebenfalls entsprechend dieser Fristen zu erheben und zu begründen.[614] Für einen Klageerfolg muss der Kläger deshalb etwa innerhalb der Klagebegründungsfrist darlegen, dass das Beschlussergebnis unrichtig verkündet und bei einer tatsächlichen Stimmenauswertung der Antrag angenommen gewesen wäre. Andernfalls scheidet bereits die Aufhebung des Negativbeschlusses aus, da ein Nachschieben von Anfechtungsgründen nach dem Ablauf der Klagebegründungsfrist nicht möglich ist, wenn diese nicht bereits im wesentlichen tatsächlichen Kern mitgeteilt wurden.[615] Für die Feststellung eines anderen Beschlussergebnisses würde dann ebenfalls kein Raum bleiben.

658 Das Gericht hat im Rahmen der Begründetheit der Klage die **Richtigkeit des Beschlussergebnisses** zu überprüfen, das der Versammlungsleiter auf Grund des tatsächlichen Abstimmungsergebnisses festgestellt und verkündet hat. War die Verkündung der Ablehnung zutreffend, ist die Klage abzuweisen.

659 Stellt sich hingegen bei dieser Prüfung heraus, dass das negative Beschlussergebnis unrichtig verkündet wurde, hat das Gericht zusätzlich den Beschluss, dessen positive Feststellung der Kläger begehrt, auf seiten der Beklagten **eingewandte Mängel** zu überprüfen. Dieses Ergebnis entspricht im Rahmen der aktienrechtlichen positiven Beschlussfeststellungsklage der höchstrichterlichen Rechtsprechung.[616] Auch auf die vergleichbare wohnungseigentumsrechtliche positive Beschlussfeststellungsklage lässt sich dieses Ergebnis übertragen.[617] Zwar kann auf den ersten Blick gegen die Überprüfung des Beschlusses auch auf seine inhaltliche Rechtmäßigkeit eingewandt werden, dass eine Prüfung stattfindet, die über den nach § 308 ZPO bindenden Parteiantrag hinausgeht. Dieses ist vor dem Hintergrund zu sehen, dass der Kläger regelmäßig keine inhaltliche

[612] Vgl. BGH NJW 2003, 3476 (3479); NJW 1997, 2106 (2107).
[613] BGH NJW 2002, 3704 (3705).
[614] AG Wiesbaden ZMR 2008, 340. Für die aktienrechtliche Anfechtungsklage wendet der BGH (NJW 1980, 1465 (1467)) aus Gründen der Rechtssicherheit ebenfalls die entsprechenden Fristen auf die verbundene Feststellungsklage an.
[615] BGH NJW 2009, 999; BGH NJW 2009, 2132 (2133).
[616] BGH NJW 1980, 1465 (1468); NJW 1986, 2051 (2052); OLGR Celle 1988, 326.
[617] Dagegen in einem obiter dictum: AG Hamburg-Blankenese ZMR 2008, 1001 (1002).

Überprüfung des Beschlusses möchte, sondern nur die zutreffende Verkündung im Rahmen der positiven Beschlussfeststellungsklage erreichen will. Zu bedenken ist aber, dass eine – wenn auch unzutreffende – Verkündung des Beschlusses bereits vorliegt. Eine Ersetzung der Beschlussverkündung kommt dann jedoch nur in Betracht, wenn der im Ergebnis mit dem Klageziel verlangte neue Beschluss seinerseits rechtmäßig wäre. Jedes andere Ergebnis würde der Effektivität des Rechtsschutzes und dem mit einer gerichtlichen Entscheidung beabsichtigten Rechtsfrieden zuwiderlaufen. Andernfalls müsste nach der Rechtskraft des Urteils und der damit verbundenen Ersetzung des Verkündungsergebnisses gegen den damit erst verkündeten Beschluss erneut eine Anfechtungsklage mit dem Ziel der nunmehr inhaltlichen Überprüfung erhoben werden. Die positive Beschlussfeststellungsklage muss deshalb als Klage „sui generis" eingestuft werden, bei welcher der begehrte Beschluss auch auf inhaltliche Mängel zu überprüfen ist. Nur wenn der Beschluss – dessen positive Feststellung begehrt wird – rechtmäßig ist, darf das Gericht deshalb der Klage insgesamt stattgeben. Andernfalls hat das Gericht zumindest den Feststellungsantrag abzuweisen. Das Gericht darf den mit der positiven Beschlussfeststellungsklage begehrten Beschluss aber nur auf solche Mängel überprüfen, die von der Beklagtenseite eingewandt werden. Hierzu hat es den Parteien Gelegenheit zur Stellungnahme zu geben. Nur die Nichtigkeitsgründe hat das Gericht nach einem entsprechenden Hinweis auch ohne die Erhebung einer Einrede zu berücksichtigen. Der Einhaltung einer Frist für die Erhebung dieser Einreden entsprechend § 46 Abs. 1 Satz 2 WEG bedarf es nicht.

b) Die isolierte positive Beschlussfeststellungsklage. Hat der Versammlungsleiter das Beschlussergebnis einer Abstimmung überhaupt nicht – weder ausdrücklich noch stillschweigend – festgestellt und verkündet, besteht grundsätzlich ein Feststellungsinteresse für die Erhebung einer isolierten positiven Beschlussfeststellungsklage. Im Rahmen seiner Entscheidung kann das Gericht die fehlende Verkündung des Beschlussergebnisses durch den Versammlungsleiter ersetzen und damit den Tatbestand für das Entstehen eines Eigentümerbeschlusses komplettieren.[618] Auch diese Klageart unterfällt dem Anwendungsbereich des § 43 Nr. 4 WEG, da das Gericht – wie bei der „verbundenen Anfechtungs- und positiven Beschlussfeststellungsklage"[619] – den Beschluss auf seitens der Beklagten eingewandte Mängel zu überprüfen hat.[620] Vor diesem Hintergrund der umfassenden inhaltlichen Prüfung des Beschlusses besteht auch für diese Klageart auf der Beklagtenseite eine notwendige Streitgenossenschaft i. S. v. § 62 Abs. 1 Var. 1 ZPO und die übrigen Wohnungseigentümer sind zwingend zu verklagen. Allerdings unterliegt die Klage – mangels einer Verbindung mit einem Anfechtungsantrag – nicht den Fristen des § 46 Abs. 1 Satz 2 WEG.[621] Da der Kläger jedoch beweispflichtig ist, sollte er, im Hinblick auf die andernfalls eintretende Beweisnot, schnellstmöglich Klage erheben. Hinzu kommt, dass bei einer verspäteten Geltendmachung unter Umständen auch das Feststellungsinteresse fehlen bzw. die Klageerhebung rechtsmissbräuchlich sein kann. 660

Hinsichtlich des **Klageantrages** bietet sich folgende Formulierung an: 661

„Festzustellen, dass auf der Eigentümerversammlung der Wohnanlage XY vom … zu dem Tagesordnungspunkt XY (Kurzbeschreibung) ein Beschluss mit folgendem Inhalt … zustande gekommen ist." 662

c) Die negative Beschlussfeststellungsklage. Wird umgekehrt unzutreffend ein positives Beschlussergebnis verkündet, kann der Kläger ausschließlich eine Anfechtungsklage erheben. Die zusätzliche Erhebung einer „negativen Beschlussfeststellungsklage" kommt 663

[618] BGH NJW 2001, 3339 (3343 f.).
[619] Vgl. dazu Rn. 661 ff.
[620] Vgl. auch die Erwägungen des OLG München NZM 2007, 365 (366); dagegen in einem obiter dictum: AG Hamburg-Blankenese ZMR 2008, 1001 (1002).
[621] BGH NJW 1996, 259 (für GmbH).

mangels Vorliegens eines Feststellungsinteresses im Sinne von § 256 ZPO nicht in Betracht, da mit dem Erfolg der Anfechtungsklage zugleich feststeht, dass der Beschluss nicht mehr in der Welt ist.[622]

664 Nur wenn es bereits an den tatbestandlichen Voraussetzungen eines Beschlusses fehlt, also ein **Nichtbeschluss** vorliegt (etwa wenn keine Versammlung stattgefunden hat oder kein Beschluss verkündet worden ist) und andere Wohnungseigentümer gleichwohl auf einem wirksam gefassten Beschluss beharren, kommt die Erhebung einer Klage auf Feststellung in Betracht, dass ein Beschluss nicht gefasst wurde. In derartigen Fällen geht es dem Kläger gerade nicht um die Beseitigung eines Beschlusses, sondern um die bloße Feststellung des Nichtbestehens. Eine Verweisung auf die Anfechtungsklage ist in diesen Fällen nicht möglich.[623] Die Anfechtungsfristen des § 46 Abs. 1 Satz 2 WEG sind ebenfalls nicht einzuhalten, zumal es nach dem Vortrag des Klägers ohnehin an einer Beschlussfassung im Sinne von § 46 Abs. 1 Satz 2 WEG fehlt.

665 Die Feststellungsklage ist entsprechend § 46 Abs. 1 Satz 1 WEG gegen die übrigen Wohnungseigentümer, und bei einer Erhebung durch den Verwalter gegen die Wohnungseigentümer, zu richten. Eine derartige Feststellungsklage bildet ebenfalls im Verhältnis zur Anfechtungsklage einen einheitlichen Streitgegenstand,[624] was sich bereits daraus ergibt, dass das Gericht auch im Rahmen einer Anfechtungsklage zu überprüfen hat, ob überhaupt ein Beschluss zustande gekommen ist.[625] Es gelten deshalb die Ausführungen zu der Nichtigkeitsfeststellungsklage entsprechend.[626] Für eine Feststellung nur gegenüber den bestreitenden Eigentümern bestünde im Übrigen ohnehin kein Feststellungsinteresse. Würde das Gericht nur gegenüber einzelnen Eigentümern das Nichtbestehen eines Beschlusses feststellen, hätte dies keinerlei Rechtskraftwirkung gegenüber den nicht am Prozess beteiligten Eigentümern. Die Feststellung des Nichtbestehens eines Beschlusses kann aber auch insoweit nur gegenüber allen Eigentümern einheitlich erfolgen.

666 Das Gericht muss deshalb auch diese Feststellungsklage mit anderweitigen Anfechtungs- oder Nichtigkeitsfeststellungsklagen entsprechend § 47 WEG verbinden. Wurde eine Anfechtungsklage als unbegründet zurückgewiesen, kann aufgrund der Einheitlichkeit des Streitgegenstandes entsprechend § 48 Abs. 4 WEG nicht mehr geltend gemacht werden, es existierte gar kein Beschluss.

667 **d) Die Gültigkeitsfeststellungsklage.** Bestreiten andere Wohnungseigentümer die Gültigkeit eines Beschlusses, kann in Einzelfällen auch die Erhebung einer Gültigkeitsfeststellungsklage in Betracht kommen. Ziel dieser Klage ist die Feststellung der Gültigkeit eines Beschlusses. Das nach § 256 Abs. 1 ZPO erforderliche Feststellungsinteresse wird für eine derartige Klage allerdings nur in seltenen Ausnahmefällen vorliegen, da ein Beschluss gültig ist, wenn er nicht durch ein rechtskräftiges Urteil für ungültig erklärt wurde (vgl. § 23 Abs. 4 Satz 2 WEG). Im Hinblick auf diese gesetzliche Regelung fehlt grundsätzlich das Feststellungsinteresse. Nur dann, wenn sich andere Eigentümer oder der Verwalter gerade auf die Nichtigkeit eines Beschlusses berufen, kann im Ausnahmefall ein Feststellungsinteresse bestehen. Voraussetzung ist jedoch, dass die **Anfechtungsfrist abgelaufen** und eine Anfechtungsklage **nicht anhängig** ist. Da auch die Feststellung des Bestehens eines wirksamen Beschlusses im Hinblick auf den mit einer Anfechtungsklage teilweise identischen Streitgegenstand nur gegenüber allen Eigentümern einheitlich

---

[622] Vgl. BGH NJW-RR 2003, 470.

[623] Vgl. BGH NJW 1997, 318 (319); NJW 1996, 259. Zur Möglichkeit des deklaratorischen Ausspruchs des Nichtbestehens im Rahmen des Anfechtungsantrages: OLG München NZM 2007, 365; OLG München vom 26. 6. 2006 – 34 Wx 3/06 = ZWE 2006, 456 (nur Ls.); BayObLG NZM 2002, 300 (301 f.).

[624] OLG München vom 26. 6. 2006 – 34 Wx 3/06 = ZWE 2006, 456 (nur Ls.).

[625] BayObLG NJW-RR 1996, 524 (525).

[626] Vgl. dazu Rn. 641 ff.

erfolgen kann, sind auch insoweit die übrigen Eigentümer notwendige Streitgenossen i.S.v. § 62 Abs. 1 Var. 1 ZPO und zu verklagen. Im Rahmen der Klagebegründung darf der Beschluss nur darauf überprüft werden, ob Nichtigkeitsgründe vorliegen.

e) Die Beschlussinhaltsfeststellungsklage. Streiten die Eigentümer über den konkreten Inhalt eines Beschlusses, kann ebenfalls ein Bedürfnis für die Erhebung einer Feststellungsklage bestehen. Zwar fällt ein derartiger Antrag nicht unmittelbar unter den Regelungsbereich des § 43 Nr. 4 WEG. Da aber auch der Inhalt eines Beschlusses dessen Gültigkeit betreffen kann, ist auch insoweit der Anwendungsbereich dieser Norm eröffnet. Dementsprechend ist der Verwalter nach § 48 Abs. 1 Satz 2 WEG beizuladen. Zumindest im Rahmen des § 43 Nr. 4 WEG sind nur Wohnungseigentümer klagebefugt. Denn sofern mit dem Verwalter ein Streit über die Auslegung von Beschlüssen besteht, richtet sich die Zulässigkeit des Rechtsstreits allein nach den Voraussetzungen des § 43 Nr. 2 WEG. Voraussetzung für ein Feststellungsinteresse ist ein Streit über die konkrete Auslegung eines Beschlusses zwischen einzelnen Wohnungseigentümern. Da der Inhalt eines Beschlusses nur gegenüber allen Eigentümern einheitlich festgestellt werden kann und damit eine notwendige Streitgenossenschaft i.S.v. § 62 Abs. 1 Var. 1 ZPO besteht, sind auch bei dieser Klageart alle übrigen Eigentümer notwendig zu verklagen. Die **Klage- und Klagebegründungsfrist** nach § 46 Abs. 1 Satz 2 WEG ist für eine derartige Klage nicht einzuhalten.[627] Ebenso wenig muss eine solche Klage mit anderen beschlussbezogenen Klagen oder der Anfechtungsklage nach § 47 WEG verbunden werden. 668

V. Die wohnungseigentumsbezogenen Klagen Dritter (§ 43 Nr. 5 WEG)

1. Die gerichtliche Zuständigkeit

Das Gericht, in dessen Bezirk das Grundstück der Eigentumswohnung liegt, ist nach § 43 Nr. 5 WEG für Klagen Dritter **ausschließlich** zuständig, die sich gegen den Verband Wohnungseigentümergemeinschaft oder gegen die Wohnungseigentümer richten und sich auf das gemeinschaftliche Eigentum, seine Verwaltung oder das Sondereigentum beziehen. Die Regelung des § 43 Nr. 5 WEG trifft lediglich eine Aussage über die **örtliche Zuständigkeit** des Gerichtes. 669

Die Frage der **sachlichen Zuständigkeit** für Streitigkeiten im Sinne von § 43 Nr. 5 WEG, ob also in diesen Fällen das Amtsgericht oder das Landgericht als Eingangsinstanz zuständig ist, richtet sich hingegen gemäß § 23 Nr. 1 GVG nach dem Streitwert. Anders als bei den Streitigkeiten nach § 43 Nr. 1 bis Nr. 4 und Nr. 6 WEG hat der Gesetzgeber von einer streitwertunabhängigen Zuweisung an die Amtsgerichte abgesehen (vgl. § 23 Nr. 2c GVG). Das Amtsgericht ist damit im Fall des § 43 Nr. 5 WEG nur für solche Streitigkeiten zuständig, die Ansprüche betreffen, deren Gegenstand an Geld oder Geldeswert die Summe von **fünftausend Euro** nicht übersteigt. Andernfalls ist das Landgericht als Eingangsinstanz zuständig.[628] 670

Bei einer **subjektiven Klagehäufung** nach §§ 59ff. ZPO, also wenn in einer Klage mehrere Wohnungseigentümer oder zusätzlich der Verband Wohnungseigentümergemeinschaft in Anspruch genommen werden, findet grundsätzlich für die Bestimmung der sachlichen Zuständigkeit nach § 5 ZPO eine Zusammenrechnung der einzelnen Ansprüche statt.[629] Denn aus der Möglichkeit der Prozessverbindung gemäß § 147 ZPO lässt sich entnehmen, dass der Gesetzgeber auch die subjektive Klagehäufung nicht als eine Summe mehrerer Klagen, sondern als eine einzige Klage ansieht. Nur bei einer wirt- 671

---

[627] Für FGG-Verfahren KG NJW-RR 1991, 213 (214).
[628] Vgl. dazu Rn. 46.
[629] BGH NJW 1981, 578; BFH vom 25. 3. 1969 – II R 68/68 = BeckRS 1969 21003453.

schaftlichen Identität der Einzelansprüche hat eine Zusammenrechnung trotz prozessualer Anspruchsmehrheit ausnahmsweise zu unterbleiben.[630] Eine derartige Identität liegt insbesondere dann vor, wenn die Streitgenossen Gesamtgläubiger oder Gesamtschuldner sind. Dann handelt es sich nämlich bei einer wirtschaftlichen Betrachtungsweise nur um einen einzigen Anspruch, der mehreren zugleich zusteht oder von mehreren zugleich zu erfüllen ist.[631] Werden aber etwa mehrere Eigentümer als Teilschuldner nach § 10 Abs. 7 WEG in Anspruch genommen, liegt bei einer wirtschaftlichen Betrachtungsweise kein identischer Anspruch vor. In diesem Fall wird gegen jeden einzelnen Wohnungseigentümer ein nicht der gesamtschuldnerischen Haftung untereinander unterliegender Anspruch geltend gemacht. Hierzu drei **Beispiele:**

672 • Macht D in einer Klage gegen den Wohnungseigentümer A einen Anspruch auf Zahlung von 2500 EUR als Werklohn für die Reparatur der Elektroleitungen in der Wohnung und gegen den Verband Wohnungseigentümergemeinschaft daneben einen Schadensersatzanspruch in Höhe von 2500,01 EUR wegen erhöhter Kosten aufgrund Behinderung der Arbeiten geltend, ist das Landgericht als Eingangsinstanz zuständig. Insoweit hat aufgrund der mangelnden wirtschaftlichen Identität eine Zusammenrechnung beider Ansprüche nach § 5 ZPO zu erfolgen (insgesamt 5000,01 EUR), so dass der Zuständigkeitsstreitwert für das Amtsgericht nach § 23 Nr. 1 GVG überschritten ist, mit der Folge der Zuständigkeit des Landgerichtes nach § 71 Abs. 1 GVG.

673 • Auch sofern D aus einem ihm gegen den Verband Wohnungseigentümergemeinschaft in Höhe von 10 000 EUR zustehenden Anspruch gegen den Wohnungseigentümer A 2500 EUR und gegen den Wohnungseigentümer B 2500,01 EUR entsprechend ihrer Haftung nach § 10 Abs. 8 WEG geltend macht, ist ebenfalls das Landgericht als Eingangsinstanz zuständig. Auch insoweit muss aufgrund der fehlenden wirtschaftlichen Identität (Teilschuld) eine Addition der Ansprüche zur Bestimmung der Zuständigkeit stattfinden.

674 • Macht D hingegen sowohl gegen den Wohnungseigentümer A als auch gegen den Verband Wohnungseigentümergemeinschaft als Gesamtschuldner einen unter die Regelung des § 43 Nr. 5 WEG fallenden Schadensersatzanspruch auf Zahlung von 2500,01 EUR geltend, so ist das Amtsgericht sachlich zuständig. Hier findet aufgrund der wirtschaftlichen Identität (gesamtschuldnerische Haftung) keine Addierung beider Ansprüche nach § 5 ZPO zur Bestimmung der sachlichen Zuständigkeit nach § 23 Nr. 1 GVG statt.

2. Der Anwendungsbereich

675 Voraussetzung für die Anwendung des § 43 Nr. 5 WEG ist zunächst, dass es sich um die **Klage eines Dritten** handelt. Dritter ist jeder, der nicht zugleich Eigentümer ist. Auch der Verband Wohnungseigentümergemeinschaft und der Verwalter der betroffenen Wohnanlage (für ihn gilt § 43 Nr. 3 WEG) scheiden als Dritte aus. Nur wenn diese Personen ausnahmsweise wie Dritte (etwa als Handwerker) Ansprüche geltend machen, fällt deren Klage unter § 43 Nr. 5 WEG.

676 Auf der **Beklagtenseite** muss ein Wohnungseigentümer oder der Verband Wohnungseigentümergemeinschaft stehen. Als Wohnungseigentümer im Sinne dieser Vorschrift gilt dabei auch derjenige, der bereits vor der Rechtshängigkeit der Wohnungseigentumssache aus der Wohnungseigentümergemeinschaft ausgeschieden ist,[632] sofern nur die weitere Voraussetzung des § 43 Nr. 5 WEG, der **Bezug** zum gemeinschaftlichen Eigentum, seiner Verwaltung oder dem Sondereigentum, vorliegt.

---

[630] BGH NJW-RR 1991, 186.

[631] OLG München MDR 1993, 286.

[632] BGH NJW 2002, 3709. Vgl. auch die Beschlussempfehlung des Rechtsausschusses BT-Drucks. 16/3843, S. 27.

Gemeinschafts- oder verwaltungsbezogene Forderungen im Sinne des § 43 Nr. 5 WEG stellen beispielsweise die Gemeinschaft betreffende vertragliche Ansprüche aus Werk-, Dienstleistungs- und Versicherungsverträgen – etwa der Lohnanspruch des Hausmeisters, der Anspruch der Versorgungsbetriebe, der Anspruch des Architekten oder der Hausversicherung – dar. Unter die Regelung sind aber auch alle anderen Ansprüche, etwa aus gesetzlichen Schuldverhältnissen, beispielsweise der Verletzung der Verkehrssicherungspflicht, zu fassen, sofern sich diese nur auf das gemeinschaftliche Eigentum oder dessen Verwaltung beziehen. Die Geltendmachung einer gerichtlichen Ermessensentscheidung nach § 21 Abs. 8 WEG durch einen Dritten fällt ebenfalls unter diese Regelung, wenngleich eine derartige Klage jedenfalls unbegründet wäre, da ein Dritter mangels der erforderlichen Aktivlegitimation keinen Anspruch auf eine bestimmte Maßnahme gemäß § 21 Abs. 8 WEG haben kann. 677

Ausreichend ist auch der Bezug der Klage zum **Sondereigentum.** Was unter einem solchen „Bezug" zu verstehen ist, lässt sich dem weit gefassten Gesetzeswortlaut nicht entnehmen und bedarf der Auslegung. Die Bestimmung des § 43 Nr. 5 WEG geht auf die insoweit wortidentische Vorgängerregelung, den aufgehobenen § 29b ZPO, zurück. Diese Regelung wurde eingeführt, damit sämtliche „vertraglichen Leistungen" Dritter mit (auch ausschließlichem) Bezug zum Sondereigentum im Gerichtsbezirk des Grundstücks geltend gemacht werden können. Dabei sollten ausdrücklich Handwerkerleistungen und Ansprüche aus einem Kaufvertrag über die Wohnung von der Vorschrift erfasst werden.[633] Entsprechend lässt sich zunächst positiv formulieren, dass **Ansprüche aus Verträgen, die der unmittelbaren Werterhaltung oder Werterhöhung des Sondereigentums** dienen oder sich auf dessen **Veräußerung oder etwa Herausgabe** beziehen, im ausschließlichen Gerichtsstand des § 43 Nr. 5 WEG geltend zu machen sind. Jede andere Auslegung würde auch zu untragbaren Ergebnissen führen, da andernfalls bei jeder Klage die oft komplizierte Frage beantworten werden müsste, ob sich etwa handwerkliche Leistungen ausschließlich auf das Gemeinschafts- oder nur das Sondereigentum oder gar beides beziehen. 678

Zu beachten ist allerdings, dass der Gesetzgeber – anders als für das Gemeinschaftseigentum – Ansprüche aus der „Verwaltung" des Sondereigentums nicht in den Anwendungsbereich des § 43 Nr. 5 WEG einbezogen hat. Negativ formuliert scheiden damit solche Ansprüche aus dem Anwendungsbereich des § 43 Nr. 5 WEG aus, die zwar einen Bezug zum Sondereigentum aufweisen, deren Bezug aber ausschließlich in der Verwaltung des Sondereigentums liegt. Einen derartigen ausschließlichen Bezug zur Verwaltung des Sondereigentums weisen etwa solche Ansprüche auf, die lediglich mittelbar dem Sondereigentum zugute kommen. Damit unterfallen Ansprüche aus **Mietverträgen** oder aus einer **anwaltlichen Geschäftsbesorgung** für das Sondereigentum nicht dem Anwendungsbereich des § 43 Nr. 5 WEG. Derartige Ansprüche weisen zwar ebenfalls einen Bezug zum Sondereigentum auf. Sie dienen aber zumindest nicht unmittelbar der Werterhaltung oder Werterhöhung des Sondereigentums, sondern vielmehr dessen Verwaltung. 679

Auch wenn bestimmte vertragliche Ansprüche gegen die Sondereigentümer unter den Regelungsbereich des § 43 Nr. 5 WEG fallen, ist der WEG-Verwalter nicht berechtigt, für die Sondereigentümer einen solchen Rechtsstreit gemäß § 27 Abs. 2 Nr. 2 WEG zu führen. Für die Anwendung des § 27 Abs. 2 Nr. 2 WEG ist Voraussetzung, dass die Streitigkeit eine Gemeinschaftsangelegenheit betrifft.[634] Nichts anderes gilt für die Entgegennahme von Zustellungen.[635] 680

---

[633] So die Begründung zum Gesetzesentwurf BT-Drucks. 11/3621, S. 33.
[634] Vgl. dazu Rn. 198.
[635] BGH NJW 1981, 282 (283).

3. Spezialprobleme

681 Keine wesentlichen Probleme bereitet der Konflikt zwischen unterschiedlichen gesetzlich geregelten ausschließlichen Gerichtsständen. Bestehen mehrere ausschließliche Gerichtsstände – etwa wenn der Wohnungseigentümer ein auf sein Sondereigentum bezogenes Haustürgeschäft geschlossen hat, vgl. § 29c Abs. 1 Satz 2 ZPO –, steht dem Kläger unter den verschiedenen ausschließlichen Gerichtsständen gemäß § 35 ZPO ein Auswahlrecht zu. Selbst wenn man entgegen der hier vertretenen Auffassung Ansprüche aus Mietverträgen über das Sondereigentum unter den Anwendungsbereich des § 43 Nr. 5 WEG fassen wollte, bestünde keine Konkurrenz der Gerichtsstände. Denn § 29a ZPO weist die ausschließliche örtliche Zuständigkeit ebenfalls dem Gerichtsbezirk des Raumes und damit des Grundstücks zu. Hinsichtlich der sachlichen Zuständigkeit würde § 23 Nr. 2a GVG in diesen Fällen als speziellere Regelung der Bestimmung des § 23 Nr. 1 GVG vorgehen.

682 In der anwaltlichen Praxis ist im Hinblick auf die Ausschließlichkeit des Gerichtsstandes nach § 43 Nr. 5 WEG Vorsicht bei der Erhebung von **Widerklagen** geboten. Wird etwa ein Handwerker von einem Wohnungseigentümer an seinem allgemeinen Gerichtsstand auf Mängelbeseitigung in Anspruch genommen, kommt die Erhebung einer Widerklage – etwa auf eine Werklohnzahlung – durch den Handwerker nur in Betracht, sofern dessen örtlicher allgemeiner Gerichtsstand mit dem ausschließlichen Gerichtsstand nach § 43 Nr. 5 WEG übereinstimmt. Ist der allgemeine Gerichtsstand des Handwerkers hingegen in einem anderen Gerichtsbezirk belegen, verbietet ihm § 33 Abs. 2 ZPO die Erhebung einer Widerklage. Hintergrund dafür ist, dass eine Widerklage nach § 33 Abs. 2 ZPO nicht erhoben werden kann, wenn für den Gegenstand der beabsichtigten Widerklage ein ausschließlicher und damit nach § 40 Abs. 2 Nr. 2 ZPO nicht der Vereinbarung der Gerichtszuständigkeit unterliegender Gerichtsstand besteht. Ein solcher ausschließlicher Gerichtsstand ist aber gerade der des § 43 Nr. 5 WEG. Den Wohnungseigentümern oder dem Verband Wohnungseigentümergemeinschaft ist damit zu raten, die Klage nicht im Gerichtsbezirk des Grundstücks zu erheben, wenn für eine beabsichtigte Klage gegen Dritte mehrere Gerichtsstände zur Auswahl stehen. Dadurch kann die Gefahr der Erhebung von Widerklagen ausgeschlossen werden. Dieses Ergebnis ist zwar nicht sachgerecht, im Hinblick auf die Rechtssicherheit sollte insoweit aber dem eindeutigen Gesetzeswortlaut des § 33 Abs. 2 ZPO der Vorzug gegeben werden. Es liegt ggf. an dem Gesetzgeber, regulierend tätig zu werden.

4. Die Gerichtsorganisation

683 Es besteht kein Anspruch auf eine Behandlung von Rechtsstreitigkeiten im Sinne von § 43 Nr. 5 WEG vor einer speziellen wohnungseigentumsrechtlichen Spezialabteilung oder -kammer. Die Frage der Zuweisung des konkreten Rechtsstreits innerhalb des Gerichtes betrifft allein die **geschäftsplanmäßige Verteilung.** Selbst wenn innerhalb einer Gerichtsorganisation eine wohnungseigentumsrechtliche Spezialabteilung (Amtsgericht) oder Spezialkammer (Landgericht) besteht, werden im Regelfall die Streitigkeiten nach § 43 Nr. 5 WEG in dem Geschäftsverteilungsplan des Gerichtes von der Sonderzuweisung ausgenommen. Andernfalls würden auch aufgrund des weiten Anwendungsbereiches der Regelung Abgrenzungsschwierigkeiten innerhalb der Gerichtsorganisation entstehen.

VI. Das Mahnverfahren (§ 43 Nr. 6 WEG)

1. Das Mahnverfahren des Verbands Wohnungseigentümergemeinschaft

Ist der Verband Wohnungseigentümergemeinschaft der Antragsteller, bestimmt § 43 Nr. 6 Satz 1 WEG, dass das Gericht, in dessen **Bezirk** das **Grundstück** liegt, ausschließlich für die Durchführung des Mahnverfahrens zuständig ist. Eine Anwendung des § 689 Abs. 2 ZPO, wonach der allgemeine Gerichtsstand des Antragstellers für die Bestimmung des Mahngerichtes gilt, hat der Gesetzgeber ausdrücklich in § 43 Nr. 6 Satz 2 WEG ausgeschlossen. Die Regelung dient der Rechtssicherheit, da unabhängig davon, an welchem Ort die Verwaltung des Grundstücks geführt wird,[636] immer das Gericht, in dessen Bezirk das Grundstück liegt, ausschließlich für Anträge des Verbandes zuständig ist. 684

Hat die Landesregierung bzw. die Landesjustizverwaltung nach § 689 Abs. 3 ZPO für den Bereich des Grundstücksbezirkes ein **zentrales Mahngericht** eingerichtet, ist dieses Gericht auch im Rahmen des § 43 Nr. 6 WEG ausschließlich zuständig. Die Regelung des § 43 Nr. 6 WEG ändert lediglich die Zuständigkeitsbestimmung des § 689 Abs. 2 ZPO ab, ohne im Übrigen die Vorschriften des Mahnverfahrens der ZPO auszuschließen. Damit verbleibt es bei der Bestimmung des § 689 Abs. 3 ZPO, der zur Beschleunigung von Mahnverfahren eine Konzentration bei einem bestimmten Amtsgericht als Mahngericht gestattet. 685

Regelmäßig werden entsprechende gerichtliche Mahnverfahren wegen Zahlungsansprüchen aus Wirtschaftsplänen, Jahresabrechnungen oder Geltendmachung von Schadensersatzansprüchen eingeleitet. Die ausschließliche Zuständigkeitszuweisung für das Mahnverfahren nach § 43 Nr. 6 WEG gilt allerdings unabhängig davon, ob der seitens des Verbandes geltend gemachte Anspruch unter die Regelungen der § 43 Nr. 1 bis Nr. 3 WEG fällt.[637] Dementsprechend sind nach § 43 Nr. 6 WEG etwa auch gerichtliche Mahnverfahren seitens des Verbands Wohnungseigentümergemeinschaft auf Rückzahlung eines überzahlten Werklohnes am Gericht des Grundstücksbezirkes bzw. dem für den Gerichtsbezirk zuständigen zentralen Mahngericht zu betreiben. 686

Die Bestimmung des Gerichtes des Bezirkes in welchem das Grundstück liegt als das ausschließlich zuständige Gericht gemäß § 43 Nr. 6 WEG, betrifft **ausschließlich** das **Mahnverfahren.** Wird nach einem Widerspruch das Streitverfahren gemäß §§ 696 ff. ZPO durchgeführt, findet eine erneute Prüfung der gerichtlichen Zuständigkeit statt, § 696 Abs. 5 ZPO. Insofern sollte bereits bei der im Mahnantrag erforderlichen Angabe (vgl. § 692 Abs. 1 Nr. 6 ZPO) das für das streitige Verfahren zuständige Gericht zutreffend bezeichnet werden. Welches Gericht für das streitige Verfahren zuständig ist, richtet sich dabei nach den allgemeinen Zuständigkeitsvorschriften. Handelt es sich um einen Rechtsstreit, der unter die Regelungen der § 43 Nr. 1 bis Nr. 3 WEG fällt, ist wiederum das Gericht, in dessen Bezirk das Grundstück liegt, als Gericht für das streitige Verfahren zuständig. Andernfalls gelten die sonstigen Zuständigkeitsregelungen, etwa nach §§ 12 ff. ZPO. 687

Sofern mittels des **nationalen gerichtlichen Mahnverfahrens** ein unter § 43 Nr. 1 bis Nr. 3 WEG fallender Zahlungsanspruch geltend gemacht wird, ist das Mahngericht, in 688

[636] Mangels Sitz der Wohnungseigentümergemeinschaft wäre ohne die Regelung des § 43 Nr. 6 WEG der Sitz der Verwaltung der Wohnanlage nach §§ 17 Abs. 1 Satz 2, 689 Abs. 2 ZPO für die Bestimmung des ausschließlichen Mahngerichtes maßgebend, was zu Abgrenzungsschwierigkeiten und Rechtsunsicherheit führen würde.

[637] Ein Rechtsstreit nach § 43 Nr. 4 WEG kann nicht im Mahnverfahren anhängig gemacht werden, da insoweit nicht die Zahlung einer bestimmten Geldsumme verlangt wird. Für Ansprüche Dritter nach § 43 Nr. 5 WEG greift die Regelung des § 43 Nr. 6 WEG bereits nach dem Wortlaut nicht ein.

dessen Bezirk das Grundstück liegt, bzw. das ggf. bestehende zentrale Mahngericht, auch gemäß § 703d Abs. 2 ZPO **international zuständig.** Hinsichtlich der internationalen Zuständigkeit gilt für das Mahnverfahren nichts anderes, als für das streitige Verfahren. Zwar wird insbesondere für Wohngeldansprüche des Verbandes in Zweifel gezogen, ob die internationale Zuständigkeit des Gerichtes auf Art. 22 Nr. 1 EuGVVO gestützt werden kann.[638] Jedenfalls folgt aber die entsprechende Zuständigkeit des Mahngerichtes aus Art. 5 Nr. 1a EuGVVO, da die starke Ortsbezogenheit eines wohnungseigentumsrechtlichen Zahlungsanspruchs es rechtfertigt, als Erfüllungsort der Zahlungsverpflichtungen den Ort der Wohnungsanlage anzusehen.[639] Sofern die **Zustellung** des Mahnbescheids **im Ausland** erfolgen muss, ist das nationale Mahnverfahren zudem nur zulässig, sofern mit dem ausländischen Staat ein nach dem AVAG durchzuführendes Zustellungsabkommen besteht (vgl. § 688 Abs. 3 ZPO). Gegebenenfalls kann durch eine Rechtsverordnung gemäß § 703c Abs. 1 Satz 2 Nr. 3 ZPO zusätzlich bestimmt werden, dass ein gesondertes Mahnformular bei der Antragstellung zu verwenden ist.

689 Ob § 43 Nr. 6 WEG auch für das neben dem nationalen Mahnverfahren bestehende **europäische Mahnverfahren** nach der Verordnung (EG) Nr. 1896/2006 gilt, ist zweifelhaft. Dagegen könnte sprechen, dass die europäische Verordnung erst nach dem Erlass des WEG in Kraft getreten ist. Dafür spricht allerdings, dass die Verordnung bereits vor der Neufassung des WEG beschlossen wurde. Bezieht man auch im Hinblick auf den weit gefassten Wortlaut des § 43 Nr. 6 WEG europäische Mahnverfahren in den Anwendungsbereich der Norm ein, besteht eine Konkurrenz zwischen der ausschließlichen Zuständigkeitskonzentration von § 43 Nr. 6 WEG einerseits und der ausschließlichen Konzentration der europäischen Mahnverfahren beim Amtsgericht Wedding gemäß § 1087 ZPO andererseits. Grundsätzlich muss man deshalb dem Verband Wohnungseigentümergemeinschaft in diesem Fall ein Wahlrecht gemäß § 35 ZPO zwischen den ausschließlichen Gerichtsständen des § 43 Nr. 6 WEG und § 1087 ZPO zugestehen, da eine dem § 46b ArbGG entsprechende Sonderregelung fehlt. Der Verband Wohnungseigentümergemeinschaft sollte allerdings im Hinblick auf die beim Amtsgericht Wedding vorhandene Infrastruktur für das europäische Mahnverfahren eher dort seinen Antrag stellen, zumal § 1087 ZPO auch als Spezialvorschrift auslegbar sein könnte. Zu beachten ist zudem, dass, sofern der nicht in Deutschland ansässige Antragsgegner als Verbraucher einzustufen ist, das europäische Mahnverfahren gemäß Art. 6 Abs. 2 der Verordnung (EG) Nr. 1896/2006 ohnehin bei dem Gericht des Mitgliedstaats durchzuführen ist, bei welchem der Antragsgegner seinen Wohnsitz hat.

2. Das Mahnverfahren, in denen die Gemeinschaft nicht Antragstellerin ist

690 Die Regelung des § 43 Nr. 6 WEG gilt nicht für Streitigkeiten, in denen der Verband Wohnungseigentümergemeinschaft nicht der Antragsteller ist. Insoweit verbleibt es bei der Regelung des § 689 Abs. 2 ZPO, wonach das Gericht, in welchem der Antragsteller seinen allgemeinen Gerichtsstand hat, ausschließlich zuständig ist. Sofern der Antragsteller im Inland keinen allgemeinen Gerichtsstand hat, ist allerdings das Amtsgericht Berlin Wedding ausschließlich zuständig. Auch für das europäische Mahnverfahren nach der Verordnung (EG) Nr. 1896/2006 ist gemäß § 1087 ZPO das Amtsgericht Wedding in einem solchen Fall ausschließlich zuständig. Damit verbleibt es selbst für Mahnverfahren, bei denen der geltend gemachte Anspruch im streitigen Verfahren eine Streitigkeit im Sinne der § 43 Nr. 1 bis Nr. 3, Nr. 5 WEG darstellen würde, bei den allgemeinen Zuständigkeitsregelungen, sofern der Verband der Wohnungseigentümergemeinschaft nicht auf der Antragstellerseite steht.

---

[638] Dafür OLG Düsseldorf NJOZ 2003, 2942 = OLGR Düsseldorf 2004, 24; dagegen BayObLG FGPrax 2003, 159.

[639] OLG Stuttgart NZM 2005, 430.

Abschnitt 3. Zwangsversteigerung, -verwaltung, -vollstreckung sowie Insolvenz des Wohnungseigentümers

I. Die Zwangsversteigerung

1. Grundzüge des Zwangsversteigerungsverfahrens

Das Wohnungs- bzw. Teileigentum unterliegt der Möglichkeit der Zwangsversteigerung nach dem ZVG. Maßgebend für die Zwangsversteigerung ist insoweit der ideelle Miteigentumsanteil an dem Grundstück, auch wenn wirtschaftlich das Sondereigentum an einer bestimmten Wohnung bzw. bestimmten Räumlichkeiten im Vordergrund steht. Steht das Wohnungs- bzw. Teileigentum mehreren Berechtigten zu Bruchteilen zu, ist auch die Zwangsversteigerung des Bruchteils jedes Mitberechtigten möglich. 691

a) **Einleitung des Verfahrens.** Die Zwangsversteigerung findet nur auf **Antrag** statt (§ 15 ZVG). Der Antrag ist nach § 1 Abs. 1 ZVG grundsätzlich bei dem **Amtsgericht** zu stellen, in dessen Bezirk das **Grundstück** belegen ist. Etwas anderes gilt nur dann, wenn durch Konzentrationsverordnung nach § 1 Abs. 2 ZVG die Zwangsversteigerung einem Amtsgericht für mehrere Gerichtsbezirke zugewiesen ist. In diesem Fall ist das insoweit bestimmte Amtsgericht allein zuständig. Funktionell ist die Durchführung des Verfahrens der Zwangsversteigerung nach § 3 Nr. 1 i) RPflG dem **Rechtspfleger** zugewiesen. 692

b) **Voraussetzungen der Zwangsversteigerung.** In dem Antrag auf Zwangsversteigerung soll nach § 16 Abs. 1 ZVG zumindest das Grundstück und dessen Eigentümer, ferner der Anspruch und der vollstreckbare Titel, aus welchem heraus die Zwangsversteigerung begehrt wird, bezeichnet werden. Hierbei sind die Urkunden dem Antrag nach § 16 Abs. 2 ZVG beizufügen. Auch wenn § 16 Abs. 1 ZVG nach seinem Wortlaut eine bloße Sollvorschrift darstellt, sind diese Angaben – und dabei insbesondere die Angabe des Grundstücks – für die Durchführung des Verfahrens unentbehrlich. 693

Da ein **vollstreckbarer Titel** notwendig ist, um aus diesem aktiv die Zwangsversteigerung zu betreiben, sind auch die weiteren allgemeinen Zwangsvollstreckungsvoraussetzungen zu erfüllen. Erforderlich ist insoweit die Vorlage eines Titels, der eine Vollstreckungsklausel nach §§ 724 ff. ZPO enthält und zugleich vollstreckbar ist (§ 704 Abs. 1 ZPO). Für die Vollstreckbarkeit genügt die vorläufige Vollstreckbarkeit nach Maßgabe der §§ 708 ff. ZPO. Schließlich muss der Titel nach § 750 ZPO zugestellt worden sein. Da die Zwangsversteigerung zur Verteilung des Versteigerungserlöses führen soll, genügt grundsätzlich ein auf Zahlung von Geld gerichteter **persönlicher Titel.** Ausreichend sind aber auch Titel, die wegen eines **dinglichen Rechts** (etwa Hypothek oder Grundschuld) an einem Grundstück auf Duldung der Zwangsvollstreckung in dieses Grundstück gerichtet sind. Ein Titel, der auf **Veräußerung des Wohnungseigentums** gerichtet ist, stellt nach § 19 WEG ebenfalls einen Titel dar, aus welchem heraus die Zwangsversteigerung betrieben werden kann. Die Vollstreckung aus einem solchen Titel ist aber nur „entsprechend" den Voraussetzungen des ZVG zu vollziehen.[1] 694

Stellt der Verwalter für den Verband Wohnungseigentümergemeinschaft den Zwangsversteigerungsantrag, bedarf er hierfür nach § 27 Abs. 3 Satz 1 Nr. 7 WEG einer besonderen Ermächtigung. Eine solche Ermächtigung kann bereits darin zu sehen sein, dass dem Verwalter umfassend Prozessvollmacht erteilt war, da sich eine Prozessvollmacht auch auf die Zwangsvollstreckung und damit die Zwangsversteigerung bezieht, § 81 ZPO.[2] Ob dem Verwalter umfassend Prozessvollmacht erteilt war, ist durch Auslegung des Beschlusses oder der Vereinbarung zu ermitteln. 695

---

[1] Vgl. hierzu ausführlich Rn. 417 ff.
[2] Vgl. auch *Stöber,* ZVG-Handbuch, Rn. 16.

696 Keine Voraussetzung für die Anordnung der Zwangsversteigerung ist, dass eine gegebenenfalls erforderliche **Zustimmung** der anderen Wohnungseigentümer oder eines Dritten – regelmäßig des Verwalters – zur Versteigerung nach **§ 12 Abs. 1, Abs. 3 Satz 2 WEG** vorliegt. Die Anordnung der Zwangsversteigerung und die Fortführung des Verfahrens setzen eine Zustimmung der genannten Personen nicht voraus. Erst vor der Entscheidung über den Zuschlag muss die Zustimmung erteilt oder ersetzt sein.[3]

697 c) **Die Verfahrensbeteiligten.** An dem Verfahren sind der die Zwangsversteigerung betreibende Gläubiger, der Eigentümer als Schuldner und die in § 9 ZVG benannten Personen **beteiligt.**

698 Nach § 9 Nr. 1 ZVG sind insoweit die Personen zwingend zu beteiligen, für welche zum Zeitpunkt der Eintragung des Vollstreckungsvermerkes im Grundbuch Rechte eingetragen oder durch Eintragung gesichert sind. Hierunter fallen bei der Versteigerung von Wohn- oder Teileigentum im Hinblick auf ihre Stellung als Miteigentümer auch die übrigen Eigentümer der Wohnungseigentümergemeinschaft.[4]

699 Ferner sind die in § 9 Nr. 2 ZVG benannten Personen zu beteiligen, allerdings nur, wenn diese ihre Rechte anmelden und auf Verlangen des Gerichtes glaubhaft machen. Gläubiger, die nicht im Grundbuch eingetragen sind, werden nur bei entsprechender Anmeldung ihrer Rechte und ggf. Glaubhaftmachung der Rechte zu Beteiligten des Verfahrens. Letzteres ist insbesondere für den **Verband** Wohnungseigentümergemeinschaft und einzelne **Wohnungseigentümer** erheblich. Stehen dem Verband oder den Wohnungseigentümern nach § 10 Abs. 1 Nr. 2 ZVG bevorzugte Rechte auf Zahlung der dort genannten Beiträge zu den Lasten und Kosten des gemeinschaftlichen Eigentums bzw. ein entsprechender Rückgriffsanspruch zu,[5] muss eine Anmeldung dieser Rechte erfolgen. Nur bei einer Anmeldung der Rechte bis zum Zeitpunkt der Abgabe von Geboten wird der Verband ein formell Beteiligter des von einem Dritten geführten Verfahrens im Sinne von § 9 Nr. 2 ZVG. Andernfalls bleibt nur der Weg, aus diesen Rechten selbst die Zwangsversteigerung zu betreiben, sofern die entsprechenden Voraussetzungen hierfür vorliegen.

700 d) **Wirkung der Anordnung der Zwangsversteigerung.** Die Zwangsversteigerung wird durch Beschluss angeordnet. Dieser Beschluss gilt zugunsten des Gläubigers als **Beschlagnahme** des Zwangsversteigerungsobjektes (§ 20 ZVG) und begründet dadurch ein relatives **Veräußerungsverbot** (§ 23 ZVG i. V. m. §§ 135, 136 BGB). Die Beschlagnahme wird wirksam, sofern der Beschluss dem Schuldner entweder zugestellt ist (§ 22 Abs. 1 Satz 1 ZVG) oder aber das Ersuchen um Eintragung des Versteigerungsvermerks dem Grundbuchamt zugeht und auf das Ersuchen die Eintragung demnächst erfolgt (§ 22 Abs. 1 Satz 2 ZVG). Maßgebend ist insoweit der jeweils frühere Zeitpunkt.

701 Die Anordnung der Zwangsversteigerung ist durch den Schuldner mit der sofortigen Beschwerde gemäß § 793 ZPO i. V. m. § 95 ZVG **anfechtbar,** sofern er angehört wurde. Ohne Anhörung muss der Schuldner eine Erinnerung nach § 766 ZPO einlegen. Gegen die Ablehnung der Anordnung der Zwangsversteigerung muss der Gläubiger im Wege der sofortigen Beschwerde nach § 793 ZPO i. V. m. § 95 ZVG vorgehen.

702 In der Praxis häufig (wenn auch selten erfolgreich) ist der Antrag des Schuldners auf **einstweilige Einstellung** des Verfahrens nach § 30 a ZVG binnen zwei Wochen nach Belehrung über das diesbezügliche Recht gemäß § 30 b ZVG. Eine solche einstweilige Einstellung ist nach § 30 a ZVG (auch unter Auflagen) nur bei entsprechender Schutzwürdigkeit des Schuldners, bestehender Möglichkeit der Verhinderung der Versteigerung und nur unter Berücksichtigung der Gläubigerinteressen möglich. Gegen die Entscheidung ist

[3] LG Berlin Rpfleger 1976, 149; vgl. auch für Erbbaurecht BGH NJW 1960, 2093 (2096). Zu den Auswirkungen bei der Zuschlagserteilung und zu den Folgen bei einem Verstoß vgl. Rn. 711 ff.

[4] OLG Stuttgart NJW 1966, 1036.

[5] Zur Vollstreckung derartiger Rechte ausführlich unter Rn. 728 ff.

durch den Gegner die Möglichkeit der Erhebung der sofortigen Beschwerde nach § 793 ZPO i. V. m. § 30 b Abs. 3 ZVG eröffnet.

e) **Der Versteigerungstermin.** Nach der Beschlagnahme des Grundstücks und nach dem Eingang der Mitteilung des Grundbuchamtes soll nach § 36 Abs. 1 ZVG das Vollstreckungsgericht den Versteigerungstermin anberaumen. In der Praxis wird indes bereits vor der Terminsanberaumung der Verkehrswert des Grundstücks, gegebenenfalls durch Anhörung von Sachverständigen, nach § 74 a Abs. 5 ZVG festgesetzt. Die Festsetzung des Verkehrswertes ist mit der sofortigen Beschwerde seitens aller Beteiligter anfechtbar, § 74 a Abs. 5 Satz 3 ZVG. 703

Die Terminsbestimmung muss die Angaben nach § 37 ZVG, und damit etwa die Aufforderung zur Anmeldung der nicht aus dem Grundbuch ersichtlichen Rechte, enthalten. Ferner sollen die Angaben gemäß § 38 ZVG, etwa des Grundbuchblattes, erfolgen. Die Terminsbestimmung wird öffentlich nach §§ 39 f. ZVG bekannt gemacht und ist den Beteiligten nach § 41 Abs. 1 ZVG zuzustellen. 704

In dem Versteigerungstermin werden gemäß § 66 Abs. 1 ZVG nach dem Aufruf der Sache die das Grundstück betreffenden Nachweisungen (Beschreibung des Grundstücks, Grundbuchinhalt etc.), die das Verfahren betreibenden Gläubiger, deren Ansprüche, die Zeit der Beschlagnahme, der vom Gericht festgesetzte Wert des Grundstücks und die erfolgten Anmeldungen bekanntgemacht. Ferner werden das geringste Gebot und die Versteigerungsbedingungen nach Anhörung der anwesenden Beteiligten unter Bezeichnung der einzelnen Rechte festgestellt und die erfolgten Feststellungen verlesen. Anschließend weist das Gericht nach § 66 Abs. 2 ZVG darauf hin, dass weitere Anmeldungen nicht möglich sind und fordert schließlich zur Abgabe von Geboten auf. Für den Verband Wohnungseigentümergemeinschaft und Wohnungseigentümer ist zu beachten, dass **spätestens** bis zu diesem Zeitpunkt die ihnen gegebenenfalls zustehenden Rechte nach § 10 Abs. 1 Nr. 2 ZVG **angemeldet** sein müssen.[6] 705

Im Rahmen der so genannten **„Bieterstunde“** werden die Gebote entgegengenommen, wobei insoweit die Regelungen der §§ 67 ff. ZVG gelten. Zugelassen wird nach § 44 Abs. 1 ZVG nur ein Gebot, durch welches die dem Anspruch des Gläubigers vorgehenden Rechte sowie die aus dem Versteigerungserlös zu entnehmenden Kosten des Verfahrens gedeckt werden (geringstes Gebot). Da die Rechte des Verbands Wohnungseigentümergemeinschaft auf Hausgeldforderungen (i. S. v. § 10 Abs. 1 Nr. 2 ZVG) den Rechten von Hypotheken- oder Grundschuldgläubigern (i. S. v. § 10 Abs. 1 Nr. 4 ZVG) vorgehen, wird die Eigentümergemeinschaft im Umfang der (ggf. nach § 45 Abs. 3 ZVG anzumeldenden) Rechte aus § 10 Abs. 1 Nr. 2 ZVG vorrangig bedient werden. Denn in diesem Fall sind die Ansprüche des Verbands Wohnungseigentümergemeinschaft nach § 49 Abs. 1 ZVG im Barteil des geringsten Gebotes zu berücksichtigen. 706

f) **Gerichtliche Entscheidung.** Das Gericht entscheidet durch Beschlussfassung über den **Zuschlag** nach Maßgabe der §§ 79 ff. ZVG, wobei der Zuschlag unter bestimmten Voraussetzungen versagt werden kann. Erreicht etwa das Meistgebot nicht die Hälfte des festgesetzten Verkehrswertes, ist der Zuschlag zwingend zu versagen (§ 85 a Abs. 1 ZVG). Im ersten Versteigerungstermin kann der Zuschlag ferner auf Antrag versagt werden, sofern das Meistgebot unterhalb von $^{7}/_{10}$ des festgesetzten Verkehrswertes bleibt (§ 74 a Abs. 1 ZVG). Auch in den Fällen des § 83 ZVG ist der Zuschlag zu versagen. Wird der Zuschlag hingegen im Wege der Verkündung nach § 89 ZVG erteilt, erwirbt der Ersteher nach § 90 ZVG kraft konstitutiven Hoheitsakts Eigentum. Der gerichtlichen Entscheidung ist eine **Rechtsmittelbelehrung** beizufügen. Fehlt diese, kann ggf. erfolgreich eine Wiedereinsetzung in die versäumte Rechtsmittelfrist beantragt werden.[7] 707

Gegen die Entscheidung über den Zuschlag oder dessen Versagung ist die Möglichkeit der Einlegung der sofortigen Beschwerde durch die in § 97 ZVG bestimmten Beschwer- 708

---

[6] Vgl. dazu Rn. 780 ff.
[7] BGH NZM 2009, 491.

deberechtigten nach Maßgabe der §§ 96ff. ZVG i.V.m. §§ 567ff. ZPO (i.V.m. § 11 Abs. 1 RPflG) eröffnet. Entsprechend wird nach § 90 Abs. 1 ZVG der Rechtserwerb erst mit der Rechtskraft des Zuschlagsbeschlusses unanfechtbar.

709 Mit dem Zuschlag bleiben nach § 52 Abs. 1 Satz 1 ZVG lediglich die bei der Feststellung des geringsten Gebotes berücksichtigten und nicht durch Zahlung zu deckenden Rechte bestehen. Bestehen bleiben weiterhin die in § 52 Abs. 2 ZVG benannten Rechte. Für Wohnungseigentum ist dabei insbesondere die Bestimmung des § 52 Abs. 2 Satz 2 b) ZVG relevant. Nach dieser Regelung bleiben – wenn in Wohnungseigentum mit dem Rang nach § 10 Abs. 1 Nr. 2 ZVG vollstreckt wird – Grunddienstbarkeiten und beschränkte persönliche Dienstbarkeiten, die auf dem Grundstück als Ganzem lasten, auch dann bestehen, wenn diese bei der Feststellung des geringsten Gebotes nicht berücksichtigt worden sind und ihnen kein anderes Recht der Rangklasse 4 vorgeht, aus dem die Versteigerung betrieben werden kann. Im Übrigen erlöschen **die dinglichen Rechte** gemäß §§ 91 Abs. 1, 52 Abs. 1 Satz 2 ZVG.

710 **Persönliche Rechte,** die mit dem erloschenen dinglichen Recht verbunden sind, werden durch den Zuschlag nicht berührt. Eine Befreiung von der persönlichen Schuld kann nur durch Schuldübernahme des Erstehers nach §§ 53, 91 Abs. 2, Abs. 3 ZVG oder durch Befriedigung des Gläubigers aus dem Erlös der Zwangsversteigerung gemäß §§ 117, 118 Abs. 2 ZVG eintreten.

711 **g) Veräußerungsbeschränkung nach § 12 WEG.** Gemäß § 83 Nr. 5 ZVG[8] bzw. § 83 Nr. 6 ZVG ist der Zuschlag zu versagen, sofern als Inhalt des Sondereigentums eine **Veräußerungsbeschränkung** nach **§§ 12 Abs. 1, Abs. 3 Satz 2 WEG** vereinbart wurde und die Zustimmung der Zustimmungsberechtigten zur Zwangsversteigerung bis zur regulären Zuschlagserteilung verweigert wurde oder nicht vorliegt. Ein solcher Fall ist zwar eher von theoretischer Natur, da im Regelfall bei der Bestimmung des Inhaltes des Veräußerungsverbotes nach § 12 WEG der Erwerb in der Zwangsversteigerung ausgenommen wird. Fehlt aber eine derartige Ausnahme in dem Veräußerungsverbot, ist wegen § 12 Abs. 3 Satz 2 WEG auch in der Zwangsversteigerung eine Zustimmung der Zustimmungsberechtigten erforderlich. Für deren Beibringung ist allein der die Zwangsversteigerung betreibende Gläubiger verantwortlich. Die Zustimmung kann insoweit auch im Vorfeld durch Einwilligung erteilt werden.

712 Ist wegen einer fehlenden Zustimmung der Zuschlag zu versagen, führt die Versagung allerdings nur zu einer einstweiligen Einstellung des Verfahrens nach § 86 ZVG. Der die Zwangsversteigerung betreibende Gläubiger hat in diesem Fall ausreichend Gelegenheit, sich den Anspruch des Schuldners auf Zustimmung abtreten oder von diesem nach § 851 Abs. 1 ZPO i.V. m § 857 Abs. 3 ZPO pfänden und überweisen zu lassen.[9] Danach kann er dann ggf. die Zustimmung durch Klage oder unter Umständen durch eine einstweilige Verfügung ersetzen. Ohnehin ist das Gericht bei einer aus der Sicht des Gläubigers unberechtigten Verweigerung der Zustimmung durch den Zustimmungsberechtigten zunächst gehalten, dem Gläubiger eine Frist zur entsprechenden gerichtlichen Ersetzung der Zustimmung zu setzen und erst in einem gegebenenfalls zu verschiebenden Verkündungstermin nach § 87 Abs. 2 ZVG eine abschließende Entscheidung zu treffen.[10] Durch ein derartiges Vorgehen ist sichergestellt, dass die Versagung des Zuschlags lediglich bei berechtigter Zustimmungsverweigerung eingreift.

713 Nicht einheitlich beantwortet wird die Frage, welche Auswirkung die Erteilung des **Zuschlags trotz fehlender,** aber notwendiger **Zustimmung** im Sinne von § 12 WEG hat. Nach einer älteren Entscheidung des BGH erfasst die Unwirksamkeit des Rechtserwerbs

---

[8] Die Regelung des § 71 Abs. 2 ZVG ist hingegen nicht anwendbar, da nicht das Gebot, sondern die Wirksamkeit des Zuschlagsbeschlusses von der Zustimmung abhängig ist.

[9] BGH NJW 1960, 2093 (2094) (für Erbbaurecht).

[10] BGH NJW 1960, 2093 (2096) (für Erbbaurecht).

bei einem entsprechenden Verfügungsverbot und einer fehlenden Zustimmung auch den Rechtserwerb in der Zwangsversteigerung.[11] Wird der vermeintliche Rechtserwerb gleichwohl in das Grundbuch eingetragen, tritt unter Zugrundelegung der Auffassung des BGH deshalb keine Heilung ein. Vielmehr ist das Grundbuch in diesem Fall unrichtig. Diese Entscheidung steht zunächst im Einklang mit der Regelung des § 12 Abs. 3 Satz 2 WEG, die auch für Zwangsversteigerungen die absolute (schwebende) Unwirksamkeit des Rechtserwerbs gemäß § 12 Abs. 3 Satz 1 WEG anordnet. Dieser Entscheidung kann gleichwohl nicht vollumfänglich gefolgt werden. Nur wenn der Zustimmungsberechtigte sein der Erteilung des Zuschlags entgegenstehendes Recht (die absolute Unwirksamkeit wegen der Veräußerungsbeschränkung) im Wege der sofortigen Beschwerde gegen den Zuschlagsbeschluss geltend macht, werden seine diesbezüglichen Rechte gewahrt. Andernfalls entfaltet der Verstoß gegen das Zustimmungserfordernis ab Rechtskraft des Zuschlagsbeschlusses keine Wirkung mehr. Die Unwirksamkeit wird damit durch Rechtskraft des Zuschlagsbeschlusses geheilt. Denn ein unanfechtbarer Zuschlagsbeschluss erwächst auch dann in Rechtskraft, wenn er mit der Rechtslage nicht in Einklang steht oder grobe Rechtsverstöße enthält.[12] Macht der Zustimmungsberechtigte seine Rechte nicht im Wege der sofortigen Beschwerde gegen den Zuschlagsbeschluss geltend, erwirbt deshalb der Ersteher das Eigentum.[13] Denn aufgrund des hoheitlichen Charakters des rechtskräftigen Zuschlags muss trotz Veräußerungsverbot ein Eigentumserwerb begründet werden.[14]

h) Der Verband Wohnungseigentümergemeinschaft als Ersteher. Unter Umständen kann es für den Verband Wohnungseigentümergemeinschaft sinnvoll sein, in der Versteigerung selbst – etwa zur Vermeidung weiterer zukünftiger Wohngeldausfälle – ein Gebot abzugeben. Als Folge der Rechtsfähigkeit des Verbandes ist mit der nunmehr wohl überwiegenden Ansicht zunächst anzunehmen, dass der Verband Wohnungseigentümergemeinschaft **grundbuchfähig** ist.[15] Grundsätzlich ist es dem Verband damit möglich, selbst Grund- und damit Wohnungseigentum zu erwerben. Denn nach § 10 Abs. 6 Satz 1 WEG können im Rahmen der gesamten Verwaltung des gemeinschaftlichen Eigentums gegenüber Dritten und Wohnungseigentümern durch den Verband Rechte und Pflichten erworben und eingegangen werden. Da die ordnungsmäßige Verwaltung des gemeinschaftlichen Eigentums den Erwerb von eigenem Vermögen nicht ausschließt, können die Wohnungseigentümer hierüber auch nach § 21 Abs. 3 WEG mit Stimmenmehrheit beschließen. Einer Vereinbarung bedarf es nicht. Solange der Beschluss gültig ist, muss er deshalb im Rahmen eines Zwangsversteigerungsverfahrens beachtet werden. Weder dem Rechtspfleger bzw. den Vollstreckungsgerichten im Rahmen der Zwangsversteigerung, noch dem Grundbuchamt steht es zu, die Frage zu überprüfen, ob der Beschluss einer ordnungsgemäßen Verwaltung entspricht.[16] Nur wenn ein Beschluss nichtig oder rechtskräftig in dem dafür vorgesehenen Verfahren der Anfechtungsklage für ungültig erklärt wurde, ist er nicht zu beachten. Andernfalls ist er verbindlich (vgl. § 23 Abs. 4 WEG). Die Gemeinschaft sollte sich allerdings vor der Beschlussfassung über den Erwerb von Wohnungseigentum in der eigenen Wohnanlage über die damit verbundenen Folgeprobleme[17] (bspw. die Frage des Stimmrechts[18] oder die Gestaltung einer Jahresabrechnung) im Klaren sein. 714

[11] BGH NJW 1960, 2093 (2095 f.) (für Erbbaurecht).

[12] OLG Köln NJOZ 2004, 2898 (2900).

[13] Vgl. dazu auch BGH BB 1960, 65 = WM 1960, 25 (26).

[14] LG Frankenthal Rpfleger 1984, 183 (184).

[15] OLG Celle NJW 2008, 1537, m. w. N.

[16] OLG Celle NJW 2008, 1537 (1538 f.); a. A. LG Nürnberg-Fürth ZMR 2006, 812.

[17] Gegen die Möglichkeit des Erwerbs von Wohnungseigentum im eigenen Verwaltungsobjekt mit guten Argumenten *Bonifacio* ZMR 2009, 257 ff.

[18] Für Ruhen der Mitgliedschaftsrechte bei Eigenerwerb von GmbH-Anteilen: BGH NJW 1995, 1027 (1028).

715 **i) Die Rechtsstellung des Erstehers.** Der Ersteher erwirbt durch den Zuschlag originär nach § 90 Abs. 1 ZVG das **Eigentum** an dem Grundstück. Er wird damit Eigentümer des ideellen Miteigentumsanteils an dem Grundstück und dem entsprechenden Sondereigentum an einer bestimmten Wohnung bzw. bestimmten Räumlichkeiten gemäß der Eintragung im Bestandsverzeichnis des Wohnungs- oder Teileigentumsgrundbuchs. Nach §§ 90 Abs. 2, 55 Abs. 1, 20 Abs. 2 ZVG i. V. m. § 1120 BGB erwirbt der Ersteher ferner entsprechend seinem Miteigentumsanteil insbesondere das **Zubehör** des Grundstücks bzw. der Wohnung (§§ 97, 98 BGB) sowie die weiteren Rechte im Rahmen des Hypothekenhaftungsverbandes nach §§ 1120 ff. BGB. Miet- und Pachtforderungen sind hiervon indes nicht umfasst, vgl. § 21 Abs. 2 ZVG. Ferner erstreckt sich der Erwerb auf **Sondernutzungsrechte,** die dem Wohnungseigentum zugeordnet sind, selbst wenn diese in der Grundstücksbeschreibung im Zuschlagsbeschluss nicht gesondert neben dem Wohnungseigentum aufgeführt sind.[19]

716 Ein nicht mit dem gesetzlich gebotenen oder mit einem unzulässigen Inhalt begründetes Wohnungs- oder Teileigentum wird hingegen nicht durch den Zuschlagsbeschluss in der Person des Erstehers begründet.[20] Denn was rechtlich nicht existieren kann, kann nicht erworben werden.

717 *aa) Allgemeine Rechte und Pflichten.* Ab dem Zuschlag trägt der Ersteher nach § 56 Satz 1 ZVG die **Gefahr** des zufälligen **Untergangs** des Grundstücks. Gleichzeitig stehen ihm dessen Nutzungen und Lasten zu, wobei sich das Verhältnis der Wohnungseigentümer untereinander nach den §§ 10 ff. WEG richtet.[21] **Gewährleistungsansprüche** gegen den ursprünglichen Eigentümer hat der Erwerber der Wohnung in der Zwangsversteigerung gemäß § 56 Satz 3 ZVG nicht. Er kann allenfalls den gerichtlichen Sachverständigen unter den Voraussetzungen des § 839 a BGB in Anspruch nehmen, sofern der Sachverständige vorsätzlich oder grob fahrlässig ein unrichtiges Verkehrswertgutachten erstellt hat.

718 Durch den Zuschlag erlangt der Erwerber nach § 93 Abs. 1 Satz 1 ZVG zugleich einen **Räumungstitel** gegen den nicht mehr nutzungsberechtigten Besitzer des Wohnungseigentums, wobei sich dessen Vollstreckung nach § 885 ZPO (Herausgabe des Grundstücks) bzw. § 883 ZPO (Herausgabe der mitversteigerten Sachen) richtet. Wird gegen einen weiterhin Nutzungsberechtigten, wie etwa den Mieter der Wohnung, die Räumung aus dem Titel betrieben, steht diesem die Drittwiderspruchsklage nach § 93 Abs. 1 Satz 3 ZVG i. V. m. § 771 ZPO zu. Gegen die Erteilung der Vollstreckungsklausel kann ferner im Rahmen der Erinnerung nach § 732 ZPO vorgegangen werden. Gerade bei **Mietverhältnissen** gilt, dass der Ersteher nach § 57 ZVG i. V. m. § 566 Abs. 1 BGB in die Rechtsstellung des ursprünglichen Eigentümers als Vermieter nach näherer Maßgabe der §§ 57 a und 57 b ZVG eintritt. Insoweit ist der Ersteher an ein Besitzrecht des Mieters gebunden. Der Ersteher kann nach § 57 a ZVG gegenüber dem Mieter allein von seinem außerordentlichen Kündigungsrecht unter Einhaltung der gesetzlichen Kündigungsfrist (§ 573 d Abs. 2 BGB bzw. § 575 a Abs. 3 BGB bzw. § 580 a Abs. 4 BGB) Gebrauch machen. Bei vermietetem Wohnraum müssen dabei allerdings zusätzlich die Mieterschutzbestimmungen beachtet werden.[22] Der Ersteher benötigt deshalb auch im Falle einer auf § 57 a ZVG gestützten Kündigung ein berechtigtes Interesse zur Kündigung im Sinne von § 573 BGB. Der Mieter kann dieser Kündigung nach § 574 BGB widersprechen.

719 *bb) Bindung an Urteile sowie Vereinbarungen und Beschlüsse der Wohnungseigentümer.* Unmittelbar durch den Zuschlag (§ 90 Abs. 1 ZVG) tritt der Ersteher in die Wohnungseigentümergemeinschaft ein. Ab diesem Zeitpunkt richtet sich seine Rechtsstellung als Wohnungseigentümer nach den Regelungen der §§ 10 ff. ZVG. Der Gesetzgeber ver-

---

[19] OLG Stuttgart NZM 2002, 884.

[20] OLG Hamm DNotZ 1977, 308 = NJW 1976, 1752 (nur Ls.).

[21] Vgl. dazu unten Rn. 719 ff.

[22] BGH NJW 1982, 1696 (1698 f.).

wendet bei Beschreibung der Rechtsstellung in § 10 WEG den Begriff des **„Sondernachfolgers"**. Unter einem „Sondernachfolger" ist insoweit nicht nur der Erwerber durch Rechtsgeschäft, sondern auch der Ersteher in der Zwangsversteigerung gemeint.[23]

Nach § 10 Abs. 4 WEG ist der Ersteher in der Zwangsversteigerung als „Sondernachfolger" zunächst an **sämtliche** vorangegangene **Beschlüsse** der Wohnungseigentümer gemäß § 23 WEG gebunden. Dies gilt auch für solche Beschlüsse, die gemäß § 23 Abs. 1 WEG aufgrund einer Vereinbarung gefasst wurden und vom Gesetz abweichen oder eine Vereinbarung ändern. Der Ersteher erwirbt das Sondereigentum wie es durch die Beschlüsse gestaltet ist, da eine Eintragung der Beschlüsse in das Grundbuch nicht erforderlich ist. 720

Etwas anderes gilt nur dann, wenn die Wohnungseigentümer durch **Vereinbarung** ihr **Verhältnis untereinander** in Ergänzung oder Abweichung von den Vorschriften des WEG gestaltet haben. Eine derartige Vereinbarung entfaltet gegenüber dem Ersteher nach § 10 Abs. 3 WEG nur dann Wirkung, sofern diese als Inhalt des Sondereigentums im Grundbuch eingetragen war. 721

An **gerichtliche Entscheidungen** in einem Rechtsstreit gemäß § 43 WEG ist der Ersteher als „Sondernachfolger" nach § 10 Abs. 4 WEG auch ohne Eintragung in das Grundbuch gebunden, sofern das Urteil gegenüber einem vorherigen Eigentümer, der **Partei** des Rechtsstreits war, Rechtskraft entfaltete. 722

War der Voreigentümer hingegen nur **Beigeladener** in einem Rechtsstreit nach § 48 Abs. 1 WEG, gilt ausschließlich die für die beigeladenen Wohnungseigentümer gefasste Vorschrift des **§ 48 Abs. 3 WEG.** Danach entfaltet das rechtskräftige Urteil nicht nur für Rechtsnachfolger der Parteien gemäß § 325 ZPO Wirkungen, sondern gilt auch für und gegen die „Rechtsnachfolger" der beigeladenen Wohnungseigentümer. Anders als bei § 10 WEG verwendet der Gesetzgeber in § 48 Abs. 3 WEG nicht den umfassenden Begriff des „Sondernachfolgers", sondern ausdrücklich den Begriff des Rechtsnachfolgers. Zweifelhaft ist deshalb, ob der Ersteher in der Zwangsversteigerung ein **Rechtsnachfolger** im Sinne dieser Vorschrift ist. Grundsätzlich handelt es sich bei der Eigentumsbegründung in der Zwangsversteigerung um einen originären und nicht um einen vom Schuldner abgeleiteten Erwerb.[24] Entsprechend ist der Erwerber nicht Rechtsnachfolger des Schuldners im eigentlichen Sinne.[25] Gleichwohl muss er aber als ein Rechtsnachfolger im Sinne von §§ 265, 325 ZPO[26] und damit auch als ein solcher im Sinne von § 48 Abs. 3 WEG eingeordnet werden. Denn sofern die Erstreckung von Berechtigungen und Verpflichtungen auf einen „Rechtsnachfolger" darauf beruht, dass im übertragenen Sinne das Grundstück das berechtigte und verpflichtete Objekt und der Eigentümer nur dessen Vertreter ist, ist auch der Ersteher in der Zwangsversteigerung als Rechtsnachfolger einzustufen.[27] Diese Voraussetzungen liegen aber nicht nur bei §§ 265, 325 ZPO vor, sondern auch bei § 48 Abs. 3 WEG. Nach der Gesetzesbegründung dient diese Vorschrift lediglich als Ergänzung zu § 325 ZPO, damit eine gleichgelagerte Wirkung des Urteils auch für die „Rechtsnachfolger" der Beigeladenen erzielt wird.[28] Die Vorschrift des § 325 Abs. 1 ZPO knüpft aber lediglich an die Inhaberschaft des Grundstücks an, unabhängig davon, wie die Inhaberschaft erlangt wurde. Letzteres ergibt sich bereits daraus, dass nach § 325 Abs. 1 1. Var. ZPO selbst eine Stellung als mittelbarer Besitzer für eine entsprechende Bindungswirkung genügt. Nichts anderes kann dann für § 48 Abs. 3 WEG gelten. War ein Voreigentümer in einem Rechtsstreit nach § 48 Abs. 1 WEG beigeladen, ist der Ersteher damit an die Entscheidungen des Gerichts im Sinne von § 43 WEG nach Maßgabe von § 48 Abs. 3 WEG gebunden. 723

---

[23] BayObLG WuM 1992, 207 (208).
[24] BGH NJW 2004, 2900.
[25] BGH NJW-RR 1986, 1115 (1116).
[26] Ausführlich MünchKommZPO/*Gottwald,* § 325, Rn. 17 ff. Vgl. i. Ü. bereits RGZ 89, 77 (80).
[27] Vgl. RGZ 40, 333 (339).
[28] Vgl. die Begründung zum Gesetzesentwurf BT-Drucks. 16/887, S. 40.

724 *cc) Haftung für Verbindlichkeiten des Verbandes.* Wird der Ersteher in der Zwangsversteigerung im **Außenverhältnis** von einem Gläubiger auf Zahlung von Verbindlichkeiten des Verbands Wohnungseigentümergemeinschaft in Anspruch genommen, haftet er zum einen gemäß § 10 Abs. 8 Satz 1 WEG nur entsprechend dem Verhältnis seines Miteigentumsanteils.[29] Zum anderen haftet er nach dieser Regelung nur für solche Ansprüche, die während seiner Zugehörigkeit zur Gemeinschaft entstanden oder während dieses Zeitraums **fällig** geworden sind. Sind Schulden des Verbandes hingegen vor dem Zuschlag in der Zwangsversteigerung fällig geworden, haftet der Ersteher gegenüber den Gläubigern im Außenverhältnis nicht für die Verbindlichkeiten des Verbandes.

725 *dd) Haftung für Lasten und Kosten.* Entsprechendes gilt im **Innenverhältnis** hinsichtlich der Haftung des Erstehers gegenüber dem Verband für Ansprüche auf Zahlung von Beiträgen zu den Lasten und Kosten des gemeinschaftlichen Eigentums oder des Sondereigentums. Auch gegenüber dem Verband Wohnungseigentümergemeinschaft haftet der Ersteher von Wohn- oder Teileigentum persönlich nur für solche Ansprüche, die entweder nach seinem Eigentumserwerb entstanden oder fällig geworden sind (**Fälligkeitstheorie**).[30] Selbst wenn in der Teilungserklärung eine Haftung des „Erwerbers" für Rückstände vorgesehen ist, wird der Ersteher in der Zwangsversteigerung hierdurch persönlich nicht verpflichtet.[31] Es verbleibt auch dann bei der Anwendung der Fälligkeitstheorie, wenn die Teilungserklärung ausdrücklich gerade für den Ersteher in der Zwangsversteigerung eine Haftung für rückständige Ansprüche des Voreigentümers vorsieht. Denn eine derartige Anordnung einer Haftung für Rückstände wäre wegen Verstoßes gegen § 56 Satz 2 ZVG gemäß § 134 BGB nichtig.[32]

726 Damit hat der Ersteher lediglich nach seinem Eigentumserwerb fällig werdende Beträge aus **Sonderumlagen**- oder **Wohngeldbeschlüssen** aus einer persönlichen Haftung heraus zu entrichten.[33] Nicht zu entrichten hat er etwa das vor seinem Eintritt in die Gemeinschaft fällig gewordene Wohngeld. Fasst die Eigentümerversammlung allerdings im Hinblick auf Liquiditätsschwierigkeiten nach Eintritt des Erstehers in die Gemeinschaft einen Beschluss über die Erhebung einer Sonderumlage für einen zurückliegenden finanziellen Wohngeldausfall eines oder mehrerer Eigentümer, haftet auch der Ersteher anteilig.[34] In diesem Fall bildet der nach Eigentumserwerb durch Zuschlag gefasste Sonderumlagenbeschluss die alleinige Rechtsgrundlage.

727 Etwas anderes gilt für die **Jahresabrechnung.** Selbst wenn der Voreigentümer entgegen dem Wirtschaftsplan keinerlei Wohngeld entrichtet hat und eine nach Eigentumserwerb fällig werdende Jahresabrechnung auch den Rückstand des Voreigentümers ausweist, haftet der Ersteher nicht für diesen Rückstand. Diese Ausweisung der Beitragsrückstände des Voreigentümers in der Einzelabrechnung als eine Schuld des Wohnungseigentümers dient nur der Nachvollziehbarkeit der Abrechnung. Für die Beitragsrückstände des alten Eigentümers wird durch die Genehmigung der Jahresabrechnung eine Schuld des Erstehers auch bei Bestandskraft des Beschlusses nicht begründet.[35] Der Ersteher haftet damit aus der Jahresabrechnung lediglich für die so genannte **„Abrechnungsspitze"**, also den Gesamtbetrag der Einzelabrechnung abzüglich der bereits nach dem Wirtschaftsplan allein seitens des Voreigentümers geschuldeten Sollwohngelder. Fehlte allerdings ein Wirt-

---

[29] Dieser Grundsatz gilt nach § 10 Abs. 8 Satz 4 WEG auch für die Haftung gegenüber dem Verband, soweit die Haftung darauf beruht, dass der Ersteher nicht an einer ordnungsgemäßen Verwaltung – etwa durch Beschlussfassung zur Erhebung einer Sonderumlage zwecks Begleichung der Schulden des Verbandes – mitgewirkt hat.

[30] BGH NJW 1999, 3713 (3715); NJW 1989, 2697 (2698); NJW 1988, 1910 (1911).

[31] BGH NJW 1984, 308 (309 f.).

[32] BGH NJW 1987, 1638.

[33] Zur Frage der Haftung für Altschulden im Rahmen einer nach Eigentumserwerb angeordneten (erneuten) Zwangsversteigerung vgl. Rn. 743 ff.

[34] KG NZM 2003, 116 (117 f.).

[35] BGH NJW 1999, 3713 (3715).

schaftsplan und schuldete der Voreigentümer auch aus anderen Gründen keine Wohngeldvorschüsse, haftet der Ersteher für alle anteiligen Kosten eines abgelaufenen Wirtschaftsjahres aus einer nach dem Zuschlag fälligen Jahresabrechnung.[36]

2. Die Zwangsversteigerung wegen Hausgeldforderungen

Entrichten Wohnungseigentümer ihre Beiträge zu den Lasten und Kosten nicht oder nur teilweise, hat dies erhebliche Auswirkungen auf die übrigen Eigentümer und den Verband Wohnungseigentümergemeinschaft. Bereits die Erlangung eines vollstreckbaren Titels erstreckt sich regelmäßig über einen längeren Zeitraum. Um den Ausfall zu decken, wird dann oft eine alle Eigentümer treffende Sonderumlage beschlossen oder – insbesondere in einer Gemeinschaft aus nur zwei Eigentümern – es geht ein anderer Eigentümer gegenüber den Gläubigern des Verbandes in Vorleistung. Durch die Regelungen der §§ 10 Abs. 1 Nr. 2, 10 Abs. 3 ZVG hat der Gesetzgeber dem Verband Wohnungseigentümergemeinschaft und ggf. auch einzelnen Wohnungseigentümern ein Instrument zur bevorrechtigten Befriedigung derartiger Ansprüche im Rahmen der Zwangsversteigerung in der Rangklasse 2 zur Seite gestellt. 728

a) Das Vorrecht der Rangklasse 2 aus § 10 Abs. 1 Nr. 2 ZVG. Die fälligen Ansprüche auf Zahlung der Beiträge zu den Lasten und Kosten des gemeinschaftlichen Eigentums oder des Sondereigentums gewähren nach § 10 Abs. 1 Nr. 2 Satz 1 ZVG ein (begrenztes) bevorzugtes Recht auf Befriedigung aus dem Grundstück (Rangklasse 2). Dieses Vorrecht umfasst dabei auch Vorschüsse und Rückstellungen sowie die Rückgriffsansprüche einzelner Wohnungseigentümer. Vom Umfang her ist dieses Vorrecht in § 10 Abs. 1 Nr. 2 Satz 2, Satz 3 ZVG sowohl der Höhe nach, als auch in zeitlicher Hinsicht, begrenzt. Ansprüche, die unter diese Rangklasse des § 10 Abs. 1 Nr. 2 ZVG fallen, gehen im Rang selbst den Ansprüchen von dinglich gesicherten Gläubigern nach § 10 Abs. 1 Nr. 4 ZVG vor, und damit auch Grundrechtspfandgläubigern. 729

aa) Bevorrechtigte Ansprüche. Die Regelung des § 10 Abs. 1 Nr. 2 ZVG gewährt in erster Linie dem Verband Wohnungseigentümergemeinschaft ein bevorzugtes Recht auf Befriedigung. Unter Umständen können aber auch einem einzelnen Eigentümer entsprechende Rangvorrechte im Rahmen der Zwangsversteigerung zustehen. 730

Für den Verband **Wohnungseigentümergemeinschaft** fallen in erster Linie die Zahlungsansprüche aus einem **Einzelwirtschaftsplan** und aus einer **Einzeljahresabrechnung** unter die nach § 10 Abs. 1 Nr. 2 ZVG bevorzugten Rechte. Selbst wenn in dem Wirtschaftsplan oder der Jahresabrechnung Kosten enthalten sind, die lediglich das Sondereigentum betreffen (etwa Kaltwasserkosten des Sondereigentums), sind derartige Ansprüche entsprechend bevorrechtigt. Voraussetzung ist lediglich, dass die Kosten über die Gemeinschaft abgerechnet und dem Verband geschuldet werden.[37] Beiträge zu einer beschlossenen **Instandhaltungsrücklage** (Rückstellung) sind ebenfalls bevorrechtigt. Auch eine **Sonderumlage** erfüllt die Anforderungen des § 10 Abs. 1 Nr. 2 ZVG, sofern diese allein im Hinblick auf die Lasten und Kosten des gemeinschaftlichen Eigentums oder des Sondereigentums erhoben wurde. Eine Sonderumlage, die etwa der Bildung einer Rückstellung dient, erfüllt diese Voraussetzung ohne weiteres. Wird die Sonderumlage allerdings nicht im Hinblick auf die Lasten und Kosten, sondern ausschließlich beschlossen, um gegen den Eigentümer ein Vorrecht zu begründen, werden hingegen die Anforderungen des § 10 Abs. 1 Nr. 2 ZVG nicht erfüllt.[38] 731

---

[36] Vgl. dazu OLG Köln ZMR 2008, 478 (480).

[37] Begründung zum Gesetzesentwurf BT-Drucks. 16/887, S. 44.

[38] Denn bei einem Beschluss, der allein und ausschließlich dem Zweck dient, ein Vorrecht zu begründen, fehlt es an dem für § 10 Abs. 1 Nr. 2 ZVG erforderlichen Bezug zu den Lasten und Kosten des gemeinschaftlichen Eigentums. Auch der Gesetzgeber hat dieses Problem der Manipulation erkannt. Der Gesetzgeber will indes insoweit lediglich die betragsmäßige Beschränkung des § 10 Abs. 1 Satz 3 ZVG zur Anwendung bringen (BT-Drucks. 16/887, S. 44).

732 Ist ein **einzelner Miteigentümer** – insbesondere in einer Zweiergemeinschaft ohne Verwalter – hinsichtlich der Lasten und Kosten in Vorleistung gegangen, kann er diese Kosten nach dem Gesetzeswortlaut ebenfalls bevorrechtigt in der Zwangsversteigerung geltend machen, sofern ihm insoweit **Rückgriffsansprüche** gegen den anderen Eigentümer zustehen. Der Gesetzgeber ging in der Begründung zum Gesetzesentwurf davon aus, dass bei der Vorleistung eines Eigentümers in einer Zweiergemeinschaft ein Rückgriffanspruch gegen den anderen Eigentümer besteht.[39] Letzteres ist aber zumindest nicht unzweifelhaft. Denn auch in einer Zweiergemeinschaft ist nach § 10 Abs. 6 WEG allein der Verband Wohnungseigentümergemeinschaft der Träger der rechtsgeschäftlich und gesetzlich begründeten Rechte und Pflichten. Entsprechend richten sich Ansprüche auf Aufwendungsersatz aus Notgeschäftsführung oder berechtigter Geschäftsführung ohne Auftrag ausschließlich gegen den Verband Wohnungseigentümergemeinschaft.[40] Geht man mit dem OLG München davon aus, dass die Regelung des § 10 Abs. 8 WEG lediglich die Haftung der Wohnungseigentümer gegenüber Dritten betrifft,[41] bestünde daneben auch keine zusätzliche, auf das Verhältnis des Miteigentumsanteils beschränkte Mithaftung des anderen Eigentümers nach § 10 Abs. 8 Satz 1 WEG für den Rückgriffsanspruch gegen den Verband. Für Rückgriffsansprüche wäre damit das Vorrecht nach § 10 Abs. 1 Nr. 2 ZVG ohne praktischen Anwendungsbereich. Selbst wenn der verauslagende Eigentümer aufgrund eines Titels Ansprüche des Verbands Wohnungseigentümergemeinschaft gegen den Miteigentümer pfändet, würde dies nicht zum Erfolg führen. Denn es ist mehr als zweifelhaft, ob derartige gepfändete Ansprüche des Verbandes überhaupt als „Rückgriffsansprüche" des Wohnungseigentümers im Sinne von § 10 Abs. 1 Nr. 2 ZVG eingeordnet werden dürfen. Letztere Frage kann indes dahinstehen, da die Auffassung des OLG München, wonach § 10 Abs. 8 WEG nur die Haftung gegenüber Dritten betreffe, jedenfalls in Zweiergemeinschaften nicht überzeugt. Nach § 10 Abs. 8 WEG haftet jeder Wohnungseigentümer einem „Gläubiger" des Verbands Wohnungseigentümergemeinschaft nach dem Verhältnis seines Miteigentumsanteils. Ein „Gläubiger" des Verbandes kann aber auch ein Wohnungseigentümer sein, dem ein unmittelbarer Zahlungsanspruch gegen die rechtsfähige Wohnungseigentümergemeinschaft aus einer Notgeschäftsführung zusteht. Ordnet man in Zweiergemeinschaften einen Wohnungseigentümer als „Gläubiger" im Sinne von § 10 Abs. 8 WEG ein, so steht dem Eigentümer, der hinsichtlich der Lasten und Kosten in Vorleistung gegangen ist, zwar unmittelbar nur ein Rückgriffsanspruch etwa aus Geschäftsführung ohne Auftrag gegen den Verband zu. Der Miteigentümer würde aber daneben für den Rückgriffsanspruch nach § 10 Abs. 8 Satz 1 WEG anteilig entsprechend dem Verhältnis seines Miteigentumsanteils haften. Diese teilschuldnerische Mithaftung kann dann auch bei der Vollstreckung in das Wohnungseigentum des Miteigentümers als bevorrechtigter Rückgriffsanspruch im Rahmen der Rangklasse 2 des § 10 Abs. 1 Nr. 2 ZVG geltend gemacht werden.

733 Auch **„Nebenleistungen"** fallen unter die bevorzugten Rechte im Sinne von § 10 Abs. 1 Nr. 2 ZVG. Hierunter sind zunächst Nebenforderungen, wie Zinsen, zu verstehen. Ferner stellen gemäß § 10 Abs. 2 ZVG auch die Kosten der die Befriedigung aus dem Grundstück bezweckenden Rechtsverfolgung (dingliche Rechtsverfolgung) derartige Rechte der Rangklasse 2 des § 10 Abs. 1 Nr. 2 ZVG dar. Ob auch die Kosten für die **Titelbeschaffung** entsprechende, die dingliche Rechtsverfolgung bezweckende Kosten darstellen, erscheint zumindest zweifelhaft. Jedenfalls sofern der Verband Wohnungseigentümergemeinschaft selbst der betreibende Gläubiger ist, ist es aber sachgerecht, auch diese Kosten unter den Rang des § 10 Abs. 1 Nr. 2 ZVG zu stellen. Denn in diesem Fall dient der Titel zur Schaffung der Voraussetzungen zur Befriedigung aus dem Grundstück.

[39] BT-Drucks. 16/887, S. 44.
[40] OLG München NZM 2008, 215; OLG Hamm ZMR 2008, 229 (230).
[41] OLG München NZM 2008, 215 (216).

Sämtliche Ansprüche müssen, um unter die Rangklasse 2 des § 10 Abs. 1 Nr. 2 ZVG zu fallen, **fällig** sein. 734

bb) Objektbezogenheit der Ansprüche. Unter die Regelung des § 10 Abs. 1 Nr. 2 ZVG fallen nur solche „Hausgeldforderungen", die konkret auf das zu versteigernde Objekt bezogen sind (**Objektbezug**). Diese Voraussetzung folgt unmittelbar aus dem Gesetzeswortlaut, der lediglich die aus einem Wohnungseigentum („daraus") fälligen Ansprüche bevorzugt. Nicht erfasst sind damit Ansprüche, die sich auf eine nicht im konkreten Verfahren zur Versteigerung anstehende andere Eigentumseinheit beziehen, selbst wenn diese Eigentumseinheit in derselben Wohnanlage belegen ist. 735

cc) Zeitliche Begrenzung. Das Vorrecht erfasst nach § 10 Abs. 1 Nr. 2 Satz 2 ZVG die **laufenden** und zusätzlich die **rückständigen Beträge** aus dem Jahr der Beschlagnahme und den letzten zwei Jahren. Stellen sich die Beträge als wiederkehrende Leistungen dar, erfolgt die Zuordnung zu den laufenden oder rückständigen Beträgen nach § 13 Abs. 1 ZVG. Laufende Beträge wiederkehrender Leistungen sind danach der letzte vor der Beschlagnahme fällig gewordene Betrag sowie die später fällig werdenden Beträge. Die älteren Beträge sind Rückstände. Eine zeitliche Begrenzung für die laufenden Beträge besteht nicht. Laufende fällige Beträge können zumindest ohne zeitliche Begrenzung geltend gemacht werden. Stammen rückständige Beträge nicht aus den letzten zwei Jahren vor der Beschlagnahme, können sie nur in der – im Hinblick auf besserrangige Gläubiger regelmäßig wenig aussichtsreichen – Rangklasse 5 unter den Voraussetzungen des § 10 Abs. 1 Nr. 5 ZVG geltend gemacht werden. Die Möglichkeit einer bevorrechtigten Anmeldung solcher älteren Rechte nach § 45 Abs. 3 ZVG besteht ebenfalls nicht.[42] 736

Mit der Verwendung der Formulierung „Jahr" in § 10 Abs. 1 Nr. 2 ZVG wird auf das **Kalenderjahr** abgestellt.[43] Mit **„Beschlagnahme"** im Sinne von §§ 10 Abs. 1 Nr. 2 Satz 2, 13 Abs. 1 ZVG ist bereits der Zeitpunkt der Anordnung der Zwangsversteigerung nach § 19 ZVG gemeint.[44] Denn für den Gläubiger, der Rechte aus §§ 10 Abs. 1 Nr. 2 Satz 2, 13 ZVG geltend macht, gilt nach § 20 ZVG bereits der Anordnungsbeschluss als Beschlagnahme des Grundstücks. 737

Für nach einem beschlossenen **Wirtschaftsplan** geschuldete Wohngeldzahlungen kommt es für die Zuordnung zu den laufenden oder rückständigen Beträgen im Sinne von §§ 10 Abs. 1 Nr. 2 Satz 2, 13 ZVG allein auf die **Fälligkeit** der Zahlungsverpflichtung an. Wird etwa am 10. Januar 2009 die Beschlagnahme wirksam, so unterfallen zunächst alle Vorauszahlungsansprüche der Jahre 2007 und 2008 als „rückständige Beträge" zeitlich unter das Vorrecht des § 10 Abs. 1 Nr. 2 ZVG, sofern das Wohngeld für Januar 2009 ebenfalls vor der Beschlagnahme fällig geworden ist. Das Wohngeld Januar 2009 ist in diesem Fall der letzte vor der Beschlagnahme fällig gewordene Betrag. Auch das Wohngeld Januar 2009 und die Wohngeldvorschüsse der folgenden Monate stellen sich damit als nach § 10 Abs. 1 Nr. 2 ZVG bevorrechtigte Ansprüche dar; allerdings als Teil der „laufenden Beträge" (§ 13 ZVG). 738

Für Ansprüche aus beschlossenen **Jahresabrechnungen** soll sich hingegen nach dem Willen des Gesetzesgebers die zeitliche Zuordnung nicht nach der Fälligkeit der Abrechnung oder des Zeitpunkts der Beschlussfassung richten. Vielmehr soll es allein darauf ankommen, auf welches Kalenderjahr sich die Abrechnung wirtschaftlich bezieht.[45] Dieser Ansicht kann nicht gefolgt werden, da diese Annahme des Gesetzgebers in dem Gesetzeswortlaut keinen Niederschlag gefunden hat. Vielmehr ergibt sich umgekehrt aus § 10 Abs. 1 Nr. 2 Satz 2 ZVG, dass allein die **Fälligkeit** für die Zuordnung ausschlaggebend sein kann. Denn ein Rückstand („rückständiger Betrag") kann sprachlich nur bei 739

---

[42] Vgl. dazu sogleich Rn. 780 ff.
[43] Begründung zum Gesetzesentwurf BT-Drucks. 16/887, S. 44.
[44] Zum Wirksamwerden der Beschlagnahme vgl. Rn. 700 ff.
[45] Begründung zum Gesetzesentwurf BT-Drucks. 16/887, S. 45.

vorliegender Fälligkeit des Anspruchs entstehen. Die Nachzahlungsansprüche aus einer Jahresabrechnung werden aber zumindest hinsichtlich der **„Abrechnungsspitze"** (also des Gesamtbetrages der Einzelabrechnung abzüglich der bereits nach dem Wirtschaftsplan geschuldeten Sollwohngelder) erst mit der Beschlussfassung begründet und können damit auch erst ab diesem Zeitpunkt im Sinne von § 271 BGB fällig werden. Im Übrigen ergibt sich auch aus § 13 ZVG, dass der Gesetzgeber grundsätzlich die Zuordnung zu den laufenden oder rückständigen Beträgen über die Fälligkeit des Anspruchs vornehmen will. Für diejenigen Zahlungsrückstände aus der Jahresabrechnung, die bereits nach dem Wirtschaftsplan geschuldet sind, kommt es hingegen weiterhin auf den Zeitpunkt der Fälligkeit nach dem Wirtschaftsplan an, da dem Beschluss über die Jahresabrechnung insoweit nur eine bestätigende Wirkung zukommt.[46]

740 Auch für einen Anspruch aus einer **Sonderumlage** erfolgt die Zuordnung nicht darüber, ob sich die Sonderumlage wirtschaftlich auf einen Rückstand aus einem vergangenen Kalenderjahr bezieht. Vielmehr kommt es auch hier entscheidend darauf an, wann der Anspruch fällig geworden ist.

741 *dd) Betragsmäßige Begrenzung.* Das Recht auf bevorzugte Befriedigung aus der Rangklasse 2 ist auf einen Betrag in Höhe von nicht mehr als **fünf Prozent** des nach § 74a Abs. 5 ZVG festgesetzten **Verkehrswertes** begrenzt (§ 10 Abs. 1 Nr. 2 Satz 3 ZVG). Dieser Betrag umfasst die Hauptforderung einschließlich aller Nebenleistungen und Kosten der Rechtsverfolgung im Sinne von § 10 Abs. 2 ZVG. Die darüber hinausgehenden Beträge können nur in der oft wenig aussichtsreichen Rangklasse 5 des § 10 Abs. 1 Nr. 5 ZVG (bei der auch eine Anmeldung dieser Beträge nach § 45 Abs. 3 ZVG ausscheidet)[47]geltend gemacht werden. Maßgebend ist die Höhe des festgesetzten Verkehrswertes im Zeitpunkt der Versteigerung, so dass etwaige Beschlüsse, die den Verkehrswert abändern, auch Auswirkungen auf die Höhe des Vorrechtes nach § 10 Abs. 1 Nr. 2 ZVG haben.

742 Treffen Ansprüche des Verbands Wohnungseigentümergemeinschaft auf Hausgeldzahlung mit Rückgriffsansprüchen einzelner Wohnungseigentümer im Sinne von § 10 Abs. 1 Nr. 2 ZVG jeweils gleichrangig aufeinander, sind diese gemäß § 10 Abs. 1 Satz 1 Halbs. 2 ZVG nach dem **Verhältnis ihrer Beträge** zu berücksichtigen. Die Obergrenze von fünf Prozent des Verkehrswertes gilt insgesamt. Hausgeldforderungen des Verbandes und Rückgriffsansprüche werden in **Summe** nur in Höhe von **fünf Prozent** in der Rangordnung 2 des § 10 Abs. 1 Nr. 2 ZVG berücksichtigt. Letzteres gilt auch dann, wenn etwa Grundrechtspfandgläubiger oder sonstige Berechtigte den Verband Wohnungseigentümergemeinschaft wegen Hausgeldansprüchen oder Wohnungseigentümer wegen Rückgriffsansprüchen über § 268 BGB (vgl. § 75 ZVG) befriedigen. Da der Ablösende nach § 268 Abs. 3 BGB in die entsprechende Rechtsstellung des Gläubigers eintritt, darf auch ein derart übergegangener Anspruch zusammen mit etwaigen weiteren Hausgeldansprüchen oder Rückgriffsansprüchen nicht mit mehr als fünf Prozent des Verkehrswertes anteilig gemäß § 10 Abs. 1 Satz 1 Halbs. 2 ZVG berücksichtigt werden. Der Ablösende rückt im Umfang der Ablösung ebenfalls in die Rangklasse 2 des § 10 Abs. 1 Nr. 2 ZVG ein.[48]

743 *ee) Persönlich oder dinglich wirkender Anspruch.* Umstritten ist, ob für die Begründung eines Rechtes i.S.v. § 10 Abs. 1 Nr. 2 ZVG erforderlich ist, dass der derzeitige Eigentümer selbst persönlicher Schuldner der Ansprüche ist. Teilweise wird den Ansprüchen i.S.v. § 10 Abs. 1 Nr. 2 ZVG generell eine dingliche Wirkung mit der Folge beigemessen, dass auch gegen den eingetragenen Eigentümer, der nicht zugleich persönlicher Schuldner der Hausgeldforderung ist, unter den weiteren Voraussetzungen des § 10 Abs. 1 Nr. 2 ZVG die Zwangsversteigerung betrieben werden kann, obwohl persönlich

---

[46] BGH NJW 1999, 3713 (3715).

[47] Vgl. dazu sogleich Rn. 780ff.

[48] Allg. zum Übergang auch der Vorrechtsstellung vgl. RGZ 135, 25.

nur der alte Eigentümer haftet.[49] Anderer Ansicht zufolge muss der Eigentümer auch persönlicher Schuldner der Hausgeldforderung sein. Eine Haftung des früheren Eigentümers genügt nach dieser Auffassung für die Begründung eines Rechtes i. S. v. § 10 Abs. 1 Nr. 2 ZVG gegenüber dem derzeit eingetragenen Eigentümer nicht.[50]

Nach der hier vertretenen Auffassung dürfte zu differenzieren sein: Der zuerst genannten Ansicht ist zuzugeben, dass eine persönliche Schuld nach dem Wortlaut des § 10 Abs. 1 Nr. 2 ZVG nicht vorausgesetzt wird. Erforderlich ist nur ein aus dem Wohnungseigentum („daraus“) fälliger Anspruch. Allerdings kann ohne bereits angeordnete Zwangsversteigerung oder Zwangsverwaltung ein Recht i. S. v. § 10 Abs. 1 Nr. 2 ZVG gar nicht begründet werden. Bereits nach dem Wortlaut des § 10 Abs. 1 Nr. 2 ZVG wird den Hausgeldansprüchen **nur bei** einer **„Beschlagnahme“** des Grundstücks, also bei einer angeordneten Zwangsversteigerung (vgl. § 20 Abs. 1 ZVG), eine entsprechende **Vorrangstellung** zuerkannt.[51] Nur wenn bereits in das Wohnungseigentum vollstreckt wird und entsprechend eine Beschlagnahme vorliegt, können damit auch solche Hausgeldansprüche, die nur der **Voreigentümer persönlich schuldet,** ein Recht i. S. v. § 10 Abs. 1 Nr. 2 ZVG begründen. Entsprechend ist eine Berücksichtigung von persönlich ausschließlich seitens des Voreigentümers geschuldeten Hausgeldansprüchen nur bei einer Anmeldung nach § 45 Abs. 3 ZVG im Rahmen eines bereits laufenden Zwangsversteigerungsverfahrens gegen den derzeitigen Eigentümer möglich, da nur dann eine Beschlagnahme als Voraussetzung für die Begründung eines Rechtes i. S. v. § 10 Abs. 1 Nr. 2 ZVG vorliegt. Ein aktives Betreiben einer Zwangsversteigerung gegen den eingetragenen Eigentümer allein aufgrund einer gegenüber dem früheren Eigentümer bestehenden Hausgeldschuld ist hingegen nicht möglich, zumal es insoweit auch an einem Titel gegenüber dem derzeitigen Eigentümer fehlt. Insbesondere kann auch ein gegenüber dem früheren Eigentümer bestehender Titel nicht auf einen Erwerber umgeschrieben werden, da dieser nicht – erst Recht nicht vor einer Beschlagnahme, aber auch danach nicht – Rechtsnachfolger in die persönliche Schuld ist. 744

b) Eigene Betreibung der Zwangsversteigerung durch den Verband und durch Wohnungseigentümer. Der Verband Wohnungseigentümergemeinschaft bzw. ein einzelner Wohnungseigentümer kann wegen Hausgeldforderungen bzw. wegen eines Rückgriffsanspruchs nach § 10 Abs. 1 Nr. 2 ZVG aktiv (also mit einem eigenen Antrag) die Zwangsversteigerung betreiben. Insofern müssen die bereits dargestellten[52] allgemeinen Zwangsvollstreckungsvoraussetzungen vorliegen. Anders als bei einer bloßen Anmeldung von Hausgeldansprüchen zu einem „fremden“ Zwangsversteigerungsverfahren[53] ist für das aktive Betreiben der Zwangsversteigerung deshalb ein **vollstreckbarer Titel gegen** den **derzeitigen Eigentümer** erforderlich. Ohne entsprechenden Zahlungstitel scheidet ein aktives Betreiben der Zwangsversteigerung wegen Hausgeldansprüchen aus. Ein Zahlungstitel gegenüber einem früheren Eigentümer genügt nicht. Eine Titelumschreibung ist nicht möglich.[54] Das aktive Betreiben einer Zwangsversteigerung ist dabei nicht nur durch aktive Einleitung der Zwangsversteigerung möglich, sondern auch durch einen Beitritt nach § 27 WEG zu einem bereits laufenden (eigenem oder fremden) Verfahren. 745

Sofern ein Schuldner Eigentümer von mehr als einer Wohnung ist, ist zu empfehlen, Hausgeldansprüche im Vorfeld in **getrennten Verfahren** für jede Wohnung zu **titulieren,** um eine getrennte Versteigerung sachgerecht zu ermöglichen. Die durch eine getrennte Geltendmachung verursachten Mehrkosten sind im jeweiligen Prozess erstattungsfähig.[55] 746

[49] *Hintzen/Alff*, ZInsO 2008, 480 (486); *Schneider* ZMR 2009, 165 (166 ff.).

[50] *Kesseler* NJW 2009, 121 (122).

[51] Vgl. zur Parallelproblematik im Rahmen des § 49 InsO unter Rn. 893.

[52] Vgl. dazu Rn. 693 ff.

[53] Vgl. dazu sogleich unter Rn. 780 ff.

[54] Vgl. dazu oben Rn. 744.

[55] LG Itzehoe ZMR 2008, 913.

747 *aa) Titel gemäß § 10 Abs. 3 Satz 2 ZVG.* Der Titel muss eine Hausgeldforderung im Sinne von § 10 Abs. 1 Nr. 2 ZVG zum Gegenstand haben. Entsprechend muss die titulierte Forderung sämtliche **Voraussetzungen** des **§ 10 Abs. 1 Nr. 2 ZVG** erfüllen.[56]

748 Ferner muss der für das aktive Betreiben der Zwangsversteigerung wegen einer Hausgeldforderung erforderliche Titel den Anforderungen des § 10 Abs. 3 Satz 2 ZVG genügen. Für die Vollstreckung von Hausgeldforderungen ist zwar kein Titel auf Duldung der Zwangsvollstreckung notwendig.[57] Erforderlich ist aber ein vollstreckbarer Titel, aus dem die Verpflichtung des Schuldners zur Zahlung, die **Art** und der **Bezugszeitraum** des Anspruchs sowie seine Fälligkeit zu erkennen sind. Denn nur in dieser Form kann überprüft werden, ob dem Titel, aus welchem die Zwangsversteigerung betrieben wird, ein Zahlungsanspruch im Sinne von § 10 Abs. 1 Nr. 2 ZVG zugrunde liegt.

749 Soweit die Art und der Bezugszeitraum des Anspruchs sowie seine Fälligkeit nicht unmittelbar aus dem Titel zu erkennen sind, lässt § 10 Abs. 3 Satz 3 ZVG die **Glaubhaftmachung** dieser Voraussetzungen in sonstiger Weise zu. Eine derartige Glaubhaftmachung ist insbesondere bei Versäumnis- oder Anerkenntnisurteilen erforderlich, da diese Urteile lediglich einen Tenor und keinen Tatbestand oder Entscheidungsgründe enthalten. Ist eine Glaubhaftmachung erforderlich, kann die Glaubhaftmachung nach § 294 ZPO durch alle Beweismittel und insbesondere durch die Versicherung an Eides Statt erfolgen. Entsprechend kommt insbesondere die Vorlage einer eidesstattlichen Versicherung über die dem Titel zugrundeliegende Art und den Bezugszeitraum bzw. die Fälligkeit des Anspruchs in Betracht. Eine solche Versicherung an Eides Statt kann etwa der Verwalter oder der damalige Prozessbevollmächtigte abgeben. Im Falle der Geltendmachung von Rückgriffsansprüchen durch einen einzelnen Wohnungseigentümer kann dieser selbst die Versicherung der Tatsachen an Eides Statt erklären. Ferner können auch Urkunden ein Mittel der Glaubhaftmachung darstellen. So kommt etwa die Vorlage des Doppels der Klageschrift in Betracht,[58] wobei dann jedoch regelmäßig weitere Glaubhaftmachungen dafür erforderlich sind, dass die Entscheidung auch die in der Klageschrift bezeichneten Ansprüche betrifft.

750 *bb) Nachweis des Überschreitens der Wertgrenze des § 10 Abs. 3 Satz 1 ZVG.* Eine aktive Zwangsversteigerung in der Rangklasse 2 ist nur möglich, wenn die titulierten Hausgeldforderungen im Sinne des § 10 Abs. 1 Nr. 2 ZVG, wegen denen die Zwangsversteigerung betrieben wird, **mehr** als **drei Prozent** des **Einheitswertes** des Wohnungseigentums betragen (§ 10 Abs. 3 Satz 1 ZVG i.V.m. § 18 Abs. 2 Nr. 2 WEG). Diese Voraussetzung des Überschreitens der Wertgrenze hat allein der die Zwangsversteigerung betreibende Gläubiger und damit der Verband Wohnungseigentümergemeinschaft oder der rückgriffsberechtigte Wohnungseigentümer nachzuweisen.[59] Den Schuldner trifft keinerlei Darlegungs- und Beweislast. Nur sofern der Nachweis erbracht ist, wird das Gericht die Vollstreckung der Hausgeldrückstände durch Zwangsversteigerung in der Rangklasse 2 des § 10 Abs. 1 Nr. 2 ZVG anordnen.

751 Der **Nachweis,** dass der titulierte Hausgeldbetrag mehr als drei Prozent des Einheitswertes beträgt, hat in erster Linie durch Vorlage des **Einheitswertbescheids** des konkreten Zwangsversteigerungsobjekts als Urkunde im Sinne von § 16 Abs. 2 ZVG zu erfolgen.[60] Der die Zwangsversteigerung betreibende Gläubiger sollte deshalb den Einheitswertbescheid unmittelbar vom Finanzamt vor Stellung des Zwangsversteigerungsantrages anfordern. Das Finanzamt hat dem Gläubiger dabei den Einheitswert mitzuteilen. Das **Steuergeheimnis** steht der Aushändigung des Bescheides nicht entgegen, da die Offenba-

[56] Vgl. dazu ausführlich Rn. 729 ff.
[57] Vgl. auch Begründung zum Gesetzesentwurf BT-Drucks. 16/887, S. 46.
[58] Vgl. auch Begründung zum Gesetzesentwurf BT-Drucks. 16/887, S. 46.
[59] BGH NJW 2008, 1956 (1957).
[60] BGH NJW 2008, 1956 (1957 f.); BGH NJW 2009, 2066 (2067).

rung des Einheitswertbescheides durch § 10 Abs. 3 Satz 1 I. Hs. ZVG kraft Gesetzes i. S. v. § 30 Abs. 4 Nr. 2 AO ausdrücklich gesetzlich zugelassen ist.[61]

Das Finanzamt hat dem Antrag auf Bekanntgabe des Einheitswertes allerdings bereits nach dem Wortlaut des § 10 Abs. 3 Satz 1 I. Hs. ZVG nur dann zu entsprechen, sofern der Gläubiger bereits einen vollstreckbaren Titel über die Hausgeldforderungen hat. Es ist damit für den Verband Wohnungseigentümergemeinschaft als Gläubiger **nicht** möglich, **„vorbeugend"** für alle Eigentümer den Einheitswertbescheid **abzufordern.** Letzteres ist nur möglich, sofern bereits ein Titel vorliegt. 752

Legt der Gläubiger den Einheitswertbescheid bei Antragstellung vor und ergibt sich daraus ein Überschreiten der Wertgrenze, so ist der Nachweis erbracht. Ist allerdings der Einheitswertbescheid ausnahmsweise **„nicht zugänglich"**, kann der Nachweis des Überschreitens der Wertgrenze auch durch den Verkehrswertfestsetzungsbeschluss erfolgen. Der im Verfahren **rechtskräftig festgesetzte Verkehrswert** i. S. v. § 74 a Abs. 5 ZVG steht dann dem Einheitswert gleich. Der Nachweis des Überschreitens der Wertgrenze von 3 Prozent des Einheitswertes ist in diesem Fall erbracht, wenn die Forderung 3 Prozent des rechtskräftig festgesetzten Verkehrswerts des Versteigerungsobjekts übersteigt.[62] 753

Die Notwendigkeit des Rückgriffs auf den rechtskräftig festgesetzten Verkehrswert wird allerdings nur ganz ausnahmensweise vorliegen, da im Regelfall das Finanzamt auf ein entsprechendes Erfordern des Gläubigers den Einheitswert bekannt geben wird. Eine **„Nichtzugänglichkeit"** des Einheitswertbescheides, die allein den Rückgriff auf den Verkehrswert rechtfertigt, liegt aber etwa dann vor, wenn ein Einheitswertbescheid ausnahmsweise noch nicht erlassen ist oder das Finanzamt die Mitteilung des Einheitswertes rechtswidrig verweigert oder die Mitteilung erheblich verzögert. 754

cc) Folgen eines (zunächst) fehlenden Nachweises. Hat der Gläubiger bei Stellung des Zwangsversteigerungsantrags den Einheitswertbescheid (noch) nicht in den Händen, ist der **Nachweis** der Mindesthöhe der Hausgeldforderung im Sinne des § 10 Abs. 3 Satz 1 ZVG **(noch) nicht erbracht.** Auch ein Rückgriff auf den Verkehrswert ist in diesem Verfahrensstadium bei Antragstellung nicht möglich, da der Verkehrswert des Grundstücks noch nicht festgesetzt ist. Die Festsetzung des Verkehrswerts i. S. v. § 74 a Abs. 5 ZVG erfolgt naturgemäß erst im laufenden Verfahren und zwar erst so rechtszeitig vor dem Zwangsversteigerungstermin, dass noch vom Beschwerderecht Gebrauch gemacht werden kann.[63] 755

Das Fehlen des Nachweises der Wertgrenzen des § 10 Abs. 3 Satz 1 ZVG bei Antragstellung führt dann zwar nicht zur vollständigen Zurückweisung des Versteigerungsantrags. Es wird in diesem Fall aber nur eine Vollstreckung der Hausgeldrückstände im Rahmen der Zwangsversteigerung in der **Rangklasse 5** des § 10 Abs. 1 Nr. 5 ZVG, und nicht in der Rangklasse 2 des § 10 Abs. 1 Nr. 2 ZVG, angeordnet.[64] Diese Anordnung führt allerdings nicht dazu, dass die Hausgeldforderungen endgültig lediglich in der Rangklasse 5 realisiert werden können: 756

aaa) Die Beitrittslösung des BGH. Nach Anordnung der Zwangsversteigerung in der Rangklasse 5 kann der die Zwangsversteigerung betreibende Gläubiger gemäß § 27 ZVG den **Beitritt** zu dem bereits für ihn laufenden **Zwangsversteigerungsverfahren** unter Beantragung der Vollstreckung der Hausgeldforderungen nunmehr **in der Rangklasse 2** des § 10 Abs. 1 Nr. 2 ZVG erklären, sofern sich aus dem dann seitens des Gläubigers vorgelegten Einheitswertbescheid (oder, wenn dieser immer noch nicht zugänglich ist, aus der rechtskräftigen Verkehrswertfestsetzung) ein Überschreiten der Wertgrenze des 757

[61] Der Gesetzgeber hat durch Einfügung des § 10 Abs. 3 Satz 1 1. Hs. ZVG zum 11. Juli 2009 auf die Kritik des FG Düsseldorf (ZMR 2009, 213) reagiert, welches eine Offenbarung des Einheitswertbescheides als nicht zulässig angesehen hat.

[62] BGH NJW 2009, 1888; BGH NJW 2009, 2066 (2068).

[63] *Stöber,* ZVG-Handbuch, Rn. 210 a.

[64] BGH NJW 2008, 1956 (1958).

§ 10 Abs. 3 Satz 1 ZVG ergibt. Diesem Antrag hat das Gericht dann der Höhe nach bis zu der Grenze des § 10 Abs. 1 Nr. 2 Satz 3 ZVG zu entsprechen. Dass die Versteigerung der Hausgeldforderungen bereits für den antragstellenden Gläubiger in der Rangklasse 5 angeordnet ist, ist dabei unerheblich. Ein Beitritt zu einem Zwangsversteigerungsverfahren ist auch durch den betreibenden Gläubiger möglich, und zwar dann, wenn er eine Versteigerung in einer anderen Rangklasse erstrebt.[65]

758 Liegt zum Zeitpunkt der Antragstellung auf Beitritt in der Rangklasse 2 weder der Einheitswertbescheid vor, noch ist der Verkehrswert rechtskräftig festgesetzt, darf das Gericht den Beitrittsantrag nicht zurückweisen. Vielmehr muss das Gericht die Entscheidung über den Beitritt zurückstellen, bis entweder der Einheitswertbescheid vorliegt oder der Verkehrswert rechtskräftig festgesetzt ist.[66] Im Ergebnis werden dadurch die Hausgeldforderungen bis zu der Höhe von fünf Prozent des Verkehrswertes in der Rangklasse 2 und die darüber hinausgehenden Hausgeldforderungen in der Rangklasse 5 realisiert. Zu beachten ist allerdings, dass ein derartiger Beitritt nach § 27 ZVG bzw. der neue Rang bei der Versteigerung nur dann bei der Bemessung des geringsten Gebotes nach § 44 Abs. 1 ZVG berücksichtigt wird, wenn der Beitrittsbeschluss dem Schuldner gemäß § 44 Abs. 2 ZVG mindestens vier Wochen vor dem Versteigerungstermin zugestellt wurde.

759 *bbb) Verhältnis zwischen Einheitswertbescheid und rechtskräftiger Verkehrswertfestsetzung.* **Grundsätzlich** ist der Nachweis des Überschreitens der Wertgrenze i. S. v. § 10 Abs. 3 Satz 1 ZVG i. V. m. § 18 Abs. 2 Nr. 2 WEG durch Vorlage des **Einheitswertbescheids** zu erbringen. Nur wenn dieser „nicht zugänglich" ist, darf **ausnahmsweise** zum Nachweis auf den rechtskräftig festgesetzten **Verkehrswert** zurückgegriffen werden.[67]

760 Weist der Gläubiger aufgrund des rechtskräftig festgesetzten Verkehrswertes das Überschreiten der Wertgrenze i. S. v. § 10 Abs. 3 Satz 1 ZVG i. V. m. § 18 Abs. 2 Nr. 2 WEG nach und wird entsprechend der Beitritt nunmehr im Rahmen der Rangklasse 2 angeordnet, kann der Schuldner hiergegen bei seiner vorherigen Anhörung sofortige Beschwerde nach § 793 ZPO i. V. m. § 95 ZVG und andernfalls eine Erinnerung nach § 766 ZPO einlegen. Legt der Schuldner im Zuge des Rechtsbehelfs den Einheitswertbescheid vor und ergibt sich aus diesem, dass die Wertgrenze von 3 Prozent des Einheitswerts nicht erreicht ist, muss der Beitritt wieder aufgehoben werden. Dies gilt auch dann, wenn die Hausgeldforderungen zumindest 3 Prozent des rechtskräftig festgesetzten Verkehrswertes überschreiten. Der Einheitswert aus dem Einheitswertbescheid ist vorrangig, auch wenn der festgesetzte Verkehrswert – was praktisch nur selten vorkommen dürfte – einen geringeren Wert aufweist. Nur wenn der Einheitswertbescheid „nicht zugänglich" ist, darf auf den rechtskräftig festgesetzten Verkehrswert zurückgegriffen werden.[68]

761 Hat das Gericht den Einheitswertbescheid im Zuge der Festsetzung der Gerichtskosten nach § 54 Abs. 1 Satz 4 Halbs. 1 GKG vom Finanzamt abgefordert und befindet sich dieser Bescheid in den Akten, muss das Gericht den Einheitswert auch dann vorrangig berücksichtigen, wenn der Beitritt allein unter Bezugnahme auf ein Überschreiten von 3 Prozent des rechtskräftig festgesetzten Verkehrswerts beantragt wurde. Die Verwendung des allein wegen der Kosten seitens des Gerichtes angeforderten Einheitswertbescheides ist zulässig, zumal § 10 Abs. 3 Satz 1 I. Hs. ZVG die Offenbarung rechtfertigt. Zudem darf das Gericht auch aus rechtsstaatlichen Erwägungen einen Antrag auf Beitritt zu einem Zwangsversteigerungsverfahren nicht zurückweisen, wenn es aus den Akten weiß, dass die Wertgrenze überschritten ist.[69] Ergibt sich umgekehrt zwar aus dem rechtskräftigen Verkehrswertfestsetzungsbeschluss ein Überschreiten der Wertgrenzen,

---

[65] BGH NJW 2008, 1956 (1958); BGH NJW 2009, 1888.
[66] BGH NJW 2009, 2066 (2067).
[67] BGH NJW 2009, 1888 (1889).
[68] BGH NJW 2009, 1888 (1889).
[69] BGH NJW 2009, 2066 (2068).

nicht aber aus dem in den Akten befindlichen (vorrangigen) Einheitswertbescheid, hat das Gericht einen Antrag auch dann zurückzuweisen, wenn der Gläubiger sich auf den Einheitswertbescheid nicht beruft.

dd) Vollstreckung eines weitergehenden Betrages in der Rangklasse 5. Titulierte Ansprüche auf Hausgeld, die der Höhe nach den in § 10 Abs. 1 Nr. 2 Satz 3 ZVG benannten Betrag von fünf Prozent des Verkehrswertes überschreiten, kann der betreibende Gläubiger, also im Regelfall der Verband Wohnungseigentümergemeinschaft, auch von vornherein in der Rangklasse 5 des § 10 Abs. 1 Nr. 5 ZVG geltend machen. Zu Bedenken ist allerdings, dass eine derartige Geltendmachung regelmäßig wenig aussichtsreich erscheint, wenn besserrangige Gläubiger – etwa durch Grundpfandrechte gesicherte Kreditinstitute – vorhanden sind. 762

ee) Antragsfassung. Sofern der Einheitswertbescheid dem Gläubiger noch nicht vorliegt und eine sofortige Antragstellung trotz dessen notwendig erscheint, ist gleichwohl zu empfehlen, die Vollstreckung des vollen titulierten Hausgeldrückstandes im Rahmen der Zwangsversteigerung aus der Rangklasse 2 zumindest zu beantragen. Denn das Gericht wird in diesem Fall ohnehin, sofern der Einheitswertbescheid nicht vorgelegt wird, die Versteigerung zunächst insgesamt in der Rangklasse 5 anordnen. Es schadet dabei nicht, neben dem Antrag auf Versteigerung aus der Rangklasse 2 (hilfsweise) zugleich einen solchen aus der Rangklasse 5 zu stellen. Zur Fassung eines Antrages ist folgende Formulierung empfehlenswert, wobei beispielhaft ein solcher des Verbandes bei Fehlen des Einheitswertbescheides dargestellt wird: 763

„Die Antragstellerin ist der Verband Wohnungseigentümergemeinschaft der Wohnanlage Musterstraße 5 in 55555 Musterstadt. 764

Der Antragstellerin steht gegen ihr Mitglied, den Herrn Mustermann, wohnhaft Musterstraße 5 in 55555 Musterstadt, aufgrund des Versäumnisurteils des Amtsgerichts Musterstadt vom 15. 1. 2009 ein Betrag von 12 000 EUR an Hausgeld zu. Dieses Hausgeld bezieht sich auf das aufgrund des Beschlusses der Versammlung vom 12. 12. 2007 über den Wirtschaftsplan 2008 zum jeweiligen Monatsersten geschuldete Wohngeld für den Zeitraum vom 1. 1. 2008 bis zum 31. 12. 2008. Monatlich war insoweit ein Betrag von 1000 EUR geschuldet. 765

Der Schuldner, Herr Mustermann, ist Eigentümer des im Wohnungsgrundbuch des Amtsgerichts Musterstadt für die Gemarkung Musterstadt Blatt 5555 eingetragenen Wohnungseigentums von $^{42}/_{100}$ = Miteigentumsanteil an dem Grundstück Musterstraße 5 in 55555 Musterstadt, Flurstücknummer 55, zu 555 m² verbunden mit dem Sondereigentum an der Wohnung im ersten Obergeschoss links (Aufteilungsplannummer 2). Für dieses Wohnungseigentum schuldet der Schuldner den oben genannten Betrag. 766

Als Verwalter beantrage ich namens und in Vollmacht der Antragstellerin wegen des durch das Versäumnisurteil vom 15. 1. 2009 titulierten persönlichen Anspruchs und wegen der Kosten der gegenwärtigen Rechtsverfolgung die Zwangsversteigerung des oben genannten Wohnungseigentums des Schuldners in der Rangklasse 2 und hilfsweise in der Rangklasse 5 anzuordnen. 767

Als Verwalter bin ich aufgrund des Beschlusses der Eigentümerversammlung vom 30. 1. 2009 zu dem Tagesordnungspunkt 2 ermächtigt, die Zwangsversteigerung wegen des oben genannten Titels zu betreiben. Die vollstreckbare Ausfertigung des Versäumnisurteils wurde dem Schuldner am 15. 2. 2009 zugestellt. 768

Zum Nachweis füge ich bei: 769
- vollstreckbare Ausfertigung des Versäumnisurteils des Amtsgerichts Musterstadt vom 15. 1. 2009 nebst Zustellungsnachweis,
- Doppel der Klageschrift, aufgrund derer das Versäumnisurteil ergangen ist,
- eidesstattliche Versicherung über Art und Bezugszeitraum des Hausgeldanspruchs sowie dessen Fälligkeit,
- Versammlungsprotokoll vom 30. 1. 2009 zu dem Tagesordnungspunkt 2.

Der Einheitswertbescheid liegt mir noch nicht vor und wird nachgereicht." 770

Das Gericht wird in diesem Fall mangels Vorliegen des Einheitswertbescheides bzw. 771
mangels rechtskräftiger Festsetzung des Verkehrswertes die Versteigerung allein aus der

Rangklasse 5 anordnen. Wenn der Einheitswertbescheid vorgelegt wird, bzw., sofern dieser nicht zugänglich ist, der Beschluss über die Verkehrswertfestsetzung rechtskräftig geworden ist und das Hausgeld einen Betrag von drei Prozent des Einheitswertes übersteigt, wird das Gericht **nicht automatisch** die Hausgeldansprüche, wegen derer die Zwangsversteigerung betrieben wird, auf die **Rangklasse 2** umstellen. Eine derartige Abänderung der Anordnung ist nicht möglich.[70]

772 Vielmehr ist in diesem Fall vom Gläubiger **zwingend** jedenfalls nach Kenntnisnahme vom Einheitswertbescheid bzw. nach Rechtskraft des Verkehrswertfestsetzungsbeschlusses ein **Beitrittsgesuch** – und zwar auf Zulassung in der Rangklasse 2 – zu stellen. Allerdings kann und sollte sogar bereits vor Kenntnisnahme vom Einheitswertbescheid oder der Rechtskraft des Verkehrswertfestsetzungsbeschlusses der Beitritt in der Rangklasse 2 beantragt werden, da das Gericht den Antrag in diesem Fall nicht mit der Begründung zurückweisen darf, dass der Einheitswertbescheid nicht vorliegt und auch der Verkehrswert noch nicht festgesetzt ist. Vielmehr muss das Gericht die Entscheidung über den Beitritt bis zum Vorliegen des Einheitswertbescheides oder der Festsetzung des Verkehrswertes zurückzustellen.[71] Ein derartiges Beitrittsgesuch kann allerdings nicht bereits wirksam in dem ursprünglichen Versteigerungsantrag gestellt werden. Denn ein derartiger vorweggenommener Beitrittsantrag wäre nicht zulässig, da zunächst die Anordnung der Zwangsversteigerung notwendig ist, um einen Beitrittsantrag stellen zu können. Das Beitrittsgesuch könnte etwa wie folgt lauten:

773 „Mit Beschluss des Gerichtes vom … zum Aktenzeichen 70 L 1/09 wurde die Zwangsversteigerung des im Wohnungsgrundbuch des Amtsgerichts Musterstadt für die Gemarkung Musterstadt Blatt 5555 eingetragenen Wohnungseigentums von $^{42}/_{1000}$ Miteigentumsanteil an dem Grundstück Musterstraße 5 in 55555 Musterstadt, Flurstücknummer 55, zu 555 m² verbunden mit dem Sondereigentum an der Wohnung im ersten Obergeschoss links (Aufteilungsplannummer 2) angeordnet.

774 Ich beziehe mich auf meinen Antrag vom … und beantrage wegen des dortigen Anspruchs die Zulassung des Beitritts zu dem Zwangsversteigerungsverfahren nunmehr in der Rangklasse 2, begrenzt auf einen Betrag in Höhe von nicht mehr als fünf Prozent des Verkehrswertes. Zum Nachweis, dass die Hausgeldforderung, wegen derer die Zwangsversteigerung betrieben wird, mehr als drei Prozent des Einheitswertes beträgt, beziehe ich mich auf den beiliegenden Einheitswertbescheid."

775 *ff) Rechtsbehelfe.* Lehnt das Gericht die Zwangsversteigerung ab oder ordnet es sie an, steht den Beteiligten die sofortige Beschwerde nach § 793 ZPO i. V. m. § 95 ZVG zu. Wurde der Schuldner nicht angehört, muss er gegen die Anordnung eine Erinnerung nach § 766 ZPO einlegen.

776 Auch sofern die Zwangsversteigerung lediglich aus einer anderen Rangklasse zugelassen wird, ist die Möglichkeit der sofortigen Beschwerde für den antragstellenden Gläubiger eröffnet. Für den betreibenden Verband Wohnungseigentümergemeinschaft, bzw. den betreibenden Wohnungseigentümer ist jedoch zu bedenken, dass eine derartige sofortige Beschwerde bei einer Zulassung der Versteigerung von Hausgeldansprüchen lediglich in der Rangklasse 5 (§ 10 Abs. 1 Nr. 5 ZVG) statt der Rangklasse 2 (§ 10 Abs. 1 Nr. 2 ZVG) keinen Sinn macht, wenn der Einheitswertbescheid nicht vorgelegt wurde oder der Verkehrswert noch nicht rechtskräftig festgesetzt ist. In diesem Fall war dem Gericht allein die Anordnung in der Rangklasse 5 möglich.

777 Wird – nach Vorliegen des Einheitswertbescheides bzw. rechtskräftiger Festsetzung des Verkehrswertes – ein Antrag auf Beitritt zu der Zwangsversteigerung zur Erreichung einer Befriedigung nunmehr in der Rangklasse 2 zu Unrecht zurückgewiesen, ist ebenfalls die sofortige Beschwerde nach § 793 ZPO i. V. m. § 95 ZVG der richtige Rechtsbehelf. Dabei kann auch gerügt werden, dass das Gericht über das Beitrittsgesuch erst dann

[70] BGH NJW 2008, 1956 (1958).
[71] BGH NJW 2009, 2066 (2067).

hätte entscheiden dürfen, nachdem der Einheitswertbescheid vorliegt oder der Verkehrswert von dem Gericht festgesetzt wurde.[72] Wird dem Beitritt des Gläubigers in der Rangklasse 2 hingegen stattgegeben, kann der Schuldner hiergegen bei seiner vorheriger Anhörung sofortige Beschwerde nach § 793 ZPO i. V. m. § 95 ZVG und andernfalls eine Erinnerung nach § 766 ZPO einlegen. Ist der Einheitswert höher als der Verkehrswert und erreicht dieser nicht die Wertgrenze des § 10 Abs. 3 Satz 1 ZVG kann der Schuldner auf diesem Wege auch den Einheitswertbescheid in das Verfahren einführen und damit eine Aufhebung des Beitrittsbeschlusses erreichen.[73]

Die befristete Erinnerung nach § 11 Abs. 2 RPflegG ist gegen solche Entscheidungen des Rechtspflegers statthaft, gegen die nach den allgemeinen verfahrensrechtlichen Vorschriften kein Rechtsmittel gegeben ist. Ist wiederum allein die prozessuale Zulässigkeit (Art und Weise) der Vollstreckung betroffen, kann die Erinnerung nach § 766 ZPO der statthafte Rechtsbehelf sein. 778

Diese Schwierigkeiten bei der Wahl des richtigen Rechtsmittels bedingen, dass der gerichtlichen Entscheidung eine **Rechtsmittelbelehrung** beizufügen ist. Fehlt diese, kann ggf. erfolgreich eine Wiedereinsetzung in die versäumte Rechtsmittelfrist beantragt werden.[74] 779

c) **Anmeldung zu einer laufenden Zwangsversteigerung.** Der Verband Wohnungseigentümergemeinschaft bzw. ein einzelner Wohnungseigentümer kann aber nicht nur einem Zwangsversteigerungsverfahren beitreten, um wegen eines vollstreckbaren Titels eine Vollstreckung aus einer besseren Rangklasse zu erhalten. Der Gesetzgeber hat vielmehr auch die Möglichkeit geschaffen, **ohne Titel** in einem laufenden Zwangsversteigerungsverfahren Hausgeldansprüche bevorrechtigt über § 45 Abs. 3 ZVG im Rahmen der Rangklasse 2 des § 10 Abs. 1 Nr. 2 ZVG geltend zu machen. 780

Bei erfolgreicher Anmeldung in einer laufenden Zwangsversteigerung werden die Hausgeldansprüche vorrangig im Rahmen des Barteils des geringsten Gebots nach §§ 45, 49 Abs. 1 ZVG berücksichtigt. 781

aa) Anhängiges Zwangsversteigerungsverfahren. Für eine bevorrechtigte Anmeldung von nicht titulierten Hausgeldansprüchen ist zunächst ein anhängiges **Zwangsversteigerungsverfahren** notwendig. Nicht notwendig ist, dass es sich um ein von einer dritten Person initiiertes Verfahren handelt. Auch wenn der Verband Wohnungseigentümergemeinschaft selbst ein Zwangsversteigerungsverfahren wegen einer titulierten Forderung betreibt, kann der Verband (zusätzlich) nicht titulierte Ansprüche der Rangklasse 2 des § 10 Abs. 1 Nr. 2 ZVG zur bevorzugten Berücksichtigung bis zur Grenze des § 10 Abs. 1 Nr. 2 Satz 3 ZVG anmelden. 782

bb) Anmeldung der Ansprüche. Voraussetzung ist zunächst, dass der anzumeldende Betrag sämtliche **Voraussetzungen** des **§ 10 Abs. 1 Nr. 2 ZVG** erfüllt.[75] Die Ansprüche müssen mithin laufende oder rückständige Hausgeldforderungen aus dem Jahr der Beschlagnahme und den letzten zwei Jahren darstellen. Maßgebender Zeitpunkt der Beschlagnahme ist insoweit der Erlass des Anordnungsbeschlusses für den aktiv die Zwangsversteigerung betreibenden Gläubiger nach § 20 Abs. 1 ZVG. Durch die Anmeldung nach § 45 Abs. 3 ZVG wird selbst keine eigene Beschlagnahme des Grundstücks begründet. Berücksichtigt werden gemäß § 10 Abs. 1 Nr. 2 Satz 3 ZVG nur Hausgeldansprüche, die in ihrer Summe nicht mehr als fünf Prozent des Verkehrswertes des zur Versteigerung anstehenden Wohnungseigentums betragen. Die Wertgrenze des § 10 Abs. 3 Satz 1 ZVG, wonach mindestens 3 Prozent des Einheitswertes erreicht sein müssen, gilt bei der bloßen Anmeldung von Hausgeldansprüchen hingegen nicht. Auch sofern lediglich ein früherer Eigentümer der persönliche Schuldner der Hausgeldansprüche ist, kön- 783

[72] BGH NJW 2009, 2066 (2067).
[73] Vgl. dazu Rn. 760.
[74] BGH NZM 2009, 491.
[75] Vgl. dazu ausführlich Rn. 729 ff.

nen derartige Ansprüche gegen den derzeitigen Eigentümer im Rahmen eines laufenden Zwangsversteigerungsverfahren gemäß § 45 Abs. 3 ZVG angemeldet werden.[76]

784 Die Anmeldung muss durch den Verband Wohnungseigentümergemeinschaft (§ 10 Abs. 1 Nr. 2 Satz 4 ZVG) bzw. den rückgriffsberechtigten Wohnungseigentümer selbst (§ 10 Abs. 1 Nr. 2 Satz 5 ZVG) erfolgen. Für den Verband kann der **Verwalter** diese Rechte nach §§ 27 Abs. 1 Nr. 4, Abs. 3 Nr. 4 WEG ohne weitere Legitimierung oder zusätzliche Ermächtigung anmelden.

785 In **zeitlicher Hinsicht** hat die Anmeldung spätestens bis zur Aufforderung zur Abgabe von Geboten nach § 66 Abs. 2 ZVG zu erfolgen. Nicht angemeldete Hausgeldansprüche werden gemäß §§ 9 Nr. 2, 37 Nr. 4 ZVG **nicht von Amts wegen** berücksichtigt.

786 *cc) Anforderungen an die Anmeldung.* Die Anmeldung der Ansprüche erfolgt gemäß § 45 Abs. 3 ZVG durch Vorlage eines entsprechenden Titels oder der Niederschrift der Beschlüsse der Wohnungseigentümer einschließlich ihrer Anlagen. Die anzumeldenden Rechte können ferner auch in sonst geeigneter Weise glaubhaft gemacht werden. Hierbei müssen sich aus dem Vorbringen die Zahlungspflicht, die Art und der Bezugszeitraum des Anspruchs sowie seine Fälligkeit ergeben. Unerheblich ist, ob ein dem Anspruch zugrundeliegender Beschluss der Wohnungseigentümer gerichtlich angefochten ist. Solange der Beschluss nicht nichtig oder rechtskräftig für ungültig erklärt ist, ist er gemäß § 23 Abs. 4 WEG beachtlich.

787 Soweit ein **Titel** vorliegt, aus dem sich die Zahlungspflicht, die Art und der Bezugszeitraum des Anspruchs sowie seine Fälligkeit ergeben, genügt dessen Vorlage. Für die Anmeldung der Rechte muss der Titel nicht vollstreckbar sein. Das Vorliegen eines Titels ist keine Voraussetzung, sondern nur eine Möglichkeit der Glaubhaftmachung des Bestehens eines Hausgeldanspruchs.

788 Möglich ist auch die Vorlage des **Protokolls**, der Niederschrift der Versammlung im Sinne von § 24 Abs. 6 WEG. Auch der Auszug aus einer nach § 24 Abs. 7 WEG geführten **Beschlusssammlung** kann genügen. Soweit sich aus der Niederschrift oder dem Auszug aus der Beschlusssammlung bereits die Art und der Bezugszeitraum des Anspruchs sowie seine Fälligkeit ergeben (was etwa bei einer Sonderumlage der Fall sein wird), bedarf es keiner weiteren Darlegungen.

789 Andernfalls sind weitere **Glaubhaftmachungen** hinsichtlich der Art und des Bezugszeitraums des Anspruchs sowie seiner Fälligkeit notwendig. Die Glaubhaftmachung kann nach § 294 ZPO durch alle Beweismittel und insbesondere durch Versicherung an Eides Statt erfolgen. Neben der Versicherung der Tatsachen an Eides Statt bietet sich dabei etwa, je nachdem, welcher Hausgeldanspruch geltend gemacht wird, die Vorlage des Einzelwirtschaftsplans, der Einzeljahresabrechnung und gegebenenfalls von Kontoauszügen, an.

790 Zur Fassung der Anmeldung empfiehlt sich folgende Formulierung:

791 „In dem Zwangsvollstreckungsverfahren gegen den Wohnungseigentümer Herr Mustermann, Aktenzeichen 70 L 1/09 melde ich gemäß § 45 Abs. 3 ZVG als Verwalter der Wohnanlage Musterstraße 5 in 55555 Musterstadt für den Verband Wohnungseigentümergemeinschaft Hausgeldansprüche im Sinne von § 10 Abs. 1 Nr. 2 ZVG an.

792 Der Antragstellerin steht gegen ihr Mitglied, den Herrn Mustermann, wohnhaft Musterstraße 5 in 55555 Musterstadt, ein Anspruch auf Zahlung einer Instandhaltungsrücklage (Rückstellung) in Höhe von 3000 EUR mit beschlossener Fälligkeit zum 14. 12. 2008 zu. Diese Rückstellung wurde auf der Versammlung vom 12. 12. 2008 unter dem Tagesordnungspunkt 2 beschlossen. Die Ansprüche sind bislang nicht tituliert und auch nicht seitens des Schuldners beglichen.

793 Die vorbezeichnete Rückstellung schuldet der Schuldner für sein auf ihn im Wohnungsgrundbuch des Amtsgerichts Musterstadt für die Gemarkung Musterstadt Blatt 5555 eingetragenes Wohnungseigentum von $^{42}/_{1000}$ Miteigentumsanteil an dem Grundstück Musterstraße 5 in 55555 Musterstadt, Flurstücknummer 55, zu 555 m² verbunden mit dem Sondereigentum an der Wohnung im ersten

---

[76] Vgl. dazu oben Rn. 743 f.

Obergeschoss links (Aufteilungsplannummer 2). Die Versteigerung dieses Grundstücks ist unter dem Aktenzeichen 70 L 1/09 anhängig.

Zum Nachweis füge ich das Versammlungsprotokoll vom 12. 12. 2008 zu dem Tagesordnungspunkt 2 bei, aus dem sich die Art und der Bezugszeitraum des Anspruchs sowie seine Fälligkeit unmittelbar erschließen." 794

dd) Rechtsbehelfe. Die Nichtaufnahme der Hausgeldansprüche in das geringste Gebot ist ebenso wenig anfechtbar wie deren Aufnahme, da eine derartige Entscheidung nur der Vorbereitung des Zuschlags dient (vgl. § 95 ZVG). Auch die Einlegung einer Erinnerung nach § 766 ZPO verspricht keinen Erfolg, da es sich bei der Frage der Aufnahme oder Nichtaufnahme in das geringste Gebot lediglich um eine unselbständige Zwischenentscheidung handelt.[77] 795

Dem durch eine fehlerhafte Nichtberücksichtigung eines Anspruchs betroffenen Gläubiger steht jedoch die Möglichkeit der Anfechtung des Zuschlags durch Einlegung der sofortigen Beschwerde nach Maßgabe der §§ 96ff. ZVG i. V. m. §§ 567ff. ZPO (i. V. m. § 11 Abs. 1 RPflG) offen. Eine derartige auf § 83 Nr. 1 ZVG gestützte sofortige Beschwerde wird aber nur dann Erfolg haben, sofern der Versteigerungserlös nicht für die Befriedigung der Gläubiger in der Rangklasse 2 ausreicht. 796

Möglich ist indes im späteren Verlauf des Verfahrens die Erhebung eines Widerspruchs gegen den Teilungsplan gemäß §§ 115, 124 Abs. 1, Abs. 2, 120 ZVG. Ein solcher Widerspruch liegt nach § 115 Abs. 2 ZVG schon dann vor, wenn ein zuvor angemeldeter Anspruch nicht in den Plan aufgenommen wurde. Erkennen die betroffenen Gläubiger den Widerspruch nicht als berechtigt an, muss der Verband bzw. der rückgriffsberechtigte Wohnungseigentümer innerhalb der Frist des § 115 Abs. 1 Satz 2 ZVG i. V. m. § 878 Abs. 1 Satz 1 ZPO vor dem Prozessgericht Klage gegen den oder die anderen Gläubiger erheben, gegen die sich der Widerspruch richtet. Nach Ausführung des Plans besteht gegen einen zu Unrecht berücksichtigten Gläubiger gegebenenfalls ein Bereicherungsanspruch aus § 812 Abs. 1 BGB. 797

d) Taktisches Vorgehen. Grundsätzlich ist dem Verband bzw. einem einzelnen Wohnungseigentümer nicht zu raten, sich auf die bequeme Möglichkeit der Anmeldung von Hausgeldansprüchen im Rang des § 10 Abs. 1 Nr. 2 ZVG ohne Titulierung nach § 45 Abs. 3 ZVG zurückzuziehen. Vielmehr sollten rückständige Hausgeldansprüche prinzipiell tituliert werden. Zum einen kann nur durch eine derartige **Titulierung** der Verjährung der Ansprüche entgegen getreten werden. Zum anderen werden der reinen Anmeldung durch die zeitliche Begrenzung in § 10 Abs. 1 Nr. 2 Satz 2 ZVG und durch die Begrenzung der Höhe nach in § 10 Abs. 1 Nr. 2 Satz 3 ZVG enge Grenzen gesetzt. Hinzu kommt, dass eine Befriedigung in derartigen Fällen von dem Erfolg bzw. Fortbestand des Zwangsversteigerungsverfahrens abhängt. Überdies kann unter Umständen nur durch eine Titulierung ein Recht auf abgesonderte Befriedigung nach § 49 InsO im Rahmen einer Insolvenz begründet werden.[78] 798

Mit dem Hinweis auf die Notwendigkeit der Titulierung ist keine Aussage über die Notwendigkeit einer Anmeldung getroffen. Wird von einem anderen Gläubiger die Zwangsversteigerung betrieben, sollte unabhängig von vorgenannten Erwägungen **immer** eine **Anmeldung** von rückständigen Hausgeldansprüchen erfolgen. Wegen eigener titulierter Hausgeldansprüche sollte bei Überschreiten der Wertgrenzen des § 10 Abs. 3 Satz 1 ZVG i. V. m. § 18 Abs. 2 Satz 2 WEG zudem immer ein **Beitritt** zum fremden Verfahren nach § 27 WEG erfolgen. Nur dann besteht zumindest eine große Chance auf Befriedigung. 799

Ob hingegen das Betreiben einer eigenen aktiven Zwangsversteigerung wegen eines titulierten Hausgeldanspruchs sinnvoll ist, hängt von der Marktlage ab. Der Verband Wohnungseigentümergemeinschaft sollte insoweit zumindest erwägen, ob nicht im Hin- 800

---

[77] LG Augsburg Rpfleger 2001, 92 = NJOZ 2001, 1219 (1220).
[78] Vgl. dazu Rn. 885ff.

blick auf zukünftige Ansprüche unter Umständen eine Zwangsverwaltung erfolgsversprechender sein kann.[79] Wird die Zwangsversteigerung aktiv betrieben und erreichen die titulierten Beträge nicht fünf Prozent des Verkehrswertes gemäß § 10 Abs. 1 Nr. 2 Satz 3 ZVG, sollte zusätzlich bis zum Erreichen des Prozentsatzes die Anmeldung etwaiger rückständiger Hausgeldansprüche im selbst aktiv betriebenen Zwangsversteigerungsverfahren nach § 45 Abs. 3 ZVG erfolgen.

II. Die Zwangsverwaltung

1. Die Voraussetzung

801 Die Zwangsverwaltung wird nur auf Antrag eines Gläubigers angeordnet. Die allgemeinen Vollstreckungsvoraussetzungen müssen vorliegen. Mit der Anordnung wird zugleich ein Zwangsverwalter bestellt. Dieser muss Besitz – im Falle der Vermietung mittelbaren Besitz – von der Wohnung ergreifen. Durch die Anordnung wird das Grundstück beschlagnahmt. Diese Wirkung tritt ein, sobald die Zustellung des Beschlusses an den Schuldner erfolgt, das Grundbuchamt um die Anordnung ersucht wird oder der Zwangsverwalter sich den Besitz verschaffen konnte. Ab diesem Zeitpunkt steht die Verwaltung und Nutzung nicht mehr dem Schuldner, sondern dem Zwangsverwalter zu. Damit erlischt auch eine Prozessführungsbefugnis des Schuldners. In bestehende Mietverträge tritt der Zwangsverwalter nach § 152 Abs. 2 ZVG ein. Die Einnahmen muss er vor der Tilgung anderer Forderungen zunächst zur Deckung der Ausgaben der Verwaltung und der Kosten des Verfahrens verwenden. Zu diesen Kosten nach § 156 ZVG rechnen auch die laufenden Wohngelder. Verbleibende Überschüsse sind nach Maßgabe des § 10 ZVG an die Gläubiger zu verteilen.

2. Die Objektbezogenheit

802 Die Anordnung Zwangsverwaltung bezieht sich auf ein bestimmtes Objekt des Schuldners. Dies hat zur Folge, dass für jede Wohnung eine getrennte Behandlung erfolgen muss.[80] Es ist nicht erforderlich, dass für jede Wohnung des gleichen Schuldners oder mehrerer Schuldner in einer Wohnungseigentümergemeinschaft derselbe Zwangsverwalter bestellt wird. Die objektbezogene Behandlung führt bei der Zwangsverwaltung mehrerer Wohnungen desselben Schuldners dazu, dass jeweils die Einnahmen und die zu tragenden Kosten isoliert zu betrachten sind.[81]

3. Die Verfahrensbeteiligten

803 Ist die Wohnungseigentümergemeinschaft Gläubigerin, stellt sie zwangsläufig eine Beteiligte im Sinne des § 9 ZVG dar. Beteiligte des Verfahrens als Gläubiger können auch die Wohnungseigentümer jeweils einzeln oder gemeinschaftlich sein, wenn die Vollstreckung aus einem diesen zustehenden Titel betrieben wird. Darüber hinaus kommt eine solche Stellung nach § 9 Nr. 2 ZVG in Betracht, weil die Wohnungseigentümer ein Recht an dem Grundstück haben. Ungeachtet der Rechtsfähigkeit der Wohnungseigentümergemeinschaft gemäß § 10 Abs. 6 WEG und der daraus resultierenden Forderungsinhaberschaft für einzelne Beiträge[82] verbleibt es bei der Beteiligung der einzelnen Wohnungseigentümer. Denn in ihrer Gesamtheit steht ihnen ein Recht an dem Grundstück nicht zu.[83]

---

[79] Vgl. dazu ausführlich Rn. 801 ff.
[80] *Haarmeyer/Wutzke/Förster/Hintzen* § 9 ZVG Rn. 19.
[81] *Haarmeyer/Wutzke/Förster/Hintzen* § 9 ZVG Rn. 19; *Steiger* Rpfleger 1985, 474.
[82] BGH NJW 2005, 2061.
[83] OLG Stuttgart NJW 1966, 1036.

4. Die Zwangsverwaltung von Wohnungs- und/oder Teileigentum

Die Zwangsverwaltung von Wohnungseigentum unterscheidet sich jedoch von der, die andere Immobilien betrifft. Denn immer ist nicht nur das Verhältnis zwischen dem Gläubiger, Schuldner und Zwangsverwalter, sondern wegen der Mitgliedschaft auch das zu den anderen Wohnungseigentümern und zu der Gemeinschaft zu betrachten. Diese „Dreiecksbeziehung" ist oftmals nicht unproblematisch und weist zahlreiche Besonderheiten auf. Auf Grund der bestehenden organschaftlichen und vertraglichen Verpflichtungen des Wohnungseigentumsverwalters kann für diesen die Pflicht bestehen, den Antrag auf Anordnung der Zwangsverwaltung zu stellen, wenn Wohngeldzahlungen auch zukünftig nicht zu erwarten sind.[84] 804

a) Die Rechte und Pflichten des Zwangsverwalters. Die Besonderheit der Zwangsverwaltung von Wohnungs- und Teileigentum beginnt damit, dass der Zwangsverwalter zur Erfüllung der Bewirtschaftungsaufgaben regelmäßig keinen Immobilienverwalter beschäftigen oder beauftragen darf. Hinsichtlich des Wohnungseigentums ist dies jedoch anderweitig zu beurteilen,[85] weil der Verwalter im Sinne des § 26 Abs. 1 WEG das Gemeinschaftseigentum verwaltet, während sich die Tätigkeit des Zwangsverwalters auf das Sondereigentum und die Ausübung der Mitgliedschaftsrechte[86] erstreckt. 805

Hier treten in der tatsächlichen Abwicklung Unzulänglichkeiten zu Tage:[87] Nur selten nehmen Zwangsverwalter an Wohnungseigentümerversammlungen teil oder beauftragen zumindest Vertreter. Kontrollen hinsichtlich der Zahlungseingänge bei der Wohnungseigentümergemeinschaft finden ebenfalls nur selten statt. Den Zwangsverwalter trifft im Interesse der Masse und der am Verfahren beteiligten Personen aber eine entsprechende Kontrollpflicht. 806

aa) Die Zahlungspflicht des Zwangsverwalters für Abrechnungsergebnisse, Wirtschaftsplanforderungen und Sonderumlagen. Die Zahlung von Wohngeldern setzt nach § 28 Abs. 5 WEG einen Beschluss voraus. Dieser kann erst gefasst werden, wenn eine Wohnungseigentümergemeinschaft zumindest in werdender Form vorliegt. „Beschlüsse" des Alleineigentümers haben als rechtliches nullum keine Bedeutung. Dies gilt auch dann, wenn sie an Stelle des Eigentümers durch den zwischenzeitlich eingesetzten Zwangsverwalter gefasst werden.[88] 807

- **Grundsätzliche Erwägungen:** Die monatlich zu zahlenden Hausgelder an die Wohnungseigentümergemeinschaft sind nach § 156 ZVG als vorweg zu bestreitender Ausgaben der Verwaltung zu entrichten.[89] Dies gilt für die Forderungen, die nach Anordnung der Zwangsverwaltung fällig werden.[90] Bezüglich einer Sonderumlage, wenn diese nach der Beschlagnahme beschlossen und fällig wurde, ist dies nicht der Fall, weil § 156 Abs. 1 S. 2 ZVG nur regelmäßig wiederkehrende Zahlungen i. S. des § 13 ZVG erfasst.[91] Zahlungen sind unverzüglich zu leisten. Die Zahlungspflicht des Zwangsverwalters ist jedoch nur gegeben, wenn auch entsprechende Mittel zur Verfü- 808

---

[84] OLG Hamburg WuM 1993, 300; *Gottschalg,* FS Seuß III, S. 113.

[85] *Stöber* § 152 ZVG Rn. 16.3.

[86] *Stöber* § 152 ZVG Rn. 16.3.

[87] *Walke* ZfIR 2006, 606.

[88] OLG München, Beschluss vom 9. 1. 2006 – 34 Wx 089/05.

[89] *Gaier* NZM 2004, 323; *Wolicki* NZM 2000, 321.

[90] BayObLGZ 1991, 93; BayObLGZ 1999, 99; BayObLG NJW-RR 1991, 723; OLG Düsseldorf OLGZ 1991, 44; OLG Hamburg WuM 1993, 300; OLG Hamm ZMR 2004, 456; OLG Karlsruhe WE 1990, 105; OLG Köln WE 1993, 54; OLG Oldenburg DWE 1988, 132; OLG Stuttgart OLGZ 1977, 125.

[91] Vgl. LG Leipzig, Beschluss v. 12. 2. 2009 – 03 T 1126/08; AG Duisburg NZM 2008, 936; Berlin-Schöneberg, Urteil v. 25. 9. 2008 – 77 C 55/08; *Schneider* NZM 2008, 919; a. A. noch LG Köln NZM 2008, 936; AG Lampersheim ZMR 2008, 746; AG Leipzig NZM 2008, 937 (Ls.).

gung stehen.[92] Der Zwangsverwalter ist nicht verpflichtet, aus den eingehenden Geldern, etwa den Mieten, Rückstellungen für zukünftig fällig werdende Hausgeldzahlungen zu bilden.[93] Nicht zu den Ausgaben der Verwaltung gehören Zahlungen, die auf Rückstände zu erbringen wären.[94] Maßgeblich für die Beurteilung ist die Fälligkeit, die nach der Rechtsprechung des BGH mit der entsprechenden Beschlussfassung eintritt.[95]

Ergibt sich aus der während der Zwangsverwaltung beschlossenen Jahresabrechnung eine Nachzahlung, so ist der Zwangsverwalter nicht für die so genannte Abrechnungsspitze verantwortlich. Denn dabei handelt es sich nicht um eine regelmäßige Zahlungsverpflichtung. Ein eventuelles Guthaben ist dennoch an ihn auszuzahlen.[96] Dies gilt auch dann, wenn der Überschuss nur dadurch zustande gekommen ist, dass der Eigentümer vor Anordnung der Zwangsverwaltung zu hohe Vorauszahlungen geleistet hat.[97] Nur Guthaben aus einer vor der Anordnung der Zwangsverwaltung beschlossenen Jahresabrechnung sind an den Schuldner zu entrichten.

Die Ansprüche der Wohnungseigentümergemeinschaft sind keine Bewirtschaftungskosten im Sinne des § 155 Abs. 1 ZVG mehr. Vielmehr sind diese der Rangklasse des § 10 Abs. 1 Nr. 2 ZVG zugeordnet, so dass sie erst im Rahmen eines Teilungsplanes auszugleichen wären. Um eine Finanzkraft der Wohnungseigentümergemeinschaft zu erhalten, bestimmt aber § 156 Abs. 1 S. 2 ZVG, dass diese sich aus den Beschlüssen nach §§ 16 Abs. 2, 28 Abs. 2 und 5 WEG ergebenden Forderungen ohne weiteres Verfahren von dem Zwangsverwalter, soweit es sich um laufende Zahlungspflichten handelt, vorweg zu befriedigen sind. Da es sich insoweit nicht mehr um Ausgaben der Verwaltung im Sinne des § 155 Abs. 1 ZVG handelt, können von dem betreibenden Gläubiger auch keine Vorschüsse mehr zu deren Deckung angefordert werden. Dies wiederum hat zur Folge, dass eine Aufhebung nach § 161 Abs. 3 ZVG in solchen Fällen ausscheidet.[98] Zudem ist im Rahmen der Zwangsverwaltung die Höchstgrenze des § 10 Abs. 1 Nr. 2 S. 2 ZVG, nämlich die Höhe von 5% des nach § 74 a ZVG festgesetzten Verkehrwertes, gemäß § 156 Abs. 1 S. 3 ZVG nicht zu beachten. Dies widerspräche dem dauerhaften Charakter, mit dem die Zwangsverwaltung versehen ist.

Wedekind[99] ist der Auffassung, dass durch die WEG-Reform die Wohnungseigentümergemeinschaften hinsichtlich ihrer Forderungen benachteiligt würden. Früher habe der Zwangsverwalter nach der so genannten Fälligkeitstheorie alle Forderungen, die nach der Beschlagnahme beschlossen oder fällig wurden, ausgleichen müssen. Nach der Reform sei dies nur im Hinblick auf die monatlichen Wohngeldvorschüsse der Fall. Denn entgegen diesen handele es sich bei den Sonderumlagen und Abrechnungsforderungen nicht um wiederkehrende Leistungen nach § 13 ZVG, so dass diese auch nicht von §§ 155, 156 ZVG als vorweg auszugleichende Lasten erfasst würden. Dies ist zutreffend, da Satz 2 der Norm ausdrücklich anordnet, dass nur alle laufenden Forderungen im Sinne der §§ 16 II, 28 II und V WEG zu zahlen sind. Dass § 28 V WEG auch die Abrechnungen erfasst, hat nicht zur Folge, dass auch deren Ergebnisse ausgeglichen werden müssen. Sonderumlagen kennt das WEG nicht. Diese sind rechtlich letztlich Teile des Wirtschaftsplans. Sie werden daher ebenfalls von der Regelung des § 28 II und V WEG erfasst. Jedoch handelt es sich nicht um wiederkehrende Leistungen. Sonderumlagen können aber hinsichtlich des finanziellen Bedarfs in einen neu zu

---

[92] *Haarmeyer/Wutzke/Förster/Hintzen* § 9 ZwVwV Rn. 18.
[93] *Haarmeyer/Wutzke/Förster/Hintzen* § 9 ZwVwV Rn. 18.
[94] LG Rostock Rpfleger 2003, 680; AG Heilbronn Rpfleger 2003, 606.
[95] BGH NJW 1985, 912.
[96] *Haarmeyer/Wutzke/Förster/Hintzen* § 9 ZwVwV Rn. 18.
[97] *Stöber* § 152 ZVG Rn. 16.3.
[98] *Böhringer/Hinzen*, Rpfleger 2007, 353; *Weis* ZfIR 2007, 477.
[99] *Wedekind* ZfIR 2007, 704.

beschließenden Wirtschaftsplan aufgenommen werden, so dass sich die Problematik für die Wohnungseigentümer darüber lösen lässt. Zu beachten ist nur, dass eine für die Vergangenheit wirtschaftlich vorzunehmende Anpassung des Wirtschaftsplanes nicht zu einer Zahlungspflicht des Zwangsverwalters führt, wenn diese vor den Zeitpunkt der Anordnung fällt.

- **Die Haftungsprobleme bei der Missachtung der Vorgaben des Teilungsplans:** Die ge- 809
genüber der Wohnungseigentümergemeinschaft zu erbringenden Zahlungspflichten können für den Zwangsverwalter Haftungsfolgen auslösen.[100] Wegen der Verwendung der Masse ist er an den Teilungsplan gebunden. Bevorrechtigte Forderungen muss er dennoch ausgleichen. Deren Fälligkeit kann, wie sich an wiederkehrenden Leistungen im Sinne des § 13 ZVG ergibt und in den Forderungen der Gemeinschaft[101] (Wirtschaftsplan) erkennbar ist, auch nach der Beschlagnahme eintreten.
  Hält der Zwangsverwalter sich nicht an den Teilungsplan, zahlt er demnach nicht aus, sondern vermehrt die Masse durch Ansparung von Einnahmen, so schafft er eventuell für bevorrechtigte Forderungen der Wohnungseigentümergemeinschaft eine Zahlungsfähigkeit, die ansonsten nicht gegeben gewesen wäre. Damit schädigt er die nach dem Teilungsplan zu den jeweiligen Fälligkeitszeitpunkten begünstigten Gläubiger. Denn die für diese bestimmten Mittel der Masse werden dann an die Wohnungseigentümergemeinschaft gezahlt. Zahlt der Zwangsverwalter abweichend von dem Teilungsplan zu früh an die dort genannten Gläubiger, haftet er der nach eventuell § 9 ZVG beteiligten Wohnungseigentümergemeinschaft, weil er die Mittel der Masse in der Weise vermindert, dass die Bevorrechtigung leer läuft.

bb) Die Einladung des Zwangsverwalters zur Wohnungseigentümerversammlung. 810
Steht die Wohnung unter Zwangsverwaltung, so ist dem Eigentümer untersagt, die Verwaltung vorzunehmen. Daher ist zumindest auch der Zwangsverwalter zur Versammlung zu laden.[102] Meinungsverschiedenheiten bestehen, ob neben dem Zwangsverwalter auch der Eigentümer eine Einladung erhalten muss: Während einerseits angenommen wird, dass alle Verwaltungsrechte auf den Zwangsverwalter übergehen,[103] vertreten andere die Auffassung, dass dies alleine nicht ausreichend sei, sondern auch eine Ladung des Eigentümers erfolgen müsse.[104] Begründet wird letztere Ansicht damit, dass bestimmte Beschlussgegenstände nicht in den Aufgabenbereich des Zwangsverwalters fallen könnten, sondern dass diesem entzogene Grundverhältnis betreffen. Insoweit bliebe das Stimmrecht des Eigentümers erhalten. So stellen das KG[105] das OLG Hamm[106] ausdrücklich auf den Aufgabenkreis des Zwangsverwalters hinsichtlich des Stimmrechtes ab. Dies ist zutreffend Denn es ist beispielsweise nicht erkennbar, aus welchen Gründen der Zwangsverwalter über Beschlussgegenstände entscheiden können soll, welche die Substanz des Gebäudes oder das Grundverhältnis der Eigentümer zueinander betreffen. Zu denken ist etwa an die Genehmigung von baulichen Veränderungen[107] oder die Zustimmung zu einer Änderung der Teilungserklärung beziehungsweise Gemeinschaftsordnung. Im Rahmen der Zwangsverwaltung, die nur die wirtschaftliche Verwertung des Objektes betrifft, kann dem Eigentümer die Entscheidung über diese Fragen nicht entzogen werden.[108] Belasten solche dahingehende Entscheidungen die Zwangsverwaltungsmasse, wird zwischen dem Eigentümer und dem Zwangsverwalter eine Absprache erfol-

---

[100] *Beyer* ZfIR 2005, 713.
[101] BGH NJW 2005, 2061.
[102] KG NJW-RR 1987, 77; OLG Hamm DWE 1987, 54.
[103] OLG Hamm DWE 1987, 54.
[104] KG NJW-RR 1987, 77; *Drasdo,* Eigentümerversammlung, Rn. 130; *Häublein* ZfIR 2005, 337.
[105] KG WuM 1990, 324.
[106] OLG Hamm WuM 1991, 218.
[107] *Häublein* ZfIR 2005, 337.
[108] *Drasdo,* Eigentümerversammlung, Rn. 130.

gen müssen.[109] Dies wird mit Rücksicht auf § 156 ZVG nur bei einer Auswirkung auf den Wirtschaftsplan der Fall sein. Kann der Eigentümer sicherstellen, die eventuell für die Maßnahme erforderlichen Mittel aus freiem Vermögen finanzieren zu können, wird er auch alleine eine Entscheidung treffen dürfen. In allen Fällen, in denen wirtschaftlich die Masse betroffen sein kann, ist der Zwangsverwalter zu der Wohnungseigentümerversammlung einzuladen.

811 *cc) Die Stimmrechte des Zwangsverwalters.* Nach herrschender Meinung geht mit der Anordnung der Zwangsverwaltung das Stimmrecht auf den Zwangsverwalter über. Ob dies immer der Fall ist, scheint bis heute nicht eindeutig geklärt.

812 • **Die Ausübung des Stimmrechts:** Ob dem Zwangsverwalter ein Stimmrecht zusteht, wird zwischenzeitlich nicht mehr einheitlich beantwortet, sondern ebenfalls von dem Beschlussgegenstand abhängig gemacht.[110] Dies gilt ebenso für das Beschlussanfechtungsrecht und die Befugnis, gegen gerichtliche Entscheidungen Rechtsmittel einzulegen.[111] Der Eigentümer kann das Stimmrecht demgegenüber unabhängig von dem Zwangsverwalter ausüben, wenn Maßnahmen betroffen sind, die nicht der Beschlagnahme unterfallen. Das KG[112] weist in diesem Zusammenhang Häublein[113] folgend darauf hin, dass ihm auch das Anfechtungsrecht verbliebe. Dies ergebe sich daraus, dass der Eigentümer entweder ein eigenes Stimmrecht besitze oder aus dem Beschluss neben dem Zwangsverwalter verpflichtet werde. Das Anfechtungsrecht des Zwangsverwalters beschränkt sich daher spiegelbildlich auf die Beschlussgegenstände, in denen ihm das Stimmrecht zusteht.
Entsprechend der Rechtslage hinsichtlich der Einladung zu der Wohnungseigentümerversammlung ist auch die Stimmrechtsausübung zu beurteilen. Soweit der Beschlussgegenstand sich auf die Nutzung des Wohnungs- oder Teileigentums bezieht, für die Masse mit Kosten verbunden ist und die Rechte des Zwangsverwalters sowie der Gläubiger beeinträchtigen kann, steht das Stimmrecht dem Zwangsverwalter zu.[114]
Den Übergang des Stimmrechts auf den Zwangsverwalter wird man daher für die Beschlussfassungen über die Instandhaltung und -setzung, den Wirtschaftsplan, die Bestellung und Abberufung des Verwalters sowie Gebrauchsregelungen, wenn diese sich auf die Zwangsverwaltung auswirken. Hingegen ist eine Übertragung für bauliche Veränderungen und Modifizierungen der vertraglichen Grundlagen nicht ausnahmslos möglich, weil dieses nichts mit der Bewirtschaftung und dem Erhalt der beschlagnahmten Immobilie zu tun hat. Letztlich muss der Einzelfall entschieden werden. Dabei dürfte als Abgrenzungskriterium eine Fortwirkung der beschlossenen Maßnahmen über den Zeitpunkt der Zwangsverwaltung hinaus kaum in Betracht kommen, weil dies nahezu bei allen Beschlussfassungen der Fall ist.[115]

813 • **Die Wertigkeit des Stimmrechts:** Grundsätzlich bestimmt sich das Stimmrecht des Zwangsverwalters nach der Wertigkeit, die es auch bei dem Eigentümer hat. Nach dem in § 25 Abs. 2 S. 1 WEG manifestiertem Kopfprinzip steht jedem Wohnungseigentümer unabhängig davon, wie viele Wohnungen in seinem Eigentum stehen oder wie viele Miteigentumsanteile er hat, nur eine Stimme zu.[116] Wird bei Geltung des Kopfprinzips für Wohnungen verschiedener Wohnungseigentümer die Zwangsverwaltung angeordnet und wird in allen Verfahren derselbe Zwangsverwalter bestellt, hat dieser, obwohl er auch nur eine Person darstellt, dennoch so viele Stimmen wie er Wohnungseigentü-

[109] *Häublein* ZfIR 2005, 337.
[110] KG NJW-RR 1987, 77; *Drasdo,* Eigentümerversammlung, Rn. 130.
[111] OLG Köln BeckRS 2005, 10 166.
[112] KG ZfIR 2006, 212; KG ZfIR 2006, 212 mit. Anm. *Häublein* ZfIR 2006, 214.
[113] *Häublein* ZfIR 2005, 337.
[114] KG WuM 1990, 324; *Häublein* ZfIR 2005, 337.
[115] *Häublein* ZfIR 2005, 337.
[116] BGHZ 49, 250; BayObLGZ 1982, 203.

mer vertritt.[117] Dies folgt aus dem Sinn und Zweck des ein Sondervermögen der Schuldner begründenden § 152 ZVG. Andernfalls hing es von Zufälligkeiten ab, dass sich die unterschiedlichen Stimmen in der Person eines Zwangsverwalters vereinen. Würde in jedem Verfahren eine andere Person bestellt, käme es nämlich auch nicht zu einer Kompensierung.

Nur wenn es sich jeweils um verschiedene Wohnungen eines Schuldners handelt, wird das Kopfprinzip in der Person des Zwangsverwalters oder der Zwangsverwalter fortgesetzt werden müssen. Denn ausschließlich wegen der Anordnung der Zwangsverwaltung darf es nicht zu Lasten der anderen Wohnungseigentümer zu einer Stimmenvermehrung kommen. Es muss dann gegebenenfalls eine Einigung zwischen den Zwangsverwaltern in entsprechender Anwendung des § 25 Abs. 2 Satz 2 WEG erfolgen.[118]

dd) Das Anfechtungsrecht des Zwangsverwalters. Nach allgemeiner Auffassung steht dem Zwangsverwalter aus der Beschlagnahme und der damit verbundenen Verwaltungsbefugnis auch das Recht der Beschlussanfechtung zu. Ob dies in einer ausschließlichen Form immer der Fall ist, ist in Zweifel gezogen worden.[119] Die herrschende Meinung muss aber zumindest gelten, soweit durch einen Beschluss in die Rechte der Zwangsverwalters eingegriffen oder die Masse belastet wird. Maßstab dürfte sein, ob die von der Beschlagnahme erfassten Verwaltungsgegenstände durch einen Beschluss berührt werden. 814

Nach der Rechtsprechung zum Mietrecht verliert der Zwangsverwalter seine Aktiv- und Passivlegitimation, wenn das Verfahren beendet wird.[120] Dies soll für ein wohnungseigentumsrechtliches Anfechtungsverfahren nicht gelten, weil der Wohnungseigentümer und Schuldner wegen des Ablaufs der Anfechtungsfrist oder wegen der bis dahin mangelnden Beteiligung am Verfahren rechtlos gestellt wäre.[121] Insbesondere käme in der Revisionsinstanz ein gewillkürter Beteiligtenwechsel nicht mehr in Betracht.[122] Dies ist jedoch nicht überzeugend. Der Schuldner hätte einen Beschluss ebenfalls anfechten können.[123] Durch ein dahingehendes Unterlassen bringt er zum Ausdruck, dass er dies nicht gewollt hat. Da er seine Rechte jedoch wahrnehmen konnte, ist er entgegen der Auffassung des OLG München nicht rechtlos gestellt. Darauf, dass ein anderer – hier: der Zwangsverwalter – einen Beschluss anfechten wird, kann er sich nicht verlassen. An dem Verfahren wäre er bereits neben dem Zwangsverwalter als Eigentümer in der ersten Instanz zu beteiligen. 815

ee) Die Kosten im Sinne des § 10 ZVG im Falle einer Zwangsversteigerung. War nicht mit einem Ertrag aus der Zwangsverwaltung zu rechnen – etwa weil der Schuldner das Wohnungs- oder Teileigentum selber nutzte – wurde früher wegen der titulierten Forderungen der Wohnungseigentümer dennoch häufig der Antrag auf Anordnung der Zwangsverwaltung gestellt. Zwar war programmiert, dass der Zwangsverwalter mangels Erträgen die anfallenden Wohngelder und erst recht nicht die ausstehenden Beträge würde zahlen können. Man sah jedoch die Möglichkeit, über die Vorschussanforderung des Zwangsverwalters für die laufenden Wohngelder, deren Begleichung und spätere Anmeldung im Versteigerungsverfahren die Sicherstellung der laufenden Kosten zu ermöglichen.[124] Diese Vorgehensweise basierte auf dem Gedanken, dass die Vorschüsse 816

---

[117] KG, NZM 2004, 878.
[118] KG NJW-RR 1989, 1162.
[119] *Häublein* ZfIR 2005, 337.
[120] BGHZ 155, 38; BGH NJW-RR 1993, 442; KG NJW-RR 2004, 14; OLG Jena OLG-NL 2004, 60; LG Berlin BlnGE 2007, 55.
[121] OLG München, Beschluss vom 22. 12. 2006 – 32 Wx 165/06.
[122] So bereits BayObLGZ 1975, 53.
[123] *Häublein* ZfIR 2005, 337.
[124] OLG Düsseldorf NZM 2002, 1045; *Wolicki* NZM 2000, 321.

Kosten des Verfahrens sind. Nach § 10 Abs. 1 Nr. 1 ZVG sollten diese dann bevorrechtigt aus dem Versteigerungserlös zu befriedigen sein. Die an den Zwangsverwalter für die Zahlung der laufenden Wohngelder geleisteten Vorschüsse stellten sich wirtschaftlich als zinsloses Darlehen dar.

817 Diese Praxis war bereits deshalb zweifelhaft, weil sie nur erfolgreich sein konnte, wenn eine Versteigerung auch tatsächlich erfolgte. Geschah dies nicht, gab es auch keinen Ertrag, aus dem die Vorschüsse hätten vorab befriedigt werden können. Zudem hat der BGH[125] klargestellt, dass eine solche Bevorrechtigung der Vorschüsse nicht in vollem, sondern nur in einem geringen Umfang gegeben sein kann. Denn § 10 Abs. 1 Nr. 1 ZVG privilegiert nur solche Forderungen, die Ausgaben zur Erhaltung und nötigen Verbesserung des Zwangsversteigerungsobjekts darstellen.[126] Zutreffend wird darauf hingewiesen, dass dies bei der Mehrzahl der von den Wohnungseigentümern zu entrichtenden Geldern innerhalb eines Wirtschaftsplans nicht der Fall ist. Diese dienen überwiegend der laufenden Bewirtschaftung. Als Gelder im Sinne des § 10 Abs. 1 Nr. 1 ZVG kommen allenfalls die Kosten der Instandhaltung und Instandsetzung des Sondereigentum, eventuell des Gemeinschaftseigentums und als Vorsorgebetrag die Feuerversicherungsprämie in Betracht.[127] Nicht erforderlich ist, dass der mit dem Einsatz der Mittel auch der beabsichtigte Zweck erreicht wurde. Auch wegen einer Mangelhaftigkeit vergebliche Mittelaufwendungen sind zu berücksichtigen sind.[128]

818 Auch die Zuführung zu der Instandhaltungsrücklage ist nicht als solche Forderung zu qualifizieren, weil damit keine Ausgabe zur Instandhaltung verbunden ist, sondern nur eine Vermögensverschiebung vorliegt. Erst ein Verwendungsbeschluss und dessen Umsetzung führen zu einer dem Zwangsversteigerungsobjekt zu Gute kommenden Ausgabe.[129] Dies gilt auch unter Berücksichtigung der Rechtsfähigkeit.[130] Denn die Rücklagenbildung erfolgt unabhängig von dem Geldabfluss bei den Wohnungseigentümern innerhalb des Verbandsvermögens.

819 Die Beantragung der Zwangsverwaltung kann sich damit aus Sicht der Wohnungseigentümergemeinschaft in den Fällen nicht als sinnvoll erweisen, in denen mit Erträgen aus dem Wohnungs- oder Teileigentum nicht zu rechnen ist. Ob gegebenenfalls Teilbeträge des Wirtschaftsplans durch die Erträge gedeckt werden und eine wirtschaftlich bessere Betrachtung erlauben, ist im Einzelfall zu beurteilen. Erfolgt die Beantragung von dritten Personen, wäre im Rahmen des § 156 ZVG der Zwangsverwalter für Zahlungen einen Vorschuss verantwortlich, so dass die Wohnungseigentümer davon nur profitieren könnten und die Unterlassung eines solchen eigenen Vorgehens nicht zu weiteren Nachteilen führt.

820 *ff) Die Notwendigkeit von Verfahrenskosten.* Die Kosten der Zwangsvollstreckung fallen nach § 788 Abs. 1 ZPO dem Schuldner zu Last. Der Gläubiger kann nach § 788 Abs. 2 ZPO diese festsetzen lassen. Zu ihnen rechnen auch die Beträge, die zum Betreiben der Zwangsverwaltung angefallen sind. Voraussetzung für einen dahingehenden Kostenerstattungsanspruch gegen den Schuldner ist jedoch gemäß § 788 Abs. 1 S. 1 ZPO, dass die angefallenen Kosten notwendig im Sinne von § 91 ZPO waren. Dies liegt nur vor, wenn die angefallenen Kosten unmittelbar auf die Vollstreckungsmaßnahme zurückzuführen sind. Sie müssen geeignet und erforderlich sein, um den Vollstreckungs-

[125] BGH NJW 2003, 2162; OLG Braunschweig NZM 2002, 626; OLG Frankfurt NZM 2002, 627.

[126] LG Augsburg Rpfleger 2001, 92; LG Hamburg ZMR 2001, 395; LG Mönchengladbach Rpfleger 2000, 80; a. A. OLG Düsseldorf NZM 2002, 1045.

[127] BGH NJW 2003, 2162; OLG Braunschweig NJW-RR 2002, 1305; OLG Frankfurt NZM 2002, 627; LG Augsburg Rpfleger 2001, 92; LG Wuppertal ZMR 2005, 818; *Gaier* ZWE 2004, 323.

[128] LG Wuppertal ZMR 2005, 818; *Pohlhaus* ZMR 2005, 820.

[129] BGH NJW 2003, 2162; a. A. *Wolicki* NZM 2000, 321.

[130] BGH NJW 2005, 2061.

erfolg herbeiführen zu können.[131] Der Grundsatz der Verhältnismäßigkeit ist zu wahren. Daher können solche Kosten nicht nach § 788 Abs. 1 ZPO geltend gemacht werden, die auf eine erkennbar unzulässige oder aussichtslose Vollstreckung gerichtet sind.[132] Es muss bei vernünftiger Würdigung des Gläubigers zum Zeitpunkt des Beginns der Vollstreckungshandlung mit einem Erfolg aus dieser zurechnen sein.[133] Grundsätzlich zählen die Kosten der Zwangsverwaltung zu denen, die § 788 Abs. 1 ZPO unterfallen. Zu diesen Verfahrenskosten rechnen auch Vorschüsse. Der BGH[134] hat die Notwendigkeit der Leistung solcher Vorschüsse für den Fall abgelehnt, dass die Wohnungseigentümer als Gläubiger die Zwangsverwaltung eines selbstgenutzten Wohnungseigentums betreiben und erkennbar mit Einnahmen nicht gerechnet werden konnte. Später hat er dies auf einen Fall ausgedehnt, in dem wegen des noch nicht vollständigen Ausbaus des Sondereigentums nicht mit Erträgen gerechnet werden konnte.[135] Die Zwangsverwaltung bezweckt nicht die Beitreibung der Forderung, sondern soll offensichtlich der Befriedigung und Sicherung noch nicht titulierter Wohngeldzahlungen dienen. Dies liegt jedoch außerhalb des Titels und kann nicht zu einer Erstattungspflicht des Schuldners führen. Die auch bei einer möglichen wirtschaftlichen Erfolglosigkeit zulässige Zwangsverwaltung[136] führt daher nicht zwingend zu einer Titulierung und Erstattung der durch sie entstehenden Verfahrenskosten.

Mit der Vergütung des Zwangsverwalters hat dies jedoch nichts gemein.[137] Sie besteht 821
unabhängig von der Erstattungspflicht des Schuldners. Denn der betreibende Gläubiger muss diese unabhängig von der Erstattungspflicht des Schuldners übernehmen.[138] Für die Festsetzung der Zwangsverwaltervergütung ist die Höhe der Verfahrenskosten ebenfalls unbeachtlich.

gg) Die Fertigstellungskompetenz des Zwangsverwalters. Ist ein Objekt noch nicht 822
vollendet, darf der Zwangsverwalter dies fertig stellen. Die neuere Rechtsprechung geht davon aus,[139] dass sich diese nunmehr in § 5 Abs. 3 ZwVwV geregelte Fertigstellungskompetenz an den ursprünglichen Planungen und Absichten des Schuldners orientieren muss. Veränderungen durch den Zwangsverwalter seien nicht im Sinne des Verfahrens. Ihm obliege auch nicht die Nutzbarmachung für die Zwangsversteigerung. Solche verändernden Vorhaben seien nicht genehmigungsfähig. Dies bewirkt, dass eine Verwertung gegebenenfalls nicht erfolgen kann, wenn sich für die Nutzung eines solchen Objekts kein Markt findet. In der ZwVwV sind daher insoweit Erleichterungen geschaffen worden, als dass nach § 10 Nr. 1 ZvVwV auch wesentliche Änderungen im Rahmen der Gebäudefertigstellung genehmigungsfähig sind. Daraus muss der Schluss gezogen werden, dass auch Nutzungsänderungen zulässig sind. Eine Genehmigung sollte der Zwangsverwalter sich aus Haftungsgründen jedoch durch das Gericht erteilen lassen.[140] Solche Nutzungsänderungen müssen der Verwertung des Objekts in der Zwangsverwaltung dienen. Dies bedeutet, dass sie die Nutzbarkeit zur Ertragsgewinnung fördern müssen. Verbesserungsmaßnahmen, die letztlich nur der Wertverbesserung des Objekts für die Versteigerung zu Gute kommen, sind nicht genehmigungsfähig.[141]

---

131 MünchKommZPO/*K. Schmidt* § 788 Rn. 22.
132 MünchKommZPO/*K. Schmidt* § 788 Rn. 22.
133 MünchKommZPO/*K. Schmidt* § 788 Rn. 22.
134 BGH NJW 2005, 2460, Rpfleger 2006, 31 m. Anm. *Bergsdorf*.
135 BGH NJW-RR 2006, 881.
136 BGHZ 151, 384, ZWE 2004, 323 m. Anm. *Gaier; Walker* LM § 803 ZPO Nr. 2; *Wieser* JR 2003, 202.
137 BGH ZfIR 2007, 249 m. Anm. *Keller*.
138 BGH NJW-RR 2004, 1527.
139 BGH Rpfleger 2005, 210; LG Göttingen Rpfleger 2004, 113.
140 *Haarmeyer/Wutzke/Förster/Hintzen* § 10 ZwVwV Rn. 3.
141 *Keller* ZfIR 2006, 225.

823 Auch bei Wohnungseigentum kann diese Problematik auftreten.[142] Betroffen können das Sonder- wie das Gemeinschaftseigentum sein. Zu denken ist an den nicht fertig gestellten Bau, die Nichtdurchführung von Gewährleistungsansprüchen oder Mängel der Bausubstanz, die zu technischen Änderungen im Rahmen der Instandsetzung führen müssen. Im Rahmen der Verwaltung kann und muss er damit mit den anderen Eigentümern zusammenwirken. Beschlussfassungen wirken nach § 10 Abs. 5 WEG auch zu seinen, der Masse und des Schuldners Lasten. Die sich stellende Problematik, dass der Zwangsverwalter Änderungen regelmäßig nicht vornehmen darf, vermag im Wohnungseigentum daher nicht aufzutreten. Dennoch sollte der Zwangsverwalter sich vorsorglich vor der Abstimmung die Genehmigung des Gerichtes einholen. Zumindest müsste er in eigenem Interesse dafür Sorge tragen, dass er einen dahingehenden, auch die Masse bindenden Beschluss, nicht gegebenenfalls anfechten muss.

824 Diese Tatumstände haben zur Folge, dass der Zwangsverwalter eine Entscheidung zumindest für das beschlagnahmte Sondereigentum (mit-)treffen muss. Die Masse wird gegebenenfalls über den Wirtschaftsplan mit Kosten für die erforderlichen Maßnahmen belastet. Daraus ergibt sich für solche Fälle seine Stimmrechtskompetenz. Sind mit den Maßnahmen bauliche Veränderungen verbunden, für die eine Berechtigung des Zwangsverwalters zur Stimmabgabe nicht besteht, muss er mit dem Schuldner gegebenenfalls eine Einigung über die Ausübung des Stimmrechts herbeiführen. Gelingt dies nicht, kann die Stimme nach der Intention des § 25 II 2 WEG nicht gewertet werden.

825 **b) Die Rechtsstellung des Schuldners in der Zwangsverwaltung.** Während früher die Stellung des Schuldners eindeutig durch die Anordnung der Zwangsverwaltung als nahezu rechtlos in Bezug auf die Verwaltung eines Wohnungseigentums angesehen wurde, wird dies heute spiegelbildlich zu den Kompetenzen des Zwangsverwalters nicht mehr in dieser absoluten Form zu vertreten sein.

826 *aa) Allgemeine Aspekte.* Auf den Zwangsverwalter gehen nur die Verwaltungsrechte über, die von der Beschlagnahme erfasst sind. Dabei handelt es sich um die, die für die Durchführung einer ordnungsgemäßen Bewirtschaftung und die Erzielung von Einnahmen in den Grenzen der §§ 148 ff. ZVG erforderlich sind. Anderweitige Rechte, die aus dem Wohnungseigentum oder der Mitgliedschaft in der Gemeinschaft erwachsen, verbleiben dem Schuldner.

827 *bb) Die Stimm- und Teilnahmerechte des Schuldners in und an der Wohnungseigentümerversammlung.* Soweit das Stimmrecht zu einem Beschlussgegenstand wegen der Verhaftung im Rahmen der Beschlagnahme nicht auf den Zwangsverwalter übergegangen ist, verbleibt dieses bei dem Schuldner. Andernfalls würde es entfallen. Dafür besteht keine Veranlassung.

828 Wer an der Stimmabgabe mitwirken darf, dem muss bereits aus diesem Grund ein Teilnahmerecht an der Wohnungseigentümerversammlung zustehen. Denn dort werden regelmäßig die Beschlüsse der Wohnungseigentümer gefasst. Jede Ausklammerung des Schuldners würde einen Beschluss zumindest anfechtbar machen. Erfolgt die Ausklammerung aus weiteren, nicht nachvollziehbaren Motiven, besteht nach einer neueren Rechtsprechung sogar die Gefahr der Nichtigkeit der Beschlussfassung.[143]

829 Ein Teilnahmerecht des Schuldners an der Wohnungseigentümerversammlung besteht zudem, wenn das Stimmrecht wegen der Verhaftungswirkung der Beschlagnahme für einige Beschlussgegenstände auf den Zwangsverwalter übergegangen ist.[144] Denn durch den Übergang der Verwaltung auf den Zwangsverwalter wird die mitgliedschaftliche Stellung in der Gemeinschaft nicht betroffen. Bereits aus dieser erwächst dem Schuldner

---

[142] BayObLG ZWE 2000, 214; OLG Celle ZInsO 2005, 818.
[143] BayObLG WuM 2005, 145; OLG Celle ZWE 2002, 276; OLG Köln ZMR 2004, 299.
[144] *Häublein* ZfIR 2005, 337.

der Anspruch, an Wohnungseigentümerversammlungen teilzunehmen, wo Beschlussgegenstände zur Entscheidung stehen, an deren Abstimmung darüber er nicht mitwirken darf. Ihm steht auch ein Rederecht zu. Denn er ist durch die Anordnung der Zwangsverwaltung nur von der Teilnahme an der Abstimmung durch den Verlust des Stimmrechts ausgeschlossen.

cc) Das Anfechtungsrecht des Schuldners. Unbestreitbar dürfte dem Schuldner das Anfechtungsrecht weiterhin für die Beschlüsse verbleiben, an deren Zustandekommen er sich bereits durch die Ausübung des Stimmrechts beteiligen konnte. Denn für diesen Bereich kommen dem Zwangsverwalter keinerlei Rechte zu, so dass auch die Frage der Anfechtung nicht in seine Entscheidungskompetenz gestellt werden kann und muss. Problematischer sind die Fälle, in denen das Stimmrecht auf den Zwangsverwalter übergegangen ist. Eindeutig dürfte ein Anfechtungsrecht diesem zustehen. Daraus folgt jedoch noch nicht, dass damit ein solches Recht des Schuldners verdrängt wird. Durch die Anordnung der Zwangsverwaltung und die damit verbundene Beschlagnahme verliert er zwar die Verwaltungsbefugnis, seine materielle Rechtsstellung im Verhältnis zu den Wohnungseigentümern ändert sich jedoch nur bedingt. Da die Zwangsverwaltung nur auf die Bewirtschaftung des Objektes bezogen ist, das sonstige Vermögen des Schuldners aber nicht erfasst, wird er durch Beschlüsse der Wohnungseigentümerversammlung ebenfalls gebunden. Zudem ist die Zwangsverwaltung von ihrer Konzeption nur ein zeitlich befristetes Vollstreckungsmittel. Ist sie beendet, treffen den Schuldner wieder alle Verpflichtungen alleine. Demnach wirken auch die Beschlüsse zu seinen Lasten, an deren Zustandekommen der Zwangsverwalter mitgewirkt hat. Allein diese Bindung muss dazu führen, dass ihm auch das Recht eingeräumt wird, die Beschlüsse überprüfen zu lassen.[145] Andernfalls wäre er rechtlos gestellt. 830

dd) Die Zahlungspflicht des Schuldners. Da sich die Zwangsverwaltung nur auf ein bestimmtes Objekt bezieht und das sonstige Vermögen des Schuldners von der Beschlagnahme nicht erfasst wird, führt dies dazu, dass er neben dem Zwangsverwalter verpflichtet bleibt, die der Wohnungseigentümergemeinschaft zustehenden Forderungen zu tilgen. Beschlüsse über den Wirtschaftsplan, zur Begründung von Sonderumlagen und über die Abrechnung treffen ihn in ihren rechtlichen und wirtschaftlichen Auswirkungen.[146] Er haftet weiterhin mit seinem gesamten Vermögen.[147] 831

Diesen Grundsätzen folgt in einem besonderen Fall das LG Dresden:[148] Es geht davon aus, dass bei der werdenden Wohnungseigentümergemeinschaft deren Mitglied weiterhin zur Zahlung verpflichtet sei, wenn die Zwangsverwaltung zwar dessen Wohnungs- oder Teileigentum betreffe, jedoch ihren Grund in dem von der Bauträger zu Gunsten des Globalpfandrechtsgläubigers bestellten Grundschuld hat. Denn die Gleichbehandlung des Mitglieds der werdenden Gemeinschaft mit einem Wohnungseigentümer verbiete eine anderweitige Behandlung. 832

Durch Zahlungen des Zwangsverwalters wird er gegenüber der Wohnungseigentümergemeinschaft frei.[149] Ist eine Masse nicht oder nicht ausreichend vorhanden und kann der Zwangsverwalter keine Zahlungen erbringen, haftet er für die bestehenden Verbindlichkeiten weiterhin. Insoweit erscheint angebracht, im Falle der Nichtzahlung durch den Zwangsverwalter den Schuldner gerichtlich in Anspruch zu nehmen.[150] Zum Einen kann dies neben einem Verfahren gegen den Zwangsverwalter, das nur Sinn 833

---

145 *Häublein* ZfIR 2005, 337.

146 KG ZfIR 2006, 212 m. Anm. Häublein; OLG Zweibrücken NJW-RR 2005, 1682.

147 BGH, Beschluss vom 24. 1. 2008 – V ZB 99/07; KG ZMR 2006, 221; OLG Köln DWE 1989, 30; OLG München, Beschluss vom 18. 4. 2006 – 32 Wx 034/06; OLG München Rpfleger 2007, 158; OLG Zweibrücken NJW-RR 2005, 1682.

148 LG Dresden, Beschluss v. 30. 8. 2005 – 2 T 0068/05.

149 OLG Zweibrücken, Beschluss vom 27. 7. 2005 – 3 W 167/04.

150 AG Neukölln ZMR 2005, 659.

macht, wenn diesem auch Masse zur Verfügung steht, erfolgen. Zum Anderen wirkt ein solcher Titel auch über die Dauer des Zwangsverwaltungsverfahrens hinaus.

834 Soweit den Zwangsverwalter mangels Erstreckung der Beschlagnahmewirkung auf einen bestimmten Verwaltungskomplex eine Zahlungspflicht nicht trifft, verbleibt diese bei dem Schuldner. In diesem Fall muss der Anspruch ehedem nur bei diesem geltend gemacht werden.

835 Eine Zahlungspflicht des Schuldners soll auch dann vorliegen, wenn die Kosten des Zwangsverwaltungsverfahrens in die Einzelabrechnung eingeflossen sind.[151] Dies erscheint bedenklich, weil diese nach §§ 788 Abs. 1, 2, 91 Abs. 1 ZPO festgesetzt werden können. Es käme dann mit der Bestandskraft der Abrechnung und deren gerichtlichen Geltendmachung zu einer doppelten Titulierung.

836 Nicht möglich ist, neben der Titulierung der Hausgeldverpflichtungen des Schuldners gegen diesen im Wege des Feststellungsantrags eine bestimmte Rangklasse nach § 10 Abs. 1 ZVG feststellen zu lassen.[152] Dafür besteht kein Rechtsschutzbedürfnis. Welche Rangklasse eine Forderung einnimmt, ergibt sich ausschließlich aus § 10 Abs. 1 ZVG. Dafür ist ein Titel, der dies gesondert ausweist, nicht notwendig.

837 c) **Die Abrechnung in der Zwangsverwaltung.** *aa) Die Objektbezogenheit der Zwangsverwaltung.* Die Anordnung Zwangsverwaltung bezieht sich wie ausgeführt immer auf ein bestimmtes Objekt des jeweiligen Schuldners. Dies hat zur Folge, dass für jede Wohnung eine getrennte Behandlung erfolgen muss.[153] Diese objektbezogene Behandlung führt auch bei der Zwangsverwaltung mehrerer Wohnungen desselben Schuldners dazu, dass jeweils die Einnahmen und die zu tragenden Kosten isoliert zu betrachten sind.[154]

838 *bb) Die Abrechnung der Wohnungseigentümergemeinschaft.* Nach § 16 Abs. 1 WEG stehen den Eigentümern die Nutzungen einem ihrem Anteile entsprechenden Bruchteil zu; nach Absatz 2 dieser Vorschrift haben sie im gleichen Verhältnis die Lasten und Kosten zu tragen. Die Aufteilung muss zwischen ihnen festgestellt werden. Grundlage ist eine Abrechnung über die Gesamtbeträge und die daraus abzuleitenden Einzelabrechnungen. Daraus folgt zwingend, dass die in den Einzelabrechnungen auftretenden Beträge der Einnahmen, Kosten und Lasten in ihrer Summierung dem Betrag der Gesamtabrechnung entsprechen müssen. Die Abrechnung ist nach § 28 Abs. 3 WEG durch den Verwalter aufzustellen. Die Eigentümer genehmigen diese nach Absatz 5 durch eine Beschlussfassung und üben dadurch ihre Kontrollrechte gegenüber dem Verwalter und ihre Selbstverwaltungsrechte untereinander aus. Der Schuldner muss das Abrechnungsergebnis ausgleichen, weil es sich nicht um eine regelmäßig wiederkehrende Forderung handelt, besteht nach § 156 ZVG keine Zahlungspflicht des Zwangsverwalters.

839 d) **Die Verweisung des Schuldners aus der Wohnung.** Bei der Zwangsverwaltung von Wohnungseigentum ist wie bei anderen Zwangsverwaltungen gemäß § 149 Abs. 1 ZVG dem Schuldner die Wohnung, die er selbst bewohnt, zu belassen.[155] Voraussetzung ist, dass die Nutzung als Wohnung zulässig ist.[156] Eine Wohnnutzung in einem Gewerbeobjekt scheidet damit aus. Dies wird nicht nur die öffentlich-rechtliche, sondern auch die wohnungseigentumsrechtliche Qualifizierung betreffen. Denn wie der Zwangsverwalter nicht gezwungen werden kann, auf Grund einer öffentlich-rechtliche Nutzungseinschränkung eine Ordnungswidrigkeit zu begehen, muss er sich auch nicht der Gefahr

---

151 KG ZMR 2006, 221.

152 OLG München, Beschluss v. 18. 4. 2006 – 32 Wx 034/06.

153 *Haarmeyer/Wutzke/Förster/Hintzen* § 9 ZwVwV Rn. 19.

154 OLG Stuttgart OLGZ 1977, 125.

155 *Armbrüster* WE 1999, 14; *Briesemeister* NZM 2003, 777; *Deckert* ZWE 2006, 318; *Drasdo* NZM 1999, 681; *Häublein* ZWE 2004, 48; *Hogenschurz* DWE 2004, 124; *Schuschke* ZfIR 1999, 885; *Vogl* ZMR 2003, 716; *Walke* ZfIR 2006, 606.

156 AG Dülmen Rpfleger 2007, 494.

aussetzen, dass die Wohnungseigentümer wegen einer fehlerhaften Nutzung eines Sondereigentums Ansprüche erheben.

Der Schuldner braucht – soweit die Räume für ihn oder seinen Hausstand unentbehrlich sind – eine Nutzungsentschädigung an den Zwangsverwalter nicht zu entrichten[157] Diese unentgeltliche Nutzungsüberlassung erstreckt sich jedoch nur auf die Räumlichkeiten als solche. Die für die jeweiligen Betriebsmittel- und Bewirtschaftsaufwendungen anfallenden Kosten hat der Schuldner hingegen zu tragen. **840**

Dies hat in der Vergangenheit einige Gerichte mit dem Argument, dass die Nichtzahlung dieser Betriebskosten in Form des Wohngeldes an die Eigentümergemeinschaft dazu führen kann, bewogen, den Schuldner aus den Räumen zu verweisen. Sie gehen davon aus, dass insoweit eine Gefährdung der Zwangsverwaltung vorläge.[158] Diese Auffassung wird in der Literatur[159] überwiegend geteilt. Zur Begründung wird allenfalls darauf Bezug genommen, dass die Gefährdung der Zwangsverwaltung hinsichtlich ihrer begrifflichen Definition dem „wichtigen Grund" dem § 543 BGB gleich zu setzen sein soll. Die diesbezüglichen Argumente sind nicht überzeugend.[160] Wenn die „Gefährdung" im Sinne des § 149 Abs. 2 ZVG einem wichtigen Grund im Sinne des § 543 BGB entsprechen soll,[161] so wird die unterschiedliche Zweckrichtung beider Vorschriften missachtet. Das ZVG will verhindern, dass der Schuldner durch sein Verhalten die Vollstreckung gefährdet. Die mietrechtliche Bestimmung gibt dem Vermieter ein Mittel zu Beendigung des Vertrages in die Hand, wenn die vereinbarte Gegenleistung ausbleibt. Die Zielrichtungen der Normen unterscheiden sich daher dadurch, dass im einen Fall vertragliche Verpflichtung erfüllt, im anderen eine Vollstreckung nicht vereitelt werden soll. Dies ist nicht vergleichbar. **841**

Zudem erscheint die Gefährdung der Zwangsverwaltung nicht gegeben. Abzustellen ist auf das jeweilige Objekt. Dies ist die Wohnung. Durch die Nichtzahlung der Betriebskosten ist deren Verwaltung jedoch in keiner Weise beeinträchtigt. Es mag sein, dass die Wohnungseigentümergemeinschaft auf die Zahlungen angewiesen ist. Eine Gefährdung des Zwangsverwaltungsobjektes und der Verwaltung des Sondereigentums ist durch eine Zahlungsunterlassung jedoch nicht bewirkt. Denn auch ohne die Zahlungen des Schuldners kann die Zwangsverwaltung weitergeführt werden. Im Zweifel erhöhen sich nur die Kosten des Gläubigers. Da die Wohnungseigentümergemeinschaft in der Regel den überwiegenden Teil der anfallenden Kosten nicht bezüglich eines jeweiligen Sondereigentums separieren kann, liegt insoweit eine Gefährdung ebenfalls nicht vor.[162] Diese könnte nur dann gegeben sein, wenn durch die Nichtzahlung zu befürchten wäre, dass eine Verwaltung nicht ausgeübt werden könnte.[163] Dies ist sicherlich nicht der Fall. **842**

Der Schutz aus § 149 ZVG steht dem Schuldner nur zu, wenn er sich auf diesen beruft. Er verliert ihn, wenn er über das beschlagnahmte Objekt ein Mietverhältnis begründet.[164] Nach dessen Beendigung lebt der Schutz nicht wieder auf. § 149 Abs. 1 ZVG will den Schuldner vor einer drohenden Obdachlosigkeit durch das Zwangsverwaltungsverfahren schützen.[165] Bei der Anmietung des Objektes besteht eine solche Gefahr nicht. **843**

---

[157] *Stöber* § 149 ZVG Rn. 2.

[158] LG Dresden NZM 2006, 665 (Ls); LG Zwickau Rpfleger 2004, 646 (LS); LG Zwickau Rpfleger 2006, 426; AG Dresden ZMR 2006, 816; AG Heilbronn Rpfleger 2004, 236 m. Anm. *Schmidberger;* AG Heilbronn Rpfleger 2004, 514; AG Schwäbisch Hall NZM 2006, 600.

[159] *Haarmeyer/Wutzke/Förster/Hintzen* § 149 ZVG Rn. 9; *Walke* ZfIR 2006, 606.

[160] BGH, Beschluss v. 24. 1. 2008 – V ZB 99/07; *Drasdo* NZM 2006, 765.

[161] *Haarmeyer/Wutzke/Förster/Hintzen* § 149 ZVG Rn. 9.

[162] So *Keller* ZfIR 2006, 225.

[163] *Drasdo* NZM 2006, 765.

[164] LG Dessau NZM 2007, 304.

[165] *Haarmeyer/Wutzke/Förster/Hintzen* § 49 ZVG Rn. 2.

III. Die Zwangsvollstreckung gegen die Wohnungseigentümergemeinschaft

844 Der Gesetzgeber hat in § 10 Abs. 6 WEG klargestellt, dass die Wohnungseigentümergemeinschaft hinsichtlich der Teilnahme am Rechtsverkehr rechtsfähig ist. Folgerichtig steht ihr nach § 10 Abs. 7 WEG in diesem Rahmen auch eigenes Vermögen zu. Demnach muss eine Vollstreckung in dieses zulässig und möglich sein.

1. Die Wohnungseigentümergemeinschaft als Schuldnerin

845 Wird gegen die Wohnungseigentümergemeinschaft die Vollstreckung betrieben, ist damit in der Regel ihr finanzielles Schicksal besiegelt. Dies muss zumindest dann gelten, wenn die geltend gemachten Forderungen die Mittelzuflüsse überschreiten. Denn da die Mittel zur Bewirtschaftung gepfändet werden, wird dem Verband weiteres Geld entzogen.[166] Die zahlungsfähigen Wohnungseigentümer werden weitere Gelder aufbringen müssen, um eine Bewirtschaftung zu ermöglichen. Dies ist ein circulus vitiosus. Denn auch diese Ansprüche sind nunmehr durch den Dritten pfändbar. Letztlich führt dies im Ergebnis nach § 10 Abs. 8 S. 4 WEG zu einer wirtschaftlichen Haftung der Wohnungseigentümer, die an sich aufgrund ihrer mangelnden Pflichtverletzung und des damit nicht vorliegenden Verschuldens als Gesamtschuldner nicht entstehen sollte.

2. Allgemeine Vollstreckungsvoraussetzungen

846 Während bisher angenommen wurde, dass dem Vertragspartner der Wohnungseigentümer alle zum Zeitpunkt des Vertragsabschlusses im Wohnungsgrundbuch eingetragenen oder sonstigen Mitglieder der Gemeinschaft als Gesamtschuldner hafteten,[167] muss nunmehr davon ausgegangen werden, dass es eine Haftung der Mitglieder des Verbandes „Wohnungseigentümergemeinschaft“ für die von diesem begründeten Verbindlichkeiten nur im Rahmen des § 10 Abs. 8 WEG gibt. Für den Vertragspartner einer Wohnungseigentümergemeinschaft hat dies zur Folge, dass als Haftungssubjekt primär der Verband mit seinem Vermögen zur Verfügung steht. Nur von diesem kann der Gesamtbetrag einer Forderung verlangt werden. Die Wohnungseigentümer haften nach § 10 Abs. 8 S. 1 WEG nur quotal in der Höhe ihrer Miteigentumsanteile.

847 Für die Vertragspartner ist diese Lage deshalb besonders nachteilig, weil zahlreiche Wohnungseigentümergemeinschaften eine unzureichende Kapitalausstattung haben. Sie sind auf die permanente Nachschusspflicht ihrer Mitglieder angewiesen. In zahlreichen Fällen sind die Wohnungseigentümer nicht bereit oder in der Lage, eine ausreichende Finanzausstattung des Verbandes vorzunehmen.[168] Dies bedeutet, dass dritte Personen, die in vertragliche Beziehungen zu der Wohnungseigentümergemeinschaft treten, sich die Frage stellen müssen, ob die von ihnen erwartete und ihnen zustehende Gegenleistung auch tatsächlich realisiert werden kann, wenn die Finanzausstattung des Verbandes nicht die Formen aufweist, wie sie einem ordnungsgemäßen geschäftlichen Gebaren entsprechen müsste.[169]

848 a) **Titel gegen die Wohnungseigentümergemeinschaft.** Für eine Vollstreckung gegen den Verband „Wohnungseigentümergemeinschaft“ müssen die allgemeinen Vollstreckungsvoraussetzungen im Sinne von § 750 ZPO in Form von Titel, Klausel und Zustel-

---

[166] *F. Schmidt* NotBZ 2005, 309.

[167] BayObLG NJW-RR 1987, 80; KG OLGZ 1994, 266; OLG Düsseldorf OLGReport 1996, 239; OLG Oldenburg WE 1994, 218.

[168] *Drasdo* NZM 2005, 721.

[169] *Rapp* MittBayNot 2005, 449; *Vogel* BTR 2005, 226.

lung vorliegen: Es muss ein Titel gegen die Wohnungseigentümergemeinschaft bestehen. Dieser muss sich gegen den Verband sui generis richten. Ein Titel gegen die „Wohnungseigentümergemeinschaft, bestehend aus allen Eigentümern", wie er nach alter Rechtslage oftmals ergangen ist, reicht wegen der formalen Vollstreckungsvoraussetzungen nicht aus. Materiell-rechtliche Aspekte haben im Rahmen der Zwangsvollstreckung außer Betracht zu bleiben.[170]

b) Titel gegen einzelne oder alle Wohnungseigentümer. Auch kann aus einem Titel gegen einige oder alle Wohnungseigentümer nicht gegen die Wohnungseigentümergemeinschaft vollstreckt werden. Ein solcher Titel ermöglicht nur eine Durchsetzung der Forderung gegen die in ihm genannten Personen. Eine Berichtigung des Titels dahingehend, dass dieser sich gegen die Wohnungseigentümergemeinschaft richtet,[171] kommt nicht in Betracht. Rechtlich liegt auf Grund falscher Rechtserkenntnis ein Fehlurteil vor. Dieses ist mit allen sich daraus ergebenden Konsequenzen hinzunehmen. Der BGH[172] hat dies für den umgekehrten Fall, dass die Wohnungseigentümer in ihrer Gesamtheit als Gläubiger in einem Titel ausgewiesen werden, bereits dahingehend bejaht, als dass wegen der formalen Voraussetzungen diese und nicht der Verband „Wohnungseigentümergemeinschaft" zur Vollstreckung berechtigt sind. Wird aus dem Titel nur gegen eine oder mehrere, sogar gegen alle in ihm genannte Person vollstreckt, muss der Gläubiger sich nicht darauf verweisen lassen, dass die Forderung sich materiell-rechtlich gegen die Wohnungseigentümergemeinschaft richtet.[173] 849

Dieses Vorgehen gegen die einzelnen Titelschuldner hat unterschiedliche Folgen: Denn die Personen, die in dem Titel stehen, müssen nicht mehr zwangsläufig Mitglieder der Wohnungseigentümergemeinschaft sein. Der Gläubiger kann sich dennoch sowohl an diese als auch an diejenigen, die noch Mitglieder der Gemeinschaft sind, halten. Erfolgt eine solche Vollstreckung, bestehen nach § 426 BGB Ausgleichsansprüche, wenn eine gesamtschuldnerische Haftung angeordnet wurde. Bei diesen Ausgleichsansprüchen sind dann sowohl wohnungseigentumsrechtliche als auch sonstige materiell-rechtliche Besonderheiten der Rechtsfähigkeit der Wohnungseigentümergemeinschaft zu beachten. Dies hat zur Folge, dass die gegen die einzelnen Wohnungseigentümer gerichtete Forderungen in der Vollstreckung nunmehr gegenüber dem Verband „Wohnungseigentümergemeinschaft" wegen des Ausgleichsanspruchs geltend gemacht werden müssen. Dies ist nichts besonderes, als dass auch bisher der Wohnungseigentümer sich bei solchen Forderungen zunächst darauf verweisen lassen musste, eine Befriedigung seiner Forderungen aus dem den Wohnungseigentümern in ihrer Gesamtheit zugeordnetem Vermögen suchen zu müssen. 850

3. Der Pfändung unterworfenes Vermögen der Wohnungseigentümergemeinschaft

Offen ist, auf welche Vermögenswerte der Gläubiger der Wohnungseigentümergemeinschaft im Rahmen der Pfändung zugreifen kann. Jedenfalls scheiden das Sondereigentum und das Gemeinschaftseigentum als zwingender Bestandteil aus. Nicht als Pfändungsmasse kommt daher das Grundvermögen aus einem gegen die Wohnungseigentümergemeinschaft als Verband gerichteten Titel in Betracht. Denn das Grundstück ist nicht der Wohnungseigentümergemeinschaft, sondern den Miteigentümern in Bruchteilen entsprechend den Vorgaben des WEG zuzurechnen. 851

Sicherlich sind die für die Wohnungseigentümergemeinschaft bei Banken oder sonstigen Instituten geführten Bankkonten der Vollstreckung unterworfen.[174] Neben diesem 852

[170] BGH NZM 2007, 411.

[171] So wohl LG Berlin BlnGE 2006, 1175.

[172] BGH NZM 2007, 411; a. A. wohl *Abramenko* ZMR 2007, 841.

[173] A. A. wohl *Abramenko* ZMR 2007, 841.

[174] *Merle* BlnGE 2005, 1466.

laufenden Verwaltungsvermögen kommen als Pfandobjekte auch Gegenstände des sonstigen Eigentums oder Forderungen des Verbandes „Wohnungseigentümergemeinschaft" in Betracht.[175] Diese Forderungen können sich auch gegen die eigenen Mitglieder richten.

853 Zudem verbleibt als Vermögenswert die der Wohnungseigentümergemeinschaft zuzurechnende Instandhaltungsrücklage.[176] Ein Zugriff auf diese könnte zwar auf den ersten Blick an der Zweckbindung der in ihr enthaltenen Mittel scheitern. Jedoch wirkt diese nur im Verhältnis der Wohnungseigentümer zueinander und im Verhältnis zu dem Verband. Denn § 21 Abs. 5 Nr. 4 WEG steht im 3. Abschnitt über die Verwaltung. Diese betrifft nicht das Verhältnis zu dritten Personen. Durch Vereinbarungen in der Gemeinschaftsordnung kann der Zugriff nicht verhindert werden, weil diese nicht zu Lasten Dritter wirken können.[177] Auch § 11 Abs. 2 WEG verhindert einen Zugriff auf die Instandhaltungsrücklage nicht. Denn die Regelung betrifft nur den Anspruch auf Auflösung der Gemeinschaft. Deren Vermögenswerte sind von ihr nicht geschützt.

854 Letztlich können auch weitere Rechte der Wohnungseigentümergemeinschaft der Vollstreckung unterworfen sein. Die Pfändung von zu Gunsten der Gemeinschaft eingetragenen dinglichen Rechten oder Sicherheiten ist ebenso möglich wie die Vollstreckung in eine auf ihren Namen eingetragene Hausmeisterwohnung.[178] Soweit Bankkonten auf den Namen des Verwalters angelegt sind, kann der gegen diesen gerichtete Herausgabeanspruch gepfändet werden.[179]

4. Vollstreckungsmöglichkeiten

855 Wie bei allen anderen Vollstreckungen eröffnen sich auch bei der Wohnungseigentümergemeinschaft als rechtsfähigem Verband die allgemeinen Vollstreckungsmöglichkeiten.

856 **a) Vollstreckungsauftrag an den Gerichtsvollzieher.** Als erste Maßnahme kommt eine Vollstreckung durch den Gerichtsvollzieher in Betracht. Ein solches Vorgehen ist auch bei einer Wohnungseigentümergemeinschaft möglich. Es erscheint jedoch wenig sinnvoll:

857 Der Gerichtsvollzieher muss sich zu den Geschäftsräumen der Wohnungseigentümergemeinschaft begeben. Solche sind in der Regel nicht vorhanden. Der Gerichtsvollzieher kann die Wohnungseigentümergemeinschaft als Schuldnerin nicht antreffen. Er muss sich an deren Organe oder Vertreter wenden. Dies ist nach § 27 Abs. 3 S. 2 WEG der Verwalter – oder in Ermangelung eines solchen – alle Wohnungseigentümer. Es ist unwahrscheinlich, dass der Gerichtsvollzieher am Ort der Anlage den Verwalter oder alle Wohnungseigentümer antrifft. Eine Vollstreckung kommt damit nur schwer in Betracht. Nicht erkennbar ist auch, in welche Vermögenswerte der Gerichtsvollzieher am Ort der Anlage die Vollstreckung betreiben soll. Dort können nur solche Gegenstände von der Vollstreckung betroffen sein, die sich im Gewahrsam der Gemeinschaft als Schuldnerin dort befinden. Dies sind regelmäßig nur Sachen, die einen geringen Wert haben (Putzmittel, Reinigungsgeräte) oder nur schwer zu verwerten sind (Rasenmäher, Laubsauger). Sonstige Vermögenswerte befinden sich allenfalls bei dem Verwalter.

858 Begibt er sich zu diesem, kann er aus dem Titel gegen die Wohnungseigentümergemeinschaft nicht in dessen persönliches Vermögen vollstrecken. Gegenstände, die dem Vermögen der Wohnungseigentümergemeinschaft zuzurechnen sind oder in ihrem Eigen-

---

175 OLG München ZMR 2005, 729; *Bielefeld* DWE 2005, 133; *Bork* ZInsO 2005, 1067; *Merle* ZWE 2006, 21; *Wenzel* ZWE 2006, 2.

176 *Bielefeld* DWE 2005, 133; *Vogel* BTR 2005, 226.

177 *Bork* ZInsO 2005, 1067; *F. Schmidt* NotBZ 2005, 309.

178 *Wilsch* RNotZ 2005, 536.

179 *Bork* ZInsO 2005, 1067; *Vogel* BTR 2005, 226.

tum stehen, werden sich auch nur selten in den Geschäftsräumen des Verwalters befinden. Ist dies dennoch der Fall, stellt sich die Frage, ob dieser den Gewahrsam und Besitz für die Wohnungseigentümergemeinschaft oder nur von dieser abgeleitet für sich selber ausübt. Nur im ersten Fall wäre eine Vollstreckung durch den Gerichtsvollzieher möglich.

Insgesamt betrachtet wird die Beauftragung eines Gerichtsvollziehers nur in seltenen Fällen – etwa wenn dieser bei dem Verwalter für die Wohnungseigentümergemeinschaft verwahrtes Bargeld auffindet – erfolgreich sein. 859

b) Abgabe der eidesstattlichen Versicherung. Die Beauftragung des Gerichtsvollziehers kann sich aber anbieten, um die Abgabe der eidesstattlichen Versicherung gemäß §§ 807, 899 ff. ZPO durch die Wohnungseigentümergemeinschaft zu erwirken. War die Vollstreckung erfolglos, kommt dies durchaus in Betracht. Abgeben muss diese der Verwalter als deren Vertreter. Seine Angaben müssen sich jedoch nur auf das Vermögen des Verbandes beziehen. Verweigert der Verwalter die Abgabe der eidesstattlichen Versicherung oder erscheint er zu dem anberaumten Termin nicht, kann gegen ihn nach § 901 ZPO ein Haftbefehl erlassen werden. 860

c) Pfändungs- und Überweisungsbeschluss. Im Rahmen der Vollstreckung kommt die Erwirkung eines Pfändungs- und Überweisungsbeschlusses im Sinne der §§ 828, 829 ZPO in Betracht. Zustellungen an die Wohnungseigentümergemeinschaft als Schuldnerin erfolgen nach § 27 Abs. 3 1 Nr. 1 WEG an den Verwalter. Fehlt ein solcher, wird die Vertretung nach § 27 Abs. 3 S. 2 WEG durch alle Wohnungseigentümer ausgeübt, so dass die Zustellung an einen von ihnen ausreichend ist. Fehlerhaft ist die Zustellung, wenn ein Verwalter bestellt ist und diese nicht an ihn vorgenommen wird. Auf die Wirkung der Pfändung hat dies jedoch keinen Einfluss. Eine Pfändung kommt nur wegen Geldforderungen und wegen Herausgabeansprüchen in Betracht. Ist die Wohnungseigentümergemeinschaft Inhaberin einer Sicherungshypothek, was auf Grund einer eigenen Vollstreckung durchaus der Fall sein kann, ist es auch möglich, diese nach § 830 ZPO zu pfänden und sich nach § 837 ZPO überweisen zu lassen. Trotz dieser relativ einfachen Vorgaben können in der Praxis oftmals Schwierigkeiten auftreten. 861

aa) Kontenpfändung. In Betracht kommt, Konten der Wohnungseigentümergemeinschaft zu pfänden. Auch das ist mit Schwierigkeiten verbunden. Zurückzuführen ist dies darauf, dass zahlreiche Banken sich weigerten, Konten auf den Namen der Wohnungseigentümergemeinschaft einzurichten oder noch alte Konten, die trotz der vorliegenden Rechtsfähigkeit der Wohnungseigentümergemeinschaft bestehen bleiben, existieren. 862

- **Die Wohnungseigentümergemeinschaft als Kontoinhaberin:** Unproblamatisch ist die Lage, wenn das Konto auf den Namen der Wohnungseigentümergemeinschaft eingerichtet ist.[180] Titelschuldner und Kontoinhaber stimmen überein. Die formalen Voraussetzungen der Vollstreckung sind erfüllt. Unwägbarkeiten können nur noch in tatsächlichen Umständen liegen, die auch bei anderen Personen im Rahmen der Vollstreckung auftreten können, etwa das Konto aufgelöst wurde, kein Guthaben ausweist oder das kontoführende Institut bereits mit eigenen Forderungen eine Verrechnung vorgenommen hat. 863
- **Die Wohnungseigentümer als Kontoinhaber:** Insbesondere bei kleineren Gemeinschaften kann vorkommen, dass das Konto nicht auf die Wohnungseigentümergemeinschaft, sondern auf den Namen der Wohnungseigentümer eingerichtet wurde. Dies wird häufig der Fall gewesen sein, weil nach der alten Rechtslage die Wohnungseigentümergemeinschaft kein Konto errichten konnte Die Wohnungseigentümer mussten sich nach dem Grundsatz der Kontenwahrheit gemäß §§ 154 AO, 2 GWG ausweisen. Lautet das Konto in dieser Form auf den Namen der Wohnungseigentümer kann aus einem Titel gegen die Wohnungseigentümergemeinschaft nicht in dieses vollstreckt 864

[180] OLG Hamburg ZMR 2006, 791.

werden. Zum einen stimmen die Bezeichnungen der Schuldner in Titel und Kontounterlagen nicht überein. Zum anderen werden die Geldinstitute Zahlungen aus diesem Grunde verweigern.

865 • **Der Verwalter als Kontoinhaber:** Um die Schwierigkeiten im Hinblick auf die nach §§ 154 AO, 2 GWG erforderlichen Ausweis- und Identifikationspflichten aus pragmatischen Erwägungen zu umgehen, wurde insbesondere bei großen Gemeinschaften das Konto auf den Namen des Verwalters als offenes Fremdgeldkonto eingerichtet. Auch hier ist eine Pfändung in das Konto aus einem gegen die Wohnungseigentümergemeinschaft gerichteten Titel nicht möglich. Denn wiederum stimmen Titelschuldner und Kontoinhaber nicht überein. Dass der Verwalter nach Eintritt der Rechtsfähigkeit das Konto nicht auf seinen eigenen Namen führen darf, hilft dem Gläubiger nicht. Denn in der Vollstreckung sind solche materiell-rechtlichen Betrachtungen nicht von Bedeutung. Dem Gläubiger der Wohnungseigentümergemeinschaft verbleibt nur, die dieser aus der Kontoführung im eigenen Namen zustehenden Ansprüche gegen den Verwalter zu pfänden.

866 *bb) Pfändung einer Sicherungshypothek bei Altforderungen.* Unstreitig ist, dass der Wohnungseigentümergemeinschaft als rechtsfähigem Verband Sicherungshypotheken zustehen können.[181] Die Grundbuchfähigkeit wird soweit erkennbar überwiegend[182] nicht in Frage gestellt, weil sich die Mitglieder der Gemeinschaft aus einem öffentlichen Register – dem Wohnungs- oder Teilgrundbuch – ermitteln ließen.[183] Solche Sicherungshypotheken werden in der Regel wegen ausstehender Beitragsforderungen der Wohnungseigentümergemeinschaft gegen ihre Mitglieder bestehen.

867 Probleme treten auf, wenn diese Sicherungshypotheken nicht für die Wohnungseigentümergemeinschaft, sondern im Hinblick auf die alte Rechtslage für alle Wohnungseigentümer oder auf den damals im Wege der Prozessstandschaft auftretenden Verwalter eingetragen sind.[184] Gegen ein solches Vorgehen war nichts einzuwenden. Im Hinblick auf die Vollstreckung aus alten Titeln kann es zu solchen Eintragungen von Sicherungshypotheken kommen, bei denen formelle und materielle Berechtigung auseinander fallen.[185] Für den Gläubiger scheidet dann eine Vollstreckung mangels Identität von Titelschuldner und formalem Rechtsinhaber aus. Der gegenteiligen Auffassung des LG Hamburg[186] ist wegen des formalen Vollstreckungsrechts nicht zu folgen.[187]

868 Zudem sind praktische Schwierigkeiten zu erwarten, wenn als Gläubiger der Sicherungshypothek Personen in dem belasteten Grundbuch eingetragen sind, die zwar Gläubiger des zu Grunde liegenden Titels, heute aber nicht mehr Mitglieder der Wohnungseigentümergemeinschaft sind. Zum einen müsste der Pfändungs- und Überweisungsbeschluss auch diesen zugestellt werden. Zum anderen werden sie oder die Wohnungseigentümergemeinschaft einwenden, dass ihnen die Forderung nicht zusteht.

869 *cc) Ansprüche der Wohnungseigentümergemeinschaft gegen dritte Personen.* Auch Ansprüche des Verbandes Wohnungseigentümergemeinschaft gegen sonstige Dritte Personen sind einer Vollstreckung zugänglich.

870 • **Außenstehende Vertragspartner:** In Betracht kommen alle Personen, die mit der Wohnungseigentümergemeinschaft als rechtsfähigem Verband in Kontakt stehen. Sobald sie

---

[181] BGH NJW 2005, 2061; LG Bremen NZM 2007, 452; LG Frankfurt Rpfleger 2006, 10; *Abramenko* ZMR 2006, 338; *Böhringer* Rpfleger 2006, 53; *Rapp* MittBayNotK 2005, 449; *Schneider* Rpfleger 2007, 175; *Soth* NZM 2007, 470; *Wilsch* RNotZ 2005, 536.

[182] BGH NJW 2005, 2061; *Bub/Petersen* NJW 2005, 2560; *Demharter* NZM 2005, 601; *Häublein,* FS Seuß III, S. 125; *Hügel* DNotZ 2005, 753; *Rapp* MittBayNot 2005, 449.

[183] A. A. LG Hannover, Beschluss v. 3. 7. 2007 – 3 T 35/07; LG Nürnberg-Fürth ZMR 2006, 812.

[184] LG Frankfurt RNotZ 2006, 63.

[185] AG Neuss NZM 2006, 266.

[186] LG Hamburg Rpfleger 2006, 10.

[187] BGH NZM 2007, 411.

Schuldner der Wohnungseigentümergemeinschaft sind, ist eine Pfändung möglich. Zu denken ist etwa an den Hausmeister, dem die Gemeinschaft eine angemietete oder im gemeinschaftlichen Eigentum stehende Wohnung zur Verfügung stellt.[188] Hier liegen Probleme nur vor, wenn es sich um einen Werkdienstwohnungsvertrag im Sinne des § 576 b BGB handelt. Denn dann wird statt der Mietzahlung eine Verrechnung mit dem Arbeitslohn unter Berücksichtigung der sozialversicherungs- und steuerrechtlichen Vorgaben erfolgen. Ein Zahlungsfluss erfolgt nicht, so dass eine Pfändung regelmäßig ausscheiden wird. Bei allen anderen Vertragspartnern der Wohnungseigentümergemeinschaft gelten die allgemeinen Grundsätze, so dass Besonderheiten nicht zu erwarten.

- **Gesetzliche Ansprüche:** Nach § 10 Abs. 6 S. 2 WEG können der Wohnungseigentümergemeinschaft gesetzliche Rechte zustehen. Dies betrifft auch die Ansprüche im Sinne der §§ 677 ff., 812 ff. und 823 ff. BGB. Auch diese Ansprüche sind zu Gunsten der Gläubiger der Wohnungseigentümergemeinschaft einer Pfändung ausgesetzt. 871
- **Ansprüche gegen den Verwalter:** Ansprüche der Wohnungseigentümergemeinschaft gegen den Verwalter unterliegen ebenfalls einer Pfändungsmöglichkeit. Hier kommen Herausgabeansprüche bestimmter Sachen zum Zwecke der Verwertung in Betracht. Zudem kann der Anspruch der Wohnungseigentümergemeinschaft auf Auszahlung von Geldern gepfändet werden, wenn der Verwalter diese als Barmittel verwahrt oder wie oben ausgeführt, wenn auch nicht rechtlich zutreffend, ein Konto für die Schuldnerin auf seinen eigenen Namen führt. Letztlich können natürlich auch sonstige Forderungen der Wohnungseigentümergemeinschaft gegen den Verwalter, etwa Schadensersatzansprüche oder Rückzahlung von Vergütungen gepfändet werden. Dass in allen Fällen der Verwalter als Vertreter und Zustellungsbevollmächtigter der Wohnungseigentümergemeinschaft auch gleichzeitig Drittschuldner ist, Zustellungen daher für sich und die Gemeinschaft entgegen nehmen muss, ist unschädlich. 872

dd) Ansprüche gegen die Wohnungseigentümer. Der Pfändung, weil zum Vermögen des Verbandes zu rechnen, unterliegen auch dessen Forderungen gegen die Wohnungseigentümer. Voraussetzung dafür, dass solche bestehen, ist immer ein entsprechender Beschluss. Dies folgt unmittelbar aus § 28 Abs. 5 WEG. Mangelt es an diesem, entsteht die Forderung des Verbandes gegen seine Mitglieder nicht, so dass eine Pfändung derselben nicht möglich ist. 873

- **Zahlungsansprüche gegen die Wohnungseigentümer.** Pfändbar sind die Beitragsansprüche der Wohnungseigentümergemeinschaft gegen ihre Mitglieder in Form von Zahlungen auf die Jahresabrechnung, den Wirtschaftsplan oder Sonderumlagen.[189] Wird ein Beschluss über die Mittelzuführung, gleich ob Jahresabrechnung, Wirtschaftsplan oder Sonderumlage, angefochten, ist er dennoch nach § 23 Abs. 4 WEG zunächst wirksam. Eine Zahlungspflicht der Wohnungseigentümer gegenüber der Wohnungseigentümergemeinschaft besteht weiterhin. Damit ist auch eine Pfändbarkeit der Ansprüche gegeben. 874

  Wird eine mögliche Anfechtungsklage gegen den die Forderung begründenden abgewiesen, ist die Abwicklung unproblematisch. Der Anspruch der Wohnungseigentümergemeinschaft gegenüber ihren Mitgliedern bleibt bestehen. Eine Rückabwicklung muss nicht erfolgen. Sonstige Maßnahmen sind im Hinblick auf die Anfechtung des Beschlusses ebenfalls nicht erforderlich. Erfolgt durch das Gericht eine Aufhebung des Beschlusses, dürfte unstreitig sein, dass zwischen den Wohnungseigentümern ein Anspruch besteht, die während seiner nach § 23 Abs. 4 S. 2 WEG bestehenden vorläufigen Wirksamkeit eingetretenen Folgen zu beseitigen.[190] Dieser Anspruch steht jedem,

---

[188] Vgl. zur Vermietung von Gemeinschaftseigentum und den damit verbundenen Schwierigkeiten, *Drasdo*, FS Blank, 2006, S. 617.

[189] KG ZMR 2007, 637; OLG München ZMR 2005, 729.

[190] *Merle* in: *Bärmann/Pick/Merle* § 23 Rn. 206.

nicht nur dem überstimmten Wohnungseigentümer zu.[191] Die Aufhebung des Beschlusses hat eine ex tunc eintretende Wirkung.[192] Dies beinhaltet zunächst einmal die Feststellung, dass ein Anspruch des Verbandes gegenüber seinen Mitgliedern auf Zahlung von den in dem Beschluss genannten Beträgen nicht besteht.

Dennoch hat der Gläubiger der Wohnungseigentümergemeinschaft die Gelder auf Grund der Pfändung erhalten. Daher stellt sich die Frage, ob und welche Auswirkungen die Aufhebung des Beschlusses auf das Verhältnis zu dem Pfändungsgläubiger hat. Eine Forderung, die nicht besteht, kann nicht gepfändet werden.[193]

Die Situation stellt sich bei der vorliegenden Fallgestaltung jedoch anders dar. Wegen der nach § 23 Abs. 4 S. 2 WEG vorläufigen Wirksamkeit des Beschlusses bestand die Forderung zum Zeitpunkt des Erlasses des Pfändungs- und Überweisungsbeschlusses. Dessen Rechtskraft könnte daher von Bedeutung sein, weil im Verhältnis zu dem Gläubiger damit abschließend festgestellt wird, dass Zahlungen zu leisten sind. In Frage kommt bei Betrachtung der Rückabwicklungsmöglichkeiten ein Bereicherungsanspruch der Wohnungseigentümer im Sinne des § 812 Abs. 1 BGB gegen den Pfändungsgläubiger. Mit der herrschenden Meinung wird man von einer Leistung an diesen ausgehen dürfen, da der Schuldner nicht nur in Erfüllung der Schuld, sondern auch zur Abwendung der sich aus dem Pfändungs- und Überweisungsbeschluss ergebenden Folgen Zahlungen erbringt.[194] Soweit ein Rechtsgrund für die Leistung besteht, ist die Rückforderung jedoch ausgeschlossen. Rechtsgrund in diesem Sinne könnte zumindest der Pfändungs- und Überweisungsbeschluss sein. Ist dieser rechtskräftig, besteht für den Pfändungsgläubiger ein daraus resultierendes Recht, Leistungen nicht zurückgewähren zu müssen.

Soll verhindert werden, dass aus dem Pfändungs- und Überweisungsbeschluss durch den Gläubiger Rechte hergeleitet werden, wenn der Beschluss über die Mittelzuführung angefochten wurde, muss gegen die Vollstreckungsmaßnahme ein Rechtsmittel eingelegt werden. Dies ist dem Wohnungseigentümer als Drittschuldner auch möglich.[195] Bei ihm mangelt es nicht zwingend an dem notwendigen Rechtsschutzbedürfnis. Zudem ist der Verband als Schuldner in der Lage, Rechtsmittel gegen den Pfändungs- und Überweisungsbeschluss einzulegen.[196] Da die Frage der Rechtmäßigkeit der Forderungspfändung im Wesentlichen von dem Erfolg des Anfechtungsverfahrens abhängt, muss eine Aussetzung des Verfahrens über das Rechtsmittelverfahrens nach § 148 ZPO erfolgen.

Zahlt der Wohnungseigentümer als Drittschuldner an den Pfändungsgläubiger nicht, wird er von diesem deshalb verklagt, ist ein solches Verfahren wegen der Vorgreiflichkeit des Anfechtungsverfahrens hingegen nicht auszusetzen. Wegen der vorläufigen Existenzwirkung nach § 23 Abs. 4 WEG kann es fortgesetzt werden. Es wäre ansonsten wenig verständlich, dass ein Verfahren hinsichtlich der Zahlung von Geldern gegen den Wohnungseigentümer auch im Fall der Beschlussanfechtung durchzuführen ist,[197] im Hinblick auf die Vollstreckung durch einen Dritten diese Rechtswirkung des § 23 Abs. 4 WEG nicht eintreten soll.

Da wegen der Anfechtung auch nicht feststeht, an wen der Wohnungseigentümer abschließend die Leistung erbringen muss, kommt eventuell eine Hinterlegung gemäß §§ 372ff. BGB in Betracht. Ist der Anfechtungsklage erfolglos muss der Betrag an den

---

[191] *Staudinger/Bub* § 23 Rn. 315.

[192] BGHZ 106, 113; BayObLGZ 1975, 202; BayObLGZ 1976, 211; KG OLGZ 1078, 178; OLG Hamm OLGZ 1992, 309.

[193] MünchKommZPO/*Smid* § 829 Rn. 6.

[194] BGH NJW 2002, 2871; *Medicus* NJW 1971, 1366.

[195] MünchKommZPO/*Smid* § 829 Rn. 73, 74.

[196] MünchKommZPO/*Smid* § 829 Rn. 72, 74.

[197] BayObLG WE 1989, 147; BayObLG WuM 1994, 570.

Gläubiger ausgezahlt werden; ist sie erfolgreich, kann die Wohnungseigentümergemeinschaft ihre Rechte an ihm geltend machen.
Es verbleibt nur die Frage, ob der Rechtskraft des Pfändungs- und Überweisungsbeschlusses tatsächlich die geschilderte Wirkung zukommt. Dies kann im Hinblick auf eine ältere Rechtsprechung[198] angezweifelt werden, als dass das Bekanntwerden neuer Tatsachen zu einer Durchbrechung der Rechtskraft führen kann. Wegen der Präklusionswirkung des § 767 Abs. 2 ZPO können diese nur nicht immer geltend gemacht werden. Der Wegfall des Beschlusses als Grundlage der gepfändeten Leistung ist eine solche Tatsache. Der Grundgedanke der vorliegenden Rechtsprechung könnte dahingehend herangezogen werden, als dass zum Zeitpunkt des Erlasses des Pfändungs- und Überweisungsbeschlusses die Anfechtung des Mittelzuführungsbeschlusses nicht bekannt ist. Dabei wird es sich im Hinblick auf die allgemeinen zeitlichen Abläufe jedoch um Ausnahmen handeln.

- **Vollstreckungsschwierigkeiten:** Wenn der Vertragspartner der Wohnungseigentümergemeinschaft die Ansprüche des Verbandes gegenüber seinen Mitgliedern pfändet, bedeutet dies nicht, dass auch sofort die entsprechenden Gelder fließen. Ungeachtet der Frage, ob dies nur in Teilbeträgen oder in der Gesamtsumme der Fall sein muss, wird zu beobachten sein, dass sich die Wohnungseigentümer als Mitglieder des Verbandes „Wohnungseigentümergemeinschaft" gegen eine solche Pfändung in der Form passiv zur Wehr setzen werden, als dass Zahlungen an den Vertragspartner des Verbandes nicht erfolgen. Diesem verbleibt dann keine andere Möglichkeit, als gerichtlich gegen die einzelnen Wohnungseigentümer vorzugehen und diese hinsichtlich der Zahlung als Drittschuldner in Anspruch zu nehmen.[199] Auch dies führt zu weiteren Verzögerungen.
  Gänzlich unkalkulierbar wird die Situation für den Dritten, wenn einige Wohnungseigentümer ein Insolvenzverfahren über ihr Vermögen einleiten lassen müssen. Dabei ist zu unterscheiden. Zum einen kommt die Einleitung eines solchen Verfahrens zu einem Zeitpunkt in Betracht, in dem die Wohnungseigentümer untereinander über die Notwendigkeit einer Beschlussfassung für die Entstehung einer Beitragsforderung streiten, zum anderen kann die Einleitung eines Insolvenzverfahrens möglich sein, wenn der Dritte im Wege einer Klage gegen einen Wohnungseigentümer als Drittschuldner zur Durchsetzung seiner Forderungen vorgeht. In beiden Fällen ist das Verfahren gemäß § 240 ZPO zu unterbrechen.
  Im ersten Fall, in welchem die Wohnungseigentümer versuchen, auf gerichtlichem Wege eine Beschlussfassung herbeizuführen, führt die Unterbrechung durch das Insolvenzverfahren dazu, dass zumindest in naher Zukunft nicht festgestellt werden kann, ob die Fassung eines entsprechenden Beschlusses notwendig ist. Anders als bei der Anfechtung eines Eigentümerbeschlusses, bei dem eine Unterbrechung durch die Einleitung des Insolvenzverfahrens bei einzelnen Wohnungseigentümern nicht in Betracht kommt,[200] wird man bei der Verpflichtung zu der notwendigen Beschlussfassung, die in der Regel mit finanziellen Konsequenzen verbunden ist, von einer solchen Unterbrechung ausgehen müssen. Im zweiten Fall dürfte zwar bereits ein Schadensersatzanspruch entstanden sein; auch liegen gegebenenfalls pfändbare Forderungen vor, dennoch kommt es zu einer Unterbrechung, weil nunmehr eine Vollstreckung gegen den einzelnen Wohnungseigentümer aufgrund der Einleitung des Insolvenzverfahrens gemäß §§ 88 f. InsO nicht in Betracht kommt. In beiden Fällen wird für den Dritten als Gläubiger der Wohnungseigentümergemeinschaft feststehen, dass eine gepfändete Forderung wirtschaftlich wertlos, zumindest lange nicht realisierbar ist. Rechtlich kann dies jedoch erst nach Abschluss des Verfahrens beurteilt werden. Die bisherigen An-

---

[198] BGHZ 37, 375; BGH NJW 1962, 915; BGH NJW 1984, 126.
[199] *Götting* ZfIR 2005, 623.
[200] BayObLG WE 1991, 226; BayObLG WuM 1993, 768; KG NJW-RR 2005, 1385; AG Mannheim NZM 2004, 800.

strengungen des Gläubigers der Wohnungseigentümergemeinschaft werden oftmals vergeblich gewesen sein, sodass er gegenüber anderen, eventuell nicht insolventen Mitgliedern der Wohnungseigentümergemeinschaft seine Anstrengungen zur Forderungsbeitreibung wiederholen muss. Ob dies möglich und wirtschaftlich sinnvoll ist, hat im Einzelfall geklärt zu werden.

875 d) **Sicherheiten.** Für Bauhandwerker als Vertragspartner der Wohnungseigentümergemeinschaft stellt sich die Situation besonders ungünstig dar, weil ihnen ein gesetzlich vorgezeichnetes Sicherungsmittel, die Bauhandwerkersicherungshypothek nach § 648 Abs. 1 S. 1 BGB, verloren geht.[201] Denn die Wohnungseigentümergemeinschaft als Auftraggeber ist mit den Wohnungseigentümern als Grundstückseigentümer nicht identisch. Ein Baugrundstück des Bestellers gibt es nicht.

876 Dem Grunde nach kann eine Sicherungshypothek von den Wohnungseigentümern nicht verlangt werden. Es mangelt an der dafür erforderlichen Identität[202] zwischen Grundstückseigentümer und Auftraggeber. Ob eine Sicherungshypothek von den einzelnen Wohnungseigentümern dennoch zumindest in der Höhe ihrer Haftungsquote im Sinne von § 10 Abs. 8 S. 1 WEG gefordert werden kann, mag offen bleiben. Zwar wird dies bereits teilweise im Hinblick auf die vorliegenden Umgehungsrechtsprechung[203] diskutiert. Jedoch erscheint dieser Ansatz fraglich, weil die Wohnungseigentümer nicht eine Gesetzeslage umgehen, sondern sich an diese halten. Eine solche Umgehung der Haftungsverfassung wäre jedoch Voraussetzung für den Anspruch auf Eintragung einer Sicherungshypothek auf einem Grundstück, das nicht im Eigentum des Bestellers steht.

877 Bereicherungsrechtliche Ansprüche aus der Verarbeitung seiner Materialien nach § 951 Abs. 1 BGB stehen dem Bauhandwerker ebenfalls nicht zu. Wegen der Rechtsgrundverweisung wird ein rechtlicher Grund im Sinne des § 812 Abs. 1 BGB für den Eigentumserwerb vorliegen.[204] Dies ist mit dem Vertrag der Wohnungseigentümergemeinschaft und dem Werkunternehmer der Fall, so dass eine Leistungskondiktion nach herrschender Meinung ausscheidet.[205] Ob auch eine Bereicherung in sonstiger Weise vorliegen kann, wird zurzeit nicht problematisiert. Ebbing[206] hat dies für die Fälle, dass der Eigentümer des Materials Einbauten im Hause des Grundstückseigentümers auf Grund eines ausschließlich mit einem Bauunternehmer wirksam geschlossenen Vertrages vornimmt, bejaht. Ansonsten wird dies offensichtlich abgelehnt,[207] so dass solche Grundsätze auch nicht auf die hier bedeutende Problemlage übertragen werden können.

878 Dennoch verbleibt dem Bauhandwerker die Möglichkeit, Sicherheiten nach § 648 a BGB zu fordern.[208] Diese sind nach § 648 a Abs. 1 BGB i. d. R. mit 110% der Auftragssumme anzusetzen. Zwar hat der Unternehmer der Wohnungseigentümergemeinschaft die Kosten der Sicherheit nach § 648 a Abs. 3 BGB bis zur Höhe von 2% der Auftragssumme zu erstatten. Zweifelhaft erscheint hingegen, ob die Wohnungseigentümergemeinschaft ein Kreditinstitut findet, dass bereit ist, diese Sicherheit zu leisten. Denn zum einen dürfte dieses die finanzielle Lage des Verbandes kennen und zum anderen haften auch diesem gegenüber die Wohnungseigentümer für eventuelle Ausfälle nach § 10

---

[201] *Böhringer* Rpfleger 2006, 53; *Hügel* DNotZ 2005, 753; *Rapp* MittBayNot 2005, 449; *Vogel* BTR 2005, 226.

[202] OLG Celle NJW-RR 2003, 236; OLG Frankfurt MDR 2001, 1405; OLG Hamm BauR 1999, 407.

[203] BGHZ 102, 95; OLG Celle NJW-RR 2005, 460; OLG Düsseldorf NJW-RR 1993, 851; OLG Frankfurt BauR 2001, 129.

[204] MünchKommBGB/*Füller* § 951 Rn. 13.

[205] MünchKommBGB/*Füller* § 951 Rn. 13; *Erman/Ebbing* § 951 Rn. 8; *Rapp* MittBayNot 2005, 449

[206] *Erman/Ebbing* § 951 Rn. 10.

[207] OLG Hamm NJW-RR 1992, 1105; OLG Stuttgart NJW-RR 1998, 1171.

[208] *Vogel* BTR 2005, 226.

Abs. 8 S. 1 WEG nur in quotal in der Höhe ihres Miteigentumsanteils. Es steht daher nicht günstiger als ein sonstiger Vertragspartner.

879 Der Abschluss eines Vertrages nach §§ 631 ff. BGB erweist sich damit schneller als früher zur „Falle“, wenn der Unternehmer unmittelbar nach Annahme unter den entsprechenden Voraussetzungen die Sicherheiten fordert, die Wohnungseigentümergemeinschaft diese aus Liquiditätsgründen nicht erfüllen kann, der Unternehmer Schadensersatz verlangt und eine Leistung damit immer noch nicht erbracht ist.[209] Es verbleibt den Parteien jedoch unbenommen, ansonsten Sicherungsmöglichkeiten zu vereinbaren. Erfolgt dies zu Gunsten des Vertragspartners, sollten die die Wohnungseigentümer und die Wohnungseigentümergemeinschaft nur bedenken, sich gegen dessen Insolvenz ebenfalls abzusichern. Ansonsten kann ihnen die Sicherheit verloren gehen.

5. Ausblick

880 Vollstreckungen gegen Wohnungseigentümergemeinschaften sind problemlos, wenn unmittelbar in auf deren Namen geführtes Konto vollstreckt werden kann. Alle anderen Möglichkeiten zeigen Schwierigkeiten auf. Soweit die Wohnungseigentümer unabhängig von dem Verband für Verpflichtungen einstehen müssen, kommt Selbstverständlich deren gesamtschuldnerische Haftung weiterhin in Betracht. Dies ist bei einer entsprechenden gesetzlichen Anordnung[210] oder bei einer vertraglichen Vereinbarung[211] denkbar.

IV. Wohnungseigentum in der Insolvenz

1. Keine Insolvenz des Verbands Wohnungseigentümergemeinschaft

881 Der Gesetzgeber hat in § 11 Abs. 3 WEG die Möglichkeit der Durchführung eines Insolvenzverfahrens über das Verwaltungsvermögen der Gemeinschaft, also das Vermögen des Verbands Wohnungseigentümergemeinschaft, ausgeschlossen. Auch wenn der Verband (drohend) zahlungsunfähig oder bereits überschuldet ist, scheidet damit die Durchführung eines Insolvenzverfahrens über das Verbandsvermögen aus.

882 Dem **Verwalter** und den **Wohnungseigentümern** ist zu empfehlen, eine drohende Zahlungsunfähigkeit und Überschuldung durch geeignete Vorkehrungen (z. B. Wirtschaftsplan, rechtzeitige gerichtliche Durchsetzung von eigenen Ansprüchen) zu verhindern. Sind eigene Ansprüche des Verbandes gegen Eigentümer vorübergehend oder dauernd uneinbringlich und entstehen dadurch Einnahmeausfälle, die eine drohende Zahlungsunfähigkeit begründen, sollte eine Sonderumlage beschlossen werden. Dieses ist vor dem Hintergrund zu betrachten, dass die eigene Zahlungsunfähigkeit des Verbandes nicht die gerichtliche Inanspruchnahme seitens der Gläubiger verhindert. Ohne geeignete Vorkehrungen zur Verhinderung einer Zahlungsunfähigkeit laufen der Verband und damit alle Wohnungseigentümer Gefahr, zusätzlich mit Gerichts- und Rechtsanwaltskosten bei einer gerichtlichen Inanspruchnahme belastet zu werden.

883 Den **Gläubigern** eines überschuldeten Verbands Wohnungseigentümergemeinschaft ist hingegen zu raten, nicht nur den Verband zu verklagen, sondern zugleich im Wege der subjektiven Klagehäufung auch die nach § 10 Abs. 8 WEG anteilig mithaftenden Wohnungseigentümer. Durch ein derartiges Vorgehen können denkbare Vollstreckungsprobleme gegenüber dem Verband vermieden werden. Denn oftmals besteht das Vermögen

[209] *Vogel* BTR 2005, 226.

[210] BGH ZMR 2006, 785; BVerwG NJW 2006, 791; KG NZM 2006, 585; BayVGH WuM 2007, 150; VGH Baden-Württemberg ZMR 2006, 818; VG Göttingen BeckRS 2007, 25382; VG Stuttgart ZMR 2007, 738.

[211] BGH NJW 2005, 3500; KG, Urteil v. 29. 9. 2006 – 7 U 251/05; KG, Urteil v. 8. 2. 2007 – 22 U 79/06; KG, Urteil v. 7. 11. 2007 – 11 U 16/07; OLG Hamm, Beschluss v. 3. 1. 2006 – 15 W 103/05.

des Verbandes nur aus den gegen seine Mitglieder gerichteten Forderungen, welche zunächst gepfändet und gegebenenfalls erneut gerichtlich geltend gemacht werden müssten. Letzteres lässt sich durch die Vollstreckung eines wegen § 10 Abs. 8 WEG unmittelbar gegen die Wohnungseigentümer gerichteten Titels vermeiden.

2. Hausgeldforderungen und Insolvenz des Eigentümers

884 Das Schicksal bzw. das einzuhaltende Verfahren bei der gerichtlichen Durchsetzung von Hausgeldansprüchen in der Insolvenz des Eigentümers hängt vom gewählten Vorgehen des Gläubigers und der rechtlichen Einordnung der Ansprüche ab. Die Hausgeldforderungen können nach § 49 InsO i. V. m. § 10 Abs. 1 Nr. 2 ZVG ein Recht zur **abgesonderten Befriedigung** aus dem Grundstück begründen. Sie können aber auch als bloße **einfache Insolvenzforderung** oder **Masseverbindlichkeit** einzustufen und entsprechend zu behandeln sein.

885 **a) Abgesonderte Befriedigung nach § 49 InsO.** Nach § 49 InsO sind Gläubiger, denen ein Recht auf Befriedigung aus Gegenständen zusteht, die der Zwangsvollstreckung in das unbewegliche Vermögen unterliegen, nach Maßgabe des ZVG zur abgesonderten Befriedigung berechtigt. Insbesondere Hausgeldansprüche können unter Umständen ein solches Vorrecht nach § 10 Abs. 1 Nr. 2 ZVG begründen und damit trotz Insolvenz eine Vollstreckung in das Grundstück des Insolvenzschuldners ermöglichen.[212] Voraussetzung für ein derartiges Absonderungsrecht ist, dass ein Hausgeld- oder Rückgriffsanspruch der Rangklasse 2 nach **§ 10 Abs. 1 Nr. 2 Satz 1 ZVG** vorliegt. Wann ein solcher Hausgeld- oder Rückgriffsanspruch i. S. d. Rangklasse 2 vorliegt, kann den Ausführungen im Kapitel der Zwangsversteigerung entnommen werden.[213]

886 Bei der Geltendmachung der abgesonderten Befriedigung ist danach zu differenzieren, ob bereits ein Zwangsversteigerungs- oder Zwangsverwaltungsverfahren anhängig ist und ob ein vollstreckbarer Titel über das Hausgeld vorliegt oder nicht.

887 *aa) Bei Eröffnung anhängiges Zwangsvollstreckungsverfahren i. S. d. ZVG.* Betreibt der Hausgeldgläubiger, also in der Regel der Verband Wohnungseigentümergemeinschaft, bereits aktiv ein Zwangsversteigerungs- oder Zwangsverwaltungsverfahren, kann das Verfahren auch nach der Insolvenzeröffnung fortgesetzt werden. An die Stelle des Schuldners als Beteiligten i. S. v. § 9 Nr. 1 ZVG tritt der Insolvenzverwalter, da auf diesen nach § 80 Abs. 1 InsO die Verwaltungs- und Verfügungsbefugnis übergegangen ist. Einer Titelumschreibung auf den Insolvenzverwalter bedarf es nicht.[214]

888 Für ein laufendes **Zwangsversteigerungsverfahren** gilt insoweit:

889 • Eine vorrangige Befriedigung von Hausgeldansprüchen im Rahmen der Zwangsversteigerung findet über § 49 InsO (außerhalb des Insolvenzverfahrens) zunächst in den Grenzen des § 10 Abs. 1 Nr. 2 Satz 2 und Satz 3 ZVG statt.[215] Entsprechend muss sich der **Titel** auf rückständige Beträge aus dem Jahr der Beschlagnahme des Grundstücks und den letzten zwei Jahren beziehen, wobei eine Befriedigung nur bis zur Höhe von fünf Prozent des nach § 74 a Abs. 5 ZVG festgesetzten Verkehrswertes erfolgen kann. Eine vorrangige Befriedigung nach § 49 InsO ist damit auch für solche Hausgeldforderungen möglich, die nach der Insolvenzeröffnung durch den Insolvenzverwalter begründet und gegen ihn entsprechend tituliert worden sind – und sonst nur Masseverbindlichkeiten darstellen würden.[216]
Auch über die Grenzen des § 10 Abs. 1 Nr. 2 Satz 2 und Satz 3 ZVG hinausgehende titulierte Hausgeldansprüche können trotz Insolvenzeröffnung im Rahmen der Zwangs-

[212] Vgl. dazu auch BGH NZM 2009, 439.
[213] Vgl. dazu Rn. 729 ff.
[214] Vgl. BGH DNotZ 2005, 840 (841) = WM 2005, 1324 (1325).
[215] Vgl. dazu Rn. 736 ff.
[216] Vgl. dazu unten dazu Rn. 908 ff.

versteigerung weiterverfolgt werden, sofern die Zwangsversteigerung auch wegen dieser Beträge bis spätestens einen Monat vor der Insolvenzantragstellung (vgl. § 88 InsO) betrieben wurde. Derartige Ansprüche sind dann aber lediglich in der Rangklasse 5 des § 10 Abs. 1 Nr. 5 ZVG zu berücksichtigen. Alle anderen über die Grenzen des § 10 Abs. 1 Nr. 2 Satz 2 und Satz 3 ZVG hinausgehenden Hausgeldansprüche sind im Insolvenzverfahren durchzusetzen.

- Sind die Hausgeldansprüche hingegen noch **nicht tituliert,** können sie trotz Insolvenzeröffnung – gemäß § 49 InsO außerhalb des regulären Insolvenzverfahrens – nachträglich in einem bereits zum Zeitpunkt der Insolvenzeröffnung laufenden Zwangsversteigerungsverfahren nach § 45 Abs. 3 ZVG angemeldet werden.[217] Auch in diesem Fall bilden derartige Ansprüche im Sinne von § 10 Abs. 1 Nr. 2 ZVG ein entsprechendes Recht auf abgesonderte Befriedigung nach § 49 InsO. Die Anmeldung ist auch für solche Hausgeldansprüche möglich, die andernfalls lediglich einfache Insolvenzforderungen oder Masseverbindlichkeiten darstellen würden. Denn der Gesetzgeber macht in § 45 Abs. 3 ZVG deutlich, dass auch nicht titulierten Hausgeldansprüchen bei einem **laufenden Zwangsversteigerungsverfahren** eine Befriedigungsprivilegierung zuzumessen ist. 890

  Das Recht auf eine abgesonderte Befriedigung über eine bloße Anmeldung in einem laufenden Verfahren besteht aber ausschließlich in den Grenzen des § 10 Abs. 1 Nr. 2 Satz 2 und Satz 3 ZVG. Zur abgesonderten Befriedigung außerhalb des Insolvenzverfahrens können dabei nur Hausgeldansprüche angemeldet werden, die in ihrer Summe nicht mehr als fünf Prozent des Verkehrswertes des zur Versteigerung anstehenden Wohnungseigentums betragen; wobei die Ansprüche rückständige Hausgeldforderungen aus dem Jahr der Beschlagnahme und den letzten zwei Jahren sowie laufende Hausgeldansprüche darstellen müssen. Alle anderen über die Grenzen des § 10 Abs. 1 Nr. 2 Satz 2 und Satz 3 ZVG hinausgehenden, nicht titulierten Hausgeldansprüche können mangels Titulierung auch nicht in der Rangklasse 5 außerhalb des Insolvenzverfahrens berücksichtigt werden. Derartige Ansprüche müssen vielmehr im Rahmen des Insolvenzverfahrens geltend gemacht werden.

Für ein laufendes **Zwangsverwaltungsverfahren** gilt: Da bei einem Zwangsverwaltungsverfahren die **laufenden Hausgeldansprüche** auch ohne entsprechenden Titel zu befriedigen sind (§ 156 Abs. 1 Satz 2 ZVG), können diese Ansprüche insoweit als Recht auf abgesonderte Befriedigung nach § 49 InsO außerhalb des Insolvenzverfahrens im Rahmen der Zwangsverwaltung geltend gemacht werden. Eine Begrenzung der Geltendmachung von laufenden Hausgeldansprüchen auf fünf Prozent des Verkehrswertes findet insoweit nicht statt (vgl. § 156 Abs. 1 Satz 3 ZVG). 891

bb) Bei Eröffnung noch nicht anhängiges Zwangsvollstreckungsverfahren i. S. d. ZVG. 892
Ist zum Zeitpunkt der Eröffnung des Insolvenzverfahrens ein Zwangsversteigerungsverfahren noch nicht anhängig, können Hausgeldansprüche ebenfalls ein Recht auf abgesonderte Befriedigung gemäß § 49 InsO begründen.

- Allgemein wird angenommen, dass **titulierte Hausgeldansprüche** i. S. v. § 10 Abs. 1 Nr. 2 ZVG generell ein Recht auf eine abgesonderte Befriedigung und damit ein Recht auf die Einleitung der Zwangsversteigerung und Zwangsverwaltung nach Insolvenzeröffnung über § 49 InsO begründen sollen.[218] Dem ist teilweise entgegenzutreten. Eine Einleitung der Zwangsvollstreckungsmaßnahmen über § 49 InsO setzt voraus, dass dem Gläubiger ein entsprechendes Recht auf Befriedigung aus dem Grundstück zusteht. Ohne bereits angeordnete Zwangsversteigerung oder Zwangsverwaltung kann aber ein solches Recht zumindest nicht über § 10 Abs. 1 Nr. 2 ZVG begründet werden. Bereits nach dem Wortlaut des § 10 Abs. 1 Nr. 2 ZVG wird den Hausgeldansprüchen 893

---

[217] Vgl. dazu dazu Rn. 780 ff.

[218] Vgl. etwa *Derleder* ZWE 2008, 13 (20); *Hintzen/Alff,* ZInsO 2008, 480 (483); *Schneider* ZfIR 2008, 161 (166); *Schneider* ZMR 2009, 165 (170).

nur bei einer „Beschlagnahme" des Grundstücks, also bei einer angeordneten Zwangsversteigerung (vgl. § 20 Abs. 1 ZVG), eine entsprechende Vorrangstellung zuerkannt. Denn die zeitliche Abgrenzung, ob Hausgeldansprüche bevorrechtigt i. S. v. § 49 InsO sind, erfolgt gemäß § 10 Abs. 1 Nr. 2 Satz 2 ZVG nach dem Zeitpunkt der „Beschlagnahme" des Grundstücks. Zwar können nach dieser Vorschrift auch Hausgeldansprüche aus den letzten zwei Jahren vor dem Jahr der Beschlagnahme in der Rangklasse 2 geltend gemacht werden. Ohne bereits vorliegende Beschlagnahme ist eine derartige Abgrenzung jedoch nicht möglich und damit ist das Entstehen eines Rechtes im Sinne von § 49 InsO ausgeschlossen. Es lässt sich auch nicht auf einen fiktiven Beschlagnahmezeitpunkt abstellen und etwa nach einem fiktiven Zeitpunkt eine „prognostische" Abgrenzung vornehmen. Einerseits ist nicht sicher, ob einem Zwangsversteigerungsantrag stattgegeben werden wird. Insoweit sei nur auf § 10 Abs. 3 Satz 1 ZVG verwiesen. Danach kann die Zwangsversteigerung nur angeordnet werden, wenn der Rückstand des Hausgeldes drei Prozent des Verkehrswertes übersteigt. Dass ein solcher Nachweis der Wertgrenze immer gelingt, kann nicht unterstellt werden. Allenfalls dann dürfte aber die Zwangsversteigerung bei einem laufenden Insolvenzverfahren angeordnet werden. Es besteht dabei auch nicht die Möglichkeit des Umwegs, die Zwangsversteigerung wegen der Hausgeldansprüche zunächst in der Rangklasse 5 des § 10 Abs. 1 Nr. 5 ZVG anzuordnen. Einem solchen Vorgehen würde die Regelung des § 89 Abs. 1 InsO zumindest bei vor der Insolvenzeröffnung begründeten einfachen Insolvenzforderungen entgegenstehen. Grund dafür ist, dass Ansprüche wegen persönlicher Forderungen im Sinne von § 10 Abs. 1 Nr. 5 ZVG nur bei einer bereits seit mindestens einem Monat (vgl. § 88 InsO) vorliegenden Beschlagnahme des Grundstücks zum Zeitpunkt der Insolvenzantragstellung ein Recht auf abgesonderte Befriedigung i. S. v. § 49 InsO begründen.[219] Andererseits ist der Zeitpunkt des Erlasses des Anordnungsbeschlusses als entscheidender Zeitpunkt der Beschlagnahme gemäß § 20 Abs. 1 ZVG nicht fiktiv vorhersehbar, da der Rechtspfleger je nach Umfang des Falles mehr oder weniger Zeit zur Antragsprüfung benötigt. Die hier vertretene Auffassung dürfte auch in der Linie der Rechtsprechung des BGH liegen, der für die Begründung eines Rechts auf abgesonderte Befriedigung über § 10 Abs. 1 Nr. 2 ZVG nicht generell auf eine Beschlagnahme verzichtet, sondern nur auf eine Beschlagnahme gerade „vor" der Insolvenzeröffnung.[220]

Damit begründen titulierte Hausgeldansprüche ausschließlich dann ein Recht auf eine abgesonderte Befriedigung i. S. v. § 49 InsO, wenn nach der Insolvenzeröffnung aus anderen Gründen (etwa seitens anderer Massegläubiger) die Zwangsversteigerung oder Zwangsverwaltung des Grundstücks betrieben wird. Lediglich in diesem Fall liegt eine Beschlagnahme des Grundstücks vor und die Hausgeldansprüche können zeitlich als „quasi-dinglich-wirkend"[221] eingeordnet werden. Nur dann kann wegen der titulierten Hausgeldansprüche i. S. v. § 10 Abs. 1 Nr. 2 ZVG nach § 27 ZVG der Beitritt zum Versteigerungsverfahren erklärt werden.[222] Der vorhandene Titel ist allerdings auf den In-

---

[219] MünchKommInsO/*Ganter* § 49 Rn. 76; vgl. auch BGH NZM 2009, 439, der allerdings nicht weiter auf die Beschränkung durch § 88 InsO eingeht.

[220] Der BGH (NZM 2009, 439) verzichtet in seiner Entscheidung ausdrücklich nicht generell auf eine Beschlagnahme, sondern nur auf eine solche, die zeitlich „vor" der Insolvenzeröffnung liegt. Dass auch der BGH für die Begründung eines Rechtes auf abgesonderte Befriedigung über § 10 Abs. 1 Nr. 2 ZVG eine Beschlagnahme verlangt, erschließt sich zudem aus der weiteren Begründung der Entscheidung. In dieser Begründung stellt der BGH klar, dass nur für die Rückstände aus dem Jahr der „Beschlagnahme" und den letzten zwei Jahren davor eine solche Geltendmachung möglich ist.

[221] Vgl. zum Streit über die Einordnung der Hausgeldansprüche als dingliches Recht: *Schneider* ZMR 2009, 165 ff. Vgl. auch Rn. 743 f.

[222] Abzustellen ist insoweit darauf, wann die erste Beschlagnahme Wirkung entfaltete, vgl. Rn. 783.

solvenzverwalter als Schuldner umzuschreiben, da eine Vollstreckungsklausel gegen den Insolvenzverwalter notwendig ist, wenn die Vollstreckung erst nach der Eröffnung des Insolvenzverfahrens beginnt.[223] Der Insolvenzverwalter ist dann als Schuldner anstelle des Wohnungseigentümers Beteiligter im Sinne von § 9 Nr. 1 ZVG. Alternativ können die Rechte auch lediglich gemäß § 45 Abs. 3 ZVG angemeldet werden. Letzteres hätte jedoch den Nachteil, dass bei einer Rücknahme des Zwangsversteigerungsantrages auch keine Befriedigung über § 49 InsO mehr stattfindet.

- Folgt man der eben genannten Ansicht, ist auch die Frage geklärt, ob **nicht-titulierte Hausgeldansprüche** i. S. v. § 10 Abs. 1 Nr. 2 ZVG nach der Insolvenzeröffnung ein Recht auf eine abgesonderte Befriedigung gemäß § 49 InsO begründen. Besteht kein Titel über die Hausgeldansprüche, ist weder ein aktives Betreiben der Zwangsversteigerung möglich, noch liegt eine „Beschlagnahme" als entscheidender Zeitpunkt der Abgrenzung i. S. v. § 10 Abs. 1 Nr. 2 ZVG vor. Nicht-titulierte Rechte können deshalb nur dann über § 49 InsO ein Anspruch auf eine abgesonderte Befriedigung eröffnen, wenn ein Zwangsversteigerungsverfahren bereits läuft und damit eine entsprechende Anmeldung nach § 45 Abs. 3 ZVG möglich ist. 894

cc) Zusammenfassung und taktisches Vorgehen. Läuft zum Zeitpunkt der Insolvenzeröffnung bereits eine Zwangsversteigerung (**anhängiges ZVG-Zwangsvollstreckungsverfahren**), hat die Insolvenzeröffnung hierauf keinen Einfluss. Der Insolvenzverwalter tritt lediglich an Stelle des Schuldners als Beteiligter in das Verfahren ein. Die Rechte, wegen derer die Zwangsversteigerung betrieben wird sowie die nach § 45 Abs. 3 ZVG angemeldeten Hausgeldansprüche, stellen jeweils ein Recht auf eine abgesonderte Befriedigung i. S. v. § 49 InsO dar. Solange die Hausgeldansprüche sich als laufende Beträge oder als Beträge aus dem Jahr der Beschlagnahme und den letzten zwei Jahren vor der Beschlagnahme darstellen, können diese in einem laufenden Zwangsversteigerungsverfahren trotz der Insolvenz (weiterhin) nach § 45 Abs. 3 ZVG bis zur Höchstgrenze von fünf Prozent des Verkehrswertes angemeldet werden. Sie werden dann vorrangig im Rahmen der Zwangsversteigerung über § 49 InsO behandelt, auch wenn sie sonst (ohne § 49 InsO) lediglich als einfache Insolvenzforderungen oder Masseverbindlichkeiten zu qualifizieren wären. 895

Die Einleitung eines Zwangsversteigerungs- oder Zwangsverwaltungsverfahrens wegen eines Hausgeldanspruchs im laufenden Insolvenzverfahren (**nicht anhängiges ZVG-Zwangsvollstreckungsverfahren**) ist hingegen auch bei einer entsprechend vorhandenen Titulierung der Ansprüche nicht ohne weiteres möglich. Denn insoweit fehlt es an einer „Beschlagnahme" i. S. v. § 10 Abs. 1 Nr. 2 ZVG als Voraussetzung zur Begründung eines Rechtes i. S. v. § 49 InsO. Nur wenn aus anderen Gründen eine Zwangsversteigerung nach einer Insolvenzeröffnung angeordnet wird, können die Hausgeldansprüche über § 45 Abs. 3 ZVG oder, bei einer entsprechenden Titulierung, im Wege des Beitrittes nach § 27 ZVG als Recht auf eine abgesonderte Befriedigung nach § 49 InsO geltend gemacht werden. Dem Beitritt ist dabei der Vorzug zu gewähren, da hierdurch eine selbständige und unabhängige Stellung im Zwangsversteigerungsverfahren erlangt wird. 896

Bei einem nach einer Insolvenzeröffnung (noch) nicht anhängigen Zwangsversteigerungsverfahren kann in bestimmten Ausnahmefällen folgendes **taktisches Vorgehen** zum Erfolg führen: 897

Begründet der Insolvenzverwalter Masseverbindlichkeiten, ohne diese zu befriedigen, sollten diese einerseits tituliert und sollte andererseits unter Beachtung der Schutzfrist gemäß § 90 Abs. 1 InsO die Zwangsversteigerung beantragt werden. Nach der Anordnung der Zwangsversteigerung kann dann anschließend der Beitritt zum Verfahren nach § 27 ZVG wegen anderer vorliegender titulierter Hausgeldansprüche erklärt werden, wenn diese die Voraussetzungen des § 10 Abs. 1 Nr. 2 ZVG erfüllen. Die einmal bestehende Beschlagnahme führt in einem solchen Fall dazu, dass auch diese Rechte zur abge- 898

[223] BGH DNotZ 2005, 840 (841) = WM 2005, 1324 (1325).

sonderten Befriedigung i. S. v. § 49 InsO berechtigen. Nicht titulierte Hausgeldansprüche sollten nach § 45 Abs. 3 ZVG angemeldet werden.

899 Dabei ist stets zu empfehlen, Hausgeldansprüche nicht nur über § 49 InsO geltend zu machen, sondern diese **zugleich** im Insolvenzverfahren **zur Tabelle anzumelden.** Ein derartiges Vorgehen ist zulässig[224] und sichert zudem den Fall ab, dass in der Zwangsversteigerung kein Erlös erzielt wird (vgl. § 52 ZVG). Insbesondere wenn im Zwangsversteigerungsverfahren Hausgeldansprüche – die andernfalls einfache Insolvenzforderungen darstellen – lediglich über § 45 Abs. 3 ZVG angemeldet werden, ist die zeitgleiche Anmeldung zur Tabelle mehr als nur zu empfehlen. Denn nur durch die Anmeldung zur Tabelle wird die Verjährung nach § 204 Abs. 1 Nr. 10 BGB gehemmt. Stellen nicht-titulierte Hausgeldansprüche hingegen Masseverbindlichkeiten dar (worauf sogleich einzugehen ist), sollten sie ggf. gerichtlich gegen den Insolvenzverwalter geltend gemacht werden, da für Masseverbindlichkeiten die Regelung des § 204 Abs. 1 Nr. 10 BGB (Hemmung der Verjährung durch Anmeldung) nicht gilt.[225]

900 b) **Hausgeldansprüche außerhalb von § 49 InsO.** Wie eben dargelegt, ist die Geltendmachung der Hausgeldansprüche durch Anmeldung zur Tabelle oder durch Geltendmachung gegenüber dem Insolvenzverwalter häufig ebenfalls geboten. Insoweit ist im Folgenden zu klären, wie die Hausgeldansprüche in der Insolvenz unabhängig von § 49 InsO einzuordnen sind. Diese Frage ist auch vor dem Hintergrund bedeutend, das oft eine (vollständige) Befriedigung der Hausgeldansprüche über das Recht auf eine abgesonderte Befriedigung nach § 49 InsO i. V. m. § 10 Abs. 1 Nr. 2 ZVG nicht stattfinden wird. Zu denken ist dabei etwa nur an den Fall, dass sich der rückständige Betrag auf Zeiträume bezieht, die längere Zeit zurückliegen und nicht von § 10 Abs. 1 Nr. 2 ZVG erfasst werden, oder dass eine abgesonderte Befriedigung nicht möglich war (vgl. § 52 InsO).

901 Die Hausgeldansprüche können (unabhängig von § 49 InsO) entweder einfache Insolvenzforderungen oder Masseverbindlichkeiten darstellen. Grundsätzlich richtet sich die Abgrenzung zwischen beiden Schuldformen nach der für Hausgeldansprüche allein in Betracht kommenden Regelung des § 55 Abs. 1 Nr. 1 2. Var. InsO. Danach sind Masseverbindlichkeiten die Verbindlichkeiten, die durch die Verwaltung, Verwertung und Verteilung der Insolvenzmasse begründet worden sind. Andere Verbindlichkeiten sind hingegen im Regelfall einfache Insolvenzforderungen gemäß § 38 InsO. Ob Hausgeldforderungen durch die Verwaltung, Verwertung oder Verteilung der Insolvenzmasse „begründet" worden sind, lässt sich insbesondere nach dem Zeitpunkt der Beschlussfassung und ausnahmsweise auch nach der Fälligkeit der Ansprüche abgrenzen.

902 *aa) Begründung vor Insolvenzeröffnung.* Hausgeldansprüche, die vor der Eröffnung des Insolvenzverfahrens bereits fällig und damit insolvenzrechtlich begründet waren, stellen – abgesehen von dem Sonderproblem bei Bestellung eines vorläufigen Insolvenzverwalters[226] – lediglich **einfache Insolvenzforderungen** i. S. v. § 38 InsO dar. Zumindest für bereits vor Insolvenzeröffnung fällige Ansprüche ist diese Einordnung unproblematisch, da sie nicht im Insolvenzverfahren im Sinne von § 55 Abs. 1 Nr. 1 InsO begründet sein können.

903 Einfache Insolvenzforderungen können gemäß § 87 InsO nur nach den Vorschriften der Insolvenzordnung durchgesetzt werden. Entsprechend müssen solche Hausgeldansprüche zur Tabelle angemeldet werden (§§ 174 ff. InsO), damit sie ggf. bei der Verteilung Berücksichtigung finden. Der (WEG-)Verwalter ist nach §§ 27 Abs. 1 Nr. 4, Abs. 3 Nr. 4 WEG berechtigt, die Anmeldung der Hausgeldansprüche zur Insolvenztabelle ohne weitere Legitimierung oder zusätzliche Ermächtigung durch die Eigentümergemeinschaft vorzunehmen. Bei einem Bestreiten der Forderung durch den Insolvenzverwalter oder

---

[224] MünchKommInsO/*Ganter* § 52 Rn. 17.

[225] Vgl. LAG Hamburg ZIP 1988, 1271.

[226] Zur besonderen Ausnahme bei Einsetzung eines vorläufigen Insolvenzverwalters vgl. unten Rn. 920 f.

einen anderen Insolvenzgläubiger kann gegen den Bestreitenden eine Klage auf Feststellung der Forderung zur Tabelle nach §§ 179 Abs. 1, 180 Abs. 1 InsO erhoben werden. Diese Klage kann – nach Wahl des Klägers (§ 35 ZPO) – entweder unter dem ausschließlichen Gerichtsstand des § 180 Abs. 1 Satz 2 und 3 InsO oder aber unter dem ausschließlichen Gerichtsstand nach § 43 Nr. 2 WEG geltend gemacht werden.[227]

Wurde dem Eigentümer durch Einsetzung eines entsprechend befugten vorläufigen Insolvenzverwalters oder gar durch Eröffnung des Insolvenzverfahrens die Befugnis zur Verwaltung und Verfügung über das Vermögen entzogen (vgl. § 80 Abs. 1 InsO bzw. § 22 Abs. 1 InsO), darf während des schwebenden Insolvenzverfahrens keine Klage wegen der Hausgeldansprüche gegen den Schuldner erhoben werden. Eine solche Klage wäre wegen fehlendem Rechtschutzbedürfnis des Klägers und wegen fehlender Verfügungsbefugnis des Beklagten über sein Vermögen und damit mangels passiver Prozessführungsbefugnis des Beklagten unzulässig,[228] was sich insoweit auch bereits aus § 87 InsO ergibt.[229] Im Fall einer einfachen Insolvenzforderung ist der richtige Weg daher die **Anmeldung** der Forderung **zur Insolvenztabelle.** Diese Anmeldung ist ausreichend, weil durch die Anmeldung die Verjährung der Hausgeldansprüche nach § 204 Abs. 1 Nr. 10 BGB gehemmt wird. 904

Ist hingegen über die einfache Insolvenzforderung ein entsprechender **Rechtsstreit** bereits **rechtshängig,**[230] die Klage also bereits zugestellt, und wird während des rechtshängigen Prozesses das Insolvenzverfahren eröffnet oder die Verwaltungs- und Verfügungsbefugnis über das Vermögen des Schuldners auf einen vorläufigen Insolvenzverwalter übertragen, tritt eine **Unterbrechung** des Prozesses nach § 240 ZPO ein. Die Unterbrechung des Prozesses dauert solange an, bis der Rechtsstreit entweder nach den für das Insolvenzverfahren geltenden Vorschriften aufgenommen oder das Insolvenzverfahren beendet wird. Trotz des unterbrochenen Prozesses muss der WEG-Verwalter in diesem Fall die Hausgeldansprüche zur Tabelle anmelden. Andernfalls werden sie in dem Insolvenzverfahren nicht berücksichtigt. 905

Werden die Hausgeldansprüche seitens des Insolvenzverwalters oder eines anderen Insolvenzgläubigers nach der Anmeldung bestritten, kann ein unterbrochener Rechtsstreit nach §§ 179 Abs. 1, 180 Abs. 2 InsO von dem Verband Wohnungseigentümergemeinschaft aufgenommen und fortgeführt werden. Hierbei ist der Antrag allerdings auf Feststellung der Forderung zur Tabelle umzustellen, wobei dann als Klagegegner der Bestreitende zu benennen ist. Über diesen Klageantrag entscheidet das ursprünglich angerufene Gericht, da der Rechtsstreit vor dem ursprünglichen Gericht nach § 180 Abs. 2 InsO aufzunehmen ist. Dieses bleibt dann auch für den Antrag auf Feststellung der Forderung zur Tabelle zuständig.[231] 906

bb) Begründung nach Insolvenzeröffnung. Sind die Hausgeldforderungen nach der Eröffnung des Insolvenzverfahrens „begründet" worden, stellen sie **Masseverbindlichkei-** 907

[227] Vgl. dazu Rn. 435.

[228] BGH NZI 2009, 169 (170); KG NZM 2009, 157; vgl. dazu auch MünchKommInsO/*Breuer* § 87 Rn. 17; MünchKommInsO/*Schumacher* Vor §§ 85 bis 87 Rn. 42.

[229] § 87 InsO verbietet den nach der KO noch als zulässig angesehen (BGH NJW 1958, 23[24]) Verzicht auf die Teilnahme am Insolvenzverfahren (vgl. die Begründung zum Gesetzesentwurf BR-Drucks. 1/92, S. 137; vgl. auch MünchKommInsO/*Schumacher* Vor §§ 85 bis 87 Rn. 42, Fn. 123).

[230] Eine Unterbrechung nach § 240 ZPO tritt nur dann ein, wenn zum Zeitpunkt der Eröffnung des Insolvenzverfahrens (bzw. zum Zeitpunkt des Übergangs der Verwaltungs- und Verfügungsbefugnis auf einen vorläufigen Insolvenzverwalter) die Klage zugestellt (also rechtshängig) war. Nicht ausreichend ist, wenn nach der Einreichung der Klage, aber noch vor der Zustellung an den Beklagten, über das Vermögen des Beklagten das Insolvenzverfahren eröffnet wird (BGH NZI 2009, 169). In letzterem Fall sollte vielmehr die eingereichte Klage unter Stellung eines Kostenantrages nach § 269 Abs. 3 Satz 3 ZPO zurückgenommen werden.

[231] Vgl. zur fortbestehenden Zuständigkeit bei einer Aufnahme nach Unterbrechung MünchKommInsO/*Schumacher* § 180 Rn. 26.

ten i. S. v. § 55 Abs. 1 Nr. 1 2. Var. InsO dar, da sie als Hausbewirtschaftungskosten die Verwaltung der Insolvenzmasse betreffen.

908 *aaa) Hausgeldansprüche als Masseverbindlichkeiten.* Hausgeldansprüche sind als Masseverbindlichkeiten „begründet", wenn diese nach der Eröffnung des Insolvenzverfahrens beschlossen bzw. (bei Ansprüchen aus einem Wirtschaftsplan) fällig geworden sind. Entscheidend ist, wann die Hausgeldansprüche im Verhältnis des Verbandes zu dem insolventen Wohnungseigentümer (**Innenverhältnis) begründet** worden sind. Nicht entscheidend ist hingegen, ob die Hausgeldansprüche aus „Anlass" von Ansprüchen beschlossen wurden, die einem anderen Gläubiger gegenüber dem Verband Wohnungseigentümergemeinschaft (Außenverhältnis) bereits vor der Insolvenzeröffnung zustanden.[232]

909 Diese Ansicht ist allerdings nicht völlig unumstritten. Teilweise wird auch darauf abgestellt, wann die Lasten und Kosten, die Anlass für die Beschlussfassung waren, für den Verband Wohnungseigentümergemeinschaft entstandenen sind. Wenn die Lasten und Kosten für den Verband vor Insolvenzeröffnung begründet worden sind, sei auch im Innenverhältnis gegenüber dem Eigentümer der anspruchsbegründende Tatbestand und damit der entsprechende „Schuldorganismus" vor Insolvenzeröffnung abgeschlossen.[233] Gegen letztere Ansicht sprechen allerdings erhebliche Bedenken. Zum einen beruht der Anspruch des Verbandes Wohnungseigentümergemeinschaft gegen sein Mitglied ausschließlich auf dem Beschluss der Gemeinschaft. Frühestens durch die Beschlussfassung nach § 28 Abs. 5 WEG entstehen die Ansprüche des Verbandes gegen das Mitglied und sind damit auch erst dann begründet. Selbst wenn die Forderung eines Dritten gegenüber dem Verband den „Anlass" zur Beschlussfassung gegeben hat, so ist dieser Anlass aber gerade weder „anspruchsbegründend", noch notwendiger Bestandteil des „Schuldorganismus". Auch ohne eine entsprechende Schuld im Außenverhältnis kann ein wirksamer – wenn auch u. U. anfechtbarer – Beschluss zur Zahlung etwa einer Sonderumlage gefasst werden. Letzteres erschließt sich ohne weiteres für Umlagen wegen zukünftiger Schulden.[234] Hinzu kommt, dass durch den das Innenverhältnis betreffenden Umlagebeschluss weder die Rechtsstellung des Gläubigers des Verbandes geschmälert, noch erweitert wird. Der Gläubiger selbst kann seine Forderung nicht unmittelbar auf den Beschluss stützen. Der Beschluss begründet lediglich für den Verband einen eigenständigen Rechtsgrund, damit dieser eigenständige Ansprüche gegen sein Mitglied erwirbt. Diese strikte Trennung des Außenverhältnisses vom Innenverhältnis[235] wird auch in § 10 Abs. 8 WEG deutlich. Im Außenverhältnis haftet ein Wohnungseigentümer selbst dann einem Gläubiger des Verbandes anteilig nach dem Verhältnis seiner Miteigentumsanteile, wenn er nach dem Umlagebeschluss hiervon ausgenommen ist. Seine Einwendungen und Einreden im Innenverhältnis sind im Außenverhältnis nach § 10 Abs. 8 Satz 2 Halbs. 2 WEG unbeachtlich. Umgekehrt haftet ein Wohnungseigentümer auch dann dem Verband gegenüber weiter, wenn er im Außenverhältnis seinen Anteil beglichen hat. Um einer doppelten Inanspruchnahme zu entgehen, muss er mit seinem Regressanspruch aufrechnen.[236] Der Beschluss selbst begründet daher eine weitergehende neue Forderung gegen alle Wohnungseigentümer, so dass – selbst wenn der „Anlass" eine vor der Insolvenzeröffnung entstandene Forderung gegenüber dem Verband war – von einer „Umwandlung" in eine Masseverbindlichkeit keine Rede sein kann.[237] Die Fälligkeit bzw. Begrün-

---

[232] BGH NJW 1989, 3018 (3019); OLG Köln NZI 2008, 377 (378) = ZMR 2008, 988 (989); vgl. auch *Drasdo* NZI 2005, 489, m. w. N.

[233] *Beutler/Vogel* ZMR 2002, 802 (803 ff.); *Wenzel* ZInsO 2005, 113 (114).

[234] BGH NJW 1988, 1910 (1911).

[235] Vgl. dazu *Bärmann/Wenzel* § 10 Rn. 340.

[236] *Bärmann/Wenzel* § 10 Rn. 340.

[237] BGH NJW 1989, 3018 (3019) – V. Zivilsenat; offenlassend, aber kritisch BGH NJW-RR 2002, 1198 (1201) – IX Zivilsenat; zweifelnd wiederum BGH NJW 2009, 1674 (1677).

dung von Forderungen Dritter im Außenverhältnis gegenüber dem Verband ist für die allein zu beurteilende Schuld des Wohnungseigentümers gegenüber dem Verband unerheblich.[238]

Bei Ansprüchen aus einem Wirtschaftsplan kommt es für die insolvenzrechtliche Begründung auch ausnahmsweise nicht darauf an, ob der Beschluss über den Wirtschaftsplan vor oder nach der Insolvenzeröffnung gefasst wurde. Maßgeblich ist bei Ansprüchen aus einem Wirtschaftsplan vielmehr allein, ob die Ansprüche nach der Insolvenzeröffnung als anteilige Beiträge fällig werden.[239] Denn bei Ansprüchen aus einem **Wirtschaftsplan** ist erst durch die **Fälligkeit** der anspruchsbegründende Tatbestand materiell-rechtlich abgeschlossen und der Anspruch erst dann insolvenzrechlich **„begründet"**. Hintergrund ist insoweit, dass es sich bei Ansprüchen aus einem Wirtschaftsplan um die aktuellen monatlichen Kosten des Wohnungseigentums i.S.v. § 16 Abs. 2 WEG handelt und der für die Begründung erforderliche Abruf[240] seitens des Verwalters nach § 28 Abs. 2 WEG durch die beschlossene (in der Regel monatliche) Fälligkeit ersetzt wird. 910

Insgesamt gilt damit Folgendes: 911

- Unproblematisch stellen **Wohngeldansprüche**, die erst nach der Insolvenzeröffnung fällig geworden sind, Masseverbindlichkeiten dar.[241] Insoweit sollten die Eigentümer bei der Beschlussfassung über **Verfallsklauseln** Vorsicht walten lassen. Beschließen die Eigentümer nach § 21 Abs. 7 WEG etwa, dass bei einem Verzug mit zwei aufeinanderfolgenden monatlichen Wohngeldzahlungen die Gesamtfälligkeit des restlichen Jahresbetrages eintritt, ist der Gesamtbetrag bei entsprechendem Verzug fällig und gilt als abgerufen nach § 28 Abs. 2 WEG. Wird nach diesem Zeitpunkt das Insolvenzverfahren eröffnet, stellt der Gesamtbetrag deshalb eine einfache Insolvenzforderung dar, selbst wenn ohne die Verfallklausel Wohngelder erst nach der Insolvenzeröffnung fällig geworden wären. 912
- Eine erst nach der Insolvenzeröffnung beschlossene **Sonderumlage** stellt nach den oben dargestellten Grundsätzen ebenfalls eine Masseverbindlichkeit dar. 913

  Letzteres gilt selbst dann, wenn die Sonderumlage zur Deckung eines **Wohngeldausfalles** im Hinblick auf die Eröffnung des Insolvenzverfahrens beschlossen wurde,[242] da auch insoweit – wie dargelegt – durch die Beschlussfassung ein eigenständiger Anspruch entsteht. Mit dieser Auffassung wird kein Risiko begründet, dass die Eigentümer zur Schädigung der Insolvenzmasse Sonderumlagen in unangemessener Höhe beschließen. Denn dem Insolvenzverwalter steht es in diesem Fall frei, die Beschlussfassung im Wege der Anfechtungsklage auf die Rechtmäßigkeit und damit auf die ordnungsgemäße Verwaltung überprüfen zu lassen. Soweit demgegenüber teilweise eingewandt wird, ein solcher Beschluss sei generell wegen Verstoß gegen zwingende Rechtsvorschriften nichtig,[243] kann dem nicht gefolgt werden. Ein nichtigkeitsbegründender Mangel ist nicht erkennbar. Wegen der fehlenden Insolvenzfähigkeit des Verbandes Wohnungseigentümergemeinschaft ist der Verband vielmehr auf die Erhebung einer Sonderumlage angewiesen. Der Forderungsausfall selbst setzt erst die Notwendigkeit einer Beschlussfassung und damit den Schuldorganismus für die Erhebung einer Sonderumlage. Entsprechend kann ein solcher Beschluss nur dann rechtswidrig sein, wenn nicht alle an dem Ausfall entsprechend ihrer Miteigentumsanteile oder dem

---

[238] Vgl. BGH NJW 1988, 1910 (1911); OLG Köln NZI 2008, 377 (378) = ZMR 2008, 988 (989); vgl. auch *Drasdo* NZI 2005, 489 (490f.).

[239] OLG Köln NZI 2008, 377 = ZMR 2008, 988.

[240] Vgl. nur KG NZM 2001, 238 (239).

[241] OLG Köln NZI 2008, 377 = ZMR 2008, 988; BayObLG NZM 1999, 74 (75); KG NZM 2001, 238 (239); AG Neukölln ZMR 2005, 659.

[242] BGH NJW 1989, 3018 (3019) – V. Zivilsenat; OLG Köln NZI 2008, 377 (378) = ZMR 2008, 988 (989); kritisch hingegen, aber offenlassend BGH NJW-RR 2002, 1198 (1201) – IX. Zivilsenat; zweifelnd wiederum BGH NJW 2009, 1674 (1677).

[243] *Vallender* NZI 2004, 401 (407).

vereinbarten Verteilungsschlüssel beteiligt werden, sondern der Ausfall ausschließlich auf den Insolvenzschuldner umgelegt wird. Nur dann liegt eine unzulässige echte Umwandlung einer Insolvenzforderung in eine Masseforderung vor.

914 • Hinsichtlich der **Jahresabrechnung** ist hingegen zu differenzieren. Weist die nach der Insolvenzeröffnung beschlossene Jahresabrechnung auch den vor einer Insolvenzeröffnung aufgelaufenen Rückstand des Voreigentümers aus, wird der Rückstand durch die Beschlussfassung nicht in den Rang einer Masseverbindlichkeit erhoben. Die Ausweisung der Beitragsrückstände in der Einzelabrechnung dient nur der Nachvollziehbarkeit der Abrechnung. Für bereits aufgelaufene Beitragsrückstände wird durch die Genehmigung der Jahresabrechnung damit keine neue Verbindlichkeit begründet.[244] Entsprechend stellt lediglich die so genannte **„Abrechnungsspitze"**, also der Gesamtbetrag der Einzelabrechnung abzüglich der bereits nach dem Wirtschaftsplan geschuldeten Sollwohngelder, eine neue Verbindlichkeit im Rang einer Masseverbindlichkeit dar.[245] Nur wenn ein Wirtschaftsplan fehlte und der insolvente Voreigentümer auch aus anderen Gründen keine Wohngeldvorschüsse schuldete, wird durch die Jahresabrechnung insgesamt ein neuer Schuldgrund geschaffen,[246] der dann im Rang einer Masseverbindlichkeit steht.

915 *bbb) Gerichtliche Geltendmachung der Masseverbindlichkeiten.* Der Verband Wohnungseigentümergemeinschaft kann **Masseverbindlichkeiten ohne** insolvenzrechtliche **Einschränkungen gerichtlich geltend machen.** Zu beachten ist allerdings, dass während des Insolvenzverfahrens die Klage nicht gegen den Wohnungseigentümer, sondern gegen den Insolvenzverwalter als Partei kraft Amtes zu richten ist. Hintergrund ist, dass der insolvente Wohnungseigentümer sein Recht, die Insolvenzmasse zu verwalten und über sie zu verfügen nach § 80 Abs. 1 InsO an den Insolvenzverwalter verloren hat. Für die Klage ist nach § 43 Nr. 2 WEG ausschließlich das Amtsgericht zuständig, in dessen Bezirk das Grundstück liegt. Dieser ausschließliche Gerichtsstand verdrängt den allgemeinen Gerichtsstand des Insolvenzverwalters nach § 19a ZPO. Sind die Masseverbindlichkeiten nicht durch eine Rechtshandlung des Insolvenzverwalters, sondern – wie etwa bei der Beschlussfassung über eine Sonderumlage – in anderer Weise begründet worden, kann gemäß § 90 Abs. 1 InsO innerhalb der ersten sechs Monate nach Insolvenzeröffnung nicht vollstreckt werden. Danach können Masseverbindlichkeiten gegen die Masse vollstreckt werden, da das Verbot des § 89 Abs. 1 InsO nur für Insolvenz- und nicht für Massegläubiger gilt.

916 Bei den als Masseverbindlichkeiten einzuordnenden Hausgeldansprüchen wird es im Regelfall nicht zu einer Unterbrechung des Gerichtsverfahrens nach § 240 ZPO kommen. Denn Hausgeldansprüche stellen nur dann Masseverbindlichkeiten dar, wenn sie nach Insolvenzeröffnung begründet wurden. Ab diesem Zeitpunkt ist die Klage aber ohnehin gegen den Insolvenzverwalter zu richten. Lediglich für den Ausnahmefall, dass vor Insolvenzeröffnung eine Klage auf Zahlung zukünftigen Hausgeldes gegen den Insolvenzschuldner nach §§ 257ff. ZPO anhängig war, tritt eine Unterbrechung für den masseverbindlichkeitsbezogenen Prozess ein. In diesem Fall steht allerdings sowohl dem Insolvenzverwalter, als auch dem Verband Wohnungseigentümergemeinschaft das Recht zu, den Rechtsstreit nach § 86 Abs. 1 Nr. 3 InsO wieder aufzunehmen.

917 *ccc) Masseunzulänglichkeit.* In der Praxis kommt es häufig vor, dass der Insolvenzverwalter **Masseunzulänglichkeit** nach § 208 InsO anzeigt. Diese Anzeige hat mehrere Auswirkungen. Zum einen darf für die bisher als Masseverbindlichkeiten begründeten

---

[244] BGH NJW 1999, 3713 (3715).

[245] BGH NJW 1994, 1866 (1867); OLG Köln NZI 2008, 377 (378) = ZMR 2008, 988 (989); BayObLG NZM 1999, 74 (75); *Bärmann/Becker* § 16 Rn. 170; *Vallender* NZI 2004, 401 (407); a. A. *Beutler/Vogel* ZMR 2002, 802 (804f.); *Wenzel* ZInsO 2005, 113 (115f.), die wiederum auf die Entstehung im Außenverhältnis abstellen.

[246] Vgl. dazu OLG Köln ZMR 2008, 478 (480).

Hausgeldansprüche keine Vollstreckung in die Masse mehr stattfinden (§ 210 InsO). Zum anderen ist für die bis zum Zeitpunkt der Anzeige der Masseunzulänglichkeit begründeten Forderungen nicht mehr die Leistungsklage, sondern die Erhebung einer Feststellungsklage gegen den Insolvenzverwalter die richtige Klageart.[247] Die Feststellungsklage ist dabei auf Feststellung gerichtet, dass gegen die Insolvenzmasse eine Altmasseforderung in bestimmter Höhe besteht.

Werden nach der Anzeige der Masseunzulänglichkeit Hausgeldansprüche begründet, stellen diese regelmäßig **Neumasseverbindlichkeiten** i. S. v. §§ 209 Abs. 1 Nr. 2, Abs. 2 Nr. 3 InsO dar. Nach § 209 Abs. 2 Nr. 3 InsO gelten als Neumasseverbindlichkeiten solche Verbindlichkeiten aus einem Dauerschuldverhältnis, bei welchem der Verwalter nach der Anzeige der Masseunzulänglichkeit die Gegenleistung für die Insolvenzmasse in Anspruch genommen hat. Zunächst besteht unter allen Wohnungseigentümern ein gesetzliches Schuldverhältnis (Gemeinschaftsverhältnis),[248] welches als Dauerschuldverhältnis zu qualifizieren ist.[249] Aus diesem Dauerschuldverhältnis resultiert die durch Beschluss nach § 28 Abs. 5 WEG konkretisierte Verbindlichkeit, entsprechend § 16 Abs. 2 WEG die Lasten und Kosten und damit das Hausgeld zu tragen. Als eine „Gegenleistung" stellt sich die Nutzung des gemeinschaftlichen Eigentums im Sinne von § 16 Abs. 1 WEG dar. Der Insolvenzverwalter nimmt bei vermieteten Eigentumswohnungen durch Entgegennahme der Miete die Gegenleistung i. S. v. § 209 Abs. 2 Nr. 3 InsO „in Anspruch",[250] da die Mieteinnahmen (auch) auf der Nutzung des Gemeinschaftseigentums durch den Mieter beruhen. Diese Auffassung überzeugt auch deshalb, weil unter einer „Inanspruchnahme" ein Verhalten des Insolvenzverwalters zu verstehen ist, bei welchem dieser die Gegenleistung nutzt, obwohl er dies pflichtgemäß hätte verhindern können.[251] Eine solche Möglichkeit der Nichtnutzung besteht aber für den Insolvenzverwalter, da er es in der Hand hat, das Wohnungseigentum freizugeben, um einer Haftung zu entgehen.[252] 918

Derartige Neumasseverbindlichkeiten können seitens des Hausgeldgläubigers im Wege der Leistungsklage gegen den Insolvenzverwalter geltend gemacht werden. Beweist der Insolvenzverwalter hingegen in diesem Verfahren, dass auch insoweit eine erneute Masseunzulänglichkeit vorliegt, ist wegen dieser Ansprüche ebenfalls eine Leistungsklage unzulässig.[253] Es sollte dann im Wege der Klageänderung auf einen Feststellungsantrag übergegangen werden, dass gegen die Insolvenzmasse eine Altmasseforderung in der entsprechenden Höhe besteht.[254] 919

cc) Begründung von Hausgeldansprüchen durch vorläufigen Insolvenzverwalter. Das Insolvenzgericht kann nach § 21 Abs. 2 Nr. 1 InsO bis zur Entscheidung über die Eröffnung des Verfahrens einen vorläufigen Insolvenzverwalter bestellen. Erlässt das Gericht kein allgemeines Verfügungsverbot nach § 21 Abs. 2 Nr. 2 InsO (**„schwacher" vorläufiger Insolvenzverwalter**) bestehen keine Besonderheiten. In diesem Fall stellen alle Hausgeldansprüche, die während der Tätigkeit des vorläufigen Insolvenzverwalters begründet bzw. – bei Ansprüchen aus einem Wirtschaftsplan – fällig geworden sind, bei Durchführung des Insolvenzverfahrens einfache Insolvenzforderungen dar. 920

---

[247] BGH NJW 2001, 3704 (3706); OLG Düsseldorf NZM 2007, 47 (48) = NZI 2007, 50 (51) m. Anm. *Drasdo.*

[248] BGH NJW 1999, 2108 (2109).

[249] Vgl. BGH NJW 2007, 1353 (1355); dagegen LG Stuttgart NZM 2008, 532.

[250] OLG Düsseldorf NZM 2007, 47 (49) = NZI 2007, 50 (51 f.) m. Anm. *Drasdo;* AG Neukölln ZMR 2005, 659 (660); dagegen wohl LG Stuttgart NZM 2008, 532.

[251] Vgl. BGH NZM 2004, 224 (227).

[252] OLG Düsseldorf NZM 2007, 47 (49) = NZI 2007, 50 (52) m. Anm. *Drasdo.*

[253] OLG Düsseldorf NZM 2007, 47 (49) = NZI 2007, 50 (52) m. Anm. *Drasdo.*

[254] Unter Umständen kann daneben wegen der unterlassenen Freigabe gegen den Insolvenzverwalter gemäß § 61 InsO ein Schadensersatzanspruch in Betracht kommen. Vgl. dazu OLG Düsseldorf NZM 2007, 47 = NZI 2007, 50 m. Anm. *Drasdo;* dagegen: LG Stuttgart NZM 2008, 532.

921 Erlässt das Gericht hingegen – was in der Praxis selten vorkommt – ein allgemeines Verfügungsverbot nach § 21 Abs. 2 Nr. 2 InsO, geht die Verwaltungs- und Verfügungsbefugnis über das Vermögen des Schuldners auf den vorläufigen Insolvenzverwalter nach § 22 Abs. 1 Satz 1 InsO über (**„starker" vorläufiger Insolvenzverwalter**). Im Hinblick darauf hat der Gesetzgeber in § 55 Abs. 2 Satz 2 InsO bestimmt, dass während der Tätigkeit des vorläufigen Insolvenzverwalters fällig gewordene Verbindlichkeiten im nachfolgenden Insolvenzverfahren Masseverbindlichkeiten darstellen können. Voraussetzung dafür ist auch hier – ähnlich wie bei § 209 Abs. 2 Nr. 3 InsO – dass die Verbindlichkeiten aus einem Dauerschuldverhältnis herrühren und der vorläufige Insolvenzverwalter für das von ihm verwaltete Vermögen die Gegenleistung „in Anspruch" genommen hat. In Ausnahmefällen können diese Voraussetzungen des § 55 Abs. 2 Satz 2 InsO auch auf Hausgeldansprüche zutreffen. Auf den ersten Blick spricht auch hier alles für die Annahme, dass durch die Entgegennahme von Mieten für das Wohnungseigentum der (vorläufige) Insolvenzverwalter die Gegenleistung im Sinne dieser Regelung in Anspruch nimmt.[255] Für den vorläufigen Insolvenzverwalter kann diese Annahme aber zumindest nicht uneingeschränkt gelten, da der vorläufige Insolvenzverwalter an ein bestehendes Mietverhältnis gebunden ist. Anders als der Insolvenzverwalter kann der vorläufige Insolvenzverwalter auch nicht das Wohnungseigentum aus der Insolvenzmasse freigeben, um einer Haftung zu entgehen, da eine Insolvenzmasse (mangels Insolvenzeröffnung) noch nicht existiert. Vor diesem Hintergrund darf nur dann von einer Inanspruchnahme der Gegenleistung durch Entgegennahme der Mieteinnahmen seitens des vorläufigen Insolvenzverwalters ausgegangen werden, wenn dieser es zugleich unterlässt, bestehende Möglichkeiten zur Kündigung des Mietverhältnisses auszuschöpfen oder beim Insolvenzgericht anzuregen, den Sicherungsauftrag entsprechend unter Ausnahme des Wohnungseigentums einzuschränken.[256] Schöpft der vorläufige Insolvenzverwalter diese Möglichkeiten nicht aus, verhindert er nicht die Entgegennahme der Mieten. Infolgedessen liegt eine echte „Inanspruchnahme" gemäß § 55 Abs. 2 Satz 2 InsO vor, die dazu führt, dass die von dem vorläufigen Insolvenzverwalter begründeten Hausgeldansprüche nach Insolvenzeröffnung **Masseverbindlichkeiten** darstellen. Andernfalls werden diese Hausgeldansprüche bei Durchführung des Insolvenzverfahrens **einfache Insolvenzforderungen.**

922 c) **Auswirkungen der Freigabe des Wohnungseigentums.** Für den Insolvenzverwalter besteht die Möglichkeit, das Wohnungseigentum aus der Insolvenzmasse freizugeben. Durch die Freigabe gelangt das Wohnungseigentum zurück in das **insolvenzfreie Vermögen** des Schuldners. Gleichzeitig verliert der Insolvenzverwalter seine Befugnis zur Verwaltung und Verfügung des Wohnungseigentums an den Insolvenzschuldner,[257] der wieder in vollen Umfang in seine Rechte als Wohnungseigentümer eintritt.[258]

923 Wurde aufgrund eines Rechtes auf **abgesonderte Befriedigung** aus § 49 InsO i. V. m. § 10 Abs. 1 Nr. 2 ZVG die Zwangsvollstreckung in das Grundstück betrieben, so kann dieser Weg fortgeführt werden. Die Freigabe führt lediglich dazu, dass der Wohnungseigentümer an die Stelle des Insolvenzverwalters als Beteiligter i. S. v. § 9 Nr. 1 ZVG tritt. Einer Titelumschreibung bedarf es nicht.[259]

924 Für Hausgeldansprüche die nicht im Wege der Zwangsvollstreckung über § 49 InsO beigetrieben wurden, hat die Freigabe allerdings nicht zur Folge, dass die Insolvenzmasse durchweg nicht mehr mit ihnen belastet wird oder aber die Hausgeldansprüche nunmehr generell gegen den Insolvenzschuldner geltend zu machen oder von diesem persönlich zu befriedigen sind.

---

[255] Vgl. dazu Rn. 918.
[256] Zu letzterer Möglichkeit vgl. BGH NJW 2001, 1496 (1497).
[257] Vgl. BGH NJW 2005, 2015 (2016).
[258] BGH NJW 1994, 1866.
[259] BGH DNotZ 2005, 840 = WM 2005, 1324.

- Vielmehr behalten alle **vor der Freigabe** begründeten Hausgeldverbindlichkeiten ihren Status.[260] Entsprechend bleiben die vor der Insolvenzeröffnung begründeten Hausgeldansprüche einfache Insolvenzforderungen. Die Regelung des § 89 Abs. 1 InsO steht damit weiterhin einer Vollstreckung in das Wohnungseigentum entgegen, da der Verband Wohnungseigentümergemeinschaft insoweit Insolvenzgläubiger im Sinne dieser Regelung ist.[261] Die nach einer Verfahrenseröffnung und bis zum Zeitpunkt der Freigabe begründeten Hausgeldansprüche bleiben Masseverbindlichkeiten. Für letztere Ansprüche findet der Verband Wohnungseigentümergemeinschaft damit trotz Freigabe weiterhin Befriedigung nur aus der Insolvenzmasse. Im Hinblick auf den Erhalt des Status der bis zum Zeitpunkt der Freigabe begründeten Hausgeldverpflichtungen (einfache Insolvenzforderung oder Masseverbindlichkeit) endet für diese auch nicht automatisch eine nach § 240 ZPO ggf. eingetretene Verfahrensunterbrechung.[262] **925**
- Die **nach der Freigabe** begründeten Hausgeldansprüche muss der Verband Wohnungseigentümergemeinschaft gegen den Insolvenzschuldner einklagen und gegenüber dem insolvenzfreien Vermögen des Schuldners vollstrecken.[263] **926**

Derartige Ansprüche von „**Neugläubigern**" sind generell nicht im Insolvenzverfahren geltend zu machen,[264] da sie nicht vom Insolvenzverfahren erfasst werden. Dieses ist der Tatsache geschuldet, dass die Ansprüche von „Neugläubigern" weder einfache Insolvenzforderungen darstellen, da diese „zur Zeit der Eröffnung des Insolvenzverfahrens" nicht begründet waren (vgl. § 38 InsO), noch diese Ansprüche als Masseverbindlichkeiten einzuordnen sind, da sie infolge der Freigabe nicht durch die Verwaltung der Insolvenzmasse seitens des Insolvenzverwalters etwa nach § 55 Abs. 1 Nr. 1 2. Var. InsO begründet wurden. Eine deshalb gegen den Insolvenzschuldner unmittelbar gerichtete Klage wegen den nach der Freigabe entstandenen Hausgeldansprüchen ist auch zulässig, da dem Wohnungseigentümer zumindest in Bezug auf das Wohnungseigentum wieder die Verfügungsbefugnis und damit auch die Prozessführungsbefugnis zusteht. Mangels Bezug zur Insolvenzmasse würde deshalb auch keine Unterbrechung dieses Rechtsstreits nach § 240 ZPO eintreten.[265]

Erlangt der Verband Wohnungseigentümergemeinschaft auf diesem Weg einen Titel, kann der Verband jedoch mit dem Titel nicht in die Insolvenzmasse vollstrecken, da dem haftenden Insolvenzschuldner insoweit nach § 80 Abs. 1 InsO keine Verfügungsbefugnis über die Insolvenzmasse zusteht. Der Verband kann aber in das „freie Vermögen" des Wohnungseigentümers und damit in die freigegebene Wohnung vollstrecken.[266]

Die Regelung des § 89 Abs. 1 InsO steht einer Vollstreckung in das Wohnungseigentum nicht entgegen. Zwar wäre eine Vollstreckung in dieses „sonstige Vermögen" des Insolvenzschuldners unzulässig, wenn der Verband Wohnungseigentümergemeinschaft „Insolvenzgläubiger" i. S. v. § 89 Abs. 1 InsO wäre.[267] Der Verband ist aber – wie dargelegt – zumindest hinsichtlich der nach der Freigabe entstandenen Hausgeldansprüche kein Insolvenzgläubiger, sondern Neugläubiger. Deshalb steht ihm gerade die Voll-

---

[260] LG Kassel ZIP 2007, 2370; LG Stuttgart NZM 2008, 532 (533). Die nur zukünftige Wirkung der Freigabe unterstellt auch der BGH (NZM 2006, 352 für Herausgabeanspruch; NJW 2007, 1594 (1596) für Mietforderung). Vgl. auch AG Magdeburg ZMR 2006, 324 (326).

[261] BGH NZM 2009, 439.

[262] AG Mannheim NZM 2004, 800.

[263] LG Berlin ZMR 2008, 244.

[264] Vgl. OLG Celle NZI 2003, 201 (202); AG Magdeburg ZMR 2006, 324 (326).

[265] Eine Unterbrechung nach § 240 ZPO tritt auch deshalb nicht ein, weil § 240 ZPO nur bei der Eröffnung des Insolvenzverfahren nach der Zustellung der Klage, also nach der Rechtshängigkeit, eingreift (vgl. BGH NZI 2009, 169).

[266] Zur Vollstreckungsmöglichkeit in das „freie Vermögen" vgl. OLG Celle NZI 2003, 201 (202).

[267] BGH NZM 2009, 439; LG Heilbronn Rpfleger 2006, 430.

streckung in das freigegebene Wohnungseigentum offen.[268] Dem Verband ist insoweit nach einer Freigabe des Wohnungseigentums zu raten, hinsichtlich der nach der Freigabe begründeten Hausgeldansprüche entweder nach der Titulierung unmittelbar die Zwangsversteigerung bei Erreichen der Wertgrenze des § 10 Abs. 1 Nr. 2 Satz 3 ZVG zu betreiben oder in einem laufenden Zwangsversteigerungsverfahren die Hausgeldansprüche anzumelden.

3. Auswirkungen auf Eigentümerversammlung und Anfechtungsprozess

927 Durch den Übergang der Verwaltungs- und Verfügungsbefugnis auf den (vorläufigen „starken") Insolvenzverwalter tritt dieser nach § 80 Abs. 1 InsO bzw. §§ 21 Abs. 2 Nr. 1, 22 Abs. 1 Satz 1 InsO, in Bezug auf das von der Insolvenzmasse erfasste Vermögen, an die Stelle des Wohnungseigentümers. Dieser Umstand hat sowohl Auswirkungen auf das Teilnahme- und Stimmrecht auf der Eigentümerversammlung, als auch auf den Anfechtungsprozess.

928 a) **Einladung zur Versammlung, Stimm- und Teilnahmerecht.** Ist ein Insolvenzverwalter eingesetzt, hat der WEG-Verwalter diesen zur Versammlung zu laden. Gleiches gilt bei einem „starken" vorläufigen Insolvenzverwalter, da diesem die Verwaltungs- und Verfügungsbefugnis über das Vermögen des Insolvenzschuldners zusteht. In der Praxis empfiehlt es sich indes, zugleich auch den **Insolvenzschuldner** persönlich zu der Versammlung zu **laden.** Diese Empfehlung gilt nicht nur im Hinblick auf vereinzelte Stimmen im Schrifttum, die dem Insolvenzschuldner ein Teilnahmerecht an der Versammlung zubilligen. Vielmehr kann der Insolvenzschuldner unter Umständen stimmberechtigt bleiben. Dementsprechend muss er auch an der Versammlung teilnehmen dürfen und zu dieser eingeladen werden, sofern nicht gänzlich auszuschließen ist, dass diesem kein Stimmrecht zustehen kann.

929 Ob dem Insolvenzschuldner ein **Stimmrecht** zusteht, hängt davon ab, ob die Beschlussfassung die Insolvenzmasse betrifft. Hierfür genügt bereits eine mittelbare Betroffenheit.[269] Berührt der Beschluss allerdings den Bestand und die Verwertbarkeit der Insolvenzmasse[270] nicht einmal mittelbar, kann der Insolvenzverwalter mangels entsprechender Verwaltungs- und Verfügungsbefugnis auch nicht für den Insolvenzschuldner abstimmen. In welchen Einzelfällen ein derartiger fehlender Bezug zur Insolvenzmasse anzunehmen ist, lässt sich nicht pauschal festlegen. Im Gesellschaftsrecht wird etwa bei der Abberufung eines Geschäftsführers einer insolventen Gesellschaft ein derartiges neutrales Geschäft angenommen.[271] Diese Rechtsprechung kann allerdings nicht auf die Abberufung eines WEG-Verwalters übertragen werden, da der Verwalter – anders als der Geschäftsführer einer insolventen Gesellschaft – die Verwaltung des Gemeinschaftseigentums trotz der Insolvenz des Mitgliedes fortführt. Die Verwaltung des Gemeinschaftseigentums weist auch einen entsprechenden Vermögensbezug auf, erfasst sie doch den Anteil des Insolvenzschuldners. Auch wenn der Beschluss nur die inneren Angelegenheiten der Wohnungseigentümer betrifft, schließt dies einen entsprechenden Vermögensbezug nicht aus.[272] In der Praxis wird damit das Stimmrecht des Insolvenzschuldners auf äußerste Ausnahmefälle beschränkt bleiben und der Grundsatz gelten, dass im Zweifel allein dem Insolvenzverwalter das Stimmrecht zusteht. Ein Stimmrecht des Insolvenzschuldners kann damit im Einzelfall allenfalls etwa bei Geschäftsordnungsbeschlüssen fortbestehen, sofern diese Beschlüsse tatsächlich keine mittelbare Auswirkung auf das Wohnungseigentum als

---

[268] „Neugläubiger" unterliegen nicht dem Vollstreckungsverbot des § 89 Abs. 1 InsO, vgl. MünchKommInsO/*Breuer* § 89 Rn. 26.

[269] Vgl. BFH NJW 1998, 630 (631); OLG Köln NZI 2002, 686.

[270] Vgl. hierzu KG NJW-RR 1991, 41.

[271] OLG München ZIP 1994, 1021 (1022).

[272] Für Beschlussanfechtung im Genossenschaftsrecht BGH NJW 1960, 1006 (1008).

Insolvenzmasse haben. Denn alle anderen Beschlüsse, insbesondere Beschlüsse über eine Jahresabrechnung, einen Wirtschaftsplan oder eine Sonderumlage betreffen mittelbar den Bestand und die Verwertbarkeit des Vermögens. Gleiches gilt für Beschlüsse über bauliche Änderungen, berühren sie doch auch den Anteil am Gemeinschaftseigentum. Einen entsprechenden Vermögensbezug weist auch der Beschluss über die Entlastung des Verwalters oder des Verwaltungsbeirates im Hinblick auf die Beeinträchtigung von Schadensersatzansprüchen auf.

Hat der Insolvenzverwalter das Wohnungseigentum **freigegeben,**[273] stehen prinzipiell 930
allein dem Insolvenzschuldner sämtliche Stimm- und Teilnahmerechte auf der Versammlung zu. Fallen allerdings mehrere Wohnungseigentumseinheiten in das Insolvenzvermögen und erfolgt die Freigabe durch den Insolvenzverwalter nur für einzelne der Einheiten gilt folgendes: Beim Objektstimmrecht steht dem Insolvenzverwalter nur für die zur Masse gehörigen Einheiten das Stimmrecht zu. Für die freigegebenen Einheiten bleibt das Stimmrecht bei dem Eigentümer. Erfolgt die Abstimmung jedoch nach dem Kopfprinzip, können der Insolvenzverwalter und der Insolvenzschuldner (in Bezug auf das freigegebene Eigentum) nur entsprechend § 25 Abs. 2 Satz 2 WEG einheitlich abstimmen. Ihnen steht damit ein gemeinsam auszuübendes Stimmrecht zu.[274]

b) **Anfechtungsberechtigung.** Grundsätzlich ist **allein der Insolvenzverwalter** (auch 931
wenn es sich um einen „starken" vorläufigen Insolvenzverwalter handelt) befugt, einen Beschluss der Wohnungseigentümer anzufechten.[275] Nur dann, wenn der Beschluss weder den Bestand, noch die Verwertbarkeit der Insolvenzmasse auch nur mittelbar betrifft, bleibt der insolvente Eigentümer – in Parallele zum Stimmrecht – anfechtungsberechtigt. Für die Frage, wann weder der Bestand, noch die Verwertbarkeit der Insolvenzmasse betroffen ist, wird auf die entsprechenden Ausführungen beim Stimmrecht verwiesen.[276]

Nach einer **Freigabe** des Wohnungseigentums aus der Insolvenzmasse ist (wieder) aus- 932
schließlich der Wohnungseigentümer anfechtungsberechtigt, sofern die Insolvenzmasse nicht weiterhin durch den Beschluss betroffen ist. Eine solche fortbestehende Betroffenheit liegt etwa vor, wenn der Beschluss vor der Freigabe gefasst wurde und etwa noch eine Masseverbindlichkeit begründet hat.[277] In einem solchen Fall bleibt der Insolvenzverwalter trotz Freigabe wegen fortbestehender Betroffenheit der Insolvenzmasse jedenfalls aus § 80 Abs. 1 InsO anfechtungsberechtigt.

Gibt der Insolvenzverwalter das Wohnungseigentum erst **nach** der **Rechtshängigkeit** 933
einer von ihm eingereichten Anfechtungsklage frei, bleibt er zur Fortführung des Rechtsstreits befugt, wenn die Insolvenzmasse durch die Beschlüsse weiterhin betroffen ist. Gerade bei vor einer **Freigabe** gefassten Beschlüssen über Hausgeldforderungen wird regelmäßig die Insolvenzmasse trotz der Freigabe weiter betroffen bleiben. Hintergrund ist, dass alle vor der Freigabe durch Eigentümerbeschluss begründeten Verbindlichkeiten ihren insolvenzrechtlichen Status (etwa als einfache Insolvenzforderung oder Masseverbindlichkeit) behalten.[278] Wegen der fortbestehenden Betroffenheit der Insolvenzmasse folgt in diesem Fall der Fortbestand der Anfechtungsbefugnis trotz Freigabe jedenfalls aus § 80 Abs. 1 InsO.

Ob der Insolvenzverwalter generell auch ohne Betroffenheit der Insolvenzmasse oder 934
etwa bei einer **Beendigung des Insolvenzverfahrens** den Prozess fortführen kann, ist hingegen zweifelhaft. Dafür könnte sprechen, dass nach der Rechtsprechung des BGH auch der gesetzliche Verlust der Sachlegitimation den Anwendungsbereich des § 265 Abs. 1

---

[273] Vgl. dazu Rn. 922.
[274] Für Fall der Zwangsverwaltung KG NJW-RR 1989, 1162.
[275] Vgl. dazu Rn. 495.
[276] Rn. 929 f.
[277] Zu dieser Möglichkeit Rn. 925.
[278] Zu dieser Möglichkeit Rn. 925.

Satz 1 ZPO eröffnen kann.[279] Entsprechend könnte man auch für den Verlust der Klagebefugnis durch eine Freigabe oder die Beendigung des Insolvenzverfahrens argumentieren. Einer solchen Argumentation widerspricht allerdings der BGH in einer älteren Entscheidung und lehnt ausdrücklich die Anwendung von § 265 Abs. 2 Satz 1 ZPO auf den Verlust der Stellung als Partei kraft Amtes durch eine Freigabeerklärung ab.[280] In dieser Tendenz liegt auch die neuere Rechtsprechung des BGH, die eine Änderung in der Prozessführungsbefugnis durch Verlust der Stellung als Partei kraft Amtes nicht als Anwendungsfall des § 265 Abs. 2 Satz 1 ZPO ansieht.[281] Nach der Beendigung des Insolvenzverfahrens muss deshalb der Eigentümer und ehemalige Insolvenzschuldner den auf ihn kraft Gesetz[282] übergegangenen Anfechtungsprozess selbst fortführen. Will der Insolvenzverwalter gleichwohl den Prozess in gewillkürter Prozessstandschaft fortführen, muss er diesen Umstand offenlegen;[283] sofern man überhaupt eine solche Möglichkeit bei der Anfechtungsklage zulässt.

935 Reicht ein wegen der Insolvenzeröffnung nicht anfechtungsbefugter Eigentümer die Klage innerhalb der Anfechtungsfrist ein und gibt der Insolvenzverwalter erst nach Ablauf der Anfechtungsfrist die Wohnung frei, wird hierdurch nicht die Klagefrist für den Eigentümer gewahrt, da die Freigabeerklärung nicht auf den Zeitpunkt der Klageeinreichung zurückwirkt.[284]

936 c) **Richtiger Klagegegner bei einer Anfechtungsklage.** Abgrenzungsschwierigkeiten können hinsichtlich der Frage des richtigen Klagegegners bei der Anfechtungsklage auftreten. In der Praxis stellt sich die Frage, ob als einer der „übrigen Eigentümer" der Insolvenzverwalter oder der Wohnungseigentümer zu verklagen ist. Derartige Abgrenzungsprobleme werden insbesondere dann relevant werden, wenn die Anordnung des Insolvenzverfahrens nicht bereits zum Zeitpunkt der Beschlussfassung vorlag.

937 *aa) Der Wohnungseigentümer als Klagegegner.* Der **Wohnungseigentümer** und nicht der (vorläufige „starke") Insolvenzverwalter ist **zu verklagen,** sofern der Beschluss nicht einmal mittelbar den Bestand oder die Verwertbarkeit der Insolvenzmasse betrifft.[285] Auch nach einer entsprechenden **Freigabe** des Wohnungseigentums ist nicht der Insolvenzverwalter, sondern immer der Insolvenzschuldner als Wohnungseigentümer zu verklagen, weil der Insolvenzschuldner durch die Freigabe in vollem Umfang seine Verfügungs- und Verwaltungsbefugnis über das Wohneigentum zurückerhält.[286]

938 *bb) Der (vorläufige) Insolvenzverwalter als richtiger Klagegegner.* War der Insolvenzverwalter bereits zum **Zeitpunkt der Beschlussfassung** (hinsichtlich des angefochtenen Beschlusses) als Insolvenzverwalter eingesetzt, besteht ebenfalls kein Abgrenzungsproblem. Vielmehr ist in diesem Fall der Insolvenzverwalter zu verklagen, da die Rechte und Pflichten aus dem Beschluss durch die Verwaltung der Insolvenzmasse (des Wohnungseigentums) i. S. v. § 55 Abs. 1 Nr. 1 2. Var. InsO (bzw. § 55 Abs. 2 Satz 2 InsO bei einem vorläufigen „starken" Insolvenzverwalter)[287] „begründet" worden sind. Die aus dem Beschluss begründeten Pflichten des Wohnungseigentümers sind damit als eine „Art" Masseverbindlichkeit einzuordnen, auch wenn sie nicht unmittelbar auf eine Geldleistung gerichtet sind. Entsprechend ist der Streit um diese Rechte und Pflichten mit dem (vorläufigen „starken") Insolvenzverwalter auszutragen. Grund dafür ist, dass die Regelung

---

[279] BGH MDR 2002, 1185.

[280] BGH NJW 1967, 781.

[281] BGH NZI 2008, 561 (562).

[282] BGH NJW 1992, 2894 (2895) unter I.2. a. a. E.; offen gelassen von BGH NJW-RR 2008, 861 (862).

[283] BGH NZI 2008, 561 (562).

[284] OLG Hamm FGPrax 2004, 106.

[285] Vgl. dazu Rn. 929.

[286] Vgl. BGH NJW 2002, 3709 (3710).

[287] Vgl. zum Erfordernis der Inanspruchnahme der Gegenleistung Rn. 921.

des § 87 InsO, die eine Verfolgung von Forderungen außerhalb der Insolvenzordnung verbietet, nur für Insolvenzforderungen, nicht aber für Masseverbindlichkeiten gilt.[288]

Wird der (vorläufige „starke") Insolvenzverwalter hingegen erst **nach** der **Beschlussfassung** eingesetzt, stellt sich die Frage, wer zu verklagen ist. Zunächst ist die Einordnung des Beschlusses als eine Art Masseverbindlichkeit (für welche § 87 InsO nicht gilt) nicht möglich. Mangels einer Insolvenzeröffnung zum Zeitpunkt der Beschlussfassung kann der Beschluss nicht durch die Verwaltung der Insolvenzmasse i. S. v. § 55 Abs. 1 Nr. 1 2. Var. InsO begründet worden sein. Gleichwohl ist allein der (vorläufige „starke") Insolvenzverwalter zu verklagen, da der Beschluss der Eigentümer als solcher keine Insolvenzforderung darstellt, für die das Verbot des § 87 InsO gilt. Nach § 87 InsO können „die Insolvenzgläubiger ihre Forderungen nur nach den Vorschriften über das Insolvenzverfahren verfolgen". Der Kläger in einem Anfechtungsrechtsstreit ist jedoch kein Insolvenzgläubiger. Ein Insolvenzgläubiger ist nach § 38 InsO nur, wer „einen zur Zeit der Eröffnung des Insolvenzverfahrens begründeten Vermögensanspruch" hat. Damit ist erforderlich, dass der Anspruch auf Geld gerichtet ist oder sich nach §§ 45 f. InsO in einen Geldanspruch umwandeln lässt.[289] Das Recht zur Anfechtung eines Eigentümerbeschlusses ist aber weder auf Geld gerichtet, noch in Geld zu bemessen. Vielmehr handelt es sich um ein bloßes Gestaltungsrecht, weshalb der Eigentümerbeschluss auch nicht als „Forderung" i. S. v. § 87 InsO eingeordnet werden kann. Da das Verbot des § 87 InsO damit auch hier nicht eingreift, ist die Klage unmittelbar gegen den (vorläufigen „starken") Insolvenzverwalter als Partei kraft Amtes für den Insolvenzschuldner als Teil der „übrigen Eigentümer" zu richten. Insoweit steht nur dem Insolvenzverwalter die entsprechende Verwaltungs- und Verfügungsbefugnis über das Wohnungseigentum zu. Auch wenn ein Streit keine Insolvenzforderung betrifft, ist der Insolvenzverwalter zu verklagen, sofern das dem Streit zugrundeliegende Rechtsverhältnis (hier die Stellung als Wohnungseigentümer) die Insolvenzmasse berührt.[290] Jede andere Auffassung würde zu untragbaren Ergebnissen führen, da andernfalls die Klagefrist mangels Klagegegner nicht gewahrt werden könnte. Der Insolvenzschuldner könnte jedenfalls nicht verklagt werden. Weder besitzt der Insolvenzschuldner die Verwaltungs- und Verfügungsbefugnis über die infolge der Gestaltung zumindest mittelbar betroffene Masse, noch ist ein Verzicht auf die Teilnahme am Insolvenzverfahren zulässig.[291] 939

d) Unterbrechung des Anfechtungsrechtsstreits. Wird über das Vermögen einer Partei das Insolvenzverfahrens eröffnet, tritt gemäß § 240 Satz 1 ZPO eine Unterbrechung des Anfechtungsrechtsstreits ein, bis das Verfahren nach den für das Insolvenzverfahren geltenden Vorschriften aufgenommen oder das Insolvenzverfahren beendet wird. Entsprechendes gilt nach § 240 Satz 2 ZPO, wenn die Verwaltungs- und Verfügungsbefugnis über das Vermögen des Schuldners auf einen vorläufigen („starken") Insolvenzverwalter übergeht. 940

aa) Voraussetzungen für die Annahme einer Unterbrechung. Infolge der notwendigen Streitgenossenschaft bei einer Anfechtungsklage wird der Prozess bei einer Personenmehrheit auf Kläger- oder Beklagtenseite insgesamt unterbrochen, wenn auch nur bei einer der Parteien die Voraussetzungen des § 240 ZPO vorliegen.[292] 941

Eine Unterbrechung des Gerichtsverfahrens tritt aber nicht bei jedem angefochtenen Eigentümerbeschluss ein. Auch für die Unterbrechungswirkung ist Voraussetzung, dass 942

---

[288] MünchKommInsO/*Breuer* § 87 Rn. 15.

[289] MünchKommInsO/*Ehricke* § 38 Rn. 14; vgl. auch BGH NJW-RR 2005, 1714 (1715).

[290] BGH NZM 2004, 224 (226); BGH NJW 1968, 300.

[291] Denn § 87 InsO verbietet den nach der KO noch als zulässig angesehen (BGH NJW 1958, 23 [24]) Verzicht auf die Teilnahme am Insolvenzverfahren (so die Begründung zum Gesetzesentwurf BR-Drucks. 1/92, S. 137; vgl. auch MünchKommInsO/*Schumacher* Vor §§ 85 bis 87 Rn. 42, Fn. 123).

[292] Vgl. BGH vom 24. 7. 2003 – VII ZR 209/01 = BauR 2003, 1758 = BeckRS 2003 07456.

sich der **Beschluss** (wenn auch nur mittelbar)[293] **auf** die **Insolvenzmasse bezieht.** Hinsichtlich der Frage, wann ein solcher Fall anzunehmen ist, kann auf die entsprechenden Ausführungen beim Stimmrecht verwiesen werden.[294] Nur wenn der Beschluss den Bestand und die Verwertbarkeit der Insolvenzmasse berührt, tritt deshalb eine Unterbrechung ein. Dass es sich bei der Anfechtungsklage um eine Gestaltungsklage handelt und eine Erfüllung des Urteilstenors aus der Insolvenzmasse damit ausscheidet, ist unerheblich. Die Unterbrechungswirkung setzt gerade nicht voraus, dass die Klage auf eine aus der Insolvenzmasse zu erfüllende Forderung gerichtet ist.[295] Selbst bloße Vorbereitungsklagen genügen für die Annahme einer Unterbrechungswirkung.[296] Dementsprechend wird regelmäßig eine Unterbrechung des Prozesses anzunehmen sein. Denn jeder Beschluss über eine Jahresabrechnung, eine Sonderumlage, einen Wirtschaftsplan, bauliche Veränderungen oder die Beauftragung eines Rechtsanwalts zieht eine entsprechende Vermögensbeeinträchtigungen nach sich. Von einer Unterbrechung werden damit nur (ohnehin zumeist wenig erfolgreiche) Anfechtungsprozesse gegen Geschäftsordnungsbeschlüsse ausgenommen sein.

943 Bezieht sich der Beschluss auf die Insolvenzmasse, ist der Eintritt der Unterbrechungswirkung **unabhängig** von der **Parteistellung** des Insolvenzschuldners (als Kläger oder als Beklagter). Dies ergibt sich bereits aus dem Wortlaut des § 240 ZPO („einer Partei"). Hinzu kommt, dass die Unterbrechung dem (vorläufigen „starken") Insolvenzverwalter die notwendige Gelegenheit zur Prüfung geben soll, ob und wie er sich auf das Verfahren einzustellen hat.[297]

944 *bb) Unterbrechung des Rechtsstreits oder Nachbenennung und Berichtigung.* Nach § 44 Abs. 1 Satz 2 WEG müssen die zu verklagenden (übrigen) Eigentümer namentlich erst zum Schluss der mündlichen Verhandlung benannt werden. Entsprechend stellt sich die Frage, ob der Insolvenzverwalter nachbenannt werden kann, wenn irrtümlich der insolvente Eigentümer als übriger Eigentümer benannt wurde oder ob in diesem Fall zwingend mit Insolvenzeröffnung eine Unterbrechung des Rechtsstreits eintritt:

945 • War bereits **vor** der **Anhängigkeit** der Klage das **Insolvenzverfahren eröffnet** oder die Verwaltungs- und Verfügungsbefugnis auf einen vorläufigen Insolvenzverwalter übergegangen, ist allein der Insolvenzverwalter nach den oben dargestellten Grundsätzen[298] als einer der übrigen Wohnungseigentümer zu verklagen. Unproblematisch kann der Insolvenzverwalter deshalb bis zum Schluss der mündlichen Verhandlung als einer der Beklagten benannt werden. Wurde zunächst irrtümlich der nicht mehr über sein Eigentum verwaltungs- und verfügungsbefugte Insolvenzschuldner als einer der „übrigen Eigentümer" benannt, kommt im Hinblick auf den bis zum Schluss der mündlichen Verhandlung lediglich deklaratorischen Charakter[299] der Benennung nach § 44 Abs. 1 Satz 2 WEG grundsätzlich eine **Berichtigung der Beklagtenstellung** auf den Insolvenzverwalter in Betracht.[300] Diese Berichtigung stellt keine Änderung der Klage dar, sondern beruht auf der Befugnis zur Benennung der Beklagten bis zum Schluss der mündlichen Verhandlung. Eine **Unterbrechung** des Rechtsstreits nach § 240 ZPO **tritt** in diesem Fall **nicht ein,** da Voraussetzung für eine Unterbrechung ist, dass der Rechtsstreit zum Zeitpunkt der Insolvenzeröffnung oder zum Zeitpunkt der Bestellung eines vorläufigen („starken") Insolvenzverwalters bereits rechtshängig war.[301] Für die Be-

---

[293] BFH NJW 1998, 630 (631); OLG Köln NZI 2002, 686.
[294] Rn. 929.
[295] BGH NJW-RR 2004, 925.
[296] BGH LM Nr. 4 zu § 146 KO.
[297] BGH NZI 2008, 683 (684).
[298] Vgl. dazu Rn. 938.
[299] Vgl. dazu Rn. 25 und Rn. 532.
[300] *Nicht belegt.*
[301] BGH NZI 2009, 169 (170).

richtigung bedarf es einer entsprechenden Erklärung des Klägers. Wegen der Einzelheiten der Möglichkeit der Berichtigung sowie wegen der Frage, ob gegebenenfalls die Zustellung erneut vorzunehmen ist, wird dabei auf die entsprechenden Ausführungen im Rahmen der Anfechtungsklage verwiesen.[302] Ergänzend ist insoweit anzumerken, dass, sofern die Zustellung nicht nach § 45 WEG (etwa über den Verwalter als Zustellungsvertreter), sondern direkt an die Eigentümer erfolgte, eine erneute Zustellung der Klage an den Insolvenzverwalter vorzunehmen ist. Die unmittelbare Zustellung an den Insolvenzschuldner wirkt insoweit nicht für den Insolvenzverwalter.[303] Die Zustellung an alle „übrigen Eigentümer" gemäß § 45 WEG wirkt hingegen auch für den Insolvenzverwalter als Partei kraft Amtes.[304]

- Selbst wenn **zwischen Anhängigkeit und Rechtshängigkeit** das Insolvenzverfahren über das Vermögen eines beklagten Eigentümers eröffnet wird oder die Verwaltungs- und Verfügungsbefugnis auf einen vorläufigen Insolvenzverwalter übergegangen ist, kann und sollte der bislang „übersehene" Insolvenzverwalter als Beklagter nach den eben dargestellten Grundsätzen nachbenannt werden. Der deklaratorische Charakter der Beklagtenbezeichnung nach § 44 Abs. 1 Satz 2 WEG lässt auch hier grundsätzlich bis zum Schluss der mündlichen Verhandlung die Benennung des Insolvenzverwalters als eigentlichen Beklagten zu. Hinsichtlich des Ablaufs des Verfahrens ist allerdings danach zu unterscheiden, ob die Beklagten bereits zum Zeitpunkt der Zustellung namhaft gemacht waren und an wen die spätere Zustellung erfolgte: **946**
  - Wurde die Klage an die Beklagten **„übrigen Eigentümer"** nach § 45 WEG über den WEG-Verwalter oder Ersatzzustellungsvertreter **zugestellt,** kann der Kläger den Insolvenzverwalter unproblematisch als eigentlichen Beklagten nachbenennen bzw. eine Berichtigung vornehmen. Zu einer Unterbrechung des Rechtsstreits nach § 240 ZPO kommt es in diesem Fall nicht, da gegenüber dem Insolvenzschuldner keine Rechtshängigkeit (die § 240 ZPO voraussetzt)[305]eingetreten ist. Die Zustellung nach § 45 WEG wirkte gerade nicht für den Insolvenzschuldner, sondern nur für den Insolvenzverwalter, der allein die Verwaltungs- und Verfügungsbefugnis und damit als Partei kraft Amtes die Stellung als einer der übrigen Eigentümer innehatte.
  - Hat der Kläger den **Insolvenzschuldner** bereits als Beklagten benannt und wird diesem gegenüber die Klage auch unmittelbar (und gerade nicht nach § 45 WEG) **zugestellt,** tritt ebenfalls keine Unterbrechungswirkung nach § 240 ZPO ein. Die Regelung des § 240 ZPO gilt nicht für den Fall, dass zwischen der Einreichung und der Zustellung der Klage das Insolvenzverfahren eröffnet wird. Eine Unterbrechung nach § 240 ZPO tritt nur dann ein, wenn zum Zeitpunkt der Eröffnung des Insolvenzverfahrens (bzw. zum Zeitpunkt des Übergangs der Verwaltungs- und Verfügungsbefugnis auf einen vorläufigen Insolvenzverwalter) die Klage dem zukünftigen Insolvenzschuldner bereits zugestellt (die Klage also rechtshängig) war.[306] Der Kläger hat deshalb in einem solchen Fall zum einen den Insolvenzverwalter als richtigen Beklagten nachzubenennen. Das Gericht muss die Klage dann auch dem Insolvenzverwalter zur Begründung eines Prozessrechtsverhältnisses zustellen, was auch über den Zustellungsvertreter möglich ist. Zum anderen hat der Kläger die Klage gegenüber dem ursprünglich in Anspruch genommenen Insolvenzschuldner zurückzunehmen, da ihm gegenüber die Klage nunmehr mangels passiver Prozessführungsbefugnis unzulässig ist. Dabei kann das Gericht ggf. auch zu Lasten des Insolvenzschuldners eine Kostenentscheidung nach § 269 Abs. 3 Satz 3 ZPO treffen, da ihm gegenüber vor Rechts-

---

[302] Vgl. zum Ganzen dazu Rn. 529 ff.
[303] Zum umgekehrten Fall vgl. BGH NJW 1994, 3232 (3233).
[304] Vgl. dazu Rn. 110.
[305] BGH NZI 2009, 169 (170).
[306] BGH NZI 2009, 169 (170).

hängigkeit der Anlass zur Klageeinreichung entfallen ist. Die Insolvenz steht dem Erlass einer solchen Kostenentscheidung nicht entgegen.[307]

947 • Wird hingegen **nach** Eintritt der **Rechtshängigkeit** das Insolvenzverfahren über das Vermögen eines Beklagten eröffnet oder geht erst dann die Verwaltungs- und Verfügungsbefugnis auf einen vorläufigen Insolvenzverwalter über, tritt insgesamt eine Unterbrechung des Rechtsstreits gemäß § 240 ZPO ein, sollte sich der Beschluss auf die Insolvenzmasse beziehen. Eine Nachbenennung des Insolvenzverwalters als „richtigen" Beklagten gemäß § 44 Abs. 1 Satz 2 WEG ist dann nicht möglich, da bereits gegenüber dem Insolvenzschuldner durch die an ihn erfolgte Zustellung das Prozessrechtsverhältnis begründet wurde. Dies gilt selbst dann, wenn er noch nicht namhaft gemacht war. Zum entscheidenden Zeitpunkt der Rechtshängigkeit war der (später insolvente) Eigentümer auch der richtige Beklagte, weil ihm noch die Verwaltungs- und Verfügungsbefugnis über das Vermögen zustand. § 44 Abs. 1 Satz 2 WEG gestattet es nicht, einen bereits unterbrochenen Prozess durch Nachbenennung außerhalb von § 240 ZPO i.V.m. §§ 85f. InsO aufzunehmen. Die Gefahr einer erheblichen Verzögerung des Rechtsstreits infolge der Unterbrechung ist allerdings auch in diesem Fall gering. Nach der hier vertretenen Auffassung kann der Rechtsstreit regelmäßig nach § 85 InsO aufgenommen werden, worauf sogleich einzugehen ist.

948 *cc) Beendigung der Unterbrechungswirkung.* Der Anfechtungsrechtsstreit kann nach §§ 85f. InsO regelmäßig **durch Aufnahme** beendet werden. Bei Streitigkeiten um die Gültigkeit von Beschlüssen handelt es sich immer um **„Aktivprozesse"** i.S.v. § 85 InsO, die problemlos durch den Insolvenzverwalter oder ggf. den Gegner aufgenommen werden können. Die Bestimmung des § 85 InsO ist nicht lediglich auf Prozesse anzuwenden, bei denen der Insolvenzschuldner auf Klägerseite steht. Die Anwendung des § 85 InsO ist vielmehr völlig unabhängig von der formellen Parteirolle des Insolvenzschuldners.[308] Sie richtet sich ausschließlich danach, ob in dem anhängigen Rechtsstreit über die Pflicht zu einer Leistung gestritten wird, die in die Masse zu gelangen hat,[309] wobei bereits ein mittelbarer wirtschaftlicher Bezug genügt.[310] Ausreichend ist sogar, dass um eine Frage gestritten wird, die ein erhebliches Vermögensinteresse für die Insolvenzmasse begründen kann.[311] Dementsprechend ist anerkannt, dass danach sogar Unterlassungsklagen, die gegen einen Insolvenzschuldner geführt werden, Aktivprozesse darstellen können, sofern die vom Insolvenzschuldner zu unterlassende Handlung einen entsprechenden Vermögenswert hat.[312] Auch bei dem Streit um die Wirksamkeit eines Eigentümerbeschlusses handelt es sich um einen solchen Streit, der ein erhebliches Vermögensinteresse aller Parteien (unabhängig von der Stellung als Kläger oder Beklagter) betrifft. Die Frage, ob ein Eigentümerbeschluss gültig oder ungültig ist, stellt an sich und unabhängig vom Beschlussgegenstand einen wertbildenden Faktor für die Insolvenzmasse dar. Hintergrund für diese Annahme ist, dass nach § 10 Abs. 4 WEG der Erwerber von Wohnungseigentum an sämtliche Beschlüsse der Wohnungseigentümer gemäß § 23 WEG gebunden ist. Die Frage der endgültigen Wirksamkeit oder Unwirksamkeit eines Beschlusses ist damit für den Erwerber von erheblichem Interesse, um seine mögliche spätere Rechtsstellung in der Gemeinschaft ausreichend abschätzen und beurteilen zu können. Unter Umständen kann deshalb im Hinblick auf einen schwebenden Rechtsstreit um einen Beschluss der seitens des Insolvenzverwalters geplante Verkauf des Wohnungseigentums scheitern, da der Erwerber sich nicht dem entsprechenden Risiko aussetzen will. Ohne Fortgang des Rechts-

[307] BGH NZI 2009, 169 (170).
[308] BGH NJW-RR 2004, 925.
[309] BGH NJW-RR 2005, 989.
[310] BGH NJW 1995, 1750.
[311] BGH NJW 1966, 51.
[312] BGH NJW 1966, 51; GRUR 1983, 179 (180); KG GRUR-RR 2002, 125 (126); dagegen etwa: MünchKommInsO/*Schumacher* § 86 Rn. 15.

streits ist damit die Masse gemindert, so dass über die Pflicht zu einer Leistung in die Insolvenzmasse gestritten wird und ein Aktivprozess vorliegt. Bei der Insolvenz auf Beklagtenseite gilt ferner zusätzlich, dass der beklagte Wohnungseigentümer den Eigentümerbeschluss verteidigt, um sich später auf seine endgültige Wirksamkeit zu berufen. Insoweit liegt aber der Fall nicht anders als bei einer Vollstreckungsabwehrklage, bei welcher der Beklagte ebenfalls in der aktiven Rolle i. S. v. § 85 InsO gesehen wird, da er durch die Rechtsverteidigung die Grundlage für eine weitere Vollstreckung schaffen will.[313] Hinzu kommt, dass der Streit um die Wirksamkeit des Eigentümerbeschlusses ohnehin keine Insolvenzforderung i. S. v. § 38 InsO darstellt.[314] In einem solchen Fall ist aber anerkannt, dass dann jedenfalls eine Aufnahme entsprechend § 86 InsO möglich sein würde.[315]

Das **Aufnahmeverfahren** gestaltet sich dabei wie folgt: Infolge der Einordnung des Rechtsstreits als „Aktivprozess" kann der Insolvenzverwalter den unterbrochenen Anfechtungsprozess nach § 85 Abs. 1 Satz 1 InsO aufnehmen. Die Aufnahme erfolgt durch Einreichung eines Schriftsatzes bei Gericht und Zustellung des Schriftsatzes an den Gegner (§ 250 ZPO). Verzögert der Insolvenzverwalter die Aufnahme, kann der Insolvenzverwalter auf einen entsprechenden Antrag des Gegners nach § 85 Abs. 1 Satz 2 InsO i. V. m. § 239 Abs. 2 ZPO zur Aufnahme des Prozesses und zur Verhandlung zur Hauptsache geladen werden. Lehnt der Insolvenzverwalter die Aufnahme des Rechtsstreits ab (was auch konkludent durch Freigabe erfolgen kann),[316] kann der Prozess durch den Insolvenzschuldner oder den Gegner (gegenüber dem Insolvenzschuldner) nach § 85 Abs. 2 InsO aufgenommen werden. 949

Die Unterbrechung des Prozesses gemäß § 240 ZPO endet jedenfalls durch die **Beendigung des Insolvenzverfahrens** und insbesondere bei einer **Freigabe** des Wohnungseigentums durch den Insolvenzverwalter.[317] Da es sich um einen Aktivprozess handelt, kann der Insolvenzverwalter auch lediglich den Streit um den Eigentümerbeschluss als solchen freigeben, so dass der Insolvenzschuldner im Prozess um die Gültigkeit des Beschlusses die Verwaltungs- und Verfügungsbefugnis zurückerlangt. Um die Unterbrechungswirkung zu beenden, bedarf es zusätzlich zu der Freigabe allerdings der **Aufnahmeerklärung** durch den Insolvenzschuldner oder den Prozessgegner.[318] 950

4. Insolvenz und sonstige Klagen

Auch für **sonstige Beschlussmängelklagen,**[319] wie etwa die Nichtigkeitsfeststellungsklage, gelten die vorgenannten Ausführungen entsprechend. Bei derartigen Klagen ist nach den vorgenannten Grundsätzen ebenfalls der (vorläufige „starke") Insolvenzverwalter zu verklagen. Ferner kann auch hier bei der Insolvenz einer Partei nach den vorgenannten Grundsätzen eine Unterbrechung des Prozesses nach § 240 ZPO eintreten. Die Aufnahme richtet sich als „Aktivprozess" unabhängig von der Parteistellung gleichfalls nach § 85 InsO. 951

Bei der **Hausgeldklage** kann ebenfalls eine Unterbrechung des Prozesses nach § 240 ZPO eintreten. Hinsichtlich der Frage, wann dies der Fall ist und wann nicht, wird auf die jeweiligen Ausführungen im Kapitel zu den Hausgeldforderungen in der Insolvenz verwiesen.[320] 952

Die Regelung des § 240 ZPO ist auch auf sonstige **wohnungseigentumsrechtliche Streitigkeiten** i. S. v. § 43 WEG anwendbar. Entsprechend werden derartige Streitigkeiten 953

[313] BGH NZI 2008, 683.
[314] Rn. 939.
[315] OLG Karlsruhe NJW-RR 2006, 1302 (1303).
[316] BGH NJW-RR 2004, 48 (49).
[317] BGH NJW 2005, 2015 (2017).
[318] BGH NJW 1990, 1239.
[319] Vgl. dazu Rn. 641 ff. und Rn. 650 ff.
[320] Rn. 900 ff.

unterbrochen, sofern das Verfahren die Insolvenzmasse betrifft. Die denkbare Aufnahme eines unterbrochenen Rechtsstreits richtet sich dabei nach §§ 85 f. InsO. Anders als bei beschlussbezogenen Streitigkeiten liegt jedoch nicht immer ein Aktivprozess nach § 85 InsO vor. Vielmehr ist insoweit eine Abgrenzung nach den allgemeingültigen Kriterien vorzunehmen.[321]

V. Versorgungssperre

1. Begriff der Versorgungssperre

954 Unter Versorgungssperre versteht man das **Absperren** eines Wohnungseigentums von Versorgungszuleitungen durch die Wohnungseigentümergemeinschaft („Ausfrieren"). Grund für diese Maßnahme sind Beitragsrückstände des – meist zahlungsunfähigen – Eigentümers. Die Gemeinschaft will dadurch verhindern, dass zu ihren Lasten durch den Bezug weiterer Versorgungsleistungen die Rückstände stetig ansteigen. Da die Gemeinschaft nur auf solche Versorgungsleistungen Zugriff hat, die sie selbst dem einzelnen Wohnungseigentümer vermittelt, erfasst die Versorgungssperre nur solche Leistungen, die über die Gemeinschaft abgerechnet werden, im Regelfall also **Wasser und Heizenergie.** Versorgungsleistungen, die der betroffene Wohnungseigentümer unmittelbar vom Lieferanten bezieht, können nicht zulässiger Gegenstand einer von der Wohnungseigentümergemeinschaft verhängten Versorgungssperre sein. Das gilt normalerweise für die Stromkosten des Sondereigentums, da das Versorgungsunternehmen diese unmittelbar aufgrund eines Vertragsverhältnisses mit dem Wohnungseigentümer abrechnet. Die Versorgungssperre zählt **nicht zur Zwangsvollstreckung,** sondern stellt eine faktische Maßnahme dar. Sie wird meist dann als Notmaßnahme ergriffen, wenn eine Zwangsvollstreckung gegen den betroffenen Wohnungseigentümer keinen Erfolg mehr brachte. Gleichwohl ist sie rechtlich nur unter besonderen, nachfolgend beschriebenen Voraussetzungen zulässig.

2. Zulässigkeit der Versorgungssperre

955 a) **Rechtliche Grundlagen.** Seit der BGH die Versorgungssperre im Wohnungseigentumsrecht gebilligt hat,[322] ist ihre Zulässigkeit im Grundsatz geklärt. Ihre Grundlage ist das **Zurückbehaltungsrecht** des **§ 273 BGB.** Kommt danach ein Mitglied der Gemeinschaft seinen Zahlungspflichten nicht nach, sind die übrigen Mitglieder grundsätzlich berechtigt, den Säumigen von dem weiteren Leistungsbezug auszuschließen. Die für alle Mitglieder der Gemeinschaft bestehende Berechtigung zur Teilhabe an den gemeinschaftlichen Leistungen korrespondiert gemäß § 273 BGB mit der Pflicht zur Erfüllung der jedem Mitglied gegenüber allen anderen Mitgliedern bestehenden Verpflichtungen.[323] Die Ausübung des Zurückbehaltungsrechts ist unabhängig von dem Vorliegen der Voraussetzungen der Eigentumsentziehung gemäß § 18 Abs. 2 Nr. 2 WEG;[324] es handelt sich hier um zwei völlig verschiedene Rechtsfragen. Der rechtfertigende Sinn der Versorgungssperre liegt darin, dass es keine gesetzliche Grundlage dafür gibt, die Wohnungseigentümergemeinschaft zu verpflichten, zeitlich unbegrenzt einen Teil der Lebenshaltungskosten für andere Eigentümer zu übernehmen, da ihr keine Fürsorgepflicht

---

[321] Vgl. dazu etwa die Ausführungen bei MünchKommInsO/*Schumacher* § 85 f.

[322] BGH NJW 2005, 2622. Dieser Fall betraf zwar eine Erbbaurechtsgemeinschaft; in dieser war jedoch die Geltung des WEG vereinbart, so dass die Entscheidung des BGH unmittelbar für das WEG Bedeutung hat. Der BGH hat zudem eine ablehnende Entscheidung des OLG Köln NJW-RR 2001, 301 zur Versorgungssperre ausdrücklich zurückgewiesen.

[323] BGH NJW 2005, 2622 (2623); ebenso bereits OLG Celle NJW-RR 1991, 1118 (1119).

[324] OLG Oldenburg ZMR 2005, 651 (652); OLG Hamm MDR 1994, 163 (164); BayObLG MDR 1992, 967; OLG Celle NJW-RR 1991, 1118 (1119).

obliegt.[325] Entgegen einer überholten Auffassung[326] stellt die Versorgungssperre **keine verbotene Eigenmacht** gemäß § 858 BGB dar.[327] Der Besitzer der gesperrten Wohnung kann allein aus diesem Besitz kein Belieferungsrecht mit Leistungen herleiten.[328] Denn auf die erst noch zu liefernden Leistungen (Wasser, Gas etc.) kann sich sein Besitzrecht zwingend noch gar nicht erstrecken. Gestört wird durch die Versorgungssperre nur faktisch der gewöhnliche Gebrauch einer Wohnung, nicht aber ein Besitzrecht. Ebensowenig greift bei gewerblich genutztem Teileigentum § 823 Abs. 1 BGB wegen eines Eingriffs **in den eingerichteten und ausgeübten Gewerbebetrieb.** Denn unabhängig von allen anderen sich hier stellenden Fragen[329] ist die sich im Rahmen des § 273 BGB haltende Versorgungssperre nicht rechtswidrig i. S. d. § 823 Abs. 1 BGB. Sofern zwecks Durchführung der Versorgungssperre in den Zuleitungen Absperrventile eingebaut werden, liegt insoweit auch **keine bauliche Veränderung** i. S. d. § 22 Abs. 1 WEG vor,[330] sondern eine Maßnahme ordnungsgemäßer Verwaltung. Die Absperrmaßnahmen hat der betroffene Wohnungseigentümer in entsprechender Anwendung des § 14 Nr. 4 WEG zu dulden, auch wenn dazu seine Wohnung betreten werden muss.[331]

b) Erheblicher Zahlungsrückstand. Die Versorgungssperre ist nur bei einem erhebli- **956**
chen Zahlungsrückstand des betroffenen Wohnungseigentümers zulässig. Im Anschluss an die grundlegende Entscheidung des BGH hat sich mittlerweile die Meinung durchgesetzt, dass ein Hausgeldrückstand von **mehr als sechs Monatsbeiträgen** vorliegen muss,[332] auf die absolute Höhe des Rückstandes kommt es nicht an. Gelegentlich wird verlangt, dass die rückständige Hausgeldforderung zweifelsfrei bestehen müsse,[333] insbesondere anerkannt oder rechtskräftig festgestellt sei.[334] Diese Auffassung findet in § 273 BGB keine Stütze und ist daher abzulehnen. Soweit diese Meinung zusätzlich damit gerechtfertigt werden soll, eine Aufrechnung gegen Hausgeldansprüche sei ebenfalls nur mit solchen qualifizierten Forderungen möglich, wird der Unterschied zwischen einer Aufrechnung gegen Hausgeldforderungen[335] und einer Aufrechnung bzw. einem Zurückbehaltungsrecht mit Hausgeldforderungen verkannt. Im übrigen ergibt sich auch keine praktische Notwendigkeit für diese Auffassung, da in einem späteren Prozess um eine Versorgungssperre das Gericht ohnehin die Voraussetzungen ihrer Zulässigkeit vollständig festzustellen hat; eine gerichtliche Kontrolle ist daher im Streitfall gewährleistet. Die Versorgungssperre ist erst dann wieder **aufzuheben,** wenn der aufgelaufene Rückstand **vollständig bezahlt** ist,[336] die Wohnungseigentümergemeinschaft muss sich mit Teilzahlungen – auf die ein Schuldner gemäß § 266 BGB kein Recht hat – nicht begnügen. Insbesondere ist es unzureichend, wenn der Schuldner nur Teilzahlungen auf die Positionen des Hausgeldes erbringt, die auf die gesperrten Versorgungsleistungen entfallen.[337] Denn

---

[325] Zutreffend herausgearbeitet von OLG Celle NJW-RR 1991, 1118 (1119) und später von der obergerichtlichen Rspr. übernommen.

[326] OLG Köln NJW-RR 2001, 301 (302).

[327] BGH NJW 2009, 1947; KG NJW-RR 2001, 1307 (1308).

[328] So aber offenbar OLG Köln NJW-RR 2001, 301 (302).

[329] Nach LG Frankfurt a. M. NZM 1998, 714 stellt die bloße Zurückhaltung einer Leistung bereits keinen Eingriff dar.

[330] BayObLG NJW-RR 2004, 1382; KG NJW-RR 2001, 1307 (1308); OLG Hamm MDR 1994, 163 (164); OLG Celle NJW-RR 2001, 1118 (1119).

[331] OLG Frankfurt a. M. NZM 2006, 869; OLG München NJW-RR 2005, 598 (599); ähnlich BayObLG NJW-RR 2004, 1382.

[332] BGH NJW 2005, 2622 (2623); OLG Dresden ZMR 2008, 140; KG NJW-RR 2006, 446; OLG Frankfurt a. M. NZM 2006, 869.

[333] OLG Frankfurt a. M. NZM 2006, 869 (870).

[334] So OLG Oldenburg ZMR 2005, 651 (652).

[335] Näher dazu oben Rn. 448.

[336] OLG Dresden ZMR 2008, 140.

[337] KG NJW-RR 2006, 446 (447).

bei den Beiträgen gemäß § 16 Abs. 2 WEG handelt es sich um einheitliche Forderungen; ausgeschlossen sind Teilzahlungen, die sich lediglich auf bestimmte Ansätze eines Wirtschaftsplanes beziehen.[338]

957 c) **Beschlussfassung.** Die Versorgungssperre als Maßnahme ordnungsgemäßer Verwaltung erfordert einen **Beschluss** der Wohnungseigentümerversammlung.[339] Der Beschluss kann mit einfacher Mehrheit gefasst werden.[340] Der Beschluss verpflichtet i. V. m. einer entsprechenden Anwendung des § 14 Nr. 4 WEG den betroffenen Wohnungseigentümer dazu die Absperrmaßnahmen zu dulden.[341] Der Beschluss ist nach allgemeinen Regeln anfechtbar. Wird er angefochten, so findet nicht nur eine formelle Prüfung statt, vielmehr hat das Gericht selbst festzustellen, ob die Voraussetzungen für eine Versorgungssperre vorliegen. Selbst wenn der Beschluss bestandskräftig wird, hat das Gericht in einem nachfolgenden Prozess über die Duldung des Zutritts zu der betroffenen Wohnung uneingeschränkt zu prüfen, ob die Voraussetzungen des Zurückbehaltungsrechts nach § 273 BGB tatsächlich vorliegen.[342]

958 d) **Androhung.** Dem Vollzug der Versorgungssperre muss eine Androhung vorausgehen.[343] Nach Meinung des BGH ist dies aber nur dann erforderlich, wenn nicht ohnehin um den Vollzug der Versorgungssperre prozessiert werden muss.[344] Die Versorgungssperre muss also angedroht werden, wenn die Gemeinschaft sie sofort durchführen könnte, ohne die Räume des betroffenen Wohnungseigentümers betreten zu müssen. Es reicht aus, wenn die Androhung verbunden mit einer Fristsetzung zur Zahlung der Rückstände bereits in dem Beschluss über die Versorgungssperre enthalten ist.[345]

3. Zwangsvollstreckung

959 Kann die Versorgungssperre ohne jede Mitwirkung des betroffenen Wohnungseigentümers vollzogen werden, ist rechtlich eine Zwangsvollstreckung nicht geboten. So liegt der Fall, wenn beim Anbringen der Absperreinrichtungen die Räume des betroffenen Wohnungseigentümers nicht betreten werden müssen. Hier kann die Gemeinschaft ohne weiteres bereits faktisch ihr Zurückbehaltungsrecht ausüben. Anders liegen die Dinge, wenn das Betreten der Räume des betroffen Wohnungseigentümer erforderlich ist: Zwar hat der Wohnungseigentümer dies zu dulden. Die Gemeinschaft hat aber nicht das Recht, sich gegen dessen Widerstand gewaltsam Zutritt zu den Räumen zu verschaffen – dies wäre verbotene Eigenmacht; vielmehr muss gegen den Wohnungseigentümer ein entsprechender **Duldungstitel** erwirkt werden. In diesem Prozess werden die Voraussetzungen der Versorgungssperre vollständig überprüft. Insbesondere hat das Gericht festzustellen, ob tatsächlich ein Hausgeldrückstand von mehr als sechs Monatsbeiträgen besteht. Aufgrund des Titels können dann in der Wohnung des betroffenen Wohnungseigentümers die Absperrmaßnahmen durchgeführt werden. Hierzu ist nicht ein gesonderter Beschluss nach § 758 a ZPO erforderlich, da das Anbringen von Absperrvorrichtungen keine Durchsuchung i. S. d. Vorschrift darstellt.[346] Dem Richtervorbehalt des Art. 13 GG ist dadurch genügt, dass der Schuldner bereits richterlich verpflichtet worden ist, dem Gläubiger Zutritt zu seiner Wohnung zu gestatten und die Einstellung der Versorgung zu dulden.

---

338 KG a. a. O.

339 BGH NJW 2005, 2622 (2623); BayObLG MDR 1992, 967 (968); OLG Celle NJW-RR 1991, 1118 (1119).

340 KG NJW-RR 2006, 446; NJW-RR 2001, 1307 (1308).

341 OLG Frankfurt a. M. NZM 2006, 869 (870); OLG München NJW-RR 2005, 598 (599).

342 OLG München NJW-RR 2005, 598 (599).

343 BGH NJW 2005, 2622 (2623); OLG Oldenburg ZMR 2005, 651 (652).

344 BGH a. a. O.

345 Vgl. auch KG NJW-RR 2001, 1307 (1308).

346 BGH NJW 2006, 3352.

4. Versorgungssperre im vermieteten Wohnungseigentum

Die Versorgungssperre ist auch im vermieteten Wohnungseigentum **zulässig.**[347] Es wäre nicht einzusehen, dass sich der zahlungssäumige Wohnungseigentümer allein durch Vermietung den nachteiligen Folgen einer Versorgungssperre entziehen könnte. Dies wird besonders augenfällig, wenn der Wohnungseigentümer den Mietzins einzieht, seinerseits aber kein Hausgeld zahlt. Auch aus dem Blickwinkel des Mieterschutzes folgt nichts anderes. Denn dem Mieter, der mit der Gemeinschaft i. d. R. vertraglich nicht verbunden ist, können nicht mehr Rechte gegen diese zustehen als dem Wohnungseigentümer selbst. Erst recht nicht ist die Gemeinschaft verpflichtet, dem Mieter, zu dem sie keine vertraglichen Beziehungen hat, Versorgungsleistungen ohne Gegenleistung zur Verfügung zu stellen. Der Mieter kann die Versorgungssperre dadurch abwenden, dass er – statt der Mietzahlungen an seinen Vermieter – an die Gemeinschaft das rückständige Hausgeld zahlt.[348] In diesem Fall wird die Hausgeldschuld gemäß § 267 Abs. 1 Satz 1 BGB getilgt und das Zurückbehaltungsrecht der Gemeinschaft erlischt. Lehnt die Gemeinschaft aufgrund § 267 Abs. 2 BGB die Zahlungen des Mieters ab und beharrt sie dennoch auf der Versorgungssperre, so handelt sie rechtsmissbräuchlich.[349] Da der Mieter auf diese Weise eine Schuld des Wohnungseigentümers begleicht, hat er gegen ihn einen Schadensersatz- oder Rückgriffsanspruch, mit dem er gegen die Mietzinsforderungen aufrechnen kann; falls die Aufrechnung rechtlich im Einzelfall nicht möglich ist, bleibt der Mieter darauf verwiesen, den Rückgriffsanspruch gesondert geltend zu machen. Bei einer Gesamtbetrachtung dieser Rechtslage erscheint es nicht unbillig, den Mieter mit der Abwicklung und Durchsetzung dieser Rechtskonstruktion zu belasten. Er kann sich seinen Vertragspartner im Regelfall aussuchen – dies gilt für die Wohnungseigentümergemeinschaft hinsichtlich der Person der Miteigentümer nicht. Zu beachten ist allerdings, dass die Durchsetzung der Versorgungssperre gegen den Mieter faktisch unmöglich sein kann: Der Mieter ist nämlich **nicht verpflichtet,** das **Betreten** seiner Wohnung zwecks Absperren der Versorgungsleitungen **zu dulden.**[350] § 14 Nr. 4 WEG gilt nicht gegenüber dem Mieter, andere gesetzliche Anspruchsgrundlagen gegen ihn gibt es nicht. Dagegen lässt sich auch nicht die Rspr. des BGH ins Feld führen, wonach der Mieter gegenüber dinglichen Ansprüchen keine weitergehenden Rechte geltend machen kann als der Vermieter.[351] Selbst wenn man den Bezug der Versorgungsleistungen durch den Mieter als Eingriff in Eigentum und Besitz von Gütern des Verbandes begreift und diesem daher gegen den Mieter einen Anspruch aus § 1004 Abs. 1 BGB zubilligt, so ist der Mieter aus dieser Vorschrift nur zur Beseitigung der Störung verpflichtet, also nur dazu, den weiteren Leistungsbezug zu unterlassen. Ein gegen den Mieter erwirktes Unterlassungsurteil wird dann nach § 890 ZPO vollstreckt; es gibt aber darüber hinausgehend keine Pflicht, zusätzlich das Betreten der Wohnung zu dulden. Daher ist eine Versorgungssperre gegen den Mieter nicht effektiv, wenn zu ihrer Durchsetzung die Mieträume betreten werden müssen. **960**

5. Kosten

Da die Versorgungssperre eine Maßnahme ordnungsgemäßer Verwaltung ist, fallen die durch sie verursachten Kosten unter § 16 Abs. 2 WEG und daher ohne besondere Regelung allen Wohnungseigentümern nach dem Verhältnis ihrer Miteigentumsanteile zur Last. Dies lässt sich aber durch § 21 Abs. 7 WEG ändern: Die Versorgungssperre stellt **961**

347 KG NZM 2002, 221.

348 Ausführlich hierzu *H. Scholz* NZM 2008, 387 (391).

349 Siehe auch LG Berlin NZM 2008, 531 im Fall eines Wohnrechtsinhabers.

350 KG NJW-RR 2006, 658; a. A. *Scholz* NZM 2008, 387 (390).

351 BGH NZM 2007, 130.

einen **besonderen Verwaltungsaufwand** dar, den der betreffende Wohnungseigentümer allein verursacht und daher billigerweise auch allein zu tragen hat. Daher können ihm aufgrund dieser Vorschrift durch einfachen Mehrheitsbeschluss sämtliche Kosten der Versorgungssperre auferlegt werden.

6. Formulierungsbeispiel

962 Da die Versorgungssperre einen Beschluss der Gemeinschaft und eine vorherige Androhung erfordert, empfiehlt es sich, sämtliche insoweit zu regelnden Punkte unmittelbar in den Beschlusstext mit aufzunehmen. Der Beschluss kann etwa wie folgt aussehen:

963 „Wegen eines zum 1. 3. 2009 bestehenden Hausgeldzahlungsrückstandes des Wohnungseigentümers XY von zwischenzeitlich 7 Monatsbeiträgen in Gesamthöhe von 2450,– € wird beschlossen, seine Wohnung Nr. 3 gemäß Aufteilungsplan von der Heiz- und Wasserversorgung komplett abzutrennen (Versorgungssperre). Der Verwalter gibt die dazu erforderlichen Arbeiten bei einer Fachfirma in Auftrag, wenn Herr XY nicht binnen 2 Wochen den o. g. Rückstand vollständig bezahlt. Die vollzogene Versorgungssperre wird auch bei einem späteren vollständigen Ausgleich der Rückstände wieder aufgehoben; gleiches gilt bei einem Eigentümerwechsel der Einheit Nr. 3.

964 Sofern die Durchführung der Versorgungssperre das Betreten der Räume des Wohnungseigentümers XY erfordert und dieser der von dem Verwalter beauftragten Fachfirma das Betreten untersagt, soll Herr XY gerichtlich auf Duldung dieser Maßnahmen in Anspruch genommen werden.

965 Sämtliche Kosten der Versorgungssperre werden dem Wohnungseigentümer XY allein auferlegt."

966 Im Anschluss daran können je nach Bedarf weitere Regelungen für einen etwaig zu führenden Duldungsprozess (Vertretungsbefugnis des Verwalters, Beauftragung eines Rechtsanwalts) getroffen werden.

G. Dauerwohnrecht und Dauernutzungsrecht

I. Einführung

1 Neben Wohnungs- und Teileigentum regelt das Wohnungseigentumsgesetz in seinem II. Teil (§§ 31 bis 42 WEG) das Dauerwohn- und das Dauernutzungsrecht. Diese Möglichkeit einer **besonders qualifizierten Form** einer Dienstbarkeit[1] mit Substanz- und Verkehrswert schien dem Gesetzgeber bei Schaffung des Gesetzes über das Wohnungseigentum und das Dauerwohnrecht im Jahre 1951 unentbehrlich.[2]

2 Ziel der Schaffung der Institute des Dauerwohn- und das Dauernutzungsrechtes war vor allem der Schutz von Personen, die einem Grundstückseigentümer **Baukostenzuschüsse** gewährt hatten, sowie die Ermöglichung von **genossenschaftlichen Rechtsgestaltungen.**[3] Die Voraussage, dass Dauerwohn- und Dauernutzungsrechte von künftigen Erwerbern und den finanzierenden Banken als neue Rechtsinstitute genutzt werden würden, bestätigte sich indes nur in den 50er Jahren. Die anfängliche Bereitschaft hatte ihren Grund darin, dass die Banken ursprünglich nicht in einem ausreichenden Maße bereit waren, Wohnungs- und Teileigentum individuell zu finanzieren. Nachdem sich diese Praxis geändert hatte, **verloren** Dauerwohn- und Dauernutzungsrechte im Wesentlichen ihre **Anziehungskraft.** Bis heute finden sie ungeachtet ihrer sehr interessanten Möglichkeiten, z. B. der Absicherung eines vormaligen Grundstückseigentümers oder als Grundlage eines Teilzeitwohnrechtvertrages, und den Vorteilen gegenüber einer Dienstbarkeit i. S. v. § 1093 BGB (dazu Rn. 13) **keine weite Verbreitung.**[4]

3 Im Schrifttum unterscheidet man zum Teil zwischen „mietähnlichen" und „eigentumsähnlichen" Dauerwohnrechten.[5] Als mietähnlich werden dabei vor allem auf eine **kürzere Laufzeit** bestellte Dauerwohnrechte bis zu zehn Jahren verstanden, die beispielsweise einen Nutzer, der sich an den Baukosten des Gebäudes beteiligt hatte, eine gewisse Absicherung gewähren, die Eigentumsrechte und -pflichten aber beim Eigentümer belassen. Diese mietähnliche Variante hatte nie eine praktische Bedeutsamkeit. Eigentumsähnlich werden hingegen solche Dauerwohnrechte verstanden, die zum einen langfristig oder gar unbefristet angelegt sind und zum anderen dem Berechtigten eine dem **Eigentümer ähnliche Rechtsstellung** verschaffen.[6] Eine solche Rechtsstellung soll anzunehmen sein, wenn die Rechte und Pflichten des Berechtigten bei wirtschaftlicher Betrachtungsweise den Rechten und Pflichten eines Eigentümers der Fläche entsprechen und wenn der Berechtigte auf Grund des Dauerwohnrechtsvertrags (dazu Rn. 58) bei Beendigung des Dauerwohnrechts eine **angemessene Entschädigung** enthält.[7] Die **Finanzämter** sahen bislang ein Dauerwohnrecht dann als eigentumsähnlich an, wenn der Dauerwohnrechtsvertrag dem Mustervertrag über die Bestellung eines eigentumsähnlich ausgestalten Dauerwohnrechts entsprach. Die eigentumsähnliche Ausgestaltung wurde vor allem in den 50er Jahren des letzten Jahrhunderts genutzt und erlebte Ende der 90er Jahren des letzten Jahrhunderts eine gewisse Renaissance, als sie nämlich einem Berechtigten zeitweise in den Genuss der Eigenheimzulage brachte.

---

[1] BayObLG NJW 1996, 397 (398); BayObLG BayObLGZ 1957, 102 (112) = NJW 1957, 1840; LG Hildesheim NJW 1960, 49 = DNotZ 1960, 421.

[2] Siehe dazu auch *Spiegelberger,* FS Bärmann und Weitnauer (1990), S. 647.

[3] Häufig Eigenwohnbaugemeinschaften in der Rechtsform der GmbH, die den einzelnen Gesellschaftern Dauerwohnrechte an den von diesen genutzten Wohnungen bestellen.

[4] *J. Mayer* DNotZ 2003, 908; *Jennißen/Grziwotz* § 31 Rn. 2.

[5] *Spiegelberger,* FS Bärmann und Weitnauer (1990), S. 647 (651 ff.).

[6] Zur Bestellung eines eigentumsähnlichen Dauerwohnrechts siehe den im Bundesbaublatt 1956, 615 veröffentlichten Mustervertrag, abgedruckt auch MittBayNot 1999, 354 (358 ff.).

[7] Vgl. Tz. A. I. 1. 2. 2. des BMF-Schreibens vom 10. 2. 1998 (BStBl. I S. 190).

4 Dauerwohn- und das Dauernutzungsrecht haben durch das Wohnungseigentumsgesetz eine nur **zurückhaltende eigene Ausgestaltung** erfahren. Soweit möglich, sind keine Spezialvorschriften geschaffen worden. Anstelle dieser verweist das Gesetz u.a. auf die für das Wohnungs- und Teileigentum geschaffenen Vorschriften und erklärt diese (vor allem §§ 12 und 14 WEG) für entsprechend anwendbar. Ferner sind die Vorschriften des BGB über **dingliche Rechte** einschlägig. Das Gesetz trifft in den §§ 31 bis 41 WEG für Dauerwohn- und Dauernutzungsrechte also nur dort Sondervorschriften, sofern diese wegen der Besonderheiten dieser Institute für notwendig erachtet wurden.

5 Die Vorschriften des **Miet- und Pachtrechts** sind auf Grund der grundlegend verschiedenen Rechtsnatur auf das „dingliche“[8] Dauerwohnrecht nicht anwendbar.[9] Hingegen sind Dauerwohn- und Dauernutzungsrechte als Recht i.S.v. § 567a BGB zu verstehen, durch dessen Ausübung der vertragsgemäße Gebrauch dem Mieter entzogen oder beschränkt wird.

II. Begriff und Inhalt

1. Dauerwohnrecht

6 Wenn ein Grundstück in der Weise belastet wird, dass derjenige, zu dessen Gunsten die Belastung erfolgt, berechtigt ist, unter Ausschluss des Eigentümers eine bestimmte Wohnung in einem auf dem Grundstück errichteten oder zu errichtenden Gebäude zu bewohnen oder in anderer Weise zu nutzen, spricht man nach § 31 Abs. 1 Satz 1 WEG von einem **Dauerwohnrecht.** Neben der „Wohnung“[10] kann sich ein Dauerwohnrecht auch auf einen außerhalb des Gebäudes liegenden Teil des Grundstücks erstrecken, sofern nur die Wohnung wirtschaftlich die Hauptsache bleibt, § 31 Abs. 1 Satz 2 WEG.

7 Die gesetzliche Begriffsbestimmung des Dauerwohnrechts lehnt sich weitgehend und fast wörtlich an die Begriffsbestimmung für ein **dingliches Wohnungsrecht** nach §§ 1093, 1090 BGB an. Ein Dauerwohnrecht ist aus diesem Grunde zwar ein „dienstbarkeitartiges“,[11] aber anders als eine Dienstbarkeit ein **vererbliches** und **veräußerliches** Recht[12] an einem Grundstück und hat zum Inhalt, dass derjenige, zu dessen Gunsten es bestellt wird, berechtigt ist, unter Ausschluss des Eigentümers eine Wohnung in dem Gebäude zu bewohnen oder in anderer Weise zu nutzen. Es handelt sich also nicht nur um ein Recht zur Benutzung, sondern um das **Recht zur Fruchtziehung im weitesten Sinne.**[13]

8 Ein Dauerwohnrecht ist trotz dieser Vorteile aber **kein grundstücksgleiches** Recht.[14] Von diesen unterscheidet es sich dadurch, dass eine **Belastung** mit Grundpfandrechten, Reallasten und Dienstbarkeiten nicht möglich ist.[15] Wird das belastete Grundstück geteilt, z.B. ein Wohnungseigentum unterteilt, so werden, wenn die Ausübung des Dauerwohnrechts auf einen bestimmten Teil des belasteten Grundstücks beschränkt ist, die Teile, welche außerhalb des Bereichs der Ausübung liegen, vom Dauerwohnrechts entsprechend § 1026 BGB frei.[16]

---

[8] BGH BGHZ 27, 158 (161) = NJW 1958, 1289.
[9] BGH BGHZ 52, 243 (248) = NJW 1969, 1850; LG Frankfurt NZM 2000, 877.
[10] Wohnung kann auch ein Raum sein.
[11] OLG Celle OLGReport Celle 1996, 231 (232).
[12] Eine Umdeutung nach § 140 BGB kommt daher nur in Ausnahmefällen in Betracht, BGH NJW 1963, 339.
[13] OLG Celle OLGReport Celle 1996, 231 (232).
[14] *Bamberger/Roth/Hügel* § 33 Rn. 2.
[15] LG Hildesheim NJW 1960, 49 = DNotZ 1960, 421.
[16] BayObLG BayObLGReport 1995, 73; OLG Frankfurt NJW 1959, 1977.

2. Dauernutzungsrecht

Wenn ein Grundstück in der Weise belastet wird, dass derjenige, zu dessen Gunsten die Belastung erfolgt, berechtigt ist, unter Ausschluss des Eigentümers nicht zu Wohnzwecken dienende bestimmte Räume in einem auf dem Grundstück errichteten oder zu errichtenden Gebäude zu nutzen, spricht man nach § 32 Abs. 2 WEG von einem **Dauernutzungsrecht.** Für das Dauernutzungsrecht gelten die Vorschriften über das Dauerwohnrecht entsprechend.[17] 9

3. Mischformen und Umwandlung

An einer Wohnung kann sowohl ein Dauerwohn- als auch ein Dauernutzungsrecht bestellt werden, z.B. eine Werkstatt mit Wohnung.[18] Die **Umwandlung** eines Dauerwohn- in ein Dauernutzungsrecht und umgekehrt ist möglich, hat aber nach den normalen Begründungsvoraussetzungen (Rn. 14) zu erfolgen.[19] 10

4. Pfändung und Verpfändung

Ein Dauerwohnrecht wird entsprechend §§ 857 Abs. 6, 830 Abs. 1 Satz 3 ZPO durch **Eintragung der Pfändung im Wohnungsgrundbuch** gepfändet.[20] Drittschuldner ist der Eigentümer. Die Verwertung erfolgt gem. §§ 857 Abs. 5, 844 ZPO durch Veräußerung. Die **Verpfändung** richtet sich nach § 1274 BGB, die Pfandverwertung nach §§ 1228 Abs. 2 i.V.m. § 1277 BGB. 11

5. Verhältnis zum Wohnungseigentum

Ein Dauerwohnrecht kann auch an einem **Wohnungs- oder Teileigentum** bestellt werden (Rn. 22). Es kommt damit im Ergebnis einem **Sondernutzungsrecht** nahe, wenn auch das Dauerwohnrecht selbstständig ist und der Berechtigte anders als bei einem Sondernutzungsrecht auch ein Nichtwohnungseigentümer sein kann. Zwischen dem Berechtigten eines Wohnungs- oder Teileigentums und den Wohnungseigentümern bzw. dem Verband Wohnungseigentümergemeinschaft bestehen auch in diesem Falle indes **weder vertragliche noch gesetzliche Beziehungen.** In welcher Weise ein Berechtigter vom Gemeinschaftseigentum sowie den Flächen, die dem Dauerwohnrecht unterliegen, einen **Gebrauch** machen kann, bestimmen primär seine Vereinbarungen mit dem Eigentümer i.S.v. § 33 Abs. 4 WEG. Wie auch ein Mieter, kann ein Berechtigter vom Gemeinschaftseigentum und den dem Dauerwohn- oder Dauernutzungsrecht unterliegenden Flächen nur einen Gebrauch machen, der jedem Wohnungseigentümer zusteht (dazu Rn. 44). Welcher Gebrauch den Wohnungseigentümern erlaubt ist, bestimmen die vereinbarten oder beschlossenen Gebrauchsregelungen der Wohnungseigentümer nach § 15 Abs. 1 und Abs. 2 WEG sowie subsidiär §§ 15 Abs. 3, 14 WEG. Zum Stimmrecht des Berechtigten in der Eigentümerversammlung siehe Rn. 55. Zum **Gebrauch des Berechtigten** siehe im Übrigen Rn. 38 ff. 12

6. Abgrenzung

Dauerwohn- und Dauernutzungsrechte sind im Wesentlichen gegenüber dem dinglichen Wohnungsrecht nach § 1093 BGB und gegenüber einem Erbbaurecht i.S.v. § 1 13

---

[17] Im Folgenden wird deshalb im Wesentlichen nur noch das Dauerwohnrecht dargestellt.

[18] BayObLG BayObLGZ 1960, 231; *Vandenhouten* in: *Niedenführ/Kümmel/Vandenhouten* § 31 Rn. 12.

[19] *Vandenhouten* in: *Niedenführ/Kümmel/Vandenhouten* § 31 Rn. 21; *Jennißen/Grziwotz* § 31 Rn. 22; NK-BGB/*Heinemann* § 31 Rn. 9.

[20] *Habetha* ZMR 1996, 590 (591).

Abs. 1 ErbbauRG abzugrenzen. Gegenüber dem dinglichen Wohnrecht grenzen sich Dauerwohn- und Dauernutzungsrechte vor allem dadurch ab, dass sie **veräußerlich** sowie **vererblich** sind und nicht nur einer bestimmten Person zustehen können. Daneben sind die Möglichkeiten, Regelungen der Vertragsparteien im Dauerwohnvertrag zu verdinglichen, wesentlich weiter.[21] Dauerwohn- und Dauernutzungsrechte sind ferner teilbar. § 34 Abs. 2 WEG berechtigt den Inhaber eines Dauerwohn- und eines Dauernutzungsrechtes im Übrigen, **Beeinträchtigungen gegen Dritte** abzuwehren, wie das auch der Eigentümer des Grundstücks kann. Im Gegensatz zu **Erbbaurechten** haben Dauerwohn- und Dauernutzungsrechte vor allem keinen ausgeprägten „Eigentumsinhalt", etwa eine **Belastung** mit Grundpfandrechten, Reallasten und Dienstbarkeiten ist nicht möglich (Rn. 8). Ein entgeltliches „schuldrechtliches Wohnrecht" ist ein Mietvertrag.[22]

III. Begründung und Untergang von Dauerwohnrechten

1. Inhalt

14 Ein Dauerwohnrecht als **Belastung** eines[23] **Grundstücks** unterliegt den allgemeinen Vorschriften über Rechte an Grundstücken, insbesondere §§ 873 ff. BGB.[24] Zur Begründung eines Dauerwohnrechts ist daher gem. § 873 Abs. 1 BGB eine **Einigung** zwischen dem Grundstückseigentümer und dem Berechtigten (Begünstigten) sowie eine **Eintragung** des Dauerwohnrechts im Grundbuch erforderlich.[25] Die Einigung zwischen dem Eigentümer und dem Berechtigten bedarf grundsätzlich[26] **keiner besonderen Form,** insbesondere nicht der Form der Auflassung nach § 925 BGB. Die Eintragung erfolgt auf Antrag des Grundstückseigentümers oder des voreingetragenen Berechtigten (§§ 13, 39 GBO). Verfahrensrechtlich bedarf es der Vorlage einer **Eintragungsbewilligung** gem. § 19 GBO in der Form des § 29 GBO.[27] Die Erklärung ist nur vom betroffenen Grundstückseigentümer abzugeben.[28]

15 Mit Blick auf § 32 Abs. 3 WEG ist dem Grundbuchamt ein **Dauerwohnvertrag** (dazu Rn. 58) miteinzureichen. Fehlt der Dauerwohnvertrag, ist er fehlerhaft oder unvollständig und erfolgt dennoch eine Eintragung, so ist das allerdings unschädlich (Rn. 35). Nach § 31 Abs. 1 Satz 1 WEG setzt die Bestellung voraus, dass es auf dem Grundstück jedenfalls auch ein errichtetes oder ein zu errichtendes Gebäude gibt.[29] Diese Einschränkung hat den Zweck, zu verhindern, dass das Dauerwohnrecht zu einer Art Erbbaurecht an unbebauten Grundstücken missbraucht wird.[30]

16 Ein Dauerwohnrecht kann gem. § 33 Abs. 1 Satz 2 WEG **nicht unter einer Bedingung** bestellt[31] werden. Zulässig und sogar die Regel sind – wie § 41 WEG zeigt – **zeitliche Befristungen,** z. B. die Lebenszeit des Berechtigten *(dies certus an incertus*

---

[21] *Bauer/von Oefele* AT V Rn. 413.

[22] BGH ZMR 1998, 141 (142) = NJW 1998, 595; BGH NJW 1982, 820.

[23] Streitig ist, ob ein Dauerwohnrecht auch für mehrere gemeinsame Grundstücke bestellt werden kann. Dies ist zu bejahen, wenn die dem Dauerwohnrecht unterliegenden Flächen eine Einheit bilden, LG Hildesheim NJW 1960, 49; *Böttcher* MittBayNotK 1993, 129; a. A. Bärmann/*Pick* § 31 Rn. 53.

[24] OLG Hamburg ZMR 2004, 616 (617).

[25] BGH BGHZ 130, 150 (154), NJW 1995, 2637.

[26] Siehe aber § 484 Abs. 1 BGB.

[27] *Bamberger/Roth/Hügel* § 32 Rn. 4.

[28] *Schmid* in: *Riecke/Schmid* § 32 Rn. 5.

[29] Dieses Gebäude muss nach Sinn und Zweck der Regelung wesentlicher Bestandteil des Grundstücks sein.

[30] *Staudinger/Spiegelberger* § 31 Rn. 1.

[31] Wohl aber bedingt übertragen oder belastet werden.

quando),[32] oder die Vereinbarung eines Heimfallanspruchs (Rn. 75). Ein normales Dauerwohnrecht wird stets für eine von vornherein bestimmte Zeit bestellt. Für Dauerwohnrechte, die ausnahmsweise zeitlich unbegrenzt oder für einen Zeitraum von mehr als zehn Jahren eingeräumt sind, gelten besondere Vorschriften (Rn. 98 ff.). Zeitliche Befristungen spielen vor allem bei **Time-Sharing-Modellen** eine Rolle.[33]

2. Gegenstand

Ein Dauerwohnrecht wird grundsätzlich **an einem Grundstück** begründet und erstreckt sich dann auch auf das Grundstückszubehör. Möglich ist es allerdings auch, gem. § 7 Abs. 2 Satz 1 GBO – wenn hiervon keine Verwirrung zu besorgen ist – ein Dauerwohnrecht an anderen Sachen oder Rechten zu begründen:[34] 17

- an einem Grundstücksteil; 18
- an einem Gebäude;[35] 19
- an mehreren Räumen oder nur an einem Raum;[36] 20
- an einem Erbbaurecht (Rn. 101); 21
- an einem Wohnungs- und Teilerbbaurecht; 22
- an Grundstücks- bzw. Erbbaurechtsteilen; 23
- an einem Wohnungs- oder einem Teileigentum.[37] 24

Ferner ist eine Begründung an mehreren unterschiedlichen Flächen vorstellbar.[38] Die Begründung eines Dauerwohn- oder ein Dauernutzungsrechts an einem **Sondernutzungsrecht** ist hingegen nicht möglich, weil dieses nur ein schuldrechtliches Gebrauchsrecht,[39] aber **kein dingliches** noch gar grundstücksgleiches Recht ist.[40] Auch die Begründung an einem **Miteigentumsanteil**[41] oder einem **Nießbrauchsrecht** ist nicht zulässig. Wird ein Grundstück nach § 8 WEG aufgeteilt, besteht das bereits eingerichtete Dauerwohnrecht nur an demjenigen Wohnungseigentumsrecht fort, auf dessen Raumeinheiten es sich erstreckt.[42] Die übrigen Wohnungseigentumsrechte werden nach §§ 1090 Abs. 2, 1026 BGB von der dinglichen Belastung frei.[43] Diese rechtliche Wirkung kann indessen nur eintreten, wenn der Ausübungsbereich der Dienstbarkeit mit der Nutzungsbefugnis eines oder mehrerer Sondereigentümer deckungsgleich ist. Geht hingegen der Ausübungsbereich der Dienstbarkeit darüber hinaus, muss das gesamte Grundstück belastet bleiben,[44] es sei denn eine Abgrenzung auf z. B. drei Einheiten wäre möglich. Umstritten ist, ob an ein und derselben Wohnung oder ein und denselben Raum in Form des „time-sharing" **mehrere Dauerwohnrechte** bestellt werden können (dazu Rn. 102). 25

---

[32] *J. Mayer* DNotZ 2003, 908 (930); *U. Mayer* ZNotP 2000, 354 (355/356); *Klingenstein* BWNotZ 1965, 222 (228); *Diester* NJW 1963, 183; *ders.* Rpfleger 1965, 216; a. A. OLG Neustadt NJW 1961, 1974; *Böttcher* MittBayNot 1993, 129.

[33] Siehe dazu Rn. 102 und Rn. A 929 ff.

[34] Zur näheren Bezeichnung des Gegenstands kann auf die Eintragungsbewilligung Bezug genommen werden, § 32 Abs. 1 Satz 1 WEG.

[35] BGH BGHZ 27, 158 (161) = NJW 1958, 1289; LG Münster DNotZ 1953, 148 m. Anm. *Hoche.*

[36] LG Münster DNotZ 1953, 148 mit Anm. *Hoche; Bamberger/Roth/Hügel* § 31 Rn. 3.

[37] BGH MDR 1979, 390 = Rpfleger 1979, 58; OLG Hamburg ZMR 2004, 616 (617).

[38] LG Hildesheim NJW 1960, 49 (50) = DNotZ 1960, 421.

[39] *Riecke/Schmid/Abramenko* § 13 Rn. 27.

[40] BGH BGHZ 91, 343 = NJW 1979, 548; OLG Hamburg ZMR 2004, 616 (617). Siehe auch *Hogenschurz,* Das Sondernutzungsrecht nach WEG, § 1 Rn. 17 ff.

[41] BayObLG BayObLGZ 1957, 102 = NJW 1957, 1840.

[42] OLG Frankfurt NJW 1959, 1977.

[43] OLG Oldenburg NJW-RR 1989, 273; BayObLG BayObLGZ 1957, 102 = NJW 1957, 1840.

[44] OLG Hamm ZWE 2000, 372 (374).

3. Anlagen zur Eintragungsbewilligung

26 Der Eintragungsbewilligung eines Dauerwohnrechts sind nach § 32 Abs. 2 Satz 2 WEG als Anlagen eine Abgeschlossenheitsbescheinigung und ein Aufteilungsplan beizufügen.

27 a) **Abgeschlossenheitsbescheinigung.** Ein Dauerwohnrecht soll gem. § 32 Abs. 1 WEG und entsprechend § 3 Abs. 2 WEG nur dann bestellt werden, wenn die Wohnung in sich abgeschlossen ist und eine Baubehörde die Abgeschlossenheit bescheinigt hat.[45] Die Abgeschlossenheit soll gewährleisten, dass der Bereich der dem Dauerwohnrecht unterliegenden Flächen **eindeutig abgegrenzt** ist[46] und bedeutet dauerhafte räumliche Abgrenzung und Abschließbarkeit.[47] Abgeschlossenheit liegt i. d. R. vor, wenn folgende Voraussetzungen erfüllt sind:
- Abgeschlossenheit gegenüber den Teilen, die dem Recht des Eigentümers oder anderer Eigentümer unterliegen;
- freie Zugangsmöglichkeit;
- eine Ausstattung, die einen selbstständigen Haushalt erlaubt.

28 Ein Dauerwohnrecht ist aus diesem Grunde z. B. dann nicht abgeschlossen, wenn die Wohnung einen Zugang nur durch eine andere Wohnung hat.[48] Eine Abgeschlossenheitsbescheinigung ist ausnahmsweise **nicht erforderlich,** wenn sich das Dauerwohnrecht auf das gesamte Gebäude erstreckt.[49] In diesem Falle bedarf es keines weiteren Nachweises, weil **kein rechtliches Bedürfnis** für eine Abgrenzung gegenüber anderen Nutzungsberechtigten besteht.

29 b) **Aufteilungsplan.** Der Eintragungsbewilligung ist eine von der Baubehörde mit Unterschrift und Siegel oder Stempel versehene Bauzeichnung beizufügen, aus der die Aufteilung des Gebäudes sowie die Lage und Größe der dem Dauerwohnrecht unterliegenden Gebäude- und Grundstücksteile ersichtlich ist (Aufteilungsplan); alle zu demselben Dauerwohnrecht gehörenden Einzelräume sind mit der jeweils gleichen Nummer zu kennzeichnen.

30 Der Aufteilungsplan trägt wie bei § 7 Abs. 4 Nr. 1 WEG dem sachen- und grundbuchrechtlichen **Bestimmtheitsgrundsatz** Rechnung, der verlangt, dass Inhalt und Umfang dinglicher Rechte zweifelsfrei und eindeutig bestimmt sind. Die Anforderungen unterscheiden sich aber von der für die Begründung von Wohnungseigentum erforderlichen Bauzeichnung.[50] Es genügt, wenn bei mehreren Gebäuden auf dem belasteten Grundstück in einem Grundstücksplan das Gebäude gekennzeichnet ist, in dem sich die von dem Dauerwohnrecht umfassten Räume befinden;[51] erstreckt sich das Dauerwohnrecht auf außerhalb des Gebäudes liegende Grundstücksteile, z. B. einen Garten, müssen sich auch deren Lage und Größe aus dem Plan ergeben. Außerdem ist, wenn sich die von dem Dauerwohnrecht umfassten Räume in einem von mehreren Stockwerken eines Gebäudes befinden, ein Stockwerksplan erforderlich.[52] Aus ihm muss sich die Lage der Räume und ihre Abgrenzung zu anderen Räumen auf dem Stockwerk ergeben; dabei genügt es, wenn die von dem Dauerwohnrecht umfassten Räume in ihrer äußeren Umgrenzung kenntlich gemacht sind. Die weiteren auf dem Stockwerk befindlichen Wohnungen und Räume brauchen aus dem Stockwerksplan nicht ersichtlich zu sein. Schließlich ist ggf. noch ein Wohnungsplan über die einzelnen zum Dauerwohnrecht gehörenden Räume erforder-

---

[45] Dazu u. a. *Lotter* MittBayNot 1999, 354, 355.
[46] Vgl. BGH BGHZ 110, 36 (39) = NJW 1990, 1111 zur Bestimmung des § 3 WEG.
[47] *Riecke/Schmid/Elzer* § 3 Rn. 61.
[48] *Palandt/Bassenge* § 32 Rn. 1; a. A. *Lotter* MittBayNot 1999, 354 (355 ff.).
[49] LG Münster DNotZ 1953, 148.
[50] BayObLG BayObLGReport 1997, 65 = BayObLGZ 1997, 163 = NJW-RR 1997, 1233.
[51] *Bamberger/Roth/Hügel* § 32 Rn. 3.
[52] BayObLG BayObLGReport 1997, 65, 66 = BayObLGZ 1997, 163 = NJW-RR 1997, 1233.

lich. Nicht erforderlich sind aber Baupläne für das gesamte Wohngebäude; denn andere Wohnungen sind unbeachtlich.[53]

c) **Öffnungsklausel.** Die Landesregierungen (im Einzelfall die Landesbauverwaltungen) können gem. § 32 Abs. 2 Satz 4 WEG durch Rechtsverordnung bestimmen, dass und in welchen Fällen der Aufteilungsplan und die Abgeschlossenheit von einem öffentlich bestellten oder anerkannten Sachverständigen für das Bauwesen statt von der Baubehörde ausgefertigt und bescheinigt werden. In diesem Falle müssen die Unterlagen nach § 32 Abs. 2 Satz 6 WEG nicht der Form des § 29 GBO genügen. 31

4. Prüfungsrecht und -pflicht des Grundbuchamtes

Das Grundbuchamt hat zu prüfen, ob die nach § 32 Abs. 2 Satz 2 WEG erforderlichen Anlagen eingereicht wurden und ob die Wohnung in sich abgeschlossen ist. Weiter ist vom Grundbuchamt gem. § 32 Abs. 3 WEG zu prüfen, ob der Eigentümer und der künftige Berechtigte im Dauerwohnvertrag (Rn. 58) bestimmte **Vereinbarungen** getroffen haben. 32

Der Dauerwohnvertrag muss sich deshalb zum einen zu den in § 33 Abs. 4 Nr. 1 bis 4 WEG bezeichneten Angelegenheiten äußern, also über Art und Umfang der Nutzungen der dem Dauerwohnrecht unterliegenden Flächen, über Instandhaltung und Instandsetzung der dem Dauerwohnrecht unterliegenden Flächen, über die ggf. gewollte Pflicht des Berechtigten zur Tragung öffentlicher oder privatrechtlicher Lasten des Grundstücks und über die Versicherung des Gebäudes sowie seinen Wiederaufbau im Falle der Zerstörung. Ferner muss sich der Dauerwohnvertrag dazu äußern, ob es einen Heimfallanspruch geben soll und – wenn ja –, unter welchen Voraussetzungen i. S. d. § 36 Abs. 1 WEG der Heimfall erfolgen soll.[54] Ferner ist bei einem Heimfallanspruch anzugeben, ob eine Entschädigung i. S. v. § 36 Abs. 4 WEG zu leisten ist. 33

Um seinem Prüfauftrag nachzukommen, kann und muss das Grundbuchamt einen **Nachweis** dieser Punkte und der Vereinbarungen i. S. v. § 33 Abs. 4 WEG verlangen und aufgrund dieser Nachweise **formell prüfen,** ob entsprechende Vereinbarungen angeblich getroffen worden sind.[55] Die Prüfung erstreckt sich allerdings nur auf die Frage, „ob“ eine Regelung getroffen wurde, nicht „wie“ noch, ob die Regelungen wirksam sind. 34

Eine Prüfung dem Inhalt nach, ob also die in der Vereinbarung getroffene Regelung angemessen und zweckmäßig ist oder ob einer der Vertragschließenden benachteiligt wurde, hat im Grundbuchverfahren, das auf dem formellen Konsensprinzip beruht, durch das Grundbuchamt nicht stattzufinden.[56] § 33 Abs. 4 WEG ist wie etwa auch § 3 Abs. 2 WEG eine **verfahrensrechtliche Sollvorschrift.** Wenn das Grundbuchamt daher seinen Aufgaben gem. § 33 Abs. 4 WEG nicht nachkommt, entsteht ein Dauerwohnrecht dennoch mit Eintragung.[57] 35

5. Berechtigter eines Dauerwohnrechts

Berechtigter eines Dauerwohnrechts kann jede natürliche oder juristische Person sein. Ein Dauerwohnrecht kann auch für **mehrere Personen**[58] und auch als Bruchteils-[59] oder 36

---

[53] BayObLG BayObLGReport 1997, 65, (66); BayObLGZ 1997, 163 = NJW-RR 1997, 1233.

[54] Ist über den Heimfall nichts vorgetragen, wird das Grundbuchgericht ggf. davon ausgehen können, dass ein solcher nicht vorgesehen ist, BayObLG NJW 1954, 959. Bestehen Zweifel, ist eine Zwischenverfügung zu erlassen.

[55] OLG Düsseldorf DNotZ 1978, 354 = ZMR 1979, 24.

[56] A. A. *Bärmann/Pick* § 32 Rn. 17 ff.

[57] Zu § 3 Abs. 2 WEG vgl. Rn. A 51. Siehe ferner BGH NJW 2008, 2982 (2983).

[58] Vgl. dazu *Schmidt* WEZ 1987, 119.

[59] BGH NJW-RR 1996, 1034; BGHZ 130, 150, (158) = NJW 1995, 2637; BGHZ 46, 253 = NJW 1967, 627.

Gesamthandsgemeinschaft als Gesamtgläubiger i. S. d. § 428 BGB bestellt werden.[60] Der Eigentümer kann auch **für sich selbst** am eigenen Grundstück ein Dauerwohnrecht bestellen.[61] Der Nachweis eines Bedürfnisses hierfür im Hinblick auf eine beabsichtigte Veräußerung des belasteten Grundstücks ist nicht erforderlich.

6. Untergang

37 Ein Dauerwohnrecht muss **nicht für eine bestimmte Laufzeit** bestellt werden und kann daher im Ergebnis „ewig" bestehen bleiben.[62] Sofern es **zeitlich befristet** war, geht es mit seinem Zeitablauf unter. Ferner erlischt ein Dauerwohnrecht, wenn es der Eigentümer und der Berechtigte einvernehmlich vertraglich aufheben oder der Berechtigte das Recht nach § 875 Abs. 1 Satz BGB – sofern dem Dritte nach § 876 BGB zustimmen – aufgibt und das Recht anschließend aus dem Wohnungsgrundbuch gelöscht wird. Entsprechendes gilt, wenn das Grundstück durch einem dem Dauerwohnrecht vorrangigen Gläubiger **versteigert** wird, sofern nicht anderes vereinbart ist (Rn. 94). Durch die **Ausübung eines Heimfallrechts** (Rn. 84) geht ein Dauerwohnrecht nicht unter, sondern auf den Eigentümer als **Eigentümerdauerwohnrecht** über. Wird das Grundstück veräußert, tritt der Erwerber nach § 38 Abs. 2 Satz 1 WEG an Stelle des vormaligen Grundstückseigentümers in die sich während der Dauer des Eigentums des Voreigentümers aus dem Rechtsverhältnis zu dem Dauerwohnberechtigten ergebenden Rechte ein. Eine Kündigung, wie sie z. B. bei Mietverträgen möglich ist, gibt es bei dem Dauerwohnrecht, nicht.[63] Vereinbaren die Parteien ein Kündigungsrecht, ist dieses ggf. – soweit die Parteien Voraussetzungen benannt haben – als ein **Heimfallanspruch** umzudeuten.[64]

7. Herausgabe

38 Bei Beendigung des Dauerwohnrechts muss der Berechtigte die von ihm genutzten Räume an den Eigentümer gem. § 985 BGB herauszugeben. Umstritten ist, ob daneben auch § 1055 Abs. 1 BGB anwendbar ist.[65]

IV. Gesetzlicher Inhalt des Dauerwohnrechtes

1. Allgemeines

39 Eigentümer und Berechtigten eines Dauerwohnrechts verbindet nach §§ 33 ff. WEG ein **gesetzliches Schuldverhältnis** (Rn. 44).[66] Um dieses auszugestalten, können der Eigentümer und der Berechtigte formlos[67] Vereinbarungen treffen und zum Inhalt des Dauerwohnrechts machen (**Dauerwohnvertrag;** dazu Rn. 58).[68] Mit Blick auf § 32 Abs. 3 WEG sind im Dauerwohnvertrag wenigstens zu den in § 33 Abs. 4 Nr. 1 bis 4 WEG genannten Gegenständen Bestimmungen zu treffen bzw. anzusprechen, da ansonsten das

---

[60] BGHZ 130, 150 (158) = ZMR 1995, 543 = NJW 1995, 2637; BGHZ 46, 253 = NJW 1967, 627; OLG Celle OLGReport Celle 1996, 231; a. A. *Palandt/Bassenge* § 31 Rn. 5.

[61] BayObLG BayObLGReport 1997, 65 = BayObLGZ 1997, 163 = NJW-RR 1997, 1233; BayObLG NJW-RR 1996, 397 (398); OLG Düsseldorf DNotZ 1958, 423 = NJW 1957, 1194; *Weitnauer* DNotZ 1958, 352.

[62] *Bauer/von Oefele* AT V Rn. 419.

[63] BGH BGHZ 27, 158 (161) = NJW 1958, 1289; *Hoche* NJW 1954, 960.

[64] BGH BGHZ 27, 158 (161) = NJW 1958, 1289.

[65] Befürwortend etwa NK-BGB/*Heinemann* § 34 Rn. 2; zu Recht verneinend *Jennißen/Grziwotz* § 34 Rn. 2.

[66] *Jennißen/Grziwotz* § 31 Rn. 7.

[67] Siehe aber § 484 Abs. 1 Satz 1 BGB.

[68] Ein Mietvertrag kann dazu nicht genutzt werden, weil der Vermieter dem Mieter die Pflicht, die Mietsache zu verschaffen, nicht erfüllen könnte.

Grundbuchamt nach § 33 Abs. 3 WEG die Eintragung ablehnen soll (Rn. 32ff.). Das Dauerwohnrecht vermittelt dem Berechtigten ein Recht zum **Besitz der Sache** i.S.v. § 986 BGB, weshalb z.B. § 985 BGB anwendbar ist (dazu Rn. 38 und Rn. 46).

2. Rechte und Pflichten des Eigentümers

a) Öffentliche oder privatrechtliche Lasten des Grundstücks. Der Eigentümer hat die 40
öffentlichen oder privatrechtlichen Lasten des Grundstücks zu tragen (z.B. Grundsteuern, Grundstücksabgaben, Erschließungskosten, Zinsen; siehe auch § 1047 BGB und § 2 Nr. 3 ErbbauRG), soweit die Parteien nach § 33 Abs. 4 Nr. 3 WEG nichts anderes im Dauerwohnvertrag bestimmt haben.

b) Schadensersatz. Für den Eigentümer kommen wegen Veränderung oder Verschlech- 41
terung der einem Dauerwohnrecht unterliegenden Flächen vor allem **Ersatzansprüche aus Vertrag** in Betracht. Daneben sind gesetzliche Ansprüche nach §§ 280 Abs. 1, 241 Abs. 2 BGB sowie solche aus unerlaubter Handlung vorstellbar. **Wertminderungen,** die durch einen **berechtigten Gebrauch** des Dauerwohnrechts entstanden sind, sind allerdings grundsätzlich mit dem Entgelt für das Dauerwohnrecht abgegolten und jedenfalls nach den allgemeinen Regelungen nicht auszugleichen, vgl. auch § 1050 BGB.[69]

3. Wiederaufbau des Gebäudes im Falle der Zerstörung; Versicherung

Der Eigentümer ist von Gesetzes wegen nicht verpflichtet, das Gebäude bei seiner Zer- 42
störung wiederaufzubauen.[70] Die Parteien des Dauerwohnvertrages können eine Wiederaufbaupflicht aber vereinbaren; entsprechendes gilt für die Versicherung des Gebäudes. Umgekehrt ist möglich, diese Pflichten nach § 33 Abs. 4 Nr. 4 WEG auf den Berechtigten zu übertragen.

4. Rechte und Pflichten des Berechtigten

a) Instandhaltung und Instandsetzung. Der Berechtigte hat nach §§ 33 Abs. 2, 14 Nr. 1 43
WEG die Gebäudeteile, die dem Dauerwohnrecht unterliegen, instand zu halten und instand zu setzen, wenn die Parteien nach § 33 Abs. 4 Nr. 2 WEG im Dauerwohnvertrag nichts anderes bestimmt haben.

b) Gebrauch. Den Inhalt der Gebrauchsrechte des Berechtigten bestimmen primär der 44
Dauerwohnvertrag und seine Regelungen. Die Parteien können nach § 33 Abs. 4 Nr. 1 EG vor allem über „Art und Umfang der Nutzungen" der dem Dauerwohnrecht unterliegenden Flächen Vereinbarungen treffen. Neben den gewillkürten Regelungen bestimmt den zulässigen Gebrauch das zwischen den Parteien bestehende **gesetzliche Schuldverhältnis.** Der Berechtigte hat danach von den dem Dauerwohnrecht unterliegenden Gebäudeteilen sowie vom übrigen Eigentum in solcher Weise Gebrauch zu machen, dass dem Eigentümer kein Nachteil erwächst, der über das bei einem geordneten Zusammenleben unvermeidliche Maß hinausgeht, §§ 33 Abs. 2, 14 Nr. 1 WEG. Der Berechtigte hat nach §§ 33 Abs. 2, 14 Nr. 2 WEG außerdem dafür zu sorgen, dass Personen, die seinem Hausstand oder Geschäftsbetrieb angehören oder denen er sonst die Benutzung die dem Dauerwohnrecht unterliegenden Gebäudeteile oder die anderen Grundstücks- oder Gebäudeteile überlässt, die Beschränkungen einhalten, denen er selbst nach §§ 33 Abs. 2, 14 Nr. 1 WEG unterliegt.

Der Berechtigte kann – soweit nichts anderes vereinbart ist – gem. § 33 Abs. 3 WEG 45
die zum **gemeinschaftlichen Gebrauch bestimmten** Teile, Anlagen und Einrichtungen des

---

[69] NK-BGB/*Heinemann* § 34 Rn. 3.

[70] *Dammertz* RhNotK 1970, 121; *Palandt/Bassenge* § 33 Rn. 6.

Gebäudes und Grundstücks so **mitbenutzen** als sei er Eigentümer. Der genaue Umfang seines **Mitbenutzungsrechtes** ist im Wege der Auslegung zu ermitteln. Auch ohne weitere Absprache sind jedenfalls sämtliche Geräte-, Grundstücks-, Gebäudeteile und Gemeinschaftsflächen mitvermietet, die typischerweise für die Benutzung durch den Berechtigten (und seinen Gästen, Mietern, etc.) und seinen Gebrauch und seinen Zugang zu den dem Dauerwohnrecht unterliegenden Flächen in Betracht kommen, z.B. die Nutzung des Hofes, Schlüssel oder auch eingebaute Geräte, nicht aber ein Garten, Treppen, Fahrstühle, Flure, Zugänge und Zufahrten, Waschküchen, Böden oder ein Trockenplatz. Soll etwas anderes gelten, können die Parteien nach § 34 Abs. 4 Nr. 1 WEG eine Vereinbarung über Art und Umfang des Gebrauchs treffen. Soll diese Vereinbarung gegenüber Dritten wirken, muss sie als Inhalt des Dauerwohnrechts in das Grundbuch **eingetragen** werden.

46 **c) Beeinträchtigungen; Duldung von Einwirkungen.** Wird ein Dauerwohnrecht beeinträchtigt, kann der Berechtigte nach § 34 Abs. 2 WEG gegen den Störer – auch den Eigentümer – die Rechte geltend machen, die ein **Eigentümer** gegen einen Störer geltend machen könnte. Angesprochen sind dabei vor allem §§ 985, 1004 BGB.[71] Außerdem stehen dem Berechtigten **Besitzschutzansprüche** zu. Der Eigentümer selbst kann Ansprüche nur insoweit geltend machen, als sie nicht dem Berechtigten zustehen. Der Berechtigte muss nach § 33 Abs. 2, 14 Nr. 3 WEG, 1004 Abs. 1 Satz 2 BGB allerdings **Einwirkungen** auf die dem Dauerwohnrecht unterliegenden Gebäudeteile **dulden,** soweit sie auf einem nach § 14 Nr. 1 und Nr. 2 WEG zulässigen Gebrauch beruhen. Ferner muss er nach §§ 33 Abs. 2, 14 Nr. 4 Halbsatz 1 WEG das Betreten und die Benutzung der dem Dauerwohnrecht unterliegenden Gebäudeteile durch den Eigentümer oder Dritte gestatten, solange und soweit dies zur Instandhaltung und Instandsetzung der dem Dauerwohnrecht nicht unterliegenden Flächen erforderlich ist; der hierdurch entstehende Schaden ist ihm vom **Verband Wohnungseigentümergemeinschaft** §§ 33 Abs. 2, 14 Nr. 4 Halbsatz 1, 10 Abs. 6 Satz 3 WEG zu ersetzen.

47 **d) Ersatz von Verwendungen; Gestattung der Wegnahme einer Einrichtung.** Macht der Berechtigte auf die dem Dauerwohnrecht unterliegenden Flächen solche **Verwendungen,** zu denen er weder gesetzlich noch vertraglich verpflichtet ist, bestimmt sich die Ersatzpflicht des Eigentümers – soweit vertraglich nichts anderes bestimmt ist – gem. § 34 Abs. 1 Variante 2 WEG i.V.m. § 1049 Abs. 1 BGB nach den Vorschriften über die Geschäftsführung ohne Auftrag gem. §§ 677ff. BGB. Der Berechtigte ist befugt, eine **Einrichtung,** mit der er die die dem Dauerwohnrecht unterliegenden Flächen versehen hat, **wegzunehmen.**

48 **e) Vermietung eines Dauerwohnrechts.** *aa) Untergang des Dauerwohnrechts.* Der Dauerwohnberechtigte ist – sofern zulässiger Weise nichts anderes vereinbart ist[72] – befugt, die dem Dauerwohnrecht unterliegenden Gebäude- oder Grundstücksteile zu vermieten oder auch zu verpachten.[73] Besonderheiten gegenüber dem Wohn- oder dem Gewerberaumietrecht gelten grundsätzlich nicht. Geht das **Dauerwohnrecht** allerdings **unter,** geht das Miet- oder Pachtverhältnis nicht auf den Eigentümer über, sondern es erlischt, § 37 Abs. 1 WEG.[74] Er kann vom ehemaligen Mieter oder Pächter die Herausgabe der dem erloschenen Dauerwohnrecht unterliegenden Flächen nach § 985 BGB verlangen. Ein Recht nach § 546 Abs. 1 BGB besteht nicht.[75] Hat der Berechtigte das Dauerwohnrecht **treuwidrig aufgegeben,** kann er sich gegenüber einem Mieter oder

---

[71] OLG Zweibrücken MittBayNot 2005, 308 = OLGReport Zweibrücken 2005, 330.

[72] *Staudinger/Spiegelberger* § 33 Rn. 31. Ein Vermietungsverbot kann allerdings nicht verdinglicht werden, Rn. 85ff.

[73] *Constantin* NJW 1969, 1417.

[74] Anders ist es beim Nießbrauch (§ 1056) oder beim Erbbaurecht (§ 30 ErbbauRG).

[75] *Schmid* in: *Riecke/Schmid* § 37 Rn. 1.

Pächter nach §§ 535, 280 ff. BGB schadensersatzpflichtig machen. Bei einem kollusiven Zusammenwirken von Eigentümer und Berechtigten beim Untergang des Dauerwohnrechts kann der Mieter/Pächter ggf. nach § 826 BGB verlangen, dass das Vertragsverhältnis mit dem Eigentümer fortgesetzt wird.

bb) Heimfallanspruch; Veräußerung des Dauerwohnrechts. Macht der Eigentümer 49
von seinem **Heimfallanspruch** Gebrauch oder **veräußert** der Berechtigte das Dauerwohnrecht, geht dieses nicht unter, sondern über. Gem. § 37 Abs. 2, Abs. 3 WEG tritt der Eigentümer oder mit Erfüllung des Heimfallanspruchs derjenige, auf den das Dauerwohnrecht zu übertragen ist, oder der Erwerber in das Miet- oder Pachtverhältnis ein. Die Bestimmungen der §§ 566 bis 566 e BGB gelten dann **entsprechend.** Auch wenn ein vermietetes Dauerwohnrecht **zwangsversteigert** wird, tritt der Ersteigerer entsprechend § 566 Abs. 1 BGB in einen Mietvertrag ein und wird Vermieter, § 37 Abs. 3 Satz 2 WEG. Dem Ersteigerer steht aber ein Kündigungsrecht in entsprechender Anwendung des § 57 a ZVG zu, § 37 Abs. 3 Satz 2 WEG.

f) Veräußerung eines Dauerwohnrechts. *aa) Allgemeines.* Der Berechtigte kann das 50
Dauerwohnrecht nach §§ 433, 925 BGB veräußern. Die Übertragung nach freiwilliger Veräußerung[76] erfolgt nach § 873 BGB; die Einigung sowie der schuldrechtliche Vertrag sind formfrei.[77] Wird das Dauerwohnrecht **entgeltlich erworben,** handelt es sich um einen **Rechtskauf** (§ 453 BGB).[78] Bei unentgeltlicher Einräumung liegt meist eine **Schenkung** oder **Ausstattung** vor.[79] Um eine Veräußerung zu erschweren, jedenfalls aber um dem Eigentümer eine Kontrollmöglichkeit zu schaffen, kann der Eigentümer mit dem Berechtigten nach § 35 Satz 1 WEG vereinbaren, dass der Berechtigte zur Veräußerung des Dauerwohnrechts der Zustimmung des Eigentümers oder der eines Dritten bedarf (**Veräußerungsbeschränkung**). Haben der Eigentümer und der Berechtigte eine solche Vereinbarung getroffen, gelten die Vorschriften des § 12 WEG für eine Veräußerungsbeschränkung entsprechend, insbesondere kann die Zustimmung wie in § 12 Abs. 2 Satz 1 WEG nur aus einem **wichtigem Grunde** versagt werden (siehe dazu Teil B IV). Als Zustimmungsberechtigte kann die Vereinbarung beispielsweise den Grundstückseigentümer, einen Grundpfandrechtsgläubiger oder einen Versorgungsträger[80] vorsehen. Um die Wirkung des § 12 Abs. 3 Satz 1 WEG zu erreichen – soll also eine Veräußerung des Dauerwohnrechts und ein Vertrag, durch den sich der Berechtigte zu einer solchen Veräußerung verpflichtet, ohne erforderliche Zustimmung unwirksam sein – muss Veräußerungsbeschränkung zum **Inhalt des Dauerwohnrechts** gemacht und eingetragen sein.[81] Die dingliche Wirkung der Veräußerungsbeschränkung tritt erst mit Eintragung im Grundbuch ein. Eine Bezugnahme auf die Eintragungsbewilligung genügt nicht.[82] Eine **völlige Unveräußerlichkeit** kann nach § 33 Abs. 1 Satz 1 WEG nicht vereinbart werden.

bb) Folgen. Wird ein Dauerwohnrecht veräußert, tritt nach § 38 Abs. 1 WEG der Er- 51
werber des Dauerwohnrechts an Stelle des veräußernden Berechtigten in die sich während der Dauer der Berechtigung des Veräußerers aus dem Rechtsverhältnis zu dem Eigentümer **ergebenden Verpflichtungen** ein. Diese Folge ist unstreitig, soweit Verpflichtungen **verdinglicht** wurden. Fraglich ist, was bei den Rechten gilt, die verdinglicht werden konnten (siehe dazu Rn. 85 ff.), aber nicht wurden. Hier nimmt die h. M. an, dass

---

[76] Daneben ist eine Veräußerung durch Zuschlag in der Zwangsversteigerung vorstellbar. Ob dann § 38 WEG anwendbar ist, ist umstritten, im Ergebnis aber zu bejahen, vgl. *Jennißen/Grziwotz* § 38 Rn. 2 m. w. N.

[77] *Bamberger/Roth/Hügel* § 33 Rn. 2.

[78] BGH BGHZ 52, 243 (248) = NJW 1969, 1850.

[79] *Jennißen/Grziwotz* § 31 Rn. 9.

[80] BayObLG BayObLGZ 1956, 278.

[81] *Bamberger/Roth/Hügel* § 35 Rn. 3.

[82] *Bamberger/Roth/Hügel* § 35 Rn. 3; *Staudinger/Spiegelberger* § 35 Rn. 3; a. A. *Palandt/Bassenge* § 35 Rn. 1; *Vandenhouten* in: *Niedenführ/Kümmel/Vandenhouten* § 35 Rn. 4.

ein Eintritt nicht stattfindet.[83] Neben den verdinglichten Verpflichtungen wird aber vertreten, dass ein Eintritt in die Verpflichtungen stattfindet, die **nicht verdinglicht** werden konnten. Woraus diese Differenzierung folgen soll, bleibt dunkel und kann dem Gesetz nicht entnommen werden.[84] Überzeugend ist nur ein Eintritt in sämtliche Verpflichtungen. Ferner nimmt die wohl h. M. gegen den **eindeutigen Wortlaut** des § 37 Abs. 1 WEG und **kaum überzeugend** an, dass der Erwerber nicht nur in die von seinem Rechtsvorgänger eingegangenen Verpflichtungen gegenüber dem Grundstückseigentümer eintritt, sondern auch die Rechte erhält, die sein Rechtsvorgänger gegenüber dem Grundstückseigentümer besaß.[85]

52 Unstreitig wird der Erwerber jedenfalls Vermieter oder Verpächter der dem Dauerwohnrecht unterliegenden Flächen, soweit die vermietet oder verpachtet sind, § 37 Abs. 3 Satz 1 WEG.

53 Der Erwerber ist daneben verpflichtet, teilbare, dauerschuldartige Verpflichtungen mit Bezug auf das Dauerwohnrecht zu erfüllen. Eine nicht erfüllte einmalige Leistung des Rechtsvorgängers, z. B. ein Schuld aus einem Werkvertrag, geht ebenso wie Rückstände auf vorher fällig gewordene Forderungen gegen den Rechtsvorgänger mangels Konnexität nicht über.

54 **g) Belastung und Verpfändbarkeit.** Ein Dauerwohnrecht ist nach § 33 Abs. 1 Satz 1 WEG **veräußerlich und vererblich.**[86] Aus diesen Anordnungen folgt, dass ein Dauerwohnrecht verpfändet[87] und auch mit einem **Nießbrauch** belastet werden kann. Die Bestellung einer Dienstbarkeit, eines Vorkaufsrechtes, einer Reallast oder von Grundpfandrechten sind hingegen nicht möglich. Ein Dauerwohnrecht ist nämlich **kein grundstücksgleiches Recht.**

55 **h) Stimmrecht in der Eigentümerversammlung.** In einer Eigentümerversammlung von Wohnungseigentümern ist nur der Eigentümer, nicht aber der Dauerwohnberechtigte stimmberechtigt.[88] Der Berechtigte kann vom Eigentümer aber eine Vollmacht erhalten.

5. Verjährung

56 Die **Ersatzansprüche des Eigentümers** wegen Veränderungen oder Verschlechterungen sowie auf die Ansprüche der Dauerwohnberechtigten auf Ersatz von Verwendungen oder auf Gestattung der Wegnahme einer Einrichtung verjähren gem. §§ 34 Abs. 1 WEG i. V. m. §§ 1057, 548 BGB in **sechs Monaten.** Die Verjährung beginnt mit dem Zeitpunkt, in dem der Eigentümer die Flächen, die dem Dauerwohnrecht unterlagen, zurückerhält. Mit der Verjährung des Anspruchs des Eigentümers auf Rückgabe der Flächen, die dem Dauerwohnrecht unterlagen, verjähren auch seine Ersatzansprüche. Die sechsmonatige Verjährungsfrist gilt auch für **Schadensersatzansprüche** aus einer unerlaubten Handlung.[89]

57 Die **Ansprüche des Berechtigten** auf Ersatz von Aufwendungen oder auf Gestattung der Wegnahme einer Einrichtung verjähren in sechs Monaten nach der Beendigung des Dauerwohnrechts.

---

[83] *Palandt/Bassenge* § 38 Rn. 1; *Jennißen/Grziwotz* § 38 Rn. 5; *Vandenhouten* in: *Niedenführ/Kümmel/Vandenhouten* § 38 Rn. 4; NK-BGB/*Heinemann* § 38 Rn. 1.

[84] So auch *Hoche,* NJW 1954, 959; Staudinger/*Spiegelberger* § 38 Rn. 6.

[85] *Vandenhouten* in: *Niedenführ/Kümmel/Vandenhouten* § 38 Rn. 5; *Staudinger/Spiegelberger* § 38 Rn. 11.

[86] Der Vererblichkeit steht nicht entgegen, wenn das Dauerwohnrecht auf die Lebenszeit des Berechtigten befristet wird, vgl. Rn. 16.

[87] *Hügel/Wilsch,* Pfändung im Grundbuchverfahren, Rn. 37.

[88] *Schießer* ZMR 2004, 5 (9); *Jennißen/Elzer* § 25 Rn. 35; a. A. *Becker,* Versammlung der Wohnungseigentümer, S. 180.

[89] *Bamberger/Roth/Hügel* § 34 Rn. 2; *Palandt/Bassenge* § 34 Rn. 1.

V. Dauerwohnvertrag (Grundgeschäft)

1. Allgemeines

Für die Bestellung nicht konstitutiv, nach § 32 Abs. 3 WEG aber für eine Eintragung in das Grundbuch **notwendig,** muss der Bestellung eines Dauerwohnrechts ein schuldrechtlicher Vertrag zu Grunde liegen (**Dauerwohnvertrag**), dessen Inhalt teilweise **gesetzlich diktiert** ist.[90] Der Dauerwohnvertrag ist meist kauf-[91] oder mietähnlich[92] und grundsätzlich [93] formfrei. [94] Bei unentgeltlicher Einräumung liegt eine Schenkung oder Ausstattung vor. Wenn eine Verpflichtung zur Gebäudeerrichtung vereinbart wird, kann der Dauerwohnvertrag auch **Bauträgervertrag** sein.[95] Neben dem Verpflichtungsgeschäft oder allein verbindet Eigentümer und Berechtigten zudem ein **gesetzliches Schuldverhältnis** (dazu Rn. 44). 58

Zwingender gesetzlicher **Inhalt** des schuldrechtlichen Dauerwohnvertrages sind nach §§ 33 Abs. 4 Nr. 1 bis Nr. 4, 32 Abs. 3 WEG (siehe bereits Rn. 33): 59

- gewillkürte Art und Umfang der **Nutzungen** des Berechtigten; 60
- die **Instandhaltung und Instandsetzung** der dem Dauerwohnrecht unterliegenden Gebäudeteile; 61
- die Frage, ob ausnahmsweise der Berechtigte im Innenverhältnis (ggf. teilweise) zur Tragung **öffentlicher oder privatrechtlicher Lasten**[96] des Grundstücks verpflichtet ist; 62
- die Frage der **Versicherung des Gebäudes** und sein Wiederaufbau im Falle der Zerstörung (z. B. Brandschaden, aber auch Versicherungen anderer Art, etwa gegen Wasserleitungs- und Elementarschäden); 63
- die Frage, ob es einen **Heimfallanspruch** geben soll (dazu Rn. 76); wenn ja, sind zum einen wenigstens die Voraussetzungen des Heimfallanspruchs zu regeln und zum anderen ob und ggf. in welcher Art und Höhe eine Entschädigung beim Heimfall zu leisten ist. 64

Als **mögliche Inhalte** eines Dauerwohnvertrages sind bereits im Gesetz unter anderem folgende, nicht abschließend gemeinte Punkte erwähnt: 65

- das für das Dauerwohnrecht ggf. zu entrichtende **Entgelt** (Rn. 74); 66
- die **Dauer,** für die ein **Dauerwohnrecht bestellt** wird (für Dauerwohnrechte, die zeitlich unbegrenzt oder für einen Zeitraum von mehr als zehn Jahren eingeräumt sind, gelten § 40 Abs. 2 und Abs. 3 WEG); 67
- das Recht des Eigentümers, bei Vorliegen bestimmter Voraussetzungen **Sicherheitsleistung** zu verlangen. 68
- dass der Berechtigte zur Veräußerung des Dauerwohnrechts der Zustimmung des Eigentümers oder eines Dritten bedarf (**Veräußerungsbeschränkung;** die Vorschriften des § 12 WEG gelten in diesem Falle entsprechend); 69
- Berechnung oder Höhe der Entschädigung (oder die Art ihrer Zahlung) bei einem **Heimfall;** 70
- dass das Dauerwohnrecht im Falle der **Zwangsversteigerung** des Grundstücks abweichend von § 44 ZVG auch dann **bestehen bleiben** soll, wenn der Gläubiger einer dem 71

---

[90] §§ 33 Abs. 4, 32 Abs. 3 WEG.

[91] Zu § 1093 BGB vgl. RG RGZ 54, 233 (235). Beim **entgeltlichen Erwerb** handelt es sich um einen Rechtskauf (§ 453 BGB), BGH BGHZ 52, 243 (248) = NJW 1969, 1850.

[92] *Jennißen/Grziwotz* § 31 Rn. 9.

[93] Zum Time-Sharing vgl. Rn. 102 ff.

[94] BGH NJW 1984, 612 (613) = DNotZ 1984, 238.

[95] OLG Zweibrücken MittBayNot 2005, 308.

[96] Zum Begriff *Riecke/Schmid/Elzer* § 16 Rn. 152.

Dauerwohnrecht im Range vorgehenden oder gleichstehenden Hypothek, Grundschuld, Rentenschuld oder Reallast die Zwangsversteigerung;[97]

72 • dass Verfügungen über den ggf. vereinbarten Anspruch auf das Entgelt, wenn es in **wiederkehrenden Leistungen** ausbedungen ist, gegenüber dem Gläubiger einer dem Dauerwohnrecht im Range vorgehenden oder gleichstehenden Hypothek, Grundschuld, Rentenschuld oder Reallast wirksam sind;

73 • dass der Eigentümer nicht verpflichtet ist, dem Dauerwohnberechtigten eine dem Dauerwohnrecht **im Range vorgehende oder gleichstehende** Hypothek löschen zu lassen für den Fall, dass sie sich mit dem Eigentum in einer Person vereinigt.

2. Entgelt

74 Der Berechtigte ist in der Regel verpflichtet, dem Eigentümer für seine Rechtewahrnehmung ein **Entgelt** zu entrichten. Dieses Entgelt kann in einer Einmalzahlung, aber auch in wiederkehrenden Leistungen bestehen. Ist das Entgelt in **wiederkehrenden Leistungen** zu entrichten, sind nach § 40 Abs. 1 WEG **Vorausverfügungen** über das Entgelt im Rahmen des § 1123 Abs. 2 BGB gegenüber vor- oder gleichrangigen Hypothekengläubigern, Inhabern von Grund- und Rentenschulden, Inhabern von Reallasten grundsätzlich **unwirksam.** Entsprechendes gilt für öffentliche Lasten, die in wiederkehrenden Leistungen bestehen. Alle diese Rechte erstrecken sich grundsätzlich auf den Anspruch auf das Entgelt für das Dauerwohnrecht in gleicher Weise wie auf eine Mietforderung.[98]

75 Die Tatsachen, dass ein Entgelt zu zahlen ist, und die Höhe des Entgeltes können **nicht als Inhalt des Dauerwohnrechtes** in das Grundbuch eingetragen werden.[99] Als Inhalt des Dauerwohnrechts können der Eigentümer und der Berechtigte nach § 40 Abs. 2 WEG aber vereinbaren, dass Verfügungen über den Anspruch auf das Entgelt, wenn es in wiederkehrenden Leistungen ausbedungen ist, gegenüber dem Gläubiger einer dem Dauerwohnrecht im Range vorgehenden oder gleichstehenden Hypothek, Grundschuld, Rentenschuld oder Reallast wirksam sind, sofern derjenigen, denen eine dem Dauerwohnrecht im Range vorgehende oder gleichstehende Hypothek, Grundschuld, Rentenschuld oder Reallast zusteht, dem zugestimmt haben. Gegenüber vor- und gleichrangigen Dritten i.S.d. § 40 Abs. 2 WEG wirkt diese Vereinbarung, sofern sie mit deren nach § 19 GBO **notwendiger Zustimmung** in das Grundbuch eingetragen worden sind.

3. Heimfallanspruch

76 **a) Allgemeines.** Die Parteien können nach § 36 Abs. 1 WEG vereinbaren, dass der Berechtigte **verpflichtet** ist, das **Dauerwohnrecht** beim Eintritt **bestimmter Voraussetzungen** (Heimfallvoraussetzungen) auf den Grundstückseigentümer oder einen von diesem zu bezeichnenden Dritten **zu übertragen** (Heimfallanspruch).[100] Soll die Vereinbarung als Inhalt des Dauerwohnrechts verdinglicht werden, ist es im Grundbuch einzutragen (Rn. 88). Der Heimfallanspruch steht dem jeweiligen Eigentümer des Grundstücks gegen den jeweiligen Berechtigten des Dauerwohnrechts zu. Die Ausübung des Heimfallanspruchs ist eine empfangsbedürftige Willenserklärung des Eigentümers. Sie unterliegt keiner Form, § 174 BGB ist aber zu beachten. Ist der Heimfallanspruch erst einmal mit

[97] Entsprechend § 18 GBV muss hierüber bei allen beteiligten Rechten ein ausdrücklicher Vermerk erfolgen; eine bloße Bezugnahme auf die Eintragungsbewilligung ist nicht ausreichend, LG Hildesheim Rpfleger 1966, 116 mit Anm. *Riedel; Palandt/Bassenge* § 39 Rn. 2.

[98] Im Übrigen sind die für Mietforderungen geltenden Vorschriften aber nicht entsprechend anzuwenden.

[99] MünchKommBGB/*Engelhardt* § 33 Rn. 6; *Vandenhouten* in: *Niedenführ/Kümmel/Vandenhouten* § 31 Rn. 24.

[100] Dazu *Staak* SchlHA 1959, 141.

Eintritt der Heimfallvoraussetzungen entstanden, ist der Heimfallanspruch in der Regel auch dann noch durchsetzbar, wenn die verletzte Vertragspflicht **nachgeholt** ist und die Heimfallvoraussetzungen **nicht mehr** vorliegen.[101]

Der **verdinglichte Heimfallanspruch** besitzt die **Wirkung einer Vormerkung.**[102] Der Schutz greift mit Eintritt der Heimfallvoraussetzungen.[103] Sind die Voraussetzungen des Heimfallanspruchs erfüllt, wirkt das gegen jeden Dauerwohnberechtigten, auch gegen einen solchen, der das mit dem entstandenen Heimfallanspruch belastete Dauerwohnrecht erworben hat.[104] Der Heimfallanspruch kann nicht von dem Eigentum an dem Grundstück getrennt werden. 77

b) Gegenstand des Heimfallanspruchs. Gegenstand des Heimfallsanspruchs ist das Recht des jeweiligen Eigentümers und die Pflicht des jeweiligen Dauerwohnberechtigten, das Dauerwohnrecht bei Eintritt der Heimfallvoraussetzungen auf den Grundstückseigentümer oder einen von diesem zu bezeichnenden Dritten zu übertragen. Ist ein Dritter Begünstigter eines Heimfallanspruches, ist dieses als ein Vertrag zu Gunsten Dritter i. S. v. § 328 Abs. 1 BGB zu verstehen. Nach anderer Ansicht erwirbt der Dritte keinen eigenen Anspruch und kann den Anspruch des Eigentümers nur als Prozessstandschafter geltend machen.[105] 78

c) Heimfallvoraussetzungen. Die Parteien können die Heimfallvoraussetzungen grundsätzlich **frei vereinbaren.**[106] Teilweise wird allerdings vertreten, dass die vertraglich vereinbarten Voraussetzungen für den Heimfall im Einzelfall in ihrer Anwendung einen **wichtigen Grund** darstellen müssen. § 12 Abs. 2 Satz 1 WEG solle als allgemeiner Rechtsgedanke entsprechend anwendbar sein. Dem ist indes **nicht zu folgen,** da der Berechtigte eines dem verkaufenden Wohnungseigentümer vergleichbaren Schutzes nicht bedarf. Eine Vereinbarung, wonach der Eigentümer jederzeit und **ohne das Vorliegen** von Heimfallvoraussetzungen einen Heimfallanspruch geltend machen kann, ist nach der ratio legis unzulässig.[107] Nach herrschender, aber umstrittener Meinung kann außerdem eine **Veräußerung des Dauerwohnrechts** nicht als Heimfallvoraussetzung vereinbart werden.[108] Mit Blick auf § 33 Abs. 1 Satz 1 WEG, der das Dauerwohnrecht für veräußerbar erklärt, sollte dem auch gefolgt werden. 79

Bezieht sich das Dauerwohnrecht auf Räume, die dem „Mieterschutz" unterliegen, kann der Eigentümer nach § 36 Abs. 2 WEG von seinem Heimfallanspruch auch bei Eintritt der Heimfallvoraussetzungen nur dann Gebrauch machen, wenn ein Grund vorliegt, aus dem (auch) ein Vermieter die Aufhebung des Mietverhältnisses verlangen oder kündigen könnte. Als Mieterschutzvorschriften sind nach Wegfall des Mieterschutzgesetzes nach h. M. §§ 574 bis 574c, 576 bis 576b BGB zu sehen.[109] Es soll gefragt werden, ob der Eigentümer (als Vermieter gesehen) gegenüber dem Berechtigten (als Mieter betrachtet) zu einer Aufhebung eines gedachten Mietvertrages oder dessen Kündigung berechtigt wäre. Nach anderer Ansicht hat § 36 Abs. 2 WEG keinen Inhalt mehr.[110] **Dem** 80

---

[101] BGH NJW-RR 1988, 715.

[102] *J. Meyer* DNotZ 2003, 908 (928); *Bamberger/Roth/Hügel* § 36 Rn. 6.

[103] *Vandenhouten* in: *Niedenführ/Kümmel/Vandenhouten* § 36 Rn. 3; str.

[104] *J. Meyer* DNotZ 2003, 908 (929).

[105] *Schmid* in: *Riecke/Schmid* § 36 Rn. 2 m. w. N.

[106] BGH BGHZ 27, 158 (163) = NJW 1958, 1289 = MDR 1958, 593; *J. Meyer* DNotZ 2003, 908 (910).

[107] LG Oldenburg NJW 1979, 383.

[108] *Bamberger/Roth/Hügel* § 36 Rn. 4; a. A. *J. Meyer* DNotZ 2003, 908 (913 ff.); *Palandt/Bassenge* § 36 WEG Rn. 2.

[109] *Bamberger/Roth/Hügel* § 36 Rn. 5; *Weitnauer/Mansel* § 36 Rn. 6; *Vandenhouten* in: *Niedenführ/Kümmel/Vandenhouten* § 36 Rn. 15; *Staudinger/Spiegelberger* § 36 Rn. 11; NK-BGB/*Heinemann* § 36 Rn. 4.

[110] *J. Meyer* DNotZ 2003, 908 (926 ff.); *Schmid* in: *Riecke/Schmid* § 36 Rn. 5.

ist auch zu folgen. § 36 Abs. 2 WEG nimmt nach Sinn und Zweck auf die bei In-Kraft-Treten des Wohnungseigentumsgesetzes bestehenden Mieterschutzvorschriften Bezug. Einen „Mieterschutz“ i. S. des § 36 Abs. 2 WEG gibt es indes nicht mehr. Eine (dynamische) Verweisung auf irgendwelche mieterschützende Vorschriften irgendeines Inhalts ist **nicht anzuerkennen.** Die geltenden mietrechtlichen Bestimmungen sind mit den früheren Mieterschutzvorschriften nicht vergleichbar. Die früheren Mieterschutzvorschriften nahmen im Übrigen Wohnungen, die frei finanziert und nach dem 31. 12. 1949 bezugsfertig wurden, von ihrem Anwendungsbereich gerade aus.[111]

81 d) **Entschädigung.** Macht der Eigentümer von seinem Heimfallanspruch Gebrauch, kann nach § 36 Abs. 4 Satz 1 WEG vereinbart werden, dass der Eigentümer dem Berechtigten mit Erfüllung des Heimfallanspruches[112] eine **Entschädigung** zu gewähren hat. Bei kurzfristigen Dauerwohnrechten können die Parteien Abmachungen über den Entschädigungsanspruch selbst, dessen Höhe, Art und Berechnung treffen.[113] Die Parteien können dies in der Form der Begründung schuldrechtlicher Verpflichtungen tun; sie können aber auch ihre Vereinbarungen zum Inhalt des Dauerwohnrechts erklären, so dass sich das dingliche Recht hierauf erstreckt.[114] Durch die Entschädigung können etwa **Baukostenzuschüsse** und **Vorausleistungen,** die im Zeitpunkt des Heimfalls noch nicht abgegolten sind, ausgeglichen werden.[115] Die Parteien können vereinbaren, welche Höhe der Entschädigungsanspruch haben soll und wie er ggf. zu berechnen ist. Nach herrschender Ansicht muss die Entschädigung **nicht angemessen** sein.

82 Für **langfristige Dauerwohnrechte** i. S. v. § 41 Abs. 1 WEG bestimmt das Gesetz in dem **unabdingbaren** (Rn. 119) § 41 Abs. 3 WEG, dass der jeweilige Eigentümer, wenn er von dem Heimfallanspruch Gebrauch macht, dem jeweiligen Berechtigten eine **angemessene Entschädigung** zu gewähren hat. Die Angemessenheit beurteilt sich insbesondere nach dem für das Dauerwohnrecht geleisteten Entgelt, den Aufwendungen des Berechtigten, der Nutzungsdauer und Verbesserungen oder Verschlechterungen.[116] Da das Gesetz die Ausgestaltung des Anspruches nicht vornimmt, steht den Parteien frei, über Höhe, Berechnung und Art auch dieser Entschädigung Vereinbarungen zu treffen. Eine Verdinglichung der Entschädigungspflicht als Inhalt des Dauerwohnrechts ist **nicht erforderlich,** aber möglich.[117]

83 e) **Miet- oder Pachtverhältnisse.** Macht der Eigentümer von seinem Heimfallanspruch Gebrauch, so tritt er oder derjenige, auf den das Dauerwohnrecht zu übertragen ist, in ein Miet- oder Pachtverhältnis ein, das der Berechtigte geschlossen hatte; die Vorschriften der §§ 566 bis 566 e BGB gelten nach § 37 Abs. 2 WEG entsprechend.

84 f) **Ausübung und Verjährung.** Nach seiner rechtlichen Ausgestaltung als Pflicht des Berechtigten ist der Heimfallanspruch ein **subjektiv-dinglicher Erwerbsanspruch.**[118] Auch wenn die Heimfallvoraussetzungen eines Heimfallanspruch vorliegen, führt dies also nicht von Gesetzes wegen dazu, dass das Dauerwohnrecht erlischt. Der Heimfallanspruch **verjährt in sechs Monaten** von dem Zeitpunkt an, in dem der Eigentümer von dem Eintritt der Heimfallvoraussetzungen Kenntnis erlangt, § 36 Abs. 3 WEG. Erlangt der Eigentümer keine Kenntnis von den Heimfallvoraussetzungen, tritt die Verjährung nach zwei Jahren von ihrem Eintritt ein.

---

[111] *J. Meyer* DNotZ 2003, 908 (928).

[112] BGH BGHZ 111, 154 (156) = NJW 1990, 2067 = Rpfleger 1990, 350 = MDR 1990, 909, zum Heimfallanspruch der ErbbauRG.

[113] BGH BGHZ 27, 158 (161/162) = NJW 1958, 1289.

[114] BGH BGHZ 27, 158 (161/162) = NJW 1958, 1289.

[115] BayObLG NJW 1960, 2100 = DNotZ 1960, 596.

[116] *Schmid* in: *Riecke/Schmid* § 41 Rn. 3.

[117] BGH BGHZ 27, 158 (161) = NJW 1958, 1289 = MDR 1958, 593.

[118] *J. Meyer* DNotZ 2003, 908 (928).

4. Verdinglichung

Sollen die Inhalte eines Dauerwohnvertrages gegenüber Dritten wirken, so müssen sie ähnlich wie nach §§ 10 Abs. 3, 5 Abs. 4 Satz 1 WEG durch Eintragung mit Bewilligung nach § 19 GBO der rechtlich oder wirtschaftlich beeinträchtigen Dritten in das Grundbuch zum **Inhalt des Dauerwohnrechts** gemacht werden. Eine solche „Verdinglichung" ist allerdings nicht für sämtliche Gegenstände des Dauerwohnvertrages vorstellbar. Im **Grundbuch eingetragen** werden können nur folgende Inhalte: 85

- § 33 Abs. 4 Nr. 1 bis 5 WEG 86
  - Art und Umfang der Nutzungen;
  - Instandhaltung und Instandsetzung der dem Dauerwohnrecht unterliegenden Gebäudeteile;
  - die Pflicht des Berechtigten zur Tragung öffentlicher oder privatrechtlicher Lasten des Grundstücks;
  - die Versicherung des Gebäudes und seinen Wiederaufbau im Falle der Zerstörung;
  - das Recht des Eigentümers, bei Vorliegen bestimmter Voraussetzungen Sicherheitsleistung zu verlangen;
- § 35 Satz 1 WEG: Veräußerungsbeschränkungen; 87
- § 36 Abs. 1 Satz 1 WEG: Heimfallanspruch; 88
- § 36 Abs. 4 Satz 1 WEG: Entschädigung für Geltendmachung des Heimfallanspruches; 89
- § 36 Abs. 4 Satz 2 WEG: Vereinbarungen über die Berechnung oder Höhe der Entschädigung oder die Art ihrer Zahlung; 90
- § 39 Abs. 1 Satz 1, Abs. 3 Halbsatz 2 WEG: Regelungen, dass das Dauerwohnrecht im Falle der Zwangsversteigerung des Grundstücks abweichend von § 44 ZVG auch dann bestehen bleiben soll, wenn der Gläubiger einer dem Dauerwohnrecht im Range vorgehenden oder gleichstehenden Hypothek, Grundschuld, Rentenschuld oder Reallast die Zwangsversteigerung in das Grundstück betreibt, und dass das Fortbestehen des Dauerwohnrechts vom Vorliegen weiterer Voraussetzungen abhängig ist; 91
- § 40 Abs. 2 Satz 1 WEG: Regelungen, dass Verfügungen über den Anspruch auf das Entgelt, wenn es in wiederkehrenden Leistungen ausbedungen ist, gegenüber dem Gläubiger einer dem Dauerwohnrecht im Range vorgehenden oder gleichstehenden Hypothek, Grundschuld, Rentenschuld oder Reallast wirksam sind. 92

VI. Übertragung des Grundstücks

1. Durch Rechtsgeschäft

Der Eigentümer des Grundstücks ist durch das Dauerwohnrecht nicht daran gehindert, das **Grundstück** an den Berechtigten oder einen Dritten zu **veräußern.** Durch die Veräußerung geht das Dauerwohnrecht allerdings nicht unter. Wird das Grundstück veräußert, tritt der Erwerber und auch spätere, weitere Erwerber vielmehr nach § 38 Abs. 2 Satz 1 WEG an Stelle des Veräußerers in die sich während der Dauer seines Eigentums aus dem Rechtsverhältnis zu dem Dauerwohnberechtigten ergebenden Rechte ein.[119] 93

2. Zwangsversteigerung

a) **Allgemeines.** Wird ein Grundstück zwangsversteigert, an dem ein Dauerwohnrecht besteht, geht dieses gem. §§ 91 Abs. 1, 52, 44 ZVG mit dem Zuschlag gegenüber einem vor- oder gleichrangigen Gläubiger unter. Diese Folge kann unbillig sein, weil die Zwangsversteigerung ihre Folge nicht in einem Fehlverhalten des Berechtigten hat. Die Parteien können deshalb nach § 39 Abs. 1 WEG als **Inhalt des Dauerwohnrechts** mit 94

[119] *Elzer* ZMR 2004, 873 (879).

Zustimmung (§ 19 GBO) derjenigen, denen eine dem Dauerwohnrecht im Range vorgehende oder gleichstehende Hypothek, Grundschuld, Rentenschuld oder Reallast zusteht, nach § 39 Abs. 1 WEG vereinbaren, dass das **Dauerwohnrecht** abweichend von § 44 ZVG im Falle der Zwangsversteigerung des Grundstücks auch dann **bestehen bleiben** soll, wenn der Gläubiger einer dem Dauerwohnrecht **im Range** vorgehenden oder gleichstehenden Hypothek, Grundschuld, Rentenschuld oder Reallast die Zwangsversteigerung in das Grundstück betreibt.[120]

95 Da das Fortbestehen für die Gläubiger des Grundstückseigentümers nachteilig ist, kann vereinbart werden, dass das Fortbestehen des Dauerwohnrechts vom Vorliegen **weiterer Voraussetzungen** abhängig ist. Eine **Bestehen-Bleiben-Vereinbarung** ist außerdem nach § 39 Abs. 3 Hs. 1 WEG nur wirksam, wenn der Dauerwohnberechtigte im Zeitpunkt der Feststellung der Versteigerungsbedingungen seine fälligen Zahlungsverpflichtungen gegenüber dem Eigentümer erfüllt hat.

96 Gegenüber einem Gläubiger der Rangklassen 1 bis 3 des § 10 Abs. 1 ZVG besitzt eine Vereinbarung i. S. v. § 39 Abs. 1 WEG **keine Wirkungen,**[121] es sei denn, er wäre auch Partei.

97 **b) Eintritt in Rechte des Voreigentümers.** Geht ein Dauerwohnrecht durch den Zuschlag des Grundstücks **nicht unter,** tritt der Ersteigerer nach § 38 Abs. 2 Satz 2 WEG an Stelle des vormaligen Grundstückseigentümers in die sich während der Dauer des Eigentums des Voreigentümers aus dem Rechtsverhältnis zu dem Dauerwohnberechtigten ergebenden Rechte ein.

VII. Sonstiges

1. Sondervorschriften für langfristige Dauerwohnrechte

98 Für Dauerwohnrechte, die **zeitlich unbegrenzt** bestehen oder für einen **Zeitraum von mehr als zehn Jahren**[122] eingeräumt wurden, sind in § 41 Abs. 2 und Abs. 3 WEG **Sondervorschriften** geschaffen worden. Überblick:

99 Der Eigentümer ist, sofern nicht etwas anderes vereinbart ist, **von Gesetzes wegen** dem Dauerwohnberechtigten gegenüber verpflichtet, eine dem Dauerwohnrecht im Range vorgehende oder gleichstehende Hypothek **löschen zu lassen** für den Fall, dass sie sich mit dem Eigentum in einer Person vereinigt, und die Eintragung einer entsprechenden Löschungsvormerkung in das Grundbuch zu bewilligen. Aus Gründen der Systematik, vor allem der Verweisung des § 1192 BGB auf die Vorschriften zur Hypothek, sind im Wege der erweiternden Auslegung als Hypothek i. S. d. § 41 Abs. 2 WEG **auch Grundschulden** zu sehen.[123]

100 Der Eigentümer ist ferner gem. § 41 Abs. 3 WEG – und nicht nur im Falle einer entsprechenden Vereinbarung nach § 36 Abs. 4 Satz 1 WEG – verpflichtet, dem Dauerwohnberechtigten eine **angemessene Entschädigung** zu gewähren, wenn er von dem Heimfallanspruch Gebrauch macht. Die Entschädigungspflicht ist unabdingbar.[124] Über die Berechnung, eine angemessene Höhe der Entschädigung und die Art der Zahlung können allerdings entsprechend § 36 Abs. 4 WEG Vereinbarungen getroffen werden.[125] Was angemessen ist, beurteilt sich nach dem für das Dauerwohn- oder Dauernutzungsrecht geleisteten Entgelt, den Aufwendungen des Berechtigten für Instandhaltung

---

120 Dies geschieht in der Praxis sehr selten.

121 *Jennißen/Grziwotz* § 39 Rn. 4.

122 Wird ein Dauerwohnrecht verlängert, läuft die 10-Jahresfrist vom Zeitpunkt der Verlängerung an, *Palandt/Bassenge* § 41 WEG Rn. 1; *Schmid* in: *Riecke*/Schmid § 41 Rn. 1.

123 *Bauer/von Oefele* AT V Rn. 437.

124 BGH BGHZ 27, 158 (162) = NJW 1958, 1289.

125 *Schmid* in: *Riecke/Schmid* § 41 Rn. 3.

und Instandsetzung, der Dauer des Rechts und etwaigen Verbesserungen oder Verschlechterungen.[126]

2. Belastung eines Erbbaurechts mit einem Dauerwohnrecht

Der Erbbauberechtigte ist berechtigt, das **Erbbaurecht** (auch ein Teilerbbaurecht) ganz oder teilweise mit einem Dauerwohnrecht zu belasten. In diesem Falle gelten nach § 42 Abs. 1 WEG die Vorschriften der §§ 31 bis 41 WEG entsprechend. Beim Heimfall des Erbbaurechts i. S. v. § 2 Nr. 4 ErbbauRG – dann entsteht ein Eigentümererbbaurecht – bleibt das Dauerwohnrecht abweichend von § 33 Abs. 1 ErbbauRG nach § 42 Abs. 2 WEG bestehen. Wird das Erbbaurecht hingegen mit Zustimmung des Berechtigten (§ 876 BGB) aufgehoben oder erlischt das Erbbaurecht durch Zeitablauf, geht ein Dauerwohnrecht unter. 101

3. Timesharing (Teilzeitwohnrechtsverträge)

Ein Dauerwohnrecht oder Dauernutzungsrecht kann **mehreren Berechtigten** nach Bruchteilen zustehen (Rn. 36 und umfassend Teil A VI).[127] Ferner ist vorstellbar, an einer Wohnung oder an einem Raum **mehrere befristete Dauerwohnrechte** oder **Dauernutzungsrechte** zu begründen.[128] Dass ein Wohn- oder Nutzungsrecht „aufgeteilt" ist, ändert nichts an dem „Charakter" des Rechts als Dauernutzungsrecht. Das Merkmal der „Dauer" bedeutet weder nach dem Wortlaut noch nach dem Inhalt des Gesetzes „ununterbrochen", sondern kennzeichnet den innerhalb einer möglichen Befristung sicheren Bestand über eine Veräußerung des Rechts und den Tod des Berechtigten hinaus.[129] 102

Mehrere Berechtigte an einem Dauerwohn- oder Dauernutzungsrecht können durch eine Bestimmung i. S. v. § 1010 BGB regeln und als Belastung im Grundbuch eintragen, wer von ihnen wann das Recht nutzen kann.[130] Wie auch andere Rechtsformen (etwa Miteigentumsanteile, Wohnungseigentum, Mietverträge, Mitgliedschaft in Vereinen oder Personengesellschaften, Erwerb von Anteilen an Kapitalgesellschaften, Treuhandmodelle etc.) können daher auch Dauerwohnrechte oder Dauernutzungsrechte als **Teilzeitwohnrechtsverträge** i. S. v. § 481 BGB ausgestaltet sein. Werden Dauerwohnrechte oder Dauernutzungsrechte für ein Teilzeitwohnrecht genutzt, unterliegt der Dauerwohnvertrag nach § 484 Abs. 1 Satz 1 BGB ausnahmsweise der Schriftform. 103

Vorstellbar ist auch, dass eine Person ein Dauerwohnrecht „treuhänderisch" hält und diese Dritten (Erwerbern) im Innenverhältnis **Nutzungsrechte einräumt.**[131] Ein Time-Sharing-Formularvertrag im **Treuhand-Modell,** der dem Erwerber ein Recht nach § 31 WEG verschaffen will, ist aber teilweise unwirksam, wenn statt des Erwerbers der im Grundbuch bereits eingetragene Treuhänder eingetragen bleiben und dem Erwerber diese Rechtsposition **lediglich vermitteln** soll.[132] 104

VIII. Prozess

Streitigkeiten über die Rechte und Pflichten des Eigentümers und des Berechtigten sind nach dem Streitwert entweder den Amtsgerichten (bis und einschließlich € 5000,00) 105

[126] *Schmid* in: *Riecke/Schmid* § 41 Rn. 3.
[127] BGH BGHZ 130, 150 (158) = NJW 1995, 2637.
[128] Ablehnend *OLG Stuttgart* NJW 1987, 2023 = ZMR 1987, 191; befürwortend LG Hamburg NJW-RR 1991, 823; *Gralka* NJW 1987, 1997; *Schmidt* WEZ 1987, 119; *Hoffmann* MittBayNot 1987, 177; *Schober* DB 1985, 1513 (1519).
[129] BGH BGHZ 130, 150 (158) = NJW 1995, 2637.
[130] BGH BGHZ 130, 150 (158) = NJW 1995, 2637.
[131] OLG Schleswig VuR 1998, 95 = BB 1998, 236; LG Hamburg NZM 1999, 722; LG Hamburg NZM 1999, 724; *Drasdo,* FS Merle, S. 129; *Reinkenhof* Jura 1998, 561.
[132] BGH NJW-RR 1996, 1034.

oder den Landgerichten sachlich zugewiesen. Die örtliche Zuständigkeit bestimmt sich teilweise nach § 24 Abs. 1 ZPO. Örtlich zuständig ist danach ausschließlich das Gericht zuständig, in dessen Bezirk die Sache belegen ist. Im Übrigen gelten die allgemeinen Vorschriften, u. a. §§ 29, 26 ZPO.[133]

IX. Gebühren

106 Für die Eintragung eines Dauerwohn- oder Dauernutzungsrechts ist gem. § 62 Abs. 1 KostO eine ganze Gebühr zu berechnen. Der Geschäftswert bestimmt sich nach § 24 KostO. Für die Löschung fällt gem. § 68 Satz 1 Hs. 1 KostO eine halbe Gebühr nach dem Wert des Rechts im Zeitpunkt der Eintragung (§ 24 Abs. 6 Satz 2 KostO) an.

X. Abdingbarkeit

107 Die Vorschriften der §§ 31 bis 42 WEG sind teilweise zwingend, teilweise bereits nach ihrem Wortlaut (vgl. § 33 Abs. 2 bis Abs. 4, 35 Satz 1, 36 Abs. 1 Satz 1 WEG usw.) und im Übrigen im Wege der Auslegung als **abdingbar** anzusehen.

108 Als **zwingend** sind nach h. M. die folgenden Anordnungen anzusehen:

- § 31 Abs. 1 Satz 1 WEG: Art und Weise, wie Dauerwohnrechte begründet werden;
- § 31 Abs. 2 WEG: Art und Weise, wie Dauernutzungsrechte begründet werden;
- § 31 Abs. 3 WEG: Anordnung, dass die Vorschriften zum Dauerwohnrecht für das Dauernutzungsrecht entsprechend gelten;
- § 32 WEG: Eintragungsvorschriften;
- § 33 Abs. 1 Satz 1 WEG: Veräußerlich- und Vererbbarkeit des Dauerwohnrechts;
- § 33 Abs. 1 Satz 2 WEG: Anordnung, dass ein Dauerwohnrecht nicht unter einer Bedingung bestellt werden kann;
- § 34 WEG: Ansprüche des Eigentümers und des Berechtigten;
- § 36 Abs. 2 WEG: Ausübung des Heimfallanspruches bei einem Raum, für den die Vorschriften des sozialen Mietrechts gelten;
- § 36 Abs. 3 WEG: Verjährung des Heimfallanspruches;
- § 39 Abs. 3 Halbsatz 1 WEG: Erfüllung fälliger Zahlungsverpflichtungen;
- § 41 Abs. 3 WEG: Entschädigung für die Ausübung des Heimfallanspruches bei einem langfristigen Dauerwohnrecht.[134]

---

[133] *Vandenhouten* in: *Niedenführ/Kümmel/Vandenhouten* § 31 Rn. 4.

[134] BGH BGHZ 27, 158 (162) = NJW 1958, 1289 = MDR 1958, 593; a. A. OLG Celle NJW 1960, 2293.

Stichwortverzeichnis

fette Buchstaben = Teil; magere Zahlen = Randnummern